2022 K리그 연감

1983~2021

2022 K리그 연감 1983-2021

K LEAGUE
Annual Report
2022

(사) 한국프로축구연맹

차 례 •

연 감 을 보 기 전 에 알 아 두 어 야 할 축 구 기 록 용 어

축구장 규격 규정

형태	직사각형
길이	최소 90m(1000야드) ~ 최대 120m(1300야드)
너비	최소 45m(500야드) ~ 최대 90m(1000야드)
길이(국제경기 기준)	최소 100m(1100야드) ~ 최대 110m(1200야드)
너비(국제경기 기준)	최소 64m(700야드) ~ 최대 75m(800야드)
골대 높이	2.44m(8피트)

축구장 약어 표시

E.L	엔드라인(End Line)
C.KL	코너킥 왼쪽 지점
PAL EL	페널티 에어리어 왼쪽 엔드라인 부근
GAL EL	골 에어리어 왼쪽 엔드라인 부근
GAL 내 EL	골 에어리어 왼쪽 안 엔드라인 부근
GAR 내 EL	골 에어리어 오른쪽 안 엔드라인 부근
GAR EL	골 에어리어 오른쪽 엔드라인 부근
PAR EL	페널티 에어리어 오른쪽 엔드라인 부근
C.KR	코너킥 오른쪽 지점
PAL CK	페널티 에어리어 왼쪽 코너킥 지점 부근
PAR CK	페널티 에어리어 오른쪽 코너킥 지점 부근
GAL 내	골 에어리어 왼쪽 안
GA 정면 내	골 에어리어 정면 안
GAR 내	골 에어리어 오른쪽 안
PAL	페널티 에어리어 왼쪽
PAR	페널티 에어리어 오른쪽
PAL TL	페널티 에어리어 왼쪽 터치라인 부근
GAL	골 에어리어 왼쪽
GA 정면	골 에어리어 정면
GAR	골 에어리어 오른쪽
PAR TR	페널티 에어리어 오른쪽 터치라인 부근
TL	터치라인(Touch Line)
PAL 내	페널티 에어리어 왼쪽 안
PA 정면 내	페널티 에어리어 정면 안
PAR 내	페널티 에어리어 오른쪽 안
PAL	페널티 에어리어 왼쪽
PA 정면	페널티 에어리어 정면
PAR	페널티 에어리어 오른쪽
AKL	아크서클 왼쪽
AK 정면	아크서클 정면
AKR	아크서클 오른쪽
MFL TL	미드필드 왼쪽 터치라인 부근
MFR TL	미드필드 오른쪽 터치라인 부근
MFL	미드필드 왼쪽
MF 정면	미드필드 정면
MFR	미드필드 오른쪽
HLL	하프라인(Half Live) 왼쪽
HL 정면	하프라인 정면
HLR	하프라인 오른쪽
자기 측 MFL	자기 측 미드필드 왼쪽
자기 측 MF 정면	자기 측 미드필드 정면
자기 측 MFR	자기 측 미드필드 오른쪽

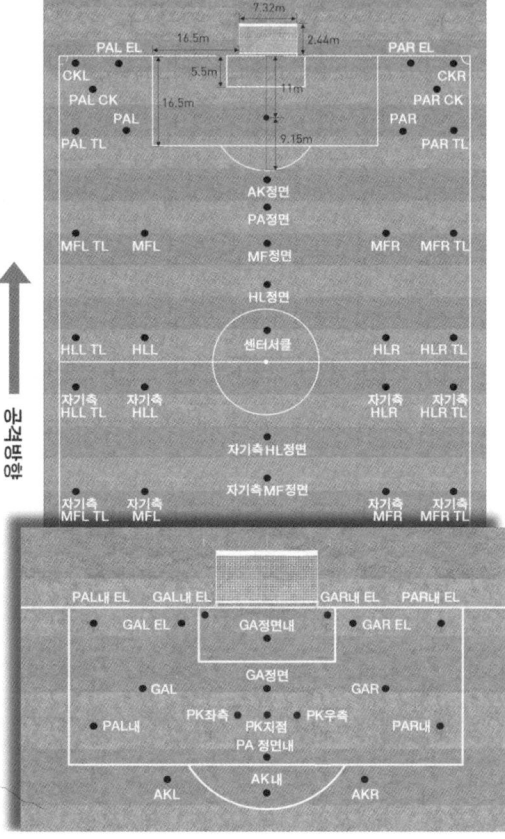

경기 기록 용어

1. 패스 종류	⌒	머리 높이 이상의 패스
	→	무릎에서 가슴 높이 정도의 패스
	~	땅볼 패스
2. 기타 약어	B	공이 골대의 가로축(Cross Bar)에 맞을 때
	H	헤딩 패스나 슈팅 / Half time
	L	좌측(Left)
	P	공이 골대의 세로축(Post)에 맞을 때
	R	우측(Right)
	AK	아크서클(Arc Circle)
	CK	코너킥(Corner Kicks)
	FO	모든 종류의 파울
	GA	골 에어리어(Goal Area)
	GK	골키퍼 / 골킥(Goal Kick)
	MF	미드필더 / 미드필드(Midfield)
	OS	오프사이드(Offside)
	PA	페널티 에어리어(Penalty Area)
	PK	페널티킥(Penalty Kick)
	PSO	승부차기(Penalty Shoot-Out)
	GL	득점(Goal)
	AS	도움(Assist)
	ST	슈팅(Shoot)
	FK	프리킥(Free Kick)

K 리 그 1

K 리 그 2

감독상

김상식 전북 현대 모터스

감독상

김천 상무 **김태완**

MVP

홍정호 전북 현대 모터스

MVP

부산 아이파크 **안병준**

영플레이어상

설영우 울산 현대

영플레이어상

충남 아산 FC **김인균**

2 0 2 1 년   K 리 그   일 지

월	일	내용
1	4	제12대 총재에 권오갑 현 총재 당선
	12	2020 K리그 사회공헌활동 백서 발간
	14	연맹-KT-한국e스포츠협회-아프리카TV 업무협약 체결
	15	2021 제1차 이사회 및 정기대의원총회 개최
	16	안산, 'eK리그 2020' 우승, eK리그 초대 챔피언 등극
2	4	연맹-KT, 중계방송 활성화를 위한 협약식 체결
	18	K리그-바른세상병원 '공식 지정 병원' 업무협약 체결
	21	2021 K리그, 인도네시아 포함 해외 34개국에 중계권 판매
	22	K리그-하나은행, 타이틀 스폰서 조인식
	22	사회적 가치 실현을 위한 '탄소중립리그' 비전 선포
	22	K리그 개막 화상 미디어데이 개최
	23	해외팬들을 위한 K리그 OTT 플랫폼, 'K리그TV' 출범
	24	2021 제2차 이사회 개최
3	12	스페인 라리가와 손잡고 불법 중계 근절 캠페인 실시
	16	연맹-큐엠아이티(QMIT), 'K리그 유소년 선수 컨디션 관리' 업무협약
	20	2021 K리그 주니어 개막
	22	K리그 유스 대상 학교폭력 예방 교육 원격 개최
4	1	K리그 '디지털 선수 카드', 2021시즌 버전 출시
	1	2021 K리그 마스코트 반장선거 진행
	1	연맹-하나은행, K리그 선수 대상 금융미래설계 프로그램 개최
	7	K리그-현대오일뱅크, 진로 교육 활성화 공로 교육부장관 표창 수상
	9	K리그-현대오일뱅크 'K리그 드림어시스트' 2기 출범
	15	2021 제3차 이사회 개최
	20	K리그판 파워랭킹 '다이나믹 포인트' 신설
	29	K리그 아카데미, '트렌드 캐치업 과정' 신설
5	4	마스코트반장선거 개표방송, 수원 아길레온 2년 연속 반장 선출
	4	연맹-블루베리NFT 업무협약 체결
	11	2021 경기력향상캠페인 '기대득점 & 공격완성도' 공개
	12	수원: 제주전 장기조직기증 활성화를 위한 '세이브 유니폼' 착용
	22	'eK리그 챔피언스컵 2021', K리그 22개 구단 대표팀 선발 완료
6	12	K리그2 16라운드, 경기 전 故유상철 감독 추모 묵념 실시
	12	축구산업 아카데미 15기 수료
	21	K리그 구단 대표 BJ를 찾아라! K리그 '팬버서더' 모집
	22	'2021 K리그 미디어 가이드라인' 개정
	25	'2021 K리그 퀸(K-WIN)컵' 개최
	25	K리그 유스 대상 '심판 직업 소개'
	26	K리그 드림어시스트 멘티, 드림콘서트 출연
	30	K리그, '유소년 훈련과 영양 관리 가이드라인 e-book' 배포
7	1	2022년도 FA자격 취득 예정 선수 공시
	1	국내 스포츠 단체 최초 '유엔기후변화협약 스포츠 기후 행동 협정' 참여
	7	연맹-하나은행-현대오일뱅크-사랑의열매 '그린킥오프' 친환경 캠페인 공동 진행
	15	K리그 매거진 프로그램 '다이나믹 피치' 런칭
	17	제주, 'eK리그 챔피언스컵 2021' 우승

월	일	내용
	20	K리그 중계방송에 로바디(Low Body) 카메라 도입
	25	독일 내 K리그 중계에 '멀티뷰 서비스' 도입
	28	'2021 K리그 U15 챔피언십 개막
	28	황선홍, 최용수, 조원희, 샤이니 민호, 배성재, 'K리그 앰버서더'로 위촉
	30	K리그 공식 홈페이지 리뉴얼, 신규 BI '다이나믹 피치' 적용
	30	K리그 - 하나은행 - 사랑의열매, '탄소제로몹' 실시
8	13	K리그 - 하나은행 - 사랑의열매, 친환경 게임 '그린킥오프FC' 런칭
	20	'2021 K리그 U18 챔피언십 개막
	26	박지성 전북현대 어드바이저, '다이나믹 피치' 출연
	30	K리그-하나은행-사랑의열매, '그린킥오프스쿨' 참가 교육기관 모집
	31	K리그 드림어시스트 온라인 토크콘서트 개최
9	8	연맹-스페셜올림픽코리아 통합축구 활성화를 위한 업무협약 체결
	15	K리그1 '레모나 이 달의 영플레이어' 신설, 초대 수상자는 광주 엄지성
	17	K리그-EA, 'FIFA22' K리그 능력치 공개 이벤트 진행
	23	샤이니 민호, '다이나믹 피치' 출연
10	7	2021 제4차 이사회 개최
	14	심폐소생술로 시민의 생명을 살린 안양 김태훈에게 선행상 표창
	17	2021 AFC챔피언스리그 4강, 8강 유치, 전주 개최
	18	K리그 구단별 2022시즌 우선지명 선수 명단 발표
	22	제3회 '케이리그 덕력시험' 개최
	28	파이널A 화상 미디어데이 개최
	28	더 샌드박스와 함께 메타버스 플랫폼 'K리그 in 메타버스' 공개
	29	파이널라운드 맞아 승부예측 이벤트 개최
11	8	연맹, ACL 8강 - 4강 개최 지원한 전주시설관리공단에 감사패 전달
	11	연맹-넥슨, 'e스포츠 공동마케팅' 업무 협약 체결
	13	'2021 스페셜올림픽 K리그 유니파이드컵' 개최
	15	2021 제5차 이사회 개최
	18	하나원큐 K리그2 2021 대상 시상식 개최
	23	포항스틸러스, 2021 AFC챔피언스리그 준우승
	25	팬들과 함께 찾는 K리그 역사, 연맹, '과거 영상 디지털 변환 이벤트' 실시
	25	K리그 공식 어플리케이션 리뷰 이벤트 진행
	26	K리그 팬 패션 이벤트 '런웨이 바이 피치' 진행
	27	제주: 수원FC전에서 '모두의 드리블' 개최
	28	K리그 양방향 소통 중계 '케소중', 아프리카TV에서 중계
12	1	내 손으로 예측하는 K리그 베스트일레븐, '팬 여론조사 이벤트' 시작
	4	연맹 - 현대오일뱅크, 'K리그 드림어시스트' 축구 캠프 개최
	6	K리그 유소년 지도자 '심리, 경기 분석 교육' 실시
	6	K리그, AFC 클럽 대회 랭킹 전체 2위, 동아시아 지역 1위 차지
	7	하나원큐 K리그1 2021 대상 시상식 개최
	7	2021 제6차 이사회 개최
	12	발달장애인과 K리그 선수들이 함께하는 '통합축구 올스타전' 개최
	18	축구산업 아카데미 16기 수료

Section 1

구단별 2021 기록포인트

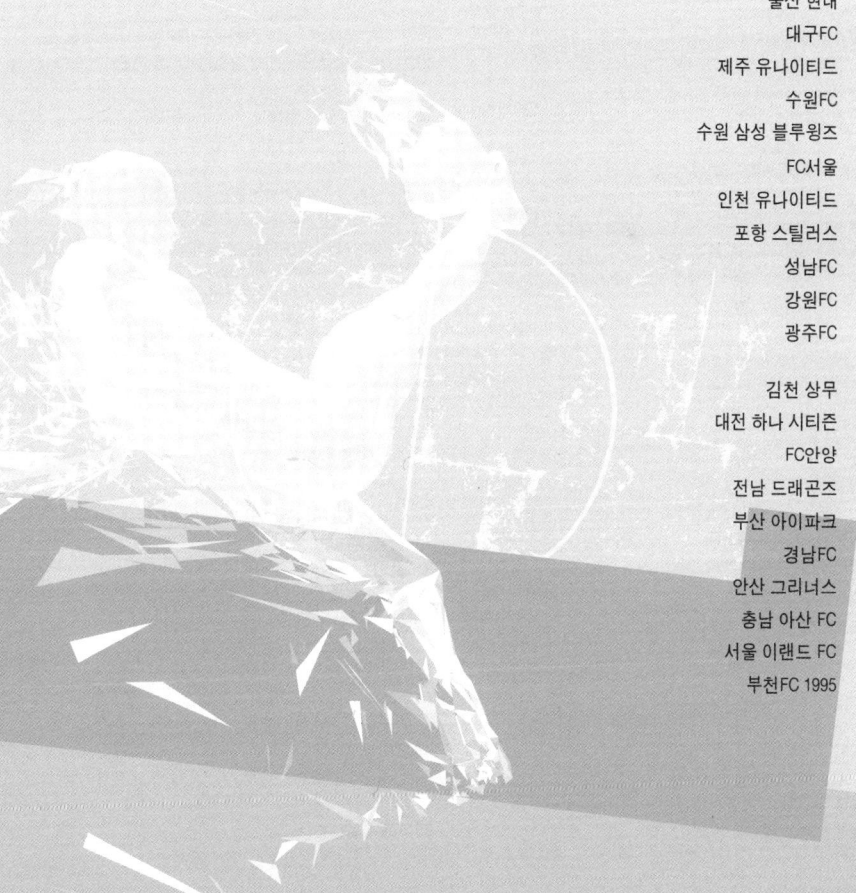

전 북 현 대 모 터 스

창단년도_ 1994년
전화_ 063-273-1763~5
팩스_ 063-273-1762
홈페이지_ www.hyundai-motorsfc.com
주소_ 우 54809 전라북도 전주시 기린대로 1055
     1055, Girin-daero, Deokjin-gu, Jeonju-si, Jeollabuk-do,
     KOREA 54809

연혁

1994 전북 다이노스 축구단 창단
1995 95 아디다스컵 4위   95 하이트배 코리안리그 7위
1996 96 아디다스컵 7위   96 라피도컵 프로축구대회 5위
     96 프로축구 페어플레이상 수상
1997 구단명칭(전북 현대 다이노스 축구단) 및 심볼마크 변경
     97 아디다스컵 9위   97 라피도컵 프로축구대회 6위
     97 프로스펙스컵 9위   97 프로축구 공격상 수상
1998 98 아디다스코리아컵 B조 4위(B조 최다득점)
     98 필립모리스코리아컵 7위
     98 현대컵 K-리그 6위
1999 구단 CI 변경(엠블럼 제작 및 마스콧 변경)
     제47회 대통령배 축구대회 준우승(2군)
     현대자동차 직영 체제로 전환
     새 경영진 체제 출범: 정몽구 구단주, 이용훈 단장(4대) 취임
     99 대한화재컵 B조 3위(최다득점)
     99 바이코리아컵 K-리그 7위   99 아디다스컵 5위
     제4회 삼보컴퓨터 FA컵 준우승
2000 구단 명칭(전북 현대 다이노스 → 전북 현대 모터스) 및 엠블럼 변경
     2000 대한화재컵 A조 3위   2000 삼성 디지털 K-리그 4위
     제5회 서울은행 FA컵 우승
2001 제3회 2001 포스데이타 수퍼컵 준우승
     2001 아디다스컵 B조 2위   중국 친선경기
     독일 브레멘 친선경기   2001 포스코 K-리그 9위
     제6회 서울은행 FA컵 3위
2002 제12회 아시안컵 위너스컵 준우승
     아디다스컵 2002 A조 4위   2002 삼성 파브 K-리그 7위
     제7회 서울 - 하나은행 FA컵 4위
2003 삼성 하우젠 K-리그 2003 5위   제8회 하나은행 FA컵 우승
2004 AFC 챔피언스리그 4강(총 10전 6승 1무 3패)
     제5회 2004 K-리그 수퍼컵 우승
     삼성 하우젠 K-리그 2004 전기 2위
     삼성 하우젠컵 2004 3위
     삼성 하우젠 K-리그 2004 후기 12위(정규리그 통합 5위)
     제9회 하나은행 FA컵 8강
2005 통영컵 국제프로축구대회(총 3전 1승 2패)
     삼성 하우젠컵 2005 12위
     삼성 하우젠 K-리그 2005 전기 11위
     중국 노능태산 친선경기(총 1전 1패)
     삼성 하우젠 K-리그 후기 12위(정규리그 통합 12위)
     제10회 하나은행 FA컵 우승

2006 구단 엠블럼 변경
     AFC 챔피언스리그 우승(총 12전 7승 1무 4패)
     삼성 하우젠컵 2006 6위
     삼성 하우젠 K-리그 2006 전기 7위
     삼성 하우젠 K-리그 2006 후기 13위(정규리그 통합 11위)
     제11회 하나은행 FA컵 8강(총 2전 11.1 1패)
     FIFA 클럽월드컵: 클럽 아메리카전(멕시코)
2007 삼성 하우젠컵 2007 6위   제12회 하나은행 FA컵 16강(0 : 1 패)
     AFC 챔피언스리그 8강
     삼성 하우젠 K-리그 8위
2008 삼성 하우젠컵 2008 B조 1위
     제13회 하나은행 FA컵 8강   삼성 하우젠 K-리그 2008 4위
2009 피스컵 코리아 2009 B조 3위
     2009 K-리그 정규리그 1위 / K-리그 챔피언십 우승
2010 쏘나타 K-리그 정규 3위(총 28전 15승 6무 7패), 플레이오프 3위
     포스코컵 2010(A조 1위) 준우승(7전 5승 2무 1패)
     AFC 챔피언스리그 2010(F조 2위) 8강(총 9전 6승 3패)
2011 현대오일뱅크 K-리그 정규 1위 / 챔피언십 우승
     AFC 챔피언스리그 2011 준우승
2012 현대오일뱅크 K-리그 2012 준우승
     제17회 하나은행 FA컵 8강   AFC 챔피언스리그 2012 H조 3위
2013 구단 CI 변경(엠블럼 및 캐릭터 변경)
     현대오일뱅크 K-리그 클래식 2013 3위
     제18회 하나은행 FA컵 준우승
     AFC 챔피언스리그 2013 16강
2014 현대오일뱅크 K-리그 클래식 2014 우승
     제19회 하나은행 FA컵 4강   AFC 챔피언스리그 2014 16강
2015 현대오일뱅크 K-리그 클래식 2015 우승
     제20회 KEB하나은행 FA컵 16강
     AFC 챔피언스리그 2015 8강
2016 현대오일뱅크 K-리그 클래식 2016 준우승
     제21회 KEB하나은행 FA컵 8강
     AFC 챔피언스리그 2016 우승
     2016 FIFA 클럽월드컵 5위
2017 KEB하나은행 K-리그 클래식 2017 우승
2018 KEB 하나은행 K-리그1 2018 우승
2019 하나원큐 K-리그1 2019 우승
2020 하나원큐 K-리그1 2020 우승
     제25회 하나은행 FA컵 2020 우승
2021 하나원큐 K-리그1 2021 우승

2021년 선수명단

대표이사_ 허병길   단장_ 백승권   부단장_ 김동탁   어드바이저_ 박지성
감독_ 김상식   수석코치_ 김두현   코치_ 안재석   코치_ 박원재   GK코치_ 이운재   피지컬코치_ 펠리페   스카우터_ 곽진서
주치의_ 송하헌   물리치료사_ 지우반   의무_ 김재오 · 김병선 · 송상현   통역_ 김민수   장비_ 이민호   분석관_ 김규범 · 노동현   팀매니저_ 김광수

포지션	선수명		생년월일	출신교	키(cm) / 몸무게(kg)
GK	이 범 영	李範永	1989.04.02	신갈고	197 / 95
	송 범 근	宋範根	1997.10.15	고려대	194 / 88
	황 병 근	黃秉根	1994.06.14	국제사이버대	193 / 93
	김 준 홍	金峻弘	2003.06.03	영생고	190 / 87
DF	이 용	李鎔	1986.12.24	중앙대	180 / 74
	최 희 원	崔熙願	1999.05.11	중앙대	185 / 78
	최 보 경	崔普慶	1988.04.12	동국대	184 / 79
	구 자 룡	具滋龍	1992.04.06	매탄고	182 / 77
	이 유 현	李裕賢	1997.02.08	단국대	179 / 74
	최 철 순	崔喆淳	1987.02.08	충북대	175 / 68
	홍 정 호	洪正好	1989.08.12	조선대	186 / 77
	노 윤 상	盧尹上	2002.03.03	영생고	190 / 79
	이 주 용	李周勇	1992.09.26	동아대	180 / 78
	박 진 성	朴眞珹	2001.05.15	연세대	178 / 76
	김 민 혁	金敏爀	1992.02.27	숭실대	187 / 73
MF	최 영 준	崔榮峻	1991.12.15	건국대	181 / 76
	백 승 호	白昇浩	1997.03.17	대신고	180 / 78
	한 교 원	韓教元	1990.06.15	조선이공대	182 / 73
	바 로 우	Modou Barrow	1992.10.13	*스웨덴	177 / 60
	김 보 경	金甫炅	1989.10.06	홍익대	176 / 72
	이 승 기	李承琪	1988.06.02	울산대	177 / 67
	쿠니모토	Kunimoto Takahiro(邦本宜裕)	1997.10.08	*일본	174 / 76
	이 지 훈	李知勳	2002.03.02	영생고	173 / 60
	이 성 윤	李聖允	2000.10.31	영생고	180 / 68
	문 선 민	文宣民	1992.06.09	장훈고	172 / 68
	사 살 락	Sasalak Haiprakhon	1996.01.08	*태국	173 / 62
	류 재 문	柳在文	1993.11.08	영남대	184 / 72
	박 채 준	朴採浚	2003.05.26	영생고	170 / 66
	명 세 진	明世振	2001.05.24	영생고	175 / 68
FW	구 스 타 보	Gustavo Henrique da Silva Sousa	1994.03.29	*브라질	189 / 83
	일 류 첸 코	Stanislav Iljutcenko	1990.08.13	*독일	187 / 82
	이 근 호	李根好	1990.05.21	연세대	185 / 85
	송 민 규	松旻奐	1999.09.12	충주상고	179 / 72
	김 승 대	金承大	1991.04.01	영남대	175 / 64

11

2021년 개인기록_ K리그1

위치	배번	선수	01	07	13	20	25	32	38	43	54	60
		경기번호	01	07	13	20	25	32	38	43	54	60
		날짜	02.27	03.06	03.09	03.13	03.16	03.20	04.03	04.06	04.11	04.18
		홈/원정	홈	원정	홈	원정	홈	홈	원정	원정	홈	홈
		장소	전주W	제주W	전주W	광주	전주W	전주W	수원W	포항	전주W	전주W
		상대	서울	제주	강원	광주	대구	수원FC	수원	포항	인천	성남
		결과	승	무	승	승	승	무	승	승	승	승
		점수	2:0	1:1	2:1	2:0	3:2	1:1	3:1	3:1	5:0	1:0
		승점	3	4	7	10	13	14	17	20	23	26
		슈팅수	10:14	8:8	9:12	6:10	12:16	10:12	9:9	8:9	16:8	7:5
GK	1	이범영										
	31	송범근	▽ 0/0	○ 0/0	○ 0/0	○ 0/0	○ 0/0	○ 0/0	▽ 0/0	○ 0/0	○ 0/0	○ 0/0
	50	김준홍										
	52	김정훈	△ 0/0						△ 0/0			
DF	2	이용	○ 0/0			○ 0/1	○ 0/0	▽ 0/0		○ 0/1	○ 0/0	
	3	최희원										
	6	최보경			○ 0/0 C		○ 0/0		▽ 1/0			
	15	구자룡			○ 0/0		△ 0/0	△ 0/0				
	16	이유현			○ 0/0				○ 0/0			○ 0/0 C
	23	김진수										
	25	최철순	△ 0/0	○ 0/0	○ 0/0		○ 0/0		○ 0/0	○ 0/0		
	26	홍정호	○ 0/0		○ 0/0 C	○ 0/1		○ 0/0 C		○ 0/0		
	28	사살락										
	30	노윤상						△ 0/0				
	32	이주용	○ 0/0	△ 0/0		○ 0/0		▽ 0/0			▽ 0/0	
	33	박진성		▽ 0/0 C				▽ 0/0 C		▽ 0/0		
	92	김민혁	○ 0/0		○ 0/0			○ 0/0		○ 0/0		
MF	4	최영준	○ 0/0	▽ 0/0	▽ 0/0 C	△ 0/0	○ 0/0		○ 0/0	▽ 0/0	▽ 0/0	
	5	백승호									△ 0/0	
	7	한교원	▽ 0/0					△ 0/0	△ 0/0	△ 1/1	△ 2/0	○ 1/0
	11	바로우	△ 1/0		○ 0/0	▽ 0/0	▽ 0/0		▽ 1/0		△ 1/1 C	△ 0/0
	13	김보경	○ 0/1	○ 0/0 C	△ 1/0	○ 0/0	△ 0/2		○ 0/0	○ 0/0	○ 0/2	△ 0/0
	14	이승기			△ 1/0	○ 0/0	△ 0/0	△ 0/0		○ 0/1	○ 2/1	○ 0/0
	17	쿠니모토									○ 0/0	
	19	이지훈		▽ 0/0	▽ 0/0	▽ 0/0	△ 0/0 C		▽ 0/0	△ 0/0	△ 0/0	
	28	정혁		▽ 0/0			▽ 0/0					
	29	류재문	▽ 0/0		△ 0/0 C	○ 0/0 C	▽ 0/0			○ 0/1		○ 0/0 C
FW	9	구스타보	▽ 0/0	▽ 0/0	△ 1/1	△ 0/0	○ 0/0		▽ 0/0	△ 0/0 C	△ 0/1	
	10	일류첸코	△ 0/0	△ 0/0	○ 0/0	△ 1/0	○ 2/0	○ 1/0	△ 1/1	▽ 2/0	○ 0/0	△ 0/1
	21	송민규										
	22	이성윤	▽ 0/0				▽ 1/0				▽ 0/0	
	24	김승대	△ 0/0	△ 0/1	▽ 0/0	△ 0/0	▽ 0/0	△ 0/0	△ 0/0	▽ 0/0		▽ 0/0
	27	문선민										

1. 선수자료 : 득점/도움   ○ = 선발출전   △ = 교체 IN   ▽ = 교체 OUT   ◆ = 교체 IN/OUT   C = 경고   S = 퇴장

위치	배번	경기번호	63	69	77	83	101	107	110	88	130	133
		날짜	04.21	04.24	05.02	05.09	05.19	05.23	05.29	06.06	08.04	08.07
		홈/원정	원정	원정	홈	홈	홈	원정	원정	원정	원정	홈
		장소	문수	춘천	전주W	전주W	전주W	대구전	인천	탄천	수원	전주W
		상대	울산	강원	제주	수원	울산	대구	인천	성남	수원FC	대구
		결과	무	무	무	패	패	패	무	승	패	승
		점수	0:0	1:1	1:1	1:3	2:4	0:1	1:1	5:1	0:1	2:1
		승점	27	28	29	29	29	29	30	33	33	36
		슈팅수	5:6	10:11	10:15	13:8	14:15	8:12	10:10	11:7	9:12	12:10
GK	1	이 범 영									○ 0/0	
	31	송 범 근	○ 0/0	○ 0/0	○ 0/0	▽ 0/0	○ 0/0	○ 0/0	○ 0/0	○ 0/0		○ 0/0
	50	김 준 홍										
	52	김 정 훈				△ 0/0						
DF	2	이 용	○ 0/0	○ 0/0	○ 0/0	○ 0/0	○ 0/0	△ 0/0	○ 0/0		○ 0/0	
	3	최 희 원								▽ 0/0		
	6	최 보 경	○ 0/0		○ 0/0		○ 0/0 C	▽ 0/0				
	15	구 자 룡						○ 0/0	○ 0/0	○ 0/0	○ 0/0	
	16	이 유 현						○ 0/0	○ 0/0	○ 0/1		○ 0/0
	23	김 진 수										
	25	최 철 순	○ 0/0 C		○ 0/0		▽ 0/0 C				△ 0/0	
	26	홍 정 호	○ 0/0	○ 0/0	○ 0/0	○ 0/0	○ 0/0	○ 0/0	○ 0/0		○ 0/0	○ 0/0
	28	사 살 락									△ 0/0	
	30	노 윤 상										
	32	이 주 용			○ 0/0							
	33	박 진 성						▽ 0/0			○ 0/0	○ 0/0
	92	김 민 혁		○ 0/0 C			○ 0/0					○ 0/0
MF	4	최 영 준	○ 0/0 C			▽ 0/0	○ 0/0	▽ 0/0 C	▽ 0/0	○ 0/0	▽ 0/0	△ 0/0
	5	백 승 호		○ 0/0		△ 0/0 C	▽ 0/0		○ 0/0	○ 0/0	▽ 1/0	○ 0/0
	7	한 교 원	△ 0/0				△ 2/0	△ 0/0	△ 0/0	△ 0/0	△ 0/0	△ 0/0
	11	바 로 우	△ 0/0	△ 0/1	△ 0/0	△ 0/0	○ 0/0 C	▽ 0/0	▽ 0/0			
	13	김 보 경	▽ 0/0	▽ 0/0	△ 0/1	○ 0/0	○ 0/2	△ 0/0	▽ 0/0	△ 0/0	△ 0/0	
	14	이 승 기	○ 0/0	△ 0/0			△ 0/0	▽ 0/0			△ 0/0	▽ 0/0
	17	쿠 니 모 토	△ 0/0 C	○ 1/0	▽ 0/0	◆ 0/0	△ 0/0	△ 0/0	△ 1/0	▽ 0/2		
	19	이 지 훈	▽ 0/0	▽ 0/0				▽ 0/0	▽ 0/0 C			
	28	정 혁										
	29	류 재 문		○ 0/0		▽ 0/0	○ 0/0				○ 0/0	
FW	9	구 스 타 보		▽ 0/0	△ 0/0	△ 0/0	△ 0/0		△ 0/0	○ 4/0 C	▽ 0/0 C	▽ 1/1
	10	일 류 첸 코	○ 0/0	△ 0/0	○ 1/0	○ 1/0 C	○ 0/0		○ 0/1	△ 0/1	△ 0/0	△ 0/0
	21	송 민 규										▽ 0/0
	22	이 성 윤	▽ 0/0			▽ 0/0	▽ 0/0	△ 0/0				
	24	김 승 대				△ 0/0	▽ 0/0		▽ 0/0	△ 0/0		
	27	문 선 민									△ 0/0	○ 1/0

13

위치	배번	선수	122	148	153	159	165	118	91	169	175	182
		경기번호	122	148	153	159	165	118	91	169	175	182
		날짜	08.11	08.15	08.21	08.25	08.28	09.01	09.05	09.10	09.18	09.21
		홈/원정	홈	홈	원정	홈	홈	홈	원정	원정	홈	원정
		장소	전주W	전주W	탄천	전주W	전주W	전주W	서울W	문수	전주W	광주
		상대	광주	서울	성남	포항	수원FC	포항	서울	울산	수원	광주
		결과	승	승	무	승	무	패	승	무	승	승
		점수	3:0	3:2	0:0	2:0	2:2	0:1	4:3	0:0	1:0	2:1
		승점	39	42	43	46	47	47	50	51	54	57
		슈팅수	16:8	16:12	9:10	8:10	20:10	8:11	12:9	4:17	10:9	11:5
GK	1	이 범 영										
	31	송 범 근	○ 0/0	○ 0/0	○ 0/0	○ 0/0	▽ 0/0	○ 0/0	○ 0/0	○ 0/0	○ 0/0	○ 0/0
	50	김 준 홍					△ 0/0					
	52	김 정 훈										
DF	2	이 용	○ 0/0		○ 0/0		○ 0/0 C					○ 0/0
	3	최 희 원										
	6	최 보 경					△ 0/0					
	15	구 자 룡		△ 0/0	○ 0/0							○ 0/0
	16	이 유 현		○ 0/1		○ 0/0			○ 0/0	△ 0/0		
	23	김 진 수					○ 0/0	▽ 0/0 C		○ 0/0	○ 0/0	○ 0/0
	25	최 철 순				○ 0/0			○ 0/1	○ 0/0	○ 0/0 C	
	26	홍 정 호	○ 0/0	○ 0/0	○ 0/0			○ 1/0				△ 0/0
	28	사 살 락	△ 0/0									
	30	노 윤 상										
	32	이 주 용										
	33	박 진 성	○ 0/0 C	○ 0/0	○ 0/0 C			△ 0/0	▽ 0/0			
	92	김 민 혁	○ 1/0	○ 0/0	○ 0/0			○ 0/0 C	○ 0/0 C		○ 0/0 C	○ 0/0
MF	4	최 영 준	△ 0/0 C	○ 0/0	▽ 0/0	○ 0/1	▽ 0/0					
	5	백 승 호	▽ 0/0	▽ 0/0				○ 0/0	○ 0/0	○ 0/0	○ 1/0	○ 1/0
	7	한 교 원	△ 0/0	▽ 2/0	○ 0/0	△ 0/0	○ 0/0	○ 0/0	▽ 0/0	▽ 0/0	△ 0/0	▽ 0/0
	11	바 로 우										
	13	김 보 경	△ 0/0	▽ 0/0	▽ 0/0		▽ 0/0	○ 0/0		○ 0/0 C	○ 0/0	▽ 0/1
	14	이 승 기	▽ 0/1	△ 0/0	△ 0/0	△ 0/0			▽ 0/0	△ 1/0	△ 0/0	
	17	쿠 니 모 토	▽ 0/0	△ 0/0	△ 0/0		△ 0/0		○ 1/0			
	19	이 지 훈										▽ 0/0
	28	정 혁										
	29	류 재 문				○ 0/0	▽ 0/0		○ 0/0	○ 0/0 C		
FW	9	구 스 타 보	△ 0/1	▽ 1/1 C	▽ 0/0	△ 2/0	○ 2/0	○ 0/0		△ 0/0	▽ 0/0	△ 0/0
	10	일 류 첸 코	○ 2/0	△ 0/0					▽ 1/0		△ 0/0	
	21	송 민 규	▽ 0/0	▽ 0/0		○ 0/0	▽ 0/0			▽ 0/0	▽ 0/0	○ 1/0
	22	이 성 윤										
	24	김 승 대				▽ 0/0	△ 0/0	△ 0/0	▽ 0/0		△ 0/0	
	27	문 선 민	▽ 0/0	△ 0/0	△ 0/0	▽ 0/0	▽ 0/0	▽ 0/0	△ 0/1	△ 0/0	○ 0/0	△ 0/0

선수자료: 득점/도움   ○ = 선발출전   △ = 교체 IN   ▽ = 교체 OUT   ◆ = 교체 IN/OUT   C = 경고   S = 퇴장

위치	배번		189	194	139	200	210	214	219	226
		경기번호	189	194	139	200	210	214	219	226
		날 짜	09.25	10.02	10.24	10.30	11.06	11.21	11.28	12.05
		홈/원정	홈	원정	원정	원정	홈	원정	원정	홈
		장 소	전주W	강릉	제주W	수원W	전주W	수원W	대구전	전주W
		상 대	인천	강원	제주	수원	울산	수원FC	대구	제주
		결 과	승	승	무	승	승	패	승	승
		점 수	2:0	1:0	2:2	4:0	3:2	2:3	2:0	2:0
		승 점	60	63	64	67	70	70	73	76
		슈팅수	11:9	15:16	15:17	12:7	10:14	9:10	15:9	12:7
GK	1	이 범 영								
	31	송 범 근	○ 0/0	○ 0/0 C	○ 0/0	▽ 0/0	○ 0/0	○ 0/0	○ 0/0	○ 0/0 C
	50	김 준 홍				△ 0/0				
	52	김 정 훈								
DF	2	이 용		○ 0/0	○ 0/0	○ 0/0	○ 0/0 C		○ 0/0	○ 0/0
	3	최 희 원								
	6	최 보 경								
	15	구 자 룡		△ 0/0	○ 0/0	△ 0/0	○ 0/0	○ 0/0	○ 0/0	○ 0/0 C
	16	이 유 현	△ 0/0 C					○ 0/0		
	23	김 진 수	○ 0/0	○ 0/0 C	○ 0/0 C	○ 0/0	○ 0/0	○ 0/0	○ 0/0 C	
	25	최 철 순	○ 0/0							▽ 0/0
	26	홍 정 호	○ 0/0	○ 0/0 CC			○ 0/0	○ 0/0	○ 1/0	○ 0/0
	28	사 살 락								
	30	노 윤 상								
	32	이 주 용								
	33	박 진 성								
	92	김 민 혁	○ 0/0	○ 0/0	○ 0/0	▽ 0/0				
MF	4	최 영 준		◈ 0/0						
	5	백 승 호	○ 1/0	○ 0/0	○ 0/0	○ 0/0	○ 0/0	○ 0/0	○ 0/0	○ 0/0
	7	한 교 원	△ 0/0			△ 0/1	▽ 0/0	▽ 0/0	▽ 0/0	▽ 1/0
	11	바 로 우				△ 0/0	○ 0/0 C	△ 0/0		△ 0/0
	13	김 보 경	▽ 0/0	▽ 1/0	△ 0/1	△ 1/0		△ 0/0		△ 0/0
	14	이 승 기		△ 0/0		△ 0/0		▽ 0/0		▽ 0/0
	17	쿠 니 모 토			○ 0/0 C	○ 1/0	○ 0/1	○ 0/0	▽ 0/1	○ 0/1
	19	이 지 훈			▽ 0/0					
	28	정 혁								
	29	류 재 문			▽ 0/0	▽ 0/0	○ 1/0		○ 0/0 C	
FW	9	구 스 타 보	△ 1/0	○ 0/0	△ 2/0	▽ 0/0	▽ 0/0	△ 1/0	○ 0/0	○ 0/0 C
	10	일 류 첸 코	○ 0/0 CC		▽ 0/0	△ 2/0	△ 1/0	▽ 0/0	△ 0/0 C	△ 0/0
	21	송 민 규	○ 0/1	○ 0/0	△ 0/0	○ 0/1	▽ 1/0	▽ 0/0	◈ 0/1	◈ 1/0
	22	이 성 윤							▽ 0/0	▽ 0/0
	24	김 승 대	▽ 0/0	▽ 0/0						
	27	문 신 민	∨ 0/0	∨ 0/0	∨ 0/0		△ 0/0	△ 1/0	△ 1/0	△ 0/0

15

울 산 현 대

창단년도_ 1983년
전화_ 052-209-7000
숙소전화_ 052-209-7114
팩스_ 052-202-6145
홈페이지_ www.uhfc.tv
인스타그램_ ulsanhyundaifootballclub
페이스북_ www.facebook.com/ulsanfc
유튜브_ www.youtube.com/ulsanhyundai
주소_ 우 44018 울산광역시 동구 봉수로 507(서부동) 현대스포츠클럽
Hyundai Sports Club, 507, Bongsuro(Seobu-dong), Dong-
gu, Ulsan, KOREA 44018

연혁

1983	12월 6일 현대 호랑이 축구단 창단(인천/경기 연고)
1984	84 축구대제전 수퍼리그 종합 3위
1985	85 축구대제전 수퍼리그 종합 4위
1986	86 프로축구선수권대회 우승 86 축구대제전 종합 3위
1987	강원도로 연고지 이전 87 한국프로축구대회 4위
1988	88 한국프로축구대회 2위
1989	89 한국프로축구대회 6위
1990	울산광역시로 연고지 이전 90 한국프로축구대회 5위
1991	91 한국프로축구대회 2위
1992	92 한국프로축구대회 3위 92 아디다스컵 5위
1993	93 한국프로축구대회 3위 93 아디다스컵 2위
1994	94 하이트배 코리안리그 4위 94 아디다스컵 5위
1995	95 하이트배 코리안리그 3위(전기 2위, 후기 3위)
	95 아디다스컵 우승
1996	96 라피도컵 프로축구대회 통합우승(전기 우승, 후기 9위)
	96 아디다스컵 4위, 아시안컵 위너스컵 3위
1997	97 라피도컵 프로축구대회 전기리그 우승
	97 아디다스컵 3위, 97 프로스펙스컵 A조 4위
1998	모기업 현대자동차에서 현대중공업으로 이전
	98 아디다스코리아컵 우승 98 필립모리스코리아컵 8위
	98 현대컵 K-리그 준우승 제3회 삼보체인지업 FA컵 준우승
1999	99 바이코리아컵 K-리그 6위 99 대한화재컵 3위
	99 아디다스컵 8강 제4회 삼보컴퓨터 FA컵 3위
2000	2000 삼성 디지털 K-리그 10위
	2000 대한화재컵 B조 3위 2000 아디다스컵 8강 6위
2001	2001 포스코 K-리그 6위 아디다스컵 2001 B조 4위
2002	2002 삼성 파브 K-리그 준우승 아디다스컵 2002 준우승
2003	삼성 하우젠 K-리그 2003 준우승 제8회 하나은행 FA컵 3위
2004	삼성 하우젠 K-리그 2004 통합순위 1위(전기 3위, 후기 3위)
	삼성 하우젠컵 2004 5위
2005	삼성 하우젠 K-리그 2005 우승(전기 3위, 후기 3위)
	삼성 하우젠컵 2005 준우승
2006	제7회 삼성 하우젠 수퍼컵 2006 우승(3월 4일)
	A3 챔피언스컵 2006 우승 AFC 챔피언스리그 공동 3위
2007	삼성 하우젠컵 2007 우승
	삼성 하우젠 K-리그 2007 정규리그 4위
2008	법인설립 (주)울산 현대 축구단
	'울산 현대 호랑이 축구단'에서 '울산 현대 축구단'으로 구단명칭 변경
	삼성 하우젠컵 2008 B조 3위
	삼성 하우젠 K-리그 2008 플레이오프 최종 3위(정규리그 4위)

2009	'(주)울산 현대 축구단'에서 '(주)현대중공업 스포츠'로 법인 변경
	아시아축구연맹 챔피언스리그 E조 3위
	피스컵 코리아 2009 4강 2009 K-리그 8위
2010	포스코컵 2010 8강
	쏘나타 K리그 2010 플레이오프 최종 5위(정규리그 4위)
2011	제16회 하나은행 FA컵 4강
	러시앤캐시컵 2011 우승, 득점왕(김신욱), 도움왕(최재수) 배출
	현대오일뱅크 K리그 2011 6위
	현대오일뱅크 K리그 2011 챔피언십 준우승
	K리그 통산 최초 400승 달성(7월 16일 강원전, 강릉종합운동장)
	곽태휘·김영광 2011 K리그 대상 베스트 11 선정
2012	제17회 하나은행 FA컵 4강 현대오일뱅크 K리그 2012 5위
	2012 K리그 대상 페어플레이상 수상, 이근호·곽태휘 베스트 11 선정
	김호곤 감독 통산 100승 달성(8월 8일 성남일화전, 탄천종합운동장)
	AFC 챔피언스리그 2012 우승(10승 2무) / 페어플레이상 / MVP(이근호)
	AFC 올해의 클럽상 / 올해의 감독상(김호곤) / 올해의 선수상(이근호)
	FIFA 클럽 월드컵 6위
2013	현대오일뱅크 K리그 클래식 2013 준우승
	김신욱·김치곤·김승규·이용, 2013 K리그 대상 베스트 11 선정
	김신욱, 2013 K리그 대상 MVP, 아디다스 올인 팬타스틱 플레이어 선정
2014	현대오일뱅크 K리그 클래식 2014 6위
2015	제20회 KEB하나은행 FA컵 4강
	2015 K리그 대상 김신욱(득점상) / 유소년 클럽상
2016	현대오일뱅크 K리그 클래식 2016 4위
	제21회 KEB하나은행 FA컵 4강
2017	제22회 KEB하나은행 FA컵 우승
	KEB하나은행 K리그 2017 4위
	K리그 통산 최초 500승 달성 (7월 19일 vs 강원)
	대한민국 스포츠산업대상 우수프로스포츠단상 (장관상)
2018	제23회 KEB하나은행 FA컵 준우승 K리그 유소년 클럽상
	주니오(FW), 리차드(DF), K리그 베스트 11 선정
	한승규 영플레이어상 수상
2019	하나원큐 K리그1 2019 준우승
	주니오(FW), 김보경(MF), 김태환(DF), K리그 베스트 11 선정
	김보경, K리그 MVP 선정
2020	AFC 챔피언스리그 2020 우승
	하나원큐 K리그1 2020 준우승 제25회 하나은행 FA컵 준우승
2021	하나원큐 K리그1 2021 준우승
	하나원큐 K리그1 팬 프렌들리 상 수상
	설영우 영플레이어상 수상 / 조현우(GK), 불투이스(DF), 이동준(MF)
	바코(MF) K리그1 베스트11 선정

2021년 선수명단

대표이사(단장)_ 김광국   사무국장_ 소대현   감독_ 홍명보
코치_ 김성록 · 조광수 · 모우렐로 로페즈 아벨   GK코치_ 양지원   피지컬코치_ 이세준   분석코치_ 이순석
통역_ 정인성   트레이너_ 이인철 · 정성적 · 박영훈

포지션	선수명		생년월일	출신교	키(cm) / 몸무게(kg)
GK	조 수 혁	趙秀赫	1987.03.18	건국대	188 / 83
	조 현 우	趙賢祐	1991.09.25	선문대	189 / 75
	서 주 환	徐宙桓	1999.06.24	울산대	191 / 79
DF	배 재 우	裵栽釪	1993.05.17	용인대	174 / 74
	불 투 이 스	Dave Bulthuis	1090.06.28	*네덜란드	192 / 78
	이 동 희	李東熙	2000.02.07	호남대	186 / 82
	김 태 현	金太炫	2000.09.17	통진고	186 / 83
	김 태 환	金太煥	1989.07.24	금호고	177 / 72
	이 명 재	李明載	1993.11.04	홍익대	182 / 68
	홍 철	洪喆	1990.09.17	단국대	177 / 71
	임 종 은	林宗垠	1990.06.18	현대고	192 / 88
	김 기 희	金基熙	1989.07.13	홍익대	188 / 80
	설 영 우	薛英佑	1998.12.05	울산대	180 / 72
MF	박 용 우	朴鎔宇	1993.09.10	건국대	186 / 80
	바 코	Valeri Qazaishvili	1993.01.29	*조지아	174 / 74
	윤 빛 가 람	尹빛가람	1990.05.07	중앙대	178 / 75
	이 동 경	李東炅	1997.09.20	홍익대	175 / 68
	원 두 재	元斗才	1997.11.18	한양대	187 / 80
	강 동 혁	姜東赫	1999.07.21	울산대	184 / 73
	김 성 준	金聖埈	1988.04.08	홍익대	174 / 68
	신 형 민	辛炯旼	1986.07.18	홍익대	182 / 77
	고 명 진	高明楨	1988.01.09	석관중	185 / 77
	강 윤 구	姜潤求	2002.04.08	경기 골클럽	176 / 68
	이 호	李浩	1984.10.22	중동고	183 / 76
	이 청 용	李靑龍	1988.07.02	도봉중	180 / 70
FW	윤 일 록	尹日錄	1992.03.07	진주고	178 / 65
	김 지 현	金址泫	1996.07.22	한라대	184 / 80
	이 동 준	李洞俊	1997.02.01	숭실대	173 / 65
	김 민 준	金民俊	2000.02.12	울산대	183 / 78
	오 세 훈	吳世勳	1999.01.15	현대고	193 / 85

Section 1 · 2021 구단기록 · 울산

위치	배번	선수										
		경기번호	05	08	14	21	26	36	39	45	53	59
		날 짜	03.01	03.06	03.09	03.13	03.16	03.21	04.03	04.07	04.11	04.18
		홈/원정	홈	원정	홈	원정	홈	원정	원정	홈	원정	원정
		장 소	문수	광주	문수	포항	문수	대구전	탄천	문수	수원	수원W
		상 대	강원	광주	인천	포항	제주	대구	성남	서울	수원FC	수원
		결 과	승	승	승	무	무	패	승	승	승	패
		점 수	5:0	1:0	3:1	1:1	0:0	1:2	1:0	3:2	1:0	0:3
		승 점	3	6	9	10	11	11	14	17	20	20
		슈팅수	14:8	13:8	13:11	7:6	10:9	12:10	9:8	27:8	8:13	11:12
GK	21	조현우	○0/0	○0/0	○0/0	○0/0	○0/0	○0/0	○0/0	○0/0	○0/0	○0/0
DF	2	배재우										
	4	불투이스	○0/0	○0/0 C	△0/0	○0/0		○1/0	○0/0	○0/0		○0/0
	15	김태현	△0/0			△0/0					○0/0 S	
	27	이명재										
	33	홍 철			▽0/0	▽0/0 C			○0/0	○0/0		
	36	임종은										
	44	김기희	○1/0	○0/0	○0/0	○0/0	○0/0	▽0/0		○0/0	○0/0	○0/0 C
	66	설영우	▽0/0	○0/0	△0/0		○0/0	○0/0		△0/0		
MF	6	박용우										
	8	바 코				△0/0	△0/0	△0/0	0/1	▽0/1		○0/0
	10	윤빛가람	○1/0	▽0/0	○1/0	▽0/0	○0/0	▽0/0	▽0/1 C	○0/0		▽0/0
	13	김민준	△0/0	▽1/0		▽1/0	▽0/0			▽1/0		
	14	이동경	△0/1	▽0/0			○0/0 C	△0/1	△0/0 C			
	16	원두재	○0/0 C	○0/0			○0/0			○0/0 C		
	18	김성준				▽0/0			△0/0	▽0/0		△0/0
	20	신형민		△0/0	○0/0	▽0/0 C			○0/0		○0/0 C	△0/0
	22	고명진				△0/0		△0/0				
	23	김태환	○0/0						○0/1		○0/0	
	30	강윤구	▽0/0 C	△0/0	▽0/0		▽0/0 C	▽0/0	▽0/0			▽0/0
	72	이청용	△0/0	△0/0	△0/0	○0/0	△0/0					
FW	7	윤일록										
	9	김지현	▽0/1	▽0/0						○0/0	▽0/0	▽0/0
	11	이동준	▽1/0	▽0/0	○1/1	○0/0	○0/0 C	△0/0	△1/0	△1/0		
	19	오세훈										
	24	힌터제어	△0/0	△0/0			▽0/0	○0/0		△0/0		△0/0
	92	김인성	▽2/0	△0/0	○1/0	△0/0	△0/0	○0/0		○0/0	△1/0	△0/0

선수자료 : 득점/도움 ○ = 선발출전 △ = 교체 IN ▽ = 교체 OUT ◆ = 교체 IN/OUT C = 경고 S = 퇴장

위치	배번	이름	63	70	76	89	96	101	105	111	84	125
		경기번호	63	70	76	89	96	101	105	111	84	125
		날짜	04.21	04.25	05.01	05.12	05.16	05.19	05.22	05.29	06.20	07.25
		홈/원정	홈	원정	홈	원정	홈	원정	홈	원정	홈	홈
		장소	문수	인천	문수	춘천	문수	전주W	문수	제주W	문수	문수
		상대	전북	인천	광주	강원	수원	전북	포항	제주	성남	수원FC
		결과	무	무	승	무	무	승	승	승	무	패
		점수	0:0	0:0	2:0	2:2	1:1	4:2	1:0	2:1	2:2	2:5
		승점	21	22	25	26	27	30	33	36	37	37
		슈팅수	6:5	18:9	17:13	14:8	23:10	15:14	10:12	11:10	10:14	16:13
GK	21	조현우	○ 0/0	○ 0/0	○ 0/0 C	○ 0/0	○ 0/0	○ 0/0	○ 0/0	○ 0/0	○ 0/0	○ 0/0
DF	2	배재우										▽ 0/0
	4	불투이스	○ 0/0	○ 0/0	○ 0/0	○ 0/0	○ 0/0 C	○ 1/0	○ 0/0			
	15	김태현		▽ 0/0								
	27	이명재										
	33	홍철	▽ 0/0							○ 0/0	○ 0/1	○ 0/0 C
	36	임종은										△ 0/0
	44	김기회	○ 0/0	○ 0/0	○ 0/0 C	○ 0/0	○ 0/0		○ 0/0 C	○ 0/0		○ 0/0
	66	설영우	△ 0/0	△ 0/0	○ 0/0	○ 0/0 C	○ 1/0	○ 0/0 C	○ 0/0			
MF	6	박용우										
	8	바코	△ 0/0	△ 0/0	▽ 1/0	○ 0/0	△ 0/0	○ 0/1	▽ 0/0	▽ 0/0	○ 0/0	○ 1/0
	10	윤빛가람	○ 0/0	○ 0/0	○ 0/0			○ 0/2 C	○ 1/0	○ 0/0	▽ 0/1	○ 0/0
	13	김민준	▽ 0/0	▽ 0/0	▽ 0/0	▽ 0/0	▽ 0/0		▽ 0/0	▽ 0/0 C	▽ 1/0	▽ 0/1
	14	이동경	○ 0/0	○ 0/0	○ 0/0	△ 0/0	▽ 0/0					
	16	원두재			△ 0/0	○ 0/0	○ 1/0					
	18	김성준					○ 0/1					△ 0/0
	20	신형민	○ 0/0 C	▽ 0/0			○ 0/0	△ 0/0			▽ 0/0	▽ 0/0
	22	고명진			△ 0/0	○ 0/0	▽ 0/0	○ 0/0	○ 0/0	○ 0/0	○ 0/0	○ 0/0
	23	김태환	○ 0/0	○ 0/0 C	○ 0/2	○ 0/1	○ 0/0 C	○ 0/0	○ 0/0 C	○ 0/0	○ 0/0 C	
	30	강윤구										
	72	이청용					△ 0/0	△ 0/0 C	△ 0/0			△ 0/0
FW	7	윤일록										
	9	김지현	▽ 0/0	▽ 0/0	△ 0/0	△ 0/0	▽ 0/0			△ 1/0		
	11	이동준	○ 0/0	○ 0/0		△ 0/0	○ 0/0	△ 1/0	△ 0/0	△ 1/0		
	19	오세훈										△ 0/0
	24	힌터제어			▽ 1/0	▽ 0/0	△ 0/0	▽ 1/0	▽ 0/0	▽ 0/0	○ 1/0	○ 1/0
	92	김인성	△ 0/0	△ 0/0	△ 0/0				△ 0/0	△ 0/0	△ 0/0	

위치	배번	경기번호	128	119	134	145	156	160	167	169	177	183
		날짜	07.31	08.04	08.07	08.14	08.22	08.25	08.29	09.10	09.18	09.21
		홈/원정	원정	홈	홈	원정	홈	원정	홈	홈	원정	원정
		장소	서울W	문수	문수	제주W	문수	서울W	문수	문수	대구전	포항
		상대	서울	대구	강원	제주	수원	서울	인천	전북	대구	포항
		결과	무	승	승	무	승	승	승	무	패	승
		점수	0:0	2:1	2:1	2:2	3:1	2:1	3:2	0:0	1:2	2:1
		승점	38	41	44	45	48	51	54	55	55	58
		슈팅수	8:6	13:10	14:9	14:11	13:10	9:23	17:11	17:4	3:21	5:11
GK	21	조현우	○ 0/0	○ 0/0	○ 0/0	○ 0/0	○ 0/0	○ 0/0	○ 0/0	○ 0/0	○ 0/0	○ 0/0
DF	2	배재우										
	4	불투이스		○ 0/0	○ 0/0	○ 0/0		○ 0/0	○ 0/0	○ 0/0 C	○ 0/0	△ 0/0
	15	김태현							△ 0/0		△ 0/0	
	27	이명재	△ 0/0									
	33	홍철	▽ 0/0		▽ 0/0	▽ 0/0 C	▽ 0/0		△ 0/0	○ 0/0	▽ 0/0	
	36	임종은	○ 0/0					○ 0/0				○ 0/0
	44	김기희	○ 0/0	○ 0/0	○ 0/0	○ 0/1	○ 0/0		▽ 0/0	○ 0/0	○ 0/0 C	○ 0/0 C
	66	설영우			△ 0/0	△ 0/0	△ 0/0	○ 0/1	○ 0/0	○ 0/0		
MF	6	박용우									△ 0/0 C	○ 0/0
	8	바코	▽ 0/0	○ 0/0	▽ 0/0	○ 0/0	△ 0/0	▽ 2/0	○ 0/0	△ 0/0	○ 1/0	▽ 1/0
	10	윤빛가람	○ 0/0		▽ 0/0			○ 0/0		▽ 0/0		
	13	김민준	△ 0/0	▽ 0/0	▽ 0/0	▽ 0/0		○ 0/0 C				△ 0/0
	14	이동경		▽ 0/0	○ 1/0	○ 0/0 C	▽ 0/0	▽ 0/0	○ 0/0		▽ 0/0	○ 0/0 C
	16	원두재							○ 0/0	○ 0/0		○ 0/0 S
	18	김성준	▽ 0/0 C					△ 0/0			▽ 0/0	△ 0/0
	20	신형민	▽ 0/0			△ 0/0		△ 0/0				
	22	고명진	△ 0/0	○ 0/0			▽ 0/0	▽ 0/0 C		▽ 0/0		
	23	김태환	○ 0/0	○ 0/0	○ 0/0	○ 0/0 C	○ 0/0	○ 0/1	▽ 0/0			○ 0/0 C
	30	강윤구										
	72	이청용	○ 0/0	△ 0/0	△ 0/0	△ 0/0	○ 2/0	▽ 0/0	△ 0/1	○ 0/0 C	◆ 0/0	
FW	7	윤일록							▽ 0/0	▽ 0/0	△ 0/0	△ 0/0
	9	김지현	△ 0/0						△ 0/0			
	11	이동준		△ 1/0	△ 1/0	△ 0/0	△ 0/0	○ 1/0	○ 0/1 C	○ 0/0 C	△ 0/0	○ 0/1
	19	오세훈	▽ 0/0	△ 0/0	△ 0/0	△ 1/0	▽ 0/0	▽ 0/0	▽ 1/0	○ 0/0		▽ 1/0
	24	힌터제어	△ 0/0	▽ 1/0	▽ 0/1	▽ 1/0	△ 0/0	△ 0/0				
	92	김인성										

선수자료 : 득점/도움   ○ = 선발출전   △ = 교체 IN   ▽ = 교체 OUT   ◆ = 교체 IN/OUT   C = 경고   S = 퇴장

위치	배번		경기번호	188	198	140	203	210	215	220	227		
			날짜	09.25	10.02	10.24	10.31	11.06	11.21	11.28	12.05		
			홈/원정	홈	원정	원정	홈	원정	홈	원정	홈		
			장소	문수	수원W	탄천	문수	전주W	문수	수원W	문수		
			상대	광주	수원FC	성남	수원FC	전북	제주	수원	대구		
			결과	승	승	패	승	패	승	무	승		
			점수	1:0	3:0	1:2	3:2	2:3	3:1	0:0	2:0		
			승점	61	64	64	67	67	70	71	74		
			슈팅수	17:6	19:15	17:11	13:9	14:10	16:8	12:7	18:10		
GK	21	조현우		○ 0/0	○ 0/0	○ 0/0	○ 0/0 C	○ 0/0	○ 0/0	○ 0/0	○ 0/0		
DF	2	배재우											
	4	불투이스		○ 0/0 C	○ 0/0				△ 0/0				
	15	김태현											
	27	이명재							○ 0/0				
	33	홍철		○ 0/0	△ 0/0	○ 1/0	△ 0/0 C						
	36	임종은		○ 0/0		○ 0/0	○ 0/0	○ 1/0	○ 0/0	▽ 0/0 C	○ 0/0		
	44	김기희			○ 0/0	○ 0/0	○ 0/0	○ 0/0	○ 0/0	○ 0/0	○ 0/0		
	66	설영우		○ 0/1	△ 0/0	△ 0/0	▽ 0/0		○ 0/0 C	○ 0/0	○ 1/1		
MF	6	박용우		○ 0/0	▽ 0/0	▽ 0/0		▽ 0/0 C	▽ 0/0	▽ 0/0	○ 0/0		
	8	바코		▽ 0/0	▽ 1/0	○ 0/0	○ 1/0	▽ 0/0	△ 0/0	△ 0/0	○ 0/0		
	10	윤빛가람		▽ 0/0		△ 0/0		△ 0/0	▽ 0/1	△ 0/0			
	13	김민준			△ 0/0	▽ 0/0			△ 0/0				
	14	이동경		▽ 0/0	▽ 1/0	○ 0/0	○ 1/0	▽ 0/1	△ 1/0	▽ 0/0			
	16	원두재					○ 0/0	○ 0/0	○ 0/0		○ 0/1		
	18	김성준		△ 0/0	▽ 0/1		▽ 0/0						
	20	신형민			△ 0/0		△ 0/0						
	22	고명진											
	23	김태환			○ 0/1		▽ 0/0	○ 0/0		○ 0/0 C	○ 0/0		
	30	강윤구											
	72	이청용				△ 0/0	△ 0/0	△ 1/0	▽ 0/0	○ 0/0	▽ 0/0		
FW	7	윤일록		△ 0/0	△ 0/0	△ 0/1	▽ 0/1	○ 0/0	◆ 0/0	△ 0/0	△ 0/0		
	9	김지현		△ 0/0	△ 0/0	△ 0/0							
	11	이동준		○ 1/0	○ 1/0			△ 0/0	▽ 0/1	○ 0/0	○ 0/0 C		
	19	오세훈		○ 0/0	▽ 0/0	▽ 0/0	○ 1/1	○ 0/0	○ 2/0	○ 0/0	○ 1/0		
	24	힌터제어											
	92	김인성											

21

대구 FC

창단년도_ 2002년

전화_ 053-222-3600

팩스_ 053-222-3601

홈페이지_ www.daegufc.co.kr

주소_ 우 41594 대구광역시 북구 고성로 191 DGB대구은행파크 2층 대구FC 사무실

　　　DGB Daegubank Park, 191, Goseong-ro, Buk-gu, Daegu, KOREA 41594

연혁

2002 발기인 총회
　　 (주)대구시민프로축구단 창립총회
　　 노희찬 대표이사 취임　　　　　　초대 박종환 감독 취임
　　 1차 시민주 공모　　　　　　　　대구FC로 구단명칭 결정
　　 한국프로축구연맹 창단 인가 승인.
2003 초대단장 이대섭 선임　　　　　　2차 시민주 공모
　　 엠블럼 및 유니폼 선정　　　　　　대구FC 창단식
2004 주주동산 건립
2005 대구스포츠기념관 개관
2006 대구FC 통영컵 우승
　　 제2기 이인중 대표이사 취임　　　제2기 최종준 단장 취임
　　 김범일(대구광역시 시장) 구단주 취임
　　 제3기 최종준 대표이사 취임　　　제2대 변병주 감독 취임
2007 유소년 클럽 창단
　　 '삼성 하우젠 K-리그 대상' 페어플레이팀상 수상
2008 대구FC U-18클럽 창단(현풍고)
　　 대구FC U-15 청소년 축구대회 개최
2009 제3기 박종선 단장 취임　　　　　제4기 박종선 대표이사 취임
　　 대구FC 유소년축구센터 개관　　　제3대 이영진 감독 취임
2010 포스코컵 2010 C조 2위(8강 진출)
2011 제4기 김재하 단장 취임　　　　　제5기 김재하 대표이사 취임
　　 U-18 제52회 청룡기 전국고교축구대회 우승(현풍고등학교)
　　 대구FC U-15클럽 창단(율원중학교)
　　 제4대 모아시르 페레이라(브라질) 감독 취임
2012 제5대 당성증 감독 취임
　　 2012년 제1차(1R~15R) 플러스스타디움상 수상
　　 U-18 대구시 축구협회장기 우승(현풍고)
2013 제6대 백종철 감독 취임
　　 교육기부 인증기관 선정(교육과학기술부)
　　 2013년 제2차 팬 프렌들리 클럽 수상 (프로축구연맹)
　　 공로상: 사랑나눔상 수상(프로축구연맹)
2014 제7대 최덕주 감독 취임
　　 U-18 문체부장관기 준우승(현풍고)
　　 제5기 조광래 단장 취임　　　　　제6기 조광래 대표이사 취임
2015 제8대 이영진 감독 취임
　　 제1차 풀스타디움상, 플러스스타디움상, 그린스타디움상 수상
　　 U-10(신흥초) 화랑대기 전국 유소년 축구대회 우승
　　 U-15(율원중) 무학기 전국 중학교 축구대회 우승
　　 제3차 풀스타디움상, 플러스스타디움상
　　 K리그 대상 2015 '득점왕, MVP, 베스트일레븐 FW' 수상(조나탄),
　　 조현우 K리그 대상 2015 '베스트일레븐 GK' 수상

2016 K리그 챌린지 한 경기 최다 관중 기록 경신
　　 (4.10 대구FC VS 경남FC / 23,015명)
　　 제1차 K리그 챌린지 풀스타디움·플러스스타디움·그린스타디움상 수상
　　 대구FC 유소년 축구센터 개관
　　 K리그 클래식 승격
　　 제3차 K리그 챌린지 풀스타디움·플러스스타디움상 수상
　　 손현준 감독대행 2016 K리그 대상 챌린지 '감독상' 수상
　　 조현우·정우재·황재원·세징야 2016 K리그 대상 챌린지 '베스트11' 수상
　　 U-12(신흥초), U-15(율원중), U-18(현풍고) 제35회 대구광역시 협회장기 우승
　　 제9대 손현준 감독 취임
2017 제1차 플러스스타디움상 수상
　　 제10대 안드레 감독 취임(역대 최초 K리그 선수 출신 감독)
　　 조현우 '2017 K리그 대상' 클래식 베스트11 GK 수상
2018 제23회 KEB하나은행 FA컵 우승
　　 창단 첫 ACL 진출권 획득
　　 KEB하나은행 K리그 대상 K리그1 베스트11 수상
　　 세징야 KEB하나은행 K리그 대상 K리그1 부문 도움왕 수상
　　 창단 이후 최다 점수 차(8점) 승리(2018.08.08 VS 양평FC)
2019 마스코트 고슴도치 리카 탄생(2019.01.30)
　　 DGB대구은행파크 개장(2019.03.09)
　　 AFC 챔피언스리그 조별예선 3위
　　 제15회 대한민국 스포츠산업대상 우수프로스포츠단 부문 장관상
　　 2019 하나원큐 K리그 대상 시상식 플러스스타디움상 수상
　　 2019 하나원큐 K리그 대상 시상식 팬 프렌들리 클럽상 수상
　　 하나원큐 K리그 2019 1, 2, 3차 팬 프렌들리 클럽상
　　 하나원큐 K리그 2019 1차 플러스스타디움상
　　 하나원큐 K리그 2019 2차 그린스타디움상
　　 2019시즌 총 매진 9회 기록
2020 하나원큐 K리그 2020 1, 2, 3차 팬 프렌들리 클럽상
　　 2020 하나원큐 K리그 대상 시상식 팬 프렌들리 클럽상
　　 대구FC 통산 800호골 달성(6.7 vs성남FC, 에드가)
　　 대구FC 통산 200승 달성(9.16 vs성남FC)
　　 세징야 하나원큐 K리그1 2020 BEST11 MF부문 수상
　　 제11대 이병근 감독 취임(2020.11)
2021 하나원큐 K리그1 2021 3위(역대 최고 순위 경신)
　　 2021 하나은행 FA컵 준우승
　　 2021 AFC 챔피언스리그 16강 진출
　　 세징야 하나원큐 K리그1 2021 BEST11 MF부문 수상
　　 대구FC U18팀(현풍고) 2021 K리그 U18 챔피언십 우승
　　 하나원큐 K리그1 2021 그린스타디움상

2021년 선수명단

대표이사_ 조광래 단장_ 조광래 감독_ 이병근
수석코치_ 최원권 GK코치_ 이용발 코치_ 이종현 피지컬코치_ 베네디토
2군코치_ 정철영 주무_ 김태철 트레이너_ 노현욱 · 박해승 · 이대균

포지션	선수명		생년월일	출신교	신장(cm)/체중(kg)
GK	최 영 은	崔 永 恩	1995.09.26	성균관대	189 / 78
	박 성 수	朴 成 沫	1996.05.12	하남고	192 / 83
	이 윤 오	李 閏 悟	1999.03.23	중동고	190 / 84
	이 학 윤	李 學 玧	2000.03.09	포항제철고	189 / 75
DF	김 우 석	金 佑 錫	1996.08.04	신갈고	187 / 74
	정 태 욱	鄭 泰 昱	1997.05.18	아주대	194 / 92
	김 재 우	金 載 雨	1998.02.06	영등포공고	187 / 84
	홍 정 운	洪 定 会	1994.11.29	명지대	187 / 76
	김 진 혁	金 鎭 爀	1993.06.03	숭실대	187 / 78
	이 상 기	李 相 基	1996.05.07	영남대	179 / 78
	이 진 용	李 珍 鎔	2001.05.01	현풍고	180 / 73
	손 승 우	孫 承 宇	2002.03.18	천안제일고	176 / 71
	장 성 원	張 成 源	1997.06.17	한남대	175 / 70
	박 재 경	朴 在 慶	2000.04.28	학성고	190 / 80
	조 진 우	趙 進 優	1999.11.17	인천남고	189 / 81
MF	라 마 스	Bruno Jose Pavan Lamas	1994.04.13	*브라질	178 / 78
	박 한 빈	朴 閑 彬	1997.09.21	신갈고	183 / 80
	오 후 성	吳 厚 盛	1999.08.25	현풍고	173 / 64
	윤 종 태	尹 鐘 太	1998.02.12	일본 환태평양대(IPU)	182 / 82
	박 민 서	博 民 西	2000.09.15	현풍고	175 / 68
	정 승 원	鄭 承 源	1997.02.27	안동고	170 / 68
	황 순 민	黃 順 旻	1990.09.14	일본 가미무라고	178 / 69
	황 병 권	黃 柄 權	2000.05.22	보인고	175 / 70
	최 민 기	崔 珉 綺	2002.11.08	장훈고	180 / 73
	김 희 승	金 熹 承	2003.01.19	천안제일고	184 / 81
	츠 바 사	Nishi Tsubasa(西翼)	1990.04.08	*일본	173 / 66
	이 용 래	李 容 來	1986.04.17	고려대	175 / 71
FW	에 드 가	Edgar Bruno da Silva	1987.01.03	*브라질	191 / 87
	세 징 야	Cesar Fernando Silva Dos Santos	1989.11.29	*브라질	177 / 74
	안 용 우	安 庸 佑	1991.08.10	동의대	176 / 69
	박 기 동	朴 己 東	1988.11.01	숭실대	191 / 83
	이 근 호	李 根 鎬	1985.04.11	부평고	176 / 74
	김 태 양	金 太 陽	2000.02.07	연세대	184 / 77
	정 치 인	鄭 治 仁	1997.08.21	대구공고	182 / 71
	제 갈 재 민	諸 葛 在 珉	2000.08.12	전주대	178 / 74
	이 종 훈	李 宗 勳	2002.03.21	현풍고	175 / 70
	신 중	愼 中	2001.11.13	청구고	175 / 71
	안 창 민	安 倉 民	2001.06.28	부평고	189 / 81

2021년 개인기록 _ K리그1

위치	배번		경기번호	02	09	16	19	25	36	37	44	49	57
			날짜	02.27	03.06	03.10	03.13	03.16	03.21	04.02	04.06	04.10	04.17
			홈/원정	홈	원정	홈	홈	원정	홈	원정	홈	원정	원정
			장소	대구전	인천	대구전	대구전	전주W	대구전	포항	대구전	강릉	서울W
			상대	수원FC	인천	광주	제주	전북	울산	포항	성남	강원	서울
			결과	무	패	패	무	패	승	무	무	패	승
			점수	1:1	1:2	1:4	1:1	2:3	2:1	0:0	0:0	0:3	1:0
			승점	1	1	1	2	2	5	6	7	7	10
			슈팅수	13:10	13:10	18:10	15:10	16:12	10:12	8:7	11:8	12:14	11:14
GK	1	최영은		○ 0/0	○ 0/0	○ 0/0				○ 0/0	○ 0/0	○ 0/0	○ 0/0
	31	이윤오											
	40	문경건					○ 0/0	○ 0/0					
DF	2	서경주											
	3	김우석								△ 0/0	○ 0/0	▽ 0/0 C	
	4	정태욱		○ 0/0	○ 0/0	○ 0/0	○ 0/0	○ 0/1	○ 0/0	○ 0/0	○ 0/0 C	○ 0/0	○ 0/0
	5	김재우		○ 0/0	△ 0/0	▽ 0/0			○ 0/0	○ 0/0	▽ 0/0		△ 0/0
	6	홍정운							△ 0/0	○ 0/0 C	○ 0/0		○ 0/0
	7	김진혁		○ 1/0	○ 1/0	○ 1/0	○ 0/0	○ 0/0					○ 0/1
	17	이상기											
	26	이진용			△ 0/0	▽ 0/0 C		△ 0/0	○ 0/0		△ 0/0 C		
	30	박병현											
	38	장성원		▽ 0/0	○ 0/0	△ 0/0	○ 0/0	○ 0/0 C	○ 0/0			○ 0/0	
	66	조진우		△ 0/0	▽ 0/0	△ 0/0	○ 0/0	○ 0/0 S					
MF	8	박한빈		○ 0/0 C	○ 0/0	▽ 0/0	▽ 0/0 C	○ 0/0 C	△ 0/0			▽ 0/0	△ 0/0
	10	세르지뉴			△ 0/0	△ 0/0			○ 0/0	○ 0/0	○ 0/0	○ 0/0	
	10	라마스											
	13	오후성		▽ 0/0				△ 0/1	△ 0/0		△ 0/0	△ 0/0	
	16	박민서											
	18	정승원								○ 0/0 C	○ 0/0	○ 0/0	○ 0/0
	20	황순민		○ 0/1	▽ 0/0	○ 0/0	▽ 0/0						
	36	김희승											
	44	츠바사		○ 0/0	○ 0/0	○ 0/0	○ 0/0	▽ 1/0			△ 0/0		▽ 0/0
	74	이용래		△ 0/0	△ 0/0	△ 0/0	○ 0/0 C	▽ 0/0 C	▽ 0/0	▽ 0/0 C	▽ 0/0	△ 0/0 C	△ 0/0
FW	9	에드가								△ 0/0	△ 0/0	△ 0/0	▽ 1/0
	11	세징야		○ 0/0	○ 0/0	○ 0/0	○ 1/0	○ 1/0	○ 1/1	○ 0/0	▽ 0/0	○ 0/0	▽ 0/0
	14	안용우		▽ 0/0	▽ 0/0	▽ 0/0	○ 0/0	○ 0/0	○ 0/0				○ 0/0
	19	박기동											
	22	이근호		△ 0/0	△ 0/0	△ 0/0	△ 0/0	△ 0/0	▽ 1/0	▽ 0/0	▽ 0/0		△ 0/0
	23	김태양											
	32	정치인			▽ 0/0 C	▽ 0/0 C	○ 0/0	○ 0/0 C	△ 0/0				

선수자료 : 득점/도움   ○ = 선발출전   △ = 교체 IN   ▽ = 교체 OUT   ◆ = 교체 IN/OUT   C = 경고   S = 퇴장

위치	배번		65	68	74	79	95	102	107	113	90	131
		경기번호	65	68	74	79	95	102	107	113	90	131
		날짜	04.21	04.24	05.01	05.08	05.16	05.19	05.23	05.30	06.06	08.01
		홈/원정	홈	원정	원정	홈	원정	원정	홈	홈	홈	홈
		장소	대구전	광주	수원	대구전	제주W	수원W	대구전	대구전	대구전	대구전
		상대	수원	광주	수원FC	인천	제주	수원	전북	강원	서울	포항
		결과	승	승	승	승	승	무	승	승	무	무
		점수	1:0	1:0	4:2	3:0	2:1	1:1	1:0	1:0	1:1	1:1
		승점	13	16	19	22	25	26	29	32	33	34
		슈팅수	13:5	6:14	10:13	11:6	11:10	10:15	12:8	13:9	19:10	7:14
GK	1	최영은	○ 0/0	○ 0/0	○ 0/0	○ 0/0	○ 0/0 C	○ 0/0	○ 0/0	○ 0/0	○ 0/0	○ 0/0
	31	이윤오										
	40	문경건										
DF	2	서경주										
	3	김우석		△ 0/0	○ 0/0	△ 0/0	△ 0/0		○ 0/0 C	△ 0/0	○ 0/0	▽ 0/0
	4	정태욱	○ 0/0	○ 0/0	○ 0/0	○ 0/1	○ 0/0	○ 0/0				
	5	김재우	○ 0/0 C	○ 0/0	○ 0/0 C	○ 0/0		▽ 0/0				
	6	홍정운	○ 0/0	○ 0/0 C		▽ 0/0		○ 1/0				○ 0/0
	7	김진혁	▽ 0/0	▽ 0/0		▽ 1/0	▽ 1/0	▽ 0/0				
	17	이상기										
	26	이진용	○ 0/0	▽ 0/0 C		▽ 0/0	▽ 0/0 C	▽ 0/0	▽ 0/0 C		▽ 0/0	▽ 0/0
	30	박병현										○ 1/0 C
	38	장성원										○ 0/0
	66	조진우										△ 0/0
MF	8	박한빈										
	10	세르지뉴	△ 0/0 C	▽ 0/0 C	△ 0/0			△ 0/0	△ 0/0	○ 0/0 C	▽ 0/0 C	
	10	라마스										
	13	오후성	△ 0/0	△ 0/0	△ 0/0	△ 1/0	△ 0/0			▽ 0/0		
	16	박민서										
	18	정승원	○ 0/0	○ 0/0	▽ 0/0	○ 0/0 C	○ 1/0	○ 0/0	○ 0/0		○ 0/0	
	20	황순민	▽ 0/0	▽ 0/0	▽ 0/0	▽ 0/0	▽ 0/1					▽ 0/0
	36	김희승										
	44	츠바사	▽ 0/0			▽ 1/0					△ 1/0 C	△ 0/0
	74	이용래	▽ 0/0 C	▽ 0/0	▽ 0/0	▽ 0/0	▽ 0/0	▽ 0/0	▽ 0/0	▽ 0/0	▽ 0/0	
FW	9	에드가	▽ 1/0	○ 1/0	▽ 1/1	○ 0/0	○ 0/0	○ 0/1 C	○ 0/1	○ 0/0	○ 0/0	○ 0/0
	11	세징야				▽ 1/0	▽ 0/1	○ 0/0	○ 1/0 C	○ 0/0	○ 0/0	○ 0/1
	14	안용우	△ 0/0	△ 0/0	△ 0/1							
	19	박기동										
	22	이근호	△ 0/0	△ 0/0	△ 1/0	△ 0/0	△ 0/0 C	△ 0/0				△ 0/0
	23	김태양										
	32	정치인	△ 0/0	△ 0/0	△ 0/0							

위치	배번	경기번호	119	133	146	151	161	166	124	172	177	184
		날 짜	08.04	08.07	08.14	08.20	08.25	08.28	09.04	09.10	09.18	09.22
		홈/원정	원정	원정	원정	홈	원정	홈	원정	원정	홈	원정
		장 소	문수	전주W	강릉	대구전	인천	대구전	탄천	포항	대구전	제주W
		상 대	울산	전북	강원	광주	인천	성남	성남	포항	울산	제주
		결 과	패	패	패	패	패	승	무	승	승	승
		점 수	1:2	1:2	0:2	1:2	0:2	3:1	0:0	2:1	2:1	1:0
		승 점	34	34	34	34	34	37	38	41	44	47
		슈팅수	10:13	10:12	10:9	11:6	17:10	11:7	9:7	13:11	21:3	14:18
GK	1	최 영 은	○ 0/0	▽ 0/0	○ 0/0	○ 0/0	○ 0/0	○ 0/0	○ 0/0	○ 0/0	○ 0/0	○ 0/0
	31	이 윤 오		△ 0/0								
	40	문 경 건										
DF	2	서 경 주										
	3	김 우 석				▽ 0/0 C						
	4	정 태 욱	○ 1/0	○ 0/0	○ 0/0	○ 0/0	○ 0/0	○ 0/0	○ 0/0	▽ 0/0		
	5	김 재 우	▽ 0/0									
	6	홍 정 운					○ 0/0 C	○ 0/0	○ 0/0	○ 0/0	○ 0/0	▽ 0/0
	7	김 진 혁	○ 0/0	○ 0/0	○ 0/0	○ 1/0	○ 0/0	○ 0/0	○ 0/0	○ 0/0		○ 0/1
	17	이 상 기	△ 0/0			△ 0/0						
	26	이 진 용	○ 0/0	▽ 0/0 C		△ 0/0	▽ 0/0	▽ 0/0	▽ 0/0		△ 0/0	△ 0/0 C
	30	박 병 현	▽ 0/0	▽ 0/0								
	38	장 성 원	▽ 0/0	△ 0/1	△ 0/0							
	66	조 진 우		△ 0/0 C	○ 0/0		△ 0/0	○ 0/0	○ 0/0	○ 0/0	○ 0/0	○ 0/0
MF	8	박 한 빈				▽ 0/0				△ 0/0 C	△ 0/0	○ 0/0 C
	10	세르지뉴										
	10	라 마 스		△ 0/0	△ 0/0	○ 0/0			○ 0/0			○ 0/0 C
	13	오 후 성	△ 0/0		△ 0/0							▽ 0/0
	16	박 민 서										
	18	정 승 원		▽ 0/0	○ 0/0	▽ 0/1	○ 0/0	○ 0/1	○ 0/0			○ 0/0
	20	황 순 민	▽ 0/0	▽ 0/0	▽ 0/0	▽ 0/0	▽ 0/0					
	36	김 희 승										
	44	츠 바 사	○ 0/0	○ 0/0	○ 0/0	○ 0/0	○ 0/0	○ 0/0		△ 0/1		▽ 0/0
	74	이 용 래					▽ 0/0	▽ 0/0	○ 0/0 C	▽ 0/0 C		
FW	9	에 드 가	○ 0/0 C	○ 1/0	△ 0/0 C	○ 0/0	○ 0/2	○ 0/0		○ 1/0	○ 1/0	△ 1/0
	11	세 징 야	○ 0/1	○ 0/0	○ 0/0	○ 0/0		○ 2/0		▽ 1/0	▽ 1/1	▽ 0/0
	14	안 용 우	△ 0/0	○ 0/0 C	△ 0/0			△ 0/0		△ 0/0 C		
	19	박 기 동					△ 0/0					
	22	이 근 호	◆ 0/0	△ 0/0	▽ 0/0			△ 0/0				△ 0/0
	23	김 태 양										
	32	정 치 인	△ 0/0		▽ 0/0				△ 1/0	▽ 0/0	△ 0/0	▽ 0/0

선수자료: 득점/도움   ○ = 선발출전   △ = 교체 IN   ▽ = 교체 OUT   ◆ = 교체 IN/OUT   C = 경고   S = 퇴장

위치	배번		190	195	141	202	209	216	219	227			
		경기번호	190	195	141	202	209	216	219	227			
		날짜	09.25	10.03	10.24	10.31	11.06	11.21	11.28	12.05			
		홈/원정	홈	원정	홈	홈	원정	홈	홈	원정			
		장소	대구전	서울W	대구전	대구전	수원W	대구전	대구전	문수			
		상대	수원FC	서울	수원	제주	수원FC	수원	전북	울산			
		결과	무	무	패	패	승	승	패	패			
		점수	0:0	1:1	0:2	0:5	2:1	2:1	0:2	0:2			
		승점	48	49	49	49	52	55	55	55			
		슈팅수	7:17	6:12	19:5	14:20	9:19	8:13	9:15	10:18			
GK	1	최영은	○0/0	○0/0	○0/0	○0/0	○0/0	○0/0	○0/0	○0/0			
	31	이윤오											
	40	문경건											
DF	2	서경주							△0/0	△0/0			
	3	김우석											
	4	정태욱			○0/0 C	○0/0	▽0/0	△0/0	○0/0	○0/0			
	5	김재우				▽0/0	△0/0	○0/0	▽0/0				
	6	홍정운	○0/0	○0/0				○0/0 C	○0/0	▽0/0			
	7	김진혁	○0/0	○0/0	○0/0	○0/0	○0/0	▽0/0 C	○0/0 C				
	17	이상기											
	26	이진용		△0/0		▽0/0	○0/0 CC		▽0/0 C				
	30	박병현		○0/0	○0/0		○0/0		○0/0	▽0/0			
	38	장성원	○0/0	○0/0 C	○0/0	○0/0	○0/1	▽0/0					
	66	조진우	○0/0					○1/0 C		△0/0			
MF	8	박한빈		▽0/0	▽0/0	△0/0							
	10	세르지뉴											
	10	라마스	○0/0	○0/0	○0/0	○0/0	○0/0	○0/1 C	○0/0	▽0/0			
	13	오후성	▽0/0	▽0/0	▽0/0			△0/0					
	16	박민서				△0/0							
	18	정승원	▽0/0										
	20	황순민	○0/0	▽0/1	○0/0								
	36	김희승						▽0/0		○0/0			
	44	츠바사	△0/0	▽0/0	△0/0	▽0/0	△0/0	▽0/0	△0/0	△0/0			
	74	이용래	△0/0 C										
FW	9	에드가	△0/0	○0/0	○0/0	▽0/0	○2/0	△0/0	△0/0	○0/0 CC			
	11	세징야	▽0/0		○0/0	○0/0	○0/1	△0/1	○0/0	○0/0 C			
	14	안용우		△0/0		▽0/0	○0/0	○0/0	○0/0	▽0/0			
	19	박기동						△0/0					
	22	이근호	△0/0	△0/0		△0/0	△0/0	▽1/0	▽0/0				
	23	김태양				△0/0							
	32	정치인	▽0/0	△1/0	△0/0	△0/0	▽0/0			△0/0			

27

제주 유나이티드

창단년도_ 1982년

전화_ 064-738-0934~6

팩스_ 064-738-0600

홈페이지_ www.jeju-utd.com

주소_ 우 63558 제주특별자치도 서귀포시 일주서로 166-31(강정동)

166-31, Iljuseo-ro(Gangjeong-dong), Seogwipo-si, Jeju-do, KOREA 63558

연혁

1982 유공 코끼리 축구단 창단(프로축구단 제2호)
　　　초대 최종현 구단주, 조규향 단장 취임, 초대 이종환 감독 취임
1983 프로축구 원년 구단으로 리그 참가(연고지: 서울, 인천, 경기)
　　　83 수퍼리그 3위
1984 84 축구대제전 수퍼리그 전반기 우승
　　　84 축구대제전 수퍼리그 챔피언결정전 준우승
1985 제2대 김정남 감독 취임
　　　제1회 일본 국제평화기원 축구대회 우승
1989 89 한국프로축구대회 우승
1990 2군 창설(함흥철 감독, 조윤환 코치 취임)
　　　제21회 태국 킹스컵 축구대회 3위
　　　90 한국프로축구 2군리그 준우승
　　　인천, 경기 → 서울 연고지 이전 (12월)
1992 제2대 이계원 단장 취임　　　제3대 박성화 감독 취임
1993 제2대 김항덕 구단주 취임
1994 94 아디다스컵 우승
　　　94 하이트배 코리안리그 준우승
　　　제4대 니폼니시 감독(러시아) 취임
1996 서울 → 부천 연고지 이전 (1월)
　　　유공 코끼리 → 부천 유공 구단명칭 변경
　　　96 아디다스컵 우승
1997 부천 유공 → 부천 SK 구단명칭 변경(10월)
1998 98 아디다스컵 코리아컵 준우승
　　　98 필립모리스코리아컵 준우승
　　　제5대 조윤환 감독 취임
1999 제3대 강성길 단장 취임
　　　99 바이코리아컵 K-리그 3위
2000 2000 대한화재컵 우승　　　2000 삼성 디지털 K-리그 준우승
2001 제6대 최윤겸 감독 취임
2002 제7대 트나즈 트르판 감독(터키) 취임
2003 제8대 하재훈 감독 취임
2004 제9대 정해성 감독 취임　　　제9회 하나은행 FA컵 준우승
2005 제4대 정순기 단장 취임
　　　제3대 신헌철 SK(주) 대표이사 구단주 취임
2006 부천 → 제주 연고지 이전
　　　부천 SK → 제주 유나이티드 FC 구단명칭 변경
2007 제주 유나이티드 FC 클럽하우스 준공

2008 제10대 알툴 감독 취임
　　　제주유나이티드에프씨 주식회사로 독립법인 전환
2009 제1대 변명기 대표이사 취임　　　제11대 박경훈 감독 취임
　　　코리안 풋볼 드림매치 2009 연변FC 초청경기
2010 제4대 구자영 구단주 취임
　　　쏘나타 K리그 2010 준우승
　　　제15회 하나은행 FA컵 공동 3위 및 페어플레이상 수상
　　　K리그 개인상 수상(감독상, MVP, 'FAN'tastic Player)
2011 AFC 챔피언스리그 2011 조별예선 3위
2012 축구단 창단 30주년
　　　제17회 하나은행 FA컵 페어플레이상 수상
2013 팬 프렌들리 클럽 수상
2014 제2대 장석수 대표이사 취임
　　　대한민국 스포츠산업대상 대통령표창 수상(프로구단 최초)
2015 제5대 정철길 구단주 취임　　　제12대 조성환 감독 취임
　　　제6대 김준 구단주 취임
　　　송진형, K리그 대상 '베스트 11' 선정
2016 현대오일뱅크 K리그 클래식 2016 3위
　　　K리그 대상 '페어플레이상' 수상
　　　K리그 대상 '베스트11' 선정(정운), '영플레이어상' 수상(안현범), '사랑나눔상' 수상(이근호)
2017 KEB하나은행 K리그 클래식 2018 2위
　　　K리그 어워즈 '팬프랜들리 클럽상' 수상
　　　이창민, 오반석 K리그 어워즈 '베스트 11' 선정
2018 제3대 안승희 대표이사 취임
　　　오반석, 2018 러시아 월드컵 대표팀 발탁
　　　정태욱, 2018 자카르타-팔렘방 아시안게임 대표팀 발탁
2019 제15대 최윤겸 감독 취임
　　　제24회 KEB하나은행 FA컵 16강
2020 제16대 남기일 감독 취임　　　제4대 한중길 대표이사 취임
　　　제5대 김현희 단장 취임
　　　하나원큐 K리그2 2020 우승, K리그1 승격
　　　제25회 하나은행 FA컵 16강
2021 하나원큐 K리그1 2021 FINAL A 진출
　　　강윤성, 2021도쿄올림픽 대표팀 발탁
　　　주민규 하나원큐 K리그1 2021 득점왕 및 '베스트11' 선정

2021년 선수명단

대표이사_ 한중길 단장_ 김현희 감독_ 남기일
수석코치_ 이정효 코치_ 마철준 코치_ 정조국 GK코치_ 기우성 피지컬코치_ 김경도 통역/주무_ 한승수 장비주임_ 문성준 차량주임_ 오경명
스카우터_ 신현호·심잉성 분석관_ 박원교·육태훈 재활트레이너_ 김범수·채윤석 물리치료사_ 윤재현

포지션	성명	한자명	생년월일	출신교	키(cm) / 몸무게(kg)
GK	이 창 근	李 昌 根	1993.08.30	동래고	184 / 84
	오 승 훈	吳 承 訓	1988.06.30	호남대	192 / 75
	유 연 수	柳 然 修	1998.02.26	호남대	191 / 89
	김 예 지	金 芮 志	1999.06.06	단국대	194 / 87
DF	권 한 진	權 韓 眞	1988.05.19	경희대	187 / 77
	정 운	鄭 澐	1989.06.30	명지대	180 / 73
	홍 성 욱	洪 成 昱	2002.09.17	부경고	187 / 80
	안 현 범	安 鉉 範	1994.12.21	동국대	179 / 74
	홍 준 호	洪 俊 豪	1993.10.11	전주대	190 / 77
	정 우 재	鄭 宇 宰	1992.06.28	예원예술대	179 / 70
	김 경 재	金 徑 栽	1993.07.24	아주대	183 / 73
	이 정 문	李 政 文	1998.03.18	연세대	194 / 80
	박 원 재	朴 元 在	1994.05.07	중앙대	176 / 66
	김 오 규	金 吾 奎	1989.06.20	관동대	182 / 75
	김 주 원	金 走 員	1991.07.29	영남대	185 / 83
MF	이 동 수	李 東 洙	1994.06.30	관동대	185 / 72
	강 윤 성	姜 尤 盛	1997.07.01	대구공고	172 / 65
	조 성 준	趙 聖 俊	1990.11.27	청주대	176 / 72
	이 창 민	李 昌 珉	1994.01.20	중앙대	179 / 77
	김 영 욱	金 泳 旭	1991.04.29	광양제철고	177 / 70
	권 성 현	權 成 賢	2001.02.22	보인고	183 / 69
	김 봉 수	金 奉 首	1999.12.26	광주대	182 / 78
	김 명 순	金 明 淳	2000.07.17	광주대	177 / 70
FW	정 훈 성	鄭 薰 聖	1994.02.22	성균관대	172 / 70
	자 와 다	Oskar Zawada	1996.02.01	*폴란드	191 / 87
	진 성 욱	陳 成 昱	1993.12.16	대건고	183 / 82
	제 르 소	Gerso Fernandes	1991.02.03	*기니비사우/포르투갈	172 / 62
	주 민 규	周 敏 圭	1990.04.13	한양대	183 / 79
	류 승 우	柳 承 祐	1993.12.17	중앙대	171 / 69
	변 경 준	邊 勁 竣	2002.04.08	통진고	182 / 74
	이 동 률	李 東 律	2000.06.09	제주 U-18	177 / 66
	추 상 훈	秋 相 薰	2000.02.03	조선대	170 / 67

2021년 개인기록 _ K리그1

위치	배번	선수	06	07	15	19	26	31	41	48	52	55
		경기번호	06	07	15	19	26	31	41	48	52	55
		날짜	03.01	03.06	03.09	03.13	03.16	03.20	04.04	04.07	04.11	04.17
		홈/원정	원정	홈	홈	원정	원정	홈	원정	홈	홈	원정
		장소	탄천	제주W	제주W	대구전	문수	제주W	수원	제주W	제주W	인천
		상대	성남	전북	포항	대구	울산	광주	수원FC	강원	수원	인천
		결과	무	무	승	무	무	무	패	무	승	승
		점수	0:0	1:1	1:0	1:1	0:0	1:1	1:2	1:1	2:1	3:0
		승점	1	2	5	6	7	8	8	9	12	15
		슈팅수	10:10	8:8	10:6	10:15	9:10	13:9	12:8	13:7	10:14	16:7
GK	1	이 창 근										
	21	오 승 훈	○ 0/0	○ 0/0			○ 0/0	○ 0/0	○ 0/0 C	○ 0/0	○ 0/0	○ 0/0
	31	유 연 수			○ 0/0	○ 0/0						
DF	5	권 한 진	○ 0/0	○ 0/0	○ 0/0	○ 0/0	○ 0/0	○ 0/0	○ 0/0 C	△ 0/0		○ 0/0
	6	강 윤 성	△ 0/0	△ 0/0	△ 0/0		○ 0/0 C	△ 0/0	△ 0/0 C	○ 0/0	△ 0/0	○ 0/0
	13	정 운	▽ 0/0		○ 1/0 C	○ 0/0	○ 0/0	○ 0/0		○ 0/1	▽ 0/0	○ 0/0
	15	홍 성 욱									▽ 0/0	
	20	홍 준 호										
	22	정 우 재	○ 0/0	○ 0/0	○ 0/0	○ 0/0		○ 1/0				▽ 0/0
	23	김 경 재	△ 0/0	○ 0/0	△ 0/0	△ 0/0			▽ 0/0	△ 0/0		△ 0/0 C
	26	이 정 문										
	33	박 원 재										
	35	김 오 규	○ 0/0	○ 0/0		○ 0/0 C	○ 0/0 C	○ 0/0		○ 0/0		
	36	김 주 원										
	38	이 규 혁	▽ 0/0			▽ 0/0	◆ 0/0	◆ 0/0		▽ 0/0		▽ 0/0
	39	김 명 순										
MF	4	이 동 수										
	8	이 창 민	○ 0/0	○ 0/0	○ 0/0	○ 0/0	○ 0/0	○ 0/0	○ 0/0	○ 0/0	○ 0/0	○ 0/0
	14	김 영 욱								△ 0/0	△ 0/1	△ 0/0
	15	여 름	○ 0/0	○ 0/0 C	▽ 0/0	▽ 0/0	△ 0/0	▽ 0/0	○ 0/0			
	17	안 현 범	○ 0/0	○ 1/0	○ 0/0 C	○ 1/0	○ 0/0	○ 0/0	▽ 0/0			▽ 0/1
	28	류 승 우						○ 0/0	△ 0/0		△ 0/0	△ 1/1
	30	김 봉 수									▽ 0/0	
FW	2	정 훈 성										
	7	조 성 준			△ 0/0	△ 0/0			△ 0/0	△ 0/1	△ 0/0	△ 0/1
	9	자 와 다	△ 0/0	△ 0/0	▽ 0/0	△ 0/0	▽ 0/0					
	10	진 성 욱	△ 0/0 S			▽ 0/0	△ 0/0	△ 0/0	▽ 0/0			
	11	제 르 소				△ 0/0	◆ 0/0			◆ 0/0	▽ 0/0	▽ 0/0
	18	주 민 규	▽ 0/0	▽ 0/0	△ 0/0		△ 0/0		△ 1/0	○ 1/0	○ 1/0	○ 2/0
	20	켄자바예프										
	29	변 경 준										
	37	이 동 률	◆ 0/0	▽ 0/0	◆ 0/0	▽ 0/0	▽ 0/0	▽ 0/0	▽ 0/0	▽ 0/0		
	40	추 상 훈										
	81	공 민 현	▽ 0/0	▽ 0/0	▽ 0/0 C	▽ 0/0	▽ 0/0	▽ 0/1		△ 0/0	▽ 0/0	

선수자료: 득점/도움 ○ = 선발출전 △ = 교체 IN ▽ = 교체 OUT ◆ = 교체 IN/OUT C = 경고 S = 퇴장

위치	배번		66	67	77	80	87	95	99	104	111	126
		경기번호	66	67	77	80	87	95	99	104	111	126
		날 짜	04.21	04.24	05.02	05.08	05.12	05.16	05.19	05.22	05.29	07.25
		홈/원정	홈	원정	원정	홈	원정	홈	원정	홈	홈	원정
		장 소	제주W	포항	전주W	제주W	수원W	제주W	광주	제주W	제주W	춘천
		상 대	서울	포항	전북	수원FC	수원	대구	광주	성남	울산	강원
		결 과	승	무	무	패	패	패	무	무	패	무
		점 수	2:1	0:0	1:1	1:3	2:3	1:2	0:0	2:2	1:2	2:2
		승 점	18	19	20	20	20	20	21	22	22	23
		슈팅수	18:6	5:9	15:10	15:11	9:10	10:11	8:13	14:7	10:11	16:16
GK	1	이 창 근										
	21	오 승 훈	○ 0/0	○ 0/0	○ 0/0	○ 0/0	○ 0/0	○ 0/0	○ 0/0	○ 0/0	○ 0/0	
	31	유 연 수										○ 0/0
DF	5	권 한 진	○ 1/0	○ 0/0	○ 0/0	○ 0/0 C	▽ 0/0	○ 0/0	○ 0/0	○ 0/0	○ 0/0	○ 0/0
	6	강 윤 성	△ 0/0	△ 0/0				△ 0/0				
	13	정 운	○ 0/1	○ 0/0	○ 0/0	○ 0/0 C	○ 0/0	○ 0/0	○ 0/0		▽ 0/0 C	▽ 0/0
	15	홍 성 욱					▽ 0/0 C			▽ 0/0 C		
	20	홍 준 호										△ 0/0
	22	정 우 재	○ 0/0	○ 0/0	○ 1/0	○ 0/0	○ 0/0	▽ 0/0	○ 0/0	○ 0/0	○ 0/0	○ 0/0
	23	김 경 재	△ 0/0 C	△ 0/0			△ 0/0			○ 0/0		
	26	이 정 문										
	33	박 원 재							▽ 0/0 C	○ 0/0	▽ 0/0	
	35	김 오 규	○ 0/0 C	○ 0/0	○ 0/0 C	○ 0/0 C		○ 0/0	○ 0/0	○ 0/0	○ 0/0	○ 0/0
	36	김 주 원			△ 0/0		△ 0/0					
	38	이 규 혁	▽ 0/1		▽ 0/0	▽ 0/0						
	39	김 명 순										
MF	4	이 동 수										△ 0/0
	8	이 창 민	○ 0/0	○ 0/0	○ 0/0	○ 1/0	○ 0/1	○ 0/0	○ 0/0	○ 0/0	○ 0/0	○ 0/0
	14	김 영 욱	△ 0/0	△ 0/0	△ 0/0	△ 0/1	△ 0/0 CC		△ 0/0	△ 0/0	▽ 0/0	△ 0/0
	15	여 름			◆ 0/0			△ 0/0 C	▽ 0/0 C			
	17	안 현 범	▽ 0/0	▽ 0/0	○ 0/0	▽ 0/0	○ 0/0	▽ 0/0			△ 0/0	○ 0/0
	28	류 승 우	◆ 0/0	△ 0/0			△ 0/0 C	△ 0/0				
	30	김 봉 수	▽ 1/0	▽ 0/0	▽ 0/0 C	▽ 0/0	▽ 0/0	▽ 0/0	▽ 0/0		△ 0/0	▽ 0/0
FW	2	정 훈 성										△ 0/0
	7	조 성 준			△ 0/0	△ 0/0	△ 0/0	△ 0/0	△ 0/0	○ 0/0		
	9	자 와 다			▽ 0/0	▽ 0/0				▽ 0/1	△ 0/0	
	10	진 성 욱	△ 0/0	△ 0/0	△ 0/0	△ 0/0	△ 0/0	△ 0/0	△ 0/0			△ 0/0
	11	제 르 소	▽ 0/0	▽ 0/0 C	▽ 0/0	▽ 0/0		△ 0/0		▽ 1/1	▽ 0/0	▽ 1/0 C
	18	주 민 규	○ 0/0	▽ 0/0			△ 0/0	○ 2/0	○ 1/0	○ 1/0	○ 1/0	▽ 1/1 C
	20	켄자바예프						△ 0/0				
	29	변 경 준										
	37	이 동 률		▽ 0/0				▽ 0/0	▽ 0/0		▽ 0/0	▽ 0/0
	40	추 상 훈										
	81	공 민 현					▽ 0/1		▽ 0/0		△ 0/0	△ 0/0

위치	배번	선수	129	135	145	116	154	168	170	176	184	187
		날짜	07.31	08.07	08.14	08.18	08.21	08.29	09.11	09.18	09.22	09.25
		홈/원정	홈	원정	홈	원정	원정	홈	원정	원정	홈	원정
		장소	제주W	수원W	제주W	서울W	수원W	제주W	인천	광주	제주W	포항
		상대	인천	수원	울산	서울	수원FC	서울	인천	광주	대구	포항
		결과	패	무	무	승	패	승	승	1/4	패	승
		점수	1:4	0:0	2:2	1:0	0:1	1:0	2:1	3:0	0:1	4:2
		승점	23	24	25	28	28	31	34	37	37	40
		슈팅수	21:13	9:13	11:14	9:11	9:10	8:12	16:6	10:8	18:14	10:13
GK	1	이 창 근	○ 0/0									○ 0/0
	21	오 승 훈		○ 0/0	○ 0/0 C	○ 0/0	○ 0/0	○ 0/0	○ 0/0	○ 0/0	○ 0/0	
	31	유 연 수										
DF	5	권 한 진	○ 0/0			○ 0/0			○ 0/0 C	○ 0/0	○ 0/0	
	6	강 윤 성		▽ 0/0	△ 0/0 C	△ 0/0	△ 0/0	△ 0/0		△ 0/0	△ 0/0	○ 0/0
	13	정 운	○ 0/0 C	○ 0/0	○ 0/0	○ 0/0	○ 0/0	○ 0/0 C			○ 0/0 C	○ 0/0
	15	홍 성 욱										
	20	홍 준 호	▽ 0/0	△ 0/0	△ 0/0	△ 0/0	○ 0/0 C		△ 0/0	△ 0/0	△ 0/0	▽ 0/0
	22	정 우 재	○ 0/1	○ 0/0					○ 0/0 C	○ 0/0	○ 0/0	△ 0/0
	23	김 경 재							▽ 0/0			
	26	이 정 문					△ 0/0					
	33	박 원 재	▽ 0/0	○ 0/0	△ 0/0 C	△ 0/0 C	◆ 0/0	△ 0/0	△ 0/1	△ 0/0		▽ 1/0
	35	김 오 규	△ 0/0	○ 0/0	○ 0/0	○ 0/0	○ 0/0	○ 0/0		○ 0/0 C		△ 0/0
	36	김 주 원										
	38	이 규 혁										
	39	김 명 순				▽ 0/0	▽ 0/0	▽ 0/0		▽ 0/0		
MF	4	이 동 수	△ 0/0	○ 0/0	▽ 0/0	○ 0/0 C		△ 0/0				
	8	이 창 민	○ 0/0	○ 0/0	○ 0/1	○ 0/0		▽ 1/0	○ 1/0	○ 0/0		○ 0/0
	14	김 영 욱	△ 0/0					△ 0/0		○ 0/0 C		
	15	여 름										
	17	안 현 범	△ 0/0						▽ 0/0	○ 0/0		△ 0/0
	28	류 승 우										
	30	김 봉 수	▽ 0/0	△ 0/0	△ 0/0	▽ 1/0		▽ 0/0	△ 0/0		△ 0/0	▽ 1/1
FW	2	정 훈 성										
	7	조 성 준			△ 0/0	▽ 0/0	△ 0/0	▽ 0/0	◆ 0/0	◆ 0/0		
	9	자 와 다										
	10	진 성 욱	△ 0/0	△ 0/0 C	▽ 0/1	△ 0/0	▽ 0/0	△ 0/0	△ 0/0		△ 0/0	○ 0/2
	11	제 르 소	▽ 1/0	▽ 0/0	▽ 0/0	▽ 0/0	△ 0/0	▽ 0/1	▽ 0/0	○ 0/0	○ 0/0	▽ 1/0
	18	주 민 규	○ 0/0	○ 0/0 C	○ 2/0	○ 0/0	○ 0/0	○ 0/0	○ 1/0	○ 1/0	○ 0/0	△ 0/0
	20	켄자바예프										
	29	변 경 준										
	37	이 동 률	▽ 0/0	▽ 0/0				▽ 0/0				
	40	추 상 훈							▽ 0/1	▽ 0/0	▽ 0/0	△ 0/0
	81	공 민 현										

선수자료 : 득점/도움   ○ = 선발출전   △ = 교체 IN   ▽ = 교체 OUT   ◆ = 교체 IN/OUT   C = 경고   S = 퇴장

위치	배번		197	158	139	202	208	215	217	226		
		경기번호	197	158	139	202	208	215	217	226		
		날짜	10.03	10.10	10.24	10.31	11.06	11.21	11.27	12.05		
		홈/원정	홈	원정	홈	원정	홈	원정	홈	원정		
		장소	제주W	강릉	제주W	대구전	제주W	문수	제주W	전주W		
		상대	성남	강원	전북	대구	수원	울산	수원FC	전북		
위치	배번	결과	승	무	무	승	승	패	승	패		
		점수	2:1	2:2	2:2	5:0	2:0	1:3	1:0	0:2		
		승점	43	44	45	48	51	51	54	54		
		슈팅수	12:2	18:16	17:15	20:14	11:14	8:16	13:12	7:12		
GK	1	이 창 근	○ 0/0	○ 0/0	○ 0/0	○ 0/0	○ 0/0	○ 0/0	○ 0/0	▽ 0/0		
	21	오 승 훈										
	31	유 연 수								△ 0/0		
DF	5	권 한 진					△ 0/0		△ 0/0			
	6	강 윤 성	▽ 0/0 C	◆ 0/0	△ 0/0							
	13	정 운	○ 0/0	○ 0/0	▽ 0/0	○ 0/0	○ 0/0	○ 0/0	○ 0/0	○ 0/0 C		
	15	홍 성 욱										
	20	홍 준 호			△ 0/0	△ 0/0		△ 0/0	△ 0/0			
	22	정 우 재	○ 0/0	○ 1/0			▽ 0/0		○ 0/1			
	23	김 경 재	○ 1/0	◆ 0/0 C	○ 0/0	○ 0/1	○ 0/0 C	▽ 0/0	○ 0/0	○ 0/0		
	26	이 정 문	△ 0/0	▽ 1/0	△ 0/0	△ 0/0	△ 0/0 C	△ 0/0	△ 0/0 C	△ 0/0		
	33	박 원 재	△ 0/0	△ 0/0		△ 0/0	△ 0/0		△ 0/0			
	35	김 오 규	○ 0/1	○ 0/0		○ 1/0				○ 0/0 C		
	36	김 주 원										
	38	이 규 혁										
	39	김 명 순						△ 0/0		▽ 0/0		
MF	4	이 동 수		△ 0/0		△ 0/0	▽ 0/0	▽ 0/0	◆ 0/0			
	8	이 창 민	○ 0/0	○ 0/0	○ 0/0	▽ 1/0						
	14	김 영 욱	△ 0/0	○ 0/0	△ 0/0	△ 0/0 C	○ 0/1	▽ 0/0	○ 0/0			
	15	여 름										
	17	안 현 범	▽ 0/1	▽ 0/1	○ 0/0	▽ 0/0	○ 0/0	○ 0/0	○ 0/0	▽ 0/0		
	28	류 승 우										
	30	김 봉 수	△ 0/0	▽ 0/0	▽ 0/0 C	▽ 0/0	△ 0/0	△ 0/0	▽ 0/0	○ 0/0 C		
FW	2	정 훈 성										
	7	조 성 준				◆ 0/0	△ 승	◆ 0/0				
	9	자 와 다								△ 0/0		
	10	진 성 욱 ◆	△ 0/0									
	11	제 르 소	△ 1/0	○ 0/0	▽ 0/0	▽ 0/0	○ 0/0	▽ 0/0	▽ 0/0	▽ 0/0 C		
	18	주 민 규	○ 0/0 C		○ 2/0	○ 2/0	▽ 2/0	○ 0/0	○ 1/0	▽ 0/0		
	20	켄자바예프										
	29	변 경 준	▽ 0/0		▽ 0/0				△ 0/0			
	37	이 동 률					▽ 0/0	▽ 0/0	▽ 0/0			
	40	추 상 훈		▽ 0/0		▽ 0/0						
	81	공 민 현										

수원 FC

창단년도_ 2003년
전화_ 031-228-4521~3
팩스_ 031-228-4458
홈페이지_ www.suwonfc.com
주소_ 우 16308 경기도 수원시 장안구 경수대로 893 수원종합
운동장 내
Suwon Sports Complex, 893, Gyeongsu-daero, Jangan-
gu, Suwon-si, Gyeonggi-do, KOREA 16308

연혁

2003	수원시청축구단 창단
	제49회 경기도체육대회 우승
	인터막스 K2 전기리그 6위
	인터막스 K2 후기리그 3위
	제8회 하나은행 FA컵 16강
2004	제52회 대통령배 전국축구대회 16강
	제50회 경기도체육대회 우승
	현대자동차 K2 전기리그 5위
	2004 K2 선수권대회 준우승
	제9회 하나은행 FA컵 16강
	현대자동차 K2 후기리그 3위
2005	제53회 대통령배 전국축구대회 16강
	제51회 경기도체육대회 우승
	국민은행 K2 전기리그 우승
	생명과학기업 STC 2005 K2 선수권대회 우승
	국민은행 K2 챔피언결정전 준우승 / 후기리그 5위
2006	제54회 대통령배 전국축구대회 8강
	제52회 경기도체육대회 우승
	STC내셔널리그 전기리그 6위
	제87회 전국체육대회 축구 준우승
	STC내셔널리그 후기리그 3위
2007	제55회 대통령배 전국축구대회 우승
	제53회 경기도체육대회 우승
	KB국민은행 내셔널리그 전기리그 4위
	한국수력원자력 2007내셔널축구 선수권대회 우승
	제88회 전국체육대회 축구 준우승
	KB국민은행 내셔널리그 챔피언결정전 준우승
	KB국민은행 내셔널리그 후기리그 우승

2008	제56회 대통령배 전국축구대회 16강
	제54회 경기도 체육대회 우승
	KB국민은행 내셔널리그 전기리그 3위
	KB국민은행 내셔널리그 챔피언결정전 준우승
	KB국민은행 내셔널리그 후기리그 우승
2009	교보생명 내셔널리그 통합1위 / 후기리그 준우승
2010	제56회 경기도 체육대회 축구 준우승
	대한생명 내셔널리그 통합우승 / 후기리그 준우승
2011	제57회 경기도 체육대회 축구 우승
	제92회 전국체육대회 일반부 우승
2012	우리은행 2012 내셔널축구선수권대회 우승
	프로축구 2부 리그 참가 확정
2013	현대오일뱅크 K리그 챌린지 참가
	제18회 하나은행 FA컵 8강 진출(챌린지팀 중 유일)
	현대오일뱅크 K리그 챌린지 4위
2014	제19회 하나은행 FA컵 16강 진출
	현대오일뱅크 K리그 챌린지 정규리그 6위
2015	제4대 김춘호 이사장 취임
	현대오일뱅크 K리그 챌린지 2위(K리그 클래식 승격)
2016	현대오일뱅크 K리그 클래식 12위
2017	캐치프레이즈 'RISE AGAIN' 선정
	김대의 감독 선임
	KEB하나은행 K리그 챌린지 2017 6위
2018	KEB하나은행 K리그2 2018 7위
2019	하나원큐 K리그2 2019 8위
2020	김도균 감독 선임
	하나원큐 K리그2 2020 2위(K리그1 승격)
2021	하나원큐 K리그1 2020 스플릿A 진출, 4위

2021년 선수명단

대표이사_ 김병두   단장_ 김호곤   감독_ 김도균

코치_ 김영삼 · 기현서   골키퍼코치_ 김성수   피지컬코치_ 티아고

스카우터_ 김성근   의무트레이너_ 김정원 · 강수헌   전력분석관_ 최정탁   팀매니저_ 서수영   장비관리사_ 장재호

포지션	선수명		생년월일	출신교	키(cm) / 몸무게(kg)
GK	박 배 종	朴培悰	1989.10.23	광운대	185 / 78
	최 봉 진	崔鳳珍	1992.04.06	중앙대	194 / 90
	유 현	劉賢	1984.08.01	중앙대	184 / 82
	민 동 환	閔洞煥	2001.01.12	울산현대고	187 / 78
DF	정 동 호	鄭東浩	1990.03.07	부경고	174 / 68
	김 상 원	金相沅	1992.02.20	울산대	176 / 69
	곽 윤 호	郭胤豪	1995.09.30	우석대	185 / 83
	잭 슨	Lachlan Robert Tua Jackson	1995.03.12	*오스트레일리아	196 / 85
	박 주 호	朴主護	1987.01.16	숭실대	175 / 71
	김 수 범	金洙範	1990.10.02	상지대	176 / 72
	조 유 민	曹侑珉	1996.11.17	중앙대	182 / 79
	윤 영 선	尹榮善	1988.10.04	단국대	185 / 78
	김 동 우	金東佑	1988.02.05	조선대	189 / 87
	김 주 엽	金柱燁	2000.04.05	보인고	180 / 76
	김 범 용	金範容	1990.07.29	건국대	181 / 72
	최 종 환	催鍾桓	1987.08.12	부경고	177 / 72
MF	정 재 용	鄭宰溶	1990.09.14	고려대	188 / 70
	무 릴 로	Murilo Henrique Pereira Rocha	1994.11.20	*브라질	177 / 76
	김 건 웅	金健雄	1997.08.29	울산현대고	185 / 81
	이 기 혁	李期奕	2000.07.07	울산대	184 / 72
	이 영 재	李英才	1994.09.13	용인대	174 / 60
	한 승 규	韓承規	1996.09.28	연세대	174 / 65
	김 준 형	金俊亨	1996.04.05	송호대	177 / 73
FW	김 승 준	金承俊	1994.09.11	숭실대	180 / 70
	라 스	Lars Veldwijk	1991.08.21	*네덜란드	197 / 94
	양 동 현	梁東炫	1986.03.28	동북고	186 / 80
	정 충 근	鄭充根	1995.03.01	-	175 / 60
	전 정 호	全廷鎬	1999.01.06	아주대	171 / 60
	조 상 준	趙相俊	1999.07.11	제주국제대	174 / 70
	타 르 델 리	Tardeli Barros Machado Reis	1990.03.02	*브라질	185 / 79
	나 성 은	羅聖恩	1996.04.06	수원대	174 / 63
	이 영 준	李泳俊	2003.05.23	신평고	190 / 83

2021년 개인기록_ K리그1

위치	배번	선수	02	12	18	23	30	32	41	46	53	56
		날 짜	02.27	03.07	03.10	03.14	03.17	03.20	04.04	04.07	04.11	04.17
		홈/원정	원정	원정	홈	홈	원정	원정	홈	원정	홈	홈
		장 소	대구전	서울W	수원	수원	인천	전주W	수원	광주	수원	수원
		상 대	대구	서울	수원	성남	인천	전북	제주	광주	울산	강원
		결 과	무	패	무	패	패	무	승	패	패	승
		점 수	1:1	0:3	0:0	1:2	1:4	1:1	2:1	0:2	0:1	2:1
		승 점	1	1	2	2	2	3	6	6	6	9
		슈팅수	10:13	15:16	17:12	10:8	11:17	12:10	8:12	7:14	13:8	16:10
GK	1	박배종						○ 0/0	○ 0/0	○ 0/0	○ 0/0	○ 0/0
	51	유 현	○ 0/0	○ 0/0	○ 0/0	○ 0/0	○ 0/0					
DF	2	정 동 호	○ 0/0 C	○ 0/0 C	○ 0/0 C		○ 0/0	○ 0/0	○ 0/0 C			○ 0/0
	3	김 상 원			○ 0/0		○ 0/0	○ 0/0	○ 0/0		○ 0/0	○ 0/0
	4	곽 윤 호	△ 0/0									
	5	장 준 영									▽ 0/0	
	5	잭 슨										
	6	박 주 호	○ 0/0 C	○ 0/0		▽ 0/0 C		▽ 0/0	○ 0/0			
	17	김 수 범										
	20	조 유 민		△ 0/0	○ 0/0	△ 0/0		○ 0/0 C	○ 1/0	○ 0/0		○ 0/0
	22	윤 영 선	○ 0/0	○ 0/0	○ 0/0 C		○ 0/0		△ 0/1 C	▽ 0/0		
	26	김 동 우										
	27	김 주 엽										
	33	김 범 용				△ 0/0					△ 0/0	
	42	박 지 수				○ 0/0 S	○ 0/0 CC	○ 0/0 C	○ 0/0 C	○ 0/0	○ 0/0 C	○ 0/0
MF	8	정 재 용	○ 0/0 C	▽ 0/0	△ 0/0	△ 0/0		△ 0/1		△ 0/0		
	10	무 릴 로	▽ 0/0	△ 0/0	△ 0/0	○ 1/0 C	△ 0/0	○ 0/0	○ 0/1	▽ 0/0	○ 0/0	▽ 0/0
	14	김 건 웅		○ 0/0	○ 0/0	○ 0/0 C	▽ 0/0	○ 1/0		○ 0/0	○ 0/0 C	▽ 0/0
	21	이 기 혁	▽ 0/0	▽ 0/0 C						▽ 0/0		△ 0/0
	28	이 영 재	○ 0/0	○ 0/0								△ 0/0
	88	김 준 형			▽ 0/0	▽ 0/0	▽ 0/0 C	▽ 0/0	▽ 0/0	▽ 0/0 C	▽ 0/0	
FW	7	김 승 준	△ 0/0	▽ 0/0	△ 0/0	△ 0/0	△ 0/0	△ 0/0			△ 0/0	○ 1/0
	9	라 스	△ 0/0	△ 0/0	▽ 0/0		○ 0/1		▽ 1/0		○ 0/0	△ 0/1
	17	빅 터							△ 0/0 C			
	18	양 동 현	▽ 1/0						△ 0/0	△ 0/0	△ 0/0	▽ 0/0
	19	정 충 근	◆ 0/0	△ 0/0	△ 0/0	△ 0/0 C	▽ 0/0	△ 0/0	△ 0/0		△ 0/0	△ 0/0
	24	전 정 호				▽ 0/0	▽ 0/0		▽ 0/0	◆ 0/0		
	29	조 상 준	▽ 0/0	▽ 0/0	△ 0/0	△ 0/0	▽ 1/0	▽ 0/0	◆ 0/0			
	37	김 호 남		△ 0/0			△ 0/0		△ 0/0	○ 0/0		
	37	타르델리										
	47	나 성 은								△ 0/0		
	66	한 승 규	△ 0/0	▽ 0/0	○ 0/0	△ 0/0	○ 0/1	△ 0/0	△ 0/0			△ 1/0
	99	이 영 준						▽ 0/0	▽ 0/0			

선수자료 : 득점/도움   ○ = 선발출전   △ = 교체 IN   ▽ = 교체 OUT   ◆ = 교체 IN/OUT   C = 경고   S = 퇴장

위치	배번	성명	62	71	74	80	86	93	98	103	109	115
		경기번호	62	71	74	80	86	93	98	103	109	115
		날짜	04.20	04.25	05.01	05.08	05.11	05.15	05.18	05.21	05.29	07.20
		홈/원정	원정	홈	홈	원정	홈	원정	홈	홈	원정	원정
		장소	포항	수원	수원	제주W	수원	춘천	수원	수원	탄천	수원W
		상대	포항	서울	대구	제주	광주	강원	포항	인천	성남	수원
		결과	패	무	패	승	승	무	패	무	승	승
		점수	0:1	1:1	2:4	3:1	2:1	0:0	3:4	2:2	3:2	2:1
		승점	9	10	10	13	16	17	17	18	21	24
		슈팅수	8:8	4:11	13:10	11:15	12:13	8:8	21:12	12:18	9:14	17:5
GK	1	박배종	○ 0/0	○ 0/0	○ 0/0	○ 0/0	○ 0/0	○ 0/0	○ 0/0			
	51	유현								○ 0/0 C	○ 0/0	○ 0/0
DF	2	정동호	○ 0/0			○ 0/1	○ 0/0	○ 0/0	○ 0/1			▽ 0/1 C
	3	김상원	○ 0/0	○ 0/0	○ 0/0	○ 0/1	○ 0/0	○ 0/0	○ 0/0	○ 0/0		○ 0/0
	4	곽윤호				▽ 0/0	△ 0/0			○ 0/0	○ 0/0	○ 0/0
	5	장준영		○ 0/0								
	5	잭슨										▽ 0/0
	6	박주호	○ 0/0	○ 0/0	○ 0/0	○ 0/0	○ 0/0 C	○ 0/0	○ 0/0	○ 0/0	○ 0/0 C	○ 0/0
	17	김수범										
	20	조유민	○ 0/0	○ 0/0	○ 0/0	○ 2/0	○ 0/0		○ 1/0			
	22	윤영선										
	26	김동우									△ 0/0	
	27	김주엽									▽ 0/0	
	33	김범용			▽ 0/0	△ 0/0			△ 0/0	○ 0/0	△ 0/0	△ 0/0
	42	박지수	○ 0/0	○ 0/1			○ 0/0 C			○ 0/0 CC		
MF	8	정재용										
	10	무릴로	▽ 0/0	▽ 0/0	▽ 0/1	△ 0/1 C	△ 1/1	△ 0/0 C	△ 1/1	△ 0/1	△ 1/0	△ 0/0
	14	김건웅	▽ 0/0	▽ 0/0 C	○ 0/0	▽ 0/0	▽ 0/0	○ 0/0 C	▽ 0/0	△ 0/0	○ 0/0	○ 0/0
	21	이기혁		▽ 0/0 C								
	28	이영재	△ 0/0			△ 0/0	▽ 0/1	▽ 0/0	▽ 0/0		○ 1/0	○ 1/1
	88	김준형						△ 0/0		△ 0/0		
FW	7	김승준	○ 0/0 C	◆ 0/0	△ 0/0			△ 0/0	△ 0/0		△ 0/0	
	9	라스	▽ 0/0	○ 1/0	△ 1/0	○ 1/0	○ 1/1 C	△ 0/0	○ 1/0 C	○ 1/1	○ 1/0	○ 1/0
	17	빅터	△ 0/0									
	18	양동현			△ 0/0	▽ 1/0	△ 0/0	◆ 0/0	▽ 0/0	◆ 1/0	◆ 1/0	▽ 0/0
	19	정충근			△ 0/0	△ 0/0			△ 0/0	△ 0/0		
	24	전정호	△ 0/0						▽ 0/0			
	29	조상준		▽ 0/0	▽ 0/0	▽ 0/0	▽ 0/0	▽ 0/0	▽ 0/0	▽ 0/0	▽ 0/0	▽ 0/0
	37	김호남							◆ 0/0			
	37	타르델리									△ 0/0	
	47	나성은			△ 0/0		△ 0/0	◆ 0/0				
	66	한승규	△ 0/0	△ 0/0	△ 0/0							
	99	이영준		▽ 0/0	▽ 0/0	▽ 0/0	▽ 0/0	▽ 0/0 C		▽ 0/0	▽ 0/0	

37

위치	배번	이름	125	130	138	149	154	162	165	174	180	185
		날짜	07.25	08.04	08.08	08.15	08.21	08.25	08.28	09.12	09.19	09.22
		홈/원정	원정	홈	원정	원정	홈	원정	원정	홈	원정	홈
		장소	문수	수원	인천	포항	수원W	수원W	전주W	수원W	서울W	수원W
		상대	울산	전북	인천	포항	제주	수원	전북	강원	서울	성남
		결과	승	승	무	패	승	승	무	승	패	승
		점수	5:2	1:0	0:0	1:3	1:0	3:0	2:2	1:0	1:2	3:1
		승점	27	30	31	31	34	37	38	41	41	44
		슈팅수	13:16	12:9	17:8	14:11	10:9	10:9	10:20	11:14	14:9	10:8
GK	1	박 배 종							△0/0	○0/0	○0/0	
	51	유 현	○0/0	○0/0	○0/0	○0/0	○0/0 C	○0/0	○0/0 CC			○0/0
DF	2	정 동 호	△0/0	△0/0	▽0/0						△0/0	○0/0
	3	김 상 원	○0/0	○0/0	○0/0	○0/0	○0/0	▽0/0	▽0/0	▽0/0	○0/0 C	○0/0
	4	곽 윤 호	○0/0	○0/0								○0/1
	5	장 준 영										
	5	잭 슨	▽0/0	○0/0	○0/0	○0/0	○0/0	1/0 C	○0/0	○0/1		○1/0
	6	박 주 호	○0/0	○0/0	○0/0 C		○0/0	○0/0	○0/0	○0/0	▽0/0	▽0/0
	17	김 수 범						△0/0				
	20	조 유 민		▽0/0		△0/0	▽0/0	▽0/0	▽0/0 C	▽0/0		
	22	윤 영 선										
	26	김 동 우	△0/0	△0/0								
	27	김 주 엽	▽0/0	▽0/0	△0/0	▽0/0	△0/0	△0/0 C	▽0/0		△0/0	
	33	김 범 용				△0/0						
	42	박 지 수										
MF	8	정 재 용								△0/0	△0/0	△1/0
	10	무 릴 로	▽0/1	▽0/0 C	○0/0	▽0/0	◆0/0			△0/0	△1/0	○0/1
	14	김 건 웅	○0/0 C	▽0/0	○0/0	○0/0	○0/0	○0/0	○0/0 C	○0/0	○0/0	▽0/0
	21	이 기 혁	▽0/0	▽0/0	▽0/0	▽0/0 C	▽0/0					
	28	이 영 재	△0/2	△0/0	△0/0	△0/0	○0/0	▽1/1	▽0/0		○0/1	△0/0
	88	김 준 형						△0/1	△0/0			
FW	7	김 승 준				△0/0	▽0/0	▽0/0	▽0/1	△0/0	△0/0	◆0/0
	9	라 스	○4/1	○0/0	○0/0 C	○0/0	○1/0	○0/0		○1/0	○0/0	○0/0
	17	빅 터										
	18	양 동 현	▽1/1	▽0/0	▽0/0	△1/0	△0/0	△1/0				△0/0
	19	정 충 근										
	24	전 정 호										
	29	조 상 준						▽0/0	▽1/0	▽0/0	▽0/0	▽0/0
	37	김 호 남										
	37	타 르 델 리	△0/0	△1/0	◆0/0	▽0/0 C						
	47	나 성 은										
	66	한 승 규	△0/0	△0/1	△0/1	△0/0	△0/0	△0/0	△1/0 C	▽0/0	○0/0	△0/0
	99	이 영 준										

선수자료 : 득점/도움　○ = 선발출전　△ = 교체 IN　▽ = 교체 OUT　◆ = 교체 IN/OUT　C = 경고　S = 퇴장

위치	배번	이름	190	198	143	203	209	214	217	228		
		경기번호	190	198	143	203	209	214	217	228		
		날짜	09.25	10.02	10.24	10.31	11.06	11.21	11.27	12.05		
		홈/원정	원정	홈	홈	원정	홈	홈	원정	홈		
		장소	대구전	수원W	수원W	문수	수원W	수원W	제주W	수원W		
		상대	대구	울산	광주	울산	대구	전북	제주	수원		
		결과	무	패	패	패	패	승	패	승		
		점수	0 : 0	0 : 3	1 : 3	2 : 3	1 : 2	3 : 2	0 : 1	2 : 0		
		승점	45	45	45	45	45	48	48	51		
		슈팅수	17 : 7	15 : 19	13 : 7	9 : 13	19 : 9	10 : 9	12 : 13	10 : 13		
GK	1	박배종				○ 0/0						
	51	유 현	○ 0/0	○ 0/0 C	○ 0/0		○ 0/0	○ 0/0	○ 0/0	○ 0/0		
DF	2	정동호	○ 0/0	○ 0/0	○ 0/0					△ 0/0		
	3	김상원	▽ 0/0	△ 0/0		△ 0/0 C	▽ 0/0	▽ 0/0	○ 0/0	○ 0/0 C		
	4	곽윤호	○ 0/0	○ 0/0	▽ 0/0		○ 0/0 C	△ 0/0	○ 0/0	○ 0/0		
	5	장준영										
	5	잭 슨	○ 0/0	○ 0/0	○ 0/0		○ 0/0	○ 0/0	○ 0/0 C	○ 0/0		
	6	박주호	▽ 0/0	▽ 0/0				▽ 0/0				
	17	김수범			△ 0/0	○ 0/0	○ 0/0	○ 0/0	○ 0/0	▽ 0/0		
	20	조유민	○ 0/0	▽ 0/0	△ 0/0	▽ 0/0 C		△ 0/0 C		△ 0/0		
	22	윤영선										
	26	김동우				▽ 0/0	▽ 0/0	▽ 0/0	○ 0/0	▽ 0/0		
	27	김주엽			▽ 0/0				△ 0/1			
	33	김범용										
	42	박지수										
MF	8	정재용	△ 0/0 C		△ 1/0	▽ 0/0	▽ 0/0	△ 1/0 C	△ 0/0	▽ 1/0		
	10	무릴로	○ 0/0	○ 0/0	○ 0/1	○ 0/1	○ 0/0	▽ 0/0	○ 0/0	○ 0/0		
	14	김건웅		○ 0/0 C	▽ 0/0	▽ 0/0	△ 0/0	○ 0/0	▽ 0/0			
	21	이기혁	▽ 0/0	▽ 0/0	△ 0/0	△ 0/0						
	28	이영재	△ 0/0	△ 0/0	○ 0/0	○ 0/0	○ 0/0	○ 1/0	○ 0/0	○ 1/0 C		
	88	김준형					△ 0/0					
FW	7	김승준		▽ 0/0								
	9	라 스	○ 0/0	△ 0/0 C	○ 0/0	○ 1/0	○ 1/0	○ 1/0	○ 0/0	▽ 0/1		
	17	빅 터										
	18	양동현	△ 0/0	△ 0/0	△ 0/0	△ 1/0 C	△ 0/0	△ 0/0	△ 0/0	△ 0/0		
	19	정충근					△ 0/0					
	24	전정호				▽ 0/0						
	29	조상준	▽ 0/0	▽ 0/0			◆ 0/0		▽ 0/0	△ 0/0		
	37	김호남										
	37	타르델리				▽ 0/0						
	47	나성은										
	66	한승규	△ 0/0	△ 0/0	▽ 0/0 C	△ 0/1			△ 0/0	△ 0/0		
	99	이영준					▽ 0/1	▽ 0/0		▽ 0/0		

수 원 삼 성 블 루 윙 즈

창단년도_ 1995년

전화_ 031-247-2002

팩스_ 031-257-0766

홈페이지_ www.bluewings.kr

주소_ 우 16230 경기도 수원시 팔달구 월드컵로 310(우만동)

수원월드컵경기장 4층

4F, Suwon World Cup Stadium, 310, World cup-ro(Uman-dong),

Paldal-gu, Suwon-si, Gyeonggi-do, KOREA 16230

연혁

1995	수원 삼성 블루윙즈 축구단 창단식
	제1대 윤성규 단장 취임
1996	라피도컵 프로축구대회 후기리그 우승
1998	제2대 허영호 단장 취임
	98 현대컵 K-리그 우승
1999	시즌 전관왕 달성
	제1회 99 티켓링크 수퍼컵 우승
	대한화재컵 우승
	아디다스컵 우승
	99 K-리그 우승
2000	제2회 2000 티켓링크 수퍼컵 우승
	2000 아디다스컵 우승
2001	아디다스컵 2001 우승
	제20회 아시안 클럽 챔피언십 우승
	제7회 아시안 슈퍼컵 우승
	K-리그 사상 최단기간 100승 달성(3.31)
2002	제21회 아시안 클럽 챔피언십 우승
	제8회 아시안 슈퍼컵 우승
	제7회 서울 - 하나은행 FA컵 우승
2004	제3대 안기헌 단장 취임, 차범근 감독 취임
	삼성 하우젠 K-리그 2004 후기 우승
	삼성 하우젠 K-리그 2004 우승
2005	A3 챔피언스컵 우승
	제6회 K-리그 수퍼컵 2005 우승
	삼성 하우젠컵 2005 우승
2006	삼성 하우젠 K-리그 2006 후기 우승
	제11회 하나은행 FA컵 준우승
2007	K-리그 사상 최단기간 200승 달성(3.17)
	K-리그 사상 최단기간 총관중 400만 기록(234경기)

2008	삼성 하우젠컵 2008 우승
	삼성 하우젠 K-리그 2008 우승
2009	제14회 하나은행 FA컵 우승
2010	윤성효 감독 취임
	제15회 하나은행 FA컵 우승
2011	제4대 오근영 단장 취임
	수원월드컵경기장 첫 만석(10.3 서울전, 44,537명)
2012	제5대 이석명 단장 취임(6.1)
	수원월드컵경기장 최다 관중 경신(4.1 서울전 45,192명)
	K-리그 최초 30경기 홈 연속득점(6.27 전남전, 3 : 2 승)
	K-리그 최단기간 300승 달성(10.3 서울전, 1 : 0 승)
	K-리그 연고도시 최초 600만 관중 달성(11.25 부산전, 2 : 1 승)
2013	서정원 감독 취임
	풀스타디움상 수상
2014	박찬형 대표이사 취임
	구단 통산 1000호골 기록(4.1 포항전 고차원)
	풀스타디움상, 팬프렌들리 클럽상 수상
2015	현대오일뱅크 K-리그 클래식 2015 준우승
	K-리그 페어플레이상 수상
2016	김준식 대표이사, 제6대 박창수 단장 취임
	제21회 KEB하나은행 FA컵 우승
	이임생 감독 취임
2018	박찬형 대표이사 취임
2019	제7대 오동석 단장 취임
	제24회 KEB하나은행 FA컵 우승
2020	박건하 감독 취임
	이준 대표이사 취임

2021년 선수명단

대표이사_ 이준 단장_ 오동석 감독_ 박건하

수석코치_ 이경수 코치_ 조재민 · 오장은 GK코치_ 김대환 피지컬_ 권보성 주치의_ 배상원 의무트레이너_ 유환모 물리치료사_ 김광태 · 한
승희 비디오분석관_ 김형수 통역_ Arthur Jun 1군매니저_ 서영진 스카우터_ 이종민 장비_ 엽현수

포지션	선수명		생년월일	출신교	키(cm) / 몸무게(kg)
GK	노 동 건	盧東件	1991.10.04	고려대	191 / 83
	양 형 모	梁馨模	1991.07.16	충북대	185 / 81
	안 찬 기	安燦基	1998.04.06	인천대	187 / 80
	이 성 주	李聖柱	1999.04.03	동국대	192 / 84
	박 지 민	朴志旼	2000.05.25	매탄고	189 / 88
DF	양 상 민	梁相珉	1984.02.24	숭실대	182 / 78
	헨 리	Doneil Jor-Dee Ashley Henry	1993.04.20	*캐나다	188 / 88
	조 성 진	趙成鎭	1990.12.14	유성생명과학고	188 / 77
	김 태 환	金泰煥	2000.03.25	매탄고	185 / 75
	이 기 제	李基濟	1991.07.09	동국대	175 / 72
	박 대 원	朴大元	1998.02.25	고려대	178 / 76
	이 풍 연	李豊衍	2000.05.04	숭실대	188 / 83
	구 대 영	具大榮	1992.05.09	홍익대	177 / 72
	손 호 준	孫昊儁	2002.07.03	매탄고	175 / 65
	김 상 준	金相駿	2001.10.01	매탄고	185 / 75
	고 명 석	高明錫	1995.09.27	홍익대	189 / 80
	최 정 원	崔定原	1995.08.16	건국대	186 / 83
	박 형 진	朴亨鎭	1990.06.24	고려대	182 / 75
	민 상 기	閔尙基	1991.08.27	매탄고	184 / 79
	장 호 익	張鎬翼	1993.12.04	호남대	173 / 62
MF	한 석 종	韓石種	1992.07.19	숭실대	186 / 80
	김 민 우	金民友	1990.02.25	연세대	174 / 66
	최 성 근	崔成根	1991.07.28	고려대	183 / 73
	강 현 묵	姜鉉默	2001.03.28	매탄고	175 / 60
	이 강 희	李康熙	2001.08.24	충남신평고	189 / 72
	강 태 원	姜泰源	2000.03.03	숭실대	175 / 68
	권 창 훈	權昶勳	1994.06.30	매탄고	174 / 69
	염 기 훈	廉基勳	1983.03.30	호남대	182 / 78
FW	정 상 빈	鄭想賓	2002.04.01	매탄고	175 / 72
	전 세 진	全世進	1999.09.09	매탄고	182 / 69
	김 건 희	金健熙	1995.02.22	고려대	186 / 79
	한 석 희	韓碩熙	1996.05.16	호남대	170 / 66
	유 주 안	柳宙岸	1998.10.01	매탄고	177 / 70
	니 콜 라 오	Nicolao Manuel Dumitru Cardoso	1991.10.12	*이탈리아	184 / 77
	제 리 치	Uroš Đerić	1992.05.28	*세르비아	195 / 95

41

2021년 개인기록 _ K리그1

위치	배번	이름	04	11	18	24	27	35	38	47	52	59
경기번호			04	11	18	24	27	35	38	47	52	59
날짜			02.28	03.07	03.10	03.14	03.17	03.21	04.03	04.07	04.11	04.18
홈/원정			홈	홈	원정	홈	원정	홈	홈	원정	원정	홈
장소			수원W	수원W	수원W	수원W	포항	수원W	수원W	인천	제주W	수원W
상대			광주	성남	수원FC	강원	포항	서울	전북	인천	제주	울산
결과			승	승	무	무	승	패	패	무	패	승
점수			1:0	1:0	0:0	1:1	3:0	1:2	1:3	0:0	1:2	3:0
승점			3	6	7	8	11	11	11	12	12	15
슈팅수			23:2	14:6	12:17	4:8	8:6	12:11	9:9	14:10	14:10	12:11
GK	19	노 동 건	○ 0/0	○ 0/0	○ 0/0	○ 0/0	○ 0/0 C	○ 0/0				
	21	양 형 모							○ 0/0	○ 0/0	○ 0/0	○ 0/0
DF	2	최 정 원		△ 0/0		△ 0/0	△ 0/0				○ 1/0 C	△ 0/0
	3	양 상 민										
	4	헨 리										
	5	조 성 진										
	8	박 형 진										
	18	김 태 환	○ 0/0	○ 0/1	○ 0/0	○ 0/0	▽ 0/0	○ 0/0	○ 0/0	○ 0/0	○ 0/1	○ 0/0 C
	20	김 상 준										
	23	이 기 제	○ 0/0	○ 0/0	○ 0/0	○ 0/0	○ 1/0					○ 0/1
	33	박 대 원	○ 0/0	○ 0/0	○ 0/0	○ 0/0	○ 0/0	○ 0/0			○ 0/0	○ 0/0 C
	35	장 호 익	○ 0/0	▽ 0/0	○ 0/0	○ 0/0	○ 0/0 C	○ 0/0 C				○ 0/0
	39	민 상 기	○ 0/0	○ 0/0		▽ 0/0						○ 0/0
	42	고 명 석										
	90	구 대 영					△ 0/0					
MF	6	한 석 종	○ 0/0	○ 0/0	○ 0/0		○ 0/0	○ 0/0	○ 0/0	○ 0/0		▽ 0/0
	8	안 토 니 스										△ 0/0
	10	김 민 우	○ 0/0	▽ 1/0	▽ 0/0	▽ 0/0		▽ 0/0	○ 0/0	▽ 0/0		
	14	강 현 묵	△ 0/0	△ 0/0	▽ 0/0	▽ 0/0			▽ 0/0	◆ 0/0 C	▽ 0/0	△ 1/1
	22	권 창 훈										
	25	최 성 근				○ 0/0	△ 0/0			○ 0/0	○ 0/0	▽ 0/0
	26	염 기 훈		△ 0/0	△ 0/0	△ 0/0	△ 0/0	△ 0/0	△ 1/0	△ 0/0	△ 0/0	△ 0/0
	32	고 승 범	▽ 0/1				○ 0/1	▽ 0/2	▽ 0/0 C	▽ 0/0		
FW	7	전 세 진										
	9	김 건 희	○ 1/0	▽ 0/0	▽ 0/0	◆ 0/0 C	▽ 1/0	○ 0/0	△ 0/0	▽ 0/0	△ 0/0	▽ 1/0
	12	오 현 규										
	13	유 주 안	▽ 0/0	▽ 0/0						△ 0/0		
	27	니 콜 라 오	△ 0/0	◆ 0/0	△ 0/0	△ 0/0	△ 0/0	◆ 0/0	◆ 0/0			
	29	정 상 빈						▽ 1/0	▽ 1/0	▽ 0/0		▽ 1/0
	55	제 리 치		△ 0/0	△ 0/0	○ 1/0	△ 0/0	△ 0/0	○ 0/0	△ 0/0	▽ 0/0	△ 0/0

선수자료 : 득점/도움   ○ = 선발출전   △ = 교체 IN   ▽ = 교체 OUT   ◆ = 교체 IN/OUT   C = 경고   S = 퇴장

위치	배번	선수	65	72	75	83	87	96	102	106	112	115
		경기번호	65	72	75	83	87	96	102	106	112	115
		날짜	04.21	04.25	05.01	05.09	05.12	05.16	05.19	05.23	05.29	07.20
		홈/원정	원정	원정	홈	원정	홈	원정	홈	원정	원정	홈
		장소	대구전	탄천	수원W	전주W	수원W	문수	수원W	광주	서울W	수원W
		상대	대구	성남	포항	전북	제주	울산	대구	광주	서울	수원FC
		결과	패	승	무	승	승	무	무	승	승	패
		점수	0:1	1:0	1:1	3:1	3:2	1:1	1:1	4:3	3:0	1:2
		승점	15	18	19	22	25	26	27	30	33	33
		슈팅수	5:13	6:8	4:6	8:13	10:9	10:23	15:10	11:7	5:9	5:17
GK	19	노 동 건						○ 0/0	○ 0/0			
	21	양 형 모	○ 0/0	○ 0/0	○ 0/0	○ 0/0	○ 0/0			○ 0/0	○ 0/0	○ 0/0
DF	2	최 정 원			△ 0/0	△ 0/0				△ 0/0		△ 0/0
	3	양 상 민										
	4	헨 리	△ 0/0	△ 0/0	△ 0/0	▽ 0/0	△ 1/0	△ 0/0 C	○ 0/0	○ 0/0 C	○ 0/0	
	5	조 성 진										
	8	박 형 진										
	18	김 태 환	○ 0/0	○ 0/0 C	○ 1/0	○ 0/0	▽ 0/0	▽ 0/1	○ 0/0	○ 0/1 C	○ 0/0	
	20	김 상 준										
	23	이 기 제	○ 0/0 C	○ 1/0	○ 0/1	○ 1/0	○ 0/1		○ 0/0	○ 1/0	○ 0/0	
	33	박 대 원	○ 0/0 C	○ 0/0	▽ 0/0	△ 0/0 C	○ 0/0	▽ 0/0 C				○ 0/0
	35	장 호 익	○ 0/0 C	▽ 0/0	○ 0/0	○ 0/0 C	▽ 0/0 C		○ 0/0 C		○ 0/0	▽ 0/0 C
	39	민 상 기	○ 0/0 C	○ 0/0	○ 0/0					▽ 0/0	▽ 1/0	
	42	고 명 석										△ 0/0
	90	구 대 영	△ 0/0	△ 0/0	△ 0/0 C		△ 0/0	△ 0/0	△ 0/0	△ 0/0 C	△ 0/0	
MF	6	한 석 종							△ 0/0	▽ 0/0	△ 0/0	○ 0/0 CC
	8	안 토 니 스	▽ 0/0	△ 0/0 C	▽ 0/0 C							
	10	김 민 우				△ 0/2	○ 0/0	○ 0/0	1/0	○ 1/0	▽ 1/0	▽ 0/0
	14	강 현 묵	○ 0/0			▽ 0/0	▽ 0/0			△ 0/0	▽ 0/0	
	22	권 창 훈										
	25	최 성 근	○ 0/0 S			○ 0/0 C	○ 0/0	○ 0/0	▽ 0/0 C	○ 0/0	○ 0/0	
	26	염 기 훈	△ 0/0	▽ 0/0	△ 0/0	△ 0/0					△ 0/0	
	32	고 승 범			○ 0/0 C	○ 0/0	○ 1/0	○ 0/0 C	▽ 0/0	▽ 0/0		△ 0/0
FW	7	전 세 진										△ 0/0
	9	김 건 희				△ 0/0	△ 1/0	△ 0/0	○ 0/0	△ 1/0 C	▽ 1/1 C	
	12	오 현 규										
	13	유 주 안		▽ 0/0								
	27	니 콜 라 오										△ 0/0
	29	정 상 빈	▽ 0/0 C	▽ 0/0 C	○ 0/0	▽ 1/0	△ 0/0 C	○ 0/0	△ 0/0	▽ 0/1	△ 0/0	○ 0/0 C
	55	제 리 치	▽ 0/0		▽ 0/0	▽ 0/0	▽ 1/1	▽ 1/0	▽ 0/0	○ 1/0	▽ 0/0	▽ 0/0

위치	배번		경기번호	121	132	135	147	156	162	164	171	175	181
			날 짜	07.23	08.01	08.07	08.14	08.22	08.25	08.28	09.11	09.18	09.21
			홈/원정	홈	원정	홈	홈	원정	홈	원정	홈	원정	홈
			장 소	수원W	춘천	수원W	수원W	문수	수원W	포항	수원W	전주W	수원W
			상 대	인천	강원	제주	성남	울산	수원FC	포항	광주	전북	강원
			결 과	패	패	무	패	패	패	무	무	패	승
			점 수	1:2	0:3	0:0	1:2	1:3	0:3	0:0	2:2	0:1	3:2
			승 점	33	33	34	34	34	34	35	36	36	39
			슈팅수	12:12	6:11	13:9	6:12	10:13	9:10	7:4	9:15	9:10	10:9
GK	19	노 동 건						○ 0/0	○ 0/0	○ 0/0			
	21	양 형 모		○ 0/0	○ 0/0	○ 0/0	○ 0/0				○ 0/0	○ 0/0	○ 0/0
DF	2	최 정 원			△ 0/0	△ 0/0				△ 0/0			
	3	양 상 민			○ 0/0	▽ 0/0						△ 0/0	△ 0/0
	4	헨 리					○ 0/0 C	○ 0/0 C	○ 0/0	○ 0/0			○ 0/0 C
	5	조 성 진								○ 0/0	▽ 0/0	▽ 0/0	▽ 0/0 C
	8	박 형 진											
	18	김 태 환		○ 0/0	○ 0/0	○ 0/0	○ 0/1	▽ 0/0			△ 0/0		▽ 0/0
	20	김 상 준									△ 0/0		
	23	이 기 제		○ 0/0	○ 0/0	○ 0/0	○ 0/0	○ 0/0 C	○ 0/0		○ 0/1		○ 1/0
	33	박 대 원		▽ 0/0	○ 0/0 C		△ 0/0			○ 0/0			
	35	장 호 익		○ 0/0	▽ 0/0 C	○ 0/0	▽ 0/0	○ 0/0	○ 0/0 CC		○ 0/0		○ 0/0
	39	민 상 기		○ 0/0		○ 0/0		○ 0/0	○ 0/0		○ 1/0 C	○ 0/0	
	42	고 명 석		△ 0/0									
	90	구 대 영						△ 0/0	△ 0/0			△ 0/0	▽ 0/0 C
MF	6	한 석 종		△ 0/0	◈ 0/0	△ 0/0 C		△ 0/0	△ 0/0	○ 0/0	○ 0/1		▽ 0/0 C
	8	안 토 니 스											
	10	김 민 우		○ 0/0	○ 0/0	▽ 0/0	▽ 0/0	○ 1/0		○ 0/0	▽ 0/0		○ 0/1 C
	14	강 현 묵		▽ 0/0	▽ 0/0	▽ 0/0		▽ 0/0				▽ 0/0	
	22	권 창 훈					▽ 0/0		○ 0/0 C	△ 0/0			
	25	최 성 근		▽ 0/0	○ 0/0 C	○ 0/0	○ 0/0 C	▽ 0/0	▽ 0/0				
	26	염 기 훈			△ 0/0	△ 0/0	△ 0/0			△ 0/0	△ 0/0	△ 0/0	△ 0/0
	32	고 승 범											
FW	7	전 세 진							△ 0/0 C	▽ 0/0	▽ 0/0		
	9	김 건 희											
	12	오 현 규											
	13	유 주 안			▽ 0/0							▽ 0/0	
	27	니 콜 라 오		△ 0/0	△ 0/0	△ 0/0	▽ 1/0	△ 0/0	▽ 0/0	△ 0/0	△ 0/0	△ 0/0	
	29	정 상 빈		○ 0/1	△ 0/0	▽ 0/0	▽ 0/0	▽ 0/0			▽ 1/0 C		▽ 1/0
	55	제 리 치		▽ 1/0	▽ 0/0	△ 0/0	○ 0/0	△ 0/0	△ 0/0	▽ 0/0			

선수자료 : 득점/도움   ○ = 선발출전   △ = 교체 IN   ▽ = 교체 OUT   ◈ = 교체 IN/OUT   C = 경고   S = 퇴장

위치	배번	이름	191	196	141	200	208	216	220	228		
		경기번호	191	196	141	200	208	216	220	228		
		날짜	09.26	10.02	10.24	10.30	11.06	11.21	11.28	12.05		
		홈/원정	홈	원정	원정	홈	원정	원정	홈	원정		
		장소	수원W	인천	대구전	수원W	제주W	대구전	수원W	수원W		
		상대	서울	인천	대구	전북	제주	대구	울산	수원FC		
		결과	패	승	승	패	패	패	무	패		
		점수	0:2	1:0	2:0	0:4	0:2	1:2	0:0	0:2		
		승점	39	42	45	45	45	45	46	46		
		슈팅수	6:13	6:8	5:19	7:12	14:11	13:8	7:12	13:10		
GK	19	노 동 건					○ 0/0	○ 0/0	○ 0/0	○ 0/0		
	21	양 형 모	○ 0/0	○ 0/0	○ 0/0	○ 0/0						
DF	2	최 정 원	△ 0/0					○ 0/0	△ 0/0	△ 0/0		
	3	양 상 민		○ 0/0	△ 0/0	△ 0/0	○ 0/0	○ 0/0				
	4	헨 리		○ 0/0	○ 1/0 C	○ 0/0	○ 0/0 C		○ 0/0	○ 0/0		
	5	조 성 진	○ 0/0	△ 0/0								
	8	박 형 진						△ 0/0				
	18	김 태 환	▽ 0/0	○ 0/0	○ 0/0	○ 0/0	○ 0/0 C		○ 0/0	▽ 0/0		
	20	김 상 준		△ 0/0								
	23	이 기 제	○ 0/0	○ 0/0	▽ 0/0 C	○ 0/0	○ 0/0	▽ 0/1	○ 0/0	○ 0/0		
	33	박 대 원	▽ 0/0					○ 0/0	△ 0/0	△ 0/0		
	35	장 호 익	○ 0/0 C		○ 0/0	▽ 0/0 C	○ 0/0 C	○ 0/0	○ 0/0	○ 0/0		
	39	민 상 기	○ 0/0									
	42	고 명 석										
	90	구 대 영	▽ 0/0									
MF	6	한 석 종	○ 0/0	▽ 0/0 C	▽ 0/0	○ 0/0	○ 0/0	△ 0/0		▽ 0/0		
	8	안 토 니 스										
	10	김 민 우	○ 0/0	○ 0/0	▽ 0/0	▽ 0/0	▽ 0/0 C	○ 1/0	○ 0/0	○ 0/0		
	14	강 현 묵	△ 0/0 C	▽ 0/0	▽ 0/1	▽ 0/0	△ 0/0	▽ 0/0	▽ 0/0	▽ 0/0		
	22	권 창 훈	△ 0/0	▽ 1/0			△ 0/0	△ 0/0	△ 0/0	△ 0/0		
	25	최 성 근				△ 0/0		▽ 0/0	▽ 0/0 C			
	26	염 기 훈		△ 0/0 C	△ 0/0	△ 0/0	△ 0/0	△ 0/0		△ 0/0		
	32	고 승 범										
FW	7	전 세 진			△ 0/0	△ 0/0	▽ 0/0					
	9	김 건 희	△ 0/0	△ 0/0	○ 0/0	○ 0/0	○ 0/0	○ 0/0	▽ 0/0	○ 0/0		
	12	오 현 규							△ 0/0	△ 0/0		
	13	유 주 안		▽ 0/1			▽ 0/0					
	27	니 콜 라 오										
	29	정 상 빈	▽ 0/0		△ 0/0	▽ 0/0		▽ 0/0 C	▽ 0/0	▽ 0/0		
	55	제 리 치			▽ 1/0	△ 0/0						

45

FC 서울

창단년도_ 1983년

전화_ 02-306-5050

팩스_ 02-306-1620

홈페이지_ www.fcseoul.com

주소_ 우 03932 서울특별시 마포구 월드컵로 240

서울월드컵경기장 내

Seoul World Cup Stadium, 240, World Cup-ro, Mapo-gu,

Seoul, KOREA 03932

연혁

1983 럭키금성황소축구단 창단
제1대 구자경 구단주 취임
1985 85 축구대제전 수퍼리그 우승
1986 86 축구대제전 준우승
1987 제1회 윈풀라이컵 준우승
1988 제6회 홍콩 구정컵 3위
제43회 전국축구선수권대회 우승
1989 89 한국프로축구대회 준우승
1990 90 한국프로축구대회 우승
서울 연고지 이전
1991 구단명칭 'LG치타스'로 변경(마스코트: 황소 → 치타)
제2대 구본무 구단주 취임
1992 92 아디다스컵 준우승
1993 93 한국프로축구대회 준우승
1994 94 아디다스컵 준우승
1996 안양 연고지 이전(구단명칭 '안양LG치타스'로 변경)
1997 제2회 FA컵 3위
1998 제3대 허창수 구단주 취임
제3회 삼보체인지업 FA컵 우승
1999 99 아디다스컵 준우승
99 티켓링크 수퍼컵 준우승
2000 2000 삼성 디지털 K-리그 우승
2001 2001 포스데이타 수퍼컵 우승
2001 포스코 K-리그 준우승
2002 2001-02 아시안 클럽 챔피언십 준우승
2004 서울 연고지 복귀(구단명칭 'FC서울'로 변경)
2005 보카 주니어스 친선경기
K리그 단일 시즌 최다 관중 신기록 수립(45만 8,605명)
문화관광부 제정 제1회 스포츠산업대상 수상
2006 삼성 하우젠컵 2006 우승
FC 도쿄 친선경기
2007 삼성 하우젠컵 2007 준우승
프로스포츠 단일 경기 최다 관중 기록 수립(5만 5,397명)
맨체스터 유나이티드 친선경기, FC 도쿄 친선경기
2008 삼성 하우젠 K-리그 2008 준우승
LA 갤럭시 친선경기

2009 AFC 챔피언스리그 2009 8강
맨체스터 유나이티드 친선경기
2010 쏘나타 K리그 2010 우승
포스코컵 2010 우승
프로스포츠 단일 경기 최다 관중 신기록 수립(6만 747명)
K리그 단일 시즌 최다 총관중 신기록 수립(54만 6,397명)
K리그 최다 홈 18연승 타이기록 수립
2011 AFC 챔피언스리그 2011 8강
구단 최다 7연승 신기록 수립
K리그 최초 2시즌 연속 50만 총관중 달성
2012 현대오일뱅크 K리그 2012 우승
K리그 단일 정규리그 최다 승점 신기록 수립(96점)
K리그 단일 정규리그 최다 승수 신기록 수립(29승)
K리그 3시즌 연속 최다 총관중 달성
2013 AFC 챔피언스리그 2013 준우승
K리그 통산 400승 달성
2014 제19회 하나은행 FA컵 준우승
AFC 챔피언스리그 2014 4강
K리그 최초 2년 연속 AFC 챔피언스리그 4강 진출
AFC 클럽랭킹 K리그 1위(아시아 2위)
K리그 역대 최다 관중 1~10위 석권
(7/12 對수원 46,549명 입장/K리그 역대 최다 관중 9위 기록)
바이엘 04 레버쿠젠 친선경기
2015 제20회 KEB하나은행 FA컵 우승
AFC 클럽랭킹 K리그 1위(아시아 4위)
K리그 최초 6년 연속 30만 관중 돌파
구단 통산 1,500호 골 달성(K리그 기준)
2016 현대오일뱅크 K리그 클래식 2016 우승
제21회 KEB하나은행 FA컵 준우승
2016 AFC 챔피언스리그 4강
K리그 단일 경기 최다 관중 기록 9위 달성(6월 18일 47,899명)
K리그 최초 7년 연속 30만 관중 돌파
2017 K리그 최초 8년 연속 30만 관중 돌파(310,061명)
2019 K리그 30만 관중 돌파(관중수 1위 324,162명)
K리그 관중 입장수익 1위, 관중 1인당 입장수익 1위
2021 K리그 2021 유소년 클럽상 수상

2021년 선수명단

대표이사_ 여은주 단장 대행_ 이재호 감독_ 안익수
코치_ 박혁순 · 이정열 · 김진규 GK코치_ 최현 피지컬코치_ 황지환 팀매니저_ 김도현
팀닥터_ 조윤상 · 한덕현 트레이너_ 박성률 · 강대성 물리치료사_ 서성태 통역관_ 이석진 전력분석관_ 신준용 · 전곤재 장비담당관_ 이천길

포지션	선수명		생년월일	출신교	키(cm) / 몸무게(kg)
GK	유 상 훈	柳相勳	1989.05.25	홍익대	194 / 84
	양 한 빈	梁韓彬	1991.08.30	백암고	195 / 90
	백 종 범	白種範	2001.01.21	오산고	190 / 85
DF	황 현 수	黃賢秀	1995.07.22	오산고	183 / 80
	조 석 영	趙奭泳	1997.04.09	광운대	190 / 88
	강 상 희	姜常熙	1998.03.07	선문대	180 / 73
	김 원 균	金遠均	1992.05.01	고려대	186 / 77
	이 한 범	李韓汎	2002.06.07	보인고	190 / 84
	심 원 성	沈圓盛	1999.04.29	아주대	190 / 88
	김 진 야	金鎭冶	1998.06.30	대건고	177 / 63
	고 광 민	高光民	1988.09.21	아주대	172 / 63
	양 유 민	梁裕敏	1999.10.11	숭실대	181 / 70
	이 태 석	李太錫	2002.07.28	오산고	174 / 70
	윤 종 규	尹鍾奎	1998.03.20	신갈고	173 / 65
	신 재 원	申在源	1998.09.16	고려대	183 / 74
MF	오 스 마 르	Osmar Ibanez Barba	1988.06.05	스페인	192 / 86
	기 성 용	奇誠庸	1989.01.24	금호고	189 / 75
	여 름	呂 름	1989.06.22	광주대	175 / 69
	채 프 만	Connor Edward Chapman	1994.10.31	*오스트레일리아	188 / 83
	차 오 연	車五硏	1998.04.15	한양대	189 / 75
	고 요 한	高요한	1988.03.10	토월중	170 / 65
	팔로세비치	Aleksandar Paločević	1993.08.22	*세르비아	180 / 70
	김 진 성	金眞成	1999.12.09	광운대	175 / 67
	백 상 훈	白尙訓	2002.01.07	오산고	173 / 70
FW	박 주 영	朴主永	1985.07.10	고려대	182 / 75
	지 동 원	池東沅	1991.05.28	광양제철고	188 / 81
	조 영 욱	曹永旭	1999.02.05	고려대	181 / 73
	가 브 리 엘	Gabriel Barbosa Avelino	1999.03.17	*브라질	195 / 93
	정 한 민	鄭翰旻	2001.01.08	오산고	183 / 78
	이 인 규	李仁揆	2000.01.16	오산고	180 / 70
	안 기 훈	安氣焄	2002.01.01	오산고	177 / 71
	나 상 호	羅相鎬	1996.08.12	단국대	173 / 70
	강 성 진	姜成眞	2003.03.26	오산고	178 / 76
	박 정 빈	朴正斌	1994.02.22	광양제철고	176 / 77
	권 성 윤	權成允	2001.03.30	오산고	176 / 68
	손 호 준	孫浩峻	2002.07.20	보인고	178 / 70

2021년 개인기록_ K리그1

위치	배번	선수	01	12	17	22	29	35	40	45	50	57
		경기번호	01	12	17	22	29	35	40	45	50	57
		날짜	02.27	03.07	03.10	03.13	03.17	03.21	04.03	04.07	04.10	04.17
		홈/원정	원정	홈	원정	원정	홈	원정	홈	원정	홈	홈
		장소	전주W	서울W	탄천	인천	서울W	수원W	서울W	문수	서울W	서울W
		상대	전북	수원FC	성남	인천	광주	수원	강원	울산	포항	대구
		결과	패	승	패	승	승	승	패	패	패	패
		점수	0:2	3:0	0:1	1:0	2:1	2:1	0:1	2:3	1:2	0:1
		승점	0	3	3	6	9	12	12	12	12	12
		슈팅수	14:10	16:15	13:12	10:11	19:8	11:12	9:8	8:27	10:16	14:11
GK	1	유 상 훈									○ 0/0	
	21	양 한 빈	○ 0/0	○ 0/0	○ 0/0	○ 0/0	○ 0/0	○ 0/0	○ 0/0	○ 0/0		○ 0/0
DF	2	황 현 수	○ 0/0	○ 0/0	○ 0/0 C	○ 0/0	○ 0/0	○ 0/0	○ 0/0	○ 0/0		
	3	조 석 영										
	17	김 진 야		△ 0/0	○ 0/0	△ 0/0	▽ 0/0			△ 0/0	▽ 0/0 C	▽ 0/0
	20	홍 준 호	△ 0/0	△ 0/0	△ 0/0	△ 0/0	△ 0/0	△ 0/0	△ 0/0	○ 0/0	▽ 0/0	
	23	윤 종 규	○ 0/0			▽ 0/0	○ 0/1					
	27	고 광 민	▽ 0/0	○ 0/0	○ 0/0	○ 0/0	○ 0/0	○ 0/0	○ 0/0 C		○ 0/0	○ 0/0
	28	강 상 희										
	33	양 유 민										
	40	김 원 균	○ 0/0 C	○ 0/0	○ 0/0		○ 0/0			▽ 0/0		
	45	이 한 범										
	77	신 재 원										▽ 0/0
	88	이 태 석								▽ 0/0		
MF	5	오 스 마 르	▽ 0/0	○ 0/0	△ 0/0	○ 0/1	○ 0/0	○ 0/0	○ 0/0	○ 0/0	○ 0/0	○ 0/0
	6	김 진 성							▽ 0/0		○ 1/0	○ 0/0
	8	기 성 용	▽ 0/0	▽ 0/1 C	○ 0/0 C	○ 1/0	△ 1/0	○ 1/0		△ 0/0		
	13	고 요 한							△ 0/0	◆ 0/0		
	15	여 름										
	16	채 프 만										
	24	정 원 진										
	26	팔 로 세 비 치	○ 0/0 C	▽ 0/0	▽ 0/0	▽ 0/0 C	▽ 0/0	▽ 0/2	▽ 0/0	○ 1/0		▽ 0/0
	35	백 상 훈										
	47	한 찬 희	△ 0/0	△ 0/0	▽ 0/0		▽ 0/0	△ 0/0		▽ 0/0		
	66	차 오 연										
FW	7	나 상 호	▽ 0/0	○ 2/0	○ 0/0	○ 0/0	○ 1/0	▽ 0/0	○ 0/0	△ 0/0	○ 0/0	△ 0/0
	9	지 동 원										
	10	박 주 영	○ 0/0	▽ 0/0	▽ 0/0	▽ 0/0	▽ 0/0	▽ 0/0	△ 0/0			
	11	조 영 욱	▽ 0/0	▽ 0/0	△ 0/0	▽ 0/0 C	▽ 0/0	△ 0/0		○ 0/0	▽ 0/0	
	14	권 성 윤										△ 0/0
	19	정 한 민	△ 0/0			△ 0/0	△ 0/0			▽ 1/0	△ 0/0 C	▽ 0/0
	20	이 인 규		△ 0/0						△ 0/0	△ 0/0	△ 0/0
	22	박 정 빈	△ 0/0	△ 0/0	△ 0/0	▽ 0/0 C	△ 0/0	△ 1/0	▽ 0/0	△ 0/0		
	72	강 성 진			▽ 0/0						▽ 0/0	△ 0/0
	99	가 브 리 엘										

선수자료 : 득점 / 도움   ○ = 선발출전   △ = 교체 IN   ▽ = 교체 OUT   ◆ = 교체 IN / OUT   C = 경고   S = 퇴장

위치	배번		경기번호	66	71	73	108	112	90	82	97	123	128
			날짜	04.21	04.25	04.30	05.23	05.29	06.06	06.19	07.14	07.24	07.31
			홈/원정	원정	원정	홈	원정	홈	원정	원정	홈	원정	홈
			장소	제주W	수원	서울W	춘천	서울W	대구전	광주	서울W	포항	서울W
			상대	제주	수원FC	성남	강원	수원	대구	광주	인천	포항	울산
			결과	패	무	무	무	패	무	무	패	승	무
			점수	1:2	1:1	2:2	0:0	0:3	1:1	1:1	0:1	1:0	0:0
			승점	12	13	14	15	15	16	17	17	20	21
			슈팅수	6:18	11:4	12:7	9:12	9:5	10:19	5:10	8:6	1:4	6:8
GK	1	유상훈											
	21	양한빈		○ 0/0	○ 0/0	○ 0/0	○ 0/0	○ 0/0	○ 0/0	○ 0/0 C	○ 0/0	○ 0/0	○ 0/0
DF	2	황현수		○ 0/0	○ 0/0	△ 0/0		○ 0/0 C	△ 0/0	△ 0/0		○ 0/0 C	○ 0/0
	3	조석영		△ 0/0 C									
	17	김진야					▽ 0/0	△ 0/0					
	20	홍준호		▽ 0/0 C	▽ 0/0	○ 0/0 C	▽ 0/0	▽ 0/0		○ 0/0	○ 0/0	○ 0/0	
	23	윤종규		○ 0/0	○ 0/0	▽ 0/1	○ 0/0	○ 0/0	○ 0/0	○ 0/0	○ 0/0	○ 0/0	
	27	고광민									△ 0/0	▽ 0/0 C	○ 0/0
	28	강상희		○ 0/0	△ 0/0				△ 0/0				
	33	양유민											
	40	김원균		○ 0/0 C	▽ 0/0				○ 0/0		○ 0/0	○ 0/0 C	
	45	이한범		○ 0/0									○ 0/0
	77	신재원		▽ 1/0 C			△ 0/0		▽ 0/0	△ 0/0			
	88	이태석		△ 0/0	▽ 0/0	○ 0/0 C	○ 0/0	▽ 0/0					
MF	5	오스마르				○ 0/0	○ 0/0	○ 0/0	○ 0/0 C	○ 0/0	○ 0/0		
	6	김진성		△ 0/0		▽ 0/0	△ 0/0		△ 0/0				
	8	기성용				○ 0/0	▽ 0/0	○ 0/0	○ 0/0 C			○ 0/0	○ 0/0
	13	고요한									▽ 0/0	▽ 1/0	▽ 0/0
	15	여름										△ 0/0	△ 0/0
	16	채프만											
	24	정원진											
	26	팔로세비치			○ 1/0	○ 1/0		○ 0/0	△ 1/0	▽ 0/1 C	▽ 0/0		△ 0/0
	35	백상훈		▽ 0/0	△ 0/0				▽ 0/0		○ 0/0		
	47	한찬희											
	66	차오연						○ 0/0 C	△ 0/0	▽ 0/0	▽ 0/0 C		
FW	7	나상호				○ 0/0	○ 1/0 C	▽ 0/0			▽ 1/0	▽ 0/0	△ 0/0
	9	지동원									△ 0/0	△ 0/0	△ 0/0
	10	박주영					▽ 0/0	○ 0/0			△ 0/0	△ 0/0	▽ 0/0
	11	조영욱			▽ 0/0	○ 0/0		○ 0/0	△ 0/0			○ 0/0	▽ 0/0
	14	권성윤		▽ 0/0	△ 0/0		▽ 0/0	△ 0/0 C	△ 0/0				
	19	정한민		△ 0/0	◆ 0/0	△ 0/0	△ 0/0	▽ 0/0	▽ 0/0				
	20	이인규		△ 0/0	△ 0/0								
	22	박정빈									○ 0/0 S		
	72	강성진						△ 0/0					
	99	가브리엘									△ 0/0 C	▽ 0/1	

위치	배번	성명	137	148	116	155	160	168	91	173	180	186
		날짜	08.08	08.15	08.18	08.22	08.25	08.29	09.05	09.12	09.19	09.22
		홈/원정	홈	원정	홈	홈	홈	원정	홈	원정	홈	홈
		장소	서울W	전주W	서울W	서울W	서울W	제주W	서울W	탄천	서울W	서울W
		상대	광주	전북	제주	포항	울산	제주	전북	성남	수원FC	인천
		결과	승	패	패	무	패	패	패	무	승	무
		점수	1:0	2:3	0:1	2:2	1:2	0:1	3:4	1:1	2:1	0:0
		승점	24	24	24	25	25	25	25	26	29	30
		슈팅수	8:6	12:16	11:9	13:5	23:9	12:8	9:12	8:9	9:14	8:4
GK	1	유상훈									○0/0	
	21	양한빈	○0/0	○0/0	○0/0	○0/0	○0/0	○0/0	○0/0 C	○0/0		○0/0
DF	2	황현수	△0/0	○0/0 C	○0/0							
	3	조석영										
	17	김진야		▽0/0				▽0/0				
	20	홍준호										
	23	윤종규	○0/0						○0/0	○0/0	○0/0	○0/0
	27	고광민	○0/0	▽0/0			▽0/1	○0/0		▽0/0		
	28	강상희										
	33	양유민										
	40	김원균	▽0/0	▽0/0								
	45	이한범					○0/0	○0/0	○0/0	○0/0	○0/0	○0/0
	77	신재원				△0/0			▽0/0	△0/0	△0/0	
	88	이태석			△0/0 C			△0/0	○0/0 C	○0/1	○0/1	△0/0
MF	5	오스마르	○0/0	○0/0	○0/0	○0/0	○0/0	○1/0	○0/0	○0/0	○0/0	○0/0 C
	6	김진성							▽0/0			
	8	기성용	▽0/0	○0/0	△0/0	○0/0	○0/0		△0/0			
	13	고요한	○0/0	△0/1 C	▽0/0 C	△0/0	▽0/0			▽0/0		○0/0 C
	15	여름	▽0/0	○0/0	○0/0	▽0/0		▽0/0	○0/0		○0/0 C	
	16	채프만				▽0/0		○0/0				
	24	정원진										
	26	팔로세비치	△0/0	△0/0	▽0/0	△0/0	▽0/0		△0/0	◆0/0		△0/0
	35	백상훈	△0/0	△0/0	▽0/0	▽0/0	▽0/0		▽0/0			
	47	한찬희										
	66	차오연										
FW	7	나상호	○0/0	▽1/0	△0/0	○1/0	○0/0	○0/0		▽0/0	▽1/1	△0/0
	9	지동원	▽1/0 C	○0/0	○0/0	▽0/0						
	10	박주영			△0/0		△0/0	△0/0		▽0/0 C		▽0/0
	11	조영욱	▽0/1				○1/0	○0/0	▽1/0	○1/0	△0/0	
	14	권성윤							▽0/0			
	19	정한민										
	20	이인규							△0/0	◆0/0 C		
	22	박정빈	△0/0	△0/0	▽0/0			△0/0	△0/0 C			
	72	강성진									△0/0	▽0/0
	99	가브리엘	△0/0	△0/0	△0/0	△1/0	▽0/0 C	○0/0 C	△0/0	△0/0	△0/0	△0/0

선수자료 : 득점/도움   ○ = 선발출전   △ = 교체 IN   ▽ = 교체 OUT   ◆ = 교체 IN/OUT   C = 경고   S = 퇴장

위치	배번	경기번호	191	195	142	199	206	213	222	223		
		날짜	09.26	10.03	10.24	10.30	11.03	11.07	11.28	12.04		
		홈/원정	원정	홈	원정	원정	원정	홈	홈	원정		
		장소	수원W	서울W	강릉	인천	광주	잠실	잠실	포항		
		상대	수원	대구	강원	인천	광주	성남	강원	포항		
		결과	승	무	승	패	승	승	무	승		
		점수	2:0	1:1	4:1	0:2	4:3	3:0	0:0	2:1		
		승점	33	34	37	37	40	43	44	47		
		슈팅수	13:6	12:6	10:8	7:10	9:14	5:8	6:4	12:3		
GK	1	유 상 훈										
	21	양 한 빈	○ 0/0	○ 0/0	○ 0/0	○ 0/0	○ 0/0	○ 0/0	○ 0/0	○ 0/0		
DF	2	황 현 수										
	3	조 석 영										
	17	김 진 야					△ 0/0	△ 0/0		○ 0/0		
	20	홍 준 호										
	23	윤 종 규	○ 0/0	▽ 0/0	○ 1/0 C	○ 0/0	○ 0/0	○ 0/0	○ 0/0			
	27	고 광 민		△ 0/0 S								
	28	강 상 희	△ 0/0	○ 0/0	○ 1/0	▽ 0/0	○ 0/0	▽ 0/0				
	33	양 유 민			△ 0/0							
	40	김 원 균				△ 0/0		△ 0/0	○ 0/0 C	▽ 0/0		
	45	이 한 범	▽ 0/0 C							△ 0/0		
	77	신 재 원										
	88	이 태 석	○ 0/0 C	○ 0/0	▽ 0/0	○ 0/0	○ 0/0	▽ 0/0	○ 0/0 C			
MF	5	오 스 마 르	○ 0/0	○ 0/0	○ 0/0 C	○ 0/0	○ 0/0	○ 0/0	○ 0/0			
	6	김 진 성										
	8	기 성 용	○ 0/0	○ 0/0	○ 0/0	▽ 0/0	○ 0/0	○ 0/0	○ 0/0			
	13	고 요 한	○ 0/0	▽ 0/0	○ 0/0	▽ 0/0	○ 1/1	▽ 0/1	○ 0/0	○ 0/0		
	15	여 름					△ 0/0	△ 0/0				
	16	채 프 만										
	24	정 원 진							△ 0/0	△ 0/0		
	26	팔 로 세 비 치	▽ 0/0	○ 1/0	○ 1/0 CC	▽ 1/0	○ 2/1	▽ 0/0		▽ 1/0		
	35	백 상 훈	△ 0/0	△ 0/0	△ 0/0	○ 0/0 S						
	47	한 찬 희										
	66	차 오 연					△ 0/0	△ 0/0				
FW	7	나 상 호	▽ 1/0	○ 0/1 C	○ 0/1	○ 0/0	▽ 0/1	○ 0/1	○ 0/0	○ 0/1		
	9	지 동 원	△ 0/0	△ 0/0			△ 0/0		△ 0/0 C	△ 0/1		
	10	박 주 영										
	11	조 영 욱	○ 1/0	▽ 0/0	○ 1/0	○ 0/0	▽ 0/0	▽ 1/0	○ 0/0	○ 1/0 C		
	14	권 성 윤					△ 0/0	△ 0/0				
	19	정 한 민			◆ 0/0	△ 0/0						
	20	이 인 규										
	22	박 정 빈										
	72	강 성 진	▽ 0/1	▽ 0/0	▽ 0/1	▽ 0/0	▽ 1/0	▽ 0/0	▽ 0/0	▽ 0/0		
	99	가 브 리 엘	△ 0/0	△ 0/0			△ 0/0					

51

인 천 유 나 이 티 드

창단년도_ 2003년

전화_ 032-880-5500

팩스_ 032-423-1509

홈페이지_ www.incheonutd.com

주소_ 우 22328 인천광역시 중구 참외전로 246
(도원동 7-1) 인천축구전용경기장 내 3층
Incheon Football Stadium, 246, Chamoejeon-ro(7-1,
Dowon-dong), Jung-gu, Incheon, KOREA 22328

연혁

2003 인천시민프로축구단 창단발표(안상수 인천광역시장)
안종복 단장 임용
한국프로축구연맹 창단 승인
베르너 로란트 초대감독 선임

2004 캐치프레이즈 'Blue Hearts 2004', 캐릭터 '유티' 확정
창단식 및 일본 감바 오사카 초청경기(문학경기장)

2005 캐치프레이즈 '푸른물결 2005' 확정
장외룡 감독 취임
삼성 하우젠 K-리그 2005 정규리그 통합 1위(전기 2위, 후기 4위)로
플레이오프 진출, 삼성 하우젠 K-리그 2005 준우승
삼성 하우젠 K-리그 2005 관중 1위(총 316,591명, 평균 24,353명)
장외룡 감독 삼성 하우젠 K-리그 대상, 올해의 감독상 수상
삼성 하우젠 K-리그 2005 베스트11 DF 부문 수상(임중용)
인천유나이티드 서포터즈 삼성 하우젠 K-리그 대상 공로상 수상

2006 프로축구 최초의 23억여 원 경영흑자 달성
캐치프레이즈 '시민속으로(into the community)' 확정
인천유나이티드 소재 다큐멘터리 영화 〈비상〉 개봉
인천유나이티드 U-12팀 창단
삼성 하우젠 K-리그 2006 통합 13위(전기 10위, 후기 6위)
제11회 하나은행 FA컵 3위

2007 안종복 사장 취임, 7억여 원 경영흑자 달성
캐치프레이즈 'My Pride My United' 확정
장외룡 감독 잉글랜드 프리미어리그 유학, 박이천 감독대행 취임
제12회 하나은행 FA컵 3위

2008 3년 연속 경영흑자 달성 '인천축구전용경기장' 착공
인천유나이티드 U-18 대건고 창단

2009 일리야 페트코비치 감독 선임
2009 K-리그 5위(플레이오프 진출)
피스컵 코리아 A조 2위(플레이오프 진출)
인천유나이티드 U-15 광성중 창단

2010 허정무 감독 선임
U-12 제8회 MBC꿈나무리그 전국 결선 우승
U-15 광성중 11회 오룡기 전국 중등 축구대회 우승
2010 K리그 득점왕 수상(유병수)

2011 조건도 대표이사 취임
U-12 제9회 MBC 꿈나무리그 전국 결승 우승

2012 인천축구전용경기장 준공 및 개막전(2012년 3월 11일 VS 수원)
조동암 대표이사 취임, 김봉길 감독 취임
현대오일뱅크 K리그 2012 B그룹 1위(통합 9위)
현대오일뱅크 K리그 2012 베스트11 DF 부문 수상(정인환)
19경기 연속 무패 팀최다 기록 수립

2013 현대 오일뱅크 K리그 클래식 상위스플릿 진출 및 최종 7위
인천유나이티드 주주명판 및 주주동산 건립

창단 10주년 기념 경기 개최 (2013년 10월 6일, 인천 vs 서울)
캐치프레이즈 '인천축구지대본' 확정
U-15 광성중 2013 금강대기 우승, 2013 왕중왕전 준우승
U-18 대건고 제94회 전국체육대회 준우승

2014 캐치프레이즈 '승리, 그 이상의 감동' 확정
김광석 대표이사 취임
2014년도 2차(13~25R) 그린스타디움상 수상

2015 김도훈 감독 선임, 정의석 단장 취임
캐치프레이즈 'Play, Together!' 확정
현대오일뱅크 K리그 클래식 2015 B그룹 2위(통합 8위)
2015 제20회 KEB하나은행 FA컵 준우승
U-18 대건고 2015 아디다스 K리그 주니어 A조 전, 후기 통합 우승
U-18 대건고 2015 대교눈높이 전국고등축구리그 왕중왕전 준우승
U-15 광성중 2015 대교눈높이 전국중등축구리그 왕중왕전 우승
현대오일뱅크 K리그 클래식 2015 베스트11 DF 부문 수상(요니치)

2016 박영복 대표이사 취임, 김석현 단장 취임
캐치프레이즈 '우리는 인천' 확정
U-15 광성중 '제45회 전국소년체육대회' 우승
U-18 대건고 '2016 K리그 U17, U18 챔피언십' 동반 준우승
U-18 대건고 '2016 아디다스 K리그 주니어 A조 후기리그' 준우승
2016년도 1차(1~12R) 그린스타디움상 수상
현대오일뱅크 K리그 클래식 2016 베스트11 DF 부문 수상(요니치)

2017 이기형 감독 선임   정병일 대표이사 취임
U-10 화랑대기 대회 C그룹 우승, U-12 화랑대기 대회 준우승
강인덕 대표이사 취임

2018 욘 안데르센 감독 선임
U-12, U-15 광성중 주말리그 우승
U-18 대건고 대한축구협회장배 및 전반기 왕중왕전 준우승
자카르타·팔렘방 아시안게임 금메달 획득(김진야)
구단 최초 월드컵 국가대표 배출(문선민)
KEB하나은행 K리그 1 2018 베스트11 MF부문 수상(아길라르)
전달수 대표이사 취임

2019 캐치프레이즈 '인천축구시대' 사용
유상철 감독 선임
U-15 광성중 소년체전 우승, U-15 광성중 K리그 주니어 A조 준우승
U-18 대건고 문체부장관배 및 전국체전 우승

2020 임완섭 감독 선임
조성환 감독 선임
U-18 대건고 문체부장관배 및 전국체전 준우승
인천유나이티드 소재 다큐멘터리 영화 〈비상2020〉 제작
구단 마스코트 '유티' 리뉴얼

2021 스페셜올림픽 K리그 유니파이드컵 첫 번째 승리자(B조 1위) 수상
멤버십 제도 최초 도입

2021년 선수명단

대표이사_ 전달수   사무국장_ 윤종민   전력강화실장_ 임중용
감독_ 조성환   수석코치_ 최영근   코치_ 박용호   코치_ 김재성   코치_ 정영환   GK코치_ 김이섭   피지컬코치_ 바우지니
팀매니저_ 이상민   분석관_ 김진교   장비관_ 조용희   의무트레이너_ 이승재 · 이동원 · 김현진

포지션	선수명		생년월일	출신교	키(cm) / 몸무게(kg)
GK	이 태 희	李 太 熙	1995.04.26	대건고	188 / 87
	김 동 헌	金 東 憲	1997.03.03	용인대	186 / 87
	김 유 성	金 유 성	2001.03.31	대건고	187 / 80
DF	김 창 수	金 昌 秀	1985.09.12	동명정보고	178 / 75
	김 광 석	金 光 碩	1983.02.12	청평고	182 / 74
	강 민 수	姜 敏 壽	1986.02.14	고양고	186 / 74
	최 원 창	崔 元 昌	2001.05.09	대건고	187 / 81
	김 대 중	金 大 中	1992.10.13	홍익대	188 / 85
	강 윤 구	姜 潤 求	1993.02.08	동아대	170 / 70
	델 브 리 지	Harrison Andrew Delbridge	1992.03.15	*오스트레일리아	193 / 93
	김 준 엽	金 俊 燁	1988.05.10	홍익대	178 / 76
	김 연 수	金 延 洙	1993.12.29	한라대	185 / 76
	오 반 석	吳 반 석	1988.05.20	건국대	190 / 81
	김 채 운	金 埰 韻	2000.03.20	대건고	177 / 73
	오 재 석	吳 宰 碩	1990.01.04	경희대	178 / 75
	김 대 경	金 大 景	1991.09.02	숭실대	179 / 73
	김 동 민	金 東 玫	1994.08.16	인천대	179 / 71
MF	김 도 혁	金 鍍 爀	1992.02.08	연세대	173 / 70
	아 길 라 르	Elías Fernando Aguilar Vargas	1991.11.07	*코스타리카	174 / 75
	김 준 범	金 峻 凡	1998.01.14	연세대	176 / 72
	문 창 진	文 昶 眞	1993.07.12	위덕대	170 / 61
	최 범 경	崔 凡 境	1997.06.24	광운대	177 / 68
	이 강 현	李 剛 玹	1998.07.31	호남대	181 / 76
	정 혁	鄭 赫	1986.05.21	전주대	175 / 70
	박 창 환	朴 昶 奐	2001.11.21	숭실고	176 / 68
	표 건 희	表 健 熙	1997.08.06	인천대	180 / 77
	정 성 원	鄭 盛 元	2001.01.29	대건고	175 / 70
	구 본 철	具 本 哲	1999.10.11	단국대	176 / 75
FW	김 현	金 玄	1993.05.03	영생고	190 / 87
	무 고 사	Stefan Mugosa	1992.02.26	*몬테네그로	189 / 80
	유 동 규	柳 東 奎	1995.05.25	대신고	181 / 74
	송 시 우	宋 始 雨	1993.08.28	단국대	174 / 72
	김 민 석	金 珉 碩	2002.09.05	대건고	180 / 72
	김 보 섭	金 甫 燮	1998.01.10	대건고	183 / 75
	이 준 석	李 俊 石	2000.04.07	대건고	180 / 74
	이 종 욱	李 鐘 旭	1999.01.26	고려대	180 / 73
	네 게 바	Guilherme Ferreira Pinto, Negueba	1992.04.07	*브라질	177 / 65

53

2021년 개인기록 _ K리그1

위치	배번	선수	03	09	14	22	30	33	42	47	54	55
		경기번호	03	09	14	22	30	33	42	47	54	55
		날짜	02.28	03.06	03.09	03.13	03.17	03.21	04.04	04.07	04.11	04.17
		홈/원정	원정	홈	원정	홈	홈	원정	원정	홈	원정	홈
		장소	포항	인천	문수	인천	인천	강릉	광주	인천	전주 W	인천
		상대	포항	대구	울산	서울	수원 FC	강원	광주	수원	전북	제주
		결과	패	승	패	패	승	패	패	무	패	패
		점수	1:2	2:1	1:3	0:1	4:1	0:2	1:2	0:0	0:5	0:3
		승점	0	3	3	3	6	6	6	7	7	7
		슈팅수	3:11	10:13	11:13	11:10	17:11	7:10	8:18	10:14	8:16	7:16
GK	1	정 산										
	21	이 태 희	○ 0/0	○ 0/0	○ 0/0	○ 0/0	○ 0/0	○ 0/0	○ 0/0	○ 0/0	○ 0/0	○ 0/0
	31	김 동 헌										
DF	2	김 창 수										
	3	김 광 석	○ 0/0	○ 0/0	○ 1/0							
	4	강 민 수										
	5	최 원 창										
	15	김 대 중						△ 0/0		△ 0/0		
	16	강 윤 구					△ 0/0					
	20	델 브 리 지	△ 0/0	△ 0/0	○ 0/0	△ 0/0		▽ 0/0	△ 0/0	○ 0/0	▽ 0/0	▽ 0/0
	22	김 준 엽	○ 0/0 C	○ 0/0 C	○ 0/0				○ 0/0	○ 0/0 C		
	23	김 연 수										
	26	오 반 석	▽ 0/0 C									○ 0/0 C
	32	김 채 운	▽ 0/0							○ 0/0		
	34	오 재 석	○ 0/0	○ 0/0 C		○ 0/0						
	43	문 지 환	○ 0/0	○ 0/0 C	○ 0/0 C		▽ 1/0	▽ 0/0		○ 0/0 S	△ 0/0	
	45	정 동 윤	○ 0/0							△ 0/0	○ 0/0	
	47	김 동 민										
MF	7	김 도 혁	○ 0/1 C	▽ 0/0		▽ 0/0	▽ 0/0			○ 0/0 C	○ 0/0	▽ 0/0
	13	김 준 범	△ 0/0	△ 0/0	△ 0/0	▽ 0/0	△ 0/0	▽ 0/0	○ 1/0 C	▽ 0/0	△ 0/0	
	18	최 범 경			▽ 0/0		△ 0/0	◆ 0/0 C				
	24	이 강 현										
	28	정 혁										
	30	박 창 환	▽ 0/0		△ 0/0	△ 0/0		△ 0/0			△ 0/0	
	33	표 건 희										
	40	정 성 원										
	70	구 본 철		▽ 1/0 C	▽ 0/0 C	▽ 0/0	▽ 0/0	▽ 0/0		▽ 0/0		▽ 0/0
FW	8	김 현		○ 0/0	△ 0/0	○ 0/0	○ 1/0 C	○ 0/0		○ 0/0	○ 0/0	○ 0/0
	9	무 고 사										
	10	아 길 라 르	△ 1/0	▽ 1/0	▽ 0/1	△ 0/0	○ 1/2	○ 0/0	▽ 0/0	▽ 0/0	△ 0/0	○ 0/0
	17	유 동 규	▽ 0/0		▽ 0/0				○ 0/0		△ 0/0	
	19	송 시 우	△ 0/0	△ 0/0			○ 0/0 S		△ 0/0	△ 0/0	△ 0/0	
	25	김 민 석										
	27	김 보 섭										
	29	이 준 석										
	35	이 종 욱										
	50	지 언 학	△ 0/0			△ 0/0	△ 0/0	△ 0/0	△ 0/0		△ 0/0	
	77	네 게 바		▽ 0/0	○ 0/0	△ 0/0	▽ 1/1	△ 0/0	○ 0/1 C	▽ 0/0 C	▽ 0/0	○ 0/0

선수자료 : 득점/도움 ○ = 선발출전 △ = 교체 IN ▽ = 교체 OUT ◆ = 교체 IN/OUT C = 경고 S = 퇴장

위치	배번	이름	64	70	78	79	85	94	103	110	97	121
		경기번호	64	70	78	79	85	94	103	110	97	121
		날짜	04.21	04.25	05.02	05.08	05.11	05.15	05.21	05.29	07.14	07.23
		홈/원정	원정	홈	홈	원정	홈	홈	원정	홈	원정	원정
		장소	탄천	인천	인천	대구전	인천	인천	수원	인천	서울W	수원W
		상대	성남	울산	강원	대구	포항	광주	수원FC	전북	서울	수원
		결과	승	무	승	패	무	승	무	무	승	승
		점수	3:1	0:0	1:0	0:3	1:1	2:1	2:2	1:1	1:0	2:1
		승점	10	11	14	14	15	18	19	20	23	26
		슈팅수	7:13	9:18	4:12	6:11	7:17	13:11	18:12	10:10	6:8	12:12
GK	1	정 산										
	21	이 태 희	○0/0	○0/0	○0/0	○0/0						
	31	김 동 헌					○0/0	○0/0 C	○0/0	○0/0	○0/0	○0/0
DF	2	김 창 수										▽0/0
	3	김 광 석	○0/0	○0/0	○0/0	○0/0	○0/0 C	○0/0	○0/0	○0/0	○0/0	○0/0
	4	강 민 수									△0/0	○0/0
	5	최 원 창										
	15	김 대 중							△0/0	△0/0		
	16	강 윤 구	○0/0	○0/0	▽0/0			○0/1	△0/0	△0/0		
	20	델 브 리 지	○0/0	○0/0	○0/0	○0/0	○0/0	▽0/0	▽0/1	○0/0 C	○0/0	○0/0
	22	김 준 엽									○0/0	○0/0
	23	김 연 수										
	26	오 반 석				△0/0	○0/0	○0/0	○0/0 C			
	32	김 채 운	△0/0		△0/0							
	34	오 재 석	▽0/1					○0/1				
	43	문 지 환										
	45	정 동 윤	○0/0 C	○0/0	○0/0		○0/0		▽0/0	○0/0		
	47	김 동 민										
MF	7	김 도 혁	△0/1	△0/0	△1/0	△0/0	○1/0	△0/0	▽0/0	▽0/0	△0/0	△0/0
	13	김 준 범				△0/0	△0/0	△0/0	△0/0			△0/0
	18	최 범 경										
	24	이 강 현	▽0/0	▽0/0	▽0/0	▽0/0	△0/0	▽0/0		▽0/0		
	28	정 혁									▽0/0 C	○0/0 C
	30	박 창 환		▽0/0	▽0/0 C	▽0/0 C					▽0/0	
	33	표 건 희										
	40	정 성 원										
	70	구 본 철	▽0/0				▽0/0	▽0/0	▽0/0	▽1/0	▽0/0	▽0/0
FW	8	김 현	○1/0	○0/0	▽0/0 C				▽0/0		△0/0	▽0/0
	9	무 고 사	△0/0		△0/0	○0/0	▽0/0	○1/0	○1/0	▽0/0	▽1/0	▽2/0
	10	아 길 라 르	▽1/0	○0/0	○0/0	○0/0 C	▽0/0 C	▽0/0	▽0/0	△0/0	▽0/1	
	17	유 동 규										
	19	송 시 우	△0/0	△0/0	△0/1	▽0/0	◆0/0	△1/0	△0/0	△0/0	△0/0	△0/0
	25	김 민 석										
	27	김 보 섭									○0/0	△0/0
	29	이 준 석						▽0/0	▽1/0			
	35	이 종 욱										
	50	지 언 학	△0/0	△0/0		△0/0	△0/0					
	77	네 게 바	▽1/0	▽0/0	▽0/0		△0/0	△0/0 C	△0/0	△0/0 C	△0/0	△0/0

위치	배번	경기번호	129	138	150	117	161	167	170	179	186	189
		날 짜	07.31	08.08	08.15	08.18	08.25	08.29	09.11	09.19	09.22	09.25
		홈/원정	원정	홈	원정	홈	홈	원정	홈	홈	원정	원정
		장 소	제주W	인천	광주	인천	인천	문수	인천	인천	서울W	전주W
		상 대	제주	수원FC	광주	성남	대구	울산	제주	성남	서울	전북
		결 과	승	무	패	승	승	패	패	패	무	패
		점 수	4:1	0:0	0:1	1:0	2:0	2:3	1:2	0:1	0:0	0:2
		승 점	29	30	30	33	36	36	36	36	37	37
		슈팅수	13:21	8:17	7:13	8:13	10:17	11:17	6:16	10:10	4:8	9:11
GK	1	정 산									▽0/0	
	21	이 태 희		○0/0	○0/0	○0/0	○0/0		○0/0	○0/0	△0/0	○0/0
	31	김 동 헌	*○0/0 C	○0/0	○0/0							
DF	2	김 창 수		○0/0	○0/0			○0/0				
	3	김 광 석	○0/0	○0/0		○0/0	○0/0					
	4	강 민 수	○0/0		○0/0	○0/0			○0/0			
	5	최 원 창										
	15	김 대 중										
	16	강 윤 구				○0/0	○0/1		○0/0	○0/0		▽0/0 C
	20	델브리지	△0/0	○0/0	▽0/0	○0/0	○0/0 C	○0/0 C	○1/0	△0/0		▽0/0 C
	22	김 준 엽	○0/0	○0/0	○0/0		▽0/0		◆0/0			
	23	김 연 수									▽0/0	
	26	오 반 석	○0/0	○0/0	○0/0							
	32	김 채 운										
	34	오 재 석				○0/0	△0/0		▽0/0	▽0/0		
	43	문 지 환										
	45	정 동 윤										
	47	김 동 민										
MF	7	김 도 혁	△0/0	△0/0	▽0/0	△0/0	△0/0	△0/1	○0/0	△0/0	○0/0 C	▽0/0
	13	김 준 범	△0/0	△0/0	△0/0						○0/0 C	▽0/0
	18	최 범 경										
	24	이 강 현				▽0/0	▽0/0		△0/0	▽0/0 C		
	28	정 혁	▽0/0	▽0/0	▽0/0		△0/0	▽0/0 C	▽0/0			
	30	박 창 환	▽0/0	▽0/0	▽0/0	▽0/0	▽0/0	▽0/0				▽0/0
	33	표 건 희										
	40	정 성 원										
	70	구 본 철	▽0/0	▽0/0	▽0/0	▽0/0	▽0/0			▽0/0		
FW	8	김 현	▽1/0	▽0/0		▽1/0	△0/0		○0/0	▽0/0	▽0/0 C	△0/0
	9	무 고 사	▽2/0		○0/0	▽0/0		○2/0 C	△0/0	○0/0	△0/0	
	10	아 길 라 르		△0/0	△0/0	△0/1	△1/0	△0/0	△0/0 C	△0/0		○0/0
	17	유 동 규										
	19	송 시 우	△1/0	△0/0 C	△0/0	△0/0	▽1/0			△0/0		△0/0
	25	김 민 석										
	27	김 보 섭	○0/1	△0/0	△0/0			△0/0 C	△0/0	▽0/0		△0/0
	29	이 준 석										
	35	이 종 욱							▽0/0		▽0/0	
	50	지 언 학										
	77	네 게 바	△0/1 C		△0/0 C	△0/0		▽0/0	△0/1	△0/0		△0/0

선수자료 : 득점/도움 ○ = 선발출전 △ = 교체 IN ▽ = 교체 OUT ◆ = 교체 IN/OUT C = 경고 S = 퇴장

위치	배번		경기번호	196	152	144	199	207	212	221	225		
			날 짜	10.02	10.06	10.24	10.30	11.03	11.07	11.28	12.04		
			홈/원정	홈	홈	원정	홈	원정	원정	홈	원정		
			장 소	인천	인천	포항	인천	탄천	춘천	인천	광주		
			상 대	수원	강원	포항	서울	성남	강원	포항	광주		
			결 과	패	패	승	승	무	무	무	무		
			점 수	0 : 1	0 : 1	1 : 0	2 : 0	1 : 1	1 : 1	0 : 0	1 : 1		
			승 점	37	37	40	43	44	45	46	47		
			슈팅수	8 : 6	7 : 10	6 : 10	10 : 7	5 : 9	12 : 12	11 : 17	6 : 5		
GK	1	정 산											
	21	이 태 희		○ 0/0	○ 0/0				△ 0/0	○ 0/0	○ 0/0		
	31	김 동 헌				○ 0/0	○ 0/0	○ 0/0	▽ 0/0				
DF	2	김 창 수			○ 0/0	▽ 0/0	○ 0/0	△ 0/0	▽ 0/0				
	3	김 광 석											
	4	강 민 수		○ 0/0	○ 0/0	○ 0/0 C	○ 0/0		○ 0/0	○ 0/0			
	5	최 원 창									○ 0/0		
	15	김 대 중									▽ 0/1		
	16	강 윤 구		○ 0/0 C	△ 0/0	△ 0/0	○ 0/0	▽ 0/0		△ 0/0 C			
	20	델 브 리 지		○ 0/0 C			△ 0/0	○ 0/1	○ 0/0	○ 0/0			
	22	김 준 엽								▽ 0/0			
	23	김 연 수		△ 0/0 C	△ 0/0	○ 0/0	○ 0/0 C	▽ 0/0					
	26	오 반 석		▽ 0/0		△ 0/0		△ 0/0 C	△ 0/0				
	32	김 채 운			○ 0/0 S					▽ 0/0	○ 0/0		
	34	오 재 석		○ 0/0		○ 0/0		○ 0/0					
	43	문 지 환											
	45	정 동 윤											
	47	김 동 민									○ 0/0		
MF	7	김 도 혁		△ 0/0	▽ 0/0	○ 0/0	○ 0/0 C		△ 0/0	○ 0/0 C			
	13	김 준 범											
	18	최 범 경									△ 0/0		
	24	이 강 현			△ 0/0	▽ 0/0		△ 0/0	○ 0/0 C		▽ 0/0		
	28	정 혁		▽ 0/0	◆ 0/0	△ 0/0	▽ 0/0	▽ 0/0		○ 0/0			
	30	박 창 환		▽ 0/0					▽ 0/0		○ 0/0		
	33	표 건 희				△ 0/0					○ 0/0		
	40	정 성 원									▽ 0/0		
	70	구 본 철		▽ 0/0	▽ 0/0				▽ 0/0		△ 0/0		
FW	8	김 현		▽ 0/0	▽ 0/0	○ 0/0	○ 1/0	○ 1/0	○ 1/0				
	9	무 고 사		○ 0/0						○ 0/0			
	10	아 길 라 르		△ 0/0	○ 0/0 C		△ 0/0	○ 0/0 C	△ 0/1	○ 0/0			
	17	유 동 규							▽ 0/0		▽ 1/0		
	19	송 시 우		△ 0/0	△ 0/0	▽ 0/0	△ 1/1 C	△ 0/0 C	△ 0/0	▽ 0/0			
	25	김 민 석									▽ 0/0		
	27	김 보 섭			○ 0/0	▽ 0/0	▽ 0/0 C		○ 0/0	△ 0/0	△ 0/0		
	29	이 준 석				▽ 0/0	▽ 0/0	▽ 0/0			△ 0/0		
	35	이 종 욱				▽ 0/0	▽ 0/0	▽ 0/0			△ 0/0		
	50	지 언 학											
	77	네 게 바		△ 0/0 C	▽ 0/0	△ 0/0	△ 0/0			△ 0/0			

포 항 스 틸 러 스

창단년도_ 1973년

전화_ 054-282-2002

팩스_ 054-282-9500

홈페이지_ www.steelers.kr

주소_ 우 37751 경상북도 포항시 북구 중흥로 231 동양빌딩 7층

7F Dongyang Bld,, 231 Jungheung-ro, Buk-gu,

Pohang-si, Gyeongbuk, KOREA 37751

연혁

1973	실업축구단 창단　　　　　한홍기 1대 감독 취임
1974	제22회 대통령배 전국축구대회 우승
1975	제12회 전국실업축구연맹전 춘계 우승
1977	제14회 전국실업축구연맹전 준우승
	제32회 전국축구선수권대회 준우승
1978	제2회 실업축구회장배 준우승
1979	제3회 실업축구회장배 우승
1981	제18회 전국실업축구연맹전 추계 우승
1982	코리언리그(제19회 전국실업축구연맹전) 우승
1983	수퍼리그 참가
1984	프로축구단 전환
1985	최은택 2대 감독 취임
	팀명 변경(돌핀스 → 아톰즈)
	85 축구대제전 수퍼리그 준우승
	신인선수상 수상자(이흥실) 배출
1986	86 축구대제전 우승
1987	이회택 3대 감독 취임
	87 한국프로축구대회 준우승
1988	88 한국프로축구대회 우승
1990	국내최초 축구전용구장 준공(11월 1일)
1992	국내 최초 프로팀 통산 200승 달성(8월 26일 vs 천안일화)
	92 한국프로축구대회 우승
1993	허정무 4대 감독 취임
	93 아디다스컵 우승
1995	㈜포항프로축구 법인 출범(5월 29일)
	95 하이트배 코리안리그 준우승
1996	박성화 5대 감독 취임
	제1회 FA컵 우승　　　　96 아디다스컵 준우승
1997	팀명 변경(아톰즈 → 스틸러스)
	96-97 Asian Club Championship 우승
	97 Asian Super Cup 준우승　　97 프로스펙스컵 준우승
1998	97-98 Asian Club Championship 우승(2연패)
	98 Asian Super Cup 준우승
	신인선수상 수상자(이동국) 배출
2001	최순호 6대 감독 취임　　　클럽하우스 준공
	제6회 서울은행 FA컵 준우승
2002	제7회 하나-서울은행 FA컵 준우승
2003	사명 변경 ㈜포항프로축구 → ㈜포항스틸러스
	산하 유소년 육성시스템 구축

2004	삼성하우젠 K-리그 2004 준우승
	신인선수상 배출(문민귀)
2005	파리아스 7대 감독 취임
	국내 최초 팀 통산 1,000호골 달성(이정호)
	팀 통산 300승 달성(10월 23일 vs 광주상무)
	A3 Nissan Champions Cup 2005 준우승
2007	삼성하우젠 K-리그 2007 우승
	제12회 하나은행 FA컵 준우승
2008	제13회 하나은행 FA컵 우승
2009	AFC Champions League 2009 우승
	피스컵 코리아 2009 우승
	FIFA Club Worldcup 3위
	AFC 선정 2009 올해의 아시아 최고 클럽
2010	레모스 8대 감독 취임
	홍콩구정컵 국제축구대회 우승
2011	황선홍 9대 감독 취임
2012	팀 통산 400승 달성(3월 25일 vs 상주상무)
	제17회 하나은행 FA컵 우승
	신인선수상(現 영플레이어상) 수상자(이명주) 배출
2013	제18회 하나은행 FA컵 우승(2연패)
	현대오일뱅크 K리그 클래식 2013 우승
	영플레이어상 수상자(고무열) 배출(2년 연속)
2014	영플레이어상 수상자(김승대) 배출(3년 연속)
	그린스타디움상 수상
2015	그린스타디움상 수상(2년 연속)
2016	최진철 10대 감독 취임
	최순호 11대 감독 취임
	그린스타디움상 수상(3년 연속)
2017	팀 통산 500승 달성(9월 20일 vs 강원FC)
	도움상 수상자 배출(손준호)　그린스타디움상 수상(4년 연속)
2018	전 경기 전 시간 출전상 수상자(강현무, 김승대) 배출
2019	김기동 12대 감독 취임
	국내 최초 풋볼퍼포먼스센터 오픈(4월 29일)
2020	포항스틸야드 개장 30주년
	K리그 최초 3위팀 감독상 수상자(김기동) 배출
	도움상(강상우), 영플레이어상(송민규), 전 경기 전 시간 출전상(강현무) 수상자 배출
2021	AFC Champions League 2021 준우승
	공로상 수상자 배출(오범석)

2021년 선수명단

대표이사_ 최인석   단장_ 장영복   감독_ 김기동
수석코치_ 김대건   필드코치_ 이광재·황지수   피지컬코치_ 주닝요·박효준   GK코치_ 박호진
주무_ 차주성·진남호   재활트레이너_ 이종규·변종근·강동훈   장비_ 이상열   통역_ 기지용   분석관_ 박철호

포지션	선수명		생년월일	출신교	키(cm) / 몸무게(kg)
GK	이 준	李 準	1997.07.14	연세대	188 / 79
	강 현 무	姜賢茂	1995.03.13	포항제철고	185 / 78
	조 성 훈	趙晟訓	1998.04.21	숭실대	189 / 85
	노 지 훈	魯知勳	1999.04.01	광운대	189 / 80
DF	그 랜 트	Alexander Ian Grant	1994.01.23	*오스트레일리아	191 / 82
	이 광 준	李侊俊	1996.01.08	단국대	187 / 73
	전 민 광	全珉洸	1993.01.17	중원대	187 / 73
	강 상 우	姜祥佑	1993.10.07	경희대	176 / 62
	권 완 규	權完規	1991.11.20	성균관대	183 / 76
	신 광 훈	申光勳	1997.03.18	포철공고	178 / 73
	김 용 환	金容奐	1993.05.25	숭실대	175 / 67
	박 재 우	朴宰佑	1998.03.06	성균관대	174 / 69
	우 민 걸	禹敏傑	1999.08.24	문경대	176 / 64
	김 륜 성	金侖成	2002.06.04	포항제철고	175 / 62
	박 승 욱	朴乘煜	1997.05.07	동의대	184 / 78
	최 도 윤	崔度潤	2001.05.19	건국대	174 / 72
	심 상 민	沈相旼	1993.05.21	부경고	172 / 70
MF	신 진 호	申嗔浩	1988.09.07	영남대	177 / 72
	크 베 시 치	Mario Kvesić	1992.01.12	*크로아티아	175 / 73
	김 지 민	金智珉	1993.06.05	동래고	181 / 77
	오 범 석	吳範錫	1984.07.29	포철공고	181 / 79
	이 승 모	李勝模	1998.03.30	포항제철고	185 / 79
	노 경 호	盧京鎬	2000.07.05	조선대	172 / 70
	김 규 표	金規漂	1999.02.08	성균관대	176 / 72
	김 성 주	金成柱	1990.11.15	숭실대	179 / 73
	조 재 훈	調在勳	2003.06.29	덕영고	178 / 65
	김 진 현	金眞鉉	1999.09.28	용인대	178 / 73
	이 수 빈	李秀彬	2000.05.07	포항제철고	180 / 70
	김 준 호	金俊鎬	2002.12.11	포항제철고	182 / 72
	고 영 준	高映埈	2001.07.09	포항제철고	169 / 68
FW	타 쉬	Boris Borisov Tashti	1993.07.26	*불가리아	191 / 90
	김 현 성	金賢聖	1989.09.27	건국대	186 / 83
	이 광 혁	李侊赫	1995.09.11	포항제철고	169 / 60
	허 용 준	許榕埈	1993.01.08	고려대	184 / 75
	이 호 재	李昊宰	2000.10.14	고려대	192 / 84
	이 석 규	李石圭	1999.12.14	인천대	177 / 67
	김 호 남	金浩男	1989.06.14	광주대	178 / 72
	김 동 범	金東範	2000.08.20	포항제철고	180 / 78
	임 상 협	林相協	1988.07.08	일본 류쓰케이자이대	180 / 73
	팔라시오스	Manuel Emilio Palacios Murillo	1993.02.13	*콜롬비아	183 / 75
	권 기 표	權奇杓	1997.06.26	건국대	175 / 71
	이 지 용	李知容	1999.04.01	숭실대	176 / 68

2021년 개인기록_ K리그1

위치	배번	선수	03	10	15	21	27	34	37	43	50	58
경기번호			03	10	15	21	27	34	37	43	50	58
날짜			02.28	03.06	03.09	03.13	03.17	03.21	04.02	04.06	04.10	04.17
홈/원정			홈	원정	원정	홈	홈	원정	홈	홈	원정	원정
장소			포항	강릉	제주 W	포항	포항	탄천	포항	포항	서울 W	광주
상대			인천	강원	제주	울산	수원	성남	대구	전북	서울	광주
결과			승	승	패	무	패	패	무	패	승	승
점수			2 : 1	3 : 1	0 : 1	1 : 1	0 : 3	1 : 2	0 : 0	1 : 3	2 : 1	1 : 0
승점			3	6	6	7	7	7	8	8	11	14
슈팅수			11 : 3	12 : 7	6 : 10	6 : 7	6 : 8	11 : 15	7 : 8	9 : 8	16 : 10	9 : 15
GK	21	이 준										
	31	강 현 무	○ 0/0		○ 0/0	○ 0/0	○ 0/0		○ 0/0	○ 0/0	○ 0/0	○ 0/0
	41	조 성 훈										
	51	황 인 재						○ 0/0				
DF	2	그 랜 트	◈ 0/0									
	3	이 광 준					△ 0/0	△ 0/0 C	△ 0/0	△ 0/0	○ 0/0	△ 0/0
	4	전 민 광	△ 0/0	△ 0/0	○ 0/0	○ 0/0	○ 0/0	○ 0/0	○ 0/0	○ 0/0	○ 0/0 C	○ 0/0
	10	강 상 우	○ 0/0	○ 0/2	○ 0/0	○ 0/1	○ 0/0	○ 0/0	○ 0/0	○ 0/0	○ 0/1	○ 0/0
	13	권 완 규	○ 0/0	○ 1/0	○ 0/0	○ 0/0 C	○ 0/0		○ 0/0	○ 0/0 C	○ 0/0 C	○ 0/0 C
	17	신 광 훈	○ 1/0	○ 0/0 C	○ 0/0 C	○ 0/0	○ 0/0	○ 0/0	○ 0/0	○ 0/0 CC		
	18	김 용 환										
	22	박 재 우		△ 0/0	◈ 0/0							
	28	하 창 래	○ 0/0 C	○ 1/0								
	30	김 륜 성						△ 0/0				
	32	박 승 욱										
	34	심 상 민										
MF	6	신 진 호	○ 0/0 C	○ 0/1	○ 0/0	○ 0/0	○ 0/0		○ 0/0	○ 0/1 C	○ 0/0	○ 0/0
	8	크 베 시 치				▽ 0/0	▽ 0/0	▽ 0/0	▽ 0/0	▽ 0/0	△ 0/0	○ 0/0
	14	오 범 석	▽ 0/0		△ 0/0	○ 0/0 C	△ 0/0	▽ 0/0			▽ 0/0	
	16	이 승 모	▽ 0/0	▽ 0/0	▽ 0/0	▽ 0/0	▽ 0/0	▽ 0/0			▽ 0/0	
	23	노 경 호										
	25	김 성 주			▽ 0/0							
	28	조 재 훈										
	38	김 진 현									▽ 0/0 C	
	57	이 수 빈							○ 0/0	△ 0/0	▽ 0/0 C	▽ 0/0
	66	김 준 호										
	79	고 영 준	△ 0/0	△ 1/0 C	△ 0/0	△ 0/0	△ 0/0		△ 0/0	△ 0/0		
FW	7	타 쉬				△ 0/0	△ 0/0	▽ 0/0	▽ 0/0	▽ 0/0	△ 0/1	△ 1/0
	17	이 현 일	▽ 0/0	△ 0/0	△ 0/0							
	20	이 호 재	△ 0/0		△ 0/0			△ 0/0	△ 0/0	△ 0/0		
	21	송 민 규	○ 1/0	○ 0/0	○ 0/0	○ 1/0	○ 0/0 C	○ 1/0 S			○ 1/0	
	27	이 석 규							▽ 0/0	▽ 0/0		
	37	김 호 남										
	77	임 상 협	△ 0/0	▽ 0/0	▽ 0/0	△ 0/0	▽ 0/0	▽ 0/1	△ 0/0	△ 1/0	▽ 1/0	△ 0/0
	82	팔 라 시 오 스	▽ 0/0	▽ 0/0	▽ 0/0 C	▽ 0/0	▽ 0/0		▽ 0/0	▽ 0/0		▽ 0/0
	88	권 기 표										

선수자료: 득점/도움 ○ = 선발출전 △ = 교체 IN ▽ = 교체 OUT ◈ = 교체 IN/OUT C = 경고 S = 퇴장

위치	배번		62	67	75	81	85	98	105	114	123	131
		경기번호	62	67	75	81	85	98	105	114	123	131
		날짜	04.20	04.24	05.01	05.08	05.11	05.18	05.22	05.30	07.24	08.01
		홈/원정	홈	홈	원정	홈	원정	원정	원정	홈	홈	원정
		장소	포항	포항	수원W	포항	인천	수원	문수	포항	포항	대구전
		상대	수원FC	제주	수원	강원	인천	수원FC	울산	광주	서울	대구
		결과	승	무	무	무	무	승	패	승	패	무
		점수	1:0	0:0	1:1	1:1	1:1	4:3	0:1	1:0	0:1	1:1
		승점	17	18	19	20	21	24	24	27	27	28
		슈팅수	8:8	9:5	6:4	17:6	17:7	12:21	12:10	9:8	4:1	14:7
GK	21	이 준										
	31	강 현 무	○0/0	○0/0	○0/0	▽0/0	○0/0	○0/0	○0/0	○0/0	○0/0	○0/0
	41	조 성 훈										
	51	황 인 재				△0/0						
DF	2	그 랜 트									▽0/0	○0/0 C
	3	이 광 준	△0/0	○0/0	○0/0	○0/0	○0/0	○0/0	○0/0	▽0/0		
	4	전 민 광	○0/0 C	○0/0	○0/1	○0/0	○0/0 C	○0/1	○0/0 C	△0/0		△0/0
	10	강 상 우	○0/0	○0/0	○0/0		○0/0	○0/0	○0/0	○0/1		○0/0
	13	권 완 규	○0/0	○0/0	○0/0 C		○0/0					
	17	신 광 훈	○0/0	○0/0 C	○0/0 C			○0/0				○0/0
	18	김 용 환										
	22	박 재 우										
	28	하 창 래										
	30	김 류 성										
	32	박 승 욱									△0/0	○0/0 C
	34	심 상 민										
MF	6	신 진 호	○0/0	△0/0	○0/0	○0/1 C	○1/0	○0/2	△0/0	○0/0 C		○0/0
	8	크 베 시 치	▽0/0	▽0/0		▽1/0	▽0/0	▽0/1	△0/0	▽0/0		
	14	오 범 석				△0/0 C			▽0/0 C	▽0/0		
	16	이 승 모	▽0/0	▽0/0	△0/0	△0/0	△0/0	△0/0		△0/0		▽0/0
	23	노 경 호										
	25	김 성 주				▽0/0						
	28	조 재 훈										
	38	김 진 현									▽0/0	▽0/0
	57	이 수 빈	▽0/0			○0/0 C	○0/0	△0/0		△0/0	▽0/0	△0/0
	66	김 준 호										
	79	고 영 준	△0/1	△0/0	△0/0	△0/0	△0/0	△0/0		◆0/0 C	△0/0	△1/0
FW	7	타 쉬	△0/0	▽0/0 C	▽0/0	▽0/0	▽0/0	▽0/0	△0/0	△0/0	△0/0	△0/0
	17	이 현 일										
	20	이 호 재		◆0/0								
	21	송 민 규	○1/0	○0/0	○0/0	△0/0	○0/0	▽1/0	△0/0	○1/0		
	27	이 석 규									△0/0	
	37	김 호 남										
	77	임 상 협	△0/0	○0/0	○1/0	▽0/0	△0/0	○3/0 C	▽0/0	○0/0	○0/0	▽0/0
	82	팔 라 시 오 스	▽0/0	△0/0	▽0/0	○0/0	▽0/0	△0/0	○0/0	▽0/0 C		
	88	권 기 표									▽0/0	▽0/0

위치	배번	이름	92	136	149	155	159	164	118	172	183	187
		경기번호	92	136	149	155	159	164	118	172	183	187
		날짜	08.04	08.07	08.15	08.22	08.25	08.28	09.01	09.10	09.21	09.25
		홈/원정	홈	원정	홈	원정	원정	홈	원정	홈	홈	홈
		장소	포항	탄천	포항	서울W	전주W	포항	전주W	포항	포항	포항
		상대	성남	성남	수원FC	서울	전북	수원	전북	대구	울산	제주
		결과	승	패	승	무	패	무	승	패	패	패
		점수	1:0	0:1	3:1	2:2	0:2	0:0	1:0	1:2	1:2	2:4
		승점	31	31	34	35	35	36	39	39	39	39
		슈팅수	7:4	13:5	11:14	5:13	10:8	4:7	11:8	11:13	11:5	13:10
GK	21	이 준										
	31	강 현 무	○ 0/0	○ 0/0	○ 0/0	▽ 0/0	○ 0/0		○ 0/0	○ 0/0 C	○ 0/0	
	41	조 성 훈									○ 0/0	○ 0/0
	51	황 인 재										
DF	2	그 랜 트	○ 0/0	○ 0/0	○ 0/0 C	○ 0/0	▽ 0/0	○ 0/0 C	○ 0/0		○ 1/0 C	○ 1/1
	3	이 광 준									△ 0/0 C	
	4	전 민 광	△ 0/0	△ 0/0	△ 0/0	△ 0/0			○ 0/0	○ 0/0	○ 0/0	
	10	강 상 우	○ 0/0 C	▽ 0/0	○ 1/1	○ 1/0	▽ 0/0				○ 0/1	○ 0/0
	15	권 완 규	○ 0/0 C	○ 0/0							○ 0/0	
	17	신 광 훈	○ 0/0		▽ 0/0		○ 0/0 C	○ 0/0 C		○ 0/0		
	18	김 용 환										
	22	박 재 우										
	28	하 창 래										
	30	김 륜 성			▽ 0/0	▽ 0/0	△ 0/0	○ 0/0		△ 0/0	△ 0/0	○ 0/0 CC
	32	박 승 욱	○ 0/0	○ 0/0	○ 0/0	○ 0/0	○ 0/0	○ 0/0 C		○ 0/0 C		
	34	심 상 민										
MF	6	신 진 호	○ 0/0	○ 0/0	○ 0/0	○ 0/0 C		○ 0/0	○ 0/0	○ 0/0		△ 0/1
	8	크 베 시 치		▽ 0/0	▽ 1/0	△ 0/0	▽ 0/0	△ 0/0	△ 0/0	△ 0/0		
	14	오 범 석					▽ 0/0 C		▽ 0/0 C		△ 0/0	▽ 0/0
	16	이 승 모	▽ 0/0	○ 0/0	▽ 0/0	▽ 0/1	▽ 0/0	▽ 0/0	○ 0/0	▽ 0/1		○ 0/0
	23	노 경 호										
	25	김 성 주										
	28	조 재 훈										
	38	김 진 현	▽ 0/0	▽ 0/0								
	57	이 수 빈	△ 0/0	△ 0/0 C		△ 0/0	▽ 0/0		△ 0/0 C	△ 0/0		△ 0/0
	66	김 준 호										
	79	고 영 준	△ 0/1	△ 0/0	△ 0/0	◆ 0/0	▽ 0/0	△ 0/0	▽ 1/0	▽ 0/0		△ 0/0
FW	7	타 쉬	△ 0/0	△ 0/0	△ 0/0							
	17	이 현 일										
	20	이 호 재						△ 0/0	△ 0/0 C			
	21	송 민 규										
	27	이 석 규	▽ 0/0	▽ 0/0								
	37	김 호 남										
	77	임 상 협			△ 2/0	△ 0/0	△ 0/0 C	○ 0/0	○ 0/0 C	▽ 1/0	△ 0/0	△ 1/0
	82	팔 라 시 오 스				▽ 0/0	○ 0/0 S		▽ 0/0	▽ 0/0	▽ 0/0	▽ 0/0
	88	권 기 표	▽ 1/0	▽ 0/0		△ 0/0	▽ 0/0 C	◆ 0/0	△ 0/0	△ 0/0		

선수자료 : 득점/도움 ○ = 선발출전 △ = 교체 IN ▽ = 교체 OUT ◆ = 교체 IN/OUT C = 경고 S = 퇴장

위치	배번	성명	경기번호	178	193	144	201	205	211	221	223
			날짜	09.29	10.03	10.24	10.30	11.03	11.07	11.28	12.04
			홈/원정	원정	원정	홈	원정	홈	홈	원정	홈
			장소	강릉	광주	포항	탄천	포항	포항	인천	포항
			상대	강원	광주	인천	성남	강원	광주	인천	서울
			결과	패	승	패	패	승	패	무	패
			점수	0 : 1	3 : 2	0 : 1	0 : 1	4 : 0	1 : 2	0 : 0	1 : 2
			승점	39	42	42	42	45	45	46	46
			슈팅수	12 : 14	8 : 14	10 : 6	12 : 6	12 : 4	4 : 9	17 : 11	3 : 12
GK	21	이 준		○ 0/0	○ 0/0	○ 0/0	○ 0/0	○ 0/0	○ 0/0 S		
	31	강 현 무									
	41	조 성 훈							△ 0/0	○ 0/0	○ 0/0
	51	황 인 재									
DF	2	그 랜 트		○ 0/0 CC			○ 0/0 C	○ 0/0	○ 0/0 S		
	3	이 광 준			○ 0/0		○ 0/0		◆ 0/0	○ 0/0	△ 0/0
	4	전 민 광		▽ 0/0				○ 0/0	○ 0/0 C		▽ 0/1
	10	강 상 우		○ 0/0	○ 0/0	○ 0/0	○ 0/0	○ 1/1	○ 1/0 C	△ 0/0	○ 0/0
	13	권 완 규		○ 0/0	○ 0/0	○ 0/0	○ 0/0				
	17	신 광 훈		○ 0/0 C	○ 0/0		▽ 0/0	▽ 0/0	△ 0/0		○ 0/0 C
	18	김 용 환								○ 0/0 C	○ 0/0
	22	박 재 우									
	28	하 창 래									
	30	김 륜 성				△ 0/0	△ 0/0 C	○ 0/0	▽ 0/0	△ 0/0 C	
	32	박 승 욱		○ 0/0	○ 0/0	○ 0/0	○ 0/0	○ 1/0 C	○ 0/0		△ 0/0 C
	34	심 상 민								○ 0/0	
MF	6	신 진 호		○ 0/0	▽ 0/0	○ 0/0		○ 1/1	▽ 0/0		▽ 0/0
	8	크 베 시 치		△ 0/0	▽ 0/0	△ 0/0	▽ 0/0		△ 0/0		
	14	오 범 석				△ 0/0		△ 0/0			▽ 0/0
	16	이 승 모		○ 0/0	▽ 0/0	▽ 0/0	○ 0/0 C	▽ 1/0	▽ 0/0	○ 0/0	▽ 0/0
	23	노 경 호								▽ 0/0	
	25	김 성 주								▽ 0/0 C	
	28	조 재 훈								▽ 0/0	
	38	김 진 현									
	57	이 수 빈			△ 0/1	○ 0/0	△ 0/0		▽ 0/0	△ 0/0	
	66	김 준 호								▽ 0/0	△ 0/0
	79	고 영 준		▽ 0/0	▽ 0/0	◆ 0/0	▽ 0/0	△ 0/0			
FW	7	타 쉬									
	17	이 현 일									
	20	이 호 재			△ 2/0	△ 0/0	△ 0/0	△ 0/0	△ 0/0	△ 0/0	△ 0/0
	21	송 민 규									
	27	이 석 규									
	37	김 호 남								▽ 0/0	
	77	임 상 협		△ 0/0	△ 0/2	○ 0/0	△ 0/0	○ 0/1	○ 0/0	△ 0/0	△ 1/0 C
	82	팔 라 시 오 스		▽ 0/0	○ 1/0	▽ 0/0	▽ 0/0				
	88	권 기 표		△ 0/0			◆ 0/0				

성남 F C

창단년도_ 1989년

전화_ 031-709-4133

팩스_ 031-709-4443

홈페이지_ www.seongnamfc.com

주소_ 우 13495 경기도 성남시 분당구 탄천로 215(야탑동)

　　　탄천종합운동장

　　　Tancheon Sports Complex, 215, Tancheon-ro(Yatap-dong)

　　　Bundang-gu, Seongnam-si, Gyeonggi-do, KOREA 13495

연혁

1988	일화프로축구단 창단 인가(9월 20일)
	㈜ 통일스포츠 설립(10월 28일)
1989	창단식(3월 18일)
	89 한국프로축구대회 5위
1992	92 아디다스컵 우승
	92 한국프로축구대회 준우승
1993	92 한국프로축구대회 우승
1994	94 하이트배 코리안리그 우승
1995	95 하이트배 코리안리그 챔피언결정전 우승
	제15회 아시안 클럽 챔피언십 우승
	95 하이트배 코리안리그 전기 우승
1996	제11회 아프로-아시안 클럽 챔피언십 우승, 그랜드슬램 달성
	제2회 아시안 슈퍼컵 우승
	연고지 이전(3월 27일, 서울 강북 → 충남 천안)
	96 AFC 선정 최우수클럽상 수상
1997	제16회 아시안 클럽 챔피언십 준우승
	제2회 FA컵 준우승
1999	제4회 삼보컴퓨터 FA컵 우승
	제47회 대통령배 전국축구대회 우승(2군)
	연고지 이전(12월 27일, 충남 천안 → 경기 성남)
2000	제2회 2000 티켓링크 수퍼컵 준우승
	대한화재컵 3위　　　　아디다스컵 축구대회 준우승
	삼성 디지털 K-리그 3위　　제5회 서울은행 FA컵 3위
2001	2001 포스코 K-리그 우승　　2군리그 우승
	아디다스컵 축구대회 3위　　제6회 서울은행 FA컵 8강
2002	삼성 파브 K-리그 우승　　아디다스컵 준우승
	제3회 2001 포스데이타 수퍼컵 우승
	제7회 서울 - 하나은행 FA컵 3위
2003	삼성 하우젠 K-리그 우승　　2군리그 우승(중부)
2004	삼성 하우젠컵 2004 우승
	A3 챔피언스컵 우승　　　AFC 챔피언스리그 준우승
	제5회 2004 K-리그 수퍼컵 준우승
	2군리그 준우승
2005	삼성 하우젠 K-리그 2005 후기리그 우승
2006	삼성 하우젠 K-리그 2006 우승(전기 1위 / 후기 9위)
	삼성 하우젠컵 2006 준우승
2007	삼성 하우젠 K-리그 2007 준우승(정규리그 1위)
2008	삼성 하우젠 K-리그 2008 5위(정규리그 3위)
2009	2009 K-리그 준우승(정규리그 4위)
	제14회 하나은행 FA컵 준우승
	2군리그 준우승

2010	AFC 챔피언스리그 2010 우승　　FIFA클럽월드컵 4강
	쏘나타 K리그 2010 4위(정규리그 5위)
	AFC '올해의 클럽' 수상
2011	제16회 하나은행 FA컵 우승　　R리그 A조 1위
2012	홍콩 아시안챌린지컵 우승
	2012 피스컵수원 준우승
2013	현대오일뱅크 K리그 클래식 2013 8위
	성남시민프로축구단 창단발표
	성남시와 통일그룹 간 양해각서 체결
	시민구단 지원조례 제정
	성남일화천마프로축구단 인수계약서 체결
	초대 박종환 감독 취임, 초대 신문선 대표이사 취임
2014	구단명칭 법원 등기 이전 완료, 엠블럼 및 마스코트 확정
	창단식 개최　　　　　　제2대 김학범 감독 취임
	제19회 하나은행 FA컵 우승
	현대오일뱅크 K리그 클래식 2014 9위
2015	제2대 곽선우 대표이사 취임
	시민구단 최초 AFC 챔피언스리그 16강 진출
	김학범 감독 K리그 통산 100승 달성
	현대오일뱅크 K리그 클래식 2015 5위
2016	제3대 이석훈 대표이사 취임
	2016 K리그 '팬 프렌들리 클럽상' 수상
2017	제3대 박경훈 감독 취임
	KEB하나은행 K리그 챌린지 2017 4위
	K리그 챌린지 풀스타디움상, 팬프렌들리클럽상 수상
2018	제4대 남기일 감독 취임
	제4대 윤기천 대표이사 취임
	K리그2 풀스타디움상 수상
	2019 K리그1 승격(2018 K리그2 2위)
	제4회 스포츠마케팅어워드 프로스포츠 구단 부문 본상
2019	제5대 이재하 대표이사 취임
	하나원큐 K리그1 2019 9위
	2019 K리그 사랑나눔상 수상
	제5회 스포츠마케팅어워드 프로스포츠 구단 부문 대상
2020	제5대 김남일 감독 취임
	하나원큐 K리그1 2020 10위
	하나원큐 K리그1 페어플레이상 수상
2021	제6대 박창훈 대표이사 취임
	성남FC 클럽하우스 준공
	하나원큐 K리그1 2021 10위

2021년 선수명단

대표이사_ 박창훈   감독_ 김남일
수석코치_ 정경호   코치_ 이태우   코치_ 남궁웅   GK코치_ 백민철   피지컬코치_ 한상혁
트레이너_ 강훈   트레이너_ 이강훈   트레이너_ 김한결   통역_ 최혁순   분석관_ 이승민   주무_ 곽재승   장비_ 김민재

포지션	선수명		생년월일	출신교	키(cm) / 몸무게(kg)
GK	허 자 웅	許仔雄	1998.05.12	청주대	185 / 70
	김 근 배	金根培	1986.08.07	고려대	187 / 80
	정 명 제	鄭明題	2002.06.30	풍생고	192 / 80
	김 영 광	金永光	1983.06.28	한려대	183 / 87
DF	이 시 영	李時榮	1997.04.21	전주대	172 / 70
	권 경 원	權敬原	1992.01.31	동아대	188 / 83
	이 창 용	李昌勇	1990.08.27	용인대	180 / 76
	마 상 훈	馬相訓	1991.07.25	순천고	183 / 79
	안 영 규	安泳奎	1989.12.04	울산대	185 / 79
	이 종 성	李宗成	1992.08.05	매탄고	187 / 72
	박 정 수	朴正洙	1994.04.12	경희대	185 / 75
	여 성 해	呂成海	1987.08.06	한양대	186 / 81
	김 민 우	金敏祐	1999.07.03	김천대	174 / 68
	이 중 민	李重旻	1999.11.03	광주대	187 / 78
	이 태 희	李台熙	1992.06.16	숭실대	181 / 66
	최 지 묵	崔祗默	1998.10.09	울산대	178 / 74
	조 성 욱	趙成昱	1995.03.22	단국대	188 / 79
	리 차 드	Richard Windbichler	1991.04.02	*오스트리아	183 / 72
	박 수 일	朴秀日	1996.02.22	광주대	178 / 68
MF	권 순 형	權純亨	1986.06.16	고려대	176 / 73
	이스칸데로프	Jamshid Iskanderov	1993.10.16	*우즈베키스탄	168 / 60
	서 보 민	徐保閔	1990.06.22	관동대	175 / 64
	김 민 혁	金珉赫	1992.08.16	광운대	182 / 70
	이 규 성	李奎成	1994.05.10	홍익대	174 / 68
	전 승 민	田昇悶	2000.12.15	용인대	174 / 73
	안 진 범	安進範	1992.03.10	고려대	174 / 69
	강 재 우	姜在禹	2000.05.30	고려대	180 / 72
	김 기 열	金氣烈	1998.11.14	용인대	176 / 65
FW	물 리 치	Fejsal Mulić	1994.10.03	*세르비아	203 / 84
	부 쉬	Sergiu Florin Buş	1992.11.02	*루마니아	185 / 80
	이 재 원	李材元	1997.02.21	경희대	173 / 66
	박 용 지	朴勇智	1992.10.09	중앙대	183 / 74
	정 석 화	鄭錫華	1991.05.17	고려대	171 / 62
	홍 시 후	洪施侯	2001.01.08	상문고	177 / 70

2021년 개인기록 _ K리그1

위치	배번	선수	경기번호 06	11	17	23	28	34	39	44	51	60
		날짜	03.01	03.07	03.10	03.14	03.17	03.21	04.03	04.06	04.10	04.18
		홈/원정	홈	원정	홈	원정	원정	홈	홈	원정	홈	원정
		장소	탄천	수원W	탄천	수원	강릉	탄천	탄천	대구전	탄천	전주W
		상대	제주	수원	서울	수원FC	강원	포항	울산	대구	광주	전북
		결과	무	패	승	승	무	승	패	무	승	패
		점수	0:0	0:1	1:0	2:1	0:0	2:1	0:1	0:0	2:0	0:1
		승점	1	1	4	7	8	11	11	12	15	15
		슈팅수	10:10	6:14	12:13	8:10	3:10	15:11	8:9	8:11	11:10	5:7
GK	41	김 영 광	o 0/0	o 0/0	o 0/0	o 0/0	o 0/0	o 0/0	o 0/0	o 0/0	o 0/0	o 0/0
DF	2	이 시 영				△ 0/1	△ 0/0	△ 0/0	o 0/0	o 0/0	o 0/0	o 0/0
	3	권 경 원										
	4	이 창 용			o 0/0	o 0/0	o 0/0	o 0/1	▽ 0/0 C	o 0/0		o 0/0 C
	5	마 상 훈	o 0/0	△ 0/0	▽ 0/0	o 0/0	o 0/0 C	o 0/0	▽ 0/0	o 0/0		△ 0/0
	6	안 영 규			▽ 0/0	▽ 0/0	o 0/0 CC		o 0/0			
	16	이 종 성		o 0/0 C	o 0/0		△ 0/0					
	20	박 정 수		o 0/0 CC								
	27	이 중 민						△ 1/0	△ 0/0	▽ 0/0	▽ 0/0	▽ 0/0
	32	이 태 희	o 0/0	o 0/0	o 0/0	▽ 0/0	▽ 0/0				o 0/0	
	34	최 지 묵			△ 0/0	△ 0/0			△ 0/0			
	40	리 차 드	o 0/0	o 0/0				o 0/0			o 0/0 C	o 0/0
	66	박 수 일	▽ 0/0	▽ 0/0								
MF	7	권 순 형			△ 0/0		▽ 0/0	▽ 0/0	▽ 0/0			
	10	이스칸데로프		◈ 0/0				△ 0/0	△ 0/0			
	11	서 보 민	△ 0/0	△ 0/0	o 0/0	o 0/0 C	o 0/0					
	13	김 민 혁	o 0/0	o 0/0	o 0/0					△ 0/0	o 0/0 C	o 0/0
	14	이 규 성	o 0/0	o 0/0	o 0/0		o 0/0	o 0/0	o 0/0	o 0/0	▽ 0/0	
	15	전 승 민	△ 0/0	▽ 0/0								
	22	안 진 범									▽ 0/1	▽ 0/0
	23	강 재 우				▽ 0/0	▽ 0/0	▽ 0/0		▽ 0/0		
	29	홍 현 승	△ 0/0									
	33	박 태 준						△ 0/0	▽ 0/0		△ 0/0	△ 0/0 C
FW	8	뮬 리 치	△ 0/0	▽ 0/0 C	△ 1/0 C	△ 1/0	△ 0/0	△ 0/0	▽ 0/0	o 0/0	o 2/0 CC	
	9	김 현 성										o 0/0
	9	부 쉬				△ 1/0	△ 0/0	▽ 0/0		△ 0/0	△ 0/0	
	17	이 재 원	▽ 0/0	△ 0/0								
	19	박 용 지	o 0/0	o 0/0	▽ 0/0	▽ 0/0	▽ 0/0	o 0/0				
	29	정 석 화										
	37	홍 시 후	▽ 0/0	△ 0/0	△ 0/0	△ 0/0		▽ 0/0	△ 0/0		△ 0/0	

선수자료 : 득점/도움 o = 선발출전 △ = 교체 IN ▽ = 교체 OUT ◈ = 교체 IN/OUT C = 경고 S = 퇴장

위치	배번	이름	64	72	73	104	109	88	84	100	127	92
		경기번호	64	72	73	104	109	88	84	100	127	92
		날짜	04.21	04.25	04.30	05.22	05.29	06.06	06.20	06.26	08.01	08.04
		홈/원정	홈	홈	원정	원정	홈	홈	원정	홈	원정	원정
		장소	탄천	탄천	서울W	제주W	탄천	탄천	문수	탄천	광주	포항
		상대	인천	수원	서울	제주	수원FC	전북	울산	강원	광주	포항
		결과	패	패	무	무	패	패	무	패	무	패
		점수	1:3	0:1	2:2	2:2	2:3	1:5	2:2	1:2	0:0	0:1
		승점	15	15	16	17	17	17	18	18	19	19
		슈팅수	13:7	8:6	7:12	7:14	14:9	7:11	14:10	12:8	6:9	4:7
GK	41	김 영 광	○ 0/0	○ 0/0	○ 0/0	○ 0/0	○ 0/0	○ 0/0	○ 0/0	○ 0/0	○ 0/0	○ 0/0
DF	2	이 시 영	▽ 0/0	▽ 0/0		△ 0/0	△ 0/0	○ 0/0	△ 0/0	○ 0/0		
	3	권 경 원									○ 0/0	○ 0/0
	4	이 창 용	○ 0/0	○ 0/0	○ 0/0 C	○ 0/0 C	▽ 0/0 C		○ 0/0	○ 0/0	△ 0/0	△ 0/0
	5	마 상 훈	▽ 0/0	△ 0/0				○ 0/0 C			△ 0/0	
	6	안 영 규	○ 0/0	▽ 0/0	△ 0/0	○ 0/0 C	○ 0/0	▽ 0/0				
	16	이 종 성		○ 0/0 C	○ 0/0 C	○ 0/0 C		○ 0/0 C			▽ 0/0	▽ 0/0
	20	박 정 수				△ 0/0						
	27	이 중 민	▽ 0/0			▽ 0/0		△ 0/0	▽ 0/0			
	32	이 태 희	▽ 0/0	○ 0/0	○ 0/0 C	▽ 0/0	0/1		○ 1/0		○ 0/0	○ 0/0
	34	최 지 묵	△ 0/0		○ 0/0	△ 0/0		○ 0/0	○ 0/0	○ 0/0	○ 0/0 C	○ 0/0
	40	리 차 드	○ 0/0	○ 0/0 C	▽ 0/0 C			▽ 0/0	○ 0/0 C	○ 0/0	△ 0/0	○ 0/0
	66	박 수 일							△ 0/0	△ 1/0	▽ 0/0	△ 0/0 C
MF	7	권 순 형										
	10	이스칸데로프	△ 0/1	△ 0/0					△ 0/0	○ 1/0		△ 0/0
	11	서 보 민				○ 0/0	▽ 0/0	△ 0/0	○ 0/0	▽ 0/0		
	13	김 민 혁	○ 1/0	▽ 0/0	○ 0/0	▽ 0/1	▽ 0/0	○ 0/0 S			○ 0/0	○ 0/0
	14	이 규 성	▽ 0/0	△ 0/0	▽ 0/1	○ 0/0 C	○ 0/0	▽ 0/0	○ 0/1	▽ 0/0		
	15	전 승 민										
	22	안 진 범					▽ 0/0		▽ 0/0	○ 0/0 C		
	23	강 재 우		○ 0/0 C	▽ 0/0		△ 0/0			▽ 0/0	▽ 0/0 C	
	29	홍 현 승										
	33	박 태 준		▽ 0/0	△ 0/0	△ 0/0						
FW	8	뮬 리 치	○ 0/0	△ 0/0		△ 1/0	△ 2/0	△ 1/0	○ 0/0	△ 0/0		△ 0/0
	9	김 현 성	△ 0/0 C	△ 0/0	△ 0/0	△ 0/0	△ 0/0	▽ 0/0				
	9	부 쉬	△ 0/0	△ 0/0					◆ 0/0	▽ 0/0		▽ 0/0
	17	이 재 원										
	19	박 용 지				▽ 1/0 C	▽ 0/0 C	▽ 0/0 C	△ 0/0			
	29	정 석 화								△ 0/0	○ 0/0	○ 0/0
	37	홍 시 후	△ 0/0		△ 0/0 C		▽ 0/0	▽ 0/0		△ 0/0		

67

위치	배번	선수	136	147	117	153	157	166	124	173	179	185
		날 짜	08.07	08.14	08.18	08.21	08.24	08.28	09.04	09.12	09.19	09.22
		홈/원정	홈	원정	원정	홈	원정	원정	홈	홈	원정	원정
		장 소	탄천	수원W	인천	탄천	광주	대구전	탄천	탄천	인천	수원W
		상 대	포항	수원	인천	전북	광주	대구	대구	서울	인천	수원FC
		결 과	승	승	패	무	패	패	무	무	승	패
		점 수	1:0	2:1	0:1	0:0	0:2	1:3	0:0	1:1	1:0	1:3
		승 점	22	25	25	26	26	26	27	28	31	31
		슈팅수	5:13	12:6	13:8	10:9	12:7	7:11	7:9	9:8	10:10	8:10
GK	41	김 영 광	○ 0/0 C	○ 0/0	○ 0/0	○ 0/0	○ 0/0	○ 0/0	○ 0/0	○ 0/0	○ 0/0 C	○ 0/0
DF	2	이 시 영				○ 0/0	△ 0/0	○ 0/0	▽ 0/0			
	3	권 경 원	○ 0/0	○ 0/0	△ 0/0	○ 0/0	○ 0/0 CC			○ 0/0		○ 0/0
	4	이 창 용	△ 0/0				○ 0/0	○ 0/0 C				
	5	마 상 훈			△ 0/0	○ 0/0 C	▽ 0/0	○ 1/0	○ 0/0 C	○ 0/0		○ 0/0
	6	안 영 규				▽ 0/0		○ 0/0	▽ 0/0			
	16	이 종 성	▽ 0/0	○ 0/0	△ 0/0	△ 0/0	○ 0/0 C	△ 0/0	△ 0/0	△ 0/0 C		
	20	박 정 수										
	27	이 중 민	△ 0/0		▽ 0/0		▽ 0/0	▽ 0/0			◆ 0/0	
	32	이 태 희	○ 0/0 C	▽ 0/0	○ 0/0		▽ 0/0			○ 0/0	○ 0/0	○ 0/0
	34	최 지 묵	△ 0/0								○ 0/0	○ 0/0
	40	리 차 드	▽ 0/0	○ 1/0	▽ 0/0		○ 0/0	▽ 0/0 C	○ 0/0	▽ 0/0		
	66	박 수 일	▽ 0/0 C	▽ 0/1	△ 0/0	△ 0/0	▽ 0/0	△ 0/0	△ 0/0	△ 0/0	△ 0/0	△ 0/0
MF	7	권 순 형				▽ 0/0	△ 0/0	△ 0/0		△ 0/0		
	10	이스칸데로프	△ 0/0	△ 0/1	○ 0/0		△ 0/0	△ 0/1		△ 0/0		△ 0/0
	11	서 보 민	△ 0/0	△ 0/0	△ 0/0	△ 0/0	△ 0/0	○ 0/0	○ 0/0	○ 0/0	○ 0/0	▽ 0/1
	13	김 민 혁	▽ 0/0									△ 0/0
	14	이 규 성	○ 0/0	○ 0/0	▽ 0/0		○ 0/0		○ 0/0	○ 0/0	△ 0/0 C	
	15	전 승 민										
	22	안 진 범	○ 0/0	▽ 0/0	▽ 0/0	▽ 0/0	▽ 0/0	△ 0/0		▽ 0/0		▽ 0/0
	23	강 재 우	▽ 0/0	▽ 0/0 C	▽ 0/0			▽ 0/0	▽ 0/0 C	▽ 0/0 C		◆ 0/0
	29	홍 현 승										
	33	박 태 준										
FW	8	뮬 리 치	○ 1/0	○ 1/0	○ 0/0	△ 0/0	○ 0/0	○ 0/0	△ 0/0		△ 1/0	○ 1/0
	9	김 현 성										
	9	부 쉬				△ 0/0		△ 0/0	▽ 0/0	△ 0/0	▽ 0/0	
	17	이 재 원										
	19	박 용 지			△ 0/0						△ 0/0	△ 0/0
	29	정 석 화		▽ 0/0		▽ 0/0	▽ 0/0					
	37	홍 시 후		△ 0/0	△ 0/0	○ 0/0	○ 0/0				▽ 0/0	▽ 0/0

선수자료 : 득점/도움 ○ = 선발출전 △ = 교체 IN ▽ = 교체 OUT ◆ = 교체 IN/OUT C = 경고 S = 퇴장

위치	배번		192	197	140	201	207	213	218	224
		경기번호	192	197	140	201	207	213	218	224
		날짜	09.26	10.03	10.24	10.30	11.03	11.07	11.27	12.04
		홈/원정	홈	원정	홈	홈	홈	원정	홈	원정
		장소	탄천	제주W	탄천	탄천	탄천	잠실	탄천	춘천
		상대	강원	제주	울산	포항	인천	서울	광주	강원
		결과	승	패	승	승	무	패	승	패
		점수	2:0	1:2	2:1	1:0	1:1	0:3	1:0	1:2
		승점	34	34	37	40	41	41	44	44
		슈팅수	7:8	2:12	11:17	6:12	9:5	8:5	11:14	6:10
GK	41	김 영 광	○ 0/0	○ 0/0	○ 0/0	○ 0/0	○ 0/0	○ 0/0	○ 0/0 C	○ 0/0
DF	2	이 시 영				○ 0/0	○ 0/0 C	○ 0/0 C	○ 0/0	○ 0/1 C
	3	권 경 원	○ 0/1	○ 0/0	○ 1/0	○ 0/0	○ 0/0	▽ 0/0		
	4	이 창 용				△ 0/0	△ 0/0	○ 0/0	▽ 0/0	△ 0/0
	5	마 상 훈	○ 2/0	○ 0/0	○ 0/0	▽ 0/0 C		○ 0/0	○ 0/0	○ 0/0
	6	안 영 규	△ 0/0		△ 0/0	△ 0/0	△ 0/0		△ 0/0	
	16	이 종 성	○ 0/0	▽ 1/0 C		△ 0/0	△ 0/0	△ 0/0	△ 0/0	△ 0/0
	20	박 정 수								
	27	이 중 민				△ 0/0		▽ 0/0	▽ 0/0	▽ 0/0
	32	이 태 희	○ 0/0	○ 0/0 C	▽ 0/0					
	34	최 지 묵	○ 0/0	○ 0/0 C	○ 0/0	○ 1/0	○ 0/0	○ 0/0	○ 0/0	○ 0/0 C
	40	리 차 드								
	66	박 수 일	○ 0/1 C	○ 0/1	▽ 0/0	○ 0/1	○ 1/0	○ 0/0 C	○ 0/0	○ 0/0
MF	7	권 순 형				○ 0/0	○ 0/0	○ 0/0	○ 0/0	
	10	이스칸데로프	△ 0/0	△ 0/0		○ 0/1 C	▽ 0/0	▽ 0/0		△ 0/0
	11	서 보 민		△ 0/0						
	13	김 민 혁	○ 0/0 C	▽ 0/0	○ 0/0	○ 0/0	▽ 0/1			
	14	이 규 성	▽ 0/0	○ 0/0				△ 0/0	▽ 0/0 C	▽ 0/0
	15	전 승 민								
	22	안 진 범				△ 0/0		◆ 0/0		▽ 1/0
	23	강 재 우	◆ 0/0	◆ 0/0						
	29	홍 현 승								
	33	박 태 준								
FW	8	뮬 리 치	◆ 0/0	△ 0/0	▽ 0/0	▽ 0/0	△ 0/0	△ 0/0	○ 0/0 C	△ 1/0 C
	9	김 현 성								
	9	부 쉬						△ 0/0		
	17	이 재 원								
	19	박 용 지	▽ 0/0	▽ 0/0			△ 0/0	◆ 0/0 C		▽ 0/0
	29	정 석 화	△ 0/0	△ 0/0					▽ 0/0	
	37	홍 시 후	▽ 0/0	▽ 0/0	▽ 0/0	▽ 0/0	▽ 0/0	▽ 0/0		△ 0/0

강원 F C

창단년도_ 2008년

홈페이지_ www.gangwon-fc.com

춘천사무국_ 주소 우 24239 강원도 춘천시 스포츠타운길 124 1층 강원
FC 사무국

124, Sports town-gil, Chuncheon-si, Gangwon-do, KOREA 24239

전화 033-254-2853 **팩스** 033-252-2854

강릉사무국_ 주소 우 25611 강원도 강릉시 남부로 222 강남축구공원
내 강원 FC사무국

222, Nambu-ro, Gangneung-si, Gangwon-do,KOREA 25611

전화_ 033-655-6652 / 033-655-6653 **팩스_** 033-655-6660

연혁

2008 강원도민프로축구단 창단추진 발표
강원도민프로축구단 창단준비팀 구성
강원도민프로축구단 창단준비위원회 발족
강원도민프로축구단 발기인 총회, 김병두 초대 대표이사 취임
(주)강원도민프로축구단 법인 설립
도민주 공모
한국프로축구연맹 창단승인
제4차 이사회 - 신임 김원동 대표이사 취임
초대 최순호 감독 선임
창단식 및 엠블럼 공개

2009 김영후 조모컵 2009 한일올스타전 선발
2009 K-리그 홈경기 20만 관중(관중동원 3위) 돌파
2009 K-리그 13위
제5회 대한민국 스포츠산업대상 프로스포츠 부문 최
우수마케팅상 대상 수상
2009 K-리그 대상 김영후 신인선수상, 페어플레이상,
서포터스 나르샤 공로상 수상
김원동 대표이사 2009 대한축구협회 특별공헌상 수상

2010 캐치프레이즈 '무한비상' 확정
선수단 숙소 '오렌지하우스' 개관
유소년클럽 창단
소나타 K-리그 2010 12위
2010 K-리그 대상 페어플레이상 수상

2011 캐치프레이즈 '강원천하' 확정
김상호 감독 선임
마스코트 '강웅이' 탄생
남종현 대표이사 취임
U-15 및 U-18 유스팀 창단
R리그 정성민 득점왕 수상
현대오일뱅크 K리그 2011 16위

2012 캐치프레이즈 'stand up! 2012!!' 확정
오재석 2012 런던올림픽 최종멤버 선발
김학범 감독 선임
김은중 K리그 통산 8번째 400경기 출전
현대오일뱅크 K리그 2012 14위

2013 캐치프레이즈 '투혼 2013' 확정

임은주 대표이사 취임   김용갑 감독 선임
현대오일뱅크 K리그 클래식 2013 12위

2014 캐치프레이즈 'Power of Belief 2014 Born again GWFC' 확정
알툴 감독 선임
현대오일뱅크 K리그 챌린지 2014 4위

2015 캐치프레이즈 'Power of GangwonFC 2015' 확정
최윤겸 감독 선임
현대오일뱅크 K리그 챌린지 2015 7위

2016 조태룡 대표이사 취임
K리그 클래식(1부리그) 승격(현대오일뱅크 K리그 챌린지 2016 3위)
제2차 플러스스타디움상 수상
세계 최초 스키점프장의 축구장 활용

2017 2017년 팀 창단 후 최초 상위 스플릿 진출
도·시민구단 최초 K리그 클래식(1부리그) 승격 첫해 상위스플릿 진출
KEB하나은행 K리그 클래식 2017 6위
세계 최초 프로구단 스키점프대 홈 경기장 사용
(평창 동계올림픽 알펜시아 스타디움)
국내 프로스포츠 최초 암호화폐 거래소 '코인원' 서브스폰서 계약
K리그 구단 역대 한 시즌 최다 '소규모 스폰서' 173개 업체 계약

2018 조태룡 대표이사 사임
한원석 대표이사(직무대행) 선임
KEB하나은행 K리그1 2018 8위
강원FC - 코인원, 2년 연속 스폰서 계약 체결
강원FC - 파마누코 스폰서 계약 체결
강원FC - 광동제약 스폰서 계약 체결
강원FC - 강원혈액원 MOU 체결
강원FC - 2군사령부 MOU 체결

2019 박종완 대표이사 취임
원주 의료기기 메디컬 스폰서 MOU 체결
하나원큐 K리그1 2019 6위
김지현 영플레이어상 수상

2020 하나원큐 K리그1 2020 7위

2021 이영표 대표이사 취임
김동현 올림픽대표팀 발탁
구단 최초 FA컵 준결승 진출
최용수 감독 선임

2021년 선수명단

대표이사_ 이영표 사무국장_ 정태규 감독_ 최용수
코치_ 김성재 · 하대성 스카우터_ 김유진 · 유영길 트레이너_ 전명구 · 이규성 · 김찬종 · 허지섭 통역관_ 김남균 전력분석관_ 김정훈
장비담당관_ 김도곤 주무_ 강현규

포지션	선수명		생년월일	출신교	키(cm) / 몸무게(kg)
GK	권 재 범	權才範	2001.07.08	경희고	191 / 87
	김 정 민	金正民	1997.11.27	숭실대	185 / 80
	김 정 호	金楨浩	1998.04.07	개성고	185 / 77
	이 광 연	李光淵	1999.09.11	인천대	184 / 85
	이 범 수	李範守	1990.12.10	경희대	190 / 84
DF	김 기 환	金起煥	2000.01.01	동국대	178 / 74
	김 영 빈	金榮彬	1991.09.20	광주대	184 / 79
	송 승 준	宋升峻	1997.02.28	상지대	187 / 80
	송 준 석	宋俊錫	2001.02.06	청주대	174 / 68
	신 세 계	申世界	1990.09.16	성균관대	178 / 74
	신 재 욱	申載旭	1999.06.13	아주대	175 / 70
	아슐마토프	Rustamjon Ashurmatov	1996.07.07	*우즈베키스탄	185 / 83
	윤 석 영	尹錫榮	1990.02.13	광양제철고	182 / 77
	이 병 욱	李秉煜	1996.11.14	영남대	185 / 85
	임 창 우	任倉佑	1992.02.13	현대고	183 / 72
	임 채 민	林採民	1990.11.18	영남대	188 / 82
	조 윤 성	趙允晟	1999.01.12	청주대	185 / 80
	츠베타노프	Momchil Emilov Tsvetanov	1990.12.03	*불가리아	174 / 65
	허 강 준	許强俊	2002.07.01	유성생명과학고	188 / 80
MF	김 대 우	金大禹	2000.12.02	숭실대	179 / 78
	김 대 원 ②	金大元	1999.01.18	성균관대	184 / 78
	김 동 현	金東現	1997.06.11	중앙대	182 / 72
	마 티 야	Matija Ljujić	1993.10.28	*세르비아	183 / 75
	서 민 우	徐珉優	1998.03.12	영남대	184 / 75
	양 현 준	梁玄準	2002.05.25	부산정보고	179 / 69
	이 강 한	李剛漢	2000.04.07	관동대	176 / 68
	한 국 영	韓國榮	1990.04.19	숭실대	183 / 76
	홍 원 진	洪元辰	2000.04.04	상지대	183 / 79
	황 문 기	黃文基	1996.12.08	현대고	176 / 70
FW	고 무 열	高武烈	1990.09.05	숭실대	185 / 78
	김 대 원 ①	金大元	1997.02.10	보인고	171 / 65
	박 경 배	朴經培	2001.02.15	강릉제일고	182 / 70
	박 상 혁	朴相赫	2002.06.13	태성고	185 / 75
	신 창 무	申昶武	1992.09.17	우석대	170 / 67
	실 라 지	Vladimir Siladi	1993.04.23	*세르비아	176 / 74
	안 경 찬	安景燦	1998.06.22	호남대	176 / 70
	이 정 협	李庭協	1991.06.24	숭실대	186 / 76
	정 민 우	鄭臀遇	2000.09.27	중동고	179 / 71
	정 지 용	鄭智鏞	1998.12.15	동국대	179 / 69
	조 재 완	趙在玩	1995.08.29	상지대	174 / 70
	지 의 수	地宜水	2000.03.25	중경고	178 / 72

2021년 개인기록 _ K리그1

위치	배번	선수	05	10	13	24	28	33	40	48	49	56
		경기번호	05	10	13	24	28	33	40	48	49	56
		날짜	03.01	03.06	03.09	03.14	03.17	03.21	04.03	04.07	04.10	04.17
		홈/원정	원정	홈	원정	원정	홈	홈	원정	원정	홈	원정
		장소	문수	강릉	전주W	수원W	강릉	강릉	서울W	제주W	강릉	수원
		상대	울산	포항	전북	수원	성남	인천	서울	제주	대구	수원FC
		결과	패	패	패	무	무	승	승	무	승	패
		점수	0:5	1:3	1:2	1:1	0:0	2:0	1:0	1:1	3:0	1:2
		승점	0	0	0	1	2	5	8	9	12	12
		슈팅수	8:14	7:12	12:9	8:4	10:3	10:7	8:9	7:13	14:12	10:16
GK	1	이광연	○ 0/0									△ 0/0
	21	김정호		○ 0/0	○ 0/0							
	25	이범수				○ 0/0	○ 0/0	○ 0/0			▽ 0/0	
DF	2	김영빈	○ 0/0	○ 0/0	○ 0/0	○ 0/0	○ 0/0	○ 0/0	○ 0/0 C	○ 0/0 C	○ 1/0 C	
	3	신세계	△ 0/0	○ 0/0					▽ 0/0	○ 0/0 C		
	5	정승용										
	7	윤석영	○ 0/0	○ 0/0	○ 0/0	○ 0/0 C	▽ 0/0				○ 0/1	
	17	김수범	▽ 0/0	○ 0/0	○ 0/1	○ 0/0	△ 0/0			○ 0/0 C	○ 0/0	
	22	아슬마토프	○ 0/0	○ 0/0	○ 0/0	○ 0/0	○ 0/0 C	○ 1/0	△ 0/0 C			○ 0/0 C
	23	임창우										
	26	임채민	○ 0/0 S			●						
	32	이병욱			○ 0/0							
	34	송준석										
	71	츠베타노프										
MF	4	서민우										
	6	김동현	○ 0/0	○ 0/0	○ 0/0	○ 0/0	○ 0/0 C	○ 0/0 CC	○ 0/0	○ 0/0	△ 0/0	○ 0/0
	8	한국영	○ 0/0 C	○ 0/0	○ 0/0	○ 0/0 C	○ 0/0 C				○ 1/0	
	11	조재완	△ 0/0	△ 0/0	△ 0/0	△ 0/0	△ 0/0 C	▽ 0/0	▽ 0/0	▽ 0/0	▽ 0/0	
	28	마티야										
	47	양현준										
	66	김대우				▽ 0/1	▽ 0/0	△ 0/0	▽ 0/0	▽ 0/0	1/0	
	88	황문기		△ 0/0				△ 0/0		◆ 0/0	△ 0/1	▽ 0/0 C
FW	7	마사	▽ 0/0									△ 0/0
	9	실라지	△ 0/0	△ 0/0		▽ 1/0	○ 0/0			▽ 0/0	△ 0/0	
	10	고무열	○ 0/1	▽ 0/0 C	○ 0/0 C	○ 0/0	△ 0/0	△ 1/0	○ 1/0	△ 0/1	△ 0/0	
	13	정민우						▽ 0/0				
	14	신창무					▽ 0/0					△ 0/0
	15	정지용							△ 0/0 C			
	17	김대원①	▽ 0/0	○ 1/0	○ 1/0	○ 0/0		▽ 0/1	△ 0/0	1/0	○ 0/0	△ 1/0
	18	이정협										
	77	박경배		▽ 0/0	▽ 0/0 C							
	99	박상혁									▽ 0/0	▽ 0/0

선수자료 : 득점/도움   ○ = 선발출전   △ = 교체 IN   ▽ = 교체 OUT   ◆ = 교체 IN/OUT   C = 경고   S = 퇴장

위치	배번	경기번호	61	69	78	81	89	93	108	113	100	120
		날짜	04.20	04.24	05.02	05.08	05.12	05.15	05.23	05.30	06.26	07.21
		홈/원정	홈	홈	원정	원정	홈	홈	홈	원정	원정	원정
		장소	춘천	춘천	인천	포항	춘천	춘천	춘천	대구전	탄천	광주
		상대	광주	전북	인천	포항	울산	수원FC	서울	대구	성남	광주
		결과	패	무	패	무	무	무	무	패	승	패
		점수	0:1	1:1	0:1	1:1	2:2	0:0	0:0	0:1	2:1	1:3
		승점	12	13	13	14	15	16	17	17	20	20
		슈팅수	13:9	11:10	12:4	6:17	8:14	8:8	12:9	9:13	8:12	11:13
GK	1	이광연										
	21	김정호	○ 0/0	○ 0/0	○ 0/0	○ 0/0						
	25	이범수					○ 0/0	○ 0/0	○ 0/0	○ 0/0	○ 0/0 C	○ 0/0
DF	2	김영빈	▽ 0/0		○ 0/0 C	○ 0/0 C		○ 0/0	○ 0/0		○ 0/0 C	○ 0/0 C
	3	신세계	○ 0/0	○ 0/0		○ 0/0	○ 0/0 C		○ 0/0			○ 0/0
	5	정승용										
	7	윤석영	△ 0/0	○ 0/0		○ 0/0	○ 0/0	○ 0/0	○ 0/0		○ 0/0	
	17	김수범	○ 0/0		△ 0/0	△ 0/0	△ 0/0	△ 0/0		▽ 0/0		
	22	아슬마토프					○ 0/0 C		○ 0/0 C			
	23	임창우	○ 0/0	○ 0/1	○ 0/0		○ 0/0		○ 0/0			
	26	임채민	○ 0/0 C	○ 0/0							△ 0/0	
	32	이병욱								△ 0/0		
	34	송준석		▽ 0/0			▽ 0/0				▽ 0/0	
	71	츠베타노프										
MF	4	서민우			△ 0/0	△ 0/0	▽ 1/0	▽ 0/0	▽ 0/0	○ 0/0 C	▽ 0/0	▽ 0/0 C
	6	김동현	△ 0/0	△ 0/0	▽ 0/0 C		△ 0/0	▽ 0/0 C	○ 0/0		○ 0/0	
	8	한국영	○ 0/0	○ 0/0		○ 0/0					○ 0/0	○ 0/0
	11	조재완								△ 1/1		△ 0/0
	28	마티야										
	47	양현준							▽ 0/0	▽ 0/0	▽ 0/0	▽ 0/0 C
	66	김대우	▽ 0/0			▽ 0/0			△ 0/0	△ 0/0		
	88	황문기	▽ 0/0	▽ 0/0	▽ 0/0	△ 0/0	△ 0/0 C	△ 0/0			△ 0/0	△ 0/0
FW	7	마사		▽ 0/0	▽ 0/0	△ 0/0	▽ 0/0	▽ 0/0	▽ 0/0	◆ 0/0		
	9	실라지	△ 0/0		△ 0/0	▽ 0/1	▽ 1/0	▽ 0/0	△ 0/0	△ 0/0	▽ 1/0	△ 0/0
	10	고무열	○ 0/0	△ 1/0							△ 0/0	△ 0/0
	13	정민우										
	14	신창무		△ 0/0	△ 0/0	△ 1/0	△ 0/0	▽ 0/0		△ 0/0		○ 0/0
	15	정지용				▽ 0/0			△ 0/0	△ 0/0		
	17	김대원①	△ 0/0	○ 0/0	△ 0/0		○ 0/0	△ 0/0				▽ 0/0
	18	이정협										
	77	박경배									▽ 0/0	
	99	박상혁	▽ 0/0	▽ 0/0 C	▽ 0/0	△ 0/0	△ 0/0	▽ 0/0		▽ 0/0		

73

위치	배번	경기번호	126	132	134	146	174	181	192	178	194	152
		날짜	07.25	08.01	08.07	08.14	09.12	09.21	09.26	09.29	10.02	10.06
		홈/원정	홈	홈	원정	홈	원정	원정	원정	홈	홈	원정
		장소	춘천	춘천	문수	강릉	수원 W	수원 W	탄천	강릉	강릉	인천
		상대	제주	수원	울산	대구	수원FC	수원	성남	포항	전북	인천
		결과	무	승	패	승	패	패	패	승	패	승
		점수	2 : 2	3 : 0	1 : 2	2 : 0	0 : 1	2 : 3	0 : 2	1 : 0	0 : 1	1 : 0
		승점	21	24	24	27	27	27	27	30	30	33
		슈팅수	16 : 16	11 : 6	9 : 14	9 : 10	14 : 11	9 : 10	8 : 7	14 : 12	16 : 15	10 : 7
GK	1	이 광 연										
	21	김 정 호										
	25	이 범 수	○ 0/0	○ 0/0	○ 0/0	○ 0/0	○ 0/0	○ 0/0	○ 0/0	○ 0/0	○ 0/0	○ 0/0
DF	2	김 영 빈	○ 1/0	○ 0/0	○ 0/0 C		○ 0/0	○ 0/0 C	○ 0/0 C		○ 0/0	○ 0/0
	3	신 세 계	○ 0/0	○ 0/0						▽ 0/0		
	5	정 승 용										
	7	윤 석 영	△ 0/0	△ 1/0	△ 0/0	△ 0/0	△ 0/0					
	17	김 수 범										
	22	아슬마토프		△ 0/0		○ 0/0			○ 0/0		▽ 0/0	
	23	임 창 우	○ 0/0	○ 0/0 C	○ 0/0	○ 1/0 C	○ 0/0	○ 0/0			○ 0/0 C	○ 0/0 C
	26	임 채 민	○ 1/0 C	○ 0/0	○ 0/0	○ 0/0	○ 0/0	○ 0/0	○ 0/0 C	○ 0/0 C	○ 0/0	○ 0/0
	32	이 병 욱								△ 0/0		△ 0/0
	34	송 준 석	▽ 0/0	▽ 0/0 C	▽ 0/0	▽ 0/0	▽ 0/0			▽ 0/0		
	71	츠베타노프						▽ 0/0 C	△ 0/0	○ 0/1	△ 0/0	
MF	4	서 민 우	▽ 0/0	▽ 0/0	▽ 0/0					▽ 0/0		△ 0/0
	6	김 동 현				△ 0/0	▽ 0/0					
	8	한 국 영	▽ 0/0				△ 0/0 C	○ 0/0	○ 0/0		○ 0/0	○ 0/0
	11	조 재 완	○ 0/0	○ 0/1	△ 1/0	△ 1/0	○ 0/0	○ 1/0 C	○ 0/0 C	△ 0/0	▽ 0/0	▽ 0/0
	28	마 티 야							▽ 0/0			▽ 1/0
	47	양 현 준			▽ 0/0							
	66	김 대 우				▽ 0/0	▽ 0/0	▽ 0/0 C	▽ 0/0	▽ 0/0		▽ 0/0
	88	황 문 기	△ 0/0	△ 0/0	○ 0/0	△ 0/0	△ 0/0	△ 0/0	△ 0/0	△ 1/0	▽ 0/0 C	△ 0/0
FW	7	마 사										
	9	실 라 지		△ 0/0								
	10	고 무 열	△ 0/0	▽ 2/0	△ 0/1		▽ 0/0	▽ 1/0	△ 0/0		○ 0/0	○ 0/0
	13	정 민 우						▽ 0/0		▽ 0/0	▽ 0/0	▽ 0/0
	14	신 창 무	△ 0/1		△ 0/0		△ 0/0	△ 0/0	▽ 0/0			
	15	정 지 용										
	17	김 대 원 ①	△ 0/1	△ 0/0		△ 0/0	△ 0/0			○ 0/0		△ 0/1
	18	이 정 협	▽ 0/0	▽ 0/0	▽ 0/0	▽ 0/0	▽ 0/0	△ 0/1	○ 0/0	◆ 0/0	△ 0/0	△ 0/0
	77	박 경 배	▽ 0/0									
	99	박 상 혁										

선수자료 : 득점/도움 ○ = 선발출전 △ = 교체 IN ▽ = 교체 OUT ◆ = 교체 IN/OUT C = 경고 S = 퇴장

위치	배번	이름	158	163	142	204	205	212	222	224	승강PO 01	승강PO 02
		경기번호	158	163	142	204	205	212	222	224	승강PO 01	승강PO 02
		날짜	10.10	10.17	10.24	10.31	11.03	11.07	11.28	12.04	12.08	12.12
		홈/원정	홈	홈	홈	원정	원정	홈	원정	홈	원정	홈
		장소	강릉	강릉	강릉	광주	포항	춘천	잠실	춘천	한밭	강릉
		상대	제주	광주	서울	광주	포항	인천	서울	성남	대전	대전
		결과	무	승	패	무	패	무	무	승	패	승
		점수	2:2	2:1	1:4	2:2	0:4	1:1	0:0	2:1	0:1	4:1
		승점	34	37	37	38	38	39	40	43	0	3
		슈팅수	16:18	13:9	8:10	14:9	4:12	12:12	4:6	10:6	9:12	18:14
GK	1	이 광 연							○ 0/0	○ 0/0 C	○ 0/0	○ 0/0 C
	21	김 정 호										
	25	이 범 수	○ 0/0	○ 0/0	○ 0/0	○ 0/0	○ 0/0	○ 0/0				
DF	2	김 영 빈	○ 0/0	○ 1/1 C	○ 0/0	○ 0/0 C		○ 0/0	○ 0/0	○ 0/0	○ 0/0	○ 0/0
	3	신 세 계				△ 1/0	△ 0/0		○ 0/0 C	△ 0/0		
	5	정 승 용						△ 0/0	○ 0/0	△ 0/0		▽ 0/0
	7	윤 석 영		△ 0/0	△ 0/0	△ 0/0	△ 0/0		○ 0/0	○ 0/0		○ 0/0 C
	17	김 수 범										
	22	아슐마토프					○ 0/0					
	23	임 창 우	○ 0/0	○ 0/0	○ 0/0	○ 0/0	○ 0/0	▽ 0/1		○ 0/0 C		○ 0/0
	26	임 채 민	○ 0/0	○ 0/0	○ 0/0	○ 0/0	○ 0/0 C			○ 0/0		○ 1/0
	32	이 병 욱										
	34	송 준 석										
	71	츠베타노프	○ 0/0	○ 0/0	○ 0/0	○ 0/0	○ 0/0			▽ 0/0	△ 0/0	○ 0/0 C
MF	4	서 민 우	▽ 0/0 C	△ 0/0	▽ 0/0	○ 0/0	▽ 0/0	△ 0/0	△ 0/0	▽ 0/0 C		○ 0/1 C
	6	김 동 현		○ 1/0			▽ 0/0					
	8	한 국 영	○ 0/0		△ 0/0			○ 0/0	○ 0/0		○ 0/0	▽ 1/0
	11	조 재 완	△ 0/0									
	28	마 티 야	▽ 0/0	▽ 0/0	▽ 0/0	▽ 0/0 C	▽ 0/0 C	△ 0/0	◆ 0/0		△ 0/0	
	47	양 현 준	▽ 0/0			▽ 0/0	▽ 0/0 C			△ 0/0	△ 0/0	
	66	김 대 우		▽ 0/0				▽ 1/0 C	○ 0/0	○ 0/0		
	88	황 문 기	△ 0/0	△ 0/0	△ 0/0	▽ 0/0	△ 0/0	○ 0/0 C		△ 0/0	△ 0/0	△ 1/0
FW	7	마 사										
	9	실 라 지				△ 0/1	△ 0/0 C					
	10	고 무 열										
	13	정 민 우			▽ 0/0							
	14	신 창 무		▽ 0/0	◆ 0/0				▽ 0/0 C	○ 0/0	▽ 0/0	
	15	정 지 용	△ 0/0	◆ 0/0								
	17	김 대 원 ①	○ 1/1	○ 0/0	○ 1/0	○ 1/0	○ 0/0	○ 0/0		▽ 2/0		○ 0/1
	18	이 정 협	△ 1/0 C	△ 0/0	△ 0/0	△ 0/0	△ 0/0	○ 0/0 C	○ 0/0	○ 0/0	○ 0/0 C	
	77	박 경 배										
	99	박 상 혁	▽ 0/0	▽ 0/0	▽ 0/0	▽ 0/0	▽ 0/0	▽ 0/0		△ 0/0		△ 0/0

광주 FC

창단년도_ 2010년

전화_ 062-373-7733

팩스_ 062-371-7734

홈페이지_ www.gwangjufc.com

주소_ 우 62048 광주광역시 서구 금화로 240(풍암동) 축구전용
구장 2층

2F, Gwangju Football Stadium, 240, Geumhwa-ro,
Seo-gu, Gwangju, KOREA 62048

연혁

2010 광주시민프로축구단 창단 발표	2018 2018 KEB 하나은행 K리그2 정규리그 5위 - 준플레이오프

2010 광주시민프로축구단 창단 발표
범시민 창단준비위원회 발족(606명)
㈜광주시민프로축구단 법인 설립
시민주 제1, 2차 공모(19,068명 참여)
구단 엠블럼 CI 공개
2011 현대오일뱅크 K리그 2011 11위
K리그 통산 시민구단 창단 시즌 최다승 기록_9승
박기동, 이승기 대한민국 축구 국가대표팀 발탁
2012 현대오일뱅크 K리그 2012 15위
U-18 14회 백운기 전국고등학교 축구대회 우승
U-15 금석배 전국학생 축구대회 저학년부 우승
2013 현대오일뱅크 K리그 챌린지 2013 3위
2014 현대오일뱅크 K리그 챌린지 2014 4위
승강 플레이오프 통합스코어 4 : 2 승리(Vs 경남FC)
K리그 클래식 승격 확정
U-18 2014 아디다스 올인 K리그 주니어 우승
2015 현대오일뱅크 K리그 클래식 2015 10위
승격팀 최초 잔류·팀 창단 최다승 달성(10승)
2016 현대오일뱅크 K리그 클래식 2016 8위(역대 최고 순위)
승격팀 최초 2년 연속 잔류·팀 창단 최다승 신기록(11승)
정조국 2016 K리그 대상 3관왕(MVP, 최다득점상, 베스트11)
U-18 제18회 백운기 전국고교축구대회 우승
U-15 2016 예산사과기 전국중등축구대회 우승 (저학년부)
U-12 2016 화랑대기 전국 유소년 축구대회 우승
2017 2017 KEB 하나은행 K리그 클래식 정규리그 12위
제22회 KEB 하나은행 FA컵 8강 (최고성적)
U-18 제19회 백운기 전국고교축구대회 우승

2018 2018 KEB 하나은행 K리그2 정규리그 5위 - 준플레이오프
나상호 K리그2 대상 3관왕 (MVP, 최다득점상, 베스트11 FW부문)
나상호 대한민국 축구 국가대표팀 발탁
나상호 아시안게임 금메달
U-18 제73회 전국고교선수권대회 우승
2019 하나원큐 K리그2 2019 우승, K리그1 승격
광주 축구전용구장 및 연습구장 개장
구단 통산 100승 달성·창단 첫 6연승 달성
K리그2 최다무패 신기록(19경기)
풀-플러스스타디움상 수상_13~24R
펠리페 K리그2 대상 최다득점상 수상(19골)
U-18 2019 K리그 유스 챔피언십 우승
U-18 2019 전국고등리그 왕중왕전 우승
U-18 2019 광주광역시협회장기 우승
U-12 제 48회 전국소년체전 지역예선 우승
U-12 2019 광주광역시협회장기 우승
U-12 2019 전국 초등 축구리그 우승_ 광주 지역
2020 하나원큐 K리그1 2020 6위_역대 최고 성적
창단 첫 파이널A 진출 및 1부리그 최다 무패(7경기, 2승 5무)
펠리페 광주FC 소속 통산 최다득점 기록 갱신(66경기 38골)
엄원상 대한민국 축구 국가대표팀 발탁
제25회 KEB하나은행 FA컵 16강
U-18 2020 K리그 주니어 B조(남부권역) 우승
제41회 대한축구협회장배 3위
2021 하나원큐 K리그1 2021 12위
광주축구전용구장 첫 승(7라운드 vs인천)
이한도, 구단 첫 수비수 주간 MVP 수상(11R)
엄지성·엄원상, 이 달의 영플레이어상 수상(8, 10월)
창단 첫 포항스틸러스전 승리(36R)

2021년 선수명단

대표이사_ 최만희 사무처장_ 김성규 감독_ 김호영
수석코치_ 정성훈 필드코치_ 홍성요 피지컬코치_ 이거성 GK코치_ 이승준 주치의_ 이준용 주무_ 박태인
트레이너_ 김정훈·이민엽 분석관_ 김진교

포지션	선수명		생년월일	출신교	키(cm) / 몸무게(kg)
GK	이 진 형	李 鎭 亨	1988.02.22	단국대	189 / 85
	윤 평 국	尹 平 國	1992.02.08	인천대	189 / 88
	윤 보 상	尹 普 相	1993.09.09	울산대	185 / 88
	김 태 곤	金 太 崑	1998.12.29	전주기전대	186 / 78
	신 송 훈	申 松 勳	2002.11.07	금호고	180 / 80
DF	박 준 강	朴 埈 江	1991.06.06	상지대	174 / 69
	이 민 기	李 旼 氣	1993.05.19	전주대	175 / 71
	한 희 훈	韓 熙 訓	1990.08.10	상지대	183 / 78
	이 으 뜸	李 으 뜸	1989.09.02	용인대	177 / 73
	이 한 도	李 韓 道	1994.03.16	용인대	185 / 80
	곽 광 선	郭 珖 善	1986.03.28	숭실대	186 / 80
	알 렉 스	Aleksandar Andrejević	1992.03.28	*세르비아	187 / 78
	이 지 훈	李 知 勳	1994.03.24	울산대	176 / 69
	이 한 샘	李 한 샘	1989.10.18	건국대	185 / 83
	임 진 우	林 珍 佑	1993.06.15	영남대	186 / 82
	김 봉 진	金 奉 眞	1990.07.18	동의대	180 / 80
MF	김 원 식	金 元 植	1991.11.05	동북고	187 / 78
	박 정 수	朴 庭 秀	1987.01.13	상지대	182 / 74
	김 종 우	金 鍾 佑	1993.10.01	선문대	180 / 73
	두 현 석	杜 玹 碩	1995.12.21	연세대	169 / 65
	여 봉 훈	余 奉 訓	1994.03.12	경북안동고	178 / 70
	정 현 우	鄭 賢 佑	2000.07.12	금호고	174 / 65
	이 희 균	李 熙 均	1998.04.29	단국대	168 / 63
	장 동 찬	張 東 燦	2000.10.17	울산대	181 / 70
	이 찬 동	李 燦 東	1993.01.10	인천대	183 / 82
	이 순 민	李 淳 敏	1994.05.22	영남대	179 / 73
FW	엄 원 상	嚴 原 上	1999.01.06	아주대	171 / 63
	조 나 탄	Johnathan Aparecido da Silva Vilela	1990.03.29	*브라질	184 / 74
	김 주 공	金 周 孔	1996.04.23	전주대	180 / 66
	송 승 민	宋 承 珉	1992.01.11	인천대	187 / 82
	헤 이 스	Isnairo Reis Silva Morais	1993.01.06	*브라질	175 / 73
	이 준 용	李 俊 容	1995.07.09	대구대	176 / 66
	엄 지 성	嚴 志 成	2002.05.09	금호고	178 / 70
	허 율	許 律	2001.04.12	금호고	193 / 87

2021년 개인기록_ K리그1

위치	배번	성명	04	08	16	20	29	31	42	46	51	58
		날짜	02.28	03.06	03.10	03.13	03.17	03.20	04.04	04.07	04.10	04.17
		홈/원정	원정	홈	원정	홈	원정	원정	홈	홈	원정	홈
		장소	수원W	광주	대구전	광주	서울W	제주W	광주	광주	탄천	광주
		상대	수원	울산	대구	전북	서울	제주	인천	수원FC	성남	포항
		결과	패	패	승	패	패	무	승	승	패	패
		점수	0 : 1	0 : 1	4 : 1	0 : 2	1 : 2	1 : 1	2 : 1	2 : 0	0 : 2	0 : 1
		승점	0	0	3	3	3	4	7	10	10	10
		슈팅수	2 : 23	8 : 13	10 : 18	10 : 6	8 : 19	9 : 13	18 : 8	14 : 7	10 : 11	15 : 9
GK	1	윤 평 국				○ 0/0						
	21	이 진 형										
	31	신 송 훈										
	77	윤 보 상	○ 0/0	○ 0/0	○ 0/0		○ 0/0	○ 0/0	○ 0/0	○ 0/0	○ 0/0	○ 0/0
DF	2	박 준 강										
	3	이 민 기	○ 0/0	○ 0/0	○ 0/1	▽ 0/0	○ 0/0		▽ 0/0	○ 0/0	▽ 0/0	○ 0/0
	4	한 희 훈	○ 0/0	○ 0/0	○ 0/0 C	▽ 0/0	○ 0/0			△ 0/0		
	8	이 으 뜸	△ 0/0	○ 0/0	○ 0/0 C	▽ 0/0	○ 0/0		○ 0/0			
	20	이 한 도	○ 0/0	○ 0/0	○ 1/0	○ 0/0				△ 0/0		
	22	곽 광 선	△ 0/0			△ 0/0	▽ 0/0	▽ 0/0				
	28	알 렉 스							○ 0/0	○ 0/0	▽ 0/0	○ 0/0
	32	이 지 훈		△ 0/0		○ 0/0	○ 0/0					
	33	이 한 샘							○ 0/0	○ 0/0		
	44	이 순 민			△ 0/0					△ 0/0		▽ 0/0
	66	임 진 우										
	90	김 봉 진		△ 0/0	△ 0/0 C							
MF	5	김 원 식	○ 0/0 C	○ 0/0	○ 0/0	○ 0/0 C	○ 0/0		▽ 0/0	▽ 0/0	▽ 0/0	○ 0/0
	6	박 정 수										
	10	김 종 우	○ 0/0	○ 0/0	▽ 1/1	○ 0/0	▽ 0/0					
	14	여 봉 훈	▽ 0/0	▽ 0/0		△ 0/0	△ 0/0					
	17	헤 이 스							○ 0/0	▽ 0/1		○ 0/0
	23	정 현 우							△ 0/0	△ 0/0	△ 0/0	
	24	엄 지 성	△ 0/0	△ 0/0	△ 0/0	△ 0/0	△ 0/0	△ 0/0 C	▽ 1/0	△ 0/0	○ 0/0	
	40	이 찬 동	▽ 0/0 C	▽ 0/0	▽ 0/0	▽ 0/0	▽ 0/0	○ 0/0 C	▽ 0/0			
FW	7	엄 원 상	○ 0/0	○ 0/0	○ 1/0	○ 0/0	○ 0/0	▽ 0/0				
	9	조 나 탄										
	9	펠 리 페			△ 0/0	△ 0/0 C	△ 0/0	▽ 1/0	○ 0/0	○ 2/0	○ 0/0	○ 0/0 C
	11	김 주 공	▽ 0/0	▽ 0/0	▽ 1/0	▽ 0/0	▽ 1/0	○ 0/0 C	○ 0/0	○ 0/1		
	13	두 현 석										
	16	송 승 민	▽ 0/0			▽ 0/0	▽ 0/0	○ 0/0 C	○ 0/1	△ 0/0	△ 0/0	△ 0/0
	18	이 준 용										
	26	이 희 균							△ 1/0 C	▽ 0/0	○ 0/0 C	△ 0/0
	29	허 율										
	30	김 효 기	△ 0/0 C					△ 0/0				

선수자료 : 득점/도움   ○ = 선발출전   △ = 교체 IN   ▽ = 교체 OUT   ◈ = 교체 IN/OUT   C = 경고   S = 퇴장

위치	배번	선수	61	68	76	86	94	99	106	114	82	120
		날짜	04.20	04.24	05.01	05.11	05.15	05.19	05.23	05.30	06.19	07.21
		홈/원정	원정	홈	원정	원정	원정	홈	홈	원정	홈	홈
		장소	춘천	광주	문수	수원	인천	광주	광주	포항	광주	광주
		상대	강원	대구	울산	수원FC	인천	제주	수원	포항	서울	강원
		결과	승	패	패	패	패	무	패	패	무	승
		점수	1:0	0:1	0:2	1:2	1:2	0:0	3:4	0:1	1:1	3:1
		승점	13	13	13	13	13	14	14	14	15	18
		슈팅수	9:13	14:6	13:17	13:12	11:13	13:8	7:11	8:9	10:5	13:11
GK	1	윤평국										
	21	이진형									○ 0/0	
	31	신송훈										
	77	윤보상	○ 0/0	○ 0/0	○ 0/0	○ 0/0	○ 0/0	○ 0/0	○ 0/0	○ 0/0 C		○ 0/0
DF	2	박준강										
	3	이민기	○ 0/0 C	▽ 0/0	○ 0/0	○ 0/0 C	○ 0/0	○ 0/0	▽ 0/0 C		▽ 0/0	△ 1/0
	4	한희훈	△ 0/0					○ 0/0	○ 1/0	▽ 0/0 C	○ 0/0 C	▽ 0/0
	8	이으뜸		△ 0/0			△ 0/0		△ 0/0	○ 0/0		○ 0/0 C
	20	이한도	○ 1/0	○ 0/0	○ 0/0	○ 0/0 C	○ 0/0	○ 0/0	○ 0/0 C	○ 0/0	○ 0/0	
	22	곽광선								○ 0/0 C	▽ 0/0	
	28	알렉스	○ 0/0	○ 0/0	○ 0/0	○ 1/0		△ 0/0	○ 0/0	△ 0/0 C		○ 0/0
	32	이지훈	○ 0/0	▽ 0/0	○ 0/0	○ 0/0	○ 0/0 C	○ 0/0	○ 0/0			▽ 0/0
	33	이한샘										
	44	이순민	▽ 0/0	△ 0/0	▽ 0/0		◆ 0/0	▽ 0/0			△ 0/0	△ 1/0
	66	임진우										
	90	김봉진	△ 0/0	○ 0/0 C	△ 0/0	○ 0/0	△ 0/0					△ 0/0
MF	5	김원식	○ 0/0 C	▽ 0/0 C	▽ 0/0	▽ 0/0	▽ 0/0	▽ 0/0	▽ 0/0	▽ 0/0	▽ 0/0	▽ 0/0
	6	박정수										
	10	김종우					△ 0/0	△ 0/0	△ 1/0	○ 0/0 C	○ 1/0	
	14	여봉훈										△ 0/0
	17	헤이스	▽ 0/1	○ 0/0	○ 0/0 C	○ 0/1 C	○ 0/0 C	▽ 0/0	○ 1/0	▽ 0/0	△ 0/0	○ 0/1
	23	정현우	△ 0/0	△ 0/0								
	24	엄지성	▽ 0/0	▽ 0/0	▽ 0/0	▽ 0/0	▽ 0/0	○ 0/0	▽ 0/0		▽ 0/0	△ 1/0
	40	이찬동										△ 0/0 C
FW	7	엄원상				△ 0/0	○ 1/0	○ 0/0	○ 0/0	▽ 0/0	▽ 0/0	
	9	조나탄										
	9	펠리페	○ 0/0	○ 0/0	○ 0/0 C	○ 0/0	▽ 0/1					
	11	김주공	△ 0/0	▽ 0/0	○ 0/0	△ 0/0		△ 0/0		▽ 0/0	△ 0/0	
	13	두현석							△ 0/0	△ 0/0		
	16	송승민	▽ 0/0	△ 0/0	△ 0/0	▽ 0/0			▽ 0/0		△ 0/0	▽ 0/0
	18	이준용					△ 0/0					
	26	이희균	◆ 0/0	△ 0/0	△ 0/0	△ 0/0	▽ 0/0 C	○ 0/0	○ 0/0	△ 0/0	△ 0/0	△ 0/0
	29	허율							△ 0/0		○ 0/0	○ 0/1
	30	김효기										

79

위치	배번	경기번호	127	137	122	150	151	157	171	176	182	188
		날짜	08.01	08.08	08.11	08.15	08.20	08.24	09.11	09.18	09.21	09.25
		홈/원정	홈	원정	원정	홈	원정	홈	원정	홈	홈	원정
		장소	광주	서울W	전주W	광주	대구전	광주	수원W	광주	광주	문수
		상대	성남	서울	전북	인천	대구	성남	수원	제주	전북	울산
		결과	무	패	패	승	승	승	무	2/4	패	패
		점수	0:0	0:1	0:3	1:0	2:1	2:0	2:2	0:3	1:2	0:1
		승점	19	19	19	22	25	28	29	29	29	29
		슈팅수	9:6	6:8	8:16	13:7	6:11	7:12	15:9	8:10	5:11	6:17
GK	1	윤 평 국				○ 0/0	○ 0/0 C	○ 0/0 C	○ 0/0	○ 0/0	○ 0/0	○ 0/0
	21	이 진 형	○ 0/0	○ 0/0	○ 0/0							
	31	신 송 훈										
	77	윤 보 상										
DF	2	박 준 강			△ 0/0							
	3	이 민 기	△ 0/0			○ 0/0	▽ 0/0	▽ 0/0	△ 0/0	△ 0/0	△ 0/0	○ 0/0 C
	4	한 희 훈										
	8	이 으 뜸	○ 0/0	○ 0/0		○ 0/0	○ 0/1	○ 0/0	○ 0/1	○ 0/0	○ 0/0	△ 0/0
	20	이 한 도	○ 0/0		○ 0/0 C							
	22	곽 광 선										
	28	알 렉 스	○ 0/0	○ 0/0	○ 0/0		○ 0/0	○ 0/0	○ 0/0	○ 0/0	○ 0/0	○ 0/0
	32	이 지 훈	○ 0/0	○ 0/0	▽ 0/0 C	○ 0/0 C	○ 0/0	▽ 0/0		○ 0/0 C	○ 0/0	○ 0/0
	33	이 한 샘										
	44	이 순 민	○ 0/0	▽ 0/0	▽ 0/0 C	▽ 0/0 C	▽ 0/0	▽ 0/1				▽ 0/0 C
	66	임 진 우		△ 0/0								
	90	김 봉 진	△ 0/0			△ 0/0	△ 0/0	△ 0/0	△ 0/0		△ 0/0	○ 0/0
MF	5	김 원 식	▽ 0/0	▽ 0/0			○ 0/0 C			▽ 0/0	▽ 0/0	▽ 0/0
	6	박 정 수										
	10	김 종 우								△ 0/0		
	14	여 봉 훈	△ 0/0	△ 0/0	▽ 0/0	△ 0/0	△ 1/0	△ 0/0		△ 0/0	▽ 0/0	▽ 0/0 C
	17	헤 이 스	▽ 0/0	○ 0/0	○ 0/0 C	○ 1/0 C		○ 1/0 C	▽ 0/0	△ 0/0	▽ 0/0	△ 0/0
	23	정 현 우										
	24	엄 지 성	▽ 0/0	▽ 0/0	▽ 0/0	○ 0/0	▽ 1/0 C	▽ 0/0	△ 0/1	▽ 0/0	▽ 0/0	▽ 0/0
	40	이 찬 동						▽ 0/0	▽ 0/0			
FW	7	엄 원 상						△ 0/0	△ 0/0	▽ 0/0	▽ 0/0	▽ 0/0
	9	조 나 탄										
	9	펠 리 페										
	11	김 주 공	△ 0/0	▽ 0/0	○ 0/0	△ 0/0	○ 0/0	○ 1/0	○ 1/0	▽ 1/0	○ 0/0	○ 0/0
	13	두 현 석										△ 0/0
	16	송 승 민	▽ 0/0	△ 0/0	▽ 0/0							
	18	이 준 용			△ 0/0							
	26	이 희 균		△ 0/0	△ 0/0		△ 0/0	△ 0/0	△ 0/0		▽ 0/0 C	△ 0/0
	29	허 율	○ 0/0	○ 0/0	△ 0/0	○ 0/0 C	○ 0/0	▽ 0/0	▽ 0/0	○ 1/0 C	▽ 0/0	△ 0/0
	30	김 효 기										

선수자료 : 득점/도움   ○ = 선발출전   △ = 교체 IN   ▽ = 교체 OUT   ◈ = 교체 IN/OUT   C = 경고   S = 퇴장

Section 1 · 2021 구단기록 · 광주

위치	배번		193	163	143	204	206	211	218	225			
		경기번호	193	163	143	204	206	211	218	225			
		날 짜	10.03	10.17	10.24	10.31	11.03	11.07	11.27	12.04			
		홈/원정	홈	원정	원정	홈	홈	원정	원정	홈			
		장 소	광주	강릉	수원W	광주	광주	포항	탄천	광주			
		상 대	포항	강원	수원FC	강원	서울	포항	성남	인천			
		결 과	패	패	승	무	패	승	패	무			
		점 수	2 : 3	1 : 2	3 : 1	2 : 2	3 : 4	2 : 1	0 : 1	1 : 1			
		승 점	29	29	32	33	33	36	36	37			
		슈팅수	14 : 8	9 : 13	7 : 13	9 : 14	14 : 9	9 : 4	14 : 11	5 : 6			
GK	1	윤 평 국	○ 0/0					○ 0/0	○ 0/0				
	21	이 진 형											
	31	신 송 훈								○ 0/0			
	77	윤 보 상		○ 0/0	○ 0/0	○ 0/0	○ 0/0						
DF	2	박 준 강											
	3	이 민 기	○ 0/0	○ 0/1			▽ 0/0	○ 0/0 C		○ 0/0			
	4	한 희 훈		○ 0/0	▽ 0/0	▽ 0/0	▽ 0/0 C	△ 0/0		△ 0/0			
	8	이 으 뜸			○ 0/1	○ 0/0 C	○ 0/0		△ 0/0				
	20	이 한 도	○ 0/0			△ 0/0	△ 0/0	○ 0/0	○ 0/0				
	22	곽 광 선				○ 0/0	○ 0/0 C	○ 0/0	△ 0/0				
	28	알 렉 스	○ 0/0	○ 0/0	○ 0/0	○ 0/0	○ 0/0	○ 0/0 C	○ 0/0	○ 0/0			
	32	이 지 훈	○ 0/0	▽ 0/0				△ 0/0	▽ 0/0	△ 0/0			
	33	이 한 샘											
	44	이 순 민	○ 0/0	▽ 0/0	△ 0/0	△ 0/0	△ 0/0	○ 0/0	○ 0/0	▽ 0/0			
	66	임 진 우											
	90	김 봉 진	△ 0/0										
MF	5	김 원 식		▽ 0/0 C									
	6	박 정 수			△ 0/0		△ 0/0						
	10	김 종 우	△ 1/0	△ 0/0	▽ 0/1 C	▽ 0/0	○ 1/0	▽ 0/0	○ 0/0	▽ 0/0			
	14	여 봉 훈		▽ 0/0	△ 0/0 C	○ 0/0	○ 0/0	▽ 0/0 C	○ 0/0	○ 0/0			
	17	헤 이 스	▽ 0/0	▽ 0/0	△ 0/0	△ 0/0		○ 1/0	▽ 0/0	▽ 0/1			
	23	정 현 우											
	24	엄 지 성			△ 0/0	▽ 1/0	▽ 0/0	▽ 0/0	▽ 0/0	▽ 0/0			
	40	이 찬 동	▽ 0/0	△ 0/0	○ 0/0	○ 1/0	▽ 1/0	▽ 0/0 C	▽ 0/0	▽ 0/0 C			
FW	7	엄 원 상	▽ 0/0	○ 1/0	○ 1/1	▽ 0/0	○ 1/0	▽ 0/0	○ 0/0	○ 1/0			
	9	조 나 탄						△ 0/0	△ 0/0				
	9	펠 리 페											
	11	김 주 공	○ 0/0	▽ 0/0						△ 0/0			
	13	두 현 석	△ 1/0	△ 0/0			△ 0/0	△ 0/0		△ 0/0			
	16	송 승 민											
	18	이 준 용											
	26	이 희 균	△ 0/1		▽ 1/0	▽ 0/0			△ 0/0	△ 0/0			
	29	허 율	▽ 0/0	○ 0/0 C	△ 0/0	△ 1/0	△ 0/0		△ 0/0				
	30	김 효 기											

김 천 상 무

창단년도_ 2021년
전화_ 054-434-6666
팩스_ 054-434-6611
홈페이지_ www.gimcheonfc.com
주소_ 우 39524 경상북도 김천시 운동장길 1 김천종합운동장
1, Undongjang-gil, Gimcheon-si, Gyeongsangbuk-do, KOREA
39524

연혁

2020	유치의향서 한국프로축구연맹 제출
	상무프로축구단 유치 시민 공청회 개최
	김천시 ↔ 국군체육부대 연고지 협약 체결
	김천상무프로축구단 창단 발표 (김충섭 김천시장)
	사단법인 김천시민프로축구단 설립
	창단 승인 (한국프로축구연맹 이사회)
	배낙호 대표이사, 이흥실 단장 선임 및 사무국 구성
	구단명 김천상무FC, 엠블럼, 슬로건 'Happy 김천 Together 상무' 공개
2021	초대 김태완 감독 선임
	U18 경북미용예술고, U15 김천문성중 창단
	유니폼, 마스코트 '슈웅' 공개 및 출범식 진행
	16경기 연속 무패 팀최다 기록 수립
	김천 1기, 2기 전역 기념식 진행
	구성윤, 박지수, 정승현, 조규성 국가대표 발탁
	권혁규, 김주성, 박지민, 서진수, 오현규 U23 국가대표 발탁
	하나원큐 K리그2 2021 우승
	하나원큐 K리그2 2021 최다득점
	하나원큐 K리그1 2022 직행 승격
	K리그2 대상 감독상 김태완 감독 수상
	K리그2 대상 BEST11 구성윤(GK), 정승현(DF) 수상

2021년 선수명단

대표이사_ 배낙호   단장_ 이흥실   감독_ 김태완
수석코치_ 임관식   코치_ 성한수   코치_ 김치우   GK코치_ 곽상득   의무트레이너_ 구성훈   물리치료사_ 김영효   전력분석관_ 이건목
부사관_ 유로몬   팀매니저_ 오세진

포지션	선수명		생년월일	출신교	키 / 몸무게	전 소속팀
GK	강 정 묵	姜 定 默	1996.03.21	단국대	188 / 82	서울E
	구 성 윤	具 聖 潤	1994.06.27	재현고	197 / 95	대구
	김 정 훈	金 禎 勳	2001.04.20	영생고	188 / 82	전북
	박 지 민	朴 志 旼	2000.05.25	매탄고	188 / 85	수원
	황 인 재	黃 仁 具	1994.04.22	남부대	187 / 73	포항
DF	김 동 민	金 東 玟	1994.08.16	인천대	180 / 72	인천
	김 용 환	金 容 奐	1993.05.25	숭실대	175 / 67	포항
	김 주 성	金 朱 晟	2000.12.12	오산고	186 / 76	서울
	김 한 길	金 한 길	1995.06.21	아주대	178 / 65	전남
	문 지 환	文 智 煥	1994.07.26	단국대	184 / 77	인천
	박 지 수	朴 志 水	1994.06.13	대건고	184 / 70	수원FC
	송 주 훈	宋 株 熏	1994.01.13	건국대	190 / 83	제주
	심 상 민	沈 相 旼	1993.05.21	중앙대	172 / 70	포항
	연 제 운	延 濟 運	1994.08.28	선문대	185 / 78	성남
	우 주 성	禹 周 成	1993.06.08	중앙대	183 / 75	경남
	정 승 현	鄭 昇 炫	1994.04.03	연세대	188 / 74	울산
	하 창 래	河 昌 來	1994.10.16	중앙대	188 / 82	포항
MF	강 지 훈	姜 志 勳	1997.01.06	용인대	177 / 64	강원
	고 승 범	高 丞 範	1994.04.24	경희대	173 / 70	수원
	권 혁 규	權 赫 奎	2001.03.13	개성고	190 / 77	부산
	김 민 석	金 玟 錫	1997.09.20	숭실대	174 / 66	충남아산
	명 준 재	明 俊 在	1994.07.02	고려대	178 / 68	수원
	박 상 혁	朴 相 赫	1998.04.20	고려대	165 / 60	수원
	서 진 수	西 進 水	2000.10.18	제주 U18	183 / 71	제주
	유 인 수	俞 仁 秀	1994.12.28	광운대	178 / 70	성남
	이 정 빈	李 正 斌	1995.01.11	인천대	173 / 63	안양
	정 동 윤	鄭 東 潤	1994.04.03	성균관대	175 / 72	인천
	정 원 진	政 原 進	1994.08.10	영남대	176 / 65	서울
	정 재 희	鄭 在 熙	1994.04.28	상지대	174 / 70	전남
	정 현 철	鄭 鉉 哲	1993.04.26	동국대	187 / 72	서울
	지 언 학	池 彦 學	1994.03.22	경희대	177 / 73	인천
	최 준 혁	崔 峻 赫	1994.09.05	단국대	187 / 88	광주
	한 찬 희	韓 贊 熙	1997.03.17	광양제철고	181 / 75	서울
FW	김 경 민	金 烱 珉	1997.01.22	전주대	185 / 78	전남
	박 동 진	朴 東 眞	1994.12.10	한남대	182 / 72	서울
	오 현 규	吳 賢 揆	2001.04.12	매탄고	183 / 72	수원
	조 규 성	曹 圭 成	1998.01.25	광주대	185 / 70	전북
	허 용 준	許 榕 埈	1993.01.08	고려대	184 / 75	포항

2021년 개인기록_ K리그2

위치	배번	이름	03	07	15	20	24	27	35	40	43	46
경기번호			03	07	15	20	24	27	35	40	43	46
날짜			02.27	03.06	03.14	03.21	04.04	04.10	04.18	04.25	05.02	05.05
홈/원정			원정	원정	원정	원정	홈	홈	원정	원정	홈	홈
장소			안산	잠실	대전 W	구덕	김천	김천	광양	아산	김천	김천
상대			안산	서울 E	대전	부산	안양	부천	전남	충남아산	경남	부산
결과			무	패	승	패	무	승	패	승	패	승
점수			1:1	0:4	2:1	1:2	0:0	1:0	1:2	2:1	1:2	1:0
승섬			1	1	4	4	5	8	8	11	11	14
슈팅수			13:3	17:10	11:12	18:8	5:10	18:5	11:13	8:11	7:13	9:14
GK	1	이창근	○ 0/0	○ 0/0	○ 0/0	○ 0/0	○ 0/0	○ 0/0	○ 0/0	○ 0/0 C		
	34	박지민										
	40	강정묵										
	41	구성윤										
	81	최철원									○ 0/0	○ 0/0
DF	3	우주성	○ 0/1	○ 0/0	○ 1/0	○ 0/0			△ 0/0			
	13	안태현	▽ 0/0							○ 0/0	○ 0/0	○ 0/0
	17	이상기		▽ 0/0	○ 0/0	○ 0/0						
	18	김용환	△ 0/0 C	△ 0/0	▽ 0/0 C							
	22	정승현					○ 0/0	○ 0/0	○ 1/0	○ 0/0 C		○ 0/0 C
	27	이명재			○ 0/1		○ 0/0 C	○ 0/0	○ 0/0 S			○ 0/0
	28	하창래					○ 0/0	○ 0/0	○ 0/0	○ 0/0	▽ 0/0	
	34	심상민	○ 0/0	○ 0/0		○ 0/1				○ 0/0	▽ 0/1	
	35	김주성								○ 0/0	○ 0/0	△ 0/0
	42	박지수										
	42	고명석	○ 0/0	○ 0/0		○ 0/0						
	43	문지환										
	44	송주훈										
	45	정동윤										
	47	김동민					○ 0/0	▽ 0/0	▽ 0/0			
MF	4	이동수	○ 0/0	○ 0/0	○ 0/0 C	▽ 0/1		△ 0/0		△ 0/0 C		
	6	박용우								△ 0/0	△ 0/0	▽ 0/0
	14	문창진	○ 0/0	△ 0/0		△ 0/0				▽ 0/0	○ 1/0	
	24	정현철					○ 0/0	▽ 0/0	○ 0/0 C		○ 0/0 C	○ 0/0
	24	정원진		○ 1/0	▽ 0/0	△ 0/0	▽ 0/0	▽ 0/0				
	25	명준재										
	29	강지훈		▽ 0/0			△ 0/0	○ 1/0		○ 0/1	▽ 0/0	
	32	고승범										
	34	권혁규										△ 0/0
	37	유인수								△ 0/0		
	38	최준혁										
	46	김한길										
	47	한찬희										
	48	김민석										
	88	이정빈			▽ 0/0	▽ 0/0						
FW	7	전세진					▽ 0/0					
	12	오현규		△ 0/0	○ 1/0	▽ 0/0 C	▽ 0/0	○ 0/1	▽ 0/0	△ 1/0	○ 0/1	○ 0/0
	18	이근호	▽ 0/0							▽ 1/0		
	19	허용준			▽ 0/0	○ 1/0						
	19	오세훈	○ 0/0 C	○ 0/0		△ 0/0	○ 0/0 C					
	27	김보섭	△ 0/0	○ 0/0 C		△ 0/0	▽ 0/0					
	27	문선민	▽ 0/0									
	33	조규성						○ 0/0		▽ 0/1		○ 1/0
	36	서진수					△ 0/0	△ 0/0				
	39	박상혁										
	49	김경민										
	50	박동진	△ 0/0 C	○ 0/0		△ 0/0						
	50	지언학										
	77	정재희						△ 0/0	△ 0/0	△ 0/0	△ 0/0	△ 0/0

선수자료 : 득점/도움 ○ = 선발출전 △ = 교체 IN ▽ = 교체 OUT ◈ = 교체 IN/OUT C = 경고 S = 퇴장

위치	배번	성명	51	56	65	70	75	80	81	89	91	96
		날짜	05.08	05.15	05.23	05.30	06.06	06.13	06.19	06.28	07.03	07.10
		홈/원정	원정	홈	원정	홈	홈	원정	홈	홈	원정	홈
		장소	부천	김천	안양	김천	김천	창원C	김천	김천	대전W	김천
		상대	부천	대전	안양	전남	안산	경남	서울E	충남아산	대전	안양
		결과	무	무	무	무	승	승	승	승	승	패
		점수	0:0	1:1	0:0	1:1	3:0	2:1	2:0	3:1	4:1	2:4
		승점	15	16	17	18	21	24	27	30	33	33
		슈팅수	11:11	13:10	19:14	9:17	11:5	15:9	13:8	11:19	8:13	12:7
GK	1	이창근										
	34	박지민										
	40	강정묵					○ 0/0	○ 0/0	○ 0/0	○ 0/0 C	○ 0/0	○ 0/0
	41	구성윤	○ 0/0	○ 0/0	○ 0/0	○ 0/1						
	81	최철원										
DF	3	우주성				○ 0/0	○ 0/0	○ 0/0	○ 0/1	○ 0/0	○ 0/0	○ 0/0
	13	안태현	○ 0/0 C	○ 0/0								
	17	이상기										
	18	김용환					○ 0/0	○ 0/1	○ 0/0	○ 0/0	○ 0/0 C	○ 0/0
	22	정승현	○ 0/0 C		○ 0/0 C	○ 0/0	○ 0/0	○ 0/0	○ 0/0	○ 0/0	○ 1/0	○ 0/0
	27	이명재	○ 0/0	○ 0/0								
	28	하창래	○ 0/0	▽ 0/0								
	34	심상민	○ 0/0	▽ 0/0	△ 0/0	○ 0/0						
	35	김주성		△ 0/0	○ 0/0	○ 0/0					△ 0/0	
	42	박지수										
	42	고명석										
	43	문지환										
	44	송주훈										
	45	정동윤										
	47	김동민			○ 0/0				△ 0/0	△ 0/1 C		
MF	4	이동수										
	6	박용우	○ 0/0		○ 0/0							
	14	문창진										
	24	정현철	○ 0/0 C		○ 0/0 C	○ 0/0	○ 1/0	○ 0/0 C			△ 0/0	
	24	정원진		▽ 0/0 C	▽ 0/0				○ 0/0	○ 0/0 C	▽ 0/0 C	▽ 0/0
	25	명준재										
	29	강지훈	▽ 0/0	○ 0/0 C	▽ 0/0	▽ 0/0 C	▽ 0/0	▽ 1/0 C	▽ 0/0			
	32	고승범										
	34	권혁규					▽ 0/0 C	▽ 0/0	○ 0/0	○ 0/0	○ 0/1	○ 0/0
	37	유인수							○ 0/0	○ 0/0	○ 1/0	○ 0/0
	38	최준혁										
	46	김한길										
	47	한찬희										
	48	김민석										
	88	이정빈										
FW	7	전세진										
	12	오현규	▽ 0/0	○ 0/0 C	△ 1/0	△ 0/0	△ 0/0	△ 0/0	△ 0/0	△ 1/0		△ 0/0
	18	이근호										
	19	허용준				▽ 0/0	○ 0/0 C	○ 1/1 C	○ 0/1	○ 2/0	▽ 0/0 C	○ 1/0
	19	오세훈										
	27	김보섭	△ 0/0									
	27	문선민										
	33	조규성	▽ 0/0	△ 1/0	○ 0/0	△ 0/0					△ 0/0	△ 0/1
	36	서진수	△ 0/0		△ 0/0	△ 0/0	△ 0/0	△ 0/0	△ 0/0		○ 0/1	○ 0/0
	39	박상혁		△ 0/0	△ 0/0	▽ 0/0	△ 0/0	△ 0/0				△ 1/0
	49	김경민										
	50	박동진					▽ 1/0 C	▽ 0/0	▽ 1/0 C	▽ 1/0	▽ 0/1	▽ 0/0
	50	지언학										
	77	정재희	△ 0/0	○ 0/1	○ 0/0	○ 0/0	○ 0/0	○ 1/0		○ 0/1	○ 1/0	▽ 0/0

위치	배번		104	108	112	118	125	129	133	138	144	147
		경기번호	104	108	112	118	125	129	133	138	144	147
		날짜	07.19	07.24	07.31	08.08	08.15	08.23	08.29	09.04	09.13	09.18
		홈/원정	원정	원정	홈	홈	원정	원정	원정	홈	홈	원정
		장소	잠실	안산	김천	김천	아산	구덕	광양	김천	김천	창원C
		상대	서울E	안산	부천	경남	충남아산	부산	전남	서울E	충남아산	경남
		결과	무	승	승	무	승	승	무	승	승	승
		점수	0:0	1:0	2:0	0:0	2:1	6:0	2:2	3:1	2:0	3:2
		승점	34	37	40	41	44	47	48	51	54	57
		슈팅수	11:8	14:9	9:9	16:10	13:8	17:13	15:3	12:10	7:6	17:9
GK	1	이창근										
	34	박지민										
	40	강정묵								○ 0/0		
	41	구성윤	○ 0/0	○ 0/0	○ 0/0	○ 0/0	○ 0/0 C	○ 0/0	○ 0/0		○ 0/0	○ 0/0
	81	최철원										
DF	3	우주성	○ 0/0	○ 0/0	○ 0/0		○ 0/0	○ 0/0	○ 0/0 C	○ 0/0		△ 0/1
	13	안태현										
	17	이상기										
	18	김용환	○ 0/0	△ 0/0	○ 0/0	▽ 0/0	○ 0/0	○ 0/0	○ 0/0 C	○ 0/0	○ 0/0	○ 1/0 C
	22	정승현	○ 0/0	○ 0/0	○ 0/0	○ 0/0	○ 1/0	○ 1/0 C			○ 0/0	○ 0/0 C
	27	이명재										
	28	하창래										
	34	심상민										
	35	김주성								▽ 0/0 C		
	42	박지수							○ 0/0		○ 0/0	○ 0/0
	42	고명석										
	43	문지환						○ 0/0	○ 0/0	○ 0/0	○ 0/0 C	○ 1/0
	44	송주훈								○ 0/0 C		
	45	정동윤										
	47	김동민			▽ 0/0		△ 0/0					
MF	4	이동수										
	6	박용우										
	14	문창진										
	24	정현철					○ 0/0		○ 0/0	▽ 0/0	○ 0/0	▽ 0/0
	24	정원진			△ 0/0	○ 0/0						
	25	명준재	▽ 0/0 C							△ 1/0		
	29	강지훈	▽ 0/0									
	32	고승범							△ 0/0	▽ 0/0	△ 1/0	△ 0/0 C
	34	권혁규	○ 0/0	○ 0/0	▽ 0/0 C		○ 0/0					
	37	유인수	○ 0/0	○ 0/0 C	○ 0/0	○ 0/0	○ 0/0	○ 0/0	○ 0/0	○ 0/0	○ 0/0	○ 0/0
	38	최준혁	○ 0/0	○ 0/0	○ 0/0 C		▽ 0/0					
	46	김한길										
	47	한찬희										
	48	김민석										
	88	이정빈										
FW	7	전세진										
	12	오현규	△ 0/0	△ 0/0	△ 0/0	△ 0/0	△ 0/0 C	△ 0/0	△ 0/0	○ 1/1	△ 0/0	△ 0/0
	18	이근호										
	19	허용준	△ 0/0	○ 0/0			▽ 0/0	▽ 2/1	○ 0/0 CC		▽ 0/0	
	19	오세훈										
	27	김보섭										
	27	문선민										
	33	조규성	○ 0/0	○ 0/0	○ 0/1	○ 0/0	▽ 0/0	○ 1/0	○ 1/0		○ 0/0	○ 1/0 C
	36	서진수		▽ 0/0	△ 1/0	▽ 0/0	○ 1/0	○ 0/1	▽ 0/0		▽ 0/0	▽ 0/1
	39	박상혁	△ 0/0	△ 1/0	△ 0/0	△ 0/0	△ 0/0			△ 0/0		
	49	김경민										
	50	박동진		▽ 0/0 C	▽ 1/1	▽ 0/0	○ 0/0	▽ 2/0	▽ 0/0 C		▽ 1/0	▽ 0/0
	50	지언학								△ 0/0		
	77	정재희	▽ 0/0				△ 0/0	△ 0/0	△ 0/0	▽ 1/0	△ 0/1	○ 0/0

선수자료 : 득점/도움   ○ = 선발출전   △ = 교체 IN   ▽ = 교체 OUT   ◆ = 교체 IN/OUT   C = 경고   S = 퇴장

위치	배번	성명	153	156	163	168	172	176
		경기번호	153	156	163	168	172	176
		날 짜	09.26	10.02	10.09	10.17	10.23	10.31
		홈/원정	홈	홈	원정	원정	홈	홈
		장 소	김천	김천	안양	부천	김천	김천
		상 대	대전	안산	안양	부천	전남	부산
		결 과	승	승	무	승	승	무
		점 수	2 : 1	1 : 0	2 : 2	1 : 0	3 : 1	2 : 2
		승 점	60	63	64	67	70	71
		슈팅수	18 : 11	19 : 2	14 : 13	12 : 7	19 : 4	7 : 14
GK	1	이 창 근						
	34	박 지 민			○ 0/0			
	40	강 정 묵						
	41	구 성 윤	○ 0/0	○ 0/0		○ 0/0	○ 0/0	○ 0/0
	81	최 철 원						
DF	3	우 주 성	○ 0/0	△ 0/0	○ 0/0			
	13	안 태 현						
	17	이 상 기						
	18	김 용 환		▽ 0/0				
	22	정 승 현	○ 0/0	○ 0/0		○ 0/0	○ 1/0	○ 0/0
	27	이 명 재						
	28	하 창 래						
	34	심 상 민						○ 0/1 C
	35	김 주 성						
	42	박 지 수	○ 1/0	○ 0/0		○ 0/0	○ 0/0	
	42	고 명 석						
	43	문 지 환		▽ 0/0			○ 0/0	
	44	송 주 훈			○ 0/0			○ 0/0
	45	정 동 윤			○ 0/0	○ 0/0	○ 0/1	○ 0/0
	47	김 동 민						
MF	4	이 동 수						
	6	박 용 우						
	14	문 창 진						
	24	정 현 철						○ 0/0
	24	정 원 진						
	25	명 준 재	△ 0/0		▽ 0/0 C	▽ 0/1	○ 0/0	
	29	강 지 훈						
	32	고 승 범	○ 0/0	○ 0/0	○ 1/0	○ 0/0 C	▽ 1/1	○ 0/1
	34	권 혁 규		○ 0/0	○ 0/0 C	○ 0/0 C		
	37	유 인 수	○ 0/0	○ 0/0	○ 0/0 C	▽ 0/0		
	38	최 준 혁	○ 0/0	△ 0/0	○ 0/1	○ 0/0	○ 0/0	
	46	김 한 길				△ 0/0	○ 0/0	△ 0/0
	47	한 찬 희					○ 0/0	○ 1/0
	48	김 민 석						▽ 0/0
	88	이 정 빈						
FW	7	전 세 진						
	12	오 현 규	△ 0/0	△ 0/0	△ 0/0 C	▽ 0/0		
	18	이 근 호						
	19	허 용 준						
	19	오 세 훈						
	27	김 보 섭						
	27	문 선 민						
	33	조 규 성	○ 0/0	○ 0/0		○ 1/0 C	○ 1/0 C	○ 1/0
	36	서 진 수	▽ 0/0					
	39	박 상 혁	△ 0/1			△ 0/0		
	49	김 경 민			△ 0/0		△ 0/0	▽ 0/0
	50	박 동 진	▽ 0/0	○ 1/0	▽ 1/0			
	50	지 언 학			△ 0/0	△ 0/0	▽ 0/0 C	△ 0/0
	77	정 재 희	○ 1/0	▽ 0/0	▽ 0/0			

대 전 하 나 시 티 즌

창단년도_ 1997년
전화_ 042-824-2002
팩스_ 042-824-7048
홈페이지_ www.DHCFC.kr
페이스북_ https://www.facebook.com/dhcfc.kr
유튜브_ https://www.youtube.com/c/daejeonhanacitizen
주소_ 우 34148 대전광역시 유성구 월드컵대로 32(노은동) 대전
월드컵경기장 서관 3층
3F, West Gate, Daejeon World Cup Stadium, 32, World
Cup-daero(Noeun-dong), Yuseong-gu, Daejeon, KOREA
34148

연혁

1996	(주)대전프로축구 창설
1997	대전 시티즌 프로축구단 창설
	97 라피도컵 프로축구대회 7위
	97 아디다스컵 페어플레이팀 수상
	97 라피도컵 '올해의 페어플레이'팀 수상
1998	98 현대컵 K-리그 9위
1999	99 바이코리아컵 K-리그 8위
2000	2000 삼성 디지털 K-리그 8위
2001	2001 포스코 K-리그 10위
	제6회 서울은행 FA컵 우승
2002	2002 삼성 파브 K-리그 10위
	제7회 하나-서울은행 FA컵 4강
2003	AFC 챔피언스리그 본선진출
	삼성 하우젠 K-리그 6위
	제8회 하나은행 FA컵 8강
2004	삼성 하우젠 K-리그 2004 통합 11위(전기 11위,
	후기 11위)
	삼성 하우젠컵 2004 준우승
	제9회 하나은행 FA컵 4강
2005	삼성 하우젠컵 2005 10위
	삼성 하우젠 K-리그 2005 10위
	삼성 하우젠 K-리그 2005 전기 8위, 후기 7위
	1차 시민주 공모
2006	2차 시민주 공모
	삼성 하우젠 K-리그 2006 전기 3위, 후기 12위

	삼성 하우젠컵 2006 4위 (B조 5위)
2007	삼성 하우젠컵 2007 10위 (B조 5위)
	삼성 하우젠 K-리그 6위 (6강 진출)
2008	삼성 하우젠컵 2008년 B조 4위
	삼성 하우젠 K-리그 13위
2009	2009 K-리그 9위
	피스컵 A조 5위
	제14회 하나은행 FA컵 4강
	제14회 하나은행 FA컵 페어플레이팀 수상
2010	쏘나타 K리그 2010 13위
	포스코컵 2010 C조 5위
2011	현대오일뱅크 K리그 2011 15위
	러시앤캐시컵 2011 A조 6위
2012	현대오일뱅크 K리그 2012 13위
2013	현대오일뱅크 K리그 클래식 2013 14위
2014	현대오일뱅크 K리그 챌린지 2014 우승
2015	현대오일뱅크 K리그 클래식 2015 12위
2016	현대오일뱅크 K리그 챌린지 2016 7위
2017	KEB하나은행 K리그 챌린지 2017 10위
2018	KEB하나은행 K리그2 2018 4위
2019	하나원큐 K리그2 2019 9위
2020	하나금융그룹 인수, 기업구단 전환
	'대전하나시티즌'으로 팀명 변경
	하나원큐 K리그2 2020 4위
2021`	하나원큐 K리그 2021 2위

2021년 선수명단

이사장_ 허정무   대표이사_ 민인홍   국장_ 이조영   감독_ 이민성
수석코치_ 김태수   GK코치_ 권찬수   코치_ 박원홍   피지컬코치_ 박근영·혼돈   전력분석코치_ 김혁중
주무_ 장세환   트레이너_ 김진욱·조상제   물리치료사_ 권순민   통역_ 김승현   장비_ 김동률

포지션	선수명		생년월일	출신교	키(cm) / 몸무게(kg)
GK	김 동 준	金東俊	1994.12.19	연세대	189 / 85
	박 주 원	朴株元	1990.10.19	홍익대	192 / 81
	김 태 양	金太陽	2000.03.02	청주대성고	187 / 75
	이 준 서	李俊敍	1998.03.07	동국대	185 / 82
DF	서 영 재	徐永在	1995.05.23	한양대	182 / 71
	김 민 덕	金民悳	1996.07.08	성균관대	183 / 78
	이 지 솔	李志率	1999.07.09	언남고	185 / 78
	이 호 인	李浩因	1995.12.29	상지대	184 / 68
	김 선 호	金善鎬	2001.03.29	금호고	180 / 70
	김 지 훈	金志勳	2000.06.26	충남기계공고	177 / 68
	최 익 진	崔益震	1997.05.03	아주대	175 / 66
	임 덕 근	林德近	2000.02.25	천안제일고	183 / 77
	이 종 현	李鐘賢	1997.01.24	인천대	172 / 65
	이 웅 희	李雄熙	1988.07.18	배재대	182 / 78
	변 준 수	卞俊殊	2001.11.30	한양대	190 / 88
MF	알 리 바 예 프	Ikromjon Alibaev	1994.01.09	*우즈베키스탄	173 / 65
	마 사	Ishida Masatoshi	1995.05.04	*일본	180 / 78
	구 본 상	具本想	1989.10.04	명지대	179 / 70
	이 진 현	李鎭賢	1997.08.26	성균관대	173 / 65
	박 진 섭	朴鎭燮	1995.10.23	전주공고	182 / 75
	이 현 식	李炫植	1996.03.21	용인대	175 / 64
	이 호 빈	李鎬彬	1999.11.25	신갈고	173 / 63
	민 준 영	閔竣渶	1996.07.27	동국대	170 / 66
	김 성 수	金聖洙	1992.12.26	배재대	172 / 66
	임 은 수	林恩水	1996.04.01	대건고	181 / 70
FW	바 이 오	Bruno Henrique Baio da Cunha	1995.10.03	*브라질	197 / 103
	김 승 섭	金昇燮	1996.11.01	경희대	178 / 72
	원 기 종	元基鍾	1996.01.06	건국대	178 / 75
	박 인 혁	朴仁赫	1995.12.29	경희대	187 / 77
	안 상 민	安相珉	1995-05-18	정명정보고	178 / 67
	김 세 윤	金勢潤	1999.04.29	충남기계공고	173 / 66
	강 세 혁	剛世奕	2002.10.23	충남기계공고	182 / 72
	신 상 은	申相垠	1999.08.20	성균관대	183 / 76
	전 병 관	全炳關	2002.11.10	덕영고	178 / 63
	정 희 웅	鄭喜熊	1995.05.18	청주대성고	175 / 60
	박 예 찬	朴예찬	2001.01.16	충남기계공고	173 / 65
	파 투	Matheus Antonio de Souza Santos	1995.06.08	*브라질	185 / 74
	공 민 현	孔敏懸	1990.01.19	청주대	182 / 70

2021년 개인기록 _ K리그2

위치	배번	이름	04	09	15	17	23	30	31	37	42	47
		날짜	02.28	03.07	03.14	03.20	04.04	04.11	04.17	04.24	05.01	05.05
		홈/원정	원정	홈	홈	원정	원정	홈	홈	원정	홈	홈
		장소	부천	대전W	대전W	안양	광양	대전W	대전W	안산	대전W	대전W
		상대	부천	부산	김천	안양	전남	경남	서울E	안산	충남아산	전남
		결과	승	패	패	승	승	승	승	패	무	무
		점수	2 : 1	1 : 2	1 : 2	1 : 0	2 : 1	2 : 1	2 : 1	0 : 1	1 : 1	1 : 1
		승점	3	3	3	6	9	12	15	15	16	17
		슈팅수	23 : 11	17 : 8	12 : 11	14 : 1	13 : 15	11 : 12	10 : 9	13 : 9	13 : 10	13 : 13
GK	1	김 동 준	○ 0/0	○ 0/0	○ 0/0		○ 0/0	○ 0/0	○ 0/0		○ 0/0	○ 0/0
	19	박 주 원				○ 0/0				○ 0/0		
	41	이 준 서										
DF	2	서 영 재	○ 0/0 C	○ 0/0			○ 0/0	○ 0/0 C	○ 0/0		○ 0/0	○ 0/0
	3	김 민 덕	○ 0/0	○ 0/0	○ 0/0 C	○ 0/0	○ 0/0	○ 0/0	○ 0/0	○ 0/0	○ 0/0	○ 0/0
	4	이 지 솔					○ 0/0	○ 0/0 C	○ 0/0 C	○ 0/0	○ 0/0	○ 0/0 C
	5	이 호 인	○ 0/0	▽ 0/0	○ 0/0							
	12	김 선 호										
	13	김 지 훈										
	14	최 익 진	○ 0/0									
	25	임 덕 근	○ 0/0	○ 0/0		○ 0/0	○ 0/0			○ 0/0 C		
	27	이 종 현					○ 0/0	○ 1/0	○ 0/0	○ 0/0 C		○ 0/0 C
	33	이 웅 희										
	34	민 준 영										
	39	변 준 수										
	80	이 규 로		○ 0/0	○ 0/0							▽ 0/0 C
MF	6	알 리 바 예 프										
	7	에 디 뉴	○ 1/0	○ 0/0	○ 1/0	▽ 0/0	▽ 0/0			△ 0/0	▽ 0/0	△ 0/0
	8	구 본 상										
	10	이 진 현	○ 0/0 C	○ 1/0	▽ 0/0	○ 0/1		○ 0/0	○ 0/0	○ 0/0	○ 0/1	○ 0/0
	15	박 진 섭		△ 0/0	○ 0/0	○ 1/0 C	○ 0/1	○ 0/0	○ 0/1 C	○ 0/0	○ 0/0	○ 1/0
	17	이 현 식	▽ 0/0 C	▽ 0/0 C	△ 0/0	○ 0/0	○ 0/0 C	▽ 0/1	▽ 0/0		○ 1/0	○ 0/0
	20	박 인 혁	▽ 0/0	○ 0/0 C			▽ 0/0		▽ 1/0	▽ 0/1	▽ 0/0	
	32	이 호 빈										
	42	임 은 수										
FW	7	마 사										
	9	바 이 오			△ 0/0	▽ 0/0	▽ 0/0	△ 0/0	△ 0/0		△ 0/0	○ 0/0	○ 0/1
	11	김 승 섭	△ 0/0	▽ 0/0			△ 0/0					
	16	원 기 종	▽ 0/0		▽ 0/0	△ 0/0		△ 0/0	△ 1/0			△ 0/0
	22	안 상 민	△ 0/0		△ 0/0							
	23	김 세 윤										
	24	강 세 혁										
	26	신 상 은	△ 1/0	△ 0/0	△ 0/0			△ 0/0	△ 0/0		△ 0/0	
	28	전 병 관										
	29	정 희 웅							△ 0/0		△ 0/0	▽ 0/0
	77	파 투				△ 0/0	▽ 0/0	▽ 1/0	▽ 1/0	▽ 0/0	▽ 0/0	▽ 0/0
	81	공 민 현										

선수자료 : 득점/도움 ○ = 선발출전 △ = 교체 IN ▽ = 교체 OUT ◈ = 교체 IN/OUT C = 경고 S = 퇴장

경기번호	54	56	64	67	74	77	82	86	91	97
날짜	05.10	05.15	05.24	05.29	06.06	06.12	06.19	06.26	07.03	07.10
홈/원정	원정	원정	홈	원정	홈	원정	홈	원정	홈	홈
장소	구덕	김천	대전W	잠실	대전W	아산	대전W	창원C	대전W	대전W
상대	부산	김천	부천	서울E	안양	충남아산	안산	경남	김천	서울E
결과	패	무	승	승	패	패	무	승	패	패
점수	1:4	1:1	4:1	1:0	1:2	1:3	0:0	2:1	1:4	0:2
승점	17	18	21	24	24	24	25	28	28	28
슈팅수	10:11	10:13	12:14	6:14	16:12	11:8	12:10	16:8	13:8	11:9

위치	배번	선수	54	56	64	67	74	77	82	86	91	97
GK	1	김동준	○ 0/0	○ 0/0	○ 0/0 C	○ 0/0	○ 0/0	○ 0/0		○ 0/0	○ 0/0	○ 0/0
	19	박주원										
	41	이준서							○ 0/0			
DF	2	서영재		○ 0/0	○ 0/0	○ 0/0	○ 0/0	○ 0/0	○ 0/0	○ 0/0		○ 0/0
	3	김민덕	○ 0/0	○ 1/0	○ 0/0	○ 0/0	○ 0/0	○ 0/0	○ 0/0	○ 0/0 C	○ 0/0	○ 0/0
	4	이지솔		○ 0/0	○ 0/0 C	○ 0/0 C	○ 0/0 C				○ 0/0 C	○ 0/0
	5	이호인	○ 0/0							○ 0/1 C		○ 0/0
	12	김선호	▽ 0/0									
	13	김지훈										
	14	최익진									▽ 0/0 C	▽ 0/0
	25	임덕근					▽ 0/1	▽ 0/0			○ 0/0	
	27	이종현	○ 0/0	○ 0/0	○ 0/1	○ 0/0	○ 0/0	○ 0/0 C		○ 0/0 C	○ 0/0 C	
	33	이웅희		▽ 0/1	▽ 1/0	○ 0/0	○ 0/0	○ 0/0		○ 0/0		
	34	민준영									▽ 0/0	○ 0/0 C
	39	변준수										
	80	이규로							△ 0/0	○ 0/0 C		
MF	6	알리바예프	△ 0/0	▽ 0/0	▽ 0/0	○ 0/1						○ 0/0 C
	7	에디뉴					△ 0/0		△ 0/0			
	8	구본상			△ 0/0							
	10	이진현	○ 0/0	○ 0/0	△ 0/0	△ 0/0	▽ 0/0					
	15	박진섭	○ 0/0 C	○ 0/0 C	○ 0/0	○ 0/0	○ 0/0	○ 0/0		○ 0/0 C		○ 0/0
	17	이현식	▽ 0/0	▽ 0/0	○ 0/0	○ 0/0	○ 0/0 C	○ 0/0	▽ 0/0	○ 1/0	○ 0/1 C	
	20	박인혁	△ 0/0		▽ 3/0 C	△ 0/0	▽ 1/0	○ 0/0 C	△ 0/0	▽ 0/1	△ 0/0	▽ 0/0
	32	이호빈										
	42	임은수										▽ 0/0 C
FW	7	마사								▽ 0/0		
	9	바이오	○ 0/0 C	○ 0/0	△ 0/0	▽ 0/0 C	△ 0/0	△ 0/0	△ 0/0	△ 0/0	▽ 0/0	
	11	김승섭										
	16	원기종								△ 0/0	△ 1/0	
	22	안상민										
	23	김세윤							▽ 0/0			
	24	강세혁						△ 0/0				
	26	신상은	▽ 0/0	△ 0/0			△ 0/0					○ 0/0
	28	전병관								▽ 1/0	△ 0/0	△ 0/0
	29	정희웅	△ 1/0	△ 0/0					○ 0/0			
	77	파투	○ 0/0	△ 0/0	▽ 0/1	▽ 1/0	○ 0/0	▽ 0/0	○ 0/0	△ 0/0	○ 0/0	○ 0/0
	81	공민현										

위치	배번	경기번호	103	106	114	119	123	127	132	136	145	150
		날 짜	07.18	07.24	08.01	08.08	08.15	08.21	08.28	09.04	09.13	09.19
		홈/원정	원정	홈	홈	원정	원정	홈	원정	원정	홈	원정
		장 소	안양	대전W	대전W	광양	안산	한밭	부천	구덕	한밭	잠실
		상 대	안양	부산	충남아산	전남	안산	경남	부천	부산	전남	서울E
		결 과	승	승	승	무	승	승	패	무	승	패
		점 수	2:1	3:1	1:0	0:0	2:0	1:0	2:4	1:1	2:1	1:2
		승 점	31	34	37	38	41	44	44	45	48	48
		슈팅수	13:7	12:15	18:9	7:13	14:12	15:8	9:20	16:16	15:11	11:12
GK	1	김 동 준								○ 0/0	○ 0/0	
	19	박 주 원										
	41	이 준 서	○ 0/0 C	○ 0/0	○ 0/0	○ 0/0	○ 0/0	○ 0/0				
DF	2	서 영 재	○ 0/0	○ 0/0	▽ 0/0	○ 0/0	○ 1/1	○ 0/1 C	○ 0/0 C	○ 0/0	○ 0/1	○ 0/0
	3	김 민 덕		△ 0/0 C	▽ 0/0 C	○ 0/0 C		○ 0/0				
	4	이 지 솔	○ 0/0	▽ 0/0			△ 0/0	○ 0/0		○ 0/0	○ 0/0	○ 0/0
	5	이 호 인										
	12	김 선 호										
	13	김 지 훈										
	14	최 익 진					○ 0/0		○ 0/0			
	25	임 덕 근										
	27	이 종 현	○ 0/0	○ 1/0	△ 0/0					○ 0/1	○ 0/0	○ 0/0 C
	33	이 웅 희	○ 0/0	○ 0/0	○ 0/0 C	○ 0/0				○ 0/0 C		
	34	민 준 영									△ 0/0	
	39	변 준 수										
	80	이 규 로										
MF	6	알리바예프	○ 0/0	○ 0/0	○ 1/0	○ 0/0		▽ 0/0			▽ 0/0	○ 0/0
	7	에 디 뉴										
	8	구 본 상										
	10	이 진 현	▽ 0/0	○ 0/1	▽ 0/0					▽ 0/0		
	15	박 진 섭	○ 1/0	○ 0/0	○ 0/0	○ 0/0	○ 0/0 CC		○ 0/0 C	○ 1/0 C		
	17	이 현 식	▽ 0/1	▽ 0/1 C								△ 1/0
	20	박 인 혁	○ 1/0	○ 0/0		○ 0/0	○ 0/0	▽ 0/0	▽ 0/0			
	32	이 호 빈										
	42	임 은 수	△ 0/0	△ 0/0	○ 0/0	○ 0/0	○ 0/0	○ 0/0	○ 0/0	△ 0/0		
FW	7	마 사			○ 0/0		○ 1/0	▽ 0/0	○ 0/1	○ 0/0		○ 1/0
	9	바 이 오			○ 0/0	▽ 0/0		△ 1/0	△ 1/0	○ 0/0 C	△ 0/1	▽ 0/0
	11	김 승 섭	▽ 0/0	▽ 1/1	▽ 0/1	○ 0/0	△ 0/1		○ 0/1	○ 1/0	○ 1/0	○ 0/0
	16	원 기 종		△ 0/0		△ 0/0	△ 0/0	△ 0/0	△ 0/0	△ 1/0	○ 1/0	
	22	안 상 민										
	23	김 세 윤										
	24	강 세 혁										
	26	신 상 은		△ 1/0	▽ 0/0							△ 0/0
	28	전 병 관				▽ 0/0	▽ 0/0		▽ 0/0			
	29	정 희 웅										
	77	파 투	△ 0/0		△ 0/0 C			△ 0/0		△ 0/0		△ 0/0
	81	공 민 현			△ 0/0	△ 0/0	○ 0/0 C	△ 1/0	▽ 0/0	▽ 0/0	▽ 0/0	▽ 0/0

선수자료 : 득점/도움   ○ = 선발출전   △ = 교체 IN   ▽ = 교체 OUT   ◈ = 교체 IN/OUT   C = 경고   S = 퇴장

위치	배번	이름	153	158	164	166	173	177	181	182	승강PO 01	승강PO 02
		날짜	09.26	10.03	10.10	10.16	10.23	10.31	11.03	11.07	12.8	12.12
		홈/원정	원정	홈	홈	원정	홈	원정	홈	원정	홈	원정
		장소	김천	한밭	한밭	아산	한밭	창원C	한밭	안양	한밭	강릉
		상대	김천	부천	안산	충남아산	안양	경남	전남	안양	강원	강원
		결과	패	무	승	승	승	패	무	승	승	패
		점수	1:2	1:1	4:1	4:3	3:1	0:1	0:0	3:1	1:0	1:4
		승점	48	49	52	55	58	58	58	58	3	3
		슈팅수	11:18	16:11	16:8	17:13	12:9	10:5	7:6	10:12	12:9	14:18
GK	1	김동준	○0/0	○0/0	○0/0	○0/0	○0/0		○0/0	○0/0	○0/0	○0/0
	19	박주원										
	41	이준서						○0/0				
DF	2	서영재	○0/0	○0/0	○0/0 C		○0/0		○0/0 C	○0/1	○0/0 C	○0/0
	3	김민덕	○0/0	○0/0 C			△0/0	○0/0	△0/0	△0/0	△0/0	△0/0
	4	이지솔		○0/0	○0/0	○0/0	▽0/0		○0/0 C	○0/0	○0/0 C	○0/0
	5	이호인						○0/0 C				
	12	김선호										
	13	김지훈										
	14	최익진										
	25	임덕근										
	27	이종현	○0/0 C	○0/0	○0/0	○0/0	○0/0 C		○0/0	○0/0	○0/0	○1/0
	33	이웅희	○0/0		○0/0	○0/0	○0/0 C		○0/0	○0/0	○0/0	▽0/0
	34	민준영				○0/0		○0/0 C				
	39	변준수						○0/0 C				
	80	이규로										
MF	6	알리바예프		▽0/0	△0/0 C			○0/0				
	7	에디뉴										
	8	구본상										
	10	이진현		○0/0		△0/0 C		○0/0				
	15	박진섭	○0/0	○0/0	○0/0 C		○0/0		○0/0	○1/0	○0/0	○0/1
	17	이현식	△0/0	△0/0	▽0/0 C	▽1/1	○1/0 C		○0/0	○0/1	○1/0	○0/0
	20	박인혁		○0/0	△0/0			▽0/0				△0/0
	32	이호빈						▽0/0				
	42	임은수	○0/0 C			○1/0						
FW	7	마사	▽0/0	△1/0	○3/0	○1/0	○2/0		▽0/0	▽0/0 C	▽0/1	○0/0
	9	바이오	△0/0	△0/0		△0/0	△0/0 C	○0/0	△0/0	△2/0	△0/0	○0/0
	11	김승섭	△0/0	▽0/0 C	○0/1	▽0/0	△0/0	△0/0	○0/0	△0/0	○0/0	○0/0
	16	원기종	○0/0			○0/1	▽1/0	▽0/0		○0/0	○0/1	
	22	안상민										
	23	김세윤										
	24	강세혁										
	26	신상은	▽0/0			△0/0		△0/0				
	28	전병관						△0/0				
	29	정희웅										
	77	파투				△0/0	▽0/1 C	▽0/0			▽0/0	▽0/0
	81	공민현	▽0/0	▽0/0	▽1/1	○0/2	○0/1		▽0/0	▽0/0	▽0/0	▽0/0

93

FC 안 양

창단년도_ 2013년

전화_ 031-476-3377

팩스_ 031-476-2020

홈페이지_ www.fc-anyang.com

주소_ 우 13918 경기도 안양시 동안구 평촌대로 389

389, Pyeongchon-daero, Dongan-gu, Anyang-si,
Gyeonggi-do, KOREA 13918

연혁

2012	창단 및 지원 조례안 가결
	프로축구연맹 리그 참가 승인
	재단법인 설립 승인
	초대 이우형 감독 취임
	구단명 확정
2013	초대 오근영 단장 취임
	프로축구단 창단식
	현대오일뱅크 K리그 챌린지 2013 5위(12승 9무 14패)
	K리그 대상 챌린지 베스트 11(최진수, MF)
2014	현대오일뱅크 K리그 챌린지 2014 5위(15승 6무 15패)
	K리그 대상 사랑나눔상
	K리그 대상 챌린지 베스트 11(최진수, MF)
	제2대 이필운 구단주, 박영조 단장 취임
2015	현대오일뱅크 K리그 챌린지 2015 6위(13승 15무 12패)
	K리그 대상 챌린지 베스트 11(고경민, MF) 수상
	제3대 이강호 단장 취임 / 제4대 김기용 단장 취임
2016	현대오일뱅크 K리그 챌린지 2016 9위(11승 13무 16패)
	제5대 송기찬 단장 취임
2017	제6대 임은주 단장 취임(2월 20일)
	제4대 고정운 감독 취임(11월 9일)
	K리그 챌린지 7위(10승 9무 17패)
	3차 풀스타디움 클럽 선정(한국프로축구연맹)
	3차 플러스스타디움 클럽 선정(한국프로축구연맹)
2018	KEB하나은행 K리그2 2018 6위(12승 8무 16패)
	제5대 김형열 감독 취임(11월 29일)
	제7대 장철혁 단장 취임(12월 14일)
2019	하나원큐 K리그2 2019 3위(15승 10무 11패)
	1차 풀스타디움 클럽 선정(한국프로축구연맹)
	1차 플러스스타디움 클럽 선정(한국프로축구연맹)
	K리그2 베스트11(FW 조규성, DF 김상원, MF 알렉스)
2020	하나원큐 K리그2 2020 9위(6승 7무 14패)
	제6대 이우형 감독 취임(12월 4일)
2021	하나원큐 K리그2 2021 3위(17승 11무 9패)
	`K리그2 베스트11(DF 주현우, MF 김경중, FW 조나탄)
	K리그2 도움왕(DF 주현우)

2021년 선수명단

구단주_ 최대호 단장_ 장철혁 감독_ 이우형

수석코치_ 유병훈 코치_ 김연건 GK코치_ 최익형 피지컬코치_ 김성현 의무팀장_ 서준석 재활트레이너_ 황희석 재활트레이너_ 신영재 전력분석관_ 이재철 장비관리사_ 주종환 주무/통역_ 노상래 스카우트팀장_ 송상일 스카우터_ 주현재 실장_ 조해원 어드바이저_ 송종국

포지션	선수명		생년월일	출신교	키(cm) / 몸무게(kg)
GK	양 동 원	梁棟原	1987.02.05	백암고	188 / 82
	정 민 기	鄭民基	1996.02.09	중앙대	190 / 78
	김 태 훈	金兌勳	1997.04.24	영남대	187 / 77
DF	닐손주니어	Nilson Ricardo da Silva Junior	1989.03.31	*브라질	185 / 85
	최 승 훈	崔勝勳	2000.01.16	기전대	190 / 82
	이 선 걸	李善傑	1997.08.06	가톨릭관동대	170 / 63
	최 호 정	崔皓程	1989.12.08	가톨릭관동대	180 / 75
	유 종 현	劉宗賢	1988.03.14	건국대	195 / 90
	김 형 진	金炯進	1993.12.20	배재대	185 / 72
	이 상 용	李相龍	1994.03.19	전주대	180 / 71
	김 준 섭	金準燮	1999.10.01	홍익대	179 / 72
	정 준 연	鄭俊硯	1989.04.30	광양제철고	178 / 70
	박 대 한	朴大韓	1991.05.01	성균관대	172 / 71
	임 승 겸	林昇謙	1995.04.26	울산현대고	185 / 78
	백 동 규	白棟圭	1991.05.30	동아대	184 / 71
	윤 준 성	尹准聖	1989.09.28	경희대	187 / 81
MF	임 선 영	林善永	1988.03.21	수원대	185 / 78
	타 무 라	Tamura Ryosuke(田村亮介)	1995.05.08	*일본	171 / 65
	홍 창 범	弘昌汎	1998.10.22	성균관대	170 / 68
	박 태 준	朴泰濬	1999.01.19	풍생고	175 / 62
	주 현 우	朱眩旴	1990.09.12	동신대	173 / 67
	구 본 혁	具本赫	1998.02.09	영석고	175 / 68
	맹 성 웅	孟成雄	1998.04.24	영남대	183 / 70
FW	유 종 우	柳鐘宇	1998.02.14	숭실대	181 / 72
	아 코 스 티	Boadu Maxwell Acosty	1991.09.10	*가나/이탈리아	178 / 75
	하 남	河男	1998.12.07	남부대	185 / 75
	최 민 서	崔旻西	2002.03.05	포항제철고	183 / 77
	김 경 중	金京中	1991.04.16	고려대	179 / 71
	심 동 운	沈東雲	1990.03.03	홍익대	169 / 67
	하 승 운	河勝云	1998.05.04	연세대	177 / 74
	조 나 탄	Jonathan Alonso Moya Aguilar	1992.01.06	*코스타리카	187 / 84
	정 현 욱	鄭賢旭	2001.04.12	스페인 레가네스 후베닐A	183 / 73
	모 재 현	麰在現	1996.09.24	광주대	184 / 77
	홍 현 호	弘賢虎	2002.06.11	골클럽 U18	174 / 70
	한 의 혁	韓義赫	1995.01.23	열린사이버대	174 / 63

2021년 개인기록_ K리그2

위치	배번	선수명	01	08	14	17	24	29	34	39	41	50
		날짜	02.27	03.06	03.14	03.20	04.04	04.11	04.18	04.25	05.01	05.05
		홈/원정	원정	홈	원정	홈	원정	홈	홈	원정	원정	홈
		장소	창원C	안양	부천	안양	김천	안양	안양	잠실	광양	안양
		상대	경남	안산	부천	대전	김천	부산	충남아산	서울E	전남	부천
		결과	승	패	무	패	무	승	승	승	승	승
		점수	2:1	1:2	0:0	0:1	0:0	2:1	2:1	2:1	1:0	2:0
		승점	3	3	4	4	5	8	11	14	17	20
		슈팅수	9:14	18:8	15:5	1:14	10:5	12:13	11:12	6:10	4:9	9:9
GK	1	양동원							○ 0/0	○ 0/0	○ 0/0	
	13	정민기	○ 0/0	○ 0/0	○ 0/0	○ 0/0	○ 0/0	○ 0/0				○ 0/0
DF	2	정준연	○ 0/0 C	○ 0/0	○ 0/0 C				△ 0/0		△ 0/0	
	4	임승겸										
	5	유종현					○ 0/0 C	○ 0/0				△ 0/0
	6	닐손주니어	○ 0/0			○ 0/0	○ 0/0		○ 0/0	○ 0/0	○ 1/0	
	15	김형진	○ 0/0	○ 0/0	○ 0/0	○ 0/0	○ 0/0	○ 0/0	○ 0/0 C	○ 0/0 C		▽ 0/0
	18	이선걸										
	20	이상용										
	25	박대한		△ 0/0			○ 0/0 C	△ 0/0				
	30	백동규	○ 0/0	○ 0/0	○ 0/0	○ 0/0 S			○ 1/0		○ 0/0	○ 0/0
	42	최승훈										
	83	윤준성										
	99	주현우	○ 0/1	○ 0/0	○ 0/0 C	○ 0/0	○ 0/0		○ 0/1	○ 0/0	○ 0/0	△ 0/0
MF	8	맹성웅	○ 1/0	○ 0/0		▽ 0/0		○ 0/0 C	○ 0/1	○ 0/0		▽ 0/0
	22	김준섭						▽ 0/0				
	23	타무라		△ 0/0	△ 0/0		○ 0/0	△ 0/0		△ 0/0		
	33	박태준										
	55	임선영	△ 0/0				△ 0/0	○ 0/0				
FW	7	심동운	○ 1/0	○ 0/0	○ 0/0	▽ 0/0	△ 0/0	△ 0/0 C	△ 0/0	▽ 1/0	○ 0/0	○ 0/0
	9	조나탄		△ 0/0	▽ 0/0	△ 0/0	○ 0/0	○ 0/0	○ 0/0 C	○ 0/1 C	△ 1/0	○ 1/0
	10	아코스티										
	11	김경중				△ 0/0	△ 0/0	▽ 0/0		▽ 1/0	▽ 0/0	▽ 0/0
	14	홍창범	▽ 0/0	▽ 0/0 C	○ 0/0 C	○ 0/0			○ 1/0 C		○ 0/0 C	○ 0/0 C
	16	유종우										
	17	하승운	▽ 0/0	○ 0/0	○ 0/0	▽ 0/0			▽ 0/0		△ 0/0	△ 0/0
	19	하 남	△ 0/0									
	24	모재현	△ 0/0	▽ 1/0	△ 0/0		▽ 0/0 C	○ 1/1	○ 0/0	△ 0/0		▽ 0/0
	45	홍현호				▽ 0/0						
	98	최민서	▽ 0/0	▽ 0/0		▽ 0/0	▽ 0/0			▽ 0/0		▽ 0/0

선수자료 : 득점/도움   ○ = 선발출전   △ = 교체 IN   ▽ = 교체 OUT   ◈ = 교체 IN/OUT   C = 경고   S = 퇴장

위치	배번	경기번호	55	58	65	69	74	76	85	90	93	96
		날짜	05.10	05.16	05.23	05.30	06.06	06.12	06.20	06.28	07.04	07.10
		홈/원정	원정	홈	홈	원정	원정	홈	원정	홈	홈	원정
		장소	안산	안양	안양	아산	대전 W	안양	구덕	안양	안양	김천
		상대	안산	경남	김천	충남아산	대전	서울 E	부산	전남	충남아산	김천
		결과	패	패	무	무	승	무	승	무	승	승
		점수	2 : 3	0 : 1	0 : 0	2 : 2	2 : 1	0 : 0	5 : 4	0 : 0	1 : 0	4 : 2
		승점	20	20	21	22	25	26	29	30	33	36
		슈팅수	11 : 11	12 : 12	14 : 19	9 : 11	12 : 16	9 : 8	14 : 10	11 : 10	20 : 10	7 : 12
GK	1	양 동 원										
	13	정 민 기	○ 0/0	○ 0/0	○ 0/0	○ 0/0	○ 0/0	○ 0/0	○ 0/0	○ 0/0	○ 0/0	○ 0/0
DF	2	정 준 연	▽ 0/0	○ 0/0	○ 0/0 C	○ 0/0 C		○ 0/0				
	4	임 승 겸							△ 0/0			
	5	유 종 현	△ 0/0				△ 0/0					▽ 0/0
	6	닐손주니어	○ 1/0	○ 0/0	○ 0/0	○ 0/0	○ 0/0	○ 0/0	○ 2/0	▽ 0/0		
	15	김 형 진	○ 0/0 C	○ 0/0 C	○ 0/0	○ 0/0	○ 0/0	○ 0/0	○ 0/1	○ 0/0	○ 0/0 C	
	18	이 선 걸										
	20	이 상 용										
	25	박 대 한			△ 0/0		○ 0/0	○ 0/0	○ 0/0	○ 0/0	○ 0/0 C	○ 0/0
	30	백 동 규	○ 0/0	○ 0/0	○ 0/0	○ 0/0	○ 0/0	○ 0/0	○ 0/0 C	○ 0/0		○ 1/0
	42	최 승 훈										
	83	윤 준 성										△ 0/0
	99	주 현 우	○ 0/0	○ 0/0 C	○ 0/0	○ 0/0	○ 0/0 C	○ 0/0 C	○ 0/1	○ 0/0	○ 0/0	○ 0/0
MF	8	맹 성 웅	○ 0/0 C	○ 0/0	○ 0/0	○ 0/0	○ 0/0		○ 0/0	○ 0/0	○ 0/0	○ 0/0 C
	22	김 준 섭			▽ 0/0							
	23	타 무 라	▽ 0/0	△ 0/0				△ 0/0	▽ 0/0		△ 0/0	
	33	박 태 준								▽ 0/0	▽ 0/0	○ 0/1
	55	임 선 영										
FW	7	심 동 운	○ 0/0	▽ 0/0	▽ 0/0	▽ 0/1		▽ 0/0	▽ 0/0	▽ 0/0		
	9	조 나 탄	○ 1/0	○ 0/0	○ 0/0	▽ 1/0	○ 1/0 C	○ 0/0	○ 2/0			
	10	아 코 스 티				△ 0/0	△ 0/0	△ 0/0	△ 1/0	△ 0/0	○ 0/0	○ 0/1
	11	김 경 중	△ 0/0	△ 0/0	△ 0/0 C	△ 1/1	△ 1/0	△ 0/0	△ 0/2	○ 0/0	○ 1/0	▽ 0/0
	14	홍 창 범		▽ 0/0 C	▽ 0/0	○ 0/0	▽ 0/1	▽ 0/0			△ 0/0	○ 1/1
	16	유 종 우										
	17	하 승 운									▽ 0/0	△ 0/0
	19	하 남									▽ 0/0	▽ 1/0
	24	모 재 현	△ 0/0	△ 0/0	△ 0/0	△ 0/0	▽ 0/0			△ 0/0	△ 0/0	△ 1/0 C
	45	홍 현 호	▽ 0/0									
	98	최 민 서		▽ 0/0		▽ 0/0	▽ 0/0	▽ 0/0	▽ 0/0			

위치	배번	경기번호	103	111	117	121	107	130	135	137	141	148
		날짜	07.18	07.31	08.07	08.14	08.18	08.23	08.30	09.04	09.11	09.18
		홈/원정	홈	원정	홈	원정	원정	원정	홈	원정	홈	원정
		장소	안양	창원C	안양	광양	잠실	부천	안양	아산	안양	구덕
		상대	대전	경남	부산	전남	서울E	부천	안산	충남아산	경남	부산
		결과	패	패	무	승	승	승	무	승	무	승
		점수	1:2	1:2	1:1	2:1	1:0	1:0	1:1	2:0	0:0	3:1
		승점	36	36	37	40	43	46	47	50	51	54
		슈팅수	7:13	7:11	11:7	9:17	10:5	10:10	15:2	12:9	10:6	10:11
GK	1	양동원										
	13	정민기	○0/0	○0/0	○0/0	○0/0	○0/0	○0/0	○0/0	○0/0	○0/0	○0/0
DF	2	정준연	△1/0		○0/0	○0/0	○0/0 CC		○0/0	○1/0		○0/1
	4	임승겸				▽0/0				△0/0		
	5	유종현									▽0/0 C	
	6	닐손주니어		△0/0	○0/0	○0/0	△0/0	○0/1	○0/1	○0/0	○0/0	▽0/0 C
	15	김형진	○0/0	○0/0	○0/0 C		○0/0	○0/0	○0/0	○0/0		○0/0
	18	이선걸		○0/0	△0/0							
	20	이상용				△0/0 C						
	25	박대한	○0/0					○0/0 C	△0/0			
	30	백동규	○0/0	○0/0	○0/0 C	○1/0						○0/0
	42	최승훈										△0/0
	83	윤준성				○0/0		△0/0				
	99	주현우	▽0/0	○0/0	▽0/0	○0/1	△0/0	○0/0	○0/0	○0/1	○0/0	○0/1
MF	8	맹성웅	○0/0	○0/0	○0/0	△0/0	○0/0	▽0/0	▽0/0	○0/0 C	▽0/0	
	22	김준섭										
	23	타무라				△0/1						○1/0
	33	박태준	○0/1	▽0/0	▽0/0	○0/0		○0/1	○0/0 C	○0/1	○0/0	
	55	임선영										
FW	7	심동운	△0/0	○0/0	▽0/0		▽0/0	△0/0	▽0/0	▽0/0	△0/0	
	9	조나탄		△0/0	○1/0 C	○1/0	○1/0	▽0/0	○1/0 C			▽1/0
	10	아코스티	▽0/0									△0/0
	11	김경중				△0/0	△0/0	△0/0		▽0/0	○0/0	
	14	홍창범	○0/0	△0/0	▽0/0		▽0/0					
	16	유종우				▽0/0					△0/0	
	17	하승운	△0/0	▽0/0						△0/0	△0/0	
	19	하　남	▽0/0	○0/0	△0/0			▽1/0	△0/0	▽0/0	▽0/0 C	△0/0
	24	모재현	○0/0	▽1/0	○1/0	▽0/0	▽0/0	▽0/0	△0/0	△1/0	△0/0	▽0/0
	45	홍현호										
	98	최민서										

선수자료 : 득점/도움　○ = 선발출전　△ = 교체 IN　▽ = 교체 OUT　◈ = 교체 IN/OUT　C = 경고　S = 퇴장

위치	배번		경기번호	152	160	163	170	173	179	182
			날짜	09.25	10.02	10.09	10.17	10.23	10.31	11.07
			홈/원정	원정	홈	홈	홈	원정	홈	홈
			장소	안산	안양	안양	안양	한밭	안양	안양
			상대	안산	전남	김천	서울E	대전	부천	대전
			결과	패	무	무	승	패	승	패
			점수	0 : 1	1 : 1	2 : 2	2 : 1	1 : 3	4 : 1	1 : 3
			승점	54	55	56	59	59	62	62
			슈팅수	18 : 10	8 : 15	13 : 14	13 : 16	9 : 12	12 : 8	12 : 10
GK	1	양 동 원								
	13	정 민 기		○ 0/0	○ 0/0	○ 0/0	○ 0/0	○ 0/0	○ 0/0	○ 0/0
DF	2	정 준 연		○ 0/0	▽ 0/0				○ 0/0	○ 0/0 C
	4	임 승 겸								
	5	유 종 현			△ 0/0 C					
	6	닐손주니어		▽ 0/0	○ 0/0	▽ 0/0	○ 0/0	▽ 0/0 C	▽ 0/0	▽ 0/0
	15	김 형 진		○ 0/0	○ 0/0	○ 0/0 C	○ 0/0 C		○ 0/0	○ 0/0
	18	이 선 걸								
	20	이 상 용								
	25	박 대 한			△ 0/0	○ 0/0 C	○ 0/0	○ 0/0 C		
	30	백 동 규		○ 0/0	○ 0/0	○ 0/0	○ 0/0	○ 0/0	○ 0/0	○ 0/0 C
	42	최 승 훈								
	83	윤 준 성						○ 0/0		
	99	주 현 우		○ 0/0	○ 0/0	○ 0/0	○ 0/1	○ 0/0	○ 0/1	○ 0/0
MF	8	맹 성 웅		○ 0/0	○ 0/0			○ 0/0	▽ 0/0	△ 0/0
	22	김 준 섭								
	23	타 무 라		○ 0/0		○ 0/0	▽ 1/0	△ 0/0	△ 0/1	△ 0/0
	33	박 태 준		○ 0/0	○ 0/1	○ 0/0	○ 0/0	○ 0/0	○ 0/1	○ 0/0
	55	임 선 영								
FW	7	심 동 운					△ 0/0			
	9	조 나 탄		○ 0/0	○ 1/0			▽ 0/0	○ 0/0	1/0
	10	아 코 스 티		△ 0/0	▽ 0/0	○ 2/0	○ 0/0	○ 0/0 C	○ 2/0	▽ 0/0 C
	11	김 경 중				△ 0/1	▽ 0/0	▽ 1/0	▽ 1/0	○ 0/0
	14	홍 창 범					△ 0/0		△ 1/1	▽ 0/0 C
	16	유 종 우								
	17	하 승 운					△ 0/0			
	19	하 남		△ 0/0	△ 0/0 C	▽ 0/0	△ 1/0	△ 0/0		
	24	모 재 현		▽ 0/0	▽ 0/0	○ 0/1	▽ 0/0	△ 0/0	△ 0/0	△ 0/0
	45	홍 현 호								
	98	최 민 서								

전 남 드래곤즈

창단년도_ 1994년

전화_ 061-815-0114

팩스_ 061-815-0119

홈페이지_ www.dragons.co.kr

주소_ 우 57801 전라남도 광양시 희망길 12-14 제철협력회관 1층
1F, 12-14, Huimang-gil, Gwangyang-si, Jeonnam, KOREA
57801

연혁

1994	(주)전남 프로축구 설립(11월 1일)	2009	2009 K-리그 4위
	전남 드래곤즈 프로축구단 창단(12월 16일)	2010	쏘나타 K리그 10위
	(사장: 한경식, 단장: 서정복, 감독: 정병탁)		2010 하나은행 FA컵 3위
1995	95 하이트배 코리안리그 전기 6위, 후기 5위		제7대 감독(정해성) 취임
1996	제2대 단장(조병욱), 제2대 감독(허정무) 취임	2011	제8대 사장(유종호) 취임
	96 라피도컵 프로축구대회 전기 6위, 후기 6위		현대오일뱅크 K리그 2011 7위
1997	제2대 사장(박종태), 제3대 단장(김영석) 취임		팀 통산 200승 달성 팀 통산 700골 달성(지동원)
	97 아디다스컵 준우승, 페어플레이상		유스 출신 지동원 잉글랜드 프리미어리그 선더랜드 이적
	97 라피도컵 프로축구대회 준우승	2012	제8대 감독(하석주) 취임
	제2회 FA컵 우승, 페어플레이상		감사나눔운동 시작
1998	제3회 삼보체인지 FA컵 3위		현대오일뱅크 K리그 2012 11위
	제3대 감독(이회택) 취임	2013	유스 출신 윤석영 잉글랜드 프리미어리그 QPR 이적
1999	제3대 사장(한경식) 취임		제9대 사장(박세연) 취임
	프로축구 올해의 페어플레이팀		현대오일뱅크 K리그 클래식 2013 10위
	제9회 아시안컵 위너스컵 준우승 바이코리아컵 K-리그 3위		팀 통산 800골 달성(임경현)
2000	대한화재컵 준우승 아디다스컵 공동 3위	2014	현대오일뱅크 K리그 클래식 2014 7위
2001	2001 포스코 K-리그 8위		제9대 감독(노상래) 취임
	제4대 사장(김문순), 제4대 단장(서정복) 취임	2015	현대오일뱅크 K리그 클래식 2015 9위
2002	삼성 파브 K-리그 5위		제20회 KEB하나은행 FA컵 4강
2003	삼성 하우젠 K-리그 4위		광양제철고 전국대회 2관왕
	제8회 하나은행 FA컵 준우승, 페어플레이상		(K리그 U-18 챔피언십 우승, 백운기 전구고교축구대회 우승)
	대한민국 최초 클럽시스템 도입		광양제철중 제51회 춘계중등연맹전 우승
	광양제철중 전국대회 2관왕	2016	현대오일뱅크 K리그 클래식 2016 5위
	광양제철남초 동원컵 왕중왕전 우승		K리그 대상 사회공헌상 수상
2004	제4대 감독(이장수) 취임 제1회 통영컵 대회 우승		광양제철중 추계중등축구연맹전 우승
	제5대 사장(박성주), 단장(김종대) 취임	2017	KEB하나은행 K리그 클래식 2017 10위
	삼성 하우젠 K-리그 3위		유스 출신 한찬희, 이유현 U-20 월드컵 16강
2005	제5대 감독(허정무) 취임		제10대 사장(신승재), 제12대 감독(유상철) 취임
	삼성 하우젠 K-리그 11위		U-15 대한축구협회장배 우승 U-15 무학기 우승
	창단멤버 김태영 통산 250경기 출전 뒤 은퇴 (11/6)	2018	KEB하나은행 K리그 어워즈 2018 사랑나눔상 수상
	제10회 하나은행 FA컵 3위		팀 통산 1000호골 달성(유고비치)
2006	제6대 사장(공윤찬) 취임		KEB하나은행 K리그1 2018 12위
	삼성 하우젠 K-리그 6위 제11회 하나은행 FA컵 우승	2019	제11대 사장(조청명), 제13대 감독(파비아노 수아레즈) 취임
	올해의 프로축구대상 특별상 팀 통산 500득점 달성		하나원큐 K리그2 2019 6위 제14대 감독(전경준) 취임
2007	제7대 사장(이건수) 취임	2020	하나원큐 K리그 대상 2020 그린스타디움상 수상
	제12회 하나은행 FA컵 우승(사상 최초 2연패)		팀 통산 1100호골 달성(쥴리안) 팀 통산 300승 달성
	삼성 하우젠 K-리그 10위 AFC 챔피언스리그 출전	2021	제12대 사장(이광수) 취임
2008	제6대 단장(김영훈), 제6대 감독(박항서) 취임		하나원큐 K리그2 2021 제1, 2차 그린스타디움상
	AFC 챔피언스리그 출전		하나원큐 K리그2 2021 준PO (4위)
	삼성 하우젠 K-리그 9위 삼성 하우젠컵 준우승		제26회 2021 하나은행 FA컵 우승

2021년 선수명단

사장_ 이광수 사무국장_ 류호성 감독_ 전경준
수석코치_ 최철우 코치_ 한동훈 · 강진규 GK코치_ 한동진 피지컬코치_ 심정현
통역_ 임형준 AT_ 공윤덕 · 함성원 장비사_ 박상옥 비디오분석관_ 이창근 · 백송화 팀매니저_ 송창권

포지션	성명		생년월일	출신교	키(cm) / 몸무게(kg)
GK	박 준 혁	朴 俊 赫	1987.04.11	전주대	183 / 84
	오 찬 식	吳 贊 植	1997.01.24	광운대	191 / 85
	김 병 엽	金 炳 燁	1999.04.21	아주대	188 / 78
	김 다 솔	金 다 솔	1989.01.04	연세대	188 / 80
	임 민 혁	林 民 奕	1994.03.05	고려대	186 / 79
DF	최 효 진	崔 孝 鎭	1983.08.18	아주대	172 / 71
	박 찬 용	朴 璨 溶	1996.01.27	대구대	188 / 80
	고 태 원	高 兌 沅	1993.05.10	호남대	187 / 80
	장 성 록	張 成 綠	2001.11.13	경희고	186 / 83
	김 태 현	金 泰 賢	1996.12.19	용인대	175 / 71
	남 윤 재	南 尹 在	2001.04.14	광양제철고	187 / 72
	장 순 혁	張 淳 赫	1993.04.16	중원대	188 / 78
	김 영 욱	金 瑛 昱	2000.03.02	천안제일고	175 / 63
	올 렉	Oleg Zoteev	1989.07.05	*우즈베키스탄	180 / 74
	최 호 정	崔 皓 程	1989.12.08	관동대	182 / 75
MF	황 기 욱	黃 基 旭	1996.06.10	연세대	184 / 74
	김 현 욱	金 賢 旭	1995.06.22	한양대	160 / 61
	김 선 우	金 善 佑	1993.04.19	울산대	174 / 72
	정 호 진	鄭 好 軫	1999.08.06	고려대	182 / 72
	이 후 권	李 厚 權	1990.10.30	광운대	180 / 75
	장 성 재	張 成 載	1995.09.12	고려대	178 / 69
	이 석 현	李 碩 賢	1990.06.13	선문대	177 / 68
FW	임 찬 울	任 찬 울	1994.07.14	한양대	176 / 71
	이 종 호	李 宗 浩	1992.08.24	광양제철고	180 / 77
	김 병 오	金 炳 旿	1989.06.26	성균관대	183 / 86
	박 희 성	朴 喜 成	1990.04.07	고려대	188 / 80
	서 명 원	徐 明 原	1995.04.19	신평고	180 / 78
	최 성 진	崔 成 眞	2002.06.24	광양제철고	192 / 85
	알 렉 스	Alex Martins Ferreira	1993.07.08	*브라질	184 / 81
	사 무 엘	Samuel Onyedikachuwu Nnamani	1995.06.03	*나이지리아	183 / 89
	정 재 희	鄭 在 熙	1994.04.28	상지대	174 / 70
	발 로 텔 리	Jonathan Boareto dos Reis	1989.04.02	*브라질	183 / 77

2021년 개인기록 _ K리그2

위치	배번	성명	02	10	13	16	23	28	35	38	41	47
		경기번호	02	10	13	16	23	28	35	38	41	47
		날짜	02.27	03.07	03.14	03.20	04.04	04.11	04.18	04.24	05.01	05.05
		홈/원정	홈	홈	원정	원정	홈	원정	홈	원정	홈	원정
		장소	광양	광양	잠실	부천	광양	안산	광양	구덕	광양	대전 W
		상대	충남아산	경남	서울 E	부천	대전	안산	김천	부산	안양	대전
		결과	무	승	무	무	패	승	승	승	패	무
		점수	0:0	1:0	1:1	1:1	1:2	1:0	2:1	1:0	0:1	1:1
		승점	1	4	5	6	6	9	12	15	15	16
		슈팅수	12:6	3:7	8:13	16:9	15:13	11:13	13:11	5:11	9:4	13:13
GK	1	박준혁								○ 0/0	○ 0/0	
	23	김병엽										
	31	김다솔	○ 0/0	○ 0/0	○ 0/0	○ 0/0	○ 0/0	○ 0/0	○ 0/0			○ 0/0
DF	2	최효진										
	3	박찬용	○ 0/0	○ 0/0 C	○ 0/0	○ 0/0	○ 0/1	○ 0/0	○ 0/0	○ 0/0	○ 0/0	○ 0/1 C
	4	김진성							△ 0/0			
	5	고태원	○ 0/0 C	○ 0/0	○ 1/0	○ 0/0 C		○ 0/0	○ 0/0 C	○ 0/0		○ 0/0
	13	장성록					▽ 0/0	▽ 0/0	▽ 0/0		▽ 0/0	
	19	남윤재										
	20	장순혁					△ 0/0 C	○ 0/0 CC		△ 0/0	○ 0/0	○ 1/0
	27	김영욱	▽ 0/0	○ 0/0	○ 0/0	▽ 0/0	▽ 0/0		▽ 0/0			▽ 0/0
	33	올 렉	▽ 0/0	○ 1/0	○ 0/1				▽ 0/0			
	55	최호정										
MF	6	황기욱	○ 0/0 C	○ 0/0	○ 0/0	○ 0/0	▽ 0/0	○ 0/0 C				▽ 0/0
	10	김현욱	○ 0/0	○ 0/0	○ 0/0	○ 0/0		○ 0/1	○ 2/0			○ 0/0
	14	김선우							○ 0/0			
	15	정호진										
	16	이후권	○ 0/0	▽ 0/1	▽ 0/0	○ 0/0		○ 0/0 C	▽ 0/0			○ 0/0
	17	김태현	△ 0/0		△ 0/0	△ 0/0	△ 0/0	○ 0/0	○ 0/0	○ 0/0	○ 0/0 C	△ 0/0 C
	18	장성재	○ 0/0	○ 0/0	△ 0/0			▽ 0/0			▽ 0/0	
	25	이석현										
	46	김한길										
FW	8	이종호	○ 0/0	△ 0/0	○ 0/0 C	▽ 1/0	○ 1/0	▽ 0/0	○ 0/0		▽ 0/0	
	9	김병오										
	12	박희성	△ 0/0	▽ 0/0				△ 0/0	△ 0/1	▽ 0/0	△ 0/0	▽ 0/0
	22	서명원	△ 0/0	△ 0/0	▽ 0/0	△ 0/0 C				▽ 0/0		
	32	최성진										
	39	알렉스		△ 0/0	△ 0/0	▽ 0/0	▽ 0/0	△ 1/0		△ 0/1	△ 0/0	△ 0/0
	49	김경민										
	66	사무엘	▽ 0/0	▽ 0/0	▽ 0/0	○ 0/0	○ 0/0 C	○ 0/0	△ 0/1	○ 0/0 C	▽ 0/0	
	89	발로텔리					△ 0/0	△ 0/0	△ 0/0	△ 1/0	○ 0/0 C	○ 0/0

선수자료 : 득점/도움 ○ = 선발출전 △ = 교체 IN ▽ = 교체 OUT ◆ = 교체 IN/OUT C = 경고 S = 퇴장

위치	배번	이름	52	59	62	70	71	78	84	90	95	98
		경기번호	52	59	62	70	71	78	84	90	95	98
		날짜	05.09	05.17	05.23	05.30	06.05	06.13	06.20	06.28	07.05	07.11
		홈/원정	원정	홈	홈	원정	홈	홈	원정	원정	홈	원정
		장소	창원C	광양	광양	김천	광양	광양	아산	안양	광양	구덕
		상대	경남	안산	부산	김천	서울E	부천	충남아산	안양	경남	부산
		결과	승	승	패	무	승	패	승	무	무	승
		점수	2:0	2:0	1:2	1:1	3:0	0:2	1:0	0:0	0:0	1:0
		승점	19	22	22	23	26	26	29	30	31	34
		슈팅수	10:13	6:14	5:17	17:9	6:12	12:11	10:11	10:11	13:17	10:9
GK	1	박 준 혁	○ 0/0		○ 0/0		○ 0/0	○ 0/0		○ 0/0		○ 0/0
	23	김 병 엽										
	31	김 다 솔		○ 0/0		○ 0/0			○ 0/0		○ 0/0	
DF	2	최 효 진								△ 0/0		△ 0/0
	3	박 찬 용	○ 0/0		○ 0/0	○ 0/0	○ 0/0	○ 0/0	○ 0/0	○ 0/0 C		
	4	김 진 성										
	5	고 태 원			△ 0/0						△ 0/0	△ 0/0
	13	장 성 록	▽ 0/0		▽ 0/0	△ 0/0	○ 0/0	▽ 0/0	△ 0/0			
	19	남 윤 재										
	20	장 순 혁	○ 1/0 C	○ 0/0	○ 0/0	○ 0/0	△ 0/0			○ 0/0 C		○ 0/0
	27	김 영 욱			▽ 0/0		○ 0/0		▽ 1/0	▽ 0/0 C	▽ 0/0	
	33	올 렉	○ 0/0		○ 0/0 C	▽ 0/0					○ 0/0 C	▽ 0/0
	55	최 호 정								○ 0/0		
MF	6	황 기 욱	△ 0/0	△ 0/0	○ 0/0		○ 0/0	○ 0/0	○ 0/0 C			
	10	김 현 욱	○ 0/0		○ 0/0 C		○ 0/1					
	14	김 선 우								△ 0/0	○ 0/0	
	15	정 호 진										▽ 0/0
	16	이 후 권	○ 0/0		○ 0/0	▽ 0/0		△ 0/0	▽ 0/0			▽ 0/0
	17	김 태 현	○ 0/0 C			○ 0/0	○ 0/0	○ 0/0 C	○ 0/0 C		○ 0/0	
	18	장 성 재				△ 0/0		▽ 0/1	▽ 0/0			
	25	이 석 현										△ 0/0
	46	김 한 길				△ 0/0	▽ 0/0	○ 0/0	△ 0/0	○ 0/0		
FW	8	이 종 호	▽ 0/0	▽ 1/0	○ 0/1	△ 0/0		○ 0/0		△ 0/0		○ 1/0
	9	김 병 오								△ 0/0		
	12	박 희 성	▽ 0/0		▽ 0/0	▽ 0/0	▽ 0/0	△ 0/0	○ 0/0 C	▽ 0/0		
	22	서 명 원										
	32	최 성 진										
	39	알 렉 스	△ 0/0		△ 0/0	△ 0/0						
	49	김 경 민				▽ 0/0			△ 0/0			
	66	사 무 엘	○ 0/0	○ 0/0 CC		△ 1/0	▽ 0/0	▽ 0/0	▽ 0/0	○ 0/0		○ 0/0
	89	발 로 텔 리	△ 1/0	○ 1/0	○ 1/0	○ 0/0	○ 3/0 C	△ 0/0	○ 0/1	○ 0/0 C	○ 0/0	○ 0/1

103

위치	배번	선수명	101	110	115	119	121	128	133	139	145	146
		날 짜	07.17	07.25	08.01	08.08	08.14	08.22	08.29	09.05	09.13	09.18
		홈/원정	홈	원정	원정	홈	홈	원정	홈	원정	원정	홈
		장 소	광양	부천	안산	광양	광양	잠실	광양	창원C	한밭	광양
		상 대	충남아산	부천	안산	대전	안양	서울E	김천	경남	대전	부천
		결 과	패	승	무	무	패	무	무	승	패	패
		점 수	0 : 3	2 : 1	1 : 1	0 : 0	1 : 2	1 : 1	2 : 2	2 : 0	1 : 2	1 : 2
		승 점	34	37	38	39	39	40	41	44	44	44
		슈팅수	9 : 8	6 : 17	11 : 12	13 : 7	17 : 9	11 : 17	3 : 15	9 : 12	11 : 15	9 : 9
GK	1	박 준 혁		○ 0/0				○ 0/0	○ 0/0 C			○ 0/0
	23	김 병 엽										
	31	김 다 솔	○ 0/0		○ 0/0	○ 0/0	○ 0/0			○ 0/0	○ 0/0	
DF	2	최 효 진				▽ 0/0						
	3	박 찬 용	○ 0/0	○ 0/0	○ 0/0	△ 0/0	△ 0/0	○ 0/0	○ 0/0	○ 0/0		○ 0/0
	4	김 진 성										
	5	고 태 원								△ 0/0		
	13	장 성 록										
	19	남 윤 재										
	20	장 순 혁	○ 0/0	▽ 0/0		○ 0/0	○ 0/0		○ 0/0	○ 0/0 C	○ 0/0	
	27	김 영 욱		○ 0/1 C		▽ 0/0 C	○ 0/0					
	33	올 렉						△ 0/0		△ 0/0	○ 0/0 C	▽ 0/0
	55	최 호 정	○ 0/0	○ 0/0	○ 0/0 C	○ 0/0	○ 0/0	○ 0/0	○ 0/0	▽ 1/0	○ 0/0 C	△ 0/0
MF	6	황 기 욱		○ 0/0	△ 0/0	▽ 0/0		○ 0/0 C	○ 0/0 C		△ 0/0	○ 0/0 C
	10	김 현 욱	○ 0/0	○ 1/0	○ 0/0	○ 0/0		○ 0/1	○ 0/0	○ 0/1		○ 0/0 C
	14	김 선 우	▽ 0/0 C									
	15	정 호 진	▽ 0/0	△ 0/0	○ 0/0 C			○ 0/0	▽ 0/0			▽ 0/0
	16	이 후 권		▽ 0/0	△ 0/1	○ 0/0	▽ 0/0 C	▽ 0/0	○ 1/1	▽ 0/0		
	17	김 태 현	○ 0/0	○ 0/0 C		○ 0/0		○ 0/0	△ 0/0	○ 0/0	△ 0/0	○ 0/0
	18	장 성 재	▽ 0/0									
	25	이 석 현	△ 0/0	△ 0/0	▽ 0/0	▽ 0/0	▽ 0/0	▽ 0/0	▽ 0/0	▽ 0/0	▽ 1/0	
	46	김 한 길										
FW	8	이 종 호	△ 0/0			△ 0/0	△ 1/0	△ 0/0		▽ 0/0		
	9	김 병 오	△ 0/0	▽ 0/1 C	○ 0/0	○ 0/0	○ 0/0	○ 0/0	△ 0/0			▽ 0/0
	12	박 희 성					▽ 0/0					
	22	서 명 원										
	32	최 성 진										
	39	알 렉 스					△ 1/0	▽ 0/0		○ 0/0	△ 0/0	○ 0/0
	49	김 경 민										
	66	사 무 엘	⊙ 0/0	△ 0/0	○ 1/0	○ 0/0	▽ 0/0	▽ 0/0				▽ 1/0
	89	발로텔리	○ 0/0	○ 1/0	▽ 0/0	○ 0/0	△ 0/0	○ 0/0	▽ 1/0 C	△ 1/0	○ 0/0	○ 0/1

선수자료 : 득점/도움   ○ = 선발출전   △ = 교체 IN   ▽ = 교체 OUT   ◆ = 교체 IN/OUT   C = 경고   S = 퇴장

위치	배번	선수	154	160	162	169	172	178	181				
		경기번호	154	160	162	169	172	178	181				
		날 짜	09.26	10.02	10.09	10.17	10.23	10.31	11.03				
		홈/원정	원정	원정	홈	홈	원정	홈	원정				
		장 소	아산	안양	광양	광양	김천	광양	한밭				
		상 대	충남아산	안양	서울E	부산	김천	안산	대전				
		결 과	무	무	승	승	패	패	무				
		점 수	0 : 0	1 : 1	1 : 0	2 : 0	1 : 3	2 : 3	0 : 0				
		승 점	45	46	49	52	52	52	52				
		슈팅수	14 : 9	15 : 8	7 : 14	10 : 12	4 : 19	15 : 7	6 : 7				
GK	1	박 준 혁	○ 0/0	○ 0/0					○ 0/0				
	23	김 병 엽						○ 0/0					
	31	김 다 솔			○ 0/0	○ 0/0 C	○ 0/0						
DF	2	최 효 진											
	3	박 찬 용	○ 0/0	○ 0/0	○ 0/0		○ 0/0		○ 0/0 C				
	4	김 진 성											
	5	고 태 원			○ 0/0	○ 0/0	○ 0/0 S						
	13	장 성 록	▽ 0/0										
	19	남 윤 재						▽ 0/0					
	20	장 순 혁	○ 0/0	○ 0/0 C		○ 0/0		△ 0/0	○ 0/0				
	27	김 영 욱					▽ 0/0 C	▽ 0/0					
	33	올 렉	○ 0/0	○ 0/0	○ 0/0	○ 0/0		△ 0/0	○ 0/0				
	55	최 호 정	△ 0/0	○ 0/0 C	○ 0/0		○ 0/0	○ 0/0	▽ 0/0				
MF	6	황 기 욱	○ 0/0	○ 0/0	○ 0/0	○ 0/0			○ 0/0				
	10	김 현 욱	○ 0/0	○ 0/0	○ 0/0	○ 0/0			○ 0/0				
	14	김 선 우				△ 0/0	○ 0/0	○ 0/0					
	15	정 호 진		▽ 0/0	○ 0/0	▽ 0/0 C		▽ 0/0	▽ 0/0 C				
	16	이 후 권	▽ 0/0	▽ 0/0			△ 0/0	○ 0/0					
	17	김 태 현	○ 0/0			○ 0/0 C	○ 0/0 C		○ 0/0				
	18	장 성 재				○ 0/1	○ 0/0 C	△ 0/1					
	25	이 석 현											
	46	김 한 길											
FW	8	이 종 호	△ 0/0	△ 1/0	△ 1/0	△ 1/0	▽ 0/0		○ 0/0				
	9	김 병 오		△ 0/0	▽ 0/0	▽ 0/0	○ 0/0	○ 0/0 C					
	12	박 희 성						○ 0/1	△ 0/0				
	22	서 명 원		△ 0/0	△ 0/0	△ 0/0	△ 0/0	○ 1/0					
	32	최 성 진						○ 0/0					
	39	알 렉 스			▽ 0/0		▽ 1/0						
	49	김 경 민											
	66	사 무 엘	○ 0/0	▽ 0/0	▽ 0/0			△ 1/0	△ 0/0				
	89	발 로 텔 리	○ 0/0	○ 0/0	△ 0/0	▽ 1/0 C			○ 0/0 C				

부산 아이파크

창단년도_ 1983년

전화_ 051-941-1100

팩스_ 051-941-6715

홈페이지_ www.busanipark.com

주소_ 우 46703 부산광역시 강서구 체육공원로 43(대저1동, 강
서체육공원)

43, Cheyukgongwon-ro, Gangseo-gu, Busan, KOREA
46703

연혁

1983	대우 로얄즈 프로축구단 창단(전신)
1984	84 축구대제전 수퍼리그 종합우승
1986	제5회 아시안 클럽 챔피언십 우승
	프로선수권대회 준우승
1987	제1회 아프로 - 아시안 클럽 챔피언십 우승
	87 한국프로축구대회 종합우승
1989	전국축구선수권대회(왕중왕전) 우승
1990	전국축구선수권대회(왕중왕전) 우승
1991	91 한국프로축구대회 종합우승
1997	97 아디다스컵 우승
	97 라피도컵 프로축구대회 우승
	97 프로스펙스컵 우승
1998	98 필립모리스코리아컵 우승
1999	99 바이코리아컵 K-리그 준우승
2000	구단 인수(현대산업개발)
	부산 아이콘스 프로축구단 재창단
	제5회 서울은행 FA컵 3위
2001	아디다스컵 2001 준우승
2003	부산 아이콘스 클럽하우스 완공
	주식회사 부산 아이콘스 독립 법인 출범
2004	삼성 하우젠 K-리그 2004 통합 7위
	제9회 하나은행 FA컵 우승
2005	구단명 부산 아이파크, 사명 아이파크스포츠㈜ 변경

	삼성 하우젠 K-리그 2005 전기리그 우승
	AFC 챔피언스리그 4강 진출
	삼성 하우젠 K-리그 2005 공동 3위
2006	삼성 하우젠 K-리그 2006 전기 6위 / 후기 8위
2007	삼성 하우젠 K-리그 2007 13위
2008	삼성 하우젠컵 2008 6강 진출
	삼성 하우젠 K리그 2008 12위
2009	2009 K리그 12위
	피스컵 코리아 2009 2위
2010	쏘나타 K-리그 2010 8위
	제15회 하나은행 FA컵 준우승
2011	러시앤캐시컵 2011 준우승
	현대오일뱅크 K리그 2011 정규 5위 / 챔피언십 6위
2012	현대오일뱅크 K리그 2012 그룹A(상위 스플릿), 7위
2013	현대오일뱅크 K리그 클래식 2013 그룹A(상위 스플릿), 6위
2014	현대오일뱅크 K리그 클래식 2014 그룹B 8위
2015	현대오일뱅크 K리그 클래식 2015 11위, K리그 챌린지 강등
2016	현대오일뱅크 K리그 챌린지 2016 5위
2017	KEB하나은행 K리그 챌린지 2017 2위
	제22회 KEB하나은행 FA컵 준우승
2018	KEB하나은행 K리그2 2018 3위
2019	하나원큐 K리그2 2019 2위, K리그1 승격
2020	하나원큐 K리그1 2020 12위, K리그2 강등
2021	하나원큐 K리그2 2021 5위

2021년 선수명단

대표이사/사무국장_ 김병석   감독_ 페레즈
코치_ 브루노·김치곤   GK코치_ 박지훈   피지컬코치_ 프란시스코   스카우터_ 백종석   트레이너_ 박해일·김승규   통역관_ 안대규   전력분석관_ 안세형   장비담당관_ 진원석   팀매니저/통역_ 양재모   물리치료사_ 홍영준

포지션	선수명		생년월일	출신교	키(cm) / 몸무게(kg)
GK	구 상 민	具想珉	1991.10.31	동의대	186 / 83
	안 준 수	安俊秀	1998.01.28	영석고	190 / 84
	진 필 립	陳必立	2000.09.02	중원대	187 / 80
	최 필 수	崔弼守	1991.06.20	성균관대	191 / 87
DF	구 현 준	具賢峻	1993.12.13	동래고	182 / 70
	김 승 우	金承優	1998.03.25	연세대	184 / 76
	박 민 규	朴玟奎	1995.08.10	호남대	175 / 72
	박 호 영	朴祜永	1999.04.07	개성고	196 / 90
	발렌티노스	Valentinos Sielis	1990.03.01	*키프로스	188 / 85
	유 수 철	柳秀澈	1992.08.08	동아대	188 / 82
	이 상 준	李相準	1999.10.14	개성고	170 / 62
	이 청 웅	李清熊	1993.03.15	영남대	185 / 76
	조 혜 성	趙慧成	2003.01.30	개성고	172 / 65
	최 준	崔俊	1999.04.17	연세대	174 / 69
	황 준 호	黃俊皓	1998.05.04	용인대	190 / 82
MF	김 정 민	金正緡	1999.11.13	금호고	182 / 80
	김 정 현	金楨鉉	1993.06.01	위덕대	186 / 80
	김 진 규	金進圭	1997.02.24	개성고	176 / 67
	박 종 우	朴鍾友	1989.03.10	연세대	180 / 74
	에 드 워 즈	Ryan Marc Edwards	1993.11.17	*오스트레일리아	175 / 73
	이 래 준	李來俊	1997.03.19	동래고	192 / 75
	이 상 헌	李尚憲	1998.02.26	울산현대고	179 / 72
	이 지 승	李志承	1999.01.11	호남대	181 / 75
	천 지 현	千知鉉	1999.07.02	한남대	172 / 64
	한 준 규	韓俊奎	1996.02.10	경희대	182 / 74
	허 승 찬	許丞璨	2003.03.26	개성고	184 / 73
FW	강 영 웅	姜英雄	1999.03.04	숭실대	177 / 74
	드 로 젝	Domagoj Drozdek	1996.03.20	*크로아티아	180 / 73
	박 정 인	朴正仁	2000.10.07	울산현대고	180 / 74
	성 호 영	成浩永	1999.01.08	영남대	173 / 68
	안 병 준	安柄俊	1990.05.22	일본 주오대	184 / 78
	어 정 원	魚禎元	1999.07.08	동국대	175 / 68
	이 태 민	李泰旼	2003.05.09	개성고	176 / 70
	헤 나 토	Renato João Saleiro Santos	1991.10.05	*포르투갈	175 / 70

2021년 개인기록 _ K리그2

위치	배번	경기번호	05	09	12	20	22	29	33	38	44	46
		날 짜	02.28	03.07	03.13	03.21	04.03	04.11	04.17	04.24	05.02	05.05
		홈/원정	홈	원정	원정	홈	홈	원정	원정	홈	원정	원정
		장 소	구덕	대전 W	아산	구덕	구덕	안양	창원 C	구덕	부천	김천
		상 대	서울 E	대전	충남아산	김천	안산	안양	경남	전남	부천	김천
		결 과	패	승	패	승	무	패	승	패	승	패
		점 수	0:3	2:1	0:4	2:1	1:1	1:2	2:1	0:1	2:0	0:1
		승 점	0	3	3	6	7	7	10	10	13	13
		슈팅수	9:7	8:17	17:10	8:18	15:5	13:12	12:17	11:5	11:12	14:9
GK	1	구 상 민										
	13	안 준 수	○ 0/0	○ 0/0	○ 0/0						○ 0/0	
	18	최 필 수				○ 0/0	○ 0/0	○ 0/0	○ 0/0	○ 0/0		○ 0/0
DF	3	박 민 규	○ 0/0	○ 0/0 C	○ 0/0	○ 0/0	○ 0/0	○ 0/0	○ 0/0	○ 0/0	○ 0/1	○ 0/0
	6	발렌티노스	○ 0/0	○ 1/0	○ 0/0			○ 0/0	○ 0/0	○ 0/0	▽ 0/0	
	15	김 승 우			△ 0/0		○ 0/0 C	○ 0/0 C	▽ 0/0			
	17	이 상 준	○ 0/0 C			△ 0/0	○ 0/0					
	21	최 준		○ 0/0 C	○ 0/0			○ 0/0	○ 1/0	○ 0/0	△ 0/0	○ 0/0
	25	이 청 웅										
	26	김 동 우							△ 0/0	○ 0/0	○ 0/0	▽ 0/0
	35	박 호 영	○ 0/0	○ 0/0	○ 0/0	△ 0/0			○ 0/0	○ 0/0	○ 0/0	○ 0/0
	37	구 현 준										
	45	황 준 호					○ 0/0	△ 0/0	▽ 0/0	▽ 0/0	○ 0/0	○ 0/0
MF	4	에 드 워 즈										
	8	박 종 우	○ 0/0									
	10	이 상 헌	△ 0/0	△ 0/0	▽ 0/0			△ 0/0 C	▽ 0/0	▽ 0/0	▽ 0/0	△ 0/0
	14	김 정 현			△ 0/0	○ 0/0		○ 0/0 C	▽ 0/0	○ 0/0	△ 0/0	▽ 0/0
	19	성 호 영	▽ 0/0						△ 0/0			
	22	이 래 준	▽ 0/0				△ 0/0	▽ 0/0		△ 0/0 S		
	23	김 진 규	○ 0/0	○ 0/0	○ 0/0	○ 0/0	▽ 0/0	○ 0/0	○ 0/1	○ 0/0		○ 0/0
	28	이 지 승				▽ 0/0					○ 0/0 C	△ 0/0
	70	헤 나 토										
	77	김 정 민										
FW	2	정 훈 성	▽ 0/0	▽ 0/0	▽ 0/0	▽ 0/0	△ 1/0	○ 0/0 C				
	7	드 로 젝	△ 0/0	▽ 0/1	○ 0/0	▽ 0/0	○ 0/0	○ 0/0	▽ 0/0	△ 0/0	○ 0/0	▽ 0/0
	9	안 병 준	△ 0/0	○ 0/1	○ 0/0 C	○ 2/0	○ 0/1	○ 1/0	○ 1/0	○ 0/0	○ 1/0	○ 0/0 C
	11	박 정 인	○ 0/0	▽ 1/0	△ 0/0	▽ 0/1	○ 0/0		△ 0/0	○ 0/0	○ 1/0	○ 0/0
	20	이 태 민		△ 0/0	△ 0/0 C	△ 0/0	▽ 0/0					
	78	어 정 원						△ 0/0		△ 0/0		△ 0/0

선수자료 : 득점/도움   ○ = 선발출전   △ = 교체 IN   ▽ = 교체 OUT   ◆ = 교체 IN/OUT   C = 경고   S = 퇴장

위치	배번		54	62	66	72	79	85	87	92	57	98
		경기번호	54	62	66	72	79	85	87	92	57	98
		날짜	05.10	05.23	05.29	06.05	06.13	06.20	06.27	07.04	07.08	07.11
		홈/원정	홈	원정	홈	홈	원정	홈	원정	원정	홈	홈
		장소	구덕	광양	구덕	구덕	안산	구덕	잠실	부천	구덕	구덕
		상대	대전	전남	부천	경남	안산	안양	서울E	부천	충남아산	전남
		결과	승	승	무	패	승	패	승	무	무	패
		점수	4 : 1	2 : 1	1 : 1	2 : 3	3 : 2	4 : 5	1 : 0	0 : 0	0 : 0	0 : 1
		승점	16	19	20	20	23	23	26	27	28	28
		슈팅수	11 : 10	17 : 5	12 : 9	10 : 20	8 : 18	10 : 14	8 : 3	28 : 5	7 : 12	9 : 10
GK	1	구 상 민										
	13	안 준 수	○ 0/0									
	18	최 필 수		○ 0/0	○ 0/0	○ 0/0	○ 0/0	○ 0/0	○ 0/0	○ 0/0	○ 0/0	○ 0/0
DF	3	박 민 규	○ 0/0	○ 0/0						△ 0/0		○ 0/0
	6	발렌티노스					△ 0/0	○ 0/0				○ 0/0
	15	김 승 우			△ 0/0	△ 0/0	▽ 0/0	△ 0/0	○ 0/0	○ 0/0		▽ 0/0
	17	이 상 준			○ 0/0	○ 0/0	○ 0/0 C					
	21	최 준	○ 0/2	○ 0/0 C	○ 0/0	○ 0/0	○ 0/1	○ 0/1		○ 0/0	△ 0/0	○ 0/0
	25	이 청 웅									▽ 0/0 C	
	26	김 동 우	△ 0/0 C	△ 0/0			△ 0/0		▽ 0/0 C	▽ 0/0		○ 0/0
	35	박 호 영	○ 0/0	○ 0/0	○ 0/0	○ 0/0	○ 0/0	▽ 0/0	△ 0/0			
	37	구 현 준									○ 0/0	
	45	황 준 호	○ 2/0	○ 0/0	○ 0/0	○ 0/0	○ 0/1 C	○ 0/0		○ 0/0		○ 0/0
MF	4	에 드 워 즈										▽ 0/0
	8	박 종 우										
	10	이 상 헌	▽ 0/1	△ 0/0	▽ 0/0	▽ 0/0	▽ 0/0	○ 1/1	○ 1/0 C	○ 0/0	△ 0/0	○ 0/0 C
	14	김 정 현		△ 0/0	△ 0/0 C	△ 0/0			○ 0/0 C	○ 0/0 C		▽ 0/0
	19	성 호 영	△ 0/0			▽ 0/0		▽ 0/0		▽ 0/0	○ 0/0	
	22	이 래 준	▽ 0/0	○ 0/1	○ 0/0	○ 0/0 C	▽ 0/0	○ 0/0	○ 0/0	▽ 0/0	▽ 0/0	
	23	김 진 규	○ 1/0 C	▽ 0/0	▽ 0/0	△ 0/0		○ 1/0				
	28	이 지 승	○ 0/0	○ 0/0	▽ 0/0	○ 0/0	○ 0/0	○ 0/1			○ 0/0	△ 0/0 C
	70	헤 나 토										
	77	김 정 민										
FW	2	정 훈 성										
	7	드 로 젝	○ 0/1	○ 0/0	○ 0/0			△ 0/0	▽ 0/0	▽ 0/0		△ 0/0
	9	안 병 준	△ 1/0	○ 1/0	○ 1/0	○ 1/0 C	○ 3/0	○ 1/0	○ 0/0	○ 0/0	△ 0/0	○ 0/0
	11	박 정 인	▽ 0/0 C	▽ 1/0	△ 0/0	○ 1/0	▽ 1/0			△ 0/0	○ 0/0	○ 0/0
	20	이 태 민								△ 0/0 C	▽ 0/0	△ 0/0
	78	어 정 원					△ 0/0		△ 0/0		▽ 0/0 C	

위치	배번		102	106	117	124	129	131	136	143	148	113
		경기번호	102	106	117	124	129	131	136	143	148	113
		날짜	07.17	07.24	08.07	08.16	08.23	08.28	09.04	09.12	09.18	09.22
		홈/원정	홈	원정	원정	원정	홈	원정	홈	원정	홈	홈
		장소	구덕	대전 W	안양	창원 C	구덕	아산	구덕	안산	구덕	구덕
		상대	안산	대전	안양	경남	김천	충남아산	대전	안산	안양	서울 E
		결과	승	패	무	패	패	패	무	무	패	무
		점수	4:0	1:3	1:1	0:1	0:6	2:3	1:1	1:1	1:3	1:1
		승점	31	31	32	32	32	32	33	34	34	35
		슈팅수	17:8	15:12	7:11	15:8	13:17	12:15	16:16	11:15	11:10	9:15
GK	1	구 상 민										
	13	안 준 수						○ 0/0	○ 0/0	○ 0/0	○ 0/0	○ 0/0
	18	최 필 수	○ 0/0	◆ 0/0	○ 0/0	○ 0/0	○ 0/0					
DF	3	박 민 규	○ 0/0 C	○ 0/0	○ 0/0			○ 0/1	○ 0/0	○ 0/0		
	6	발렌티노스	○ 0/0	○ 0/0				▽ 0/0	○ 0/0	○ 0/0		
	15	김 승 우	△ 0/0	○ 0/0 C	○ 0/0	○ 0/0 C	○ 0/0				△ 0/0	
	17	이 상 준					○ 0/0					
	21	최 준	○ 0/0	○ 0/0		○ 0/0			○ 0/0 C		○ 0/0	○ 0/0
	25	이 청 웅										
	26	김 동 우										
	35	박 호 영			△ 0/0			○ 0/0 C	○ 0/0 C	▽ 0/0		○ 0/0 C
	37	구 현 준										
	45	황 준 호	▽ 0/0		○ 0/0		○ 0/0	△ 0/0				○ 0/0
MF	4	에 드 워 즈	○ 0/0 C	○ 0/0 C	○ 0/0 CC		▽ 0/0	○ 0/1 C	○ 0/0 C	▽ 0/0	△ 0/0	
	8	박 종 우				△ 0/0 C	△ 0/0	▽ 0/0	▽ 0/0			
	10	이 상 헌	○ 1/0	○ 0/0	▽ 0/0	△ 0/0	○ 0/0	○ 0/0	○ 0/0		△ 0/0	
	14	김 정 현	○ 0/0	○ 0/0		○ 0/0	○ 0/0 C			△ 0/0		
	19	성 호 영										
	22	이 래 준	△ 0/0								○ 0/0	
	23	김 진 규				▽ 0/0	○ 0/0	○ 1/0	○ 0/0	○ 0/0	▽ 0/0	○ 0/1
	28	이 지 승						△ 0/0 C				
	70	헤 나 토		△ 0/0	▽ 0/0	▽ 0/0	○ 0/0 C					
	77	김 정 민		△ 0/0 C		▽ 0/0 C	○ 0/0		▽ 0/0			0/0 CC
FW	2	정 훈 성										
	7	드 로 젝	▽ 0/0	▽ 0/0	△ 0/0 C	▽ 0/0	△ 0/0		△ 0/0	▽ 0/0 C	△ 0/0	△ 0/0
	9	안 병 준	○ 0/2	○ 1/0	○ 1/0 C	○ 0/0 C		○ 1/0	○ 1/0	○ 1/0	○ 1/0	
	11	박 정 인	▽ 2/0	○ 0/0	○ 0/1					△ 0/0	△ 0/0	○ 1/0
	20	이 태 민	△ 0/0 C	△ 0/0		△ 0/0	△ 0/0					△ 0/0
	78	어 정 원										

선수자료 : 득점/도움 ○ = 선발출전 △ = 교체 IN ▽ = 교체 OUT ◆ = 교체 IN/OUT C = 경고 S = 퇴장

위치	배번		경기번호	155	157	161	169	175	176
			날짜	09.27	10.03	10.09	10.17	10.23	10.31
			홈/원정	원정	홈	홈	원정	홈	원정
			장소	잠실	구덕	구덕	광양	구덕	김천
			상대	서울E	충남아산	부천	전남	경남	김천
			결과	승	승	패	패	승	무
			점수	2:1	2:1	0:1	0:2	1:0	2:2
			승점	38	41	41	41	44	45
			슈팅수	15:5	11:10	10:13	12:10	11:14	14:7
GK	1	구 상 민						○ 0/0	
	13	안 준 수		○ 0/0	○ 0/0	○ 0/0	○ 0/0	○ 0/0 C	
	18	최 필 수							
DF	3	박 민 규		○ 0/0	○ 0/0	○ 0/0 C	○ 0/0	○ 0/0	
	6	발렌티노스		○ 0/0	○ 0/0	○ 0/0	○ 0/0	▽ 0/0	○ 0/0
	15	김 승 우						△ 0/0	△ 0/0
	17	이 상 준							
	21	최 준		○ 0/0	○ 1/0 C	○ 0/0	○ 0/0 C		
	25	이 청 웅						○ 0/0 C	○ 0/0
	26	김 동 우							
	35	박 호 영		▽ 0/0	○ 0/0	▽ 0/0	○ 0/0 C	○ 0/0 C	
	37	구 현 준							
	45	황 준 호		○ 0/0	△ 0/0	○ 0/0	▽ 0/0		
MF	4	에 드 워 즈		○ 0/0	○ 0/0	○ 0/0	▽ 0/0	○ 0/0	○ 0/0
	8	박 종 우							
	10	이 상 헌		▽ 0/0	▽ 0/0	△ 0/0	▽ 0/1		▽ 0/0
	14	김 정 현						△ 0/0	○ 0/0 C
	19	성 호 영							
	22	이 래 준			△ 0/0	△ 0/0			
	23	김 진 규		○ 1/0 C	○ 0/0 S			○ 0/0	○ 0/0
	28	이 지 승							
	70	헤 나 토		△ 0/0	▽ 0/0	▽ 0/0	△ 0/0		△ 0/0
	77	김 정 민		△ 0/0	▽ 0/0		○ 0/0	○ 0/0	▽ 0/0
FW	2	정 훈 성							
	7	드 로 젝		△ 0/0	△ 0/0	△ 0/0	△ 0/0 C	▽ 1/0	▽ 0/0
	9	안 병 준		○ 1/0	○ 1/0 C	○ 0/0	○ 0/0	○ 0/0	○ 2/0
	11	박 정 인		▽ 0/0 C	▽ 0/1	○ 0/0	○ 0/0		
	20	이 태 민				△ 0/0	▽ 0/0	△ 0/0	△ 0/0 C
	78	어 정 원							

경 남 FC

창단년도_ 2006년

전화_ 055-283-2020

팩스_ 055-283-2992

홈페이지_ www.gyeongnamfc.com

주소_ 우 51460 경상남도 창원시 성산구 비음로 97

창원축구센터

1F Changwon Football Center, 97, Bieum-ro (Sapajeong-dong), Seongsan-gu, Changwon-si, Gyeongsangnam-do, KOREA 51460

연혁

2005	발기인 총회 및 이사회 개최(대표이사 박창식 취임)
	법인설립 등기
	법인설립 신고 및 사업자 등록
	제1차 공개 선수선발 테스트 실시
	구단 홈페이지 및 주주관리 시스템 운영
	(주)STX와 메인스폰서 계약
	구단CI 공모작 발표(명칭, 엠블럼, 캐릭터)
	도민주 공모 실시
	제2차 공개 선수선발 테스트 실시
	경남FC 창단 만장일치 승인(한국프로축구연맹 이사회)
2006	창단식(창원경륜경기장)
	K-리그 데뷔
2007	제2대 대표이사 전형두 취임
	삼성 하우젠 K-리그 2006 6강 플레이오프 진출, 종합 4위
	제3대 김영조 대표이사 취임
	제4대 김영만 대표이사 취임
2008	제13회 하나은행 FA컵 준우승
2010	새 엠블럼 및 유니폼 발표
	제2대 김두관 구단주 취임
	제5대 전형두 대표이사 취임
2011	사무국 이전 및 메가스토어 오픈
2012	제6대 권영민 대표이사 취임
	제17회 하나은행 FA컵 준우승
	제3대 홍준표 구단주 취임
2013	제7대 안종복 대표이사 취임
	대우조선해양과 메인스폰서 계약
	플러스스타디움상, 팬 프렌들리 상 수상
	현대오일뱅크 K리그 2013 대상 플러스스타디움상 수상
	현대오일뱅크 K리그 대상 팬 프렌들리 클럽상 수상
2014	경남FC vs 아인트호벤(박지성 선수 은퇴) 경기 개최
2015	제8대 김형동 대표이사 취임
	제9대 박치근 대표이사 취임
2016	제10대 조기호 대표이사 취임
2017	KEB하나은행 K리그 챌린지 2017 우승
	2018 시즌 K리그1(클래식) 승격
2018	KEB하나은행 K리그1 2018 준우승
	플러스스타디움상
2019	구단 최초 아시아 챔피언스 리그 본선 진출
	2020 시즌 K리그2 강등
2020	제11대 박진관 대표이사 취임
	하나원큐 K리그2 베스트11 수상(백성동)
2021	재단법인 경남FC 유소년재단 설립

2021년 선수명단

대표이사_ 박진관   사무국장_ 김순란   감독_ 설기현
수석코치_ 김종영   코치_ 홍준형   GK코치_ 이광석   코치_ 배효성   플레잉코치_ 배기종   피지컬코치_ 하파엘
전력강화실장_ 김영근   물리치료사_ 김도완   트레이너_ 최문석 · 히승훈   통역_ 이상민   전력분석관_ 이순욱   팀매니저_ 전병수

포지션	선수명		생년월일	출신교	키(cm)/ 몸무게(kg)
GK	황 성 민	黃 盛 珉	1991.06.23	한남대	188 / 83
	김 민 준	金 旻 俊	2000.01.19	보인고	187 / 87
	손 정 현	孫 政 玄	1991.11.25	광주대	191 / 88
	이 찬 우	李 燦 玗	1997.06.27	아주대	187 / 78
DF	채 광 훈	蔡 光 勳	1993.08.17	상지대	170 / 72
	배 승 진	裵 乘 振	1987.11.03	울산대	182 /75
	김 영 찬	金 營 撰	1993.09.04	고려대	189 / 82
	이 재 명	李 在 明	1991.07.25	진주고	182 / 74
	이 광 선	李 光 善	1989.09.06	경희대	192 / 89
	김 동 진	金 動 進	1992.12.28	아주대	177 / 74
	김 명 준	金 明 俊	1994.05.13	영남대	184 / 75
	김 주 환	金 周 奐	2001.02.17	포항제철고	177 / 70
	심 민 용	深 敏 龍	2001.12.04	부평고	186 / 76
	이 민 기	李 敏 起	2001.01.06	한양대	183 / 70
	김 종 필	金 鍾 泌	1992.03.09	장훈고	183 / 72
MF	이 우 혁	李 愚 赫	1993.02.24	문성고	185 / 79
	장 혁 진	張 爀 鎭	1989.12.06	성민대	178 / 71
	임 민 혁	林 珉 赫	1997.03.05	수원공고	171 / 66
	백 성 동	白 星 東	1991.08.13	연세대	171 / 66
	김 민 섭	金 民 燮	2000.03.03	용인대	185 / 73
	진 세 민	陳 卋 玟	1998.05.23	용인대	185 / 73
	윤 석 주	尹 碩 珠	2002.02.25	포항제철고	176 / 64
	장 하 늘	張 하 늘	2002.03.02	숭실고	178 / 62
	김 형 원	金 亨 願	1999.02.22	진주고	187 / 77
	정 창 용	政 昌 用	1998.07.13	용인대	173 / 70
	장 민 준	張 珉 俊	2002.07.11	진주고	185 / 73
	김 범 진	金 犯 珍	1997.02.19	한양대	170 / 68
	이 광 진	李 廣 鎭	1991.07.23	동북고	179 / 66
	한 지 원	韓 知 圓	1994.04.09	건국대	180 / 69
FW	윤 주 태	尹 柱 太	1990.06.22	연세대	181 / 78
	황 일 수	黃 一 琇	1987.08.08	동아대	173 / 72
	설 현 진	薛 賢 珍	2000.03.10	광주대	184 / 78
	고 경 민	高 敬 旻	1987.04.11	한양대	177 / 73
	도 동 현	都 東 顯	1993.11.19	경희대	173 / 68
	유 강 현	柳 忼 俔	1996.04.27	시흥서해고	182 / 64
	이 의 형	李 義 炯	1998.03.03	단국대	183 / 72
	윌 리 안	Willyan da Silva Barbosa	1994.02.17	*브라질	170 / 69
	에르난데스	Hernandes Rodrigues da Silva	1999.09.02	*브라질	183 / 75

2021년 개인기록_ K리그2

위치	배번	이름	01	10	11	19	21	30	33	36	43	48
		경기번호	01	10	11	19	21	30	33	36	43	48
		날 짜	02.27	03.07	03.13	03.21	04.03	04.11	04.17	04.24	05.02	05.05
		홈/원정	홈	원정	원정	홈	원정	원정	홈	홈	원정	원정
		장 소	창원C	광양	안산	창원C	아산	대전W	창원C	창원C	김천	잠실
		상 대	안양	전남	안산	서울E	충남아산	대전	부산	부천	김천	서울E
		결 과	패	패	승	무	패	패	패	승	승	무
		점 수	1:2	0:1	2:1	0:0	1:2	1:2	1:2	3:0	2:1	1:1
		승 점	0	0	3	4	4	4	4	7	10	11
		슈팅수	14:9	7:3	9:13	6:4	12:12	12:11	17:12	15:8	13:7	7:12
GK	1	황성민			○ 0/0	○ 0/0	○ 0/0					
	25	김민준										
	31	손정현	○ 0/0		○ 0/0 C			○ 0/0	○ 0/0	○ 0/0	○ 0/0	○ 0/0
DF	2	채광훈	○ 0/0 C	○ 0/0	○ 0/1					○ 0/0	○ 0/0	○ 0/1
	3	유지훈			○ 0/0			△ 0/0				▽ 0/0 C
	4	배승진			△ 0/0	○ 0/0	○ 0/0	▽ 0/0	▽ 0/0			
	5	김영찬	○ 0/0		○ 0/0	○ 0/0	○ 0/0 C					
	16	이광진										
	20	이광선	○ 0/0	○ 0/0	○ 0/0			△ 0/0				
	22	김동진	○ 0/0		○ 0/0	○ 0/0 C	○ 0/0	▽ 0/0	○ 0/0	○ 0/0 C		△ 0/0
	23	김명준										
	24	윤석주										
	29	김주환				○ 0/0 C	○ 0/0					
	50	김종필										
	55	이민기										
MF	6	이우혁	△ 0/0									
	7	장혁진	▽ 0/0 C	○ 0/0	▽ 0/0	○ 0/0	○ 0/0 C	○ 0/0	△ 0/0 C	○ 0/0	○ 0/2	○ 0/0
	8	임민혁					▽ 0/0	▽ 0/0 C	△ 0/0			
	10	백성동	○ 1/0		○ 0/0		○ 0/0		○ 0/1	○ 0/1	○ 1/0	△ 0/0
	13	김민섭				▽ 0/0						
	14	진세민										
	19	고경민	△ 0/1 C	△ 0/0	○ 0/0	○ 0/0	○ 0/0	○ 0/0 C	△ 1/0	▽ 0/0	△ 0/0	▽ 1/0
	26	장하늘	▽ 0/0 C	▽ 0/0								
	28	김형원										
	39	정창용										
	77	김범진										
	94	윌리안	○ 0/0		△ 2/0 C	▽ 0/0					△ 0/0	
FW	9	윤주태										
	11	황일수	△ 0/0	△ 0/0	○ 0/0	▽ 0/0	▽ 0/0	○ 1/0	○ 0/0	▽ 0/0		△ 0/0
	15	설현진										
	16	김소웅										
	18	이정협	○ 0/0	○ 0/0	△ 0/0	▽ 0/0	▽ 0/0		○ 0/0	▽ 1/0	○ 0/0	○ 0/0
	21	도동현	▽ 0/0	▽ 0/0		△ 0/0	△ 0/0		▽ 0/0			▽ 0/0
	27	유강현										
	88	이의형					△ 0/0			△ 0/0	△ 0/0 C	
	98	에르난데스		△ 0/0	▽ 0/0	△ 0/0	▽ 1/0	○ 0/0	○ 0/0	△ 2/0	▽ 1/0	○ 0/0

선수자료 : 득점/도움 ○ = 선발출전 △ = 교체 IN ▽ = 교체 OUT ◈ = 교체 IN/OUT C = 경고 S = 퇴장

위치	배번	경기번호	52	58	63	68	72	80	83	86	95	99
		날 짜	05.09	05.16	05.23	05.30	06.05	06.13	06.20	06.26	07.05	07.12
		홈/원정	홈	원정	홈	홈	원정	홈	원정	홈	원정	원정
		장 소	창원C	안양	창원C	창원C	구덕	창원C	부천	창원C	광양	안산
		상 대	전남	안양	충남아산	안산	부산	김천	부천	대전	전남	안산
		결 과	패	승	승	무	승	패	무	패	무	패
		점 수	0 : 2	1 : 0	2 : 1	1 : 1	3 : 2	1 : 2	1 : 1	1 : 2	0 : 0	1 : 3
		승 점	11	14	17	18	21	21	22	22	23	23
		슈팅수	13 : 10	12 : 12	7 : 8	18 : 16	20 : 10	9 : 15	10 : 14	8 : 16	17 : 13	9 : 13
GK	1	황 성 민									○ 0/0	○ 0/0
	25	김 민 준										
	31	손 정 현	○ 0/0	○ 0/0	○ 0/0	○ 0/0	○ 0/0	○ 0/0	○ 0/0	○ 0/0		
DF	2	채 광 훈	○ 0/0	○ 0/0 C	○ 0/0	○ 0/0		○ 0/0	△ 0/0	△ 0/0		○ 0/0
	3	유 지 훈	▽ 0/0									
	4	배 승 진										
	5	김 영 찬	○ 0/0	○ 0/0	○ 0/0	○ 0/0	○ 0/0	○ 0/0 C	○ 0/0	○ 0/0		
	16	이 광 진										
	20	이 광 선	○ 0/0	○ 0/0	○ 0/0	○ 0/0	○ 0/0	0/1	○ 0/0 C		○ 0/0	○ 0/0 CC
	22	김 동 진	○ 0/0	○ 1/0	○ 1/0	○ 0/0	○ 0/0	○ 0/0	○ 0/0		○ 0/0 C	○ 0/0
	23	김 명 준								○ 0/0		○ 0/0
	24	윤 석 주										○ 0/1 C
	29	김 주 환	○ 0/0		○ 0/0 C		○ 0/0		○ 0/0 C	○ 0/0 S		
	50	김 종 필										
	55	이 민 기										
MF	6	이 우 혁		△ 0/0	△ 0/0	△ 0/0	○ 0/0	▽ 0/0 C	○ 0/0	△ 0/0		△ 0/0
	7	장 혁 진	△ 0/0	○ 0/0	○ 0/0	○ 0/0		○ 0/0		△ 0/0		
	8	임 민 혁										
	10	백 성 동	○ 0/0	○ 0/0	○ 0/0	○ 0/0	△ 1/2	○ 0/0				
	13	김 민 섭										
	14	진 세 민		▽ 0/1 C	▽ 0/0							
	19	고 경 민	△ 0/0	▽ 0/0	▽ 0/0	▽ 0/0 C			△ 0/1	○ 0/0	▽ 0/0	△ 0/0
	26	장 하 늘										
	28	김 형 원										
	39	정 창 용					▽ 0/0					
	77	김 범 진					▽ 0/0 C	○ 0/0 CC				
	94	윌 리 안				△ 0/0	○ 1/1 C	▽ 0/0	○ 1/0	○ 1/0	○ 1/0	○ 1/0
FW	9	윤 주 태	△ 0/0			△ 0/0	▽ 0/0	△ 1/0	▽ 0/0	△ 0/0	△ 0/0	▽ 0/0
	11	황 일 수	▽ 0/0 C	△ 0/0	△ 1/0 C	▽ 0/0	△ 0/0	△ 0/0	△ 0/0	▽ 0/0		
	15	설 현 진									▽ 0/0	▽ 0/0
	16	김 소 웅		▽ 0/0 C	▽ 0/0			▽ 0/0				
	18	이 정 협	▽ 0/0	△ 0/0	△ 0/0						△ 0/0	
	21	도 동 현							▽ 0/0 C		△ 0/0	
	27	유 강 현										
	88	이 의 형										
	98	에르난데스	○ 0/0				▽ 1/0	△ 1/0	△ 0/0	▽ 0/0	▽ 0/0	△ 0/0

위치	배번	경기번호	105	109	111	118	124	127	134	139	141	147
		날짜	07.19	07.25	07.31	08.08	08.16	08.21	08.29	09.05	09.11	09.18
		홈/원정	홈	원정	홈	원정	홈	원정	홈	홈	원정	홈
		장소	창원C	아산	창원C	김천	창원C	한밭	창원C	창원C	안양	창원C
		상대	부천	충남아산	안양	김천	부산	대전	서울E	전남	안양	김천
		결과	승	패	승	무	승	패	무	패	무	패
		점수	2:0	1:2	2:1	0:0	1:0	0:1	3:3	0:2	0:0	2:3
		승점	26	26	29	30	33	33	34	34	35	35
		슈팅수	12:16	10:13	11:7	10:16	8:15	8:15	8:13	12:9	6:10	9:17
GK	1	황성민	○ 0/0		○ 0/0							
	25	김민준				○ 0/0						
	31	손정현				○ 0/0	○ 0/0 C	○ 0/0	○ 0/0	○ 0/0	○ 0/0	○ 0/0
DF	2	채광훈	△ 0/0	○ 1/0	○ 0/0	▽ 0/0	▽ 0/0	○ 0/0	○ 0/0	○ 0/0	○ 0/0	○ 0/1
	3	유지훈										
	4	배승진			○ 0/0 C	○ 0/0			△ 0/0	○ 0/0		
	5	김영찬	○ 0/0		○ 0/0 C		○ 0/0					
	16	이광진									△ 0/0	△ 0/0
	20	이광선		△ 0/0								
	22	김동진	○ 0/0		○ 0/0	○ 0/0		○ 0/0	○ 0/0 C	○ 0/0		○ 0/0
	23	김명준	○ 0/0		▽ 0/0							
	24	윤석주			△ 0/0	◆ 0/0	▽ 0/0	▽ 0/0	▽ 0/0		▽ 0/0 C	▽ 0/0
	29	김주환	▽ 0/0			△ 0/0	△ 0/0	▽ 0/0	▽ 0/0			
	50	김종필										
	55	이민기										
MF	6	이우혁	○ 0/0 C	○ 0/0	○ 0/0 C	○ 0/0	○ 0/0	○ 0/0	○ 0/0 C	○ 0/0	○ 0/0	○ 0/0
	7	장혁진	○ 0/0	○ 0/0	○ 0/1	○ 0/0	○ 0/0	○ 0/0	○ 0/0	○ 0/0	○ 0/0	○ 0/0
	8	임민혁	△ 0/0 C	△ 0/0	▽ 0/0	○ 0/0	○ 0/0	○ 0/0	○ 0/0	○ 0/0	▽ 0/0	○ 0/0 C
	10	백성동	○ 1/0	○ 0/0	○ 0/1 C				○ 0/1			
	13	김민섭								▽		
	14	진세민										
	19	고경민					△ 0/0	△ 0/0 C		△ 0/0	△ 0/0	△ 0/0
	26	장하늘										
	28	김형원						△ 0/0				
	39	정창용										
	77	김범진										
	94	월리안	○ 1/0	○ 0/0	▽ 0/0	○ 0/0 C	○ 0/0	○ 0/0 C	○ 1/1	▽ 0/0	▽ 0/0	○ 0/0
FW	9	윤주태	△ 0/0			△ 0/0	△ 0/0	▽ 0/0	△ 0/0	▽ 1/0		
	11	황일수	▽ 0/0	△ 0/0	▽ 2/0							
	15	설현진		▽ 0/0		▽ 0/0						
	16	김소웅										
	18	이정협										
	21	도동현					△ 1/0	▽ 0/0	△ 0/0	▽ 0/0 C	△ 0/0	▽ 0/0 C
	27	유강현		▽ 0/0	△ 0/0					△ 0/0		△ 0/0
	88	이의형										
	98	에르난데스	▽ 0/1						△ 1/0 C	△ 0/0	○ 0/0	▽ 2/0

선수자료 : 득점/도움 ○ = 선발출전 △ = 교체 IN ▽ = 교체 OUT ◆ = 교체 IN/OUT C = 경고 S = 퇴장

위치	배번		경기번호	151	159	165	167	175	177
			날짜	09.25	10.02	10.10	10.16	10.23	10.31
			홈/원정	원정	원정	홈	홈	원정	홈
			장소	부천	잠실	창원C	창원C	구덕	창원C
			상대	부천	서울E	충남아산	안산	부산	대전
			결과	승	무	무	패	패	승
			점수	3:2	1:1	1:1	0:2	0:1	1:0
			승점	38	39	40	40	40	43
			슈팅수	18:14	4:9	9:11	18:8	14:11	5:10
GK	1	황성민							
	25	김민준							
	31	손정현		○ 0/0	○ 0/0	○ 0/0	○ 0/0	○ 0/0	○ 0/0 C
DF	2	채광훈		○ 0/0	▽ 0/1				
	3	유지훈							
	4	배승진		△ 0/0	○ 0/0	○ 0/0	▽ 0/0 C		
	5	김영찬		△ 0/0 C	△ 0/0	○ 0/0 C		○ 0/0 C	○ 0/0
	16	이광진		○ 0/1 C	○ 0/0 C	▽ 0/0	○ 0/0 C	○ 0/0	○ 0/0
	20	이광선							
	22	김동진		△ 0/0	○ 0/0	○ 0/0	○ 0/0	○ 0/0	○ 0/1
	23	김명준					▽		
	24	윤석주			▽ 0/0				
	29	김주환			△ 0/0	○ 0/0	○ 0/0 C		
	50	김종필						△ 0/0	
	55	이민기		▽ 0/0 C					
MF	6	이우혁		○ 0/0	○ 0/0	○ 0/0	○ 0/0	○ 0/0	○ 0/0
	7	장혁진		○ 0/0	○ 0/0 C	○ 0/0	▽ 0/0		○ 0/0
	8	임민혁		▽ 0/0	△ 0/0	△ 0/0	△ 0/0	△ 0/0	△ 0/0
	10	백성동				△ 0/0	○ 0/0		○ 0/0
	13	김민섭							
	14	진세민							
	19	고경민		○ 1/0	○ 0/0	▽ 1/0	○ 0/0	▽ 0/0	▽ 0/0
	26	장하늘							
	28	김형원							
	39	정창용							
	77	김범진							
	94	윌리안		○ 1/0	○ 1/0	○ 0/0 C		○ 0/0	▽ 1/0
FW	9	윤주태							
	11	황일수							
	15	설현진							
	16	김소웅							
	18	이정협							
	21	도동현					△ 0/0	▽ 0/0 C	▽ 0/0
	27	유강현				△ 0/0			
	88	이의형						△ 0/0	△ 0/0
	98	에르난데스		○ 1/0	▽ 0/0	▽ 0/0	○ 0/0		△ 0/0

안 산 그 리 너 스

창단년도_ 2017년

전화_ 031-480-2002

팩스_ 031-480-2055

홈페이지_ greenersfc.com

주소_ 우 15396 경기도 안산시 단원구 화랑로 260 와스타디움 3층
3F, Wa stadium, 260, Hwarang-ro, Danwon-gu, Ansan-si,
Gyeonggi-do, KOREA 15396

연혁

2016	안산시 시민프로축구단 창단 발표
	창단추진준비위원회 발족
	팀명칭 공모
	초대 이흥실 감독 선임
	'안산 그리너스 FC' 팀명칭 확정
2017	구단 엠블럼 공개
	테이블석 시즌권 완판
	창단식 개최
	창단 첫 홈경기 승리(vs 대전 2:1승)
	2017시즌 1차 '플러스스타디움상' 수상
	2017시즌 2차 '풀스타디움상' 수상
	사회공헌활동 230회 달성
	KEB하나은행 K리그 챌린지 2017 9위(7승 12무 17패)
	K리그 대상 시상식 '플러스스타디움상', '사랑나눔상' 수상
	KEB하나은행 K리그 챌린지 최다도움상 MF 장혁진 수상
2018	샘 오취리, 안산 그리너스 FC 다문화 홍보대사 위촉
	2018시즌 1차 '풀스타디움상' 수상
	제2대 이종걸 단장 취임
	2018시즌 2차 '팬 프렌들리 상' 수상
	제2대 임완섭 감독 취임
	사회공헌활동 341회 달성
	KEB하나은행 K리그2 2018 9위(10승 9무 17패)
	K리그 대상 시상식 '사랑나눔상', '그린스타디움상' 수상
	스포츠마케팅어워드 프로스포츠 구단 부문 본상 수상

2019	제2대 김호석 대표이사 취임
	이태성, 안산 그리너스 FC 홍보대사 위촉
	2019시즌 1차 '그린스타디움상' 수상
	2019시즌 2차 '그린스타디움상' 수상
	K리그 대상 시상식 '그린스타디움상' 수상
	K리그 대상 시상식 'K리그2 전 경기/ 전 시간 출전상'
	(DF 이인재) 수상
	'스포츠마케팅어워드' 프로스포츠 구단 부문 본상 수상
	사회공헌활동 381회 달성
	하나원큐 K리그2 2019 5위 (14승 8무 14패)
	2019시즌 3차 '그린스타디움상', '풀스타디움상',
	'플러스스타디움상' 수상
	제3대 김길식 감독 취임
2020	제4대 김복식 단장 취임
	2020시즌 2차 '그린스타디움상' 수상
	K리그 대상 시상식 '사랑나눔 상' 수상
	하나원큐 K리그2 2020 7위(7승 7무 13패)
	사회공헌활동 139회 달성
2021	제5대 김진형 단장 취임
	하나원큐 K리그2 2021 7위 (11승 10무 15패)
	사회공헌활동 100회 달성
	제4대 조민국 감독 취임

2021년 선수명단

대표이사_ 김호석   단장_ 김진형   감독대행_ 민동성
코치_ 전병선 · 송한복   GK코치_ 김태수   팀닥터_ 정태석
의무트레이너_ 윤찬희 · 배광한   통역_ 신성규   팀매니저_ 정세현   전력분석관_ 김서기   지원스태프_ 조우현

포지션	선수명		생년월일	출신교	키(cm) / 몸무게(kg)
GK	이 승 빈	李承邠	1990.05.27	숭실대	184 / 80
	김 선 우	金善于	1993.04.22	성균관대	188 / 81
	박 종 준	朴鐘俊	2000.05.12	영생고	189 / 75
	문 경 건	文慶建	1995.02.09	광운대	187 / 82
DF	임 채 관	林埰寬	1995.10.28	한남대	175 / 68
	고 태 규	高態規	1996.08.02	현대고	190 / 83
	연 제 민	涎濟民	1993.05.28	한남대	187 / 82
	김 재 봉	金載俸	1996.09.06	광주대	188 / 78
	김 정 민	金晶珉	1995.09.06	영남대	172 / 65
	송 주 호	宋株昊	1991.03.20	고려대	189 / 80
	김 민 호	金珉浩	1997.06.11	연세대	188 / 85
	이 준 희	李準熙	1988.06.01	경희대	182 / 75
	조 인 홍	趙仁洪	1998.05.04	원광대	183 / 75
	서 정 원	徐廷沅	2001.08.03	안산 U18	184 / 78
	김 예 성	金譽聲	1996.10.21	광주대	173 / 70
	아 스 나 위	Asnawi Mangkualam Bahar	1999.10.04	*인도네시아	174 / 70
	김 동 건	金東建	2001.03.13	안산 U18	186 / 79
	김 진 래	金進來	1997.05.01	매탄고	180 / 68
	장 준 수	張準洙	1996.06.24	명지대	183 / 80
MF	김 현 태	金炫兌	1994.11.14	영남대	187 / 74
	이 상 민	李尙旻	1995.05.02	고려대	175 / 71
	김 이 석	金利錫	1998.06.19	수원대	180 / 74
	이 진 섭	李進燮	2002.01.23	안산U18	183 / 78
	김 대 열	金大烈	1987.04.12	단국대	176 / 70
	김 수 현	金秀弦	1997.06.02	아주대	178 / 69
	전 용 운	全龍雲	2002.11.05	안산 U18	177 / 71
	장 동 혁	張東赫	1999.08.28	연세대	183 / 72
	이 와 세	Iwase Go(磐瀬剛)	1995.06.28	*일본	171 / 67
	오 현 민	吳玹旼	1996.04.23	건국대	178 / 72
FW	신 재 혁	申在爀	2001.06.04	건국대	178 / 67
	산 티 아 고	Santiago de Sagastizabal	1997.05.09	*아르헨티나	191 / 86
	까 노 뚜	Anderson Cardoso de Campos	1997.03.30	*브라질	179 / 68
	두 아 르 테	Rôbson Carlos Duarte	1993.06.20	*브라질	174 / 68
	최 건 주	崔建柱	1999.06.26	건국대	176 / 64
	김 륜 도	金侖度	1991.07.09	광운대	187 / 74
	심 재 민	沈在旻	1997.10.07	울산대	184 / 75
	이 성 민	李性旻	1998.06.29	제주국제대	172 / 68
	강 수 일	姜修一	1987.07.15	상지대	185 / 74
	임 재 혁	任宰赫	1999.02.06	신갈고	180 / 72

2021년 개인기록_ K리그2

위치	배번	이름	03	08	11	18	22	28	32	37	45	55
		경기번호	03	08	11	18	22	28	32	37	45	55
		날짜	02.27	03.06	03.13	03.20	04.03	04.11	04.17	04.24	05.02	05.10
		홈/원정	홈	원정	홈	홈	원정	홈	원정	홈	원정	홈
		장소	안산	안양	안산	안산	구덕	안산	부천	안산	잠실	안산
		상대	김천	안양	경남	충남아산	부산	전남	부천	대전	서울E	안양
		결과	무	승	패	승	무	패	승	승	패	승
		점수	1:1	2:1	1:2	1:0	1:1	0:1	1:0	1:0	0:1	3:2
		승점	1	4	4	7	8	8	11	14	14	17
		슈팅수	3:13	8:18	13:9	7:14	5:15	13:11	10:12	9:13	3:11	11:11
GK	1	이승빈	○ 0/0	○ 0/0	○ 0/0	○ 0/0	○ 0/0	○ 0/0	○ 0/0 C	○ 0/0	○ 0/0	
	19	김선우										○ 0/0
	40	문경건										
DF	3	고태규						△ 0/0	△ 0/0	△ 0/0	△ 0/0	
	4	연제민	○ 0/0 C	○ 0/0	○ 0/0	○ 0/0	○ 0/0	○ 0/0	○ 0/0 C	○ 0/0 C	○ 0/0 C	○ 0/0
	5	박준영				△ 0/0					▽ 0/0	
	5	김재봉										
	15	송주호		▽ 0/0	○ 0/1	▽ 0/0 C	○ 0/0	○ 0/0				○ 0/0
	20	김민호	○ 0/0		○ 1/0							○ 0/1
	22	이준희	○ 1/0		▽ 0/0	▽ 0/0	▽ 0/0	○ 0/0 C	○ 0/0	○ 0/0	○ 0/0	
	25	조인홍									△ 0/0	
	34	민준영	○ 0/0 C	○ 0/0	○ 0/0	○ 0/0	○ 0/0		○ 1/0	▽ 0/0		
	41	아스나위						▽ 0/0		○ 0/1	○ 0/1	
	77	김진래			○ 0/0 C			△ 0/0				○ 0/1
MF	6	김현태	○ 0/0	○ 0/0	▽ 0/0	○ 0/0		○ 0/0 C				○ 0/0 C
	7	송진규						△ 0/0				
	14	이상민	○ 0/1	○ 0/0	○ 0/0	○ 0/0 C		○ 0/0	○ 0/1		○ 0/0 C	○ 0/1
	21	김이석										
	27	김대열	△ 0/0			▽ 0/0	△ 0/0 C					
	29	김예성										
	44	장동혁								▽ 0/0		
	55	이와세	▽ 0/0	△ 0/0	△ 0/0							△ 0/0
FW	7	신재혁										
	9	산티아고										▽ 1/0 C
	10	까뇨뚜	▽ 0/0	▽ 0/0								
	11	두아르테		△ 0/0	△ 0/0	△ 1/0		△ 0/0		△ 0/0	△ 0/0	△ 1/0
	17	최건주	▽ 0/0	▽ 0/0	▽ 0/0	▽ 0/0		○ 1/0	▽ 0/0	▽ 0/0	▽ 0/0	
	18	김륜도	○ 0/0	○ 2/0	○ 0/0	○ 0/1	○ 0/0	○ 0/1	○ 0/0	○ 0/0	○ 0/0 C	○ 0/0
	30	심재민							△ 0/0	△ 1/0	△ 0/0	
	33	이성민										
	70	주현호	△ 0/0									
	87	강수일										
	99	임재혁	△ 0/0	▽ 0/0	▽ 0/0	△ 0/0	△ 0/0		△ 0/0			

선수자료 : 득점/도움   ○ = 선발출전   △ = 교체 IN   ▽ = 교체 OUT   ◉ = 교체 IN/OUT   C = 경고   S = 퇴장

위치	배번		59	61	68	75	79	82	49	88	94	99
		경기번호	59	61	68	75	79	82	49	88	94	99
		날 짜	05.17	05.22	05.30	06.06	06.13	06.19	06.23	06.27	07.05	07.12
		홈/원정	원정	홈	원정	원정	홈	원정	원정	홈	원정	홈
		장 소	광양	안산	창원C	김천	안산	대전W	아산	안산	잠실	안산
		상 대	전남	서울E	경남	김천	부산	대전	충남아산	부천	서울E	경남
		결 과	패	무	무	패	패	무	승	무	무	승
		점 수	0:2	1:1	1:1	0:3	2:3	0:0	2:0	2:2	0:0	3:1
		승 점	17	18	19	19	19	20	23	24	25	28
		슈팅수	14:6	11:10	16:18	5:11	18:8	10:12	10:10	10:11	6:8	13:9
GK	1	이 승 빈	○ 0/0		○ 0/0		○ 0/0		○ 0/0 C		○ 0/0	
	19	김 선 우		○ 0/0		○ 0/0		○ 0/0		○ 0/0 C		○ 0/0
	40	문 경 건										
DF	3	고 태 규		△ 0/0		△ 0/0	△ 0/0	▽ 0/0 C		△ 0/0	▽ 0/0	○ 0/1
	4	연 제 민	○ 0/0	▽ 0/0	○ 0/0 C			○ 0/0	○ 0/0	○ 0/0 C		
	5	박 준 영					▽ 0/0					
	5	김 재 봉										
	15	송 주 호	▽ 0/0					▽ 0/0	○ 0/0	○ 0/0		○ 1/0
	20	김 민 호	○ 0/0	○ 0/0 C	○ 0/0	○ 0/0 C	○ 0/0	△ 0/0	○ 0/0			
	22	이 준 희	▽ 0/0	○ 0/0	○ 0/0 C	○ 0/0	○ 0/0 C	○ 0/0	○ 0/0		▽ 0/0	
	25	조 인 홍										
	34	민 준 영	△ 0/0	○ 0/0 C	○ 0/0 C	△ 0/0		○ 0/0	○ 1/0	○ 0/0		
	41	아 스 나 위									○ 0/0 C	
	77	김 진 래	○ 0/0	○ 0/0	○ 1/0	○ 0/0 C	○ 0/0	○ 0/0 C	○ 0/0			△ 0/0
MF	6	김 현 태	○ 0/0	○ 0/0	○ 0/0 C	○ 0/0			△ 0/0	○ 0/0		
	7	송 진 규										
	14	이 상 민	○ 0/0	○ 0/0	○ 0/0		○ 0/0	○ 0/0		1/0 C		○ 0/0
	21	김 이 석										▽ 0/0
	27	김 대 열										
	29	김 예 성									△ 0/0	○ 0/0
	44	장 동 혁		▽ 0/0								
	55	이 와 세		△ 0/0	▽ 0/0 C	▽ 0/0	▽ 1/0 C	○ 0/0	▽ 0/0 C	▽ 0/0	○ 0/0	▽ 0/0 C
FW	7	신 재 혁										
	9	산 티 아 고	△ 0/0	▽ 0/0	△ 0/0	▽ 0/0		△ 0/0				
	10	까 뇨 뚜										
	11	두 아 르 테	○ 0/0	△ 0/0	△ 0/0	○ 0/0	△ 1/0	△ 0/0	△ 1/1	○ 1/0 C	△ 0/0	△ 0/1
	17	최 건 주	○ 0/0 S			▽ 0/0 C	▽ 0/0			▽ 0/1	○ 0/0	△ 1/0
	18	김 륜 도	▽ 0/0	○ 1/0	△ 0/1	○ 0/0	○ 0/0 C	○ 0/0	○ 0/0	○ 0/1	○ 0/0	○ 1/0
	30	심 재 민	△ 0/0			▽ 0/0			△ 0/0	◆ 0/0		
	33	이 성 민										
	70	주 현 호										
	87	강 수 일					△ 0/0				△ 0/0 C	
	99	임 재 혁				▽ 0/0		▽ 0/0	▽ 0/0		▽ 0/0	▽ 0/0

위치	배번	경기번호	102	108	115	120	123	126	135	140	143	149
		날짜	07.17	07.24	08.01	08.08	08.15	08.21	08.30	09.05	09.12	09.19
		홈/원정	원정	홈	홈	원정	홈	홈	원정	홈	홈	원정
		장소	구덕	안산	안산	부천	안산	안산	안양	안산	안산	아산
		상대	부산	김천	전남	부천	대전	충남아산	안양	부천	부산	충남아산
		결과	패	패	무	패	패	패	무	패	무	승
		점수	0 : 4	0 : 1	1 : 1	3 : 4	0 : 2	0 : 1	1 : 1	1 : 2	1 : 1	1 : 0
		승점	28	28	29	29	29	29	30	30	31	34
		슈팅수	8 : 17	9 : 14	12 : 11	13 : 6	12 : 14	17 : 11	2 : 15	4 : 15	15 : 11	14 : 12
GK	1	이 승 빈	○ 0/0				○ 0/0	○ 0/0	○ 0/0	○ 0/0	○ 0/0	○ 0/0
	19	김 선 우		○ 0/0	○ 0/0	○ 0/0						
	40	문 경 건										
DF	3	고 태 규		○ 0/0 C	○ 0/0	▽ 0/0	○ 0/0	△ 0/0	○ 0/0	○ 0/0 C		△ 0/0
	4	연 제 민	○ 0/0		▽ 0/0		○ 0/0	▽ 0/0				○ 0/0 C
	5	박 준 영										
	5	김 재 봉				▽ 0/0		▽ 0/0				
	15	송 주 호		○ 0/0	○ 0/0		▽ 0/0		○ 0/0	▽ 0/0	○ 0/0 C	○ 0/0
	20	김 민 호	○ 0/0		○ 0/0	△ 0/0						
	22	이 준 희	○ 0/0	△ 0/0		△ 0/0						▽ 0/0
	25	조 인 홍										
	34	민 준 영										
	41	아 스 나 위	○ 0/0	○ 0/0		○ 0/0	○ 0/0	○ 0/0		△ 0/0	▽ 0/0	
	77	김 진 래	○ 0/0		○ 0/0		○ 0/0	○ 0/0	△ 0/0	○ 0/0	△ 0/0	○ 0/0
MF	6	김 현 태							▽ 0/0 C			
	7	송 진 규										
	14	이 상 민	○ 0/0	○ 0/0	○ 0/0 C	○ 0/1	○ 0/0	○ 0/0 C		○ 0/0	○ 1/0	○ 0/0
	21	김 이 석	△ 0/0					○ 0/0	△ 0/0		○ 0/0	
	27	김 대 열										
	29	김 예 성		○ 0/0	○ 0/0			△ 0/0	○ 0/0 C	▽ 0/0		△ 0/0 C
	44	장 동 혁			○ 1/0	○ 0/0 C	○ 0/0		○ 0/0	○ 0/0 C		○ 0/0
	55	이 와 세	▽ 0/0	○ 0/0	○ 0/0	○ 0/0	△ 0/0		○ 0/0 C		○ 0/0	○ 0/0
FW	7	신 재 혁										
	9	산 티 아 고						▽ 0/0 C			▽ 0/0	
	10	까 뇨 뚜		△ 0/0						△ 0/0	○ 0/1	▽ 1/0
	11	두 아 르 테	○ 0/0	△ 0/0	▽ 0/0		△ 0/0	○ 0/0	▽ 0/0	△ 1/0	△ 0/0	○ 0/1
	17	최 건 주	△ 0/0	▽ 0/0	△ 0/0 C		▽ 0/0		○ 0/0		○ 0/0	
	18	김 륜 도	▽ 0/0	○ 0/0	△ 0/1	○ 3/0	○ 0/0	△ 0/0	▽ 0/0		△ 0/0	○ 0/0
	30	심 재 민	△ 0/0									
	33	이 성 민										
	70	주 현 호										
	87	강 수 일			▽ 0/0	▽ 0/0	△ 0/0	○ 0/0		△ 1/0	▽ 0/0	
	99	임 재 혁	▽ 0/0	▽ 0/0			△ 0/0	▽ 0/0				

선수자료 : 득점/도움　○ = 선발출전　△ = 교체 IN　▽ = 교체 OUT　◈ = 교체 IN/OUT　C = 경고　S = 퇴장

위치	배번		152	156	164	167	174	178
		경기번호	152	156	164	167	174	178
		날짜	09.25	10.02	10.10	10.16	10.23	10.31
		홈/원정	홈	원정	원정	원정	홈	원정
		장소	안산	김천	한밭	창원C	안산	광양
		상대	안양	김천	대전	경남	서울E	전남
		결과	승	패	패	승	패	승
		점수	1:0	0:1	1:4	2:0	0:3	3:2
		승점	37	37	37	40	40	43
		슈팅수	10:18	2:19	8:16	8:18	10:11	7:15
GK	1	이 승 빈	○ 0/0	○ 0/0	○ 0/0	▽ 0/0		
	19	김 선 우						
	40	문 경 건				△ 0/0	○ 0/0	○ 0/0
DF	3	고 태 규	△ 0/0		○ 0/0	△ 0/0	△ 0/0	○ 0/0
	4	연 제 민	○ 0/0		○ 0/0	○ 0/0	○ 0/0	
	5	박 준 영						
	5	김 재 봉			○ 0/0 C			○ 0/0 C
	15	송 주 호	○ 1/0	▽ 0/0		○ 0/0	▽ 0/0	
	20	김 민 호		△ 0/0				
	22	이 준 희	○ 0/0	○ 0/0	▽ 0/0	△ 0/0	▽ 0/0	
	25	조 인 홍						
	34	민 준 영						
	41	아 스 나 위		△ 0/0				
	77	김 진 래	○ 0/0	○ 0/0		○ 0/0		
MF	6	김 현 태				▽ 0/0		▽ 0/0
	7	송 진 규						
	14	이 상 민	○ 0/1	○ 0/0	○ 0/0	○ 1/0	○ 0/0	○ 1/1
	21	김 이 석		○ 0/0	△ 0/0	○ 0/0	△ 0/0	△ 0/0
	27	김 대 열					▽	
	29	김 예 성			○ 0/0	○ 0/0 C	○ 0/0	○ 0/0
	44	장 동 혁	▽ 0/0					
	55	이 와 세	○ 0/0	▽ 0/0 C		○ 0/0	○ 0/0	○ 0/1
FW	7	신 재 혁						▽ 0/0
	9	산 티 아 고						
	10	까 뇨 뚜	▽ 0/0	▽ 0/0	△ 0/0			
	11	두 아 르 테	▽ 0/0	○ 0/0	○ 0/0	▽ 1/0	○ 0/0	▽ 1/0
	17	최 건 주		○ 0/0	○ 1/0 C			
	18	김 륜 도	○ 0/0			▽ 0/0	○ 0/0	○ 1/0
	30	심 재 민						
	33	이 성 민						△ 0/0
	70	주 현 호						
	87	강 수 일	△ 0/0	△ 0/0			△ 0/0	△ 0/0
	99	임 재 혁	△ 0/0		△ 0/0	▽ 0/0	○ 0/0	

충 남 아 산 FC

창단년도_ 2020년

전화_ 041-533-2017

팩스_ 041-544-2017

홈페이지_ www.asanfc.com

주소_ 우 31580 충청남도 아산시 남부로 370-24 이순신종합운동장 내

Yi Sun-Sin Sports Complex, 370-24, Nambu-ro, Asan-si, Chungcheongnam-do, KOREA 31580

연혁

2019	창단준비위원회 발족
	팀 공식 명칭 충남 아산 프로축구단 확정. 엠블럼 발표
2020	하나원큐 K리그2 2020 10위
2021	하나원큐 K리그2 2021 8위(11승 8무 17패)
	하나원큐 K리그2 2021 사랑나눔상 수상
	하나원큐 K리그2 2021 영플레이어상 수상자 배출(김인균)
	사회공헌활동 204회 달성

2021년 선수명단

대표이사(代)_ 선우문 감독_ 박동혁

수석코치_ 이정규 코치_ 권우경 GK코치_ 권순형 물리치료사_ 김은규 의무트레이너_ 엄성현·정성령 피지컬코치_ 박원익 통역_ 추권호 매니저_ 이선우 전력분석관_ 문세종

포지션	선수명		생년월일	출신교	키(cm) / 몸무게(kg)
GK	박 한 근	朴韓權	1996.05.07	전주대	184 / 76
	이 기 현	李起現	1993.12.16	동국대	192 / 84
	심 민	沈旼	1998.02.15	한양대	185 / 77
DF	한 용 수	韓龍洙	1990.05.05	한양대	184 / 81
	이 상 수	李上水	1999.03.08	포항제철고	184 / 85
	배 수 용	裵洙瑢	1998.06.07	서울보인고	187 / 85
	유 준 수	柳俊秀	1988.05.08	고려대	184 / 80
	박 세 진	朴世晉	1995.12.15	영남대	177 / 68
	최 규 백	崔圭伯	1994.01.23	대구대	188 / 80
	박 재 우	朴宰祐	1995.10.11	건국대	177 / 70
	이 규 혁	李揆奕	1999.05.04	동국대	175 / 72
	이 은 범	李殷汎	1996.01.30	서남대	183 / 75
	김 재 성	金哉成	1999.07.15	동국대	180 / 76
MF	김 종 국	金鐘局	1989.01.08	울산대	180 / 74
	박 세 직	朴世直	1989.05.25	한양대	178 / 76
	김 재 헌	金載憲	1996.07.26	포츠머스U18	172 / 66
	윤 동 권	尹東權	1999.02.11	선문대	170 / 63
	김 인 균	金仁均	1998.07.23	청주대	175 / 65
	이 상 민	李相旻	1999.08.30	중앙대	182 / 77
	김 강 국	金康國	1997.01.07	인천대	181 / 72
	홍 현 승	洪鉉昇	1999.03.13	한남대	180 / 75
	김 혜 성	金慧成	1996.04.11	홍익대	188 / 81
	송 환 영	宋晥永	1997.10.11	한양대	181 / 75
FW	마 테 우 스	Matheus Alves Leandro	1993.05.19	*브라질	189 / 92
	알 렉 산 드 로	Alex Sandro de Oliveira	1995.08.20	*브라질	175 / 74
	이 현 일	李炫一	1994.09.13	용인대	182 / 77
	김 찬	金潔	2000.04.25	포항제철고	189 / 83
	김 원 석	金洹碩	1997.12.10	중원대	181 / 78
	박 민 서	朴珉緒	1998.06.30	호남대	183 / 72
	이 승 재	李承宰	1998.02.06	홍익대	180 / 75

2021년 개인기록_ K리그2

위치	배번	선수	02	06	12	18	21	26	34	40	42	63
		날짜	02.27	03.06	03.13	03.20	04.03	04.10	04.18	04.25	05.01	05.23
		홈/원정	원정	홈	홈	원정	홈	원정	원정	홈	원정	원정
		장소	광양	아산	아산	안산	아산	잠실	안양	아산	대전W	창원C
		상대	전남	부천	부산	안산	경남	서울E	안양	김천	대전	경남
		결과	무	패	승	패	승	승	패	패	무	패
		점수	0:0	0:1	4:0	0:1	2:1	1:0	1:2	1:2	1:1	1:2
		승점	1	1	4	4	7	10	10	10	11	11
		슈팅수	6:12	13:8	10:17	14:7	12:12	8:9	12:11	11:8	10:13	8:7
GK	1	박 한 근									○ 0/0	
	13	이 기 현	○ 0/0	○ 0/0	○ 0/0	○ 0/0	○ 0/0	○ 0/0	○ 0/0	○ 0/0		○ 0/0
DF	4	한 용 수	○ 0/0	○ 0/0	○ 0/0	○ 0/0	○ 0/0	○ 0/0 C				
	5	이 상 수										
	15	배 수 용										
	16	유 준 수	○ 0/0 C	○ 0/0	○ 1/0	○ 0/0	○ 0/0		○ 1/0 C	○ 0/0	△ 0/0	
	19	박 세 진	○ 0/0	○ 0/0	○ 0/0 C	▽ 0/0	○ 0/0 C	○ 0/0	○ 0/0	○ 0/1 C	○ 0/1	
	23	최 규 백	○ 0/0	○ 0/0	○ 0/0			○ 1/0		○ 0/0	○ 0/0	
	38	이 규 혁										
	47	이 은 범	○ 0/0	○ 0/0	○ 0/0	○ 0/0 C	○ 0/0		○ 0/0 C	○ 0/0		
	55	김 재 성										
MF	6	김 종 국	○ 0/0	○ 0/0 C			○ 0/0	▽ 0/0	▽ 0/0			
	7	박 세 직	○ 0/0	○ 0/0	○ 0/1	○ 0/0	○ 0/0	○ 0/0	○ 0/0	▽ 0/0		△ 0/0
	8	김 재 헌										
	14	김 인 균			△ 1/0	△ 0/1	△ 0/0	△ 0/0	▽ 1/0	▽ 1/0	△ 0/0	
	20	이 상 민			○ 0/0	○ 0/0 S				○ 0/0	○ 0/0	
	22	김 강 국					○ 0/0	○ 0/0	△ 0/1 C			
	29	홍 현 승										
	33	김 혜 성				△ 0/0				△ 0/0		
	48	김 민 석										
	66	송 환 영										
FW	9	마 테 우 스	△ 0/0	△ 0/0					△ 0/0		▽ 0/0 C	
	10	이 재 건			△ 0/0							
	11	알 렉 산 드 로	△ 0/0	△ 0/0		△ 0/0				○ 0/0		▽ 1/0
	17	이 현 일										
	17	료 헤 이	○ 0/0		▽ 2/1 C	○ 0/0 C	▽ 0/0	○ 0/0 C	○ 0/0		▽ 0/0	
	18	김 찬	▽ 0/0	▽ 0/0	△ 0/0 C	△ 0/0	▽ 0/0	▽ 0/0	▽ 0/0	△ 0/0		△ 0/1
	32	김 원 석					△ 0/0	△ 0/0			△ 0/0	
	77	박 민 서		▽ 0/0	▽ 0/0					▽ 0/0		▽ 0/0
	98	이 승 재	▽ 0/0	○ 0/0 C	▽ 0/1	▽ 0/0	▽ 1/0	○ 0/0 C	○ 0/0	▽ 0/0	▽ 0/0	▽ 0/1

선수자료 : 득점/도움　○ = 선발출전　△ = 교체 IN　▽ = 교체 OUT　◆ = 교체 IN/OUT　C = 경고　S = 퇴장

위치	배번		경기번호	69	73	77	53	84	49	89	93	57	100
			날짜	05.30	06.05	06.12	06.16	06.20	06.23	06.28	07.04	07.08	07.12
			홈/원정	홈	원정	홈	홈	홈	홈	원정	원정	원정	홈
			장소	아산	부천	아산	아산	아산	아산	김천	안양	구덕	아산
			상대	안양	부천	대전	서울E	전남	안산	김천	안양	부산	부천
			결과	무	패	승	무	패	패	패	패	무	승
			점수	2:2	0:1	3:1	0:0	0:1	0:2	1:3	0:1	0:0	1:0
			승점	12	12	15	16	16	16	16	16	17	20
			슈팅수	11:9	8:4	8:11	10:11	11:10	10:10	19:11	10:20	12:7	18:15
GK	1	박 한 근		○ 0/0	○ 0/0						○ 0/0	○ 0/0	○ 0/0
	13	이 기 현			○ 0/0	○ 0/0	○ 0/0	○ 0/0	○ 0/0	○ 0/0			
DF	4	한 용 수		○ 0/0	○ 0/0	○ 0/0	○ 0/0	○ 0/0 C	○ 0/0 C	○ 0/0	○ 0/0	○ 0/0	○ 0/0
	5	이 상 수											
	15	배 수 용											
	16	유 준 수		○ 0/0 C	○ 0/0	○ 0/0	○ 0/0	○ 0/0	○ 0/0	▽ 0/0	○ 0/0 C	○ 0/0	○ 0/0
	19	박 세 진		○ 0/0	○ 0/0 C	○ 0/0	○ 0/0	○ 0/0	○ 0/0	○ 0/0	○ 0/0	○ 0/0	○ 0/0
	23	최 규 백		○ 0/0	○ 0/0	○ 0/0 C	○ 0/0	○ 0/0	○ 0/0 C	○ 0/0 C	▽ 0/0 C		
	38	이 규 혁											
	47	이 은 범		○ 1/0	○ 0/0								
	55	김 재 성											
MF	6	김 종 국											
	7	박 세 직			○ 0/0	○ 0/0	○ 0/0	○ 0/0	▽ 0/0	○ 0/0		△ 0/0	○ 0/0
	8	김 재 헌									△ 0/0	▽ 0/0	
	14	김 인 균		▽ 0/0 C	△ 0/0	○ 0/0	○ 0/0 C	○ 0/0	▽ 0/0 C	○ 0/0	○ 0/0 C	○ 0/0	○ 0/0
	20	이 상 민		○ 0/0	○ 0/0 C	△ 0/0			○ 0/0 C	▽ 0/0	▽ 0/0 C	○ 0/0	○ 0/0 C
	22	김 강 국		○ 0/0	▽ 0/0 C			○ 0/0 C	○ 0/0	○ 0/0			
	29	홍 현 승									△ 0/0	▽ 0/0	▽ 0/0
	33	김 혜 성						△ 0/0	△ 0/0	△ 0/0		○ 0/0 C	△ 0/0
	48	김 민 석		△ 1/0	△ 0/0		△ 0/0						
	66	송 환 영								△ 0/0			
FW	9	마 테 우 스							△ 0/0	▽ 0/0	○ 0/0 CC		◆ 1/0
	10	이 재 건											
	11	알 렉 산 드 로		▽ 0/0	△ 0/0	▽ 3/0	▽ 0/0	▽ 0/0	○ 0/0	1/0	▽ 0/0		○ 0/0
	17	이 현 일											
	17	료 헤 이											
	18	김 찬				▽ 0/0 C	▽ 0/0 C	▽ 0/0	▽ 0/0	△ 0/0		○ 0/0 C	▽ 0/0
	32	김 원 석		△ 0/0		△ 0/0	△ 0/0	△ 0/0					
	77	박 민 서		▽ 0/0	▽ 0/0	△ 0/0	△ 0/0	▽ 0/0			△ 0/0	△ 0/0	△ 0/0
	98	이 승 재		△ 0/0	▽ 0/0	▽ 0/0	▽ 0/0	△ 0/0	△ 0/0				

위치	배번		101	109	114	116	125	126	131	137	144	149
		경기번호	101	109	114	116	125	126	131	137	144	149
		날짜	07.17	07.25	08.01	08.07	08.15	08.21	08.28	09.04	09.13	09.19
		홈/원정	원정	홈	원정	원정	홈	원정	홈	홈	원정	홈
		장소	광양	아산	대전 W	잠실	아산	안산	아산	아산	김천	아산
		상대	전남	경남	대전	서울 E	김천	안산	부산	안양	김천	안산
		결과	승	승	패	승	패	승	승	패	패	패
		점수	3 : 0	2 : 1	0 : 1	3 : 1	1 : 2	1 : 0	3 : 2	0 : 2	0 : 2	0 : 1
		승점	23	26	26	29	29	32	35	35	35	35
		슈팅수	8 : 9	13 : 10	9 : 18	9 : 11	8 : 13	11 : 17	15 : 12	9 : 12	6 : 7	12 : 14
GK	1	박한근	○ 0/0	○ 0/0	○ 0/0	○ 0/0	○ 0/0	○ 0/0	○ 0/0	○ 0/0	○ 0/0	○ 0/0
	13	이기현										
DF	4	한용수	○ 1/0	○ 1/0	○ 0/0	▽ 0/0 C		○ 0/0	○ 0/0			○ 0/0
	5	이상수			△ 0/0							
	15	배수용				△ 0/0						
	16	유준수	○ 0/0	○ 0/0 C		○ 0/0	○ 0/0 C	○ 0/0	○ 0/0 C	○ 0/0		○ 0/0 C
	19	박세진	○ 0/1	○ 0/1	○ 0/0		○ 0/0	○ 0/0 C				○ 0/0
	23	최규백										
	38	이규혁					▽ 0/0		△ 0/1	▽ 0/0 C	▽ 0/0	△ 0/0
	47	이은범				○ 0/0 C	○ 0/0	○ 0/0	○ 0/0	○ 0/0		○ 0/0
	55	김재성								▽ 1/0	△ 0/0 C	
MF	6	김종국	△ 0/0	△ 0/0								
	7	박세직	△ 0/0	▽ 0/0		○ 0/0	▽ 0/0 C		○ 0/0	○ 0/0		▽ 0/0 C
	8	김재현	▽ 0/1 C	○ 0/0		▽ 0/0		▽ 0/0				
	14	김인균	○ 0/0	○ 0/0		▽ 2/0			△ 0/1	○ 0/0		
	20	이상민	○ 0/0	○ 0/0		○ 0/0 C			△ 0/0			△ 0/0
	22	김강국	▽ 0/1	○ 1/0			○ 0/1		○ 1/0			
	29	홍현승			▽ 0/0	▽ 0/0				△ 0/0	△ 0/0	▽ 0/0
	33	김혜성	○ 1/0	▽ 0/0	▽ 0/0			○ 0/0			○ 0/0	▽ 0/0
	48	김민석										
	66	송환영										
FW	9	마테우스						△ 0/0	△ 0/0 C		△ 0/0	
	10	이재건										
	11	알렉산드로	○ 0/0	○ 0/0	○ 0/0	△ 1/0	▽ 0/0	○ 0/0	▽ 0/0	▽ 0/0	▽ 0/0	△ 0/0
	17	이현일		△ 0/0 C	▽ 0/0	○ 0/1	○ 0/0	▽ 0/0	▽ 0/0	▽ 0/0	▽ 0/0	△ 0/0
	17	료헤이										
	18	김찬	△ 1/0	△ 0/0	△ 0/0			▽ 0/0 C			△ 0/0	▽ 0/0
	32	김원석				△ 0/0			△ 0/0			
	77	박민서	▽ 0/0			▽ 0/0			▽ 0/0		▽ 0/0	
	98	이승재										

선수자료 : 득점/도움 ○ = 선발출전 △ = 교체 IN ▽ = 교체 OUT ◈ = 교체 IN/OUT C = 경고 S = 퇴장

위치	배번	성명	154	157	165	166	171	180				
		경기번호	154	157	165	166	171	180				
		날짜	09.26	10.03	10.10	10.16	10.23	10.31				
		홈/원정	홈	원정	원정	홈	원정	홈				
		장소	아산	구덕	창원C	아산	부천	아산				
		상대	전남	부산	경남	대전	부천	서울E				
		결과	무	패	무	패	무	승				
		점수	0:0	1:2	1:1	3:4	0:0	2:1				
		승점	36	36	37	37	38	41				
		슈팅수	9:14	10:11	11:9	13:17	15:9	12:16				
GK	1	박 한 근	○ 0/0	○ 0/0	○ 0/0	○ 0/0						
	13	이 기 현					○ 0/0	○ 0/0 C				
DF	4	한 용 수	○ 0/0	○ 0/0	○ 0/0	○ 0/0	○ 0/0 CC					
	5	이 상 수										
	15	배 수 용						△ 0/0				
	16	유 준 수		○ 0/0		○ 0/0 C	○ 0/0	○ 0/0				
	19	박 세 진	○ 0/0	○ 0/0	○ 0/0 S			○ 0/0 C				
	23	최 규 백										
	38	이 규 혁	○ 0/0	△ 0/0	△ 0/0							
	47	이 은 범	○ 0/0	○ 0/0 C	○ 0/0	○ 0/0	○ 0/0	○				
	55	김 재 성	△ 0/0				△ 0/0	△ 0/0				
MF	6	김 종 국				△ 0/0	○ 0/0 C	○ 0/0				
	7	박 세 직			○ 0/0	▽ 0/0						
	8	김 재 헌										
	14	김 인 균	○ 0/0	○ 0/0	○ 0/0	○ 0/0	○ 0/0	○ 2/0				
	20	이 상 민	○ 0/0	○ 0/0	○ 0/0	○ 0/0						
	22	김 강 국	○ 0/0	△ 0/0	○ 0/0	○ 0/0 C	○ 0/0	○ 0/1				
	29	홍 현 승			▽ 0/0	▽ 0/1	▽ 0/0	▽ 0/0				
	33	김 혜 성	○ 0/0	▽ 0/0 C			○ 0/0	▽ 0/0 C				
	48	김 민 석										
	66	송 환 영										
FW	9	마 테 우 스			▽ 0/0	▽ 2/1	△ 0/0	○ 0/0				
	10	이 재 건										
	11	알 렉 산 드 로		○ 0/0	▽ 0/0	○ 1/0	○ 0/0	◆ 0/0				
	17	이 현 일	▽ 0/0	▽ 1/0								
	17	료 헤 이										
	18	김 찬	△ 0/0	△ 0/0		△ 0/0						
	32	김 원 석			△ 0/0							
	77	박 민 서	▽ 0/0	▽ 0/0	△ 1/0	△ 0/0	▽ 0/0	○ 0/1				
	98	이 승 재										

129

서울 이랜드 FC

창단년도_ 2014년
전화_ 02-3431-5470
팩스_ 02-3431-5480
홈페이지_ www.seoulelandfc.com
주소_ 우 05500 서울 송파구 올림픽로25 잠실종합운동장 내 주
경기장 B-03
B-03 Main Staium, Sports Complex, 25 Olympic-ro,
Songpa-gu, Seoul, KOREA 05500

연혁

2014	창단 의향서 제출(4월)
	제1대 박상균 대표이사 취임
	제1대 김태완 단장 취임(4월)
	서울시와 프로축구연고협약 체결
	초대감독 '마틴 레니' 선임(7월)
	프로축구연맹 이사회 축구단 가입 승인(8월)
	팀명칭 '서울 이랜드 FC' 확정(8월)
2015	공식 엠블럼 발표(2월)
	창단 유니폼 발표(2월)
	K리그 챌린지 참가
	K리그2 1차 팬 프렌들리 클럽상 수상(6월)
	K리그2 2차 팬 프렌들리 클럽상 수상(9월)
	K리그2 2차 풀스타디움 클럽상 수상(9월)
	유소년 팀 창단(11월)
	K리그2 3차 팬 프렌들리 클럽상 수상(12월)
	현대오일뱅크 K리그 챌린지 2015 4위
2016	제2대 박건하 감독 취임(6월)
	K리그2 1차 팬 프렌들리 클럽상 수상(6월)

제2대 한만진 대표이사 취임(12월)
2017 제3대 김병수 감독 취임(1월)
창단 100경기 (VS 부산아이파크)
U15팀 금강대기 준우승
제4대 인창수 감독 취임(12월)
제3대 김현수 대표이사 취임(12월)
2018 제5대 김현수 감독 취임(12월)
서울특별시장 '나눔의 가치' 표창 수상(12월)
제2대 박공원 단장 취임(12월)
2019 제4대 장동우 대표이사 취임(2월)
K리그2 2차 팬 프렌들리 클럽상 수상(8월)
U18팀 제40회 대한축구협회장배 전국대회 4강(6월)
송파구청장 '나눔의 가치' 표창 수상(10월)
제6대 정정용 감독 취임(11월)
2020 창단 200경기 (VS 제주유나이티드)(7월)
K리그2 3차 팬 프렌들리 클럽상 수상(11월)
2021 창단 첫 개막전 승리 (VS 부산아이파크)(2월)
U18팀 2021 K리그 유스챔피언십 8강(8월)

2021년 선수명단

대표이사_ 장동우   사무국장_ 김은영   감독_ 정정용

코치_ 인창수·공오균   GK코치_ 황희훈   피지컬코치_ 박지현   전력분석코치_ 임재훈   팀닥터_ 김진수   강화부장_ 김필종   의무트레이너_ 성형호· 엄동환   스포츠사이언티스트_ 송기호   전력분석관_ 전우성   장비_ 정서호   통역_ 이찬호·진창수   주무_ 임성훈

포지션	선수명		생년월일	출신교	키(cm) / 몸무게(kg)
GK	김 경 민	金耿民	1991.11.01	한양대	190 / 78
	김 형 근	金亨根	1994.01.06	영남대	188 / 78
	송 원 준	宋湲俊	1999.08.13	홍익대	188 / 84
	주 현 성	朱賢城	1999.03.31	용인대	184 / 79
DF	김 민 규	金旻奎	1998.04.01	풍생고	188 / 80
	김 진 혁	金進赫	2002.05.22	서귀포고	188 / 85
	김 진 환	金眞煥	1989.03.01	경희대	186 / 78
	김 현 훈	金泫訓	1998.03.03	홍익대	184 / 81
	박 경 민	朴耿敏	1999.08.02	개성고	173 / 65
	박 성 우	朴成祐	1996.05.14	전주대	180 / 78
	변 준 범	邊峻範	1991.02.05	건국대	185 / 82
	이 규 로	李奎魯	1988.08.20	광양제철고	180 / 69
	이 상 민	李相珉	1998.01.01	숭실대	188 / 82
	이 인 재	李仁在	1992.05.13	단국대	187 / 78
	이 재 익	李在翊	1999.05.21	보인고	186 / 82
	이 재 훈	李在勳	1990.01.10	연세대	177 / 70
	홍 승 현	洪承鉉	1996.12.28	동북고	180 / 69
	황 태 현	黃泰顯	1999.01.29	중앙대	179 / 73
MF	고 재 현	高在賢	1999.03.05	대륜고	180 / 67
	곽 성 욱	郭成煜	1993.07.12	아주대	168 / 66
	김 민 균	金民均	1988.11.30	명지대	173 / 68
	김 선 민	金善民	1991.12.12	예원예술대	167 / 65
	문 상 윤	文相閏	1991.01.09	아주대	179 / 70
	서 재 민	徐在民	1997.12.04	현풍고	171 / 67
	유 정 완	柳政完	1996.04.05	연세대	177 / 70
	유 키	Kobayashi Yuki (小林祐希)	1992.04.24	*일본	181 / 72
	장 윤 호	張潤鎬	1996.08.25	영생고	178 / 68
	채 영 현	蔡榮炫	1999.02.01	김천대	170 / 63
	최 재 훈	崔宰熏	1995.11.20	중앙대	176 / 71
FW	김 인 성	金仁成	1989.09.09	성균관대	180 / 74
	김 정 환	金正桓	1997.01.04	신갈고	175 / 65
	레 안 드 로	Leandro Joaquim Ribeiro	1995.01.13	*브라질	178 / 65
	바 비 오	William Silva Gomes Barbio	1992.10.22	*브라질	175 / 77
	베 네 가 스	Gabriel Nicolas Benegas	1998.03.03	*아르헨티나	186 / 87
	이 건 희	李建喜	1998.02.17	한양대	187 / 79
	조 상 현	曹尙鉉	1998.03.03	인천대	181 / 77
	한 의 권	韓義權	1994.06.30	관동대	180 / 72

2021년 개인기록_ K리그2

위치	배번	선수	05	07	13	19	25	26	31	39	45	48
		경기번호	05	07	13	19	25	26	31	39	45	48
		날짜	02.28	03.06	03.14	03.21	04.04	04.10	04.17	04.25	05.02	05.05
		홈/원정	원정	홈	홈	원정	홈	홈	원정	홈	홈	홈
		장소	구덕	잠실	잠실	창원C	잠실	잠실	대전W	잠실	잠실	잠실
		상대	부산	김천	전남	경남	부천	충남아산	대전	안양	안산	경남
		결과	승	승	무	무	승	패	패	패	승	무
		점수	3:0	4:0	1:1	0:0	4:0	0:1	1:2	1:2	1:0	1:1
		승점	3	6	7	8	11	11	11	11	14	15
		슈팅수	7:9	10:17	13:8	4:6	12:4	9:8	9:10	10:6	11:3	12:7
GK	1	김형근										
	13	김경민	○ 0/0	○ 0/0	○ 0/0	○ 0/0	○ 0/0	○ 0/0	○ 0/0	○ 0/0	○ 0/0	○ 0/0
DF	2	황태현	▽ 0/1	○ 0/2			○ 0/0	○ 0/0	▽ 0/0		▽ 1/0	▽ 0/0 C
	3	김민규										
	4	이인재	○ 0/0	○ 0/0	○ 0/0	○ 0/0	○ 0/0 C	○ 0/0	○ 0/0	○ 0/0 C	○ 0/0	○ 0/0
	5	김진환	○ 0/0	○ 1/0 C							○ 0/0	○ 0/0
	14	김성현										
	14	이재익										
	15	박성우	○ 0/0	○ 0/0	▽ 0/0	▽ 0/0 C			▽ 0/0		▽ 0/0	
	17	고재현	△ 0/0	△ 0/0		△ 0/0	○ 1/0	○ 0/0	△ 0/0	△ 0/0	△ 0/0	
	20	이상민	○ 1/0				○ 0/0	○ 0/0	○ 0/0	○ 0/0	○ 0/1	○ 0/0
	24	김현훈		○ 0/0	○ 0/0	○ 0/0	○ 0/0	○ 0/0 C	○ 1/0	○ 0/0 C		
	33	이재훈										
	80	이규로										
MF	6	문상윤			△ 0/0	△ 0/0						
	8	곽성욱					△ 0/0	△ 0/0	▽ 0/0		▽ 0/0	
	10	김민균	▽ 0/0							△ 0/0	△ 0/0	▽ 0/0
	19	유정완										
	21	유 키										
	22	서재민										
	23	최재훈		△ 0/0			△ 0/0			△ 0/0	△ 0/0	△ 0/0
	34	장윤호	○ 1/0	▽ 0/1	○ 0/0	○ 0/0	▽ 0/0	○ 0/0	○ 0/0	○ 0/0		
	88	김선민	○ 0/0	○ 0/0	○ 0/0 C	○ 0/0	○ 0/0	○ 0/0	○ 0/0 C	○ 0/0		
FW	7	바비오		▽ 0/0	▽ 0/1	▽ 0/0	▽ 1/0	▽ 0/0		▽ 0/0		▽ 0/0
	9	베네가스	△ 0/0	▽ 2/0	▽ 0/0 C	○ 0/0 C	○ 0/1	○ 0/0 C	○ 0/0	▽ 0/0 C	▽ 0/0 C	
	11	김정환	△ 0/0	△ 1/0	△ 0/0	△ 0/0	△ 1/0	△ 0/0		△ 0/1	△ 0/0	△ 0/0
	18	조향기										
	70	레안드로	○ 0/2	○ 0/0	○ 1/0	▽ 0/0	○ 1/0	△ 0/0	○ 0/0	○ 0/0		△ 0/1
	77	이건희	▽ 0/0 C		△ 0/0			▽ 0/0 C				
	92	김인성										
	99	한의권						△ 0/0		△ 0/0	△ 1/0	○ 1/0

선수자료 : 득점/도움 ○ = 선발출전 △ = 교체 IN ▽ = 교체 OUT ◈ = 교체 IN/OUT C = 경고 S = 퇴장

위치	배번		60	61	67	71	76	53	81	87	94	97
		경기번호	60	61	67	71	76	53	81	87	94	97
		날짜	05.17	05.22	05.29	06.05	06.12	06.16	06.19	06.27	07.05	07.10
		홈/원정	원정	원정	홈	원정	원정	원정	원정	홈	홈	원정
		장소	부천	안산	잠실	광양	안양	아산	김천	잠실	잠실	대전 W
		상대	부천	안산	대전	전남	안양	충남아산	김천	부산	안산	대전
		결과	무	무	패	패	무	무	패	패	무	승
		점수	1:1	1:1	0:1	0:3	0:0	0:0	0:2	0:1	0:0	2:0
		승점	16	17	17	17	18	19	19	19	20	23
		슈팅수	10:8	10:11	14:6	12:6	8:9	11:10	8:13	3:8	8:6	9:11
GK	1	김 형 근										
	13	김 경 민	○ 0/0	○ 0/0	○ 0/0	○ 0/0	○ 0/0	○ 0/0	○ 0/0	○ 0/0	○ 0/0	○ 0/0
DF	2	황 태 현	○ 0/0	▽ 0/0 C			○ 0/0					
	3	김 민 규					○ 0/0	○ 0/0				
	4	이 인 재		○ 0/0	○ 0/0							△ 0/0
	5	김 진 환	○ 0/0	○ 0/0	○ 0/0 C	▽ 0/0	○ 0/0	○ 0/0		○ 0/0	○ 0/0	○ 0/0
	14	김 성 현	○ 0/0 C									
	14	이 재 익										▽ 0/0 C
	15	박 성 우		○ 0/0	▽ 0/0		○ 0/0		▽ 0/0 C	△ 0/0		
	17	고 재 현	○ 0/0	△ 1/0		○ 0/0	○ 0/0	○ 0/0	○ 0/0 C	▽ 0/0	○ 0/0	○ 0/1 C
	20	이 상 민	○ 0/0 C	○ 0/0		○ 0/0	○ 0/0 CC		○ 0/0			
	24	김 현 훈				○ 0/0	○ 0/0	○ 0/0		○ 0/0	○ 0/0	
	33	이 재 훈									▽ 0/0	
	80	이 규 로									○ 0/0	
MF	6	문 상 윤								△ 0/0		
	8	곽 성 욱	▽ 0/0 C	▽ 0/0	△ 0/0						▽ 0/0	△ 0/0
	10	김 민 균	△ 0/0	△ 0/1	△ 0/0	▽ 0/0	△ 0/0		△ 0/0			
	19	유 정 완			▽ 0/0 C				△ 0/0			▽ 0/0
	21	유 키										
	22	서 재 민						○ 0/0	△ 0/0	○ 0/0 C		○ 0/0
	23	최 재 훈	△ 1/0	△ 0/0	○ 0/0 C	○ 0/0 C	△ 0/0	△ 0/0			△ 0/0	▽ 0/0
	34	장 윤 호					▽ 0/0 C	▽ 0/0	○ 0/0	○ 0/0	○ 0/0 S	
	88	김 선 민	○ 0/0	○ 0/0	○ 0/0 C	○ 0/0	○ 0/0	○ 0/0	○ 0/0		○ 0/0	○ 0/0 C
FW	7	바 비 오				▽ 0/0			▽ 0/0		○ 0/0	
	9	베 네 가 스	▽ 0/0	○ 0/0 C	▽ 0/0	△ 0/0	▽ 0/0	▽ 0/0	▽ 0/0		▽ 0/0 C	○ 2/0
	11	김 정 환	△ 0/0			△ 0/0	△ 0/0	△ 0/0 C		△ 0/0	△ 0/0	
	18	조 향 기							○ 0/0			
	70	레 안 드 로	○ 0/1	○ 0/0	○ 0/0	○ 0/0	▽ 0/0	▽ 0/0	△ 0/0	○ 0/0	△ 0/0	△ 0/1
	77	이 건 희								▽ 0/0		
	92	김 인 성										
	99	한 의 권	▽ 0/0	▽ 0/0	△ 0/0	○ 0/0	○ 0/0	○ 0/0	○ 0/0		▽ 0/0 C	○ 0/0

133

위치	배번	경기번호	104	116	122	107	128	134	138	142	150	113
		날짜	07.19	08.07	08.14	08.18	08.22	08.29	09.04	09.11	09.19	09.22
		홈/원정	홈	홈	홈	홈	홈	원정	원정	원정	홈	원정
		장소	잠실	잠실	잠실	잠실	잠실	창원C	김천	부천	잠실	구덕
		상대	김천	충남아산	부천	안양	전남	경남	김천	부천	대전	부산
		결과	무	패	패	패	무	무	패	승	승	무
		점수	0:0	1:3	1:2	0:1	1:1	3:3	1:3	3:0	2:1	1:1
		승점	24	24	24	24	25	26	26	29	32	33
		슈팅수	8:11	11:9	17:11	5:10	17:11	13:8	10:12	9:11	12:11	15:9
GK	1	김 형 근			○ 0/0				○ 0/0			
	13	김 경 민	○ 0/0	○ 0/0		○ 0/0	○ 0/0	○ 0/0		○ 0/0	○ 0/0	○ 0/0
DF	2	황 태 현		▽ 0/0	○ 0/0					○ 0/0 C	○ 0/0	
	3	김 민 규										
	4	이 인 재	△ 0/0		▽ 0/1					○ 0/0	○ 0/0 C	○ 0/0
	5	김 진 환	○ 0/0			○ 0/0 C		△ 0/0		△ 0/0	○ 0/0	
	14	김 성 현										
	14	이 재 익	▽ 0/0	○ 0/0	▽ 0/0	○ 0/0 C	○ 0/0	○ 0/0		▽ 0/0 C	○ 0/0 CC	○ 0/0
	15	박 성 우			△ 0/0							
	17	고 재 현			△ 0/0	○ 0/0			△ 0/0		△ 0/0	△ 0/0
	20	이 상 민			△ 0/0		○ 0/0 C	○ 0/0	○ 0/0 C	○ 0/0		○ 0/0 C
	24	김 현 훈	○ 0/0	○ 0/0	○ 0/0 CC		○ 0/0	○ 0/0	○ 0/0			
	33	이 재 훈				△ 0/0						
	80	이 규 로	○ 0/0	○ 0/1 S			○ 0/0	○ 0/0				○ 0/0 C
MF	6	문 상 윤						△ 0/0				
	8	곽 성 욱						△ 1/0 C	△ 0/0			▽ 0/0
	10	김 민 균										
	19	유 정 완		▽ 0/0						▽ 0/0		▽ 0/0
	21	유 키	▽ 0/0 C	▽ 0/0	○ 0/0	△ 0/0	▽ 0/0 C	▽ 0/1	○ 0/0			
	22	서 재 민	○ 0/0			▽ 0/0 C					▽ 0/1	△ 0/0
	23	최 재 훈	○ 0/0	△ 0/0	△ 0/0	▽ 0/0	△ 0/0			△ 0/0	△ 0/0	▽ 0/0
	34	장 윤 호			▽ 0/0	○ 0/0	▽ 0/0	▽ 0/1	▽ 0/0	▽ 0/0 C	▽ 0/0 C	
	88	김 선 민	○ 0/0	○ 0/0			○ 0/0	○ 0/0	○ 0/0	○ 0/0		
FW	7	바 비 오		△ 0/0							▽ 0/0	
	9	베 네 가 스	○ 0/0			○ 0/0	○ 1/0	○ 1/0	▽ 0/0			
	11	김 정 환	△ 0/0				△ 0/0			△ 0/0		△ 0/0
	18	조 항 기										
	70	레 안 드 로	△ 0/0	○ 0/0	○ 0/0	○ 0/0		○ 0/1	○ 0/0	○ 0/1	○ 0/0	○ 0/0
	77	이 건 희										
	92	김 인 성		○ 1/0	○ 1/0 C	△ 0/0	○ 0/0	▽ 1/0	○ 0/0	▽ 1/1	○ 1/0	○ 1/0
	99	한 의 권	▽ 0/0 C	○ 0/0	○ 0/0	▽ 0/0		△ 0/0	△ 1/0		○ 2/0	○ 1/0

선수자료 : 득점/도움   ○ = 선발출전   △ = 교체 IN   ▽ = 교체 OUT   ◈ = 교체 IN/OUT   C = 경고   S = 퇴장

위치	배번		경기번호	155	159	162	170	174	180
			날짜	09.27	10.02	10.09	10.17	10.23	10.31
			홈/원정	홈	홈	원정	원정	원정	원정
			장소	잠실	잠실	광양	안양	안산	아산
			상대	부산	경남	전남	안양	안산	충남아산
			결과	패	무	패	패	승	패
			점수	1:2	1:1	0:1	1:2	3:0	1:2
			승점	33	34	34	34	37	37
			슈팅수	5:15	9:4	14:7	16:13	11:10	16:12
GK	1	김형근							
	13	김경민		○0/0	○0/0	○0/0	○0/0	○0/0	○0/0
DF	2	황태현		○0/0	○0/0	○0/0	○0/0 C		
	3	김민규							
	4	이인재		○0/0	○0/0				
	5	김진환		○0/0	△0/0			○1/0 C	○0/0
	14	김성현							
	14	이재익		○0/0		○0/0	○0/0	○0/0	○0/0 C
	15	박성우					△0/0		
	17	고재현			△0/0				
	20	이상민			▽0/0 C	○0/0	○0/0 C	○0/0	○0/0
	24	김현훈			○0/0		▽0/0		
	33	이재훈							
	80	이규로		▽0/0		▽0/0		○0/0	○0/1
MF	6	문상윤							
	8	곽성욱				△0/0 C		▽0/1	▽0/0
	10	김민균							△0/0
	19	유정완		△1/0	▽1/0	▽0/0		▽1/0	▽0/0
	21	유 키		△0/0					
	22	서재민					▽0/0	○0/0	1/0
	23	최재훈						△0/0	
	34	장윤호		▽0/0	○0/0	○0/0	○0/0		
	88	김선민		○0/0	○0/0	○0/0	○0/0	○0/0	○0/0
FW	7	바비오		△0/0			△0/0	△0/0	△0/0 C
	9	베네가스							
	11	김정환							
	18	조향기							
	70	레안드로		▽0/0 C	△0/0	○0/0	○1/0	△0/0 C	
	77	이건희			▽0/0	▽0/0 C	▽0/0 C	○1/1	▽0/0
	92	김인성		○0/1	○0/0	○0/0	○0/0 C	▽0/0	
	99	한의권		○0/0	○0/0	△0/0	△0/0		△0/0

부 천 FC 1995

창단년도_ 2007년

전화_ 032-655-1995

팩스_ 032-655-1996

홈페이지_ www.bfc1995.com

주소_ 우 14655 경기도 부천시 원미구 소사로 482(춘의동 8)

482, Sosa-ro, Wonmi-gu, Bucheon-si, Gyounggi-do,

KOREA 14655

연혁

2006 새로운 부천축구클럽 창단 시민모임 발족

2007 부천시와 연고지 협약

부천FC1995 창단

2008 2008 DAUM K3리그 13위(7승 7무 15패)

부천FC vs 부천OB 사랑의 자선경기

2009 AFC Wimbledon과 협약

2009 DAUM K3리그 4위(17승 9무 6패)

FC United of Manchester와 월드풋볼드림매치 개최

2010 (주)부천에프씨1995 법인설립(대표이사 정해춘)

2010 제15회 하나은행 FA컵 참가

2010 DAUM K3리그 7위(14승 4무 7패)

2011 전국체전 도대표 선발전(결승)

2011 챌린저스리그 컵대회 3위

DAUM 챌린저스리그 2011 A조 3위(8승 5무 9패)

2012 2012 DAUM 챌린저스리그 B조 5위(12승 5무 8패)

부천시민프로축구단으로서 시의회 지원 조례안 가결

한국프로축구연맹 가입 승인

2013 프로축구단으로 데뷔

현대오일뱅크 K리그 챌린지 2013 7위(8승 9무 18패)

유소년팀(U-18, U-15, U-12) 창단

2014 현대오일뱅크 K리그 챌린지 2014 10위(6승 9무 21패)

2015 K리그 최초 CGV 브랜드관 오픈(CGV부천역점 부천FC관)

뒤셀도르프 U-23과 아프리카 어린이를 위한 솔리드 기부 자선경기

현대오일뱅크 K리그 챌린지 2015 5위(15승 10무 15패)

2016 부천FC 사회적 협동조합 설립

복합 팬서비스 공간 레드바코드 오픈

K리그 챌린지 최초 FA컵 4강 진출

현대오일뱅크 K리그 챌린지 2016 3위

(19승 10무 11패) 플레이오프 진출

2016시즌 K리그 챌린지 3차 팬프랜들리 클럽 수상

2017 2017시즌 챌린지 1차 팬프랜들리 클럽상 수상

KEB하나은행 K리그 챌린지 2017 5위(15승 7무 14패)

2018 K리그2 최초 개막 5연승 기록

K리그2 1차 그린스타디움 수상(부천도시공사)

K리그2 2차 그린스타디움 수상(부천도시공사)

KEB하나은행 K리그2 2018 8위(11승 6무 19패)

2019 구단 창단 200번째 홈경기 달성

2019 아디다스 K리그 주니어 U-15 A조 우승

2019 K리그 사랑나눔상 수상

K리그2 리그 마지막 5경기 5연승 기록

하나원큐 K리그2 2019 4위(14승 10무 13패), 플레이오프 진출

2020 구단 프로통산 100번째 승리 달성

부천FC1995 U-18 2020 춘계고등연맹전 우승

부천FC1995 U-15 2020 K리그 주니어 A조 2년 연속 우승

하나원큐 K리그2 2020 8위(7승 5무 15패)

2021 K리그 통산 100승 달성

하나원큐 K리그2 2021 10위(9승 10무 17패)

세이브더칠드런 협약 및 아동권리 강화 캠페인 진행

지역 발달장애인 축구단 '복사골FC' 지원 협약 체결

2021년 선수명단

대표이사_ 정해춘 단장_ 김성남 사무국장_ 김홍경 감독_ 이영민
수석코치_ 민영기 코치_ 권오규 GK코치_ 김지운 피지컬코치_ 김형록 의무트레이너_ 심명보 물리치료사_ 최규진 통역_ 강샛별 전력분석원_
박성동 팀매니저_ 최우혁

포지션	선수명		생년월일	출신교	키(cm) / 몸무게(kg)
GK	전 종 혁	全 鐘 赫	1996.03.21	풍생고	186 / 80
	이 주 현	李 周 賢	1998.12.06	중앙대	188 / 78
	김 호 준	金 鎬 浚	1984.06.21	고려대	190 / 90
	최 철 원	崔 喆 原	1994.07.23	광주대	194 / 87
DF	강 의 빈	姜 義 彬	1998.04.01	광운대	188 / 83
	박 태 홍	朴 台 洪	1991.03.25	연세대	185 / 80
	김 강 산	金 江 山	1998.09.15	대구대	184 / 78
	박 준 희	朴 畯 熙	1991.03.01	건국대	184 / 77
	장 현 수	張 鉉 洙	1993.01.01	용인대	179 / 76
	김 정 호	金 政 浩	1995.05.31	통진고	187 / 84
	국 태 정	國 太 正	1995.09.13	단국대	178 / 73
	조 현 택	趙 玹 澤	2001.08.02	신갈고	182 / 75
	윤 지 혁	尹 志 赫	1998.02.07	숭실대	190 / 85
MF	송 홍 민	宋 洪 民	1996.02.07	남부대	184 / 83
	박 하 빈	朴 昰 斌	1997.04.23	울산대	182 / 70
	조 범 석	曹 帆 奭	1990.01.09	신갈고	182 / 77
	안 태 현	安 邰 鉉	1993.03.01	홍익대	174 / 70
	조 수 철	趙 秀 哲	1990.10.30	우석대	180 / 71
	최 병 찬	崔 炳 贊	1996.04.04	홍익대	178 / 73
	와 타 루	Wataru Murofushi(室伏航)	1995.06.16	*일본	172 / 68
	이 시 헌	李 始 憲	1998.05.04	중앙대	177 / 69
	박 창 준	朴 彰 俊	1996.12.23	아주대	176 / 66
	조 윤 형	趙 允 亨	1996.06.02	안동과학대	178 / 70
	이 동 건	李 東 建	2002.07.12	부천 U-18	175 / 73
	오 재 혁	吳 宰 奕	2002.06.21	포항제철고	174 / 69
	최 재 영	崔 載 瑩	1998.03.18	중앙대	181 / 73
FW	크 리 슬 란	Crislan Henrique da Silva da Sousa	1992.03.13	*브라질	190 / 87
	추 정 호	秋 正 浩	1997.12.09	중앙대	182 / 73
	조 건 규	趙 建 規	1998.10.15	호남대	185 / 76
	한 지 호	韓 志 皓	1988.12.15	홍익대	180 / 74
	안 재 준	安 在 俊	2001.04.03	현대고	185 / 71

위치	배번	이름	04	06	14	16	25	27	32	36	44	50
		날짜	02.28	03.06	03.14	03.20	04.04	04.10	04.17	04.24	05.02	05.05
		홈/원정	홈	원정	홈	홈	원정	원정	홈	원정	홈	원정
		장소	부천	아산	부천	부천	잠실	김천	부천	창원C	부천	안양
		상대	대전	충남아산	안양	전남	서울E	김천	안산	경남	부산	안양
		결과	패	승	무	무	패	패	패	패	패	패
		점수	1:2	1:0	0:0	1:1	0:4	0:1	0:1	0:3	0:2	0:2
		승점	0	3	4	5	5	5	5	5	5	5
		슈팅수	11:23	8:13	5:15	9:16	4:12	5:18	12:10	8:15	12:11	9:9
GK	1	전종혁	○0/0	○0/0	○0/0	○0/0	○0/0	○0/0	○0/0	○0/0		○0/0
	21	이주현									○0/0	
	38	김호준										
	81	최철원										
DF	3	강의빈						○0/0				○0/0
	4	박태홍	○0/0	○0/0 C	▽0/0							
	5	김강산										
	7	박준희	○0/0 C	○0/0	○0/0	○0/0	○0/0	○0/0	○0/0	○0/0	△0/0	
	11	장현수	○0/0		△0/0	○0/1						
	13	안태현										
	20	김정호	○0/0	○0/0	○0/0	○0/0 C	○0/0	○0/0 C	○0/0	○0/0	○0/0 C	
	23	국태정	○0/0	△0/0		○0/0			▽0/0			○0/0
	26	조현택		▽0/0							▽0/0	
	41	윤지혁	▽0/0	○0/0	▽0/0						△0/0	
MF	6	송홍민		○0/0		○0/0	○0/0		△0/0		○0/0	
	8	박하빈	○0/0 CC					▽0/0				▽0/0
	10	조범석				○0/0	▽0/0	▽0/0				
	14	조수철									△0/0	○0/0
	17	최병찬	△0/0	▽0/0		▽0/0	△0/0		△0/0	△0/0	▽0/0	○0/0 C
	18	와타루					△0/0					
	25	이시헌							▽0/0	○0/0 C	▽0/0	▽0/0 C
	27	박창준	△1/0 C	○1/0	○0/0	○1/0						
	28	조윤형			△0/0					▽0/0		
	77	오재혁	▽0/0	○0/1	○0/0 C			○0/0	▽0/0	○0/0		○0/0
	80	최재영										
FW	9	크리슬란					△0/0	▽0/0	○0/0 C	▽0/0		
	16	추정호	○0/0	▽0/0	▽0/0		▽0/0	△0/0			○0/0	△0/0
	19	조건규	▽0/0 C	△0/0	△0/0			△0/0	△0/0		△0/0 C	△0/0
	22	한지호						△0/0		△0/0	○0/0	△0/0
	32	안재준	△0/0	△0/0	△0/0	○0/0	▽0/0	▽0/0		○0/0		▽0/0

선수자료 : 득점/도움 ○ = 선발출전 △ = 교체 IN ▽ = 교체 OUT ◈ = 교체 IN/OUT C = 경고 S = 퇴장

위치	배번		51	60	64	66	73	78	83	88	92	100
		경기번호	51	60	64	66	73	78	83	88	92	100
		날 짜	05.08	05.17	05.24	05.29	06.05	06.13	06.20	06.27	07.04	07.12
		홈/원정	홈	홈	원정	원정	홈	원정	홈	원정	홈	원정
		장 소	부천	부천	대전 W	구덕	부천	광양	부천	안산	부천	아산
		상 대	김천	서울 E	대전	부산	충남아산	전남	경남	안산	부산	충남아산
		결 과	무	무	패	무	승	승	무	무	무	패
		점 수	0:0	1:1	1:4	1:1	1:0	2:0	1:1	2:2	0:0	0:1
		승 점	6	7	7	8	11	14	15	16	17	17
		슈팅수	11:11	8:10	14:12	9:12	4:8	11:12	14:10	11:10	5:28	15:18
GK	1	전 종 혁	○ 0/0	○ 0/0	○ 0/0		○ 0/0	○ 0/0	○ 0/0			
	21	이 주 현										
	38	김 호 준				○ 0/0				○ 0/0		
	81	최 철 원									○ 0/0	○ 0/0
DF	3	강 의 빈	○ 0/0 C	○ 0/0	○ 0/0	○ 0/0	○ 0/0	○ 0/0	○ 0/0	○ 0/0	○ 0/0	○ 0/0 C
	4	박 태 홍										
	5	김 강 산								○ 0/0		○ 0/0 C
	7	박 준 희	○ 0/0	○ 0/0	▽ 0/0			△ 0/0	○ 0/1			○ 0/0
	11	장 현 수										○
	13	안 태 현								○ 0/0		○ 0/0 C
	20	김 정 호	○ 0/0	○ 0/0 C	○ 0/0	○ 0/0	○ 0/0	○ 0/0	○ 0/0	○ 0/0		○ 0/0 C
	23	국 태 정				○ 0/0 CC		○ 0/0	○ 0/0		○ 0/0	▽ 0/0
	26	조 현 택	○ 0/0	○ 0/0	○ 0/0	○ 0/0	○ 0/0	○ 1/0	○ 0/0	○ 0/0	○ 0/0	△ 0/0
	41	윤 지 혁				△ 0/0	△ 0/0					
MF	6	송 홍 민	○ 0/0				△ 0/0	○ 0/0 C	○ 0/0 C	○ 0/0 C	△ 0/0	
	8	박 하 빈								△ 0/0		
	10	조 범 석										
	14	조 수 철	○ 0/0	○ 0/0	○ 0/0	○ 0/0	○ 0/0	○ 0/0	○ 0/0		○ 0/0	○ 0/0
	17	최 병 찬	△ 0/0	△ 0/0	△ 0/0 C		○ 0/0	▽ 0/0		○ 0/0 C	△ 0/0	△ 0/0
	18	와 타 루		△ 0/0	▽ 0/0							
	25	이 시 헌				▽ 0/0	○ 1/0	▽ 0/0	▽ 1/0	△ 0/0		▽ 0/0 C
	27	박 창 준	▽ 0/0	▽ 0/0	△ 0/0	○ 1/0 C	▽ 0/0	△ 0/0	△ 0/0	▽ 1/1	○ 0/0 S	
	28	조 윤 형	○ 0/0 C	○ 0/0	○ 0/0	▽ 0/0	▽ 0/0 C	▽ 0/0		○ 0/0 C		
	77	오 재 혁		▽ 0/0		△ 0/0						▽ 0/0 C
	80	최 재 영										
FW	9	크 리 슬 란	△ 0/0	▽ 1/0 C	○ 1/0	△ 0/0			△ 0/0	△ 0/0	○ 0/0 S	
	16	추 정 호	△ 0/0	△ 0/0		▽ 0/0	△ 0/0	▽ 1/0	▽ 0/0	▽ 1/0	▽ 0/0	▽ 0/0
	19	조 건 규					▽ 0/0					△ 0/0
	22	한 지 호	▽ 0/0	○ 0/0 C	△ 0/0	○ 0/0 C	○ 0/0	○ 0/0 C	▽ 0/0	▽ 0/0	◆ 0/0	○ 0/0
	32	안 재 준	▽ 0/0		○ 0/0	▽ 0/0			△ 0/0	△ 0/0		

위치	배번	선수	105	110	112	120	122	130	132	140	142	146
		경기번호	105	110	112	120	122	130	132	140	142	146
		날짜	07.19	07.25	07.31	08.08	08.14	08.23	08.28	09.05	09.11	09.18
		홈/원정	원정	홈	원정	홈	원정	홈	홈	원정	홈	원정
		장소	창원C	부천	김천	부천	잠실	부천	부천	안산	부천	광양
		상대	경남	전남	김천	안산	서울E	안양	대전	안산	서울E	전남
		결과	패	패	패	승	승	패	승	승	패	승
		점수	0:2	1:2	0:2	4:3	2:1	0:1	4:2	2:1	0:3	2:1
		승점	17	17	17	20	23	23	26	29	29	32
		슈팅수	16:12	17:6	9:9	6:13	11:17	10:10	20:9	15:4	11:9	9:9
GK	1	전 종 혁				○ 0/0 CC						
	21	이 주 현										
	38	김 호 준										○ 0/0 C
	81	최 철 원	○ 0/0	○ 0/0	○ 0/0		○ 0/0	○ 0/0	○ 0/0	○ 0/0	○ 0/0	
DF	3	강 의 빈	○ 0/0	○ 0/0	○ 0/0 C		○ 0/0	▽ 0/0	○ 0/0			
	4	박 태 홍				○ 0/0 C	○ 0/0	○ 0/0			△ 0/0	▽ 0/0
	5	김 강 산	○ 0/0	○ 0/0	○ 0/0		○ 0/0		○ 0/0	○ 0/0		○ 0/0
	7	박 준 희		▽ 0/0 C						△ 0/0		▽ 0/0 C
	11	장 현 수	△ 0/0			○ 0/1 C		▽ 0/0	△ 0/0			
	13	안 태 현	○ 0/0	○ 0/0 C	○ 0/0			▽ 1/0	▽ 0/0			
	20	김 정 호			▽ 0/0			△ 0/0	○ 0/0			
	23	국 태 정	△ 0/0			○ 1/0	△ 0/0	△ 0/0				△ 0/0
	26	조 현 택	○ 0/0	○ 0/0	○ 0/0	○ 0/0		▽ 0/0	○ 0/1 C	○ 0/1		
	41	윤 지 혁										
MF	6	송 홍 민	○ 0/0 C	△ 0/0	▽ 0/0							○ 0/0
	8	박 하 빈										
	10	조 범 석				△ 0/0 C						
	14	조 수 철	▽ 0/0	△ 0/0	△ 0/0	○ 0/0	○ 0/0	○ 0/0	○ 1/0	▽ 0/0	○ 0/0 CC	
	17	최 병 찬			△ 0/0 C					△ 0/0	△ 0/0	
	18	와 타 루										
	25	이 시 헌	○ 0/0	▽ 0/0	○ 0/0	△ 0/0		△ 0/0	▽ 1/1	▽ 0/0		△ 0/1
	27	박 창 준		○ 1/0	○ 0/0	▽ 1/0	△ 0/0	△ 0/0	○ 2/0	○ 1/0 C	▽ 0/0	○ 1/0
	28	조 윤 형	▽ 0/0 C	○ 0/0 C								
	77	오 재 혁								△ 0/0		△ 0/0
	80	최 재 영			△ 0/0 C	▽ 0/0	○ 0/0		○ 0/0 C	▽ 0/0 C	○ 0/0 C	
FW	9	크 리 슬 란		△ 0/0		▽ 1/0 C	○ 1/0	○ 0/0			△ 0/0	
	16	추 정 호	△ 0/0	○ 0/0	▽ 0/0	△ 0/0			△ 0/0			
	19	조 건 규							△ 0/0			
	22	한 지 호	○ 0/0			○ 1/0	○ 0/0	△ 0/2	▽ 0/0 C	○ 1/0		○ 1/0
	32	안 재 준	▽ 0/0		○ 0/0				▽ 0/0			

선수자료 : 득점/도움   ○ = 선발출전   △ = 교체 IN   ▽ = 교체 OUT   ◆ = 교체 IN/OUT   C = 경고   S = 퇴장

위치	배번		경기번호	151	158	161	168	171	179				
			날 짜	09.25	10.03	10.09	10.17	10.23	10.31				
			홈/원정	홈	원정	원정	홈	홈	원정				
			장 소	부천	한밭	구덕	부천	부천	안양				
			상 대	경남	대전	부산	김천	충남아산	안양				
			결 과	패	무	승	패	무	패				
			점 수	2 : 3	1 : 1	1 : 0	0 : 1	0 : 0	1 : 4				
			승 점	32	33	36	36	37	37				
			슈팅수	14 : 18	11 : 16	13 : 10	7 : 12	9 : 15	8 : 12				
GK	1	전 종 혁											
	21	이 주 현					○ 0/0						
	38	김 호 준		○ 0/0									
	81	최 철 원			○ 0/0 C	○ 0/0		○ 0/0	○ 0/0				
DF	3	강 의 빈			○ 0/0	○ 0/0	○ 0/0	△ 0/0	○ 0/0 CC				
	4	박 태 홍		○ 0/0 C		▽ 0/0		▽ 0/0	△ 0/0				
	5	김 강 산		○ 0/0	○ 0/0	○ 0/0	○ 0/0	○ 0/0 C	○ 0/0				
	7	박 준 희											
	11	장 현 수		○ 0/0	△ 0/0								
	13	안 태 현		○ 0/0	○ 0/0	○ 0/0	○ 0/0	▽ 0/0	○ 0/0				
	20	김 정 호		○ 0/0	○ 0/0 C	△ 0/0	▽ 0/0	○ 0/0	▽ 0/0				
	23	국 태 정				▽ 0/0							
	26	조 현 택			▽ 0/1	△ 0/0	○ 0/0	○ 0/0	○ 0/0				
	41	윤 지 혁		△ 0/0									
MF	6	송 홍 민			△ 0/0			△ 0/0	○ 0/0				
	8	박 하 빈				▽ 0/0	▽ 0/0						
	10	조 범 석											
	14	조 수 철		▽ 0/0	○ 0/0 C	○ 0/0	○ 0/0	○ 0/0	▽ 0/0				
	17	최 병 찬											
	18	와 타 루											
	25	이 시 헌		▽ 0/0	▽ 1/0	○ 0/1		○ 0/0 C	▽ 0/0				
	27	박 창 준		▽ 1/0	○ 0/0	○ 1/0	○ 0/0	○ 0/0	○ 0/0 C				
	28	조 윤 형											
	77	오 재 혁		○ 0/0 C	▽ 0/0	○ 0/0	▽ 0/0	△ 0/0					
	80	최 재 영		△ 0/0			△ 0/0	▽ 0/0					
FW	9	크 리 슬 란		△ 0/0	△ 0/0		△ 0/0		△ 1/0				
	16	추 정 호											
	19	조 건 규											
	22	한 지 호		○ 1/1	○ 0/0 C		○ 0/0	○ 0/0 C	○ 0/0 C				
	32	안 재 준				△ 0/0 C	△ 0/0		△ 0/1				

Section 2

2021 시즌 기록

2021년 구단별 유료 관중 현황

K리그1

구단	경기수	관중수	평균
전 북	17	82,471	4,851
울 산	19	66,576	3,504
대 구	19	56,004	2,947
포 항	20	42,879	2,143
수 원	11	34,018	3,092
서 울	9	33,888	3,765
제 주	16	27,183	1,698
강 원	19	25,212	1,326
인 천	12	24,925	2,077
광 주	19	21,407	1,126
성 남	14	15,901	1,135
수원FC	14	14,009	1,000
총 계	189	444,473	2,389

K리그2

구단	경기수	관중수	평균
대 전	17	27,516	1,618
부 산	16	19,449	1,215
경 남	16	15,219	951
전 남	18	12,382	687
안 양	12	9,331	777
충남아산	18	8,442	469
김 천	15	8,124	541
서울E	10	6,950	695
부 천	11	6,841	621
안 산	10	4,721	472
총 계	143	118,975	805

※ 코로나19로 무관중 경기(K리그1 39경기, K리그2 39경기) 및 관중 제한 입장(K리그1 189경기, K리그2 143경기) 실시

승강 플레이오프

구단	경기수	관중수	평균
강 원	1	6,171	6,171
대 전	1	4,154	4,154
총 계	2	10,325	5,163

※ 코로나19로 관중 제한 입장 실시

2021년 전 경기 전 시간 출전자

구분	출전 내용	선수명	소속	출전수	교체수
K리그1	전 경기	이 기 제	수 원	38	2
		정 우 재	제 주	38	6
	전 경기·전 시간	조 현 우	울 산	38	0
		김 영 광	성 남	38	0
K리그2	전 경기	주 현 우	안 양	37	4

2021년 심판배정 기록

K리그1 주심, 대기심, VAR

성명	주심	대기심	VAR
박병진	28	6	14
이동준	27	6	14
김종혁	27	3	16
김동진	24	7	12
고형진	23	4	14
김대용	21	6	15
정동식	17	15	11
김우성	15	6	13
김희곤	13	10	12
정회수	6	10	6
채상협	5	24	3
김용우	5	10	4
신용준	4	12	12
김영수	4	12	7
안재훈	3	26	1
최현재	3	16	11
송민석	3	9	12
서동진	0	12	6
조지음	0	9	11
성덕효	0	7	10
오현진	0	7	4
김재홍	0	4	0
박종명	0	4	0
최광호	0	2	4
최일우	0	1	0
김성호	0	0	47
매호영	0	0	34
최규현	0	0	32
김도연	0	0	27
박진호	0	0	25
이슬기	0	0	23
최대우	0	0	18
김동인	0	0	17
임정수	0	0	17
김경민	0	0	4

K리그1 부심

성명	부심
김계용	42
곽승순	39
강동호	37
지승민	37
설귀선	36
성주경	36
양재용	36
장종필	36
이정민	35
박균용	34
박상준	33
윤재열	33
송봉근	10
방기열	4
구은석	3
이양우	3
김지욱	2

K리그2 주심, 대기심, VAR

성명	주심	대기심	VAR
김용우	21	5	10
송민석	19	6	7
안재훈	19	5	1
정회수	18	10	8
신용준	17	9	11
조지음	16	13	8
서동진	15	18	5
최현재	13	11	7
성덕효	12	19	6
오현진	12	14	11
채상협	8	4	8
김영수	7	3	6
정동식	2	3	11
박병진	2	0	18
고형진	1	1	14
박종명	0	16	0
설태환	0	12	0
김재홍	0	11	0
최광호	0	6	18
최규현	0	4	19
최일우	0	4	0
김정호	0	2	0
박진호	0	1	17
김도연	0	1	11
김대용	0	1	8
김우성	0	1	8
우병훈	0	1	0
이혁재	0	1	0
김성호	0	0	27
매호영	0	0	23
김동인	0	0	19
임정수	0	0	17
김종혁	0	0	13
최대우	0	0	13
이동준	0	0	12
김동진	0	0	8
김경민	0	0	6
김희곤	0	0	6
이슬기	0	0	6

K리그2 부심

성명	부심
이병주	33
이상민	33
이영운	33
천진희	33
김지욱	32
이정석	32
구은석	31
이양우	31
방기열	30
송봉근	24
김태형	21
김경민	19
성주경	2
이정민	2
장종필	2
강도준	1
권용식	1
김홍규	1
박남수	1
설귀선	1
지승민	1

승강플레이오프 주심, 대기심, VAR

성명	주심	대기심	VAR
고형진	1	0	1
이동준	1	0	0
박병진	0	1	0
서동진	0	1	0
김우성	0	0	2
김종혁	0	0	1

승강플레이오프 부심

성명	부심
김계용	1
박상준	1
양재용	1
윤재열	1

하나원큐 K리그1 2021 경기일정표

라운드	경기번호	대회구분	경기일자	경기시간	홈팀	결과	원정팀	경기장소	관중수
1	1	일반	02.27	14:00	전북	2:0	서울	전주W	6,199
1	2	일반	02.27	16:30	대구	1:1	수원FC	대구전	3,025
1	3	일반	02.28	14:00	포항	2:1	인천	포항	2,899
1	4	일반	02.28	16:30	수원	1:0	광주	수원W	3,258
1	5	일반	03.01	14:00	울산	5:0	강원	문수	3,943
1	6	일반	03.01	16:30	성남	0:0	제주	탄천	1,218
2	7	일반	03.06	14:00	제주	1:1	전북	제주W	2,648
2	8	일반	03.06	16:30	광주	0:1	울산	광주	1,953
2	9	일반	03.06	16:30	인천	2:1	대구	인천	1,930
2	10	일반	03.06	19:00	강원	1:3	포항	강릉	1,207
2	11	일반	03.07	14:00	수원	1:0	성남	수원W	3,087
2	12	일반	03.07	16:30	서울	3:0	수원FC	서울W	4,100
3	13	일반	03.09	19:00	전북	2:1	강원	전주W	2,477
3	14	일반	03.09	19:00	울산	3:1	인천	문수	2,231
3	15	일반	03.09	19:30	제주	1:0	포항	제주W	1,136
3	16	일반	03.10	19:00	대구	1:4	광주	대구전	1,876
3	17	일반	03.10	19:00	성남	1:0	서울	탄천	1,334
3	18	일반	03.10	19:30	수원FC	0:0	수원	수원	1,104
4	19	일반	03.13	14:00	대구	1:1	제주	대구전	2,616
4	20	일반	03.13	14:00	광주	0:2	전북	광주	2,025
4	21	일반	03.13	16:30	포항	1:1	울산	포항	3,954
4	22	일반	03.13	19:00	인천	0:1	서울	인천	1,930
4	23	일반	03.14	14:00	수원FC	1:2	성남	수원	786
4	24	일반	03.14	16:30	수원	1:1	강원	수원W	2,880
5	25	일반	03.16	19:00	전북	3:2	대구	전주W	2,378
5	26	일반	03.16	19:30	울산	0:0	제주	문수	2,294
5	27	일반	03.17	19:00	포항	0:3	수원	포항	1,839
5	28	일반	03.17	19:00	강원	0:0	성남	강릉	1,014
5	29	일반	03.17	19:00	서울	2:1	광주	서울W	2,723
5	30	일반	03.17	19:30	인천	4:1	수원FC	인천	1,756
6	31	일반	03.20	14:00	제주	1:1	광주	제주W	1,251
6	32	일반	03.20	16:30	전북	1:1	수원FC	전주W	3,549
6	33	일반	03.21	14:00	강원	2:0	인천	강릉	1,550
6	34	일반	03.21	14:00	성남	2:1	포항	탄천	1,345
6	35	일반	03.21	16:30	수원	1:2	서울	수원W	3,311
6	36	일반	03.21	19:00	대구	2:1	울산	대구전	3,055
7	37	일반	04.02	19:30	포항	0:0	대구	포항	2,173
7	38	일반	04.03	14:00	수원	1:3	전북	수원W	3,169
7	39	일반	04.03	16:30	성남	0:1	울산	탄천	1,133
7	40	일반	04.03	19:00	서울	0:1	강원	서울W	3,165
7	41	일반	04.04	14:00	수원FC	2:1	제주	수원	514
7	42	일반	04.04	16:30	광주	2:1	인천	광주	993
8	43	일반	04.06	19:00	포항	1:3	전북	포항	1,742
8	44	일반	04.06	19:30	대구	0:0	성남	대구전	2,169
8	45	일반	04.07	19:00	울산	3:2	서울	문수	3,038
8	46	일반	04.07	19:30	광주	2:0	수원FC	광주	758
8	47	일반	04.07	19:30	인천	0:0	수원	인천	1,930
8	48	일반	04.07	19:30	제주	1:1	강원	제주W	1,081
9	49	일반	04.10	14:00	강원	3:0	대구	강릉	1,627
9	50	일반	04.10	16:30	서울	1:2	포항	서울W	4,147
9	51	일반	04.10	19:00	성남	2:0	광주	탄천	1,081
9	52	일반	04.11	16:00	제주	2:1	수원	제주W	2,366
9	53	일반	04.11	16:30	수원FC	0:1	울산	수원	1,056
9	54	일반	04.11	19:00	전북	5:0	인천	전주W	3,128
10	56	일반	04.17	14:00	수원FC	2:1	강원	수원	400
10	55	일반	04.17	16:30	인천	0:3	제주	인천	1,831
10	57	일반	04.17	16:30	서울	1:0	대구	서울W	2,750
10	58	일반	04.17	19:00	광주	0:1	포항	광주	1,055
10	59	일반	04.18	14:00	수원	3:0	울산	수원W	2,761
10	60	일반	04.18	16:30	전북	1:0	성남	전주W	3,635
11	61	일반	04.20	19:00	강원	0:1	광주	춘천	1,025
11	62	일반	04.20	19:30	포항	1:0	수원FC	포항	1,369
11	63	일반	04.21	19:00	울산	0:0	전북	문수	3,232
11	64	일반	04.21	19:30	성남	1:3	인천	탄천	634
11	65	일반	04.21	19:30	대구	1:0	수원	대구전	2,037
11	66	일반	04.21	19:30	제주	2:1	서울	제주W	1,934
12	67	일반	04.24	14:00	포항	0:0	제주	포항	2,041
12	68	일반	04.24	16:30	광주	0:1	대구	광주	1,265
12	69	일반	04.24	19:00	강원	1:1	전북	춘천	2,204
12	70	일반	04.25	14:00	인천	0:0	울산	인천	1,930
12	71	일반	04.25	16:30	수원FC	1:1	서울	수원	876
12	72	일반	04.25	19:00	성남	0:1	수원	탄천	1,360
13	73	일반	04.30	19:30	서울	2:2	성남	서울W	1,972
13	74	일반	05.01	14:00	수원FC	2:4	대구	수원	570
13	75	일반	05.01	16:30	수원	1:1	포항	수원W	3,045
13	76	일반	05.01	19:00	울산	2:0	광주	문수	2,650

라운드	경기번호	대회구분	경기일자	경기시간	홈팀	결과	원정팀	경기장소	관중수
13	77	일반	05.02	14:00	전북	1:1	제주	전주W	4,295
13	78	일반	05.02	16:30	인천	1:0	강원	인천	1,930
14	79	일반	05.08	14:00	대구	3:0	인천	대구전	2,958
14	80	일반	05.08	14:00	제주	1:3	수원FC	제주W	1,574
14	81	일반	05.08	16:30	포항	1:1	강원	포항	2,079
14	83	일반	05.09	16:30	전북	1:3	수원	전주W	5,478
15	85	일반	05.11	19:30	인천	1:1	포항	인천	1,428
15	86	일반	05.11	19:30	수원FC	2:1	광주	수원	224
15	87	일반	05.12	19:00	수원	3:2	제주	수원W	1,680
15	89	일반	05.12	19:30	강원	2:2	울산	춘천	1,262
16	93	일반	05.15	16:30	강원	0:0	수원FC	춘천	1,654
16	94	일반	05.15	19:00	인천	2:1	광주	인천	1,873
16	95	일반	05.16	14:00	제주	1:2	대구	제주W	1,014
16	96	일반	05.16	16:30	울산	1:1	수원	문수	2,728
17	98	일반	05.18	19:30	수원FC	3:4	포항	수원	486
17	99	일반	05.19	16:30	광주	0:0	제주	광주	890
17	101	일반	05.19	19:00	전북	2:4	울산	전주W	5,980
17	102	일반	05.19	19:00	수원	1:1	대구	수원W	3,304
18	103	일반	05.21	19:30	수원FC	2:2	인천	수원	446
18	104	일반	05.22	14:00	제주	2:2	성남	제주W	1,014
18	105	일반	05.22	14:40	울산	1:0	포항	문수	4,040
18	106	일반	05.23	16:30	광주	3:4	수원	광주	1,269
18	107	일반	05.23	19:00	대구	1:0	전북	대구전	3,085
18	108	일반	05.23	19:00	강원	0:0	서울	춘천	1,862
19	110	일반	05.29	14:00	인천	1:1	전북	인천	1,930
19	111	일반	05.29	16:30	제주	1:2	울산	제주W	2,135
19	109	일반	05.29	19:00	성남	2:3	수원FC	탄천	1,145
19	112	일반	05.29	19:00	서울	0:3	수원	서울W	4,976
19	113	일반	05.30	16:30	대구	1:0	강원	대구전	3,096
19	114	일반	05.30	19:00	포항	1:0	광주	포항	2,663
15	88	일반	06.06	16:00	성남	1:5	전북	탄천	1,183
15	90	일반	06.06	16:30	대구	1:1	서울	대구전	1,232
14	82	일반	06.19	16:30	광주	1:1	서울	광주	1,364
14	84	일반	06.20	16:00	울산	2:2	성남	문수	3,913
17	100	일반	06.26	16:00	성남	1:2	강원	탄천	1,301
17	97	일반	07.14	19:30	서울	0:1	인천	서울W	-
20	115	일반	07.20	19:30	수원	1:2	수원FC	수원W	-
20	120	일반	07.21	20:00	광주	3:1	강원	광주	701
21	121	일반	07.23	19:30	수원	1:2	인천	수원W	-

라운드	경기번호	대회구분	경기일자	경기시간	홈팀	결과	원정팀	경기장소	관중수
21	123	일반	07.24	19:00	포항	0:1	서울	포항	2,033
21	125	일반	07.25	19:00	울산	2:5	수원FC	문수	2,373
21	126	일반	07.25	20:00	강원	2:2	제주	춘천	775
22	128	일반	07.31	20:00	서울	0:0	울산	서울W	-
22	129	일반	07.31	20:00	제주	1:4	인천	제주W	761
22	127	일반	08.01	20:00	광주	0:0	성남	광주	740
22	131	일반	08.01	20:00	대구	1:1	포항	대구전	2,680
22	132	일반	08.01	20:00	강원	3:0	수원	춘천	1,086
20	119	일반	08.04	19:00	울산	2:1	대구	문수	2,127
16	92	일반	08.04	19:30	포항	1:0	성남	포항	978
22	130	일반	08.04	19:30	수원FC	1:0	전북	수원	-
23	133	일반	08.07	19:00	전북	2:1	대구	전주W	3,465
23	134	일반	08.07	20:00	울산	2:1	강원	문수	2,415
23	135	일반	08.07	20:00	수원	0:0	제주	수원W	-
23	136	일반	08.07	20:00	성남	1:0	포항	탄천	-
23	137	일반	08.08	20:00	서울	1:0	광주	서울W	-
23	138	일반	08.08	20:00	인천	0:0	수원FC	인천	-
21	122	일반	08.11	19:00	전북	3:0	광주	전주W	2,121
25	146	일반	08.14	18:00	강원	2:0	대구	강릉	1,152
25	145	일반	08.14	19:30	제주	2:2	울산	제주W	1,382
25	147	일반	08.14	20:00	수원	1:2	성남	수원W	-
25	148	일반	08.15	18:00	전북	3:2	서울	전주W	5,082
25	149	일반	08.15	19:00	포항	3:1	수원FC	포항	1,491
25	150	일반	08.15	20:00	광주	1:0	인천	광주	766
20	117	일반	08.18	19:00	인천	1:0	성남	인천	-
20	116	일반	08.18	19:30	서울	0:1	제주	서울W	-
26	151	일반	08.20	19:30	대구	1:2	광주	대구전	2,321
26	153	일반	08.21	19:00	성남	0:0	전북	탄천	-
26	154	일반	08.21	20:00	수원FC	1:0	제주	수원W	-
26	155	일반	08.22	18:00	서울	2:2	포항	서울W	-
26	156	일반	08.22	19:30	울산	3:1	수원	문수	3,155
27	157	일반	08.24	19:00	광주	2:0	성남	광주	487
27	159	일반	00.25	19:00	전북	2:0	포항	전주W	2,108
27	160	일반	08.25	19:30	서울	1:2	울산	서울W	-
27	161	일반	08.25	19:30	인천	2:0	대구	인천	-
27	162	일반	08.25	20:00	수원	0:3	수원FC	수원W	-
28	164	일반	08.28	18:00	포항	0:0	수원	포항	1,894
28	165	일반	08.28	19:00	전북	2:2	수원FC	전주W	-
28	166	일반	08.28	19:00	대구	3:1	성남	대구전	2,988

라운드	경기번호	대회구분	경기일자	경기시간	홈팀	결과	원정팀	경기장소	관중수
28	167	일반	08,29	18:00	울산	3:2	인천	문수	3,049
28	168	일반	08,29	19:00	제주	1:0	서울	제주W	-
20	118	일반	09.01	19:00	전북	0:1	포항	전주W	-
21	124	일반	09.04	19:00	성남	0:0	대구	탄천	-
16	91	일반	09.05	19:00	서울	3:4	전북	서울W	-
29	169	일반	09.10	19:30	울산	0:0	전북	문수	5,559
29	172	일반	09.10	19:30	포항	1:2	대구	포항	1,624
29	170	일반	09.11	16:30	인천	1:2	제주	인천	-
29	171	일반	09.11	19:00	수원	2:2	광주	수원W	-
29	173	일반	09.12	16:30	성남	1:1	서울	탄천	-
29	174	일반	09.12	19:00	수원FC	1:0	강원	수원W	-
30	175	일반	09.18	14:20	전북	1:0	수원	전주W	3,837
30	176	일반	09.18	16:30	광주	0:3	제주	광주	1,147
30	177	일반	09.18	19:00	대구	2:1	울산	대구전	3,111
30	179	일반	09.19	14:00	인천	0:1	성남	인천	-
30	180	일반	09.19	16:30	서울	2:1	수원FC	서울W	-
31	181	일반	09.21	14:00	수원	3:2	강원	수원W	-
31	182	일반	09.21	16:30	광주	1:2	전북	광주	1,452
31	183	일반	09.21	19:00	포항	1:2	울산	포항	2,971
31	184	일반	09.22	14:00	제주	0:1	대구	제주W	-
31	185	일반	09.22	16:30	수원FC	3:1	성남	수원W	-
31	186	일반	09.22	19:00	서울	0:0	인천	서울W	-
32	187	일반	09.25	14:00	포항	2:4	제주	포항	1,636
32	188	일반	09.25	16:30	울산	1:0	광주	문수	3,622
32	189	일반	09.25	19:00	전북	2:0	인천	전주W	3,454
32	190	일반	09.25	19:00	대구	0:0	수원FC	대구전	3,104
32	191	일반	09.26	15:00	수원	0:2	서울	수원W	-
32	192	일반	09.26	16:30	성남	2:0	강원	탄천	-
30	178	일반	09.29	19:00	강원	1:0	포항	강릉	517
33	194	일반	10.02	14:00	강원	0:1	전북	강릉	1,312
33	198	일반	10.02	16:30	수원FC	0:3	울산	수원W	-
33	196	일반	10.02	19:00	인천	0:1	수원	인천	-
33	197	일반	10.03	14:00	제주	2:1	성남	제주W	1,730
33	193	일반	10.03	16:30	광주	2:3	포항	광주	1,508
33	195	일반	10.03	19:00	서울	1:1	대구	서울W	-
26	152	일반	10.06	19:00	인천	0:1	강원	인천	-
27	158	일반	10.10	14:00	강원	2:2	제주	강릉	1,280
28	163	일반	10.17	14:00	강원	2:1	광주	강릉	1,336
24	139	일반	10.24	15:00	제주	2:2	전북	제주W	3,018
24	140	일반	10.24	15:00	성남	2:1	울산	탄천	767
24	141	일반	10.24	15:00	대구	0:2	수원	대구전	3,108
24	142	일반	10.24	15:00	강원	1:4	서울	강릉	1,868
24	143	일반	10.24	15:00	수원FC	1:3	광주	수원W	198
24	144	일반	10.24	15:00	포항	0:1	인천	포항	2,631
34	199	일반	10.30	14:00	인천	2:0	서울	인천	1,815
34	200	일반	10.30	16:30	수원	0:4	전북	수원W	2,208
34	201	일반	10.30	19:00	성남	1:0	포항	탄천	587
34	202	일반	10.31	14:00	대구	0:5	제주	대구전	2,775
34	203	일반	10.31	16:30	울산	3:2	수원FC	문수	3,193
34	204	일반	10.31	19:00	광주	2:2	강원	광주	924
35	205	일반	11.03	19:00	포항	4:0	강원	포항	1,001
35	206	일반	11.03	19:00	광주	3:4	서울	광주	932
35	207	일반	11.03	19:30	성남	1:1	인천	탄천	1,288
35	208	일반	11.06	14:00	제주	2:0	수원	제주W	1,633
35	209	일반	11.06	16:30	수원FC	1:2	대구	수원W	965
35	210	일반	11.06	19:00	전북	3:2	울산	전주W	11,383
36	211	일반	11.07	14:00	포항	1:0	광주	포항	1,998
36	212	일반	11.07	16:30	강원	1:1	인천	춘천	1,400
36	213	일반	11.07	19:00	서울	3:0	성남	잠실	3,680
36	214	일반	11.21	14:00	수원FC	3:2	전북	수원W	2,765
36	215	일반	11.21	16:30	울산	3:1	제주	문수	4,208
36	216	일반	11.21	16:30	대구	2:1	수원	대구전	4,562
37	217	일반	11.27	14:00	제주	1:0	수원FC	제주W	2,506
37	218	일반	11.27	16:30	성남	1:0	광주	탄천	1,525
37	219	일반	11.28	14:00	대구	0:2	전북	대구전	6,206
37	220	일반	11.28	14:40	수원	0:0	울산	수원W	5,315
37	221	일반	11.28	16:30	인천	0:0	포항	인천	4,642
37	222	일반	11.28	16:30	서울	0:0	강원	잠실	6,375
38	223	일반	12.04	15:00	포항	1:2	서울	포항	3,863
38	224	일반	12.04	15:00	강원	2:1	성남	춘천	1,081
38	225	일반	12.04	15:00	광주	1:1	인천	광주	1,178
38	226	일반	12.05	15:00	전북	2:0	제주	전주W	13,902
38	227	일반	12.05	15:00	울산	2:0	대구	문수	8,806
38	228	일반	12.05	15:00	수원FC	2:0	수원	수원W	3,619

※ 총 228경기 중 무관중 39경기, 관중 제한 입장 189경기

2021년 K리그1 팀별 연속 승패·득실점 기록 | 전북

일자	상대	홈/원정	승	무	패	득점	실점	연속기록 승	무	패	득점	실점	무득점	무실점
02.27	서울	홈	▲			2	0							
03.06	제주	원정		■		1	1							
03.09	강원	홈	▲			2	1							
03.13	광주	원정	▲			2	0							
03.16	대구	홈	▲			3	2							
03.20	수원FC	홈		■		1	1							
04.03	수원	원정	▲			3	1							
04.06	포항	원정	▲			3	1							
04.11	인천	홈	▲			5	0							
04.18	성남	홈	▲			1	0							
04.21	울산	원정		■		0	0							
04.24	강원	원정		■		1	1							
05.02	제주	홈		■		1	1							
05.09	수원	홈			▼	1	3							
05.19	울산	홈			▼	2	4							
05.23	대구	원정			▼	0	1							
05.29	인천	원정		■		1	1							
06.06	성남	원정				5	1							
08.04	수원FC	원정			▼	0	1							
08.07	대구	홈	▲			2	1							
08.11	광주	홈	▲			3	0							
08.15	서울	홈	▲			3	2							
08.21	성남	원정		■		0	0							
08.25	포항	홈	▲			2	0							
08.28	수원FC	홈		■		2	2							
09.01	포항	홈			▼	0	1							
09.05	서울	원정	▲			4	3							
09.10	울산	원정		■		0	0							
09.18	수원	홈	▲			1	0							
09.21	광주	원정	▲			2	1							
09.25	인천	홈	▲			2	0							
10.02	강원	원정	▲			1	0							
10.24	제주	원정		■		2	2							
10.30	수원	원정	▲			4	0							
11.06	울산	홈	▲			3	2							
11.21	수원FC	원정			▼	2	3							
11.28	대구	원정	▲			2	0							
12.05	제주	홈	▲			2	0							

2021년 K리그1 팀별 연속 승패·득실점 기록 | 울산

일자	상대	홈/원정	승	무	패	득점	실점	연속기록 승	무	패	득점	실점	무득점	무실점
03.01	강원	홈	▲			5	0							
03.06	광주	원정	▲			1	0							
03.09	인천	홈	▲			3	1							
03.13	포항	원정		■		1	1							
03.16	제주	홈		■		0	0							
03.21	대구	원정			▼	1	2							
04.03	성남	원정	▲			1	0							
04.07	서울	홈	▲			3	2							
04.11	수원FC	원정	▲			1	0							
04.18	수원	원정			▼	0	3							
04.21	전북	홈		■		0	0							
04.25	인천	원정		■		0	0							
05.01	광주	홈	▲			2	0							
05.12	강원	원정		■		2	2							
05.16	수원	홈		■		1	1							
05.19	전북	원정	▲			4	2							
05.22	포항	홈	▲			2	0							
05.29	제주	원정	▲			2	0							
06.20	성남	홈		■		2	2							
07.25	수원FC	홈			▼	2	5							
07.31	서울	원정		■		0	0							
08.04	대구	홈	▲			2	1							
08.07	강원	홈	▲			2	1							
08.14	제주	원정		■		2	2							
08.22	수원	홈	▲			3	1							
08.25	서울	원정	▲			2	1							
08.29	인천	홈	▲			3	2							
09.10	전북	홈		■		0	0							
09.18	대구	원정			▼	1	2							
09.21	포항	원정	▲			2	1							
09.25	광주	홈	▲			1	0							
10.02	수원FC	원정	▲			3	0							
10.24	성남	원정			▼	1	2							
10.31	수원FC	홈	▲			3	2							
11.06	전북	원정			▼	2	3							
11.21	제주	홈	▲			3	1							
11.28	수원	원정		■		0	0							
12.05	대구	홈	▲			2	0							

2021년 K리그1 팀별 연속 승패 · 득실점 기록 I 대구

일자	상대	홈/원정	승	무	패	득점	실점	연속기록 승	무	패	득점	실점	무득점	무실점
02.27	수원FC	홈		■		1	1							
03.06	인천	원정			▼	1	2							
03.10	광주	홈			▼	1	4							
03.13	제주	홈		■		1	1							
03.16	전북	원정			▼	2	3							
03.21	울산	홈	▲			2	1							
04.02	포항	원정		■		0	0							
04.06	성남	홈		■		0	0							
04.10	강원	원정			▼	0	3							
04.17	서울	원정	▲			1	0							
04.21	수원	홈	▲			1	0							
04.24	광주	원정	▲			1	0							
05.01	수원FC	원정	▲			4	2							
05.08	인천	홈	▲			3	0							
05.16	제주	원정	▲			2	1							
05.19	수원	원정		■		1	1							
05.23	전북	홈	▲			1	0							
05.30	강원	원정	▲			1	0							
06.06	서울	홈		■		1	1							
08.01	포항	홈		■		1	1							
08.04	울산	원정			▼	1	2							
08.07	전북	원정			▼	1	2							
08.14	강원	원정			▼	0	2							
08.20	광주	홈			▼	1	2							
08.25	인천	원정			▼	0	2							
08.28	성남	홈	▲			3	1							
09.04	성남	원정		■		1	1							
09.10	포항	원정	▲			2	1							
09.18	울산	홈	▲			2	1							
09.22	제주	원정	▲			1	0							
09.25	수원FC	홈		■		0	0							
10.03	서울	원정		■		0	0							
10.24	수원	홈			▼	0	2							
10.31	제주	홈			▼	0	5							
11.06	수원FC	원정	▲			2	1							
11.21	수원	홈	▲			2	1							
11.28	전북	홈			▼	0	2							
12.05	울산	원정			▼	0	2							

2021년 K리그1 팀별 연속 승패 · 득실점 기록 I 제주

일자	상대	홈/원정	승	무	패	득점	실점	연속기록 승	무	패	득점	실점	무득점	무실점
03.01	성남	원정		■		0	0							
03.06	전북	홈		■		1	1							
03.09	포항	홈	▲			1	0							
03.13	대구	원정		■		1	1							
03.16	울산	원정		■		0	0							
03.20	광주	홈		■		1	1							
04.04	수원FC	원정			▼	1	2							
04.07	강원	홈		■		1	1							
04.11	수원	홈	▲			2	1							
04.17	인천	원정	▲			3	0							
04.21	서울	홈	▲			2	1							
04.24	포항	원정		■		0	0							
05.02	전북	원정		■		1	1							
05.08	수원FC	홈			▼	1	3							
05.12	수원	원정			▼	2	3							
05.16	대구	홈			▼	1	2							
05.19	광주	원정		■		0	0							
05.22	성남	홈		■		2	2							
05.29	울산	홈			▼	1	2							
07.25	강원	원정		■		2	2							
07.31	인천	홈			▼	1	4							
08.07	수원	원정		■		0	0							
08.14	울산	홈		■		2	2							
08.18	서울	원정	▲			1	0							
08.21	수원FC	원정			▼	0	1							
08.29	서울	홈	▲			1	0							
09.11	인천	원정	▲			2	1							
09.18	광주	원정	▲			3	0							
09.22	대구	홈			▼	0	1							
09.25	포항	원정	▲			4	2							
10.03	성남	홈	▲			2	1							
10.10	강원	원정		■		2	2							
10.24	전북	홈		■		2	2							
10.31	대구	원정	▲			5	0							
11.06	수원	홈	▲			2	0							
11.21	울산	원정			▼	1	3							
11.27	수원FC	홈	▲			1	0							
12.05	전북	원정			▼	0	2							

2021년 K리그1 팀별 연속 승패 · 득실점 기록 ㅣ 수원FC

일자	상대	홈/원정	승	무	패	득점	실점	연속기록						
								승	무	패	득점	실점	무득점	무실점
02.27	대구	원정		■		1	1							
03.07	서울	원정			▼	0	3							
03.10	수원	홈		■		0	0							
03.14	성남	홈			▼	1	2							
03.17	인천	원정			▼	1	4							
03.20	전북	원정		■		1	1							
04.04	제주	홈	▲			2	1							
04.07	광주	원정			▼	0	2							
04.11	울산	홈			▼	0	1							
04.17	강원	홈	▲			2	1							
04.20	포항	원정			▼	0	1							
04.25	서울	홈		■		1	1							
05.01	대구	홈			▼	2	4							
05.08	제주	원정	▲			3	1							
05.11	광주	홈	▲			2	1							
05.15	강원	원정		■		0	0							
05.18	포항	홈			▼	3	4							
05.21	인천	홈												
05.29	성남	원정	▲			3	2							
07.20	수원	원정	▲			2	1							
07.25	울산	원정	▲			5	2							
08.04	전북	홈	▲			1	0							
08.08	인천	원정		■		0	0							
08.15	포항	원정			▼	1	3							
08.21	제주	홈	▲			1	0							
08.25	수원	원정	▲			3	0							
08.28	전북	원정		■		2	2							
09.12	강원	홈	▲			1	0							
09.19	서울	원정			▼	1	2							
09.22	성남	홈	▲			3	1							
09.25	대구	원정		■		0	0							
10.02	울산	홈			▼	0	3							
10.24	광주	홈			▼	1	3							
10.31	울산	원정			▼	2	3							
11.06	대구	홈			▼	1	2							
11.21	전북	홈	▲			3	2							
11.27	제주	원정			▼	0	1							
12.05	수원	홈	▲			2	0							

2021년 K리그1 팀별 연속 승패 · 득실점 기록 ㅣ 수원

일자	상대	홈/원정	승	무	패	득점	실점	연속기록						
								승	무	패	득점	실점	무득점	무실점
02.28	광주	홈	▲			1	0							
03.07	성남	홈	▲			1	0							
03.10	수원FC	원정		■		0	0							
03.14	강원	홈		■		1	1							
03.17	포항	원정	▲			3	0							
03.21	서울	홈			▼	1	2							
04.03	전북	홈			▼	1	3							
04.07	인천	원정		■		0	0							
04.11	제주	원정			▼	1	2							
04.18	울산	홈	▲			3	0							
04.21	대구	원정			▼	0	1							
04.25	성남	원정	▲			1	0							
05.01	포항	홈												
05.09	전북	원정	▲			3	1							
05.12	제주	홈	▲			3	2							
05.16	울산	원정		■		1	1							
05.19	대구	홈		■		1	1							
05.23	광주	홈	▲			4	3							
05.29	서울	원정	▲			3	0							
07.20	수원FC	홈			▼	1	2							
07.23	인천	홈			▼	1	2							
08.01	강원	원정			▼	0	3							
08.07	제주	홈		■		0	0							
08.14	성남	홈			▼	1	2							
08.22	울산	원정			▼	1	3							
08.25	수원FC	홈			▼	0	3							
08.28	포항	원정		■		0	0							
09.11	광주	홈		■		2	2							
09.18	전북	원정			▼	0	1							
09.21	강원	홈	▲			3	2							
09.26	서울	홈			▼	0	2							
10.02	인천	원정	▲			1	0							
10.24	대구	원정	▲			2	0							
10.30	전북	홈			▼	0	4							
11.06	제주	원정			▼	0	2							
11.21	대구	원정			▼	1	2							
11.28	울산	홈		■		0	0							
12.05	수원FC	원정			▼	0	2							

2021년 K리그1 팀별 연속 승패 · 득실점 기록 | 서울

일자	상대	홈/원정	승	무	패	득점	실점	연속기록 승	무	패	득점	실점	무득점	무실점
02.27	전북	원정			▼	0	2							
03.07	수원FC	홈	▲			3	0							
03.10	성남	원정			▼	0	1							
03.13	인천	원정	▲			1	0							
03.17	광주	홈	▲			2	1							
03.21	수원	원정	▲			2	1							
04.03	강원	홈			▼	0	1							
04.07	울산	원정			▼	2	3							
04.10	포항	홈			▼	1	2							
04.17	대구	홈			▼	0	1							
04.21	제주	원정			▼	1	2							
04.25	수원FC	원정		■		1	1							
04.30	성남	홈		■		2	2							
05.23	강원	원정		■		0	0							
05.29	수원	홈			▼	0	3							
06.06	대구	원정		■		1	1							
06.19	광주	원정		■		1	1							
07.14	인천	홈			▼	0	1							
07.24	포항	원정	▲			1	0							
07.31	울산	홈		■		0	0							
08.08	광주	홈	▲			1	0							
08.15	전북	원정			▼	2	3							
08.18	제주	홈			▼	0	1							
08.22	포항	홈		■		2	2							
08.25	울산	홈			▼	1	2							
08.29	제주	원정			▼	0	1							
09.05	전북	홈			▼	3	4							
09.12	성남	원정		■		1	1							
09.19	수원FC	홈	▲			2	1							
09.22	인천	홈		■		0	0							
09.26	수원	원정	▲			2	0							
10.03	대구	홈		■		1	1							
10.24	강원	원정	▲			4	1							
10.30	인천	원정			▼	0	2							
11.03	광주	원정	▲			4	3							
11.07	성남	홈	▲			3	0							
11.28	강원	홈		■		0	0							
12.04	포항	원정	▲			2	1							

2021년 K리그1 팀별 연속 승패 · 득실점 기록 | 인천

일자	상대	홈/원정	승	무	패	득점	실점	연속기록 승	무	패	득점	실점	무득점	무실점
02.28	포항	원정			▼	1	2							
03.06	대구	홈	▲			2	1							
03.09	울산	원정			▼	1	3							
03.13	서울	홈			▼	0	1							
03.17	수원FC	홈	▲			4	1							
03.21	강원	원정			▼	0	2							
04.04	광주	원정			▼	1	2							
04.07	수원	홈		■		0	0							
04.11	전북	원정			▼	0	5							
04.17	제주	홈			▼	0	3							
04.21	성남	원정	▲			3	1							
04.25	울산	홈		■		0	0							
05.02	강원	홈			▼	0	2							
05.08	대구	원정			▼	0	3							
05.11	포항	홈		■		1	1							
05.15	광주	홈	▲			2	1							
05.21	수원FC	원정		■		2	2							
05.29	전북	홈			▼	0	2							
07.14	서울	원정	▲			1	0							
07.23	수원	원정	▲			2	1							
07.31	제주	원정	▲			4	1							
08.08	수원FC	홈		■		0	0							
08.15	광주	원정			▼	0	1							
08.18	성남	홈	▲			1	0							
08.25	대구	홈	▲			2	0							
08.29	울산	원정			▼	2	3							
09.11	제주	홈			▼	1	2							
09.19	성남	홈			▼	0	1							
09.22	서울	원정		■		0	0							
09.25	전북	원정			▼	0	2							
10.02	수원	홈			▼	0	1							
10.06	강원	홈			▼	0	1							
10.24	포항	원정	▲			1	0							
10.30	서울	홈	▲			2	0							
11.03	성남	원정		■		1	1							
11.07	강원	원정		■		1	1							
11.28	포항	홈		■		0	0							
12.04	광주	원정		■		1	1							

2021년 K리그1 팀별 연속 승패 · 득실점 기록 ㅣ 포항

일자	상대	홈/원정	승	무	패	득점	실점	연속기록 승	무	패	득점	실점	무득점	무실점
02.28	인천	홈	▲			2	1							
03.06	강원	원정	▲			3	1							
03.09	제주	원정			▼	0	1							
03.13	울산	홈		■		1	1							
03.17	수원	홈			▼	0	3							
03.21	성남	원정			▼	1	2							
04.02	대구	홈		■		0	0							
04.06	전북	홈			▼	1	3							
04.10	서울	원정	▲			2	1							
04.17	광주	원정	▲			1	0							
04.20	수원FC	홈	▲			1	0							
04.24	제주	홈		■		0	0							
05.01	수원	원정			▼	0	1							
05.08	강원	홈			▼	1	2							
05.11	인천	원정		■		1	1							
05.18	수원FC	원정	▲			4	3							
05.22	울산	원정			▼	0	1							
05.30	광주	홈			▼	0	1							
07.24	서울	홈			▼	0	1							
08.01	대구	원정		■		1	1							
08.04	성남	홈	▲			1	0							
08.07	성남	원정			▼	0	1							
08.15	수원FC	홈	▲			3	1							
08.22	서울	원정		■		2	2							
08.25	전북	원정			▼	0	2							
08.28	수원	홈		■		0	0							
09.01	전북	원정	▲			1	0							
09.10	대구	홈			▼	1	2							
09.21	울산	홈			▼	1	2							
09.25	제주	홈			▼	2	4							
09.29	강원	원정			▼	0	1							
10.03	광주	원정	▲			3	2							
10.24	인천	홈			▼	0	1							
10.30	성남	원정			▼	0	1							
11.03	강원	홈	▲			4	0							
11.07	광주	홈			▼	1	2							
11.28	인천	원정		■		0	0							
12.04	서울	홈			▼	1	2							

2021년 K리그1 팀별 연속 승패 · 득실점 기록 ㅣ 성남

일자	상대	홈/원정	승	무	패	득점	실점	연속기록 승	무	패	득점	실점	무득점	무실점
03.01	제주	홈		■		0	0							
03.07	수원	원정			▼	0	1							
03.10	서울	홈	▲			1	0							
03.14	수원FC	원정	▲			2	1							
03.17	강원	원정		■		0	0							
03.21	포항	홈	▲			2	1							
04.03	울산	홈			▼	0	1							
04.06	대구	원정												
04.10	광주	홈	▲			1	0							
04.18	전북	원정			▼	0	1							
04.21	인천	홈			▼	1	3							
04.25	수원	홈			▼	0	1							
04.30	서울	원정		■		2	2							
05.22	제주	원정		■		2	2							
05.29	수원FC	홈			▼	2	3							
06.06	전북	홈			▼	1	5							
06.20	울산	원정		■		2	2							
06.26	강원	홈			▼	2	2							
08.01	광주	원정		■		0	0							
08.04	포항	원정			▼	0	1							
08.07	포항	홈	▲			1	0							
08.14	수원	원정	▲			2	1							
08.18	인천	원정			▼	0	1							
08.21	전북	홈		■		0	0							
08.24	광주	원정			▼	0	2							
08.28	대구	원정			▼	1	3							
09.04	대구	홈		■		1	1							
09.12	서울	홈		■		1	1							
09.19	인천	원정	▲			1	0							
09.22	수원FC	원정			▼	1	3							
09.26	강원	홈	▲			2	0							
10.03	제주	원정			▼	1	2							
10.24	울산	홈	▲			2	1							
10.30	포항	홈	▲			1	0							
11.03	인천	홈		■		1	1							
11.07	서울	원정			▼	0	3							
11.27	광주	홈	▲			1	0							
12.04	강원	원정			▼	1	2							

2021년 K리그1 팀별 연속 승패 · 득실점 기록 | 강원

일자	상대	홈/원정	승	무	패	득점	실점	연속기록						
								승	무	패	득점	실점	무득점	무실점
03.01	울산	원정			▼	0	5							
03.06	포항	홈			▼	1	3							
03.09	전북	원정			▼	1	2							
03.14	수원	원정		■		1	1							
03.17	성남	홈		■		0	0							
03.21	인천	홈	▲			2	0							
04.03	서울	원정	▲			1	0							
04.07	제주	원정				1	1							
04.10	대구	홈	▲			3	0							
04.17	수원FC	원정			▼	1	2							
04.20	광주	홈			▼	0	1							
04.24	전북	홈		■		1	1							
05.02	인천	원정			▼	0	1							
05.08	포항	원정		■		1	1							
05.12	울산	홈		■		2	2							
05.15	수원FC	홈		■		0	0							
05.23	서울	홈		■		0	0							
05.30	대구	원정			▼	0	1							
06.26	성남	원정	▲			2	1							
07.21	광주	원정			▼	1	3							
07.25	제주	홈		■		2	2							
08.01	수원	홈	▲			3	0							
08.07	울산	원정	▲			1	0							
08.14	대구	홈	▲			2	0							
09.12	수원FC	원정			▼	0	1							
09.21	수원	원정			▼	2	3							
09.26	성남	원정			▼	0	2							
09.29	포항	홈	▲			1	0							
10.02	전북	홈			▼	0	1							
10.06	인천	원정	▲			1	0							
10.10	제주	홈		■		2	2							
10.17	광주	홈	▲			2	1							
10.24	서울	홈			▼	1	4							
10.31	광주	원정		■		2	2							
11.03	포항	원정			▼	0	4							
11.07	인천	홈		■		1	1							
11.28	서울	원정		■		0	0							
12.04	성남	홈	▲			2	1							
12.08	대전	원정			▼	0	1							
12.12	대전	홈	▲			4	1							

2021년 K리그1 팀별 연속 승패 · 득실점 기록 | 광주

일자	상대	홈/원정	승	무	패	득점	실점	연속기록						
								승	무	패	득점	실점	무득점	무실점
02.28	수원	원정			▼	0	1							
03.06	울산	홈			▼	0	1							
03.10	대구	원정	▲			4	1							
03.13	전북	홈			▼	0	2							
03.17	서울	원정			▼	1	2							
03.20	제주	원정		■		1	1							
04.04	인천	홈	▲			2	1							
04.07	수원FC	홈	▲			2	0							
04.10	성남	원정			▼	0	1							
04.17	포항	홈			▼	0	1							
04.20	강원	원정	▲			1	0							
04.24	대구	홈			▼	0	1							
05.01	울산	원정			▼	0	1							
05.11	수원FC	원정			▼	1	2							
05.15	인천	원정			▼	1	2							
05.19	제주	홈		■		0	0							
05.23	수원	홈			▼	3	4							
05.30	포항	원정			▼	0	1							
06.19	서울	홈		■		1	1							
07.21	강원	홈	▲			3	1							
08.01	성남	홈		■		0	0							
08.08	서울	원정			▼	0	1							
08.11	전북	원정			▼	0	3							
08.15	인천	홈	▲			1	0							
08.20	대구	원정	▲			2	1							
08.24	성남	홈	▲			2	0							
09.11	수원	원정		■		2	2							
09.18	제주	홈			▼	0	3							
09.21	전북	홈			▼	1	2							
09.25	울산	원정			▼	0	1							
10.03	포항	홈			▼	2	3							
10.17	강원	원정			▼	1	2							
10.24	수원FC	원정	▲			3	1							
10.31	강원	홈		■		2	2							
11.03	서울	홈			▼	3	4							
11.07	포항	원정	▲			2	1							
11.27	성남	원정			▼	0	1							
12.04	인천	홈		■		1	1							

: 승강 플레이오프

2021년 K리그1 팀 간 경기 기록

팀명	승점	상대팀	승	무	패	득점	실점	득실	도움	경고	퇴장
전북	76	합계	22	10	6	71	37	34	45	58	0
	7	강원	2	1	0	4	2	2	3	8	0
	9	광주	3	0	0	7	1	6	4	3	0
	9	대구	3	0	1	7	4	3	5	5	0
	9	서울	3	0	0	9	5	4	5	2	0
	7	성남	2	1	0	6	1	5	5	4	0
	9	수원	3	0	1	9	4	5	4	4	0
	2	수원FC	0	2	2	5	7	-2	0	6	0
	5	울산	1	2	1	5	6	-1	3	9	0
	7	인천	2	1	0	8	1	7	7	5	0
	6	제주	1	3	0	6	4	2	5	9	0
	6	포항	2	0	1	5	2	3	4	3	0

팀명	승점	상대팀	승	무	패	득점	실점	득실	도움	경고	퇴장
수원FC	51	합계	14	9	15	53	57	-4	40	68	1
	7	강원	2	1	0	3	1	2	2	3	0
	3	광주	1	0	2	3	6	-3	3	6	0
	2	대구	0	2	2	4	7	-3	3	5	0
	1	서울	0	1	2	2	6	-4	2	4	0
	6	성남	2	0	1	7	5	2	5	6	1
	10	수원	3	1	0	7	1	6	4	6	0
	3	울산	1	0	3	7	9	-2	7	9	0
	2	인천	1	0	3	3	6	-3	3	3	0
	8	전북	2	2	0	7	5	2	4	10	0
	9	제주	3	0	1	6	3	3	5	6	0
	0	포항	0	0	3	4	8	-4	2	5	0

팀명	승점	상대팀	승	무	패	득점	실점	득실	도움	경고	퇴장
울산	74	합계	21	11	6	64	41	23	36	55	5
	7	강원	2	1	0	9	3	6	4	4	0
	9	광주	3	0	0	4	0	4	3	4	0
	6	대구	2	0	2	6	5	1	3	4	0
	7	서울	2	1	0	5	3	2	3	3	0
	4	성남	1	1	1	4	4	0	3	4	0
	5	수원	1	2	1	4	5	-1	2	7	0
	9	수원FC	3	0	1	9	7	2	6	4	0
	7	인천	2	1	0	6	3	3	3	3	0
	4	전북	1	1	0	6	3	3	4	3	0
	2	제주	2	2	0	7	4	3	3	4	0
	7	포항	1	2	1	4	2	2	3	4	0

팀명	승점	상대팀	승	무	패	득점	실점	득실	도움	경고	퇴장
수원	46	합계	12	10	16	42	50	-8	25	71	1
	4	강원	1	1	1	4	6	-2	2	9	0
	7	광주	2	1	0	7	2	5	2	6	0
	4	대구	1	1	2	4	4	0	2	9	1
	3	서울	1	0	2	4	4	0	1	4	0
	6	성남	2	0	1	6	4	2	5	7	0
	1	수원FC	0	1	3	1	7	-6	0	8	0
	5	울산	1	2	1	5	4	1	3	8	0
	4	인천	1	1	2	4	5	-1	3	3	0
	3	전북	1	0	3	4	9	-5	2	6	0
	4	제주	1	1	2	4	3	1	4	5	0
	5	포항	1	2	0	4	3	1	3	4	0

팀명	승점	상대팀	승	무	패	득점	실점	득실	도움	경고	퇴장
대구	55	합계	15	10	13	41	48	-7	28	64	1
	3	강원	1	0	2	1	5	-4	0	5	0
	3	광주	1	0	2	3	6	-3	1	4	0
	5	서울	1	2	0	3	2	1	2	3	0
	5	성남	1	2	0	3	2	1	2	3	0
	4	수원	1	1	2	4	4	0	3	9	0
	8	수원FC	2	2	0	7	4	3	5	3	0
	6	울산	2	0	2	5	6	-1	3	4	0
	3	인천	1	0	2	4	4	0	2	3	0
	3	전북	1	0	3	4	7	-3	4	12	1
	7	제주	2	1	1	4	7	-3	3	8	0
	5	포항	1	2	1	3	2	1	2	4	0

팀명	승점	상대팀	승	무	패	득점	실점	득실	도움	경고	퇴장
서울	47	합계	12	11	15	46	46	0	25	56	3
	5	강원	1	2	1	4	2	2	2	8	0
	10	광주	3	1	0	8	5	3	5	4	0
	2	대구	0	2	1	2	3	-1	1	3	1
	5	성남	1	2	1	6	4	2	5	7	0
	6	수원	2	0	1	4	4	0	3	5	0
	7	수원FC	2	1	0	6	2	4	3	2	0
	1	울산	0	1	2	3	5	-2	0	1	0
	4	인천	1	1	2	1	3	-1	1	6	2
	0	전북	0	0	3	5	9	-4	1	7	0
	0	제주	0	0	3	1	4	-3	0	7	0
	7	포항	2	1	1	6	5	1	4	6	0

팀명	승점	상대팀	승	무	패	득점	실점	득실	도움	경고	퇴장
제주	54	합계	13	15	10	52	44	8	31	57	1
	3	강원	0	3	0	5	5	0	3	3	0
	5	광주	1	2	0	4	1	3	1	4	0
	4	대구	1	1	2	7	4	3	2	8	0
	9	서울	3	0	0	4	1	3	3	7	0
	5	성남	1	2	0	4	3	1	4	3	1
	7	수원	2	1	1	6	4	2	4	8	0
	3	수원FC	1	0	3	3	6	-3	3	8	0
	2	울산	0	2	2	4	7	-3	2	5	0
	6	인천	1	3	0	6	5	1	6	4	0
	3	전북	0	3	1	4	6	-2	0	5	0
	7	포항	2	1	0	5	2	3	3	4	0

팀명	승점	상대팀	승	무	패	득점	실점	득실	도움	경고	퇴장
인천	47	합계	12	11	15	38	45	-7	23	63	3
	4	강원	1	1	2	2	4	-2	2	6	1
	4	광주	1	1	2	4	5	-1	3	7	1
	6	대구	2	0	1	4	4	0	1	6	0
	7	서울	2	1	1	3	1	2	2	8	1
	7	성남	2	1	1	5	3	2	4	4	0
	4	수원	1	1	1	2	2	0	0	7	0
	5	수원FC	1	2	0	6	3	3	4	2	0
	1	울산	0	1	2	3	6	-3	1	3	0
	1	전북	0	1	2	1	8	-7	0	4	0
	3	제주	1	0	2	6	6	0	2	5	0
	5	포항	1	2	1	3	3	0	2	8	0

팀명	승점	상대팀	승	무	패	득점	실점	득실	도움	경고	퇴장
포항	46	합계	12	10	16	41	45	-4	30	73	5
	7	강원	2	1	1	8	3	5	7	9	0
	9	광주	3	0	1	6	4	2	4	6	2
	2	대구	0	2	1	2	3	-1	1	4	0
	4	서울	1	1	2	5	6	-1	4	8	1
	3	성남	1	0	3	2	4	-2	2	6	1
	2	수원	0	2	1	1	4	-3	1	7	1
	9	수원FC	3	0	0	8	4	4	6	3	0
	1	울산	0	1	2	2	4	-2	2	6	0
	5	인천	1	2	1	3	3	0	0	7	0
	3	전북	1	0	2	2	5	-3	1	12	0
	1	제주	0	1	2	2	5	-3	2	6	0

팀명	승점	상대팀	승	무	패	득점	실점	득실	도움	경고	퇴장
강원	43	합계	10	13	15	40	51	-11	21	72	1
	4	광주	1	1	2	5	7	-2	2	7	0
	6	대구	2	0	1	5	1	4	3	3	0
	5	서울	1	2	1	2	4	-2	0	6	0
	7	성남	2	1	1	4	4	0	1	11	0
	4	수원	1	1	1	6	4	2	3	9	0
	1	수원FC	0	1	2	1	3	-2	0	4	0
	1	울산	0	1	2	3	9	-6	1	5	1
	7	인천	2	1	0	4	2	2	3	10	0
	1	전북	0	1	2	2	4	-2	2	5	0
	3	제주	0	3	1	5	5	0	4	6	0
	4	포항	1	1	2	3	8	-5	2	6	0

팀명	승점	상대팀	승	무	패	득점	실점	득실	도움	경고	퇴장
성남	44	합계	11	11	16	34	46	-12	19	77	1
	4	강원	1	1	2	4	4	0	3	9	0
	7	광주	2	1	1	3	2	1	1	13	0
	2	대구	0	2	1	1	3	-2	1	4	0
	5	서울	1	2	1	4	3	1	1	13	0
	3	수원	1	0	2	2	3	-1	2	8	0
	3	수원FC	1	0	2	5	7	-2	3	3	0
	4	울산	1	1	1	3	8	-5	2	3	0
	4	인천	1	1	1	2	2	0	2	6	0
	1	전북	0	1	2	1	6	-5	0	4	1
	2	제주	0	2	1	3	4	-1	2	8	0
	9	포항	3	0	1	6	4	2	2	6	0

팀명	승점	상대팀	승	무	패	득점	실점	득실	도움	경고	퇴장
광주	37	합계	10	7	21	42	54	-12	20	69	0
	7	강원	2	1	1	7	5	2	4	9	0
	6	대구	2	0	1	6	3	3	3	6	0
	1	서울	0	1	3	5	8	-3	0	3	0
	4	성남	1	1	2	2	3	-1	1	3	0
	1	수원	0	1	2	5	7	-2	2	6	0
	6	수원FC	2	0	1	6	3	3	6	3	0
	0	울산	0	0	3	0	4	-4	0	7	0
	7	인천	2	1	1	5	4	1	3	10	0
	0	전북	0	0	3	1	7	-6	0	7	0
	2	제주	0	2	1	1	4	-3	0	5	0
	3	포항	1	0	3	4	6	-2	1	10	0

2021년 K리그1 최종 순위 및 팀별 경기기록, 승률

구분	파이널A						파이널B					
순위	1	2	3	4	5	6	7	8	9	10	11	12
구단	전북	울산	대구	제주	수원FC	수원	서울	인천	포항	성남	강원	광주
승점	76	74	55	54	51	46	47	47	46	44	43	37
승	22	21	15	13	14	12	12	12	12	11	10	10
무	10	11	10	15	9	10	11	11	10	11	13	7
패	6	6	13	10	15	16	15	15	16	16	15	21
득	71	64	41	52	53	42	46	38	41	34	40	42
실	37	41	48	44	57	50	46	45	45	46	51	54
차	34	23	-7	8	-4	-8	0	-7	-4	-12	-11	-12
승률	71.1	69.7	52.6	53.9	48.7	44.7	46.1	46.1	44.7	43.4	43.4	35.5

구분	홈	원정	홈	원정	홈	원정	홈	원정	홈	원정	홈	원정	홈	원정	홈	원정	홈	원정	홈	원정	홈	원정	홈	원정
승	13	9	13	8	8	7	7	6	5	7	5	7	7	5	7	5	6	6	3	8	7	3	5	5
무	3	7	5	6	6	4	9	6	3	6	6	4	6	5	6	5	5	5	5	6	8	5	5	2
패	3	3	1	5	5	8	5	5	8	7	8	8	7	8	6	9	9	7	6	10	4	11	9	12
득	38	33	38	26	21	20	24	28	28	25	21	21	21	25	17	21	21	20	19	15	25	15	23	19
실	20	17	19	22	23	25	24	20	28	29	29	21	22	24	14	31	24	21	19	27	19	32	27	27
차	18	16	19	4	-2	-5	0	8	0	-4	-8	0	-1	1	3	-10	-3	-1	0	-12	6	-17	-4	-8
승률	76.3	65.8	81.6	57.9	57.9	47.4	55.6	52.5	55.3	42.1	42.1	47.4	42.1	50	52.6	39.5	42.5	47.2	55.3	31.6	57.9	28.9	39.5	31.6

2021년 K리그1 팀별 개인 기록 | 전북

선수명	대회	출전	교체	득점	도움	코너킥	파울	파울득	오프사이드	슈팅	유효슈팅	경고	퇴장	실점	자책
구스타보	K1	34	27	15	5	0	36	38	15	54	29	5	0	0	0
구자룡	K1	17	5	0	0	0	17	4	0	5	4	1	0	0	1
김민혁	K1	21	1	1	0	0	12	11	0	9	4	4	0	0	0
김보경	K1	32	24	3	10	73	32	36	3	30	21	2	0	0	0
김승대	K1	20	20	0	1	3	8	12	4	5	2	0	0	0	0
김준홍	K1														
김진수	K1	12	1	0	0	0	20	18	0	6	3	5	0	0	0
노윤상	K1	1	1	0	0	0	0	0	0	0	0	0	0	0	0
류재문	K1	20	8	1	1	0	21	21	0	6	1	0	0	0	0
문선민	K1	19	16	3	1	0	14	32	2	20	10	0	0	0	0
	K2	1	1	0	0	0	1	1	0	0	0	0	0	0	0
	계	20	17	3	1	0	15	33	2	20	10	0	0	0	0
바로우	K1	20	16	3	2	1	17	19	1	15	9	3	0	0	0
박진성	K1	11	6	0	0	0	9	6	3	1	4	0	0	0	0
백승호	K1	25	7	4	0	0	31	24	0	29	11	2	0	0	0
사살락	K2	2	2	0	0	0	0	2	0	0	0	0	0	0	0
송민규	K1	33	17	10	3	2	30	55	4	54	28	1	1	0	0
송범근	K1	37	5	0	0	0	0	0	0	0	0	2	0	35	0
이근호	K2	2	1	0	0	0	0	1	0	3	2	0	0	0	0
이범영	K1														
이성윤	K1	10	10	1	0	0	10	5	1	5	4	0	0	0	0
이승기	K1	27	22	4	4	32	15	23	0	30	18	0	0	0	0
이 용	K1	25	2	0	0	1	24	13	0	5	1	2	0	0	0
이유현	K1	13	2	0	2	0	21	12	0	7	2	0	0	0	0
이주용	K1	6	3	0	0	0	9	2	0	5	1	0	0	0	0
이지훈	K1	17	17	0	0	0	16	8	2	4	1	2	0	0	0
일류첸코	K1	34	20	15	4	0	48	27	9	50	35	4	0	0	0
최보경	K1	10	3	1	0	0	8	3	1	3	1	2	0	0	0
최영준	K1	23	15	0	1	0	23	33	1	5	2	3	0	0	0
최철순	K1	18	4	0	1	0	16	16	1	3	1	3	0	0	0
최희원	K1	1	1	0	0	0	0	0	0	0	0	0	0	0	0
쿠니모토	K1	25	19	4	1	35	34	2	1	17	11	2	0	0	0
한교원	K1	29	25	9	2	0	21	40	6	41	23	0	0	0	0
홍정호	K1	36	1	2	1	0	32	17	1	24	10	4	0	0	1

2021년 K리그1 팀별 개인 기록 | 울산

선수명	대회	출전	교체	득점	도움	코너킥	파울	파울득	오프사이드	슈팅	유효슈팅	경고	퇴장	실점	자책
강윤구	K1	7	7	0	0	0	5	2	0	4	1	2	0	0	0
고명진	K1	15	9	0	0	0	15	14	0	5	2	1	0	0	0
김기희	K1	36	2	1	1	0	35	8	1	10	6	5	0	0	0
김민준	K1	28	28	5	1	0	25	22	1	26	20	2	0	0	0
김성준	K1	14	13	0	2	4	13	5	1	2	1	1	0	0	0
김지현	K1	17	16	1	1	0	12	6	1	16	10	0	0	0	0
김태현	K1	6	5	0	0	0	5	2	0	1	0	1	0	0	0
김태환	K1	34	4	0	6	1	50	26	0	7	4	9	0	0	1
바 코	K1	34	21	9	3	1	16	33	3	88	65	0	0	0	0
박용우	K1	9	7	0	0	0	7	11	0	6	4	2	0	0	0
	K2	5	3	0	0	0	4	6	0	5	3	0	0	0	0
	계	14	10	0	0	0	11	17	0	11	7	2	0	0	0
배재우	K1	1	1	0	0	0	0	0	0	0	0	0	0	0	0
불투이스	K1	31	3	3	0	0	28	13	3	22	10	4	0	0	0
설영우	K1	31	11	2	3	0	26	50	3	27	13	4	0	0	0
신형민	K1	18	13	0	0	0	22	17	0	6	2	0	0	0	0
오세훈	K1	19	11	7	1	0	22	17	11	22	15	2	0	0	0
	K2	4	1	0	0	0	2	3	4	3	0	0	0	0	0
	계	23	12	7	1	0	24	20	15	25	15	2	0	0	0
원두재	K1	30	5	1	1	0	32	26	0	8	4	3	0	0	0
윤빛가람	K1	29	16	3	5	71	20	35	4	46	29	2	0	0	0
윤일록	K1	12	12	0	2	3	10	2	1	15	6	0	0	0	1
이동경	K1	28	23	6	3	47	22	6	1	52	28	4	0	0	0
이동준	K1	32	19	11	4	1	45	66	14	56	35	4	0	0	0
이명재	K1	2	1	0	0	1	0	1	0	0	0	0	0	0	0
	K2	8	0	0	1	23	4	5	0	7	1	1	0	0	0
	계	10	1	0	1	24	4	6	0	7	1	1	0	0	0
이청용	K1	25	21	3	1	19	18	25	1	21	14	2	0	0	0
임종은	K1	11	2	1	0	0	3	5	1	6	4	1	0	0	0
조현우	K1	38	0	0	0	0	0	3	0	0	0	2	0	41	0
홍 철	K1	21	11	1	1	16	9	18	1	10	5	4	0	0	0
힌터제어	K1	20	17	6	1	0	20	9	1	25	14	0	0	0	0

선수명	대회	출전	교체	득점	도움	코너킥	파울	오프사이드	슈팅	유효슈팅	경고	퇴장	실점	자책
김우석	K1	12	8	0	0	0	9	5	1	2	1	3	0	0
김재우	K1	19	9	0	0	0	5	10	0	0	0	2	0	0
김진혁	K1	34	8	6	2	0	41	47	1	49	19	2	0	0
김태양	K1	1	1	0	0	0	2	0	0	0	0	0	0	0
김희승	K1	2	1	0	0	0	4	0	0	0	0	0	0	0
라마스	K1	17	3	0	1	29	22	11	2	39	18	2	0	0
박기동	K1	2	2	0	0	0	1	1	0	1	1	0	0	0
박민서	K1	1	1	0	0	0	0	0	0	0	0	0	0	0
박병현	K1	8	3	1	0	0	9	5	2	5	2	0	0	0
박한빈	K1	16	1	0	0	0	21	14	3	14	8	5	0	0
서경주	K1	2	2	0	0	0	0	2	0	0	0	0	0	0
세르지뉴	K1	13	9	0	0	8	15	11	0	12	3	4	0	0
세징야	K1	32	11	9	7	87	27	67	8	97	46	2	0	0
안용우	K1	33	25	0	1	18	22	7	4	15	5	2	0	0
에드가	K1	32	12	10	5	0	59	43	13	61	32	5	0	0
오후성	K1	22	22	1	1	0	9	10	1	9	3	0	0	0
이근호	K1	30	13	3	0	0	12	27	15	16	11	1	0	0
이상기	K1	2	2	0	0	0	0	0	0	0	0	0	0	0
	K2												
	계	2	2	0	0	0	0	0	0	0	0	0	0
이용래	K1	24	21	0	0	2	45	9	0	5	0	8	0	0
이윤오	K1	1	1	0	0	0	0	0	0	0	0	0	0	0
이진용	K1	29	21	0	0	0	52	23	0	1	1	10	0	0
장성원	K1	22	8	0	0	2	21	24	0	5	3	2	0	0
정승원	K1	22	4	1	2	0	22	31	5	14	7	2	0	0
정치인	K1	23	22	0	0	0	21	18	3	34	14	3	0	0
정태욱	K1	33	3	1	2	0	26	37	0	23	10	2	0	0
조진우	K1	16	10	1	0	0	21	3	0	7	2	2	1	0
최영은	K1	36	1	0	0	0	1	0	0	0	1	0	44	0
츠바사	K1	34	28	3	2	0	20	20	1	18	9	1	0	0
홍정운	K1	24	4	1	0	0	20	10	2	7	3	4	0	0
황순민	K1	27	21	0	3	1	10	12	0	4	2	0	0	0

선수명	대회	출전	교체	득점	도움	코너킥	파울	오프사이드	슈팅	유효슈팅	경고	퇴장	실점	자책
강윤성	K1	23	20	0	0	0	13	17	0	11	3	4	0	0
권한진	K1	30	7	1	0	0	25	18	0	6	4	3	0	0
김경재	K1	21	11	1	1	0	18	9	0	3	1	4	0	0
김명순	K1	7	7	0	0	0	3	1	1	0	0	0	0	0
김봉수	K1	28	27	3	1	0	16	18	0	10	6	3	0	0
김영욱	K1	25	21	0	3	73	37	11	3	10	4	4	0	0
김오규	K1	37	3	1	0	1	45	36	0	17	4	7	0	0
김주원	K1	2	2	0	0	0	5	3	0	1	0	1	0	0
류승우	K1	8	8	1	0	0	3	2	5	6	1	4	0	0
박원재	K1	19	18	1	1	0	7	8	0	1	0	2	0	0
변경준	K1	4	4	0	0	0	0	3	0	0	0	0	0	0
안현범	K1	29	16	2	3	0	12	35	5	35	20	1	0	0
오승훈	K1	25	0	0	0	0	0	0	0	0	0	0	26	0
유연수	K1	4	1	0	0	0	0	0	0	0	0	0	0	0
이동률	K1	19	21	0	0	0	10	4	0	10	3	1	0	0
이동수	K1	12	12	0	0	0	10	4	0	10	3	1	0	0
	K2	6	3	0	1	0	9	13	0	9	6	2	0	0
	계	18	15	0	1	0	19	9	0	17	4	3	0	0
이정문	K1	1	1	0	0	0	0	0	0	0	0	0	16	0
이창근	K2	8	0	0	0	0	0	0	0	0	0	0	11	0
	계	18	0	0	0	0	0	0	0	0	0	0	27	0
이창민	K1	34	2	4	2	89	17	27	2	89	34	7	0	0
자와다	K1	10	10	0	0	0	16	6	1	9	2	1	0	0
정우재	K1	38	6	3	0	28	18	6	27	10	1	0	0	0
정 운	K1	35	5	1	2	0	40	30	0	13	7	7	0	0
	K1	1	1	0	0	0	0	0	0	0	0	0	0	0
정훈성	K2	6	5	1	0	0	8	4	1	0	0	0	0	0
	계	7	6	1	0	0	8	3	0	9	1	4	0	0
제르소	K1	32	32	5	2	1	62	38	2	40	22	3	0	0
조성준	K1	23	26	1	3	0	10	15	2	11	5	0	0	0
주민규	K1	34	11	0	0	40	60	20	83	41	3	0	0	0
진성욱	K1	23	23	0	0	0	25	21	6	4	1	1	0	0
추상훈	K1	6	6	0	0	0	1	9	1	3	0	0	0	0
켄자바에프	K1	1	1	0	0	0	0	0	0	0	0	0	0	0
홍성욱	K1	3	3	0	0	0	5	1	0	0	0	2	0	1
홍준호	K1	32	24	0	0	0	21	11	3	8	2	3	0	0

2021년 K리그1 팀별 개인 기록 | 수원FC

선수명	대회	출전	교체	득점	도움	코너킥	파울	파울득	오프사이드	슈팅	유효슈팅	경고	퇴장	실점	자책
곽윤호	K1	25	8	0	1	0	12	23	0	4	1	1	0	0	0
김건웅	K1	34	13	1	0	0	46	18	2	24	9	7	0	0	0
김동우	K1	8	7	0	0	0	2	4	0	1	0	0	0	0	1
	K2	9	8	0	0	0	2	1	0	0	0	2	0	0	0
	계	17	15	0	0	0	4	5	0	1	0	2	0	0	1
김범용	K1	9	8	0	0	0	5	10	0	0	0	0	0	0	0
김상원	K1	34	9	0	1	0	32	17	2	7	1	3	0	0	0
김수범	K1	27	14	0	1	0	25	20	2	13	5	1	0	0	1
김승준	K1	22	22	1	1	0	14	19	1	20	16	1	0	0	0
김주엽	K1	12	12	0	1	0	8	3	0	4	1	0	0	0	0
김준형	K1	12	12	0	0	0	1	8	0	2	1	0	0	0	0
나성은	K1	4	5	0	0	0	2	1	0	1	0	1	0	0	0
라 스	K1	37	12	18	6	0	43	55	16	107	67	4	0	0	0
무릴로	K1	36	26	5	10	67	37	54	1	69	34	4	0	0	0
박배종	K1	16	1	0	0	0	0	0	0	0	0	0	0	23	0
박주호	K1	29	7	0	0	0	32	41	0	2	0	3	0	0	0
빅 터	K1	2	2	0	0	0	2	1	0	1	0	1	0	0	0
양동현	K1	29	32	7	1	0	19	27	5	32	18	1	0	0	0
유 현	K1	23	0	0	0	0	0	0	0	0	0	0	0	34	0
윤영선	K1	12	1	0	0	0	4	5	0	1	0	3	0	0	0
이기혁	K1	15	16	0	0	0	11	6	0	2	0	0	0	0	0
이영재	K1	30	17	5	7	61	21	52	0	58	33	1	0	0	0
이영준	K1	13	13	0	1	0	4	5	0	3	1	0	0	0	0
장준영	K1	2	1	0	0	0	1	1	0	0	0	0	0	0	0
잭 슨	K1	19	3	2	1	0	22	5	0	11	5	2	0	0	0
전정호	K1	9	11	0	0	0	3	3	0	0	0	0	0	0	0
정동호	K1	24	6	0	3	1	21	23	0	10	4	5	0	0	1
정재용	K1	16	15	4	1	0	10	5	0	4	1	2	0	0	0
정충근	K1	14	15	0	0	0	5	11	1	13	7	1	0	0	0
조상준	K1	26	28	2	0	0	15	19	3	22	11	2	0	0	0
조유민	K1	31	14	4	0	0	23	18	0	22	11	4	0	0	0
타르델리	K1	3	3	0	0	0	1	3	0	3	1	0	0	0	0
한승규	K1	26	23	2	3	8	17	22	3	24	13	2	0	0	0

2021년 K리그1 팀별 개인 기록 | 수원

선수명	대회	출전	교체	득점	도움	코너킥	파울	파울득	오프사이드	슈팅	유효슈팅	경고	퇴장	실점	자책
강현묵	K1	33	32	1	2	0	24	40	0	21	6	2	0	0	0
고명석	K1	2	2	0	0	0	1	1	0	0	0	0	0	0	0
	K2	4	0	0	0	0	1	2	0	1	0	1	0	0	0
	계	6	2	0	0	0	2	3	0	1	0	1	0	0	0
구대영	K1	17	13	0	0	0	6	7	0	1	0	2	0	0	0
권창훈	K1	11	9	1	0	2	10	15	1	12	1	0	0	0	0
김건희	K1	24	17	6	1	0	24	35	3	45	25	3	0	0	0
김민우	K1	33	17	6	3	33	48	60	9	42	24	2	0	0	0
김상준	K1	3	3	0	0	0	1	0	0	0	0	0	0	0	0
김태환	K1	36	9	1	5	0	36	62	1	47	20	4	0	0	0
노동건	K1			0	0	0	0	0	0	0	0	0	0	17	0
니콜라오	K1	17	20	1	0	0	10	12	7	15	8	0	0	0	0
민상기	K1	30	3	2	0	0	29	13	0	7	3	6	0	0	0
박대원	K1	27	9	0	0	0	33	9	0	2	0	5	0	0	0
박지민	K2	1	0	0	0	0	0	2	0	0	0	1	0	0	0
	계	1	0	0	0	0	0	2	0	0	0	1	0	0	0
박형진	K1	1	1	0	0	0	0	0	0	0	0	0	0	0	0
안토니스	K1	4	4	0	0	1	2	0	1	0	2	0	0	0	0
양상민	K1	8	8	0	0	0	6	10	0	4	0	1	0	0	0
양형모	K1			0	0	0	0	0	0	0	0	0	0	33	0
염기훈	K1	27	27	1	0	7	9	14	3	14	5	1	0	0	0
오현규	K1	2	2	0	0	0	1	0	0	3	0	0	0	0	0
	K2	33	27	5	3	0	20	20	8	43	23	4	0	0	0
	계	35	29	5	3	0	21	20	8	46	23	4	0	0	0
유주안	K1	8	8	0	1	0	2	9	1	2	0	0	0	0	0
이기제	K1	38	2	5	5	84	31	25	3	27	19	3	0	0	0
장호익	K1	34	8	0	0	0	38	58	0	3	0	12	0	0	1
전세진	K1	8	8	0	0	0	6	10	0	4	0	1	0	0	0
	K2	1	1	0	0	0	3	2	0	0	0	0	0	0	0
	계	9	9	0	0	0	9	12	0	4	0	1	0	0	0
정상빈	K1	28	23	6	2	0	19	38	4	33	20	6	0	0	0
제리치	K1	27	24	6	1	0	20	23	7	23	11	0	0	0	0
조성진	K1	6	4	0	0	0	8	2	0	0	0	0	0	0	0
최성근	K1	27	2	0	0	0	42	43	1	3	1	5	1	0	0
최정원	K1	19	13	1	0	0	9	4	0	5	2	1	0	0	0
한석종	K1	29	15	0	1	0	37	27	0	7	2	5	0	0	0
헨 리	K1	21	6	2	0	0	22	4	0	9	5	7	0	0	0

2021년 K리그1 팀별 개인 기록 | 서울

선수명	대회	출전	교체	득점	도움	코너킥	파울	파울득	오프사이드	슈팅	유효슈팅	경고	퇴장	실점	자책
가브리엘	K1	15	14	2	1	0	19	5	1	14	3	3	0	0	0
강상희	K1	9	5	1	0	0	1	9	0	4	2	0	0	0	0
강성진	K1	14	14	1	2	16	4	4	2	8	3	0	0	0	0
고광민	K1	18	7	0	1	0	20	5	0	3	1	2	1	0	0
고요한	K1	21	14	2	3	1	26	31	0	15	8	5	0	0	0
권성윤	K1	12	12	0	0	1	9	15	1	3	1	1	0	0	0
기성용	K1	35	10	3	1	30	37	33	1	31	18	3	0	0	0
김원균	K1	19	7	0	0	0	27	3	0	0	1	5	0	0	1
김진성	K1	8	6	1	0	0	3	7	0	2	0	0	0	0	0
김진야	K1	18	12	0	0	1	11	10	0	7	1	1	0	0	0
나상호	K1	34	14	9	6	63	21	65	3	60	32	2	0	0	0
박동진	K2	21	18	9	2	0	19	35	4	56	32	5	0	0	0
박정빈	K1	15	14	1	0	8	14	4	4	14	6	2	1	0	0
박주영	K1	17	15	0	0	7	12	12	11	15	6	1	0	0	0
백상훈	K1	18	16	0	0	2	22	3	0	5	0	1	0	0	0
신재원	K1	9	9	1	0	3	6	5	3	1	0	0	0	0	0
양유민	K1	1	1	0	0	0	1	0	0	0	0	0	0	0	0
양한빈	K1	36	0	0	0	0	4	0	0	0	0	2	0	43	0
여 름	K1	22	17	0	0	11	27	16	1	9	3	4	0	0	0
오스마르	K1	35	2	1	1	0	33	12	0	3	0	0	0	0	0
유상훈	K1	2	0	0	0	0	0	0	0	0	0	0	0	3	0
윤종규	K1	32	5	1	2	0	30	22	2	9	3	1	0	0	0
이인규	K1	8	9	0	0	0	3	4	0	1	1	0	0	0	0
이태석	K1	19	8	0	2	3	21	24	3	9	3	5	0	0	0
이한범	K1	10	2	0	0	0	4	1	0	0	0	0	0	0	0
정원진	K1	2	2	0	0	0									
	K2	15	10	1	0	42	15	20	0	18	8	3	0	0	0
	계	17	12	1	0	42	15	20	0	18	8	3	0	0	0
정한민	K1	15	17	1	0	0	14	7	0	10	1	1	0	0	0
조석영	K1	1	1	0	0	0	0	0	0	0	0	0	0	0	0
조영욱	K1	36	23	8	1	1	23	37	9	52	33	2	0	0	0
지동원	K1	12	10	1	0	0	14	5	0	5	1	2	0	0	0
차오연	K1	9	8	0	0	0	3	4	0	1	0	1	0	0	0
채프만	K1	2	0	0	0	0	0	0	0	0	0	0	0	0	0
팔로세비치	K1	34	25	10	4	37	18	40	3	48	31	6	0	0	0
황현수	K1	22	4	0	0	0	17	11	0	6	0	4	0	0	0

2021년 K리그1 팀별 개인 기록 | 인천

선수명	대회	출전	교체	득점	도움	코너킥	파울	파울득	오프사이드	슈팅	유효슈팅	경고	퇴장	실점	자책
강민수	K1	17	2	0	0	0	11	9	0	0	0	1	0	0	0
	K2	0	0	0	0	0	0	0	0	0	0	0	0	0	0
	계	17	2	0	0	0	11	9	0	0	0	1	0	0	0
강윤구	K1	20	9	0	2	1	18	19	0	6	2	3	0	0	0
구본철	K1	29	29	2	0	2	20	10	1	8	5	2	0	0	0
김광석	K1	5	5	0	0	0	1	0	0	0	0	0	0	0	0
김대중	K1	5	5	0	0	0	1	0	0	0	0	0	0	0	0
김도혁	K1	34	26	2	3	14	24	45	1	26	9	5	0	0	0
김동민	K1	1	0	0	0	0	0	0	0	0	0	0	0	0	0
	K2	8	6	0	0	1	5	0	4	1	1	0	0	0	0
	계	9	6	0	0	1	5	0	4	1	1	0	0	0	0
김동헌	K1	13	1	0	0	0	0	0	0	0	0	2	0	10	0
김민석	K1														
김보섭	K1	15	11	0	1	1	13	7	1	10	3	2	0	0	0
	K2	6	5	0	0	0	6	3	0	11	4	1	0	0	0
	계	21	16	0	1	1	19	10	1	21	7	3	0	0	0
김연수	K1	6	3	0	0	0	6	3	0	0	0	0	0	0	0
김준범	K1	19	17	1	0	5	14	10	1	7	4	4	0	0	0
김준엽	K1	2	2	0	0	0	16	1	1	1	1	1	0	0	0
김창수	K1	6	5	0	0	0	0	0	0	0	0	0	0	0	0
김채운	K1	7	5	0	0	0	2	0	0	0	0	0	0	0	0
김 현	K1	29	15	7	0	0	36	33	14	46	26	3	0	0	0
네게바	K1	31	29	2	4	17	29	35	9	28	16	7	0	0	0
델브리지	K1	34	14	1	2	0	34	16	1	5	1	5	0	0	0
무고사	K1	20	10	9	0	0	13	26	8	43	30	1	0	0	0
문창진	K2	5	3	1	0	7	7	7	2	8	5	0	0	0	0
박창환	K1	23	22	0	0	2	13	7	0	4	2	2	0	0	0
송시우	K1	34	34	4	2	0	25	30	5	41	27	3	1	0	0
아길라르	K1	33	23	5	6	58	54	62	3	47	31	6	0	0	0
오반석	K1	30	6	0	0	0	16	17	2	4	1	4	0	0	0
오재석	K1	26	7	0	2	0	28	28	2	2	0	0	0	0	0
유동규	K1														
이강현	K1	16	15	0	0	0	27	6	0	2	0	0	0	0	0
이종욱	K1														
이준석	K1	8	8	1	0	0	5	2	0	3	1	1	0	0	0
이태희	K1	26	2	0	0	0	1	11	0	0	0	0	0	35	0
정 산	K1	1	1	0	0	0	0	0	0	0	0	0	0	0	0
정성원	K1	1	1	0	0	1	2	0	0	0	0	0	0	0	0
정 혁	K1	16	15	0	0	15	25	21	0	11	3	3	0	0	0
최범경	K1														
최원창	K1														
표건희	K1	2	1	0	0	0	1	2	0	1	0	0	0	0	0

2021년 K리그1 팀별 개인 기록 | 포항

선수명	대회	출전	교체	득점	도움	코너킥	파울	파울득	오프사이드	슈팅	유효슈팅	경고	퇴장	실점	자책
강상우	K1	37	2	4	8	96	28	81	11	42	20	2	0	0	0
강현무	K1	27	1	0	0	0	6	0	0	0	1	0		28	0
고영준	K1	32	34	3	2	0	33	28	2	24	13	2	0	0	0
권기표	K1	11	13	1	0	0	15	13	0	9	2	1	0	0	0
권완규	K1	37	1	1	0	0	55	16	5	14	7	7	0	0	0
그랜트	K1	16	4	1	0	1	18	12	0	7	4	7	1	0	1
김륜성	K1	13	10	0	0	0	12	9	2	3	2	4	0	0	0
김성주	K1	3	3	0	0	2	3	5	0	4	2	1	0	0	0
김용환	K1	2	0	0	0	0	2	5	0	0	0	1	0	0	0
	K2	20	6	1	1	0	20	19	0	3	2	0	0	0	0
	계	22	6	1	1	0	22	24	0	3	2	0	0	0	0
김준호	K1	2	2	0	0	0	2	2	0	0	0	0	0	0	0
김진현	K1	5	5	0	0	0	3	1	0	1	1	0	0	0	0
김현성	K1	7	6	0	0	0	5	10	0	6	3	1	0	0	0
김호남	K1	6	6	0	0	0	5	6	0	3	2	0	0	0	0
노경호	K1	1	1	0	0	0	1	3	0	0	0	0	0	0	0
박승욱	K1	19	3	1	0	0	20	30	1	3	1	5	0	0	0
박재우	K1	2	3	0	0	0	0	6	0	0	0	1	0	0	0
신광훈	K1	33	7	1	0	0	46	28	1	10	6	1	0	0	0
신진호	K1	36	8	2	7	81	68	27	5	39	17	5	0	0	0
심상민	K1	2	0	0	0	0	1	6	0	0	0	0	0	0	0
	K2	17	2	0	3	5	10	26	2	3	2	1	0	0	0
	계	19	2	0	3	5	11	30	2	3	2	1	0	0	0
오범석	K1	18	17	0	0	0	19	17	0	3	0	6	0	0	0
이광준	K1	20	11	0	0	0	16	14	2	3	1	2	0	0	0
이석규	K1	5	5	0	0	0	5	6	0	1	1	0	0	0	0
이수빈	K1	24	20	0	1	0	23	50	6	8	2	4	0	0	0
이승모	K1	35	28	1	2	0	36	30	8	43	20	1	0	0	1
이 준	K1	6	6	0	0	0	0	0	0	0	0	0	1	7	1
이호재	K1	15	16	2	0	0	10	7	0	7	6	1	0	0	0
임상협	K1	36	25	11	4	0	28	43	8	36	25	4	0	0	0
전민광	K1	32	11	0	0	0	20	26	1	6	1	5	0	0	0
조성훈	K1	5	1	0	0	0	1	0	0	0	0	0		8	1
조재훈	K1	2	2	0	0	0	2	2	0	0	0	0	0	0	0
크베시치	K1	26	25	2	1	0	28	14	1	38	15	0	0	0	0
타 쉬	K1	20	20	1	1	0	21	7	7	21	6	1	0	0	0
팔라시오스	K1	26	22	1	0	0	33	12	3	14	5	2	0	0	0
허용준	K2	18	8	7	3	22	22	17	3	53	32	5	0	0	0

2021년 K리그1 팀별 개인 기록 | 성남

선수명	대회	출전	교체	득점	도움	코너킥	파울	파울득	오프사이드	슈팅	유효슈팅	경고	퇴장	실점	자책
강재우	K1	19	21	0	0	1	13	15	7	12	8	5	0	0	0
권경원	K1	18	2	1	1	0	16	8	0	6	3	2	0	0	0
권순형	K1	16	6	0	0	1	14	13	0	7	1	6	0	0	0
김민혁	K1	21	9	1	1	2	26	22	4	12	5	2	1	0	0
김영광	K1	38	0	0	0	0	0	6	0	0	3	0		46	0
리차드	K1	22	6	0	0	0	23	15	0	7	1	6	0	0	0
마상훈	K1	31	13	0	0	0	31	28	1	7	4	5	0	0	0
물리치	K1	36	25	13	0	0	60	44	23	106	58	6	0	0	0
박수일	K1	24	4	0	4	33	11	20	4	15	4	4	0	0	1
박용지	K1	20	21	1	0	0	24	26	5	19	11	4	0	0	0
박정수	K1	2	1	0	0	0	0	0	0	0	0	0	0	0	0
부 쉬	K1	18	20	1	0	0	3	21	12	0	0	0	0	0	0
서보민	K1	23	13	0	1	12	7	10	0	5	1	1	0	0	0
안영규	K1	26	3	0	0	0	29	11	0	2	2	3	0	0	0
안진범	K1	17	15	1	1	0	14	23	4	3	1	3	0	0	0
이규성	K1	32	17	0	2	40	23	17	0	13	7	4	0	0	0
이스칸데로프	K1	25	21	1	4	33	14	6	0	22	8	1	0	0	0
이시영	K1	23	9	0	2	0	22	19	0	8	2	2	0	0	0
이재원	K1	5	4	0	0	0	2	2	0	0	0	0	0	0	0
이종성	K1	26	4	0	0	0	40	20	0	9	3	6	0	0	0
이중민	K1	4	4	0	0	0	1	4	1	13	3	1	0	0	0
이창용	K1	27	11	0	1	0	28	17	0	3	1	3	0	0	0
이태희	K1	27	7	1	1	0	16	26	3	8	5	3	0	0	0
전승민	K1	2	2	0	0	0	0	1	0	1	1	0	0	0	0
정석화	K1	10	8	0	0	1	9	7	2	1	1	0	0	0	0
최지묵	K1	22	6	0	1	0	10	20	25	2	5	3	0	0	0
홍시후	K1	25	23	0	0	0	13	16	6	14	8	1	0	0	0

2021년 K리그1 팀별 개인 기록 l 강원

선수명	대회	출전	교체	득점	도움	코너킥	파울	파울득	오프사이드	슈팅	유효슈팅	경고	퇴장	실점	자책
강지훈	K2	16	11	2	1	19	17	17	0	15	4	3	0	0	0
고무열	K1	24	17	6	3	0	22	24	5	36	23	2	0	0	0
김대우	K1	21	19	2	1	0	12	14	0	13	8	2	0	0	0
김대원	K1	33	18	9	4	81	14	16	5	59	30	0	0	0	0
김동현	K1	23	10	1	0	7	35	29	0	17	7	5	0	0	0
김영빈	K1	33	1	3	1	0	40	13	0	14	7	12	0	0	1
김정호	K1	6	0	0	0	0	3	0	0	0	0	0	9	0	0
마티야	K1	9	10	1	0	0	17	4	0	6	2	0	0	0	0
박경배	K1	4	4	0	0	0	2	3	0	2	1	1	0	0	0
박상혁	K1	16	16	0	0	0	7	16	0	13	8	1	0	0	0
서민우	K1	23	21	0	0	0	27	13	4	3	5	0	0	0	0
송준석	K1	11	11	0	0	0	1	12	3	0	0	1	0	0	0
신세계	K1	24	6	1	0	0	25	10	0	11	4	3	0	0	0
신창무	K1	19	18	1	1	22	18	13	3	12	4	1	0	0	0
실라지	K1	18	17	3	2	1	13	12	4	20	9	1	0	0	0
아슐마토프	K1	19	3	1	0	0	17	4	0	3	1	5	0	0	0
양현준	K1	9	9	0	0	0	6	9	0	4	1	2	0	0	0
윤석영	K1	31	11	1	1	13	8	29	4	7	3	1	0	0	0
이광연	K1	4	1	0	0	0	0	0	0	0	0	1	0	7	0
이범수	K1	29	1	0	0	0	0	0	0	0	0	0	1	0	35	0
이병욱	K1	4	3	0	0	0	0	0	0	0	0	0	0	0	0
이정협	K1	18	17	1	1	0	17	8	15	20	8	3	0	0	0
	K2	14	10	1	0	0	11	12	11	11	7	0	0	0	0
	계	32	27	2	1	0	28	20	26	31	15	3	0	0	0
임창우	K1	28	3	1	2	7	26	36	11	26	9	4	0	0	0
임채민	K1	28	1	1	0	0	15	39	0	14	5	5	1	0	0
정승용	K1	3	2	0	0	0	1	0	0	0	0	0	0	0	0
정지용	K1	6	7	0	0	0	5	2	0	2	1	1	0	0	0
조재완	K1	22	16	4	2	5	15	42	3	38	19	3	0	0	0
츠베타노프	K1	12	4	0	1	1	12	12	1	7	1	1	0	0	0
한국영	K1	31	5	1	0	0	38	39	1	12	5	4	0	0	0
황문기	K1	30	30	1	1	17	31	46	0	28	17	4	0	0	0

2021년 K리그1 팀별 개인 기록 l 광주

선수명	대회	출전	교체	득점	도움	코너킥	파울	파울득	오프사이드	슈팅	유효슈팅	경고	퇴장	실점	자책
곽광선	K1	10	6	0	0	0	5	1	0	0	0	3	0	0	0
김봉진	K1	17	14	0	0	0	8	9	0	4	2	2	0	0	0
김원식	K1	27	19	0	0	0	52	22	3	8	2	6	0	0	0
김종우	K1	19	12	5	2	28	24	34	3	19	13	2	0	0	0
김주공	K1	30	19	5	1	0	19	49	3	36	18	1	0	0	0
김효기	K1	2	2	0	0	0	1	0	0	0	0	0	0	0	0
두현석	K1	8	8	1	0	7	8	4	2	0	0	0	0	0	0
박정수	K1	2	2	0	0	0	0	0	0	0	0	0	0	0	0
박준강	K1	1	1	0	0	0	0	0	0	0	0	0	0	0	0
송승민	K1	18	17	0	1	0	14	13	5	9	4	1	0	0	0
신송훈	K1	3	0	0	0	0	0	0	0	0	0	0	0	0	0
알렉스	K1	31	4	1	0	0	21	7	0	14	5	2	0	0	1
엄원상	K1	26	13	6	2	0	13	41	13	36	18	0	0	0	0
엄지성	K1	37	34	4	1	2	34	33	1	47	26	2	0	0	0
여봉훈	K1	21	17	1	0	0	18	13	1	7	3	3	0	0	0
윤보상	K1	22	0	0	0	0	0	0	0	0	0	0	0	32	0
윤평국	K1	11	0	0	0	0	0	0	0	0	0	0	0	14	0
이민기	K1	32	15	1	2	1	29	32	3	12	6	5	0	0	0
이순민	K1	21	1	1	1	1	31	14	0	23	10	3	0	0	0
이으뜸	K1	28	12	0	3	43	24	24	1	3	3	3	0	0	0
이준용	K1														
이지훈	K1	33	10	0	0	0	19	22	1	0	0	0	0	0	0
이진형	K1	4	0	0	0	0	0	0	0	0	0	0	0	5	0
이찬동	K1	21	18	2	0	0	26	24	0	8	3	5	0	0	0
이한도	K1	33	3	2	0	0	27	22	1	13	4	3	0	0	0
이한샘	K1	3	0	0	0	0	3	1	0	1	0	0	0	0	0
이희균	K1	26	24	2	1	3	17	10	0	12	4	4	0	0	0
임진우	K1	1	1	0	0	0	0	0	0	0	0	0	0	0	0
정현우	K1	5	5	0	0	0	0	2	0	0	0	0	0	0	0
조나탄	K1	2	2	0	0	0	2	1	3	2	0	0	0	0	0
펠리페	K1	13	5	3	1	0	28	30	4	28	16	3	0	0	0
한희훈	K1	18	1	0	0	0	8	8	1	5	3	4	0	0	1
허 율	K1	18	11	2	1	0	22	12	2	19	8	3	0	0	0
헤이스	K1	30	16	4	5	63	37	65	5	49	27	6	0	0	0

2021년 K리그1 득점 순위

순위	선수명	소속	경기수	득점수	경기당 득점률	교체수	출전 시간	순위	선수명	소속	경기수	득점수	경기당 득점률	교체수	출전 시간
1	주 민 규	제주	34	22	64,7	11	2,871	48	엄 지 성	광주	37	4	10,8	34	2,395
2	라 스	수원FC	37	18	48,7	12	3,126	49	강 상 우	포항	37	4	10,8	2	3,509
3	구스타보	전북	34	15	44,1	27	1,849	50	펠 리 페	광주	13	3	23,1	5	1,044
4	일류첸코	전북	34	15	44,1	20	2,148	51	실 라 지	강원	18	3	16,7	17	924
5	뮬 리 치	성남	36	13	36,1	25	2,587	52	문 선 민	전북	19	3	15,8	16	1,052
6	이 동 준	울산	32	11	34,4	19	2,248	53	바 로 우	전북	20	3	15,0	16	1,252
7	임 상 협	포항	36	11	30,6	25	2,253	54	박 수 일	성남	24	3	12,5	17	1,544
8	에 드 가	대구	32	10	31,3	12	2,608	55	이 청 용	울산	25	3	12,0	11	1,437
9	송 민 규	전북	33	10	30,3	17	2,652	56	김 봉 수	제주	28	3	10,7	27	1,291
10	팔로세비치	서울	34	10	29,4	25	2,493	57	윤빛가람	울산	29	3	10,3	16	2,213
11	무 고 사	인천	20	9	45,0	10	1,593	58	이 근 호	대구	30	3	10,0	31	1,174
12	한 교 원	전북	29	9	31,0	25	1,768	59	마 상 훈	성남	31	3	9,7	13	2,372
13	세 징 야	대구	32	9	28,1	11	2,844	60	불투이스	울산	31	3	9,7	3	2,749
14	김 대 원	강원	33	9	27,3	18	2,351	61	고 영 준	포항	32	3	9,4	34	1,366
15	바 코	울산	34	9	26,5	21	2,529	62	김 보 경	전북	32	3	9,4	24	2,003
16	나 상 호	서울	34	9	26,5	14	2,931	63	김 영 빈	강원	33	3	9,1	1	3,119
17	조 영 욱	서울	36	8	22,2	23	2,704	64	츠 바 사	대구	34	3	8,8	28	1,867
18	오 세 훈	울산	19	7	36,8	11	1,433	65	기 성 용	서울	35	3	8,6	10	2,888
19	양 동 현	수원FC	29	7	24,1	32	1,447	66	정 우 재	제주	38	3	7,9	6	3,460
20	김 현	인천	29	7	24,1	15	2,187	67	이 호 재	포항	15	2	13,3	10	241
21	힌터제어	울산	20	6	30,0	17	1,134	68	가브리엘	서울	15	2	13,3	14	484
22	고 무 열	강원	24	6	25,0	17	1,615	69	그 랜 트	포항	16	2	12,5	4	1,370
23	김 건 희	수원	24	6	25,0	17	1,728	70	허 율	광주	18	2	11,1	11	1,147
24	엄 원 상	광주	26	6	23,1	13	2,186	71	잭 슨	수원FC	19	2	10,5	3	1,754
25	제 리 치	수원	27	6	22,2	24	1,328	72	김 대 우	강원	21	2	9,5	19	847
26	이 동 경	울산	28	6	21,4	23	1,807	73	이 찬 동	광주	21	2	9,5	18	1,328
27	정 상 빈	수원	28	6	21,4	23	1,961	74	고 요 한	서울	21	2	9,5	14	1,577
28	김 민 우	수원	33	6	18,2	17	2,871	75	헨 리	수원	21	2	9,5	6	1,756
29	김 진 혁	대구	34	6	17,7	8	3,151	76	정 치 인	대구	23	2	8,7	22	866
30	김 종 우	광주	19	5	26,3	12	1,268	77	조 상 준	수원FC	26	2	7,7	28	561
31	김 민 준	울산	28	5	17,9	28	954	78	이 희 균	광주	26	2	7,7	24	1,155
32	김 주 공	광주	30	5	16,7	19	2,278	79	크베시치	포항	26	2	7,7	25	1,426
33	이 영 재	수원FC	30	5	16,7	17	2,506	80	한 승 규	수원FC	26	2	7,7	23	1,431
34	제 르 소	제주	32	5	15,6	32	2,152	81	구 본 철	인천	29	2	6,9	29	1,004
35	아길라르	인천	33	5	15,2	23	2,540	82	안 현 범	제주	29	2	6,9	16	2,363
36	무 릴 로	수원FC	36	5	13,9	26	2,729	83	민 상 기	수원	30	2	6,7	3	2,819
37	이 기 제	수원	38	5	13,2	2	3,649	84	네 게 바	인천	31	2	6,5	29	1,909
38	김 인 성	울산	15	4	26,7	12	716	85	설 영 우	울산	31	2	6,5	11	2,287
39	정 재 용	수원FC	16	4	25,0	15	604	86	이 한 도	광주	33	2	6,1	3	2,954
40	조 재 완	강원	22	4	18,2	16	1,498	87	김 도 혁	인천	34	2	5,9	26	2,424
41	쿠니모토	전북	25	4	16,0	19	1,468	88	신 진 호	포항	36	2	5,6	8	3,222
42	백 승 호	전북	25	4	16,0	7	2,194	89	홍 정 호	전북	36	2	5,6	1	3,315
43	이 승 기	전북	27	4	14,8	22	1,450	90	하 창 래	포항	2	1	50,0	0	189
44	헤 이 스	광주	30	4	13,3	16	2,315	91	타르델리	수원FC	6	1	16,7	7	258
45	조 유 민	수원FC	31	4	12,9	14	2,406	92	유 동 규	인천	6	1	16,7	5	359
46	송 시 우	인천	34	4	11,8	34	1,616	93	두 현 석	광주	8	1	12,5	8	187
47	이 창 민	제주	34	4	11,8	2	3,248	94	이 준 석	인천	8	1	12,5	8	222

순위	선수명	소속	경기수	득점수	경기당 득점률	교체수	출전시간
95	류승우	제주	8	1	12.5	8	347
96	김진성	서울	8	1	12.5	6	469
97	문지환	인천	8	1	12.5	4	601
98	박병현	대구	8	1	12.5	3	683
99	신재원	서울	9	1	11.1	9	302
100	마티야	강원	9	1	11.1	10	550
101	강상희	서울	9	1	11.1	5	611
102	이성윤	전북	10	1	10.0	9	238
103	이정문	제주	10	1	10.0	10	321
104	최보경	전북	10	1	10.0	3	846
105	권기표	포항	11	1	9.1	13	491
106	권창훈	수원	11	1	9.1	9	615
107	임종은	울산	11	1	9.1	2	993
108	지동원	서울	12	1	8.3	10	530
109	강성진	서울	14	1	7.1	14	832
110	박정빈	서울	15	1	6.7	14	569
111	정한민	서울	15	1	6.7	17	579
112	고승범	수원	15	1	6.7	7	1,236
113	조진우	대구	16	1	6.3	10	868
114	니콜라오	수원	17	1	5.9	20	620
115	김지현	울산	17	1	5.9	16	838
116	안진범	성남	17	1	5.9	11	1,126
117	부쉬	성남	18	1	5.6	20	776
118	이정협	강원	18	1	5.6	17	1,083
119	한희훈	광주	18	1	5.6	10	1,309
120	권경원	성남	18	1	5.6	2	1,607
121	김준범	인천	19	1	5.3	17	733
122	신창무	강원	19	1	5.3	18	816
123	최정원	수원	19	1	5.3	13	831
124	박원재	제주	19	1	5.3	18	869
125	아슐마토프	강원	19	1	5.3	3	1,618
126	박승욱	포항	19	1	5.3	3	1,692
127	타쉬	포항	20	1	5.0	20	986
128	박용지	성남	20	1	5.0	21	1,115
129	류재문	전북	20	1	5.0	8	1,557
130	여봉훈	광주	21	1	4.8	17	1,147
131	김경재	제주	21	1	4.8	11	1,410
132	김민혁	성남	21	1	4.8	9	1,584
133	홍철	울산	21	1	4.8	11	1,624
134	김민혁	전북	21	1	4.8	1	2,012
135	오후성	대구	22	1	4.6	22	570
136	김승준	수원FC	22	1	4.6	22	1,176
137	최지묵	성남	22	1	4.6	6	1,779
138	리차드	성남	22	1	4.6	6	1,935
139	정승원	대구	22	1	4.6	4	2,056
140	이중민	성남	23	1	4.4	24	733
141	조성준	제주	23	1	4.4	26	1,312
142	서민우	강원	23	1	4.4	21	1,365

순위	선수명	소속	경기수	득점수	경기당 득점률	교체수	출전시간
143	김동현	강원	23	1	4.4	10	1,717
144	신세계	강원	24	1	4.2	6	2,015
145	홍정운	대구	24	1	4.2	4	2,083
146	이스칸데로	성남	25	1	4.0	21	1,342
147	김광석	인천	25	1	4.0	0	2,402
148	팔라시오스	포항	26	1	3.9	22	1,645
149	이종성	성남	26	1	3.9	14	1,676
150	염기훈	수원	27	1	3.7	27	467
151	이태희	성남	27	1	3.7	7	2,476
152	이순민	광주	28	1	3.6	22	1,760
153	임채민	강원	28	1	3.6	1	2,564
154	임창우	강원	28	1	3.6	3	2,588
155	황문기	강원	30	1	3.3	30	1,543
156	권한진	제주	30	1	3.3	7	2,496
157	원두재	울산	30	1	3.3	5	2,612
158	윤석영	강원	31	1	3.2	11	2,408
159	한국영	강원	31	1	3.2	5	2,705
160	알렉스	광주	31	1	3.2	4	2,710
161	이민기	광주	32	1	3.1	15	2,406
162	윤종규	서울	32	1	3.1	5	2,856
163	강현묵	수원	33	1	3.0	32	1,839
164	신광훈	포항	33	1	3.0	2	2,930
165	정태욱	대구	33	1	3.0	3	3,031
166	델브리지	인천	34	1	2.9	14	2,559
167	김건웅	수원FC	34	1	2.9	13	2,793
168	이승모	포항	35	1	2.9	28	2,301
169	정운	제주	35	1	2.9	5	3,238
170	오스마르	서울	35	1	2.9	3	3,274
171	김태환	수원	36	1	2.8	9	3,299
172	김기희	울산	36	1	2.8	2	3,405
173	김오규	제주	37	1	2.7	3	3,428
174	권완규	포항	37	1	2.7	1	3,525

2021년 K리그1 도움 순위

순위	선수명	소속	경기수	도움수	경기당 도움률	교체수	출전시간
1	김보경	전북	32	10	31.3	24	2,003
2	무릴로	수원FC	36	10	27.8	26	2,729
3	강상우	포항	37	8	21.6	2	3,509
4	이영재	수원FC	30	7	23.3	17	2,506
5	세징야	대구	32	7	21.9	11	2,844
6	신진호	포항	36	7	19.4	8	3,222
7	아길라르	인천	33	6	18.2	23	2,540
8	나상호	서울	34	6	17.7	14	2,931
9	김태환	울산	34	6	17.7	4	3,130
10	라스	수원FC	37	6	16.2	12	3,126
11	쿠니모토	전북	25	5	20	19	1,468
12	윤빛가람	울산	29	5	17.2	16	2,213
13	헤이스	광주	30	5	16.7	16	2,315

순위	선수명	소속	경기수	도움수	경기당 도움률	교체수	출전시간
14	에 드 가	대구	32	5	15.6	12	2,608
15	구스타보	전북	34	5	14.7	27	1,849
16	김 태 환	수원	36	5	13.9	9	3,299
17	이 기 제	수원	38	5	13.2	2	3,649
18	고 승 범	수원	15	4	26.7	7	1,236
19	박 수 일	성남	24	4	16.7	17	1,544
20	이스칸데로	성남	25	4	16.0	21	1,342
21	이 승 기	전북	27	4	14.8	22	1,450
22	네 게 바	인천	31	4	12.9	29	1,909
23	이 동 준	울산	32	4	12.5	19	2,248
24	김 대 원	강원	33	4	12.1	18	2,351
25	일류첸코	전북	34	4	11.8	20	2,148
26	팔로세비치	서울	34	4	11.8	25	2,493
27	임 상 협	포항	36	4	11.1	25	2,253
28	고 요 한	서울	21	3	14.3	14	1,577
29	진 성 욱	제주	23	3	13.0	23	1,038
30	조 성 준	제주	23	3	13.0	26	1,312
31	고 무 열	강원	24	3	12.5	17	1,615
32	정 동 호	수원FC	24	3	12.5	6	2,138
33	김 영 욱	제주	25	3	12.0	21	1,320
34	한 승 규	수원FC	26	3	11.5	23	1,431
35	황 순 민	대구	27	3	11.1	21	1,791
36	이 동 경	울산	28	3	10.7	23	1,807
37	이 으 뜸	광주	28	3	10.7	12	1,855
38	안 현 범	제주	29	3	10.3	16	2,363
39	설 영 우	울산	31	3	9.7	11	2,287
40	전 민 광	포항	32	3	9.4	11	2,472
41	송 민 규	전북	33	3	9.1	17	2,652
42	김 민 우	수원	33	3	9.1	17	2,871
43	김 도 혁	인천	34	3	8.8	26	2,424
44	바 코	울산	34	3	8.8	21	2,529
45	윤 일 록	울산	12	2	16.7	12	530
46	공 민 현	제주	12	2	16.7	12	699
47	이 유 현	전북	13	2	15.4	2	1,109
48	김 성 준	울산	14	2	14.3	13	654
49	강 성 진	서울	14	2	14.3	14	832
50	실 라 지	강원	18	2	11.1	17	924
51	김 종 우	광주	19	2	10.5	12	1,268
52	이 태 석	서울	19	2	10.5	8	1,515
53	바 로 우	전북	20	2	10.0	16	1,252
54	강 윤 구	인천	20	2	10.0	9	1,472
55	김 민 혁	성남	21	2	9.5	9	1,584
56	조 재 완	강원	22	2	9.1	16	1,498
57	장 성 원	대구	22	2	9.1	18	1,848
58	정 승 원	대구	23	2	8.7	4	2,056
59	이 시 영	성남	23	2	8.7	9	1,599
60	이 용	전북	25	2	8.0	2	2,365
61	오 재 석	인천	26	2	7.7	7	2,239
62	정 상 빈	수원	28	2	7.1	23	1,961
63	임 창 우	강원	28	2	7.1	3	2,588
64	한 교 원	전북	29	2	6.9	25	1,768
65	고 영 준	포항	32	2	6.3	34	1,366
66	제 르 소	제주	32	2	6.3	32	2,152
67	이 민 기	광주	32	2	6.3	15	2,406
68	이 규 성	성남	32	2	6.3	17	2,593
69	윤 종 규	서울	32	2	6.3	5	2,856
70	강 현 묵	수원	33	2	6.1	32	1,839
71	정 태 욱	대구	33	2	6.1	3	3,031
72	송 시 우	인천	34	2	5.9	34	1,616
73	츠 바 사	대구	34	2	5.9	28	1,867
74	델브리지	인천	34	2	5.9	14	2,559
75	김 진 혁	대구	34	2	5.9	8	3,151
76	이 창 민	제주	34	2	5.9	3	3,248
77	이 승 모	포항	35	2	5.7	28	2,301
78	정 운	제주	35	2	5.7	5	3,238
79	정 우 재	제주	38	2	5.3	6	3,460
80	김 대 중	인천	5	1	20.0	1	119
81	추 상 훈	제주	6	1	16.7	6	210
82	윤 영 선	수원FC	6	1	16.7	1	497
83	류 승 우	제주	8	1	12.5	8	347
84	유 주 안	수원	8	1	12.5	8	445
85	이 규 혁	제주	9	1	11.1	11	255
86	자 와 다	제주	10	1	10.0	10	380
87	김 주 엽	수원FC	12	1	8.3	12	315
88	김 준 형	수원FC	12	1	8.3	12	490
89	지 동 원	서울	12	1	8.3	10	530
90	츠베타노프	강원	12	1	8.3	4	1,106
91	이 영 준	수원FC	13	1	7.7	13	279
92	펠 리 페	광주	13	1	7.7	5	1,044
93	박 지 수	수원FC	14	1	7.1	1	1,226
94	가브리엘	서울	15	1	6.7	14	484
95	김 보 섭	인천	15	1	6.7	11	818
96	정 재 용	수원FC	16	1	6.3	15	604
97	그 랜 트	포항	16	1	6.3	4	1,370
98	김 지 현	울산	17	1	5.9	16	838
99	안 진 범	성남	17	1	5.9	15	1,126
100	라 마 스	대구	17	1	5.9	3	1,513
101	송 승 민	광주	18	1	5.6	17	819
102	이 정 협	강원	18	1	5.6	17	1,083
103	허 율	광주	18	1	5.6	11	1,147
104	고 광 민	서울	18	1	5.6	7	1,493
105	최 철 순	전북	18	1	5.6	4	1,539
106	권 경 원	성남	18	1	5.6	2	1,607
107	신 창 무	강원	19	1	5.3	18	816
108	박 원 재	제주	19	1	5.3	18	869
109	문 선 민	전북	19	1	5.3	16	1,052

순위	선수명	소속	경기수	도움수	경기당 도움률	교체수	출전시간
110	오 세 훈	울산	19	1	5,3	11	1,433
111	잭 슨	수원FC	19	1	5,3	3	1,754
112	김 승 대	전북	20	1	5,0	20	938
113	타 쉬	포항	20	1	5,0	20	986
114	힌터제어	울산	20	1	5,0	17	1,134
115	류 재 문	전북	20	1	5,0	8	1,557
116	김 대 우	강원	21	1	4,8	19	847
117	김 경 재	제주	21	1	4,8	11	1,410
118	홍 철	울산	21	1	4,8	11	1,624
119	오 후 성	대구	22	1	4,6	22	570
120	김 승 준	수원FC	22	1	4,6	22	1,176
121	서 보 민	성남	23	1	4,4	13	1,543
122	최 영 준	전북	23	1	4,4	15	1,638
123	이 수 빈	포항	24	1	4,2	20	1,197
124	김 건 희	수원	24	1	4,2	17	1,728
125	이 청 용	울산	25	1	4,0	21	1,437
126	곽 윤 호	수원FC	25	1	4,0	8	1,934
127	이 희 균	광주	26	1	3,9	24	1,155
128	크베시치	포항	26	1	3,9	25	1,426
129	엄 원 상	광주	26	1	3,9	13	2,186
130	제 리 치	수원	27	1	3,7	24	1,328
131	김 수 범	수원FC	27	1	3,7	14	1,845
132	이 창 용	성남	27	1	3,7	11	1,949
133	이 태 희	성남	27	1	3,7	7	2,476
134	김 민 준	울산	28	1	3,6	28	954
135	김 봉 수	제주	28	1	3,6	27	1,291
136	이 순 민	광주	28	1	3,6	22	1,760
137	양 동 현	수원FC	29	1	3,5	32	1,447
138	한 석 종	수원	29	1	3,5	15	2,092
139	황 문 기	강원	30	1	3,3	30	1,543
140	김 주 공	광주	30	1	3,3	19	2,278
141	원 두 재	울산	30	1	3,3	5	2,612
142	윤 석 영	강원	31	1	3,2	11	2,408
143	안 용 우	대구	33	1	3	25	1,897
144	김 영 빈	강원	33	1	3	1	3,119
145	주 민 규	제주	34	1	2,9	11	2,871
146	김 상 원	수원FC	34	1	2,9	9	2,957
147	기 성 용	서울	35	1	2,9	10	2,888
148	오스마르	서울	35	1	2,9	2	3,274
149	조 영 욱	서울	36	1	2,8	23	2,704
150	홍 정 호	전북	36	1	2,8	1	3,315
151	김 기 희	울산	36	1	2,8	2	3,405
152	엄 지 성	광주	37	1	2,7	34	2,395
153	김 오 규	제주	37	1	2,7	3	3,428

2021년 K리그1 골키퍼 실점 기록

선수명	소속	팀당 총경기수	출전 경기수	실점	1경기당 실점률
이 윤 오	대구	38	1	0	0,00
정 산	인천	38	1	0	0,00
김 준 홍	전북	38	2	0	0,00
김 정 훈	전북	38	3	1	0,33
유 연 수	제주	38	4	3	0,75
김 동 헌	인천	38	13	10	0,77
송 범 근	전북	38	37	35	0,95
신 송 훈	광주	38	1	1	1,00
이 범 영	전북	38	1	1	1,00
황 인 재	포항	38	2	2	1,00
오 승 훈	제주	38	25	26	1,04
강 현 무	포항	38	27	28	1,04
조 현 우	울산	38	38	41	1,08
노 동 건	수원	38	15	17	1,13
이 준	포항	38	6	7	1,17
양 한 빈	서울	38	36	43	1,19
이 범 수	강원	38	29	35	1,21
김 영 광	성남	38	38	46	1,21
최 영 은	대구	38	36	44	1,22
이 진 형	광주	38	4	5	1,25
윤 평 국	광주	38	11	14	1,27
이 태 희	인천	38	26	35	1,35
양 형 모	수원	38	23	33	1,43
윤 보 상	광주	38	22	32	1,45
유 현	수원FC	38	23	34	1,48
유 상 훈	서울	38	2	3	1,50
김 정 호	강원	38	6	9	1,50
박 배 종	수원FC	38	15	23	1,53
이 창 근	제주	38	10	16	1,60
이 광 연	강원	38	4	7	1,75
문 경 건	대구	38	2	4	2,00
조 성 훈	포항	38	4	8	2,00

하나원큐 K리그2 2021 경기일정표

라운드	경기번호	대회구분	경기일자	경기시간	홈팀	결과	원정팀	경기장소	관중수
1	1	일반	02.27	13:30	경남	1:2	안양	창원C	1,539
1	2	일반	02.27	16:00	전남	0:0	충남아산	광양	906
1	3	일반	02.27	16:00	안산	1:1	김천	안산	633
1	4	일반	02.28	13:30	부천	1:2	대전	부천	1,099
1	5	일반	02.28	16:00	부산	0:3	서울E	구덕	1,889
2	6	일반	03.06	13:30	충남아산	0:1	부천	아산	1,243
2	7	일반	03.06	16:00	서울E	4:0	김천	잠실	1,035
2	8	일반	03.06	16:00	안양	1:2	안산	안양	524
2	9	일반	03.07	16:00	대전	1:2	부산	대전W	2,916
2	10	일반	03.07	16:00	전남	1:0	경남	광양	826
3	11	일반	03.13	13:30	안산	1:2	경남	안산	539
3	12	일반	03.13	16:00	충남아산	4:0	부산	아산	1,240
3	13	일반	03.14	13:30	서울E	1:1	전남	잠실	1,070
3	14	일반	03.14	16:00	부천	0:0	안양	부천	964
3	15	일반	03.14	18:30	대전	1:2	김천	대전W	1,719
4	16	일반	03.20	13:30	부천	1:1	전남	부천	565
4	17	일반	03.20	16:00	안양	0:1	대전	안양	429
4	18	일반	03.20	18:30	안산	1:0	충남아산	안산	384
4	19	일반	03.21	13:30	경남	0:0	서울E	창원C	1,227
4	20	일반	03.21	16:00	부산	2:1	김천	구덕	1,345
5	21	일반	04.03	13:30	충남아산	2:1	경남	아산	206
5	22	일반	04.03	16:00	부산	1:1	안산	구덕	729
5	23	일반	04.04	13:30	전남	1:2	대전	광양	535
5	24	일반	04.04	16:00	김천	0:0	안양	김천	2,140
5	25	일반	04.04	18:30	서울E	4:0	부천	잠실	601
6	26	일반	04.10	16:00	서울E	0:1	충남아산	잠실	605
6	27	일반	04.10	18:30	김천	1:0	부천	김천	1,022
6	28	일반	04.11	13:30	안산	0:1	전남	안산	575
6	29	일반	04.11	16:00	안양	0:1	부산	안양	539
6	30	일반	04.11	18:30	대전	2:1	경남	대전W	1,371
7	31	일반	04.17	13:30	대전	2:1	서울E	대전W	1,371
7	32	일반	04.17	16:00	부천	0:1	안산	부천	471
7	33	일반	04.17	18:30	경남	1:2	부산	창원C	975
7	34	일반	04.18	13:30	안양	2:1	충남아산	안양	563
7	35	일반	04.18	16:00	전남	1:0	김천	광양	710
8	36	일반	04.24	13:30	경남	3:0	부천	창원C	707
8	37	일반	04.24	16:00	안산	1:0	대전	안산	479
8	38	일반	04.24	18:30	부산	0:1	전남	구덕	1,087
8	39	일반	04.25	13:30	서울E	1:2	안양	잠실	607
8	40	일반	04.25	13:30	충남아산	1:2	김천	아산	421
9	41	일반	05.01	13:30	전남	0:1	안양	광양	691
9	42	일반	05.01	16:00	대전	1:1	충남아산	대전W	1,323
9	43	일반	05.02	13:30	김천	1:2	경남	김천	498
9	44	일반	05.02	16:00	부천	0:2	부산	부천	615
9	45	일반	05.02	18:30	서울E	1:0	안산	잠실	639
10	46	일반	05.05	13:30	김천	1:0	부산	김천	528
10	47	일반	05.05	13:30	대전	1:1	전남	대전W	3,388
10	48	일반	05.05	16:00	서울E	1:1	경남	잠실	889
10	50	일반	05.05	18:30	안양	2:0	부천	안양	573
11	51	일반	05.08	16:00	부천	0:0	김천	부천	512
11	52	일반	05.09	16:00	경남	0:2	전남	창원C	1,336
11	54	일반	05.10	19:30	부산	4:1	대전	구덕	758
11	55	일반	05.10	19:30	안산	3:2	안양	안산	214
12	56	일반	05.15	13:30	김천	1:1	대전	김천	
12	58	일반	05.16	18:30	안양	0:1	경남	안양	355
12	59	일반	05.17	19:30	전남	2:0	안산	광양	454
12	60	일반	05.17	19:30	부천	1:1	서울E	부천	439
13	61	일반	05.22	18:30	안산	1:1	서울E	안산	478
13	62	일반	05.23	16:00	전남	1:2	부산	광양	1,012
13	63	일반	05.23	18:30	경남	2:1	충남아산	창원C	874
13	65	일반	05.23	18:30	안양	0:0	김천	안양	531
13	64	일반	05.24	19:30	대전	4:1	부천	대전W	1,021
14	66	일반	05.29	16:00	부산	1:1	부천	구덕	1,059
14	67	일반	05.29	18:30	서울E	1:1	대전	잠실	607
14	68	일반	05.30	16:00	경남	1:1	안산	창원C	898
14	69	일반	05.30	18:30	충남아산	2:2	안양	아산	306
14	70	일반	05.30	18:30	김천	1:1	전남	김천	.
15	71	일반	06.05	18:30	전남	3:0	서울E	광양	947
15	72	일반	06.05	18:30	부산	2:3	경남	구덕	2,045
15	73	일반	06.05	18:30	부천	1:0	충남아산	부천	513
15	74	일반	06.06	18:30	대전	1:2	안양	대전W	1,851
15	75	일반	06.06	18:30	김천	3:0	안산	김천	.
16	76	일반	06.12	16:00	안양	1:0	서울E	안양	507
16	77	일반	06.12	18:30	충남아산	3:1	대전	아산	319
16	78	일반	06.13	13:00	전남	0:2	부천	광양	819
16	79	일반	06.13	16:00	안산	2:3	부산	안산	476
16	80	일반	06.13	18:30	경남	1:2	김천	창원C	843
11	53	일반	06.16	19:00	충남아산	0:0	서울E	아산	207
17	81	일반	06.19	16:00	김천	1:0	서울E	김천	385
17	82	일반	06.19	18:30	대전	0:1	안산	대전W	1,653
17	83	일반	06.20	16:00	부천	1:1	경남	부천	818
17	84	일반	06.20	16:00	충남아산	0:1	전남	아산	362
17	85	일반	06.20	18:30	부산	4:5	안양	구덕	1,149
10	49	일반	06.23	19:00	충남아산	0:2	안산	아산	155
18	86	일반	06.26	16:00	경남	1:2	대전	창원C	919
18	87	일반	06.27	16:00	서울E	0:1	부산	잠실	558
18	88	일반	06.27	16:00	안산	2:2	부천	안산	375
18	89	일반	06.28	19:30	김천	3:1	충남아산	김천	194
18	90	일반	06.28	19:30	안양	0:0	전남	안양	1,029
19	91	일반	07.03	19:00	대전	1:4	김천	대전W	786

라운드	경기번호	대회구분	경기일자	경기시간	홈팀	결과	원정팀	경기장소	관중수
19	92	일반	07.04	19:00	부천	0:0	부산	부천	531
19	93	일반	07.04	20:00	안양	1:0	충남아산	안양	762
19	94	일반	07.05	19:30	서울E	0:0	안산	잠실	339
19	95	일반	07.05	19:30	전남	0:0	경남	광양	244
12	57	일반	07.08	19:30	부산	0:0	충남아산	구덕	834
20	96	일반	07.10	19:00	김천	2:4	안양	김천	617
20	97	일반	07.10	20:00	대전	0:2	서울E	대전W	1,060
20	98	일반	07.11	19:00	부산	0:1	전남	구덕	1,226
20	99	일반	07.12	19:30	안산	3:1	경남	안산	-
20	100	일반	07.12	19:30	충남아산	1:0	부천	아산	174
21	101	일반	07.17	19:00	전남	0:3	충남아산	광양	592
21	102	일반	07.17	20:00	부산	4:0	안산	구덕	1,293
21	103	일반	07.18	19:00	안양	1:2	대전	안양	-
21	104	일반	07.19	19:00	서울E	0:0	김천	잠실	-
21	105	일반	07.19	19:30	경남	2:0	부천	창원C	653
22	106	일반	07.24	19:00	대전	3:1	부산	대전W	1,014
22	108	일반	07.24	20:00	안산	0:1	김천	안산	-
22	109	일반	07.25	19:00	충남아산	2:1	경남	아산	277
22	110	일반	07.25	20:00	부천	1:2	전남	부천	-
23	111	일반	07.31	20:00	경남	2:1	안양	창원C	634
23	112	일반	07.31	20:00	김천	2:0	부천	김천	224
23	114	일반	08.01	20:00	대전	0:1	충남아산	대전W	-
23	115	일반	08.01	20:00	안산	1:1	전남	안산	-
24	116	일반	08.07	19:00	서울E	1:3	충남아산	잠실	-
24	117	일반	08.07	20:00	안양	1:1	부산	안양	-
24	118	일반	08.08	20:00	김천	0:0	경남	김천	244
24	119	일반	08.08	20:00	전남	0:0	대전	광양	467
24	120	일반	08.08	20:00	부천	4:3	안산	부천	-
25	121	일반	08.14	19:00	전남	1:2	안양	광양	634
25	122	일반	08.14	20:00	서울E	1:2	부천	잠실	-
25	123	일반	08.15	19:00	안산	0:2	대전	안산	-
25	125	일반	08.15	19:00	충남아산	1:2	김천	아산	353
25	124	일반	08.16	19:30	경남	1:0	부산	창원C	-
22	107	일반	08.18	19:00	서울E	0:1	안양	잠실	-
26	126	일반	08.21	19:00	안산	0:1	충남아산	안산	-
26	127	일반	08.21	20:00	대전	1:0	경남	한밭	-
26	128	일반	08.22	19:00	서울E	1:1	전남	잠실	-
26	129	일반	08.23	19:30	부산	0:6	김천	구덕	-
26	130	일반	08.23	19:30	부천	0:1	안양	부천	-
27	131	일반	08.28	18:00	충남아산	3:2	부산	아산	409
27	132	일반	08.28	19:00	부천	4:2	대전	부천	-
27	133	일반	08.29	18:00	전남	2:2	김천	광양	560
27	134	일반	08.29	19:30	경남	3:3	서울E	창원C	-
27	135	일반	08.30	19:30	안양	1:1	안산	안양	-
28	136	일반	09.04	13:30	부산	1:1	대전	구덕	-
28	137	일반	09.04	16:00	충남아산	0:2	안양	아산	503
28	138	일반	09.04	18:30	김천	3:1	서울E	김천	423
28	139	일반	09.05	16:00	경남	0:2	전남	창원C	755
28	140	일반	09.05	18:30	안산	1:2	부천	안산	-
29	141	일반	09.11	16:00	안양	0:0	경남	안양	-
29	142	일반	09.11	18:30	부천	0:3	서울E	부천	-
29	143	일반	09.12	18:30	안산	1:1	부산	안산	-
29	144	일반	09.13	19:30	김천	2:0	충남아산	김천	347
29	145	일반	09.13	19:30	대전	2:1	전남	한밭	775
30	146	일반	09.18	13:30	전남	1:2	부천	광양	524
30	147	일반	09.18	16:00	경남	2:3	김천	창원C	867
30	148	일반	09.18	18:30	부산	1:3	안양	구덕	1,015
30	149	일반	09.19	16:00	충남아산	0:1	안산	아산	353
30	150	일반	09.19	18:30	서울E	2:1	대전	잠실	-
23	113	일반	09.22	19:00	부산	1:1	서울E	구덕	1,024
31	151	일반	09.25	13:30	부천	2:3	경남	부천	-
31	152	일반	09.25	16:00	안산	1:0	안양	안산	-
31	153	일반	09.26	16:00	김천	2:1	대전	김천	369
31	154	일반	09.26	18:30	충남아산	0:0	전남	아산	352
31	155	일반	09.27	19:30	서울E	1:2	부산	잠실	-
32	156	일반	10.02	13:30	김천	1:0	안산	김천	276
32	159	일반	10.02	16:00	서울E	1:1	경남	잠실	-
32	160	일반	10.02	18:30	안양	1:1	전남	안양	-
32	158	일반	10.03	16:00	대전	3:1	부천	한밭	1,539
32	157	일반	10.03	18:30	부산	2:1	충남아산	구덕	1,423
33	161	일반	10.09	13:30	부산	0:1	부천	구덕	1,197
33	162	일반	10.09	16:00	전남	1:0	서울E	광양	579
33	163	일반	10.09	18:30	안양	2:2	김천	안양	-
33	164	일반	10.10	16:00	대전	4:1	안산	한밭	1,124
33	165	일반	10.10	18:30	경남	1:1	충남아산	창원C	822
34	166	일반	10.16	16:00	충남아산	3:4	대전	아산	555
34	167	일반	10.16	18:30	경남	0:2	안산	창원C	721
34	168	일반	10.17	13:30	부천	0:1	김천	부천	-
34	169	일반	10.17	16:00	전남	2:0	부산	광양	661
34	170	일반	10.17	18:30	안양	2:1	서울E	안양	-
35	173	일반	10.23	13:30	대전	3:1	안양	한밭	2,623
35	171	일반	10.23	16:00	부천	0:0	충남아산	부천	314
35	174	일반	10.23	16:00	안산	0:3	서울E	안산	568
35	172	일반	10.23	18:30	김천	3:1	전남	김천	343
35	175	일반	10.23	18:30	부산	1:0	경남	구덕	1,376
36	176	일반	10.31	15:00	김천	2:2	부산	김천	514
36	177	일반	10.31	15:00	경남	1:0	대전	창원C	1,449
36	178	일반	10.31	15:00	전남	2:3	안산	광양	1,221
36	179	일반	10.31	15:00	안양	4:1	부천	안양	730
36	180	일반	10.31	15:00	충남아산	2:1	서울E	아산	1,007
37	181	PO	11.03	19:00	대전	0:0	전남	한밭	1,982
38	182	PO	11.07	14:00	안양	1:3	대전	안양	2,789

2021년 K리그2 팀별 연속 승패 · 득실점 기록 ㅣ 김천

일자	상대	홈/원정	승	무	패	득점	실점	연속기록						
								승	무	패	득점	실점	무득점	무실점
02.27	안산	원정		■		1	1							
03.06	서울E	원정			▼	0	4							
03.14	대전	원정	▲			2	1							
03.21	부산	원정			▼	1	2							
04.04	안양	홈		■		0	0							
04.10	부천	홈	▲			1	0							
04.18	전남	원정			▼	1	2							
04.25	충남아산	원정	▲			2	1							
05.02	경남	홈			▼	2	1							
05.05	부산	홈	▲			1	0							
05.08	부천	원정		■		0	0							
05.15	대전	홈		■		1	1							
05.23	안양	원정		■		0	0							
05.30	전남	홈		■		1	1							
06.06	안산	홈	▲			3	0							
06.13	경남	원정	▲			2	1							
06.19	서울E	홈	▲			2	0							
06.28	충남아산	홈	▲			4	1							
07.03	대전	원정	▲			4	1							
07.10	안양	홈			▼	2	4							
07.19	서울E	원정		■		0	0							
07.24	안산	원정	▲			1	0							
07.31	부천	홈	▲			2	0							
08.08	경남	홈		■		0	0							
08.15	충남아산	원정	▲			2	1							
08.23	부산	원정	▲			6	0							
08.29	전남	원정		■		2	2							
09.04	서울E	홈	▲			3	1							
09.13	충남아산	홈	▲			2	0							
09.18	경남	원정	▲			3	2							
09.26	대전	홈	▲			2	1							
10.02	안산	홈	▲			1	0							
10.09	안양	원정		■		1	1							
10.17	부천	원정	▲			1	0							
10.23	전남	홈	▲			3	1							
10.31	부산	홈		■		2	2							

2021년 K리그2 팀별 연속 승패 · 득실점 기록 ㅣ 대전

일자	상대	홈/원정	승	무	패	득점	실점	연속기록						
								승	무	패	득점	실점	무득점	무실점
02.28	부천	원정	▲			2	1							
03.07	부산	홈			▼	1	2							
03.14	김천	홈			▼	1	2							
03.20	안양	원정	▲			1	0							
04.04	전남	원정	▲			2	1							
04.11	경남	홈	▲			2	1							
04.17	서울E	홈	▲			2	1							
04.24	안산	원정			▼	0	1							
05.01	충남아산	홈		■		1	1							
05.05	전남	홈		■		1	1							
05.10	부산	원정			▼	1	4							
05.15	김천	원정		■		1	1							
05.24	부천	홈	▲			4	1							
05.29	서울E	원정	▲			1	0							
06.06	안양	홈			▼	1	2							
06.12	충남아산	원정			▼	1	3							
06.19	안산	홈		■		0	0							
06.26	경남	원정	▲			2	1							
07.03	김천	홈			▼	1	4							
07.10	서울E	홈			▼	0	2							
07.18	안양	원정	▲			2	1							
07.24	부산	홈	▲			3	1							
08.01	충남아산	홈	▲			1	0							
08.08	전남	원정		■		0	0							
08.15	안산	원정	▲			2	0							
08.21	경남	홈	▲			1	0							
08.28	부천	원정			▼	2	4							
09.04	부산	원정		■		1	1							
09.13	전남	홈	▲			2	1							
09.19	서울E	원정			▼	1	2							
09.26	김천	원정			▼	1	2							
10.03	부천	홈		■		1	1							
10.10	안산	홈	▲			4	1							
10.16	충남아산	원정	▲			4	3							
10.23	안양	홈	▲			3	1							
10.31	경남	원정			▼	0	1							
11.03	전남	홈		■		0	0							
11.07	안양	원정	▲			3	1							
12.08	강원	홈				1	0							
12.12	강원	원정			▼	1	4							

☐ : 승강 플레이오프

2021년 K리그2 팀별 연속 승패 · 득실점 기록ㅣ안양

일자	상대	홈/원정	승	무	패	득점	실점	연속기록 승	무	패	득점	실점	무득점	무실점
02.27	경남	원정	▲			2	1							
03.06	안산	홈			▼	1	2							
03.14	부천	원정		■		0	0							
03.20	대전	홈			▼	0	1							
04.04	김천	원정		■		0	0							
04.11	부산	홈	▲			2	1							
04.18	충남아산	홈	▲			2	1							
04.25	서울E	원정	▲			2	1							
05.01	전남	원정	▲			1	0							
05.05	부천	홈	▲			2	0							
05.10	안산	원정			▼	2	3							
05.16	경남	홈			▼	0	1							
05.23	김천	홈		■		0	0							
05.30	충남아산	원정		■		2	2							
06.06	대전	원정	▲			2	1							
06.12	서울E	홈		■		0	0							
06.20	부산	원정	▲			5	4							
06.28	전남	홈												
07.04	충남아산	홈	▲			1	0							
07.10	김천	원정	▲			4	2							
07.18	대전	홈			▼	1	2							
07.31	경남	원정			▼	1	2							
08.07	부산	홈				1	1							
08.14	전남	원정	▲			2	1							
08.18	서울E	원정	▲			1	0							
08.23	부천	원정	▲			1	0							
08.30	안산	홈		■		1	1							
09.04	충남아산	원정	▲			2	0							
09.11	경남	홈		■		0	0							
09.18	부산	원정	▲			3	1							
09.25	안산	원정			▼	0	1							
10.02	전남	홈		■		1	1							
10.09	김천	홈		■		2	2							
10.17	서울E	홈	▲			2	1							
10.23	대전	원정			▼	1	3							
10.31	부천	홈	▲			4	1							
11.07	대전	홈			▼	1	3							

2021년 K리그2 팀별 연속 승패 · 득실점 기록ㅣ전남

일자	상대	홈/원정	승	무	패	득점	실점	연속기록 승	무	패	득점	실점	무득점	무실점
02.27	충남아산	홈		■		0	0							
03.07	경남	홈	▲			1	0							
03.14	서울E	원정		■		1	1							
03.20	부천	원정		■		1	1							
04.04	대전	홈			▼	1	2							
04.11	안산	원정	▲			1	0							
04.18	김천	홈	▲			2	1							
04.24	부산	원정	▲			1	0							
05.01	안양	홈			▼	0	1							
05.05	대전	원정		■		1	1							
05.09	경남	원정	▲			2	0							
05.17	안산	홈	▲			2	0							
05.23	부산	홈			▼	1	2							
05.30	김천	원정		■		1	1							
06.05	서울E	홈	▲			3	0							
06.13	부천	홈			▼	0	2							
06.20	충남아산	원정	▲			1	0							
06.28	안양	원정		■		0	0							
07.05	경남	홈												
07.11	부산	원정	▲			1	0							
07.17	충남아산	홈			▼	0	3							
07.25	부천	원정	▲			2	1							
08.01	안산	원정		■		1	1							
08.08	대전	홈		■		0	0							
08.14	안양	홈			▼	1	2							
08.22	서울E	원정		■		1	1							
08.29	김천	홈		■		2	2							
09.05	경남	원정	▲			2	0							
09.13	대전	원정			▼	1	2							
09.18	부천	홈			▼	1	2							
09.26	충남아산	원정		■		0	0							
10.02	안양	원정		■		1	1							
10.09	서울E	홈	▲			1	0							
10.17	부산	홈	▲			2	0							
10.23	김천	원정			▼	1	3							
10.31	안산	홈			▼	2	3							
11.03	대전	원정		■		0	0							

2021년 K리그2 팀별 연속 승패 · 득실점 기록 | 부산

일자	상대	홈/원정	승	무	패	득점	실점	연속기록						
								승	무	패	득점	실점	무득점	무실점
02.28	서울E	홈			▼	0	3							
03.07	대전	원정	▲			2	1							
03.13	충남아산	원정			▼	0	4							
03.21	김천	홈	▲			2	1							
04.03	안산	홈		■		1	1							
04.11	안양	원정			▼	1	2							
04.17	경남	원정	▲			2	1							
04.24	전남	홈			▼	0	1							
05.02	부천	원정	▲			2	0							
05.05	김천	원정			▼	0	1							
05.10	대전	홈	▲			4	1							
05.23	전남	원정	▲			2	1							
05.29	부천	홈		■		1	1							
06.05	경남	홈			▼	2	3							
06.13	안산	원정	▲			3	2							
06.20	안양	홈			▼	4	5							
06.27	서울E	원정	▲			1	0							
07.04	부천	원정		■		0	0							
07.08	충남아산	홈		■		0	0							
07.11	전남	홈			▼	0	1							
07.17	안산	홈	▲			4	0							
07.24	대전	원정			▼	1	3							
08.07	안양	원정		■		1	1							
08.16	경남	원정			▼	0	1							
08.23	김천	홈			▼	0	6							
08.28	충남아산	원정			▼	2	3							
09.04	대전	홈		■		1	1							
09.12	안산	원정		■		1	1							
09.18	안양	홈			▼	1	3							
09.22	서울E	홈		■		1	1							
09.27	서울E	원정	▲			2	1							
10.03	충남아산	홈	▲			2	1							
10.09	부천	홈			▼	0	1							
10.17	전남	원정			▼	0	2							
10.23	경남	홈	▲			1	0							
10.31	김천	원정		■		2	2							

2021년 K리그2 팀별 연속 승패 · 득실점 기록 | 경남

일자	상대	홈/원정	승	무	패	득점	실점	연속기록						
								승	무	패	득점	실점	무득점	무실점
02.27	안양	홈			▼	1	2							
03.07	전남	원정			▼	0	1							
03.13	안산	원정	▲			2	1							
03.21	서울E	홈		■		0	0							
04.03	충남아산	원정			▼	1	2							
04.11	대전	원정			▼	1	2							
04.17	부산	홈			▼	1	2							
04.24	부천	홈	▲			3	0							
05.02	김천	원정	▲			2	1							
05.05	서울E	원정		■		1	1							
05.09	전남	홈			▼	0	2							
05.16	안양	원정	▲			1	0							
05.23	충남아산	홈	▲			2	1							
05.30	안산	홈		■		1	1							
06.05	부산	원정	▲			3	2							
06.13	김천	홈			▼	1	2							
06.20	부천	원정		■		1	1							
06.26	대전	홈			▼	1	2							
07.05	전남	원정		■		0	0							
07.12	안산	원정			▼	1	3							
07.19	부천	홈	▲			2	0							
07.25	충남아산	원정			▼	1	2							
07.31	안양	홈	▲			2	1							
08.08	김천	원정		■		0	0							
08.16	부산	홈	▲			1	0							
08.21	대전	원정			▼	0	1							
08.29	서울E	홈		■		3	3							
09.05	전남	홈			▼	0	2							
09.11	안양	원정		■		0	0							
09.18	김천	홈			▼	2	3							
09.25	부천	원정	▲			3	2							
10.02	서울E	원정		■		1	1							
10.10	충남아산	홈		■		1	1							
10.16	안산	홈			▼	0	2							
10.23	부산	원정			▼	0	1							
10.31	대전	홈	▲			1	0							

2021년 K리그2 팀별 연속 승패 · 득실점 기록 ㅣ 안산

일자	상대	홈/원정	승	무	패	득점	실점	연속기록 승	무	패	득점	실점	무득점	무실점
02.27	김천	홈		■		1	1							
03.06	안양	원정	▲			2	1							
03.13	경남	홈			▼	1	2							
03.20	충남아산	홈	▲			1	0							
04.03	부산	원정		■		1	1							
04.11	전남	홈			▼	0	1							
04.17	부천	원정	▲			1	0							
04.24	대전	홈	▲			1	0							
05.02	서울E	원정			▼	0	1							
05.10	안양	홈	▲			3	2							
05.17	전남	원정			▼	0	1							
05.22	서울E	홈		■		1	1							
05.30	경남	원정		■		1	1							
06.06	김천	원정			▼	0	3							
06.13	부산	홈			▼	2	3							
06.19	대전	원정		■		0	0							
06.23	충남아산	원정	▲			2	0							
06.27	부천	홈		■		0	0							
07.05	서울E	원정		■		0	0							
07.12	경남	홈	▲			3	1							
07.17	부산	원정			▼	0	4							
07.24	김천	홈			▼	0	2							
08.01	전남	홈		■		1	1							
08.08	부천	원정			▼	3	4							
08.15	대전	홈			▼	0	2							
08.21	충남아산	홈			▼	0	1							
08.30	안양	원정		■		1	1							
09.05	부천	홈			▼	1	2							
09.12	부산	홈		■		1	1							
09.19	충남아산	원정	▲			1	0							
09.25	안양	홈	▲			1	0							
10.02	김천	원정			▼	0	1							
10.10	대전	원정			▼	1	4							
10.16	경남	원정	▲			2	0							
10.23	서울E	홈			▼	0	3							
10.31	전남	원정	▲			3	2							

2021년 K리그2 팀별 연속 승패 · 득실점 기록 ㅣ 충남아산

일자	상대	홈/원정	승	무	패	득점	실점	연속기록 승	무	패	득점	실점	무득점	무실점
02.27	전남	원정		■		0	0							
03.06	부천	홈			▼	0	1							
03.13	부산	홈	▲			4	0							
03.20	안산	원정			▼	0	1							
04.03	경남	홈	▲			2	1							
04.10	서울E	원정	▲			1	0							
04.18	안양	원정			▼	1	2							
04.25	김천	홈			▼	1	2							
05.01	대전	원정		■		1	1							
05.23	경남	원정			▼	1	2							
05.30	안양	홈		■		2	2							
06.05	부천	원정			▼	0	1							
06.12	대전	홈	▲			3	1							
06.16	서울E	홈		■		0	0							
06.20	전남	홈			▼	0	1							
06.23	안산	홈			▼	0	2							
06.28	김천	원정			▼	1	3							
07.04	안양	원정		■		0	0							
07.08	부산	원정		■		0	0							
07.12	부천	홈	▲			1	0							
07.17	전남	원정	▲			3	0							
07.25	경남	홈	▲			2	1							
08.01	대전	원정			▼	0	1							
08.07	서울E	원정	▲			3	1							
08.15	김천	홈			▼	1	2							
08.21	안산	원정	▲			1	0							
08.28	부산	홈	▲			3	2							
09.04	안양	홈			▼	0	2							
09.13	김천	원정			▼	0	2							
09.19	안산	홈			▼	0	1							
09.26	전남	홈		■		0	0							
10.03	부산	원정			▼	1	2							
10.10	경남	원정		■		1	1							
10.16	대전	홈			▼	3	4							
10.23	부천	원정		■		0	0							
10.31	서울E	홈	▲			2	1							

2021년 K리그2 팀별 연속 승패 · 득실점 기록 | 서울E

일자	상대	홈/원정	승	무	패	득점	실점	연속기록 승	무	패	득점	실점	무득점	무실점
02.28	부산	원정	▲			3	0							
03.06	김천	홈	▲			4	0							
03.14	전남	홈		■		1	1							
03.21	경남	원정		■		0	0							
04.04	부천	홈	▲			4	0							
04.10	충남아산	홈			▼	0	1							
04.17	대전	원정			▼	1	2							
04.25	안양	홈			▼	1	2							
05.02	안산	홈	▲			1	0							
05.05	경남	홈		■		1	1							
05.17	부천	원정		■		1	1							
05.22	안산	원정		■		1	1							
05.29	대전	홈			▼	0	1							
06.05	전남	원정			▼	0	3							
06.12	안양	원정		■		0	0							
06.16	충남아산	원정		■		0	0							
06.19	김천	원정			▼	0	1							
06.27	부산	홈			▼	0	1							
07.05	안산	홈		■		0	0							
07.10	대전	원정	▲			2	0							
07.19	김천	홈		■		0	0							
08.07	충남아산	홈			▼	1	3							
08.14	부천	홈			▼	1	2							
08.18	안양	홈			▼	0	1							
08.22	전남	홈		■		1	1							
08.29	경남	원정			▼	3	3							
09.04	김천	원정			▼	1	3							
09.11	부천	원정	▲			3	0							
09.19	대전	홈	▲			2	1							
09.22	부산	원정		■		1	1							
09.27	부산	홈			▼	1	2							
10.02	경남	홈		■		1	1							
10.09	전남	원정			▼	0	1							
10.17	안양	원정			▼	1	2							
10.23	안산	원정	▲			3	0							
10.31	충남아산	원정			▼	1	2							

2021년 K리그2 팀별 연속 승패 · 득실점 기록 | 부천

일자	상대	홈/원정	승	무	패	득점	실점	연속기록 승	무	패	득점	실점	무득점	무실점
02.28	대전	홈			▼	1	2							
03.06	충남아산	원정	▲			1	0							
03.14	안양	홈		■		0	0							
03.20	전남	홈		■		1	1							
04.04	서울E	원정			▼	0	4							
04.10	김천	원정			▼	0	1							
04.17	안산	홈			▼	0	1							
04.24	경남	원정			▼	0	3							
05.02	부산	홈			▼	0	2							
05.05	안양	원정			▼	0	2							
05.08	김천	홈		■		0	0							
05.17	서울E	홈		■		1	1							
05.24	대전	원정			▼	1	4							
05.29	부산	원정		■		1	1							
06.05	충남아산	홈	▲			1	0							
06.13	전남	원정	▲			2	0							
06.20	경남	홈		■		2	2							
06.27	안산	원정		■		2	2							
07.04	부산	홈		■		0	0							
07.12	충남아산	원정			▼	0	1							
07.19	경남	원정			▼	1	2							
07.25	전남	홈			▼	1	2							
07.31	김천	원정			▼	0	2							
08.08	안산	홈	▲			4	3							
08.14	서울E	원정	▲			2	1							
08.23	안양	홈			▼	0	2							
08.28	대전	홈	▲			4	2							
09.05	안산	원정	▲			2	1							
09.11	서울E	홈			▼	0	3							
09.18	전남	원정	▲			2	1							
09.25	경남	홈			▼	1	2							
10.03	대전	원정		■		1	1							
10.09	부산	원정	▲			1	0							
10.17	김천	홈			▼	0	1							
10.23	충남아산	홈		■		0	0							
10.31	안양	원정			▼	1	4							

2021년 K리그2 팀 간 경기 기록

팀명	승점	상대팀	승	무	패	득점	실점	득실	도움	경고	퇴장
김천	71	합계	20	11	5	60	34	26	36	68	1
	7	경남	2	1	1	6	5	1	5	7	0
	10	대전	3	1	0	9	4	5	7	8	0
	7	부산	2	1	1	10	4	6	6	5	0
	10	부천	3	1	0	4	0	4	4	8	0
	7	서울E	2	1	1	5	5	0	3	6	0
	10	안산	3	1	0	6	1	5	1	9	0
	3	안양	0	3	1	4	6	-2	2	7	0
	5	전남	1	2	1	7	6	1	3	10	1
	12	충남아산	4	0	0	9	3	6	6	8	0

팀명	승점	상대팀	승	무	패	득점	실점	득실	도움	경고	퇴장
부산	45	합계	12	9	15	46	56	-10	24	70	2
	6	경남	2	0	2	5	5	0	2	9	0
	4	김천	1	1	2	4	10	-6	1	6	0
	7	대전	2	1	1	8	6	2	7	11	0
	5	부천	1	2	1	3	2	1	1	6	0
	7	서울E	2	1	1	4	5	-1	1	7	0
	8	안산	2	2	0	9	4	5	8	8	0
	1	안양	0	1	3	7	11	-4	4	8	0
	3	전남	1	0	3	2	5	-3	1	4	0
	4	충남아산	1	1	2	4	8	-4	2	9	1

팀명	승점	상대팀	승	무	패	득점	실점	득실	도움	경고	퇴장
대전	58	합계	18	8	12	56	49	7	40	79	0
	9	경남	3	0	1	5	3	2	5	10	0
	1	김천	0	1	3	4	9	-5	2	8	0
	4	부산	1	1	2	6	8	-2	4	8	0
	7	부천	2	1	1	9	7	2	4	10	0
	6	서울E	2	0	2	4	5	-1	3	9	0
	7	안산	2	1	1	6	2	4	5	10	0
	9	안양	4	0	1	10	5	5	8	10	0
	8	전남	2	3	0	5	3	2	4	5	0
	7	충남아산	2	1	1	7	7	0	5	6	0

팀명	승점	상대팀	승	무	패	득점	실점	득실	도움	경고	퇴장
경남	43	합계	11	10	15	40	45	-5	23	68	1
	4	김천	1	1	2	5	6	-1	4	8	0
	3	대전	1	0	3	3	5	-2	1	5	1
	6	부산	2	0	2	5	5	0	4	6	0
	10	부천	3	1	0	9	3	6	4	10	0
	4	서울E	0	4	0	5	5	0	4	9	0
	4	안산	1	1	2	4	7	-3	2	8	0
	7	안양	2	1	1	4	3	1	4	12	0
	1	전남	0	1	3	0	5	-5	0	4	0
	4	충남아산	1	1	2	5	6	-1	0	6	0

팀명	승점	상대팀	승	무	패	득점	실점	득실	도움	경고	퇴장
안양	62	합계	17	11	9	52	40	12	33	58	2
	4	경남	1	1	2	3	4	-1	1	7	0
	6	김천	1	3	0	6	4	2	5	9	0
	3	대전	1	0	4	5	10	-5	2	9	0
	10	부산	3	1	0	11	7	4	8	7	0
	10	부천	3	1	0	7	1	6	5	5	0
	10	서울E	3	1	0	5	2	3	3	6	0
	1	안산	0	1	3	4	7	-3	1	5	0
	8	전남	2	2	0	4	2	2	2	4	0
	10	충남아산	3	1	0	7	3	4	6	6	0

팀명	승점	상대팀	승	무	패	득점	실점	득실	도움	경고	퇴장
안산	43	합계	11	10	15	37	49	-12	21	61	1
	7	경남	2	1	1	7	4	3	4	7	0
	1	김천	0	1	3	1	6	-5	1	9	0
	4	대전	1	1	2	2	6	-4	1	5	0
	2	부산	0	2	2	4	9	-5	4	8	0
	4	부천	1	1	2	6	7	-1	4	9	0
	2	서울E	0	2	2	1	5	-4	0	7	0
	10	안양	3	1	0	7	4	3	4	5	0
	4	전남	1	1	2	2	4	-2	3	5	1
	9	충남아산	3	0	1	7	4	3	0	6	0

팀명	승점	상대팀	승	무	패	득점	실점	득실	도움	경고	퇴장
전남	52	합계	13	14	10	38	33	5	23		0
	10	경남	3	1	0	5	0	5	2		0
	5	김천	1	2	1	6	7	-1	3		0
	2	대전	0	3	2	3	5	-2	2		0
	9	부산	3	0	1	5	2	3	4		0
	4	부천	1	1	2	4	7	-3	3		0
	8	서울E	2	2	0	5	3	2	4		0
	7	안산	2	1	1	4	2	2	1		0
	2	안양	0	2	2	2	4	-2	1		0
	5	충남아산	1	2	1	4	3	1	2		0

팀명	승점	상대팀	승	무	패	득점	실점	득실	도움	경고	퇴장
충남아산	41	합계	11	8	17	38	41	-3	21	69	0
	7	경남	2	1	1	6	5	1	3	4	1
	0	김천	0	0	4	3	9	-6	1	5	0
	4	대전	1	1	2	7	7	0	3	6	0
	7	부산	2	1	1	8	4	4	5	8	0
	4	부천	1	1	2	1	2	-1	0	9	0
	10	서울E	3	1	0	4	1	3	3	6	0
	3	안산	1	0	3	4	7	-3	0	11	1
	1	안양	0	1	3	3	7	-4	1	13	0
	5	전남	1	2	1	3	4	-1	2	3	0

팀명	승점	상대팀	승	무	패	득점	실점	득실	도움	경고	퇴장
서울E	37	합 계	8	13	15	40	39	1	27	73	2
	4	경남	0	4	0	5	5	0	4	5	0
	4	김천	1	1	2	5	5	0	3	7	0
	6	대전	2	0	2	5	4	1	4	12	0
	4	부산	1	1	2	5	4	1	4	5	0
	7	부천	2	1	1	9	3	6	5	11	0
	8	안산	2	2	0	5	1	4	4	7	1
	1	안양	0	1	3	2	5	-3	0	12	0
	2	전남	0	2	2	2	6	-4	1	9	0
	1	충남아산	0	1	3	2	6	-4	2	5	1

팀명	승점	상대팀	승	무	패	득점	실점	득실	도움	경고	퇴장
부천	37	합 계	9	10	17	32	53	-21	15	77	2
	1	경남	0	1	3	3	9	-6	2	6	0
	1	김천	0	1	3	0	4	-4	0	6	0
	4	대전	1	1	2	7	9	-2	3	13	0
	5	부산	1	2	1	2	3	-1	1	9	2
	4	서울E	1	1	2	3	9	-6	2	7	0
	7	안산	2	1	1	8	7	1	3	12	0
	1	안양	0	1	3	1	7	-6	1	7	0
	7	전남	2	1	1	6	4	2	2	8	0
	7	충남아산	2	1	1	2	1	1	1	9	0

2021년 K리그2 최종 순위 및 팀별 경기기록, 승률

구분	승격	플레이오프								
순위	1	2	3	4	5	6	7	8	9	10
구단	김천	대전	안양	전남	부산	경남	안산	충남아산	서울E	부천
승점	71	58	62	52	45	43	43	41	37	37
승	20	18	17	13	12	11	11	11	8	9
무	11	8	11	14	9	10	10	8	13	10
패	5	12	9	10	15	15	15	17	15	17
득	60	56	52	38	46	40	37	38	40	32
실	34	49	40	33	56	45	49	41	39	53
차	26	7	12	5	-10	-5	-12	-3	1	-21
승률	70.8	57.9	60.8	54.1	45.8	44.4	44.4	41.7	40.3	38.9

구분	홈	원정	홈	원정	홈	원정	홈	원정	홈	원정	홈	원정	홈	원정	홈	원정	홈	원정	홈	원정
승	11	9	9	9	6	11	6	7	5	7	6	5	5	6	7	4	4	4	3	6
무	5	6	5	3	8	3	4	10	5	4	4	6	5	5	3	5	6	7	7	3
패	2	3	5	7	5	4	8	2	8	7	8	7	8	7	8	9	8	7	8	9
득	30	30	29	27	21	31	19	19	24	22	22	18	19	18	24	14	19	21	16	16
실	14	20	22	27	18	22	20	13	30	26	24	21	24	25	23	18	18	21	23	30
차	16	10	7	0	3	9	-1	6	-6	-4	-2	-3	-5	-7	1	-4	1		-7	-14
승률	75	66.7	60.5	55.3	52.6	69.4	44.4	63.2	41.7	50	44.4	44.4	41.7	47.2	47.2	36.1	38.9	41.7	36.1	41.7

2021년 K리그2 팀별 개인 기록 | 김천

선수명	대회	출전	교체	득점	도움	코너킥	파울	파울득	오프사이드	슈팅	유효슈팅	경고	퇴장	실점	자책
강정묵	K2	7	0	0	0	0	0	3	0	0	0	1	0	8	0
고승범	K1	15	7	1	4	0	20	14	0	23	8	3	0	0	0
	K2	10	5	3	2	28	7	11	0	19	11	2	0	0	0
	계	25	12	4	6	28	27	25	0	42	19	5	0	0	0
구성윤	K2	18	0	0	0	0	0	0	0	0	0	1	0	11	1
권혁규	K2	18	0	0	0	1	35	24	1	8	2	4	0	0	0
김경민	K2	5	5	0	0	0	0	1	3	0	0	0	0	0	0
김민석	K2	4	4	0	0	0	1	0	0	0	0	0	0	0	0
김정훈	K1	3	3	0	0	0	0	0	0	0	0	0	0	1	0
	K2														
	계	3	3	0	0	0	0	0	0	0	0	0	0	1	0
김주성	K2	8	4	0	0	0	7	3	0	2	1	0	0	0	0
김한길	K2														
명준재	K2	6	5	1	1	0	7	10	0	7	4	0	0	0	0
문지환	K1	8	4	1	0	0	14	18	0	3	2	2	1	0	0
	K2	7	1	1	0	0	14	13	0	1	1	1	0	0	0
	계	15	5	2	0	0	28	31	0	4	3	3	1	0	0
박상혁	K2	15	15	2	1	19	6	8	0	13	6	0	0	0	0
박지수	K1	14	1	0	0	0	21	18	0	1	1	8	1	0	1
	K2	7	0	0	0	0	6	5	0	3	3	0	0	0	0
	계	21	1	0	0	0	27	23	0	4	4	8	1	0	1
서진수	K2	19	16	2	3	3	16	17	1	13	7	0	0	0	0
송주훈	K2	3	0	0	0	0	4	0	0	1	0	1	0	0	0
유인수	K2	19	2	1	0	0	17	31	0	11	3	2	0	0	0
정동윤	K1	11	3	0	0	0	14	16	1	9	0	6	0	0	0
	K2	4	0	0	1	0	4	4	0	2	1	5	0	0	0
	계	15	3	0	1	0	18	20	1	11	1	11	0	0	0
정승현	K2	29	0	5	0	0	28	9	1	11	10	6	0	0	0
정현철	K2	19	4	0	0	0	24	7	0	3	1	1	0	0	0
조규성	K2	25	9	8	3	0	36	43	4	67	37	3	0	0	0
지언학	K1	11	11	0	0	0	4	5	2	8	3	0	0	0	0
	K2	5	5	0	0	0	5	5	1	2	0	0	0	0	0
	계	16	16	0	0	0	9	10	3	10	3	0	0	0	0
최준혁	K2	6	0	0	1	0	12	19	0	14	1	0	0	0	0
하창래	K1	6	0	0	0	0	4	4	0	4	0	0	0	0	0
	K2	8	2	0	0	0	15	6	0	0	0	0	0	0	0
	계	10	2	0	0	0	18	10	0	4	0	0	0	0	0
한찬희	K1	6	6	0	0	0	4	4	0	4	2	0	0	0	0
	K2	2	1	1	0	0	6	0	0	4	2	0	0	0	0
	계	8	7	1	0	0	10	4	0	8	4	0	0	0	0
황인재	K1	2	1	0	0	0	0	0	0	0	0	0	0	2	0
	K2														
	계	2	1	0	0	0	0	0	0	0	0	0	0	2	0

2021년 K리그2 팀별 개인 기록 | 대전

선수명	대회	출전	교체	득점	도움	코너킥	파울	파울득	오프사이드	슈팅	유효슈팅	경고	퇴장	실점	자책
강세혁	K2	1	1	0	0	0	2	0	0	0	0	0	0	0	0
공민현	K1	12	12	0	2	0	13	12	1	8	4	1	0	0	0
	K2	15	13	2	4	0	25	9	1	9	3	1	0	0	0
	계	29	27	2	6	0	40	24	2	18	8	2	0	0	0
구본상	K2	2	2	0	0	0	0	0	0	0	0	0	0	0	0
김동준	K2	27	0	0	0	0	0	0	0	0	0	1	0	41	0
김민덕	K2	32	5	1	0	0	22	12	0	9	6	4	0	0	0
김선호	K2														
김세윤	K2														
김승섭	K2	24	17	1	5	14	9	17	2	30	12	1	0	0	0
김지훈	K2														
마　사	K1	9	9	0	0	0	4	5	1	7	4	0	0	0	0
	K2	15	15	0	1	0	23	16	1	30	15	1	0	0	0
	계	26	17	9	2	1	29	24	2	40	20	1	0	0	0
민준영	K2	21	1	0	0	32	40	52	1	32	17	5	0	0	0
바이오	K2	31	23	4	2	0	29	26	5	56	26	4	0	0	0
박인혁	K2	24	19	6	2	1	36	42	19	51	26	3	0	0	0
박주원	K2	2	0	0	0	0	0	0	0	0	0	0	0	1	0
박진섭	K2	33	1	0	0	0	66	33	1	46	16	10	0	0	0
변준수	K2														
서영재	K2	34	1	1	0	0	23	28	0	8	2	3	0	0	0
신상은	K2	16	16	2	0	0	13	7	0	8	5	0	0	0	0
안상민	K2	2	2	0	0	0	0	1	1	1	0	0	0	0	0
알리바예프	K2	17	7	1	1	19	32	18	0	21	9	2	0	0	0
에디뉴	K2	10	7	2	0	0	8	5	0	6	3	1	0	0	0
원기종	K2	24	19	4	2	0	20	34	13	0	0	0	0	0	0
이웅희	K2	22	1	1	1	0	22	16	0	9	3	5	0	0	0
이종현	K2	28	2	2	0	0	59	25	3	19	8	8	0	0	0
이준서	K2	1	0	0	0	0	0	1	0	0	0	0	0	7	0
이지솔	K2	24	3	0	0	0	32	31	2	6	1	7	0	0	0
이진현	K2	22	8	1	3	43	16	31	0	17	7	2	0	0	0
이현식	K2	29	16	4	1	1	53	64	3	30	16	8	0	0	0
이호빈	K2	1	1	0	0	0	0	0	0	0	0	0	0	0	0
이호인	K2	11	2	0	0	0	7	5	0	4	2	2	0	0	0
임덕근	K2	11	2	0	1	0	4	1	0	5	1	0	0	0	0
임은수	K1	0	0	0	0	0	0	0	0	0	0	0	0	0	0
	K2	11	4	1	0	0	9	5	0	6	4	0	0	0	0
	계	11	4	1	0	0	9	5	0	6	4	0	0	0	0
전병관	K2	7	7	1	0	0	6	0	0	4	2	0	0	0	0
정희웅	K2														
최익진	K2	5	2	0	0	0	6	3	0	0	0	0	0	0	0
파　투	K2	26	21	3	2	22	27	24	4	45	20	2	0	0	0

2021년 K리그2 팀별 개인 기록 | 안양

선수명	대회	출전	교체	득점	도움	코너킥	파울	파울득	오프사이드	슈팅	유효슈팅	경고	퇴장	실점	자책
김 경 중	K2	27	23	7	4	0	26	32	7	32	19	1	0	0	0
김 준 섭	K2	3	3	0	0	1	1	0	0	1	1	0	0	0	0
김 형 진	K2	34	1	0	1	1	47	14	0	10	2	8	0	0	0
닐손주니어	K2	32	9	4	2	0	12	18	0	19	10	2	0	0	0
맹 성 웅	K2	34	6	1	1	2	53	55	2	9	4	6	0	0	0
모 재 현	K2	33	25	5	2	0	37	34	8	45	19	2	0	0	0
박 대 한	K2	18	5	0	0	0	23	15	0	5	1	5	0	0	0
박 태 준	K1	8	7	0	0	2	6	9	0	3	2	2	0	0	0
	K2	20	4	0	6	35	26	34	0	26	12	1	0	0	0
	계	28	11	0	6	37	32	43	0	29	14	2	0	0	0
백 동 규	K2	35	0	0	0	0	35	12	1	8	3	3	1	0	0
심 동 운	K2	26	19	2	1	19	26	30	1	57	32	1	0	0	0
아코스티	K2	16	10	5	1	1	18	24	1	38	23	2	0	0	0
양 동 원	K2	3	0	0	0	0	0	0	0	0	0	0	0	2	0
유 종 우	K2	2	2	0	0	0	0	0	0	0	0	0	0	0	0
유 종 현	K2	8	6	0	0	0	6	4	0	3	0	0	0	0	0
윤 준 성	K2	4	2	0	0	0	0	0	0	0	0	0	0	0	0
이 상 용	K2	1	1	0	0	0	0	0	0	0	0	0	0	0	0
이 선 걸	K2	1	1	0	0	0	0	0	0	0	0	0	0	0	0
이 정 빈	K2	5	5	0	0	0	1	0	0	0	0	0	0	0	0
임 선 영	K2	3	3	0	0	0	0	0	0	0	0	0	0	0	0
임 승 겸	K2	9	2	0	0	0	5	1	1	0	0	0	0	0	0
정 민 기	K2	34	0	0	0	0	14	0	0	0	0	0	0	38	0
정 준 연	K2	25	5	2	1	0	35	24	0	3	3	7	1	0	0
조 나 탄	K2	29	9	14	1	0	40	28	33	56	39	5	0	0	0
주 현 우	K2	37	4	0	8	101	22	44	2	25	16	4	0	0	0
최 민 서	K2	11	11	0	0	0	3	5	0	2	1	0	0	0	0
최 승 훈	K2	1	1	0	0	0	0	0	0	0	0	0	0	0	0
타 무 라	K2	19	15	2	2	8	17	5	11	7	6	1	0	0	0
하 남	K2	16	15	3	0	0	17	9	2	7	2	0	0	0	0
하 승 운	K2	14	12	0	0	0	8	6	0	10	7	0	0	0	0
홍 창 범	K2	22	14	1	0	3	31	44	0	22	12	7	0	0	0
홍 현 호	K2	2	2	0	0	0	1	1	0	0	0	0	0	0	0

2021년 K리그2 팀별 개인 기록 | 전남

선수명	대회	출전	교체	득점	도움	코너킥	파울	파울득	오프사이드	슈팅	유효슈팅	경고	퇴장	실점	자책
고 태 원	K2	16	4	1	0	0	15	10	0	3	2	3	1	0	0
김 다 솔	K2	21	0	0	0	0	0	6	0	0	1	0	18	0	
김 병 엽	K2	1	0	0	0	0	0	0	0	0	0	0	3	0	
김 병 오	K2	15	9	0	1	0	15	16	5	24	7	2	0	0	0
김 선 우	K2	7	3	0	0	0	2	4	0	1	0	1	0	0	0
김 영 욱	K2	16	11	1	1	0	15	19	1	11	3	4	0	0	0
김 진 성	K2	1	1	0	0	0	0	0	0	0	0	0	0	0	0
김 태 현	K2	30	10	0	1	0	32	30	2	13	5	8	0	0	0
김 현 욱	K2	35	1	3	4	133	21	34	3	36	12	2	0	0	0
남 윤 재	K2	1	0	0	0	0	0	0	0	0	0	0	0	0	0
박 준 혁	K2	1	0	0	0	0	0	0	0	0	0	0	12	0	
박 찬 용	K2	33	3	0	2	0	39	16	1	21	10	4	0	0	1
박 희 성	K2	17	16	0	2	0	8	10	1	10	3	1	0	0	0
발로텔리	K2	31	11	11	3	0	50	47	23	71	36	6	0	0	0
사 무 엘	K2	3	1	0	0	1	4	6	0	0	0	0	0	0	0
서 명 원	K2	10	9	1	0	0	2	5	1	5	2	1	0	0	0
알 렉 스	K2	18	16	3	1	0	12	12	2	19	7	0	0	0	0
올 렉	K2	25	8	1	1	0	22	16	1	16	5	3	0	0	0
이 석 현	K2	10	8	1	1	0	7	11	0	5	3	0	0	0	0
이 종 호	K2	30	22	7	1	0	23	17	4	22	9	5	0	0	0
이 후 권	K2	27	15	1	0	0	46	42	1	13	2	2	0	0	0
장 성 록	K2	11	9	0	0	0	3	4	0	1	0	0	0	0	0
장 성 재	K2	15	8	0	3	0	28	16	1	10	3	1	0	0	0
장 순 혁	K2	28	5	2	0	0	26	20	0	14	8	7	0	0	0
정 재 희	K2	31	14	3	3	4	34	7	9	32	23	0	0	0	0
정 호 진	K2	14	9	0	0	0	18	13	0	3	2	3	0	0	0
최 성 진	K2	1	1	0	0	0	0	0	0	0	0	0	0	0	0
최 호 정	K2	19	4	1	0	0	10	21	0	4	1	3	0	0	0
최 효 진	K2	3	3	0	0	0	0	0	0	0	0	0	0	0	0
황 기 욱	K2	28	7	0	0	0	26	29	0	6	3	6	0	0	0

2021년 K리그2 팀별 개인 기록 | 부산

선수명	대회	출전	교체	득점	도움	코너킥	파울	파울득	오프사이드	슈팅	유효슈팅	경고	퇴장	실점	자책
구상민	K2	1	0	0	0	0	0	0	0	0	0	0	0	2	0
구현준	K2	1	0	0	0	1	3	1	0	0	0	0	0	0	0
김승우	K2	19	11	0	0	0	9	5	0	0	0	4	0	0	0
김정민	K2	13	8	0	0	0	15	4	0	16	4	4	0	0	0
김정현	K2	25	13	0	0	0	41	26	1	14	3	6	0	0	1
김진규	K2	27	7	4	2	24	30	16	6	26	15	2	1	0	0
드로젝	K2	32	26	1	2	55	26	10	11	67	33	3	0	0	0
박민규	K2	31	2	0	0	26	62	11	0	0	0	4	0	0	0
박정인	K2	29	15	8	3	0	26	38	6	44	27	2	0	0	0
박종우	K2	6	4	0	0	10	3	7	0	5	4	0	0	0	0
박호영	K2	27	5	0	0	0	23	6	2	1	0	0	0	0	0
발렌티노스	K2	24	5	1	0	0	14	10	2	14	3	0	0	0	0
성호영	K2	8	7	0	0	0	8	4	0	0	0	0	0	0	0
안병준	K2	34	3	23	4	1	38	67	12	115	69	6	0	0	0
안준수	K2	15	0	0	0	0	0	0	0	0	0	0	0	20	0
어정원	K2	6	6	0	0	0	3	0	0	0	0	0	0	0	0
에드워즈	K2	16	4	0	1	0	24	11	0	5	2	6	0	0	0
이래준	K2	17	14	0	0	1	15	7	0	10	3	2	1	0	0
이상준	K2	7	1	0	0	0	1	1	0	0	0	0	0	0	0
이상헌	K2	33	27	3	3	0	40	30	1	52	27	3	0	0	0
이지승	K2	12	5	0	0	0	9	2	0	0	0	2	0	0	0
이청웅	K2	3	1	0	0	0	1	1	0	0	0	0	0	0	0
이태민	K2	16	16	0	0	0	15	14	0	4	2	4	0	0	0
최 준	K2	30	2	2	4	6	33	47	0	22	10	5	0	0	0
최필수	K2	20	0	0	0	0	0	0	0	0	0	0	0	30	0
헤나토	K2	10	8	0	0	0	1	3	1	0	0	0	0	0	0
황준호	K2	25	7	2	1	0	22	22	0	8	2	1	0	0	0

2021년 K리그2 팀별 개인 기록 | 경남

선수명	대회	출전	교체	득점	도움	코너킥	파울	파울득	오프사이드	슈팅	유효슈팅	경고	퇴장	실점	자책
고경민	K2	29	2	4	2	0	34	39	13	30	14	5	0	0	0
김동진	K2	35	3	2	1	0	56	57	3	25	11	4	0	0	0
김명준	K2	7	2	0	0	0	4	3	0	4	2	0	0	0	0
김민섭	K2	2	2	0	0	0	0	0	0	0	0	0	0	0	0
김민준	K2	1	0	0	0	0	0	1	0	0	0	0	1	0	0
김범진	K2	2	2	0	0	0	0	0	0	0	0	0	0	0	0
김소웅	K2	3	3	0	0	0	2	4	2	1	0	0	0	0	0
김영찬	K2	28	2	0	0	0	28	16	2	10	4	6	0	0	0
김종필	K2	2	2	0	0	0	1	0	0	0	0	0	0	0	0
김주환	K2	24	6	0	0	0	19	39	0	2	4	1	0	0	0
김형원	K2	1	1	0	0	0	0	0	0	0	0	0	0	0	0
도동현	K2	19	19	1	0	12	17	14	1	7	3	0	0	0	0
배승진	K2	15	6	0	0	0	13	12	0	0	0	2	0	0	0
백성동	K2	33	4	4	6	57	18	25	5	57	15	1	0	0	0
설현진	K2	3	3	0	0	0	0	1	0	1	0	0	0	0	0
손정현	K2	28	0	0	0	0	1	4	1	3	0	1	0	36	0
에르난데스	K2	27	21	10	1	0	18	36	13	50	26	1	0	0	0
우주성	K2	24	3	1	3	0	15	23	0	9	2	1	0	0	1
윌리안	K2	27	10	1	2	17	46	51	14	65	33	5	0	0	0
유강현	K2														
유지훈	K2														
윤석주	K2	9	9	0	1	0	8	6	1	3	1	2	0	0	0
윤주태	K2	14	14	2	0	0	6	5	2	15	8	0	0	0	0
이광선	K2	18	2	0	1	0	17	4	0	14	7	3	0	0	0
이광진	K2	8	3	0	1	11	12	12	0	2	0	0	0	0	0
이민기	K2	1	1	0	0	0	0	0	0	0	0	0	0	0	0
이우혁	K2	26	7	0	0	5	21	11	1	11	3	4	0	0	0
이의형	K2	6	6	0	0	0	4	2	0	1	0	0	0	0	0
임민혁	K2	19	13	0	0	9	23	23	0	7	3	3	0	0	0
장하늘	K2	2	2	0	0	0	4	2	0	1	0	1	0	0	0
장혁진	K2	32	6	3	0	15	46	55	9	35	17	4	0	0	0
정창용	K2	2	2	0	0	0	0	0	0	0	0	0	0	0	0
진세민	K2	2	2	0	0	0	0	1	0	0	0	1	0	0	0
채광훈	K2	27	6	1	4	34	28	38	0	13	5	2	0	0	0
황성민	K2	7	0	0	0	0	0	0	0	0	0	0	0	0	0
황일수	K2	21	18	4	0	1	14	18	1	30	15	2	0	0	0

2021년 K리그2 팀별 개인 기록 l 안산

선수명	대회	출전	교체	득점	도움	코너킥	파울	파울득	오프사이드	슈팅	유효슈팅	경고	퇴장	실점	자책
강수일	K2	12	11	1	0	0	6	7	2	9	7	1	0	0	1
고태규	K2	24	16	0	1	0	10	22	0	4	4	3	0	0	0
김대열	K2	4	4	0	0	0	5	4	0	0	0	1	0	0	0
김류도	K2	35	8	9	4	0	32	53	14	52	32	2	0	0	0
김민호	K2	24	1	1	0	0	14	14	1	6	5	2	0	0	0
김선우	K2	2	0	1	0	0	0	0	0	0	1	0	1	15	1
김예성	K2	12	4	0	1	0	13	15	0	4	1	3	0	0	0
김이석	K2	10	6	0	0	0	10	8	0	1	1	3	0	0	0
김재봉	K1	0	0	0	0	0	0	0	0	0	0	0	0	0	0
	K2	4	2	0	0	0	7	5	0	0	0	0	0	0	0
	계	4	2	0	0	0	7	5	0	0	0	0	0	0	0
김진래	K2	25	5	1	1	4	17	47	1	16	7	3	0	0	0
김현태	K2	20	8	0	0	0	20	17	0	7	6	1	0	0	0
까뇨뚜	K2	9	8	1	1	0	3	10	1	14	9	0	0	0	0
두아르테	K2	32	23	8	3	19	20	34	3	58	40	1	0	0	0
문경건	K1	2	0	0	0	0	0	0	0	0	0	0	0	4	0
	K2	3	1	0	0	0	0	0	0	0	0	0	0	5	0
	계	5	1	0	0	0	0	0	0	0	0	0	0	9	0
박준영	K2	3													
산티아고	K2	8	8												
송주호	K2	22	8	2	1	0	32	12	1	13	9	2	0	0	0
송진규	K2	1	1	0	0	0	0	0	0	0	0	0	0	0	0
신재혁	K1	1	1	0	0	0	1	0	0	0	0	0	0	0	0
심재민	K2	9	10	1	0	0	7	0	0	8	4	0	0	0	0
아스나위	K2	14	7	0	1	0	17	3	2	1	1	3	0	0	0
연제민	K2	33	3	0	0	0	22	25	1	6	0	9	0	0	1
이상민	K2	35	0	4	6	64	54	61	3	30	20	5	0	0	0
이성민	K2	1	1	0	0	0	0	0	0	0	0	0	0	0	0
이승빈	K2	25	1	0	0	0	0	7	0	0	0	2	0	29	0
이와세	K2	26	14	1	1	0	39	27	0	13	5	6	0	0	0
이준희	K2	30	12	1	0	0	29	26	2	7	1	2	0	0	0
임재혁	K2	19	18	0	0	0	3	12	7	0	0	0	0	0	0
장동혁	K2	9	3	1	0	0	17	6	1	3	2	2	0	0	0
조인홍	K2	1	1	0	0	0	0	0	0	0	0	0	0	0	0
주현호	K2	1	1	0	0	0	0	0	0	0	0	0	0	0	0
최건주	K2	25	17	3	1	0	23	40	7	29	17	3	1	0	0

2021년 K리그2 팀별 개인 기록 l 충남아산

선수명	대회	출전	교체	득점	도움	코너킥	파울	파울득	오프사이드	슈팅	유효슈팅	경고	퇴장	실점	자책
김강국	K2	36	2	4	0	61	37	31	0	11	4	4	0	0	0
김원석	K2	10	10	0	0	0	4	0	0	5	4	0	0	0	0
김인균	K2	32	12	8	2	22	47	52	12	61	37	5	0	0	0
김재성	K2	5	5	1	0	0	4	1	2	1	0	0	0	0	0
김재헌	K2	6	6	0	1	0	7	3	0	1	1	0	0	0	0
김종국	K2	10	5	0	0	2	10	1	0	1	1	2	0	0	0
김찬	K2	25	24	1	0	0	44	33	7	27	12	5	0	0	0
김혜성	K2	17	11	0	0	0	17	7	0	13	6	3	0	0	0
료헤이	K2	7	3	2	1	5	15	8	1	13	7	3	0	0	0
마테우스	K2	15	14	3	1	0	15	19	3	16	6	4	0	0	0
박민서	K2	23	22	1	1	0	16	30	0	19	5	4	0	0	0
박세직	K2	2	2	0	2	50	33	25	0	14	3	2	0	0	0
박세진	K2	33	1	0	0	4	30	46	1	25	16	6	1	0	0
박한근	K2	2	2	0	0	0	0	0	0	0	0	0	0	24	0
배수용	K2	2	2	0	0	0	0	0	0	0	0	0	0	0	0
송환영	K2	1	1	0	0	0	0	0	0	0	0	0	0	0	0
알렉산드로	K2	30	18	7	0	3	27	41	1	64	27	0	0	0	0
유준수	K2	33	2	2	0	0	33	15	7	23	14	9	0	0	0
이규혁	K1	9													
	K2	11	6												
	계	20	17	0	2	1	16	9							
이기현	K2	16	0	0	0	0	0	0	0	0	0	0	0	17	0
이상민	K2	23	6	0	0	0	23	26	0	16	10	5	1	0	0
이상수	K2	1	1	0	0	0	0	0	0	0	0	0	0	0	0
이승재	K2	16	15	1	1	0	19	19	5	8	4	2	0	0	0
이은범	K2	25	0	1	0	0	24	24	2	12	4	9	0	0	0
이재건	K2														
이현일	K2	11	9	1	2	0	18	15	3	8	3	9	0	0	0
	계	14	12	1	1	0	21	15	3	9					
최규백	K2	18	1	1	0	0	22	22	0	12	7	4	0	0	0
한용수	K2	35	1	0	1	0	36	36	3	17	10	6	0	0	1
홍현승	K2	12	12	0	0	1	0	10	22	2	10	6	0	0	0
	계	13	13	0	1	0	10	22	2	10	6	0	0	0	

2021년 K리그2 팀별 개인 기록 | 서울E

선수명	대회	출전	교체	득점	도움	코너킥	파울	파울득	오프사이드	슈팅	유효슈팅	경고	퇴장	실점	자책
고재현	K2	25	11	2	1	0	21	25	1	16	8	2	0	0	0
곽성욱	K2	15	15	1	1	24	19	19	0	7	5	3	0	0	0
김경민	K2	34	0	0	0	0	6	0	0	0	0	0	0	34	0
김민규	K2	2	0	0	0	0	3	5	0	1	0	0	0	0	0
김민균	K2	11	11	0	1	0	8	2	6	4	3	1	0	0	0
김선민	K2	34	4	0	0	70	21	0	0	15	3	5	0	0	0
김성현	K2	1	0	0	0	0	0	0	0	0	0	0	0	0	0
김인성	K1	15	12	4	0	0	8	17	4	24	15	0	0	0	0
	K2	15	4	6	2	0	11	16	2	31	16	2	0	0	0
	계	30	16	10	2	0	19	33	6	55	31	2	0	0	0
김정환	K2	19	19	3	1	3	10	4	2	16	8	1	0	0	0
김진환	K2	22	4	2	0	0	21	8	3	6	3	4	0	0	0
김현훈	K2	21	1	1	0	0	30	11	0	13	4	4	0	0	0
김형근	K2	2	0	0	0	0	0	0	0	0	0	0	0	5	0
레안드로	K2	35	16	3	7	24	11	49	14	38	26	2	0	0	0
문상윤	K2	4	4	0	0	0	4	5	0	3	3	0	0	0	0
바비오	K2	16	15	1	1	0	10	13	13	5	5	3	1	0	0
박성우	K2	14	8	0	0	0	14	17	0	6	5	2	0	0	0
베네가스	K2	23	15	6	1	0	33	40	10	45	17	7	0	0	0
서재민	K2	11	5	1	1	6	8	8	2	8	6	2	0	0	0
유정완	K2	9	9	0	0	3	1	6	2	3	1	0	0	0	0
유 키	K2	8	6	0	1	17	14	17	0	12	5	2	0	0	0
이건희	K2	9	8	1	1	0	20	21	5	15	7	4	0	0	0
이규로	K2	16	4	0	2	0	22	17	0	8	3	3	0	0	0
이상민	K2	28	2	1	0	29	17	24	3	8	4	4	0	0	0
이인재	K2	21	4	0	0	0	18	3	4	3	1	0	0	0	0
이재익	K2	15	0	0	0	0	19	6	0	6	5	3	0	0	0
이재훈	K2	2	2	0	0	1	0	0	0	0	0	0	0	0	0
장윤호	K2	24	11	1	2	42	38	26	0	24	12	3	1	0	0
조항기	K2	1	0	0	0	0	0	0	0	0	0	0	0	0	0
최재훈	K2	22	19	1	0	0	17	15	0	10	7	2	0	0	0
한의권	K2	28	14	6	0	5	18	36	16	54	29	2	0	0	0
황태현	K2	20	6	1	0	0	6	14	0	6	4	0	0	0	0

2021년 K리그2 팀별 개인 기록 | 부천

선수명	대회	출전	교체	득점	도움	코너킥	파울	파울득	오프사이드	슈팅	유효슈팅	경고	퇴장	실점	자책
강의빈	K2	25	3	0	0	0	39	11	0	4	1	5	0	0	0
국태정	K2	18	7	1	0	16	11	8	0	8	2	2	0	0	0
김강산	K2	18	0	0	0	0	23	22	0	2	0	6	0	0	0
김정호	K2	30	5	0	0	0	24	14	1	12	5	6	0	0	0
김호준	K2	4	0	0	0	0	0	0	0	0	0	1	0	7	0
박준희	K2	17	6	0	1	3	15	11	0	6	2	3	0	0	0
박창준	K2	29	13	13	4	1	35	69	7	44	30	4	1	0	0
박태홍	K2	17	6	0	0	0	12	4	0	6	2	4	0	0	0
박하빈	K2	6	5	0	0	5	2	1	5	1	2	0	0	0	0
송홍민	K2	20	7	0	0	16	26	8	0	21	6	4	0	0	0
안재준	K2	19	15	0	1	0	7	7	0	16	8	1	0	0	0
안태현	K2	23	4	1	0	9	15	13	1	6	1	5	0	0	0
오재혁	K2	17	10	0	1	0	15	8	0	5	2	1	0	0	0
와타루	K2	3	3	0	0	0	1	1	0	0	0	0	0	0	0
윤지혁	K2	12	5	0	0	0	0	0	0	0	0	0	0	0	0
이시헌	K2	24	18	4	3	5	26	37	0	44	26	4	0	0	0
이주현	K2													3	0
장현수	K2	15	7	0	2	8	19	15	2	16	1	0	0	0	0
전종혁	K2											2	0	29	0
조건규	K2	11	10	0	0	1	8	0	0	3	3	0	0	0	0
조범석	K2	6	0	0	0	1	8	4	0	3	1	0	0	0	0
조수철	K2	27	1	0	0	0	20	20	0	30	13	4	0	0	0
조윤형	K2	11	5	0	0	0	19	20	14	1	7	5	0	0	0
조현택	K2	30	6	1	3	68	41	40	1	21	9	1	0	0	0
최병찬	K2	20	17	0	0	0	19	15	0	11	5	4	0	0	0
최재영	K2	9	6	0	0	7	13	12	0	3	1	5	0	0	0
최철원	K2	16	0	0	0	0	0	0	0	0	0	1	0	22	0
추정호	K2	21	18	2	0	0	19	7	3	21	12	0	0	0	0
크리슬란	K2	20	15	5	0	0	13	17	3	17	8	3	0	0	0
한지호	K2	29	12	4	3	43	44	41	3	54	29	7	0	0	0

2021년 K리그2 득점 순위

순위	선수명	소속	경기수	득점수	결정달 득점율	교체수	출전시간
1	안병준	부산	34	23	67.7	3	3,101
2	조나탄	안양	29	14	48.3	9	2,565
3	박창준	부천	29	13	44.8	13	2,238
4	윌리안	경남	27	11	40.7	10	2,295
5	발로텔리	전남	31	11	35.5	11	2,517
6	에르난데스	경남	27	10	37.0	21	1,750
7	마사	대전	15	9	60.0	6	1,288
8	박동진	김천	21	9	42.9	18	1,601
9	김륜도	안산	35	9	25.7	8	3,131
10	조규성	김천	25	8	32.0	9	1,973
11	이종호	전남	28	8	28.6	19	1,669
12	박정인	부산	29	8	27.6	15	2,290
13	두아르테	안산	32	8	25.0	23	1,978
14	김인균	충남아산	32	8	25.0	12	2,555
15	허용준	김천	18	7	38.9	8	1,529
16	김경중	안양	27	7	25.9	23	1,845
17	알렉산드로	충남아산	30	7	23.3	8	2,137
18	김인성	서울E	15	6	40.0	4	1,348
19	베네가스	서울E	23	6	26.1	13	1,719
20	박인혁	대전	24	6	25.0	19	1,636
21	한의권	서울E	28	6	21.4	14	1,980
22	아코스티	안양	16	5	31.3	10	986
23	크리슬란	부천	20	5	25.0	15	1,017
24	이현식	대전	29	5	17.2	16	2,253
25	정승현	김천	29	5	17.2	-	2,799
26	오현규	김천	33	5	15.2	27	1,291
27	모재현	안양	33	5	15.2	28	1,758
28	박진섭	대전	33	5	15.2	1	3,096
29	황일수	경남	21	4	19.1	18	1,212
30	원기종	대전	24	4	16.7	18	1,166
31	이시헌	부천	24	4	16.7	18	1,628
32	정재희	김천	25	4	16.0	17	1,631
33	김진규	부산	27	4	14.8	7	2,409
34	고경민	경남	29	4	13.8	21	1,882
35	한지호	부천	29	4	13.8	12	2,372
36	바이오	대전	31	4	12.9	23	1,553
37	사무엘	전남	31	4	12.9	19	2,089
38	닐손주니어	안양	32	4	12.5	3	2,815
39	백성동	경남	33	4	12.1	3	2,992
40	이상민	안산	35	4	11.4	-	3,408
41	고승범	김천	10	3	30.0	5	793
42	유정완	서울E	11	3	27.3	11	571
43	마테우스	충남아산	15	3	20.0	14	714
44	하남	안양	16	3	18.8	15	738
45	알렉스	전남	18	3	16.7	16	794
46	김정환	서울E	19	3	15.8	19	467
47	홍창범	안양	22	3	13.6	14	1,507
48	최건주	안산	25	3	12.0	17	1,708
49	파투	대전	26	3	11.5	21	1,568
50	이상헌	부산	33	3	9.1	27	2,079
51	레안드로	서울E	35	3	8.6	16	2,740
52	한용수	충남아산	35	3	8.6	1	3,299
53	김현욱	전남	35	3	8.6	1	3,306
54	백동규	안양	35	3	8.6	-	3,346
55	료헤이	충남아산	7	2	28.6	3	641
56	에디뉴	대전	10	2	20.0	7	616
57	윤주태	경남	14	2	14.3	14	516
58	박상혁	김천	15	2	13.3	15	455
59	공민현	대전	15	2	13.3	13	1,037
60	신상은	대전	16	2	12.5	16	459
61	강지훈	김천	16	2	12.5	11	1,212
62	타무라	안양	19	2	10.5	15	941
63	서진수	김천	19	2	10.5	8	954
64	추정호	부천	21	2	9.5	18	1,219
65	민준영	대전	21	2	9.5	5	1,798
66	김진환	서울E	22	2	9.1	4	1,858
67	송주호	안산	22	2	9.1	8	1,898
68	고재현	서울E	25	2	8.0	11	1,681
69	정준연	안양	25	2	8.0	5	2,043
70	황준호	부산	25	2	8.0	7	2,188
71	심동운	안양	26	2	7.7	19	1,848
72	장순혁	전남	28	2	7.1	5	2,362
73	이종현	대전	28	2	7.1	2	2,598
74	최준	부산	30	2	6.7	2	2,779
75	김강국	충남아산	31	2	6.5	6	2,668
76	유준수	충남아산	33	2	6.1	2	3,098
77	김동진	경남	35	2	5.7	3	3,206
78	한찬희	김천	2	1	50.0	1	102
79	이근호	김천	2	1	50.0	2	159
80	김민석	김천	4	1	25.0	4	141
81	김재성	충남아산	5	1	20.0	5	99
82	문창진	김천	5	1	20.0	3	288
83	정희웅	대전	6	1	16.7	5	312
84	명준재	김천	6	1	16.7	5	333
85	정훈성	부산	6	1	16.7	6	432
86	전병관	대전	7	1	14.3	7	252
87	문지환	김천	7	1	14.3	1	627
88	박지수	김천	7	1	14.3	-	667
89	산티아고	안산	8	1	12.5	8	321
90	심재민	안산	9	1	11.1	10	367
91	이건희	서울E	9	1	11.1	8	566
92	까뇨뚜	안산	9	1	11.1	8	579
93	장동혁	안산	9	1	11.1	5	761
94	서명원	전남	10	1	10.0	8	355
95	이석현	전남	10	1	10.0	6	619
96	이현일	충남아산	11	1	9.1	9	767

순위	선수명	소속	경기수	득점수	경기당 득점률	교체수	출전시간
97	임은수	대전	11	1	9.1	4	869
98	서재민	서울E	11	1	9.1	5	873
99	강수일	안산	12	1	8.3	11	541
100	이정협	경남	14	1	7.1	10	868
101	곽성욱	서울E	15	1	6.7	15	694
102	정원진	김천	15	1	6.7	10	1,078
103	바비오	서울E	16	1	6.3	15	819
104	이승재	충남아산	16	1	6.3	15	942
105	고태원	전남	16	1	6.3	4	1,170
106	김영욱	전남	16	1	6.3	11	1,191
107	김혜성	충남아산	17	1	5.9	11	1,117
108	알리바예프	대전	17	1	5.9	7	1,358
109	국태정	부천	18	1	5.6	7	1,425
110	최규백	충남아산	18	1	5.6	1	1,716
111	도동현	경남	19	1	5.3	19	916
112	정현철	김천	19	1	5.3	4	1,620
113	최호정	전남	19	1	5.3	4	1,639
114	유인수	김천	19	1	5.3	2	1,730
115	김용환	김천	20	1	5.0	6	1,697
116	황태현	서울E	20	1	5.0	6	1,824
117	김승섭	대전	21	1	4.8	17	1,374
118	김현훈	서울E	21	1	4.8	1	1,951
119	최재훈	서울E	22	1	4.6	19	921
120	이진현	대전	22	1	4.6	8	1,789
121	이웅희	대전	22	1	4.6	1	2,133
122	박민서	충남아산	23	1	4.4	22	1,232
123	안태현	부천	23	1	4.4	4	2,124
124	장윤호	서울E	24	1	4.2	11	1,952
125	김민호	안산	24	1	4.2	4	2,138
126	발렌티노스	부산	24	1	4.2	5	2,141
127	우주성	김천	24	1	4.2	4	2,162
128	김 찬	충남아산	25	1	4.0	24	1,267
129	올 렉	전남	25	1	4.0	8	2,002
130	김진래	안산	25	1	4.0	5	2,135
131	이은범	충남아산	25	1	4.0	-	2,401
132	이와세	안산	26	1	3.9	14	1,989
133	이후권	전남	27	1	3.7	15	2,043
134	조수철	부천	27	1	3.7	7	2,339
135	채광훈	경남	27	1	3.7	6	2,384
136	이상민	서울E	28	1	3.6	2	2,613
137	이준희	안산	30	1	3.3	12	2,418
138	조현택	부천	30	1	3.3	6	2,637
139	드로젝	부산	32	1	3.1	26	1,915
140	김민덕	대전	32	1	3.1	5	2,740
141	맹성웅	안양	34	1	2.9	6	3,013
142	서영재	대전	34	1	2.9	1	3,227

2021년 K리그2 도움 순위

순위	선수명	소속	경기수	도움수	경기당 도움률	교체수	출전시간
1	주현우	안양	37	8	21.6	4	3,339
2	레안드로	서울E	35	7	20.0	16	2,740
3	박태준	안양	20	6	30.0	4	1,862
4	이현식	대전	29	6	20.7	16	2,253
5	백성동	경남	33	6	18.2	3	2,992
6	이상민	안산	35	6	17.1	0	3,408
7	김승섭	대전	21	5	23.8	17	1,374
8	공민현	대전	15	4	26.7	13	1,037
9	김경중	안양	27	4	14.8	23	1,845
10	채광훈	경남	27	4	14.8	6	2,384
11	최 준	부산	30	4	13.3	2	2,779
12	김강국	충남아산	31	4	12.9	6	2,668
13	박세진	충남아산	33	4	12.1	1	3,076
14	안병준	부산	34	4	11.8	3	3,101
15	서영재	대전	34	4	11.8	1	3,227
16	김륜도	안산	35	4	11.4	5	3,131
17	김현욱	전남	35	4	11.4	1	3,306
18	장성재	전남	15	3	20.0	8	1,137
19	심상민	김천	17	3	17.7	2	1,609
20	허용준	김천	18	3	16.7	8	1,529
21	서진수	김천	19	3	15.8	16	954
22	황태현	서울E	20	3	15.0	6	1,824
23	홍창범	안양	22	3	13.6	14	1,507
24	이진현	대전	22	3	13.6	8	1,789
25	이시헌	부천	24	3	12.5	16	1,628
26	우주성	김천	24	3	12.5	3	2,162
27	정재희	김천	25	3	12.0	17	1,631
28	조규성	김천	25	3	12.0	9	1,973
29	이후권	전남	27	3	11.1	15	2,043
30	이종현	대전	28	3	10.7	2	2,598
31	박정인	부산	29	3	10.3	15	2,290
32	한지호	부천	29	3	10.3	12	2,372
33	조현택	부천	30	3	10.0	6	2,637
34	발로텔리	전남	31	3	9.7	11	2,517
35	두아르테	안산	32	3	9.4	23	1,978
36	장혁진	경남	32	3	9.4	6	2,909
37	오현규	김천	33	3	9.1	27	1,291
38	이상헌	부산	33	3	9.1	27	2,079
39	고승범	김천	10	2	20.0	5	793
40	장현수	부천	15	2	13.3	7	1,082
41	김인성	서울E	15	2	13.3	4	1,348
42	이규로	서울E	16	2	12.5	4	1,322
43	박희성	전남	17	2	11.8	16	855
44	타무라	안양	19	2	10.5	15	941
45	박동진	김천	21	2	9.5	18	1,601
46	원기종	대전	24	2	8.3	19	1,166
47	박인혁	대전	24	2	8.3	19	1,636
48	장윤호	서울E	24	2	8.3	11	1,952

순위	선수명	소속	경기수	도움수	경기당 도움률	교체수	출전 시간
49	파 투	대전	26	2	7,7	21	1,568
50	박 세 직	충남아산	27	2	7,4	9	2,246
51	윌 리 안	경남	27	2	7,4	10	2,295
52	김 진 규	부산	27	2	7,4	7	2,409
53	고 경 민	경남	29	2	6,9	21	1,882
54	바 이 오	대전	31	2	6,5	23	1,553
55	박 민 규	부산	31	2	6,5	2	2,931
56	드 로 젝	부산	32	2	6,3	26	1,915
57	김 인 균	충남아산	32	2	6,3	12	2,555
58	닐손주니어	안양	32	2	6,3	9	2,815
59	모 재 현	안양	33	2	6,1	28	1,758
60	박 찬 용	전남	33	2	6,1	3	2,995
61	박 진 섭	대전	33	2	6,1	1	3,096
62	진 세 민	경남	2	1	50,0	2	121
63	정 동 윤	김천	4	1	25,0	0	382
64	김 재 헌	충남아산	6	1	16,7	6	313
65	명 준 재	김천	6	1	16,7	5	333
66	이 동 수	김천	6	1	16,7	3	449
67	료 헤 이	충남아산	7	1	14,3	3	641
68	이 호 인	대전	7	1	14,3	1	660
69	김 동 민	김천	8	1	12,5	6	427
70	유 키	서울E	8	1	12,5	6	535
71	이 광 진	경남	8	1	12,5	3	606
72	이 명 재	김천	8	1	12,5	6	716
73	윤 석 주	경남	9	1	11,1	8	455
74	이 건 희	서울E	9	1	11,1	8	566
75	까 뇨 뚜	안산	9	1	11,1	8	579
76	최 준 혁	김천	9	1	11,1	2	794
77	김 민 균	서울E	11	1	9,1	11	424
78	이 규 혁	충남아산	11	1	9,1	6	755
79	이 현 일	충남아산	11	1	9,1	9	767
80	서 재 민	서울E	11	1	9,1	5	873
81	임 덕 근	대전	11	1	9,1	2	999
82	홍 현 승	충남아산	12	1	8,3	12	653
83	이 지 승	부산	12	1	8,3	5	890
84	아스나위	안산	14	1	7,1	7	1,085
85	권 혁 규	김천	14	1	7,1	4	1,183
86	박 상 혁	김천	15	1	6,7	15	455
87	곽 성 욱	서울E	15	1	6,7	15	694
88	마테우스	충남아산	15	1	6,7	14	714
89	김 병 오	전남	15	1	6,7	9	1,061
90	마 사	대전	15	1	6,7	6	1,288
91	바 비 오	서울E	16	1	6,3	15	819
92	이 승 재	충남아산	16	1	6,3	14	942
93	아코스티	안양	16	1	6,3	10	986
94	김 영 욱	전남	16	1	6,3	11	1,191
95	강 지 훈	김천	16	1	6,3	11	1,212
96	에드워즈	부산	16	1	6,3	4	1,360
97	이 래 준	부산	17	1	5,9	14	1,115
98	오 재 혁	부천	17	1	5,9	10	1,171
99	알리바예프	대전	17	1	5,9	7	1,358
100	박 준 희	부천	17	1	5,9	6	1,394
101	알 렉 스	전남	18	1	5,6	16	794
102	이 광 선	경남	18	1	5,6	2	1,601
103	구 성 윤	김천	18	1	5,6	0	1,732
104	김 정 환	서울E	19	1	5,3	19	467
105	안 재 준	부천	19	1	5,3	15	991
106	김 용 환	김천	20	1	5	6	1,697
107	이 인 재	서울E	21	1	4,8	4	1,776
108	송 주 호	안산	22	1	4,6	8	1,898
109	이 웅 희	대전	22	1	4,6	1	2,133
110	박 민 서	충남아산	23	1	4,4	22	1,232
111	베네가스	서울E	23	1	4,4	13	1,719
112	고 태 규	안산	24	1	4,2	16	1,213
113	김 민 호	안산	24	1	4,2	4	2,138
114	김 찬	충남아산	25	1	4	24	1,267
115	고 재 현	서울E	25	1	4	11	1,681
116	최 건 주	안산	25	1	4	17	1,708
117	올 렉	전남	25	1	4	8	2,002
118	정 준 연	안양	25	1	4	5	2,043
119	김 진 래	안산	25	1	4	2	2,135
120	황 준 호	부산	25	1	4	7	2,188
121	심 동 운	안양	26	1	3,9	19	1,848
122	이 와 세	안산	26	1	3,9	14	1,989
123	에르난데스	경남	27	1	3,7	21	1,750
124	이 종 호	전남	28	1	3,6	19	1,669
125	이 상 민	서울E	28	1	3,6	2	2,613
126	박 창 준	부천	29	1	3,5	13	2,238
127	조 나 탄	안양	29	1	3,5	9	2,565
128	사 무 엘	전남	31	1	3,2	19	2,089
129	맹 성 웅	안양	34	1	2,9	6	3,013
130	김 형 진	안양	34	1	2,9	1	3,263
131	김 동 진	경남	35	1	2,9	3	3,206

2021년 K리그2 골키퍼 실점 기록

선수명	소속	팀당 총경기수	출전 경기수	실점	1경기당 실점
박 주 원	대전	38	2	1	0,50
구 성 윤	김천	36	18	11	0,61
양 동 원	안양	37	3	2	0,67
이 준 서	대전	38	9	7	0,78
박 준 혁	전남	37	15	12	0,8
김 다 솔	전남	37	21	18	0,86
김 민 준	경남	36	1	1	1,00
최 철 원	김천	36	2	2	1,00
김 경 민	서울E	36	34	34	1,00
이 기 현	충남아산	36	16	17	1,06
정 민 기	안양	37	34	38	1,12
강 정 묵	김천	36	7	8	1,14

선수명	소속	팀당 총경기수	출전 경기수	실점	1경기당 실점
황 성 민	경남	36	7	8	1.14
이 승 빈	안산	36	25	29	1.16
박 한 근	충남아산	36	20	24	1.20
손 정 현	경남	36	28	36	1.29
이 창 근	김천	36	8	11	1.38
최 철 원	부천	36	14	20	1.43
전 종 혁	부천	36	16	23	1.44
이 주 현	부천	36	2	3	1.50
김 동 준	대전	38	27	41	1.52
안 준 수	부산	36	15	23	1.53
최 필 수	부산	36	20	31	1.55
문 경 건	안산	36	3	5	1.67
김 선 우	안산	36	9	15	1.67
김 호 준	부천	36	4	7	1.75
구 상 민	부산	36	1	2	2.00
박 지 민	김천	36	1	2	2.00
김 형 근	서울E	36	2	5	2.50
김 병 엽	전남	37	1	3	3.00

하나원큐 K리그 2021 승강 플레이오프 경기일정표

날짜	시간	홈팀	결과	원정팀	장소	관중수
12.08	19:00	대전	1:0	강원	대전 한밭	6,171
12.12	14:00	강원	4:1	대전	강릉 종합	4,154

2021년 승강 플레이오프 팀 간 경기기록

팀명	상대팀	승	무	패	득점	실점	득실	도움	경고	퇴장
강원	대전	1	0	1	4	2	2	2	6	0
대전	강원	1	0	1	2	4	-2	2	2	0

2021년 승강 플레이오프 선수 득점 기록

선수명	소속	경기수	득점수	경기당 득점률	교체 IN/OUT
임 채 민	강원	2	1	0.5	0
한 국 영	강원	2	1	0.5	1
황 문 기	강원	2	1	0.5	2
이 종 현	대전	2	1	0.5	0
이 현 식	대전	2	1	0.5	0

2021년 승강 플레이오프 선수 도움 기록

선수명	소속	경기수	도움수	경기당 도움률	교체 IN/OUT
김 대 원	강원	2	1	0.5	0
서 민 우	강원	1	1	1.0	1
마 사	대전	2	1	0.5	1
서 영 재	대전	2	1	0.5	0

2021년 승강 플레이오프 골키퍼 실점 기록

선수명	소속	총경기수	출전경기수	실점	1경기당 실점
이 광 연	강원	2	2	2	1
김 동 준	대전	2	2	4	2

2021년 승강 플레이오프 팀별 개인 기록 | 강원

선수명	출전	교체	득점	도움	코너킥	파울	파울득	오프사이드	슈팅	유효슈팅	경고	퇴장	실점	자책
김 대 우	2	2	0	0	0	4	3	0	2	2	0	0	0	0
김 대 원	2	0	0	1	15	1	9	0	5	2	0	0	0	0
김 영 빈	2	0	0	0	0	1	0	0	2	0	0	0	0	0
마 티 아	1	1	0	0	0	0	0	0	0	0	0	0	0	0
박 상 혁	1	1	0	0	0	0	0	0	0	0	0	0	0	0
서 민 우	1	0	0	1	0	1	0	0	0	0	1	0	0	0
신 창 무	2	0	0	0	3	1	1	2	1	0	0	0	0	0
양 현 준	2	0	0	0	0	0	0	0	0	0	0	0	0	0
윤 석 영	2	0	0	0	1	2	0	1	0	1	0	1	0	0
이 광 연	2	0	0	0	0	0	1	0	0	1	0	1	2	0
이 범 수	2	0	0	0	0	0	0	0	0	0	0	0	0	0
이 정 협	2	0	0	0	0	0	1	0	0	0	0	0	0	0
임 창 우	2	0	0	0	0	0	0	0	0	0	0	0	0	0
임 채 민	2	0	1	0	2	0	2	0	3	0	0	0	0	0
정 승 용	1	1	0	0	0	0	0	0	0	0	0	0	0	0
츠베타노프	2	1	0	0	0	1	2	0	1	0	0	0	0	0
한 국 영	2	1	1	0	3	0	4	0	2	0	0	0	0	0
황 문 기	2	2	1	0	0	0	0	0	0	0	0	0	0	0

2021년 승강 플레이오프 팀별 개인 기록 | 대전

선수명	출전	교체	득점	도움	코너킥	파울	파울득	오프사이드	슈팅	유효슈팅	경고	퇴장	실점	자책
공 민 현	2	2	0	0	0	2	3	0	1	1	0	0	0	0
김 동 준	2	0	0	0	0	0	0	0	0	0	0	0	4	0
김 민 덕	2	2	0	0	0	0	0	0	0	0	0	0	0	0
김 승 섭	2	1	0	0	3	0	1	0	4	3	0	0	0	0
마 사	2	1	0	1	0	2	3	0	3	1	0	0	0	0
민 준 영	2	0	0	0	0	0	0	0	0	0	0	0	0	0
바 이 오	2	0	0	0	0	1	0	0	1	0	0	0	0	0
박 인 혁	2	1	0	0	0	1	0	1	1	0	0	0	0	0
박 주 원	2	1	0	0	0	0	0	0	0	0	0	0	0	0
박 진 섭	2	0	0	1	0	7	2	0	1	0	0	0	0	0
서 영 재	2	0	0	0	8	2	2	0	0	0	1	0	0	0
신 상 은	2	0	0	0	0	0	0	0	0	0	0	0	0	0
원 기 종	2	0	0	0	0	0	0	0	0	0	0	0	0	0
이 웅 희	2	0	0	0	0	1	0	0	0	0	0	0	0	0
이 종 현	2	1	1	0	0	0	0	0	0	0	0	0	0	0
이 준 서	1	1	0	0	0	0	0	0	0	0	0	0	0	0
이 지 솔	2	0	0	0	0	1	3	0	4	1	1	0	0	0
이 진 현	2	1	0	0	0	0	0	0	0	0	0	0	0	0
이 현 식	2	0	1	0	0	8	6	0	1	0	0	0	0	0
파 투	1	1	0	0	2	0	0	0	0	0	0	0	0	0

Section 3

K 리 그 1   통 산 기 록

K리그1 통산 팀 간 경기기록

팀명	상대팀	승	무	패	득점	실점	도움	경고	퇴장
전북	강원	12	3	3	40	21	31	35	1
	경남	7	4	1	30	10	18	21	0
	광주	10	4	1	32	14	20	29	1
	대구	14	3	2	35	14	21	38	0
	대전	4	1	0	13	7	10	7	0
	부산	10	1	1	23	11	14	18	0
	상주	13	4	2	41	15	34	34	3
	서울	20	7	5	57	30	40	68	0
	성남	10	6	4	31	19	19	42	1
	수원	19	6	7	58	31	33	65	2
	수원FC	2	3	2	12	11	3	16	0
	울산	17	12	5	46	28	31	55	0
	인천	13	11	3	40	20	28	56	1
	전남	11	5	2	34	15	23	34	1
	제주	17	7	5	49	27	38	52	1
	포항	16	7	9	46	33	33	72	3
	계	195	84	52	587	306	396	642	14

팀명	상대팀	승	무	패	득점	실점	도움	경고	퇴장
서울	강원	7	8	6	27	26	19	33	1
	경남	2	7	2	12	12	10	15	0
	광주	10	4	1	29	17	17	18	0
	대구	6	8	4	22	21	14	22	2
	대전	5	0	0	10	4	9	3	0
	부산	5	4	4	14	12	7	13	0
	상주	8	4	7	28	22	21	28	0
	성남	11	5	6	30	21	31	34	1
	수원	5	7	17	37	47	19	64	1
	수원FC	5	1	0	13	2	9	5	0
	울산	5	11	15	30	44	21	46	0
	인천	13	7	10	42	27	27	45	3
	전남	12	3	4	34	21	18	32	1
	전북	5	7	20	30	57	16	58	2
	제주	9	10	8	36	31	22	30	1
	포항	7	7	14	34	39	22	64	1
	계	130	95	106	438	393	284	497	11

팀명	상대팀	승	무	패	득점	실점	도움	경고	퇴장
울산	강원	14	4	0	38	13	24	31	0
	경남	8	4	0	26	11	18	16	1
	광주	10	5	1	23	9	15	23	0
	대구	11	5	3	34	21	20	32	1
	대전	2	0	0	12	3	12	12	0
	부산	5	5	3	16	11	9	24	1
	상주	12	3	4	43	21	28	22	0
	서울	15	11	5	44	30	27	52	2
	성남	8	3	8	21	22	13	26	0
	수원	13	11	7	43	41	30	52	1
	수원FC	5	1	1	13	9	7	8	1
	인천	13	10	5	48	35	33	36	2
	전남	9	4	6	24	24	15	31	3
	전북	5	12	17	28	46	21	68	1
	제주	10	7	11	37	31	25	52	4
	포항	15	7	9	47	44	39	68	3
	계	157	94	80	494	366	324	553	20

팀명	상대팀	승	무	패	득점	실점	도움	경고	퇴장
수원	강원	10	4	4	32	25	23	36	0
	경남	5	6	2	18	13	10	10	0
	광주	7	5	3	21	14	16	22	0
	대구	7	5	5	22	14	13	33	1
	대전	4	0	1	12	6	7	7	0
	부산	6	5	2	16	9	7	22	0
	상주	8	7	3	23	16	11	28	0
	서울	5	9	17	37	47	19	64	1
	성남	7	7	9	24	25	15	28	1
	수원FC	3	1	4	11	15	5	15	0
	울산	7	11	13	41	43	21	48	0
	인천	14	11	5	49	34	34	48	0
	전남	6	9	3	28	22	16	23	1
	전북	7	6	19	31	58	20	68	4
	제주	17	5	7	45	32	33	43	1
	포항	10	13	8	39	33	28	51	0
	계	125	99	107	449	406	278	546	9

팀명	상대팀	승	무	패	득점	실점	도움	경고	퇴장
포항	강원	8	6	4	37	19	28	24	1
	경남	6	3	3	16	12	11	22	0
	광주	12	5	1	33	16	21	25	3
	대구	7	5	7	23	25	14	28	3
	대전	5	0	0	9	1	8	10	0
	부산	5	3	4	17	13	12	24	0
	상주	10	2	7	35	29	27	38	1
	서울	14	7	7	39	34	27	64	1
	성남	13	3	6	30	18	22	44	2
	수원	8	13	10	33	39	22	54	1
	수원FC	3	0	4	10	10	7	10	0
	울산	9	7	15	39	44	31	51	1
	인천	14	8	4	48	29	30	54	0
	전남	9	6	3	32	20	20	32	2
	전북	9	7	16	46	46	26	76	1
	제주	8	7	11	29	38	21	48	0
	계	140	82	109	463	393	327	604	16

팀명	상대팀	승	무	패	득점	실점	도움	경고	퇴장
제주	강원	5	5	7	28	29	21	30	0
	경남	5	5	5	18	17	10	17	1
	광주	5	4	3	14	10	8	20	1
	대구	6	5	6	29	22	15	25	0
	대전	4	2	1	16	8	12	14	0
	부산	5	2	1	12	6	9	13	0
	상주	7	4	6	33	28	21	17	0
	서울	8	10	8	31	36	22	46	1
	성남	7	10	4	29	25	19	31	4
	수원	7	5	17	32	45	22	48	1
	수원FC	2	1	4	11	13	6	14	0
	울산	11	7	10	31	37	21	35	0
	인천	9	6	5	25	20	18	39	0
	전남	15	3	2	41	17	29	25	2
	전북	5	7	17	27	49	15	72	1
	포항	11	7	8	38	29	25	40	1
	계	112	86	106	415	391	273	486	12

팀명	상대팀	승	무	패	득점	실점	도움	경고	퇴장
인천	강원	5	4	10	22	36	14	30	2
	경남	2	7	4	11	14	8	28	0
	광주	4	8	6	15	17	8	34	2
	대구	6	7	5	18	19	9	33	1
	대전	5	0	1	10	4	3	16	0
	부산	6	5	4	18	11	12	28	1
	상주	8	6	7	26	26	21	26	1
	서울	10	7	13	27	42	22	54	2
	성남	6	9	9	22	22	15	35	0
	수원	5	11	14	34	49	20	60	0
	수원FC	3	3	1	9	5	5	12	0
	울산	5	10	13	35	48	23	47	1
	전남	5	9	7	26	25	16	42	0
	전북	3	11	13	20	40	13	61	0
	제주	5	9	9	20	25	8	45	0
	포항	8	8	14	29	48	17	53	4
	계	87	114	130	342	431	214	604	14

팀명	상대팀	승	무	패	득점	실점	도움	경고	퇴장
강원	경남	6	2	2	15	10	13	14	0
	광주	2	5	2	15	14	9	18	0
	대구	4	6	10	20	28	14	29	0
	대전	1	1	2	5	7	4	10	0
	부산	2	2	1	10	9	7	8	1
	상주	6	1	5	18	17	12	21	0
	서울	6	8	7	26	27	17	33	0
	성남	7	3	4	15	15	9	33	0
	수원	4	4	10	25	32	12	38	1
	수원FC	0	1	2	1	3	0	4	0
	울산	0	4	14	13	38	8	19	2
	인천	10	4	5	36	22	19	35	1
	전남	4	5	2	16	12	7	23	1
	전북	3	3	12	21	40	13	41	0
	제주	7	5	5	29	28	19	30	2
	포항	4	6	8	19	37	13	33	1
	계	66	60	91	284	339	176	389	9

팀명	상대팀	승	무	패	득점	실점	도움	경고	퇴장
성남	강원	4	3	7	15	15	10	30	2
	경남	6	2	4	14	11	6	20	1
	광주	5	5	3	11	8	3	31	0
	대구	0	6	6	8	15	4	23	0
	대전	5	1	1	16	6	12	17	0
	부산	6	2	4	11	11	6	20	2
	상주	4	6	3	13	12	8	20	0
	서울	6	5	11	21	30	13	39	1
	수원	9	7	7	25	24	17	42	0
	수원FC	2	1	4	10	13	5	5	1
	울산	8	3	8	22	21	14	39	0
	인천	9	9	6	22	22	14	40	1
	전남	4	5	5	9	10	6	27	0
	전북	4	6	10	19	31	9	40	3
	제주	4	10	7	25	29	19	36	0
	포항	6	3	13	18	30	10	34	1
	계	82	74	99	259	288	161	463	12

팀명	상대팀	승	무	패	득점	실점	도움	경고	퇴장
전남	강원	2	5	4	12	16	8	26	0
	경남	4	3	4	16	20	13	21	0
	광주	4	2	5	18	15	10	21	1
	대구	2	4	6	14	20	9	12	2
	대전	3	3	2	11	10	7	15	0
	부산	5	4	1	16	10	9	14	0
	상주	5	2	5	20	16	18	21	0
	서울	4	3	12	21	34	13	39	1
	성남	5	5	4	10	9	6	21	0
	수원	5	4	8	22	28	18	28	2
	수원FC	1	2	0	2	1	2	6	0
	울산	9	9	9	29	28	10	35	0
	인천	7	5	5	25	26	15	48	1
	전북	2	5	11	15	34	12	27	1
	제주	2	3	15	17	41	10	29	1
	포항	3	6	9	20	32	13	35	1
	계	63	65	100	268	340	173	398	10

팀명	상대팀	승	무	패	득점	실점	도움	경고	퇴장
대구	강원	10	6	4	28	20	19	30	2
	경남	2	4	4	10	16	7	22	1
	광주	5	1	4	17	17	9	18	0
	대전	1	2	1	7	6	3	3	0
	부산	1	1	2	5	4	4	9	0
	상주	4	6	4	18	17	13	27	1
	서울	4	8	6	21	22	14	40	1
	성남	6	6	0	15	8	14	17	0
	수원	5	5	7	14	22	7	37	4
	수원FC	2	2	0	7	4	5	5	0
	울산	3	5	11	21	34	14	26	1
	인천	5	7	6	19	18	12	26	0
	전남	6	4	2	20	14	16	26	0
	전북	2	3	14	14	35	10	37	1
	제주	6	5	5	22	29	13	36	1
	포항	7	5	7	25	23	16	40	1
	계	69	70	78	263	289	176	399	13

팀명	상대팀	승	무	패	득점	실점	도움	경고	퇴장
광주	강원	2	5	2	12	15	7	23	0
	대구	4	1	5	17	17	8	22	2
	대전	2	1	1	5	3	5	7	0
	부산	3	2	1	7	4	6	9	0
	상주	4	0	6	14	9	8	14	1
	서울	1	4	10	17	29	6	23	0
	성남	3	5	5	8	11	3	23	0
	수원	3	5	7	14	21	8	32	1
	수원FC	4	1	2	8	6	6	13	0
	울산	1	5	10	9	23	3	23	1
	인천	6	8	4	17	15	11	34	0
	전남	5	2	4	15	18	12	23	0
	전북	1	4	10	14	32	10	27	1
	제주	3	4	5	10	14	7	22	0
	포항	1	5	12	16	33	9	38	2
	계	43	52	84	183	250	109	333	8

팀명	상대팀	승	무	패	득점	실점	도움	경고	퇴장
경남	강원	2	2	6	10	15	7	17	2
	대구	4	4	2	16	10	8	26	0
	대전	2	2	0	9	2	6	12	0
	부산	1	2	3	5	13	4	10	0
	상주	5	3	3	14	11	6	19	1
	서울	2	7	2	12	12	9	19	1
	성남	4	2	6	11	14	6	15	0
	수원	2	6	5	13	18	6	21	0
	울산	0	4	8	11	26	9	17	0
	인천	4	7	2	14	11	3	21	1
	전남	4	3	4	20	16	9	18	0
	전북	1	4	7	10	30	4	24	0
	제주	5	5	5	17	18	9	33	1
	포항	3	3	6	12	16	7	20	0
	계	39	54	59	174	212	97	272	6

팀명	상대팀	승	무	패	득점	실점	도움	경고	퇴장
부산	강원	1	2	2	9	10	8	8	0
	경남	3	2	1	13	5	9	12	0
	광주	1	2	3	4	7	2	11	0
	대구	2	1	1	4	5	2	8	0
	대전	2	3	1	5	4	4	13	1
	상주	1	3	2	6	9	4	11	2
	서울	4	4	5	12	14	6	30	0
	성남	4	2	6	11	11	4	30	0
	수원	2	5	6	9	16	5	26	0
	울산	3	5	5	11	16	7	33	0
	인천	4	5	6	11	16	6	29	0
	전남	4	5	5	10	16	6	22	1
	전북	1	1	10	11	23	8	21	0
	제주	1	2	5	6	12	4	8	0
	포항	4	3	5	13	17	8	18	0
	계	34	44	63	135	183	83	280	4

팀명	상대팀	승	무	패	득점	실점	도움	경고	퇴장
수원FC	강원	2	1	0	3	1	2	3	0
	광주	2	1	4	6	10	4	16	1
	대구	0	2	2	4	7	3	5	0
	상주	0	1	2	1	6	1	8	0
	서울	0	1	5	2	13	2	11	0
	성남	4	1	2	13	10	8	15	1
	수원	4	1	4	15	11	6	15	0
	울산	1	1	5	9	13	6	17	0
	인천	1	3	3	5	9	3	18	0
	전남	0	2	1	1	2	1	7	0
	전북	2	3	2	11	12	7	16	0
	제주	4	1	2	13	11	9	13	0
	포항	4	0	3	10	10	5	17	1
	계	24	18	34	93	115	59	161	3

팀명	상대팀	승	무	패	득점	실점	도움	경고	퇴장
대전	강원	2	1	1	7	5	2	5	0
	경남	0	2	2	9	2	6	6	0
	광주	1	1	2	3	5	2	8	0
	대구	1	2	1	6	7	2	11	1
	부산	1	3	2	4	5	4	9	0
	서울	0	0	5	4	10	4	6	0
	성남	1	1	5	6	16	5	15	0
	수원	1	1	5	6	12	4	16	0
	울산	0	2	4	3	12	0	7	0
	인천	1	0	5	4	10	2	7	1
	전남	3	3	3	10	11	7	21	0
	전북	0	1	4	7	13	5	10	0
	제주	1	2	4	8	16	5	9	0
	포항	0	0	5	1	9	1	10	0
	계	11	18	47	71	140	45	140	2

팀명	상대팀	승	무	패	득점	실점	도움	경고	퇴장
상주	강원	5	1	6	17	18	9	19	1
	경남	3	3	5	11	14	8	16	1
	광주	6	0	4	9	10	7	17	0
	대구	4	6	4	17	18	12	23	0
	부산	2	3	1	9	6	6	11	1
	서울	7	4	8	22	28	16	32	2
	성남	3	6	4	12	13	7	18	1
	수원	3	7	8	16	23	10	28	2
	수원FC	2	1	0	6	1	3	5	0
	울산	4	3	12	21	43	12	29	0
	인천	7	6	8	26	26	17	37	1
	전남	5	3	8	20	25	11	24	0
	전북	2	4	13	15	41	12	34	1
	제주	6	4	7	28	33	15	30	0
	포항	7	2	10	29	35	18	29	1
	계	66	53	98	258	334	163	352	11

K리그1 통산 팀 최다 기록

기록구분	기록	구단명
승 리	195	전북
패 전	130	인천
무승부	114	인천
득 점	587	전북
실 점	431	인천
도 움	396	전북
코너킥	1,642	전북
파 울	4,926	인천
오프사이드	657	울산
슈 팅	4,573	전북
페널티킥 획득	58	전북
페널티킥 성공	46	전북
페널티킥 실패	18	포항
경 고	642	전북
퇴 장	20	울산

K리그1 통산 팀 최소 기록

기록구분	기록	구단명
승 리	11	대 전
패 전	34	수원FC
무승부	18	대전, 수원FC
득 점	71	대 전
실 점	115	수원FC
도 움	45	대 전
코너킥	279	대 전
파 울	975	수원FC
오프사이드	105	수원FC
슈 팅	832	대 전
페널티킥 획득	7	대 전
페널티킥 성공	4	대 전
페널티킥 실패	1	수 원
경 고	140	대 전
퇴 장	2	대 전

K리그1 통산 팀 최다 연속 기록

기록구분	기록	구단명(기간)
연속 승	9	전북(2014.10.01 ~ 2014.11.22)
		전북(2018.03.18 ~ 2018.05.02)
연속 무승부	5	경남(2013.03.16 ~ 2013.04.21)
		성남(2015.04.15 ~ 2015.05.10)
		수원(2016.04.10 ~ 2016.04.30)
		인천(2013.09.11 ~ 2013.10.27)
연속 패	8	강원(2013.07.16 ~ 2013.09.01)
		대전(2015.06.28 ~ 2015.08.15)
		인천(2020.05.23 ~ 2020.07.04)
연속 득점	26	전북(2013.03.03 ~ 2013.09.01)
연속 무득점	9	인천(2014.03.15 ~ 2014.04.27)
연속 무승	20	부산(2015.08.12 ~ 2020.06.17)
연속 무패	33	전북(2016.03.12 ~ 2016.10.02)
연속 실점	20	강원(2013.07.13 ~ 2013.11.27)
		경남(2018.11.10 ~ 2019.06.22)
연속 무실점	8	전북(2014.10.01 ~ 2014.11.15)

K리그1 통산 선수 출전 순위

순위	선수명	최종 K리그1 소속팀	출전
1	김 태 환	울 산	291
2	염 기 훈	수 원	263
3	고 요 한	서 울	260
4	김 광 석	인 천	253
5	윤 빛 가 람	울 산	243
6	김 인 성	울 산	231
7	이 동 국	전 북	230
8	심 동 운	포 항	228
9	홍 철	울 산	228
10	오 스 마 르	서 울	223

K리그1 통산 선수 득점 순위

순위	선수명	소속팀	득점	경기수	교체수	경기당득점
1	이 동 국	전 북	87	230	157	0.38
2	김 신 욱	전 북	83	212	109	0.39
3	주 니 오	울 산	79	110	53	0.72
4	데 안	대 구	76	179	105	0.42
5	양 동 현	수원FC	62	189	93	0.33

K리그1 통산 선수 도움 순위

순위	선수명	소속팀	도움	경기수	교체수	경기당도움
1	염 기 훈	수 원	63	263	112	0.24
2	김 태 환	울 산	48	291	38	0.16
3	세 징 야	대 구	39	144	29	0.27
4	김 승 대	전 북	39	207	70	0.19
5	홍 철	울 산	38	228	56	0.17

K리그1 통산 선수 공격포인트 순위

순위	선수명	최종소속팀	공격포인트	경기수	경기당공격P
1	이 동 국	전 북	111	230	0.48
2	김 신 욱	전 북	104	212	0.49
3	염 기 훈	수 원	102	263	0.39
4	세 징 야	대 구	96	144	0.67
5	데 안	대 구	93	179	0.52

K리그1 통산 골키퍼 무실점 순위

순위	선수명	최종 K리그1 소속팀	무실점 경기수
1	신 화 용	수 원	68
2	송 범 근	전 북	58
	조 현 우	울 산	58
4	이 창 근	제 주	46
5	김 호 준	부 산	44

K리그1 통산 선수 연속 득점 순위

순위	선수명	당시 소속팀	연속경기수	비고
1	이 동 국	전 북	7	2013.05.11 ~ 2013.07.13
	조 나 탄	수 원	7	2016.09.10 ~ 2016.10.30
	주 민 규	상 주	7	2017.08.12 ~ 2017.09.30
4	주 니 오	울 산	6	2018.08.15 ~ 2018.09.15

K리그1 통산 선수 연속 도움 순위

순위	선수명	당시 소속팀	연속경기수	비고
1	레오나르도	전 북	4	2013.08.04 ~ 2013.08.24
	에스쿠데로	서 울	4	2013.11.02 ~ 2013.11.24
	유 지 훈	상 주	4	2014.04.27 ~ 2014.07.06
	염 기 훈	수 원	4	2015.04.04 ~ 2015.04.18
	코 바	울 산	4	2015.08.29 ~ 2015.09.19
	권 창 훈	수 원	4	2016.10.02 ~ 2016.10.30
	강 상 우	포 항	4	2020.09.20 ~ 2020.10.18

K리그1 통산 선수 연속 공격포인트 순위

순위	선수명	당시 소속팀	연속경기수	비고
1	이 명 주	포 항	11	2014.03.15 ~ 2014.05.10
2	조 나 탄	수 원	8	2016.08.28 ~ 2016.10.30
3	이 동 국	전 북	7	2013.05.11 ~ 2013.07.13
	김 동 섭	성 남	7	2013.07.31 ~ 2013.09.07
	염 기 훈	수 원	7	2015.03.14 ~ 2015.04.26
	아드리아노	서 울	7	2016.03.20 ~ 2016.04.30
	주 민 규	상 주	7	2017.08.12 ~ 2017.09.30
	에 드 가	대 구	7	2018.09.02 ~ 2018.10.20
	세 징 야	대 구	7	2018.11.24 ~ 2019.04.06
	세 징 야	대 구	7	2020.05.29 ~ 2020.07.05

K리그1 통산 골키퍼 연속 무실점 경기 순위

순위	선수명	당시 소속팀	연속경기수	비고
1	송 범 근	전 북	7	2018.03.31 ~ 2018.04.29
2	신 화 용	포 항	6	2014.07.05 ~ 2014.08.09
	권 순 태	전 북	6	2014.10.01 ~ 2014.11.15
4	신 화 용	포 항	5	2013.07.16 ~ 2013.08.18

Section 4

K 리 그 2 통 산 기 록

K리그2 통산 팀 간 경기기록

팀명	상대팀	승	무	패	득점	실점	도움	경고	퇴장
안양	강원	2	4	6	8	20	3	37	1
	경남	4	4	11	16	26	10	34	2
	고양	8	4	5	21	15	16	30	0
	광주	5	5	7	25	29	13	31	0
	김천	1	3	0	6	4	5	9	0
	대구	4	6	2	19	16	13	25	0
	대전	7	10	11	35	44	21	44	3
	부산	5	6	10	29	36	19	42	1
	부천	14	12	11	46	44	31	75	1
	상주	3	1	5	13	21	7	16	0
	서울E	15	6	6	42	29	20	49	1
	성남	1	3	4	7	10	6	10	0
	수원FC	7	6	15	32	47	19	52	1
	아산	4	1	7	16	20	13	31	0
	안산	8	4	7	25	21	11	36	1
	안산무궁	6	3	8	24	20	14	35	0
	전남	4	4	3	12	11	5	16	1
	제주	0	0	3	3	9	1	5	0
	충남아산	5	2	0	12	4	8	11	1
	충주	8	5	4	28	20	19	27	0
	계	111	89	125	419	446	254	615	13

팀명	상대팀	승	무	패	득점	실점	도움	경고	퇴장
부천	강원	6	2	5	19	18	10	21	3
	경남	5	3	11	22	31	11	34	0
	고양	9	4	4	27	17	17	34	0
	광주	3	5	9	15	23	9	29	1
	김천	0	1	3	0	4	0	6	0
	대구	2	4	6	7	13	2	19	1
	대전	10	6	11	27	32	15	50	2
	부산	6	7	7	18	22	12	38	2
	상주	2	2	5	10	14	6	17	0
	서울E	9	4	14	29	49	21	40	1
	성남	2	1	5	9	13	3	12	0
	수원FC	11	6	11	42	37	19	50	3
	아산	3	3	6	16	16	12	21	0
	안산	8	4	7	28	26	17	33	0
	안산무궁	4	4	9	19	28	14	30	0
	안양	11	12	14	44	46	30	72	1
	전남	3	3	5	9	13	3	18	1
	제주	0	0	3	0	7	0	5	0
	충남아산	3	2	3	3	3	1	12	1
	충주	7	3	7	15	18	12	38	0
	계	104	76	144	359	430	214	579	16

팀명	상대팀	승	무	패	득점	실점	도움	경고	퇴장
수원FC	강원	2	2	4	10	13	9	19	0
	경남	6	4	2	19	14	12	19	0
	고양	4	6	3	15	12	7	31	2
	광주	4	3	10	15	28	10	30	1
	대구	2	2		15	13	13	19	0
	대전	10	2	7	39	31	21	27	0
	부산	3	4	5	11	16	4	25	0
	부천	11	6	11	37	42	30	64	1
	상주	2	4	3	10	11	6	20	0

팀명	상대팀	승	무	패	득점	실점	도움	경고	퇴장
	서울E	9	6	5	30	23	16	36	0
	성남	1	2	5	3	11	0	18	0
	아산	2	2	8	9	17	6	36	0
	안산	7	2	6	22	21	16	30	2
	안산무궁	5	1	7	20	21	13	28	0
	안양	15	6	7	47	32	22	60	1
	전남	2	3	2	14	14	6	13	0
	제주	0	1	2	1	4	1	6	0
	충남아산	2	1	0	8	1	6	4	0
	충주	7	3	3	22	20	12	27	0
	계	96	61	92	347	336	212	501	7

팀명	상대팀	승	무	패	득점	실점	도움	경고	퇴장
대전	강원	5	1	2	13	7	10	15	0
	경남	6	3	7	28	29	20	39	0
	고양	5	3	0	13	4	8	11	0
	광주	6	3	4	15	8	11	24	1
	김천	0	1	3	4	9	2	8	0
	대구	2	2	4	6	9	5	14	0
	부산	4	5	12	21	40	16	46	2
	부천	11	6	10	32	27	19	59	1
	서울E	8	7	8	23	25	16	46	0
	성남	2	2	6	6	16	6	17	0
	수원FC	7	2	10	31	39	19	42	0
	아산	4	3	5	12	14	9	23	1
	안산	6	5	8	25	18	15	41	0
	안산무궁	2	2	4	10	11	7	25	1
	안양	11	10	7	44	35	28	52	1
	전남	5	4	3	15	12	9	18	0
	제주	2	0	1	5	3	0	6	0
	충남아산	3	2	2	13	13	8	13	1
	충주	5	3	0	17	6	12	8	0
	계	94	65	93	333	327	223	487	7

팀명	상대팀	승	무	패	득점	실점	도움	경고	퇴장
부산	강원	3	1	1	5	3	4	13	0
	경남	3	2	7	15	19	11	27	1
	고양	4	0	0	6	0	6	7	0
	광주	1	6	1	12	12	7	18	1
	김천	1	1	2	4	10	1	6	0
	대구	1	0	3	2	7	2	8	0
	대전	12	5	4	40	21	28	41	1
	부천	7	7	6	22	18	14	25	0
	서울E	11	4	4	43	27	26	26	1
	성남	3	2	2	7	5	5	15	1
	수원FC	5	4	3	16	11	10	20	1
	아산	7	4	2	22	13	12	28	0
	안산	9	5	2	27	11	16	33	1
	안산무궁	2	1	1	8	4	6	12	0
	안양	10	6	5	36	29	24	46	1
	전남	2	2	4	9	9	3	11	1
	충남아산	1	1	2	4	8	2	9	1
	충주	3	1	0	7	1	3	9	0
	계	85	54	49	282	208	180	354	10

팀명	상대팀	승	무	패	득점	실점	도움	경고	퇴장
서울E	강원	0	3	5	10	17	6	21	0
	경남	7	8	4	22	20	17	35	1

상대팀	승	무	패	득점	실점	도움	경고	퇴장
고양	4	3	1	15	7	11	13	0
광주	0	2	6	5	19	4	13	1
김천	1	1	2	5	5	3	7	0
대구	1	4	3	6	10	6	14	0
대전	8	7	8	25	23	21	46	3
부산	4	5	11	27	43	18	32	1
부천	14	4	9	49	29	29	54	0
상주	1	1	2	6	7	5	8	0
성남	2	5	1	10	8	7	14	0
수원FC	5	6	9	23	30	18	29	2
아산	1	3	8	4	25	6	32	0
안산	9	6	4	24	16	16	32	2
안산무궁	2	4	2	8	8	7	16	0
안양	6	6	15	29	42	13	49	1
전남	2	6	3	9	12	6	17	0
제주	0	1	2	4	6	1	9	1
충남아산	1	1	5	4	9	2	12	1
충주	6	1	1	17	7	13	11	0
계	74	77	101	307	343	209	464	13

팀명	상대팀	승	무	패	득점	실점	도움	경고	퇴장
광주	강원	3	1	1	9	5	7	6	1
	고양	3	3	3	11	13	6	14	0
	대구	2	1	1	5	4	5	9	0
	대전	4	3	6	8	15	6	16	1
	부산	1	6	1	12	12	9	17	0
	부천	9	5	3	23	15	12	30	0
	상주	1	0	4	5	10	4	8	0
	서울E	6	2	0	19	5	10	13	0
	성남	1	2	1	6	4	4	4	0
	수원FC	10	3	4	28	15	18	31	1
	아산	4	3	1	13	6	6	13	0
	안산	3	2	3	10	8	5	17	2
	안산무궁	4	1	5	14	13	10	21	1
	안양	7	5	5	29	25	19	25	0
	전남	2	1	1	6	4	2	7	1
	충주	3	4	2	11	6	6	14	0
	계	63	42	41	209	162	129	245	7

팀명	상대팀	승	무	패	득점	실점	도움	경고	퇴장
경남	강원	3	5	0	6	2	6	11	0
	고양	5	1	2	16	7	12	17	0
	김천	1	1	2	6	6	4	8	0
	대구	2	1	5	6	12	6	15	2
	대전	7	3	6	29	28	18	30	2
	부산	7	2	3	19	15	15	21	0
	부천	11	3	5	31	22	17	42	2
	상주	1	0	3	4	10	4	10	0
	서울E	4	8	7	20	22	13	34	0
	성남	3	1	0	6	3	6	13	0
	수원FC	2	4	6	14	19	9	30	0
	아산	3	1	0	4	3	7	9	0
	안산	4	3	4	16	15	9	17	1
	안산무궁	1	2	5	4	13	3	12	0
	안양	11	4	4	26	16	16	42	0
	전남	0	4	3	1	8	1	10	0
	제주	0	2	1	4	5	2	9	0

상대팀	승	무	패	득점	실점	도움	경고	퇴장
충남아산	3	1	3	11	9	5	11	1
충주	5	1	2	13	7	12	12	0
계	73	47	61	242	221	162	353	8

팀명	상대팀	승	무	패	득점	실점	도움	경고	퇴장
광주	강원	3	1	1	9	5	7	6	1
	고양	3	3	3	11	13	6	14	0
	대구	2	1	1	5	4	5	9	0
	대전	4	3	6	8	15	6	16	1
	부산	1	6	1	12	12	9	17	0
	부천	9	5	3	23	15	12	30	0
	상주	1	0	4	5	10	4	8	0
	서울E	6	2	0	19	5	10	13	0
	성남	1	2	1	6	4	4	4	0
	수원FC	10	3	4	28	15	18	31	1
	아산	4	3	1	13	6	6	13	0
	안산	3	2	3	10	8	5	17	2
	안산무궁	4	1	5	14	13	10	21	1
	안양	7	5	5	29	25	19	25	0
	전남	2	1	1	6	4	2	7	1
	충주	3	4	2	11	6	6	14	0
	계	63	42	41	209	162	129	245	7

팀명	상대팀	승	무	패	득점	실점	도움	경고	퇴장
대구	강원	6	2	2	20	16	11	24	0
	경남	5	1	2	12	6	9	10	0
	고양	6	2	4	21	16	11	19	0
	광주	1	1	2	4	5	2	9	0
	대전	4	2	2	9	6	6	13	0
	부산	3	0	1	4	2	4	11	0
	부천	4	2	4	13	7	10	19	0
	상주	2	1	1	10	5	4	10	0
	서울E	3	4	1	9	8	6	6	0
	수원FC	2	3	4	13	15	6	28	0
	안산무궁	3	4	5	17	18	10	25	0
	안양	2	6	4	16	19	14	33	0
	충주	7	4	1	19	11	11	18	0
	계	50	34	33	171	132	106	232	1

팀명	상대팀	승	무	패	득점	실점	도움	경고	퇴장
강원	경남	0	5	3	2	6	1	11	0
	고양	6	3	3	16	9	11	23	1
	광주	1	1	3	5	9	4	4	1
	대구	4	2	6	16	20	10	23	0
	대전	2	1	5	7	13	5	15	1
	부산	1	1	3	3	5	2	12	0
	부천	5	2	6	18	19	11	39	1
	상주	1	0	3	4	9	4	9	0
	서울E	5	3	0	17	10	10	16	0
	수원FC	4	2	2	13	10	10	24	0
	안산무궁	7	1	4	19	8	11	24	1
	안양	6	4	2	20	8	10	27	2
	충주	8	2	2	24	14	15	18	0
	계	50	27	42	165	141	98	245	7

팀명	상대팀	승	무	패	득점	실점	도움	경고	퇴장
안산	경남	4	3	4	15	16	9	21	0
	광주	3	2	3	8	10	3	13	1
	김천	0	1	3	1	6	1	9	0

상대팀	승	무	패	득점	실점	도움	경고	퇴장
대전	5	6	8	18	25	15	32	3
부산	2	5	9	11	27	5	20	0
부천	7	4	8	26	28	19	38	3
서울E	4	6	9	16	24	9	30	0
성남	1	4	3	4	6	3	22	0
수원FC	6	2	7	21	22	13	25	0
아산	2	3	7	6	13	4	23	0
안양	7	4	8	21	25	13	30	1
전남	4	3	4	12	13	7	16	1
제주	0	1	2	3	6	1	6	0
충남아산	4	2	1	7	3	4	17	0
계	49	46	76	169	224	106	302	9

팀명	상대팀	승	무	패	득점	실점	도움	경고	퇴장
전남	경남	3	4	0	8	3	2	11	0
	광주	1	1	2	4	6	4	10	0
	김천	1	2	1	6	7	3	8	1
	대전	3	4	5	12	15	7	24	1
	부산	4	2	2	9	6	7	14	0
	부천	5	3	3	13	9	9	24	0
	서울E	3	6	2	12	9	8	15	0
	수원FC	2	3	2	14	14	9	23	0
	아산	1	1	2	3	5	1	11	1
	안산	4	3	4	13	12	10	21	1
	안양	3	4	4	11	12	2	26	0
	제주	1	1	1	2	3	2	7	0
	충남아산	3	3	1	5	4	4	12	0
	계	34	37	29	112	105	68	206	4

팀명	상대팀	승	무	패	득점	실점	도움	경고	퇴장
성남	경남	0	1	3	3	7	2	6	0
	광주	1	2	1	6	6	5	6	0
	대전	6	2	0	16	6	9	9	0
	부산	2	3	3	5	7	2	12	1
	부천	5	1	2	13	9	4	13	0
	서울E	1	5	2	8	10	4	14	0
	수원FC	5	2	1	11	3	7	10	0
	아산	4	2	3	9	8	3	19	0
	안산	3	4	1	6	4	0	11	0
	안양	4	3	1	10	7	4	18	0
	계	31	25	17	87	67	40	118	1

팀명	상대팀	승	무	패	득점	실점	도움	경고	퇴장
김천	경남	2	1	1	6	5	5	7	0
	대전	3	1	0	9	4	7	8	0
	부산	2	1	1	10	4	6	5	0
	부천	3	1	0	4	0	4	8	0
	서울E	2	1	1	5	5	3	6	0
	안산	3	1	0	6	1	1	9	0
	안양	0	3	1	4	6	2	7	0
	전남	1	2	1	7	6	3	10	1
	충남아산	4	0	0	9	3	5	8	0
	계	20	11	5	60	34	36	68	1

팀명	상대팀	승	무	패	득점	실점	도움	경고	퇴장
제주	경남	1	2	0	5	4	5	5	0
	대전	1	0	2	4	6	2	3	1
	부천	3	0	0	7	0	5	6	0
	서울E	2	1	0	6	4	3	11	0
	수원FC	2	1	0	4	1	4	6	0
	안산	2	1	0	6	3	4	3	0
	안양	3	0	0	9	3	6	10	0
	전남	1	1	1	3	2	1	5	0
	충남아산	3	0	0	5	1	2	5	0
	계	18	6	3	50	23	34	54	1

팀명	상대팀	승	무	패	득점	실점	도움	경고	퇴장
충남아산	경남	3	1	3	9	11	3	11	1
	김천	0	0	4	3	9	1	5	0
	대전	2	2	3	13	13	8	10	1
	부산	2	1	1	8	4	5	8	0
	부천	2	2	3	3	3	0	16	0
	서울E	5	1	1	9	4	6	16	0
	수원FC	0	1	2	1	8	0	7	0
	안산	1	2	4	3	7	1	15	1
	안양	0	2	5	4	12	2	22	0
	전남	1	3	3	4	5	3	9	0
	제주	0	0	3	1	5	1	5	0
	계	16	15	32	58	81	30	122	3

팀명	상대팀	승	무	패	득점	실점	도움	경고	퇴장
안산무궁화	강원	4	1	7	11	19	5	35	0
	경남	5	2	1	13	4	9	14	0
	고양	8	3	6	28	13	21	40	1
	광주	5	1	4	13	14	9	29	2
	대구	5	4	3	18	17	12	20	1
	대전	4	2	2	11	10	8	14	1
	부산	1	1	2	4	1		8	0
	부천	9	4	4	28	19	17	53	1
	상주	1	2	6	7	20	5	30	0
	서울E	2	4	2	8	8	3	11	1
	수원FC	7	1	5	21	20	11	32	1
	안양	8	3	6	20	24	11	48	0
	충주	7	6	4	24	25	14	32	0
	계	66	37	49	206	201	126	366	8

팀명	상대팀	승	무	패	득점	실점	도움	경고	퇴장
아산	경남	0	1	3	4	8	1	5	0
	광주	1	3	4	6	13	5	17	1
	대전	5	3	4	14	12	12	27	1
	부산	2	4	7	13	22	7	34	2
	부천	6	3	3	16	16	7	22	0
	서울E	8	3	1	25	9	15	19	0
	성남	3	2	4	8	9	7	26	0
	수원FC	8	2	2	17	9	12	24	1
	안산	7	3	2	13	6	8	19	0
	안양	7	1	4	20	16	13	24	0
	전남	2	1	1	5	3	4	4	0
	계	49	26	35	141	123	91	221	5

팀명	상대팀	승	무	패	득점	실점	도움	경고	퇴장
상주	강원	3	0	1	7	5	5	6	0
	경남	3	0	1	8	4	6	0	0
	고양	6	2	1	20	6	16	17	0
	광주	4	0	1	10	5	6	12	1
	대구	1	1	2	5	10	1	12	0
	부천	5	2	2	14	10	9	17	1
	서울E	2	1	1	6	6	6	6	0

	승	무	패	득점	실점	도움	경고	퇴장
수원FC	3	4	2	11	10	6	18	0
안산무궁	6	2	1	20	7	15	12	0
안양	5	1	3	21	13	12	17	1
충주	5	2	2	19	12	13	10	0
계	43	15	17	142	88	92	127	3

팀명	상대팀	승	무	패	득점	실점	도움	경고	퇴장
고양	강원	3	3	6	9	16	4	29	0
	경남	2	1	5	7	16	5	17	1
	광주	3	3	3	13	11	6	19	0
	대구	4	2	6	16	21	4	28	1
	대전	0	3	5	4	13	2	15	1
	부산	0	0	4	0	6	0	11	1
	부천	4	4	9	17	27	8	39	0
	상주	1	2	6	6	20	1	19	1
	서울E	1	3	4	7	15	4	19	0
	수원FC	3	6	4	12	15	6	27	0
	안산무궁	3	6	8	13	28	9	22	0
	안양	5	4	8	15	21	7	42	0
	충주	7	8	2	27	22	21	32	2
	계	36	45	70	146	231	77	308	7

팀명	상대팀	승	무	패	득점	실점	도움	경고	퇴장
충주	강원	2	2	8	14	24	7	21	0
	경남	2	1	5	7	13	2	11	0
	고양	2	8	7	22	27	15	30	1
	광주	2	4	3	6	11	3	19	1
	대구	1	4	7	11	19	9	18	0
	대전	0	3	5	6	14	4	11	0
	부산	0	1	3	1	7	1	7	0
	부천	7	3	7	18	15	15	44	0
	상주	2	2	5	12	19	8	19	0
	서울E	1	1	6	7	17	3	14	0
	수원FC	3	3	7	12	23	7	23	0
	안산무궁	4	6	7	25	24	16	24	0
	안양	4	5	8	20	28	13	32	0
	계	30	43	78	161	243	103	273	1

K리그2 통산 팀 최다 기록

기록구분	기록	구단명
승 리	111	안양
패 전	144	부천
무승부	89	안양
득 점	419	안양
실 점	446	안양
도 움	254	안양
코너킥	1,493	안양
파 울	4,907	부천
오프사이드	542	안양
슈 팅	3,654	부천, 안양
페널티킥 획득	58	안양
페널티킥 성공	45	안양
페널티킥 실패	16	대전
경 고	615	안양
퇴 장	16	부천

K리그2 통산 팀 최소 기록

기록구분	기록	구단명
승 리	16	충남아산
패 전	3	제주
무승부	6	제주
득 점	50	제주
실 점	23	제주
도 움	30	충남아산
코너킥	121	제주
파 울	418	제주
오프사이드	33	김천
슈 팅	319	제주
페널티킥 획득	8	김천
페널티킥 성공	7	김천, 제주
페널티킥 실패	1	김천, 성남, 전남
경 고	54	제주
퇴 장	1	김천, 대구, 성남, 제주, 충주

K리그2 통산 팀 최다 연속 기록

기록구분	기록	구단명 (기간)
연속 승	11	상 주 (2013.09.01 ~ 2013.11.10)
연속 무승부	5	고 양 (2013.04.20 ~ 2013.05.19)
		광 주 (2018.08.04 ~ 2018.09.01)
		부 산 (2019.08.17 ~ 2019.09.17)
		안 양 (2015.04.15 ~ 2015.05.13)
연속 패	9	서울E (2019.05.20 ~ 2019.07.21)
		안 산 (2018.06.30 ~ 2018.08.26)
연속 득점	31	대 구 (2014.09.14 ~ 2015.07.11)
연속 무득점	6	부 천 (2020.08.22 ~ 2020.09.26)
		충남아산 (2020.10.11 ~ 2021.03.06)
		부 천 (2021.04.04 ~ 2021.05.08)
		서울E (2021.05.29 ~ 2021.07.05)
연속 무승	25	고 양 (2016.05.08 ~ 2016.09.25)
연속 무패	19	경 남 (2016.10.30 ~ 2017.06.24)
		광 주 (2019.03.03 ~ 2019.07.14)
연속 실점	20	대 전 (2016.10.15 ~ 2017.06.26)
연속 무실점	6	광 주 (2014.11.08 ~ 2018.03.10)
		상 주 (2013.09.01 ~ 2013.10.05)
		성 남 (2017.05.07 ~ 2017.06.12)

K리그2 통산 선수 출전 순위

순위	선수명	최종 K리그2 소속팀	출전
1	장혁진	경남	244
2	고경민	경남	227
3	김륜도	안산	217
4	문기한	부천	213
5	공민현	대전	211
6	진창수	서울E	184
7	김영광	서울E	183
8	닐손주니어	안양	178
9	한지호	부천	165
10	권용현	안양	162

K리그2 통산 선수 득점 순위

순위	선수명	최종소속팀	득점	경기수	교체수	경기당득점
1	고경민	경남	71	227	120	0.31
2	알렉스	서울E	64	153	65	0.42
3	안병준	부산	52	77	16	0.68
4	주민규	제주	52	146	61	0.36
5	공민현	대전	43	211	97	0.20

K리그2 통산 선수 도움 순위

순위	선수명	최종소속팀	득점	경기수	교체수	경기당도움
1	장혁진	경남	45	244	80	0.18
2	문기한	부천	43	213	112	0.20
3	임창균	전남	27	157	100	0.17
4	권용현	안양	27	162	98	0.17
5	최진수	아산	24	111	49	0.22

K리그2 통산 선수 공격포인트 순위

순위	선수명	최종소속팀	공격포인트	경기수	경기당공격P
1	고경민	경남	91	227	0.40
2	알렉스	서울E	77	153	0.50
3	주민규	제주	66	146	0.45
4	안병준	부산	60	77	0.78
	장혁진	경남	60	244	0.25

K리그2 통산 골키퍼 무실점 순위

순위	선수명	최종 K리그2 소속팀	무실점 경기수
1	김영광	서울E	52
2	박배종	수원FC	48
3	류원우	부천	37
4	조현우	대구	34
5	이진형	광주	33

K리그2 통산 선수 연속 득점 순위

순위	선수명	당시 소속팀	연속경기수	비고
1	주민규	서울E	7	2015.05.10 ~ 2015.06.10
	김동찬	대전	7	2016.04.17 ~ 2016.05.25
	이정협	부산	7	2017.03.04 ~ 2017.04.22
4	아드리아노	대전	6	2014.03.22 ~ 2014.04.27
	안병준	부산	6	2021.05.10 ~ 2021.06.20
	안병준	부산	6	2021.08.28 ~ 2021.10.03

K리그2 통산 선수 연속 공격포인트 순위

순위	선수명	당시 소속팀	연속경기수	비고
1	이근호	상주	9	2013.04.13 ~ 2013.08.04
2	주민규	서울E	8	2015.05.02 ~ 2015.06.10
3	김동찬	대전	7	2016.04.17 ~ 2016.05.25
	파울로	대구	7	2016.05.29 ~ 2016.07.02
	이정협	부산	7	2017.03.04 ~ 2017.04.22
6	아드리아노	대전	6	2014.03.22 ~ 2014.04.27
	안병준	부산	6	2021.05.10 ~ 2021.06.20
	안병준	부산	6	2021.08.28 ~ 2021.10.03

K리그2 통산 골키퍼 연속 무실점 경기 순위

순위	선수명	당시 소속팀	연속경기수	비고
1	김호준	상주	6	2013.09.01 ~ 2013.10.05
	김동준	성남	6	2017.05.07 ~ 2017.06.12
3	김선규	대전	5	2014.05.18 ~ 2014.06.16
	김영광	서울E	5	2016.10.08 ~ 2016.10.30
	김다솔	수원FC	5	2018.07.30 ~ 2018.08.25
	박배종	수원FC	5	2020.09.14 ~ 2020.10.10

Section 5

K리그 승강 플레이오프 통산기록

승강 플레이오프 통산 팀 간 경기기록

승강 플레이오프 통산 팀 간 경기기록

팀명	상대팀	승	무	패	득점	실점	도움	경고	퇴장
부산	경 남	1	1	0	2	0	1	3	0
	상 주	1	0	1	1	1	0	4	0
	서 울	0	1	1	2	4	2	5	0
	수원FC	0	0	2	0	3	0	10	0
	계	2	2	4	5	8	3	22	0

팀명	상대팀	승	무	패	득점	실점	도움	경고	퇴장
강 원	대 전	1	0	1	4	2	2	6	0
	상 주	1	0	1	2	4	2	5	0
	성 남	0	2	0	1	1	1	6	0
	계	2	2	2	7	7	5	17	0

팀명	상대팀	승	무	패	득점	실점	도움	경고	퇴장
상 주	강 원	1	0	1	4	2	2	1	0
	부 산	1	1	0	1	1	0	4	0
	계	2	1	1	5	3	2	5	0

팀명	상대팀	승	무	패	득점	실점	도움	경고	퇴장
경 남	광 주	0	1	1	2	4	2	5	0
	부 산	0	1	1	0	2	0	5	0
	계	0	2	2	2	6	2	10	0

팀명	상대팀	승	무	패	득점	실점	도움	경고	퇴장
수원FC	부 산	2	0	0	3	0	2	3	1
	계	2	0	0	3	0	2	3	1

팀명	상대팀	승	무	패	득점	실점	도움	경고	퇴장
서 울	부 산	1	1	0	4	2	4	3	0
	계	1	1	0	4	2	4	3	0

팀명	상대팀	승	무	패	득점	실점	도움	경고	퇴장
광 주	경 남	1	1	0	4	2	2	2	0
	계	1	1	0	4	2	2	2	0

팀명	상대팀	승	무	패	득점	실점	도움	경고	퇴장
성 남	강 원	0	2	0	1	1	0	8	0
	계	0	2	0	1	1	0	8	0

팀명	상대팀	승	무	패	득점	실점	도움	경고	퇴장
대 전	강 원	1	0	1	2	4	2	2	0
	계	1	0	1	2	4	2	2	0

Section 6

프로축구 역대 통산기록

프로축구 통산 팀별 경기 기록

팀명	상대팀	승	무	패	득점	실점	도움	경고	퇴장
울산	강원	20	5	2	54	25	36	50	1
	경남	19	7	4	52	25	40	49	2
	광주	14	6	1	30	12	20	28	0
	광주상무	15	6	3	35	13	26	40	0
	국민은행	4	0	0	14	3	11	0	0
	대구	27	13	8	78	45	50	94	1
	대전	32	17	11	98	52	74	97	2
	버팔로	3	2	1	10	5	7	10	0
	부산	54	46	53	172	169	118	212	13
	상무	2	1	0	4	1	2	0	0
	상주	16	4	4	56	29	37	27	0
	서울	64	55	51	215	194	143	232	11
	성남	47	36	44	151	147	101	177	4
	수원	35	26	27	112	109	86	155	3
	수원FC	5	1	1	13	9	7	8	1
	인천	26	14	13	83	57	56	94	3
	전남	35	23	23	101	86	65	154	5
	전북	37	33	39	136	140	87	187	5
	제주	62	54	49	198	174	136	222	8
	포항	57	51	62	205	204	145	248	7
	한일은행	5	5	1	16	8	14	9	0
	할렐루야	4	2	1	13	7	10	1	0
	계	583	402	398	1,846	1,514	1,271	2,094	66

팀명	상대팀	승	무	패	득점	실점	도움	경고	퇴장
포항	강원	13	7	6	49	25	37	41	1
	경남	19	6	6	53	32	36	58	0
	광주	15	6	1	41	18	27	33	3
	광주상무	16	4	1	37	17	22	40	0
	국민은행	4	1	3	14	9	11	5	0
	대구	20	15	13	69	56	49	87	4
	대전	27	17	8	76	39	54	79	1
	버팔로	4	2	0	13	5	10	4	1
	부산	50	47	55	177	181	122	201	3
	상무	2	1	0	4	2	3	3	0
	상주	13	2	8	44	35	35	46	1
	서울	62	50	54	239	213	165	249	8
	성남	60	33	36	172	133	122	181	2
	수원	33	33	33	114	112	74	174	4
	수원FC	3	0	4	10	10	7	10	0
	울산	62	51	57	204	205	150	246	7
	인천	23	17	15	86	65	57	102	2
	전남	31	25	23	100	87	68	153	4
	전북	34	24	39	125	128	84	180	4
	제주	61	47	59	215	215	152	211	5
	한일은행	5	4	2	12	8	7	3	0
	할렐루야	5	3	3	15	11	8	6	0
	계	562	395	426	1,869	1,606	1,300	2,112	50

팀명	상대팀	승	무	패	득점	실점	도움	경고	퇴장
서울	강원	14	7	7	49	36	32	48	2
	경남	14	11	8	41	31	33	68	0
	광주	13	4	2	38	22	24	24	0
	광주상무	15	5	4	38	14	19	33	0
	국민은행	2	2	0	6	2	4	0	0
	대구	17	15	12	64	48	42	63	4
	대전	25	18	12	77	54	49	85	1
	버팔로	6	0	0	17	5	12	4	0
	부산	55	49	46	190	169	123	186	9
	상무	1	2	0	3	2	3	1	0
	상주	12	4	7	38	27	29	38	0
	성남	41	42	44	156	162	110	217	7
	수원	37	24	34	118	127	76	218	0
	수원FC	5	1	0	9	5	9	5	0
	울산	51	55	64	194	215	135	248	10
	인천	23	18	15	80	53	56	101	5
	전남	37	25	20	119	88	71	157	3
	전북	33	35	37	132	142	78	177	3
	제주	61	54	49	215	188	141	209	6
	포항	54	50	62	213	239	150	243	10
	한일은행	8	1	2	26	9	22	5	0
	할렐루야	3	1	3	9	4	9	1	0
	계	527	414	428	1,836	1,642	1,224	2,136	60

팀명	상대팀	승	무	패	득점	실점	도움	경고	퇴장
부산	강원	9	6	4	25	17	17	43	0
	경남	14	7	21	48	51	35	98	4
	고양	4	0	0	6	0	6	7	0
	광주	4	10	5	23	24	14	39	2
	광주상무	8	7	9	24	21	21	29	1
	국민은행	6	2	0	18	6	11	3	0
	김천	1	1	2	4	10	1	6	0
	대구	11	8	15	46	60	28	67	2
	대전	49	16	20	142	90	95	153	2
	버팔로	3	0	3	6	3	4	9	0
	부천	7	7	6	22	18	14	25	0
	상무	1	0	2	5	6	4	6	0
	상주	5	5	3	16	11	11	23	2
	서울	46	49	55	169	190	92	235	12
	서울E	5	4	4	43	27	26	26	1
	성남	38	41	44	133	147	84	219	5
	수원	17	23	42	83	123	52	174	5
	수원FC	5	4	5	16	14	10	30	1
	아산	7	4	2	22	13	12	28	0
	안산	9	5	2	27	11	16	33	1
	안산무궁	2	1	1	8	4	6	12	0
	안양	10	6	5	36	29	24	46	1
	울산	53	46	54	169	172	113	254	15
	인천	9	18	13	33	43	17	79	0
	전남	27	18	35	99	118	65	161	8
	전북	21	17	33	80	106	48	144	2
	제주	50	50	50	152	162	79	224	3
	충남아산	3	2	2	8	9	2	9	1
	충주	4	3	1	13	9	7	9	0
	포항	55	47	50	181	177	108	226	4
	한일은행	8	1	2	22	11	17	5	0
	할렐루야	3	5	3	13	10	7	9	1
	계	497	411	492	1,690	1,700	1,047	2,426	76

팀명	상대팀	승	무	패	득점	실점	도움	경고	퇴장
제주	강원	10	3	9	42	32	29	39	0

		승	무	패	득점	실점	도움	경고	퇴장
	경남	11	17	11	47	48	28	67	1
	광주	6	5	5	20	18	13	26	1
	광주상무	13	5	5	29	14	19	36	1
	국민은행	5	1	2	13	7	8	4	0
	대구	19	13	12	67	46	35	74	0
	대전	26	12	21	82	65	59	97	3
	버팔로	6	0	0	16	5	11	4	1
	부산	50	50	50	162	152	109	204	4
	부천	3	0	0	7	0	5	6	0
	상무	1	1	1	4	2	3	2	0
	상주	8	6	7	40	35	24	24	0
	서울	49	54	61	188	215	131	233	8
	서울E	2	1	0	6	4	3	11	0
	성남	35	47	45	158	178	103	189	12
	수원	26	18	47	107	149	66	167	4
	수원FC	4	2	4	15	14	10	20	0
	안산	2	1	0	6	3	4	3	0
	안양	3	0	0	9	3	6	10	0
	울산	49	54	62	174	198	110	223	4
	인천	17	19	11	50	44	33	81	3
	전남	41	21	17	126	86	90	129	7
	전북	27	22	48	115	147	70	183	4
	충남아산	3	0	0	5	1	2	5	0
	포항	59	47	61	215	215	150	206	5
	한일은행	4	4	3	15	9	11	6	0
	할렐루야	4	5	2	22	16	15	4	0
	계	483	411	486	1,745	1,711	1,150	2,056	58

팀명	상대팀	승	무	패	득점	실점	도움	경고	퇴장
성남	강원	11	6	10	35	27	22	63	2
	경남	14	7	11	46	39	22	58	1
	광주	9	7	7	30	28	20	48	1
	광주상무	13	5	6	34	21	24	26	2
	대구	19	12	12	62	46	40	76	0
	대전	45	15	8	117	57	87	114	3
	버팔로	4	1	1	8	5	4	8	1
	부산	44	41	38	147	133	106	159	9
	부천	5	1	2	13	9	4	13	0
	상무	8	7	4	26	17	14	24	0
	서울	44	42	41	162	156	109	202	4
	서울E	1	5	2	8	10	4	14	0
	수원	26	26	30	104	115	61	160	2
	수원FC	7	3	5	21	16	12	15	1
	아산	4	2	3	9	8	3	19	0
	안산	3	4	1	6	4	0	11	0
	안양	4	3	1	10	7	4	18	0
	울산	44	36	47	147	151	104	202	7
	인천	18	21	11	59	44	36	95	2
	전남	32	26	21	87	69	55	159	3
	전북	29	22	34	106	118	70	155	5
	제주	45	47	35	178	158	110	174	5
	포항	36	33	60	133	172	85	205	8
	계	465	372	390	1,548	1,410	996	2,018	56

팀명	상대팀	승	무	패	득점	실점	도움	경고	퇴장
전북	강원	19	3	5	60	34	43	61	1
	경남	19	7	7	70	38	44	67	2

		승	무	패	득점	실점	도움	경고	퇴장
	광주	13	5	1	47	18	32	39	1
	광주상무	13	7	4	36	21	25	37	0
	대구	29	10	9	87	47	53	92	1
	대전	20	15	17	71	64	48	89	2
	부산	33	17	21	106	80	73	104	4
	상주	17	4	2	54	16	42	38	3
	서울	37	25	33	142	132	91	191	2
	성남	34	22	29	118	106	75	184	4
	수원	34	23	31	141	114	89	185	4
	수원FC	2	3	2	12	11	3	16	0
	울산	39	28	37	140	136	94	201	5
	인천	19	18	13	68	50	47	116	1
	전남	32	27	20	113	83	68	163	3
	제주	48	22	27	147	115	101	189	3
	포항	39	24	34	128	125	83	199	4
	계	447	260	292	1,540	1,190	1,011	1,971	40

팀명	상대팀	승	무	패	득점	실점	도움	경고	퇴장
수원	강원	16	6	5	51	33	37	53	2
	경남	14	12	9	48	37	32	53	2
	광주	10	6	3	30	18	21	35	0
	광주상무	15	4	4	33	13	23	25	1
	대구	24	11	7	62	36	39	77	1
	대전	29	16	11	87	45	55	99	1
	부산	42	23	17	123	83	70	150	7
	상주	11	7	4	32	18	15	36	0
	서울	34	24	37	127	118	77	209	5
	성남	30	26	26	115	104	75	144	1
	수원FC	3	1	4	11	15	5	15	0
	울산	27	26	35	109	112	54	168	3
	인천	29	16	8	84	52	54	103	0
	전남	33	17	21	108	86	60	113	3
	전북	31	23	34	114	141	75	177	8
	제주	47	18	26	149	107	107	143	6
	포항	33	33	33	112	114	72	179	4
	계	428	269	284	1395	1132	871	1779	44

팀명	상대팀	승	무	패	득점	실점	도움	경고	퇴장
전남	강원	9	10	9	37	33	26	52	0
	경남	15	10	9	44	39	29	65	0
	광주	6	6	10	27	33	18	45	1
	광주상무	12	6	3	27	14	16	34	0
	김천	1	2	1	6	7	3	8	1
	대구	15	12	13	64	60	47	82	5
	대전	28	21	22	89	72	55	114	2
	부산	35	18	27	118	99	77	125	2
	부천	5	3	3	13	9	9	24	0
	상주	13	4	6	33	22	19	25	1
	서울	20	25	37	88	119	59	141	4
	서울E	3	6	2	12	9	8	15	0
	성남	21	26	32	69	87	42	156	4
	수원	21	17	33	86	108	57	130	4
	수원FC	3	5	2	16	15	11	29	0
	아산	1	1	2	3	5	1	11	1
	안산	4	3	4	13	12	10	21	1
	안양	3	4	4	11	12	2	26	0
	울산	23	23	35	86	101	51	155	2

Section
6
역대 통산 기록

인천	12	20	14	45	47	29	102	4
전북	20	27	32	83	113	61	136	4
제주	17	21	41	86	126	54	120	4
충남아산	3	3	1	5	4	4	12	0
포항	23	25	31	87	100	50	154	1
계	313	298	369	1148	1246	738	1782	41

팀명	상대팀	승	무	패	득점	실점	도움	경고	퇴장
대전	강원	13	4	8	41	37	28	53	1
	경남	10	13	15	47	66	33	81	0
	고양	5	5	3	13	4	8	11	0
	광주	10	6	7	26	19	18	49	1
	광주상무	10	10	5	30	20	12	35	0
	김천	0	1	3	4	9	2	8	0
	대구	13	18	13	59	56	39	112	3
	부산	20	16	49	90	142	61	162	5
	부천	11	6	10	32	27	19	59	1
	상주	3	2	1	9	6	5	10	0
	서울	12	18	25	54	77	38	100	3
	서울E	8	7	8	23	25	16	46	0
	성남	8	15	45	57	117	39	122	3
	수원	11	16	29	45	87	31	113	1
	수원FC	7	2	10	31	39	19	42	0
	아산	4	3	5	12	14	9	23	1
	안산	8	6	5	25	18	15	41	0
	안산무궁	2	2	4	10	11	7	5	0
	안양	11	10	7	44	35	28	52	1
	울산	11	17	32	52	98	24	107	1
	인천	5	6	21	23	46	11	65	1
	전남	22	21	28	72	89	47	138	4
	전북	17	15	20	64	71	44	98	1
	제주	21	12	26	65	82	39	90	1
	충남아산	3	2	2	13	13	8	13	1
	충주	5	3	0	17	6	12	8	0
	포항	8	17	27	39	76	19	92	2
	계	258	251	405	997	1,290	631	1,735	33

팀명	상대팀	승	무	패	득점	실점	도움	경고	퇴장
대구	강원	20	11	12	61	51	39	79	2
	경남	9	6	19	37	59	26	68	2
	고양	6	2	4	21	16	11	19	0
	광주	7	5	8	30	31	13	39	0
	광주상무	14	5	4	42	25	26	43	0
	대전	13	18	13	56	59	38	88	2
	부산	15	9	11	60	46	38	79	2
	부천	6	4	2	13	7	10	26	1
	상주	10	9	5	37	25	21	45	1
	서울	12	15	17	48	64	31	103	1
	서울E	3	4	1	10	6	8	6	0
	성남	12	12	19	46	62	29	82	1
	수원	7	11	24	36	62	20	92	5
	수원FC	4	5	4	20	19	11	33	0
	안산무궁	3	4	5	17	18	10	25	0
	안양	2	6	4	19	19	14	33	0
	울산	8	13	27	45	78	26	82	3
	인천	12	18	16	58	57	37	100	0
	전남	13	12	15	60	64	40	85	3

전북	9	10	29	47	87	34	106	1
제주	12	13	19	46	67	29	91	3
충주	7	4	1	19	11	11	18	0
포항	13	15	20	56	69	38	96	2
계	217	210	279	881	1,002	559	1,438	29

팀명	상대팀	승	무	패	득점	실점	도움	경고	퇴장
경남	강원	11	9	7	30	22	25	44	2
	고양	5	1	2	16	7	12	17	0
	광주	4	1	1	8	5	7	12	0
	광주상무	7	4	3	14	9	9	20	0
	김천	1	1	2	5	6	4	8	0
	대구	19	6	9	59	37	35	66	4
	대전	15	13	10	66	47	40	76	3
	부산	21	7	14	51	48	39	81	1
	부천	5	5	3	31	22	17	42	2
	상주	7	3	9	23	23	12	35	1
	서울	8	11	14	31	41	20	63	1
	서울E	4	8	7	20	22	13	34	0
	성남	11	7	14	39	46	24	60	0
	수원	9	12	14	37	48	22	64	0
	수원FC	2	4	6	14	19	9	30	0
	아산	3	1	0	8	4	7	9	0
	안산	4	3	4	16	15	9	17	1
	안산무궁	1	2	5	4	13	3	12	0
	안양	11	4	4	26	16	16	42	0
	울산	4	7	19	25	52	20	48	1
	인천	11	15	5	38	33	19	49	2
	전남	9	10	15	39	44	23	69	1
	전북	7	7	19	38	70	25	69	1
	제주	11	17	11	48	47	24	83	1
	충남아산	3	1	3	11	9	5	11	1
	충주	5	1	2	13	7	12	12	0
	포항	6	6	19	32	59	19	67	0
	계	210	164	223	742	767	470	1,140	22

팀명	상대팀	승	무	패	득점	실점	도움	경고	퇴장
인천	강원	11	5	14	41	51	28	47	2
	경남	5	15	11	33	38	23	66	0
	광주	6	12	6	23	23	13	40	2
	광주상무	7	4	6	20	17	11	24	0
	대구	16	18	12	57	58	33	99	3
	대전	21	16	5	46	23	24	79	1
	부산	13	16	8	43	33	27	74	1
	상주	11	7	9	31	29	22	33	1
	서울	15	18	23	53	80	38	105	3
	성남	11	21	18	44	59	31	95	1
	수원	8	16	29	52	84	27	117	4
	수원FC	3	3	1	9	5	5	12	0
	울산	13	14	26	57	83	36	98	1
	전남	14	20	16	47	45	25	95	4
	전북	11	18	19	50	68	34	114	0
	제주	15	17	11	44	50	18	89	1
	포항	15	17	23	65	86	36	110	5
	계	195	231	240	715	832	431	1,297	30

팀명	상대팀	승	무	패	득점	실점	도움	경고	퇴장
강원	경남	7	9	11	22	30	15	39	0

상대팀	승	무	패	득점	실점	도움	경고	퇴장
고양	6	3	3	16	9	11	23	1
광주	5	9	7	28	28	19	35	1
광주상무	1	1	2	4	6	3	4	0
대구	12	11	20	51	61	34	73	0
대전	8	4	13	37	41	26	49	1
부산	4	6	9	17	25	12	33	1
부천	5	2	6	18	19	11	39	1
상주	11	2	12	33	35	18	41	0
서울	7	8	14	36	49	22	49	1
서울E	5	3	0	17	10	10	16	0
성남	10	6	11	27	35	18	49	0
수원	5	6	16	33	51	17	46	1
수원FC	4	3	4	14	13	10	28	0
안산무궁	7	1	4	19	11	8	24	1
안양	6	4	2	20	8	10	27	2
울산	2	5	20	25	54	18	30	2
인천	14	5	11	51	41	31	57	1
전남	5	10	9	33	37	17	47	1
전북	5	3	19	34	60	21	60	0
제주	9	6	10	37	47	23	43	2
충주	8	2	2	24	14	15	18	0
포항	6	7	13	25	49	16	46	1
계	152	116	218	621	733	385	876	16

팀명	상대팀	승	무	패	득점	실점	도움	경고	퇴장
광주	강원	7	9	5	28	28	16	43	1
	경남	1	1	4	5	8	3	14	0
	고양	3	3	3	11	13	6	14	0
	대구	8	5	7	31	30	18	45	2
	대전	7	6	10	19	26	15	34	2
	부산	5	10	4	24	23	20	41	0
	부천	9	5	3	23	15	12	30	0
	상주	10	1	11	24	23	14	37	1
	서울	2	4	13	22	38	9	36	0
	서울E	6	2	0	19	5	10	13	0
	성남	7	7	9	28	30	16	43	0
	수원	3	6	10	18	30	8	45	1
	수원FC	14	4	6	38	21	26	44	1
	아산	4	3	1	13	6	6	13	0
	안산	3	2	3	10	8	5	17	2
	안산무궁	4	1	5	14	13	10	21	1
	안양	7	5	5	29	25	19	25	0
	울산	1	6	14	12	30	6	34	1
	인천	6	12	6	23	23	15	48	0
	전남	10	6	6	33	27	24	44	1
	전북	1	5	13	18	47	14	36	1
	제주	5	5	6	18	20	12	27	0
	충주	3	4	2	11	6	6	14	0
	포항	1	6	15	18	41	10	54	2
	계	127	118	161	489	536	300	772	16

팀명	상대팀	승	무	패	득점	실점	도움	경고	퇴장
수원FC	강원	4	3	4	13	14	11	22	0
	경남	6	4	2	19	14	12	19	0
	고양	4	6	3	15	12	7	31	2
	광주	6	4	14	21	38	14	46	2
	대구	4	5	4	19	20	16	24	0
	대전	10	2	7	39	31	21	27	0
	부산	5	4	5	14	16	6	28	1
	부천	11	6	11	37	42	30	64	1
	상주	2	5	5	11	17	7	28	0
	서울	0	1	5	2	13	2	11	0
	서울E	9	6	5	30	23	16	36	0
	성남	5	3	7	16	21	8	33	1
	수원	4	1	3	15	11	6	15	0
	아산	2	2	8	9	17	6	36	0
	안산	7	2	6	22	21	16	30	2
	안산무궁	5	1	7	20	21	13	28	0
	안양	15	6	7	47	32	22	60	1
	울산	1	1	5	9	13	8	17	0
	인천	1	3	3	5	9	3	18	0
	전남	2	5	3	15	16	7	20	0
	전북	2	3	2	11	12	7	16	0
	제주	4	2	4	14	15	10	19	0
	충남아산	2	1	0	8	1	6	4	0
	충주	7	3	3	22	12	14	16	0
	포항	4	0	3	10	10	5	17	1
	계	122	79	126	443	451	273	665	11

팀명	상대팀	승	무	패	득점	실점	도움	경고	퇴장
안양	강원	2	4	6	8	20	3	37	1
	경남	4	4	11	16	26	10	34	2
	고양	8	4	5	21	15	16	30	0
	광주	5	5	7	25	29	13	31	0
	김천	1	3	0	6	4	5	9	0
	대구	4	6	2	19	16	13	25	0
	대전	7	10	11	35	44	21	44	3
	부산	5	6	10	29	36	19	42	1
	상주	14	12	11	46	44	31	75	1
	서울E	3	1	5	13	21	7	16	0
	성남	15	6	6	42	29	20	49	1
	수원FC	1	3	4	7	10	6	10	0
	아산	7	6	15	32	47	19	52	1
	안산	4	1	7	16	20	13	31	0
	안산무궁	8	4	7	25	21	11	36	1
	안양	6	3	8	24	20	14	35	0
	전남	4	4	3	12	11	5	16	1
	제주	0	0	3	3	9	1	5	0
	충남아산	5	2	0	12	4	8	11	0
	충주	8	5	4	28	20	19	27	0
	계	111	89	125	419	446	254	615	13

팀명	상대팀	승	무	패	득점	실점	도움	경고	퇴장
부천	강원	6	2	5	19	18	10	21	3
	경남	5	3	11	22	31	11	34	0
	고양	9	4	4	27	17	17	34	0
	광주	3	5	9	15	23	9	29	1
	김천	0	1	3	0	4	0	6	0
	대구	2	4	6	13		2	19	1
	대전	10	6	11	27	32	15	50	2
	부산	6	7	7	18	22	12	38	2
	부천	2	2	5	10	14	6	17	0
	상주	9	4	14	29	49	21	40	1
	서울E	2	1	5	9	13	3	12	0

	승	무	패	득점	실점	도움	경고	퇴장
성남	11	6	11	42	37	19	50	3
수원FC	3	3	6	16	16	12	21	0
아산	8	4	7	28	26	17	33	0
안산	4	4	9	19	28	14	30	0
안산무궁	11	12	14	44	46	30	72	1
전남	3	3	5	9	13	3	18	1
제주	0	0	3	0	7	0	5	0
충남아산	3	2	2	3	3	1	12	1
충주	7	3	7	15	18	12	38	0
계	104	76	144	359	430	214	579	16

팀명	상대팀	승	무	패	득점	실점	도움	경고	퇴장
서울E	강원	0	3	5	10	17	6	21	0
	경남	7	8	4	22	20	17	35	1
	고양	4	1	1	15	7	11	13	0
	광주	0	2	6	5	19	4	13	1
	대구	1	1	2	5	5	3	7	0
	김천	1	4	3	6	10	6	14	0
	대전	8	7	8	25	23	21	46	3
	부산	4	5	11	27	43	18	32	1
	부천	14	4	9	49	29	29	54	0
	상주	1	1	2	6	7	5	8	0
	성남	2	5	1	10	8	7	14	0
	수원FC	5	6	9	23	30	18	29	2
	아산	1	3	8	9	25	6	32	0
	안산	9	6	4	24	16	16	32	2
	안산무궁	2	4	2	8	7	8	16	0
	안양	6	6	15	29	42	13	49	1
	전남	2	6	3	9	12	6	17	0
	제주	0	1	2	4	6	1	9	1
	충남아산	1	1	5	4	9	2	12	1
	충주	6	1	1	17	7	13	11	0
	계	74	77	101	307	343	209	464	13

팀명	상대팀	승	무	패	득점	실점	도움	경고	퇴장
안산	경남	4	3	4	15	16	9	21	0
	광주	3	2	3	8	10	3	13	1
	김천	0	1	3	1	6	1	9	0
	대전	5	6	8	18	25	15	32	3
	부산	2	5	9	11	27	5	20	0
	부천	7	4	8	26	28	14	38	3
	서울E	4	6	9	16	24	9	30	0
	성남	1	4	3	4	6	3	22	0
	수원FC	6	2	7	21	22	13	25	0
	아산	2	3	7	6	13	4	23	0
	안양	7	4	8	21	25	13	30	1
	전남	4	3	4	12	13	7	16	1
	제주	0	1	2	3	6	1	6	0
	충남아산	4	2	1	7	3	4	17	0
	계	49	46	76	169	224	106	302	9

팀명	상대팀	승	무	패	득점	실점	도움	경고	퇴장
김천	경남	2	1	1	6	5	5	7	0
	대전	3	1	0	9	4	7	8	0
	부산	2	1	1	10	4	6	5	0
	부천	3	1	0	4	0	4	8	0
	서울E	2	1	1	5	5	3	6	0
	안산	3	1	0	6	1	1	9	0

	승	무	패	득점	실점	도움	경고	퇴장
안양	0	3	1	4	6	2	7	0
전남	1	2	1	7	6	3	10	1
충남아산	4	0	0	9	3	5	8	0
계	20	11	5	60	34	36	68	1

팀명	상대팀	승	무	패	득점	실점	도움	경고	퇴장
충남아산	경남	3	1	3	9	11	3	11	1
	김천	0	0	4	3	9	1	5	0
	대전	2	2	3	13	13	8	10	1
	부산	2	1	1	8	4	5	8	0
	부천	2	2	2	9	9	0	16	0
	서울E	5	1	1	9	4	6	16	0
	수원FC	0	1	2	1	8	0	7	0
	안산	1	2	4	3	7	1	15	1
	안양	0	2	5	4	12	2	22	0
	전남	1	3	3	4	5	3	9	0
	제주	0	0	3	1	5	1	3	0
	계	16	15	32	58	81	30	122	3

팀명	상대팀	승	무	패	득점	실점	도움	경고	퇴장
상주	강원	12	2	11	35	33	22	36	1
	경남	9	3	7	25	23	18	32	1
	고양	6	2	1	20	6	16	17	0
	광주	11	1	10	23	24	16	39	1
	대구	5	9	10	25	37	16	42	0
	대전	1	2	3	6	9	4	5	0
	부산	3	5	5	16	16	9	24	1
	부천	5	2	2	14	10	6	17	1
	서울	7	4	12	27	38	18	40	3
	서울E	2	1	1	7	6	6	6	0
	성남	4	7	8	17	26	10	28	1
	수원	4	7	11	18	32	12	35	2
	수원FC	5	5	2	17	11	9	23	0
	안산무궁	6	2	1	20	7	15	12	0
	안양	5	1	3	21	13	12	17	1
	울산	4	4	16	29	56	19	40	0
	인천	9	7	11	29	31	18	47	1
	전남	6	4	13	22	33	12	36	0
	전북	2	4	17	16	54	13	40	2
	제주	6	6	8	35	40	19	40	0
	충주	2	2	2	19	12	13	10	0
	포항	8	2	13	35	44	21	43	1
	계	126	82	167	476	561	304	629	16

팀명	상대팀	승	무	패	득점	실점	도움	경고	퇴장
안산무궁화	강원	4	1	7	11	19	5	35	0
	경남	5	2	1	13	4	9	14	0
	고양	8	6	3	28	13	21	40	1
	광주	5	1	4	13	14	9	29	2
	대구	5	4	3	18	17	12	20	1
	대전	4	2	2	11	10	8	14	1
	부산	1	1	2	4	8	1	8	0
	부천	9	4	4	28	19	17	53	1
	상주	1	2	6	7	20	5	30	0
	서울E	2	4	2	8	8	3	11	1
	수원FC	7	1	5	21	20	11	32	1
	안양	8	3	6	20	24	11	48	0
	충주	7	6	4	24	25	14	32	0

	계	66	37	49	206	201	126	366	8
팀명	상대팀	승	무	패	득점	실점	도움	경고	퇴장
광주 상무	강원	2	1	1	6	4	2	9	0
	경남	3	4	7	9	14	8	24	0
	대구	4	5	14	25	42	18	34	0
	대전	5	10	10	20	30	13	41	0
	부산	9	7	8	24	25	18	38	1
	서울	4	5	15	14	38	9	38	0
	성남	6	5	13	21	34	17	45	0
	수원	4	4	15	13	33	6	37	2
	울산	3	6	15	13	35	7	35	0
	인천	6	4	7	17	20	13	23	1
	전남	3	6	12	14	27	11	30	0
	전북	4	7	13	21	36	11	35	0
	제주	5	5	13	14	29	7	32	3
	포항	1	4	16	17	37	9	27	0
	계	59	73	159	228	404	149	448	7

팀명	상대팀	승	무	패	득점	실점	도움	경고	퇴장
아산	경남	0	1	3	4	8	1	5	0
	광주	1	3	4	6	13	5	17	1
	대전	5	3	4	14	12	12	27	1
	부산	2	4	7	13	22	7	34	2
	부천	6	3	6	16	16	7	22	0
	서울E	8	3	1	25	9	15	19	0
	성남	3	2	4	8	9	7	26	0
	수원FC	8	2	1	17	9	12	24	1
	안산	7	3	2	13	6	8	19	0
	안양	7	1	4	20	16	13	24	0
	전남	2	1	1	5	3	4	1	0
	계	49	26	35	141	123	91	221	5

팀명	상대팀	승	무	패	득점	실점	도움	경고	퇴장
고양	강원	3	3	6	9	16	4	29	0
	경남	2	1	5	7	16	5	17	1
	광주	3	3	3	13	11	6	19	0
	대구	4	2	6	16	21	4	28	1
	대전	0	3	5	4	13	2	15	1
	부산	0	0	4	0	6	0	11	1
	부천	4	4	9	17	27	8	39	0
	상주	1	2	6	6	20	1	8	1
	서울E	1	3	4	7	15	4	19	0
	수원FC	3	6	4	12	15	6	27	0
	안산무궁	3	6	8	13	28	9	22	0
	안양	5	4	8	15	21	7	42	0
	충주	7	8	2	27	22	21	32	2
	계	36	45	70	146	231	77	308	7

팀명	상대팀	승	무	패	득점	실점	도움	경고	퇴장
충주	강원	2	2	8	14	24	7	21	0
	경남	2	1	5	7	13	2	11	0
	고양	2	8	7	22	27	15	30	0
	광주	2	4	3	6	11	3	19	1
	대구	1	4	7	11	19	9	18	0
	대전	0	3	5	6	17	4	11	0
	부산	0	1	3	1	7	1	5	0

	부천	7	3	7	18	15	15	44	0
	상주	2	2	5	12	19	8	19	0
	서울E	1	1	6	7	17	3	14	0
	수원FC	3	3	7	12	22	7	23	0
	안산무궁	4	6	7	25	24	16	24	0
	안양	4	5	8	20	28	13	32	0
	계	30	43	78	161	243	103	273	1

팀명	상대팀	승	무	패	득점	실점	도움	경고	퇴장
할렐 루야	국민은행	6	2	0	17	4	9	1	0
	부산	3	5	3	10	13	8	8	0
	상무	1	0	2	5	4	3	2	0
	서울	3	1	3	7	9	7	4	0
	울산	1	2	4	7	13	6	3	0
	제주	2	5	4	16	22	10	9	1
	포항	3	3	5	11	15	11	3	1
	한일은행	0	6	1	4	5	3	3	0
	계	19	24	22	77	85	57	33	2

팀명	상대팀	승	무	패	득점	실점	도움	경고	퇴장
한일 은행	국민은행	1	2	1	6	7	4	2	0
	부산	2	1	8	11	22	7	10	0
	상무	0	2	1	5	6	4	1	0
	서울	2	1	4	9	26	7	8	0
	울산	1	5	5	8	16	4	7	0
	제주	3	4	4	15	18	6	9	0
	포항	2	4	5	9	18	6	0	0
	할렐루야	1	6	0	5	4	3	2	0
	계	12	25	32	61	108	45	40	0

팀명	상대팀	승	무	패	득점	실점	도움	경고	퇴장
국민 은행	부산	0	2	6	6	18	2	2	0
	서울	0	2	2	6	2	2	0	0
	울산	0	0	3	0	3	1	0	0
	제주	2	1	5	13	4	9	1	0
	포항	3	1	3	11	3	4	3	0
	한일은행	1	2	1	7	6	3	3	0
	할렐루야	0	2	6	4	17	3	3	1
	계	6	10	28	38	88	25	24	2

팀명	상대팀	승	무	패	득점	실점	도움	경고	퇴장
상무	부산	2	0	1	6	5	6	1	0
	서울	0	2	1	2	3	2	2	0
	울산	0	1	2	1	4	0	4	0
	제주	1	1	1	4	2	4	1	0
	포항	0	1	2	2	4	1	1	0
	한일은행	1	2	0	6	3	3	1	0
	할렐루야	2	0	1	4	5	2	2	0
	계	6	7	8	23	30	19	11	0

팀명	상대팀	승	무	패	득점	실점	도움	경고	퇴장
전북 버팔로	부산	3	0	3	12	13	7	12	0
	서울	0	0	6	5	17	4	6	1
	성남	1	1	4	5	8	4	10	1
	울산	1	2	3	5	10	4	9	0
	제주	0	0	5	5	16	2	6	1
	포항	0	2	5	5	13	4	4	1
	계	4	5	26	37	77	25	48	4

프로축구 통산 팀 최다 기록

구분	기록	구단명
승리	583	울산
패전	492	부산
무승부	414	서울
득점	1869	포항
실점	1711	제주
도움	1300	포항
코너킥	6574	부산
파울	22280	부산
오프사이드	3410	울산
슈팅	16421	서울
페널티킥 획득	193	부산
페널티킥 성공	157	부산
페널티킥 실패	49	울산
경고	2426	부산
퇴장	76	부산

프로축구 통산 팀 최소 기록

구분	기록	구단명
승리	5	버팔로
패전	5	김천
무승부	5	버팔로
득점	23	상무
실점	30	상무
도움	19	상무
코너킥	84	상무
파울	243	상무
오프사이드	28	상무
슈팅	263	상무
페널티킥 획득	1	상무
페널티킥 성공	0	상무
페널티킥 실패	0	버팔로, 한일은행, 할렐루야
경고	11	상무
퇴장	0	상무, 한일은행

프로축구 통산 팀 최다 연승

순위	연속기록	리그	팀명	기록 내용
1	11경기	K리그2	상주	2013.09.01 ~ 2013.11.10
2	9경기	BC	·울산	2002.10.19 ~ 2003.03.23
		BC	성남일화	2002.11.10 ~ 2003.04.30
		K리그1	전북	2014.10.01 ~ 2014.11.22
		K리그1	전북	2018.03.18 ~ 2018.05.02
6	8경기	BC	부산	1998.05.23 ~ 1998.07.26
		BC	수원	1999.07.29 ~ 1999.08.29
		BC	울산	2003.05.24 ~ 2003.07.06
		BC	성남일화	2003.08.03 ~ 2003.09.14
		BC	수원	2008.03.19 ~ 2008.04.26
		BC	포항	2009.06.21 ~ 2009.07.25
		BC	전북	2010.06.06 ~ 2010.08.08

	BC	전북	2012.05.11 ~ 2012.07.01
	K리그2/1	경남	2017.10.08 ~ 2018.04.01

프로축구 통산 팀 최다 연패

순위	연속기록	리그	팀명	기록 내용
1	14경기	BC	상주*	2012.09.16 ~ 2012.12.01
2	10경기	BC	전북버팔로	1994.09.10 ~ 1994.11.12
3	9경기	K리그2	안산	2018.06.30 ~ 2018.08.26
		K리그2	서울E	2019.05.20 ~ 2019.07.21
5	8경기	BC	대우부산	1994.08.13 ~ 1994.09.10
		BC	광주상무	2008.08.24 ~ 2008.09.28
		BC	광주상무	2009.09.13 ~ 2009.11.01
		BC	강원	2010.05.05 ~ 2010.07.24
		BC	강원	2011.06.18 ~ 2011.08.13
		K리그1	강원	2013.07.16 ~ 2013.09.01
		K리그2	대전	2015.06.28 ~ 2015.08.15
		K리그2	전남	2018.10.20 ~ 2019.03.10
		K리그1	인천	2020.05.23 ~ 2020.07.04

* 2012년 상주 기권으로 인한 14경기 연패

프로축구 통산 팀 최다 연속 무승

순위	연속기록	리그	팀명	기록 내용
1	25경기	K리그2	고양	2016.05.08 ~ 2016.09.25
2	23경기	BC	광주상무	2008.04.30 ~ 2008.10.18
3	22경기	BC	대전	1997.05.07 ~ 1997.10.12
		BC	부천SK[제주]	2002.11.17 ~ 2003.07.12
		BC	부산	2005.07.06 ~ 2006.04.05
6	21경기	BC	안양LG[서울]	1997.03.22 ~ 1997.07.13
		BC	광주상무	2010.05.23 ~ 2010.11.07
8	20경기	BC	대전	2002.08.04 ~ 2003.03.23
		K리그1	경남	2019.04.02 ~ 2019.08.03
10	19경기	BC	상주*	2012.08.08 ~ 2012.12.01
		K리그1	대전	2013.04.07 ~ 2013.08.15

* 2012년 상주 기권패(연속 14경기) 포함

프로축구 통산 팀 최다 연속 무패

순위	연속기록	리그	팀명	기록 내용
1	33경기	K리그1	전북	2016.03.12 ~ 2016.10.02
2	22경기	K리그1	전북	2014.09.06 ~ 2015.04.18
		K2-K1	제주	2020.08.01 ~ 2021.03.20
4	21경기	BC	대우[부산]	1991.05.08 ~ 1991.08.31
		BC	전남	1997.05.10 ~ 1997.09.27
6	20경기	BC	전북	2011.07.03 ~ 2012.03.17
7	19경기	BC	성남일화	2006.10.22 ~ 2007.05.26
		BC	울산	2007.05.09 ~ 2007.09.29
		BC	인천	2012.08.04 ~ 2012.11.28
		BC	포항	2012.10.28 ~ 2013.05.11
		BC	경남	2016.10.30 ~ 2017.06.24
		K리그2	광주	2019.03.03 ~ 2019.07.14

프로축구 통산 팀 최다 연속 무승부

순위	연속기록	리그	팀명	기록 내용
1	10경기	BC	안양LG[서울]	1997.05.10 ~ 1997.07.13
2	9경기	BC	일화[성남]	1992.05.09 ~ 1992.06.20
		BC	전남	2006.03.18 ~ 2006.04.29
4	7경기	BC	전남	1997.05.18 ~ 1997.07.09
		BC	대구	2004.08.01 ~ 2004.08.29
		BC	포항	2005.03.16 ~ 2005.04.27
7	6경기	BC	유공[제주]	1986.05.31 ~ 1986.07.06
		BC	대우[부산]	1992.05.09 ~ 1992.06.06
		BC	부산	2000.07.01 ~ 2000.07.22
		BC	부천SK[제주]	2004.04.10 ~ 2004.05.23
		BC	포항	2004.05.26 ~ 2004.07.11
		BC	전북	2004.08.08 ~ 2004.09.01
		BC	경남	2009.03.08 ~ 2009.04.12

프로축구 통산 팀 최다 연속 득점

순위	연속기록	리그	팀명	기록 내용
1	31경기	BC	럭키금성[서울]	1989.09.23 ~ 1990.09.01
		K리그2	대구	2014.09.14 ~ 2015.07.11
3	26경기	BC	수원	2011.07.02 ~ 2012.04.14
		K리그1	전북	2013.03.03 ~ 2013.09.01
5	25경기	BC	안양LG[서울]	2000.04.29 ~ 2000.09.30
		K리그2	제주	2020.05.23 ~ 2020.11.07
7	24경기	BC	대구	2008.05.05 ~ 2008.10.29
		BC	전북	2009.12.06 ~ 2010.08.22
		BC	포항	2012.10.28 ~ 2013.07.03

프로축구 통산 팀 최다 연속 실점

순위	연속기록	리그	팀명	기록 내용
1	27경기	BC	부산	2005.07.06 ~ 2006.05.05
2	24경기	BC	강원	2009.04.26 ~ 2009.10.24
3	23경기	BC	천안[성남]	1996.07.04 ~ 1996.10.30
4	22경기	BC	전북	2005.05.08 ~ 2005.10.23
		BC	대구	2010.04.11 ~ 2010.10.03
6	21경기	BC	대전	1998.09.19 ~ 1999.07.03
		BC	서울	2010.10.09 ~ 2011.06.11
8	20경기	BC	전북	1998.05.23 ~ 1998.09.26
		BC	수원	2000.04.09 ~ 2000.07.23
		K리그1	강원	2013.07.13 ~ 2013.11.27
		K리그2	대전	2016.10.15 ~ 2017.06.26
		K리그1	경남	2018.11.10 ~ 2019.06.22

프로축구 통산 팀 최다 연속 무득점

순위	연속기록	리그	팀명	기록 내용
1	15경기	BC	상주	2012.08.26 ~ 2012.12.01
2	9경기	K리그2	인천	2014.03.15 ~ 2014.04.27
3	7경기	BC	대전	2008.10.19 ~ 2009.03.14
		K리그1	인천	2019.04.03 ~ 2019.05.11

		K리그2	부천	2020.08.22 ~ 2020.09.26
		K리그2	충남아산	2020.10.11 ~ 2021.03.06
		K리그2	부천	2021.04.04 ~ 2021.05.08
		K리그2	서울E	2021.05.29 ~ 2021.07.05
9	6경기	BC	대우[부산]	1992.09.02 ~ 1992.09.26
		BC	인천	2005.03.13 ~ 2005.04.09
		BC	제주	2009.09.19 ~ 2009.11.01
		K리그1	부산	2013.09.08 ~ 2013.10.27
		K리그1	수원FC	2016.05.28 ~ 2016.06.29
		K리그2	고양	2016.07.09 ~ 2016.08.13

* 2012년 상주 14경기 연속 기권패(2012.09.16~2012.12.01)

프로축구 통산 팀 최다 연속 무실점

순위	연속기록	리그	팀명	기록 내용
1	8경기	BC	일화[성남]	1993.04.10 ~ 1993.05.29
		K리그1	전북	2014.10.01 ~ 2014.11.15
3	7경기	BC	수원	2008.03.19 ~ 2008.04.20
		K리그1	전북	2018.03.31 ~ 2018.04.29
5	6경기	BC	대우[부산]	1987.04.04 ~ 1987.04.19
		BC	일화[성남]	1993.08.14 ~ 1993.09.08
		BC	성남일화[성남]	2008.07.12 ~ 2008.08.30
		K리그2	상주	2013.09.01 ~ 2013.10.05
		K리그2	성남	2017.05.07 ~ 2017.06.12

프로축구 통산 팀 300승 · 400승 · 500승 기록

구분	구단명	일자	경기수	비고
300승	울산	2005.10.02	772경기	부산 : 울산
	포항	2005.10.23	792경기	광주상무 : 포항
	부산	2006.07.19	820경기	제주 : 부산
	서울	2008.08.30	876경기	서울 : 광주상무
	제주	2009.04.22	912경기	제주 : 광주상무
	성남일화[성남]	2009.05.23	758경기	성남일화 : 전남
	수원	2012.10.03	640경기	수원 : 서울
	전북	2015.04.18	751경기	전북 : 제주
	전남	2020.10.18	940경기	수원FC : 전남
400승	울산	2011.07.16	991경기	강원 : 울산
	포항	2012.03.25	1,021경기	상주 : 포항
	서울	2013.06.01	1,049경기	서울 : 전남
	부산	2014.11.22	1,138경기	부산 : 경남
	제주	2016.04.17	1,169경기	울산 : 제주
	성남	2016.06.29	1,028경기	서울 : 성남
	수원	2019.05.29	892경기	수원 : 포항
	전북	2010.08.16	922경기	전북 : 울산
500승	울산	2017.07.19	1,226경기	강원 : 울산
	포항	2017.09.20	1,234경기	포항 : 강원
	서울	2019.05.28	1,280경기	서울 : 성남

프로축구 통산 선수 최다 기록

구분	기록	선수명	소속팀	소속팀별 득점	비고
최다 득점	228골	이동국	포항	47골	
			전북	164골	
			성남일화	2골	
			광주상무	15골	
최다 도움	110회	염기훈	경찰	11회	
			울산	4회	
			수원	87회	
			전북	8회	
최다 페널티킥	42회	이동국	광주상무	5회	
			성남일화	1회	
			전북	32회	
			포항	4회	
최다 코너킥	949회	염기훈	전북	60회	
			수원	771회	
			울산	58회	
			경찰	60회	
최다 슈팅	1,596회	이동국	포항	370회	
			전북	1034회	
			성남일화	39회	
			광주상무	153회	
최다 오프사이드	398회	사샤	수원	152회	
			부산	83회	
			성남	163회	
최다 파울	970회	김상식	전북	260회	
			성남일화	593회	
			광주상무	117회	
최다 경고	143회	김한윤	포항	5회	
			부천SK	48회	
			부산	30회	
			성남일화	12회	
			서울	48회	
단일 경기 최다 득점	5골	사샤	성남일화	5골	2002.03.17(성남) 성남일화 : 부천SK
단일 경기 최다 도움	4회	이호석	경남	4회	2016.09.07(창원C) 경남 : 고양
가장 빠른골		방승환	인천	11초	2007.05.23(인천W) 인천 : 포항
가장 늦은골		이성재	부천SK	119분	1999.10.13(구덕) 부산 : 부천SK

프로축구 통산 선수 출전 순위

순위	선수명	최종소속	출전				
			프로통산	BC	K리그1	K리그2	승강PO
1	김병지	전남	706	605	101	-	-
2	김영광	성남	556	273	99	183	1
3	이동국	전북	548	318	230	-	-
4	최은성	전북	532	498	34	-	-
5	김기동	포항	501	501	-	-	-
6	김용대	울산	460	323	137	-	-
7	김상식	전북	458	438	20	-	-
8	오승범	강원	446	303	68	73	2
9	김은중	대전	444	405	22	17	-
10	우성용	인천	439	439	-	-	-

프로축구 통산 선수 득점 순위

순위	선수명	최종소속	득점				
			프로통산	BC	K리그1	K리그2	승강PO
1	이동국	전북	228	141	87	-	-
2	데얀	대구	198	122	76	-	-
3	김신욱	전북	132	49	83	-	-
4	김은중	대전	123	119	1	3	-
5	정조국	제주	121	67	37	17	-

프로축구 통산 선수 도움 순위

순위	선수명	최종소속	도움				
			프로통산	BC	K리그1	K리그2	승강PO
1	염기훈	수원	110	36	63	11	-
2	이동국	전북	77	53	24	-	-
3	몰리나	서울	69	42	27	-	-
4	신태용	성남일화	68	68	-	-	-
5	황진성	강원	67	51	16	-	-

프로축구 통산 선수 공격포인트 순위

순위	선수명	최종소속	공격포인트				
			프로통산	BC	K리그1	K리그2	승강PO
1	이동국	전북	305	194	111	-	-
2	데얀	대구	246	153	93	-	-
3	염기훈	수원	187	67	102	18	-
4	김은중	대전	179	173	2	4	-
5	신태용	성남일화	167	167	-	-	-

프로축구 통산 선수 파울 순위

순위	선수명	최종소속	파울				
			프로통산	BC	K리그1	K리그2	승강PO
1	김상식	전북	970	936	34	-	-
2	김한윤	성남일화	905	853	52	-	-
3	오범석	강원	872	535	232	105	-
4	김진우	수원	795	795	-	-	-
5	유경렬	대구	741	705	36	-	-

프로축구 통산 선수 경고 순위

순위	선수명	최종소속	경고				
			프로통산	BC	K리그1	K리그2	승강PO
1	김한윤	성남일화	143	131	12	-	-
2	오범석	강원	102	50	33	19	-
3	신광훈	포항	97	38	49	10	-
4	양상민	수원	95	61	15	19	-
5	강민수	인천	95	57	33	5	-

프로축구 통산 골키퍼 무실점 순위

순위	선수명	최종소속	무실점경기				
			프로통산	BC	K리그1	K리그2	승강PO
1	김병지	전남	229	202	27	-	-
2	김영광	성남	166	85	29	52	-
3	최은성	전북	152	140	12	-	-
4	이운재	전남	140	140	-	-	-
5	김용대	울산	133	94	39	-	-

프로축구 통산 선수 연속 득점 순위

순위	선수명	소속팀	구분	연속	기간
1	황선홍	포항	BC	8경기	1995.08.19 ~ 1995.10.04
	김도훈	전북	BC	8경기	2000.06.17 ~ 2000.07.16
3	안정환	부산	BC	7경기	1999.07.24 ~ 1999.09.04
	이동국	전북	BC	7경기	2013.05.11 ~ 2013.07.13
	주민규	서울E	K리그2	7경기	2015.05.10 ~ 2015.06.10
	김동찬	대전	K리그2	7경기	2016.04.17 ~ 2016.05.25
	조나탄	수원	K리그1	7경기	2016.09.10 ~ 2016.10.30
	이정협	부산	K리그2	7경기	2017.03.04 ~ 2017.04.22
	주민규	상주	K리그1	7경기	2017.08.12 ~ 2017.09.30

프로축구 통산 선수 연속 도움 순위

순위	선수명	소속팀	구분	연속	기간
1	라데	포항	BC	6경기	1996.07.28 ~ 1996.09.04
2	몰리나	서울	BC	5경기	2012.04.29 ~ 2012.05.28
3	김용세 외 20명			4경기	

프로축구 통산 선수 연속 공격포인트 순위

순위	선수명	소속팀	구분	연속	기간
1	이명주	서울	K리그1	11경기	2014.03.15 ~ 2017.07.02
2	마니치	부산	BC	9경기	1997.09.07 ~ 1997.10.19
	까보레	경남	BC	9경기	2007.08.15 ~ 2007.10.06
	에닝요	대구	BC	9경기	2008.07.12 ~ 2008.09.28
	이근호	상주	K리그2	9경기	2013.04.13 ~ 2013.08.04

프로축구 통산 골키퍼 연속 무실점 경기 순위

순위	선수명	소속팀	구분	연속	비고
1	신의손	일화(성남)	BC	8경기	1993.04.10 ~ 1993.05.29
2	조병득	할렐루야	BC	7경기	1985.04.20 ~ 1985.06.18
	이운재	수원	BC	7경기	2008.03.19 ~ 2008.04.20
	송범근	전북	K리그1	7경기	2018.03.31 ~ 2018.04.29
5	김풍주	대우(부산)	BC	6경기	1987.07.25 ~ 1987.09.26
	신의손	일화(성남)	BC	6경기	1993.08.14 ~ 1993.09.08
	김대환	수원	BC	6경기	2004.08.04 ~ 2004.10.31
	김승규	울산	BC	6경기	2010.06.06 ~ 2012.04.11
	김호준	상주	K리그2	6경기	2013.09.01 ~ 2013.10.05
	신화용	포항	K리그1	6경기	2014.07.05 ~ 2014.08.09
	권순태	전북	K리그1	6경기	2014.10.01 ~ 2014.11.15
	김동준	성남	K리그2	6경기	2017.05.07 ~ 2017.06.12

프로축구 통산 선수 연속 무교체 순위

순위	선수명	소속팀	구분	기록	기간
1	김병지	서울	BC	153경기	2004.04.03 ~ 2007.10.14
2	이용발	전북	BC	151경기	1999.03.31 ~ 2002.11.17
3	신의손	일화	BC	136경기	1992.03.28 ~ 1995.09.06
4	김영광	서울E	BC	105경기	2016.08.22 ~ 2019.07.14
5	조준호	제주	BC	93경기	2004.04.03 ~ 2006.07.09

프로축구 통산 최단시간 골 순위

순위	경기일자	대회구분	시간	선수	소속
1	2007.05.23	BC / 리그컵	전반 00:11	방승환	인천
2	2013.10.05	K리그1	전반 00:17	곽광선	포항
	2021.04.25	K리그2	전반 00:17	심동운	안양
4	2017.07.16	K리그1	전반 00:18	로페즈	전북
5	1986.04.12	BC / 리그	전반 00:19	권혁표	한일은행

프로축구 통산 최장거리 골 순위

순위	기록	선수명	소속팀	구분	일자	대진
1	85m	권정혁	인천	K리그1	2013.07.21	제주 : 인천
2	82m	알렉스	제주	K리그1	2017.09.20	수원 : 제주
3	67m	김현	성남	K리그1	2016.07.17	수원 : 성남
4	65m	도화성	부산	BC	2005.05.29	부천SK : 부산
5	57m	고종수	수원	BC	2002.09.04	전북 : 수원

역대 시즌별 최다 득점 기록

연도	대회명	득점(경기수)	선수명(소속팀)
83	수퍼리그	9(14)	박윤기(유공)
84	축구대제전 수퍼리그	16(28)	백종철(현대)
85	축구대제전 수퍼리그	12(21)	피아퐁(럭금), 김용세(유공)
86	축구대제전	10(19)	정해원(대우)
	프로축구선수권대회	9(15)	함현기(현대)
87	한국프로축구대회	15(30)	최상국(포철)
88	한국프로축구대회	12(23)	이기근(포철)
89	한국프로축구대회	20(39)	조긍연(포철)
90	한국프로축구대회	12(30)	윤상철(럭금)
91	한국프로축구대회	16(37)	이기근(포철)
92	한국프로축구대회	10(30)	임근재(LG)
	아디다스컵	5(6)	노수진(유공)
93	한국프로축구대회	10(23)	차상해(포철)
	아디다스컵	3(5)	임근재(LG), 강재훈(현대)
		3(2)	최문식(포철)
94	하이트배 코리안리그	21(28)	윤상철(LG)
	아디다스컵	4(6)	라데(포철)
95	하이트배 코리안리그	15(26)	노상래(전남)
	아디다스컵	6(7)	김현석(현대)
96	라피도컵 프로축구대회	18(24)	신태용(천안)
	아디다스컵	5(8)	세르게이(부천SK)
		5(6)	이원식(부천SK)
97	라피도컵 프로축구대회	9(17)	김현석(울산)
	아디다스컵	8(9)	서정원(안양LG)

연도	대회명	득점(경기수)	선수명(소속팀)
	프로스펙스컵	6(7)	마니치(부산)
98	현대컵 K-리그	14(20)	유상철(울산)
	필립모리스코리아컵	7(9)	김종건(울산)
	아디다스코리아컵	11(10)	김현석(울산)
99	바이코리아컵 K-리그	18(26)	샤샤(수원)
	대한화재컵	6(9)	안정환(부산)
		6(8)	김종건(울산)
	아디다스컵	3(5)	데니스(수원)
00	삼성 디지털 K-리그	12(20)	김도훈(전북)
	대한화재컵	6(10)	이원식(부천SK)
	아디다스컵	2(3)	서정원(수원), 김현수(성남일화)
		2(2)	이상윤(성남일화), 고종수(수원), 왕정현(안양LG)
01	포스코 K-리그	13(22)	산드로(수원)
	아디다스컵	7(9)	김도훈(전북)
02	삼성 파브 K-리그	14(27)	에드밀손(전북)
	아디다스컵	10(11)	샤샤(성남일화)
03	삼성 하우젠 K-리그	28(40)	김도훈(성남일화)
04	삼성 하우젠 K-리그	14(22)	모때(전남)
	삼성 하우젠컵	7(7)	카르로스(울산)
05	삼성 하우젠 K-리그	13(17)	마차도(울산)
	삼성 하우젠컵	7(12)	산드로(대구)
06	삼성 하우젠 K-리그	16(28)	우성용(성남일화)
	삼성 하우젠컵	8(13)	최성국(울산)
07	삼성 하우젠 K-리그	18(26)	까보레(경남)
	삼성 하우젠컵	7(9)	루이지뉴(대구)
08	삼성 하우젠 K-리그	16(27)	두두(성남일화)
	삼성 하우젠컵	9(8)	에닝요(대구)
09	K-리그	21(29)	이동국(전북)
	피스컵 코리아	4(5)	유창현(포항), 노병준(포항)
10	쏘나타 리그	22(28)	유병수(인천)
	포스코컵	6(7)	데얀(서울)
11	현대오일뱅크 K리그	24(30)	데얀(서울)
	러시앤캐시컵	11(8)	김신욱(울산)
12	현대오일뱅크 K리그	31(42)	데얀(서울)
13	현대오일뱅크 K리그 클래식	19(29)	데얀(서울)
		19(36)	김신욱(울산)
	현대오일뱅크 K리그 챌린지	15(25)	이근호(상주)
		15(29)	이상협(상주)
		15(32)	알렉스(고양)
14	현대오일뱅크 K리그 클래식	14(35)	산토스(수원)
	현대오일뱅크 K리그 챌린지	27(32)	아드리아노(대전)
15	현대오일뱅크 K리그 클래식	18(38)	김신욱(울산)
	현대오일뱅크 K리그 챌린지	26(39)	조나탄(대구)
16	현대오일뱅크 K리그 클래식	20(31)	정조국(광주)
	현대오일뱅크 K리그 챌린지	20(39)	김동찬(대전)
17	KEB하나은행 K리그 클래식	22(29)	조나탄(수원)
	KEB하나은행 K리그 챌린지	22(32)	말컹(경남)
18	KEB하나은행 K리그1	26(31)	말컹(경남)

연도	대회명	득점(경기수)	선수명(소속팀)
	KEB하나은행 K리그2	16(31)	나상호(광주)
19	하나원큐 K리그1	20(33)	타가트(수원)
	하나원큐 K리그2	19(27)	펠리페(광주)
20	하나원큐 K리그1	26(27)	주니오(울산)
	하나원큐 K리그2	21(26)	안병준(수원FC)
21	하나원큐 K리그1	22(34)	주민규(제주)
	하나원큐 K리그2	23(34)	안병준(부산)

역대 시즌별 최다 도움 기록

연도	대회명	도움(경기수)	선수명(소속팀)
83	수퍼리그	6(15)	박창선(할렐루야)
84	축구대제전 수퍼리그	9(27)	렌스베르겐(현대)
85	축구대제전 수퍼리그	6(21)	피아퐁(럭키금성)
86	축구대제전	8(15)	강득수(럭키금성)
	프로축구선수권대회	4(12)	전영수(현대)
		4(14)	여범규(대우)
		4(16)	신동철(유공)
87	한국프로축구대회	8(30)	최상국(포항)
88	한국프로축구대회	5(15)	김종부(포항)
		5(23)	함현기(현대), 황보관(유공), 강득수(럭키금성)
89	한국프로축구대회	11(39)	이흥실(포항)
90	한국프로축구대회	7(29)	송주석(현대)
91	한국프로축구대회	8(29)	김준현(유공)
92	한국프로축구대회	8(25)	신동철(유공)
	아디다스컵	3(6)	이기근(포항)
		3(7)	이인재(LG)
93	한국프로축구대회	8(27)	윤상철(LG)
	아디다스컵	2(5)	루벤(대우) 外 3명
94	하이트배 코리안리그	10(21)	고정운(일화)
	아디다스컵	4(5)	조정현(유공)
95	하이트배 코리안리그	7(26)	아미르(대우)
	아디다스컵	3(5)	윤정환(유공)
		3(6)	아미르(대우)
96	라피도컵 프로축구대회	14(32)	라데(포항)
	아디다스컵	3(7)	윤정환(부천SK)
		3(8)	윤정춘(부천SK)
97	라피도컵 프로축구대회	5(10)	이성남(수원)
		5(14)	정정수(울산)
		5(16)	신홍기(울산)
	아디다스컵	4(8)	고종수(수원)
		4(9)	김범수(전북), 박건하(수원), 김현석(울산)
	프로스펙스컵	5(7)	올레그(안양LG)
98	현대컵 K-리그	9(19)	정정수(울산)
	필립모리스코리아컵	4(8)	윤정환(부천SK)
	아디다스코리아컵	3(9)	장철민(울산), 강준호(안양LG)
99	바이코리아컵 K-리그	8(25)	변재섭(전북)

연도	대회명	도움경기수	선수명(소속팀)
	대한화재컵	4 (8)	서혁수(전북), 조성환(부천SK)
	아디다스컵	3 (3)	이성남(수원)
00	삼성 디지털 K-리그	10(29)	안드레(안양LG)
	대한화재컵	4 (9)	전경준(부천SK)
	아디다스컵	4(10)	최문식(전남)
		4 (3)	이성남(수원)
01	포스코 K-리그	10(23)	우르모브(부산)
	아디다스컵	5(11)	마니치(부산)
02	삼성 파브 K-리그	9(18)	이천수(울산)
		9(27)	김대의(성남일화)
	아디다스컵	4 (9)	안드레(안양LG)
		4(11)	샤샤(성남일화)
03	삼성 하우젠 K-리그	14(39)	에드밀손(전북)
04	삼성 하우젠 K-리그	6(18)	홍순학(대구)
	삼성 하우젠컵	5(11)	따바레즈(포항)
05	삼성 하우젠 K-리그	9	히칼도(서울)
	삼성 하우젠컵	5	세자르(전북), 히칼도(서울)
06	삼성 하우젠 K-리그	8(24)	슈바(대전)
	삼성 하우젠컵	5 (9)	두두(성남일화)
07	삼성 하우젠 K-리그	11(23)	따바레즈(포항)
	삼성 하우젠컵	5 (8)	이청용(서울)
08	삼성 하우젠 K-리그	6(14)	브라질리아(울산)
	삼성 하우젠컵	9 (3)	변성환(제주)
09	K-리그	12(30)	루이스(전북)
	피스컵 코리아	3 (4)	조찬호(포항), 이슬기(대구), 오장은(울산)
10	쏘나타 K리그	11(26)	구자철(제주)
	포스코컵	4 (5)	장남석(대구)
11	현대오일뱅크 K리그	15(29)	이동국(전북)
	러시앤캐시컵	4 (6)	최재수(울산)
12	현대오일뱅크 K리그	19(41)	몰리나(서울)
13	현대오일뱅크 K리그 클래식	13(35)	몰리나(서울)
	현대오일뱅크 K리그 챌린지	11(21)	염기훈(경찰)
14	현대오일뱅크 K리그 클래식	10(26)	이승기(전북)
		10(35)	레오나르도(전북)
	현대오일뱅크 K리그 챌린지	9(33)	최진호(강원)
		9(36)	권용현(수원FC)
15	현대오일뱅크 K리그 클래식	17(35)	염기훈(수원)
	현대오일뱅크 K리그 챌린지	12(39)	김재성(서울E)
16	현대오일뱅크 K리그 클래식	15(34)	염기훈(수원)
	현대오일뱅크 K리그 챌린지	10(27)	이호석(경남)
17	KEB하나은행 K리그 클래식	14(35)	손준호(포항)
	KEB하나은행 K리그 챌린지	13(33)	장혁진(안산)
18	KEB하나은행 K리그1	11(25)	세징야(대구)
	KEB하나은행 K리그2	9(32)	박수일(대전), 호물로(부산)
19	하나원큐 K리그1	10(32)	문선민(전북)
		10(35)	세징야(대구)
	하나원큐 K리그2	10(29)	정재희(전남)

연도	대회명	도움경기수	선수명(소속팀)
20	하나원큐 K리그1	12(26)	강상우(포항)
	하나원큐 K리그2	7(23)	김영욱(제주)
21	하나원큐 K리그1	10(32)	김보경(전북)
		10(36)	무릴로(수원FC)
	하나원큐 K리그2	8(37)	주현우(안양)

역대 득점 해트트릭 기록_ K리그 BC

번호	경기일자	선수명	소속	상대팀	경기장	대회구분	득점
1	83.08.25	김 희 철	포철	유공	동대문	정규리그	3
2	83.09.22	박 윤 기	유공	국민은	동대문	정규리그	3
3	84.07.22	정 해 원	대우	럭금	부산 구덕	정규리그	3
4	84.07.28	이 태 호	대우	한일은	동대문	정규리그	3
5	84.08.26	백 종 철	현대	국민은	울산 공설	정규리그	3
6	86.10.19	정 해 원	대우	유공	대구 시민	정규리그	3
7	86.10.22	정 해 원	대우	한일은	포항 종합	정규리그	3
8	87.07.27	이 태 호	대우	럭금	대전 한밭	정규리그	3
9	88.06.04	조 긍 연	포철	럭금	포항 종합	정규리그	3
10	89.05.20	조 긍 연	포철	대우	포항 종합	정규리그	3
11	89.10.21	조 긍 연	포철	현대	강릉 종합	정규리그	3
12	92.06.13	임 근 재	LG	대우	마산	정규리그	3
13	93.07.07	차 상 해	포철	대우	광양 전용	정규리그	3
14	93.08.25	윤 상 철	LG	유공	동대문	정규리그	3
15	93.09.28	강 재 순	현대	일화	동대문	정규리그	3
16	93.11.06	최 문 식	포철	일화	목동	리그컵	3
17	94.05.25	윤 상 철	LG	버팔로	동대문	리그컵	3
18	94.06.01	라 데	포철	버팔로	포항 스틸야드	리그컵	3
19	94.07.23	이 상 윤	일화	LG	동대문	정규리그	3
20	94.07.30	라 데	포철	LG	동대문	정규리그	4
21	94.08.27	김 상 훈	LG	대우	부산 구덕	정규리그	3
22	94.10.22	황 보 관	유공	버팔로	동대문	정규리그	3
23	94.11.05	라 데	포철	LG	동대문	정규리그	4
24	94.11.05	윤 상 철	LG	포철	동대문	정규리그	3
25	95.08.30	노 상 래	전남	대우	광양 전용	정규리그	3
26	95.09.06	황 선 홍	포항	대우	부산 구덕	정규리그	3
27	96.04.07	김 도 훈	전북	안양LG	안양	리그컵	3
28	96.04.24	세르게이	부천SK	부산	속초	리그컵	3
29	96.06.22	조 셉	부천SK	천안	목동	정규리그	3
30	96.08.18	신 태 용	천안	울산	보령	정규리그	3
31	96.08.22	신 태 용	천안	포항	포항 스틸야드	정규리그	3
32	96.08.25	조 정 현	부천SK	천안	목동	정규리그	3
33	96.08.25	홍 명 보	포항	전북	전주	정규리그	3
34	96.09.12	세르게이	부천SK	안양LG	동대문	정규리그	3
35	96.11.02	세르게이	부천SK	안양LG	목동	정규리그	3
36	97.04.12	윤 정 춘	부천SK	안양LG	목동	리그컵	3
37	97.04.16	이 원 식	부천SK	울산	목동	리그컵	3
38	97.09.27	김 현 석	울산	천안	울산 공설	정규리그	3
39	98.03.31	김 현 석	울산	대전	대전 한밭	리그컵	4
40	98.04.22	제 용 삼	안양LG	부산	부산 구덕	리그컵	3
41	98.05.23	김 종 건	울산	천안	울산 공설	리그컵	3

번호	경기일자	선수명	소속	상대팀	경기장	대회구분	득점
42	98.07.25	최 진 철	전북	천안	전주	정규리그	3
43	98.08.26	유 상 철	울산	대전	울산 공설	정규리그	3
44	98.09.26	샤 샤	수원	대전	수원 종합	정규리그	3
45	99.06.23	안 정 환	부산	대전	속초	정규리그	3
46	99.07.28	이 성 재	부천SK	전북	목동	정규리그	3
47	99.08.18	고 정 운	포항	울산	울산 공설	정규리그	3
48	99.08.18	최 용 수	안양LG	전북	안양	정규리그	3
49	99.08.21	샤 샤	수원	부천SK	목동	정규리그	4
50	99.08.25	김 종 건	울산	부산	부산 구덕	정규리그	3
51	99.10.13	샤 샤	수원	대전	대전 한밭	정규리그	3
52	00.06.21	김 도 훈	전북	대전	대전 한밭	정규리그	3
53	00.08.19	왕 정 현	안양LG	전북	안양	정규리그	3
54	00.08.30	데 니 스	수원	대전	대전 한밭	정규리그	3
55	00.09.03	이 상 윤	성남일화	부천SK	목동	정규리그	3
56	00.10.11	데 니 스	수원	전남	광양 전용	정규리그	3
57	00.10.11	산드로C	수원	전남	광양 전용	정규리그	3
58	01.06.24	샤 샤	성남일화	부천SK	부천 종합	정규리그	3
59	01.06.27	코 난	포항	대전	대전 한밭	정규리그	3
60	01.07.11	샤 샤	성남일화	대전	대전 한밭	정규리그	3
61	01.09.09	산드로C	수원	전북	수원 월드컵	정규리그	3
62	01.09.26	박 정 환	안양LG	부산	부산 구덕	정규리그	3
63	02.03.17	샤 샤	성남일화	부천SK	성남 종합	리그컵	5
64	02.04.10	뚜 따	안양LG	부산	부산 구덕	리그컵	3
65	02.11.17	서 정 원	수원	부천SK	부천 종합	정규리그	3
66	02.11.17	유 상 철	울산	부산	울산 문수	정규리그	4
67	03.03.26	마 그 노	전북	부산	전주 월드컵	정규리그	3
68	03.05.04	이 동 국	광주상무	부산	부산 아시아드	정규리그	3
69	03.08.06	김 도 훈	성남일화	부천SK	부천 종합	정규리그	3
70	03.09.03	이따마르	전남	포항	포항 스틸야드	정규리그	3
71	03.10.05	김 도 훈	성남일화	안양LG	성남 종합	정규리그	3
72	03.11.09	김 도 훈	성남일화	대구	대구 시민	정규리그	3
73	03.11.16	도 도	울산	광주상무	울산 문수	정규리그	4
74	04.04.10	훼 이 종	대구	광주상무	대구 스타디움	정규리그	3
75	04.06.13	나 드 손	수원	광주상무	수원 월드컵	정규리그	3
76	04.08.04	제 칼 로	울산	부산	울산 문수	리그컵	3
77	04.08.21	코 난	포항	서울	포항 스틸야드	리그컵	3
78	04.11.20	우 성 용	포항	광주상무	광주 월드컵	정규리그	3
79	05.03.06	노 나 또	서울	전남	광양 전용	리그컵	3
80	05.05.05	나 드 손	수원	대구	대구 스타디움	리그컵	3
81	05.05.15	네 아 가	전남	대구	광양 전용	정규리그	3
82	05.05.18	박 주 영	서울	광주상무	서울 월드컵	정규리그	3
83	05.05.29	산 드 로	대구	수원	대구 스타디움	정규리그	3
84	05.07.03	남 기 일	성남일화	서울	탄천 종합	정규리그	3
85	05.07.10	박 주 영	서울	포항	서울 월드컵	정규리그	3
86	05.08.31	김 도 훈	성남일화	인천	탄천 종합	정규리그	3
87	05.11.27	이 천 수	울산	인천	인천 월드컵	정규리그	3
88	06.09.23	오 장 은	대구	전북	전주 월드컵	정규리그	3
89	07.03.14	안 정 환	수원	대전	수원 월드컵	리그컵	3
90	07.03.21	박 주 영	서울	수원	서울 월드컵	리그컵	3
91	07.05.20	스 테 보	전북	대구	전주 월드컵	정규리그	3
92	07.09.22	데 닐 손	대전	대구	대전 월드컵	정규리그	3
93	08.04.27	라돈치치	인천	대구	대구 스타디움	정규리그	3
94	08.05.24	호 물 로	제주	광주상무	제주 월드컵	정규리그	3
95	08.07.05	데 안	서울	포항	서울 월드컵	정규리그	3
96	08.08.27	에 닝 요	대구	대전	대구 시민	리그컵	3
97	09.04.04	최 태 욱	전북	성남일화	전주 월드컵	정규리그	3
98	09.05.02	이 동 국	전북	제주	제주 종합	정규리그	3
99	09.07.04	이 동 국	전북	광주상무	광주 월드컵	정규리그	3
100	09.08.26	노 병 준	포항	서울	포항 스틸야드	리그컵	3
101	10.03.20	모 따	포항	강원	포항 스틸야드	정규리그	3
102	10.03.28	김 영 후	강원	전남	강릉 종합	정규리그	3
103	10.04.18	유 병 수	인천	포항	인천 월드컵	정규리그	4
104	10.05.05	데 안	서울	성남일화	서울 월드컵	정규리그	3
105	10.08.14	몰 리 나	성남일화	인천	인천 월드컵	정규리그	3
106	10.08.29	한 상 운	부산	전남	부산 아시아드	정규리그	3
107	10.10.02	오르티고사	울산	대전	대전 월드컵	정규리그	3
108	10.10.09	유 병 수	인천	대전	인천 월드컵	정규리그	3
109	11.05.08	데 안	서울	상주	상주 시민	정규리그	3
110	11.06.18	염 기 훈	수원	대구	수원 월드컵	정규리그	3
111	11.07.06	김 신 욱	울산	경남	울산 문수	리그컵	4
112	11.08.06	김 동 찬	전북	강원	강릉 종합	정규리그	3
113	11.08.21	이 동 국	전북	포항	전주 월드컵	정규리그	3
114	11.08.27	몰 리 나	서울	강원	서울 월드컵	정규리그	3
115	11.09.24	데 안	서울	대전	서울 월드컵	정규리그	3
116	11.10.30	하 대 성	서울	경남	진주 종합	정규리그	3
117	12.03.16	이 근 호	울산	성남일화	울산 문수	스플릿일반	3
118	12.04.22	에 벨 톤	성남일화	광주	탄천 종합	스플릿일반	3
119	12.05.13	자 일	제주	강원	제주 월드컵	스플릿일반	3
120	12.06.24	이 동 국	전북	경남	전주 월드컵	스플릿일반	3
121	12.07.11	웨 슬 리	강원	대전	대전 월드컵	스플릿일반	3
122	12.07.21	서 동 현	제주	전남	제주 월드컵	스플릿일반	3
123	12.08.04	까 이 끼	경남	대구	창원C	스플릿일반	3
124	12.08.22	김 신 욱	울산	상주	상주 시민	스플릿일반	3
125	12.10.07	지 쿠	강원	대전	대전 월드컵	스플릿B	3
126	12.10.07	케 빈	대전	강원	대전 월드컵	스플릿B	3
127	12.11.29	조 찬 호	포항	서울	포항 스틸야드	스플릿A	3

※ 단일 라운드 2회 해트트릭:
조정현(부천SK), 홍명보(포항): 부천SK vs 천안 / 전북 vs 포항 96,08,25
유상철(울산), 서정원(수원): 울산 vs 부산 / 부천SK vs 수원 02,11,17

※ 단일 경기 양팀 선수 동시 해트트릭:
윤상철(LG), 라데(포철): LG vs 포철 94,11,05
케빈(대전), 지쿠(강원): 대전 vs 강원 12,10,07

※ 단일 경기 한팀 선수 동시 해트트릭:
데니스(수원), 산드로C(수원): 전남 vs 수원 00,10,11

※ 단일 경기 한 팀 선수 득점 - 도움 해트트릭:
박주영(서울 / 득점), 히칼도(서울 / 도움): 서울 vs 포항 05,07,10

※ 단일 경기 한 선수 득점 - 도움 해트트릭:
몰리나(서울): 서울 vs 강원 11,08,27

※ 단일 시즌 개인 최다 해트트릭(3회):
라데(포항,1994), 세르게이(부천SK,1996), 김도훈(성남일화, 2003)

역대 득점 해트트릭 기록_ K리그1

번호	경기일자	선수명	소속	상대팀	경기장	대회구분	득점
1	13.04.20	정 대 세	수원	대전	대전 월드컵	스플릿일반	3
2	13.05.26	페드로	제주	서울	제주 월드컵	스플릿일반	3
3	13.07.06	페드로	제주	경남	창원 축구센터	스플릿일반	3
4	13.07.31	조 찬 호	포항	강원	포항 스틸야드	스플릿일반	3
5	13.08.03	임 상 협	부산	경남	부산 아시아드	스플릿일반	3
6	13.10.30	김 형 범	경남	전남	창원 축구센터	스플릿B	3
7	13.11.20	데 얀	서울	전북	서울 월드컵	스플릿A	3
8	13.11.30	김 동 기	강원	제주	강릉 종합	스플릿B	3
9	14.09.06	박 수 창	제주	전남	제주 월드컵	스플릿일반	4
10	15.04.04	김 두 현	성남	대전	대전 월드컵	스플릿일반	3
11	15.09.09	로 페 즈	제주	대전	대전 월드컵	스플릿일반	3
12	15.10.04	산 토 스	수원	광주	광주 월드컵	스플릿일반	3
13	15.10.25	코 바	울산	전남	광양 전용	스플릿B	3
14	15.11.07	윤 주 태	서울	수원	서울 월드컵	스플릿A	4
15	16.10.29	로 페 즈	전북	전남	순천 팔마	스플릿A	3
16	17.05.07	자 일	전남	광주	순천 팔마	스플릿일반	3
17	17.07.15	페 체 신	전남	대구	광양 전용	스플릿일반	3
18	17.07.15	데 얀	서울	인천	인천 전용	스플릿일반	3
19	17.07.19	조 나 탄	수원	전남	수원 월드컵	스플릿일반	3
20	17.09.10	이 승 기	전북	강원	전주 월드컵	스플릿일반	3
21	17.10.08	주 니 오	대구	전남	광양 전용	스플릿일반	3
22	17.10.15	완 델 손	광주	전남	광양 전용	스플릿B	3
23	18.03.04	말 컹	경남	상주	창원 축구센터	스플릿일반	3
24	18.04.21	제 리 치	강원	전남	광양 전용	스플릿일반	3
25	18.05.02	마 그 노	제주	강원	제주 월드컵	스플릿일반	3
26	18.08.15	이 석 현	포항	전북	포항 스틸야드	스플릿일반	3
27	18.08.18	말 컹	경남	포항	포항 스틸야드	스플릿일반	3
28	18.08.19	제 리 치	강원	인천	춘천 송암	스플릿일반	4
29	19.06.23	완 델 손	포항	강원	춘천 송암	스플릿일반	3
30	19.06.23	조 재 완	강원	포항	춘천 송암	스플릿일반	3
31	19.07.10	문 선 민	전북	대구	DGB대구은행파크	스플릿일반	3
32	19.07.10	윤 일 록	제주	서울	제주 월드컵	스플릿일반	3
33	19.08.17	타 가 트	수원	강원	춘천 송암	스플릿일반	3
34	19.08.25	완 델 손	포항	인천	포항 스틸야드	스플릿일반	3
35	19.09.01	무 고 사	인천	울산	인천 전용	스플릿일반	3
36	20.07.04	주 니 오	울산	인천	울산 문수	스플릿일반	3
37	20.09.06	무 고 사	인천	강원	강릉 종합	스플릿일반	3
38	20.09.20	팔로세비치	포항	상주	포항 스틸야드	스플릿일반	3
39	20.09.26	타 가 트	수원	서울	수원 월드컵	파이널B	3
40	20.09.27	무 고 사	인천	성남	탄천 종합	파이널B	3
41	20.09.27	일류첸코	포항	광주	포항 스틸야드	파이널A	3
42	20.05.18	임 상 협	포항	수원FC	수원 종합	스플릿일반	3
43	21.06.06	구스타보	전북	성남	탄천 종합	스플릿일반	3
44	21.07.25	라 스	수원FC	울산	울산 문수	스플릿일반	3

※ 단일 경기 한 팀 선수 득점 · 도움 해트트릭:
   신토스(수원/득점), 염기훈(수원/도움): 광주 vs 수원 15.10.04
※ 단일 경기 양팀 선수 동시 해트트릭:
   조재완(강원), 완델손(포항) : 강원 vs 포항, 19.06.23
※ 한 라운드 해트트릭 3회 기록: 2020년 K리그1 23라운드(9.26~27)
   타가트(수원), 무고사(인천), 일류첸코(포항)

역대 득점 해트트릭 기록_ K리그2

번호	경기일자	선수명	소속	상대팀	경기장	대회구분	득점
1	13.09.29	정 성 민	충주	부천	부천 종합	일반	3
2	14.03.29	이 재 권	안산	대구	안산 와스타디움	일반	3
3	14.05.14	최 진 호	강원	고양	고양 종합	일반	3
4	14.05.25	최 진 호	강원	충주	춘천 송암	일반	3
5	14.06.15	조 엘 손	강원	안산	강릉 종합	일반	3
6	14.07.13	아드리아노	대전	안양	대전 월드컵	일반	3
7	14.09.17	최 진 호	강원	대구	춘천 송암	일반	3
8	14.11.02	조 나 탄	대구	강원	대구 스타디움	일반	4
9	15.06.03	이 정 협	상주	경남	상주 시민	일반	3
10	15.06.03	주 민 규	서울E	부천	부천 종합	일반	3
11	15.09.23	조 나 탄	대구	상주	대구 스타디움	일반	3
12	15.10.03	타라바이	서울E	안양	안양 종합	일반	3
13	15.11.22	조 석 재	충주	고양	고양 종합	일반	3
14	16.07.31	정 성 민	안산	대구	안산 와스타디움	일반	3
15	16.08.13	고 경 민	부산	안산	부산 아시아드	일반	3
16	16.09.07	크리스찬	경남	고양	창원축구센터	일반	4
17	16.10.15	하 파 엘	충주	안산	충주 종합	일반	4
18	17.07.23	김 동 찬	성남	수원FC	탄천 종합	일반	3
19	17.08.23	최 오 백	서울E	아산	잠실	일반	3
20	17.09.03	고 경 민	부산	대전	부산 구덕	일반	3
21	17.09.17	김 현	아산	안양	안양 종합	일반	3
22	18.07.29	고 경 민	부산	안양	부산 구덕	일반	3
23	19.03.10	펠 리 페	광주	아산	광주 월드컵	일반	3
24	19.03.16	고 무 열	아산	부천	아산 이순신	일반	3
25	19.07.21	고 무 열	아산	서울E	아산 이순신	일반	3
26	19.03.30	호 물 로	부산	부천	부산 구덕	일반	3
27	19.08.31	노보트니	부산	서울E	잠실 올림픽	일반	3
28	20.09.27	고 경 민	경남	충남아산	창원축구센터	일반	3
29	21.05.24	박 인 혁	대전	부천	대전 월드컵	일반	3
30	21.06.05	발로텔리	전남	서울E	광양 전용	일반	3
31	21.06.12	알렉산드로	충남아산	대전	아산 이순신	일반	3
32	21.06.13	안 병 준	부산	안산	안산 와스타디움	일반	3
33	21.08.08	김 륜 도	안산	부천	부천 종합	일반	3
34	21.10.10	마 사	대전	안산	한밭 종합	일반	3

※ 단일 시즌 개인 최다 해트트릭(3회): 최진호(강원, 2014)

역대 도움 해트트릭 기록_ K리그 BC

번호	경기일자	선수명	소속	상대팀	경기장	대회구분	도움
1	83.07.02	김 창 호	유공	포철	대전 한밭	정규리그	3
2	84.06.17	노 인 호	현대	할렐루야	전주	정규리그	3
3	84.11.03	김 한 봉	현대	국민은행	동대문	정규리그	3
4	86.10.12	강 득 수	럭금	포철	안동	정규리그	3
5	91.05.11	강 득 수	현대	LG	울산 공설	정규리그	3
6	91.09.11	이 영 진	LG	일화	동대문	정규리그	3
7	93.09.28	김 종 건	현대	일화	동대문	정규리그	3
8	93.10.16	김 용 갑	일화	포철	동대문	정규리그	3
9	96.06.19	신 홍 기	울산	전남	울산 공설	정규리그	3

번호	경기일자	선수명	소속	상대팀	경기장	대회구분	도움
10	97.08.13	올 레 그	안양LG	전북	안양	리그컵	3
11	97.08.23	사 사	부산	포항	포항 스틸야드	정규리그	3
12	98.08.26	정 정 수	울산	대전	울산 공설	정규리그	3
13	00.10.15	데 니 스	수원	포항	동대문	리그컵	3
14	01.06.27	박 태 하	포항	대전	대전 한밭	정규리그	3
15	02.11.17	이 천 수	울산	부산	울산 문수	정규리그	3
16	03.03.26	에드밀손	전북	부산	전주 월드컵	정규리그	3
17	03.05.11	김 도 훈	성남일화	안양LG	안양	정규리그	3
18	03.09.03	마 리 우	안양LG	부천SK	부천 종합	정규리그	3
19	05.05.05	세 자 르	전북	서울	전주 월드컵	리그컵	3
20	05.07.10	히 칼 도	서울	포항	서울 월드컵	정규리그	3
21	05.08.28	김 도 훈	성남일화	전북	전주 월드컵	정규리그	3
22	06.03.25	최 원 권	서울	제주	제주 월드컵	정규리그	3
23	07.04.04	이 현 승	전북	포항	전주 월드컵	리그컵	3
24	08.07.19	이 근 호	대구	부산	부산 아시아드	정규리그	3
25	09.03.07	이 청 용	서울	전남	광양 전용	정규리그	3
26	09.07.22	오 장 은	울산	제주	울산 문수	리그컵	3
27	10.04.04	데 안	서울	수원	서울 월드컵	정규리그	3
28	10.09.10	김 영 후	강원	전북	전주 월드컵	정규리그	3
29	11.04.16	이 동 국	전북	광주	전주 월드컵	정규리그	3
30	11.06.18	모 따	포항	상주	포항 스틸야드	정규리그	3
31	11.08.27	몰 리 나	서울	강원	서울 월드컵	정규리그	3
32	12.06.23	이 승 기	광주	전남	광주 월드컵	스플릿일반	3

※ 단일 경기 한 선수 득점 - 도움 해트트릭
    몰리나(서울): 서울 vs 강원 11.08.27

역대 도움 해트트릭 기록_ K리그1

번호	경기일자	선수명	소속	상대팀	경기장	대회구분	도움
1	13.04.20	홍 철	수원	대전	대전 월드컵	스플릿일반	3
2	15.06.17	홍 철	수원	제주	제주 월드컵	스플릿일반	3
3	15.10.04	염 기 훈	수원	광주	광주 월드컵	스플릿일반	3
4	16.07.31	염 기 훈	수원	제주	수원 월드컵	스플릿일반	3
5	16.10.29	레오나르도	전북	전남	순천 팔마	스플릿A	3
6	17.10.22	이재성⑰	전북	강원	춘천 송암	스플릿A	3
7	18.09.15	한 교 원	전북	제주	전주 월드컵	스플릿일반	3
8	19.07.09	정 승 용	강원	상주	춘천 송암	스플릿일반	3
9	19.07.10	서 진 수	제주	서울	제주 월드컵	스플릿일반	3
10	20.07.04	김 인 성	울산	인천	울산 문수	스플릿일반	3

※ 단일 경기 한 팀 선수 득점 - 도움 해트트릭:
    산토스(수원/득점), 염기훈(수원/도움): 광주 vs 수원 15.10.04

역대 도움 해트트릭 기록_ K리그2

번호	경기일자	선수명	소속	상대팀	경기장	대회구분	도움
1	13.06.06	유 수 현	수원FC	경찰	수원 종합	일반	3
2	13.09.08	알 렉 스	고양	광주	고양 종합	일반	3
3	15.11.11	자 파	수원FC	상주	상주 시민	일반	3
4	16.09.07	이 호 석	경남	고양	창원축구센터	일반	4
5	19.08.17	장 혁 진	안산	수원FC	수원 종합	일반	3

역대 자책골 기록_ K리그 BC

경기일자	선수명	소속	상대팀	경기구분			시간
83.06.25	강 신 우	대우	유공	원정	정규리그	전기	후반 44
83.09.10	김 형 남	포철	유공	원정	정규리그	후기	후반 10
84.05.12	김 광 훈	럭금	대우	원정	정규리그	전기	후반 16
84.06.28	김 경 식	한일	럭금	홈	정규리그	전기	후반 30
84.06.28	문 영 서	할렐	대우	원정	정규리그	전기	후반 40
84.06.30	주 영 만	국민	럭금	홈	정규리그	전기	후반 29
84.08.17	김 경 식	한일	현대	홈	정규리그	후기	전반 19
84.11.04	정 태 영	럭금	대우	원정	정규리그	후기	후반 08
85.07.02	이 돈 철	현대	럭금	원정	정규리그	일반	후반 44
86.03.23	김 흥 권	현대	유공	홈	정규리그	전기	전반 34
86.07.06	박 경 훈	포철	현대	홈	리그컵	일반	전반 41
86.09.11	손 형 선	대우	현대	홈	리그컵	일반	후반 04
86.09.14	이 재 희	대우	럭금	원정	리그컵	일반	전반 38
86.10.26	박 연 혁	유공	현대	원정	정규리그	후기	전반 13
87.04.11	조 영 증	럭금	대우	원정	정규리그	일반	전반 15
87.08.17	김 문 경	현대	포철	원정	정규리그	일반	전반 40
87.09.20	남 기 영	포철	현대	원정	정규리그	일반	후반 13
88.04.02	강 태 식	포철	럭금	홈	정규리그	일반	후반 45
88.07.10	정 종 수	유공	포철	홈	정규리그	일반	전반 17
89.04.16	이 화 열	포철	럭금	원정	정규리그	일반	후반 23
89.10.25	공 문 배	포철	유공	홈	정규리그	일반	전반 31
90.04.08	이 영 진	럭금	현대	원정	정규리그	일반	후반 18
90.04.22	안 익 수	일화	유공	홈	정규리그	일반	후반 23
91.05.04	하 성 준	일화	유공	홈	정규리그	일반	후반 39
91.06.22	최 윤 겸	유공	현대	홈	정규리그	일반	전반 45
91.09.07	박 현 용	대우	LG	원정	정규리그	일반	후반 33
91.09.14	권 형 정	포철	현대	홈	정규리그	일반	전반 14
92.09.30	이 재 일	현대	포철	원정	리그컵	일반	전반 35
92.11.07	조 민 국	LG	현대	원정	정규리그	일반	후반 10
93.05.08	김 삼 수	LG	현대	홈	정규리그	일반	전반 30
93.07.07	차 석 준	유공	일화	원정	정규리그	일반	후반 40
93.08.14	알 미 르	대우	LG	홈	정규리그	일반	전반 26
94.05.21	유 동 관	포철	LG	홈	리그컵	일반	전반 21
94.08.13	조 덕 제	대우	일화	원정	정규리그	일반	후반 27
94.08.27	정 인 호	유공	현대	홈	정규리그	일반	후반 43
94.09.10	최 영 희	대우	일화	홈	정규리그	일반	후반 17
94.09.24	김 판 근	LG	현대	홈	정규리그	일반	후반 26
94.11.09	이 종 화	일화	유공	홈	정규리그	일반	전반 09
95.03.25	손 종 찬	유공	LG	홈	리그컵	일반	전반 38
95.06.21	김 경 래	전북	포항	홈	정규리그	전기	전반 07
95.08.30	이 영 진	일화	전북	홈	정규리그	후기	후반 26
95.08.30	정 인 호	유공	포항	원정	정규리그	후기	후반 22
96.04.18	신 성 환	수원	부천SK	홈	리그컵	일반	후반 31
96.05.12	박 광 현	천안	포항	홈	정규리그	전기	전반 40
96.05.15	정 영 호	전남	안양LG	원정	정규리그	전기	후반 36
96.06.29	하 상 수	부산	부천SK	홈	정규리그	전기	전반 44
96.07.06	이 민 성	부산	전남	홈	정규리그	전기	후반 28
97.04.12	김 주 성	부산	수원	원정	리그컵	일반	후반 16
97.05.10	신 성 환	수원	울산	원정	정규리그	일반	후반 45

경기일자	선수명	소속	상대팀	경기구분		시간
97.07.12	최영일	부산	포항	홈	정규리그 일반	후반 38
97.07.13	무탐바	안양LG	천안	홈	정규리그 일반	후반 38
97.07.23	마시엘	전남	안양LG	홈	리그컵 A조	후반 21
97.09.24	김현수	전남	울산	원정	리그컵 A조	후반 43
98.06.06	김봉현	전북	부천SK	홈	리그컵 일반	전반 30
98.07.25	김태영	전남	안양LG	홈	정규리그 일반	전반 43
98.08.01	신성환	수원	천안	원정	정규리그 일반	전반 03
98.08.19	김재형	부산	안양LG	홈	정규리그 일반	전반 21
98.08.29	무탐바	안양LG	전북	원정	정규리그 일반	후반 43
98.09.23	이영상	포항	부천SK	홈	정규리그 일반	후반 47
98.10.14	보리스	부천SK	수원	홈	정규리그 일반	전반 19
99.06.27	유동우	대전	수원	홈	정규리그 일반	후반 13
99.07.03	호제리오	전북	울산	원정	정규리그 일반	후반 25
99.07.07	이임생	부천SK	전남	홈	정규리그 일반	전반 35
99.07.17	김학철	안양LG	전남	원정	정규리그 일반	후반 14
99.07.28	장민석	전북	부천SK	원정	정규리그 일반	전반 36
99.08.18	이경춘	전북	안양LG	원정	정규리그 일반	후반 15
99.08.25	이기형	수원	포항	홈	정규리그 일반	전반 29
99.10.09	김영철	천안	대전	홈	정규리그 일반	연(후) 01
99.10.31	손현준	부산	수원	원정	정규리그 PO	후반 36
00.03.19	이창엽	대전	부산	홈	리그컵 B조	후반 05
00.05.17	이정효	부산	포항	홈	정규리그 일반	후반 33
00.10.01	호제리오	전북	포항	중립	정규리그 일반	전반 29
00.10.07	최진철	전북	성남일화	홈	정규리그 일반	전반 13
01.05.05	졸리	수원	전북	홈	리그컵 4강전	후반 08
01.08.01	이창원	전남	부천SK	홈	정규리그 일반	후반 16
01.09.08	박종문	전남	울산	원정	정규리그 일반	후반 24
01.09.26	이싸빅	포항	울산	원정	정규리그 일반	후반 52
02.04.06	이임생	부천SK	전북	원정	리그컵 A조	전반 33
02.04.27	윤희준	부산	울산	원정	리그컵 B조	전반 28
02.07.28	김현수	성남일화	수원	원정	정규리그 일반	후반 16
02.08.28	심재원	부산	전북	홈	정규리그 일반	전반 38
02.11.06	왕정현	안양LG	대전	원정	정규리그 일반	후반 13
03.04.30	윤원철	부천SK	대구	홈	정규리그 일반	전반 08
03.05.21	김치곤	안양LG	광주상무	원정	정규리그 일반	전반 03
03.05.21	박준홍	광주상무	안양LG	홈	정규리그 일반	후반 32
03.09.07	조병국	수원	부산	원정	정규리그 일반	전반 42
03.09.24	보리스	부천SK	안양LG	원정	정규리그 일반	전반 26
03.09.24	유경렬	울산	성남일화	홈	정규리그 일반	전반 42
03.10.05	김치곤	안양LG	성남일화	원정	정규리그 일반	전반 02
03.11.09	이응제	전북	부산	원정	정규리그 일반	전반 22
04.04.10	곽희주	수원	전북	원정	정규리그 전기	전반 24
04.04.17	쏘우자	서울	부천SK	원정	정규리그 전기	전반 13
04.04.17	이싸빅	성남일화	인천	원정	정규리그 전기	후반 10
04.04.24	조병국	수원	성남일화	원정	정규리그 전기	전반 34
04.05.08	이싸빅	성남일화	포항	홈	정규리그 전기	전반 20
04.07.11	성한수	전남	전북	원정	리그컵 일반	전반 27
04.07.18	한정국	대전	부산	홈	리그컵 일반	전반 22
04.07.25	김현수	전북	성남일화	원정	리그컵 일반	전반 25
04.09.11	강용	포항	서울	홈	정규리그 후기	전반 06
05.04.13	윤희준	부산	부천SK	원정	리그컵 일반	전반 45

경기일자	선수명	소속	상대팀	경기구분		시간
05.05.01	산토스	포항	부산	원정	리그컵 일반	전반 10
05.05.05	이상호	부천SK	포항	원정	리그컵 일반	전반 08
05.05.08	김한윤	부천SK	전남	홈	리그컵 일반	전반 38
05.08.31	유경렬	울산	부천SK	홈	정규리그 후기	후반 14
05.09.04	이창원	전남	부천SK	홈	정규리그 후기	전반 47
05.10.16	마토	수원	전북	홈	정규리그 후기	후반 00
05.10.30	박재홍	전남	전북	원정	정규리그 후기	후반 35
05.11.09	장경진	인천	광주상무	원정	정규리그 후기	후반 18
06.04.01	박규선	울산	수원	홈	정규리그 전기	후반 34
06.05.10	김광석	광주상무	대구	원정	정규리그 전기	전반 45
06.05.10	전광환	전북	수원	원정	정규리그 전기	후반 37
06.05.27	마토	수원	인천	원정	리그컵 일반	후반 42
06.07.26	김윤식	포항	울산	홈	리그컵 일반	전반 21
06.08.30	이장관	부산	대구	홈	정규리그 후기	후반 11
06.09.09	김영선	전북	인천	홈	정규리그 후기	후반 08
06.09.23	이동원	전남	부산	홈	정규리그 후기	후반 01
06.09.30	이민성	서울	대구	원정	정규리그 후기	전반 16
06.10.04	조성환	포항	인천	원정	정규리그 후기	후반 18
06.10.04	유경렬	울산	서울	원정	정규리그 후기	전반 18
07.03.10	니콜라	제주	성남일화	홈	정규리그 일반	후반 07
07.05.05	김진규	전남	포항	홈	정규리그 일반	전반 36
07.05.05	김동규	광주상무	수원	홈	정규리그 일반	전반 42
07.08.15	이준기	전남	인천	원정	정규리그 일반	후반 40
07.08.18	심재원	부산	포항	홈	정규리그 일반	후반 30
07.08.29	김성근	포항	서울	원정	정규리그 일반	전반 12
07.08.29	황재원	포항	서울	원정	정규리그 일반	전반 22
07.09.01	조네스	포항	대구	원정	정규리그 일반	전반 21
07.09.02	배효성	부산	전북	원정	정규리그 일반	후반 40
08.04.16	김영철	성남일화	전북	원정	리그컵 B조	전반 05
08.05.03	김영철	성남일화	포항	홈	정규리그 일반	후반 26
08.05.25	이상일	전남	대구	홈	정규리그 일반	전반 45
08.06.25	김주환	대구	성남일화	원정	리그컵 B조	전반 23
08.06.25	아디	서울	경남	홈	리그컵 A조	전반 43
08.07.02	강민수	전북	울산	원정	리그컵 B조	전반 02
08.07.12	진경선	대구	경남	홈	정규리그 일반	전반 38
08.08.23	강선규	대전	전남	홈	정규리그 일반	후반 42
08.08.24	김명중	광주상무	부산	원정	정규리그 일반	전반 32
08.09.13	현영민	울산	수원	홈	정규리그 일반	후반 01
08.09.20	안현식	인천	대구	홈	정규리그 일반	전반 15
08.10.25	알렉산더	전북	인천	홈	정규리그 일반	후반 28
08.11.01	김민오	울산	경남	원정	정규리그 일반	전반 25
08.11.02	송한복	광주상무	인천	홈	정규리그 일반	전반 43
08.11.09	김태영	부산	울산	원정	정규리그 일반	전반 17
09.05.09	김정겸	포항	제주	홈	정규리그 일반	후반 07
09.05.27	김상식	전북	제주	원정	리그컵 B조	후반 05
09.05.27	김형호	전남	강원	원정	리그컵 A조	후반 07
09.06.21	차디	인천	포항	홈	정규리그 일반	전반 47
09.07.12	김한섭	대전	강원	홈	정규리그 일반	전반 02
09.07.12	김주영	경남	성남일화	원정	정규리그 일반	후반 12
09.09.06	김승현	전남	경남	원정	정규리그 일반	전반 38
09.09.06	이원재	울산	부산	홈	정규리그 일반	후반 47

경기일자	선수명	소속	상대팀	경기구분			시간
09.09.20	이 강 진	부산	전북	원정	정규리그	일반	전반 01
09.10.02	곽 태 휘	전남	전북	원정	정규리그	일반	후반 27
09.10.24	황 선 필	광주상무	포항	홈	정규리그	일반	후반 25
09.11.01	이 범 영	부산	인천	홈	정규리그	일반	전반 48
10.03.06	이 요 한	전북	제주	원정	정규리그	일반	전반 07
10.04.11	안 현 식	인천	부산	원정	정규리그	일반	후반 32
10.04.18	김 인 호	제주	수원	홈	정규리그	일반	후반 39
10.07.28	김 진 규	서울	수원	홈	리그컵	PO	후반 17
10.07.28	심 우 연	전북	경남	홈	리그컵	PO	후반 36
10.08.07	안 재 준	인천	수원	홈	정규리그	일반	전반 37
10.08.15	양 승 원	대구	포항	홈	정규리그	일반	후반 48
10.08.22	신 광 훈	포항	인천	홈	정규리그	일반	후반 24
10.08.28	김 진 규	서울	수원	원정	정규리그	일반	전반 03
10.09.01	김 형 일	포항	서울	홈	정규리그	일반	후반 46
10.09.04	안 현 식	인천	부산	홈	정규리그	일반	후반 27
10.09.04	모 따	수원	강원	원정	정규리그	일반	후반 46
10.10.30	유 지 노	전남	전북	원정	정규리그	일반	전반 10
10.11.03	김 종 수	경남	포항	원정	정규리그	일반	전반 11
11.03.12	황 재 훈	대전	서울	홈	정규리그	일반	전반 34
11.03.16	강 민 수	울산	부산	홈	리그컵	B조	후반 18
11.03.20	백 종 환	강원	제주	원정	정규리그	일반	후반 22
11.04.24	이 용 기	경남	수원	원정	정규리그	일반	후반 20
11.04.24	김 성 환	성남일화	제주	원정	정규리그	일반	후반 29
11.04.30	이 용 기	경남	성남일화	홈	정규리그	일반	전반 12
11.05.08	박 용 호	서울	상주	원정	정규리그	일반	전반 18
11.05.21	김 한 윤	부산	수원	원정	정규리그	일반	후반 19
11.05.21	김 인 한	경남	상주	홈	정규리그	일반	후반 36
11.06.11	이 정 호	부산	강원	원정	정규리그	일반	전반 41
11.06.11	윤 시 호	대구	대전	홈	정규리그	일반	후반 12
11.06.18	김 인 호	제주	전북	원정	정규리그	일반	후반 37
11.07.09	유 경 렬	대구	부산	홈	정규리그	일반	후반 15
11.07.10	사 샤	성남일화	인천	홈	정규리그	일반	후반 01
11.07.10	배 효 성	인천	성남일화	원정	정규리그	일반	후반 11:
11.07.16	김 수 범	광주	전북	홈	정규리그	일반	후반 17
11.07.24	정 호 정	성남일화	전북	원정	정규리그	일반	전반 15
11.08.06	이 동 원	부산	포항	원정	정규리그	일반	전반 15
12.03.10	김 창 수	부산	제주	홈	정규리그	스일반	후반 13
12.04.11	김 기 희	대구	경남	홈	정규리그	스일반	전반 45
12.05.13	유 종 현	광주	수원	원정	정규리그	스일반	후반 17
12.05.13	황 순 민	대구	부산	원정	정규리그	스일반	후반 48
12.06.17	송 진 형	제주	수원	원정	정규리그	스일반	전반 24
12.06.24	고 슬 기	울산	서울	원정	정규리그	스일반	전반 39
12.06.30	한 그 루	대전	부산	원정	정규리그	스일반	전반 03
12.07.01	양 상 민	수원	포항	원정	정규리그	스일반	전반 09
12.10.06	에 델	부산	수원	홈	정규리그	스A	전반 33
12.10.27	마르케스	제주	부산	홈	정규리그	스A	전반 45
12.11.18	마다스치	제주	부산	원정	정규리그	스A	후반 30
12.11.21	이 명 주	포항	부산	원정	정규리그	스A	전반 05

역대 자책골 기록_ K리그1

경기일자	선수명	소속	상대팀	경기구분		시간
13.03.09	박 진 포	성남일화	제주	원정	스플릿일반	전반 43
13.04.06	보 스 나	수원	대구	홈	스플릿일반	전반 43
13.04.07	윤 영 선	성남일화	부산	원정	스플릿일반	후반 26
13.04.13	이 윤 표	인천	대구	원정	스플릿일반	후반 28
13.04.28	아 디	서울	강원	원정	스플릿일반	전반 38
13.05.18	신 광 훈	포항	울산	홈	스플릿일반	전반 24
13.06.23	이 강 진	대전	경남	원정	스플릿일반	전반 02
13.07.03	이 웅 희	대전	수원	원정	스플릿일반	전반 24
13.07.03	최 은 성	전북	성남일화	홈	스플릿일반	후반 34
13.09.01	최 우 재	강원	울산	롬	스플릿일반	전반 32
13.09.28	윤 영 선	성남일화	경남	원정	스플릿B	전반 29
13.10.05	곽 광 선	수원	포항	원정	스플릿A	전반 00
13.10.09	이 용	제주	강원	홈	스플릿B	후반 24
13.10.20	황 도 연	제주	대전	홈	스플릿B	후반 34
13.11.10	김 평 래	성남일화	제주	원정	스플릿B	전반 19
14.03.09	이 용	제주	수원	홈	스플릿일반	후반 24
14.03.16	이 용	제주	전남	원정	스플릿일반	후반 17
14.03.16	우 주 성	경남	울산	원정	스플릿일반	전반 25
14.03.29	최 철 순	상주	포항	원정	스플릿일반	전반 37
14.04.26	알 렉 스	제주	부산	홈	스플릿일반	전반 12
14.04.26	스 레 텐	경남	전북	원정	스플릿일반	전반 28
14.05.04	이 경 렬	부산	경남	홈	스플릿일반	후반 23
14.05.10	이 근 호	상주	수원	홈	스플릿일반	후반 49
14.09.10	김 근 환	울산	수원	원정	스플릿일반	전반 28
14.11.01	이 재 원	울산	수원	홈	스플릿A	후반 11
15.03.07	정 준 연	광주	인천	원정	스플릿일반	후반 46
15.03.21	제 종 현	광주	부산	원정	스플릿일반	전반 23
15.04.05	정 준 연	광주	울산	원정	스플릿일반	전반 15
15.04.12	김 기 희	전북	광주	원정	스플릿일반	후반 45
15.05.16	김 동 철	전남	서울	원정	스플릿일반	전반 31
15.05.17	요 니 치	인천	부산	원정	스플릿일반	전반 12
15.06.03	양 준 아	제주	성남	홈	스플릿일반	전반 31
15.06.07	양 상 민	수원	광주	홈	스플릿일반	후반 33
15.07.08	오 반 석	제주	포항	원정	스플릿일반	후반 24
15.07.11	강 준 우	제주	전북	홈	스플릿일반	후반 45
15.08.12	유 지 훈	부산	전북	원정	스플릿일반	후반 40
15.09.12	김 태 윤	성남	포항	원정	스플릿일반	후반 30
15.03.07	김 대 중	인천	광주	홈	스플릿일반	전반 32
16.05.07	블 라 단	수원FC	제주	홈	스플릿일반	전반 32
16.05.21	이 웅 희	상주	성남	홈	스플릿일반	후반 12
16/5/29	오스마르	서울	전남	홈	스플릿일반	전반 10
16.06.15	김 용 대	울산	전남	원정	스플릿일반	전반 03
16.06.15	황 의 조	성남	포항	홈	스플릿일반	전반 22
16.06.15	민 상 기	수원	전북	원정	스플릿일반	전반 37
16.06.15	홍 준 호	광주	서울	원정	스플릿일반	후반 10
16.06.18	백 동 규	제주	포항	홈	스플릿일반	후반 49
16.06.29	유 상 훈	서울	성남	홈	스플릿일반	후반 08
16.07.02	정 동 호	울산	수원	홈	스플릿일반	전반 10
16.07.16	김 보 경	전북	제주	원정	스플릿일반	후반 18

경기일자	선수명	소속	상대팀		경기구분	시간
16.07.17	김 태 수	인천	서울	홈	스플릿일반	전반 26
16.08.17	박 준 혁	성남	광주	홈	스플릿일반	후반 08
16.09.10	신 광 훈	포항	수원FC	홈	스플릿일반	후반 41
16.10.02	김 용 대	울산	인천	홈	스플릿일반	전반 03
16.10.02	임 하 람	수원FC	수원	원정	스플릿일반	전반 45
16.11.02	요 니 치	인천	수원	원정	스플릿B	전반 05
16.11.02	연 제 운	성남	수원FC	홈	스플릿B	후반 37
16.11.06	최 효 진	전남	울산	홈	스플릿A	전반 22
17.04.09	김 용 환	인천	포항	원정	스플릿일반	후반 33
17.04.22	부 노 자	인천	서울	원정	스플릿일반	전반 44
17.06.24	이 한 도	광주	전남	홈	스플릿일반	전반 30
17.06.25	조 원 희	수원	강원	홈	스플릿일반	후반 44
17.07.12	이 호 승	전남	강원	원정	스플릿일반	후반 03
17.07.22	본 즈	광주	전남	홈	스플릿일반	후반 39
17.08.02	채 프 만	인천	전북	홈	스플릿일반	전반 18
17.08.02	배 슬 기	포항	광주	홈	스플릿일반	전반 23
17.08.06	이 광 선	상주	강원	홈	스플릿일반	후반 35
17.08.12	곽 광 선	수원	서울	홈	스플릿일반	후반 16
17.09.20	이 한 도	광주	서울	홈	스플릿일반	전반 41
17.09.30	하 창 래	인천	대구	원정	스플릿일반	전반 03
17.10.14	채 프 만	인천	포항	원정	스플릿B	전반 06
17.10.15	이 영 재	울산	수원	원정	스플릿A	전반 21
17.10.21	고 태 원	전남	포항	홈	스플릿B	후반 32
17.11.18	박 동 진	광주	포항	홈	스플릿B	후반 38.
18.03.11	이 웅 희	서울	강원	홈	스플릿일반	후반 05
18.04.07	박 종 진	인천	전남	홈	스플릿일반	전반 30
18.04.11	맥 고 완	강원	수원	홈	스플릿일반	후반 05
18.04.14	이 윤 표	인천	제주	원정	스플릿일반	전반 19
18.04.15	한 희 훈	대구	강원	홈	스플릿일반	후반 30
18.04.21	김 진 혁	대구	서울	원정	스플릿일반	후반 35
18.04.25	무 고 사	인천	울산	원정	스플릿일반	전반 21
18.05.20	곽 태 휘	서울	전북	홈	스플릿일반	후반 36
18.07.11	이 정 빈	인천	강원	홈	스플릿일반	후반 24
18.08.04	권 한 진	제주	서울	원정	스플릿일반	전반 34
18.08.22	양 한 빈	서울	포항	홈	스플릿일반	전반 13
18.09.01	김 민 우	상주	전남	홈	스플릿일반	후반 33
18.09.02	김 은 선	수원	대구	원정	스플릿일반	전반 07
18.09.29	이 범 영	강원	전북	원정	스플릿일반	후반 31
18.10.28	부 노 자	인천	대구	홈	스플릿B	전반 16
18.11.03	이 광 선	제주	경남	홈	스플릿A	전반 19
18.12.02	김 현 훈	경남	전북	원정	스플릿A	전반 13
19.03.17	전 민 광	포항	경남	홈	스플릿일반	후반 39
19.03.30	김 경 재	상주	서울	원정	스플릿일반	전반 43
19.04.02	곽 태 휘	경남	전북	홈	스플릿일반	전반 19
19.04.27	이 동 희	제주	상주	홈	스플릿일반	후반 12
19.05.18	바그닝요	수원	울산	홈	스플릿일반	후반 10
19.06.15	김 우 석	대구	강원	홈	스플릿일반	전반 01
19.07.31	마 그 노	제주	전북	원정	스플릿일반	전반 27
19.08.11	조 현 우	대구	울산	원정	스플릿일반	전반 23
19.08.16	윤 영 선	울산	전북	원정	스플릿일반	후반 05
19.08.17	민 상 기	수원	강원	원정	스플릿일반	후반 14
19.09.21	김 동 준	성남	제주	원정	스플릿일반	전반 43
19.10.27	김 원 일	제주	경남	원정	파이널B	후반 33
20.05.30	이 한 도	광주	울산	홈	스플릿일반	전반 21
20.06.14	박 주 영	서울	대구	원정	스플릿일반	전반 40
20.06.14	정 현 철	서울	대구	원정	스플릿일반	후반 19
20.06.27	박 준 강	부산	성남	홈	스플릿일반	전반 08
20.07.25	김 진 혁	상주	울산	홈	스플릿일반	후반 13
20.08.02	한 석 종	상주	강원	원정	스플릿일반	전반 20
20.09.05	도스톤벡	부산	서울	원정	스플릿일반	전반 24
20.09.12	여 름	광주	전북	홈	스플릿일반	전반 25
20.09.12	김 재 우	대구	울산	원정	스플릿일반	후반 01
20.09.13	조 성 진	수원	서울	원정	스플릿일반	전반 06
20.10.17	김 재 우	대구	상주	원정	파이널A	전반 34
21.02.27	김 원 균	서울	전북	원정	스플릿일반	후반 30
21.03.07	정 동 호	수원FC	서울	원정	스플릿일반	전반 27
21.03.13	한 희 훈	광주	전북	홈	스플릿일반	후반 43
21.03.21	이 승 모	포항	성남	원정	스플릿일반	전반 35
21.04.11	장 호 익	수원	제주	원정	스플릿일반	후반 33
21.04.30	홍 준 호	서울	성남	홈	스플릿일반	후반 12
21.05.01	박 지 수	수원FC	대구	홈	스플릿일반	전반 38
21.05.22	홍 성 욱	제주	성남	홈	스플릿일반	전반 26
21.05.30	김 수 범	강원	대구	원정	스플릿일반	전반 43
21.07.20	김 동 우	수원FC	수원	원정	스플릿일반	후반 24
21.07.21	이 한 도	광주	강원	홈	스플릿일반	후반 33
21.09.05	홍 정 호	전북	서울	원정	스플릿일반	후반 23
21.09.11	김 영 빈	강원	수원	원정	스플릿일반	후반 06
21.09.21	구 자 룡	전북	광주	원정	스플릿일반	후반 34
21.09.22	박 수 일	성남	수원FC	원정	스플릿일반	후반 49
21.09.25	조 성 훈	포항	제주	홈	스플릿일반	전반 37
21.10.24	김 태 환	울산	성남	원정	스플릿일반	후반 26
21.10.24	그 랜 트	포항	인천	홈	스플릿일반	후반 29
21.11.03	알 렉 스	광주	서울	원정	파이널B	후반 19
21.11.07	이 준	포항	광주	원정	파이널B	전반 47
21.11.21	윤 일 록	울산	제주	홈	파이널A	후반 29

역대 자책골 기록_ K리그2

경기일자	선수명	소속	상대팀		경기구분	시간
13.05.12	방 대 종	상주	부천	원정	일반	후반 09
13.05.13	백 성 우	안양	광주	원정	일반	후반 47
13.07.06	김 동 우	경찰	수원FC	원정	일반	후반 12
13.07.13	윤 성 우	고양	경찰	홈	일반	전반 16
13.07.13	김 태 준	고양	경찰	홈	일반	전반 40
13.08.25	유 현	경찰	상주	원정	일반	후반 31
13.09.09	가 솔 현	안양	경찰	홈	일반	후반 36
13.11.30	송 승 주	경찰	안양	원정	일반	후반 38
14.04.27	양 상 민	안산	광주	원정	일반	전반 27
14.05.24	이 준 희	대구	안양	원정	일반	전반 42
14.06.21	장 원 석	대전	대구	원정	일반	전반 40
14.07.05	임 선 영	광주	고양	원정	일반	후반 23
14.07.26	허 재 원	대구	안양	홈	일반	전반 39
14.11.01	마 철 준	광주	안산	원정	일반	후반 17

경기일자	선수명	소속	상대팀	경기구분		시간
15.05.16	노 형 구	충주	서울E	원정	일반	후반 08
15.08.02	진 창 수	고양	상주	홈	일반	전반 20
15.09.13	김 재 웅	수원FC	안양	원정	일반	후반 29
15.10.11	서 명 식	강원	부천	원정	일반	후반 22
15.10.26	배 일 환	상주	고양	홈	일반	후반 32
15.11.01	김 원 균	강원	고양	원정	일반	후반 14
15.11.25	김 영 광	서울E	수원FC	원정	플레이오프	후반 10
16.04.09	김 영 남	부천	서울E	홈	일반	전반 24
16.05.05	박 주 원	대전	안양	원정	일반	후반 16
16.06.08	윤 성 열	서울E	충주	원정	일반	전반 18
16.08.20	안 현 식	강원	부천	홈	일반	전반 44
16.10.30	지 구 민	고양	부천	원정	일반	후반 29
17.04.01	박 한 수	안산	부천	홈	일반	후반 36
17.04.16	이 범 수	경남	성남	원정	일반	후반 15
17.04.22	김 진 규	대전	부산	홈	일반	전반 15
17.05.20	닐손주니어	부천	아산	홈	일반	전반 10
17.05.21	송 주 호	안산	안양	원정	일반	후반 25
17.05.27	권 태 안	안양	경남	홈	일반	전반 40
17.08.19	권 태 안	안양	성남	홈	일반	전반 39
17.10.01	이 준 희	경남	안산	원정	일반	후반 49
17.10.21	김 형 록	경남	아산	원정	일반	후반 02
18.03.11	코 네	안산	대전	홈	일반	후반 07
18.04.07	민 상 기	아산	부천	홈	일반	후반 32
18.04.14	전 수 현	안양	서울E	원정	일반	전반 18
18.05.06	연 제 운	성남	수원FC	홈	일반	전반 30
18.08.05	송 주 호	안산	안양	원정	일반	후반 47
18.09.22	김 재 현	서울E	부천	홈	일반	전반 35
18.10.13	장 순 혁	부천	안양	홈	일반	전반 31
18.10.13	이 재 안	수원FC	대전	홈	일반	전반 32
18.10.21	안 지 호	서울E	안양	홈	일반	전반 36
18.10.27	안 성 빈	서울E	아산	홈	일반	전반 14
18.11.11	윤 준 성	대전	안양	홈	일반	후반 11
19.03.02	김 문 환	부산	안양	홈	일반	후반 07
19.04.07	김 진 환	광주	안양	홈	일반	전반 31
19.05.04	황 인 재	안산	아산	원정	일반	후반 34
19.05.25	김 영 광	서울E	안양	원정	일반	전반 47
19.05.27	이 인 재	안산	부천	홈	일반	후반 04
19.06.01	김 경 민	전남	안산	홈	일반	전반 22
19.06.24	박 형 순	수원FC	광주	홈	일반	후반 20
19.06.29	이 병 욱	서울E	안산	원정	일반	전반 08
19.07.20	김 명 준	부산	부천	홈	일반	후반 47
19.08.12	황 인 재	안산	아산	홈	일반	후반 05
19.09.01	곽 광 선	전남	수원FC	원정	일반	후반 03
20.05.30	윤 경 보	대전	경남	원정	일반	후반 44
20.06.21	유 종 현	안양	수원FC	원정	일반	전반 16
20.07.04	김 성 현	서울E	수원FC	홈	일반	후반 09
20.07.04	김 민 호	안산	전남	원정	일반	후반 28
20.08.08	룩	경남	대전	원정	일반	전반 20
20.08.30	김 한 솔	부천	충남아산	홈	일반	전반 40
20.09.19	박 요 한	안양	전남	홈	일반	전반 27
20.10.03	정 민 기	안양	제주	원정	일반	후반 10

경기일자	선수명	소속	상대팀	경기구분		시간
20.10.18	박 찬 용	전남	수원FC	원정	일반	전반 00
20.10.18	이 지 훈	수원FC	전남	홈	일반	전반 09
21.04.04	사 무 엘	전남	대전	홈	일반	후반 36
21.06.06	김 선 우	안산	김천	원정	일반	후반 32
21.06.12	한 용 수	충남아산	대전	홈	일반	후반 03
21.07.17	연 제 민	안산	부산	원정	일반	후반 40
21.08.15	우 주 성	김천	충남아산	원정	일반	후반 19
21.08.21	강 수 일	안산	충남아산	홈	일반	전반 16
21.08.29	박 찬 용	전남	김천	홈	일반	후반 15
21.09.18	김 정 현	부산	안양	홈	일반	후반 23
21.09.26	구 성 윤	김천	대전	홈	일반	전반 17

역대 자책골 기록_ K리그 승강 플레이오프

경기일자	선수명	소속	상대팀	경기구분	시간
14.12.03	스 레 텐	경남	광주	원정 승강 플레이오프	후반 40
21.12.12	이 지 솔	대전	강원	원정 승강 플레이오프	전반 26

역대 단일 시즌 득점·도움 10-10 기록

선수명	구단	출전-득점-도움	연도	기록달성	비고
라 데	포항	39-13-16	1996	28경기째	BC
비 탈 리	수원	36-10-10	1999	35경기째	BC
최 용 수	안양	34-14-10	2000	33경기째	BC
김 대 의	성남일	38-17-12	2002	26경기째	BC
에드밀손	전북	39-17-14	2003	32경기째	BC
김 도 훈	성남일	40-28-13	2003	37경기째	BC
에 닝 요	전북	28-10-12	2009	28경기째	BC
데 안	서울	35-19-10	2010	28경기째(10.09)	BC
김 은 중	제주	34-17-11	2010	32경기째(10.31)	BC
루 시 오	경남	32-15-10	2010	31경기째(11.07)	BC
에 닝 요	전북	33-18-10	2010	31경기째(11.20)	2년연속/BC
이 동 국	전북	29-16-15	2011	20경기째(08.06)	BC
몰 리 나	서울	29-10-12	2011	22경기째(10.23)	BC
몰 리 나	서울	41-19-10	2012	22경기째(07.28)	2년연속/BC
에 닝 요	전북	38-15-13	2012	26경기째(08.23)	BC
산 토 스	제주	35-14-11	2012	31경기째(11.18)	BC
루 시 오	광주	32-13-10	2013	32경기째(11.10)	K리그2
로 페 즈	제주	33-11-11	2015	30경기째(10.04)	K리그2
정 원 진	경남	34-10-10	2017	34경기째(10.29)	K리그2
호 물 로	부산	38-11-10	2018	38경기째(12.09)	K리그2
세 징 야	대구	35-15-10	2019	34경기째 (11/23)	K리그1
문 선 민	전북	32-10-10	2019	29경기째 (10/20)	K리그1

역대 대회별 전 경기, 전 시간 출전자

연도	시즌	경기수	전 경기 전 시간	전 경기
83	수퍼리그	16	최기봉, 이강조(이상 유공), 유태목(대우), 김성부(포철)	최종덕, 홍성호, 박상인, 오석재, 이강석(이상 할렐루야), 김용세(유공), 이춘석(대우), 최상국(포항제철)
84	축구대제전 수퍼리그	28	최기봉, 오연교(이상 유공), 김평석(현대), 조병득(할렐루야), 박창선(대우)	신문선, 김용세(이상 유공), 조영증(럭키금성), 백종철(현대), 박상인(할렐루야), 이재희(대우)
85	축구대제전 수퍼리그	21	최강희, 김문경(이상 현대), 전차식(포항제철), 김현태, 강득수(이상 럭키금성), 김풍주(대우), 최영희(한일은행), 황정현(할렐루야)	한문배, 이상래, 피아퐁(이상 럭키금성), 신문선(유공), 김영세(유공) 박상인(할렐루야), 신제경(상무), 김대흠(상무), 최태진(대우), 조성규(한일은행), 이흥실(포항제철)
86	축구대제전	20	박노봉(대우)	민진홍(유공), 함현기(현대), 윤성효(한일은행)
	프로축구선수권대회	16	최기봉(유공)	민진홍, 신동철(이상 유공), 권오손, 구상범, 박항서, 이상래(이상 럭키금성)
87	한국프로축구대회	32	최기봉(유공)	
88	한국프로축구대회	24	이문영(유공)	이광종(유공), 김문경(현대)
89	한국프로축구대회	40	임종헌(일화), 강재순(현대)	
90	한국프로축구대회	30		윤상철(럭키금성)
91	한국프로축구대회	40		고정운(일화)
92	한국프로축구대회	30	사리체프(일화), 정종선(현대)	신홍기(현대), 임근재(LG)
	아디다스컵	10	사리체프(일화), 정용환(대우)	
93	한국프로축구대회	30	사리체프(일화), 최영일(현대)	이광종(유공)
	아디다스컵	5	사리체프(일화)	
94	하이트배 코리안리그	30	사리체프(일화), 이명열(포항제철)	
	아디다스컵	6	사리체프(일화) 外 다수	
95	하이트배 코리안리그	28	사샤(유공)	
	아디다스컵	7	사샤(유공) 外 다수	
96	라피도컵 프로축구대회	32		라데(포항)
	아디다스컵	8	공문배(포항) 外 다수	박태하(포항) 外 다수
97	라피도컵 프로축구대회	18	김봉현(전북), 최은성(대전)	황연석(천안)
	아디다스컵	9	아보라(천안) 外 다수	정성천(대전) 外 다수
	프로스펙스컵	11	김이섭(포항)	
98	현대컵 K-리그	22	김병지(울산)	이문석(울산) 外 다수
	필립모리스코리아컵	9	박태하(포항) 外 다수	무탐바(안양LG) 外 다수
	아디다스코리아컵	11	김상훈(울산) 外 다수	김기동(부천SK) 外 다수
99	바이코리아컵 K-리그	32~27	이용발(부천SK)	이원식(부천SK), 김정혁(전남), 김현석(울산), 황승주(울산)
	대한화재컵	8~11	김봉현(전북) 外 다수	김기동(부천SK) 外 다수
	아디다스컵	1~4	곽경근(부천SK) 外 다수	공오균(대전) 外 다수
00	삼성 디지털 K-리그	32~27	이용발(부천SK), 조성환(부천SK)	박남열(성남일화), 신홍기(수원), 안드레(안양LG), 세자르(전남), 김종천(포항)
	대한화재컵	8~11	이용발(부천SK), 조성환(부천SK) 外 다수	신의손(안양LG) 外 다수
	아디다스컵	1~4	이용발(부천SK), 조성환(부천SK) 外 다수	김대환(수원) 外 다수
01	포스코 K-리그	27	김기동(부천SK), 이용발(부천SK), 신의손(안양LG)	남기일(부천SK), 신태용(성남일화), 이기형(수원)
	아디다스컵	8~11	심재원(부산), 산드로(수원) 外 다수	하리(부산), 윤희준(부산) 外 다수
02	삼성파브 K-리그	27	김기동(부천SK), 이용발(부천SK), 박종문(전남)	이영수(전남), 김대의(성남일화), 이병근(수원), 에드밀손(전북), 추운기(전북)
	아디다스컵	8~11	신태용(성남일화), 서정원(수원) 外 다수	김현수(성남일화), 신의손(안양LG) 外 다수
03	삼성 하우젠 K-리그	44		마그노(전북), 도도(울산)
04	삼성 하우젠 K-리그	24~27	김병지(포항), 유경렬(울산), 서동명(울산), 조준호(부천SK), 윤희준(부산)	김은중(서울)
	삼성 하우젠컵	12	김병지(포항), 곽희주(수원), 이용발(전북), 조준호(부천SK), 한태유(서울), 이반, 박우현(이상 성남일화)	최성용(수원), 임중용(인천), 김기형(부천SK), 손대호(수원), 김경량(전북) 外 다수
05	삼성 하우젠 K-리그	24~27	김병지(포항), 조준호(부천SK), 임중용(인천)	산드로(대구), 김기동(포항)

Section 6 역대 통산 기록

연도	시즌	경기수	전 경기 전 시간	전 경기
	삼성 하우젠컵	12	김병지(포항), 조준호(부천SK), 김성근(포항), 산토스(포항), 주승진(대전), 김영철, 배효성(이상 성남일화), 송정현(대구), 산드로(대구), 전재호(인천)	현영민(울산) 外 다수
06	삼성 하우젠 K-리그	26~29	김병지(서울), 최은성(대전), 이정래(경남)	장학영, 박진섭(이상 성남일화), 박종진(대구), 루시아노(경남)
	삼성 하우젠컵	13	배효성(부산), 장학영(성남일화), 김병지(서울), 최은성(대전), 이정래(경남)	박동혁(울산), 이종민(울산), 김치우(인천), 박용호(광주상무), 이정수(수원), 최성국(울산), 장남석(대구), 이승현(부산), 우성용(성남일화), 박재현(인천), 최영훈(전북), 주광윤(전남)
07	삼성 하우젠 K-리그	31~26	김용대, 장학영, 김영철(이상 성남일화), 염동균(전남), 김병지(서울)	데얀(인천), 산드로(전남), 송정현(전남), 김상록(인천)
	삼성 하우젠컵	10~12	김병지(서울), 김현수(대구) 外 다수	아디(서울), 데닐손(대전), 박성호(부산)
08	삼성 하우젠 K-리그	28~26	이운재(수원), 정성룡(포항), 백민철(대구)	데얀(서울), 두두(성남일화), 이근호(대구), 라돈치치(인천), 김영빈(인천)
	삼성 하우젠컵	10~12	백민철(대구)	서동현(수원), 김상식, 박진섭, 장학영(이상 성남일화), 김영삼(울산), 현영민(울산), 이승렬(서울), 조형익(대구)
09	K-리그	28~30	김영광(울산)	김상식(전북), 루이스(전북), 윤준하(강원)
	피스컵 코리아	2~10	조병국, 이호(이상 성남일화), 신형민(포항), 백민철(대구) 外 다수	박희도(부산), 장학영(성남), 구자철(제주) 外 다수
10	쏘나타 K리그	28~31	김호준(제주), 김용대(서울), 정성룡(성남일화), 김병지(경남), 백민철(대구)	김영후(강원), 유병수(인천)
	포스코컵	4~7	김용대(서울) 外 다수	아디(서울) 外 다수
11	현대오일뱅크 K리그	30~35	박호진(광주), 김병지(경남), 이운재(전남) 外 다수	김신욱(울산) 外 다수
	러시앤캐시컵	1~8	윤시호(대구), 조동건(성남일화), 박준혁(대구) 外 다수	고슬기(울산), 김신욱(울산) 外 다수
12	현대오일뱅크 K리그	44	김용대(서울)	자일(제주), 한지호(부산)
13	현대오일뱅크 K리그 클래식	38	권정혁(인천)	전상욱(성남일화), 김치곤(울산)
14	현대오일뱅크 K리그 클래식	38	김병지(전남)	
	현대오일뱅크 K리그 챌린지	36		권용현(수원FC)
15	현대오일뱅크 K리그 클래식	38	신화용(포항), 오스마르(서울)	김신욱(울산)
	현대오일뱅크 K리그 챌린지	41		조현우(대구)
16	현대오일뱅크 K리그 클래식	38		송승민(광주)
	현대오일뱅크 K리그 챌린지	40	김한빈(충주)	
17	KEB하나은행 K리그 클래식	38		송승민(광주), 오르샤(울산), 염기훈(수원)
	KEB하나은행 K리그 챌린지	36	김영광(서울E)	안태현(부천)
18	KEB하나은행 K리그1	38	김승대(포항), 강현무(포항)	
	KEB하나은행 K리그2	36	김영광(서울E)	
19	하나원큐 K리그1	38	송범근(전북), 한국영(강원)	연제운(성남), 조현우(대구), 완델손(포항)
	하나원큐 K리그2	36~37	이인재(안산)	박진섭(안산), 이동준(부산)
20	하나원큐 K리그1	27	조현우(울산), 강현무(포항), 송범근(전북)	정태욱(대구), 김민우(수원), 김광석(포항), 송민규(포항), 주니오(울산), 김대원(대구),
	하나원큐 K리그2	27~29		
21	하나원큐 K리그1	38	조현우(울산), 김영광(성남)	이기제(수원), 정우재(제주)
	하나원큐 K리그2	36~37		주현우(안양)

역대 감독별 승 · 무 · 패 기록

BC: K리그 승강제 이전(~2012) / K1: K리그1 / K2: K리그2 / 승: K리그 승강 플레이오프

감독명	기간	구단명	재임년도	승	무	패	비고
강 철	통산			0	0	1	
	K2	대전	2020	0	0	1	2020.09.09~2020.09.17
고재욱	통산			154	134	125	
	BC	럭키금성	1988	6	11	7	
			1989	15	8	17	
			1990	14	5	11	
		LG	1991	9	16	15	
			1992	12	12	16	
			1993	11	12	12	
		현대	1995	16	5	14	
		울산	1996	19	16	5	
			1997	13	9	13	
			1998	20	12	10	
			1999	15	16	6	
			2000	4	7	4	~2000.06.13
고정운	통산			12	16	8	
	K2	안양	2018	12	16	8	
고종수	통산			19	20	11	
	K2	대전	2018	16	14	8	
			2019	3	6	3	~2019.05.20
곽경근	통산			8	18	9	
	K2	부천	2013	8	18	9	
구상범	통산			1	6	4	
	K1	성남	2016	1	6	2	2016.09.13~
	승		2016	0	2	0	2016.09.13~
귀네슈	통산			51	37	22	
	BC	서울	2007	14	17	7	
			2008	20	12	7	
			2009	17	8	8	~2009.11.25
김귀화	통산			5	5	5	
	BC	경남	2010	5	5	5	2010.08.01~2010.11.29
김기동	통산			41	22	32	
	K1	포항	2019	14	7	9	2019.04.23~
			2020	15	5	7	
			2021	12	10	16	
김기복	통산			40	31	107	
	BC	버팔로	1994	5	5	26	
		대전	1997	4	12	19	
			1998	11	3	21	
			1999	12	1	23	
			2000	8	10	18	
김길식	통산			14	17	25	
	K2	안산	2020	7	7	13	
			2021	7	10	12	~2021.09.15
김남일	통산			18	18	29	
	K1	성남	2020	7	7	13	
			2021	11	11	16	
김대식	통산			1	0	4	
	K2	부천	2018	1	0	4	2018.10.08~
김대의	통산			25	13	34	
	K2	수원FC	2017	2	0	0	2017.10.20~
			2018	13	3	20	
			2019	10	10	14	~2019.10.29
김도균	통산			31	13	22	
	K2	수원FC	2020	17	4	7	
			2021	14	9	15	
김도훈	통산			92	60	55	
	K1	인천	2015	13	12	13	2015.01.03~
			2016	5	9	14	~2016.08.31
		울산	2017	17	11	10	
			2018	17	12	9	
			2019	23	10	5	
			2020	17	6	4	~2020.12.23
김병수	통산			44	44	64	
	K2	서울E	2017	7	14	15	2017.01.09~
	K1	강원	2018	5	4	7	2018.08.13~
			2019	14	8	16	
			2020	9	7	11	
			2021	9	11	15	~2021.11.03
김봉길	통산			36	44	38	
	BC	인천	2010	0	0	5	2010.06.09~2010.08.22
			2012	16	14	7	2012.04.12~
	K1		2013	12	14	12	
			2014	8	16	14	~2014.12.19
김상식	통산			22	10	6	
	K1	전북	2021	22	10	6	
김상호	통산			8	8	32	
	BC	강원	2011	6	5	20	2011.04.08~
			2012	2	3	12	~2012.07.01
김성재	통산			0	0	1	
	K1	서울	2016	0	0	1	2016.06.23~2016.06.26
김영민	통산			0	0	1	
	K1	대전	2015	0	0	1	2015.05.21~2015.05.31
김인수	통산			3	1	1	
	K1	제주	2016	3	1	1	2016.10.15~2016.11.07
김인완	통산			7	10	28	
	K1	대전	2013	2	9	19	~2013.10.02
		전남	2018	5	1	9	2018.08.16~
김정남	통산			210	168	159	
	BC	유공	1985	3	1	1	1985.07.22~
			1986	11	12	13	
			1987	9	9	14	
			1988	8	8	8	
			1989	17	15	8	
			1990	8	12	10	
			1991	10	17	13	
			1992	1	0	1	~1992.05.12
		울산	2000	3	3	4	2000.08.22~
			2001	13	6	16	
			2002	18	11	9	
			2003	20	13	11	
			2004	15	13	9	
			2005	21	9	9	
			2006	14	14	11	
			2007	16	7	12	
			2008	19	12	8	~2008.12.25
김종부	통산			66	40	48	
	K2	경남	2016	18	6	16	

Section 6 역대 통산 기록

<table>
<tr><td>감독명</td><td>기간</td><td>구단명</td><td>재임년도</td><td>승</td><td>무</td><td>패</td><td>비고</td></tr>
<tr><td></td><td></td><td></td><td>2017</td><td>24</td><td>7</td><td>5</td><td></td></tr>
<tr><td></td><td>K1</td><td></td><td>2018</td><td>18</td><td>11</td><td>9</td><td></td></tr>
<tr><td></td><td></td><td></td><td>2019</td><td>6</td><td>15</td><td>17</td><td>~2019.12.25</td></tr>
<tr><td></td><td>승</td><td></td><td>2019</td><td>0</td><td>1</td><td>1</td><td>~2019.12.25</td></tr>
<tr><td>김종필</td><td></td><td>통산</td><td></td><td>30</td><td>41</td><td>59</td><td></td></tr>
<tr><td></td><td>K2</td><td>충주</td><td>2013</td><td>4</td><td>5</td><td>9</td><td>2013.07.22~</td></tr>
<tr><td></td><td></td><td></td><td>2014</td><td>6</td><td>16</td><td>14</td><td></td></tr>
<tr><td></td><td></td><td></td><td>2015</td><td>10</td><td>11</td><td>19</td><td></td></tr>
<tr><td></td><td></td><td>안양</td><td>2017</td><td>10</td><td>9</td><td>17</td><td></td></tr>
<tr><td>김종현</td><td></td><td>통산</td><td></td><td>2</td><td>4</td><td>4</td><td></td></tr>
<tr><td></td><td>K2</td><td>대전</td><td>2017</td><td>2</td><td>4</td><td>4</td><td>2017.08.31~</td></tr>
<tr><td>김태수</td><td></td><td>통산</td><td></td><td>5</td><td>6</td><td>6</td><td></td></tr>
<tr><td></td><td>BC</td><td>부산</td><td>1996</td><td>5</td><td>6</td><td>6</td><td>1996.07.22~</td></tr>
<tr><td>김태완</td><td></td><td>통산</td><td></td><td>50</td><td>35</td><td>71</td><td></td></tr>
<tr><td></td><td>BC</td><td>상주</td><td>2011</td><td>2</td><td>2</td><td>9</td><td>2011.07.14~2011.12.28</td></tr>
<tr><td></td><td>K1</td><td></td><td>2017</td><td>8</td><td>11</td><td>19</td><td></td></tr>
<tr><td></td><td>승</td><td></td><td>2017</td><td>1</td><td>0</td><td>1</td><td></td></tr>
<tr><td></td><td>K1</td><td></td><td>2018</td><td>10</td><td>10</td><td>18</td><td></td></tr>
<tr><td></td><td></td><td></td><td>2019</td><td>16</td><td>7</td><td>15</td><td></td></tr>
<tr><td></td><td></td><td></td><td>2020</td><td>13</td><td>5</td><td>9</td><td></td></tr>
<tr><td>김판곤</td><td></td><td>통산</td><td></td><td>10</td><td>7</td><td>16</td><td></td></tr>
<tr><td></td><td>BC</td><td>부산</td><td>2006</td><td>8</td><td>3</td><td>9</td><td>2006.04.04~2006.08.22</td></tr>
<tr><td></td><td></td><td></td><td>2007</td><td>2</td><td>4</td><td>7</td><td>2007.08.07~</td></tr>
<tr><td>김학범</td><td></td><td>통산</td><td></td><td>118</td><td>84</td><td>86</td><td></td></tr>
<tr><td></td><td>BC</td><td>성남일화</td><td>2005</td><td>15</td><td>12</td><td>10</td><td>2005.01.05~</td></tr>
<tr><td></td><td></td><td></td><td>2006</td><td>23</td><td>11</td><td>8</td><td></td></tr>
<tr><td></td><td></td><td></td><td>2007</td><td>16</td><td>7</td><td>6</td><td></td></tr>
<tr><td></td><td></td><td></td><td>2008</td><td>21</td><td>7</td><td>10</td><td></td></tr>
<tr><td></td><td>K1</td><td>강원</td><td>2012</td><td>9</td><td>5</td><td>11</td><td>2012.07.09~</td></tr>
<tr><td></td><td></td><td></td><td>2013</td><td>2</td><td>9</td><td>11</td><td>~2013.08.10</td></tr>
<tr><td></td><td></td><td>성남</td><td>2014</td><td>5</td><td>5</td><td>5</td><td>2014.09.05~</td></tr>
<tr><td></td><td></td><td></td><td>2015</td><td>15</td><td>15</td><td>8</td><td></td></tr>
<tr><td></td><td></td><td></td><td>2016</td><td>8</td><td>8</td><td>11</td><td>~2016.09.12</td></tr>
<tr><td></td><td></td><td>광주</td><td>2017</td><td>2</td><td>5</td><td>6</td><td>2017.08.16~2017.11.18</td></tr>
<tr><td>김현수</td><td></td><td>통산</td><td></td><td>1</td><td>5</td><td>6</td><td></td></tr>
<tr><td></td><td>K2</td><td>서울E</td><td>2019</td><td>1</td><td>5</td><td>6</td><td>~2019.05.22</td></tr>
<tr><td>김현준</td><td></td><td>통산</td><td></td><td>0</td><td>1</td><td>0</td><td></td></tr>
<tr><td></td><td>K1</td><td>강원</td><td>2021</td><td>0</td><td>1</td><td>0</td><td>2021.11.06~2021.11.15</td></tr>
<tr><td>김형렬</td><td></td><td>통산</td><td></td><td>2</td><td>1</td><td>4</td><td></td></tr>
<tr><td></td><td>BC</td><td>전북</td><td>2005</td><td>2</td><td>1</td><td>4</td><td>2005.06.13~2005.07.10</td></tr>
<tr><td>김형열</td><td></td><td>통산</td><td></td><td>21</td><td>18</td><td>26</td><td></td></tr>
<tr><td></td><td>K2</td><td>안양</td><td>2019</td><td>15</td><td>11</td><td>12</td><td></td></tr>
<tr><td></td><td></td><td></td><td>2020</td><td>6</td><td>7</td><td>14</td><td>~2020.11.25</td></tr>
<tr><td>김　호</td><td></td><td>통산</td><td></td><td>207</td><td>154</td><td>180</td><td></td></tr>
<tr><td></td><td>BC</td><td>한일은행</td><td>1984</td><td>5</td><td>11</td><td>12</td><td></td></tr>
<tr><td></td><td></td><td></td><td>1985</td><td>3</td><td>10</td><td>8</td><td></td></tr>
<tr><td></td><td></td><td></td><td>1986</td><td>4</td><td>4</td><td>12</td><td></td></tr>
<tr><td></td><td></td><td>현대</td><td>1988</td><td>10</td><td>5</td><td>9</td><td></td></tr>
<tr><td></td><td></td><td></td><td>1989</td><td>7</td><td>15</td><td>18</td><td></td></tr>
<tr><td></td><td></td><td></td><td>1990</td><td>6</td><td>14</td><td>10</td><td></td></tr>
<tr><td></td><td></td><td>수원</td><td>1996</td><td>21</td><td>11</td><td>8</td><td></td></tr>
<tr><td></td><td></td><td></td><td>1997</td><td>14</td><td>13</td><td>9</td><td></td></tr>
<tr><td></td><td></td><td></td><td>1998</td><td>18</td><td>7</td><td>12</td><td></td></tr>
<tr><td></td><td></td><td></td><td>1999</td><td>31</td><td>4</td><td>8</td><td></td></tr>
<tr><td></td><td></td><td></td><td>2000</td><td>15</td><td>11</td><td>12</td><td></td></tr>
<tr><td></td><td></td><td></td><td>2001</td><td>19</td><td>6</td><td>13</td><td></td></tr>
<tr><td></td><td></td><td></td><td>2002</td><td>16</td><td>10</td><td>10</td><td></td></tr>
<tr><td></td><td></td><td></td><td>2003</td><td>19</td><td>15</td><td>10</td><td>~2003.11.18</td></tr>
<tr><td></td><td></td><td>대전</td><td>2007</td><td>8</td><td>0</td><td>6</td><td>2007.07.01~</td></tr>
<tr><td></td><td></td><td></td><td>2008</td><td>7</td><td>14</td><td>15</td><td></td></tr>
<tr><td></td><td></td><td></td><td>2009</td><td>4</td><td>4</td><td>8</td><td>~2009.06.26</td></tr>
<tr><td>김호곤</td><td></td><td>통산</td><td></td><td>126</td><td>76</td><td>95</td><td></td></tr>
<tr><td></td><td>BC</td><td>부산</td><td>2000</td><td>13</td><td>10</td><td>14</td><td>2000.03.07~</td></tr>
<tr><td></td><td></td><td></td><td>2001</td><td>16</td><td>13</td><td>9</td><td></td></tr>
<tr><td></td><td></td><td></td><td>2002</td><td>8</td><td>8</td><td>15</td><td>~2002.11.05</td></tr>
<tr><td></td><td></td><td>울산</td><td>2009</td><td>11</td><td>9</td><td>12</td><td></td></tr>
<tr><td></td><td></td><td></td><td>2010</td><td>16</td><td>7</td><td>11</td><td></td></tr>
<tr><td></td><td></td><td></td><td>2011</td><td>22</td><td>8</td><td>13</td><td></td></tr>
<tr><td></td><td></td><td></td><td>2012</td><td>18</td><td>14</td><td>12</td><td></td></tr>
<tr><td></td><td>K1</td><td></td><td>2013</td><td>22</td><td>7</td><td>9</td><td>~2013.12.04</td></tr>
<tr><td>김호영</td><td></td><td>통산</td><td></td><td>21</td><td>13</td><td>31</td><td></td></tr>
<tr><td></td><td>승</td><td>강원</td><td>2013</td><td>1</td><td>0</td><td>1</td><td>2013.08.14~2013.12.10</td></tr>
<tr><td></td><td>K1</td><td></td><td>2013</td><td>6</td><td>3</td><td>7</td><td>2013.08.14~2013.12.10</td></tr>
<tr><td></td><td></td><td>서울</td><td>2020</td><td>4</td><td>3</td><td>2</td><td>2020.07.31~2020.09.24</td></tr>
<tr><td></td><td></td><td>광주</td><td>2021</td><td>10</td><td>7</td><td>21</td><td></td></tr>
<tr><td>김희태</td><td></td><td>통산</td><td></td><td>11</td><td>6</td><td>13</td><td></td></tr>
<tr><td></td><td>BC</td><td>대우</td><td>1994</td><td>4</td><td>0</td><td>5</td><td>1994.09.08~</td></tr>
<tr><td></td><td></td><td></td><td>1995</td><td>7</td><td>6</td><td>8</td><td>~1995.08.03</td></tr>
<tr><td>남기일</td><td></td><td>통산</td><td></td><td>111</td><td>87</td><td>98</td><td></td></tr>
<tr><td></td><td>K2</td><td>광주</td><td>2013</td><td>9</td><td>0</td><td>7</td><td>2013.08.18~</td></tr>
<tr><td></td><td></td><td></td><td>2014</td><td>15</td><td>12</td><td>11</td><td></td></tr>
<tr><td></td><td>승</td><td></td><td>2014</td><td>1</td><td>1</td><td>0</td><td></td></tr>
<tr><td></td><td>K1</td><td></td><td>2015</td><td>10</td><td>12</td><td>16</td><td></td></tr>
<tr><td></td><td></td><td></td><td>2016</td><td>11</td><td>14</td><td>13</td><td></td></tr>
<tr><td></td><td></td><td></td><td>2017</td><td>4</td><td>7</td><td>14</td><td>~2017.08.14</td></tr>
<tr><td></td><td>K2</td><td>성남</td><td>2018</td><td>18</td><td>11</td><td>7</td><td></td></tr>
<tr><td></td><td>K1</td><td></td><td>2019</td><td>12</td><td>9</td><td>17</td><td>~2019.12.16</td></tr>
<tr><td></td><td>K2</td><td>제주</td><td>2020</td><td>18</td><td>6</td><td>3</td><td></td></tr>
<tr><td></td><td>K1</td><td></td><td>2021</td><td>13</td><td>15</td><td>10</td><td></td></tr>
<tr><td>남대식</td><td></td><td>통산</td><td></td><td>2</td><td>6</td><td>6</td><td></td></tr>
<tr><td></td><td>BC</td><td>전북</td><td>2001</td><td>2</td><td>6</td><td>6</td><td>2001.07.19~2001.10.03</td></tr>
<tr><td>노상래</td><td></td><td>통산</td><td></td><td>31</td><td>34</td><td>44</td><td></td></tr>
<tr><td></td><td>K1</td><td>전남</td><td>2015</td><td>12</td><td>13</td><td>13</td><td></td></tr>
<tr><td></td><td></td><td></td><td>2016</td><td>11</td><td>10</td><td>12</td><td>~2016.10.14</td></tr>
<tr><td></td><td></td><td></td><td>2017</td><td>8</td><td>11</td><td>19</td><td></td></tr>
<tr><td>노흥섭</td><td></td><td>통산</td><td></td><td>3</td><td>2</td><td>11</td><td></td></tr>
<tr><td></td><td>BC</td><td>국민은행</td><td>1983</td><td>3</td><td>2</td><td>11</td><td></td></tr>
<tr><td>니폼
니시</td><td></td><td>통산</td><td></td><td>57</td><td>38</td><td>53</td><td></td></tr>
<tr><td></td><td>BC</td><td>유공</td><td>1995</td><td>11</td><td>11</td><td>13</td><td></td></tr>
<tr><td></td><td></td><td>부천유공</td><td>1996</td><td>18</td><td>11</td><td>11</td><td></td></tr>
<tr><td></td><td></td><td>부천SK</td><td>1997</td><td>8</td><td>12</td><td>15</td><td></td></tr>
<tr><td></td><td></td><td></td><td>1998</td><td>20</td><td>4</td><td>14</td><td>~1998.10.28</td></tr>
<tr><td>당성증</td><td></td><td>통산</td><td></td><td>0</td><td>3</td><td>6</td><td></td></tr>
<tr><td></td><td>BC</td><td>대구</td><td>2012</td><td>0</td><td>0</td><td>1</td><td>2012.11.29~</td></tr>
<tr><td></td><td>K1</td><td></td><td>2013</td><td>0</td><td>3</td><td>5</td><td>~2013.04.22</td></tr>
<tr><td>데니스</td><td></td><td>통산</td><td></td><td>1</td><td>4</td><td>6</td><td></td></tr>
<tr><td></td><td>K1</td><td>부산</td><td>2015</td><td>1</td><td>4</td><td>6</td><td>2015.07.13~2015.10.11</td></tr>
<tr><td>레　네</td><td></td><td>통산</td><td></td><td>14</td><td>18</td><td>30</td><td></td></tr>
<tr><td></td><td>BC</td><td>천안일화</td><td>1997</td><td>8</td><td>13</td><td>14</td><td></td></tr>
<tr><td></td><td></td><td></td><td>1998</td><td>6</td><td>5</td><td>16</td><td>~1998.09.08</td></tr>
<tr><td>레　니</td><td></td><td>통산</td><td></td><td>21</td><td>18</td><td>17</td><td></td></tr>
<tr><td></td><td>K2</td><td>서울E</td><td>2015</td><td>16</td><td>14</td><td>11</td><td></td></tr>
</table>

감독명	기간	구단명	재임년도	승	무	패	비고
			2016	5	4	6	~2016.06.15
레모스		통산		2	3	6	
	BC	포항	2010	2	3	6	2010.01.04~2010.05.10
로란트		통산		5	9	10	
	BC	인천	2004	5	9	10	2004.03.01~2004.08.30
모라이스		통산		41	16	8	
	K1	전북	2019	22	13	3	
			2020	19	3	5	~2020.12.21
모아시르		통산		16	13	14	
	BC	대구	2012	16	13	14	~2012.11.28
문정식		통산		25	18	16	
	BC	현대	1984	13	10	5	
			1985	10	4	7	
			1986	2	4	4	~1986.04.22
민동성		통산		5	0	5	
	K2	충주	2013	1	0	2	2013.06.20~2013.07.21
		안산	2021	4	0	3	2021.09.16~
박건하		통산		27	20	22	
	K2	서울E	2016	11	8	4	2016.06.28~2017.01.10
	K1	수원	2020	4	2	2	2020.09.08~
			2021	12	10	16	
박경훈		통산		89	73	66	
	BC	부산	2002	0	0	4	2002.11.06~2002.11.21
		제주	2010	20	11	5	
			2011	10	11	10	
			2012	16	15	13	
	K1		2013	16	10	12	
			2014	14	12	12	~2014.12.18
	K2	성남	2017	13	14	10	
박동혁		통산		49	32	54	
	K2	아산	2018	21	9	6	
			2019	12	8	16	
		충남아산	2020	5	7	15	
			2021	11	8	17	
박병주		통산		20	22	29	
	BC	안양LG	1997	3	18	14	
			1998	17	4	15	
박성철		통산		0	1	1	
	K1	인천	2018	0	1	1	2018.05.12~2018.06.08
박성화		통산		118	94	110	
	BC	유공	1992	10	10	13	1992.05.13~
			1993	7	15	13	
			1994	15	9	8	~1994.10.29
		포항	1996	20	13	7	
			1997	15	15	8	
			1998	18	6	15	
			1999	16	4	18	
			2000	7	9	11	~2000.07.31
	K2	경남	2015	10	13	17	2015.01.06~2015.11.24
박세학		통산		39	32	46	
	BC	럭키금성	1984	8	6	14	
			1985	10	7	4	
			1986	14	12	10	
			1987	7	7	18	
박이천		통산		15	11	12	
	BC	인천	2007	15	11	12	

감독명	기간	구단명	재임년도	승	무	패	비고
박종환		통산		126	157	137	
	BC	일화	1989	6	21	13	1989.03.19~
			1990	7	10	13	
			1991	13	11	16	
			1992	13	19	8	
			1993	14	12	9	
			1994	17	11	8	
			1995	16	13	6	
		대구	2003	7	16	21	2003.03.19~
			2004	9	16	11	
			2005	12	9	15	
			2006	10	16	13	
	K1	성남	2014	2	3	4	~2014.04.22
박진섭		통산		44	39	44	
	K2	광주	2018	11	15	11	
			2019	21	10	5	
	K1		2020	6	7	14	~2020.12.07
		서울	2021	6	7	14	~2021.09.05
박창현		통산		7	8	6	
	BC	포항	2010	7	8	6	2010.05.11~2010.12.12
박　철		통산		0	1	4	
	K2	대전	2019	0	1	4	2019.05.21~2019.06.30
박항서		통산		118	75	138	
	BC	경남	2006	14	6	19	
			2007	14	10	13	
		전남	2008	5	14	14	
			2009	13	11	11	
			2010	9	14		~2010.11.09
		상주	2012	7	6	31	
	승		2013	1	0	1	
	K2		2013	23	8	4	
	K1		2014	7	13	18	
	K2		2015	20	7	13	
박혁순		통산		1	1	3	
	K1	서울	2020	1	1	3	2020.09.25~2020.11.12
박효진		통산		7	3	10	
	K2	강원	2014	5	0	5	2014.09.19~
	K1		2017	2	3	5	2017.08.15~2017.11.01
백종철		통산		6	11	13	
	K1	대구	2013	6	11	13	2013.04.23~2013.11.30
변병주		통산		28	20	57	
	BC	대구	2007	10	7	19	
			2008	11	4	21	
			2009	7	9	17	
브랑코		통산		5	7	8	
	승	경남	2014	0	1	1	2014.08.15~
	K1		2014	5	6	7	2014.08.15~
비츠케이		통산		17	18	5	
	BC	대우	1991	17	18	5	
빙가다		통산		25	6	6	
	BC	서울	2010	25	6	6	~2010.12.13
사키(세쿨라치)		통산		7	6	10	
	BC	부산	1996	7	6	10	~1996.07.21
서정원		통산		92	66	63	
	K1	수원	2013	15	8	15	
			2014	19	10	9	

감독명	기간	구단명	재임년도	승	무	패	비고
			2015	19	10	9	
			2016	10	18	10	
			2017	17	13	8	
			2018	12	7	12	2018.10.15~2018.12.02
설기현		통산		21	21	23	
	K2	경남	2020	10	11	8	
			2021	11	10	15	
손현준		통산		11	7	10	
	K2	대구	2016	9	4	3	2016.08.13~
	K1		2017	2	3	7	~2017.05.22
송경섭		통산		9	7	13	
	K1	전남	2016	1	1	3	2016.10.15~2016.11.07
		강원	2017	1	0	1	2017.11.02~
			2018	7	6	9	~2018.08.12
송광환		통산		0	1	1	
	K1	경남	2013	0	1	1	2013.05.23~2013.06.01
송선호		통산		67	40	61	
	K2	부천	2015	13	7	10	2015.05.29~2015.10.01
			2016	17	9	10	~2016.10.12
		아산	2017	16	9	13	
		부천	2019	14	10	13	
			2020	7	5	15	2020.11.18
신우성		통산		4	2	8	
	BC	대우	1995	4	2	8	1995.08.04~
신윤기		통산		6	3	8	
	BC	부산	1999	6	3	8	1999.06.10~1999.09.08
신진원		통산		0	0	2	
	BC	대전	2011	0	0	2	2011.07.06~2011.07.17
신태용		통산		58	42	53	
	BC	성남일화	2009	19	10	11	
			2010	14	12	8	
			2011	11	10	14	
			2012	14	10	20	~2012.12.08
신홍기		통산		0	0	1	
	K1	전북	2013	0	0	1	2013.06.20~2013.06.27
안데르센		통산		10	8	13	
	K1	인천	2018	9	7	8	2018.06.09~
			2019	1	1	5	~2019.04.15
안드레		통산		36	35	31	
	K1	대구	2017	9	11	6	2017.05.23~
			2018	14	8	16	2018.01.05~
			2019	13	16	9	
안승인		통산		7	8	25	
	K2	충주	2016	7	8	25	
안익수		통산		55	34	43	
	BC	부산	2011	19	7	13	
			2012	13	14	17	~2012.12.13
	K1	성남일화	2013	17	9	12	~2013.12.22
		서울	2021	6	4	1	2021.09.06~
알툴		통산		30	23	41	
	BC	제주	2008	9	10	17	
			2009	10	7	14	~2009.10.14
	K2	강원	2014	11	6	10	~2014.09.18
앤디 에글리		통산		9	12	15	
	BC	부산	2006	5	3	5	2006.08.23~
			2007	4	9	10	~2007.06.30

감독명	기간	구단명	재임년도	승	무	패	비고
엥겔		통산		12	11	7	
	BC	대우	1990	12	11	7	
여범규		통산		7	5	7	
	K2	광주	2013	7	5	7	~2013.08.16
왕선재		통산		15	20	35	
	BC	대전	2009	6	5	6	2009.06.27~
			2010	6	8	18	
			2011	3	7	11	~2011.07.05
우성용		통산		4	5	15	
	K2	서울E	2019	4	5	15	2019.05.23~19.11.27
유상철		통산		25	31	50	
	BC	대전	2011	3	3	6	2011.07.18~
			2012	13	11	20	~2012.12.01
	K1	전남	2018	3	7	13	~2018.08.15
		인천	2019	6	10	11	2019.05.17~
윤덕여		통산		0	0	1	
	BC	전남	2012	0	0	1	2012.08.11~2012.08.13
윤성효		통산		76	52	67	
	BC	수원	2010	10	5	4	2010.06.08~
			2011	18	6	10	
			2012	20	13	11	~2012.12.11
	K1	부산	2013	14	10	14	
			2014	10	13	15	
			2015	4	5	13	~2015.07.12
윤정환		통산		27	26	23	
	K1	울산	2015	13	14	11	
			2016	14	12	12	~2016.11.20
이강조		통산		59	72	157	
	BC	광주상무	2003	13	7	24	2003.01.03~
			2004	10	13	13	
			2005	7	8	21	
			2006	9	10	20	
			2007	5	9	22	
			2008	3	10	23	
			2009	9	4	19	
			2010	3	11	15	~2010.10.27
이기형		통산		15	26	23	
	K1	인천	2016	6	3	1	2016.09.01~
			2017	7	18	13	
			2018	1	4	7	~2018.05.11
		부산	2020	1	1	2	2020.09.29~2020.11.24
이낙영		통산		2	10	28	
	K2	고양	2016	2	10	28	
이민성		통산		19	8	13	
	K2	대전	2021	18	8	12	
	승	대전	2021	1	0	1	
이병근		통산		26	22	24	
	K1	수원	2018	1	4	2	2018.08.30~2018.10.14
		대구	2020	10	8	9	2020.02.05~2020.11.05
			2021	15	10	13	
이상윤		통산		2	4	7	
	K1	성남	2014	2	4	7	2014.04.23~2014.08.26
이성길		통산		4	9	5	
	K2	고양	2014	4	9	5	2014.07.25~
이수철		통산		6	7	12	
	BC	광주상무	2010	0	1	2	2010.10.28~

감독명	기간	구단명	재임년도	승	무	패	비고
		상주	2011	6	6	10	2011.01.12~2011.07.13
이승엽		통산		4	1	1	
	승	부산	2017	1	0	1	2017.10.13~
	K2		2017	3	1	0	2017.10.13~
이영무		통산		30	26	37	
	K2	고양	2013	10	11	14	
			2014	7	5	6	~2014.07.24
			2015	13	10	17	2015.02.16~
이영민		통산		35	32	41	
	K2	안양	2015	12	7	7	2015.06.16~
			2016	11	13	16	
		안산	2018	3	2	1	2018.08.23~2018.09.29
		부천	2021	9	10	17	
이영익		통산		4	7	15	
	K2	대전	2017	4	7	15	~2017.08.30
이영진		통산		44	38	51	
(1963)	BC	대구	2010	7	5	21	
			2011	9	11	15	~2011.11.01
	K2	대구	2015	18	13	10	
			2016	10	9	5	~2016.08.12
이영진		통산		0	1	0	
(1972)	K1	성남	2014	0	1	0	2014.08.27~2014.09.04
이우형		통산		45	34	43	
	K2	안양	2013	12	9	14	
			2014	15	6	15	
			2015	1	8	5	~2015.06.16
			2021	17	11	9	
이을용		통산		6	7	9	
	K1	서울	2018	6	7	9	2018.05.01~2018.10.10
이임생		통산		14	16	19	
	K1	수원	2019	12	12	14	
	K1	수원	2020	2	4	5	~2020.07.16
이장수		통산		55	46	52	
	BC	천안일화	1996	11	10	19	1996.04.03~1996.12.31
		전남	2004	14	11	12	~2004.12.13
		서울	2005	13	10	13	2005.01.03~
			2006	17	15	8	
이재철		통산		2	3	9	
	K2	충주	2013	2	3	9	~2013.06.19
이종환		통산		22	20	16	
	BC	유공	1983	5	7	4	
			1984	13	9	6	
			1985	4	4	6	~1985.07.21
이차만		통산		90	74	65	
	BC	대우	1987	16	14	2	
			1988	8	5	11	
			1989	14	14	12	
			1992	4	13	9	~1992.09.23
		부산	1997	22	11	5	
			1998	17	6	12	
			1999	7	2	5	~1999.06.09
	K1	경남	2014	2	9	9	~2014.08.14
이태호		통산		13	22	35	
	BC	대전	2001	9	10	16	
			2002	4	12	19	
이회택		통산		139	129	130	

감독명	기간	구단명	재임년도	승	무	패	비고
	BC	포항제철	1987	16	8	8	
			1988	9	9	6	
			1989	13	14	13	
			1990	9	10	11	
			1991	12	15	13	
			1992	16	14	10	
		전남	1998	0	1	0	1998.10.15~
			1999	14	6	18	
			2000	14	10	15	
			2001	8	11	16	
			2002	11	11	13	
			2003	17	20	7	
이흥실		통산		70	59	74	
	BC	전북	2012	22	13	9	2012.01.05~2012.12.12
	K2	안산경찰	2015	9	15	16	
		안산무궁	2016	21	7	12	
		안산	2017	7	12	17	2017.01.04~
			2018	6	5	13	~2018.08.21
		대전	2019	5	7	7	2019.07.02~
인창수		통산		11	8	19	
	K2	서울E	2016	1	1	0	2016.06.16~2016.06.27
			2018	10	7	19	
임완섭		통산		15	12	24	
	K2	안산	2018	1	2	3	2018.09.30~
			2019	14	8	14	~2019.12.23
	K1	인천	2020	0	2	7	2020.02.06~2020.06.28
임중용		통산		0	5	4	
	K1	인천	2019	0	2	2	2019.04.16~2019.05.14
			2020	0	3	2	2020.06.29~2020.08.06
임창수		통산		3	8	17	
	BC	국민은행	1984	3	8	17	
장외룡		통산		50	42	47	
	BC	부산	1999	8	0	5	1999.09.09~
		인천	2004	4	5	3	2004.08.31~
			2005	19	9	11	
			2006	8	16	15	
			2008	11	12	13	
장운수		통산		45	23	25	
	BC	대우	1983	6	7	3	
			1984	13	5	2	1984.06.21~
			1985	9	7	5	
			1986	17	4	15	
장종대		통산		6	7	8	
	BC	상무	1985	6	7	8	
전경준		통산		28	33	18	
	K2	전남	2019	7	5	3	2019.07.31~
			2020	8	14	5	
			2021	13	14	10	
정갑석		통산		26	12	30	
	K2	부천	2016	2	1	2	2016.10.15~2016.11.16
			2017	15	7	14	
			2018	9	4	14	~2018.09.14
정병탁		통산		10	12	23	
	BC	전남	1995	9	10	16	
			1996	1	2	7	~1996.05.27
정정용		통산		19	19	25	

Section
6

역
대
통
산
기
록

감독명	기간	구단명	재임년도	승	무	패	비고
	K2	서울E	2020	11	6	10	
			2021	8	13	15	
정종수		통산		4	3	5	
	BC	울산	2000	4	3	5	2000.06.14~2000.08.21
정해성		통산		63	67	78	
	BC	부천SK	2004	6	19	11	
			2005	17	9	10	
		제주	2006	11	12	16	
			2007	10	8	18	
		전남	2011	14	11	10	
			2012	5	8	13	~2012.08.10
정해원		통산		1	1	7	
	BC	대우	1994	1	1	7	1994.06.22~1994.09.07
조광래		통산		140	119	125	
	BC	대우	1992	5	6	3	1992.09.24~
			1993	8	15	12	
			1994	4	8	6	~1994.06.21
		안양LG	1999	14	6	19	
			2000	20	9	10	
			2001	14	11	10	
			2002	17	9	10	
			2003	14	14	16	
		서울	2004	9	16	11	
		경남	2008	13	9	14	
			2009	11	11	10	
			2010	11	5	4	~2010.07.31
조덕제		통산		87	73	81	
	K2	수원FC	2013	13	8	14	
			2014	12	12	12	
			2015	19	12	11	
	승		2015	2	0	0	
	K1		2016	10	9	19	
	K2		2017	7	9	10	~2017.08.23
		부산	2019	19	13	5	
	승		2019	1	1	0	
	K1		2020	4	9	10	~2020.09.28
조동현		통산		36	15	21	
	K2	경찰	2013	20	4	11	
	K2	안산경찰	2014	16	11	10	
조민국		통산		16	12	19	
	K1	울산	2014	13	11	14	~2014.11.30
	K2	대전	2020	3	1	5	2020.09.18~2020.12.08
조민혁		통산		1	2	1	
	K2	부천	2018	1	2	1	2018.09.15~2018.10.07
조성환		통산		80	52	75	
	K1	제주	2015	14	8	16	
			2016	14	7	12	~2016.10.14
			2017	19	9	10	
			2018	14	12	12	
			2019	0	4	5	~2019.05.03
		인천	2020	7	1	5	2020.08.07~
			2021	12	11	15	
조영증		통산		31	33	47	
	BC	LG	1994	15	9	12	
			1995	6	13	16	
		안양LG	1996	10	11	19	

감독명	기간	구단명	재임년도	승	무	패	비고
조윤옥		통산		4	1	3	
	BC	대우	1984	4	1	3	~1984.06.20
조윤환		통산		94	67	81	
	BC	유공	1994	2	2	0	1994.11.01~
		부천SK	1999	22	0	16	
			2000	19	11	13	
			2001	4	6	10	~2001.08.14
		전북	2001	3	2	0	2001.10.04~
			2002	11	12	12	
			2003	18	15	11	
			2004	13	12	11	
			2005	2	7	8	~2005.06.13
조종화		통산		2	3	3	
	K2	수원FC	2017	2	3	3	2017.08.24~2017.10.19
조중연		통산		22	19	17	
	BC	현대	1986	15	7	4	1986.04.23~
			1987	7	12	13	
조진호		통산		55	32	42	
	BC	제주	2009	0	1	2	2009.10.15~2009.11.01
	K1	대전	2013	5	2	1	2013.10.05~2013.12.08
	K2		2014	20	10	6	
	K1		2015	1	2	8	~2015.05.21
		상주	2016	12	7	19	~2016.11.24
	K2	부산	2017	17	10	6	~2017.10.10
주승진		통산		2	1	5	
	K1	수원	2020	2	1	5	2020.07.17~2020.09.07
차경복		통산		131	83	101	
	BC	전북	1995	11	6	18	
			1996	12	10	18	~1996.12.05
		천안일화	1998	2	1	5	1998.09.09~
			1999	12	7	18	
		성남일화	2000	19	12	10	
			2001	16	13	7	
			2002	19	12	7	
			2003	27	10	7	
			2004	13	12	11	
차범근		통산		157	119	116	
	BC	현대	1991	13	16	11	
			1992	16	8	16	
			1993	14	10	11	
			1994	12	16	8	
		수원	2004	17	14	4	
			2005	13	14	9	
			2006	14	16	12	
			2007	21	8	10	
			2008	25	8	7	
			2009	8	8	14	
			2010	4	1	10	~2010.06.07
최강희		통산		229	115	101	
	BC	전북	2005	2	3	7	2005.07.11~
			2006	11	13	15	
			2007	12	12	12	
			2008	17	8	14	
			2009	19	8	7	
			2010	22	7	9	
			2011	20	9	4	

감독명	기간	구단명	재임년도	승	무	패	비고
	K1		2013	12	6	6	2013.06.27~
			2014	24	9	5	
			2015	22	7	9	
			2016	20	16	2	
			2017	22	9	7	
			2018	26	8	4	
최덕주		통산		13	8	15	
	K2	대구	2014	13	8	15	~2014.11.18
최만희		통산		73	55	111	
	BC	전북	1997	7	14	14	
			1998	14	4	17	
			1999	14	5	17	
			2000	14	6	17	
			2001	4	3	10	~2001.07.18
		광주	2011	10	8	17	
			2012	10	15	19	~2012.12.02
최문식		통산		18	15	33	
	K1	대전	2015	3	5	18	2015.06.01~
	K2		2016	15	10	15	~2016.10.30
최순호		통산		108	80	136	
	BC	포항	2000	2	2	6	2000.08.01~
			2001	14	8	13	
			2002	11	11	13	
			2003	17	13	14	
			2004	13	13	13	
		강원	2009	8	7	18	
			2010	8	6	18	
			2011	1	1	4	~2011.04.07
	K1	포항	2016	2	2	2	2016.10.01~
			2017	15	7	16	
			2018	15	9	14	
			2019	5	3	9	~2019.04.22
최영준		통산		19	9	20	
	승	부산	2015	0	0	2	2015.10.12~
	K1		2015	0	2	3	2015.10.12~
	K2		2016	19	7	15	
최용수		통산		124	67	70	
	BC	서울	2011	15	4	6	2011.04.27~2011.12.08
			2012	29	9	6	
	K1		2013	17	11	10	
			2014	15	13	10	
			2015	17	11	10	
			2016	9	3	3	~2016.06.22
	승		2018	1	1	0	2018.10.11~
	K1		2018	1	2	3	2018.10.11~
			2019	15	11	12	
			2020	3	1	9	~2020.07.30
		강원	2021	1	1	0	2021.11.16~
	승		2021	1	0	1	2021.11.16~
최윤겸		통산		131	134	127	
	BC	부천SK	2001	5	9	1	2001.08.15~
			2002	8	4	9	~2002.09.01
		대전	2003	18	11	15	2003.01.03~
			2004	11	13	12	
			2005	9	16	11	
			2006	12	16	11	

감독명	기간	구단명	재임년도	승	무	패	비고
			2007	4	12	7	~2007.06.30
	K2	강원	2015	13	12	15	
			2016	21	9	12	
	승		2016	0	2	0	
	K1		2017	10	7	9	~2017.08.14
	K2	부산	2018	15	14	8	~2018.12.19
	승		2018	0	1	1	~2018.12.19
	K1	제주	2019	5	8	16	2019.05.03~2019.12.25
최은택		통산		20	16	21	
	BC	포항제철	1985	9	7	5	
			1986	11	9	16	
최진철		통산		10	8	14	
	K1	포항	2016	10	8	14	~2016.09.24
최진한		통산		40	33	65	
	BC	경남	2011	16	7	14	
			2012	14	8	22	
	K1		2013	2	6	3	~2013.05.22
	K2	부천	2014	6	9	21	2014.02.06~
			2015	2	3	5	~2015.05.28
트나즈 트르판		통산		3	7	13	
	BC	부천SK	2002	3	6	5	2002.09.02~
			2003	0	1	8	~2003.05.15
파리아스		통산		83	55	43	
	BC	포항	2005	15	15	6	
			2006	19	9	12	
			2007	17	12	12	
			2008	14	7	8	
			2009	18	12	5	~2009.12.25
파비아노		통산		6	4	11	
	K2	전남	2019	6	4	11	~2019.07.30
파비오		통산		6	3	4	
	K1	전북	2013	6	3	4	~2013.06.19
페레즈		통산		12	9	15	
	K2	부산	2021	12	9	15	
페트코비치		통산		26	23	28	
	BC	인천	2009	13	15	8	
			2010	7	2	7	~2010.06.08
	K1	경남	2013	6	6	13	2013.06.02~2013.12.16
포터필드		통산		30	40	53	
	BC	부산	2003	13	10	21	
			2004	8	16	12	
			2005	9	11	17	
			2006	0	3	3	~2006.04.03
하석주		통산		31	28	34	
	BC	전남	2012	8	6	3	2012.08.14~
	K1		2013	9	13	16	
			2014	14	9	15	~2014.11.30
하재훈		통산		3	11	21	
	BC	부천SK	2003	3	11	21	2003.05.16~2003.11.20
한홍기		통산		16	11	17	
	BC	포항제철	1983	6	4	6	
			1984	10	7	11	
함흥철		통산		19	24	22	
	BC	할렐루야	1983	6	8	2	
			1984	10	9	9	
			1985	3	7	11	

감독명	기간	구단명	재임년도	승	무	패	비고
허정무		통산		121	128	113	
	BC	포항제철	1993	12	14	9	
			1994	14	13	9	
		포항	1995	16	13	6	
		전남	1996	9	9	12	1996.05.28~
			1997	17	15	4	
			1998	13	5	17	~1998.10.14
			2005	10	11	15	2005.01.03~
			2006	13	15	11	
			2007	7	9	11	
		인천	2010	2	6	3	2010.08.23~
			2011	7	16	12	
			2012	1	6	6	~2012.04.11
홍명보		통산		21	11	6	
	K1	울산	2021	21	11	6	

감독명	기간	구단명	재임년도	승	무	패	비고
황보관		통산		1	3	3	
	BC	서울	2011	1	3	3	2011.01.05~2011.04.26
황선홍		통산		170	105	116	
	BC	부산	2008	10	8	19	
			2009	12	11	15	
			2010	11	10	12	~2010.12.12
		포항	2011	21	8	6	
	K1		2012	23	8	13	
			2013	17	11	6	
			2014	16	10	12	
			2015	18	12	8	
		서울	2016	12	4	6	2016.06.27~
			2017	16	13	9	
			2018	2	4	4	~2018.04.30
		대전	2020	8	6	4	2020.01.04~2020.09.08

역대 선수별 경기 기록

BC: K리그 BC(~2012) / K1: K리그1 / K2: K리그2 / 승: K리그 승강 플레이오프

가도에프(Shohruh Gadoev) 우즈베키스탄 1991.12.31

대회	연도	소속	출전	교체	득점	도움	파울	경고	퇴장
K2	2018	대전	32	30	8	4	29	4	1
	2019	대전	8	8	0	1	7	0	0
		합계	40	38	8	5	36	4	1
프로통산			40	38	8	5	36	4	1

가브리엘(Gabriel Barbosa Avelino) 브라질 1999.03.17

대회	연도	소속	출전	교체	득점	도움	파울	경고	퇴장
K1	2021	서울	15	14	2	1	19	3	0
		합계	15	14	2	1	19	3	0
프로통산			15	14	2	1	19	3	0

가브리엘(Gabriel Lima) 브라질 1978.06.13

대회	연도	소속	출전	교체	득점	도움	파울	경고	퇴장
BC	2006	대구	17	15	2	3	35	3	0
		합계	17	15	2	3	35	3	0
프로통산			17	15	2	3	35	3	0

가비(Gabriel Popescu) 루마니아 1973.12.25

대회	연도	소속	출전	교체	득점	도움	파울	경고	퇴장
BC	2002	수원	24	10	6	1	59	8	0
	2003	수원	31	4	2	2	61	6	0
	2004	수원	4	4	0	1	2	0	0
		합계	59	18	12	4	122	14	0
프로통산			59	18	12	4	122	14	0

가빌란(Jaime Gavilan Martinez) 스페인 1985.05.12

대회	연도	소속	출전	교체	득점	도움	파울	경고	퇴장
K1	2016	수원FC	22	18	3	2	26	5	0
		합계	22	18	3	2	26	5	0
K2	2017	수원FC	1	1	0	0	1	0	0
		합계	1	1	0	0	1	0	0
프로통산			23	19	3	2	27	5	0

가솔현(賈率賢) 고려대 1991.02.12

대회	연도	소속	출전	교체	득점	도움	파울	경고	퇴장
K1	2018	전남	26	2	1	0	21	4	0
	2020	강원	0	0	0	0	0	0	0
		합계	26	2	1	0	21	4	0
K2	2013	안양	20	0	3	0	37	5	0
	2014	안양	26	1	0	0	28	4	0
	2015	안양	26	1	0	0	28	7	0
	2016	안양	13	0	0	0	28	4	0
	2019	전남	19	6	1	0	27	4	0
		합계	111	14	5	3	151	24	0

프로통산 137 16 5 3 170 30 0

가우초(Eric Freire Gomes) 브라질 1972.09.22

대회	연도	소속	출전	교체	득점	도움	파울	경고	퇴장
BC	2004	부산	13	8	4	0	26	3	0
		합계	13	8	4	0	26	3	0
프로통산			13	8	4	0	26	3	0

가이모토(Kaimoto Kojiro) 일본 1977.10.14

대회	연도	소속	출전	교체	득점	도움	파울	경고	퇴장
BC	2001	성남일화	1	1	0	0	4	1	0
	2002	성남일화	21	11	0	1	36	2	0
		합계	22	12	0	1	40	3	0
프로통산			22	12	0	1	40	3	0

감한솔(甘한솔) 경희대 1993.11.19

대회	연도	소속	출전	교체	득점	도움	파울	경고	퇴장
K2	2015	대구	7	6	0	0	5	1	0
	2016	대구	5	3	0	1	4	0	0
	2017	서울E	21	6	1	2	16	2	0
	2018	서울E	13	2	0	1	16	0	0
	2019	부천	33	5	2	4	30	6	0
	2020	부천	14	4	0	0	18	1	0
		합계	93	31	3	7	89	10	0
프로통산			93	31	3	7	89	10	0

강경호(姜京昊) 한양대 1957.02.02

대회	연도	소속	출전	교체	득점	도움	파울	경고	퇴장
BC	1983	국민은행	5	4	0	0	1	0	0
	1984	국민은행	11	3	0	1	9	1	0
		합계	16	7	0	1	10	1	0

강구남(姜求南) 경희대 1987.07.31

대회	연도	소속	출전	교체	득점	도움	파울	경고	퇴장
BC	2008	대전	4	4	0	1	3	0	0
	2009	광주상무	2	2	0	0	4	0	0
	2010	광주상무	6	5	0	0	8	0	0
	2011	대전	6	5	0	0	5	1	0
		합계	18	16	0	1	20	1	0
프로통산			18	16	0	1	20	1	0

강금철(姜錦喆) 전주대 1972.03.19

대회	연도	소속	출전	교체	득점	도움	파울	경고	퇴장
BC	1995	전북	2	2	0	0	5	0	0
	1996	전북	3	3	0	0	1	0	0
	1999	전북	10	9	0	1	10	1	0
	2000	전북	5	5	0	0	4	0	0
	2001	전북	13	1	0	0	28	3	0
		합계	30	18	1	1	48	4	0

프로통산 30 18 1 1 48 4 0

강기원(康己源) 고려대 1981.10.07

대회	연도	소속	출전	교체	득점	도움	파울	경고	퇴장
BC	2004	울산	11	10	0	0	11	1	0
	2005	울산	4	2	0	0	4	0	0
	2006	경남	18	11	0	0	23	2	0
	2007	경남	30	15	0	0	31	6	0
	2008	경남	2	1	0	0	1	0	0
		합계	65	39	0	0	69	9	0
프로통산			65	39	0	0	69	9	0

강대희(姜大熙) 경희고 1977.02.02

대회	연도	소속	출전	교체	득점	도움	파울	경고	퇴장
BC	2000	수원	15	11	0	0	18	0	0
	2003	대구	4	4	0	0	2	0	0
		합계	19	15	0	0	20	0	0
프로통산			19	15	0	0	20	0	0

강동구(姜冬求) 관동대(가톨릭관동대) 1983.08.04

대회	연도	소속	출전	교체	득점	도움	파울	경고	퇴장
BC	2007	제주	4	2	0	0	5	1	0
	2008	제주	12	7	0	0	7	0	0
		합계	16	9	0	0	12	1	0
프로통산			16	9	0	0	12	1	0

강두호(康斗豪) 건국대 1978.03.28

대회	연도	소속	출전	교체	득점	도움	파울	경고	퇴장
BC	2007	제주	4	3	0	0	8	1	0
		합계	4	3	0	0	8	1	0
프로통산			4	3	0	0	8	1	0

강득수(姜得壽) 연세대 1961.08.16

대회	연도	소속	출전	교체	득점	도움	파울	경고	퇴장
BC	1984	럭키금성	27	4	2	6	25	1	0
	1985	럭키금성	21	0	5	3	18	1	0
	1986	럭키금성	17	1	2	10	19	0	0
	1987	럭키금성	31	7	4	3	24	0	0
	1988	럭키금성	23	7	4	3	21	1	0
	1989	럭키금성	20	1	4	7	21	1	0
	1990	현대	20	1	1	4	24	0	0
	1991	현대	19	14	1	4	19	1	0
		합계	178	29	22	42	169	5	0
프로통산			178	29	22	42	169	5	0

강만영(姜萬永) 인천대 1962.06.14

대회	연도	소속	출전	교체	득점	도움	파울	경고	퇴장
BC	1988	럭키금성	15	7	2	1	13	1	0
	1989	럭키금성	12	12	0	1	11	0	0
		합계	27	19	2	2	20	1	0

프로통산 | 27 | 19 | 2 | 2 | 20 | 1 | 0

강명철(姜明澈) 경희대 1984.06.20

대회	연도	소속	출전	교체	득점	도움	파울	경고	퇴장
BC	2007	서울	1	1	0	0	1	0	0
	합계		1	1	0	0	1	0	0
프로통산			1	1	0	0	1	0	0

강모근(姜模根) 가톨릭관동대 1994.06.11

대회	연도	소속	출전	교체	실점	도움	파울	경고	퇴장
K1	2017	강원	1	0	5	0	0	0	0
	합계		1	0	5	0	0	0	0
프로통산			1	0	5	0	0	0	0

강민(康忞) 건국대 1989.06.07

대회	연도	소속	출전	교체	득점	도움	파울	경고	퇴장
K2	2013	광주	6	2	0	0	2	0	0
	합계		6	2	0	0	2	0	0
프로통산			6	2	0	0	2	0	0

강민수(姜敏壽) 고양고 1986.02.14

대회	연도	소속	출전	교체	득점	도움	파울	경고	퇴장
BC	2005	전남	13	4	0	0	33	6	0
	2006	전남	28	3	0	0	38	9	0
	2007	전남	18	0	1	0	27	3	1
	2008	전북	28	6	0	0	48	8	0
	2009	제주	22	0	0	0	35	11	0
	2010	수원	24	5	2	0	40	6	0
	2011	울산	32	10	2	0	34	7	0
	2012	울산	32	7	2	0	40	7	0
	합계		197	37	7	0	295	57	1
K1	2013	울산	37	0	2	1	47	5	0
	2014	울산	11	0	0	1	15	4	0
	2014	상주	19	2	1	0	25	6	0
	2016	울산	26	3	0	0	27	2	0
	2017	울산	24	4	0	1	17	4	0
	2018	울산	30	3	1	0	22	1	0
	2019	울산	23	1	3	0	27	3	0
	2020	부산	20	1	1	0	19	3	0
	2021	인천	17	2	0	0	11	1	0
	합계		207	21	8	2	196	33	0
K2	2015	상주	27	7	0	1	28	5	0
	2021	부산	0	0	0	0	0	0	0
	합계		27	7	0	1	28	5	0
프로통산			431	65	15	3	519	95	1

강민우(姜民右) 동국대 1987.03.26

대회	연도	소속	출전	교체	득점	도움	파울	경고	퇴장
BC	2010	강원	0	0	0	0	0	0	0
	2011	상주	2	2	0	0	0	0	0
	2012	상주	0	0	0	0	0	0	0
	합계		2	2	0	0	0	0	0
프로통산			2	2	0	0	0	0	0

강민재(姜玟在) 광운대 1999.12.25

대회	연도	소속	출전	교체	득점	도움	파울	경고	퇴장
K2	2019	수원FC	2	2	0	0	0	0	0
	합계		2	2	0	0	0	0	0
프로통산			2	2	0	0	0	0	0

강민혁(康珉赫) 대구대 1982.07.10

대회	연도	소속	출전	교체	득점	도움	파울	경고	퇴장
BC	2006	경남	35	1	1	0	59	9	0
	2007	제주	18	2	1	0	17	4	0
	2008	광주상무	19	3	0	0	11	1	0
	2009	광주상무	27	1	0	0	25	0	0
	2009	제주	0	0	0	0	0	0	0
	2010	제주	21	3	0	0	21	3	1
	2011	제주	21	0	0	0	21	3	0
	2012	경남	41	6	0	2	57	8	0
	합계		192	20	2	2	218	29	1
K1	2013	경남	27	6	0	0	37	6	0
	합계		27	6	0	0	37	6	0
프로통산			219	26	2	2	255	32	1

강봉균(姜奉均) 고려대 1993.07.06

대회	연도	소속	출전	교체	실점	도움	파울	경고	퇴장
K1	2017	수원	0	0	0	0	0	0	0
	2018	수원	0	0	0	0	0	0	0
	합계		0	0	0	0	0	0	0
프로통산			0	0	0	0	0	0	0

강상우(姜祥佑) 경희대 1993.10.07

대회	연도	소속	출전	교체	득점	도움	파울	경고	퇴장
K1	2014	포항	8	8	0	0	10	1	0
	2015	포항	5	4	1	0	6	0	0
	2016	포항	30	5	1	2	56	8	0
	2017	포항	33	0	1	4	33	0	0
	2018	포항	36	2	3	2	41	5	0
	2019	상주	15	3	4	0	7	1	0
	2020	상주	16	0	1	0	17	1	0
	2020	포항	10	0	1	2	17	3	0
	2021	포항	37	2	4	8	28	2	0
	합계		190	37	20	25	211	22	0
프로통산			190	37	20	25	211	22	0

강상진(姜相珍) 중앙대 1970.12.03

대회	연도	소속	출전	교체	득점	도움	파울	경고	퇴장
BC	1993	대우	9	6	0	0	15	3	0
	1994	대우	2	2	0	0	0	0	0
	합계		11	8	0	0	15	3	0
프로통산			11	8	0	0	15	3	0

강상협(姜尙協) 동래고 1977.12.17

대회	연도	소속	출전	교체	실점	도움	파울	경고	퇴장
BC	1995	포항	0	0	0	0	0	0	0
	1996	포항	0	0	0	0	0	0	0
	합계		0	0	0	0	0	0	0
프로통산			0	0	0	0	0	0	0

강상희(姜常熙) 선문대 1998.03.07

대회	연도	소속	출전	교체	득점	도움	파울	경고	퇴장
K1	2020	서울	3	1	0	0	5	1	0
	2021	서울	9	5	1	0	1	0	0
	합계		12	6	1	0	6	1	0
프로통산			12	6	1	0	6	1	0

강선규(康善圭) 건국대 1986.04.20

대회	연도	소속	출전	교체	득점	도움	파울	경고	퇴장
BC	2008	대전	17	4	0	1	36	3	0
	2010	강원	5	0	0	1	10	0	0
	합계		22	4	0	2	46	3	0
프로통산			22	4	0	2	46	3	0

강성관(姜聖觀) 상지대 1987.11.06

대회	연도	소속	출전	교체	실점	도움	파울	경고	퇴장
BC	2010	성남일화	3	0	4	0	0	0	0
	2011	성남일화	4	0	6	0	0	0	0
	2012	상주	0	0	0	0	0	0	0
	합계		7	0	10	0	0	0	0
K1	2013	성남일화	0	0	0	0	0	0	0
	합계		0	0	0	0	0	0	0
K2	2013	상주	0	0	0	0	0	0	0
	2014	강원	1	0	1	0	0	0	0
	2015	강원	12	2	11	0	0	0	0
	합계		13	2	13	0	0	0	0
프로통산			20	2	23	0	0	0	0

강성민(姜成敏) 경희대 1974.12.26

대회	연도	소속	출전	교체	득점	도움	파울	경고	퇴장
BC	1995	전북	10	6	2	0	4	1	0
	1996	전북	7	7	0	1	0	1	0
	1998	전북	2	2	0	0	0	0	0
	합계		19	15	2	1	4	2	0
프로통산			19	15	2	1	4	2	0

강성일(姜成一) 한양대 1979.06.04

대회	연도	소속	출전	교체	실점	도움	파울	경고	퇴장
BC	2002	대전	1	0	2	0	0	0	0
	2003	대전	0	0	0	0	0	0	0
	2004	대전	0	0	0	0	0	0	0
	합계		1	0	2	0	0	0	0
프로통산			1	0	2	0	0	0	0

강성진(姜成眞) 오산고 2003.03.26

대회	연도	소속	출전	교체	득점	도움	파울	경고	퇴장
K1	2021	서울	14	14	1	2	4	0	0
	합계		14	14	1	2	4	0	0
프로통산			14	14	1	2	4	0	0

강성호(姜聲浩) 여주상고 1971.02.22

대회	연도	소속	출전	교체	득점	도움	파울	경고	퇴장
BC	1998	전북	9	7	0	0	14	0	0
	합계		9	7	0	0	14	0	0
프로통산			9	7	0	0	14	0	0

강세혁(剛世奕) 2002.10.23

대회	연도	소속	출전	교체	득점	도움	파울	경고	퇴장
K2	2021	대전	1	1	0	0	2	0	0
	합계		1	1	0	0	2	0	0
프로통산			1	1	0	0	2	0	0

강수일(姜修一) 상지대 1987.07.15

대회	연도	소속	출전	교체	득점	도움	파울	경고	퇴장
BC	2007	인천	2	2	1	0	0	0	0
	2008	인천	5	4	0	0	3	0	0
	2009	인천	26	17	5	1	12	5	0
	2010	인천	25	21	4	5	30	3	0
	2011	제주	25	20	3	1	17	1	0
	2012	제주	32	23	3	2	27	3	0
	합계		115	87	15	6	74	10	0
K1	2013	제주	37	20	1	3	21	4	0
	2014	포항	29	21	6	3	36	2	0
	2015	제주	14	7	5	2	8	1	0
	합계		70	48	12	8	65	7	0
K2	2021	안산	12	11	1	0	6	1	0
	합계		12	11	1	0	6	1	0
프로통산			197	146	28	14	145	18	0

강승조(康承助) 단국대 1986.01.20

대회	연도	소속	출전	교체	득점	도움	파울	경고	퇴장
BC	2008	부산	5	4	0	0	7	2	0
	2009	부산	23	14	3	5	33	6	0
	2010	전북	29	15	5	2	43	7	0
	2011	전북	9	1	1	1	17	6	0
	2012	경남	32	9	5	4	57	4	1
	합계		101	46	15	8	162	28	1
K1	2013	경남	26	14	4	0	36	6	0
	2014	서울	17	14	0	1	18	2	0
	합계		43	28	4	7	44	6	1
K2	2015	안산경찰	19	8	2	2	27	7	0
	2016	안산무궁	14	8	2	0	26	5	0
	2017	대전	7	3	0	0	15	1	0
	2020	경남	13	15	0	0	49	14	0
	합계		53	34	4	2	49	14	0
프로통산			197	108	23	17	255	48	2

강시훈(康永連) 숭실대 1992.02.08

대회	연도	소속	출전	교체	득점	도움	파울	경고	퇴장
K1	2018	대구	0	0	0	0	0	0	0
	합계		0	0	0	0	0	0	0
프로통산			0	0	0	0	0	0	0

강신명(姜信明) 전주대 1997.02.12

대회	연도	소속	출전	교체	득점	도움	파울	경고	퇴장
K2	2020	수원FC	3	3	0	0	3	1	0
	합계		3	3	0	0	3	1	0
프로통산			3	3	0	0	3	1	0

강신우(姜信友) 진주고 1999.04.21

대회	연도	소속	출전	교체	실점	도움	파울	경고	퇴장
K1	2019	경남	0	0	0	0	0	0	0
	합계		0	0	0	0	0	0	0

강신우(姜信寓) 서울대 1959.03.18

대회	연도	소속	출전	교체	득점	도움	파울	경고	퇴장
K2	2020	경남	0	0	0	0	0	0	0
	합계		0	0	0	0	0	0	0
프로통산			0	0	0	0	0	0	0
BC	1983	대우	15	1	0	0	26	2	0
	1984	대우	27	6	5	3	29	2	0
	1985	대우	13	2	1	1	14	0	0
	1986	대우	29	11	1	0	36	0	0
	1987	럭키금성	18	8	0	0	11	1	0
	합계		102	28	7	4	116	5	0
프로통산			102	28	7	4	116	5	0

강영제(姜永提) 조선대 1994.08.11

대회	연도	소속	출전	교체	득점	도움	파울	경고	퇴장
K2	2016	대전	7	7	0	0	3	1	0
	합계		7	7	0	0	3	1	0
프로통산			7	7	0	0	3	1	0

강영철(姜英喆)

대회	연도	소속	출전	교체	득점	도움	파울	경고	퇴장
BC	1983	대우	1	2	0	0	0	0	0
	합계		1	2	0	0	0	0	0
프로통산			1	2	0	0	0	0	0

강용(康勇) 고려대 1979.01.14

대회	연도	소속	출전	교체	득점	도움	파울	경고	퇴장
BC	2001	포항	10	3	1	0	23	2	0
	2002	포항	7	6	0	0	6	2	0
	2003	포항	37	6	2	4	73	3	1
	2004	포항	31	13	1	1	52	4	0
	2005	전남	12	6	0	0	27	1	0
	2006	광주상무	26	6	4	2	45	3	0
	2007	광주상무	26	3	0	1	50	2	1
	2008	전남	10	3	0	0	12	1	0
	2009	강원	14	1	0	0	14	2	0
	2011	대구	10	6	1	0	15	5	0
	2012	대구	10	6	1	0	14	5	0
	합계		181	51	8	10	325	25	2
K1	2013	인천	4	1	0	0	5	1	0
	합계		4	1	0	0	5	1	0
프로통산			185	52	8	10	330	26	2

강용국(康龍國) 동국대 1961.11.17

대회	연도	소속	출전	교체	득점	도움	파울	경고	퇴장
BC	1985	한일은행	19	11	1	1	22	0	0
	1986	한일은행	5	5	0	0	3	0	0
	합계		24	16	1	1	25	0	0
프로통산			24	16	1	1	25	0	0

강우람(姜 우람) 광운대 1986.05.04

대회	연도	소속	출전	교체	득점	도움	파울	경고	퇴장
BC	2012	대전	0	0	0	0	0	0	0
	합계		0	0	0	0	0	0	0
프로통산			0	0	0	0	0	0	0

강원길(姜源吉) 전북대 1968.03.17

대회	연도	소속	출전	교체	득점	도움	파울	경고	퇴장
BC	1994	버팔로	26	7	0	0	31	1	0
	1995	전북	25	5	1	0	31	4	0
	합계		51	12	1	0	62	5	0
프로통산			51	12	1	0	62	5	0

강윤구(姜潤求) 동아대 1993.02.08

대회	연도	소속	출전	교체	득점	도움	파울	경고	퇴장
K1	2018	대구	18	4	1	1	24	4	0
	2019	대구	15	9	0	0	15	0	0
	2020	인천	12	7	0	0	15	2	0
	2021	인천	20	9	0	2	18	3	0
	합계		65	29	1	3	72	9	0
프로통산			65	29	1	3	72	9	0

강윤구(姜潤求) 골클럽U18 2002.04.08

대회	연도	소속	출전	교체	득점	도움	파울	경고	퇴장
K1	2021	울산	7	7	0	0	5	2	0
	합계		7	7	0	0	5	2	0
프로통산			7	7	0	0	5	2	0

강윤성(姜允盛) 대구공고 1997.07.01

대회	연도	소속	출전	교체	득점	도움	파울	경고	퇴장
K1	2019	제주	23	11	0	1	26	3	0
	2021	제주	23	20	0	0	13	4	0
	합계		46	31	0	1	39	7	0
K2	2016	대전	26	24	0	0	27	5	0
	2017	대전	14	4	0	0	11	2	0
	2018	대전	26	15	3	0	26	2	0
	2020	제주	21	17	3	4	23	6	0
	합계		87	60	6	4	87	15	0
프로통산			133	91	6	5	126	22	0

강의빈(姜義彬) 광운대 1998.04.01

대회	연도	소속	출전	교체	득점	도움	파울	경고	퇴장
K2	2020	경남	2	1	0	0	3	1	0
	2021	부천	25	3	0	0	39	5	0
	합계		27	4	0	0	42	6	0
프로통산			27	4	0	0	42	6	0

강인준(康仁準) 호남대 1987.10.27

대회	연도	소속	출전	교체	득점	도움	파울	경고	퇴장
BC	2010	제주	0	0	0	0	0	0	0
	2011	제주	0	0	0	0	0	0	0
	2011	대전	1	1	0	0	1	0	1
	합계		1	1	0	0	1	0	1
프로통산			1	1	0	0	1	0	1

강재순(姜才淳) 성균관대 1964.12.15

대회	연도	소속	출전	교체	득점	도움	파울	경고	퇴장
BC	1987	현대	5	5	0	0	0	0	0
	1988	현대	22	3	4	3	32	3	0
	1989	현대	40	0	6	6	52	0	0
	1991	현대	27	19	3	1	19	1	0
	1993	현대	32	8	3	4	43	2	0
	1994	현대	25	10	0	3	25	0	0
	1995	현대	16	17	2	2	12	1	0
	합계		196	84	28	21	222	8	0
프로통산			196	84	28	21	222	8	0

강재우(姜在佑) 고려대 2000.05.30

대회	연도	소속	출전	교체	득점	도움	파울	경고	퇴장
K1	2021	성남	19	21	0	0	15	5	0
	합계		19	21	0	0	15	5	0
프로통산			19	21	0	0	15	5	0

강재욱(姜幸旭) 홍익대 1985.04.05

대회	연도	소속	출전	교체	실점	도움	파울	경고	퇴장
BC	2009	서울	0	0	0	0	0	0	0
	합계		0	0	0	0	0	0	0
프로통산			0	0	0	0	0	0	0

강정대(姜征大) 한양대 1971.08.22

대회	연도	소속	출전	교체	득점	도움	파울	경고	퇴장
BC	1997	대전	17	0	0	0	25	2	0
	1998	대전	20	6	0	1	26	3	0
	1999	대전	13	5	0	1	26	0	0
	2000	대전	10	8	0	0	1	0	0
	합계		60	19	1	2	78	6	0
프로통산			60	19	1	2	78	6	0

강정묵(姜定默) 단국대 1996.03.21

대회	연도	소속	출전	교체	실점	도움	파울	경고	퇴장
K2	2018	서울E	0	0	0	0	0	0	0
	2019	서울E	3	0	6	0	1	0	0
	2020	서울E	7	0	9	0	0	0	0
	2021	김천	9	1	7	0	1	0	0
	합계		19	1	22	0	2	0	0
프로통산			19	1	22	0	2	0	0

강정훈(姜正勳) 건국대 1987.12.16

대회	연도	소속	출전	교체	득점	도움	파울	경고	퇴장
BC	2010	서울	4	3	0	0	9	1	0
	2011	서울	9	10	2	1	7	1	0
	2012	서울	3	2	0	0	3	0	0
	합계		16	15	2	1	19	2	0
K1	2013	서울	0	0	0	0	0	0	0
	2013	강원	13	11	0	1	10	2	0
	합계		13	11	0	1	10	2	0
프로통산			29	26	2	2	29	4	0

강정훈(姜政勳) 한양대 1976.02.20

대회	연도	소속	출전	교체	득점	도움	파울	경고	퇴장
BC	1998	대전	21	20	1	1	13	0	0
	1999	대전	25	21	1	2	28	1	0
	2000	대전	25	22	1	1	15	2	0
	2001	대전	25	4	1	1	39	5	0
	2002	대전	25	3	1	1	39	5	0
	2003	대전	28	12	1	2	52	1	0
	2004	대전	33	8	1	1	71	8	0
	2005	대전	34	4	2	1	72	6	0
	2006	대전	36	8	1	1	73	6	0
	2007	대전	26	10	0	0	51	4	0
	합계		259	115	8	12	453	36	0
프로통산			259	115	8	12	453	36	0

강종구(姜宗求) 동의대 1989.05.08

대회	연도	소속	출전	교체	득점	도움	파울	경고	퇴장
BC	2011	포항	1	1	0	0	0	0	0
	합계		1	1	0	0	0	0	0
프로통산			1	1	0	0	0	0	0

강종국(姜種麴) 홍익대 1991.11.12

대회	연도	소속	출전	교체	득점	도움	파울	경고	퇴장
K1	2013	경남	14	13	2	1	18	2	0
	합계		14	13	2	1	18	2	0
K2	2014	안산경찰	12	9	0	0	5	1	0
	2015	안산경찰	6	6	0	0	4	0	0
	2015	경남	1	1	0	0	1	0	0
	합계		19	16	0	0	9	2	0
프로통산			33	29	2	2	27	4	0

* 실점: 2014년 2 / 통산 2

강주호(姜周昊) 경희대 1989.03.26

대회	연도	소속	출전	교체	득점	도움	파울	경고	퇴장
BC	2012	전북	2	2	0	0	2	0	0
	합계		2	2	0	0	2	0	0
K2	2013	충주	31	19	3	3	58	9	0
	합계		31	19	3	3	58	9	0
프로통산			33	21	3	3	60	9	0

강준우(康準佑) 인천대 1982.06.03

대회	연도	소속	출전	교체	득점	도움	파울	경고	퇴장
BC	2007	제주	15	10	0	0	20	1	0
	2008	제주	19	4	0	0	23	5	0
	2009	제주	19	4	0	1	23	5	0
	2010	제주	4	0	0	0	10	1	0
	2011	제주	23	5	0	1	28	6	0
	합계		80	22	1	2	108	25	0
K1	2014	제주	4	4	0	0	0	0	0
	2015	제주	10	7	0	0	12	2	0
	2016	제주	1	1	0	0	1	0	0
	합계		15	12	0	0	13	2	0
K2	2017	안양	18	4	2	0	23	3	0
	합계		18	4	2	0	23	3	0
프로통산			113	38	3	2	137	28	0

강준호(康俊好) 제주제일고 1971.11.27

대회	연도	소속	출전	교체	득점	도움	파울	경고	퇴장
BC	1994	LG	21	9	0	5	27	4	0
	1995	LG	15	5	0	1	11	1	0
	1996	안양G	22	18	0	1	15	2	0
	1997	안양G	26	3	0	5	51	5	1
	1998	안양G	29	2	1	4	61	11	0
	1999	안양G	11	8	0	1	7	0	0
	2000	안양G	10	7	1	0	8	1	0

대회	연도	소속	출전	교체	득점	도움	파울	경고	퇴장
	2001	안양LG	2	2	0	0	1	0	0
	합계		131	54	2	14	182	25	1
프로통산			131	54	2	14	182	25	1

강지용(姜大浩/←강대호) 한양대 1989.11.23

대회	연도	소속	출전	교체	득점	도움	파울	경고	퇴장
BC	2009	포항	0	0	0	0	0	0	0
	2010	포항	5	2	0	0	13	2	0
	2011	포항	0	0	0	0	0	0	0
	2012	부산	1	1	0	0	0	0	0
	합계		6	3	0	0	13	2	0
K1	2017	강원	25	8	1	0	20	3	1
	2018	인천	4	2	0	0	5	2	0
	합계		29	10	1	0	25	5	1
K2	2014	부천	30	2	5	1	55	6	0
	2015	부천	34	2	0	0	37	6	1
	2016	부천	38	1	1	1	49	11	0
	합계		102	5	6	2	141	25	1
프로통산			137	18	7	2	179	32	2

강지훈(姜志勳) 용인대 1997.01.06

대회	연도	소속	출전	교체	득점	도움	파울	경고	퇴장
K1	2018	강원	12	5	1	1	12	1	0
	2019	강원	29	22	0	0	28	4	0
	2020	강원	0	0	0	0	0	0	0
	2020	상주	0	0	0	0	0	0	0
	합계		42	28	3	2	43	5	0
K2	2021	김천	16	11	2	1	17	3	0
	합계		16	11	2	1	17	3	0
프로통산			58	39	5	3	60	8	0

강진규(康晉圭) 중앙대 1983.09.10

대회	연도	소속	출전	교체	득점	도움	파울	경고	퇴장
BC	2006	전남	0	0	0	0	0	0	0
	2008	광주상무	8	6	0	0	4	0	0
	2009	광주상무	22	17	3	1	14	1	0
	2009	전남	0	0	0	0	0	0	0
	2010	전남	3	1	0	0	4	1	0
	2011	전남	1	0	0	0	0	0	0
	합계		34	25	3	1	14	1	0
프로통산			34	25	3	1	14	1	0

강진욱(姜珍旭) 중동고 1986.02.13

대회	연도	소속	출전	교체	득점	도움	파울	경고	퇴장
BC	2006	제주	3	1	0	0	6	1	0
	2008	광주상무	14	3	0	0	34	2	0
	2009	울산	11	3	0	1	12	1	0
	2010	울산	16	12	0	1	11	1	0
	2011	울산	17	7	1	3	15	4	0
	2012	울산	19	6	0	2	19	3	0
	합계		80	32	1	7	97	11	0
K1	2013	성남일화	6	2	0	0	4	1	0
	2015	성남	0	0	0	0	0	0	0
	합계		6	2	0	0	4	1	0
프로통산			86	34	1	7	101	12	0

강진웅(姜珍熊) 선문대 1985.05.01

대회	연도	소속	출전	교체	실점	도움	파울	경고	퇴장
K2	2013	고양	13	1	13	0	0	1	0
	2014	고양	17	1	19	0	0	0	0
	2015	고양	18	1	0	0	0	6	0
	2016	고양	33	0	57	0	1	1	0
	합계		81	3	126	0	2	1	0
프로통산			81	3	126	0	2	1	0

강창근(姜昌根) 울산대 1956.04.28

대회	연도	소속	출전	교체	실점	도움	파울	경고	퇴장
BC	1983	국민은행	8	0	13	0	0	0	0
	합계		8	0	13	0	0	0	0
프로통산			8	0	13	0	0	0	0

강철(姜喆) 연세대 1971.11.02

대회	연도	소속	출전	교체	득점	도움	파울	경고	퇴장
BC	1993	유공	9	1	1	1	15	2	0
	1994	유공	13	3	2	2	12	1	0
	1995	유공	17	0	1	2	41	2	0
	1998	부천SK	30	5	2	4	64	5	0
	1999	부천SK	34	2	1	1	46	3	0
	2000	부천SK	35	1	4	3	55	3	0
	2001	전남	18	8	1	2	15	1	0
	2002	전남	18	2	0	2	21	3	0
	2003	전남	13	2	0	3	15	1	0
	합계		207	25	10	15	294	21	0
프로통산			207	25	10	15	294	21	0

강철민(姜澈珉) 단국대 1988.08.09

대회	연도	소속	출전	교체	득점	도움	파울	경고	퇴장
BC	2011	경남	5	1	0	0	6	0	0
	합계		5	1	0	0	6	0	0
K2	2013	경찰	4	0	0	0	1	0	0
	2014	안산경찰	1	1	0	0	0	0	0
	합계		5	1	0	0	1	0	0
프로통산			10	6	0	0	7	0	0

강태식(姜太植) 한양대 1963.03.15

대회	연도	소속	출전	교체	득점	도움	파울	경고	퇴장
BC	1986	포항제철	3	0	2	5	31	3	0
	1987	포항제철	30	1	3	2	52	5	0
	1988	포항제철	23	2	0	1	42	2	0
	1989	포항제철	22	7	2	2	42	1	0
	합계		100	12	3	10	167	11	0
프로통산			100	12	3	10	167	11	0

강태욱(姜兌旭) 단국대 1992.05.28

대회	연도	소속	출전	교체	득점	도움	파울	경고	퇴장
K2	2017	안산	9	6	0	0	15	1	0
	합계		9	6	0	0	15	1	0
프로통산			9	6	0	0	15	1	0

강태원(姜兌原) 숭실대 2000.03.03

대회	연도	소속	출전	교체	득점	도움	파울	경고	퇴장
K1	2021	수원	1	1	0	0	0	0	0
	합계		1	1	0	0	0	0	0
프로통산			1	1	0	0	0	0	0

강한빛(姜한빛) 호남대 1993.07.20

대회	연도	소속	출전	교체	득점	도움	파울	경고	퇴장
K2	2018	대전	2	2	0	0	1	0	0
	2019	대전	6	6	0	0	5	1	0
	합계		8	8	0	0	6	1	0
프로통산			8	8	0	0	9	1	0

강한상(姜漢相) 안동대 1966.03.20

대회	연도	소속	출전	교체	득점	도움	파울	경고	퇴장
BC	1988	유공	12	0	0	0	21	4	0
	1989	유공	17	1	0	0	9	2	0
	합계		29	1	0	0	30	6	0
프로통산			29	1	0	0	30	6	0

강현무(姜賢茂) 포항제철고 1995.03.13

대회	연도	소속	출전	교체	실점	도움	파울	경고	퇴장
K1	2015	포항	0	0	0	0	0	0	0
	2016	포항	0	0	0	0	0	0	0
	2017	포항	26	1	33	0	1	1	0
	2018	포항	38	0	49	0	2	4	0
	2019	포항	23	0	29	0	0	3	0
	2020	포항	27	0	35	1	0	2	0
	2021	포항	27	0	28	1	0	1	0
	합계		141	1	174	2	3	11	0
프로통산			141	1	174	2	3	11	0

강현묵(姜鉉默) 매탄고 2001.03.28

대회	연도	소속	출전	교체	득점	도움	파울	경고	퇴장
K1	2020	수원	1	1	0	0	2	1	0
	2021	수원	33	32	1	2	24	2	0
	합계		34	33	1	2	26	3	0
프로통산			34	33	1	2	26	3	0

강현영(姜鉉映) 중앙대 1989.05.20

대회	연도	소속	출전	교체	득점	도움	파울	경고	퇴장
BC	2012	대구	0	0	0	0	0	0	0
	합계		0	0	0	0	0	0	0
프로통산			0	0	0	0	0	0	0

강현욱(姜鉉旭) 충주험멜 1985.11.04

대회	연도	소속	출전	교체	득점	도움	파울	경고	퇴장
BC	2008	대전	1	0	0	0	1	0	0
	합계		1	0	0	0	1	0	0
프로통산			1	0	0	0	1	0	0

강호광(姜鎬光) 경상대 1961.01.22

대회	연도	소속	출전	교체	득점	도움	파울	경고	퇴장
BC	1984	국민은행	6	3	0	0	4	0	0
	합계		6	3	0	0	4	0	0
프로통산			6	3	0	0	4	0	0

강훈(姜훼) 광운대 1991.05.15

대회	연도	소속	출전	교체	실점	도움	파울	경고	퇴장
K2	2014	부천	19	1	26	0	2	1	0
	2015	부천	0	0	0	0	0	0	0
	합계		19	1	26	0	2	1	0
프로통산			19	1	26	0	2	1	0

게인리히(Alexander Geynrikh) 우즈베키스탄 1984.10.06

대회	연도	소속	출전	교체	득점	도움	파울	경고	퇴장
BC	2011	수원	20	19	3	0	38	5	0
	합계		20	19	3	0	38	5	0
프로통산			20	19	3	0	38	5	0

겐나디(Gennadi Styopushkin) 러시아 1964.06.20

대회	연도	소속	출전	교체	득점	도움	파울	경고	퇴장
BC	1995	일화	24	14	1	0	24	7	1
	1996	천안일화	31	2	1	0	30	8	0
	1997	안양LG	4	2	0	0	5	1	0
	합계		59	18	1	0	59	16	1
프로통산			59	18	1	0	59	16	1

견희재(甄熙材) 고려대 1988.11.27

대회	연도	소속	출전	교체	득점	도움	파울	경고	퇴장
BC	2012	성남일화	0	0	0	0	0	0	0
	합계		0	0	0	0	0	0	0
프로통산			0	0	0	0	0	0	0

경재윤(慶宰允) 동국대 1988.04.06

대회	연도	소속	출전	교체	득점	도움	파울	경고	퇴장
K2	2013	고양	0	0	0	0	0	0	0
	2014	부천	4	4	0	0	4	0	0
	합계		4	4	0	0	4	0	0
프로통산			4	4	0	0	4	0	0

고강준(←고대서) 전주대 1991.11.10

대회	연도	소속	출전	교체	득점	도움	파울	경고	퇴장
K2	2015	경남	6	6	0	0	5	1	0
	합계		6	6	0	0	5	1	0
프로통산			6	6	0	0	5	1	0

고건우(高건禑/←고기구) 숭실대 1980.07.31

대회	연도	소속	출전	교체	득점	도움	파울	경고	퇴장
BC	2004	부천SK	18	7	0	2	14	1	0
	2005	부천SK	30	16	5	1	56	5	0
	2006	포항	27	18	3	4	42	0	0
	2007	포항	16	13	0	0	21	0	0
	2009	전남	15	10	0	4	14	1	0
	2010	포항	7	6	0	0	11	0	0
	2010	대전	29	23	1	2	57	3	0
	합계		142	93	9	13	215	10	0
프로통산			142	93	9	13	215	10	0

고경민(高敬旻) 한양대 1987.04.11

대회	연도	소속	출전	교체	득점	도움	파울	경고	퇴장
BC	2010	인천	2	2	0	0	0	0	0
	합계		2	2	0	0	0	0	0
K1	2019	경남	22	17	0	4	21	4	0
	합계		22	17	0	4	21	4	0

대회	연도	소속	출전	교체	득점	도움	파울	경고	퇴장
K2	2013	안양	18	11	6	2	24	4	0
	2013	경찰	9	0	2	0	12	2	0
	2014	안산경찰	34	11	11	4	40	3	0
	2015	안산경찰	8	2	1	0	7	0	0
	2015	안양	25	7	15	1	21	3	0
	2016	부산	26	24	7	4	18	3	0
	2017	부산	18	10	9	0	14	2	0
	2018	부산	32	20	9	5	19	3	0
	2020	경남	28	14	7	2	31	4	0
	2021	경남	29	21	4	2	34	5	0
	합계		227	120	71	20	220	29	0
승	2017	부산	2	2	0	0	2	0	0
	2018	부산	2	2	0	0	1	0	0
	2019	경남	2	2	0	0	1	0	0
	합계		6	6	0	0	3	0	0
프로통산			257	145	71	24	244	33	0

고경준 (高敬竣) 제주제일고 1987.03.07

대회	연도	소속	출전	교체	득점	도움	파울	경고	퇴장
BC	2006	수원	9	4	1	0	19	4	0
	2008	경남	0	0	0	0	0	0	0
	합계		9	4	1	0	19	4	0
K2	2016	서울E	1	1	0	0	1	0	0
	합계		1	1	0	0	1	0	0
프로통산			10	5	1	0	20	4	0

고광민 (高光民) 아주대 1988.09.21

대회	연도	소속	출전	교체	득점	도움	파울	경고	퇴장
BC	2011	서울	7	6	0	1	9	1	0
	2012	서울	11	12	0	0	5	0	0
	합계		18	18	0	1	14	1	0
K1	2013	서울	3	3	0	0	1	0	0
	2014	서울	20	9	1	3	12	2	0
	2015	서울	28	4	0	3	23	3	0
	2016	서울	33	2	1	4	33	2	0
	2019	서울	35	6	1	2	26	4	0
	2020	서울	21	4	1	3	22	2	0
	2021	서울	18	7	0	1	24	2	0
	합계		160	35	4	12	152	15	2
프로통산			178	53	4	13	167	16	2

고란 (Goran Jevtić) 유고슬라비아 1970.08.10

대회	연도	소속	출전	교체	득점	도움	파울	경고	퇴장
BC	1993	현대	13	8	0	0	13	2	0
	1994	현대	18	18	0	0	21	4	0
	1995	현대	16	14	0	1	18	6	0
	합계		47	23	0	1	52	12	0
프로통산			47	23	0	1	52	12	0

고래세 (高來世) 진주고 1992.03.23

대회	연도	소속	출전	교체	득점	도움	파울	경고	퇴장
BC	2011	경남	1	1	0	0	0	0	0
	2012	경남	2	3	0	0	0	0	0
	합계		3	2	0	0	0	0	0
K1	2013	경남	2	1	0	0	1	0	0
	2014	경남	1	1	0	0	0	0	0
	합계		3	2	0	0	1	0	0
프로통산			6	6	0	0	1	0	0

고메스 (Anicio Gomes) 브라질 1982.04.01

대회	연도	소속	출전	교체	득점	도움	파울	경고	퇴장
BC	2010	제주	6	6	1	0	1	0	0
	합계		6	6	1	0	1	0	0
프로통산			6	6	1	0	1	0	0

고메즈 (Andre Gomes) 브라질 1975.12.23

대회	연도	소속	출전	교체	득점	도움	파울	경고	퇴장
BC	2004	전북	26	7	2	1	56	5	1
	2005	포항	7	6	0	0	9	1	0
	합계		33	13	2	1	65	6	1
프로통산			33	13	2	1	65	6	1

고명석 (高明錫) 홍익대 1995.09.27

대회	연도	소속	출전	교체	득점	도움	파울	경고	퇴장
K1	2019	수원	19	2	0	0	13	2	0
	2020	상주	11	1	0	0	8	2	0
	2021	수원	2	2	0	0	1	0	0
	합계		32	5	0	0	22	4	0
K2	2017	부천	28	5	2	0	20	2	0
	2018	대전	34	3	1	0	20	1	0
	2021	김천	4	0	0	1	0	0	0
	합계		66	8	3	0	41	3	0
프로통산			98	13	3	0	63	7	0

고명진 (高明桭) 석관중 1988.01.09

대회	연도	소속	출전	교체	득점	도움	파울	경고	퇴장
BC	2004	서울	5	3	0	0	4	0	0
	2005	서울	1	0	0	0	1	0	0
	2006	서울	19	7	1	0	30	2	0
	2007	서울	12	6	1	1	15	3	0
	2008	서울	14	10	1	0	15	1	0
	2009	서울	23	16	2	1	14	4	0
	2010	서울	9	8	0	0	9	1	0
	2011	서울	24	4	2	4	42	6	0
	2012	서울	39	9	1	3	61	1	0
	합계		146	63	8	12	191	18	0
K1	2013	서울	30	4	3	2	27	8	0
	2014	서울	31	4	2	1	31	3	0
	2015	서울	20	8	1	0	15	1	0
	2020	울산	14	13	0	2	10	0	0
	2021	울산	15	9	0	0	15	1	0
	합계		110	38	6	5	108	20	0
프로통산			256	101	14	17	299	38	0

고무열 (高武烈) 숭실대 1990.09.05

대회	연도	소속	출전	교체	득점	도움	파울	경고	퇴장
BC	2011	포항	28	16	10	3	29	2	0
	2012	포항	39	32	6	6	61	2	0
	합계		67	48	16	9	90	4	0
K1	2013	포항	34	23	8	5	48	5	0
	2014	포항	27	19	5	1	47	2	0
	2015	포항	30	19	6	2	43	9	1
	2016	전북	14	13	0	0	14	2	0
	2017	전북	14	13	0	0	12	2	0
	2019	전북	5	5	0	0	0	0	0
	2020	강원	24	12	9	3	26	2	0
	2021	강원	24	12	3	3	22	2	0
	합계		181	127	35	14	220	18	1
K2	2018	아산	30	9	6	3	31	8	0
	2019	아산	22	4	12	3	26	3	0
	합계		52	13	18	6	57	11	0
프로통산			300	188	69	29	367	33	1

고민기 (高旼奇) 고려대 1978.07.01

대회	연도	소속	출전	교체	득점	도움	파울	경고	퇴장
BC	2001	전북	1	1	0	0	1	0	0
	합계		1	1	0	0	1	0	0
프로통산			1	1	0	0	1	0	0

고민성 (高旼成) 매탄고 1995.11.20

대회	연도	소속	출전	교체	득점	도움	파울	경고	퇴장
K1	2014	수원	1	1	0	0	0	0	0
	2015	수원	0	0	0	0	0	0	0
	합계		1	1	0	0	0	0	0
K2	2016	강원	11	11	0	1	6	0	0
	2018	대전	7	7	0	0	1	1	0
	합계		18	18	0	1	7	1	0
프로통산			19	19	0	1	7	1	0

고민혁 (高敏赫) 현대고 1996.02.10

대회	연도	소속	출전	교체	득점	도움	파울	경고	퇴장
K1	2015	대전	11	9	1	1	6	1	0
	합계		11	9	1	1	6	1	0
K2	2016	대전	22	19	3	3	14	4	0
	2017	서울E	4	3	0	1	1	0	0
	합계		5	5	0	1	4	3	0
프로통산			16	14	1	2	9	1	0

고백진 (高白鎭) 건국대 1966.05.03

대회	연도	소속	출전	교체	득점	도움	파울	경고	퇴장
BC	1989	유공	1	1	0	0	0	0	0
	합계		1	1	0	0	0	0	0
프로통산			1	1	0	0	0	0	0

고범수 (高範壽) 선문대 1980.04.16

대회	연도	소속	출전	교체	득점	도움	파울	경고	퇴장
BC	2006	광주상무	8	2	0	0	12	1	0
	합계		8	2	0	0	12	1	0
프로통산			8	2	0	0	12	1	0

고병욱 (高竝旭) 광양제철고 1992.08.21

대회	연도	소속	출전	교체	득점	도움	파울	경고	퇴장
K1	2015	전남	4	4	0	0	1	0	0
	합계		4	4	0	0	1	0	0
프로통산			4	4	0	0	1	0	0

고병운 (高炳運) 광운대 1973.09.28

대회	연도	소속	출전	교체	득점	도움	파울	경고	퇴장
BC	1996	포항	29	12	0	0	38	3	0
	1997	포항	33	10	0	0	57	4	0
	1998	포항	32	9	1	1	45	3	0
	2001	포항	22	8	0	0	42	4	0
	2002	포항	32	10	0	0	55	4	0
	2003	포항	42	4	0	2	90	4	0
	2005	대전	19	2	0	0	54	4	0
	2006	대전	29	6	0	1	53	4	0
	합계		238	61	1	4	393	22	0
프로통산			238	61	1	4	393	22	0

고보연 (高輔演) 아주대 1991.07.11

대회	연도	소속	출전	교체	득점	도움	파울	경고	퇴장
K2	2014	부천	11	11	1	0	13	1	0
	합계		11	11	1	0	13	1	0
프로통산			11	11	1	0	13	1	0

고봉현 (高奉玄) 홍익대 1979.07.02

대회	연도	소속	출전	교체	득점	도움	파울	경고	퇴장
BC	2003	대구	18	8	2	1	46	2	0
	2004	대구	11	7	0	0	13	2	0
	2005	대구	10	10	0	0	13	2	0
	합계		39	25	2	1	72	6	0
프로통산			39	25	2	1	72	6	0

고성민 (高成敏) 명지대 1972.09.07

대회	연도	소속	출전	교체	득점	도움	파울	경고	퇴장
BC	1995	전북	23	15	2	1	29	3	0
	1996	전북	22	19	1	2	36	3	0
	1997	전북	17	9	0	1	27	3	0
	1998	전북	7	2	0	0	6	1	0
	합계		69	45	4	4	92	10	0
프로통산			69	45	4	4	92	10	0

고슬기 (高슬기) 오산고 1986.04.21

대회	연도	소속	출전	교체	득점	도움	파울	경고	퇴장
BC	2007	포항	0	0	0	0	0	0	0
	2008	광주상무	28	13	4	1	37	3	0
	2009	광주상무	20	16	2	3	19	2	0
	2009	포항	1	0	0	1	2	0	0
	2010	울산	15	11	1	5	24	3	0
	2011	울산	37	10	7	2	52	10	0
	2012	울산	40	13	4	3	51	6	0
	합계		141	63	17	14	216	26	0
K1	2018	인천	31	6	2	2	40	9	0
	합계		31	6	2	2	40	9	0
프로통산			172	69	19	16	256	35	0

고승범 (高丞範) 경희대 1994.04.24

대회	연도	소속	출전	교체	득점	도움	파울	경고	퇴장
K1	2016	수원	13	11	0	0	12	1	0
	2017	수원	33	17	2	2	37	4	0
	2018	대구	9	2	0	0	13	2	0
	2019	수원	10	4	0	0	14	2	0

(이전 선수 기록 계속)

대회	연도	소속	출전	교체	득점	도움	파울	경고	퇴장
	2020	수원	22	3	3	3	33	2	0
	2021	수원	15	7	1	4	20	3	0
	합계		102	44	6	9	129	13	0
K2	2021	김천	10	5	3	2	7	2	0
	합계		10	5	3	2	7	2	0
	프로통산		112	49	9	11	136	15	0

고영준 (高映埈) 포항제철고 2001.07.09

대회	연도	소속	출전	교체	득점	도움	파울	경고	퇴장
K1	2020	포항	8	8	1	1	7	1	0
	2021	포항	32	34	3	2	33	2	0
	합계		40	42	5	3	34	2	0
	프로통산		40	42	5	3	34	2	0

고요한 (高요한) 토월중 1988.03.10

대회	연도	소속	출전	교체	득점	도움	파울	경고	퇴장
BC	2006	서울	1	0	0	0	0	1	0
	2007	서울	6	6	0	0	14	1	0
	2008	서울	16	11	0	0	26	5	0
	2009	서울	7	7	1	0	11	0	0
	2010	서울	4	3	2	0	9	1	0
	2011	서울	19	6	1	0	29	4	0
	2012	서울	38	4	1	2	45	7	0
	합계		91	37	5	2	134	19	0
K1	2013	서울	37	25	5	3	52	3	0
	2014	서울	32	19	4	3	38	3	0
	2015	서울	33	22	1	1	34	2	0
	2016	서울	33	6	5	2	48	6	0
	2017	서울	22	8	4	3	28	7	0
	2018	서울	32	10	4	4	44	7	0
	2019	서울	35	6	3	6	58	9	0
	2020	서울	15	12	0	0	13	2	0
	2021	서울	21	14	2	3	26	3	0
	합계		260	122	28	25	341	42	1
승	2018	서울	2	0	1	0	4	1	0
	합계		2	0	1	0	4	1	0
	프로통산		353	159	34	28	481	61	1

고은성 (高銀成) 단국대 1988.06.23

대회	연도	소속	출전	교체	득점	도움	파울	경고	퇴장
BC	2011	광주	1	0	0	0	0	0	0
	합계		1	0	0	0	0	0	0
	프로통산		1	0	0	0	0	0	0

고의석 (高義錫) 명지대 1962.10.15

대회	연도	소속	출전	교체	득점	도움	파울	경고	퇴장
BC	1983	대우	4	3	0	0	6	0	0
	1983	유공	6	3	1	1	7	0	0
	1984	유공	2	1	0	0	0	0	0
	1985	상무	14	2	1	1	17	1	0
	합계		26	9	2	2	23	2	0
	프로통산		26	9	2	2	23	2	0

고재성 (高在成) 대구대 1985.01.28

대회	연도	소속	출전	교체	득점	도움	파울	경고	퇴장
BC	2009	성남일화	25	8	1	4	49	9	0
	2010	성남일화	17	6	1	0	30	3	0
	2012	경남	31	18	2	5	42	5	0
	합계		73	32	3	7	121	17	0
K1	2014	상주	12	10	0	4	8	0	0
	2014	경남	12	6	1	0	14	2	0
	합계		24	16	1	4	22	2	0
K2	2013	상주	28	5	4	3	33	2	0
	2015	경남	11	9	1	1	14	0	0
	합계		39	27	5	3	47	2	0
승	2013	상주	1	1	0	0	0	0	0
	2014	경남	2	3	0	1	1	0	0
	합계		3	3	0	1	1	0	0
	프로통산		139	78	9	12	191	21	0

고재현 (高在賢) 대륜고 1999.03.05

대회	연도	소속	출전	교체	득점	도움	파울	경고	퇴장
K1	2018	대구	12	8	0	1	12	0	0

대회	연도	소속	출전	교체	득점	도움	파울	경고	퇴장
	2019	대구	3	2	0	0	6	1	0
	2020	대구	1	1	0	0	3	0	0
	합계		16	11	0	1	21	1	0
K2	2020	서울E	19	8	2	1	23	3	0
	2021	서울E	25	11	2	1	21	2	0
	합계		44	19	4	2	42	5	0
	프로통산		60	30	4	3	63	6	0

고정빈 (高正彬) 한남대 1984.02.09

대회	연도	소속	출전	교체	득점	도움	파울	경고	퇴장
BC	2007	대구	1	1	0	0	3	0	0
	합계		1	1	0	0	3	0	0
	프로통산		1	1	0	0	3	0	0

고정운 (高正云) 건국대 1966.06.27

대회	연도	소속	출전	교체	득점	도움	파울	경고	퇴장
BC	1989	일화	31	3	4	8	51	0	0
	1990	일화	21	3	2	3	46	2	0
	1991	일화	40	3	13	7	82	0	0
	1992	일화	33	3	7	4	67	4	0
	1993	일화	21	3	4	10	29	1	0
	1994	일화	21	3	4	10	29	1	0
	1995	일화	29	3	2	1	39	2	0
	1996	천안일화	12	2	1	2	22	1	0
	1998	포항	16	1	5	6	39	4	0
	1999	포항	21	5	3	6	39	4	0
	2001	포항	4	4	0	0	2	0	0
	합계		230	34	55	48	442	16	0
	프로통산		230	34	55	48	442	16	0

고종수 (高宗秀) 금호고 1978.10.30

대회	연도	소속	출전	교체	득점	도움	파울	경고	퇴장
BC	1996	수원	14	15	1	4	5	0	0
	1997	수원	15	10	3	5	30	2	1
	1998	수원	21	9	2	4	38	3	0
	1999	수원	20	16	2	7	31	0	0
	2000	수원	13	6	7	3	21	3	0
	2001	수원	20	10	10	6	29	2	0
	2002	수원	20	16	4	3	29	1	0
	2004	수원	5	5	0	0	2	0	0
	2005	전남	16	13	4	0	19	3	0
	2007	대전	11	5	1	1	12	1	0
	합계		171	88	37	34	205	15	2
	프로통산		171	88	37	34	205	15	2

고준영 (高儁榮) 천안제일고 2000.10.27

대회	연도	소속	출전	교체	득점	도움	파울	경고	퇴장
K2	2019	서울E	8	8	0	0	5	0	0
	합계		8	8	0	0	5	0	0
	프로통산		8	8	0	0	5	0	0

고차원 (高次元) 아주대 1986.04.30

대회	연도	소속	출전	교체	득점	도움	파울	경고	퇴장
BC	2009	전남	22	14	2	2	20	3	0
	2010	전남	9	8	0	1	9	0	0
	2011	상주	33	22	4	1	41	2	0
	2012	상주	18	15	3	1	24	1	0
	2012	전남	4	3	0	0	7	0	0
	합계		86	62	11	5	101	6	0
K1	2013	수원	12	10	0	0	11	2	0
	2014	수원	26	21	3	1	14	1	0
	2015	수원	15	16	0	0	18	2	0
	2016	수원	11	9	0	0	12	0	0
	합계		64	48	3	2	41	3	0
K2	2018	서울E	10	6	1	0	4	0	0
	합계		10	6	1	0	4	0	0
	프로통산		160	116	15	7	139	10	1

고창현 (高昌賢) 초당대 1983.09.15

대회	연도	소속	출전	교체	득점	도움	파울	경고	퇴장
BC	2002	수원	5	4	0	0	5	0	0

대회	연도	소속	출전	교체	득점	도움	파울	경고	퇴장
	2003	수원	17	15	0	1	26	0	0
	2004	수원	6	6	1	0	4	0	0
	2005	부산	9	7	0	0	7	1	0
	2006	부산	19	15	2	0	25	2	0
	2007	광주상무	24	11	0	1	29	4	0
	2008	광주상무	29	16	4	1	24	4	0
	2009	대전	23	6	12	3	18	12	0
	2010	대전	18	8	6	3	18	3	0
	2010	울산	18	8	0	0	15	0	0
	2011	울산	32	26	3	5	27	6	0
	2012	울산	19	14	2	1	15	0	1
	합계		213	130	33	18	218	35	2
K1	2013	울산	10	10	0	0	5	0	0
	2014	울산	25	21	4	3	31	5	0
	2015	울산	8	8	0	0	3	0	0
	합계		43	39	4	3	39	8	0
	프로통산		256	169	37	23	257	43	2

고채완 (← 고대우) 배재대 1987.02.09

대회	연도	소속	출전	교체	득점	도움	파울	경고	퇴장
BC	2010	대전	1	1	0	0	1	0	0
	2011	대전	5	5	0	0	1	1	0
	2012	대전	2	2	0	0	0	0	0
	합계		8	8	0	0	1	1	0
K2	2014	안양	0	0	0	0	0	0	0
	합계		0	0	0	0	0	0	0
	프로통산		8	8	0	0	1	1	0

고태규 (高態規) 용인대 1996.08.02

대회	연도	소속	출전	교체	득점	도움	파울	경고	퇴장
K1	2019	대구	0	0	0	0	0	0	0
	2020	대구	0	0	0	0	0	0	0
	합계		0	0	0	0	0	0	0
K2	2021	안산	24	16	0	1	10	3	0
	합계		24	16	0	1	10	3	0
	프로통산		24	16	0	1	10	3	0

고태원 (高兌沅) 호남대 1993.05.10

대회	연도	소속	출전	교체	득점	도움	파울	경고	퇴장
K1	2016	전남	24	4	1	0	35	6	0
	2017	전남	26	3	0	0	26	2	1
	2018	전남	12	2	0	0	10	1	0
	2018	상주	8	2	0	0	5	0	0
	2019	상주							
	합계		59	11	0	1	72	10	1
K2	2020	전남							
	2021	전남	16	4	1	0	15	3	1
	합계		25	12	1	0	16	4	1
	프로통산		84	23	1	1	88	14	2

고티 (Petr Gottwald) 체코 1973.04.28

대회	연도	소속	출전	교체	득점	도움	파울	경고	퇴장
BC	1998	전북	9	9	0	0	11	2	0
	합계		9	9	0	0	11	2	0
	프로통산		9	9	0	0	11	2	0

고현 (高賢) 대구대 1973.02.01

대회	연도	소속	출전	교체	득점	도움	파울	경고	퇴장
BC	1996	안양LG	2	2	0	0	1	0	0
	합계		2	2	0	0	1	0	0
	프로통산		2	2	0	0	1	0	0

공문배 (孔文培) 건국대 1964.08.28

대회	연도	소속	출전	교체	득점	도움	파울	경고	퇴장
BC	1987	포항제철	5	4	0	0	3	0	0
	1988	포항제철	14	2	0	0	26	5	0
	1989	포항제철	34	7	0	2	65	1	0
	1990	포항제철	28	6	0	1	37	1	1
	1991	포항제철	26	10	0	0	18	0	0
	1992	포항제철	11	7	0	0	20	0	0
	1993	포항제철	28	12	0	0	40	5	0
	1994	포항제철	18	8	0	0	11	1	0
	1995	포항	24	20	0	1	23	5	0

대회	연도	소속	출전	교체	득점	도움	파울	경고	퇴장
	1996	포항	32	4	0	0	24	3	0
	1997	포항	28	4	0	1	28	4	0
	1998	포항	15	9	0	0	24	3	0
	합계		268	86	0	5	340	35	1
프로통산			268	86	0	5	340	35	1

공민현(孔敏懸) 청주대 1990.01.19

대회	연도	소속	출전	교체	득점	도움	파울	경고	퇴장
K1	2019	성남	33	21	2	2	54	6	0
	2021	제주	12	12	0	2	13	1	0
	합계		45	33	2	4	67	7	0
K2	2013	부천	28	14	7	0	47	4	0
	2014	부천	31	6	4	2	76	3	0
	2015	부천	36	16	6	1	80	4	0
	2016	안산무궁	34	20	7	1	52	8	0
	2017	아산	16	8	1	1	29	4	0
	2017	부천	1	1	1	0	1	0	0
	2018	부천	24	6	3	0	42	4	0
	2020	제주	32	13	9	3	39	8	0
	2021	대전	15	13	2	4	51	5	0
	합계		211	97	43	16	417	40	0
승	2021	대전	2	2	0	0	2	0	0
	합계		2	2	0	0	2	0	0
프로통산			258	132	45	20	486	47	0

공오균(孔吳均) 관동대(가톨릭관동대) 1974.09.10

대회	연도	소속	출전	교체	득점	도움	파울	경고	퇴장
BC	1997	대전	33	10	1	2	64	4	0
	1998	대전	25	15	5	2	56	3	0
	1999	대전	31	13	6	3	44	5	0
	2000	대전	24	19	2	0	37	4	0
	2001	대전	29	19	2	0	37	3	0
	2002	대전	31	19	5	6	49	4	0
	2003	대전	31	19	5	6	49	4	0
	2004	대전	32	24	4	1	53	2	0
	2005	대전	30	22	3	2	54	2	0
	2006	대전	36	30	2	6	49	5	0
	2007	경남	14	13	0	0	29	3	0
	2008	경남	14	14	3	0	29	3	0
	합계		319	217	43	18	542	49	0
프로통산			319	217	43	18	542	49	0

공용석(孔用錫) 건국대 1995.11.15

대회	연도	소속	출전	교체	득점	도움	파울	경고	퇴장
K1	2015	대전	0	0	0	0	0	0	0
	합계		0	0	0	0	0	0	0
프로통산			0	0	0	0	0	0	0

공용훈(孔涌熏) 용인대 1995.05.10

대회	연도	소속	출전	교체	득점	도움	파울	경고	퇴장
K2	2017	대전	1	1	0	0	0	0	0
	2020	대전	0	0	0	0	0	0	0
	합계		1	1	0	0	0	0	0
프로통산			1	1	0	0	0	0	0

공태하(孔泰賀/← 공영선) 연세대 1987.05.09

대회	연도	소속	출전	교체	득점	도움	파울	경고	퇴장
BC	2010	전남	3	3	1	0	6	0	0
	2011	전남	8	4	1	0	15	0	0
	2012	전남	10	8	0	0	17	1	0
	합계		23	15	3	0	41	1	0
K1	2013	전남	7	5	0	0	6	0	0
	2015	대전	10	9	0	1	0	0	0
	합계		17	14	0	1	6	0	0
프로통산			40	29	3	0	46	2	0

곽경근(郭慶根) 고려대 1972.10.10

대회	연도	소속	출전	교체	득점	도움	파울	경고	퇴장
BC	1998	부천SK	30	14	9	2	57	5	0
	1999	부천SK	36	12	13	8	72	3	0
	2000	부천SK	39	11	9	4	94	2	0
	2001	부천SK	29	17	2	6	41	1	0
	2002	부천SK	21	15	3	0	29	3	1
	2003	부산	27	14	0	3	36	2	0
	2004	부산	30	3	0	2	8	2	0
	합계		212	82	36	23	357	19	1
프로통산			212	82	36	23	357	19	1

곽광선(郭珖善) 숭실대 1986.03.28

대회	연도	소속	출전	교체	득점	도움	파울	경고	퇴장
BC	2009	강원	28	0	3	0	36	3	0
	2010	강원	30	1	2	0	39	6	0
	2011	강원	30	1	2	0	28	6	0
	2012	수원	30	4	0	0	28	11	0
	합계		115	6	5	0	131	26	0
K1	2013	수원	23	5	0	0	20	5	0
	2014	수원	4	0	0	0	4	0	0
	2014	상주	18	5	0	0	25	3	0
	2016	수원	21	5	1	0	21	5	0
	2017	수원	31	3	2	0	21	5	0
	2021	광주	40	12	2	0	42	4	1
	합계		137	30	5	0	133	22	1
K2	2015	상주	25	4	0	3	30	7	0
	2019	전남	27	3	0	0	23	4	0
	2020	전남	15	5	0	0	15	4	0
	합계		67	12	0	0	73	13	0
프로통산			319	48	10	0	337	61	1

곽기훈(郭奇勳) 중앙대 1979.11.05

대회	연도	소속	출전	교체	득점	도움	파울	경고	퇴장
BC	2002	울산	1	1	0	0	1	0	0
	합계		1	1	0	0	1	0	0
프로통산			1	1	0	0	1	0	0

곽래승(郭來昇) 우석대 1990.09.11

대회	연도	소속	출전	교체	득점	도움	파울	경고	퇴장
K2	2014	부천	4	4	0	0	3	0	0
	합계		4	4	0	0	3	0	0
프로통산			4	4	0	0	3	0	0

곽성욱(郭成煜) 아주대 1993.07.12

대회	연도	소속	출전	교체	득점	도움	파울	경고	퇴장
K2	2019	안산	22	17	1	1	26	0	0
	2020	서울E	17	12	1	0	11	0	0
	2021	서울E	15	15	1	1	19	3	0
	합계		54	44	3	2	56	3	0
프로통산			54	44	3	2	56	3	0

곽성찬(郭成燦) 수원공고 1993.07.12

대회	연도	소속	출전	교체	득점	도움	파울	경고	퇴장
K2	2017	안산	5	5	0	0	6	1	0
	합계		5	5	0	0	6	1	0
프로통산			5	5	0	0	6	1	0

곽성호(郭星浩) 한양대 1961.12.24

대회	연도	소속	출전	교체	득점	도움	파울	경고	퇴장
BC	1985	현대	9	7	0	0	5	0	0
	합계		9	7	0	0	5	0	0
프로통산			9	7	0	0	5	0	0

곽성환(郭誠煥) 동의대 1992.03.29

대회	연도	소속	출전	교체	득점	도움	파울	경고	퇴장
K2	2016	충주	9	8	1	0	8	0	0
	합계		9	8	1	0	8	0	0
프로통산			9	8	1	0	8	0	0

곽완섭(郭完燮) 경일대 1980.07.07

대회	연도	소속	출전	교체	득점	도움	파울	경고	퇴장
BC	2003	울산	0	0	0	0	0	0	0
	합계		0	0	0	0	0	0	0
프로통산			0	0	0	0	0	0	0

곽윤호(郭閏豪) 우석대 1995.09.30

대회	연도	소속	출전	교체	득점	도움	파울	경고	퇴장
K1	2021	수원FC	25	8	0	1	12	1	0
	합계		25	8	0	1	12	1	0
프로통산			25	8	0	1	12	1	0

곽재민(郭在旻) 한남대 1991.10.23

대회	연도	소속	출전	교체	득점	도움	파울	경고	퇴장
K2	2014	대전	1	1	0	0	1	0	0
	합계		1	1	0	0	1	0	0
프로통산			1	1	0	0	1	0	0

곽정술(郭釘琜) 울산대 1990.03.11

대회	연도	소속	출전	교체	득점	도움	파울	경고	퇴장
K2	2013	고양	2	2	0	0	1	0	0
	합계		2	2	0	0	1	0	0
프로통산			2	2	0	0	1	0	0

곽창규(郭昌奎) 아주대 1962.09.01

대회	연도	소속	출전	교체	득점	도움	파울	경고	퇴장
BC	1986	대우	10	5	1	0	19	1	0
	1987	대우	21	17	1	0	25	1	0
	1988	대우	11	7	0	1	17	0	0
	1989	대우	20	14	0	0	22	2	0
	1990	대우	6	3	0	0	9	1	0
	1991	대우	6	6	0	1	5	0	0
	합계		74	52	1	3	91	5	0
프로통산			74	52	1	3	91	5	0

곽창희(郭昌熙) 조선대 1987.07.26

대회	연도	소속	출전	교체	득점	도움	파울	경고	퇴장
BC	2010	대전	19	16	2	1	27	1	0
	2011	대전	5	3	0	0	13	1	0
	합계		24	19	2	1	40	2	0
프로통산			24	19	2	1	40	2	0

곽철호(郭喆鎬) 명지대 1986.05.08

대회	연도	소속	출전	교체	득점	도움	파울	경고	퇴장
BC	2008	대전	13	9	1	0	24	4	0
	2009	대전	5	6	0	0	5	1	0
	2010	광주상무	1	1	0	0	0	0	0
	2011	상주	7	6	0	1	7	1	0
	합계		26	22	1	1	36	6	0
프로통산			26	22	1	1	36	6	0

곽태휘(郭泰輝) 중앙대 1981.07.08

대회	연도	소속	출전	교체	득점	도움	파울	경고	퇴장
BC	2005	서울	19	6	1	1	42	8	1
	2006	서울	23	8	1	1	37	1	0
	2007	서울	12	5	0	0	16	3	0
	2007	전남	13	0	1	0	26	2	0
	2008	전남	13	5	2	1	13	2	0
	2009	전남	16	4	0	0	14	0	0
	2011	울산	41	0	9	2	39	4	0
	2012	울산	32	4	3	0	26	4	0
	합계		163	30	17	6	219	24	1
K1	2016	서울	11	3	0	0	13	3	0
	2017	서울	24	2	0	0	24	1	0
	2018	서울	14	2	1	0	13	0	0
	2019	경남	16	4	0	0	14	0	0
	합계		65	15	3	0	64	4	0
승	2018	서울	1	1	0	0	0	0	0
	2019	경남	0	0	0	0	0	0	0
	합계		1	1	0	0	0	0	0
프로통산			229	46	20	6	283	28	1

곽해성(郭海盛) 광운대 1991.12.06

대회	연도	소속	출전	교체	득점	도움	파울	경고	퇴장
K1	2014	성남	15	6	1	0	9	1	0
	2015	성남	23	5	0	1	19	1	0
	2016	성남	3	0	1	1	11	1	0
	2016	제주	8	3	2	1	3	1	0
	2017	인천	18	5	0	1	10	2	0
	2018	인천	3	3	0	0	2	0	0
	2019	인천	8	3	0	0	4	1	0
	합계		78	25	3	9	48	4	0
K2	2017	성남	4	1	0	0	2	0	0
	2020	부천	11	5	0	2	7	0	0
	합계		15	6	0	2	9	0	0
프로통산			93	31	3	11	57	4	0

곽희주(郭熙柱) 광운대 1981.10.05

대회	연도	소속	출전	교체	득점	도움	파울	경고	퇴장
BC	2003	수원	11	4	0	0	13	0	0
	2004	수원	37	0	0	0	106	7	0
	2005	수원	30	3	4	1	98	5	0
	2006	수원	20	3	1	1	53	4	0
	2007	수원	26	6	1	4	40	3	0
	2008	수원	35	1	3	1	58	5	0
	2009	수원	22	5	0	0	45	5	1
	2010	수원	26	3	0	1	54	8	0
	2011	수원	19	6	3	0	30	6	0
	2012	수원	33	11	1	1	54	10	0
		합계	259	35	16	6	560	50	1
K1	2013	수원	26	10	1	0	40	5	0
	2015	수원	13	11	0	1	14	1	0
	2016	수원	10	7	1	0	12	3	0
		합계	49	28	2	1	66	9	0
프로통산			308	63	19	6	626	59	1

구경현(具景炫) 전주대 1981.04.30

대회	연도	소속	출전	교체	득점	도움	파울	경고	퇴장
BC	2003	안양LG	4	1	0	0	4	0	0
	2004	서울	10	5	0	0	9	0	0
	2005	서울	1	1	0	0	2	0	0
	2006	광주상무	24	4	0	1	20	3	0
	2007	광주상무	28	4	0	1	30	5	0
	2008	서울	10	8	0	0	6	0	0
	2009	제주	17	11	0	1	11	0	0
	2010	제주	9	4	0	0	6	0	0
		합계	103	42	2	2	88	8	1
프로통산			103	42	2	2	88	8	1

구대령(具大領) 동국대 1979.10.24

대회	연도	소속	출전	교체	득점	도움	파울	경고	퇴장
BC	2003	대구	10	10	0	0	14	3	0
		합계	10	10	0	0	14	3	0
프로통산			10	10	0	0	14	3	0

구대엽(具代燁) 광주대 1992.11.17

대회	연도	소속	출전	교체	득점	도움	파울	경고	퇴장
K2	2015	서울E	0	0	0	0	0	0	0
	2016	서울E	1	1	0	0	0	0	0
		합계	1	1	0	0	0	0	0
프로통산			1	1	0	0	0	0	0

구대영(具大榮) 홍익대 1992.05.09

대회	연도	소속	출전	교체	득점	도움	파울	경고	퇴장
K1	2019	수원	18	7	2	1	26	4	0
	2020	수원	9	3	0	0	8	0	0
	2021	수원	17	13	0	0	6	3	0
		합계	44	23	2	1	40	7	0
K2	2014	안양	14	6	0	0	18	5	0
	2015	안양	34	6	3	1	31	9	0
	2016	안양	27	3	0	0	18	3	0
	2017	안양	10	1	1	0	7	0	0
	2017	아산	5	2	0	0	5	2	0
	2018	아산	14	7	0	1	12	3	0
		합계	109	24	1	2	107	27	0
프로통산			153	47	3	3	147	34	0

구본상(具本想) 명지대 1989.10.04

대회	연도	소속	출전	교체	득점	도움	파울	경고	퇴장
BC	2012	인천	20	7	0	0	35	6	0
		합계	20	7	0	0	35	6	0
K1	2013	인천	30	14	0	1	56	6	0
	2014	인천	33	7	0	3	86	6	0
	2015	울산	23	13	0	1	43	13	0
	2016	울산	14	7	0	0	20	1	0
		합계	107	43	1	4	205	26	0
K2	2019	안양	35	27	1	1	71	10	0
	2020	대전	2	1	0	0	6	2	0
	2021	대전	1	1	0	0	0	0	0
		합계	42	31	1	2	77	13	0
프로통산			169	81	2	6	317	44	0

구본석(具本錫) 경남상고 1962.09.05

대회	연도	소속	출전	교체	득점	도움	파울	경고	퇴장
BC	1985	유공	11	6	2	1	7	1	0
	1986	유공	33	8	10	3	28	1	0
	1987	유공	18	10	2	2	8	0	0
	1988	유공	6	2	1	1	4	0	0
	1989	유공	9	6	1	0	5	0	0
	1990	유공	8	8	1	0	2	0	0
	1991	유공	37	4	0	1	20	2	0
	1992	유공	22	0	0	0	6	0	0
	1993	유공	9	6	1	0	3	0	0
	1994	유공	19	6	4	0	8	4	1
		합계	174	47	22	8	96	7	1
프로통산			174	47	22	8	96	7	1

구본철(具本哲) 단국대 1999.10.11

대회	연도	소속	출전	교체	득점	도움	파울	경고	퇴장
K1	2021	인천	29	29	2	0	22	0	0
		합계	29	29	2	0	22	0	0
K2	2020	부천	8	8	0	1	8	0	0
		합계	8	8	0	1	8	0	0
프로통산			37	37	2	1	30	0	0

구본혁(構本革) 영석고 1998.02.09

대회	연도	소속	출전	교체	득점	도움	파울	경고	퇴장
K2	2020	안양	17	6	3	3	9	4	0
		합계	17	6	3	3	9	4	0
프로통산			17	6	3	3	9	4	0

구상민(具相敏) 동의대 1991.10.31

대회	연도	소속	출전	교체	실점	도움	파울	경고	퇴장
K2	2016	부산	32	0	25	0	1	2	0
	2017	부산	13	0	11	0	0	1	0
	2018	부산	4	1	5	0	0	0	0
	2019	부산	17	0	19	0	0	1	0
	2021	부산	3	0	3	0	0	0	0
		합계	69	0	58	0	1	4	0
승	2017	부산	2	0	4	0	0	0	0
	2018	부산	1	0	1	0	0	0	0
		합계	3	0	5	0	0	0	0
프로통산			72	0	63	0	2	4	0

구상민(具相敏) 상지대 1976.04.04

대회	연도	소속	출전	교체	득점	도움	파울	경고	퇴장
BC	1999	전남	1	1	0	0	0	0	0
		합계	1	1	0	0	0	0	0
프로통산			1	1	0	0	0	0	0

구상범(具相範) 인천대 1964.06.15

대회	연도	소속	출전	교체	득점	도움	파울	경고	퇴장
BC	1986	럭키금성	26	1	5	0	34	2	0
	1987	럭키금성	31	1	3	4	31	3	0
	1988	럭키금성	10	0	2	0	11	0	0
	1989	럭키금성	9	1	0	2	12	1	0
	1990	럭키금성	9	0	1	0	12	1	0
	1991	LG	36	5	2	5	41	1	0
	1992	LG	26	9	5	4	19	0	0
	1993	LG	11	1	1	1	9	1	0
	1994	대우	16	4	0	0	9	0	0
	1995	포항	16	11	1	2	18	2	0
		합계	198	28	16	20	196	18	0
프로통산			198	28	16	20	196	18	0

구성윤(具聖潤) 재현고 1994.06.27

대회	연도	소속	출전	교체	실점	도움	파울	경고	퇴장
K1	2020	대구	17	0	27	1	0	1	0
		합계	17	0	27	1	0	1	0
K2	2021	김천	18	0	11	1	0	1	0
		합계	18	0	11	1	0	1	0
프로통산			35	0	38	2	0	2	0

구스타보(Gustavo Custodio dos Santos) 브라질 1997.03.09

대회	연도	소속	출전	교체	득점	도움	파울	경고	퇴장
K1	2020	인천	3	3	0	0	1	1	0
		합계	3	3	0	0	1	1	0
프로통산			3	3	0	0	1	1	0

구스타보(Gustavo Henrique da Silva Sousa) 브라질 1994.03.29

대회	연도	소속	출전	교체	득점	도움	파울	경고	퇴장
K1	2020	전북	14	7	5	2	11	4	0
	2021	전북	34	27	15	5	36	5	0
		합계	48	34	20	7	47	9	0
프로통산			48	34	20	7	47	9	0

구스타보(Gustavo Affonso Sauerbeck) 브라질 1993.04.30

대회	연도	소속	출전	교체	득점	도움	파울	경고	퇴장
K2	2016	대전	22	16	6	6	44	3	0
		합계	22	16	6	6	44	3	0

구아라(Paulo Roberto Chamon de Castilho) 브라질 1979.08.29

대회	연도	소속	출전	교체	득점	도움	파울	경고	퇴장
BC	2008	부산	7	3	2	1	7	0	0
	2009	부산	5	3	0	0	4	0	0
		합계	12	6	2	1	11	0	0
프로통산			12	6	2	1	11	0	0

구자룡(具滋龍) 매탄고 1992.04.06

대회	연도	소속	출전	교체	득점	도움	파울	경고	퇴장
BC	2011	수원	1	1	0	0	2	0	0
		합계	1	1	0	0	2	0	0
K1	2013	수원	1	0	0	0	2	0	0
	2014	수원	7	6	0	0	2	0	0
	2015	수원	25	5	0	0	19	3	0
	2016	수원	32	1	1	0	42	6	0
	2017	수원	29	2	0	0	32	6	0
	2018	수원	13	0	1	0	31	5	0
	2019	수원	1	1	0	0	1	0	0
	2020	전북	15	2	0	0	9	1	0
	2021	전북	17	5	0	0	17	1	0
		합계	167	30	2	0	164	23	0
K2	2013	경찰	6	5	0	0	3	0	0
		합계	6	5	0	0	3	0	0
프로통산			174	36	2	0	169	23	0

구자철(具慈哲) 보인정보산업고(보인고) 1989.02.27

대회	연도	소속	출전	교체	득점	도움	파울	경고	퇴장
BC	2007	제주	16	11	1	2	20	2	0
	2008	제주	14	6	0	1	36	5	0
	2009	제주	27	2	4	6	42	6	0
	2010	제주	30	6	5	12	50	5	0
		합계	88	29	8	19	172	20	0
프로통산			88	29	8	19	172	20	0

구즈노프(Yevgeni Kuznetsov) 러시아 1961.08.30

대회	연도	소속	출전	교체	득점	도움	파울	경고	퇴장
BC	1996	전남	15	7	1	2	11	1	0
		합계	15	7	1	2	11	1	0
프로통산			15	7	1	2	11	1	0

구한식(具漢湜) 전남체고 1962.04.08

대회	연도	소속	출전	교체	득점	도움	파울	경고	퇴장
BC	1987	유공	3	3	0	0	2	0	0
		합계	3	3	0	0	2	0	0
프로통산			3	3	0	0	2	0	0

구현서(具鉉書) 중앙대 1982.05.13

대회	연도	소속	출전	교체	득점	도움	파울	경고	퇴장
BC	2005	전북	3	3	0	0	1	0	0
	2006	전남	9	9	2	2	7	1	0
		합계	12	12	2	2	8	1	0
프로통산			12	12	2	2	8	1	0

구현준(具賢俊) 동래고 1993.12.13

대회	연도	소속	출전	교체	득점	도움	파울	경고	퇴장
BC	2012	부산	1	1	0	0	1	0	0
		합계	1	1	0	0	1	0	0
K1	2013	부산	1	0	0	0	2	0	0
	2014	부산	2	0	0	0	2	0	0
	2015	부산	11	2	0	1	13	1	0
		합계	14	2	0	1	17	1	0
K2	2016	부산	14	3	0	1	16	4	0
	2017	부산	19	3	1	1	25	4	0
	2018	부산	15	3	0	1	14	2	1
	2019	부산	6	1	0	0	6	1	0
	2021	부산	1	0	0	0	3	0	0
		합계	55	10	1	3	64	11	1
승	2015	부산	2	0	0	0	1	0	0
	2018	부산	0	0	0	0	0	0	0
		합계	2	0	0	0	1	0	0
프로통산			72	13	1	4	83	12	1

국태정(鞠太正) 단국대 1995.09.13

대회	연도	소속	출전	교체	득점	도움	파울	경고	퇴장
K1	2017	전북	0	0	0	0	0	0	0
	2018	포항	0	0	0	0	0	0	0
		합계	0	0	0	0	0	0	0
K2	2019	부천	17	2	1	3	17	2	1
	2020	부천	26	4	1	0	19	2	0
	2021	부천	18	7	1	0	11	2	0
		합계	61	13	3	4	48	8	1
프로통산			61	13	3	4	48	8	1

권경원(權敬原) 동아대 1992.01.31

대회	연도	소속	출전	교체	득점	도움	파울	경고	퇴장
K1	2013	전북	20	8	0	1	37	6	0
	2014	전북	13	2	0	1	21	6	0
	2019	전북	13	2	1	0	24	1	0
	2020	상주	23	1	0	1	24	1	0
	2021	성남	10	4	3	0			
		합계	79	17	4	3	102	16	0
프로통산			79	17	4	3	102	16	0

권경호(權景浩) 동국대 1986.07.12

대회	연도	소속	출전	교체	득점	도움	파울	경고	퇴장
BC	2009	강원	3	2	0	0	3	0	0
		합계	3	2	0	0	3	0	0
프로통산			3	2	0	0	3	0	0

권기보(權奇甫) 운봉공고 1982.05.04

대회	연도	소속	출전	교체	실점	도움	파울	경고	퇴장
BC	2004	수원	0	0	0	0	0	0	0
	2005	수원	0	0	0	0	0	0	0
	2006	수원	0	0	0	0	0	0	0
	2007	수원	0	0	0	0	0	0	0
	2008	수원	1	0	1	0	0	0	0
		합계	1	0	1	0	0	0	0
프로통산			1	0	1	0	0	0	0

권기표(權奇杓) 포철고 1997.06.26

대회	연도	소속	출전	교체	득점	도움	파울	경고	퇴장
K1	2018	포항	2	2	0	0	4	0	0
	2021	포항	11	13	1	0	15	1	0
		합계	13	15	1	0	19	1	0
K2	2019	서울E	21	15	3	1	19	4	0
	2020	안양	10	10	0	0	12	3	0
		합계	31	25	3	1	31	5	0
프로통산			44	40	4	1	50	6	0

권덕용(權德容) 인천대 1982.05.03

대회	연도	소속	출전	교체	득점	도움	파울	경고	퇴장
BC	2005	대전	2	2	0	0	1	1	0
		합계	2	2	0	0	1	1	0
프로통산			2	2	0	0	1	1	0

권석근(權錫根) 고려대 1983.05.08

대회	연도	소속	출전	교체	득점	도움	파울	경고	퇴장
BC	2006	울산	3	3	0	0	0	0	0
	2007	울산	1	1	0	0	1	0	0
		합계	4	4	0	0	1	0	0
프로통산			4	4	0	0	1	0	0

권성윤(權成尹) 오산고 2001.03.30

대회	연도	소속	출전	교체	득점	도움	파울	경고	퇴장
K1	2020	서울	2	2	0	0	1	0	0
	2021	서울	12	12	0	0	9	1	0
		합계	14	14	0	0	10	1	0
프로통산			14	14	0	0	10	1	0

권세진(權世鎭) 명지대 1973.05.20

대회	연도	소속	출전	교체	득점	도움	파울	경고	퇴장
BC	1996	안양LG	22	9	0	1	28	5	0
	1997	안양LG	14	4	0	0	24	3	0
	1999	포항	0	0	0	0	0	0	0
		합계	36	13	0	1	52	8	0
프로통산			36	13	0	1	52	8	0

권수현(權修鉉) 아주대 1991.03.26

대회	연도	소속	출전	교체	득점	도움	파울	경고	퇴장
K2	2014	광주	2	1	0	0	7	0	0
		합계	2	1	0	0	7	0	0
프로통산			2	1	0	0	7	0	0

권순태(權純泰) 전주대 1984.09.11

대회	연도	소속	출전	교체	실점	도움	파울	경고	퇴장
BC	2006	전북	30	1	33	0	0	2	0
	2007	전북	27	1	29	0	1	1	0
	2008	전북	33	0	41	0	0	2	0
	2009	전북	33	1	40	0	0	2	0
	2010	전북	30	2	28	0	0	4	0
	2011	상주	17	1	34	0	2	3	0
	2012	상주	16	1	19	0	1	2	0
	2012	전북	12	0	16	0	0	0	0
		합계	188	7	226	0	4	14	0
K1	2013	전북	8	1	17	0	0	0	0
	2014	전북	34	2	19	0	1	3	0
	2015	전북	36	0	34	0	0	0	0
	2016	전북	35	0	37	0	2	3	0
		합계	113	3	108	0	3	7	0
프로통산			301	10	334	0	7	21	0

권순학(權純鶴) 전주대 1987.09.02

대회	연도	소속	출전	교체	득점	도움	파울	경고	퇴장
BC	2010	전북	1	1	0	0	0	0	0
		합계	1	1	0	0	0	0	0
프로통산			1	1	0	0	0	0	0

권순형(權純亨) 고려대 1986.06.16

대회	연도	소속	출전	교체	득점	도움	파울	경고	퇴장
BC	2009	강원	18	6	0	2	14	2	0
	2010	강원	26	10	1	0	19	1	0
	2011	강원	31	12	1	0	31	3	0
	2012	제주	40	28	1	4	36	3	0
		합계	109	54	3	2	98	11	0
K1	2013	제주	14	9	0	0	10	1	0
	2014	상주	27	9	2	3	29	4	0
	2015	제주	4	1	0	0	4	0	0
	2017	제주	32	13	2	7	27	6	0
	2018	제주	11	7	1	0	14	3	1
	2019	제주	27	13	0	1	25	1	0
	2020	성남	7	2	1	0	4	0	0
	2021	성남	16	6	0	0	10	3	0
		합계	193	76	14	24	157	31	1
K2	2016	상주	23	7	2	3	16	2	0
		합계	23	7	2	3	16	2	0
프로통산			325	137	19	29	271	44	1

권승리(權勝利) 우석대 1997.04.21

대회	연도	소속	출전	교체	득점	도움	파울	경고	퇴장
K2	2019	부천	1	1	0	0	0	0	0
	2020	부천	12	7	0	0	16	3	0
		합계	13	8	0	0	16	3	0
프로통산			13	8	0	0	16	3	0

권승철(權勝喆) 영남대 1997.03.08

대회	연도	소속	출전	교체	득점	도움	파울	경고	퇴장
K2	2020	안양	0	0	0	0	0	0	0
		합계	0	0	0	0	0	0	0
프로통산			0	0	0	0	0	0	0

권영대(權寧大) 호남대 1963.03.13

대회	연도	소속	출전	교체	득점	도움	파울	경고	퇴장
BC	1989	현대	15	5	0	0	17	2	0
	1990	현대	13	8	0	0	4	1	0
		합계	28	13	0	0	21	3	0
프로통산			28	13	0	0	21	3	0

권영진(權永秦) 성균관대 1991.01.23

대회	연도	소속	출전	교체	득점	도움	파울	경고	퇴장
K1	2013	전북	2	1	0	0	7	2	0
	2014	전북	1	1	0	0	0	0	0
		합계	3	2	0	0	7	2	0
프로통산			3	2	0	0	7	2	0

권영호(權英鎬) 명지대 1992.07.31

대회	연도	소속	출전	교체	득점	도움	파울	경고	퇴장
K1	2015	광주	4	3	0	0	2	0	0
		합계	4	3	0	0	2	0	0
K2	2016	고양	34	2	0	0	35	2	1
	2018	대전	13	4	1	0	18	3	0
	2019	대전	0	0	0	0	0	0	0
		합계	47	6	1	0	53	5	1
프로통산			51	9	1	0	55	5	1

권오손(權五孫) 서울시립대 1959.02.03

대회	연도	소속	출전	교체	득점	도움	파울	경고	퇴장
BC	1983	국민은행	1	0	0	0	0	0	0
	1984	럭키금성	12	0	0	0	7	0	0
	1985	럭키금성	16	1	0	1	13	2	0
	1986	럭키금성	26	2	0	2	29	1	0
	1987	럭키금성	5	0	0	0	3	1	0
	1988	현대	0	0	0	0	0	0	0
		합계	60	8	0	1	52	4	0
프로통산			60	8	0	1	52	4	0

권완규(權完規) 성균관대 1991.11.20

대회	연도	소속	출전	교체	득점	도움	파울	경고	퇴장
K1	2014	경남	17	3	1	0	27	3	0
	2015	인천	34	1	0	1	50	8	0
	2016	인천	21	5	2	1	38	3	0
	2017	포항	32	2	0	3	35	7	0
	2018	포항	10	1	0	1	14	3	1
	2018	상주	12	0	1	0	13	1	0
	2019	상주	31	0	1	0	55	5	1
	2020	포항	14	5	1	0	17	5	0
	2021	포항	37	0	2	1	35	8	0
		합계	208	17	8	5	284	41	2
프로통산			208	17	8	5	284	41	2

권용남(權容南) 단국대 1985.12.02

대회	연도	소속	출전	교체	득점	도움	파울	경고	퇴장
BC	2009	제주	6	5	0	0	6	1	0
	2011	제주	11	11	2	1	1	0	0
	2012	제주	8	9	0	0	4	0	0
		합계	25	25	2	1	11	1	0
K2	2013	광주	10	10	0	1	6	0	0
		합계	10	10	0	1	6	0	0
프로통산			35	35	2	2	17	1	0

권용현(權容玄) 호원대 1991.10.23

대회	연도	소속	출전	교체	득점	도움	파울	경고	퇴장
K1	2016	제주	5	5	0	0	5	1	0
	2016	수원FC	16	6	5	2	26	2	0
	2017	제주	2	2	0	0	2	0	0
	2018	경남	7	7	0	1	8	0	0

	2020 부산	4	4	0	0	4	1	0
	합계	34	24	7	3	45	4	0
K2	2013 수원FC	13	8	4	2	15	2	0
	2014 수원FC	36	24	2	9	33	1	0
	2015 수원FC	40	12	7	6	69	5	0
	2017 경남	13	8	2	3	20	2	0
	2018 수원FC	12	12	0	0	9	2	0
	2019 부산	30	29	2	4	31	1	0
	2020 안양	18	5	3	3	30	4	0
	합계	162	98	20	27	207	17	0
승	2015 수원FC	2	1	0	0	2	0	0
	2019 부산	1	1	0	0	0	0	0
	합계	3	2	0	0	2	0	0
프로통산		199	124	27	30	254	21	0

권재곤(權在坤) 광운대 1961.09.19

대회	연도 소속	출전	교체	득점	도움	파울	경고	퇴장
BC	1984 현대	6	4	2	1	4	0	0
	합계	6	4	2	1	4	0	0
프로통산		6	4	2	1	4	0	0

권재범(權才範) 경희고 2001.07.08

대회	연도 소속	출전	교체	실점	도움	파울	경고	퇴장
K1	2020 강원	0	0	0	0	0	0	0
	합계	0	0	0	0	0	0	0
프로통산		0	0	0	0	0	0	0

권정혁(權正赫) 고려대 1978.08.02

대회	연도 소속	출전	교체	실점	도움	파울	경고	퇴장
BC	2001 울산	14	0	11	0	0	0	0
	2002 울산	8	0	8	0	0	1	0
	2003 울산	2	0	8	0	0	1	0
	2004 울산	1	0	90	0	0	0	0
	2005 광주상무	0	0	46	0	0	0	0
	2006 광주상무	22	1	35	0	0	1	0
	2007 포항	2	2	16	0	0	0	0
	2011 인천	14	0	97	0	0	0	0
	2012 인천	7	0	21	0	0	0	0
	합계	70	3	21	0	1	1	0
K1	2013 인천	38	0	26	0	0	1	0
	2014 인천	28	0	1	0	0	0	0
	2015 광주	17	0	4	0	0	1	0
	합계	83	0	31	0	1	1	0
K2	2016 경남	13	0	21	0	0	1	0
	합계	13	0	21	0	0	1	0
프로통산		166	3	208	0	3	3	0

* 득점: 2013년 1 / 통산 1

권중화(權重華) 강원대 1968.02.11

대회	연도 소속	출전	교체	득점	도움	파울	경고	퇴장
BC	1990 유공	8	8	3	0	12	1	0
	1991 유공	9	9	1	0	11	0	0
	1992 유공	13	7	1	2	13	1	0
	1993 LG	17	14	1	0	15	1	0
	1994 LG	20	18	3	0	11	1	0
	1995 전남	6	5	0	1	4	1	0
	1996 전남	11	6	0	0	13	2	0
	합계	84	67	9	3	77	7	0
프로통산		84	67	9	3	77	7	0

권진영(權鎭永) 숭실대 1991.10.23

대회	연도 소속	출전	교체	득점	도움	파울	경고	퇴장
K1	2013 부산	3	1	0	1	0	1	0
	2014 부산	6	4	0	0	13	3	0
	2016 상주	6	6	0	0	5	1	0
	합계	15	11	0	1	19	5	0
K2	2015 상주	1	1	0	0	0	0	0
	2017 부산	13	4	1	0	19	3	0
	2018 부산	7	0	0	0	14	0	0
	2019 부산	3	0	0	0	8	1	0
	2020 안양	3	2	0	0	2	1	0
	합계	27	10	1	0	29	4	0
승	2018 부산	1	0	0	0	2	2	0
	합계	1	0	0	0	2	2	0
프로통산		43	21	0	1	50	10	0

권집(權輯) 동북고 1984.02.13

대회	연도 소속	출전	교체	득점	도움	파울	경고	퇴장
BC	2003 수원	14	2	0	1	28	1	0
	2004 수원	3	1	0	0	5	0	0
	2005 전남	3	2	0	0	3	0	0
	2005 전북	13	4	0	0	21	0	0
	2006 전북	18	4	2	1	36	5	0
	2007 전북	23	14	0	2	49	3	0
	2008 포항	3	3	0	0	2	0	0
	2008 대전	15	0	3	0	4	0	0
	2009 대전	26	11	0	1	33	5	0
	2010 대전	25	11	1	0	40	4	0
	합계	140	56	3	8	232	22	0
프로통산		140	56	3	8	232	22	0

권찬수(權贊修) 단국대 1974.05.30

대회	연도 소속	출전	교체	실점	도움	파울	경고	퇴장
BC	1999 천안일화	22	0	34	0	0	1	0
	2000 성남일화	14	0	15	0	0	2	0
	2001 성남일화	7	1	27	0	0	0	0
	2002 성남일화	15	1	13	0	0	0	0
	2003 성남일화	22	0	2	1	1	0	0
	2004 성남일화	8	0	11	0	0	4	0
	2005 인천	4	0	6	0	0	0	0
	2005 성남일화	10	0	18	0	0	2	0
	2006 인천	3	0	150	0	0	0	0
	2007 인천	6	1	9	0	0	1	0
	합계	117	6	150	0	3	8	0
K1	2013 성남일화	0	0	33	0	0	0	0
	합계	0	0	21	0	0	0	0
프로통산		117	6	150	0	3	8	0

권창훈(權昶勳) 매탄고 1994.06.30

대회	연도 소속	출전	교체	득점	도움	파울	경고	퇴장
K1	2013 수원	8	9	1	0	5	0	0
	2014 수원	20	19	1	2	12	1	0
	2015 수원	35	15	10	0	25	1	0
	2016 수원	27	14	7	4	22	1	0
	2021 수원	11	8	0	1	3	1	0
	합계	101	65	19	7	67	4	0
프로통산		101	65	19	7	67	4	0

권태규(權泰圭) 상지대 1971.02.14

대회	연도 소속	출전	교체	득점	도움	파울	경고	퇴장
BC	1990 유공	4	5	0	0	1	0	0
	1991 유공	7	7	0	0	5	0	0
	1992 유공	7	7	1	0	5	1	0
	1993 유공	10	10	0	0	8	0	0
	1994 유공	9	9	1	2	14	0	0
	1995 유공	11	9	2	1	8	0	0
	1996 부천유공	16	14	1	1	10	0	0
	1997 안양LG	16	14	1	1	19	5	0
	합계	79	72	5	6	61	6	0
프로통산		79	72	5	6	61	6	0

권태안(權泰安) 매탄고 1992.04.09

대회	연도 소속	출전	교체	실점	도움	파울	경고	퇴장
BC	2011 수원	0	0	0	0	0	0	0
	2012 수원	0	0	0	0	0	0	0
	합계	0	0	0	0	0	0	0
K1	2018 상주	2	0	2	0	0	0	0
	2019 상주	8	1	13	0	1	1	0
	합계	10	1	15	0	1	1	0
K2	2016 충주	5	0	8	0	0	0	0
	2017 안양	19	0	29	0	0	1	0
	합계	24	0	37	0	0	1	0
프로통산		34	2	52	0	1	2	0

권한진(權韓眞) 경희대 1988.05.19

대회	연도 소속	출전	교체	득점	도움	파울	경고	퇴장
K1	2016 제주	37	6	5	1	33	5	0
	2017 제주	7	5	0	0	20	2	0
	2018 제주	32	4	3	0	16	4	0
	2019 제주	8	2	0	0	8	1	0
	2021 제주	30	7	1	0	15	3	0
	합계	133	24	9	1	102	15	0
K2	2020 제주	21	4	1	0	22	2	0
	합계	21	4	1	0	22	2	0
프로통산		154	28	10	1	124	17	0

권해창(權海昶) 동아대 1972.09.02

대회	연도 소속	출전	교체	득점	도움	파울	경고	퇴장
BC	1995 대우	26	24	0	1	13	2	0
	1996 부산	14	12	0	1	16	4	0
	1998 부산	9	8	0	0	4	1	0
	1999 부산	15	15	0	2	6	0	0
	2000 부산	16	14	0	0	8	2	0
	합계	80	73	2	2	47	9	0
프로통산		80	73	2	2	47	9	0

권혁관(權赫寬) 관동대(가톨릭관동대) 1990.09.09

대회	연도 소속	출전	교체	득점	도움	파울	경고	퇴장
K2	2013 충주	6	6	0	0	4	2	0
	합계	6	6	0	0	4	2	0
프로통산		6	6	0	0	4	2	0

권혁규(權赫奎) 개성고 2001.03.13

대회	연도 소속	출전	교체	득점	도움	파울	경고	퇴장
K1	2020 부산	16	13	1	0	23	4	0
	합계	16	13	1	0	23	4	0
K2	2019 부산	2	2	0	0	2	1	0
	2021 김천	14	4	1	1	35	4	0
	합계	16	6	1	1	37	5	0
프로통산		32	19	1	1	60	9	0

권혁진(權赫珍) 숭실대 1988.03.23

대회	연도 소속	출전	교체	득점	도움	파울	경고	퇴장
BC	2011 인천	2	2	0	0	2	0	0
K1	2013 인천	6	6	0	0	4	0	0
	2014 인천	6	6	0	0	3	1	0
	2016 수원FC	1	1	0	0	13	2	0
K2	2013 경찰	17	14	0	2	17	2	0
	합계	17	14	0	2	17	2	0
프로통산		30	26	0	2	32	4	0

권혁진(權爀辰) 울산대 1984.12.25

대회	연도 소속	출전	교체	득점	도움	파울	경고	퇴장
BC	2007 대전	9	8	1	0	10	0	0
	2008 대전	18	12	2	3	30	1	0
	2009 광주상무	3	2	0	0	2	0	0
	2010 대전	2	2	0	0	0	1	0
	합계	32	24	3	3	42	1	0
프로통산		32	24	3	3	42	1	0

권혁태(權赫台) 경희대 1985.08.28

대회	연도 소속	출전	교체	득점	도움	파울	경고	퇴장
BC	2008 대전	0	0	0	0	0	0	0
	합계	0	0	0	0	0	0	0

권혁표(權赫杓) 중앙대 1962.05.25

대회	연도 소속	출전	교체	득점	도움	파울	경고	퇴장
BC	1985 한일은행	17	7	2	0	15	0	0
	1986 한일은행	15	3	2	0	28	0	0
	합계	32	10	4	0	43	0	0
프로통산		32	10	4	0	43	0	0

권현민(權賢敗) 대구대 1991.04.11

대회	연도 소속	출전	교체	득점	도움	파울	경고	퇴장
K2	2014 충주	0	0	0	0	0	0	0
	합계	0	0	0	0	0	0	0
프로통산		0	0	0	0	0	0	0

권형선(權亨宣) 단국대 1987.05.22

대회	연도	소속	출전	교체	득점	도움	파울	경고	퇴장
BC	2010	제주	1	1	0	0	0	0	0
	2011	전남	0	0	0	0	0	0	0
	합계		1	1	0	0	0	0	0
프로통산			1	1	0	0	0	0	0

권형정(權衡正) 한양대 1967.05.19

대회	연도	소속	출전	교체	득점	도움	파울	경고	퇴장
BC	1990	포항제철	21	3	1	0	26	1	0
	1991	포항제철	37	9	1	0	26	1	0
	1992	포항제철	35	4	0	1	33	3	0
	1993	포항제철	33	1	0	0	30	3	0
	1994	포항제철	19	3	1	3	16	1	0
	합계		145	20	3	4	131	9	0
프로통산			145	20	3	4	131	9	0

그랜트(Alexander Ian Grant) 오스트레일리아 1994.01.23

대회	연도	소속	출전	교체	득점	도움	파울	경고	퇴장
K1	2021	포항	16	4	2	1	18	7	1
	합계		16	4	2	1	18	7	1
프로통산			16	4	2	1	18	7	1

금교진(琴敎員) 영남대 1992.01.03

대회	연도	소속	출전	교체	득점	도움	파울	경고	퇴장
K1	2015	대전	15	5	0	0	14	1	0
	합계		15	5	0	0	14	1	0
K2	2014	대구	15	1	2	0	21	3	0
	2015	대구	2	2	0	0	0	0	0
	2017	서울E	24	8	2	2	29	3	0
	합계		41	11	4	2	64	7	0
프로통산			56	16	4	2	64	7	0

기가(Ivan Giga Vukovič) 몬테네그로 1987.02.09

대회	연도	소속	출전	교체	득점	도움	파울	경고	퇴장
K1	2013	성남일화	11	12	3	0	16	3	0
	2014	성남	1	1	0	0	0	0	0
	합계		12	13	3	0	16	3	0
프로통산			12	13	3	0	16	3	0

기성용(奇誠庸) 금호고 1989.01.24

대회	연도	소속	출전	교체	득점	도움	파울	경고	퇴장
BC	2006	서울	0	0	0	0	0	0	0
	2007	서울	22	11	0	4	49	4	0
	2008	서울	27	10	4	1	50	6	0
	2009	서울	31	8	4	10	50	6	0
	합계		80	29	8	12	143	20	0
K1	2020	서울	5	6	0	0	3	6	0
	2021	서울	35	10	3	1	37	3	0
	합계		40	16	3	1	40	3	0
프로통산			120	45	11	13	183	23	0

기요소프(Khurshid Giyosov) 우즈베키스탄 1995.04.13

대회	연도	소속	출전	교체	득점	도움	파울	경고	퇴장
K2	2020	안양	4	4	1	0	3	0	0
	합계		4	4	1	0	3	0	0
프로통산			4	4	1	0	3	0	0

기현서(奇賢舒) 고려대 1984.05.06

대회	연도	소속	출전	교체	득점	도움	파울	경고	퇴장
BC	2007	경남	1	1	0	0	4	1	0
	2008	경남	0	0	0	0	0	0	0
	합계		1	1	0	0	4	1	0
프로통산			1	1	0	0	4	1	0

기호영(奇豪榮) 경기대 1977.01.20

대회	연도	소속	출전	교체	득점	도움	파울	경고	퇴장
BC	1999	부산	0	0	0	0	0	0	0
	합계		0	0	0	0	0	0	0
프로통산			0	0	0	0	0	0	0

길영태(吉永泰) 관동대(가톨릭관동대) 1991.06.15

대회	연도	소속	출전	교체	득점	도움	파울	경고	퇴장
K1	2014	포항	1	0	0	0	3	1	0
	합계		1	0	0	0	3	1	0
K2	2016	강원	6	1	0	0	12	3	0
	합계		6	1	0	0	12	3	0
승	2016	강원	1	1	0	0	2	0	0
	합계		1	1	0	0	2	0	0
프로통산			8	2	0	0	15	4	0

김강국(金康國) 인천대 1997.01.07

대회	연도	소속	출전	교체	득점	도움	파울	경고	퇴장
K1	2019	인천	3	0	0	0	5	1	0
	합계		3	0	0	0	5	1	0
K2	2020	충남아산	10	2	0	0	8	0	0
	2021	충남아산	31	6	2	4	37	4	0
	합계		41	8	2	4	45	4	0
프로통산			44	8	2	4	50	4	0

김강남(金岡南) 고려대 1954.07.19

대회	연도	소속	출전	교체	득점	도움	파울	경고	퇴장
BC	1983	유공	13	5	1	2	9	1	0
	1984	대우	3	3	0	0	0	1	0
	합계		16	8	1	2	9	2	0
프로통산			16	8	1	2	9	2	0

김강산(金江山) 대구대 1998.09.15

대회	연도	소속	출전	교체	득점	도움	파울	경고	퇴장
K2	2020	부천	20	1	0	0	24	4	0
	2021	부천	18	0	0	0	23	2	0
	합계		38	1	0	0	47	6	0
프로통산			38	1	0	0	47	6	0

김강선(金强善) 호남대 1979.05.23

대회	연도	소속	출전	교체	득점	도움	파울	경고	퇴장
BC	2002	전남	5	4	0	0	7	0	0
	2003	전남	1	1	0	0	0	0	0
	합계		6	5	0	0	7	0	0
프로통산			6	5	0	0	7	0	0

김건웅(金健雄) 울산현대고 1997.08.29

대회	연도	소속	출전	교체	득점	도움	파울	경고	퇴장
K1	2016	울산	12	8	0	0	12	2	0
	2017	울산	4	2	0	0	4	0	0
	2018	울산	2	2	0	0	0	0	0
	2021	수원FC	34	13	1	0	39	7	0
	합계		50	25	1	0	66	9	0
K2	2019	전남	33	14	3	1	33	4	0
	2020	수원FC	26	6	1	0	42	7	0
	합계		59	20	4	1	75	11	0
프로통산			109	45	5	1	141	20	0

김건형(金建衡) 경희대 1979.09.11

대회	연도	소속	출전	교체	득점	도움	파울	경고	퇴장
BC	2000	울산	25	10	1	2	43	2	1
	2001	울산	3	3	0	0	1	0	0
	2002	울산	2	2	0	0	1	0	0
	2003	대구	4	4	0	0	6	1	0
	2004	대구	5	5	1	0	6	1	0
	합계		41	26	4	2	64	4	1
프로통산			41	26	4	2	64	4	1

김건호(金乾鎬) 단국대 1990.11.28

대회	연도	소속	출전	교체	득점	도움	파울	경고	퇴장
K2	2013	부천	23	3	0	0	32	2	0
	2014	부천	3	0	0	0	10	3	0
	합계		26	3	0	0	42	5	0
프로통산			26	3	0	0	42	5	0

김건희(金健熙) 고려대 1995.02.22

대회	연도	소속	출전	교체	득점	도움	파울	경고	퇴장
K1	2016	수원	20	17	1	3	30	4	0
	2017	수원	9	9	1	0	11	1	0
	2018	수원	9	7	1	0	11	1	0
	2019	상주	10	1	7	1	10	0	0
	2020	수원	5	6	0	0	6	0	0
	2021	수원	24	17	6	1	34	3	0
	합계		87	61	18	6	97	10	0
프로통산			87	61	18	6	97	10	0

김경국(金慶國) 부경대 1988.10.29

대회	연도	소속	출전	교체	득점	도움	파울	경고	퇴장
BC	2011	대전	1	1	0	0	0	0	0
	합계		1	1	0	0	0	0	0
프로통산			1	1	0	0	0	0	0

김경도(金炅度) 경기대 1985.06.02

대회	연도	소속	출전	교체	득점	도움	파울	경고	퇴장
BC	2009	대전	1	1	0	0	0	0	0
	2010	대전	1	1	0	0	0	0	0
	합계		2	2	0	0	0	0	0
프로통산			2	2	0	0	0	0	0

김경래(金京來) 명지대 1964.03.18

대회	연도	소속	출전	교체	득점	도움	파울	경고	퇴장
BC	1988	대우	11	9	0	2	0	0	0
	1989	대우	10	9	0	0	3	0	0
	1990	대우	5	5	0	0	3	0	0
	1991	대우	11	6	0	0	13	0	0
	1992	대우	16	11	2	0	12	0	0
	1993	대우	10	9	0	0	5	0	0
	1994	버팔로	35	1	3	1	19	4	0
	1995	전북	19	14	1	4	25	1	0
	1996	전북	19	8	2	1	17	2	0
	1997	전북	24	15	0	0	27	3	0
	합계		168	74	14	5	121	11	0
프로통산			168	74	14	5	121	11	0

김경량(金京亮) 숭실대 1973.12.22

대회	연도	소속	출전	교체	득점	도움	파울	경고	퇴장
BC	1996	전북	21	15	1	0	29	6	0
	1997	전북	3	2	0	0	8	0	0
	1998	전북	32	8	0	2	61	4	0
	1999	전북	17	4	0	2	46	1	1
	2000	전북	36	9	1	1	55	3	0
	2001	전북	26	12	0	4	50	3	0
	2002	전북	31	2	0	2	77	6	0
	2003	전북	41	6	0	4	139	7	0
	2004	전북	32	7	1	2	78	6	0
	2005	전북	14	5	0	0	39	2	0
	2006	전북							
	합계		261	74	2	14	567	39	2
프로통산			261	74	2	14	567	39	2

김경렬(金敬烈) 영남대 1974.05.15

대회	연도	소속	출전	교체	득점	도움	파울	경고	퇴장
BC	1997	울산	3	3	0	0	3	1	0
	1998	전남	6	7	0	0	4	0	0
	합계		9	10	0	0	7	1	0
프로통산			9	10	0	0	7	1	0

김경민(金耿民) 연세대 1990.08.15

대회	연도	소속	출전	교체	득점	도움	파울	경고	퇴장
K1	2014	상주	0	0	0	0	0	0	0
	2015	인천	0	0	0	0	0	0	0
	2016	인천	0	0	0	0	11	2	0
	2017	인천	14	6	0	0	13	3	0
	합계		24	10	0	0	26	6	0
K2	2013	부천	13	2	1	0	17	0	0
	2015	상주	0	0	0	0	0	0	0
	2020	경남	9	4	0	0	11	7	0
	합계		22	6	1	0	28	7	0
프로통산			46	16	1	0	54	13	0

김경민(金耿民) 한양대 1991.11.01

대회	연도	소속	출전	교체	실점	도움	파울	경고	퇴장
K1	2014	제주	2	1	0	0	0	0	0
	2015	제주	7	0	11	0	1	1	0
	2016	제주	10	1	18	0	0	1	0
	2018	제주	1	0	3	0	0	0	0
	합계		21	2	32	0	2	2	0
K2	2017	부산	14	0	11	0	0	1	0

대회	연도	소속	출전	교체	득점	도움	파울	경고	퇴장
	2021	서울E	34	0	34	0	0	0	0
	합계		48	0	45	0	0	1	0
승	2017	부산	0	0	0	0	0	0	0
	합계		0	0	0	0	0	0	0
프로통산			69	2	77	0	2	4	0

김경민 (金耿珉) 전주대 1997.01.22

대회	연도	소속	출전	교체	득점	도움	파울	경고	퇴장
K1	2018	전남	20	16	1	0	20	1	0
	합계		20	16	1	0	20	1	0
K2	2019	전남	26	25	2	1	16	1	0
	2020	안양	21	19	4	0	30	0	0
	2021	전남	2	2	0	0	4	0	0
	2021	김천	3	3	0	0	3	0	0
	합계		52	49	6	1	53	1	0
프로통산			72	65	7	1	73	2	0

김경범 (金暻範) 여주상고 1965.03.05

대회	연도	소속	출전	교체	득점	도움	파울	경고	퇴장
BC	1985	유공	16	5	0	1	10	2	0
	1986	유공	32	1	1	2	24	3	0
	1989	일화	37	2	1	1	33	3	0
	1990	일화	29	0	1	3	21	3	0
	1991	일화	34	7	3	3	31	4	0
	1992	일화	29	11	3	2	23	2	0
	1993	일화	18	9	0	0	10	0	0
	1994	일화	17	4	1	2	18	2	0
	1995	일화	29	6	1	2	35	2	0
	1996	천안일화	34	4	0	3	37	4	0
	1997	천안일화	27	9	1	1	18	5	0
	1998	부천SK	36	7	0	7	24	2	0
	합계		338	65	9	33	285	32	0
프로통산			338	65	9	33	285	32	0

김경식 (金京植) 중앙대 1961.09.15

대회	연도	소속	출전	교체	득점	도움	파울	경고	퇴장
BC	1984	한일은행	25	0	0	1	23	2	0
	1985	한일은행	14	1	1	0	17	0	0
	합계		39	1	1	1	40	2	0
프로통산			39	1	1	1	40	2	0

김경연 (金敬淵) 건국대 1992.11.03

대회	연도	소속	출전	교체	득점	도움	파울	경고	퇴장
K2	2018	광주	0	0	0	0	0	0	0
	합계		0	0	0	0	0	0	0
프로통산			0	0	0	0	0	0	0

김경우 (金敬祐) 울산대 1996.09.20

대회	연도	소속	출전	교체	득점	도움	파울	경고	퇴장
K2	2019	아산	4	4	0	0	4	1	0
	합계		4	4	0	0	4	1	0
프로통산			4	4	0	0	4	1	0

김경일 (金景一) 광양제철고 1980.08.30

대회	연도	소속	출전	교체	득점	도움	파울	경고	퇴장
BC	1999	전남	3	2	0	0	4	0	0
	2000	전남	8	7	0	0	4	1	0
	2001	전남	12	11	0	0	9	0	0
	2004	대구	6	6	0	1	0	2	0
	합계		29	26	0	1	17	3	0
프로통산			29	26	0	1	17	3	0

김경재 (金儆裁) 아주대 1993.07.24

대회	연도	소속	출전	교체	득점	도움	파울	경고	퇴장
K1	2016	전남	8	5	0	0	8	2	0
	2017	전남	8	6	0	0	4	1	0
	2018	전남	8	3	0	1	5	2	0
	2019	상주	30	5	1	0	18	0	0
	2021	제주	21	11	1	1	18	4	0
	합계		76	29	2	2	44	10	0
K2	2020	제주	6	6	0	0	4	0	0
	합계		6	6	0	0	4	0	0
프로통산			82	35	2	2	48	10	0

김경준 (金京俊) 영남대 1996.10.01

대회	연도	소속	출전	교체	득점	도움	파울	경고	퇴장
K1	2017	대구	3	4	0	0	2	0	0
	2018	대구	9	8	1	0	11	1	1
	합계		12	12	1	0	13	1	1
K2	2018	안양	18	16	3	3	21	1	0
	2019	서울E	26	22	4	2	17	1	0
	2020	안산	10	9	0	0	4	1	0
	합계		54	47	7	5	42	3	0
프로통산			66	59	8	5	52	4	1

김경중 (金京中) 고려대 1991.04.16

대회	연도	소속	출전	교체	득점	도움	파울	경고	퇴장
K1	2018	강원	32	31	3	1	39	3	0
	2018	상주	11	10	0	0	4	1	0
	2019	상주	13	12	0	2	14	0	0
	2020	강원	18	13	1	2	27	4	0
	합계		76	68	6	3	75	10	0
K2	2021	안양	27	23	7	4	26	1	0
	합계		27	23	7	4	26	1	0
프로통산			103	91	13	7	101	11	0

김경진 (金慶鎭) 숭실대 1978.03.15

대회	연도	소속	출전	교체	실점	도움	파울	경고	퇴장
BC	2002	부산	0	0	0	0	0	0	0
프로통산			0	0	0	0	0	0	0

김경춘 (金敟春) 부경대 1984.01.27

대회	연도	소속	출전	교체	득점	도움	파울	경고	퇴장
BC	2010	강원	2	1	0	0	2	0	0
	합계		2	1	0	0	2	0	0
프로통산			2	1	0	0	2	0	0

김경태 (金炅泰) 경북산업대(경일대) 1973.07.05

대회	연도	소속	출전	교체	득점	도움	파울	경고	퇴장
BC	1997	부천SK	16	3	0	0	30	4	0
	1998	부천SK	6	6	0	0	4	0	0
	2000	부천SK	1	1	0	0	1	0	0
	2001	부천SK	4	2	0	0	3	1	0
	합계		27	12	0	0	38	5	0
프로통산			27	12	0	0	38	5	0

김경호 (金景浩) 영남대 1961.10.17

대회	연도	소속	출전	교체	득점	도움	파울	경고	퇴장
BC	1983	포항제철	14	1	1	0	7	0	1
	1984	포항제철	26	1	2	3	13	0	0
	1985	포항제철	12	5	0	0	11	0	0
	1988	포항제철	5	5	0	0	0	0	0
	합계		57	12	3	3	31	0	1
프로통산			57	12	3	3	31	0	1

김관규 (金官奎) 명지대 1976.10.10

대회	연도	소속	출전	교체	득점	도움	파울	경고	퇴장
BC	1995	대우	1	1	1	0	3	1	0
	2000	부산	6	6	0	0	3	0	0
	2002	부산	3	3	0	0	2	0	0
	2003	대구	1	1	0	0	1	1	0
	합계		11	11	1	0	9	2	0
프로통산			11	11	1	0	9	2	0

김광명 (金光明) 경상대 1961.09.09

대회	연도	소속	출전	교체	득점	도움	파울	경고	퇴장
BC	1985	상무	7	4	1	0	10	0	0
	합계		7	4	1	0	10	0	0
프로통산			7	4	1	0	10	0	0

김광석 (金光奭) 청평고 1983.02.12

대회	연도	소속	출전	교체	득점	도움	파울	경고	퇴장
BC	2003	포항	9	1	0	0	15	3	0
	2004	포항	8	1	0	0	14	2	0
	2005	광주상무	10	1	0	0	16	1	0
	2006	광주상무	14	2	0	0	17	1	0
	2007	포항	17	10	0	1	24	2	0
	2008	포항	21	3	1	3	42	5	0
	2009	포항	19	5	0	0	13	1	0
	2010	포항	16	6	0	0	12	1	0
	2011	포항	34	1	0	0	30	0	0
	2012	포항	41	0	1	0	51	4	0
	합계		181	29	3	4	219	20	0
K1	2013	포항	36	0	0	0	35	2	0
	2014	포항	33	0	2	0	37	2	0
	2015	포항	24	0	0	0	14	0	0
	2016	포항	37	1	1	0	28	4	0
	2017	포항	16	0	1	1	14	0	0
	2018	포항	36	0	3	1	15	2	0
	2019	포항	19	1	0	0	11	3	0
	2020	포항	27	2	0	0	23	3	0
	2021	인천	25	0	1	0	14	1	0
	합계		253	4	8	1	190	17	0
프로통산			434	33	11	5	409	35	0

김광선 (金光善) 안양공고 1983.06.17

대회	연도	소속	출전	교체	득점	도움	파울	경고	퇴장
BC	2002	대전	7	7	0	0	8	2	0
	합계		7	7	0	0	8	2	0
프로통산			7	7	0	0	8	2	0

김광수 (金光洙) 경신고 1977.03.10

대회	연도	소속	출전	교체	실점	도움	파울	경고	퇴장
BC	1996	수원	0	0	0	0	0	0	0
	2002	수원	0	0	0	0	0	0	0
	2003	수원	0	0	0	0	0	0	0
	합계		0	0	0	0	0	0	0
프로통산			0	0	0	0	0	0	0

김광훈 (金光勳) 한양대 1961.02.20

대회	연도	소속	출전	교체	득점	도움	파울	경고	퇴장
BC	1983	유공	2	2	0	0	1	0	0
	1984	럭키금성	23	4	0	1	23	2	0
	1985	럭키금성	13	3	0	0	25	1	0
	합계		38	9	0	1	49	3	0
프로통산			38	9	0	1	49	3	0

김굉명 (金宏明) 서산시민 1984.02.25

대회	연도	소속	출전	교체	득점	도움	파울	경고	퇴장
BC	2008	경남	1	1	0	0	0	0	0
	합계		1	1	0	0	0	0	0
프로통산			1	1	0	0	0	0	0

김교빈 (金敎彬) 광운대 1987.12.29

대회	연도	소속	출전	교체	실점	도움	파울	경고	퇴장
BC	2011	전남	0	0	0	0	0	0	0
	2012	대구	3	1	2	0	0	0	0
	합계		3	1	2	0	0	0	0
K1	2014	경남	0	0	0	0	0	0	0
	2016	인천	0	0	0	0	0	0	0
	2016	전남	0	0	0	0	0	0	0
	2017	포항	2	0	0	0	0	0	0
	합계		2	0	0	0	0	0	0
K2	2015	경남	1	0	6	0	0	0	0
	합계		1	0	6	0	0	0	0
프로통산			6	1	8	0	0	0	0

김국진 (金國鎭) 동의대 1978.02.09

대회	연도	소속	출전	교체	득점	도움	파울	경고	퇴장
BC	2002	대전	13	9	1	0	14	2	0
	2003	대전	2	2	0	0	2	0	0
	합계		15	11	1	0	16	2	0
프로통산			15	11	1	0	16	2	0

김국환 (金國煥) 청주대 1972.09.13

대회	연도	소속	출전	교체	득점	도움	파울	경고	퇴장
BC	1995	일화	2	2	1	0	2	1	0
	1996	천안일화	2	2	1	0	1	0	0
	1997	천안일화	5	3	0	1	6	1	0
	합계		9	7	2	1	9	2	0
프로통산			9	7	2	1	9	2	0

김귀현(金貴鉉) 남해해성중 1990.01.04

대회	연도	소속	출전	교체	득점	도움	파울	경고	퇴장
K1	2013	대구	0	0	0	0	0	0	0
	합계		0	0	0	0	0	0	0
K2	2014	대구	18	11	1	0	36	4	0
	합계		18	11	1	0	36	4	0
프로통산			18	11	1	0	36	4	0

김귀화(金貴華) 아주대 1970.03.15

대회	연도	소속	출전	교체	득점	도움	파울	경고	퇴장
BC	1991	대우	19	19	1	0	3	0	0
	1992	대우	21	3	0	1	15	1	0
	1993	대우	31	13	2	5	16	1	0
	1994	대우	34	10	9	3	28	2	0
	1997	부산	10	5	1	1	9	0	0
	1998	안양LG	26	20	1	4	33	4	0
	1999	안양LG	29	12	2	5	21	1	0
	2000	안양LG	33	23	0	1	27	1	0
프로통산			203	105	16	20	152	10	0

김규남(金奎男) 전주대 1992.11.26

대회	연도	소속	출전	교체	득점	도움	파울	경고	퇴장
K2	2015	충주	1	1	0	0	0	1	0
	합계		1	1	0	0	0	1	0
프로통산			1	1	0	0	0	1	0

김규표(金規漂) 성균관대 1999.02.08

대회	연도	소속	출전	교체	득점	도움	파울	경고	퇴장
K2	2020	경남	8	3	0	0	8	1	0
	합계		8	3	0	0	8	1	0
프로통산			8	3	0	0	8	1	0

김근배(金根培) 고려대 1986.08.07

대회	연도	소속	출전	교체	실점	도움	파울	경고	퇴장
BC	2009	강원	4	0	10	0	0	0	0
	2010	강원	6	2	10	0	0	0	0
	2011	강원	12	0	18	0	1	1	0
	2012	강원	17	1	34	0	2	5	0
	합계		39	3	72	0	3	6	0
K1	2013	강원	23	0	34	0	0	4	0
	2014	상주	5	0	12	0	0	1	0
	2016	성남	2	0	4	0	0	0	0
	2019	성남	2	0	4	0	0	1	0
	2020	성남							
	2021	성남							
	합계		39	0	62	0	0	11	0
K2	2015	상주							
	2015	강원	3	1					
	2018	성남	23	2	23	0	1	4	0
	2020	대전							
	합계		55	3	61	0	2	3	0
승	2013	강원	2	0	4	0	0	1	0
	2016	성남	1	0					
	합계								
프로통산			136	6	200	0	5	10	0

김근철(金根哲) 배재대 1983.06.24

대회	연도	소속	출전	교체	득점	도움	파울	경고	퇴장
BC	2005	대구	7	7	0	1	4	0	0
	2006	경남	25	14	3	3	27	3	0
	2007	경남	27	8	1	2	44	7	0
	2008	경남	17	4	1	0	39		0
	2009	경남	5	5	0	0	4		0
	2010	부산	30	15	2	5	48		0
	2011	부산	21						0
	2012	전남	13	11	0	0	10		0
	합계		130	70	7	11	177	23	0
프로통산			130	70	7	11	177	23	0

김근환(金根煥) 천안대 1986.08.12

대회	연도	소속	출전	교체	득점	도움	파울	경고	퇴장
K1	2014	울산	17	6	0	0	11	0	0
	2015	울산	18	3	0	1	10	0	0
	2016	수원FC	30	11	0	1	17	2	0
	2017	서울	1	1	0	0	1	0	0
	2018	경남	10	10	0	0	10	0	0
	2019	인천	1	1	0	1	0	0	0
	합계		77	32	0	3	41	2	0
K2	2017	경남	12	12	3	1	3	0	0
	합계		12	12	3	1	3	0	0
프로통산			89	44	3	4	44	2	0

김기남(金起南) 중앙대 1971.01.18

대회	연도	소속	출전	교체	득점	도움	파울	경고	퇴장
BC	1993	포항제철	10	7	0	2	14	0	0
	1994	포항제철	22	11	1	1	24	3	0
	1995	포항	30	7	2	5	44	8	0
	1998	안양LG	17	11	0	3	31	3	0
	1999	부천SK	25	11	1	4	51	6	0
	2000	포항	27	18	1	2	47	1	0
	2001	포항	16	7	1	2	41	1	0
	2002	포항	31	13	1	0	46	2	0
	합계		180	92	7	16	308	24	0
프로통산			180	92	7	16	308	24	0

김기남(金期男) 울산대 1973.07.20

대회	연도	소속	출전	교체	득점	도움	파울	경고	퇴장
BC	1996	울산	20	14	5	3	13	3	0
	1997	울산	20	14					0
	1998	울산	36	34	4	3	24	0	0
	1999	울산	31	25	5	3	39	0	0
	2000	울산	8	8	0	0	5	0	0
	2001	울산	19	15	2	1	12	0	0
	합계		143	124	26	13	131	6	0
프로통산			143	124	26	13	131	6	0

김기동(金基東) 신평고 1972.01.12

대회	연도	소속	출전	교체	득점	도움	파울	경고	퇴장
BC	1993	유공	7	4	0	0	8	0	0
	1994	유공	15	12	0	0	12	0	0
	1995	유공	29	2	0	1	39	3	0
	1996	부천유공	33	0	2	3	38	2	0
	1997	부천SK	14	1	5	0	15	2	0
	1998	부천SK	34	7	1	3	34		0
	1999	부천SK	36	19	3	4	47		0
	2000	부천SK	41	7	1	3	67	6	0
	2001	부천SK	30	0	1	0	28		0
	2002	부천SK	35	2	4	2	56	2	0
	2003	포항	30	5	3	1	57		0
	2004	포항	25	3	2	1	49		0
	2005	포항	36	5	3	5	75	2	0
	2006	포항	25	7	0	3	33		0
	2007	포항	36	14	4	1	69	3	0
	2008	포항	19	14	3	3	30	1	0
	2009	포항	23	14	5	3	25		0
	2010	포항	20	17	4	1	13	0	0
	2011	포항	20	17	4	1	13	0	0
	합계		501	166	39	40	688	35	2
프로통산			501	166	39	40	688	35	2

김기범(金起範) 동아대 1976.08.14

대회	연도	소속	출전	교체	득점	도움	파울	경고	퇴장
BC	1999	수원	1	1	0	0	6	0	0
	2000	수원	12	7	1	1	25	5	0
	2001	수원	21	13	0	3	42	5	0
	2002	수원	11	6	0	0	24	0	0
	2003	수원	8	7	0	0	11	0	0
	2004	수원	1	1	0	0			0
	합계		54	35	1	4	104	11	0
프로통산			54	35	1	4	104	11	0

김기선(金基善) 숭실대 1969.02.27

대회	연도	소속	출전	교체	득점	도움	파울	경고	퇴장
BC	1992	유공	14	5	2	0	14	1	0
	1993	유공	26	6	1	1	15	1	0
	1994	유공	26	15	6	1	15	1	0
	1995	유공	17	11	0	0	12	0	0
	1996	부천유공	9	7	0	1	7	0	0
	1996	전남	13	12	3	1	4	1	0
	1997	전남	32	21	8	1	19	5	0
	1998	전남	33	25	2	3	27	1	0
	합계		170	102	22	8	113	10	0
프로통산			170	102	22	8	113	10	0

김기수(金起秀) 선문대 1987.12.13

대회	연도	소속	출전	교체	득점	도움	파울	경고	퇴장
BC	2009	부산	9	6	0	0	12	1	0
	2010	부산	3	2	0	0	5	0	0
	합계		12	8	0	0	17	2	0
K1	2015	대전	7	1	0	0	8	1	0
	합계		7	1	0	0	8	1	0
프로통산			19	9	0	0	25	3	0

김기열(金氣烈) 풍생고 1998.11.14

대회	연도	소속	출전	교체	득점	도움	파울	경고	퇴장
K1	2019	성남	3	2	0	0	3	1	0
	합계		3	2	0	0	3	1	0
프로통산			3	2	0	0	3	1	0

김기영(金基永) 울산대 1996.08.14

대회	연도	소속	출전	교체	득점	도움	파울	경고	퇴장
K2	2019	아산	3	1	0	0	4	1	0
	합계		3	1	0	0	4	1	0
프로통산			3	1	0	0	4	1	0

김기완(金基完) 건국대 1966.03.16

대회	연도	소속	출전	교체	득점	도움	파울	경고	퇴장
BC	1989	일화	9	8	1	0	7	0	0
	합계		9	8	1	0	7	0	0
프로통산			9	8	1	0	7	0	0

김기용(金基容) 고려대 1990.12.07

대회	연도	소속	출전	교체	실점	도움	파울	경고	퇴장
K1	2013	부산	2	0	3	0	1	1	0
	2014	부산	0	0	0	0	0	0	0
	2015	부산	5	0	12	0	1	1	0
	합계		7	0	15	0	2	2	0
K2	2017	대전	0	0	0	0	0	0	0
	합계								
프로통산			7	0	15	0	2	2	0

김기윤(金基潤) 관동대(가톨릭관동대) 1961.05.05

대회	연도	소속	출전	교체	득점	도움	파울	경고	퇴장
BC	1984	대우	15	6	4	2	13	1	0
	1985	대우	16	0	0	0	24	0	1
	1987	럭키금성							
	합계		32	7	4	2	37	1	1
프로통산			32	7	4	2	37	1	1

김기종(金基鍾) 숭실대 1975.05.22

대회	연도	소속	출전	교체	득점	도움	파울	경고	퇴장
BC	2001	부산	3	4	0	0	5	0	0
	2002	부산	7	6	0	0	7	0	0
	합계		10	10	0	0	12	0	0
프로통산			10	10	0	0	12	0	0

김기태(金基太) 홍익대 1993.11.10

대회	연도	소속	출전	교체	득점	도움	파울	경고	퇴장
K2	2015	안양	0	0	0	0	0	0	0
	합계		0	0	0	0	0	0	0
프로통산			0	0	0	0	0	0	0

김기현(金基鉉) 경희대 1978.10.07

대회	연도	소속	출전	교체	득점	도움	파울	경고	퇴장
BC	1999	안양LG	1	1	0	0	0	0	0
	2000	안양LG	1	1	0	0	1	0	0
	2003	대구	16	10	0	0	12	0	0
	합계		18	12	0	0	13	0	0
프로통산			18	12	0	0	13	0	0

김기형(金基炯) 아주대 1977.07.10

대회	연도	소속	출전	교체	득점	도움	파울	경고	퇴장
BC	2000	부천SK	1	1	1	0	0	0	0
	2001	부천SK	4	4	0	0	4	0	0
	2002	부천SK	8	5	1	0	13	3	0
	2003	부천SK	17	9	0	1	30	3	0
	2004	부천SK	28	7	6	1	44	2	0
	2005	부천SK	29	13	2	3	32	3	0
	2006	제주	26	16	4	2	39	1	0
	2007	제주	19	13	1	1	22	2	0
	합계		132	68	15	8	184	14	0
프로통산			132	68	15	8	184	14	0

김기홍(金基弘) 울산대 1981.03.21

대회	연도	소속	출전	교체	득점	도움	파울	경고	퇴장
BC	2004	대전	6	5	0	0	5	0	0
	2005	대전	1	1	0	0	0	0	0
	합계		7	6	0	0	5	0	0
프로통산			7	6	0	0	5	0	0

김기효(金己孝) 진주고 1958.02.09

대회	연도	소속	출전	교체	득점	도움	파울	경고	퇴장
BC	1983	국민은행	8	1	1	0	5	0	0
	1984	국민은행	2	1	0	0	1	0	0
	합계		10	2	1	0	6	0	0
프로통산			10	2	1	0	6	0	0

김기희(金基熙) 홍익대 1989.07.13

대회	연도	소속	출전	교체	득점	도움	파울	경고	퇴장
BC	2011	대구	14	3	0	0	14	1	0
	2012	대구	17	2	2	0	17	2	1
	합계		31	5	2	0	31	3	1
K1	2013	전북	19	1	0	0	21	5	0
	2014	전북	28	1	0	2	41	4	0
	2015	전북	33	2	0	0	34	5	0
	2020	울산	12	1	0	0	10	1	0
	2021	울산	36	2	1	1	35	6	0
	합계		128	7	1	4	134	21	1
프로통산			159	12	3	4	165	24	2

김길식(金吉植) 단국대 1978.08.24

대회	연도	소속	출전	교체	득점	도움	파울	경고	퇴장
BC	2001	전남	6	4	1	0	6	0	0
	2003	전남	6	6	1	0	3	0	0
	2004	부천SK	24	14	1	0	30	4	0
	2005	부천SK	31	24	5	2	38	2	0
	2006	제주	31	19	3	0	61	2	0
	2008	대전	10	8	0	0	20	1	0
	합계		108	75	11	2	158	10	0
프로통산			108	75	11	2	158	10	0

김남건(金南建) 선문대 1990.08.06

대회	연도	소속	출전	교체	득점	도움	파울	경고	퇴장
K1	2014	성남	2	2	0	0	0	0	0
	합계		2	2	0	0	0	0	0
프로통산			2	2	0	0	0	0	0

김남우(金南佑) 전주대 1980.05.14

대회	연도	소속	출전	교체	득점	도움	파울	경고	퇴장
BC	2003	대구	7	1	0	0	20	3	0
	합계		7	1	0	0	20	3	0
프로통산			7	1	0	0	20	3	0

김남일(金南一) 한양대 1977.03.14

대회	연도	소속	출전	교체	득점	도움	파울	경고	퇴장
BC	2000	전남	30	19	1	1	57	2	0
	2001	전남	25	5	0	3	79	2	0
	2002	전남	15	6	1	2	40	2	0
	2003	전남	23	6	1	6	65	6	0
	2004	전남	12	1	2	3	30	3	0
	2005	수원	6	0	0	0	18	1	0
	2006	수원	26	2	0	0	77	9	0
	2007	수원	28	6	0	0	51	9	0
	2012	인천	34	10	0	3	78	12	0
	합계		197	55	8	12	499	46	1
K1	2013	인천	25	11	0	0	60	13	0
	2014	전북	20	13	2	0	42	8	0
	합계		45	24	2	0	102	21	0
프로통산			242	79	10	12	601	67	1

김남춘(金南春) 광운대 1989.04.19

대회	연도	소속	출전	교체	득점	도움	파울	경고	퇴장
K1	2013	서울	0	0	0	0	0	0	0
	2014	서울	7	2	1	0	5	1	0
	2015	서울	17	3	1	0	12	2	0
	2016	서울	18	2	0	1	17	2	0
	2017	상주	19	2	1	0	20	1	0
	2018	상주	9	3	0	0	7	0	0
	2018	서울	8	1	0	0	4	1	0
	2019	서울	8	4	0	0	5	1	0
	2020	서울	22	4	0	0	21	6	0
	합계		114	18	4	2	97	14	0
승	2017	상주							
	합계								
프로통산			114	18	4	2	97	14	0

김남탁(金南卓) 광운대 1992.09.28

대회	연도	소속	출전	교체	득점	도움	파울	경고	퇴장
K2	2015	안양	0	0	0	0	0	0	0
	합계		0	0	0	0	0	0	0
프로통산			0	0	0	0	0	0	0

김남호(金南浩) 연세대 1965.10.17

대회	연도	소속	출전	교체	득점	도움	파울	경고	퇴장
BC	1988	럭키금성	8	6	0	0	4	1	0
	1989	럭키금성	1	1	0	0	0	0	0
	합계		9	7	0	0	4	1	0
프로통산			9	7	0	0	4	1	0

김다빈(金茶彬) 고려대 1989.08.29

대회	연도	소속	출전	교체	득점	도움	파울	경고	퇴장
K2	2013	충주	4	4	0	0	3	0	0
BC	2009	대전	4	4	0	0	3	0	0
	2010	대전	2	2	0	0	0	0	0
	2010	울산	1	1	0	0	0	0	0
	2011	울산	0	0	0	0	0	0	0
	2012	울산	2	2	0	0	2	0	0
	합계		9	9	0	0	5	0	0
프로통산			13	13	0	0	8	0	0

김다솔(金다솔) 연세대 1989.01.04

대회	연도	소속	출전	교체	실점	도움	파울	경고	퇴장
BC	2010	포항	0	0	0	0	0	0	0
	2011	포항	8	1	12	0	0	0	0
	2012	포항	12	0	14	0	0	1	0
	합계		21	1	23	0	0	1	0
K1	2013	포항	5	0	7	0	0	0	0
	2014	포항							
	2015	대전							
	2016	인천							
	2019	수원							
	2020	수원							
	합계		22	0	40	0	0	1	0
K2	2017	수원FC							
	2018	수원FC	29	1	27	0	0	2	0
	2021	전남	21	0	18	0	0	0	0
	합계		58	1	54	0	2	7	0
프로통산			101	2	117	0	2	7	0

김대건(金大健) 배재대 1977.04.27

대회	연도	소속	출전	교체	득점	도움	파울	경고	퇴장
BC	2001	부천SK	9	1	0	0	12	0	0
	2002	전북	9	4	1	0	12	2	0
	2003	광주상무	35	6	0	1	48	3	0
	2004	광주상무	27	4	0	1	33	1	0
	2005	전북	8	1	1	0	24	0	0
	2006	경남	19	4	1	0	31	2	0
	2007	경남	29	3	0	0	36	3	0
	2008	경남	27	8	1	1	40	6	0
	2009	수원	1	1	0	0	3	0	0
	2010	부산	7	6	0	0	17	3	0
	합계		164	38	4	3	249	20	0
프로통산			164	38	4	3	249	20	0

김대경(金大景) 숭실대 1991.09.02

대회	연도	소속	출전	교체	득점	도움	파울	경고	퇴장
K1	2013	수원	22	21	1	1	12	2	0
	2014	수원	1	1	0	0	0	0	0
	2015	인천	18	13	0	1	9	1	0
	2016	인천	16	11	1	1	8	2	0
	2017	인천	2	2	0	0	0	0	0
	2018	인천	1	1	0	0	1	0	0
	2019	인천							
	합계		60	48	4	3	30	5	0
프로통산			60	48	4	3	30	5	0

김대경(金大慶) 부평고 1987.10.17

대회	연도	소속	출전	교체	득점	도움	파울	경고	퇴장
BC	2007	제주	1	1	0	0	4	0	0
	2008	제주	1	1	0	0	0	0	0
	합계		2	2	0	0	4	0	0
프로통산			2	2	0	0	4	0	0

김대광(金大光) 동국대 1992.04.10

대회	연도	소속	출전	교체	득점	도움	파울	경고	퇴장
K2	2016	부천	2	2	0	0	1	0	0
	2017	서울E	6	6	0	1	7	0	0
	합계		8	8	1	0	7	1	0
프로통산			8	8	1	0	7	1	0

김대성(金大成) 대구대 1972.05.10

대회	연도	소속	출전	교체	득점	도움	파울	경고	퇴장
BC	1995	LG	24	6	2	4	23	1	0
	1996	안양LG	38	12	1	3	40	5	0
	1997	안양LG	30	12	4	0	28	2	1
	1998	안양LG	31	10	0	4	39	2	0
	1999	안양LG	22	14	1	0	15	2	0
	합계		144	56	10	9	145	12	1
프로통산			144	56	10	9	145	12	1

김대수(金大樹) 울산대 1975.03.20

대회	연도	소속	출전	교체	득점	도움	파울	경고	퇴장
BC	1997	대전	22	8	0	0	22	1	0
	1998	대전	8	5	0	0	8	1	0
	1999	대전	3	2	0	0	10	0	0
	2000	대전	8	2	0	1	10	0	0
	2001	대전	2	2	0	0	2	0	0
	2002	대전	11	0	0	0	13	2	0
	2003	대구	12	4	0	0	20	1	0
	2004	부천SK	1	1	0	0	6	1	0
	합계		66	24	0	7	61		
프로통산			66	24	0	7	61		

김대식(金大植) 인천대 1973.03.02

대회	연도	소속	출전	교체	득점	도움	파울	경고	퇴장
BC	1995	전북	27	4	1	1	20	2	0
	1996	전북	34	4	0	2	31	4	0
	1999	전북	22	7	0	3	22	0	0
	2000	전북	31	12	1	2	33	3	0
	2001	전북	29	9	0	1	14		
	합계		143	26	2	9	113	13	0
프로통산			143	26	2	9	113	13	0

김대열(金大烈) 단국대 1987.04.12

대회	연도	소속	출전	교체	득점	도움	파울	경고	퇴장
BC	2010	대구	6	6	0	0	4	1	0
	2011	대구	10	6	0	0	14	2	1
	2012	대구	37	23	1	0	43	5	0
	합계		51	31	1	0	69	11	1
K1	2013	대구	19	13	0	0	24	2	0
	2016	상주	7	6	0	1	7	0	0

대회	연도	소속	출전	교체	득점	도움	파울	경고	퇴장
		合計	26	19	0	1	31	3	0
K2	2014	대구	26	6	3	2	51	3	0
	2015	상주	7	1	0	0	13	3	0
	2016	대구	2	2	0	0	1	0	0
	2017	대전	32	14	0	1	56	5	0
	2019	안산	15	9	1	0	16	3	1
	2020	안산	17	14	1	0	14	3	0
	2021	안산	4	4	0	0	5	1	0
		合計	103	50	5	3	156	18	1
프로통산			180	100	6	4	256	32	2

김대영(金大英)

대회	연도	소속	출전	교체	득점	도움	파울	경고	퇴장
BC	1988	대우	9	6	0	0	13	1	0
		合計	9	6	0	0	13	1	0
프로통산			9	6	0	0	13	1	0

김대우(金大馬) 숭실대 2000.12.02

대회	연도	소속	출전	교체	득점	도움	파울	경고	퇴장
K1	2021	강원	21	19	2	1	12	2	0
		合計	21	19	2	1	12	2	0
승	2021	강원	2	2	0	0	4	0	0
		合計	2	2	0	0	4	0	0
프로통산			23	21	2	1	16	2	0

김대욱(金大昱) 조선대 1987.11.23

대회	연도	소속	출전	교체	득점	도움	파울	경고	퇴장
BC	2010	대전	2	1	0	0	2	1	0
		合計	2	1	0	0	2	1	0
K2	2018	안양	1	1	0	0	1	0	0
		合計	1	1	0	0	1	0	0
프로통산			3	2	0	0	3	1	0

김대욱(金大旭) 호남대 1978.04.02

대회	연도	소속	출전	교체	득점	도움	파울	경고	퇴장
BC	2001	전남	4	4	0	0	9	1	0
	2003	광주상무	0	0	0	0	0	0	0
		合計	4	4	0	0	9	1	0
프로통산			4	4	0	0	9	1	0

김대원(金大元) 보인고 1997.02.10

대회	연도	소속	출전	교체	득점	도움	파울	경고	퇴장
K1	2017	대구	10	9	0	1	1	0	0
	2018	대구	23	13	3	5	13	0	0
	2019	대구	36	20	4	2	34	2	0
	2020	대구	27	18	4	4	15	2	0
	2021	강원	33	18	9	4	14	0	0
		合計	129	78	19	16	62	4	1
K2	2016	대구	2	2	0	0	2	0	0
		合計	2	2	0	0	2	0	0
승	2021	강원	2	0	0	0	0	0	0
		合計	2	0	0	0	0	0	0
프로통산			137	84	20	17	64	4	1

김대의(金大儀) 고려대 1974.05.30

대회	연도	소속	출전	교체	득점	도움	파울	경고	퇴장
BC	2000	성남일화	24	23	5	4	23	0	0
	2001	성남일화	30	24	3	2	36	3	0
	2002	성남일화	38	6	17	12	53	2	0
	2003	성남일화	25	3	2	2	25	3	0
	2004	수원	36	10	7	3	49	3	0
	2005	수원	30	15	0	5	28	1	0
	2006	수원	36	12	5	2	45	2	0
	2007	수원	27	18	5	3	30	1	0
	2008	수원	30	17	1	4	29	2	0
	2009	수원	26	12	1	4	24	2	0
	2010	수원	6	6	0	0	4	0	0
		合計	308	156	51	41	348	20	0
프로통산			308	156	51	41	348	20	0

김대중(金大中) 홍익대 1992.10.13

대회	연도	소속	출전	교체	득점	도움	파울	경고	퇴장
K1	2015	인천	16	7	0	0	8	0	0
	2016	인천	16	8	1	0	5	2	0
	2017	인천	22	15	0	5	13	0	0
	2018	인천	29	4	0	0	16	2	0
	2019	상주	2	2	0	0	2	0	0
	2020	상주	1	1	0	0	0	0	0
	2020	인천	5	3	0	1	0	0	0
	2021	인천	5	5	0	1	1	0	0
		合計	96	47	2	6	45	4	0
K2	2014	대전	8	6	0	0	3	0	0
		合計	8	6	0	0	3	0	0
프로통산			104	53	2	6	48	4	0

김대진(金大鎭) 강원대 1969.05.10

대회	연도	소속	출전	교체	득점	도움	파울	경고	퇴장
BC	1992	일화	17	13	0	0	21	1	0
	1993	일화	4	4	0	0	2	0	0
		合計	21	17	0	0	23	1	0
프로통산			21	17	0	0	23	1	0

김대철(金大哲) 인천대 1977.08.26

대회	연도	소속	출전	교체	득점	도움	파울	경고	퇴장
BC	2000	부천SK	7	6	0	0	13	2	0
	2001	전남	1	1	0	0	2	0	0
		合計	8	7	0	0	15	2	0
프로통산			8	7	0	0	15	2	0

김대한(金大韓) 선문대 1994.04.21

대회	연도	소속	출전	교체	득점	도움	파울	경고	퇴장
K2	2015	안양	14	14	0	1	7	0	0
	2016	안양	8	7	0	2	11	1	0
		合計	22	21	0	2	18	2	0
프로통산			22	21	0	2	18	2	0

김대현(金大顯) 대신고 1981.09.02

대회	연도	소속	출전	교체	득점	도움	파울	경고	퇴장
BC	2000	수원	1	1	0	0	1	0	0
		合計	1	1	0	0	1	0	0
프로통산			1	1	0	0	1	0	0

김대호(金大虎) 숭실대 1988.05.15

대회	연도	소속	출전	교체	득점	도움	파울	경고	퇴장
BC	2010	포항	5	4	0	0	9	2	0
	2011	포항	13	4	0	0	17	1	0
	2012	포항	16	7	0	0	36	6	0
		合計	34	15	0	0	59	6	0
K1	2013	포항	25	6	3	4	26	6	0
	2014	포항	24	8	0	1	33	6	0
	2015	포항	13	6	0	0	17	3	0
	2017	포항	3	3	0	0	7	0	0
	2019	제주	6	2	0	0	17	1	0
		合計	71	19	0	4	109	22	0
K2	2016	안산무궁	7	1	0	1	12	1	0
	2018	수원FC	7	2	1	0	7	2	0
	2019	수원FC	2	1	0	0	3	0	0
		合計	16	5	1	1	22	4	0
프로통산			121	39	1	5	190	32	0

김대호(金大平) 숭실대 1986.04.15

대회	연도	소속	출전	교체	실점	도움	파울	경고	퇴장
BC	2012	전남	1	0	1	0	0	0	0
		合計	1	0	1	0	0	0	0
K1	2013	포항	0	0	0	0	0	0	0
	2014	전남	1	0	1	0	0	0	0
		合計	1	0	1	0	0	0	0
K2	2015	안산경찰	1	1	0	0	0	0	0
	2016	안산무궁	6	1	18	0	2	0	0
		合計	7	2	18	0	2	0	0
프로통산			8	2	19	0	2	0	0

김대환(金大煥) 경성고 1959.10.23

대회	연도	소속	출전	교체	득점	도움	파울	경고	퇴장
BC	1983	국민은행	4	4	0	0	2	0	0
		合計	4	4	0	0	2	0	0
프로통산			4	4	0	0	2	0	0

김대환(金大桓) 한양대 1976.01.01

대회	연도	소속	출전	교체	실점	도움	파울	경고	퇴장
BC	1998	수원	4	1	6	0	0	0	0
	1999	수원	4	0	4	0	0	0	0
	2000	수원	37	0	55	0	2	0	0
	2003	수원	2	0	2	0	0	0	0
	2004	수원	13	0	9	0	1	1	0
	2005	수원	6	0	7	0	1	1	0
	2006	수원	3	0	4	0	0	1	0
	2007	수원	1	0	1	0	0	0	0
	2008	수원	1	0	1	0	0	0	0
	2009	수원	0	0	0	0	0	0	0
	2010	수원	6	0	13	0	0	0	0
	2011	수원	0	0	0	0	0	0	0
		合計	76	1	102	0	4	5	0
프로통산			76	1	102	0	4	5	0

김대흠(金大欽) 경희대 1961.07.08

대회	연도	소속	출전	교체	득점	도움	파울	경고	퇴장
BC	1985	상무	21	1	4	3	31	1	0
		合計	21	1	4	3	31	1	0
프로통산			21	1	4	3	31	1	0

김덕수(金德洙) 우석대 1987.04.24

대회	연도	소속	출전	교체	실점	도움	파울	경고	퇴장
K2	2013	부천	28	0	51	0	1	1	0
		合計	28	0	51	0	1	1	0
프로통산			28	0	51	0	1	1	0

김덕일(金德一) 풍생고 1990.07.11

대회	연도	소속	출전	교체	득점	도움	파울	경고	퇴장
BC	2011	성남일화	6	6	1	0	5	1	0
	2012	성남일화	7	7	0	0	4	0	0
		合計	13	13	1	0	9	2	0
프로통산			13	13	1	0	9	2	0

김덕중(金德中) 아주대 1996.03.02

대회	연도	소속	출전	교체	득점	도움	파울	경고	퇴장
K1	2018	인천	0	0	0	0	0	0	0
		合計	0	0	0	0	0	0	0
K2	2019	안양	0	0	0	0	0	0	0
		合計	0	0	0	0	0	0	0
프로통산			0	0	0	0	0	0	0

김덕중(金德重) 연세대 1980.06.05

대회	연도	소속	출전	교체	득점	도움	파울	경고	퇴장
BC	2003	대구	30	10	1	0	14	3	0
	2004	대구	3	2	0	0	1	0	0
		合計	33	12	1	0	15	3	0
프로통산			33	12	1	0	15	3	0

김도균(金徒均) 울산대 1977.01.13

대회	연도	소속	출전	교체	득점	도움	파울	경고	퇴장
BC	1999	울산	11	6	0	0	9	1	0
	2000	울산	14	2	1	1	21	1	0
	2001	울산	27	9	1	3	51	4	0
	2002	울산	18	4	1	3	21	1	0
	2003	울산	34	0	2	4	41	4	0
	2005	성남일화	7	3	0	0	7	0	0
	2005	전남	10	1	0	0	7	1	0
		合計	128	41	3	7	181	13	0
프로통산			128	41	3	7	181	13	0

김도근(金道根) 한양대 1972.03.02

대회	연도	소속	출전	교체	득점	도움	파울	경고	퇴장
BC	1995	전남	10	6	0	0	12	1	1
	1996	전남	36	7	10	2	60	4	0
	1997	전남	21	1	3	7	29	3	0
	1998	전남	20	3	6	3	40	3	0
	1999	전남	25	18	2	4	51	1	0
	2000	전남	11	1	5	2	26	2	0
	2001	전남	3	2	0	0	3	0	0
	2002	전남	30	16	3	2	58	4	0

대회	연도	소속	출전	교체	득점	도움	파울	경고	퇴장
	2003	전남	41	20	1	5	72	5	0
	2004	전남	5	2	0	0	4	0	0
	2005	전남	4	4	0	0	4	0	0
	2005	수원	12	9	0	0	14	0	0
	2006	경남	23	21	0	2	12	1	0
	합계		241	110	34	24	385	24	1
프로통산			241	110	34	24	385	24	1

김도연(金度延) 예원예대 1989.01.01

대회	연도	소속	출전	교체	득점	도움	파울	경고	퇴장
BC	2011	대전	9	9	0	0	6	2	0
	합계		9	9	0	0	6	2	0
프로통산			9	9	0	0	6	2	0

김도엽(金度燁 / ← 김인한) 선문대 1988.11.26

대회	연도	소속	출전	교체	득점	도움	파울	경고	퇴장
BC	2010	경남	23	17	7	2	33	2	0
	2011	경남	29	18	5	1	20	2	0
	2012	경남	40	25	10	2	38	4	0
	합계		92	60	22	5	91	8	0
K1	2013	경남	4	1	0	1	6	1	0
	2014	경남	27	18	1	0	19	3	0
	2016	상주	3	2	1	1	1	0	0
	2018	제주	7	6	0	0	6	0	0
	합계		45	32	2	2	36	4	0
K2	2015	상주	18	12	6	0	16	2	1
	2016	경남	4	4	0	0	4	1	0
	2017	경남	10	7	3	0	10	4	0
	2018	성남	13	11	1	2	6	0	0
	2019	아산	17	11	0	1	14	6	0
	합계		62	47	11	6	30	6	1
프로통산			199	139	35	13	157	18	1

김도용(金道踊) 홍익대 1976.05.28

대회	연도	소속	출전	교체	득점	도움	파울	경고	퇴장
BC	1999	안양LG	23	12	0	2	43	6	0
	2000	안양LG	13	7	0	0	22	0	0
	2001	안양LG	0	0	0	0	0	0	0
	2003	안양LG	14	8	0	0	22	3	0
	2004	성남일화	13	9	0	0	25	2	0
	2005	전남	24	5	0	1	51	7	0
	2006	전남	12	5	0	1	21	4	0
	합계		99	46	0	4	184	24	0
프로통산			99	46	0	4	184	24	0

김도혁(金鍍爀) 연세대 1992.02.08

대회	연도	소속	출전	교체	득점	도움	파울	경고	퇴장
K1	2014	인천	26	20	2	2	37	4	0
	2015	인천	23	13	1	1	43	3	0
	2016	인천	33	11	3	2	35	5	0
	2017	인천	20	10	1	0	11	3	0
	2019	인천	11	8	0	1	14	2	0
	2020	인천	22	4	2	2	35	2	0
	2021	인천	34	26	5	3	21	2	0
	합계		169	92	14	11	196	21	0
K2	2018	아산	15	4	1	0	24	3	0
	2019	아산	21	4	0	1	20	1	0
	합계		36	8	1	1	44	4	0
프로통산			205	100	15	12	240	25	0

김도형(金度亨) 동아대 1990.10.06

대회	연도	소속	출전	교체	득점	도움	파울	경고	퇴장
K1	2013	부산	2	2	0	0	0	0	0
	2017	상주	2	2	0	0	4	0	0
	2018	상주	21	19	4	3	16	3	0
	2018	포항	10	10	2	1	4	1	0
	2019	포항	9	3	0	0	5	0	0
	합계		44	36	6	4	29	5	0
K2	2015	충주	19	12	5	1	14	2	0
	2016	충주	34	15	7	3	41	5	0
	2020	수원FC	6	8	0	0	6	1	0
	합계		59	35	9	32		5	0

김도훈(金度勳) 한양대 1988.07.26

대회	연도	소속	출전	교체	득점	도움	파울	경고	퇴장
	승 2017	상주	0	0	0	0	0	0	0
	합계		0	0	0	0	0	0	0
프로통산			103	76	14	13	49	8	0

대회	연도	소속	출전	교체	득점	도움	파울	경고	퇴장
K2	2013	경찰	10	6	0	0	19	0	0
	2014	안산경찰	4	4	0	0	3	1	0
	합계		14	10	0	0	22	1	0
프로통산			14	10	0	0	22	1	0

김도훈(金度勳) 연세대 1970.07.21

대회	연도	소속	출전	교체	득점	도움	파울	경고	퇴장
BC	1995	전북	25	5	9	5	37	3	0
	1996	전북	22	9	10	3	23	0	0
	1997	전북	14	2	4	1	31	2	0
	2000	전북	27	2	15	0	68	2	0
	2001	전북	35	1	15	5	80	5	0
	2002	전북	30	11	10	4	50	6	0
	2003	성남일화	40	1	28	13	87	2	0
	2004	성남일화	32	6	10	3	44	2	0
	2005	성남일화	32	18	13	7	58	3	0
	합계		257	55	114	41	497	22	0
프로통산			257	55	114	41	497	22	0

김동건(金東建) 단국대 1990.05.07

대회	연도	소속	출전	교체	득점	도움	파울	경고	퇴장
K2	2013	수원FC	0	0	0	0	0	0	0
	합계		0	0	0	0	0	0	0
프로통산			0	0	0	0	0	0	0

김동곤(金董坤) 인천대 1993.06.11

대회	연도	소속	출전	교체	득점	도움	파울	경고	퇴장
K2	2016	대전	4	4	0	0	4	0	0
	합계		4	4	0	0	4	0	0
프로통산			4	4	0	0	4	0	0

김동군(金東君) 호남대 1971.07.22

대회	연도	소속	출전	교체	득점	도움	파울	경고	퇴장
BC	1994	일화	5	5	1	0	2	0	0
	1995	일화	9	9	2	1	11	0	0
	1996	천안일화	3	3	0	0	0	0	0
	1997	천안일화	17	8	0	0	29	2	0
	1998	천안일화	28	12	3	2	37	5	0
	2000	전북	0	0	0	0	0	0	0
	합계		62	38	6	3	82	7	0
프로통산			62	38	6	3	82	7	0

김동권(金東權) 청구고 1992.04.04

대회	연도	소속	출전	교체	득점	도움	파울	경고	퇴장
K2	2013	충주	21	0	0	0	39	9	0
	2014	충주	6	0	0	0	10	1	0
	2020	서울E	13	2	0	0	8	8	0
	합계		40	2	0	0	57	18	0
프로통산			40	2	0	0	57	18	0

김동규(金東圭) 연세대 1981.05.13

대회	연도	소속	출전	교체	득점	도움	파울	경고	퇴장
BC	2004	울산	8	6	0	0	13	3	0
	2005	울산	3	3	0	0	4	0	0
	2006	광주상무	11	5	0	0	21	2	0
	2007	광주상무	7	3	0	0	7	0	0
	2008	울산	7	0	0	0	11	3	0
	2009	울산	0	0	0	0	0	0	0
	합계		36	17	0	0	50	8	0
프로통산			36	17	0	0	50	8	0

김동근(金東根) 중대부고 1961.05.20

대회	연도	소속	출전	교체	득점	도움	파울	경고	퇴장
BC	1985	상무	6	1	1	0	6	0	0
	합계		6	1	1	0	6	0	0
프로통산			6	1	1	0	6	0	0

김동기(金東期) 경희대 1989.05.27

대회	연도	소속	출전	교체	득점	도움	파울	경고	퇴장
BC	2012	강원	7	7	0	0	17	0	0
	합계		7	7	0	0	17	0	0
K1	2013	강원	22	14	5	4	62	9	0
	2017	포항	5	4	0	1	7	0	0
	합계		27	18	5	5	69	9	0
K2	2014	강원	27	21	4	0	45	7	1
	2015	강원	7	5	2	1	9	0	1
	2015	안양	16	11	2	3	19	4	0
	2017	안양	6	6	0	0	5	0	0
	2017	성남	0	0	0	0	0	0	0
	합계		56	43	8	4	78	11	2
승	2013	강원	2	1	0	0	2	0	0
	합계		2	1	0	0	2	0	0
프로통산			92	69	13	9	159	20	2

김동기(金東基) 한성대 1971.05.22

대회	연도	소속	출전	교체	득점	도움	파울	경고	퇴장
BC	1994	대우	8	8	0	0	22	6	1
	1995	포항	4	3	0	0	4	0	0
	1996	포항	3	3	0	0	3	1	0
	1997	포항	17	6	1	0	23	2	0
	1998	포항	20	5	1	1	56	9	1
	합계		52	25	0	1	56	9	1
프로통산			52	25	0	1	56	9	1

김동룡(金東龍) 홍익대 1975.05.08

대회	연도	소속	출전	교체	득점	도움	파울	경고	퇴장
BC	1999	전북	0	0	0	0	0	0	0
	합계		0	0	0	0	0	0	0
프로통산			0	0	0	0	0	0	0

김동민(金東玟) 인천대 1994.08.16

대회	연도	소속	출전	교체	득점	도움	파울	경고	퇴장
K1	2017	인천	13	2	0	0	16	2	0
	2018	인천	17	3	1	0	27	6	0
	2019	인천	23	0	0	0	34	7	0
	2020	상주	1	1	0	0	0	0	0
	2021	인천							
	합계		54	10	1	0	80	13	0
K2	2021	김천	8	6	0	1	5	1	0
	합계		8	6	0	1	5	1	0
프로통산			62	16	1	1	85	14	0

김동민(金東敏) 연세대 1987.06.23

대회	연도	소속	출전	교체	득점	도움	파울	경고	퇴장
BC	2009	울산	0	0	0	0	0	0	0
	합계		0	0	0	0	0	0	0
프로통산			0	0	0	0	0	0	0

김동석(金東錫) 용강중 1987.03.26

대회	연도	소속	출전	교체	득점	도움	파울	경고	퇴장
BC	2006	서울	7	6	1	0	11	1	0
	2007	서울	28	20	2	2	37	4	0
	2008	울산	6	5	0	0	3	0	0
	2010	대구	19	9	0	1	31	4	0
	2011	울산	10	8	0	0	6	1	0
	2012	울산	23	16	0	2	18	2	0
	합계		93	64	3	5	106	12	0
K1	2013	울산	4	4	0	0	1	0	0
	2014	서울	3	3	0	0	4	0	0
	2015	인천	28	15	2	2	35	4	0
	2016	인천	10	4	0	0	13	0	0
	2017	인천	7	4	0	0	2	3	1
	합계		52	30	2	2	55	7	1
프로통산			145	94	5	7	161	19	1

김동선(金東先) 명지대 1978.03.15

대회	연도	소속	출전	교체	득점	도움	파울	경고	퇴장
BC	2001	대전	15	15	1	1	11	1	0
	2002	대전	8	8	0	0	6	0	0
	합계		23	23	1	1	19	1	0
프로통산			23	23	1	1	19	1	0

김동섭(金東燮) 장훈고 1989.03.29

(continued)

대회	연도	소속	출전	교체	득점	도움	파울	경고	퇴장
BC	2011	광주	27	22	7	2	70	3	0
	2012	광주	32	25	7	0	64	6	0
	합계		59	47	14	2	134	9	0
K1	2013	성남일화	36	7	14	3	80	4	0
	2014	성남	34	29	4	0	34	2	0
	2015	성남	5	5	0	0	6	1	0
	2015	부산	8	6	0	0	4	0	0
	합계		83	47	18	3	120	7	0
K2	2016	안산무궁	16	10	4	1	16	1	0
	2017	아산	6	6	0	0	4	1	0
	2018	부산	7	7	1	0	2	1	0
	2019	서울E	1	1	0	0	0	0	0
	합계		30	24	5	1	26	3	0
프로통산			172	118	37	6	280	21	0

김동수(金東洙) 경희대 1995.02.21

대회	연도	소속	출전	교체	득점	도움	파울	경고	퇴장
K2	2020	안양	9	3	0	0	17	2	0
	합계		9	3	0	0	17	2	0
프로통산			9	3	0	0	17	2	0

김동우(金東佑) 한양대 1975.07.27

대회	연도	소속	출전	교체	득점	도움	파울	경고	퇴장
BC	1998	전남	6	5	1	0	9	1	0
	1999	전남	17	11	0	0	11	2	0
	합계		23	16	1	0	20	2	0
프로통산			23	16	1	0	20	2	0

김동우(金東佑) 조선대 1988.02.05

대회	연도	소속	출전	교체	득점	도움	파울	경고	퇴장
BC	2010	서울	10	4	0	0	17	2	0
	2011	서울	16	1	0	0	24	2	0
	2012	서울	23	6	0	0	25	2	0
	합계		49	11	0	0	66	6	0
K1	2014	서울	0	0	0	0	0	0	0
	2015	서울	20	2	1	0	19	3	0
	2016	서울	13	3	0	0	9	0	0
	2017	서울	1	1	0	1	0	2	0
	2017	대구	14	1	0	0	14	0	0
	2018	서울	17	1	1	0	14	1	0
	2019	제주	26	3	0	0	17	2	0
	2020	부산	19	2	1	0	9	3	0
	2021	수원FC	8	7	0	0	0	0	0
	합계		122	20	3	2	86	12	0
K2	2013	경찰	23	3	0	0	26	2	1
	2014	안산경찰	11	1	0	0	11	2	0
	2021	부산	9	8	0	0	4	3	1
	합계		47	14	0	0	34	7	2
승	2018	서울	2	0	1	0	4	1	0
	합계		2	0	1	0	4	1	0
프로통산			220	47	7	3	187	26	2

김동욱(金東煜) 예원예대 1991.03.10

대회	연도	소속	출전	교체	득점	도움	파울	경고	퇴장
K2	2013	충주	0	0	0	0	0	0	0
	합계		0	0	0	0	0	0	0
프로통산			0	0	0	0	0	0	0

김동준(金東俊) 연세대 1994.12.19

대회	연도	소속	출전	교체	실점	도움	파울	경고	퇴장
K1	2016	성남	26	1	35	0	1	0	0
	2019	성남	28	1	27	0	1	1	0
	합계		54	2	62	0	2	1	0
K2	2017	성남	36	1	29	1	0	2	0
	2018	성남	6	2	3	0	0	0	0
	2020	대전	27	0	41	0	0	1	0
	2021	대전	5	0	7	0	0	0	0
	합계		74	3	80	1	1	3	0
승	2016	성남	2	0	1	0	0	0	0
	2021	대전	2	0	2	0	0	0	0
	합계		4	0	3	0	0	0	0

프로통산 | | | 131 | 5 | 146 | 1 | 2 | 5 | 1 |

김동진(金東珍) 아주대 1992.12.28

대회	연도	소속	출전	교체	득점	도움	파울	경고	퇴장
K1	2017	대구	21	5	0	0	25	5	0
	2019	대구	13	2	0	0	22	2	1
	2020	대구	11	5	1	0	12	2	0
	합계		45	12	1	0	59	9	1
K2	2014	대구	10	3	0	0	18	2	0
	2015	대구	18	1	0	1	24	4	0
	2016	대구	36	4	0	0	37	4	0
	2018	아산	12	0	0	0	30	3	0
	2019	아산	12	0	0	0	30	3	0
	2021	경남	3	2	1	0	56	4	0
	합계		131	18	2	2	195	20	0
프로통산			176	30	3	2	254	29	1

김동진(金東進) 안양공고 1982.01.29

대회	연도	소속	출전	교체	득점	도움	파울	경고	퇴장
BC	2000	안양LG	5	2	1	0	10	1	0
	2001	안양LG	6	3	0	0	2	1	0
	2002	안양LG	8	6	0	0	11	1	0
	2003	안양LG	35	15	2	2	60	3	0
	2004	서울	18	5	3	2	51	2	0
	2005	서울	32	5	3	1	79	6	0
	2006	서울	13	1	0	1	33	2	0
	2011	서울	9	6	1	0	11	2	0
	합계		151	46	14	7	290	23	0
K2	2016	서울E	34	1	1	3	39	10	0
	합계		34	1	1	3	39	10	0
프로통산			185	47	15	10	329	33	0

김동진(金東珍) 상지대 1989.07.13

대회	연도	소속	출전	교체	득점	도움	파울	경고	퇴장
BC	2010	성남일화	0	0	0	0	0	0	0
	합계		0	0	0	0	0	0	0
프로통산			0	0	0	0	0	0	0

김동찬(金東燦) 호남대 1986.04.19

대회	연도	소속	출전	교체	득점	도움	파울	경고	퇴장
BC	2006	경남	3	3	0	0	3	0	0
	2007	경남	10	7	1	0	13	1	0
	2008	경남	25	11	7	3	29	3	0
	2009	경남	30	21	12	6	45	2	0
	2010	경남	21	17	2	4	16	2	0
	2011	전북	23	22	7	2	...	...	0
	2012	전북	20	22	4	3	...	...	0
	합계		132	103	34	18	107	12	0
K1	2014	상주	17	15	3	0	19	1	0
	2014	전북	5	5	0	1	4	1	0
	2015	전북	15	15	0	2	4	0	0
	합계		37	35	3	3	19	1	0
K2	2013	상주	27	14	5	2	24	1	0
	2016	대전	39	16	20	8	31	2	0
	2017	성남	14	13	1	1	10	1	0
	2018	수원FC	...	...	...	...	...	...	0
	2019	수원FC	...	...	...	...	...	...	0
	합계		101	58	33	13	74	4	0
승	2013	상주	2	2	0	0	1	0	0
	합계		2	2	0	0	1	0	0
프로통산			272	198	71	34	201	17	0

김동철(金東徹) 고려대 1990.10.01

대회	연도	소속	출전	교체	득점	도움	파울	경고	퇴장
BC	2012	전남	9	3	0	0	19	1	0
	합계		9	3	0	0	19	1	0
K1	2013	전남	21	2	0	0	26	6	0
	2014	전남	11	7	0	0	16	0	0
	2015	전남	29	11	0	0	37	4	0
	합계		61	20	0	0	79	10	0
K2	2016	서울E	34	1	1	2	68	7	0
	2017	아산	15	6	1	2	25	4	0
	2018	아산	18	6	0	0	5	1	0
	2018	서울E	3	0	0	0	2	0	0
	2019	서울E	12	3	0	0	21	3	0
	합계		82	19	2	4	127	17	0
프로통산			152	42	2	4	219	31	0

김동철(金東喆) 한양대 1972.04.19

대회	연도	소속	출전	교체	득점	도움	파울	경고	퇴장
BC	1994	대우	4	4	0	0	3	3	0
	합계		4	4	0	0	3	3	0
프로통산			4	4	0	0	3	3	0

김동해(金東海) 한양대 1966.03.16

대회	연도	소속	출전	교체	득점	도움	파울	경고	퇴장
BC	1989	럭키금성	23	16	0	2	19	0	0
	1990	럭키금성	8	8	0	0	5	0	0
	1992	LG	10	6	1	0	10	1	0
	1993	LG	33	4	0	4	33	3	0
	1994	LG	30	12	2	5	23	3	0
	1995	LG	25	11	3	1	15	3	0
	1996	수원	10	3	1	0	10	0	0
	합계		139	64	9	10	140	16	0
프로통산			139	64	9	10	140	16	0

김동헌(金東憲) 용인대 1997.03.03

대회	연도	소속	출전	교체	실점	도움	파울	경고	퇴장
K1	2019	인천	0	0	0	0	0	0	0
	2020	인천	0	0	0	0	0	0	0
	2021	인천	13	1	10	0	1	2	0
	합계		16	1	14	0	1	2	0
프로통산			16	1	14	0	1	2	0

김동혁(金東奕) 조선대 1991.01.25

대회	연도	소속	출전	교체	득점	도움	파울	경고	퇴장
K1	2013	대전	0	0	0	0	0	0	0
	합계		0	0	0	0	0	0	0
프로통산			0	0	0	0	0	0	0

김동현(金東炫) 동아대 1994.07.14

대회	연도	소속	출전	교체	득점	도움	파울	경고	퇴장
K1	2016	포항	16	15	2	1	11	3	0
	합계		16	15	2	1	11	3	0
프로통산			16	15	2	1	11	3	0

김동현(金東現) 중앙대 1997.06.11

대회	연도	소속	출전	교체	득점	도움	파울	경고	퇴장
K1	2019	성남	7	5	0	0	6	1	0
	2020	성남	21	6	0	2	36	5	0
	2021	강원	23	10	1	0	35	5	0
	합계		51	21	1	2	77	11	0
K2	2018	광주	36	5	3	5	41	5	0
	합계		36	5	3	5	41	5	0
프로통산			87	26	4	7	118	16	0

김동현(金洞現) 광운대 1995.10.21

대회	연도	소속	출전	교체	득점	도움	파울	경고	퇴장
K2	2018	부천	7	7	0	1	3	0	0
	합계		7	7	0	1	3	0	0
프로통산			7	7	0	1	3	0	0

김동현(金東眩) 경희고 1980.08.17

대회	연도	소속	출전	교체	득점	도움	파울	경고	퇴장
BC	1999	수원	3	3	0	0	3	0	0
	2003	수원	2	2	0	0	6	0	0
	2005	수원	1	1	0	0	1	0	0
	2007	전북	6	5	0	0	14	0	0
	합계		12	11	0	0	24	1	0
프로통산			12	11	0	0	24	1	0

김동현(金東炫) 한양대 1984.05.20

대회	연도	소속	출전	교체	득점	도움	파울	경고	퇴장
BC	2004	수원	2	2	1	0	4	1	0
	2005	수원	29	12	6	5	95	4	0
	2007	성남일화	26	14	5	2	69	6	0
	2008	성남일화	30	26	4	3	33	1	0

김* (continuation)

대회	연도	소속	출전	교체	득점	도움	파울	경고	퇴장
	2009	경남	15	12	1	0	33	2	0
	2010	광주상무	19	12	3	0	37	5	0
	2011	상주	10	7	2	2	11	1	0
	합계		155	105	25	14	329	20	0
프로통산			155	105	25	14	329	20	0

김동환(金東煥) 울산대 1983.01.17

대회	연도	소속	출전	교체	득점	도움	파울	경고	퇴장
BC	2004	울산	2	2	0	0	6	2	0
	2005	수원	1	0	0	0	0	0	0
	합계		3	2	0	0	6	2	0
프로통산			3	2	0	0	6	2	0

김동효(金桐孝) 동래고 1990.04.05

대회	연도	소속	출전	교체	득점	도움	파울	경고	퇴장
BC	2009	경남	2	2	0	0	2	0	0
	합계		2	2	0	0	2	0	0
프로통산			2	2	0	0	2	0	0

김동훈(金東勳) 한양대 1966.09.11

대회	연도	소속	출전	교체	실점	도움	파울	경고	퇴장
BC	1988	대우	11	2	13	0	0	1	0
	1989	대우	27	1	28	0	1	2	0
	1990	대우	22	0	18	0	0	2	0
	1992	대우	19	0	14	0	1	3	0
	1993	대우	8	1	7	0	0	0	0
	1994	버팔로	15	4	29	0	1	0	0
	합계		102	8	109	0	3	5	0
프로통산			102	8	109	0	3	5	0

김동휘(金東輝) 수원대 1989.12.23

대회	연도	소속	출전	교체	득점	도움	파울	경고	퇴장
K2	2013	안양	0	0	0	0	0	0	0
	합계		0	0	0	0	0	0	0
프로통산			0	0	0	0	0	0	0

김동희(金東熙) 연세대 1989.05.06

대회	연도	소속	출전	교체	득점	도움	파울	경고	퇴장
BC	2011	포항	1	1	0	0	1	0	0
	2012	대전	9	9	0	0	5	0	0
	합계		10	10	0	0	6	1	0
K1	2014	성남	32	25	5	2	26	0	0
	2015	성남	28	26	2	2	15	1	0
	2016	성남	17	17	0	0	7	3	1
	합계		77	68	7	4	46	4	1
K2	2017	성남	8	10	0	0	4	1	0
	2018	성남	3	3	0	0	0	0	0
	합계		11	13	0	0	4	1	0
승	2017	성남	2	2	0	0	0	0	0
	합계		2	2	0	0	0	0	0
프로통산			100	93	7	4	56	6	1

김두함(金豆咸) 안동대 1970.03.08

대회	연도	소속	출전	교체	득점	도움	파울	경고	퇴장
BC	1996	수원	1	1	0	0	0	0	0
	합계		1	1	0	0	0	0	0
프로통산			1	1	0	0	0	0	0

김두현(金斗炫) 용인대학원 1982.07.14

대회	연도	소속	출전	교체	득점	도움	파울	경고	퇴장
BC	2001	수원	15	16	0	1	16	2	0
	2002	수원	20	16	2	1	24	0	0
	2003	수원	34	18	4	2	61	4	0
	2004	수원	22	5	4	4	46	6	0
	2005	수원	9	1	1	1	13	4	0
	2005	성남일화	21	4	3	4	41	1	0
	2006	성남일화	33	2	8	4	82	4	0
	2007	성남일화	28	14	7	2	51	3	0
	2009	수원	12	3	4	4	16	1	0
	2010	수원	19	13	1	3	30	4	0
	2012	수원	8	8	1	0	6	1	0
	합계		221	103	33	24	400	31	0
K1	2013	수원	6	5	1	0	6	0	0
	2014	수원	31	20	4	3	37	1	0
	2015	성남	35	21	7	8	29	0	0
	2016	성남	28	23	4	0	25	5	0
	합계		100	69	15	12	93	7	0
K2	2017	성남	25	24	3	1	21	2	0
	합계		25	24	3	1	21	2	0
승	2016	성남	2	2	0	0	2	0	0
	합계		2	2	0	0	2	0	0
프로통산			348	198	51	37	516	40	0

김레오(金레오) 울산대 1996.10.02

대회	연도	소속	출전	교체	득점	도움	파울	경고	퇴장
K1	2018	울산	2	2	0	0	2	0	0
	합계		2	2	0	0	2	0	0
K2	2019	아산	22	21	2	0	20	2	0
	합계		22	21	2	0	20	2	0
프로통산			24	23	2	0	22	2	0

김륜도(金侖度) 광운대 1991.07.09

대회	연도	소속	출전	교체	득점	도움	파울	경고	퇴장
K2	2014	부천	34	5	1	0	47	5	0
	2015	부천	39	6	5	3	56	4	0
	2016	부천	27	22	0	2	24	2	0
	2017	아산	14	13	2	1	11	2	0
	2018	아산	13	12	3	1	11	2	0
	2019	부천	35	20	6	3	34	0	0
	2020	안산	15	9	0	0	13	0	0
	2021	안산	35	8	4	4	32	2	0
	합계		217	95	29	15	221	19	0
프로통산			217	95	29	15	221	19	0

김슬성(金슬성) 포항제철고 2002.06.04

대회	연도	소속	출전	교체	득점	도움	파울	경고	퇴장
K1	2021	포항	13	10	0	0	8	0	0
	합계		13	10	0	0	8	0	0
프로통산			13	10	0	0	8	0	0

김만수(金萬壽) 광운대 1961.06.19

대회	연도	소속	출전	교체	득점	도움	파울	경고	퇴장
BC	1983	포항제철	4	4	0	0	0	0	0
	1985	포항제철	1	1	0	0	0	0	0
	합계		5	5	0	0	0	0	0
프로통산			5	5	0	0	0	0	0

김만중(金萬中) 명지대 1978.11.04

대회	연도	소속	출전	교체	득점	도움	파울	경고	퇴장
BC	2001	부천SK	2	2	0	0	1	0	0
	합계		2	2	0	0	1	0	0
프로통산			2	2	0	0	1	0	0

김만태(金萬泰) 광운대 1964.01.30

대회	연도	소속	출전	교체	득점	도움	파울	경고	퇴장
BC	1990	현대	3	3	0	0	3	0	0
	합계		3	3	0	0	3	0	0
프로통산			3	3	0	0	3	0	0

김명곤(金明坤) 중앙대 1974.04.15

대회	연도	소속	출전	교체	득점	도움	파울	경고	퇴장
BC	1997	포항	34	28	1	2	46	5	0
	1998	포항	17	16	2	0	18	2	0
	1999	포항	13	7	1	3	18	1	0
	2000	포항	31	10	5	4	47	5	0
	2002	전남	1	1	0	0	1	0	0
	합계		96	62	9	9	130	13	0
프로통산			96	62	9	9	130	13	0

김명관(金明寬) 광운전자공고 1959.11.27

대회	연도	소속	출전	교체	득점	도움	파울	경고	퇴장
BC	1983	유공	15	2	1	0	10	0	0
	1984	유공	26	5	0	2	17	1	0
	1985	유공	16	4	0	2	17	1	0
	1986	유공	29	1	0	0	67	0	0
	1987	유공	18	10	1	0	12	2	0
	합계		104	25	1	4	130	4	0
프로통산			104	25	1	4	130	4	0

김명광(金明光) 대구대 1984.05.07

대회	연도	소속	출전	교체	실점	도움	파울	경고	퇴장
BC	2007	대구	0	0	0	0	0	0	0
	합계		0	0	0	0	0	0	0
프로통산			0	0	0	0	0	0	0

김명규(金明奎) 수원대 1990.08.29

대회	연도	소속	출전	교체	득점	도움	파울	경고	퇴장
K2	2013	부천	1	1	0	0	0	0	0
	합계		1	1	0	0	0	0	0
프로통산			1	1	0	0	0	0	0

김명순(金明純) 광주대 2000.07.17

대회	연도	소속	출전	교체	득점	도움	파울	경고	퇴장
K1	2021	제주	7	7	0	0	7	0	0
	합계		7	7	0	0	7	0	0
프로통산			7	7	0	0	7	0	0

김명운(金明雲) 숭실대 1987.11.01

대회	연도	소속	출전	교체	득점	도움	파울	경고	퇴장
BC	2007	전남	2	2	0	0	0	0	0
	2008	전남	18	15	1	0	19	0	0
	2009	전남	20	19	2	2	24	0	0
	2010	전남	21	15	2	0	19	2	0
	2011	인천	15	10	1	1	19	4	0
	합계		70	59	5	4	83	2	0
K2	2013	상주	5	5	2	0	2	0	0
	합계		5	5	2	0	2	0	0
프로통산			75	64	7	4	85	2	0

김명재(金明宰) 포철공고 1994.05.30

대회	연도	소속	출전	교체	득점	도움	파울	경고	퇴장
K2	2017	안산	9	9	1	0	3	0	0
	2018	안산	3	2	0	0	3	0	0
	합계		12	11	1	0	6	0	0
프로통산			12	11	1	0	6	0	0

김명준(金明俊) (← 김종혁) 영남대 1994.05.13

대회	연도	소속	출전	교체	득점	도움	파울	경고	퇴장
K1	2015	부산	16	3	1	0	24	3	0
	2020	부산	8	4	0	0	9	2	0
	합계		24	7	1	0	30	6	0
K2	2016	부산	16	2	0	1	16	1	0
	2017	부산	30	1	0	0	31	3	0
	2018	부산	29	1	1	0	28	5	0
	2019	부산	32	1	2	1	35	9	0
	2021	경남	7	2	0	2	4	0	0
	합계		94	9	3	4	109	15	0
승	2015	부산	2	1	0	0	1	0	0
	2018	부산	1	0	0	0	0	3	0
	2019	부산	2	0	0	0	3	3	0
	합계		5	1	0	0	4	6	0
프로통산			123	17	4	3	143	27	0

김명중(金明中) 동국대 1985.02.06

대회	연도	소속	출전	교체	득점	도움	파울	경고	퇴장
BC	2005	포항	0	0	0	0	0	0	0
	2006	포항	13	12	0	0	16	1	0
	2007	포항	13	2	2	0	20	0	0
	2008	광주상무	31	8	7	2	67	5	0
	2009	광주상무	26	6	8	5	74	1	0
	2010	전남	26	20	3	3	52	4	0
	2011	전남	27	14	1	6	65	6	0
	2012	강원	22	22	2	1	24	2	0
	합계		166	98	26	12	347	25	0
프로통산			166	98	26	12	347	25	0

김명진(金明眞) 부평고 1985.03.23

대회	연도	소속	출전	교체	득점	도움	파울	경고	퇴장
BC	2006	포항	0	0	0	0	0	0	0
	합계		0	0	0	0	0	0	0
프로통산			0	0	0	0	0	0	0

김명환(金名煥) 정명고 1987.03.06

대회	연도	소속	출전	교체	득점	도움	파울	경고	퇴장
BC	2006	제주	2	2	0	0	1	0	0
	2007	제주	5	1	0	0	8	1	0
	2008	제주	13	5	0	0	14	1	0
	2009	제주	12	3	0	1	16	0	0
	2010	제주	8	4	0	1	0	0	0
	합계		40	15	0	1	40	2	0
프로통산			40	15	0	1	40	2	0

김명휘(金明輝) 일본 하쓰시바하시모고 1981.05.08

대회	연도	소속	출전	교체	득점	도움	파울	경고	퇴장
BC	2002	성남일화	0	0	0	0	0	0	0
	합계		0	0	0	0	0	0	0
프로통산			0	0	0	0	0	0	0

김문경(金文經) 단국대 1960.01.06

대회	연도	소속	출전	교체	득점	도움	파울	경고	퇴장
BC	1984	현대	13	0	0	0	3	0	0
	1985	현대	21	0	0	0	9	0	0
	1987	현대	16	1	0	1	7	0	0
	1988	현대	24	1	0	2	11	0	0
	1989	현대	11	3	0	1	5	0	0
	합계		85	5	0	4	35	2	0
프로통산			85	5	0	4	35	2	0

김문수(金汶殊) 관동대(가톨릭관동대) 1989.07.14

대회	연도	소속	출전	교체	득점	도움	파울	경고	퇴장
BC	2011	강원	1	0	0	0	4	1	0
	합계		1	0	0	0	4	1	0
K2	2013	경찰	1	0	0	0	0	1	0
	합계		1	0	0	0	0	1	0
프로통산			2	0	0	0	4	2	0

김문주(金汶柱) 건국대 1990.03.24

대회	연도	소속	출전	교체	득점	도움	파울	경고	퇴장
K1	2013	대전	0	0	0	0	0	0	0
	합계		0	0	0	0	0	0	0
프로통산			0	0	0	0	0	0	0

김문환(金汶奐) 중앙대 1995.08.01

대회	연도	소속	출전	교체	득점	도움	파울	경고	퇴장
K1	2020	부산	24	1	1	0	28	7	0
	합계		24	1	1	0	28	7	0
K2	2017	부산	30	14	1	4	30	4	1
	2018	부산	24	3	1	2	23	5	0
	2019	부산	27	3	1	2	29	7	0
	합계		81	22	7	4	82	16	1
승	2017	부산	2	0	0	0	4	1	0
	2018	부산	2	2	0	0	2	1	0
	2019	부산	2	0	0	0	0	0	0
	합계		6	0	0	0	6	2	0
프로통산			111	23	8	4	113	24	1

김민구(金旼九) 영남대 1964.01.29

대회	연도	소속	출전	교체	득점	도움	파울	경고	퇴장
BC	1988	포항제철	19	6	0	2	34	2	0
	1989	포항제철	6	1	0	0	11	2	0
	1990	포항제철	3	3	0	0	2	0	0
	합계		28	10	0	2	47	3	0
프로통산			28	10	0	2	47	3	0

김민구(金旻九) 연세대 1985.06.06

대회	연도	소속	출전	교체	득점	도움	파울	경고	퇴장
BC	2008	인천	1	1	0	0	0	0	0
	합계		1	1	0	0	0	0	0
프로통산			1	1	0	0	0	0	0

김민구(金玟究) 관동대(가톨릭관동대) 1984.05.07

대회	연도	소속	출전	교체	득점	도움	파울	경고	퇴장
BC	2011	대구	21	17	1	1	22	7	0
	합계		21	17	1	1	22	7	0
프로통산			21	17	1	1	22	7	0

김민규(金旼奎) 단국대 1993.10.18

대회	연도	소속	출전	교체	득점	도움	파울	경고	퇴장
K1	2016	울산	0	0	0	0	0	0	0
	2018	울산	2	2	0	0	3	0	0
	합계		2	2	0	0	3	0	0
K2	2017	서울E	10	9	1	0	11	0	0
	2018	광주	14	14	1	0	9	1	0
	합계		24	23	2	1	19	1	1
프로통산			26	25	2	1	22	1	1

김민규(金旻圭) 풍생고 1998.04.01

대회	연도	소속	출전	교체	득점	도움	파울	경고	퇴장
K2	2017	성남	2	1	0	0	2	0	0
	2020	서울E	2	2	0	0	0	0	0
	2021	서울E	2	2	0	0	3	0	0
	합계		6	3	0	0	5	0	0
프로통산			6	3	0	0	5	0	0

김민규(金閔圭) 숭실대 1982.12.24

대회	연도	소속	출전	교체	실점	도움	파울	경고	퇴장
BC	2005	전북	0	0	0	0	0	0	0
	합계		0	0	0	0	0	0	0
프로통산			0	0	0	0	0	0	0

김민균(金民均) 명지대 1988.11.30

대회	연도	소속	출전	교체	득점	도움	파울	경고	퇴장
BC	2009	대구	31	12	1	2	43	3	0
	2010	대구	15	15	1	1	5	0	0
	합계		46	27	2	3	48	3	0
K1	2014	울산	14	14	0	2	7	1	0
	합계		14	14	0	2	7	1	0
K2	2016	안양	38	23	11	4	36	4	0
	2017	안양	10	4	4	4	11	0	0
	2017	아산	18	18	4	0	8	2	0
	2018	아산	18	18	4	0	8	2	0
	2019	서울E	32	10	4	0	36	2	0
	2020	서울E	24	11	5	0	18	2	0
	2021		11	11	0	1	1	0	0
	합계		140	84	29	15	94	11	0
프로통산			200	121	33	18	152	14	0

김민기(金珉基) 건국대 1990.06.21

대회	연도	소속	출전	교체	득점	도움	파울	경고	퇴장
K2	2014	수원FC	4	3	0	0	4	2	0
	합계		4	3	0	0	4	2	0
프로통산			4	3	0	0	4	2	0

김민덕(金民悳) 성균관대 1996.07.08

대회	연도	소속	출전	교체	득점	도움	파울	경고	퇴장
K1	2019	울산	1	0	0	0	2	0	0
	2020	울산	0	0	0	0	0	0	0
	합계		1	0	0	0	2	0	0
K2	2021	대전	32	5	1	0	22	6	0
	합계		32	5	1	0	22	6	0
승	2021	대전	2	0	0	0	2	0	0
	합계		2	0	0	0	2	0	0
프로통산			35	5	1	0	26	6	0

김민서(金淨賢) 부평고 2000.06.05

대회	연도	소속	출전	교체	득점	도움	파울	경고	퇴장
K2	2019	서울E	2	2	0	0	0	0	0
	합계		2	2	0	0	0	0	0
프로통산			2	2	0	0	0	0	0

김민석(金玟錫) 단국대 1998.08.11

대회	연도	소속	출전	교체	득점	도움	파울	경고	퇴장
K1	2020	인천	1	1	0	0	0	0	0
	합계		1	1	0	0	0	0	0
프로통산			1	1	0	0	0	0	0

김민석(金玟碩) 대건고 2002.09.05

대회	연도	소속	출전	교체	득점	도움	파울	경고	퇴장
K1	2021	인천	1	1	0	0	2	0	0
	합계		1	1	0	0	2	0	0
프로통산			1	1	0	0	2	0	0

김민석(金玟錫) 숭실대 1997.09.20

대회	연도	소속	출전	교체	득점	도움	파울	경고	퇴장
K2	2019	아산	16	14	0	1	15	2	0
	2020	충남아산	19	18	0	1	23	1	0
	2021	충남아산	3	3	1	0	0	0	0
	2021	김천	1	1	0	0	0	0	0
	합계		39	36	2	1	38	3	0
프로통산			39	36	2	1	38	3	0

김민섭(金民燮) 용인대 2000.03.03

대회	연도	소속	출전	교체	득점	도움	파울	경고	퇴장
K2	2021	경남	0	0	0	0	0	0	0
	합계		0	0	0	0	0	0	0
프로통산			0	0	0	0	0	0	0

김민섭(金民燮) 숭실대 1987.09.22

대회	연도	소속	출전	교체	득점	도움	파울	경고	퇴장
BC	2009	대전	18	9	0	0	19	2	0
	합계		18	9	0	0	19	2	0
프로통산			18	9	0	0	19	2	0

김민성(金民聖) 광운대 1995.02.21

대회	연도	소속	출전	교체	득점	도움	파울	경고	퇴장
K2	2017	안산	11	7	0	0	7	1	0
	2018	안산	0	0	0	0	0	0	0
K2	2019	안산	0	0	0	0	0	0	0
	합계		11	7	0	0	7	1	0
프로통산			11	7	0	0	7	1	0

김민성(金旼成) 언남고 1998.04.18

대회	연도	소속	출전	교체	득점	도움	파울	경고	퇴장
K2	2018	대전	0	0	0	0	0	0	0
	2019	대전	3	2	0	0	0	0	0
	합계		3	2	0	0	0	0	0
프로통산			3	2	0	0	0	0	0

김민수(金旼洙) 한남대 1984.12.14

대회	연도	소속	출전	교체	득점	도움	파울	경고	퇴장
BC	2008	대전	17	14	2	2	19	1	0
	2009	인천	21	11	2	3	21	2	0
	2010	인천	7	6	0	1	4	0	0
	2011	상주	16	12	1	2	19	1	0
	2012	상주	8	8	1	2	8	2	0
	2012	인천	1	1	0	0	0	0	0
	합계		69	51	6	10	58	8	1
K1	2013	경남	16	14	0	1	19	1	0
	합계		16	14	0	1	19	1	0
K2	2014	광주	19	18	2	2	26	2	0
	합계		19	18	2	2	26	2	0
프로통산			104	83	8	12	103	11	1

김민수(金顯洙) 용인대 1993.07.13

대회	연도	소속	출전	교체	득점	도움	파울	경고	퇴장
K2	2013	부천	0	0	0	0	0	0	0
	합계		0	0	0	0	0	0	0
프로통산			0	0	0	0	0	0	0

김민수(金旼洙) 홍익대 1994.03.04

대회	연도	소속	출전	교체	득점	도움	파울	경고	퇴장
K2	2016	고양	8	8	0	0	9	2	0
	합계		8	8	0	0	9	2	0
프로통산			8	8	0	0	9	2	0

김민식(金敏植) 호남대 1985.10.29

대회	연도	소속	출전	교체	실점	도움	파울	경고	퇴장
BC	2008	전북	0	0	0	0	0	0	0
	2009	전북	2	1	3	0	0	0	0
	2010	전북	7	0	11	0	0	0	0
	2011	전북	17	0	17	0	0	0	0
	2012	전북	9	1	8	0	0	0	0
	합계		35	2	39	0	0	0	0
K1	2014	상주	18	0	29	0	0	0	0
	2014	전북	0	0	0	0	0	0	0
	2015	전남	10	0	21	0	0	0	0
	2016	전남	10	1	11	0	0	0	0
	합계		38	1	61	0	0	0	0
K2	2013	상주	3	0	5	0	0	0	0

대회	연도	소속	출전	교체	득점	도움	파울	경고	퇴장
	2017	안양	17	0	29	0	1	1	1
	합계		20	0	34	0	1	1	1
승	2013	상주	2	0	2	0	0	0	0
	합계		2	0	2	0	0	0	0
프로통산			95	3	139	0	1	5	1

김민식 (金敏植) 용인대 1998.03.18

대회	연도	소속	출전	교체	득점	도움	파울	경고	퇴장
K2	2020	충남아산	2	0	0	0	0	2	0
	합계		2	0	0	0	0	2	0
프로통산			2	0	0	0	0	2	0

김민오 (金敏吾) 울산대 1983.05.08

대회	연도	소속	출전	교체	득점	도움	파울	경고	퇴장
BC	2006	울산	9	4	0	0	16	0	0
	2007	울산	18	16	0	0	27	5	0
	2008	울산	18	14	0	0	27	2	0
	2009	울산	1	1	0	0	1	0	0
	2010	광주상무	4	2	0	0	4	0	0
	2011	상주	10	0	0	0	7	2	0
	합계		60	37	0	0	81	9	0
프로통산			60	37	0	0	81	9	0

김민우 (金民友) 연세대 1990.02.25

대회	연도	소속	출전	교체	득점	도움	파울	경고	퇴장
K1	2017	수원	30	3	6	5	38	6	0
	2018	상주	36	9	2	1	59	1	0
	2019	상주	6	2	1	2	20	2	0
	2019	수원	6	1	1	0	10	0	0
	2020	수원	27	4	2	4	41	4	0
	2021	수원	33	17	8	3	48	2	0
	합계		152	38	21	14	216	15	0
프로통산			152	38	21	14	216	15	0

김민우 (金玟佑) 홍익대 1997.06.03

대회	연도	소속	출전	교체	득점	도움	파울	경고	퇴장
K2	2019	아산	7	6	0	0	6	0	0
	합계		7	6	0	0	6	0	0
프로통산			7	6	0	0	6	0	0

김민재 (金玟哉) 연세대 1996.11.15

대회	연도	소속	출전	교체	득점	도움	파울	경고	퇴장
K1	2017	전북	29	3	2	0	27	10	0
	2018	전북	23	4	1	0	15	3	0
	합계		52	7	3	0	42	13	0
프로통산			52	7	3	0	42	13	0

김민제 (金旼第) 중앙대 1989.09.12

대회	연도	소속	출전	교체	득점	도움	파울	경고	퇴장
K1	2016	수원FC	12	1	0	0	16	1	0
	합계		12	1	0	0	16	1	0
K2	2015	서울E	22	12	1	1	22	4	0
	2016	서울E	10	7	0	0	6	0	0
	2017	수원FC	2	0	0	0	3	1	0
	2018	수원FC	2	1	0	0	5	0	0
	합계		36	20	1	1	36	5	0
프로통산			48	21	1	1	52	6	0

김민준 (金敏俊) 한남대 1994.01.27

대회	연도	소속	출전	교체	득점	도움	파울	경고	퇴장
K1	2017	강원	7	4	0	0	11	1	0
	합계		7	4	0	0	11	1	0
프로통산			7	4	0	0	11	1	0

김민준 (金敏駿) 울산대 1994.03.22

대회	연도	소속	출전	교체	득점	도움	파울	경고	퇴장
K1	2018	전남	7	2	0	0	10	1	0
	합계		7	2	0	0	10	1	0
K2	2016	부산	10	3	0	0	11	1	0
	2019	전남	15	9	0	0	20	3	0
	합계		25	12	0	0	31	4	0
프로통산			32	14	0	0	41	5	0

김민준 (金旼俊) 울산대 2000.02.12

대회	연도	소속	출전	교체	득점	도움	파울	경고	퇴장
K1	2021	울산	28	28	5	1	25	2	0
	합계		28	28	5	1	25	2	0
프로통산			28	28	5	1	25	2	0

김민준 (金玟俊) 호남대 1996.01.12

대회	연도	소속	출전	교체	득점	도움	파울	경고	퇴장
K2	2017	경남	7	7	0	0	7	0	0
	합계		7	7	0	0	7	0	0
프로통산			7	7	0	0	7	0	0

김민준 (金旻俊) 보인고 2000.01.19

대회	연도	소속	출전	교체	실점	도움	파울	경고	퇴장
K2	2021	경남	1	1	0	0	0	0	0
	합계		1	1	0	0	0	0	0
프로통산			1	1	0	0	0	0	0

김민철 (金敏哲) 건국대 1972.03.01

대회	연도	소속	출전	교체	실점	도움	파울	경고	퇴장
BC	1994	유공	5	0	5	0	0	1	0
	1996	전남	16	0	34	0	1	1	0
	합계		21	0	39	0	1	2	0
프로통산			21	0	39	0	1	2	0

김민학 (金民學) 선문대 1988.10.04

대회	연도	소속	출전	교체	득점	도움	파울	경고	퇴장
BC	2010	전북	5	1	1	0	7	0	0
	2011	전북	1	1	0	0	2	1	0
	합계		6	2	1	0	9	1	0
프로통산			6	2	1	0	9	1	0

김민혁 (金珉赫) 광운대 1992.08.16

대회	연도	소속	출전	교체	득점	도움	파울	경고	퇴장
K1	2015	서울	6	6	0	0	4	2	0
	2016	광주	36	7	3	8	66	7	0
	2017	광주	34	12	3	2	45	2	0
	2018	포항	2	2	0	0	2	0	0
	2019	성남	14	4	1	1	22	3	0
	2019	상주	14	6	1	2	14	0	0
	2020	상주	11	4	0	2	23	1	0
	2021	성남	21	9	1	2	26	2	1
	합계		132	47	11	16	195	17	1
K2	2018	성남	17	6	1	1	15	2	0
	합계		17	6	1	1	15	2	0
프로통산			149	53	13	17	210	19	1

김민혁 (金敏爀) 숭실대 1992.02.27

대회	연도	소속	출전	교체	득점	도움	파울	경고	퇴장
K1	2019	전북	26	3	1	0	24	5	0
	2020	전북	15	2	1	0	10	0	0
	2021	전북	21	1	1	0	12	4	0
	합계		62	6	3	0	46	9	0
프로통산			62	6	3	0	46	9	0

김민혁 (金敏奕) 광양제철고 2000.03.24

대회	연도	소속	출전	교체	득점	도움	파울	경고	퇴장
K2	2019	전남	5	5	0	0	3	2	0
	합계		5	5	0	0	3	2	0
프로통산			5	5	0	0	3	2	0

김민혜 (金敏慧) 영동고 1954.12.04

대회	연도	소속	출전	교체	득점	도움	파울	경고	퇴장
BC	1983	대우	3	0	3	0	0	0	0
	1984	할렐루야	8	4	0	0	4	0	0
	1985	할렐루야	15	3	0	0	18	0	0
	합계		26	7	3	0	22	0	0
프로통산			26	7	3	0	22	0	0

김민호 (金敏浩) 연세대 1997.06.11

대회	연도	소속	출전	교체	득점	도움	파울	경고	퇴장
K1	2018	수원	3	2	0	0	3	1	0
	2019	수원	1	1	0	0	0	0	0
	합계		4	3	0	0	3	1	0
K2	2020	안산	20	6	1	1	21	5	0
	2021	안산	24	1	0	0	14	5	0
	합계		44	7	1	1	35	10	0
프로통산			48	10	1	1	38	11	0

김민호 (金珉浩) 인천대 1990.10.01

대회	연도	소속	출전	교체	득점	도움	파울	경고	퇴장
K2	2013	부천	19	2	1	1	28	1	0
	합계		19	2	1	1	28	1	0
프로통산			19	2	1	1	28	1	0

김민호 (金珉浩) 건국대 1985.05.13

대회	연도	소속	출전	교체	득점	도움	파울	경고	퇴장
BC	2007	성남일화	7	7	0	0	2	1	0
	2008	성남일화	1	1	0	0	0	0	0
	2008	전남	13	5	1	2	16	3	0
	2009	전남	9	7	1	0	8	2	0
	2010	대구	2	2	0	0	0	0	0
	합계		32	22	2	2	36	6	0
프로통산			32	22	2	2	36	6	0

김바우 (金바우) 한양대 1984.01.12

대회	연도	소속	출전	교체	득점	도움	파울	경고	퇴장
BC	2007	서울	1	1	0	0	1	0	0
	2008	대전	1	1	0	0	1	1	0
	2009	포항	1	0	0	0	1	0	0
	2010	포항	2	1	0	0	1	0	0
	2011	대전	9	8	0	0	15	1	0
	합계		14	11	0	0	18	2	0
프로통산			14	11	0	0	18	2	0

김백근 (金伯根) 동아대 1975.10.12

대회	연도	소속	출전	교체	득점	도움	파울	경고	퇴장
BC	1998	부산	10	7	0	1	4	0	0
	합계		10	7	0	1	4	0	0
프로통산			10	7	0	1	4	0	0

김범기 (金範基) 호남대 1974.03.01

대회	연도	소속	출전	교체	득점	도움	파울	경고	퇴장
BC	1996	전남	3	3	0	0	2	0	0
	합계		3	3	0	0	2	0	0
프로통산			3	3	0	0	2	0	0

김범수 (金範洙) 숭실대 1972.06.26

대회	연도	소속	출전	교체	득점	도움	파울	경고	퇴장
BC	1995	전북	25	7	3	4	45	8	0
	1996	전북	33	9	3	5	47	7	0
	1997	전북	28	10	2	7	51	8	0
	1998	전북	23	17	2	1	39	4	1
	1999	전북	12	10	1	0	10	1	0
	2000	안양LG	2	2	0	0	4	0	0
	합계		123	55	14	17	194	28	1
프로통산			123	55	14	17	194	28	1

김범수 (金範洙) 관동대(가톨릭관동대) 1986.01.13

대회	연도	소속	출전	교체	득점	도움	파울	경고	퇴장
BC	2010	광주상무	5	5	0	0	1	0	0
	합계		5	5	0	0	1	0	0
프로통산			5	5	0	0	1	0	0

김범용 (金範容) 건국대 1990.07.29

대회	연도	소속	출전	교체	득점	도움	파울	경고	퇴장
K1	2021	수원FC	9	8	0	0	4	0	0
	합계		9	8	0	0	4	0	0
K2	2018	수원FC	27	2	0	0	35	4	1
	2020	수원FC	3	0	0	0	2	0	0
	합계		30	2	0	0	37	4	1
프로통산			39	10	0	0	41	4	1

김범준 (金汎峻) 경희대 1988.07.14

대회	연도	소속	출전	교체	득점	도움	파울	경고	퇴장
BC	2011	상주	10	6	0	0	9	0	0
	합계		10	6	0	0	9	0	0
프로통산			10	6	0	0	9	0	0

김범진 (金汎珍) 1997.02.19

대회	연도	소속	출전	교체	득점	도움	파울	경고	퇴장
K2	2021	경남	2	1	0	0	7	3	0
	합계		2	1	0	0	7	3	0
프로통산			2	1	0	0	7	3	0

김병관 (金炳官) 광운대 1966.02.16

대회	연도	소속	출전	교체	득점	도움	파울	경고	퇴장

대회	연도	소속	출전	교체	득점	도움	파울	경고	퇴장
BC	1984	한일은행	11	1	0	0	8	2	0
	1985	한일은행	2	0	0	0	0	0	0
	1990	현대	3	3	0	0	0	0	0
	합계		16	4	0	0	8	2	0
프로통산			16	4	0	0	8	2	0

김병석(金秉析) 한양공고 1985.09.17

대회	연도	소속	출전	교체	득점	도움	파울	경고	퇴장
BC	2012	대전	18	13	4	0	32	3	0
K1	2013	대전	31	14	2	3	39	5	1
	2015	대전	6	0	1	0	4	1	0
	합계		37	14	3	3	43	6	1
K2	2014	안산경찰	28	5	0	0	21	1	0
	2015	안산경찰	23	9	1	3	28	3	0
	2016	대전	34	8	1	0	34	3	1
	2017	서울E	2	2	0	0	1	0	0
	2017	안산	15	10	1	0	11	1	0
	합계		102	34	3	3	95	8	1
프로통산			157	61	10	6	170	17	2

김병엽(金炳燁) 광양제철고 1999.04.21

대회	연도	소속	출전	교체	실점	도움	파울	경고	퇴장
K2	2020	전남	0	0	0	0	0	0	0
	2021	전남	1	0	3	0	0	0	0
	합계		1	0	3	0	0	0	0
프로통산			1	0	3	0	0	0	0

김병오(金炳旿) 성균관대 1989.06.26

대회	연도	소속	출전	교체	득점	도움	파울	경고	퇴장
K1	2016	수원FC	28	13	4	3	50	8	0
	2017	상주	25	19	3	1	31	5	0
	2020	부산	13	13	0	1	24	2	0
	합계		73	48	7	5	105	15	0
K2	2013	안양	17	16	1	1	18	0	0
	2015	충주	33	10	9	3	49	4	0
	2019	수원FC	25	15	2	2	34	3	0
	2021	전남	15	9	0	1	15	2	0
	합계		90	50	12	7	116	9	0
승	2017	상주	1	1	0	0	1	0	0
	합계		1	1	0	0	1	0	0
프로통산			164	99	19	12	222	24	0

김병지(金秉址) 알로이시오기계공고 1970.04.08

대회	연도	소속	출전	교체	실점	도움	파울	경고	퇴장
BC	1992	현대	10	1	11	0	0	0	0
	1993	현대	25	2	19	0	0	1	0
	1994	현대	27	0	27	0	0	2	0
	1995	현대	35	1	26	0	0	1	0
	1996	울산	30	0	37	0	1	1	0
	1997	울산	20	0	27	0	0	0	0
	1998	울산	25	0	33	0	2	2	0
	1999	울산	20	0	32	0	1	1	0
	2000	울산	31	0	38	0	1	2	0
	2001	포항	25	1	24	0	1	1	0
	2002	포항	21	0	27	0	0	0	0
	2003	포항	43	1	43	0	1	2	0
	2004	포항	39	0	39	0	0	1	0
	2005	포항	36	0	31	0	1	1	0
	2006	서울	40	0	34	0	0	2	0
	2007	서울	38	0	25	0	0	0	0
	2008	서울	4	0	5	0	0	1	0
	2009	경남	29	1	30	0	1	0	0
	2010	경남	35	0	41	0	2	0	0
	2011	경남	33	0	44	0	1	2	0
	2012	경남	37	0	44	0	1	2	0
	합계		605	7	629	0	15	23	0
K1	2013	전남	36	0	42	0	0	2	0
	2014	전남	38	0	53	0	0	1	0
	2015	전남	27	0	30	0	1	0	0
	합계		101	0	125	0	1	3	0
프로통산			706	7	754	0	18	25	0

* 득점: 1998년 1, 2000년 2 / 통산 3

김병채(金炳蔡) 동북고 1981.04.14

대회	연도	소속	출전	교체	득점	도움	파울	경고	퇴장
BC	2000	안양LG	1	1	0	0	0	0	0
	2001	안양LG	2	2	0	0	0	0	0
	2002	안양LG	0	0	0	0	0	0	0
	2003	광주상무	39	20	3	1	37	4	0
	2004	광주상무	33	29	4	1	19	1	0
	2005	서울	7	4	0	0	16	0	0
	2006	경남	5	5	0	0	3	0	0
	2007	부산	5	3	0	0	1	0	0
	합계		90	64	7	2	72	5	0
프로통산			90	64	7	2	72	5	0

김병탁(金丙卓) 동아대 1970.09.18

대회	연도	소속	출전	교체	득점	도움	파울	경고	퇴장
BC	1997	부산	6	5	0	0	2	1	0
	1998	부산	16	8	0	0	18	0	0
	합계		22	13	0	0	20	1	0
프로통산			22	13	0	0	20	1	0

김병환(金秉桓) 국민대 1956.10.10

대회	연도	소속	출전	교체	득점	도움	파울	경고	퇴장
BC	1984	국민은행	18	4	3	0	19	2	0
	합계		18	4	3	0	19	2	0
프로통산			18	4	3	0	19	2	0

김보경(金甫炅) 홍익대 1989.10.06

대회	연도	소속	출전	교체	득점	도움	파울	경고	퇴장
K1	2016	전북	24	4	4	7	30	3	0
	2017	전북	15	1	3	2	18	3	0
	2019	울산	35	6	13	9	40	6	0
	2020	전북	25	17	5	2	28	0	0
	2021	전북	32	24	3	10	32	2	0
	합계		136	52	28	30	148	14	0
프로통산			136	52	28	30	148	14	0

김보섭(金甫燮) 대건고 1998.01.10

대회	연도	소속	출전	교체	득점	도움	파울	경고	퇴장
K1	2017	인천	3	3	0	0	3	0	0
	2018	인천	21	18	2	1	27	5	0
	2019	인천	13	9	0	0	13	0	0
	2020	상주	17	14	1	1	21	2	0
	2021	인천	15	11	0	1	13	2	0
	합계		69	55	3	3	77	9	0
K2	2021	김천	6	5	0	0	3	1	0
	합계		6	5	0	0	3	1	0
프로통산			75	60	3	3	80	10	0

김보성(金保成) 동아대 1989.04.04

대회	연도	소속	출전	교체	득점	도움	파울	경고	퇴장
BC	2012	경남	3	3	0	0	1	0	0
	합계		3	3	0	0	1	0	0
프로통산			3	3	0	0	1	0	0

김보용(金甫容) 숭실대 1997.07.15

대회	연도	소속	출전	교체	득점	도움	파울	경고	퇴장
K2	2020	전남	9	9	0	0	3	0	0
	합계		9	9	0	0	3	0	0
프로통산			9	9	0	0	3	0	0

김본광(金本光) 탐라대 1988.09.30

대회	연도	소속	출전	교체	득점	도움	파울	경고	퇴장
K2	2013	수원FC	18	8	3	4	28	3	0
	2014	수원FC	29	8	3	0	39	9	0
	합계		47	16	6	4	67	12	0
프로통산			47	16	6	4	67	12	0

김봉겸(金奉謙) 고려대 1984.05.01

대회	연도	소속	출전	교체	득점	도움	파울	경고	퇴장
BC	2009	강원	17	2	2	0	13	3	0
	2010	강원	9	2	0	1	5	0	0
	합계		26	4	2	1	18	3	0
프로통산			26	4	2	1	18	3	0

김봉길(金奉吉) 연세대 1966.03.15

대회	연도	소속	출전	교체	득점	도움	파울	경고	퇴장
BC	1989	유공	24	21	5	0	15	1	0
	1990	유공	27	17	5	2	19	0	0
	1991	유공	6	3	0	0	5	0	0
	1992	유공	34	18	4	2	31	2	1
	1993	유공	30	16	4	4	23	0	0
	1994	유공	30	23	1	2	11	0	0
	1995	전남	32	5	8	3	21	4	0
	1996	전남	36	18	7	2	25	4	0
	1997	전남	33	29	6	1	26	2	0
	1998	전남	13	12	0	0	12	1	0
	합계		265	162	44	16	192	12	2
프로통산			265	162	44	16	192	12	2

김봉성(金峯成) 아주대 1962.11.28

대회	연도	소속	출전	교체	득점	도움	파울	경고	퇴장
BC	1986	대우	5	5	0	0	5	0	0
	1988	대우	13	9	0	0	12	0	0
	1989	대우	3	3	0	0	5	0	0
	합계		25	22	0	0	22	0	0
프로통산			25	22	0	0	22	0	0

김봉수(金奉洙) 광주대 1999.12.26

대회	연도	소속	출전	교체	득점	도움	파울	경고	퇴장
K1	2021	제주	28	27	3	1	16	3	0
	합계		28	27	3	1	16	3	0
프로통산			28	27	3	1	16	3	0

김봉수(金鳳洙) 고려대 1970.12.04

대회	연도	소속	출전	교체	실점	도움	파울	경고	퇴장
BC	1992	LG	14	0	13	0	0	0	0
	1993	LG	7	1	0	0	0	0	0
	1994	LG	18	2	25	0	0	1	0
	1995	LG	16	2	23	0	0	0	0
	1996	안양LG	14	0	23	0	0	0	0
	1997	안양LG	10	0	22	0	0	0	0
	1998	안양LG	19	0	23	0	1	1	0
	1999	안양LG	12	0	29	0	0	1	0
	2000	울산	3	1	4	0	0	0	0
	합계		109	6	159	0	5	8	0
프로통산			109	6	159	0	5	8	0

김봉진(金奉眞) 동의대 1990.07.18

대회	연도	소속	출전	교체	득점	도움	파울	경고	퇴장
K1	2013	강원	12	1	2	1	16	3	0
	2021	광주	17	14	0	0	8	2	0
	합계		29	15	2	1	24	5	0
K2	2015	경남	7	3	0	0	7	1	0
	합계		7	3	0	0	7	1	0
승	2013	강원	1	0	0	0	2	0	0
	합계		1	0	0	0	2	0	0
프로통산			37	18	2	1	33	6	0

김봉현(金奉鉉/←김인수) 호남대 1974.07.07

대회	연도	소속	출전	교체	득점	도움	파울	경고	퇴장
BC	1995	전북	6	5	0	0	4	2	0
	1996	전북	26	4	1	1	53	7	0
	1997	전북	33	2	4	0	82	7	0
	1998	전북	33	0	1	1	72	7	0
	1999	전북	30	3	0	0	7	2	0
	2001	전북	2	1	0	0	2	0	0
	2002	전북	1	1	0	0	1	0	0
	합계		134	15	10	5	250	28	0
프로통산			134	15	10	5	250	28	0

김부관(金附罐) 광주대 1990.09.03

대회	연도	소속	출전	교체	득점	도움	파울	경고	퇴장
K1	2016	수원FC	25	20	1	3	13	1	0
	합계		25	20	1	3	13	1	0
K2	2015	수원FC	27	25	3	3	26	3	0
	2017	수원FC	5	5	0	0	1	0	0
	2017	아산	8	8	1	1	3	2	0

대회	연도	소속	출전	교체	득점	도움	파울	경고	퇴장
	2018	아산	1	0	0	0	0	0	0
		합계	39	36	4	4	30	5	0
	프로통산		64	56	5	7	43	6	0

김부만(金富萬) 영남대 1965.05.07

대회	연도	소속	출전	교체	득점	도움	파울	경고	퇴장
BC	1988	포항제철	4	4	1	0	2	1	0
	1989	포항제철	34	11	0	0	26	1	0
	1990	포항제철	8	7	0	0	3	0	0
	1991	포항제철	3	3	0	0	0	0	0
		합계	49	25	1	0	31	2	0
	프로통산		49	25	1	0	31	2	0

김삼수(金三洙) 동아대 1963.02.08

대회	연도	소속	출전	교체	득점	도움	파울	경고	퇴장
BC	1986	현대	13	2	3	5	20	1	0
	1987	현대	29	4	2	2	40	2	0
	1988	현대	13	8	0	0	13	0	0
	1989	럭키금성	30	16	1	0	43	3	0
	1990	럭키금성	24	10	1	1	44	3	0
	1991	LG	17	10	1	0	19	2	0
	1992	LG	28	10	1	2	35	4	0
	1993	LG	19	9	0	1	29	7	0
	1994	대우	25	14	1	0	24	4	1
		합계	188	82	10	10	245	25	1
	프로통산		188	82	10	10	245	25	1

김상규(金相圭) 광운대 1973.11.02

대회	연도	소속	출전	교체	득점	도움	파울	경고	퇴장
BC	1996	부천유공	2	2	0	0	1	0	0
		합계	2	2	0	0	1	0	0
	프로통산		2	2	0	0	1	0	0

김상균(金相均) 동신대 1991.02.13

대회	연도	소속	출전	교체	득점	도움	파울	경고	퇴장
K2	2013	고양	2	2	0	0	1	1	0
	2014	고양	2	1	0	0	0	0	0
		합계	4	3	0	0	1	1	0
	프로통산		4	3	0	0	1	1	0

김상기(金尙基) 광운대 1982.04.05

대회	연도	소속	출전	교체	득점	도움	파울	경고	퇴장
BC	2005	수원	0	0	0	0	0	0	0
	2006	수원	2	2	0	0	0	0	0
		합계	2	2	0	0	0	0	0
	프로통산		2	2	0	0	0	0	0

김상덕(金相德) 주문진중 1985.01.01

대회	연도	소속	출전	교체	득점	도움	파울	경고	퇴장
BC	2005	수원	1	1	0	0	2	1	0
	2010	대전	0	0	0	0	0	0	0
		합계	1	1	0	0	2	1	0
	프로통산		1	1	0	0	2	1	0

김상록(金相線) 고려대 1979.02.25

대회	연도	소속	출전	교체	득점	도움	파울	경고	퇴장
BC	2001	포항	34	16	4	1	23	1	0
	2002	포항	15	12	1	2	23	0	0
	2003	포항	28	20	2	2	32	0	0
	2004	광주상무	31	10	1	1	29	3	0
	2005	광주상무	30	14	5	1	29	3	0
	2006	제주	32	6	3	6	35	0	0
	2007	인천	37	16	10	6	24	1	0
	2008	인천	27	25	1	2	19	0	0
	2009	인천	15	14	1	0	6	0	0
	2010	부산	13	12	0	0	6	0	0
		합계	262	147	31	22	218	8	0
K2	2013	부천	19	19	1	1	6	0	0
		합계	19	19	1	1	6	0	0
	프로통산		281	166	32	23	224	8	0

김상문(金相文) 고려대 1967.04.08

대회	연도	소속	출전	교체	득점	도움	파울	경고	퇴장
BC	1990	유공	26	4	1	0	22	2	0
	1991	유공	37	4	2	2	53	3	1
	1992	유공	18	5	2	2	30	1	0
	1993	유공	34	5	3	0	54	2	0
	1994	유공	14	6	3	0	14	1	0
	1995	유공	5	5	0	0	1	0	0
	1995	대우	12	8	2	0	12	0	0
	1996	부산	17	7	0	0	27	3	0
	1997	부산	30	13	2	2	28	4	0
	1998	부산	28	13	3	4	48	0	0
		합계	221	70	18	11	308	18	1
	프로통산		221	70	18	11	308	18	1

김상식(金相植) 대구대 1976.12.17

대회	연도	소속	출전	교체	득점	도움	파울	경고	퇴장
BC	1999	천안일화	36	4	1	2	73	5	0
	2000	성남일화	27	2	3	1	57	6	0
	2001	성남일화	32	1	0	0	93	6	0
	2002	성남일화	36	0	4	4	88	6	0
	2003	광주상무	42	1	2	0	51	6	0
	2004	성남일화	31	2	2	1	62	4	0
	2005	성남일화	30	0	1	1	65	3	1
	2006	성남일화	29	4	1	0	58	4	0
	2007	성남일화	28	4	2	2	68	4	0
	2008	성남일화	37	2	0	1	86	6	0
	2009	전북	29	2	0	2	51	3	0
	2010	전북	22	5	0	2	82	11	0
	2011	전북	22	5	0	0	34	6	1
	2012	전북	27	13	0	1	37	4	0
		합계	438	46	18	17	936	73	1
K1	2013	전북	20	6	1	0	34	6	1
		합계	20	6	1	0	34	6	1
	프로통산		458	52	19	17	970	79	2

김상우(金相佑) 중앙대 1995.03.14

대회	연도	소속	출전	교체	득점	도움	파울	경고	퇴장
K2	2018	수원FC	0	0	0	0	0	0	0
		합계	0	0	0	0	0	0	0
	프로통산		0	0	0	0	0	0	0

김상욱(金相昱) 대불대 1994.01.04

대회	연도	소속	출전	교체	득점	도움	파울	경고	퇴장
K1	2016	광주	1	1	0	0	0	0	0
		합계	1	1	0	0	0	0	0
	프로통산		1	1	0	0	0	0	0

김상원(金相沅) 울산대 1992.02.20

대회	연도	소속	출전	교체	득점	도움	파울	경고	퇴장
K1	2014	제주	6	4	0	0	8	0	0
	2015	제주	21	4	3	3	25	6	0
	2016	제주	16	7	0	1	24	5	0
	2017	광주	10	3	0	1	14	2	0
	2018	제주	3	2	0	0	1	0	0
	2020	포항	11	3	0	0	16	5	0
	2021	수원FC	28	7	2	5	20	3	0
		합계	95	30	5	10	108	21	1
K2	2019	안양	34	10	4	3	32	8	0
		합계	34	10	4	3	32	8	0
	프로통산		129	40	9	13	140	29	1

김상준(金相駿) 매탄고 2001.10.01

대회	연도	소속	출전	교체	득점	도움	파울	경고	퇴장
K1	2021	수원	0	0	0	0	0	0	0
		합계	3	3	0	1	0	0	0
	프로통산		3	3	0	1	0	0	0

김상준(金相濬) 남부대 1993.06.25

대회	연도	소속	출전	교체	득점	도움	파울	경고	퇴장
K2	2016	고양	26	23	0	2	32	2	0
		합계	26	23	0	2	32	2	0
	프로통산		26	23	0	2	32	2	0

김상진(金尙鎭) 한양대 1967.02.15

대회	연도	소속	출전	교체	득점	도움	파울	경고	퇴장

대회	연도	소속	출전	교체	득점	도움	파울	경고	퇴장
BC	1990	럭키금성	26	18	2	2	58	3	0
	1991	LG	27	17	6	2	39	7	1
	1992	LG	29	20	6	0	35	4	0
	1993	LG	3	3	0	0	3	0	0
	1994	LG	11	11	1	1	14	1	0
	1995	유공	14	14	0	0	13	3	0
	1996	부천유공	1	1	0	0	2	1	0
		합계	111	84	15	5	161	21	2
	프로통산		111	84	15	5	161	21	2

김상필(金相泌) 성균관대 1989.04.26

대회	연도	소속	출전	교체	득점	도움	파울	경고	퇴장
K1	2015	대전	24	5	0	0	9	1	0
		합계	24	5	0	0	9	1	0
K2	2014	대전	3	1	0	0	0	0	0
	2016	충주	32	3	1	1	29	4	0
	2017	아산	1	1	0	0	0	0	0
	2018	아산	2	1	0	0	4	0	0
		합계	38	7	1	1	33	4	0
	프로통산		62	12	1	1	42	5	0

김상호(金相鎬) 동아대 1964.10.05

대회	연도	소속	출전	교체	득점	도움	파울	경고	퇴장
BC	1987	포항제철	29	11	3	1	23	2	0
	1988	포항제철	15	4	0	4	10	0	0
	1989	포항제철	14	5	0	2	8	0	0
	1990	포항제철	22	2	2	2	20	0	0
	1991	포항제철	36	9	5	6	15	1	0
	1992	포항제철	9	9	0	1	9	0	0
	1993	포항제철	14	6	0	3	1	0	0
	1994	포항제철	3	3	0	0	2	0	0
	1995	전남	25	5	1	3	8	0	0
	1996	전남	27	17	0	2	14	0	0
	1997	전남	27	21	3	1	19	1	0
	1998	전남	11	10	1	0	8	1	0
		합계	232	92	15	24	129	7	0
	프로통산		232	92	15	24	129	7	0

김상화(金相華) 동국대 1968.08.25

대회	연도	소속	출전	교체	득점	도움	파울	경고	퇴장
BC	1991	유공	2	1	0	0	1	0	0
	1994	대우	2	2	0	0	0	0	0
		합계	4	3	0	0	1	0	0
	프로통산		4	3	0	0	1	0	0

김상훈(金相勳) 고려대 1967.12.19

대회	연도	소속	출전	교체	득점	도움	파울	경고	퇴장
BC	1990	럭키금성	2	3	0	0	0	0	0
	1991	LG	12	6	5	0	23	2	0
	1993	LG	17	9	1	1	25	2	0
	1994	LG	25	24	3	0	15	1	0
	1995	LG	7	6	1	0	8	2	0
		합계	63	48	10	1	71	8	2
	프로통산		63	48	10	1	71	8	2

김상훈(金湘勳) 숭실대 1973.06.08

대회	연도	소속	출전	교체	득점	도움	파울	경고	퇴장
BC	1996	울산	15	5	0	0	20	1	0
	1997	울산	20	2	0	2	53	1	1
	1998	울산	36	1	0	2	57	8	0
	1999	울산	32	5	1	1	82	6	0
	2000	울산	34	2	1	0	87	7	0
	2001	울산	17	5	0	1	33	4	0
	2002	포항	17	6	0	0	5	0	0
	2003	포항	37	13	1	1	57	4	0
	2004	성남일화	10	4	0	2	19	2	0
		합계	212	41	5	6	435	38	1
	프로통산		212	41	5	6	435	38	1

김서준(←김현기) 한남대 1989.03.24

대회	연도	소속	출전	교체	득점	도움	파울	경고	퇴장
K2	2013	수원FC	19	12	2	3	32	2	0
	2014	수원FC	32	11	6	6	32	5	0

대회	연도	소속	출전	교체	득점	도움	파울	경고	퇴장
	2015	수원FC	21	4	1	4	31	4	0
	합계		72	27	9	12	95	11	0
승	2015	수원FC	0	0	0	0	0	0	0
	합계		0	0	0	0	0	0	0
프로통산			72	27	9	12	95	11	0

김석만(金石萬) 호남대 1982.07.01

대회	연도	소속	출전	교체	득점	도움	파울	경고	퇴장
BC	2005	전남	1	1	0	0	1	0	0
	합계		1	1	0	0	1	0	0
프로통산			1	1	0	0	1	0	0

김석우(金錫佑) 중경고 1983.05.06

대회	연도	소속	출전	교체	득점	도움	파울	경고	퇴장
BC	2004	전남	14	5	0	0	11	0	0
	2005	광주상무	2	1	0	0	3	0	0
	2007	부산	6	5	0	0	6	1	0
	2008	부산	5	0	0	0	8	0	0
	합계		29	13	0	0	28	1	0
프로통산			29	13	0	0	28	1	0

김석원(金錫垣) 고려대 1960.11.07

대회	연도	소속	출전	교체	득점	도움	파울	경고	퇴장
BC	1983	유공	9	2	5	1	4	0	0
	1984	유공	17	6	5	1	8	0	0
	1985	유공	2	0	0	0	3	1	0
	합계		28	8	8	1	13	1	0
프로통산			28	8	8	1	13	1	0

김석호(金錫鎬) 가톨릭관동대 1994.11.01

대회	연도	소속	출전	교체	득점	도움	파울	경고	퇴장
K1	2018	인천	0	0	0	0	0	0	0
	합계		0	0	0	0	0	0	0
프로통산			0	0	0	0	0	0	0

김선규(金善奎) 동아대 1987.10.07

대회	연도	소속	출전	교체	실점	도움	파울	경고	퇴장
BC	2010	경남	0	0	0	0	0	0	0
	2011	경남	0	0	0	0	0	0	0
	2012	대전	35	1	55	0	1	3	0
	합계		35	1	55	0	1	3	0
K1	2013	대전	22	0	38	0	0	0	0
	합계		22	0	38	0	0	0	0
K2	2014	대전	21	1	24	1	0	0	0
	2015	안양	6	0	8	0	1	0	1
	2016	안양	21	1	24	0	0	2	0
	합계		48	2	56	1	1	2	1
프로통산			105	3	149	1	2	5	1

김선민(金善民) 예원예술대 1991.12.12

대회	연도	소속	출전	교체	득점	도움	파울	경고	퇴장
K1	2014	울산	18	16	0	0	10	0	0
	2017	대구	33	12	0	4	24	4	0
	2019	대구	12	12	0	0	28	3	0
	2020	대구	16	8	0	0	41	2	1
	합계		79	38	0	8	103	7	1
K2	2015	안양	32	11	6	2	34	3	0
	2016	대전	9	4	0	4	31	4	0
	2018	아산	2	1	0	0	2	0	0
	2019	아산	4	0	0	0	12	0	0
	2021	서울E	34	1	0	0	70	5	0
	합계		102	22	10	5	149	12	0
프로통산			181	60	10	13	252	19	1

김선우(金善友) 동국대 1983.10.17

대회	연도	소속	출전	교체	득점	도움	파울	경고	퇴장
BC	2007	인천	9	8	0	1	13	1	0
	2008	인천	1	1	0	0	0	0	0
	2011	포항	1	1	0	0	0	0	0
	2012	포항	6	6	0	1	5	1	0
	합계		17	16	0	2	18	2	0
K1	2013	성남일화	2	2	0	0	0	0	0
	합계		2	2	0	0	0	0	0
프로통산			19	18	0	2	18	2	0

김선우(金善佑) 울산대 1993.04.19

대회	연도	소속	출전	교체	득점	도움	파울	경고	퇴장
K1	2015	제주	2	1	0	0	0	0	0
	2016	제주	5	4	0	0	4	1	0
	2018	전남	14	8	0	0	12	2	0
	2019	상주	3	2	0	1	1	0	0
	2020	상주	6	3	0	0	6	1	0
	합계		30	18	0	1	23	4	0
K2	2015	경남	18	0	1	1	14	3	0
	2017	경남	3	0	0	0	1	1	0
	2019	전남	0	0	0	0	0	0	0
	2021	전남	7	3	0	0	6	1	0
	합계		28	6	1	1	21	5	0
프로통산			58	24	1	2	44	9	0

김선우(金宣于) 성균관대 1993.04.22

대회	연도	소속	출전	교체	실점	도움	파울	경고	퇴장
K1	2016	수원	0	0	0	0	0	0	0
	2018	수원	1	0	4	0	0	0	0
	합계		1	0	4	0	0	0	0
K2	2020	안산	11	1	14	0	0	1	0
	2021	안산	9	0	15	0	0	0	0
	합계		20	1	29	0	0	1	0
프로통산			21	1	33	0	0	1	0

김선우(金宣羽) 한양대 1986.01.23

대회	연도	소속	출전	교체	득점	도움	파울	경고	퇴장
BC	2008	인천	6	4	0	0	4	1	0
	2010	광주상무	6	6	0	0	11	0	0
	2011	상주	7	5	0	0	10	2	0
	합계		19	15	0	0	25	3	0
K2	2013	수원FC	6	3	0	0	10	1	0
	합계		6	3	0	0	10	1	0
프로통산			25	18	0	0	35	4	0

김선일(金善一) 동국대 1985.06.11

대회	연도	소속	출전	교체	득점	도움	파울	경고	퇴장
BC	2009	수원	0	0	0	0	0	0	0
	합계		0	0	0	0	0	0	0
프로통산			0	0	0	0	0	0	0

김선진(金善進) 전주대 1990.10.01

대회	연도	소속	출전	교체	실점	도움	파울	경고	퇴장
BC	2012	제주	0	0	0	0	0	0	0
	합계		0	0	0	0	0	0	0
프로통산			0	0	0	0	0	0	0

김선태(金善泰) 중앙대 1971.05.29

대회	연도	소속	출전	교체	득점	도움	파울	경고	퇴장
BC	1994	현대	3	3	0	0	4	0	0
	합계		3	3	0	0	4	0	0
프로통산			3	3	0	0	4	0	0

김선호(金善鎬) 금호고 2001.03.29

대회	연도	소속	출전	교체	득점	도움	파울	경고	퇴장
K2	2021	대전	1	1	0	0	0	0	0
	합계		1	1	0	0	0	0	0
프로통산			1	1	0	0	0	0	0

김성경(金成經) 한양대 1976.05.15

대회	연도	소속	출전	교체	득점	도움	파울	경고	퇴장
BC	1999	전남	5	5	0	0	7	1	0
	합계		5	5	0	0	7	1	0
프로통산			5	5	0	0	7	1	0

김성구(金聖求) 숭실대 1969.03.15

대회	연도	소속	출전	교체	득점	도움	파울	경고	퇴장
BC	1992	현대	20	20	2	1	9	1	0
	1993	현대	24	24	1	0	10	1	0
	1994	현대	22	13	3	1	7	0	0
	1995	현대	4	4	0	0	3	0	0
	1997	전북	25	19	4	0	18	1	0
	1998	전북	34	1	3	1	52	4	0
	1999	전북	6	5	0	0	7	0	0
	합계		135	89	10	7	106	6	0
프로통산			135	89	10	7	106	6	0

김성국(金成國) 광운대 1990.03.01

대회	연도	소속	출전	교체	득점	도움	파울	경고	퇴장
K2	2013	안양	1	0	0	0	3	0	0
	합계		1	0	0	0	3	0	0
프로통산			1	0	0	0	3	0	0

김성국(金成國) 충북대 1980.03.01

대회	연도	소속	출전	교체	실점	도움	파울	경고	퇴장
BC	2003	부산	1	0	0	0	0	0	0
	합계		1	0	0	0	0	0	0
프로통산			1	0	0	0	0	0	0

김성규(金星圭) 현대고 1981.06.05

대회	연도	소속	출전	교체	득점	도움	파울	경고	퇴장
BC	2000	울산	9	9	0	0	4	0	0
	2001	울산	3	2	0	0	2	0	0
	합계		12	10	0	0	6	0	0
프로통산			12	10	0	0	6	0	0

김성근(金成根) 연세대 1977.06.20

대회	연도	소속	출전	교체	득점	도움	파울	경고	퇴장
BC	2000	대전	17	3	1	0	12	1	0
	2001	대전	27	3	0	0	37	1	0
	2002	대전	32	1	0	0	40	5	0
	2003	대전	40	0	2	0	42	8	0
	2004	포항	24	1	0	0	19	2	0
	2005	포항	33	1	0	0	53	7	0
	2006	포항	31	0	0	0	47	3	0
	2007	포항	23	3	0	0	33	5	0
	2008	전북	10	2	0	0	4	2	0
	2008	수원	7	5	0	0	2	0	0
	합계		244	20	4	0	294	34	0
프로통산			244	20	4	0	294	34	0

김성기(金聖基) 한양대 1961.11.21

대회	연도	소속	출전	교체	득점	도움	파울	경고	퇴장
BC	1985	유공	17	0	1	1	29	4	0
	1986	유공	14	7	0	0	15	2	0
	1987	유공	27	7	4	1	33	3	0
	1988	유공	13	3	0	0	28	2	0
	1989	유공	20	3	0	0	15	0	1
	1990	대우	20	7	0	0	37	5	0
	1991	대우	34	3	0	0	45	5	1
	1992	대우	8	4	0	1	17	4	0
	합계		140	30	5	3	219	25	2
프로통산			140	30	5	3	219	25	2

김성길(金聖吉) 일본 동명고 1983.07.08

대회	연도	소속	출전	교체	득점	도움	파울	경고	퇴장
BC	2003	울산	1	1	0	0	1	0	0
	2004	광주상무	12	6	0	0	11	1	0
	2005	광주상무	20	17	0	1	19	0	0
	2006	경남	30	17	2	4	50	2	0
	2007	경남	18	11	1	1	46	2	0
	2008	경남	22	9	1	3	14	3	0
	2009	경남	3	3	0	0	4	0	0
	합계		106	67	4	9	135	10	0
프로통산			106	67	4	9	135	10	0

김성남(金成男) 고려대 1954.07.19

대회	연도	소속	출전	교체	득점	도움	파울	경고	퇴장
BC	1983	유공	9	5	0	0	7	1	0
	1984	대우	6	6	0	0	2	0	0
	1985	대우	3	3	1	0	4	0	0
	합계		18	14	1	0	13	1	0

김성민(金成民) 고려대 1985.04.19

대회	연도	소속	출전	교체	득점	도움	파울	경고	퇴장
BC	2008	울산	7	6	1	0	5	0	0
	2009	울산	2	2	0	0	1	0	0
	2011	광주	4	4	1	0	0	0	0

대회	연도	소속	출전	교체	득점	도움	파울	경고	퇴장
	2012	상주	1	1	0	0	0	0	0
		합계	14	13	2	0	7	0	0
K2	2014	충주	1	1	0	0	0	0	0
		합계	1	1	0	0	0	0	0
프로통산			15	14	2	0	7	0	0

김성민(金成珉) 고려대 1981.02.06

대회	연도	소속	출전	교체	실점	도움	파울	경고	퇴장
BC	2005	부천SK	0	0	0	0	0	0	0
	2006	광주상무	3	0	4	0	0	0	0
	2007	광주상무	0	2	5	0	0	0	0
	2008	제주	0	0	0	0	0	0	0
	2009	제주	16	0	28	0	1	0	0
		합계	21	0	37	0	1	0	0
프로통산			21	0	37	0	1	0	0

김성민(金聖民) 호남대 1987.05.11

대회	연도	소속	출전	교체	득점	도움	파울	경고	퇴장
BC	2011	광주	2	1	1	0	0	0	0
		합계	2	1	1	0	0	0	0
프로통산			2	1	1	0	0	0	0

김성배(金成培) 배재대 1975.05.25

대회	연도	소속	출전	교체	득점	도움	파울	경고	퇴장
BC	1998	부산	19	7	0	0	42	6	1
	1999	부산	20	5	0	0	47	5	0
	2000	부산	7	1	0	0	8	1	0
		합계	46	13	0	0	97	12	1
프로통산			46	13	0	0	97	12	1

김성부(金成富) 진주고 1954.07.09

대회	연도	소속	출전	교체	득점	도움	파울	경고	퇴장
BC	1983	포항제철	16	0	0	0	6	0	0
	1984	포항제철	17	4	0	0	10	0	0
		합계	33	4	0	0	16	0	0
프로통산			33	4	0	0	16	0	0

김성수(金成洙) 배재대 1992.12.26

대회	연도	소속	출전	교체	득점	도움	파울	경고	퇴장
K1	2013	대전	11	10	0	0	13	3	0
	2015	대전	4	4	0	0	2	0	0
		합계	15	14	0	0	15	3	0
K2	2014	대전	1	1	0	0	0	0	0
	2016	고양	8	7	0	0	6	1	0
	2017	대전	3	3	0	0	0	0	0
		합계	12	11	0	0	6	1	0
프로통산			27	25	0	0	21	4	0

김성수(金星洙) 연세대 1963.03.12

대회	연도	소속	출전	교체	실점	도움	파울	경고	퇴장
BC	1986	한일은행	16	1	23	0	1	0	0
		합계	16	1	23	0	1	0	0
프로통산			16	1	23	0	1	0	0

김성식(金聖式) 연세대 1992.05.24

대회	연도	소속	출전	교체	득점	도움	파울	경고	퇴장
K2	2015	고양	11	6	0	0	9	2	1
		합계	11	6	0	0	9	2	1
프로통산			11	6	0	0	9	2	1

김성일(金成一) 홍익대 1975.11.02

대회	연도	소속	출전	교체	득점	도움	파울	경고	퇴장
BC	1998	대전	11	11	0	1	6	0	0
	1999	대전	6	5	0	0	10	0	0
		합계	17	16	0	1	16	0	0
프로통산			17	16	0	1	16	0	0

김성일(金成鎰) 연세대 1973.04.13

대회	연도	소속	출전	교체	득점	도움	파울	경고	퇴장
BC	1998	안양LG	27	7	0	1	70	10	0
	1999	안양LG	11	0	0	0	49	5	0
	2000	안양LG	32	1	0	1	56	1	0
	2001	안양LG	25	2	0	0	24	2	0
	2002	안양LG	14	1	0	0	28	3	0
	2003	안양LG	14	1	0	0	24	8	0
	2004	성남일화	22	12	0	1	25	5	0
	2005	성남일화	3	1	0	0	6	1	0
		합계	158	25	0	3	258	28	0
프로통산			158	25	0	3	258	28	0

김성재(金聖宰) 한양대 1976.09.17

대회	연도	소속	출전	교체	득점	도움	파울	경고	퇴장
BC	1999	안양LG	34	15	5	1	33	2	0
	2000	안양LG	34	15	3	6	44	4	0
	2001	안양LG	29	5	2	1	53	6	0
	2002	안양LG	29	11	3	0	41	2	0
	2003	안양LG	29	14	0	1	45	3	0
	2004	서울	21	10	1	0	28	4	0
	2005	서울	27	16	0	0	40	3	0
	2006	경남	36	10	5	0	60	2	0
	2007	전남	16	10	0	0	30	1	0
	2008	전남	25	9	1	1	28	3	0
	2009	전남	13	10	0	0	11	2	0
		합계	269	118	13	11	377	32	0
프로통산			269	118	13	11	377	32	0

김성주(金成柱/←김영근) 숭실대 1990.11.15

대회	연도	소속	출전	교체	득점	도움	파울	경고	퇴장
K1	2016	상주	11	6	1	3	12	0	0
	2017	상주	21	5	0	1	17	3	0
	2018	울산	7	5	0	1	6	1	0
	2018	제주	5	2	0	0	4	0	0
	2019	제주	13	9	1	1	10	1	0
	2020	인천	14	3	0	0	3	0	0
	2021	포항	12	20	0	0			
		합계	83	34	1	3	55	6	0
K2	2015	서울E	37	14	5	6	30	4	0
	2017	서울E	5	2	0	0	4	0	0
		합계	42	16	5	6	34	5	1
프로통산			125	50	6	9	89	11	1

김성주(金成柱) 광양제철고 1998.08.23

대회	연도	소속	출전	교체	득점	도움	파울	경고	퇴장
K1	2017	전남	2	2	0	0	0	0	0
		합계	2	2	0	0	0	0	0
K2	2018	대전	6	6	0	0	7	1	0
		합계	6	6	0	0	7	1	0
프로통산			8	8	0	0	7	1	0

김성준(金聖埈) 홍익대 1988.04.08

대회	연도	소속	출전	교체	득점	도움	파울	경고	퇴장
BC	2009	대전	15	7	1	1	34	3	0
	2010	대전	26	14	1	1	52	6	0
	2011	대전	30	3	2	5	46	4	0
	2012	성남일화	37	7	3	5	49	6	0
		합계	108	31	7	12	181	19	0
K1	2013	성남일화	26	15	4	3	37	7	0
	2014	성남	5	5	0	0	3	0	0
	2015	성남	31	15	3	2	35	4	0
	2016	상주	36	12	3	3	38	5	0
	2017	상주	19	9	0	1	14	3	0
	2018	서울	11	5	1	0	15	0	0
	2019	울산	5	5	0	0	5	0	0
	2020	울산	5	5	0	0	4	0	0
	2021	울산	14	13	0	2	13	1	0
		합계	150	80	12	7	166	19	0
프로통산			258	111	19	19	347	38	0

김성진(金成珍) 명지대 1990.07.02

대회	연도	소속	출전	교체	득점	도움	파울	경고	퇴장
K2	2013	광주	2	2	0	0	0	0	0
		합계	2	2	0	0	0	0	0
프로통산			2	2	0	0	0	0	0

김성진(金成陳) 중동고 1975.05.06

대회	연도	소속	출전	교체	득점	도움	파울	경고	퇴장
BC	1993	LG	1	1	0	0	0	0	0
		합계	1	1	0	0	0	0	0
프로통산			1	1	0	0	0	0	0

김성철(金成喆) 숭실대 1980.05.12

대회	연도	소속	출전	교체	득점	도움	파울	경고	퇴장
BC	2003	부천SK	15	2	0	0	23	5	0
	2004	부천SK	15	3	0	0	36	4	0
		합계	30	5	0	0	59	9	0
프로통산			30	5	0	0	59	9	0

김성현(金成炫) 진주고 1993.06.25

대회	연도	소속	출전	교체	득점	도움	파울	경고	퇴장
BC	2012	경남	5	2	0	0	9	1	0
		합계	5	2	0	0	9	1	0
K1	2013	경남	11	7	0	0	17	3	0
		합계	11	7	0	0	17	3	0
K2	2014	충주	3	1	0	0	2	0	0
	2014	안산경찰							
	2015	안산경찰							
	2016	안산무궁							
	2016	경남							
	2020	서울E							
	2021	서울E							
		합계	21	7	0	0	25	7	0
프로통산			37	16	0	0	51	11	0

김성현(金成賢) 1990.07.01

대회	연도	소속	출전	교체	득점	도움	파울	경고	퇴장
K1	2015	광주	4	4	0	0	3	0	0
		합계	4	4	0	0	3	0	0
프로통산			4	4	0	0	3	0	0

김성현(金晟鉉) 성균관대 1993.06.04

대회	연도	소속	출전	교체	득점	도움	파울	경고	퇴장
K1	2016	수원FC	0	0	0	0	0	0	0
		합계	0	0	0	0	0	0	0
프로통산			0	0	0	0	0	0	0

김성호(金聖昊) 국민대 1970.05.16

대회	연도	소속	출전	교체	득점	도움	파울	경고	퇴장
BC	1994	버팔로	33	11	5	5	42	1	0
	1995	전북	19	14	1	1	28	0	0
		합계	52	25	6	6	70	1	0
프로통산			52	25	6	6	70	1	0

김성환(金城煥) 동아대 1986.12.15

대회	연도	소속	출전	교체	득점	도움	파울	경고	퇴장
BC	2009	성남일화	33	6	4	3	56	8	0
	2010	성남일화	32	1	1	0	47	7	0
	2011	성남일화	34	3	1	2	69	5	0
	2012	성남일화	23	2	1	2	42	7	0
		합계	122	12	8	6	213	27	0
K1	2013	울산	34	2	2	2	56	9	0
	2014	울산	28	8	1	1	42	12	0
	2016	상주	23	5	1	1	26	3	0
	2016	울산	6	0	0	0	11	3	0
	2017	울산	19	12	1	0	28	5	0
		합계	110	30	11	4	163	32	0
K2	2015	상주	28	12	9	2	36	4	0
		합계	28	12	9	2	36	4	0
프로통산			260	54	28	12	422	68	0

김성훈(金盛勳) 경희대 1991.05.24

대회	연도	소속	출전	교체	득점	도움	파울	경고	퇴장
K2	2015	고양	1	0	0	0	0	0	0
		합계	1	0	0	0	0	0	0
프로통산			1	0	0	0	0	0	0

김성훈(金成勳) 매탄고 1999.06.03

대회	연도	소속	출전	교체	득점	도움	파울	경고	퇴장
K2	2018	대전	0	0	0	0	0	0	0
		합계	0	0	0	0	0	0	0
프로통산			0	0	0	0	0	0	0

김세윤(金歲尹) 충남기공고 1999.04.29

대회	연도	소속	출전	교체	득점	도움	파울	경고	퇴장
K2	2018	대전	1	1	0	0	0	0	0
	2019	대전	9	8	0	0	6	2	0

대회	연도	소속	출전	교체	득점	도움	파울	경고	퇴장
	2020	대전	8	8	0	0	8	2	0
	2021	대전	1	1	0	0	2	0	0
	합계		19	18	0	0	16	4	0
프로통산			19	18	0	0	16	4	0

김세인(金世仁) 영남대 1976.10.02

대회	연도	소속	출전	교체	득점	도움	파울	경고	퇴장
BC	1999	포항	30	20	4	4	24	1	0
	합계		30	20	4	4	24	1	0
프로통산			30	20	4	4	24	1	0

김세일(金世一) 동국대 1958.07.25

대회	연도	소속	출전	교체	득점	도움	파울	경고	퇴장
BC	1984	한일은행	19	8	2	1	10	1	0
	합계		19	8	2	1	10	1	0
프로통산			19	8	2	1	10	1	0

김세준(金洗竣) 청구고 1992.04.11

대회	연도	소속	출전	교체	실점	도움	파울	경고	퇴장
BC	2012	경남	0	0	0	0	0	0	0
	합계		0	0	0	0	0	0	0
프로통산			0	0	0	0	0	0	0

김세훈(金世勳) 중앙대 1991.12.27

대회	연도	소속	출전	교체	득점	도움	파울	경고	퇴장
K1	2016	인천	1	1	0	0	1	0	0
	합계		1	1	0	0	1	0	0
프로통산			1	1	0	0	1	0	0

김소웅(金邵雄) 풍생고 1999.06.17

대회	연도	소속	출전	교체	득점	도움	파울	경고	퇴장
K1	2019	성남	5	5	0	1	3	0	0
	합계		5	5	0	1	3	0	0
K2	2020	성남	4	4	0	0	3	1	0
	2021	경남	3	3	0	0	2	1	0
	합계		7	7	0	0	5	2	0
프로통산			12	12	0	1	8	2	0

김수길(金秀吉) 명지대 1959.03.06

대회	연도	소속	출전	교체	득점	도움	파울	경고	퇴장
BC	1983	국민은행	14	4	3	0	14	0	0
	1984	국민은행	4	2	0	1	3	0	0
	1985	럭키금성	3	1	0	0	2	0	0
	합계		21	7	3	1	19	0	0
프로통산			21	7	3	1	19	0	0

김수범(金洙範) 상지대 1990.10.02

대회	연도	소속	출전	교체	득점	도움	파울	경고	퇴장
BC	2011	광주	23	6	0	3	44	7	0
	2012	광주	38	2	0	4	80	11	0
	합계		61	8	0	7	124	18	0
K1	2014	제주	31	8	1	1	46	10	0
	2015	제주	17	4	0	0	23	4	0
	2016	제주	6	0	0	1	7	0	0
	2017	제주	6	0	0	0	16	2	0
	2018	제주	16	1	0	0	16	2	0
	2020	강원	3	0	1	0	2	0	0
	2021	강원	9	1	0	1	9	1	0
	2021	수원FC	9	5	0	0	8	0	0
	합계		100	27	2	3	125	19	0
K2	2013	광주	31	2	0	2	42	2	0
	합계		31	2	0	2	42	2	0
프로통산			192	37	4	10	291	39	0

김수안(金秀岸 / ←김용진) 건국대 1993.06.10

대회	연도	소속	출전	교체	득점	도움	파울	경고	퇴장
K1	2017	울산	12	12	0	0	11	2	0
	2018	울산	1	1	0	0	0	0	0
	2019	울산	9	2	1	0	13	3	0
	합계		22	15	1	0	24	5	0
K2	2015	강원	14	7	0	2	10	2	0
	2016	충주	7	7	0	0	7	0	0
	2020	서울E	10	9	0	0	14	4	0
	합계		33	23	0	2	31	6	0
프로통산			55	38	1	2	55	11	0

김수연(金水連) 동국대 1983.04.17

대회	연도	소속	출전	교체	득점	도움	파울	경고	퇴장
BC	2006	포항	4	1	0	0	8	1	0
	2007	포항	13	2	2	0	45	6	1
	2008	포항	2	1	0	0	4	0	0
	2009	광주상무	4	3	0	0	10	1	0
	2010	광주상무	3	1	1	0	6	1	0
	합계		26	8	3	0	72	9	1
프로통산			26	8	3	0	72	9	1

김수진(金壽珍) 대구대 1977.06.13

대회	연도	소속	출전	교체	실점	도움	파울	경고	퇴장
BC	2000	포항	0	0	0	0	0	0	0
	합계		0	0	0	0	0	0	0
프로통산			0	0	0	0	0	0	0

김수현(金樹炫) 고려대 1967.07.28

대회	연도	소속	출전	교체	득점	도움	파울	경고	퇴장
BC	1990	현대	1	1	0	0	0	0	0
	합계		1	1	0	0	0	0	0
프로통산			1	1	0	0	0	0	0

김수형(金洙亨) 부경대 1983.03.26

대회	연도	소속	출전	교체	득점	도움	파울	경고	퇴장
BC	2003	부산	4	4	0	1	2	1	0
	2004	부산	4	4	0	0	1	0	0
	2006	광주상무	13	7	0	0	22	1	0
	합계		21	15	0	1	25	2	0
프로통산			21	15	0	1	25	2	0

김순호(金淳昊) 경신고 1982.01.08

대회	연도	소속	출전	교체	득점	도움	파울	경고	퇴장
BC	2004	성남일화	1	1	0	0	0	0	0
	합계		1	1	0	0	0	0	0
프로통산			1	1	0	0	0	0	0

김슬기(金슬기) 전주대 1992.11.06

대회	연도	소속	출전	교체	득점	도움	파울	경고	퇴장
K1	2014	경남	20	18	0	1	8	1	0
	합계		20	18	0	1	8	1	0
K2	2015	경남	15	10	1	1	10	0	0
	2016	경남	16	15	0	0	9	0	0
	합계		31	25	1	1	19	0	0
승	2014	경남	0	0	0	0	0	0	0
	합계		0	0	0	0	0	0	0
프로통산			51	43	1	2	27	1	0

김승규(金承奎) 현대고 1990.09.30

대회	연도	소속	출전	교체	실점	도움	파울	경고	퇴장
BC	2008	울산	2	2	0	0	0	0	0
	2009	울산	2	1	0	0	0	0	0
	2010	울산	7	1	7	0	1	0	0
	2011	울산	2	1	2	0	0	0	0
	2012	울산	12	0	20	0	1	1	0
	합계		23	4	27	0	2	1	0
K1	2013	울산	32	0	27	0	1	2	0
	2014	울산	29	1	28	0	0	1	0
	2015	울산	34	1	42	0	0	4	0
	2019	울산	16	0	21	0	1	2	0
	합계		111	1	118	0	2	9	0
프로통산			134	5	145	1	4	11	0

김승대(金承大) 영남대 1991.04.01

대회	연도	소속	출전	교체	득점	도움	파울	경고	퇴장
K1	2013	포항	21	12	3	6	27	1	0
	2014	포항	30	6	10	8	34	4	0
	2017	포항	11	5	2	1	8	2	0
	2018	포항	34	9	8	4	41	5	0
	2019	포항	20	0	3	1	19	1	0
	2019	전북	11	9	1	0	7	0	0
	2020	강원	22	8	4	6	19	2	0
	2021	전북	20	20	1	4	20	2	0
	합계		207	70	37	39	128	8	1
프로통산			207	70	37	39	128	8	1

김승명(金承明) 전주대 1987.09.01

대회	연도	소속	출전	교체	득점	도움	파울	경고	퇴장
BC	2010	강원	3	2	0	0	2	0	0
	합계		3	2	0	0	2	0	0
프로통산			3	2	0	0	2	0	0

김승민(金承敏) 매탄고 1992.09.16

대회	연도	소속	출전	교체	득점	도움	파울	경고	퇴장
BC	2011	수원	0	0	0	0	0	0	0
	합계		0	0	0	0	0	0	0
프로통산			0	0	0	0	0	0	0

김승섭(金承燮) 경희대 1996.11.01

대회	연도	소속	출전	교체	득점	도움	파울	경고	퇴장
K2	2018	대전	21	20	2	1	9	0	0
	2019	대전	31	19	3	4	15	2	0
	2020	대전	15	11	2	0	4	0	0
	2021	대전	21	17	1	5	9	1	0
	합계		88	67	8	12	37	3	0
승	2021	대전	2	1	0	0	0	0	0
	합계		2	1	0	0	0	0	0
프로통산			90	68	8	12	37	3	0

김승안(金承安) 한양대 1972.09.24

대회	연도	소속	출전	교체	실점	도움	파울	경고	퇴장
BC	1994	포항제철	1	0	3	0	0	0	0
	1995	포항	1	0	1	0	0	0	0
	1997	대전	2	0	5	0	0	0	0
	합계		4	2	9	0	0	0	0
프로통산			4	2	9	0	0	0	0

김승용(金承龍) 방송대 1985.03.14

대회	연도	소속	출전	교체	득점	도움	파울	경고	퇴장
BC	2004	서울	14	8	2	0	27	1	0
	2005	서울	20	11	1	2	30	1	0
	2006	서울	13	12	1	2	16	0	0
	2007	광주상무	19	4	2	1	18	0	0
	2008	광주상무	19	16	3	2	28	1	0
	2008	서울	1	1	1	2	1	0	0
	2009	서울	27	22	1	4	25	4	0
	2010	전북	5	1	0	1	9	1	0
	2012	울산	38	30	4	7	47	5	1
	합계		156	112	11	21	205	14	1
K1	2013	울산	27	27	2	3	16	2	0
	2017	강원	34	29	3	6	35	5	0
	2018	강원	15	13	1	2	9	0	0
	2019	인천	2	2	0	0	0	0	0
	합계		78	71	6	11	37	5	0
프로통산			234	183	17	32	242	19	1

김승우(金承優) 연세대 1998.03.25

대회	연도	소속	출전	교체	득점	도움	파울	경고	퇴장
K1	2019	제주	8	6	0	0	1	0	0
	합계		8	6	0	0	1	0	0
K2	2020	제주	9	7	0	0	2	0	0
	2021	부산	19	11	0	0	9	0	0
	합계		28	18	0	0	11	0	0
프로통산			36	24	0	0	12	0	0

김승준(金承俊) 숭실대 1994.09.11

대회	연도	소속	출전	교체	득점	도움	파울	경고	퇴장
K1	2015	울산	11	8	4	0	5	0	0
	2016	울산	30	23	8	0	14	1	0
	2017	울산	30	17	3	1	15	2	0
	2018	울산	12	11	0	0	3	0	0
	2020	부산	11	9	1	0	8	1	0
	2021	수원FC	22	22	1	1	14	1	0
	합계		152	110	24	11	88	7	1
K2	2020	경남	1	1	0	0	1	0	0
	합계		1	1	0	0	1	0	0
승	2019	경남	1	0	0	1	0	0	0

대회	연도	소속	출전	교체	득점	도움	파울	경고	퇴장
	합계		1	1	0	0	1	0	0
	프로통산		154	112	24	11	89	7	1

김승한(金乘漢) 울산대 1974.05.11

대회	연도	소속	출전	교체	득점	도움	파울	경고	퇴장
BC	1997	대전	22	20	1	2	20	2	0
	1998	대전	24	22	1	1	18	1	0
	1999	대전	13	14	0	1	11	1	0
	합계		59	56	4	3	49	4	0
	프로통산		59	56	4	3	49	4	0

김승현(金承鉉) 호남대 1979.08.18

대회	연도	소속	출전	교체	득점	도움	파울	경고	퇴장
BC	2002	전남	16	8	3	0	11	3	0
	2003	전남	9	8	0	2	18	1	0
	2004	광주상무	13	10	1	0	21	1	0
	2005	광주상무	12	9	0	0	10	0	0
	2006	전남	8	7	0	0	11	0	0
	2007	전남	5	5	0	0	3	1	0
	2008	부산	25	16	5	2	35	1	1
	2009	전남	24	9	4	5	34	5	0
	2010	전남	9	6	2	0	9	1	0
	합계		121	78	17	9	152	13	1
	프로통산		121	78	17	9	152	13	1

김승호(金承鎬) 명지대 1978.05.19

대회	연도	소속	출전	교체	득점	도움	파울	경고	퇴장
BC	2001	안양LG	2	2	0	0	1	0	0
	합계		2	2	0	0	1	0	0
	프로통산		2	2	0	0	1	0	0

김승호(金承顯) 예원예대 1989.04.24

대회	연도	소속	출전	교체	득점	도움	파울	경고	퇴장
BC	2011	인천	0	0	0	0	0	0	0
	합계		0	0	0	0	0	0	0
	프로통산		0	0	0	0	0	0	0

김시만(金時萬) 홍익대 1975.03.03

대회	연도	소속	출전	교체	득점	도움	파울	경고	퇴장
BC	1998	전남	3	4	0	0	5	0	0
	합계		3	4	0	0	5	0	0
	프로통산		3	4	0	0	5	0	0

김시우(金始佑) 안동고 1997.06.26

대회	연도	소속	출전	교체	득점	도움	파울	경고	퇴장
K1	2017	광주	2	2	0	0	1	0	0
K2	2018	광주	1	1	0	0	1	0	0
	합계		1	1	0	0	1	0	0
	프로통산		3	3	0	0	2	0	0

김신(金信) 영생고 1995.03.30

대회	연도	소속	출전	교체	득점	도움	파울	경고	퇴장
K1	2014	전북	9	9	0	1	4	0	0
	2018	경남	1	1	0	0	0	0	0
	합계		10	10	0	1	4	0	0
K2	2016	충주	35	22	13	6	23	2	0
	2017	부천	29	20	4	6	19	3	0
	합계		64	42	17	12	42	5	0
	프로통산		74	52	17	13	51	5	0

김신영(金信泳) 한양대 1983.06.16

대회	연도	소속	출전	교체	득점	도움	파울	경고	퇴장
BC	2012	전남	11	7	1	2	9	0	0
	2012	전북	11	11	0	0	9	0	0
	합계		22	18	1	2	18	0	0
K1	2013	전북	17	16	1	0	3	0	0
	2014	부산	8	7	0	0	4	1	0
	합계		25	23	1	0	22	4	0
	프로통산		47	41	2	2	40	4	0

김신영(金信榮) 관동대(가톨릭관동대) 1958.07.29

대회	연도	소속	출전	교체	득점	도움	파울	경고	퇴장
BC	1986	유공	16	9	0	2	8	1	0
	합계		16	9	0	2	8	1	0
	프로통산		16	9	0	2	8	1	0

김신욱(金信煜) 중앙대 1988.04.14

대회	연도	소속	출전	교체	득점	도움	파울	경고	퇴장
BC	2009	울산	27	12	7	1	58	5	0
	2010	울산	33	21	10	3	36	1	0
	2011	울산	43	22	19	4	80	1	0
	2012	울산	35	13	13	2	89	5	0
	합계		138	68	49	10	263	12	0
K1	2013	울산	36	2	19	6	86	6	0
	2014	울산	20	4	9	2	34	2	0
	2015	울산	38	14	18	4	41	1	0
	2016	전북	33	33	1	1	33	3	0
	2017	전북	35	26	10	1	33	3	0
	2018	전북	33	30	3	1	30	2	0
	2019	전북	17	12	9	3	15	1	0
	합계		212	109	83	21	286	19	0
	프로통산		350	177	132	31	549	31	0

김신철(金伸哲) 연세대 1990.11.29

대회	연도	소속	출전	교체	득점	도움	파울	경고	퇴장
K2	2013	부천	25	24	2	3	34	3	0
	2014	안산경찰	11	8	0	2	11	1	0
	2015	안산경찰	2	2	0	0	2	0	0
	2015	부천	2	2	0	0	2	0	0
	2016	부천	5	5	0	0	3	0	0
	2017	안양	8	8	2	0	4	1	0
	2018	안양	20	20	2	0	8	2	0
	2019	안양	3	3	0	0	1	1	0
	합계		69	65	6	4	58	7	0
	프로통산		69	65	6	4	58	7	0

김연건(金衍健) 단국대 1981.03.12

대회	연도	소속	출전	교체	득점	도움	파울	경고	퇴장
BC	2002	전북	14	14	0	0	28	1	0
	2003	전북	2	2	0	0	3	0	0
	2004	전북	16	15	0	0	25	4	0
	2005	전북	6	6	0	0	22	2	0
	2008	성남일화	5	5	0	0	8	0	0
	합계		43	42	0	0	86	6	0
	프로통산		43	42	0	0	86	6	0

김연수(金延洙) 한라대 1993.12.29

대회	연도	소속	출전	교체	득점	도움	파울	경고	퇴장
K1	2020	인천	16	2	0	0	17	2	0
	2021	인천	6	3	0	0	6	2	0
	합계		22	5	0	0	23	4	0
K2	2017	서울E	9	4	0	0	10	1	0
	2018	안산	18	7	0	0	25	0	0
	2019	안산	32	0	1	1	33	4	0
	합계		59	11	1	1	68	5	0
	프로통산		81	16	1	1	91	9	0

김연수(金演收) 충남기계공고 1995.01.16

대회	연도	소속	출전	교체	득점	도움	파울	경고	퇴장
K2	2014	대전	0	0	0	0	0	0	0
	합계		0	0	0	0	0	0	0
	프로통산		0	0	0	0	0	0	0

김연왕(金淵王) 정명고 1993.10.19

대회	연도	소속	출전	교체	득점	도움	파울	경고	퇴장
K1	2019	성남	1	1	0	0	0	0	0
	합계		1	1	0	0	0	0	0
K2	2020	안산	4	4	0	0	7	0	0
	합계		4	4	0	0	7	0	0
	프로통산		5	5	0	0	7	0	0

김영광(金永光) 한려대 1983.06.28

대회	연도	소속	출전	교체	실점	도움	파울	경고	퇴장
BC	2002	전남	0	0	0	0	0	0	0
	2003	전남	11	0	11	0	0	0	0
	2004	전남	20	0	19	0	2	0	0
	2005	전남	32	0	34	1	2	1	0
	2006	전남	13	0	16	0	1	1	0
	2007	울산	36	0	26	0	1	4	1
	2008	울산	33	2	33	0	2	2	0
	2009	울산	32	0	33	0	0	1	0
	2010	울산	1	0	1	0	0	0	0
	2011	울산	34	1	36	0	1	5	0
	2012	울산	32	0	32	0	1	4	0
	합계		273	4	279	1	10	24	1
K1	2013	울산	6	0	10	0	0	0	0
	2014	경남	32	0	43	0	0	2	0
	2020	성남	33	0	33	0	0	0	0
	2021	성남	38	0	46	0	0	3	0
	합계		99	0	132	0	0	5	0
K2	2015	서울E	38	0	52	0	2	1	0
	2016	서울E	36	0	55	0	0	1	0
	2017	서울E	36	0	55	0	0	1	0
	2018	서울E	36	0	52	1	0	4	0
	2019	서울E	34	1	64	1	1	1	0
	합계		183	1	255	2	4	8	0
승	2014	경남	1	0	1	0	0	0	0
	프로통산		556	5	667	3	14	37	2

김영규(金泳奎) 국민대 1962.03.01

대회	연도	소속	출전	교체	득점	도움	파울	경고	퇴장
BC	1985	유공	8	2	0	0	7	0	0
	1986	유공	23	11	2	2	24	1	0
	1987	유공	27	14	0	2	29	1	0
	합계		58	27	2	4	60	2	0
	프로통산		58	27	2	4	60	2	0

김영근(金榮根) 경희대 1978.10.12

대회	연도	소속	출전	교체	득점	도움	파울	경고	퇴장
BC	2001	대전	32	5	1	0	54	6	0
	2002	대전	23	5	1	1	45	4	0
	2003	대전	26	9	1	1	51	4	1
	2004	대전	19	2	0	0	25	0	0
	2005	대전	10	3	0	0	18	1	0
	2006	광주상무	23	8	1	0	28	1	0
	2007	광주상무	29	6	0	0	37	1	0
	2008	경남	1	1	0	0	0	0	0
	합계		163	39	4	2	269	18	1
	프로통산		163	39	4	2	269	18	1

김영남(金永男) 안동대 1973.12.25

대회	연도	소속	출전	교체	득점	도움	파울	경고	퇴장
BC	1998	수원	2	1	0	0	4	1	0
	합계		2	1	0	0	4	1	0
	프로통산		2	1	0	0	4	1	0

김영남(金榮男) 중앙대 1991.03.24

대회	연도	소속	출전	교체	득점	도움	파울	경고	퇴장
K1	2013	성남일화	4	2	0	0	6	2	0
	2014	성남	3	2	0	0	4	2	0
	합계		7	4	0	0	10	4	0
K2	2015	부천	29	13	4	3	37	3	0
	2016	부천	37	11	1	5	55	10	0
	2017	부천	14	7	1	3	15	3	0
	2017	아산	9	2	0	1	9	3	0
	2018	아산	12	7	1	1	9	1	0
	2019	부천	16	2	0	1	15	3	0
	2020	부천	4	2	0	0	3	0	0
	합계		121	44	7	8	143	27	0
	프로통산		128	48	7	8	151	29	0

김영남(金榮男) 초당대 1986.04.02

대회	연도	소속	출전	교체	득점	도움	파울	경고	퇴장
K2	2013	안양	6	5	0	1	7	1	0
	합계		6	5	0	1	7	1	0
	프로통산		6	5	0	1	7	1	0

김영도(金榮道) 안동과학대 1994.04.04

대회	연도	소속	출전	교체	득점	도움	파울	경고	퇴장
K2	2016	안양	17	16	3	0	20	2	0
	2018	안양	14	9	0	1	22	0	0

대회	연도	소속	출전	교체	득점	도움	파울	경고	퇴장
		합계	31	25	3	1	41	4	0
		프로통산	31	25	3	1	41	4	0

김영무(金英武) 숭실대 1984.03.19

대회	연도	소속	출전	교체	실점	도움	파울	경고	퇴장
BC	2007	대구	3	0	11	0	0	0	0
	2008	대구	0	0	0	0	0	0	0
		합계	3	0	11	0	0	0	0
		프로통산	3	0	11	0	0	0	0

김영빈(金榮彬) 고려대 1984.04.08

대회	연도	소속	출전	교체	득점	도움	파울	경고	퇴장
BC	2007	인천	6	2	0	0	15	1	0
	2008	인천	28	7	3	0	53	4	0
	2009	인천	27	16	0	0	34	4	0
	2010	인천	12	4	1	0	25	2	0
	2011	인천	2	1	0	0	2	0	0
	2011	대전	9	4	0	0	11	1	0
		합계	84	34	4	0	140	12	0
K1	2014	경남	6	0	0	0	8	0	0
		합계	6	0	0	0	8	0	0
승	2014	경남	1	1	0	0	0	0	0
		합계	1	1	0	0	0	0	0
		프로통산	91	35	4	0	148	12	0

김영빈(金榮彬) 광주대 1991.09.20

대회	연도	소속	출전	교체	득점	도움	파울	경고	퇴장
K1	2015	광주	28	3	2	0	23	6	0
	2016	광주	27	4	0	0	30	10	0
	2017	광주	23	7	2	0	20	6	0
	2018	상주	18	3	0	0	20	3	0
	2019	광주	23	3	1	1	23	4	1
	2020	강원	26	2	1	0	32	6	0
	2021	강원	33	1	3	1	40	12	0
		합계	178	23	9	2	188	47	1
K2	2014	광주	26	1	1	1	39	6	0
	2019	광주	3	1	0	0	0	0	0
		합계	29	2	1	1	39	6	0
승	2014	광주	2	0	0	1	1	0	0
	2021	강원	2	0	0	0	2	0	0
		합계	4	0	0	1	3	0	0
		프로통산	211	26	10	3	229	53	1

김영삼(金英三) 고려대 1982.04.04

대회	연도	소속	출전	교체	득점	도움	파울	경고	퇴장
BC	2005	울산	16	12	2	0	18	1	0
	2006	울산	29	8	0	0	53	5	0
	2007	울산	33	15	1	2	63	6	0
	2008	울산	34	1	0	1	35	4	0
	2009	울산	1	1	0	0	1	0	0
	2010	광주상무	19	1	0	0	14	3	0
	2011	상주	16	2	0	0	23	2	0
	2012	울산	3	0	0	0	0	0	0
	2012	울산	28	9	0	2	29	4	0
		합계	179	49	3	5	239	28	0
K1	2013	울산	11	1	1	1	45	5	0
	2014	울산	24	0	0	2	31	6	0
	2015	울산	5	4	0	0	5	0	0
	2016	울산	1	1	0	0	0	0	0
		합계	56	10	1	1	81	12	0
		프로통산	235	59	4	6	320	40	0

김영삼(金泳三) 연세대 1980.03.12

대회	연도	소속	출전	교체	득점	도움	파울	경고	퇴장
BC	2003	전북	1	1	0	0	1	0	0
	2004	전북	1	1	0	0	1	0	0
		합계	2	2	0	0	2	0	0
		프로통산	2	2	0	0	2	0	0

김영선(金永善) 경희대 1975.04.03

대회	연도	소속	출전	교체	득점	도움	파울	경고	퇴장
BC	1998	수원	33	4	0	0	68	5	0
	1999	수원	24	4	0	0	55	4	0
	2000	수원	7	2	0	0	14	3	0
	2001	수원	21	6	0	0	17	2	0
	2002	수원	30	0	0	0	33	3	0
	2003	수원	29	1	0	2	35	2	1
	2005	수원	19	0	0	0	24	1	0
	2006	전북	19	0	0	0	24	1	0
	2007	전북	22	0	0	0	30	5	0
		합계	185	13	0	2	276	25	1
		프로통산	185	13	0	2	276	25	1

김영섭(金永燮) 숭실대 1970.08.13

대회	연도	소속	출전	교체	득점	도움	파울	경고	퇴장
BC	1993	대우	1	1	0	0	1	0	0
	1994	버팔로	17	3	0	0	18	0	0
		합계	18	4	0	0	19	0	0
		프로통산	18	4	0	0	19	0	0

김영승(金泳勝) 호원대 1993.02.22

대회	연도	소속	출전	교체	득점	도움	파울	경고	퇴장
K1	2015	대전	1	1	0	0	0	0	0
		합계	1	1	0	0	0	0	0
K2	2014	대전	5	4	1	0	0	0	0
		합계	5	4	1	0	0	0	0
		프로통산	6	5	1	0	0	0	0

김영신(金映伸) 연세대 1986.02.28

대회	연도	소속	출전	교체	득점	도움	파울	경고	퇴장
BC	2006	전북	8	8	0	0	15	1	0
	2007	전북	4	4	0	0	12	2	0
	2008	제주	9	6	1	0	15	0	0
	2009	제주	24	18	1	0	25	5	0
	2010	제주	33	22	2	4	26	2	0
	2011	제주	23	13	0	1	17	3	0
	2012	상주	19	10	1	0	21	2	0
		합계	123	74	5	5	125	15	0
K1	2014	제주	6	2	0	0	6	1	0
	2015	제주	14	11	2	0	8	3	0
	2018	강원	9	7	0	0	4	0	0
		합계	29	20	2	0	18	4	0
K2	2013	상주	12	4	1	0	15	1	0
	2016	부산	20	17	0	3	10	3	0
	2017	성남	13	11	0	0	5	0	0
		합계	45	32	0	3	30	4	0
		프로통산	197	126	7	9	173	21	0

김영우(金永佑) 경기대 1984.06.15

대회	연도	소속	출전	교체	득점	도움	파울	경고	퇴장
BC	2007	경남	6	3	0	0	10	1	0
	2008	경남	26	24	3	1	14	3	0
	2009	경남	24	13	1	3	23	2	0
	2010	경남	28	12	2	2	40	6	0
	2011	경남	16	8	3	3	15	4	0
	2011	전북	7	0	0	0	11	0	0
		합계	107	60	9	9	113	16	0
K1	2013	전북	3	3	0	0	4	0	0
	2014	전남	19	16	0	1	20	3	0
		합계	22	16	0	1	24	3	0
K2	2013	경찰	2	2	0	0	0	0	0
		합계	2	2	0	0	0	0	0
		프로통산	131	78	9	11	136	19	0

김영욱(金泳旭) 광양제철고 1991.04.29

대회	연도	소속	출전	교체	득점	도움	파울	경고	퇴장
BC	2010	전남	4	4	0	0	5	0	0
	2011	전남	23	18	1	0	24	2	0
	2012	전남	35	10	3	5	65	5	0
		합계	62	32	4	5	94	7	0
K1	2013	전남	14	11	0	0	15	1	0
	2014	전남	11	10	0	2	12	1	0
	2015	전남	27	19	2	2	24	4	0
	2016	전남	33	9	2	0	60	8	0
	2017	전남	30	7	4	8	41	5	0
	2018	전남	33	11	3	2	28	1	0
	2021	제주	25	21	0	3	37	4	0
		합계	173	88	11	15	217	24	0
K2	2019	전남	28	14	0	3	43	7	0
	2020	제주	23	4	1	7	55	7	0
		합계	51	18	1	10	98	14	0
		프로통산	286	138	22	30	409	45	0

김영욱(金永旭) 한양대 1994.10.29

대회	연도	소속	출전	교체	득점	도움	파울	경고	퇴장
K2	2015	경남	21	12	2	0	12	0	0
	2016	경남	4	4	0	1	2	0	0
		합계	25	16	2	1	14	0	0
		프로통산	25	16	2	1	14	0	0

김영욱(金榮昱) 천안제일고 2000.03.02

대회	연도	소속	출전	교체	득점	도움	파울	경고	퇴장
K2	2020	제주	1	0	0	0	0	0	0
	2021	전남	16	11	1	1	15	4	0
		합계	17	11	1	1	15	5	0
		프로통산	17	11	1	1	15	5	0

김영익(金榮翊) 충북대 1996.01.21

대회	연도	소속	출전	교체	실점	도움	파울	경고	퇴장
K2	2019	아산	0	0	0	0	0	0	0
		합계	0	0	0	0	0	0	0
		프로통산	0	0	0	0	0	0	0

김영주(金榮珠) 서울시립대 1964.01.01

대회	연도	소속	출전	교체	득점	도움	파울	경고	퇴장
BC	1989	일화	35	18	6	5	36	0	0
	1990	일화	24	17	3	0	21	1	0
	1991	일화	20	20	0	0	9	0	0
		합계	80	55	9	5	66	1	0
		프로통산	80	55	9	5	66	1	0

김영준(金榮後) 홍익대 1985.07.15

대회	연도	소속	출전	교체	득점	도움	파울	경고	퇴장
BC	2009	광주상무	0	0	0	0	0	0	0
		프로통산	0	0	0	0	0	0	0

김영진(金永眞) 전주대 1970.06.16

대회	연도	소속	출전	교체	득점	도움	파울	경고	퇴장
BC	1994	버팔로	24	10	0	1	22	3	2
		합계	24	10	0	1	22	3	2
		프로통산	24	10	0	1	22	3	2

김영찬(金榮讚) 고려대 1993.09.04

대회	연도	소속	출전	교체	득점	도움	파울	경고	퇴장
K1	2013	전북	1	0	0	0	0	0	0
	2013	대구	6	1	0	0	5	0	0
	2015	전북	5	2	0	0	3	1	0
	2016	전북	12	4	0	0	9	2	0
	2017	전북	0	0	0	0	0	0	0
		합계	24	7	0	0	17	3	0
K2	2014	수원FC	19	5	1	2	23	7	0
	2018	안양	31	1	1	0	40	6	0
	2019	수원FC	20	1	0	2	17	2	0
	2020	부천	21	8	0	0	16	4	0
	2021	경남	28	2	3	1	40	2	0
		합계	119	12	3	3	140	28	0
		프로통산	143	19	3	3	157	31	0

김영철(金永喆) 광운전자공고 1960.04.28

대회	연도	소속	출전	교체	득점	도움	파울	경고	퇴장
BC	1984	국민은행	21	6	3	3	12	1	0
		합계	21	6	3	3	12	1	0
		프로통산	21	6	3	3	12	1	0

김영철(金榮喆) 아주대 1967.10.10

대회	연도	소속	출전	교체	득점	도움	파울	경고	퇴장
BC	1990	현대	2	2	0	0	0	0	0
	1996	수원	1	1	0	0	0	0	0
		합계	3	3	0	0	0	0	0
		프로통산	3	3	0	0	0	0	0

김영철(金永徹) 건국대 1976.06.30

대회	연도	소속	출전	교체	득점	도움	파울	경고	퇴장
BC	1999	천안일화	33	1	0	1	38	3	0
	2000	성남일화	38	3	0	3	33	4	0
	2001	성남일화	35	0	0	1	47	4	0
	2002	성남일화	36	0	0	0	53	2	0
	2003	광주상무	35	1	0	0	40	7	0
	2004	광주상무	30	0	0	0	28	4	0
	2005	성남일화	36	1	0	1	49	3	0
	2006	성남일화	32	2	0	0	38	5	0
	2007	성남일화	29	0	1	2	28	3	0
	2008	성남일화	32	1	0	0	40	3	0
	2009	전남	20	9	0	0	13	2	0
	합계		356	18	1	7	407	40	0
프로통산			356	18	1	7	407	40	0

김영철(金永喆) 풍생고 1984.04.08

대회	연도	소속	출전	교체	득점	도움	파울	경고	퇴장
BC	2003	전남	7	7	0	0	4	1	0
	2005	광주상무	2	2	0	0	0	0	0
	2007	경남	3	3	0	0	2	1	0
	합계		12	12	0	0	6	2	0
프로통산			12	12	0	0	6	2	0

김영한(金永韓) 성균관대 1998.02.21

대회	연도	소속	출전	교체	득점	도움	파울	경고	퇴장
K2	2020	경남	4	4	0	0	4	1	0
	합계		4	4	0	0	4	1	0
프로통산			4	4	0	0	4	1	0

김영호(金榮浩) 단국대 1961.04.20

대회	연도	소속	출전	교체	실점	도움	파울	경고	퇴장
BC	1985	유공	13	0	14	0	0	0	0
	1986	유공	24	0	3	0	0	0	0
	1989	일화	18	0	36	0	0	0	0
	1990	일화	21	0	25	0	1	0	0
	1991	일화	20	5	33	0	1	2	0
	합계		98	5	127	0	1	4	0
프로통산			98	5	127	0	1	4	0

김영호(金永澔) 주문진수도공고 1972.06.06

대회	연도	소속	출전	교체	실점	도움	파울	경고	퇴장
BC	1995	포항	0	0	0	0	0	0	0
	1996	포항	0	0	0	0	0	0	0
	합계		0	0	0	0	0	0	0
프로통산			0	0	0	0	0	0	0

김영후(金泳厚) 숭실대 1983.03.11

대회	연도	소속	출전	교체	득점	도움	파울	경고	퇴장
BC	2009	강원	30	6	13	8	29	4	0
	2010	강원	32	2	14	5	39	1	0
	2011	강원	31	19	6	0	36	0	0
	합계		93	27	33	13	104	5	0
K1	2013	강원	5	4	1	0	4	0	0
K2	2013	경찰	23	4	10	3	19	3	0
	2014	강원	23	14	4	2	23	1	0
	2016	안양	20	17	3	0	21	0	0
	합계		66	49	17	5	66	7	1
승	2013	강원	1	0	0	0	1	0	0
프로통산			165	80	51	18	180	12	1

김예성(金蘂晟) 광주대 1996.10.21

대회	연도	소속	출전	교체	득점	도움	파울	경고	퇴장
K2	2018	대전	14	3	0	0	14	1	0
	2019	대전	13	0	0	1	11	2	0
	2021	안산	9	9	0	0	13	0	0
	합계		36	12	0	0	31	5	0
프로통산			36	12	0	0	31	5	0

김예지(金芮志) 단국대 1999.06.06

대회	연도	소속	출전	교체	실점	도움	파울	경고	퇴장
K1	2021	제주	0	0	0	0	0	0	0
	합계		0	0	0	0	0	0	0
프로통산			0	0	0	0	0	0	0

김오규(金吾奎) 관동대(가톨릭관동대) 1989.06.20

대회	연도	소속	출전	교체	득점	도움	파울	경고	퇴장
BC	2011	강원	1	0	0	0	2	0	0
	2012	강원	33	6	0	0	44	4	0
	합계		34	6	0	0	46	4	0
K1	2013	강원	34	1	0	0	35	8	0
	2016	상주	24	1	0	0	28	6	0
	2017	상주	11	0	0	0	15	1	0
	2017	강원	33	0	2	0	24	2	0
	2018	강원	31	0	1	0	29	5	0
	2019	강원	30	1	0	1	35	6	0
	2020	강원	4	1	0	0	4	1	0
	2021	제주	37	1	1	1	45	7	0
	합계		191	6	4	4	190	39	0
K2	2014	강원	14	0	0	1	18	1	0
	2015	강원	14	0	0	1	8	1	0
	2015	상주	11	1	0	1	11	2	0
	2020	제주	18	3	1	0	23	4	0
	합계		74	4	2	1	80	13	1
승	2013	강원	2	0	1	0	7	2	0
	합계		2	0	1	0	7	2	0
프로통산			301	16	6	5	323	58	1

김오성(金五星) 고려대 1986.08.16

대회	연도	소속	출전	교체	득점	도움	파울	경고	퇴장
BC	2009	대구	5	5	0	0	3	0	0
	2010	대구	1	1	0	0	2	0	0
	합계		6	6	0	0	5	0	0
프로통산			6	6	0	0	5	0	0

김완수(金完洙) 전북대 1962.01.13

대회	연도	소속	출전	교체	득점	도움	파울	경고	퇴장
BC	1983	포항제철	7	3	2	0	5	0	0
	1984	포항제철	8	7	0	0	5	0	0
	1985	포항제철	16	0	1	1	36	1	0
	1986	포항제철	22	4	4	1	25	1	0
	합계		54	11	7	2	71	3	0
프로통산			54	11	7	2	71	3	0

김완수(金完秀) 중앙대 1981.06.05

대회	연도	소속	출전	교체	득점	도움	파울	경고	퇴장
BC	2004	대구	12	11	0	0	14	2	0
	2005	대구	9	7	0	0	9	1	0
	합계		21	18	0	0	23	3	0
프로통산			21	18	0	0	23	3	0

김왕주(金旺珠) 연세대 1968.06.12

대회	연도	소속	출전	교체	득점	도움	파울	경고	퇴장
BC	1991	일화	10	10	0	0	4	0	0
	1993	일화	3	5	0	0	1	0	0
	합계		13	15	0	0	6	0	0
프로통산			13	15	0	0	6	0	0

김요환(金耀煥) 연세대 1977.05.23

대회	연도	소속	출전	교체	득점	도움	파울	경고	퇴장
BC	2002	전남	8	8	0	0	4	0	0
	2003	전남	8	8	0	0	5	0	0
	2004	전남	10	10	0	0	7	0	0
	2005	전남	2	4	0	0	1	0	0
	합계		28	30	0	0	17	0	0
프로통산			28	30	0	0	17	0	0

김용구(金勇九) 인천대 1981.03.08

대회	연도	소속	출전	교체	득점	도움	파울	경고	퇴장
BC	2004	인천	8	8	0	0	7	1	0
	합계		8	8	0	0	7	1	0
프로통산			8	8	0	0	7	1	0

김용대(金龍大) 연세대 1979.10.11

대회	연도	소속	출전	교체	실점	도움	파울	경고	퇴장
BC	2002	부산	9	1	10	0	0	0	0
	2003	부산	36	0	54	0	0	1	0
	2004	부산	29	0	29	0	1	2	0
	2005	부산	29	1	36	0	2	0	0
	2006	성남일화	28	0	28	0	0	2	0
	2007	성남일화	29	0	26	0	0	0	0
	2008	광주상무	25	0	46	0	0	0	0
	2009	광주상무	26	0	34	0	0	0	0
	2009	성남일화	3	0	6	0	0	0	0
	2010	서울	37	0	35	0	0	0	0
	2011	서울	29	1	37	0	2	1	0
	2012	서울	44	0	42	0	0	2	0
	합계		323	4	385	0	5	8	0
K1	2013	서울	35	0	42	0	0	1	0
	2014	서울	24	1	19	0	0	0	0
	2015	서울	12	0	21	0	0	0	0
	2016	울산	28	0	35	0	1	1	0
	2017	울산	20	0	38	0	0	1	0
	2018	울산	14	1	20	0	0	0	0
	합계		137	2	162	0	1	5	0
프로통산			460	6	547	0	6	13	0

김용범(金龍凡) 고려대 1971.06.16

대회	연도	소속	출전	교체	득점	도움	파울	경고	퇴장
BC	1998	대전	29	5	0	1	32	3	0
	1999	대전	26	8	0	1	31	2	0
	2000	대전	15	5	0	0	14	1	0
	2001	대전	1	0	0	0	1	0	0
	합계		71	18	0	2	78	6	0
프로통산			71	18	0	2	78	6	0

김용세(金鎔世) 중동고 1960.04.21

대회	연도	소속	출전	교체	득점	도움	파울	경고	퇴장
BC	1983	유공	16	2	2	4	10	0	0
	1984	유공	28	2	14	2	40	1	0
	1985	유공	21	1	12	0	19	1	0
	1986	유공	13	0	6	7	17	2	0
	1987	유공	19	3	2	1	16	1	0
	1988	유공	11	1	4	1	23	2	0
	1989	일화	20	3	6	0	27	3	1
	1990	일화	24	9	7	1	18	0	0
	1991	일화	13	10	1	1	9	1	0
	합계		165	38	53	18	179	12	1
프로통산			165	38	53	18	179	12	1

김용찬(金容燦) 아주대 1990.04.08

대회	연도	소속	출전	교체	득점	도움	파울	경고	퇴장
K1	2013	경남	23	7	0	0	41	6	0
	2014	인천	0	0	0	0	0	0	0
	합계		23	7	0	0	41	6	0
K2	2015	충주	6	2	0	1	8	1	0
	합계		6	2	0	1	8	1	0
프로통산			29	9	0	1	49	7	0

김용태(金龍太) 울산대 1984.05.20

대회	연도	소속	출전	교체	득점	도움	파울	경고	퇴장
BC	2006	대전	28	19	2	3	25	0	0
	2007	대전	22	16	0	0	26	3	0
	2008	대전	22	14	1	2	27	2	0
	2009	울산	21	13	0	0	13	2	0
	2010	울산	21	16	1	1	12	2	0
	2011	상주	14	8	1	4	12	2	0
	2012	상주	13	11	4	1	12	2	0
	2012	울산	2	2	0	0	5	0	0
	합계		143	90	9	5	122	11	0
K1	2013	울산	27	22	2	0	16	1	0
	2014	울산	12	10	0	0	14	2	0
	2014	부산	14	8	1	1	11	0	0
	2015	부산	21	15	0	0	10	1	0
	합계		74	51	5	4	45	5	0
K2	2016	충주	25	11	0	4	14	2	0
	합계		25	11	0	4	14	2	0
프로통산			242	152	10	17	186	17	0

김용한(金容漢) 수원대 1990.07.30

대회	연도	소속	출전	교체	득점	도움	파울	경고	퇴장
K2	2013	수원FC	8	9	0	0	5	0	0
		합계	8	9	0	0	5	0	0
프로통산			8	9	0	0	5	0	0

김용한(金龍漢) 강릉농공고 1986.06.28

대회	연도	소속	출전	교체	득점	도움	파울	경고	퇴장
BC	2006	인천	3	3	0	0	3	1	0
		합계	3	3	0	0	3	1	0
프로통산			3	3	0	0	3	1	0

김용해(金容海) 동국대 1958.05.24

대회	연도	소속	출전	교체	득점	도움	파울	경고	퇴장
BC	1983	유공	2	2	0	0	0	0	0
	1984	럭키금성	9	8	1	1	4	0	0
	1985	럭키금성	2	2	1	0	0	0	0
		합계	13	12	1	1	4	0	0
프로통산			13	12	1	1	4	0	0

김용호(金龍虎) 수도전기공고 1971.03.20

대회	연도	소속	출전	교체	득점	도움	파울	경고	퇴장
BC	1990	대우	2	2	0	0	0	0	0
	1994	대우	4	4	0	0	2	0	0
		합계	6	6	0	0	2	0	0
프로통산			6	6	0	0	2	0	0

김용환(金容奐) 숭실대 1993.05.25

대회	연도	소속	출전	교체	득점	도움	파울	경고	퇴장
K1	2014	인천	14	2	0	0	23	1	0
	2015	인천	3	3	0	0	1	0	0
	2016	인천	28	6	3	3	28	6	0
	2017	인천	30	8	2	1	32	3	0
	2018	인천	18	7	0	0	15	2	0
	2019	포항	35	5	2	1	39	2	0
	2020	포항	2	0	0	0	3	1	0
	2021	포항	3	0	0	0	0	1	0
		합계	133	31	7	5	141	16	0
K2	2021	김천	20	6	1	1	20	5	0
		합계	20	6	1	1	20	5	0
프로통산			153	37	8	6	161	21	0

김용훈(金龍勳) 경북산업대(경일대) 1969.09.15

대회	연도	소속	출전	교체	득점	도움	파울	경고	퇴장
BC	1994	버팔로	1	1	0	0	0	0	0
		합계	1	1	0	0	0	0	0
프로통산			1	1	0	0	0	0	0

김용희(金容熙) 중앙대 1978.10.15

대회	연도	소속	출전	교체	득점	도움	파울	경고	퇴장
BC	2001	성남일화	27	1	1	0	37	4	0
	2003	성남일화	18	8	1	0	19	3	0
	2004	부산	31	3	0	1	54	9	0
	2005	광주상무	34	6	1	1	43	5	0
	2007	부산	32	11	2	2	27	2	0
	2008	전북	9	4	0	0	5	1	0
		합계	151	33	5	4	185	24	0
프로통산			151	33	5	4	185	24	0

김우경(金祐經) 묵호고 1991.12.04

대회	연도	소속	출전	교체	득점	도움	파울	경고	퇴장
BC	2011	강원	0	0	0	0	0	0	0
		합계	0	0	0	0	0	0	0
프로통산			0	0	0	0	0	0	0

김우석(金祐錫) 신갈고 1996.08.04

대회	연도	소속	출전	교체	득점	도움	파울	경고	퇴장
K1	2017	대구	12	1	0	1	27	4	0
	2018	대구	20	5	0	0	15	4	0
	2019	대구	35	4	2	1	35	9	0
	2020	대구	25	2	0	0	20	2	0
	2021	대구	12	8	0	0	11	6	0
		합계	104	21	2	2	108	25	0
K2	2016	대구	0	0	0	0	0	0	0
		합계	0	0	0	0	0	0	0
프로통산			104	21	2	2	108	25	0

김우재(金佑載) 경희대 1976.09.13

대회	연도	소속	출전	교체	득점	도움	파울	경고	퇴장
BC	1999	천안일화	5	5	0	0	5	0	0
	2000	성남일화	4	4	0	0	3	0	0
	2001	성남일화	1	1	0	0	2	0	0
	2002	성남일화	8	8	0	0	8	0	0
	2003	성남일화	30	7	2	0	60	8	0
	2004	인천	32	6	1	1	93	8	0
	2005	전남	15	8	0	1	28	3	0
		합계	95	39	3	2	199	19	0
프로통산			95	39	3	2	199	19	0

김우진(金佑振) 경기대 1989.09.17

대회	연도	소속	출전	교체	득점	도움	파울	경고	퇴장
BC	2012	대전	1	1	0	0	1	0	0
		합계	1	1	0	0	1	0	0
K2	2013	부천	1	1	0	0	0	0	0
		합계	1	1	0	0	0	0	0
프로통산			2	2	0	0	1	0	0

김우진(金佑振) 경희대 1980.04.19

대회	연도	소속	출전	교체	득점	도움	파울	경고	퇴장
BC	2003	부천SK	12	7	0	1	9	1	0
	2004	부천SK	30	5	0	1	40	2	0
		합계	42	12	0	2	49	3	0
프로통산			42	12	0	2	49	3	0

김우철(金禹哲) 단국대 1989.07.04

대회	연도	소속	출전	교체	득점	도움	파울	경고	퇴장
BC	2012	전북	2	2	0	0	1	0	0
		합계	2	2	0	0	1	0	0
K1	2013	전북	1	1	0	0	0	0	0
		합계	1	1	0	0	0	0	0
K2	2014	광주	3	3	0	0	8	0	0
		합계	3	3	0	0	8	0	0
프로통산			6	6	0	0	9	0	0

김우철(金禹喆) 상지대 1982.10.01

대회	연도	소속	출전	교체	득점	도움	파울	경고	퇴장
BC	2007	전북	1	1	0	0	0	0	0
		합계	1	1	0	0	0	0	0
프로통산			1	1	0	0	0	0	0

김우현 동아대 1974.01.01

대회	연도	소속	출전	교체	득점	도움	파울	경고	퇴장
BC	1996	부천유공	0	0	0	0	0	0	0
		합계	0	0	0	0	0	0	0
프로통산			0	0	0	0	0	0	0

김우홍(金祐泓) 풍생고 1995.01.11

대회	연도	소속	출전	교체	득점	도움	파울	경고	퇴장
K1	2018	서울	1	1	0	0	1	0	0
		합계	1	1	0	0	1	0	0

김운오(金澐五) 고려대 1961.04.14

대회	연도	소속	출전	교체	득점	도움	파울	경고	퇴장
BC	1984	한일은행	6	2	0	0	2	0	0
		합계	6	2	0	0	2	0	0
프로통산			6	2	0	0	2	0	0

김원균(金遠均) 고려대 1992.05.01

대회	연도	소속	출전	교체	득점	도움	파울	경고	퇴장
K1	2015	서울	1	1	0	0	0	0	0
	2017	서울	3	1	0	0	6	0	0
	2018	서울	24	1	1	0	37	7	0
	2019	서울	11	2	0	0	16	1	0
	2020	서울	5	2	0	0	6	1	0
	2021	서울	19	10	0	0	37	6	0
		합계	63	17	1	0	102	15	0
K2	2015	강원	15	1	0	0	19	2	0
	2016	강원	8	2	1	0	17	3	0
		합계	23	3	1	0	36	5	0
승	2018	서울	2	0	0	0	2	0	0
		합계	2	0	0	0	2	0	0
프로통산			88	20	2	0	140	20	0

김원근(金元根) 성균관대 1958.07.28

대회	연도	소속	출전	교체	득점	도움	파울	경고	퇴장
BC	1984	한일은행	5	4	0	0	1	0	0
		합계	5	4	0	0	1	0	0
프로통산			5	4	0	0	1	0	0

김원민(金元敏) 건국대 1987.08.12

대회	연도	소속	출전	교체	득점	도움	파울	경고	퇴장
K2	2013	안양	29	26	4	4	31	1	0
	2014	안양	25	25	2	2	17	1	0
	2017	안양	11	10	0	0	6	0	0
	2018	안양	25	17	4	3	14	1	0
	2019	안양	27	26	3	0	17	3	0
		합계	117	104	13	9	85	6	0
프로통산			117	104	13	9	85	6	0

김원석(金洹碩) 중원대 1997.12.10

대회	연도	소속	출전	교체	득점	도움	파울	경고	퇴장
K2	2020	충남아산	14	13	1	1	8	0	0
	2021	충남아산	10	10	0	0	4	0	0
		합계	24	23	1	1	12	0	0
프로통산			24	23	1	1	12	0	0

김원식(金元植) 동북고 1991.11.05

대회	연도	소속	출전	교체	득점	도움	파울	경고	퇴장
K1	2015	인천	31	3	0	0	83	15	0
	2016	서울	20	7	0	0	19	2	0
	2017	서울	6	6	0	0	6	0	0
	2018	서울	11	7	0	0	17	1	0
	2019	서울	19	7	0	0	19	2	0
	2020	서울	16	6	1	0	27	3	0
	2021	광주	27	19	0	0	52	6	0
		합계	130	55	1	0	223	29	0
K2	2013	경찰	0	0	0	0	0	0	0
	2014	안산경찰	10	6	0	0	11	2	0
		합계	10	6	0	0	11	2	0
승	2018	서울	1	0	0	0	1	0	0
		합계	1	0	0	0	1	0	0
프로통산			141	65	1	0	235	31	0

김원일(金源一) 숭실대 1986.10.18

대회	연도	소속	출전	교체	득점	도움	파울	경고	퇴장
BC	2010	포항	13	2	0	0	21	2	0
	2011	포항	23	5	0	1	44	8	0
	2012	포항	32	3	4	0	63	5	0
		합계	68	10	4	1	128	15	0
K1	2013	포항	34	1	3	0	56	8	0
	2014	포항	18	2	1	0	40	5	0
	2015	포항	24	1	0	0	36	5	0
	2016	포항	17	3	0	0	25	4	1
	2017	제주	26	3	1	3	34	9	0
	2018	제주	20	0	0	0	32	6	0
	2019	제주	9	5	0	1	15	1	0
		합계	148	15	8	1	238	40	1
프로통산			216	25	12	2	366	55	1

김유성(金侑聖) 경희대 1988.12.04

대회	연도	소속	출전	교체	득점	도움	파울	경고	퇴장
BC	2010	경남	3	1	0	0	3	0	0
	2011	경남	4	0	0	1	11	0	0
	2011	대구	6	4	0	0	9	0	0
	2012	대구	12	11	2	0	7	1	0
		합계	25	16	2	1	28	2	0
K1	2013	대구							
		합계							
K2	2014	광주	11	10	0	0	9	1	0
	2015	고양	36	14	12	3	65	2	0
	2016	고양	19	11	0	0	43	3	0

	합계	68	33	13	3	117	7	0
	프로통산	93	51	15	4	145	9	0

김유성(金裕成) 대건고 2001.03.31

대회	연도	소속	출전	교체	실점	도움	파울	경고	퇴장
K1	2020	인천	0	0	0	0	0	0	0
	2021	인천	0	0	0	0	0	0	0
	합계		0	0	0	0	0	0	0
프로통산			0	0	0	0	0	0	0

김유진(金裕晉) 부산정보산업고 1983.06.19

대회	연도	소속	출전	교체	득점	도움	파울	경고	퇴장
BC	2002	수원	0	0	0	0	0	0	0
	2005	부산	25	1	0	0	27	3	0
	2007	부산	11	0	1	0	10	0	0
	2008	부산	25	5	0	0	33	5	0
	2009	부산	10	3	0	1	13	0	0
	합계		71	9	3	1	83	8	0
프로통산			71	9	3	1	83	8	0

김윤구(金潤求) 경희대 1979.09.01

대회	연도	소속	출전	교체	득점	도움	파울	경고	퇴장
BC	2002	울산	4	4	0	0	1	0	0
	2003	울산	2	2	0	0	1	0	0
	2004	울산	2	0	0	0	5	0	0
	합계		8	6	0	0	7	0	0
프로통산			8	6	0	0	7	0	0

김윤구(金允求) 광운대 1985.02.25

대회	연도	소속	출전	교체	득점	도움	파울	경고	퇴장
BC	2007	광주상무	14	3	0	0	16	1	0
	합계		14	3	0	0	16	1	0
프로통산			14	3	0	0	16	1	0

김윤근(金允根) 동아대 1972.09.22

대회	연도	소속	출전	교체	득점	도움	파울	경고	퇴장
BC	1995	유공	15	15	2	0	17	0	0
	1996	부천유공	25	19	7	2	14	2	0
	1999	부천SK	0	0	0	0	4	0	0
	합계		40	34	9	2	35	1	0
프로통산			40	34	9	2	35	1	0

김윤수(金潤洙) 영남대 1994.05.17

대회	연도	소속	출전	교체	득점	도움	파울	경고	퇴장
K2	2018	광주	0	0	0	0	0	0	0
	합계		0	0	0	0	0	0	0
프로통산			0	0	0	0	0	0	0

김윤식(金潤植) 홍익대 1984.01.29

대회	연도	소속	출전	교체	득점	도움	파울	경고	퇴장
BC	2006	포항	22	18	0	1	31	2	0
	2007	포항	13	9	0	1	24	1	0
	2008	포항	2	2	0	0	1	0	0
	합계		37	29	0	2	56	3	0
프로통산			37	29	0	2	56	3	0

김윤재(金潤載) 홍익대 1992.05.14

대회	연도	소속	출전	교체	득점	도움	파울	경고	퇴장
K2	2014	대전	0	0	0	0	0	0	0
	2015	수원FC	3	3	1	0	1	0	0
	합계		3	3	1	0	1	0	0

김윤호(金倫滸) 관동대(가톨릭관동대) 1990.09.21

대회	연도	소속	출전	교체	득점	도움	파울	경고	퇴장
K1	2013	강원	4	4	0	0	4	0	0
	합계		4	4	0	0	4	0	0
K2	2014	강원	25	15	0	2	29	5	0
	2015	강원	21	18	0	1	27	4	0
	2017	부산	3	2	0	0	2	1	0
	합계		62	44	1	2	75	14	1
승	2013	강원							
	2016	강원							
	합계		2	2	0	0	2	0	0
프로통산			68	50	1	2	82	14	1

김은석(金恩爽) 경기대 1972.03.14

대회	연도	소속	출전	교체	득점	도움	파울	경고	퇴장
BC	1999	포항	23	3	0	0	17	1	0
	2000	포항	22	1	0	0	19	2	0
	2001	포항	22	5	1	1	21	1	0
	2002	포항	26	5	0	0	50	5	0
	합계		93	14	1	1	107	9	0
프로통산			93	14	1	1	107	9	0

김은선(金恩宣) 대구대 1988.03.30

대회	연도	소속	출전	교체	득점	도움	파울	경고	퇴장
BC	2011	광주	27	4	1	1	79	9	0
	2012	광주	34	4	8	2	78	10	0
	합계		61	8	9	3	157	19	0
K1	2014	수원	37	3	0	8	80	4	0
	2015	수원	9	2	1	0	13	1	0
	2017	수원	5	4	0	1	13	1	0
	2018	수원	12	6	0	0	11	1	0
	합계		63	15	1	9	117	7	0
K2	2013	광주	27	2	7	2	82	9	0
	2016	안산무궁	8	0	0	0	26	3	0
	2017	아산	12	1	0	0	21	4	0
	합계		60	11	10	2	129	16	0
프로통산			184	34	22	4	403	42	0

김은중(金殷中) 동북고 1979.04.08

대회	연도	소속	출전	교체	득점	도움	파울	경고	퇴장
BC	1997	대전	14	14	0	0	3	0	0
	1998	대전	29	8	6	2	32	0	0
	1999	대전	24	9	4	1	22	0	0
	2000	대전	20	8	6	2	29	1	0
	2001	대전	31	5	9	5	60	4	0
	2002	대전	27	1	7	1	35	2	1
	2003	대전	22	1	0	7	38	5	0
	2004	서울	29	11	8	2	58	3	0
	2005	서울	30	18	7	7	59	0	0
	2006	서울	37	26	14	5	39	1	0
	2007	서울	16	10	4	2	26	1	0
	2008	서울	21	17	5	4	21	1	0
	2010	제주	34	4	17	11	43	4	0
	2011	제주	30	11	6	2	38	3	0
	2012	강원	41	31	16	2	48	3	0
	합계		405	167	119	54	570	29	1
K1	2013	강원	13	11	0	1	13	0	0
	2013	포항	9	9	0	0	7	0	0
	합계		22	20	1	1	17	0	0
K2	2014	대전	17	16	3	1	14	0	0
	합계		17	16	3	1	14	0	0
프로통산			444	203	123	56	593	29	1

김은철(金恩徹) 경희대 1968.05.29

대회	연도	소속	출전	교체	득점	도움	파울	경고	퇴장
BC	1991	유공	31	15	1	2	32	3	0
	1992	유공	11	8	1	1	10	1	0
	1993	유공	9	9	0	0	3	0	0
	1996	부천유공	31	12	0	1	24	2	0
	1997	부천SK	16	11	0	0	14	3	0
	1998	부천SK	2	2	0	0	3	0	0
	합계		100	57	2	4	86	9	0
프로통산			100	57	2	4	81	9	0

김은후(金熦侯) (←김의범) 신갈고 1990.05.23

대회	연도	소속	출전	교체	득점	도움	파울	경고	퇴장
BC	2010	전북	1	1	0	0	1	0	0
	2011	강원	6	6	1	0	5	1	0
	합계		7	7	1	0	6	1	0
프로통산			7	7	1	0	6	1	0

김의섭(金義燮) 경기대 1987.09.22

대회	연도	소속	출전	교체	득점	도움	파울	경고	퇴장
BC	2010	전북	1	1	0	0	0	0	0
	합계		1	1	0	0	0	0	0
프로통산			1	1	0	0	0	0	0

김의신(金義信) 호원대 1992.11.26

대회	연도	소속	출전	교체	득점	도움	파울	경고	퇴장
K1	2015	광주	1	1	0	0	1	0	0
	합계		1	1	0	0	1	0	0
프로통산			1	1	0	0	1	0	0

김의원(金毅員) 동북고 1998.11.01

대회	연도	소속	출전	교체	득점	도움	파울	경고	퇴장
K2	2017	경남	4	3	0	1	6	0	0
	합계		4	3	0	1	6	0	0
프로통산			4	3	0	1	6	0	0

김이석(金利錫) 수원대 1998.06.19

대회	연도	소속	출전	교체	득점	도움	파울	경고	퇴장
K2	2021	안산	10	6	0	0	10	0	0
	합계		10	6	0	0	10	0	0
프로통산			10	6	0	0	10	0	0

김이섭(金利燮) 전주대 1974.04.27

대회	연도	소속	출전	교체	실점	도움	파울	경고	퇴장
BC	1997	포항	28	0	28	0	0	1	0
	1998	포항	31	1	47	0	1	0	0
	1999	포항	13	0	20	0	0	1	0
	2000	포항	5	0	8	0	0	0	0
	2002	전북	0	0	0	0	0	0	0
	2003	전북	5	0	5	0	0	0	0
	2004	인천	15	0	15	0	0	0	0
	2005	인천	20	0	25	0	0	1	0
	2006	인천	11	0	9	0	0	0	0
	2007	인천	26	0	31	0	0	0	0
	2008	인천	13	1	13	0	0	0	0
	2009	인천	24	1	47	0	2	0	0
	2010	인천	12	1	25	0	0	0	0
	합계		217	3	273	0	3	3	0
프로통산			217	3	273	0	3	3	0

김이주(金利主) 전주대 1966.03.01

대회	연도	소속	출전	교체	득점	도움	파울	경고	퇴장
BC	1989	일화	36	23	3	3	30	1	0
	1990	일화	24	18	2	2	24	0	0
	1991	일화	35	27	8	5	36	1	0
	1992	일화	34	28	2	1	49	0	0
	1993	일화	29	17	7	3	36	1	0
	1994	일화	30	18	7	1	39	1	0
	1995	일화	27	24	2	3	37	1	0
	1996	수원	27	5	1	7	60	0	0
	1997	수원	1	1	0	0	0	0	0
	1997	천안일화	27	21	0	2	38	0	0
	1998	천안일화	27	21	0	2	38	0	0
	합계		266	193	39	23	319	5	0
프로통산			266	193	39	23	319	5	0

김익현(金益現) 고려대 1989.04.30

대회	연도	소속	출전	교체	득점	도움	파울	경고	퇴장
BC	2009	부산	0	0	0	0	0	0	0
	2010	부산	3	2	0	0	5	5	0
	2011	부산	5	5	0	0	5	0	0
	2012	부산	6	6	0	0	4	0	0
	합계		14	13	0	0	14	5	0
K1	2013	부산	7	4	1	1	24	6	0
	2014	부산	19	14	1	1	26	6	0
	2015	부산	7	4	0	0	7	0	0
	합계		48	25	2	1	47	12	0
승	2015	부산	1	1	0	0	2	0	0
	합계		1	1	0	0	2	0	0
프로통산			63	39	2	1	63	17	0

김익형(金翼亨) 한양대 1958.06.17

대회	연도	소속	출전	교체	득점	도움	파울	경고	퇴장
BC	1985	포항제철	16	0	1	0	12	1	0
	1986	포항제철	25	7	0	1	20	0	0
	합계		41	7	1	2	32	1	0

프로통산 | 41 | 7 | 0 | 1 | 32 | 1 | 0

김인균(金仁均) 청주대 1998.07.23

대회	연도	소속	출전	교체	득점	도움	파울	경고	퇴장
K2	2020	충남아산	12	9	0	0	13	1	0
	2021	충남아산	32	12	8	2	47	5	0
	합계		44	21	8	2	60	6	0
프로통산			44	21	8	2	60	6	0

김인석(金仁錫) 군장대 1992.04.23

대회	연도	소속	출전	교체	실점	도움	파울	경고	퇴장
K1	2015	제주	0	0	0	0	0	0	0
	합계		0	0	0	0	0	0	0
프로통산			0	0	0	0	0	0	0

김인섭(金仁燮) 동국대 1972.07.09

대회	연도	소속	출전	교체	득점	도움	파울	경고	퇴장
BC	1995	포항	1	1	0	0	0	0	0
	합계		1	1	0	0	0	0	0
프로통산			1	1	0	0	0	0	0

김인성(金仁成) 성균관대 1989.09.09

대회	연도	소속	출전	교체	득점	도움	파울	경고	퇴장
K1	2013	성남일화	31	31	2	2	23	1	0
	2014	전북	11	10	0	0	13	1	0
	2015	인천	32	19	0	0	58	3	0
	2016	울산	16	16	1	0	15	0	0
	2017	울산	36	26	5	3	41	2	0
	2018	울산	37	18	3	5	25	2	0
	2019	울산	34	18	7	3	40	3	0
	2020	울산	24	8	4	6	26	2	0
	2021	울산	15	12	4	0	8	0	0
	합계		231	158	33	19	249	14	0
K2	2021	서울E	15	4	2	2	11	2	0
	합계		15	4	2	2	11	2	0
프로통산			246	162	39	21	260	16	0

김인완(金仁完) 경희대 1971.02.13

대회	연도	소속	출전	교체	득점	도움	파울	경고	퇴장
BC	1995	전남	24	14	2	4	33	2	1
	1996	전남	31	19	3	2	46	4	0
	1997	전남	24	7	4	4	31	2	0
	1998	전남	33	11	8	2	52	3	0
	1999	전남	15	11	1	2	22	1	0
	1999	천안일화	11	2	3	1	19	0	0
	2000	성남일화	10	9	0	0	16	1	0
	합계		146	73	23	15	229	13	1
프로통산			146	73	23	15	229	13	1

김인호(金仁鎬) 마산공고 1983.06.09

대회	연도	소속	출전	교체	득점	도움	파울	경고	퇴장
BC	2006	전북	28	11	0	0	41	5	1
	2007	전북	20	11	0	0	27	6	0
	2008	전북	17	8	0	2	18	0	0
	2009	전북	6	2	0	0	2	1	0
	2009	제주	3	0	0	0	14	2	0
	2010	제주	11	0	0	0	14	2	0
	2011	제주	6	0	2	0	34	4	0
	합계		91	32	2	2	134	20	1
프로통산			91	32	2	2	134	20	1

김일진(金一鎭) 영남대 1970.04.05

대회	연도	소속	출전	교체	실점	도움	파울	경고	퇴장
BC	1993	포항제철	2	0	3	0	0	0	0
	1998	포항	9	1	5	0	1	0	0
	1999	포항	1	0	1	0	0	0	0
	2000	포항	1	0	4	0	0	0	0
	합계		13	1	13	0	1	0	0
프로통산			13	1	13	0	1	0	0

김재구(金在九) 단국대 1977.03.12

대회	연도	소속	출전	교체	득점	도움	파울	경고	퇴장
BC	2000	성남일화	1	0	0	0	4	0	0
	2001	성남일화	1	1	0	0	0	0	0
	합계		2	1	0	0	3	0	0
프로통산			2	1	0	0	3	0	0

김재봉(金載俸) 광주대 1996.09.06

대회	연도	소속	출전	교체	득점	도움	파울	경고	퇴장
K1	2021	제주	0	0	0	0	0	0	0
	합계		0	0	0	0	0	0	0
K2	2018	성남	9	6	0	0	12	2	0
	2020	제주	4	2	0	0	6	0	0
	2021	안산	4	2	0	0	7	0	0
	합계		17	10	0	0	25	4	0
프로통산			17	10	0	0	25	4	0

김재석(金載錫) 수원공고 2001.02.01

대회	연도	소속	출전	교체	득점	도움	파울	경고	퇴장
K2	2020	안산	0	0	0	0	0	0	0
	합계		0	0	0	0	0	0	0
프로통산			0	0	0	0	0	0	0

김재성(金在成) 아주대 1983.10.03

대회	연도	소속	출전	교체	득점	도움	파울	경고	퇴장
BC	2005	부천SK	35	10	2	1	69	4	0
	2006	제주	31	4	2	2	53	6	0
	2007	제주	24	4	2	4	52	6	0
	2008	포항	26	15	1	4	42	3	0
	2009	포항	24	11	1	4	45	6	0
	2010	포항	30	5	1	4	44	8	0
	2011	포항	25	3	4	7	35	5	0
	2012	상주	24	4	10	3	14	10	0
	합계		220	65	19	21	375	50	0
K1	2013	포항	3	1	1	1	5	0	0
	2014	포항	29	15	7	4	36	6	0
	2016	제주	14	9	1	0	13	4	0
	2017	전남	8	7	0	2	0	0	0
	합계		54	32	7	7	54	10	0
K2	2013	상주	39	4	4	7	54	10	0
	2015	서울E	26	15	3	7	38	5	0
	2016	서울E	17	3	1	1	20	2	0
	합계		82	22	8	15	112	17	0
프로통산			356	119	34	43	541	77	0

김재성(金哉成) 동국대 1999.07.15

대회	연도	소속	출전	교체	득점	도움	파울	경고	퇴장
K2	2020	충남아산	5	1	0	0	5	0	0
	2021	충남아산	5	5	0	0	0	2	0
	합계		10	6	0	0	5	2	0
프로통산			10	6	0	0	5	2	0

김재소(金在昭) 경희고 1965.11.06

대회	연도	소속	출전	교체	득점	도움	파울	경고	퇴장
BC	1989	일화	20	11	0	1	22	1	0
	1990	일화	16	10	0	1	15	2	0
	1991	일화	29	18	0	0	37	2	0
	1992	일화	10	7	0	0	11	0	0
	1993	일화	1	1	0	0	0	0	0
	합계		70	43	0	2	85	5	0
프로통산			70	43	0	2	85	5	0

김재신(金在信) 건국대 1973.08.30

대회	연도	소속	출전	교체	득점	도움	파울	경고	퇴장
BC	1998	수원	7	5	1	0	8	0	0
	1999	수원	7	5	0	0	7	0	0
	2000	수원	6	2	0	0	9	0	0
	합계		20	12	1	0	24	0	0
프로통산			20	12	1	0	24	0	0

김재신(金在新) 숭실대 1975.03.03

대회	연도	소속	출전	교체	득점	도움	파울	경고	퇴장
BC	1999	전북	1	1	0	0	0	0	0
	2000	전북	18	16	0	1	20	2	0
	2001	전북	10	10	0	0	7	1	0
	합계		29	27	0	1	27	3	0
프로통산			29	27	0	1	27	3	0

김재연(金載淵) 연세대 1989.02.08

대회	연도	소속	출전	교체	득점	도움	파울	경고	퇴장
K2	2013	수원FC	8	3	0	0	12	2	0
	2014	수원FC	15	8	0	0	17	0	0
	2016	서울E	8	7	0	0	5	1	0
	합계		31	18	0	0	34	3	0
프로통산			31	18	0	0	34	3	0

김재우(金載雨) 영등포공고 1998.02.06

대회	연도	소속	출전	교체	득점	도움	파울	경고	퇴장
K1	2020	대구	11	2	0	0	7	4	0
	2021	대구	19	9	0	0	7	0	0
	합계		30	11	0	0	14	4	0
K2	2018	부천	1	0	0	0	0	0	0
	2019	부천	25	5	1	3	29	2	0
	합계		26	5	1	3	29	2	0
프로통산			56	16	1	3	41	8	0

김재웅(金載雄) 경희대 1988.01.01

대회	연도	소속	출전	교체	득점	도움	파울	경고	퇴장
BC	2011	인천	17	10	4	1	49	7	0
	2012	인천	18	16	0	4	47	4	0
	합계		35	26	4	5	96	11	0
K1	2013	인천	7	7	1	0	10	1	0
	2015	인천	5	5	0	0	7	2	0
	2016	수원FC	3	3	0	0	17	2	0
	합계		15	11	1	0	34	5	0
K2	2014	안양	27	23	7	0	67	7	0
	2015	수원FC	21	6	2	1	48	8	0
	2016	안산무궁	16	11	2	0	33	3	0
	2017	아산	5	5	0	0	11	3	0
	2018	서울E	21	14	2	1	30	6	0
	합계		90	59	13	2	189	27	0
승	2015	수원FC	2	0	0	0	6	0	0
	합계		2	0	0	0	6	0	0
프로통산			142	96	18	7	319	43	0

김재윤(← 김성균) 서귀포고 1990.09.04

대회	연도	소속	출전	교체	득점	도움	파울	경고	퇴장
BC	2009	성남일화	4	5	0	0	4	2	0
	2010	강원	1	1	0	0	0	0	0
	2011	전남	0	0	0	0	0	0	0
	합계		5	6	0	0	4	2	0
프로통산			5	6	0	0	4	2	0

김재철(金載哲) 건국대 1996.02.19

대회	연도	소속	출전	교체	득점	도움	파울	경고	퇴장
K2	2020	충남아산	5	5	0	0	2	0	0
	합계		5	5	0	0	2	0	0
프로통산			5	5	0	0	2	0	0

김재헌(金載憲) 영국 포츠머스FC U-18 1996.07.26

대회	연도	소속	출전	교체	득점	도움	파울	경고	퇴장
K2	2020	수원FC	4	4	0	0	6	2	0
	2021	충남아산	6	6	0	1	7	1	0
	합계		10	10	0	1	13	3	0
프로통산			10	10	0	1	13	3	0

김재현(金渽玹 / ← 김응진) 광양제철고 1987.03.09

대회	연도	소속	출전	교체	득점	도움	파울	경고	퇴장
BC	2007	전남	1	1	0	0	1	0	0
	2008	전남	1	1	0	0	1	0	0
	2009	전남	8	0	1	0	14	3	0
	2010	부산	26	4	2	0	40	9	0
	2011	부산	18	5	1	0	18	5	0
	합계		56	10	4	0	74	17	0
K1	2013	부산	8	1	0	0	9	0	0
	2014	부산	5	2	0	1	8	0	0
	합계		13	3	0	1	17	0	0
K2	2016	부산	22	1	1	0	29	2	0
	2017	서울E	12	4	1	0	14	1	0
	2018	서울E	24	3	1	2	7	5	0
	합계		58	8	3	2	50	8	0

대회	연도	소속	출전	교체	득점	도움	파울	경고	퇴장
프로통산			127	21	7	3	141	27	0

김재형(←김재영) 아주대 1973.09.02

대회	연도	소속	출전	교체	득점	도움	파울	경고	퇴장
BC	1996	부산	32	8	6	2	46	5	0
	1997	부산	24	10	0	1	31	6	0
	1998	부산	7	5	0	0	12	2	0
	1999	부산	31	17	0	2	68	1	0
	2000	부산	19	12	0	1	29	1	1
	2001	부산	32	19	1	2	42	3	0
	2002	부산	16	9	0	0	33	3	0
	2004	부산	18	13	2	0	26	3	1
	2005	부산	11	6	1	1	50	3	1
	2006	전북	14	7	0	1	38	1	0
	2007	전북	15	14	0	0	21	0	0
합계			229	120	10	9	396	30	3
프로통산			229	120	10	9	396	30	3

김재홍(金在鴻) 숭실대 1984.08.10

대회	연도	소속	출전	교체	득점	도움	파울	경고	퇴장
BC	2007	대구	1	0	0	1	2	0	0
합계			1	0	0	1	2	0	0
프로통산			1	0	0	1	2	0	0

김재환(金載桓) 전주대 1988.05.27

대회	연도	소속	출전	교체	득점	도움	파울	경고	퇴장
BC	2011	전북	3	0	0	0	11	3	0
	2012	전북	1	0	0	0	2	0	0
합계			4	0	0	0	13	3	0
K1	2013	전북	5	2	0	0	6	1	0
합계			5	2	0	0	6	1	0
K2	2014	수원FC	4	1	0	0	1	0	0
합계			4	1	0	0	1	0	0
프로통산			13	3	0	0	20	4	0

김재환(金才煥) 마산공고 1958.08.10

대회	연도	소속	출전	교체	득점	도움	파울	경고	퇴장
BC	1985	현대	4	1	0	1	3	0	0
합계			4	1	0	1	3	0	0
프로통산			4	1	0	1	3	0	0

김재훈(金載薰) 건국대 1988.02.21

대회	연도	소속	출전	교체	득점	도움	파울	경고	퇴장
BC	2011	전남	1	1	0	0	1	1	0
	2012	대전	7	1	0	0	3	0	0
합계			8	2	0	0	4	1	0
K2	2014	충주	19	4	1	1	21	2	0
합계			19	4	1	1	21	2	0
프로통산			27	6	1	1	25	3	0

김정겸(金正謙) 동국대 1976.06.09

대회	연도	소속	출전	교체	득점	도움	파울	경고	퇴장
BC	1999	전남	13	13	0	0	6	1	0
	2000	전남	29	6	1	1	57	3	0
	2001	전남	16	6	1	0	25	4	0
	2002	전남	5	5	0	0	4	0	0
	2003	전남	27	4	0	2	39	4	0
	2004	전남	6	2	0	0	9	2	0
	2005	전북	34	1	2	2	53	5	0
	2006	전북	13	0	0	0	16	2	0
	2007	전북	12	5	0	0	17	1	0
	2008	포항	23	3	1	1	44	4	0
	2009	포항	23	13	1	1	26	2	0
	2010	포항	16	2	1	0	23	4	0
	2011	포항	9	5	0	0	9	1	0
합계			226	56	5	7	337	30	0
프로통산			226	56	5	7	337	30	0

김정광(金正光) 영남대 1988.03.14

대회	연도	소속	출전	교체	득점	도움	파울	경고	퇴장
BC	2011	성남일화	0	0	0	0	0	0	0
합계			0	0	0	0	0	0	0
프로통산			0	0	0	0	0	0	0

김정민(金正珉) 1999.11.13

대회	연도	소속	출전	교체	득점	도움	파울	경고	퇴장
K2	2021	부산	13	8	0	0	15	4	0
합계			13	8	0	0	15	4	0
프로통산			13	8	0	0	15	4	0

김정빈(金楨彬) 선문대 1987.08.23

대회	연도	소속	출전	교체	득점	도움	파울	경고	퇴장
BC	2012	상주	2	2	0	0	8	0	0
합계			2	2	0	0	8	0	0
K2	2014	수원FC	31	6	4	2	53	2	0
	2015	수원FC	26	1	0	2	31	6	0
	2016	경남	32	7	0	2	31	3	0
	2017	경남	4	5	0	0	0	0	0
합계			83	19	4	6	115	11	0
프로통산			85	21	4	6	123	11	0

김정수(金延洙) 중앙대 1975.01.17

대회	연도	소속	출전	교체	득점	도움	파울	경고	퇴장
BC	1997	대전	25	1	3	0	19	1	0
	1999	대전	4	3	0	1	6	0	0
	2000	대전	1	1	0	0	0	0	0
	2001	대전	29	1	0	1	21	1	0
	2002	대전	1	0	0	0	12	1	0
	2003	대전	36	1	0	2	36	1	0
	2004	부천SK	30	6	0	0	27	2	0
	2005	부천SK	32	14	0	0	22	1	0
합계			158	27	3	3	104	9	0
프로통산			158	27	3	3	104	9	0

김정우(金正友) 고려대 1982.05.09

대회	연도	소속	출전	교체	득점	도움	파울	경고	퇴장
BC	2003	울산	34	8	1	3	38	7	0
	2004	울산	18	8	0	0	49	4	1
	2005	울산	32	4	0	2	91	9	0
	2008	성남일화	30	26	4	4	41	3	0
	2009	성남일화	35	11	5	4	63	10	0
	2010	광주상무	19	2	3	0	19	2	0
	2011	상주	26	6	18	1	30	5	0
	2011	성남일화	3	1	0	0	4	0	0
	2012	전북	33	14	5	2	50	4	0
합계			229	78	37	16	384	45	1
K1	2013	전북	8	4	0	1	8	1	0
합계			8	4	0	1	8	1	0
프로통산			237	82	37	17	392	46	1

김정욱(金晶昱) 아주대 1976.03.01

대회	연도	소속	출전	교체	득점	도움	파울	경고	퇴장
BC	1998	부산	3	3	1	0	4	0	0
	2000	울산	4	4	0	0	1	0	0
합계			7	7	1	0	5	0	0
프로통산			7	7	1	0	5	0	0

김정은(金政銀) 동국대 1963.11.27

대회	연도	소속	출전	교체	득점	도움	파울	경고	퇴장
BC	1986	한일은행	10	5	0	0	10	0	0
합계			10	5	0	0	10	0	0
프로통산			10	5	0	0	10	0	0

김정재(金正才) 경희대 1974.05.22

대회	연도	소속	출전	교체	득점	도움	파울	경고	퇴장
BC	1997	천안일화	20	8	0	0	37	4	0
	1998	천안일화	24	9	0	0	47	5	0
	1999	천안일화	11	2	0	1	19	2	0
	2000	성남일화	23	7	1	1	53	7	0
	2001	성남일화	14	12	0	0	16	2	0
	2002	성남일화	24	16	0	0	27	2	0
	2003	성남일화	14	12	0	0	23	2	0
	2004	인천	9	7	1	0	22	8	0
합계			139	70	2	2	260	32	0
프로통산			139	70	2	2	260	32	0

김정주(金正柱) 강릉제일고 1991.09.26

대회	연도	소속	출전	교체	득점	도움	파울	경고	퇴장
BC	2010	강원	7	7	0	0	3	0	0
	2011	강원	5	2	0	0	7	1	0
	2012	강원	3	1	0	0	6	0	0
합계			15	10	0	0	11	1	0
K2	2017	대전	15	14	0	3	8	1	0
합계			15	14	0	3	8	1	0
프로통산			30	24	0	3	19	2	0

김정혁(金正赫) 명지대 1968.11.30

대회	연도	소속	출전	교체	득점	도움	파울	경고	퇴장
BC	1992	대우	34	9	2	2	50	6	0
	1993	대우	10	7	0	0	15	0	0
	1994	대우	11	12	0	0	13	0	0
	1996	부산	11	8	0	3	39	10	0
	1997	전남	34	3	1	3	66	6	0
	1998	전남	26	10	0	2	42	2	0
	1999	전남	35	3	1	3	44	1	0
	2000	전남	23	3	0	2	24	3	0
	2001	전남	28	4	0	2	28	1	0
	2002	전남	6	3	0	0	9	2	0
합계			239	71	4	15	341	31	0
프로통산			239	71	4	15	341	31	0

김정현(金楨鉉) 중동고 1993.06.01

대회	연도	소속	출전	교체	득점	도움	파울	경고	퇴장
K1	2016	광주	7	6	1	0	14	3	0
	2017	광주	14	8	2	0	15	4	0
	2019	성남	18	8	1	1	28	3	0
	2020	부산	8	4	0	0	10	1	0
합계			47	26	5	1	67	11	0
K2	2018	성남	30	3	2	1	72	5	0
	2021	부산	25	13	0	0	41	6	0
합계			55	16	2	1	113	11	0
프로통산			102	42	7	2	180	24	1

김정현(金正炫) 호남대 1979.04.01

대회	연도	소속	출전	교체	득점	도움	파울	경고	퇴장
BC	2003	부천SK	0	0	0	0	0	0	0
합계			0	0	0	0	0	0	0
프로통산			0	0	0	0	0	0	0

김정현(金正炫) 강릉제일고 1988.05.16

대회	연도	소속	출전	교체	득점	도움	파울	경고	퇴장
BC	2007	인천	0	0	0	0	0	0	0
	2008	인천	1	1	0	0	1	0	0
합계			1	1	0	0	1	0	0
프로통산			1	1	0	0	1	0	0

김정호(金政浩) 인천대 1995.05.31

대회	연도	소속	출전	교체	득점	도움	파울	경고	퇴장
K1	2018	인천	12	7	0	0	5	1	0
	2019	인천	23	3	1	0	15	4	0
	2020	인천	11	3	0	0	14	4	0
합계			48	13	1	0	42	7	0
K2	2021	부천	30	5	0	2	24	6	0
합계			30	5	0	2	24	6	0
프로통산			78	18	1	2	66	13	0

김정호(金楨浩) 개성고 1998.04.07

대회	연도	소속	출전	교체	**실점**	도움	파울	경고	퇴장
K1	2020	부산	4	0	6	0	0	0	0
	2021	강원	6	0	13	0	0	0	0
합계			10	0	19	0	0	0	0
K2	2017	부산	0	0	0	0	0	0	0
	2018	부산	1	0	0	0	0	0	0
	2019	부산	1	0	0	0	0	0	0
합계			2	0	0	0	0	0	0
승	2019	부산	0	0	0	0	0	0	0
합계			0	0	0	0	0	0	0
프로통산			12	0	19	0	1	1	0

김정환(金正桓) 신갈고 1997.01.04

대회	연도	소속	출전	교체	득점	도움	파울	경고	퇴장
K1	2016	서울	1	1	0	0	0	0	0

대회	연도	소속	출전	교체	득점	도움	파울	경고	퇴장
	2017	서울	0	0	0	0	0	0	0
	2020	광주	11	10	2	2	4	0	0
	합계		12	11	2	2	4	0	0
K2	2018	광주	26	22	4	3	22	1	0
	2019	광주	19	19	4	1	17	2	0
	2021	서울E	19	19	3	1	10	1	0
	합계		64	60	11	5	49	4	0
프로통산			76	71	13	7	53	4	0

김정훈(金禎勳) 영생고 2001.04.20

대회	연도	소속	출전	교체	실점	도움	파울	경고	퇴장
K1	2019	전북	0	0	0	0	0	0	0
	2020	전북	0	0	0	0	0	0	0
	2021	전북	3	3	1	0	0	0	0
	합계		3	3	1	0	0	0	0
K2	2021	김천	0	0	0	0	0	0	0
	합계		0	0	0	0	0	0	0
프로통산			3	3	1	0	0	0	0

김정훈(金正訓) 관동대(가톨릭관동대) 1991.12.23

대회	연도	소속	출전	교체	득점	도움	파울	경고	퇴장
K2	2014	충주	29	19	3	1	28	4	0
	2015	충주	23	18	1	1	27	0	0
	2016	충주	28	24	0	1	28	3	0
	합계		80	61	4	3	83	7	0
프로통산			80	61	4	3	83	7	0

김정훈(金正勳) 독일 FSV Mainz05 1989.02.13

대회	연도	소속	출전	교체	득점	도움	파울	경고	퇴장
BC	2008	대전	5	5	1	0	7	1	0
	2009	대전	0	0	0	0	0	0	0
	합계		5	5	1	0	7	1	0
프로통산			5	5	1	0	7	1	0

김정희(金正熙) 한양대 1956.01.13

대회	연도	소속	출전	교체	득점	도움	파울	경고	퇴장
BC	1983	할렐루야	16	3	0	1	6	1	0
	1984	할렐루야	26	7	1	3	8	1	0
	1985	할렐루야	8	4	2	0	4	0	0
	합계		50	14	3	4	18	2	0
프로통산			50	14	3	4	18	2	0

김제환(金濟煥) 명지대 1985.06.07

대회	연도	소속	출전	교체	득점	도움	파울	경고	퇴장
K2	2013	경찰	17	13	2	1	11	2	0
	합계		17	13	2	1	11	2	0
프로통산			17	13	2	1	11	2	0

김종건(金鍾建) 서울시립대 1964.03.29

대회	연도	소속	출전	교체	득점	도움	파울	경고	퇴장
BC	1985	현대	17	4	2	1	15	1	0
	1986	현대	28	10	2	4	38	3	0
	1987	현대	27	3	2	3	38	2	0
	1988	현대	15	7	0	2	18	1	0
	1989	현대	18	3	8	2	41	2	0
	1990	현대	5	5	0	0	4	0	0
	1991	현대	5	5	0	0	0	0	0
	1991	일화	11	11	0	0	8	1	0
	1992	일화	1	1	0	0	2	0	0
	합계		127	50	14	12	164	10	0
프로통산			127	50	14	12	164	10	0

김종건(金鍾建) 한양대 1969.05.10

대회	연도	소속	출전	교체	득점	도움	파울	경고	퇴장
BC	1992	현대	12	13	1	0	11	0	0
	1993	현대	14	15	2	4	11	3	0
	1994	현대	26	8	4	0	21	1	0
	1995	현대	27	21	4	1	29	3	0
	1996	울산	18	11	4	2	20	2	0
	1997	울산	19	13	2	1	36	2	0
	1998	울산	31	20	12	2	41	3	0
	1999	울산	33	18	15	5	32	0	0
	2000	울산	13	10	1	1	14	0	0
	합계		193	136	52	15	208	10	0
프로통산			193	136	52	15	208	10	0

김종경(金鐘慶) 홍익대 1982.05.09

대회	연도	소속	출전	교체	득점	도움	파울	경고	퇴장
BC	2004	광주상무	5	2	0	0	3	2	0
	2005	광주상무	1	0	0	0	0	0	0
	2006	경남	23	7	4	0	67	9	0
	2007	전북	17	9	1	0	27	6	0
	2008	대구	2	1	0	0	2	0	0
	합계		48	19	5	0	99	17	0
프로통산			48	19	5	0	99	17	0

김종국(金鐘局) 울산대 1989.01.08

대회	연도	소속	출전	교체	득점	도움	파울	경고	퇴장
BC	2011	울산	3	2	0	0	0	0	0
	2012	울산	0	0	0	0	0	0	0
	2012	강원	16	7	0	4	20	3	0
	합계		19	9	0	4	20	3	0
K1	2013	울산	5	5	0	0	1	0	0
	2015	대전	30	6	1	3	37	4	0
	2016	수원FC	26	12	2	2	21	4	0
	합계		61	23	3	5	59	8	0
K2	2014	대전	22	4	1	1	26	5	0
	2017	아산	13	6	0	0	24	4	0
	2018	아산	30	6	1	2	36	4	0
	2018	수원FC	3	2	0	0	3	0	0
	2019	수원FC	15	5	0	1	16	3	0
	2020	충남아산	22	2	0	1	34	5	0
	2021	충남아산	10	5	0	0	10	0	0
	합계		115	30	2	5	149	21	0
프로통산			195	62	5	14	228	32	0

김종만(金鍾萬) 동아대 1959.06.30

대회	연도	소속	출전	교체	득점	도움	파울	경고	퇴장
BC	1983	국민은행	11	1	0	0	11	1	0
	1984	국민은행	15	2	0	0	9	0	0
	1986	럭키금성	15	2	0	0	19	0	0
	1987	럭키금성	1	1	0	0	7	1	1
	합계		42	6	0	0	46	2	1
프로통산			42	6	0	0	46	2	1

김종민(金宗珉) 장훈고 1992.08.11

대회	연도	소속	출전	교체	득점	도움	파울	경고	퇴장
K1	2016	수원	11	10	1	1	10	0	0
	2017	수원	1	1	0	0	0	0	0
	2018	수원	7	4	1	0	11	0	0
	합계		19	15	2	1	21	0	0
프로통산			19	15	2	1	21	0	0

김종민(金鍾珉) 충북대 1993.10.03

대회	연도	소속	출전	교체	득점	도움	파울	경고	퇴장
K2	2016	부산	13	13	1	1	3	1	0
	합계		13	13	1	1	3	1	0
프로통산			13	13	1	1	3	1	0

김종민(金鍾珉) 한양대 1965.01.06

대회	연도	소속	출전	교체	득점	도움	파울	경고	퇴장
BC	1987	럭키금성	10	3	2	0	9	1	0
	1988	럭키금성	1	1	0	0	0	0	0
	1989	럭키금성	1	1	0	0	1	0	0
	1990	럭키금성	3	3	0	0	2	0	0
	합계		15	8	2	0	12	1	0
프로통산			15	8	2	0	12	1	0

김종복(金鍾福) 중앙대 1984.11.10

대회	연도	소속	출전	교체	득점	도움	파울	경고	퇴장
BC	2006	대구	2	2	0	0	0	0	0
	합계		2	2	0	0	0	0	0
프로통산			2	2	0	0	0	0	0

김종부(金鍾夫) 고려대 1965.01.13

대회	연도	소속	출전	교체	득점	도움	파울	경고	퇴장
BC	1988	포항제철	15	7	1	0	9	0	0
	1989	포항제철	18	14	1	2	19	1	0
	1990	대우	18	4	4	5	28	1	0
	1991	대우	7	7	0	0	6	0	0
	1992	대우	6	6	0	0	5	0	0
	1993	대우	2	2	0	0	0	0	0
	1993	일화	3	3	0	0	1	0	0
	1994	일화	3	3	0	0	0	0	0
	1995	대우	9	5	0	1	4	0	0
	합계		81	51	6	8	72	2	0
프로통산			81	51	6	8	72	2	0

김종석(金綜錫) 상지대 1994.12.11

대회	연도	소속	출전	교체	득점	도움	파울	경고	퇴장
K1	2016	포항	1	1	0	0	0	0	0
	2017	포항	1	1	0	0	0	0	0
	합계		2	2	0	0	0	0	0
K2	2018	안산	17	12	0	2	11	1	0
	2019	안산	1	1	0	0	0	0	0
	합계		18	13	0	2	11	1	0
프로통산			20	15	0	2	11	1	0

김종석(金宗錫) 경상대 1963.05.31

대회	연도	소속	출전	교체	득점	도움	파울	경고	퇴장
BC	1986	럭키금성	27	13	0	0	8	0	0
	1987	럭키금성	7	4	0	0	2	0	0
	합계		34	17	0	0	10	0	0
프로통산			34	17	0	0	10	0	0

김종설(金鍾卨) 중앙대 1960.03.16

대회	연도	소속	출전	교체	득점	도움	파울	경고	퇴장
BC	1983	국민은행	1	0	0	0	1	1	0
	합계		1	0	0	0	1	1	0
프로통산			1	0	0	0	1	1	0

김종성(金鍾城) 아주대 1988.03.12

대회	연도	소속	출전	교체	득점	도움	파울	경고	퇴장
K2	2013	수원FC	24	5	0	2	41	8	1
	2014	안양	26	5	1	0	49	8	0
	2015	안양	16	6	0	1	19	4	0
	합계		66	24	3	0	109	20	1
프로통산			66	24	3	0	109	20	1

김종수(金鍾洙) 동국대 1986.07.25

대회	연도	소속	출전	교체	득점	도움	파울	경고	퇴장
BC	2009	경남	17	2	1	0	50	5	0
	2010	경남	0	0	0	0	12	1	0
	2011	경남	0	0	0	0	0	0	0
	2012	경남	19	9	0	1	19	1	0
	합계		44	15	1	1	81	10	0
K1	2013	대전	5	2	0	0	4	1	0
	합계		5	2	0	0	4	1	0
프로통산			49	11	1	1	89	13	0

김종식(金鍾植) 울산대 1967.03.18

대회	연도	소속	출전	교체	득점	도움	파울	경고	퇴장
BC	1990	현대	1	1	0	0	0	0	0
	1991	현대	8	6	0	0	18	2	0
	1992	현대	17	12	1	1	29	1	0
	1993	현대	10	6	0	0	14	2	0
	1994	현대	17	6	0	0	18	2	0
	1995	현대	25	19	1	1	35	6	0
	1996	울산	13	9	0	1	16	1	0
	1997	울산	2	7	0	0	0	2	0
	합계		93	66	1	3	130	16	0
프로통산			93	66	1	3	130	16	0

김종연(金鍾然) 조선대 1975.11.11

대회	연도	소속	출전	교체	득점	도움	파울	경고	퇴장
BC	1997	안양LG	16	13	1	1	19	1	0
	1998	안양LG	20	19	2	1	15	2	0
	1999	안양LG	6	7	3	0	11	1	0
	합계		42	39	6	2	45	4	0
프로통산			42	39	6	2	45	4	0

김종우(金鍾佑) 선문대 1993.10.01

대회	연도	소속	출전	교체	득점	도움	파울	경고	퇴장
K1	2016	수원	3	3	0	0	2	0	0

대회	연도	소속	출전	교체	득점	도움	파울	경고	퇴장
	2017	수원	25	18	2	5	30	3	0
	2018	수원	24	17	4	1	19	3	0
	2019	수원	21	15	0	1	33	3	0
	2020	수원	3	3	0	0	3	0	0
	2021	광주	19	12	5	2	24	2	0
	합계		95	68	11	9	111	11	0
K2	2015	수원FC	32	15	4	9	48	3	0
	합계		32	15	4	9	48	3	0
승	2015	수원FC	2	2	0	1	2	0	0
	합계		2	2	0	1	2	0	0
프로통산			129	85	15	19	161	14	0

김종원(金鍾沅) 세종대 1993.04.10

대회	연도	소속	출전	교체	득점	도움	파울	경고	퇴장
K2	2016	고양	2	0	0	0	2	0	0
	합계		2	0	0	0	2	0	0
프로통산			2	0	0	0	2	0	0

김종진(金鐘振) 영문고 1999.04.12

대회	연도	소속	출전	교체	득점	도움	파울	경고	퇴장
K1	2018	경남	6	6	1	0	2	1	0
	2019	경남	7	7	1	0	6	0	0
	합계		13	13	2	0	8	1	0
승	2019	경남	0	0	0	0	0	0	0
	합계		0	0	0	0	0	0	0
프로통산			13	13	2	0	8	1	0

김종천(金鍾天) 중앙대 1976.07.07

대회	연도	소속	출전	교체	득점	도움	파울	경고	퇴장
BC	1999	포항	30	23	1	3	20	1	0
	2000	포항	36	17	5	2	30	1	0
	2001	포항	9	7	0	0	2	0	0
	2003	광주상무	34	8	1	2	46	1	0
	2004	포항	15	13	0	0	9	0	0
	2005	포항	2	1	0	0	1	0	0
	2006	전북	2	1	0	0	1	0	0
	합계		128	70	7	7	109	3	0
프로통산			128	70	7	7	109	3	0

김종철(金鍾哲) 인천대 1983.11.09

대회	연도	소속	출전	교체	득점	도움	파울	경고	퇴장
BC	2006	울산	1	1	0	0	3	0	0
	합계		1	1	0	0	3	0	0
프로통산			1	1	0	0	3	0	0

김종필(金鐘必) 장훈고 1992.03.09

대회	연도	소속	출전	교체	득점	도움	파울	경고	퇴장
K1	2019	경남	23	7	2	0	32	3	1
	합계		23	7	2	0	32	3	1
K2	2021	경남	2	2	0	0	1	1	0
	합계		2	2	0	0	1	1	0
승	2019	경남	2	0	0	0	4	1	0
	합계		2	0	0	0	4	1	0
프로통산			27	9	2	0	37	5	1

김종필(金宗弼) 동국대 1967.11.11

대회	연도	소속	출전	교체	득점	도움	파울	경고	퇴장
BC	1994	대우	4	5	0	1	0	0	0
	합계		4	5	0	1	0	0	0
프로통산			4	5	0	1	0	0	0

김종현(金宗賢) 충북대 1973.07.10

대회	연도	소속	출전	교체	득점	도움	파울	경고	퇴장
BC	1998	전남	24	18	3	3	18	1	0
	1999	전남	34	18	4	8	33	3	0
	2000	전남	37	26	5	3	31	1	0
	2001	전남	33	24	2	9	26	1	0
	2002	전남	12	12	1	0	3	0	0
	2003	대전	42	25	10	2	31	0	0
	2004	대전	26	22	4	1	19	2	1
	2005	대전	31	27	1	2	19	0	0
	합계		239	172	30	28	180	8	1
프로통산			239	172	30	28	180	8	1

김종환(金鐘煥) 서울대 1962.11.15

대회	연도	소속	출전	교체	득점	도움	파울	경고	퇴장
BC	1985	현대	15	2	4	3	27	1	0
	1986	현대	22	12	2	3	16	0	0
	1988	유공	15	13	0	1	12	0	0
	합계		52	27	6	7	55	1	0
프로통산			52	27	6	7	55	1	0

김종훈(金鐘勳) 홍익대 1980.12.17

대회	연도	소속	출전	교체	득점	도움	파울	경고	퇴장
BC	2007	경남	14	6	0	0	24	2	0
	2008	경남	21	4	1	0	39	3	0
	2009	경남	5	3	0	0	3	1	0
	2010	부산	7	5	0	0	6	2	0
	합계		47	18	1	0	72	8	0
프로통산			47	18	1	0	72	8	0

김주공(金周孔) 전주대 1996.04.23

대회	연도	소속	출전	교체	득점	도움	파울	경고	퇴장
K1	2020	광주	23	21	2	3	10	0	0
	2021	광주	30	19	5	1	19	1	0
	합계		53	40	7	4	29	1	0
K2	2019	광주	17	10	3	2	12	1	0
	합계		17	10	3	2	12	1	0
프로통산			70	50	10	6	41	2	0

김주봉(金胄奉) 숭실대 1986.04.07

대회	연도	소속	출전	교체	득점	도움	파울	경고	퇴장
BC	2009	강원	3	1	0	0	2	1	0
	합계		3	1	0	0	2	1	0
프로통산			3	1	0	0	2	1	0

김주빈(金周彬) 관동대(가톨릭관동대) 1990.12.07

대회	연도	소속	출전	교체	득점	도움	파울	경고	퇴장
K2	2014	대구	14	8	1	1	14	2	0
	합계		14	8	1	1	14	2	0
프로통산			14	8	1	1	14	2	0

김주성(金朱晟) 오산고 2000.12.12

대회	연도	소속	출전	교체	득점	도움	파울	경고	퇴장
K1	2019	서울	10	3	0	0	4	1	0
	2020	서울	13	2	0	0	17	2	0
	합계		23	5	0	0	21	3	0
K2	2021	김천	8	4	0	0	7	1	0
	합계		8	4	0	0	7	1	0
프로통산			31	9	0	0	28	4	0

김주성(金鑄城) 조선대 1966.01.17

대회	연도	소속	출전	교체	득점	도움	파울	경고	퇴장
BC	1987	대우	28	5	10	4	52	4	0
	1988	대우	10	4	3	0	18	0	0
	1989	대우	8	1	2	1	22	0	0
	1990	대우	9	4	2	0	27	3	0
	1991	대우	37	10	14	5	88	4	0
	1992	대우	9	4	0	1	23	1	0
	1994	대우	3	1	0	0	6	0	0
	1995	대우	30	10	2	1	46	6	0
	1996	부산	26	0	2	2	49	5	0
	1997	부산	34	0	0	1	33	3	0
	1998	부산	28	1	0	1	45	6	1
	1999	부산	33	5	0	1	57	5	0
	합계		255	45	35	17	466	37	1
프로통산			255	45	35	17	466	37	1

김주엽(金柱燁) 보인고 2000.04.05

대회	연도	소속	출전	교체	득점	도움	파울	경고	퇴장
K1	2021	수원FC	12	12	0	1	8	1	0
	합계		12	12	0	1	8	1	0
K2	2019	수원FC	8	7	0	0	4	1	0
	2020	수원FC	0	0	0	0	0	0	0
	합계		8	7	0	0	4	1	0
프로통산			20	19	0	1	12	2	0

김주영(金周榮) 연세대 1988.07.09

대회	연도	소속	출전	교체	득점	도움	파울	경고	퇴장
BC	2009	경남	21	1	0	0	26	4	0
	2010	경남	30	1	0	0	31	4	0
	2011	경남	4	0	1	0	2	0	0
	2012	서울	33	7	0	0	12	4	0
	합계		88	9	1	0	71	12	0
K1	2013	서울	31	2	2	1	24	4	0
	2014	서울	29	1	2	0	21	5	0
	합계		60	3	4	1	45	9	0
프로통산			148	12	5	1	116	21	0

김주영(金周寧) 건국대 1977.06.06

대회	연도	소속	출전	교체	득점	도움	파울	경고	퇴장
BC	2000	안양LG	1	1	0	0	0	0	0
	합계		1	1	0	0	0	0	0
프로통산			1	1	0	0	0	0	0

김주원(金走員 /← 김준수) 영남대 1991.07.29

대회	연도	소속	출전	교체	득점	도움	파울	경고	퇴장
K1	2013	포항	7	4	1	0	2	1	0
	2014	포항	10	4	0	0	14	4	0
	2015	포항	18	2	2	0	34	3	0
	2016	포항	22	6	0	0	21	7	0
	2017	전남	13	6	0	0	12	1	0
	2021	제주	2	2	0	0	1	0	0
	합계		72	24	3	0	84	16	0
K2	2018	아산	6	3	0	1	5	0	0
	2019	아산	10	2	0	0	9	1	1
	2019	전남	12	1	0	0	17	3	0
	2020	전남	26	0	1	1	34	5	0
	합계		54	6	1	2	65	9	1
프로통산			126	30	4	2	149	25	1

김주일(金住鎰) 대구대 1974.03.05

대회	연도	소속	출전	교체	득점	도움	파울	경고	퇴장
BC	1997	천안일화	6	3	0	0	7	2	0
	합계		6	3	0	0	7	2	0
프로통산			6	3	0	0	7	2	0

김주형(金柱亨) 동의대 1989.08.23

대회	연도	소속	출전	교체	득점	도움	파울	경고	퇴장
BC	2010	대전	2	2	0	0	1	0	0
	2011	대전	2	2	0	0	2	0	0
	합계		4	4	0	0	3	0	0
K2	2014	충주	0	0	0	0	0	0	0
	합계		0	0	0	0	0	0	0
프로통산			4	4	0	0	3	0	0

김주환(金周煥) 포항제철고 2001.02.17

대회	연도	소속	출전	교체	득점	도움	파울	경고	퇴장
K1	2020	포항	1	1	0	0	0	0	0
	합계		1	1	0	0	0	0	0
K2	2021	경남	24	6	0	0	19	4	1
	합계		24	6	0	0	19	4	1
프로통산			25	7	0	0	19	4	1

김주환(金周奐) 아주대 1982.04.24

대회	연도	소속	출전	교체	득점	도움	파울	경고	퇴장
BC	2005	대구	15	7	1	2	23	2	0
	2006	대구	19	9	0	0	34	4	0
	2007	대구	22	6	1	4	29	2	0
	2008	대구	10	3	2	1	11	0	0
	2009	대구	17	2	1	0	26	7	0
	2010	광주상무	1	1	0	0	0	0	0
	2011	상주	9	2	0	0	10	3	0
	2011	대구	0	0	0	0	0	0	0
	합계		93	30	5	7	133	18	0
프로통산			93	30	5	7	133	18	0

김주훈(金柱薰) 동아대 1959.02.27

대회	연도	소속	출전	교체	득점	도움	파울	경고	퇴장
BC	1983	국민은행	5	1	0	1	3	0	0
	합계		5	1	0	1	3	0	0
프로통산			5	1	0	1	3	0	0

김준(金俊) 대월중 1986.12.09

대회	연도	소속	출전	교체	득점	도움	파울	경고	퇴장

김준민(金俊旼) 동의대 1983.09.07

대회	연도	소속	출전	교체	득점	도움	파울	경고	퇴장
BC	2003	수원	0	0	0	0	0	0	0
		합계	0	0	0	0	0	0	0
프로통산			0	0	0	0	0	0	0

대회	연도	소속	출전	교체	득점	도움	파울	경고	퇴장
BC	2007	대전	1	1	0	0	0	0	0
		합계	1	1	0	0	0	0	0
프로통산			1	1	0	0	0	0	0

김준범(金俊範) 연세대 1998.01.14

대회	연도	소속	출전	교체	득점	도움	파울	경고	퇴장
K1	2018	경남	22	17	1	0	18	6	0
	2019	경남	28	10	1	3	26	1	0
	2020	인천	21	20	1	1	20	4	0
	2021	인천	19	17	1	0	14	2	0
		합계	90	64	4	4	78	13	0
승	2019	경남	2	0	0	0	0	0	0
		합계	2	0	0	0	0	0	0
프로통산			92	64	4	4	84	14	0

김준범(金峻範) 호남대 1986.06.23

대회	연도	소속	출전	교체	득점	도움	파울	경고	퇴장
BC	2012	강원	1	1	0	0	0	0	0
		합계	1	1	0	0	0	0	0
프로통산			1	1	0	0	0	0	0

김준석(金俊錫) 고려대 1976.04.21

대회	연도	소속	출전	교체	실점	도움	파울	경고	퇴장
BC	1999	부산	6	1	11	0	0	0	0
	2000	부산	0	0	0	0	0	0	0
		합계	6	1	11	0	0	0	0
프로통산			6	1	11	0	0	0	0

김준섭(金準燮) 홍익대 1999.10.01

대회	연도	소속	출전	교체	득점	도움	파울	경고	퇴장
K2	2021	안양	3	3	0	0	1	0	0
		합계	3	3	0	0	1	0	0
프로통산			3	3	0	0	1	0	0

김준엽(金俊燁) 홍익대 1988.05.10

대회	연도	소속	출전	교체	득점	도움	파울	경고	퇴장
BC	2010	제주	1	1	0	0	0	0	0
	2011	제주	2	0	0	0	0	3	0
	2012	제주	11	5	0	0	12	3	0
		합계	14	6	0	0	12	6	0
K1	2014	경남	3	0	0	0	18	2	0
	2019	대구	22	9	0	1	19	1	0
	2020	인천	15	2	0	0	13	2	0
	2021	인천	18	4	0	0	16	3	0
		합계	68	19	0	4	66	8	0
K2	2013	광주	29	13	5	2	50	3	0
	2015	경남	34	3	0	1	41	6	0
	2016	안산무궁	28	10	1	3	28	3	0
	2017	아산	18	0	0	2	30	3	0
	2018	부천	31	2	1	3	45	2	0
		합계	140	28	7	11	194	16	0
승	2014	경남	2	1	0	0	1	0	0
		합계	2	1	0	0	1	0	0
프로통산			224	54	7	15	276	29	0

김준태(金俊泰) 한남대 1985.05.31

대회	연도	소속	출전	교체	득점	도움	파울	경고	퇴장
BC	2010	강원	4	3	0	0	3	0	0
		합계	4	3	0	0	3	0	0
K2	2015	고양	38	7	2	4	48	8	0
	2016	서울E	24	5	1	2	41	4	0
	2017	서울E	24	7	0	2	55	1	0
	2018	서울E	17	9	0	1	40	3	0
		합계	103	28	3	9	184	16	0
프로통산			107	31	3	9	187	16	0

김준현(金俊鉉) 연세대 1964.01.20

대회	연도	소속	출전	교체	득점	도움	파울	경고	퇴장
BC	1986	대우	11	9	3	0	8	2	0
	1987	유공	26	13	3	4	22	3	1
	1988	유공	10	8	0	1	14	0	0
	1989	유공	33	33	5	4	20	1	0
	1990	유공	17	16	1	0	12	1	0
	1991	유공	29	25	0	8	23	3	0
	1992	유공	2	2	0	0	1	0	0
		합계	128	106	12	16	100	12	1
프로통산			128	106	12	16	100	12	1

김준협(金俊協) 오현고 1978.11.11

대회	연도	소속	출전	교체	득점	도움	파울	경고	퇴장
BC	2004	울산	1	1	0	0	1	0	0
		합계	1	1	0	0	1	0	0
프로통산			1	1	0	0	1	0	0

김준형(金俊亨) 송호대 1996.04.05

대회	연도	소속	출전	교체	득점	도움	파울	경고	퇴장
K1	2017	수원	1	1	0	0	0	0	0
	2018	수원	5	4	0	0	4	1	0
	2020	수원	2	2	0	0	2	0	0
	2021	수원FC	12	12	1	0	12	0	0
		합계	19	18	0	1	18	3	0
K2	2019	광주	16	14	0	0	17	1	0
		합계	16	14	0	0	17	1	0
프로통산			35	32	1	1	35	4	0

김준호(金俊鎬) 포항제철고 2002.12.11

대회	연도	소속	출전	교체	득점	도움	파울	경고	퇴장
K1	2021	포항	2	2	0	0	2	0	0
		합계	2	2	0	0	2	0	0
프로통산			2	2	0	0	2	0	0

김준홍(金峻弘) 영생고 2003.06.03

대회	연도	소속	출전	교체	실점	도움	파울	경고	퇴장
K1	2021	전북	2	2	0	0	0	0	0
		합계	2	2	0	0	0	0	0
프로통산			2	2	0	0	0	0	0

김지민(金智旼) 동래고 1993.06.05

대회	연도	소속	출전	교체	득점	도움	파울	경고	퇴장
BC	2012	부산	7	6	0	0	6	1	0
		합계	7	6	0	0	6	1	0
K1	2013	부산	3	3	0	0	0	0	0
	2014	부산	5	5	0	0	4	1	0
	2018	포항	17	11	4	1	24	4	0
	2019	포항	3	3	1	0	3	0	0
		합계	28	22	5	1	31	4	0
K2	2016	부산	12	12	1	0	10	3	0
	2019	수원FC	1	1	0	1	7	0	0
		합계	13	13	1	1	10	3	0
프로통산			48	41	6	1	48	8	0

김지민(金智敏) 한양대 1984.11.27

대회	연도	소속	출전	교체	득점	도움	파울	경고	퇴장
BC	2007	울산	0	0	0	0	0	0	0
	2008	울산	1	1	0	0	0	0	0
	2009	대전	7	5	0	0	10	0	0
	2010	광주상무	0	0	0	0	0	0	0
	2011	상주	0	0	0	0	0	0	0
K2	2013	수원FC	10	3	0	0	9	4	0
		합계	10	3	0	0	9	4	0
		합계	18	9	0	0	19	4	0
프로통산			18	9	0	0	19	4	0

김지성(金志成) 동의대 1987.11.08

대회	연도	소속	출전	교체	실점	도움	파울	경고	퇴장
K2	2013	광주	25	0	39	0	2	1	0
		합계	25	0	39	0	2	1	0
프로통산			25	0	39	0	2	1	0

김지운(金只澐/←김봉래) 명지대 1990.07.02

대회	연도	소속	출전	교체	득점	도움	파울	경고	퇴장
K1	2013	제주	23	5	0	1	23	3	0
	2014	제주	7	6	0	1	1	0	0
	2015	제주	21	12	1	1	9	2	0
	2016	제주	10	2	0	0	3	0	0
	2019	제주	6	0	0	0	8	5	0
		합계	67	25	2	2	44	10	0
K2	2016	서울E	12	2	0	3	8	0	0
	2017	서울E	9	2	1	0	7	0	0
	2017	수원FC	13	1	0	5	4	0	0
	2018	아산	2	1	0	0	5	0	0
	2019	아산	11	6	0	0	9	1	0
	2020	제주	1	1	0	0	1	0	0
		합계	48	14	1	8	32	2	0
프로통산			115	39	3	10	76	12	0

김지운 아주대 1976.11.13

대회	연도	소속	출전	교체	실점	도움	파울	경고	퇴장
BC	1999	부천SK							
	2000	부천SK							
	2001	부천SK							
	2003	광주상무							
	2004	부천SK							
	2006	대구	6	1	5	0	0	0	0
		합계	6	1	5	0	0	0	0
프로통산			6	1	5	0	0	0	0

김지웅(金知雄) 경희대 1989.01.14

대회	연도	소속	출전	교체	득점	도움	파울	경고	퇴장
BC	2010	전북	16	15	1	2	23	4	0
	2011	전북	13	12	3	0	20	3	0
	2012	경남	2	2	1	0	1	0	0
		합계	31	29	5	2	51	10	0
K1	2013	부산	2	2	0	0	2	1	1
		합계	2	2	0	0	2	1	1
K2	2014	고양	4	1	1	0	8	1	0
	2015	고양	5	5	1	1	1	0	0
		합계	9	6	2	1	9	1	0
프로통산			42	37	7	3	62	12	1

김지웅(金智雄) 광운대 1990.05.19

대회	연도	소속	출전	교체	득점	도움	파울	경고	퇴장
K1	2014	상주	0	0	0	0	0	0	0
		합계	0	0	0	0	0	0	0
K2	2013	부천	4	4	0	0	1	0	0
	2015	상주	0	0	0	0	0	0	0
		합계	4	4	0	0	1	0	0
프로통산			4	4	0	0	1	0	0

김지철(金地鐵) 예원예술대 1995.04.06

대회	연도	소속	출전	교체	실점	도움	파울	경고	퇴장
K2	2016	대전	0	0	0	0	0	0	0
		합계	0	0	0	0	0	0	0
프로통산			0	0	0	0	0	0	0

김지혁(金志赫) 경남상고 1981.10.26

대회	연도	소속	출전	교체	실점	도움	파울	경고	퇴장
BC	2001	부산	3	0	4	0	0	0	0
	2002	부산							
	2003	부산							
	2004	부산							
	2005	울산							
	2006	울산	29	2	0	0	0	1	0
	2007	울산	5	3	0	0	0	0	0
	2008	포항	21	1	25	0	0	1	0
	2009	포항	10	1	14	0	0	0	0
	2010	광주상무	26	1	0	0	0		0
	2011	상주	11	0	12	0	0	2	0
		합계	111	7	136	0	0	6	0
프로통산			111	7	136	0	0	6	0

김지현(金址泫) 강원한라대 1996.07.22

대회	연도	소속	출전	교체	득점	도움	파울	경고	퇴장
K1	2018	강원	12	12	3	0	9	0	0
	2019	강원	27	21	10	1	23	3	0
	2020	강원	23	14	8	2	25	1	0

대회	연도	소속	출전	교체	득점	도움	파울	경고	퇴장
	2021	울산	17	16	1	1	12	0	0
	합계		79	63	22	4	67	4	0
프로통산			79	63	22	4	67	4	0

김지호(金浩鎬) 수원대 1997.08.03

대회	연도	소속	출전	교체	득점	도움	파울	경고	퇴장
K2	2018	부천	7	7	0	0	4	1	0
	2019	부천	3	2	0	0	3	0	0
	합계		10	9	0	0	7	1	0
프로통산			10	9	0	0	7	1	0

김지환(金智煥) 영동대 1988.04.21

대회	연도	소속	출전	교체	실점	도움	파울	경고	퇴장
BC	2011	부산	0	0	0	0	0	0	0
	합계		0	0	0	0	0	0	0
프로통산			0	0	0	0	0	0	0

김지훈(金志勳) 청주대 1993.06.16

대회	연도	소속	출전	교체	득점	도움	파울	경고	퇴장
K2	2016	고양	16	8	0	1	15	2	0
	합계		16	8	0	1	15	2	0
프로통산			16	8	0	1	15	2	0

김지훈(金志勳) 원주공고 1997.09.30

대회	연도	소속	출전	교체	득점	도움	파울	경고	퇴장
K2	2016	서울E	0	0	0	0	0	0	0
	합계		0	0	0	0	0	0	0
프로통산			0	0	0	0	0	0	0

김지훈(金志勳) 충남기공고 2000.06.26

대회	연도	소속	출전	교체	득점	도움	파울	경고	퇴장
K2	2019	대전	1	1	0	0	1	0	0
	2020	대전	9	2	0	0	4	0	0
	2021	대전	1	1	0	0	0	0	0
	합계		11	4	0	0	4	0	0
프로통산			11	4	0	0	4	0	0

김진국(金鎭國) 건국대 1951.09.14

대회	연도	소속	출전	교체	득점	도움	파울	경고	퇴장
BC	1984	국민은행	15	10	2	3	5	0	0
	합계		15	10	2	3	5	0	0
프로통산			15	10	2	3	5	0	0

김진규(金珍圭) 안동고 1985.02.16

대회	연도	소속	출전	교체	득점	도움	파울	경고	퇴장
BC	2003	전남	11	4	1	0	12	2	0
	2004	전남	15	0	1	0	29	1	0
	2007	전남	9	2	0	1	14	4	0
	2007	서울	9	1	0	0	19	1	0
	2008	서울	29	4	0	4	51	7	1
	2009	서울	32	4	3	4	46	6	0
	2010	서울	30	4	1	4	33	3	1
	2012	서울	37	2	4	1	49	7	0
	합계		172	19	9	5	245	35	2
K1	2013	서울	35	1	6	1	25	3	0
	2014	서울	33	3	2	2	43	3	0
	2015	서울	15	5	0	0	15	1	0
	합계		83	9	8	3	83	7	0
K2	2017	대전	13	2	0	0	11	4	0
	합계		13	2	0	0	11	4	0
프로통산			268	30	17	8	339	46	2

김진규(金鎭圭) 개성고 1997.02.24

대회	연도	소속	출전	교체	득점	도움	파울	경고	퇴장
K1	2015	부산	14	10	1	2	11	3	0
	2020	부산	8	8	1	2	8	0	0
	합계		22	18	2	4	19	3	0
K2	2016	부산	14	13	0	1	12	2	0
	2017	대전	13	2	0	0	6	1	0
	2017	부산	3	1	0	0	6	0	0
	2018	부산	32	15	7	2	23	2	1
	2019	부산	32	4	3	4	30	2	1
	2021	부산	27	7	2	2	32	1	0
	합계		107	51	15	7	110	9	1
승	2015	부산	1	1	0	0	1	0	0
	2018	부산	2	1	1	0	2	1	0
	2019	부산	2	1	0	0	4	0	0
	합계		5	3	1	0	7	1	0
프로통산			134	72	18	11	136	12	1

김진래(金進來) 매탄고 1997.05.01

대회	연도	소속	출전	교체	득점	도움	파울	경고	퇴장
K2	2018	안양	24	3	1	2	27	4	0
	2019	안산	19	6	0	0	21	5	0
	2020	안산	9	5	0	0	18	3	0
	2021	안산	25	5	1	1	17	3	0
	합계		77	14	2	3	83	15	0
프로통산			77	14	2	3	83	15	0

김진만(金鎭萬) 선문대 1990.05.03

대회	연도	소속	출전	교체	득점	도움	파울	경고	퇴장
BC	2011	대전	1	1	0	0	0	0	0
	합계		1	1	0	0	0	0	0
프로통산			1	1	0	0	0	0	0

김진성(金眞成) 광운대 1999.12.09

대회	연도	소속	출전	교체	득점	도움	파울	경고	퇴장
K1	2021	서울	8	6	1	0	2	0	0
	합계		8	6	1	0	2	0	0
프로통산			8	6	1	0	2	0	0

김진성(金進成) 한남대 1997.06.16

대회	연도	소속	출전	교체	득점	도움	파울	경고	퇴장
K2	2019	전남	3	2	0	2	6	0	0
	2021	전남	1	1	0	0	2	0	0
	합계		4	3	0	2	8	0	0
프로통산			4	3	0	2	8	0	0

김진솔(金眞率) 우석대 1989.01.11

대회	연도	소속	출전	교체	득점	도움	파울	경고	퇴장
BC	2010	대전	1	1	0	0	1	0	0
	2011	대전	7	6	0	0	9	1	0
	합계		8	7	0	0	10	1	0
프로통산			8	7	0	0	10	1	0

김진수(金鎭秀) 신갈고 1995.02.28

대회	연도	소속	출전	교체	득점	도움	파울	경고	퇴장
K1	2016	광주	1	1	0	0	1	0	0
	합계		1	1	0	0	1	0	0
프로통산			1	1	0	0	1	0	0

김진수(金珍珠) 경희대 1992.06.13

대회	연도	소속	출전	교체	득점	도움	파울	경고	퇴장
K1	2017	전북	29	3	4	5	36	7	0
	2018	전북	10	2	0	0	19	2	0
	2019	전북	27	2	3	4	35	9	1
	2020	전북	15	0	0	2	24	1	1
	2021	전북	9	1	0	0	11	2	0
	합계		90	8	7	11	125	21	2
프로통산			90	8	7	11	125	21	2

김진수(金珍珠) 창원기계공고 1984.07.02

대회	연도	소속	출전	교체	실점	도움	파울	경고	퇴장
BC	2006	인천	0	0	0	0	0	0	0
	2007	인천	0	0	0	0	0	0	0
	합계		0	0	0	0	0	0	0
프로통산			0	0	0	0	0	0	0

김진식(金珍植) 전주대 1977.03.16

대회	연도	소속	출전	교체	실점	도움	파울	경고	퇴장
BC	2003	대구	22	1	33	0	1	0	0
	2004	대구	2	0	4	0	1	0	0
	2005	대구	16	0	21	0	0	2	0
	합계		40	1	58	0	2	2	0
프로통산			40	1	58	0	2	2	0

김진야(金鎭冶) 대건고 1998.06.30

대회	연도	소속	출전	교체	득점	도움	파울	경고	퇴장
K1	2017	인천	16	15	0	1	14	1	0
	2018	인천	25	13	1	1	27	4	0
	2019	인천	32	11	0	1	27	1	0
	2020	서울	24	13	0	3	19	1	0
	2021	서울	18	12	0	0	11	1	0
	합계		115	64	1	6	98	7	0
프로통산			115	64	1	6	98	7	0

김진영(金珍英) 건국대 1992.03.02

대회	연도	소속	출전	교체	실점	도움	파울	경고	퇴장
K1	2014	포항	2	1	1	0	0	0	0
	2015	포항	0	0	0	0	0	0	0
	2016	포항	17	2	15	0	1	0	0
	2017	포항	0	1	2	0	0	0	0
	합계		19	4	18	0	1	0	0
K2	2018	대전	11	1	17	0	1	1	0
	2019	대전	7	0	13	0	0	0	0
	2020	대전	14	0	20	0	1	0	0
	합계		32	1	50	0	2	1	0
프로통산			51	5	68	0	3	1	0

김진옥(金鎭玉) 영남대 1952.12.17

대회	연도	소속	출전	교체	득점	도움	파울	경고	퇴장
BC	1983	할렐루야	5	2	0	0	5	0	0
	1984	할렐루야	17	0	0	0	22	2	0
	1985	할렐루야	18	3	0	0	35	2	0
	합계		40	5	0	0	62	4	0
프로통산			40	5	0	0	62	4	0

김진용(金珍龍) 한양대 1982.10.09

대회	연도	소속	출전	교체	득점	도움	파울	경고	퇴장
BC	2004	울산	29	22	3	3	34	2	0
	2005	울산	27	24	8	2	27	3	0
	2006	경남	30	16	7	4	41	3	0
	2008	경남	31	26	4	3	36	4	0
	2009	성남일화	37	34	7	4	19	3	0
	2010	성남일화	13	13	2	0	5	0	0
	2011	성남일화	13	13	2	0	9	2	0
	2011	강원	13	6	0	1	11	2	0
	2012	포항	18	18	1	1	28	8	0
	합계		211	176	36	20	241	27	0
K1	2013	강원	7	6	0	0	7	0	0
	합계		7	6	0	0	7	0	0
K2	2017	경남	2	2	0	0	2	0	0
	합계		2	2	0	0	2	0	0
프로통산			220	184	36	20	252	27	0

김진용(金鎭用) 대구대 1973.05.05

대회	연도	소속	출전	교체	득점	도움	파울	경고	퇴장
BC	1996	안양LG	12	12	0	1	7	0	0
	1997	안양LG	0	0	0	0	0	0	0
	2000	안양LG	2	2	0	0	0	0	0
	합계		14	14	0	1	7	0	0
프로통산			14	14	0	1	7	0	0

김진우(金鎭友) 대구대 1975.10.09

대회	연도	소속	출전	교체	득점	도움	파울	경고	퇴장
BC	1996	수원	23	10	0	1	60	5	0
	1997	수원	30	6	0	0	59	8	0
	1998	수원	33	6	0	2	57	2	0
	1999	수원	41	2	0	4	142	7	0
	2000	수원	34	0	1	3	99	8	0
	2001	수원	27	1	2	2	64	3	0
	2002	수원	26	8	0	2	56	2	0
	2003	수원	35	4	0	3	105	3	0
	2004	수원	6	0	0	0	34	1	0
	2005	수원	13	6	0	0	31	2	0
	2006	수원	22	12	0	0	48	1	0
	2007	수원	8	5	0	0	40	4	0
	합계		310	68	2	18	795	46	0
프로통산			310	68	2	18	795	46	0

김진욱(金鎭旭) 홍익대 1997.03.06

대회	연도	소속	출전	교체	득점	도움	파울	경고	퇴장
K2	2019	안산	10	10	1	0	6	0	0
	합계		10	10	1	0	6	0	0
프로통산			10	10	1	0	6	0	0

김진일(金鎭一) 마산공고 1985.10.26

대회	연도	소속	출전	교체	득점	도움	파울	경고	퇴장
BC	2009	강원	5	3	1	0	8	0	0
	2010	강원	1	1	0	0	1	0	0
	합계		6	4	1	0	9	0	0
프로통산			6	4	1	0	9	0	0

김진현(金眞賢) 숭실대 1993.06.03

대회	연도	소속	출전	교체	득점	도움	파울	경고	퇴장
K1	2017	대구	32	8	4	0	42	7	0
	2018	대구	25	11	1	0	25	4	1
	2019	대구	6	3	4	1	10	1	0
	2019	상주	9	1	1	0	13	1	0
	2020	대구	19	1	1	0	14	0	0
	2021	대구	34	8	6	2	41	2	0
	합계		125	32	17	3	148	19	1
K2	2015	대구	12	12	0	0	4	1	0
	합계		12	12	0	0	4	1	0
프로통산			137	44	17	3	152	20	1

김진현(金鎭賢) 광양제철고 1987.07.29

대회	연도	소속	출전	교체	득점	도움	파울	경고	퇴장
BC	2007	전남	0	0	0	0	0	0	0
	2008	전남	8	1	2	0	9	2	0
	2009	전남	8	4	0	0	9	1	0
	2010	경남	12	11	0	1	6	1	0
	2011	경남	8	6	0	1	8	0	0
	합계		36	22	2	2	32	4	0
K1	2013	대전	2	0	0	1	3	1	0
	합계		2	0	0	1	3	1	0
K2	2016	부천	14	1	0	0	16	3	0
	2017	부천	2	1	0	0	0	0	0
	합계		16	2	0	0	16	3	0
프로통산			54	24	2	3	51	8	0

김진현(金眞鉉) 용인대 1999.09.28

대회	연도	소속	출전	교체	득점	도움	파울	경고	퇴장
K1	2020	광주	2	2	0	0	0	0	0
	2021	포항	5	5	0	0	1	1	0
	합계		7	7	0	0	1	1	0
프로통산			7	7	0	0	1	1	0

김진형(金眞亨) 한양대 1969.04.10

대회	연도	소속	출전	교체	득점	도움	파울	경고	퇴장
BC	1992	유공	22	10	0	0	19	1	0
	1993	유공	33	4	0	0	39	2	0
	1994	유공	14	5	0	0	10	2	0
	1995	유공	22	8	0	0	44	6	0
	1996	부천유공	29	23	1	0	40	3	0
	1997	부천SK	1	1	0	0	0	0	0
	1997	천안일화	5	0	0	0	5	0	0
	1998	전남	11	11	0	0	12	0	0
	1998	포항	11	11	0	1	12	3	0
	1999	포항	20	11	1	0	26	3	0
	합계		163	79	2	0	195	20	0
프로통산			163	79	2	0	195	20	0

김진환(金眞煥) 경희대 1989.03.01

대회	연도	소속	출전	교체	득점	도움	파울	경고	퇴장
BC	2011	강원	19	1	0	0	27	2	0
	2012	강원	19	3	0	0	23	4	0
	합계		38	4	0	0	50	6	0
K1	2013	강원	19	0	1	0	15	3	0
	2014	인천	13	2	0	0	18	4	0
	2015	인천	20	3	0	3	17	3	0
	2016	광주	5	3	0	0	1	0	0
	2017	상주	5	0	0	0	5	1	0
	2018	상주	12	11	0	0	4	2	0
	합계		58	26	3	1	51	9	0
K2	2016	안양	17	1	0	0	23	6	0
	2018	광주	5	2	0	0	2	1	0
	2019	광주	12	1	0	0	8	0	0
	2020	서울E	11	2	1	1	20	3	0
	2021	서울E	22	4	2	0	21	4	0
	합계		67	10	4	1	74	14	0
승	2017	상주	0	0	0	0	0	0	0
	합계		0	0	0	0	0	0	0
프로통산			163	40	7	2	175	29	0

김찬(金燦) 포항제철고 2000.04.25

대회	연도	소속	출전	교체	득점	도움	파울	경고	퇴장
K2	2019	대전	7	6	1	0	7	1	0
	2020	충남아산	25	20	1	1	33	4	0
	2021	충남아산	25	24	1	1	44	5	0
	합계		57	50	3	2	84	10	0
프로통산			57	50	3	2	84	10	0

김찬영(金燦榮) 경희대 1989.04.01

대회	연도	소속	출전	교체	득점	도움	파울	경고	퇴장
K1	2014	부산	23	12	0	0	19	2	0
	2015	부산	9	5	0	0	6	0	0
	합계		32	17	0	0	25	3	0
K2	2017	안양	4	2	0	0	1	0	0
	합계		4	2	0	0	1	0	0
프로통산			36	19	0	0	26	3	0

김찬중(金燦中) 건국대 1976.06.14

대회	연도	소속	출전	교체	득점	도움	파울	경고	퇴장
BC	1999	대전	28	14	0	0	37	2	0
	2000	대전	28	11	0	0	24	1	0
	2001	대전	2	1	0	1	3	0	0
	2002	대전	2	1	0	0	3	0	0
	2003	대전	2	2	0	0	0	0	0
	합계		62	29	0	1	67	4	0
프로통산			62	29	0	1	67	4	0

김찬희(金燦喜) 한양대 1990.06.25

대회	연도	소속	출전	교체	득점	도움	파울	경고	퇴장
BC	2012	포항	2	2	0	0	4	0	0
	합계		2	2	0	0	4	0	0
K1	2015	대전	5	5	0	0	7	0	0
	합계		5	5	0	0	7	0	0
K2	2014	대전	27	19	8	5	79	6	0
	2017	대전	18	15	4	3	43	4	0
	2018	대전	4	4	0	0	10	2	0
	2019	부천	12	11	1	0	7	0	0
	합계		61	50	13	8	139	12	0
프로통산			68	57	13	8	150	12	0

김창대(金昌大) 한남대 1992.11.02

대회	연도	소속	출전	교체	득점	도움	파울	경고	퇴장
K2	2013	충주	19	17	0	1	8	1	0
	합계		19	17	0	1	8	1	0
프로통산			19	17	0	1	8	1	0

김창수(金昌洙) 동명정보고 1985.09.12

대회	연도	소속	출전	교체	득점	도움	파울	경고	퇴장
BC	2004	울산	1	1	0	0	2	1	0
	2006	대전	10	5	0	0	5	1	0
	2007	대전	23	4	3	2	42	8	0
	2008	부산	28	3	1	2	48	5	0
	2009	부산	29	1	2	1	36	6	0
	2010	부산	32	1	2	3	62	8	0
	2011	부산	35	0	1	5	49	6	0
	2012	부산	28	2	2	0	25	2	0
	합계		186	17	8	15	269	37	0
K1	2016	전북	8	0	0	0	6	1	0
	2017	울산	29	2	0	2	29	4	2
	2018	울산	26	3	0	1	13	1	0
	2020	광주	24	4	0	1	11	1	0
	2021	인천	18	4	0	1	8	0	1
	합계		105	13	0	5	67	7	3
프로통산			291	30	8	20	336	44	3

김창오(金昌五) 연세대 1978.01.10

대회	연도	소속	출전	교체	득점	도움	파울	경고	퇴장
BC	2002	부산	18	15	2	1	29	1	0
	2003	부산	5	4	0	0	8	0	0
	합계		23	19	2	1	37	1	0
프로통산			23	19	2	1	37	1	0

김창욱(金滄旭) 동의대 1992.12.04

대회	연도	소속	출전	교체	득점	도움	파울	경고	퇴장
K2	2015	서울E	29	18	0	2	27	2	0
	2016	서울E	11	7	0	1	12	0	0
	2017	서울E	21	5	2	3	22	3	0
	2018	서울E	22	8	0	1	22	5	0
	합계		83	38	2	7	83	10	0
프로통산			83	38	2	7	83	10	0

김창원(金昌源) 국민대 1971.06.22

대회	연도	소속	출전	교체	득점	도움	파울	경고	퇴장
BC	1994	일화	8	3	0	0	8	1	0
	1995	일화	2	1	0	0	2	1	0
	1997	천안일화	16	13	0	1	19	3	0
	1998	천안일화	34	5	1	0	43	4	0
	1999	천안일화	18	2	1	0	10	0	0
	2000	성남일화	18	2	0	1	14	0	0
	합계		96	26	2	2	96	9	0
프로통산			96	26	2	2	96	9	0

김창헌(金昌憲) 신평고 1999.07.06

대회	연도	소속	출전	교체	득점	도움	파울	경고	퇴장
K2	2019	수원FC	1	1	0	0	0	0	0
	합계		1	1	0	0	0	0	0
프로통산			1	1	0	0	0	0	0

김창현(金昌炫) 배재대 1993.02.09

대회	연도	소속	출전	교체	득점	도움	파울	경고	퇴장
K1	2015	대전	2	2	0	0	5	1	0
	합계		2	2	0	0	5	1	0
프로통산			2	2	0	0	5	1	0

김창호(金昌淏) 전남기계공고 1956.06.06

대회	연도	소속	출전	교체	득점	도움	파울	경고	퇴장
BC	1983	유공	11	8	0	3	4	0	0
	1984	유공	10	8	0	2	7	1	0
	합계		21	16	0	5	11	1	0
프로통산			21	16	0	5	11	1	0

김창효(金昌孝) 고려대 1959.05.07

대회	연도	소속	출전	교체	득점	도움	파울	경고	퇴장
BC	1984	한일은행	21	6	0	1	11	0	0
	1985	한일은행	11	0	1	0	17	3	0
	1986	포항제철	13	3	2	0	13	0	0
	1987	럭키금성	2	1	0	0	0	0	0
	합계		47	10	3	1	41	3	0
프로통산			47	10	3	1	41	3	0

김창훈(金彰勳) 고려대 1987.04.03

대회	연도	소속	출전	교체	득점	도움	파울	경고	퇴장
BC	2008	제주	1	1	0	0	1	0	0
	2009	제주	8	2	1	0	8	0	0
	2010	포항	5	0	0	0	8	1	0
	2011	대전	25	7	0	2	20	2	0
	2012	대전	38	0	1	4	39	8	0
	합계		77	10	2	6	76	11	0
K1	2013	인천	14	0	2	0	13	2	0
	2014	상주	13	1	1	1	20	3	0
	2015	인천	1	0	0	0	3	0	0
	합계		28	1	3	1	36	5	0
K2	2015	상주	1	1	0	0	0	0	0
	합계		1	1	0	0	0	0	0
프로통산			106	12	5	7	112	16	0

김창훈(金暢訓) 광운대 1990.02.17

대회	연도	소속	출전	교체	득점	도움	파울	경고	퇴장
K1	2016	상주	1	1	0	0	1	0	0
	합계		1	1	0	0	1	0	0
K2	2014	수원FC	20	1	1	0	24	4	0

김○○ (이어서)

대회	연도	소속	출전	교체	득점	도움	파울	경고	퇴장
	2015	수원FC	33	6	0	0	23	4	0
	2017	수원FC	4	1	0	0	5	1	0
	2018	수원FC	6	2	0	0	6	1	0
	합계		63	10	1	0	58	10	0
승	2015	수원FC	2	1	0	0	1	0	0
	합계		2	1	0	0	1	0	0
프로통산			66	12	1	0	59	10	0

김창희(金昌熙) 건국대 1986.12.05

대회	연도	소속	출전	교체	득점	도움	파울	경고	퇴장
BC	2009	대구	12	12	0	0	8	1	0
	2010	대구	0	0	0	0	0	0	0
	합계		12	12	0	0	8	1	0
프로통산			12	12	0	0	8	1	0

김창희(金昌주) 영남대 1987.06.08

대회	연도	소속	출전	교체	득점	도움	파울	경고	퇴장
BC	2010	강원	10	3	0	0	9	0	0
	합계		10	3	0	0	9	0	0
프로통산			10	3	0	0	9	0	0

김채운(金埰韻) 대건고 2000.03.20

대회	연도	소속	출전	교체	득점	도움	파울	경고	퇴장
K1	2019	인천	1	1	0	0	1	0	0
	2020	인천	0	0	0	0	0	0	0
	2021	인천	7	5	0	0	8	1	0
	합계		8	6	0	0	9	1	0
프로통산			8	6	0	0	9	1	0

김철기(金喆起) 강동고 1977.12.27

대회	연도	소속	출전	교체	득점	도움	파울	경고	퇴장
BC	2001	대전	3	3	0	0	5	1	0
	합계		3	3	0	0	5	1	0
프로통산			3	3	0	0	5	1	0

김철명(金喆明) 인천대 1972.10.24

대회	연도	소속	출전	교체	득점	도움	파울	경고	퇴장
BC	1993	포항제철	1	1	0	0	1	0	0
	합계		1	1	0	0	1	0	0
프로통산			1	1	0	0	1	0	0

김철수(金哲洙) 한양대 1952.07.06

대회	연도	소속	출전	교체	득점	도움	파울	경고	퇴장
BC	1983	포항제철	15	0	0	0	13	3	0
	1984	포항제철	10	1	0	0	7	0	0
	1985	포항제철	18	1	0	1	5	1	0
	1986	포항제철	4	0	0	0	5	1	0
	합계		47	2	0	1	30	5	0
프로통산			47	2	0	1	30	5	0

김철웅(金哲雄) 한성대 1979.12.19

대회	연도	소속	출전	교체	득점	도움	파울	경고	퇴장
BC	2004	울산	14	9	0	0	11	1	0
	합계		14	9	0	0	11	1	0
프로통산			14	9	0	0	11	1	0

김철호(金喆鎬) 강원관광대 1983.09.26

대회	연도	소속	출전	교체	득점	도움	파울	경고	퇴장
BC	2004	성남일화	18	4	0	2	53	3	0
	2005	성남일화	33	8	1	0	96	4	0
	2006	성남일화	26	8	1	1	60	4	0
	2007	성남일화	9	4	1	0	18	2	0
	2008	성남일화	29	14	0	2	52	6	0
	2009	성남일화	32	22	0	0	56	3	0
	2010	성남일화	27	19	3	2	50	3	0
	2011	상주	29	7	1	4	48	4	0
	2012	상주	19	10	0	2	23	1	0
	2012	성남일화	7	5	0	1	16	3	0
	합계		229	101	9	12	492	34	0
K1	2013	성남일화	29	9	1	2	45	5	1
	2014	성남	29	9	1	1	43	2	0
	2015	성남	32	7	0	0	63	5	0
	2016	수원FC	5	2	0	0	10	0	0
	합계		95	27	3	3	161	12	1
K2	2017	수원FC							
	2018	수원FC	3	2	0	0	0	0	0
	합계		11	9	0	0	7	0	0
프로통산			335	137	12	15	660	46	1

김철호(金哲鎬) 오산고 1995.10.25

대회	연도	소속	출전	교체	실점	도움	파울	경고	퇴장
K1	2014	서울	0	0	0	0	0	0	0
	2016	서울	0	0	0	0	0	0	0
	2017	서울	0	0	0	0	0	0	0
	합계		0	0	0	0	0	0	0
프로통산			0	0	0	0	0	0	0

김충현(金忠現) 오상고 1997.01.03

대회	연도	소속	출전	교체	득점	도움	파울	경고	퇴장
K2	2016	충주	0	0	0	0	0	0	0
	합계		0	0	0	0	0	0	0
프로통산			0	0	0	0	0	0	0

김충환(金忠煥) 연세대 1961.01.29

대회	연도	소속	출전	교체	득점	도움	파울	경고	퇴장
BC	1985	유공	1	1	0	0	1	1	0
	1985	한일은행	6	1	1	0	5	0	0
	1986	한일은행	12	9	1	1	6	1	0
	합계		18	13	2	1	12	2	0
프로통산			18	13	2	1	12	2	0

김치곤(金致坤) 동래고 1983.07.29

대회	연도	소속	출전	교체	득점	도움	파울	경고	퇴장
BC	2002	안양LG	14	3	1	0	34	3	1
	2004	서울	19	2	0	0	38	7	0
	2005	서울	24	4	0	2	49	8	0
	2006	서울	24	4	0	0	41	7	0
	2007	서울	30	6	1	0	39	10	0
	2008	서울	30	6	0	0	38	4	0
	2009	서울	22	5	1	0	34	7	0
	2010	울산	33	5	0	0	27	4	0
	2011	상주	19	4	0	0	32	3	1
	2012	상주	13	3	0	0	11	0	0
	2012	울산	13	0	0	0	13	0	0
	합계		270	45	4	2	417	62	2
K1	2013	울산	38	3	0	0	43	9	0
	2014	울산	34	2	0	2	37	3	1
	2015	울산	20	6	1	0	18	4	0
	2016	울산	11	2	1	0	10	5	0
	2017	울산	11	2	1	0	10	5	0
	합계		116	19	3	0	115	15	1
프로통산			386	64	13	2	532	77	3

김치우(金致佑) 중앙대 1983.11.11

대회	연도	소속	출전	교체	득점	도움	파울	경고	퇴장
BC	2004	인천	19	11	1	0	22	0	0
	2005	인천	11	8	0	0	11	0	0
	2006	인천	37	2	4	3	46	6	0
	2007	전남	25	1	0	0	17	1	0
	2008	전남	13	2	1	1	12	0	0
	2009	서울	22	5	3	4	26	3	1
	2010	서울	23	12	0	3	13	2	0
	2011	상주	23	4	0	0	22	3	0
	2012	상주	12	1	0	0	6	1	0
	2012	서울	11	4	0	0	4	0	0
	합계		212	64	15	20	203	28	2
K1	2013	서울	24	2	1	2	14	3	0
	2014	서울	25	6	1	3	15	1	0
	2015	서울	17	1	1	1	5	0	0
	2016	서울	26	11	0	3	16	3	0
	2017	서울	21	3	0	2	25	3	0
	합계		113	23	3	11	80	10	0
K2	2018	부산	28	1	2	4	27	5	0
	2019	부산	23	4	0	1	12	1	0
	합계		51	6	1	6	39	8	0
승	2018	부산	2	1	0	0	0	0	0
	2019	부산	2	1	0	0	5	1	0
	합계		4	2	0	0	5	1	0
프로통산			380	95	19	37	327	47	2

김태곤(金太坤) 전주기전대 1998.12.29

대회	연도	소속	출전	교체	실점	도움	파울	경고	퇴장
K1	2020	광주	0	0	0	0	0	0	0
K2	2019	광주	0	0	0	0	0	0	0
	합계		0	0	0	0	0	0	0
프로통산			0	0	0	0	0	0	0

김태근(金兌根) 아주대 1961.02.23

대회	연도	소속	출전	교체	득점	도움	파울	경고	퇴장
BC	1985	포항제철	4	1	0	1	8	2	0
	합계		4	1	0	1	8	2	0
프로통산			4	1	0	1	8	2	0

김태민(金泰民) 고려대 1960.08.10

대회	연도	소속	출전	교체	득점	도움	파울	경고	퇴장
BC	1984	할렐루야	3	3	0	0	0	0	0
	1985	할렐루야	2	2	0	0	0	0	0
	합계		5	5	0	0	0	0	0
프로통산			5	5	0	0	0	0	0

김태민(金泰敏) 청구고 1982.05.25

대회	연도	소속	출전	교체	득점	도움	파울	경고	퇴장
BC	2002	부산							
	2003	부산	35	11	1	1	54	2	0
	2004	부산	28	11	1	2	36	6	0
	2005	부산	27	14	2	0	32	3	0
	2006	부산	20	11	0	0	23	4	0
	2007	부산	20	11	0	0	23	4	0
	2008	제주	16	10	0	0	14	4	0
	2009	광주상무	20	9	0	0	24	4	0
	2010	광주상무	12	3	0	1	15	3	0
	2010	제주							
	2011	제주							
	2012	강원	10	0	0	0	42	9	0
	합계		208	101	6	3	293	45	0
프로통산			208	101	6	3	293	45	0

김태봉(金泰奉) 한민대 1988.02.28

대회	연도	소속	출전	교체	득점	도움	파울	경고	퇴장
K1	2015	대전	19	0	3	2	13	2	0
	합계		19	0	3	2	13	2	0
K2	2013	안양	24	1	0	1	17	1	0
	2014	안양	35	3	1	5	29	2	0
	2015	안양	15	0	1	0	7	2	0
	2016	대전	6	5	0	0	2	0	0
	2017	대전	11	2	1	1	11	1	0
	합계		91	11	3	8	58	6	0
프로통산			110	11	6	10	71	10	0

김태수(金泰樹) 광운대 1981.08.25

대회	연도	소속	출전	교체	득점	도움	파울	경고	퇴장
BC	2004	전남	21	15	0	0	31	3	0
	2005	전남	28	5	1	0	75	8	0
	2006	전남	33	8	1	3	43	4	0
	2007	전남	24	9	0	0	54	9	0
	2008	전남	21	8	1	0	36	6	0
	2009	포항	9	7	0	0	55	3	0
	2010	포항	23	9	0	0	55	3	0
	2011	포항	24	13	2	1	28	3	0
	2012	포항	8	6	0	2	9	0	0
	합계		209	74	16	6	360	31	0
K1	2013	포항	18	10	0	0	24	3	0
	2014	포항	26	18	1	0	37	1	0
	2015	포항	26	18	1	0	37	1	0
	2016	인천	23	16	1	1	14	0	0
	합계		95	55	2	2	94	6	0
K2	2017	서울E	9	7	1	0	4	0	0

			합계	9	7	1	0	4	0	0
			프로통산	313	136	19	8	458	37	0

김태수(金泰洙) 연세대 1958.02.25

대회	연도	소속	출전	교체	득점	도움	파울	경고	퇴장
BC	1983	대우	12	7	0	0	7	0	0
	1984	대우	7	7	0	0	2	0	0
	1985	대우	5	3	0	0	5	0	0
		합계	24	17	0	0	14	0	0
		프로통산	24	17	0	0	14	2	0

김태수(金泰洙) 관동대(가톨릭관동대) 1975.11.15

대회	연도	소속	출전	교체	실점	도움	파울	경고	퇴장
BC	2003	안양G	1	0	3	0	0	0	0
	2004	서울	0	0	0	0	0	0	0
		합계	1	0	3	0	0	0	0
		프로통산	1	0	3	0	0	0	0

김태양(金太陽) 연세대 2000.02.07

대회	연도	소속	출전	교체	득점	도움	파울	경고	퇴장
K1	2021	대구	1	1	0	0	2	0	0
		합계	1	1	0	0	2	0	0
		프로통산	1	1	0	0	2	0	0

김태양(金太陽) 청주대성고 2000.03.02

대회	연도	소속	출전	교체	실점	도움	파울	경고	퇴장
K2	2021	대전	0	0	0	0	0	0	0
		합계	0	0	0	0	0	0	0
		프로통산	0	0	0	0	0	0	0

김태연(金泰燃) 장훈고 1988.06.27

대회	연도	소속	출전	교체	득점	도움	파울	경고	퇴장
BC	2011	대전	11	1	0	0	17	1	0
	2012	대전	34	6	3	0	37	7	0
		합계	45	7	3	0	54	8	0
K1	2013	대전	34	2	1	0	33	6	0
	2015	부산	0	0	0	0	0	0	0
		합계	34	2	1	0	33	6	0
		프로통산	79	11	5	1	87	14	0

김태엽(金泰燁) 아주대 1972.03.02

대회	연도	소속	출전	교체	득점	도움	파울	경고	퇴장
BC	1995	전남	6	6	0	0	7	2	0
	1996	전남	12	7	0	0	8	3	0
	1997	전남	1	0	1	0	1	0	0
	1998	전남	18	14	0	0	13	1	0
		합계	37	27	1	0	29	6	0
		프로통산	37	27	1	0	29	6	0

김태영(金兌映) 예원예술대 1987.09.14

대회	연도	소속	출전	교체	득점	도움	파울	경고	퇴장
K2	2013	부천	24	5	1	1	39	4	0
	2014	부천	15	14	1	1	8	1	0
		합계	39	19	2	2	47	5	0
		프로통산	39	19	2	2	47	5	0

김태영(金兌映) 협성고 1962.06.13

대회	연도	소속	출전	교체	득점	도움	파울	경고	퇴장
BC	1986	럭키금성	3	3	0	0	1	0	0
		합계	3	3	0	0	1	0	0
		프로통산	3	3	0	0	1	0	0

김태영(金泰榮) 동아대 1970.11.08

대회	연도	소속	출전	교체	득점	도움	파울	경고	퇴장
BC	1995	전남	32	4	0	0	60	8	0
	1996	전남	28	2	1	0	57	5	0
	1997	전남	17	0	1	0	13	3	0
	1998	전남	19	4	0	2	55	3	0
	1999	전남	30	7	0	2	73	5	0
	2000	전남	31	6	0	4	53	2	1
	2001	전남	26	4	1	1	40	3	0
	2002	전남	27	3	0	1	41	2	0
	2003	전남	29	5	0	1	42	5	0
	2004	전남	12	6	0	1	26	1	0
	2005	전남	2	2	0	0	5	0	0
		합계	250	42	5	12	477	37	1
		프로통산	250	42	5	12	477	37	1

김태영(金泰榮) 건국대 1982.01.17

대회	연도	소속	출전	교체	득점	도움	파울	경고	퇴장
BC	2004	전북	28	6	0	0	68	4	0
	2005	전북	6	1	0	0	13	1	0
	2006	부산	18	8	0	1	24	4	0
	2007	부산	6	0	0	0	7	2	0
	2008	부산	13	1	0	0	26	4	1
	2009	부산	9	1	0	0	19	3	0
		합계	80	17	0	1	157	18	1
		프로통산	80	17	0	1	157	18	1

김태완(金泰完) 홍익대 1971.06.01

대회	연도	소속	출전	교체	득점	도움	파울	경고	퇴장
BC	1997	대전	21	6	1	0	18	1	0
	1998	대전	30	1	1	1	13	2	0
	1999	대전	27	8	1	1	32	4	0
	2000	대전	14	4	0	0	27	4	0
	2001	대전	14	4	0	0	17	6	0
		합계	116	23	5	2	107	17	0
		프로통산	116	23	5	2	107	17	0

김태왕(金泰旺) 상지대 1988.11.16

대회	연도	소속	출전	교체	득점	도움	파울	경고	퇴장
BC	2011	성남일화	1	2	0	0	0	0	0
		합계	1	2	0	0	0	0	0
		프로통산	1	2	0	0	0	0	0

김태욱(金兒昱) 선문대 1987.07.09

대회	연도	소속	출전	교체	득점	도움	파울	경고	퇴장
BC	2009	경남	27	10	2	0	45	2	0
	2010	경남	32	3	2	2	59	3	0
	2011	경남	16	4	1	0	33	5	0
		합계	75	17	5	2	137	10	0
		프로통산	75	17	5	2	137	10	0

김태윤(金台閏) 풍생고 1986.07.25

대회	연도	소속	출전	교체	득점	도움	파울	경고	퇴장
BC	2005	성남일화	3	0	0	0	16	1	0
	2006	성남일화	21	14	0	1	31	2	0
	2007	성남일화	1	1	0	0	1	0	0
	2008	광주상무	28	6	0	0	30	4	0
	2009	광주상무	18	12	0	0	19	3	0
	2010	성남일화	3	3	0	0	0	0	0
	2011	성남일화	28	2	0	3	39	3	0
	2012	인천	16	5	1	0	14	3	0
		합계	140	53	2	3	159	13	0
K1	2013	인천	15	6	0	0	17	3	0
	2015	성남	30	1	0	1	33	5	0
	2016	성남	33	1	1	0	12	6	0
	2020	광주	1	1	0	0	0	0	0
		합계	65	9	1	0	44	11	0
K2	2017	성남	23	5	0	0	18	2	0
	2019	광주	0	0	0	0	0	0	0
		합계	23	5	0	0	18	2	0
승	2016	성남	1	0	0	0	1	0	0
		합계	1	0	0	0	1	0	0
		프로통산	230	65	3	3	222	26	0

김태은(金兌恩) 배재대 1989.09.21

대회	연도	소속	출전	교체	득점	도움	파울	경고	퇴장
BC	2011	인천	1	1	0	0	1	0	0
		합계	1	1	0	0	1	0	0
K2	2015	서울E	15	2	0	0	19	5	0
	2016	서울E	12	6	0	0	44	8	0
	2017	대전	25	6	0	0	52	13	0
	2018	서울E	18	5	0	0	26	2	1
		합계	80	19	0	0	133	27	1
		프로통산	81	20	0	0	134	27	1

김태인(金泰仁) 영남대 1972.05.21

대회	연도	소속	출전	교체	득점	도움	파울	경고	퇴장
BC	1995	전북	1	1	0	0	1	0	0
	1997	전북	1	1	0	0	0	0	0
		합계	2	2	0	0	1	0	0
		프로통산	2	2	0	0	1	0	0

김태종(金泰鍾) 단국대 1982.10.29

대회	연도	소속	출전	교체	득점	도움	파울	경고	퇴장
BC	2006	제주	2	0	0	0	0	0	0
	2007	제주	3	2	0	0	4	0	0
		합계	5	2	0	0	4	0	0
		프로통산	5	2	0	0	4	0	0

김태준(金泰俊) 일본 류쓰케이자이대 1989.04.25

대회	연도	소속	출전	교체	득점	도움	파울	경고	퇴장
BC	2011	부산	2	2	0	0	0	0	0
	2012	부산	1	2	0	0	1	1	0
		합계	3	4	0	0	1	1	0
K2	2013	고양	5	1	0	0	10	2	0
		합계	5	1	0	0	10	2	0
		프로통산	8	5	0	0	11	3	0

김태진(金泰振) 강릉농공고 1984.08.30

대회	연도	소속	출전	교체	득점	도움	파울	경고	퇴장
BC	2006	수원	1	1	0	0	0	0	0
		합계	1	1	0	0	0	0	0
K1	2013	대구	0	0	0	0	0	0	0
		합계	0	0	0	0	0	0	0
		프로통산	1	1	0	0	0	0	0

김태진(金泰鎭) 동아대 1969.08.09

대회	연도	소속	출전	교체	득점	도움	파울	경고	퇴장
BC	1992	대우	4	3	0	0	3	0	0
	1993	대우	20	20	2	1	12	1	0
	1994	대우	11	8	2	1	7	1	0
	1995	대우	5	5	0	1	0	0	0
		합계	40	36	4	3	22	2	0
		프로통산	40	36	4	3	22	2	0

김태진(金泰眞) 경희대 1977.04.02

대회	연도	소속	출전	교체	실점	도움	파울	경고	퇴장
BC	2000	전남	5	0	10	0	0	0	0
	2001	전남	9	1	10	0	1	0	0
	2003	대구	23	1	27	0	2	0	0
	2004	대구	34	0	47	0	0	0	0
	2005	대구	18	0	20	0	1	0	0
	2006	대구	6	0	17	0	0	1	0
		합계	95	3	131	0	3	11	0
		프로통산	95	3	131	0	3	11	0

김태진(金泰鎭) 연세대 1984.10.29

대회	연도	소속	출전	교체	득점	도움	파울	경고	퇴장
BC	2006	서울	1	0	0	0	3	0	0
	2007	서울	14	8	0	0	27	2	0
	2008	인천	15	12	0	0	28	3	0
		합계	30	20	0	0	58	5	0
		프로통산	30	20	0	0	58	5	0

김태한(金台翰) 현풍고 1996.02.24

대회	연도	소속	출전	교체	득점	도움	파울	경고	퇴장
K1	2018	대구	3	3	0	0	3	0	0
	2019	대구	3	0	0	0	3	0	0
		합계	6	1	0	0	6	1	0
		프로통산	6	1	0	0	6	1	0

김태현(金太炫) 통진고 2000.09.17

대회	연도	소속	출전	교체	득점	도움	파울	경고	퇴장
K1	2019	울산	1	1	0	0	1	0	0
	2021	울산	6	6	0	0	0	0	0
		합계	6	6	0	0	1	0	0
K2	2019	대전	11	1	0	0	13	3	0
	2020	서울E	24	6	1	0	35	5	0
		합계	35	7	1	0	48	8	0
		프로통산	41	7	1	0	53	8	1

김태현(金兌賢) 용인대 1996.12.19

대회	연도	소속	출전	교체	득점	도움	파울	경고	퇴장
K2	2018	안산	18	11	0	2	16	2	0
	2019	서울E	11	3	0	2	15	1	0
	2020	안산	25	1	2	1	30	6	0
	2021	전남	30	10	0	0	32	8	0
	합계		84	25	2	5	93	17	0
프로통산			84	25	2	5	93	17	0

김태형(金兌炯) 진주상고 1960.02.18

대회	연도	소속	출전	교체	실점	도움	파울	경고	퇴장
BC	1983	국민은행	5	0	10	0	0	0	0
	1984	국민은행	13	0	32	0	0	0	0
	합계		18	0	42	0	0	0	0
프로통산			18	0	42	0	0	0	0

김태호(金台鎬) 아주대 1989.09.22

대회	연도	소속	출전	교체	득점	도움	파울	경고	퇴장
K1	2013	전남	26	2	0	1	30	6	0
	2014	전남	32	6	0	3	43	5	0
	2015	전남	6	2	0	0	12	2	0
	2019	인천	0	0	0	0	0	0	0
	합계		64	10	0	4	85	13	0
K2	2016	안양	15	1	0	1	21	2	0
	2017	안양	30	2	0	0	36	5	0
	2018	안양	10	3	0	1	17	3	0
	합계		55	6	0	1	74	10	0
프로통산			119	16	0	5	159	23	0

김태호(金鮐壕/← 김준호) 단국대 1992.06.05

대회	연도	소속	출전	교체	실점	도움	파울	경고	퇴장
K1	2015	전북	0	0	0	0	0	0	0
	2016	전북	0	0	0	0	0	0	0
	2017	전북	0	0	0	0	0	0	0
	합계		0	0	0	0	0	0	0
프로통산			0	0	0	0	0	0	0

김태호(金泰昊) 숭실대 1985.01.26

대회	연도	소속	출전	교체	득점	도움	파울	경고	퇴장
BC	2010	강원	0	0	0	0	0	0	0
	합계		0	0	0	0	0	0	0
프로통산			0	0	0	0	0	0	0

김태환(金太煥) 울산대 1989.07.24

대회	연도	소속	출전	교체	득점	도움	파울	경고	퇴장
BC	2010	서울	19	15	0	3	20	3	0
	2011	서울	17	14	1	0	27	2	0
	2012	서울	19	19	1	0	11	1	0
	합계		55	48	2	3	58	6	0
K1	2013	성남일화	34	4	3	4	65	4	1
	2014	성남	36	3	5	4	71	7	0
	2015	울산	33	7	1	7	50	7	1
	2016	울산	36	9	3	4	49	2	0
	2017	상주	34	4	7	7	65	8	0
	2018	상주	21	1	0	4	37	3	0
	2019	울산	29	7	5	5	51	9	0
	2020	울산	25	1	1	4	39	5	0
	2021	울산	34	4	5	6	55	6	0
	합계		291	38	18	48	485	57	2
승	2017	상주	1	0	0	0	1	0	0
	합계		1	0	0	0	1	0	0
프로통산			347	86	20	51	543	65	2

김태환(金泰煥) 매탄고 2000.03.25

대회	연도	소속	출전	교체	득점	도움	파울	경고	퇴장
K1	2019	수원	3	0	0	0	5	1	0
	2020	수원	13	6	1	2	16	3	0
	2021	수원	36	9	1	5	36	4	0
	합계		52	15	2	7	58	8	0
프로통산			52	15	2	7	58	8	0

김태환(金兌煥) 남부대 1993.12.11

대회	연도	소속	출전	교체	득점	도움	파울	경고	퇴장
K2	2016	충주	2	1	0	0	2	1	0
	합계		2	1	0	0	2	1	0
프로통산			2	1	0	0	2	1	0

김태환(金泰煥) 연세대 1958.03.20

대회	연도	소속	출전	교체	득점	도움	파울	경고	퇴장
BC	1984	할렐루야	7	6	0	1	5	0	0
	1985	할렐루야	18	6	1	0	9	1	0
	1987	유공	15	11	0	6	1	0	0
	합계		40	23	0	2	20	2	0
프로통산			40	23	0	2	20	2	0

김태훈(金兌勳) 영남대 1997.04.24

대회	연도	소속	출전	교체	실점	도움	파울	경고	퇴장
K2	2019	안양	0	0	0	0	0	0	0
	2020	안양	0	0	0	0	0	0	0
	2021	안양	0	0	0	0	0	0	0
	합계		0	0	0	0	0	0	0
프로통산			0	0	0	0	0	0	0

김판곤(金判坤) 호남대 1969.05.01

대회	연도	소속	출전	교체	득점	도움	파울	경고	퇴장
BC	1992	현대	10	7	1	1	12	1	1
	1993	현대	29	15	0	0	38	7	0
	1995	현대	6	1	0	1	13	0	0
	1996	울산	1	1	0	0	2	0	0
	1997	전북	7	4	0	1	8	6	0
	합계		53	28	1	3	73	14	1
프로통산			53	28	1	3	73	14	1

김판근(金判根) 고려대 1966.03.05

대회	연도	소속	출전	교체	득점	도움	파울	경고	퇴장
BC	1987	대우	30	5	2	3	41	1	0
	1988	대우	23	7	0	1	17	0	0
	1989	대우	30	17	2	5	25	1	0
	1990	대우	8	3	0	2	21	0	0
	1991	대우	37	6	2	2	46	3	0
	1992	대우	23	9	1	0	27	1	0
	1993	대우	24	10	2	2	29	0	0
	1994	LG	30	5	3	0	21	4	0
	1995	LG	35	2	1	1	22	2	0
	1996	안양LG	15	2	0	1	17	1	0
	1997	안양LG	27	6	1	0	27	3	0
	합계		267	65	13	21	265	16	0
프로통산			267	65	13	21	265	16	0

김평래(金平來) 중앙대 1987.11.09

대회	연도	소속	출전	교체	득점	도움	파울	경고	퇴장
BC	2011	성남일화	1	1	0	0	1	0	0
	2012	성남일화	18	8	0	0	24	1	0
	합계		19	9	0	0	25	1	0
K1	2013	성남일화	22	15	0	1	30	3	0
	2014	성남	22	9	0	0	15	4	0
	2015	전남	29	10	0	0	26	3	0
	2016	전남	12	4	0	0	12	0	0
	2018	전남	2	2	0	0	2	0	0
	합계		87	40	0	1	101	11	0
프로통산			106	49	0	1	126	12	0

김평석(金平錫) 광운대 1958.09.22

대회	연도	소속	출전	교체	득점	도움	파울	경고	퇴장
BC	1984	현대	28	0	0	5	27	1	0
	1985	현대	13	0	0	0	13	0	0
	1986	현대	13	0	2	0	17	1	0
	1987	현대	27	0	2	2	40	4	1
	1988	현대	8	0	0	0	14	1	0
	1989	유공	21	4	0	0	31	2	0
	1990	유공	17	0	0	2	22	0	0
	합계		127	6	0	9	159	10	1
프로통산			127	6	0	9	159	10	1

김평진(金平鎭) 한남대 1990.08.11

대회	연도	소속	출전	교체	득점	도움	파울	경고	퇴장
K1	2013	대전	2	1	0	0	2	1	0
	합계		2	1	0	0	2	1	0
프로통산			2	1	0	0	2	1	0

김풍주(金豊柱) 양곡종고 1964.10.01

대회	연도	소속	출전	교체	실점	도움	파울	경고	퇴장
BC	1983	대우	1	0	0	0	0	0	0
	1984	대우	17	0	9	0	0	0	0
	1985	대우	21	0	16	0	0	1	0
	1986	대우	17	0	14	0	0	0	0
	1987	대우	15	1	9	1	0	1	0
	1988	대우	7	1	9	0	0	0	0
	1989	대우	6	1	5	0	0	0	0
	1990	대우	8	7	10	0	1	0	0
	1991	대우	37	0	27	0	0	0	0
	1993	대우	24	0	23	0	0	0	0
	1994	대우	17	1	29	0	0	0	0
	1996	부산	4	0	7	0	0	0	0
	합계		181	4	158	0	1	4	0
프로통산			181	4	158	0	1	4	0

김풍해(金豊海) 고려대 1960.07.13

대회	연도	소속	출전	교체	득점	도움	파울	경고	퇴장
BC	1985	상무	1	0	0	0	0	0	0
	합계		1	0	0	0	0	0	0
프로통산			1	0	0	0	0	0	0

김필호(金珌淏) 광주대 1994.03.31

대회	연도	소속	출전	교체	득점	도움	파울	경고	퇴장
K2	2016	고양	18	15	0	1	15	4	0
	합계		18	15	0	1	15	4	0
프로통산			18	15	0	1	15	4	0

김학범(金學範) 명지대 1960.03.01

대회	연도	소속	출전	교체	득점	도움	파울	경고	퇴장
BC	1984	국민은행	13	4	1	0	9	0	0
	합계		13	4	1	0	9	0	0
프로통산			13	4	1	0	9	0	0

김학범(金學範) 조선대 1962.06.07

대회	연도	소속	출전	교체	득점	도움	파울	경고	퇴장
BC	1986	유공	1	1	0	0	1	0	0
	합계		1	1	0	0	1	0	0
프로통산			1	1	0	0	1	0	0

김학수(金鶴守) 경희대 1958.10.18

대회	연도	소속	출전	교체	득점	도움	파울	경고	퇴장
BC	1985	대우	13	8	0	0	15	0	0
	1986	대우	10	7	0	0	8	0	0
	합계		23	15	0	0	23	0	0
프로통산			23	15	0	0	23	0	0

김학순(金鶴淳) 전주대 1972.03.09

대회	연도	소속	출전	교체	득점	도움	파울	경고	퇴장
BC	1995	LG	0	0	0	0	0	0	0
	합계		0	0	0	0	0	0	0
프로통산			0	0	0	0	0	0	0

김학진(金學珍) 광운대 1988.10.25

대회	연도	소속	출전	교체	득점	도움	파울	경고	퇴장
BC	2011	전북	1	1	0	0	1	0	0
	합계		1	1	0	0	1	0	0
프로통산			1	1	0	0	1	0	0

김학철(金學喆) 중앙대 1959.10.19

대회	연도	소속	출전	교체	득점	도움	파울	경고	퇴장
BC	1984	한일은행	21	9	1	2	15	0	0
	1985	한일은행	2	1	0	0	4	0	0
	합계		23	11	1	2	19	0	0
프로통산			23	11	1	2	19	0	0

김학철(金學喆) 인천대 1970.05.05

대회	연도	소속	출전	교체	득점	도움	파울	경고	퇴장
BC	1992	일화	8	7	0	0	4	0	0
	1993	일화	9	9	0	0	3	2	0
	1994	일화	17	3	0	0	19	2	0
	1996	천안일화	15	7	0	0	22	1	0
	1997	포항	3	1	0	0	2	0	0

김학철 (이어서)

대회	연도	소속	출전	교체	득점	도움	파울	경고	퇴장
	1998	안양LG	31	13	0	1	49	2	0
	1999	안양LG	18	5	1	0	24	3	1
	합계		114	45	1	1	153	10	1
프로통산			114	45	1	1	153	10	1

김학철(金學喆) 국민대 1972.11.04

대회	연도	소속	출전	교체	득점	도움	파울	경고	퇴장
BC	1995	대우	7	2	0	0	16	4	0
	1996	부산	15	5	1	0	38	2	1
	1997	부산	32	6	1	0	44	6	0
	2000	부산	29	1	0	0	32	5	0
	2001	부산	16	1	0	0	28	1	0
	2002	부산	25	4	0	1	40	1	0
	2003	대구	35	2	0	2	49	7	0
	2004	인천	28	4	0	0	40	3	0
	2005	인천	36	2	0	0	47	5	0
	2006	인천	32	1	0	0	57	5	0
	2007	인천	26	9	0	0	44	8	0
	2008	인천	3	1	0	0	0	0	0
	합계		284	38	1	4	435	47	1
프로통산			284	38	1	4	435	47	1

김한길(金한길) 아주대 1995.06.21

대회	연도	소속	출전	교체	득점	도움	파울	경고	퇴장
K1	2017	서울	10	10	0	0	6	2	0
	2018	서울	12	10	1	0	19	2	0
	2019	서울	12	9	0	2	6	1	0
	2020	서울	4	3	0	0	3	0	0
	합계		38	32	1	2	34	5	0
K2	2020	전남	2	1	0	0	2	0	0
	2021	전남	5	3	0	1	4	0	0
	2021	김천	4	1	0	0	4	0	0
	합계		11	8	0	1	6	0	0
승	2018	서울	1	0	0	0	1	0	0
	합계		1	0	0	0	1	0	0
프로통산			50	40	1	2	41	5	0

김한봉(金漢奉) 부산상고 1957.12.15

대회	연도	소속	출전	교체	득점	도움	파울	경고	퇴장
BC	1984	현대	27	0	5	3	19	2	0
	1985	현대	18	1	4	5	20	0	0
	1986	현대	2	1	0	0	5	0	0
	합계		47	2	7	10	44	2	0
프로통산			47	2	7	10	44	2	0

김한빈(金漢彬) 선문대 1991.03.31

대회	연도	소속	출전	교체	득점	도움	파울	경고	퇴장
K2	2014	충주	19	3	0	2	14	1	0
	2015	충주	3	0	0	0	1	0	0
	2016	충주	40	0	1	2	21	2	0
	2017	부천	37	5	1	1	24	7	0
	2018	부천	8	1	0	0	9	0	0
	2019	부천	12	3	1	1	16	1	0
	2020	충남아산	0	0	0	0	0	0	0
	합계		101	11	3	6	69	7	0
프로통산			101	11	3	6	69	7	0

김한섭(金翰燮) 동국대 1982.05.08

대회	연도	소속	출전	교체	득점	도움	파울	경고	퇴장
BC	2009	대전	11	6	1	0	25	1	0
	2010	대전	18	3	0	0	29	2	0
	2011	대전	17	0	1	0	17	4	0
	2011	인천	8	1	0	0	9	0	0
	2012	인천	15	3	0	0	20	2	0
	합계		71	9	1	1	108	12	0
K1	2013	대전	11	6	0	1	22	1	0
K2	2014	대전	18	15	1	2	13	0	0
	합계		18	15	1	2	13	0	0
프로통산			100	28	2	4	132	15	0

김한성(金韓成) 광운대 1998.10.29

대회	연도	소속	출전	교체	득점	도움	파울	경고	퇴장
K2	2020	충남아산	1	1	0	0	1	0	0
	합계		1	1	0	0	1	0	0
프로통산			1	1	0	0	1	0	0

김한욱(金漢旭) 숭실대 1972.06.08

대회	연도	소속	출전	교체	득점	도움	파울	경고	퇴장
BC	1999	포항	22	19	0	1	36	3	0
	2000	포항	25	8	0	2	48	3	0
	2001	성남일화	5	2	0	0	2	0	0
	합계		52	29	0	3	86	6	0
프로통산			52	29	0	3	86	6	0

김한원(金漢元) 세경대 1981.08.06

대회	연도	소속	출전	교체	득점	도움	파울	경고	퇴장
BC	2006	인천	15	12	3	1	20	2	0
	2007	전북	1	0	0	0	1	0	0
	2008	전북	4	2	0	0	11	0	0
	합계		29	13	3	1	43	3	0
K1	2016	수원FC	18	7	1	0	18	1	0
K2	2013	수원FC	30	13	8	6	33	9	0
	2014	수원FC	24	4	3	3	30	11	0
	2015	수원FC	8	3	2	0	4	1	0
	합계		80	26	17	9	85	25	0
승	2015	수원FC	1	1	0	0	0	0	0
	합계		1	1	0	0	0	0	0
프로통산			128	57	21	10	149	36	0

김한윤(金漢潤) 광운대 1974.07.11

대회	연도	소속	출전	교체	득점	도움	파울	경고	퇴장
BC	1997	부천SK	28	14	1	0	73	7	0
	1998	부천SK	24	11	1	0	36	4	0
	1999	부천SK	8	8	0	0	16	2	0
	1999	포항	14	7	0	0	33	1	0
	2000	포항	22	19	1	0	36	3	0
	2001	부천SK	19	6	1	0	32	4	0
	2002	부천SK	17	5	1	0	32	4	0
	2003	부천SK	34	0	1	0	73	5	0
	2004	부천SK	20	0	0	0	47	7	0
	2005	부천SK	28	2	1	0	63	11	0
	2006	서울	31	4	0	0	69	11	1
	2007	서울	29	9	0	0	61	12	0
	2008	서울	26	11	0	0	54	9	0
	2009	서울	26	16	0	1	70	11	0
	2010	서울	20	16	0	0	17	3	0
	2011	부산	27	6	3	1	59	6	0
	2012	부산	36	2	0	2	82	18	0
	합계		403	133	10	4	853	131	3
K1	2013	성남일화	27	16	1	2	52	12	0
	합계		27	16	1	2	52	12	0
프로통산			430	149	11	6	905	143	3

김해국(金海國) 경상대 1974.05.20

대회	연도	소속	출전	교체	득점	도움	파울	경고	퇴장
BC	1997	전남	21	10	2	0	29	3	0
	1998	전남	6	2	0	0	17	2	0
	1999	전남	7	4	0	0	3	0	0
	2000	전남	3	0	0	0	7	0	0
	합계		37	16	2	0	56	5	0
프로통산			37	16	2	0	56	5	0

김해년(金海年) 중앙대 1964.07.05

대회	연도	소속	출전	교체	득점	도움	파울	경고	퇴장
BC	1986	한일은행	8	1	0	0	11	1	0
	합계		8	1	0	0	11	1	0
프로통산			8	1	0	0	11	1	0

김해식(金海植) 한남대 1996.02.12

대회	연도	소속	출전	교체	득점	도움	파울	경고	퇴장
K2	2016	대전	20	7	1	0	21	4	0
	2017	대전	6	3	0	0	8	0	0
	합계		26	10	1	0	29	4	0
프로통산			26	10	1	0	29	4	0

김해운(金海雲) 대구대 1973.12.25

대회	연도	소속	출전	교체	실점	도움	파울	경고	퇴장
BC	1996	천안일화	1	0	1	0	0	0	0
	1997	천안일화	7	1	5	0	0	0	0
	1998	천안일화	30	0	39	0	5	3	0
	1999	천안일화	19	4	25	0	0	0	0
	2000	성남일화	27	0	33	0	1	1	0
	2001	성남일화	30	1	24	0	1	0	0
	2002	성남일화	24	1	30	0	2	1	0
	2003	성남일화	22	0	21	0	2	1	0
	2004	성남일화	22	2	25	0	1	0	0
	2005	성남일화	9	0	7	0	2	1	0
	2006	성남일화	9	0	7	0	0	0	0
	2007	성남일화	4	0	5	0	0	0	0
	2008	성남일화	4	0	5	0	0	0	0
	합계		201	10	219	0	12	8	0
프로통산			201	10	219	0	12	8	0

김해원(金海元) 한남대 1986.05.23

대회	연도	소속	출전	교체	득점	도움	파울	경고	퇴장
BC	2009	전남	9	2	1	0	16	2	0
	2010	대구	1	1	0	0	1	0	0
	합계		10	3	1	0	17	2	0
프로통산			10	3	1	0	17	2	0

김해출(金海出) 광양제철고 1981.02.03

대회	연도	소속	출전	교체	득점	도움	파울	경고	퇴장
BC	1999	전남	2	2	0	0	0	0	0
	2000	전남	1	1	0	0	0	0	0
	합계		3	3	0	0	0	0	0
프로통산			3	3	0	0	0	0	0

김혁(金爀) 연세대 1985.05.04

대회	연도	소속	출전	교체	득점	도움	파울	경고	퇴장
BC	2008	인천	7	3	0	0	12	0	0
	합계		7	3	0	0	12	0	0
프로통산			7	3	0	0	12	0	0

김혁중(金赫重) 단국대 1994.12.09

대회	연도	소속	출전	교체	득점	도움	파울	경고	퇴장
K1	2018	인천	1	1	0	0	0	0	0
	합계		1	1	0	0	0	0	0
프로통산			1	1	0	0	0	0	0

김혁진(金奕辰) 경희대 1991.03.06

대회	연도	소속	출전	교체	득점	도움	파울	경고	퇴장
K1	2016	수원FC	6	6	0	1	0	0	0
	합계		6	6	0	1	0	0	0
K2	2014	수원FC	27	20	0	0	27	4	0
	2015	수원FC	14	12	0	2	12	3	0
	합계		41	32	0	2	39	7	0
프로통산			47	38	0	3	39	7	0

김현(金玄) 영생고 1993.05.03

대회	연도	소속	출전	교체	득점	도움	파울	경고	퇴장
BC	2012	전북	9	9	1	0	11	3	0
	합계		9	9	1	0	11	3	0
K1	2013	성남일화	4	4	1	0	9	2	0
	2014	제주	33	23	2	5	60	2	0
	2015	제주	26	21	3	1	34	3	0
	2016	제주	17	13	0	3	23	2	0
	2016	성남	15	10	3	0	23	2	0
	2018	제주	7	7	1	0	8	0	0
	2019	제주	7	7	1	0	8	0	0
	2020	부산	7	7	1	0	6	1	0
	2021	인천	29	15	7	0	36	3	0
	합계		125	90	16	6	169	12	0
K2	2017	아산	21	16	4	0	33	2	0
	2018	아산	20	16	4	2	28	4	1
	합계		43	35	0	5	73	7	1
승	2016	성남	2	1	0	0	0	0	0
	합계		2	1	0	0	0	0	0
프로통산			179	137	27	11	258	23	1

김현관(金賢官) 동국대 1985.04.20

대회	연도	소속	출전	교체	득점	도움	파울	경고	퇴장
BC	2008	서울	1	1	0	0	0	0	0
		합계	1	1	0	0	0	0	0
프로통산			1	1	0	0	0	0	0

김현규(金賢圭) 경희고 1997.08.23

대회	연도	소속	출전	교체	득점	도움	파울	경고	퇴장
K2	2016	서울E	8	8	0	1	4	0	0
	2017	서울E	1	1	0	0	0	0	0
	2018	안양	4	4	0	0	5	2	0
		합계	13	13	0	1	9	2	0
프로통산			13	13	0	1	9	2	0

김현기(金賢技) 상지대 1985.12.16

대회	연도	소속	출전	교체	득점	도움	파울	경고	퇴장
BC	2006	포항	2	2	0	0	0	0	0
		합계	2	2	0	0	0	0	0
프로통산			2	2	0	0	0	0	0

김현동(金鉉東) 강원대 1972.08.25

대회	연도	소속	출전	교체	득점	도움	파울	경고	퇴장
BC	1996	안양LG	14	14	1	1	14	0	0
	1997	안양LG	11	7	0	0	15	0	0
		합계	25	21	1	1	29	0	0
프로통산			25	21	1	1	29	0	0

김현민(金鉉敏) 한성대 1970.04.09

대회	연도	소속	출전	교체	득점	도움	파울	경고	퇴장
BC	1997	대전	28	21	5	4	47	2	0
	1998	대전	4	5	0	1	3	0	0
	1999	대전	17	16	2	0	10	3	0
	2000	대전	12	13	2	1	17	2	0
		합계	61	55	9	6	77	7	0
프로통산			61	55	9	6	77	7	0

김현배(金賢培) 고려대 1976.06.09

대회	연도	소속	출전	교체	득점	도움	파울	경고	퇴장
BC	1999	울산	0	0	0	0	0	0	0
	2000	울산	3	1	1	0	9	1	0
		합계	3	1	1	0	9	1	0
프로통산			3	1	1	0	9	1	0

김현복(金顯福) 중앙대 1954.12.09

대회	연도	소속	출전	교체	득점	도움	파울	경고	퇴장
BC	1983	할렐루야	12	9	2	1	4	0	0
	1984	할렐루야	19	5	0	0	28	0	0
	1985	할렐루야	16	5	0	1	25	3	0
		합계	47	19	2	2	57	3	0
프로통산			47	19	2	2	57	3	0

김현석(金顯錫) 서울시립대 1966.09.14

대회	연도	소속	출전	교체	득점	도움	파울	경고	퇴장
BC	1989	일화	27	6	0	0	50	5	0
	1990	일화	14	2	0	0	21	4	0
		합계	41	8	0	0	71	9	0
프로통산			41	8	0	0	71	9	0

김현석(金鉉錫) 연세대 1967.05.05

대회	연도	소속	출전	교체	득점	도움	파울	경고	퇴장
BC	1990	현대	28	1	5	3	41	3	0
	1991	현대	39	10	14	4	50	2	0
	1992	현대	37	12	13	7	62	2	0
	1993	현대	11	8	1	1	12	0	0
	1995	현대	33	2	18	7	34	5	0
	1996	울산	34	5	9	9	43	4	0
	1997	울산	30	2	13	5	54	5	0
	1998	울산	37	3	17	5	84	6	0
	1999	울산	31	9	8	6	41	3	1
	2001	울산	31	9	6	5	41	3	1
	2002	울산	35	3	2	2	30	5	0
	2003	울산	20	20	0	0	16	3	0
		합계	371	71	110	54	508	40	1
프로통산			371	71	110	54	508	40	1

김현성(金賢聖) 동북고 1989.09.27

대회	연도	소속	출전	교체	득점	도움	파울	경고	퇴장
BC	2010	대구	10	6	1	0	13	1	0
	2011	대구	29	7	2	7	63	2	0
	2012	서울	13	13	1	0	13	1	0
		합계	52	28	9	2	89	4	0
K1	2013	서울	17	16	1	1	13	0	0
	2014	서울	14	14	0	0	5	0	0
	2015	서울	17	14	4	0	18	3	0
	2019	성남	23	16	3	1	37	2	0
	2020	성남	15	10	0	1	17	3	0
	2021	성남	7	6	0	0	5	1	0
		합계	85	66	8	4	96	9	0
K2	2016	부산	3	3	0	0	4	1	0
	2017	부산	4	4	0	0	2	0	0
	2018	부산	22	15	1	0	33	3	0
		합계	29	22	1	0	40	4	0
승	2018	부산	2	2	0	0	1	0	0
		합계	2	2	0	0	1	0	0
프로통산			168	118	18	6	226	17	0

김현성(金玄成) 광주대 1993.03.28

대회	연도	소속	출전	교체	실점	도움	파울	경고	퇴장
K1	2017	대구	0	0	0	0	0	0	0
		합계	0	0	0	0	0	0	0
K2	2015	서울E	1	0	4	0	0	0	0
	2016	서울E	0	0	0	0	0	0	0
		합계	1	0	4	0	0	0	0
프로통산			1	0	4	0	0	0	0

김현솔(金 현솔) 브라질 카피바리아누 1991.05.17

대회	연도	소속	출전	교체	득점	도움	파울	경고	퇴장
K1	2018	포항	5	6	0	1	4	0	0
		합계	5	6	0	1	4	0	0
K2	2016	서울E	7	7	0	0	2	1	0
		합계	7	7	0	0	2	1	0
프로통산			12	13	0	1	6	1	0

김현수(金賢秀) 연세대 1992.04.05

대회	연도	소속	출전	교체	득점	도움	파울	경고	퇴장
K2	2015	대구	3	2	0	0	1	0	0
	2016	대구	2	2	0	0	1	1	0
		합계	5	5	0	0	2	1	0
프로통산			5	5	0	0	2	1	0

김현수(金鉉洙) 아주대 1973.03.13

대회	연도	소속	출전	교체	득점	도움	파울	경고	퇴장
BC	1995	대우	32	3	1	0	44	4	0
	1996	부산	29	7	2	1	22	1	0
	1997	부산	29	3	0	3	31	3	0
	1998	부산	19	4	2	0	17	1	0
	1999	부산	27	4	1	0	35	2	0
	2000	성남일화	40	0	3	1	60	5	0
	2001	성남일화	35	1	2	0	42	3	0
	2002	성남일화	36	2	4	0	49	3	0
	2003	성남일화	38	1	3	3	42	2	0
	2004	인천	30	1	0	0	23	6	0
	2005	전남	4	3	0	0	9	1	0
	2006	대구	35	2	1	2	20	5	0
	2007	대구	29	1	2	1	43	3	0
		합계	383	41	24	5	438	38	0
프로통산			383	41	24	5	438	38	0

김현수(金鉉洙) 연세대 1973.02.14

대회	연도	소속	출전	교체	득점	도움	파울	경고	퇴장
BC	1995	전남	26	6	1	2	52	3	0
	1996	전남	20	8	0	2	26	5	0
	1997	전남	30	10	0	0	24	1	1
	2000	전남	8	8	0	0	3	0	0
	2001	전남	17	8	0	0	25	4	0
	2002	전남	30	3	1	0	65	4	0
	2003	전북	42	20	1	0	76	3	0
	2004	전북	29	7	0	0	45	6	0
	2005	전북	25	5	0	0	35	2	0
	2006	전북	24	5	1	1	58	6	0
	2007	전북	25	6	0	0	51	7	1
	2008	전북	15	10	1	0	28	2	0
		합계	291	90	4	9	465	41	2
프로통산			291	90	4	9	465	41	2

김현승(金玄承) 홍익대 1984.11.16

대회	연도	소속	출전	교체	득점	도움	파울	경고	퇴장
BC	2008	광주상무	4	5	0	0	5	0	0
	2009	광주상무	1	1	0	0	1	1	0
		합계	5	6	0	0	6	1	0
프로통산			5	6	0	0	6	1	0

김현우(金炫祐) 중앙대 1999.04.23

대회	연도	소속	출전	교체	득점	도움	파울	경고	퇴장
K2	2020	제주	3	3	0	0	3	0	0
		합계	3	3	0	0	3	0	0
프로통산			3	3	0	0	3	0	0

김현우(金玄雨) 광운대 1989.04.17

대회	연도	소속	출전	교체	득점	도움	파울	경고	퇴장
BC	2012	성남일화	8	7	0	0	11	3	0
		합계	8	7	0	0	11	3	0
프로통산			8	7	0	0	11	3	0

김현욱(金賢旭) 한양대 1995.06.22

대회	연도	소속	출전	교체	득점	도움	파울	경고	퇴장
K1	2017	제주	3	3	0	1	0	0	0
	2018	제주	22	16	4	2	16	3	0
	2019	강원	31	21	2	3	11	0	0
		합계	56	40	6	6	27	3	0
K2	2020	전남	20	3	3	3	18	4	0
	2021	전남	35	1	3	4	21	2	0
		합계	55	4	6	5	39	6	0
프로통산			111	44	12	9	69	9	0

김현중(金鉉重) 한양대 1996.05.03

대회	연도	소속	출전	교체	득점	도움	파울	경고	퇴장
K1	2019	경남	0	0	0	0	0	0	0
		합계	0	0	0	0	0	0	0
프로통산			0	0	0	0	0	0	0

김현태(金炫兌) 영남대 1994.11.14

대회	연도	소속	출전	교체	득점	도움	파울	경고	퇴장
K1	2017	전남	1	0	0	0	1	0	0
K2	2018	안산	13	3	2	0	12	0	0
	2020	안산	5	0	0	0	11	3	0
	2021	안산	20	8	0	0	20	0	0
		합계	38	11	2	0	43	7	0
프로통산			38	11	2	0	43	7	0

김현태(金鉉泰) 용인대 1992.05.13

대회	연도	소속	출전	교체	득점	도움	파울	경고	퇴장
K2	2015	수원FC	0	0	0	0	0	0	0
		합계	0	0	0	0	0	0	0
프로통산			0	0	0	0	0	0	0

김현태(金顯泰) 고려대 1961.05.01

대회	연도	소속	출전	교체	실점	도움	파울	경고	퇴장
BC	1984	럭키금성	23	1	37	0	0	0	0
	1985	럭키금성	21	0	19	0	0	1	0
	1986	럭키금성	30	1	32	0	0	0	0
	1987	럭키금성	18	0	36	0	1	1	0
	1988	럭키금성	8	0	35	0	0	0	0
	1989	럭키금성	9	1	41	0	0	0	1
	1990	럭키금성	2	0	3	0	0	0	0
	1991	LG	3	2	4	0	0	0	0
	1996	안양LG	0	0	0	0	0	0	0
		합계	114	5	151	0	1	1	1
프로통산			114	5	151	0	1	1	1

김현호(金鉉浩) 신평고 1981.09.30

대회	연도	소속	출전	교체	득점	도움	파울	경고	퇴장
BC	1995	포항	0	0	0	0	0	0	0

대회	연도	소속	출전	교체	득점	도움	파울	경고	퇴장
	합계		0	0	0	0	0	0	0
프로통산			0	0	0	0	0	0	0

김현훈(金泫訓) 홍익대 1991.04.30

대회	연도	소속	출전	교체	득점	도움	파울	경고	퇴장
K1	2018	경남	30	3	1	0	29	2	0
	합계		30	3	1	0	29	2	0
K2	2021	서울E	21	1	1	0	30	4	0
	합계		21	1	1	0	30	4	0
프로통산			51	4	2	0	59	6	0

김형근(金亨根) 영남대 1994.01.06

대회	연도	소속	출전	교체	실점	도움	파울	경고	퇴장
K2	2016	부산	6	0	9	0	0	0	0
	2017	부산	10	0	8	0	0	0	0
	2018	부산	14	0	17	0	0	1	0
	2019	부산	16	0	21	0	0	1	0
	2020	서울E	18	1	20	0	1	2	0
	2021	서울E	2	1	5	0	0	1	0
	합계		66	1	80	0	1	3	0
승	2017	부산	1	0	0	0	0	0	0
	2018	부산	1	0	0	0	0	0	0
	합계		1	0	0	0	0	0	0
프로통산			67	1	80	0	1	3	0

김형남(金炯男) 중대부고 1956.12.18

대회	연도	소속	출전	교체	득점	도움	파울	경고	퇴장
BC	1983	포항제철	13	2	0	0	17	2	0
	1984	포항제철	13	6	0	0	11	0	0
	합계		26	8	0	0	28	2	0
프로통산			26	8	0	0	28	2	0

김형록(金洞錄) 동아대 1991.06.17

대회	연도	소속	출전	교체	실점	도움	파울	경고	퇴장
K1	2014	제주	0	0	0	0	0	0	0
	2015	제주	0	0	0	0	0	0	0
K2	2015	경남	0	0	0	0	0	0	0
	2017	경남	2	0	3	0	0	0	0
	합계		2	0	3	0	0	0	0
프로통산			2	0	3	0	0	0	0

김형범(金炯氾) 건국대 1984.01.01

대회	연도	소속	출전	교체	득점	도움	파울	경고	퇴장
BC	2004	울산	29	25	1	5	36	2	0
	2005	울산	14	13	4	1	5	1	0
	2006	전북	28	12	7	4	35	4	0
	2007	전북	6	5	2	0	6	1	0
	2008	전북	31	25	7	4	20	2	0
	2009	전북	1	1	0	0	0	0	0
	2010	전북	22	17	4	7	26	2	0
	2012	대전	32	18	5	10	35	2	0
	합계		154	111	35	24	148	14	0
K1	2013	경남	22	18	8	0	27	1	0
	합계		22	18	8	0	27	1	0
프로통산			176	129	35	24	175	15	0

김형원(金亨源) 연세대 1999.02.22

대회	연도	소속	출전	교체	득점	도움	파울	경고	퇴장
K2	2020	경남	7	5	1	0	5	3	0
	2021	경남	1	1	0	0	1	0	0
	합계		8	6	1	0	6	3	0
프로통산			8	6	1	0	6	3	0

김형일(金亨鎰) 경희대 1984.04.27

대회	연도	소속	출전	교체	득점	도움	파울	경고	퇴장
BC	2007	대전	29	2	0	1	68	11	0
	2008	대전	16	3	0	0	22	7	0
	2008	포항	3	0	0	0	1	0	0
	2009	포항	30	1	2	1	40	9	0
	2010	포항	22	2	0	1	27	8	0
	2011	포항	21	2	0	0	26	9	0
	2012	상주	17	1	0	1	19	3	0
	합계		138	12	5	3	209	42	0
K1	2013	포항	2	2	0	0	0	0	0
	2014	포항	14	3	1	0	13	3	0
	2015	전북	24	2	0	0	29	4	0
	2016	전북	13	1	0	0	21	4	0
	합계		53	8	1	0	62	11	0
K2	2013	상주	26	0	0	0	29	3	1
	2017	부천	10	4	0	1	10	1	0
	합계		36	4	0	1	39	4	1
프로통산			227	24	6	4	310	57	1

김형진(金炯進) 배재대 1993.12.20

대회	연도	소속	출전	교체	득점	도움	파울	경고	퇴장
K2	2016	대전	16	8	0	0	29	4	0
	2017	안양	10	5	0	0	6	2	0
	2018	안양	23	10	0	0	25	2	0
	2019	안양	31	4	0	0	35	6	0
	2021	안양	34	1	0	1	47	8	0
	합계		136	31	0	1	162	24	0
프로통산			136	31	0	1	162	24	0

김형철(金亨哲) 동아대 1983.10.02

대회	연도	소속	출전	교체	득점	도움	파울	경고	퇴장
BC	2006	수원	1	1	0	0	1	0	0
	합계		1	1	0	0	1	0	0
프로통산			1	1	0	0	1	0	0

김형필(金炯必) 경희대 1987.01.13

대회	연도	소속	출전	교체	득점	도움	파울	경고	퇴장
BC	2010	전남	11	10	3	0	5	1	0
	2011	전남	3	3	0	0	0	0	0
	2012	부산	1	1	0	0	2	0	0
	합계		15	14	3	0	7	1	0
K2	2016	경남	10	9	2	0	4	1	0
	합계		10	9	2	0	4	1	0
프로통산			25	23	5	0	11	2	0

김형호(金澄鎬) 광양제철고 1987.03.25

대회	연도	소속	출전	교체	득점	도움	파울	경고	퇴장
BC	2009	전남	21	2	0	1	25	2	0
	2010	전남	23	3	1	0	25	4	0
	2011	전남	9	0	0	0	7	3	0
	합계		53	5	1	2	67	9	0
프로통산			53	5	1	2	67	9	0

김혜성(金慧成) 홍익대 1996.04.11

대회	연도	소속	출전	교체	득점	도움	파울	경고	퇴장
K2	2018	광주	0	0	0	0	0	0	0
	2021	충남아산	17	11	1	0	7	3	0
	합계		17	11	1	0	7	3	0
프로통산			17	11	1	0	7	3	0

김호남(金浩男) 광주대 1989.06.14

대회	연도	소속	출전	교체	득점	도움	파울	경고	퇴장
BC	2011	광주	2	2	0	0	2	1	0
	2012	광주	1	1	0	0	1	0	0
	합계		3	3	0	0	3	1	0
K1	2015	광주	34	4	7	0	27	4	0
	2016	제주	31	29	8	3	10	1	0
	2017	상주	32	11	7	2	22	2	0
	2017	제주	21	16	2	1	16	1	0
	2018	제주	12	5	0	0	10	3	0
	2019	제주	17	5	0	1	26	3	0
	2019	인천	18	14	1	0			
	2020	인천	14	11	0	2	14	1	0
	2021	수원FC	5	5	0	0	5	0	0
	2021	포항							
	합계		180	110	31	8	140	13	1
K2	2013	광주	28	15	6	3	36	4	0
	2014	광주	35	13	7	3	51	6	0
	합계		63	28	14	11	87	9	0
승	2014	광주	2	0	1	0	4	0	0
	2017	상주	2	0	0	0	2	0	0
	합계		4	0	1	0	6	0	0
프로통산			250	141	46	19	238	23	1

김호영(金昊榮/← 김용갑) 동국대 1969.10.29

대회	연도	소속	출전	교체	득점	도움	파울	경고	퇴장
BC	1991	일화	10	10	0	1	7	1	0
	1992	일화	6	3	0	0	6	0	0
	1993	일화	8	6	0	3	3	0	0
	1994	일화	6	7	1	0	6	2	0
	1995	일화	6	6	1	0	6	0	0
	1996	전북	35	13	9	5	29	2	0
	1997	전북	27	21	4	3	12	0	0
	1998	전북	22	19	3	3	15	0	0
	1999	전북	1	1	0	0	1	0	0
	합계		121	87	17	16	80	5	0
프로통산			121	87	17	16	80	5	0

김호유(金浩猷) 성균관대 1981.02.19

대회	연도	소속	출전	교체	득점	도움	파울	경고	퇴장
BC	2003	전남	0	0	0	0	0	0	0
	2004	전남	14	4	1	0	20	2	0
	2005	전남	10	6	0	0	13	0	0
	2006	전남	11	3	0	1	15	3	0
	2007	제주	13	6	0	2	17	3	0
	합계		48	19	2	2	65	8	0
프로통산			48	19	2	2	65	8	0

김호준(金鎬浚) 고려대 1984.06.21

대회	연도	소속	출전	교체	실점	도움	파울	경고	퇴장
BC	2005	서울	3	0	6	1	0	0	0
	2007	서울	0	0	0	0	0	0	0
	2008	서울	31	0	32	0	0	2	0
	2009	서울	24	1	26	0	1	2	0
	2010	제주	35	0	32	0	2	2	0
	2011	제주	24	0	36	0	0	2	0
	2012	상주	9	0	14	0	0	0	0
	합계		126	1	149	0	4	8	0
K1	2014	제주	37	1	37	1	0	1	0
	2015	제주	31	0	45	0	0	1	0
	2016	제주	28	1	39	0	1	2	0
	2017	제주	19	0	22	0	0	1	0
	2018	강원	6	1	10	0	1	0	0
	2019	강원	28	1	35	0	0	2	0
	2020	부산	10	0	16	0	0	0	0
	합계		159	4	199	1	2	6	1
K2	2013	상주	30	0	23	0	0	2	0
	2021	부천	4	0	7	0	0	0	0
	합계		34	0	30	0	0	2	0
프로통산			319	5	378	1	7	17	1

김호준(金鎬俊) 인천대 1996.03.18

대회	연도	소속	출전	교체	득점	도움	파울	경고	퇴장
K2	2019	서울E	0	0	0	0	0	0	0
	합계		0	0	0	0	0	0	0
프로통산			0	0	0	0	0	0	0

김호철(金虎喆) 숭실대 1971.01.05

대회	연도	소속	출전	교체	득점	도움	파울	경고	퇴장
BC	1993	유공	1	1	0	0	1	0	0
	1995	유공	1	1	0	0	0	0	0
	1996	부천유공	1	1	0	0	2	0	0
	합계		3	3	0	0	4	0	0
프로통산			3	3	0	0	4	0	0

김홍기(金弘翼) 중앙대 1976.03.14

대회	연도	소속	출전	교체	득점	도움	파울	경고	퇴장
BC	1999	전북	2	2	0	0	0	0	0
	2000	전북	4	4	0	0	2	0	0
	합계		6	6	0	0	2	0	0
프로통산			6	6	0	0	2	0	0

김홍운(金弘運) 건국대 1964.03.21

대회	연도	소속	출전	교체	득점	도움	파울	경고	퇴장

대회	연도	소속	출전	교체	득점	도움	파울	경고	퇴장
BC	1987	포항제철	26	20	9	3	19	3	0
	1988	포항제철	21	7	1	2	24	1	0
	1989	포항제철	7	7	1	0	2	0	0
	1990	포항제철	15	11	1	2	23	2	0
	1991	포항제철	3	3	0	0	1	0	0
	1991	유공	8	7	0	0	0	0	0
	1992	LG	8	7	1	0	13	0	0
	1993	현대	5	5	0	0	1	1	0
	합계		93	67	13	7	86	7	0
프로통산			93	67	13	7	86	7	0

김홍일(金弘一) 연세대 1987.09.29

대회	연도	소속	출전	교체	득점	도움	파울	경고	퇴장
BC	2009	수원	5	2	0	0	7	0	0
	2011	광주	2	2	0	1	2	0	0
	합계		7	4	0	1	9	0	0
K2	2014	수원FC	5	5	0	0	4	1	0
	합계		5	5	0	0	4	1	0
프로통산			12	9	0	1	13	1	0

김홍주(金洪柱) 한양대 1955.03.21

대회	연도	소속	출전	교체	득점	도움	파울	경고	퇴장
BC	1983	국민은행	13	0	0	0	7	0	0
	1984	국민은행	7	2	0	0	3	0	0
	합계		20	2	0	0	10	3	0
프로통산			20	2	0	0	10	3	0

김홍철(金弘喆) 한양대 1979.06.02

대회	연도	소속	출전	교체	득점	도움	파울	경고	퇴장
BC	2002	전남	6	1	1	0	4	0	0
	2003	전남	25	9	0	1	37	1	0
	2004	전남	17	6	0	0	19	1	0
	2005	포항	22	14	1	0	21	0	0
	2006	부산	2	2	0	0	0	0	0
	합계		72	32	2	1	67	4	0
프로통산			72	32	2	1	67	4	0

김황정(金晃正) 한남대 1975.11.19

대회	연도	소속	출전	교체	득점	도움	파울	경고	퇴장
BC	2001	울산	7	7	0	0	7	0	0
	합계		7	7	0	0	7	0	0
프로통산			7	7	0	0	7	0	0

김황호(金黃鎬) 경희대 1954.08.15

대회	연도	소속	출전	교체	실점	도움	파울	경고	퇴장
BC	1984	현대	1	1	3	0	0	0	0
	1985	현대	18	1	18	0	0	0	0
	1986	현대	8	0	3	0	0	0	0
	합계		27	2	24	0	0	0	0
프로통산			27	2	24	0	0	0	0

김효기(金孝基) 조선대 1986.07.03

대회	연도	소속	출전	교체	득점	도움	파울	경고	퇴장
BC	2010	울산	1	1	0	0	0	0	0
	2011	울산	0	0	0	0	0	0	0
	2012	울산	4	4	0	0	2	0	0
	합계		5	5	0	0	2	0	0
K1	2016	전북	0	0	0	0	0	0	0
	2018	경남	30	17	7	1	35	3	0
	2019	경남	29	18	4	3	41	2	0
	2020	광주	12	12	0	0	3	0	0
	2021	광주	2	2	0	0	3	1	0
	합계		73	49	11	4	82	6	0
K2	2015	안양	15	7	4	2	35	3	0
	2016	안양	13	3	4	0	27	0	0
	2017	안양	33	21	9	3	67	4	0
	합계		61	31	17	5	129	7	0
승	2019	경남	1	1	0	0	1	0	0
	합계		1	1	0	0	1	0	0
프로통산			140	86	28	9	215	13	0

김효일(金孝日) 경상대 1978.09.07

대회	연도	소속	출전	교체	득점	도움	파울	경고	퇴장
BC	2003	전남	19	11	0	0	24	2	0
	2004	전남	16	9	0	0	23	0	0
	2005	전남	17	3	0	0	41	3	0
	2006	전남	35	10	1	2	67	6	0
	2007	경남	29	11	1	0	45	1	0
	2008	경남	25	8	1	1	32	5	0
	2009	부산	12	4	0	0	18	0	0
	2010	부산	11	8	0	0	5	0	0
	합계		164	64	3	3	255	17	0
K2	2014	충주	0	0	0	0	0	0	0
	합계		0	0	0	0	0	0	0
프로통산			164	64	3	3	255	17	0

김효준(金孝埈) 경일대 1978.10.13

대회	연도	소속	출전	교체	득점	도움	파울	경고	퇴장
BC	2006	경남	8	3	0	0	12	1	0
	2007	경남	5	3	0	0	8	1	0
	합계		13	6	0	0	20	2	0
K2	2013	안양	25	2	2	0	33	3	0
	2014	안양	11	2	0	0	7	3	0
	합계		36	4	2	0	40	6	0
프로통산			49	8	2	0	60	8	0

김효진(金孝鎭) 연세대 1990.10.22

대회	연도	소속	출전	교체	득점	도움	파울	경고	퇴장
K1	2013	강원	1	1	0	0	1	0	0
	합계		1	1	0	0	1	0	0
프로통산			1	1	0	0	1	0	0

김효찬(金孝燦) 성균관대 1998.01.21

대회	연도	소속	출전	교체	득점	도움	파울	경고	퇴장
K2	2020	전남	0	0	0	0	0	0	0
	합계		0	0	0	0	0	0	0
프로통산			0	0	0	0	0	0	0

김후석(金厚奭) 영남대 1974.03.20

대회	연도	소속	출전	교체	득점	도움	파울	경고	퇴장
BC	1997	포항	7	7	0	0	4	2	0
	1998	포항	6	5	0	0	6	0	0
	합계		13	12	0	0	10	2	0
프로통산			13	12	0	0	10	2	0

김훈성(金勳成) 고려대 1991.05.20

대회	연도	소속	출전	교체	득점	도움	파울	경고	퇴장
K2	2015	고양	2	2	0	0	0	0	0
	합계		2	2	0	0	0	0	0
프로통산			2	2	0	0	0	0	0

김흥권(金興權) 전남대 1963.12.02

대회	연도	소속	출전	교체	득점	도움	파울	경고	퇴장
BC	1984	현대	9	2	1	2	8	0	0
	1985	현대	11	1	0	0	7	0	0
	1986	현대	31	1	2	1	41	4	0
	1987	현대	4	4	0	0	2	0	0
	1989	현대	19	8	1	2	18	0	0
	합계		74	16	4	5	75	5	0
프로통산			74	16	4	5	75	5	0

김흥일(金興一) 동아대 1992.11.02

대회	연도	소속	출전	교체	득점	도움	파울	경고	퇴장
K1	2013	대구	14	14	0	0	6	0	0
	합계		14	14	0	0	6	0	0
K2	2014	대구	9	8	0	0	4	0	0
	합계		9	8	0	0	4	0	0
프로통산			23	22	0	0	10	0	0

김희승(金熹承) 천안제일고 2003.01.19

대회	연도	소속	출전	교체	득점	도움	파울	경고	퇴장
K1	2021	대구	2	1	0	0	4	0	0
	합계		2	1	0	0	4	0	0
프로통산			2	1	0	0	4	0	0

김희원(金熙元) 청주대 1994.07.12

대회	연도	소속	출전	교체	득점	도움	파울	경고	퇴장
K2	2017	서울E	2	1	0	0	1	0	0
	2018	안양	4	4	0	0	2	1	0
	합계		6	5	0	0	3	1	0
프로통산			6	5	0	0	1	0	1

김희철(金熙澈) 충북대 1960.09.03

대회	연도	소속	출전	교체	득점	도움	파울	경고	퇴장
BC	1983	포항제철	13	4	3	2	0	0	0
	1984	포항제철	8	6	0	1	4	0	0
	1985	상무	11	6	2	1	8	0	0
	합계		32	16	5	4	16	0	0
프로통산			32	16	5	4	16	0	0

김희태(金熙泰) 연세대 1953.07.10

대회	연도	소속	출전	교체	득점	도움	파울	경고	퇴장
BC	1983	대우	2	2	0	0	0	0	0
	합계		2	2	0	0	0	0	0
프로통산			2	2	0	0	0	0	0

까뇨뚜(Anderson Cardoso de Campos: Canhoto) 브라질 1997.03.30

대회	연도	소속	출전	교체	득점	도움	파울	경고	퇴장
K2	2020	안산	13	10	1	2	11	3	0
	2021	안산	9	8	1	1	3	0	0
	합계		22	18	2	3	14	3	0
프로통산			22	18	2	3	14	3	0

까랑가(Luiz Fernando da Silva Monte) 브라질 1991.04.14

대회	연도	소속	출전	교체	득점	도움	파울	경고	퇴장
K1	2015	제주	16	8	5	3	34	3	0
	2016	제주	2	0	0	0	2	1	0
	합계		18	8	5	3	36	4	0
프로통산			18	8	5	3	36	4	0

까르멜로(Carmelo Enrique Valencia Chaverra) 콜롬비아 1984.07.13

대회	연도	소속	출전	교체	득점	도움	파울	경고	퇴장
BC	2010	울산	24	20	8	3	20	3	0
	합계		24	20	8	3	20	3	0
프로통산			24	20	8	3	20	3	0

까를로스(Jose Carlos Santos da Silva) 브라질 1975.03.19

대회	연도	소속	출전	교체	득점	도움	파울	경고	퇴장
BC	2004	포항	25	20	4	2	48	3	0
	합계		25	20	4	2	48	3	0
프로통산			25	20	4	2	48	3	0

까를로스(Jean Carlos Donde) 브라질 1983.08.12

대회	연도	소속	출전	교체	득점	도움	파울	경고	퇴장
BC	2011	성남일화	3	3	0	0	1	0	0
	합계		3	3	0	0	1	0	0
프로통산			3	3	0	0	1	0	0

까밀로(Camilo da Silva Sanvezzo) 브라질 1988.07.21

대회	연도	소속	출전	교체	득점	도움	파울	경고	퇴장
BC	2010	경남	9	8	0	1	22	1	0
	합계		9	8	0	1	22	1	0
프로통산			9	8	0	1	22	1	0

까보레(Everaldo de Jesus Pereira) 브라질 1980.02.19

대회	연도	소속	출전	교체	득점	도움	파울	경고	퇴장
BC	2007	경남	31	5	18	8	48	5	0
	합계		31	5	18	8	48	5	0
프로통산			31	5	18	8	48	5	0

까스띠쇼(Jonathan Emanuel Castillo) 아르헨티나 1993.01.05

대회	연도	소속	출전	교체	득점	도움	파울	경고	퇴장
K2	2016	충주	1	1	0	0	1	0	0
	합계		1	1	0	0	1	0	0
프로통산			1	1	0	0	1	0	0

까시아노(Dias Moreira Cassiano) 브라질 1989.06.16

대회	연도	소속	출전	교체	득점	도움	파울	경고	퇴장
K1	2015	광주	11	8	1	0	16	2	0
	합계		11	8	1	0	16	2	0

| 프로통산 | | | 11 | 8 | 1 | 0 | 16 | 2 | 0 |

까시아노(Cassiano Mendes da Rocha) 브라질 1975.12.04

대회	연도	소속	출전	교체	득점	도움	파울	경고	퇴장
BC	2003	포항	15	13	4	0	15	1	0
		합계	15	13	4	0	15	1	0
프로통산			15	13	4	0	15	1	0

까이끼(Caique Silva Rocha) 브라질 1987.01.10

대회	연도	소속	출전	교체	득점	도움	파울	경고	퇴장
BC	2012	경남	41	10	12	7	60	5	0
		합계	41	10	12	7	60	5	0
K1	2013	울산	18	14	3	4	19	2	0
	2014	울산	1	1	0	0	0	0	0
		합계	19	15	3	4	19	2	0
프로통산			60	25	15	11	79	7	0

까이오(Antonio Caio Silva Souza) 브라질 1980.10.11

대회	연도	소속	출전	교체	득점	도움	파울	경고	퇴장
BC	2004	전남	15	14	0	2	18	0	0
		합계	15	14	0	2	18	0	0
프로통산			15	14	0	2	18	0	0

깔레오(Coelho Goncalves) 브라질 1995.09.22

대회	연도	소속	출전	교체	득점	도움	파울	경고	퇴장
K2	2014	충주	4	4	0	0	1	0	0
		합계	4	4	0	0	1	0	0
프로통산			4	4	0	0	1	0	0

꼬레아(Nestor Correa) 우루과이 1974.08.23

대회	연도	소속	출전	교체	득점	도움	파울	경고	퇴장
BC	2000	전북	23	15	3	4	45	1	1
	2002	전남	15	12	0	2	36	3	0
		합계	38	27	3	6	81	4	1
프로통산			38	27	3	6	81	4	1

끌레베르(Cleber Arildo da Silva) 브라질 1969.01.21

대회	연도	소속	출전	교체	득점	도움	파울	경고	퇴장
BC	2001	울산	30	2	2	2	53	7	0
	2002	울산	34	6	0	0	63	7	0
	2003	울산	33	5	1	1	54	6	1
		합계	97	13	3	3	170	20	1
프로통산			97	13	3	3	170	20	1

끌레오(Cleomir Mala dos Santos) 브라질 1972.02.02

대회	연도	소속	출전	교체	득점	도움	파울	경고	퇴장
BC	1997	전남	5	3	0	2	6	1	0
		합계	5	3	0	2	6	1	0
프로통산			5	3	0	2	6	1	0

끼리노(Thiago Quirino da Silva) 브라질 1985.01.04

대회	연도	소속	출전	교체	득점	도움	파울	경고	퇴장
BC	2011	대구	14	10	3	1	24	2	1
		합계	14	10	3	1	24	2	1
프로통산			14	10	3	1	24	2	1

나광현(羅光鉉) 명지대 1982.06.21

대회	연도	소속	출전	교체	득점	도움	파울	경고	퇴장
BC	2006	대전	1	1	0	0	0	0	0
	2007	대전	8	7	1	0	14	1	0
	2008	대전	18	9	1	0	26	7	0
	2009	대전	14	11	0	1	4	2	0
		합계	41	28	2	1	44	10	0
프로통산			41	28	2	1	44	10	0

나니(Jonathan Nanizayamo) 프랑스 1991.06.05

대회	연도	소속	출전	교체	득점	도움	파울	경고	퇴장
K1	2017	강원	4	4	0	0	4	0	0
		합계	4	4	0	0	4	0	0
프로통산			4	4	0	0	4	0	0

나드손(Nadson Rodrigues de Souza) 브라질 1982.01.30

대회	연도	소속	출전	교체	득점	도움	파울	경고	퇴장
BC	2003	수원	18	9	14	1	25	2	0
	2004	수원	38	27	14	4	66	5	0
	2005	수원	15	14	7	1	17	1	0
	2007	수원	15	14	8	5	10	2	0
		합계	86	64	43	11	118	10	0
프로통산			86	64	43	11	118	10	0

나상호(羅相鎬) 단국대 1996.08.12

대회	연도	소속	출전	교체	득점	도움	파울	경고	퇴장
K1	2017	광주	18	14	2	0	21	0	0
	2020	성남	19	8	7	0	18	2	0
	2021	서울	34	14	9	6	20	5	0
		합계	71	36	18	6	59	5	0
K2	2018	광주	31	3	16	1	38	0	0
		합계	31	3	16	1	38	0	0
프로통산			102	39	34	7	97	8	0

나성은(羅聖恩) 수원대 1996.04.06

대회	연도	소속	출전	교체	득점	도움	파울	경고	퇴장
K1	2018	전북	3	2	0	1	0	0	0
	2020	전북	1	1	0	0	1	0	0
	2021	수원FC	4	5	0	0	1	0	0
		합계	8	8	0	0	2	0	0
프로통산			8	8	0	0	2	0	0

나승화(羅承和) 한양대 1969.10.08

대회	연도	소속	출전	교체	득점	도움	파울	경고	퇴장
BC	1991	포항제철	17	4	0	3	14	0	0
	1992	포항제철	16	5	0	1	18	0	0
	1993	포항제철	16	11	0	2	15	0	0
	1994	포항제철	25	7	0	3	26	2	0
		합계	74	25	0	9	71	4	0
프로통산			74	25	0	9	71	4	0

나시모프(Bakhodir Nasimov) 우즈베키스탄 1987.05.02

대회	연도	소속	출전	교체	득점	도움	파울	경고	퇴장
K2	2017	안산	23	18	2	0	35	3	0
		합계	23	18	2	0	35	3	0
프로통산			23	18	2	0	35	3	0

나일균(羅一均) 경일대 1977.08.02

대회	연도	소속	출전	교체	득점	도움	파울	경고	퇴장
BC	2000	울산	1	1	0	0	2	0	0
		합계	1	1	0	0	2	0	0
프로통산			1	1	0	0	2	0	0

나지(Naji Mohammed Majrashi) 사우디아라비아 1984.02.02

대회	연도	소속	출전	교체	득점	도움	파울	경고	퇴장
BC	2011	울산	9	9	0	1	2	1	0
		합계	9	9	0	1	2	1	0
프로통산			9	9	0	1	2	1	0

나치선(羅治善) 국민대 1966.03.07

대회	연도	소속	출전	교체	실점	도움	파울	경고	퇴장
BC	1989	일화	23	2	26	0	1	0	0
	1990	일화	1	0	3	0	0	0	0
		합계	24	2	29	0	1	0	0
프로통산			24	2	29	0	1	0	0

나카자토(Nakazato Takahiro, 中里崇宏) 일본 1990.03.29

대회	연도	소속	출전	교체	득점	도움	파울	경고	퇴장
K1	2019	강원	11	7	0	0	11	3	0
		합계	11	7	0	0	11	3	0
프로통산			11	7	0	0	11	3	0

나희근(羅熙根) 아주대 1979.05.05

대회	연도	소속	출전	교체	득점	도움	파울	경고	퇴장
BC	2001	포항	4	2	0	0	8	0	0
	2003	포항	1	0	0	0	4	0	0
	2004	대구	12	3	0	0	23	3	0
	2005	대구	11	6	1	0	48	1	0
	2006	대구	5	2	0	0	6	1	0
	2007	대구	1	1	0	0	0	0	0
		합계	40	18	3	0	78	2	1
프로통산			40	18	3	0	78	2	1

난도(Ferdinando Pereira Leda) 브라질 1980.04.22

대회	연도	소속	출전	교체	득점	도움	파울	경고	퇴장
BC	2012	인천	19	4	0	0	31	2	0
		합계	19	4	0	0	31	2	0
프로통산			19	4	0	0	31	2	0

남광현(南侊炫) 경기대 1987.08.25

대회	연도	소속	출전	교체	득점	도움	파울	경고	퇴장
BC	2010	전남	5	2	1	1	17	1	0
		합계	5	2	1	1	17	1	0
K2	2016	경남	7	7	1	1	7	1	0
		합계	7	7	1	1	7	1	0
프로통산			12	9	2	2	24	2	0

남궁도(南宮道) 경희고 1982.06.04

대회	연도	소속	출전	교체	득점	도움	파울	경고	퇴장
BC	2001	전북	6	6	0	0	9	1	0
	2002	전북	6	6	0	0	9	1	0
	2003	전북	18	16	5	2	16	2	0
	2004	전북	21	16	3	1	35	0	0
	2005	전북	1	1	0	0	0	0	0
	2005	전남	24	17	2	4	31	2	0
	2006	광주상무	30	7	4	2	48	5	0
	2007	광주상무	28	19	9	1	48	2	0
	2008	포항	25	21	6	1	29	1	0
	2009	포항	5	4	1	0	9	0	0
	2010	성남일화	22	20	2	3	17	4	0
	2011	성남일화	6	6	0	0	4	1	0
	2012	대전	18	16	0	1	22	3	0
		합계	222	185	35	14	286	21	0
K2	2013	안양	29	29	1	1	19	3	0
	2014	안양	3	3	0	0	4	0	0
		합계	32	32	1	1	23	3	0
프로통산			254	217	36	15	309	23	0

남궁웅(南宮雄) 경희고 1984.03.29

대회	연도	소속	출전	교체	득점	도움	파울	경고	퇴장
BC	2003	수원	22	20	1	3	21	0	0
	2004	수원	5	5	0	0	2	0	0
	2005	광주상무	29	23	0	2	31	1	0
	2006	광주상무	30	20	0	3	43	6	0
	2006	수원	1	1	0	0	0	0	0
	2007	수원	9	9	1	0	9	0	0
	2008	수원	15	14	0	1	26	2	0
	2011	성남일화	24	7	0	2	27	3	0
	2012	성남일화	30	15	0	1	38	7	0
		합계	146	112	2	10	168	18	0
K1	2013	강원	21	8	0	2	16	3	0
		합계	21	8	0	2	16	3	0
승	2013	강원	1	1	0	0	2	0	0
		합계	1	1	0	0	2	0	0
프로통산			168	121	2	12	186	21	0

남기설(南起卨) 영남대 1970.12.08

대회	연도	소속	출전	교체	득점	도움	파울	경고	퇴장
BC	1993	대우	16	14	1	0	18	3	0
	1994	LG	20	17	3	1	17	1	0
	1995	LG	4	4	0	1	5	0	0
		합계	40	35	4	1	37	5	0
프로통산			40	35	4	1	37	5	0

남기성(南基成) 한양대 1977.10.10

대회	연도	소속	출전	교체	득점	도움	파울	경고	퇴장
BC	2000	수원	2	1	0	0	1	0	0
		합계	2	1	0	0	1	0	0
프로통산			2	1	0	0	1	0	0

남기영(南基永) 경희대 1962.07.10

대회	연도	소속	출전	교체	득점	도움	파울	경고	퇴장
BC	1986	포항제철	23	2	0	0	26	3	0

			출전	교체	득점	도움	파울	경고	퇴장
	1987	포항제철	30	7	0	0	43	4	0
	1988	포항제철	6	2	0	0	9	0	0
	1989	포항제철	21	12	0	0	30	3	1
	1990	포항제철	19	9	0	0	36	3	0
	1991	포항제철	32	11	1	0	43	5	1
	1992	포항제철	14	7	0	1	18	4	0
	합계		145	50	1	1	205	22	2
프로통산			145	50	1	1	205	22	2

남기일 (南基一) 경희대 1974.08.17

대회	연도	소속	출전	교체	득점	도움	파울	경고	퇴장
BC	1997	부천SK	18	14	0	3	14	0	0
	1998	부천SK	15	16	1	1	14	0	0
	1999	부천SK	20	18	1	3	23	1	0
	2000	부천SK	11	9	1	1	12	0	0
	2001	부천SK	35	15	9	2	41	2	0
	2002	부천SK	32	3	4	6	50	5	1
	2003	부천SK	30	8	5	5	40	4	1
	2004	전남	29	22	2	4	40	3	0
	2005	성남일화	28	22	7	4	47	0	0
	2006	성남일화	32	27	8	2	51	1	0
	2007	성남일화	20	19	2	4	27	3	0
	2008	성남일화							
	합계		277	180	40	34	380	22	2
프로통산			277	180	40	34	380	22	2

남대식 (南大植) 건국대 1990.03.07

대회	연도	소속	출전	교체	득점	도움	파울	경고	퇴장
K2	2013	충주	20	2	2	0	14	2	0
	2014	안양	0	0	0	0	0	0	0
	합계		20	2	2	0	14	2	0
프로통산			20	2	2	0	14	2	0

남민호 (南民浩) 동국대 1980.12.17

대회	연도	소속	출전	교체	실점	도움	파울	경고	퇴장
BC	2003	부천SK	1	0	4	0	0	0	0
프로통산			1	0	4	0	0	0	0

남설현 (南설현) 부경대 1990.02.10

대회	연도	소속	출전	교체	득점	도움	파울	경고	퇴장
BC	2012	경남	2	2	0	0	1	0	0
	합계		2	2	0	0	1	0	0
프로통산			2	2	0	0	1	0	0

남세인 (南世仁) 동의대 1993.01.15

대회	연도	소속	출전	교체	득점	도움	파울	경고	퇴장
K2	2014	대구	0	0	0	0	0	0	0
	합계		0	0	0	0	0	0	0
프로통산			0	0	0	0	0	0	0

남송 (Nan Song, 南松 / ← 난송) 중국 1997.06.21

대회	연도	소속	출전	교체	득점	도움	파울	경고	퇴장
K2	2018	부천	3	3	0	0	3	1	0
	합계		3	3	0	0	3	1	0
프로통산			3	3	0	0	3	1	0

남승우 (南昇佑) 연세대 1992.02.18

대회	연도	소속	출전	교체	득점	도움	파울	경고	퇴장
K1	2018	강원	1	1	0	0	1	0	0
	합계		1	1	0	0	1	0	0
프로통산			1	1	0	0	1	0	0

남영열 (南永烈) 한남대 1981.07.10

대회	연도	소속	출전	교체	득점	도움	파울	경고	퇴장
BC	2005	대구	24	9	1	0	39	6	0
	합계		24	9	1	0	39	6	0
프로통산			24	9	1	0	39	6	0

남영훈 (男泳勳) 명지대 1979.09.22

대회	연도	소속	출전	교체	득점	도움	파울	경고	퇴장
BC	2003	광주상무	16	12	0	1	8	3	0
	2004	포항	15	15	0	0	17	2	0
	2005	포항	7	7	0	0	8	0	0
	2006	경남	15	8	1	0	25	6	0
	2007	경남	12	6	0	0	18	3	0
	합계		65	48	1	1	69	15	0
프로통산			65	48	1	1	69	15	0

남웅기 (南雄基) 동국대 1976.05.20

대회	연도	소속	출전	교체	득점	도움	파울	경고	퇴장
BC	1999	전북	5	5	1	0	3	0	0
	합계		5	5	1	0	3	0	0
프로통산			5	5	1	0	3	0	0

남윤재 (南潤宰) 충남기계공고 1996.05.31

대회	연도	소속	출전	교체	득점	도움	파울	경고	퇴장
K2	2016	대전	1	1	0	0	1	0	0
	2017	대전	1	1	0	0	2	0	0
	합계		2	2	0	0	3	0	0
프로통산			2	2	0	0	3	0	0

남윤재 (南尹在) 광양제철고 2001.04.14

대회	연도	소속	출전	교체	득점	도움	파울	경고	퇴장
K2	2021	전남	1	1	0	0	1	0	0
	합계		1	1	0	0	1	0	0
프로통산			1	1	0	0	1	0	0

남익경 (南翼璟) 포철공고 1983.01.26

대회	연도	소속	출전	교체	득점	도움	파울	경고	퇴장
BC	2002	포항	8	8	1	0	3	0	0
	2003	포항	8	8	1	0	3	0	0
	2004	포항	12	11	1	1	6	0	0
	2005	포항	13	12	0	3	15	0	0
	2006	포항	13	12	0	0	15	0	0
	2007	광주상무	18	14	0	1	17	0	0
	2008	광주상무	20	14	2	4	19	1	0
	합계		74	62	5	5	64	2	0
프로통산			74	62	5	5	64	2	0

남일우 (南溢祐) 광주대 1989.08.28

대회	연도	소속	출전	교체	득점	도움	파울	경고	퇴장
BC	2012	인천	1	1	0	0	0	0	0
	합계		1	1	0	0	0	0	0
프로통산			1	1	0	0	0	0	0

남준재 (南濬在) 연세대 1988.04.07

대회	연도	소속	출전	교체	득점	도움	파울	경고	퇴장
BC	2010	인천	28	26	3	5	18	3	0
	2011	전남	9	8	1	0	16	1	0
	2011	제주	3	3	0	0	1	0	0
	2012	인천	22	11	8	1	37	5	0
	합계		62	48	12	6	72	9	0
K1	2013	인천	32	19	4	1	42	3	0
	2014	인천	17	13	3	0	18	2	0
	2015	성남	24	23	4	2	45	0	0
	2018	인천	14	12	4	2	14	0	0
	2019	인천	13	9	1	0	14	2	0
	2019	제주	14	11	3	1	19	2	0
	2020	포항	13	13	0	0	6	1	0
	합계		127	100	19	6	168	13	0
K2	2016	안산무궁	17	12	2	2	11	2	0
	2017	아산	12	12	6	0	9	3	0
	2017	성남	3	4	0	2	8	0	0
	합계		32	35	4	2	28	5	0
프로통산			221	173	35	14	268	25	0

남지훈 (南知訓) 수원대 1992.12.19

대회	연도	소속	출전	교체	실점	도움	파울	경고	퇴장
K2	2015	안양	0	0	0	0	0	0	0
	2016	안양	0	0	0	0	0	0	0
	합계		0	0	0	0	0	0	0
프로통산			0	0	0	0	0	0	0

남하늘 (南 하늘) 한남대 1995.10.27

대회	연도	소속	출전	교체	득점	도움	파울	경고	퇴장
K2	2016	고양	16	15	2	0	13	3	0
	합계		16	15	2	0	13	3	0
프로통산			16	15	2	0	13	3	0

남현성 (南縣成) 성균관대 1985.05.06

대회	연도	소속	출전	교체	득점	도움	파울	경고	퇴장
BC	2008	대구	4	2	0	0	3	2	0
	2009	대구	10	8	0	1	10	0	0
	합계		14	10	0	1	13	2	0
프로통산			14	10	0	1	13	2	0

남현우 (南賢宇) 인천대 1979.04.20

대회	연도	소속	출전	교체	실점	도움	파울	경고	퇴장
BC	2002	부천SK	0	0	0	0	0	0	0
	합계		0	0	0	0	0	0	0
프로통산			0	0	0	0	0	0	0

남호상 (南虎相) 동아대 1966.01.17

대회	연도	소속	출전	교체	득점	도움	파울	경고	퇴장
BC	1989	일화	1	2	0	0	2	0	0
	합계		1	2	0	0	2	0	0
프로통산			1	2	0	0	2	0	0

남희철 (南希喆) 동국대 1995.05.02

대회	연도	소속	출전	교체	득점	도움	파울	경고	퇴장
K2	2019	아산	13	13	1	0	6	0	0
	2020	충남아산							
	합계		13	13	1	0	6	0	0
프로통산			13	13	1	0	6	0	0

내마냐 (Nemanja Dancetović) 유고슬라비아 1973.07.25

대회	연도	소속	출전	교체	득점	도움	파울	경고	퇴장
BC	2000	울산	6	5	0	1	6	1	0
	합계		6	5	0	1	6	1	0
프로통산			6	5	0	1	6	1	0

네게바 (Guilherme Ferreira Pinto: Negueba) 브라질 1992.04.07

대회	연도	소속	출전	교체	득점	도움	파울	경고	퇴장
K1	2018	경남	36	16	5	7	28	2	1
	2019	경남	11	5	0	0	9	0	0
	2021	인천	31	29	2	4	29	0	1
	합계		78	50	7	11	66	10	1
K2	2020	경남	19	18	2	2	16	2	0
	합계		19	18	2	2	16	2	0
프로통산			97	68	9	13	82	12	2

네또 (Euvaldo Jose de Aguiar Neto) 브라질 1982.09.17

대회	연도	소속	출전	교체	득점	도움	파울	경고	퇴장
BC	2005	전북	30	15	8	1	121	9	0
	합계		30	15	8	1	121	9	0
프로통산			30	15	8	1	121	9	0

네벨톤 (Neverton Inacio Dionizio) 브라질 1992.06.07

대회	연도	소속	출전	교체	득점	도움	파울	경고	퇴장
K2	2014	대구	1	1	0	0	0	0	0
	합계		1	1	0	0	0	0	0
프로통산			1	1	0	0	0	0	0

네아가 (Adrian Constantin Neaga) 루마니아 1979.06.04

대회	연도	소속	출전	교체	득점	도움	파울	경고	퇴장
BC	2005	전남	26	6	11	2	47	6	1
	2006	전남	21	12	3	2	36	1	0
	2006	성남일화	11	9	0	1	23	3	0
	2007	성남일화	11	9	1	1	19	1	0
	합계		73	35	15	7	125	13	1
프로통산			73	35	15	7	125	13	1

네코 (Danilo Montecino Neco) 브라질 1986.01.27

대회	연도	소속	출전	교체	득점	도움	파울	경고	퇴장
BC	2010	제주	32	28	6	5	45	2	0
	합계		32	28	6	5	45	2	0
K2	2017	성남	4	4	0	0	3	1	0
	합계		4	4	0	0	3	1	0
프로통산			36	32	6	5	48	3	0

노경민 (盧京珉) 숭실대 1987.11.01

대회	연도	소속	출전	교체	득점	도움	파울	경고	퇴장

Section 6 역대 통산 기록

대회	연도	소속	출전	교체	득점	도움	파울	경고	퇴장
BC	2009	대전	5	4	0	0	4	1	0
		합계	5	4	0	0	4	1	0
프로통산			5	4	0	0	4	1	0

노경태(盧炅兌) 전주대 1986.09.20

대회	연도	소속	출전	교체	득점	도움	파울	경고	퇴장
BC	2009	강원	7	3	0	0	6	0	0
		합계	7	3	0	0	6	0	0
프로통산			7	3	0	0	6	0	0

노경호(盧京鎬) 조선대 2000.07.05

대회	연도	소속	출전	교체	득점	도움	파울	경고	퇴장
K1	2021	포항	1	1	0	0	1	0	0
		합계	1	1	0	0	1	0	0
프로통산			1	1	0	0	1	0	0

노경환(盧慶煥) 한양대 1967.05.06

대회	연도	소속	출전	교체	득점	도움	파울	경고	퇴장
BC	1989	대우	37	26	4	2	38	2	0
	1990	대우	26	17	4	2	34	3	0
	1991	대우	19	18	1	0	9	1	0
	1992	대우	22	16	0	4	29	1	0
	1994	대우	27	20	3	3	30	1	0
	1995	대우	18	19	3	1	16	2	0
		합계	149	116	21	12	156	10	0
프로통산			149	116	21	12	156	10	0

노나또(Raimundo Nonato de Lima Ribeiro) 브라질 1979.07.05

대회	연도	소속	출전	교체	득점	도움	파울	경고	퇴장
BC	2004	대구	32	9	19	3	48	6	0
	2005	서울	17	16	7	0	19	0	0
		합계	49	25	26	3	67	6	0
프로통산			49	25	26	3	67	6	0

노대호(盧大鎬) 광운대 1990.01.26

대회	연도	소속	출전	교체	득점	도움	파울	경고	퇴장
K2	2013	부천	14	14	3	1	11	3	0
		합계	14	14	3	1	11	3	0
프로통산			14	14	3	1	11	3	0

노동건(盧東件) 고려대 1991.10.04

대회	연도	소속	출전	교체	실점	도움	파울	경고	퇴장
K1	2014	수원	4	0	4	0	0	0	0
	2015	수원	16	0	20	0	1	0	0
	2016	수원	22	1	37	0	1	1	0
	2017	포항	13	2	25	0	0	1	0
	2018	수원	21	1	33	0	0	0	0
	2019	수원	29	0	46	0	0	3	0
	2020	수원	11	0	6	0	0	0	0
	2021	수원	15	0	17	0	0	1	0
		합계	131	4	177	0	1	6	0
프로통산			131	4	177	0	1	6	0

노병준(盧炳俊) 한양대 1979.09.29

대회	연도	소속	출전	교체	득점	도움	파울	경고	퇴장
BC	2002	전남	5	5	0	0	4	0	0
	2003	전남	39	36	7	4	19	6	0
	2004	전남	28	27	3	3	24	4	1
	2005	전남	29	27	6	1	37	1	0
	2008	포항	21	19	5	0	16	1	0
	2009	포항	27	19	7	5	27	3	0
	2010	포항	6	5	1	0	10	0	0
	2010	울산	14	14	1	1	7	0	0
	2011	포항	34	29	5	2	39	2	0
	2012	포항	35	33	7	2	24	3	0
		합계	238	214	42	18	207	19	1
K1	2013	포항	26	26	6	1	21	4	0
		합계	26	26	6	1	21	4	0
K2	2014	대구	19	12	4	3	15	4	0
	2015	대구	34	29	4	2	22	5	0
	2016	대구	14	14	0	0	4	0	0
		합계	67	55	11	7	41	9	0
프로통산			331	295	59	26	269	29	1

노보트니(Soma Zsombor Novothny) 헝가리 1994.06.16

대회	연도	소속	출전	교체	득점	도움	파울	경고	퇴장
K2	2019	부산	27	17	12	1	31	5	0
		합계	27	17	12	1	31	5	0
승	2019	부산	2	1	1	0	1	1	0
		합계	2	1	1	0	1	1	0
프로통산			29	18	13	1	32	6	0

노상래(盧相來) 숭실대 1970.12.15

대회	연도	소속	출전	교체	득점	도움	파울	경고	퇴장
BC	1995	전남	33	2	16	6	68	4	0
	1996	전남	32	14	13	7	47	5	1
	1997	전남	17	9	7	3	18	4	0
	1998	전남	31	8	10	8	71	7	0
	1999	전남	36	11	11	6	50	1	0
	2000	전남	37	21	9	5	44	0	0
	2001	전남	27	19	5	4	31	0	0
	2002	전남	6	5	0	0	9	1	0
	2003	대구	21	18	4	1	34	4	1
	2004	대구	6	5	1	0	5	0	0
		합계	246	112	76	40	377	25	2
프로통산			246	112	76	40	377	25	2

노성민(盧聖民) 인천대 1995.07.19

대회	연도	소속	출전	교체	득점	도움	파울	경고	퇴장
K1	2018	인천	1	0	0	0	0	0	0
		합계	1	0	0	0	0	0	0
프로통산			1	0	0	0	0	0	0

노수만(魯秀萬) 울산대 1975.12.22

대회	연도	소속	출전	교체	실점	도움	파울	경고	퇴장
BC	1998	울산	2	0	6	0	0	0	0
	1999	전남	3	0	3	0	0	0	0
		합계	5	0	9	0	0	0	0
프로통산			5	0	9	0	0	0	0

노수진(盧壽珍) 고려대 1962.02.10

대회	연도	소속	출전	교체	득점	도움	파울	경고	퇴장
BC	1986	유공	13	4	4	1	14	1	0
	1987	유공	30	4	12	6	37	4	0
	1988	유공	10	3	2	1	10	1	0
	1989	유공	30	4	4	2	17	1	0
	1990	유공	13	1	1	1	11	0	0
	1991	유공	20	10	5	0	14	3	0
	1992	유공	19	7	5	2	16	2	0
	1993	유공	1	1	0	0	0	0	0
		합계	136	34	45	19	119	12	0
프로통산			136	34	45	19	119	12	0

노연빈(盧延貧) 청주대 1990.04.02

대회	연도	소속	출전	교체	득점	도움	파울	경고	퇴장
K2	2014	충주	25	3	1	0	48	4	0
	2015	충주	22	2	0	0	33	7	0
	2016	충주	2	0	0	0	5	0	0
		합계	49	5	1	0	86	11	0
프로통산			49	5	1	0	86	11	0

노우진(盧玗珍/←노용훈) 연세대 1986.03.29

대회	연도	소속	출전	교체	득점	도움	파울	경고	퇴장
BC	2009	경남	10	5	0	0	13	3	0
	2011	부산	1	1	0	0	0	0	0
	2011	대전	10	3	0	1	20	4	0
	2012	대전	9	8	0	0	19	5	0
		합계	30	17	0	1	52	12	0
프로통산			30	17	0	1	52	12	0

노윤상(盧尹上) 영생고 2002.03.03

대회	연도	소속	출전	교체	득점	도움	파울	경고	퇴장
K1	2021	전북	1	1	0	0	0	0	0
		합계	1	1	0	0	0	0	0
프로통산			1	1	0	0	0	0	0

노인호(盧仁鎬) 명지대 1960.09.10

대회 연도 소속 출전 교체 득점 도움 파울 경고 퇴장

대회	연도	소속	출전	교체	득점	도움	파울	경고	퇴장
BC	1984	현대	14	9	0	5	4	0	0
	1985	현대	4	1	2	0	6	0	0
	1986	유공	5	4	0	0	6	1	0
	1987	현대	5	4	0	1	3	0	0
		합계	28	18	2	6	19	1	0
프로통산			28	18	2	6	19	1	0

노재승(盧載承) 경희대 1990.04.19

대회	연도	소속	출전	교체	득점	도움	파울	경고	퇴장
K2	2015	충주	1	1	0	0	0	0	0
		합계	1	1	0	0	0	0	0

노정윤(盧廷潤) 고려대 1971.03.28

대회	연도	소속	출전	교체	득점	도움	파울	경고	퇴장
BC	2003	부산	27	13	2	5	64	2	0
	2004	부산	30	17	4	6	41	5	0
	2005	울산	35	35	0	5	31	4	0
	2006	울산	8	8	0	0	7	0	0
		합계	100	73	6	16	143	11	0
프로통산			100	73	6	16	143	11	0

노종건(盧鍾健) 인천대 1981.02.24

대회	연도	소속	출전	교체	득점	도움	파울	경고	퇴장
BC	2004	인천	7	2	0	0	15	0	0
	2005	인천	30	8	1	0	67	6	0
	2006	인천	28	10	0	0	62	7	0
	2007	인천	23	14	0	1	51	5	0
	2008	인천	23	8	0	0	40	5	0
	2009	인천	19	9	0	0	36	3	0
	2010	인천	2	3	0	1	9	2	0
		합계	132	54	1	2	280	28	0
프로통산			132	54	1	2	280	28	0

노주섭(盧周燮) 전주대 1970.09.13

대회	연도	소속	출전	교체	득점	도움	파울	경고	퇴장
BC	1994	버팔로	33	2	0	0	23	3	0
	1995	포항	7	5	0	1	4	2	0
	1996	포항	1	1	0	0	0	0	0
	1996	안양G	5	2	1	0	13	1	0
	1997	안양G	4	4	0	0	3	0	0
		합계	50	14	1	1	43	6	0
프로통산			50	14	1	1	43	6	0

노지훈(盧知勳) 광운대 1999.04.01

대회	연도	소속	출전	교체	실점	도움	파울	경고	퇴장
K1	2021	포항	1	1	0	0	0	0	0
		합계	1	1	0	0	0	0	0
프로통산			1	1	0	0	0	0	0

노진호(盧振鎬) 광운대 1969.04.09

대회	연도	소속	출전	교체	득점	도움	파울	경고	퇴장
BC	1992	대우	2	2	0	0	0	0	0
		합계	2	2	0	0	0	0	0
프로통산			2	2	0	0	0	0	0

노태경(盧泰景) 포철공고 1972.04.22

대회	연도	소속	출전	교체	득점	도움	파울	경고	퇴장
BC	1992	포항제철	7	4	0	1	6	1	0
	1993	포항제철	26	5	0	2	36	2	0
	1994	포항제철	17	3	0	0	18	2	0
	1995	포항	26	6	1	0	25	5	0
	1996	포항	39	2	1	1	31	4	0
	1997	포항	15	10	0	1	25	3	0
	2000	포항	15	10	0	1	25	3	0
		합계	155	35	3	10	135	20	0
프로통산			155	35	3	10	135	20	0

노행석(盧幸錫) 동국대 1988.11.17

대회	연도	소속	출전	교체	득점	도움	파울	경고	퇴장
BC	2011	광주	7	0	0	0	14	2	0
	2012	광주	11	1	0	0	32	7	0
		합계	12	1	0	0	37	9	0
K1	2015	부산	23	5	1	0	36	5	0
		합계	23	5	1	0	36	5	0

구분	연도	소속	출전	교체	득점	도움	파울	경고	퇴장
K2	2014	대구	31	5	3	0	58	7	0
	2018		3	1	1	0	2	0	0
	2019	부산	1	0	0	0	4	1	0
	합계		35	6	4	0	64	8	0
승	2018	부산	2	1	0	0	4	0	0
	합계		2	1	0	0	4	0	0
프로통산			72	13	6	0	137	20	0

노형구(盧亨求) 매탄고 1992.04.29

대회	연도	소속	출전	교체	득점	도움	파울	경고	퇴장
BC	2011	수원	0	0	0	0	0	0	0
	2012	수원	2	0	0	0	3	1	0
	합계		2	0	0	0	3	1	0
K2	2015	충주	23	9	0	0	24	5	0
	합계		23	9	0	0	24	5	0
프로통산			25	9	0	0	27	6	0

논코비치(Nenad Nonković) 유고슬라비아 1970.10.01

대회	연도	소속	출전	교체	득점	도움	파울	경고	퇴장
BC	1996	천안일화	18	15	3	0	22	4	0
	합계		18	15	3	0	22	4	0
프로통산			18	15	3	0	22	4	0

니콜라(Nikola Vasiljević) 보스니아 헤르체고비나 1983.12.19

대회	연도	소속	출전	교체	득점	도움	파울	경고	퇴장
BC	2006	제주	13	1	0	0	29	2	0
	2007	제주	11	4	0	1	23	2	0
	합계		24	5	0	1	52	4	0
프로통산			24	5	0	1	52	4	0

니콜라오(Nicolao Manuel Dumitru Cardoso) 이탈리아 1991.10.12

대회	연도	소속	출전	교체	득점	도움	파울	경고	퇴장
K1	2021	수원	17	20	1	0	11	0	0
	합계		17	20	1	0	11	0	0
프로통산			17	20	1	0	11	0	0

니콜리치(Stefan Nikolic) 몬테네그로 1990.04.16

대회	연도	소속	출전	교체	득점	도움	파울	경고	퇴장
K1	2014	인천	7	5	0	0	11	0	1
	합계		7	5	0	0	11	0	1
프로통산			7	5	0	0	11	0	1

닐손주니어(Nilson Ricardo da Silva Junior) 브라질 1989.03.31

대회	연도	소속	출전	교체	득점	도움	파울	경고	퇴장
K1	2014	부산	30	4	2	0	42	2	0
	2015	부산	9	4	0	0	10	1	0
	합계		39	8	2	0	52	3	0
K2	2016	부산	21	0	1	1	26	4	0
	2017	부천	34	2	4	3	24	2	0
	2018	부천	28	2	2	1	31	1	0
	2019	부천	37	0	10	0	22	3	0
	2020	안양	26	2	1	1	11	1	0
	2021	안양	32	9	4	2	12	2	0
	합계		178	15	21	8	126	13	0
프로통산			217	23	23	8	178	16	0

닐톤(Soares Rodrigues Nilton) 브라질 1993.09.11

대회	연도	소속	출전	교체	득점	도움	파울	경고	퇴장
K1	2015	대전	12	11	0	1	13	2	0
	합계		12	11	0	1	13	2	0
프로통산			12	11	0	1	13	2	0

다니엘(Oliveira Moreira Daniel) 브라질 1991.03.14

대회	연도	소속	출전	교체	득점	도움	파울	경고	퇴장
K1	2015	광주	2	2	0	0	1	0	0
	합계		2	2	0	0	1	0	0
프로통산			2	2	0	0	1	0	0

다니엘(Daniel Freire Mendes) 브라질 1981.01.18

대회	연도	소속	출전	교체	득점	도움	파울	경고	퇴장
BC	2004	울산	10	9	0	1	8	1	0
	합계		10	9	0	1	8	1	0
프로통산			10	9	0	1	8	1	0

다닐로(Almeida Alvesdanilo) 브라질 1991.04.11

대회	연도	소속	출전	교체	득점	도움	파울	경고	퇴장
K2	2020	수원FC	12	12	3	1	30	2	0
	합계		12	12	3	1	30	2	0
프로통산			12	12	3	1	30	2	0

다닐요(Danilo da Cruz Oliveira) 브라질 1979.02.25

대회	연도	소속	출전	교체	득점	도움	파울	경고	퇴장
BC	2004	대구	3	3	0	1	3	0	0
	합계		3	3	0	1	3	0	0
프로통산			3	3	0	1	3	0	0

다리오(Dario Frederico da Silva Junior) 브라질 1991.09.11

대회	연도	소속	출전	교체	득점	도움	파울	경고	퇴장
K1	2019	대구	3	3	0	0	2	0	0
	합계		3	3	0	0	2	0	0
프로통산			3	3	0	0	2	0	0

다미르(Damir Sovšić) 크로아티아 1990.02.05

대회	연도	소속	출전	교체	득점	도움	파울	경고	퇴장
K1	2017	수원	21	16	0	0	14	1	0
	합계		21	16	0	0	14	1	0
프로통산			21	16	0	0	14	1	0

다보(Cheick Oumar Dabo) 말리 1981.01.12

대회	연도	소속	출전	교체	득점	도움	파울	경고	퇴장
BC	2002	부천SK	28	20	10	4	41	0	0
	2003	부천SK	28	23	5	2	34	2	0
	2004	부천SK	21	11	6	0	38	1	0
	합계		77	54	21	6	113	3	0
프로통산			77	54	21	6	113	3	0

다실바(Cleonesio Carlos da Silva) 브라질 1976.04.12

대회	연도	소속	출전	교체	득점	도움	파울	경고	퇴장
BC	2005	포항	24	11	8	1	33	1	0
	2005	부산	12	6	4	1	19	0	0
	2006	제주	14	7	4	1	18	0	0
	합계		50	24	16	3	70	1	0
프로통산			50	24	16	3	70	1	0

다오(Dao Cheick Tidiani) 말리 1982.09.25

대회	연도	소속	출전	교체	득점	도움	파울	경고	퇴장
BC	2002	부천SK	4	2	0	0	7	3	0
	합계		4	2	0	0	7	3	0
프로통산			4	2	0	0	7	3	0

다이고(Watanabe Daigo) 일본 1984.12.03

대회	연도	소속	출전	교체	득점	도움	파울	경고	퇴장
K2	2016	부산	5	4	0	0	4	0	0
	합계		5	4	0	0	4	0	0
프로통산			5	4	0	0	4	0	0

다이치(Jusuf Dajić) 보스니아 헤르체고비나 1984.08.21

대회	연도	소속	출전	교체	득점	도움	파울	경고	퇴장
BC	2008	전북	14	12	7	1	23	1	0
	합계		14	12	7	1	23	1	0
프로통산			14	12	7	1	23	1	0

다카하기(Takahagi Yojiro, 高萩洋次郎) 일본 1986.08.02

대회	연도	소속	출전	교체	득점	도움	파울	경고	퇴장
K1	2015	서울	14	11	2	0	15	2	0
	2016	서울	32	16	1	4	26	5	0
	합계		46	27	3	4	41	7	0
프로통산			46	27	3	4	41	7	0

다카하라(Takahara Naohiro, 高原直泰) 일본 1979.06.04

대회	연도	소속	출전	교체	득점	도움	파울	경고	퇴장
BC	2010	수원	12	7	4	0	18	1	0
	합계		12	7	4	0	18	1	0
프로통산			12	7	4	0	18	1	0

달리(Dalibor Veselinović) 크로아티아 1987.09.21

대회	연도	소속	출전	교체	득점	도움	파울	경고	퇴장
K1	2017	인천	11	7	0	1	8	2	0
	합계		11	7	0	1	8	2	0
프로통산			11	7	0	1	8	2	0

당성증(唐聖增) 국민대 1966.01.04

대회	연도	소속	출전	교체	득점	도움	파울	경고	퇴장
BC	1991	LG	1	1	0	0	0	0	0
	합계		1	1	0	0	0	0	0
프로통산			1	1	0	0	0	0	0

데니스(Denis Laktionov / ← 이성남) 1977.09.04

대회	연도	소속	출전	교체	득점	도움	파울	경고	퇴장
BC	1996	수원	20	23	5	0	16	2	0
	1997	수원	20	3	6	3	31	2	0
	1998	수원	18	9	5	4	46	5	1
	1999	수원	20	16	7	10	38	4	0
	2000	수원	27	13	10	7	54	7	0
	2001	수원	36	12	7	3	76	5	0
	2002	수원	20	15	5	7	31	4	0
	2003	성남일화	38	16	9	10	67	6	0
	2004	성남일화	21	10	4	2	27	1	0
	2005	성남일화	20	6	1	6	39	6	0
	2005	부산	16	14	0	2	14	0	0
	2006	수원	16	14	0	2	19	2	0
	2012	강원	10	10	1	2	7	1	0
	합계		271	168	57	59	460	49	1
K1	2013	강원	1	1	0	0	0	0	0
	합계		1	1	0	0	0	0	0
프로통산			272	169	57	59	460	49	1

데닐손(Denilson Martins Nascimento) 브라질 1976.09.04

대회	연도	소속	출전	교체	득점	도움	파울	경고	퇴장
BC	2006	대전	26	11	9	3	79	4	0
	2007	대전	34	4	19	5	80	7	0
	2008	포항	19	6	6	2	27	4	0
	2009	포항	28	17	10	3	43	6	0
	합계		107	38	44	17	229	21	0
프로통산			107	38	44	17	229	21	0

데얀(Dejan Damjanović) 몬테네그로 1981.07.27

대회	연도	소속	출전	교체	득점	도움	파울	경고	퇴장
BC	2007	인천	36	6	19	3	58	4	1
	2008	서울	33	13	15	6	47	2	0
	2009	서울	25	12	14	1	49	4	0
	2010	서울	35	12	19	10	51	5	0
	2011	서울	30	5	24	7	46	6	0
	2012	서울	42	8	31	4	57	5	0
	합계		201	56	122	31	305	29	2
K1	2013	서울	29	5	19	5	46	2	0
	2016	서울	36	21	13	5	42	3	0
	2017	서울	37	26	19	3	35	2	0
	2018	수원	33	18	13	3	24	1	0
	2019	수원	21	15	10	4	14	1	0
	2020	대구	23	20	9	0	10	0	0
	합계		179	105	76	17	186	11	0
프로통산			380	161	198	48	491	40	2

데이비드(David Aparecido da Silva) 브라질 1989.11.12

대회	연도	소속	출전	교체	득점	도움	파울	경고	퇴장
K1	2019	포항	9	7	2	1	15	1	1
	합계		9	7	2	1	15	1	1
프로통산			9	7	2	1	15	1	1

데이비드(Deyvid Franck Silva Sacconi) 브라질 1987.04.10

대회	연도	소속	출전	교체	득점	도움	파울	경고	퇴장

K2 2016 대구 외 통산기록 (continued)

대회	연도	소속	출전	교체	득점	도움	파울	경고	퇴장
K2	2016	대구	13	13	0	1	6	1	0
		합계	13	13	0	1	6	1	0
프로통산			13	13	0	1	6	1	0

데이비슨(Jason Davidson) 오스트레일리아 1991.06.29

대회	연도	소속	출전	교체	득점	도움	파울	경고	퇴장
K1	2019	울산	3	2	0	0	1	1	0
	2020	울산	4	0	0	0	8	1	0
		합계	7	2	0	0	9	2	0
프로통산			7	2	0	0	9	2	0

데파울라(Felipe de Paula) 브라질 1988.01.17

대회	연도	소속	출전	교체	득점	도움	파울	경고	퇴장
K2	2016	고양	22	16	5	0	25	2	0
		합계	22	16	5	0	25	2	0
프로통산			22	16	5	0	25	2	0

델리치(Mateas Delic) 크로아티아 1988.06.17

대회	연도	소속	출전	교체	득점	도움	파울	경고	퇴장
BC	2011	강원	13	11	0	0	10	0	0
		합계	13	11	0	0	10	0	0
프로통산			13	11	0	0	10	0	0

델브리지(Harrison Andrew Delbridge) 오스트레일리아 1992.03.15

대회	연도	소속	출전	교체	득점	도움	파울	경고	퇴장
K1	2021	인천	34	14	1	2	34	5	0
		합계	34	14	1	2	34	5	0
프로통산			34	14	1	2	34	5	0

도나치(James Kevin Donachie) 오스트레일리아 1993.05.14

대회	연도	소속	출전	교체	득점	도움	파울	경고	퇴장
K1	2018	전남	11	2	0	0	13	3	0
		합계	11	2	0	0	13	3	0
프로통산			11	2	0	0	13	3	0

도도(Ricardo Lucas Dodo) 브라질 1974.02.05

대회	연도	소속	출전	교체	득점	도움	파울	경고	퇴장
BC	2003	울산	44	12	27	3	34	2	0
	2004	울산	18	8	6	1	24	0	0
		합계	62	20	33	4	58	2	0
프로통산			62	20	33	4	58	2	0

도동현(都東炫) 경희대 1993.11.19

대회	연도	소속	출전	교체	득점	도움	파울	경고	퇴장
K1	2019	경남	3	3	0	0	1	0	0
		합계	3	3	0	0	1	0	0
K2	2020	경남	8	8	1	0	4	0	0
	2021	경남	19	19	1	0	20	0	0
		합계	27	27	2	0	24	0	0
승	2019	경남	1	1	0	0	1	0	0
		합계	1	1	0	0	1	0	0
프로통산			31	31	2	0	25	0	0

도스톤벡(Dostonbek Tursunov) 우즈베키스탄 1995.06.13

대회	연도	소속	출전	교체	득점	도움	파울	경고	퇴장
K1	2020	부산	16	3	1	0	14	2	0
		합계	16	3	1	0	14	2	0
프로통산			16	3	1	0	14	2	0

도재준(都在俊) 배재대 1980.05.06

대회	연도	소속	출전	교체	득점	도움	파울	경고	퇴장
BC	2003	성남일화	0	0	0	0	0	0	0
	2004	성남일화	12	4	1	0	14	2	0
	2005	성남일화	16	13	1	0	21	2	0
	2006	성남일화	2	1	0	0	3	0	0
	2008	인천	2	2	0	0	1	0	0
	2009	인천	0	0	0	0	0	0	0
		합계	34	23	2	0	38	5	0
프로통산			34	23	2	0	38	5	0

도화성(都和成) 숭실대 1980.06.27

대회	연도	소속	출전	교체	득점	도움	파울	경고	퇴장
BC	2003	부산	24	10	0	0	42	5	1
	2004	부산	30	9	2	0	69	9	0
	2005	부산	26	8	1	3	43	4	1
	2006	부산	10	4	0	0	14	2	0
	2008	부산	17	5	0	2	28	6	0
	2009	인천	26	14	2	0	34	3	0
	2010	인천	13	8	2	1	17	3	0
		합계	146	58	7	9	257	32	2
프로통산			146	58	7	9	257	32	2

돈지덕(頓智德) 인천대 1980.04.28

대회	연도	소속	출전	교체	득점	도움	파울	경고	퇴장
K2	2013	안양	15	1	0	1	26	4	0
		합계	15	1	0	1	26	4	0
프로통산			15	1	0	1	26	4	0

두두(Eduardo Francisco de Silva Neto) 브라질 1980.02.02

대회	연도	소속	출전	교체	득점	도움	파울	경고	퇴장
BC	2004	성남일화	17	4	7	2	18	0	0
	2005	성남일화	29	13	10	6	24	2	0
	2006	성남일화	22	4	4	6	24	0	0
	2006	서울	13	4	3	2	14	1	0
	2007	서울	20	7	4	1	14	1	0
	2008	성남일화	37	14	8	7	48	4	0
		합계	138	48	48	24	116	9	0
프로통산			138	48	48	24	116	9	0

두아르테(Róbson Carlos Duarte) 브라질 1993.06.20

대회	연도	소속	출전	교체	득점	도움	파울	경고	퇴장
K2	2018	광주	15	5	6	3	10	0	0
	2019	서울E	28	13	6	5	27	2	1
	2021	안산	32	23	3	3	20	3	0
		합계	75	41	15	11	57	5	1
프로통산			75	41	15	11	57	5	1

두윤성(杜允誠) (← 두경수) 관동대(가톨릭관동대) 1974.10.17

대회	연도	소속	출전	교체	득점	도움	파울	경고	퇴장
BC	1997	천안일화	1	0	0	0	2	0	0
		합계	1	0	0	0	2	0	0
프로통산			1	0	0	0	2	0	0

두현석(杜玹碩) 연세대 1995.12.21

대회	연도	소속	출전	교체	득점	도움	파울	경고	퇴장
K1	2020	광주	11	11	1	0	4	0	0
	2021	광주	8	8	0	0	2	0	0
		합계	19	19	1	0	6	0	0
K2	2018	광주	26	21	2	3	15	0	0
	2019	광주	23	24	3	4	18	0	0
		합계	49	45	5	7	33	0	0
프로통산			68	64	7	7	39	3	0

돌카(Cristian Alexandru Dulca) 루마니아 1972.10.25

대회	연도	소속	출전	교체	득점	도움	파울	경고	퇴장
BC	1999	포항	17	10	1	2	27	1	0
		합계	17	10	1	2	27	1	0
프로통산			17	10	1	2	27	1	0

드라간(Dragan Skrba) 세르비아 1965.08.26

대회	연도	소속	출전	교체	실점	도움	파울	경고	퇴장
BC	1995	포항	32	0	25	0	3	4	0
	1996	포항	17	2	22	0	1	2	0
	1997	포항	10	1	11	0	0	0	0
		합계	59	2	58	0	4	6	0
프로통산			59	2	58	0	4	6	0

드라간(Dragan Stojisavljević) 세르비아 몬테네그로 1974.01.06

대회	연도	소속	출전	교체	득점	도움	파울	경고	퇴장
BC	2000	안양LG	19	5	2	4	35	2	0
	2001	안양LG	29	19	4	4	47	3	0
	2003	안양LG	18	9	5	5	40	2	0
	2004	인천	4	4	0	0	1	0	0
		합계	70	37	11	15	124	10	0
프로통산			70	37	11	15	124	10	0

드라간(Dragan Mladenović) 세르비아 몬테네그로 1976.02.16

대회	연도	소속	출전	교체	득점	도움	파울	경고	퇴장
BC	2006	인천	12	4	2	2	26	1	0
	2007	인천	29	7	3	3	62	13	1
	2008	인천	25	4	2	4	41	6	0
	2009	인천	6	4	0	0	5	1	0
		합계	72	19	7	9	134	21	1
프로통산			72	19	7	9	134	21	1

드라젠(Drazen Podunavac) 유고슬라비아 1969.04.30

대회	연도	소속	출전	교체	득점	도움	파울	경고	퇴장
BC	1996	부산	16	8	0	0	13	4	0
		합계	16	8	0	0	13	4	0
프로통산			16	8	0	0	13	4	0

드로겟(Droguett Diocares Hugo Patrici) 칠레 1982.09.02

대회	연도	소속	출전	교체	득점	도움	파울	경고	퇴장
BC	2012	전북	37	19	10	9	42	3	0
		합계	37	19	10	9	42	3	0
K1	2014	제주	36	11	10	3	27	2	0
		합계	36	11	10	3	27	2	0
프로통산			73	30	20	12	69	5	0

드로젝(Domagoj Drozdek) 크로아티아 1996.03.20

대회	연도	소속	출전	교체	득점	도움	파울	경고	퇴장
K2	2021	부산	32	26	1	2	26	3	0
프로통산			32	26	1	2	26	3	0

디디(Sebastiao Pereira do Nascimento) 브라질 1976.02.24

대회	연도	소속	출전	교체	득점	도움	파울	경고	퇴장
BC	2002	부산	23	10	5	3	58	2	0
프로통산			23	10	5	3	58	2	0

디마(Dmitri Karsakov) 러시아 1971.12.29

대회	연도	소속	출전	교체	득점	도움	파울	경고	퇴장
BC	1996	부천유공	3	3	0	0	1	0	0
프로통산			3	3	0	0	1	0	0

디마스(Dimas Roberto da Silva) 브라질 1977.08.01

대회	연도	소속	출전	교체	득점	도움	파울	경고	퇴장
BC	2000	전남	1	1	0	0	1	0	0
		합계	1	1	0	0	1	0	0
프로통산			1	1	0	0	1	0	0

디아스 에콰도르 1969.09.15

대회	연도	소속	출전	교체	득점	도움	파울	경고	퇴장
BC	1996	전남	9	6	1	1	12	0	0
프로통산			9	6	1	1	12	0	0

디에고(Diego Mauricio Mchado de Brito) 브라질 1991.06.25

대회	연도	소속	출전	교체	득점	도움	파울	경고	퇴장
K1	2017	강원	36	32	13	3	25	2	0
	2018	강원	35	23	1	6	21	4	1
		합계	71	55	20	9	46	6	1
K2	2019	부산	21	22	6	1	11	2	0
		합계	21	22	6	1	11	2	0
승	2019	부산	2	2	0	1	1	0	0
		합계	2	2	0	1	1	0	0
프로통산			94	79	26	11	58	8	1

디에고(Diego Pelicles da Silva) 브라질 1982.10.23

대회	연도	소속	출전	교체	득점	도움	파울	경고	퇴장

			출전	교체	득점	도움	파울	경고	퇴장
K2	2014	광주	14	8	3	2	27	3	0
	합계		14	8	3	2	27	3	0
승	2014	광주	2	2	1	0	0	0	0
	합계		2	2	1	0	0	0	0
프로통산			16	10	4	2	27	3	0

디에고(Diego da Silva Giaretta) 이탈리아 1983.11.27

대회	연도	소속	출전	교체	득점	도움	파울	경고	퇴장
BC	2011	인천	9	3	1	0	13	1	0
	합계		9	3	1	0	13	1	0
프로통산			9	3	1	0	13	1	0

디에고(Diego Oliveira de Queiroz) 브라질 1990.06.22

대회	연도	소속	출전	교체	득점	도움	파울	경고	퇴장
BC	2011	수원	4	4	0	0	2	0	0
	합계		4	4	0	0	2	0	0
프로통산			4	4	0	0	2	0	0

디오고(Diogo da Silva Farias) 브라질 1990.06.13

대회	연도	소속	출전	교체	득점	도움	파울	경고	퇴장
K1	2013	인천	32	26	7	2	57	6	0
	2014	인천	11	9	1	0	24	1	0
	합계		43	35	8	2	81	7	0
프로통산			43	35	8	2	81	7	0

따르따(Vinicius Silva Soares) 브라질 1989.04.13

대회	연도	소속	출전	교체	득점	도움	파울	경고	퇴장
K1	2014	울산	20	11	3	4	46	0	0
	2015	울산	15	14	0	2	23	3	0
	합계		35	25	3	6	69	3	0
프로통산			35	25	3	6	69	3	0

따바레즈(Andre Luiz Tavares) 브라질 1983.07.30

대회	연도	소속	출전	교체	득점	도움	파울	경고	퇴장
BC	2004	포항	34	11	6	9	47	4	0
	2005	포항	19	10	5	3	22	0	1
	2006	포항	25	11	4	4	26	3	0
	2007	포항	35	14	3	13	41	1	1
	합계		113	46	18	29	136	8	2
프로통산			113	52	20	29	136	8	2

떼이세이라(Jucimar Jose Teixeira) 브라질 1990.05.20

대회	연도	소속	출전	교체	득점	도움	파울	경고	퇴장
K1	2018	포항	10	3	0	2	19	1	0
	합계		10	3	0	2	19	1	0
프로통산			10	3	0	2	19	1	0

뚜따(Moacir Bastosa) 브라질 1974.06.20

대회	연도	소속	출전	교체	득점	도움	파울	경고	퇴장
BC	2002	안양LG	26	9	13	4	76	8	0
	2003	수원	31	12	14	6	68	3	0
	합계		57	21	27	10	144	11	0
프로통산			57	21	27	10	144	11	0

뚜레(Dzevad Turković) 크로아티아 1972.08.17

대회	연도	소속	출전	교체	득점	도움	파울	경고	퇴장
BC	1996	부산	6	5	0	1	16	2	0
	1997	부산	28	17	3	3	59	9	0
	1998	부산	30	13	6	6	65	8	0
	1999	부산	21	16	0	2	32	5	0
	2000	부산	21	16	0	0	35	6	0
	2001	부산	7	4	0	0	8	0	0
	2001	성남일화	2	1	2	0	0	0	0
	합계		115	72	11	12	215	28	0
프로통산			115	72	11	12	215	28	0

뚜찡야(Bruno Marques Ostapenco) 브라질 1992.05.20

대회	연도	소속	출전	교체	득점	도움	파울	경고	퇴장
K2	2013	충주	13	13	1	0	5	1	0
	합계		13	13	1	0	5	1	0
프로통산			13	13	1	0	5	1	0

가운데 단

라경호(羅勁皓) 인천대 1981.03.15

대회	연도	소속	출전	교체	득점	도움	파울	경고	퇴장
BC	2004	인천	6	5	0	0	2	0	0
	2005	인천	1	1	0	0	0	0	0
	합계		7	6	0	0	2	0	0
프로통산			7	6	0	0	2	0	0

라데(Rade Bogdanović) 유고슬라비아 1970.05.21

대회	연도	소속	출전	교체	득점	도움	파울	경고	퇴장
BC	1992	포항제철	17	11	3	3	14	1	0
	1993	포항제철	27	7	9	4	37	2	1
	1994	포항제철	33	10	22	6	47	2	0
	1995	포항	31	10	8	6	55	5	1
	1996	포항	39	6	13	16	65	2	0
	합계		147	44	55	35	218	12	2
프로통산			147	44	55	35	218	12	2

라덱(Radek Divecky) 체코 1974.03.21

대회	연도	소속	출전	교체	득점	도움	파울	경고	퇴장
BC	2000	전남	9	9	2	0	18	1	0
	합계		9	9	2	0	18	1	0
프로통산			9	9	2	0	18	1	0

라돈치치(Dzenan Radoncić) 몬테네그로 1983.08.02

대회	연도	소속	출전	교체	득점	도움	파울	경고	퇴장
BC	2004	인천	16	13	0	1	50	4	0
	2005	인천	27	12	3	2	91	5	0
	2006	인천	31	20	2	2	69	4	1
	2007	인천	16	12	2	3	34	0	0
	2008	인천	32	7	14	2	102	3	0
	2009	성남일화	32	23	2	3	86	8	0
	2010	성남일화	26	13	13	6	96	7	0
	2011	성남일화	31	21	10	5	77	6	0
	2012	수원	31	21	12	5	74	4	0
	합계		226	129	64	24	629	41	1
K1	2013	수원	12	8	4	0	22	2	0
	합계		12	8	4	0	22	2	0
프로통산			238	137	68	24	651	43	1

라마스(Bruno Jose Pavan Lamas) 브라질 1994.04.13

대회	연도	소속	출전	교체	득점	도움	파울	경고	퇴장
K1	2021	대구	17	3	0	1	22	2	0
	합계		17	3	0	1	22	2	0
프로통산			17	3	0	1	22	2	0

라스(Lars Veldwijk / ← 벨트비크) 네덜란드 1991.08.21

대회	연도	소속	출전	교체	득점	도움	파울	경고	퇴장
K1	2020	전북	10	10	1	0	5	0	0
	2021	수원FC	37	12	18	6	43	4	0
	합계		47	22	19	6	48	4	0
K2	2020	수원FC	17	9	5	3	23	1	0
	합계		17	9	5	3	23	1	0
프로통산			64	31	24	9	71	5	0

라울(Raul Andres Tattagona Lemos) 우루과이 1987.03.06

대회	연도	소속	출전	교체	득점	도움	파울	경고	퇴장
K2	2017	안산	31	5	15	2	54	6	0
	2018	안산	18	13	3	2	20	0	0
	합계		49	18	18	3	74	6	0
프로통산			49	18	18	3	74	6	0

라이언존슨(Ryan Johnson) 자메이카 1984.11.26

대회	연도	소속	출전	교체	득점	도움	파울	경고	퇴장
K2	2015	서울E	31	31	1	3	16	0	0
	합계		31	31	1	3	16	0	0
프로통산			31	31	1	3	16	0	0

라임(Rahim Besirović) 유고슬라비아 1971.01.02

대회	연도	소속	출전	교체	득점	도움	파울	경고	퇴장

BC	1998	부산	12	10	2	0	18	3	0
	1999	부산	9	8	2	0	13	0	0
	합계		21	18	4	0	31	3	0
프로통산			21	18	4	0	31	3	0

라자르(Lazar Veselinović) 세르비아 1986.08.04

대회	연도	소속	출전	교체	득점	도움	파울	경고	퇴장
K1	2015	포항	16	14	0	0	15	1	0
	2016	포항	25	20	4	4	18	2	0
	합계		41	34	4	4	33	3	0
프로통산			41	34	4	4	33	3	0

라피치(Stipe Lapić) 크로아티아 1983.01.22

대회	연도	소속	출전	교체	득점	도움	파울	경고	퇴장
BC	2009	강원	11	1	2	0	12	2	0
	2010	강원	20	1	0	1	18	8	0
	2011	강원	1	1	0	0	0	0	0
	합계		32	2	2	1	30	10	0
프로통산			32	2	2	1	30	10	0

라힘(Rahim Zafer) 터키 1971.01.25

대회	연도	소속	출전	교체	득점	도움	파울	경고	퇴장
BC	2003	대구	14	4	0	0	21	2	0
	합계		14	4	0	0	21	2	0
프로통산			14	4	0	0	21	2	0

란코비치(Ljubisa Ranković) 유고슬라비아 1973.12.10

대회	연도	소속	출전	교체	득점	도움	파울	경고	퇴장
BC	1996	천안일화	17	17	0	1	7	0	0
	합계		17	17	0	1	7	0	0
프로통산			17	17	0	1	7	0	0

레반(Levan Shengelia) 조지아 1995.10.27

대회	연도	소속	출전	교체	득점	도움	파울	경고	퇴장
K2	2017	대전	28	21	5	2	12	1	0
	합계		28	21	5	2	12	1	0
프로통산			28	21	5	2	12	1	0

레스(Leszek Iwanicki) 폴란드 1959.08.12

대회	연도	소속	출전	교체	득점	도움	파울	경고	퇴장
BC	1989	유공	8	9	0	0	3	0	0
	합계		8	9	0	0	3	0	0
프로통산			8	9	0	0	3	0	0

레안드로(Leandro Joaquim Ribeiro) 브라질 1995.01.13

대회	연도	소속	출전	교체	득점	도움	파울	경고	퇴장
K2	2020	서울E	26	10	10	5	18	1	0
	2021	서울E	35	16	3	7	11	2	0
	합계		61	26	13	12	29	3	0
프로통산			61	26	13	12	29	3	0

레안드로(Leandro Bernardi Silva) 브라질 1979.10.06

대회	연도	소속	출전	교체	득점	도움	파울	경고	퇴장
BC	2008	대구	13	1	0	0	21	4	0
	합계		13	1	0	0	21	4	0
프로통산			13	1	0	0	21	4	0

레안드롱(Leandro Costa Miranda) 브라질 1983.07.18

대회	연도	소속	출전	교체	득점	도움	파울	경고	퇴장
BC	2005	대전	30	2	9	2	94	8	0
	2006	울산	33	19	6	1	79	7	0
	2007	전남	13	13	1	1	26	1	0
	합계		76	34	16	4	199	16	0
프로통산			76	34	16	4	199	16	0

레안드리뉴(George Leandro Abreu de Lima) 브라질 1985.11.09

대회	연도	소속	출전	교체	득점	도움	파울	경고	퇴장
BC	2012	대구	29	14	4	2	42	5	0
	합계		29	14	4	2	42	5	0
K1	2013	대구	21	9	1	3	33	2	1
	2014	전남	30	30	3	6	24	1	0
	2015	전남	20	17	1	1	26	9	0

| 합계 | | | 71 | 56 | 5 | 7 | 85 | 7 | 1 |
| 프로통산 | | | 100 | 70 | 9 | 9 | 127 | 12 | 1 |

레오(Leonardo de Oliveira Clemente Marins) 브라질 1989.04.12

대회	연도	소속	출전	교체	득점	도움	파울	경고	퇴장
K1	2015	수원	11	10	1	0	10	0	0
합계			11	10	1	0	10	0	0
프로통산			11	10	1	0	10	0	0

레오(Leonardo Henrique Santos de Souza) 브라질 1990.03.10

대회	연도	소속	출전	교체	득점	도움	파울	경고	퇴장
BC	2010	제주	2	2	0	0	0	0	0
합계			2	2	0	0	0	0	0
K1	2017	대구	19	8	7	0	27	6	1
합계			19	8	7	0	27	6	1
K2	2017	부산	2	1	0	0	2	0	0
합계			2	1	0	0	2	0	0
승	2017	부산	1	1	0	0	0	0	0
합계			1	1	0	0	0	0	0
프로통산			24	12	7	0	29	6	1

레오(Leo Jaime da Silva Pinheiro) 브라질 1986.03.28

대회	연도	소속	출전	교체	득점	도움	파울	경고	퇴장
K2	2015	대구	38	6	5	3	45	6	0
합계			38	6	5	3	45	6	0
프로통산			38	6	5	3	45	6	0

레오(Leopoldo Roberto Markovsky) 브라질 1983.08.29

대회	연도	소속	출전	교체	득점	도움	파울	경고	퇴장
BC	2009	대구	14	2	4	1	41	2	0
	2010	대구	22	17	5	0	41	6	0
합계			36	19	9	1	82	8	0
프로통산			36	19	9	1	82	8	0

레오(Leonardo Ferreira) 브라질 1988.06.07

대회	연도	소속	출전	교체	득점	도움	파울	경고	퇴장
BC	2012	대전	9	5	0	0	10	1	0
합계			9	5	0	0	10	1	0
프로통산			9	5	0	0	10	1	0

레오(Cesar Leonardo Torres) 아르헨티나 1975.10.27

대회	연도	소속	출전	교체	득점	도움	파울	경고	퇴장
BC	2001	전북	3	3	0	0	1	0	0
합계			3	3	0	0	1	0	0
프로통산			3	3	0	0	1	0	0

레오(Leonard Bisaku) 크로아티아 1974.10.22

대회	연도	소속	출전	교체	득점	도움	파울	경고	퇴장
BC	2002	포항	13	12	3	0	21	3	0
	2003	성남일화	9	10	1	0	19	2	0
합계			22	22	4	0	40	5	0
프로통산			22	22	4	0	40	5	0

레오가말류(Leonardo Gamalho de Souza) 브라질 1986.01.30

대회	연도	소속	출전	교체	득점	도움	파울	경고	퇴장
K1	2018	포항	28	19	6	1	27	1	0
합계			28	19	6	1	27	1	0
프로통산			28	19	6	1	27	1	0

레오나르도(Rodrigues Pereira Leonard) 브라질 1986.09.22

대회	연도	소속	출전	교체	득점	도움	파울	경고	퇴장
BC	2012	전북	17	13	5	2	11	3	0
합계			17	13	5	2	11	3	0
K1	2013	전북	37	22	7	13	43	2	0
	2014	전북	35	28	6	10	24	3	0
	2015	전북	37	25	10	3	11	6	0
	2016	전북	34	23	12	6	13	1	0
합계			143	98	35	32	91	11	0
프로통산			160	111	40	34	102	14	0

레오마르(Leomar Leiria) 브라질 1971.06.26

대회	연도	소속	출전	교체	득점	도움	파울	경고	퇴장
BC	2002	전북	10	5	0	1	11	1	0
합계			10	5	0	1	11	1	0
프로통산			10	5	0	1	11	1	0

레이나(Javier Arley Reina Calvo) 콜롬비아 1989.01.04

대회	연도	소속	출전	교체	득점	도움	파울	경고	퇴장
BC	2011	전남	22	13	3	2	39	2	0
	2012	성남일화	20	7	5	3	28	5	0
합계			42	20	8	5	67	7	0
K1	2013	성남일화	15	7	1	3	28	3	0
	2015	성남	15	7	1	3	28	3	0
합계			15	7	1	3	28	3	0
프로통산			57	27	9	8	95	10	0

레이어(Adrian Leijer) 오스트레일리아 1986.03.25

대회	연도	소속	출전	교체	득점	도움	파울	경고	퇴장
K1	2016	수원FC	28	0	0	0	32	11	1
합계			28	0	0	0	32	11	1
K2	2017	수원FC	29	2	3	0	41	9	1
	2018	수원FC	9	1	0	0	11	3	0
합계			38	3	3	0	52	12	1
프로통산			66	3	3	0	84	23	2

렌스베르겐(Rob Landsbergen) 네덜란드 1960.02.25

대회	연도	소속	출전	교체	득점	도움	파울	경고	퇴장
BC	1984	현대	27	4	9	9	37	2	0
	1985	현대	11	7	2	1	20	0	0
합계			38	11	11	10	57	2	0
프로통산			38	11	11	10	57	2	0

로만(Roman Gibala) 체코 1972.10.05

대회	연도	소속	출전	교체	득점	도움	파울	경고	퇴장
BC	2003	대구	19	16	1	1	15	2	0
합계			19	16	1	1	15	2	0
프로통산			19	16	1	1	15	2	0

로브렉(Lovrek Kruno Hrvatsko) 크로아티아 1979.09.11

대회	연도	소속	출전	교체	득점	도움	파울	경고	퇴장
BC	2010	전북	30	25	13	1	36	4	0
	2011	전북	25	19	2	2	37	4	0
합계			55	44	15	3	73	8	0
프로통산			55	44	15	3	73	8	0

로빙요(Daniel Santos Silva: Daniel Lovinho) 브라질 1989.01.09

대회	연도	소속	출전	교체	득점	도움	파울	경고	퇴장
K2	2017	서울E	15	12	0	0	19	0	0
합계			15	12	0	0	19	0	0
프로통산			15	12	0	0	19	0	0

로시(Ruben Dario Rossi) 아르헨티나 1973.10.28

대회	연도	소속	출전	교체	득점	도움	파울	경고	퇴장
BC	1994	대우	7	4	1	0	7	0	0
합계			7	4	1	0	7	0	0
프로통산			7	4	1	0	7	0	0

로저(Roger Rodrigues da Silva) 브라질 1985.01.07

대회	연도	소속	출전	교체	득점	도움	파울	경고	퇴장
K1	2014	수원	32	19	7	2	62	6	0
합계			32	19	7	2	62	6	0
프로통산			32	19	7	2	62	6	0

로페즈(Ricardo Lopes Pereira) 브라질 1990.10.28

대회	연도	소속	출전	교체	득점	도움	파울	경고	퇴장
K1	2015	제주	33	6	11	11	44	6	0
	2016	전북	35	20	13	6	59	9	0
	2017	전북	22	9	4	4	31	1	1
	2018	전북	31	10	13	6	40	5	0
	2019	전북	36	12	11	7	64	5	0
합계			157	60	52	33	245	26	2
프로통산			157	60	52	33	245	26	2

로페즈(Vinicius Silva Souto Lopes) 브라질 1988.01.29

대회	연도	소속	출전	교체	득점	도움	파울	경고	퇴장
BC	2011	광주	5	5	0	0	2	0	0
합계			5	5	0	0	2	0	0
프로통산			5	5	0	0	2	0	0

롤란(Rolandas Karcemarskas) 리투아니아 1980.09.07

대회	연도	소속	출전	교체	득점	도움	파울	경고	퇴장
BC	2000	부천SK	15	15	3	1	26	0	0
	2001	부천SK	8	7	1	0	11	1	0
	2002	부천SK	2	2	0	0	3	0	0
합계			25	24	4	1	40	1	0
프로통산			25	24	4	1	40	1	0

료헤이(Michibuchi Ryohei, 道渕諒平) 일본 1994.06.16

대회	연도	소속	출전	교체	득점	도움	파울	경고	퇴장
K2	2021	충남아산	7	3	2	1	15	3	0
합계			7	3	2	1	15	3	0
프로통산			7	3	2	1	15	3	0

루벤(Ruben Bernuncio) 아르헨티나 1976.01.19

대회	연도	소속	출전	교체	득점	도움	파울	경고	퇴장
BC	1993	대우	5	2	1	2	15	1	0
	1994	대우	4	5	0	1	1	0	0
합계			9	7	1	2	16	1	0
프로통산			9	7	1	2	16	1	0

루비(Rubenilson Monteiro Ferreira) 브라질 1972.08.07

대회	연도	소속	출전	교체	득점	도움	파울	경고	퇴장
BC	1997	천안일화	25	12	6	1	25	4	0
	1998	천안일화	29	12	7	0	33	5	1
합계			54	24	13	1	58	9	1
프로통산			54	24	13	1	58	9	1

루사르도(Arsenio Luzardo) 우루과이 1959.09.03

대회	연도	소속	출전	교체	득점	도움	파울	경고	퇴장
BC	1992	LG	7	3	2	1	10	0	0
	1993	LG	11	9	1	1	4	1	0
합계			18	12	3	2	14	1	0
프로통산			18	12	3	2	14	1	0

루시아노(Luciano Valente de Deus) 브라질 1981.06.12

대회	연도	소속	출전	교체	득점	도움	파울	경고	퇴장
BC	2004	대전	20	2	5	0	52	0	0
	2005	부산	31	12	9	3	75	1	0
	2006	경남	36	9	7	2	79	2	0
	2007	부산	30	12	5	1	71	0	0
합계			117	35	26	6	277	3	0
프로통산			117	35	26	6	277	3	0

루시오(Lucio Teofilo da Silva) 브라질 1984.07.02

대회	연도	소속	출전	교체	득점	도움	파울	경고	퇴장
BC	2010	경남	32	5	15	10	68	5	0
	2011	경남	10	6	3	0	14	3	0
	2011	울산	15	10	3	5	8	1	0
합계			57	26	21	15	90	9	0
K2	2013	광주	32	10	13	10	47	2	0
합계			32	10	13	10	47	2	0
프로통산			89	36	34	25	137	11	0

루시오(Lucio Filomelo) 아르헨티나 1980.05.08

대회	연도	소속	출전	교체	득점	도움	파울	경고	퇴장
BC	2005	부산	8	7	0	1	22	1	0
합계			8	7	0	1	22	1	0
프로통산			8	7	0	1	22	1	0

루시오(Lucio Flavio da Silva Oliva) 브라질 1986.08.29

대회	연도	소속	출전	교체	득점	도움	파울	경고	퇴장
BC	2012	전남	15	14	6	1	28	2	0
	합계		15	14	6	1	28	2	0
K1	2013	대전	7	6	1	0	11	2	0
	합계		7	6	1	0	11	2	0
프로통산			22	20	7	1	39	4	0

루시우(Lucenble Pereira da Silva) 브라질 1975.01.14

대회	연도	소속	출전	교체	득점	도움	파울	경고	퇴장
BC	2003	울산	14	14	0	3	12	0	0
	합계		14	14	0	3	12	0	0
프로통산			14	14	0	3	12	0	0

루아티(Louati Imed) 튀니지 1993.08.11

대회	연도	소속	출전	교체	득점	도움	파울	경고	퇴장
K2	2015	경남	12	5	2	0	23	2	0
	합계		12	5	2	0	23	2	0
프로통산			12	5	2	0	23	2	0

루이(Rui Manuel Guerreiro Nobre Esteves) 포르투갈 1967.01.30

대회	연도	소속	출전	교체	득점	도움	파울	경고	퇴장
BC	1997	부산	5	5	1	1	5	0	0
	1998	부산	17	14	2	3	27	1	1
	합계		22	19	3	4	32	1	1
프로통산			22	19	3	4	32	1	1

루이스(Marques Lima Luiz Carlos) 브라질 1989.05.30

대회	연도	소속	출전	교체	득점	도움	파울	경고	퇴장
K1	2014	제주	7	7	1	0	4	0	0
	합계		7	7	1	0	4	0	0
프로통산			7	7	1	0	4	0	0

루이스 브라질 1962.03.16

대회	연도	소속	출전	교체	득점	도움	파울	경고	퇴장
BC	1984	포항제철	17	3	0	0	31	4	0
	합계		17	3	0	0	31	4	0
프로통산			17	3	0	0	31	4	0

루이스(Luiz Henrique da Silva Alves) 브라질 1981.07.02

대회	연도	소속	출전	교체	득점	도움	파울	경고	퇴장
BC	2008	수원	7	7	0	0	7	0	0
	2008	전북	16	5	5	2	10	4	0
	2009	전북	34	10	9	13	40	3	0
	2010	전북	28	12	5	3	15	3	0
	2011	전북	24	18	4	4	18	4	0
	2012	전북	15	11	4	4	18	1	0
	합계		124	63	26	24	111	13	0
K1	2015	전북	16	13	1	2	9	2	0
	2015	전북	11	9	3	1	10	0	0
	합계		27	22	4	4	19	2	0
K2	2016	강원	20	9	7	4	21	2	0
	합계		20	9	7	4	21	2	0
승	2016	강원	2	0	0	0	3	1	0
	합계		2	0	0	0	3	1	0
프로통산			173	94	37	32	154	18	0

루이지뉴(Luis Carlos Fernandes) 브라질 1985.07.25

대회	연도	소속	출전	교체	득점	도움	파울	경고	퇴장
BC	2007	대구	32	11	18	0	50	5	0
	2008	울산	24	21	11	3	31	1	0
	2009	울산	2	2	0	0	4	0	0
	2011	인천	10	9	2	1	18	4	0
	합계		68	43	31	4	99	10	0
K2	2014	광주	4	4	1	0	4	0	0
	합계		4	4	1	0	4	0	0
프로통산			72	47	32	4	103	10	0

루츠(Ion Ionut Lutu) 루마니아 1975.08.03

대회	연도	소속	출전	교체	득점	도움	파울	경고	퇴장
BC	2000	수원	19	13	2	3	28	1	0
	2001	수원	9	7	1	4	10	0	0
	2002	수원	9	7	3	2	11	0	0
	합계		37	27	6	9	49	1	0
프로통산			37	27	6	9	49	1	0

루카(Luka Rotković) 몬테네그로 1988.07.05

대회	연도	소속	출전	교체	득점	도움	파울	경고	퇴장
K2	2017	안산	9	9	1	0	11	2	0
	합계		9	9	1	0	11	2	0
프로통산			9	9	1	0	11	2	0

루카스(Lucas Douglas) 브라질 1994.01.19

대회	연도	소속	출전	교체	득점	도움	파울	경고	퇴장
K1	2015	성남	15	14	0	0	15	0	0
	합계		15	14	0	0	15	0	0
프로통산			15	14	0	0	15	0	0

루카스(Waldir Lucas Pereira Filho) 브라질 1982.02.05

대회	연도	소속	출전	교체	득점	도움	파울	경고	퇴장
BC	2008	수원	6	7	0	1	11	0	0
	합계		6	7	0	1	11	0	0
프로통산			6	7	0	1	11	0	0

루크(Luke Ramon de Vere) 오스트레일리아 1989.11.05

대회	연도	소속	출전	교체	득점	도움	파울	경고	퇴장
BC	2011	경남	34	2	2	0	34	3	0
	2012	경남	26	5	1	1	23	3	0
	합계		60	7	3	1	57	6	0
K1	2013	경남	9	2	1	0	3	1	0
	2014	경남	13	3	2	0	12	5	0
	합계		22	5	3	0	15	6	0
프로통산			82	12	6	1	72	12	0

루키(Lucky Isibor) 나이지리아 1977.01.01

대회	연도	소속	출전	교체	득점	도움	파울	경고	퇴장
BC	2000	수원	5	3	1	0	6	0	0
	합계		5	3	1	0	6	0	0
프로통산			5	3	1	0	6	0	0

루키안(Araujo de Almeida Lukian) 브라질 1991.09.21

대회	연도	소속	출전	교체	득점	도움	파울	경고	퇴장
K2	2015	부천	22	18	4	4	25	1	0
	2016	부천	39	7	15	4	71	7	0
	2017	부천	18	16	2	0	22	1	0
	2017	안양	10	2	4	0	20	2	0
	합계		89	43	25	8	138	11	0
프로통산			89	43	25	8	138	11	0

룩(Luc Castaignos) 네덜란드 1992.09.27

대회	연도	소속	출전	교체	득점	도움	파울	경고	퇴장
K1	2019	경남	22	15	3	3	27	0	0
	합계		22	15	3	3	27	0	0
K2	2020	경남	8	7	2	0	9	2	0
	합계		8	7	2	0	9	2	0
프로통산			30	22	5	3	36	2	0

룰리냐(Morais dos Reis Luiz Marcelo) 브라질 1990.04.10

대회	연도	소속	출전	교체	득점	도움	파울	경고	퇴장
K1	2016	포항	18	16	1	2	25	2	0
	2017	포항	33	6	17	4	37	5	0
	합계		51	22	18	6	62	7	0
프로통산			51	22	18	6	62	7	0

류범희(柳範熙) 광주대 1991.07.29

대회	연도	소속	출전	교체	득점	도움	파울	경고	퇴장
K1	2015	광주	2	2	0	0	2	1	0
	합계		2	2	0	0	2	1	0
K2	2015	경남	19	14	0	0	18	3	0
	합계		19	14	0	0	18	3	0
프로통산			21	16	0	0	20	4	0

류봉기(柳奉基) 단국대 1968.09.02

대회	연도	소속	출전	교체	득점	도움	파울	경고	퇴장
BC	1991	일화	16	8	0	0	21	1	1
	1992	일화	28	6	1	0	46	3	0
	1993	일화	17	10	0	0	15	3	0
	1994	일화	1	2	0	0	1	0	0
	1995	일화	1	2	0	0	1	0	0
	1996	천안일화	23	5	0	1	31	4	0
	1997	천안일화	29	6	0	0	61	2	0
	1998	천안일화	25	7	0	0	45	4	0
	1999	천안일화	6	3	0	0	8	0	0
	합계		146	50	1	1	228	18	1
프로통산			146	50	1	1	228	18	1

류승우(柳承祐) 중앙대 1993.12.17

대회	연도	소속	출전	교체	득점	도움	파울	경고	퇴장
K1	2017	제주	8	8	1	0	4	0	0
	2018	제주	28	26	2	1	14	0	0
	2019	상주	12	8	1	1	18	0	0
	2020	상주	1	1	0	0	2	0	0
	2021	제주	8	8	1	1	3	1	0
	합계		57	51	5	3	40	1	0
K2	2020	제주	8	8	0	1	6	0	0
	합계		8	8	0	1	6	0	0
프로통산			65	59	5	4	46	1	0

류언재(柳彦在) 인천대 1994.11.05

대회	연도	소속	출전	교체	득점	도움	파울	경고	퇴장
K2	2017	수원FC	1	1	0	0	0	0	0
	2018	광주	1	1	0	0	0	0	0
	2019	안양	23	5	0	1	19	3	0
	합계		25	7	0	1	19	3	0
프로통산			25	7	0	1	19	3	0

류영록(柳永祿) 건국대 1969.08.04

대회	연도	소속	출전	교체	실점	도움	파울	경고	퇴장
BC	1992	포항제철	1	0	1	0	0	0	0
	1993	대우	0	0	0	0	0	0	0
	1994	대우	9	1	12	0	1	1	0
	1995	대우	0	0	4	0	0	0	0
	1996	전남	1	0	1	0	0	0	0
	합계		11	1	18	0	1	1	0
프로통산			11	1	18	0	1	1	0

류웅열(柳雄烈) 명지대 1968.04.25

대회	연도	소속	출전	교체	득점	도움	파울	경고	퇴장
BC	1993	대우	21	8	3	0	26	6	0
	1994	대우	10	4	0	0	15	2	0
	1995	대우	8	3	0	0	12	5	0
	1996	부산	24	7	2	0	28	7	0
	1997	부산	11	3	1	0	16	1	0
	1998	부산	11	1	3	0	16	0	0
	1999	부산	16	3	0	1	21	4	0
	2000	수원	16	3	1	0	17	1	0
	2001	수원	13	7	0	0	10	1	0
	합계		140	43	2	1	181	27	2
프로통산			140	43	2	1	181	27	2

류원우(柳垣宇) 광양제철고 1990.08.05

대회	연도	소속	출전	교체	실점	도움	파울	경고	퇴장
BC	2009	전남	0	0	0	0	0	0	0
	2010	전남	0	0	0	0	0	0	0
	2011	전남	1	0	1	0	0	0	0
	2012	전남	8	0	21	0	0	1	0
	합계		9	0	22	0	0	1	0
K1	2013	전남	0	0	0	0	0	0	0
	2018	포항	2	0	0	0	0	0	0
	2019	포항	15	0	20	0	0	1	0
	합계		17	0	20	0	0	1	0
K2	2014	광주	8	0	11	0	0	0	0
	2015	부천	28	0	28	0	1	1	0
	2016	부천	40	1	36	0	1	5	0
	2017	부천	34	1	43	0	1	1	0

Section 6 역대 통산 기록

대회	연도	소속	출전	교체	득점	도움	파울	경고	퇴장
		합계	110	2	117	0	3	8	0
		프로통산	136	2	162	0	4	10	0

류재문(柳在文) 영남대 1993.11.08

대회	연도	소속	출전	교체	득점	도움	파울	경고	퇴장
K1	2017	대구	23	6	1	3	28	4	0
	2018	대구	23	6	2	0	20	2	0
	2019	대구	21	15	1	1	15	4	0
	2020	대구	21	11	2	0	23	3	0
	2021	전북	20	8	1	1	21	5	0
		합계	108	46	7	5	107	18	0
K2	2015	대구	36	2	6	3	54	3	0
	2016	대구	5	1	0	0	4	1	0
		합계	41	3	6	3	58	4	0
		프로통산	149	49	13	8	165	22	0

* 실점: 2018년 1 / 통산 1

류제식(柳濟植) 인천대 1972.01.03

대회	연도	소속	출전	교체	실점	도움	파울	경고	퇴장
BC	1991	대우	3	0	5	0	2	1	0
	1992	대우	7	1	9	0	0	0	0
	1993	대우	1	1	0	0	1	0	0
		합계	11	2	14	0	2	1	0
		프로통산	11	2	14	0	2	1	0

류현진(柳鉉珍) 가톨릭관동대 1995.01.23

대회	연도	소속	출전	교체	득점	도움	파울	경고	퇴장
K2	2017	안산	8	7	0	0	5	1	0
		합계	8	7	0	0	5	1	0
		프로통산	8	7	0	0	5	1	0

류형렬(柳亨烈) 선문대 1985.11.02

대회	연도	소속	출전	교체	득점	도움	파울	경고	퇴장
BC	2009	성남일화	0	0	0	0	0	0	0
		합계	0	0	0	0	0	0	0
		프로통산	0	0	0	0	0	0	0

리마(Joao Maria Lima do Nascimento) 브라질 1982.09.04

대회	연도	소속	출전	교체	득점	도움	파울	경고	퇴장
BC	2010	서울	0	0	0	0	0	0	0
		합계	0	0	0	0	0	0	0
		프로통산	0	0	0	0	0	0	0

리웨이펑(Li Weifeng, 李瑋鋒) 중국 1978.01.26

대회	연도	소속	출전	교체	득점	도움	파울	경고	퇴장
BC	2009	수원	26	0	1	0	42	7	0
	2010	수원	29	1	1	1	62	9	0
		합계	55	0	2	1	104	16	0
		프로통산	55	0	2	1	104	16	0

리차드(Richard Windbichler) 오스트리아 1991.04.02

대회	연도	소속	출전	교체	득점	도움	파울	경고	퇴장
K1	2017	울산	30	1	2	1	16	4	0
	2018	울산	28	2	0	1	30	5	1
	2021	성남	22	6	1	0	23	6	0
		합계	80	9	3	2	69	15	1
		프로통산	80	9	3	2	69	15	1

리챠드(Richard Offiong Edet) 영국(잉글랜드) 1983.12.17

대회	연도	소속	출전	교체	득점	도움	파울	경고	퇴장
BC	2005	전남	1	1	0	0	1	0	0
		합계	1	1	0	0	1	0	0
		프로통산	1	1	0	0	1	0	0

리춘유(Li Chun Yu, 李春郵) 중국 1986.10.09

대회	연도	소속	출전	교체	득점	도움	파울	경고	퇴장
BC	2010	강원	7	2	0	2	15	2	0
		합계	7	2	0	2	15	2	0
		프로통산	7	2	0	2	15	2	0

리치(Cunha Reche Vinivius) 브라질 1984.01.28

대회	연도	소속	출전	교체	득점	도움	파울	경고	퇴장
K1	2014	전북	2	2	0	0	4	0	0
		합계	2	2	0	0	4	0	0
		프로통산	2	2	0	0	4	0	0

링꼰(Joao Paulo da Silva Neto Rincon) 브라질 1975.10.27

대회	연도	소속	출전	교체	득점	도움	파울	경고	퇴장
BC	2001	전북	6	4	0	0	11	0	0
		합계	6	4	0	0	11	0	0
		프로통산	6	4	0	0	11	0	0

마그노(Damasceno Santos da Cruz Magno) 브라질 1988.05.20

대회	연도	소속	출전	교체	득점	도움	파울	경고	퇴장
K1	2017	제주	32	24	13	3	23	6	0
	2018	제주	34	17	8	2	40	3	0
	2019	제주	36	23	8	2	31	1	0
		합계	102	64	29	7	94	10	0
		프로통산	102	64	29	7	94	10	0

마그노(Magno Alves de Araujo) 브라질 1976.01.13

대회	연도	소속	출전	교체	득점	도움	파울	경고	퇴장
BC	2003	전북	44	8	27	8	25	2	0
		합계	44	8	27	8	25	2	0
		프로통산	44	8	27	8	25	2	0

마니(Jeannot Giovanny) 모리셔스 1975.09.25

대회	연도	소속	출전	교체	득점	도움	파울	경고	퇴장
BC	1996	울산	11	10	3	0	5	0	0
	1997	울산	12	10	2	1	10	0	0
		합계	23	20	5	1	15	0	0
		프로통산	23	20	5	1	15	0	0

마니치(Radivoje Manić) 세르비아 몬테네그로 1972.01.16

대회	연도	소속	출전	교체	득점	도움	파울	경고	퇴장
BC	1996	부산	24	16	8	0	25	6	0
	1997	부산	28	15	13	6	20	5	0
	1999	부산	39	11	9	9	46	7	1
	2000	부산	34	19	8	7	40	0	0
	2001	부산	27	17	8	8	18	5	0
	2002	부산	13	7	2	1	11	3	1
	2004	인천	13	4	1	4	9	2	0
	2005	인천	17	17	2	4	11	3	0
		합계	205	112	62	39	173	39	2
		프로통산	205	112	62	39	173	39	2

마다스치(Adrian Anthony Madaschi) 오스트레일리아 1982.07.11

대회	연도	소속	출전	교체	득점	도움	파울	경고	퇴장
K1	2013	제주	9	4	0	1	9	1	0
		합계	9	4	0	1	9	1	0
BC	2012	제주	26	2	1	0	33	10	0
		합계	26	2	1	0	33	10	0
		프로통산	35	6	0	2	42	11	0

마라낭(Luis Carlos dos Santos Martins) 브라질 1984.06.19

대회	연도	소속	출전	교체	득점	도움	파울	경고	퇴장
BC	2012	울산	39	33	13	4	48	5	0
		합계	39	33	13	4	48	5	0
K1	2013	제주	31	20	7	7	33	4	0
		합계	31	20	7	7	33	4	0
K2	2016	강원	13	13	2	0	6	0	0
		합계	13	13	2	0	6	0	0
승	2016	강원	1	1	0	0	0	0	0
		합계	1	1	0	0	0	0	0
		프로통산	84	67	22	11	87	9	0

마라냥(Rodrigo Meneses Quintanilha) 브라질 1992.12.11

대회	연도	소속	출전	교체	득점	도움	파울	경고	퇴장
K2	2019	부천	9	8	0	1	13	0	0
		합계	9	8	0	1	13	0	0
		프로통산	9	8	0	1	13	0	0

마라냥(Francinilson Santos Meirelles) 브라질 1990.05.03

대회	연도	소속	출전	교체	득점	도움	파울	경고	퇴장
K2	2014	대전	16	8	0	1	17	0	0
		합계	16	8	0	1	17	0	0
		프로통산	16	8	0	1	17	0	0

마르셀(Marcel Augusto Ortolan) 브라질 1981.11.12

대회	연도	소속	출전	교체	득점	도움	파울	경고	퇴장
BC	2004	수원	36	20	12	2	106	4	0
	2011	수원	11	8	3	2	21	2	0
		합계	47	28	15	4	127	6	0
		프로통산	47	28	15	4	127	6	0

마르셀(Marcelo de Paula Pinheiro) 브라질 1983.05.11

대회	연도	소속	출전	교체	득점	도움	파울	경고	퇴장
BC	2009	경남	6	1	0	0	10	0	0
		합계	6	1	0	0	10	0	0
		프로통산	6	1	0	0	10	0	0

마르셀로(Marcelo Aparecido Toscano) 브라질 1985.05.12

대회	연도	소속	출전	교체	득점	도움	파울	경고	퇴장
K1	2016	제주	37	19	11	9	26	2	0
	2017	제주	13	6	6	3	10	0	0
		합계	50	25	17	12	36	2	0
		프로통산	50	25	17	12	36	2	0

마르셀로(Marcelo Macedo) 브라질 1983.02.01

대회	연도	소속	출전	교체	득점	도움	파울	경고	퇴장
BC	2004	성남일화	13	11	4	2	36	0	0
		합계	13	11	4	2	36	0	0
		프로통산	13	11	4	2	36	0	0

마르셀로(Marcelo Bras Ferreira da Silva) 브라질 1981.02.03

대회	연도	소속	출전	교체	득점	도움	파울	경고	퇴장
BC	2010	경남	4	5	0	0	6	0	0
		합계	4	5	0	0	6	0	0
		프로통산	4	5	0	0	6	0	0

마르시오(Marcio Diogo Lobato Rodrigues) 브라질 1985.09.22

대회	연도	소속	출전	교체	득점	도움	파울	경고	퇴장
BC	2010	수원	9	9	1	0	12	0	0
		합계	9	9	1	0	12	0	0
		프로통산	9	9	1	0	12	0	0

마르싱요(Maxsuel Rodrigo Lino) 브라질 1985.09.08

대회	연도	소속	출전	교체	득점	도움	파울	경고	퇴장
K1	2013	전남	1	1	0	0	2	0	0
		합계	1	1	0	0	2	0	0
		프로통산	1	1	0	0	2	0	0

마르싱유(Amarel de Oliveira Junior Marcio) 브라질 1991.03.24

대회	연도	소속	출전	교체	득점	도움	파울	경고	퇴장
K2	2015	충주	32	23	1	2	24	1	0
		합계	32	23	1	2	24	1	0
		프로통산	32	23	1	2	24	1	0

마르첼(Marcel Lazareanu) 루마니아 1959.06.21

대회	연도	소속	출전	교체	실점	도움	파울	경고	퇴장
BC	1990	일화	8	0	12	0	0	1	0
	1991	일화	21	3	28	0	1	1	0
		합계	29	3	40	0	1	2	0
		프로통산	29	3	40	0	1	2	0

마르케스(Agustinho Marques Renanl) 브라질 1983.03.08

대회	연도	소속	출전	교체	득점	도움	파울	경고	퇴장
BC	2012	제주	13	12	1	1	13	0	0
		합계	13	12	1	1	13	0	0
		프로통산	13	12	1	1	13	0	0

마르코(Marcos Danilo Urena Porras) 코스타리카

[첫 항목] 1990.03.05

대회	연도	소속	출전	교체	득점	도움	파울	경고	퇴장
K1	2020	광주	8	8	0	1	0	0	0
		합계	8	8	0	1	0	0	0
프로통산			8	8	0	1	0	0	0

마르코(Marco Aurelio Martins Ivo) 브라질 1976.12.03

대회	연도	소속	출전	교체	득점	도움	파울	경고	퇴장
BC	2002	안양LG	32	25	9	1	26	1	0
		합계	32	25	9	1	26	1	0
프로통산			32	25	9	1	26	1	0

마르코(Marco Aurelio Wagner Pereira) 브라질 1980.04.22

대회	연도	소속	출전	교체	득점	도움	파울	경고	퇴장
BC	2006	제주	1	0	0	0	4	0	0
		합계	1	0	0	0	4	0	0
프로통산			1	0	0	0	4	0	0

마르코비치(Ivan Marković) 세르비아 1994.06.20

대회	연도	소속	출전	교체	득점	도움	파울	경고	퇴장
K2	2016	경남	2	2	0	0	2	0	0
		합계	2	2	0	0	2	0	0
프로통산			2	2	0	0	2	0	0

마르코스(Marcos Aurelio de Oliveira Lima) 브라질 1984.02.10

대회	연도	소속	출전	교체	득점	도움	파울	경고	퇴장
K1	2014	전북	5	5	0	0	1	0	0
		합계	5	5	0	0	1	0	0
프로통산			5	5	0	0	1	0	0

마르코스(Marcos Antonio Nascimento Santos) 브라질 1988.06.10

대회	연도	소속	출전	교체	득점	도움	파울	경고	퇴장
K2	2018	안양	33	4	2	1	61	5	0
		합계	33	4	2	1	61	5	0
프로통산			33	4	2	1	61	5	0

마르코스(Marcos Antonio da Silva) 브라질 1977.04.07

대회	연도	소속	출전	교체	득점	도움	파울	경고	퇴장
BC	2001	울산	31	23	4	3	24	2	0
	2002	울산	2	2	0	0	0	0	0
		합계	33	25	4	3	24	2	0
프로통산			33	25	4	3	24	2	0

마르크(Benie Bolou Jean Marck) 코트디부아르 1982.11.09

대회	연도	소속	출전	교체	득점	도움	파울	경고	퇴장
BC	2000	성남일화	5	5	0	0	11	0	0
		합계	5	5	0	0	11	0	0
프로통산			5	5	0	0	11	0	0

마리우(Luis Mario Miranda da Silva) 브라질 1976.11.01

대회	연도	소속	출전	교체	득점	도움	파울	경고	퇴장
BC	2003	안양LG	20	8	4	8	26	3	0
		합계	20	8	4	8	26	3	0
프로통산			20	8	4	8	26	3	0

마말리(Emeka Esanga Mamale) 콩고민주공화국 1977.10.21

대회	연도	소속	출전	교체	득점	도움	파울	경고	퇴장
BC	1996	포항	5	5	0	0	9	0	0
	1997	포항	3	2	1	0	7	0	0
		합계	8	7	1	0	16	0	0
프로통산			8	7	1	0	16	0	0

마사(Ishida Masatoshi, 石田雅俊) 일본 1995.05.04

대회	연도	소속	출전	교체	득점	도움	파울	경고	퇴장
K1	2021	강원	9	1	0	1	4	0	0
		합계	9	1	0	1	4	0	0
K2	2019	안산	24	21	9	1	24	3	0
	2020	수원FC	27	14	10	3	24	1	0
	2021	대전	15	6	9	1	23	1	0
		합계	66	41	28	5	71	5	0
승	2021	대전	2	1	0	1	2	0	0
		합계	2	1	0	1	2	0	0
프로통산			77	43	28	7	77	5	0

마사(Ohasi Masahiro, 大橋正博) 일본 1981.06.23

대회	연도	소속	출전	교체	득점	도움	파울	경고	퇴장
BC	2009	강원	22	11	4	2	11	0	0
	2011	강원	5	5	0	1	1	0	0
		합계	27	16	4	3	12	0	0
프로통산			27	16	4	3	12	0	0

마상훈(馬相勳) 순천고 1991.07.25

대회	연도	소속	출전	교체	득점	도움	파울	경고	퇴장
BC	2012	강원	0	0	0	0	0	0	0
		합계	0	0	0	0	0	0	0
K1	2014	전남	0	0	0	0	0	0	0
	2018	상주	4	4	0	0	3	1	0
	2019	상주	19	9	0	0	6	0	0
	2020	성남	3	1	0	1	11	1	0
	2021	성남	31	13	0	3	31	5	0
		합계	57	27	0	4	51	7	0
K2	2018	수원FC	9	4	0	0	12	2	0
		합계	9	4	0	0	12	2	0
프로통산			66	31	0	4	63	9	0

마스다(Masuda Chikashi, 増田誓志) 일본 1985.06.19

대회	연도	소속	출전	교체	득점	도움	파울	경고	퇴장
K1	2013	울산	35	12	4	3	43	3	0
	2014	울산	20	5	0	0	14	0	0
	2015	울산	31	12	3	0	18	1	0
	2016	울산	12	1	0	1	38	5	0
		합계	98	30	7	4	113	9	0
K2	2019	서울E	12	6	0	0	15	3	0
		합계	12	6	0	0	15	3	0
프로통산			110	36	7	4	128	12	0

마스덴(Christopher Marsden) 영국(잉글랜드) 1969.01.03

대회	연도	소속	출전	교체	득점	도움	파울	경고	퇴장
BC	2004	부산	2	0	1	0	4	2	0
		합계	2	0	1	0	4	2	0
프로통산			2	0	1	0	4	2	0

마시엘(Maciel Luiz Franco) 브라질 1972.03.15

대회	연도	소속	출전	교체	득점	도움	파울	경고	퇴장
BC	1997	전남	19	0	3	0	42	1	0
	1998	전남	27	3	1	1	66	9	0
	1999	전남	36	2	2	1	78	3	0
	2000	전남	36	2	1	0	78	3	0
	2001	전남	29	1	0	0	40	3	0
	2002	전남	27	5	2	1	57	3	0
	2003	전남	10	4	1	0	37	12	0
		합계	184	17	10	3	398	34	0
프로통산			184	17	10	3	398	34	0

마쎄도(Wanderson de Macedo Costa / ← 완델손D) 브라질 1992.05.31

대회	연도	소속	출전	교체	득점	도움	파울	경고	퇴장
K1	2017	광주	18	10	8	0	23	2	1
	2018	전남	24	20	7	2	22	3	0
		합계	42	30	15	2	45	5	1
K2	2019	전남	2	2	0	0	2	0	0
		합계	2	2	0	0	2	0	0
프로통산			44	32	15	2	47	5	1

마에조노(Maezono Masakiyo, 前園真聖) 일본 1973.10.29

대회	연도	소속	출전	교체	득점	도움	파울	경고	퇴장
BC	2003	안양LG	16	10	0	4	11	1	0
	2004	인천	13	8	1	1	13	2	0
		합계	29	18	1	5	24	3	0
프로통산			29	18	1	5	24	3	0

마우리(Mauricio de Oliveira Anastacio) 브라질 1962.09.29

대회	연도	소속	출전	교체	득점	도움	파울	경고	퇴장
BC	1994	현대	14	11	2	2	6	0	0
	1995	현대	4	4	0	1	3	0	0
		합계	18	15	2	3	11	0	0
프로통산			18	15	2	3	11	0	0

마우리데스(Maurides Roque Junior) 브라질 1994.03.10

대회	연도	소속	출전	교체	득점	도움	파울	경고	퇴장
K2	2018	안양	10	6	3	0	10	1	0
		합계	10	6	3	0	10	1	0
프로통산			10	6	3	0	10	1	0

마우리시오(Mauricio Fernandes) 브라질 1976.07.05

대회	연도	소속	출전	교체	득점	도움	파울	경고	퇴장
BC	2007	포항	8	3	0	0	23	3	0
		합계	8	3	0	0	23	3	0
프로통산			8	3	0	0	23	3	0

마우링요(Mauro Job Pontes Junior) 브라질 1989.12.10

대회	연도	소속	출전	교체	득점	도움	파울	경고	퇴장
K1	2016	전남	7	8	0	0	11	0	0
	2017	서울	9	8	0	0	5	1	0
		합계	16	16	0	0	16	1	0
프로통산			16	16	0	0	16	1	0

마우콘(Malcon Marschel Silva Carvalho Santos) 브라질 1995.07.05

대회	연도	소속	출전	교체	득점	도움	파울	경고	퇴장
K2	2016	충주	13	0	0	0	16	3	0
		합계	13	0	0	0	16	3	0
프로통산			13	0	0	0	16	3	0

마유송(Francisco de Farias Mailson) 브라질 1990.12.23

대회	연도	소속	출전	교체	득점	도움	파울	경고	퇴장
K1	2017	제주	2	2	0	0	1	0	0
		합계	2	2	0	0	1	0	0
프로통산			2	2	0	0	1	0	0

마이콘(Maycon Carvalho Inez) 브라질 1986.07.21

대회	연도	소속	출전	교체	득점	도움	파울	경고	퇴장
K2	2014	고양	3	3	0	0	0	0	0
		합계	3	3	0	0	0	0	0
프로통산			3	3	0	0	0	0	0

마징요(Marcio de Souza Gregorio Junio) 브라질 1986.05.14

대회	연도	소속	출전	교체	득점	도움	파울	경고	퇴장
BC	2010	경남	3	3	0	0	7	0	0
		합계	3	3	0	0	7	0	0
프로통산			3	3	0	0	7	0	0

마차도(Leandro Machado) 브라질 1976.03.22

대회	연도	소속	출전	교체	득점	도움	파울	경고	퇴장
BC	2005	울산	17	8	13	4	42	5	0
	2006	울산	26	18	1	0	34	2	0
	2007	울산	10	9	2	0	8	3	0
		합계	53	35	16	4	84	10	0
프로통산			53	35	16	4	84	10	0

마철준(馬哲俊) 경희대 1980.11.16

대회	연도	소속	출전	교체	득점	도움	파울	경고	퇴장
BC	2004	부천SK	22	12	1	0	30	2	0
	2005	부천SK	18	7	1	0	24	3	0
	2006	제주	33	7	0	0	71	4	0
	2007	광주상무	25	7	0	0	47	3	0
	2008	광주상무	16	8	0	1	15	4	0
	2009	제주	25	10	0	0	50	9	0

(이전 페이지에서 이어짐)

대회	연도	소속	출전	교체	득점	도움	파울	경고	퇴장
	2010	제주	29	9	0	0	42	9	0
	2011	제주	16	9	0	0	19	5	0
	2012	제주	7	6	0	0	7	2	0
	2012	전북							
	합계		191	75	2	1	303	42	0
K1	2015	광주	1	1	0	0	0	0	0
	합계		1	1	0	0	0	0	0
K2	2013	광주	12	3	0	2	13	3	1
	2014	광주	16	4	1	0	11	3	0
	합계		28	7	1	2	24	6	1
승	2014	광주	2	2	0	0	7	0	0
	합계		2	2	0	0	7	0	0
프로통산			220	83	3	3	327	48	1

마쿠스(Marcus Ake Jens Erik Nilsson) 스웨덴 1988.02.26

대회	연도	소속	출전	교체	득점	도움	파울	경고	퇴장
K1	2017	포항	0	0	0	0	0	0	0
	합계		0	0	0	0	0	0	0
프로통산			0	0	0	0	0	0	0

마테우스(Matheus Humberto Maximiano) 브라질 1989.05.31

대회	연도	소속	출전	교체	득점	도움	파울	경고	퇴장
BC	2011	대구	9	8	1	0	6	0	0
	2012	대구	23	15	2	2	37	5	0
	합계		32	23	3	2	43	5	0
K2	2014	대구	18	14	2	1	32	2	0
	합계		18	14	2	1	32	2	0
프로통산			50	37	5	3	75	7	0

마테우스(Matheus Alves Leandro) 브라질 1993.05.19

대회	연도	소속	출전	교체	득점	도움	파울	경고	퇴장
K2	2016	강원	37	22	12	1	69	8	0
	2018	수원FC	13	4	2	0	18	4	0
	2021	충남아산	15	14	3	1	15	4	0
	합계		65	40	17	2	102	16	0
승	2016	강원	2	2	0	0	7	0	0
	합계		2	2	0	0	7	0	0
프로통산			67	42	17	2	109	16	0

마토(Mato Neretljak) 크로아티아 1979.06.03

대회	연도	소속	출전	교체	득점	도움	파울	경고	퇴장
BC	2005	수원	31	2	10	2	102	7	0
	2006	수원	37	1	4	2	96	7	0
	2007	수원	35	1	7	0	87	7	0
	2008	수원	29	1	0	4	46	3	0
	2011	수원	25	0	8	0	39	6	0
	합계		157	5	29	8	370	30	0
프로통산			157	5	29	8	370	30	0

마티아스(Coureur Mathias) 프랑스 1988.03.22

대회	연도	소속	출전	교체	득점	도움	파울	경고	퇴장
K1	2019	성남	21	19	0	1	20	1	0
	합계		21	19	0	1	20	1	0
프로통산			21	19	0	1	20	1	0

마티야(Matija Ljujic) 세르비아 1993.10.28

대회	연도	소속	출전	교체	득점	도움	파울	경고	퇴장
K1	2021	강원	9	10	1	0	9	2	0
	합계		9	10	1	0	9	2	0
승	2021	강원	1	1	0	0	0	0	0
	합계		1	1	0	0	0	0	0
프로통산			10	11	1	0	9	2	0

마티치(Bojan Matić) 세르비아 1991.12.22

대회	연도	소속	출전	교체	득점	도움	파울	경고	퇴장
K1	2018	서울	9	7	1	0	7	0	1
	합계		9	7	1	0	7	0	1
프로통산			9	7	1	0	7	0	1

마하지(Rashid Abdulhakim Mahazi) 오스트레일리아 1992.04.20

대회 연도 소속 출전 교체 득점 도움 파울 경고 퇴장

대회	연도	소속	출전	교체	득점	도움	파울	경고	퇴장
K1	2019	인천	13	5	1	0	18	4	0
	2020	인천	7	4	0	0	9	3	0
	합계		20	9	1	0	27	7	0
프로통산			20	9	1	0	27	7	0

막스 유고슬라비아 1965.12.10

대회	연도	소속	출전	교체	득점	도움	파울	경고	퇴장
BC	1994	일화	11	10	2	0	15	5	0
	합계		11	10	2	0	15	5	0
프로통산			11	10	2	0	15	5	0

말로니(Johnathan Marlone Azevedo da Silva) 브라질 1992.04.02

대회	연도	소속	출전	교체	득점	도움	파울	경고	퇴장
K2	2020	수원FC	18	12	4	5	10	0	0
	합계		18	12	4	5	10	0	0
프로통산			18	12	4	5	10	0	0

말론(Marlón Jonathan de Jesús Pabón) 에콰도르 1991.09.04

대회	연도	소속	출전	교체	득점	도움	파울	경고	퇴장
K2	2019	부천	29	23	10	3	47	6	0
	합계		29	23	10	3	47	6	0
프로통산			29	23	10	3	47	6	0

말컹(Marcos Vinicius do Amaral Alves) 브라질 1994.06.17

대회	연도	소속	출전	교체	득점	도움	파울	경고	퇴장
K1	2018	경남	31	13	26	5	42	4	1
	합계		31	13	26	5	42	4	1
K2	2017	경남	32	5	22	3	63	5	0
	합계		32	5	22	3	63	5	0
프로통산			63	18	48	8	105	9	1

매그넘(Magnum Rafael Farias Tavares) 브라질 1982.03.24

대회	연도	소속	출전	교체	득점	도움	파울	경고	퇴장
BC	2011	울산	5	5	0	0	3	0	0
	합계		5	5	0	0	3	0	0
프로통산			5	5	0	0	3	0	0

매튜(Matthew John Jurman) 오스트레일리아 1989.12.08

대회	연도	소속	출전	교체	득점	도움	파울	경고	퇴장
K1	2017	수원	25	3	2	1	31	9	0
	2018	수원	4	0	0	0	7	1	0
	합계		29	3	2	1	38	10	0
프로통산			29	3	2	1	38	10	0

맥고완(Dylan John McGowan) 오스트레일리아 1991.08.06

대회	연도	소속	출전	교체	득점	도움	파울	경고	퇴장
K1	2018	강원	15	6	1	0	14	2	0
	합계		15	6	1	0	14	2	0
프로통산			15	6	1	0	14	2	0

맥긴(Niall Peter McGinn) 영국(북아일랜드) 1987.07.20

대회	연도	소속	출전	교체	득점	도움	파울	경고	퇴장
K1	2017	광주	7	7	0	0	5	0	0
	합계		7	7	0	0	5	0	0
프로통산			7	7	0	0	5	0	0

맥도날드(Sherjill Jermaine Mac-Donald) 네덜란드 1984.11.20

대회	연도	소속	출전	교체	득점	도움	파울	경고	퇴장
K2	2018	부산	2	2	0	0	2	0	0
	합계		2	2	0	0	2	0	0
프로통산			2	2	0	0	2	0	0

맥카이(Matthew Graham McKay) 오스트레일리아 1983.01.11

대회	연도	소속	출전	교체	득점	도움	파울	경고	퇴장
BC	2012	부산	27	8	1	6	45	9	0
	합계		27	8	1	6	45	9	0
프로통산			27	8	1	6	45	9	0

맹성웅(孟成雄) 영남대 1998.02.04

대회	연도	소속	출전	교체	득점	도움	파울	경고	퇴장
K2	2019	안양	26	22	0	2	28	3	0
	2020	안양	24	10	0	2	39	4	0
	2021	안양	34	6	1	1	53	4	0
	합계		84	38	1	3	120	11	0
프로통산			84	38	1	3	120	11	0

맹수일(孟秀一) 동아대 1961.03.22

대회	연도	소속	출전	교체	득점	도움	파울	경고	퇴장
BC	1985	럭키금성	8	5	1	0	4	0	0
	1986	유공	21	6	1	1	21	2	0
	1987	유공	1	1	0	0	0	0	0
	합계		30	12	2	1	25	2	0
프로통산			30	12	2	1	25	2	0

맹진오(孟珍吾) 호남대 1986.03.06

대회	연도	소속	출전	교체	득점	도움	파울	경고	퇴장
BC	2009	포항	0	0	0	0	0	0	0
	2010	대구	3	3	0	0	6	0	0
	합계		3	3	0	0	6	0	0
프로통산			3	3	0	0	6	0	0

머치(Mutch Jordon James Edward Sydney) 영국(잉글랜드) 1991.12.02

대회	연도	소속	출전	교체	득점	도움	파울	경고	퇴장
K1	2019	경남	8	6	1	0	11	2	1
	합계		8	6	1	0	11	2	1
프로통산			8	6	1	0	11	2	1

메도(Ivan Medvid) 크로아티아 1977.10.13

대회	연도	소속	출전	교체	득점	도움	파울	경고	퇴장
BC	2002	포항	18	3	1	7	53	6	0
	2003	포항	29	13	0	4	47	4	0
	합계		47	16	1	11	100	10	0
프로통산			47	16	1	11	100	10	0

메조이(Meszoly Geza) 헝가리 1967.02.25

대회	연도	소속	출전	교체	득점	도움	파울	경고	퇴장
BC	1990	포항제철	12	1	2	1	28	1	0
	1991	포항제철	4	2	0	0	11	0	0
	합계		16	3	2	1	39	1	0
프로통산			16	3	2	1	39	1	0

멘도사(Mendoza Renreria Mauricio) 콜롬비아 1981.12.28

대회	연도	소속	출전	교체	득점	도움	파울	경고	퇴장
BC	2011	경남	1	1	0	1	1	0	0
	합계		1	1	0	1	1	0	0
프로통산			1	1	0	1	1	0	0

멘디(Mendy Frederic) 프랑스 1988.09.18

대회	연도	소속	출전	교체	득점	도움	파울	경고	퇴장
K1	2016	울산	18	5	6	1	23	3	0
	2017	제주	34	21	7	2	54	2	0
	합계		52	26	13	3	77	5	0
프로통산			52	26	13	3	77	5	0

명성준(明成峻) 대건고 1998.03.18

대회	연도	소속	출전	교체	득점	도움	파울	경고	퇴장
K1	2017	인천	1	1	0	0	0	0	0
	합계		1	1	0	0	0	0	0
K2	2018	부천	2	1	0	0	3	1	0
	합계		2	1	0	0	3	1	0
프로통산			3	2	0	0	3	1	0

명재용(明載容) 조선대 1973.02.26

대회	연도	소속	출전	교체	득점	도움	파울	경고	퇴장
BC	1997	전북	9	4	1	0	18	2	0
	1998	전북	26	19	2	1	41	2	0
	1999	전북	29	22	2	2	31	2	0
	2000	전북	23	11	4	1	35	1	0
	2001	전북	12	7	1	1	16	2	0
	2002	전북	6	6	0	0	7	1	0
	합계		105	69	10	5	148	10	0
프로통산			105	69	10	5	148	10	0

명준재(明俊在) 고려대 1994.07.02

대회	연도	소속	출전	교체	득점	도움	파울	경고	퇴장
K1	2016	전북	0	0	0	0	0	0	0
	2018	전북	4	2	0	0	1	0	0
	2019	전북	5	1	0	0	8	1	0
	2019	인천	16	14	2	1	21	6	0
	2020	수원	11	6	0	2	21	3	0
	합계		36	23	2	3	51	10	0
K2	2017	서울E	17	16	1	1	14	2	0
	2021	김천	6	5	1	1	7	2	0
	합계		23	21	4	2	21	4	0
프로통산			59	44	6	5	72	14	0

명진영(明珍榮) 아주대 1973.05.20

대회	연도	소속	출전	교체	득점	도움	파울	경고	퇴장
BC	1996	부산	9	6	1	1	9	2	0
	1997	부산	9	9	1	0	2	0	0
	1998	부산	9	4	0	1	9	2	0
	1999	부산	9	10	0	0	7	1	0
	합계		30	28	2	2	26	4	1
프로통산			30	28	2	2	26	4	1

모나또(Andrew Erick Feitosa) 브라질 1992.09.01

대회	연도	소속	출전	교체	득점	도움	파울	경고	퇴장
BC	2011	경남	6	5	0	0	5	0	0
	합계		6	5	0	0	5	0	0
프로통산			6	5	0	0	5	0	0

모따(Joao Soares da Mota Neto) 브라질 1980.11.21

대회	연도	소속	출전	교체	득점	도움	파울	경고	퇴장
BC	2004	전남	29	11	14	2	65	12	0
	2005	성남일화	9	3	7	4	29	5	1
	2006	성남일화	19	11	7	2	19	1	0
	2007	성남일화	21	7	9	2	39	9	0
	2008	성남일화	30	6	12	4	24	1	0
	2009	성남일화	11	2	4	2	14	1	0
	2010	포항	28	9	9	7	42	7	0
	2011	포항	31	19	14	8	56	10	0
	합계		178	68	71	34	315	57	1
프로통산			178	68	71	34	315	57	1

모따(Jose Rorberto Rodrigues Mota/←호세모따) 브라질 1979.05.10

대회	연도	소속	출전	교체	득점	도움	파울	경고	퇴장
BC	2010	수원	25	14	11	0	29	5	1
	2012	부산	2	2	0	0	0	0	0
	합계		27	16	11	0	29	5	1
프로통산			27	16	11	0	29	5	1

모라이스(Bittencourt Morais Danny) 브라질 1985.06.29

대회	연도	소속	출전	교체	득점	도움	파울	경고	퇴장
K2	2017	부산	26	1	1	0	50	4	0
	합계		26	1	1	0	50	4	0
승	2017	부산	1	0	0	0	1	0	0
	합계		1	0	0	0	1	0	0
프로통산			27	1	1	0	50	4	0

모리츠(Andre Francisco Moritz) 이탈리아 1986.08.06

대회	연도	소속	출전	교체	득점	도움	파울	경고	퇴장
K1	2015	포항	11	9	1	1	12	2	0
	합계		11	9	1	1	12	2	0
프로통산			11	9	1	1	12	2	0

모이세스(Moises Oliveira Brito) 브라질 1986.07.17

대회	연도	소속	출전	교체	득점	도움	파울	경고	퇴장
K1	2016	제주	1	1	0	0	1	0	0
	합계		1	1	0	0	1	0	0
프로통산			1	1	0	0	1	0	0

모재현(牟在現) 광주대 1996.09.24

대회	연도	소속	출전	교체	득점	도움	파울	경고	퇴장
K2	2017	수원FC	15	15	3	1	12	1	0
	2018	수원FC	20	15	1	1	29	2	0
	2019	수원FC	1	1	0	0	4	0	0
	2019	안양	12	10	3	1	10	1	0
	2020	수원FC	18	12	2	2	21	2	0
	2021	안양	33	28	5	2	37	2	0
	합계		99	81	14	7	113	8	0
프로통산			99	81	14	7	113	8	0

몰리나(Mauricio Alejandro Molina Uribe) 콜롬비아 1980.04.30

대회	연도	소속	출전	교체	득점	도움	파울	경고	퇴장
BC	2009	성남일화	17	5	10	3	17	4	0
	2010	성남일화	33	13	12	8	28	6	0
	2011	서울	29	8	10	12	30	5	0
	2012	서울	41	6	18	19	45	4	0
	합계		120	32	50	42	120	19	0
K1	2013	서울	35	13	9	13	24	3	0
	2014	서울	19	10	5	3	10	1	0
	2015	서울	35	20	4	11	23	5	0
	합계		89	43	18	27	57	9	0
프로통산			209	75	68	69	176	28	0

무고사(Stefan Mugosa) 몬테네그로 1992.02.26

대회	연도	소속	출전	교체	득점	도움	파울	경고	퇴장
K1	2018	인천	35	9	19	4	24	5	0
	2019	인천	32	9	14	4	25	1	0
	2020	인천	24	8	12	2	16	1	0
	2021	인천	20	10	9	0	13	1	0
	합계		111	36	54	10	81	9	0
프로통산			111	36	54	10	81	9	0

무랄랴(Luiz Philipe Lima de Oliveira) 브라질 1993.01.21

대회	연도	소속	출전	교체	득점	도움	파울	경고	퇴장
K1	2016	포항	20	8	2	0	28	10	0
	2017	포항	33	17	2	2	11	3	0
	합계		53	25	4	2	39	13	0
K2	2018	성남	11	8	0	0	12	3	0
	합계		11	8	0	0	12	3	0
프로통산			64	33	4	2	51	16	0

무릴로(Murilo Henrique Pereira Rocha) 브라질 1994.11.20

대회	연도	소속	출전	교체	득점	도움	파울	경고	퇴장
K1	2020	전북	17	15	1	0	10	1	0
	2021	수원FC	36	26	5	10	37	4	0
	합계		53	41	6	10	47	5	0
프로통산			53	41	6	10	47	5	0

무사(Javier Martin Musa) 아르헨티나 1979.01.15

대회	연도	소속	출전	교체	득점	도움	파울	경고	퇴장
BC	2004	수원	19	6	1	1	47	5	0
	2005	수원	9	1	0	0	16	3	0
	2005	울산	7	1	0	0	18	1	0
	합계		35	7	1	1	81	5	0
프로통산			35	7	1	1	81	5	0

무삼파(Kizito Musampa) 네덜란드 1977.07.20

대회	연도	소속	출전	교체	득점	도움	파울	경고	퇴장
BC	2008	서울	5	3	0	0	7	0	0
	합계		5	3	0	0	7	0	0
프로통산			5	3	0	0	7	0	0

무스타파(Gonden Mustafa) 터키 1975.08.01

대회	연도	소속	출전	교체	득점	도움	파울	경고	퇴장
BC	2002	부천SK	6	6	0	0	3	0	0
	2003	부천SK	7	7	0	0	6	0	0
	합계		13	13	0	0	9	0	0
프로통산			13	13	0	0	9	0	0

무야키치(Armin Mujakic) 오스트리아 1995.03.07

대회	연도	소속	출전	교체	득점	도움	파울	경고	퇴장
K2	2020	충남아산	17	15	4	0	48	6	0
	합계		17	15	4	0	48	6	0
프로통산			17	15	4	0	48	6	0

무탐바(Mutamba Kabongo) 콩고민주공화국 1972.12.09

대회	연도	소속	출전	교체	득점	도움	파울	경고	퇴장
BC	1997	안양LG	32	5	3	0	55	4	0
	1998	안양LG	34	4	4	2	59	5	0
	1999	안양LG	28	6	1	1	45	5	0
	2000	안양LG	15	6	0	0	26	5	0
	합계		109	21	9	3	185	19	0
프로통산			109	21	9	3	185	19	0

문경건(文慶建) 광운대 1995.02.09

대회	연도	소속	출전	교체	**실점**	도움	파울	경고	퇴장
K1	2021	대구	2	0	4	0	0	0	0
	합계		2	0	4	0	0	0	0
K2	2021	안산	3	1	5	0	0	0	0
	합계		3	1	5	0	0	0	0
프로통산			5	1	9	0	0	0	0

문광석(文光錫) 한양대 1996.03.02

대회	연도	소속	출전	교체	**실점**	도움	파울	경고	퇴장
K1	2018	제주	0	0	0	0	0	0	0
	2019	성남	0	0	0	0	0	0	0
	합계		0	0	0	0	0	0	0
프로통산			0	0	0	0	0	0	0

문기한(文記韓) 영남사이버대 1989.03.17

대회	연도	소속	출전	교체	득점	도움	파울	경고	퇴장
BC	2008	서울	3	2	0	0	6	0	0
	2009	서울	1	1	0	0	0	0	0
	2010	서울	2	2	0	0	3	0	0
	2011	서울	11	10	0	0	9	2	0
	합계		17	15	0	0	18	2	0
K2	2013	경찰	28	7	2	6	45	2	0
	2014	안산경찰	21	15	1	2	11	1	0
	2015	대구	38	32	1	10	56	9	0
	2016	부천	38	31	6	8	47	4	0
	2018	부천	34	6	0	5	33	4	0
	2019	부천	21	14	1	4	22	3	0
	합계		213	112	14	43	312	39	0
프로통산			230	127	14	43	330	41	0

문대성(文大成) 중앙대 1986.03.15

대회	연도	소속	출전	교체	득점	도움	파울	경고	퇴장
BC	2007	전북	4	4	0	1	3	1	0
	2008	전북	11	9	1	2	15	2	0
	2009	성남일화	14	11	0	0	17	3	0
	2010	성남일화	9	9	2	0	4	1	0
	2011	울산	2	2	0	0	0	0	0
	합계		40	35	3	3	34	7	0
프로통산			40	35	3	3	34	7	0

문동주(文棟柱) 대구대 1990.07.08

대회	연도	소속	출전	교체	득점	도움	파울	경고	퇴장
K1	2013	서울	0	0	0	0	0	0	0
	합계		0	0	0	0	0	0	0
프로통산			0	0	0	0	0	0	0

문민귀(文民貴) 호남대 1981.11.15

대회	연도	소속	출전	교체	득점	도움	파울	경고	퇴장
BC	2004	포항	35	8	1	2	39	4	0
	2005	포항	17	11	0	1	20	4	0
	2006	경남	12	2	0	0	18	1	0
	2006	수원	13	2	0	1	19	0	0
	2007	수원	8	5	0	0	11	2	0
	2008	수원	4	0	0	0	6	1	0
	2009	수원	5	2	0	1	11	1	0
	2010	수원	4	2	0	0	4	1	0
	2011	제주	2	1	0	0	4	0	0
	합계		101	37	1	6	151	16	0
프로통산			101	37	1	6	151	16	0

문민호(文敏鎬) 광운대 1958.09.18

(이어서)

대회	연도	소속	출전	교체	득점	도움	파울	경고	퇴장
BC	1985	유공	5	5	1	0	1	0	0
		합계	5	5	1	0	1	0	0
프로통산			5	5	1	0	1	0	0

문병우(文炳祐) 명지대 1986.05.03

대회	연도	소속	출전	교체	득점	도움	파울	경고	퇴장
BC	2009	강원	3	3	0	0	4	0	0
		합계	3	3	0	0	4	0	0
K1	2013	강원	9	9	0	1	8	1	0
		합계	9	9	0	1	8	1	0
프로통산			12	12	0	1	12	1	0

문삼진(文三鎭) 성균관대 1973.03.03

대회	연도	소속	출전	교체	득점	도움	파울	경고	퇴장
BC	1999	천안일화	9	4	0	0	48	3	0
	2000	성남일화	31	13	1	4	43	4	0
	2001	성남일화	11	10	0	0	14	0	0
	2002	성남일화	12	10	0	2	45	2	0
	2003	성남일화	27	5	0	0	10	0	0
		합계	90	42	1	6	140	9	0
프로통산			90	42	1	6	140	9	0

문상윤(文相閏) 아주대 1991.01.09

대회	연도	소속	출전	교체	득점	도움	파울	경고	퇴장
BC	2012	인천	26	19	1	1	18	1	0
		합계	26	19	1	1	18	1	0
K1	2013	인천	29	18	3	2	29	1	0
	2014	인천	31	17	3	3	17	2	0
	2015	전북	9	8	0	2	15	1	0
	2016	제주	18	15	1	1	14	1	0
	2017	제주	18	15	1	1	14	1	0
	2019	성남	18	15	3	3	7	0	0
		합계	123	88	11	12	96	5	0
K2	2018	성남	34	13	4	7	38	0	0
	2020	서울E	11	11	0	1	9	0	0
	2021	서울E	4	4	0	0	0	0	0
		합계	49	28	4	8	47	0	0
프로통산			198	135	16	21	161	6	0

문선민(文宣民) 장훈고 1992.06.09

대회	연도	소속	출전	교체	득점	도움	파울	경고	퇴장
K1	2017	인천	30	27	4	3	46	4	0
	2018	인천	37	22	14	6	30	0	0
	2019	전북	32	24	10	4	35	1	0
	2020	상주	20	14	5	4	15	1	0
	2021	전북	19	15	3	7	17	5	0
		합계	138	102	36	24	143	11	0
K2	2021	김천	1	1	0	1	0	0	0
		합계	1	1	0	1	0	0	0
프로통산			139	103	36	24	144	11	0

문영래(文永來) 국민대 1964.03.06

대회	연도	소속	출전	교체	득점	도움	파울	경고	퇴장
BC	1988	유공	15	15	0	1	19	3	0
	1989	유공	33	25	2	5	49	4	0
	1990	유공	22	9	1	3	23	1	0
	1991	유공	14	7	0	0	18	1	0
	1992	유공	21	15	1	2	10	1	0
	1993	유공	10	10	0	1	10	1	0
	1994	버팔로	32	9	3	3	47	8	0
	1995	전북	16	12	0	1	7	2	0
		합계	136	92	6	11	180	21	0
프로통산			136	92	6	11	180	21	0

문영서(文永瑞) 안양공고 1956.12.20

대회	연도	소속	출전	교체	득점	도움	파울	경고	퇴장
BC	1984	할렐루야	15	2	0	1	20	1	0
	1985	할렐루야	12	0	0	1	21	0	0
		합계	27	2	0	2	41	1	0
프로통산			27	2	0	2	41	1	0

문용휘(文容輝) 용인대 1995.06.07

대회	연도	소속	출전	교체	실점	도움	파울	경고	퇴장

대회	연도	소속	출전	교체	득점	도움	파울	경고	퇴장
K2	2018	대전	0	0	0	0	0	0	0
	2019	대전	0	0	0	0	0	0	0
		합계	0	0	0	0	0	0	0
프로통산			0	0	0	0	0	0	0

문원근(文元根) 동아대 1963.09.16

대회	연도	소속	출전	교체	득점	도움	파울	경고	퇴장
BC	1989	일화	18	5	0	4	36	4	0
	1990	일화	2	1	0	0	3	1	0
		합계	20	6	0	4	39	5	0
프로통산			20	6	0	4	39	5	0

문정인(文正仁) 현대고 1998.03.16

대회	연도	소속	출전	교체	실점	도움	파울	경고	퇴장
K1	2018	울산	0	0	0	0	0	0	0
	2019	울산	0	0	0	0	0	0	0
		합계	0	0	0	0	0	0	0
K2	2020	서울E	1	0	1	0	0	0	0
	2021	서울E	0	0	0	0	0	0	0
		합계	1	0	1	0	0	0	0
프로통산			1	0	1	0	0	0	0

문정주(文禎珠) 선문대 1990.03.22

대회	연도	소속	출전	교체	득점	도움	파울	경고	퇴장
K2	2013	충주	29	24	2	1	41	4	0
		합계	29	24	2	1	41	4	0
프로통산			29	24	2	1	41	4	0

문주원(文周元) 경희대 1983.05.08

대회	연도	소속	출전	교체	득점	도움	파울	경고	퇴장
BC	2006	대구	19	13	1	1	33	3	0
	2007	대구	18	13	1	0	40	1	0
	2008	대구	17	19	2	1	34	3	0
	2009	강원	12	11	0	1	11	0	0
		합계	75	56	5	3	115	7	0
K1	2013	경남	4	4	0	0	3	0	0
	2014	경남	7	3	0	0	11	1	0
		합계	11	7	0	0	14	1	0
프로통산			86	63	5	3	129	9	0

문준호(文竣湖) 용인대 1993.07.12

대회	연도	소속	출전	교체	득점	도움	파울	경고	퇴장
K1	2016	수원	0	0	0	0	0	0	0
		합계	0	0	0	0	0	0	0
K2	2018	안양	5	4	1	0	2	0	0
		합계	5	4	1	0	2	0	0
프로통산			5	4	1	0	2	0	0

문지환(文智煥) 단국대 1994.07.26

대회	연도	소속	출전	교체	득점	도움	파울	경고	퇴장
K1	2019	성남	21	3	0	0	31	5	0
	2020	인천	19	3	0	0	30	4	0
	2021	인천	8	4	0	1	14	2	0
		합계	48	10	0	1	75	11	1
K2	2017	성남	13	8	0	0	13	0	0
	2018	성남	6	4	0	0	14	0	0
	2021	김천	7	1	0	0	7	0	0
		합계	26	13	1	0	34	4	0
프로통산			74	23	2	0	109	15	1

문진용(文眞勇) 경희대 1991.12.14

대회	연도	소속	출전	교체	득점	도움	파울	경고	퇴장
K1	2013	전북	4	4	0	0	5	1	0
		합계	4	4	0	0	5	1	0
K2	2015	대구	1	0	0	0	2	0	0
	2017	대전	3	3	0	0	1	0	0
		합계	8	7	0	0	7	1	0
프로통산			8	7	0	0	7	1	0

문창진(文昶眞) 위덕대 1993.07.12

대회	연도	소속	출전	교체	득점	도움	파울	경고	퇴장
BC	2012	포항	4	4	0	0	2	0	0
		합계	4	4	0	0	2	0	0
K1	2013	포항	7	7	1	0	2	0	0
	2014	포항	24	17	2	2	20	1	0
	2015	포항	11	6	4	2	10	1	0
	2016	포항	23	15	3	4	12	1	0
	2017	강원	29	17	6	3	21	1	0
	2018	강원	10	10	1	0	3	0	0
	2019	인천	16	15	1	1	3	1	0
	2020	상주	5	5	1	1	1	0	0
		합계	140	106	20	13	77	5	0
K2	2021	김천	5	3	1	0	7	0	0
		합계	5	3	1	0	7	0	0
프로통산			149	113	21	13	84	5	0

문창현(文昶現) 명지대 1992.11.12

대회	연도	소속	출전	교체	득점	도움	파울	경고	퇴장
K1	2015	성남	0	0	0	0	0	0	0
		합계	0	0	0	0	0	0	0
프로통산			0	0	0	0	0	0	0

문태권(文泰權) 명지대 1968.05.14

대회	연도	소속	출전	교체	득점	도움	파울	경고	퇴장
BC	1993	현대	9	1	0	0	12	2	0
	1994	현대	11	5	0	0	12	2	0
	1995	전남	2	2	1	0	3	0	0
	1996	전남	4	4	0	0	4	0	0
		합계	26	12	1	0	31	4	0
프로통산			26	12	1	0	31	4	0

문태혁(文兌赫) 광양제철고 1983.03.31

대회	연도	소속	출전	교체	득점	도움	파울	경고	퇴장
BC	2000	수원	0	0	0	0	0	0	0
		합계	0	0	0	0	0	0	0
프로통산			0	0	0	0	0	0	0

뮬리치(Fejsal Mulić) 세르비아 1994.10.03

대회	연도	소속	출전	교체	득점	도움	파울	경고	퇴장
K1	2021	성남	36	25	13	0	60	6	0
		합계	36	25	13	0	60	6	0
프로통산			36	25	13	0	60	6	0

미구엘(Miguel Antonio Bianconi Kohl) 브라질 1992.05.14

대회	연도	소속	출전	교체	득점	도움	파울	경고	퇴장
K2	2013	충주	8	7	0	0	12	1	0
		합계	8	7	0	0	12	1	0
프로통산			8	7	0	0	12	1	0

미노리(Sato Minori, 佐藤穣) 일본 1991.03.02

대회	연도	소속	출전	교체	득점	도움	파울	경고	퇴장
K2	2018	광주	12	10	0	0	17	1	0
		합계	12	10	0	0	17	1	0
프로통산			12	10	0	0	17	1	0

미니치(Bosko Minić) 유고슬라비아 1966.10.24

대회	연도	소속	출전	교체	득점	도움	파울	경고	퇴장
BC	1995	전남	22	7	1	2	22	4	0
		합계	22	7	1	2	22	4	0
프로통산			22	7	1	2	22	4	0

미르코(Mirko Jovanović) 유고슬라비아 1971.03.14

대회	연도	소속	출전	교체	득점	도움	파울	경고	퇴장
BC	1999	전북	14	8	4	1	22	0	0
	2000	전북	7	7	0	1	2	0	0
		합계	21	15	4	2	24	0	0
프로통산			21	15	4	2	24	0	0

미샤(Miodrag Vasiljević) 유고슬라비아 1980.08.21

대회	연도	소속	출전	교체	득점	도움	파울	경고	퇴장
BC	2001	성남일화	4	5	0	0	4	0	0
		합계	4	5	0	0	4	0	0
프로통산			4	5	0	0	4	0	0

미셀(Michel Neves Dias) 브라질 1980.07.13

대회	연도	소속	출전	교체	득점	도움	파울	경고	퇴장
BC	2003	전남	13	9	4	3	17	3	0
		합계	13	9	4	3	17	3	0
프로통산			13	9	4	3	17	3	0

미첼(Michel Pensee Billong) 카메룬 1973.06.16

대회	연도	소속	출전	교체	득점	도움	파울	경고	퇴장
BC	1997	천안일화	3	2	1	0	7	0	1
	1998	천안일화	15	3	1	0	29	4	0
	1999	천안일화	32	0	0	0	66	5	0
	합계		50	5	2	0	102	9	1
프로통산			50	5	2	0	102	9	1

미카엘(Karapet Mikaelyan) 아르메니아 1968.09.27

대회	연도	소속	출전	교체	득점	도움	파울	경고	퇴장
BC	1997	부천SK	15	15	1	2	11	1	0
	합계		15	15	1	2	11	1	0
프로통산			15	15	1	2	11	1	0

미콜라(Kovtaliuk Mykola) 우크라이나 1995.04.26

대회	연도	소속	출전	교체	득점	도움	파울	경고	퇴장
K2	2019	안양	11	10	3	0	10	1	0
	합계		11	10	3	0	10	1	0
프로통산			11	10	3	0	10	1	0

미트로(Slavisa Mitrović) 보스니아 헤르체고비나 1977.07.05

대회	연도	소속	출전	교체	득점	도움	파울	경고	퇴장
BC	2002	수원	7	6	0	1	25	3	0
	합계		7	6	0	1	25	3	0
프로통산			7	6	0	1	25	3	0

미하이(Dragus Mihai) 루마니아 1973.03.13

대회	연도	소속	출전	교체	득점	도움	파울	경고	퇴장
BC	1998	수원	21	17	6	2	45	3	1
	합계		21	17	6	2	45	3	1
프로통산			21	17	6	2	45	3	1

미하일(Radmilo Mihajlović) 유고슬라비아 1964.11.19

대회	연도	소속	출전	교체	득점	도움	파울	경고	퇴장
BC	1997	포항	3	3	0	0	2	1	0
	합계		3	3	0	0	2	1	0
프로통산			3	3	0	0	2	1	0

믹스(Mikkel Morgenstar Palssonn Diskerud) 미국 1990.10.02

대회	연도	소속	출전	교체	득점	도움	파울	경고	퇴장
K1	2018	울산	17	7	2	0	22	3	0
	2019	울산	31	29	6	2	22	3	0
	합계		48	36	8	2	44	6	0
프로통산			48	36	8	2	44	6	0

민경인(閔庚仁) 고려대 1979.05.09

대회	연도	소속	출전	교체	득점	도움	파울	경고	퇴장
BC	2003	성남일화	1	1	0	0	2	0	0
	합계		1	1	0	0	2	0	0
프로통산			1	1	0	0	2	0	0

민경현(閔景鉉) 한양공고 1998.05.04

대회	연도	소속	출전	교체	득점	도움	파울	경고	퇴장
K1	2019	포항	0	0	0	0	0	0	0
	합계		0	0	0	0	0	0	0
프로통산			0	0	0	0	0	0	0

민동환(閔洞煥) 현대고 2001.01.12

대회	연도	소속	출전	교체	실점	도움	파울	경고	퇴장
K1	2020	울산	0	0	0	0	0	0	0
	합계		0	0	0	0	0	0	0
프로통산			0	0	0	0	0	0	0

민병욱

대회	연도	소속	출전	교체	득점	도움	파울	경고	퇴장
BC	1983	대우	5	6	1	0	2	0	0
	합계		5	6	1	0	2	0	0
프로통산			5	6	1	0	2	0	0

민상기(閔尙基) 매탄고 1991.08.27

대회	연도	소속	출전	교체	득점	도움	파울	경고	퇴장
BC	2010	수원	1	0	0	0	1	0	0
	2011	수원	1	0	0	0	0	0	0
	2012	수원	5	4	0	0	8	0	0
	합계		7	5	0	0	9	0	0
K1	2013	수원	30	6	0	0	41	3	0
	2014	수원	20	4	0	1	30	2	0
	2015	수원	7	2	1	0	8	1	0
	2016	수원	8	3	0	0	11	0	0
	2017	수원	20	4	0	0	26	3	0
	2019	수원	20	4	0	0	16	3	1
	2020	수원	21	2	0	0	23	1	0
	2021	수원	30	3	2	0	29	3	0
	합계		143	26	3	1	166	14	1
K2	2017	아산	9	2	1	0	10	0	0
	2018	아산	27	0	0	0	32	8	0
	합계		36	2	1	0	42	8	0
프로통산			186	33	4	1	217	22	1

민영기(閔泳基) 경상대 1976.03.28

대회	연도	소속	출전	교체	득점	도움	파울	경고	퇴장
BC	1999	울산	5	1	0	0	7	0	0
	2000	울산	14	5	0	0	16	1	0
	2004	대구	25	1	0	0	48	9	0
	2005	대구	28	4	0	0	37	8	0
	2006	대전	37	3	1	0	27	5	0
	2007	대전	32	6	0	0	33	2	0
	2008	대전	23	5	0	1	31	2	0
	2009	부산	18	14	1	0	13	2	0
	합계		182	39	2	1	212	30	0
프로통산			182	39	2	1	212	30	0

민준영(閔竣漢) 언남고 1996.07.27

대회	연도	소속	출전	교체	득점	도움	파울	경고	퇴장
K1	2018	경남	1	1	0	0	1	1	0
	합계		1	1	0	0	1	1	0
K2	2019	아산	8	2	1	0	13	1	0
	2020	안산	11	8	0	0	12	3	0
	2021	안산	16	3	2	0	24	3	0
	2021	대전	5	2	0	0	12	2	0
	합계		40	15	3	0	61	10	0
승	2021	대전	1	0	0	0	0	0	0
	합계		1	0	0	0	0	0	0
프로통산			42	16	3	0	62	11	0

민진흥(閔鎭弘) 동래문상고 1960.03.11

대회	연도	소속	출전	교체	득점	도움	파울	경고	퇴장
BC	1983	대우	16	8	1	5	9	0	0
	1984	럭키금성	1	1	0	0	0	0	0
	1985	유공	2	1	0	0	3	0	0
	1986	유공	36	4	2	2	35	3	0
	1987	유공	15	6	0	0	21	0	1
	1988	유공	3	3	0	0	3	0	0
	합계		74	23	3	7	62	3	1
프로통산			74	23	3	7	62	3	1

민현홍(閔玹泓) 숭실대 1995.08.28

대회	연도	소속	출전	교체	득점	도움	파울	경고	퇴장
K2	2017	수원FC	5	3	0	0	4	0	0
	2018	수원FC	0	0	0	0	0	0	0
	2020	수원FC	4	1	0	0	10	3	0
	합계		9	3	0	0	14	3	0
프로통산			9	3	0	0	14	3	0

밀톤(Milton Fabian Rodriguez Suarez) 콜롬비아 1976.04.28

대회	연도	소속	출전	교체	득점	도움	파울	경고	퇴장
BC	2005	전북	11	7	4	0	25	1	0
	2006	전북	10	8	2	0	14	0	0
	합계		21	15	6	0	39	1	0
프로통산			21	15	6	0	39	1	0

바그너(Qerino da Silva Wagner / ← 박은호) 브라질 1987.01.31

대회	연도	소속	출전	교체	득점	도움	파울	경고	퇴장
BC	2011	대전	27	17	7	1	29	2	0
	합계		27	17	7	1	29	2	0
K2	2014	안양	17	16	1	0	7	1	0
	합계		17	16	1	0	7	1	0
프로통산			44	33	8	1	36	3	0

바그너(Wagner Luiz da Silva) 브라질 1981.09.13

대회	연도	소속	출전	교체	득점	도움	파울	경고	퇴장
BC	2009	포항	5	5	0	0	1	1	0
	합계		5	5	0	0	1	1	0
프로통산			5	5	0	0	1	1	0

바그닝요(Wagner da Silva Souza) 브라질 1990.01.30

대회	연도	소속	출전	교체	득점	도움	파울	경고	퇴장
K1	2018	수원	17	10	7	1	22	1	1
	2019	수원	19	16	1	1	18	2	1
	합계		36	26	8	2	40	3	2
K2	2016	부천	36	4	9	3	131	10	2
	2017	부천	28	1	12	1	106	11	0
	합계		64	5	21	4	237	21	2
프로통산			100	31	29	6	277	24	4

바데아(Pavel Badea) 루마니아 1967.06.10

대회	연도	소속	출전	교체	득점	도움	파울	경고	퇴장
BC	1996	수원	32	6	4	4	41	4	0
	1997	수원	33	3	3	4	45	7	0
	1998	수원	15	2	4	2	17	4	0
	합계		80	11	11	10	103	15	0
프로통산			80	11	11	10	103	15	0

바락신(Kirill Varaksin) 러시아 1974.08.03

대회	연도	소속	출전	교체	득점	도움	파울	경고	퇴장
BC	1995	유공	7	5	1	0	10	0	0
	합계		7	5	1	0	10	0	0
프로통산			7	5	1	0	10	0	0

바로스(Barros Rodrigues Ricardo Filipe) 포르투갈 1990.04.27

대회	연도	소속	출전	교체	득점	도움	파울	경고	퇴장
K1	2017	광주	1	1	0	0	3	0	0
	합계		1	1	0	0	3	0	0
프로통산			1	1	0	0	3	0	0

바로우(Modou Barrow) 스웨덴 1992.10.13

대회	연도	소속	출전	교체	득점	도움	파울	경고	퇴장
K1	2020	전북	15	11	2	4	20	1	0
	2021	전북	20	16	3	2	17	3	0
	합계		35	27	5	6	37	4	0
프로통산			35	27	5	6	37	4	0

바바(Baba Yuta, 馬場憂太) 일본 1984.01.22

대회	연도	소속	출전	교체	득점	도움	파울	경고	퇴장
BC	2011	대전	6	5	1	0	7	0	0
	2012	대전	30	9	4	2	44	9	0
	합계		36	14	5	2	51	9	0
K1	2013	대전	7	5	0	0	4	1	0
	합계		7	5	0	0	4	1	0
프로통산			43	19	5	2	55	10	0

바바라데(Ajibade Kunde Babalade) 나이지리아 1972.03.29

대회	연도	소속	출전	교체	득점	도움	파울	경고	퇴장
BC	1997	안양LG	3	2	0	0	4	2	0
	합계		3	2	0	0	4	2	0
프로통산			3	2	0	0	4	2	0

바벨(Vaber Mendes Ferreira) 브라질 1981.09.22

대회	연도	소속	출전	교체	득점	도움	파울	경고	퇴장
BC	2009	대전	24	3	1	3	49	4	0
	2010	대전	12	6	0	0	12	2	0
	합계		36	9	1	3	61	6	0
프로통산			36	9	1	3	61	6	0

바비오(William Silva Gomes Barbio) 브라질 1992.10.22

대회	연도	소속	출전	교체	득점	도움	파울	경고	퇴장
K2	2020	부천	25	4	3	1	45	2	0

[이전 선수 기록 계속]

대회	연도	소속	출전	교체	득점	도움	파울	경고	퇴장
	2021	서울E	16	15	1	1	13	1	0
	합계		41	19	4	2	58	3	0
프로통산			41	19	4	2	58	3	0

바우지비아(Ferreira da Silva Leite Caique) 브라질 1992.10.23

대회	연도	소속	출전	교체	득점	도움	파울	경고	퇴장
K1	2014	성남	13	12	1	1	16	1	0
	합계		13	12	1	1	16	1	0
프로통산			13	12	1	1	16	1	0

바우텔(Walter Junio da Silva Clementino) 브라질 1982.01.12

대회	연도	소속	출전	교체	득점	도움	파울	경고	퇴장
BC	2008	대전	9	3	1	1	12	1	0
	합계		9	3	1	1	12	1	0
프로통산			9	3	1	1	12	1	0

바울(Valdeir da Silva Santos) 브라질 1977.04.12

대회	연도	소속	출전	교체	득점	도움	파울	경고	퇴장
BC	2009	대구	15	8	2	0	24	2	0
	합계		15	8	2	0	24	2	0
프로통산			15	8	2	0	24	2	0

바이아노(Jefferson Silva dos Santos: Jefferson Baiano) 브라질 1995.05.10

대회	연도	소속	출전	교체	득점	도움	파울	경고	퇴장
K2	2020	부천	11	10	1	2	22	1	0
	합계		11	10	1	2	22	1	0
프로통산			11	10	1	2	22	1	0

바이아노(Claudio Celio Cunha Defensor) 브라질 1974.02.19

대회	연도	소속	출전	교체	득점	도움	파울	경고	퇴장
BC	2001	울산	6	6	0	0	3	0	0
	합계		6	6	0	0	3	0	0
프로통산			6	6	0	0	3	0	0

바이야(Santos Fabio Junior Nascimento) 브라질 1983.11.02

대회	연도	소속	출전	교체	득점	도움	파울	경고	퇴장
BC	2011	인천	31	12	2	1	32	1	0
	합계		31	12	2	1	32	1	0
프로통산			31	12	2	1	32	1	0

바이오(Bruno Henrique Baio da Cunha) 브라질 1995.10.03

대회	연도	소속	출전	교체	득점	도움	파울	경고	퇴장
K2	2019	전남	16	4	10	0	37	7	0
	2020	대전	20	14	4	3	44	5	0
	2021	대전	31	23	4	2	29	4	0
	합계		67	41	18	5	110	16	0
승	2021	대전	2	2	0	0	2	0	0
	합계		2	2	0	0	2	0	0
프로통산			69	43	18	5	112	16	0

바조(Blaze Ilijoski) 마케도니아 1984.07.09

대회	연도	소속	출전	교체	득점	도움	파울	경고	퇴장
BC	2006	인천	14	13	3	0	28	2	0
	2010	강원	7	5	1	1	8	2	0
	합계		21	17	4	1	36	4	0
프로통산			21	17	4	1	36	4	0

바코(Valeri Qazaishvili: Vako) 조지아 1993.01.29

대회	연도	소속	출전	교체	득점	도움	파울	경고	퇴장
K1	2021	울산	34	21	9	3	16	0	0
	합계		34	21	9	3	16	0	0
프로통산			34	21	9	3	16	0	0

바티스타(Edinaldo Batista Libanio) 브라질 1979.04.02

대회	연도	소속	출전	교체	득점	도움	파울	경고	퇴장
BC	2003	안양LG	9	4	0	0	39	4	0
	합계		9	4	0	0	39	4	0
프로통산			9	4	0	0	39	4	0

바하(Mahmadu Alphajor Bah) 시에라리온 1977.01.01

대회	연도	소속	출전	교체	득점	도움	파울	경고	퇴장
BC	1997	전남	12	13	0	1	23	0	0
	1998	전남	18	18	0	2	30	2	1
	합계		30	31	0	3	53	4	1
프로통산			30	31	0	3	53	4	1

박강조(朴康造) 일본 다카가와다고 1980.01.24

대회	연도	소속	출전	교체	득점	도움	파울	경고	퇴장
BC	2000	성남일화	31	8	0	1	41	1	0
	2001	성남일화	20	15	1	2	12	1	0
	2002	성남일화	18	17	0	0	19	2	0
	합계		69	40	1	3	72	4	0
프로통산			69	40	1	3	72	4	0

박건(朴建) 수원대 1990.07.11

대회	연도	소속	출전	교체	득점	도움	파울	경고	퇴장
K2	2018	부천	25	4	0	0	28	2	0
	2019	부천	26	5	1	1	29	3	0
	합계		51	9	1	1	57	5	0
프로통산			51	9	1	1	57	5	0

박건영(朴建映) 영남대 1987.03.14

대회	연도	소속	출전	교체	득점	도움	파울	경고	퇴장
BC	2011	대전	9	3	0	0	6	1	0
	2012	대전	0	0	0	0	0	0	0
	합계		9	3	0	0	6	1	0
프로통산			9	3	0	0	6	1	0

박건하(朴建夏) 경희대 1971.07.25

대회	연도	소속	출전	교체	득점	도움	파울	경고	퇴장
BC	1996	수원	34	0	14	6	56	2	0
	1997	수원	19	3	4	3	38	2	0
	1998	수원	22	5	2	2	45	6	0
	1999	수원	39	18	12	6	59	4	0
	2000	수원	19	5	2	5	31	2	0
	2001	수원	30	15	4	4	41	2	0
	2002	수원	26	12	2	2	29	1	0
	2003	수원	31	11	0	0	50	4	0
	2004	수원	31	9	1	0	49	3	0
	2005	수원	26	1	1	0	37	4	0
	2006	수원	15	4	0	0	15	2	1
	합계		292	84	44	27	460	33	1
프로통산			292	84	44	27	460	33	1

박건희(朴建熙) 한라대 1990.08.27

대회	연도	소속	출전	교체	실점	도움	파울	경고	퇴장
K2	2013	부천	0	0	0	0	0	0	0
	합계		0	0	0	0	0	0	0
프로통산			0	0	0	0	0	0	0

박규선(朴奎宣) 연세대 1977.03.10

대회	연도	소속	출전	교체	득점	도움	파울	경고	퇴장
BC	2000	대전	12	11	0	0	17	1	0
	2001	대전	17	17	3	0	11	1	0
	2002	대전	6	6	1	0	2	0	0
	2003	대전	5	5	0	0	6	0	0
	합계		40	40	4	0	25	1	0
프로통산			40	40	4	0	25	1	0

박경록(朴景錄) 동아대 1994.09.30

대회	연도	소속	출전	교체	득점	도움	파울	경고	퇴장
K2	2016	부산	2	0	0	0	3	0	0
	합계		2	0	0	0	3	0	0
프로통산			2	0	0	0	3	0	0

박경민(朴耿敏) 개성고 1999.08.02

대회	연도	소속	출전	교체	득점	도움	파울	경고	퇴장
K1	2020	부산	4	2	0	0	2	0	0
	합계		4	2	0	0	2	0	0
K2	2019	부산	0	0	0	0	0	0	0
	합계		0	0	0	0	0	0	0
프로통산			4	2	0	0	2	0	0

박경배(朴景培) 강릉제일고 2001.02.15

대회	연도	소속	출전	교체	득점	도움	파울	경고	퇴장
K1	2021	강원	4	4	0	0	2	1	0
	합계		4	4	0	0	2	1	0
프로통산			4	4	0	0	2	1	0

박경삼(朴瓊三) 한성대 1978.06.06

대회	연도	소속	출전	교체	득점	도움	파울	경고	퇴장
BC	2001	울산	7	3	0	0	5	1	0
	2002	울산	1	1	0	0	2	0	0
	2003	광주상무	22	7	1	0	34	3	0
	2009	제주	1	0	0	0	3	1	0
	합계		31	11	1	0	44	5	0
프로통산			31	11	1	0	44	5	0

박경순(朴敢淳) 인천대 1988.09.30

대회	연도	소속	출전	교체	득점	도움	파울	경고	퇴장
BC	2011	인천	0	0	0	0	0	0	0
	합계		0	0	0	0	0	0	0
프로통산			0	0	0	0	0	0	0

박경완(朴景院) 아주대 1988.07.22

대회	연도	소속	출전	교체	득점	도움	파울	경고	퇴장
K2	2014	부천	5	5	0	0	4	1	0
	합계		5	5	0	0	4	1	0
프로통산			5	5	0	0	4	1	0

박경익(朴慶益) 광주대 1991.08.13

대회	연도	소속	출전	교체	득점	도움	파울	경고	퇴장
BC	2012	울산	3	3	0	1	2	0	0
K1	2014	상주	10	10	1	1	7	3	0
	합계		10	10	1	1	7	3	0
K2	2015	상주	3	1	1	0	5	1	0
	2017	안산	0	0	0	0	0	0	0
	합계		3	1	1	0	5	1	0
프로통산			13	11	2	1	14	4	0

박경환(朴景院) 고려대 1976.12.29

대회	연도	소속	출전	교체	득점	도움	파울	경고	퇴장
BC	2001	전북	8	8	1	0	6	2	0
	2003	대구	19	1	2	0	37	8	0
	2004	대구	22	5	0	0	33	5	1
	2005	포항	0	0	0	0	0	0	0
	합계		49	14	1	2	76	15	1
프로통산			49	14	1	2	76	15	1

박경훈(朴景勳) 한양대 1961.01.19

대회	연도	소속	출전	교체	득점	도움	파울	경고	퇴장
BC	1984	포항제철	21	4	0	2	13	1	0
	1985	포항제철	4	0	0	0	6	0	0
	1986	포항제철	3	1	0	0	4	0	0
	1987	포항제철	31	0	3	1	31	2	0
	1988	포항제철	23	1	0	2	25	1	0
	1989	포항제철	5	1	1	1	7	1	0
	1990	포항제철	8	0	0	3	13	1	0
	1991	포항제철	23	13	3	0	22	0	0
	1992	포항제철	27	10	3	5	29	5	0
	합계		134	34	8	14	140	8	0
프로통산			134	34	8	14	140	8	0

박공재(朴攻在) 조선대 1964.03.06

대회	연도	소속	출전	교체	득점	도움	파울	경고	퇴장
BC	1986	한일은행	4	2	0	0	6	1	0
	합계		4	2	0	0	6	1	0
프로통산			4	2	0	0	6	1	0

박관우(朴寬優) 선문대 1996.06.04

대회	연도	소속	출전	교체	득점	도움	파울	경고	퇴장
K1	2019	성남	1	1	0	0	0	0	0
	2020	부산	12	12	1	0	3	1	0
	합계		13	13	1	0	3	1	0
K2	2018	안산	16	16	1	0	10	9	0
	합계		16	16	1	0	10	9	0
프로통산			29	29	2	0	13	10	0

박광민(朴光民) 배재대 1982.05.14

대회	연도	소속	출전	교체	득점	도움	파울	경고	퇴장
BC	2006	성남일화	5	4	1	1	4	0	0

(이어짐)

대회	연도	소속	출전	교체	득점	도움	파울	경고	퇴장
	2007	성남일화	1	1	0	0	0	0	0
	2008	광주상무	3	3	0	0	4	0	0
	2009	광주상무	1	1	0	0	1	0	0
		합계	10	9	1	1	9	0	0
프로통산			10	9	1	1	9	0	0

박광일 (朴光一) 연세대 1991.02.10

대회	연도	소속	출전	교체	득점	도움	파울	경고	퇴장
K1	2018	전남	13	4	0	0	9	0	0
	2019	경남	8	4	0	1	0	0	0
		합계	21	8	0	1	9	0	0
승	2019	경남	0	0	0	0	0	0	0
		합계	0	0	0	0	0	0	0
프로통산			21	8	0	1	9	0	0

박광현 (朴光鉉) 구룡포종고 1967.07.24

대회	연도	소속	출전	교체	득점	도움	파울	경고	퇴장
BC	1989	현대	14	6	0	0	26	3	0
	1990	현대	7	3	0	0	9	0	0
	1991	현대	10	7	0	0	14	1	0
	1992	일화	17	6	0	0	25	5	0
	1993	일화	23	14	1	0	36	7	0
	1994	일화	14	7	1	0	19	2	1
	1995	일화	29	6	0	0	52	9	1
	1996	천안일화	30	6	3	0	66	9	2
	1997	천안일화	30	9	0	0	63	9	0
	1998	천안일화	23	9	0	0	55	6	1
	1999	천안일화	11	8	0	0	13	3	0
		합계	208	79	5	0	378	54	5
프로통산			208	79	5	0	378	54	5

박국창 (朴國昌) 조선대 1963.08.15

대회	연도	소속	출전	교체	득점	도움	파울	경고	퇴장
BC	1985	유공	8	8	0	0	6	0	0
	1986	유공	3	3	0	0	3	0	0
	1986	럭키금성	6	6	1	0	9	0	0
	1987	럭키금성	11	10	0	1	13	0	0
		합계	28	27	1	1	31	0	0
프로통산			28	27	1	1	31	0	0

박규선 (朴圭善) 서울체고 1981.09.24

대회	연도	소속	출전	교체	득점	도움	파울	경고	퇴장
BC	2000	울산	11	11	1	0	12	1	0
	2001	울산	26	20	0	0	13	1	0
	2002	울산	25	11	0	2	17	3	0
	2003	울산	8	6	0	0	4	0	0
	2004	전북	17	4	1	0	15	1	0
	2005	전북	21	9	1	0	30	4	0
	2006	울산	28	13	0	3	37	4	0
	2007	부산	18	16	0	2	26	3	0
	2008	광주상무	32	13	4	3	38	3	0
		합계	186	103	7	10	192	20	0
프로통산			186	103	7	10	192	20	0

박금렬 (朴錦烈) 단국대 1972.05.05

대회	연도	소속	출전	교체	득점	도움	파울	경고	퇴장
BC	1998	천안일화	5	5	0	0	2	0	0
		합계	5	5	0	0	2	0	0
프로통산			5	5	0	0	2	0	0

박기동 (朴己東) 숭실대 1988.11.01

대회	연도	소속	출전	교체	득점	도움	파울	경고	퇴장
BC	2011	광주	31	15	3	5	60	2	0
	2012	광주	31	16	5	5	50	1	0
		합계	62	31	8	10	110	3	0
K1	2013	제주	6	6	0	0	4	0	0
	2013	전남	18	12	1	1	18	0	0
	2014	전남	7	5	0	0	4	1	0
	2016	상주	25	13	9	8	21	3	0
	2016	전남	5	5	0	0	2	0	0
	2017	수원	25	21	3	0	29	2	0
	2018	수원	8	6	1	2	4	2	0
	2019	경남	7	7	0	0	3	0	0
	2019	대구	12	11	1	1	6	1	0
	2021	대구	2	2	0	0	1	0	0
		합계	115	87	16	12	96	10	0
K2	2015	상주	35	30	6	5	40	6	0
	2020	경남	22	20	1	2	16	1	0
		합계	57	50	10	9	61	7	0
프로통산			234	168	34	31	267	20	0

박기욱 (朴起旭) 울산대 1978.12.22

대회	연도	소속	출전	교체	득점	도움	파울	경고	퇴장
BC	2001	울산	28	11	0	3	44	5	0
	2002	울산	5	5	0	0	6	0	0
	2003	광주상무	8	8	0	0	10	0	0
	2004	광주상무	9	9	1	0	7	0	0
	2005	부천SK	14	15	1	1	24	2	0
	2006	제주	13	12	0	2	16	2	0
		합계	77	60	2	6	107	9	0

박기필 (朴基必) 건국대 1984.07.29

대회	연도	소속	출전	교체	득점	도움	파울	경고	퇴장
BC	2005	부산	1	0	0	1	2	1	0
	2006	부산	9	8	1	1	6	1	0
		합계	10	8	1	1	8	2	0
프로통산			10	8	1	1	8	2	0

박기형 (朴基亨) 천안농고 1963.04.21

대회	연도	소속	출전	교체	득점	도움	파울	경고	퇴장
BC	1983	포항제철	4	5	0	0	0	0	0
	1989	포항제철	1	1	0	0	0	0	0
		합계	5	6	0	0	0	0	0
프로통산			5	6	0	0	0	0	0

박남열 (朴南烈) 대구대 1970.05.04

대회	연도	소속	출전	교체	득점	도움	파울	경고	퇴장
BC	1993	일화	27	23	1	3	13	2	0
	1994	일화	27	19	4	2	34	2	0
	1995	일화	24	20	2	2	26	2	0
	1996	천안일화	35	5	9	8	45	2	1
	1999	천안일화	27	11	4	2	48	5	0
	2000	성남일화	41	14	13	3	63	2	0
	2001	성남일화	24	11	3	2	33	3	0
	2002	성남일화	31	28	1	3	53	3	0
	2003	성남일화	11	9	0	0	14	0	0
	2004	수원	3	3	0	0	0	0	0
		합계	250	143	40	24	335	25	1
프로통산			250	143	40	24	335	25	1

박내인 (朴來仁) 전북대 1962.08.20

대회	연도	소속	출전	교체	득점	도움	파울	경고	퇴장
BC	1985	상무	6	1	0	0	4	0	0
		합계	6	1	0	0	4	0	0
프로통산			6	1	0	0	4	0	0

박노봉 (朴魯鳳) 고려대 1961.06.19

대회	연도	소속	출전	교체	득점	도움	파울	경고	퇴장
BC	1985	대우	16	0	1	0	18	1	0
	1986	대우	32	0	1	0	36	4	0
	1987	대우	29	1	0	0	13	0	0
	1988	대우	17	3	1	0	10	0	0
	1989	대우	38	9	1	0	41	0	0
	1990	대우	21	0	0	0	14	1	0
	1991	대우	1	1	0	0	0	0	0
		합계	154	14	4	2	137	9	0
프로통산			154	14	4	2	137	9	0

박대식 (朴大植) 중앙대 1984.03.03

대회	연도	소속	출전	교체	득점	도움	파울	경고	퇴장
BC	2007	부산	1	0	0	0	1	0	0
		합계	1	0	0	0	1	0	0
프로통산			1	0	0	0	1	0	0

박대원 (朴大元) 고려대 1998.02.25

대회	연도	소속	출전	교체	득점	도움	파울	경고	퇴장
K1	2019	수원	4	3	0	0	4	0	0
	2020	수원	4	1	0	0	5	0	0
	2021	수원	27	9	0	0	33	5	0
		합계	35	13	0	0	42	5	0
프로통산			35	13	0	0	42	5	0

박대제 (朴大濟) 서울시립대 1958.10.14

대회	연도	소속	출전	교체	득점	도움	파울	경고	퇴장
BC	1984	한일은행	14	6	1	0	8	1	0
	1985	한일은행	4	3	0	0	7	0	0
		합계	18	9	1	0	15	1	0
프로통산			18	9	1	0	15	1	0

박대한 (朴大韓) 성균관대 1991.05.01

대회	연도	소속	출전	교체	득점	도움	파울	경고	퇴장
K1	2015	인천	35	3	1	1	44	8	0
	2016	인천	26	3	0	2	31	6	0
	2017	전남	16	7	0	0	17	4	0
	2018	전남	5	5	1	0	3	2	0
	2018	상주	3	1	0	0	2	0	0
	2019	인천	4	4	0	0	0	0	0
	2020	인천	0	0	0	0	0	0	0
		합계	89	23	2	3	97	18	0
K2	2014	강원	3	1	0	0	3	0	0
	2020	전남	7	4	0	0	5	0	0
	2021	안양	4	3	0	0	3	0	0
		합계	28	10	0	0	33	5	0
프로통산			117	33	2	3	130	23	0

박대한 (朴大翰) 인천대 1996.04.19

대회	연도	소속	출전	교체	실점	도움	파울	경고	퇴장
K1	2017	전남	8	8	0	0	9	0	0
	2018	전남	0	0	0	0	0	0	0
		합계	8	8	0	0	9	0	0
K2	2019	전남	0	0	0	0	0	0	0
	2020	수원FC	0	0	0	0	0	0	0
		합계	0	0	0	0	0	0	0
프로통산			8	8	0	0	9	0	0

박대훈 (朴大勳) 서남대 1996.03.30

대회	연도	소속	출전	교체	득점	도움	파울	경고	퇴장
K2	2016	대전	25	24	3	1	23	0	0
	2017	대전	15	14	2	1	11	2	0
	2018	대전	7	6	0	1	4	0	0
		합계	47	44	5	3	38	2	0
프로통산			47	44	5	3	38	2	0

박도현 (朴度賢) 배재대 1980.07.04

대회	연도	소속	출전	교체	득점	도움	파울	경고	퇴장
BC	2003	부천SK	2	2	0	0	0	0	0
	2007	대전	15	15	0	0	18	2	0
		합계	17	17	0	0	18	2	0
프로통산			17	17	0	0	18	2	0

박동균 (朴東均) 중앙대 1964.10.15

대회	연도	소속	출전	교체	득점	도움	파울	경고	퇴장
BC	1988	럭키금성	15	3	0	0	11	4	0
		합계	15	3	0	0	11	4	0
프로통산			15	3	0	0	11	4	0

박동석 (朴東錫) 아주대 1981.05.03

대회	연도	소속	출전	교체	실점	도움	파울	경고	퇴장
BC	2002	안양LG	1	0	1	0	0	0	0
	2003	안양LG	25	0	39	0	0	0	0
	2004	서울	12	0	7	0	1	0	0
	2005	서울	21	0	25	0	1	1	0
	2006	서울	0	0	0	0	0	0	0
	2007	광주상무	19	1	22	0	1	1	0
	2008	광주상무	5	0	5	0	0	0	0
	2009	서울	10	1	9	0	0	0	0
		합계	96	2	113	0	2	2	0
프로통산			96	2	113	0	2	2	0

박동수 (朴東洙) 서귀포고 1982.02.25

대회	연도	소속	출전	교체	득점	도움	파울	경고	퇴장
BC	2000	포항	6	5	0	0	3	1	0

대회	연도	소속	출전	교체	득점	도움	파울	경고	퇴장
	합계		6	5	0	0	3	1	0
프로통산			6	5	0	0	3	1	0

박동우(朴東佑) 국민대 1970.11.03

대회	연도	소속	출전	교체	실점	도움	파울	경고	퇴장
BC	1995	일화	1	0	0	0	0	0	0
	1996	천안일화	12	0	22	0	0	0	0
	1997	부천SK	15	0	28	0	1	1	0
	1998	부천SK	36	0	48	0	0	1	0
	1999	부천SK	0	0	0	0	0	0	0
	2000	전남	27	0	30	0	0	0	0
	합계		91	0	130	0	1	2	0
프로통산			91	0	130	0	1	2	0

박동진(朴東眞) 한남대 1994.12.10

대회	연도	소속	출전	교체	득점	도움	파울	경고	퇴장
K1	2016	광주	24	10	0	0	14	4	0
	2017	광주	33	3	0	0	36	5	0
	2018	서울	15	4	0	0	17	5	0
	2019	서울	32	32	6	3	25	4	0
	2020	서울	3	3	1	0	3	1	0
	2020	상주	7	4	0	0	13	0	0
	합계		114	56	8	3	108	19	0
K2	2021	김천	21	18	9	2	19	5	0
	합계		21	18	9	2	19	5	0
프로통산			135	74	17	5	127	24	0

박동혁(朴東赫) 고려대 1979.04.18

대회	연도	소속	출전	교체	득점	도움	파울	경고	퇴장
BC	2002	전북	21	3	0	0	35	2	0
	2003	전북	31	12	1	0	65	3	0
	2004	전북	22	5	4	0	42	7	0
	2005	전북	27	2	1	0	47	5	0
	2006	울산	34	4	0	4	54	5	1
	2007	울산	26	2	3	0	35	3	0
	2008	울산	37	3	1	0	55	6	0
	합계		204	34	21	3	339	38	1
K1	2013	울산	20	5	0	0	5	1	0
	2014	울산	15	11	1	0	14	2	0
	합계		40	30	1	0	33	4	0
프로통산			244	64	22	3	358	41	1

박동혁(朴東爀) 현대고 1992.03.11

대회	연도	소속	출전	교체	득점	도움	파울	경고	퇴장
BC	2012	강원	0	0	0	0	0	0	0
	합계		0	0	0	0	0	0	0
프로통산			0	0	0	0	0	0	0

박두흥(朴斗興) 성균관대 1964.04.01

대회	연도	소속	출전	교체	득점	도움	파울	경고	퇴장
BC	1989	일화	27	10	1	0	40	2	0
	1990	일화	11	8	0	0	17	0	0
	1991	일화	24	12	0	4	26	5	0
	1992	일화							
	합계		62	28	2	5	79	4	0
프로통산			62	28	2	5	79	4	0

박래철(朴徠徹) 호남대 1977.08.20

대회	연도	소속	출전	교체	득점	도움	파울	경고	퇴장
BC	2000	대전	7	2	0	0	10	1	0
	2001	대전	10	6	0	0	17	4	0
	2002	대전	10	7	0	0	12	1	0
	2005	대전	1	1	0	0	0	0	0
	2006	대전	1	1	0	0	0	0	0
	합계		29	19	0	0	38	7	0
프로통산			29	19	0	0	38	7	0

박명수(朴明洙) 대건고 1998.01.11

대회	연도	소속	출전	교체	득점	도움	파울	경고	퇴장
K2	2017	경남	11	9	0	1	8	2	0
	2018	대전	4	1	0	0	3	0	0
	합계		15	10	0	1	11	2	0
프로통산			15	10	0	1	11	2	0

박무홍(朴武洪) 영남대 1957.08.19

대회	연도	소속	출전	교체	득점	도움	파울	경고	퇴장
BC	1983	포항제철	6	6	0	1	2	1	0
	1984	포항제철	2	1	0	0	1	0	0
	합계		8	7	0	1	3	1	0
프로통산			8	7	0	1	3	1	0

박문기(朴雯璂) 전주대 1983.11.15

대회	연도	소속	출전	교체	득점	도움	파울	경고	퇴장
BC	2006	전남	1	1	0	0	0	0	0
	합계		1	1	0	0	0	0	0
프로통산			1	1	0	0	0	0	0

박민(朴愍) 대구대 1986.05.06

대회	연도	소속	출전	교체	득점	도움	파울	경고	퇴장
BC	2009	경남	21	5	2	0	38	5	0
	2010	경남	4	1	0	0	3	0	0
	2011	경남	8	1	0	0	19	2	0
	2012	광주	21	1	0	0	41	3	0
	합계		54	14	5	0	101	11	0
K1	2013	강원	20	12	1	0	17	2	0
	합계		20	12	1	0	17	2	0
K2	2014	안양	23	1	2	0	26	3	0
	2017	부천	15	3	1	1	14	3	0
	합계		38	4	3	1	40	6	0
승	2013	강원							
	합계								
프로통산			113	31	9	2	152	16	0

박민규(朴玟奎) 호남대 1995.08.10

대회	연도	소속	출전	교체	득점	도움	파울	경고	퇴장
K1	2017	서울	1	1	0	0	2	1	0
	2018	서울	0	0	0	0	0	0	0
	합계		1	1	0	0	2	1	0
K2	2019	대전	15	0	0	0	16	3	0
	2020	수원FC	26	1	0	0	25	2	0
	2021	부산	31	2	0	2	26	3	0
	합계		72	2	0	4	68	9	0
프로통산			73	3	0	4	60	9	0

박민근(朴敏根) 한남대 1984.02.27

대회	연도	소속	출전	교체	득점	도움	파울	경고	퇴장
BC	2011	대전	18	13	1	1	30	5	0
	2012	대전	6	3	0	0	12	3	0
	합계		24	16	1	1	42	8	0
프로통산			24	16	1	1	42	8	0

박민서(博珉西) 현풍고 2000.09.15

대회	연도	소속	출전	교체	득점	도움	파울	경고	퇴장
K1	2020	대구	0	0	0	0	0	0	0
	2021	대구	1	1	0	0	0	0	0
	합계		1	1	0	0	0	0	0
프로통산			1	1	0	0	0	0	0

박민서(朴珉緖) 호남대 1998.06.30

대회	연도	소속	출전	교체	득점	도움	파울	경고	퇴장
K2	2019	아산	23	19	5	3	20	0	0
	2020	충남아산	14	13	0	0	18	0	0
	2021	충남아산	23	22	1	1	16	0	0
	합계		60	54	6	4	54	0	0
프로통산			60	54	6	4	54	0	0

박민서(朴玟緖) 고려대 1976.08.24

대회	연도	소속	출전	교체	득점	도움	파울	경고	퇴장
BC	1999	부산	27	10	0	0	38	5	0
	2000	부산	26	10	2	0	29	2	2
	2001	부산	14	10	0	0	17	3	0
	2002	포항	11	8	0	0	17	3	0
	2003	부천SK	1	1	0	0	13	3	0
	2004	부천SK							
	합계		86	40	2	0	100	13	2
프로통산			86	40	2	0	100	13	2

박민선(朴玟宣) 용인대 1991.04.04

대회	연도	소속	출전	교체	실점	도움	파울	경고	퇴장
K2	2014	대구	3	1	5	0	0	0	0
	합계		3	1	5	0	0	0	0
프로통산			3	1	5	0	0	0	0

박민수(朴珉洙) 경희대 1998.07.27

대회	연도	소속	출전	교체	득점	도움	파울	경고	퇴장
K2	2020	제주	1	1	0	0	0	0	0
	합계		1	1	0	0	0	0	0
프로통산			1	1	0	0	0	0	0

박민영(朴民迎) 원주학성고 1987.04.02

대회	연도	소속	출전	교체	득점	도움	파울	경고	퇴장
BC	2004	성남일화	0	0	0	0	0	0	0
	합계		0	0	0	0	0	0	0
프로통산			0	0	0	0	0	0	0

박배종(朴培悰/← 박형순) 광운대 1989.10.23

대회	연도	소속	출전	교체	실점	도움	파울	경고	퇴장
K1	2016	수원FC	12	0	18	0	0	0	0
	2021	수원FC	16	1	23	0	1	0	0
	합계		28	1	41	0	0	0	0
K2	2013	수원FC	16	1	21	0	1	0	0
	2014	수원FC	18	1	21	1	0	0	0
	2015	수원FC	22	0	23	0	1	5	1
	2017	아산	35	0	37	0	2	2	0
	2018	아산	17	0	14	0	0	0	0
	2019	수원FC	24	0	41	0	0	5	0
	2020	수원FC	11	0	11	0	0	0	0
	합계		150	2	172	1	4	12	1
승	2015	수원FC	2	0	0	0	0	1	0
	합계		2	0	0	0	0	1	0
프로통산			180	3	213	1	5	5	1

박병규(朴炳圭) 고려대 1982.03.01

대회	연도	소속	출전	교체	득점	도움	파울	경고	퇴장
BC	2005	울산	34	0	0	1	22	5	0
	2006	울산	33	0	0	1	18	7	0
	2007	울산	18	2	0	1	46	3	0
	2008	울산	18	2	0	1	9	2	0
	2009	광주상무	8	2	1	0	10	1	0
	2010	광주상무	26	4	0	0	19	2	0
	2010	울산							
	2011	울산							
	합계		162	13	0	4	126	20	0
프로통산			162	13	0	4	126	20	0

박병원(朴炳垣) 경희대 1983.09.02

대회	연도	소속	출전	교체	득점	도움	파울	경고	퇴장
K2	2013	안양	29	15	6	1	47	2	0
	2014	고양	34	16	3	4	51	2	0
	합계		63	31	9	4	98	4	0
프로통산			63	31	9	4	98	4	0

박병주(朴炳柱) 단국대 1985.03.24

대회	연도	소속	출전	교체	득점	도움	파울	경고	퇴장
BC	2011	제주	23	4	0	0	50	6	1
	2012	제주	19	7	0	0	16	4	0
	합계		42	11	0	0	66	10	1
K2	2013	광주	4	1	0	0	11	0	0
	합계		4	1	0	0	11	0	0
프로통산			46	11	0	0	77	10	1

박병주(朴秉柱) 한성대 1977.10.05

대회	연도	소속	출전	교체	득점	도움	파울	경고	퇴장
BC	2003	대구	10	3	0	1	20	3	0
	합계		10	3	0	1	20	3	0
프로통산			10	3	0	1	20	3	0

박병철(朴炳喆) 한양대 1954.11.25

대회	연도	소속	출전	교체	득점	도움	파울	경고	퇴장
BC	1984	럭키금성	16	0	0	0	7	2	0
	합계		16	0	0	0	7	2	0
프로통산			16	0	0	0	7	2	0

박병현(朴炳玹) 상지대 1993.03.28

대회	연도	소속	출전	교체	득점	도움	파울	경고	퇴장

(이전 페이지에서 계속)

대회	연도	소속	출전	교체	득점	도움	파울	경고	퇴장
K1	2018	대구	23	9	2	0	24	7	0
	2019	대구	31	5	0	1	48	7	0
	2020	상주	5	0	0	0	10	2	0
	2021	대구	8	3	1	0	9	1	0
	합계		67	17	3	1	91	17	0
K2	2016	부산	1	1	0	0	0	0	0
	합계		1	1	0	0	0	0	0
프로통산			68	18	3	1	91	17	0

박복준(朴福濬) 연세대 1960.04.21

대회	연도	소속	출전	교체	득점	도움	파울	경고	퇴장
BC	1983	대우	3	1	0	0	0	2	0
	1984	현대	9	1	1	0	0	9	0
	1986	럭키금성	4	2	0	0	2	1	0
	합계		16	4	1	0	13	1	0
프로통산			16	4	1	0	13	1	0

박상록(朴相綠) 경희대 1957.03.18

대회	연도	소속	출전	교체	득점	도움	파울	경고	퇴장
BC	1984	국민은행	2	2	0	0	1	0	0
	합계		2	2	0	0	1	0	0
프로통산			2	2	0	0	1	0	0

박상록(朴常綠) 안동대 1965.08.13

대회	연도	소속	출전	교체	득점	도움	파울	경고	퇴장
BC	1989	일화	16	12	0	0	17	1	0
	1990	일화	2	2	0	0	2	0	0
	합계		18	14	0	0	19	1	0
프로통산			18	14	0	0	19	1	0

박상신(朴相信) 동아대 1978.01.23

대회	연도	소속	출전	교체	득점	도움	파울	경고	퇴장
BC	2000	부산	3	3	0	0	1	0	0
	2001	부산	3	3	0	0	1	0	0
	2003	광주상무	5	5	1	0	6	0	0
	2004	부산	11	11	0	0	4	1	0
	합계		22	23	1	0	13	1	0
프로통산			22	23	1	0	13	1	0

박상욱(朴相旭) 대구예술대 1986.01.30

대회	연도	소속	출전	교체	득점	도움	파울	경고	퇴장
BC	2009	광주상무	2	2	0	0	0	0	0
	2010	광주상무	1	0	0	0	0	0	0
	2011	대전	1	1	0	0	0	0	0
	합계		4	3	0	0	0	0	0
프로통산			4	3	0	0	0	0	0

박상인(朴商寅) 동래고 1952.11.15

대회	연도	소속	출전	교체	득점	도움	파울	경고	퇴장
BC	1983	할렐루야	16	4	4	1	1	0	0
	1984	할렐루야	28	5	4	1	0	1	0
	1985	할렐루야	21	5	6	2	9	1	0
	1986	현대	20	12	3	0	6	0	0
	1987	현대	1	1	0	0	0	0	0
	합계		86	27	20	7	27	3	0
프로통산			86	27	20	7	27	3	0

박상록(朴象錄) 제주제일고 1976.03.10

대회	연도	소속	출전	교체	득점	도움	파울	경고	퇴장
BC	1995	포항							
	1998	포항	2	3	0	0	1	0	0
	1999	포항	11	11	3	1	7	0	0
	2000	포항	4	6	0	0	0	0	0
	2001	포항	3	3	0	0	2	0	0
	2002	포항	11	12	1	0	10	0	0
	합계		31	35	4	2	20	0	0
프로통산			31	35	4	2	20	0	0

박상진(朴相珍) 경희대 1987.03.03

대회	연도	소속	출전	교체	득점	도움	파울	경고	퇴장
BC	2010	강원	22	3	0	1	21	1	0
	2011	강원	24	8	0	0	22	2	0
	2012	강원	15	5	0	0	14	0	0
	합계		61	16	0	1	37	4	0
K1	2013	강원	18	4	0	1	19	2	0
	합계		18	4	0	1	19	2	0
K2	2014	강원	4	1	0	0	5	2	0
	2015	강원	0	0	0	0	0	0	0
	합계		4	1	0	0	5	2	0
승	2013	강원	1	0	0	0	1	0	0
	합계		1	0	0	0	1	0	0
프로통산			84	21	0	2	62	8	0

박상철(朴相澈) 배재대 1984.02.03

대회	연도	소속	출전	교체	실점	도움	파울	경고	퇴장
BC	2004	성남일화	8	0	10	0	0	0	0
	2005	성남일화	17	0	16	0	0	0	0
	2006	성남일화	3	0	5	0	0	0	0
	2008	전남	4	1	2	0	0	0	0
	2009	전남	11	0	16	0	0	4	0
	2010	전남	3	1	4	0	0	3	0
	2011	상주	11	0	10	0	0	0	0
	합계		57	2	63	0	0	7	0
프로통산			57	2	63	0	0	7	0

박상혁(朴相赫) 고려대 1998.04.20

대회	연도	소속	출전	교체	득점	도움	파울	경고	퇴장
K1	2019	수원	2	2	0	0	2	0	0
	2020	수원	20	17	1	0	10	3	0
	합계		22	19	1	0	13	3	0
K2	2021	김천	15	15	2	1	6	0	0
	합계		15	15	2	1	6	0	0
프로통산			37	34	3	1	16	3	0

박상혁(朴相赫) 태성고 2002.06.13

대회	연도	소속	출전	교체	득점	도움	파울	경고	퇴장
K1	2021	강원	16	16	0	0	7	0	0
	합계		16	16	0	0	7	0	0
승	2021	강원	1	1	0	0	0	0	0
	합계		1	1	0	0	0	0	0
프로통산			17	17	0	0	7	0	0

박상현(朴相泫) 고려대 1987.02.11

대회	연도	소속	출전	교체	득점	도움	파울	경고	퇴장
BC	2011	광주	0	0	0	0	0	0	0
	합계		0	0	0	0	0	0	0
프로통산			0	0	0	0	0	0	0

박상희(朴商希) 상지대 1987.12.02

대회	연도	소속	출전	교체	득점	도움	파울	경고	퇴장
BC	2010	성남일화	6	6	0	0	5	0	0
	2011	성남일화	3	3	0	0	4	0	0
	2012	상주	12	11	2	0	22	2	0
	합계		21	20	2	0	27	2	0
K2	2013	상주	1	1	0	0	0	0	0
	합계		1	1	0	0	0	0	0
프로통산			22	21	2	0	27	2	0

박석호(朴石浩) 청주대 1961.05.20

대회	연도	소속	출전	교체	실점	도움	파울	경고	퇴장
BC	1989	포항제철	1	0	3	0	0	0	0
	합계		1	0	3	0	0	0	0
프로통산			1	0	3	0	0	0	0

박선용(朴宣勇) 호남대 1989.03.12

대회	연도	소속	출전	교체	득점	도움	파울	경고	퇴장
BC	2012	전남	36	3	2	0	55	5	0
	합계		36	3	2	0	55	5	0
K1	2013	전남	31	9	0	0	38	5	0
	2014	전남	10	1	0	0	13	2	0
	2015	포항	22	4	0	0	28	3	0
	2016	포항	31	6	0	1	40	1	1
	2017	포항							
	합계		94	21	0	5	111	9	1
K2	2017	아산	4	2	0	0	2	0	0
	2018	아산	7	4	0	0	4	0	0
	합계		7	4	0	0	4	0	0
프로통산			137	28	2	5	169	14	1

박선우(朴善雨) 건국대 1986.09.08

대회	연도	소속	출전	교체	득점	도움	파울	경고	퇴장
BC	2010	대전	1	1	0	0	0	0	0
	합계		1	1	0	0	0	0	0
프로통산			1	1	0	0	0	0	0

박선주(朴宣柱) 연세대 1992.03.26

대회	연도	소속	출전	교체	득점	도움	파울	경고	퇴장
K1	2013	포항	3	2	0	0	5	0	0
	2014	포항	18	12	0	0	27	4	0
	2015	포항	9	7	0	0	9	1	0
	2016	포항	12	2	0	0	19	3	0
	2017	강원	16	6	1	1	15	6	1
	2018	강원	8	3	0	0	6	0	0
	합계		68	31	1	3	82	14	1
K2	2019	광주	14	1	0	1	18	9	0
	합계		14	1	0	1	18	9	0
프로통산			82	32	1	4	100	23	1

박선홍(朴善洪) 전주대 1993.11.05

대회	연도	소속	출전	교체	득점	도움	파울	경고	퇴장
K1	2015	광주	10	10	1	1	5	0	0
	2016	광주	1	1	0	0	0	0	0
	합계		11	11	1	1	5	0	0
프로통산			11	11	1	1	5	0	0

박성배(朴成培) 숭실대 1975.11.28

대회	연도	소속	출전	교체	득점	도움	파울	경고	퇴장
BC	1998	전북	32	6	12	3	47	5	1
	1999	전북	30	7	11	3	30	2	0
	2000	전북	32	7	11	3	49	2	1
	2001	전북	23	11	3	4	26	1	0
	2002	전북	25	19	4	1	44	2	0
	2003	광주상무	26	19	2	1	44	2	0
	2004	광주상무	31	15	3	3	56	3	0
	2005	부산	25	19	4	1	33	6	0
	2007	수원	19	18	2	1	33	6	0
	합계		243	124	55	20	368	23	2
프로통산			243	124	55	20	368	23	2

박성부(朴成扶) 숭실대 1995.06.06

대회	연도	소속	출전	교체	득점	도움	파울	경고	퇴장
K2	2018	안산	4	4	0	0	1	0	0
	합계		4	4	0	0	1	0	0
프로통산			4	4	0	0	1	0	0

박성수(朴成洙) 하남고 1996.05.12

대회	연도	소속	출전	교체	실점	도움	파울	경고	퇴장
K1	2021	대구	0	0	0	0	0	0	0
	합계		0	0	0	0	0	0	0
프로통산			0	0	0	0	0	0	0

박성용(朴成庸) 단국대 1991.06.26

대회	연도	소속	출전	교체	득점	도움	파울	경고	퇴장
K2	2014	대구	11	5	1	0	8	1	0
	2015	대구	10	2	0	0	15	0	0
	합계		21	7	1	0	23	1	0
프로통산			21	7	1	0	23	1	0

박성우(朴晟佑) 광운대 1995.10.11

대회	연도	소속	출전	교체	득점	도움	파울	경고	퇴장
K1	2018	포항	2	2	0	0	2	0	0
	합계		2	2	0	0	2	0	0
K2	2019	아산	8	6	1	0	9	1	0
	합계		8	6	1	0	9	1	0
프로통산			10	6	1	0	11	1	0

박성우(朴成祐) 전주대 1996.05.14

대회	연도	소속	출전	교체	득점	도움	파울	경고	퇴장
K2	2018	서울E	10	6	1	0	15	3	0
	2019	서울E	10	6	1	0	15	3	0
	2020	서울E	13	6	0	0	13	2	0
	2021	서울E	16	9	0	0	11	3	0
	합계		49	27	1	0	54	11	0
프로통산			49	27	1	0	54	11	0

박성진(朴省珍) 동국대 1985.01.28

대회	연도	소속	출전	교체	득점	도움	파울	경고	퇴장
K2	2013	안양	32	7	6	7	32	2	0
	2014	안양	34	6	8	6	40	3	0
	2017	안양	6	6	0	0	2	0	0
	2018	안양	7	6	0	0	1	0	0
	합계		79	25	14	13	75	5	0
프로통산			79	25	14	13	75	5	0

박성철 (朴聖喆) 동아대 1975.03.16

대회	연도	소속	출전	교체	득점	도움	파울	경고	퇴장
BC	1997	부천SK	18	14	4	0	18	1	0
	1998	부천SK	15	13	0	0	27	0	0
	1999	부천SK	10	10	3	0	13	1	0
	2002	부천SK	22	22	3	3	21	2	0
	2003	부천SK	30	18	5	0	39	2	0
	2004	부천SK	7	6	0	0	11	0	0
	2005	성남일화	0	0	0	0	0	0	0
	2006	경남	16	12	1	0	24	4	0
	2007	경남	14	10	1	0	20	1	0
	합계		132	105	17	3	183	11	0
프로통산			132	105	17	3	183	11	0

박성호 (朴成鎬) 부평고 1982.07.27

대회	연도	소속	출전	교체	득점	도움	파울	경고	퇴장
BC	2001	안양LG	5	4	0	0	12	0	0
	2003	안양LG	2	2	0	0	0	0	0
	2006	부산	27	18	2	1	53	3	0
	2007	부산	33	13	5	2	68	2	1
	2008	대전	31	3	7	4	79	7	0
	2009	대전	28	6	3	2	69	3	0
	2010	대전	15	1	6	3	30	3	0
	2011	대전	29	6	1	8	75	7	0
	2012	포항	40	25	6	2	80	4	0
	합계		209	85	46	21	444	27	1
K1	2013	포항	32	24	8	2	44	3	0
	2015	포항	26	26	3	0	18	3	0
	2016	울산	8	5	1	0	14	1	0
	합계		66	55	12	2	74	7	0
K2	2017	성남	31	13	1	4	44	2	0
	합계		31	13	1	4	44	2	0
프로통산			306	153	67	24	562	36	1

박성홍 (朴成晧) 호남대 1992.05.18

대회	연도	소속	출전	교체	득점	도움	파울	경고	퇴장
K2	2014	고양	5	5	0	0	3	0	0
	2015	고양	0	0	0	0	0	0	0
	합계		5	5	0	0	3	0	0
프로통산			5	5	0	0	3	0	0

박성홍 (朴成弘) 호남대 1980.03.01

대회	연도	소속	출전	교체	득점	도움	파울	경고	퇴장
BC	2003	대구	26	5	0	2	52	4	0
	합계		26	5	0	2	52	4	0
프로통산			26	5	0	2	52	4	0

박성화 (朴成華) 고려대 1955.05.07

대회	연도	소속	출전	교체	득점	도움	파울	경고	퇴장
BC	1983	할렐루야	14	2	3	1	4	0	0
	1984	할렐루야	23	2	6	2	3	0	0
	1986	포항제철	29	3	1	1	8	0	0
	1987	포항제철	16	10	0	0	4	0	0
	합계		82	17	9	4	19	0	0
프로통산			82	17	9	4	19	0	0

박세영 (朴世英) 동아대 1989.10.03

대회	연도	소속	출전	교체	득점	도움	파울	경고	퇴장
BC	2012	성남일화	4	3	2	0	4	0	0
	합계		4	3	2	0	4	0	0

박세직 (朴世直) 한양대 1989.05.25

대회	연도	소속	출전	교체	득점	도움	파울	경고	퇴장
BC	2012	전북	15	11	1	1	14	1	0
	합계		15	11	1	1	14	1	0
K1	2013	전북	11	9	1	0	6	1	0
	2015	인천	30	27	4	2	16	0	0
	2016	인천	27	15	3	0	27	3	0
	2017	인천	5	1	1	0	8	1	0
	2019	인천	15	8	0	0	12	0	0
	합계		88	60	9	2	69	5	0
K2	2017	아산	30	2	1	0	30	1	0
	2018	아산	20	15	1	4	8	0	0
	2019	아산	24	16	1	2	20	0	0
	2020	충남아산	26	1	0	1	29	4	0
	2021	충남아산	27	9	0	2	33	2	0
	합계		94	32	2	7	96	6	0
프로통산			197	103	11	10	173	12	0

박세진 (朴世晉) 영남대 1995.12.15

대회	연도	소속	출전	교체	득점	도움	파울	경고	퇴장
K1	2017	대구	4	3	0	2	6	2	0
	2019	상주	4	4	0	0	5	0	0
	2020	상주	23	23	0	0	13	1	0
	합계		31	30	0	2	24	3	0
K2	2016	대구	30	2	2	4	38	6	0
	2018	수원FC	20	8	1	2	18	2	0
	2020	수원FC	0	0	0	0	0	0	0
	2021	충남아산	33	1	0	4	30	6	0
	합계		84	12	3	8	86	16	1
프로통산			107	35	3	8	99	17	1

박세환 (朴世桓) 고려사이버대 1993.06.05

대회	연도	소속	출전	교체	득점	도움	파울	경고	퇴장
K2	2014	충주	4	4	0	0	2	0	0
	2014	안산경찰	3	2	0	0	4	0	0
	2015	안산경찰	7	7	0	0	4	0	0
	합계		14	13	0	0	10	0	0
프로통산			14	13	0	0	10	0	0

박수일 (朴秀日) 광주대 1996.02.22

대회	연도	소속	출전	교체	득점	도움	파울	경고	퇴장
K1	2020	성남	11	7	0	0	10	2	0
	2021	성남	24	17	3	4	11	4	0
	합계		35	24	3	4	21	6	0
K2	2018	대전	32	6	3	9	31	4	0
	2019	대전	32	3	1	3	27	1	0
	합계		64	9	4	12	58	5	0
프로통산			99	33	4	16	79	11	0

박수창 (朴壽昶) 경희대 1989.06.20

대회	연도	소속	출전	교체	득점	도움	파울	경고	퇴장
BC	2012	대구	1	1	0	0	1	0	0
	합계		1	1	0	0	1	0	0
K1	2014	제주	21	16	6	2	18	2	0
	2015	제주	20	17	3	1	13	1	0
	2016	상주	14	9	0	0	11	0	0
	2017	상주	9	7	0	0	5	0	0
	합계		64	49	9	2	47	3	0
K2	2013	충주	19	12	9	2	41	3	0
	2018	대전	23	15	1	0	24	3	0
	2019	대전	26	19	1	0	38	3	0
	합계		68	37	2	6	89	9	0
프로통산			133	87	11	8	137	12	0

박순배 (朴淳培) 인천대 1969.04.22

대회	연도	소속	출전	교체	득점	도움	파울	경고	퇴장
BC	1997	포항	6	3	0	3	9	1	0
	1998	포항	2	2	0	0	3	2	0
	합계		8	5	0	3	12	3	0
프로통산			8	5	0	3	12	3	0

박승광 (朴承光) 광운대 1981.02.13

대회	연도	소속	출전	교체	득점	도움	파울	경고	퇴장
BC	2003	부천SK	3	0	0	0	6	0	0
	합계		3	0	0	0	6	0	0
프로통산			3	0	0	0	6	0	0

박승국 (朴勝國) 경희대 1969.08.08

대회	연도	소속	출전	교체	득점	도움	파울	경고	퇴장
BC	1994	버팔로	8	7	1	0	7	0	0
	1995	전북	1	1	0	0	2	0	0
	합계		9	8	1	0	9	0	0
프로통산			9	8	1	0	9	0	0

박승기 (朴昇基) 동아대 1960.09.03

대회	연도	소속	출전	교체	득점	도움	파울	경고	퇴장
BC	1984	국민은행	26	0	1	1	23	0	0
	합계		26	0	1	1	23	0	0
프로통산			26	0	1	1	23	0	0

박승렬 (朴丞烈) 동북고 1994.01.07

대회	연도	소속	출전	교체	득점	도움	파울	경고	퇴장
K2	2015	안양	9	9	0	0	11	1	0
	합계		9	9	0	0	11	1	0
프로통산			9	9	0	0	11	1	0

박승민 (朴昇敏) 경희대 1983.04.21

대회	연도	소속	출전	교체	득점	도움	파울	경고	퇴장
BC	2006	인천	14	14	1	0	7	1	0
	2007	인천	7	7	0	0	2	0	0
	2008	인천	11	9	0	0	21	4	0
	2009	광주상무	5	5	0	0	4	0	0
	2010	광주상무	12	10	0	0	8	0	0
	합계		49	45	1	0	43	5	0
프로통산			49	45	1	0	43	5	0

박승수 (朴昇洙) 호남대 1972.05.13

대회	연도	소속	출전	교체	득점	도움	파울	경고	퇴장
BC	1995	전남	1	1	0	0	0	0	0
	합계		1	1	0	0	0	0	0
프로통산			1	1	0	0	0	0	0

박승우 (朴承祐) 청주대 1992.06.08

대회	연도	소속	출전	교체	득점	도움	파울	경고	퇴장
K2	2016	고양	25	5	0	1	13	6	0
	합계		25	5	0	1	13	6	0
프로통산			25	5	0	1	13	6	0

박승욱 (朴乘煜) 동의대 1997.05.07

대회	연도	소속	출전	교체	득점	도움	파울	경고	퇴장
K1	2021	포항	19	3	1	0	20	5	0
	합계		19	3	1	0	20	5	0
프로통산			19	3	1	0	20	5	0

박승일 (朴乘一) 경희대 1989.01.08

대회	연도	소속	출전	교체	득점	도움	파울	경고	퇴장
BC	2010	울산	6	6	0	0	1	0	0
	2011	울산	21	16	2	1	21	1	0
	2012	울산	6	4	0	0	6	0	0
	합계		27	20	2	1	24	1	0
K1	2013	전남	1	1	0	0	1	0	0
	2013	제주	5	3	0	0	4	0	0
	2014	상주	11	9	0	1	9	2	0
	합계		15	13	2	1	11	0	0
K2	2015	상주	1	0	0	0	0	0	0
	2016	안양	29	24	2	0	23	2	0
	2017	안양	0	0	0	0	0	0	0
	합계		30	25	2	0	23	2	0
프로통산			72	58	4	3	58	2	0

박신영 (朴信永) 조선대 1977.12.21

대회	연도	소속	출전	교체	득점	도움	파울	경고	퇴장
BC	2004	인천	3	1	0	0	8	1	0
프로통산			3	1	0	0	8	1	0

박양하 (朴良夏) 고려대 1962.05.28

대회	연도	소속	출전	교체	득점	도움	파울	경고	퇴장
BC	1986	대우	20	1	1	6	19	0	0
	1987	대우	5	2	1	2	5	1	0
	1988	대우	14	3	1	2	25	1	0
	1989	대우	5	5	0	0	1	0	0
	1990	대우	5	5	0	1	6	0	0
	합계		49	16	2	9	51	1	0

프로통산 | 49 | 16 | 2 | 9 | 51 | 1 | 0

박연혁(朴鍊赫) 광운대 1960.04.25

대회	연도	소속	출전	교체	실점	도움	파울	경고	퇴장
BC	1986	유공	9	0	11	0	0	0	0
	합계		9	0	11	0	0	0	0
프로통산			9	0	11	0	0	0	0

박영근(朴永根) 고려대 1981.09.13

대회	연도	소속	출전	교체	득점	도움	파울	경고	퇴장
BC	2004	부천SK	2	2	0	0	1	0	0
	2005	부천SK	3	3	0	0	1	0	0
	합계		5	5	0	0	2	0	0
프로통산			5	5	0	0	2	0	0

박영섭(朴榮燮) 성균관대 1972.07.29

대회	연도	소속	출전	교체	득점	도움	파울	경고	퇴장
BC	1995	포항	20	12	2	0	26	3	0
	1996	포항	11	11	1	0	5	1	0
	1997	포항	9	9	1	0	4	0	0
	1998	포항	13	8	0	1	18	1	1
	합계		53	41	4	1	53	5	1
프로통산			53	41	4	1	53	5	1

박영수(朴泳洙) 충남기계공고 1995.06.19

대회	연도	소속	출전	교체	득점	도움	파울	경고	퇴장
K1	2015	대전	3	3	0	0	0	0	0
	합계		3	3	0	0	0	0	0
프로통산			3	3	0	0	0	0	0

박영수(朴英洙) 경희고 1959.01.18

대회	연도	소속	출전	교체	실점	도움	파울	경고	퇴장
BC	1983	유공	7	0	14	0	0	0	0
	1985	유공	3	0	7	0	0	0	0
	합계		10	0	19	0	0	0	0
프로통산			10	0	19	0	0	0	0

박영순(朴榮淳) 아주대 1977.03.25

대회	연도	소속	출전	교체	득점	도움	파울	경고	퇴장
BC	1995	대우	0	0	0	0	0	0	0
	2000	부산	0	0	0	0	0	0	0
	2001	부산	0	0	0	0	0	0	0
	합계		0	0	0	0	0	0	0
프로통산			0	0	0	0	0	0	0

박영준(朴榮埈) 의정부고 1990.05.04

대회	연도	소속	출전	교체	득점	도움	파울	경고	퇴장
BC	2011	전남	2	2	0	0	2	0	0
	2012	전남	1	1	0	0	1	0	0
	합계		3	3	0	0	3	0	0
프로통산			3	3	0	0	3	0	0

박완선(朴完善) 용인대 1990.05.28

대회	연도	소속	출전	교체	실점	도움	파울	경고	퇴장
K2	2018	광주	0	0	0	0	0	0	0
	합계		0	0	0	0	0	0	0
프로통산			0	0	0	0	0	0	0

박요셉(朴요셉) 전주대 1980.12.03

대회	연도	소속	출전	교체	득점	도움	파울	경고	퇴장
BC	2002	안양LG	19	1	0	0	10	0	0
	2003	안양LG	16	10	3	0	28	1	0
	2004	서울	25	6	1	1	37	5	0
	2005	광주상무	15	1	1	1	15	2	0
	2006	광주상무	34	2	0	0	27	6	0
	2007	서울	0	0	0	0	0	0	0
	2008	서울	3	3	0	0	8	0	0
	합계		112	23	5	2	125	14	0
프로통산			112	23	5	2	125	14	0

박요한(朴耀韓) 단국대 1994.12.17

대회	연도	소속	출전	교체	득점	도움	파울	경고	퇴장
K1	2017	강원	13	6	1	0	14	1	0
	합계		13	6	1	0	14	1	0
K2	2016	강원	2	2	0	0	0	0	0
	2019	부천	9	6	1	0	2	0	0
	2020	부천	1	0	0	0	0	0	0
	합계		12	8	1	0	7	2	0
프로통산			25	14	2	0	21	3	0

박요한(朴요한) 연세대 1989.01.16

대회	연도	소속	출전	교체	득점	도움	파울	경고	퇴장
BC	2011	광주	0	0	0	0	0	0	0
	2012	광주	5	3	0	0	5	1	0
	합계		5	3	0	0	5	1	0
K2	2013	충주	11	0	0	0	9	0	0
	2014	충주	26	4	0	2	20	2	0
	2015	충주	26	7	0	1	21	7	0
	2016	안산무궁	1	0	0	0	3	1	0
	2017	아산	5	0	0	1	2	0	0
	2018	광주	28	4	0	0	19	3	0
	2019	수원FC	22	0	0	1	18	3	0
	2020	안양	18	3	0	1	15	4	0
	합계		137	22	0	8	113	21	0
프로통산			142	25	0	8	118	22	0

박용우(朴鎔宇) 건국대 1993.09.10

대회	연도	소속	출전	교체	득점	도움	파울	경고	퇴장
K1	2015	서울	26	8	0	0	23	3	0
	2016	서울	19	7	1	0	24	3	0
	2017	울산	31	17	2	0	34	3	0
	2018	울산	31	10	2	3	46	4	0
	2019	울산	36	11	0	0	39	2	0
	2020	상주	11	0	0	1	11	0	0
	2021	울산	9	7	0	0	8	2	0
	합계		177	65	7	2	184	17	0
K2	2021	김천	5	3	0	0	4	0	0
	합계		5	3	0	0	4	0	0
프로통산			182	68	7	2	188	17	0

박용재(朴容材) 아주대 1989.11.28

대회	연도	소속	출전	교체	득점	도움	파울	경고	퇴장
BC	2012	수원	0	0	0	0	0	0	0
	합계		0	0	0	0	0	0	0
K1	2013	전남	1	1	0	0	0	0	0
	2014	전남	5	5	1	0	1	0	0
	합계		6	6	1	0	1	0	0
프로통산			6	6	1	0	1	0	0

박용주(朴龍柱) 한양대 1954.10.13

대회	연도	소속	출전	교체	득점	도움	파울	경고	퇴장
BC	1984	대우	4	2	0	0	3	0	0
	1985	대우	10	6	1	0	11	0	0
	합계		14	8	1	0	14	0	0
프로통산			14	8	1	0	14	0	0

박용준(朴鏞峻) 선문대 1993.06.21

대회	연도	소속	출전	교체	득점	도움	파울	경고	퇴장
K1	2013	수원	0	0	0	0	0	0	0
	합계		0	0	0	0	0	0	0
K2	2014	부천	5	5	1	0	3	0	0
	2015	부천	13	13	0	0	15	2	0
	합계		18	18	1	0	18	2	0
프로통산			18	18	1	0	18	2	0

박용지(朴勇智) 중앙대 1992.10.09

대회	연도	소속	출전	교체	득점	도움	파울	경고	퇴장
K1	2013	울산	16	15	1	1	21	4	0
	2014	울산	9	9	0	0	10	1	0
	2014	부산	21	14	2	0	24	1	0
	2015	부산	16	14	0	1	11	0	0
	2015	성남	17	17	1	3	9	1	0
	2016	성남	27	25	1	2	23	4	0
	2017	인천	28	17	2	0	39	4	0
	2018	인천	3	3	0	0	4	0	0
	2018	상주	11	4	1	4	19	2	0
	2019	상주	36	23	12	3	35	2	0
	2021	성남	20	21	1	0	24	0	0
	합계		194	157	27	11	202	20	0
K2	2020	대전	26	16	3	0	24	3	0
	합계		26	16	3	0	24	3	0
승	2016	성남	2	2	0	0	2	0	0
	합계		2	2	0	0	2	0	0
프로통산			222	175	30	11	228	29	0

박용호(朴容昊) 부평고 1981.03.25

대회	연도	소속	출전	교체	득점	도움	파울	경고	퇴장
BC	2000	안양LG	8	0	0	0	9	0	0
	2001	안양LG	23	8	2	0	16	1	0
	2002	안양LG	23	6	0	0	27	1	0
	2003	안양LG	21	5	2	0	14	2	0
	2004	서울	5	5	0	0	1	1	0
	2005	광주상무	28	2	3	0	34	2	0
	2006	광주상무	37	5	2	1	41	3	0
	2007	서울	26	4	0	0	16	2	0
	2008	서울	26	0	0	1	16	2	0
	2009	서울	23	3	0	0	33	3	0
	2010	서울	24	7	1	1	19	2	0
	2011	서울	19	4	0	0	11	2	0
	2012	부산	32	9	2	1	20	1	0
	합계		263	63	15	3	223	23	0
K1	2013	부산	25	5	1	2	13	3	0
	합계		25	5	1	2	13	3	0
K2	2015	강원	10	4	0	0	7	1	0
	합계		10	4	0	0	7	1	0
프로통산			298	72	17	4	242	27	0

박우정(朴瑀情) 경희대 1995.07.26

대회	연도	소속	출전	교체	득점	도움	파울	경고	퇴장
K2	2017	대전	1	1	0	0	0	0	0
	합계		1	1	0	0	0	0	0
프로통산			1	1	0	0	0	0	0

박우현(朴雨賢) 인천대 1980.04.28

대회	연도	소속	출전	교체	득점	도움	파울	경고	퇴장
BC	2004	성남일화	24	4	0	1	53	3	0
	2005	성남일화	12	8	1	0	18	2	0
	2006	성남일화	17	5	0	0	29	3	0
	2008	성남일화	17	5	0	0	29	3	0
	2009	성남일화	15	6	0	0	25	3	0
	2010	부산	15	4	1	0	34	4	0
	2011	강원	11	4	0	0	9	6	0
	2012	강원	22	0	0	1	13	4	0
	합계		133	36	2	2	210	28	0
프로통산			133	36	2	2	210	28	0

박원길(朴元吉) 울산대 1977.08.13

대회	연도	소속	출전	교체	득점	도움	파울	경고	퇴장
BC	2000	울산	1	1	0	0	1	0	0
	합계		1	1	0	0	1	0	0
프로통산			1	1	0	0	1	0	0

박원재(朴源載) 위덕대 1984.05.28

대회	연도	소속	출전	교체	득점	도움	파울	경고	퇴장
BC	2003	포항	1	1	0	0	0	0	0
	2004	포항	29	20	1	2	22	0	0
	2005	포항	8	5	0	3	34	2	0
	2006	포항	24	10	3	0	36	3	0
	2007	포항	25	7	3	0	29	2	0
	2008	포항	26	4	3	4	32	4	0
	2010	전북	26	5	0	5	47	6	0
	2011	전북	27	0	1	4	49	6	0
	2012	전북	31	3	0	1	49	6	0
	합계		204	62	11	21	289	28	0
K1	2013	전북	15	0	0	2	20	3	1
	2014	전북	11	0	0	0	6	0	0
	2015	전북	5	2	0	0	13	1	0
	2016	전북	18	4	0	2	34	3	0
	2017	전북	10	4	0	1	17	4	0
	2018	전북	7	1	0	0	13	2	0
	2019	전북	2	1	0	1	1	0	0
	합계		63	12	0	6	104	14	1

대회	연도	소속	출전	교체	득점	도움	파울	경고	퇴장
		프로통산	267	74	11	27	393	42	1

박원재(朴元在) 중앙대 1994.05.07

대회	연도	소속	출전	교체	득점	도움	파울	경고	퇴장
K1	2017	전북	2	1	0	1	1	0	0
	2018	전북	1	0	0	0	2	0	0
	2019	성남	11	8	1	0	7	0	0
	2021	제주	19	18	1	1	11	3	0
		합계	33	27	2	2	21	3	0
K2	2020	제주	13	6	0	3	5	0	0
		합계	13	6	0	3	5	0	0
		프로통산	46	33	2	5	26	3	0

박원홍(朴元弘) 울산대 1984.04.07

대회	연도	소속	출전	교체	득점	도움	파울	경고	퇴장
BC	2006	울산	1	1	0	0	0	0	0
	2007	울산	0	0	0	0	0	0	0
	2009	광주상무	6	5	0	0	4	0	0
	2010	광주상무	9	9	1	0	3	0	0
		합계	16	15	1	0	7	0	0
		프로통산	16	15	1	0	7	0	0

박윤기(朴閏基) 서울시립대 1960.06.10

대회	연도	소속	출전	교체	득점	도움	파울	경고	퇴장
BC	1983	유공	14	2	9	2	12	0	0
	1984	유공	27	6	5	5	30	0	0
	1985	유공	18	9	2	2	20	1	0
	1986	유공	25	11	3	1	23	1	0
	1987	럭키금성	13	4	2	0	16	1	0
		합계	97	32	21	10	101	3	0
		프로통산	97	32	21	10	101	3	0

박윤화(朴允和) 숭실대 1978.06.13

대회	연도	소속	출전	교체	득점	도움	파울	경고	퇴장
BC	2001	안양LG	3	1	0	1	9	1	0
	2002	안양LG	15	13	1	0	14	1	0
	2003	안양LG	9	6	0	0	9	0	0
	2004	광주상무	23	21	1	1	26	1	0
	2005	광주상무	24	12	0	1	27	3	0
	2007	대구	28	3	0	4	49	5	0
	2008	경남	2	2	0	0	1	0	0
	2009	경남	1	0	0	0	5	0	0
		합계	105	58	2	8	140	12	0
		프로통산	105	58	2	8	140	12	0

박인철(朴仁哲) 영남대 1976.04.17

대회	연도	소속	출전	교체	실점	도움	파울	경고	퇴장
BC	1999	전남	5	0	8	0	0	1	0
		합계	5	0	8	0	0	1	0
		프로통산	5	0	8	0	0	1	0

박인혁(朴仁赫) 경희대 1995.12.29

대회	연도	소속	출전	교체	득점	도움	파울	경고	퇴장
K2	2018	대전	33	12	7	3	82	9	0
	2019	대전	33	16	3	0	64	6	0
	2020	대전	9	8	1	1	9	0	0
	2021	대전	24	19	6	2	45	6	0
		합계	99	55	17	6	200	21	0
승	2021	대전	1	1	0	0	0	0	0
		합계	1	1	0	0	0	0	0
		프로통산	100	56	17	6	200	21	0

박일권(朴一權) 금호고 1995.03.04

대회	연도	소속	출전	교체	득점	도움	파울	경고	퇴장
K1	2015	광주	5	5	0	0	2	1	0
		합계	5	5	0	0	2	1	0
		프로통산	5	5	0	0	2	1	0

박임수(朴林洙) 아주대 1989.02.07

대회	연도	소속	출전	교체	득점	도움	파울	경고	퇴장
K2	2013	수원FC	1	1	0	0	0	0	0
		합계	1	1	0	0	0	0	0
		프로통산	1	1	0	0	0	0	0

박재권(朴在權) 한양대

대회	연도	소속	출전	교체	득점	도움	파울	경고	퇴장
BC	1988	대우	5	2	0	0	3	0	0
		합계	5	2	0	0	3	0	0
		프로통산	5	2	0	0	3	0	0

박재민(朴幸民) 광운대 1996.05.10

대회	연도	소속	출전	교체	득점	도움	파울	경고	퇴장
K1	2019	울산	0	0	0	0	0	0	0
		합계	0	0	0	0	0	0	0
		프로통산	0	0	0	0	0	0	0

박재성(朴財成) 대구대 1991.06.19

대회	연도	소속	출전	교체	득점	도움	파울	경고	퇴장
K1	2014	성남	0	0	0	0	0	0	0
		합계	0	0	0	0	0	0	0
		프로통산	0	0	0	0	0	0	0

박재용(朴才用) 명지대 1985.12.30

대회	연도	소속	출전	교체	득점	도움	파울	경고	퇴장
BC	2006	성남일화	3	0	0	0	2	0	0
	2007	성남일화	0	0	0	0	0	0	0
	2008	성남일화	3	0	0	0	0	0	0
		합계	6	0	0	0	2	0	0
		프로통산	6	0	0	0	2	0	0

박재우(朴宰祐) 건국대 1995.10.11

대회	연도	소속	출전	교체	득점	도움	파울	경고	퇴장
K1	2015	대전	10	6	0	0	10	0	0
		합계	10	6	0	0	10	0	0
K2	2016	대전	5	4	0	0	3	1	0
	2017	대전	21	8	0	2	23	5	1
	2018	대전	15	6	0	3	18	2	0
	2019	아산	16	4	0	0	12	0	0
	2020	충남아산	6	2	0	0	5	0	0
	2021	충남아산	0	1	0	0	2	0	0
		합계	63	25	0	5	63	8	2
		프로통산	73	31	0	5	73	8	2

박재우(朴宰佑) 성균관대 1998.03.06

대회	연도	소속	출전	교체	득점	도움	파울	경고	퇴장
K1	2019	포항	2	1	0	2	0	0	0
	2020	포항	3	0	0	0	14	2	0
	2021	포항	7	8	0	0	2	0	0
		합계	12	9	0	0	16	2	0
		프로통산	12	9	0	0	16	2	0

박재철(朴宰徹) 한양대 1990.03.29

대회	연도	소속	출전	교체	득점	도움	파울	경고	퇴장
K2	2014	부천	5	4	0	0	2	0	0
		합계	5	4	0	0	2	0	0
		프로통산	5	4	0	0	2	0	0

박재현(朴栽賢) 상지대 1980.10.29

대회	연도	소속	출전	교체	득점	도움	파울	경고	퇴장
BC	2003	대구	3	3	0	0	6	0	0
	2005	인천	4	4	0	0	7	0	0
	2006	인천	17	11	0	1	30	3	0
	2007	인천	31	24	5	2	60	5	0
	2008	인천	29	27	0	2	42	1	0
	2009	인천	16	8	0	4	39	4	0
		합계	100	77	5	9	184	13	0
		프로통산	100	77	5	9	184	13	0

박재홍(朴載泓) 연세대 1990.04.06

대회	연도	소속	출전	교체	득점	도움	파울	경고	퇴장
K2	2013	부천	32	0	1	0	46	7	0
	2014	부천	18	6	0	0	21	4	0
	2015	부천	2	2	0	0	0	0	0
		합계	52	8	1	0	67	11	0
		프로통산	52	8	1	0	67	11	0

박재홍(朴載弘) 명지대 1978.11.10

대회	연도	소속	출전	교체	득점	도움	파울	경고	퇴장
BC	2003	전북	35	5	2	1	78	10	0
	2004	전북	15	1	0	2	41	4	0
	2005	전남	23	2	0	0	66	9	0
	2006	전남	30	3	0	1	63	5	1
	2008	경남	27	1	0	0	46	5	0
	2009	경남	5	1	0	0	4	1	0
	2011	경남	24	5	0	0	28	4	0
		합계	159	19	2	4	326	38	1
		프로통산	159	19	2	4	326	38	1

박재훈(朴在勳) 김천대 1998.09.01

대회	연도	소속	출전	교체	득점	도움	파울	경고	퇴장
K1	2020	포항	1	1	0	0	1	0	0
		합계	1	1	0	0	1	0	0
		프로통산	1	1	0	0	1	0	0

박정민(朴正珉) 한남대 1988.10.25

대회	연도	소속	출전	교체	득점	도움	파울	경고	퇴장
BC	2012	광주	8	8	1	1	8	2	0
		합계	8	8	1	1	8	2	0
K2	2013	광주	14	14	3	1	19	2	0
		합계	14	14	3	1	19	2	0
		프로통산	22	22	4	2	27	4	0

박정민(朴廷珉) 고려대 1973.05.04

대회	연도	소속	출전	교체	득점	도움	파울	경고	퇴장
BC	1998	울산	13	11	0	0	11	0	0
	1999	울산	7	6	0	0	7	1	0
	2000	울산	1	1	0	0	3	0	0
		합계	21	18	0	0	21	1	0
		프로통산	21	17	0	0	21	1	0

박정배(朴正倍) 성균관대 1967.02.19

대회	연도	소속	출전	교체	득점	도움	파울	경고	퇴장
BC	1990	럭키금성	26	6	1	0	30	1	0
	1991	LG	38	2	4	1	51	3	0
	1992	LG	35	1	3	0	35	2	0
	1993	LG	12	1	0	1	16	1	0
	1994	대우	14	2	1	0	12	1	0
	1995	대우	25	1	1	0	25	4	0
	1996	부산	17	7	0	0	17	2	0
	1997	울산	22	2	0	0	26	3	0
	1998	울산	37	3	2	0	55	4	0
	1999	울산	1	0	0	0	4	0	0
		합계	227	33	12	5	271	27	0
		프로통산	227	33	12	5	271	27	0

박정빈(朴正斌) 광양제철고 1994.02.22

대회	연도	소속	출전	교체	득점	도움	파울	경고	퇴장
K1	2021	서울	15	14	1	0	14	2	1
		합계	15	14	1	0	14	2	1
		프로통산	15	14	1	0	14	2	1

박정석(朴庭奭) 동북고 1977.04.19

대회	연도	소속	출전	교체	득점	도움	파울	경고	퇴장
BC	2001	안양LG	31	1	1	0	69	5	0
	2002	안양LG	9	3	0	0	21	2	0
	2003	안양LG	19	1	0	0	67	5	0
	2004	서울	28	0	2	0	85	8	0
	2005	서울	18	6	0	0	55	9	0
	2006	서울	3	1	0	0	10	0	0
		합계	108	12	3	0	307	29	0
		프로통산	108	12	3	0	307	29	0

박정수(朴庭秀) 상지대 1987.01.13

대회	연도	소속	출전	교체	득점	도움	파울	경고	퇴장
K1	2018	강원	25	10	1	1	49	8	0
	2020	광주	25	3	0	0	39	5	0
	2021	광주	2	2	0	0	0	0	0
		합계	52	15	1	1	88	13	0
K2	2015	고양	15	3	0	0	26	5	0
	2019	광주	27	8	1	0	48	8	0
		합계	42	11	0	1	74	13	0
		프로통산	94	26	1	1	162	26	0

박정수(朴正洙) 경희대 1994.04.12

대회	연도	소속	출전	교체	득점	도움	파울	경고	퇴장
K1	2021	성남	2	1	0	0	2	2	0
		합계	2	1	0	0	2	2	0

박정식(朴正植) 광운대 1988.01.20

대회	연도	소속	출전	교체	득점	도움	파울	경고	퇴장
K2	2013	안양	23	6	1	1	28	6	0
	2014	안양	13	7	0	0	10	0	0
	합계		36	13	1	1	38	6	0
프로통산			36	13	1	1	38	6	0

박정식(朴正植) 호남대 1983.03.07

대회	연도	소속	출전	교체	득점	도움	파울	경고	퇴장
BC	2006	대구	11	7	0	0	17	0	0
	2007	대구	18	3	1	0	41	7	0
	2008	대구	21	7	0	1	26	4	0
	2009	대구	12	5	0	1	8	4	0
	2010	광주상무	0	0	0	0	0	0	0
	2011	상주	0	0	0	0	0	0	0
	합계		62	22	1	2	92	15	0
프로통산			62	22	1	2	92	15	0

박정인(朴正仁) 현대고 2000.10.07

대회	연도	소속	출전	교체	득점	도움	파울	경고	퇴장
K1	2019	울산	6	6	0	0	7	0	0
	2020	울산	7	7	0	1	6	0	0
	합계		13	13	0	1	13	0	0
K2	2021	부산	29	15	8	3	26	2	0
	합계		29	15	8	3	26	2	0
프로통산			42	28	8	4	39	2	0

박정일(朴晶一) 건국대 1959.11.19

대회	연도	소속	출전	교체	득점	도움	파울	경고	퇴장
BC	1984	럭키금성	18	11	4	2	10	0	0
	합계		18	11	4	2	10	0	0
프로통산			18	11	4	2	10	0	0

박정주(朴廷柱) 한양대 1979.06.26

대회	연도	소속	출전	교체	득점	도움	파울	경고	퇴장
BC	2003	부천SK	4	4	0	0	3	1	0
	합계		4	4	0	0	3	1	0
프로통산			4	4	0	0	3	1	0

박정현 동아대 1974.05.28

대회	연도	소속	출전	교체	득점	도움	파울	경고	퇴장
BC	1999	전북	0	0	0	0	0	0	0
	합계		0	0	0	0	0	0	0
프로통산			0	0	0	0	0	0	0

박정혜(朴姃慧) 숭실대 1987.04.21

대회	연도	소속	출전	교체	득점	도움	파울	경고	퇴장
BC	2009	대전	27	5	1	0	42	3	0
	2010	대전	23	6	1	0	34	4	0
	2011	대전	10	1	0	0	14	1	0
	합계		60	12	2	0	90	8	0
프로통산			60	12	2	0	90	8	0

박정호(朴政護) 영생고 1997.02.18

대회	연도	소속	출전	교체	득점	도움	파울	경고	퇴장
K1	2018	전북	1	1	0	0	2	0	0
	합계		1	1	0	0	2	0	0
프로통산			1	1	0	0	2	0	0

박정환(朴晶煥) 인천대 1977.01.14

대회	연도	소속	출전	교체	득점	도움	파울	경고	퇴장
BC	1999	안양LG	0	0	0	0	0	0	0
	2000	안양LG	5	5	1	0	6	1	0
	2001	안양LG	16	10	9	2	9	0	0
	2002	안양LG	18	18	2	1	8	0	0
	2004	광주상무	28	22	6	2	65	3	0
	2005	광주상무	21	15	2	0	28	0	0
	2006	전북	4	4	0	0	9	0	0
	2007	전북	1	1	0	0	0	0	0
	합계		94	79	21	5	163	6	0
프로통산			94	79	21	5	163	6	0

박정훈(朴正勳) 고려대 1988.06.28

대회	연도	소속	출전	교체	득점	도움	파울	경고	퇴장
BC	2011	전북	1	0	1	0	1	0	0
	2012	강원	3	4	1	0	7	1	0
	합계		4	4	2	0	8	1	0
K2	2014	부천	7	6	1	0	8	1	0
	2015	고양	22	10	5	0	23	3	0
	2016	고양	31	23	8	1	27	5	0
	합계		60	39	14	1	56	10	0
프로통산			64	43	10	1	64	11	0

박종대(朴鍾大) 동아대 1966.01.12

대회	연도	소속	출전	교체	득점	도움	파울	경고	퇴장
BC	1989	일화	10	8	2	0	7	0	0
	1990	일화	24	15	3	1	12	0	0
	1991	일화	13	6	4	1	9	0	0
	합계		47	29	9	2	28	1	0
프로통산			47	29	9	2	28	1	0

박종문(朴種汶) 전주대 1970.10.02

대회	연도	소속	출전	교체	실점	도움	파울	경고	퇴장
BC	1995	전남	10	4	11	0	0	0	0
	1997	전남	28	0	22	0	0	0	0
	1998	전남	21	0	32	0	2	0	0
	1999	전남	12	1	11	0	0	0	0
	2000	전남	12	0	17	0	0	1	0
	2001	전남	27	1	35	0	1	1	0
	2002	전남	33	0	29	0	0	0	0
	2003	전남	33	0	33	0	1	1	0
	2004	전남	13	0	16	0	1	1	0
	2005	전남	17	0	19	0	0	0	0
	2006	전남	12	1	17	0	0	0	0
	합계		192	6	211	0	6	5	0
프로통산			192	6	211	0	6	5	0

박종오(朴宗吾) 한양대 1991.04.12

대회	연도	소속	출전	교체	득점	도움	파울	경고	퇴장
K2	2014	부천	2	2	0	0	1	0	0
	합계		2	2	0	0	1	0	0
프로통산			2	2	0	0	1	0	0

박종우(朴鍾佑) 연세대 1989.03.10

대회	연도	소속	출전	교체	득점	도움	파울	경고	퇴장
BC	2010	부산	13	7	0	1	20	1	0
	2011	부산	30	5	2	3	49	9	0
	2012	부산	28	13	3	5	61	10	0
	합계		71	25	5	9	130	20	0
K1	2013	부산	31	1	2	6	81	9	0
	2018	수원	7	6	0	0	9	0	0
	2020	부산	19	7	1	1	26	6	0
	합계		57	14	3	7	113	16	0
K2	2019	부산	33	4	2	7	99	9	1
	2021	부산	6	4	0	0	9	1	0
	합계		39	8	2	7	108	10	1
프로통산			167	47	10	23	301	43	1

박종우(朴鍾友) 숭실대 1979.04.11

대회	연도	소속	출전	교체	득점	도움	파울	경고	퇴장
BC	2002	전남	24	4	1	2	32	2	0
	2003	전남	26	7	0	4	26	3	0
	2004	광주상무	32	4	3	1	41	5	0
	2005	광주상무	19	11	1	3	35	1	0
	2006	전남	31	8	0	2	48	5	0
	2007	경남	29	11	3	4	37	4	0
	2008	경남	38	5	1	1	42	8	0
	2009	경남	0	0	0	0	0	0	0
	합계		199	54	9	17	262	28	0
프로통산			199	54	9	17	262	28	0

박종욱(朴鍾旭) 울산대 1975.01.11

대회	연도	소속	출전	교체	득점	도움	파울	경고	퇴장
BC	1997	울산	20	6	1	0	34	4	0
	1998	울산	1	1	0	0	1	0	0
	1999	울산	21	9	0	0	30	3	0
	2000	울산	18	0	1	0	19	2	0
	2001	울산	7	7	0	0	1	0	0
	2002	울산	9	8	0	0	7	1	0
	합계		76	33	1	1	103	12	0
프로통산			76	33	1	1	103	12	0

박종원(朴鍾遠) 연세대 1955.04.12

대회	연도	소속	출전	교체	득점	도움	파울	경고	퇴장
BC	1983	대우	10	6	1	0	7	0	0
	1984	대우	9	5	1	0	10	0	0
	1985	대우	3	2	0	1	3	0	0
	합계		22	13	1	1	20	0	0
프로통산			22	13	1	1	20	0	0

박종윤(朴鍾允) 호남대 1987.12.17

대회	연도	소속	출전	교체	득점	도움	파울	경고	퇴장
BC	2010	경남	3	1	0	0	0	0	0
	합계		3	1	0	0	0	0	0
프로통산			3	1	0	0	0	0	0

박종인(朴鍾仁) 호남대 1988.11.12

대회	연도	소속	출전	교체	득점	도움	파울	경고	퇴장
BC	2012	광주	1	1	0	0	0	0	0
	합계		1	1	0	0	0	0	0
K2	2013	광주	10	10	1	0	12	2	0
	합계		10	10	1	0	12	2	0
프로통산			11	11	1	0	12	2	0

박종인(朴鍾仁) 동아대 1974.04.10

대회	연도	소속	출전	교체	득점	도움	파울	경고	퇴장
BC	1997	안양LG	8	6	2	0	5	0	0
	1998	안양LG	18	11	2	1	29	2	0
	1999	안양LG	15	15	2	1	10	3	0
	2000	안양LG	3	3	0	0	1	0	0
	합계		44	35	6	2	45	5	0
프로통산			44	35	6	2	45	5	0

박종준(朴鍾俊) 영생고 2000.05.12

대회	연도	소속	출전	교체	실점	도움	파울	경고	퇴장
K2	2021	안산	0	0	0	0	0	0	0
	합계		0	0	0	0	0	0	0
프로통산			0	0	0	0	0	0	0

박종진(朴宗眞) 숭실대 1987.06.24

대회	연도	소속	출전	교체	득점	도움	파울	경고	퇴장
BC	2009	강원	26	3	1	3	9	1	0
	2010	강원	4	4	0	0	2	0	0
	2010	수원	12	11	0	0	13	0	0
	2011	수원	21	17	1	2	13	0	0
	2012	수원	17	17	1	2	13	0	0
	합계		80	72	3	7	58	4	0
K1	2013	수원	4	4	0	0	2	0	0
	2015	수원	4	4	0	0	2	0	0
	2016	인천	25	16	0	0	20	3	0
	2017	인천	25	16	0	0	23	5	0
	2018	인천	15	1	0	1	11	0	0
	합계		52	41	1	1	36	4	0
K2	2013	경찰	5	1	0	0	8	0	0
	2014	안산경찰	25	11	0	1	24	6	0
	2015	안산경찰	23	15	0	0	9	0	0
	합계		38	17	0	1	41	6	0
프로통산			170	130	4	9	135	14	0

박종진(朴鍾珍) 호남대 1980.05.04

대회	연도	소속	출전	교체	득점	도움	파울	경고	퇴장
BC	2003	대구	39	5	0	1	47	4	0
	2004	대구	27	4	0	0	39	4	0
	2005	대구	30	9	1	0	54	5	0
	2006	대구	36	3	0	1	76	7	0
	2007	대구	24	3	0	1	24	3	0
	2008	광주상무	28	3	0	0	36	7	0
	2009	대구	1	1	0	0	0	0	0
	2010	대구	21	1	0	1	31	5	0
	2011	대구	18	6	0	0	17	3	0
	2012	대구	24	2	0	0	36	6	0
	합계		252	41	1	4	349	44	0

대회	연도	소속	출전	교체	득점	도움	파울	경고	퇴장
K1	2013	대구	11	1	0	0	14	2	0
		합계	11	1	0	0	14	2	0
K2	2014	대구	7	3	0	0	3	0	0
		합계	7	3	0	0	3	0	0
프로통산			270	45	1	4	366	46	0

박종찬(朴鐘燦) 한남대 1981.10.02

대회	연도	소속	출전	교체	득점	도움	파울	경고	퇴장
BC	2005	인천	1	1	0	0	0	0	0
K2	2013	수원FC	31	11	11	1	46	7	1
	2014	수원FC	20	15	3	1	21	3	0
	2015	수원FC	7	7	1	0	3	0	0
		합계	58	33	15	2	70	10	1
프로통산			59	34	15	2	70	10	1

박종찬(朴鍾璨) 서울시립대 1971.02.08

대회	연도	소속	출전	교체	득점	도움	파울	경고	퇴장
BC	1993	일화	22	18	0	0	7	1	0
	1994	일화	1	1	0	0	0	0	0
	1995	일화	3	2	0	0	0	0	0
	1996	천안일화	1	1	0	0	0	0	0
		합계	27	22	0	0	7	1	0
프로통산			27	22	0	0	7	1	0

박종필(朴鍾弼) 한양공고 1976.10.17

대회	연도	소속	출전	교체	득점	도움	파울	경고	퇴장
BC	1995	전북	3	3	0	0	0	0	0
	1996	전북	3	3	0	0	0	0	0
	1997	전북	2	2	0	0	0	0	0
		합계	8	8	0	0	0	0	0
프로통산			8	8	0	0	0	0	0

박주성(朴住成) 마산공고 1984.02.20

대회	연도	소속	출전	교체	득점	도움	파울	경고	퇴장
BC	2003	수원	11	9	0	0	12	0	0
	2004	수원	7	5	0	1	8	2	0
	2005	광주상무	3	1	0	0	4	0	0
	2006	광주상무	25	12	0	1	29	6	1
	2006	수원	1	0	0	0	0	0	0
	2007	수원	6	1	0	0	7	0	0
	2008	수원	1	1	0	0	0	0	0
		합계	54	30	0	2	58	8	1
K1	2013	경남	17	9	0	0	33	3	0
	2014	경남	35	2	1	0	36	2	0
		합계	52	11	1	0	69	5	0
K2	2016	경남	8	5	0	0	9	3	0
	2017	대전	9	1	0	0	8	2	0
		합계	17	6	0	0	17	5	0
승	2014	경남	1	0	0	0	2	0	0
		합계	1	0	0	0	2	0	0
프로통산			124	47	1	2	137	18	1

박주영(朴主永) 고려대 1985.07.10

대회	연도	소속	출전	교체	득점	도움	파울	경고	퇴장
BC	2005	서울	30	5	18	4	35	2	0
	2006	서울	30	16	8	1	25	0	0
	2007	서울	14	7	5	0	7	0	0
	2008	서울	17	7	2	4	19	2	0
		합계	91	35	33	9	86	4	0
K1	2015	서울	23	13	7	2	24	2	0
	2016	서울	34	24	10	1	35	3	0
	2017	서울	34	31	8	1	28	0	0
	2018	서울	20	17	3	0	19	1	0
	2019	서울	35	16	10	7	34	2	0
	2020	서울	23	4	0	0	25	6	0
	2021	서울	17	15	0	0	12	1	0
		합계	186	124	42	13	169	9	0
승	2018	서울	2	2	1	1	2	0	0
		합계	2	2	1	1	2	0	0
프로통산			279	161	76	23	256	13	0

박주원(朴株元) 홍익대 1990.10.19

대회	연도	소속	출전	교체	**실점**	도움	파울	경고	퇴장
K1	2013	대전	0	0	0	0	0	0	0
	2015	대전	22	0	41	0	0	2	0
		합계	22	0	41	0	0	2	0
K2	2014	대전	16	1	12	0	0	2	0
	2016	대전	27	0	34	0	1	1	0
	2017	아산	0	0	0	0	0	0	0
	2018	아산	14	0	12	0	0	1	0
	2018	대전	0	0	0	0	0	0	0
	2019	대전	29	0	34	0	0	4	0
	2020	대전	0	0	0	0	0	0	0
	2021	대전	0	0	0	0	0	0	0
		합계	90	1	95	0	3	4	0
승	2021	대전	0	0	0	0	0	0	0
		합계	0	0	0	0	0	0	0
프로통산			112	1	136	0	3	6	0

박주원(朴周元) 부산대 1960.01.28

대회	연도	소속	출전	교체	득점	도움	파울	경고	퇴장
BC	1984	현대	5	4	0	0	0	0	0
		합계	5	4	0	0	0	0	0
프로통산			5	4	0	0	0	0	0

박주현(朴株炫) 관동대(가톨릭관동대) 1984.09.29

대회	연도	소속	출전	교체	득점	도움	파울	경고	퇴장
BC	2007	대전	6	5	1	0	11	0	0
	2008	대전	8	4	2	0	14	0	0
	2010	대전	2	2	1	0	0	0	0
		합계	16	11	4	0	25	0	0
프로통산			16	11	4	0	25	0	0

박주호(朴主護) 숭실대 1987.01.16

대회	연도	소속	출전	교체	득점	도움	파울	경고	퇴장
K1	2018	울산	17	11	0	0	23	2	0
	2019	울산	23	7	0	0	23	2	0
	2020	울산	12	3	0	1	16	1	0
	2021	수원FC	29	7	0	0	32	6	0
		합계	81	28	0	2	93	13	0
프로통산			81	28	0	2	93	13	0

박준강(朴俊江) 상지대 1991.06.06

대회	연도	소속	출전	교체	득점	도움	파울	경고	퇴장
K1	2013	부산	30	1	0	0	35	8	0
	2014	부산	14	1	0	1	20	5	0
	2015	상주	9	1	0	0	13	1	0
	2016	상주	7	2	0	0	7	0	0
	2017	상주	7	2	0	0	7	0	0
	2020	부산	19	8	0	1	24	7	0
	2021	광주	1	1	0	0	1	0	0
		합계	100	20	1	2	112	25	0
K2	2018	부산	14	9	1	1	13	1	0
	2019	부산	14	8	0	2	21	3	0
		합계	28	17	1	3	34	4	0
승	2015	부산	1	1	0	0	3	0	0
	2019	부산	1	1	0	0	0	0	0
		합계	2	2	0	0	3	0	0
프로통산			131	39	2	5	148	30	0

박준성(朴俊成) 조선대 1984.09.11

대회	연도	소속	출전	교체	득점	도움	파울	경고	퇴장
BC	2007	제주	6	6	0	0	10	1	0
		합계	6	6	0	0	10	1	0
프로통산			6	6	0	0	10	1	0

박준승(朴俊勝) 홍익대 1990.02.27

대회	연도	소속	출전	교체	득점	도움	파울	경고	퇴장
K2	2013	경찰	6	6	0	0	0	0	0
		합계	6	6	0	0	0	0	0
프로통산			6	6	0	0	0	0	0

박준영(朴俊泳) 광운대 1995.03.15

대회	연도	소속	출전	교체	득점	도움	파울	경고	퇴장
K1	2018	서울	1	1	0	0	0	0	0
	2019	서울	1	1	0	0	0	0	0
		합계	1	1	0	0	0	0	0
K2	2020	안산	6	2	0	0	8	1	0
	2021	안산	3	3	0	0	1	0	0
		합계	9	5	0	0	9	1	0
프로통산			10	6	0	0	9	1	0

박준영(朴俊英) 광양제철고 1981.07.08

대회	연도	소속	출전	교체	**실점**	도움	파울	경고	퇴장
BC	2000	전남	0	0	0	0	0	0	0
	2003	대구	0	0	0	0	0	0	0
	2004	대구	0	0	0	0	0	0	0
	2005	대구	2	0	6	0	0	0	0
		합계	2	0	6	0	0	0	0
프로통산			2	0	6	0	0	0	0

박준오(朴俊五) 대구대 1986.03.01

대회	연도	소속	출전	교체	**실점**	도움	파울	경고	퇴장
BC	2010	대구	0	0	0	0	0	0	0
		합계	0	0	0	0	0	0	0
프로통산			0	0	0	0	0	0	0

박준태(朴俊泰) 고려대 1989.12.02

대회	연도	소속	출전	교체	득점	도움	파울	경고	퇴장
BC	2009	울산	8	8	0	0	4	0	0
	2010	울산	1	1	0	0	0	0	0
	2011	인천	26	25	5	1	10	2	0
	2012	인천	27	26	1	0	21	1	0
		합계	62	60	8	1	35	4	0
K1	2013	전남	27	17	1	1	22	1	0
	2014	전남	11	11	0	0	6	0	0
	2016	상주	24	14	8	1	13	1	0
	2016	전남	4	4	0	0	4	0	0
	2018	전남	4	4	0	0	0	0	0
		합계	70	50	9	2	53	2	0
K2	2015	상주	2	2	0	0	4	0	0
	2017	부산	23	18	2	3	17	1	0
		합계	25	20	2	3	20	2	0
승	2017	부산	1	1	0	0	2	0	0
		합계	1	1	0	0	2	0	0
프로통산			158	131	19	6	110	8	0

박준혁(朴俊赫) 전주대 1987.04.11

대회	연도	소속	출전	교체	**실점**	도움	파울	경고	퇴장
BC	2010	경남	0	0	0	0	0	0	0
	2011	대구	24	0	32	0	1	4	1
	2012	대구	38	0	53	0	2	2	0
		합계	62	0	85	0	3	6	1
K1	2013	제주	31	0	38	0	1	0	0
	2014	성남	35	0	33	0	0	2	0
	2015	성남	32	0	26	0	0	4	0
	2016	성남	3	0	4	0	0	1	0
		합계	101	0	101	0	1	10	0
K2	2018	대전	18	0	17	0	0	1	0
	2019	전남	31	0	38	0	0	5	0
	2020	전남	24	0	22	0	1	4	0
	2021	전남	15	0	12	0	1	1	0
		합계	88	0	89	0	1	9	0
프로통산			251	0	275	0	5	25	1

박준형(朴俊炯) 동의대 1993.01.25

대회	연도	소속	출전	교체	득점	도움	파울	경고	퇴장
K1	2019	수원	2	1	0	0	2	1	0
		합계	2	1	0	0	2	1	0
프로통산			2	1	0	0	2	1	0

박준홍(朴埈泓) 연세대 1978.04.13

대회	연도	소속	출전	교체	득점	도움	파울	경고	퇴장
BC	2001	부산	7	7	0	0	4	0	0
	2002	부산	10	6	0	0	10	0	0
	2003	광주상무	20	7	0	0	13	3	0
	2004	광주상무	15	1	0	0	25	1	0
	2005	부산	16	3	0	0	26	1	0
	2006	부산	5	4	0	0	3	1	0

Column 1

대회	연도	소속	출전	교체	득점	도움	파울	경고	퇴장
	합계		73	28	0	0	81	8	0
프로통산			73	28	0	0	81	8	0

박준희(朴竣熙) 건국대 1991.03.01

대회	연도	소속	출전	교체	득점	도움	파울	경고	퇴장
K1	2014	포항	1	0	0	0	3	0	0
	2015	포항	3	2	0	0	4	0	0
	2016	포항	13	11	0	0	14	3	0
	2020	광주	2	1	0	0	1	0	0
	합계		19	14	0	0	22	3	0
K2	2017	안산	22	4	1	0	16	5	1
	2018	안산	31	3	2	2	31	4	0
	2019	안산	32	9	1	3	35	2	0
	2021	부천	17	6	0	1	15	3	0
	합계		102	22	4	6	97	14	1
프로통산			121	36	4	6	119	17	1

박중천(朴重天) 명지대 1983.10.11

대회	연도	소속	출전	교체	실점	도움	파울	경고	퇴장
BC	2006	제주	0	0	0	0	0	0	0
	2009	제주	0	0	0	0	0	0	0
	합계		0	0	0	0	0	0	0
프로통산			0	0	0	0	0	0	0

박지민(朴智敏) 경희대 1994.03.07

대회	연도	소속	출전	교체	득점	도움	파울	경고	퇴장
K1	2014	경남	4	4	0	0	1	0	0
	합계		4	4	0	0	1	0	0
K2	2015	충주	12	12	1	0	6	0	0
	2016	충주	31	24	5	1	27	3	0
	합계		43	36	6	1	33	3	0
프로통산			47	40	6	1	34	4	0

박지민(朴志旼) 매탄고 2000.05.25

대회	연도	소속	출전	교체	실점	도움	파울	경고	퇴장
K1	2018	수원	0	0	0	0	0	0	0
	2019	수원	1	0	4	0	0	0	0
	2020	상주	0	0	0	0	0	0	0
	2021	수원	3	0	4	0	0	0	0
	합계		4	0	8	0	0	0	0
K2	2021	김천	1	0	0	0	1	0	0
	합계		1	0	0	0	1	0	0
프로통산			5	0	8	0	1	0	0

박지수(朴志水) 대건고 1994.06.13

대회	연도	소속	출전	교체	득점	도움	파울	경고	퇴장
K1	2018	경남	33	3	2	0	31	7	0
	2021	수원FC	14	1	0	1	21	8	1
	합계		47	4	2	1	52	15	1
K2	2015	경남	28	16	1	1	17	4	0
	2016	경남	35	4	1	0	40	7	0
	2017	경남	33	0	2	1	39	5	0
	2021	김천	7	1	1	0	6	0	0
	합계		103	20	5	2	102	16	0
프로통산			150	24	7	3	154	31	1

박지영(朴至永) 건국대 1987.02.07

대회	연도	소속	출전	교체	실점	도움	파울	경고	퇴장
BC	2010	수원	0	0	0	0	0	0	0
	합계		0	0	0	0	0	0	0
K1	2015	상주	1	0	1	0	0	0	0
	합계		1	0	1	0	0	0	0
K2	2013	안양	2	0	3	0	0	0	0
	2015	상주	1	0	1	0	0	0	0
	2015	안양	0	0	0	0	0	0	0
	합계		3	0	4	0	0	0	0
프로통산			4	0	4	0	0	1	0

박지용(朴志勇) 대전상업정보고 1983.05.28

대회	연도	소속	출전	교체	득점	도움	파울	경고	퇴장
BC	2004	전남	3	2	0	0	2	0	0
	2007	전남	8	4	0	0	9	1	0
	2008	전남	12	3	0	0	16	5	0
	2009	전남	23	6	0	1	30	7	0

Column 2

	2010	전남	4	2	0	0	1	0	0
	2011	강원	12	0	0	0	26	7	0
	합계		62	17	0	1	94	24	0
프로통산			62	17	0	1	94	24	0

박지호(朴志鎬) 인천대 1970.07.04

대회	연도	소속	출전	교체	득점	도움	파울	경고	퇴장
BC	1993	LG	26	22	0	0	18	4	0
	1994	LG	4	4	0	0	5	1	0
	1995	포항	6	5	0	1	13	0	0
	1996	포항	9	7	1	0	7	3	0
	1997	포항	20	14	5	0	31	3	0
	1999	천안일화	5	5	0	2	6	0	0
	합계		70	57	6	3	80	11	0
프로통산			70	57	6	3	80	11	0

박진섭(朴鎭變) 서울문화예술대 1995.10.23

대회	연도	소속	출전	교체	득점	도움	파울	경고	퇴장
K2	2018	안산	26	4	2	0	30	5	0
	2019	안산	36	6	5	1	59	3	0
	2020	대전	26	3	3	1	48	6	0
	2021	대전	33	1	2	2	66	10	0
	합계		119	14	15	4	203	24	0
승	2021	대전	2	0	1	0	7	0	0
	합계		2	0	1	0	7	0	0
프로통산			121	14	15	5	210	24	0

박진섭(朴珍變) 고려대 1977.03.11

대회	연도	소속	출전	교체	득점	도움	파울	경고	퇴장
BC	2002	울산	33	10	2	4	51	3	1
	2003	울산	41	10	1	6	66	6	0
	2004	울산	28	2	0	2	42	6	0
	2005	성남일화	14	0	0	2	17	3	0
	2006	성남일화	35	18	0	3	34	2	0
	2007	성남일화	24	8	0	4	27	7	0
	2008	성남일화	35	3	0	2	41	6	0
	2009	부산	12	1	0	1	29	8	0
	2010	부산	26	4	0	2	39	12	0
	합계		284	60	3	27	348	53	1
프로통산			284	60	3	27	348	53	1

박진성(朴眞瑆) 연세대 2001.05.15

대회	연도	소속	출전	교체	득점	도움	파울	경고	퇴장
K1	2021	전북	11	6	0	0	9	4	0
	합계		11	6	0	0	9	4	0
프로통산			11	6	0	0	9	4	0

박진수(朴鎭秀) 고려대 1987.03.01

대회	연도	소속	출전	교체	득점	도움	파울	경고	퇴장
K2	2013	충주	33	3	1	3	63	7	0
	2014	충주	30	13	1	2	34	2	0
	2015	충주	11	10	0	1	3	0	0
	합계		74	26	4	3	100	9	0
프로통산			74	26	4	3	100	9	0

박진옥(朴鎭玉) 경희대 1982.05.28

대회	연도	소속	출전	교체	득점	도움	파울	경고	퇴장
BC	2005	부천SK	29	25	1	0	15	1	0
	2006	제주	24	11	0	0	28	4	0
	2007	제주	24	4	1	0	36	1	0
	2008	제주	15	10	0	0	14	0	0
	2009	광주상무	11	8	0	0	15	0	0
	2010	광주상무	23	5	0	0	16	2	0
	2010	제주	1	0	0	0	0	0	0
	2011	제주	26	6	1	1	27	2	0
	2012	제주	21	6	0	0	9	1	0
	합계		154	80	2	1	160	11	0
K1	2013	대전	30	11	0	0	31	2	0
	합계		30	11	0	0	31	2	0
K2	2014	광주	8	2	0	0	16	1	0
	합계		8	2	0	0	16	1	0
프로통산			192	87	2	1	207	14	0

Column 3

박진이(朴眞伊) 아주대 1983.04.05

대회	연도	소속	출전	교체	득점	도움	파울	경고	퇴장
BC	2007	경남	7	5	0	0	4	1	0
	2008	경남	20	4	0	1	26	2	0
	2009	경남	3	2	0	0	4	0	0
	합계		30	11	0	1	34	3	0
프로통산			30	11	0	1	34	3	0

박진포(朴珍鋪) 대구대 1987.08.13

대회	연도	소속	출전	교체	득점	도움	파울	경고	퇴장
BC	2011	성남일화	32	2	0	3	62	6	0
	2012	성남일화	40	0	0	3	74	7	0
	합계		72	2	0	6	136	13	0
K1	2013	성남일화	35	3	1	5	55	8	0
	2014	성남	32	2	1	2	45	6	0
	2016	상주	20	0	1	2	23	3	0
	2016	성남	2	0	0	0	1	1	0
	2017	제주	11	1	1	1	21	6	0
	2018	제주	26	0	0	2	17	3	0
	2019	제주	24	2	2	2	46	5	0
	합계		150	11	6	13	211	32	0
K2	2015	상주	31	1	0	0	28	1	0
	합계		32	3	3	3	35	4	0
승	2016	성남	1	0	0	0	1	0	0
	합계		1	0	0	0	1	0	0
프로통산			255	16	6	22	383	49	0

박찬용(朴璨容) 대구대 1996.01.27

대회	연도	소속	출전	교체	득점	도움	파울	경고	퇴장
K2	2020	전남	24	0	2	0	18	4	0
	2021	전남	33	3	0	2	39	4	0
	합계		57	3	2	2	57	8	0
프로통산			57	3	2	2	57	8	0

박찬울(朴찬울) 수원대 1993.04.28

대회	연도	소속	출전	교체	득점	도움	파울	경고	퇴장
K2	2017	안산	13	3	0	0	14	2	0
	합계		13	3	0	0	14	2	0
프로통산			13	3	0	0	14	2	0

박창선(朴昌善) 경희대 1954.02.02

대회	연도	소속	출전	교체	득점	도움	파울	경고	퇴장
BC	1983	할렐루야	15	1	3	6	24	3	0
	1984	대우	28	0	7	2	29	0	0
	1985	대우	5	0	2	6	1	0	0
	1986	대우	12	4	1	1	16	0	0
	1987	유공	32	4	2	2	37	4	0
	합계		73	8	11	17	99	4	0
프로통산			73	8	11	17	99	4	0

박창주(朴昌宙) 단국대 1972.09.30

대회	연도	소속	출전	교체	실점	도움	파울	경고	퇴장
BC	1999	울산	2	1	5	0	0	0	0
	2000	울산	0	0	0	0	0	0	0
	2001	울산	0	0	0	0	0	0	0
	합계		2	1	5	0	0	0	0
프로통산			2	1	5	0	0	0	0

박창준(朴彰俊) 아주대 1996.12.23

대회	연도	소속	출전	교체	득점	도움	파울	경고	퇴장
K1	2018	강원	14	6	1	1	17	3	0
	2019	강원	13	13	1	1	9	2	0
	합계		27	19	1	2	26	5	0
K2	2020	경남	20	6	2	1	24	4	0
	2021	부천	29	13	1	3	59	4	0
	합계		51	33	15	2	59	8	0
프로통산			78	52	16	4	85	13	1

박창헌(朴昌憲) 동국대 1985.12.12

대회	연도	소속	출전	교체	득점	도움	파울	경고	퇴장
BC	2008	인천	14	6	0	0	21	3	0
	2009	인천	14	11	0	0	16	1	0
	2010	인천	11	10	0	0	12	1	0
	2011	경남	4	3	0	0	5	0	0

			출전	교체	득점	도움	파울	경고	퇴장
		합계	43	30	0	0	54	5	0
		프로통산	43	30	0	0	54	5	0

박창현(朴昶鉉) 한양대 1966.06.08

대회	연도	소속	출전	교체	득점	도움	파울	경고	퇴장
BC	1989	포항제철	29	13	3	2	23	3	0
	1992	포항제철	28	8	7	4	26	1	0
	1993	포항제철	23	16	4	2	27	0	0
	1994	포항제철	20	15	1	0	15	2	0
	1995	전남	8	7	0	0	6	0	0
		합계	108	59	15	8	97	6	0
		프로통산	108	59	15	8	97	6	0

박철환(朴哲煥) 숭실고 2001.11.21

대회	연도	소속	출전	교체	득점	도움	파울	경고	퇴장
K1	2021	인천	23	22	0	0	13	2	0
		합계	23	22	0	0	13	2	0
		프로통산	23	22	0	0	13	2	0

박천신(朴天申) 동의대 1983.11.04

대회	연도	소속	출전	교체	득점	도움	파울	경고	퇴장
BC	2006	전남	2	2	0	0	6	1	0
	2007	전남	3	3	0	0	0	0	0
		합계	5	5	0	0	6	1	0
		프로통산	5	5	0	0	6	1	0

박철(朴徹) 대구대 1973.08.20

대회	연도	소속	출전	교체	득점	도움	파울	경고	퇴장
BC	1994	LG	25	2	2	0	26	2	0
	1995	LG	23	0	1	1	47	5	0
	1996	안양LG	19	10	1	0	18	2	0
	1999	부천SK	27	2	0	0	32	5	0
	2000	부천SK	32	1	1	0	53	4	0
	2001	부천SK	27	1	0	0	39	3	0
	2002	부천SK	27	4	0	1	24	2	0
	2003	대전	25	5	0	0	19	0	0
	2004	대전	24	1	0	1	10	1	0
	2005	대전	16	3	0	1	15	1	0
		합계	245	30	7	4	224	21	0
		프로통산	245	30	7	4	224	21	0

박철우(朴哲祐) 청주상고 1965.09.29

대회	연도	소속	출전	교체	실점	도움	파울	경고	퇴장
BC	1985	포항제철	11	0	7	0	0	0	0
	1991	포항제철	28	1	31	0	2	0	0
	1992	LG	13	1	17	0	0	0	0
	1993	LG	29	1	30	0	1	2	0
	1994	LG	20	2	30	0	1	0	0
	1995	전남	11	5	15	0	0	0	0
	1996	수원	22	0	18	0	2	2	0
	1997	수원	19	0	23	0	1	2	0
	1998	전남	15	0	12	0	1	1	0
	1999	전남	22	1	27	0	0	1	0
		합계	190	11	217	0	8	6	0
		프로통산	190	11	217	0	8	6	0

박철웅(朴鐵雄) 영남대 1958.04.15

대회	연도	소속	출전	교체	득점	도움	파울	경고	퇴장
BC	1983	포항제철	4	4	0	0	0	0	0
	1984	포항제철	1	0	0	0	0	0	0
		합계	5	4	0	0	0	0	0
		프로통산	5	4	0	0	0	0	0

박철형(朴哲亨) 울산대 1982.03.17

대회	연도	소속	출전	교체	득점	도움	파울	경고	퇴장
BC	2005	부천SK	2	2	0	0	0	0	0
	2006	제주	4	4	0	0	0	0	0
		합계	6	6	0	0	0	0	0
		프로통산	6	6	0	0	0	0	0

박청효(朴靑孝) 연세대 1990.02.13

대회	연도	소속	출전	교체	실점	도움	파울	경고	퇴장
K1	2013	경남	10	0	21	0	0	1	0
	2014	경남							
		합계	10	0	21	0	0	1	0
K2	2014	충주	8	0	14	0	0	1	0
	2015	충주	4	0	4	0	0	0	0
	2017	수원FC	4	0	6	0	0	1	0
		합계	16	0	24	0	0	2	0
		프로통산	26	0	45	0	0	3	0

박충균(朴忠均) 건국대 1973.06.20

대회	연도	소속	출전	교체	득점	도움	파울	경고	퇴장
BC	1996	수원	10	3	0	0	14	1	0
	1997	수원	12	4	0	0	30	3	0
	1998	수원	12	6	1	0	14	2	0
	2001	수원	9	4	1	1	22	1	0
	2002	성남일화	11	0	1	4	14	2	0
	2003	성남일화	25	9	0	1	45	4	0
	2004	부산	14	9	0	0	14	1	0
	2005	부산	10	6	0	1	14	2	0
	2006	대전	22	8	0	0	43	4	0
	2007	부산	10	6	0	0	14	2	0
		합계	126	50	1	3	203	21	0
		프로통산	126	50	1	3	203	21	0

박태민(朴太民) 연세대 1986.01.21

대회	연도	소속	출전	교체	득점	도움	파울	경고	퇴장
BC	2008	수원	6	3	0	0	12	0	0
	2009	수원	2	1	0	0	3	0	0
	2010	수원	2	1	0	0	4	0	0
	2011	부산	23	7	1	3	34	4	0
	2012	인천	40	5	0	4	44	3	0
		합계	73	17	1	5	96	7	0
K1	2013	인천	36	1	3	0	46	6	0
	2014	인천	36	1	1	2	37	4	0
	2015	성남	20	2	1	0	30	3	0
	2016	성남	1	1	0	0	1	0	0
		합계	93	4	3	1	113	13	0
K2	2018	성남	7	2	0	0	9	0	0
		합계	7	2	0	0	9	0	0
		프로통산	173	23	5	8	218	20	0

박태수(朴太洙) 홍익대 1989.12.01

대회	연도	소속	출전	교체	득점	도움	파울	경고	퇴장
BC	2011	인천	6	3	0	0	10	2	0
	2012	인천	2	1	0	0	3	1	0
		합계	8	4	0	0	13	3	0
K1	2013	대전	14	5	0	0	33	5	0
		합계	14	5	0	0	33	5	0
K2	2014	충주	25	1	1	4	59	10	0
	2015	안양	22	1	0	1	28	3	0
		합계	47	2	1	5	87	13	0
		프로통산	69	20	1	5	133	20	0

박태웅(朴泰雄) 숭실대 1988.01.30

대회	연도	소속	출전	교체	득점	도움	파울	경고	퇴장
BC	2010	경남	1	1	0	0	1	0	0
	2011	강원	14	5	1	0	30	5	0
	2012	강원	9	0	0	1	16	3	0
	2012	수원	8	5	1	1	14	3	0
		합계	32	17	0	2	62	12	0
K1	2013	수원	3	3	0	0	1	0	0
	2014	상주	1	1	0	0	0	0	0
		합계	4	4	0	0	1	0	0
K2	2013	상주	0	0	0	0	5	2	0
	2016	경남	5	0	0	0	17	2	0
		합계	5	0	0	0	22	4	0
승	2013	상주	1	0	0	0	0	0	0
		합계	1	0	0	0	0	0	0
		프로통산	41	24	0	2	84	16	0

박태원(朴泰元) 순천고 1977.04.12

대회	연도	소속	출전	교체	득점	도움	파울	경고	퇴장
BC	2000	전남	1	1	0	0	1	0	0
		합계	1	1	0	0	1	0	0
		프로통산	1	1	0	0	1	0	0

박태윤(朴泰潤) 중앙대 1991.04.05

대회	연도	소속	출전	교체	득점	도움	파울	경고	퇴장
K1	2014	울산	0	0	0	0	0	0	0
		합계	0	0	0	0	0	0	0
		프로통산	0	0	0	0	0	0	0

박태준(朴泰濬) 풍생고 1999.01.19

대회	연도	소속	출전	교체	득점	도움	파울	경고	퇴장
K1	2019	성남	9	5	0	0	13	2	0
	2020	성남	17	12	2	0	14	0	0
	2021	성남	8	7	0	0	6	1	0
		합계	34	24	2	0	33	3	0
K2	2018	성남	20	10	1	0	19	3	0
	2021	안양	20	4	0	0	32	4	0
		합계	40	14	1	0	51	4	0
		프로통산	74	38	3	0	84	7	0

박태하(朴泰夏) 대구대 1968.05.29

대회	연도	소속	출전	교체	득점	도움	파울	경고	퇴장
BC	1991	포항제철	31	6	3	0	52	4	0
	1992	포항제철	35	11	5	7	55	4	0
	1993	포항제철	5	4	0	0	2	0	0
	1996	포항	36	7	9	4	64	3	0
	1997	포항	18	0	4	1	15	1	0
	1998	포항	38	9	4	6	65	3	0
	1999	포항	31	4	5	4	53	3	0
	2000	포항	35	4	8	2	42	2	0
	2001	포항	32	14	1	6	37	5	0
		합계	261	59	46	37	385	25	0
		프로통산	261	59	46	37	385	25	0

박태형(朴泰炯) 단국대 1992.04.07

대회	연도	소속	출전	교체	득점	도움	파울	경고	퇴장
K2	2015	고양	15	4	0	0	14	4	0
	2016	고양	34	1	0	0	25	7	0
		합계	49	5	0	0	35	11	0
		프로통산	49	5	0	0	35	11	0

박태홍(朴台洪) 연세대 1991.03.25

대회	연도	소속	출전	교체	득점	도움	파울	경고	퇴장
K1	2017	대구	10	0	1	0	13	4	0
	2019	경남	1	1	0	0	1	0	0
		합계	11	1	0	1	14	5	0
K2	2016	대구	38	1	0	0	64	8	0
	2018	부산	5	2	0	0	6	0	0
	2020	경남	3	2	0	0	6	0	0
	2021	부천	12	6	0	0	12	0	0
		합계	56	6	0	0	88	12	0
		프로통산	67	9	1	1	102	17	0

박하빈(朴昰彬) 울산대 1997.04.23

대회	연도	소속	출전	교체	득점	도움	파울	경고	퇴장
K1	2019	울산	1	1	0	0	1	0	0
K2	2021	부천	1	1	0	0	1	0	0
		합계	1	1	0	0	1	0	0
		프로통산	1	1	0	0	1	0	0

박한근(朴韓槿) 전주대 1996.05.07

대회	연도	소속	출전	교체	실점	도움	파울	경고	퇴장
K1	2018	제주	1	0	0	0	1	0	0
	2019	제주	0	0	0	0	0	0	0
		합계	1	0	0	0	1	0	0
K2	2021	충남아산	20	0	24	0	0	0	0
		합계	20	0	24	0	0	0	0
		프로통산	21	0	24	0	1	0	0

박한빈(朴限彬) 신갈고 1997.09.21

대회	연도	소속	출전	교체	득점	도움	파울	경고	퇴장
K1	2017	대구	17	10	0	0	22	2	0
	2018	대구	24	19	3	0	26	4	0
	2019	대구	15	12	0	0	17	0	0

대회	연도	소속	출전	교체	득점	도움	파울	경고	퇴장
	2020	대구	8	3	1	1	22	2	0
	2021	대구	16	12	0	0	21	5	0
	합계		80	56	4	1	108	11	0
K2	2016	대구	6	6	0	0	4	0	0
	합계		6	6	0	0	4	0	0
프로통산			86	62	4	1	112	11	0

박한석

대회	연도	소속	출전	교체	득점	도움	파울	경고	퇴장
BC	1995	대우	0	0	0	0	0	0	0
	1996	부산	0	0	0	0	0	0	0
	합계		0	0	0	0	0	0	0
프로통산			0	0	0	0	0	0	0

박한수(朴漢洙) 전주대 1991.01.15

대회	연도	소속	출전	교체	득점	도움	파울	경고	퇴장
K2	2017	안산	24	3	3	1	24	5	0
	합계		24	3	3	1	24	5	0
프로통산			24	3	3	1	24	5	0

박한준(朴漢峻) 안양공고 1997.09.12

대회	연도	소속	출전	교체	득점	도움	파울	경고	퇴장
K2	2016	안양	1	1	0	0	0	0	0
	2017	안양	4	4	0	0	2	0	0
	합계		5	5	0	0	2	0	0
프로통산			5	5	0	0	2	0	0

박항서(朴恒緖) 한양대 1959.01.04

대회	연도	소속	출전	교체	득점	도움	파울	경고	퇴장
BC	1984	럭키금성	21	3	2	1	21	2	0
	1985	럭키금성	19	3	4	3	32	3	0
	1986	럭키금성	35	3	6	3	65	4	0
	1987	럭키금성	28	1	7	0	39	3	1
	1988	럭키금성	12	5	1	1	18	2	0
	합계		115	15	20	8	175	14	1
프로통산			115	15	20	8	175	14	1

박헌균(朴惠均) 안양공고 1971.05.29

대회	연도	소속	출전	교체	득점	도움	파울	경고	퇴장
BC	1990	유공	4	4	0	0	1	0	0
	합계		4	4	0	0	1	0	0
프로통산			4	4	0	0	1	0	0

박혁순(朴赫淳) 연세대 1980.03.06

대회	연도	소속	출전	교체	득점	도움	파울	경고	퇴장
BC	2003	안양LG	7	7	0	0	4	1	0
	2006	광주상무	15	11	1	0	7	0	0
	2007	경남	5	4	1	1	9	1	0
	2008	경남	2	1	0	0	1	0	0
	합계		29	23	2	1	21	2	0
프로통산			29	23	2	1	21	2	0

박현(朴賢) 인천대 1988.09.24

대회	연도	소속	출전	교체	득점	도움	파울	경고	퇴장
BC	2011	광주	4	1	0	2	7	0	0
	2012	광주	13	13	2	0	10	0	0
	합계		17	14	2	2	17	0	0
K2	2013	광주	23	17	4	3	25	3	0
	2014	광주	12	9	0	0	13	1	0
	합계		35	26	4	3	38	4	0
프로통산			52	40	6	5	54	4	0

박현범(朴玹範) 연세대 1987.05.07

대회	연도	소속	출전	교체	득점	도움	파울	경고	퇴장
BC	2008	수원	18	10	2	1	19	0	0
	2009	수원	14	11	1	0	4	1	0
	2010	제주	26	4	3	2	28	3	1
	2011	수원	13	4	0	1	19	1	0
	2011	수원	13	3	0	2	25	0	0
	2012	수원	38	8	4	0	63	6	0
	합계		127	37	16	8	161	11	1
K1	2013	수원	14	6	0	0	14	2	0
	2015	수원	2	2	0	0	4	0	0
	2016	수원	8	3	0	0	4	1	0
	합계		24	11	0	0	22	3	0
K2	2014	안산경찰	21	15	0	0	28	3	0
	2015	안산경찰	19	11	1	0	13	1	0
	합계		40	26	1	0	41	4	0
프로통산			191	75	17	8	224	16	1

박현순 경북산업대(경일대) 1972.01.02

대회	연도	소속	출전	교체	득점	도움	파울	경고	퇴장
BC	1995	포항	0	0	0	0	0	0	0
	합계		0	0	0	0	0	0	0
프로통산			0	0	0	0	0	0	0

박현용(朴鉉用) 아주대 1964.04.06

대회	연도	소속	출전	교체	득점	도움	파울	경고	퇴장
BC	1987	대우	12	10	0	0	7	0	0
	1988	대우	10	10	1	0	10	0	0
	1989	대우	17	3	2	0	28	1	0
	1990	대우	28	3	0	3	46	2	0
	1991	대우	39	0	7	2	35	3	0
	1992	대우	20	1	0	1	36	3	1
	1993	대우	34	0	3	0	47	2	0
	1994	대우	10	0	0	0	8	0	0
	1995	대우	19	5	0	0	21	3	0
	합계		198	31	17	4	226	15	1
프로통산			198	31	17	4	226	15	1

박현우(朴賢優) 진주고 1997.02.21

대회	연도	소속	출전	교체	실점	도움	파울	경고	퇴장
K2	2016	경남	0	0	0	0	0	0	0
	합계		0	0	0	0	0	0	0
프로통산			0	0	0	0	0	0	0

박형근(朴亨根) 경희대 1985.12.14

대회	연도	소속	출전	교체	득점	도움	파울	경고	퇴장
BC	2008	인천	5	5	0	0	1	0	0
	합계		5	5	0	0	1	0	0
프로통산			5	5	0	0	1	0	0

박형민(朴炯珉) 단국대 1994.04.07

대회	연도	소속	출전	교체	실점	도움	파울	경고	퇴장
K1	2017	광주	0	0	0	0	0	0	0
	합계		0	0	0	0	0	0	0
K2	2018	안산	1	0	4	0	0	0	0
	합계		1	0	4	0	0	0	0
프로통산			1	0	4	0	0	0	0

박형주(朴亨珠) 한양대 1972.02.02

대회	연도	소속	출전	교체	득점	도움	파울	경고	퇴장
BC	1999	포항	23	7	0	1	23	0	0
	2000	포항	27	8	0	2	34	4	0
	2001	포항	17	10	0	0	27	0	0
	합계		67	25	0	3	84	9	0
프로통산			67	25	0	3	84	9	0

박형진(朴亨鎭) 고려대 1990.06.24

대회	연도	소속	출전	교체	득점	도움	파울	경고	퇴장
K1	2018	수원	19	1	1	3	21	2	0
	2019	수원	23	8	0	0	24	5	0
	2021	수원	1	1	0	0	5	0	0
	합계		43	10	1	3	50	4	0
프로통산			43	10	1	3	50	4	0

박호영(朴祜永) 개성고 1999.04.07

대회	연도	소속	출전	교체	득점	도움	파울	경고	퇴장
K1	2020	부산	2	2	0	0	3	0	0
	합계		2	2	0	0	3	0	0
K2	2018	부산	2	2	0	0	0	0	0
	2019	부산	7	6	0	0	4	0	0
	2021	부산	27	7	0	0	23	5	0
	합계		36	15	0	0	27	5	0
승	2019	부산	1	1	0	0	0	0	0
	합계		1	1	0	0	0	0	0
프로통산			39	18	0	0	30	6	0

박호용(朴鎬用) 안동고 1991.06.30

대회	연도	소속	출전	교체	득점	도움	파울	경고	퇴장
BC	2011	인천	3	2	0	0	6	2	0
	합계		3	2	0	0	6	2	0
프로통산			3	2	0	0	6	2	0

박효진(朴虎珍) 연세대 1976.10.22

대회	연도	소속	출전	교체	실점	도움	파울	경고	퇴장
BC	1999	수원	0	0	0	0	0	0	0
	2000	수원	1	0	1	0	0	0	0
	2001	수원	11	0	13	0	0	0	0
	2002	수원	5	0	3	0	0	0	0
	2003	광주상무	6	0	9	0	0	0	0
	2004	광주상무	17	1	16	0	0	0	0
	2005	수원	4	0	5	0	0	0	0
	2006	수원	5	1	9	0	0	0	0
	2007	수원	4	0	7	0	0	0	0
	2009	수원	4	0	4	0	0	0	0
	2011	광주	31	0	44	0	1	2	0
	2012	광주	35	0	52	0	0	3	0
	합계		143	2	176	0	2	4	0
K1	2013	강원	15	0	30	0	1	1	0
	합계		15	0	30	0	1	1	0
승	2013	강원	0	0	0	0	0	0	0
	합계		0	0	0	0	0	0	0
프로통산			158	2	206	0	3	5	0

박효빈(朴孝彬) 한양대 1972.01.07

대회	연도	소속	출전	교체	득점	도움	파울	경고	퇴장
BC	1995	유공	18	12	0	0	16	1	0
	1996	부천유공	11	7	0	0	8	3	0
	1997	부천SK	21	20	1	1	15	3	0
	1998	부천SK	7	6	3	0	6	0	0
	1999	안양LG	3	3	0	0	5	0	0
	합계		60	48	4	1	50	7	0
프로통산			60	48	4	1	50	7	0

박효진(朴孝鎭) 한양대 1972.07.22

대회	연도	소속	출전	교체	득점	도움	파울	경고	퇴장
BC	1999	천안일화	1	1	0	0	0	0	0
	합계		1	1	0	0	0	0	0
프로통산			1	1	0	0	0	0	0

박훈(朴勳) 성균관대 1978.02.02

대회	연도	소속	출전	교체	득점	도움	파울	경고	퇴장
BC	2000	대전	6	5	0	0	13	3	0
	2001	대전	1	1	0	0	2	0	0
	합계		7	6	0	0	15	3	0
프로통산			7	6	0	0	15	3	0

박희도(朴禧燾) 동국대 1986.03.20

대회	연도	소속	출전	교체	득점	도움	파울	경고	퇴장
BC	2008	부산	26	19	4	4	48	4	0
	2009	부산	35	10	8	7	66	10	0
	2010	부산	22	10	7	6	46	3	0
	2011	부산	14	8	2	1	24	3	0
	2012	서울	17	17	1	1	18	2	0
	합계		114	64	22	19	202	23	0
K1	2013	전북	34	31	3	3	49	2	0
	2015	전북	9	9	0	0	12	2	0
	합계		43	40	3	3	61	4	0
K2	2014	안산경찰	22	12	4	2	34	3	0
	2015	안산경찰	27	12	4	0	34	3	0
	2016	강원	13	12	0	2	3	2	0
	합계		62	36	8	4	71	8	0
승	2016	강원	1	1	0	0	1	0	0
	합계		1	1	0	0	1	0	0
프로통산			211	132	33	26	323	33	0

박희성(朴熙成) 고려대 1990.04.07

대회	연도	소속	출전	교체	득점	도움	파울	경고	퇴장
K1	2013	서울	15	15	1	1	13	1	0
	2014	서울	19	19	2	0	21	1	0
	2015	서울	15	15	0	0	13	0	0
	2016	상주	15	7	3	0	17	1	0
	2017	상주	5	5	0	0	4	0	0

대회	연도	소속	출전	교체	득점	도움	파울	경고	퇴장
	2017	서울	1	1	0	0	0	0	0
	2018	서울	11	11	1	0	12	2	0
	합계		68	60	7	1	67	6	0
K2	2021	전남	17	16	0	2	12	1	0
	합계		17	16	0	2	12	1	0
프로통산			85	76	7	3	79	7	0

박희성(朴熙成) 호남대 1987.04.07

대회	연도	소속	출전	교체	득점	도움	파울	경고	퇴장
BC	2011	광주	27	9	0	1	29	2	0
	2012	광주	23	3	2	0	31	2	0
	합계		50	12	2	1	60	4	0
K1	2014	성남	22	4	0	1	8	3	0
	합계		22	4	0	1	8	3	0
K2	2013	광주	23	2	0	1	37	2	0
	합계		23	2	0	1	37	2	0
프로통산			95	18	2	3	105	9	0

박희성(朴憙成) 원광대 1990.03.22

대회	연도	소속	출전	교체	득점	도움	파울	경고	퇴장
K2	2014	충주	1	0	0	0	5	1	0
	합계		1	0	0	0	5	1	0
프로통산			1	0	0	0	5	1	0

박희완(朴喜完) 단국대 1975.05.09

대회	연도	소속	출전	교체	득점	도움	파울	경고	퇴장
BC	1999	전남	2	2	0	0	2	0	0
	2006	대구	2	2	0	0	1	1	0
	합계		4	4	0	0	3	1	0
프로통산			4	4	0	0	3	1	0

박희원(朴喜遠) 영남대 1962.03.06

대회	연도	소속	출전	교체	득점	도움	파울	경고	퇴장
BC	1986	포항제철	1	0	0	0	1	0	0
	합계		1	0	0	0	1	0	0
프로통산			1	0	0	0	1	0	0

박희철(朴喜撤) 홍익대 1986.01.07

대회	연도	소속	출전	교체	득점	도움	파울	경고	퇴장
BC	2006	포항	6	5	0	0	15	0	0
	2007	포항	6	5	0	0	9	1	0
	2008	경남	6	6	0	0	6	1	0
	2008	포항	11	2	0	2	37	2	0
	2009	포항	11	7	0	0	34	5	0
	2010	포항	16	4	0	1	38	4	0
	2011	포항	1	1	0	0	2	0	0
	2012	포항	32	1	0	2	74	14	0
	합계		89	27	0	6	212	28	0
K1	2013	포항	6	5	0	0	9	2	0
	2014	포항	6	6	0	0	9	0	0
	합계		41	16	0	6	63	11	0
K2	2015	안산경찰	22	8	0	0	39	6	0
	2016	안산무궁	1	1	0	0	11	0	0
	합계		23	9	0	0	50	6	0
프로통산			153	52	0	6	305	44	0

박희탁(朴熙卓) 한양대 1967.05.18

대회	연도	소속	출전	교체	득점	도움	파울	경고	퇴장
BC	1990	대우	4	4	0	1	2	0	0
	1992	대우	7	6	0	0	9	1	0
	합계		11	10	0	1	11	1	0
프로통산			11	10	0	1	11	1	0

반데르(Wander Luiz Bitencourt Junior) 브라질 1987.05.30

대회	연도	소속	출전	교체	득점	도움	파울	경고	퇴장
K1	2014	울산	4	3	0	1	4	0	0
	합계		4	3	0	1	4	0	0
프로통산			4	3	0	1	4	0	0

반덴브링크(Sebastiaan Van Den Brink) 네덜란드 1982.09.11

대회	연도	소속	출전	교체	득점	도움	파울	경고	퇴장
BC	2011	부산	3	3	0	0	1	0	0
	합계		3	3	0	0	1	0	0
프로통산			3	3	0	0	1	0	0

반델레이(Francisco Vanderlei) 브라질 1987.09.25

대회	연도	소속	출전	교체	득점	도움	파울	경고	퇴장
K2	2014	대전	23	20	7	3	34	1	0
	합계		23	20	7	3	34	1	0
프로통산			23	20	7	3	34	1	0

반도(Wando da Costa Silva) 브라질 1980.05.18

대회	연도	소속	출전	교체	득점	도움	파울	경고	퇴장
BC	2011	수원	0	0	0	0	0	0	0
	합계		0	0	0	0	0	0	0
프로통산			0	0	0	0	0	0	0

발라웅(Balao Junior Cavalcante da Costa) 브라질 1975.05.08

대회	연도	소속	출전	교체	득점	도움	파울	경고	퇴장
BC	2003	울산	17	14	4	1	22	0	0
	합계		17	14	4	1	22	0	0
프로통산			17	14	4	1	22	0	0

발랑가(Bollanga Priso Gustave) 카메룬 1972.02.13

대회	연도	소속	출전	교체	득점	도움	파울	경고	퇴장
BC	1996	전북	10	9	2	1	4	1	0
	합계		10	9	2	1	4	1	0
프로통산			10	9	2	1	4	1	0

발레리(Valery Vyalichka) 벨라루스 1966.09.12

대회	연도	소속	출전	교체	득점	도움	파울	경고	퇴장
BC	1996	천안일화	2	2	0	0	2	0	0
	합계		2	2	0	0	2	0	0
프로통산			2	2	0	0	2	0	0

발레아(Jorge Baleaismael) 스페인 1993.01.27

대회	연도	소속	출전	교체	득점	도움	파울	경고	퇴장
K2	2020	안산	3	3	0	0	3	0	0
	합계		3	3	0	0	3	0	0
프로통산			3	3	0	0	3	0	0

발렌찡(Francisco de Assis Clarentino Valentim) 브라질 1977.06.20

대회	연도	소속	출전	교체	득점	도움	파울	경고	퇴장
BC	2004	서울	6	3	0	0	5	0	0
	합계		6	3	0	0	5	0	0
프로통산			6	3	0	0	5	0	0

발렌티노스(Valentinos Sielis) 키프로스 1990.03.01

대회	연도	소속	출전	교체	득점	도움	파울	경고	퇴장
K1	2017	강원	7	1	1	0	7	1	0
	2018	강원	32	3	0	0	24	1	0
	2019	강원	24	2	1	2	16	1	0
	합계		63	6	3	1	47	3	0
K2	2020	제주	3	2	0	0	1	0	0
	2021	부산	24	5	1	0	14	0	0
	합계		27	7	1	0	15	0	0
프로통산			90	13	4	1	62	3	0

발로텔리(Jonathan Boareto dos Reis) 브라질 1989.04.02

대회	연도	소속	출전	교체	득점	도움	파울	경고	퇴장
K2	2018	부산	4	2	2	0	4	1	0
	2021	전남	31	11	1	3	50	6	0
	합계		35	13	3	3	54	7	0
프로통산			35	13	3	3	54	7	0

발푸르트(Arsenio Jermaine Cedric Valpoort) 네덜란드 1992.08.05

대회	연도	소속	출전	교체	득점	도움	파울	경고	퇴장
K2	2018	부산	10	10	1	1	14	0	0
	합계		10	10	1	1	14	0	0
프로통산			10	10	1	1	14	0	0

방대종(方大鐘) 동아대 1985.01.28

대회	연도	소속	출전	교체	득점	도움	파울	경고	퇴장
BC	2008	대구	7	5	0	0	5	2	0
	2009	대구	25	4	2	0	31	6	0
	2010	대구	23	2	0	1	31	4	0
	2011	전남	14	5	0	0	17	3	0
	2012	상주	19	2	1	2	17	2	0
	합계		88	18	4	2	101	17	0
K1	2013	전남	2	0	0	0	2	0	0
	2014	전남	32	3	1	0	36	3	0
	2015	전남	24	9	0	0	16	4	0
	2016	전남	11	4	0	0	7	3	0
	합계		69	16	1	0	61	10	0
K2	2013	상주	14	1	1	0	18	0	1
	2017	안양	15	0	1	0	5	3	0
	합계		29	1	2	0	23	3	1
프로통산			186	35	7	2	185	30	1

방승환(方承奐) 동국대 1983.02.25

대회	연도	소속	출전	교체	득점	도움	파울	경고	퇴장
BC	2004	인천	25	18	4	0	46	3	0
	2005	인천	31	21	5	2	67	3	0
	2006	인천	30	22	3	0	65	5	0
	2007	인천	28	15	6	5	69	9	0
	2008	인천	13	8	1	2	22	2	1
	2009	제주	27	16	4	3	51	3	0
	2010	서울	21	18	3	4	31	6	0
	2011	서울	16	14	2	1	18	3	0
	2012	부산	33	25	5	0	32	7	0
	합계		224	157	35	15	454	41	1
K1	2013	부산	14	11	0	0	22	2	0
	합계		14	11	0	0	22	2	0
프로통산			238	168	35	15	476	43	1

방윤출(方允出) 대신고 1957.05.15

대회	연도	소속	출전	교체	득점	도움	파울	경고	퇴장
BC	1984	한일은행	17	13	0	2	2	0	0
	합계		17	13	0	2	2	0	0
프로통산			17	13	0	2	2	0	0

방인웅(方寅雄) 인천대 1962.01.31

대회	연도	소속	출전	교체	득점	도움	파울	경고	퇴장
BC	1986	유공	7	1	0	0	18	1	0
	1987	유공	6	1	0	0	8	1	0
	1989	일화	23	5	0	0	35	4	0
	1991	일화	23	6	0	1	35	5	1
	1992	일화	26	1	1	0	41	6	0
	1993	일화	28	6	0	0	33	5	1
	1994	일화	5	3	0	1	12	0	0
	1995	일화	10	6	0	0	19	1	0
	합계		128	29	1	2	201	23	2
프로통산			128	29	1	2	201	23	2

방찬준(方讚唆) 한남대 1994.04.15

대회	연도	소속	출전	교체	득점	도움	파울	경고	퇴장
K1	2015	수원	1	1	0	0	0	0	0
	합계		1	1	0	0	0	0	0
K2	2016	강원	10	10	3	0	4	0	0
	2019	안산	22	22	4	2	8	1	0
	합계		32	32	7	2	12	1	0
프로통산			33	33	7	2	12	1	0

배관영(裵寬榮) 울산대 1982.04.13

대회	연도	소속	출전	교체	실점	도움	파울	경고	퇴장
BC	2005	울산	0	0	0	0	0	0	0
	2006	울산	0	0	0	0	0	0	0
	2007	울산	0	0	0	0	0	0	0
	2008	울산	0	0	0	0	0	0	0
	합계		0	0	0	0	0	0	0
프로통산			0	0	0	0	0	0	0

배기종(裵起鐘) 광운대 1983.05.26

대회	연도	소속	출전	교체	득점	도움	파울	경고	퇴장
BC	2006	대전	27	22	7	3	50	3	0
	2007	수원	17	13	0	2	19	0	0
	2008	수원	16	16	5	3	28	1	0

대회	연도	소속	출전	교체	득점	도움	파울	경고	퇴장
	2009	수원	19	14	2	1	29	3	0
	2010	제주	24	18	5	1	40	1	0
	2011	제주	26	15	3	6	40	2	0
	합계		129	98	22	16	206	10	0
K1	2013	제주	8	2	2	1	15	2	0
	2014	수원	14	12	3	1	12	0	0
	2015	제주	9	8	2	3	11	2	0
	2018	경남	23	23	2	1	11	1	0
	2019	경남	31	30	5	1	13	4	0
	합계		85	75	14	7	62	9	0
K2	2013	경찰	18	10	3	4	15	3	1
	2016	경남	15	14	4	3	14	0	0
	2017	경남	32	30	6	3	12	2	0
	2020	경남	4	4	0	1	2	0	0
	합계		69	58	13	11	43	5	1
승	2019	경남	2	2	0	0	0	0	0
	합계		2	2	0	0	0	0	0
프로통산			285	233	49	34	312	24	1

배민호(裵珉鎬) 한양대 1991.10.25

대회	연도	소속	출전	교체	득점	도움	파울	경고	퇴장
K2	2014	고양	19	6	0	0	14	1	0
	합계		19	6	0	0	14	1	0
프로통산			19	6	0	0	14	1	0

배성재(裵城裁) 한양대 1979.07.01

대회	연도	소속	출전	교체	득점	도움	파울	경고	퇴장
BC	2002	대전	8	6	0	0	14	2	0
	2003	대전	4	4	0	0	4	0	0
	2004	대전	6	4	0	0	7	0	0
	합계		18	10	0	0	25	2	0
프로통산			18	10	0	0	25	2	0

배세현(裵世玹) 제주 U-18 1995.03.27

대회	연도	소속	출전	교체	득점	도움	파울	경고	퇴장
K1	2015	제주	1	1	0	0	2	0	0
	합계		1	1	0	0	2	0	0
프로통산			1	1	0	0	2	0	0

배수용(裵洙鎔) 보인고 1998.06.07

대회	연도	소속	출전	교체	득점	도움	파울	경고	퇴장
K2	2020	충남아산	23	0	0	0	18	4	0
	2021	충남아산	2	2	0	0	0	0	0
	합계		25	2	0	0	18	4	0
프로통산			25	2	0	0	18	4	0

배수한(裵洙漢) 예원예술대 1988.09.15

대회	연도	소속	출전	교체	득점	도움	파울	경고	퇴장
K2	2013	수원FC	2	2	0	0	0	0	0
	합계		2	2	0	0	0	0	0
프로통산			2	2	0	0	0	0	0

배수현(裵洙鉉) 건국대 1969.10.30

대회	연도	소속	출전	교체	득점	도움	파울	경고	퇴장
BC	1992	현대	2	2	0	0	0	0	0
	합계		2	2	0	0	0	0	0
프로통산			2	2	0	0	0	0	0

배슬기(裵슬기) 광양제철고 1985.06.09

대회	연도	소속	출전	교체	득점	도움	파울	경고	퇴장
BC	2012	포항	0	0	0	0	0	0	0
	합계		0	0	0	0	0	0	0
K1	2013	포항	3	1	0	0	4	1	0
	2014	포항	14	3	1	0	22	3	0
	2015	포항	27	0	1	0	42	8	0
	2016	포항	26	1	1	0	28	4	0
	2017	포항	36	2	1	0	28	1	0
	2018	포항	17	10	0	0	4	1	0
	2019	포항	12	7	0	0	5	1	0
	합계		135	24	5	2	129	19	0
프로통산			135	24	5	2	129	19	0

배승진(裵乘振) 오산중 1987.11.03

대회	연도	소속	출전	교체	득점	도움	파울	경고	퇴장
K1	2014	인천	11	2	0	0	26	3	0
	2016	인천	4	2	0	0	8	1	0
	2019	경남	7	3	0	1	9	1	0
	합계		22	7	0	1	43	5	0
K2	2015	안산경찰	33	6	0	0	58	10	0
	2016	안산무궁	7	3	2	0	7	1	0
	2017	성남	20	5	0	0	23	5	0
	2020	경남	21	0	0	0	36	8	0
	2021	경남	15	6	0	0	15	2	0
	합계		96	20	2	0	139	26	0
프로통산			118	27	2	1	182	31	0

배신영(裵信泳) 단국대 1992.06.11

대회	연도	소속	출전	교체	득점	도움	파울	경고	퇴장
K1	2016	수원FC	9	7	0	0	2	1	1
	2019	상주	3	3	0	1	2	0	0
	합계		12	10	0	1	4	1	1
K2	2015	수원FC	26	14	5	0	21	2	0
	2016	대구	3	3	0	0	2	0	0
	2017	수원FC	13	13	0	0	5	1	0
	2018	수원FC	5	4	0	0	9	1	0
	합계		47	34	5	0	37	3	0
승	2015	수원FC	2	2	0	0	0	0	0
	합계		2	2	0	0	0	0	0
프로통산			61	46	5	1	41	4	1

배실용(裵實龍) 광운대 1962.04.11

대회	연도	소속	출전	교체	득점	도움	파울	경고	퇴장
BC	1985	한일은행	4	2	0	0	3	0	0
	1986	한일은행	9	1	0	0	18	0	0
	합계		13	3	0	0	21	0	0
프로통산			13	3	0	0	21	0	0

배인영(裵仁英) 영남대 1990.03.12

대회	연도	소속	출전	교체	실점	도움	파울	경고	퇴장
K1	2013	대구	0	0	0	0	0	0	0
	합계		0	0	0	0	0	0	0
프로통산			0	0	0	0	0	0	0

배일환(裵日換) 단국대 1988.07.20

대회	연도	소속	출전	교체	득점	도움	파울	경고	퇴장
BC	2011	제주	2	2	0	0	2	0	0
	2012	제주	40	29	5	2	56	1	0
	합계		42	31	5	2	58	1	0
K1	2013	제주	31	22	2	6	46	2	0
	2014	제주	22	18	1	1	25	1	0
	2016	상주	4	1	0	0	6	1	0
	2018	제주	4	4	0	1	2	1	0
	합계		61	45	2	8	74	4	0
K2	2015	상주	24	18	3	2	24	0	0
	합계		24	18	3	2	24	0	0
프로통산			127	94	10	12	156	5	0

배재우(裵栽釪) 용인대 1993.05.17

대회	연도	소속	출전	교체	득점	도움	파울	경고	퇴장
K1	2015	제주	6	2	0	0	8	3	0
	2016	제주	16	9	1	0	13	2	0
	2017	제주	13	6	0	1	7	1	0
	2018	제주	4	1	0	0	4	0	0
	2018	울산	3	3	0	0	2	0	0
	2019	상주	4	1	0	0	3	1	0
	2020	울산	13	1	0	0	19	2	0
	2021	울산	7	4	0	2	4	0	0
	합계		56	21	0	3	54	7	0
프로통산			56	21	0	3	54	7	0

배주익(裵住翊) 서울시립대 1976.09.09

대회	연도	소속	출전	교체	득점	도움	파울	경고	퇴장
BC	1999	천안일화	2	2	0	0	2	0	0
	합계		2	2	0	0	2	0	0
프로통산			2	2	0	0	2	0	0

배준렬(裵俊烈) 대건고 1996.09.23

대회	연도	소속	출전	교체	득점	도움	파울	경고	퇴장
K2	2016	부천	5	5	0	0	6	1	0
	합계		5	5	0	0	6	1	0
프로통산			5	5	0	0	6	1	0

배지훈(裵智焄) 홍익대 1995.05.30

대회	연도	소속	출전	교체	득점	도움	파울	경고	퇴장
K2	2017	수원FC	20	5	0	2	25	4	0
	2018	수원FC	9	3	1	0	14	1	0
	합계		29	8	1	2	34	6	0
프로통산			29	8	1	2	34	6	0

배진수(裵眞銖) 중앙대 1976.01.25

대회	연도	소속	출전	교체	득점	도움	파울	경고	퇴장
BC	2001	성남일화	2	3	0	0	4	0	0
	2004	성남일화	1	1	0	0	3	0	0
	합계		3	4	0	0	7	0	0
프로통산			3	4	0	0	7	0	0

배창근(裵昌根) 영남대 1971.03.16

대회	연도	소속	출전	교체	득점	도움	파울	경고	퇴장
BC	1994	포항제철	9	9	1	0	6	0	0
	1995	포항	6	5	1	0	1	0	0
	합계		15	14	1	1	7	1	0
프로통산			15	14	1	1	7	1	0

배천석(裵千奭) 숭실대 1990.04.27

대회	연도	소속	출전	교체	득점	도움	파울	경고	퇴장
K1	2013	포항	20	17	4	2	19	1	0
	2014	포항	3	3	0	0	3	0	0
	2015	부산	21	7	1	1	36	0	0
	2016	전남	23	16	3	1	12	3	0
	2017	전남	9	8	0	3	9	3	0
	합계		76	51	8	7	79	7	0
프로통산			76	51	8	7	79	7	0

배해민(裵海珉) 중앙중 1988.04.25

대회	연도	소속	출전	교체	득점	도움	파울	경고	퇴장
BC	2007	서울	2	2	0	0	0	0	0
	2008	서울	1	1	0	0	0	0	0
	2011	서울	2	2	0	0	0	0	0
	합계		5	5	0	0	0	0	0
K2	2015	고양	13	13	1	0	6	0	0
	합계		13	13	1	0	6	0	0
프로통산			18	18	1	0	6	0	0

배효성(裵曉星) 관동대(가톨릭관동대) 1982.01.01

대회	연도	소속	출전	교체	득점	도움	파울	경고	퇴장
BC	2004	부산	12	2	1	0	15	2	0
	2005	부산	34	0	0	0	44	2	0
	2006	부산	38	0	1	0	42	3	0
	2007	부산	29	0	0	0	36	7	1
	2008	부산	10	1	0	3	14	0	0
	2009	광주상무	25	2	0	0	41	9	0
	2010	광주상무	26	1	0	1	28	6	0
	2011	인천	31	2	1	0	41	6	0
	2012	강원	29	5	1	0	12	7	0
	합계		234	13	4	4	273	42	1
K1	2013	강원	34	0	4	0	32	5	1
	합계		34	0	4	0	32	5	1
K2	2014	강원	15	1	0	2	29	9	1
	2015	경남	34	5	2	3	21	5	0
	2016	충주	19	3	0	1	17	4	0
	합계		68	9	2	6	67	18	1
승	2013	강원	2	0	0	0	5	2	0
	합계		2	0	0	0	5	2	0
프로통산			338	22	10	10	377	67	3

백기홍(白起洪) 경북산업대(경일대) 1971.03.11

대회	연도	소속	출전	교체	득점	도움	파울	경고	퇴장
BC	1990	포항제철	1	1	0	0	0	0	0
	1991	포항제철	1	1	0	1	1	0	0
	1992	포항제철	15	11	2	1	16	1	0
	1993	포항제철	26	15	0	4	35	4	0
	1994	포항제철	22	11	1	0	14	2	0
	1995	포항	19	16	0	2	24	1	0
	1996	포항							

대회	연도	소속	출전	교체	득점	도움	파울	경고	퇴장
	1997	포항	5	3	0	0	2	0	0
	1997	천안일화	17	12	0	0	20	2	0
	1998	천안일화	11	10	0	0	11	0	0
	1999	안양LG	4	2	0	1	3	0	0
합계			121	82	3	10	132	5	0
프로통산			121	82	3	10	132	5	0

백남수(白南秀) 한양대 1961.11.10

대회	연도	소속	출전	교체	득점	도움	파울	경고	퇴장
BC	1983	유공	14	6	0	1	11	2	0
	1984	유공	17	11	1	2	13	0	0
	1985	유공	8	3	1	0	11	2	0
	1986	포항제철	19	10	1	0	14	0	0
합계			58	30	3	3	49	4	0
프로통산			58	30	3	3	49	4	0

백동규(白棟圭) 동아대 1991.05.30

대회	연도	소속	출전	교체	득점	도움	파울	경고	퇴장
K1	2015	제주	16	2	0	0	27	3	0
	2016	제주	21	7	0	1	24	1	0
	2017	제주	3	1	0	0	5	2	0
	2018	상주	18	9	0	0	19	2	0
	2019	상주	15	9	0	0	14	0	0
	2019	제주	8	2	0	0	13	0	0
합계			81	30	0	1	102	15	0
K2	2014	안양	24	9	0	0	30	4	0
	2015	안양	12	0	0	0	19	4	0
	2020	제주	11	2	0	0	17	5	0
	2021	안양	35	0	1	0	35	3	1
합계			82	11	3	0	101	16	1
프로통산			163	41	3	1	203	31	1

백민철(白珉喆) 동국대 1977.07.28

대회	연도	소속	출전	교체	실점	도움	파울	경고	퇴장
BC	2000	안양LG	0	0	0	0	0	0	0
	2002	안양LG	0	0	0	0	0	0	0
	2003	광주상무	5	0	0	0	0	0	0
	2004	광주상무	6	0	0	0	0	0	0
	2005	서울	0	0	0	0	0	0	0
	2006	대구	23	0	26	0	1	1	0
	2007	대구	33	0	51	0	1	2	0
	2008	대구	36	0	77	0	2	2	0
	2009	대구	0	1	22	0	0	0	0
	2010	대구	33	0	68	0	0	3	0
	2011	대구	10	0	18	0	0	1	0
	2012	경남	8	1	16	0	0	1	0
합계			174	2	291	0	4	11	0
K1	2013	경남	21	0	20	0	1	0	0
합계			21	0	20	0	1	0	0
K2	2014	광주	6	0	7	0	0	0	0
합계			6	0	7	0	0	0	0
승	2014	광주	0	0	0	0	0	0	0
프로통산			201	2	318	0	4	11	0

백상훈(白尙訓) 오산고 2002.01.07

대회	연도	소속	출전	교체	득점	도움	파울	경고	퇴장
K1	2021	서울	18	16	0	0	22	0	1
합계			18	16	0	0	22	0	1
프로통산			18	16	0	0	22	0	1

백선규(白善圭) 한남대 1989.05.02

대회	연도	소속	출전	교체	실점	도움	파울	경고	퇴장
BC	2011	인천	1	0	4	0	0	0	0
	2012	인천	0	0	0	0	0	0	0
합계			1	0	4	0	0	0	0
프로통산			1	0	4	0	0	0	0

백성동(白星東) 연세대 1991.08.13

대회	연도	소속	출전	교체	득점	도움	파울	경고	퇴장
K2	2017	수원FC	32	9	8	4	43	3	0
	2018	수원FC	30	10	5	1	27	3	0
	2019	수원FC	35	1	7	7	36	3	0
	2020	경남	26	2	9	2	24	1	0
	2021	경남	33	3	4	6	18	1	0
합계			156	25	33	20	148	11	0
프로통산			156	25	33	20	148	11	0

백성우(白成右) 단국대 1990.04.08

대회	연도	소속	출전	교체	실점	도움	파울	경고	퇴장
K2	2013	안양	2	0	4	0	0	0	0
합계			2	0	4	0	0	0	0
프로통산			2	0	4	0	0	0	0

백성진(白聖辰) 중앙대 1954.05.12

대회	연도	소속	출전	교체	득점	도움	파울	경고	퇴장
BC	1983	국민은행	14	3	0	0	10	0	0
합계			14	3	0	0	10	0	0
프로통산			14	3	0	0	10	0	0

백송(白松) 아주대 1966.08.15

대회	연도	소속	출전	교체	득점	도움	파울	경고	퇴장
BC	1989	유공	15	12	0	0	18	2	0
	1990	유공	1	1	0	0	0	0	0
	1993	유공	12	11	0	0	12	0	0
	1994	버팔로	30	19	8	2	20	4	0
	1995	전북	11	12	1	0	19	2	0
합계			69	55	9	2	69	12	0
프로통산			69	55	9	2	69	12	0

백수현(白守鉉) 상지대 1986.07.20

대회	연도	소속	출전	교체	득점	도움	파울	경고	퇴장
BC	2010	경남	1	1	0	0	1	0	0
합계			1	1	0	0	1	0	0
프로통산			1	1	0	0	1	0	0

백승대(白承大) 아주대 1970.03.02

대회	연도	소속	출전	교체	득점	도움	파울	경고	퇴장
BC	1991	현대	9	2	0	0	10	0	0
	1992	현대	33	6	0	2	35	1	0
	1993	현대	26	0	1	0	30	3	0
	1997	안양LG	11	11	1	0	16	2	0
합계			79	19	1	2	91	6	0
프로통산			79	19	1	2	91	6	0

백승민(白承敏) 백암고 1986.03.12

대회	연도	소속	출전	교체	득점	도움	파울	경고	퇴장
BC	2006	전남	18	15	1	1	25	0	0
	2007	전남	16	10	0	0	18	1	0
	2008	전남	17	4	0	1	29	4	0
	2009	전남	20	7	0	1	24	3	0
	2010	전남	21	12	3	2	32	2	0
	2011	전남	1	1	0	0	0	0	0
합계			93	52	3	5	128	10	0
프로통산			93	52	3	5	128	10	0

백승우(白承禑) 연세대 1999.04.27

대회	연도	소속	출전	교체	득점	도움	파울	경고	퇴장
K2	2020	제주	1	1	0	0	0	0	0
합계			1	1	0	0	0	0	0
프로통산			1	1	0	0	0	0	0

백승우(白承祐) 동아대 1973.05.28

대회	연도	소속	출전	교체	득점	도움	파울	경고	퇴장
BC	1996	부천유공	5	3	0	0	3	0	0
	1997	부천SK	3	3	0	0	3	0	0
합계			8	6	0	0	6	0	0
프로통산			8	6	0	0	6	0	0

백승원(白承原) 강원대 1992.04.18

대회	연도	소속	출전	교체	득점	도움	파울	경고	퇴장
K1	2015	인천	3	2	0	0	7	2	0
합계			3	2	0	0	7	2	0
프로통산			3	2	0	0	7	2	0

백승철(白承哲) 영남대 1975.03.09

대회	연도	소속	출전	교체	득점	도움	파울	경고	퇴장
BC	1998	포항	35	21	12	3	65	3	0
	1999	포항	21	18	1	1	42	1	0
합계			56	39	13	4	107	4	0
프로통산			56	39	13	4	107	4	0

백승현(白承鉉) 울산대 1995.03.10

대회	연도	소속	출전	교체	득점	도움	파울	경고	퇴장
K1	2018	전남	1	1	0	1	0	0	0
합계			1	1	0	1	0	0	0
프로통산			1	1	0	1	0	0	0

백승호(白昇浩) 대신고 1997.03.17

대회	연도	소속	출전	교체	득점	도움	파울	경고	퇴장
K1	2021	전북	25	7	4	0	21	2	0
합계			25	7	4	0	21	2	0
프로통산			25	7	4	0	21	2	0

백영철(白榮喆) 경희대 1978.11.11

대회	연도	소속	출전	교체	득점	도움	파울	경고	퇴장
BC	2001	성남일화	11	6	2	1	24	3	0
	2002	성남일화	18	16	0	2	26	1	1
	2003	성남일화	1	1	0	0	0	0	0
	2004	성남일화	7	7	0	0	3	0	0
	2005	포항	22	20	1	0	18	2	0
	2006	경남	21	13	1	2	46	5	1
	2007	경남	16	11	0	0	20	2	0
	2008	대구	26	1	0	1	68	7	0
	2009	대구	25	5	0	3	43	7	1
	2010	대구	10	8	0	0	11	3	0
합계			157	88	4	9	259	30	3
프로통산			157	88	4	9	259	30	3

백자건(Bai Zijian, 白子建) 중국 1992.10.16

대회	연도	소속	출전	교체	득점	도움	파울	경고	퇴장
BC	2011	대전	14	14	0	1	7	1	0
합계			14	14	0	1	7	1	0
프로통산			14	14	0	1	7	1	0

백재우(白裁宇) 광주대 1991.04.27

대회	연도	소속	출전	교체	득점	도움	파울	경고	퇴장
K2	2016	안양	0	0	0	0	0	0	0
합계			0	0	0	0	0	0	0
프로통산			0	0	0	0	0	0	0

백종범(白種範) 오산고 2001.01.21

대회	연도	소속	출전	교체	실점	도움	파울	경고	퇴장
K1	2020	서울	1	0	4	0	0	0	0
	2021	서울	0	0	0	0	0	0	0
합계			1	0	4	0	0	0	0
프로통산			1	0	4	0	0	0	0

백종철(白鐘哲) 경희대 1961.03.09

대회	연도	소속	출전	교체	득점	도움	파울	경고	퇴장
BC	1984	현대	28	9	16	4	19	0	0
	1985	현대	6	4	0	0	5	0	0
	1986	현대	12	12	3	0	10	0	0
	1987	현대	25	19	3	2	11	0	0
	1988	현대	20	15	4	1	14	0	0
	1989	일화	26	13	1	2	16	1	0
	1990	일화	22	6	8	2	21	1	0
	1991	일화	4	2	1	0	4	0	0
합계			143	80	36	11	100	2	0
프로통산			143	80	36	11	100	2	0

백종환(白鐘煥) 인천대 1985.04.18

대회	연도	소속	출전	교체	득점	도움	파울	경고	퇴장
BC	2008	제주	7	6	0	0	7	2	0
	2009	제주	5	3	0	0	7	2	0
	2010	제주	0	0	0	0	0	0	0
	2010	강원	7	6	1	0	8	0	0
	2011	강원	20	13	0	0	24	2	0
	2012	강원	36	22	2	5	74	8	0
합계			75	48	3	1	102	13	0
K1	2014	상주	16	4	1	0	31	4	0
	2017	강원	10	8	0	0	15	3	0
합계			26	12	1	0	46	7	0
K2	2013	상주	32	7	0	7	49	6	0
	2014	강원	9	2	0	0	21	2	0

	2015	강원	34	4	2	1	54	9	0
	2016	강원	33	2	0	2	45	8	0
	2018	대전	5	2	0	0	14	0	0
	합계		113	17	2	10	176	25	0
승	2013	상주	2	0	0	0	1	0	0
	합계		2	0	0	0	1	0	0
프로통산			216	77	6	11	325	45	0

백주현(白周俔) 조선대 1984.02.09

대회	연도	소속	출전	교체	득점	도움	파울	경고	퇴장
BC	2006	수원	6	5	0	0	10	2	0
	2008	광주상무	1	1	0	0	0	0	0
	합계		7	6	0	0	10	2	0
프로통산			7	6	0	0	10	2	0

백지훈(白智勳) 안동고 1985.02.28

대회	연도	소속	출전	교체	득점	도움	파울	경고	퇴장
BC	2003	전남	4	4	0	0	4	0	0
	2004	전남	18	10	1	0	32	1	0
	2005	서울	22	16	2	0	34	3	0
	2006	서울	15	10	1	0	19	2	0
	2006	수원	14	4	5	0	27	2	0
	2007	수원	23	6	1	4	27	3	0
	2008	수원	22	12	4	0	29	3	0
	2009	수원	23	15	1	2	19	4	0
	2010	수원	15	11	2	1	8	2	0
	2012	상주	14	13	0	1	8	2	0
	합계		170	98	22	9	195	20	0
K1	2014	울산	19	19	2	0	6	0	0
	2015	수원	21	16	0	0	11	0	0
	2016	수원	18	14	0	1	9	3	0
	합계		58	49	2	1	25	3	0
K2	2013	상주	11	11	1	0	6	0	0
	2017	서울E	15	12	1	0	9	2	0
	합계		26	23	2	0	15	2	0
프로통산			254	170	26	10	235	25	1

백진철(白進哲) 중앙대 1982.02.03

대회	연도	소속	출전	교체	득점	도움	파울	경고	퇴장
BC	2006	전남	2	2	1	0	0	0	0
	합계		2	2	1	0	0	0	0
프로통산			2	2	1	0	0	0	0

백치수(白致洙) 한양대 1962.09.03

대회	연도	소속	출전	교체	득점	도움	파울	경고	퇴장
BC	1984	포항제철	23	4	0	0	22	1	0
	1985	포항제철	20	3	0	2	20	0	0
	1986	포항제철	20	8	0	1	17	0	0
	1987	포항제철	6	6	0	0	3	0	0
	1988	포항제철	18	3	1	0	23	1	0
	1989	포항제철	20	13	1	0	17	1	0
	합계		107	37	2	3	102	4	0
프로통산			107	37	2	3	102	4	0

백현영(白鉉英) 고려대 1958.07.29

대회	연도	소속	출전	교체	득점	도움	파울	경고	퇴장
BC	1984	유공	19	17	0	0	8	0	0
	1985	유공	12	5	4	1	10	1	0
	1986	유공	21	10	4	1	11	0	0
	합계		52	32	8	1	29	1	0

백형진(白亨珍) 건국대 1970.07.01

대회	연도	소속	출전	교체	득점	도움	파울	경고	퇴장
BC	1998	안양LG	19	16	2	1	20	3	0
	1999	안양LG	20	21	1	0	16	2	0
	합계		39	37	3	1	36	5	0
프로통산			39	37	3	1	36	5	0

번즈(Nathan Joel Burns) 오스트레일리아 1988.05.07

대회	연도	소속	출전	교체	득점	도움	파울	경고	퇴장
BC	2012	인천	3	3	0	0	4	0	0
	합계		3	3	0	0	4	0	0
프로통산			3	3	0	0	4	0	0

베네가스(Gabriel Nicolas Benegas) 아르헨티나 1996.03.01

대회	연도	소속	출전	교체	득점	도움	파울	경고	퇴장
K2	2021	서울E	23	13	6	1	70	7	0
	합계		23	13	6	1	70	7	0
프로통산			23	13	6	1	70	7	0

베르나르도(Bernardo Vieira de Souza) 브라질 1990.05.20

대회	연도	소속	출전	교체	득점	도움	파울	경고	퇴장
K1	2016	울산	0	0	0	0	0	0	0
	합계		0	0	0	0	0	0	0
프로통산			0	0	0	0	0	0	0

베르손(Bergson Gustavo Silveira da Silva) 브라질 1991.02.09

대회	연도	소속	출전	교체	득점	도움	파울	경고	퇴장
BC	2011	수원	8	8	0	0	5	2	0
	합계		8	8	0	0	5	2	0
K1	2015	부산	7	7	0	0	9	0	0
	합계		7	7	0	0	9	0	0
프로통산			15	15	0	0	14	3	0

베리(Greggory Austin Berry) 미국 1988.10.06

대회	연도	소속	출전	교체	득점	도움	파울	경고	퇴장
K2	2015	안양	34	1	1	0	34	2	0
	합계		34	1	1	0	34	2	0
프로통산			34	1	1	0	34	2	0

베리발두(Perivaldo Lucio Dantas) 브라질 1953.07.12

대회	연도	소속	출전	교체	득점	도움	파울	경고	퇴장
BC	1987	유공	1	1	0	0	0	0	0
	합계		1	1	0	0	0	0	0
프로통산			1	1	0	0	0	0	0

베크리치(Samir Bekrić) 보스니아 헤르체고비나 1984.10.20

대회	연도	소속	출전	교체	득점	도움	파울	경고	퇴장
BC	2010	인천	16	7	2	0	7	0	0
	합계		16	7	2	0	7	0	0
프로통산			16	7	2	0	7	0	0

베하(Pecha Laszlo) 헝가리 1963.10.26

대회	연도	소속	출전	교체	득점	도움	파울	경고	퇴장
BC	1990	포항제철	10	4	0	0	12	0	0
	1991	포항제철	5	5	1	0	4	0	0
	합계		15	9	1	0	16	0	0
프로통산			15	9	1	0	16	0	0

벨라스케즈(Juan Sebastian Velasquez) 콜롬비아 1991.02.11

대회	연도	소속	출전	교체	득점	도움	파울	경고	퇴장
K2	2019	수원FC	8	8	0	0	8	0	0
	합계		8	8	0	0	8	0	0
프로통산			8	8	0	0	8	0	0

벨루소(Jonatas Elias Belusso) 시리아 1988.06.10

대회	연도	소속	출전	교체	득점	도움	파울	경고	퇴장
K2	2015	강원	31	21	15	1	31	2	0
	2016	서울E	17	13	4	1	20	4	0
	합계		48	34	19	2	51	6	0
프로통산			48	34	19	2	51	6	0

벨코스키(Krste Velkoski) 마케도니아 1988.02.20

대회	연도	소속	출전	교체	득점	도움	파울	경고	퇴장
K1	2016	인천	24	14	4	2	19	0	0
	합계		24	14	4	2	19	0	0
프로통산			24	14	4	2	19	0	0

변경준(邊勁峻) 통진고 2002.04.08

대회	연도	소속	출전	교체	득점	도움	파울	경고	퇴장
K1	2021	제주	3	3	0	0	4	0	0
	합계		3	3	0	0	4	0	0
프로통산			3	3	0	0	4	0	0

변병주(邊炳柱) 연세대 1961.04.26

대회	연도	소속	출전	교체	득점	도움	파울	경고	퇴장
BC	1983	대우	4	0	1	0	8	0	0
	1984	대우	19	9	4	1	18	1	0
	1985	대우	5	1	1	2	7	0	0
	1986	대우	12	5	3	3	14	0	0
	1987	대우	30	15	5	4	43	1	0
	1988	대우	11	6	2	3	12	0	0
	1989	대우	5	4	1	1	33	0	0
	1990	현대	10	3	4	0	14	2	0
	1991	현대	22	15	3	1	31	1	0
	합계		131	59	28	16	175	4	0
프로통산			131	59	28	16	175	4	0

변성환(卞盛奐) 울산대 1979.12.22

대회	연도	소속	출전	교체	득점	도움	파울	경고	퇴장
BC	2002	울산	25	12	0	0	40	11	0
	2003	울산	14	7	0	0	15	0	1
	2004	울산	15	0	0	0	14	1	0
	2005	울산	5	1	0	0	6	1	0
	2006	울산	27	17	0	0	35	3	0
	2007	부산	23	3	0	0	28	4	0
	2008	제주	25	9	1	0	38	4	0
	2012	성남일화	5	5	0	0	4	0	0
	합계		139	53	1	4	160	12	2
K2	2013	안양	21	2	0	3	36	3	0
	2014	안양	2	1	0	1	0	0	0
	합계		23	3	0	3	36	3	0
프로통산			161	56	1	4	196	15	2

변옹(卞雄) 울산대 1986.05.07

대회	연도	소속	출전	교체	득점	도움	파울	경고	퇴장
BC	2009	울산	2	2	0	0	1	0	0
	2010	광주상무	10	9	0	0	7	0	0
	2011	상주	7	1	0	0	6	0	0
	합계		19	12	1	0	19	1	0
K1	2013	울산	1	1	0	0	0	0	0
	합계		1	1	0	0	0	0	0
K2	2014	충주	16	7	1	0	31	4	0
	합계		16	7	1	0	31	4	0
프로통산			36	20	2	0	50	5	0

변일우(邊一雨) 경희대 1959.03.01

대회	연도	소속	출전	교체	득점	도움	파울	경고	퇴장
BC	1984	할렐루야	23	13	3	1	21	0	0
	1985	할렐루야	14	7	2	1	15	0	0
	합계		37	20	5	2	36	0	0
프로통산			37	20	5	2	36	0	0

변재섭(邊載燮) 전주대 1975.09.17

대회	연도	소속	출전	교체	득점	도움	파울	경고	퇴장
BC	1997	전북	26	9	2	3	31	4	0
	1998	전북	25	12	3	4	36	4	0
	1999	전북	34	13	2	4	27	3	0
	2000	전북	32	21	0	4	24	2	0
	2001	전북	25	11	2	3	43	5	0
	2002	전북	24	10	0	1	24	2	0
	2003	전북	8	3	0	0	6	0	0
	2004	부천SK	15	6	1	2	25	1	0
	2005	부천SK	33	21	1	4	23	1	0
	2006	제주	25	17	2	4	33	2	0
	2007	전북	8	3	0	1	9	2	0
	합계		230	120	13	26	247	24	0
프로통산			230	120	13	26	247	24	0

변정석(邊晶錫) 인천대 1993.03.04

대회	연도	소속	출전	교체	득점	도움	파울	경고	퇴장
K2	2016	대전	1	1	0	0	0	0	0
	합계		1	1	0	0	0	0	0
프로통산			1	1	0	0	0	0	0

변준범(邊峻範) 건국대 1991.02.05

대회	연도	소속	출전	교체	득점	도움	파울	경고	퇴장
K2	2019	서울E	23	4	0	0	18	3	0
	합계		23	4	0	0	18	3	0
프로통산			23	4	0	0	18	3	0

변준수 (卞俊殊) 한양대 2001.11.30

대회	연도	소속	출전	교체	득점	도움	파울	경고	퇴장
K2	2021	대전	1	0	0	0	3	1	0
	합계		1	0	0	0	3	1	0
프로통산			1	0	0	0	3	1	0

보그단 (Bogdan Milić / ← 복이) 몬테네그로 1987.11.24

대회	연도	소속	출전	교체	득점	도움	파울	경고	퇴장
BC	2012	광주	36	20	5	3	74	6	0
	합계		36	20	5	3	74	6	0
K2	2013	수원FC	28	16	3	5	38	2	0
	합계		28	16	3	5	38	2	0
프로통산			64	36	8	8	112	8	0

보띠 (Raphael Jose Botti Zacarias Sena) 브라질 1981.02.23

대회	연도	소속	출전	교체	득점	도움	파울	경고	퇴장
BC	2002	전북	19	19	0	0	28	1	0
	2003	전북	29	15	1	1	71	1	0
	2004	전북	21	4	3	2	51	5	0
	2005	전북	30	8	2	4	68	3	1
	2006	전북	30	16	4	0	51	5	0
	합계		129	62	14	7	269	15	1
프로통산			129	62	14	7	269	15	1

보로 (Boro Janicić) 유고슬라비아 1967.01.01

대회	연도	소속	출전	교체	득점	도움	파울	경고	퇴장
BC	1994	LG	28	7	0	3	30	5	0
	1995	LG	15	9	0	0	15	1	0
	합계		43	16	0	3	45	6	0
프로통산			43	16	0	3	45	6	0

보르코 (Borko Veselinović) 세르비아 몬테네그로 1986.01.06

대회	연도	소속	출전	교체	득점	도움	파울	경고	퇴장
BC	2008	인천	30	16	7	3	30	3	0
	2009	인천	19	13	1	0	36	1	0
	합계		49	29	8	3	66	4	0
프로통산			49	29	8	3	66	4	0

보리스 (Boris Yakovlevich Tropanets) 몰도바 1964.10.11

대회	연도	소속	출전	교체	득점	도움	파울	경고	퇴장
BC	1996	부천유공	1	1	0	0	0	0	0
	합계		1	1	0	0	0	0	0
프로통산			1	1	0	0	0	0	0

보리스 (Boris Vostrosablin) 러시아 1968.10.07

대회	연도	소속	출전	교체	득점	도움	파울	경고	퇴장
BC	1997	부천SK	28	0	5	0	34	3	1
	1998	부천SK	19	15	1	0	16	4	0
	합계		47	15	6	0	50	7	1
프로통산			47	15	6	0	50	7	1

보리스 (Boris Raić) 크로아티아 1976.12.03

대회	연도	소속	출전	교체	득점	도움	파울	경고	퇴장
BC	2003	부천SK	15	1	0	0	18	5	0
	2004	부천SK	26	3	0	0	49	7	0
	2005	부천SK	7	1	0	0	13	2	0
	합계		48	5	0	0	80	14	0
프로통산			48	5	0	0	80	14	0

보비 (Robert Cullen) 일본 1985.06.07

대회	연도	소속	출전	교체	득점	도움	파울	경고	퇴장
K2	2015	서울E	35	20	2	4	37	2	0
	합계		35	20	2	4	37	2	0
프로통산			35	20	2	4	37	2	0

보산치치 (Milos Bosancić) 세르비아 1988.05.22

대회	연도	소속	출전	교체	득점	도움	파울	경고	퇴장
K1	2013	경남	31	10	9	1	43	5	0
	2014	경남	10	9	0	1	8	0	0
	합계		41	19	9	2	51	5	0
프로통산			41	19	9	2	51	5	0

보스나 (Eddy Bosnar) 오스트레일리아 1980.04.29

대회	연도	소속	출전	교체	득점	도움	파울	경고	퇴장
BC	2012	수원	36	6	2	0	38	7	1
	합계		36	6	2	0	38	7	1
K1	2013	수원	10	2	0	1	11	3	0
	합계		10	2	0	1	11	3	0
프로통산			46	8	2	1	49	10	1

보아델 (Ricardo Resende Silva) 브라질 1976.02.18

대회	연도	소속	출전	교체	득점	도움	파울	경고	퇴장
BC	2001	포항	10	7	2	1	9	1	0
	합계		10	7	2	1	9	1	0
프로통산			10	7	2	1	9	1	0

본즈 (Olivier Harouna Bonnes) 프랑스 1990.02.07

대회	연도	소속	출전	교체	득점	도움	파울	경고	퇴장
K1	2016	광주	15	3	0	0	27	1	0
	2017	광주	28	9	1	2	32	4	0
	합계		43	12	1	2	59	5	0
K2	2018	광주	8	5	0	0	8	1	0
	2018	성남	3	3	0	0	5	0	0
	합계		11	7	0	0	13	1	0
프로통산			54	19	1	2	72	6	0

부노자 (Gordan Bunoza) 크로아티아 1988.02.05

대회	연도	소속	출전	교체	득점	도움	파울	경고	퇴장
K1	2017	인천	14	2	0	0	20	4	0
	2018	인천	30	1	2	0	36	0	0
	2019	인천	20	5	0	0	22	5	1
	2020	인천	6	0	0	0	16	1	1
	합계		60	8	1	0	72	5	1
프로통산			60	8	1	0	72	5	1

부발로 (Milan Bubalo) 세르비아 1990.08.05

대회	연도	소속	출전	교체	득점	도움	파울	경고	퇴장
K1	2013	경남	34	11	6	0	39	3	0
	합계		34	11	6	0	39	3	0
프로통산			34	11	6	0	39	3	0

부쉬 (Sergiu Florin Buş) 루마니아 1992.11.02

대회	연도	소속	출전	교체	득점	도움	파울	경고	퇴장
K1	2021	성남	18	20	1	0	12	0	0
	합계		18	20	1	0	12	0	0
프로통산			18	20	1	0	12	0	0

부야 (Vujaklija Srdan) 세르비아 1988.03.21

대회	연도	소속	출전	교체	득점	도움	파울	경고	퇴장
K2	2018	광주	6	4	1	0	5	0	0
	합계		6	4	1	0	5	0	0
프로통산			6	4	1	0	5	0	0

부영태 (夫英太) 탐라대 1985.09.02

대회	연도	소속	출전	교체	득점	도움	파울	경고	퇴장
BC	2003	부산	1	1	0	0	1	0	0
	2004	부산	1	1	0	0	1	1	0
	2005	부산	1	1	0	0	0	0	0
	2008	대전	6	4	0	1	5	0	0
	2008	대전	1	1	0	0	3	0	0
	합계		10	8	0	1	9	1	0
프로통산			10	8	0	1	9	1	0

불투이스 (Dave Bulthuis) 네덜란드 1990.06.28

대회	연도	소속	출전	교체	득점	도움	파울	경고	퇴장
K1	2019	울산	19	3	1	1	19	1	0
	2020	울산	22	2	0	0	25	5	1
	2021	울산	31	3	0	3	28	4	0
	합계		72	8	1	4	72	10	1
프로통산			72	8	1	4	72	10	1

뷔텍 (Witold Bendkowski) 폴란드 1961.09.02

대회 연도 소속 출전 교체 득점 도움 파울 경고 퇴장

대회	연도	소속	출전	교체	득점	도움	파울	경고	퇴장
BC	1990	유공	21	5	1	0	32	1	0
	1991	유공	11	5	1	0	18	1	0
	1992	유공	20	6	0	0	35	5	0
	합계		52	11	2	0	85	7	0
프로통산			52	11	2	0	85	7	0

브라운 (Greg Brown) 오스트레일리아 1962.07.29

대회	연도	소속	출전	교체	득점	도움	파울	경고	퇴장
BC	1991	포항제철	2	1	0	1	1	0	0
	합계		2	1	0	1	1	0	0
프로통산			2	1	0	1	1	0	0

브라질리아 (Cristiano Pereira de Souza) 브라질 1977.07.28

대회	연도	소속	출전	교체	득점	도움	파울	경고	퇴장
BC	2007	대전	13	5	3	2	33	2	0
	2008	울산	19	10	3	6	32	5	0
	2009	포항	6	4	2	0	8	1	0
	2009	전북	13	6	2	3	13	1	0
	합계		53	33	12	10	76	9	0
프로통산			53	33	12	10	76	9	0

브랑코 (Branko Bozović) 유고슬라비아 1969.10.21

대회	연도	소속	출전	교체	득점	도움	파울	경고	퇴장
BC	1996	울산	14	11	0	3	26	3	0
	합계		14	11	0	3	26	3	0
프로통산			14	11	0	3	26	3	0

브랑코 (Branko Radovanović) 유고슬라비아 1981.02.18

대회	연도	소속	출전	교체	득점	도움	파울	경고	퇴장
BC	1999	부산	4	4	0	0	5	1	0
	합계		4	4	0	0	5	1	0
프로통산			4	4	0	0	5	1	0

브루노 (Alex Bruno de Souza Silva) 브라질 1993.10.07

대회	연도	소속	출전	교체	득점	도움	파울	경고	퇴장
K2	2017	경남	32	23	0	8	26	4	1
K2	2018	수원FC	21	16	1	2	12	0	0
	합계		53	39	1	10	38	4	1
프로통산			53	39	1	10	38	4	1

브루노 (Bruno Cunha Cantanhede) 브라질 1993.07.22

대회	연도	소속	출전	교체	득점	도움	파울	경고	퇴장
K2	2017	대전	18	4	4	2	40	3	0
	2018	안양	11	9	0	0	17	1	0
	합계		29	13	4	2	56	4	0
프로통산			29	13	4	2	56	4	0

브루노 (Bruno Moreira Soares) 브라질 1999.04.08

대회	연도	소속	출전	교체	득점	도움	파울	경고	퇴장
K2	2020	안산	5	3	1	0	8	2	0
	2020	충남아산	15	8	2	0	17	1	0
	합계		20	11	3	0	25	3	0
프로통산			20	11	3	0	25	3	0

브루노 (Bruno Cazarine Constantino) 브라질 1985.05.06

대회	연도	소속	출전	교체	득점	도움	파울	경고	퇴장
BC	2009	경남	3	2	0	0	4	0	0
	합계		3	2	0	0	4	0	0
프로통산			3	2	0	0	4	0	0

브루노 (Bruno Cesar Correa) 브라질 1986.03.22

대회	연도	소속	출전	교체	득점	도움	파울	경고	퇴장
BC	2010	인천	19	17	1	3	17	1	0
	합계		19	17	1	3	17	1	0
프로통산			19	17	1	3	17	1	0

브루노 누네스 (Bruno Fernandes Nunes) 브라질 1990.07.08

대회 연도 소속 출전 교체 득점 도움 파울 경고 퇴장

K2 2019 전남 25 15 6 3 42 4 0

대회	연도	소속	출전	교체	득점	도움	파울	경고	퇴장
K2	2019	전남	25	15	6	3	42	4	0
		합계	25	15	6	3	42	4	0
프로통산			25	15	6	3	42	4	0

브루닝요(Bruno Cardoso Gonçalves Santos) 브라질 1990.02.25

대회	연도	소속	출전	교체	득점	도움	파울	경고	퇴장
K2	2016	안양	15	9	0	0	19	2	0
		합계	15	9	0	0	19	2	0
프로통산			15	9	0	0	19	2	0

브루스(Bruce Jose Djite) 오스트레일리아 1987.03.25

대회	연도	소속	출전	교체	득점	도움	파울	경고	퇴장
K1	2016	수원FC	13	9	5	1	20	3	0
		합계	13	9	5	1	20	3	0
K2	2017	수원FC	26	13	6	1	37	4	0
		합계	26	13	6	1	37	4	0
프로통산			39	22	11	2	57	7	0

블라단(Vladan Adzić) 몬테네그로 1987.07.05

대회	연도	소속	출전	교체	득점	도움	파울	경고	퇴장
K1	2016	수원FC	27	1	3	0	33	9	0
	2019	포항	3	0	0	0	4	3	0
		합계	30	1	3	0	37	12	0
K2	2014	수원FC	14	1	0	0	22	3	0
	2015	수원FC	21	1	0	1	39	8	0
	2017	수원FC	23	1	0	0	20	4	0
		합계	61	3	0	1	84	16	0
승	2015	수원FC	2	0	0	0	2	1	0
		합계	2	0	0	0	2	1	0
프로통산			93	4	3	1	123	28	0

비니시우스(Vinicius Conceicao da Silva) 브라질 1977.03.07

대회	연도	소속	출전	교체	득점	도움	파울	경고	퇴장
BC	2006	울산	29	14	1	1	68	9	0
		합계	29	14	1	1	68	9	0
프로통산			29	14	1	1	68	9	0

비니시우스(Marcos Vinicius dos Santos Rosa) 브라질 1988.09.13

대회	연도	소속	출전	교체	득점	도움	파울	경고	퇴장
BC	2011	울산	1	1	0	0	0	0	0
		합계	1	1	0	0	0	0	0
프로통산			1	1	0	0	0	0	0

비도시치(Dario Vidošić) 오스트레일리아 1987.04.08

대회	연도	소속	출전	교체	득점	도움	파울	경고	퇴장
K2	2017	성남	7	5	0	0	12	0	0
		합계	7	5	0	0	12	0	0
프로통산			7	5	0	0	12	0	0

비아나(Fernando Viana Jardim Silva) 브라질 1992.02.20

대회	연도	소속	출전	교체	득점	도움	파울	경고	퇴장
K2	2018	수원FC	15	6	6	0	43	5	0
		합계	15	6	6	0	43	5	0
프로통산			15	6	6	0	43	5	0

비에라(Julio Cesar Gouveia Vieira) 브라질 1974.02.25

대회	연도	소속	출전	교체	득점	도움	파울	경고	퇴장
BC	2001	전북	14	2	3	1	24	1	0
	2002	전북	31	16	4	5	61	5	0
	2003	전남	33	19	0	10	75	6	0
	2004	전남	19	3	2	2	44	5	0
		합계	97	40	9	18	204	17	0
프로통산			97	40	9	18	204	17	0

비에리(Jorge Luis Barbieri) 브라질 1979.05.01

대회	연도	소속	출전	교체	득점	도움	파울	경고	퇴장
BC	2005	울산	3	3	1	0	1	0	0
		합계	3	3	1	0	1	0	0
프로통산			3	3	1	0	1	0	0

비엘키에비치(Osvaldo Diego Bielkiewicz) 아르헨티나 1991.01.04

대회	연도	소속	출전	교체	득점	도움	파울	경고	퇴장
K2	2018	서울E	18	11	3	1	17	1	0
		합계	18	11	3	1	17	1	0
프로통산			18	11	3	1	17	1	0

비욘존슨(Bjørn Johnsen) 노르웨이 1991.11.06

대회	연도	소속	출전	교체	득점	도움	파울	경고	퇴장
K1	2020	울산	18	17	5	1	9	0	1
		합계	18	17	5	1	9	0	1
프로통산			18	17	5	1	9	0	1

비케라(Gilvan Gomes Vieira) 브라질 1984.04.09

대회	연도	소속	출전	교체	득점	도움	파울	경고	퇴장
BC	2009	제주	9	4	0	1	14	2	0
		합계	9	4	0	1	14	2	0
프로통산			9	4	0	1	14	2	0

비탈리(Vitaliy Parakhnevych) 우크라이나 1969.05.04

대회	연도	소속	출전	교체	득점	도움	파울	경고	퇴장
BC	1995	전북	10	2	4	0	6	2	0
	1996	전북	33	9	10	3	25	6	0
	1997	전북	29	13	7	2	24	6	0
	1998	전북	19	12	7	4	19	1	0
	1998	수원	21	7	7	0	17	0	0
	1999	수원	36	22	10	10	35	5	0
	2000	수원	8	7	5	0	4	0	0
	2001	안양LG	4	4	0	0	7	0	0
	2002	부천SK	3	3	0	1	18	0	0
		합계	163	79	50	20	155	29	0
프로통산			163	79	50	20	155	29	0

빅(Victor Rodrigues da Silva) 브라질 1976.02.10

대회	연도	소속	출전	교체	득점	도움	파울	경고	퇴장
BC	2003	안양LG	3	3	0	0	0	0	0
		합계	3	3	0	0	0	0	0
프로통산			3	3	0	0	0	0	0

빅터(Andrade Santos Victor) 브라질 1995.09.30

대회	연도	소속	출전	교체	득점	도움	파울	경고	퇴장
K1	2021	수원FC	2	2	0	0	2	1	0
		합계	2	2	0	0	2	1	0
프로통산			2	2	0	0	2	1	0

빅토르(Paulo Victo Costa Soares) 브라질 1994.09.13

대회	연도	소속	출전	교체	득점	도움	파울	경고	퇴장
K2	2016	고양	23	21	2	0	44	7	0
		합계	23	21	2	0	44	7	0
프로통산			23	21	2	0	44	7	0

빅토르(Victor Shaka) 나이지리아 1975.05.01

대회	연도	소속	출전	교체	득점	도움	파울	경고	퇴장
BC	1997	안양LG	19	6	5	2	48	7	0
	1998	안양LG	32	19	8	2	67	4	0
	1999	안양LG	15	15	1	1	37	2	0
	1999	울산	11	0	7	3	23	1	1
	2000	울산	22	8	1	2	65	4	0
	2001	부산	5	2	0	0	9	0	0
	2002	부산	4	4	3	0	4	0	0
		합계	108	54	25	10	253	19	2
프로통산			108	54	25	10	253	19	2

빈차씸코(Gustavo Vintecinco) 브라질 1995.08.02

대회	연도	소속	출전	교체	득점	도움	파울	경고	퇴장
K1	2020	부산	14	11	0	0	12	2	0
		합계	14	11	0	0	12	2	0
K2	2019	안산	28	10	9	3	64	11	2
		합계	28	10	9	3	64	11	2
프로통산			42	21	9	3	76	13	2

빌(Rosimar Amancio) 브라질 1984.07.02

대회	연도	소속	출전	교체	득점	도움	파울	경고	퇴장
K1	2015	부산	4	4	0	0	5	0	0
		합계	4	4	0	0	5	0	0
승	2015	부산	1	0	0	0	1	0	0
		합계	1	0	0	0	1	0	0
프로통산			5	4	0	0	6	0	0

빌라(Ricardo Villar) 브라질 1979.08.11

대회	연도	소속	출전	교체	득점	도움	파울	경고	퇴장
BC	2005	전남	4	4	0	0	10	1	0
		합계	4	4	0	0	10	1	0
프로통산			4	4	0	0	10	1	0

빌비야(Nemanja Bilbija) 보스니아 헤르체고비나 1990.11.02

대회	연도	소속	출전	교체	득점	도움	파울	경고	퇴장
K1	2019	강원	6	4	2	1	6	1	0
		합계	6	4	2	1	6	1	0
프로통산			6	4	2	1	6	1	0

빠울로(Paulo Roberto Morais Junior) 브라질 1984.02.25

대회	연도	소속	출전	교체	득점	도움	파울	경고	퇴장
BC	2012	인천	5	5	1	0	5	0	0
		합계	5	5	1	0	5	0	0
프로통산			5	5	1	0	5	0	0

빠찌(Rafael Sobreira da Costa) 브라질 1981.03.15

대회	연도	소속	출전	교체	득점	도움	파울	경고	퇴장
BC	2008	제주	9	3	1	1	12	0	0
		합계	9	3	1	1	12	0	0
프로통산			9	3	1	1	12	0	0

뻬드롱(Christiano Florencio da Silva) 브라질 1978.04.05

대회	연도	소속	출전	교체	득점	도움	파울	경고	퇴장
BC	2008	성남일화	3	2	1	0	2	0	0
		합계	3	2	1	0	2	0	0
프로통산			3	2	1	0	2	0	0

뽀뽀(Adilson Rerreira de Souza: Popo) 브라질 1978.09.01

대회	연도	소속	출전	교체	득점	도움	파울	경고	퇴장
BC	2005	부산	30	8	4	6	66	7	1
	2006	부산	36	5	20	8	47	6	0
	2007	경남	25	10	8	10	23	3	1
		합계	91	23	32	24	136	16	2
프로통산			91	23	32	24	136	16	2

삐레스(Jose Sebastiao Pires Neto) 브라질 1956.02.03

대회	연도	소속	출전	교체	득점	도움	파울	경고	퇴장
BC	1994	현대	16	11	0	2	9	1	0
		합계	16	11	0	2	9	1	0
프로통산			16	11	0	2	9	1	0

삥요(Felipe Barreto da Silva) 브라질 1992.01.29

대회	연도	소속	출전	교체	득점	도움	파울	경고	퇴장
BC	2011	제주	2	2	0	0	0	0	0
		합계	2	2	0	0	0	0	0
프로통산			2	2	0	0	0	0	0

사드(Hassan Ali Saad: Soony Saad) 레바논 1992.08.17

대회	연도	소속	출전	교체	득점	도움	파울	경고	퇴장
K2	2020	안산	11	9	0	0	12	0	0
		합계	11	9	0	0	12	0	0
프로통산			11	9	0	0	12	0	0

사디크(Sadiq Saadoun Abdul Ridha) 이라크 1973.10.01

대회	연도	소속	출전	교체	득점	도움	파울	경고	퇴장
BC	1996	안양LG	16	2	1	0	38	7	0
		합계	16	2	1	0	38	7	0
프로통산			16	2	1	0	38	7	0

사리치(Elvis Sarić) 크로아티아 1990.07.21

대회	연도	소속	출전	교체	득점	도움	파울	경고	퇴장
K1	2018	수원	18	8	3	1	29	5	0
	2019	수원	12	3	1	7	23	3	0

대회	연도	소속	출전	교체	득점	도움	파울	경고	퇴장
		합계	30	11	4	8	52	8	0
		프로통산	30	11	4	8	52	8	0

사무엘(Samuel Firmino de Jesus) 브라질 1986.04.07

대회	연도	소속	출전	교체	득점	도움	파울	경고	퇴장
K2	2016	부산	3	1	0	0	5	1	0
		합계	3	1	0	0	5	1	0
		프로통산	3	1	0	0	5	1	0

사무엘(Samuel Onyedikachuwu Nnamani) 나이지리아 1995.06.03

대회	연도	소속	출전	교체	득점	도움	파울	경고	퇴장
K2	2021	전남	31	19	4	1	46	4	0
		합계	31	19	4	1	46	4	0
		프로통산	31	19	4	1	46	4	0

사브첸코(Volodymyr Savchenko) 우크라이나 1973.09.09

대회	연도	소속	출전	교체	실점	도움	파울	경고	퇴장
BC	1996	안양LG	12	0	22	0	1	1	0
		합계	12	0	22	0	1	1	0
		프로통산	12	0	22	0	1	1	0

사살락(Sasalak Haiprakhon) 태국 1996.01.08

대회	연도	소속	출전	교체	득점	도움	파울	경고	퇴장
K1	2021	전북	2	2	0	0	0	0	0
		합계	2	2	0	0	0	0	0
		프로통산	2	2	0	0	0	0	0

사샤(Sasa Ognenovski) 오스트레일리아 1979.04.03

대회	연도	소속	출전	교체	득점	도움	파울	경고	퇴장
BC	2009	성남일화	31	3	2	1	75	11	2
	2010	성남일화	29	1	3	0	49	10	1
	2011	성남일화	28	1	4	0	47	10	1
	2012	성남일화	11	1	0	0	18	0	0
		합계	99	6	10	1	189	31	4
		프로통산	99	6	10	1	189	31	4

사싸(Jefferson Gomes de Oliveira) 브라질 1988.01.26

대회	연도	소속	출전	교체	득점	도움	파울	경고	퇴장
K1	2015	대전	7	3	0	0	11	3	0
		합계	7	3	0	0	11	3	0
		프로통산	7	3	0	0	11	3	0

사이먼(Matthew Blake Simon) 오스트레일리아 1986.01.22

대회	연도	소속	출전	교체	득점	도움	파울	경고	퇴장
BC	2012	전남	6	2	0	0	19	2	0
		합계	6	2	0	0	19	2	0
		프로통산	6	2	0	0	19	2	0

산델(Marcelo Sander Lima de Souza) 브라질 1972.12.28

대회	연도	소속	출전	교체	득점	도움	파울	경고	퇴장
BC	1998	부천SK	7	7	0	0	10	1	0
		합계	7	7	0	0	10	1	0
		프로통산	7	7	0	0	10	1	0

산드로(Sandro Hiroshi Parreao Oi) 브라질 1979.11.19

대회	연도	소속	출전	교체	득점	도움	파울	경고	퇴장
BC	2005	대구	36	7	17	3	49	2	0
	2006	전남	3	2	1	0	6	1	0
	2007	전남	27	6	8	1	36	1	0
	2008	전남	1	1	0	0	0	0	0
	2009	수원	8	7	0	0	10	0	0
		합계	75	22	27	4	99	5	0
		프로통산	75	22	27	4	99	5	0

산드로(Sandro da Silva Mendonça) 브라질 1983.10.01

대회	연도	소속	출전	교체	득점	도움	파울	경고	퇴장
K1	2013	대구	15	13	1	2	18	0	0
		합계	15	13	1	2	18	0	0
		프로통산	15	13	1	2	18	0	0

산드로C(Sandro Cardoso dos Santos) 브라질 1980.03.22

대회	연도	소속	출전	교체	득점	도움	파울	경고	퇴장
BC	2000	수원	11	5	4	0	31	4	0
	2001	수원	33	1	17	3	46	8	1
	2002	수원	29	1	10	2	63	8	1
	2005	수원	26	16	5	1	22	3	1
	2006	수원	15	6	3	0	11	2	0
	2006	전남	13	12	3	0	14	0	0
	2007	전남	4	3	1	0	1	0	0
		합계	131	44	41	13	158	25	3
		프로통산	131	44	41	13	158	25	3

산자르(Sanjar Tursunov / ← 뚜르스노프) 우즈베키스탄 1986.12.29

대회	연도	소속	출전	교체	득점	도움	파울	경고	퇴장
K2	2018	대전	16	12	2	2	14	2	0
	2019	대전	11	8	0	0	7	1	0
		합계	27	20	2	2	21	3	0
		프로통산	27	20	2	2	21	3	0

산타나(Rinaldo Santana dos Santos) 브라질 1975.08.24

대회	연도	소속	출전	교체	득점	도움	파울	경고	퇴장
BC	2004	서울	15	7	2	0	14	0	0
		합계	15	7	2	0	14	0	0
		프로통산	15	7	2	0	14	0	0

산토스(Natanael de Sousa Santos Junior) 브라질 1985.12.25

대회	연도	소속	출전	교체	득점	도움	파울	경고	퇴장
BC	2010	제주	28	18	14	5	45	0	0
	2011	제주	29	6	14	4	33	2	0
	2012	제주	35	12	16	11	22	0	0
K1	2013	수원	19	7	8	1	15	0	0
	2014	수원	35	27	14	7	27	2	0
	2015	수원	29	23	12	4	23	4	0
	2016	수원	33	19	12	3	30	1	0
	2017	수원	6	5	1	0	6	0	0
		합계	145	98	55	14	128	7	0
		프로통산	214	117	91	34	201	7	0

산토스(Diogo Santos Rangel) 동티모르 1991.08.19

대회	연도	소속	출전	교체	득점	도움	파울	경고	퇴장
K2	2014	대전	1	1	0	0	0	0	0
	2014	강원	1	1	0	0	1	0	0
		합계	2	2	0	0	1	0	0
		프로통산	2	2	0	0	1	0	0

산토스(Remerson dos Santos) 브라질 1972.07.13

대회	연도	소속	출전	교체	득점	도움	파울	경고	퇴장
BC	1999	울산	4	3	0	0	4	0	0
	2000	울산	28	2	1	0	51	7	0
		합계	32	5	1	0	55	7	0
		프로통산	32	5	1	0	55	7	0

산토스(Rogerio Pinheiro dos Santos) 브라질 1972.04.21

대회	연도	소속	출전	교체	득점	도움	파울	경고	퇴장
BC	2003	포항	29	1	3	0	66	9	0
	2004	포항	33	6	2	0	58	10	0
	2005	포항	33	1	0	1	71	8	0
	2006	경남	34	0	2	0	67	7	0
	2007	경남	25	1	3	1	7	2	0
	2008	경남	30	1	0	0	42	2	0
		합계	184	10	10	2	311	38	0
		프로통산	184	10	10	2	311	38	0

산토스(Alexandre Zacarias dos Santos) 브라질 1982.10.23

대회	연도	소속	출전	교체	득점	도움	파울	경고	퇴장
BC	2010	대전	16	5	0	0	31	4	0
		합계	16	5	0	0	31	4	0
		프로통산	16	5	0	0	31	4	0

산티아고(Santiago de Sagastizabal) 아르헨티나 1997.05.09

대회	연도	소속	출전	교체	득점	도움	파울	경고	퇴장
K2	2021	안산	8	8	1	0	7	2	0
		합계	8	8	1	0	7	2	0
		프로통산	8	8	1	0	7	2	0

산티아고(Petrony Santiago de Barros) 브라질 1980.02.18

대회	연도	소속	출전	교체	득점	도움	파울	경고	퇴장
BC	2004	대구	10	5	0	0	20	3	0
	2005	대구	17	4	0	2	37	6	0
		합계	27	9	0	2	57	9	0
		프로통산	27	9	0	2	57	9	0

살람쑈(Abdule Salam Sow) 기니 1970.08.13

대회	연도	소속	출전	교체	득점	도움	파울	경고	퇴장
BC	1996	전남	3	3	0	0	5	1	0
		합계	3	3	0	0	5	1	0
		프로통산	3	3	0	0	5	1	0

샤리(Yary David Silvera) 우루과이 1976.02.20

대회	연도	소속	출전	교체	득점	도움	파울	경고	퇴장
BC	2000	부천SK	32	30	3	6	24	3	0
	2001	부천SK	14	13	2	1	8	2	0
	2003	부천SK	23	14	2	1	17	1	0
		합계	69	57	7	8	49	6	0
		프로통산	69	57	7	8	49	6	0

샤샤(Aleksandr Podshivalov) 러시아 1964.09.06

대회	연도	소속	출전	교체	실점	도움	파울	경고	퇴장
BC	1994	유공	2	0	2	0	0	0	0
	1995	유공	35	0	41	0	3	1	0
	1996	부천유공	26	1	38	0	1	0	0
	1997	부천SK	10	0	13	0	0	0	0
		합계	73	1	94	0	3	2	0
		프로통산	73	1	94	0	3	2	0

샤샤(Sasa Drakulić) 유고슬라비아 1972.08.28

대회	연도	소속	출전	교체	득점	도움	파울	경고	퇴장
BC	1995	대우	31	18	8	0	45	4	0
	1996	부산	20	12	3	5	51	5	0
	1997	부산	28	14	11	5	57	5	0
	1998	부산	13	4	0	4	38	6	0
	1998	수원	18	6	8	1	36	4	0
	1999	수원	37	6	23	4	78	7	1
	2000	수원	36	5	3	0	39	2	0
	2001	성남일화	34	11	15	4	40	3	0
	2002	성남일화	37	9	18	8	71	4	0
	2003	성남일화	39	27	8	9	58	2	1
		합계	271	111	104	37	504	43	2
		프로통산	271	111	104	37	504	43	2

샤샤(Sasa Milaimović) 크로아티아 1975.08.27

대회	연도	소속	출전	교체	득점	도움	파울	경고	퇴장
BC	2000	포항	12	9	6	0	24	3	0
	2001	포항	13	9	2	0	20	1	0
		합계	25	18	8	0	44	4	0
		프로통산	25	18	8	0	44	4	0

샤흐트(Dietmar Schacht) 독일 1960.04.06

대회	연도	소속	출전	교체	득점	도움	파울	경고	퇴장
BC	1985	포항제철	7	0	2	0	5	1	0
		합계	7	0	2	0	5	1	0
		프로통산	7	0	2	0	5	1	0

샴(Same Nkwelle Corentin) 카메룬 1979.04.30

대회	연도	소속	출전	교체	득점	도움	파울	경고	퇴장
BC	2002	대전	27	13	1	0	59	2	0
		합계	27	13	1	0	59	2	0
		프로통산	27	13	1	0	59	2	0

서경조(徐庚祚) 동아대 1969.09.28

대회	연도	소속	출전	교체	득점	도움	파울	경고	퇴장
BC	1988	현대	2	2	0	0	0	0	0
	합계		2	2	0	0	0	0	0
프로통산			2	2	0	0	0	0	0

서경주(徐炅主) 전주대 1997.08.11

대회	연도	소속	출전	교체	득점	도움	파울	경고	퇴장
K1	2021	대구	2	2	0	0	2	0	0
	합계		2	2	0	0	2	0	0
K2	2019	서울E	15	3	1	0	26	3	0
	2020	서울E	3	1	0	0	4	1	0
	합계		18	4	1	0	30	4	0
프로통산			20	6	1	0	32	4	0

서관수(徐冠秀) 단국대 1980.02.25

대회	연도	소속	출전	교체	득점	도움	파울	경고	퇴장
BC	2003	성남일화	3	2	0	0	4	0	0
	2005	성남일화	1	1	0	0	1	0	0
	2006	대구	1	1	0	0	3	0	0
	합계		5	4	0	0	8	0	0
프로통산			5	4	0	0	8	0	0

서기복(徐基復) 연세대 1979.01.28

대회	연도	소속	출전	교체	득점	도움	파울	경고	퇴장
BC	2003	전북	17	17	0	3	11	1	0
	2004	전북	19	17	0	3	26	4	0
	2005	인천	13	10	1	0	14	0	0
	2006	인천	17	17	1	0	24	1	0
	2007	인천	9	8	0	0	17	2	0
	합계		75	69	2	7	89	12	0
프로통산			75	69	2	7	89	12	0

서덕규(徐德圭) 숭실대 1978.10.22

대회	연도	소속	출전	교체	득점	도움	파울	경고	퇴장
BC	2001	울산	32	2	0	0	48	5	0
	2002	울산	29	6	0	0	44	5	0
	2003	울산	8	4	0	0	4	0	0
	2004	광주상무	32	1	0	0	39	2	0
	2005	광주상무	16	5	0	0	19	3	0
	2006	울산	11	8	0	0	18	0	0
	2007	울산	18	10	0	0	19	0	0
	2008	울산	7	4	0	0	9	0	0
	합계		153	40	0	0	199	18	0
프로통산			153	40	0	0	199	18	0

서동명(徐東明) 울산대 1974.05.04

대회	연도	소속	출전	교체	실점	도움	파울	경고	퇴장
BC	1996	울산	7	0	17	0	0	0	0
	1997	울산	15	0	26	0	1	1	0
	2000	전북	30	1	43	0	0	0	0
	2001	전북	27	3	32	0	0	2	0
	2002	울산	26	0	27	0	0	1	0
	2003	울산	42	0	40	0	0	2	0
	2004	울산	36	0	39	0	0	1	0
	2005	울산	26	1	25	0	0	1	0
	2006	울산	13	0	18	0	0	1	0
	2007	부산	8	1	17	0	0	1	0
	2008	부산	9	0	14	0	0	0	0
	합계		239	8	264	0	3	10	0
프로통산			239	8	264	0	3	10	0

* 득점: 2000년 1 / 통산 1

서동욱(徐東煜) 대신고 1993.10.15

대회	연도	소속	출전	교체	득점	도움	파울	경고	퇴장
K2	2013	부천	0	0	0	0	0	0	0
	합계		0	0	0	0	0	0	0
프로통산			0	0	0	0	0	0	0

서동원(徐東元) 고려대 1973.12.12

대회	연도	소속	출전	교체	득점	도움	파울	경고	퇴장
BC	1997	울산	20	19	2	0	31	1	0
	1998	울산	1	1	0	0	2	0	0
	1999	울산	1	1	0	0	0	0	0
	합계		22	21	2	0	33	1	0
프로통산			22	21	2	0	33	1	0

서동원(徐東原) 연세대 1975.08.14

대회	연도	소속	출전	교체	득점	도움	파울	경고	퇴장
BC	1998	대전	29	0	1	0	48	6	0
	1999	대전	28	3	1	3	53	7	0
	2000	대전	28	9	4	4	51	5	0
	2001	수원	15	5	1	1	18	5	0
	2001	전북	7	4	0	0	6	1	0
	2002	전북	7	4	0	0	6	1	0
	2003	광주상무	19	0	0	0	22	2	0
	2004	광주상무	29	10	1	1	42	5	0
	2005	인천	30	13	5	3	53	5	0
	2006	인천	13	5	0	0	11	2	0
	2006	성남일화	13	13	0	0	14	3	0
	2007	성남일화	13	13	0	0	14	3	0
	2008	부산	18	6	1	2	32	7	0
	2009	부산	27	13	0	2	51	9	0
	2010	부산	11	10	0	0	5	1	0
	합계		273	109	16	14	418	55	0
프로통산			273	109	16	14	418	55	0

서동현(徐東鉉) 건국대 1985.06.05

대회	연도	소속	출전	교체	득점	도움	파울	경고	퇴장
BC	2006	수원	26	18	2	2	51	1	0
	2007	수원	12	7	4	1	21	0	0
	2008	수원	35	22	13	2	50	7	0
	2009	수원	15	11	0	1	30	2	0
	2010	수원	12	8	0	2	21	4	0
	2010	강원	16	3	3	1	19	2	0
	2011	강원	28	15	4	1	29	6	0
	2012	제주	43	20	12	3	49	5	0
	합계		184	110	42	10	281	29	0
K1	2013	제주	13	6	6	3	32	5	0
	2015	제주	14	11	6	0	11	2	0
	2016	수원FC	9	7	1	0	7	0	0
	합계		37	20	7	6	47	7	0
K2	2014	안산경찰	30	19	7	2	50	8	0
	2015	안산경찰	16	8	2	2	31	3	0
	2016	대전	8	5	1	0	5	1	0
	2017	수원FC	14	7	2	2	15	3	0
	2018	수원FC	5	4	0	0	3	0	0
	합계		83	46	19	7	115	14	0
프로통산			304	176	68	23	442	50	0

서동현(徐東賢) 송호대 1998.09.05

대회	연도	소속	출전	교체	실점	도움	파울	경고	퇴장
K2	2019	서울E	0	0	0	0	0	0	0
	2020	서울E	0	0	0	0	0	0	0
	합계		0	0	0	0	0	0	0
프로통산			0	0	0	0	0	0	0

서명식(徐明植) 가톨릭관동대 1992.05.31

대회	연도	소속	출전	교체	득점	도움	파울	경고	퇴장
K1	2015	대전	7	3	0	0	7	0	0
	합계		7	3	0	0	7	0	0
K2	2015	강원	14	6	0	1	11	0	0
	2016	부천	13	5	0	0	13	0	0
	합계		27	11	0	1	24	0	0
프로통산			27	11	0	1	24	0	0

서명원(徐明原) 신평고 1995.04.19

대회	연도	소속	출전	교체	득점	도움	파울	경고	퇴장
K1	2015	대전	24	15	5	0	27	3	0
	2016	울산	10	10	0	0	9	0	0
	2018	강원	2	2	0	0	1	0	0
	2019	강원	3	4	0	0	0	1	0
	합계		39	31	5	0	37	7	0
K2	2014	대전	26	14	4	4	22	0	0
	2020	부천	9	9	0	0	4	0	0
	2021	전남	10	9	1	1	12	1	0
	합계		45	32	5	5	38	1	0
프로통산			84	63	10	5	75	8	0

서민국(徐愍國) 인천대 1983.11.23

대회	연도	소속	출전	교체	득점	도움	파울	경고	퇴장
BC	2006	인천	9	8	0	1	4	0	0
	2007	인천	19	13	1	2	30	5	0
	2008	인천	1	1	0	0	1	0	0
	2009	광주상무	5	4	0	0	7	1	0
	2010	광주상무	23	17	0	1	21	1	0
	2010	인천	1	1	0	0	0	0	0
	합계		58	44	1	4	63	8	0
프로통산			58	44	1	4	63	8	0

서민우(徐珉優) 영남대 1998.03.12

대회	연도	소속	출전	교체	득점	도움	파울	경고	퇴장
K1	2020	강원	8	8	0	0	6	1	0
	2021	강원	23	21	1	0	27	5	0
	합계		31	29	1	0	33	6	0
승	2021	강원	1	0	0	1	1	0	0
	합계		1	0	0	1	1	0	0
프로통산			32	29	1	1	34	7	0

서민환(徐民煥) 광양제철고 1992.05.09

대회	연도	소속	출전	교체	득점	도움	파울	경고	퇴장
K1	2015	전남	1	1	0	0	0	0	0
	합계		1	1	0	0	0	0	0
프로통산			1	1	0	0	0	0	0

서병환(徐炳煥) 고려대 1984.06.01

대회	연도	소속	출전	교체	득점	도움	파울	경고	퇴장
BC	2008	울산	2	2	0	0	0	0	0
	합계		2	2	0	0	0	0	0
프로통산			2	2	0	0	0	0	0

서보민(徐保閔) 가톨릭관동대 1990.06.22

대회	연도	소속	출전	교체	득점	도움	파울	경고	퇴장
K1	2017	포항	19	19	1	2	4	0	0
	2019	성남	32	7	4	3	13	1	0
	2020	성남	15	5	0	0	7	3	0
	2021	성남	23	13	0	1	7	3	0
	합계		79	43	5	8	24	2	0
K2	2014	강원	31	26	3	1	15	1	0
	2015	강원	36	8	3	9	31	2	0
	2016	강원	36	8	9	4	22	3	0
	2018	성남	35	23	4	4	19	1	0
	합계		138	65	14	14	87	7	0
승	2016	강원	2	1	0	0	1	0	0
	합계		2	1	0	0	1	0	0
프로통산			219	109	19	22	112	9	0

서상민(徐相民) 연세대 1986.07.25

대회	연도	소속	출전	교체	득점	도움	파울	경고	퇴장
BC	2008	경남	32	11	5	0	78	10	0
	2009	경남	18	14	1	1	26	3	0
	2010	경남	32	8	2	2	60	5	0
	2011	경남	21	16	2	2	32	2	1
	2012	전북	22	11	2	4	49	4	1
	합계		125	60	12	9	245	24	2
K1	2013	전북	25	15	1	3	38	7	0
	2014	상주	30	14	2	1	48	5	0
	2015	전북	3	3	1	0	0	0	0
	2016	전북	3	3	0	0	2	0	0
	합계		66	44	4	2	101	16	0
K2	2015	상주	2	1	0	0	2	0	0
	2017	수원FC	17	13	1	0	16	2	0
	합계		19	14	1	0	18	2	0
프로통산			210	136	23	12	364	42	2

서석범(徐錫範) 건국대 1960.09.12

대회	연도	소속	출전	교체	실점	도움	파울	경고	퇴장
BC	1984	럭키금성	6	1	8	0	0	0	0
	합계		6	1	8	0	0	0	0
프로통산			6	1	8	0	0	0	0

서석원(徐錫元) 일본 류쓰케이자이대 1985.05.19

대회	연도	소속	출전	교체	득점	도움	파울	경고	퇴장
BC	2009	성남일화	3	3	0	0	2	1	0
		합계	3	3	0	0	2	1	0
프로통산			3	3	0	0	2	1	0

서세경(徐世卿) 가톨릭관동대 1996.05.18

대회	연도	소속	출전	교체	득점	도움	파울	경고	퇴장
K2	2018	수원FC	0	0	0	0	0	0	0
		합계	0	0	0	0	0	0	0
프로통산			0	0	0	0	0	0	0

서승훈(徐承勳) 중원대 1991.08.31

대회	연도	소속	출전	교체	득점	도움	파울	경고	퇴장
K2	2014	대전	0	0	0	0	0	0	0
		합계	0	0	0	0	0	0	0
프로통산			0	0	0	0	0	0	0

서영덕(徐營德) 고려대 1987.05.09

대회	연도	소속	출전	교체	득점	도움	파울	경고	퇴장
BC	2010	경남	0	0	0	0	0	0	0
		합계	0	0	0	0	0	0	0
프로통산			0	0	0	0	0	0	0

서영재(徐永在) 한양대 1995.05.23

대회	연도	소속	출전	교체	득점	도움	파울	경고	퇴장
K2	2020	대전	15	0	1	0	12	3	1
	2021	대전	34	1	1	4	26	6	0
		합계	49	1	4	4	38	9	1
승	2021	대전	2	0	0	0	2	1	0
		합계	2	0	0	0	2	1	0
프로통산			51	1	4	4	40	10	1

서용덕(徐庸德) 연세대 1989.09.10

대회	연도	소속	출전	교체	득점	도움	파울	경고	퇴장
K1	2014	울산	13	12	1	0	14	0	0
	2015	울산	7	7	0	1	9	0	0
		합계	20	19	1	1	19	0	0
K2	2016	안양	34	14	3	4	47	5	0
	2017	안양	15	12	0	3	18	1	0
	2018	아산	4	4	0	0	1	0	0
	2018	부산	1	1	0	0	1	0	0
	2019	부산	9	9	0	1	13	0	0
		합계	63	38	3	8	79	6	0
승	2018	부산	1	1	0	0	0	0	0
	2019	부산	1	1	0	0	0	0	0
		합계	1	1	0	0	0	0	0
프로통산			84	58	4	9	98	6	0

서우민(徐佑旼) 충남기계공고 2000.03.20

대회	연도	소속	출전	교체	득점	도움	파울	경고	퇴장
K2	2019	대전	1	1	0	0	1	0	0
		합계	1	1	0	0	1	0	0
프로통산			1	1	0	0	1	0	0

서재민(徐在民) 현풍고 1997.12.04

대회	연도	소속	출전	교체	득점	도움	파울	경고	퇴장
K1	2018	대구	1	1	0	0	1	0	0
	2019	인천	2	2	0	0	2	0	0
		합계	3	3	0	0	3	0	0
K2	2020	서울E	14	1	1	2	14	1	0
	2021	서울E	11	1	1	1	6	2	0
		합계	25	6	2	3	20	3	0
프로통산			28	9	2	3	23	3	0

서정원(徐正源) 고려대 1970.12.17

대회	연도	소속	출전	교체	득점	도움	파울	경고	퇴장
BC	1992	LG	21	4	4	0	17	0	0
	1993	LG	11	5	2	1	14	2	0
	1994	LG	4	2	1	0	5	0	0
	1995	LG	4	2	0	0	6	0	0
	1996	안양LG	27	5	6	5	23	1	0
	1997	안양LG	17	0	9	1	26	1	0
	1999	수원	27	5	11	5	32	1	0
	2000	수원	25	13	4	1	17	0	0
	2001	수원	33	10	11	2	31	3	0
	2002	수원	32	15	9	1	42	1	0
	2003	수원	43	7	10	5	58	1	0
	2004	수원	25	16	1	3	18	1	0
		합계	269	92	68	25	288	12	0
프로통산			269	92	68	25	288	12	0

서정진(徐訂 昻) 보인정보산업고(보인고) 1989.09.06

대회	연도	소속	출전	교체	득점	도움	파울	경고	퇴장
BC	2008	전북	22	15	1	2	30	7	0
	2009	전북	15	13	2	1	17	1	0
	2010	전북	17	12	0	0	14	0	0
	2011	전북	9	7	0	0	12	1	0
	2012	수원	39	21	3	6	58	9	0
		합계	102	69	7	11	129	19	0
K1	2013	수원	35	12	6	5	50	6	0
	2014	수원	29	21	2	4	27	1	0
	2015	울산	24	16	1	0	18	0	0
	2016	울산	9	7	0	1	16	2	0
	2017	수원	4	4	0	0	4	0	0
		합계	101	60	9	10	115	9	0
K2	2016	서울E	19	5	1	5	23	1	0
		합계	19	5	0	5	21	1	0
프로통산			222	134	16	25	238	26	0

서주환(徐宙桓) 울산대 1999.06.24

대회	연도	소속	출전	교체	**실점**	도움	파울	경고	퇴장
K1	2020	울산	2	2	0	0	0	0	0
	2021	울산	1	1	0	0	0	0	0
		합계	3	3	0	0	0	0	0
프로통산			3	3	0	0	0	0	0

서준영(徐俊榮) 연세대 1995.09.29

대회	연도	소속	출전	교체	득점	도움	파울	경고	퇴장
K2	2017	안산	2	2	0	0	4	0	0
		합계	2	2	0	0	4	0	0
프로통산			2	2	0	0	4	0	0

서지원(徐志源) 천안농고 1967.09.15

대회	연도	소속	출전	교체	득점	도움	파울	경고	퇴장
BC	1986	포항제철	1	2	0	0	0	0	0
		합계	1	2	0	0	0	0	0
프로통산			1	2	0	0	0	0	0

서진섭(徐震燮) 울산대 1967.11.25

대회	연도	소속	출전	교체	득점	도움	파울	경고	퇴장
BC	1990	현대	1	1	0	0	1	0	0
		합계	1	1	0	0	1	0	0
프로통산			1	1	0	0	1	0	0

서진수(西進水) 제주U-18 2000.10.18

대회	연도	소속	출전	교체	득점	도움	파울	경고	퇴장
K1	2019	제주	11	10	0	0	7	1	0
		합계	11	10	0	0	7	1	0
K2	2020	제주	5	5	0	0	10	0	0
	2021	김천	19	16	3	1	16	0	0
		합계	24	21	3	2	26	0	0
프로통산			35	31	2	7	33	2	0

서창호(徐彰浩) 국민대 1960.03.16

대회	연도	소속	출전	교체	득점	도움	파울	경고	퇴장
BC	1985	상무	2	2	0	0	3	0	0
		합계	2	2	0	0	3	0	0
프로통산			2	2	0	0	3	0	0

서혁수(徐赫秀) 경희대 1973.10.01

대회	연도	소속	출전	교체	득점	도움	파울	경고	퇴장
BC	1998	전북	26	4	0	1	29	3	0
	1999	전북	34	0	5	8	91	5	0
	2000	전북	32	0	6	8	72	6	0
	2001	전북	34	1	0	7	76	5	0
	2002	전북	31	4	0	7	73	6	0
	2003	전북	31	21	4	0	60	5	0
	2004	성남일화	28	4	0	0	60	5	0
		합계	216	24	7	23	469	30	0
프로통산			216	24	7	23	469	30	0

서형승(徐亨承) 한남대 1992.09.22

대회	연도	소속	출전	교체	득점	도움	파울	경고	퇴장
K2	2015	고양	26	26	3	1	16	3	0
		합계	26	26	3	1	16	3	0
프로통산			26	26	3	1	16	3	0

서홍민(徐洪旻) 한양대 1991.12.23

대회	연도	소속	출전	교체	득점	도움	파울	경고	퇴장
K2	2016	부산	1	1	0	0	1	0	0
		합계	1	1	0	0	1	0	0
프로통산			1	1	0	0	1	0	0

서효원(徐孝源) 숭실대 1967.09.15

대회	연도	소속	출전	교체	득점	도움	파울	경고	퇴장
BC	1994	포항제철	23	11	4	3	31	2	1
	1995	포항	29	5	4	2	60	4	0
	1996	포항	33	8	2	2	55	4	0
	1997	포항	38	7	1	1	43	2	1
	1998	포항	38	7	2	6	45	1	0
		합계	157	38	13	14	249	13	2
프로통산			157	38	13	14	249	13	2

석동우(石東佑) 용인대 1990.05.27

대회	연도	소속	출전	교체	득점	도움	파울	경고	퇴장
K2	2014	부천	17	6	0	1	21	2	0
		합계	17	6	0	1	21	2	0
프로통산			17	6	0	1	21	2	0

선명진(宣明辰) 건국대 1986.12.15

대회	연도	소속	출전	교체	득점	도움	파울	경고	퇴장
BC	2010	인천	2	1	0	0	0	0	0
		합계	2	1	0	0	0	0	0
프로통산			2	1	0	0	0	0	0

설기현(薛琦鉉) 광운대 1979.01.08

대회	연도	소속	출전	교체	득점	도움	파울	경고	퇴장
BC	2010	포항	16	4	7	3	38	0	0
	2011	울산	41	16	7	10	80	4	0
	2012	인천	40	14	7	3	113	4	0
		합계	97	34	21	16	231	10	0
K1	2013	인천	26	19	4	4	88	2	0
	2014	인천	7	7	0	0	18	0	0
		합계	33	26	4	4	106	2	0
프로통산			130	60	25	20	337	14	0

설영우(薛英佑) 울산대 1998.12.05

대회	연도	소속	출전	교체	득점	도움	파울	경고	퇴장
K1	2020	울산	14	8	0	0	7	2	0
	2021	울산	31	11	2	3	26	4	0
		합계	45	19	2	3	33	6	0
프로통산			45	19	2	3	33	6	0

설익찬(薛益贊) 학성고 1978.03.25

대회	연도	소속	출전	교체	득점	도움	파울	경고	퇴장
BC	1996	수원	0	0	0	0	0	0	0
	1999	수원	7	6	1	1	15	0	0
	2000	수원	8	3	0	0	7	2	0
		합계	15	9	1	1	22	2	0
프로통산			15	9	1	1	22	2	0

설정현(薛廷賢) 단국대 1959.03.06

대회	연도	소속	출전	교체	득점	도움	파울	경고	퇴장
BC	1984	한일은행	26	1	2	0	17	0	0
	1985	한일은행	10	0	0	0	8	2	0
	1986	한일은행	14	3	0	0	16	0	0
		합계	50	4	2	0	41	2	0
프로통산			50	4	2	0	41	2	0

설현진(薛賢珍) 광주대 2000.03.10

대회	연도	소속	출전	교체	득점	도움	파울	경고	퇴장
K2	2021	경남	4	4	0	0	2	0	0
		합계	4	4	0	0	2	0	0
프로통산			4	4	0	0	2	0	0

성경모(成京模) 동의대 1980.06.26

대회	연도	소속	출전	교체	실점	도움	파울	경고	퇴장
BC	2003	전북	0	0	0	0	0	0	0
	2004	전북	0	0	0	0	0	0	0
	2005	인천	15	0	15	0	1	1	0
	2006	인천	25	0	30	0	0	1	0
	2007	인천	0	0	0	0	0	0	0
	2008	인천	12	0	16	0	0	0	0
	2009	인천	2	0	4	0	0	0	0
	2010	인천	1	0	0	0	0	0	0
	2011	광주	4	0	11	0	1	0	0
	합계		59	0	76	0	1	2	0
프로통산			59	0	76	0	1	2	0

성경일(成京一) 건국대 1983.03.01

대회	연도	소속	출전	교체	실점	도움	파울	경고	퇴장
BC	2005	전북	0	0	0	0	0	0	0
	2006	전북	8	1	10	0	0	1	0
	2007	전북	10	1	13	0	0	0	0
	2008	전북	3	0	6	0	1	1	0
	2009	광주상무	6	0	11	0	0	1	0
	2010	광주상무	6	0	6	0	0	1	1
	합계		29	2	41	0	3	4	1
프로통산			29	2	41	0	3	4	1

성봉재(成奉宰) 동국대 1993.04.29

대회	연도	소속	출전	교체	득점	도움	파울	경고	퇴장
K1	2015	성남	3	3	0	0	6	0	0
	2016	성남	5	4	1	0	5	1	0
	합계		8	7	1	0	11	1	0
K2	2017	경남	8	6	1	2	12	0	0
	합계		8	6	1	2	12	0	0
프로통산			16	13	1	2	23	1	0

성원종(成元鍾) 경상대 1970.09.27

대회	연도	소속	출전	교체	실점	도움	파울	경고	퇴장
BC	1992	대우	15	1	20	0	1	1	0
	1994	버팔로	25	3	48	0	2	3	0
	1995	전북	16	1	22	0	2	3	0
	1996	전북	14	1	23	0	0	2	0
	1997	전북	17	0	31	0	1	1	0
	1998	부산	4	0	9	0	0	0	0
	1999	대전	0	0	0	0	0	0	0
	2000	대전	0	0	0	0	0	0	0
	합계		96	7	157	0	10	11	1
프로통산			96	7	157	0	10	11	1

성은준(成殷準) 호남대 1970.08.20

대회	연도	소속	출전	교체	득점	도움	파울	경고	퇴장
BC	1994	버팔로	16	7	0	1	4	0	0
	합계		16	7	0	1	4	0	0
프로통산			16	7	0	1	4	0	0

성종현(成宗鉉) 울산대 1979.04.02

대회	연도	소속	출전	교체	득점	도움	파울	경고	퇴장
BC	2004	전북	3	1	0	0	4	0	0
	2005	전북	13	2	0	1	31	3	0
	2006	광주상무	0	0	0	0	0	0	0
	2007	광주상무	6	2	0	0	2	0	0
	2008	전북	5	0	0	0	9	1	0
	2009	전북	3	0	0	1	15	4	0
	2010	전북	13	7	0	1	14	0	0
	합계		43	12	0	3	75	8	0
프로통산			43	12	0	3	75	8	0

성한수(成漢洙) 연세대 1976.03.27

대회	연도	소속	출전	교체	득점	도움	파울	경고	퇴장
BC	1999	대전	14	7	4	2	16	2	0
	2000	대전	13	11	2	0	18	2	0
	2001	대전	12	12	0	0	10	1	0
	2002	전남	7	5	2	0	9	0	0
	2003	전남	6	6	0	1	4	0	0
	2004	전남	7	7	0	0	6	1	0
	합계		59	48	8	3	63	6	0
프로통산			59	48	8	3	63	6	0

성호영(成浩永) 영남대 1999.01.08

대회	연도	소속	출전	교체	득점	도움	파울	경고	퇴장
K1	2020	부산	0	0	0	0	0	0	0
	합계		0	0	0	0	0	0	0
K2	2021	부산	8	7	0	0	8	0	0
	합계		8	7	0	0	8	0	0
프로통산			8	7	0	0	8	0	0

세르게이(Sergey Burdin) 러시아 1970.03.02

대회	연도	소속	출전	교체	득점	도움	파울	경고	퇴장
BC	1996	부천유공	36	12	22	5	47	9	0
	1997	부천SK	27	8	6	1	37	7	0
	1999	천안일화	33	22	7	4	58	6	0
	2000	성남일화	0	0	0	0	0	0	0
	합계		96	42	35	10	142	22	0
프로통산			96	42	35	10	142	22	0

세르지뉴(Sergio Ricardo dos Santos Junior: Sergiho) 브라질 1990.12.03

대회	연도	소속	출전	교체	득점	도움	파울	경고	퇴장
K1	2021	대구	13	9	0	0	15	4	0
	합계		13	9	0	0	15	4	0
프로통산			13	9	0	0	15	4	0

세르지오(Sergio Luis Cogo) 브라질 1960.09.28

대회	연도	소속	출전	교체	득점	도움	파울	경고	퇴장
BC	1983	포항제철	2	2	0	0	0	0	0
	합계		2	2	0	0	0	0	0
프로통산			2	2	0	0	0	0	0

세르지오(Sergio Ricardo dos Santos Vieira) 브라질 1975.05.28

대회	연도	소속	출전	교체	득점	도움	파울	경고	퇴장
BC	2001	안양LG	13	13	2	0	11	0	0
	합계		13	13	2	0	11	0	0
프로통산			13	13	2	0	11	0	0

세르징요(Sergio Paulo Nascimento Filho) 시리아 1988.04.27

대회	연도	소속	출전	교체	득점	도움	파울	경고	퇴장
K2	2015	대구	36	23	4	2	73	6	0
	2016	강원	19	3	0	2	38	4	0
	합계		55	26	4	4	111	10	0
승	2016	강원	2	0	0	0	5	0	0
	합계		2	0	0	0	5	0	0
프로통산			57	26	4	4	116	11	0

세바스티안(Sebastjan Cimirotić) 슬로베니아 1974.09.14

대회	연도	소속	출전	교체	득점	도움	파울	경고	퇴장
BC	2005	인천	3	3	1	0	3	0	0
	합계		3	3	1	0	3	0	0
프로통산			3	3	1	0	3	0	0

세베로(Marcos Lueders Severo) 브라질 1965.03.13

대회	연도	소속	출전	교체	득점	도움	파울	경고	퇴장
BC	1995	현대	18	9	4	4	43	6	0
	합계		18	9	4	4	43	6	0
프로통산			18	9	4	4	43	6	0

세이트(Seyit Cem Unsal) 터키 1975.10.09

대회	연도	소속	출전	교체	득점	도움	파울	경고	퇴장
BC	1997	안양LG	3	2	0	1	3	0	0
	1998	안양LG	6	5	0	0	5	0	0
	합계		9	7	0	1	8	0	0
프로통산			9	7	0	1	8	0	0

세자르(Julio Cesar Guterres) 브라질 1959.02.21

대회	연도	소속	출전	교체	득점	도움	파울	경고	퇴장
BC	1984	포항제철	12	6	0	1	20	2	0
	합계		12	6	0	1	20	2	0
프로통산			12	6	0	1	20	2	0

세자르(Cezar da Costa Oliveira) 브라질 1973.12.09

대회	연도	소속	출전	교체	득점	도움	파울	경고	퇴장
BC	1999	전남	31	9	13	2	82	2	0
	2000	전남	39	13	11	0	77	2	0
	2001	전남	32	14	12	4	57	2	0
	2002	전남	6	4	0	0	9	1	0
	합계		108	40	36	6	225	7	0
프로통산			108	40	36	6	225	7	0

세자르(Paulo Cesar de Souza) 브라질 1979.02.16

대회	연도	소속	출전	교체	득점	도움	파울	경고	퇴장
BC	2005	전북	12	11	0	3	30	2	0
	합계		12	11	0	3	30	2	0
프로통산			12	11	0	3	30	2	0

세지오(Sergio Guimaraes da Silva Junior) 브라질 1979.02.19

대회	연도	소속	출전	교체	득점	도움	파울	경고	퇴장
BC	2005	부천SK	11	6	2	3	18	1	0
	합계		11	6	2	3	18	1	0

세징야(Cesar Fernando Silva Dos Santos: Cesinha) 브라질 1989.11.29

대회	연도	소속	출전	교체	득점	도움	파울	경고	퇴장
K1	2017	대구	27	6	7	3	98	8	0
	2018	대구	25	5	8	11	24	6	2
	2019	대구	35	4	15	10	34	6	0
	2020	대구	27	2	18	6	27	2	0
	2021	대구	32	11	9	7	22	0	0
	합계		144	29	57	39	151	22	2
K2	2016	대구	36	11	11	8	79	12	0
	합계		36	11	11	8	79	12	0
프로통산			180	40	68	47	230	34	2

셀리오(Celio Ferreira dos Santos) 브라질 1987.07.20

대회	연도	소속	출전	교체	득점	도움	파울	경고	퇴장
K1	2016	울산	10	3	1	0	11	4	0
	합계		10	3	1	0	11	4	0
프로통산			10	3	1	0	11	4	0

셀린(Alessandro Padovani Celin) 브라질 1989.09.11

대회	연도	소속	출전	교체	득점	도움	파울	경고	퇴장
BC	2011	광주	1	1	0	0	0	0	0
	합계		1	1	0	0	0	0	0
프로통산			1	1	0	0	0	0	0

셀미르(Selmir dos Santos Bezerra) 브라질 1979.08.23

대회	연도	소속	출전	교체	득점	도움	파울	경고	퇴장
BC	2005	인천	31	17	9	6	84	3	0
	2006	인천	13	4	5	0	22	0	0
	2006	전남	14	4	5	1	29	0	0
	2007	대구	18	16	3	0	21	2	0
	2008	대전	12	8	4	1	15	4	0
	합계		88	49	26	8	193	8	0
프로통산			88	49	26	8	193	8	0

소광호(蘇光鎬) 한양대 1961.03.27

대회	연도	소속	출전	교체	득점	도움	파울	경고	퇴장
BC	1984	럭키금성	14	4	0	3	6	0	0
	1985	상무	19	5	0	2	21	1	0
	합계		33	9	0	5	27	1	0
프로통산			33	9	0	5	27	1	0

소말리아(Waderson de Paula Sabino) 브라질 1977.06.22

대회	연도	소속	출전	교체	득점	도움	파울	경고	퇴장
BC	2006	부산	22	12	9	6	56	3	1
	합계		22	12	9	6	56	3	1
프로통산			22	12	9	6	56	3	1

소우자(Jose Augusto Freitas Sousa) 브라질 1978.08.02

Section 6 역대 통산 기록

대회	연도	소속	출전	교체	득점	도움	파울	경고	퇴장
BC	2008	부산	3	3	0	0	0	0	0
		합계	3	3	0	0	0	0	0
프로통산			3	3	0	0	0	0	0

소콜(Sokol Cikalleshi) 알바니아 1990.07.27

대회	연도	소속	출전	교체	득점	도움	파울	경고	퇴장
BC	2012	인천	6	6	0	0	10	0	0
		합계	6	6	0	0	10	0	0
프로통산			6	6	0	0	10	0	0

손국회(孫國會) 초당대 1987.05.15

대회	연도	소속	출전	교체	득점	도움	파울	경고	퇴장
K2	2013	충주	18	2	1	0	19	0	0
		합계	18	2	1	0	19	0	0
프로통산			18	2	1	0	19	0	0

손기련(孫基連) 단국대 1995.03.22

대회	연도	소속	출전	교체	득점	도움	파울	경고	퇴장
K2	2017	안산	25	15	0	0	21	1	0
		합계	25	15	0	0	21	1	0
프로통산			25	15	0	0	21	1	0

손대원(孫大源) 강원대 1975.02.10

대회	연도	소속	출전	교체	득점	도움	파울	경고	퇴장
BC	1997	울산	4	3	0	0	3	0	0
	1999	울산	2	2	0	0	1	0	0
	2000	울산	24	3	1	2	24	4	0
	2001	울산	2	2	0	0	1	0	0
		합계	32	10	1	2	29	4	0
프로통산			32	10	1	2	29	4	0

손대호(孫大昊) 명지대 1981.09.11

대회	연도	소속	출전	교체	득점	도움	파울	경고	퇴장
BC	2002	수원	14	4	0	0	28	3	0
	2003	수원	8	7	1	0	12	0	0
	2004	수원	20	6	0	1	54	4	0
	2005	전남	6	5	0	0	17	1	0
	2005	성남일화	8	4	0	0	4	1	0
	2006	성남일화	10	6	0	0	29	4	0
	2007	성남일화	26	16	2	1	71	7	0
	2008	성남일화	29	12	1	1	83	5	0
	2009	인천	5	0	0	0	15	2	1
	2012	인천	22	20	0	0	17	6	0
		합계	151	82	4	3	326	33	1
K1	2013	인천	23	13	1	2	27	2	0
프로통산			174	95	5	5	353	35	1

손민우(孫玟佑) 동국대 1997.04.25

대회	연도	소속	출전	교체	득점	도움	파울	경고	퇴장
K2	2019	광주	1	1	0	0	1	0	0
		합계	1	1	0	0	1	0	0
프로통산			1	1	0	0	1	0	0

손상호(孫祥豪) 울산대 1974.05.04

대회	연도	소속	출전	교체	득점	도움	파울	경고	퇴장
BC	1997	울산	5	1	0	0	10	1	0
	2001	울산	5	5	0	0	1	0	0
	2002	울산	12	6	0	0	20	2	1
		합계	20	10	0	0	31	2	1
프로통산			20	10	0	0	31	2	1

손석용(孫碩庸) 현풍고 1998.09.04

대회	연도	소속	출전	교체	득점	도움	파울	경고	퇴장
K2	2020	서울E	0	0	0	0	0	0	0
		합계	0	0	0	0	0	0	0
프로통산			0	0	0	0	0	0	0

손설민(孫雪旼) 관동대(가톨릭관동대) 1990.04.26

대회	연도	소속	출전	교체	득점	도움	파울	경고	퇴장
BC	2012	전남	15	13	1	2	17	2	0
		합계	15	13	1	2	17	2	0
K1	2015	대전	9	5	0	0	14	5	0
		합계	9	5	0	0	14	5	0
K2	2015	강원	4	4	0	0	3	0	0
	2016	강원	4	4	0	1	0	1	0
		합계	8	8	1	1	3	1	0
프로통산			32	26	2	2	34	8	0

손세범(孫世凡) 용인대 1992.03.07

대회	연도	소속	출전	교체	득점	도움	파울	경고	퇴장
K2	2016	고양	6	3	0	0	8	2	0
		합계	6	3	0	0	8	2	0
프로통산			6	3	0	0	8	2	0

손승준(孫昇準) 통진종고 1982.05.16

대회	연도	소속	출전	교체	득점	도움	파울	경고	퇴장
BC	2001	수원	9	8	0	0	9	2	0
	2002	수원	17	6	0	2	41	1	0
	2003	수원	22	12	0	0	37	5	0
	2005	광주상무	19	2	1	2	52	6	0
	2007	수원	4	2	0	0	14	0	0
	2008	수원	7	5	0	0	14	1	0
	2009	전북	22	11	3	0	37	7	0
	2010	전북	10	4	0	0	26	6	0
	2011	전북	4	4	0	0	26	0	0
		합계	112	47	4	4	296	39	1
프로통산			112	47	4	4	296	39	1

손시헌(孫時憲) 숭실대 1992.09.18

대회	연도	소속	출전	교체	득점	도움	파울	경고	퇴장
K2	2013	수원FC	6	3	0	0	4	0	0
	2014	수원FC	0	0	0	0	0	0	0
		합계	6	3	0	0	4	0	0
프로통산			6	3	0	0	4	0	0

손웅정(孫雄政) 명지대 1966.06.16

대회	연도	소속	출전	교체	득점	도움	파울	경고	퇴장
BC	1985	상무	7	5	0	1	5	0	0
	1987	현대	16	14	5	0	11	0	0
	1988	현대	4	4	0	0	2	1	0
	1989	일화	10	11	2	0	18	0	0
		합계	37	34	7	0	28	3	0
프로통산			37	34	7	0	28	3	0

손일표(孫一杓) 선문대 1981.03.29

대회	연도	소속	출전	교체	실점	도움	파울	경고	퇴장
BC	2004	대구	0	0	0	0	0	0	0
		합계	0	0	0	0	0	0	0
프로통산			0	0	0	0	0	0	0

손재영(孫材榮) 숭실대 1991.09.09

대회	연도	소속	출전	교체	득점	도움	파울	경고	퇴장
K1	2014	울산	0	0	0	0	0	0	0
		합계	0	0	0	0	0	0	0
프로통산			0	0	0	0	0	0	0

손정탁(孫禎鐸) 울산대 1976.05.31

대회	연도	소속	출전	교체	득점	도움	파울	경고	퇴장
BC	1999	울산	16	16	2	2	14	0	0
	2000	울산	18	17	0	0	19	1	0
	2003	광주상무	34	25	4	1	49	3	0
	2004	전북	15	12	1	1	24	1	0
	2005	전북	12	11	1	1	18	2	0
	2005	수원	7	6	0	2	9	0	0
	2006	수원	4	4	0	0	0	0	0
		합계	106	88	11	7	133	7	0
프로통산			106	88	11	7	133	7	0

손정현(孫政玄) 광주대 1991.11.25

대회	연도	소속	출전	교체	실점	도움	파울	경고	퇴장
K1	2014	경남	6	0	5	0	0	1	0
	2018	경남	25	0	25	0	2	1	0
	2019	경남	13	0	19	0	0	0	0
		합계	44	0	49	0	2	2	0
K2	2015	경남	39	0	42	0	2	3	0
	2016	안산무궁	9	0	14	0	1	1	0
	2017	아산	5	0	8	0	0	1	0
	2020	경남	23	0	31	0	1	1	0
	2021	경남	28	0	36	1	3		0
		합계	102	0	126	0	5	7	1
승	2014	경남	1	0	3	0	0	0	0
	2019	경남	1	0	0	0	0	0	0
		합계	1	0	3	0	0	0	0
프로통산			147	0	189	0	7	10	1

손종석(孫宗錫) 서울시립대 1954.03.10

대회	연도	소속	출전	교체	득점	도움	파울	경고	퇴장
BC	1984	현대	3	3	0	0	0	0	0
		합계	3	3	0	0	0	0	0
프로통산			3	3	0	0	0	0	0

손종찬(孫宗贊) 아주대 1966.11.01

대회	연도	소속	출전	교체	득점	도움	파울	경고	퇴장
BC	1989	대우	6	4	0	0	4	1	0
	1990	유공	3	3	0	0	1	0	0
	1991	유공	15	8	0	1	10	1	0
	1992	유공	29	11	0	0	28	1	0
	1993	유공	23	15	0	1	14	2	0
	1994	유공	10	7	0	0	11	1	0
	1995		10	7	0	0	11	1	0
		합계	108	74	0	3	76	7	0
프로통산			108	74	0	3	76	7	0

손준호(孫準浩) 영남대 1992.05.12

대회	연도	소속	출전	교체	득점	도움	파울	경고	퇴장
K1	2014	포항	25	4	1	2	66	8	0
	2015	포항	35	3	9	4	87	9	0
	2016	포항	35	4	3	0	55	6	0
	2017	포항	35	7	4	14	69	7	0
	2018	전북	30	13	4	4	71	7	1
	2019	전북	31	6	5	8	82	11	0
	2020	전북	25	2	5	2	59	5	0
		합계	185	36	25	32	439	47	1
프로통산			185	36	25	32	439	47	1

손창후(孫昌厚) 우신고 1957.02.05

대회	연도	소속	출전	교체	득점	도움	파울	경고	퇴장
BC	1983	할렐루야	10	4	0	1	1	0	0
		합계	10	4	0	1	1	0	0
프로통산			10	4	0	1	1	0	0

손현준(鄭益篇) 동아대 1972.03.20

대회	연도	소속	출전	교체	득점	도움	파울	경고	퇴장
BC	1995	LG	20	6	1	0	57	8	0
	1996	안양LG	37	3	0	0	66	4	0
	1997	안양LG	22	8	0	0	32	3	0
	1998	안양LG	17	12	0	0	28	1	0
	1999	부산	13	8	0	0	37	4	0
	2000	안양LG	25	6	0	0	37	8	0
	2001	안양LG	16	8	0	0	33	1	0
	2002	안양LG	25	6	0	0	43	0	0
		합계	170	66	1	0	325	29	0
프로통산			170	66	1	0	325	29	0

손형선(孫炯先) 광운대 1964.02.22

대회	연도	소속	출전	교체	득점	도움	파울	경고	퇴장
BC	1986	대우	27	2	1	0	36	2	0
	1987	대우	24	2	1	0	44	2	0
	1988	대우	11	3	1	0	33	1	0
	1989	대우	34	3	1	1	62	4	0
	1990	포항제철	11	1	1	4	41	1	0
	1991	포항제철	23	11	0	2	43	3	0
	1992	LG	20	1	0	1	38	6	0
	1993	LG	10	3	0	0	20	1	0
		합계	182	25	8	6	319	18	0
프로통산			182	25	8	6	319	18	0

손형준(孫亨準) 진주고 1995.01.13

대회	연도	소속	출전	교체	득점	도움	파울	경고	퇴장
K1	2013	경남	0	0	0	0	0	0	0
		합계	0	0	0	0	0	0	0
K2	2015	경남	10	5	0	0	5	1	0

			합계	10	5	0	0	5	1	0
			프로통산	10	5	0	0	5	1	0

손호준(孫昊儁) 매탄고 2002.07.03

대회	연도	소속	출전	교체	득점	도움	파울	경고	퇴장
K1	2021	수원	0	0	0	0	0	0	0
		합계	0	0	0	0	0	0	0
	프로통산		0	0	0	0	0	0	0

솔로(Andrei Solomatin) 러시아 1975.09.09

대회	연도	소속	출전	교체	득점	도움	파울	경고	퇴장
BC	2004	성남일화	4	4	0	0	2	0	0
		합계	4	4	0	0	2	0	0
	프로통산		4	4	0	0	2	0	0

솔로비(Mikhail Nikolayevich Solovyov) 러시아 1968.12.23

대회	연도	소속	출전	교체	득점	도움	파울	경고	퇴장
BC	1992	일화	6	6	0	0	4	0	0
		합계	6	6	0	0	4	0	0
	프로통산		6	6	0	0	4	0	0

송경섭(宋京燮) 단국대 1971.02.25

대회	연도	소속	출전	교체	득점	도움	파울	경고	퇴장
BC	1996	수원	2	2	0	0	2	0	0
		합계	2	2	0	0	2	0	0
	프로통산		2	2	0	0	2	0	0

송광환(宋光煥) 연세대 1966.02.01

대회	연도	소속	출전	교체	득점	도움	파울	경고	퇴장
BC	1989	대우	31	18	1	2	30	0	0
	1990	대우	25	5	0	1	27	3	0
	1991	대우	1	1	0	0	1	0	0
	1992	대우	17	3	0	1	27	3	0
	1993	대우	14	4	0	0	27	0	0
	1994	대우	14	2	0	0	25	3	0
	1995	전남	34	2	0	4	43	3	0
	1996	전남	32	8	0	1	43	2	0
	1997	전남	32	8	0	3	53	2	0
	1998	전남	26	12	0	1	41	1	0
		합계	226	63	1	11	320	20	0
	프로통산		226	63	1	11	320	20	0

송근수(宋根琇) 창원기계공고 1984.05.06

대회	연도	소속	출전	교체	득점	도움	파울	경고	퇴장
BC	2005	부산	3	2	0	0	1	0	0
	2006	광주상무	1	1	0	0	0	0	0
	2008	경남	0	0	0	0	0	0	0
		합계	4	4	0	0	4	0	0
	프로통산		4	4	0	0	4	0	0

송덕균(宋德均) 홍익대 1971.03.16

대회	연도	소속	출전	교체	실점	도움	파울	경고	퇴장
BC	1995	전북	10	1	15	0	1	1	0
	1999	전북	0	0	0	0	0	0	0
		합계	10	1	15	0	1	1	0
	프로통산		10	1	15	0	1	1	0

송동진(宋東晉) 포철공고 1984.05.12

대회	연도	소속	출전	교체	실점	도움	파울	경고	퇴장
BC	2008	포항	0	0	0	0	0	0	0
	2009	포항	0	0	0	0	0	0	0
	2010	포항	1	0	1	0	0	0	0
		합계	1	0	1	0	0	0	0
	프로통산		1	0	1	0	0	0	0

송만호(宋萬浩) 고려대 1969.07.06

대회	연도	소속	출전	교체	득점	도움	파울	경고	퇴장
BC	1991	유공	2	2	0	0	2	0	0
	1992	유공	1	1	0	0	0	0	0
		합계	3	3	0	0	2	0	0
	프로통산		3	3	0	0	2	0	0

송민국(宋民國) 광운대 1985.04.25

대회	연도	소속	출전	교체	득점	도움	파울	경고	퇴장
BC	2008	경남	2	1	0	0	0	0	0
K2	2013	충주	1	0	0	1	0	0	0
	2014	충주	0	0	0	0	0	0	0
		합계	1	0	0	1	0	0	0
	프로통산		3	1	0	0	1	0	0

송민규(宋旻揆) 충주상고 1999.09.12

대회	연도	소속	출전	교체	득점	도움	파울	경고	퇴장
K1	2018	포항	2	2	0	0	2	0	0
	2019	포항	27	25	2	3	20	2	0
	2020	포항	27	14	10	6	20	2	0
	2021	포항	16	3	7	0	17	1	1
	2021	전북	17	14	3	3	13	0	0
		합계	89	58	22	12	72	3	1
	프로통산		89	58	22	12	72	3	1

송민규(宋政奎 / ← 송승주) 동북고 1991.04.26

대회	연도	소속	출전	교체	득점	도움	파울	경고	퇴장
BC	2011	서울	1	1	0	0	0	0	0
		합계	1	1	0	0	0	0	0
K2	2013	경찰	14	10	1	0	19	2	0
	2014	안산경찰	0	0	0	0	1	1	0
		합계	14	10	1	0	19	2	0
	프로통산		15	11	1	0	20	3	0

송민우(宋政佑) 호남대 1993.12.13

대회	연도	소속	출전	교체	득점	도움	파울	경고	퇴장
K2	2017	수원FC	2	2	0	0	1	0	0
		합계	2	2	0	0	1	0	0
	프로통산		2	2	0	0	1	0	0

송범근(宋範根) 고려대 1997.10.15

대회	연도	소속	출전	교체	실점	도움	파울	경고	퇴장
K1	2018	전북	30	0	18	0	0	1	0
	2019	전북	38	0	32	0	1	2	0
	2020	전북	27	0	21	0	0	1	0
	2021	전북	37	5	35	0	0	2	0
		합계	132	5	106	0	1	6	0
	프로통산		132	5	106	0	1	6	0

송병용(宋炳龍) 한남대 1991.03.03

대회	연도	소속	출전	교체	득점	도움	파울	경고	퇴장
K2	2014	안양	0	0	0	0	0	0	0
		합계	0	0	0	0	0	0	0
	프로통산		0	0	0	0	0	0	0

송선호(宋鮮浩) 인천대 1966.01.24

대회	연도	소속	출전	교체	득점	도움	파울	경고	퇴장
BC	1988	유공	16	7	1	0	27	2	0
	1989	유공	35	19	3	3	40	5	0
	1990	유공	24	16	0	2	30	2	0
	1991	유공	19	17	0	1	21	0	0
	1992	유공	11	5	0	1	15	0	0
	1993	유공	21	8	0	0	31	3	1
	1994	유공	15	7	0	0	14	0	0
	1995	유공	15	10	0	0	14	0	0
	1996	부천유공	10	6	0	0	11		
		합계	166	95	4	5	203	30	1
	프로통산		166	95	4	5	203	30	1

송성범(宋成範) 호원대 1992.06.10

대회	연도	소속	출전	교체	득점	도움	파울	경고	퇴장
K1	2015	광주	3	2	0	0	2	1	0
		합계	3	2	0	0	2	1	0
K2	2016	충주	2	2	0	0	0	0	0
		합계	2	2	0	0	0	0	0
	프로통산		5	4	0	0	2	1	0

송성현(宋性玄) 광운대 1988.02.14

대회	연도	소속	출전	교체	득점	도움	파울	경고	퇴장
BC	2011	성남일화	0	0	0	0	0	0	0
		합계	0	0	0	0	0	0	0
	프로통산		0	0	0	0	0	0	0

송수영(宋修映) 연세대 1991.07.08

대회	연도	소속	출전	교체	득점	도움	파울	경고	퇴장
K1	2014	경남	33	26	4	3	22	1	0
	2015	제주	4	4	0	0	1	0	0
	2018	상주	7	8	0	0	3	0	0
	2019	상주	11	11	0	0	3	0	0
		합계	55	49	4	3	29	1	0
K2	2015	경남	15	11	0	1	12	1	0
	2016	경남	31	19	9	6	17	5	0
	2017	수원FC	26	21	2	1	19	1	0
	2019	수원FC	4	4	0	0	2	0	0
	2020	수원FC	5	5	0	1	4	2	0
		합계	81	60	11	9	55	9	0
승	2014	경남	2	0	1	0	2	0	0
		합계	2	0	1	0	2	0	0
	프로통산		138	109	16	12	86	10	0

송승민(宋承玟) 인천대 1992.01.11

대회	연도	소속	출전	교체	득점	도움	파울	경고	퇴장
K1	2015	광주	33	7	3	4	47	4	0
	2016	광주	38	2	4	3	60	2	0
	2017	광주	38	5	5	2	43	2	0
	2018	포항	30	21	2	3	32	0	0
	2019	상주	11	8	1	0	14	0	0
	2020	상주	2	2	0	0	1	0	0
	2021	광주	18	17	0	0	15	3	0
		합계	170	63	15	12	212	9	0
K2	2014	광주	19	11	0	2	24	0	0
		합계	19	11	0	2	24	0	0
승	2014	광주	2	1	0	0	1	0	0
		합계	2	1	0	0	1	0	0
	프로통산		191	76	15	14	237	11	0

송시영(宋時永) 한양대 1962.08.15

대회	연도	소속	출전	교체	득점	도움	파울	경고	퇴장
BC	1986	한일은행	2	2	0	0	0	0	0
		합계	2	2	0	0	0	0	0
	프로통산		2	2	0	0	0	0	0

송시우(宋治雨) 단국대 1993.08.28

대회	연도	소속	출전	교체	득점	도움	파울	경고	퇴장
K1	2016	인천	28	28	5	1	19	3	0
	2017	인천	32	27	5	0	35	2	0
	2018	인천	10	10	1	0	9	1	0
	2018	상주	12	10	1	0	6	0	0
	2019	상주	23	22	3	4	31	1	0
	2020	인천	25	24	2	1	9	6	1
	2021	인천	34	34	4	3	31	1	0
		합계	164	155	21	9	140	14	1
	프로통산		164	155	21	9	140	14	1

송영록(宋永綠) 조선대 1961.03.13

대회	연도	소속	출전	교체	득점	도움	파울	경고	퇴장
BC	1984	국민은행	18	3	0	0	13	0	0
		합계	18	3	0	0	13	0	0
	프로통산		18	3	0	0	13	0	0

송영민(宋靈民) 동의대 1995.03.11

대회	연도	소속	출전	교체	실점	도움	파울	경고	퇴장
K2	2016	대구	0	0	0	0	0	0	0
		합계	0	0	0	0	0	0	0
	프로통산		0	0	0	0	0	0	0

송영진(宋勇眞) 안동고 1985.01.01

대회	연도	소속	출전	교체	득점	도움	파울	경고	퇴장
BC	2004	부산	1	1	0	0	2	0	0
		합계	1	1	0	0	2	0	0
	프로통산		1	1	0	0	2	0	0

송원재(宋愿宰) 고려대 1989.02.21

대회	연도	소속	출전	교체	득점	도움	파울	경고	퇴장
K1	2014	상주	13	9	0	0	3	0	0
		합계	13	9	0	0	3	0	0
K2	2013	부천							
	2013	상주	0	0	0	0	0	0	0
	2015	부천	28	19	0	0	45	6	0
	2016	부천	31	18	0	1	32	4	0

[Column 1]

		출전	교체	득점	도움	파울	경고	퇴장
	합계	65	37	0	2	83	10	0
승	2013 상주	2	0	0	0	3	0	0
	합계	2	0	0	0	3	0	0
	프로통산	80	46	0	2	89	10	0

송유걸(宋裕傑) 경희대 1985.02.16

대회	연도 소속	출전	교체	실점	도움	파울	경고	퇴장
BC	2006 전남	1	0	4	0	0	0	0
	2007 전남	0	0	0	0	0	0	0
	2007 인천	0	0	0	0	0	0	0
	2008 인천	12	1	12	0	1	0	0
	2009 인천	10	0	11	0	0	0	0
	2010 인천	19	1	31	0	1	0	0
	2011 인천	13	0	17	0	0	0	0
	2012 강원	25	1	33	0	0	2	0
	합계	80	3	108	0	2	3	0
K1	2015 울산	1	0	2	0	0	0	0
	2017 강원	1	0	2	0	0	0	0
	합계	2	0	4	0	0	0	0
K2	2013 경찰	11	1	15	0	1	2	0
	2014 안산경찰	3	0	7	0	0	0	0
	2016 강원	15	0	12	0	0	1	0
	2018 부산	2	0	3	0	0	0	0
	합계	31	1	37	0	1	3	0
승	2016 강원	0	0	0	0	0	0	0
	합계	0	0	0	0	0	0	0
	프로통산	113	4	149	0	3	6	0

송윤석(宋允石) 호남대 1977.09.20

대회	연도 소속	출전	교체	득점	도움	파울	경고	퇴장
BC	2000 전남	12	9	0	0	9	1	0
	2001 전남	4	3	0	0	1	0	0
	2003 광주상무	0	0	0	0	0	0	0
	합계	16	12	0	0	10	1	0
	프로통산	16	12	0	0	10	1	0

송재용

대회	연도 소속	출전	교체	실점	도움	파울	경고	퇴장
BC	1983 국민은행	1	0	3	0	0	0	0
	합계	1	0	3	0	0	0	0
	프로통산	1	0	3	0	0	0	0

송재한(宋在澣) 동아대 1987.11.24

대회	연도 소속	출전	교체	득점	도움	파울	경고	퇴장
BC	2010 전북	0	0	0	0	0	0	0
	합계	0	0	0	0	0	0	0
	프로통산	0	0	0	0	0	0	0

송정우(宋楨佑) 아주대 1982.03.22

대회	연도 소속	출전	교체	득점	도움	파울	경고	퇴장
BC	2005 대구	12	13	1	1	14	2	0
	2006 대구	20	18	2	1	20	2	0
	2007 대구	8	8	0	2	8	1	0
	합계	40	39	3	4	42	5	0
	프로통산	40	39	3	4	42	5	0

송정현(宋旺賢) 아주대 1976.05.28

대회	연도 소속	출전	교체	득점	도움	파울	경고	퇴장
BC	1999 전남	5	5	1	1	6	0	0
	2000 전남	13	11	2	0	11	0	0
	2001 전남	5	5	0	0	5	1	0
	2003 대구	37	26	3	1	59	4	0
	2004 대구	25	16	1	2	44	3	0
	2005 대구	34	1	3	6	61	3	0
	2006 전남	35	13	6	5	85	4	0
	2007 전남	27	7	2	3	34	2	0
	2008 전남	20	13	4	2	30	3	0
	2009 울산	15	9	2	2	17	3	0
	2009 전남	15	9	2	2	17	0	0
	2010 전남	17	11	2	0	16	2	0
	2011 전남	12	9	0	0	9	1	0
	합계	251	132	27	23	389	27	0
	프로통산	251	132	27	23	389	27	0

[Column 2]

송제헌(宋制憲) 선문대 1986.07.17

대회	연도 소속	출전	교체	득점	도움	파울	경고	퇴장
BC	2009 포항	3	2	0	0	6	0	0
	2010 대구	19	13	2	1	31	0	0
	2011 대구	25	10	8	0	33	6	1
	2012 대구	36	25	11	1	54	7	0
	합계	83	50	21	2	124	13	1
K1	2013 전북	14	15	1	0	2	0	0
	2014 상주	6	6	0	0	4	1	0
	2016 인천	14	13	1	0	13	0	0
	합계	34	34	4	1	19	1	0
K2	2015 상주	1	1	0	1	2	0	0
	2017 경남	14	12	3	0	8	1	0
	합계	15	13	3	1	10	1	0
	프로통산	132	97	28	4	153	14	1

송종국(宋鍾國) 연세대 1979.02.20

대회	연도 소속	출전	교체	득점	도움	파울	경고	퇴장
BC	2001 부산	35	12	2	1	42	2	0
	2002 부산	20	7	1	1	52	2	0
	2005 수원	27	6	3	0	55	2	0
	2006 수원	33	4	0	4	70	3	0
	2007 수원	29	2	2	1	59	1	1
	2008 수원	29	2	1	2	49	3	0
	2009 수원	10	3	0	1	17	1	0
	2010 수원	10	3	0	1	17	1	0
	2011 울산	18	4	0	0	24	4	0
	합계	204	46	7	11	373	21	1
	프로통산	204	46	7	11	373	21	1

송주석(宋柱錫) 고려대 1967.02.26

대회	연도 소속	출전	교체	득점	도움	파울	경고	퇴장
BC	1990 현대	29	4	3	7	68	3	0
	1991 현대	30	17	3	0	45	3	1
	1992 현대	30	17	5	1	44	4	1
	1993 현대	26	16	3	1	26	2	1
	1994 현대	15	8	2	4	15	0	0
	1995 현대	29	4	0	4	56	5	1
	1996 울산	32	13	4	7	61	4	0
	1997 울산	28	11	10	3	71	6	0
	1998 울산	20	14	3	0	37	4	0
	1999 울산	9	9	2	1	5	0	0
	합계	248	113	47	22	428	38	5
	프로통산	248	113	47	22	428	38	5

송주한(宋柱韓) 인천대 1993.06.16

대회	연도 소속	출전	교체	득점	도움	파울	경고	퇴장
K1	2015 대전	12	3	0	0	6	1	0
	합계	12	3	0	0	6	1	0
K2	2014 대전	30	12	1	5	19	2	0
	2015 경남	17	5	0	1	13	0	0
	2016 경남							
	합계	47	17	1	6	34	2	0
	프로통산	59	20	1	6	45	8	0

송주호(宋株昊) 고려대 1991.03.20

대회	연도 소속	출전	교체	득점	도움	파울	경고	퇴장
K2	2017 안산	24	4	0	0	41	7	0
	2018 안산	9	7	0	1	16	3	0
	2021 안산	22	8	2	1	32	2	0
	합계	63	18	3	1	89	12	0
	프로통산	63	18	3	1	89	12	0

송주훈(宋株熏) 건국대 1994.01.13

대회	연도 소속	출전	교체	득점	도움	파울	경고	퇴장
K1	2019 경남	9	2	0	0	4	1	0
	합계	9	2	0	0	4	1	0
K2	2021 김천	3	1	0	0	2	0	0
	합계	3	1	0	0	2	0	0
	프로통산	12	2	0	0	6	1	0

송준석(宋俊錫) 청주대 2001.02.06

대회 연도 소속 출전 교체 득점 도움 파울 경고 퇴장

[Column 3]

대회	연도 소속	출전	교체	득점	도움	파울	경고	퇴장
K1	2021 강원	11	11	0	0	12	1	0
	합계	11	11	0	0	12	1	0
	프로통산	11	11	0	0	12	1	0

송지용(宋智庸) 고려대 1989.04.12

대회	연도 소속	출전	교체	실점	도움	파울	경고	퇴장
BC	2012 전남	0	0	0	0	0	0	0
	합계	0	0	0	0	0	0	0
	프로통산	0	0	0	0	0	0	0

송진규(宋珍圭) 중앙대 1997.07.12

대회	연도 소속	출전	교체	득점	도움	파울	경고	퇴장
K1	2019 수원	7	7	0	0	9	1	0
	합계	7	7	0	0	9	1	0
K2	2020 안산	9	5	0	1	13	0	0
	2021 안산	1	1	0	0	2	0	0
	합계	10	6	0	1	15	0	0
	프로통산	17	13	0	1	24	1	0

송진형(宋珍炯) 당산서중 1987.08.13

대회	연도 소속	출전	교체	득점	도움	파울	경고	퇴장
BC	2004 서울	1	1	0	0	0	0	0
	2006 서울	4	4	0	0	4	0	0
	2007 서울	11	10	0	0	5	1	0
	2012 제주	39	9	10	5	41	6	0
	합계	55	24	10	5	50	7	0
K1	2013 제주	33	11	3	3	23	3	0
	2014 제주	36	15	3	6	33	4	0
	2015 제주	29	19	6	4	23	3	0
	2016 제주	6	1	0	2	3	0	0
	2018 서울	6	6	1	0	2	0	0
	합계	132	56	20	17	81	11	0
	프로통산	191	84	30	22	136	19	0

송창남(宋昌南) 배재대 1977.12.31

대회	연도 소속	출전	교체	득점	도움	파울	경고	퇴장
BC	2000 대전	1	1	0	0	1	0	0
	2001 부천SK	6	4	0	2	1	2	0
	2002 부천SK	1	1	0	0	0	0	0
	2003 부천SK	0	0	0	0	0	0	0
	합계	8	6	0	2	2	2	0
	프로통산	8	6	0	2	2	2	0

송창좌(宋昌左) 관동대(가톨릭관동대) 1977.04.26

대회	연도 소속	출전	교체	득점	도움	파울	경고	퇴장
BC	2000 대전	0	0	0	0	0	0	0
	합계	0	0	0	0	0	0	0
	프로통산	0	0	0	0	0	0	0

송창호(宋昌鎬) 동아대 1986.02.20

대회	연도 소속	출전	교체	득점	도움	파울	경고	퇴장
BC	2009 포항	12	10	1	3	6	1	0
	2010 포항	11	6	0	0	5	0	0
	2011 대구	26	8	2	3	31	6	0
	2012 대구	37	13	0	1	36	4	0
	합계	86	37	3	7	78	11	0
K1	2013 대구	34	13	5	1	23	0	0
	2014 전남	28	14	4	1	23	4	0
	2016 전남	3	3	0	0	0	0	0
	2017 전남	7	4	0	1	4	1	0
	합계	76	37	9	4	57	5	0
K2	2015 안산경찰	34	9	3	1	35	4	0
	2016 안산무궁	9	4	1	0	8	1	0
	2018 부산	8	1					
	합계	51	15	3	2	48	4	0
승	2018 부산							
	프로통산	213	89	15	11	176	25	1

송치훈(宋致勳) 광운대 1991.09.24

대회	연도 소속	출전	교체	득점	도움	파울	경고	퇴장
K2	2013 부천	20	12	2	1	17	2	0
	합계	20	12	2	1	17	2	0
	프로통산	20	12	2	1	17	2	0

송태림(宋泰林) 중앙대 1984.02.20

대회	연도	소속	출전	교체	득점	도움	파울	경고	퇴장
BC	2006	전남	3	0	0	0	9	0	0
	2007	전남	4	4	0	0	1	0	0
	2008	부산	1	1	0	0	3	1	0
	합계		8	5	0	0	13	1	0
프로통산			8	5	0	0	13	1	0

송태철(宋泰喆) 중앙대 1961.11.12

대회	연도	소속	출전	교체	득점	도움	파울	경고	퇴장
BC	1986	한일은행	6	2	0	0	7	0	0
	합계		6	2	0	0	7	0	0
프로통산			6	2	0	0	7	0	0

송한기(宋漢基) 우석대 1988.08.07

대회	연도	소속	출전	교체	득점	도움	파울	경고	퇴장
K2	2015	고양	2	1	0	0	0	0	0
	합계		2	1	0	0	0	0	0
프로통산			2	1	0	0	0	0	0

송한복(宋韓福) 배재고 1984.04.12

대회	연도	소속	출전	교체	득점	도움	파울	경고	퇴장
BC	2005	전남	0	0	0	0	0	0	0
	2006	전남	4	2	0	0	4	1	0
	2007	전남	1	1	0	0	1	0	0
	2008	광주상무	21	14	0	1	29	4	0
	2009	광주상무	16	11	0	1	35	4	0
	2009	전남	3	1	0	0	7	0	0
	2010	전남	14	13	0	1	19	4	0
	2011	대구	24	11	0	2	55	7	0
	2012	대구	11	4	0	0	30	4	0
	합계		94	57	0	5	180	25	0
K1	2013	대구	6	6	0	0	4	1	0
	합계		6	6	0	0	4	1	0
K2	2014	광주	6	5	0	0	13	0	0
	합계		6	5	0	0	13	0	0
프로통산			106	65	0	5	202	26	0

송호영(宋昊營) 한양대 1988.01.21

대회	연도	소속	출전	교체	득점	도움	파울	경고	퇴장
BC	2009	경남	26	20	3	3	26	2	0
	2010	성남일화	29	28	0	0	17	3	0
	2011	성남일화	16	11	2	0	12	4	0
	2012	제주	3	3	0	0	1	0	0
	합계		74	62	5	3	56	6	0
K1	2013	전남	5	5	1	0	3	0	0
	2014	경남	3	2	0	0	2	2	0
	합계		8	7	1	0	5	2	0
프로통산			82	70	6	3	61	8	0

송홍민(宋洪民) 남부대 1996.02.07

대회	연도	소속	출전	교체	득점	도움	파울	경고	퇴장
K2	2018	부천	17	9	1	0	14	3	1
	2019	부천	20	10	2	0	22	0	0
	2020	부천	13	4	0	0	15	1	0
	2021	부천	20	7	0	0	26	4	1
	합계		70	30	3	1	79	8	2
프로통산			70	30	3	1	79	8	2

송홍섭(宋洪燮) 경희대 1976.11.28

대회	연도	소속	출전	교체	득점	도움	파울	경고	퇴장
BC	1999	수원	1	1	0	0	0	0	0
	2003	대구	4	2	0	0	8	1	0
	합계		5	3	0	0	8	1	0
프로통산			5	3	0	0	8	1	0

송환영(宋晥永) 한양대 1997.10.11

대회	연도	소속	출전	교체	득점	도움	파울	경고	퇴장
K2	2019	아산	7	4	1	0	6	0	0
	2020	충남아산	4	4	0	0	3	0	0
	2021	충남아산	1	1	0	0	0	0	0
	합계		12	9	1	0	9	0	0
프로통산			12	9	1	0	9	0	0

수보티치(Danijel Subotic) 스위스 1989.01.31

대회	연도	소속	출전	교체	득점	도움	파울	경고	퇴장
K1	2017	울산	11	11	1	0	8	4	0
	합계		11	11	1	0	8	4	0
프로통산			11	11	1	0	8	4	0

수신야르(Aleksandar Susnjar) 오스트레일리아 1995.08.19

대회	연도	소속	출전	교체	득점	도움	파울	경고	퇴장
K2	2019	부산	29	0	0	0	46	10	1
	합계		29	0	0	0	46	10	1
승	2019	부산	2	0	0	0	0	0	0
	합계		2	0	0	0	0	0	0
프로통산			31	0	0	0	46	10	1

수쿠타 파수(Richard Sukuta-Pasu) 독일 1990.06.24

대회	연도	소속	출전	교체	득점	도움	파울	경고	퇴장
K2	2020	서울E	23	19	7	1	43	5	0
	합계		23	19	7	1	43	5	0
프로통산			23	19	7	1	43	5	0

수호자(Mario Sergio Aumarante Santana) 브라질 1977.01.30

대회	연도	소속	출전	교체	득점	도움	파울	경고	퇴장
BC	2004	울산	31	21	2	1	24	0	0
	합계		31	21	2	1	24	0	0
프로통산			31	21	2	1	24	0	0

슈마로프(Valeri Schmarov) 러시아 1965.02.23

대회	연도	소속	출전	교체	득점	도움	파울	경고	퇴장
BC	1996	전남	4	2	0	0	7	0	0
	합계		4	2	0	0	7	0	0
프로통산			4	2	0	0	7	0	0

슈바(Adriano Neves Pereira) 브라질 1979.05.24

대회	연도	소속	출전	교체	득점	도움	파울	경고	퇴장
BC	2006	대전	32	9	6	10	110	7	0
	2007	대전	14	2	8	1	52	3	0
	2008	전남	22	8	3	3	67	3	0
	2009	전남	30	6	14	8	83	6	0
	2010	전남	19	7	6	4	40	4	0
	2011	포항	15	10	6	3	25	1	0
	2012	광주	3	3	0	0	10	1	0
	합계		135	45	53	24	377	24	1
프로통산			135	45	53	24	377	24	1

슈벵크(Cleber Schwenck Tiene) 브라질 1979.02.28

대회	연도	소속	출전	교체	득점	도움	파울	경고	퇴장
BC	2007	포항	17	12	4	1	50	4	0
	합계		17	12	4	1	50	4	0
프로통산			17	12	4	1	50	4	0

스레텐(Sreten Sretenović) 세르비아 1985.01.12

대회	연도	소속	출전	교체	득점	도움	파울	경고	퇴장
K1	2013	경남	33	1	0	0	68	11	0
	2014	경남	32	0	2	1	62	7	0
	합계		65	1	2	1	130	18	0
승	2014	경남	2	0	0	0	5	1	0
	합계		2	0	0	0	5	1	0
프로통산			67	1	2	1	135	19	0

스카첸코(Serhiy Skachenko) 우크라이나 1972.11.18

대회	연도	소속	출전	교체	득점	도움	파울	경고	퇴장
BC	1996	안양LG	39	3	15	3	55	4	0
	1997	안양LG	12	3	3	1	9	0	0
	1997	전남	17	14	7	2	17	2	0
	합계		68	20	25	6	91	6	0
프로통산			68	20	25	6	91	6	0

스테반(Stevan Racić) 세르비아 1984.01.17

대회	연도	소속	출전	교체	득점	도움	파울	경고	퇴장
BC	2009	대전	13	12	0	2	22	4	0
	합계		13	12	0	2	22	4	0
프로통산			13	12	0	2	22	4	0

스테보(Stevica Ristić) 마케도니아 1982.05.23

대회	연도	소속	출전	교체	득점	도움	파울	경고	퇴장
BC	2007	전북	29	9	15	5	75	2	0
	2008	전북	14	6	4	2	23	3	1
	2008	포항	14	11	4	4	34	1	0
	2009	포항	24	20	8	4	46	3	0
	2011	수원	25	3	10	3	18	2	0
	2012	수원	35	20	10	3	61	6	0
	합계		129	70	52	19	269	19	1
K1	2013	수원	13	7	5	2	25	3	0
	2014	전남	35	4	13	4	64	2	0
	2015	전남	35	8	12	6	52	6	0
	2016	전남	14	8	2	0	28	2	0
	합계		97	27	32	9	139	13	0
프로통산			226	97	84	28	408	28	1

스토야노비치(Milos Stojanović) 세르비아 1984.12.25

대회	연도	소속	출전	교체	득점	도움	파울	경고	퇴장
K1	2014	경남	30	19	7	0	51	4	0
	합계		30	19	7	0	51	4	0
K2	2015	경남	23	9	4	0	53	5	0
	2016	부산	15	8	2	1	32	3	0
	합계		38	17	11	1	85	8	0
승	2014	경남	2	0	1	0	4	0	0
	합계		2	0	1	0	4	0	0
프로통산			70	36	19	1	140	12	0

스토키치(Jovica Stokić: Joco Stokić) 보스니아 헤르체고비나 1987.07.04

대회	연도	소속	출전	교체	득점	도움	파울	경고	퇴장
K1	2014	제주	5	5	0	0	7	1	0
	합계		5	5	0	0	7	1	0
프로통산			5	5	0	0	7	1	0

슬라브코(Georgievski Slavcho) 마케도니아 1980.03.30

대회	연도	소속	출전	교체	득점	도움	파울	경고	퇴장
BC	2009	울산	29	9	3	3	17	5	0
	합계		29	9	3	3	17	5	0
프로통산			29	9	3	3	17	5	0

시로(Ciro Henrique Alves Ferreira e Silva) 브라질 1989.04.18

대회	연도	소속	출전	교체	득점	도움	파울	경고	퇴장
K1	2015	제주	7	8	0	0	6	1	0
	합계		7	8	0	0	6	1	0
프로통산			7	8	0	0	6	1	0

시마다(Shimada Yusuke, 島田裕介) 일본 1982.01.19

대회	연도	소속	출전	교체	득점	도움	파울	경고	퇴장
BC	2012	강원	23	10	1	2	34	2	0
	합계		23	10	1	2	34	2	0
프로통산			23	10	1	2	34	2	0

시모(Simo Krunić) 보스니아 헤르체고비나 1969.01.03

대회	연도	소속	출전	교체	득점	도움	파울	경고	퇴장
BC	1996	포항	6	6	2	0	14	2	0
	합계		6	6	2	0	14	2	0
프로통산			6	6	2	0	14	2	0

시몬(Victor Simoes de Oliveira) 브라질 1981.03.23

대회	연도	소속	출전	교체	득점	도움	파울	경고	퇴장
BC	2007	전남	10	5	1	3	21	0	0
	2008	전남	14	11	2	1	20	3	0
	합계		24	16	3	4	41	3	0
프로통산			24	16	3	4	41	3	0

시미치(Dusan Simić) 세르비아 몬테네그로 1980.07.22

대회	연도	소속	출전	교체	득점	도움	파울	경고	퇴장
BC	2003	부산	28	16	0	0	19	5	0

대회	연도	소속	출전	교체	득점	도움	파울	경고	퇴장
		합계	28	16	0	0	19	5	0
		프로통산	28	16	0	0	19	5	0

시미치(Josip Simić) 크로아티아 1977.09.16

대회	연도	소속	출전	교체	득점	도움	파울	경고	퇴장
BC	2004	울산	25	24	2	2	26	1	0
		합계	25	24	2	2	26	1	0
		프로통산	25	24	2	2	26	1	0

시시(Gonzalez Martinez Sisinio) 스페인 1986.04.22

대회	연도	소속	출전	교체	득점	도움	파울	경고	퇴장
K2	2015	수원FC	17	9	0	1	25	6	0
		합계	17	9	0	1	25	6	0
승	2015	수원FC	2	1	0	0	1	0	0
		합계	2	1	0	0	1	0	0
		프로통산	19	10	0	1	26	6	0

신경모(辛景模) 중앙대 1987.12.12

대회	연도	소속	출전	교체	득점	도움	파울	경고	퇴장
BC	2011	수원	2	2	0	0	4	0	0
		합계	2	2	0	0	4	0	0
		프로통산	2	2	0	0	4	0	0

신광훈(申光勳) 포철공고 1987.03.18

대회	연도	소속	출전	교체	득점	도움	파울	경고	퇴장
BC	2006	포항	10	6	1	1	23	5	0
	2007	포항	5	4	1	0	5	1	0
	2008	전북	19	1	1	3	31	3	0
	2009	전북	14	5	0	0	26	3	0
	2010	전북	12	0	1	0	32	9	0
	2010	포항	26	0	1	4	62	10	0
	2011	포항	37	0	0	3	48	7	1
	2012	포항	12	4	1	2	19	0	0
		합계	135	20	6	13	246	38	1
K1	2013	포항	33	1	0	4	53	10	0
	2014	포항	33	0	3	2	46	8	0
	2016	포항	13	1	0	1	23	3	0
	2017	서울	21	0	1	0	28	3	0
	2018	서울	18	1	0	2	25	4	0
	2019	강원	36	4	2	4	46	7	0
	2020	강원	21	0	0	2	28	5	0
	2021	포항	33	7	1	0	61	6	0
		합계	203	13	6	15	282	49	1
K2	2015	안산경찰	28	2	1	1	45	9	0
	2016	안산무궁	15	2	1	0	17	1	0
		합계	43	4	2	1	62	10	0
승	2018	서울	2	0	0	0	2	0	0
		합계	2	0	0	0	2	0	0
		프로통산	381	37	11	30	590	97	2

신대경(申大京) 경희대 1982.04.15

대회	연도	소속	출전	교체	득점	도움	파울	경고	퇴장
BC	2005	부천SK	0	0	0	0	0	0	0
	2006	제주	0	0	0	0	0	0	0
		합계	0	0	0	0	0	0	0
		프로통산	0	0	0	0	0	0	0

신동근(申東根) 연세대 1981.02.15

대회	연도	소속	출전	교체	득점	도움	파울	경고	퇴장
BC	2004	성남일화	3	3	0	0	2	0	0
	2005	성남일화	1	1	0	0	0	0	0
	2006	성남일화	7	7	0	0	4	0	0
	2008	광주상무	22	12	0	0	15	2	0
	2009	광주상무	5	2	0	0	4	0	0
		합계	38	25	0	0	25	2	0
		프로통산	38	25	0	0	25	2	0

신동빈(申東彬) 선문대 1985.06.11

대회	연도	소속	출전	교체	득점	도움	파울	경고	퇴장
BC	2008	전북	1	1	0	0	1	0	0
		합계	1	1	0	0	1	0	0
		프로통산	1	1	0	0	1	0	0

신동일(申東一) 광주대 1993.07.09

대회	연도	소속	출전	교체	득점	도움	파울	경고	퇴장
K2	2016	충주	2	2	0	0	2	0	0
		합계	2	2	0	0	2	0	0
		프로통산	2	2	0	0	2	0	0

신동철(申東喆) 명지대 1962.11.09

대회	연도	소속	출전	교체	득점	도움	파울	경고	퇴장
BC	1983	국민은행	2	0	1	1	3	0	0
	1986	유공	29	6	2	4	29	3	0
	1987	유공	2	2	0	1	1	1	0
	1988	유공	23	3	8	1	32	4	0
	1989	유공	2	2	0	0	1	0	0
	1990	유공	24	17	1	1	7	1	0
	1991	유공	34	3	4	3	15	2	0
	1992	유공	13	5	0	0	7	0	0
	1993	유공	13	5	0	0	7	0	0
		합계	148	48	16	22	64	8	0
		프로통산	148	48	16	22	64	8	0

신동혁(新洞革) 브라질 ACD Potyguar 1987.07.17

대회	연도	소속	출전	교체	득점	도움	파울	경고	퇴장
BC	2011	인천	4	5	0	0	1	0	0
		합계	4	5	0	0	1	0	0
K2	2014	대전	3	4	0	0	3	0	0
		합계	3	4	0	0	3	0	0
		프로통산	7	9	0	0	4	0	0

신문선(辛文善) 연세대 1958.03.11

대회	연도	소속	출전	교체	득점	도움	파울	경고	퇴장
BC	1983	유공	15	5	1	1	9	2	0
	1984	유공	28	2	2	1	11	0	0
	1985	유공	21	3	0	2	22	0	0
		합계	64	10	3	4	42	2	0
		프로통산	64	10	3	4	42	2	0

신범철(申凡喆) 아주대 1970.09.27

대회	연도	소속	출전	교체	실점	도움	파울	경고	퇴장
BC	1993	대우	4	0	4	0	0	1	0
	1994	대우	11	0	20	0	0	0	0
	1995	대우	6	1	9	0	0	1	0
	1997	부산	21	0	15	0	1	1	0
	1998	부산	31	1	36	0	2	4	0
	1999	부산	36	3	41	0	2	2	0
	2000	부산	16	1	26	0	1	0	0
	2000	수원	13	0	15	0	0	0	0
	2001	수원	12	0	20	0	0	0	0
	2002	수원	12	0	20	0	0	0	0
	2003	수원	1	1	4	0	0	0	0
	2004	인천	13	0	15	0	1	2	0
		합계	176	6	215	0	8	10	0
		프로통산	176	6	215	0	8	10	0

신병호(申秉浩) 건국대 1977.04.26

대회	연도	소속	출전	교체	득점	도움	파울	경고	퇴장
BC	2002	울산	7	6	1	0	12	1	0
	2002	전남	26	8	1	4	42	0	0
	2003	전남	42	36	4	6	61	3	0
	2004	전남	21	14	3	2	37	3	0
	2005	전남	10	8	0	1	30	0	0
	2006	경남	26	21	6	0	51	3	0
	2007	제주	14	12	0	0	25	0	0
	2008	제주	6	6	2	0	14	0	0
		합계	150	96	17	13	242	10	0
		프로통산	150	96	17	13	242	10	0

신상근(申相根) 청주상고 1961.04.24

대회	연도	소속	출전	교체	득점	도움	파울	경고	퇴장
BC	1984	포항제철	21	10	3	7	17	0	0
	1985	포항제철	11	6	1	0	7	0	0
	1986	포항제철	6	6	1	0	0	0	0
	1987	럭키금성	31	7	3	3	27	1	0
	1988	럭키금성	15	12	1	0	15	1	0
	1989	럭키금성	5	5	0	0	5	0	0
		합계	89	46	8	11	71	3	0
		프로통산	89	46	8	11	71	3	0

신상우(申相又) 광운대 1976.03.10

대회	연도	소속	출전	교체	득점	도움	파울	경고	퇴장
BC	1999	대전	31	8	5	0	67	4	0
	2000	대전	30	7	1	2	59	4	0
	2001	대전	32	2	1	1	70	7	0
	2004	대전	15	4	0	0	32	0	0
	2005	성남일화	1	1	0	0	0	0	0
	2006	성남일화	1	1	0	0	0	0	0
		합계	110	23	7	3	228	15	0
		프로통산	110	23	7	3	228	15	0

신상은(申相垠) 성균관대 1999.08.20

대회	연도	소속	출전	교체	득점	도움	파울	경고	퇴장
K2	2021	대전	16	16	2	0	13	0	0
		합계	16	16	2	0	13	0	0
승	2021	대전	0	0	0	0	0	0	0
		합계	0	0	0	0	0	0	0
		프로통산	16	16	2	0	13	0	0

신상훈(申相勳) 중앙대 1983.06.20

대회	연도	소속	출전	교체	득점	도움	파울	경고	퇴장
BC	2006	전북	4	2	0	0	5	0	0
	2007	전북	0	0	0	0	0	0	0
		합계	4	2	0	0	5	0	0
		프로통산	4	2	0	0	5	0	0

신상휘(申相輝) 매탄고 2000.07.14

대회	연도	소속	출전	교체	득점	도움	파울	경고	퇴장
K1	2019	수원	1	1	0	0	1	0	0
		합계	1	1	0	0	1	0	0
		프로통산	1	1	0	0	1	0	0

신선진(申善眞) 단국대 1994.06.21

대회	연도	소속	출전	교체	득점	도움	파울	경고	퇴장
K2	2017	안산	0	0	0	0	0	0	0
		합계	0	0	0	0	0	0	0
		프로통산	0	0	0	0	0	0	0

신성재(申成在) 오산고 1997.01.27

대회	연도	소속	출전	교체	득점	도움	파울	경고	퇴장
K2	2020	전남	3	3	0	0	2	0	0
		합계	3	3	0	0	2	0	0
		프로통산	3	3	0	0	2	0	0

신성환(申聖煥) 인천대 1968.10.10

대회	연도	소속	출전	교체	득점	도움	파울	경고	퇴장
BC	1992	포항제철	16	10	0	0	17	1	0
	1993	포항제철	15	11	0	0	9	0	0
	1994	포항제철	27	13	0	0	35	8	0
	1995	포항	22	10	1	0	28	3	0
	1996	수원	32	0	1	1	75	8	2
	1997	수원	30	3	0	0	79	8	0
	1998	수원	15	0	0	0	27	4	0
		합계	157	53	6	1	270	32	2
		프로통산	157	53	6	1	270	32	2

신세계(申世界) 성균관대 1990.09.16

대회	연도	소속	출전	교체	득점	도움	파울	경고	퇴장
BC	2011	수원	11	5	0	0	25	6	0
	2012	수원	7	5	0	0	13	1	0
		합계	18	10	0	0	38	7	0
K1	2013	수원	16	2	0	0	24	3	0
	2014	수원	20	4	0	0	37	5	0
	2015	수원	22	3	0	1	27	5	0
	2016	수원	22	3	0	1	45	7	0
	2017	상주	13	0	0	0	20	5	0
	2018	상주	22	4	0	1	18	1	0
	2018	수원	1	1	0	0	1	0	0
	2019	수원	23	4	1	2	28	5	0
	2020	강원	18	2	0	0	37	5	0

(申松勳 앞 선수 이어서)

대회	연도	소속	출전	교체	득점	도움	파울	경고	퇴장
	2021	강원	24	6	1	0	25	3	0
	합계		181	30	3	3	229	29	0
승	2017	상주	2	0	0	0	0	0	0
	합계		2	0	0	0	0	0	0
프로통산			201	40	3	3	267	37	0

신송훈(申松勳) 금호고 2002.11.07

대회	연도	소속	출전	교체	실점	도움	파울	경고	퇴장
K1	2021	광주	1	0	1	0	0	0	0
	합계		1	0	1	0	0	0	0
프로통산			1	0	1	0	0	0	0

신수진(申洙鎭) 고려대 1982.10.26

대회	연도	소속	출전	교체	득점	도움	파울	경고	퇴장
BC	2005	부산	6	3	0	0	5	0	0
	2006	부산	1	1	0	0	0	0	0
	2008	광주상무	5	1	0	0	4	0	0
	합계		12	4	0	0	12	0	0
프로통산			12	4	0	0	12	0	0

신승경(辛承庚) 호남대 1981.09.07

대회	연도	소속	출전	교체	실점	도움	파울	경고	퇴장
BC	2004	부산	5	0	9	0	1	1	0
	2005	부산	9	1	11	0	0	1	0
	2006	부산	3	0	7	0	0	0	0
	2007	부산	1	0	2	0	1	0	0
	2008	부산	1	0	2	0	0	0	0
	2008	경남	1	0	4	0	0	0	0
	2009	경남	2	0	0	0	0	0	0
	합계		22	1	35	0	1	2	0
프로통산			22	1	35	0	1	2	0

신승호(申陞昊) 아주대 1975.05.13

대회	연도	소속	출전	교체	득점	도움	파울	경고	퇴장
BC	1999	전남	9	10	0	1	3	0	0
	2000	부천SK	2	1	0	0	4	0	0
	2001	부천SK	11	8	0	0	8	1	0
	2002	부천SK	27	8	0	0	43	5	0
	2003	부천SK	22	3	0	0	42	3	0
	2004	부천SK	22	12	0	0	31	0	0
	2005	부천SK	23	7	1	0	32	3	0
	2006	경남	33	2	3	2	59	7	0
	합계		138	43	2	4	192	16	0
프로통산			138	43	2	4	192	16	0

신연수(申燃秀) 매탄고 1992.04.06

대회	연도	소속	출전	교체	득점	도움	파울	경고	퇴장
BC	2011	수원	1	1	0	0	1	0	0
	2012	상주	1	1	0	0	0	0	0
	합계		2	2	0	0	1	0	0
K1	2014	부산	1	1	0	0	2	1	0
	합계		1	1	0	0	2	1	0
프로통산			3	3	0	0	2	1	0

신연호(申連浩) 고려대 1964.05.08

대회	연도	소속	출전	교체	득점	도움	파울	경고	퇴장
BC	1987	현대	9	5	0	0	5	1	0
	1988	현대	21	2	1	0	22	2	0
	1989	현대	21	7	3	2	31	0	0
	1990	현대	17	4	3	0	27	2	0
	1991	현대	1	1	0	1	30	1	0
	1992	현대	28	10	2	3	19	2	1
	1993	현대	28	10	2	3	19	2	1
	1994	현대	15	13	1	1	16	1	0
	합계		170	54	12	7	162	11	0
프로통산			170	54	12	7	162	11	0

신영록(申榮綠) 호남대 1981.09.07

대회	연도	소속	출전	교체	득점	도움	파울	경고	퇴장
BC	2003	부산	7	4	0	0	12	0	0
	2004	부산	1	1	0	0	1	0	0
	2005	부산	14	0	0	0	24	5	0
	합계		22	5	0	0	37	5	0
프로통산			22	5	0	0	37	5	0

신영록(辛泳錄) 세일중 1987.03.27

대회	연도	소속	출전	교체	득점	도움	파울	경고	퇴장
BC	2003	수원	3	4	0	0	0	0	0
	2004	수원	6	6	0	0	2	0	0
	2005	수원	7	7	1	0	7	0	0
	2006	수원	12	12	1	2	20	2	0
	2007	수원	1	1	0	0	0	0	0
	2008	수원	23	16	7	4	43	0	0
	2010	수원	9	4	3	1	24	3	0
	2011	제주	8	7	0	0	16	2	0
	합계		71	57	15	6	123	9	0
프로통산			71	57	15	6	123	9	0

신영준(辛映俊) 호남대 1989.09.06

대회	연도	소속	출전	교체	득점	도움	파울	경고	퇴장
BC	2011	전남	20	17	3	1	14	0	0
	2012	전남	20	19	3	1	18	0	0
	합계		40	36	6	2	32	0	0
K1	2013	전남	13	13	2	2	10	0	0
	2013	포항	13	13	2	2	10	0	0
	2014	포항	15	14	0	0	11	3	0
	2016	상주	16	15	2	0	9	0	0
	2017	상주	5	5	1	0	4	0	0
	2017	강원	1	1	0	0	0	0	0
	합계		54	51	4	2	32	3	0
K2	2015	강원	19	13	3	3	12	1	0
	2018	부산	11	11	1	1	4	0	0
	합계		30	26	4	4	16	2	0
승	2018	부산							
	합계								
프로통산			124	113	15	8	80	5	0

신영철(申映哲) 풍생고 1986.03.14

대회	연도	소속	출전	교체	득점	도움	파울	경고	퇴장
BC	2005	성남일화	3	3	0	0	0	0	0
	2006	성남일화	4	4	1	0	7	0	0
	2009	성남일화	0	0	0	0	0	0	0
	2010	성남일화	0	0	0	0	0	0	0
	합계		7	7	1	0	7	0	0
프로통산			7	7	1	0	7	0	0

신완희(申頑熙) 탐라대 1988.05.12

대회	연도	소속	출전	교체	득점	도움	파울	경고	퇴장
BC	2011	부산	0	0	0	0	0	0	0
	합계		0	0	0	0	0	0	0
프로통산			0	0	0	0	0	0	0

신우식(申友植) 연세대 1968.03.25

대회	연도	소속	출전	교체	득점	도움	파울	경고	퇴장
BC	1990	럭키금성	2	1	0	0	0	0	0
	1991	LG	3	1	0	0	1	0	0
	1994	LG	12	2	0	0	16	1	0
	1995	LG	1	0	0	0	1	0	0
	합계		18	6	0	0	18	2	0
프로통산			18	6	0	0	18	2	0

신윤기(辛允基) 영남상고 1957.03.23

대회	연도	소속	출전	교체	득점	도움	파울	경고	퇴장
BC	1983	유공	8	2	0	1	5	1	0
	합계		8	2	0	1	5	1	0
프로통산			8	2	0	1	5	1	0

신의손(申宜孫 / ← 사리체프(Valeri Sarychev)) 1960.01.12

대회	연도	소속	출전	교체	실점	도움	파울	경고	퇴장
BC	1992	일화	40	0	31	0	0	1	0
	1993	일화	30	0	33	0	0	0	0
	1994	일화	36	0	33	0	1	0	0
	1995	일화	34	0	27	0	2	0	0
	1996	천안일화	27	0	51	0	0	0	0
	1997	천안일화	16	2	28	0	1	0	0
	1998	천안일화	18	0	36	0	1	0	0
	2000	안양LG	32	1	35	0	0	1	0
	2001	안양LG	35	0	29	0	1	0	0
	2002	안양LG	35	0	36	0	1	1	0
	2003	안양LG	18	0	26	0	0	1	0
	2004	서울	7	0	12	0	0	0	0
	합계		320	3	357	0	7	0	0
프로통산			320	3	357	0	7	0	0

신인섭(申仁燮) 건국대 1989.06.01

대회	연도	소속	출전	교체	득점	도움	파울	경고	퇴장
BC	2011	부산	0	0	0	0	0	0	0
	합계		0	0	0	0	0	0	0
프로통산			0	0	0	0	0	0	0

신일수(申一守) 고려대 1994.09.04

대회	연도	소속	출전	교체	득점	도움	파울	경고	퇴장
K2	2015	서울E	12	7	0	0	20	5	0
	2016	서울E	22	13	0	1	36	6	0
	2018	안산	27	3	1	0	28	6	1
	합계		61	23	1	1	84	17	1
프로통산			61	23	1	1	84	17	1

신재원(申在源) 고려대 1998.09.16

대회	연도	소속	출전	교체	득점	도움	파울	경고	퇴장
K1	2019	서울	2	2	0	0	1	0	0
	2021	서울	9	9	1	0	6	1	0
	합계		11	11	1	0	7	1	0
K2	2020	안산	14	14	0	1	7	0	0
	합계		14	14	0	1	7	0	0
프로통산			25	25	1	1	14	1	0

신재필(申栽必) 안양공고 1982.05.25

대회	연도	소속	출전	교체	득점	도움	파울	경고	퇴장
BC	2002	안양LG	1	0	0	0	0	0	0
	2003	안양LG	1	2	0	0	2	1	0
	합계		2	2	0	0	2	1	0
K2	2013	고양	26	10	0	0	26	6	0
	2014	고양	14	12	0	0	25	2	1
	합계		40	22	0	0	52	8	1
프로통산			41	24	0	0	54	9	1

신재혁(申梓赫) 건국대 2001.06.04

대회	연도	소속	출전	교체	득점	도움	파울	경고	퇴장
K2	2021	안산	1	1	0	0	0	0	0
	합계		1	1	0	0	0	0	0
프로통산			1	1	0	0	0	0	0

신재흠(申在欽) 연세대 1959.03.26

대회	연도	소속	출전	교체	득점	도움	파울	경고	퇴장
BC	1983	대우	1	1	0	0	1	1	0
	1984	럭키금성	27	3	1	2	21	1	0
	합계		28	4	1	2	23	2	0
프로통산			28	4	1	2	23	2	0

신정환(申正桓) 관동대(가톨릭관동대) 1986.08.18

대회	연도	소속	출전	교체	실점	도움	파울	경고	퇴장
BC	2008	제주	0	0	0	0	0	0	0
	2011	전남	0	0	0	0	0	0	0
	합계		0	0	0	0	0	0	0
프로통산			0	0	0	0	0	0	0

신제경(辛齊耕) 중앙대 1961.01.25

대회	연도	소속	출전	교체	득점	도움	파울	경고	퇴장
BC	1985	상무	21	2	0	0	26	0	0
	합계		21	2	0	0	26	0	0
프로통산			21	2	0	0	26	0	0

신제호(辛齊虎) 중앙대 1962.10.03

대회	연도	소속	출전	교체	득점	도움	파울	경고	퇴장
BC	1985	한일은행	14	0	0	0	24	2	0
	1986	한일은행	10	0	0	0	12	1	0
	합계		24	0	0	0	36	3	0
프로통산			24	0	0	0	36	3	0

신종혁(辛鍾赫) 대구대 1976.03.04

대회	연도	소속	출전	교체	득점	도움	파울	경고	퇴장
BC	1999	포항	0	0	0	0	0	0	0
	2000	포항	5	3	0	1	8	0	0

대회	연도	소속	출전	교체	득점	도움	파울	경고	퇴장
		합계	5	3	0	1	8	0	0
		프로통산	5	3	0	1	8	0	0

신준배(辛俊培) 선문대 1985.10.26

대회	연도	소속	출전	교체	**실점**	도움	파울	경고	퇴장
BC	2009	대전	3	0	4	0	0	0	0
	2010	대전	9	0	14	0	1	1	0
	2011	대전	3	1	4	0	0	0	0
		합계	15	1	22	0	1	1	0
		프로통산	15	1	22	0	1	1	0

신진원(申鎭遠) 연세대 1974.09.27

대회	연도	소속	출전	교체	득점	도움	파울	경고	퇴장
BC	1997	대전	32	19	6	1	52	3	0
	1998	대전	32	12	8	3	41	5	0
	1999	대전	7	6	1	1	3	1	0
	2000	대전	30	20	1	6	38	2	0
	2001	전남	26	20	2	1	29	2	0
	2002	전남	8	8	0	0	2	1	0
	2003	대전	10	10	0	0	7	0	0
	2004	대전	2	2	0	0	6	1	0
		합계	147	97	18	12	178	15	0
		프로통산	147	97	18	12	178	15	0

신진하(申昊津) 한양대 1996.09.03

대회	연도	소속	출전	교체	득점	도움	파울	경고	퇴장
K2	2019	전남	2	2	0	0	2	0	0
		합계	2	2	0	0	2	0	0
		프로통산	2	2	0	0	2	0	0

신진호(申嗔浩) 영남대 1988.09.07

대회	연도	소속	출전	교체	득점	도움	파울	경고	퇴장
BC	2011	포항	6	6	0	1	5	2	0
	2012	포항	23	10	1	6	49	5	1
		합계	29	16	1	7	54	7	1
K1	2013	포항	20	6	2	2	34	3	0
	2015	포항	17	0	3	3	39	5	0
	2016	서울	19	6	0	6	32	2	0
	2016	상주	12	5	1	1	19	5	0
	2017	상주	12	5	1	1	19	5	0
	2018	서울	34	11	2	4	67	8	1
	2019	울산	24	0	1	4	36	5	0
	2020	울산	22	5	2	8	46	6	0
	2021	포항	36	8	2	7	68	5	0
		합계	194	60	13	33	338	37	2
승	2017	상주	2	0	0	0	11	1	0
		합계	2	0	0	0	11	1	0
		프로통산	225	76	14	40	403	45	3

신찬우(申讚優) 연세대 1997.02.08

대회	연도	소속	출전	교체	득점	도움	파울	경고	퇴장
K1	2018	전남	0	0	0	0	0	0	0
		합계	0	0	0	0	0	0	0
K2	2019	전남	0	0	0	0	0	0	0
		합계	0	0	0	0	0	0	0
		프로통산	0	0	0	0	0	0	0

신창무(申昶武) 우석대 1992.09.17

대회	연도	소속	출전	교체	득점	도움	파울	경고	퇴장
K1	2017	대구	19	14	2	1	28	5	0
	2018	상주	21	18	1	2	13	2	0
	2019	상주	16	16	1	0	11	1	0
	2019	대구	5	1	0	1	6	2	0
	2020	대구	18	10	0	0	24	3	0
	2021	강원	19	18	1	1	18	1	0
		합계	101	84	6	4	99	14	0
K2	2014	대구	12	11	0	1	14	4	0
	2015	대구	10	9	0	0	15	3	0
	2016	대구	31	18	1	0	41	10	0
		합계	53	38	1	1	68	13	0
승	2021	강원	2	2	0	0	2	1	0
		합계	2	2	0	0	2	1	0
		프로통산	156	124	7	5	170	27	0

신태용(申台龍) 영남대 1970.10.11

대회	연도	소속	출전	교체	득점	도움	파울	경고	퇴장
BC	1992	일화	23	10	9	5	39	0	0
	1993	일화	33	5	6	7	43	2	0
	1994	일화	29	11	8	4	33	0	0
	1995	일화	33	9	6	4	40	4	0
	1996	천안일화	29	3	21	3	48	3	0
	1997	천안일화	19	7	3	2	34	1	1
	1998	천안일화	24	9	8	6	36	2	0
	1999	천안일화	35	14	9	2	54	3	0
	2000	성남일화	34	13	9	7	43	4	0
	2001	성남일화	36	8	5	10	43	0	0
	2002	성남일화	37	5	6	7	60	0	0
	2003	성남일화	38	9	8	7	60	3	0
	2004	성남일화	31	11	6	4	39	4	1
		합계	401	114	99	68	572	30	2
		프로통산	401	114	99	68	572	30	2

*실점: 2002년 2 / 통산 2

신학영(申學榮) 동북고 1994.03.04

대회	연도	소속	출전	교체	득점	도움	파울	경고	퇴장
K2	2015	경남	7	6	0	0	8	0	0
	2016	경남	24	14	1	1	19	2	0
	2017	대전	24	17	1	0	23	2	0
	2018	대전	15	13	0	1	17	3	0
	2019	대전	12	8	0	1	21	5	0
		합계	82	58	2	3	88	12	0
		프로통산	82	58	2	3	88	12	0

신현준(申賢俊) 세종대 1992.06.15

대회	연도	소속	출전	교체	득점	도움	파울	경고	퇴장
K2	2016	부천	11	11	1	0	6	2	0
	2017	부천	12	11	1	0	4	2	0
	2018	부천	5	6	0	0	2	0	0
		합계	28	28	2	0	13	4	0
		프로통산	28	28	2	0	13	4	0

신현준(申鉉俊) 명지대 1986.03.08

대회	연도	소속	출전	교체	득점	도움	파울	경고	퇴장
BC	2009	강원	1	1	0	0	0	0	0
		합계	1	1	0	0	0	0	0
		프로통산	1	1	0	0	0	0	0

신현호(申鉉浩) 한양대 1953.09.21

대회	연도	소속	출전	교체	득점	도움	파울	경고	퇴장
BC	1984	할렐루야	26	16	1	4	12	0	0
	1985	할렐루야	10	7	1	2	5	0	0
		합계	36	23	2	6	17	0	0
		프로통산	36	23	2	6	17	0	0

신현호(申賢浩) 연세대 1977.07.07

대회	연도	소속	출전	교체	득점	도움	파울	경고	퇴장
BC	2000	부천SK	3	3	0	0	1	0	0
	2001	부천SK	1	1	0	0	1	0	0
	2002	부천SK	1	1	0	0	0	0	0
	2003	부천SK	28	9	0	0	31	6	0
		합계	33	14	0	0	33	6	0
		프로통산	33	14	0	0	33	6	0

신형민(申炯旼) 홍익대 1986.07.18

대회	연도	소속	출전	교체	득점	도움	파울	경고	퇴장
BC	2008	포항	24	12	3	1	40	4	0
	2009	포항	28	6	4	0	50	11	0
	2010	포항	22	1	0	0	50	11	0
	2011	포항	28	1	4	1	45	7	0
	2012	포항	25	0	1	2	47	8	0
		합계	127	20	12	6	232	35	0
K1	2014	전북	18	4	1	0	17	4	0
	2016	전북	13	6	1	0	11	2	0
	2017	전북	34	5	0	1	35	10	0
	2018	전북	28	11	0	1	34	5	0
	2019	전북	28	7	0	0	13	4	0
	2020	전북	9	7	0	0	2	1	0
	2021	울산	18	13	0	0	22	3	0
		합계	152	46	1	2	188	34	0
K2	2015	안산경찰	38	4	0	4	35	8	0
	2016	안산무궁	25	3	0	0	33	5	0
		합계	63	14	3	0	65	13	0
		프로통산	342	69	17	8	485	82	0

신호은(申鎬殷) 영남대 1991.06.16

대회	연도	소속	출전	교체	득점	도움	파울	경고	퇴장
K2	2014	부천	1	1	0	0	0	0	0
		합계	1	1	0	0	0	0	0
		프로통산	1	1	0	0	0	0	0

신홍기(辛弘基) 한양대 1968.05.04

대회	연도	소속	출전	교체	득점	도움	파울	경고	퇴장
BC	1991	현대	39	5	1	4	33	3	0
	1992	현대	39	2	8	6	56	1	0
	1993	현대	11	2	0	1	11	0	0
	1994	현대	20	6	1	2	16	1	0
	1995	현대	34	3	4	6	37	4	0
	1996	울산	30	1	4	8	51	7	0
	1997	울산	30	6	2	6	33	5	0
	1998	수원	26	2	5	3	60	1	0
	1999	수원	39	0	3	9	59	3	0
	2000	수원	30	14	1	0	41	3	1
		합계	336	41	35	42	459	38	1
		프로통산	336	41	35	42	459	38	1

신화용(申和容) 청주대 1983.04.13

대회	연도	소속	출전	교체	**실점**	도움	파울	경고	퇴장
BC	2004	포항	0	0	0	0	0	0	0
	2005	포항	0	0	0	0	0	0	0
	2006	포항	13	0	21	0	0	0	0
	2007	포항	26	3	25	0	0	0	0
	2008	포항	6	1	6	0	0	0	0
	2009	포항	26	1	26	0	0	0	0
	2010	포항	27	1	43	0	0	0	0
	2011	포항	30	2	33	0	1	1	0
	2012	포항	32	0	33	0	1	1	0
		합계	162	7	186	0	2	3	0
K1	2013	포항	33	0	31	0	0	0	0
	2014	포항	31	1	29	0	1	3	0
	2015	포항	38	0	46	0	0	0	0
	2016	포항	23	2	31	0	1	1	0
	2017	수원	25	0	36	0	0	0	0
	2018	수원	17	1	17	0	0	0	0
		합계	175	6	170	0	2	9	0
		프로통산	337	13	356	0	4	18	1

신희재(申熙梓) 선문대 1992.12.27

대회	연도	소속	출전	교체	득점	도움	파울	경고	퇴장
K2	2015	대구	1	1	0	0	0	0	0
	2016	대구							
		합계	1	1	0	0	0	0	0
		프로통산	1	1	0	0	0	0	0

실라지(Vladimir Siladi) 세르비아 1993.04.23

대회	연도	소속	출전	교체	득점	도움	파울	경고	퇴장
K1	2021	강원	18	17	3	2	13	1	0
		합계	18	17	3	2	13	1	0
		프로통산	18	17	3	2	13	1	0

실바(Álvaro Peralta Silva Linares) 필리핀 1984.03.30

대회	연도	소속	출전	교체	득점	도움	파울	경고	퇴장
K1	2015	대전	7	1	0	0	9	2	0
		합계	7	1	0	0	9	2	0
K2	2016	대전	15	1	0	0	17	3	0
		합계	15	1	0	0	17	3	0
		프로통산	22	2	0	0	26	5	0

실바(Alexandre Capelin e Silva) 브라질 1989.01.11

대회	연도	소속	출전	교체	득점	도움	파울	경고	퇴장
BC	2012	전남	1	1	0	0	1	0	0
		합계	1	1	0	0	1	0	0
프로통산			1	1	0	0	1	0	0

실바(Marcelo da Silva Santos) 브라질 1978.11.30

대회	연도	소속	출전	교체	득점	도움	파울	경고	퇴장
BC	2000	성남일화	7	4	0	0	18	2	0
		합계	7	4	0	0	18	2	0
프로통산			7	4	0	0	18	2	0

실바(Antonio Marcos da Silva) 브라질 1977.06.20

대회	연도	소속	출전	교체	득점	도움	파울	경고	퇴장
BC	2002	전남	10	8	0	0	6	0	0
		합계	10	8	0	0	6	0	0
프로통산			10	8	0	0	6	0	0

실바(Valdenir da Silva Vitalino) 브라질 1977.02.21

대회	연도	소속	출전	교체	득점	도움	파울	경고	퇴장
BC	2005	서울	8	1	0	0	20	3	0
		합계	8	1	0	0	20	3	0
프로통산			8	1	0	0	20	3	0

실바(Elpidio Pereira da Silva Filho) 브라질 1975.07.19

대회	연도	소속	출전	교체	득점	도움	파울	경고	퇴장
BC	2006	수원	14	14	2	1	15	0	0
		합계	14	14	2	1	15	0	0
프로통산			14	14	2	1	15	0	0

실바(Welington da Silva de Souza) 브라질 1987.05.27

대회	연도	소속	출전	교체	득점	도움	파울	경고	퇴장
BC	2008	경남	7	6	0	0	11	0	0
		합계	7	6	0	0	11	0	0
프로통산			7	6	0	0	11	0	0

실반(Silvan Lopes) 브라질 1973.07.20

대회	연도	소속	출전	교체	득점	도움	파울	경고	퇴장
BC	1994	포항제철	16	4	2	3	31	2	0
	1995	포항	22	8	0	3	37	4	0
		합계	38	12	2	6	68	6	0
프로통산			38	12	2	6	68	6	0

실빙요(Silvio Jose Cardoso Reis Junior) 브라질 1990.07.01

대회	연도	소속	출전	교체	득점	도움	파울	경고	퇴장
K1	2016	성남	13	10	2	0	9	0	0
		합계	13	10	2	0	9	0	0
승	2016	성남	0	0	0	0	0	0	0
		합계	0	0	0	0	0	0	0
프로통산			13	10	2	0	9	0	0

심광욱(深光昱) 아주대 1994.01.03

대회	연도	소속	출전	교체	득점	도움	파울	경고	퇴장
K1	2015	제주	8	9	0	1	9	0	0
	2016	광주	2	2	0	0	0	0	0
K2	2017	서울E	2	2	0	0	0	0	0
		합계	12	13	0	1	9	0	0
프로통산			14	15	0	1	8	1	0

심규선(沈規善) 명지대 1962.01.14

대회	연도	소속	출전	교체	득점	도움	파울	경고	퇴장
BC	1986	포항제철	22	14	1	1	15	1	0
		합계	22	14	1	1	15	1	0
프로통산			22	14	1	1	15	1	0

심동운(沈東雲) 홍익대 1990.03.03

대회	연도	소속	출전	교체	득점	도움	파울	경고	퇴장
BC	2012	전남	30	19	4	0	22	2	0
		합계	30	19	4	0	22	2	0
K1	2013	전남	29	3	5	3	49	4	0
	2014	전남	20	19	2	1	10	1	0
	2015	포항	28	23	1	0	21	2	0
	2016	포항	36	19	10	1	16	2	0
	2017	포항	37	31	8	2	24	2	0
	2018	상주	31	14	8	0	16	2	0
	2019	상주	17	14	2	1	8	1	0
	2019	포항	8	5	1	0	6	0	0
	2020	포항	22	20	0	2	11	1	0
		합계	228	140	37	12	132	15	0
K2	2021	안양	26	19	2	1	26	1	0
		합계	26	19	2	1	26	1	0
K2	2016	강원	30	30	4	2	16	2	0
	2017	서울E	16	16	2	1	10	2	0
		합계	46	46	6	3	26	4	0
승	2016	강원	0	0	0	0	0	0	0
		합계	0	0	0	0	0	0	0
프로통산			161	126	21	9	115	10	0

심민(沈敃) 한양대 1998.02.15

대회	연도	소속	출전	교체	실점	도움	파울	경고	퇴장
K2	2020	충남아산	0	0	0	0	0	0	0
	2021	충남아산	0	0	0	0	0	0	0
		합계	0	0	0	0	0	0	0
프로통산			0	0	0	0	0	0	0

심민석(沈敏錫) 관동대(가톨릭관동대) 1977.10.21

대회	연도	소속	출전	교체	득점	도움	파울	경고	퇴장
BC	2000	성남일화	0	0	0	0	0	0	0
	2004	성남일화	1	1	0	0	2	0	0
		합계	1	1	0	0	2	0	0
프로통산			1	1	0	0	2	0	0

심민용(心民龍) 부평고 2001.12.04

대회	연도	소속	출전	교체	득점	도움	파울	경고	퇴장
K2	2021	경남	0	0	0	0	0	0	0
		합계	0	0	0	0	0	0	0
프로통산			0	0	0	0	0	0	0

심봉섭(沈鳳燮) 한양대 1966.09.10

대회	연도	소속	출전	교체	득점	도움	파울	경고	퇴장
BC	1989	대우	23	11	2	3	27	0	0
	1990	대우	22	9	0	2	9	1	0
	1991	대우	30	32	3	1	30	2	0
	1992	대우	28	21	5	2	24	1	0
	1993	대우	27	17	2	0	25	0	0
	1994	대우	18	16	0	1	9	2	0
	1995	LG	8	17	1	2	19	1	0
		합계	156	123	13	7	143	10	0
프로통산			156	123	13	7	143	10	0

심상민(沈相旼) 중앙대 1993.05.21

대회	연도	소속	출전	교체	득점	도움	파울	경고	퇴장
K1	2014	서울	2	2	0	0	1	0	0
	2015	서울	12	6	0	2	14	0	0
	2016	서울	4	2	0	0	2	0	0
	2017	서울	13	7	0	1	7	1	0
	2018	서울	16	3	0	0	15	1	0
	2019	포항	26	2	1	1	14	2	0
	2020	포항	10	1	0	1	7	0	0
	2021	포항	7	1	0	0	3	0	0
		합계	88	23	1	5	66	6	0
K2	2016	서울E	13	0	1	0	10	0	0
	2021	김천	17	2	0	3	8	0	0
		합계	30	2	1	3	18	0	0
프로통산			118	25	1	8	82	8	0

심영성(沈永星) 제주제일고 1987.01.15

대회	연도	소속	출전	교체	득점	도움	파울	경고	퇴장
BC	2004	성남일화	7	7	0	0	7	0	0
	2005	성남일화	2	2	0	0	1	0	0
	2006	성남일화	0	0	0	0	0	0	0
	2006	제주	8	4	0	1	10	1	0
	2007	제주	25	19	2	1	20	0	0
	2008	제주	23	14	7	1	18	1	0
	2009	제주	25	17	2	1	14	1	0
	2011	제주	5	5	1	0	2	0	0
	2012	제주	1	1	0	0	0	0	0
	2012	강원	9	8	0	0	7	0	0
		합계	115	80	15	6	89	6	0
K1	2015	제주	0	0	0	0	0	0	0
		합계	0	0	0	0	0	0	0

심우연(沈愚燕) 건국대 1985.04.03

대회	연도	소속	출전	교체	득점	도움	파울	경고	퇴장
BC	2006	서울	9	9	2	0	7	0	0
	2007	서울	15	12	2	0	12	0	0
	2008	서울	7	6	0	0	3	0	0
	2009	서울	4	2	0	0	5	0	0
	2010	전북	29	11	2	1	28	2	0
	2011	전북	21	4	2	0	30	5	0
	2012	전북	31	1	0	0	45	8	0
		합계	107	45	8	2	109	15	0
K1	2013	성남일화	11	4	0	0	5	2	0
	2014	성남	8	5	0	0	12	0	0
	2015	성남	0	0	0	0	0	0	0
	2016	서울	0	0	0	0	0	0	0
	2017	서울	3	3	0	0	1	1	0
		합계	29	20	0	0	11	3	0
프로통산			136	65	8	2	120	18	0

심원성(沈圓盛) 아주대 1999.04.29

대회	연도	소속	출전	교체	득점	도움	파울	경고	퇴장
K1	2021	서울	0	0	0	0	0	0	0
		합계	0	0	0	0	0	0	0
프로통산			0	0	0	0	0	0	0

심재명(沈載明) 중앙대 1989.06.07

대회	연도	소속	출전	교체	득점	도움	파울	경고	퇴장
BC	2011	성남일화	0	0	0	0	0	0	0
	2012	성남일화	12	12	0	1	7	0	0
		합계	12	12	0	1	7	0	0
프로통산			12	12	0	1	7	0	0

심재민(沈在旼) 울산대 1997.10.07

대회	연도	소속	출전	교체	득점	도움	파울	경고	퇴장
K2	2019	안산	0	0	0	0	1	0	0
	2020	안산	10	10	0	0	8	1	0
	2021	안산	9	9	0	1	7	1	0
		합계	19	19	0	1	17	1	0
프로통산			19	19	0	1	17	1	0

심재원(沈載源) 연세대 1977.03.11

대회	연도	소속	출전	교체	득점	도움	파울	경고	퇴장
BC	2000	부산	13	4	0	0	19	2	0
	2001	부산	18	0	0	0	19	1	0
	2002	부산	25	7	0	0	21	2	0
	2003	부산	25	7	0	2	30	6	0
	2004	광주상무	7	2	0	0	14	0	0
	2005	광주상무	29	1	2	1	71	5	0
	2006	부산	20	1	0	1	50	3	0
	2007	부산	25	4	1	0	43	5	1
	2008	부산	7	4	1	1	14	4	0
		합계	166	24	4	5	271	28	1
프로통산			166	24	4	5	271	28	1

심재훈(沈載訓) 상지대 1994.03.07

대회	연도	소속	출전	교체	실점	도움	파울	경고	퇴장
K2	2017	안양	1	1	0	0	0	0	0
		합계	1	1	0	0	0	0	0
프로통산			1	1	0	0	0	0	0

심제혁(沈帝赫) 오산고 1995.03.05

대회	연도	소속	출전	교체	득점	도움	파울	경고	퇴장
K1	2014	서울	4	4	0	0	6	0	0
	2015	서울	8	8	0	0	11	1	0
	2016	서울	5	5	0	0	2	0	0
		합계	17	17	0	1	19	1	0
K2	2017	성남	23	21	0	0	32	2	0
		합계	23	21	0	0	32	2	0

		출전	교체	득점	도움	파울	경고	퇴장
프로통산		40	38	0	1	51	3	0

심종보(沈宗輔) 진주국제대 1984.05.21

대회	연도	소속	출전	교체	득점	도움	파울	경고	퇴장
BC	2007	경남	4	3	0	0	4	0	0
	합계		4	3	0	0	4	0	0
프로통산			4	3	0	0	4	0	0

심진의(沈眞意) 선문대 1992.04.16

대회	연도	소속	출전	교체	득점	도움	파울	경고	퇴장
K2	2015	충주	28	25	2	1	11	0	0
	합계		28	25	2	1	11	0	0
프로통산			28	25	2	1	11	0	0

심진형(沈珍亨) 연세대 1987.03.18

대회	연도	소속	출전	교체	득점	도움	파울	경고	퇴장
BC	2011	경남	1	1	0	0	0	0	0
	합계		1	1	0	0	0	0	0
프로통산			1	1	0	0	0	0	0

싸비치(Dusan Savić) 마케도니아 1985.10.01

대회	연도	소속	출전	교체	득점	도움	파울	경고	퇴장
BC	2010	인천	2	2	0	0	3	0	0
	합계		2	2	0	0	3	0	0
프로통산			2	2	0	0	3	0	0

싼더(Sander Oostrom) 네덜란드 1967.07.14

대회	연도	소속	출전	교체	득점	도움	파울	경고	퇴장
BC	1997	포항	20	16	4	2	24	3	0
	1998	포항	1	1	0	0	1	0	0
	합계		21	17	4	2	25	3	0
프로통산			21	17	4	2	25	3	0

쏘우자(Marcelo Tome de Souza) 브라질 1969.04.21

대회	연도	소속	출전	교체	득점	도움	파울	경고	퇴장
BC	2004	서울	30	2	0	0	27	5	0
	합계		30	2	0	0	27	5	0
프로통산			30	2	0	0	27	5	0

쏘자(Ednilton Souza de Brito) 브라질 1981.06.04

대회	연도	소속	출전	교체	득점	도움	파울	경고	퇴장
BC	2008	제주	10	7	0	0	8	0	0
	합계		10	7	0	0	8	0	0
프로통산			10	7	0	0	8	0	0

씨마오(Simao Pedro Goncalves de Figueiredo Costa) 포르투갈

대회	연도	소속	출전	교체	득점	도움	파울	경고	퇴장
BC	2001	대전	5	5	0	0	5	1	0
	합계		5	5	0	0	5	1	0
프로통산			5	5	0	0	5	1	0

씨엘(Jociel Ferreira da Silva) 브라질 1982.03.31

대회	연도	소속	출전	교체	득점	도움	파울	경고	퇴장
BC	2007	부산	13	9	1	1	29	1	0
	합계		13	9	1	1	29	1	0
프로통산			13	9	1	1	29	1	0

아가시코프(Sergey Nikolaevich Agashkov) 러시아 1962.11.06

대회	연도	소속	출전	교체	득점	도움	파울	경고	퇴장
BC	1992	포항제철	4	3	1	0	3	0	0
	합계		4	3	1	0	3	0	0
프로통산			4	3	1	0	3	0	0

아고스(Agostinho Petronilo de Oliveira Filho) 브라질 1978.12.12

대회	연도	소속	출전	교체	득점	도움	파울	경고	퇴장
BC	2005	부천SK	19	13	2	1	45	1	1
	합계		19	13	2	1	45	1	1
프로통산			19	13	2	1	45	1	1

아그보(Alex Agbo) 나이지리아 1977.07.01

대회	연도	소속	출전	교체	득점	도움	파울	경고	퇴장
BC	1996	천안일화	6	6	1	0	18	2	0
	1997	천안일화	17	12	1	0	47	2	0
	합계		23	18	2	0	65	4	0
프로통산			23	18	2	0	65	4	0

아기치(Jasmin Agić) 크로아티아 1974.12.26

대회	연도	소속	출전	교체	득점	도움	파울	경고	퇴장
BC	2005	인천	33	10	3	4	72	8	0
	2006	인천	16	4	2	3	36	4	0
	합계		49	14	5	7	108	12	0
프로통산			49	14	5	7	108	12	0

아길라르(Elías Fernando Aguilar Vargas) 코스타리카 1991.11.

대회	연도	소속	출전	교체	득점	도움	파울	경고	퇴장
K1	2018	인천	35	12	3	10	50	5	0
	2019	제주	26	18	4	5	39	1	0
	2020	인천	17	8	2	3	27	4	0
	2021	인천	33	23	5	6	54	6	0
	합계		111	61	14	24	170	16	0
K2	2020	제주	3	3	0	1	4	0	0
	합계		3	3	0	1	4	0	0
프로통산			114	63	14	25	173	16	0

아니에르(Henri Anier) 에스토니아 1990.12.17

대회	연도	소속	출전	교체	득점	도움	파울	경고	퇴장
K2	2019	수원FC	21	13	4	4	46	3	0
	합계		21	13	4	4	46	3	0
프로통산			21	13	4	4	46	3	0

아다오(Jose Adao Fonseca) 브라질 1972.11.30

대회	연도	소속	출전	교체	득점	도움	파울	경고	퇴장
BC	1998	전남	22	20	7	0	30	4	0
	합계		22	20	7	0	30	4	0
프로통산			22	20	7	0	30	4	0

아데마(Adhemar Ferreira de Camargo Neto) 브라질 1972.04.27

대회	연도	소속	출전	교체	득점	도움	파울	경고	퇴장
BC	2004	성남일화	10	8	0	0	18	0	0
	합계		10	8	0	0	18	0	0
프로통산			10	8	0	0	18	0	0

아도(Agnaldo Cordeiro Pereira) 브라질 1975.01.25

대회	연도	소속	출전	교체	득점	도움	파울	경고	퇴장
BC	2003	안양LG	17	14	5	1	40	1	0
	합계		17	14	5	1	40	1	0
프로통산			17	14	5	1	40	1	0

아드리아노(Carlos Adriano de Sousa Cruz) 브라질 1987.09.28

대회	연도	소속	출전	교체	득점	도움	파울	경고	퇴장
K1	2015	대전	17	3	7	1	25	4	1
	2015	서울	13	3	8	1	28	4	0
	2016	서울	30	17	17	4	20	2	1
	2018	전북	25	23	8	2	24	1	0
	2019	전북	4	4	0	0	3	0	0
	2020	서울	4	4	0	2	6	1	0
	합계		93	54	40	10	106	12	2
K2	2014	대전	32	5	27	4	34	2	0
	합계		32	5	27	4	34	2	0
프로통산			125	59	67	14	182	17	2

아드리아노(Adriano Adriano Antunes de Paula) 브라질 1981.03.07

대회	연도	소속	출전	교체	득점	도움	파울	경고	퇴장
BC	2004	부산	13	7	2	1	36	0	0
	합계		13	7	2	1	36	0	0
프로통산			13	7	2	1	36	0	0

아드리아노(Antonio Adriano Antunes de Paula) 브라질 1987.06.13

대회	연도	소속	출전	교체	득점	도움	파울	경고	퇴장
K1	2013	대구	9	9	0	0	14	0	0
	합계		9	9	0	0	14	0	0
프로통산			9	9	0	0	14	0	0

아드리안(Chaminga Adrien Zazi) 콩고민주공화국 1975.03.26

대회	연도	소속	출전	교체	득점	도움	파울	경고	퇴장

아드리안(Adrian Dumitru Mihalcea) 루마니아 1976.05.24

대회	연도	소속	출전	교체	득점	도움	파울	경고	퇴장
BC	1997	천안일화	9	8	1	1	12	2	0
	합계		9	8	1	1	12	2	0
프로통산			9	8	1	1	12	2	0

대회	연도	소속	출전	교체	득점	도움	파울	경고	퇴장
BC	2005	전남	3	3	0	0	5	0	0
	합계		3	3	0	0	5	0	0
프로통산			3	3	0	0	5	0	0

아디(Adilson dos Santos) 브라질 1976.05.12

대회	연도	소속	출전	교체	득점	도움	파울	경고	퇴장
BC	2006	서울	34	3	1	2	67	4	0
	2007	서울	36	4	2	1	56	5	0
	2008	서울	34	4	3	1	32	5	0
	2009	서울	33	4	1	3	34	2	1
	2010	서울	31	4	5	1	48	5	0
	2011	서울	32	4	0	0	30	3	0
	2012	서울	38	5	1	3	27	4	0
	합계		231	21	15	10	278	30	1
K1	2013	서울	33	3	2	2	33	5	0
	합계		33	3	2	2	33	5	0
프로통산			264	24	18	12	305	35	1

아디(Adnan Oçelli) 알바니아 1966.03.06

대회	연도	소속	출전	교체	득점	도움	파울	경고	퇴장
BC	1996	수원	16	2	1	0	27	1	0
	합계		16	2	1	0	27	1	0
프로통산			16	2	1	0	27	1	0

아르시치(Lazar Arsić) 세르비아 1991.09.24

대회	연도	소속	출전	교체	득점	도움	파울	경고	퇴장
K2	2020	서울E	9	9	0	0	5	2	0
	합계		9	9	0	0	5	2	0
프로통산			9	9	0	0	5	2	0

아르체(Juan Carlos Arce Justiniano) 볼리비아 1985.04.10

대회	연도	소속	출전	교체	득점	도움	파울	경고	퇴장
BC	2008	성남일화	15	15	0	1	10	2	0
	합계		15	15	0	1	10	2	0
프로통산			15	15	0	1	10	2	0

아리넬송(Arinelson Freire Nunes) 브라질 1973.01.27

대회	연도	소속	출전	교체	득점	도움	파울	경고	퇴장
BC	2001	전북	11	9	2	3	5	3	0
	2002	울산	8	10	0	2	7	0	0
	합계		19	19	2	5	12	3	0
프로통산			19	19	2	5	12	3	0

아리아스(Arias Moros Cesar Augusto) 콜롬비아 1988.04.02

대회	연도	소속	출전	교체	득점	도움	파울	경고	퇴장
K1	2013	대전	15	4	6	0	37	3	0
	합계		15	4	6	0	37	3	0
프로통산			15	4	6	0	37	3	0

아미르(Amir Teljigović) 보스니아 헤르체고비나 1966.08.07

대회	연도	소속	출전	교체	득점	도움	파울	경고	퇴장
BC	1994	대우	24	12	1	3	38	5	2
	1995	대우	32	14	2	10	50	7	0
	1996	부산	18	11	0	2	24	4	0
	합계		74	37	3	15	110	16	2
프로통산			74	37	3	15	110	16	2

아보라(Stanley Aborah) 가나/이탈리아 1969.08.25

대회	연도	소속	출전	교체	득점	도움	파울	경고	퇴장
BC	1997	천안일화	30	3	2	1	80	8	1
	1998	천안일화	6	4	0	0	14	2	0
	합계		36	7	2	1	94	10	1
프로통산			36	7	2	1	94	10	1

아사모아(Derek Asamoah) 영국(잉글랜드)

1981.05.01

대회	연도	소속	출전	교체	득점	도움	파울	경고	퇴장
BC	2011	포항	31	22	7	6	60	3	0
	2012	포항	30	25	6	1	46	1	0
	합계		61	47	13	6	106	4	0
K1	2013	대구	33	13	4	1	49	5	0
	합계		33	13	4	1	49	5	0
프로통산			94	60	17	7	155	9	0

아술마토프(Rustamjon Ashurmatov) 우즈베키스탄 1996.07.07

대회	연도	소속	출전	교체	득점	도움	파울	경고	퇴장
K1	2020	광주	21	0	1	1	13	2	0
	2021	강원	19	3	1	0	17	5	0
	합계		40	3	2	1	30	7	0
K2	2019	광주	26	2	1	1	20	7	0
	합계		26	2	1	1	20	7	0
프로통산			66	5	3	2	50	14	0

아스나위(Asnawi Mangkualam Bahar) 인도네시아 1999.10.04

대회	연도	소속	출전	교체	득점	도움	파울	경고	퇴장
K2	2021	안산	14	7	0	1	17	1	0
	합계		14	7	0	1	17	1	0
프로통산			14	7	0	1	17	1	0

아지마(Mohamed Semida Abdel Azim) 이집트 1968.10.17

대회	연도	소속	출전	교체	득점	도움	파울	경고	퇴장
BC	1996	울산	18	14	1	1	21	3	0
	합계		18	14	1	1	21	3	0
프로통산			18	14	1	1	21	3	0

아지송(Waldison Rodrigues de Souza) 브라질 1984.06.17

대회	연도	소속	출전	교체	득점	도움	파울	경고	퇴장
K1	2013	제주	3	3	0	0	4	0	0
	합계		3	3	0	0	4	0	0
프로통산			3	3	0	0	4	0	0

아첼(Aczel Zoltan) 헝가리 1967.03.13

대회	연도	소속	출전	교체	득점	도움	파울	경고	퇴장
BC	1991	대우	6	0	1	0	4	2	0
	합계		6	0	1	0	4	2	0
프로통산			6	0	1	0	4	2	0

아츠키(Wada Atsukii, 和田篤紀) 일본 1993.02.09

대회	연도	소속	출전	교체	득점	도움	파울	경고	퇴장
K2	2017	서울E	32	7	2	7	53	3	0
	합계		32	7	2	7	53	3	0
프로통산			32	7	2	7	53	3	0

아코스(Szarka Akos) 슬로바키아 1990.11.24

대회	연도	소속	출전	교체	득점	도움	파울	경고	퇴장
K2	2020	수원FC	3	3	0	0	8	1	0
	합계		3	3	0	0	8	1	0
프로통산			3	3	0	0	8	1	0

아코스티(Boadu Maxwell Acosty) 이탈리아 1991.09.10

대회	연도	소속	출전	교체	득점	도움	파울	경고	퇴장
K2	2020	안양	19	5	7	0	31	3	0
	2021	안양	16	10	5	1	18	2	0
	합계		35	15	12	1	49	5	0
프로통산			35	15	12	1	49	5	0

아키(Ienaga Akihiro, 家長昭博) 일본 1986.06.13

대회	연도	소속	출전	교체	득점	도움	파울	경고	퇴장
BC	2012	울산	12	12	1	1	8	1	0
	합계		12	12	1	1	8	1	0
프로통산			12	12	1	1	8	1	0

아킨슨(Dalian Robert Atkinson) 영국(잉글랜드) 1968.03.21

대회	연도	소속	출전	교체	득점	도움	파울	경고	퇴장
BC	2001	대전	4	5	1	0	6	1	0
	2001	전북	4	4	0	0	1	0	0
	합계		8	9	1	0	7	2	0
프로통산			8	9	1	0	7	2	0

아톰(Artem Yashkin) 우크라이나 1975.04.29

대회	연도	소속	출전	교체	득점	도움	파울	경고	퇴장
BC	2004	부천SK	23	17	0	2	36	3	0
	합계		23	17	0	2	36	3	0
프로통산			23	17	0	2	36	3	0

아트(Gefferson da Silva Goulart) 브라질 1978.01.09

대회	연도	소속	출전	교체	득점	도움	파울	경고	퇴장
BC	2006	부산	5	2	1	1	5	0	0
	합계		5	2	1	1	5	0	0
프로통산			5	2	1	1	5	0	0

아틸라(Attila Kaman) 헝가리 1969.11.20

대회	연도	소속	출전	교체	득점	도움	파울	경고	퇴장
BC	1994	유공	12	8	1	1	20	1	1
	1995	유공	3	3	1	0	1	0	0
	합계		15	11	2	1	21	1	1
프로통산			15	11	2	1	21	1	1

안광호(安光鎬) 연세대 1968.12.19

대회	연도	소속	출전	교체	득점	도움	파울	경고	퇴장
BC	1992	대우	10	5	0	0	8	1	0
	1993	대우	4	4	0	0	8	1	0
	합계		14	8	0	0	16	2	0
프로통산			14	8	0	0	16	2	0

안광호(安光鎬) 배재대 1979.01.10

대회	연도	소속	출전	교체	득점	도움	파울	경고	퇴장
BC	2002	전북	1	1	0	0	1	0	0
	합계		1	1	0	0	1	0	0
프로통산			1	1	0	0	1	0	0

안기철(安基喆) 아주대 1962.04.24

대회	연도	소속	출전	교체	득점	도움	파울	경고	퇴장
BC	1986	대우	17	9	1	1	17	2	0
	1987	대우	27	19	1	1	17	1	0
	1988	대우	23	14	2	3	14	2	0
	1989	대우	18	16	0	1	16	0	0
	합계		85	58	4	6	64	5	0
프로통산			85	58	4	6	64	5	0

안대현(安大賢) 전주대 1977.08.20

대회	연도	소속	출전	교체	득점	도움	파울	경고	퇴장
BC	2000	전북	3	3	0	0	3	0	0
	2001	전북	13	8	0	0	16	2	0
	2002	전북	1	1	0	0	1	0	0
	2003	전북	0	0	0	0	0	0	0
	합계		17	12	0	0	20	2	0
프로통산			17	12	0	0	20	2	0

안데르손(Anderson Ricardo dos Santos) 브라질 1983.03.22

대회	연도	소속	출전	교체	득점	도움	파울	경고	퇴장
BC	2009	서울	13	10	4	1	24	2	0
	합계		13	10	4	1	24	2	0
프로통산			13	10	4	1	24	2	0

안델손(Anderson Jose Lopes de Souza) 브라질 1993.09.15

대회	연도	소속	출전	교체	득점	도움	파울	경고	퇴장
K1	2018	서울	30	12	6	4	40	5	0
	합계		30	12	6	4	40	5	0
프로통산			30	12	6	4	40	5	0

안델손(Anderson Andrade Antunes) 브라질 1981.11.15

대회	연도	소속	출전	교체	득점	도움	파울	경고	퇴장
BC	2010	대구	11	4	2	1	28	0	0
	합계		11	4	2	1	28	0	0
프로통산			11	4	2	1	28	0	0

안동민(安東珉) 신평고 1999.05.11

대회	연도	소속	출전	교체	득점	도움	파울	경고	퇴장
K2	2019	대전	4	4	0	1	3	0	0
	2020	대전	1	1	0	0	0	0	0
	합계		5	5	0	1	3	0	0
프로통산			5	5	0	1	3	0	0

안동은(安東銀) 경운대 1988.10.01

대회	연도	소속	출전	교체	득점	도움	파울	경고	퇴장
K2	2013	고양	28	9	0	0	52	4	0
	2014	안산경찰	6	5	0	0	4	1	0
	2015	고양	3	0	0	0	6	1	0
	합계		37	14	0	0	62	6	0
프로통산			37	14	0	0	62	6	0

안동혁(安東赫) 광운대 1988.11.11

대회	연도	소속	출전	교체	득점	도움	파울	경고	퇴장
BC	2011	광주	23	15	0	1	17	2	0
	2012	광주	28	11	1	2	42	7	0
	합계		51	26	1	3	59	9	0
K2	2013	광주	11	4	0	1	23	0	0
	2015	안양	24	18	0	2	35	2	0
	2017	안양	15	12	2	0	3	0	0
	2018	서울E	10	7	1	0	5	1	0
	합계		60	41	3	3	66	3	0
프로통산			111	67	3	6	125	12	0

안드레(André Luis da Costa Alfredo) 브라질 1997.04.21

대회	연도	소속	출전	교체	득점	도움	파울	경고	퇴장
K2	2020	대전	26	9	13	3	27	5	0
	합계		26	9	13	3	27	5	0
프로통산			26	9	13	3	27	5	0

안드레(Andre Luiz Alves Santos) 브라질 1972.11.16

대회	연도	소속	출전	교체	득점	도움	파울	경고	퇴장
BC	2000	안양LG	38	4	9	14	74	4	0
	2001	안양LG	27	19	2	4	36	3	0
	2002	안양LG	31	19	7	4	41	4	1
	합계		96	42	18	27	151	11	1
프로통산			96	42	18	27	151	11	1

안드레이(Andriy Sydelnykov) 우크라이나 1967.09.27

대회	연도	소속	출전	교체	득점	도움	파울	경고	퇴장
BC	1995	전남	28	7	4	1	60	9	1
	1996	전남	29	5	3	0	31	8	0
	합계		57	12	7	1	91	17	1
프로통산			57	12	7	1	91	17	1

안병건(安炳乾) 한라대 1988.12.08

대회	연도	소속	출전	교체	득점	도움	파울	경고	퇴장
K2	2019	전남	3	0	0	0	5	0	0
	합계		3	0	0	0	5	0	0
프로통산			3	0	0	0	5	0	0

안병준(安炳俊) 일본 주오대 1990.05.22

대회	연도	소속	출전	교체	득점	도움	파울	경고	퇴장
K2	2019	수원FC	17	7	8	0	23	3	0
	2020	수원FC	26	6	21	4	25	3	0
	2021	부산	34	3	23	4	40	6	0
	합계		77	16	52	8	88	12	0
프로통산			77	16	52	8	88	12	0

안병태(安炳泰) 한양대 1959.02.22

대회	연도	소속	출전	교체	득점	도움	파울	경고	퇴장
BC	1983	포항제철	4	0	0	0	10	0	0
	1984	포항제철	14	5	0	0	12	1	0
	1986	포항제철	18	6	0	0	6	1	0
	합계		36	11	0	0	28	2	0
프로통산			36	11	0	0	28	2	0

안상민(安相珉) 정명정보고 1995.05.18

대회	연도	소속	출전	교체	득점	도움	파울	경고	퇴장
K1	2017	강원	2	2	0	0	3	1	0
	합계		2	2	0	0	3	1	0
K2	2021	대전	2	2	0	0	0	0	0
	합계		2	2	0	0	0	0	0

대회	연도	소속	출전	교체	득점	도움	파울	경고	퇴장
	프로통산		4	4	0	0	3	1	0

안상현(安相炫) 능곡중 1986.03.05

대회	연도	소속	출전	교체	득점	도움	파울	경고	퇴장
BC	2003	안양G							
	2004	서울	1	1	0	0	3	0	0
	2005	서울	1	1	0	0	0	0	0
	2006	서울	1	1	1	0	1	1	0
	2007	서울	11	10	1	0	7	1	0
	2008	서울	1	1	0	0	1	1	1
	2009	경남	9	8	0	0	14	1	0
	2010	경남	24	18	0	1	31	5	1
	2011	대구	15	11	0	0	33	8	0
	2012	대구	32	10	1	0	57	14	0
	합계		95	60	2	2	149	31	2
K1	2013	대구	33	6	0	1	49	11	0
	2015	대전	25	7	0	0	30	8	0
	2016	성남	23	7	0	2	43	4	0
	합계		81	20	0	3	122	23	0
K2	2014	대구	32	2	1	1	50	7	0
	2017	성남	24	6	1	0	43	7	0
	2018	대전	27	7	0	0	48	6	0
	2019	대전	29	4	0	2	59	11	0
	합계		112	19	2	5	200	31	0
승	2016	성남	2	1	0	0	5	2	0
	합계		2	1	0	0	5	2	0
	프로통산		290	100	7	7	476	87	2

안선진(安鮮鎭) 고려대 1975.09.19

대회	연도	소속	출전	교체	득점	도움	파울	경고	퇴장
BC	2003	포항	16	14	0	0	15	0	0
	합계		16	14	0	0	15	0	0
	프로통산		16	14	0	0	15	0	0

안성규(安聖奎) 충북대

대회	연도	소속	출전	교체	득점	도움	파울	경고	퇴장
BC	1995	대우	1	1	0	0	2	1	0
	합계		1	1	0	0	2	1	0
	프로통산		1	1	0	0	2	1	0

안성남(安成男) 중앙대 1984.04.17

대회	연도	소속	출전	교체	득점	도움	파울	경고	퇴장
BC	2009	강원	21	15	1	1	9	2	0
	2010	강원	26	22	5	3	14	2	0
	2011	광주	29	17	1	3	17	3	0
	2012	광주	25	24	0	1	22	5	0
	합계		94	79	8	8	62	12	0
K1	2015	광주	8	7	0	0	8	2	0
	2018	경남	6	5	0	0	1	0	0
	2019	경남	19	4	0	0	12	1	0
	합계		33	16	0	0	21	3	0
K2	2014	광주	8	5	1	1	14	0	0
	2015	강원	8	7	1	0	14	0	0
	2016	경남	37	29	4	3	47	3	0
	2017	경남	30	16	1	1	18	4	0
	2020	경남	7	2	0	0	4	0	0
	합계		90	58	7	4	70	9	0
승	2014	광주	0	0	0	0	0	0	0
	2019	경남	1	1	0	0	0	0	0
	합계		1	1	0	0	0	0	0
	프로통산		218	154	15	9	144	22	0

안성민(安性玟) 경희대 1999.08.09

대회	연도	소속	출전	교체	득점	도움	파울	경고	퇴장
K2	2020	안산	0	0	0	0	0	0	0
	합계		0	0	0	0	0	0	0
	프로통산		0	0	0	0	0	0	0

안성민(安成民) 건국대 1985.11.03

대회	연도	소속	출전	교체	득점	도움	파울	경고	퇴장
BC	2007	부산	18	13	1	1	29	1	0
	2008	부산	17	14	1	0	28	4	0
	2009	부산	20	10	1	0	37	6	0
	2010	대구	28	9	3	1	33	5	0
	2011	대구	11	7	3	0	21	4	0
	합계		94	53	9	2	148	22	0
	프로통산		94	53	9	2	148	22	0

안성빈(安聖彬) 수원대 1988.10.03

대회	연도	소속	출전	교체	득점	도움	파울	경고	퇴장
BC	2010	경남	8	8	1	0	6	1	0
	2011	경남	5	5	0	1	6	1	0
	2012	경남	11	10	1	0	12	1	0
	합계		24	23	2	0	20	2	0
K1	2014	경남	7	3	1	0	6	2	0
	합계		7	3	1	0	6	2	0
K2	2013	경찰	23	13	1	2	31	2	0
	2014	안산경찰	15	15	1	3	13	3	0
	2015	안양	36	19	8	4	66	6	0
	2016	안양	28	2	1	5	34	4	0
	2017	경남	22	20	1	2	21	2	0
	2018	서울E	13	2	0	1	17	1	0
	2019	안양	13	10	0	1	12	2	0
	합계		148	67	11	17	197	19	0
승	2014	경남	2	1	0	0	3	0	0
	합계		2	1	0	0	3	0	0
	프로통산		181	94	14	17	229	23	0

안성열(安星烈) 국민대 1958.08.01

대회	연도	소속	출전	교체	득점	도움	파울	경고	퇴장
BC	1983	국민은행	10	4	0	1	8	0	0
	1985	상무	18	2	0	0	10	0	0
	합계		28	6	0	1	18	2	0
	프로통산		28	6	0	1	18	2	0

안성일(安聖逸) 아주대 1966.09.10

대회	연도	소속	출전	교체	득점	도움	파울	경고	퇴장
BC	1989	대우	21	13	6	0	17	1	0
	1990	대우	14	8	1	0	9	0	0
	1991	대우	36	5	3	0	49	7	0
	1992	대우	35	12	5	0	49	7	0
	1993	대우	24	18	1	0	22	3	0
	1994	포항제철	22	15	0	0	21	2	0
	1995	대우	30	11	4	0	52	11	0
	1996	부산	18	12	0	0	35	3	1
	합계		200	96	19	8	269	33	1
	프로통산		200	96	19	8	269	33	1

안성호(安成皓) 대구대 1976.03.30

대회	연도	소속	출전	교체	득점	도움	파울	경고	퇴장
BC	1999	수원	1	1	0	0	2	0	0
	합계		1	1	0	0	2	0	0
	프로통산		1	1	0	0	2	0	0

안성훈(安成勳) 한려대 1982.09.11

대회	연도	소속	출전	교체	득점	도움	파울	경고	퇴장
BC	2002	안양G	11	5	0	0	11	0	0
	2003	안양G	11	5	0	1	18	3	0
	2004	인천	10	6	0	0	9	0	0
	2005	인천	10	6	0	0	9	0	0
	2006	인천	9	8	0	0	24	1	0
	2007	인천	13	8	0	1	4	3	0
	합계		64	38	0	2	75	7	0
	프로통산		64	38	0	2	75	7	0

안세희(安世熙) 원주한라대 1991.02.08

대회	연도	소속	출전	교체	득점	도움	파울	경고	퇴장
K1	2015	부산	5	1	0	0	5	1	0
	2015	대전	4	0	0	0	4	2	0
	2017	포항	3	3	0	0	3	0	0
	2019	상주	1	1	0	0	1	0	0
	합계		14	3	0	0	17	3	1
K2	2016	안양	34	6	0	0	27	6	0
	2017	안양	22	3	0	1	19	3	0
	2018	안양							
	2020	안양	4	2	1	0	4	1	0
	합계		41	9	1	0	34	7	0
	프로통산		55	12	1	0	51	10	1

안셀(Nicholas Clive Ansell) 오스트레일리아 1994.02.02

대회	연도	소속	출전	교체	득점	도움	파울	경고	퇴장
K2	2019	전남	15	3	0	0	11	1	1
	2020	경남	5	4	0	0	6	2	0
	합계		20	7	0	0	17	3	1
	프로통산		20	7	0	0	17	3	1

안수민(安首玟) 동국대 1994.05.26

대회	연도	소속	출전	교체	득점	도움	파울	경고	퇴장
K1	2017	강원	3	3	0	0	3	1	0
	합계		3	3	0	0	3	1	0
	프로통산		3	3	0	0	3	1	0

안수현(安壽賢) 조선대 1992.06.13

대회	연도	소속	출전	교체	득점	도움	파울	경고	퇴장
K1	2015	전남	1	1	0	0	1	0	0
	합계		1	1	0	0	1	0	0
	프로통산		1	1	0	0	1	0	0

안승인(安承仁) 경원대학원 1973.03.14

대회	연도	소속	출전	교체	득점	도움	파울	경고	퇴장
BC	1999	부천SK	15	15	0	1	7	0	0
	2000	부천SK	9	9	1	0	3	2	0
	2001	부천SK	25	9	1	3	24	0	0
	2002	부천SK	25	18	2	2	47	0	0
	2003	부천SK	38	35	3	3	55	4	0
	2004	부천SK	5	5	0	0	4	0	0
	합계		117	92	7	8	149	6	0
	프로통산		117	92	7	8	149	6	0

안영규(安泳奎) 울산대 1989.12.04

대회	연도	소속	출전	교체	득점	도움	파울	경고	퇴장
BC	2012	수원	0	0	0	0	0	0	0
	합계		0	0	0	0	0	0	0
K1	2015	광주	33	6	2	0	36	6	0
	2017	광주	8	0	0	0	7	0	0
	2019	성남	29	8	0	1	31	3	0
	2020	성남	13	10	0	0	6	0	0
	2021	성남	21	11	0	0	29	3	0
	합계		97	35	2	1	103	13	0
K2	2014	대전	34	2	1	1	45	5	0
	2016	안산무궁	18	4	0	1	20	3	0
	2017	아산	10	4	0	1	7	1	0
	2018	광주	36	2	1	0	27	2	0
	합계		98	12	2	3	99	11	0
	프로통산		195	47	4	4	199	24	0

안영진(安映珍) 울산대 1988.04.01

대회	연도	소속	출전	교체	득점	도움	파울	경고	퇴장
K2	2013	부천	7	7	0	0	1	0	0
	합계		7	7	0	0	1	0	0

안영학(安英學, An Yong Hak) 일본 릿쇼대 1978.10.25

대회	연도	소속	출전	교체	득점	도움	파울	경고	퇴장
BC	2006	부산	29	8	3	2	57	0	0
	2007	부산	30	3	4	0	65	2	0
	2008	수원	9	7	0	0	5	0	0
	2009	수원	14	6	2	0	24	1	0
	합계		82	24	9	2	159	5	0
	프로통산		82	24	9	2	159	5	0

안용우(安庸佑) 동의대 1991.08.10

대회	연도	소속	출전	교체	득점	도움	파울	경고	퇴장
K1	2014	전남	31	7	6	9	24	1	0
	2015	전남	34	18	3	4	29	4	0
	2016	전남	32	24	4	0	23	1	0
	2017	전남	14	10	1	0	14	0	0
	2021	대구	33	25	0	1	22	2	0

		합계	144	84	13	12	101	9	0
		프로통산	144	84	13	12	101	9	0

안원응(安元應) 성균관대 1961.01.14

대회	연도	소속	출전	교체	득점	도움	파울	경고	퇴장
BC	1984	한일은행	6	2	0	0	5	2	0
		합계	6	2	0	0	5	2	0
		프로통산	6	2	0	0	5	2	0

안은산(安론山) 고려대 1996.10.04

대회	연도	소속	출전	교체	득점	도움	파울	경고	퇴장
K2	2019	수원FC	4	2	0	0	4	0	0
		합계	4	2	0	0	4	0	0
		프로통산	4	2	0	0	4	0	0

안익수(安益秀) 인천대 1965.05.06

대회	연도	소속	출전	교체	득점	도움	파울	경고	퇴장
BC	1989	일화	22	6	0	0	23	3	0
	1990	일화	29	1	0	1	35	2	0
	1991	일화	12	4	0	0	19	1	0
	1992	일화	27	3	0	0	46	6	0
	1993	일화	26	3	0	0	37	2	1
	1994	일화	20	3	1	1	31	3	0
	1995	일화	17	3	0	1	25	4	0
	1996	포항	30	11	0	0	39	3	0
	1997	포항	34	6	1	0	52	6	0
	1998	포항	36	1	1	0	63	6	0
		합계	253	41	3	3	370	36	1
		프로통산	253	41	3	3	370	36	1

안일주(安一柱) 동국대 1988.05.02

대회	연도	소속	출전	교체	득점	도움	파울	경고	퇴장
BC	2011	포항	0	0	0	0	0	0	0
	2012	상주	1	1	0	0	0	0	0
		합계	1	1	0	0	0	0	0
K2	2013	상주	0	0	0	0	0	0	0
	2014	부천	20	1	0	0	21	2	0
	2015	부천	16	5	0	0	16	2	0
		합계	36	6	0	0	37	4	0
		프로통산	37	7	0	0	37	4	0

안재곤(安栽坤) 아주대 1984.08.15

대회	연도	소속	출전	교체	득점	도움	파울	경고	퇴장
BC	2008	인천	4	1	0	0	9	1	0
	2010	인천	1	0	0	0	1	0	0
	2011	인천	5	4	0	0	12	1	0
	2012	인천	0	0	0	0	0	0	0
		합계	10	6	0	0	21	2	0
		프로통산	10	6	0	0	21	2	0

안재준(安宰晙) 고려대 1986.02.08

대회	연도	소속	출전	교체	득점	도움	파울	경고	퇴장
BC	2008	인천	28	1	0	0	44	9	0
	2009	인천	33	1	0	1	50	6	0
	2010	인천	28	0	1	0	37	4	0
	2011	전남	27	2	1	0	35	4	0
	2012	전남	32	1	1	0	40	4	0
		합계	148	5	3	1	227	28	1
K1	2013	인천	31	1	0	0	64	8	0
	2014	인천	36	5	0	0	49	5	0
		합계	67	1	0	0	113	13	0
K2	2015	안산경찰	35	0	1	0	55	10	0
	2016	안산무궁	8	2	0	0	8	2	0
	2017	성남	13	3	1	1	18	4	0
	2018	대전	10	5	0	0	9	2	0
		합계	66	10	2	1	90	17	0
		프로통산	281	16	9	5	430	58	1

안재준(安在俊) 현대고 2001.04.03

대회	연도	소속	출전	교체	득점	도움	파울	경고	퇴장
K2	2021	부천	19	15	0	1	9	1	0
		합계	19	15	0	1	9	1	0
		프로통산	19	15	0	1	9	1	0

안재홍(安在弘) 영남대 1998.03.01

대회	연도	소속	출전	교체	득점	도움	파울	경고	퇴장
K2	2020	전남	0	0	0	0	0	0	0
		합계	0	0	0	0	0	0	0
		프로통산	0	0	0	0	0	0	0

안재훈(安在勳) 건국대 1988.02.01

대회	연도	소속	출전	교체	득점	도움	파울	경고	퇴장
BC	2011	대구	20	1	0	2	27	2	0
	2012	대구	9	3	1	0	11	2	0
		합계	29	4	1	2	38	4	0
K1	2013	대구	5	1	0	0	5	1	0
	2014	상주	22	3	1	0	19	3	0
		합계	27	4	1	0	24	4	0
K2	2013	수원FC	16	1	0	0	18	0	0
	2015	상주	1	0	0	0	1	0	0
	2015	대구	9	1	0	0	9	2	0
	2017	수원FC	4	2	0	0	4	1	0
	2017	서울E	11	10	0	0	6	0	0
		합계	41	11	0	0	40	3	0
		프로통산	97	19	2	2	108	13	1

안정환(安貞桓) 아주대 1976.01.27

대회	연도	소속	출전	교체	득점	도움	파울	경고	퇴장
BC	1998	부산	33	8	13	4	31	4	0
	1999	부산	34	9	21	7	26	3	1
	2000	부산	20	3	10	5	20	1	0
	2007	수원	25	20	5	0	36	2	0
	2008	부산	27	8	3	2	47	6	1
		합계	139	53	55	14	146	17	2
		프로통산	139	53	55	14	146	17	2

안젤코비치(Miodrag Andjelković) 세르비아 몬테네그로 1977.12.07

대회	연도	소속	출전	교체	득점	도움	파울	경고	퇴장
BC	2004	인천	11	5	4	0	26	1	1
		합계	11	5	4	0	26	1	1
		프로통산	11	5	4	0	26	1	1

안종관(安種官) 광운대 1966.08.30

대회	연도	소속	출전	교체	득점	도움	파울	경고	퇴장
BC	1989	현대	28	6	0	1	31	2	0
	1990	현대	20	6	0	1	21	0	0
		합계	48	12	0	2	52	2	0
		프로통산	48	12	0	2	52	2	0

안종훈(安鐘薰) 조선대 1989.07.05

대회	연도	소속	출전	교체	득점	도움	파울	경고	퇴장
BC	2011	제주	2	2	0	0	2	0	0
		합계	2	2	0	0	2	0	0
K1	2013	제주	15	14	1	0	12	2	0
		합계	15	14	1	0	12	2	0
K2	2014	광주	15	8	1	2	23	1	0
		합계	15	8	1	2	23	1	0
		프로통산	32	24	2	2	37	1	0

안주형(安主形) 신갈고 1999.01.02

대회	연도	소속	출전	교체	득점	도움	파울	경고	퇴장
K2	2018	대전	1	1	0	0	2	2	0
	2019	대전	3	2	1	0	4	1	0
		합계	4	3	1	0	6	3	0
		프로통산	4	3	1	0	6	3	0

안준수(安俊洙) 영석고 1998.01.28

대회	연도	소속	출전	교체	**실점**	도움	파울	경고	퇴장
K2	2021	부산	15	0	21	0	0	1	0
		합계	15	0	21	0	0	1	0
		프로통산	15	0	21	0	0	1	0

안준원(安俊垣) 부산상고 1961.03.10

대회	연도	소속	출전	교체	득점	도움	파울	경고	퇴장
BC	1985	상무	20	0	1	0	11	2	0
	1986	포항제철	7	2	0	0	7	1	0
		합계	27	2	1	0	19	3	0
		프로통산	27	2	1	0	19	3	0

안지현(安祉炫) 건국대 1994.03.25

대회	연도	소속	출전	교체	**실점**	도움	파울	경고	퇴장
K2	2016	강원	0	0	0	0	0	0	0
	2017	서울E	0	0	0	0	0	0	0
	2018	서울E	0	0	0	0	0	0	0
		합계	0	0	0	0	0	0	0
		프로통산	0	0	0	0	0	0	0

안지호(安顯澈 / ← 안현식) 연세대 1987.04.24

대회	연도	소속	출전	교체	득점	도움	파울	경고	퇴장
BC	2008	인천	21	4	0	0	41	3	0
	2009	인천	6	1	0	0	8	1	0
	2010	인천	12	3	0	0	13	3	0
	2011	경남	9	0	0	0	15	4	0
		합계	49	8	1	0	77	11	1
K1	2017	강원	24	5	0	0	23	3	0
		합계	24	5	0	0	23	3	0
K2	2014	고양	34	0	0	0	34	4	0
	2015	고양	30	1	0	0	30	5	1
	2018	서울E	34	0	2	0	38	6	1
	2019	서울E	8	4	0	0	12	1	0
		합계	130	10	3	1	139	22	4
승	2016	강원	2	0	0	0	4	0	0
		합계	2	0	0	0	4	0	0
		프로통산	205	23	7	1	241	39	5

안진규(安眞圭) 연세대 1970.10.18

대회	연도	소속	출전	교체	득점	도움	파울	경고	퇴장
BC	1994	현대	4	4	0	0	2	0	0
	1995	현대	7	7	0	0	4	1	0
	1996	울산	3	1	0	0	2	1	0
	1996	전남	3	3	0	0	9	1	0
		합계	17	15	0	0	17	3	0
		프로통산	17	15	0	0	17	3	0

안진범(安進範) 고려대 1992.03.10

대회	연도	소속	출전	교체	득점	도움	파울	경고	퇴장
K1	2014	울산	24	18	2	2	23	1	0
	2015	인천	26	20	1	2	26	4	0
	2018	상주	3	3	0	0	2	0	0
	2019	상주	18	12	0	2	22	2	0
	2020	인천	2	2	0	0	2	0	0
	2021	성남	1	1	0	1	1	0	0
		합계	74	59	3	7	76	7	0
K2	2016	안양	27	16	0	3	35	3	0
	2017	안양	18	8	0	0	11	1	0
	2018	안양	0	2	0	0	19	1	0
		합계	45	26	0	3	65	5	0
		프로통산	119	85	3	8	142	12	0

안찬기(安燦基) 인천대 1998.04.06

대회	연도	소속	출전	교체	**실점**	도움	파울	경고	퇴장
K1	2020	수원	0	0	0	0	0	0	0
	2021	수원	0	0	0	0	0	0	0
		합계	0	0	0	0	0	0	0
		프로통산	0	0	0	0	0	0	0

안태은(安太銀) 조선대 1985.09.17

대회	연도	소속	출전	교체	득점	도움	파울	경고	퇴장
BC	2006	서울	26	7	0	0	39	4	0
	2007	서울	21	9	0	0	19	4	0
	2008	서울	19	9	0	1	34	3	0
	2009	서울	5	3	0	0	5	1	0
	2010	포항	8	3	0	0	13	1	0
	2011	인천	9	4	0	0	11	1	0
		합계	76	32	0	3	111	14	0
		프로통산	76	32	0	3	111	14	0

안태현(安部鉉) 홍익대 1993.03.01

대회	연도	소속	출전	교체	득점	도움	파울	경고	퇴장
K1	2020	상주	22	4	1	1	25	5	0
		합계	22	4	1	1	25	5	0
K2	2016	서울E	31	25	3	1	18	4	0

대회	연도	소속	출전	교체	득점	도움	파울	경고	퇴장
	2017	부천	36	2	1	1	41	2	0
	2018	부천	35	0	0	2	50	4	0
	2019	부천	36	10	4	2	43	3	0
	2021	김천	6	1	0	0	7	1	0
	2021	부천	17	3	1	0	12	2	0
	합계		161	41	9	6	171	16	0
프로통산			183	45	10	7	196	21	0

안토니스(Terry Antonis) 오스트레일리아 1993.11.26

대회	연도	소속	출전	교체	득점	도움	파울	경고	퇴장
K1	2019	수원	11	6	0	3	8	1	0
	2020	수원	16	13	0	0	10	1	0
	2021	수원	4	4	0	0	0	2	0
	합계		31	23	0	3	18	4	1
프로통산			31	23	0	3	18	4	1

안토니오(Matheus Antonio de Souza Santos) 브라질 1978.10.23

대회	연도	소속	출전	교체	득점	도움	파울	경고	퇴장
BC	2005	전북	5	4	1	0	4	0	0
	합계		5	4	1	0	4	0	0
프로통산			5	4	1	0	4	0	0

안툰(Antun Matthew Kovačić) 오스트레일리아 1981.07.10

대회	연도	소속	출전	교체	득점	도움	파울	경고	퇴장
BC	2009	울산	4	3	0	0	2	1	0
	합계		4	3	0	0	2	1	0
프로통산			4	3	0	0	2	1	0

안해성(安海盛) 인천대 1999.03.09

대회	연도	소속	출전	교체	득점	도움	파울	경고	퇴장
K1	2021	포항	0	0	0	0	0	0	0
	합계		0	0	0	0	0	0	0
프로통산			0	0	0	0	0	0	0

안현범(安鉉範) 동국대 1994.12.21

대회	연도	소속	출전	교체	득점	도움	파울	경고	퇴장
K1	2015	울산	17	16	0	1	16	2	0
	2016	제주	28	15	8	4	30	2	0
	2017	제주	12	1	1	0	16	2	0
	2019	제주	13	2	4	0	8	0	0
	2021	제주	29	16	2	2	24	5	0
	합계		114	59	16	10	84	7	0
K2	2018	아산	27	16	5	2	28	2	0
	2019	아산	13	2	0	1	16	1	0
	2020	제주	22	2	3	1	19	1	0
	합계		62	20	8	5	63	4	0
프로통산			176	79	24	15	147	11	0

안홍민(安洪珉) 관동대(가톨릭관동대) 1971.09.06

대회	연도	소속	출전	교체	득점	도움	파울	경고	퇴장
BC	1996	울산	26	16	10	1	40	2	0
	1997	울산	24	23	2	3	41	3	1
	1998	울산	24	24	2	2	38	3	0
	1999	울산	28	24	2	6	42	2	0
	2000	울산	19	14	1	3	36	2	0
	2001	전북	18	18	1	0	9	1	0
	합계		137	117	19	14	206	15	1
프로통산			137	117	19	14	206	15	1

안효연(安孝璉) 동국대 1978.04.16

대회	연도	소속	출전	교체	득점	도움	파울	경고	퇴장
BC	2003	부산	14	12	0	2	8	0	0
	2004	부산	30	20	6	3	22	1	0
	2005	수원	30	20	3	5	24	1	0
	2006	성남일화	28	26	1	1	13	1	0
	2007	수원	12	10	1	2	3	0	0
	2008	수원	15	15	2	2	10	0	0
	2009	전남	5	5	0	0	4	0	0
	합계		134	108	13	15	79	3	0
프로통산			134	108	13	15	79	3	0

안효철(安孝哲) 성균관대 1965.05.15

대회	연도	소속	출전	교체	**실점**	도움	파울	경고	퇴장
BC	1989	일화	1	0	1	0	0	0	0
	합계		1	0	1	0	0	0	0
프로통산			1	0	1	0	0	0	0

알도(Clodoaldo Paulino de Lima) 브라질 1978.11.25

대회	연도	소속	출전	교체	득점	도움	파울	경고	퇴장
BC	2008	포항	2	1	0	0	5	0	0
	합계		2	1	0	0	5	0	0
프로통산			2	1	0	0	5	0	0

알라올(Alaor Palacio Junior) 브라질 1968.12.12

대회	연도	소속	출전	교체	득점	도움	파울	경고	퇴장
BC	1996	수원	9	8	1	0	14	1	0
	합계		9	8	1	0	14	1	0
프로통산			9	8	1	0	14	1	0

알란(Allan Rodrigo Aal) 브라질 1979.03.12

대회	연도	소속	출전	교체	득점	도움	파울	경고	퇴장
BC	2004	대전	4	1	0	0	11	1	0
	합계		4	1	0	0	11	1	0
프로통산			4	1	0	0	11	1	0

알랭(Noudjeu Mbianda Nicolas Alain) 카메룬 1976.07.12

대회	연도	소속	출전	교체	득점	도움	파울	경고	퇴장
BC	2000	전북	17	13	0	0	25	0	0
	합계		17	13	0	0	25	0	0
프로통산			17	13	0	0	25	0	0

알레(Alexandre Garcia Ribeiro) 브라질 1984.05.08

대회	연도	소속	출전	교체	득점	도움	파울	경고	퇴장
BC	2009	대전	10	8	4	2	20	0	0
	2010	대전	21	10	3	4	40	2	1
	합계		31	18	7	6	60	2	1
프로통산			31	18	7	6	60	2	1

알레망(Rafael Berger) 브라질 1986.07.14

대회	연도	소속	출전	교체	득점	도움	파울	경고	퇴장
K1	2018	포항	9	2	1	0	16	3	0
	합계		9	2	1	0	16	3	0
프로통산			9	2	1	0	16	3	0

알레망(Tofolo Junior Jose Carlos) 브라질 1989.03.02

대회	연도	소속	출전	교체	득점	도움	파울	경고	퇴장
K2	2018	부산	8	5	2	0	17	0	0
	합계		8	5	2	0	17	0	0
프로통산			8	5	2	0	17	0	0

알렉산더(Aleksandar Petrović) 세르비아 1983.03.22

대회	연도	소속	출전	교체	득점	도움	파울	경고	퇴장
BC	2008	전북	15	1	0	0	22	6	0
	2009	전북	9	5	0	0	11	2	0
	2009	전남	6	1	0	0	13	0	0
	합계		30	11	1	0	46	10	0
프로통산			30	11	1	0	46	10	0

알렉산드로(Alessandro Lopes Pereira) 브라질 1984.02.13

대회	연도	소속	출전	교체	득점	도움	파울	경고	퇴장
BC	2012	대전	21	2	0	0	51	8	0
	합계		21	2	0	0	51	8	0
K2	2013	충주	11	1	0	0	26	2	0
	합계		11	1	0	0	26	2	0
프로통산			32	3	0	0	77	10	0

알렉산드로(Alexsandro Ribeiro da Silva) 브라질 1980.04.13

대회	연도	소속	출전	교체	득점	도움	파울	경고	퇴장
BC	2008	대구	14	9	1	1	10	0	0
	합계		14	9	1	1	10	0	0
프로통산			14	9	1	1	10	0	0

알렉산드로(Alexandro da Silva Batista) 브라질

1986.11.06

대회	연도	소속	출전	교체	득점	도움	파울	경고	퇴장
BC	2010	포항	9	6	1	1	20	2	0
	합계		9	6	1	1	20	2	0
프로통산			9	6	1	1	20	2	0

알렉산드로(Alex Sandro de Oliveira) 브라질 1995.08.20

대회	연도	소속	출전	교체	득점	도움	파울	경고	퇴장
K2	2021	충남아산	30	18	7	0	27	0	0
	합계		30	18	7	0	27	0	0
프로통산			30	18	7	0	27	0	0

알렉세이(Alexey Sudarikov) 러시아 1971.05.01

대회	연도	소속	출전	교체	득점	도움	파울	경고	퇴장
BC	1994	LG	3	3	0	0	4	0	0
	합계		3	3	0	0	4	0	0
프로통산			3	3	0	0	4	0	0

알렉세이(Aleksei Prudnikov) 러시아 1960.03.20

대회	연도	소속	출전	교체	**실점**	도움	파울	경고	퇴장
BC	1995	전북	10	0	11	0	0	0	0
	1996	전북	27	1	34	0	2	2	0
	1997	전북	18	0	23	0	0	0	0
	1998	전북	1	0	2	0	0	0	0
	합계		56	1	70	0	2	2	0
프로통산			56	1	70	0	2	2	0

알렉세이(Aleksey Shichogolev) 러시아 1972.09.18

대회	연도	소속	출전	교체	득점	도움	파울	경고	퇴장
BC	1996	부천유공	22	5	0	0	16	5	0
	합계		22	5	0	0	16	5	0
프로통산			22	5	0	0	16	5	0

알렉스(Aleksandar Jovanovi Sarić) 오스트레일리아 1989.08.04

대회	연도	소속	출전	교체	득점	도움	파울	경고	퇴장
K1	2014	제주	31	3	1	36	4	1	
	2015	제주	34	1	0	38	2	0	
	2017	제주	12	2	1	6	0	0	
	2018	제주	16	5	1	40	5	0	
	2019	제주	11	11	0	1	5	0	0
	합계		104	22	3	1	79	11	1
K2	2021	수원FC	24	3	0	0	30	6	0
	합계		24	3	0	0	30	6	0
프로통산			128	25	3	1	109	17	1

알렉스(Wesley Alex Maiolino) 브라질 1988.02.10

대회	연도	소속	출전	교체	득점	도움	파울	경고	퇴장
K2	2013	고양	32	10	15	6	44	4	0
	2014	고양	3	1	3	24	1	0	
	2014	강원	15	5	5	1	17	0	0
	2016	대구	20	10	5	0	20	2	0
	2017	안양	14	7	7	0	14	1	0
	2018	안양	28	8	15	3	30	3	0
K2	2019	서울E	25	20	6	3	24	2	0
	합계		153	65	64	13	181	14	0
프로통산			153	65	64	13	181	14	0

알렉스(Alexandre Monteiro de Lima) 브라질 1988.12.15

대회	연도	소속	출전	교체	득점	도움	파울	경고	퇴장
K2	2018	수원FC	30	9	5	1	48	4	0
K2	2019	안양	33	7	13	5	29	2	0
	합계		63	16	18	6	77	6	0
프로통산			63	16	18	6	77	6	0

알렉스(Aleksandar Jozević) 유고슬라비아 1968.07.14

대회	연도	소속	출전	교체	득점	도움	파울	경고	퇴장
BC	1993	대우	6	4	0	0	9	2	0
	합계		6	4	0	0	9	2	0
프로통산			6	4	0	0	9	2	0

알렉스(Aleksandar Vlahović) 유고슬라비아 1969.07.24

대회	연도	소속	출전	교체	득점	도움	파울	경고	퇴장
BC	1997	부산	1	1	1	0	1	0	0
	합계		1	1	1	0	1	0	0
프로통산			1	1	1	0	1	0	0

알렉스(Alexander Popovich) 몰도바 1977.04.09

대회	연도	소속	출전	교체	득점	도움	파울	경고	퇴장
BC	2001	성남일화	6	5	0	0	3	0	0
	합계		6	5	0	0	3	0	0
프로통산			6	5	0	0	3	0	0

알렉스(Alex Chandre de Oliveira) 브라질 1977.12.21

대회	연도	소속	출전	교체	득점	도움	파울	경고	퇴장
BC	2003	대전	28	23	4	2	60	1	0
	합계		28	23	4	2	60	1	0
프로통산			28	23	4	2	60	1	0

알렉스(Alexsandro Marques de Oliveira) 브라질 1978.06.17

대회	연도	소속	출전	교체	득점	도움	파울	경고	퇴장
BC	2007	제주	1	1	0	0	0	0	0
	합계		1	1	0	0	0	0	0
프로통산			1	1	0	0	0	0	0

알렉스(Alex Asamoah) 가나 1986.08.28

대회	연도	소속	출전	교체	득점	도움	파울	경고	퇴장
BC	2010	경남	2	3	0	0	1	0	0
	합계		2	3	0	0	1	0	0
프로통산			2	3	0	0	1	0	0

알렉스(Aleksandar Andrejević) 세르비아 1992.03.28

대회	연도	소속	출전	교체	득점	도움	파울	경고	퇴장
K1	2021	광주	31	4	1	0	21	2	0
	합계		31	4	1	0	21	2	0
프로통산			31	4	1	0	21	2	0

알렉스(Alex Martins Ferreira) 브라질 1993.07.08

대회	연도	소속	출전	교체	득점	도움	파울	경고	퇴장
K2	2021	전남	18	16	3	1	12	0	0
	합계		18	16	3	1	12	0	0
프로통산			18	16	3	1	12	0	0

알렌(Alen Avdić) 보스니아 헤르체고비나 1977.04.03

대회	연도	소속	출전	교체	득점	도움	파울	경고	퇴장
BC	2001	수원	5	5	1	0	8	1	0
	2002	수원	3	3	0	0	10	1	0
	2003	수원	2	2	0	0	4	0	0
	합계		10	10	1	0	22	2	0
프로통산			10	10	1	0	22	2	0

알리(Al Hilfi Ali Abbas Mshehid) 오스트레일리아 1986.08.30

대회	연도	소속	출전	교체	득점	도움	파울	경고	퇴장
K1	2016	포항	10	3	1	0	9	2	0
	합계		10	3	1	0	9	2	0

알리(Marian Aliuta) 루마니아 1978.02.04

대회	연도	소속	출전	교체	득점	도움	파울	경고	퇴장
BC	2005	전남	0	0	0	0	0	0	0
	합계		0	0	0	0	0	0	0
프로통산			0	0	0	0	0	0	0

알리(Al Hilfi Ali Abbas Mshehid) 오스트레일리아 1986.08.30

대회	연도	소속	출전	교체	득점	도움	파울	경고	퇴장

알리바예프(Ikromjon Alibaev) 우즈베키스탄 1994.01.09

대회	연도	소속	출전	교체	득점	도움	파울	경고	퇴장
K1	2019	서울	35	9	3	5	49	5	0
	2020	서울	11	8	0	0	12	2	0
	합계		46	17	3	5	61	7	0
K2	2021	대전	17	7	1	1	32	2	0
	합계		17	7	1	1	32	2	0
프로통산			63	24	4	6	93	9	0

알리송(Alison Barros Moraes) 브라질 1982.06.30

대회	연도	소속	출전	교체	득점	도움	파울	경고	퇴장
BC	2002	울산	10	11	2	3	9	0	0
	2003	울산	7	16	2	0	3	1	0
	2003	대전	19	18	5	2	10	1	0
	2004	대전	24	23	1	1	15	3	0
	2005	대전	18	10	0	0	14	2	0
	합계		78	78	10	6	51	7	0
프로통산			78	78	10	6	51	7	0

알미르(Jose Almir Barros Neto) 브라질 1985.08.22

대회	연도	소속	출전	교체	득점	도움	파울	경고	퇴장
BC	2008	경남	7	4	1	1	18	1	0
	합계		7	4	1	1	18	1	0
K1	2014	울산	2	2	0	0	2	0	0
	합계		2	2	0	0	2	0	0
K2	2013	고양	18	6	3	4	40	3	0
	2014	강원	12	7	3	0	23	2	0
	2015	부천	28	19	4	2	50	2	0
	합계		58	32	10	6	113	7	0
프로통산			67	38	11	7	134	8	0

알미르(Almir Lopes de Luna) 브라질 1982.05.20

대회	연도	소속	출전	교체	득점	도움	파울	경고	퇴장
BC	2007	울산	36	24	8	6	69	3	0
	2008	울산	17	8	6	2	31	0	0
	2009	울산	29	13	7	2	61	5	0
	2010	포항	25	18	4	4	16	1	0
	2011	인천	5	3	0	0	2	0	0
	합계		112	66	25	14	179	9	0
프로통산			112	66	25	14	179	9	0

알미르(Almir Kayumov) 러시아 1964.12.30

대회	연도	소속	출전	교체	득점	도움	파울	경고	퇴장
BC	1993	대우	18	3	0	0	35	8	0
	합계		18	3	0	0	35	8	0
프로통산			18	3	0	0	35	8	0

알베스(Jorge Luiz Alves Justino) 브라질 1982.04.02

대회	연도	소속	출전	교체	득점	도움	파울	경고	퇴장
BC	2009	수원	4	2	0	0	10	1	0
	합계		4	2	0	0	10	1	0
프로통산			4	2	0	0	10	1	0

알파이(Fehmi Alpay Ozalan) 터키 1973.05.29

대회	연도	소속	출전	교체	득점	도움	파울	경고	퇴장
BC	2004	인천	8	0	0	0	17	2	1
	합계		8	0	0	0	17	2	1
프로통산			8	0	0	0	17	2	1

알핫산(George Alhassan) 가나 1955.11.11

대회	연도	소속	출전	교체	득점	도움	파울	경고	퇴장
BC	1984	현대	11	4	4	3	2	0	0
	합계		11	4	4	3	2	0	0
프로통산			11	4	4	3	2	0	0

애드깔로스(Edcarlos Conceicao Santos) 브라질 1985.05.10

대회	연도	소속	출전	교체	득점	도움	파울	경고	퇴장
K1	2013	성남일화	17	6	0	0	14	2	0
	합계		17	6	0	0	14	2	0
프로통산			17	6	0	0	14	2	0

야고(Moreira Silva Yago) 브라질 1994.04.28

대회	연도	소속	출전	교체	득점	도움	파울	경고	퇴장
K2	2017	서울E	3	2	0	0	7	0	0
	합계		3	2	0	0	7	0	0
프로통산			3	2	0	0	7	0	0

야스다(Yasuda Michihiro, 安田理大) 일본 1987.12.20

대회	연도	소속	출전	교체	득점	도움	파울	경고	퇴장
K2	2017	부산	21	5	1	4	17	2	0
	합계		21	5	1	4	17	2	0
승	2017	부산	2	0	0	0	3	1	0
	합계		2	0	0	0	3	1	0

얀(Kraus Jan) 체코 1979.08.28

대회	연도	소속	출전	교체	득점	도움	파울	경고	퇴장
BC	2003	대구	28	24	5	1	43	6	0
	합계		28	24	5	1	43	6	0
프로통산			28	24	5	1	43	6	0

양기훈(梁起勳) 성균관대 1992.04.09

대회	연도	소속	출전	교체	득점	도움	파울	경고	퇴장
K2	2015	서울E	17	4	0	1	17	4	0
	2016	서울E	1	0	0	0	2	0	0
	합계		18	4	0	1	19	4	0
프로통산			18	4	0	1	19	4	0

양동연(梁東燕) 경희대 1970.04.30

대회	연도	소속	출전	교체	득점	도움	파울	경고	퇴장
BC	1995	전남	12	7	0	0	9	0	1
	1996	전남	35	5	0	0	54	8	0
	1997	전남	25	2	0	2	48	4	0
	1998	전남	25	12	1	0	52	4	0
	2000	전남	2	1	0	0	1	0	0
	합계		99	27	1	2	164	16	1
프로통산			99	27	1	2	164	16	1

양동원(梁棟原) 백암고 1987.02.05

대회	연도	소속	출전	교체	실점	도움	파울	경고	퇴장
BC	2005	대전	0	0	0	0	0	0	0
	2006	대전	0	0	0	0	0	0	0
	2007	대전	3	1	0	0	0	0	0
	2008	대전	6	1	9	0	0	0	0
	2009	대전	1	0	3	0	0	0	0
	2010	대전	10	1	0	0	0	0	0
	2011	수원	3	0	4	0	0	0	0
	2012	수원	11	0	14	0	1	1	0
	합계		34	2	52	0	1	1	0
K1	2013	수원	4	0	6	0	0	0	0
	2016	상주	14	0	26	0	0	0	0
	합계		18	0	32	0	0	0	0
K2	2014	강원	16	1	24	0	0	0	0
	2015	상주	17	0	29	0	1	0	0
	2016	강원	1	0	3	0	0	0	0
	2017	성남	0	0	0	0	0	0	0
	2018	안양	1	0	4	0	0	0	0
	2019	안양	32	0	41	0	1	1	0
	2020	안양	13	0	21	0	0	0	0
	2021	안양	7	2	12	0	0	0	0
	합계		86	2	123	0	2	2	0
프로통산			137	4	203	0	2	7	0

양동철(梁東喆) 부경대 1985.08.26

대회	연도	소속	출전	교체	득점	도움	파울	경고	퇴장
BC	2010	전북	3	1	0	0	7	1	0
	합계		3	1	0	0	7	1	0
프로통산			3	1	0	0	7	1	0

양동현(梁東炫) 동북고 1986.03.28

대회	연도	소속	출전	교체	득점	도움	파울	경고	퇴장
BC	2005	울산	4	4	0	0	6	0	0
	2006	울산	13	13	1	0	19	0	0
	2007	울산	16	13	6	0	31	2	0
	2008	울산	14	13	0	2	18	0	0
	2009	부산	33	18	5	3	38	2	0
	2010	부산	27	23	1	4	16	2	0
	2011	부산	31	25	11	4	30	5	0
	합계		134	105	27	15	152	11	0
K1	2013	부산	9	2	3	2	9	0	0

대회	연도 소속	출전	교체	득점	도움	파울	경고	퇴장
	2014 부산	14	2	4	1	25	2	0
	2014 울산	16	7	5	2	20	3	0
	2015 울산	30	18	8	3	51	2	0
	2016 포항	32	9	13	4	37	6	0
	2017 포항	36	4	19	2	38	5	0
	2020 성남	23	19	3	0	19	0	0
	2021 수원FC	29	32	7	1	19	0	0
	합계	189	93	62	16	228	21	0
K2	2013 경찰	21	10	11	4	39	3	0
	합계	21	10	11	4	39	3	0
프로통산		344	208	100	35	419	35	0

양동협(梁棟峽) 관동대(가톨릭관동대) 1989.04.25

대회	연도 소속	출전	교체	득점	도움	파울	경고	퇴장
K2	2013 충주	20	14	1	4	21	3	0
	2014 충주	7	6	1	1	14	0	0
	합계	27	20	2	5	35	3	0
프로통산		27	20	2	5	35	3	0

양상민(梁相珉) 숭실대 1984.02.24

대회	연도 소속	출전	교체	득점	도움	파울	경고	퇴장
BC	2005 전남	29	6	1	5	66	6	0
	2006 전남	26	2	3	2	54	9	0
	2007 전남	2	0	0	0	7	1	0
	2007 수원	31	2	0	5	53	3	0
	2008 수원	22	7	0	2	36	3	1
	2009 수원	18	5	0	3	40	3	0
	2010 수원	23	4	2	3	51	10	0
	2011 수원	24	8	0	1	40	10	0
	2012 수원	29	5	2	3	62	14	0
	합계	204	39	6	21	394	61	2
K1	2014 수원	9	6	0	0	6	1	0
	2015 수원	28	11	3	0	16	2	0
	2016 수원	16	6	0	0	17	4	0
	2017 수원	6	3	0	1	9	3	0
	2018 수원	10	2	1	0	12	0	0
	2019 수원	21	7	0	0	25	5	0
	2020 수원	14	2	0	0	20	2	0
	2021 수원	3	1	0	0	4	0	0
	합계	107	38	4	1	101	15	0
K2	2013 경찰	21	1	1	2	46	15	0
	2014 안산경찰	14	1	1	0	30	4	0
	합계	41	2	2	2	76	19	0
프로통산		352	79	12	24	571	95	2

양상준(梁相俊) 홍익대 1988.11.21

대회	연도 소속	출전	교체	득점	도움	파울	경고	퇴장
BC	2010 경남	4	4	0	0	8	0	0
	합계	4	4	0	0	8	0	0
K2	2014 충주	7	5	1	0	14	0	0
	2015 충주	5	5	0	0	12	0	0
	합계	12	10	1	0	26	0	0
프로통산		16	14	1	0	34	0	0

양세근(梁世根) 탐라대 1988.10.08

대회	연도 소속	출전	교체	득점	도움	파울	경고	퇴장
BC	2009 제주	7	4	0	0	11	2	0
	2010 제주	3	3	0	0	3	0	0
	합계	10	7	0	0	14	2	0
프로통산		10	7	0	0	14	2	0

양세운(梁世運) 남부대 1990.12.23

대회	연도 소속	출전	교체	득점	도움	파울	경고	퇴장
K2	2013 광주	1	1	0	0	0	0	0
	2015 충주	1	1	0	0	2	0	0
	2016 충주	0	0	0	0	0	0	0
	합계	2	2	0	0	2	0	0
프로통산		2	2	0	0	2	0	0

양승원(梁勝源) 대구대 1985.07.15

대회	연도 소속	출전	교체	득점	도움	파울	경고	퇴장
BC	2008 대구	20	2	1	0	14	3	0
	2009 대구	20	3	0	1	33	4	0

대회	연도 소속	출전	교체	득점	도움	파울	경고	퇴장
	2010 대구	16	5	0	0	26	3	0
	합계	46	13	1	1	73	10	0
K1	2013 대구	1	1	0	0	0	0	0
	합계	1	1	0	0	0	0	0
프로통산		47	14	1	1	73	10	0

양영민(楊泳民) 명지대 1974.07.19

대회	연도 소속	출전	교체	실점	도움	파울	경고	퇴장
BC	1999 천안일화	0	0	0	0	0	0	0
	2000 성남일화	0	0	0	0	0	0	0
	2002 성남일화	0	0	0	0	0	0	0
	2003 성남일화	0	0	0	0	0	0	0
	2004 성남일화	8	2	6	0	1	0	0
	2005 성남일화	1	1	1	0	0	0	0
	합계	9	2	7	0	1	0	0
프로통산		9	2	7	0	1	0	0

양유민(梁裕敏) 숭실대 1999.10.11

대회	연도 소속	출전	교체	득점	도움	파울	경고	퇴장
K1	2020 서울	4	4	0	0	5	0	0
	2021 서울	1	1	0	0	1	0	0
	합계	5	5	0	0	6	0	0
프로통산		5	5	0	0	6	0	0

양익전(梁益銓) 서울대 1966.03.20

대회	연도 소속	출전	교체	득점	도움	파울	경고	퇴장
BC	1989 유공	2	2	0	0	0	0	0
	합계	2	2	0	0	0	0	0
프로통산		2	2	0	0	0	0	0

양정민(梁正玟) 부경대 1986.05.21

대회	연도 소속	출전	교체	득점	도움	파울	경고	퇴장
BC	2009 대전	22	6	0	0	54	5	0
	2010 대전	20	4	0	0	55	12	0
	2011 대전	5	3	0	0	20	4	1
	합계	48	13	0	0	129	21	1
프로통산		48	13	0	0	129	21	1

양정민(梁政民) 대신고 1992.07.22

대회	연도 소속	출전	교체	득점	도움	파울	경고	퇴장
K1	2011 강원	3	3	0	0	4	0	0
	합계	3	3	0	0	4	0	0
프로통산		3	3	0	0	4	0	0

양정원(梁政元) 단국대 1976.05.22

대회	연도 소속	출전	교체	득점	도움	파울	경고	퇴장
BC	1999 부산	3	3	0	1	0	0	0
	합계	3	3	0	1	0	0	0
프로통산		3	3	0	1	0	0	0

양정환(梁禎桓) 고려대 1966.07.26

대회	연도 소속	출전	교체	득점	도움	파울	경고	퇴장
BC	1988 럭키금성	9	8	0	2	6	0	0
	1989 럭키금성	5	5	0	0	3	0	0
	합계	14	13	0	2	9	0	0
프로통산		14	13	0	2	9	0	0

양종후(梁鍾厚) 고려대 1974.04.05

대회	연도 소속	출전	교체	득점	도움	파울	경고	퇴장
BC	1998 수원	7	5	0	0	11	0	0
	1999 수원	26	3	0	2	47	5	0
	2000 수원	29	4	3	0	81	11	0
	2001 수원	2	2	0	0	0	0	0
	합계	64	14	3	2	139	19	0
프로통산		64	14	3	2	139	19	0

양준아(梁準我) 고려대 1989.06.13

대회	연도 소속	출전	교체	득점	도움	파울	경고	퇴장
BC	2010 수원	9	7	0	1	13	3	0
	2011 수원	4	4	1	0	10	2	0
	2011 제주	5	0	1	0	17	3	1
	2012 전남	13	1	1	1	12	2	0
	합계	31	17	3	2	57	10	1
K1	2013 제주	1	1	0	0	1	0	0
	2014 상주	30	3	1	3	47	6	1

대회	연도 소속	출전	교체	득점	도움	파울	경고	퇴장
	2015 제주	31	9	0	0	35	4	0
	2016 전남	17	6	2	0	27	6	0
	2017 전남	13	8	0	0	9	1	0
	2018 전남	24	3	0	0	24	5	0
	2019 인천	12	5	0	0	9	3	0
	2020 인천	3	2	0	0	3	0	0
	합계	147	37	6	1	172	28	1
K2	2013 상주	4	1	0	0	7	1	0
	합계	4	1	0	0	7	1	0
승	2013 상주	2	0	0	0	0	0	0
	합계	2	0	0	0	0	0	0
프로통산		184	55	9	3	236	39	2

양지원(梁志源) 울산대 1974.04.28

대회	연도 소속	출전	교체	실점	도움	파울	경고	퇴장
BC	1998 울산	15	0	20	0	0	1	0
	1999 울산	16	1	22	0	0	0	0
	2000 울산	4	0	8	0	1	0	0
	2001 울산	21	0	26	0	3	4	0
	2002 울산	0	0	0	0	0	0	0
	합계	56	1	76	0	4	5	0
프로통산		56	1	76	0	4	5	0

양진웅(梁眞熊) 울산대 1991.01.24

대회	연도 소속	출전	교체	실점	도움	파울	경고	퇴장
K2	2013 부천	7	0	10	0	0	0	0
	2014 부천	4	0	8	0	0	0	0
	합계	11	0	18	0	0	0	0
프로통산		11	0	18	0	0	0	0

양태렬(梁兌列) 언남고 1995.05.25

대회	연도 소속	출전	교체	득점	도움	파울	경고	퇴장
K1	2018 포항	4	4	1	0	2	0	0
	2020 포항	13	9	0	0	8	1	0
	합계	17	13	1	0	10	1	0
K2	2019 아산	15	6	3	0	20	2	0
	합계	15	6	3	0	20	2	0
프로통산		32	19	4	0	30	3	0

양한빈(梁韓彬) 백암고 1991.08.30

대회	연도 소속	출전	교체	실점	도움	파울	경고	퇴장
BC	2011 강원	0	0	0	0	0	0	0
	2012 강원	0	0	0	0	0	0	0
	합계	0	0	0	0	0	0	0
K1	2013 성남일화	1	1	1	0	0	0	0
	2014 서울	0	0	0	0	0	0	0
	2015 서울	0	0	0	0	0	0	0
	2017 서울	27	0	29	0	0	2	0
	2018 서울	37	0	46	0	1	0	0
	2019 서울	7	1	11	0	0	0	0
	2020 서울	16	0	19	0	1	1	0
	2021 서울	36	0	43	0	0	2	0
	합계	124	2	149	0	2	5	0
승	2018 서울	2	0	2	0	0	0	0
	합계	2	0	2	0	0	0	0
프로통산		127	2	152	0	2	5	0

양현정(梁鉉正) 단국대 1977.07.25

대회	연도 소속	출전	교체	득점	도움	파울	경고	퇴장
BC	2000 전북	32	23	6	7	27	3	0
	2001 전북	23	20	2	2	19	2	0
	2002 전북	25	24	3	4	36	7	0
	2003 전북	1	1	0	0	1	0	0
	2005 대구	5	5	0	0	7	0	0
	합계	86	73	11	13	93	10	0
프로통산		86	73	11	13	93	10	0

양현준(梁玄準) 부산정보고 2002.05.25

대회	연도 소속	출전	교체	득점	도움	파울	경고	퇴장
K1	2021 강원	9	9	0	0	6	2	0
	합계	9	9	0	0	6	2	0
승	2021 강원							
	합계							

프로통산 | 9 | 9 | 0 | 0 | 6 | 2 | 0

양형모(梁珩模) 충북대 1991.07.16

대회	연도	소속	출전	교체	실점	도움	파울	경고	퇴장
K1	2016	수원	17	1	22	0	0	1	0
	2017	수원	7	2	11	0	1	1	0
	2019	수원	1	0	2	0	0	0	0
	2020	수원	16	0	15	0	0	1	0
	2021	수원	23	0	33	0	3	0	0
	합계		64	3	83	0	4	3	0
K2	2018	아산	4	0	1	0	0	0	0
	2019	아산	7	0	15	0	1	0	0
	합계		11	0	16	0	1	0	0
프로통산			75	3	99	0	5	3	0

얜(Yan Song, 阎嵩) 중국 1981.03.20

대회	연도	소속	출전	교체	득점	도움	파울	경고	퇴장
BC	2010	제주	0	0	0	0	0	0	0
	합계		0	0	0	0	0	0	0
프로통산			0	0	0	0	0	0	0

어경준(魚慶俊) 용강중 1987.12.10

대회	연도	소속	출전	교체	득점	도움	파울	경고	퇴장
BC	2009	성남일화	11	10	0	0	12	0	0
	2009	서울	1	1	0	0	1	0	0
	2010	서울	1	1	0	0	1	0	0
	2010	대전	16	4	4	1	11	2	0
	2011	서울	9	9	0	0	5	2	0
	합계		38	26	4	1	30	4	0
프로통산			38	26	4	1	30	4	0

어정원(魚禎元) 동국대 1999.07.08

대회	연도	소속	출전	교체	득점	도움	파울	경고	퇴장
K2	2021	부산	6	6	0	0	2	1	0
	합계		6	6	0	0	2	1	0
프로통산			6	6	0	0	2	1	0

엄승민(嚴勝民) 인천남고 2000.06.07

대회	연도	소속	출전	교체	득점	도움	파울	경고	퇴장
K2	2019	수원FC	1	1	0	0	0	0	0
	합계		1	1	0	0	0	0	0
프로통산			1	1	0	0	0	0	0

엄영식(嚴泳植) 풍기고 1970.06.23

대회	연도	소속	출전	교체	득점	도움	파울	경고	퇴장
BC	1994	LG	1	1	0	0	0	0	0
	1995	전남	6	6	0	0	3	0	0
	1996	전남	11	6	0	0	8	1	0
	1997	전남	3	3	0	0	2	0	0
	합계		21	16	0	0	13	1	0
프로통산			21	16	0	0	13	1	0

엄원상(嚴原上) 아주대 1999.01.06

대회	연도	소속	출전	교체	득점	도움	파울	경고	퇴장
K1	2020	광주	23	18	7	0	14	0	0
	2021	광주	26	13	6	4	5	1	0
	합계		49	31	13	3	19	1	0
K2	2019	광주	16	13	2	5	5	0	0
	합계		16	13	2	5	5	0	0
프로통산			65	44	15	8	24	1	0

엄지성(嚴志成) 금호고 2002.05.09

대회	연도	소속	출전	교체	득점	도움	파울	경고	퇴장
K1	2021	광주	37	34	4	1	34	2	0
	합계		37	34	4	1	34	2	0
프로통산			37	34	4	1	34	2	0

엄진태(嚴鎭泰) 경희대 1992.03.28

대회	연도	소속	출전	교체	득점	도움	파울	경고	퇴장
K2	2015	충주	22	14	0	1	15	1	0
	2016	충주	21	6	0	2	23	5	0
	합계		36	14	0	1	37	6	0
프로통산			36	14	0	1	37	6	0

에니키(Henrique Dias de Carvalho) 브라질 1984.05.23

대회	연도	소속	출전	교체	득점	도움	파울	경고	퇴장

BC	2004	대전	15	11	2	2	39	1	0
	2005	대전	14	14	1	0	22	3	0
	합계		29	25	3	2	61	4	0
프로통산			29	25	3	2	61	4	0

에닝요(Enio Oliveira Junior/←에니오) 브라질 1981.05.16

대회	연도	소속	출전	교체	득점	도움	파울	경고	퇴장
BC	2003	대구	21	19	2	2	20	2	1
	2007	대구	28	7	4	8	34	7	0
	2008	대구	27	13	17	8	25	6	1
	2009	전북	28	17	10	12	17	4	1
	2010	전북	33	12	18	10	23	6	0
	2011	전북	26	17	11	5	23	2	0
	2012	전북	38	13	13	11	34	13	0
	합계		201	102	77	58	176	40	3
K1	2013	전북	13	11	3	6	20	4	0
	2015	전북	17	14	1	2	19	3	0
	합계		30	25	4	8	39	7	0
프로통산			231	127	81	66	195	45	3

에델(Eder Luiz Lima de Sousa) 브라질 1987.01.09

대회	연도	소속	출전	교체	득점	도움	파울	경고	퇴장
K1	2017	전북	24	24	3	3	36	3	0
	2019	성남	21	5	1	1	29	1	0
	합계		45	31	8	4	65	3	0
K2	2015	대구	39	4	14	9	59	3	0
	2016	대구	37	24	6	2	54	4	1
	2018	성남	28	15	2	7	53	5	0
	2020	제주	4	4	1	0	1	0	0
	합계		108	67	24	8	167	12	1
프로통산			153	98	32	12	232	16	1

에델(Eder Luis Carvalho) 브라질 1984.05.14

대회	연도	소속	출전	교체	득점	도움	파울	경고	퇴장
BC	2011	부산	12	0	1	0	20	1	0
	2012	부산	41	1	0	0	54	10	0
	합계		53	1	1	0	74	11	0
프로통산			53	1	1	0	74	11	0

에두(Eduardo Goncalves de Oliveira) 브라질 1981.11.30

대회	연도	소속	출전	교체	득점	도움	파울	경고	퇴장
BC	2007	수원	34	15	7	4	71	3	1
	2008	수원	38	8	16	7	57	6	0
	2009	수원	23	7	4	4	40	3	1
	합계		95	30	30	15	168	12	2
K1	2015	전북	20	6	11	3	23	0	0
	2016	전북	11	11	1	1	12	0	0
	2017	전북	31	28	13	2	37	3	0
	합계		62	45	25	6	72	3	0
프로통산			157	75	55	21	240	20	2

에듀(Eduardo J. Salles) 브라질 1977.12.13

대회	연도	소속	출전	교체	득점	도움	파울	경고	퇴장
BC	2004	전북	21	19	4	1	34	2	0
	합계		21	19	4	1	34	2	0
프로통산			21	19	4	1	34	2	0

에듀(Eduardo Marques de Jesus Passos) 브라질 1976.06.26

대회	연도	소속	출전	교체	득점	도움	파울	경고	퇴장
BC	2006	대구	28	15	3	1	61	5	0
	합계		28	15	3	1	61	5	0
프로통산			28	15	3	1	61	5	0

에드가(Edgar Bruno da Silva) 브라질 1987.01.03

대회	연도	소속	출전	교체	득점	도움	파울	경고	퇴장
K1	2018	대구	18	2	8	3	32	3	0
	2019	대구	24	7	11	4	52	4	0
	2020	대구	16	13	2	0	21	2	0
	2021	대구	32	12	10	5	59	5	0
	합계		90	27	34	15	171	15	0
프로통산			90	27	34	15	171	15	0

프로통산 | 90 | 27 | 34 | 15 | 171 | 15 | 0

에드밀손(Edmilson Dias de Lucena) 포르투갈 1968.05.29

대회	연도	소속	출전	교체	득점	도움	파울	경고	퇴장
BC	2002	전북	27	9	14	3	36	2	0
	2003	전북	39	4	17	14	59	7	1
	2004	전북	1	1	0	0	0	0	0
	2005	전북	3	3	0	0	0	0	0
	합계		70	17	31	17	95	9	1
프로통산			70	17	31	17	95	9	1

에드손(Edson Rodrigues Farias) 브라질 1992.01.12

대회	연도	소속	출전	교체	득점	도움	파울	경고	퇴장
K2	2016	부천	4	4	0	0	3	0	0
	합계		4	4	0	0	3	0	0
프로통산			4	4	0	0	3	0	0

에드손(Edson Araujo da Silva) 브라질 1980.07.26

대회	연도	소속	출전	교체	득점	도움	파울	경고	퇴장
BC	2008	대전	10	5	0	1	22	2	0
	합계		10	5	0	1	22	2	0
프로통산			10	5	0	1	22	2	0

에드워즈(Ryan Marc Edwards) 오스트레일리아 1993.11.17

대회	연도	소속	출전	교체	득점	도움	파울	경고	퇴장
K2	2021	부산	16	4	0	1	24	6	0
	합계		16	4	0	1	24	6	0
프로통산			16	4	0	1	24	6	0

에디(Edmilson Akves) 브라질 1976.02.17

대회	연도	소속	출전	교체	득점	도움	파울	경고	퇴장
BC	2002	울산	19	4	4	0	27	3	0
	2003	울산	22	16	0	0	20	2	0
	합계		41	20	4	0	47	3	0
프로통산			41	20	4	0	47	3	0

에디뉴(Franciscoedson Moreiradasilva) 브라질 1994.08.08

대회	연도	소속	출전	교체	득점	도움	파울	경고	퇴장
K2	2020	대전	15	12	5	1	9	2	0
	2021	대전	10	7	2	0	5	0	0
	합계		25	19	7	1	14	2	0
프로통산			25	19	7	1	14	2	0

에딘(Edin Junuzović) 크로아티아 1986.04.28

대회	연도	소속	출전	교체	득점	도움	파울	경고	퇴장
K1	2014	경남	15	14	2	0	26	1	0
	합계		15	14	2	0	26	1	0
프로통산			15	14	2	0	26	1	0

에레라(Ignacio Jose Herrera Fernandez) 칠레 1987.10.14

대회	연도	소속	출전	교체	득점	도움	파울	경고	퇴장
K2	2018	서울E	11	10	1	0	5	1	0
	합계		11	10	1	0	5	1	0
프로통산			11	10	1	0	5	1	0

에르난데스(Hernandes Rodrigues da Silva) 브라질 1999.09.02

대회	연도	소속	출전	교체	득점	도움	파울	경고	퇴장
K2	2020	전남	16	13	3	3	10	1	0
	2021	경남	27	21	10	1	18	1	0
	합계		43	34	13	4	28	1	0
프로통산			43	34	13	4	28	1	0

에릭(Eriks Pelcis) 라트비아 1978.06.25

대회	연도	소속	출전	교체	득점	도움	파울	경고	퇴장
BC	1999	안양LG	22	15	4	0	32	1	0
	2000	안양LG	1	1	0	0	1	0	0
	합계		23	16	4	0	33	1	0
프로통산			23	16	4	0	33	1	0

에릭(Eric Obinna) 프랑스 1981.06.10

대회	연도	소속	출전	교체	득점	도움	파울	경고	퇴장

에반드로(Evandro Silva do Nascimento) 브라질 1987.09.26

대회	연도	소속	출전	교체	득점	도움	파울	경고	퇴장
BC	2008	대전	18	15	2	0	21	0	0
		합계	18	15	2	0	21	0	0
프로통산			18	15	2	0	21	0	0
K1	2017	대구	29	6	11	2	53	5	0
	2018	서울	30	23	3	2	35	1	0
		합계	59	29	14	4	88	6	0
승	2018	서울	2	2	0	0	1	0	0
		합계	2	2	0	0	1	0	0
프로통산			61	31	14	4	89	6	0

에벨찡요(Heverton Duraes Coutinho Alves) 브라질 1985.10.28

대회	연도	소속	출전	교체	득점	도움	파울	경고	퇴장
BC	2011	성남일화	12	5	6	2	22	2	0
	2012	성남일화	18	12	1	1	27	5	0
		합계	30	17	7	3	49	7	0
프로통산			30	17	7	3	49	7	0

에벨톤(Everton Leandro dos Santos Pinto) 브라질 1986.10.14

대회	연도	소속	출전	교체	득점	도움	파울	경고	퇴장
BC	2011	성남일화	28	11	5	1	31	3	0
	2012	성남일화	36	7	12	2	51	2	0
		합계	64	18	17	3	82	5	0
K1	2014	서울	16	7	1	0	22	1	0
	2015	서울	16	14	4	1	17	1	0
	2015	울산	8	8	0	0	4	0	0
		합계	40	29	7	1	30	0	0
프로통산			104	47	24	4	112	5	0

에벨톤(Everton Nascimento de Mendonca) 브라질 1993.07.03

대회	연도	소속	출전	교체	득점	도움	파울	경고	퇴장
K2	2016	부천	2	2	1	0	4	0	0
		합계	2	2	1	0	4	0	0
프로통산			2	2	1	0	4	0	0

에벨톤C(Everton Cardoso da Silva) 브라질 1988.12.11

대회	연도	소속	출전	교체	득점	도움	파울	경고	퇴장
BC	2012	수원	29	18	7	4	55	6	0
		합계	29	18	7	4	55	6	0
프로통산			29	18	7	4	55	6	0

에스쿠데로(Sergio Ariel Escudero) 일본 1988.09.01

대회	연도	소속	출전	교체	득점	도움	파울	경고	퇴장
BC	2012	서울	20	18	4	3	48	1	0
		합계	20	18	4	3	48	1	0
K1	2013	서울	34	23	4	7	56	2	0
	2014	서울	32	20	6	4	50	2	0
	2018	울산	14	12	4	1	19	3	0
		합계	80	55	14	12	109	4	1
프로통산			100	73	17	15	157	5	1

에스테베즈(Ricardo Felipe dos Santos Esteves) 포르투갈 1979.09.16

대회	연도	소속	출전	교체	득점	도움	파울	경고	퇴장
BC	2010	서울	14	14	4	5	30	4	0
		합계	14	14	4	5	30	4	0
프로통산			14	14	4	5	30	4	0

에스티벤(Juan Estiven Velez Upegui) 콜롬비아 1982.02.09

대회	연도	소속	출전	교체	득점	도움	파울	경고	퇴장
BC	2010	울산	32	10	1	1	32	2	0
	2011	울산	35	12	0	0	53	6	0
	2012	울산	39	13	0	0	42	3	0
		합계	106	35	1	1	127	11	0
K1	2014	제주	12	8	0	0	12	2	0
		합계	12	8	0	0	12	2	0
프로통산			118	43	1	1	138	11	0

엔리끼(Luciano Henrique de Gouvea) 브라질 1978.10.10

대회	연도	소속	출전	교체	득점	도움	파울	경고	퇴장
BC	2006	포항	29	19	7	6	33	3	0
		합계	29	19	7	6	33	3	0
프로통산			29	19	7	6	33	3	0

엔조(Maidana Enzo Damian) 아르헨티나 1988.01.13

대회	연도	소속	출전	교체	득점	도움	파울	경고	퇴장
K1	2017	인천	6	6	1	0	5	1	0
		합계	6	6	1	0	5	1	0
프로통산			6	6	1	0	5	1	0

엘리아스(Fernandes de Oliveira Elias) 브라질 1992.05.22

대회	연도	소속	출전	교체	득점	도움	파울	경고	퇴장
K1	2015	부산	8	8	0	0	3	1	0
		합계	8	8	0	0	3	1	0
승	2015	부산	1	1	0	0	0	0	0
		합계	1	1	0	0	0	0	0
프로통산			9	9	0	0	3	1	0

엘리오(Eionar Nascimento Ribeiro) 브라질 1982.06.10

대회	연도	소속	출전	교체	득점	도움	파울	경고	퇴장
BC	2011	인천	6	4	1	0	7	0	0
		합계	6	4	1	0	7	0	0
프로통산			6	4	1	0	7	0	0

엘리치(Ahmad Elrich) 오스트레일리아 1981.05.30

대회	연도	소속	출전	교체	득점	도움	파울	경고	퇴장
BC	2004	부산	10	3	1	4	23	4	0
		합계	10	3	1	4	23	4	0
프로통산			10	3	1	4	23	4	0

여름(呂 름) 광주대 1989.06.22

대회	연도	소속	출전	교체	득점	도움	파울	경고	퇴장
K1	2015	광주	31	8	1	2	48	6	0
	2016	광주	30	8	2	0	40	5	0
	2017	상주	24	9	1	1	41	8	1
	2018	상주	11	3	0	1	15	2	0
	2020	광주	25	9	0	0	37	3	0
	2021	제주	1	1	0	0	1	0	0
	2021	서울	12	9	0	0	9	1	0
		합계	143	46	4	4	212	26	1
K2	2013	광주	29	22	1	2	50	8	0
	2018	광주	27	11	0	2	35	2	0
	2019	광주	37	18	1	3	46	5	0
		합계	94	53	6	7	133	15	0
승	2014	광주	3	1	0	0	4	1	0
	2017	상주	1	1	0	0	2	0	0
		합계	4	1	0	0	4	0	0
프로통산			241	99	11	13	349	41	1

여명용(呂 明龍) 한양대 1987.06.11

대회	연도	소속	출전	교체	**실점**	도움	파울	경고	퇴장
K2	2013	고양	23	1	35	0	1	1	0
	2014	고양	21	0	29	0	0	4	0
	2015	고양	21	1	26	0	0	3	0
		합계	65	2	90	0	1	8	0
프로통산			65	2	90	0	1	8	0

여범규(余範奎) 연세대 1962.06.24

대회	연도	소속	출전	교체	득점	도움	파울	경고	퇴장
BC	1986	대우	27	1	1	5	30	5	0
	1987	대우	27	1	1	3	30	5	0
	1988	대우	12	5	1	0	16	0	0
	1989	대우	38	15	4	3	69	1	0
	1990	대우	10	7	0	1	18	2	0
	1991	대우	16	14	1	0	24	3	0
	1992	대우	11	8	0	0	13	1	0
		합계	141	61	11	8	195	13	0
프로통산			141	61	11	8	195	13	0

여봉훈(余 丰 訓) 안동고 1994.03.12

대회	연도	소속	출전	교체	득점	도움	파울	경고	퇴장
K1	2017	광주	31	11	1	1	62	6	0
	2020	광주	14	9	0	0	15	0	1
	2021	광주	21	17	1	0	18	5	0
		합계	66	37	2	1	95	11	1
K2	2018	광주	26	12	0	1	46	7	0
	2019	광주	23	8	1	1	43	7	0
		합계	49	20	1	2	89	14	0
프로통산			115	57	3	3	184	25	1

여성해(呂 成 海) 한양대 1987.08.06

대회	연도	소속	출전	교체	득점	도움	파울	경고	퇴장
K1	2014	경남	20	3	1	0	28	3	0
	2016	상주	4	0	0	0	2	0	0
	2018	경남	10	3	0	0	11	2	0
	2019	경남	11	2	0	0	12	0	0
	2019	인천	12	0	1	1	8	1	0
		합계	60	5	1	1	59	6	0
K2	2015	상주	19	2	0	0	23	3	0
	2016	경남	8	0	0	0	12	0	0
		합계	27	2	0	0	39	2	0
승	2014	경남	1	1	0	0	1	0	0
		합계	1	1	0	0	1	0	0
프로통산			88	7	3	1	101	11	0

여승원(呂 承 垣) 광운대 1984.05.01

대회	연도	소속	출전	교체	득점	도움	파울	경고	퇴장
BC	2004	인천	9	4	1	0	20	0	0
	2005	인천	4	4	0	0	5	0	0
	2006	광주상무	21	16	2	2	32	4	0
	2007	광주상무	27	21	1	1	48	6	0
	2008	인천	12	10	0	0	12	0	0
	2010	수원	5	4	1	0	3	0	0
		합계	78	59	5	3	120	10	0
프로통산			78	59	5	3	120	10	0

여인언(呂 仁 言) 한남대 1992.04.29

대회	연도	소속	출전	교체	득점	도움	파울	경고	퇴장
K1	2016	수원FC	0	0	0	0	0	0	0
		합계	0	0	0	0	0	0	0
프로통산			0	0	0	0	0	0	0

여재항(余 在 恒) 서울시립대 1962.06.28

대회	연도	소속	출전	교체	득점	도움	파울	경고	퇴장
BC	1985	상무	2	0	0	0	3	0	0
		합계	2	0	0	0	3	0	0
프로통산			2	0	0	0	3	0	0

여효진(余 孝 珍) 고려대 1983.04.25

대회	연도	소속	출전	교체	득점	도움	파울	경고	퇴장
BC	2007	광주상무	27	6	2	1	55	7	0
	2008	광주상무	2	0	0	0	3	0	0
	2011	서울	9	2	0	1	22	3	0
	2012	부산	2	4	0	0	2	0	0
		합계	40	11	2	2	80	13	0
K2	2013	고양	14	6	0	0	19	2	0
	2014	고양	30	5	1	1	54	12	0
	2015	고양	27	1	0	0	31	6	0
		합계	71	12	1	1	104	20	0
프로통산			111	23	3	3	184	33	0

연재천(延 才 千) 울산대 1978.01.17

대회	연도	소속	출전	교체	득점	도움	파울	경고	퇴장
BC	2000	울산	2	1	0	0	3	0	0
	2001	울산	2	1	0	0	3	0	0
	2003	광주상무	1	1	0	0	1	0	0
		합계	5	3	0	0	7	0	0
프로통산			5	3	0	0	7	0	0

연제민(延 濟 民) 한남대 1993.05.28

대회	연도	소속	출전	교체	득점	도움	파울	경고	퇴장
K1	2013	수원	4	4	0	0	2	0	0
	2014	수원	0	0	0	0	0	0	0
	2014	부산	20	0	0	0	28	2	0
	2015	수원	22	7	0	0	23	1	0
	2016	수원	10	5	1	0	10	2	0
	2017	전남	7	2	0	0	7	1	0
	합계		63	18	1	0	70	6	0
K2	2018	부산	3	3	0	0	0	0	0
	2020	안산	13	2	0	0	20	4	0
	2021	안산	33	3	0	0	22	9	0
	합계		49	8	0	0	42	13	0
승	2016	성남	0	0	0	0	0	0	0
	합계		0	0	0	0	0	0	0
프로통산			112	26	1	0	112	19	0

연제운(延濟運) 선문대 1994.08.28

대회	연도	소속	출전	교체	득점	도움	파울	경고	퇴장
K1	2016	성남	16	5	1	0	16	4	0
	2019	성남	38	1	0	0	24	0	0
	2020	성남	25	0	0	0	9	3	1
	합계		79	6	1	0	49	7	1
K2	2017	성남	33	1	0	0	21	2	0
	2018	성남	29	1	2	1	18	2	0
	합계		62	2	2	1	39	4	0
승	2016	성남	0	0	0	0	0	0	0
	합계		0	0	0	0	0	0	0
프로통산			141	8	3	1	88	11	1

염강륜(← 염호덕) 연세대 1992.04.13

대회	연도	소속	출전	교체	득점	도움	파울	경고	퇴장
K2	2013	안양	1	1	0	0	0	0	0
	합계		1	1	0	0	0	0	0
프로통산			1	1	0	0	0	0	0

염기훈(廉基勳) 호남대 1983.03.30

대회	연도	소속	출전	교체	득점	도움	파울	경고	퇴장
BC	2006	전북	31	7	7	5	37	1	0
	2007	전북	18	3	5	3	23	1	0
	2007	울산	3	3	1	0	1	0	0
	2008	울산	19	11	0	1	11	0	0
	2009	울산	20	10	3	3	24	0	0
	2010	수원	19	4	1	4	24	0	0
	2011	수원	29	4	9	14	24	0	0
	합계		139	49	31	36	143	2	0
K1	2013	수원	9	1	1	1	8	0	0
	2014	수원	35	5	4	8	15	1	0
	2015	수원	35	4	8	17	26	1	0
	2016	수원	34	10	4	15	21	1	0
	2017	수원	38	18	6	11	19	1	0
	2018	수원	34	18	4	4	17	1	0
	2019	수원	26	14	6	3	10	0	0
	2020	수원	25	15	3	4	18	0	0
	2021	수원	27	27	1	0	0	0	0
	합계		263	112	39	63	143	7	0
K2	2013	경찰	21	1	7	11	14	1	0
	합계		21	1	7	11	14	1	0
프로통산			423	162	77	110	300	10	0

염동균(廉東均) 강릉상고 1983.09.06

대회	연도	소속	출전	교체	실점	도움	파울	경고	퇴장
BC	2002	전남	1	1	0	0	0	0	0
	2003	전남	0	0	0	0	0	0	0
	2005	광주상무	9	0	15	0	1	2	0
	2006	전남	25	0	18	0	0	1	0
	2007	전남	27	0	29	0	0	0	0
	2008	전남	26	1	41	0	0	4	0
	2009	전남	24	0	35	0	0	0	0
	2010	전남	24	1	44	0	0	2	0
	2011	전북	14	0	17	0	0	0	0
	합계		150	3	199	0	1	9	0
프로통산			150	3	199	0	1	9	0

염유신(廉裕申) 선문대 1992.08.10

대회	연도	소속	출전	교체	득점	도움	파울	경고	퇴장
K1	2014	성남	0	0	0	0	0	0	0
	합계		0	0	0	0	0	0	0
프로통산			0	0	0	0	0	0	0

예병원(芮炳瑗) 대륜고 1998.03.25

대회	연도	소속	출전	교체	득점	도움	파울	경고	퇴장
K1	2018	대구	0	0	0	0	0	0	0
	합계		0	0	0	0	0	0	0
프로통산			0	0	0	0	0	0	0

옐라(Josko Jelicić) 크로아티아 1971.01.05

대회	연도	소속	출전	교체	득점	도움	파울	경고	퇴장
BC	2002	포항	5	4	0	0	3	0	0
	합계		5	4	0	0	3	0	0
프로통산			5	4	0	0	3	0	0

오경석(吳敬錫) 동아대 1973.02.24

대회	연도	소속	출전	교체	득점	도움	파울	경고	퇴장
BC	1995	전남	22	15	4	0	15	2	0
	1996	전남	15	12	2	0	8	0	0
	1996	부천유공	2	1	0	0	2	0	0
	1997	부천SK	16	15	2	0	12	1	0
	합계		55	45	8	1	37	5	0
프로통산			55	45	8	1	37	5	0

오광진(吳光珍) 울산대 1987.06.04

대회	연도	소속	출전	교체	득점	도움	파울	경고	퇴장
K1	2017	대구	20	11	0	0	17	7	0
	2018	대구	4	2	0	0	8	2	0
	합계		24	13	0	0	25	9	0
K2	2013	수원FC	20	6	0	0	23	2	0
	2014	수원FC	6	1	0	0	5	0	0
	2015	수원FC	23	2	0	2	26	2	0
	2016	대구	7	6	0	0	4	0	0
	합계		51	21	0	2	56	4	0
승	2015	수원FC	0	0	0	0	0	0	0
프로통산			75	34	0	2	81	13	0

오광훈(吳侊勳) 단국대 1973.12.12

대회	연도	소속	출전	교체	득점	도움	파울	경고	퇴장
BC	1999	전북	31	23	3	0	20	0	0
	2000	전북	14	13	1	0	9	1	0
	2001	전북	4	4	0	0	5	1	0
	합계		49	40	4	0	34	2	0
프로통산			49	40	4	0	34	2	0

오군지미(Marvin Ogunjimi) 벨기에 1987.10.12

대회	연도	소속	출전	교체	득점	도움	파울	경고	퇴장
K1	2016	수원FC	10	8	3	0	8	3	0
	합계		10	8	3	0	8	3	0
프로통산			10	8	3	0	8	3	0

오규빈(吳圭彬) 가톨릭관동대 1992.09.04

대회	연도	소속	출전	교체	득점	도움	파울	경고	퇴장
K2	2015	서울E	0	0	0	0	0	0	0
	2016	충주	21	4	1	0	20	5	0
	합계		21	4	1	0	20	5	0
프로통산			21	4	1	0	20	5	0

오규찬(吳圭賛) 수원공고 1982.08.28

대회	연도	소속	출전	교체	득점	도움	파울	경고	퇴장
BC	2001	수원	3	3	0	1	0	0	0
	2003	수원	6	6	1	0	8	0	0
	합계		9	9	1	0	9	0	0
프로통산			9	9	1	0	9	0	0

오기재(吳起在) 영남대 1983.09.26

대회	연도	소속	출전	교체	득점	도움	파울	경고	퇴장
K2	2013	고양	32	9	3	2	47	9	0
	2014	고양	22	12	0	1	29	5	0
	2015	고양	37	8	4	2	47	6	0
	2016	고양	23	1	0	1	31	6	0
	합계		114	30	7	6	154	26	0
프로통산			114	30	7	6	154	19	0

오까야마(Okayama Kazunari, 岡山一成) 일본 1978.04.24

대회	연도	소속	출전	교체	득점	도움	파울	경고	퇴장
BC	2009	포항	9	5	1	0	11	2	0
	2010	포항	8	2	0	0	10	1	0
	합계		17	7	1	0	21	3	0
프로통산			17	7	1	0	21	3	0

오닐(Brandon Oneill) 오스트레일리아 1994.04.12

대회	연도	소속	출전	교체	득점	도움	파울	경고	퇴장
K1	2020	포항	13	6	0	0	24	3	0
	합계		13	6	0	0	24	3	0
프로통산			13	6	0	0	24	3	0

오도현(吳到炫) 금호고 1994.12.06

대회	연도	소속	출전	교체	득점	도움	파울	경고	퇴장
K1	2015	광주	23	22	0	0	17	1	0
	2016	광주	13	12	2	0	2	0	0
	2017	포항	5	2	0	0	2	1	0
	합계		41	36	2	0	21	1	1
K2	2013	광주	23	14	0	0	27	3	0
	2014	광주	20	15	0	0	26	3	0
	2017	성남	5	5	0	0	2	0	0
	합계		38	24	0	0	55	6	0
승	2014	광주	2	2	0	0	1	0	0
	합계		2	2	0	0	1	0	0
프로통산			81	62	2	0	77	7	1

오동천(吳東天) 영남상고 1966.01.20

대회	연도	소속	출전	교체	득점	도움	파울	경고	퇴장
BC	1989	일화	27	13	1	2	26	1	0
	1990	일화	25	10	0	1	27	1	0
	1991	일화	37	14	6	6	49	4	0
	1992	일화	33	19	3	2	37	6	0
	1993	일화	24	18	2	0	21	0	0
	1994	일화	24	18	2	2	21	1	0
	1995	전북	28	15	1	2	28	2	0
	1996	전북	29	21	3	1	12	0	0
	합계		227	128	20	17	235	16	1
프로통산			227	128	20	17	235	16	1

오르샤(Mislav Orsić) 크로아티아 1992.12.29

대회	연도	소속	출전	교체	득점	도움	파울	경고	퇴장
K1	2015	전남	33	17	9	7	29	4	0
	2016	전남	16	3	5	4	12	1	0
	2017	울산	38	16	10	3	21	1	0
	2018	울산	14	6	4	1	6	0	0
	합계		101	42	28	15	68	6	0
프로통산			101	42	28	15	68	6	0

오르슐리치(Marin Orsulić) 크로아티아 1987.08.25

대회	연도	소속	출전	교체	득점	도움	파울	경고	퇴장
K2	2017	성남	15	5	0	0	15	7	0
	2018	성남	2	2	0	0	3	0	0
	합계		17	6	0	0	18	7	0
프로통산			17	6	0	0	18	7	0

오르시니(Nicolas Orsini) 아르헨티나 1994.09.12

대회	연도	소속	출전	교체	득점	도움	파울	경고	퇴장
K2	2016	안양	7	3	1	0	11	1	0
	합계		7	3	1	0	11	1	0
프로통산			7	3	1	0	11	1	0

오르티고사(Jose Maria Ortigoza Ortiz) 파라과이 1987.04.01

대회	연도	소속	출전	교체	득점	도움	파울	경고	퇴장
BC	2010	울산	27	13	17	3	65	5	0
	합계		27	13	17	3	65	5	0
프로통산			27	13	17	3	65	5	0

오명관(吳明官) 한양대 1974.04.29

대회	연도	소속	출전	교체	득점	도움	파울	경고	퇴장
BC	1997	안양LG	24	9	0	0	42	5	0
	1998	안양LG	10	6	0	1	17	1	1

연도	소속	출전	교체	득점	도움	파울	경고	퇴장
1998	포항	3	2	0	1	8	1	0
1999	포항	14	5	0	0	18	2	0
2000	포항	18	8	0	0	13	2	1
2001	포항	24	3	0	0	42	3	0
2002	포항	1	2	0	0	0	0	0
2003	부천SK	11	2	0	0	20	2	0
2004	부천SK	1	1	0	0	1	0	0
합계		106	38	0	2	161	16	2
프로통산		106	38	0	2	161	16	2

오민엽 (吳民曄) 명지대 1990.06.23

대회	연도	소속	출전	교체	득점	도움	파울	경고	퇴장
K2	2013	충주	3	1	0	0	1	0	0
	합계		3	1	0	0	1	0	0
프로통산			3	1	0	0	1	0	0

오반석 (吳반석) 건국대 1988.05.20

대회	연도	소속	출전	교체	득점	도움	파울	경고	퇴장
BC	2012	제주	25	5	1	0	32	6	0
	합계		25	5	1	0	32	6	0
K1	2013	제주	30	3	1	0	48	8	0
	2014	제주	36	4	0	1	40	4	0
	2015	제주	34	2	1	0	32	4	1
	2016	제주	33	2	2	0	30	3	0
	2017	제주	33	2	2	0	30	3	0
	2018	제주	7	1	0	0	15	2	0
	2020	인천	14	2	0	0	11	3	0
	2021	인천	30	6	0	0	16	4	0
	합계		217	22	6	1	198	28	1
프로통산			242	27	7	1	230	34	1

오범석 (吳範錫) 포철공고 1984.07.29

대회	연도	소속	출전	교체	득점	도움	파울	경고	퇴장
BC	2003	포항	1	1	0	0	1	0	0
	2004	포항	25	7	1	0	49	3	0
	2005	포항	33	2	2	0	78	7	0
	2006	포항	33	7	2	1	128	10	0
	2007	포항	16	8	0	0	42	6	0
	2009	울산	14	1	0	0	37	2	0
	2010	울산	21	3	4	2	33	5	0
	2011	수원	29	3	1	1	66	6	0
	2012	수원	39	1	0	1	101	11	0
	합계		211	33	9	6	535	50	0
K1	2014	수원	11	0	0	0	12	0	0
	2015	수원	29	1	1	1	53	9	0
	2017	강원	28	4	1	1	53	7	0
	2018	강원	32	6	1	1	54	7	0
	2019	강원	20	10	0	0	25	3	0
	2020	포항	6	0	0	0	13	2	0
	2021	포항	18	17	0	0	16	4	0
	합계		147	48	3	3	232	33	0
K2	2013	경찰	23	3	2	2	69	10	0
	2014	안산경찰	16	1	1	2	40	6	0
	합계		39	4	3	4	105	19	0
프로통산			397	85	15	11	872	102	0

오베라 (Jobson Leandro Pereira de Oliveira) 브라질 1988.02.15

대회	연도	소속	출전	교체	득점	도움	파울	경고	퇴장
BC	2009	제주	23	9	7	4	46	3	0
	합계		23	9	7	4	46	3	0
프로통산			23	9	7	4	46	3	0

오병민 (吳秉旻) 선문대 1988.06.28

대회	연도	소속	출전	교체	득점	도움	파울	경고	퇴장
BC	2012	경남	0	0	0	0	0	0	0
	합계		0	0	0	0	0	0	0
프로통산			0	0	0	0	0	0	0

오봉진 (吳鳳鎭) 유성생명과학고 1989.06.30

대회	연도	소속	출전	교체	득점	도움	파울	경고	퇴장
BC	2008	제주	0	0	0	0	0	0	0
	2009	제주	4	2	1	0	15	1	0
	2011	상주	2	1	0	0	3	0	0
	2012	상주	0	0	0	0	0	0	0
	합계		6	3	1	0	18	1	0
K1	2013	대전	1	1	0	0	0	0	0
	합계		1	1	0	0	0	0	0
프로통산			7	4	1	0	18	1	0

오봉철 (吳奉哲) 건국대 1966.12.17

대회	연도	소속	출전	교체	득점	도움	파울	경고	퇴장
BC	1989	현대	25	8	0	2	27	2	0
	1991	현대	3	2	0	0	3	0	0
	합계		28	10	0	2	30	2	0
프로통산			28	10	0	2	30	2	0

오비나 (Obinna John Nkedoi) 나이지리아 1980.06.03

대회	연도	소속	출전	교체	득점	도움	파울	경고	퇴장
BC	2002	대전	2	2	0	0	2	0	0
	합계		2	2	0	0	2	0	0
프로통산			2	2	0	0	2	0	0

오사구오나 (Ighodaro Christian Osaguona) 나이지리아 1990.10.10

대회	연도	소속	출전	교체	득점	도움	파울	경고	퇴장
K1	2019	제주	11	8	1	0	18	3	0
	합계		11	8	1	0	18	3	0
프로통산			11	8	1	0	18	3	0

오상헌 (吳尙憲) 문성대 1994.08.31

대회	연도	소속	출전	교체	득점	도움	파울	경고	퇴장
K2	2016	경남	0	0	0	0	0	0	0
	합계		0	0	0	0	0	0	0
프로통산			0	0	0	0	0	0	0

오석재 (吳錫載) 건국대 1958.10.13

대회	연도	소속	출전	교체	득점	도움	파울	경고	퇴장
BC	1983	할렐루야	16	2	6	2	19	0	0
	1984	할렐루야	22	5	9	3	24	0	0
	1985	할렐루야	17	4	3	1	35	3	0
	합계		55	11	18	6	78	3	0
프로통산			55	11	18	6	78	3	0

오세종 (吳世宗) 경기대 1976.03.09

대회	연도	소속	출전	교체	득점	도움	파울	경고	퇴장
BC	1999	대전	1	1	0	0	1	0	0
	합계		1	1	0	0	1	0	0
프로통산			1	1	0	0	1	0	0

오세훈 (吳世勳) 현대고 1999.01.15

대회	연도	소속	출전	교체	득점	도움	파울	경고	퇴장
K1	2018	울산	3	3	0	0	4	0	0
	2020	울산	13	4	4	2	21	2	0
	2021	울산	19	11	7	1	22	0	0
	합계		35	18	11	3	47	2	0
K2	2019	아산	30	11	7	3	56	1	0
	2021	김천	4	1	0	0	6	0	0
	합계		34	12	7	3	62	1	0
프로통산			69	30	18	6	109	5	0

오셀리 (Adnan Ocelli) 알바니아 1966.03.06

대회	연도	소속	출전	교체	득점	도움	파울	경고	퇴장
BC	1996	수원	0	0	0	0	0	0	0
	합계		0	0	0	0	0	0	0
프로통산			0	0	0	0	0	0	0

오스마르 (Osmar Ibáñez Barba) 스페인 1988.06.05

대회	연도	소속	출전	교체	득점	도움	파울	경고	퇴장
K1	2014	서울	34	3	2	1	33	5	0
	2015	서울	38	0	3	1	42	2	0
	2016	서울	37	1	4	3	31	6	0
	2017	서울	35	1	0	1	39	3	0
	2019	서울	31	1	4	0	39	3	0
	2020	서울	15	3	1	0	11	2	0
	2021	서울	33	2	5	6	26	5	0
	합계		223	11	19	12	221	26	0
프로통산			223	11	19	12	221	26	0

오스만 (Osman de Menezes Venancio Junior) 브라질 1992.10.29

대회	연도	소속	출전	교체	득점	도움	파울	경고	퇴장
K1	2019	경남	7	3	1	0	8	1	0
	합계		7	3	1	0	8	1	0
프로통산			7	3	1	0	8	1	0

오승민 (吳承珉) 배재대 1995.03.10

대회	연도	소속	출전	교체	득점	도움	파울	경고	퇴장
K2	2018	성남	0	0	0	0	0	0	0
	합계		0	0	0	0	0	0	0
프로통산			0	0	0	0	0	0	0

오승범 (吳承範) 오현고 1981.02.26

대회	연도	소속	출전	교체	득점	도움	파울	경고	퇴장
BC	1999	천안일화	11						
	2003	광주상무	40	4	2	1	73	3	0
	2004	성남일화	14	7	0	0	26	1	0
	2005	포항	29	19	2	0	28	1	0
	2006	포항	34	20	2	0	40	2	0
	2007	포항	35	20	1	0	31	2	0
	2008	제주	24	15	0	0	38	2	0
	2009	제주	29	6	1	2	51	2	0
	2010	제주	32	18	1	4	45	6	0
	2011	제주	29	4	1	4	55	5	0
	2012	제주	37	22	0	3	32	2	0
	합계		303	132	10	13	419	28	0
K1	2013	제주	31	12	0	1	24	2	0
	2014	제주	15	6	0	0	12	1	0
	2017	강원	22	21	0	1	16	1	0
	합계		68	39	0	2	52	3	0
K2	2015	충주	37	4	3	4	44	6	0
	2016	강원	36	4	1	1	37	3	0
	합계		73	10	4	5	81	9	0
승	2016	강원	2	0	0	0			
	합계								
프로통산			446	181	14	20	556	41	0

오승인 (吳承仁) 광운대 1965.12.20

대회	연도	소속	출전	교체	득점	도움	파울	경고	퇴장
BC	1988	포항제철	1	1	0	0	0	0	0
	1991	유공	6	6	0	0	2	0	0
	1992	유공	27	18	2	0	14	1	0
	1993	유공	14	5	0	0	10	0	0
	1994	유공	15	3	0	0	13	0	0
	합계		61	31	2	0	46	3	0
프로통산			61	31	2	0	46	3	0

오승혁 (吳昇爀) 중앙대 1961.02.08

대회	연도	소속	출전	교체	실점	도움	파울	경고	퇴장
BC	1985	상무	4	1	6	0	1	0	0
	합계		4	1	6	0	1	0	0
프로통산			4	1	6	0	1	0	0

오승훈 (吳承訓) 호남대 1988.06.30

대회	연도	소속	출전	교체	실점	도움	파울	경고	퇴장
K1	2015	대전	16	0	31	0	2	1	0
	2016	상주	18	0	30	0	1	2	0
	2017	상주	21	0	32	0	0	2	1
	2018	울산	20	0	17	0	0	2	0
	2019	울산	17	0	20	0	3	0	0
	2019	제주	11	0	21	0	0	0	0
	합계		103	0	151	0	6	7	1
K2	2020	제주	25	0	24	0	0	0	0
	합계		25	0	24	0	0	0	0
프로통산			128	0	171	0	6	9	1

오연교 (吳連敎) 한양대 1960.05.25

대회	연도	소속	출전	교체	실점	도움	파울	경고	퇴장
BC	1983	유공	9	0	10	0	0	0	0
	1984	유공	28	0	22	0	0	0	0
	1985	유공	16	0					

대회 연도	소속	출전	교체	득점	도움	파울	경고	퇴장
1986	유공	3	0	3	0	0	0	0
1987	유공	3	1	8	0	0	0	0
1988	현대	17	0	12	0	0	0	0
1989	현대	13	1	13	0	1	1	0
1990	현대	19	0	24	1	1	0	0
합계		97	2	97	1	3	1	0
프로통산		97	2	97	1	3	1	0

오영섭(吳榮燮) 전남대 1962.05.12

대회 연도	소속	출전	교체	득점	도움	파울	경고	퇴장
BC 1984	국민은행	17	7	1	6	15	0	0
합계		17	7	1	6	15	0	0
프로통산		17	7	1	6	15	0	0

오영준(吳泳俊) 광양제철고 1993.01.16

대회 연도	소속	출전	교체	득점	도움	파울	경고	퇴장
K1 2015	전남	4	3	0	0	0	0	0
2016	전남	1	1	0	0	0	0	0
합계		5	4	0	0	0	0	0
프로통산		5	4	0	0	0	0	0

오원종(吳源鐘) 연세대 1983.06.17

대회 연도	소속	출전	교체	득점	도움	파울	경고	퇴장
BC 2006	경남	8	6	0	0	9	1	0
2009	강원	19	19	4	1	7	0	0
2010	강원	9	8	0	1	4	1	0
2011	상주	5	4	0	0	1	0	0
합계		41	37	4	2	21	2	0
프로통산		41	37	4	2	21	2	0

오유진(吳侑珍) 국민대 1970.07.30

대회 연도	소속	출전	교체	득점	도움	파울	경고	퇴장
BC 1994	버팔로	4	4	0	0	4	0	0
합계		4	4	0	0	4	0	0
프로통산		4	4	0	0	4	0	0

오윤기(吳潤棋) 전주대학원 1971.04.13

대회 연도	소속	출전	교체	득점	도움	파울	경고	퇴장
BC 1998	수원	1	1	0	0	1	0	0
1999	수원	1	1	0	0	1	0	0
합계		2	2	0	0	2	0	0
프로통산		2	2	0	0	2	0	0

오윤석(吳允錫) 아주대 1990.12.03

대회 연도	소속	출전	교체	득점	도움	파울	경고	퇴장
K2 2017	안산	11	4	0	1	10	1	0
합계		11	4	0	1	10	1	0
프로통산		11	4	0	1	10	1	0

오인환(吳仁煥) 홍익대 1976.11.30

대회 연도	소속	출전	교체	득점	도움	파울	경고	퇴장
BC 1999	포항	3	2	0	0	4	0	0
합계		3	2	0	0	4	0	0
프로통산		3	2	0	0	4	0	0

오장은(吳將殷) 조천중 1985.07.24

대회 연도	소속	출전	교체	득점	도움	파울	경고	퇴장
BC 2005	대구	23	13	2	3	40	1	0
2006	대구	32	9	6	2	51	3	0
2007	울산	24	9	0	1	45	5	0
2008	울산	33	3	2	1	66	5	0
2009	울산	28	4	0	4	57	5	0
2010	울산	30	5	4	2	48	2	0
2011	수원	26	5	1	0	40	5	0
2012	수원	25	5	1	1	40	5	0
합계		229	51	22	17	421	30	0
K1 2013	수원	34	4	1	4	60	6	0
2014	수원	12	2	0	0	16	2	0
2016	수원	7	6	0	0	4	0	0
합계		53	13	2	4	87	9	0
K2 2017	성남	2	1	0	0	3	0	0
2018	대전	7	3	0	0	11	3	0
합계		9	5	0	0	14	3	0
프로통산		291	69	24	21	519	42	0

오재석(吳宰碩) 경희대 1990.01.04

대회 연도	소속	출전	교체	득점	도움	파울	경고	퇴장
BC 2010	수원	7	5	0	0	10	1	0
2011	강원	24	1	0	1	41	5	0
2012	강원	31	4	2	3	43	3	0
합계		62	10	3	4	94	9	0
K1 2021	인천	26	6	0	2	28	0	0
합계		26	6	0	2	28	0	0
프로통산		88	17	3	6	122	9	0

오재혁(吳幸赫) 건동대 1989.02.20

대회 연도	소속	출전	교체	득점	도움	파울	경고	퇴장
K2 2013	부천	8	3	0	0	13	1	0
합계		8	3	0	0	13	1	0
프로통산		8	3	0	0	13	1	0

오재혁(吳宰奕) 포항제철고 2002.06.21

대회 연도	소속	출전	교체	득점	도움	파울	경고	퇴장
K2 2021	부천	17	10	1	1	21	3	0
합계		17	10	1	1	21	3	0
프로통산		17	10	1	1	21	3	0

오정석(吳政錫) 아주대 1978.09.05

대회 연도	소속	출전	교체	득점	도움	파울	경고	퇴장
BC 2001	부산	6	6	1	0	4	1	0
2002	부산	5	5	0	0	4	1	0
2003	부산	1	1	0	0	2	0	0
2004	광주상무	1	1	0	0	1	0	0
2005	광주상무	3	3	0	0	1	1	0
합계		16	16	1	0	12	3	0
프로통산		16	16	1	0	12	3	0

오종철(吳宗哲) 한양대 1988.08.21

대회 연도	소속	출전	교체	득점	도움	파울	경고	퇴장
BC 2012	전북	0	0	0	0	0	0	0
합계		0	0	0	0	0	0	0
K2 2013	충주	3	1	0	0	2	0	0
합계		3	1	0	0	2	0	0
프로통산		3	1	0	0	2	0	0

오주포(吳柱捕) 건국대 1973.06.21

대회 연도	소속	출전	교체	득점	도움	파울	경고	퇴장
BC 1995	일화	6	5	0	0	11	3	0
1996	천안일화	3	2	0	0	3	0	0
1998	전남	5	5	0	0	19	4	0
1999	전남	6	3	0	0	9	2	0
2000	전남	9	4	0	0	10	0	0
2003	대구	16	12	1	1	25	3	0
2004	대구	2	2	0	0	2	0	0
2006	대구	2	2	0	0	3	0	0
합계		49	35	1	1	82	12	0
프로통산		49	35	1	1	82	12	0

오주현(吳周炫) 고려대 1987.04.02

대회 연도	소속	출전	교체	득점	도움	파울	경고	퇴장
BC 2010	대구	19	6	0	2	32	5	1
2011	대구	4	0	0	0	2	2	0
합계		23	6	0	2	36	7	1
K1 2013	제주	18	3	0	0	32	4	0
합계		18	3	0	0	32	4	0
프로통산		41	9	0	2	68	11	1

오주호(吳周昊) 동아대 1992.04.02

대회 연도	소속	출전	교체	득점	도움	파울	경고	퇴장
K2 2015	고양	7	2	0	0	11	0	0
합계		7	2	0	0	11	0	0
프로통산		7	2	0	0	11	0	0

오찬식(吳贊植) 광운대 1997.01.24

대회 연도	소속	출전	교체	실점	도움	파울	경고	퇴장
K2 2020	전남	3	0	3	0	0	0	0
2021	전남	0	0	0	0	0	0	0
합계		3	0	3	0	0	0	0
프로통산		3	0	3	0	0	0	0

오창식(吳昶食) 건국대 1984.03.27

대회 연도	소속	출전	교체	득점	도움	파울	경고	퇴장
BC 2007	울산	1	0	0	0	3	0	0
2008	울산	14	0	0	0	20	3	0
2009	울산	4	0	0	0	6	0	0
2010	광주상무	2	0	0	0	5	0	0
2011	상주	3	1	0	0	2	1	0
합계		24	1	0	0	31	4	0
프로통산		24	1	0	0	31	4	0

오창현(吳昌炫) 단국대 1993.03.02

대회 연도	소속	출전	교체	득점	도움	파울	경고	퇴장
K1 2016	포항	15	15	2	2	5	1	0
2017	포항	5	5	0	0	0	1	0
합계		20	20	2	2	5	2	0
프로통산		20	20	2	2	5	2	0

오창현(吳昌炫) 광운대 1989.05.04

대회 연도	소속	출전	교체	득점	도움	파울	경고	퇴장
K2 2015	서울E	3	3	0	0	2	0	0
2016	대전	27	5	0	3	31	4	0
합계		30	8	0	3	33	4	0
프로통산		30	8	0	3	33	4	0

오철석(吳哲碩) 연세대 1982.03.23

대회 연도	소속	출전	교체	득점	도움	파울	경고	퇴장
BC 2005	부산	6	6	0	0	10	0	0
2006	부산	20	17	1	3	31	2	0
2009	부산	14	14	0	0	21	1	0
합계		40	37	1	3	62	3	0
프로통산		40	37	1	3	62	3	0

오태동(吳太東) 전주대 1972.07.14

대회 연도	소속	출전	교체	득점	도움	파울	경고	퇴장
BC 1995	전남	0	0	0	0	0	0	0
합계		0	0	0	0	0	0	0
프로통산		0	0	0	0	0	0	0

오필환(吳必煥) 청주상고 1958.11.12

대회 연도	소속	출전	교체	득점	도움	파울	경고	퇴장
BC 1983	할렐루야	12	9	2	1	5	0	0
1984	할렐루야	13	11	1	0	6	0	0
1985	할렐루야	9	5	2	0	7	0	0
합계		34	25	5	1	18	0	0
프로통산		34	25	5	1	18	0	0

오혁진(吳赫鎭) 조선대 1994.01.21

대회 연도	소속	출전	교체	득점	도움	파울	경고	퇴장
K2 2016	대전	0	0	0	0	0	0	0
합계		0	0	0	0	0	0	0
프로통산		0	0	0	0	0	0	0

오현규(吳賢揆) 매탄고 2001.04.12

대회 연도	소속	출전	교체	득점	도움	파울	경고	퇴장
K1 2019	수원	11	11	0	0	6	0	0
2020	상주	5	5	2	0	6	2	0
2021	수원	2	2	0	0	0	0	0
합계		18	18	2	0	12	2	0
K2 2021	김천	33	27	5	3	20	4	0
합계		33	27	5	3	20	4	0
프로통산		51	45	7	3	32	6	0

오현민(吳玹玟) 건국대 1996.04.23

대회 연도	소속	출전	교체	득점	도움	파울	경고	퇴장
K2 2021	안산	0	0	0	0	0	0	0
합계		0	0	0	0	0	0	0
프로통산		0	0	0	0	0	0	0

오후성(吳厚性) 현풍고 1999.08.25

대회 연도	소속	출전	교체	득점	도움	파울	경고	퇴장
K1 2018	대구	1	1	0	0	0	0	0
2019	대구	6	6	0	0	6	0	0
2020	대구	8	8	0	0	0	0	0
2021	대구	22	22	1	1	9	0	0
합계		37	37	1	2	11	0	0
프로통산		37	37	1	2	11	0	0

온병훈(溫炳勳) 숭실대 1985.08.07

대회	연도	소속	출전	교체	득점	도움	파울	경고	퇴장
BC	2006	포항	1	1	0	0	0	0	0
	2007	포항	1	1	0	0	4	1	0
	2008	전북	9	9	2	0	11	1	0
	2009	전북	3	3	0	0	1	0	0
	2010	대구	28	18	4	2	30	5	0
	2011	대구	13	8	0	1	17	1	0
	합계		55	40	6	3	63	8	0
K1	2013	대구	2	2	0	0	1	0	0
	합계		2	2	0	0	1	0	0
프로통산			57	42	6	3	66	9	0

올레그(Oleg Elyshev) 러시아 1971.05.30

대회	연도	소속	출전	교체	득점	도움	파울	경고	퇴장
BC	1997	안양LG	18	2	2	6	31	5	1
	1998	안양LG	34	9	7	4	53	5	0
	1999	안양LG	31	14	5	5	43	5	0
	합계		83	25	14	15	127	15	1
프로통산			83	25	14	15	127	15	1

올렉(Oleg Zoteev) 우즈베키스탄 1989.07.05

대회	연도	소속	출전	교체	득점	도움	파울	경고	퇴장
K2	2020	전남	8	4	0	1	9	3	0
	2021	전남	25	8	1	1	23	3	0
	합계		33	12	1	2	30	6	0
프로통산			33	12	1	2	30	6	0

올리(Aurelian Cosmi Olaroiu) 루마니아 1969.06.10

대회	연도	소속	출전	교체	득점	도움	파울	경고	퇴장
BC	1997	수원	32	4	5	0	61	9	0
	1998	수원	25	11	0	1	55	6	1
	1999	수원	30	8	0	2	76	11	1
	2000	수원	11	3	0	1	15	3	0
	합계		98	18	7	2	207	29	2
프로통산			98	18	7	2	207	29	2

올리베(Alcir de Oliveira Fonseca) 브라질 1977.11.14

대회	연도	소속	출전	교체	득점	도움	파울	경고	퇴장
BC	2002	성남일화	18	18	0	2	38	5	0
	합계		18	18	0	2	38	5	0
프로통산			18	18	0	2	38	5	0

올리베라(Juan Manuel Olivera Lopez) 우루과이 1981.08.14

대회	연도	소속	출전	교체	득점	도움	파울	경고	퇴장
BC	2006	수원	15	12	5	0	25	1	0
	합계		15	12	5	0	25	1	0
프로통산			15	12	5	0	25	1	0

옹동균(邕東均) 건국대 1991.11.23

대회	연도	소속	출전	교체	득점	도움	파울	경고	퇴장
K1	2015	전북	1	1	0	0	1	0	0
	합계		1	1	0	0	1	0	0
K2	2016	충주	2	2	0	0	2	0	0
	합계		2	2	0	0	2	0	0
프로통산			3	3	0	0	2	0	0

와타루(Wataru Murofushi, 室伏航) 일본 1995.06.13

대회	연도	소속	출전	교체	득점	도움	파울	경고	퇴장
K2	2021	부천	3	3	0	0	0	0	0
	합계		3	3	0	0	0	0	0
프로통산			3	3	0	0	0	0	0

완델손(Wanderson Carvalho Oliveira / ← 완델손C) 브라질 1989.03.31

대회	연도	소속	출전	교체	득점	도움	파울	경고	퇴장
K1	2015	대전	15	2	6	1	25	2	0
	2016	제주	14	10	4	3	18	3	0
	2017	포항	19	9	1	4	11	2	0
	2018	전남	34	5	7	5	38	3	1
	2019	포항	38	7	15	9	49	2	0
	합계		119	33	30	22	141	11	1
K2	2016	대전	18	5	5	2	24	3	0
	합계		18	5	5	2	24	3	0
프로통산			137	40	35	24	165	12	1

완호우량(Wan Houliang, 万厚良) 중국 1986.02.25

대회	연도	소속	출전	교체	득점	도움	파울	경고	퇴장
BC	2009	전북	4	1	0	0	18	3	0
	합계		4	1	0	0	18	3	0
프로통산			4	1	0	0	18	3	0

왕건명(王件眀) 단국대 1993.07.04

대회	연도	소속	출전	교체	득점	도움	파울	경고	퇴장
K2	2018	광주	3	1	0	0	1	1	0
	합계		3	1	0	0	1	1	0
프로통산			3	1	0	0	1	1	0

왕선재(王 善 財) 연세대 1959.03.16

대회	연도	소속	출전	교체	득점	도움	파울	경고	퇴장
BC	1984	한일은행	27	6	7	8	20	0	0
	1985	럭키금성	14	6	1	5	9	0	0
	1986	럭키금성	7	6	0	1	4	0	0
	1987	포항제철	7	7	0	2	5	0	0
	1988	현대	1	1	0	0	2	0	0
	1989	현대	18	16	0	0	17	2	1
	합계		74	42	8	16	57	2	1
프로통산			74	42	8	16	57	2	1

왕정현(王 淨 鉉) 배재대 1976.08.30

대회	연도	소속	출전	교체	득점	도움	파울	경고	퇴장
BC	1999	안양LG	13	13	0	2	13	0	0
	2000	안양LG	25	21	9	2	32	2	0
	2001	안양LG	18	16	0	0	22	1	0
	2002	안양LG	25	8	1	4	39	3	0
	2003	안양LG	24	8	1	0	31	0	0
	2004	서울	4	4	0	0	1	0	0
	2005	전북	34	18	4	1	24	4	0
	2006	전북	23	16	1	1	24	3	0
	합계		166	104	16	10	186	13	0
프로통산			166	104	16	10	186	13	0

외슬(Weslley Braz de Almeida) 브라질 1981.05.07

대회	연도	소속	출전	교체	득점	도움	파울	경고	퇴장
BC	2011	대전	2	2	0	0	1	0	0
	합계		2	2	0	0	1	0	0
프로통산			2	2	0	0	1	0	0

요니치(Matej Jonjić) 크로아티아 1991.01.29

대회	연도	소속	출전	교체	득점	도움	파울	경고	퇴장
K1	2015	인천	37	0	0	0	23	4	0
	2016	인천	34	0	0	0	24	6	0
	합계		71	0	0	0	47	10	0
프로통산			71	0	0	0	47	10	0

요바노비치(Igor Jovanović) 독일 1989.05.03

대회	연도	소속	출전	교체	득점	도움	파울	경고	퇴장
K1	2020	성남							
	합계								
프로통산									

요반치치(Vladimir Jovancić) 세르비아 1987.05.31

대회	연도	소속	출전	교체	득점	도움	파울	경고	퇴장
BC	2012	성남일화	16	11	3	0	26	5	0
	합계		16	11	3	0	26	5	0
프로통산			16	11	3	0	26	5	0

요한(Jovan Sarcević) 유고슬라비아 1966.01.07

대회	연도	소속	출전	교체	득점	도움	파울	경고	퇴장
BC	1994	LG	11	2	0	0	22	3	1
	1995	LG	24	4	1	1	43	2	0
	합계		35	6	1	1	65	5	1
프로통산			35	6	1	1	65	5	1

용재현(龍 齎 弦 / ← 용현진) 건국대 1988.07.19

대회	연도	소속	출전	교체	득점	도움	파울	경고	퇴장
BC	2010	성남일화	7	1	0	1	20	4	0
	2011	성남일화	16	7	0	0	23	4	0
	2012	상주	12	2	0	0	29	4	0
	합계		35	10	0	1	72	12	0
K1	2014	인천	24	3	0	0	33	6	0
	2015	인천	5	1	0	0	3	3	0
	합계		29	4	0	0	36	9	0
K2	2013	상주	1	1	0	0	4	0	0
	2016	부산	30	1	0	1	38	10	0
	2017	안양	18	0	0	0	28	9	1
	합계		49	1	1	1	66	19	1
프로통산			113	15	1	2	174	40	1

우르모브(Zoran Urumov) 유고슬라비아 1977.08.30

대회	연도	소속	출전	교체	득점	도움	파울	경고	퇴장
BC	1999	부산	12	8	1	0	20	4	0
	2000	부산	21	13	3	2	31	7	0
	2001	부산	33	12	3	11	44	11	0
	2002	부산	25	9	3	3	24	4	1
	2003	부산	14	7	1	7	22	1	0
	2003	수원	7	6	0	0	6	1	0
	2004	수원	21	20	1	3	15	2	0
	합계		134	77	19	20	150	30	2
프로통산			134	77	19	20	150	30	2

우르코 베라(Urko Vera Mateos) 스페인 1987.05.14

대회	연도	소속	출전	교체	득점	도움	파울	경고	퇴장
K1	2015	전북	6	6	0	0	7	0	0
	합계		6	6	0	0	7	0	0
프로통산			6	6	0	0	7	0	0

우상호(禹相皓) 일본 메이카이대 1992.12.07

대회	연도	소속	출전	교체	득점	도움	파울	경고	퇴장
K1	2017	대구	17	12	0	0	30	3	0
	합계		17	12	0	0	30	3	0
K2	2016	대구	17	5	1	0	30	4	0
	합계		17	5	1	0	30	4	0
프로통산			34	17	1	0	60	7	0

우성문(禹成汶) 경희대 1975.10.19

대회	연도	소속	출전	교체	득점	도움	파울	경고	퇴장
BC	1998	부산	28	19	1	1	50	2	1
	2000	성남일화	38	9	2	5	62	4	0
	2005	부산	33	1	1	0	38	3	0
	합계		99	40	4	6	150	9	1
프로통산			99	40	4	6	150	9	1

우성용(禹成用) 아주대 1973.08.18

대회	연도	소속	출전	교체	득점	도움	파울	경고	퇴장
BC	1996	부산	31	21	4	2	34	2	0
	1997	부산	30	13	2	1	37	3	0
	1998	부산	25	20	4	3	41	2	0
	1999	부산	38	24	9	2	52	4	0
	2000	부산	34	10	6	3	51	3	0
	2001	부산	33	8	4	3	42	2	0
	2002	부산	26	4	13	3	31	3	0
	2003	포항	40	3	15	8	44	5	0
	2004	포항	27	2	10	0	50	4	0
	2005	성남일화	30	21	3	2	60	0	0
	2006	성남일화	41	17	19	5	72	3	0
	2007	울산	35	15	8	5	55	5	0
	2008	울산	31	26	5	3	54	5	0
	2009	인천	18	16	1	0	25	2	0
	합계		439	200	116	43	643	41	0
프로통산			439	200	116	43	643	41	0

우승제(禹承濟) 배재대 1982.10.23

대회	연도	소속	출전	교체	득점	도움	파울	경고	퇴장
BC	2005	대전	6	3	0	0	6	1	0
	2006	대전	12	12	0	0	14	1	0

대회	연도	소속	출전	교체	득점	도움	파울	경고	퇴장
	2007	대전	20	17	1	2	26	3	0
	2008	대전	25	6	0	0	32	5	0
	2009	대전	28	10	1	1	30	2	0
	2010	대전	24	0	1	1	33	4	1
	2011	수원	15	11	0	0	6	0	0
	합계		130	59	3	4	147	15	1
프로통산			130	59	3	4	147	15	1

우예찬(禹藝燦) 충북대 1996.03.30

대회	연도	소속	출전	교체	득점	도움	파울	경고	퇴장
K2	2019	수원FC	2	2	0	0	1	0	0
	합계		2	2	0	0	1	0	0
프로통산			2	2	0	0	1	0	0

우제원(禹濟元) 성보고 1972.08.09

대회	연도	소속	출전	교체	득점	도움	파울	경고	퇴장
BC	1998	안양LG	1	1	0	0	4	0	0
	1999	안양LG	4	4	0	0	4	0	0
	합계		5	5	0	0	4	0	0
프로통산			5	5	0	0	4	0	0

우주성(禹周成) 중앙대 1993.06.08

대회	연도	소속	출전	교체	득점	도움	파울	경고	퇴장
K1	2014	경남	9	0	0	0	6	1	0
	2018	경남	28	1	0	1	14	2	0
	2019	경남	26	3	1	1	18	4	1
	2020	상주	8	6	0	0	3	1	0
	합계		71	10	1	2	41	8	1
K2	2015	경남	33	0	2	1	26	5	0
	2016	경남	33	3	0	2	26	4	0
	2017	경남	31	1	3	3	37	6	0
	2020	경남	1	0	0	0	1	0	0
	2021	김천	24	3	1	3	15	1	0
	합계		122	7	6	9	105	16	0
프로통산			193	17	7	11	146	24	1

우찬양(禹贊梁) 포항제철고 1997.04.27

대회	연도	소속	출전	교체	득점	도움	파울	경고	퇴장
K1	2016	포항	2	1	0	0	2	0	0
	2017	포항	4	2	0	0	5	1	0
	2018	포항	10	2	0	0	10	1	0
	2019	포항	0	0	0	0	0	0	0
	합계		16	5	0	0	17	2	0
K2	2019	수원FC	7	0	0	0	7	0	0
	합계		7	0	0	0	7	0	0
프로통산			23	5	0	0	24	2	0

우치체(Nebojša Vučićević) 유고슬라비아 1962.07.30

대회	연도	소속	출전	교체	득점	도움	파울	경고	퇴장
BC	1991	대우	6	6	0	0	3	2	0
	1992	대우	26	22	1	0	35	4	0
	1993	대우	13	11	0	1	15	3	0
	합계		45	39	1	1	53	9	0
프로통산			45	39	1	1	53	9	0

우현(禹賢) 태성고 1987.01.05

대회	연도	소속	출전	교체	득점	도움	파울	경고	퇴장
K2	2016	대전	11	9	1	0	12	2	0
	합계		11	9	1	0	12	2	0
프로통산			11	9	1	0	12	2	0

우혜성(禹惠成) 홍익대 1992.01.21

대회	연도	소속	출전	교체	득점	도움	파울	경고	퇴장
K2	2016	고양	19	1	0	0	28	7	U
	합계		19	1	0	0	28	7	0
프로통산			19	1	0	0	28	7	0

우홍균(郵弘均) 전주대 1969.07.21

대회	연도	소속	출전	교체	득점	도움	파울	경고	퇴장
BC	1997	포항	1	1	0	0	1	0	0
	합계		1	1	0	0	1	0	0
프로통산			1	1	0	0	1	0	0

원기종(元基鍾) 건국대 1996.01.06

대회	연도	소속	출전	교체	득점	도움	파울	경고	퇴장
K2	2018	서울E	6	5	0	0	3	2	0
	2019	서울E	26	20	4	3	16	1	0
	2020	서울E	20	19	4	2	7	2	0
	2021	대전	24	19	4	2	8	0	0
	합계		76	63	12	7	34	5	0
승	2021	대전	2	1	0	0	3	0	0
	합계		2	1	0	0	3	0	0
프로통산			78	64	12	7	37	5	0

원두재(元斗載) 한양대 1997.11.18

대회	연도	소속	출전	교체	득점	도움	파울	경고	퇴장
K1	2020	울산	23	6	0	1	32	3	0
	2021	울산	30	5	1	1	32	3	1
	합계		53	11	1	2	64	6	1
프로통산			53	11	1	2	64	6	1

원종덕(元鍾悳) 홍익대 1977.08.16

대회	연도	소속	출전	교체	실점	도움	파울	경고	퇴장
BC	2001	안양LG	0	0	0	0	0	0	0
	2004	서울	17	0	16	0	0	0	0
	2005	서울	12	0	19	0	0	0	0
	2007	서울	0	0	0	0	0	0	0
	합계		29	0	35	0	0	0	0
프로통산			29	0	35	0	0	0	0

월신요(Wilson Costa de Mendonça) 브라질 1956.10.03

대회	연도	소속	출전	교체	득점	도움	파울	경고	퇴장
BC	1984	포항제철	7	5	1	1	7	1	0
	합계		7	5	1	1	7	1	0
프로통산			7	5	1	1	7	1	0

웨슬리(Weslley Smith Alves Feitosa) 브라질 1992.04.21

대회	연도	소속	출전	교체	득점	도움	파울	경고	퇴장
BC	2011	전남	25	12	4	1	72	6	0
	2012	강원	36	13	9	4	101	9	0
	합계		61	25	13	5	173	15	0
K1	2013	전남	23	8	3	1	58	10	0
	2015	부산	30	11	8	1	58	7	0
	2017	인천	27	7	1	2	67	9	0
	합계		80	45	11	5	183	26	0
승	2015	부산	2	1	0	0	4	1	0
프로통산			143	71	28	10	360	42	0

웨슬리(Wesley Barbosa de Morais) 브라질 1981.11.10

대회	연도	소속	출전	교체	득점	도움	파울	경고	퇴장
BC	2009	전남	26	11	3	4	57	5	0
	합계		26	11	3	4	57	5	0
K1	2013	강원	32	16	2	1	70	8	0
	합계		32	16	2	1	70	8	0
프로통산			58	27	5	5	127	13	0

웰링턴(Welington Goncalves Amorim) 브라질 1977.01.23

대회	연도	소속	출전	교체	득점	도움	파울	경고	퇴장
BC	2005	포항	12	7	2	2	30	2	0
	합계		12	7	2	2	30	2	0
프로통산			12	7	2	2	30	2	0

웰링톤(Wellington Cirino Priori) 브라질 1990.02.21

대회	연도	소속	출전	교체	득점	도움	파울	경고	퇴장
K1	2016	광주	3	3	0	0	1	0	0
	합계		3	3	0	0	1	0	0
프로통산			3	3	0	0	1	0	0

윌리안(Willyan da Silva Barbosa) 브라질 1994.02.17

대회	연도	소속	출전	교체	득점	도움	파울	경고	퇴장
K1	2020	광주	17	13	5	3	27	6	1
	합계		17	13	5	3	27	6	1
K2	2019	광주	25	16	8	2	52	6	0
	2021	경남	27	10	11	2	46	5	0
	합계		52	26	19	4	98	11	0
프로통산			69	39	24	7	125	17	1

윌리안(William Junior Salles de Lima Souza) 브라질 1983.05.14

대회	연도	소속	출전	교체	득점	도움	파울	경고	퇴장
BC	2007	부산	4	3	0	0	14	2	0
	합계		4	3	0	0	14	2	0
프로통산			4	3	0	0	14	2	0

윌리암(William Fernando da Silva) 브라질 1986.11.20

대회	연도	소속	출전	교체	득점	도움	파울	경고	퇴장
K1	2013	부산	25	25	2	0	34	4	0
	합계		25	25	2	0	34	4	0
프로통산			25	25	2	0	34	4	0

윌리엄(William Henrique Rodrigues da Silva) 브라질 1992.01.28

대회	연도	소속	출전	교체	득점	도움	파울	경고	퇴장
K2	2017	안산	2	2	0	0	1	0	0
	합계		2	2	0	0	1	0	0
프로통산			2	2	0	0	1	0	0

윌킨슨(Alexander William Wilkinson) 오스트레일리아 1984.08.13

대회	연도	소속	출전	교체	득점	도움	파울	경고	퇴장
BC	2012	전북	15	3	0	0	0	0	0
	합계		15	3	0	0	0	0	0
K1	2013	전북	25	1	2	0	18	3	0
	2014	전북	25	1	0	0	23	4	0
	2015	전북	21	3	0	2	17	1	0
	합계		71	5	2	2	58	8	0
프로통산			86	8	2	2	58	8	0

유강현(柳忼儇) 서해고 1996.04.27

대회	연도	소속	출전	교체	득점	도움	파울	경고	퇴장
K2	2021	경남	5	5	0	0	2	0	0
	합계		5	5	0	0	2	0	0
프로통산			5	5	0	0	2	0	0

유경렬(柳俓烈) 단국대 1978.08.15

대회	연도	소속	출전	교체	득점	도움	파울	경고	퇴장
BC	2003	울산	34	0	1	1	83	7	0
	2004	울산	36	0	2	0	72	3	0
	2005	울산	32	0	2	0	72	6	0
	2006	울산	34	2	1	1	75	10	0
	2007	울산	38	1	2	0	67	8	0
	2008	울산	35	2	4	1	83	5	0
	2009	울산	26	2	1	2	49	5	0
	2010	울산	28	1	1	0	58	9	0
	2011	대구	21	1	1	0	33	4	0
	2012	대구	31	1	1	2	88	8	0
	합계		315	11	17	7	705	65	1
K1	2013	대구	20	2	1	0	36	5	0
	합계		20	2	1	0	36	5	0
프로통산			335	13	18	7	741	70	1

유고비치(Vedran Jugović) 크로아티아 1989.07.31

대회	연도	소속	출전	교체	득점	도움	파울	경고	퇴장
K1	2016	전남	33	10	5	3	25	6	0
	2017	전남	33	17	3	2	28	2	0
	2018	전남	27	8	1	0	29	5	0
	합계		88	25	9	5	69	12	0
K2	2019	전남	7	4	0	0	4	3	0
	합계		7	4	0	0	4	3	0
프로통산			95	29	9	5	73	15	0

유대순(劉大淳) 고려대 1965.03.04

대회	연도	소속	출전	교체	실점	도움	파울	경고	퇴장
BC	1989	유공	23	0	22	0	0	1	0
	1990	유공	22	0	18	0	0	0	0
	1991	유공	12	0	9	0	1	1	0

대회	연도	소속	출전	교체	득점	도움	파울	경고	퇴장
	1992	유공	13	0	21	0	2	1	0
	1993	유공	27	1	31	0	1	0	0
	1994	유공	5	0	7	0	1	0	0
	합계		102	1	108	0	6	3	0
프로통산			102	1	108	0	6	3	0

유대현(柳大鉉) 홍익대 1990.02.28

대회	연도	소속	출전	교체	득점	도움	파울	경고	퇴장
K2	2014	부천	29	5	0	3	37	2	0
	2015	부천	27	13	0	3	31	4	0
	2016	부천	22	6	0	0	24	4	0
	합계		78	24	0	3	92	10	0
프로통산			78	24	0	3	92	10	0

유동관(柳東官) 한양대 1963.05.12

대회	연도	소속	출전	교체	득점	도움	파울	경고	퇴장
BC	1986	포항제철	15	6	1	0	18	1	0
	1987	포항제철	25	10	1	1	18	0	0
	1988	포항제철	16	5	1	2	19	2	0
	1989	포항제철	30	9	0	0	29	3	0
	1990	포항제철	13	3	0	0	20	1	0
	1991	포항제철	34	4	2	0	52	6	0
	1992	포항제철	20	10	0	0	37	2	0
	1993	포항제철	29	4	1	0	45	5	0
	1994	포항제철	8	5	0	0	4	0	0
	1995	포항	6	3	0	0	14	0	0
	합계		207	62	5	4	285	25	0
프로통산			207	62	5	4	285	25	0

유동규(柳東奎) 대신고 1995.05.25

대회	연도	소속	출전	교체	득점	도움	파울	경고	퇴장
K1	2021	인천	6	5	1	0	8	0	0
	합계		6	5	1	0	8	0	0
프로통산			6	5	1	0	8	0	0

유동민(柳東玟) 초당대 1989.03.27

대회	연도	소속	출전	교체	득점	도움	파울	경고	퇴장
BC	2011	광주	18	18	2	0	12	0	0
	2012	광주	2	2	0	0	0	0	0
	합계		20	20	2	0	12	0	0
프로통산			20	20	2	0	12	0	0

유동우(柳東雨) 한양대 1968.03.07

대회	연도	소속	출전	교체	득점	도움	파울	경고	퇴장
BC	1995	전남	34	3	0	0	30	3	0
	1996	전남	22	12	0	1	9	1	0
	1997	전남	22	12	0	1	14	1	0
	1998	전남	31	7	0	0	17	0	0
	1999	대전	32	3	0	0	18	2	0
	2000	대전	5	1	0	0	6	0	0
	2001	대전	5	1	0	0	6	1	0
	합계		180	28	0	2	116	10	1
프로통산			180	28	0	2	116	10	1

유리(Yuri Matveev) 러시아 1967.06.08

대회	연도	소속	출전	교체	득점	도움	파울	경고	퇴장
BC	1996	수원	10	2	2	3	32	4	0
	1997	수원	20	16	4	0	40	6	0
	합계		30	18	6	2	72	10	0
프로통산			30	18	6	2	72	10	0

유리쉬쉬킨(Yuri Nikolayevich Shishkin) 러시아 1963.09.01

대회	연도	소속	출전	교체	실점	도움	파울	경고	퇴장
BC	1995	전남	19	1	26	0	1	1	0
	합계		19	1	26	0	1	1	0
프로통산			19	1	26	0	1	1	0

유만기(劉萬基) 성균관대 1988.03.22

대회	연도	소속	출전	교체	득점	도움	파울	경고	퇴장
K2	2013	고양	28	25	3	0	25	0	0
	합계		28	25	3	0	25	0	0
프로통산			28	25	3	0	25	0	0

유민철(柳敏哲) 중앙대 1984.09.16

대회 연도 소속 출전 교체 득점 도움 파울 경고 퇴장

대회	연도	소속	출전	교체	득점	도움	파울	경고	퇴장
BC	2009	대전	1	1	0	0	1	0	0
	합계		1	1	0	0	1	0	0
프로통산			1	1	0	0	1	0	0

유병수(俞炳守) 홍익대 1988.03.26

대회	연도	소속	출전	교체	득점	도움	파울	경고	퇴장
BC	2009	인천	34	19	14	4	67	7	0
	2010	인천	31	9	22	0	73	4	0
	2011	인천	13	6	4	2	22	3	0
	합계		78	34	40	6	162	14	0
프로통산			78	34	40	6	162	14	0

유병옥(兪炳玉) 한양대 1964.03.02

대회	연도	소속	출전	교체	득점	도움	파울	경고	퇴장
BC	1987	포항제철	27	5	0	0	13	1	0
	1988	포항제철	14	1	0	0	16	0	0
	1989	포항제철	29	4	0	1	28	2	0
	1990	포항제철	8	5	0	0	8	0	0
	1991	포항제철	23	17	0	0	14	1	0
	1992	LG	18	9	0	1	19	2	0
	1993	LG	19	7	0	0	10	1	0
	1994	LG	28	7	0	2	36	3	0
	1995	LG	17	8	0	0	31	3	0
	합계		183	60	0	4	172	12	0
프로통산			183	60	0	4	172	12	0

유병훈(柳炳勳) 원주공고 1976.07.03

대회	연도	소속	출전	교체	득점	도움	파울	경고	퇴장
BC	1995	대우	2	2	0	0	4	1	0
	1996	부산	13	7	0	0	19	0	0
	1997	부산	10	1	0	1	10	0	0
	1998	부산	8	5	0	0	9	1	0
	1999	부산	8	5	0	0	8	0	0
	2000	부산	11	7	0	0	6	0	0
	2001	부산	6	0	0	0	7	0	0
	2002	부산	8	8	0	0	6	1	0
	2003	부산	20	8	0	0	19	1	1
	합계		86	51	0	1	80	8	2
프로통산			86	51	0	1	80	8	2

유상수(柳商秀) 고려대 1973.08.28

대회	연도	소속	출전	교체	득점	도움	파울	경고	퇴장
BC	1996	부천유공	33	5	0	2	83	7	0
	1997	부천SK	30	4	0	2	58	10	0
	1998	부천SK	38	1	0	1	51	1	0
	1999	안양LG	11	6	0	0	17	3	0
	2000	안양LG	15	13	0	0	26	2	0
	2001	안양LG	15	3	0	1	34	2	0
	2002	안양LG	3	2	0	0	3	0	0
	2003	전남	39	12	1	3	59	6	0
	2004	전남	31	3	0	0	41	4	1
	2005	전남	33	2	3	1	32	3	0
	2006	전남	31	4	0	0	24	2	0
	합계		297	76	6	9	448	46	2
프로통산			297	76	6	9	448	46	2

유상철(柳想鐵) 건국대 1971.10.18

대회	연도	소속	출전	교체	득점	도움	파울	경고	퇴장
BC	1994	현대	26	9	5	1	22	2	0
	1995	현대	33	1	2	2	40	5	0
	1996	울산	6	2	1	0	11	2	0
	1997	울산	17	1	1	0	18	1	0
	1998	울산	23	2	15	3	49	2	1
	2002	울산	8	8	0	0	9	1	0
	2003	울산	9	2	0	0	11	0	0
	2005	울산	13	4	0	0	15	0	0
	2006	울산	11	6	0	0	2	1	0
	합계		142	27	37	9	205	14	2
프로통산			142	27	37	9	205	14	2

유상훈(柳相勳) 홍익대 1989.05.25

대회	연도	소속	출전	교체	실점	도움	파울	경고	퇴장
BC	2011	서울	1	1	0	0	1	0	0

대회	연도	소속	출전	교체	실점	도움	파울	경고	퇴장
	합계		1	1	0	0	0	0	0
K1	2013	서울	3	0	4	0	0	0	0
	2014	서울	15	1	9	0	0	0	0
	2015	서울	26	0	23	0	0	2	0
	2016	서울	21	1	28	0	1	1	0
	2017	상주	8	1	16	0	0	0	0
	2018	상주	13	0	15	0	1	0	0
	2018	서울	1	1	2	0	0	0	0
	2019	서울	32	1	38	0	0	1	0
	2020	서울	11	0	25	0	1	0	0
	2021	서울	1	1	0	0	0	0	0
	합계		132	4	163	0	3	5	0
승	2017	상주	1	0	1	0	0	0	0
	합계		1	0	1	0	0	0	0
프로통산			135	5	164	0	3	6	0

유성민(柳聖敏) 호남대 1972.05.11

대회	연도	소속	출전	교체	득점	도움	파울	경고	퇴장
BC	1995	전남	1	1	0	0	0	0	0
	합계		1	1	0	0	0	0	0
프로통산			1	1	0	0	0	0	0

유성우(劉成佑) 서울시립대 1971.05.23

대회	연도	소속	출전	교체	득점	도움	파울	경고	퇴장
BC	1994	전북	5	1	0	0	7	1	0
	1995	전북	9	8	0	1	9	0	0
	1996	전북	1	1	0	0	2	0	0
	1997	전북	11	7	0	1	15	1	0
	1998	전북	1	1	0	0	2	0	0
	합계		27	18	0	2	35	3	0
프로통산			27	18	0	2	35	3	0

유성조(兪誠朝) 동국대 1957.12.27

대회	연도	소속	출전	교체	득점	도움	파울	경고	퇴장
BC	1985	한일은행	13	4	0	0	13	3	0
	합계		13	4	0	0	13	3	0
프로통산			13	4	0	0	13	3	0

유수상(柳秀相) 연세대 1967.12.10

대회	연도	소속	출전	교체	득점	도움	파울	경고	퇴장
BC	1990	대우	18	11	2	0	10	0	0
	1991	대우	35	25	2	5	22	1	0
	1992	대우	13	8	0	2	12	0	0
	1995	대우	25	13	1	1	5	0	0
	1996	부산	28	13	0	2	25	3	0
	1997	부산	9	8	1	1	6	0	0
	1998	부산	1	1	0	0	1	0	0
	합계		129	79	7	9	90	5	0
프로통산			129	79	7	9	90	5	0

유수철(柳手喆) 동아대 1992.08.08

대회	연도	소속	출전	교체	득점	도움	파울	경고	퇴장
K2	2019	부산	1	1	0	0	0	0	0
	합계		1	1	0	0	0	0	0
프로통산			1	1	0	0	0	0	0

유수현(柳秀賢) 선문대 1986.05.13

대회	연도	소속	출전	교체	득점	도움	파울	경고	퇴장
BC	2010	전남	1	1	0	0	1	0	0
	합계		1	1	0	0	1	0	0
K1	2014	상주	5	4	0	0	6	0	0
	2016	수원FC	1	1	0	0	0	0	0
	합계		5	4	0	0	6	0	0
K2	2013	수원FC	34	4	5	6	67	7	0
	2014	수원FC	7	1	1	0	8	1	0
	2015	상주	1	1	0	0	0	0	0
	2016	안양	13	8	1	0	19	2	0
	2017	안양	17	16	0	0	12	0	0
	합계		74	30	7	7	107	12	0
프로통산			80	35	7	7	114	12	0

유순열(柳洵烈) 청주대 1959.01.07

대회	연도	소속	출전	교체	득점	도움	파울	경고	퇴장
BC	1983	포항제철	1	1	0	0	0	0	0

유재영(兪在永) 성균관대 1958.12.06 *(계속)*

대회	연도	소속	출전	교체	득점	도움	파울	경고	퇴장
		합계	36	14	2	1	37	1	0
		프로통산	36	14	2	1	37	1	0

유승관(劉承官) 건국대 1966.01.22

대회	연도	소속	출전	교체	득점	도움	파울	경고	퇴장
BC	1989	일화	25	22	5	1	16	0	0
	1990	일화	11	12	0	0	6	0	0
	1991	일화	1	1	0	0	0	0	0
	1994	버팔로	17	16	2	1	5	0	0
	1995	전북	5	5	0	0	4	0	0
		합계	59	56	7	2	31	0	0
		프로통산	59	56	7	2	31	0	0

유승민(柳昇旼) 영생고 1998.09.24

대회	연도	소속	출전	교체	득점	도움	파울	경고	퇴장
K1	2018	전북	1	1	0	0	0	0	0
		합계	1	1	0	0	0	0	0
		프로통산	1	1	0	0	0	0	0

유승완(劉丞婠) 성균관대 1992.02.06

대회	연도	소속	출전	교체	득점	도움	파울	경고	퇴장
K2	2016	대전	22	22	2	1	11	2	0
		합계	22	22	2	1	11	2	0
		프로통산	22	22	2	1	11	2	0

유양준(兪亮濬) 경기대 1985.09.22

대회	연도	소속	출전	교체	득점	도움	파울	경고	퇴장
BC	2008	수원	1	0	0	0	1	0	0
		합계	1	0	0	0	1	0	0
		프로통산	1	0	0	0	1	0	0

유연수(柳然秀) 호남대 1998.02.26

대회	연도	소속	출전	교체	실점	도움	파울	경고	퇴장
K1	2021	제주	4	1	3	0	0	0	0
		합계	4	1	3	0	0	0	0
K2	2020	제주	4	1	3	0	0	0	0
		합계	4	1	3	0	0	0	0
		프로통산	8	2	6	0	0	0	0

유연승(兪煉昇 / ← 유성기) 연세대 1991.12.21

대회	연도	소속	출전	교체	득점	도움	파울	경고	퇴장
K1	2015	대전	16	10	1	2	17	4	0
		합계	16	10	1	2	17	4	0
K2	2014	대전	9	6	0	0	12	0	0
	2017	안양	26	8	1	1	38	7	0
	2018	안양	8	8	0	1	11	3	0
	2019	안양	5	2	0	2	11	1	0
	2020	안양	7	6	1	1	4	2	0
		합계	55	30	2	5	76	13	0
		프로통산	71	40	3	7	93	17	0

유우람(兪 우람) 인천대 1984.03.16

대회	연도	소속	출전	교체	득점	도움	파울	경고	퇴장
BC	2009	대전	4	3	0	0	4	1	0
	2012	대전	0	0	0	0	0	0	0
		합계	4	3	0	0	4	1	0
		프로통산	4	3	0	0	4	1	0

유인(劉人) 연세대 1975.08.08

대회	연도	소속	출전	교체	득점	도움	파울	경고	퇴장
BC	1998	천안일화	15	11	1	1	16	1	0
	1999	울산	1	1	0	0	0	0	0
		합계	16	12	1	1	16	1	0
		프로통산	16	12	1	1	16	1	0

유인수(兪仁秀) 광운대 1994.12.28

대회	연도	소속	출전	교체	득점	도움	파울	경고	퇴장
K1	2020	성남	23	6	2	3	28	2	0
		합계	23	6	2	3	28	2	0
K2	2021	김천	19	2	1	0	17	2	0
		합계	19	2	1	0	17	2	0
		프로통산	42	8	3	3	45	4	0

유재영(兪在永) 성균관대 1958.12.06

대회	연도	소속	출전	교체	득점	도움	파울	경고	퇴장
BC	1985	한일은행	17	12	2	1	10	0	0
	1986	한일은행	19	2	0	0	27	1	0

유재원(柳在垣) 고려대 1990.02.24

대회	연도	소속	출전	교체	득점	도움	파울	경고	퇴장
K1	2013	강원	2	2	0	0	0	0	0
		합계	2	2	0	0	0	0	0
		프로통산	2	2	0	0	0	0	0

유재형(劉在炯) 명지대 1977.08.24

대회	연도	소속	출전	교체	득점	도움	파울	경고	퇴장
BC	2002	울산	5	5	0	0	7	1	0
		합계	5	5	0	0	7	1	0
		프로통산	5	5	0	0	7	1	0

유재호(柳載蒿) 우석대 1989.05.07

대회	연도	소속	출전	교체	득점	도움	파울	경고	퇴장
K1	2013	인천	3	3	0	0	0	0	0
	2016	인천	1	0	0	0	0	0	0
		합계	4	3	0	0	0	0	0
		프로통산	4	3	0	0	0	0	0

유재훈(兪在勳) 울산대 1983.07.07

대회	연도	소속	출전	교체	실점	도움	파울	경고	퇴장
BC	2006	대전	1	0	0	0	0	0	0
	2007	대전	0	0	0	0	0	0	0
	2008	대전	0	0	0	0	0	0	0
	2009	대전	3	0	4	0	0	0	0
		합계	4	0	4	0	0	0	0
		프로통산	4	0	4	0	0	0	0

유정완(柳政完) 연세대 1996.04.05

대회	연도	소속	출전	교체	득점	도움	파울	경고	퇴장
K2	2018	서울E	13	11	0	1	7	0	0
	2019	서울E	11	9	1	0	7	2	0
	2020	서울E	1	1	0	0	0	0	0
	2021	서울E	11	11	0	3	11	1	0
		합계	36	32	1	4	25	3	0
		프로통산	36	32	1	4	25	3	0

유제호(劉齊昊) 아주대 1992.08.10

대회	연도	소속	출전	교체	득점	도움	파울	경고	퇴장
K1	2014	포항	1	1	0	0	0	0	0
	2015	포항	1	1	0	0	0	0	0
		합계	2	2	0	0	0	0	0
K2	2016	서울E	7	7	0	0	8	0	0
		합계	7	7	0	0	8	0	0
		프로통산	9	9	0	0	8	0	0

유종완(兪鍾完) 경희대 1959.08.12

대회	연도	소속	출전	교체	득점	도움	파울	경고	퇴장
BC	1983	대우	7	3	0	0	4	1	1
	1984	대우	2	1	0	0	0	0	0
	1985	대우	4	2	0	0	6	0	0
		합계	13	6	0	0	10	1	1
		프로통산	13	6	0	0	10	1	1

유종우(柳鐘宇) 숭실대 1998.02.14

대회	연도	소속	출전	교체	득점	도움	파울	경고	퇴장
K2	2020	안양	9	9	0	0	7	1	0
	2021	안양	2	2	0	0	0	0	0
		합계	11	11	0	0	7	1	0
		프로통산	11	11	0	0	7	1	0

유종현(劉宗賢) 건국대 1988.03.14

대회	연도	소속	출전	교체	득점	도움	파울	경고	퇴장
BC	2011	광주	26	4	2	1	36	13	0
	2012	광주	21	1	0	0	30	6	0
		합계	47	5	2	1	66	19	0
K2	2013	광주	20	2	1	1	32	6	0
	2014	충주	30	2	2	0	42	3	0
	2015	안양	15	5	0	0	13	3	0
	2016	안양	23	2	0	0	14	3	0
	2019	안양	28	11	0	1	33	9	0
	2020	안양	18	8	1	0	26	3	0
	2021	안양	8	6	0	0	8	6	0

유주안(柳宙岸) 매탄고 1998.10.01 *(계속)*

대회	연도	소속	출전	교체	득점	도움	파울	경고	퇴장
		합계	128	37	4	2	165	32	1
		프로통산	175	51	6	3	231	51	1

유주안(柳宙岸) 매탄고 1998.10.01

대회	연도	소속	출전	교체	득점	도움	파울	경고	퇴장
K1	2017	수원	15	15	2	2	10	1	0
	2018	수원	14	12	2	1	7	0	0
	2019	수원	8	8	0	1	6	0	0
	2020	수원	1	1	0	0	0	0	0
	2021	수원	8	8	0	1	2	0	0
		합계	46	44	4	5	25	1	0
K2	2020	수원FC	9	9	0	2	3	0	0
		합계	9	9	0	2	3	0	0
		프로통산	55	53	4	7	28	1	0

유준수(柳俊秀) 고려대 1988.05.08

대회	연도	소속	출전	교체	득점	도움	파울	경고	퇴장
BC	2011	인천	18	14	0	1	27	4	0
	2012	인천	9	8	0	0	14	0	0
		합계	27	22	0	1	41	4	0
K1	2014	울산	23	10	3	1	19	1	0
	2015	울산	11	3	1	0	7	1	0
	2016	상주	11	3	1	0	2	3	0
	2017	상주	25	22	1	2	32	4	0
	2019	포항	8	3	2	3	6	7	2
		합계	81	39	8	3	66	7	2
K2	2021	충남아산	33	2	0	0	33	9	0
		합계	33	2	0	0	33	9	0
승	2017	상주	2	2	0	0	2	0	0
		합계	2	2	0	0	2	0	0
		프로통산	143	65	8	4	142	20	2

유준영(柳晙永) 경희대 1990.02.17

대회	연도	소속	출전	교체	득점	도움	파울	경고	퇴장
K2	2013	부천	15	9	3	1	14	1	0
	2014	부천	31	24	3	5	23	3	0
	2015	부천	1	1	0	0	0	0	0
	2015	경남	6	7	0	0	2	0	0
		합계	53	41	6	6	39	4	0
		프로통산	53	41	6	6	39	4	0

유지노(柳志弼) 광양제철고 1989.11.06

대회	연도	소속	출전	교체	득점	도움	파울	경고	퇴장
BC	2008	전남	11	2	0	1	6	1	0
	2009	전남	5	0	0	0	15	1	0
	2010	전남	13	5	0	1	13	1	0
	2011	전남	20	3	0	1	17	3	0
	2012	전남	23	7	0	2	12	6	0
		합계	72	17	0	2	65	12	0
K1	2013	부산	6	1	0	0	8	1	0
	2014	부산	19	1	0	0	23	3	0
	2015	부산	26	2	1	0	32	1	0
	2016	수원FC	4	1	0	0	10	3	0
		합계	55	5	1	0	73	8	0
승	2015	부산	1	1	0	0	0	0	0
		합계	1	1	0	0	0	0	0
		프로통산	128	23	1	2	139	20	0

유지민(柳知民) 숭실대 1993.08.27

대회	연도	소속	출전	교체	득점	도움	파울	경고	퇴장
K2	2017	부천	13	13	0	1	7	2	0
	2019	안양	4	4	0	0	4	0	0
		합계	17	17	0	1	11	2	0
		프로통산	17	17	0	1	11	2	0

유지훈(柳志訓) 한양대 1988.06.09

대회	연도	소속	출전	교체	득점	도움	파울	경고	퇴장
BC	2010	경남	2	2	0	0	3	0	0
	2011	부산	5	3	0	0	8	2	0
	2012	부산	31	16	1	0	24	6	0
		합계	38	21	1	0	39	8	0
K1	2014	상주	18	2	1	4	25	6	2
	2014	부산	9	0	0	0	9	0	0

대회	연도	소속	출전	교체	득점	도움	파울	경고	퇴장
	2015	부산	23	4	1	1	37	7	0
	2018	경남	13	4	0	1	2	0	0
	합계		63	10	2	6	73	13	2
K2	2013	상주	5	2	0	0	7	0	0
	2016	부산	14	9	0	0	13	1	0
	2017	부산	9	4	0	1	7	2	0
	2017	서울E	12	2	0	1	12	0	0
	2018	서울E	12	2	0	1	10	2	0
	2020	경남	17	1	1	0	25	2	0
	2021	경남	4	3	0	0	1	1	0
	합계		71	23	1	2	75	8	0
승	2013	상주	0	0	0	0	0	0	0
	2015	부산	2	0	0	0	5	2	0
	합계		2	0	0	0	5	2	0
프로통산			174	54	4	8	192	27	2

유진석(柳珍錫) 경희대 1996.02.17

대회	연도	소속	출전	교체	득점	도움	파울	경고	퇴장
K2	2018	대전	4	4	0	0	2	1	0
	합계		4	4	0	0	2	1	0
프로통산			4	4	0	0	2	1	0

유진오(俞鎭午) 연세대 1976.03.10

대회	연도	소속	출전	교체	득점	도움	파울	경고	퇴장
BC	1999	안양LG	14	7	0	0	42	3	0
	2000	안양LG	2	2	0	0	0	0	0
	합계		16	9	0	0	42	3	0
프로통산			16	9	0	0	42	3	0

유창균(劉昶均) 울산대 1992.07.02

대회	연도	소속	출전	교체	득점	도움	파울	경고	퇴장
K2	2015	부천	0	0	0	0	0	0	0
	합계		0	0	0	0	0	0	0
프로통산			0	0	0	0	0	0	0

유창현(柳昌鉉) 대구대 1985.05.14

대회	연도	소속	출전	교체	득점	도움	파울	경고	퇴장
BC	2009	포항	25	18	11	5	24	0	0
	2010	포항	21	13	2	2	16	4	0
	2011	상주	21	13	2	1	16	4	0
	2012	상주	24	16	4	2	33	5	0
	2012	포항	10	9	1	1	7	0	0
	합계		95	68	20	12	85	9	0
K1	2013	포항	4	4	0	0	3	0	0
	2014	포항	28	27	4	3	25	1	0
	2015	전북	7	7	0	0	10	0	0
	2016	성남	3	3	0	0	2	1	0
	합계		42	41	4	3	40	2	0
K2	2016	서울E	9	9	0	0	7	1	0
	합계		9	9	0	0	7	1	0
프로통산			146	118	26	15	132	12	0

유청윤(柳淸潤) 경희대 1992.09.07

대회	연도	소속	출전	교체	득점	도움	파울	경고	퇴장
K1	2014	성남	2	1	0	0	1	0	0
	2015	성남							
	합계		2	1	0	0	1	0	0
프로통산			2	1	0	0	1	0	0

유청인(柳淸忍) 숭실대 1996.08.06

대회	연도	소속	출전	교체	득점	도움	파울	경고	퇴장
K1	2017	강원	0	0	0	0	0	0	0
	합계		0	0	0	0	0	0	0
K2	2019	안산	0	0	0	0	0	0	0
	합계		0	0	0	0	0	0	0
프로통산			0	0	0	0	0	0	0

유카(Jukka Koskinen) 핀란드 1972.11.29

대회	연도	소속	출전	교체	득점	도움	파울	경고	퇴장
BC	1999	안양LG	14	5	0	0	14	1	0
	합계		14	5	0	0	14	1	0
프로통산			14	5	0	0	14	1	0

유키(Kobayashi Yuki) 일본 1992.04.24

대회	연도	소속	출전	교체	득점	도움	파울	경고	퇴장
K2	2021	서울E	8	6	0	1	14	2	0
	합계		8	6	0	1	14	2	0
프로통산			8	6	0	1	14	2	0

유태목(柳泰穆) 연세대 1957.04.30

대회	연도	소속	출전	교체	득점	도움	파울	경고	퇴장
BC	1983	대우	16	0	1	0	7	0	0
	1984	대우	22	5	2	0	23	1	0
	1985	대우	9	3	0	0	6	0	0
	1986	현대	29	1	0	1	27	0	0
	1987	현대	19	9	1	0	7	0	0
	합계		95	18	4	1	70	2	0
프로통산			95	18	4	1	70	2	0

유해성(劉海成) KC대 1996.01.01

대회	연도	소속	출전	교체	득점	도움	파울	경고	퇴장
K2	2018	대전	7	7	0	0	2	0	0
	2019	대전	7	7	1	0	3	0	0
	합계		14	14	1	0	5	0	0
프로통산			14	14	1	0	5	0	0

유현(劉賢) 중앙대 1984.08.01

대회	연도	소속	출전	교체	실점	도움	파울	경고	퇴장
BC	2009	강원	29	0	56	1	0	1	0
	2010	강원	28	2	51	0	0	0	0
	2011	강원	23	0	33	0	0	0	0
	2012	인천	35	0	32	0	1	1	0
	합계		115	2	172	1	1	2	0
K1	2014	인천	10	0	11	0	1	0	0
	2015	인천	26	1	29	0	0	1	0
	2016	서울	17	1	14	0	2	0	0
	2017	서울	11	0	13	0	0	1	0
	2018	서울	1	0	0	0	0	0	0
	2021	수원FC	23	0	34	0	2	5	0
	합계		88	2	101	0	5	7	0
K2	2013	경찰	23	2	31	0	0	1	0
	2014	안산경찰	20	1	23	0	3	2	0
	2020	수원FC	17	1	18	1	0	1	0
	합계		60	4	72	1	3	4	0
승	2018	서울	0	0	0	0	0	0	0
	합계		0	0	0	0	0	0	0
프로통산			263	8	345	2	9	13	0

유현구(柳鉉口) 보인정보산업고(보인고) 1983.01.25

대회	연도	소속	출전	교체	득점	도움	파울	경고	퇴장
BC	2005	부천SK	7	7	0	0	7	0	0
	2006	제주	11	9	1	0	10	2	0
	2007	광주상무	19	18	0	1	17	1	0
	2008	광주상무	7	6	1	0	6	1	0
	합계		44	40	2	1	41	4	0
프로통산			44	40	2	1	41	4	0

유호준(柳好俊) 광운대 1985.01.14

대회	연도	소속	출전	교체	득점	도움	파울	경고	퇴장
BC	2008	울산	31	16	2	3	38	5	0
	2009	울산	6	5	0	0	4	0	0
	2010	부산	29	5	4	3	53	4	0
	2011	부산	29	6	0	3	34	3	0
	2012	경남	17	16	0	0	16	3	0
	합계		101	52	7	6	132	13	0
K1	2013	경남	5	5	0	0	1	0	0
	합계		5	5	0	0	1	0	0
K2	2014	안산경찰	13	9	0	0	17	1	0
	2015	안산경찰	10	8	0	0	14	2	0
	2015	경남	1	1	0	0	2	1	0
	합계		24	18	0	0	33	4	0
프로통산			130	75	7	7	168	18	0

유흥열(柳弘烈) 숭실대 1983.12.30

대회	연도	소속	출전	교체	득점	도움	파울	경고	퇴장
BC	2006	전남	4	4	0	0	5	0	0
	2007	전남							
	2008	전남	9	6	1	2	9	1	0
	2009	전남	6	6	0	0	5	0	0
	2010	전남	1	1	0	0	1	0	0
	합계		20	17	1	2	20	1	0
프로통산			20	17	1	2	20	1	0

윤경보(尹慶保) 호남대 1995.08.16

대회	연도	소속	출전	교체	득점	도움	파울	경고	퇴장
K2	2018	대전	4	2	0	0	5	0	0
	2019	대전	15	4	0	0	16	2	0
	2020	대전	2	1	0	0	2	0	0
	합계		21	7	0	0	23	2	0
프로통산			21	7	0	0	23	2	0

윤광복(尹光卜) 조선대 1989.01.25

대회	연도	소속	출전	교체	득점	도움	파울	경고	퇴장
BC	2011	광주	0	0	0	0	0	0	0
	합계		0	0	0	0	0	0	0
프로통산			0	0	0	0	0	0	0

윤근호(尹根鎬) 동국대 1977.11.08

대회	연도	소속	출전	교체	득점	도움	파울	경고	퇴장
BC	2000	전북	1	1	0	0	1	0	0
	2001	전북	0	0	0	0	0	0	0
	합계		1	1	0	0	1	0	0

윤기원(尹基源) 아주대 1987.05.20

대회	연도	소속	출전	교체	실점	도움	파울	경고	퇴장
BC	2010	인천	1	0	0	0	0	0	0
	2011	인천	7	0	7	0	0	0	0
	합계		8	0	7	0	0	0	0
프로통산			8	0	7	0	0	0	0

윤기해(尹期海) 초당대 1991.02.09

대회	연도	소속	출전	교체	실점	도움	파울	경고	퇴장
BC	2012	광주	5	0	9	0	1	0	0
	합계		5	0	9	0	1	0	0
K2	2013	광주	5	0	11	0	0	0	0
	합계		5	0	11	0	0	0	0
프로통산			10	0	20	0	1	0	0

윤덕여(尹德汝) 성균관대 1961.03.25

대회	연도	소속	출전	교체	득점	도움	파울	경고	퇴장
BC	1984	한일은행	26	4	0	0	23	2	0
	1985	한일은행	19	0	0	0	21	0	0
	1986	현대	5	4	0	0	2	0	0
	1987	현대	18	7	1	0	14	0	0
	1988	현대	17	2	1	1	31	2	0
	1989	현대	8	1	0	0	7	0	0
	1990	현대	10	0	0	0	13	2	0
	1991	현대	14	3	0	0	16	2	0
	1992	포항제철	12	6	0	1	14	1	0
	합계		129	27	3	1	143	10	0
프로통산			129	27	3	1	143	10	0

윤동권(尹東權) 선문대 1999.02.11

대회	연도	소속	출전	교체	득점	도움	파울	경고	퇴장
K2	2021	충남아산	0	0	0	0	0	0	0
	합계		0	0	0	0	0	0	0
프로통산			0	0	0	0	0	0	0

윤동민(尹東民) 경희대 1988.07.24

대회	연도	소속	출전	교체	득점	도움	파울	경고	퇴장
BC	2011	부산	18	16	2	0	8	0	0
	2012	부산	22	22	4	0	19	1	0
	합계		40	38	6	0	27	1	0
K1	2013	부산	13	13	0	3	8	1	0
	2014	부산	3	2	0	0	4	0	0
	2015	부산	16	16	0	0	7	0	0
	2016	상주	6	4	1	0	2	0	0
	2017	상주	12	12	1	0	8	1	0
	2018	전남	13	13	0	0	13	0	0
	합계		63	62	2	3	27	2	0
K2	2017	부산	3	3	1	0	6	1	0

대회	연도	소속	출전	교체	득점	도움	파울	경고	퇴장
		합계	3	3	0	1	6	1	0
승	2015	부산	1	1	0	0	0	0	0
		합계	1	1	0	0	0	0	0
프로통산			107	104	8	4	60	4	0

윤동민(尹東珉) 성균관대 1986.07.18

대회	연도	소속	출전	교체	득점	도움	파울	경고	퇴장
K2	2013	수원FC	8	7	1	1	3	0	0
		합계	8	7	1	1	3	0	0
프로통산			8	7	1	1	3	0	0

윤동헌(尹東憲) 고려대 1983.05.02

대회	연도	소속	출전	교체	득점	도움	파울	경고	퇴장
BC	2007	울산	1	0	0	0	2	0	0
		합계	1	0	0	0	2	0	0
K2	2013	고양	32	6	2	3	23	3	0
	2014	고양	33	20	3	5	18	1	0
		합계	65	26	5	8	41	4	0
프로통산			66	26	5	8	43	4	0

윤병기(尹炳基) 숭실대 1973.04.22

대회	연도	소속	출전	교체	득점	도움	파울	경고	퇴장
BC	1999	전남	12	9	1	0	14	3	0
	2000	전남	11	8	0	0	7	1	0
	2001	전남	2	1	0	0	4	0	0
		합계	25	18	1	0	25	5	0
프로통산			25	18	1	0	25	5	0

윤보상(尹普相) 울산대 1993.09.09

대회	연도	소속	출전	교체	실점	도움	파울	경고	퇴장
K1	2016	광주	22	1	21	0	0	2	0
	2017	광주	26	1	42	0	1	4	0
	2018	광주	15	1	25	0	0	1	0
	2019	상주	29	1	37	0	0	1	0
	2021	광주	22	0	32	0	0	1	0
		합계	114	4	157	0	1	7	0
K2	2018	광주	7	0	7	0	0	0	0
	2020	제주	1	0	3	0	0	0	0
		합계	8	0	10	0	0	0	0
프로통산			122	4	167	0	1	7	0

윤보영(尹甫榮) 울산대 1978.04.29

대회	연도	소속	출전	교체	득점	도움	파울	경고	퇴장
BC	2001	포항	4	4	0	0	0	0	0
	2002	포항	30	13	5	2	18	0	0
	2003	포항	11	11	0	1	14	0	0
		합계	45	28	5	3	32	0	0
프로통산			45	28	5	3	32	0	0

윤빛가람(尹빛가람) 중앙대 1990.05.07

대회	연도	소속	출전	교체	득점	도움	파울	경고	퇴장
BC	2010	경남	29	5	9	7	28	1	0
	2011	경남	32	9	8	7	38	10	0
	2012	성남일화	31	20	1	3	34	5	1
		합계	92	34	18	17	100	16	1
K1	2013	제주	31	14	1	2	31	3	0
	2014	제주	37	11	4	4	28	3	0
	2015	제주	36	3	6	7	31	7	0
	2017	제주	17	3	2	3	11	1	0
	2018	상주	33	7	3	5	28	4	0
	2019	제주	9	3	1	1	8	2	0
	2020	울산	24	6	4	0	36	1	0
	2021	울산	29	10	3	5	20	2	0
		합계	243	58	36	29	199	24	1
프로통산			335	92	54	46	299	40	2

윤상철(尹相喆) 건국대 1965.06.14

대회	연도	소속	출전	교체	득점	도움	파울	경고	퇴장
BC	1988	럭키금성	18	6	4	1	23	0	0
	1989	럭키금성	38	10	17	6	60	3	0
	1990	럭키금성	30	4	12	2	45	0	0
	1991	LG	31	16	7	2	34	3	0
	1992	LG	34	22	7	2	34	3	0
	1993	LG	32	6	9	8	50	0	1
	1994	LG	34	6	24	1	34	3	0
	1995	LG	31	19	4	2	20	0	0
	1996	안양LG	33	21	14	4	23	1	0
	1997	안양LG	19	13	3	3	15	0	0
		합계	300	123	101	31	351	9	1
프로통산			300	123	101	31	351	9	1

윤상호(尹相皓) 호남대 1992.06.04

대회	연도	소속	출전	교체	득점	도움	파울	경고	퇴장
K1	2015	인천	13	9	0	1	16	2	0
	2016	인천	28	16	0	0	44	6	0
	2017	인천	11	7	0	0	14	1	0
	2018	인천	3	2	0	0	5	0	0
		합계	55	34	0	1	79	9	0
K2	2014	광주	13	12	0	0	16	1	0
	2019	서울E	15	10	0	1	12	2	0
		합계	28	22	0	1	28	3	0
승	2014	광주	0	0	0	0	0	0	0
프로통산			83	56	0	2	107	12	0

윤서호(尹愭皓) 경희대 1998.02.02

대회	연도	소속	출전	교체	득점	도움	파울	경고	퇴장
K1	2019	수원	0	0	0	0	0	0	0
프로통산			0	0	0	0	0	0	0

윤석(尹 石) 전북대 1985.02.28

대회	연도	소속	출전	교체	득점	도움	파울	경고	퇴장
BC	2007	제주	1	1	0	0	0	0	0
		합계	1	1	0	0	0	0	0
프로통산			1	1	0	0	0	0	0

윤석영(尹錫榮) 광양제철고 1990.02.13

대회	연도	소속	출전	교체	득점	도움	파울	경고	퇴장
BC	2009	전남	21	4	1	0	17	0	0
	2010	전남	19	5	0	5	16	1	0
	2011	전남	21	3	0	3	17	0	0
	2012	전남	25	1	2	4	14	4	0
		합계	86	12	4	10	58	11	0
K1	2018	서울	22	2	1	0	15	2	0
	2019	강원	28	10	1	1	16	3	0
	2020	부산	6	4	0	0	3	0	0
	2021	강원	31	11	1	1	8	5	0
		합계	87	26	2	5	42	10	0
승	2018	서울	1	0	0	0	0	0	0
	2021	강원	2	0	0	1	1	0	0
		합계	3	0	0	1	1	0	0
프로통산			176	38	6	15	101	22	0

윤석주(尹碩珠) 포항제철고 2002.02.25

대회	연도	소속	출전	교체	득점	도움	파울	경고	퇴장
K2	2021	경남	9	9	0	1	9	2	0
		합계	9	9	0	1	9	2	0
프로통산			9	9	0	1	9	2	0

윤석희(尹錫熙) 울산대 1993.07.21

대회	연도	소속	출전	교체	득점	도움	파울	경고	퇴장
K2	2015	고양	6	6	2	0	3	0	0
	2016	고양	0	0	0	0	0	0	0
		합계	6	6	2	0	3	0	0
프로통산			6	6	2	0	3	0	0

윤선호(尹抗皓) 숭실대 1995.11.08

대회	연도	소속	출전	교체	득점	도움	파울	경고	퇴장
K2	2019	안산	1	0	0	0	2	0	0
		합계	1	0	0	0	2	0	0
프로통산			1	0	0	0	2	0	0

윤성열(尹誠悅) 배재대 1987.12.22

대회	연도	소속	출전	교체	득점	도움	파울	경고	퇴장
K2	2015	서울E	38	3	1	3	14	2	0
	2016	서울E	15	2	1	1	6	0	0
	2018	서울E	2	0	0	0	0	0	0
	2019	서울E	10	1	0	1	4	0	0
		합계	65	6	2	8	24	2	0
프로통산			65	6	2	8	24	2	0

윤성우(尹星宇) 상지대 1989.11.08

대회	연도	소속	출전	교체	득점	도움	파울	경고	퇴장
BC	2012	서울	0	0	0	0	0	0	0
		합계	0	0	0	0	0	0	0
K2	2013	고양	22	21	0	1	2	0	0
		합계	22	21	0	1	2	0	0
프로통산			23	22	0	1	2	2	0

윤성한(尹成韓) 경희대 1998.01.17

대회	연도	소속	출전	교체	득점	도움	파울	경고	퇴장
K2	2019	대전	6	6	1	0	3	1	0
	2020	대전	5	4	0	1	7	1	0
		합계	11	10	1	1	10	2	0
프로통산			11	10	1	1	10	2	0

윤성효(尹星孝) 연세대 1962.05.18

대회	연도	소속	출전	교체	득점	도움	파울	경고	퇴장
BC	1986	한일은행	20	1	5	1	31	3	0
	1987	포항제철	20	8	2	1	21	0	0
	1988	포항제철	7	1	1	0	12	1	0
	1989	포항제철	25	9	0	2	31	1	0
	1990	포항제철	25	7	0	0	35	2	0
	1991	포항제철	21	10	1	0	23	2	0
	1992	포항제철	33	10	3	0	54	4	0
	1993	포항제철	34	21	2	1	33	1	0
	1994	대우	30	4	2	4	32	2	0
	1995	대우	27	7	0	2	40	7	0
	1996	수원	34	2	5	1	72	9	0
	1997	수원	19	16	2	0	37	2	0
	2000	수원	3	3	0	0	2	1	0
		합계	311	101	23	14	473	38	0
프로통산			311	101	23	14	473	38	0

윤승원(尹承圓 / ← 윤현오) 오산고 1995.02.11

대회	연도	소속	출전	교체	득점	도움	파울	경고	퇴장
K1	2016	서울	1	1	0	0	1	1	0
	2017	서울	17	17	3	1	18	3	0
	2018	서울	10	10	0	0	4	0	0
		합계	28	28	3	1	23	4	0
K2	2020	대전	7	5	0	2	12	2	0
		합계	7	5	0	2	12	2	0
프로통산			35	33	5	1	35	6	0

윤승현(尹勝鉉) 연세대 1988.12.13

대회	연도	소속	출전	교체	득점	도움	파울	경고	퇴장
BC	2012	서울	1	1	0	0	1	0	0
	2012	성남일화	5	5	0	0	7	0	0
		합계	6	6	0	0	8	0	0
프로통산			6	6	0	0	8	0	0

윤시호(尹施澔 / ← 윤홍창) 동북고 1984.05.12

대회	연도	소속	출전	교체	득점	도움	파울	경고	퇴장
BC	2007	서울	7	7	0	0	5	2	0
	2008	서울	11	10	0	0	10	1	0
	2009	서울	2	2	0	0	2	0	0
	2010	대구	25	3	0	3	23	4	0
	2011	대구							
	2012	서울	1	1	0	0	1	0	0
		합계	46	23	0	3	39	7	0
프로통산			46	23	0	3	39	7	0

윤신영(尹信榮) 경기대 1987.05.22

대회	연도	소속	출전	교체	득점	도움	파울	경고	퇴장
BC	2009	대전	6	5	0	0	4	1	0
	2010	광주상무	2	2	0	0	0	0	0
	2011	상주	17	3	0	0	20	3	0
	2012	경남	31	0	0	0	44	6	0
		합계	56	15	0	0	69	12	0
K1	2013	경남	32	2	2	2	51	7	0

윤빛가람 (이어지는 기록)

대회	연도	소속	출전	교체	득점	도움	파울	경고	퇴장
	2015	대전	15	4	0	0	10	1	0
	합계		47	6	2	2	61	8	0
K2	2017	대전	21	4	0	0	23	2	0
	2018	대전	18	2	0	1	14	1	0
	2019	대전	22	9	0	0	14	3	0
	2020	부천	6	3	0	0	6	1	0
	합계		67	16	0	1	57	7	0
프로통산			170	37	2	3	187	27	0

윤여산 (尹如山) 한남대 1982.07.09

대회	연도	소속	출전	교체	득점	도움	파울	경고	퇴장
BC	2005	인천	0	0	0	0	0	0	0
	2006	대구	11	3	0	0	22	0	0
	2007	대구	18	12	0	0	29	3	0
	2008	대구	13	6	1	0	23	3	0
	2009	대구	24	3	0	1	50	7	0
	2010	광주무	16	4	0	0	23	7	0
	2011	상주	12	1	0	0	22	6	1
	합계		94	29	1	1	168	24	1
프로통산			94	29	1	1	168	24	1

윤영노 (尹英老) 숭실대 1989.05.01

대회	연도	소속	출전	교체	득점	도움	파울	경고	퇴장
BC	2012	부산	1	1	0	0	2	0	0
	합계		1	1	0	0	2	0	0
프로통산			1	1	0	0	2	0	0

윤영선 (尹榮善) 단국대 1988.10.04

대회	연도	소속	출전	교체	득점	도움	파울	경고	퇴장
BC	2010	성남일화	5	2	0	0	6	0	0
	2011	성남일화	18	3	0	0	31	2	0
	2012	성남일화	34	5	0	0	45	3	1
	합계		57	10	0	0	82	5	1
K1	2013	성남일화	36	6	2	0	41	7	0
	2014	성남	30	1	0	0	17	2	0
	2015	성남	35	1	2	0	37	11	0
	2016	성남	16	0	1	0	12	5	0
	2016	상주	7	4	0	0	4	0	0
	2017	상주	14	0	0	0	13	2	0
	2018	상주	18	6	0	0	13	2	0
	2019	울산	27	2	0	0	24	9	0
	2020	울산	14	3	1	0	8	2	0
	2020	서울	9	1	0	1	9	3	0
	2021	수원FC	8	1	0	0	8	1	0
	합계		174	21	5	1	179	45	0
K2	2018	성남	17	2	1	0	20	2	0
	합계		17	2	1	0	20	2	0
승	2017	상주	2	0	0	0	3	0	0
	합계		2	0	0	0	3	0	0
프로통산			250	33	6	1	284	52	1

윤영승 (尹英勝) 일본 도쿄조선대 1991.08.13

대회	연도	소속	출전	교체	득점	도움	파울	경고	퇴장
K1	2013	대구	1	1	0	0	1	0	0
	합계		1	1	0	0	1	0	0
K2	2014	대구	8	8	0	0	9	2	0
	합계		8	8	0	0	9	2	0
프로통산			9	9	0	0	10	2	0

윤영종 (尹英鍾) 인천대 1979.01.23

대회	연도	소속	출전	교체	득점	도움	파울	경고	퇴장
BC	2001	전남	1	1	0	0	0	0	0
	합계		1	1	0	0	0	0	0
프로통산			1	1	0	0	0	0	0

윤영준 (尹詠準) 상지대 1993.09.01

대회	연도	소속	출전	교체	득점	도움	파울	경고	퇴장
K2	2016	고양	23	16	2	0	31	4	0
	합계		23	16	2	0	31	4	0
프로통산			23	16	2	0	31	4	0

윤영구 (尹勇九) 건국대 1977.08.08

대회	연도	소속	출전	교체	득점	도움	파울	경고	퇴장
BC	2000	전남	13	13	0	0	3	0	0
	2001	전남	2	2	1	0	1	0	0
	2004	부천SK	20	14	0	1	25	2	0
	합계		35	29	1	1	29	2	0
프로통산			35	29	1	1	29	2	0

윤용호 (尹龍鎬) 한양대 1996.03.06

대회	연도	소속	출전	교체	득점	도움	파울	경고	퇴장
K1	2017	수원	3	3	1	0	2	0	0
	2018	수원	5	5	0	0	4	0	0
	2020	성남	5	5	0	0	10	0	0
	합계		13	13	1	0	16	0	0
K2	2019	대전	5	5	1	0	12	0	0
	2019	전남	12	8	1	0	14	2	0
	합계		17	14	2	0	14	2	0
프로통산			30	26	3	0	30	2	0

윤원일 (尹遠鎰) 선문대 1986.10.23

대회	연도	소속	출전	교체	득점	도움	파울	경고	퇴장
BC	2008	제주	5	5	0	0	7	1	0
	2009	제주	2	3	0	0	2	0	0
	2011	제주	3	0	0	0	4	1	0
	2012	제주	5	6	0	0	4	0	0
	합계		15	14	0	0	17	3	0
K1	2013	대전	3	1	0	1	3	0	0
	합계		3	1	0	1	3	0	0
K2	2014	대전	27	4	0	0	37	4	0
	합계		27	4	0	0	37	4	0
프로통산			65	20	1	0	57	8	0

윤원일 (尹元一) 포철공고 1983.03.31

대회	연도	소속	출전	교체	득점	도움	파울	경고	퇴장
BC	2003	수원	2	2	0	0	0	0	0
	2004	대구	23	12	1	1	54	5	0
	2005	대구	6	2	0	0	9	1	0
	2006	인천	18	10	0	0	49	6	0
	2007	인천	17	7	0	0	33	4	0
	2008	인천	17	3	0	0	27	4	0
	2009	인천	17	3	0	0	36	5	0
	2010	인천	17	3	0	0	31	3	0
	2011	포항	3	3	0	0	1	0	0
	2012	포항	1	1	0	0	5	0	0
	합계		121	48	2	4	245	31	1
프로통산			121	48	2	4	245	31	1

윤원철 (尹元喆) 경희대 1979.01.06

대회	연도	소속	출전	교체	득점	도움	파울	경고	퇴장
BC	2001	부천SK	4	4	0	0	7	0	0
	2002	부천SK	2	2	0	0	1	0	0
	2003	부천SK	13	6	0	0	33	2	0
	2004	부천SK	9	9	0	1	16	2	0
	합계		28	20	0	1	59	4	0
프로통산			28	20	0	1	59	4	0

윤일록 (尹日錄) 진주고 1992.03.07

대회	연도	소속	출전	교체	득점	도움	파울	경고	퇴장
BC	2011	경남	26	15	4	6	34	2	0
	2012	경남	42	18	6	2	40	5	0
	합계		68	33	10	8	74	7	0
K1	2013	서울	29	23	0	4	19	1	0
	2014	서울	27	15	7	3	36	2	0
	2015	서울	13	13	0	0	10	0	0
	2016	서울	26	14	6	7	31	2	0
	2017	서울	35	15	6	4	25	3	0
	2019	제주	34	7	11	3	39	3	0
	2021	울산	12	12	0	2	8	1	0
	합계		183	99	32	29	208	12	0
프로통산			251	132	42	37	282	19	0

윤재훈 (尹在訓) 울산대 1973.12.25

대회	연도	소속	출전	교체	득점	도움	파울	경고	퇴장
BC	1996	울산	30	3	0	1	78	8	0
	1997	울산	22	6	0	0	51	6	0
	1998	울산	25	6	0	3	74	7	0
	1999	울산	23	10	0	1	35	9	0
	2000	전북	26	4	0	1	54	7	0
	2001	전북	0	0	0	0	0	0	0
	합계		126	29	0	6	292	37	0
프로통산			126	29	0	6	292	37	0

윤정규 (尹正奎) 명지대 1991.12.04

대회	연도	소속	출전	교체	**실점**	도움	파울	경고	퇴장
K1	2014	부산	0	0	0	0	0	0	0
	합계		0	0	0	0	0	0	0
프로통산			0	0	0	0	0	0	0

윤정춘 (尹晶椿) 순천고 1973.02.18

대회	연도	소속	출전	교체	득점	도움	파울	경고	퇴장
BC	1994	유공							
	1995	유공	9	8	2	0	7	0	0
	1996	부천유공	30	18	3	5	23	2	0
	1997	부천SK	29	10	8	5	41	3	0
	1998	부천SK	32	22	5	3	30	2	0
	1999	부천SK	35	18	5	3	41	4	0
	2000	부천SK	41	24	3	4	59	5	0
	2001	부천SK	27	13	1	4	36	6	0
	2002	부천SK	32	16	1	0	40	3	0
	2003	부천SK	32	16	1	1	43	3	0
	2004	부천SK	12	11	1	0	13	1	0
	2005	대전	12	11	1	0	13	1	0
	합계		285	161	31	27	319	25	0
프로통산			285	161	31	27	319	25	0

윤정환 (尹晶煥) 동아대 1973.02.16

대회	연도	소속	출전	교체	득점	도움	파울	경고	퇴장
BC	1995	유공	24	7	3	5	47	9	0
	1996	부천유공	22	1	3	8	42	2	0
	1997	부천SK	16	10	1	3	38	4	0
	1998	부천SK	28	13	4	8	41	4	0
	1999	부천SK	35	9	4	5	41	4	0
	2003	성남일화	30	26	1	3	44	2	0
	2004	전북	34	5	2	8	76	6	0
	2005	전북	31	20	2	5	45	6	0
	합계		203	85	20	44	370	34	0
프로통산			203	85	20	44	370	34	0

윤종규 (尹鍾奎) 신갈고 1998.03.20

대회	연도	소속	출전	교체	득점	도움	파울	경고	퇴장
K1	2018	서울	5	0	0	0	7	0	0
	2019	서울	29	6	0	2	20	1	0
	2020	서울	17	0	0	1	13	0	0
	2021	서울	32	5	1	2	30	1	0
	합계		83	11	1	4	70	3	0
K2	2017	경남	5	1	0	0	6	0	0
	합계		5	1	0	0	6	0	0
승	2018	서울	1	0	0	0	1	0	0
	합계		1	0	0	0	1	0	0
프로통산			90	12	1	4	77	7	0

윤종태 (尹鍾太) 일본 환태평양대 1998.02.12

대회	연도	소속	출전	교체	득점	도움	파울	경고	퇴장
K1	2020	대구	4	4	0	0	0	0	0
	2021	대구	0	0	0	0	0	0	0
	합계		4	4	0	0	0	0	0
프로통산			4	4	0	0	0	0	0

윤종현 (尹鐘玄) 동아대 1961.07.03

대회	연도	소속	출전	교체	득점	도움	파울	경고	퇴장
BC	1984	국민은행	1	1	0	0	1	0	0
	합계		1	1	0	0	1	0	0
프로통산			1	1	0	0	1	0	0

윤주열 (尹珠烈) 인천대 1992.05.10

대회	연도	소속	출전	교체	득점	도움	파울	경고	퇴장
K1	2015	인천	0	0	0	0	0	0	0
	합계		0	0	0	0	0	0	0
프로통산			0	0	0	0	0	0	0

윤주일(尹柱日) 동아대 1980.03.10

대회	연도	소속	출전	교체	득점	도움	파울	경고	퇴장
BC	2003	대구	36	16	5	3	74	8	0
	2004	대구	29	8	3	3	56	5	0
	2005	대구	26	10	1	2	34	4	0
	2006	인천	13	9	1	1	19	2	0
	2007	인천	8	6	0	0	5	0	0
	2007	전남	8	6	0	0	15	1	0
	2008	전남	4	1	0	0	4	0	0
	2009	전남	4	2	0	0	10	2	0
	2010	부산	0	0	0	0	0	0	0
	합계		126	57	10	9	219	22	0
프로통산			126	57	10	9	219	22	0

윤주태(尹柱泰) 연세대 1990.06.22

대회	연도	소속	출전	교체	득점	도움	파울	경고	퇴장
K1	2014	서울	10	9	2	0	2	0	0
	2015	서울	26	26	9	1	17	0	0
	2016	서울	17	16	3	2	11	3	0
	2017	상주	8	8	1	2	4	0	0
	2018	상주	8	8	1	0	4	0	0
	2018	서울	7	5	2	0	6	0	0
	2019	서울	14	14	1	1	9	0	0
	2020	서울	18	14	3	1	10	5	0
	합계		108	100	20	7	58	5	0
K2	2021	경남	14	14	2	0	6	0	0
	합계		14	14	2	0	6	0	0
승	2017	상주	1	2	0	0	1	0	0
	2018	서울	2	2	0	0	1	0	0
	합계		3	4	0	0	2	0	0
프로통산			125	118	22	7	70	6	0

윤준성(尹准聖) 경희대 1989.09.28

대회	연도	소속	출전	교체	득점	도움	파울	경고	퇴장
BC	2012	포항	1	0	0	0	1	0	0
	합계		1	0	0	0	1	0	0
K1	2013	포항	1	1	0	0	0	0	0
	2014	포항	11	11	0	1	2	1	0
	2015	대전	15	1	0	0	9	2	0
	2016	상주	10	1	0	0	10	0	0
	2017	상주	15	3	0	0	15	2	0
	합계		52	17	0	1	36	5	0
K2	2017	대전	6	1	0	0	4	0	0
	2018	대전	18	3	1	0	14	5	0
	2019	수원FC	21	5	0	0	27	6	0
	2021	안양	4	2	0	0	0	1	0
	합계		49	11	1	0	45	11	0
프로통산			102	28	1	1	82	17	0

윤준수(尹晙洙) 경기대 1986.03.28

대회	연도	소속	출전	교체	득점	도움	파울	경고	퇴장
BC	2007	전남	1	1	0	0	1	0	0
	합계		1	1	0	0	1	0	0
프로통산			1	1	0	0	1	0	0

윤준하(尹俊河) 대구대 1987.01.04

대회	연도	소속	출전	교체	득점	도움	파울	경고	퇴장
BC	2009	강원	30	20	7	5	21	2	0
	2010	강원	17	14	0	1	14	0	0
	2011	강원	30	23	1	4	32	2	0
	2012	인천	3	3	0	0	6	1	0
	합계		80	60	8	10	73	6	0
K1	2013	대전	6	6	0	0	1	0	0
	2015	대전	6	6	0	1	6	0	0
	합계		12	12	0	1	7	0	0
K2	2014	안산경찰	23	18	4	3	42	1	0
	2015	안산경찰	15	14	1	1	18	4	0
	합계		38	32	5	4	60	5	0
프로통산			124	98	13	14	134	11	0

윤중희(尹重熙) 중앙대 1975.12.08

대회	연도	소속	출전	교체	득점	도움	파울	경고	퇴장
BC	1999	부천SK	9	7	0	0	4	0	0
	2000	부천SK	11	6	0	0	20	1	0
	2001	부천SK	22	8	1	0	30	3	0
	2002	부천SK	5	3	0	0	7	1	0
	2003	부천SK	21	3	0	1	23	6	0
	2004	부천SK	2	2	0	0	1	0	0
	합계		70	29	1	1	85	11	0
프로통산			70	29	1	1	85	11	0

윤지혁(尹志爀) 숭실대 1998.02.07

대회	연도	소속	출전	교체	득점	도움	파울	경고	퇴장
K1	2018	전북	0	0	0	0	0	0	0
	2019	전북	0	0	0	0	0	0	0
	합계		0	0	0	0	0	0	0
K2	2019	부천	1	1	0	0	0	0	0
	2021	부천	12	5	0	0	10	0	0
	합계		13	6	0	0	10	0	0
프로통산			13	6	0	0	10	0	0

윤태수(尹太秀) 아주대 1993.04.16

대회	연도	소속	출전	교체	득점	도움	파울	경고	퇴장
K1	2016	수원FC	6	6	0	0	5	0	0
	합계		6	6	0	0	5	0	0
K2	2017	수원FC	5	4	0	0	4	1	0
	합계		5	4	0	0	4	1	0
프로통산			11	10	0	0	9	1	0

윤평국(尹平國) 인천대 1992.02.08

대회	연도	소속	출전	교체	실점	도움	파울	경고	퇴장
K1	2016	상주	1	0	1	0	0	0	0
	2017	광주	3	1	4	0	0	0	0
	2020	광주	13	0	23	0	0	0	0
	2021	광주	11	0	14	0	0	0	0
	합계		28	1	42	0	0	0	0
K2	2015	상주	0	0	0	0	0	0	0
	2018	광주	24	0	26	0	0	0	0
	2019	광주	28	1	26	0	2	4	0
	합계		52	1	52	0	2	4	0
프로통산			80	2	94	0	2	4	0

윤화평(尹和平) 강릉농공고 1983.03.26

대회	연도	소속	출전	교체	득점	도움	파울	경고	퇴장
BC	2002	수원	1	1	0	0	1	0	0
	2006	수원	4	4	0	0	3	0	0
	합계		5	5	0	0	3	0	0
프로통산			5	5	0	0	3	0	0

윤희준(尹熙俊) 연세대 1972.11.01

대회	연도	소속	출전	교체	득점	도움	파울	경고	퇴장
BC	1995	대우	8	1	0	1	21	2	0
	1996	부산	23	1	0	0	48	8	2
	1997	부산	22	8	0	2	36	3	0
	2000	부산	24	3	1	0	39	6	0
	2001	부산	33	2	3	0	58	6	0
	2002	부산	31	4	1	1	56	6	0
	2003	부산	36	5	2	1	57	7	0
	2004	부산	34	0	1	0	69	6	0
	2005	부산	15	1	0	0	11	6	1
	2006	전남	26	20	1	1	23	4	0
	합계		252	50	10	8	413	54	3
프로통산			252	50	10	8	413	54	3

율리안(Iulian Arhire) 루마니아 1976.03.17

대회	연도	소속	출전	교체	득점	도움	파울	경고	퇴장
BC	1999	포항	7	6	0	0	6	2	0
	합계		7	6	0	0	6	2	0
프로통산			7	6	0	0	6	2	0

은성수(殷成洙) 숭실대 1993.06.22

대회	연도	소속	출전	교체	득점	도움	파울	경고	퇴장
K1	2017	수원	0	0	0	0	0	0	0
	합계		0	0	0	0	0	0	0
K2	2018	안양	11	4	1	0	12	0	0
	2019	안양	3	3	0	0	0	0	0
	합계		14	7	1	0	12	0	0
프로통산			14	7	1	0	12	0	0

은종구(殷鍾九) 전주대 1968.08.01

대회	연도	소속	출전	교체	득점	도움	파울	경고	퇴장
BC	1993	현대	17	15	0	1	7	0	0
	1994	현대	1	1	0	1	4	0	0
	합계		18	16	0	2	11	0	0
프로통산			18	16	0	2	11	0	0

음밤바(Emile Bertrand Mbamba) 카메룬 1982.10.27

대회	연도	소속	출전	교체	득점	도움	파울	경고	퇴장
BC	2009	대구	7	6	0	0	12	1	0
	합계		7	6	0	0	12	1	0
프로통산			7	6	0	0	12	1	0

이강민(李康敏) 연세대 1954.07.21

대회	연도	소속	출전	교체	득점	도움	파울	경고	퇴장
BC	1984	현대	10	8	3	1	2	0	0
	합계		10	8	3	1	2	0	0
프로통산			10	8	3	1	2	0	0

이강민(李康敏) 경희대 1985.08.29

대회	연도	소속	출전	교체	득점	도움	파울	경고	퇴장
BC	2009	강원	10	7	0	1	7	0	0
	합계		10	7	0	1	7	0	0
프로통산			10	7	0	1	7	0	0

이강석(李康錫) 서울대 1958.05.21

대회	연도	소속	출전	교체	득점	도움	파울	경고	퇴장
BC	1983	할렐루야	16	7	2	3	11	1	0
	1984	할렐루야	15	10	1	2	12	0	0
	1985	할렐루야	11	8	1	0	12	0	0
	합계		42	25	4	4	43	3	0
프로통산			42	25	4	4	43	3	0

이강욱(李康昱) 서울대 1963.05.07

대회	연도	소속	출전	교체	득점	도움	파울	경고	퇴장
BC	1986	유공	5	5	0	0	3	0	0
	합계		5	5	0	0	3	0	0
프로통산			5	5	0	0	3	0	0

이강일(李康一) 광운대 1981.06.26

대회	연도	소속	출전	교체	득점	도움	파울	경고	퇴장
BC	2004	대전	1	1	0	0	0	0	0
	합계		1	1	0	0	0	0	0
프로통산			1	1	0	0	0	0	0

이강조(李康助) 고려대 1954.10.27

대회	연도	소속	출전	교체	득점	도움	파울	경고	퇴장
BC	1983	유공	16	0	3	6	7	0	0
	1984	유공	27	0	4	5	19	0	0
	1985	유공	7	5	0	0	2	0	0
	합계		50	5	7	11	28	0	0
프로통산			50	5	7	11	28	0	0

이강현(李剛玄) 호남대 1998.07.31

대회	연도	소속	출전	교체	득점	도움	파울	경고	퇴장
K1	2021	인천	16	15	0	2	27	2	0
	합계		16	15	0	2	27	2	0
프로통산			16	15	0	2	27	2	0

이건(李健) 중앙대 1996.01.08

대회	연도	소속	출전	교체	득점	도움	파울	경고	퇴장
K1	2019	성남	0	0	0	0	0	0	0
	합계		0	0	0	0	0	0	0
K2	2017	안산	21	1	0	0	39	8	0
	2018	안산	20	4	3	1	21	5	0
	합계		41	5	3	1	60	13	0
프로통산			41	5	3	1	60	13	0

이건철(李建澈) 경희대 1996.02.21

대회	연도	소속	출전	교체	득점	도움	파울	경고	퇴장
K2	2018	대전	1	1	0	0	0	0	0
	합계		1	1	0	0	0	0	0
프로통산			1	1	0	0	0	0	0

이건희(李建熙) 한양대 1998.02.17

이○○ (계속)

대회	연도	소속	출전	교체	득점	도움	파울	경고	퇴장
K2	2020	서울E	5	5	0	0	4	0	0
	2021	서울E	9	8	1	1	20	4	0
	합계		14	13	1	1	24	4	0
프로통산			14	13	1	1	24	4	0

이겨레 (李 겨레) 동북중 1985.08.22

대회	연도	소속	출전	교체	득점	도움	파울	경고	퇴장
BC	2008	대전	1	1	0	0	0	0	0
	합계		1	1	0	0	0	0	0
프로통산			1	1	0	0	0	0	0

이경근 (李 景根) 숭실고 1978.06.16

대회	연도	소속	출전	교체	득점	도움	파울	경고	퇴장
BC	1999	수원	1	0	0	0	5	0	0
	2000	수원	6	1	0	0	10	2	0
	합계		7	1	0	0	15	2	0
프로통산			7	1	0	0	15	2	0

이경남 (李 敬 男) 경희대 1961.11.04

대회	연도	소속	출전	교체	득점	도움	파울	경고	퇴장
BC	1985	현대	10	9	1	0	3	0	0
	1986	현대	1	1	0	0	0	0	0
	합계		11	10	1	0	3	0	0
프로통산			11	10	1	0	3	0	0

이경렬 (李 京 烈) 고려대 1988.01.16

대회	연도	소속	출전	교체	득점	도움	파울	경고	퇴장
BC	2010	경남	6	2	0	0	8	1	0
	2011	경남	26	7	2	0	20	4	0
	2012	부산	39	6	1	0	25	6	0
	합계		71	15	3	0	53	11	0
K1	2013	부산	22	3	0	1	35	4	0
	2014	부산	30	1	2	0	39	8	0
	2015	부산	34	0	3	0	31	10	0
	2016	상주	5	1	0	0	2	0	0
	2017	상주	6	1	1	0	5	1	0
	2018	전남	12	5	1	1	8	6	0
	합계		109	11	7	2	120	29	0
K2	2017	부산	5	1	1	0	11	3	0
	2019	서울E	15	0	1	0	13	6	0
	합계		20	1	1	1	24	9	0
승	2015	부산	2	0	0	0	5	1	0
	2017	부산	0	0	0	0	0	0	0
	합계		2	0	0	0	5	1	0
프로통산			202	26	11	3	202	50	0

이경수 (李 炅 受) 수원대 1991.07.21

대회	연도	소속	출전	교체	득점	도움	파울	경고	퇴장
K2	2014	부천	9	8	0	0	7	2	0
	합계		9	8	0	0	7	2	0
프로통산			9	8	0	0	7	2	0

이경수 (李 慶 洙) 숭실대 1973.10.28

대회	연도	소속	출전	교체	득점	도움	파울	경고	퇴장
BC	1996	수원	6	2	0	0	7	1	0
	1998	울산	25	15	0	0	37	4	0
	1999	천안일화	16	11	1	0	22	0	0
	2000	전북	3	2	0	0	4	0	0
	2001	전북	14	11	1	0	37	2	0
	2003	대구	22	17	1	0	34	4	0
	2004	대구	13	8	1	0	1	0	0
	2005	대전	29	10	1	1	52	6	0
	합계		128	76	5	1	216	20	0
프로통산			128	76	5	1	216	20	0

이경수 (李 昊 秀) 천안제일고 1992.10.23

대회	연도	소속	출전	교체	득점	도움	파울	경고	퇴장
BC	2011	강원	0	0	0	0	0	0	0
	합계		0	0	0	0	0	0	0
프로통산			0	0	0	0	0	0	0

이경우 (李 庚 祐) 주문진수도공고 1977.05.03

대회	연도	소속	출전	교체	득점	도움	파울	경고	퇴장
BC	1999	수원	3	3	0	0	1	0	0
	2000	수원	13	9	3	1	18	2	0
	2001	수원	0	0	0	0	0	0	0
	2004	수원	1	1	0	0	1	1	0
	합계		17	13	3	1	20	3	0
프로통산			17	13	3	1	20	3	0

이경춘 (李 鏡 春) 아주대 1969.04.14

대회	연도	소속	출전	교체	득점	도움	파울	경고	퇴장
BC	1992	대우	14	12	0	0	11	2	0
	1993	대우	4	4	0	0	2	0	0
	1994	버팔로	23	1	0	2	38	5	0
	1995	전북	31	2	0	0	70	8	0
	1996	전북	33	2	0	0	60	8	0
	1997	전북	31	1	2	0	62	7	0
	1998	전북	32	3	1	2	81	5	0
	1999	전북	16	6	0	0	39	1	0
	2000	전북	1	1	0	0	5	0	0
	합계		185	34	5	2	368	36	0
프로통산			185	34	5	2	368	36	0

이경환 (李 京 煥) 명신대 1988.03.21

대회	연도	소속	출전	교체	득점	도움	파울	경고	퇴장
BC	2009	대전	22	16	1	0	30	7	0
	2010	대전	20	15	1	1	31	4	0
	2011	수원	2	2	0	0	2	0	0
	합계		44	32	1	2	62	11	0
프로통산			44	32	1	2	62	11	0

이계원 (李 啓 源) 인천대 1965.03.16

대회	연도	소속	출전	교체	득점	도움	파울	경고	퇴장
BC	1985	상무	17	2	2	2	19	1	0
	1988	포항제철	19	13	0	1	11	0	0
	1989	포항제철	20	15	0	0	14	0	0
	1990	포항제철	19	13	1	0	13	0	0
	1991	포항제철	30	11	2	0	20	0	0
	1992	포항제철	16	12	2	2	14	0	0
	1993	포항제철	20	18	0	4	36	4	0
	합계		141	63	11	9	127	5	0
프로통산			141	63	11	9	127	5	0

이고르 (Garcia Silva Hygor Cleber) 브라질 1992.08.13

대회	연도	소속	출전	교체	득점	도움	파울	경고	퇴장
K1	2016	수원	2	2	1	0	0	0	0
	합계		2	2	1	0	0	0	0
프로통산			2	2	1	0	0	0	0

이관우 (李 官 雨) 한양대 1978.02.25

대회	연도	소속	출전	교체	득점	도움	파울	경고	퇴장
BC	2000	대전	12	9	1	1	14	2	0
	2001	대전	22	2	2	4	15	2	0
	2002	대전	19	8	2	1	15	1	0
	2003	대전	38	30	4	5	47	5	0
	2004	대전	29	19	5	3	34	8	0
	2005	대전	32	10	4	5	64	9	0
	2006	대전	15	7	2	6	25	2	0
	2006	수원	15	7	0	4	27	2	0
	2007	수원	35	23	4	7	48	2	0
	2008	수원	21	19	1	3	30	2	0
	2009	수원	12	7	0	0	18	3	0
	합계		251	161	33	33	322	44	0
프로통산			251	161	33	33	322	44	0

이관표 (李 官 表) 중앙대 1994.09.07

대회	연도	소속	출전	교체	득점	도움	파울	경고	퇴장
K2	2015	수원FC	23	11	2	3	25	3	0
	2016	경남	19	10	2	1	24	3	0
	2017	경남	4	4	0	0	4	0	0
	합계		46	25	4	4	41	6	0
프로통산			46	25	4	4	41	6	0

이관호 (李 寬 鎬) 명지대 1960.06.28

대회	연도	소속	출전	교체	실점	도움	파울	경고	퇴장
BC	1985	상무	18	1	24	0	0	0	0
	합계		18	1	24	0	0	0	0
프로통산			18	1	24	0	0	0	0

이광래 (李 光 來) 중앙고 1972.05.24

대회	연도	소속	출전	교체	득점	도움	파울	경고	퇴장
BC	1992	LG	2	2	0	0	7	1	0
	1993	LG	2	2	0	0	0	0	0
	합계		4	4	0	0	7	1	0
프로통산			4	4	0	0	7	1	0

이광석 (李 光 錫) 중앙대 1975.03.05

대회	연도	소속	출전	교체	실점	도움	파울	경고	퇴장
BC	1998	전북	34	0	58	0	4	2	0
	1999	전북	33	0	54	0	1	1	0
	2000	전북	8	1	12	0	1	0	0
	2001	전북	11	1	14	0	1	1	0
	2003	광주상무	33	0	43	0	2	2	0
	2004	전북	5	0	5	0	1	1	0
	2005	전북	10	1	28	0	1	0	0
	2006	전북	10	1	12	0	0	0	0
	2007	경남	8	1	10	0	0	2	0
	2008	경남	33	0	45	0	2	3	0
	2009	경남	4	0	6	0	0	0	0
	합계		189	5	277	0	11	10	0
프로통산			189	5	277	0	11	10	0

이광선 (李 光 善) 경희대 1989.09.06

대회	연도	소속	출전	교체	득점	도움	파울	경고	퇴장
K1	2016	제주	34	3	5	1	52	2	0
	2017	상주	7	2	0	0	4	1	0
	2018	제주	21	13	2	1	21	4	0
	2018	경남	12	8	2	0	12	0	0
	2019	경남	29	4	0	0	38	6	0
	합계		103	30	9	2	137	13	0
K2	2020	경남	27	2	1	1	38	7	0
	2021	경남	18	2	1	0	17	6	0
	합계		45	4	2	1	55	13	0
승	2017	상주	2	0	0	0	3	0	0
	2019	경남	2	0	0	0	4	0	0
	합계		4	0	0	0	7	0	0
프로통산			152	36	10	4	195	33	0

이광연 (李 光 淵) 인천대 1999.09.11

대회	연도	소속	출전	교체	실점	도움	파울	경고	퇴장
K1	2019	강원	8	0	19	0	0	0	0
	2020	강원	11	0	16	0	0	0	0
	2021	강원	4	1	7	0	0	1	0
	합계		23	1	42	0	0	2	0
승	2021	강원	2	0	2	0	0	0	0
	합계		2	0	2	0	0	0	0
프로통산			25	1	44	0	0	2	0

이광재 (李 珖 載) 대구대 1980.01.01

대회	연도	소속	출전	교체	득점	도움	파울	경고	퇴장
BC	2003	광주상무	17	5	5	1	33	4	0
	2004	전남	9	10	0	0	7	0	0
	2005	전남	15	14	1	2	31	4	0
	2006	전남	13	12	1	1	43	3	0
	2007	포항	29	24	7	1	36	4	0
	2008	포항	9	6	2	0	7	0	0
	2009	포항	4	4	0	0	5	0	0
	2009	전북	11	10	1	1	15	0	0
	2010	전북	12	11	1	0	12	0	0
	2012	대구	8	8	0	0	7	0	0
	합계		136	113	20	8	187	23	0
K2	2013	고양	18	14	3	3	24	3	0
	2014	고양	28	18	2	4	29	3	0
	2015	고양	25	24	3	0	21	2	0
	합계		65	51	5	4	67	6	0
프로통산			201	164	25	12	254	29	0

이광재 (李 曠 載) 배재대 1998.06.10

(column 1)

대회	연도	소속	출전	교체	득점	도움	파울	경고	퇴장
K2	2018	부천	28	28	3	0	32	2	0
	2019	부천	7	7	0	0	11	2	0
	2020	부천	3	3	0	0	0	0	0
	합계		38	38	3	0	43	4	0
프로통산			38	38	3	0	43	4	0

이광조(李光照) 한양대 1962.08.20

대회	연도	소속	출전	교체	득점	도움	파울	경고	퇴장
BC	1986	현대	3	2	0	0	2	0	0
	1987	현대	2	1	0	0	2	0	0
	1988	현대	8	5	0	0	11	1	0
	1989	유공	24	7	0	0	27	0	0
	1990	유공	22	0	0	0	31	2	0
	1991	유공	16	6	0	0	12	1	0
	1992	유공	9	1	0	0	4	1	0
	1993	LG	20	3	0	0	4	5	0
	합계		102	27	0	0	83	11	0
프로통산			102	27	0	0	83	11	0

이광종(李光鍾) 중앙대 1964.04.01

대회	연도	소속	출전	교체	득점	도움	파울	경고	퇴장
BC	1988	유공	24	5	1	2	34	1	0
	1989	유공	37	7	2	6	40	1	0
	1990	유공	25	8	4	1	35	0	0
	1991	유공	11	6	1	0	6	0	0
	1992	유공	28	15	1	1	33	1	0
	1993	유공	35	10	4	2	48	1	0
	1994	유공	35	14	9	3	54	2	0
	1995	유공	28	3	4	2	49	2	0
	1996	수원	30	16	5	4	51	3	0
	1997	수원	13	14	1	0	17	0	0
	합계		266	98	36	21	369	13	1
프로통산			266	98	36	21	369	13	1

이광준(李侊俊) 단국대 1996.01.08

대회	연도	소속	출전	교체	득점	도움	파울	경고	퇴장
K1	2021	포항	20	11	0	0	16	2	0
	합계		20	11	0	0	16	2	0
프로통산			20	11	0	0	16	2	0

이광진(李廣鎭) 동북고 1991.07.23

대회	연도	소속	출전	교체	득점	도움	파울	경고	퇴장
BC	2010	서울	0	0	0	0	0	0	0
	2011	서울	0	0	0	0	0	0	0
	2011	대구	1	1	0	0	0	0	0
	2012	대구	1	1	0	0	0	0	0
	합계		1	1	0	0	0	0	0
K1	2015	대전	2	2	0	0	2	0	0
	2016	수원FC	25	11	0	0	26	5	0
	2018	경남	20	1	0	2	16	1	0
	2019	경남	21	5	0	2	18	4	0
	합계		68	19	0	4	62	10	0
K2	2014	광주	16	3	4	2	29	2	0
	2014	대전	4	1	0	0	7	0	0
	2015	대구	3	0	0	0	4	0	0
	2017	수원FC	31	9	0	3	51	11	0
	2018	수원FC	11	5	0	0	8	1	0
	2021	경남	3	0	0	1	2	1	0
	합계		78	33	4	6	121	20	0
승	2019	경남	2	0	0	0	3	0	0
	합계		2	0	0	0	3	0	0
프로통산			149	45	4	10	186	30	0

이광진(李光振) 경일대 1972.05.27

대회	연도	소속	출전	교체	득점	도움	파울	경고	퇴장
BC	2002	대전	7	7	0	0	7	1	0
	합계		7	7	0	0	7	1	0
프로통산			7	7	0	0	7	1	0

이광혁(李侊赫) 포항제철고 1995.09.11

대회	연도	소속	출전	교체	득점	도움	파울	경고	퇴장
K1	2014	포항	9	9	0	0	6	0	0

(column 2)

대회	연도	소속	출전	교체	득점	도움	파울	경고	퇴장
	2015	포항	19	16	2	0	11	0	0
	2016	포항	12	9	0	2	14	3	0
	2017	포항	30	28	1	6	16	1	0
	2018	포항	16	15	1	2	7	1	0
	2019	포항	23	22	2	1	18	3	0
	2020	포항	25	24	1	4	17	4	0
	합계		134	123	7	15	89	13	0
프로통산			134	123	7	15	89	13	0

이광현(李光鉉) 중앙대 1973.03.16

대회	연도	소속	출전	교체	득점	도움	파울	경고	퇴장
BC	1996	천안일화	9	9	1	0	3	1	0
	1997	천안일화	12	8	0	0	8	0	0
	합계		21	17	1	0	11	1	0
프로통산			21	17	1	0	11	1	0

이광현(李光鉉) 고려대 1981.07.18

대회	연도	소속	출전	교체	득점	도움	파울	경고	퇴장
BC	2004	전북	2	1	0	3	0	0	0
	2005	전북	9	4	0	0	11	0	0
	2006	전북	9	4	0	0	7	1	0
	2008	광주상무	4	3	0	1	4	0	0
	2009	전북	4	2	0	0	2	1	0
	2010	전북	6	1	0	0	5	0	0
	2011	전북	4	0	0	0	5	0	0
	2012	대전	3	0	0	0	1	1	0
	합계		41	15	0	4	42	4	0
프로통산			41	15	0	4	42	4	0

이광호(李光好) 상지대 1977.05.24

대회	연도	소속	출전	교체	득점	도움	파울	경고	퇴장
BC	2000	수원	1	0	0	0	2	0	0
	합계		1	0	0	0	2	0	0
프로통산			1	0	0	0	2	0	0

이광훈(李侊勳) 포철공고 1993.11.26

대회	연도	소속	출전	교체	득점	도움	파울	경고	퇴장
BC	2012	포항	0	0	0	0	0	0	0
	합계		0	0	0	0	0	0	0
K1	2013	포항	4	4	0	0	0	0	0
	2014	포항	4	4	0	0	4	0	0
	2015	대전	0	0	0	0	0	0	0
	2016	수원FC	3	3	0	0	0	0	0
	합계		9	9	0	0	4	0	0
프로통산			9	9	0	0	4	0	0

이규로(李奎魯) 광양제철고 1988.08.20

대회	연도	소속	출전	교체	득점	도움	파울	경고	퇴장
BC	2007	전남	8	3	1	0	9	0	0
	2008	전남	19	11	1	1	19	2	0
	2009	전남	28	6	5	0	34	7	0
	2010	서울	2	1	0	0	2	0	0
	2011	서울	14	6	0	1	23	2	0
	2012	인천	23	3	1	2	37	5	0
	합계		94	30	8	4	126	16	0
K1	2013	전북	15	4	1	0	28	2	0
	2014	전북	14	4	1	1	16	3	0
	2015	전북	2	0	0	0	3	0	0
	2016	서울	14	3	0	0	18	3	0
	2017	서울	22	5	0	3	40	4	0
	합계		57	20	4	4	86	10	0
K2	2016	서울E	11	1	2	1	12	0	0
	2020	대전	12	6	1	0	13	0	0
	2021	대전	12	2	0	1	7	0	0
	합계		39	14	2	3	36	1	0
프로통산			190	64	10	11	257	34	1

이규성(李奎成) 홍익대 1994.05.10

대회	연도	소속	출전	교체	득점	도움	파울	경고	퇴장
K1	2015	부산	18	10	1	2	14	2	0
	2018	상주	12	7	1	0	9	0	0
	2019	상주	35	4	0	3	24	5	0

(column 3)

대회	연도	소속	출전	교체	득점	도움	파울	경고	퇴장
	2020	부산	22	10	1	1	17	2	0
	2021	성남	32	17	0	2	23	4	0
	합계		119	48	2	9	83	12	0
K2	2016	부산	32	17	1	3	29	4	0
	2017	부산	15	11	0	3	11	0	0
	2018	부산	8	6	0	1	9	0	0
	합계		55	34	4	4	53	6	0
승	2015	부산	2	2	0	0	2	0	0
	2017	부산	0	0	0	0	0	0	0
	합계		2	2	0	0	2	0	0
프로통산			176	84	6	13	138	18	0

이규철(李揆哲) 울산대 1982.05.01

대회	연도	소속	출전	교체	득점	도움	파울	경고	퇴장
BC	2006	대전	5	3	0	0	5	0	0
	합계		5	3	0	0	5	0	0
프로통산			5	3	0	0	5	0	0

이규칠(李圭七) 영남대 1975.11.28

대회	연도	소속	출전	교체	득점	도움	파울	경고	퇴장
BC	1998	포항	7	7	0	0	8	1	0
	1999	포항	5	4	0	0	8	0	0
	합계		12	11	0	0	16	1	0
프로통산			12	11	0	0	16	1	0

이규혁(李揆奕) 동국대 1999.05.04

대회	연도	소속	출전	교체	득점	도움	파울	경고	퇴장
K1	2019	제주							
	2021	제주	9	11	0	1	8	0	0
	합계		9	11	0	1	8	0	0
K2	2020	제주	6	6	0	1	10	0	0
	2021	충남아산	11	6	0	1	8	0	0
	합계		17	12	0	2	18	1	0
프로통산			26	23	0	3	26	1	0

이규호(李圭鎬) 연세대 1979.07.13

대회	연도	소속	출전	교체	득점	도움	파울	경고	퇴장
BC	2002	부산	24	3	0	0	15	3	0
	2004	부산	0	0	0	0	0	0	0
	합계		24	3	0	0	15	3	0
프로통산			24	3	0	0	15	3	0

이근표(李根杓) 수원대 1992.02.06

대회	연도	소속	출전	교체	실점	도움	파울	경고	퇴장
BC	2012	경남	0	0	0	0	0	0	0
	합계		0	0	0	0	0	0	0
K1	2013	강원	0	0	0	0	0	0	0
	합계		0	0	0	0	0	0	0
프로통산			0	0	0	0	0	0	0

이근호(李根鎬) 부평고 1985.04.11

대회	연도	소속	출전	교체	득점	도움	파울	경고	퇴장
BC	2005	인천	5	5	0	0	3	0	0
	2006	인천	3	3	0	0	3	0	0
	2007	대구	27	5	10	3	32	3	0
	2008	대구	32	1	13	6	31	2	0
	2012	울산	33	11	8	6	41	3	0
	합계		100	28	31	15	110	8	0
K1	2014	상주	18	6	4	2	13	1	0
	2015	전북	15	7	4	1	14	0	0
	2016	제주	35	19	5	6	39	1	0
	2017	강원	37	4	8	4	51	3	0
	2018	울산	17	14	0	1	17	1	0
	2019	울산	18	18	2	5	13	1	0
	2020	울산	24	23	3	3	13	1	0
	2021	대구	30	31	3	0	12	1	0
	합계		200	117	30	30	182	9	0
K2	2013	상주	25	6	15	6	26	3	0
	합계		25	6	15	6	26	3	0
승	2013	상주	2	0	0	1	2	0	0
	합계		2	0	0	1	2	0	0
프로통산			327	151	76	52	320	21	0

이근호(李根好) 연세대 1996.05.21

대회	연도	소속	출전	교체	득점	도움	파울	경고	퇴장
K1	2018	포항	30	26	3	4	14	2	0
	2019	전북	2	2	0	0	1	0	0
	2019	제주	13	12	1	1	4	2	0
	2020	상주	7	6	0	1	4	1	0
	합계		52	46	4	6	27	4	0
K2	2021	김천	2	2	1	0	2	0	0
	합계		2	2	1	0	2	0	0
프로통산			54	48	5	6	29	4	0

이기근(李基根) 한양대 1965.08.13

대회	연도	소속	출전	교체	득점	도움	파울	경고	퇴장
BC	1987	포항제철	26	19	6	0	18	2	0
	1988	포항제철	23	6	12	1	22	1	0
	1989	포항제철	33	16	6	2	32	4	0
	1990	포항제철	21	17	3	0	11	0	0
	1991	포항제철	37	19	16	1	38	1	0
	1992	포항제철	13	4	2	4	15	1	0
	1993	대우	28	21	7	2	32	3	0
	1994	대우	23	22	4	4	21	0	0
	1996	수원	32	27	11	6	49	3	0
	1997	수원	25	24	3	0	27	1	0
	합계		264	181	70	19	259	16	0
프로통산			264	181	70	19	259	16	0

이기동(李期東) 연세대 1984.05.11

대회	연도	소속	출전	교체	득점	도움	파울	경고	퇴장
BC	2010	포항	3	2	1	0	3	2	0
	2011	포항	1	1	0	0	0	0	0
	합계		4	3	1	0	3	2	0
프로통산			4	3	1	0	3	2	0

이기범(李基汎) 경북산업대(경일대) 1970.08.08

대회	연도	소속	출전	교체	득점	도움	파울	경고	퇴장
BC	1993	일화	10	7	1	2	14	0	1
	1994	일화	21	16	2	2	14	1	0
	1995	일화	7	5	1	0	11	1	0
	1996	천안일화	34	25	5	0	45	3	0
	1997	천안일화	20	11	1	3	41	3	0
	1998	천안일화	26	18	0	3	37	6	0
	1999	울산	27	26	1	4	34	1	0
	2000	수원	14	12	0	0	19	2	0
	합계		159	120	11	14	215	20	1
프로통산			159	120	11	14	215	20	1

이기부(李基富) 아주대 1976.03.16

대회	연도	소속	출전	교체	득점	도움	파울	경고	퇴장
BC	1999	부산	17	14	1	0	25	1	0
	2000	부산	34	11	8	4	64	5	0
	2001	부산	26	17	1	0	28	2	0
	2002	포항	6	6	1	1	13	1	0
	2004	인천	1	1	0	0	0	0	0
	합계		84	49	11	5	130	9	0
프로통산			84	49	11	5	130	9	0

이기제(李基濟) 동국대 1991.07.09

대회	연도	소속	출전	교체	득점	도움	파울	경고	퇴장
K1	2016	울산	35	5	0	2	40	6	0
	2017	울산	8	2	1	1	7	1	0
	2018	수원	19	5	2	3	21	1	0
	2020	수원	4	3	1	4	2	1	0
	2021	수원	38	5	3	5	31	3	0
	합계		104	15	7	11	103	13	0
프로통산			104	15	7	11	103	13	0

이기혁 울산대 2000.07.07

대회	연도	소속	출전	교체	득점	도움	파울	경고	퇴장
K1	2021	수원FC	15	16	0	0	11	3	0
	합계		15	16	0	0	11	3	0
프로통산			15	16	0	0	11	3	0

이기현(李起現) 동국대 1993.12.16

대회	연도	소속	출전	교체	실점	도움	파울	경고	퇴장
K1	2017	제주	0	0	0	0	0	0	0
	합계		0	0	0	0	0	0	0
K2	2015	부천	12	0	17	0	0	1	0
	2016	경남	5	0	7	0	0	0	0
	2018	부천	2	0	4	0	0	0	0
	2019	아산	11	0	21	1	0	0	0
	2020	충남아산	18	0	25	0	1	2	0
	2021	충남아산	16	0	17	0	0	1	0
	합계		64	0	91	1	2	3	0
프로통산			64	0	91	1	2	3	0

이기형(李奇炯) 한양대 1957.06.11

대회	연도	소속	출전	교체	실점	도움	파울	경고	퇴장
BC	1984	한일은행	4	0	4	0	0	0	0
	합계		4	0	4	0	0	0	0
프로통산			4	0	4	0	0	0	0

이기형(李起炯) 고려대 1974.09.28

대회	연도	소속	출전	교체	득점	도움	파울	경고	퇴장
BC	1996	수원	22	0	3	2	31	0	0
	1997	수원	15	3	1	0	24	3	0
	1998	수원	24	10	4	4	48	1	0
	1999	수원	36	6	3	4	55	3	0
	2001	수원	27	12	1	1	30	1	0
	2002	수원	29	7	3	8	38	4	0
	2003	성남일화	38	1	3	0	53	4	0
	2004	성남일화	27	5	2	2	52	4	0
	2005	서울	16	8	0	1	30	4	0
	2006	서울	17	10	2	1	33	2	0
	합계		254	66	23	23	361	26	0
프로통산			254	66	23	23	361	26	0

이기형(李基炯) 동국대 1981.05.09

대회	연도	소속	출전	교체	득점	도움	파울	경고	퇴장
BC	2004	수원	2	2	0	0	3	0	0
	2005	수원	0	0	0	0	0	0	0
	합계		2	2	0	0	3	0	0
프로통산			2	2	0	0	3	0	0

이길용(李吉龍) 고려대 1959.09.29

대회	연도	소속	출전	교체	득점	도움	파울	경고	퇴장
BC	1983	포항제철	13	3	7	1	15	2	0
	1984	포항제철	22	10	5	7	15	1	0
	1985	포항제철	13	11	0	1	19	1	0
	1986	포항제철	14	11	2	0	20	1	0
	1987	포항제철	18	16	3	0	14	0	0
	1988	포항제철	7	8	0	0	1	0	0
	1989	포항제철	5	5	0	0	5	0	0
	합계		92	64	17	12	73	8	0
프로통산			92	64	17	12	73	8	0

이길용(李佶勇) 광운대 1976.03.30

대회	연도	소속	출전	교체	득점	도움	파울	경고	퇴장
BC	1999	울산	21	17	5	2	17	1	0
	2000	울산	13	12	0	1	14	1	0
	2001	울산	15	11	5	0	15	1	0
	2002	울산	34	20	8	1	40	1	0
	2003	포항	26	22	2	1	36	2	0
	2004	포항	1	1	0	0	0	0	0
	2004	부천SK	11	11	1	1	7	0	1
	합계		126	97	22	6	126	4	1
프로통산			126	97	22	6	126	4	1

이길훈(李吉薰) 고려대 1983.03.06

대회	연도	소속	출전	교체	득점	도움	파울	경고	퇴장
BC	2006	수원	21	15	0	1	32	2	0
	2007	광주상무	33	24	1	1	58	1	0
	2008	광주상무	13	11	0	1	16	2	0
	2009	수원	10	8	1	2	17	1	0
	2010	수원	5	5	0	0	6	1	0
	2010	부산	2	1	0	0	1	1	0
	2011	부산							

이남규(李南揆) 한양대 1993.03.18

대회	연도	소속	출전	교체	득점	도움	파울	경고	퇴장
	합계		84	65	2	4	117	7	0
프로통산			84	65	2	4	117	7	0
K1	2015	포항	0	0	0	0	0	0	0
	2016	포항	2	2	0	0	0	0	0
	합계		2	2	0	0	0	0	0
프로통산			2	2	0	0	0	0	0

이남수(李南洙) 광운대 1987.03.15

대회	연도	소속	출전	교체	득점	도움	파울	경고	퇴장
BC	2010	전북	0	0	0	0	0	0	0
	합계		0	0	0	0	0	0	0
프로통산			0	0	0	0	0	0	0

이남용(李南容) 중앙대 1988.06.13

대회	연도	소속	출전	교체	득점	도움	파울	경고	퇴장
BC	2011	전남	0	0	0	0	0	0	0
	합계		0	0	0	0	0	0	0
프로통산			0	0	0	0	0	0	0

이다원(李多元) 배재대 1995.09.21

대회	연도	소속	출전	교체	득점	도움	파울	경고	퇴장
K2	2018	성남	16	13	0	1	14	0	0
	합계		16	13	0	1	14	0	0
프로통산			16	13	0	1	14	0	0

이대명(李大明) 홍익대 1991.01.08

대회	연도	소속	출전	교체	득점	도움	파울	경고	퇴장
K1	2013	인천	0	0	0	0	0	0	0
	합계		0	0	0	0	0	0	0
프로통산			0	0	0	0	0	0	0

이대희(李垈熙) 아주대 1974.04.26

대회	연도	소속	출전	교체	실점	도움	파울	경고	퇴장
BC	1997	부천SK	10	0	22	0	1	1	0
	1998	부천SK	2	0	3	0	0	0	0
	2001	포항	0	0	0	0	0	0	0
	2002	포항	8	0	11	0	0	0	0
	2003	포항	0	0	0	0	0	0	0
	합계		20	0	36	0	1	1	0
프로통산			20	0	36	0	1	1	0

이도권(李度權) 성균관대 1979.08.08

대회	연도	소속	출전	교체	득점	도움	파울	경고	퇴장
BC	2006	전북	5	4	0	0	3	1	0
	합계		5	4	0	0	3	1	0
프로통산			5	4	0	0	3	1	0

이도성(李道成) 배재대 1984.03.22

대회	연도	소속	출전	교체	득점	도움	파울	경고	퇴장
BC	2007	대전	2	1	0	0	4	0	0
	합계		2	1	0	0	4	0	0
K2	2013	고양	33	10	0	0	74	8	0
	2014	고양	33	3	1	1	63	10	0
	2015	고양	34	10	1	1	48	10	0
	2016	고양	29	17	1	3	35	6	0
	합계		129	40	2	5	220	34	0
프로통산			131	41	2	5	224	34	0

이도현(李途炫) 경희대 1996.02.17

대회	연도	소속	출전	교체	득점	도움	파울	경고	퇴장
K1	2019	포항	0	0	0	0	0	0	0
	합계		0	0	0	0	0	0	0
프로통산			0	0	0	0	0	0	0

이돈철(李敦哲) 동아대 1961.01.13

대회	연도	소속	출전	교체	득점	도움	파울	경고	퇴장
BC	1985	현대	14	1	0	0	12	0	0
	1986	현대	17	0	1	0	25	1	0
	1988	현대	6	3	0	0	6	0	0
	합계		37	4	0	1	43	1	0
프로통산			37	4	0	1	43	1	0

이동건(李動建) 신갈고 1999.02.07

대회	연도	소속	출전	교체	득점	도움	파울	경고	퇴장
K1	2018	대구							

대회	연도	소속	출전	교체	득점	도움	파울	경고	퇴장
	합계		0	0	0	0	0	0	0
	프로통산		0	0	0	0	0	0	0

이동경(李東炅) 홍익대 1997.09.20

대회	연도	소속	출전	교체	득점	도움	파울	경고	퇴장
K1	2018	울산	1	1	0	0	0	0	0
	2019	울산	25	25	3	2	25	4	0
	2020	울산	18	19	2	1	15	2	0
	2021	울산	28	23	6	3	24	4	0
	합계		72	68	11	6	64	10	0
K2	2018	안양	10	10	0	0	5	0	0
	합계		10	10	0	0	5	0	0
	프로통산		82	78	11	6	69	10	0

이동국(李同國) 위덕대 1979.04.29

대회	연도	소속	출전	교체	득점	도움	파울	경고	퇴장
BC	1998	포항	24	10	11	2	25	1	0
	1999	포항	19	5	8	4	28	1	0
	2000	포항	8	1	4	1	9	0	0
	2001	포항	17	5	3	1	23	1	0
	2002	포항	21	12	7	3	24	4	0
	2003	광주상무	27	4	11	6	33	1	0
	2004	광주상무	23	4	4	4	41	4	0
	2005	광주상무	1	1	0	0	0	0	0
	2005	포항	24	4	7	4	29	0	0
	2006	포항	4	4	7	1	17	1	0
	2008	성남일화	13	10	2	2	23	0	0
	2009	전북	32	5	22	0	46	2	0
	2010	전북	30	8	13	3	20	2	1
	2011	전북	29	6	16	15	33	2	0
	2012	전북	40	12	26	6	68	6	0
	합계		318	94	141	53	419	27	1
K1	2013	전북	30	10	13	2	32	1	0
	2014	전북	31	15	13	6	25	3	0
	2015	전북	33	17	13	5	26	4	0
	2016	전북	27	23	12	5	20	2	0
	2017	전북	30	30	10	5	23	2	0
	2018	전북	35	27	13	4	24	2	0
	2019	전북	33	29	9	5	24	1	0
	2020	전북	11	10	4	0	3	1	0
	합계		230	157	87	24	170	17	0
	프로통산		548	251	228	77	589	44	1

이동근(李東根) 경희대 1981.01.23

대회	연도	소속	출전	교체	득점	도움	파울	경고	퇴장
BC	2003	부천SK	21	9	2	0	26	1	0
	2004	부천SK	6	6	0	0	3	1	0
	2005	광주상무	2	2	0	0	2	0	0
	2006	광주상무	2	2	0	0	0	0	0
	2008	대전	16	8	0	2	18	1	0
	2009	울산	3	3	0	0	4	0	0
	합계		53	31	2	3	56	6	0
	프로통산		53	31	2	3	56	6	0

이동근(李東根) 1988.11.28

대회	연도	소속	출전	교체	득점	도움	파울	경고	퇴장
BC	2011	경남	3	3	0	0	0	0	0
	합계		3	3	0	0	0	0	0
	프로통산		3	3	0	0	0	0	0

이동률(李東律) 제주U-18 2000.06.09

대회	연도	소속	출전	교체	득점	도움	파울	경고	퇴장
K1	2019	제주	5	5	0	0	2	0	0
	2021	제주	19	21	5	0	12	0	0
	합계		24	26	5	0	14	0	0
K2	2020	제주	14	13	5	3	17	0	0
	합계		14	13	5	3	17	0	0
	프로통산		38	39	5	3	31	0	0

이동명(李東明) 부평고 1987.10.04

대회	연도	소속	출전	교체	득점	도움	파울	경고	퇴장
BC	2006	제주	5	4	0	0	5	0	0
	2007	제주	10	8	0	0	6	0	0
	2008	부산	8	8	0	0	6	1	0
	2009	부산	5	5	0	0	7	1	0
	합계		28	25	0	0	23	2	0
K1	2013	대구	2	1	0	0	2	0	0
	합계		2	1	0	0	2	0	0
K2	2014	대구	4	1	0	0	5	1	0
	합계		4	1	0	0	5	1	0
	프로통산		34	27	0	0	30	3	0

이동수(李東洙) 가톨릭관동대 1994.06.03

대회	연도	소속	출전	교체	득점	도움	파울	경고	퇴장
K1	2017	제주	11	8	0	0	8	0	0
	2018	제주	28	25	2	0	23	3	0
	2019	제주	14	9	0	0	18	0	0
	2020	상주	12	10	0	1	10	1	0
	2021	제주	12	12	0	0	10	1	0
	합계		77	59	2	0	69	5	0
K2	2016	대전	36	4	1	2	40	4	0
	2021	김천	6	3	0	1	9	2	0
	합계		42	7	1	3	49	6	0
	프로통산		119	66	3	3	118	11	0

이동식(李東植) 홍익대 1979.03.15

대회	연도	소속	출전	교체	득점	도움	파울	경고	퇴장
BC	2002	포항	0	0	0	0	0	0	0
	2003	포항	0	0	0	0	0	0	0
	2004	부천SK	18	10	1	1	39	4	0
	2005	부천SK	26	10	3	1	50	5	0
	2006	광주상무	24	7	0	0	70	5	0
	2007	광주상무	18	7	2	2	44	3	1
	2008	제주	27	2	1	2	91	11	0
	2009	제주	21	8	0	0	47	5	0
	2010	수원	4	3	0	0	11	1	0
	합계		142	48	6	5	347	34	1
	프로통산		142	48	6	5	347	34	1

이동우(李東雨) 동국대 1985.07.31

대회	연도	소속	출전	교체	득점	도움	파울	경고	퇴장
K2	2013	충주	11	1	0	0	10	3	0
	합계		11	1	0	0	10	3	0
	프로통산		11	1	0	0	10	3	0

이동욱(李東昱) 연세대 1976.04.10

대회	연도	소속	출전	교체	득점	도움	파울	경고	퇴장
BC	2001	수원	3	3	0	0	1	0	0
	2002	수원	1	1	0	0	0	0	0
	합계		4	4	0	0	1	0	0
	프로통산		4	4	0	0	1	0	0

이동원(李東遠) 숭실대 1983.11.07

대회	연도	소속	출전	교체	득점	도움	파울	경고	퇴장
BC	2005	전남	10	3	0	0	18	0	0
	2006	전남	24	9	2	0	45	3	0
	2007	인천	30	13	1	1	60	4	0
	2008	대전	28	2	3	0	34	4	0
	2009	울산	27	7	1	0	53	6	0
	2010	울산	4	1	0	0	2	0	0
	2011	울산	4	1	0	2	7	3	0
	2011	부산	2	0	0	0	7	2	0
	합계		129	36	7	3	245	22	0
	프로통산		129	36	7	3	245	22	0

이동일(李東日) 성균관대 1995.08.01

대회	연도	소속	출전	교체	득점	도움	파울	경고	퇴장
K2	2016	부산	1	1	0	0	0	0	0
	2017	부산	1	1	0	0	0	0	0
	합계		2	2	0	0	0	0	0
	프로통산		2	2	0	0	0	0	0

이동재(李動在) 문성고 1996.07.20

대회	연도	소속	출전	교체	득점	도움	파울	경고	퇴장
K2	2015	강원	1	1	0	0	1	0	0
	합계		1	1	0	0	1	0	0
	프로통산		1	1	0	0	1	0	0

이동준(李東俊) 숭실대 1997.02.01

대회	연도	소속	출전	교체	득점	도움	파울	경고	퇴장
K1	2020	부산	26	5	5	4	46	7	0
	2021	울산	32	19	11	4	45	4	0
	합계		58	24	16	8	91	11	0
K2	2017	부산	8	7	2	0	5	2	0
	2018	부산	33	23	4	4	35	3	0
	2019	부산	37	15	13	7	40	1	0
	합계		68	45	19	8	65	6	0
승	2017	부산	2	2	0	0	4	1	0
	2018	부산	2	0	0	0	2	0	0
	2019	부산	2	2	0	0	1	0	0
	합계		6	5	0	0	7	1	0
	프로통산		132	74	35	16	157	16	0

이동하(李東夏) 조선대 1995.09.30

대회	연도	소속	출전	교체	득점	도움	파울	경고	퇴장
K2	2018	광주							
	합계								
	프로통산								

이동현(李東炫) 경희대 1989.11.19

대회	연도	소속	출전	교체	득점	도움	파울	경고	퇴장
BC	2010	강원	5	5	0	1	5	0	0
	합계		5	5	0	1	5	0	0
K1	2013	대전	27	3	3	3	33	3	0
	합계		27	3	3	3	33	3	0
K2	2014	대전	2	1	0	0	2	0	0
	2015	안양	12	12	1	0	11	2	0
	합계		14	13	1	0	13	2	0
	프로통산		46	21	4	3	46	5	0

이동희(李東熙) 한양대 1996.07.03

대회	연도	소속	출전	교체	득점	도움	파울	경고	퇴장
K1	2018	제주	12	8	0	0	12	1	0
	2019	제주	10	3	0	0	11	2	0
	합계		22	11	0	0	23	3	1
K2	2020	제주	2	1	0	0	3	0	0
	합계		2	1	0	0	3	0	0
	프로통산		24	12	0	0	26	3	1

이따마르(Itamar Batista da Silva) 브라질 1980.04.12

대회	연도	소속	출전	교체	득점	도움	파울	경고	퇴장
BC	2003	전남	34	6	23	5	67	9	1
	2004	전남	31	10	11	3	64	3	0
	2005	포항	16	10	4	2	30	3	0
	2005	수원	10	1	4	0	23	2	0
	2006	수원	17	9	4	0	33	4	0
	2006	성남일화	14	8	3	2	26	5	0
	2007	성남일화	20	15	5	2	37	3	0
	합계		142	59	54	14	280	33	1
	프로통산		142	59	54	14	280	33	1

이래준(李來俊) 동래고 1997.03.19

대회	연도	소속	출전	교체	득점	도움	파울	경고	퇴장
K1	2016	포항	0	0	0	0	0	0	0
	2017	포항	4	4	0	0	4	1	0
	2018	포항	3	3	0	0	3	0	0
	2020	부산	0	0	0	0	0	0	0
	합계		7	7	0	0	7	1	0
K2	2020	안산	9	8	1	0	12	0	0
	2021	부산	17	11	1	2	13	1	0
	합계		26	19	2	2	25	1	0
	프로통산		33	26	2	2	25	5	1

이레마(Oleg Eremin) 러시아 1967.10.28

대회	연도	소속	출전	교체	득점	도움	파울	경고	퇴장
BC	1997	포항	4	3	0	1	11	1	0
	합계		4	3	0	1	11	1	0
	프로통산		4	3	0	1	11	1	0

이리네(Irineu Ricardo) 브라질 1977.07.12

대회	연도	소속	출전	교체	득점	도움	파울	경고	퇴장

(이전 선수 계속)

대회	연도	소속	출전	교체	득점	도움	파울	경고	퇴장
BC	2001	성남일화	15	3	3	0	55	2	0
	2002	성남일화	20	13	8	4	43	3	0
	2003	성남일화	38	22	9	5	90	3	0
	2004	성남일화	16	9	5	1	28	2	0
	2004	부천SK	15	2	4	0	45	2	0
	2005	부천SK	9	1	4	1	26	1	0
	2006	제주	19	10	6	0	59	9	0
	2007	제주	31	16	6	1	59	9	0
		합계	163	76	45	12	371	22	0
프로통산			163	76	45	12	371	22	0

이명건(李明建) 동의대 1994.07.27

대회	연도	소속	출전	교체	득점	도움	파울	경고	퇴장
K1	2017	포항	1	1	0	0	0	0	0
		합계	1	1	0	0	0	0	0
K2	2020	충남아산	4	4	0	0	2	0	0
		합계	4	4	0	0	2	0	0
프로통산			5	5	0	0	2	0	0

이명열(李明烈) 인천대 1968.06.25

대회	연도	소속	출전	교체	실점	도움	파울	경고	퇴장
BC	1991	포항제철	6	0	4	0	0	0	0
	1992	포항제철	6	0	4	0	1	0	0
	1993	포항제철	26	0	22	0	1	0	0
	1994	포항제철	35	0	42	0	1	1	0
	1995	포항	2	0	4	0	0	0	0
	1996	포항	25	2	24	0	2	2	0
	1999	포항	5	0	10	0	0	0	0
		합계	100	2	108	0	3	4	0
프로통산			100	2	108	0	3	4	0

이명재(李明載) 홍익대 1993.11.04

대회	연도	소속	출전	교체	득점	도움	파울	경고	퇴장
K1	2014	울산	2	2	0	0	4	0	0
	2015	울산	19	10	0	3	23	2	0
	2016	울산	5	3	0	1	6	0	0
	2017	울산	32	1	1	4	26	2	0
	2018	울산	32	0	0	3	19	0	0
	2019	울산	24	2	0	3	19	0	0
	2021	울산	2	1	0	0	0	0	0
		합계	116	21	1	16	101	7	0
K2	2021	김천	8	0	0	1	4	1	1
		합계	8	0	0	1	4	1	1
프로통산			124	21	1	17	105	8	1

이명주(李明周) 영남대 1990.04.24

대회	연도	소속	출전	교체	득점	도움	파울	경고	퇴장
BC	2012	포항	35	12	6	6	71	4	0
		합계	35	12	6	6	71	4	0
K1	2013	포항	34	4	7	6	61	7	0
	2017	서울	13	5	2	1	19	2	0
	2019	서울	10	4	1	1	19	3	0
		합계	68	15	10	8	120	13	0
K2	2018	아산	30	8	5	5	64	5	0
	2019	아산	19	5	2	1	26	5	0
		합계	49	13	7	6	90	10	0
프로통산			152	40	27	27	281	27	0

이명철(李明喆) 인제대 1989.05.29

대회	연도	소속	출전	교체	득점	도움	파울	경고	퇴장
BC	2011	대전	2	1	0	0	4	0	0
		합계	2	1	0	0	4	0	0
프로통산			2	1	0	0	4	0	0

이무형(李武炯) 배재대 1980.11.08

대회	연도	소속	출전	교체	득점	도움	파울	경고	퇴장
BC	2003	대전	2	2	0	0	1	0	0
	2004	대전	10	6	0	0	13	1	0
		합계	12	8	0	0	14	1	0
프로통산			12	8	0	0	14	1	0

이문석(李文奭) 인천대 1970.03.06

대회	연도	소속	출전	교체	득점	도움	파울	경고	퇴장
BC	1993	현대	3	3	0	0	1	0	0
	1994	현대	10	8	0	0	4	0	0
	1995	현대	12	12	0	1	4	0	0
	1996	울산	31	8	0	0	24	2	1
	1997	울산	22	6	0	1	15	2	1
	1998	울산	42	13	2	1	72	2	0
	1999	울산	31	17	0	1	41	6	0
		합계	151	67	2	4	161	12	2
프로통산			151	67	2	4	161	12	2

이문선(李文善) 단국대 1983.01.21

대회	연도	소속	출전	교체	득점	도움	파울	경고	퇴장
BC	2005	대구	7	3	0	0	5	2	0
	2006	대구	12	6	0	1	19	1	0
		합계	19	9	0	1	24	3	0
프로통산			19	9	0	1	24	3	0

이문영(李文榮) 서울시립대 1965.05.05

대회	연도	소속	출전	교체	실점	도움	파울	경고	퇴장
BC	1987	유공	30	1	35	0	0	2	0
	1988	유공	24	0	24	0	0	1	0
	1989	유공	17	0	18	0	0	1	0
	1990	유공	8	0	12	0	0	2	0
	1991	유공	27	0	31	0	0	1	0
	1992	유공	27	0	31	0	1	0	0
		합계	134	1	151	0	1	7	0
프로통산			134	1	151	0	1	7	0

이민규(李敏圭) 홍익대 1989.01.06

대회	연도	소속	출전	교체	득점	도움	파울	경고	퇴장
BC	2011	강원	14	2	0	0	13	2	0
	2012	강원	9	5	0	0	2	2	0
		합계	23	7	0	0	15	4	0
K2	2013	충주	16	0	1	1	26	4	1
	2014	충주	11	4	0	0	12	2	0
		합계	27	4	1	1	38	6	1
프로통산			50	11	1	1	53	10	1

이민규(李敏圭) 용인대 1996.02.09

대회	연도	소속	출전	교체	득점	도움	파울	경고	퇴장
K2	2019	서울E	2	1	0	0	3	0	0
		합계	2	1	0	0	3	0	0
프로통산			2	1	0	0	3	0	0

이민규(李敏圭) 고려대 1992.04.24

대회	연도	소속	출전	교체	득점	도움	파울	경고	퇴장
K2	2019	안산	0	0	0	0	0	0	0
		합계	0	0	0	0	0	0	0
프로통산			0	0	0	0	0	0	0

이민기(李敏氣) 전주대 1993.05.19

대회	연도	소속	출전	교체	득점	도움	파울	경고	퇴장
K1	2016	광주	9	6	1	0	8	3	0
	2017	광주	28	3	0	2	49	7	0
	2018	상주	13	1	0	0	8	3	0
	2019	상주	11	4	0	1	11	0	0
	2020	광주	13	1	0	0	8	1	0
	2021	광주	32	15	1	2	29	3	0
		합계	99	29	2	5	114	17	1
K2	2018	광주	11	2	0	0	12	1	0
		합계	11	2	0	0	12	1	0
프로통산			110	31	2	5	124	19	1

이민기(李敏紀) 한양대 2001.01.06

대회	연도	소속	출전	교체	득점	도움	파울	경고	퇴장
K2	2021	경남	4	4	0	0	2	1	0
		합계	4	4	0	0	2	1	0
프로통산			4	4	0	0	2	1	0

이민선(李珉善) 선문대 1983.10.21

대회	연도	소속	출전	교체	득점	도움	파울	경고	퇴장
BC	2004	대구	4	4	0	0	1	0	0
	2006	대전	0	0	0	0	0	0	0
		합계	4	4	0	0	1	0	0
프로통산			4	4	0	0	2	1	0

이민섭(李珉攝) 동아대 1990.08.24

대회	연도	소속	출전	교체	득점	도움	파울	경고	퇴장
K1	2013	대구	1	1	0	0	0	0	0
		합계	1	1	0	0	0	0	0
프로통산			1	1	0	0	0	0	0

이민성(李敏成) 아주대 1973.06.23

대회	연도	소속	출전	교체	득점	도움	파울	경고	퇴장
BC	1996	부산	29	3	0	3	64	8	0
	1997	부산	12	2	0	1	30	3	0
	1998	부산	10	7	1	0	13	3	0
	2001	부산	11	1	0	0	8	1	0
	2002	부산	22	13	1	0	20	4	0
	2003	포항	39	7	1	1	53	11	0
	2004	포항	26	4	2	2	34	1	1
	2005	서울	32	6	0	0	45	8	0
	2006	서울	34	3	0	1	17	2	0
	2007	서울	12	1	0	0	11	2	0
	2008	서울	14	5	0	0	19	3	0
		합계	247	54	9	6	335	48	1
프로통산			247	54	9	6	335	48	1

이민수(李泯洙) 한남대 1992.01.11

대회	연도	소속	출전	교체	득점	도움	파울	경고	퇴장
K1	2018	강원	1	1	0	0	1	0	0
		합계	1	1	0	0	1	0	0
프로통산			1	1	0	0	1	0	0

이민우(李珉雨) 광주대 1991.12.01

대회	연도	소속	출전	교체	득점	도움	파울	경고	퇴장
K1	2014	성남	15	15	0	0	6	0	0
		합계	15	15	0	0	6	0	0
K2	2015	부천	17	16	2	0	16	1	0
	2017	안산	24	20	1	0	20	1	0
	2018	안산	2	2	0	1	1	0	0
		합계	43	38	2	1	37	2	0
프로통산			58	53	2	1	43	2	0

이바노프(Dimitar Vladev Ivanov) 불가리아 1970.10.07

대회	연도	소속	출전	교체	득점	도움	파울	경고	퇴장
BC	1998	부천SK	12	13	2	1	13	0	0
		합계	12	13	2	1	13	0	0
프로통산			12	13	2	1	13	0	0

이반(Ivan Herceg) 크로아티아 1990.02.10

대회	연도	소속	출전	교체	득점	도움	파울	경고	퇴장
K1	2018	경남	0	0	0	0	0	0	0
		합계	0	0	0	0	0	0	0
K2	2016	경남	22	7	1	1	23	5	0
	2017	경남	30	1	1	0	14	6	0
	2018	서울E	10	4	1	0	6	1	0
		합계	62	12	1	1	43	12	0
프로통산			62	12	1	1	43	12	0

이반(Ivan Perić) 세르비아 1982.05.05

대회	연도	소속	출전	교체	득점	도움	파울	경고	퇴장
BC	2007	제주	7	6	0	0	22	2	0
		합계	7	6	0	0	22	2	0
프로통산			7	6	0	0	22	2	0

이반(Ivan Testemitanu) 몰도바 1974.04.27

대회	연도	소속	출전	교체	득점	도움	파울	경고	퇴장
BC	2001	성남일화	30	7	2	2	42	5	0
	2004	성남일화	27	9	1	0	41	3	0
		합계	57	16	3	2	83	8	0
프로통산			57	16	3	2	83	8	0

이반(Ivan Ricardo Alves de Oliveira) 브라질 1974.10.27

대회	연도	소속	출전	교체	득점	도움	파울	경고	퇴장
BC	2001	전남	15	9	4	1	10	0	0
	2002	전남	27	21	0	1	22	1	0
		합계	42	30	4	2	32	1	0

대회	연도	소속	출전	교체	득점	도움	파울	경고	퇴장
프로통산			42	30	4	2	32	1	0

이반코비치(Mario Ivanković) 크로아티아 1975.02.08

대회	연도	소속	출전	교체	득점	도움	파울	경고	퇴장
BC	2001	수원	3	3	0	0	2	0	0
	2002	수원	2	2	0	0	0	0	0
	합계		5	5	0	0	2	0	0
프로통산			5	5	0	0	2	0	0

이범수(李範守) 경희대 1990.12.10

대회	연도	소속	출전	교체	실점	도움	파울	경고	퇴장
BC	2010	전북	1	0	3	0	0	0	0
	2011	전북	2	0	4	0	0	0	0
	2012	전북	0	0	0	0	0	0	0
	합계		3	0	7	0	0	0	0
K1	2013	전북	0	0	0	0	0	0	0
	2014	전북	0	0	0	0	0	0	0
	2018	경남	13	0	19	0	0	4	0
	2019	경남	25	0	35	0	0	2	0
	2020	강원	16	0	27	0	1	1	0
	2021	강원	29	1	35	0	0	1	0
	합계		83	1	114	0	1	4	0
K2	2015	서울E	13	0	18	0	1	1	0
	2016	대전	13	0	18	0	1	1	0
	2017	경남	21	0	18	0	0	0	0
	합계		36	0	40	0	1	2	0
승	2019	경남	2	0	2	0	0	0	0
	2021	강원	0	0	0	0	0	0	0
	합계		2	0	2	0	0	0	0
프로통산			124	1	163	0	2	6	0

이범수(李範洙) 울산대 1978.01.27

대회	연도	소속	출전	교체	득점	도움	파울	경고	퇴장
BC	2000	울산	6	6	0	0	7	0	0
	2001	울산	2	2	0	0	2	0	0
	합계		8	8	0	0	9	0	0
프로통산			8	8	0	0	9	0	0

이범영(李範永) 신갈고 1989.04.02

대회	연도	소속	출전	교체	실점	도움	파울	경고	퇴장
BC	2008	부산	16	0	25	0	0	1	0
	2009	부산	6	1	7	0	0	0	0
	2010	부산	1	0	0	0	0	0	0
	2011	부산	18	0	29	0	0	1	0
	2012	부산	12	0	25	0	0	0	0
	합계		58	1	86	0	0	2	0
K1	2013	부산	31	0	33	0	1	1	0
	2014	부산	31	0	38	0	0	3	0
	2015	부산	27	0	37	1	0	2	0
	2017	강원	36	0	58	0	0	1	0
	2018	강원	30	2	42	0	0	1	0
	2020	전북	0	0	0	0	0	0	0
	2021	전북	1	0	2	0	0	1	0
	합계		156	2	209	1	1	9	0
승	2015	부산	2	0	3	0	0	0	0
	합계		2	0	3	0	0	0	0
프로통산			216	3	298	1	1	10	0

이병근(李炳根) 한양대 1973.04.28

대회	연도	소속	출전	교체	득점	도움	파울	경고	퇴장
BC	1996	수원	30	10	0	1	57	7	1
	1997	수원	33	14	2	1	43	4	0
	1998	수원	29	13	1	1	47	5	0
	1999	수원	39	21	2	1	57	2	0
	2000	수원	25	3	0	1	40	1	0
	2001	수원	31	5	0	0	40	5	0
	2002	수원	36	8	0	2	39	2	0
	2003	수원	38	2	2	5	81	4	0
	2004	수원	16	0	0	0	24	3	0
	2005	수원	15	5	0	1	38	3	0
	2006	수원	4	3	0	0	4	0	0
	2006	대구	10	3	2	1	23	3	0
	2007	대구	5	2	1	0	7	0	0
	합계		324	108	10	15	515	39	1
프로통산			324	108	10	15	515	39	1

이병기(李丙基) 고려대 1963.02.22

대회	연도	소속	출전	교체	득점	도움	파울	경고	퇴장
BC	1986	대우	11	11	0	1	2	0	0
	1988	대우	8	7	0	0	14	0	0
	합계		19	18	0	1	16	0	0
프로통산			19	18	0	1	16	0	0

이병욱(李秉煜) 영남대 1996.11.14

대회	연도	소속	출전	교체	득점	도움	파울	경고	퇴장
K1	2020	강원	0	0	0	0	0	0	0
	2021	강원	0	0	0	0	0	0	0
	합계		0	0	0	0	0	0	0
K2	2018	서울E	4	3	0	0	0	0	0
	2019	서울E	11	6	0	0	7	1	0
	합계		16	10	0	0	10	1	0
프로통산			16	10	0	0	10	1	0

이병윤(李炳允) 부경대 1986.04.26

대회	연도	소속	출전	교체	득점	도움	파울	경고	퇴장
BC	2011	전남	7	6	1	0	8	1	0
	합계		7	6	1	0	8	1	0
프로통산			7	6	1	0	8	1	0

이보(Olivio da Rosa) 브라질 1986.10.02

대회	연도	소속	출전	교체	득점	도움	파울	경고	퇴장
BC	2012	인천	27	16	4	6	26	2	0
	합계		27	16	4	6	26	2	0
K1	2014	인천	33	12	7	6	39	2	0
	합계		33	12	7	6	39	2	0
프로통산			60	28	11	12	65	4	0

이봉준(李奉埈) 삼일고 1992.04.11

대회	연도	소속	출전	교체	득점	도움	파울	경고	퇴장
BC	2012	강원	1	1	0	0	0	0	0
	합계		1	1	0	0	0	0	0
프로통산			1	1	0	0	0	0	0

이부열(李富烈) 마산공고 1958.10.16

대회	연도	소속	출전	교체	득점	도움	파울	경고	퇴장
BC	1983	국민은행	15	2	1	1	14	0	0
	1984	국민은행	28	3	3	1	12	0	0
	1985	럭키금성	19	2	0	0	9	0	0
	1986	럭키금성	30	5	1	0	20	1	0
	1987	럭키금성	5	4	0	0	5	0	0
	1988	럭키금성	12	9	1	2	9	3	0
	합계		109	25	6	4	69	4	0
프로통산			109	25	6	4	69	4	0

이비니(Bernie Alpha Ibini-Isei) 오스트레일리아 1992.09.12

대회	연도	소속	출전	교체	득점	도움	파울	경고	퇴장
K1	2019	전북	13	11	1	1	7	0	0
	합계		13	11	1	1	7	0	0
프로통산			13	11	1	1	7	0	0

이삭(Victor Issac Acosta) 아르헨티나 1986.12.04

대회	연도	소속	출전	교체	득점	도움	파울	경고	퇴장
BC	2010	대구	3	3	0	0	0	0	0
	합계		3	3	0	0	0	0	0
프로통산			3	3	0	0	0	0	0

이상규(李相奎) 광운대 1977.09.05

대회	연도	소속	출전	교체	득점	도움	파울	경고	퇴장
BC	2000	대전	6	6	0	0	1	0	0
	2001	대전	11	7	0	0	11	1	0
	2002	대전	2	1	0	0	1	0	0
	합계		19	14	0	0	13	1	0
프로통산			19	14	0	0	13	1	0

이상기(李相棋) 성균관대 1987.03.08

대회	연도	소속	출전	교체	실점	도움	파울	경고	퇴장
BC	2011	상주	4	1	7	0	0	0	0
	2012	상주	6	1	10	0	0	1	0
	합계		10	2	17	0	1	1	0
K1	2013	수원	1	0	0	0	0	0	0
	합계		1	0	0	0	0	0	0
K2	2013	상주	0	0	0	0	0	0	0
	2014	수원FC	19	1	28	0	0	2	0
	2015	수원FC	0	0	0	0	0	0	0
	2015	강원	12	3	15	0	0	1	0
	2016	서울E	0	0	0	0	0	0	0
	2017	서울E	1	0	0	0	0	0	0
	합계		33	4	48	0	0	3	0
프로통산			44	6	65	0	1	4	0

이상기(李相紀) 영남대 1996.05.07

대회	연도	소속	출전	교체	득점	도움	파울	경고	퇴장
K1	2017	포항	28	28	2	3	14	3	0
	2018	포항	28	12	1	1	25	7	0
	2019	포항	16	5	0	0	12	2	0
	2020	상주	9	4	1	0	12	2	0
	2021	대구	2	2	0	0	10	1	0
	합계		83	51	4	4	73	15	1
K2	2021	김천	3	1	0	0	3	1	0
	합계		3	1	0	0	3	1	0
프로통산			86	52	4	4	76	15	1

이상기(李相紀) 관동대(가톨릭관동대) 1970.03.20

대회	연도	소속	출전	교체	득점	도움	파울	경고	퇴장
BC	1992	포항제철	8	7	0	0	10	0	0
	합계		8	7	0	0	10	0	0
프로통산			8	7	0	0	10	0	0

이상덕(李相德) 동아대 1986.11.05

대회	연도	소속	출전	교체	득점	도움	파울	경고	퇴장
BC	2009	대구	7	3	3	0	2	0	0
	2010	대구	26	6	1	1	31	3	0
	2011	대구	16	4	1	0	31	3	0
	합계		49	10	5	1	64	6	0
프로통산			49	10	5	1	64	6	0

이상돈(李相燉) 울산대 1985.08.12

대회	연도	소속	출전	교체	득점	도움	파울	경고	퇴장
BC	2008	울산	8	5	0	0	15	1	0
	2009	울산	8	7	0	1	11	2	0
	2010	수원	5	2	1	0	2	0	0
	2010	강원	16	1	0	1	12	1	0
	2011	강원	23	1	0	2	24	2	0
	2012	강원	8	5	0	0	5	0	0
	합계		71	20	1	4	69	6	0
K2	2015	고양	32	1	1	0	18	3	0
	2016	고양	38	7	0	1	24	3	0
	합계		70	8	1	1	42	6	0
프로통산			141	28	2	5	114	14	0

이상래(李相來) 중앙대 1961.07.12

대회	연도	소속	출전	교체	득점	도움	파울	경고	퇴장
BC	1984	럭키금성	15	15	0	0	9	1	0
	1985	럭키금성	21	6	7	5	17	0	0
	1986	럭키금성	35	11	7	6	19	0	0
	1987	럭키금성	19	8	0	1	14	0	0
	1988	유공	15	8	0	0	54	4	0
	합계		105	48	14	12	113	5	0
프로통산			105	48	14	12	113	5	0

이상민(李相旻) 고려대 1995.05.02

대회	연도	소속	출전	교체	득점	도움	파울	경고	퇴장
K1	2017	수원	3	3	0	0	1	0	0
	2019	수원	0	0	0	0	0	0	0
	2020	수원	7	2	0	0	5	2	0
	합계		10	5	0	0	6	2	0
K2	2018	수원FC	12	6	0	0	13	2	0
	2021	안산	35	6	4	6	54	5	0
	합계		47	12	4	6	67	7	0
프로통산			57	12	4	6	83	10	0

이상민 (李相珉) 숭실대 1998.01.01

대회	연도	소속	출전	교체	득점	도움	파울	경고	퇴장
K1	2018	울산	0	0	0	0	0	0	0
	합계		0	0	0	0	0	0	0
K2	2020	충남아산	4	3	1	0	2	0	0
	2020	서울E	26	0	0	2	22	0	0
	2021	서울E	28	2	1	1	29	9	0
	합계		54	2	1	3	51	9	0
프로통산			54	2	1	3	51	9	0

이상민 (李相旻) 중앙대 1999.08.30

대회	연도	소속	출전	교체	득점	도움	파울	경고	퇴장
K2	2021	충남아산	23	6	0	0	23	5	1
	합계		27	9	1	0	25	5	1
프로통산			27	9	1	0	25	5	1

이상민 (李相歆) 묵호중 1986.09.14

대회	연도	소속	출전	교체	득점	도움	파울	경고	퇴장
BC	2008	경남	7	6	0	0	11	1	0
	합계		7	6	0	0	11	1	0
프로통산			7	6	0	0	11	1	0

이상석 (李相錫) 고려대 1985.01.06

대회	연도	소속	출전	교체	득점	도움	파울	경고	퇴장
BC	2007	대구	1	1	0	0	1	0	0
	합계		1	1	0	0	1	0	0
프로통산			1	1	0	0	1	0	0

이상수 (李上水) 포항제철고 1999.03.08

대회	연도	소속	출전	교체	득점	도움	파울	경고	퇴장
K2	2020	충남아산	3	1	0	0	6	1	0
	2021	충남아산	1	1	0	0	0	0	0
	합계		4	2	0	0	6	1	0
프로통산			4	2	0	0	6	1	0

이상용 (李相龍) 전주대 1994.03.19

대회	연도	소속	출전	교체	득점	도움	파울	경고	퇴장
K2	2017	안양	24	1	1	0	30	7	0
	2018	안양	13	1	2	0	15	1	0
	2019	안양	12	5	0	0	11	2	0
	2020	안양	12	5	0	0	11	4	0
	2021	안양	1	1	0	0	0	1	0
	합계		62	12	3	1	67	15	0
프로통산			62	12	3	1	67	15	0

이상용 (李相龍) 고려대 1961.01.25

대회	연도	소속	출전	교체	득점	도움	파울	경고	퇴장
BC	1984	유공	11	5	2	0	4	0	0
	1985	유공	7	6	0	0	4	1	0
	1987	유공	5	5	0	0	8	0	0
	합계		23	16	2	0	16	1	0
프로통산			23	16	2	0	16	1	0

이상용 (李相龍) 조선대 1963.04.29

대회	연도	소속	출전	교체	득점	도움	파울	경고	퇴장
BC	1985	럭키금성	5	5	0	0	4	0	0
	1986	럭키금성	5	6	0	0	4	0	0
	1987	유공	1	1	0	0	0	0	0
	합계		11	12	0	0	8	0	0
프로통산			11	12	0	0	8	0	0

이상용 (李相容) 연세대 1986.01.09

대회	연도	소속	출전	교체	득점	도움	파울	경고	퇴장
BC	2008	전남	1	1	0	0	0	0	0
	합계		1	1	0	0	0	0	0
프로통산			1	1	0	0	0	0	0

이상우 (李相雨) 홍익대 1985.04.10

대회	연도	소속	출전	교체	득점	도움	파울	경고	퇴장
BC	2008	서울	3	3	0	0	2	1	0
	합계		3	3	0	0	2	1	0
K2	2013	안양	18	2	2	1	16	3	0
	2016	안양	20	5	2	3	16	5	0
	합계		38	7	4	4	32	8	0
프로통산			41	10	4	4	34	9	0

이상우 (李相禹) 한양대 1976.08.01

대회	연도	소속	출전	교체	실점	도움	파울	경고	퇴장
BC	1999	안양LG	0	0	0	0	0	0	0
	합계		0	0	0	0	0	0	0
프로통산			0	0	0	0	0	0	0

이상욱 (李相旭) 호남대 1990.03.09

대회	연도	소속	출전	교체	실점	도움	파울	경고	퇴장
K1	2014	수원	0	0	0	0	0	0	0
	2015	수원	0	0	0	0	0	0	0
	2016	수원	0	0	0	0	0	0	0
	합계		0	0	0	0	0	0	0
K2	2017	수원FC	24	0	33	0	0	2	0
	2018	수원FC	5	0	14	0	0	0	0
	합계		29	0	47	0	0	2	0
프로통산			29	0	47	0	0	2	0

이상욱 (李商旭) 연세대 1973.05.27

대회	연도	소속	출전	교체	득점	도움	파울	경고	퇴장
BC	1999	수원	5	5	0	0	3	0	0
	합계		5	5	0	0	3	0	0
프로통산			5	5	0	0	3	0	0

이상원 (李相元) 아주대 1991.04.24

대회	연도	소속	출전	교체	득점	도움	파울	경고	퇴장
K2	2014	안양	2	2	0	0	2	1	0
	합계		2	2	0	0	2	1	0
프로통산			2	2	0	0	2	1	0

이상윤 (李相潤) 건국대 1969.04.10

대회	연도	소속	출전	교체	득점	도움	파울	경고	퇴장
BC	1990	일화	14	7	4	1	16	1	0
	1991	일화	35	15	15	5	41	4	0
	1992	일화	35	22	12	2	35	3	0
	1993	일화	32	15	7	6	34	3	0
	1994	일화	31	15	6	5	29	2	0
	1995	일화	24	16	1	5	39	2	0
	1996	천안일화	25	16	5	7	28	1	0
	1997	천안일화	12	0	1	0	19	2	0
	1998	천안일화	13	1	3	0	36	3	1
	1999	천안일화	15	5	3	2	17	2	0
	2000	성남일화	36	14	13	0	44	0	0
	2001	부천SK	20	20	1	4	17	0	0
	합계		293	146	71	43	355	27	1
프로통산			293	146	71	43	355	27	1

이상일 (李相一) 중앙대 1979.05.25

대회	연도	소속	출전	교체	득점	도움	파울	경고	퇴장
BC	2003	대구	28	7	2	1	43	2	0
	2004	대구	17	4	1	3	18	2	0
	2005	대구	14	14	1	0	11	0	0
	2006	대구	32	14	1	4	49	6	0
	2007	전남	16	4	1	0	16	2	0
	2008	전남	18	7	1	0	14	3	0
	합계		125	52	6	9	158	15	0
프로통산			125	52	6	9	158	15	0

이상준 (李常俊) 개성고 1999.10.14

대회	연도	소속	출전	교체	득점	도움	파울	경고	퇴장
K1	2020	부산	16	7	0	0	13	1	0
	합계		16	7	0	0	13	1	0
K2	2018	부산	1	1	0	0	0	0	0
	2019	부산	4	1	0	0	4	0	0
	2021	부산	7	1	0	0	4	2	0
	합계		12	1	1	0	20	3	0
프로통산			28	9	1	1	20	3	0

이상철 (李相喆) 고려대 1958.08.04

대회	연도	소속	출전	교체	득점	도움	파울	경고	퇴장
BC	1984	현대	12	9	2	2	4	0	0
	1985	현대	15	5	0	0	12	0	0
	1986	현대	28	7	4	3	25	0	0
	1987	현대	28	13	8	1	16	2	0
	합계		83	45	22	6	60	4	0
프로통산			83	45	22	6	60	4	0

이상태 (李相泰) 대구대 1977.10.25

대회	연도	소속	출전	교체	득점	도움	파울	경고	퇴장
BC	2000	수원	4	3	0	0	4	2	0
	2004	수원	10	5	0	0	22	3	0
	2005	수원	1	1	0	0	0	0	0
	2006	수원	5	4	0	0	9	0	0
	2006	경남	5	4	0	0	9	2	0
	합계		25	17	0	0	42	7	0
프로통산			25	17	0	0	42	7	0

이상헌 (李尙憲) 현대고 1998.02.26

대회	연도	소속	출전	교체	득점	도움	파울	경고	퇴장
K1	2017	울산	0	0	0	0	0	0	0
	2018	울산	2	2	0	0	2	0	0
	2018	전남	21	19	5	2	15	4	0
	2019	울산	5	5	0	0	8	1	0
	2020	울산	8	8	2	0	6	0	0
	합계		36	34	7	2	31	5	0
K2	2021	부산	33	27	3	3	30	3	0
	합계		33	27	3	3	30	3	0
프로통산			69	61	10	5	61	8	0

이상헌 (李相憲) 동국대 1975.10.11

대회	연도	소속	출전	교체	득점	도움	파울	경고	퇴장
BC	1998	안양LG	3	3	0	0	3	0	0
	1999	안양LG	19	4	0	0	34	6	0
	2000	안양LG	31	8	2	0	58	6	0
	2001	안양LG	1	1	0	0	3	0	0
	2002	안양LG	20	5	1	1	46	4	0
	2004	인천	20	5	0	0	35	3	0
	2005	인천	8	6	1	0	7	1	0
	2006	인천	11	2	1	0	21	1	1
	합계		114	38	6	1	207	23	1
프로통산			114	38	6	1	207	23	1

이상현 (李相賢) 진주고 1996.03.13

대회	연도	소속	출전	교체	득점	도움	파울	경고	퇴장
K2	2015	경남	12	9	1	0	7	0	0
	2016	경남	0	0	0	0	0	0	0
	2017	경남	1	1	0	0	0	0	0
	합계		13	10	1	0	7	0	0
프로통산			13	10	1	0	7	0	0

이상협 (李相協) 고려대 1990.01.01

대회	연도	소속	출전	교체	득점	도움	파울	경고	퇴장
K1	2013	서울	4	4	0	0	4	0	0
	2014	서울	21	19	1	0	16	2	0
	2015	서울	10	11	0	0	7	0	0
	2016	서울	3	4	0	0	0	1	0
	2017	인천	20	8	0	0	15	1	0
	2018	상주	5	4	0	0	4	0	0
	2019	상주	4	2	0	0	4	0	0
	합계		67	52	1	0	50	4	0
프로통산			67	52	1	0	50	4	0

이상협 (李相俠) 동북고 1986.08.03

대회	연도	소속	출전	교체	득점	도움	파울	경고	퇴장
BC	2006	서울	2	1	1	0	8	0	0
	2007	서울	24	19	6	2	60	5	0
	2008	서울	17	16	3	1	19	3	0
	2009	서울	21	19	1	2	26	5	0
	2010	제주	17	14	6	1	29	4	0
	2011	제주	3	3	0	0	0	0	0
	2011	대전	7	7	1	0	6	1	1
	2012	상주	9	6	4	0	18	3	0
	합계		100	85	22	6	173	22	1
K1	2014	상주	1	1	0	0	1	0	0
	2014	전북	23	22	0	3	17	0	0
	2015	전북	4	4	0	0	4	0	0
	2015	성남	7	7	0	0	1	0	0
	합계		35	34	0	3	23	0	0

대회	연도	소속	출전	교체	득점	도움	파울	경고	퇴장
K2	2013	상주	29	25	15	3	34	3	0
	2016	경남	1	1	0	0	0	0	0
	합계		30	26	15	3	34	3	0
승	2013	상주	2	2	2	0	1	0	0
	합계		2	2	2	0	1	0	0
프로통산			167	147	42	9	231	28	1

이상호(李尙浩) 단국대 1981.11.18

대회	연도	소속	출전	교체	득점	도움	파울	경고	퇴장
BC	2004	부천SK	0	0	0	0	0	0	0
	2005	부천SK	27	1	0	1	44	4	0
	2006	제주	23	0	1	0	33	4	1
	2007	제주	30	1	0	0	33	8	0
	2008	제주	20	6	0	0	17	6	1
	2009	제주	30	10	0	0	39	6	1
	2010	제주	33	4	0	1	37	4	0
	2011	전남	9	2	0	0	7	0	0
	합계		188	27	1	2	229	35	3
K1	2013	전남	3	1	0	0	1	0	0
	합계		3	1	0	0	1	0	0
프로통산			191	28	1	2	230	35	3

이상호(李相湖) 울산대 1987.05.09

대회	연도	소속	출전	교체	득점	도움	파울	경고	퇴장
BC	2006	울산	17	9	2	2	39	4	0
	2007	울산	22	14	4	1	49	3	0
	2008	울산	20	7	5	0	50	4	0
	2009	수원	20	10	1	1	32	1	0
	2010	수원	20	9	1	3	29	3	0
	2011	수원	29	13	6	3	51	5	0
	2012	전남	16	3	0	0	19	3	0
	2012	수원	16	2	2	0	25	4	0
	합계		144	64	21	10	275	24	0
K1	2014	상주	17	5	5	2	18	2	0
	2014	수원	9	8	1	1	10	0	0
	2015	수원	30	17	5	2	30	3	0
	2016	수원	29	15	4	2	34	2	0
	2017	서울	28	14	3	1	27	1	0
	2018	서울	23	16	2	1	26	2	0
	합계		136	75	20	9	145	10	0
K2	2013	상주	21	10	3	4	36	1	0
	합계		21	10	3	4	36	1	0
승	2013	상주	2	2	1	1	2	0	0
	합계		2	2	1	1	2	0	0
프로통산			303	151	45	24	458	35	0

이상홍(李相洪) 연세대 1979.02.04

대회	연도	소속	출전	교체	득점	도움	파울	경고	퇴장
BC	2003	부천SK	11	4	0	1	33	3	0
	2004	부천SK	22	8	0	0	56	3	0
	2005	부천SK	6	1	0	1	12	1	0
	2006	제주	25	18	0	0	35	1	0
	2007	경남	31	1	0	0	57	3	0
	2008	경남	26	5	0	1	47	4	0
	2009	경남	24	3	0	0	51	4	0
	2010	전남	25	5	0	1	65	6	0
	2011	부산	11	3	0	0	9	3	0
	합계		181	48	0	4	365	28	0
프로통산			181	48	0	4	365	28	0

이상희(李祥喜) 홍익대 1988.05.18

대회	연도	소속	출전	교체	득점	도움	파울	경고	퇴장
BC	2011	대전	6	2	0	0	11	1	1
	합계		6	2	0	0	11	1	1
K1	2014	인천	0	0	0	0	0	0	0
	합계		0	0	0	0	0	0	0
프로통산			6	2	0	0	11	1	1

이석(李錫) 전주대 1979.02.01

대회	연도	소속	출전	교체	득점	도움	파울	경고	퇴장
BC	2001	전북	8	8	1	0	3	0	0
	2002	대전	11	10	0	0	9	0	0
	합계		19	18	1	0	12	0	0
프로통산			19	18	1	0	12	0	0

이석경(李錫景) 경희대 1969.01.19

대회	연도	소속	출전	교체	득점	도움	파울	경고	퇴장
BC	1991	유공	3	3	0	0	2	0	0
	1991	포항제철	4	4	0	0	2	0	0
	1992	유공	3	3	0	0	0	0	0
	1993	유공	5	5	0	0	5	0	0
	1994	유공	12	12	0	0	12	0	0
	1995	유공	15	6	2	0	19	5	0
	1996	부천유공	7	6	1	2	6	2	0
	1997	부천SK	12	12	0	0	12	1	0
	1998	천안일화	28	17	9	3	44	4	0
	1999	천안일화	15	14	4	1	17	2	0
	2000	성남일화	3	4	0	0	1	0	0
	합계		107	86	16	6	120	14	0
프로통산			107	86	16	6	120	14	0

이석규(李石圭) 인천대 1999.12.14

대회	연도	소속	출전	교체	득점	도움	파울	경고	퇴장
K1	2021	포항	5	5	0	0	5	0	0
	합계		5	5	0	0	5	0	0
프로통산			5	5	0	0	5	0	0

이석종(李碩鐘) 광운대 1960.02.20

대회	연도	소속	출전	교체	득점	도움	파울	경고	퇴장
BC	1984	한일은행	6	4	0	0	5	0	0
	합계		6	4	0	0	5	0	0
프로통산			6	4	0	0	5	0	0

이석현(李碩賢) 선문대 1990.06.13

대회	연도	소속	출전	교체	득점	도움	파울	경고	퇴장
K1	2013	인천	33	15	7	3	19	1	0
	2014	인천	25	21	1	1	6	0	0
	2015	서울	9	9	0	0	4	0	0
	2016	서울	20	14	2	0	13	1	0
	2017	서울	17	10	1	0	10	0	0
	2018	서울	3	3	0	0	1	0	0
	2018	포항	18	4	5	4	11	1	0
	2019	포항	16	15	2	0	9	0	0
	합계		141	91	18	8	73	3	0
K2	2021	전남	10	8	1	0	4	0	0
	합계		10	8	1	0	4	0	0
프로통산			151	99	19	8	77	3	0

이선걸(李善傑) 가톨릭관동대 1997.08.06

대회	연도	소속	출전	교체	득점	도움	파울	경고	퇴장
K2	2019	안양	11	8	1	1	7	2	0
	2020	안양	16	10	1	2	11	1	0
	2021	안양	2	1	0	0	1	0	0
	합계		29	19	2	3	19	3	0
프로통산			29	19	2	3	19	3	0

이선우(李善雨) 일본 모모야마대 1978.04.01

대회	연도	소속	출전	교체	득점	도움	파울	경고	퇴장
BC	2002	수원	7	8	0	1	12	0	0
	2003	수원	3	3	0	0	3	0	0
	2006	수원	3	4	0	0	2	0	0
	합계		13	15	0	1	17	0	0
프로통산			13	15	0	1	17	0	0

이선재(李善宰) 대구대 1972.03.28

대회	연도	소속	출전	교체	득점	도움	파울	경고	퇴장
BC	1997	부산	1	0	0	0	2	0	0
	1999	부산	0	0	0	0	0	0	0
	합계		1	0	0	0	2	0	0
프로통산			1	0	0	0	2	0	0

이성길(李聖吉) 동아대 1958.04.20

대회	연도	소속	출전	교체	득점	도움	파울	경고	퇴장
BC	1983	국민은행	9	5	0	0	4	0	0
	1985	상무	5	4	0	1	4	0	0
	합계		14	9	0	1	8	0	0
프로통산			14	9	0	1	8	0	0

이성덕(李成德) 동국대 1976.05.09

대회	연도	소속	출전	교체	득점	도움	파울	경고	퇴장
BC	1999	울산	4	5	0	0	1	1	0
	2000	울산	0	0	0	0	0	0	0
	합계		4	5	0	0	1	1	0
프로통산			4	5	0	0	1	1	0

이성민(李性旻) 제주국제대 1998.06.29

대회	연도	소속	출전	교체	득점	도움	파울	경고	퇴장
K2	2021	안산	1	1	0	0	0	0	0
	합계		1	1	0	0	0	0	0
프로통산			1	1	0	0	0	0	0

이성민(李聖敏) 호남대 1986.05.16

대회	연도	소속	출전	교체	득점	도움	파울	경고	퇴장
BC	2009	강원	16	15	2	0	28	2	0
	2011	대구	1	1	0	0	2	1	0
	합계		17	16	2	0	30	3	0
프로통산			17	16	2	0	30	3	0

이성우(安成佑) 단국대 1992.07.11

대회	연도	소속	출전	교체	득점	도움	파울	경고	퇴장
K1	2015	인천	7	8	0	0	3	0	0
	합계		7	8	0	0	3	0	0
프로통산			7	8	0	0	3	0	0

이성운(李城芸) 경기대 1978.12.25

대회	연도	소속	출전	교체	득점	도움	파울	경고	퇴장
BC	2001	성남일화	0	0	0	0	0	0	0
	2002	성남일화	1	1	0	0	2	0	0
	2003	성남일화	10	10	0	0	17	0	0
	2004	성남일화	4	4	0	0	5	1	0
	2007	대전	24	14	0	2	51	4	0
	2008	대전	26	7	1	0	57	6	0
	2009	대전	16	10	1	0	25	1	0
	2011	부산	6	6	0	0	7	2	0
	2012	부산	9	7	0	0	10	1	0
	합계		96	59	2	2	174	15	0
K1	2013	부산	1	0	0	0	1	0	0
	합계		1	0	0	0	1	0	0
프로통산			97	59	2	2	175	15	0

이성윤(李聖允) 영생고 2000.10.31

대회	연도	소속	출전	교체	득점	도움	파울	경고	퇴장
K1	2019	전북	0	0	0	0	0	0	0
	2020	전북	5	5	1	0	6	0	0
	2021	전북	10	10	1	0	10	0	0
	합계		15	15	2	0	16	0	0
프로통산			15	15	2	0	16	0	0

이성재(李成宰) 고양고 1987.09.16

대회	연도	소속	출전	교체	득점	도움	파울	경고	퇴장
BC	2007	포항	0	0	0	0	0	0	0
	2008	포항	1	1	0	0	0	1	0
	2009	인천	1	1	0	0	1	0	0
	2010	포항	5	5	0	0	6	0	0
	2011	상주	12	12	2	0	17	3	0
	2012	상주	17	17	3	1	12	0	0
	합계		36	36	5	1	36	4	0
K2	2013	수원FC	6	6	0	0	7	1	0
	2014	고양	15	13	2	0	25	5	0
	합계		21	19	2	0	32	6	0
프로통산			57	55	7	1	68	10	0

이성재(李晟宰) 선문대 1995.05.07

대회	연도	소속	출전	교체	득점	도움	파울	경고	퇴장
K2	2017	성남	18	14	0	0	19	4	0
	합계		18	14	0	0	19	4	0
프로통산			18	14	0	0	19	4	0

이성재(李成宰) 고려대 1976.05.16

대회	연도	소속	출전	교체	득점	도움	파울	경고	퇴장
BC	1999	부천SK	32	32	9	2	41	1	0
	2000	부천SK	39	37	7	2	46	2	0
	2001	부천SK	9	8	1	0	8	0	0

대회	연도	소속	출전	교체	득점	도움	파울	경고	퇴장
	2002	부천SK	15	8	1	0	35	3	0
	2003	부천SK	20	17	1	0	15	0	0
	2004	부산	18	14	2	2	20	1	0
	2006	울산	18	14	2	2	20	1	0
합계			139	120	21	6	172	7	0
프로통산			139	120	21	6	172	7	0

이성주 (李聖柱) 동국대 1999.04.03

대회	연도	소속	출전	교체	실점	도움	파울	경고	퇴장
K1	2021	수원	0	0	0	0	0	0	0
합계			0	0	0	0	0	0	0
프로통산			0	0	0	0	0	0	0

이성현 (李聖賢) 연세대 1989.10.09

대회	연도	소속	출전	교체	득점	도움	파울	경고	퇴장
K1	2013	제주	3	1	0	0	4	0	0
합계			3	1	0	0	4	0	0
프로통산			3	1	0	0	4	0	0

이성환 (李星煥) 건국대 1984.05.28

대회	연도	소속	출전	교체	득점	도움	파울	경고	퇴장
BC	2007	대구	0	0	0	0	0	0	0
합계			0	0	0	0	0	0	0
프로통산			0	0	0	0	0	0	0

이세인 (李世仁) 한양대 1980.06.16

대회	연도	소속	출전	교체	득점	도움	파울	경고	퇴장
BC	2005	대전	3	2	0	0	4	0	0
	2006	대전	10	4	0	0	21	3	0
	2007	대전	8	3	0	0	14	4	0
	2008	부산	7	3	0	0	6	1	0
	2009	강원	8	3	0	0	4	0	0
합계			36	15	1	0	49	8	0
프로통산			36	15	1	0	49	8	0

이세주 (李世周) 주엽공고 1987.10.02

대회	연도	소속	출전	교체	득점	도움	파울	경고	퇴장
BC	2006	인천	1	1	0	0	0	0	0
	2007	인천	4	2	0	0	2	0	0
	2008	인천	3	1	0	0	4	0	0
	2009	인천	18	5	1	0	10	2	0
	2010	인천	10	7	0	1	16	4	0
합계			36	16	1	1	32	6	0
프로통산			36	16	1	1	32	6	0

이세준 (李世峻) 포철공고 1984.07.24

대회	연도	소속	출전	교체	득점	도움	파울	경고	퇴장
BC	2004	포항	5	5	0	1	3	0	0
합계			5	5	0	1	3	0	0
프로통산			5	5	0	1	3	0	0

이세환 (李世煥) 고려대 1986.04.21

대회	연도	소속	출전	교체	득점	도움	파울	경고	퇴장
BC	2008	울산	16	13	0	0	15	3	0
	2009	울산	7	3	0	0	10	0	0
합계			23	16	0	1	25	4	0
K2	2013	고양	25	4	0	3	27	4	0
	2014	고양	25	3	0	1	28	5	0
합계			50	7	0	4	55	9	0
프로통산			73	23	4	1	80	13	0

이수길 (李秀吉) 경일대 1979.04.09

대회	연도	소속	출전	교체	득점	도움	파울	경고	퇴장
K2	2013	수원FC	9	6	0	0	9	1	0
합계			9	6	0	0	9	1	0
프로통산			9	6	0	0	9	1	0

이수빈 (李秀彬) 포항제철고 2000.05.07

대회	연도	소속	출전	교체	득점	도움	파울	경고	퇴장
K1	2019	포항	28	10	1	1	54	5	0
	2020	전북	4	4	0	0	2	0	0
	2021	포항	24	20	0	1	23	4	0
합계			56	34	1	2	79	9	0
프로통산			56	34	1	2	79	9	0

이수철 (李壽澈) 영남대 1966.05.20

대회	연도	소속	출전	교체	득점	도움	파울	경고	퇴장
BC	1989	현대	27	15	4	1	24	2	0
	1990	현대	3	3	0	0	1	0	0
	1991	현대	8	7	1	0	2	1	0
	1992	현대	7	8	2	0	1	0	0
	1993	현대	26	18	1	2	23	3	0
	1994	현대	13	3	1	1	14	1	0
	1995	현대	7	7	0	0	1	0	0
합계			91	61	9	4	66	7	0
프로통산			91	61	9	4	66	7	0

이수철 (李洙澈) 단국대 1979.05.26

대회	연도	소속	출전	교체	득점	도움	파울	경고	퇴장
BC	2002	전북	1	1	0	0	1	0	0
합계			1	1	0	0	1	0	0
프로통산			1	1	0	0	1	0	0

이수환 (李受奐) 포철공고 1984.03.03

대회	연도	소속	출전	교체	득점	도움	파울	경고	퇴장
BC	2004	포항	6	4	0	0	5	0	0
	2005	포항	1	1	0	0	0	0	0
	2008	광주상무	1	1	0	0	1	0	0
합계			8	6	0	0	6	0	0
프로통산			8	6	0	0	6	0	0

이순민 (李淳敏) 영남대 1994.05.22

대회	연도	소속	출전	교체	득점	도움	파울	경고	퇴장
K1	2017	광주	2	2	0	0	0	0	0
	2020	광주	0	0	0	0	5	2	0
	2021	광주	28	22	1	1	31	3	0
합계			30	22	1	1	36	5	0
프로통산			30	22	1	1	36	5	0

이순석 (李淳碩) 여의도고 1991.12.22

대회	연도	소속	출전	교체	득점	도움	파울	경고	퇴장
K2	2013	부천	6	4	0	0	12	2	0
합계			6	4	0	0	12	2	0
프로통산			6	4	0	0	12	2	0

이순우 (李淳雨) 건국대 1974.08.23

대회	연도	소속	출전	교체	득점	도움	파울	경고	퇴장
BC	1999	부천SK	0	0	0	0	0	0	0
합계			0	0	0	0	0	0	0
프로통산			0	0	0	0	0	0	0

이순행 (李順行) 국민대 1974.04.02

대회	연도	소속	출전	교체	득점	도움	파울	경고	퇴장
BC	2000	포항	6	6	0	0	7	0	0
합계			6	6	0	0	7	0	0
프로통산			6	6	0	0	7	0	0

이스칸데로프 (Jamshid Iskanderov) 우즈베키스탄 1993.10.16

대회	연도	소속	출전	교체	득점	도움	파울	경고	퇴장
K1	2020	성남	21	9	0	2	10	0	0
	2021	성남	25	21	1	4	14	1	0
합계			46	30	1	6	24	1	0
프로통산			46	30	1	6	24	1	0

이스트반 (Nyul Istvan) 헝가리 1961.02.25

대회	연도	소속	출전	교체	득점	도움	파울	경고	퇴장
BC	1990	럭키금성	6	4	2	0	10	0	0
합계			6	4	2	0	10	0	0
프로통산			6	4	2	0	10	0	0

이슬기 (李슬기) 동국대 1986.09.24

대회	연도	소속	출전	교체	득점	도움	파울	경고	퇴장
BC	2009	대구	29	1	3	7	50	4	0
	2010	대구	23	20	1	4	36	2	0
	2011	포항	0	0	0	0	0	0	0
	2012	대전	6	3	0	0	12	0	0
합계			58	24	4	11	98	8	0
K1	2013	대전	5	2	0	0	10	1	0
	2015	인천	0	0	0	0	0	0	0
합계			5	2	0	0	10	1	0
K2	2016	안양	2	2	0	0	2	0	0
합계			2	2	0	0	2	1	0
프로통산			65	29	4	11	110	10	0

이슬찬 (李슬찬) 광양제철고 1993.08.15

대회	연도	소속	출전	교체	득점	도움	파울	경고	퇴장
BC	2012	전남	4	4	0	0	6	0	0
합계			4	4	0	0	6	0	0
K1	2013	전남	3	3	0	0	3	0	0
	2014	전남	1	1	0	0	0	0	0
	2015	전남	22	9	0	0	40	7	0
	2016	전남	14	8	0	1	14	3	0
	2017	전남	33	2	4	2	28	10	0
	2018	전남	28	4	0	2	18	4	1
합계			101	27	4	5	104	24	1
K2	2019	전남	20	5	0	1	17	3	0
	2020	대전	17	7	0	1	15	1	0
	2021	대전	0	0	0	0	1	0	0
합계			37	10	0	2	33	4	0
프로통산			142	41	4	7	143	28	1

이승규 (李承圭) 선문대 1992.07.27

대회	연도	소속	출전	교체	실점	도움	파울	경고	퇴장
K1	2019	강원	0	0	0	0	0	0	0
합계			0	0	0	0	0	0	0
K2	2015	고양	1	1	0	0	0	0	0
	2016	고양	3	3	0	0	0	0	0
합계			4	1	8	0	0	0	0
프로통산			4	1	8	0	0	0	0

이승규 (李承奎) 중앙대 1970.01.17

대회	연도	소속	출전	교체	득점	도움	파울	경고	퇴장
BC	1994	버팔로	35	0	1	0	29	3	0
	1995	전남	1	0	0	0	0	0	0
합계			36	1	0	1	29	3	0
프로통산			36	1	0	1	29	3	0

이승근 (李昇根) 한남대 1981.11.10

대회	연도	소속	출전	교체	득점	도움	파울	경고	퇴장
BC	2004	대구	22	10	0	0	26	4	0
	2005	대구	6	4	0	0	4	1	0
합계			28	14	0	0	30	5	0
프로통산			28	14	0	0	30	5	0

이승기 (李承琪) 울산대 1988.06.02

대회	연도	소속	출전	교체	득점	도움	파울	경고	퇴장
BC	2011	광주	27	4	8	2	33	0	0
	2012	광주	40	6	4	12	49	1	0
합계			67	10	12	14	82	1	0
K1	2013	전북	21	5	3	4	20	1	0
	2014	전북	26	8	5	10	26	1	0
	2016	상주	15	10	1	1	12	1	0
	2016	전북	4	4	0	1	3	0	0
	2017	전북	31	22	9	3	26	2	0
	2018	전북	27	13	0	5	20	1	0
	2019	전북	13	15	4	4	12	0	0
	2020	전북	27	22	4	4	15	0	0
	2021	전북	27	22	4	4	19	1	0
합계			200	110	34	35	141	7	0
K2	2015	상주	22	11	5	5	24	1	0
합계			22	11	5	5	24	1	0
프로통산			289	131	51	54	241	9	0

이승렬 (李昇烈) 신갈고 1989.03.06

대회	연도	소속	출전	교체	득점	도움	파울	경고	퇴장
BC	2008	서울	31	24	5	1	43	1	0
	2009	서울	26	20	7	1	33	6	0
	2010	서울	28	21	10	6	32	6	0
	2011	서울	19	16	1	2	24	2	0
	2012	울산	14	9	2	1	24	2	0
합계			118	94	25	9	154	17	0
K1	2013	성남일화	23	16	3	1	39	6	0
	2014	전북	11	9	1	1	13	2	0
	2015	전북	3	3	0	0	2	1	1

이승렬 외

대회	연도	소속	출전	교체	득점	도움	파울	경고	퇴장
	2016	수원FC	4	3	0	0	8	3	0
	합계		39	31	3	2	62	12	1
프로통산			157	125	28	11	216	29	1

이승렬(李承烈) 한라대 1983.09.28

대회	연도	소속	출전	교체	득점	도움	파울	경고	퇴장
BC	2007	포항	1	1	0	0	0	0	0
	합계		1	1	0	0	0	0	0
프로통산			1	1	0	0	0	0	0

이승모(李勝模) 포항제철고 1998.03.30

대회	연도	소속	출전	교체	득점	도움	파울	경고	퇴장
K1	2017	포항	3	2	0	0	2	1	0
	2019	포항	2	2	0	0	4	0	0
	2020	포항	19	13	2	2	26	4	0
	2021	포항	35	28	1	2	36	1	0
	합계		59	45	3	4	68	6	0
K2	2018	광주	10	10	1	1	4	1	0
	합계		10	10	1	1	4	1	0
프로통산			69	55	4	5	72	7	0

이승목(李昇穆) 관동대(가톨릭관동대) 1984.07.18

대회	연도	소속	출전	교체	득점	도움	파울	경고	퇴장
BC	2007	제주	5	4	0	0	11	1	0
	2010	대전	0	0	0	0	0	0	0
	합계		5	4	0	0	11	1	0
프로통산			5	4	0	0	11	1	0

이승빈(李承彬) (← 이희성) 숭실대 1990.05.27

대회	연도	소속	출전	교체	실점	도움	파울	경고	퇴장
K1	2014	울산	9	1	14	0	0	1	0
	2015	울산	1	1	0	0	0	0	0
	합계		10	2	14	0	0	1	0
K2	2018	안산	17	2	19	0	0	0	0
	2019	안산	18	0	25	0	0	4	0
	2020	안산	17	1	20	0	0	0	0
	2021	안산	25	1	29	0	0	7	0
	합계		77	4	93	0	0	11	0
프로통산			87	6	107	0	0	12	0

이승엽 진주고 2000.07.20

대회	연도	소속	출전	교체	득점	도움	파울	경고	퇴장
K1	2019	경남	1	1	0	0	1	0	0
	합계		1	1	0	0	1	0	0
프로통산			1	1	0	0	1	0	0

이승엽(李承燁) 연세대 1975.10.12

대회	연도	소속	출전	교체	득점	도움	파울	경고	퇴장
BC	1998	포항	11	9	1	0	17	3	0
	1999	포항	25	9	1	0	36	2	0
	2000	포항	26	5	0	2	45	4	0
	2001	포항	22	9	0	1	43	4	0
	2002	포항	22	10	0	1	42	2	1
	2003	부천SK	2	2	0	1	0	0	0
	합계		115	44	1	5	194	15	1
프로통산			115	44	1	5	194	15	1

이승원(李承元) 숭실대 1986.10.14

대회	연도	소속	출전	교체	득점	도움	파울	경고	퇴장
BC	2010	대전	2	1	0	0	3	0	0
	합계		2	1	0	0	3	0	0

이승재(李承宰) 홍익대 1998.02.06

대회	연도	소속	출전	교체	득점	도움	파울	경고	퇴장
K1	2020	서울	1	1	0	0	0	0	0
	합계		1	1	0	0	0	0	0
K2	2021	충남아산	16	15	1	1	19	2	0
	합계		16	15	1	1	19	2	0
프로통산			17	16	1	1	19	2	0

이승재 광운대 1971.11.02

대회	연도	소속	출전	교체	득점	도움	파울	경고	퇴장
BC	1999	전북	14	14	0	0	9	2	0
	합계		14	14	0	0	9	2	0
프로통산			14	14	0	0	9	2	0

이승준(李承俊) 성균관대 1972.09.01

대회	연도	소속	출전	교체	실점	도움	파울	경고	퇴장
BC	2000	대전	4	1	5	0	0	1	0
	2001	대전	2	0	4	0	0	0	0
	2002	대전	9	0	14	0	0	0	0
	2003	대전	8	1	12	0	0	0	0
	2004	대전	4	0	9	0	0	0	0
	2005	대전	4	0	7	0	0	0	0
	2006	부산	2	0	4	0	0	0	0
	합계		33	3	53	0	0	1	0
프로통산			33	3	53	0	0	1	0

이승태(李承泰) 연세대 1972.03.28

대회	연도	소속	출전	교체	실점	도움	파울	경고	퇴장
BC	1996	부산	9	0	19	0	0	0	0
	합계		9	0	19	0	0	0	0
프로통산			9	0	19	0	0	0	0

이승현(李昇炫) 한양대 1985.07.25

대회	연도	소속	출전	교체	득점	도움	파울	경고	퇴장
BC	2006	부산	36	22	7	3	38	1	0
	2007	부산	18	15	0	0	16	0	0
	2008	부산	19	14	1	1	20	0	0
	2009	부산	33	20	5	1	42	1	0
	2010	전북	19	16	1	1	14	1	0
	2011	전북	29	25	3	5	27	1	0
	2012	전북	32	24	5	5	25	4	0
	합계		186	132	28	14	182	8	0
K1	2014	상주	17	14	2	2	18	1	0
	2014	전북	7	6	1	0	4	0	0
	2015	전북	10	10	0	0	11	0	0
	2016	수원FC	31	17	6	1	25	4	0
	합계		65	47	9	3	61	2	0
K2	2013	상주	26	22	4	0	19	1	0
	2017	수원FC	34	6	7	1	24	4	0
	2018	수원FC	32	19	1	0	24	1	0
	2019	수원FC	1	2	0	0	1	0	0
	합계		95	49	11	2	84	6	0
승	2013	상주	2	2	1	0	2	0	0
	합계		2	2	1	0	2	0	0
프로통산			348	230	49	19	329	16	0

이승현(李承炫) 홍익대 1995.04.04

대회	연도	소속	출전	교체	득점	도움	파울	경고	퇴장
K2	2017	성남	0	0	0	0	0	0	0
	합계		0	0	0	0	0	0	0
프로통산			0	0	0	0	0	0	0

이승협(李承協) 연세대 1971.04.15

대회	연도	소속	출전	교체	득점	도움	파울	경고	퇴장
BC	1995	포항	10	6	0	0	22	1	0
	1996	포항	2	1	0	0	1	0	0
	1997	포항	8	2	0	1	11	0	0
	1998	포항	20	6	0	0	13	5	0
	합계		40	15	0	1	47	6	0
프로통산			40	15	0	1	47	6	0

이승호(李承鎬) 충북대 1970.08.25

대회	연도	소속	출전	교체	득점	도움	파울	경고	퇴장
BC	1997	대전	18	11	0	1	9	1	0
	합계		18	11	0	1	9	1	0
프로통산			18	11	0	1	9	1	0

이승희(李承熙) 홍익대 1988.06.10

대회	연도	소속	출전	교체	득점	도움	파울	경고	퇴장
BC	2010	전남	21	7	0	1	22	7	0
	2011	전남	28	2	0	1	56	9	0
	2012	제주	10	6	0	0	19	2	0
	합계		66	19	0	2	103	19	0
K1	2013	전남	33	1	0	1	43	6	0
	2014	전남	31	6	1	0	51	9	0
	2017	포항	13	4	1	0	19	0	0
	합계		77	11	2	1	115	18	0
프로통산			143	30	2	3	218	37	0

이시영(李時榮) 전주대 1997.04.21

대회	연도	소속	출전	교체	득점	도움	파울	경고	퇴장
K1	2021	성남	23	9	0	2	23	9	0
	합계		23	9	0	2	23	9	0
K2	2018	성남	4	3	0	1	0	0	0
	2019	광주	13	1	0	3	17	2	0
	2020	서울E	11	2	0	1	13	2	0
	합계		28	6	0	5	30	4	0
프로통산			51	15	0	6	53	8	0

이시헌(李始憲) 중앙대 1998.05.04

대회	연도	소속	출전	교체	득점	도움	파울	경고	퇴장
K1	2019	전북	2	2	0	0	0	0	0
	2020	전북	0	0	0	0	0	0	0
	합계		2	2	0	0	0	0	0
K2	2019	부천	11	11	0	0	7	0	0
	2021	부천	24	18	4	3	26	4	0
	합계		35	29	4	3	33	4	0
프로통산			37	31	4	3	33	4	0

이시환(李視煥) 풍생고 1998.05.25

대회	연도	소속	출전	교체	실점	도움	파울	경고	퇴장
K2	2017	성남	0	0	0	0	0	0	0
	2020	수원FC	0	0	0	0	0	0	0
	합계		0	0	0	0	0	0	0
프로통산			0	0	0	0	0	0	0

이싸빅(李 싸빅) / (← 싸빅[Jasenko Sabitović]) 1973.03.29

대회	연도	소속	출전	교체	득점	도움	파울	경고	퇴장
BC	1998	포항	32	6	1	1	62	6	0
	1999	포항	29		0	0	47	5	0
	2000	포항	34		1	1	46	5	0
	2001	포항	30		0	1	43	4	0
	2002	포항	33		7	2	67	4	0
	2003	성남일화	33		7	1	67	4	0
	2004	성남일화	34		2	2	47	4	0
	2005	성남일화	0		0	1	7	1	0
	2005	수원	11		0	1	15	1	0
	2006	수원	26		2	0	34	4	0
	2007	수원	12		3	0	16	4	0
	2008	전남	5		2	0	9	3	0
	합계		271	54		7	518	41	0
프로통산			271	54		7	518	41	0

이안(Iain Stuart Fyfe) 오스트레일리아 1982.04.03

대회	연도	소속	출전	교체	득점	도움	파울	경고	퇴장
BC	2011	부산	15	4	1	0	24	6	0
	합계		15	4	1	0	24	6	0
프로통산			15	4	1	0	24	6	0

이양종(李 洋 鍾) 관동대(가톨릭관동대) 1989.07.17

대회	연도	소속	출전	교체	실점	도움	파울	경고	퇴장
BC	2011	대구	1	0	0	0	1	0	0
	2012	대구	2	1	7	0	0	0	0
	합계		3	1	7	0	1	0	0
K1	2013	대구	24	0	1	1	0	1	0
	2017	대구	3	0	7	0	0	0	0
	합계		27	0	2	1	0	1	0
K2	2014	대구	19	1	35	0	0	6	0
	2015	대구	1	0	3	0	0	0	0
	2016	대구	1	0	39	0	0	0	0
	합계		21	1	77	0	0	6	0
프로통산			51	2	86	1	1	7	0

이여성(李 如 星) 대신고 1983.01.05

대회	연도	소속	출전	교체	득점	도움	파울	경고	퇴장
BC	2002	수원	3	2	0	0	4	0	0
	2006	부산	11	9	0	1	15	0	0
	2007	부산	24	12	1	4	39	3	0
	2008	대전	26	17	1	2	39	3	0

대회	연도	소속	출전	교체	득점	도움	파울	경고	퇴장
	2009	대전	4	4	0	0	3	1	0
	합계		68	44	2	5	70	4	0
프로통산			68	44	2	5	70	4	0

이영길 (李永吉) 경희대 1957.03.01

대회	연도	소속	출전	교체	득점	도움	파울	경고	퇴장
BC	1983	할렐루야	1	1	0	0	0	0	0
	1984	할렐루야	1	1	0	0	0	0	0
	합계		2	2	0	0	0	0	0
프로통산			2	2	0	0	0	0	0

이영덕 (李永德) 동국대 1990.03.18

대회	연도	소속	출전	교체	득점	도움	파울	경고	퇴장
K2	2013	충주	22	13	0	2	22	0	0
	합계		22	13	0	2	22	0	0
프로통산			22	13	0	2	22	0	0

이영배 (李映培) 명지대 1975.03.25

대회	연도	소속	출전	교체	득점	도움	파울	경고	퇴장
BC	1999	천안일화	16	16	3	1	22	1	0
	2000	성남일화	2	2	0	0	0	0	0
	합계		18	18	3	1	22	1	0
프로통산			18	18	3	1	22	1	0

이영상 (李永相) 한양대 1967.02.24

대회	연도	소속	출전	교체	득점	도움	파울	경고	퇴장
BC	1990	포항제철	18	11	0	0	14	1	0
	1991	포항제철	4	4	0	0	1	0	0
	1992	포항제철	27	12	1	0	36	2	0
	1993	포항제철	27	3	1	0	48	6	0
	1994	포항제철	31	5	1	0	54	8	0
	1995	포항	27	2	1	0	42	4	1
	1996	포항	30	8	1	0	38	7	0
	1997	포항	20	11	0	0	24	3	0
	1998	포항	30	7	0	0	34	6	0
	1999	포항	22	6	0	0	28	3	0
	합계		236	67	6	1	326	40	1
프로통산			236	67	6	1	326	40	1

이영수 (李榮洙) 호남대 1978.07.30

대회	연도	소속	출전	교체	득점	도움	파울	경고	퇴장
BC	2001	전남	7	6	1	0	10	1	0
	2002	전남	27	2	0	4	47	1	0
	2003	전남	18	6	0	0	37	3	0
	2004	전남	14	2	0	0	33	4	0
	2007	전남	8	3	0	0	2	1	0
	합계		74	19	0	5	129	10	0
프로통산			74	19	0	5	129	10	0

이영우 (李英雨) 동아대 1972.01.19

대회	연도	소속	출전	교체	득점	도움	파울	경고	퇴장
BC	1994	대우	1	0	0	0	1	0	0
	합계		1	0	0	0	1	0	0
프로통산			1	0	0	0	1	0	0

이영익 (李榮益) 고려대 1966.08.30

대회	연도	소속	출전	교체	득점	도움	파울	경고	퇴장
BC	1989	럭키금성	39	1	3	0	56	3	0
	1990	럭키금성	22	1	2	1	31	1	0
	1991	LG	17	4	0	0	27	3	0
	1992	LG	9	2	1	1	13	2	0
	1993	LG	33	2	1	0	43	0	0
	1994	LG	2	2	0	0	0	0	0
	1995	LG	32	10	0	0	51	5	0
	1996	안양LG	22	9	0	0	10	1	0
	1997	안양LG	11	7	0	0	12	1	0
	합계		190	43	6	6	241	16	0
프로통산			190	43	6	6	241	16	0

이영재 (李英才) 용인대 1994.09.13

대회	연도	소속	출전	교체	득점	도움	파울	경고	퇴장
K1	2015	울산	10	8	1	2	10	1	0
	2017	울산	30	21	2	2	19	4	0
	2018	울산	22	17	1	2	8	2	0
	2019	경남	11	7	1	1	10	1	0
	2019	강원	13	5	6	5	6	0	0
	2020	강원	23	17	2	1	14	3	0
	2021	수원FC	30	17	5	7	21	1	0
	합계		139	92	20	20	90	12	0
K2	2016	부산	17	7	1	2	7	1	0
	합계		17	7	1	2	7	1	0
프로통산			156	99	21	22	97	13	0

이영준 (李泳俊) 신평고 2003.05.23

대회	연도	소속	출전	교체	득점	도움	파울	경고	퇴장
K1	2021	수원FC	13	13	0	1	4	1	0
	합계		13	13	0	1	4	1	0
프로통산			13	13	0	1	4	1	0

이영진 (李永眞) 인천대 1963.10.27

대회	연도	소속	출전	교체	득점	도움	파울	경고	퇴장
BC	1986	럭키금성	28	6	3	3	19	4	0
	1987	럭키금성	26	11	2	1	18	2	1
	1988	럭키금성	19	0	1	2	37	4	0
	1989	럭키금성	13	0	0	2	28	1	0
	1990	럭키금성	26	2	0	4	43	5	1
	1991	LG	34	1	3	7	57	8	0
	1992	LG	32	5	2	3	38	7	1
	1993	LG	27	3	0	3	32	4	0
	1994	LG	15	1	0	3	22	3	0
프로통산			220	46	11	28	294	39	3

이영진 (李永鎭) 대구대 1972.03.27

대회	연도	소속	출전	교체	득점	도움	파울	경고	퇴장
BC	1994	일화	31	6	1	3	39	6	0
	1995	일화	31	4	0	0	37	8	0
	1996	천안일화	17	6	1	0	28	5	0
	1999	천안일화	17	10	0	0	20	3	0
	2000	성남일화	0	0	0	0	0	0	0
	2002	성남일화	4	4	0	0	5	1	0
	2003	성남일화	27	3	1	0	45	4	0
	2004	성남일화	1	1	0	0	1	0	0
	합계		131	39	2	4	163	26	1
프로통산			131	39	2	4	163	26	1

이영창 (李怜昶) 홍익대 1993.01.10

대회	연도	소속	출전	교체	실점	도움	파울	경고	퇴장
K2	2015	충주	3	0	4	0	1	0	0
	2016	충주	27	0	44	0	1	1	0
	2017	대전	0	0	18	0	1	0	0
	2018	부천	4	0	7	0	0	0	0
	2019	부천	0	0	0	0	0	0	0
	2020	부천	0	0	0	0	0	0	0
	합계		49	1	0	0	3	1	0
프로통산			49	1	0	0	3	1	0

이영표 (李榮杓) 건국대 1977.04.23

대회	연도	소속	출전	교체	득점	도움	파울	경고	퇴장
BC	2000	안양LG	18	0	2	1	26	2	0
	2001	안양LG	29	3	0	1	47	2	0
	2002	안양LG	23	2	1	5	24	3	0
	합계		70	5	3	7	97	7	0
프로통산			70	5	3	7	97	7	0

이영훈 (李映勳) 광양제철고 1980.03.23

대회	연도	소속	출전	교체	득점	도움	파울	경고	퇴장
BC	1999	전남	3	2	0	0	6	0	0
	2001	전남	0	0	0	0	0	0	0
	2003	광주상무	0	0	0	0	0	0	0
	2004	전남	0	0	0	0	0	0	0
	2005	전남	0	0	0	0	0	0	0
	합계		10	8	0	0	12	0	0
프로통산			10	8	0	0	12	0	0

이예찬 (李예찬) 대신고 1996.05.01

대회	연도	소속	출전	교체	득점	도움	파울	경고	퇴장
K2	2016	고양	37	13	1	1	34	3	0
	2017	서울E	24	13	0	2	13	2	0
	2018	서울E	9	5	0	0	9	2	0
	합계		70	31	1	3	56	7	0
프로통산			70	31	1	3	56	7	0

이와세 (Iwase Go, 磐瀨剛) 일본 1995.06.28

대회	연도	소속	출전	교체	득점	도움	파울	경고	퇴장
K2	2021	안산	26	14	1	1	39	6	0
	합계		26	14	1	1	39	6	0
프로통산			26	14	1	1	39	6	0

이완 (李宛) 연세대 1984.05.03

대회	연도	소속	출전	교체	득점	도움	파울	경고	퇴장
BC	2006	전남	4	4	0	0	2	0	0
	2007	전남	6	4	0	0	10	0	0
	2008	광주상무	5	0	1	0	7	0	0
	2009	광주상무	29	12	1	2	27	1	0
	2009	전남	4	1	0	1	7	0	0
	2010	전남	18	3	0	1	14	4	0
	2011	전남	17	6	1	2	17	6	0
	2012	전남	9	7	0	0	9	1	0
	합계		92	31	3	6	98	14	0
K1	2013	울산	4	2	0	0	4	0	0
	합계		4	2	0	0	4	0	0
K2	2014	광주	19	4	2	1	27	2	0
	2015	강원	4	0	1	1	3	0	0
	합계		23	4	3	2	30	2	0
승	2014	광주	2	0	0	0	2	0	0
	합계		2	0	0	0	2	0	0
프로통산			121	37	6	8	133	18	0

이완희 (李完熙) 홍익대 1987.07.10

대회	연도	소속	출전	교체	득점	도움	파울	경고	퇴장
K2	2013	안양	14	12	1	1	15	0	0
	2014	충주	17	15	3	1	16	1	0
	2015	충주	1	1	0	0	1	0	0
	합계		32	28	4	2	32	1	0
프로통산			32	28	4	2	32	1	0

이요한 (李曜漢) 동북고 1985.12.18

대회	연도	소속	출전	교체	득점	도움	파울	경고	퇴장
BC	2004	인천	8	7	0	0	8	0	0
	2005	인천	17	9	0	0	22	4	0
	2006	인천	17	9	0	0	22	4	0
	2007	제주	21	7	0	1	36	5	0
	2008	전북	15	1	0	2	31	3	0
	2009	전북	13	4	0	0	11	2	0
	2010	전북	13	4	0	0	11	2	0
	2011	부산	18	9	0	1	20	3	0
	2012	부산	7	0	3	2	159	20	2
	합계		119	50	3	2	159	20	2
K1	2013	성남일화	17	12	0	0	10	5	0
	2014	성남	17	12	0	0	10	5	0
	2015	성남	6	6	0	0	7	0	0
	합계		26	20	0	0	17	7	0
프로통산			145	70	3	2	176	27	2

이용 (李龍) 고려대 1989.01.21

대회	연도	소속	출전	교체	득점	도움	파울	경고	퇴장
BC	2011	광주	29	1	0	0	25	4	0
	2012	광주	18	7	1	0	24	7	0
	합계		47	8	1	0	49	11	0
K1	2013	제주	27	2	2	0	31	4	0
	2014	제주	18	8	0	0	10	2	1
	2015	제주	7	3	1	0	8	2	0
	2016	성남	1	1	0	0	1	0	0
	2017	강원	0	0	0	0	0	0	0
	합계		53	14	3	0	50	8	1
K2	2017	아산	0	0	0	0	0	0	0
	2018	아산	0	0	0	0	0	0	0
	2019	수원FC	0	0	0	0	0	0	0
	합계		10	8	1	0	0	0	0
승	2016	성남	0	0	0	0	0	0	0
	합계		0	0	0	0	0	0	0

| 프로통산 | | 110 | 30 | 5 | 2 | 105 | 20 | 1 |

이용(李 鎔) 중앙대 1986.12.24

대회	연도	소속	출전	교체	득점	도움	파울	경고	퇴장
BC	2010	울산	25	3	0	3	31	5	0
	2011	울산	28	12	0	1	26	1	0
	2012	울산	22	5	0	5	24	1	0
	합계		75	20	0	9	81	7	0
K1	2013	울산	37	1	1	2	36	3	0
	2014	울산	31	5	0	3	32	4	0
	2016	상주	23	2	2	2	21	4	0
	2016	울산	1	0	0	1	6	0	0
	2017	전북	8	3	0	0	7	0	0
	2018	전북	32	0	0	9	35	4	0
	2019	전북	20	1	0	3	23	5	0
	2021	전북	25	5	0	4	21	7	0
	합계		197	17	3	23	204	27	0
K2	2013	상주	33	1	0	4	31	9	0
	합계		33	1	0	4	31	9	0
프로통산			305	38	3	36	316	43	0

이용(李 龍) 명지대 1960.03.16

대회	연도	소속	출전	교체	득점	도움	파울	경고	퇴장
BC	1984	국민은행	9	4	3	0	4	0	0
	합계		9	4	3	0	4	0	0
프로통산			9	4	3	0	4	0	0

이용기(李 龍起) 연세대 1985.05.30

대회	연도	소속	출전	교체	득점	도움	파울	경고	퇴장
BC	2009	경남	0	0	0	0	0	0	0
	2010	경남	20	6	0	0	35	7	0
	2011	경남	9	4	0	0	11	5	0
	2012	경남	7	3	0	0	14	2	1
	합계		36	13	0	0	60	14	1
K1	2014	상주	5	3	0	0	7	1	0
	합계		5	3	0	0	7	1	0
K2	2013	상주	1	1	0	0	1	0	0
	2015	충주	16	2	0	0	11	4	0
	합계		17	3	0	0	12	4	0
승	2013	상주	0	0	0	0	0	0	0
	합계		0	0	0	0	0	0	0
프로통산			58	19	0	0	80	22	1

이용래(李 龍來) 고려대 1986.04.17

대회	연도	소속	출전	교체	득점	도움	파울	경고	퇴장
BC	2009	경남	30	3	4	1	42	5	0
	2010	경남	32	4	4	1	33	4	0
	2011	수원	28	2	1	2	41	5	0
	2012	수원	25	1	2	2	46	1	0
	합계		115	10	12	12	165	18	0
K1	2013	수원	20	9	1	1	24	1	0
	2016	수원	13	7	0	0	9	1	0
	2017	수원	19	12	1	1	19	1	0
	2021	대구	24	21	0	0	45	8	0
	합계		76	49	3	2	97	11	0
K2	2014	안산경찰	33	3	3	3	37	6	0
	2015	안산경찰	14	4	1	0	26	3	0
	합계		47	7	4	4	60	9	0
프로통산			238	66	19	18	322	38	0

이용발(李 龍發) 동아대 1973.03.15

대회	연도	소속	출전	교체	실점	도움	파울	경고	퇴장
BC	1994	유공	2	0	3	0	0	0	0
	1995	유공	0	0	0	0	0	0	0
	1996	부천유공	14	1	0	0	0	0	0
	1999	부천SK	38	0	55	0	1	1	0
	2000	부천SK	43	0	59	3	3	1	0
	2001	부천SK	35	0	42	0	2	1	0
	2002	전북	35	0	48	0	0	0	0
	2003	전북	25	0	30	0	0	0	0
	2004	전북	31	0	25	0	0	0	0
	2005	전북	17	1	27	0	0	0	0
	2006	경남	0	0	0	0	0	0	0
	합계		240	2	308	3	8	7	0
프로통산			240	2	308	3	8	7	0

*득점: 2000년 1 / 통산 1

이용설(李 容設) 중앙대 1958.01.26

대회	연도	소속	출전	교체	득점	도움	파울	경고	퇴장
BC	1983	대우	2	1	0	0	1	0	0
	1984	럭키금성	2	1	0	0	1	0	0
	합계		4	2	0	0	2	0	0
프로통산			4	2	0	0	2	0	0

이용성(李 龍成) 단국대 1956.03.27

대회	연도	소속	출전	교체	득점	도움	파울	경고	퇴장
BC	1983	국민은행	6	1	0	0	3	0	0
	합계		6	1	0	0	3	0	0
프로통산			6	1	0	0	3	0	0

이용수(李 容洙) 서울대 1959.12.27

대회	연도	소속	출전	교체	득점	도움	파울	경고	퇴장
BC	1984	럭키금성	25	3	8	0	8	0	0
	1985	할렐루야	10	8	0	2	7	0	0
	합계		35	11	8	2	12	0	0
프로통산			35	11	8	2	12	0	0

이용승(李 勇承) 영남대 1984.08.28

대회	연도	소속	출전	교체	득점	도움	파울	경고	퇴장
BC	2007	경남	29	23	1	2	60	6	0
	2008	경남	11	9	0	0	16	2	0
	합계		40	32	1	2	76	8	0
K1	2013	전남	3	2	0	0	2	1	0
	합계		3	2	0	0	2	1	0
프로통산			43	34	1	2	78	9	0

이용우(李 鎔宇) 수원공고 1977.07.20

대회	연도	소속	출전	교체	득점	도움	파울	경고	퇴장
BC	1998	수원	2	1	0	0	2	0	0
	2001	수원	3	4	0	0	1	0	0
	2002	수원	4	4	0	0	9	0	0
	2003	수원	2	1	0	0	10	0	0
	합계		11	10	0	0	22	0	0
프로통산			11	10	0	0	22	0	0

이용재(李 龍宰) 관동대(가톨릭관동대) 1971.03.30

대회	연도	소속	출전	교체	득점	도움	파울	경고	퇴장
BC	1996	전남	1	0	0	0	2	0	0
	합계		1	0	0	0	2	0	0
프로통산			1	0	0	0	2	0	0

이용준(李 鎔駿) 현대고 1990.04.03

대회	연도	소속	출전	교체	득점	도움	파울	경고	퇴장
BC	2010	울산	0	0	0	0	0	0	0
	합계		0	0	0	0	0	0	0
프로통산			0	0	0	0	0	0	0

이용하(李 龍河) 전북대 1973.12.15

대회	연도	소속	출전	교체	득점	도움	파울	경고	퇴장
BC	1997	부산	1	1	0	0	1	0	0
	1998	부산	33	30	1	1	29	4	0
	1999	부산	8	8	0	0	6	1	0
	2000	부산	14	13	0	1	16	1	0
	2001	부산	31	27	3	0	37	8	0
	2002	부산	14	11	0	0	27	5	0
	2003	부산	12	11	1	1	15	1	0
	2004	인천	26	19	3	1	24	3	0
	합계		139	120	8	4	155	23	0
프로통산			139	120	8	4	155	23	0

이용혁(李 鎔赫) 전주기전대 1996.08.03

대회	연도	소속	출전	교체	득점	도움	파울	경고	퇴장
K1	2020	수원	0	0	0	0	0	0	0
	합계		0	0	0	0	0	0	0
프로통산			0	0	0	0	0	0	0

이우영(李 宇暎) 연세대 1973.08.19

대회	연도	소속	출전	교체	득점	도움	파울	경고	퇴장
BC	1998	안양LG	2	3	0	0	0	0	0
	합계		2	3	0	0	0	0	0
프로통산			2	3	0	0	0	0	0

이우진(李 玕 坪 / ← 이강진) 중동중 1986.04.25

대회	연도	소속	출전	교체	득점	도움	파울	경고	퇴장
BC	2003	수원	1	1	0	0	2	0	0
	2006	부산	20	0	0	1	20	0	0
	2007	부산	6	2	0	0	11	2	0
	2008	부산	21	6	0	0	21	1	0
	2009	부산	32	3	2	1	42	4	0
	2012	전북	0	0	0	0	0	0	0
	합계		80	12	2	2	96	7	0
K1	2013	대전	32	5	1	0	29	2	0
	2014	전북	2	1	0	0	2	0	0
	2015	대전	20	6	0	0	9	1	0
	2016	제주	3	3	1	0	1	0	0
	합계		57	15	2	0	40	6	0
프로통산			137	27	4	2	136	13	0

이우찬(李 又 燦) 영남상고 1963.06.09

대회	연도	소속	출전	교체	득점	도움	파울	경고	퇴장
BC	1984	대우	2	2	1	0	0	0	0
	1985	대우	9	5	3	1	12	1	0
	1986	대우	11	8	1	1	4	1	0
	합계		22	15	5	2	16	2	0
프로통산			22	15	5	2	16	2	0

이우혁(李 愚 赫) 강릉문성고 1993.02.24

대회	연도	소속	출전	교체	득점	도움	파울	경고	퇴장
BC	2011	강원	7	7	0	0	5	1	0
	2012	강원	8	6	0	0	3	1	0
	합계		15	13	0	0	8	2	0
K1	2013	강원	4	1	1	1	12	3	0
	2016	전북	2	1	0	0	2	0	0
	2017	광주	19	8	1	0	31	4	0
	2018	인천	9	6	1	0	7	1	0
	2019	인천	8	5	1	0	6	1	0
	2020	인천	8	4	0	0	5	0	0
	합계		50	23	4	1	63	9	0
K2	2014	강원	30	4	2	5	38	2	0
	2015	강원	21	14	0	5	31	2	0
	2021	경남	26	11	0	0	19	2	0
	합계		77	29	2	10	88	6	0
승	2013	강원	2	0	0	0	4	0	0
	합계		2	0	0	0	4	0	0
프로통산			144	67	6	11	160	17	0

이운재(李 雲在) 경희대 1973.04.26

대회	연도	소속	출전	교체	실점	도움	파울	경고	퇴장
BC	1996	수원	13	0	14	0	1	1	0
	1997	수원	17	0	27	0	2	1	0
	1998	수원	34	1	31	0	2	2	0
	1999	수원	39	0	37	0	2	2	0
	2002	수원	19	0	17	0	0	0	0
	2003	수원	41	0	44	0	2	2	0
	2004	수원	39	0	25	0	0	0	0
	2005	수원	35	0	33	0	0	1	0
	2006	수원	14	1	14	0	0	0	0
	2007	수원	35	0	33	0	0	0	0
	2008	수원	39	0	29	0	0	0	0
	2009	수원	14	0	15	0	0	0	0
	2010	수원	14	0	14	0	0	0	1
	2011	전남	34	0	41	0	0	1	0
	2012	전남	33	0	36	0	0	0	0
	합계		410	2	425	0	11	8	1
프로통산			410	2	425	0	11	8	1

이웅희(李 雄熙) 배재대 1988.07.18

대회	연도	소속	출전	교체	득점	도움	파울	경고	퇴장
BC	2011	대전	17	12	1	0	8	1	0
	2012	대전	34	4	0	0	52	9	0
	합계		51	16	1	0	60	10	0

	K1	2013	대전	32	3	3	1	29	2	0
		2014	서울	24	1	0	1	28	2	0
		2015	서울	32	1	0	1	29	5	0
		2016	상주	23	1	2	0	14	3	0
		2017	상주	5	0	0	0	4	0	0
		2017	서울	5	0	0	0	13	1	0
		2018	서울	11	2	0	0	12	0	0
		2019	서울	20	8	0	0	24	3	0
		합계		152	16	5	3	153	18	0
	K2	2020	대전	16	2	0	0	10	2	0
		2021	대전	22	1	1	1	22	5	0
		합계		38	3	1	1	32	7	0
	승	2018	서울	2	0	0	0	1	0	0
		2021	대전	2	0	0	0	3	0	0
		합계		4	1	0	0	4	0	0
	프로통산			245	36	7	4	246	35	0

이원규 (李源規) 연세대 1988.05.01

대회	연도	소속	출전	교체	득점	도움	파울	경고	퇴장
BC	2011	부산	3	1	0	0	3	0	0
	2012	부산	1	2	0	0	1	0	0
	합계		4	3	1	0	4	0	0
프로통산			4	3	1	0	4	0	0

이원식 (李元植) 한양대 1973.05.16

대회	연도	소속	출전	교체	득점	도움	파울	경고	퇴장
BC	1996	부천유공	21	21	7	1	19	2	0
	1997	부천SK	29	14	11	2	38	4	1
	1998	부천SK	26	19	10	3	22	1	0
	1999	부천SK	38	31	9	4	33	2	0
	2000	부천SK	33	13	13	1	24	1	0
	2001	부천SK	29	27	5	2	21	3	0
	2002	부천SK	29	27	4	2	17	2	0
	2003	부천SK	38	35	10	2	29	4	0
	2004	서울	10	8	1	1	9	1	0
	2005	서울	17	17	3	0	11	5	0
	2006	대전	1	1	0	0	2	0	0
	합계		270	233	73	18	224	25	1
프로통산			270	233	73	18	224	25	1

이원영 (李元榮 / ← 이정호) 보인정보산업고(보인고) 1981.03.13

대회	연도	소속	출전	교체	득점	도움	파울	경고	퇴장
BC	2005	포항	3	2	0	0	2	0	0
	2006	포항	21	3	2	0	37	2	0
	2007	전북	25	11	2	1	33	5	0
	2008	제주	32	2	0	2	41	6	0
	2009	부산	25	3	3	2	39	4	0
	2010	부산	27	3	1	1	42	9	0
	2011	부산	14	5	2	2	18	3	0
	합계		164	34	15	5	270	31	0
K1	2013	부산	32	7	2	1	40	7	0
	2014	부산	14	5	0	0	14	3	0
	합계		46	12	2	1	54	11	0
K2	2016	부산	24	7	1	1	16	4	0
	합계		24	7	1	1	16	4	0
프로통산			234	53	19	7	340	46	0

이원재 (李愿在) 포철공고 1986.02.24

대회	연도	소속	출전	교체	득점	도움	파울	경고	퇴장
BC	2005	포항	2	2	0	0	1	0	0
	2006	포항	9	1	0	0	12	0	0
	2007	포항	5	0	1	0	7	0	0
	2008	전북	2	0	0	0	3	0	0
	2009	울산	18	5	2	0	14	2	0
	2010	울산	5	0	0	0	5	0	0
	2010	포항	4	0	0	0	4	1	0
	2011	포항	2	2	0	0	1	0	0
	2012	포항	3	3	0	0	3	0	0
	합계		48	16	3	0	51	10	0
K2	2013	경찰	28	6	0	0	34	9	0
	2014	안산경찰	11	3	1	0	8	1	0
	2015	대구	26	6	1	0	23	7	0
	2016	경남	13	3	1	0	12	1	0
	합계		78	18	3	0	77	18	0
프로통산			126	34	6	0	128	29	0

이원준 (李元準) 중앙대 1972.04.02

대회	연도	소속	출전	교체	득점	도움	파울	경고	퇴장
BC	1995	LG	15	13	0	0	5	1	0
	1996	안양G	11	11	0	0	4	1	0
	1997	안양G	8	5	0	0	7	1	0
	1998	안양G	1	1	0	0	1	0	0
	합계		35	30	0	0	17	3	0
프로통산			35	30	0	0	17	3	0

이원철 (李元哲) 전주대 1967.05.10

대회	연도	소속	출전	교체	득점	도움	파울	경고	퇴장
BC	1990	포항제철	16	14	1	1	26	1	0
	1991	포항제철	34	14	7	1	43	2	0
	1992	포항제철	25	11	8	3	42	1	0
	1993	포항제철	30	17	4	1	49	1	0
	1994	포항제철	18	13	0	3	24	0	0
	1995	포항	19	16	3	1	25	1	0
	1996	포항	14	14	0	1	11	1	0
	합계		156	99	26	8	230	7	0
프로통산			156	99	26	8	230	7	0

이유민 (李裕珉) 동국대 1971.01.09

대회	연도	소속	출전	교체	득점	도움	파울	경고	퇴장
BC	1995	포항	2	2	0	0	6	0	0
	합계		2	2	0	0	6	0	0
프로통산			2	2	0	0	6	0	0

이유성 (李有成) 중앙대 1977.05.20

대회	연도	소속	출전	교체	득점	도움	파울	경고	퇴장
BC	2000	전북	2	2	0	0	2	0	0
	2001	전북							
	합계		2	2	0	0	2	0	0
프로통산			2	2	0	0	2	0	0

이유준 (李洧樽) 오산중 1989.09.26

대회	연도	소속	출전	교체	득점	도움	파울	경고	퇴장
K1	2013	강원	10	7	0	0	9	0	0
	합계		10	7	0	0	9	0	0
K2	2014	강원	1	1	0	0	0	0	0
	2016	충주	1	1	0	0	0	0	0
	합계		3	3	0	0	0	0	0
프로통산			13	10	0	0	9	0	0

이유현 (李裕賢) 단국대 1997.02.08

대회	연도	소속	출전	교체	득점	도움	파울	경고	퇴장
K1	2017	전남	9	4	0	0	9	0	0
	2018	전남	28	18	0	2	37	2	0
	2021	전북	13	2	0	2	21	2	0
	합계		46	22	0	4	64	5	0
K2	2019	전남	22	1	1	0	33	4	0
	2020	전남	20	7	1	2	31	7	0
	합계		42	8	2	2	64	11	0
프로통산			88	30	2	6	128	16	0

이윤규 (李允揆) 관동대(가톨릭관동대) 1989.05.29

대회	연도	소속	출전	교체	실점	도움	파울	경고	퇴장
BC	2012	대구	0	0	0	0	0	0	0
	합계		0	0	0	0	0	0	0
K2	2013	충주	1	0	3	0	0	0	0
	합계		1	0	3	0	0	0	0
프로통산			1	0	3	0	0	0	0

이윤섭 (李允燮) 순천향대학원 1979.07.30

대회	연도	소속	출전	교체	득점	도움	파울	경고	퇴장
BC	2002	울산	3	3	0	0	1	0	0
	2003	울산	5	1	0	0	8	2	0
	2004	울산	15	5	1	0	16	1	0
	2005	울산	1	1	0	0	1	0	0
	2006	광주상무	25	5	2	0	35	9	0
	2007	광주상무	25	5	2	0	35	9	0
	합계		56	15	4	0	72	12	0
프로통산			56	15	4	0	72	12	0

이윤오 (李閏梧) 중동고 1999.03.23

대회	연도	소속	출전	교체	실점	도움	파울	경고	퇴장
K1	2021	대구	1	1	0	0	0	0	0
	합계		1	1	0	0	0	0	0
프로통산			1	1	0	0	0	0	0

이윤의 (李阭儀) 광운대 1987.07.25

대회	연도	소속	출전	교체	득점	도움	파울	경고	퇴장
BC	2010	강원	0	0	0	0	0	0	0
	2011	상주	4	3	0	0	4	0	0
	2012	상주	0	0	0	0	0	0	0
	2012	강원	4	4	0	0	7	0	0
	합계		9	6	0	0	11	0	0
K2	2013	부천	21	3	2	3	27	4	0
	합계		21	3	2	3	27	4	0
프로통산			30	12	2	3	38	4	0

* 실점: 2011년 3 / 총실점 3

이윤표 (李允杓) 한남대 1984.09.04

대회	연도	소속	출전	교체	득점	도움	파울	경고	퇴장
BC	2008	전남	1	1	0	0	0	0	0
	2009	대전	17	4	0	0	34	6	0
	2010	서울	0	0	0	0	0	0	0
	2011	인천	24	5	1	0	40	7	0
	2012	인천	37	1	3	1	70	12	0
	합계		79	11	3	2	144	25	0
K1	2013	인천	30	1	1	1	57	10	0
	2014	인천	37	0	1	1	56	2	0
	2015	인천	15	3	0	0	13	0	0
	2016	인천	24	2	1	0	38	6	0
	2017	인천	32	1	0	0	38	5	0
	2018	인천	15	2	1	0	13	6	0
	합계		153	10	3	6	210	29	0
프로통산			232	21	6	8	354	54	0

이윤호 (李尹鎬) 고려대 1990.03.20

대회	연도	소속	출전	교체	득점	도움	파울	경고	퇴장
BC	2011	제주	0	0	0	0	0	0	0
	합계		0	0	0	0	0	0	0
프로통산			0	0	0	0	0	0	0

이윤환 (理尹煥) 대신고 1996.10.16

대회	연도	소속	출전	교체	득점	도움	파울	경고	퇴장
K2	2016	부천	0	0	0	0	0	0	0
	2017	부천	1	1	1	0	0	0	0
	합계		1	1	1	0	0	0	0
프로통산			1	1	1	0	0	0	0

이으뜸 (李으뜸) 용인대 1989.09.02

대회	연도	소속	출전	교체	득점	도움	파울	경고	퇴장
K1	2015	광주	24	4	0	1	27	5	0
	2016	광주	34	3	0	4	21	7	0
	2020	광주	15	5	0	3	9	0	0
	2021	광주	28	12	0	3	14	3	0
	합계		91	32	0	14	71	15	0
K2	2013	안양	10	1	0	1	12	2	0
	2014	안양	31	3	1	2	33	4	0
	2017	아산	10	3	0	0	14	1	1
	2018	아산	5	2	0	0	3	0	0
	2018	광주	10	3	0	0	9	0	0
	2019	광주	30	4	0	5	22	4	0
	합계		93	14	6	11	93	11	1
프로통산			184	46	6	25	164	26	1

이은범 (李殷汎) 서남대 1996.01.30

대회	연도	소속	출전	교체	득점	도움	파울	경고	퇴장
K1	2017	제주	14	14	2	0	18	4	0
	2018	제주	9	6	0	0	11	0	0
	2019	제주	7	5	0	0	6	0	0
	2019	성남	7	3	0	0	5	0	0

대회	연도	소속	출전	교체	득점	도움	파울	경고	퇴장
	합계		37	30	2	1	40	11	0
K2	2020	제주	1	1	0	0	0	0	0
	2020	충남아산	15	1	1	1	25	2	0
	2021	충남아산	25	0	1	0	24	4	0
	합계		41	2	2	1	49	6	0
프로통산			78	32	4	2	89	17	0

이을용(李乙容) 강릉상고 1975.09.08

대회	연도	소속	출전	교체	득점	도움	파울	경고	퇴장
BC	1998	부천SK	33	6	3	0	74	7	0
	1999	부천SK	25	5	1	0	49	2	0
	2000	부천SK	37	6	5	1	71	4	0
	2001	부천SK	26	4	2	1	39	3	0
	2002	부천SK	7	3	0	1	5	1	0
	2003	안양LG	17	2	0	2	38	5	0
	2004	서울	10	1	0	0	25	3	0
	2006	서울	14	0	0	0	34	4	0
	2007	서울	30	8	1	2	42	6	0
	2008	서울	30	16	0	2	46	3	0
	2009	강원	24	3	0	2	26	3	0
	2010	강원	17	10	0	0	16	2	0
	2011	강원	20	11	1	1	27	2	0
	합계		290	74	13	12	486	45	0
프로통산			290	74	13	12	486	45	0

이응제(李應濟) 고려대 1980.04.07

대회	연도	소속	출전	교체	득점	도움	파울	경고	퇴장
BC	2003	전북	3	1	0	0	5	1	0
	2004	전북	3	1	0	0	6	0	0
	2005	광주상무	13	6	0	0	18	4	0
	2006	광주상무	6	2	0	0	4	0	0
	2007	전북	5	3	0	0	5	1	0
	합계		30	15	0	0	38	6	0
프로통산			30	15	0	0	38	6	0

이의형(李宜炯) 단국대 1998.03.03

대회	연도	소속	출전	교체	득점	도움	파울	경고	퇴장
K2	2021	경남	6	6	0	0	1	1	0
	합계		6	6	0	0	1	1	0
프로통산			6	6	0	0	1	1	0

이인규(李寅圭) 남부대 1992.09.16

대회	연도	소속	출전	교체	득점	도움	파울	경고	퇴장
K1	2014	전남	4	4	0	0	2	0	0
	합계		4	4	0	0	2	0	0
K2	2018	광주	9	9	0	1	5	1	0
	2019	부천	16	3	0	0	11	0	0
	2019	대전	12	4	0	0	9	1	0
	2020	대전	1	1	0	0	0	0	0
	합계		38	17	0	1	25	2	0
프로통산			42	21	0	1	27	2	0

이인규(李仁揆) 오산고 2000.01.16

대회	연도	소속	출전	교체	득점	도움	파울	경고	퇴장
K1	2019	서울	6	6	1	0	3	0	0
	2020	서울	0	0	0	0	0	0	0
	2021	서울	8	9	0	0	3	1	0
	합계		14	15	1	0	6	1	0
프로통산			14	15	1	0	6	1	0

이인수(李寅洙) 선문대 1993.11.16

대회	연도	소속	출전	교체	**실점**	도움	파울	경고	퇴장
K1	2016	수원FC	5	0	9	0	0	0	0
	합계		5	0	9	0	0	0	0
K2	2015	수원FC	19	0	33	0	0	0	0
	2017	수원FC	0	0	0	0	0	0	0
	2018	수원FC	0	0	0	0	0	0	0
	합계		19	0	33	0	0	0	0
승	2015	수원FC	0	0	0	0	0	0	0
	합계		0	0	0	0	0	0	0
프로통산			24	0	42	0	0	0	0

이인식(李仁植) 중앙대 1991.09.20

대회	연도	소속	출전	교체	득점	도움	파울	경고	퇴장
K2	2014	대전	6	5	0	0	11	1	0
	합계		6	5	0	0	11	1	0
프로통산			6	5	0	0	11	1	0

이인식(李仁植) 단국대 1983.02.14

대회	연도	소속	출전	교체	득점	도움	파울	경고	퇴장
BC	2005	전북	0	0	0	0	0	0	0
	2006	전북	2	1	0	0	5	0	0
	2008	제주	2	1	0	0	5	0	0
	2010	제주	3	3	0	0	0	0	0
	합계		7	5	0	0	8	0	0
프로통산			7	5	0	0	8	0	0

이인재(李仁載) 단국대 1992.05.13

대회	연도	소속	출전	교체	득점	도움	파울	경고	퇴장
K2	2017	안산	16	3	2	0	12	3	0
	2018	안산	29	1	1	0	18	4	0
	2019	안산	36	6	0	0	25	2	0
	2020	안산	21	0	0	0	17	4	0
	2021	서울E	21	4	1	1	18	3	0
	합계		123	8	5	1	90	15	0
프로통산			123	8	5	1	90	15	0

이인재(李仁載) 중앙대 1967.01.02

대회	연도	소속	출전	교체	득점	도움	파울	경고	퇴장
BC	1989	럭키금성	30	19	5	3	27	2	0
	1990	럭키금성	17	16	2	2	5	0	0
	1991	LG	14	13	0	0	3	0	0
	1992	LG	21	16	0	3	18	1	0
	1993	LG	21	21	1	0	22	2	0
	1994	LG	19	8	4	1	15	1	0
	1996	안양LG	11	10	0	1	5	0	0
	1997	안양LG	13	5	0	0	4	1	0
	합계		137	108	12	10	99	9	0
프로통산			137	108	12	10	99	9	0

이임생(李林生) 고려대학원 1971.11.18

대회	연도	소속	출전	교체	득점	도움	파울	경고	퇴장
BC	1994	유공	13	0	0	0	19	1	0
	1995	유공	24	5	0	1	30	3	0
	1996	부천유공	22	7	0	0	38	6	0
	1997	부천SK	26	3	0	1	47	2	0
	1998	부천SK	34	3	2	0	49	3	0
	1999	부천SK	39	0	5	2	77	4	1
	2000	부천SK	11	0	1	0	16	1	0
	2001	부천SK	29	2	0	0	44	6	0
	2002	부천SK	29	2	0	1	38	6	0
	2003	부산	2	2	3	0	13	1	0
	합계		229	24	11	5	371	33	1
프로통산			229	24	11	5	371	33	1

이장관(李將寬) 아주대 1974.07.04

대회	연도	소속	출전	교체	득점	도움	파울	경고	퇴장
BC	1997	부산	26	20	2	0	30	3	0
	1998	부산	32	5	0	2	53	4	0
	1999	부산	34	7	1	1	62	4	0
	2000	부산	32	22	0	0	39	2	0
	2001	부산	32	2	0	3	49	2	0
	2002	부산	25	21	0	1	26	2	0
	2003	부산	41	1	0	1	55	4	1
	2004	부산	34	2	0	0	33	5	0
	2005	부산	32	5	0	0	33	6	0
	2006	부산	33	3	1	1	44	3	0
	2007	부산	26	3	0	1	25	4	0
	2008	인천	6	3	0	0	14	0	0
	합계		354	94	4	9	487	47	1
프로통산			354	94	4	9	487	47	1

이장군(李長君) 조선대 1971.03.15

대회	연도	소속	출전	교체	득점	도움	파울	경고	퇴장
BC	1994	유공	1	1	0	0	1	0	0
	1995	유공	0	0	0	0	0	0	0
	합계		1	1	0	0	1	0	0

프로통산			1	1	0	0	0	0	0

이장수(李章洙) 연세대 1956.10.15

대회	연도	소속	출전	교체	득점	도움	파울	경고	퇴장
BC	1983	유공	10	3	6	1	9	3	0
	1984	유공	24	9	2	1	20	0	0
	1985	유공	12	2	0	0	17	1	0
	1986	유공	12	0	0	0	7	1	0
	합계		58	14	8	3	53	5	0
프로통산			58	14	8	3	53	5	0

이장욱(李章旭) 통진종고 1970.07.02

대회	연도	소속	출전	교체	득점	도움	파울	경고	퇴장
BC	1989	럭키금성	19	17	1	0	7	2	0
	1990	럭키금성	8	6	0	0	5	0	0
	1991	LG	27	21	2	0	23	3	0
	합계		54	44	3	0	35	5	0
프로통산			54	44	3	0	35	5	0

이재건(李載建) 송호대 1997.02.22

대회	연도	소속	출전	교체	득점	도움	파울	경고	퇴장
K2	2019	아산	16	15	0	2	11	2	0
	2020	충남아산	24	12	4	1	20	2	0
	2021	충남아산	1	1	0	0	0	0	0
	합계		41	28	4	3	31	4	0
프로통산			41	28	4	3	31	4	0

이재광(李在光) 인천대 1989.10.19

대회	연도	소속	출전	교체	득점	도움	파울	경고	퇴장
BC	2012	성남일화	3	2	0	0	3	0	0
	합계		3	2	0	0	3	0	0
프로통산			3	2	0	0	3	0	0

이재권(李在權) 고려대 1987.07.30

대회	연도	소속	출전	교체	득점	도움	파울	경고	퇴장
BC	2010	인천	30	8	1	1	53	5	0
	2011	인천	29	6	0	4	43	9	0
	2012	서울	6	6	0	0	5	1	0
	합계		65	20	1	5	101	15	0
K1	2013	서울	1	1	0	0	0	0	0
	2017	대구	11	8	0	0	11	1	0
	2019	강원	6	4	0	1	3	0	0
	2020	강원	14	5	1	1	36	5	1
	합계		32	18	1	2	50	6	1
K2	2014	안산경찰	35	12	6	2	49	10	0
	2015	안산경찰	10	7	0	1	9	4	0
	2016	대구	39	12	2	3	53	4	0
	2017	부산	14	2	2	0	24	4	0
	2018	부산	28	2	0	6	46	8	1
	합계		126	35	10	12	181	30	1
승	2017	부산	2	0	0	0	4	0	0
	2018	부산	2	0	0	0	0	0	0
	합계		4	0	0	0	4	0	0
프로통산			227	73	12	19	341	51	2

이재명(李在明) 진주고 1991.07.25

대회	연도	소속	출전	교체	득점	도움	파울	경고	퇴장
BC	2010	경남	9	4	0	0	11	1	0
	2011	경남	18	6	0	0	19	1	0
	2012	경남	33	1	0	3	35	2	0
	합계		60	11	0	3	65	4	0
K1	2013	전북	23	1	0	2	32	4	0
	2014	전북	9	1	0	0	12	2	0
	2015	전북	4	1	0	0	5	0	0
	2016	상주	5	2	0	0	6	1	0
	2017	상주	2	1	0	0	3	0	0
	2017	전북	1	1	0	0	1	0	0
	2018	경남	6	3	1	2	8	2	0
	2019	경남	8	3	0	1	3	2	0
	합계		58	13	1	5	70	11	0
K2	2020	경남	10	1	0	0	16	2	0
	합계		10	1	0	0	16	2	0
승	2019	경남	2	1	0	0	5	1	0

349

합계			2	1	0	0	5	1	0
프로통산			130	26	1	8	170	20	0

이재민(李載珉) 명지대 1991.02.05

대회	연도	소속	출전	교체	득점	도움	파울	경고	퇴장
K1	2013	경남	3	2	0	0	2	0	0
	합계		3	2	0	0	2	0	0
프로통산			3	2	0	0	2	0	0

이재성(李宰誠) 고려대 1988.07.05

대회	연도	소속	출전	교체	득점	도움	파울	경고	퇴장
BC	2009	수원	11	2	1	0	16	3	0
	2010	울산	15	9	0	0	10	1	0
	2011	울산	27	5	2	1	31	5	0
	2012	울산	35	9	2	0	34	4	0
	합계		88	25	5	1	103	13	0
K1	2014	상주	10	1	0	0	7	0	1
	2014	울산	9	1	1	0	8	0	0
	2015	울산	11	2	0	0	8	0	0
	2016	상주	25	2	2	0	15	3	0
	2017	전북	21	6	2	2	15	3	0
	2018	전북	26	4	1	0	31	5	2
	2019	인천	20	1	0	0	19	4	0
	2020	인천	7	0	0	0	12	2	0
	합계		110	13	6	0	94	17	2
K2	2013	상주	27	3	2	1	21	3	0
	합계		27	3	2	1	21	3	0
승	2013	상주	2	0	0	0	2	0	0
	합계		2	0	0	0	2	0	0
프로통산			227	41	13	2	221	33	2

이재성(李在成) 고려대 1992.08.10

대회	연도	소속	출전	교체	득점	도움	파울	경고	퇴장
K1	2014	전북	26	4	3	3	25	2	0
	2015	전북	34	4	7	5	37	2	0
	2016	전북	32	6	3	11	40	6	0
	2017	전북	28	3	8	10	18	4	0
	2018	전북	17	10	4	3	13	0	0
	합계		137	27	26	32	138	12	0
프로통산			137	27	26	32	138	12	0

이재성(李在誠) 한양대 1985.06.06

대회	연도	소속	출전	교체	득점	도움	파울	경고	퇴장
BC	2008	전남	3	3	0	0	3	0	0
	2009	전남	1	1	0	0	1	0	0
	합계		4	4	0	0	4	0	0
프로통산			4	4	0	0	4	0	0

이재안(李宰安) 한라대 1988.06.21

대회	연도	소속	출전	교체	득점	도움	파울	경고	퇴장
BC	2011	서울	7	7	0	0	0	0	0
	2012	경남	24	20	0	3	14	2	0
	합계		31	27	0	3	14	2	0
K1	2013	경남	37	14	1	2	15	3	0
	2014	경남	26	15	3	3	19	0	0
	2016	수원FC	24	17	6	1	9	1	0
	합계		87	46	10	6	43	4	0
K2	2015	서울E	9	7	1	4	2	0	0
	2017	아산	24	14	6	1	10	1	0
	2018	아산	14	11	0	0	10	2	0
	2018	수원FC	4	3	0	1	4	0	0
	2019	수원FC	5	5	0	0	2	0	0
	합계		75	56	11	8	34	5	0
승	2014	경남	1	1	0	0	0	0	0
	합계		1	1	0	0	0	0	0
프로통산			194	130	24	14	91	11	0

이재억(李在億) 아주대 1989.06.03

대회	연도	소속	출전	교체	득점	도움	파울	경고	퇴장
K1	2013	전남	5	1	0	0	7	1	0
	2014	전남	3	1	0	0	2	0	0
	2015	전남	5	2	0	0	4	1	0
	합계		13	4	0	0	13	2	0

K2	2016	안양	12	6	0	0	6	0	0
	합계		12	6	0	0	6	0	0
프로통산			25	13	0	0	25	3	0

이재원(李哉沅 / ← 이성민) 고려대 1983.03.04

대회	연도	소속	출전	교체	득점	도움	파울	경고	퇴장
BC	2006	울산	8	8	0	1	5	1	0
	2007	울산	1	1	0	0	2	0	0
	합계		9	9	0	1	7	1	0
K1	2014	울산	13	3	1	0	17	5	1
	2015	포항	9	5	0	0	9	1	0
	2016	포항	10	6	0	0	10	0	0
	합계		32	14	1	0	34	5	1
K2	2017	부천	3	3	0	0	3	1	0
	합계		3	3	0	0	3	1	0
프로통산			44	26	1	1	44	7	1

이재원(李材元) 경희대 1997.02.21

대회	연도	소속	출전	교체	득점	도움	파울	경고	퇴장
K1	2019	성남	16	10	2	0	26	5	0
	2020	성남	16	8	1	0	26	3	0
	2021	성남	4	4	0	0	3	0	0
	합계		36	22	3	0	55	8	0
프로통산			36	22	3	0	55	8	0

이재원(李在源) 숭실대 1989.04.05

대회	연도	소속	출전	교체	득점	도움	파울	경고	퇴장
K2	2013	수원FC	22	13	1	3	29	2	0
	합계		22	13	1	3	29	2	0
프로통산			22	13	1	3	29	2	0

이재익(李在翊) 보인고 1999.05.21

대회	연도	소속	출전	교체	득점	도움	파울	경고	퇴장
K1	2018	강원	8	6	0	0	9	2	0
	2019	강원	3	2	0	0	1	0	0
	합계		11	8	0	0	10	2	0
K2	2021	서울E	15	4	0	0	19	3	0
	합계		15	4	0	0	19	3	0
프로통산			26	14	0	0	29	5	0

이재일(李栽一) 이리고 1955.05.30

대회	연도	소속	출전	교체	실점	도움	파울	경고	퇴장
BC	1983	할렐루야	1	0	1	0	0	0	1
	1984	포항제철	13	0	16	0	0	1	0
	합계		14	0	17	0	0	1	1
프로통산			14	0	17	0	0	1	1

이재일(李在日) 건국대 1968.03.15

대회	연도	소속	출전	교체	득점	도움	파울	경고	퇴장
BC	1990	현대	7	1	0	0	13	0	0
	1991	현대	11	8	0	1	9	2	0
	1992	현대	9	5	0	0	8	2	0
	합계		27	14	0	1	30	4	0
프로통산			27	14	0	1	30	4	0

이재일(李在日) 성균관대 1988.11.16

대회	연도	소속	출전	교체	득점	도움	파울	경고	퇴장
BC	2011	수원	2	0	0	0	3	0	0
	합계		2	0	0	0	3	0	0
프로통산			2	0	0	0	3	0	0

이재천(李在川) 한성대 1977.03.08

대회	연도	소속	출전	교체	득점	도움	파울	경고	퇴장
BC	2000	안양LG	3	2	0	0	4	1	0
	합계		3	2	0	0	4	1	0
프로통산			3	2	0	0	4	1	0

이재철(李在哲) 광운대 1975.12.25

대회	연도	소속	출전	교체	득점	도움	파울	경고	퇴장
BC	1999	수원	3	2	0	0	2	0	0
	합계		3	2	0	0	2	0	0
프로통산			3	2	0	0	2	0	0

이재현(李在玹) 건국대 1981.01.25

대회	연도	소속	출전	교체	득점	도움	파울	경고	퇴장
BC	2003	전북	2	1	0	0	1	0	0
	2004	전북	1	0	0	0	0	0	0

합계			2	0	0	0	6	0	0
프로통산			2	0	0	0	6	0	0

이재현(李宰玹) 전주대 1983.05.13

대회	연도	소속	출전	교체	득점	도움	파울	경고	퇴장
BC	2006	전북	2	1	0	0	3	1	0
	합계		2	1	0	0	3	1	0
프로통산			2	1	0	0	3	1	0

이재형(李在形) 영생고 1998.04.05

대회	연도	소속	출전	교체	득점	도움	파울	경고	퇴장
K1	2017	전북	1	1	0	0	0	0	0
	2018	전북							
	2019	전북							
	합계		1	1	0	0	0	0	0
프로통산			1	1	0	0	0	0	0

이재형(李在馨) 한양대 1976.09.06

대회	연도	소속	출전	교체	실점	도움	파울	경고	퇴장
BC	1998	대전	1	1	0	0	0	0	0
	합계		1	1	0	0	0	0	0
프로통산			1	1	0	0	0	0	0

이재훈(李在勳) 연세대 1990.01.10

대회	연도	소속	출전	교체	득점	도움	파울	경고	퇴장
BC	2012	강원	10	2	0	0	15	1	0
	합계		10	2	0	0	15	1	0
K1	2013	강원	7	4	0	0	9	1	0
	합계		7	4	0	0	9	1	0
K2	2014	강원	34	1	2	3	39	3	0
	2015	강원	31	1	0	0	65	5	0
	2016	서울E	11	1	0	0	11	1	0
	2019	서울E	6	1	0	0	11	2	0
	2021	서울E	1	1	0	0	10	1	0
	합계		83	5	2	3	136	12	0
승	2013	강원	2	0	0	0	2	0	0
	합계		2	0	0	0	2	0	0
프로통산			101	11	2	3	161	14	0

이재희(李在熙) 경희대 1959.04.15

대회	연도	소속	출전	교체	득점	도움	파울	경고	퇴장
BC	1983	대우	13	2	1	3	15	1	0
	1984	대우	28	4	0	4	38	2	0
	1985	대우	1	0	0	0	0	0	0
	1986	대우	23	4	0	1	47	0	0
	1987	대우	26	2	1	1	54	5	0
	1988	대우	13	0	0	0	21	1	0
	1989	대우	27	5	0	3	39	4	0
	1990	대우	8	1	0	1	45	5	0
	1991	대우	7	3	0	0	57	3	0
	1992	대우	9	5	0	0	7	1	0
	합계		198	40	1	7	346	32	0
프로통산			198	40	1	7	346	32	0

이정국(李政國) 한양대 1973.03.22

대회	연도	소속	출전	교체	득점	도움	파울	경고	퇴장
BC	1999	포항	4	3	0	0	4	2	0
	합계		4	3	0	0	4	2	0
프로통산			4	3	0	0	4	2	0

이정근(李禎根) 건국대 1990.02.02

대회	연도	소속	출전	교체	득점	도움	파울	경고	퇴장
K1	2015	대전	10	0	0	0	5	1	0
	합계		10	0	0	0	5	1	0
프로통산			10	0	0	0	5	1	0

이정근(李正根) 문경대 1994.04.22

대회	연도	소속	출전	교체	득점	도움	파울	경고	퇴장
K2	2016	부산	13	8	0	0	24	4	0
	합계		13	8	0	0	24	4	0
프로통산			13	8	0	0	24	4	0

이정래(李廷來) 건국대 1979.11.12

대회	연도	소속	출전	교체	실점	도움	파울	경고	퇴장
BC	2002	전남	2	1	2	0	0	0	0
	2003	전남							

연도	소속	출전	교체	실점	도움	파울	경고	퇴장
2004	전남	2	0	3	0	0	0	0
2005	전남	1	0	2	0	0	0	0
2006	경남	39	0	49	0	1	1	0
2007	경남	29	1	32	0	0	2	0
2008	광주상무	3	0	7	0	0	0	0
2009	광주상무	4	0	9	0	0	0	0
2010	경남	0	0	0	0	0	0	0
2011	경남	4	0	2	0	0	0	0
2012	광주	2	0	6	0	0	0	0
	합계	86	2	112	0	1	3	0
K2 2014	충주	7	0	11	0	0	1	0
2015	충주	0	0	0	0	0	0	0
	합계	7	0	11	0	0	1	0
프로통산		93	2	123	0	1	4	0

이정문(李政文) 연세대 1998.03.18

대회 연도	소속	출전	교체	득점	도움	파울	경고	퇴장
K1 2021	제주	10	10	1	0	5	2	0
K2 2019	대전	23	15	1	0	19	4	0
2020	대전	21	9	1	1	21	1	0
	합계	44	24	3	1	40	7	0
프로통산		54	34	1	1	45	9	0

이정문(李廷文) 숭실대 1971.03.05

대회 연도	소속	출전	교체	실점	도움	파울	경고	퇴장
BC 1994	현대	3	0	5	0	0	0	0
1995	현대	0	0	0	0	0	0	0
1996	울산	3	0	8	0	0	0	0
	합계	6	0	13	0	1	0	0
프로통산		6	0	13	0	1	0	0

이정빈(李正彬) 인천대 1995.01.11

대회 연도	소속	출전	교체	득점	도움	파울	경고	퇴장
K1 2017	인천	8	8	0	0	7	1	0
2018	인천	13	10	1	0	7	1	0
2019	인천	8	7	0	1	7	1	0
	합계	29	25	1	1	21	3	0
K2 2019	안양	22	11	4	2	33	2	0
2020	안양	3	1	2	0	2	0	0
2021	김천	2	2	0	0	2	0	0
	합계	27	14	6	2	37	2	0
프로통산		56	39	7	2	58	5	0

이정수(李正秀) 경희대 1980.01.08

대회 연도	소속	출전	교체	득점	도움	파울	경고	퇴장
BC 2002	안양LG	11	12	1	2	10	0	1
2003	안양LG	18	1	0	2	29	2	0
2004	인천	20	1	0	0	41	9	0
2005	인천	17	3	1	3	37	1	0
2006	수원	36	7	2	0	63	5	0
2007	수원	10	2	0	0	19	6	0
2008	수원	24	0	1	1	50	7	0
	합계	138	28	6	4	243	30	1
K1 2016	수원	27	5	3	0	22	9	0
2017	수원	3	1	0	0	3	0	0
	합계	30	6	3	0	25	9	0
프로통산		168	34	9	4	268	39	1

이정열(李定悅) 숭실대 1981.08.16

대회 연도	소속	출전	교체	득점	도움	파울	경고	퇴장
BC 2004	서울	20	4	0	0	14	0	0
2005	서울	19	3	0	0	33	3	0
2007	서울	21	10	0	0	16	2	0
2008	인천	8	4	0	0	4	0	0
2008	성남일화	1	1	0	0	1	0	0
2009	전남	7	2	1	0	8	1	0
2010	서울	5	2	0	0	4	0	0
2011	서울	3	0	0	0	5	1	0
2012	서울	1	0	0	0	0	0	0
2012	대전	12	0	1	0	0	0	0

	합계	96	28	1	0	78	7	0
K1 2013	대전	1	1	0	0	0	0	0
	합계	1	1	0	0	0	0	0
프로통산		97	29	1	0	78	7	0

이정용(李貞龍) 연세대 1983.07.06

대회 연도	소속	출전	교체	득점	도움	파울	경고	퇴장
BC 2004	울산	4	1	0	1	11	0	0
	합계	4	1	0	1	11	0	0
프로통산		4	1	0	1	11	0	0

이정운(李正雲) 호남대 1978.04.19

대회 연도	소속	출전	교체	득점	도움	파울	경고	퇴장
BC 2001	포항	11	11	1	2	14	2	1
2002	포항	21	15	0	2	27	2	0
2005	광주상무	0	0	0	0	0	0	0
	합계	32	26	1	4	41	4	1
프로통산		32	26	1	4	41	4	1

이정운(李楨薰) 성균관대 1980.05.05

대회 연도	소속	출전	교체	득점	도움	파울	경고	퇴장
BC 2003	전남	1	1	0	0	0	0	0
2004	전남	8	6	1	0	7	0	0
2005	전남	22	15	4	0	47	4	0
2010	강원	1	1	0	0	1	0	0
2011	강원	11	5	1	0	6	2	0
2012	강원	0	0	0	0	0	0	0
	합계	43	28	6	0	62	5	0
프로통산		43	28	6	0	62	5	0

이정원(李楨源) 서울대 1993.10.28

대회 연도	소속	출전	교체	득점	도움	파울	경고	퇴장
K2 2017	부천	0	0	0	0	0	0	0
	합계	0	0	0	0	0	0	0
프로통산		0	0	0	0	0	0	0

이정인(李正寅) 안동대 1973.02.10

대회 연도	소속	출전	교체	득점	도움	파울	경고	퇴장
BC 1996	전북	3	3	0	0	3	0	0
1997	전북	1	1	0	0	1	0	0
	합계	4	4	0	0	4	0	0
프로통산		4	4	0	0	4	0	0

이정일(李正日) 고려대 1956.11.04

대회 연도	소속	출전	교체	득점	도움	파울	경고	퇴장
BC 1983	할렐루야	9	2	3	0	5	0	0
1984	할렐루야	21	9	2	4	11	1	0
1985	할렐루야	12	3	0	0	12	0	0
	합계	42	14	5	4	28	1	0
프로통산		42	14	5	4	28	1	0

이정진(李正進) 배재대 1993.12.23

대회 연도	소속	출전	교체	득점	도움	파울	경고	퇴장
K2 2016	부산	14	10	2	0	14	0	0
	합계	14	10	2	0	14	0	0
프로통산		14	10	2	0	14	0	0

이정찬(李正燦) 홍익대 1995.06.28

대회 연도	소속	출전	교체	득점	도움	파울	경고	퇴장
K2 2017	부천	12	12	0	0	12	1	0
2018	부천	26	26	1	1	20	3	0
2019	부천	9	8	1	0	12	2	0
2020	부천	14	13	1	0	16	2	0
	합계	61	59	2	1	61	6	0
프로통산		61	59	2	1	61	6	0

이정태(李正太) 세한대 1995.02.15

대회 연도	소속	출전	교체	득점	도움	파울	경고	퇴장
K2 2018	성남	1	1	0	0	2	1	0
	합계	1	1	0	0	2	1	0
프로통산		1	1	0	0	2	1	0

이정필(李正泌) 울산대 1992.07.28

대회 연도	소속	출전	교체	득점	도움	파울	경고	퇴장
K2 2015	서울E	1	0	0	0	4	1	0
	합계	1	0	0	0	4	1	0
프로통산		1	0	0	0	4	1	0

이정헌(李楨憲) 조선대 1990.05.16

대회 연도	소속	출전	교체	득점	도움	파울	경고	퇴장
K2 2013	수원FC	17	5	0	0	28	3	0
	합계	17	5	0	0	28	3	0
프로통산		17	5	0	0	28	3	0

이정협(李庭協 / ← 이정기) 숭실대 1991.06.24

대회 연도	소속	출전	교체	득점	도움	파울	경고	퇴장
K1 2013	부산	27	25	2	2	18	2	0
2014	상주	25	23	4	0	15	2	0
2015	부산	3	2	0	1	2	0	0
2016	울산	30	25	4	1	25	4	0
2020	부산	22	9	6	2	15	1	0
2021	강원	21	17	1	0	13	0	0
	합계	125	101	17	7	92	11	0
K2 2015	상주	17	8	7	5	20	0	0
2017	부산	26	15	10	3	24	5	0
2021	부산	31	17	13	4	31	6	0
2021	경남	14	10	1	1	10	0	0
	합계	88	50	31	13	85	11	0
승 2017	부산	2	2	0	0	2	0	0
2019	부산	2	2	0	0	1	0	0
2021	강원	2	2	0	0	0	0	0
	합계	6	6	0	0	3	0	0
프로통산		219	152	48	20	182	23	0

이정형(李正螢) 고려대 1981.04.16

대회 연도	소속	출전	교체	실점	도움	파울	경고	퇴장
K2 2013	수원FC	9	0	13	0	0	1	0
2014	수원FC	0	0	0	0	0	0	0
	합계	9	0	13	0	0	1	0
프로통산		9	0	13	0	0	1	0

이정호(李正鎬) 명지대 1972.11.10

대회 연도	소속	출전	교체	득점	도움	파울	경고	퇴장
BC 1995	LG	24	13	2	0	17	0	0
1996	안양LG	33	4	0	5	37	5	0
1997	안양LG	4	1	0	0	5	0	0
	합계	61	18	2	5	59	6	0
프로통산		61	18	2	5	59	6	0

이정환(李楨桓) 경기대 1988.12.02

대회 연도	소속	출전	교체	득점	도움	파울	경고	퇴장
K1 2013	경남	2	2	0	0	4	0	0
	합계	2	2	0	0	4	0	0
프로통산		2	2	0	0	4	0	0

이정환(李政桓) 숭실대 1991.03.23

대회 연도	소속	출전	교체	득점	도움	파울	경고	퇴장
K1 2014	부산	0	0	0	0	0	0	0
	합계	0	0	0	0	0	0	0
프로통산		0	0	0	0	0	0	0

이정효(李正孝) 아주대 1975.07.23

대회 연도	소속	출전	교체	득점	도움	파울	경고	퇴장
BC 1999	부산	15	5	0	0	23	1	0
2000	부산	22	17	0	1	22	0	0
2001	부산	22	14	0	0	22	3	0
2002	부산	32	8	2	1	58	5	0
2003	부산	19	9	0	0	27	3	0
2004	부산	32	13	1	0	42	6	0
2005	부산	32	9	2	3	49	6	0
2006	부산	33	4	3	3	49	6	0
2007	부산	32	13	2	3	47	6	0
2008	부산	11	2	0	0	17	2	0
	합계	222	88	13	9	361	34	0
프로통산		222	88	13	9	361	34	0

이제규(李濟圭) 청주대 1986.07.10

대회 연도	소속	출전	교체	득점	도움	파울	경고	퇴장
BC 2009	대전	12	11	1	0	15	0	1
2010	광주상무	0	0	0	0	0	0	0
2011	상주	8	6	0	0	15	2	0
	합계	20	17	1	0	30	2	1

대회	연도	소속	출전	교체	득점	도움	파울	경고	퇴장
	프로통산		20	17	1	0	30	2	1

이제승(李濟昇) 청주대 1991.11.29

대회	연도	소속	출전	교체	득점	도움	파울	경고	퇴장
K2	2014	부천	28	21	1	2	40	1	0
	합계		28	21	1	2	40	1	0
	프로통산		28	21	1	2	40	1	0

이제승(李濟承) 중앙대 1973.04.25

대회	연도	소속	출전	교체	득점	도움	파울	경고	퇴장
BC	1996	전남	3	2	0	0	6	1	0
	합계		3	2	0	0	6	1	0
	프로통산		3	2	0	0	6	1	0

이제호(李濟豪) 호남대 1997.07.10

대회	연도	소속	출전	교체	득점	도움	파울	경고	퇴장
K1	2019	인천	3	2	1	0	4	1	0
	2020	인천	1	1	0	0	1	0	1
	합계		4	3	1	0	5	1	1
	프로통산		4	3	1	0	5	1	1

이종광(李鍾光) 광운대 1961.04.19

대회	연도	소속	출전	교체	득점	도움	파울	경고	퇴장
BC	1984	럭키금성	17	10	0	1	6	0	0
	1985	럭키금성	4	4	0	0	2	0	0
	합계		21	14	0	1	8	0	0
	프로통산		21	14	0	1	8	0	0

이종묵(李鍾默) 강원대 1973.06.16

대회	연도	소속	출전	교체	득점	도움	파울	경고	퇴장
BC	1998	안양G	4	4	0	0	6	1	0
	합계		4	4	0	0	6	1	0
	프로통산		4	4	0	0	6	1	0

이종민(李宗珉) 서귀포고 1983.09.01

대회	연도	소속	출전	교체	득점	도움	파울	경고	퇴장
BC	2002	수원	0	0	0	0	0	0	0
	2003	수원	16	12	0	2	16	0	0
	2004	수원	4	3	0	0	4	0	0
	2005	울산	35	25	5	3	52	5	0
	2006	울산	35	5	2	4	51	3	0
	2007	울산	33	5	2	4	46	8	0
	2008	울산	3	0	0	0	4	0	0
	2008	서울	15	4	1	0	16	2	0
	2009	서울	10	4	0	0	17	4	0
	2010	서울	4	4	0	0	3	0	0
	2011	상주	23	14	1	0	15	2	0
	2012	상주	15	11	0	0	12	4	0
	2012	서울	3	2	0	0	3	0	0
	합계		188	90	9	17	219	28	0
K1	2013	수원	7	2	1	0	10	1	0
	2015	광주	33	5	5	4	41	6	0
	2016	광주	21	13	0	1	19	2	0
	2017	광주	20	12	0	1	18	3	0
	합계		81	32	6	6	88	12	0
K2	2014	광주	28	2	3	6	40	4	1
	2018	부산	26	10	0	3	17	3	0
	2019	부산	1	1	0	0	9	1	0
	합계		55	13	3	9	66	8	1
승	2014	광주	1	0	0	0	1	0	0
	2018	부산	2	1	0	0	1	0	0
	합계		3	1	0	0	2	0	0
	프로통산		327	136	18	32	375	48	1

이종민(李鍾敏) 정명고 1983.08.01

대회	연도	소속	출전	교체	득점	도움	파울	경고	퇴장
BC	2003	부천SK	7	6	0	0	6	0	0
	2004	부천SK	4	3	0	0	4	0	0
	합계		11	9	0	0	10	0	0
	프로통산		11	9	0	0	10	0	0

이종성(李宗成) 매탄고 1992.08.05

대회	연도	소속	출전	교체	득점	도움	파울	경고	퇴장
BC	2011	수원	2	0	0	0	6	0	0
	2012	상주	0	0	0	0	0	0	0
	합계		2	0	0	0	8	1	0
K1	2014	수원	3	3	0	0	1	0	0
	2016	수원	19	2	0	1	30	7	0
	2017	수원	35	10	2	2	48	9	0
	2018	수원	24	5	3	0	38	9	0
	2019	수원	5	2	0	0	6	2	0
	2020	수원	5	0	0	0	8	3	0
	2021	성남	26	14	1	0	40	8	0
	합계		118	36	6	3	171	37	0
K2	2015	대구	31	3	0	2	51	10	0
	합계		31	3	0	2	51	10	0
	프로통산		151	39	6	5	230	48	0

이종욱(李鍾旭) 고려대 1999.01.26

대회	연도	소속	출전	교체	득점	도움	파울	경고	퇴장
K1	2020	인천	2	2	0	0	2	0	0
	2021	인천	6	6	0	0	4	0	0
	합계		8	8	0	0	6	0	0
	프로통산		8	8	0	0	6	0	0

이종원(李鍾元) 성균관대 1989.03.14

대회	연도	소속	출전	교체	득점	도움	파울	경고	퇴장
BC	2011	부산	4	3	1	1	7	1	0
	2012	부산	37	17	2	3	69	9	0
	합계		41	20	3	4	70	10	0
K1	2013	부산	11	2	0	1	17	5	0
	2013	성남일화	13	12	1	1	19	1	0
	2014	성남	22	8	0	0	34	2	0
	2015	성남	21	10	1	1	24	2	0
	2016	성남	10	5	0	0	39	8	2
	2017	상주	15	5	1	1	18	2	2
	2018	상주	2	2	0	0	1	0	0
	합계		110	49	4	3	151	20	4
K2	2018	수원FC	9	5	0	0	10	1	0
	2019	수원FC	2	1	0	0	1	0	0
	합계		11	6	0	0	11	1	0
승	2017	상주	1	0	0	0	0	0	0
	합계		1	0	0	0	0	0	0
	프로통산		162	77	7	7	241	31	4

이종찬(李種讚) 단국대 1989.08.17

대회	연도	소속	출전	교체	득점	도움	파울	경고	퇴장
K1	2013	강원	6	4	0	0	2	0	0
	합계		6	4	0	0	2	0	0
	프로통산		6	4	0	0	2	0	0

이종찬(李鍾賛) 배재대 1987.05.26

대회	연도	소속	출전	교체	득점	도움	파울	경고	퇴장
BC	2007	제주	0	0	0	0	0	0	0
	2008	제주	2	2	0	1	4	0	0
	2010	대전	2	2	0	0	1	0	0
	2011	상주	1	1	0	0	0	0	0
	2012	상주	3	2	0	0	6	1	0
	합계		8	3	1	1	11	1	0
	프로통산		8	3	1	1	11	1	0

이종현(李鐘賢) 인천대 1997.01.24

대회	연도	소속	출전	교체	득점	도움	파울	경고	퇴장
K2	2020	대전	6	5	0	0	2	0	0
	합계		6	5	0	0	2	0	0
	프로통산		6	5	0	0	2	0	0

이종현(李鐘賢) 브라질 파울리스치냐 축구학교 1987.01.08

대회	연도	소속	출전	교체	득점	도움	파울	경고	퇴장
BC	2011	인천	5	4	0	0	5	0	0
	합계		5	4	0	0	5	0	0
	프로통산		5	4	0	0	5	0	0

이종호(李宗浩) 광양제철고 1992.02.24

대회	연도	소속	출전	교체	득점	도움	파울	경고	퇴장
BC	2011	전남	21	20	2	3	24	5	0
	2012	전남	33	24	6	2	63	3	1
	합계		54	44	8	5	87	8	1
K1	2013	전남	32	21	6	4	50	3	0
	2014	전남	31	18	10	2	43	2	0
	2015	전남	31	15	12	3	54	6	0
	2016	전북	22	18	5	3	28	5	0
	2017	울산	34	24	8	3	51	3	0
	2018	울산	3	3	0	0	0	1	0
	합계		153	99	41	15	226	20	0
K2	2020	전남	19	10	4	0	14	1	0
	2021	전남	28	19	8	1	21	1	1
	합계		47	29	12	1	35	2	1
	프로통산		254	172	61	21	348	30	2

이종화(李鍾和) 인천대 1963.07.20

대회	연도	소속	출전	교체	득점	도움	파울	경고	퇴장
BC	1986	현대	6	1	1	0	6	0	0
	1989	현대	35	8	4	1	64	7	1
	1990	현대	16	8	2	1	26	6	0
	1991	현대	1	1	0	0	1	0	0
	1991	일화	15	11	1	0	20	3	0
	1992	일화	31	2	0	0	37	5	0
	1993	일화	32	0	0	0	23	9	0
	1994	일화	21	3	0	1	23	3	0
	1995	일화	7	3	0	0	8	2	0
	1996	천안일화	27	2	1	0	17	1	1
	합계		191	39	9	3	225	36	2
	프로통산		191	39	9	3	225	36	2

이종훈(李宗勳) 현풍고 2002.03.21

대회	연도	소속	출전	교체	득점	도움	파울	경고	퇴장
K1	2021	대구	0	0	0	0	0	0	0
	합계		0	0	0	0	0	0	0
	프로통산		0	0	0	0	0	0	0

이종훈(李鐘勳) 중앙대 1970.09.03

대회	연도	소속	출전	교체	득점	도움	파울	경고	퇴장
BC	1994	버팔로	11	8	0	0	16	1	0
	합계		11	8	0	0	16	1	0
	프로통산		11	8	0	0	16	1	0

이주상(李柱尙) 전주대 1981.11.11

대회	연도	소속	출전	교체	득점	도움	파울	경고	퇴장
BC	2006	제주	10	9	0	1	12	0	0
	합계		10	9	0	1	12	0	0
	프로통산		10	9	0	1	12	0	0

이주영(李柱永) 영남대 1970.07.25

대회	연도	소속	출전	교체	득점	도움	파울	경고	퇴장
BC	1994	버팔로	26	22	3	0	15	1	0
	합계		26	22	3	0	15	1	0
	프로통산		26	22	3	0	15	1	0

이주영(李柱永) 관동대(가톨릭관동대) 1977.09.15

대회	연도	소속	출전	교체	득점	도움	파울	경고	퇴장
BC	2000	성남일화	6	6	0	1	2	0	0
	합계		6	6	0	1	2	0	0
	프로통산		6	6	0	1	2	0	0

이주용(李周勇) 동아대 1992.09.26

대회	연도	소속	출전	교체	득점	도움	파울	경고	퇴장
K1	2014	전북	22	0	1	1	42	4	0
	2015	전북	20	4	1	0	36	4	0
	2016	전북	7	1	0	0	12	2	0
	2018	전북	3	2	0	1	4	1	0
	2019	전북	15	4	0	2	25	2	0
	2020	전북	10	4	0	1	6	2	0
	합계		77	15	2	5	125	15	0
K2	2017	아산	25	3	0	5	42	4	0
	2018	아산	19	0	1	0	35	2	0
	합계		44	3	1	5	77	6	0
	프로통산		121	18	3	10	202	21	0

이주용(李周勇) 홍익대 1992.05.18

대회	연도	소속	출전	교체	득점	도움	파울	경고	퇴장
K1	2015	부산	1	1	0	0	2	0	0
	합계		1	1	0	0	2	0	0

프로통산 | 1 | 1 | 0 | 0 | 2 | 0 | 0

이주한(李柱翰) 동국대 1962.04.27

대회	연도	소속	출전	교체	실점	도움	파울	경고	퇴장
BC	1985	한일은행	14	1	16	0	0	0	0
	1986	한일은행	5	1	10	0	0	0	0
	합계		19	2	26	0	0	0	0
프로통산			19	2	26	0	0	0	0

이주현(李周賢) 중앙대 1998.12.06

대회	연도	소속	출전	교체	실점	도움	파울	경고	퇴장
K2	2019	부천	0	0	0	0	0	0	0
	2020	부천	0	0	0	0	0	0	0
	2021	부천	2	0	3	0	0	0	0
	합계		2	0	3	0	0	0	0
프로통산			2	0	3	0	0	0	0

이준(李準) 연세대 1997.07.14

대회	연도	소속	출전	교체	실점	도움	파울	경고	퇴장
K1	2019	포항	0	0	0	0	0	0	0
	2021	포항	6	0	7	0	1	0	1
	합계		6	0	7	0	1	0	1
프로통산			6	0	7	0	1	0	1

이준(李俊) 고려대 1974.05.28

대회	연도	소속	출전	교체	득점	도움	파울	경고	퇴장
BC	1997	대전	14	9	4	0	22	4	0
	1998	대전	15	14	0	0	13	2	0
	합계		29	23	4	0	35	6	0
프로통산			29	23	4	0	35	6	0

이준근(李埈根) 초당대 1987.03.30

대회	연도	소속	출전	교체	실점	도움	파울	경고	퇴장
BC	2010	대전	0	0	0	0	0	0	0
	합계		0	0	0	0	0	0	0
프로통산			0	0	0	0	0	0	0

이준기(李俊基) 단국대 1982.04.25

대회	연도	소속	출전	교체	득점	도움	파울	경고	퇴장
BC	2002	안양G	2	2	0	0	1	0	0
	2006	서울	0	0	0	0	0	0	0
	2006	전남	6	5	0	0	2	1	0
	2007	전남	16	6	0	0	16	2	0
	2008	전남	17	4	0	0	24	0	0
	2009	전남	9	1	0	0	13	1	0
	2010	전남	20	12	0	0	11	1	0
	2011	전남	8	7	0	0	2	2	0
	합계		78	37	0	0	69	7	0
프로통산			78	37	0	0	69	7	0

이준서(李俊敍) 동국대 1998.03.07

대회	연도	소속	출전	교체	실점	도움	파울	경고	퇴장
K2	2021	대전	9	0	7	0	0	1	0
	합계		9	0	7	0	0	1	0
승	2021	대전	0	0	0	0	0	0	0
	합계		0	0	0	0	0	0	0
프로통산			9	0	7	0	0	1	0

이준석(李俊石) 대건고 2000.04.07

대회	연도	소속	출전	교체	득점	도움	파울	경고	퇴장
K1	2019	인천	12	6	0	0	13	0	0
	2020	인천	8	8	0	0	5	0	0
	2021	인천	8	8	1	0	5	1	0
	합계		28	24	1	1	23	0	0
프로통산			28	24	1	1	23	0	0

이준석(李俊錫) 광주대 1995.03.06

대회	연도	소속	출전	교체	득점	도움	파울	경고	퇴장
K2	2018	광주	0	0	0	0	0	0	0
	합계		0	0	0	0	0	0	0
프로통산			0	0	0	0	0	0	0

이준식(李俊植) 남부대 1991.10.14

대회	연도	소속	출전	교체	실점	도움	파울	경고	퇴장
K1	2014	울산	1	1	0	0	1	0	0
	합계		1	1	0	0	1	0	0
프로통산			1	1	0	0	1	0	0

이준엽(李埈燁) 명지대 1990.05.21

대회	연도	소속	출전	교체	득점	도움	파울	경고	퇴장
K1	2013	강원	27	20	1	1	36	4	0
	합계		27	20	1	1	36	4	0
K2	2014	강원	1	1	0	0	2	0	0
	합계		1	1	0	0	2	0	0
프로통산			28	21	1	1	38	4	0

이준영(李俊永) 경희대 1982.12.26

대회	연도	소속	출전	교체	득점	도움	파울	경고	퇴장
BC	2003	안양G	33	23	7	1	42	1	0
	2004	서울	22	20	0	1	31	3	0
	2005	인천	14	14	1	0	13	1	0
	2006	인천	25	21	2	2	22	0	0
	2007	인천	28	6	2	2	39	4	0
	2008	인천	12	9	1	0	14	2	0
	2009	인천	29	15	4	3	33	3	0
	2010	인천	26	20	1	0	12	6	0
	합계		189	128	18	9	206	20	0
프로통산			189	128	18	9	206	20	0

이준용(李俊榕) 대구대 1995.07.09

대회	연도	소속	출전	교체	득점	도움	파울	경고	퇴장
K1	2021	광주	2	2	0	0	0	0	0
	합계		2	2	0	0	0	0	0
프로통산			2	2	0	0	0	0	0

이준택(李濬澤) 울산대 1966.01.24

대회	연도	소속	출전	교체	득점	도움	파울	경고	퇴장
BC	1989	현대	17	17	0	1	12	1	0
	1990	현대	11	10	2	0	15	2	0
	1992	현대	14	11	0	0	12	1	0
	1993	현대	4	4	0	0	1	0	0
	1994	현대	2	1	0	0	5	0	0
	합계		48	43	2	1	45	4	0
프로통산			48	43	2	1	45	4	0

이준협(李俊協) 관동대(가톨릭관동대) 1989.03.30

대회	연도	소속	출전	교체	득점	도움	파울	경고	퇴장
BC	2013	강원	3	3	0	0	3	1	0
	합계		3	3	0	0	3	1	0
프로통산			3	3	0	0	3	1	0

이준형(李準榮) 조선대 1988.08.24

대회	연도	소속	출전	교체	득점	도움	파울	경고	퇴장
BC	2011	강원	3	3	0	1	0	0	0
	2012	강원	1	1	0	0	1	0	0
	합계		4	4	0	1	1	0	0
프로통산			4	4	0	1	1	0	0

이준호(李俊浩) 중앙대 1989.01.27

대회	연도	소속	출전	교체	득점	도움	파울	경고	퇴장
K1	2016	수원FC	28	2	0	0	26	6	0
	합계		28	2	0	0	26	6	0
K2	2013	수원FC	22	4	0	0	21	3	0
	2014	수원FC	28	1	3	1	34	6	0
	2015	수원FC	16	4	1	1	27	4	0
	합계		66	9	4	2	82	13	0
승	2015	수원FC	2	0	0	0	2	1	0
	합계		2	0	0	0	2	1	0
프로통산			96	11	4	2	110	20	0

이준호(李準鎬) 중앙대 1991.11.07

대회	연도	소속	출전	교체	득점	도움	파울	경고	퇴장
K2	2014	충주	10	10	0	1	3	1	0
	2015	안산경찰	5	5	0	1	5	1	0
	2016	안산무궁	0	0	0	0	0	0	0
	합계		15	15	0	2	8	2	0
프로통산			15	15	0	2	8	2	0

이준호(李埈豪) 광양제철고 1994.07.27

대회	연도	소속	출전	교체	득점	도움	파울	경고	퇴장
K2	2018	대전	1	1	0	0	1	0	0
	합계		1	1	0	0	1	0	0
프로통산			1	1	0	0	1	0	0

이준호(李俊湖) 중앙대 2000.04.06

대회	연도	소속	출전	교체	득점	도움	파울	경고	퇴장
K2	2020	충남아산	2	2	0	0	0	0	0
	합계		2	2	0	0	0	0	0
프로통산			2	2	0	0	0	0	0

이준호(李峻豪) 연세대 1967.06.06

대회	연도	소속	출전	교체	득점	도움	파울	경고	퇴장
BC	1990	대우	5	1	0	0	6	2	0
	합계		5	1	0	0	6	2	0
프로통산			5	1	0	0	6	2	0

이준희(李準熙) 경희대 1988.06.01

대회	연도	소속	출전	교체	득점	도움	파울	경고	퇴장
BC	2012	대구	19	2	0	0	44	6	0
	합계		19	2	0	0	44	6	0
K1	2013	대구	30	1	0	2	34	5	0
	합계		30	1	0	2	34	5	0
K2	2014	대구	31	2	1	4	49	8	0
	2015	대구	29	4	3	1	47	10	0
	2016	대구	3	3	0	0	4	0	0
	2017	서울E	4	1	0	2	2	0	0
	2017	부산	12	1	0	0	15	1	0
	2019	안산	11	3	0	1	17	3	0
	2020	안산	12	1	1	0	19	1	0
	2021	안산	30	12	1	0	6	4	0
	합계		122	27	6	8	153	29	0
프로통산			171	30	6	8	231	40	0

이준희(李俊熙) 인천대 1993.12.10

대회	연도	소속	출전	교체	실점	도움	파울	경고	퇴장
K1	2015	포항	0	0	0	0	0	0	0
	2018	경남	0	0	0	0	0	0	0
	2019	대구	0	0	0	0	0	0	0
	2020	대구	0	0	0	0	0	0	0
	합계		0	0	0	0	0	0	0
K2	2016	경남	14	0	15	0	1	1	0
	2017	경남	13	0	15	0	0	2	0
	합계		27	0	30	0	1	3	0
프로통산			27	0	30	0	1	3	0

이중갑(李中甲) 명지대 1962.07.06

대회	연도	소속	출전	교체	득점	도움	파울	경고	퇴장
BC	1983	국민은행	2	0	0	0	0	0	0
	1986	현대	19	1	0	0	11	0	0
	1987	현대	25	6	1	0	17	0	0
	1988	현대	6	3	0	1	7	2	0
	합계		52	10	1	1	35	2	0
프로통산			52	10	1	1	35	2	0

이중권(李重券) 명지대 1992.01.01

대회	연도	소속	출전	교체	득점	도움	파울	경고	퇴장
K1	2013	전남	11	7	0	1	8	1	0
	2014	전남	1	1	0	0	0	0	0
	2016	인천	1	1	0	0	0	0	0
	합계		13	9	0	1	8	1	0
프로통산			13	9	0	1	8	1	0

이중민(李重旻) 광주대 1999.11.03

대회	연도	소속	출전	교체	득점	도움	파울	경고	퇴장
K1	2021	성남	23	24	1	0	18	1	0
	합계		23	24	1	0	18	1	0
프로통산			23	24	1	0	18	1	0

이중서(李重瑞) 영남대 1995.06.09

대회	연도	소속	출전	교체	득점	도움	파울	경고	퇴장
K1	2017	광주	8	8	0	0	3	0	0
	합계		8	8	0	0	3	0	0
프로통산			8	8	0	0	3	0	0

이중원(李重元) 숭실대 1989.07.27

대회	연도	소속	출전	교체	득점	도움	파울	경고	퇴장
BC	2010	대전	7	7	0	0	2	0	0
	2011	대전	8	6	0	0	4	1	0
	합계		15	13	0	0	6	1	0

대회	연도	소속	출전	교체	득점	도움	파울	경고	퇴장
프로통산			15	13	0	0	6	1	0

이중재(李重宰) 경성고 1963.01.27

대회	연도	소속	출전	교체	득점	도움	파울	경고	퇴장
BC	1985	상무	11	4	1	3	10	0	0
		합계	11	4	1	3	10	0	0
프로통산			11	4	1	3	10	0	0

이지남(李指南) 안양공고 1984.11.21

대회	연도	소속	출전	교체	득점	도움	파울	경고	퇴장
BC	2004	서울	4	1	0	0	2	0	0
	2008	경남	8	5	1	0	18	2	0
	2009	경남	7	3	0	0	14	2	0
	2010	경남	23	8	1	0	32	7	0
	2011	대구	28	7	2	1	33	4	0
	2012	대구	32	0	3	0	41	13	0
		합계	102	24	7	1	133	26	0
K1	2013	대구	28	2	2	0	31	1	0
	2015	전남	19	3	0	0	23	3	0
	2016	전남	30	5	0	0	24	8	0
	2017	전남	18	3	0	1	17	4	0
	2018	전남	18	3	1	0	12	2	0
		합계	115	16	5	0	107	18	0
K2	2019	전남	16	5	1	0	25	1	0
		합계	16	5	1	0	25	1	0
프로통산			233	45	13	1	265	45	0

이지민(李智旼) 아주대 1993.09.04

대회	연도	소속	출전	교체	득점	도움	파울	경고	퇴장
K1	2015	전남	14	11	1	1	9	1	0
	2016	전남	20	11	1	0	20	3	0
	2020	부산	2	2	0	0	0	0	0
		합계	36	24	2	1	29	4	0
K2	2017	성남	32	5	1	4	36	5	0
	2018	성남	9	6	0	0	6	1	0
		합계	41	11	1	4	42	5	0
프로통산			77	35	3	5	71	9	1

이지솔(李志率) 언남고 1999.07.09

대회	연도	소속	출전	교체	득점	도움	파울	경고	퇴장
K2	2018	대전	4	4	0	0	1	1	0
	2019	대전	23	2	1	0	38	6	1
	2020	대전	21	1	0	0	22	6	0
	2021	대전	24	3	0	0	32	7	0
		합계	72	10	1	0	93	20	1
승	2021	대전	2	0	0	0	1	0	0
		합계	2	0	0	0	1	0	0
프로통산			74	10	1	0	94	21	1

이지승(李志承) 호남대 1999.01.11

대회	연도	소속	출전	교체	득점	도움	파울	경고	퇴장
K1	2020	부산	1	1	0	0	0	0	0
		합계	1	1	0	0	0	0	0
K2	2021	부산	12	5	0	1	21	3	0
		합계	12	5	0	1	21	3	0
프로통산			13	6	0	1	21	3	0

이지훈(李知勳) 숭실대 1999.04.01

대회	연도	소속	출전	교체	득점	도움	파울	경고	퇴장
K1	2020	포항	0	0	0	0	0	0	0
		합계	0	0	0	0	0	0	0
프로통산			0	0	0	0	0	0	0

이지훈(李知勳) 울산공고 1994.03.24

대회	연도	소속	출전	교체	득점	도움	파울	경고	퇴장
K1	2017	울산	3	2	0	0	4	1	0
	2018	울산	1	0	0	0	0	0	0
	2019	인천	7	0	0	0	9	1	0
	2021	광주	33	10	0	0	19	4	0
		합계	44	19	0	0	28	6	0
K2	2020	수원FC	21	4	0	1	15	4	0
		합계	21	4	0	1	15	4	0
프로통산			65	27	0	1	43	10	0

이지훈(李知勳) 영생고 2002.03.02

이지훈(李知勳) 울산대 1995.06.19

대회	연도	소속	출전	교체	득점	도움	파울	경고	퇴장
K1	2021	전북	17	17	0	0	16	2	0
		합계	17	17	0	0	16	2	0
프로통산			17	17	0	0	16	2	0

(이지훈 울산대 위 항목은 K2 2020 안산 기록)

대회	연도	소속	출전	교체	득점	도움	파울	경고	퇴장
K2	2020	안산	16	6	1	1	16	4	0
		합계	16	6	1	1	16	4	0
프로통산			16	6	1	1	16	4	0

이진규(李眞奎) 동의대 1988.05.20

대회	연도	소속	출전	교체	실점	도움	파울	경고	퇴장
BC	2012	성남일화	0	0	0	0	0	0	0
		합계	0	0	0	0	0	0	0
프로통산			0	0	0	0	0	0	0

이진석(李振錫) 영남대 1991.09.10

대회	연도	소속	출전	교체	득점	도움	파울	경고	퇴장
K1	2013	포항	1	1	0	0	0	0	0
	2014	포항	1	1	0	0	1	0	0
		합계	1	1	0	0	1	0	0
프로통산			1	1	0	0	1	0	0

이진섭(李進燮) 안산U18 2002.01.23

대회	연도	소속	출전	교체	득점	도움	파울	경고	퇴장
K2	2021	안산	0	0	0	0	0	0	0
		합계	0	0	0	0	0	0	0
프로통산			0	0	0	0	0	0	0

이진용(李珍鎔) 현풍고 2001.05.01

대회	연도	소속	출전	교체	득점	도움	파울	경고	퇴장
K1	2020	대구	29	21	0	2	52	10	0
		합계	29	21	0	2	52	10	0
프로통산			29	21	0	2	52	10	0

이진우(李鎭宇) 고려대 1982.09.03

대회	연도	소속	출전	교체	득점	도움	파울	경고	퇴장
BC	2007	울산	8	8	0	1	12	1	0
	2008	울산	3	3	0	0	2	0	0
	2009	대전	1	1	0	0	3	0	0
		합계	12	12	0	1	17	1	0
프로통산			12	12	0	1	17	1	0

이진욱(李眞旭) 가톨릭관동대 1992.09.11

대회	연도	소속	출전	교체	득점	도움	파울	경고	퇴장
K1	2015	인천	4	4	1	0	0	0	0
	2016	인천	2	2	0	0	1	0	0
		합계	6	6	1	0	1	0	0
프로통산			6	6	1	0	1	0	0

이진행(李珍行) 연세대 1971.07.10

대회	연도	소속	출전	교체	득점	도움	파울	경고	퇴장
BC	1996	수원	21	16	4	0	27	3	0
	1997	수원	25	14	3	3	31	2	0
	1998	수원	23	16	4	1	49	2	0
	1999	수원	14	10	2	1	17	0	0
	2000	수원	1	1	0	0	1	0	0
		합계	84	56	11	4	108	7	0
프로통산			84	56	11	4	108	7	0

이진현(李鎭賢) 성균관대 1997.08.26

대회	연도	소속	출전	교체	득점	도움	파울	경고	퇴장
K1	2018	포항	17	6	5	1	17	1	0
	2019	포항	20	17	1	2	20	2	0
	2020	대구	21	18	1	0	18	3	0
		합계	58	41	7	3	56	4	0
K2	2021	대전	22	8	1	3	16	2	0
		합계	22	8	1	3	16	2	0
승	2021	대전	0	0	0	0	0	0	0
		합계	0	0	0	0	0	0	0
프로통산			80	49	8	6	72	6	0

이진형(李鎭亨) 단국대 1988.02.22

대회	연도	소속	출전	교체	실점	도움	파울	경고	퇴장
BC	2011	제주	0	0	0	0	0	0	0
	2012	제주	0	0	0	0	0	0	0
		합계	0	0	0	0	0	0	0
K1	2017	인천	16	0	15	0	1	1	0
	2018	인천	13	1	27	0	1	5	0
	2020	광주	13	0	22	0	1	1	0
	2021	광주	4	0	5	0	0	0	0
		합계	46	0	69	0	1	3	0
K2	2013	안양	25	1	31	0	2	1	0
	2014	안양	34	0	50	0	0	1	0
	2015	안산경찰	1	1	26	0	0	2	0
	2016	안산무궁	26	0	24	0	0	2	0
	2016	안양	7	0	11	0	1	0	0
	2017	광주	9	1	4	0	0	0	0
		합계	124	3	146	0	2	7	0
프로통산			170	3	215	0	3	10	0

이진호(李珍浩) 울산과학대 1984.09.03

대회	연도	소속	출전	교체	득점	도움	파울	경고	퇴장
BC	2003	울산	1	2	0	0	1	0	0
	2004	울산	1	1	0	0	1	0	0
	2005	울산	25	24	5	1	30	1	0
	2006	광주상무	11	9	2	1	18	1	0
	2007	광주상무	24	17	2	0	27	0	0
	2008	울산	34	28	7	6	47	2	0
	2009	울산	23	12	6	0	41	2	0
	2010	울산	8	8	0	0	3	0	0
	2010	포항	1	0	0	0	0	0	0
	2011	울산	26	23	5	0	29	3	0
	2012	대구	39	23	9	1	94	9	0
		합계	208	168	42	10	327	32	1
K1	2013	대구	17	14	3	3	23	2	1
	2013	제주	10	7	0	0	19	4	0
		합계	27	21	3	3	42	6	1
K2	2014	광주	7	4	0	0	17	1	0
		합계	7	4	0	0	17	1	0
프로통산			242	193	45	13	386	39	2

이진호(李鎭鎬) 호남대 1969.03.01

대회	연도	소속	출전	교체	득점	도움	파울	경고	퇴장
BC	1992	대우	17	4	0	0	11	1	0
	1993	대우	12	3	0	0	8	0	0
	1995	대우	10	3	0	0	15	3	0
	1996	부산	4	2	0	0	20	7	0
		합계	43	12	0	0	54	11	0
프로통산			43	12	0	0	54	11	0

이찬동(李燦東) 인천대 1993.01.10

대회	연도	소속	출전	교체	득점	도움	파울	경고	퇴장
K1	2015	광주	30	5	1	0	57	10	0
	2016	광주	31	5	0	1	59	9	0
	2017	제주	28	14	2	1	39	8	0
	2018	제주	18	8	1	0	33	3	0
	2019	상주	4	1	0	0	4	1	0
	2020	상주	2	5	0	0	4	1	0
	2021	광주	21	23	1	0	26	5	0
		합계	134	61	5	2	226	39	0
K2	2014	광주	31	13	1	0	75	11	0
	2020	제주	4	3	0	1	4	1	0
		합계	35	16	1	0	79	12	0
승	2014	광주	2	1	0	0	5	0	0
		합계	2	1	0	0	5	0	0
프로통산			171	78	6	2	310	51	0

이찬행(李粲行) 단국대 1968.07.14

대회	연도	소속	출전	교체	득점	도움	파울	경고	퇴장
BC	1991	유공	6	4	0	0	7	2	0
	1992	유공							
	1993	유공	8	6	0	0	11	0	0
	1994	유공	11	8	2	0	7	1	0
	1995	유공	9	6	0	0			
	1996	부천유공	17	5	1	1	22	1	0

대회	연도	소속	출전	교체	득점	도움	파울	경고	퇴장
	1997	부천SK	11	3	1	1	18	5	0
	합계		63	33	4	2	70	11	0
프로통산			63	33	4	2	70	11	0

이창근(李昌根) 동래고 1993.08.30

대회	연도	소속	출전	교체	실점	도움	파울	경고	퇴장
BC	2012	부산	0	0	0	0	0	0	0
	합계		0	0	0	0	0	0	0
K1	2013	부산	5	0	5	0	0	1	0
	2014	부산	7	0	11	0	0	0	0
	2015	부산	11	0	18	0	1	1	0
	2016	수원FC	21	0	31	0	1	1	0
	2017	제주	19	0	15	0	1	2	0
	2018	제주	35	0	39	0	2	2	0
	2019	제주	23	0	45	0	1	1	0
	2020	상주	18	0	20	0	0	0	0
	2021	제주	10	1	16	0	0	0	0
	합계		149	1	205	0	6	8	0
K2	2016	부산	0	0	0	0	0	0	0
	2021	김천	8	0	11	0	0	1	0
	합계		11	0	17	0	0	1	0
승	2015	부산	0	0	0	0	0	0	0
	합계		0	0	0	0	0	0	0
프로통산			160	1	222	0	5	10	0

이창덕(李昌德) 수원공고 1981.06.05

대회	연도	소속	출전	교체	실점	도움	파울	경고	퇴장
BC	2000	수원	0	0	0	0	0	0	0
	2001	수원	0	0	0	0	0	0	0
	합계		0	0	0	0	0	0	0
프로통산			0	0	0	0	0	0	0

이창무(李昌茂) 홍익대 1993.03.01

대회	연도	소속	출전	교체	득점	도움	파울	경고	퇴장
K1	2016	수원FC	2	2	0	0	0	0	0
	합계		2	2	0	0	0	0	0
프로통산			2	2	0	0	0	0	0

이창민(李昌珉) 중앙대 1994.01.20

대회	연도	소속	출전	교체	득점	도움	파울	경고	퇴장
K1	2014	경남	32	11	2	3	26	3	0
	2015	전남	21	15	2	2	13	2	0
	2016	제주	21	10	2	3	7	3	0
	2017	제주	26	15	5	3	26	6	1
	2018	제주	23	8	3	6	24	3	0
	2019	제주	32	6	1	1	21	2	0
	2021	제주	34	2	8	4	29	4	0
	합계		189	67	23	20	132	18	2
K2	2020	제주	24	1	4	2	26	1	0
	합계		24	1	4	2	26	1	1
승	2014	경남	2	2	0	0	7	0	0
	합계		2	2	0	0	7	0	0
프로통산			215	70	27	22	165	19	3

이창민(李昌民) 울산대 1980.01.25

대회	연도	소속	출전	교체	실점	도움	파울	경고	퇴장
BC	2002	전북	0	0	0	0	0	0	0
	합계		0	0	0	0	0	0	0
프로통산			0	0	0	0	0	0	0

이창민(李昌珉) 진주고 1984.06.01

대회	연도	소속	출전	교체	실점	도움	파울	경고	퇴장
BC	2004	부산	0	0	0	0	0	0	0
	2005	부산	0	0	0	0	0	0	0
	2006	부산	0	0	0	0	0	0	0
	합계		0	0	0	0	0	0	0
프로통산			0	0	0	0	0	0	0

이창엽(李昌燁) 홍익대 1974.11.19

대회	연도	소속	출전	교체	득점	도움	파울	경고	퇴장
BC	1997	대전	34	14	3	3	55	4	0
	1998	대전	30	3	0	3	43	2	0
	1999	대전	14	5	0	0	22	0	0
	2000	대전	31	2	0	0	27	4	0
	2001	대전	11	7	0	1	19	3	0
	2002	대전	19	14	1	3	32	2	0
	2003	대전	33	15	2	3	62	3	0
	2004	대전	27	18	2	1	41	2	0
	2005	대전	8	8	0	0	10	0	0
	2006	경남	6	5	0	0	12	0	0
	합계		213	78	5	15	317	22	0
프로통산			213	78	5	15	317	22	0

이창용(李昌勇) 용인대 1990.08.27

대회	연도	소속	출전	교체	득점	도움	파울	경고	퇴장
K1	2013	강원	15	6	0	0	25	6	0
	2015	울산	17	10	0	0	16	3	0
	2016	울산	16	13	0	0	14	1	0
	2018	울산	2	0	0	0	4	0	0
	2019	성남	25	8	2	0	29	2	0
	2020	성남	19	3	2	1	19	4	1
	2021	성남	27	11	0	1	28	6	0
	합계		121	51	5	2	135	23	1
K2	2014	강원	22	4	1	1	41	3	1
	2017	아산	28	8	2	0	36	5	0
	2018	아산	15	2	0	0	17	3	0
	합계		65	14	3	1	94	11	1
프로통산			186	65	8	3	229	34	2

이창원(李昌源) 영남대 1975.07.10

대회	연도	소속	출전	교체	득점	도움	파울	경고	퇴장
BC	2001	전남	15	2	0	0	11	0	0
	2002	전남	11	3	0	0	20	2	0
	2003	전남	29	3	0	1	43	3	0
	2004	전남	26	1	1	0	70	7	0
	2005	전남	26	1	0	0	60	9	0
	2006	포항	27	8	0	0	60	6	0
	2007	포항	22	0	0	0	35	9	0
	2008	포항	5	0	0	0	1	0	0
	2009	포항	1	0	0	0	0	0	0
	합계		143	25	1	1	264	25	0
프로통산			143	25	1	1	264	25	0

이창훈(李昶勳) 인천대 1986.12.17

대회	연도	소속	출전	교체	득점	도움	파울	경고	퇴장
BC	2009	강원	24	18	1	4	20	3	0
	2010	강원	25	23	2	1	13	0	0
	2011	강원	16	12	1	1	12	0	0
	2011	성남일화	9	9	0	2	7	1	0
	2012	성남일화	23	23	2	4	25	3	0
	합계		97	81	6	11	77	6	0
K1	2013	성남일화	21	14	0	1	24	3	0
	2014	성남	21	14	0	1	21	4	0
	2016	성남	2	1	0	0	3	0	0
	합계		30	22	0	2	49	7	0
K2	2015	상주	22	17	4	1	20	2	0
	2017	성남	16	16	1	0	11	0	0
	합계		38	33	5	1	31	4	0
승	2016	성남	1	0	0	0	1	0	0
	합계		1	0	0	0	1	0	0
프로통산			166	136	11	13	138	17	0

이창훈(李昌勳) 수원대 1995.11.16

대회	연도	소속	출전	교체	득점	도움	파울	경고	퇴장
K2	2018	안산	11	11	1	1	4	1	0
	2019	안산	22	11	2	0	4	2	0
	2020	안산	11	2	0	0	7	0	0
	합계		44	24	3	1	15	3	0
프로통산			44	24	3	1	15	3	0

이천수(李天秀) 고려대 1981.07.09

대회	연도	소속	출전	교체	득점	도움	파울	경고	퇴장
BC	2002	울산	18	5	7	9	35	3	0
	2003	울산	18	8	6	6	24	0	0
	2005	울산	14	6	7	5	34	5	0
	2006	울산	24	11	7	1	58	6	1
	2007	울산	26	12	7	3	52	4	0
	2008	수원	4	3	1	0	5	0	0
	2009	전남	8	6	1	0	13	1	0
	합계		112	45	41	25	221	18	1
K1	2013	인천	19	13	2	2	13	4	0
	2014	인천	28	23	1	3	41	5	1
	2015	인천	20	19	2	2	22	4	0
	합계		67	55	5	10	81	11	1
프로통산			179	100	46	35	302	29	2

이천흥(李千興) 명지대 1960.10.22

대회	연도	소속	출전	교체	득점	도움	파울	경고	퇴장
BC	1983	대우	1	1	0	0	0	0	0
	1984	대우	10	6	0	0	2	0	0
	1985	대우	5	1	1	0	1	0	0
	1986	대우	13	5	1	2	14	2	0
	합계		37	20	1	2	21	2	0
프로통산			37	20	1	2	21	2	0

이철희(李喆熙) 배재대 1985.08.06

대회	연도	소속	출전	교체	득점	도움	파울	경고	퇴장
BC	2008	대전	2	2	0	0	2	0	0
	합계		2	2	0	0	2	0	0
프로통산			2	2	0	0	2	0	0

이청용(李靑龍) 도봉중 1988.07.02

대회	연도	소속	출전	교체	득점	도움	파울	경고	퇴장
BC	2004	서울	4	2	0	1	9	2	0
	2006	서울	4	2	0	1	9	2	0
	2007	서울	23	11	3	6	39	6	0
	2008	서울	25	5	6	6	35	5	2
	2009	서울	16	5	3	4	9	0	0
	합계		68	23	12	17	93	13	2
K1	2020	울산	20	14	1	2	22	0	0
	2021	울산	25	21	3	1	18	2	0
	합계		45	35	7	2	30	4	0
프로통산			113	58	19	19	123	17	2

이청웅(李淸熊) 영남대 1993.03.15

대회	연도	소속	출전	교체	득점	도움	파울	경고	퇴장
K1	2015	부산	6	1	0	0	10	1	0
	합계		6	1	0	0	10	1	0
K2	2016	부산	7	4	0	0	13	1	0
	2017	부산	7	0	1	0	25	1	0
	2018	부산	7	5	0	0	11	3	0
	2021	부산	14	4	0	1	1	2	0
	합계		35	13	1	1	50	7	0
승	2015	부산	2	0	0	0	3	1	0
	2018	부산	1	1	0	0	0	0	0
	합계		3	1	0	0	3	1	0
프로통산			44	15	1	1	63	9	0

이총희(李聰熙) 통진고 1992.04.21

대회	연도	소속	출전	교체	득점	도움	파울	경고	퇴장
BC	2011	수원	1	1	0	0	1	0	0
	합계		1	1	0	0	1	0	0
프로통산			1	1	0	0	1	0	0

이춘석(李春錫) 연세대 1959.02.03

대회	연도	소속	출전	교체	득점	도움	파울	경고	퇴장
BC	1983	대우	16	3	8	1	10	0	0
	1985	상무	19	3	5	1	24	2	0
	1986	대우	7	5	0	1	5	0	0
	1987	대우	23	22	3	2	15	0	0
	합계		67	32	16	4	58	2	0
프로통산			67	32	16	4	58	2	0

이춘섭(李春燮) 동국대 1958.11.17

대회	연도	소속	출전	교체	실점	도움	파울	경고	퇴장
BC	1984	한일은행	24	0	41	0	0	0	0
	1985	한일은행	8	1	14	0	1	0	0
	합계		32	1	55	0	1	1	0
프로통산			32	1	55	0	1	1	0

이충호(李忠昊) 한양대 1968.07.04

대회	연도	소속	출전	교체	실점	도움	파울	경고	퇴장
BC	1991	현대	5	1	10	0	0	0	0
		합계	5	1	10	0	0	0	0
프로통산			5	1	10	0	0	0	0

이치준 (李治峻) 중앙대 1985.01.20

대회	연도	소속	출전	교체	득점	도움	파울	경고	퇴장
BC	2009	성남일화	1	1	0	0	0	0	0
	2010	성남일화	0	0	0	0	0	0	0
	2011	성남일화	0	0	0	0	0	0	0
		합계	1	1	0	0	0	0	0
K2	2013	경찰	20	9	0	1	37	8	1
	2014	수원FC	21	9	0	0	26	5	0
		합계	41	18	0	1	63	13	1
프로통산			42	19	0	1	63	13	1

이칠성 (李七星) 서울시립대 1963.08.25

대회	연도	소속	출전	교체	득점	도움	파울	경고	퇴장
BC	1987	유공	20	5	4	3	12	0	0
	1988	유공	5	4	0	1	3	0	0
	1989	유공	2	1	0	0	0	0	0
		합계	27	10	4	4	15	0	0
프로통산			27	10	4	4	15	0	0

이태권 (李泰權) 연세대 1980.07.14

대회	연도	소속	출전	교체	득점	도움	파울	경고	퇴장
BC	2005	수원	1	1	0	0	1	0	0
		합계	1	1	0	0	1	0	0
프로통산			1	1	0	0	1	0	0

이태민 (李泰旼) 개성고 2003.05.09

대회	연도	소속	출전	교체	득점	도움	파울	경고	퇴장
K2	2021	부산	16	16	0	0	15	4	0
		합계	16	16	0	0	15	4	0
프로통산			16	16	0	0	15	4	0

이태석 (李太錫) 오산고 2002.07.28

대회	연도	소속	출전	교체	득점	도움	파울	경고	퇴장
K1	2021	서울	19	8	0	2	21	5	0
		합계	19	8	0	2	21	5	0
프로통산			19	8	0	2	21	5	0

이태엽 (李太燁) 서울시립대 1959.06.16

대회	연도	소속	출전	교체	득점	도움	파울	경고	퇴장
BC	1983	국민은행	15	2	1	0	7	0	0
	1984	국민은행	17	10	2	0	15	3	0
		합계	32	12	3	0	22	4	0
프로통산			32	12	3	0	22	4	0

이태영 (李泰英) 가톨릭관동대 1992.05.15

대회	연도	소속	출전	교체	득점	도움	파울	경고	퇴장
K2	2015	안양	1	1	0	0	1	0	0
	2016	충주	10	9	1	4	8	0	0
		합계	11	10	1	4	9	0	0
프로통산			11	10	1	4	9	0	0

이태영 (李泰永) 풍생고 1987.07.01

대회	연도	소속	출전	교체	득점	도움	파울	경고	퇴장
BC	2007	포항	0	0	0	0	0	0	0
		합계	0	0	0	0	0	0	0
프로통산			0	0	0	0	0	0	0

이태우 (李泰雨) 경희대 1984.01.08

대회	연도	소속	출전	교체	득점	도움	파울	경고	퇴장
BC	2006	대구	2	2	0	0	2	1	0
	2007	대구	3	2	0	0	1	0	0
		합계	5	4	0	0	3	1	0
프로통산			5	4	0	0	3	1	0

이태현 (李太賢) 한남대 1993.03.13

대회	연도	소속	출전	교체	득점	도움	파울	경고	퇴장
K2	2016	안양	4	3	0	0	6	1	0
	2017	안양	2	1	0	0	1	0	0
		합계	6	4	0	0	7	1	0
프로통산			6	4	0	0	7	1	0

이태형 (李太炯) 한양대 1964.09.01

대회	연도	소속	출전	교체	득점	도움	파울	경고	퇴장
BC	1987	대우	19	18	1	0	23	0	0
	1988	대우	18	14	1	1	18	1	0
	1989	대우	19	15	2	0	20	1	0
	1990	대우	8	6	1	0	13	2	0
	1991	포항제철	8	6	1	1	9	0	0
	1992	포항제철	6	4	0	0	9	1	0
	1994	버팔로	6	5	0	0	2	0	0
		합계	86	69	6	2	96	6	0
프로통산			86	69	6	2	96	6	0

이태호 (李太浩 /← 이주영) 성균관대 1991.03.16

대회	연도	소속	출전	교체	득점	도움	파울	경고	퇴장
K1	2018	강원	11	4	1	0	9	2	0
		합계	11	4	1	0	9	2	0
K2	2019	서울E	15	2	1	0	22	4	0
	2020	부천	4	4	0	0	4	1	0
		합계	19	6	1	0	26	5	0
프로통산			30	10	2	0	35	7	0

이태호 (李泰昊) 고려대 1961.01.29

대회	연도	소속	출전	교체	득점	도움	파울	경고	퇴장
BC	1983	대우	8	2	3	3	12	0	0
	1984	대우	20	1	11	3	15	0	0
	1985	대우	5	0	4	1	5	0	0
	1986	대우	12	9	1	3	5	0	0
	1987	대우	19	14	6	2	10	1	0
	1988	대우	12	6	5	3	12	0	0
	1989	대우	25	8	7	3	34	1	0
	1990	대우	19	1	4	0	35	0	0
	1991	대우	33	26	5	5	28	0	0
	1992	대우	28	24	6	1	24	2	0
		합계	181	84	57	27	180	10	1
프로통산			181	84	57	27	180	10	1

이태홍 (李太洪) 대구대 1971.10.01

대회	연도	소속	출전	교체	득점	도움	파울	경고	퇴장
BC	1992	일화	32	27	2	2	39	4	0
	1993	일화	27	6	6	4	55	4	0
	1994	일화	18	14	1	0	30	4	0
	1995	일화	26	20	3	1	24	3	1
	1996	천안일화	32	13	3	0	60	6	0
	1997	부천SK	11	4	1	0	14	2	0
	1999	부천SK	16	15	4	1	29	4	0
		합계	162	99	20	8	251	27	2
프로통산			162	99	20	8	251	27	2

이태훈 (李太薰) 전북대 1971.06.07

대회	연도	소속	출전	교체	득점	도움	파울	경고	퇴장
BC	1994	버팔로	17	5	1	1	11	0	0
	1996	전북	9	7	0	0	14	0	0
	1997	전북	7	3	0	1	13	1	0
	1998	전북	6	5	1	2	2	0	0
		합계	39	20	2	4	40	1	0
프로통산			39	20	2	4	40	1	0

이태희 (李太熙) 대건고 1995.04.26

대회	연도	소속	출전	교체	실점	도움	파울	경고	퇴장
K1	2015	인천	4	1	3	0	0	0	0
	2016	인천	8	0	9	0	1	0	0
	2017	인천	10	0	14	0	0	0	0
	2018	인천	7	0	14	0	0	0	0
	2019	인천	12	1	14	0	0	0	0
	2020	인천	12	0	11	0	0	0	0
K1	2021	인천	26	2	35	0	0	0	0
		합계	79	4	103	0	2	0	0
프로통산			79	4	103	0	2	0	0

이태희 (李太熙) 숭실대 1992.06.16

대회	연도	소속	출전	교체	득점	도움	파울	경고	퇴장
K1	2015	성남	13	1	1	0	23	0	0
	2016	성남	28	5	0	3	24	4	0
	2018	상주	9	3	1	0	9	0	0
	2019	상주	27	0	2	5	28	4	0
	2019	성남	9	0	0	0	20	1	0
	2020	성남	26	1	0	2	24	0	0
	2021	성남	27	7	1	1	16	3	0
		합계	139	17	6	13	138	13	0
K2	2017	성남	29	1	0	1	31	3	0
		합계	29	1	0	1	31	3	0
승	2016	성남	1	0	0	0	0	0	0
프로통산			168	18	6	14	169	16	0

이태희 (李台熙) 서울시립대 1959.08.10

대회	연도	소속	출전	교체	득점	도움	파울	경고	퇴장
BC	1983	국민은행	14	7	1	0	9	2	0
	1984	국민은행	14	7	1	1	15	0	0
		합계	28	14	2	1	24	2	0
프로통산			28	14	2	1	24	2	0

이택기 (李宅基) 아주대 1989.03.31

대회	연도	소속	출전	교체	득점	도움	파울	경고	퇴장
BC	2012	서울	1	0	0	0	1	1	0
		합계	1	0	0	0	1	1	0
K1	2013	서울	1	1	0	0	0	0	0
		합계	1	1	0	0	0	0	0
K2	2014	충주	15	1	0	0	17	1	0
	2015	충주	29	2	0	0	11	0	0
		합계	44	3	0	0	28	1	0
프로통산			46	4	0	0	24	3	0

이평재 (李平宰) 동아대 1969.03.24

대회	연도	소속	출전	교체	득점	도움	파울	경고	퇴장
BC	1991	현대	8	6	0	0	9	1	0
	1995	전남	6	4	0	0	5	0	0
	1996	전남	19	13	3	1	15	2	0
		합계	33	24	3	1	31	4	0
프로통산			33	24	3	1	31	4	0

이풍연 (李豊衍) 숭실대 2000.05.04

대회	연도	소속	출전	교체	득점	도움	파울	경고	퇴장
K1	2020	수원	0	0	0	0	0	0	0
	2021	수원	0	0	0	0	0	0	0
		합계	0	0	0	0	0	0	0
프로통산			0	0	0	0	0	0	0

이필주 (李泌周) 동아대 1982.03.11

대회	연도	소속	출전	교체	득점	도움	파울	경고	퇴장
BC	2005	대전	1	1	0	0	2	0	0
		합계	1	1	0	0	2	0	0
프로통산			1	1	0	0	2	0	0

이하늘 (이하늘) 원광대 1993.02.08

대회	연도	소속	출전	교체	득점	도움	파울	경고	퇴장
K2	2015	안양	0	0	0	0	0	0	0
		합계	0	0	0	0	0	0	0
프로통산			0	0	0	0	0	0	0

이학민 (李學玟) 상지대 1991.03.11

대회	연도	소속	출전	교체	득점	도움	파울	경고	퇴장
K1	2015	경남	19	8	1	0	32	5	0
	2017	인천	7	7	0	0	2	0	0
		합계	26	15	1	0	34	5	0
K2	2015	부천	38	4	2	6	37	5	0
	2016	부천	36	1	2	2	41	9	0
	2017	성남	1	1	0	0	0	0	0
	2018	성남	32	7	0	4	53	2	0
	2019	수원FC	22	4	0	2	51	6	0
		합계	129	15	4	14	183	22	0
승	2014	경남	1	0	0	0	1	0	0
프로통산			156	23	5	14	218	27	0

이학종 (李鶴種) 고려대 1961.02.17

대회	연도	소속	출전	교체	득점	도움	파울	경고	퇴장
BC	1985	한일은행	19	0	1	3	21	2	0
	1986	한일은행	10	0	4	2	12	1	0
	1986	현대	3	2	0	1	3	0	0

대회	연도	소속	출전	교체	득점	도움	파울	경고	퇴장
	1987	현대	6	6	0	0	1	0	0
	1988	현대	17	3	7	1	18	2	0
	1989	현대	16	1	2	1	32	2	0
	1990	현대	3	1	0	0	2	0	0
	1991	현대	16	12	0	1	9	0	0
	합계		90	25	14	9	98	7	0
프로통산			90	25	14	9	98	7	0

이한도(李韓道) 용인대 1994.03.16

대회	연도	소속	출전	교체	득점	도움	파울	경고	퇴장
K1	2016	전북	0	0	0	0	0	0	0
	2017	광주	25	3	0	0	19	5	0
	2020	광주	10	2	0	0	4	1	0
	2021	광주	33	3	2	0	27	2	0
	합계		68	8	2	0	49	9	0
K2	2018	광주	24	4	1	1	21	4	1
	2019	광주	26	2	1	0	24	4	1
	합계		50	6	2	1	45	8	2
프로통산			118	14	4	1	94	17	2

이한범(李韓汎) 보인고 2002.06.17

대회	연도	소속	출전	교체	득점	도움	파울	경고	퇴장
K1	2021	서울	10	2	0	0	7	1	0
	합계		10	2	0	0	7	1	0
프로통산			10	2	0	0	7	1	0

이한빈(李韓斌) 용인대 1997.07.25

대회	연도	소속	출전	교체	득점	도움	파울	경고	퇴장
K2	2018	수원FC	5	5	0	0	1	0	0
	합계		5	5	0	0	1	0	0
프로통산			5	5	0	0	1	0	0

이한샘(李한샘) 건국대 1989.10.18

대회	연도	소속	출전	교체	득점	도움	파울	경고	퇴장
BC	2012	광주	29	3	2	0	87	14	0
	합계		29	3	2	0	87	14	0
K1	2013	경남	16	1	0	2	47	6	0
	2014	경남	12	4	0	0	14	4	0
	2021	광주	3	6	0	0	3	0	0
	합계		31	11	0	2	64	10	0
K2	2015	강원	33	1	1	0	57	12	0
	2016	강원	39	0	4	1	54	12	0
	2017	수원FC	9	4	0	0	7	3	0
	2018	아산	23	3	0	3	31	7	0
	2019	아산	14	0	1	0	17	4	0
	2019	수원FC	7	1	0	0	9	1	0
	2020	수원FC	19	2	0	0	4	1	0
	합계		144	11	7	1	192	40	0
승	2016	강원	2	0	0	0	5	3	0
	합계		2	0	0	0	5	3	0
프로통산			206	25	9	3	348	69	0

이한수(李韓洙) 동의대 1986.12.17

대회	연도	소속	출전	교체	득점	도움	파울	경고	퇴장
BC	2009	경남	3	1	0	0	4	0	0
	합계		3	1	0	0	4	0	0
프로통산			3	1	0	0	4	0	0

이한음(李漢音) 광운대 1991.02.22

대회	연도	소속	출전	교체	득점	도움	파울	경고	퇴장
K2	2015	강원	4	4	0	0	0	0	0
	2016	충주	16	16	1	1	6	1	0
	합계		20	20	1	1	6	1	0
프로통산			20	20	1	1	6	1	0

이해웅(李海雄) 신갈고 1998.11.20

대회	연도	소속	출전	교체	득점	도움	파울	경고	퇴장
K1	2017	대구	1	1	0	0	0	0	0
	합계		2	2	0	0	1	0	0
프로통산			2	2	0	0	1	0	0

이행수(李行守) 남부대 1990.08.27

대회	연도	소속	출전	교체	득점	도움	파울	경고	퇴장
BC	2012	대구	6	6	0	0	3	0	0
	합계		6	6	0	0	3	0	0
프로통산			6	6	0	0	3	0	0

이헌구(李憲球) 한양대 1961.04.13

대회	연도	소속	출전	교체	득점	도움	파울	경고	퇴장
BC	1985	상무	4	4	0	0	4	0	0
	합계		4	4	0	0	4	0	0
프로통산			4	4	0	0	4	0	0

이혁주(李爀柱) 선문대 1996.08.05

대회	연도	소속	출전	교체	득점	도움	파울	경고	퇴장
K2	2018	부천	1	1	0	0	0	0	0
	합계		1	1	0	0	0	0	0
프로통산			1	1	0	0	0	0	0

이현규(李玆奎) 강원대 1970.08.16

대회	연도	소속	출전	교체	득점	도움	파울	경고	퇴장
BC	1993	대우	2	2	0	0	0	0	0
	합계		2	2	0	0	0	0	0
프로통산			2	2	0	0	0	0	0

이현도(李玆都) 영남대 1989.03.06

대회	연도	소속	출전	교체	득점	도움	파울	경고	퇴장
BC	2012	부산	0	0	0	0	0	0	0
	합계		0	0	0	0	0	0	0
프로통산			0	0	0	0	0	0	0

이현동(李玆東) 청주대 1976.03.30

대회	연도	소속	출전	교체	득점	도움	파울	경고	퇴장
BC	1999	포항	3	2	1	1	0	0	0
	2000	포항	13	9	1	0	33	2	0
	2001	포항	3	1	0	1	11	2	0
	2003	광주상무	3	3	0	0	4	0	0
	2004	대구	13	14	0	0	21	1	0
	합계		35	29	1	2	69	5	0
프로통산			35	29	1	2	69	5	0

이현민(李賢民) 예원예대 1991.05.21

대회	연도	소속	출전	교체	득점	도움	파울	경고	퇴장
K2	2013	충주	15	1	1	0	9	0	0
	합계		15	1	1	0	9	0	0
프로통산			15	1	1	0	9	0	0

이현민(李賢民) 울산대 1984.07.09

대회	연도	소속	출전	교체	득점	도움	파울	경고	퇴장
BC	2006	울산	4	4	0	0	4	0	0
	2007	울산	3	3	0	0	0	0	0
	2008	광주상무	7	3	0	0	9	0	0
	합계		14	10	0	0	13	0	0
프로통산			14	10	0	0	13	0	0

이현석(李玄錫) 서울대 1968.05.17

대회	연도	소속	출전	교체	득점	도움	파울	경고	퇴장
BC	1991	현대	9	9	4	0	4	0	0
	1992	현대	1	1	0	0	0	0	0
	1996	울산	18	19	6	1	16	0	0
	1997	울산	15	15	3	0	7	1	0
	합계		43	44	7	1	16	0	0
프로통산			43	44	7	1	16	0	0

이현성(李現星) 용인대 1993.05.20

대회	연도	소속	출전	교체	득점	도움	파울	경고	퇴장
K1	2016	인천	9	9	0	0	4	0	0
	2018	경남	0	0	0	0	0	0	0
	합계		9	9	0	0	4	0	0
K2	2017	경남	14	13	0	0	16	0	0
	2018	서울E	21	6	1	1	21	2	0
	2019	서울E	20	13	0	1	23	8	0
	합계		55	32	1	3	50	10	0
프로통산			64	41	1	3	59	10	0

이현승(李弦昇) 수원공고 1988.12.14

대회	연도	소속	출전	교체	득점	도움	파울	경고	퇴장
BC	2006	전북	17	13	3	1	21	2	0
	2007	전북	28	21	1	6	41	3	0
	2008	전북	19	15	2	2	30	1	0
	2009	전북	20	21	4	2	36	2	0
	2010	서울	3	3	0	0	2	1	0
	2011	전남	28	14	4	2	47	2	0
	2012	전남	32	15	1	4	63	6	0
	합계		147	102	15	17	214	16	0
K1	2013	전남	27	23	1	1	29	1	0
	2014	전남	19	11	2	2	20	3	0
	2015	대전	14	10	1	1	22	0	0
	합계		60	44	3	4	56	6	0
K2	2015	부천	17	7	3	0	24	1	0
	2016	안산무궁	38	16	8	6	49	3	0
	2017	아산	14	4	0	2	23	3	0
	2017	대전	6	3	1	0	7	1	0
	2018	부천	32	28	1	1	48	2	0
	합계		107	58	15	7	151	11	0
프로통산			314	204	33	28	421	33	0

이현식(李炫植) 용인대 1996.03.21

대회	연도	소속	출전	교체	득점	도움	파울	경고	퇴장
K1	2018	강원	27	17	0	2	31	4	0
	2019	강원	32	9	6	2	51	7	0
	2020	강원	20	14	1	1	31	5	0
	합계		79	40	7	5	113	16	0
K2	2021	대전	29	16	5	6	53	8	0
	합계		29	16	5	6	53	8	0
승	2021	대전	2	0	1	0	8	0	0
	합계		2	0	1	0	8	0	0
프로통산			110	56	13	11	174	24	0

이현우(李炫雨) 용인대 1994.03.20

대회	연도	소속	출전	교체	실점	도움	파울	경고	퇴장
K1	2017	대구	0	0	0	0	0	0	0
	2018	대구	0	0	0	0	0	0	0
	합계		0	0	0	0	0	0	0
프로통산			0	0	0	0	0	0	0

이현웅(李鉉雄) 연세대 1988.04.27

대회	연도	소속	출전	교체	득점	도움	파울	경고	퇴장
BC	2010	대전	28	21	2	1	30	1	0
	2011	대전	5	4	0	1	6	0	0
	2012	대전	36	13	0	4	68	0	0
	합계		69	38	2	6	104	1	0
K1	2013	수원	4	4	0	0	4	0	0
	2014	상주	8	8	0	1	8	0	0
	2018	경남	0	0	0	0	0	0	0
	합계		8	8	0	1	8	0	0
K2	2015	상주	1	1	0	0	1	0	0
	2017	경남	1	1	0	0	1	0	0
	2017	안양	1	1	0	0	0	0	0
	합계		3	3	0	0	2	0	0
프로통산			80	50	2	7	108	9	0

이현일(李炫一) 용인대 1994.09.13

대회	연도	소속	출전	교체	득점	도움	파울	경고	퇴장
K1	2019	성남	7	6	0	0	10	3	0
	2021	포항	3	3	0	0	2	0	0
	합계		10	9	0	0	12	3	0
K2	2017	성남	14	11	3	0	12	0	0
	2018	성남	14	14	4	1	14	0	0
	2020	부천	24	19	4	0	34	4	0
	2021	충남아산	11	9	1	1	18	1	0
	합계		63	53	12	2	91	10	0
프로통산			73	62	12	2	91	10	0

이현진(李玆珍) 고려대 1984.05.15

대회	연도	소속	출전	교체	득점	도움	파울	경고	퇴장
BC	2005	수원	10	10	1	0	10	1	0
	2006	수원	23	14	2	0	29	1	0
	2007	수원	15	12	1	1	19	0	0
	2008	수원	2	2	0	0	0	0	0
	2009	수원	2	2	0	0	3	0	0
	2010	수원	25	24	3	2	20	0	0
	2011	수원	6	6	0	0	4	0	0

대회	연도	소속	출전	교체	득점	도움	파울	경고	퇴장
	2012	수원	11	11	0	0	0	2	0
	합계		94	81	6	4	92	5	0
K1	2013	제주	7	7	0	0	9	2	0
	합계		7	7	0	0	9	2	0
프로통산			101	88	6	4	101	7	0

이현창 (李炫昌) 영남대 1985.11.02

대회	연도	소속	출전	교체	득점	도움	파울	경고	퇴장
BC	2009	대구	21	6	1	0	43	3	0
	2010	대구	22	3	1	0	30	2	0
	합계		43	9	2	0	73	5	0
K2	2013	고양	12	0	0	1	13	3	0
	2015	충주	24	10	1	2	25	2	0
	합계		36	10	1	3	38	5	0
프로통산			79	19	3	3	111	10	0

이현호 (李賢皓) 탐라대 1988.11.29

대회	연도	소속	출전	교체	득점	도움	파울	경고	퇴장
BC	2010	제주	31	31	4	3	15	1	0
	2011	제주	28	24	2	2	8	1	0
	2012	성남일화	10	9	0	1	4	0	0
	합계		69	64	6	6	27	2	0
K1	2013	성남일화	6	6	0	0	3	0	0
	2014	제주	11	9	0	1	8	1	0
	2015	대전	12	12	0	1	3	0	0
	합계		29	27	0	2	14	1	0
프로통산			98	91	6	7	34	3	0

이현호 (李賢虎) 인천대 1984.02.08

대회	연도	소속	출전	교체	실점	도움	파울	경고	퇴장
BC	2006	수원	0	0	0	0	0	0	0
	합계		0	0	0	0	0	0	0
프로통산			0	0	0	0	0	0	0

이현호 (李賢虎) 동아대 1987.05.11

대회	연도	소속	출전	교체	득점	도움	파울	경고	퇴장
BC	2010	대전	1	1	0	0	0	0	0
	2011	대전	1	1	0	0	2	0	0
	합계		1	1	0	0	2	0	0
프로통산			1	1	0	0	2	0	0

이형기 (李炯奎) 한라대 1989.07.22

대회	연도	소속	출전	교체	득점	도움	파울	경고	퇴장
BC	2012	전북	0	0	0	0	0	0	0
	합계		0	0	0	0	0	0	0
프로통산			0	0	0	0	0	0	0

이형상 (李形象) 브라질 유학 1985.05.05

대회	연도	소속	출전	교체	득점	도움	파울	경고	퇴장
BC	2006	대전	1	1	0	0	0	0	0
	2007	대전	0	0	0	0	0	0	0
	2011	대구	7	7	0	1	11	1	0
	합계		8	8	0	1	11	1	0
프로통산			8	8	0	1	11	1	0

이형진 (李炯瑨) 성균관대 1992.08.30

대회	연도	소속	출전	교체	득점	도움	파울	경고	퇴장
K1	2015	대전	3	3	0	0	0	0	0
	합계		3	3	0	0	0	0	0
프로통산			3	3	0	0	0	0	0

이혜강 (李慧剛) 동의대 1987.03.28

대회	연도	소속	출전	교체	득점	도움	파울	경고	퇴장
BC	2010	경남	4	4	0	0	3	1	0
	2011	경남	7	5	0	0	5	0	0
	합계		11	9	0	0	8	1	0
프로통산			11	9	0	0	8	1	0

이호 (李浩) 울산과학대 1984.10.22

대회	연도	소속	출전	교체	득점	도움	파울	경고	퇴장
BC	2003	울산	9	5	1	0	9	2	0
	2004	울산	29	5	1	0	57	5	1
	2005	울산	36	3	0	3	84	9	0
	2006	울산	7	1	0	2	17	1	1
	2009	성남일화	35	3	2	2	93	10	0
	2011	울산	40	3	0	3	46	5	0
	2012	울산	30	9	0	0	44	4	0
	합계		186	39	6	10	350	36	2
K1	2014	상주	17	2	1	1	13	3	0
	2014	울산	10	1	1	0	10	1	0
	2015	전북	11	7	0	0	17	3	0
	2016	전북	11	7	0	0	11	0	0
	합계		49	15	3	1	62	11	0
K2	2013	상주	32	7	0	2	44	6	0
	합계		32	7	0	2	44	6	0
승	2013	상주	2	0	0	0	2	0	0
	합계		2	0	0	0	2	0	0
프로통산			269	61	9	13	458	53	2

이호 (李虎) 경희대 1986.01.06

대회	연도	소속	출전	교체	득점	도움	파울	경고	퇴장
BC	2009	강원	1	0	0	0	1	0	0
	2010	대전	7	4	0	0	7	2	0
	2011	대전	25	3	1	1	41	9	0
	2012	대전	23	5	0	0	47	10	0
	합계		56	12	1	1	98	21	0
K2	2013	경찰	25	18	2	2	27	8	0
	2014	안산경찰	3	2	0	0	2	2	0
	2014	대전	5	1	0	1	5	0	0
	합계		33	21	2	3	34	10	0
프로통산			89	33	3	4	132	31	0

이호빈 (李鎬彬) 신갈고 1999.11.25

대회	연도	소속	출전	교체	득점	도움	파울	경고	퇴장
K2	2019	대전	3	2	1	0	1	0	0
	2020	대전	3	1	0	0	6	0	0
	2021	대전	1	1	0	0	0	0	0
	합계		7	4	1	0	7	0	0
프로통산			7	4	1	0	7	0	0

이호석 (李鎬碩) 동국대 1991.05.21

대회	연도	소속	출전	교체	득점	도움	파울	경고	퇴장
K1	2014	경남	12	11	0	0	21	3	0
	2019	상주	3	3	0	0	1	0	0
	2020	인천	3	3	0	0	5	0	0
	합계		15	14	0	0	26	3	0
K2	2015	경남	16	12	1	1	21	4	0
	2016	경남	27	16	9	10	39	3	0
	2017	대전	27	10	5	6	32	7	0
	합계		70	38	16	17	92	14	0
승	2014	경남	1	1	0	0	0	0	0
	합계		1	1	0	0	0	0	0
프로통산			86	53	16	17	118	17	0

이호성 (李浩成) 중앙대 1974.09.12

대회	연도	소속	출전	교체	득점	도움	파울	경고	퇴장
BC	1997	대전	18	16	1	0	25	1	0
	1998	대전	15	15	2	0	11	0	0
	1999	대전	23	15	6	0	32	0	0
	2000	대전	13	12	1	0	20	1	0
	2001	대전	5	5	0	0	5	2	0
	합계		74	63	10	0	93	4	0
프로통산			74	63	10	0	93	4	0

이호승 (李昊乘) 동국대 1989.12.21

대회	연도	소속	출전	교체	실점	도움	파울	경고	퇴장
K1	2016	전남	28	1	34	1	0	1	0
	2017	전남	32	0	56	1	0	2	0
	2018	전남	28	0	44	0	0	0	0
	합계		88	1	134	2	1	3	0
K2	2019	전남	5	0	9	0	0	1	0
	합계		5	0	9	0	0	1	0
프로통산			93	1	143	2	1	4	0

이호인 (李浩因) 상지대 1995.12.29

대회	연도	소속	출전	교체	득점	도움	파울	경고	퇴장
K1	2018	강원	3	3	0	0	1	0	0
	2019	강원	16	5	1	1	13	1	0
	2020	강원	3	1	0	0	3	0	0
	합계		26	13	2	1	18	1	0
K2	2021	대전	7	1	0	1	7	2	0
	합계		7	1	0	1	7	2	0
프로통산			33	14	2	2	25	3	0

이호재 (李昊宰) 고려대 2000.10.14

대회	연도	소속	출전	교체	득점	도움	파울	경고	퇴장
K1	2021	포항	15	16	2	0	10	1	0
	합계		15	16	2	0	10	1	0
프로통산			15	16	2	0	10	1	0

이호창 (李浩昌) 동국대 1988.10.11

대회	연도	소속	출전	교체	득점	도움	파울	경고	퇴장
BC	2011	인천	2	1	0	0	2	1	0
	합계		2	1	0	0	2	1	0
프로통산			2	1	0	0	2	1	0

이화열 (李化烈) 관동대(가톨릭관동대) 1962.11.20

대회	연도	소속	출전	교체	득점	도움	파울	경고	퇴장
BC	1986	포항제철	1	1	0	0	0	0	0
	1989	포항제철	13	6	2	0	13	2	0
	합계		14	7	2	0	13	2	0
프로통산			14	7	2	0	13	2	0

이효균 (李孝均) 동아대 1988.03.12

대회	연도	소속	출전	교체	득점	도움	파울	경고	퇴장
BC	2011	경남	13	8	3	0	31	2	0
	2012	인천	1	1	0	0	1	0	0
	합계		14	9	3	0	32	2	0
K1	2013	인천	13	13	3	0	2	1	0
	2014	인천	29	20	4	1	64	1	0
	2015	인천	11	9	1	1	13	1	0
	2016	인천	4	3	0	0	5	1	0
	2017	인천	1	1	0	0	0	0	0
	2018	인천	1	1	0	0	1	0	0
	합계		65	51	9	2	58	5	1
K2	2015	안양	21	11	2	1	28	2	0
	2016	부천	5	13	2	0	11	0	0
	합계		26	24	4	1	39	3	0
프로통산			105	84	16	3	129	10	1

이효용 (李孝用) 창신고 1970.06.06

대회	연도	소속	출전	교체	득점	도움	파울	경고	퇴장
BC	1989	현대	14	12	1	2	5	0	0
	1990	현대	4	4	0	2	1	0	0
	합계		18	16	1	2	7	1	0
프로통산			18	16	1	2	7	1	0

이후권 (李厚權) 광운대 1990.10.30

대회	연도	소속	출전	교체	득점	도움	파울	경고	퇴장
K1	2014	상주	15	9	0	0	18	5	0
	2016	성남	10	4	0	0	12	1	0
	2018	포항	20	19	0	1	23	0	0
	합계		45	32	0	1	53	8	0
K2	2013	부천	31	3	3	0	98	8	0
	2015	상주	0	0	0	0	0	0	0
	2015	부천	3	0	0	0	3	0	0
	2016	부천	5	4	0	0	5	1	0
	2017	성남	29	3	1	3	50	2	0
	2019	부산	10	7	0	0	12	1	0
	2020	전남	22	11	2	0	24	3	0
	2021	전남	30	15	2	3	46	2	0
	합계		130	48	7	9	244	22	0
프로통산			175	80	7	10	297	30	0

이훈 (李訓) 아주대 1991.04.02

대회	연도	소속	출전	교체	득점	도움	파울	경고	퇴장
K2	2014	고양	9	6	0	0	8	0	0
	합계		9	6	0	0	8	0	0
프로통산			9	6	0	0	8	0	0

이훈 (李勳) 성균관대 1970.04.07

대회	연도	소속	출전	교체	득점	도움	파울	경고	퇴장
BC	1993	LG	5	5	0	1	1	0	0

대회	연도	소속	출전	교체	득점	도움	파울	경고	퇴장
	합계		5	5	0	1	1	0	0
프로통산			5	5	0	1	1	0	0

이훈(李훼) 연세대 1986.04.29

대회	연도	소속	출전	교체	득점	도움	파울	경고	퇴장
BC	2009	경남	20	15	3	0	38	0	0
	2010	경남	23	18	1	0	26	1	0
	2011	경남	18	10	3	1	29	1	0
	합계		61	43	7	1	93	2	0
프로통산			61	43	7	1	93	2	0

이훈(李훼) 제주중앙고 1991.09.22

대회	연도	소속	출전	교체	득점	도움	파울	경고	퇴장
BC	2011	강원	0	0	0	0	0	0	0
	합계		0	0	0	0	0	0	0
프로통산			0	0	0	0	0	0	0

이휘수(李輝洙) 대구대 1990.05.28

대회	연도	소속	출전	교체	실점	도움	파울	경고	퇴장
K1	2013	전남	0	0	0	0	0	0	0
	합계		0	0	0	0	0	0	0
프로통산			0	0	0	0	0	0	0

이흥실(李興實) 한양대 1961.07.10

대회	연도	소속	출전	교체	득점	도움	파울	경고	퇴장
BC	1985	포항제철	21	5	10	2	19	1	0
	1986	포항제철	28	3	6	3	17	0	0
	1987	포항제철	29	4	12	6	20	3	0
	1988	포항제철	16	6	1	2	14	2	0
	1989	포항제철	39	6	4	11	33	3	0
	1990	포항제철	19	1	7	5	17	1	0
	1991	포항제철	15	11	4	6	6	0	0
	1992	포항제철	15	7	4	1	16	0	0
	합계		182	43	48	35	142	10	0
프로통산			182	43	48	35	142	10	0

이희균(李熙均) 단국대 1998.04.29

대회	연도	소속	출전	교체	득점	도움	파울	경고	퇴장
K1	2020	광주	2	2	0	0	2	0	0
	2021	광주	26	24	1	1	17	4	0
	합계		28	26	1	1	19	4	0
K2	2019	광주	16	16	0	2	16	4	0
	합계		16	16	0	2	16	4	0
프로통산			44	42	1	3	35	8	0

이희선(李禧善) KC대 1997.03.21

대회	연도	소속	출전	교체	실점	도움	파울	경고	퇴장
K2	2020	안산	0	0	0	0	0	0	0
	합계		0	0	0	0	0	0	0
프로통산			0	0	0	0	0	0	0

이희찬(李熙燦) 포항제철고 1995.03.02

대회	연도	소속	출전	교체	득점	도움	파울	경고	퇴장
K2	2014	고양							
	2014	부천	6	4	0	0	11	2	1
	2015	부천							
	합계		6	4	0	0	11	2	1
프로통산			6	4	0	0	11	2	1

이희현(李禧鉉) 한려대 1986.10.07

대회	연도	소속	출전	교체	실점	도움	파울	경고	퇴장
K2	2014	부천	0	0	0	0	0	0	0
	합계		0	0	0	0	0	0	0
프로통산			0	0	0	0	0	0	0

인디오(Antonio Rogerio Silva Oliveira) 브라질 1981.11.21

대회	연도	소속	출전	교체	득점	도움	파울	경고	퇴장
BC	2008	경남	27	12	10	6	24	2	0
	2009	경남	30	12	9	5	27	2	0
	2010	전남	25	11	8	5	14	1	0
	2011	전남	17	17	2	1	5	0	0
	합계		99	52	29	17	73	6	0
프로통산			99	52	29	17	73	6	0

인준연(印唆延) 신평고 1991.03.12

대회	연도	소속	출전	교체	득점	도움	파울	경고	퇴장
BC	2012	대구	11	8	1	0	16	1	0
	합계		11	8	1	0	16	1	0
K2	2013	충주	14	11	2	1	17	3	0
	2014	대구	2	2	0	0	4	0	0
	2016	고양	30	14	2	1	45	9	1
	합계		46	27	4	2	63	12	1
프로통산			57	35	5	2	79	13	1

인지오(Jose Satiro do Nascimento) 브라질 1975.04.03

대회	연도	소속	출전	교체	득점	도움	파울	경고	퇴장
BC	2003	대구	19	2	3	3	28	1	0
	2004	대구	29	8	1	3	62	4	0
	2005	대구	15	8	0	1	14	2	0
	합계		63	18	4	7	104	7	0
프로통산			63	18	4	7	104	7	0

일류첸코(Stanislav Iljutcenko) 독일 1990.08.13

대회	연도	소속	출전	교체	득점	도움	파울	경고	퇴장
K1	2019	포항	18	9	9	2	30	5	0
	2020	포항	26	3	19	6	61	6	0
	2021	전북	34	20	15	4	48	4	0
	합계		78	32	43	12	139	15	0
프로통산			78	32	43	12	139	15	0

일리안(Iliyan Emilov Mitsanski) 불가리아 1985.12.20

대회	연도	소속	출전	교체	득점	도움	파울	경고	퇴장
K1	2015	수원	7	7	0	0	11	0	0
	합계		7	7	0	0	11	0	0
프로통산			7	7	0	0	11	0	0

일리치(Sasa Ilic) 마케도니아 1970.09.05

대회	연도	소속	출전	교체	실점	도움	파울	경고	퇴장
BC	1995	대우	30	1	42	0	0	0	0
	1996	부산	27	0	35	0	0	1	0
	1997	부산	17	0	11	0	0	1	0
	합계		74	1	88	0	0	2	0
프로통산			74	1	88	0	0	2	0

임경현(林京鉉) 숭실대 1986.10.06

대회	연도	소속	출전	교체	득점	도움	파울	경고	퇴장
BC	2009	부산	9	10	0	0	10	1	0
	2010	부산	1	1	0	0	1	0	0
	2011	수원	6	5	0	2	7	2	0
	2012	수원	4	3	0	0	11	0	0
	합계		20	19	0	1	29	6	0
K1	2013	수원	2	2	0	0	0	0	0
	2013	전남	13	10	2	3	28	1	0
	합계		15	12	2	3	28	1	0
K2	2014	부천	13	13	1	2	19	5	0
	합계		13	13	1	2	19	5	0
프로통산			48	44	4	5	76	12	0

임경훈(林敬勳) 포철공고 1984.03.19

대회	연도	소속	출전	교체	득점	도움	파울	경고	퇴장
BC	2004	포항	0	0	0	0	0	0	0
	2006	경남	0	0	0	0	0	0	0
	2007	경남	0	0	0	0	0	0	0
프로통산			0	0	0	0	0	0	0

임고석(林古石) 성균관대 1960.02.18

대회	연도	소속	출전	교체	득점	도움	파울	경고	퇴장
BC	1983	대우	9	8	0	0	9	2	0
	1984	대우	11	8	4	0	7	0	0
	1985	대우	13	6	3	0	14	1	0
	1986	대우	25	8	5	2	35	1	0
	1987	현대	14	4	4	0	26	3	0
	1988	현대	19	10	4	1	31	1	0
	1989	유공	15	12	1	1	22	0	0
	1990	유공	5	5	0	0	5	0	0
	합계		111	61	24	4	149	9	0
프로통산			111	61	24	4	149	9	0

임관식(林官植) 호남대 1975.07.28

대회	연도	소속	출전	교체	득점	도움	파울	경고	퇴장
BC	1998	전남	27	14	0	1	39	4	0
	1999	전남	35	4	3	1	60	2	0
	2000	전남	34	9	1	2	61	4	0
	2001	전남	24	10	0	0	34	4	0
	2002	전남	27	14	0	0	55	1	0
	2003	전남	8	6	1	0	13	0	0
	2004	부산	28	16	0	3	65	2	0
	2005	부산	26	11	1	0	48	6	0
	2006	부산	25	14	0	3	55	2	0
	2007	전남	14	13	0	0	21	2	1
	2008	전남	3	3	0	0	3	1	0
	합계		255	115	6	10	454	26	1
프로통산			255	115	6	10	454	26	1

임규식(林圭植) 중앙대 1975.05.09

대회	연도	소속	출전	교체	득점	도움	파울	경고	퇴장
BC	1998	천안일화	11	10	0	0	6	2	0
	합계		11	10	0	0	6	2	0
프로통산			11	10	0	0	6	2	0

임근영(林根永) 울산현대고 1995.05.15

대회	연도	소속	출전	교체	득점	도움	파울	경고	퇴장
K2	2014	대구	0	0	0	0	0	0	0
	합계		0	0	0	0	0	0	0
프로통산			0	0	0	0	0	0	0

임근재(林根載) 연세대 1969.11.05

대회	연도	소속	출전	교체	득점	도움	파울	경고	퇴장
BC	1992	LG	37	20	10	2	34	0	0
	1993	LG	24	20	6	1	8	0	0
	1994	LG	24	22	2	1	8	0	0
	1995	포항	10	8	0	0	6	0	0
	1996	포항	6	4	0	1	10	0	0
	합계		91	68	18	4	66	2	0
프로통산			91	68	18	4	66	2	0

임기한(林基漢) 대구대 1973.11.20

대회	연도	소속	출전	교체	득점	도움	파울	경고	퇴장
BC	1994	유공	5	5	0	0	1	0	0
	1995	유공	1	1	0	0	0	0	0
	1999	부천SK	6	6	0	0	2	0	0
	합계		12	12	0	0	3	0	0
프로통산			12	12	0	0	3	0	0

임대준(林大準) 건국대 1994.05.04

대회	연도	소속	출전	교체	득점	도움	파울	경고	퇴장
K1	2017	광주	5	4	0	0	4	1	0
	합계		5	4	0	0	4	1	0
K2	2018	성남	1	1	0	0	2	0	0
	합계		1	1	0	0	2	0	0
프로통산			6	5	0	0	6	1	0

임덕근(林德近) 천안제일고 2000.02.25

대회	연도	소속	출전	교체	득점	도움	파울	경고	퇴장
K2	2020	제주	3	2	0	0	1	0	0
	2021	대전	11	2	0	1	4	1	0
	합계		14	2	0	1	7	1	0
프로통산			14	2	0	1	7	1	0

임동준(任東俊) 단국대 1987.07.13

대회	연도	소속	출전	교체	득점	도움	파울	경고	퇴장
BC	2011	전북	1	1	0	0	1	0	0
	합계		1	1	0	0	1	0	0
프로통산			1	1	0	0	1	0	0

임동진(任東鎭) 명지대 1976.03.21

대회	연도	소속	출전	교체	득점	도움	파울	경고	퇴장
BC	1999	천안일화	6	2	0	0	14	1	0
	합계		6	2	0	0	14	1	0
프로통산			6	2	0	0	14	1	0

임동천(林東天) 고려대 1992.11.13

대회 연도 소속 출전 교체 득점 도움 파울 경고 퇴장

대회	연도	소속	출전	교체	득점	도움	파울	경고	퇴장
K1	2014	울산	0	0	0	0	0	0	0
	합계		0	0	0	0	0	0	0
프로통산			0	0	0	0	0	0	0

임동혁(林東奕) 숭실대 1993.06.08

대회	연도	소속	출전	교체	득점	도움	파울	경고	퇴장
K2	2016	부천	8	7	0	0	3	0	0
	2017	부천	34	1	2	0	35	6	0
	2018	부천	33	0	2	1	32	4	1
	2019	부천	32	2	3	1	31	1	0
	2020	제주	16	13	0	0	15	2	0
	합계		123	23	9	2	116	13	1
프로통산			123	23	9	2	116	13	1

임민혁(淋旼赫) 수원공고 1997.03.05

대회	연도	소속	출전	교체	득점	도움	파울	경고	퇴장
K1	2016	서울	3	2	0	0	5	2	0
	2017	서울	4	4	0	0	4	0	0
	2020	광주	16	14	1	3	19	4	0
	합계		23	20	1	3	28	6	0
K2	2018	광주	28	18	2	2	33	2	0
	2019	광주	18	13	0	1	26	2	0
	2021	경남	19	13	0	0	23	3	0
	합계		65	44	2	3	82	7	0
프로통산			88	64	5	11	0	13	0

임민혁(林民奕) 고려대 1994.03.05

대회	연도	소속	출전	교체	실점	도움	파울	경고	퇴장
K1	2017	전남	3	0	6	0	0	0	0
	합계		3	0	6	0	0	0	0
K2	2018	대전	9	2	11	0	0	2	0
	합계		9	2	11	0	0	2	0
프로통산			12	2	17	0	0	2	0

임상협(林相協) 일본 류쓰케이자이대 1988.07.08

대회	연도	소속	출전	교체	실점	도움	파울	경고	퇴장
BC	2009	전북	17	16	1	1	10	1	0
	2010	전북	7	5	0	0	5	0	0
	2011	부산	34	11	10	2	66	9	0
	2012	부산	39	19	3	1	41	6	0
	합계		97	51	14	4	121	16	0
K1	2013	부산	36	6	4	1	36	5	0
	2014	부산	35	5	11	2	64	4	1
	2016	상주	25	19	3	1	26	2	0
	2018	수원	19	14	2	1	6	2	0
	2019	수원	2	2	0	0	1	1	0
	2019	제주	4	3	0	0	3	0	0
	2020	수원	6	5	0	0	8	0	0
	2021	포항	36	25	11	4	16	4	0
	합계		163	79	41	14	160	19	1
K2	2015	상주	34	20	12	3	29	4	0
	2016	부산	8	7	1	0	4	0	0
	2017	부산	30	15	6	3	30	6	0
	합계		72	42	19	7	63	10	0
프로통산			332	172	74	25	353	41	1

임석현(林錫炫) 연세대 1960.10.13

대회	연도	소속	출전	교체	득점	도움	파울	경고	퇴장
BC	1983	국민은행	12	6	3	2	7	0	0
	1984	국민은행	22	7	2	1	10	1	0
	1985	상무	2	2	0	0	1	0	0
	합계		36	15	6	3	18	1	0
프로통산			36	15	6	3	18	1	0

임선영(林善永) 수원대 1988.03.21

대회	연도	소속	출전	교체	득점	도움	파울	경고	퇴장
BC	2011	광주	20	14	0	1	14	2	0
	2012	광주	23	23	1	2	33	2	0
	합계		43	37	1	3	47	4	0
K1	2015	광주	29	11	4	1	31	0	0
	2017	광주	8	4	0	0	6	2	0
	2018	전북	19	12	3	2	20	2	0
	2019	전북	22	16	5	3	25	0	0
	2020	성남	6	3	0	0	2	0	0
	합계		84	46	12	6	82	2	0
K2	2013	광주	21	11	4	5	27	3	0
	2014	광주	22	6	7	1	33	1	0
	2016	안산무궁	7	4	1	0	8	0	0
	2017	아산	13	7	3	1	9	0	0
	2021	안양	3	3	0	0	1	0	0
	합계		66	31	15	7	78	4	0
승	2014	광주	2	1	0	0	4	0	0
	합계		2	1	0	0	4	0	0
프로통산			195	115	28	14	197	8	0

임성근(林聖根) 경상대 1963.10.01

대회	연도	소속	출전	교체	득점	도움	파울	경고	퇴장
BC	1987	럭키금성	11	11	1	0	3	0	0
	합계		11	11	1	0	3	0	0
프로통산			11	11	1	0	3	0	0

임성택(林成澤) 아주대 1988.07.19

대회	연도	소속	출전	교체	득점	도움	파울	경고	퇴장
BC	2011	대구	0	0	0	0	0	0	0
	합계		0	0	0	0	0	0	0
K1	2016	상주	4	5	0	0	4	0	0
	2017	상주	7	7	1	0	4	0	0
	합계		11	12	1	0	4	0	0
K2	2013	수원FC	28	14	4	4	28	2	0
	2014	수원FC	34	17	6	3	34	3	0
	2015	수원FC	22	14	9	2	24	0	0
	2017	수원FC	4	4	0	0	0	0	0
	합계		88	53	19	9	80	6	0
승	2015	수원FC	2	1	0	0	4	0	0
	합계		2	1	0	0	4	0	0
프로통산			101	66	21	9	92	6	0

임세진(任世鎭) 성균관대 1977.09.20

대회	연도	소속	출전	교체	득점	도움	파울	경고	퇴장
BC	2000	수원	0	0	0	0	0	0	0
	합계		0	0	0	0	0	0	0
프로통산			0	0	0	0	0	0	0

임세현(任世賢) 선문대 1988.05.30

대회	연도	소속	출전	교체	득점	도움	파울	경고	퇴장
BC	2011	성남일화	5	5	0	0	3	0	0
	합계		5	5	0	0	3	0	0
프로통산			5	5	0	0	3	0	0

임승겸(林昇謙) 현대고 1995.04.26

대회	연도	소속	출전	교체	득점	도움	파울	경고	퇴장
K1	2019	성남	17	7	0	0	15	5	0
	2020	성남	16	2	0	0	21	2	0
	합계		33	9	0	0	36	7	0
K2	2021	안양	3	3	0	0	5	0	0
	합계		3	3	0	0	5	0	0
프로통산			36	12	0	0	41	7	0

임영주(林暎周) 동국대 1976.03.08

대회	연도	소속	출전	교체	득점	도움	파울	경고	퇴장
BC	1999	대전	27	21	3	2	24	0	0
	2000	대전	21	11	0	3	9	1	0
	2001	대전	9	5	0	0	14	0	0
	2002	대전	26	17	2	0	29	2	0
	2003	대전	18	10	0	0	25	2	0
	2004	대전	18	10	0	2	26	2	0
	2005	대전	20	16	0	0	16	3	0
	2006	대전	24	20	1	0	23	2	0
	2007	대전	25	13	1	1	31	2	0
	합계		174	125	6	6	184	10	0
프로통산			174	125	6	6	184	10	0

임용주(林龍柱) 경원대 1959.03.08

대회	연도	소속	출전	교체	실점	도움	파울	경고	퇴장
BC	1983	포항제철	4	0	4	0	0	0	0
	합계		4	0	4	0	0	0	0
프로통산			4	0	4	0	0	0	0

임유환(林裕煥) 한양대 1983.12.02

대회	연도	소속	출전	교체	득점	도움	파울	경고	퇴장
BC	2004	전북	12	3	1	0	29	1	0
	2005	전북	16	6	0	0	20	2	1
	2006	전북	3	0	1	0	5	0	0
	2007	울산	16	5	0	0	19	2	0
	2007	전북	2	0	0	0	13	1	0
	2008	전북	34	1	3	0	50	6	0
	2009	전북	23	3	0	0	16	5	0
	2010	전북	19	3	0	1	35	3	0
	2011	전북	11	1	2	0	14	2	0
	2012	전북	27	3	2	0	32	3	0
	합계		168	27	9	1	238	29	1
K1	2013	전북	8	0	1	0	16	4	0
	합계		8	0	1	0	16	4	0
K2	2017	부산	6	4	0	0	4	1	0
	합계		6	4	0	0	4	1	0
승	2017	부산	1	0	0	0	1	0	0
	합계		1	0	0	0	1	0	0
프로통산			183	31	9	2	259	34	1

임은수(林恩水) 동국대 1996.04.01

대회	연도	소속	출전	교체	득점	도움	파울	경고	퇴장
K1	2018	인천	21	8	1	0	32	6	0
	2019	인천	13	0	0	0	18	3	0
	2020	인천	5	3	0	0	6	2	0
	2021	인천	0	0	0	0	0	0	0
	합계		39	11	1	0	56	11	0
K2	2021	대전	11	4	1	0	9	2	0
	합계		11	4	1	0	9	2	0
프로통산			50	15	2	0	65	13	0

임인성(林忍星) 홍익대 1985.07.23

대회	연도	소속	출전	교체	실점	도움	파울	경고	퇴장
BC	2010	광주상무	1	0	1	0	0	0	0
	2011	상주	1	0	1	0	0	0	0
	합계		2	0	2	0	0	0	0
프로통산			2	0	2	0	0	0	0

임장묵(林張默) 경희대 1961.05.10

대회	연도	소속	출전	교체	득점	도움	파울	경고	퇴장
BC	1985	한일은행	4	4	0	0	1	0	0
	1986	한일은행	1	0	0	0	0	0	0
	합계		5	4	0	0	1	0	0
프로통산			5	4	0	0	1	0	0

임재선(林財善) 인천대 1968.06.10

대회	연도	소속	출전	교체	득점	도움	파울	경고	퇴장
BC	1991	LG	4	4	0	0	4	0	0
	1991	현대	16	11	1	1	16	2	0
	1992	현대	27	5	3	2	49	2	0
	1993	현대	31	7	6	3	50	5	0
	1994	현대	25	7	6	1	23	0	0
	1995	현대	21	15	1	0	13	0	0
	1996	울산	33	18	4	4	21	1	0
	1997	전남	14	7	1	1	9	1	0
	1998	천안일화	9	9	1	1	7	0	0
	합계		175	98	23	14	233	19	0
프로통산			175	98	23	14	233	19	0

임재혁(任宰赫) 신갈고 1999.02.06

대회	연도	소속	출전	교체	득점	도움	파울	경고	퇴장
K1	2018	대구	8	7	1	0	10	0	0
	2019	대구	0	0	0	0	0	0	0
	합계		8	7	1	0	10	0	0
K2	2021	안산	19	17	0	0	19	0	0
	합계		19	17	0	0	19	0	0
프로통산			27	25	1	0	29	0	0

임재훈(林森勳) 명지대 1987.01.01

대회	연도	소속	출전	교체	득점	도움	파울	경고	퇴장
BC	2009	성남일화	2	2	0	0	0	0	0
	합계		2	2	0	0	0	0	0

임종국(林鐘國) 단국대학원 1968.04.13

대회	연도	소속	출전	교체	실점	도움	파울	경고	퇴장
			2	2	0	0	0	0	
BC	1991	LG	4	1	6	0	0	0	
	1992	LG	14	1	16	0	0	0	
	1995	LG	6	0	13	0	0	0	
	1996	안양LG	16	0	21	0	0	0	
	1997	안양LG	25	0	38	0	1	2	0
	1998	안양LG	19	2	20	0	2	1	0
	1999	안양LG	27	0	41	0	3	0	0
	2001	부산	0	0	0	0	0	0	
	합계		111	4	155	0	6	6	0
프로통산			111	4	155	0	6	6	0

임종욱(林宗旭) 경희대 1986.08.26

대회	연도	소속	출전	교체	득점	도움	파울	경고	퇴장
K2	2013	충주	30	23	4	2	50	10	0
	합계		30	23	4	2	50	10	0
프로통산			30	23	4	2	50	10	0

임종은(林宗垠) 현대고 1990.06.18

대회	연도	소속	출전	교체	득점	도움	파울	경고	퇴장
BC	2009	울산	19	1	0	0	25	3	1
	2012	성남일화	38	5	2	1	30	4	0
	합계		57	6	2	1	55	7	1
K1	2013	전남	34	3	2	2	24	4	0
	2014	전남	29	6	0	0	19	2	0
	2015	전남	28	5	1	0	24	5	0
	2016	전북	28	3	0	0	28	8	0
	2017	전북	28	1	0	0	18	1	0
	2018	울산	31	5	1	2	17	2	0
	2021	울산	11	2	1	0	3	1	0
	합계		181	30	6	1	133	23	0
프로통산			238	36	8	2	188	30	1

임종헌(林鍾憲) 고려대 1966.03.08

대회	연도	소속	출전	교체	득점	도움	파울	경고	퇴장
BC	1989	일화	40	0	1	0	19	0	0
	1990	일화	28	1	0	2	23	4	0
	1991	일화	30	4	0	0	19	2	0
	1992	일화	15	8	0	0	8	1	0
	1993	일화	7	6	0	0	4	0	0
	1994	현대	21	10	0	0	15	3	0
	1995	현대	26	6	1	0	14	4	0
	1996	울산	13	6	1	0	7	4	0
	합계		178	35	1	4	99	18	0
프로통산			178	35	1	4	99	18	0

임종훈(林鍾勳) 배재대 1976.06.14

대회	연도	소속	출전	교체	득점	도움	파울	경고	퇴장
BC	1999	전북							
	2002	전북	11	4	0	1	12	3	0
	2003	전북	21	9	1	0	25	3	0
	2004	인천	1	1	0	0	0	0	0
	2004	전북	17	4	0	0	26	4	0
	2005	전북	7	3	0	0	10	3	0
	합계		59	21	1	1	76	15	0
프로통산			59	21	1	1	76	15	0

임준석(林峻碩) 충남기계공고 1994.10.20

대회	연도	소속	출전	교체	득점	도움	파울	경고	퇴장
K2	2020	안양	0	0	0	0	0	0	0
	합계		0	0	0	0	0	0	0
프로통산			0	0	0	0	0	0	0

임준식(林俊植) 충남기계공고 1997.02.14

대회	연도	소속	출전	교체	득점	도움	파울	경고	퇴장
K2	2016	대전	1	0	0	0	0	1	0
	합계		1	0	0	0	0	1	0
프로통산			1	0	0	0	0	1	0

임준식(林俊植) 영남대 1981.09.13

대회	연도	소속	출전	교체	득점	도움	파울	경고	퇴장
BC	2004	전남	1	0	0	0	0	1	0
	합계		1	0	0	0	0	1	0
프로통산			1	0	0	0	0	1	0

임중용(林重容) 성균관대 1975.04.21

대회	연도	소속	출전	교체	득점	도움	파울	경고	퇴장
BC	1999	부산	34	14	1	2	53	5	0
	2000	부산	24	14	0	1	33	3	1
	2001	부산	2	1	0	0	0	0	0
	2003	대구	15	9	1	0	33	2	0
	2004	인천	29	4	1	0	29	3	1
	2005	인천	39	1	3	2	31	2	0
	2006	인천	32	0	1	0	18	3	0
	2007	인천	30	2	0	2	27	3	1
	2008	인천	25	3	0	0	21	4	0
	2009	인천	34	0	1	0	44	7	0
	2010	인천	26	2	0	0	21	4	0
	2011	인천	1	1	0	0	0	0	0
	합계		294	51	8	5	310	36	3
프로통산			294	51	8	5	310	36	3

임지훈(林知訓) 통진고 2000.04.22

대회	연도	소속	출전	교체	실점	도움	파울	경고	퇴장
K2	2019	수원FC	0	0	0	0	0	0	0
	합계		0	0	0	0	0	0	0
프로통산			0	0	0	0	0	0	0

임진영(林眞穎) 울산과학대 1980.05.11

대회	연도	소속	출전	교체	득점	도움	파울	경고	퇴장
BC	2006	성남일화	7	5	0	0	13	1	0
	합계		7	5	0	0	13	1	0
프로통산			7	5	0	0	13	1	0

임진우(林珍右) 영남대 1993.06.15

대회	연도	소속	출전	교체	득점	도움	파울	경고	퇴장
K1	2021	광주	1	1	0	0	0	0	0
	합계		1	1	0	0	0	0	0
K2	2019	광주	0	0	0	0	0	0	0
	합계		0	0	0	0	0	0	0
프로통산			1	1	0	0	0	0	0

임진욱(林珍旭) 동국대 1991.04.22

대회	연도	소속	출전	교체	득점	도움	파울	경고	퇴장
K2	2014	충주	21	11	7	0	22	0	0
	2015	충주	18	11	2	1	9	2	0
	합계		39	22	9	1	31	2	0
프로통산			39	22	9	1	31	2	0

임찬울(任찬울) 한양대 1994.07.14

대회	연도	소속	출전	교체	득점	도움	파울	경고	퇴장
K1	2017	강원	18	18	2	1	10	2	0
	2018	강원	13	13	0	2	3	0	0
	2019	제주	11	10	0	1	5	1	0
	합계		42	41	2	5	16	3	0
K2	2020	제주	3	3	0	0	2	0	0
	2020	전남	2	1	0	0	0	0	0
	2021	전남	0	0	0	0	0	0	0
	합계		5	4	0	0	2	0	0
프로통산			47	46	3	5	18	3	0

임창균(林昌均) 경희대 1990.04.19

대회	연도	소속	출전	교체	득점	도움	파울	경고	퇴장
K1	2014	경남	5	5	0	0	4	1	0
	2016	수원FC	12	8	1	1	14	2	0
	합계		17	13	1	1	18	3	0
K2	2013	부천	32	10	5	7	24	6	0
	2015	경남	35	24	4	9	18	3	0
	2016	경남	17	16	1	1	12	3	0
	2017	수원FC	27	23	3	2	29	4	0
	2018	아산	12	12	0	0	9	1	0
	2019	수원FC	11	11	0	2	12	2	0
	2020	전남	18	9	0	1	14	1	0
	합계		157	100	14	27	119	19	0
프로통산			174	113	15	28	137	22	0

임창우(任倉佑) 현대고 1992.02.13

대회	연도	소속	출전	교체	득점	도움	파울	경고	퇴장
BC	2011	울산	0	0	0	0	0	0	0
	2012	울산	6	1	0	0	5	1	0
	합계		6	1	0	0	5	1	0
K1	2013	울산	0	0	0	0	0	0	0
	2015	울산	27	3	1	0	25	6	0
	2021	강원	28	3	1	2	26	4	0
	합계		55	6	2	2	51	10	0
K2	2014	대전	28	3	2	0	29	1	0
	합계		28	3	2	0	29	1	0
승	2021	강원	2	0	0	0	2	1	0
	합계		2	0	0	0	2	1	0
프로통산			91	10	4	2	87	13	0

임채관(林埰寬) 한남대 1995.10.28

대회	연도	소속	출전	교체	득점	도움	파울	경고	퇴장
K2	2020	안산	2	2	0	0	5	1	0
	2021	안산	0	0	0	0	0	0	0
	합계		2	2	0	0	5	1	0
프로통산			2	2	0	0	5	1	0

임채민(林採民) 영남대 1990.11.18

대회	연도	소속	출전	교체	득점	도움	파울	경고	퇴장
K1	2013	성남일화	21	3	3	0	20	5	2
	2014	성남	34	1	0	1	37	9	0
	2015	성남	13	0	0	1	14	4	0
	2016	성남	21	3	0	0	14	4	0
	2017	상주	20	3	1	0	23	3	0
	2019	성남	17	1	2	0	19	2	0
	2020	강원	25	3	2	0	24	6	0
	2021	강원	28	1	1	0	15	5	1
	합계		205	15	10	2	188	45	3
K2	2018	성남	10	0	0	0	13	0	0
	합계		10	0	0	0	13	0	0
승	2016	성남	2	0	0	0			
	2017	상주							
	2021	강원							
	합계		6	0	1	0	8	4	0
프로통산			221	15	11	2	209	49	3

임충현(林忠炫) 광운대 1983.07.20

대회	연도	소속	출전	교체	득점	도움	파울	경고	퇴장
BC	2007	대전	15	2	0	0	38	3	0
	합계		15	2	0	0	38	3	0
프로통산			15	2	0	0	38	3	0

임태섭(林太燮) 홍익대 1990.06.23

대회	연도	소속	출전	교체	득점	도움	파울	경고	퇴장
K2	2013	충주	12	12	1	2	11	0	0
	합계		12	12	1	2	11	0	0
프로통산			12	12	1	2	11	0	0

임하람(林하람) 연세대 1990.11.18

대회	연도	소속	출전	교체	득점	도움	파울	경고	퇴장
BC	2011	광주	14	4	0	0	34	5	0
	2012	광주	12	2	0	0	20	2	0
	합계		26	6	0	0	54	7	0
K1	2014	인천	10	1	0	0	10	1	0
	2016	수원FC	29	11	0	0	31	6	0
	합계		39	12	0	0	41	7	0
K2	2013	광주	30	3	0	0	46	3	0
	2015	수원FC	31	8	0	0	50	10	0
	2017	수원FC	14	5	0	0	13	2	0
	2018	수원FC	2	1	0	0	2	1	0
	합계		77	10	0	0	119	16	0
승	2015	수원FC	1	0	0	0	2	1	0
	합계		1	0	0	0	2	1	0
프로통산			133	35	0	0	206	27	1

임현우(林炫佑) 아주대 1983.03.26

대회	연도	소속	출전	교체	득점	도움	파울	경고	퇴장

Section 6 역대 통산 기록

대회	연도	소속	출전	교체	득점	도움	파울	경고	퇴장
BC	2005	대구	1	1	0	0	0	0	0
	2006	대구	2	2	0	0	2	0	0
	2007	대구	19	12	0	1	8	0	0
	2008	대구	20	11	0	1	14	1	0
	2009	대구	3	3	0	0	0	0	0
	합계		45	29	0	2	24	1	0
프로통산			45	29	0	2	24	1	0

임호(林虎) 경상대 1979.04.25

대회	연도	소속	출전	교체	득점	도움	파울	경고	퇴장
BC	2000	전남	4	4	0	1	2	0	0
	2001	전남	3	3	0	0	0	0	0
	2005	대구	11	5	0	0	35	3	0
	합계		18	12	0	1	37	3	0
프로통산			18	12	0	1	37	3	0

임홍현(林弘賢) 홍익대 1994.01.03

대회	연도	소속	출전	교체	실점	도움	파울	경고	퇴장
K2	2016	고양	4	0	7	0	0	0	0
	합계		4	0	7	0	0	0	0
프로통산			4	0	7	0	0	0	0

자심(Abbas Jassim) 이라크 1973.12.10

대회	연도	소속	출전	교체	득점	도움	파울	경고	퇴장
BC	1996	안양LG	31	18	4	5	26	3	0
	1997	안양LG	5	5	0	0	7	0	0
	1997	포항	15	11	2	1	12	3	0
	1998	포항	26	9	2	2	34	6	0
	1999	포항	19	18	2	4	14	0	0
	2000	포항	27	18	3	1	34	0	0
	2001	포항	7	5	2	1	3	1	0
	합계		130	94	15	14	130	13	0
프로통산			130	94	15	14	130	13	0

자엘(Jael Ferreira Vieira) 브라질 1988.10.30

대회	연도	소속	출전	교체	득점	도움	파울	경고	퇴장
BC	2012	성남일화	15	4	2	4	41	5	0
	합계		15	4	2	4	41	5	0
프로통산			15	4	2	4	41	5	0

자와다(Oskar Zawada) 폴란드 1996.02.01

대회	연도	소속	출전	교체	득점	도움	파울	경고	퇴장
K1	2021	제주	10	10	0	1	16	0	0
	합계		10	10	0	1	16	0	0
프로통산			10	10	0	1	16	0	0

자이로(Jairo Silva Santos) 브라질 1989.10.31

대회	연도	소속	출전	교체	득점	도움	파울	경고	퇴장
K2	2016	안양	12	9	0	2	27	4	0
	합계		12	9	0	2	27	4	0
프로통산			12	9	0	2	27	4	0

자일(Jair Eduardo Britto da Silva) 브라질 1988.06.10

대회	연도	소속	출전	교체	득점	도움	파울	경고	퇴장
BC	2011	제주	11	10	2	2	11	3	0
	2012	제주	44	16	18	9	49	0	0
	합계		55	26	20	11	60	3	0
K1	2016	전남	20	10	6	0	13	2	0
	2017	전남	35	19	16	9	38	5	0
	합계		55	29	26	9	38	6	0
프로통산			110	55	46	20	98	9	0

자크미치(Muhamed Dzakmic) 보스니아 헤르체고비나 1985.08.23

대회	연도	소속	출전	교체	득점	도움	파울	경고	퇴장
BC	2011	강원	17	8	0	2	27	4	0
	2012	강원	21	9	0	0	41	3	0
	합계		38	17	0	2	68	7	0
프로통산			38	17	0	2	68	7	0

자파(Jonas Augusto Bouvie) 브라질 1986.10.05

대회	연도	소속	출전	교체	득점	도움	파울	경고	퇴장
K2	2014	수원FC	18	5	7	1	27	2	0
	2015	수원FC	35	15	21	7	31	3	0
	합계		53	20	28	8	58	5	0
승	2015	수원FC	2	1	1	1	2	1	0
	합계		2	1	1	1	2	1	0
프로통산			55	21	29	9	60	6	0

잔코(Zanko Savov) 마케도니아 1965.10.14

대회	연도	소속	출전	교체	득점	도움	파울	경고	퇴장
BC	1995	전북	8	1	1	1	17	2	0
	1996	전북	32	15	3	2	33	2	0
	1997	전북	28	13	8	3	36	2	0
	1998	전북	25	21	4	0	19	1	0
	합계		93	50	16	6	105	7	0
프로통산			93	50	16	6	105	7	0

장경영(張景寧) 선문대 1982.03.12

대회	연도	소속	출전	교체	득점	도움	파울	경고	퇴장
BC	2006	인천	1	1	0	0	0	0	0
	합계		1	1	0	0	0	0	0
프로통산			1	1	0	0	0	0	0

장경진(張敬珍) 광양제철고 1983.08.31

대회	연도	소속	출전	교체	득점	도움	파울	경고	퇴장
BC	2002	전남							
	2004	전남	2	1	0	1	1	0	0
	2005	인천	14	2	1	0	17	2	0
	2006	인천	27	1	0	0	53	5	0
	2008	광주상무	12	1	0	0	15	6	0
	2009	광주상무	13	10	0	0	14	2	0
	2011	인천	14	7	0	0	27	3	0
	2012	광주	6	3	0	0	8	0	0
	합계		117	30	4	0	190	23	0
프로통산			117	30	4	0	190	23	0

장기봉(張基奉) 중앙대 1977.07.08

대회	연도	소속	출전	교체	득점	도움	파울	경고	퇴장
BC	2000	부산	1	1	0	0	0	0	0
	2001	부산	1	1	0	0	0	0	0
	합계		1	1	0	0	0	0	0
프로통산			1	1	0	0	0	0	0

장기정(張起正) 전주대 1971.06.27

대회	연도	소속	출전	교체	득점	도움	파울	경고	퇴장
BC	1994	버팔로	1	1	0	0	0	0	0
	합계		1	1	0	0	0	0	0
프로통산			1	1	0	0	0	0	0

장남석(張南錫) 중앙대 1983.04.18

대회	연도	소속	출전	교체	득점	도움	파울	경고	퇴장
BC	2006	대구	36	23	9	4	39	3	0
	2007	대구	16	13	2	2	20	1	0
	2008	대구	29	21	11	4	19	4	0
	2009	대구	15	7	0	0	18	1	0
	2010	대구	24	12	4	9	29	1	0
	2011	상주	16	4	3	0	17	1	0
	합계		136	80	29	19	186	11	0
프로통산			136	80	29	19	186	11	0

장대일(張大一) 연세대 1975.03.09

대회	연도	소속	출전	교체	득점	도움	파울	경고	퇴장
BC	1998	천안일화	14	5	2	0	10	0	0
	1999	천안일화	21	10	3	2	41	4	0
	2000	성남일화	13	2	2	0	16	0	0
	2000	부산	15	1	0	1	9	0	0
	2001	부산	15	3	1	0	17	2	0
	2002	부산	17	4	0	0	25	1	0
	2003	부산	24	6	0	1	19	2	0
	합계		95	31	4	4	91	10	0
프로통산			95	31	4	4	91	10	0

장대희(張大熙) 중앙대 1994.04.19

대회	연도	소속	출전	교체	실점	도움	파울	경고	퇴장
K1	2015	울산	0	0	0	0	0	0	0
	2016	울산	3	0	4	0	0	0	0
	2017	울산	0	0	0	0	0	0	0
	2018	전남	5	0	11	0	0	0	0
	합계		11	0	20	0	0	0	0
프로통산			11	0	20	0	0	0	0

장동찬(張東燦) 울산대 2000.10.17

대회	연도	소속	출전	교체	득점	도움	파울	경고	퇴장
K1	2021	광주	0	0	0	0	0	0	0
	합계		0	0	0	0	0	0	0
프로통산			0	0	0	0	0	0	0

장동혁(張東赫) 연세대 1999.08.28

대회	연도	소속	출전	교체	득점	도움	파울	경고	퇴장
K2	2021	안산	9	3	1	0	17	2	0
	합계		9	3	1	0	17	2	0
프로통산			9	3	1	0	17	2	0

장동혁(張東爀) 명지대 1983.05.20

대회	연도	소속	출전	교체	득점	도움	파울	경고	퇴장
BC	2006	전남	12	9	0	0	28	2	0
	2007	전남	8	6	0	0	21	2	0
	2008	전남	1	1	0	0	0	1	0
	합계		21	16	0	0	47	5	0
프로통산			21	16	0	0	47	5	0

장동현(張東炫) 원주공고 1982.03.19

대회	연도	소속	출전	교체	득점	도움	파울	경고	퇴장
BC	2004	성남일화	4	4	1	0	5	0	0
	합계		4	4	1	0	5	0	0
프로통산			4	4	1	0	5	0	0

장민석(張緡碩) 홍익대 1976.03.31

대회	연도	소속	출전	교체	득점	도움	파울	경고	퇴장
BC	1999	전북	13	13	1	0	17	1	0
	합계		13	13	1	0	17	1	0
프로통산			13	13	1	0	17	1	0

장민준(張珉準) 진주고 2002.07.11

대회	연도	소속	출전	교체	득점	도움	파울	경고	퇴장
K2	2021	경남	0	0	0	0	0	0	0
	합계		0	0	0	0	0	0	0
프로통산			0	0	0	0	0	0	0

장백규(張伯圭) 선문대 1991.10.09

대회	연도	소속	출전	교체	득점	도움	파울	경고	퇴장
K2	2014	대구	18	10	3	4	16	0	0
	2015	대구	29	26	2	7	25	0	0
	2016	충주	28	21	4	2	23	1	0
	2019	부천	3	2	0	1	4	1	0
	합계		78	59	9	12	59	3	0
프로통산			78	59	9	12	59	3	0

장상원(張相元) 전주대 1977.09.30

대회	연도	소속	출전	교체	득점	도움	파울	경고	퇴장
BC	2003	울산	9	3	0	0	16	1	0
	2004	울산	14	13	1	0	21	1	0
	2005	울산	25	15	2	0	28	6	1
	2006	울산	30	20	2	0	8	1	0
	2007	울산	12	9	0	0	8	1	0
	2008	대구	7	1	0	0	11	0	0
	2009	대구	2	2	0	0	0	0	0
	합계		102	71	5	0	97	11	0
프로통산			102	71	5	0	97	11	0

장석민(張錫珉) 초당대 1989.07.25

대회	연도	소속	출전	교체	득점	도움	파울	경고	퇴장
BC	2011	강원	1	1	0	0	0	0	0
	합계		1	1	0	0	0	0	0
프로통산			1	1	0	0	0	0	0

장석원(張碩元) 단국대 1989.08.11

대회	연도	소속	출전	교체	득점	도움	파울	경고	퇴장
BC	2010	성남일화	3	3	0	0	0	0	0
	2011	성남일화	1	0	0	0	0	0	0
	2012	상주	2	2	0	0	9	1	0
	합계		6	5	0	0	9	1	0
K1	2014	성남	20	6	0	0	15	2	0
	2015	성남	18	3	0	0	14	2	0
	2016	성남	14	11	0	0	6	0	0

		출전	교체	득점	도움	파울	경고	퇴장
합계		52	20	0	0	34	6	0
프로통산		58	25	0	0	35	6	0

장성록(張成綠) 경희고 2001.11.13

대회	연도	소속	출전	교체	득점	도움	파울	경고	퇴장
K2	2021	전남	11	9	0	0	3	0	0
합계			11	9	0	0	3	0	0
프로통산			11	9	0	0	3	0	0

장성욱(張成旭) 한성대 1979.09.01

대회	연도	소속	출전	교체	득점	도움	파울	경고	퇴장
BC	2002	울산	0	0	0	0	0	0	0
합계			0	0	0	0	0	0	0
프로통산			0	0	0	0	0	0	0

장성원(張成源) 한남대 1997.06.17

대회	연도	소속	출전	교체	득점	도움	파울	경고	퇴장
K1	2018	대구	9	5	0	1	7	2	0
	2019	대구	18	13	0	1	11	3	0
	2020	대구	2	2	0	0	0	0	0
	2021	대구	22	8	0	2	21	2	0
합계			51	28	0	4	40	7	0
프로통산			51	28	0	4	40	7	0

장성재(張成載) 고려대 1995.09.12

대회	연도	소속	출전	교체	득점	도움	파울	경고	퇴장
K1	2017	울산	2	2	0	0	2	0	0
	2018	울산	2	2	0	0	0	0	0
합계			4	4	0	0	2	0	0
K2	2018	수원FC	11	10	0	1	8	0	0
	2019	수원FC	31	8	1	4	38	2	0
	2020	수원FC	20	11	0	3	11	2	0
	2021	전남	15	8	0	3	16	1	0
합계			77	37	1	7	73	5	0
프로통산			81	41	1	7	75	5	0

장성천(張聖泉) 부산개성고 1989.05.05

대회	연도	소속	출전	교체	득점	도움	파울	경고	퇴장
BC	2008	제주	0	0	0	0	0	0	0
합계			0	0	0	0	0	0	0
프로통산			0	0	0	0	0	0	0

장성현(章誠玹) 원광대 1995.07.16

대회	연도	소속	출전	교체	득점	도움	파울	경고	퇴장
K2	2018	광주	1	1	0	0	1	0	0
합계			1	1	0	0	1	0	0
프로통산			1	1	0	0	1	0	0

장순혁(張淳赫) 중원대 1993.04.16

대회	연도	소속	출전	교체	득점	도움	파울	경고	퇴장
K1	2016	울산	0	0	0	0	0	0	0
합계			0	0	0	0	0	0	0
K2	2018	부천	17	8	1	0	16	2	2
	2019	아산	28	6	0	0	24	3	0
	2020	충남아산	15	3	1	0	9	4	0
	2021	전남	28	5	2	0	26	7	0
합계			88	22	3	0	75	16	2
프로통산			88	22	3	0	75	16	2

장영훈(張永勳) 경북산업대(경일대) 1972.02.04

대회	연도	소속	출전	교체	득점	도움	파울	경고	퇴장
BC	1992	포항제철	21	15	1	2	19	1	0
	1993	포항제철	27	19	4	2	31	2	0
	1994	포항제철	5	3	0	0	8	2	0
	1995	포항	17	14	3	1	23	1	0
	1996	포항	24	19	1	2	43	5	0
	1997	포항	28	10	4	3	42	3	0
	1998	포항	7	5	1	1	7	0	0
	1998	안양LG	5	4	0	0	6	2	0
	1999	안양LG	9	1	1	1	13	1	0
합계			145	98	15	12	188	17	0
프로통산			145	98	15	12	188	17	0

장외룡(張外龍) 연세대 1959.04.05

대회	연도	소속	출전	교체	득점	도움	파울	경고	퇴장
BC	1983	대우	15	0	0	1	26	1	0
	1984	대우	18	3	0	0	14	4	1
	1985	대우	20	0	0	0	17	3	0
	1986	대우	24	6	0	1	18	3	0
합계			77	9	0	2	75	11	1
프로통산			77	9	0	2	75	11	1

장용익(張勇翼) 수원대 1989.01.01

대회	연도	소속	출전	교체	득점	도움	파울	경고	퇴장
BC	2011	전남	0	0	0	0	0	0	0
합계			0	0	0	0	0	0	0
프로통산			0	0	0	0	0	0	0

장우창(張佑暢) 광운대 1978.10.18

대회	연도	소속	출전	교체	득점	도움	파울	경고	퇴장
BC	2004	인천	8	5	1	1	16	3	0
	2005	인천	12	8	0	0	12	1	0
	2006	부산	7	4	0	0	3	1	0
합계			27	17	1	1	31	5	0
프로통산			27	17	1	1	31	5	0

장원석(張原碩) 호남대 1986.04.16

대회	연도	소속	출전	교체	득점	도움	파울	경고	퇴장
BC	2009	인천	16	7	1	0	37	6	0
	2010	인천	10	5	0	0	26	5	0
	2011	인천	24	5	2	3	51	8	0
	2012	인천	1	1	0	0	3	1	0
	2012	제주	9	2	0	1	13	1	0
합계			60	20	3	4	130	21	0
K1	2013	제주	10	5	0	0	10	1	0
합계			10	5	0	0	10	1	0
K2	2014	대전	31	9	1	4	33	4	0
	2017	대전	14	4	1	0	19	5	0
	2018	대전	8	4	0	1	6	1	0
합계			53	17	1	5	58	9	0
프로통산			123	42	4	9	198	31	0

장윤호(張潤鎬) 영생고 1996.08.25

대회	연도	소속	출전	교체	득점	도움	파울	경고	퇴장
K1	2015	전북	10	7	2	0	22	0	0
	2016	전북	11	6	1	2	25	2	0
	2017	전북	17	11	1	3	28	2	0
	2018	전북	12	8	0	0	15	1	0
	2019	전북	2	2	0	0	1	0	0
	2019	인천	14	3	0	0	16	4	0
합계			66	37	4	5	107	16	0
K2	2020	서울E	19	6	1	0	29	4	0
	2021	서울E	24	11	1	2	38	3	1
합계			43	17	1	3	67	7	1
프로통산			109	54	5	8	174	23	1

장은규(張殷圭) 건국대 1992.08.15

대회	연도	소속	출전	교체	득점	도움	파울	경고	퇴장
K1	2014	제주	22	5	0	0	51	7	0
	2015	제주	10	7	0	0	14	4	0
	2018	상주	0	0	0	0	0	0	0
	2019	상주	0	0	0	0	0	0	0
합계			32	12	0	0	65	11	0
K2	2016	경남	36	10	1	1	61	8	1
	2017	성남	9	4	0	1	4	3	0
	2018	안양	5	5	0	0	4	0	0
프로통산			82	31	1	2	134	20	1

장재완(張在完) 고려대 1983.06.04

대회	연도	소속	출전	교체	득점	도움	파울	경고	퇴장
BC	2006	울산	0	0	0	0	0	0	0
합계			0	0	0	0	0	0	0
프로통산			0	0	0	0	0	0	0

장재우(張在佑) 숭실대 1988.01.07

대회	연도	소속	출전	교체	득점	도움	파울	경고	퇴장
BC	2010	인천	0	0	0	0	0	0	0
합계			0	0	0	0	0	0	0
프로통산			0	0	0	0	0	0	0

장재학(張在學) 중앙대 1967.01.15

대회	연도	소속	출전	교체	득점	도움	파울	경고	퇴장
BC	1989	포항제철	15	7	0	1	17	1	0
	1991	현대	10	6	0	0	8	0	0
합계			25	13	0	1	25	1	0
프로통산			25	13	0	1	25	1	0

장정(張政) 아주대 1964.05.05

대회	연도	소속	출전	교체	득점	도움	파울	경고	퇴장
BC	1987	럭키금성	26	3	0	0	46	4	0
	1988	럭키금성	7	1	0	0	8	0	0
합계			33	4	0	0	54	4	0
프로통산			33	4	0	0	54	4	0

장조윤(張朝潤) 보인정보산업고(보인고) 1988.01.01

대회	연도	소속	출전	교체	득점	도움	파울	경고	퇴장
BC	2007	전북	1	1	0	0	0	0	0
합계			1	1	0	0	0	0	0
K2	2015	충주	11	10	1	0	4	0	0
합계			11	10	1	0	4	0	0
프로통산			13	12	1	0	4	0	0

장주영(張柱泳) 청주대 1992.09.02

대회	연도	소속	출전	교체	득점	도움	파울	경고	퇴장
K2	2019	대전	6	3	0	0	5	0	0
합계			6	3	0	0	5	0	0
프로통산			6	3	0	0	5	0	0

장준수(張準洙) 명지대 1996.06.24

대회	연도	소속	출전	교체	득점	도움	파울	경고	퇴장
K2	2019	안산	0	0	0	0	0	0	0
합계			0	0	0	0	0	0	0
프로통산			0	0	0	0	0	0	0

장준영(張竣營) 용인대 1993.02.04

대회	연도	소속	출전	교체	득점	도움	파울	경고	퇴장
K1	2021	수원FC	2	1	0	0	3	0	0
합계			2	1	0	0	3	0	0
K2	2016	대전	11	1	1	1	33	4	0
	2017	대전	23	3	1	0	16	7	0
	2019	수원FC	25	5	2	1	29	2	0
	2020	수원FC	28	5	2	1	16	4	0
합계			87	14	6	3	94	20	0
프로통산			89	15	6	3	97	20	0

장지현(張地鉉) 성균관대 1975.04.11

대회	연도	소속	출전	교체	득점	도움	파울	경고	퇴장
BC	1999	수원	18	8	0	2	31	4	0
	2000	수원	30	13	0	3	70	4	1
	2001	수원	8	7	0	1	16	0	0
	2004	수원	7	4	0	0	19	1	0
	2005	수원	4	3	0	0	19	1	0
	2006	전북	15	10	3	0	41	3	0
	2007	전북	13	6	1	1	21	2	0
합계			94	51	6	4	198	15	1
프로통산			94	51	6	4	198	15	1

장창순(張暢純) 전북대 1962.09.01

대회	연도	소속	출전	교체	득점	도움	파울	경고	퇴장
BC	1985	상무	10	6	0	2	9	0	0
	1989	일화	9	10	0	0	2	1	0
합계			19	16	0	2	11	1	0
프로통산			19	16	0	2	11	1	0

장철민(張鐵民) 부산공대(부경대) 1972.05.19

대회	연도	소속	출전	교체	득점	도움	파울	경고	퇴장
BC	1995	전북	17	15	1	0	12	1	0
	1996	전북	5	5	1	0	3	0	0
	1997	울산	2	2	0	0	2	0	0
	1998	울산	26	22	4	6	33	2	0
	1999	울산	6	5	0	0	2	0	0
	2000	울산	26	19	2	1	20	0	0
	2001	울산	9	7	1	3	11	0	0
	2002	울산	6	6	0	0	9	0	0

대회	연도	소속	출전	교체	득점	도움	파울	경고	퇴장
		합계	102	85	8	12	87	3	0
		프로통산	102	85	8	12	87	3	0

장철용(張喆榕) 남부대 1995.11.13

대회	연도	소속	출전	교체	득점	도움	파울	경고	퇴장
K1	2017	포항	11	8	0	0	8	1	0
		합계	11	8	0	0	8	1	0
		프로통산	11	8	0	0	8	1	0

장철우(張喆雨) 아주대 1971.04.01

대회	연도	소속	출전	교체	득점	도움	파울	경고	퇴장
BC	1997	대전	32	5	2	3	33	3	0
	1998	대전	28	9	5	3	33	2	0
	1999	대전	30	9	8	5	39	4	1
	2000	대전	21	6	5	3	32	3	0
	2001	대전	31	2	1	1	69	5	0
	2002	대전	32	5	2	3	58	7	0
	2003	대전	40	3	1	1	66	6	0
	2004	대전	31	2	0	6	39	5	0
	2005	대전	29	6	0	5	54	5	0
		합계	274	47	23	22	423	40	1
		프로통산	274	47	23	22	423	40	1

장클로드(Jane Claude Adrimer Bozga) 루마니아 1984.06.01

대회	연도	소속	출전	교체	득점	도움	파울	경고	퇴장
K2	2016	대전	37	4	2	1	57	12	0
		합계	37	4	2	1	57	12	0
		프로통산	37	4	2	1	57	12	0

장태규(張汰圭) 아주대 1976.04.25

대회	연도	소속	출전	교체	득점	도움	파울	경고	퇴장
BC	1999	부산	2	3	0	0	1	1	0
	2000	부산	0	0	0	0	0	0	0
		합계	2	3	0	0	1	1	0
		프로통산	2	3	0	0	1	1	0

장하늘(長 하늘) 숭실고 2002.03.02

대회	연도	소속	출전	교체	득점	도움	파울	경고	퇴장
K2	2021	경남	2	2	0	0	4	1	0
		합계	2	2	0	0	4	1	0
		프로통산	2	2	0	0	4	1	0

장학영(張學榮) 경기대 1981.08.24

대회	연도	소속	출전	교체	득점	도움	파울	경고	퇴장
BC	2004	성남일화	16	8	0	0	13	1	0
	2005	성남일화	36	2	0	0	48	4	0
	2006	성남일화	42	1	2	3	60	1	0
	2007	성남일화	29	0	3	2	31	2	0
	2008	성남일화	37	1	1	1	45	3	0
	2009	성남일화	36	2	0	4	42	3	1
	2010	성남일화	15	0	3	1	17	2	0
	2012	부산	23	2	0	0	32	7	0
		합계	234	16	9	11	288	23	1
K1	2013	부산	37	1	2	3	16	3	0
	2014	부산	33	4	0	3	23	3	0
	2015	성남	11	2	0	0	6	1	0
	2016	성남	31	2	0	2	34	5	0
		합계	118	9	2	8	89	12	0
K2	2017	성남	11	7	0	0	7	0	0
		합계	11	7	0	0	7	0	0
승	2016	성남	2	0	0	0	1	1	0
		합계	2	0	0	0	1	1	0
		프로통산	365	31	12	19	384	38	1

장혁진(張赫鎭) 배재대 1989.12.06

대회	연도	소속	출전	교체	득점	도움	파울	경고	퇴장
BC	2011	강원	8	7	0	0	4	0	0
	2012	강원	15	12	1	1	15	1	0
		합계	23	19	1	1	19	1	0
K1	2014	상주	7	7	0	0	4	0	0
		합계	7	7	0	0	4	0	0
K2	2013	상주	10	1	0	0	13	0	0
	2014	강원	9	3	0	1	10	1	0
	2015	강원	29	11	2	2	43	6	0
	2016	강원	37	21	2	5	30	2	0
	2017	안산	33	1	2	13	52	5	0
	2018	안산	34	3	3	8	42	1	0
	2019	안산	34	12	5	9	31	6	0
	2020	경남	26	4	0	3	49	6	0
	2021	경남	32	6	0	3	46	4	0
		합계	244	80	15	45	316	31	0
승	2016	강원	2	2	0	0	0	2	0
		합계	2	2	0	0	0	2	0
		프로통산	276	108	16	47	345	32	0

장현규(張鉉奎) 울산대 1981.08.22

대회	연도	소속	출전	교체	득점	도움	파울	경고	퇴장
BC	2004	대전	22	6	2	0	31	2	0
	2005	대전	24	4	0	0	45	5	0
	2006	대전	36	7	0	0	52	3	0
	2007	대전	19	5	0	0	27	4	0
	2008	포항	22	3	1	0	38	3	0
	2009	광주상무	29	7	3	2	24	0	0
	2010	광주상무	21	2	0	0	23	1	0
	2010	포항	1	1	0	0	1	0	0
	2011	포항	5	2	0	0	4	1	0
		합계	179	37	6	2	247	21	0
		프로통산	179	37	6	2	247	21	0

장현수(張鉉洙) 용인대 1993.01.01

대회	연도	소속	출전	교체	득점	도움	파울	경고	퇴장
K1	2015	수원	4	4	0	2	4	0	0
	2016	수원	1	1	0	0	2	0	0
	2017	수원	1	1	1	0	3	0	0
		합계	6	6	1	1	9	0	0
K2	2016	부산	13	11	2	1	11	1	0
	2019	부천	25	21	1	2	22	3	0
	2020	부천	23	12	0	1	39	3	0
	2021	부천	15	7	0	2	19	1	0
		합계	76	51	3	4	91	7	0
		프로통산	82	57	4	5	98	8	0

장현우(張現宇) 동북고 1993.05.26

대회	연도	소속	출전	교체	득점	도움	파울	경고	퇴장
K1	2014	상주	0	0	0	0	0	0	0
K2	2015	상주	0	0	0	0	0	0	0
	2016	부산	0	0	0	0	0	0	0
		합계	0	0	0	0	0	0	0
		프로통산	0	0	0	0	0	0	0

장현호(張現浩) 고려대 1972.10.14

대회	연도	소속	출전	교체	득점	도움	파울	경고	퇴장
BC	1995	포항	26	2	0	1	26	2	0
	1996	포항	26	4	0	0	31	2	1
	1997	포항	23	6	0	0	32	1	0
	2000	포항	10	2	0	0	10	1	0
	2001	성남일화	0	0	0	0	0	0	0
		합계	85	14	0	1	99	6	1
		프로통산	85	14	0	1	99	8	1

장형곤(張炯坤) 경희고 1961.01.29

대회	연도	소속	출전	교체	득점	도움	파울	경고	퇴장
BC	1984	현대	1	1	0	0	2	0	0
		합계	1	1	0	0	2	0	0
		프로통산	1	1	0	0	2	0	0

장형관(張哲官) 인천대 1980.07.19

대회	연도	소속	출전	교체	득점	도움	파울	경고	퇴장
BC	2003	대구	14	12	0	0	10	2	0
	2004	대구	3	2	0	0	4	0	0
		합계	17	14	0	0	14	2	0
		프로통산	17	14	0	0	14	2	0

장형석(張亨碩) 성보고 1972.07.07

대회	연도	소속	출전	교체	득점	도움	파울	경고	퇴장
BC	1992	현대	12	9	1	0	10	1	0
	1993	현대	1	1	0	1	0	0	0
	1995	현대	3	1	0	7	1	0	0
	1996	울산	28	9	5	0	52	5	1
	1997	울산	25	1	2	1	46	6	0
	1998	울산	18	13	0	0	30	2	0
	1999	울산	21	5	1	0	33	1	0
	1999	안양LG	5	4	0	0	18	3	0
	2002	부천SK	17	10	0	0	19	3	0
		합계	135	53	8	4	215	22	1
		프로통산	135	53	8	4	215	22	1

장호익(張鎬翼) 호남대 1993.12.04

대회	연도	소속	출전	교체	득점	도움	파울	경고	퇴장
K1	2016	수원	16	2	0	0	27	2	0
	2017	수원	19	6	1	0	27	4	0
	2018	수원	18	4	0	0	27	4	0
	2019	상주	0	0	0	0	0	0	0
	2020	수원	18	4	0	0	19	6	0
	2021	수원	40	9	2	3	45	10	0
		합계	111	25	3	3	145	26	1
		프로통산	111	25	3	3	145	26	1

잭슨(Lachlan Robert Tua Jackson) 오스트레일리아 1995.03.12

대회	연도	소속	출전	교체	득점	도움	파울	경고	퇴장
K1	2021	수원FC	19	3	2	1	22	2	0
		합계	19	3	2	1	22	2	0
		프로통산	19	3	2	1	22	2	0

쟈스민(Mujdza Jasmin) 크로아티아 1974.03.02

대회	연도	소속	출전	교체	득점	도움	파울	경고	퇴장
BC	2002	성남일화	16	5	0	0	25	0	0
		합계	16	5	0	0	25	0	0
		프로통산	16	5	0	0	25	0	0

전경준(全慶埈) 경북산업대(경일대) 1973.09.10

대회	연도	소속	출전	교체	득점	도움	파울	경고	퇴장
BC	1993	포항제철	8	7	0	1	5	0	0
	1994	포항제철							
	1995	포항	19	19	0	1	13	0	0
	1996	포항	32	25	3	5	36	1	0
	1997	포항	33	18	2	3	33	3	0
	1998	포항	13	9	0	0	5	0	0
	1999	포항	17	15	2	1	14	0	0
	1999	부천SK	17	15	2	1	14	0	0
	2000	부천SK	38	31	7	13	24	4	1
	2001	부천SK	30	23	1	0	24	2	0
	2002	전북	32	13	0	0	23	0	0
	2003	전북	7	7	0	0	5	1	0
	2004	전북	11	11	1	0	6	0	0
	2005	전북	7	7	0	0	5	1	0
		합계	287	225	28	37	249	17	2
		프로통산	287	225	28	37	249	17	2

전경진(全景鎭) 한양대 1976.02.10

대회	연도	소속	출전	교체	득점	도움	파울	경고	퇴장
BC	2000	성남일화	2	2	0	0	0	0	0
		합계	2	2	0	0	0	0	0
		프로통산	2	2	0	0	0	0	0

전경택(田炯澤) 성균관대 1970.06.20

대회	연도	소속	출전	교체	득점	도움	파울	경고	퇴장
BC	1997	대전	22	5	0	0	36	2	0
	1998	대전	27	5	0	0	39	6	0
	1999	대전	5	4	0	0	7	0	0
		합계	54	14	0	0	82	6	0
		프로통산	54	14	0	0	82	6	0

전광진(全光真) 명지대 1981.06.30

대회	연도	소속	출전	교체	득점	도움	파울	경고	퇴장
BC	2004	성남일화	19	6	1	0	43	3	0
	2005	성남일화	10	5	0	0	11	0	0
	2006	광주상무	34	14	0	4	38	3	0
	2007	광주상무	25	6	0	2	43	12	0

(전 페이지에서 이어짐)

대회	연도	소속	출전	교체	득점	도움	파울	경고	퇴장
	2008	성남일화	9	6	0	0	10	2	0
	2009	성남일화	23	4	0	0	27	4	1
	2010	성남일화	32	7	2	4	34	8	0
	합계		151	53	2	11	206	32	2
프로통산			151	53	2	11	206	32	2

전광철 (全光哲) 경신고 1982.07.16

대회	연도	소속	출전	교체	득점	도움	파울	경고	퇴장
BC	2001	울산	1	1	0	0	0	0	0
	2002	울산	1	1	0	0	3	0	0
	합계		2	2	0	0	3	0	0
프로통산			2	2	0	0	3	0	0

전광환 (田廣煥) 울산대 1982.07.29

대회	연도	소속	출전	교체	득점	도움	파울	경고	퇴장
BC	2005	전북	0	0	0	0	0	0	0
	2006	전북	18	3	0	0	35	3	0
	2007	전북	23	6	0	4	37	2	0
	2008	전북	7	4	0	0	4	1	0
	2009	광주상무	28	15	0	0	15	2	0
	2010	광주상무	26	5	0	0	28	1	0
	2010	전북	1	0	0	0	1	0	0
	2011	전북	7	1	0	0	10	1	0
	2012	전북	31	2	0	1	33	1	0
	합계		138	33	0	5	162	11	0
K1	2013	전북	19	7	0	0	17	1	0
	합계		19	7	0	0	17	1	0
K2	2014	부천	20	4	0	0	24	1	0
	2015	부천	33	2	0	2	21	5	0
	합계		53	6	0	2	45	6	0
프로통산			210	46	0	7	224	18	0

전기성 (全基成) 광주대 1993.04.29

대회	연도	소속	출전	교체	득점	도움	파울	경고	퇴장
K2	2015	서울E	1	0	0	0	1	0	0
	2016	부천	0	0	0	0	0	0	0
	합계		1	0	0	0	1	0	0
프로통산			1	0	0	0	1	0	0

전덕찬 (全德燦) 계성고 1963.05.05

대회	연도	소속	출전	교체	득점	도움	파울	경고	퇴장
BC	1984	대우	1	1	0	0	0	0	0
	1986	대우	1	1	0	0	0	0	0
	합계		2	2	0	0	0	0	0
프로통산			2	2	0	0	0	0	0

전만호 (田萬浩) 대구공고 1967.01.07

대회	연도	소속	출전	교체	득점	도움	파울	경고	퇴장
BC	1990	대우	1	1	0	0	1	0	0
	합계		1	1	0	0	1	0	0
프로통산			1	1	0	0	1	0	0

전명근 (田明根) 호남대 1990.04.30

대회	연도	소속	출전	교체	득점	도움	파울	경고	퇴장
K2	2013	광주	10	9	0	0	8	0	0
	합계		10	9	0	0	8	0	0
프로통산			10	9	0	0	8	0	0

전민관 (全珉寬) 고려대 1990.10.19

대회	연도	소속	출전	교체	득점	도움	파울	경고	퇴장
K2	2013	부천	13	1	0	1	12	2	0
	2014	부천	1	1	0	0	0	0	0
	합계		14	2	0	1	12	2	0
프로통산			14	2	0	1	12	2	0

전민광 (全珉洸) 중원대 1993.01.17

대회	연도	소속	출전	교체	득점	도움	파울	경고	퇴장
K1	2019	포항	18	0	0	0	9	1	0
	2020	포항	16	5	0	0	17	2	0
	2021	포항	32	11	0	3	20	5	0
	합계		66	17	0	4	38	8	1
K2	2015	서울E	18	7	1	1	14	1	0
	2016	서울E	26	11	0	0	24	3	0
	2017	서울E	29	5	0	1	23	2	0
	2018	서울E	31	1	2	1	24	2	1
	합계		104	24	3	3	85	8	1
프로통산			170	41	3	7	123	16	2

전병관 (全炳關) 덕영고 2002.11.10

대회	연도	소속	출전	교체	득점	도움	파울	경고	퇴장
K2	2021	대전	7	7	1	0	6	0	0
	합계		7	7	1	0	6	0	0
프로통산			7	7	1	0	6	0	0

전병수 (全昞壽) 동국대 1992.03.14

대회	연도	소속	출전	교체	득점	도움	파울	경고	퇴장
K2	2015	강원	8	8	0	0	16	0	0
	합계		8	8	0	0	16	0	0
프로통산			8	8	0	0	16	0	0

전보훈 (全寶勳) 숭실대 1988.03.10

대회	연도	소속	출전	교체	득점	도움	파울	경고	퇴장
BC	2011	대전	5	5	0	0	6	0	0
	합계		5	5	0	0	6	0	0
프로통산			5	5	0	0	6	0	0

전봉성 (全峰星) 경운대 1985.03.18

대회	연도	소속	출전	교체	실점	도움	파울	경고	퇴장
BC	2008	전남	0	0	0	0	0	0	0
	합계		0	0	0	0	0	0	0
프로통산			0	0	0	0	0	0	0

전상대 (田相大) 숭실대 1982.04.10

대회	연도	소속	출전	교체	득점	도움	파울	경고	퇴장
BC	2006	경남	0	0	0	0	0	0	0
	2008	대구	2	2	0	0	2	0	0
	합계		2	2	0	0	2	0	0
프로통산			2	2	0	0	2	0	0

전상욱 (全相昱) 단국대 1979.09.22

대회	연도	소속	출전	교체	실점	도움	파울	경고	퇴장
BC	2005	성남일화	0	0	0	0	0	0	0
	2006	성남일화	3	1	3	0	0	0	0
	2008	성남일화	0	0	0	0	0	0	0
	2009	성남일화	3	0	14	0	0	0	0
	2010	부산	26	0	23	0	0	0	0
	2011	부산	21	0	34	0	1	0	0
	2012	부산	32	0	41	0	2	11	0
	합계		85	1	115	0	3	11	0
K1	2013	성남일화	38	1	36	0	0	0	0
	2014	성남	3	0	0	0	0	1	0
	2015	성남	6	0	0	0	0	0	0
	2016	성남	1	1	0	0	1	3	0
	합계		48	2	36	0	1	4	0
프로통산			133	3	151	0	4	15	0

전상훈 (田尙勳) 연세대 1989.09.10

대회	연도	소속	출전	교체	득점	도움	파울	경고	퇴장
BC	2011	대전	4	0	0	0	4	0	0
	합계		4	0	0	0	4	0	0
K1	2014	경남	0	0	0	0	0	0	0
	합계		0	0	0	0	0	0	0
K2	2013	경찰	1	1	0	0	0	0	0
	2015	경남	26	9	0	1	21	3	0
	2016	경남	9	1	0	0	16	3	0
	2017	대전	11	2	0	0	15	0	0
	2018	대전	6	2	0	1	17	1	0
	2019	대전	2	3	0	0	3	0	0
	합계		55	18	0	2	36	7	0
프로통산			59	18	0	2	40	7	0

전석훈 (全錫訓) 영남대 1997.12.03

대회	연도	소속	출전	교체	득점	도움	파울	경고	퇴장
K2	2018	서울E	3	3	0	0	3	0	0
	2019	서울E	13	13	1	1	7	0	0
	2020	서울E	5	5	0	0	4	0	0
	합계		21	21	1	1	14	0	0
프로통산			21	21	1	1	14	0	0

전성수 (田成秀) 계명고 2000.07.13

대회	연도	소속	출전	교체	득점	도움	파울	경고	퇴장

전세진 (全世進) 매탄고 1999.09.09

대회	연도	소속	출전	교체	득점	도움	파울	경고	퇴장
K1	2018	수원	12	10	2	0	11	1	0
	2019	수원	20	14	0	2	10	3	0
	2020	상주	1	1	0	0	0	0	0
	2021	수원	8	8	0	0	6	1	0
	합계		41	33	2	2	27	5	0
K2	2021	김천	1	1	0	0	3	0	0
	합계		1	1	0	0	3	0	0
프로통산			42	34	2	2	30	5	0

전수현 (全首泫 / ← 전태현) 울산대 1986.08.18

대회	연도	소속	출전	교체	실점	도움	파울	경고	퇴장
BC	2009	제주	5	1	13	0	1	0	0
	2010	제주	0	0	0	0	0	0	0
	2011	제주	7	1	9	0	0	4	0
	2012	제주	15	1	19	0	1	2	0
	합계		27	3	41	0	2	2	0
K1	2013	제주	0	0	0	0	0	0	0
	2015	제주	0	0	0	0	0	0	0
	합계		0	0	0	0	0	0	0
K2	2014	안산경찰	14	1	19	0	0	2	0
	2015	안산경찰	17	0	30	0	0	3	0
	2017	대전	21	0	40	0	0	0	0
	2018	안양	32	0	41	0	0	0	0
	2019	수원FC	8	0	6	0	0	0	0
	합계		92	1	125	0	2	5	0
프로통산			127	4	174	0	4	5	0

전승민 (田承珉) 용인대 2000.12.15

대회	연도	소속	출전	교체	득점	도움	파울	경고	퇴장
K1	2020	성남	1	1	0	0	1	0	0
	2021	성남	2	2	0	0	0	0	0
	합계		3	3	0	0	1	0	0
프로통산			3	3	0	0	1	0	0

전영수 (全榮秀) 성균관대 1963.02.19

대회	연도	소속	출전	교체	득점	도움	파울	경고	퇴장
BC	1986	현대	22	14	1	7	16	1	0
	1989	유공	12	11	1	1	7	0	0
	1990	유공	2	2	0	0	4	0	0
	1991	유공	7	7	1	1	3	0	0
	합계		43	32	3	9	30	1	0
프로통산			43	32	3	9	30	1	0

전용운 (全龍雲) 안산U18 2002.11.05

대회	연도	소속	출전	교체	득점	도움	파울	경고	퇴장
K2	2021	안산	0	0	0	0	0	0	0
	합계		0	0	0	0	0	0	0
프로통산			0	0	0	0	0	0	0

전우근 (全雨根) 인천대 1977.02.25

대회	연도	소속	출전	교체	득점	도움	파울	경고	퇴장
BC	1999	부산	18	6	1	2	28	4	0
	2000	부산	29	12	6	1	45	1	0
	2001	부산	35	13	8	2	51	4	0
	2002	부산	26	13	2	1	47	2	0
	2003	부산	27	13	4	3	53	4	0
	2004	광주상무	31	8	1	0	30	1	0
	2005	광주상무	6	5	0	0	10	0	0
	2006	부산	10	10	1	2	19	0	0
	2007	부산	8	7	0	1	24	1	0
	2008	부산	1	1	0	0	2	0	0
	합계		191	103	21	9	272	11	1
프로통산			191	103	21	9	272	11	1

전우영 (全祐榮 / ← 전성찬) 광운대 1987.12.27

대회	연도	소속	출전	교체	득점	도움	파울	경고	퇴장
BC	2011	성남일화	24	7	3	2	38	4	0

대회	연도	소속	출전	교체	득점	도움	파울	경고	퇴장
	2012	성남일화	6	6	0	0	6	0	0
	합계		30	13	3	2	44	4	0
K1	2013	성남일화	0	0	0	0	0	0	0
	2013	부산	11	10	0	0	10	0	0
	2014	부산	17	16	0	0	14	0	0
	2015	부산	24	12	0	1	20	3	0
	2016	전남	3	2	0	0	8	1	0
	합계		55	40	0	1	52	4	0
승	2015	부산	1	1	0	0	2	1	0
	합계		1	1	0	0	2	1	0
프로통산			86	54	3	3	98	9	0

전운선(全雲仙) 국민대 1960.12.23

대회	연도	소속	출전	교체	실점	도움	파울	경고	퇴장
BC	1984	국민은행	15	0	26	0	0	0	0
	합계		15	0	26	0	0	0	0
프로통산			15	0	26	0	0	0	0

전원근(全員根) 고려대 1986.11.13

대회	연도	소속	출전	교체	득점	도움	파울	경고	퇴장
BC	2009	강원	28	4	1	2	31	1	0
	2010	대구	3	1	0	0	7	3	0
	합계		31	5	1	2	38	4	0
프로통산			31	5	1	2	38	4	0

전인석(田仁錫) 고려대 1955.09.25

대회	연도	소속	출전	교체	득점	도움	파울	경고	퇴장
BC	1984	대우	18	3	0	0	17	0	0
	1985	대우	13	2	0	0	21	1	0
	합계		31	5	0	0	38	1	0
프로통산			31	5	0	0	38	1	0

전재복(全在福) 경희대 1972.11.05

대회	연도	소속	출전	교체	득점	도움	파울	경고	퇴장
BC	1996	수원	27	10	0	1	33	1	0
	1997	수원	6	3	0	0	9	0	0
	합계		33	13	0	1	42	1	0
프로통산			33	13	0	1	42	1	0

전재운(全才雲) 울산대 1981.03.18

대회	연도	소속	출전	교체	득점	도움	파울	경고	퇴장
BC	2002	울산	22	14	3	3	21	2	0
	2003	울산	26	23	4	2	13	3	0
	2004	울산	20	16	1	2	24	4	0
	2005	수원	10	9	1	2	6	1	0
	2005	전북	6	1	0	1	21	1	0
	2006	전북	4	3	1	0	4	2	0
	2007	제주	23	11	3	2	14	2	0
	2008	제주	26	10	0	4	24	3	0
	2009	제주	17	17	0	0	7	1	0
	합계		158	117	13	16	142	24	0
프로통산			158	117	13	16	142	24	0

전재호(田在浩) 홍익대 1979.08.08

대회	연도	소속	출전	교체	득점	도움	파울	경고	퇴장
BC	2002	성남일화	3	3	0	0	4	1	0
	2003	성남일화	31	6	0	0	74	5	0
	2004	인천	30	4	0	2	49	3	1
	2005	인천	35	3	1	1	49	6	0
	2006	인천	14	5	0	0	24	3	0
	2007	인천	31	5	0	3	41	4	1
	2008	인천	24	5	1	0	38	4	0
	2009	인천	33	6	0	3	48	11	0
	2010	인천	26	2	0	2	37	2	0
	2011	인천	21	4	1	1	29	5	0
	2012	부산	20	3	0	0	11	2	0
	2012	강원	8	1	0	0	13	1	0
	합계		262	46	4	12	413	48	2
K1	2013	강원	26	13	2	3	32	6	1
	합계		26	13	2	3	32	6	1
승	2013	강원	2	2	0	0	3	1	0
	합계		2	2	0	0	3	1	0
프로통산			290	61	6	15	448	55	3

전정호(全廷鎬) 아주대 1999.01.06

대회	연도	소속	출전	교체	득점	도움	파울	경고	퇴장
K1	2021	수원FC	9	11	0	0	3	0	0
	합계		9	11	0	0	3	0	0
K2	2020	수원FC	1	1	0	0	1	0	0
	합계		1	1	0	0	1	0	0
프로통산			10	12	0	0	4	0	0

전종선(全鐘善) 서울체고 1962.02.15

대회	연도	소속	출전	교체	득점	도움	파울	경고	퇴장
BC	1983	유공	3	1	0	0	0	0	0
	1984	유공	11	6	0	1	4	0	0
	1985	유공	5	2	0	1	2	0	0
	합계		19	9	0	2	6	0	0
프로통산			19	9	0	2	6	0	0

전종혁(全鐘赫) 연세대 1996.03.21

대회	연도	소속	출전	교체	실점	도움	파울	경고	퇴장
K1	2019	성남	10	2	9	0	0	0	0
	2020	성남	4	0	4	0	0	0	0
	합계		14	2	13	0	0	0	0
K2	2018	성남	8	0	9	0	0	1	0
	2021	부천	16	0	23	0	1	2	0
	합계		24	0	29	0	1	3	0
프로통산			38	2	42	0	1	3	0

전준형(田俊亨) 용문중 1986.08.28

대회	연도	소속	출전	교체	득점	도움	파울	경고	퇴장
BC	2009	경남	4	1	0	0	5	0	0
	2010	경남	23	4	2	1	23	5	0
	2011	인천	8	1	0	0	9	1	0
	2012	인천	11	4	0	0	14	1	0
	합계		47	12	2	1	50	6	0
K1	2013	인천	8	2	0	0	7	1	0
	합계		8	2	0	0	7	1	0
K2	2014	광주	8	2	0	1	11	1	0
	합계		8	2	0	1	11	1	0
프로통산			63	16	2	1	68	8	0

전지현(全志泫) 호남대 1995.05.03

대회	연도	소속	출전	교체	득점	도움	파울	경고	퇴장
K1	2018	전남	5	5	0	0	3	0	0
	합계		5	5	0	0	3	0	0
프로통산			5	5	0	0	3	0	0

전차식(全且植) 동래고 1959.09.27

대회	연도	소속	출전	교체	득점	도움	파울	경고	퇴장
BC	1983	포항제철	13	2	0	0	8	0	0
	1984	포항제철	16	1	0	0	12	0	0
	1985	포항제철	21	0	1	1	13	1	0
	1986	포항제철	24	2	0	2	25	2	0
	합계		74	5	1	3	56	4	0
프로통산			74	5	1	3	56	4	0

전현근(田炫懃) 진주고 1997.02.25

대회	연도	소속	출전	교체	득점	도움	파울	경고	퇴장
K1	2019	성남	0	0	0	0	0	0	0
	합계		0	0	0	0	0	0	0
프로통산			0	0	0	0	0	0	0

전현석(田鉉錫) 울산대 1974.03.29

대회	연도	소속	출전	교체	득점	도움	파울	경고	퇴장
BC	1997	전북	16	13	1	3	11	3	0
	1998	전북	13	13	1	1	7	2	0
	1999	전북	19	20	3	2	10	1	0
	2000	전북	12	12	0	2	6	2	0
	합계		60	58	6	8	34	8	0
프로통산			60	58	6	8	34	8	0

전현욱(田鉉煜) 전주대 1992.03.16

대회	연도	소속	출전	교체	득점	도움	파울	경고	퇴장
K1	2015	수원	0	0	0	0	0	0	0
	합계		0	0	0	0	0	0	0
프로통산			0	0	0	0	0	0	0

전현재(全玄哉) 광운대 1992.07.12

대회	연도	소속	출전	교체	득점	도움	파울	경고	퇴장
K2	2015	서울E	0	0	0	0	0	0	0
	합계		0	0	0	0	0	0	0
프로통산			0	0	0	0	0	0	0

전현철(全玄哲) 아주대 1990.07.03

대회	연도	소속	출전	교체	득점	도움	파울	경고	퇴장
BC	2012	성남일화	22	20	3	0	15	0	0
	합계		22	20	3	0	15	0	0
K1	2013	전남	30	26	6	1	8	1	0
	2014	전남	21	19	2	0	13	0	0
	2015	전남	20	19	2	3	17	1	0
	2017	대구	13	13	0	0	2	0	0
	2018	대구	13	13	0	0	2	0	0
	2019	대구	2	2	0	0	0	0	0
	합계		97	89	11	4	32	1	0
K2	2016	부산	8	8	0	1	7	0	0
	2017	안산	11	12	0	2	6	0	0
	합계		19	20	0	3	13	0	0
프로통산			138	129	14	4	53	1	0

전형섭(全亨涉) 성균관대 1990.02.21

대회	연도	소속	출전	교체	득점	도움	파울	경고	퇴장
K2	2014	대구	0	0	0	0	0	0	0
	합계		0	0	0	0	0	0	0
프로통산			0	0	0	0	0	0	0

전홍석(全弘錫) 선문대 1989.03.25

대회	연도	소속	출전	교체	실점	도움	파울	경고	퇴장
BC	2011	울산	0	0	0	0	0	0	0
	2012	울산	0	0	0	0	0	0	0
	합계		0	0	0	0	0	0	0
K1	2013	울산	0	0	0	0	0	0	0
	합계		0	0	0	0	0	0	0
프로통산			0	0	0	0	0	0	0

전효석(全效奭) 제주국제대 1997.05.28

대회	연도	소속	출전	교체	득점	도움	파울	경고	퇴장
K2	2019	아산	15	4	0	0	9	0	0
	합계		15	4	0	0	9	0	0
프로통산			15	4	0	0	9	0	0

정경구(鄭敬九) 서울시립대 1970.06.17

대회	연도	소속	출전	교체	득점	도움	파울	경고	퇴장
BC	1995	전북	25	21	0	2	10	0	0
	1996	전북	21	18	1	0	21	0	0
	1997	전북	21	19	2	0	18	1	0
	1998	전북	21	19	0	1	34	3	0
	합계		88	77	3	3	91	4	0
프로통산			88	77	3	3	91	4	0

정경호(鄭卿浩) 청구고 1987.01.12

대회	연도	소속	출전	교체	득점	도움	파울	경고	퇴장
BC	2006	경남	23	19	1	2	21	0	0
	2007	경남	30	25	0	0	24	3	0
	2009	경남	9	5	1	2	7	0	0
	2010	광주상무	11	1	0	2	19	2	0
	2011	상주	11	11	0	1	9	1	0
	2012	제주	5	4	0	0	2	0	0
	합계		103	72	2	7	90	12	0
K2	2013	광주	17	15	0	0	23	1	0
	2017	안산	23	21	3	0	20	2	0
	합계		40	36	3	0	43	3	0
프로통산			143	108	5	7	133	15	0

정경호(鄭璟昊) 울산대 1980.05.22

대회	연도	소속	출전	교체	득점	도움	파울	경고	퇴장
BC	2003	울산	38	38	5	4	28	2	0
	2004	울산	18	7	3	1	36	4	0
	2005	광주상무	27	11	4	1	30	0	1
	2006	광주상무	19	6	1	4	15	1	0
	2007	울산	23	14	2	0	25	0	0
	2007	전북	11	2	0	1	9	1	0
	2008	전북	32	20	5	2	31	4	0

		출전	교체	득점	도움	파울	경고	퇴장
2009	강원	11	6	2	0	11	0	0
2010	강원	26	8	3	1	20	4	0
2011	강원	11	7	0	1	9	3	0
2012	대전	22	7	0	0	18	2	1
합계		238	126	30	14	235	23	2
프로통산		238	126	30	14	235	23	2

정광민(丁光民) 명지대 1976.01.08

대회	연도	소속	출전	교체	득점	도움	파울	경고	퇴장
BC	1998	안양LG	35	8	11	1	68	1	0
	1999	안양LG	38	15	8	7	49	4	0
	2000	안양LG	34	23	13	3	26	2	0
	2001	안양LG	16	15	0	2	11	3	0
	2002	안양LG	14	7	2	1	14	1	0
	2007	서울	8	5	0	0	6	2	0
	2007	대구	2	3	0	0	1	0	0
합계			147	76	34	14	176	13	0
프로통산			147	76	34	14	176	13	0

정광석(鄭光錫) 성균관대 1970.12.01

대회	연도	소속	출전	교체	득점	도움	파울	경고	퇴장
BC	1993	대우	26	2	1	4	44	1	0
	1994	대우	14	5	1	0	18	0	0
	1997	부산	26	15	2	1	19	3	0
	1998	부산	13	5	0	1	13	2	0
합계			79	27	3	2	94	6	1
프로통산			79	27	3	2	94	6	1

정규민(鄭奎民) 서해고 1995.04.01

대회	연도	소속	출전	교체	실점	도움	파울	경고	퇴장
K2	2014	고양	0	0	0	0	0	0	0
합계			0	0	0	0	0	0	0
프로통산			0	0	0	0	0	0	0

정규진(政圭振) 상지대 1989.06.20

대회	연도	소속	출전	교체	실점	도움	파울	경고	퇴장
BC	2011	대전	0	0	0	0	0	0	0
합계			0	0	0	0	0	0	0
프로통산			0	0	0	0	0	0	0

정근희(鄭根熹) 건국대 1988.12.08

대회	연도	소속	출전	교체	득점	도움	파울	경고	퇴장
BC	2011	전남	1	0	0	0	2	0	0
	2012	전남	4	0	0	0	6	1	0
합계			5	0	0	0	6	1	0
K1	2013	전남	2	2	0	0	2	0	0
합계			2	2	0	0	2	0	0
K2	2014	충주	0	0	0	0	0	0	0
합계			0	0	0	0	0	0	0
프로통산			7	2	0	0	8	1	0

정기동(鄭基東) 청주상고 1961.05.13

대회	연도	소속	출전	교체	실점	도움	파울	경고	퇴장
BC	1983	포항제철	11	0	14	0	0	0	0
	1984	포항제철	15	0	28	0	0	1	0
	1985	포항제철	10	0	10	0	0	0	0
	1986	포항제철	32	0	36	0	0	0	0
	1987	포항제철	16	2	17	0	1	0	0
	1988	포항제철	18	0	24	0	0	0	0
	1989	포항제철	14	0	7	0	0	0	0
	1990	포항제철	7	0	5	0	0	0	0
	1991	포항제철	5	1	8	0	0	0	0
합계			135	3	160	0	3	2	0
프로통산			135	3	160	0	3	2	0

정기운(鄭氣云) 광운대 1992.07.05

대회	연도	소속	출전	교체	득점	도움	파울	경고	퇴장
K1	2016	수원FC	5	5	0	0	2	1	0
합계			5	5	0	0	2	1	0
K2	2015	수원FC	35	29	6	4	17	2	0
	2018	안산	4	4	0	0	2	0	0
합계			39	33	6	4	19	2	0
승	2015	수원FC	0	0	0	0	0	0	0
합계			0	0	0	0	0	0	0
프로통산			44	38	6	4	21	3	0

정길용(鄭吉容) 광운대 1975.06.21

대회	연도	소속	출전	교체	실점	도움	파울	경고	퇴장
BC	2000	안양LG	7	0	10	0	0	0	0
	2001	안양LG	0	0	0	0	0	0	0
합계			7	0	10	0	0	0	0
프로통산			7	0	10	0	0	0	0

정다슬(鄭다슬) 한양대 1987.04.18

대회	연도	소속	출전	교체	득점	도움	파울	경고	퇴장
BC	2011	제주	0	0	0	0	0	0	0
합계			0	0	0	0	0	0	0
K2	2013	안양	23	10	3	0	30	4	0
	2014	안양	0	0	0	0	0	0	0
	2015	안양	7	6	0	0	1	0	0
합계			30	16	3	0	31	4	0
프로통산			30	16	3	0	31	4	0

정다운(鄭다운) 대구예술대 1989.07.13

대회	연도	소속	출전	교체	득점	도움	파울	경고	퇴장
K1	2013	수원	0	0	0	0	0	0	0
합계			0	0	0	0	0	0	0
프로통산			0	0	0	0	0	0	0

정다훤(鄭多勛) 수원대 1995.06.16

대회	연도	소속	출전	교체	득점	도움	파울	경고	퇴장
K2	2018	광주	1	1	0	0	0	0	0
합계			1	1	0	0	0	0	0
프로통산			1	1	0	0	0	0	0

정다훤(鄭多愃) 충북대 1987.12.22

대회	연도	소속	출전	교체	득점	도움	파울	경고	퇴장
BC	2009	서울	0	0	0	0	0	0	0
	2011	경남	32	8	0	4	41	8	0
	2012	경남	29	9	0	0	48	4	0
합계			61	17	0	4	89	12	0
K1	2013	경남	34	5	1	0	73	9	0
	2014	제주	34	5	1	5	50	4	0
	2015	제주	25	4	2	0	38	8	0
	2018	제주	10	3	0	0	17	4	0
합계			103	17	4	0	183	25	0
K2	2016	안산무궁	31	4	2	3	39	8	1
	2017	아산	11	5	1	1	18	5	0
	2020	충남아산	18	3	0	0	14	3	0
합계			69	12	3	8	99	24	1
프로통산			233	46	7	8	371	61	1

정대교(政代教) 영남대 1992.04.27

대회	연도	소속	출전	교체	득점	도움	파울	경고	퇴장
K2	2014	대구	13	13	1	0	11	0	0
	2015	대구	0	0	0	0	0	0	0
합계			13	13	1	0	11	0	0
프로통산			13	13	1	0	11	0	0

정대선(鄭大善) 중앙대 1987.06.27

대회	연도	소속	출전	교체	득점	도움	파울	경고	퇴장
BC	2010	울산	18	13	1	1	17	3	0
	2011	울산	10	10	1	0	7	1	0
	2011	경남	11	11	1	1	14	2	0
	2012	경남	7	6	1	0	7	1	0
합계			46	38	4	2	37	5	0
K1	2013	경남	10	10	0	0	4	0	0
합계			10	10	0	0	4	0	0
K2	2014	안양	25	20	1	0	33	9	0
합계			25	20	1	0	33	9	0
프로통산			81	68	6	3	78	18	0

정대세(鄭大世) 일본조선대 1984.03.02

대회	연도	소속	출전	교체	득점	도움	파울	경고	퇴장
K1	2013	수원	23	10	10	2	42	6	0
	2014	수원	28	16	7	1	55	2	0
	2015	수원	21	10	6	5	42	2	0
합계			72	36	23	8	139	10	0
프로통산			72	36	23	8	139	10	0

정대훈(鄭大勳) 포철공고 1977.12.21

대회	연도	소속	출전	교체	득점	도움	파울	경고	퇴장
BC	1999	포항	26	21	5	4	26	4	0
	2000	포항	8	7	0	0	3	1	0
	2001	포항	8	8	0	0	10	2	0
	2003	대구	0	0	0	0	0	0	0
합계			42	36	5	4	39	7	0
프로통산			42	36	5	4	39	7	0

정동복(鄭東福) 연세대 1962.01.22

대회	연도	소속	출전	교체	득점	도움	파울	경고	퇴장
BC	1986	현대	11	8	0	0	9	1	0
	1987	현대	16	9	2	1	17	0	0
	1988	현대	30	21	1	0	37	0	0
	1989	현대	22	16	6	1	23	1	0
	1991	현대	3	3	0	0	1	0	0
	1992	현대	9	8	0	0	5	0	0
합계			91	65	9	5	98	5	0
프로통산			91	65	9	5	98	5	0

정동윤(鄭東閏) 성균관대 1994.04.03

대회	연도	소속	출전	교체	득점	도움	파울	경고	퇴장
K1	2016	광주	29	9	0	0	34	5	0
	2017	광주	29	3	0	0	34	5	0
	2018	인천	15	2	1	1	14	3	0
	2019	인천	22	4	0	2	29	5	0
	2020	인천	21	2	1	2	26	4	1
	2021	인천	11	3	0	0	14	1	0
합계			122	26	2	6	145	22	1
K2	2018	광주	6	2	0	1	5	0	0
	2021	김천							
합계			6	2	0	1	5	0	0
프로통산			128	28	2	7	150	22	1

정동진(鄭東珍) 조선대 1990.06.06

대회	연도	소속	출전	교체	득점	도움	파울	경고	퇴장
K2	2013	광주	1	1	0	0	0	0	0
합계			1	1	0	0	0	0	0
프로통산			1	1	0	0	0	0	0

정동호(鄭東浩) 부경대 1990.03.07

대회	연도	소속	출전	교체	득점	도움	파울	경고	퇴장
K1	2014	울산	20	6	1	2	14	2	0
	2015	울산	28	1	1	4	40	7	0
	2016	울산	29	6	0	2	30	3	0
	2017	울산	17	5	0	1	18	2	0
	2018	울산	8	3	0	0	8	0	0
	2019	울산	5	3	0	0	5	2	0
	2020	울산	13	2	0	0	13	4	0
	2021	수원FC	12	3	0	4	15	5	0
합계			132	29	2	13	143	25	0
프로통산			132	29	2	13	143	25	0

정명오(鄭明五) 아주대 1986.10.29

대회	연도	소속	출전	교체	득점	도움	파울	경고	퇴장
BC	2009	경남	7	6	0	0	10	0	0
	2010	경남	1	1	0	0	0	0	0
	2012	전남	22	8	0	0	24	6	0
합계			30	15	0	0	34	6	0
프로통산			30	15	0	0	34	6	0

정명원(鄭明元) 수일고 1999.01.18

대회	연도	소속	출전	교체	득점	도움	파울	경고	퇴장
K2	2018	수원FC	0	0	0	0	0	0	0
합계			0	0	0	0	0	0	0
프로통산			0	0	0	0	0	0	0

정명제(鄭明題) 풍생고 2002.06.30

대회	연도	소속	출전	교체	실점	도움	파울	경고	퇴장
K1	2021	성남	0	0	0	0	0	0	0
합계			0	0	0	0	0	0	0
프로통산			0	0	0	0	0	0	0

정민(鄭珉) 조선대 1970.11.29

대회	연도	소속	출전	교체	득점	도움	파울	경고	퇴장
BC	1993	대우	1	1	0	0	1	0	0
		합계	1	1	0	0	1	0	0
프로통산			1	1	0	0	1	0	0

정민교(鄭敏敎) 배재대 1987.04.22

대회	연도	소속	출전	교체	실점	도움	파울	경고	퇴장
K2	2013	안양	7	1	13	0	0	1	0
	2014	안양	0	0	0	0	0	0	0
		합계	7	1	13	0	0	1	0
프로통산			7	1	13	0	0	1	0

정민기(鄭珉基) 중앙대 1996.02.09

대회	연도	소속	출전	교체	실점	도움	파울	경고	퇴장
K2	2018	안양	3	0	8	0	0	0	0
	2019	안양	3	0	4	0	0	0	0
	2020	안양	14	0	17	0	0	0	0
	2021	안양	34	0	38	0	0	0	0
		합계	54	0	67	0	0	0	0
프로통산			54	0	67	0	0	0	0

정민무(鄭旻武) 포철공고 1985.03.03

대회	연도	소속	출전	교체	득점	도움	파울	경고	퇴장
K2	2013	고양	17	13	3	1	28	4	0
	2014	고양	16	15	1	1	21	3	0
		합계	33	28	4	2	49	7	0
프로통산			33	28	4	2	49	7	0

정민우(鄭珉優) 호남대 1992.12.01

대회	연도	소속	출전	교체	득점	도움	파울	경고	퇴장
K1	2016	수원FC	11	8	1	0	10	0	0
		합계	11	8	1	0	10	0	0
K2	2014	수원FC	31	22	8	5	26	3	0
	2015	수원FC	20	19	2	0	24	3	0
	2017	대전	14	12	4	0	16	2	0
	2018	대전	0	0	0	0	0	0	0
		합계	65	53	14	5	66	8	0
승	2015	수원FC	2	2	1	0	1	0	0
		합계	2	2	1	0	1	0	0
프로통산			78	63	16	5	77	8	0

정민우(鄭曦優) 중동고 2000.09.27

대회	연도	소속	출전	교체	득점	도움	파울	경고	퇴장
K1	2019	강원	0	0	0	0	0	0	0
	2021	강원	6	6	0	0	2	0	0
		합계	6	6	0	0	2	0	0
프로통산			6	6	0	0	2	0	0

정민형(鄭敏亨) 한국국제대 1987.05.14

대회	연도	소속	출전	교체	득점	도움	파울	경고	퇴장
BC	2011	부산	6	4	0	0	6	0	0
	2012	부산	2	2	0	0	0	0	0
		합계	8	6	0	0	6	0	0
프로통산			8	6	0	0	6	0	0

정산(鄭山) 경희대 1989.02.10

대회	연도	소속	출전	교체	실점	도움	파울	경고	퇴장
BC	2009	강원	0	0	0	0	0	0	0
	2010	강원	0	0	0	0	0	0	0
	2011	성남일화	1	0	3	0	0	0	0
	2012	성남일화	19	0	21	0	1	0	0
		합계	20	0	24	0	1	0	0
K1	2013	성남일화	0	0	0	0	0	0	0
	2014	성남	0	0	0	0	0	0	0
	2015	성남	0	0	0	0	0	0	0
	2016	울산	11	0	16	1	1	2	0
	2017	인천	0	0	21	0	1	0	0
	2018	인천	18	0	28	0	1	1	0
	2019	인천	27	1	40	0	0	1	0
	2020	인천	12	0	20	0	0	0	0
	2021	인천	1	0	0	0	0	0	0
		합계	81	2	125	1	4	4	0
프로통산			101	2	149	1	5	6	0

정상규(鄭尙奎) 경희대 1998.09.08

대회	연도	소속	출전	교체	득점	도움	파울	경고	퇴장
K2	2020	제주	1	1	0	0	2	1	0
		합계	1	1	0	0	2	1	0
프로통산			1	1	0	0	2	1	0

정상남(丁祥楠) 연세대 1975.09.07

대회	연도	소속	출전	교체	득점	도움	파울	경고	퇴장
BC	1998	포항	2	2	0	0	3	0	0
	1999	포항	8	5	3	0	8	0	0
		합계	10	7	3	0	11	0	0
프로통산			10	7	3	0	11	0	0

정상모(鄭相模) 울산대 1975.02.24

대회	연도	소속	출전	교체	득점	도움	파울	경고	퇴장
BC	1998	천안일화	11	7	1	0	14	0	0
	1999	천안일화	0	0	0	0	0	0	0
		합계	11	7	1	0	14	0	0
프로통산			11	7	1	0	14	0	0

정상빈(鄭想賓) 매탄고 2002.04.01

대회	연도	소속	출전	교체	득점	도움	파울	경고	퇴장
K1	2021	수원	28	23	6	2	30	6	0
		합계	28	23	6	2	30	6	0
프로통산			28	23	6	2	30	6	0

정상훈(鄭相勳) 성균관대 1985.03.22

대회	연도	소속	출전	교체	득점	도움	파울	경고	퇴장
BC	2008	경남	6	4	0	0	7	1	0
		합계	6	4	0	0	7	1	0
프로통산			6	4	0	0	7	1	0

정서운(鄭瑞運) 서남대 1993.12.08

대회	연도	소속	출전	교체	득점	도움	파울	경고	퇴장
K1	2015	대전	11	10	0	0	7	1	0
		합계	11	10	0	0	7	1	0
프로통산			11	10	0	0	7	1	0

정석근(鄭石根) 아주대 1977.11.25

대회	연도	소속	출전	교체	득점	도움	파울	경고	퇴장
BC	2000	부산	10	9	1	0	5	2	0
	2001	부산	3	3	0	0	3	0	0
	2003	광주상무	1	1	0	0	0	0	0
		합계	13	12	1	0	6	2	0
프로통산			13	12	1	0	6	2	0

정석민(鄭錫珉) 인제대 1988.01.27

대회	연도	소속	출전	교체	득점	도움	파울	경고	퇴장
BC	2010	포항	5	3	1	0	7	1	0
	2011	포항	8	4	2	0	6	0	0
	2012	제주	3	3	0	0	1	0	0
		합계	16	10	3	0	14	3	0
K1	2013	대전	36	14	4	1	49	4	0
	2015	전남	26	18	0	0	27	3	0
	2016	전남	6	5	0	0	15	1	0
		합계	68	37	4	1	91	9	0
K2	2014	대전	33	2	5	2	55	6	0
		합계	33	2	5	2	55	6	0
프로통산			117	49	12	3	160	18	0

정석화(鄭錫華) 고려대 1991.05.17

대회	연도	소속	출전	교체	득점	도움	파울	경고	퇴장
K1	2013	부산	32	20	0	1	26	2	0
	2014	부산	26	19	1	0	14	3	0
	2015	부산	24	19	2	1	11	1	0
	2018	강원	35	12	2	5	19	0	0
	2019	강원	7	1	0	2	5	0	0
	2020	강원	13	10	1	0	4	0	0
	2021	성남	10	8	0	0	9	0	0
		합계	147	89	5	10	89	10	0
K2	2016	부산	40	20	4	10	16	5	0
	2017	부산	24	15	1	4	11	0	0
		합계	64	35	5	14	27	5	0
승	2015	부산	2	2	0	0	3	0	0
	2017	부산	1	1	0	0	0	0	0
		합계	3	3	0	0	3	1	0
프로통산			214	127	10	20	122	17	0

정선호(鄭先皓) 동의대 1989.03.25

대회	연도	소속	출전	교체	득점	도움	파울	경고	퇴장
K1	2013	성남일화	1	1	0	0	0	0	0
	2014	성남	28	6	2	2	30	5	0
	2015	성남	31	14	1	0	23	4	0
	2016	성남	15	10	1	1	8	0	0
	2017	상주	2	1	0	0	1	0	0
	2018	대구	13	11	0	0	8	0	0
	2019	대구	5	5	0	0	4	0	0
		합계	95	49	4	3	73	9	0
K2	2020	수원FC	4	4	0	0	1	0	0
		합계	4	4	0	0	1	0	0
승	2016	성남	2	1	0	0	2	1	0
		합계	2	1	0	0	2	1	0
프로통산			101	54	4	3	76	10	0

정섭의(鄭燮義) 전주농전 1954.12.20

대회	연도	소속	출전	교체	득점	도움	파울	경고	퇴장
BC	1983	국민은행	12	5	0	0	11	1	0
	1984	국민은행	10	1	0	0	10	0	0
		합계	22	6	0	0	21	1	0
프로통산			22	6	0	0	21	1	0

정성교(鄭聖較) 연세대 1960.05.30

대회	연도	소속	출전	교체	실점	도움	파울	경고	퇴장
BC	1983	대우	15	0	14	0	0	0	0
	1984	대우	11	0	14	0	0	0	0
	1986	대우	12	0	16	0	1	0	0
	1987	대우	16	1	11	0	2	1	0
	1988	대우	8	0	12	0	0	0	0
	1989	대우	8	1	9	0	0	0	0
		합계	70	2	78	0	4	2	0
프로통산			70	2	78	0	4	2	0

정성룡(鄭成龍) 서귀포고 1985.01.04

대회	연도	소속	출전	교체	실점	도움	파울	경고	퇴장
BC	2004	포항	0	0	0	0	0	0	0
	2005	포항	0	0	0	0	0	0	0
	2006	포항	26	0	27	0	1	1	0
	2007	포항	16	1	18	0	1	1	0
	2008	성남일화	34	0	29	0	1	0	0
	2009	성남일화	36	0	41	0	1	1	1
	2010	성남일화	30	0	28	0	2	2	0
	2011	수원	31	0	32	0	1	2	0
	2012	수원	33	0	33	0	0	0	0
		합계	206	1	213	0	6	9	1
K1	2013	수원	34	0	44	0	1	1	0
	2014	수원	34	0	33	0	1	0	0
	2015	수원	22	0	23	0	0	2	0
		합계	90	0	97	1	3	3	0
프로통산			296	1	310	1	7	12	1

정성민(鄭成民) 광운대 1989.05.02

대회	연도	소속	출전	교체	득점	도움	파울	경고	퇴장
BC	2011	강원	13	9	1	0	4	0	0
	2012	강원	25	17	8	2	17	1	0
		합계	38	26	9	3	21	1	0
K1	2015	경남	1	1	0	0	1	0	0
	2020	부산	3	3	0	0	3	0	0
		합계	4	4	0	0	4	0	0
K2	2013	충주	14	4	1	6	13	0	0
	2014	충주	30	15	7	0	29	2	0
	2015	경남	17	15	0	0	20	0	0
	2016	안산무궁	17	13	5	0	12	0	0
	2017	성남	21	18	2	1	18	3	0
	2018	성남	23	19	5	0	24	4	0
	2019	부산	1	1	0	0	0	0	0
		합계	125	77	30	2	111	17	0

대회	연도	소속	출전	교체	득점	도움	파울	경고	퇴장
승	2019	부산	1	1	0	0	0	0	0
	합계		1	1	0	0	0	0	0
프로통산			168	108	36	5	136	18	0

정성원(鄭盛元) 대건고 2001.01.29

대회	연도	소속	출전	교체	득점	도움	파울	경고	퇴장
K1	2021	인천	1	1	0	0	2	0	0
	합계		1	1	0	0	2	0	0
프로통산			1	1	0	0	2	0	0

정성원(鄭盛元) 제주대 1976.05.26

대회	연도	소속	출전	교체	득점	도움	파울	경고	퇴장
BC	2000	수원	0	0	0	0	0	0	0
	합계		0	0	0	0	0	0	0
프로통산			0	0	0	0	0	0	0

정성준(鄭星準) 보인고 2000.03.01

대회	연도	소속	출전	교체	득점	도움	파울	경고	퇴장
K1	2019	경남	0	0	0	0	0	0	0
	합계		0	0	0	0	0	0	0
프로통산			0	0	0	0	0	0	0

정성진(鄭聖鎭) 단국대 1964.07.06

대회	연도	소속	출전	교체	실점	도움	파울	경고	퇴장
BC	1990	현대	1	0	3	0	0	0	0
	1991	현대	6	0	7	0	0	0	0
	1992	현대	4	1	7	0	1	2	0
	합계		11	1	17	0	1	2	0
프로통산			11	1	17	0	1	2	0

정성천(鄭性天) 성균관대 1971.05.30

대회	연도	소속	출전	교체	득점	도움	파울	경고	퇴장
BC	1997	대전	30	1	5	2	37	2	0
	1998	대전	28	17	5	1	37	2	0
	1999	대전	27	22	2	2	42	2	0
	2000	대전	31	16	6	1	61	3	0
	2001	대전	5	5	0	0	7	1	0
	합계		121	61	18	6	184	10	0
프로통산			121	61	18	6	184	10	0

정성현(鄭成賢) 동국대 1996.03.25

대회	연도	소속	출전	교체	득점	도움	파울	경고	퇴장
K2	2019	아산	0	0	0	0	0	0	0
	합계		0	0	0	0	0	0	0
프로통산			0	0	0	0	0	0	0

정성호(鄭成浩) 대륜중 1986.04.07

대회	연도	소속	출전	교체	득점	도움	파울	경고	퇴장
BC	2007	서울	1	0	0	0	0	0	0
	2008	서울	1	0	0	0	0	0	0
	합계		2	0	0	0	0	0	0
프로통산			2	0	0	0	0	0	0

정성훈(丁成勳) 경희대 1979.07.04

대회	연도	소속	출전	교체	득점	도움	파울	경고	퇴장
BC	2002	울산	24	21	2	3	32	3	0
	2003	울산	15	15	0	1	20	2	0
	2004	대전	13	13	2	0	17	0	0
	2005	대전	5	5	1	0	6	1	0
	2006	대전	26	18	8	1	38	2	0
	2007	대전	19	15	3	0	30	2	1
	2008	부산	31	16	8	4	48	6	0
	2009	부산	16	10	8	1	17	4	0
	2010	부산	31	22	11	4	66	7	0
	2011	전북	27	24	5	6	29	1	0
	2012	전북	14	12	2	2	14	3	0
	2012	전남	13	9	3	2	12	1	0
	합계		234	180	53	24	329	32	1
K1	2013	대전	6	4	2	0	6	0	0
	2013	경남	10	11	1	0	16	1	0
	합계		16	15	3	0	22	1	0
K2	2017	부천	9	8	1	0	6	1	0
	합계		9	8	1	0	6	1	0
프로통산			259	203	57	24	357	34	1

정성훈(鄭聖勳) 인천대 1968.09.14

대회	연도	소속	출전	교체	득점	도움	파울	경고	퇴장
BC	1993	포항제철	2	2	0	0	2	0	0
	1994	유공	7	6	0	0	2	0	0
	1995	유공	4	2	0	0	3	1	0
	1996	수원	29	2	0	0	42	3	0
	1997	수원	27	1	0	0	38	3	0
	1998	수원	20	7	0	0	36	3	0
	합계		89	20	0	0	123	10	0
프로통산			89	20	0	0	123	10	0

정수남(鄭壽男) 중동고 1960.07.05

대회	연도	소속	출전	교체	득점	도움	파울	경고	퇴장
BC	1984	한일은행	16	6	0	0	11	1	0
	1985	한일은행	10	9	1	1	3	0	0
	합계		26	15	1	1	14	1	0
프로통산			26	15	1	1	14	1	0

정수종(鄭壽鍾) 수원고 1987.05.01

대회	연도	소속	출전	교체	득점	도움	파울	경고	퇴장
BC	2006	전북	10	6	0	0	8	2	0
	2007	전북	6	0	0	0	6	1	0
	2008	전북	3	1	0	0	3	1	0
	2009	전북	3	3	0	0	3	0	0
	합계		22	10	0	0	20	4	0
프로통산			22	10	0	0	20	4	0

정수호(鄭修昊 / ← 정현윤) 한양대 1990.04.09

대회	연도	소속	출전	교체	득점	도움	파울	경고	퇴장
BC	2012	전남	2	0	0	0	1	0	0
	합계		2	0	0	0	1	0	0
K2	2013	안양	11	1	2	0	13	2	0
	2014	안양	4	0	0	0	2	0	0
	합계		15	1	2	0	15	2	0
프로통산			17	1	2	0	16	2	0

정승용(鄭昇勇) 동북고 1991.03.25

대회	연도	소속	출전	교체	득점	도움	파울	경고	퇴장
BC	2011	경남	5	4	0	1	12	1	0
	2012	서울	1	1	0	0	2	1	0
	합계		6	5	0	1	14	2	0
K1	2013	서울	1	1	0	0	0	0	0
	2014	서울	0	0	0	0	0	0	0
	2017	강원	31	4	0	0	38	4	0
	2018	강원	34	2	3	4	33	5	0
	2019	강원	29	13	0	6	29	6	0
	2021	강원	3	2	0	0	1	0	0
	합계		98	22	3	10	101	15	0
K2	2016	강원	41	1	4	2	52	4	0
	합계		41	1	4	2	52	4	0
승	2016	강원	2	0	0	0	5	0	0
	2021	강원	1	1	0	0	0	0	0
	합계		3	1	0	0	5	0	0
프로통산			148	29	7	13	172	21	0

정승원(鄭承原) 안동고 1997.02.27

대회	연도	소속	출전	교체	득점	도움	파울	경고	퇴장
K1	2017	대구	9	9	0	0	7	2	0
	2018	대구	31	18	4	3	30	3	0
	2019	대구	33	9	3	2	41	0	0
	2020	대구	26	5	0	7	32	5	0
	2021	대구	22	4	1	2	22	2	0
	합계		121	45	8	14	132	12	0
프로통산			121	45	8	14	132	12	0

정승현(鄭昇炫) 현대고 1994.04.03

대회	연도	소속	출전	교체	득점	도움	파울	경고	퇴장
K1	2015	울산	18	8	0	0	24	1	0
	2016	울산	19	4	1	0	26	6	1
	2017	울산	12	1	0	0	22	5	0
	2020	울산	23	0	2	0	27	6	0
	합계		72	13	3	0	99	18	1
K2	2021	김천	29	0	5	0	28	6	0
	합계		29	0	5	0	28	6	0
프로통산			101	13	8	0	127	24	1

정안모(鄭按模) 인천대 1989.03.17

대회	연도	소속	출전	교체	득점	도움	파울	경고	퇴장
BC	2012	대구	1	1	0	0	0	0	0
	합계		1	1	0	0	0	0	0
프로통산			1	1	0	0	0	0	0

정연웅(鄭然雄) 충남기계공고 1992.08.31

대회	연도	소속	출전	교체	득점	도움	파울	경고	퇴장
BC	2011	대전	1	1	0	0	2	0	0
	합계		1	1	0	0	2	0	0
프로통산			1	1	0	0	2	0	0

정영총(鄭永寵) 한양대 1992.06.24

대회	연도	소속	출전	교체	득점	도움	파울	경고	퇴장
K1	2015	제주	17	15	0	0	15	1	0
	2016	제주	13	14	1	0	5	0	0
	2017	광주	6	7	0	0	7	1	0
	합계		36	36	1	0	27	2	0
K2	2018	광주	25	17	4	0	30	5	0
	2019	광주	3	3	1	0	0	0	0
	합계		28	20	5	0	30	5	0
프로통산			64	56	6	0	57	7	0

정영호(鄭鈴湖) 서울시립대 1968.08.15

대회	연도	소속	출전	교체	득점	도움	파울	경고	퇴장
BC	1990	일화	29	5	0	0	55	3	0
	1991	일화	17	3	0	2	23	0	0
	1992	일화	26	3	0	0	43	5	0
	1993	일화	22	16	1	0	32	2	0
	1994	일화	20	3	0	0	29	1	0
	1995	전남	8	1	0	0	10	2	0
	1996	전남	8	4	0	0	12	4	0
	합계		130	35	1	2	204	17	0
프로통산			130	35	1	2	204	17	0

정영훈(丁永勳) 동의대 1975.05.01

대회	연도	소속	출전	교체	득점	도움	파울	경고	퇴장
BC	2001	대전	28	13	3	2	38	8	0
	2002	대전	21	16	2	2	18	3	0
	2003	대전	1	1	0	0	1	0	0
	2004	대구	7	8	1	2	2	0	0
	합계		57	38	6	6	59	11	0
프로통산			57	38	6	6	59	11	0

정용대(鄭容臺) 일본조선대 1978.02.04

대회	연도	소속	출전	교체	득점	도움	파울	경고	퇴장
BC	2001	포항	4	2	0	0	5	2	0
	합계		4	2	0	0	5	2	0
프로통산			4	2	0	0	5	2	0

정용환(鄭龍煥) 고려대 1960.02.10

대회	연도	소속	출전	교체	득점	도움	파울	경고	퇴장
BC	1984	대우	22	1	0	0	20	0	0
	1985	대우	2	0	0	0	1	0	0
	1986	대우	3	1	1	0	4	0	0
	1987	대우	19	0	1	1	22	0	0
	1988	대우	11	1	0	0	12	0	0
	1989	대우	9	0	0	1	14	0	0
	1990	대우	8	3	0	0	7	0	0
	1991	대우	33	1	2	0	40	0	0
	1992	대우	35	2	2	2	44	3	0
	1993	대우	6	3	2	0	11	2	0
	1994	대우	20	5	1	0	14	1	0
	합계		168	17	9	4	189	6	0
프로통산			168	17	9	4	189	6	0

정용훈(鄭湧勳) 대신고 1979.03.11

대회	연도	소속	출전	교체	득점	도움	파울	경고	퇴장
BC	1998	수원	26	19	3	3	24	1	0
	1999	수원	2	2	0	0	0	0	0
	2002	수원	16	12	0	0	17	0	0
	2003	수원	20	16	2	0	15	1	0
	합계		64	49	5	3	56	2	0

프로통산 64 49 5 3 56 2 0

정우근(鄭于根) 충남기계공고 1991.03.01

대회	연도	소속	출전	교체	득점	도움	파울	경고	퇴장
K2	2018	수원FC	14	11	2	0	22	0	0
		합계	14	11	2	0	22	0	0
	프로통산		14	11	2	0	22	0	0

정우성(鄭宇星) 중앙대 1986.06.19

대회	연도	소속	출전	교체	득점	도움	파울	경고	퇴장
BC	2009	대구	0	0	0	0	0	0	0
		합계	0	0	0	0	0	0	0
	프로통산		0	0	0	0	0	0	0

정우승(鄭雨承) 단국대 1984.03.14

대회	연도	소속	출전	교체	득점	도움	파울	경고	퇴장
BC	2007	경남	2	0	0	0	2	0	0
	2008	경남	4	3	0	0	2	1	0
		합계	6	3	0	0	4	1	0
	프로통산		6	3	0	0	4	1	0

정우영(鄭宇榮) 고려대 1971.12.08

대회	연도	소속	출전	교체	득점	도움	파울	경고	퇴장
BC	1994	현대	6	6	0	1	2	0	0
	1995	현대	3	2	0	0	1	0	0
	1998	울산	0	0	0	0	0	0	0
		합계	9	8	0	1	3	0	0
	프로통산		9	8	0	1	3	0	0

정우인(鄭愚仁) 경희대 1988.02.01

대회	연도	소속	출전	교체	득점	도움	파울	경고	퇴장
BC	2011	광주	23	5	1	0	50	4	0
	2012	광주	34	6	1	0	62	15	0
		합계	57	11	2	0	112	19	0
K2	2013	광주	18	4	0	0	26	1	0
	2014	강원	28	5	1	1	43	6	0
	2015	강원	21	5	1	0	24	4	0
	2016	충주	11	6	0	0	33	4	0
		합계	78	20	2	1	112	15	0
	프로통산		135	31	4	1	224	34	0

정우재(鄭宇宰) 예원예술대 1992.06.28

대회	연도	소속	출전	교체	득점	도움	파울	경고	퇴장
K1	2014	성남	2	2	0	1	1	0	0
	2017	대구	33	4	1	5	25	3	0
	2018	대구	32	6	1	3	24	3	0
	2019	제주	11	2	0	0	8	0	0
	2021	제주	38	6	3	2	28	1	0
		합계	116	20	5	10	86	9	0
K2	2015	충주	32	5	2	3	22	4	0
	2016	대구	37	4	3	3	41	7	0
	2020	제주	21	3	4	3	18	2	0
		합계	84	11	7	8	82	11	0
	프로통산		200	31	12	18	168	20	0

정우진(鄭禹鎭) 전주대 1969.01.20

대회	연도	소속	출전	교체	득점	도움	파울	경고	퇴장
BC	1996	천안일화	15	10	2	0	12	2	0
	1997	부천SK	6	5	0	0	1	1	0
	1997	전북	8	8	1	0	5	0	0
	1998	전북	4	4	0	0	4	0	0
		합계	33	27	3	0	22	3	0
	프로통산		33	27	3	0	22	3	0

정운(鄭澐/←정부식) 명지대 1989.06.30

대회	연도	소속	출전	교체	득점	도움	파울	경고	퇴장
BC	2012	울산	0	0	0	0	0	0	0
		합계	0	0	0	0	0	0	0
K1	2016	제주	32	3	1	2	40	7	0
	2017	제주	30	4	1	3	21	4	0
	2018	제주	12	0	0	0	12	1	0
	2021	제주	35	5	1	2	40	7	0
		합계	109	12	3	12	108	16	0
K2	2020	제주	24	2	0	0	33	6	0
		합계	24	2	0	0	33	6	0
	프로통산		133	14	5	12	141	22	0

정웅일(鄭雄一) 연세대 1962.11.05

대회	연도	소속	출전	교체	득점	도움	파울	경고	퇴장
BC	1986	대우	4	2	0	0	4	0	0
		합계	4	2	0	0	4	0	0
	프로통산		4	2	0	0	4	0	0

정원서(鄭源緖) 동아대 1959.04.16

대회	연도	소속	출전	교체	득점	도움	파울	경고	퇴장
BC	1983	포항제철	4	3	0	0	1	0	0
		합계	4	3	0	0	1	0	0
	프로통산		4	3	0	0	1	0	0

정원영(鄭元寧) 선문대 1992.05.26

대회	연도	소속	출전	교체	득점	도움	파울	경고	퇴장
K2	2019	아산	8	2	0	0	5	0	0
		합계	8	2	0	0	5	0	0
	프로통산		8	2	0	0	5	0	0

정원진(政原進) 영남대 1994.08.10

대회	연도	소속	출전	교체	득점	도움	파울	경고	퇴장
K1	2016	포항	11	9	0	0	11	2	0
	2018	포항	18	13	1	0	15	2	0
	2018	서울	14	13	1	0	8	0	0
	2019	서울	16	16	3	2	9	0	0
	2020	상주	6	5	1	0	6	0	0
	2021	서울	11	9	1	0	3	0	0
		합계	54	47	5	2	42	6	0
K2	2017	경남	34	10	10	10	44	2	0
	2021	김천	15	11	1	1	15	0	0
		합계	49	20	11	10	59	5	0
승	2018	서울	1	1	0	0	0	0	0
		합계	1	1	0	0	0	0	0
	프로통산		103	67	16	12	101	11	0

정유석(鄭裕錫) 아주대 1977.10.25

대회	연도	소속	출전	교체	실점	도움	파울	경고	퇴장
BC	2000	부산	22	4	28	0	1	1	0
	2001	부산	35	0	46	0	2	0	0
	2002	부산	27	1	43	0	1	2	0
	2003	부산	8	0	17	0	0	1	0
	2004	광주상무	14	1	24	0	0	0	0
	2005	광주상무	24	0	33	0	1	1	0
	2007	부산	26	1	36	0	0	0	0
	2008	부산	34	0	48	0	3	4	0
	2009	부산	1	0	2	0	0	0	0
	2011	울산	7	0	11	0	0	0	0
		합계	205	8	282	0	8	12	0
	프로통산		205	8	282	0	8	12	0

정윤길(鄭潤吉) 호남대 1976.10.23

대회	연도	소속	출전	교체	득점	도움	파울	경고	퇴장
BC	1999	전남	4	3	0	0	4	0	0
		합계	4	3	0	0	4	0	0
	프로통산		4	3	0	0	4	0	0

정윤성(鄭允成) 수원공고 1984.06.01

대회	연도	소속	출전	교체	득점	도움	파울	경고	퇴장
BC	2003	수원	11	9	1	1	18	1	0
	2004	수원	8	8	0	0	6	0	0
	2005	광주상무	30	24	6	1	49	3	0
	2006	광주상무	16	14	0	0	21	1	0
	2007	수원	2	1	0	0	6	0	0
	2007	경남	14	3	6	3	24	1	0
	2008	경남	14	9	3	2	32	3	0
	2009	전남	22	10	4	2	45	2	0
	2010	전남	22	17	4	2	27	3	0
	2011	전남	11	10	1	1	17	1	0
		합계	132	101	21	13	196	16	1
	프로통산		132	101	21	13	196	16	1

정의도(鄭義道) 연세대 1987.04.08

대회	연도	소속	출전	교체	실점	도움	파울	경고	퇴장
BC	2009	성남일화	1	1	0	0	0	0	0
	2010	성남일화	1	0	0	0	0	0	0
		합계	2	1	0	0	0	0	0
K2	2013	수원FC	11	1	0	0	0	0	0
		합계	11	1	0	0	0	0	0
	프로통산		13	2	0	0	0	0	0

정인권(鄭寅權) 제주 U-18 1996.04.24

대회	연도	소속	출전	교체	득점	도움	파울	경고	퇴장
K2	2016	충주	0	0	0	0	0	0	0
		합계	0	0	0	0	0	0	0
	프로통산		0	0	0	0	0	0	0

정인탁(鄭因託) 성균관대 1994.01.24

대회	연도	소속	출전	교체	득점	도움	파울	경고	퇴장
K2	2016	충주	2	1	0	0	2	0	0
		합계	2	1	0	0	2	0	0
	프로통산		2	1	0	0	2	0	0

정인호(鄭寅浩) 중앙대 1971.03.21

대회	연도	소속	출전	교체	득점	도움	파울	경고	퇴장
BC	1994	유공	8	4	0	3	13	0	0
	1995	유공	21	6	0	1	31	0	0
	1996	부천유공	0	0	0	0	0	0	0
		합계	29	10	0	4	44	0	0
	프로통산		29	10	0	4	44	0	0

정인환(鄭仁煥) 연세대 1986.12.15

대회	연도	소속	출전	교체	득점	도움	파울	경고	퇴장
BC	2006	전북	10	4	0	0	12	3	0
	2007	전북	13	2	1	0	45	6	0
	2008	전남	21	2	2	0	23	7	0
	2009	전남	21	3	0	0	37	4	0
	2010	전남	21	2	3	0	34	7	0
	2011	인천	24	2	1	0	45	6	0
	2012	인천	38	0	4	0	49	9	0
		합계	136	17	10	5	211	38	0
K1	2013	전북	10	0	0	0	9	1	0
	2013	전북	18	3	4	0	25	4	0
	2016	서울	7	0	0	0	9	1	0
	2017	서울	21	3	0	0	20	4	0
		합계	56	6	4	0	63	10	0
	프로통산		192	23	14	5	274	48	0

정일영

대회	연도	소속	출전	교체	득점	도움	파울	경고	퇴장
BC	1984	국민은행	1	0	0	0	0	0	0
		합계	1	0	0	0	0	0	0
	프로통산		1	0	0	0	0	0	0

정재곤(鄭在坤) 연세대 1976.03.17

대회	연도	소속	출전	교체	득점	도움	파울	경고	퇴장
BC	1999	포항	16	7	3	0	23	1	0
	2000	포항	4	4	0	0	5	2	0
		합계	20	11	3	0	28	3	0
	프로통산		20	11	3	0	28	3	0

정재권(鄭在權) 한양대 1970.11.05

대회	연도	소속	출전	교체	득점	도움	파울	경고	퇴장
BC	1994	대우	14	8	1	2	18	1	0
	1995	대우	25	14	5	1	53	2	0
	1996	부산	31	8	8	6	46	4	0
	1997	부산	32	4	3	5	41	3	0
	1998	부산	29	6	8	8	51	4	0
	1999	부산	34	7	8	7	56	1	0
	2000	포항	20	17	2	1	29	1	0
	2001	포항	12	9	0	0	14	0	0
		합계	179	93	30	23	273	15	0
	프로통산		179	93	30	23	273	15	0

정재성(鄭在星) 홍익대 1992.02.21

대회	연도	소속	출전	교체	득점	도움	파울	경고	퇴장
K1	2015	대전	2	2	0	0	0	0	0
		합계	2	2	0	0	0	0	0
	프로통산		2	2	0	0	0	0	0

정재열(鄭在烈) 연세대 1972.08.10

대회	연도	소속	출전	교체	실점	도움	파울	경고	퇴장
BC	1995	전북	0	0	0	0	0	0	0
	1996	전북	0	0	0	0	0	0	0
	합계		0	0	0	0	0	0	0
프로통산			0	0	0	0	0	0	0

정재용(鄭宰容) 고려대 1990.09.14

대회	연도	소속	출전	교체	득점	도움	파울	경고	퇴장
K1	2016	울산	10	5	0	1	12	3	0
	2017	울산	32	5	3	0	43	8	0
	2018	울산	10	3	0	0	13	2	1
	2019	울산	2	1	0	0	2	1	0
	2019	포항	30	5	2	2	26	1	0
	2021	수원FC	16	15	4	1	10	3	0
	합계		100	34	7	4	106	18	1
K2	2013	안양	16	6	1	0	24	4	0
	2014	안양	25	10	6	2	40	6	0
	2015	안양	29	13	0	0	33	3	0
	2016	안양	16	4	0	4	35	6	0
	2020	수원FC	14	12	1	1	11	3	0
	합계		100	47	11	4	143	22	0
프로통산			200	81	18	8	249	40	1

정재원(鄭載園) 제주중앙고 1993.08.16

대회	연도	소속	출전	교체	득점	도움	파울	경고	퇴장
K1	2013	전북	0	0	0	0	0	0	0
	합계		0	0	0	0	0	0	0
프로통산			0	0	0	0	0	0	0

정재윤(鄭載潤) 홍익대 1981.05.28

대회	연도	소속	출전	교체	득점	도움	파울	경고	퇴장
BC	2004	서울	0	0	0	0	0	0	0
	합계		0	0	0	0	0	0	0
프로통산			0	0	0	0	0	0	0

정재희(鄭在熙) 상지대 1994.04.28

대회	연도	소속	출전	교체	득점	도움	파울	경고	퇴장
K1	2020	상주	9	6	3	0	3	0	0
	합계		9	6	3	0	3	0	0
K2	2016	안양	36	23	3	1	14	1	0
	2017	안양	35	16	8	5	29	4	0
	2018	안양	30	23	1	1	13	1	0
	2019	전남	29	12	5	10	21	2	0
	2020	전남	3	1	0	0	0	0	0
	2021	김천	25	17	4	3	7	0	0
	합계		158	94	21	20	73	6	0
프로통산			167	100	24	20	73	6	0

정정석(鄭井碩) 건국대 1988.01.20

대회	연도	소속	출전	교체	득점	도움	파울	경고	퇴장
BC	2010	포항	1	1	0	0	0	0	0
	합계		1	1	0	0	0	0	0
프로통산			1	1	0	0	0	0	0

정정수(鄭正洙) 고려대 1969.11.20

대회	연도	소속	출전	교체	득점	도움	파울	경고	퇴장
BC	1994	현대	29	25	3	0	17	4	0
	1995	현대	25	18	2	2	17	3	0
	1996	울산	21	19	4	1	19	3	0
	1997	울산	19	11	0	5	14	2	0
	1998	울산	34	14	7	6	53	5	0
	1999	울산	26	17	4	7	22	1	0
	2000	울산	29	17	2	4	23	4	0
	2001	울산	31	13	7	6	32	5	0
	2002	울산	9	9	0	0	4	0	0
	합계		223	154	33	31	236	27	0
프로통산			223	154	33	31	236	27	0

정조국(鄭조국) 대신고 1984.04.23

대회	연도	소속	출전	교체	득점	도움	파울	경고	퇴장
BC	2003	안양LG	32	25	12	2	37	3	0
	2004	서울	30	22	8	2	42	2	0
	2005	서울	26	22	3	1	41	1	0
	2006	서울	27	25	6	3	45	2	0
	2007	서울	19	13	5	1	35	4	0
	2008	서울	21	13	9	5	34	4	0
	2009	서울	25	21	7	1	26	2	0
	2010	서울	29	23	13	4	26	1	0
	2011	서울	17	17	4	0	12	2	0
	합계		226	181	67	19	298	21	0
K1	2014	서울	4	2	0	0	0	0	0
	2015	서울	11	10	1	1	4	0	0
	2016	광주	31	16	20	1	38	4	0
	2017	강원	18	10	7	1	14	2	1
	2018	강원	25	21	4	1	5	1	0
	2019	강원	31	27	5	3	8	1	0
	합계		118	86	37	7	69	8	1
K2	2013	경찰	9	9	2	2	29	3	1
	2014	안산경찰	12	11	7	1	12	1	0
	2020	제주	12	11	1	0	2	0	0
	합계		48	31	17	8	78	9	0
프로통산			392	298	121	29	410	33	2

정종관(鄭鍾寬) 숭실대 1981.09.09

대회	연도	소속	출전	교체	득점	도움	파울	경고	퇴장
BC	2004	전북	16	16	0	1	6	0	0
	2005	전북	24	8	4	2	27	4	0
	2006	전북	17	7	0	1	27	4	0
	2007	전북	22	10	2	4	18	2	0
	합계		79	41	6	8	78	9	0
프로통산			79	41	6	8	78	9	0

정종선(鄭鍾先) 연세대 1966.03.20

대회	연도	소속	출전	교체	득점	도움	파울	경고	퇴장
BC	1985	포항제철	1	1	0	0	0	0	0
	1989	현대	18	2	0	0	14	3	0
	1990	현대	28	2	0	0	33	3	0
	1991	현대	32	4	0	0	39	1	0
	1992	현대	38	0	1	1	40	2	1
	1993	현대	13	2	0	0	13	1	0
	1994	현대	20	1	0	0	19	1	0
	1995	전북	32	2	1	1	46	7	0
	1996	전북	26	1	0	0	39	3	0
	1997	전북	33	0	0	0	22	3	0
	1998	안양LG	30	6	0	1	19	1	0
	합계		271	21	1	2	292	25	2
프로통산			271	21	1	2	292	25	2

정종수(鄭種洙) 고려대 1961.03.27

대회	연도	소속	출전	교체	득점	도움	파울	경고	퇴장
BC	1984	유공	23	1	0	1	23	2	0
	1985	유공	5	0	0	2	8	1	0
	1986	유공	9	0	0	2	8	0	0
	1987	유공	28	0	1	0	24	3	0
	1988	유공	23	1	0	1	31	3	0
	1989	유공	17	0	0	0	24	4	0
	1990	현대	8	0	0	0	6	1	0
	1991	현대	29	4	1	0	37	6	0
	1992	현대	29	4	0	0	34	3	0
	1993	현대	29	4	0	0	34	3	0
	1994	현대	24	7	1	1	27	2	0
	1995	현대	4	0	0	0	4	0	0
	합계		225	24	3	11	295	23	2
프로통산			225	24	3	11	295	23	2

정종식

대회	연도	소속	출전	교체	득점	도움	파울	경고	퇴장
BC	1984	대우	1	1	0	0	0	0	0
	1985	대우	1	0	0	0	2	0	0
	합계		2	1	0	0	2	0	0
프로통산			2	1	0	0	2	0	0

정주영(丁主榮) 배재대 1979.05.03

대회	연도	소속	출전	교체	득점	도움	파울	경고	퇴장
BC	2002	울산	1	1	0	0	1	0	0
	합계		1	1	0	0	1	0	0
프로통산			1	1	0	0	1	0	0

정주완(鄭朱完) 중앙대 1974.03.08

대회	연도	소속	출전	교체	득점	도움	파울	경고	퇴장
BC	1998	전북	8	6	0	0	6	1	0
	합계		8	6	0	0	6	1	0
프로통산			8	6	0	0	6	1	0

정주일(鄭柱日) 조선대 1991.03.06

대회	연도	소속	출전	교체	득점	도움	파울	경고	퇴장
K2	2014	부천	15	9	1	1	18	1	0
	합계		15	9	1	1	18	1	0
프로통산			15	9	1	1	18	1	0

정준연(鄭俊硯) 광양제철고 1989.04.30

대회	연도	소속	출전	교체	득점	도움	파울	경고	퇴장
BC	2008	전남	3	3	0	0	1	0	0
	2009	전남	6	3	0	0	14	2	0
	2010	전남	22	9	0	2	34	3	0
	2011	전남	11	1	0	0	20	2	0
	2012	전남	11	1	0	0	20	3	0
	합계		59	21	0	3	95	9	0
K1	2013	전남	23	6	1	0	29	7	0
	2015	광주	26	3	0	0	27	8	0
	2016	상주	5	3	0	0	2	0	0
	2017	상주	5	3	0	0	5	0	0
	2017	광주	1	0	0	0	0	0	0
	2020	광주	7	3	0	0	13	0	0
	합계		67	21	1	1	75	15	0
K2	2014	광주	30	5	0	2	38	4	0
	2018	광주	22	6	0	0	31	1	0
	2019	광주	10	1	0	0	13	0	0
	2021	안양	25	5	2	1	35	7	1
	합계		87	17	2	1	107	15	1
승	2014	광주	2	0	0	0	5	1	0
프로통산			215	59	3	5	278	39	1

정준현(鄭埈炫) 중앙대 1994.08.26

대회	연도	소속	출전	교체	득점	도움	파울	경고	퇴장
K2	2016	부천	0	0	0	0	0	0	0
	2017	부천	0	0	0	0	0	0	0
	2018	부천	20	6	0	0	17	1	0
	합계		20	6	0	0	17	1	0
프로통산			20	6	0	0	17	1	0

정지안(鄭至安) 대구대 1989.06.17

대회	연도	소속	출전	교체	득점	도움	파울	경고	퇴장
K1	2013	성남일화	0	0	0	0	0	0	0
	합계		0	0	0	0	0	0	0
프로통산			0	0	0	0	0	0	0

정지용(鄭智鏞) 동국대 1998.12.15

대회	연도	소속	출전	교체	득점	도움	파울	경고	퇴장
K1	2019	강원	0	0	0	0	0	0	0
	2020	강원	9	8	0	0	6	0	0
	2021	강원	5	7	0	0	8	1	0
	합계		14	15	0	0	14	1	0
프로통산			14	15	0	0	14	1	0

정진구(鄭珍九) 명지대 1998.03.10

대회	연도	소속	출전	교체	득점	도움	파울	경고	퇴장
K2	2020	안양	0	0	0	0	0	0	0
	합계		0	0	0	0	0	0	0
프로통산			0	0	0	0	0	0	0

정진욱(鄭鎭旭) 중앙대 1997.05.28

대회	연도	소속	출전	교체	실점	도움	파울	경고	퇴장
K1	2018	서울	0	0	0	0	0	0	0
	합계		0	0	0	0	0	0	0
프로통산			0	0	0	0	0	0	0

정찬일(丁粲佾) 동국대 1991.04.27

대회	연도	소속	출전	교체	득점	도움	파울	경고	퇴장
K2	2014	강원	7	7	0	1	15	1	0

대회	연도	소속	출전	교체	득점	도움	파울	경고	퇴장
	2015	강원	13	9	1	1	9	2	0
	2016	강원	3	3	0	0	0	0	0
	합계		23	19	1	2	24	3	0
프로통산			23	19	1	2	24	3	0

정창근(丁昌根) 황지중 1983.08.10

대회	연도	소속	출전	교체	득점	도움	파울	경고	퇴장
BC	1999	안양LG	1	1	0	0	0	0	0
	합계		1	1	0	0	0	0	0
프로통산			1	1	0	0	0	0	0

정정용(丁貞溶) 용인대 1998.07.13

대회	연도	소속	출전	교체	득점	도움	파울	경고	퇴장
K1	2020	인천	1	1	0	0	0	0	0
	합계		1	1	0	0	0	0	0
K2	2021	경남	1	1	0	0	0	0	0
	합계		1	1	0	0	0	0	0
프로통산			2	2	0	0	0	0	0

정철운(鄭喆云) 광운대 1986.07.30

대회	연도	소속	출전	교체	득점	도움	파울	경고	퇴장
BC	2009	강원	6	4	0	0	3	0	0
	2010	강원	11	4	0	0	3	1	0
	합계		17	8	0	0	6	1	0
프로통산			17	8	0	0	6	1	0

정철호(鄭喆鎬) 조선대 1994.02.01

대회	연도	소속	출전	교체	득점	도움	파울	경고	퇴장
K2	2017	수원FC	16	5	0	2	19	3	0
	합계		16	5	0	2	19	3	0
프로통산			16	5	0	2	19	3	0

정철호(鄭喆鎬) 서울시립대 1968.12.01

대회	연도	소속	출전	교체	득점	도움	파울	경고	퇴장
BC	1991	일화	5	5	0	0	4	0	0
	1992	일화	3	2	0	0	4	0	0
	1993	일화	2	2	0	0	0	0	0
	1995	전북	10	1	0	0	13	5	0
	1996	전북	2	2	0	0	0	0	0
	합계		24	15	0	0	26	5	0
프로통산			24	15	0	0	26	5	0

정충근(鄭充根) 일본 FC마치다젤비아 1995.03.01

대회	연도	소속	출전	교체	득점	도움	파울	경고	퇴장
K1	2021	수원FC	14	15	0	0	5	1	0
	합계		14	15	0	0	5	1	0
프로통산			14	15	0	0	5	1	0

정치인(鄭治仁) 대구공고 1997.08.21

대회	연도	소속	출전	교체	득점	도움	파울	경고	퇴장
K1	2018	대구	6	4	0	0	5	2	1
	2019	대구	6	6	0	1	6	0	0
	2020	대구	2	2	0	0	2	0	0
	2021	대구	23	22	2	0	21	3	0
	합계		37	34	2	1	35	5	1
프로통산			37	34	2	1	35	5	1

정태영(鄭泰榮) 한양대 1956.08.04

대회	연도	소속	출전	교체	득점	도움	파울	경고	퇴장
BC	1984	럭키금성	14	4	0	0	5	0	0
	1985	럭키금성	13	2	0	0	11	1	0
	합계		27	6	0	0	16	1	0
프로통산			27	6	0	0	16	1	0

정태욱(鄭泰昱) 아주대 1997.05.16

대회	연도	소속	출전	교체	득점	도움	파울	경고	퇴장
K1	2018	제주	5	5	0	0	1	1	0
	2019	대구	27	1	0	0	33	3	0
	2020	대구	27	1	1	0	37	3	0
	2021	대구	33	1	2	1	26	2	0
	합계		92	14	3	2	97	9	0
프로통산			92	14	3	2	97	9	0

정택훈(鄭澤勳) 고려대 1995.05.26

대회	연도	소속	출전	교체	득점	도움	파울	경고	퇴장
K2	2018	부천	2	2	0	0	1	0	0
	2019	부천	12	11	1	0	10	1	0
	합계		14	14	1	0	7	2	0
프로통산			14	14	1	0	7	2	0

정필석(鄭弼碩) 단국대 1978.07.23

대회	연도	소속	출전	교체	득점	도움	파울	경고	퇴장
BC	2001	부천SK	5	6	0	0	10	1	0
	2003	부천SK	4	4	0	0	3	0	0
	합계		9	10	0	0	13	1	0
프로통산			9	10	0	0	13	1	0

정한민(鄭翰旻) 오산고 2001.01.08

대회	연도	소속	출전	교체	득점	도움	파울	경고	퇴장
K1	2020	서울	11	8	2	0	6	1	0
	2021	서울	15	17	1	0	14	1	0
	합계		26	25	3	0	20	2	0
프로통산			26	25	3	0	20	2	0

정한호(政韓浩) 조선대 1970.06.04

대회	연도	소속	출전	교체	득점	도움	파울	경고	퇴장
BC	1994	버팔로	5	6	0	0	0	0	0
	합계		5	6	0	0	0	0	0
프로통산			5	6	0	0	0	0	0

정해성(鄭海成) 고려대 1958.03.04

대회	연도	소속	출전	교체	득점	도움	파울	경고	퇴장
BC	1984	럭키금성	10	2	0	1	12	4	0
	1985	럭키금성	16	5	0	0	23	2	0
	1986	럭키금성	30	0	1	0	48	5	0
	1987	럭키금성	13	1	0	1	21	3	0
	1988	럭키금성	21	2	1	0	27	1	1
	1989	럭키금성	28	5	1	2	43	3	0
	합계		118	15	2	4	174	18	1
프로통산			118	15	2	4	174	18	1

정해원(丁海遠) 연세대 1959.07.01

대회	연도	소속	출전	교체	득점	도움	파울	경고	퇴장
BC	1983	대우	13	3	4	1	19	3	0
	1984	대우	23	3	5	0	18	0	0
	1985	대우	17	1	7	1	17	1	1
	1986	대우	26	2	10	3	29	2	0
	1987	대우	28	1	6	4	48	4	0
	1988	대우	24	11	1	1	49	3	0
	1990	대우	11	11	1	1	6	0	0
	1991	대우	12	3	0	0	6	2	0
	합계		154	35	34	11	192	15	1
프로통산			154	35	34	11	192	15	1

정현식(鄭軒植) 한양대 1991.03.03

대회	연도	소속	출전	교체	득점	도움	파울	경고	퇴장
K2	2014	강원	12	1	0	0	20	4	0
	합계		12	1	0	0	20	4	0
프로통산			12	1	0	0	20	4	0

정혁(鄭赫) 전주대 1986.05.21

대회	연도	소속	출전	교체	득점	도움	파울	경고	퇴장
BC	2009	인천	16	13	1	1	31	5	0
	2010	인천	29	9	4	4	55	9	0
	2011	인천	23	6	1	2	25	3	1
	2012	인천	23	14	2	1	27	6	0
	합계		83	44	8	8	138	22	1
K1	2013	전북	28	5	2	3	55	9	0
	2014	전북	19	7	3	4	43	3	0
	2016	전북	14	7	0	0	36	8	0
	2017	전북	24	8	2	4	45	10	0
	2018	전북	7	4	0	0	11	2	0
	2019	전북	1	1	0	0	1	0	0
	2020	전북	1	1	0	0	0	0	0
	2021	인천	14	14	0	0	24	4	0
	합계		117	51	10	7	228	33	1
K2	2015	안산경찰	19	16	1	1	15	3	0
	2016	안산무궁	23	13	1	2	35	3	0
	2020	경남	17	6	3	0	18	9	0
	합계		59	35	5	3	68	15	0
프로통산			259	130	23	18	434	70	2

정현식(鄭賢植) 우석대 1990.11.22

대회	연도	소속	출전	교체	득점	도움	파울	경고	퇴장
K2	2017	안산	28	10	0	2	31	3	0
	합계		28	10	0	2	31	3	0
프로통산			28	10	0	2	31	3	0

정현우(鄭賢佑) 금호고 2000.07.12

대회	연도	소속	출전	교체	득점	도움	파울	경고	퇴장
K1	2020	광주	1	1	0	0	0	0	0
	2021	광주	5	5	0	0	0	0	0
	합계		6	6	0	0	0	0	0
K2	2019	광주	2	2	0	0	0	0	0
	합계		2	2	0	0	0	0	0
프로통산			8	8	0	0	0	0	0

정현욱(鄭鉉昱) 스페인 레가네스 후베닐A 2001.04.12

대회	연도	소속	출전	교체	득점	도움	파울	경고	퇴장
K2	2021	안양	0	0	0	0	0	0	0
	합계		0	0	0	0	0	0	0
프로통산			0	0	0	0	0	0	0

정현철(鄭鉉澈) 명지대 1993.05.25

대회	연도	소속	출전	교체	실점	도움	파울	경고	퇴장
K1	2016	울산	0	0	0	0	0	0	0
	합계		0	0	0	0	0	0	0
프로통산			0	0	0	0	0	0	0

정현철(鄭鉉哲) 동국대 1993.04.26

대회	연도	소속	출전	교체	득점	도움	파울	경고	퇴장
K1	2018	서울	14	9	0	1	6	3	0
	2019	서울	30	10	1	0	36	4	0
	2020	서울	10	3	0	1	13	1	0
	합계		54	22	1	1	62	10	0
K2	2015	경남	32	9	6	2	38	9	0
	2016	경남	13	3	2	1	14	2	0
	2017	경남	34	13	5	4	23	3	0
	2021	김천	19	4	1	0	40	5	0
	합계		98	29	14	7	115	19	0
승	2018	서울	2	1	1	0	5	0	0
	합계		2	1	1	0	5	0	0
프로통산			154	52	16	8	182	29	0

정현호(丁玹浩) 건국대 1974.02.13

대회	연도	소속	출전	교체	득점	도움	파울	경고	퇴장
BC	1996	안양LG	21	10	0	0	39	3	0
	1997	안양LG	4	3	0	0	5	1	0
	1998	안양LG	9	1	1	0	12	1	0
	1999	안양LG	10	1	1	0	32	1	0
	2000	안양LG	1	1	0	0	0	0	0
	합계		45	24	1	0	83	5	0
프로통산			45	24	1	0	83	5	0

정형준(丁澔濬) 숭실대 1986.04.26

대회	연도	소속	출전	교체	득점	도움	파울	경고	퇴장
BC	2010	대전	3	2	0	0	3	1	0
	합계		3	2	0	0	3	1	0
프로통산			3	2	0	0	3	1	0

정호근(鄭虎根) 안동과학대 1999.03.17

대회	연도	소속	출전	교체	득점	도움	파울	경고	퇴장
K2	2020	부천							
	2021	부천							
	합계								
프로통산									

정호민(鄭鎬敏) 광주대 1994.03.31

대회	연도	소속	출전	교체	득점	도움	파울	경고	퇴장
K1	2017	광주	3	1	0	0	5	1	0
	합계		3	1	0	0	5	1	0
K2	2020	안산	6	2	0	0	6	1	0
	합계		6	2	0	0	6	1	0
프로통산			9	3	0	0	11	2	0

정호영(鄭澔泳) 전주대 1997.01.16

대회	연도	소속	출전	교체	득점	도움	파울	경고	퇴장
K1	2018	전북	1	0	0	0	2	0	0
	합계		1	0	0	0	2	0	0
프로통산			1	0	0	0	2	0	0

정호영(鄭昊泳) 중원대 1994.11.03

대회	연도	소속	출전	교체	득점	도움	파울	경고	퇴장
K2	2017	수원FC	0	0	0	0	0	0	0
	합계		0	0	0	0	0	0	0
프로통산			0	0	0	0	0	0	0

정호정(鄭好正) 광운대 1988.09.01

대회	연도	소속	출전	교체	득점	도움	파울	경고	퇴장
BC	2010	성남일화	0	0	0	0	0	0	0
	2011	성남일화	10	0	0	0	15	1	0
	2012	상주	15	7	0	0	12	1	0
	합계		25	7	0	0	27	2	0
K1	2015	광주	28	4	0	0	18	6	0
	2016	광주	28	2	0	1	13	2	0
	합계		56	9	0	1	31	4	0
K2	2013	상주	6	2	0	0	1	0	0
	2014	광주	28	3	0	2	22	2	0
	2017	부산	25	5	0	0	20	1	0
	2018	부산	21	4	0	0	12	0	0
	2019	부산	7	4	0	0	1	1	0
	합계		87	18	0	2	56	6	0
승	2014	광주	1	1	0	0	1	0	0
	2017	부산	1	0	0	0	0	0	0
	합계		2	1	0	0	1	0	0
프로통산			169	35	0	3	115	12	0

정호진(鄭豪珍) 고려대 1999.08.06

대회	연도	소속	출전	교체	득점	도움	파울	경고	퇴장
K2	2020	전남	12	6	0	0	29	3	0
	2021	전남	14	9	0	0	18	3	0
	합계		26	15	0	0	47	6	0
프로통산			26	15	0	0	47	6	0

정호진(鄭豪鎭) 동의대 1984.05.30

대회	연도	소속	출전	교체	득점	도움	파울	경고	퇴장
BC	2007	대구	1	1	0	0	0	0	0
	합계		1	1	0	0	0	0	0
프로통산			1	1	0	0	0	0	0

정홍연(鄭洪然) 동의대 1983.08.18

대회	연도	소속	출전	교체	득점	도움	파울	경고	퇴장
BC	2006	제주	29	8	1	0	35	2	0
	2007	제주	21	10	0	0	15	2	0
	2009	부산	0	0	0	0	0	0	0
	2010	포항	11	0	1	2	14	2	0
	2011	포항	10	4	0	0	8	1	0
	2012	포항	12	6	0	1	15	2	0
	합계		83	28	2	3	87	10	0
K1	2013	포항	1	0	0	0	1	0	0
	2013	전남	5	1	0	0	5	0	0
	합계		6	1	0	0	6	0	0
K2	2014	부천	30	3	0	1	19	5	0
	2015	부천	18	9	0	1	13	3	0
	합계		48	12	0	2	32	8	0
프로통산			137	41	2	4	118	19	0

정후균(鄭候均) 조선대 1961.02.21

대회	연도	소속	출전	교체	득점	도움	파울	경고	퇴장
BC	1984	국민은행	5	5	0	0	0	0	0
	합계		5	5	0	0	0	0	0
프로통산			5	5	0	0	0	0	0

정훈(鄭勳) 동아대 1985.08.31

대회	연도	소속	출전	교체	득점	도움	파울	경고	퇴장
BC	2008	전북	13	5	0	1	22	4	0
	2009	전북	26	10	2	0	69	9	0
	2010	전북	14	11	0	0	35	6	0
	2011	전북	22	9	1	2	49	8	0
	2012	전북	34	11	0	1	65	8	0
	합계		109	46	2	3	240	35	0
K1	2014	상주	5	4	0	0	10	1	0
	2014	전북	2	2	0	0	3	2	0
	2015	전북	20	13	0	1	27	2	0
	합계		27	19	0	1	40	5	0
K2	2013	상주	19	15	0	1	26	3	0
	2017	수원FC	23	12	0	1	39	8	0
	2018	수원FC	8	1	0	1	8	0	0
	합계		50	28	0	2	73	11	0
승	2013	상주	2	1	0	0	2	0	0
프로통산			188	95	2	6	355	51	0

정훈성(鄭薰聖) 신갈고 1994.02.22

대회	연도	소속	출전	교체	득점	도움	파울	경고	퇴장
K1	2019	인천	16	11	1	0	17	1	0
	2020	울산	5	5	0	1	11	0	0
	2021	제주	1	1	0	0	0	0	0
	합계		22	17	2	0	28	1	0
K2	2021	부산	6	5	1	0	8	1	0
	합계		6	5	1	0	8	1	0
프로통산			28	22	3	0	36	2	0

정훈찬(鄭薰瓚) 능곡고 1993.07.24

대회	연도	소속	출전	교체	득점	도움	파울	경고	퇴장
BC	2012	전남	2	2	0	0	2	0	0
	합계		2	2	0	0	2	0	0
프로통산			2	2	0	0	2	0	0

정희웅(鄭喜熊) 청주대 1995.05.18

대회	연도	소속	출전	교체	득점	도움	파울	경고	퇴장
K2	2017	서울E	4	2	0	0	0	0	0
	2018	안양	33	20	6	3	35	2	0
	2019	안양	13	9	1	0	16	2	0
	2020	대전	24	17	1	2	25	1	0
	2021	대전	4	5	0	0	6	0	0
	합계		78	53	8	6	82	5	0
프로통산			78	53	8	6	82	5	0

제니아(Yevgeny Zhirov) 러시아 1969.01.10

대회	연도	소속	출전	교체	득점	도움	파울	경고	퇴장
BC	1994	LG	4	2	0	1	6	1	0
	합계		4	2	0	1	6	1	0
프로통산			4	2	0	1	6	1	0

제르소(Gerso Fernandes) 기니비사우/포르투갈 1991.02.23

대회	연도	소속	출전	교체	득점	도움	파울	경고	퇴장
K1	2021	제주	32	32	5	2	63	3	0
	합계		32	32	5	2	63	3	0
프로통산			32	32	5	2	63	3	0

제르손(Gerson Guimaraes Ferreira Junior) 브라질 1992.01.07

대회	연도	소속	출전	교체	득점	도움	파울	경고	퇴장
K1	2017	강원	10	1	0	1	10	1	0
	합계		10	1	0	1	10	1	0
프로통산			10	1	0	1	10	1	0

제리치(Uros Deric) 세르비아 1992.05.28

대회	연도	소속	출전	교체	득점	도움	파울	경고	퇴장
K1	2018	강원	36	13	24	4	39	4	0
	2019	강원	14	10	4	0	16	0	0
	2019	경남	17	5	9	1	24	2	0
	2021	수원	27	24	6	1	25	1	0
	합계		94	52	43	6	104	7	0
K2	2020	경남	6	5	1	1	7	2	0
	합계		6	5	1	1	7	2	0
승	2019	경남	2	0	0	0	4	0	0
	합계		2	0	0	0	4	0	0
프로통산			102	57	44	7	115	8	0

제영진(諸泳珍) 경일대 1975.03.10

대회	연도	소속	출전	교체	득점	도움	파울	경고	퇴장
BC	1998	울산	12	13	1	0	15	1	0
	1999	울산	2	2	1	0	4	0	0
	2000	울산	12	12	1	1	2	2	0
	합계		26	27	3	1	21	3	0
프로통산			26	27	3	1	21	3	0

제용삼(諸龍三) 한성대 1972.01.25

대회	연도	소속	출전	교체	득점	도움	파울	경고	퇴장
BC	1998	안양G	33	20	10	4	57	4	0
	1999	안양G	15	15	1	1	14	1	0
	2000	안양G	11	11	1	0	4	1	0
	합계		59	46	12	5	75	6	0
프로통산			59	46	12	5	75	6	0

제이드(Jade Bronson North) 오스트레일리아 1982.01.07

대회	연도	소속	출전	교체	득점	도움	파울	경고	퇴장
BC	2009	인천	9	1	0	0	7	1	0
	합계		9	1	0	0	7	1	0
프로통산			9	1	0	0	7	1	0

제이미(Jamie Cureton) 영국(잉글랜드) 1975.08.28

대회	연도	소속	출전	교체	득점	도움	파울	경고	퇴장
BC	2003	부산	21	12	4	1	20	2	0
	합계		21	12	4	1	20	2	0
프로통산			21	12	4	1	20	2	0

제이훈(Ceyhun Eris) 터키 1977.05.15

대회	연도	소속	출전	교체	득점	도움	파울	경고	퇴장
BC	2008	서울	8	7	1	0	13	1	0
	합계		8	7	1	0	13	1	0
프로통산			8	7	1	0	13	1	0

제임스(Augustine James) 나이지리아 1984.01.18

대회	연도	소속	출전	교체	득점	도움	파울	경고	퇴장
BC	2003	부천SK	13	12	1	0	23	0	0
	합계		13	12	1	0	23	0	0
프로통산			13	12	1	0	23	0	0

제제(Zeze Gomes) 브라질

대회	연도	소속	출전	교체	득점	도움	파울	경고	퇴장
BC	1984	포항제철	9	3	4	2	14	0	0
	합계		9	3	4	2	14	0	0
프로통산			9	3	4	2	14	0	0

제종현(諸鐘炫) 숭실대 1991.12.06

대회	연도	소속	출전	교체	실점	도움	파울	경고	퇴장
K1	2015	광주	8	0	11	0	0	1	0
	2016	상주	2	0	4	0	0	0	0
	2017	상주	0	0	0	0	0	0	0
	2017	광주	4	0	5	0	0	0	0
	합계		14	0	20	0	0	1	0
K2	2013	광주							
	2014	광주	24	0	17	0	0	2	0
	2018	광주							
	2019	아산							
	합계		38	0	35	0	0	2	0
승	2014	광주	2	0	2	0	0	0	0
	합계		2	0	2	0	0	0	0
프로통산			54	0	57	0	0	4	0

제칼로(Jose Carlos Ferreira ← 카르로스) 브라질 1983.04.24

대회	연도	소속	출전	교체	득점	도움	파울	경고	퇴장
BC	2004	울산	19	6	14	1	55	6	0
	2005	울산	13	6	5	0	32	8	0
	2006	전북	24	11	6	1	57	10	0
	2007	전북	21	11	8	0	51	7	1
	2008	전북	3	2	1	0	9	1	0
	합계		80	36	34	2	204	32	1
프로통산			80	36	34	2	204	32	1

제테르손(Getterson Alves dos Santos) 브라질 1991.05.16

대회	연도	소속	출전	교체	득점	도움	파울	경고	퇴장

제파로프 外

대회	연도	소속	출전	교체	득점	도움	파울	경고	퇴장
K1	2018	포항	9	7	1	0	4	0	0
		합계	9	7	1	0	4	0	0
	프로통산		9	7	1	0	4	0	0

제파로프(Server Resatovich Djeparov) 우즈베키스탄 1982.10.03

대회	연도	소속	출전	교체	득점	도움	파울	경고	퇴장
BC	2010	서울	18	7	1	7	24	4	0
	2011	서울	15	5	0	1	21	2	0
		합계	33	12	1	8	45	6	0
K1	2013	성남일화	31	16	6	2	37	7	0
	2014	성남	24	9	7	3	26	2	0
	2015	울산	22	13	6	3	17	2	0
		합계	77	38	19	8	80	11	0
	프로통산		110	50	20	16	125	17	0

제펠손(Jefferson Gama Rodrigues) 브라질 1981.01.26

대회	연도	소속	출전	교체	득점	도움	파울	경고	퇴장
BC	2006	대구	3	3	0	0	2	0	0
		합계	3	3	0	0	2	0	0
	프로통산		3	3	0	0	2	0	0

제프유(Jeff Yoo, Yu, Ji Young) 미국 1978.10.30

대회	연도	소속	출전	교체	득점	도움	파울	경고	퇴장
BC	2000	울산	5	5	0	0	5	0	0
	2001	부천SK	2	2	0	0	2	0	0
		합계	7	7	0	0	7	0	0
	프로통산		7	7	0	0	7	0	0

젠토이(Zentai Lajos) 헝가리 1966.08.02

대회	연도	소속	출전	교체	득점	도움	파울	경고	퇴장
BC	1991	LG	23	9	1	0	25	2	0
		합계	23	9	1	0	25	2	0
	프로통산		23	9	1	0	25	2	0

젤리코(Zeljko Simović) 유고슬라비아 1967.02.02

대회	연도	소속	출전	교체	득점	도움	파울	경고	퇴장
BC	1994	대우	3	1	1	0	6	1	0
		합계	3	1	1	0	6	1	0
	프로통산		3	1	1	0	6	1	0

젤리코(Zeljko Bajceta) 유고슬라비아 1967.01.01

대회	연도	소속	출전	교체	득점	도움	파울	경고	퇴장
BC	1994	LG	9	8	3	0	2	1	0
		합계	9	8	3	0	2	1	0
	프로통산		9	8	3	0	2	1	0

조건규(趙建規) 호남대 1998.10.15

대회	연도	소속	출전	교체	득점	도움	파울	경고	퇴장
K2	2019	부천	5	5	0	0	4	0	0
	2020	부천	12	11	2	1	12	4	0
	2021	부천	11	10	0	0	11	3	0
		합계	28	26	2	1	27	7	0
	프로통산		28	26	2	1	27	7	0

조광래(趙廣來) 연세대 1954.03.19

대회	연도	소속	출전	교체	득점	도움	파울	경고	퇴장
BC	1983	대우	15	1	2	1	28	3	0
	1984	대우	13	6	1	2	13	2	0
	1985	대우	5	1	1	2	12	1	0
	1986	대우	9	3	0	0	21	1	0
	1987	대우	4	2	0	0	15	0	0
		합계	46	13	4	4	89	7	0
	프로통산		46	13	4	4	89	7	0

조귀범(趙貴範) 예원예술대 1996.08.09

대회	연도	소속	출전	교체	득점	도움	파울	경고	퇴장
K1	2017	대구	0	0	0	0	0	0	0
		합계	0	0	0	0	0	0	0
K2	2018	대전	3	2	1	0	5	0	0
	2019	대전	2	1	0	0	2	0	0
		합계	5	3	1	0	7	0	0
	프로통산		5	3	1	0	7	0	0

조규성(曺圭成) 광주대 1998.01.25

대회	연도	소속	출전	교체	득점	도움	파울	경고	퇴장
K1	2020	전북	23	19	4	2	36	3	0
		합계	23	19	4	2	36	3	0
K2	2019	안양	33	7	14	4	62	3	1
	2021	김천	25	9	8	3	36	3	0
		합계	58	16	22	7	98	6	1
	프로통산		81	35	26	9	134	9	1

조규승(曺圭承) 선문대 1991.10.30

대회	연도	소속	출전	교체	득점	도움	파울	경고	퇴장
K1	2013	대전	2	2	0	0	4	0	0
		합계	2	2	0	0	4	0	0
	프로통산		2	2	0	0	4	0	0

조규태(曺圭泰) 고려대 1957.01.18

대회	연도	소속	출전	교체	실점	도움	파울	경고	퇴장
BC	1985	할렐루야	3	1	5	0	0	0	0
		합계	3	1	5	0	0	0	0
	프로통산		3	1	5	0	0	0	0

조긍연(趙兢衍) 고려대 1961.03.18

대회	연도	소속	출전	교체	득점	도움	파울	경고	퇴장
BC	1985	포항제철	14	9	2	1	23	1	0
	1986	포항제철	27	14	8	1	28	1	0
	1987	포항제철	20	19	3	2	14	0	0
	1988	포항제철	15	12	0	0	13	1	0
	1989	포항제철	39	11	20	1	41	2	0
	1990	포항제철	17	14	4	3	18	1	0
	1991	포항제철	21	17	2	1	25	1	0
	1992	현대	10	10	1	0	4	0	0
		합계	153	98	39	7	153	7	0
	프로통산		153	98	39	7	153	7	0

조나탄(Johnathan Aparecido da Silva Vilela) 브라질 1990.03.29

대회	연도	소속	출전	교체	득점	도움	파울	경고	퇴장
K1	2016	수원	14	8	10	2	19	2	0
	2017	수원	29	11	22	3	35	5	0
	2021	광주	2	2	0	0	2	0	0
		합계	45	21	32	5	56	9	0
K2	2014	대구	29	17	14	2	56	3	0
	2015	대구	39	4	26	7	63	2	0
		합계	68	21	40	8	133	5	0
	프로통산		113	42	72	13	189	14	0

조나탄(Jonathan Alonso Moya Aguilar) 코스타리카 1992.01.06

대회	연도	소속	출전	교체	득점	도움	파울	경고	퇴장
K2	2021	안양	29	9	14	1	40	5	0
		합계	29	9	14	1	40	5	0
	프로통산		29	9	14	1	40	5	0

조남현(趙南眩) 전북대 1981.09.20

대회	연도	소속	출전	교체	득점	도움	파울	경고	퇴장
BC	2005	전북	7	6	0	0	9	0	0
		합계	7	6	0	0	9	0	0
	프로통산		7	6	0	0	9	0	0

조네스(Jonhes Elias Pinto Santos) 브라질 1979.09.28

대회	연도	소속	출전	교체	득점	도움	파울	경고	퇴장
BC	2007	포항	14	11	4	0	33	1	0
		합계	14	11	4	0	33	1	0
	프로통산		14	11	4	0	33	1	0

조대현(趙大賢) 동국대 1974.02.24

대회	연도	소속	출전	교체	득점	도움	파울	경고	퇴장
BC	1996	수원	16	12	1	0	24	1	0
	1997	수원	12	13	1	0	23	1	0
	1998	수원	8	6	0	1	16	0	0
	1999	수원	19	17	2	1	29	1	0
	2001	울산	4	4	0	0	4	0	0
		합계	61	55	4	1	86	5	0
	프로통산		61	55	4	1	86	5	0

조덕제(趙德濟) 아주대 1965.10.26

대회	연도	소속	출전	교체	득점	도움	파울	경고	퇴장
BC	1988	대우	18	4	1	1	25	2	0
	1989	대우	39	5	1	4	71	3	0
	1990	대우	20	14	0	2	18	1	0
	1991	대우	33	14	2	0	38	5	0
	1992	대우	29	0	0	1	35	4	1
	1993	대우	29	0	0	1	23	1	0
	1994	대우	35	0	2	2	38	4	0
	1995	대우	15	3	1	1	13	1	0
		합계	213	46	10	11	261	21	1
	프로통산		213	46	10	11	261	21	1

조동건(趙東建) 건국대 1986.04.16

대회	연도	소속	출전	교체	득점	도움	파울	경고	퇴장
BC	2008	성남일화	12	11	4	4	9	1	0
	2009	성남일화	39	16	8	5	57	2	0
	2010	성남일화	18	14	2	1	24	0	0
	2011	성남일화	32	13	8	4	43	2	0
	2012	수원	20	15	2	1	23	1	0
		합계	121	72	24	14	156	6	0
K1	2013	수원	25	15	5	4	19	1	0
	2014	수원	4	4	0	1	0	0	0
	2014	상주	19	6	3	1	20	1	0
	2016	수원	7	7	0	0	6	0	0
	2017	수원	17	14	4	1	15	2	0
		합계	72	46	12	7	60	4	0
K2	2015	상주	14	11	6	1	15	1	0
		합계	14	11	6	1	15	1	0
	프로통산		207	129	42	21	227	11	0

조란(Zoran Milosević) 유고슬라비아 1975.11.23

대회	연도	소속	출전	교체	득점	도움	파울	경고	퇴장
BC	1999	전북	30	2	0	0	53	6	0
	2000	전북	18	13	0	0	25	2	0
	2001	전북	18	4	1	0	21	2	1
		합계	66	19	1	0	99	10	1
	프로통산		66	19	1	0	99	10	1

조란(Zoran Sprko Rendulić) 세르비아 1984.05.22

대회	연도	소속	출전	교체	득점	도움	파울	경고	퇴장
BC	2012	포항	15	2	0	3	23	4	0
		합계	15	2	0	3	23	4	0
	프로통산		15	2	0	3	23	4	0

조란(Zoran Vukčević) 유고슬라비아 1972.02.07

대회	연도	소속	출전	교체	득점	도움	파울	경고	퇴장
BC	1993	현대	10	10	1	0	6	0	0
		합계	10	10	1	0	6	0	0
	프로통산		10	10	1	0	6	0	0

조란(Zoran Durišić) 유고슬라비아 1971.04.29

대회	연도	소속	출전	교체	득점	도움	파울	경고	퇴장
BC	1996	울산	24	20	4	3	39	4	0
		합계	24	20	4	3	39	4	0
	프로통산		24	20	4	3	39	4	0

조란(Zoran Novaković) 유고슬라비아 1975.08.22

대회	연도	소속	출전	교체	득점	도움	파울	경고	퇴장
BC	1998	부산	6	5	0	0	9	1	0
	1999	부산	9	8	0	0	18	1	0
		합계	15	13	0	0	27	2	0
	프로통산		15	13	0	0	27	2	0

조르단(Wilmar Jordan Gil) 콜롬비아 1990.10.17

대회	연도	소속	출전	교체	득점	도움	파울	경고	퇴장
BC	2011	경남	10	7	3	1	23	2	0
	2012	경남	22	19	2	1	25	1	0
		합계	32	26	5	2	48	3	0
K1	2013	성남일화	2	2	0	0	0	0	0
		합계	2	2	0	0	0	0	0
	프로통산		34	28	5	2	48	3	0

조르징요(Jorge Xavier de Sousa) 브라질 1991.01.05

대회	연도	소속	출전	교체	득점	도움	파울	경고	퇴장
K1	2015	성남	11	7	1	0	12	3	0

대회	연도	소속	출전	교체	득점	도움	파울	경고	퇴장
	합계		11	7	1	0	12	3	0
	프로통산		11	7	1	0	12	3	0

조만근(趙萬根) 한양대 1977.11.28

대회	연도	소속	출전	교체	득점	도움	파울	경고	퇴장
BC	1998	수원	3	3	0	0	4	0	0
	1999	수원	2	1	0	0	3	0	0
	2002	수원	2	2	0	0	2	0	0
	합계		7	6	0	0	9	0	0
	프로통산		7	6	0	0	9	0	0

조민국(趙敏國) 고려대 1963.07.05

대회	연도	소속	출전	교체	득점	도움	파울	경고	퇴장
BC	1986	럭키금성	12	0	5	2	12	3	0
	1987	럭키금성	19	1	0	1	16	3	0
	1988	럭키금성	10	1	0	0	15	2	0
	1989	럭키금성	9	1	1	2	8	1	0
	1990	럭키금성	23	6	4	2	17	3	0
	1991	LG	32	4	6	2	31	7	0
	1992	LG	34	1	2	2	23	4	0
	합계		139	14	15	11	122	22	1
	프로통산		139	14	15	11	122	22	1

조민우(趙民宇) 동국대 1992.05.13

대회	연도	소속	출전	교체	득점	도움	파울	경고	퇴장
K1	2017	포항	14	2	1	0	14	1	0
	합계		14	2	1	0	14	1	0
K2	2014	강원	3	3	0	0	0	0	0
	합계		3	3	0	0	0	0	0
	프로통산		17	5	1	0	15	1	0

조민혁(趙民爀) 홍익대 1982.05.05

대회	연도	소속	출전	교체	실점	도움	파울	경고	퇴장
BC	2005	부천SK	0	0	0	0	0	0	0
	2006	제주	0	0	0	0	0	0	0
	2007	전남	0	0	0	0	0	0	0
	2008	전남	0	0	0	0	0	0	0
	합계		0	0	0	0	0	0	0
	프로통산		0	0	0	0	0	0	0

조민형(曺民亨) 전주기전대 1993.04.07

대회	연도	소속	출전	교체	득점	도움	파울	경고	퇴장
K2	2014	수원FC	0	0	0	0	0	0	0
	합계		0	0	0	0	0	0	0
	프로통산		0	0	0	0	0	0	0

조범석(曺帆奭) 신갈고 1990.01.09

대회	연도	소속	출전	교체	득점	도움	파울	경고	퇴장
BC	2011	인천	6	3	0	0	10	0	0
	합계		6	3	0	0	10	0	0
K2	2016	부천	36	10	1	4	36	2	0
	2017	부천	32	18	0	4	19	3	0
	2018	아산	5	3	0	0	1	0	0
	2019	아산	20	5	0	0	9	0	0
	2019	부천	13	2	0	0	5	0	0
	2020	부천	23	0	0	0	8	0	0
	2021	부천	6	2	0	0	6	2	0
	합계		135	43	1	7	64	7	2
	프로통산		141	46	1	7	74	7	2

조병국(曺秉局) 연세대 1981.07.01

대회	연도	소속	출전	교체	득점	도움	파울	경고	퇴장
BC	2002	수원	23	2	3	1	38	1	1
	2003	수원	5	5	0	1	47	1	0
	2004	수원	14	2	1	0	32	3	0
	2005	성남일화	12	12	0	0	6	0	0
	2006	성남일화	40	0	1	1	47	5	0
	2007	성남일화	26	1	0	1	38	3	0
	2008	성남일화	25	1	0	1	37	3	0
	2009	성남일화	26	1	0	2	50	14	0
	2010	성남일화	30	2	0	0	49	5	0
	합계		225	25	7	4	340	35	1
K1	2016	인천	29	5	1	2	21	5	0
	2018	경남	0	0	0	0	0	0	0
	합계		29	5	1	2	21	5	0
K2	2017	경남	8	2	1	0	14	4	0
	2018	수원FC	13	4	0	0	13	0	0
	합계		21	6	1	0	23	4	0
	프로통산		275	36	9	6	384	44	1

조병득(趙炳得) 명지대 1958.05.26

대회	연도	소속	출전	교체	실점	도움	파울	경고	퇴장
BC	1983	할렐루야	15	0	19	0	0	0	0
	1984	할렐루야	28	0	35	0	0	0	0
	1985	할렐루야	19	1	25	0	0	0	0
	1987	포항제철	18	2	24	0	1	0	0
	1988	포항제철	6	0	1	0	0	0	0
	1989	포항제철	25	0	35	1	0	0	0
	1990	포항제철	23	0	23	0	1	0	0
	합계		134	3	162	1	2	0	0
	프로통산		134	3	162	1	2	0	0

조병영(趙炳英) 안동대 1966.01.22

대회	연도	소속	출전	교체	득점	도움	파울	경고	퇴장
BC	1988	럭키금성	18	1	1	0	27	1	0
	1989	럭키금성	17	13	0	0	13	0	0
	1990	럭키금성	21	3	1	0	26	2	0
	1991	LG	13	5	0	1	12	0	0
	1992	LG	15	9	1	0	19	1	0
	1993	LG	23	4	0	0	34	5	1
	1994	LG	35	1	0	0	36	6	0
	1995	LG	15	10	1	0	21	3	0
	1996	안양LG	33	6	0	0	48	7	1
	1997	안양LG	25	16	1	0	56	5	0
	합계		178	59	3	1	277	29	3
	프로통산		178	59	3	1	277	29	3

조블론(Jovlon Ibrokhimov) 우즈베키스탄 1990.12.10

대회	연도	소속	출전	교체	득점	도움	파울	경고	퇴장
K2	2019	수원FC	8	5	0	2	9	0	0
	합계		8	5	0	2	9	0	0
	프로통산		8	5	0	2	9	0	0

조상범(趙尙範) 호남대 1994.01.01

대회	연도	소속	출전	교체	득점	도움	파울	경고	퇴장
K2	2017	대전	11	8	0	1	8	1	0
	2018	수원FC	10	3	0	1	10	1	0
	2019	수원FC	0	0	0	0	0	0	0
	합계		21	11	0	2	18	1	0
	프로통산		21	11	0	2	18	1	0

조상원(趙相圓) 호남대 1976.05.06

대회	연도	소속	출전	교체	실점	도움	파울	경고	퇴장
BC	1999	전북	3	0	3	0	0	0	0
	2000	전북	0	0	0	0	0	0	0
	2001	전북	1	1	0	0	0	0	0
	합계		4	1	3	0	0	0	0
	프로통산		4	1	3	0	0	0	0

조상준(曺祥準) 대구대 1988.07.24

대회	연도	소속	출전	교체	실점	도움	파울	경고	퇴장
BC	2011	광주	0	0	0	0	0	0	0
	합계		0	0	0	0	0	0	0
K2	2013	경찰	4	3	0	0	4	0	0
	합계		4	3	0	0	4	0	0
	프로통산		4	3	0	0	4	0	0

조상준(趙尙俊) 제주국제대 1999.07.11

대회	연도	소속	출전	교체	득점	도움	파울	경고	퇴장
K1	2021	수원FC	26	28	1	2	5	0	0
	합계		26	28	1	2	5	0	0
	프로통산		26	28	1	2	5	0	0

조석영(趙奭泳) 광운대 1997.04.09

대회	연도	소속	출전	교체	득점	도움	파울	경고	퇴장
K1	2020	서울	1	1	0	0	2	0	0
	2021	서울	1	1	0	0	0	0	0
	합계		2	2	0	0	2	0	0
	프로통산		2	2	0	0	3	1	0

조석재(趙錫宰) 건국대 1993.03.24

대회	연도	소속	출전	교체	득점	도움	파울	경고	퇴장
K1	2016	전남	9	9	1	0	3	0	0
	2018	대구	6	6	0	0	0	0	0
	합계		15	15	1	0	3	0	0
K2	2015	충주	36	18	19	5	44	6	0
	2017	안양	28	24	1	2	2	0	0
	합계		64	42	20	6	66	8	0
	프로통산		79	57	27	6	69	9	0

조성규(趙星奎) 동국대 1959.05.22

대회	연도	소속	출전	교체	득점	도움	파울	경고	퇴장
BC	1984	한일은행	9	4	1	2	8	1	0
	1985	한일은행	21	3	2	3	23	3	0
	1986	한일은행	18	6	3	6	22	0	0
	합계		48	13	6	11	53	4	0
	프로통산		48	13	6	11	53	4	0

조성래(趙成來) 홍익대 1979.08.10

대회	연도	소속	출전	교체	득점	도움	파울	경고	퇴장
BC	2004	성남일화	9	5	0	0	17	2	0
	합계		9	5	0	0	17	2	0
	프로통산		9	5	0	0	17	2	0

조성욱(趙成昱) 단국대 1995.03.22

대회	연도	소속	출전	교체	득점	도움	파울	경고	퇴장
K2	2018	성남	11	9	0	0	7	3	0
	합계		11	9	0	0	7	3	0
	프로통산		11	9	0	0	7	3	0

조성윤(趙成閏) 숭실대 1984.04.26

대회	연도	소속	출전	교체	득점	도움	파울	경고	퇴장
BC	2005	인천	2	1	0	0	1	0	0
	2006	광주상무	0	0	0	0	0	0	0
	합계		2	1	0	0	1	0	0
	프로통산		2	1	0	0	1	0	0

조성준(趙聖俊) 청주대 1990.11.27

대회	연도	소속	출전	교체	득점	도움	파울	경고	퇴장
K1	2016	광주	32	28	1	2	34	4	0
	2017	광주	12	8	2	1	14	3	0
	2019	성남	14	6	1	0	11	0	0
	2021	제주	23	26	1	3	10	0	0
	합계		81	68	5	6	69	7	0
K2	2013	안양	24	20	4	2	28	1	1
	2014	안양	22	17	4	2	35	4	0
	2015	안양	36	26	2	3	29	3	0
	2017	아산	8	7	1	0	3	0	0
	2018	아산	24	20	4	6	15	3	0
	합계		114	90	15	13	110	11	1
	프로통산		195	158	20	19	179	21	1

조성준(趙晟俊) 주엽공고 1988.06.07

대회	연도	소속	출전	교체	득점	도움	파울	경고	퇴장
BC	2007	전북	3	0	0	1	12	2	0
	2008	전북	8	2	0	0	18	5	0
	합계		11	2	0	1	30	7	0
	프로통산		11	2	0	1	30	7	0

조성진(趙成鎭) 유성생명과학고 1990.12.14

대회	연도	소속	출전	교체	득점	도움	파울	경고	퇴장
K1	2014	수원	37	4	0	0	58	6	0
	2015	수원	29	2	3	0	56	11	0
	2017	수원	30	3	0	0	33	3	0
	2018	수원	10	1	0	0	9	0	0
	2019	수원	10	5	0	0	9	0	0
	2020	수원	12	4	0	0	0	0	0
	2021	수원	0	0	0	0	0	0	0
	합계		128	19	3	0	165	20	0
K2	2016	안산무궁	18	0	0	0	27	3	1
	2017	아산	18	1	0	0	13	4	0
	합계		36	1	0	0	40	7	1
	프로통산		164	20	3	0	205	27	1

조성채(趙誠彩) 대신고 1995.06.13

대회	연도	소속	출전	교체	득점	도움	파울	경고	퇴장
K2	2016	고양	0	0	0	0	0	0	0
	합계		0	0	0	0	0	0	0
프로통산			0	0	0	0	0	0	0

조성환(趙星桓) 초당대 1982.04.09

대회	연도	소속	출전	교체	득점	도움	파울	경고	퇴장
BC	2001	수원	32	3	0	0	45	5	0
	2002	수원	23	2	0	0	47	5	0
	2003	전북	31	5	0	2	82	12	0
	2003	수원	19	6	0	0	26	6	0
	2004	수원	19	0	0	1	27	3	0
	2005	수원	9	3	0	0	12	1	0
	2005	포항	11	0	2	0	18	1	0
	2006	포항	28	2	0	0	37	8	0
	2007	포항	27	1	0	0	43	7	1
	2008	포항	18	0	1	0	22	8	0
	2010	전북	11	0	2	0	28	3	0
	2011	전북	27	0	1	1	34	12	0
	2012	전북	9	1	0	1	15	3	0
	합계		223	26	7	2	377	63	1
K1	2015	전북	17	4	0	0	17	7	0
	2016	전북	14	1	1	0	11	5	0
	2017	전북	11	6	0	1	4	0	0
	2018	전북	5	4	0	0	4	2	0
	합계		47	15	1	1	49	18	0
프로통산			270	41	8	3	419	81	1

조성환(趙成煥) 아주대 1970.10.16

대회	연도	소속	출전	교체	득점	도움	파울	경고	퇴장
BC	1993	유공	16	4	0	1	17	4	0
	1994	유공	33	11	1	1	50	5	0
	1997	부천SK	32	5	0	4	86	8	0
	1998	부천SK	35	0	0	6	101	5	1
	1999	부천SK	31	0	1	3	91	5	0
	2000	부천SK	41	0	3	3	44	5	0
	2001	부천SK	31	0	2	2	65	9	0
	2003	전북	11	1	0	0	28	2	0
	합계		230	34	4	19	505	48	1
프로통산			230	34	4	19	505	48	1

조성훈(趙晟訓) 숭실대 1998.04.21

대회	연도	소속	출전	교체	실점	도움	파울	경고	퇴장
K1	2021	포항	5	1	8	0	1	0	0
	합계		5	1	8	0	1	0	0
프로통산			5	1	8	0	1	0	0

조세(Jose Roberto Assunção de Araujo Filho) 브라질 1993.09.14

대회	연도	소속	출전	교체	득점	도움	파울	경고	퇴장
K1	2018	대구	11	6	3	0	24	2	0
	합계		11	6	3	0	24	2	0
프로통산			11	6	3	0	24	2	0

조세권(趙世權) 고려대 1978.06.26

대회	연도	소속	출전	교체	득점	도움	파울	경고	퇴장
BC	2001	울산	28	2	0	0	37	2	0
	2002	울산	27	4	0	0	41	6	0
	2003	울산	39	2	1	1	57	7	0
	2004	울산	31	2	0	0	63	5	0
	2005	울산	32	2	0	0	40	6	0
	2006	울산	22	7	0	1	40	6	0
	2007	전남	1	1	0	0	1	0	0
	합계		180	19	1	2	272	39	0
프로통산			180	19	1	2	272	39	0

조셉(Jozsef Somogyi) 헝가리 1968.05.23

대회	연도	소속	출전	교체	득점	도움	파울	경고	퇴장
BC	1994	유공	25	11	3	3	29	4	0
	1995	유공	21	8	3	5	41	2	0
	1996	부천유공	35	9	12	6	70	10	0
	1997	부천SK	24	8	1	3	37	4	0

대회	연도	소속	출전	교체	득점	도움	파울	경고	퇴장
	합계		105	36	19	17	160	21	0
프로통산			105	36	19	17	160	21	0

조수철(趙秀哲) 우석대 1990.10.30

대회	연도	소속	출전	교체	득점	도움	파울	경고	퇴장
K1	2013	성남일화	4	4	0	0	1	1	0
	2014	인천	6	4	1	0	3	0	0
	2015	인천	27	6	2	1	28	4	0
	2016	포항	14	3	1	1	13	3	0
	2018	상주	1	1	0	0	1	1	0
	2019	상주	1	1	0	0	1	0	0
	합계		49	15	4	2	47	8	0
K2	2017	부천	10	1	1	0	11	2	0
	2020	부천	7	2	0	1	2	3	0
	2021	부천	26	5	2	0	23	6	0
	합계		70	21	7	0	66	14	0
프로통산			119	36	11	2	113	22	0

조수혁(趙秀赫) 건국대 1987.03.18

대회	연도	소속	출전	교체	실점	도움	파울	경고	퇴장
BC	2008	서울	2	0	1	0	0	0	0
	2010	서울	0	0	0	0	0	0	0
	2011	서울	1	0	1	0	0	0	0
	2012	서울	0	0	0	0	0	0	0
	합계		3	0	2	0	0	0	0
K1	2013	인천	0	0	0	0	0	0	0
	2014	인천	0	0	0	0	0	0	0
	2015	인천	10	0	12	0	0	1	0
	2016	인천	20	0	32	0	2	2	0
	2017	울산	8	1	9	0	0	0	0
	2018	울산	4	0	6	0	0	0	0
	2019	울산	2	0	1	0	0	0	0
	2020	울산	2	0	1	0	0	0	0
	2021	울산	7	0	15	0	0	0	0
	합계		56	3	53	0	2	4	0
프로통산			56	3	53	0	2	4	0

조시마(Josimar de Carvalho Ferreira) 브라질 1972.04.09

대회	연도	소속	출전	교체	득점	도움	파울	경고	퇴장
BC	2000	포항	4	4	0	1	4	0	0
	합계		4	4	0	1	4	0	0
프로통산			4	4	0	1	4	0	0

조시엘(Josiel Alves de Oliveira) 브라질 1988.09.19

대회	연도	소속	출전	교체	득점	도움	파울	경고	퇴장
K2	2017	안양	16	13	1	1	26	4	0
	합계		16	13	1	1	26	4	0
프로통산			16	13	1	1	26	4	0

조엘손(Joelson Franca Dias) 브라질 1988.05.29

대회	연도	소속	출전	교체	득점	도움	파울	경고	퇴장
K2	2014	강원	19	17	6	0	19	2	0
	합계		19	17	6	0	19	2	0
프로통산			19	17	6	0	19	2	0

조영민(趙永玟) 동아대 1982.08.20

대회	연도	소속	출전	교체	득점	도움	파울	경고	퇴장
BC	2005	부산	12	7	1	0	12	1	0
	2006	부산	2	1	0	0	2	0	0
	합계		14	9	1	0	14	1	0
프로통산			14	9	1	0	14	1	0

조영우(曺永雨) 전북대 1973.02.19

대회	연도	소속	출전	교체	득점	도움	파울	경고	퇴장
BC	1995	전북	6	5	1	0	6	0	0
	합계		6	5	1	0	6	0	0
프로통산			6	5	1	0	6	0	0

조영욱(曺永旭) 고려대 1999.02.05

대회	연도	소속	출전	교체	득점	도움	파울	경고	퇴장
K1	2018	서울	30	22	3	2	6	1	0
	2019	서울	18	17	2	1	5	3	0
	2020	서울	20	11	3	1	16	2	0
	2021	서울	36	23	8	1	23	2	0
	합계		104	73	16	5	50	8	0
승	2018	서울	2	1	1	0	2	0	0
	합계		2	1	1	0	2	0	0
프로통산			106	74	17	5	53	8	0

조영준(曺永俊) 경일대 1985.05.23

대회	연도	소속	출전	교체	실점	도움	파울	경고	퇴장
BC	2008	대구	0	0	0	0	0	0	0
	2009	대구	0	0	0	0	0	0	0
	2010	대구	0	0	0	0	0	0	0
	합계		0	0	0	0	0	0	0
프로통산			0	0	0	0	0	0	0

조영증(趙榮增) 중앙대 1954.08.18

대회	연도	소속	출전	교체	득점	도움	파울	경고	퇴장
BC	1984	럭키금성	28	2	9	4	28	1	0
	1985	럭키금성	5	1	1	1	8	0	0
	1986	럭키금성	12	0	4	0	15	1	0
	1987	럭키금성	7	2	0	0	2	0	0
	합계		52	5	14	5	53	2	0
프로통산			52	5	14	5	53	2	0

조영철(曺永哲) 학성고 1989.05.31

대회	연도	소속	출전	교체	득점	도움	파울	경고	퇴장
K1	2015	울산	7	7	0	0	3	0	0
	2016	상주	27	21	3	0	26	1	0
	2017	상주	15	10	2	0	12	1	0
	2017	울산	3	3	0	0	3	0	0
	2018	울산	2	2	0	0	2	0	0
	2018	경남	4	4	0	1	1	3	0
	합계		58	47	5	1	45	4	0
프로통산			58	47	5	1	45	4	0

조영훈(趙榮勳) 동국대 1989.04.13

대회	연도	소속	출전	교체	득점	도움	파울	경고	퇴장
BC	2012	대구	10	7	0	0	12	2	0
	합계		10	7	0	0	12	2	0
K1	2013	대구	26	2	1	1	37	2	0
	합계		26	2	1	1	37	2	0
K2	2014	대구	7	2	1	0	9	1	0
	2015	대구	27	4	0	1	30	7	0
	2016	대구	4	3	0	0	3	1	0
	2017	안양	7	2	0	0	7	2	0
	합계		45	12	1	1	49	9	0
프로통산			81	21	2	2	96	13	0

조예찬(趙藝燦) 용인대 1992.10.30

대회	연도	소속	출전	교체	득점	도움	파울	경고	퇴장
K2	2016	대전	24	18	1	0	24	4	0
	2017	대전	3	3	1	1	0	0	0
	2018	대전	0	0	0	0	0	0	0
	합계		27	21	1	1	25	4	0
프로통산			27	21	1	1	25	4	0

조용기(曺龍起) 아주대 1983.08.28

대회	연도	소속	출전	교체	득점	도움	파울	경고	퇴장
BC	2006	대구	0	0	0	0	0	0	0
	합계		0	0	0	0	0	0	0
프로통산			0	0	0	0	0	0	0

조용민(趙庸珉) 광주대 1992.01.15

대회	연도	소속	출전	교체	득점	도움	파울	경고	퇴장
K2	2014	수원FC	6	6	1	0	0	0	0
	합계		6	6	1	0	0	0	0
프로통산			6	6	1	0	0	0	0

조용석(曺庸碩) 경상대 1977.07.14

대회	연도	소속	출전	교체	득점	도움	파울	경고	퇴장
BC	2000	전남	16	11	1	0	22	1	0
	2001	전남	3	3	0	0	6	0	0
	합계		19	14	1	0	28	1	0
프로통산			19	14	1	0	28	1	0

조용태 (趙容太) 연세대 1986.03.31

대회	연도	소속	출전	교체	득점	도움	파울	경고	퇴장
BC	2008	수원	17	17	2	3	10	1	0
	2009	수원	9	9	1	0	7	0	0
	2010	광주상무	15	11	3	1	9	0	0
	2011	상주	12	11	1	0	7	0	0
	2011	수원	2	3	0	0	1	0	0
	2012	수원	12	12	1	1	5	0	0
	합계		67	63	8	5	39	1	0
K1	2013	수원	14	12	1	1	6	0	0
	2014	경남	4	4	0	0	5	0	0
	2015	광주	19	19	2	2	9	0	0
	2016	광주	10	10	0	1	8	0	0
	합계		47	45	3	4	28	0	0
K2	2014	광주	17	14	2	0	10	0	0
	2017	서울E	5	4	0	0	4	0	0
	2018	서울E	10	9	0	0	6	0	0
	합계		32	27	2	0	19	0	0
승	2014	광주	2	2	0	0	0	0	0
	합계		2	2	0	0	0	0	0
프로통산			148	137	14	9	86	1	0

조용형 (趙容亨) 고려대 1983.11.03

대회	연도	소속	출전	교체	득점	도움	파울	경고	퇴장
BC	2005	부천SK	34	1	0	0	33	6	0
	2006	제주	35	0	0	0	44	8	0
	2007	성남일화	19	11	0	0	15	0	0
	2008	제주	31	0	0	1	33	4	1
	2009	제주	23	0	1	0	37	4	0
	2010	제주	15	3	0	0	28	1	0
	합계		157	15	1	1	190	23	1
K1	2017	제주	17	4	0	0	17	4	0
	2018	제주	16	2	0	0	16	4	0
	2019	제주	5	0	0	1	11	3	0
	합계		38	6	0	1	44	10	1
프로통산			195	21	1	2	234	33	1

조우석 (趙祐奭) 대구대 1968.10.08

대회	연도	소속	출전	교체	득점	도움	파울	경고	퇴장
BC	1991	일화	37	6	3	4	42	2	0
	1992	일화	13	10	0	2	9	1	0
	1994	일화	15	9	0	2	16	5	0
	1995	일화	13	8	1	1	14	2	0
	1996	천안일화	20	8	1	1	23	1	0
	1997	천안일화	29	7	1	1	22	4	0
	1998	천안일화	27	8	0	2	46	3	0
	합계		154	56	6	13	172	18	0
프로통산			154	56	6	13	172	18	0

조우실바 (Jorge Santos Silva) 브라질 1988.02.23

대회	연도	소속	출전	교체	득점	도움	파울	경고	퇴장
BC	2008	대구	2	2	0	0	0	0	0
	합계		2	2	0	0	0	0	0
프로통산			2	2	0	0	0	0	0

조우진 (趙佑鎭) 포철공고 1987.07.07

대회	연도	소속	출전	교체	득점	도움	파울	경고	퇴장
BC	2011	광주	11	11	0	1	6	0	0
	2012	광주	9	9	1	0	3	1	0
	합계		20	20	1	1	9	1	0
K1	2013	대구	3	3	0	0	0	0	0
	합계		3	3	0	0	0	0	0
K2	2017	안산	14	5	0	0	3	0	0
	2018	안산	11	10	0	0	3	1	0
	합계		25	15	0	0	6	1	0
프로통산			48	38	1	1	15	2	0

조우진 (趙佑辰) 한남대 1993.11.25

대회	연도	소속	출전	교체	득점	도움	파울	경고	퇴장
K2	2015	서울E	0	0	0	0	0	0	0
	2016	서울E	8	7	0	0	5	3	0
	합계		8	7	0	0	5	3	0
프로통산			8	7	0	0	5	3	0

조원광 (趙願光) 한양중 1985.08.23

대회	연도	소속	출전	교체	득점	도움	파울	경고	퇴장
BC	2008	인천	4	5	0	0	4	0	0
	합계		4	5	0	0	4	0	0
프로통산			4	5	0	0	4	0	0

조원득 (趙元得) 단국대 1991.06.21

대회	연도	소속	출전	교체	득점	도움	파울	경고	퇴장
K1	2015	대전	7	4	0	0	7	1	0
	합계		7	4	0	0	7	1	0
프로통산			7	4	0	0	7	1	0

조원희 (趙源熙) 배재고 1983.04.17

대회	연도	소속	출전	교체	득점	도움	파울	경고	퇴장
BC	2002	울산	1	1	0	0	1	0	0
	2003	광주상무	23	12	0	2	32	3	0
	2004	광주상무	21	8	0	0	14	2	0
	2005	수원	29	13	1	1	39	2	0
	2006	수원	27	3	0	0	57	3	0
	2007	수원	19	1	1	1	39	4	0
	2008	수원	35	1	1	0	89	9	0
	2010	수원	26	3	1	0	7	2	0
	합계		181	42	4	4	278	25	0
K1	2014	경남	12	1	1	0	13	4	0
	2016	수원	15	5	0	0	33	3	0
	2017	수원	11	5	0	0	13	0	0
	2018	수원	34	11	0	2	27	3	0
	합계		72	22	1	2	86	10	0
K2	2015	서울E	38	0	5	3	41	4	0
	2020	수원FC	2	2	0	0	2	0	0
	합계		40	2	5	3	43	5	0
프로통산			293	66	10	9	407	40	0

조유민 (曺侑珉) 중앙대 1996.11.17

대회	연도	소속	출전	교체	득점	도움	파울	경고	퇴장
K1	2021	수원FC	31	14	0	4	23	4	0
	합계		31	14	0	4	23	4	0
K2	2018	수원FC	26	0	0	0	39	8	1
	2019	수원FC	31	2	2	0	55	7	0
	2020	수원FC	24	1	2	1	24	3	0
	합계		81	3	4	1	118	18	1
프로통산			112	17	4	5	141	22	1

조윤성 (趙允晟) 청주대 1999.01.12

대회	연도	소속	출전	교체	득점	도움	파울	경고	퇴장
K1	2021	강원	0	0	0	0	0	0	0
	합계		0	0	0	0	0	0	0
프로통산			0	0	0	0	0	0	0

조윤형 (趙允亨) 안동과학대 1996.06.02

대회	연도	소속	출전	교체	득점	도움	파울	경고	퇴장
K2	2019	전남	7	7	0	0	3	1	0
	2020	전남	5	5	0	0	2	1	0
	2021	부천	11	5	0	0	20	4	1
	합계		23	17	0	0	25	6	1
프로통산			23	17	0	0	25	6	1

조윤환 (趙允煥) 명지대 1961.05.24

대회	연도	소속	출전	교체	득점	도움	파울	경고	퇴장
BC	1985	할렐루야	14	0	0	0	21	2	0
	1987	유공	20	3	1	2	40	1	0
	1988	유공	21	0	0	0	24	4	1
	1989	유공	30	3	6	4	42	2	0
	1990	유공	17	3	1	2	28	3	2
	합계		102	9	8	9	155	12	3
프로통산			102	9	8	9	155	12	3

조인형 (趙仁衡) 인천대 1990.02.01

대회	연도	소속	출전	교체	득점	도움	파울	경고	퇴장
K1	2013	울산	3	3	0	0	0	0	0
	2014	울산	1	1	0	0	0	0	0
	합계		4	4	0	0	0	0	0
K2	2015	수원FC	5	5	0	0	7	0	0
	합계		5	5	0	0	7	0	0
프로통산			9	9	0	0	10	0	0

조인흥 (趙仁洪) 원광대 1998.05.04

대회	연도	소속	출전	교체	득점	도움	파울	경고	퇴장
K2	2020	안산	0	0	0	0	0	0	0
	2021	안산	1	1	0	0	0	0	0
	합계		1	1	0	0	0	0	0
프로통산			1	1	0	0	0	0	0

조일수 (趙日秀) 춘천고 1972.11.05

대회	연도	소속	출전	교체	득점	도움	파울	경고	퇴장
BC	1991	일화	3	3	0	0	2	0	0
	1993	일화	4	5	0	0	1	0	0
	1994	일화	3	3	1	0	5	0	0
	1996	천안일화	5	2	0	0	2	0	0
	1997	천안일화	18	15	1	1	22	2	0
	합계		33	28	2	1	32	2	0
프로통산			33	28	2	1	32	2	0

조재민 (趙在珉) 중동고 1978.05.22

대회	연도	소속	출전	교체	득점	도움	파울	경고	퇴장
BC	2001	수원	3	2	0	0	1	1	0
	2002	수원	4	5	0	0	3	0	0
	2003	수원	6	5	0	0	14	1	0
	2004	수원	5	2	0	0	6	0	0
	2005	수원	11	6	0	0	15	2	0
	2006	수원	6	2	0	0	8	2	0
	2007	대전	17	11	0	0	39	6	0
	합계		52	32	0	0	86	12	0
프로통산			52	32	0	0	86	12	0

조재성 (趙載晟) 관동대(가톨릭관동대) 1972.05.25

대회	연도	소속	출전	교체	득점	도움	파울	경고	퇴장
BC	1995	일화	1	1	0	0	1	1	0
	합계		1	1	0	0	1	1	0
프로통산			1	1	0	0	1	1	0

조재완 (趙在玩) 상지대 1995.08.29

대회	연도	소속	출전	교체	득점	도움	파울	경고	퇴장
K1	2019	강원	17	5	2	0	16	2	0
	2020	강원	22	6	5	3	13	0	0
	2021	강원	22	16	10	4	18	2	0
	합계		61	27	17	7	47	4	0
K2	2018	서울E	28	15	6	0	23	2	0
	합계		28	15	6	0	23	2	0
프로통산			89	42	23	7	70	6	0

조재용 (趙在勇) 연세대 1984.04.21

대회	연도	소속	출전	교체	득점	도움	파울	경고	퇴장
BC	2007	경남	7	6	0	0	4	0	0
	2009	경남	2	2	0	0	3	0	0
	2010	광주상무	6	3	0	0	4	0	0
	2011	상주	5	1	0	0	7	1	0
	2012	경남	8	2	0	0	6	0	0
	합계		28	14	0	0	24	1	0
K1	2013	경남	0	0	0	0	0	0	0
	합계		0	0	0	0	0	0	0
프로통산			28	14	0	0	24	1	0

조재진 (曺宰溱) 대신고 1981.07.09

대회	연도	소속	출전	교체	득점	도움	파울	경고	퇴장
BC	2000	수원	5	4	0	0	10	0	0
	2001	수원	3	3	0	0	5	0	0
	2003	광주상무	31	3	3	3	57	5	0
	2004	수원	5	5	0	0	6	1	0
	2008	전북	34	14	11	3	55	3	0
	합계		78	29	14	6	133	9	0
프로통산			78	29	14	6	133	9	0

조재철 (趙載喆) 아주대 1986.05.18

대회	연도	소속	출전	교체	득점	도움	파울	경고	퇴장
BC	2010	성남일화	33	16	4	2	37	4	0
	2011	성남일화	33	13	0	5	33	1	0

	2012	경남	17	12	2	1	17	2	0
	합계		83	41	6	8	87	7	0
K1	2013	경남	30	21	0	2	40	4	0
	2016	성남	23	13	3	0	20	2	0
	2018	경남	16	14	3	1	5	1	0
	2019	경남	18	7	1	1	21	2	0
	합계		87	55	7	4	86	9	0
K2	2014	안산경찰	32	7	1	3	45	4	0
	2015	안산경찰	21	19	0	3	21	1	0
	2015	경남	6	3	1	0	7	2	0
	2017	성남	14	10	1	1	17	4	0
	2020	대전	19	8	0	0	18	2	0
	합계		92	47	9	5	98	13	0
승	2016	성남	1	1	0	0	1	0	0
	2019	경남	2	0	0	0	1	0	0
	합계		3	1	0	0	1	0	0
프로통산			265	144	22	17	275	30	0

조재현(趙幸賢) 부경대 1985.05.13

대회	연도	소속	출전	교체	득점	도움	파울	경고	퇴장
BC	2006	부산	8	8	0	0	5	0	0
	합계		8	8	0	0	5	0	0
프로통산			8	8	0	0	5	0	0

조재훈(調在勳) 덕영고 2003.06.29

대회	연도	소속	출전	교체	득점	도움	파울	경고	퇴장
K1	2021	포항	2	2	0	0	2	0	0
	합계		2	2	0	0	2	0	0
프로통산			2	2	0	0	2	0	0

조정현(曺丁鉉) 대구대 1969.11.12

대회	연도	소속	출전	교체	득점	도움	파울	경고	퇴장
BC	1992	유공	18	12	4	2	27	2	0
	1993	유공	24	11	4	1	44	4	1
	1994	유공	29	6	7	4	47	4	0
	1995	유공	17	8	3	1	29	3	0
	1996	부천유공	34	13	8	4	59	5	0
	1997	부천SK	6	3	0	0	9	0	0
	1998	부천SK	35	19	5	5	54	4	0
	1999	전남	12	12	0	0	16	1	0
	2000	포항	13	12	1	1	22	0	0
	합계		188	98	36	23	315	22	1
프로통산			188	98	36	23	315	22	1

조제(Dorde Vasić) 유고슬라비아 1964.05.02

대회	연도	소속	출전	교체	득점	도움	파울	경고	퇴장
BC	1994	일화	8	8	0	0	4	1	0
	합계		8	8	0	0	4	1	0
프로통산			8	8	0	0	4	1	0

조종화(趙鍾和) 고려대 1974.04.04

대회	연도	소속	출전	교체	득점	도움	파울	경고	퇴장
BC	1997	포항	6	4	0	0	3	0	0
	1998	포항	5	5	0	0	4	0	0
	2002	포항	5	1	0	0	6	0	0
	합계		16	11	0	0	8	0	0
프로통산			16	11	0	0	8	0	0

조주영(曺主煐) 아주대 1994.02.04

대회	연도	소속	출전	교체	득점	도움	파울	경고	퇴장
K1	2016	광주	15	14	2	0	6	0	0
	2017	광주	22	19	5	2	24	1	0
	2018	인천	1	1	0	0	0	0	0
	합계		38	34	7	4	30	5	0
K2	2019	광주	10	9	1	0	4	3	0
	합계		10	9	1	0	4	3	0
프로통산			48	43	8	4	34	5	0

조준재(趙儁宰) 홍익대 1990.08.31

대회	연도	소속	출전	교체	득점	도움	파울	경고	퇴장
K2	2014	충주	14	6	1	2	11	0	0
	합계		14	6	1	2	11	0	0
프로통산			14	6	1	2	11	0	0

조준현(曺準鉉) 한남대 1989.09.26

대회	연도	소속	출전	교체	득점	도움	파울	경고	퇴장
K1	2013	제주	0	0	0	0	0	0	0
	합계		0	0	0	0	0	0	0
K2	2013	충주	3	2	0	0	3	0	0
	합계		3	2	0	0	3	0	0
프로통산			3	2	0	0	3	0	0

조준호(趙俊浩) 홍익대 1973.04.28

대회	연도	소속	출전	교체	**실점**	도움	파울	경고	퇴장
BC	1999	포항	20	0	30	0	1	1	0
	2000	포항	30	0	38	0	3	1	1
	2001	포항	11	1	13	0	0	0	0
	2002	포항	6	0	7	0	0	0	0
	2003	포항	2	1	2	0	0	0	0
	2004	부천SK	36	0	36	0	0	0	0
	2005	부천SK	36	0	31	0	0	0	0
	2006	제주	33	2	33	0	0	1	0
	2007	제주	15	1	17	0	0	0	0
	2008	제주	27	3	29	0	0	4	0
	2009	대구	14	1	29	0	0	0	0
	2010	대구	1	0	1	0	1	0	0
	합계		230	9	266	0	5	4	1
프로통산			230	9	266	0	5	4	1

조지훈(趙志焄) 연세대 1990.05.29

대회	연도	소속	출전	교체	득점	도움	파울	경고	퇴장
BC	2011	수원	1	1	0	0	1	0	0
	2012	수원	11	11	0	1	6	0	0
	합계		12	12	0	1	7	0	0
K1	2013	수원	20	18	1	1	15	3	0
	2014	수원	16	16	0	0	14	3	0
	2015	수원	4	4	0	0	4	0	0
	2016	상주	10	9	0	0	7	0	0
	2017	상주	2	2	0	0	1	1	0
	2017	수원	4	4	0	0	2	0	0
	2018	수원	6	6	0	0	6	2	0
	2019	강원	8	7	0	0	3	0	0
	2020	강원	8	7	0	0	2	1	0
	합계		90	79	1	2	61	11	0
프로통산			102	91	1	3	67	12	0

조진수(趙珍珠) 건국대 1983.09.02

대회	연도	소속	출전	교체	득점	도움	파울	경고	퇴장
BC	2003	전북	2	2	0	0	0	0	0
	2004	전북	4	4	0	0	6	0	0
	2005	전북	5	5	0	0	10	1	0
	2006	전북	23	2	1	1	52	4	0
	2007	제주	24	9	3	3	54	4	0
	2009	울산	30	10	3	2	46	3	0
	2010	울산	6	5	0	0	5	0	0
	합계		110	68	9	8	193	16	0
K2	2014	수원FC	8	8	0	0	5	0	0
	합계		8	8	0	0	5	0	0
프로통산			118	76	9	8	198	16	0

조진우(趙進優) 인천남고 1999.11.17

대회	연도	소속	출전	교체	득점	도움	파울	경고	퇴장
K1	2020	대구	19	6	0	0	13	5	0
	2021	대구	16	10	1	0	21	2	1
	합계		35	16	1	0	34	7	1
프로통산			35	16	1	0	34	7	1

조진호(趙眞浩) 경희대 1973.08.02

대회	연도	소속	출전	교체	득점	도움	파울	경고	퇴장
BC	1994	포항제철	16	11	2	0	25	0	0
	1995	포항	13	11	2	2	15	0	0
	1996	포항	16	11	0	1	14	2	0
	1999	포항	21	13	2	3	35	1	0
	2000	부천SK	11	9	0	2	4	0	0
	2001	성남일화	5	5	0	0	2	0	0
	2002	성남일화	6	6	0	0	13	1	0

| | 합계 | | 119 | 99 | 15 | 8 | 161 | 15 | 0 |
| 프로통산 | | | 119 | 99 | 15 | 8 | 161 | 15 | 0 |

조징요(Jorge Claudio) 브라질 1975.10.01

대회	연도	소속	출전	교체	득점	도움	파울	경고	퇴장
BC	2002	포항	3	2	0	0	4	1	0
	합계		3	2	0	0	4	1	0

조찬호(趙澯鎬) 연세대 1986.04.10

대회	연도	소속	출전	교체	득점	도움	파울	경고	퇴장
BC	2009	포항	11	11	3	6	6	0	0
	2010	포항	16	13	1	2	10	0	0
	2011	포항	26	23	4	2	18	0	0
	2012	포항	20	17	6	4	20	3	0
	합계		73	64	14	14	54	3	0
K1	2013	포항	34	30	9	1	23	1	0
	2014	포항	13	12	0	1	6	0	0
	2015	포항	13	12	1	1	6	2	0
	2015	서울	6	6	2	2	5	1	0
	2016	서울	11	11	1	1	5	1	0
	2017	서울	1	1	0	0	2	0	0
	합계		78	72	11	5	47	2	0
K2	2018	서울E	23	17	5	5	7	1	0
	합계		23	17	5	5	7	1	0
프로통산			174	153	30	24	108	5	0

조창근(趙昌根) 동아고 1964.11.07

대회	연도	소속	출전	교체	득점	도움	파울	경고	퇴장
BC	1993	대우	6	7	1	0	1	0	0
	1994	대우	3	4	0	0	0	0	0
	합계		9	11	1	0	1	0	0
프로통산			9	11	1	0	1	0	0

조철인(趙喆仁) 영남대 1990.09.15

대회	연도	소속	출전	교체	득점	도움	파울	경고	퇴장
K2	2014	안양	1	1	0	0	0	0	0
	합계		1	1	0	0	0	0	0
프로통산			1	1	0	0	0	0	0

조태근(曺泰根) 전주대 1985.04.26

대회	연도	소속	출전	교체	득점	도움	파울	경고	퇴장
K2	2018	대전	2	1	0	0	0	0	0
	합계		2	1	0	0	0	0	0
프로통산			2	1	0	0	0	0	0

조태우(趙太羽) 아주대 1987.01.19

대회	연도	소속	출전	교체	득점	도움	파울	경고	퇴장
K2	2013	수원FC	28	2	1	0	34	5	1
	2014	수원FC	16	2	0	0	19	1	0
	합계		44	4	1	0	53	6	1
프로통산			44	4	1	0	53	6	1

조태천(曺太千) 청구고 1956.07.19

대회	연도	소속	출전	교체	득점	도움	파울	경고	퇴장
BC	1983	포항제철	14	4	1	2	6	0	0
	1984	포항제철	18	8	1	1	8	0	0
	합계		32	12	1	3	14	0	0
프로통산			32	12	1	3	14	0	0

조한범(趙韓範) 중앙대 1985.03.28

대회	연도	소속	출전	교체	득점	도움	파울	경고	퇴장
BC	2008	포항	2	2	0	0	1	0	0
	2009	포항	1	1	0	0	0	0	0
	2009	대구	3	2	0	0	5	0	0
	합계		6	5	0	0	6	0	0
프로통산			6	5	0	0	6	0	0

조향기(趙香氣) 광운대 1992.03.23

대회	연도	소속	출전	교체	득점	도움	파울	경고	퇴장
K2	2015	서울E	6	6	1	0	3	0	0
	2016	서울E	10	8	0	0	5	0	0
	2017	서울E	14	9	1	0	3	0	0
	2021	서울E	1	0	0	0	0	0	0
	합계		31	23	2	0	11	0	0
프로통산			31	23	2	0	11	0	0

조현두(趙顯斗) 한양대 1973.11.23

대회	연도	소속	출전	교체	득점	도움	파울	경고	퇴장
BC	1996	수원	29	11	7	2	36	2	0
	1997	수원	32	13	7	2	70	3	0
	1998	수원	14	6	0	3	30	2	0
	1999	수원	20	17	4	2	24	0	0
	2000	수원	19	14	0	4	30	1	0
	2001	수원	7	7	1	0	5	2	0
	2002	수원	14	14	1	3	19	0	0
	2003	전남	3	3	0	0	2	0	0
	2003	부천SK	25	10	5	3	47	5	0
	2004	부천SK	26	13	3	2	60	4	0
	2005	부천SK	18	13	0	3	26	3	0
	합계		207	121	28	24	347	22	0
프로통산			207	121	28	24	347	22	0

조현우(趙賢祐) 선문대 1991.09.25

대회	연도	소속	출전	교체	실점	도움	파울	경고	퇴장
K1	2013	대구	14	0	22	0	0	0	0
	2017	대구	35	0	48	0	1	2	0
	2018	대구	28	0	42	0	1	0	0
	2019	대구	38	1	34	0	0	2	0
	2020	울산	27	0	33	0	0	0	0
	2021	울산	38	0	41	0	0	2	0
	합계		180	1	210	0	2	6	0
K2	2014	대구	15	0	21	0	1	0	0
	2015	대구	41	1	49	1	0	2	0
	2016	대구	39	0	35	0	0	0	0
	합계		95	1	105	1	1	2	0
프로통산			275	2	315	1	3	8	0

조현택(趙玹澤) 신갈고 2001.08.02

대회	연도	소속	출전	교체	득점	도움	파울	경고	퇴장
K2	2021	부천	30	6	1	3	41	1	0
	합계		30	6	1	3	41	1	0
프로통산			30	6	1	3	41	1	0

조형익(趙亨翼) 명지대 1985.09.13

대회	연도	소속	출전	교체	득점	도움	파울	경고	퇴장
BC	2008	대구	32	28	5	1	18	1	0
	2009	대구	32	17	6	0	44	5	0
	2010	대구	17	8	1	2	34	4	0
	2011	대구	30	9	5	8	41	8	0
	합계		111	62	17	11	137	18	0
K1	2013	대구	27	21	1	5	34	3	0
	합계		27	21	1	5	34	3	0
K2	2014	대구	31	20	3	3	35	1	0
	합계		31	20	3	3	35	1	0
프로통산			169	103	21	19	206	22	0

조형재(趙亨在) 한려대 1985.01.08

대회	연도	소속	출전	교체	득점	도움	파울	경고	퇴장
BC	2006	제주	5	4	1	1	5	0	0
	2007	제주	12	12	0	0	2	0	0
	2008	제주	27	18	1	3	34	5	0
	2009	제주	11	8	2	0	2	2	0
	합계		55	42	4	5	43	7	0
프로통산			55	42	4	5	43	7	0

조혜성(趙慧成) 개성고 2003.01.30

대회	연도	소속	출전	교체	득점	도움	파울	경고	퇴장
K2	2021	부산	0	0	0	0	0	0	0
	합계		0	0	0	0	0	0	0
프로통산			0	0	0	0	0	0	0

조호연(趙晧衍) 광운대 1988.06.05

대회	연도	소속	출전	교체	득점	도움	파울	경고	퇴장
K1	2014	상주	0	0	0	0	0	0	0
	합계		0	0	0	0	0	0	0
K2	2013	상주	0	0	0	0	0	0	0
	합계		0	0	0	0	0	0	0
프로통산			0	0	0	0	0	0	0

조홍규(曹弘圭) 상지대 1983.07.24

대회	연도	소속	출전	교체	득점	도움	파울	경고	퇴장
BC	2006	대구	12	1	0	0	27	4	0
	2007	대구	27	8	0	1	41	4	0
	2008	대구	6	2	0	0	5	2	0
	2009	포항	7	3	0	0	12	1	0
	2010	포항	4	2	0	0	4	0	0
	2011	대전	8	4	1	0	8	2	0
	합계		64	20	1	1	101	14	0
프로통산			64	20	1	1	101	14	0

존(Jon Olav Hjelde) 노르웨이 1972.04.30

대회	연도	소속	출전	교체	득점	도움	파울	경고	퇴장
BC	2003	부산	16	2	0	0	22	3	1
	합계		16	2	0	0	22	3	1
프로통산			16	2	0	0	22	3	1

존자키(John Jaki) 나이지리아 1973.07.10

대회	연도	소속	출전	교체	득점	도움	파울	경고	퇴장
BC	2000	전북	3	4	0	0	3	0	0
	합계		3	4	0	0	3	0	0
프로통산			3	4	0	0	3	0	0

졸리(Zoltan Sabo) 유고슬라비아 1972.05.26

대회	연도	소속	출전	교체	득점	도움	파울	경고	퇴장
BC	2000	수원	22	1	0	0	37	6	0
	2001	수원	24	1	0	1	45	11	1
	2002	수원	2	1	0	0	5	0	0
	합계		48	3	0	1	87	17	2
프로통산			48	3	0	1	87	17	2

좌준협(左峻協) 전주대 1991.05.07

대회	연도	소속	출전	교체	득점	도움	파울	경고	퇴장
K1	2013	제주	2	0	0	0	6	1	0
	2014	제주	0	0	0	0	0	0	0
	2016	제주	1	1	0	0	2	1	0
	2017	제주	3	2	0	0	4	0	0
	2018	경남	0	0	0	0	0	0	0
	합계		6	3	0	0	16	2	0
K2	2014	안산경찰	4	4	0	0	5	1	0
	2015	안산경찰	15	10	0	0	16	1	0
	합계		19	14	0	0	21	2	0
프로통산			25	17	0	0	37	4	0

죠다쉬(Idarko Cordas) 크로아티아 1976.12.16

대회	연도	소속	출전	교체	득점	도움	파울	경고	퇴장
BC	2001	포항	3	2	0	0	3	1	0
	합계		3	2	0	0	3	1	0
프로통산			3	2	0	0	3	1	0

죠이(Joilson Rodrigues da Silva) 브라질 1976.12.08

대회	연도	소속	출전	교체	득점	도움	파울	경고	퇴장
BC	2000	성남일화	30	19	7	1	50	2	0
	합계		30	19	7	1	50	2	0
프로통산			30	19	7	1	50	2	0

주경철(周景喆) 영남대 1965.02.22

대회	연도	소속	출전	교체	득점	도움	파울	경고	퇴장
BC	1988	럭키금성	4	2	0	0	4	0	0
	1989	럭키금성	27	21	4	3	21	3	0
	1990	럭키금성	7	6	0	0	7	0	0
	1991	유공	10	7	0	0	14	1	0
	1994	버팔로	35	9	2	7	38	3	0
	1995	LG	7	7	0	0	5	0	0
	합계		90	50	6	11	93	7	0
프로통산			90	50	6	11	93	7	0

주광선(朱廣先) 전주대 1991.04.13

대회	연도	소속	출전	교체	득점	도움	파울	경고	퇴장
K2	2015	부천	7	7	0	0	5	0	0
	합계		7	7	0	0	5	0	0
프로통산			7	7	0	0	5	0	0

주광윤(朱光潤) 고려대 1982.10.23

대회	연도	소속	출전	교체	득점	도움	파울	경고	퇴장
BC	2003	전남	13	13	1	0	5	0	0
	2004	전남	7	6	0	1	7	1	0
	2005	전남	15	12	1	0	27	3	0
	2006	전남	31	28	5	2	35	6	0
	2007	전남	19	19	2	1	14	2	0
	2008	전남	18	14	0	0	22	2	0
	2009	전남	16	16	0	1	17	1	0
	2010	광주상무	19	15	2	2	23	6	0
	2011	상주	1	1	0	0	1	0	0
	합계		139	124	11	7	151	21	0
프로통산			139	124	11	7	151	21	0

주기환(朱基煥) 경일대 1981.12.20

대회	연도	소속	출전	교체	득점	도움	파울	경고	퇴장
BC	2005	전북	0	0	0	0	0	0	0
	합계		0	0	0	0	0	0	0
프로통산			0	0	0	0	0	0	0

주니오(Figueiredo Pinto Júnior) 브라질 1986.12.30

대회	연도	소속	출전	교체	득점	도움	파울	경고	퇴장
K1	2017	울산	16	10	12	1	17	2	0
	2018	울산	32	12	22	1	31	2	0
	2019	울산	35	16	19	5	48	3	0
	2020	울산	27	15	26	2	21	0	0
	합계		110	53	79	9	117	7	0
프로통산			110	53	79	9	117	7	0

주닝요(Aselmo Vendrechovski Junior) 브라질 1982.09.16

대회	연도	소속	출전	교체	득점	도움	파울	경고	퇴장
BC	2010	수원	13	6	3	2	16	2	0
	합계		13	6	3	2	16	2	0
프로통산			13	6	3	2	16	2	0

주닝요(Junio Cesar Arcanjo) 브라질 1983.01.11

대회	연도	소속	출전	교체	득점	도움	파울	경고	퇴장
BC	2011	대구	17	11	2	2	19	4	0
	합계		17	11	2	2	19	4	0
프로통산			17	11	2	2	19	4	0

주민규(周敏圭) 한양대 1990.04.13

대회	연도	소속	출전	교체	득점	도움	파울	경고	퇴장
K1	2017	상주	32	11	17	6	44	3	0
	2018	상주	11	4	4	0	10	0	0
	2019	울산	28	22	5	5	23	4	0
	2021	제주	34	11	22	1	40	3	0
	합계		105	48	48	12	117	10	0
K2	2013	고양	26	15	2	1	38	1	0
	2014	고양	30	8	5	1	67	5	0
	2015	서울E	40	17	23	7	66	5	0
	2016	서울E	34	5	14	3	38	2	0
	2018	서울E	18	10	4	2	29	1	0
	2020	제주	18	10	8	2	19	1	0
	합계		146	61	52	14	239	14	0
승	2017	상주	2	1	1	0	3	0	0
프로통산			253	109	100	26	360	20	0

주성환(朱性煥) 한양대 1990.08.24

대회	연도	소속	출전	교체	득점	도움	파울	경고	퇴장
BC	2012	전남	17	16	2	1	12	1	0
	합계		17	16	2	1	12	1	0
프로통산			17	16	2	1	12	1	0

주세종(朱世鐘) 건국대 1990.10.30

대회	연도	소속	출전	교체	득점	도움	파울	경고	퇴장
BC	2012	부산	1	1	0	0	0	0	0
	합계		1	1	0	0	0	0	0
K1	2013	부산	1	1	0	0	0	0	0
	2014	부산	22	11	2	5	41	5	0
	2015	부산	35	3	0	6	60	7	0
	2016	서울	30	9	1	4	46	5	0
	2017	서울	35	5	1	5	31	2	1
	2019	서울	9	2	1	0	15	3	0

대회	연도	소속	출전	교체	득점	도움	파울	경고	퇴장
	2020	서울	16	8	0	1	22	4	0
	합계		147	38	10	18	215	26	1
K2	2018	아산	19	6	1	2	22	5	0
	2019	아산	21	2	2	5	19	3	1
	합계		40	8	3	7	41	8	1
승	2015	부산	1	0	0	0	5	0	0
	합계		1	0	0	0	5	0	0
프로통산			189	47	13	25	261	34	2

주승진 (朱承進) 전주대 1975.03.12

대회	연도	소속	출전	교체	득점	도움	파울	경고	퇴장
BC	2003	대전	38	1	0	3	65	8	0
	2004	대전	26	2	1	2	60	1	0
	2005	대전	32	6	0	0	87	5	0
	2006	대전	32	4	0	3	69	5	0
	2007	대전	23	7	0	0	52	4	0
	2008	대전	11	2	0	0	15	1	0
	2008	부산	18	1	0	1	31	2	0
	2009	부산	6	3	0	0	9	1	0
	합계		186	26	3	9	388	26	1
프로통산			186	26	3	9	388	26	1

주앙파울로 (Joao Paulo da Silva Araujo) 브라질 1988.06.02

대회	연도	소속	출전	교체	득점	도움	파울	경고	퇴장
BC	2011	광주	30	27	8	1	35	1	0
	2012	광주	40	40	8	7	47	5	0
	합계		70	67	16	8	82	6	0
K1	2013	대전	35	17	6	3	44	2	0
	2014	인천	5	5	0	0	1	0	0
	합계		40	22	6	3	45	2	0
프로통산			110	89	22	11	127	8	0

주영만 (朱榮萬) 국민대 1961.04.01

대회	연도	소속	출전	교체	득점	도움	파울	경고	퇴장
BC	1984	국민은행	17	1	0	0	15	0	0
	합계		17	1	0	0	15	0	0
프로통산			17	1	0	0	15	0	0

주영재 (朱英宰) 오스트레일리아 John Paul College 1990.07.12

대회	연도	소속	출전	교체	득점	도움	파울	경고	퇴장
BC	2011	성남일화	0	0	0	0	0	0	0
	합계		0	0	0	0	0	0	0
프로통산			0	0	0	0	0	0	0

주영호 (周永鎬) 숭실대 1975.10.24

대회	연도	소속	출전	교체	득점	도움	파울	경고	퇴장
BC	1998	전남	7	6	0	0	3	0	0
	1999	전남	27	13	0	0	37	4	0
	2000	전남	34	4	0	0	59	6	0
	2001	전남	20	2	0	0	38	2	0
	2002	전남	19	3	2	2	19	2	0
	2003	전남	19	6	0	0	42	4	0
	2004	전남	6	2	0	0	16	2	0
	2007	전남	0	0	0	0	0	0	0
	합계		132	36	2	2	228	22	0
프로통산			132	36	2	2	228	22	0

주용국 (朱龍國) 경희대 1970.01.27

대회	연도	소속	출전	교체	실점	도움	파울	경고	퇴장
BC	1996	수원	0	0	0	0	0	0	0
프로통산			0	0	0	0	0	0	0

주용선 (朱容善) 동아대 1974.03.03

대회	연도	소속	출전	교체	득점	도움	파울	경고	퇴장
BC	1997	전남	1	1	0	0	1	0	0
	합계		1	1	0	0	1	0	0
프로통산			1	1	0	0	1	0	0

주원석 (朱源錫) 청주대 1996.01.19

대회	연도	소속	출전	교체	득점	도움	파울	경고	퇴장
K2	2019	아산	1	1	0	0	1	0	0
	2020	충남아산	3	3	0	0	1	0	0
	합계		4	4	0	0	2	0	0
프로통산			4	4	0	0	2	0	0

주익성 (朱益成) 태성고 1992.09.10

대회	연도	소속	출전	교체	득점	도움	파울	경고	퇴장
K2	2014	대전	2	2	0	0	0	0	0
	합계		2	2	0	0	0	0	0
프로통산			2	2	0	0	0	0	0

주인배 (朱仁培) 광주대 1989.09.16

대회	연도	소속	출전	교체	득점	도움	파울	경고	퇴장
BC	2012	경남	1	1	0	0	0	0	0
	합계		1	1	0	0	0	0	0
프로통산			1	1	0	0	0	0	0

주일태 (朱一泰) 수원대 1991.11.28

대회	연도	소속	출전	교체	득점	도움	파울	경고	퇴장
K2	2013	부천	3	2	0	0	1	1	0
	2014	부천	4	4	0	0	2	0	0
	합계		7	6	0	0	5	2	0
프로통산			7	6	0	0	5	2	0

주재덕 (周載德) 연세대 1985.07.25

대회	연도	소속	출전	교체	실점	도움	파울	경고	퇴장
BC	2006	경남	1	0	1	0	0	0	0
	2007	경남	0	0	0	0	0	0	0
	2009	전북	0	0	0	0	0	0	0
	합계		1	0	1	0	0	0	0
프로통산			1	0	1	0	0	0	0

주종대 (朱悰大) 인천대 1996.04.23

대회	연도	소속	출전	교체	득점	도움	파울	경고	퇴장
K1	2019	인천	2	2	0	0	1	0	0
	합계		2	2	0	0	1	0	0
K2	2020	부천	5	6	0	0	3	0	0
	합계		5	6	0	0	3	0	0
프로통산			7	8	0	0	4	0	0

주한성 (朱漢成) 영남대 1995.06.07

대회	연도	소속	출전	교체	득점	도움	파울	경고	퇴장
K2	2017	서울E	26	14	2	2	26	3	0
	합계		26	14	2	2	26	3	0
프로통산			26	14	2	2	26	3	0

주현성 (朱賢城) 용인대 1999.03.31

대회	연도	소속	출전	교체	실점	도움	파울	경고	퇴장
K2	2021	서울E	0	0	0	0	0	0	0
	합계		0	0	0	0	0	0	0
프로통산			0	0	0	0	0	0	0

주현우 (朱眩宇) 동신대 1990.09.12

대회	연도	소속	출전	교체	득점	도움	파울	경고	퇴장
K1	2015	광주	28	25	0	1	14	1	0
	2016	광주	20	17	2	2	17	3	0
	2017	광주	25	15	1	4	15	1	0
	2019	성남	30	11	1	4	20	0	0
	합계		103	78	4	11	60	5	0
K2	2018	성남	31	21	2	1	12	0	0
	2020	안양	19	3	0	1	14	0	0
	2021	안양	37	4	0	8	22	6	0
	합계		87	28	2	10	48	6	0
프로통산			190	106	6	21	108	11	0

주현재 (周鉉宰) 홍익대 1989.05.26

대회	연도	소속	출전	교체	득점	도움	파울	경고	퇴장
BC	2011	인천	0	0	0	0	0	0	0
	2012	인천	4	4	0	0	3	1	0
	합계		4	4	0	0	3	1	0
K2	2013	안양	11	10	1	0	12	1	0
	2014	안양	16	15	3	4	35	4	0
	2016	안산무궁	32	24	2	2	34	6	0
	2017	아산	15	7	0	1	19	2	0
	2017	안양	0	0	0	0	0	0	0
	2018	안양	1	0	0	0	1	0	0
	2019	안양	9	7	0	0	8	0	0
	2020	안양	6	7	0	0	1	0	0
	합계		130	89	13	7	169	22	1
프로통산			134	92	13	7	173	22	1

주현호 (朱玹皓) 동국대 1996.03.01

대회	연도	소속	출전	교체	득점	도움	파울	경고	퇴장
K1	2017	수원	1	1	0	0	0	0	0
	2019	수원	0	0	0	0	0	0	0
	합계		1	1	0	0	0	0	0
K2	2020	안산	1	1	0	0	0	0	0
	2021	안산	2	2	0	0	2	1	0
	합계		3	3	0	0	2	1	0
프로통산			4	4	0	0	2	1	0

주호진 (朱豪眞) 인천대 1981.01.01

대회	연도	소속	출전	교체	득점	도움	파울	경고	퇴장
BC	2004	인천	1	0	0	0	1	1	0
	2005	인천	0	0	0	0	0	0	0
	합계		1	0	0	0	1	1	0
프로통산			1	0	0	0	1	1	0

주흥렬 (朱洪烈) 아주대 1972.08.02

대회	연도	소속	출전	교체	득점	도움	파울	경고	퇴장
BC	1995	전남	14	14	0	0	11	0	0
	1996	전남	17	10	1	0	30	3	0
	1997	전남	3	1	0	0	6	1	0
	1998	전남	10	7	0	0	16	4	0
	1999	천안일화	2	2	0	0	0	1	0
	합계		46	34	1	0	63	9	0
프로통산			46	34	1	0	63	9	0

줄루 (Carlos Eduardo Alves Albina) 브라질 1983.08.18

대회	연도	소속	출전	교체	득점	도움	파울	경고	퇴장
BC	2010	포항	1	1	0	0	0	0	0
	합계		1	1	0	0	0	0	0
프로통산			1	1	0	0	0	0	0

줄리안 (Julian Kristoffersen) 노르웨이 1997.05.10

대회	연도	소속	출전	교체	득점	도움	파울	경고	퇴장
K2	2020	전남	24	18	5	2	35	1	0
	합계		24	18	5	2	35	1	0
프로통산			24	18	5	2	35	1	0

지경득 (池炅得) 배재대 1988.07.18

대회	연도	소속	출전	교체	득점	도움	파울	경고	퇴장
BC	2011	인천	4	3	0	0	3	1	0
	2012	대전	40	31	2	1	28	1	0
	합계		44	34	2	1	31	2	0
K1	2013	대전	9	10	0	0	3	0	0
	합계		9	10	0	0	3	0	0
K2	2014	충주	12	12	0	3	6	0	0
	합계		12	12	0	3	6	0	0
프로통산			65	56	2	4	40	2	0

지구민 (地求民) 용인대 1993.04.18

대회	연도	소속	출전	교체	득점	도움	파울	경고	퇴장
K2	2016	고양	5	4	0	0	5	0	0
	합계		5	4	0	0	5	0	0
프로통산			5	4	0	0	5	0	0

지네이 (Ednet Luis de Oliveira) 브라질 1981.02.14

대회	연도	소속	출전	교체	득점	도움	파울	경고	퇴장
BC	2006	대구	26	14	4	1	63	2	0
	합계		26	14	4	1	63	2	0
프로통산			26	14	4	1	63	2	0

지넬손 (Dinelson dos Santos Lima) 브라질 1986.02.04

대회	연도	소속	출전	교체	득점	도움	파울	경고	퇴장
BC	2012	대구	26	21	3	5	32	2	0
	합계		26	21	3	5	32	2	0
프로통산			26	21	3	5	32	2	0

지뉴 (Claudio Wanderley Sarmento Neto) 브라질 1982.11.03

지쿠 / 지동원 / 지병주 / 지아고 / 지안 / 지언학 / 지오바니 / 지우 / 지의수 (column 1)

대회	연도	소속	출전	교체	득점	도움	파울	경고	퇴장
BC	2009	경남	8	4	0	0	23	1	0
		합계	8	4	0	0	23	1	0
프로통산			8	4	0	0	23	1	0

지동원(池東沅) 광양제철고 1991.05.28

대회	연도	소속	출전	교체	득점	도움	파울	경고	퇴장
BC	2010	전남	26	3	8	4	43	3	0
	2011	전남	13	4	3	1	13	1	0
		합계	39	7	11	5	56	4	0
K1	2021	서울	12	10	1	1	14	2	0
		합계	12	10	1	1	14	2	0
프로통산			51	17	12	6	70	6	0

지병주(池秉珠) 인천대 1990.03.20

대회	연도	소속	출전	교체	득점	도움	파울	경고	퇴장
K1	2015	인천	1	1	0	0	2	1	0
		합계	1	1	0	0	2	1	0
K2	2014	대구	0	0	0	0	0	0	0
	2016	부천	13	1	1	0	27	5	1
	2017	부천	12	8	0	0	12	1	0
		합계	25	9	1	0	39	6	1
프로통산			26	10	1	0	41	7	1

지아고(Tiago Cipreste Pereira) 브라질 1980.02.01

대회	연도	소속	출전	교체	득점	도움	파울	경고	퇴장
BC	2004	대전	9	6	3	1	31	2	0
		합계	9	6	3	1	31	2	0
프로통산			9	6	3	1	31	2	0

지안(Jean Carlos Cloth Goncalves) 브라질 1993.07.02

대회	연도	소속	출전	교체	득점	도움	파울	경고	퇴장
K1	2018	대구	4	2	0	0	8	0	0
		합계	4	2	0	0	8	0	0
프로통산			4	2	0	0	8	0	0

지안(Barbu Constantin) 루마니아 1971.05.16

대회	연도	소속	출전	교체	득점	도움	파울	경고	퇴장
BC	1997	수원	6	4	2	0	3	1	0
		합계	6	4	2	0	3	1	0
프로통산			6	4	2	0	3	1	0

지언학(池彦學) 경희대 1994.03.22

대회	연도	소속	출전	교체	득점	도움	파울	경고	퇴장
K1	2019	인천	20	10	1	2	21	0	0
	2020	인천	16	8	2	1	7	0	0
	2021	인천	11	11	0	0	4	1	0
		합계	47	29	3	3	32	1	0
K2	2021	김천	5	5	0	0	2	0	0
		합계	5	5	0	0	2	0	0
프로통산			52	34	3	3	34	2	0

지오바니(Jose Thomaz Geovane de Oliveira) 브라질 1985.08.05

대회	연도	소속	출전	교체	득점	도움	파울	경고	퇴장
BC	2008	대구	12	8	3	2	7	0	0
		합계	12	8	3	2	7	0	0
프로통산			12	8	3	2	7	0	0

지우(Givanilton Martins Ferreira: Gil) 브라질 1991.04.13

대회	연도	소속	출전	교체	득점	도움	파울	경고	퇴장
K2	2015	강원	18	9	9	5	10	2	0
	2018	광주	8	7	0	0	3	0	0
		합계	26	16	9	6	13	2	0
프로통산			26	16	9	6	13	2	0

지의수(地宜水) 중경고 2000.03.25

대회	연도	소속	출전	교체	득점	도움	파울	경고	퇴장
K1	2019	강원	0	0	0	0	0	0	0
	2020	강원	0	0	0	0	0	0	0
		합계	0	0	0	0	0	0	0
프로통산			0	0	0	0	0	0	0

지쿠(Ianis Alin Zicu) 루마니아 1983.10.23

(지쿠 이어서) / 진경선 / 진대성 / 진민호 / 진성욱 / 진세민 (column 2)

대회	연도	소속	출전	교체	득점	도움	파울	경고	퇴장
BC	2012	포항	15	12	6	0	12	1	0
	2012	강원	17	1	9	4	20	2	0
		합계	32	13	15	4	32	3	0
K1	2013	강원	27	3	6	3	42	3	0
		합계	27	3	6	3	42	3	0
승	2013	강원	2	2	0	0	2	0	0
		합계	2	2	0	0	2	0	0
프로통산			61	18	21	7	76	6	0

진경선(陳慶先) 아주대 1980.04.10

대회	연도	소속	출전	교체	득점	도움	파울	경고	퇴장
BC	2003	부천SK	4	1	0	0	10	2	0
	2006	대구	17	3	1	0	51	4	0
	2007	대구	27	8	0	2	58	4	0
	2008	대구	34	0	0	5	52	4	0
	2009	전북	26	0	1	0	53	6	0
	2010	전북	29	5	0	0	63	8	0
	2011	전북	7	4	0	1	13	2	0
	2012	전북	22	2	1	1	38	6	0
		합계	166	23	2	9	338	36	0
K1	2013	강원	35	5	1	1	55	7	0
	2014	경남	23	5	1	1	32	4	0
		합계	58	10	2	2	87	11	0
K2	2015	경남	20	2	0	3	31	2	0
	2016	경남	21	15	1	0	11	1	0
	2017	경남	1	1	0	0	1	0	0
		합계	44	19	1	0	43	3	0
승	2013	강원	2	0	0	0	2	0	0
	2014	경남	2	2	0	0	0	0	0
		합계	4	0	0	0	2	0	0
프로통산			272	52	5	11	473	50	0

진대성(晉大星) 전주대 1989.09.19

대회	연도	소속	출전	교체	득점	도움	파울	경고	퇴장
BC	2012	제주	1	1	0	0	1	0	0
		합계	1	1	0	0	1	0	0
K1	2013	제주	1	1	0	1	0	0	0
	2014	제주	19	19	3	1	12	0	0
	2015	제주	11	9	1	2	8	0	0
	2017	상주	1	1	0	0	0	0	0
		합계	32	30	5	1	20	0	0
K2	2016	대전	24	20	3	5	21	1	0
		합계	24	20	3	5	21	1	0
승	2017	상주	1	1	0	0	0	0	0
		합계	1	1	0	0	0	0	0
프로통산			58	52	8	6	38	1	0

진민호(陳珉虎) 덕산중 1985.08.12

대회	연도	소속	출전	교체	득점	도움	파울	경고	퇴장
BC	2005	부산	0	0	0	0	0	0	0
		합계	0	0	0	0	0	0	0
프로통산			0	0	0	0	0	0	0

진성욱(陳成昱) 대건고 1993.12.16

대회	연도	소속	출전	교체	득점	도움	파울	경고	퇴장
BC	2012	인천	2	2	0	0	2	0	0
		합계	2	2	0	0	2	0	0
K1	2014	인천	26	25	6	0	47	2	0
	2015	인천	27	27	4	1	31	3	0
	2016	인천	31	21	5	3	47	3	0
	2017	제주	29	26	5	1	45	4	0
	2018	제주	25	22	2	2	20	1	0
	2019	상주	9	9	0	1	9	0	0
	2020	상주	2	2	0	0	3	0	0
	2021	제주	23	23	0	3	7	3	0
		합계	172	149	22	11	211	15	0
K2	2020	제주	8	6	2	0	2	1	0
		합계	8	6	2	0	2	1	0
프로통산			182	157	27	13	229	17	1

진세민(陳卋玟) 용인대 1998.05.23

(진세민 이어서) / 진순진 / 진장상곤 / 진창수 / 진필립 / 질베르 / 질베르토 / 짜시오 / 쯔엉 / 찌아고 (column 3)

대회	연도	소속	출전	교체	득점	도움	파울	경고	퇴장
K2	2021	경남	2	2	0	1	1	1	0
		합계	2	2	0	1	1	1	0
프로통산			2	2	0	1	1	1	0

진순진(陳順珍) 상지대 1974.03.01

대회	연도	소속	출전	교체	득점	도움	파울	경고	퇴장
BC	1999	안양LG	11	9	1	0	11	0	0
	2000	안양LG	6	3	0	0	12	3	0
	2002	안양LG	18	10	6	0	36	2	0
	2003	안양LG	40	28	10	2	67	3	0
	2004	대구	27	24	7	3	33	2	0
	2005	대구	28	27	7	1	33	3	0
	2006	전남	11	2	0	0	2	0	0
		합계	131	103	31	6	194	13	0
프로통산			131	103	31	6	194	13	0

* 실점: 2000년 1 / 통산 1

진장상곤(陳章相坤) 경희대 1958.06.20

대회	연도	소속	출전	교체	득점	도움	파울	경고	퇴장
BC	1983	국민은행	3	1	0	0	4	0	0
	1984	현대	27	3	0	2	18	0	0
	1985	현대	20	1	0	0	22	1	0
	1986	현대	29	3	0	0	45	1	0
	1987	현대	16	5	0	1	12	0	0
	1988	현대	15	6	0	0	20	1	0
	1989	현대	18	8	0	0	24	1	0
		합계	128	21	0	3	146	7	0
프로통산			128	21	0	3	146	7	0

진창수(晋昌守) 일본 도쿄조선고 1985.10.26

대회	연도	소속	출전	교체	득점	도움	파울	경고	퇴장
K2	2013	고양	33	26	5	3	57	3	0
	2015	고양	39	20	7	6	48	2	0
	2016	부천	38	26	7	6	71	3	0
	2017	부천	35	25	9	3	52	4	0
	2018	부천	31	30	7	2	24	2	0
	2019	안산	8	8	1	0	24	1	0
		합계	184	135	36	20	276	15	0
프로통산			184	135	36	20	276	15	0

진필립(陳必立) 중원대 2000.09.02

대회	연도	소속	출전	교체	실점	도움	파울	경고	퇴장
K2	2021	부산	0	0	0	0	0	0	0
		합계	0	0	0	0	0	0	0
프로통산			0	0	0	0	0	0	0

질베르(Gilbert Massock) 카메룬 1977.06.05

대회	연도	소속	출전	교체	득점	도움	파울	경고	퇴장
BC	1997	안양LG	4	4	0	0	14	0	0
		합계	4	4	0	0	14	0	0
프로통산			4	4	0	0	14	0	0

질베르토(Gilberto Valdenesio Fortunato) 브라질 1987.07.11

대회	연도	소속	출전	교체	득점	도움	파울	경고	퇴장
K1	2015	광주	6	5	1	0	19	1	0
		합계	6	5	1	0	19	1	0
프로통산			6	5	1	0	19	1	0

짜시오(Jacio Marcos de Jesus) 브라질 1989.07.30

대회	연도	소속	출전	교체	득점	도움	파울	경고	퇴장
K1	2014	부산	6	6	0	0	3	1	0
		합계	6	6	0	0	3	1	0
프로통산			6	6	0	0	3	1	0

쯔엉(Luong Xuan Truong) 베트남 1995.04.28

대회	연도	소속	출전	교체	득점	도움	파울	경고	퇴장
K1	2016	인천	4	4	0	0	2	0	0
	2017	강원	2	2	0	0	1	0	0
		합계	6	6	0	0	3	0	0
프로통산			6	6	0	0	3	0	0

찌아고(Thiago Elias do Nascimento Sil) 브라질 1987.06.09

첫 번째 열

대회	연도	소속	출전	교체	득점	도움	파울	경고	퇴장
K1	2013	인천	19	19	1	3	8	0	0
	합계		19	19	1	3	8	0	0
프로통산			19	19	1	3	8	0	0

찌아고(Thiago Gentil) 브라질 1980.04.08

대회	연도	소속	출전	교체	득점	도움	파울	경고	퇴장
BC	2005	대구	30	15	6	0	40	1	0
	합계		30	15	6	0	40	1	0
프로통산			30	15	6	0	40	1	0

찌아구(Tiago Marques Rezende) 브라질 1988.03.03

대회	연도	소속	출전	교체	득점	도움	파울	경고	퇴장
K1	2018	제주	31	26	4	1	31	1	0
	2019	제주	15	11	8	0	11	0	0
	합계		46	37	12	1	42	1	0
프로통산			46	37	12	1	42	1	0

찌코(Dilmar dos Santos Machado) 브라질 1975.01.26

대회	연도	소속	출전	교체	득점	도움	파울	경고	퇴장
BC	2001	전남	23	8	8	1	31	4	1
	2002	전남	12	9	3	0	17	3	0
	2003	전남	4	2	0	0	7	0	0
	합계		39	19	11	1	55	7	1
프로통산			39	19	11	1	55	7	1

차강(車嫌) 한양대 1994.01.06

대회	연도	소속	출전	교체	실점	도움	파울	경고	퇴장
K2	2017	안산	0	0	0	0	0	0	0
	합계		0	0	0	0	0	0	0
프로통산			0	0	0	0	0	0	0

차건명(車建明) 관동대(가톨릭관동대) 1981.12.26

대회	연도	소속	출전	교체	득점	도움	파울	경고	퇴장
BC	2009	제주	2	1	0	0	8	1	0
	합계		2	1	0	0	8	1	0
프로통산			2	1	0	0	8	1	0

차광식(車光植) 광운대 1963.05.09

대회	연도	소속	출전	교체	득점	도움	파울	경고	퇴장
BC	1986	한일은행	19	0	0	0	11	0	0
	1988	럭키금성	7	5	0	0	3	0	0
	1989	럭키금성	35	3	1	2	22	1	0
	1990	럭키금성	22	8	0	0	11	0	0
	1991	LG	23	8	0	1	14	0	0
	1992	LG	15	12	0	0	3	0	0
	합계		120	25	2	3	62	3	0
프로통산			120	25	2	3	62	3	0

차귀현(車貴鉉) 한양대 1975.01.12

대회	연도	소속	출전	교체	득점	도움	파울	경고	퇴장
BC	1997	대전	17	12	3	1	24	1	0
	1998	대전	8	11	0	0	14	0	0
	1999	전남	15	16	1	0	12	0	0
	합계		40	39	4	1	40	1	0
프로통산			40	39	4	1	40	1	0

차기석(車奇錫) 서울체고 1986.12.26

대회	연도	소속	출전	교체	실점	도움	파울	경고	퇴장
BC	2005	전남	0	0	0	0	0	0	0
	합계		0	0	0	0	0	0	0
프로통산			0	0	0	0	0	0	0

차두리(車두리) 고려대 1980.07.25

대회	연도	소속	출전	교체	득점	도움	파울	경고	퇴장
K1	2013	서울	30	7	0	3	25	2	0
	2014	서울	24	5	2	2	23	6	0
	2015	서울	28	5	0	2	29	3	0
	합계		82	17	2	7	77	11	0
프로통산			82	17	2	7	77	11	0

차상광(車相光) 한양대 1963.05.31

대회	연도	소속	출전	교체	실점	도움	파울	경고	퇴장
BC	1986	럭키금성	7	1	7	0	0	0	0
	1987	럭키금성	15	1	19	0	0	0	0

두 번째 열

	1988	럭키금성	16	0	17	0	0	1	0
	1989	럭키금성	32	1	31	0	0	1	0
	1990	럭키금성	28	0	23	0	0	1	0
	1991	LG	36	3	43	0	0	1	0
	1992	포항제철	33	0	32	0	1	0	0
	1993	포항제철	7	0	8	0	0	0	0
	1994	유공	15	0	21	0	0	0	0
	1995	LG	15	0	21	0	0	0	0
	1996	부천유공	1	0	1	0	0	0	0
	1997	천안일화	14	1	17	0	0	0	0
	합계		226	7	240	0	3	3	0
프로통산			226	7	240	0	3	3	0

차상해(車相海) 중동고 1965.10.20

대회	연도	소속	출전	교체	득점	도움	파울	경고	퇴장
BC	1989	럭키금성	22	16	4	2	22	0	0
	1991	대우	7	7	0	0	7	0	0
	1992	대우	1	1	0	0	0	0	0
	1992	포항제철	16	9	4	2	40	4	0
	1993	포항제철	27	19	10	2	33	1	0
	1994	포항제철	21	16	3	1	16	0	0
	1995	대우	10	8	1	0	15	2	0
	1996	부천유공	5	5	0	0	2	0	0
	1996	안양LG	3	3	0	0	1	0	0
	합계		130	95	26	10	162	10	0
프로통산			130	95	26	10	162	10	0

차석준(車錫俊) 동국대 1966.08.24

대회	연도	소속	출전	교체	득점	도움	파울	경고	퇴장
BC	1989	유공	29	9	1	0	37	1	0
	1990	유공	19	7	1	1	16	0	0
	1991	유공	20	9	1	0	19	0	0
	1992	유공	16	5	2	0	34	2	0
	1993	유공	17	8	0	0	20	1	0
	1994	유공	8	2	0	2	16	0	0
	1995	유공	4	0	0	0	5	0	0
	합계		112	41	5	4	145	11	0
프로통산			112	41	5	4	145	11	0

차영환(車永煥) 홍익대 1990.07.16

대회	연도	소속	출전	교체	득점	도움	파울	경고	퇴장
K1	2018	상주	5	2	0	0	5	1	0
	2019	상주	1	1	0	0	1	0	0
	합계		6	2	0	0	6	1	0
K2	2016	부산	33	1	1	0	26	3	0
	2017	부산	26	2	0	0	13	3	0
	2019	부산	2	1	0	0	1	0	0
	2020	충남아산	17	2	0	1	31	1	0
	합계		78	13	1	1	71	8	0
승	2017	부산							
프로통산			84	15	1	1	78	9	0

차오연(車五昖) 한양대 1998.04.15

대회	연도	소속	출전	교체	득점	도움	파울	경고	퇴장
K1	2020	서울	3	1	0	0	3	1	0
	2021	서울	9	8	0	0	10	2	0
	합계		12	9	0	0	13	3	0
프로통산			12	9	0	0	13	3	0

차종윤(車鍾允) 성균관대 1981.09.25

대회	연도	소속	출전	교체	득점	도움	파울	경고	퇴장
BC	2004	성남일화	1	1	0	0	1	0	0
	합계		1	1	0	0	1	0	0
프로통산			1	1	0	0	1	0	0

차준엽(車俊燁) 조선대 1992.02.20

대회	연도	소속	출전	교체	득점	도움	파울	경고	퇴장
K2	2014	수원FC	6	5	0	0	4	0	0
	합계		6	5	0	0	4	0	0
프로통산			6	5	0	0	4	0	0

차철호(車哲昊) 영남대 1980.05.08

세 번째 열

대회	연도	소속	출전	교체	득점	도움	파울	경고	퇴장
BC	2003	포항	2	2	0	0	1	0	0
	2004	포항	11	11	0	0	11	0	0
	2005	광주상무	12	11	1	0	11	0	0
	2006	광주상무	12	10	1	1	11	0	0
	2007	포항							
	합계		31	29	1	0	27	0	0
프로통산			31	29	1	0	27	0	0

차치치(Frane Cacić) 크로아티아 1980.06.25

대회	연도	소속	출전	교체	득점	도움	파울	경고	퇴장
BC	2007	부산	10	7	1	0	12	1	0
	합계		10	7	1	0	12	1	0
프로통산			10	7	1	0	12	1	0

차태영(車泰泳) 울산대 1991.02.06

대회	연도	소속	출전	교체	득점	도움	파울	경고	퇴장
K2	2015	경남	2	2	0	0	2	0	0
	합계		2	2	0	0	2	0	0
프로통산			2	2	0	0	2	0	0

차희철(車喜哲) 여주상고 1966.11.24

대회	연도	소속	출전	교체	득점	도움	파울	경고	퇴장
BC	1984	유공	22	10	1	3	10	0	0
	1985	유공	12	5	0	3	8	0	0
	1988	유공	13	5	2	3	12	0	0
	1989	유공	34	13	1	2	33	2	0
	1990	유공	15	13	0	0	9	0	0
	1991	유공	1	1	0	0	1	0	0
	합계		97	50	3	8	73	4	0
프로통산			97	50	3	8	73	4	0

채광훈(蔡光勳) 상지대 1993.08.17

대회	연도	소속	출전	교체	득점	도움	파울	경고	퇴장
K1	2020	강원	13	10	1	1	9	1	0
	합계		13	10	1	1	9	1	0
K2	2016	안양	2	1	0	0	1	0	0
	2017	안양	13	4	0	0	7	2	0
	2018	안양	30	2	0	4	24	1	1
	2019	안양	28	3	2	3	19	3	0
	2021	경남	27	6	1	4	28	2	0
	합계		107	16	3	13	93	8	2
프로통산			120	26	4	14	102	9	2

채선일(蔡善一) 배재대 1994.08.03

대회	연도	소속	출전	교체	득점	도움	파울	경고	퇴장
K2	2018	수원FC	1	1	0	0	0	0	0
	2019	수원FC	5	4	0	0	3	0	0
	합계		6	5	0	0	3	0	0
프로통산			6	5	0	0	3	0	0

채프만(Connor Edward Chapman) 오스트레일리아 1994.10.31

대회	연도	소속	출전	교체	득점	도움	파울	경고	퇴장
K1	2017	인천	27	8	2	0	32	5	0
	2018	포항	33	5	0	4	44	9	0
	2021	서울	2	0	0	0	2	0	0
	합계		62	13	2	4	78	14	0
K2	2020	대전	16	5	0	0	18	0	0
	합계		16	5	0	0	18	0	0
프로통산			78	18	2	4	97	20	0

차디(Dragan Cadikovski) 마케도니아 1982.01.13

대회	연도	소속	출전	교체	득점	도움	파울	경고	퇴장
BC	2009	인천	20	14	5	1	27	4	0
	2010	인천	4	4	0	0	5	0	0
	합계		24	18	5	1	30	4	0
프로통산			24	18	5	1	30	4	0

천대환(千大桓) 아주대 1980.12.06

대회	연도	소속	출전	교체	득점	도움	파울	경고	퇴장
BC	2003	성남일화	2	2	0	0	2	0	0
	2004	성남일화	4	3	0	0	5	1	0
	2005	성남일화	7	0	0	0	10	1	0
	합계		13	6	0	0	17	2	0

천병호(千秉浩) 중앙대 1958.08.10

대회	연도	소속	출전	교체	득점	도움	파울	경고	퇴장
BC	1983	국민은행	12	5	0	0	3	1	0
		합계	12	5	0	0	3	1	0
프로통산			12	5	0	0	3	1	0

천성권(千成權) 단국대 1976.09.26

대회	연도	소속	출전	교체	득점	도움	파울	경고	퇴장
BC	2000	부산	3	3	0	0	3	0	0
		합계	3	3	0	0	3	0	0
프로통산			3	3	0	0	3	0	0

천정희(千丁熙) 한양대 1974.06.23

대회	연도	소속	출전	교체	득점	도움	파울	경고	퇴장
BC	1997	울산	12	4	0	1	18	1	0
	1998	울산	30	9	0	1	17	1	0
	1999	울산	10	3	0	0	12	1	0
	2000	울산	21	7	0	1	12	2	0
		합계	73	23	0	3	59	5	0
프로통산			73	23	0	3	59	5	0

천제훈(千制訓) 한남대 1985.07.13

대회	연도	소속	출전	교체	득점	도움	파울	경고	퇴장
BC	2006	서울	6	5	1	0	11	0	0
	2007	서울	1	1	0	0	1	0	0
	2008	서울	1	1	0	0	0	0	0
	2009	광주상무	2	2	0	0	1	0	0
	2010	광주상무	1	1	0	0	0	0	0
		합계	11	9	1	0	13	0	0
프로통산			11	9	1	0	13	0	0

천지현(千知玆) 한남대 1999.07.02

대회	연도	소속	출전	교체	득점	도움	파울	경고	퇴장
K2	2021	부산	0	0	0	0	0	0	0
		합계	0	0	0	0	0	0	0
프로통산			0	0	0	0	0	0	0

최강희(崔康熙) 우신고 1959.04.12

대회	연도	소속	출전	교체	득점	도움	파울	경고	퇴장
BC	1983	포항제철	3	0	0	0	0	0	0
	1984	현대	26	1	0	2	17	1	0
	1985	현대	21	0	0	2	23	0	0
	1986	현대	31	1	0	3	47	1	0
	1987	현대	28	1	1	2	23	0	0
	1988	현대	20	1	0	2	21	0	0
	1989	현대	9	0	0	0	11	1	0
	1990	현대	13	1	2	0	15	0	0
	1991	현대	37	5	4	4	43	2	0
	1992	현대	20	5	0	2	37	0	0
		합계	205	15	10	22	231	12	1
프로통산			205	15	10	22	231	12	1

최거룩(崔거룩) 중앙대 1976.06.26

대회	연도	소속	출전	교체	득점	도움	파울	경고	퇴장
BC	1999	부천SK	21	13	1	0	26	5	0
	2000	부천SK	37	2	0	0	37	5	1
	2001	부천SK	24	2	0	1	18	1	1
	2002	부천SK	17	0	0	0	9	2	1
	2003	전남	3	0	1	0	2	0	0
	2004	전남	17	0	0	0	40	7	0
	2005	대전	14	0	0	0	27	2	0
	2006	대전	12	5	0	0	22	6	0
	2007	대전	16	7	0	0	33	6	0
		합계	165	43	3	2	285	41	3
프로통산			165	43	3	2	285	41	3

최건주(崔建柱) 건국대 1999.06.26

대회	연도	소속	출전	교체	득점	도움	파울	경고	퇴장
K2	2020	안산	20	10	3	1	12	2	0
	2021	안산	25	17	3	1	28	2	0
		합계	45	27	6	2	40	4	1
프로통산			45	27	6	2	40	4	1

최건택(崔建澤) 중앙대 1965.03.23

대회	연도	소속	출전	교체	득점	도움	파울	경고	퇴장
BC	1988	현대	14	11	1	1	19	0	0
	1989	현대	15	13	1	1	18	0	0
		합계	29	24	2	2	37	0	0
프로통산			29	24	2	2	37	0	0

최경복(崔景福) 광양제철고 1988.03.13

대회	연도	소속	출전	교체	득점	도움	파울	경고	퇴장
BC	2007	전남	2	2	0	0	1	0	0
	2008	전남	9	8	0	0	9	1	0
		합계	11	10	0	0	10	1	0
프로통산			11	10	0	0	10	1	0

최경식(崔景植) 건국대 1957.02.01

대회	연도	소속	출전	교체	득점	도움	파울	경고	퇴장
BC	1983	유공	5	3	0	1	0	0	0
	1984	국민은행	26	4	0	0	21	0	0
	1985	포항제철	12	0	0	1	14	1	0
		합계	43	7	0	1	36	1	0
프로통산			43	7	0	1	36	1	0

최광수(崔光洙) 동의대 1979.09.25

대회	연도	소속	출전	교체	득점	도움	파울	경고	퇴장
BC	2002	부산	12	9	1	0	14	1	0
	2003	부산	2	2	0	0	2	0	0
		합계	14	11	1	0	16	1	0
프로통산			14	11	1	0	16	1	0

최광지(崔光志) 광운대 1963.06.05

대회	연도	소속	출전	교체	득점	도움	파울	경고	퇴장
BC	1986	현대	4	3	1	0	2	0	0
	1987	현대	5	4	0	0	4	1	0
	1989	현대	7	0	1	0	13	0	0
	1990	현대	5	5	0	0	6	0	0
		합계	21	12	2	0	25	1	0
프로통산			21	12	2	0	25	1	0

최광훈(崔光勳) 인천대 1982.11.03

대회	연도	소속	출전	교체	득점	도움	파울	경고	퇴장
BC	2004	인천	0	0	0	0	0	0	0
		합계	0	0	0	0	0	0	0
프로통산			0	0	0	0	0	0	0

최광희(崔光熙) 울산대 1984.05.17

대회	연도	소속	출전	교체	득점	도움	파울	경고	퇴장
BC	2006	울산	0	0	0	0	0	0	0
	2007	전북	2	2	0	0	2	0	0
	2008	부산	12	10	0	0	13	0	0
	2009	부산	1	1	0	0	0	0	0
	2010	부산	13	9	0	0	11	0	0
	2011	부산	13	9	0	0	9	0	0
	2012	부산	36	22	0	3	24	1	0
		합계	76	53	0	4	48	5	0
K1	2014	부산	8	6	0	0	13	1	0
	2015	부산	24	14	1	0	16	3	0
		합계	32	20	1	0	29	4	0
K2	2013	경찰	33	4	2	3	30	5	0
	2014	안산경찰	20	7	0	5	22	5	0
	2016	부산	19	3	1	3	17	2	0
		합계	78	17	3	10	74	14	0
승	2015	부산	2	0	0	0	0	0	0
		합계	2	0	0	0	0	0	0
프로통산			188	90	7	16	151	22	0

최규백(崔圭伯) 대구대 1994.01.23

대회	연도	소속	출전	교체	득점	도움	파울	경고	퇴장
K1	2016	전북	15	1	1	0	21	8	1
	2017	울산	11	4	0	0	12	1	1
	2019	제주	8	0	0	0	9	1	0
		합계	34	7	1	0	39	10	2
K2	2020	수원FC	9	7	1	0	9	1	0
	2021	충남아산	18	1	1	0	16	4	0
		합계	27	8	2	0	25	5	0
프로통산			61	15	3	0	64	15	2

최규환(崔奎奐) 홍익대 1987.03.28

대회	연도	소속	출전	교체	실점	도움	파울	경고	퇴장
K2	2013	충주	15	0	26	0	1	0	0
		합계	15	0	26	0	1	0	0
프로통산			15	0	26	0	1	0	0

최근식(崔根植) 건국대 1981.04.25

대회	연도	소속	출전	교체	득점	도움	파울	경고	퇴장
BC	2006	대전	2	2	0	0	2	0	0
	2007	대전	9	9	0	1	10	0	0
	2008	대전	17	8	0	1	41	4	0
		합계	28	19	0	1	54	4	0
프로통산			28	19	0	1	54	4	0

최기봉(崔基奉) 서울시립대 1958.11.13

대회	연도	소속	출전	교체	득점	도움	파울	경고	퇴장
BC	1983	유공	16	0	0	0	12	1	0
	1984	유공	28	0	0	0	19	1	0
	1985	유공	18	0	0	0	20	3	0
	1986	유공	33	0	0	0	10	3	0
	1987	유공	32	0	0	0	18	0	0
		합계	124	0	0	0	87	8	0
프로통산			124	0	0	0	87	8	0

최기석(崔記碩) 한남대 1986.03.28

대회	연도	소속	출전	교체	득점	도움	파울	경고	퇴장
BC	2006	제주	9	9	0	0	11	1	0
	2007	제주	2	1	0	0	2	0	0
	2008	부산	6	6	0	0	7	2	0
	2009	부산	1	1	0	0	0	0	0
	2010	울산	5	5	0	0	5	0	0
		합계	23	22	0	0	15	4	0
프로통산			23	22	0	0	15	4	0

최낙민(崔洛玟) 경기대 1989.05.27

대회	연도	소속	출전	교체	득점	도움	파울	경고	퇴장
K2	2013	부천	27	20	4	2	17	0	0
	2014	부천	1	1	0	0	3	0	0
		합계	28	21	4	2	20	0	0
프로통산			28	21	4	2	20	0	0

최남철(崔南哲) 관동대(가톨릭관동대) 1977.11.15

대회	연도	소속	출전	교체	득점	도움	파울	경고	퇴장
BC	2000	수원	1	1	0	0	4	1	0
		합계	1	1	0	0	4	1	0
프로통산			1	1	0	0	4	1	0

최대식(崔大植) 고려대 1965.01.10

대회	연도	소속	출전	교체	득점	도움	파울	경고	퇴장
BC	1988	대우	13	12	0	2	10	0	0
	1989	대우	19	10	2	6	22	0	0
	1990	럭키금성	29	2	4	7	26	3	0
	1991	LG	38	11	0	4	35	0	0
	1992	LG	34	19	1	6	33	3	0
	1993	LG	31	8	2	4	24	1	1
	1994	LG	19	5	3	2	19	0	0
	1995	LG	6	6	0	0	4	0	0
		합계	189	84	8	28	173	10	2
프로통산			189	84	8	28	173	10	2

최덕주(崔德柱) 중앙대 1960.01.03

대회	연도	소속	출전	교체	득점	도움	파울	경고	퇴장
BC	1984	한일은행	19	3	7	1	19	1	0
	1985	포항제철	8	8	1	1	5	0	0
		합계	27	11	7	2	24	1	0
프로통산			27	11	7	2	24	1	0

최동근(崔東根) 디지털서울문화예술대 1995.01.04

대회	연도	소속	출전	교체	득점	도움	파울	경고	퇴장
K1	2016	전북	1	0	0	0	1	0	0
		합계	1	0	0	0	1	0	0
프로통산			1	0	0	0	1	0	0

최동필(崔東弼) 인천대 1971.03.25

대회	연도	소속	출전	교체	득점	도움	파울	경고	퇴장
BC	1997	대전	10	9	1	0	10	1	0
	1998	대전	15	14	2	1	20	3	0
	1999	대전	13	14	0	1	11	0	0
	2000	대전	3	4	0	0	2	1	0
	합계		41	41	3	2	43	5	0
프로통산			41	41	3	2	43	5	0

최동혁(崔東爀) 우석대 1993.12.25

대회	연도	소속	출전	교체	득점	도움	파울	경고	퇴장
K2	2015	안양	1	1	0	0	1	1	0
	합계		1	1	0	0	1	1	0
프로통산			1	1	0	0	1	1	0

최동호(崔東昊) 아주대 1968.08.12

대회	연도	소속	출전	교체	득점	도움	파울	경고	퇴장
BC	1993	현대	24	6	0	0	41	5	0
	1994	현대	31	4	3	0	40	2	0
	1995	현대	33	1	0	1	40	1	1
	1996	울산	30	6	0	3	41	3	1
	1997	울산	23	9	0	0	45	4	0
	1998	울산	34	0	0	0	63	6	0
	1999	울산	33	4	0	0	48	4	1
	합계		208	30	3	4	318	25	3
프로통산			208	30	3	4	318	25	3

최명훈(崔明訓) 숭실대 1993.01.03

대회	연도	소속	출전	교체	득점	도움	파울	경고	퇴장
K1	2014	서울	0	0	0	0	0	0	0
	합계		0	0	0	0	0	0	0
K2	2015	수원FC	4	5	0	0	3	0	0
	합계		4	5	0	0	3	0	0
프로통산			4	5	0	0	3	0	0

최명희(崔明姬) 동국대 1990.09.04

대회	연도	소속	출전	교체	득점	도움	파울	경고	퇴장
K2	2018	안산	30	5	1	1	37	3	1
	2019	안산	30	7	0	1	16	0	0
	2020	안산	23	9	0	0	14	3	0
	합계		83	21	1	2	67	6	1
프로통산			83	21	1	2	67	6	1

최무림(崔茂林) 대구대 1979.04.15

대회	연도	소속	출전	교체	실점	도움	파울	경고	퇴장
BC	2002	울산	4	0	5	0	0	0	0
	2003	울산	0	0	0	0	0	0	0
	2004	울산	0	0	0	0	0	0	0
	2005	울산	0	0	10	0	0	0	0
	2007	광주상무	16	1	29	0	0	3	0
	2008	울산	6	0	7	0	0	1	0
	2009	울산	0	0	0	0	0	0	0
	2010	울산	1	0	0	0	0	0	0
	2011	울산	1	0	2	0	0	0	0
	합계		37	1	53	0	0	4	0
프로통산			37	1	53	0	0	4	0

최문수(崔門水) 대건고 2000.09.23

대회	연도	소속	출전	교체	실점	도움	파울	경고	퇴장
K2	2019	수원FC	0	0	0	0	0	0	0
	합계		0	0	0	0	0	0	0
프로통산			0	0	0	0	0	0	0

최문식(崔文植) 동대부고 1971.01.06

대회	연도	소속	출전	교체	득점	도움	파울	경고	퇴장
BC	1989	포항제철	17	13	6	1	6	0	0
	1990	포항제철	20	19	2	2	1	0	0
	1991	포항제철	28	15	1	1	9	1	0
	1992	포항제철	23	9	4	1	10	0	0
	1993	포항제철	13	4	1	3	10	0	0
	1994	포항제철	19	7	0	0	6	0	0
	1995	포항	4	1	0	0	2	0	0
	1998	포항	36	26	6	2	24	1	0
	1999	전남	33	11	7	3	16	0	0
	2000	전남	32	14	4	5	15	1	0
	2001	수원	12	9	0	1	6	0	0
	2002	부천SK	27	12	3	1	15	0	0
	합계		264	157	47	25	136	8	0
프로통산			264	157	47	25	136	8	0

최민서(崔民序) 포항제철고 2002.03.05

대회	연도	소속	출전	교체	득점	도움	파울	경고	퇴장
K2	2021	안양	11	11	0	0	3	0	0
	합계		11	11	0	0	3	0	0
프로통산			11	11	0	0	3	0	0

최배식(崔培植) 학성고 1982.05.15

대회	연도	소속	출전	교체	득점	도움	파울	경고	퇴장
BC	2001	울산	3	2	0	0	4	1	0
	2003	광주상무	8	8	1	0	4	0	0
	합계		11	10	1	0	8	1	0
프로통산			11	10	1	0	8	1	0

최범경(崔凡境) 광운대 1997.06.24

대회	연도	소속	출전	교체	득점	도움	파울	경고	퇴장
K1	2018	인천	2	2	0	0	1	0	0
	2019	인천	11	9	0	1	5	1	0
	2020	인천	2	2	0	0	2	0	0
	2021	인천	10	11	0	0	5	3	0
	합계		25	24	0	1	13	4	0
프로통산			25	24	0	1	13	4	0

최병도(崔炳燾) 경기대 1984.01.18

대회	연도	소속	출전	교체	득점	도움	파울	경고	퇴장
BC	2006	인천	9	2	0	0	12	3	0
	2007	인천	9	7	0	0	18	1	0
	2008	광주상무	1	0	0	0	15	2	0
	2009	광주상무	1	1	0	0	1	0	0
	2010	인천	2	3	0	0	0	0	0
	합계		37	13	0	0	46	6	0
K2	2013	고양	30	3	1	0	27	6	0
	2014	고양	34	2	1	2	11	2	0
	2015	부천	33	1	0	1	28	4	0
	2017	서울E	2	0	0	0	2	0	0
	합계		99	6	2	3	68	13	0
프로통산			136	21	3	3	114	19	0

최병찬(崔炳贊) 홍익대 1996.04.04

대회	연도	소속	출전	교체	득점	도움	파울	경고	퇴장
K1	2019	성남	24	18	1	2	22	5	0
	2020	성남	5	5	0	0	5	0	0
	합계		29	23	1	2	27	5	0
K2	2018	성남	19	14	5	2	31	3	0
	2020	부천	12	12	1	1	9	2	0
	2021	부천	20	17	0	0	19	3	0
	합계		51	43	6	3	59	8	0
프로통산			80	66	7	5	86	13	0

최병호(崔炳鎬) 충북대 1983.11.23

대회	연도	소속	출전	교체	실점	도움	파울	경고	퇴장
BC	2006	경남	0	0	0	0	0	0	0
	2007	경남	0	0	0	0	0	0	0
	합계		0	0	0	0	0	0	0
프로통산			0	0	0	0	0	0	0

최보경(崔寶慶) 동국대 1988.04.12

대회	연도	소속	출전	교체	득점	도움	파울	경고	퇴장
BC	2011	울산	2	1	0	0	4	1	0
	2012	울산	5	1	0	0	13	1	0
	합계		7	2	0	0	17	2	0
K1	2013	울산	29	23	0	3	34	5	0
	2014	전북	9	1	0	1	18	2	0
	2015	전북	26	10	0	0	30	5	0
	2016	전북	20	5	0	0	4	5	0
	2017	전북	7	0	0	0	10	1	0
	2018	전북	32	5	1	1	35	6	0
	2019	전북	13	6	0	0	10	1	0
	2020	전북	8	1	0	0	9	0	0
	2021	전북	10	3	1	0	6	2	0
	합계		154	54	2	5	156	27	0
K2	2016	안산무궁	19	1	2	2	15	4	0
	2017	아산	20	0	0	1	14	3	0
	합계		39	1	2	3	29	7	0
프로통산			200	57	4	8	202	36	0

최봉균(崔奉均) 한양대 1991.06.24

대회	연도	소속	출전	교체	득점	도움	파울	경고	퇴장
K2	2014	고양	0	0	0	0	0	0	0
	2017	경남	1	1	0	0	1	0	0
	합계		1	1	0	0	1	0	0
프로통산			1	1	0	0	1	0	0

최봉진(崔鳳珍) 중앙대 1992.04.06

대회	연도	소속	출전	교체	실점	도움	파울	경고	퇴장
K1	2015	광주	13	0	17	0	0	1	0
	2016	광주	17	1	24	0	1	2	1
	2017	광주	10	0	15	0	0	0	0
	2018	수원FC	0	0	0	0	0	0	0
	합계		40	1	56	0	1	3	1
K2	2015	경남	1	0	2	0	0	0	0
	2018	아산	5	0	7	0	0	1	0
	2019	아산	15	0	19	0	0	2	0
	2019	광주	2	0	3	0	0	0	0
	2020	부천	20	0	21	0	2	4	1
	합계		43	0	52	0	2	7	1
프로통산			83	1	108	0	3	10	2

최상국(崔相國) 청주상고 1961.02.15

대회	연도	소속	출전	교체	득점	도움	파울	경고	퇴장
BC	1983	포항제철	16	1	2	4	15	0	0
	1984	포항제철	23	3	4	1	28	0	0
	1985	포항제철	20	2	4	2	24	0	0
	1986	포항제철	19	3	2	4	20	0	0
	1987	포항제철	30	3	15	5	29	0	0
	1988	포항제철	18	5	2	4	19	0	0
	1989	포항제철	8	3	2	0	14	0	0
	1990	포항제철	19	6	3	0	17	0	0
	1991	포항제철	13	10	0	2	20	0	0
	합계		159	39	32	22	191	10	0
프로통산			159	39	32	22	191	10	0

최상현(崔相賢) 대구 2009

대회	연도	소속	출전	교체	득점	도움	파울	경고	퇴장
BC	2009	대구	4	4	0	0	5	1	0
	합계		4	4	0	0	5	1	0
프로통산			4	4	0	0	5	1	0

최상훈(崔相勳) 국민대 1971.09.28

대회	연도	소속	출전	교체	득점	도움	파울	경고	퇴장
BC	1994	포항제철	3	3	0	0	6	2	0
	1995	포항	2	2	1	0	3	0	0
	1996	포항	2	2	1	0	4	0	0
	1997	안양LG	3	3	0	0	1	0	0
	합계		10	10	1	0	12	3	0
프로통산			10	10	1	0	12	3	0

최석도(崔錫道) 중앙대 1982.05.01

대회	연도	소속	출전	교체	득점	도움	파울	경고	퇴장
BC	2005	대구	1	1	0	0	0	0	0
	2006	대구	2	1	0	0	1	1	0
	합계		3	2	0	0	1	1	0
프로통산			3	2	0	0	1	1	0

최선걸(崔善傑) 서울시립대 1973.03.27

대회	연도	소속	출전	교체	득점	도움	파울	경고	퇴장
BC	1998	울산	4	4	0	0	5	0	0
	1999	울산	1	1	0	0	2	0	0
	2000	전남	17	9	3	2	41	1	0
	2001	전남	23	12	2	1	50	5	0
	합계		45	26	5	3	98	6	0
프로통산			45	26	5	3	98	6	0

최성국(崔成國) 고려대 1983.02.08

대회	연도	소속	출전	교체	득점	도움	파울	경고	퇴장

대회	연도	소속	출전	교체	득점	도움	파울	경고	퇴장
BC	2003	울산	27	22	7	1	30	5	0
	2004	울산	19	10	1	4	19	2	0
	2005	울산	16	14	1	3	26	4	0
	2006	울산	35	13	9	4	40	3	0
	2007	성남일화	28	20	3	2	36	3	0
	2008	성남일화	26	24	7	3	8	3	0
	2009	광주상무	28	5	9	3	41	2	0
	2010	광주상무	24	4	4	2	43	5	1
	2010	성남일화	4	3	0	1	4	1	0
	2011	수원	12	9	1	2	11	2	0
	합계		219	124	42	25	258	30	1
프로통산			219	124	42	25	258	30	1

최성근(崔成根) 고려대 1991.07.28

대회	연도	소속	출전	교체	득점	도움	파울	경고	퇴장
K1	2017	수원	22	6	1	0	26	3	0
	2018	수원	20	9	0	1	38	6	1
	2019	수원	30	7	2	0	80	7	0
	2020	수원	5	4	0	0	4	3	0
	2021	수원	21	9	0	0	42	5	1
	합계		98	35	2	2	208	23	2
프로통산			98	35	2	2	208	23	2

최성민(崔晟旼) 동국대 1991.08.20

대회	연도	소속	출전	교체	득점	도움	파울	경고	퇴장
K1	2014	경남	3	2	0	0	5	1	0
	합계		3	2	0	0	5	1	0
K2	2015	경남	9	4	1	1	9	1	0
	2015	부천	2	2	0	0	1	0	0
	2018	안산	17	4	0	0	7	2	0
	2019	안산	15	2	0	0	30	5	0
	합계		43	12	1	1	47	8	0
승	2014	경남	0	0	0	0	1	0	0
	합계		0	0	0	0	1	0	0
프로통산			46	14	1	1	52	9	0

최성용(崔成勇) 고려대 1975.12.25

대회	연도	소속	출전	교체	득점	도움	파울	경고	퇴장
BC	2002	수원	11	2	0	0	12	0	0
	2003	수원	23	5	0	0	17	2	0
	2004	수원	35	6	1	4	51	3	0
	2005	수원	23	8	0	0	28	5	0
	2006	수원	12	10	0	1	9	0	0
	2007	울산	9	8	0	0	1	1	0
	합계		113	39	1	5	118	11	0
프로통산			113	39	1	5	118	11	0

최성진(崔成眞) 광양제철고 2002.06.24

대회	연도	소속	출전	교체	득점	도움	파울	경고	퇴장
K2	2021	전남	1	0	0	0	1	0	0
	합계		1	0	0	0	1	0	0
프로통산			1	0	0	0	1	0	0

최성현(崔星玄) 호남대 1982.05.02

대회	연도	소속	출전	교체	득점	도움	파울	경고	퇴장
BC	2005	수원	2	2	0	0	4	1	0
	2006	광주상무	1	1	0	0	2	0	0
	2008	수원	8	6	0	0	6	0	0
	2009	수원	10	5	0	0	14	1	0
	2010	제주	1	1	0	0	1	0	0
	합계		22	15	0	0	27	3	0
프로통산			22	15	0	0	27	3	0

최성호(崔聖鎬) 동아대 1969.07.17

대회	연도	소속	출전	교체	득점	도움	파울	경고	퇴장
BC	1992	일화	1	1	0	0	1	0	0
	1993	일화	2	3	0	0	0	0	0
	1995	일화	7	8	2	0	8	1	0
	1996	천안일화	6	6	0	0	7	1	0
	1997	수원	4	4	0	0	4	0	0
	합계		20	22	4	0	12	2	0
프로통산			20	22	4	0	12	2	0

최성환(崔成煥) 전주대 1981.10.06

대회	연도	소속	출전	교체	득점	도움	파울	경고	퇴장
BC	2005	대구	15	5	0	0	59	9	0
	2006	대구	29	4	2	2	69	10	0
	2007	수원	3	3	0	0	4	0	0
	2008	수원	8	1	0	0	20	5	0
	2009	수원	14	4	0	0	22	5	0
	2010	수원	12	6	0	0	16	2	0
	2011	수원	21	11	0	0	33	9	0
	2012	수원	1	0	0	0	0	0	0
	2012	울산	4	1	0	0	6	2	0
	합계		106	37	2	2	229	42	0
K1	2013	울산	1	1	0	0	1	0	0
	합계		1	1	0	0	1	0	0
K2	2014	광주	5	1	0	0	6	2	0
	2015	경남	28	6	1	0	33	6	1
	합계		33	7	1	0	39	8	1
프로통산			140	45	3	2	268	51	1

최수현(崔守現) 명지대 1993.12.09

대회	연도	소속	출전	교체	득점	도움	파울	경고	퇴장
K1	2017	대구	0	0	0	0	0	0	0
	합계		0	0	0	0	0	0	0
프로통산			0	0	0	0	0	0	0

최순호(崔淳鎬) 광운대 1962.01.10

대회	연도	소속	출전	교체	득점	도움	파울	경고	퇴장
BC	1983	포항제철	2	1	2	0	3	0	0
	1984	포항제철	24	0	14	6	25	1	0
	1985	포항제철	5	1	2	0	3	0	0
	1986	포항제철	9	2	1	2	8	0	0
	1987	포항제철	16	7	2	1	16	0	0
	1988	럭키금성	11	0	1	2	16	0	0
	1989	럭키금성	9	0	1	1	17	1	0
	1990	럭키금성	8	4	1	2	5	0	0
	1991	포항제철	16	11	0	1	3	1	0
	합계		100	26	23	19	105	5	0
프로통산			100	26	23	19	105	5	0

최승범(崔勝範) 홍익대 1974.09.23

대회	연도	소속	출전	교체	득점	도움	파울	경고	퇴장
BC	2000	안양LG	1	1	0	0	2	0	0
	합계		1	1	0	0	2	0	0
프로통산			1	1	0	0	2	0	0

최승인(崔承仁) 동래고 1991.03.05

대회	연도	소속	출전	교체	득점	도움	파울	경고	퇴장
K1	2013	강원	10	10	2	1	5	0	0
	합계		10	10	2	1	5	0	0
K2	2014	강원	20	21	2	2	19	1	0
	2015	강원	31	20	11	3	34	4	0
	2016	부산	14	12	1	2	15	1	0
	2017	부산	15	12	1	0	22	3	0
	2018	부산	19	18	0	1	16	3	1
	2019	부산	3	3	0	0	0	0	0
	합계		102	86	21	6	106	11	1
승	2013	강원	1	1	0	0	2	0	0
	2017	부산	1	0	0	0	0	0	0
	2018	부산	1	0	0	0	0	0	0
	합계		3	1	0	0	2	0	0
프로통산			115	98	25	7	113	12	1

최승호(崔勝湖) 예원예술대 1992.03.31

대회	연도	소속	출전	교체	득점	도움	파울	경고	퇴장
K2	2014	충주	24	11	0	2	19	3	0
	2015	충주	32	16	1	1	17	3	0
	2016	충주	31	10	0	0	33	4	0
	2017	안양	19	14	0	1	16	4	0
	2018	안양	1	1	0	0	1	0	0
	2019	안양	0	0	0	0	0	0	0
	합계		107	52	1	4	86	14	0
프로통산			107	52	1	4	86	14	0

최승훈(崔勝勳) 기전대 2000.01.16

대회	연도	소속	출전	교체	득점	도움	파울	경고	퇴장
K2	2021	안양	1	1	0	0	0	0	0
	합계		1	1	0	0	0	0	0
프로통산			1	1	0	0	0	0	0

최연근(崔延瑾) 중앙대 1988.04.01

대회	연도	소속	출전	교체	득점	도움	파울	경고	퇴장
BC	2011	성남일화	0	0	0	0	0	0	0
	합계		0	0	0	0	0	0	0
프로통산			0	0	0	0	0	0	0

최영광(崔榮光) 한남대 1990.05.20

대회	연도	소속	출전	교체	득점	도움	파울	경고	퇴장
K2	2016	강원	0	0	0	0	0	0	0
	합계		0	0	0	0	0	0	0
프로통산			0	0	0	0	0	0	0

최영근(崔永根) 한양대 1972.07.16

대회	연도	소속	출전	교체	득점	도움	파울	경고	퇴장
BC	1998	부산	8	3	0	0	16	1	0
	1999	부산	6	6	0	0	1	0	0
	합계		14	9	0	0	17	1	0
프로통산			14	9	0	0	17	1	0

최영남(崔永男) 아주대 1984.07.27

대회	연도	소속	출전	교체	득점	도움	파울	경고	퇴장
BC	2010	강원	13	2	1	2	7	0	0
	합계		13	2	1	2	7	0	0
프로통산			13	2	1	2	7	0	0

최영은(崔永롱) 성균관대 1995.09.26

대회	연도	소속	출전	교체	실점	도움	파울	경고	퇴장
K1	2018	대구	10	0	13	0	0	2	0
	2019	대구	1	0	1	0	0	0	0
	2020	대구	10	0	14	0	1	0	0
	2021	대구	36	1	44	0	1	1	0
	합계		57	1	72	0	4	3	0
프로통산			57	1	72	0	4	3	0

최영일(崔英一) 동아대 1966.04.25

대회	연도	소속	출전	교체	득점	도움	파울	경고	퇴장
BC	1989	현대	29	3	0	0	62	4	0
	1990	현대	21	5	0	0	26	2	0
	1991	현대	34	5	0	0	59	6	0
	1992	현대	37	6	1	0	50	1	0
	1993	현대	35	7	0	0	34	1	0
	1994	현대	17	1	0	1	27	7	0
	1995	현대	33	0	1	0	49	5	0
	1996	울산	31	0	2	2	60	7	0
	1997	부산	16	3	0	0	29	2	0
	1998	부산	8	1	0	1	13	1	1
	2000	안양LG	11	6	0	1	18	2	0
	합계		266	28	3	6	417	37	1
프로통산			266	28	3	6	417	37	1

최영일(崔英一) 관동대(가톨릭관동대) 1984.03.10

대회	연도	소속	출전	교체	득점	도움	파울	경고	퇴장
BC	2007	서울	0	0	0	0	0	0	0
	합계		0	0	0	0	0	0	0
프로통산			0	0	0	0	0	0	0

최영준(崔榮峻) 건국대 1991.12.15

대회	연도	소속	출전	교체	득점	도움	파울	경고	퇴장
BC	2011	경남	17	6	0	1	25	3	0
	2012	경남	35	9	0	1	39	3	0
	합계		52	15	0	2	64	6	0
K1	2013	경남	18	10	0	0	23	3	0
	2014	경남	21	11	0	2	21	1	0
	2018	경남	37	7	3	2	31	4	0
	2019	전북	7	5	0	0	8	2	0
	2019	포항	14	3	0	1	19	2	0
	2020	포항	23	0	1	0	27	5	0
	2021	전북	23	15	0	1	23	4	0
	합계		143	51	3	7	151	19	0
K2	2015	안산경찰	20	11	1	0	12	4	0

(continued)

대회	연도	소속	출전	교체	득점	도움	파울	경고	퇴장
	2016	안산무궁	7	6	0	1	7	0	0
	2016	경남	3	1	0	0	4	0	0
	2017	경남	31	9	3	1	29	5	0
	합계		61	27	4	2	52	9	0
승	2014	경남	2	1	0	1	5	1	0
	합계		2	1	0	1	5	1	0
프로통산			258	94	7	12	272	35	0

최영준(崔榮俊) 연세대 1965.08.16

대회	연도	소속	출전	교체	득점	도움	파울	경고	퇴장
BC	1988	럭키금성	22	0	0	0	18	0	0
	1989	럭키금성	27	2	0	1	22	2	0
	1990	럭키금성	20	1	0	3	23	0	0
	1991	LG	37	5	0	1	34	1	0
	1992	LG	27	4	1	0	52	3	0
	1993	LG	27	1	0	1	39	3	0
	1994	LG	14	3	0	0	14	3	0
	1995	현대	21	2	1	0	14	0	0
	1996	울산	12	3	0	1	12	0	0
	합계		210	19	4	4	223	14	0
프로통산			210	19	4	4	223	14	0

최영회(崔永回) 고려대 1960.02.14

대회	연도	소속	출전	교체	득점	도움	파울	경고	퇴장
BC	1984	한일은행	26	2	0	0	19	1	0
	1985	한일은행	21	0	3	2	14	0	0
	1986	한일은행	16	0	1	0	8	0	0
	합계		63	2	4	2	41	1	0
프로통산			63	2	4	2	41	1	0

최영훈(崔榮燻) 연세대 1993.05.29

대회	연도	소속	출전	교체	득점	도움	파울	경고	퇴장
K2	2016	안양	25	8	0	1	74	9	0
	2017	안양	5	4	0	0	12	0	0
	합계		30	12	0	1	86	9	0
프로통산			30	12	0	1	86	9	0

최영훈(崔榮勳) 이리고 1981.03.18

대회	연도	소속	출전	교체	득점	도움	파울	경고	퇴장
BC	2000	전북	2	2	0	0	0	0	0
	2001	전북	5	5	0	0	2	0	0
	2002	전북	23	23	1	1	22	1	0
	2003	전북	21	15	1	0	16	1	0
	2004	전북	2	2	0	0	3	0	0
	2005	전북	2	2	0	0	3	0	0
	2006	전북	21	13	0	3	36	2	0
	2007	인천	5	5	0	0	4	0	0
	2008	인천	3	2	0	0	6	0	0
	합계		88	74	2	4	93	6	0
프로통산			88	74	2	4	93	6	0

최영희(崔營熙) 아주대 1969.02.26

대회	연도	소속	출전	교체	득점	도움	파울	경고	퇴장
BC	1992	대우	17	13	1	0	11	0	0
	1993	대우	11	11	0	0	4	1	0
	1994	대우	14	1	2	0	18	0	0
	1995	대우	12	7	0	0	5	0	0
	1996	부산	12	7	0	0	17	2	0
	1997	전남	3	2	0	0	7	2	0
	1998	전남	3	2	0	0	6	0	0
	합계		76	50	3	0	63	5	0
프로통산			76	50	3	0	63	5	0

최오백(崔午百) 조선대 1992.03.10

대회	연도	소속	출전	교체	득점	도움	파울	경고	퇴장
K1	2019	성남	14	10	0	0	9	1	0
	2020	성남	8	7	0	0	2	0	0
	합계		22	17	0	0	11	1	0
K2	2015	서울E	7	7	1	1	4	0	0
	2016	서울E	18	14	2	4	14	4	0
	2017	서울E	15	4	1	3	18	1	0
	2018	서울E	35	7	4	3	28	4	0
	합계		75	32	8	11	59	13	0

최왕길(崔王吉) 한라대 1987.01.08

대회	연도	소속	출전	교체	득점	도움	파울	경고	퇴장
BC	2011	대전	1	1	0	0	0	0	0
	합계		1	1	0	0	0	0	0
프로통산			1	1	0	0	0	0	0

최요셉(崔 요셉 / ← 최진호) 관동대(가톨릭관동대) 1989.09.22

대회	연도	소속	출전	교체	득점	도움	파울	경고	퇴장
BC	2011	부산	12	11	1	0	6	1	0
	2012	부산	7	7	1	0	2	0	0
	합계		19	17	2	0	8	1	0
K1	2013	강원	22	16	6	1	11	3	0
	2017	상주	8	9	0	0	2	0	0
	2018	상주	1	1	0	0	0	0	0
	2018	강원	1	1	0	0	0	0	0
	합계		32	27	6	1	13	3	0
K2	2014	강원	33	13	9	3	31	1	0
	2015	강원	26	19	5	6	15	3	0
	2016	강원	20	19	6	0	4	1	0
	2019	아산	8	8	1	1	1	1	0
	합계		87	59	21	10	51	6	0
승	2013	강원	1	0	0	0	2	0	0
	2016	강원	1	1	0	1	3	0	0
	2017	상주	0	0	0	0	0	0	0
	합계		2	1	0	1	5	0	0
프로통산			140	104	29	12	77	10	0

최용길(崔溶吉) 연세대 1965.03.15

대회	연도	소속	출전	교체	득점	도움	파울	경고	퇴장
BC	1986	한일은행	12	9	1	0	9	0	0
	합계		12	9	1	0	9	0	0
프로통산			12	9	1	0	9	0	0

최용수(崔龍洙) 연세대 1973.09.10

대회	연도	소속	출전	교체	득점	도움	파울	경고	퇴장
BC	1994	LG	35	10	10	7	31	2	0
	1995	LG	28	1	11	2	38	5	0
	1996	안양LG	22	7	5	3	21	2	0
	1999	안양LG	27	5	14	4	48	2	0
	2006	서울	34	10	14	10	62	6	0
	합계		148	35	54	26	202	17	0
프로통산			148	35	54	26	202	17	0

최용우(崔容瑀) 인제대 1988.10.14

대회	연도	소속	출전	교체	득점	도움	파울	경고	퇴장
K1	2019	포항	8	9	0	0	6	0	0
	합계		8	9	0	0	6	0	0
프로통산			8	9	0	0	6	0	0

최우재(崔佑在) 중앙대 1990.03.27

대회	연도	소속	출전	교체	득점	도움	파울	경고	퇴장
K1	2013	강원	16	4	0	0	25	6	0
	합계		16	4	0	0	25	6	0
K2	2014	강원	16	1	0	1	15	4	0
	2015	강원	3	3	0	0	3	0	0
	2016	강원	5	2	0	0	5	1	0
	2019	안양	2	2	0	0	1	0	0
	2020	안양	5	3	0	0	7	0	0
	합계		31	15	0	1	31	5	0
승	2013	강원	1	0	0	0	3	1	0
	합계		1	0	0	0	3	1	0
프로통산			48	19	1	0	55	11	0

최원권(崔源權) 동북고 1981.11.08

대회	연도	소속	출전	교체	득점	도움	파울	경고	퇴장
BC	2000	안양LG	4	4	0	0	1	0	0
	2001	안양LG	22	21	0	1	23	0	0
	2002	안양LG	20	7	1	0	27	3	0
	2003	안양LG	25	5	1	3	29	2	0
	2004	서울	19	8	1	2	41	3	0
	2005	서울	11	7	0	0	19	2	0
	2006	서울	14	4	0	3	19	3	0
	2007	서울	33	4	0	2	60	3	0
	2008	서울	20	9	0	3	38	4	0
	2009	광주상무	26	2	5	5	27	6	0
	2010	광주상무	24	8	3	0	29	6	0
	2011	제주	15	9	0	2	11	1	0
	2012	제주	27	11	0	0	31	7	0
	합계		260	111	11	19	374	41	0
K1	2013	제주	2	2	0	0	2	0	0
	2013	대구	12	2	0	0	16	2	0
	합계		14	4	0	0	18	2	0
K2	2014	대구	15	0	1	0	14	0	0
	2015	대구	2	0	1	0	1	1	0
	합계		17	1	1	0	17	4	0
프로통산			291	116	12	19	410	48	0

최원우(崔原友) 포철공고 1988.10.13

대회	연도	소속	출전	교체	득점	도움	파울	경고	퇴장
BC	2007	경남	1	1	0	0	0	0	0
	2008	광주상무	2	2	0	0	1	0	0
	2010	경남	1	1	0	0	3	0	0
	합계		4	4	0	0	4	0	0
프로통산			4	4	0	0	4	0	0

최원욱(崔源旭) 숭실대 1990.04.27

대회	연도	소속	출전	교체	득점	도움	파울	경고	퇴장
K2	2013	경찰	1	1	0	0	0	0	0
	합계		1	1	0	0	0	0	0
BC	2011	서울	0	0	0	0	0	0	0
	합계		0	0	0	0	0	0	0
프로통산			1	1	0	0	0	0	0

최원창(崔元昶) 대건고 2001.05.09

대회	연도	소속	출전	교체	득점	도움	파울	경고	퇴장
K1	2021	인천	1	0	0	0	0	0	0
	합계		1	0	0	0	0	0	0
프로통산			1	0	0	0	0	0	0

최원철(崔源哲) 용인대 1995.05.26

대회	연도	소속	출전	교체	득점	도움	파울	경고	퇴장
K2	2017	수원FC	9	5	1	1	6	2	0
	2018	수원FC	12	7	0	0	8	1	0
	합계		21	12	1	1	14	3	0
프로통산			21	12	1	1	14	3	0

최월규(崔月奎) 아주대 1973.06.28

대회	연도	소속	출전	교체	득점	도움	파울	경고	퇴장
BC	1996	부산	22	20	2	0	12	0	0
	1997	부산	3	3	0	0	3	0	0
	2000	부천SK	3	3	0	0	0	0	0
	합계		28	26	2	0	15	0	0
프로통산			28	26	2	0	15	0	0

최유상(崔俞尙) 가톨릭관동대 1989.08.25

대회	연도	소속	출전	교체	득점	도움	파울	경고	퇴장
K2	2015	서울E	4	3	2	0	4	0	0
	2016	충주	30	13	1	3	53	4	0
	합계		34	16	3	1	56	4	0
프로통산			34	16	3	1	56	4	0

최윤겸(崔允謙) 인천대학원 1962.04.21

대회	연도	소속	출전	교체	득점	도움	파울	경고	퇴장
BC	1986	유공	10	1	0	0	18	1	0
	1987	유공	27	7	1	0	40	4	0
	1988	유공	11	1	0	1	11	1	0
	1989	유공	30	6	1	0	45	3	0
	1990	유공	21	2	0	0	41	2	0
	1991	유공	37	12	1	0	52	5	0
	1992	유공	26	10	2	0	45	3	0
	합계		162	39	5	1	263	17	0
프로통산			162	39	5	1	263	17	0

최윤열(崔潤烈) 경희대 1974.04.17

대회	연도	소속	출전	교체	득점	도움	파울	경고	퇴장
BC	1997	전남	29	6	0	1	72	6	0
	1998	전남	31	3	0	1	105	8	0
	1999	전남	21	5	1	0	46	3	0
	2000	전남	0	0	0	0	0	0	0
	2000	안양G	7	3	0	0	13	1	0
	2001	안양G	22	2	0	0	58	6	1
	2002	안양G	27	7	0	0	48	0	0
	2003	포항	34	6	2	0	51	5	0
	2004	대전	13	0	0	0	27	2	0
	2005	대전	26	1	1	0	56	7	0
	2006	대전	20	2	1	0	42	3	0
	2007	대전	20	2	0	0	37	4	0
프로통산			250	37	5	1	555	45	1

최윤호(崔允浩) 아주대 1974.09.15

대회	연도	소속	출전	교체	득점	도움	파울	경고	퇴장
BC	1997	부산	10	10	0	0	8	0	0
합계			10	10	0	0	8	0	0
프로통산			10	10	0	0	8	0	0

최은성(崔殷誠) 인천대 1971.04.05

대회	연도	소속	출전	교체	실점	도움	파울	경고	퇴장
BC	1997	대전	35	2	46	0	0	0	0
	1998	대전	33	1	55	0	1	3	0
	1999	대전	32	0	55	0	1	1	0
	2000	대전	33	0	46	0	2	1	1
	2001	대전	33	0	42	0	0	0	0
	2002	대전	25	0	35	0	1	0	0
	2003	대전	37	1	39	0	1	1	0
	2004	대전	32	0	30	0	1	1	0
	2005	대전	33	1	26	0	1	3	0
	2006	대전	39	0	41	0	3	1	0
	2007	대전	31	0	36	0	1	1	0
	2008	대전	31	0	39	0	1	3	0
	2009	대전	28	1	36	0	1	1	0
	2010	대전	13	0	25	1	0	1	0
	2011	대전	28	1	53	0	0	0	0
	2012	전북	34	1	36	0	1	4	0
합계			498	9	639	1	12	17	2
K1	2013	전북	31	1	30	0	0	0	0
	2014	전북	3	1	5	0	0	0	0
합계			34	2	35	0	0	0	0
프로통산			532	11	674	1	12	17	2

최익진(崔益震) 아주대 1997.05.03

대회	연도	소속	출전	교체	득점	도움	파울	경고	퇴장
K2	2019	전남	6	4	0	0	13	2	0
	2020	전남	3	0	0	0	4	0	0
	2021	대전	5	2	0	0	8	1	0
합계			14	6	0	0	25	3	0
프로통산			14	6	0	0	25	3	0

최익형(崔益馨) 고려대 1973.08.05

대회	연도	소속	출전	교체	실점	도움	파울	경고	퇴장
BC	1999	전남	0	0	0	0	0	0	0
합계			0	0	0	0	0	0	0
프로통산			0	0	0	0	0	0	0

최인석(崔仁碩) 경일대 1979.08.07

대회	연도	소속	출전	교체	득점	도움	파울	경고	퇴장
BC	2002	울산	4	3	0	0	4	1	0
합계			4	3	0	0	4	1	0
프로통산			4	3	0	0	4	1	0

최인영(崔仁榮) 서울시립대 1962.03.05

대회	연도	소속	출전	교체	실점	도움	파울	경고	퇴장
BC	1983	국민은행	2	0	4	0	0	0	0
	1984	현대	22	0	26	0	0	1	0
	1985	현대	4	1	3	0	0	0	0
	1986	현대	17	0	14	0	0	1	0
	1987	현대	13	1	20	0	0	0	0
	1988	현대	4	0	1	0	0	0	0
	1989	현대	27	1	32	0	0	1	0
	1990	현대	10	0	11	0	1	1	0
	1991	현대	30	1	17	0	2	0	0
	1992	현대	28	2	26	0	1	3	0
	1993	현대	12	8	0	0	0	0	0
	1994	현대	6	0	6	0	0	0	0
	1995	현대	1	1	0	0	0	0	0
	1996	울산	1	1	0	0	0	0	0
합계			176	9	174	0	5	7	1
프로통산			176	9	174	0	5	7	1

최인창(崔仁暢) 한양대 1990.04.11

대회	연도	소속	출전	교체	득점	도움	파울	경고	퇴장
K2	2013	부천	10	9	1	0	7	2	0
	2014	부천	31	20	4	2	70	5	0
합계			41	29	5	2	77	7	0
프로통산			41	29	5	2	77	7	0

최인후(崔仁厚) 동북고 1995.05.04

대회	연도	소속	출전	교체	득점	도움	파울	경고	퇴장
K2	2014	강원	0	0	0	0	0	0	0
	2015	경남	7	7	0	0	0	0	0
합계			7	7	0	0	0	0	0
프로통산			7	7	0	0	0	0	0

최재수(崔在洙) 연세대 1983.05.02

대회	연도	소속	출전	교체	득점	도움	파울	경고	퇴장
BC	2004	서울	7	7	0	0	5	0	0
	2005	서울	17	6	1	1	29	6	0
	2006	서울	11	3	0	1	15	4	0
	2007	서울	12	9	0	0	9	0	0
	2008	광주상무	26	14	0	4	33	3	0
	2009	광주상무	28	7	1	3	37	4	0
	2010	울산	28	17	0	6	36	7	0
	2011	울산	40	6	1	11	44	8	0
	2012	울산	13	7	1	3	13	0	0
	2012	수원	19	12	1	1	19	3	0
합계			178	80	7	27	216	35	0
K1	2013	수원	10	7	0	0	34	7	0
	2014	수원	10	2	0	0	8	1	0
	2015	수원	5	2	0	1	5	1	0
	2015	포항	11	3	0	0	16	3	0
	2016	전북	12	6	0	1	16	3	0
	2018	경남	11	4	0	0	10	3	0
	2019	경남	15	8	1	1	16	3	0
합계			104	39	3	7	100	23	1
K2	2017	경남	20	10	1	3	16	3	0
합계			20	10	1	3	16	3	0
프로통산			302	129	11	37	332	63	2

최재영(崔載瑩) 중앙대 1998.03.18

대회	연도	소속	출전	교체	득점	도움	파울	경고	퇴장
K2	2021	부천	9	6	0	0	13	5	0
합계			9	6	0	0	13	5	0
프로통산			9	6	0	0	13	5	0

최재영(崔宰榮) 홍익대 1983.07.14

대회	연도	소속	출전	교체	득점	도움	파울	경고	퇴장
BC	2005	광주상무	2	2	0	0	1	0	0
	2009	성남일화	2	1	0	0	3	0	0
합계			4	3	0	0	6	0	0
프로통산			4	3	0	0	6	0	0

최재영(崔在榮) 홍익대 1983.09.22

대회	연도	소속	출전	교체	득점	도움	파울	경고	퇴장
BC	2006	제주	9	8	0	1	12	1	0
	2007	제주	1	1	0	0	2	0	0
합계			10	9	0	1	14	1	0
프로통산			10	9	0	1	14	1	0

최재은(崔宰銀) 광운대 1988.06.08

대회	연도	소속	출전	교체	득점	도움	파울	경고	퇴장
BC	2010	인천	2	2	0	0	4	0	0
합계			2	2	0	0	4	0	0
프로통산			2	2	0	0	4	0	0

최재혁(崔宰赫) 통진종고 1964.09.17

대회	연도	소속	출전	교체	득점	도움	파울	경고	퇴장
BC	1984	현대	8	5	2	0	7	0	0
	1985	현대	15	9	0	3	15	1	0
	1986	현대	10	6	0	1	5	0	0
합계			33	20	2	4	27	1	0
프로통산			33	20	2	4	27	1	0

최재현(崔在現) 광주대 1994.04.20

대회	연도	소속	출전	교체	득점	도움	파울	경고	퇴장
K1	2017	전남	23	17	3	2	37	5	0
	2018	전남	25	17	5	2	22	4	1
합계			48	34	8	4	59	9	1
K2	2019	전남	19	13	3	2	22	2	0
	2020	대전	9	6	0	1	10	1	0
합계			28	19	3	3	32	3	0
프로통산			76	53	11	7	91	12	1

최재훈(崔在勳) 중앙대 1995.11.20

대회	연도	소속	출전	교체	득점	도움	파울	경고	퇴장
K2	2017	안양	32	8	2	2	51	6	0
	2018	안양	27	11	2	2	39	6	0
	2019	안양	17	15	0	1	18	0	0
	2020	서울E	24	6	1	1	48	4	1
	2021	서울E	22	19	1	0	17	2	0
합계			122	59	6	6	163	18	1
프로통산			122	59	6	6	163	18	1

최정민(崔禎珉) 중앙대 1977.10.07

대회	연도	소속	출전	교체	득점	도움	파울	경고	퇴장
BC	2000	부천SK	3	2	0	0	2	1	0
	2001	부천SK	13	1	0	0	26	1	0
	2002	부천SK	24	0	0	0	21	2	0
	2003	부천SK	12	3	0	0	32	3	0
합계			52	12	1	0	81	7	0
프로통산			52	12	1	0	81	7	0

최정원(崔定原) 건국대 1995.08.16

대회	연도	소속	출전	교체	득점	도움	파울	경고	퇴장
K1	2021	수원	19	13	1	0	9	1	0
합계			19	13	1	0	9	1	0
프로통산			19	13	1	0	9	1	0

최정한(崔正漢) 연세대 1989.06.03

대회	연도	소속	출전	교체	득점	도움	파울	경고	퇴장
K1	2014	서울	0	0	0	0	0	0	0
	2015	서울	7	7	1	1	7	1	0
합계			7	7	1	1	7	1	0
K2	2016	대구	26	24	1	2	9	2	0
합계			26	24	1	2	9	2	0
프로통산			33	31	2	3	16	3	0

최정호(崔貞鎬) 한양대 1978.04.06

대회	연도	소속	출전	교체	득점	도움	파울	경고	퇴장
BC	2001	전남	0	0	0	0	0	0	0
합계			0	0	0	0	0	0	0
프로통산			0	0	0	0	0	0	0

최정훈(崔晶勛) 매탄고 1999.03.09

대회	연도	소속	출전	교체	득점	도움	파울	경고	퇴장
K1	2019	수원	1	1	0	0	0	0	0
합계			1	1	0	0	0	0	0
프로통산			1	1	0	0	0	0	0

최종덕(崔鍾德) 고려대 1954.06.24

대회	연도	소속	출전	교체	득점	도움	파울	경고	퇴장
BC	1983	할렐루야	16	2	1	1	7	0	0
	1984	할렐루야	25	1	3	0	18	1	0
	1985	럭키금성	17	3	1	1	11	1	0
합계			58	6	5	2	36	2	1
프로통산			58	6	5	2	36	2	1

최종범(崔鍾範) 영남대 1978.03.27

대회	연도	소속	출전	교체	득점	도움	파울	경고	퇴장
BC	2001	포항	4	4	0	0	2	0	1

Section 6 역대 통산 기록

387

(continued)

대회	연도	소속	출전	교체	득점	도움	파울	경고	퇴장
	2002	포항	17	14	0	0	16	0	0
	2003	포항	30	12	1	1	45	3	0
	2004	포항	10	6	0	1	9	2	0
	2005	광주상무	30	7	2	2	47	3	0
	2006	광주상무	11	8	0	1	9	0	0
	2008	포항	0	0	0	0	0	0	0
	2009	대구	4	4	0	0	2	0	0
합계			106	55	3	5	130	8	1
프로통산			106	55	3	5	130	8	1

최종학 (崔種學) 서울대 1962.05.10

대회	연도	소속	출전	교체	득점	도움	파울	경고	퇴장
BC	1984	현대	3	2	0	0	4	0	0
	1985	현대	1	0	0	0	0	0	0
합계			4	2	0	0	4	0	0
프로통산			4	2	0	0	4	0	0

최종혁 (崔鍾赫) 호남대 1984.09.03

대회	연도	소속	출전	교체	득점	도움	파울	경고	퇴장
BC	2007	대구	17	11	0	2	27	5	0
	2008	대구	16	13	0	0	10	1	0
	2009	대구	18	8	0	0	6	0	0
합계			51	32	0	2	57	12	0
프로통산			51	32	0	2	57	12	0

최종호 (崔鍾鎬) 고려대 1968.04.07

대회	연도	소속	출전	교체	득점	도움	파울	경고	퇴장
BC	1991	LG	1	1	0	0	0	0	0
	1992	LG	1	1	0	0	0	0	0
합계			2	2	0	0	0	0	0
프로통산			2	2	0	0	0	0	0

최종환 (崔鐘桓) 부경대 1987.08.12

대회	연도	소속	출전	교체	득점	도움	파울	경고	퇴장
BC	2011	서울	8	5	1	0	14	1	0
	2012	인천	13	11	1	0	20	1	0
합계			21	16	2	0	34	2	0
K1	2013	인천	21	0	0	2	43	2	0
	2014	인천	30	11	3	1	38	1	1
	2016	상주	5	1	0	0	5	0	0
	2016	인천	3	3	0	0	1	0	0
	2017	인천	29	2	3	3	36	5	1
	2018	인천	15	6	0	1	23	2	0
합계			111	26	6	7	150	13	2
K2	2015	상주	14	1	0	0	12	3	0
	2019	서울E	18	4	0	3	13	1	0
	2020	수원FC	8	3	0	0	7	1	0
합계			41	12	1	0	51	7	0
프로통산			173	54	9	8	235	22	2

최준 (崔俊) 연세대 1999.04.17

대회	연도	소속	출전	교체	득점	도움	파울	경고	퇴장
K2	2020	경남	20	1	0	0	20	5	0
	2021	부산	30	3	4	7	33	6	0
합계			50	4	4	7	53	11	0
프로통산			50	4	4	7	53	11	0

최준기 (崔俊基) 연세대 1994.04.13

대회	연도	소속	출전	교체	득점	도움	파울	경고	퇴장
K1	2019	성남	1	1	0	0	0	0	0
합계			1	1	0	0	0	0	0
K2	2018	성남	21	2	0	0	24	5	0
	2019	전남	4	1	0	0	1	0	0
합계			25	3	0	0	25	5	0
프로통산			26	4	0	0	26	5	0

최준혁 (崔峻赫) 단국대 1994.09.05

대회	연도	소속	출전	교체	득점	도움	파울	경고	퇴장
K1	2020	광주	10	6	0	1	3	1	0
합계			10	6	0	1	3	1	0
K2	2018	광주	13	4	1	1	13	3	0
	2019	광주	31	9	0	1	41	6	0
	2021	김천	9	2	1	0	12	1	0
합계			53	13	1	3	66	10	0

(continued)

대회	연도	소속	출전	교체	득점	도움	파울	경고	퇴장
프로통산			63	19	1	4	69	11	0

최지묵 (崔祗默) 울산대 1998.10.09

대회	연도	소속	출전	교체	득점	도움	파울	경고	퇴장
K1	2020	성남	10	3	0	0	10	2	0
	2021	성남	22	6	1	0	20	3	0
합계			32	9	1	0	30	5	0
프로통산			32	9	1	0	30	5	0

최지훈 (崔智薰) 경기대 1984.09.20

대회	연도	소속	출전	교체	득점	도움	파울	경고	퇴장
BC	2007	인천	7	5	0	0	7	1	0
합계			7	5	0	0	7	1	0
프로통산			7	5	0	0	7	1	0

최진규 (崔軫圭) 동국대 1969.05.11

대회	연도	소속	출전	교체	득점	도움	파울	경고	퇴장
BC	1995	전북	33	1	4	1	18	4	0
	1996	전북	36	2	1	0	23	3	0
	1997	전북	24	13	0	2	38	3	0
	1998	전북	17	5	0	2	13	1	0
	1999	전북	3	1	0	0	3	2	0
합계			113	22	2	8	95	13	0
프로통산			113	22	2	8	95	13	0

최진백 (崔鎭百) 숭실대 1994.05.27

대회	연도	소속	출전	교체	실점	도움	파울	경고	퇴장
K1	2017	강원	0	0	0	0	0	0	0
합계			0	0	0	0	0	0	0
프로통산			0	0	0	0	0	0	0

최진수 (崔津樹) 현대고 1990.06.17

대회	연도	소속	출전	교체	득점	도움	파울	경고	퇴장
BC	2010	울산	7	6	1	0	3	0	0
	2011	울산	1	1	0	0	0	0	0
	2012	울산	4	4	0	0	0	0	0
합계			12	11	1	0	3	0	0
K2	2013	안양	31	14	6	8	47	10	0
	2014	안양	31	6	8	5	55	11	0
	2015	안양	34	16	1	7	39	6	0
	2016	안산무궁	9	9	0	0	7	1	0
	2017	아산	3	3	0	1	0	0	0
합계			111	49	15	24	148	28	0
프로통산			123	60	16	24	151	28	0

최진욱 (崔珍煜) 관동대(가톨릭관동대) 1981.08.17

대회	연도	소속	출전	교체	득점	도움	파울	경고	퇴장
BC	2004	울산	0	0	0	0	0	0	0
합계			0	0	0	0	0	0	0
프로통산			0	0	0	0	0	0	0

최진철 (崔眞喆) 숭실대 1971.03.26

대회	연도	소속	출전	교체	득점	도움	파울	경고	퇴장
BC	1996	전북	29	5	1	1	70	6	0
	1997	전북	21	1	2	0	67	6	0
	1998	전북	27	8	2	8	53	5	0
	1999	전북	35	16	9	6	55	3	0
	2000	전북	32	1	3	0	57	5	0
	2001	전북	25	5	0	0	44	6	0
	2002	전북	27	4	2	1	49	6	0
	2003	전북	33	2	1	1	85	7	0
	2004	전북	21	0	2	0	45	11	0
	2005	전북	10	1	0	0	58	9	0
	2006	전북	13	0	1	0	36	7	0
	2007	전북	17	0	0	0	22	5	0
합계			312	48	28	11	632	75	1
프로통산			312	48	28	11	632	75	1

최진한 (崔震漢) 명지대 1961.06.22

대회	연도	소속	출전	교체	득점	도움	파울	경고	퇴장
BC	1985	럭키금성	5	3	0	0	5	0	0
	1986	럭키금성	23	3	0	3	45	3	0
	1987	럭키금성	29	10	2	1	40	4	0
	1988	럭키금성	23	8	4	0	35	4	0
	1989	럭키금성	38	15	5	4	65	3	0
	1990	럭키금성	27	5	6	5	37	0	0
	1991	LG	6	5	0	1	5	1	0
	1991	유공	18	8	12	0	17	2	0
	1992	유공	17	11	2	1	25	1	0
합계			186	72	35	16	263	16	0
프로통산			186	72	35	16	263	16	0

최창수 (崔昌壽) 영남대 1955.11.20

대회	연도	소속	출전	교체	득점	도움	파울	경고	퇴장
BC	1983	포항제철	10	5	1	0	3	0	0
	1984	포항제철	6	4	0	0	2	1	0
합계			16	9	1	0	5	1	0
프로통산			16	9	1	0	5	1	0

최창용 (崔昌鎔) 연세대 1985.09.17

대회	연도	소속	출전	교체	득점	도움	파울	경고	퇴장
BC	2008	수원	3	2	0	0	4	1	0
합계			3	2	0	0	4	1	0
프로통산			3	2	0	0	4	1	0

최창환 (崔昌煥) 광운대 1962.08.09

대회	연도	소속	출전	교체	득점	도움	파울	경고	퇴장
BC	1985	현대	3	3	0	0	3	0	0
합계			3	3	0	0	3	0	0
프로통산			3	3	0	0	3	0	0

최철순 (崔喆淳) 충북대 1987.02.08

대회	연도	소속	출전	교체	득점	도움	파울	경고	퇴장
BC	2006	전북	23	2	0	1	39	4	1
	2007	전북	19	5	0	1	36	4	0
	2008	전북	36	1	0	6	63	7	0
	2009	전북	27	5	0	1	51	6	0
	2010	전북	23	1	0	0	49	7	0
	2011	전북	23	2	1	3	39	8	0
	2012	전북	23	0	0	0	13	1	0
	2012	상주	10	1	0	1	17	2	0
합계			171	17	2	5	307	39	1
K1	2014	상주	4	0	0	0	1	0	0
	2014	전북	3	1	0	0	8	1	0
	2015	전북	29	1	0	0	45	5	0
	2016	전북	31	4	1	4	58	10	0
	2017	전북	35	0	0	4	42	8	0
	2018	전북	30	5	0	0	41	5	0
	2019	전북	13	1	0	0	16	3	0
	2020	전북	13	1	0	2	14	4	0
	2021	전북	18	4	1	1	16	3	0
합계			205	12	1	13	273	45	1
K2	2013	상주	29	3	0	2	37	6	0
합계			29	3	0	2	37	6	0
승	2013	상주	2	0	0	0	3	1	0
합계			2	0	0	0	3	1	0
프로통산			407	32	3	20	620	90	1

최철우 (崔喆宇) 고려대 1977.11.30

대회	연도	소속	출전	교체	득점	도움	파울	경고	퇴장
BC	2000	울산	12	7	5	0	15	2	0
	2001	울산	8	6	0	0	8	0	0
	2002	포항	27	21	4	1	29	0	0
	2003	포항	21	16	4	1	31	0	0
	2004	부천SK	5	5	0	1	7	1	0
	2005	부천SK	35	15	6	0	37	1	0
	2006	제주	24	13	4	1	24	0	0
	2007	전북	12	7	1	0	14	1	0
	2008	부산	0	0	0	0	0	0	0
합계			143	99	24	4	181	9	0
프로통산			143	99	24	4	181	9	0

최철원 (崔喆原) 광주대 1994.07.23

대회	연도	소속	출전	교체	실점	도움	파울	경고	퇴장
K2	2016	부천	2	1	0	0	0	0	0
	2017	부천	3	1	3	0	0	0	0
	2018	부천	30	0	39	0	0	0	0
	2019	부천	35	0	49	0	0	0	0

대회	연도	소속	출전	교체	득점	도움	파울	경고	퇴장
	2021	김천	2	0	2	0	0	0	0
	2021	부천	14	0	20	0	1	1	0
	합계		86	2	113	0	1	2	0
프로통산			86	2	113	0	1	2	0

최철주(崔澈柱) 광양농고 1961.05.26

대회	연도	소속	출전	교체	득점	도움	파울	경고	퇴장
BC	1984	현대	1	1	0	0	0	0	0
	1985	현대	2	0	0	0	0	0	0
	합계		3	1	2	0	0	0	0
프로통산			3	1	2	0	0	0	0

최철희(崔喆熙) 동아대 1961.10.03

대회	연도	소속	출전	교체	득점	도움	파울	경고	퇴장
BC	1984	국민은행	18	15	1	0	12	0	0
	합계		18	15	1	0	12	0	0
프로통산			18	15	1	0	12	0	0

최청일(崔靑一) 연세대 1968.04.25

대회	연도	소속	출전	교체	득점	도움	파울	경고	퇴장
BC	1989	일화	13	11	1	1	15	0	0
	1990	일화	17	15	2	1	15	0	0
	1991	일화	7	8	0	0	2	0	0
	1991	현대	1	1	0	0	3	0	0
	1992	현대	6	6	1	0	4	0	0
	1993	현대	13	8	0	1	5	2	0
	1994	현대	6	6	0	0	9	3	1
	1996	전남	6	6	0	0	9	3	1
	합계		66	57	3	5	70	6	1
프로통산			66	57	3	5	70	6	1

최치원(崔致遠) 연세대 1993.06.11

대회	연도	소속	출전	교체	득점	도움	파울	경고	퇴장
K1	2015	전북	1	1	0	0	1	0	0
	2019	강원	8	6	1	0	7	3	0
	합계		9	7	1	0	8	3	0
K2	2015	서울E	8	8	1	1	11	1	0
	2016	서울E	0	0	0	0	0	0	0
	2017	서울E	17	10	6	1	29	1	0
	2018	서울E	19	12	3	1	25	3	0
	합계		44	30	10	3	65	5	0
프로통산			53	37	11	3	73	8	0

최태섭(崔台燮) 성균관대 1962.01.12

대회	연도	소속	출전	교체	득점	도움	파울	경고	퇴장
BC	1985	한일은행	1	1	0	0	0	0	0
	합계		1	1	0	0	0	0	0
프로통산			1	1	0	0	0	0	0

최태성(崔泰成) 신한고 1977.06.16

대회	연도	소속	출전	교체	득점	도움	파울	경고	퇴장
BC	1997	부산	2	2	0	0	2	0	0
	1998	부산	7	6	0	0	3	0	0
	2002	부산	0	0	0	0	0	0	0
	합계		9	8	0	0	5	0	0
프로통산			9	8	0	0	5	0	0

최태욱(崔兌旭) 부평고 1981.03.13

대회	연도	소속	출전	교체	득점	도움	파울	경고	퇴장
BC	2000	안양LG	16	16	1	3	9	0	0
	2001	안양LG	31	9	3	3	21	3	0
	2002	안양LG	22	13	2	1	6	0	0
	2003	안양LG	36	17	3	4	16	2	0
	2004	인천	23	11	5	0	23	1	0
	2006	포항	25	19	2	2	17	0	0
	2007	포항	19	11	1	6	14	2	0
	2008	전북	26	4	3	24	1	0	0
	2009	전북	32	16	9	12	30	1	0
	2010	전북	16	16	0	5	6	0	0
	2010	서울	16	10	4	2	19	0	0
	2011	서울	13	13	0	4	6	0	0
	2012	서울	28	29	2	4	17	0	0
	합계		302	193	37	51	212	9	0
K1	2013	서울	10	11	0	0	6	0	0
	2014	울산	1	1	0	0	0	0	0
	합계		11	12	0	0	0	0	0
프로통산			313	205	37	51	212	8	0

최태진(崔泰鎭) 고려대 1961.05.14

대회	연도	소속	출전	교체	득점	도움	파울	경고	퇴장
BC	1985	대우	21	1	1	2	37	1	0
	1986	대우	26	5	4	2	32	1	1
	1987	대우	6	5	0	0	6	0	0
	1988	대우	22	4	5	1	29	2	0
	1989	럭키금성	34	2	3	0	37	3	0
	1990	럭키금성	24	4	2	2	31	2	0
	1991	LG	26	5	1	1	24	2	0
	1992	LG	17	8	2	0	18	0	0
	합계		181	33	18	8	210	11	1
프로통산			181	33	18	8	210	11	1

최필수(崔弼守) 성균관대 1991.06.20

대회	연도	소속	출전	교체	실점	도움	파울	경고	퇴장
K1	2017	상주	10	0	18	0	0	0	0
	2018	상주	13	0	17	0	0	0	0
	2020	부산	13	0	22	0	0	0	0
	합계		32	0	50	0	0	0	0
K2	2014	안양	0	0	0	0	0	0	0
	2015	안양	34	0	44	0	0	1	0
	2016	안양	13	1	18	0	1	1	0
	2018	안양	0	0	0	0	0	0	0
	2019	안양	7	0	0	0	0	0	0
	2019	부산	17	0	16	0	1	1	0
	2021	부산	20	0	31	0	2	0	0
	합계		89	1	118	0	4	4	0
승	2017	상주	2	0	0	0	0	0	0
	2019	부산	0	0	0	0	0	0	0
	합계		2	0	0	0	0	0	0
프로통산			123	1	168	0	3	6	0

최한솔(崔한솔) 영남대 1997.03.16

대회	연도	소속	출전	교체	득점	도움	파울	경고	퇴장
K2	2018	서울E	11	4	0	1	14	3	0
	2019	서울E	13	4	1	0	17	4	0
	2020	서울E	7	5	0	0	3	0	0
	합계		32	18	2	0	32	9	0
프로통산			32	18	2	0	32	9	0

최한욱(崔漢旭) 선문대 1981.03.02

대회	연도	소속	출전	교체	득점	도움	파울	경고	퇴장
BC	2004	대구	6	4	1	0	10	0	0
	2005	대구	0	0	0	0	0	0	0
	합계		6	4	1	0	10	0	0
프로통산			6	4	1	0	10	0	0

최현(崔炫) 중앙대 1978.11.07

대회	연도	소속	출전	교체	실점	도움	파울	경고	퇴장
BC	2002	부천SK	26	0	40	0	1	1	0
	2003	부천SK	13	1	24	0	1	0	0
	2004	부천SK	0	0	0	0	0	0	0
	2005	부천SK	0	0	0	0	0	0	0
	2006	제주	0	0	0	0	0	0	0
	2007	제주	16	1	19	0	0	0	0
	2008	경남	0	0	0	0	0	0	0
	2008	부산	4	0	7	0	0	0	0
	2009	부산	33	2	46	0	0	5	0
	2010	부산	5	0	8	0	0	0	0
	2011	대전	8	1	13	0	0	0	0
	2012	대전	8	1	12	0	0	1	0
	합계		113	7	165	0	1	2	0
프로통산			113	7	165	0	1	2	0

최현연(崔玹蓮) 울산대 1984.04.16

대회	연도	소속	출전	교체	득점	도움	파울	경고	퇴장
BC	2006	제주	17	14	0	3	21	4	0
	2007	제주	20	11	0	3	19	1	0
	2008	제주	26	17	2	1	22	0	0
	2009	제주	17	10	1	4	31	3	0
	2010	포항	5	5	0	0	5	0	0
	2012	경남	26	20	1	1	29	3	0
	합계		111	77	7	9	127	11	0
K1	2013	경남	17	9	0	1	19	5	0
	2014	경남	1	1	0	0	1	0	0
프로통산			129	86	7	10	147	16	0

최현태(崔玹態) 동아대 1987.09.15

대회	연도	소속	출전	교체	득점	도움	파울	경고	퇴장
BC	2010	서울	22	16	0	0	21	3	0
	2011	서울	20	16	1	0	26	4	0
	2012	서울	35	5	0	1	36	4	0
	합계		77	37	1	1	83	11	0
K1	2013	서울	14	10	0	1	11	1	0
	2014	서울	17	14	0	0	16	2	0
	2016	상주	6	6	0	0	5	1	0
	2019	제주	5	4	0	0	10	0	0
	합계		42	34	0	1	42	4	0
K2	2015	상주	26	17	2	1	23	1	0
	합계		26	17	2	1	23	1	0
프로통산			145	88	3	3	148	16	0

최형준(崔亨俊) 경희대 1980.06.04

대회	연도	소속	출전	교체	득점	도움	파울	경고	퇴장
BC	2003	부천SK	14	2	0	0	12	2	0
	2004	부천SK	1	0	0	0	1	0	0
	2005	대전	4	3	0	0	21	1	2
	합계		19	5	0	0	34	3	2
프로통산			19	5	0	0	34	3	2

최호정(崔皓程) 관동대(가톨릭관동대) 1989.12.08

대회	연도	소속	출전	교체	득점	도움	파울	경고	퇴장
BC	2010	대구	17	2	0	0	27	6	0
	2011	대구	8	7	0	0	9	2	0
	2012	대구	31	4	0	4	47	5	0
	합계		56	13	0	4	79	13	0
K1	2013	대구	25	2	1	3	22	6	0
	2014	상주	25	2	0	0	36	5	0
	2016	성남	12	9	0	1	9	1	0
	합계		62	13	1	4	67	12	0
K2	2015	상주	18	0	0	1	13	1	0
	2015	대구	5	1	0	0	5	0	0
	2017	서울E	33	1	2	0	29	6	0
	2019	안양	35	0	1	0	22	4	0
	2020	안양	22	0	0	0	13	2	0
	2021	안양	28	9	0	1	25	1	0
	2021	전남	19	4	1	1	24	3	0
	합계		160	19	4	3	131	23	0
승	2016	성남	2	0	0	0	2	1	0
프로통산			279	45	9	7	279	45	3

최호주(崔浩周) 단국대 1992.03.10

대회	연도	소속	출전	교체	득점	도움	파울	경고	퇴장
K1	2015	포항	0	0	0	0	0	0	0
	2016	포항	13	13	0	1	4	0	0
	합계		13	13	0	1	4	0	0
K2	2018	안산	24	8	7	1	19	1	0
	2019	안산	7	5	0	0	11	2	0
	2019	광주	9	10	1	1	19	7	0
	합계		40	23	8	2	49	10	0
프로통산			53	36	8	3	53	10	0

최홍식(崔洪植) 강릉상고 1959.09.06

대회	연도	소속	출전	교체	득점	도움	파울	경고	퇴장
BC	1984	유공	10	7	1	0	5	0	0
	1985	할렐루야	15	8	1	1	5	0	0
	합계		25	16	1	2	10	0	0

(좌단)

대회	연도	소속	출전	교체	득점	도움	파울	경고	퇴장
프로통산			25	16	1	2	10	0	0

최효진(崔孝鎭) 아주대 1983.08.18

대회	연도	소속	출전	교체	득점	도움	파울	경고	퇴장
BC	2005	인천	34	7	1	2	65	4	0
	2006	인천	36	6	4	1	59	5	0
	2007	포항	26	10	3	1	44	5	0
	2008	포항	26	3	2	3	42	4	0
	2009	포항	27	2	2	2	59	7	0
	2010	서울	34	1	3	4	58	9	0
	2011	상주	30	9	2	2	34	3	0
	2012	상주	23	2	0	1	33	5	0
	2012	서울	1	0	0	0	0	0	0
	합계		242	45	17	16	404	42	0
K1	2013	서울	24	20	0	2	14	3	0
	2014	서울	13	3	0	0	14	3	0
	2015	전남	27	3	2	0	33	5	0
	2016	전남	31	1	2	4	41	0	0
	2017	전남	22	1	3	2	21	2	0
	2018	전남	12	1	0	0	13	1	0
	합계		129	30	5	10	137	22	0
K2	2019	전남	28	2	1	3	22	2	0
	2020	전남	14	0	1	4	17	4	0
	2021	전남	3	1	0	0	9	0	0
	합계		45	9	1	4	52	6	0
프로통산			416	84	23	30	593	70	0

최훈(崔勳) 건국대 1977.10.22

대회	연도	소속	출전	교체	득점	도움	파울	경고	퇴장
BC	1999	전남	1	1	0	0	0	0	0
	합계		1	1	0	0	0	0	0
프로통산			1	1	0	0	0	0	0

최희원(崔熙願) 중앙대 1999.05.11

대회	연도	소속	출전	교체	득점	도움	파울	경고	퇴장
K1	2020	성남	0	0	0	0	0	0	0
	2021	전북	1	1	0	0	0	0	0
	합계		1	1	0	0	0	0	0
프로통산			1	1	0	0	0	0	0

추민열(秋 旻悅) 경기경영고 1999.01.10

대회	연도	소속	출전	교체	득점	도움	파울	경고	퇴장
K2	2018	부천	5	3	0	0	4	0	0
	합계		5	3	0	0	4	0	0
프로통산			5	3	0	0	4	0	0

추상훈(秋 相熏) 조선대 2000.02.03

대회	연도	소속	출전	교체	득점	도움	파울	경고	퇴장
K1	2021	제주	6	6	0	1	6	1	0
	합계		6	6	0	1	6	1	0
프로통산			6	6	0	1	6	1	0

추성호(秋 性昊) 동아대 1987.08.26

대회	연도	소속	출전	교체	득점	도움	파울	경고	퇴장
BC	2010	부산	4	2	1	0	6	0	0
	2011	부산	11	4	1	0	6	2	0
	합계		15	6	2	0	12	4	0
프로통산			15	6	2	0	12	4	0

추운기(秋 云 풀) 한양대 1978.04.03

대회	연도	소속	출전	교체	득점	도움	파울	경고	퇴장
BC	2001	전북	22	19	1	3	10	1	0
	2002	전북	32	25	3	1	19	0	0
	2003	전북	31	30	2	4	24	2	0
	2004	전북	10	10	1	0	8	0	0
	2005	전북	13	13	0	1	8	0	0
	2006	전북	6	5	0	0	4	1	0
	2007	제주	5	4	0	0	5	1	1
	합계		119	106	7	9	78	5	1
프로통산			119	106	7	9	78	6	1

추정현(鄭 正 賢) 명지대 1988.01.28

대회	연도	소속	출전	교체	득점	도움	파울	경고	퇴장
BC	2009	강원	2	2	0	0	4	0	0
	합계		2	2	0	0	4	0	0

(중단)

대회	연도	소속	출전	교체	득점	도움	파울	경고	퇴장
프로통산			2	2	0	0	1	0	0

추정호(秋 正浩) 중앙대 1997.12.09

대회	연도	소속	출전	교체	득점	도움	파울	경고	퇴장
K2	2019	전남	10	10	1	1	4	0	0
	2020	전남	18	17	1	3	8	0	0
	2021	부천	21	18	2	0	19	4	0
	합계		49	45	3	4	31	0	0
프로통산			49	45	3	4	31	0	0

추종호(秋 種浩) 건국대 1960.01.22

대회	연도	소속	출전	교체	득점	도움	파울	경고	퇴장
BC	1984	현대	26	2	3	0	18	0	0
	1985	현대	10	6	0	1	3	2	0
	1986	유공	7	6	3	2	13	1	0
	1987	유공	14	5	0	0	3	0	0
	합계		57	19	6	3	37	3	0
프로통산			57	19	6	3	37	3	0

추평강(秋 平 康) 동국대 1990.04.22

대회	연도	소속	출전	교체	득점	도움	파울	경고	퇴장
K1	2013	수원	14	14	0	0	7	1	0
	합계		14	14	0	0	7	1	0
프로통산			14	14	0	0	7	1	0

츠바사(Nishi Tsubasa, 西 翼) 일본 1990.04.08

대회	연도	소속	출전	교체	득점	도움	파울	경고	퇴장
K1	2018	대구	9	9	0	0	10	1	0
	2019	대구	13	8	1	1	17	2	0
	2020	대구	24	18	0	3	23	2	0
	2021	대구	34	28	3	2	20	1	0
	합계		80	63	4	6	70	6	0
프로통산			80	63	4	6	70	6	0

츠베타노프(Momchil Emilov Tsvetanov) 불가리아 1990.12.03

대회	연도	소속	출전	교체	득점	도움	파울	경고	퇴장
K1	2021	강원	12	4	1	0	12	1	0
	합계		12	4	1	0	12	1	0
승	2021	강원	2	1	0	1	1	0	0
	합계		2	1	0	1	1	0	0
프로통산			14	5	1	1	13	1	0

치솜(Chisom Charles Egbuchunam) 나이지리아 1992.02.22

대회	연도	소속	출전	교체	득점	도움	파울	경고	퇴장
K2	2019	수원FC	33	15	18	1	52	3	0
	합계		33	15	18	1	52	3	0
프로통산			33	15	18	1	52	3	0

치치(Mion Varella Costa) 브라질 1982.06.17

대회	연도	소속	출전	교체	득점	도움	파울	경고	퇴장
BC	2009	대전	11	5	1	0	23	0	0
	합계		11	5	1	0	23	0	0
프로통산			11	5	1	0	23	0	0

치프리안(Ciprian Vasilache) 루마니아 1983.09.14

대회	연도	소속	출전	교체	득점	도움	파울	경고	퇴장
K2	2014	강원	13	11	0	1	17	2	0
	2014	충주	13	10	0	0	18	1	0
	합계		26	21	0	1	35	5	0
프로통산			26	21	0	1	35	5	0

카르모나(Pedro Carmona da Silva Neto) 브라질 1988.04.15

대회	연도	소속	출전	교체	득점	도움	파울	경고	퇴장
K2	2017	수원FC	9	7	1	1	3	1	0
	합계		9	7	1	1	3	1	0
프로통산			9	7	1	1	3	1	0

카를로스(Carlos Eduardo Costro da Silva) 브라질 1982.04.23

대회	연도	소속	출전	교체	득점	도움	파울	경고	퇴장
BC	2003	전북	13	13	3	0	7	1	0
	합계		13	13	3	0	7	1	0
프로통산			13	13	3	0	7	1	0

(우단)

카사(Filip Kasalica) 몬테네그로 1988.12.17

대회	연도	소속	출전	교체	득점	도움	파울	경고	퇴장
K1	2014	울산	12	8	0	2	23	5	0
	2015	울산	2	2	0	0	3	1	0
	합계		14	10	0	2	26	6	0
프로통산			14	10	0	2	26	6	0

카송고(Jean-Kasongo Banza) 콩고민주공화국 1974.06.26

대회	연도	소속	출전	교체	득점	도움	파울	경고	퇴장
BC	1997	전남	4	5	0	0	7	0	0
	1997	천안일화	1	1	0	0	2	1	0
	합계		5	6	0	0	9	1	0
프로통산			5	6	0	0	9	1	0

카스텔렌(Romeo Erwin Marius Castelen) 네덜란드 1983.05.03

대회	연도	소속	출전	교체	득점	도움	파울	경고	퇴장
K1	2016	수원	5	5	0	0	2	1	0
	합계		5	5	0	0	2	1	0
프로통산			5	5	0	0	2	1	0

카시오(Cassio Vargas Barbosa) 브라질 1983.11.25

대회	연도	소속	출전	교체	득점	도움	파울	경고	퇴장
K2	2013	광주	2	2	0	0	7	1	0
	합계		2	2	0	0	7	1	0
프로통산			2	2	0	0	7	1	0

카이오(Kaio Felipe Gonçalves) 브라질 1987.07.06

대회	연도	소속	출전	교체	득점	도움	파울	경고	퇴장
K1	2014	전북	32	27	9	1	42	6	0
	2015	수원	21	13	4	0	14	2	0
	합계		53	40	13	1	56	8	0
프로통산			53	40	13	1	56	8	0

카이온(Herlison Caion de Sousa Ferreira) 브라질 1990.10.05

대회	연도	소속	출전	교체	득점	도움	파울	경고	퇴장
BC	2009	강원	9	7	1	2	14	1	0
	합계		9	7	1	2	14	1	0
K1	2018	대구	5	1	0	0	16	1	0
	합계		14	8	1	2	30	2	0
프로통산			14	8	1	2	30	2	0

카쟈란(Krzysztof Kasztelan) 폴란드 1961.08.10

대회	연도	소속	출전	교체	득점	도움	파울	경고	퇴장
BC	1992	유공	2	2	0	0	2	0	0
	합계		2	2	0	0	2	0	0
프로통산			2	2	0	0	2	0	0

카파제(Timur Tajhirovich Kapadze) 우즈베키스탄 1981.09.05

대회	연도	소속	출전	교체	득점	도움	파울	경고	퇴장
BC	2011	인천	30	10	5	3	53	4	0
	합계		30	10	5	3	53	4	0
프로통산			30	10	5	3	53	4	0

칼라일 미첼(Carlyle Mitchell) 트리니다드토바고 1987.08.08

대회	연도	소속	출전	교체	득점	도움	파울	경고	퇴장
K2	2015	서울E	29	3	4	0	32	8	0
	2016	서울E	28	4	3	0	31	11	0
	합계		57	7	7	0	63	19	0
프로통산			57	7	7	0	63	19	0

* 실점: 2015년 1 / 통산 1

칼레(Zeljko Kalajdzić) 세르비아 1978.05.11

대회	연도	소속	출전	교체	득점	도움	파울	경고	퇴장
BC	2007	인천	12	4	0	0	31	4	0
	합계		12	4	0	0	31	4	0
프로통산			12	4	0	0	31	4	0

칼레드(Khaled Shafiei) 이란 1987.03.29

대회	연도	소속	출전	교체	득점	도움	파울	경고	퇴장
K1	2017	서울	2	2	0	0	1	0	0

대회	연도	소속	출전	교체	득점	도움	파울	경고	퇴장
		합계	2	2	0	0	1	0	0
		프로통산	2	2	0	0	1	0	0

칼렝가 (N'Dayi Kalenga) 콩고민주공화국 1978.09.29

대회	연도	소속	출전	교체	득점	도움	파울	경고	퇴장
BC	1999	천안일화	7	8	0	1	13	0	0
		합계	7	8	0	1	13	0	0
		프로통산	7	8	0	1	13	0	0

캄포스 (Jeaustin Campos) 코스타리카 1971.06.30

대회	연도	소속	출전	교체	득점	도움	파울	경고	퇴장
BC	1995	LG	12	7	2	4	7	2	0
	1996	안양LG	7	6	0	1	10	2	0
		합계	19	13	2	5	17	4	0
		프로통산	19	13	2	5	17	4	0

케빈 (Kevin Julienne Henricus Oris) 벨기에 1984.12.06

대회	연도	소속	출전	교체	득점	도움	파울	경고	퇴장
BC	2012	대전	37	15	16	4	128	11	0
		합계	37	15	16	4	128	11	0
K1	2013	전북	31	17	14	5	59	4	0
	2015	인천	35	15	6	4	75	8	0
	2016	인천	33	7	9	8	73	9	0
		합계	99	39	29	19	207	21	0
		프로통산	136	54	45	23	335	32	0

케빈 (Kevin Hatchi) 프랑스 1981.08.06

대회	연도	소속	출전	교체	득점	도움	파울	경고	퇴장
BC	2009	서울	11	6	0	2	24	2	1
		합계	11	6	0	2	24	2	1
		프로통산	11	6	0	2	24	2	1

케힌데 (Olanrewaju Muhammed Kehinde) 나이지리아 1994.05.07

대회	연도	소속	출전	교체	득점	도움	파울	경고	퇴장
K1	2019	인천	14	11	1	0	8	1	0
	2020	인천	3	3	0	0	2	0	0
		합계	17	14	1	0	10	1	0
		프로통산	17	14	1	0	10	1	0

켄자바예프 (Islom Kenjabaev) 우즈베키스탄 1999.09.01

대회	연도	소속	출전	교체	득점	도움	파울	경고	퇴장
K1	2021	제주	1	1	0	0	0	0	0
		합계	1	1	0	0	0	0	0
		프로통산	1	1	0	0	0	0	0

코난 (Goran Petreski) 마케도니아 1972.05.23

대회	연도	소속	출전	교체	득점	도움	파울	경고	퇴장
BC	2001	포항	33	21	10	2	48	2	0
	2002	포항	31	12	12	4	50	4	0
	2003	포항	40	29	10	3	54	4	1
	2004	포항	37	24	6	3	35	2	0
		합계	141	86	38	12	187	12	1
		프로통산	141	86	38	12	187	12	1

코네 (Seku Conneh) 라이베리아 1995.11.10

대회	연도	소속	출전	교체	득점	도움	파울	경고	퇴장
K2	2018	안산	26	22	2	0	53	3	0
		합계	26	22	2	0	53	3	0
		프로통산	26	22	2	0	53	3	0

코놀 (Serguei Konovalov) 우크라이나 1972.03.01

대회	연도	소속	출전	교체	득점	도움	파울	경고	퇴장
BC	1996	포항	13	11	0	1	15	0	0
	1997	포항	26	10	12	1	44	3	0
	1998	포항	13	8	2	1	22	1	0
		합계	52	29	14	3	81	3	0
		프로통산	52	29	14	3	81	3	0

코니 (Robert Richard Cornthwaite) 오스트레일리아 1985.10.24

대회	연도	소속	출전	교체	득점	도움	파울	경고	퇴장
BC	2011	전남	21	0	3	2	28	7	2
	2012	전남	31	6	3	1	47	10	0
		합계	52	6	6	3	75	17	2
K1	2013	전남	22	17	1	0	11	3	1
	2014	전남	21	13	2	1	10	2	0
		합계	43	30	3	1	21	5	1
		프로통산	95	36	9	4	96	22	3

코로만 (Ognjen Koroman) 세르비아 1978.09.19

대회	연도	소속	출전	교체	득점	도움	파울	경고	퇴장
BC	2009	인천	12	3	3	2	11	3	0
	2010	인천	15	9	1	1	15	2	0
		합계	27	12	4	3	26	5	0
		프로통산	27	12	4	3	26	5	0

코마젝 (Nikola Komazec) 세르비아 1987.11.15

대회	연도	소속	출전	교체	득점	도움	파울	경고	퇴장
K1	2014	부산	1	1	0	0	0	0	0
		합계	1	1	0	0	0	0	0
		프로통산	1	1	0	0	0	0	0

코바 (Ivan Kovačec) 크로아티아 1988.06.27

대회	연도	소속	출전	교체	득점	도움	파울	경고	퇴장
K1	2015	울산	17	7	6	6	17	1	0
	2016	울산	36	20	7	9	18	2	0
	2017	울산	5	3	0	0	4	0	0
	2017	서울	9	6	0	4	10	3	0
	2018	서울	5	7	0	1	5	0	0
		합계	72	43	13	20	34	3	0
		프로통산	72	43	13	20	34	3	0

콜리 (Papa Oumar Coly) 세네갈 1975.05.20

대회	연도	소속	출전	교체	득점	도움	파울	경고	퇴장
BC	2001	대전	18	5	0	0	35	6	1
	2002	대전	29	3	1	0	53	7	0
	2003	대전	20	16	0	0	17	3	0
		합계	67	24	1	0	105	16	1
		프로통산	67	24	1	0	105	16	1

콩푸엉 (Nguyen Cong Phuong) 베트남 1995.01.21

대회	연도	소속	출전	교체	득점	도움	파울	경고	퇴장
K1	2019	인천	8	6	0	1	6	1	0
		합계	8	6	0	1	6	1	0
		프로통산	8	6	0	1	6	1	0

쿠니모토 (Takahiro Kunimoto, 邦本宜裕) 일본 1997.10.08

대회	연도	소속	출전	교체	득점	도움	파울	경고	퇴장
K1	2018	경남	35	16	5	2	41	7	0
	2019	경남	26	8	2	2	28	3	0
	2020	전북	25	15	2	1	34	3	0
	2021	전북	25	19	4	5	36	3	0
		합계	111	58	13	10	139	13	0
승	2019	경남	2	0	0	0	4	1	0
		합계	2	0	0	0	4	1	0
		프로통산	113	58	13	10	143	14	0

쿠벡 (František Koubek) 체코 1969.11.06

대회	연도	소속	출전	교체	득점	도움	파울	경고	퇴장
BC	2000	안양LG	13	9	5	0	7	0	0
	2001	안양LG	20	19	3	0	13	0	0
		합계	33	28	8	0	20	0	0
		프로통산	33	28	8	0	20	0	0

쿠비 (Kwabena Appiah-Cubi) 오스트레일리아 1992.05.19

대회	연도	소속	출전	교체	득점	도움	파울	경고	퇴장
K1	2018	인천	25	23	1	2	35	3	0
		합계	25	23	1	2	35	3	0
		프로통산	25	23	1	2	35	3	0

쿠아쿠 (Aubin Kouakou) 코트디부아르 1991.06.01

대회	연도	소속	출전	교체	득점	도움	파울	경고	퇴장
K2	2016	충주	17	3	2	0	36	6	0
	2017	안양	25	8	0	0	59	11	0
		합계	42	11	2	0	95	17	0
		프로통산	42	11	2	0	95	17	0

쿠키 (Silvio Luis Borba de Silva) 브라질 1971.04.30

대회	연도	소속	출전	교체	득점	도움	파울	경고	퇴장
BC	2002	전북	2	2	0	0	0	0	0
		합계	2	2	0	0	0	0	0
		프로통산	2	2	0	0	0	0	0

쿠키 (Andrew Roy Cook) 영국(잉글랜드) 1974.01.20

대회	연도	소속	출전	교체	득점	도움	파울	경고	퇴장
BC	2003	부산	22	2	13	0	88	6	0
	2004	부산	27	3	8	0	68	10	2
		합계	49	5	21	0	156	16	2
		프로통산	49	5	21	0	156	16	2

쿠티뉴 (Douglas Coutinho Gomes de Souza) 브라질 1994.02.08

대회	연도	소속	출전	교체	득점	도움	파울	경고	퇴장
K2	2019	서울E	18	6	8	1	7	2	0
		합계	18	6	8	1	7	2	0
		프로통산	18	6	8	1	7	2	0

쿤티치 (Zoran Kuntić) 유고슬라비아 1967.03.23

대회	연도	소속	출전	교체	득점	도움	파울	경고	퇴장
BC	1993	포항제철	7	5	1	1	11	0	0
		합계	7	5	1	1	11	0	0
		프로통산	7	5	1	1	11	0	0

크르피치 (Sulejman Krpić) 보스니아 헤르체고비나 1991.01.01

대회	연도	소속	출전	교체	득점	도움	파울	경고	퇴장
K1	2020	수원	13	10	2	1	13	1	0
		합계	13	10	2	1	13	1	0
		프로통산	13	10	2	1	13	1	0

크리스 (Cristiano Espindola Avalos Passos) 브라질 1977.12.27

대회	연도	소속	출전	교체	득점	도움	파울	경고	퇴장
BC	2004	수원	1	1	0	0	2	1	0
		합계	1	1	0	0	2	1	0
		프로통산	1	1	0	0	2	1	0

크리스찬 (Cristian Costin Danalache) 루마니아 1982.07.15

대회	연도	소속	출전	교체	득점	도움	파울	경고	퇴장
K2	2016	경남	38	4	19	6	52	4	0
	2017	대전	25	7	3	3	41	3	1
		합계	63	11	28	9	93	7	1
		프로통산	63	11	28	9	93	7	1

크리스토밤 (Cristovam Roberto Ribeiro da Silva) 브라질 1990.07.25

대회	연도	소속	출전	교체	득점	도움	파울	경고	퇴장
K1	2018	수원	4	1	0	1	7	1	0
		합계	4	1	0	1	7	1	0
K2	2018	부천	9	4	2	0	17	1	0
		합계	9	4	2	0	17	1	0
		프로통산	13	5	2	1	24	2	0

크리슬란 (Crislan Henrique da Silva da Sousa) 브라질 1992.03.13

대회	연도	소속	출전	교체	득점	도움	파울	경고	퇴장
K2	2021	부천	20	15	5	0	13	3	1
		합계	20	15	5	0	13	3	1
		프로통산	20	15	5	0	13	3	1

크리즈만 (Sandi Krizman) 크로아티아 1989.08.17

대회	연도	소속	출전	교체	득점	도움	파울	경고	퇴장
K1	2014	전남	8	7	0	0	8	1	0
		합계	8	7	0	0	8	1	0
		프로통산	8	7	0	0	8	1	0

크베시치 (Mario Kvesić) 크로아티아 1992.01.12

대회	연도	소속	출전	교체	득점	도움	파울	경고	퇴장

대회	연도	소속	출전	교체	득점	도움	파울	경고	퇴장
K1	2021	포항	26	25	2	1	28	0	0
		합계	26	25	2	1	28	0	0
프로통산			26	25	2	1	28	0	0

클라우디(Claude Parfait Ngon A Djam) 카메룬 1980.01.24

대회	연도	소속	출전	교체	득점	도움	파울	경고	퇴장
BC	1999	천안일화	4	4	0	0	7	0	0
		합계	4	4	0	0	7	0	0
프로통산			4	4	0	0	7	0	0

키요모토(Kiyomoto Takumi, 淸本拓己) 일본 1993.06.07

대회	연도	소속	출전	교체	득점	도움	파울	경고	퇴장
K1	2019	강원	0	0	0	0	0	0	0
		합계	0	0	0	0	0	0	0
프로통산			0	0	0	0	0	0	0

키쭈(Aurelian Ionut Chitu) 루마니아 1991.03.25

대회	연도	소속	출전	교체	득점	도움	파울	경고	퇴장
K2	2018	대전	32	4	12	4	67	3	0
	2019	대전	25	7	6	0	41	4	0
		합계	57	11	18	4	108	7	0
프로통산			57	11	18	4	108	7	0

타가트(Adam Jake Taggart) 오스트레일리아 1993.06.02

대회	연도	소속	출전	교체	득점	도움	파울	경고	퇴장
K1	2019	수원	33	16	20	1	62	2	0
	2020	수원	23	16	9	0	26	2	0
		합계	56	32	29	1	88	4	0
프로통산			56	32	29	1	88	4	0

타라바이(Edison Luis dos Santos) 브라질 1985.12.09

대회	연도	소속	출전	교체	득점	도움	파울	경고	퇴장
K2	2015	서울E	35	18	18	3	75	7	0
	2016	서울E	38	17	12	3	51	6	0
		합계	73	35	30	6	126	13	0
프로통산			73	35	30	6	126	13	0

타르델리(Tardeli Barros Machado Reis) 브라질 1990.03.02

대회	연도	소속	출전	교체	득점	도움	파울	경고	퇴장
K1	2021	수원FC	6	7	1	0	3	1	0
		합계	6	7	1	0	3	1	0
프로통산			6	7	1	0	3	1	0

타무라(Tamura Ryosuke, 田村亮介) 일본 1995.05.08

대회	연도	소속	출전	교체	득점	도움	파울	경고	퇴장
K2	2021	안양	19	15	2	2	17	0	0
		합계	19	15	2	2	17	0	0
프로통산			19	15	2	2	17	0	0

타쉬(Boris Borisov Tashti/Borys Borysovych Tashchy) 불가리아 1993.07.26

대회	연도	소속	출전	교체	득점	도움	파울	경고	퇴장
K1	2019	포항	20	20	1	1	21	1	0
		합계	20	20	1	1	21	1	0
프로통산			20	20	1	1	21	1	0

타이슨(Fabian Caballero) 스페인 1978.01.31

대회	연도	소속	출전	교체	득점	도움	파울	경고	퇴장
BC	2007	대전	6	6	0	0	9	0	0
		합계	6	6	0	0	9	0	0
프로통산			6	6	0	0	9	0	0

타쿠마(Abe Takuma, 阿部拓馬) 일본 1987.12.05

대회	연도	소속	출전	교체	득점	도움	파울	경고	퇴장
K1	2017	울산	12	10	1	1	14	2	0
		합계	12	10	1	1	14	2	0
프로통산			12	10	1	1	14	2	0

탁우선(卓佑宣) 선문대 1995.09.28

대회	연도	소속	출전	교체	득점	도움	파울	경고	퇴장
K2	2018	서울E	6	6	0	0	8	0	0
		합계	6	6	0	0	8	0	0
프로통산			6	6	0	0	8	0	0

탁준석(卓俊錫) 고려대 1978.03.24

대회	연도	소속	출전	교체	득점	도움	파울	경고	퇴장
BC	2001	대전	27	26	3	4	25	3	0
	2002	대전	14	14	1	0	13	0	0
	2003	대전	2	2	0	0	0	0	0
		합계	43	42	4	4	38	3	0
프로통산			43	42	4	4	38	3	0

태현찬(太現贊) 중앙대 1990.09.14

대회	연도	소속	출전	교체	득점	도움	파울	경고	퇴장
BC	2012	경남	2	2	0	0	2	0	0
		합계	2	2	0	0	2	0	0
프로통산			2	2	0	0	2	0	0

테드(Tadeusz Swiatek) 폴란드 1961.11.08

대회	연도	소속	출전	교체	득점	도움	파울	경고	퇴장
BC	1989	유공	18	7	0	1	16	2	0
	1990	유공	20	3	1	3	19	0	0
	1991	유공	34	5	3	3	34	3	0
		합계	72	15	7	6	69	5	0
프로통산			72	15	7	6	69	5	0

테하(Alex Barboza de Azevedo Terra) 브라질 1982.09.02

대회	연도	소속	출전	교체	득점	도움	파울	경고	퇴장
BC	2012	대전	21	14	4	1	21	3	0
		합계	21	14	4	1	21	3	0
프로통산			21	14	4	1	21	3	0

토니(Antonio Franja) 크로아티아 1978.06.08

대회	연도	소속	출전	교체	득점	도움	파울	경고	퇴장
BC	2007	전북	11	11	3	1	15	3	0
	2008	전북	3	2	0	1	4	0	0
		합계	14	13	3	2	19	3	0
프로통산			14	13	3	2	19	3	0

토다(Toda Kazuyuki, 戶田和幸) 일본 1977.12.30

대회	연도	소속	출전	교체	득점	도움	파울	경고	퇴장
BC	2009	경남	7	5	0	0	4	2	0
		합계	7	5	0	0	4	2	0
프로통산			7	5	0	0	4	2	0

토마스(Tomáš Janda) 체코 1973.06.27

대회	연도	소속	출전	교체	득점	도움	파울	경고	퇴장
BC	2001	안양LG	1	1	0	0	0	0	0
		합계	1	1	0	0	0	0	0
프로통산			1	1	0	0	0	0	0

토모키(Wada Tomoki, 和田倫季/← 와다) 일본 1994.10.30

대회	연도	소속	출전	교체	득점	도움	파울	경고	퇴장
K1	2015	인천	2	1	0	0	0	0	0
	2016	광주	6	6	1	0	9	2	0
	2017	광주	2	1	0	0	0	1	0
		합계	10	8	1	0	9	3	0
K2	2017	서울E	2	2	0	0	4	0	0
		합계	2	2	0	0	4	0	0
프로통산			12	10	1	0	13	3	0

토미(Tomislav Mrcela) 오스트레일리아 1990.10.01

대회	연도	소속	출전	교체	득점	도움	파울	경고	퇴장
K1	2016	전남	12	1	2	1	13	3	0
	2017	전남	28	7	3	1	16	6	2
	2018	전남	11	3	0	0	7	0	0
		합계	51	11	5	2	36	9	2
프로통산			51	11	5	2	36	9	2

토미(Tomislav Kiš) 크로아티아 1994.04.04

대회	연도	소속	출전	교체	득점	도움	파울	경고	퇴장
K1	2020	성남	14	14	3	0	5	0	0
		합계	14	14	3	0	5	0	0
프로통산			14	14	3	0	5	0	0

토미(Tommy Mosquera Lozono) 콜롬비아 1976.09.27

대회	연도	소속	출전	교체	득점	도움	파울	경고	퇴장
BC	2003	부산	11	6	4	1	41	11	0
		합계	11	6	4	1	41	11	0
프로통산			11	6	4	1	41	11	0

토미치(Djordje Tomić) 세르비아 몬테네그로 1972.11.11

대회	연도	소속	출전	교체	득점	도움	파울	경고	퇴장
BC	2004	인천	9	9	0	1	11	1	0
		합계	9	9	0	1	11	1	0
프로통산			9	9	0	1	11	1	0

토요다(Toyoda Yoheii, 豊田陽平) 일본 1985.04.11

대회	연도	소속	출전	교체	득점	도움	파울	경고	퇴장
K1	2018	울산	9	8	2	1	10	2	0
		합계	9	8	2	1	10	2	0
프로통산			9	8	2	1	10	2	0

토체프(Slavchev Toshev) 불가리아 1960.06.13

대회	연도	소속	출전	교체	실점	도움	파울	경고	퇴장
BC	1993	유공	9	1	5	0	0	1	0
		합계	9	1	5	0	0	1	0
프로통산			9	1	5	0	0	1	0

투무(Bertin Tomou Bayard) 카메룬 1978.08.08

대회	연도	소속	출전	교체	득점	도움	파울	경고	퇴장
BC	1997	포항	4	1	0	0	11	1	0
		합계	4	1	0	0	11	1	0
프로통산			4	1	0	0	11	1	0

티아고(Thiago Jefferson da Silva) 브라질 1985.05.27

대회	연도	소속	출전	교체	득점	도움	파울	경고	퇴장
K1	2013	전북	14	13	1	2	4	0	0
		합계	14	13	1	2	4	0	0
프로통산			14	13	1	2	4	0	0

티아고(Alves Sales de Lima Tiago) 브라질 1993.01.12

대회	연도	소속	출전	교체	득점	도움	파울	경고	퇴장
K1	2015	포항	25	24	4	3	12	6	0
	2016	성남	19	8	13	5	16	0	0
	2018	전북	18	13	2	3	13	2	0
	2019	전북	2	2	0	0	1	0	0
		합계	64	47	19	11	41	9	0
프로통산			64	47	19	11	41	9	0

티아고(Tiago Jorge Honorio) 브라질 1977.12.04

대회	연도	소속	출전	교체	득점	도움	파울	경고	퇴장
BC	2009	수원	15	9	4	0	47	3	0
		합계	15	9	4	0	47	3	0
프로통산			15	9	4	0	47	3	0

파그너(Jose Fagner Silva da Luz) 브라질 1988.05.25

대회	연도	소속	출전	교체	득점	도움	파울	경고	퇴장
BC	2011	부산	11	2	6	0	28	6	0
	2012	부산	25	2	12	1	35	7	0
		합계	36	4	18	1	63	13	0
K1	2013	부산	31	26	4	1	39	5	0
	2014	부산	34	19	10	3	23	4	2
		합계	65	45	14	4	62	9	2
프로통산			101	49	32	5	125	22	2

파다예프(Bakhodir Pardaev) 우즈베키스탄 1987.04.26

대회	연도	소속	출전	교체	득점	도움	파울	경고	퇴장
K2	2017	부천	5	5	1	0	7	0	0
		합계	5	5	1	0	7	0	0
프로통산			5	5	1	0	7	0	0

파브리시오(Fabricio da Silva Cabral) 브라질 1981.09.16

대회	연도	소속	출전	교체	득점	도움	파울	경고	퇴장
BC	2005	성남일화	3	3	1	0	4	0	0

대회	연도	소속	출전	교체	득점	도움	파울	경고	퇴장
		합계	3	3	1	0	4	0	0
		프로통산	3	3	1	0	4	0	0

파브리시오(Fabricio Eduardo Souza) 브라질
1980.01.04

대회	연도	소속	출전	교체	득점	도움	파울	경고	퇴장
BC	2009	성남일화	15	14	0	1	20	1	0
	2010	성남일화	11	8	5	2	18	6	0
		합계	26	22	5	3	38	7	0
		프로통산	26	22	5	3	38	7	0

파비아노(Fabiano Ferreira Gadelha) 브라질
1979.01.09

대회	연도	소속	출전	교체	득점	도움	파울	경고	퇴장
BC	2008	포항	0	0	0	0	0	0	0
		합계	0	0	0	0	0	0	0
		프로통산	0	0	0	0	0	0	0

파비안(Fabijan Komljenović) 크로아티아
1968.01.16

대회	연도	소속	출전	교체	득점	도움	파울	경고	퇴장
BC	2000	포항	7	7	0	0	9	0	0
		합계	7	7	0	0	9	0	0
		프로통산	7	7	0	0	9	0	0

파비오(Jose Fabio Santos de Oliveira) 브라질
1987.06.13

대회	연도	소속	출전	교체	득점	도움	파울	경고	퇴장
K1	2013	대구	2	2	0	0	6	1	0
		합계	2	2	0	0	6	1	0
		프로통산	2	2	0	0	6	1	0

파비오(Fabio Neves Florentino) 브라질
1986.10.04

대회	연도	소속	출전	교체	득점	도움	파울	경고	퇴장
K1	2015	광주	37	30	5	2	31	2	0
	2016	광주	14	12	1	1	17	1	0
		합계	51	42	3	2	48	3	0
K2	2014	광주	26	20	10	2	30	1	0
		합계	26	20	10	2	30	1	0
승	2014	광주	2	2	0	0	1	0	0
		합계	2	2	0	0	1	0	0
		프로통산	79	64	13	4	79	4	0

파비오(Fabio Rogerio Correa Lopes) 브라질
1985.05.24

대회	연도	소속	출전	교체	득점	도움	파울	경고	퇴장
BC	2010	대전	13	10	5	1	33	1	0
		합계	13	10	5	1	33	1	0
		프로통산	13	10	5	1	33	1	0

파비오(Fabio Junior dos Santos) 브라질
1982.10.06

대회	연도	소속	출전	교체	득점	도움	파울	경고	퇴장
BC	2005	전남	9	9	0	1	8	0	0
		합계	9	9	0	1	8	0	0
		프로통산	9	9	0	1	8	0	0

파비오(Fabio Pereira da Silva) 브라질 1982.03.21

대회	연도	소속	출전	교체	득점	도움	파울	경고	퇴장
BC	2005	전남	7	3	0	0	16	3	0
		합계	7	3	0	0	16	3	0
		프로통산	7	3	0	0	16	3	0

파비오(Joao Paulo di Fabio) 브라질 1979.02.10

대회	연도	소속	출전	교체	득점	도움	파울	경고	퇴장
BC	2008	부산	15	0	1	0	25	3	0
	2009	부산	10	2	0	1	14	1	0
		합계	25	2	1	1	39	4	0
		프로통산	25	2	1	1	39	4	0

파비오(Fabio Luis Santos de Almeida) 브라질
1983.08.02

대회	연도	소속	출전	교체	득점	도움	파울	경고	퇴장
BC	2009	울산	5	5	1	1	6	0	0
		합계	5	5	1	1	6	0	0
		프로통산	5	5	1	1	6	0	0

파우벨(Fauver Frank Mendes Braga) 브라질
1994.09.14

대회	연도	소속	출전	교체	득점	도움	파울	경고	퇴장
K2	2015	경남	6	6	0	0	3	0	0
	2019	안산	21	20	1	0	14	0	0
		합계	27	26	1	0	17	0	0
		프로통산	27	26	1	0	17	0	0

파울로(Paulo Sergio Luiz de Souza) 브라질
1989.06.11

대회	연도	소속	출전	교체	득점	도움	파울	경고	퇴장
K2	2016	대구	33	18	17	4	46	7	0
	2017	성남	7	5	0	0	8	1	0
		합계	40	23	17	4	54	8	0
		프로통산	40	23	17	4	54	8	0

파울로(Paulo Cesar da Silva) 브라질 1976.01.02

대회	연도	소속	출전	교체	득점	도움	파울	경고	퇴장
BC	2002	성남일화	4	3	0	1	16	2	0
		합계	4	3	0	1	16	2	0
		프로통산	4	3	0	1	16	2	0

파울링뇨(Marcos Paulo Paulini) 브라질
1977.03.04

대회	연도	소속	출전	교체	득점	도움	파울	경고	퇴장
BC	2001	울산	28	20	13	2	37	1	0
	2002	울산	35	28	8	5	43	2	0
		합계	63	48	21	7	80	3	0
		프로통산	63	48	21	7	80	3	0

파울링요(Beraldo Santos Paulo Luiz) 브라질
1988.06.14

대회	연도	소속	출전	교체	득점	도움	파울	경고	퇴장
K1	2018	경남	23	16	2	1	13	2	0
		합계	23	16	2	1	13	2	0
		프로통산	23	16	2	1	13	2	0

파체코(Edgar Ivan Pacheco Rodriguez) 멕시코
1990.01.22

대회	연도	소속	출전	교체	득점	도움	파울	경고	퇴장
K2	2016	강원	1	1	0	0	1	1	0
		합계	1	1	0	0	1	1	0
		프로통산	1	1	0	0	1	1	0

파탈루(Erik Endel Paartalu) 오스트레일리아
1986.05.03

대회	연도	소속	출전	교체	득점	도움	파울	경고	퇴장
K1	2016	전북	2	2	0	0	2	1	0
		합계	2	2	0	0	2	1	0
		프로통산	2	2	0	0	2	1	0

파투(Matheus Antonio de Souza Santos / ← 안토니오) 브라질 1995.06.08

대회	연도	소속	출전	교체	득점	도움	파울	경고	퇴장
K2	2019	대전	15	9	6	3	15	1	0
	2021	대전	26	21	9	2	27	4	0
		합계	41	30	9	5	42	5	0
승	2021	대전	1	1	0	0	0	0	0
		합계	1	1	0	0	0	0	0
		프로통산	42	31	9	5	42	5	0

팔라시오스(Manuel Emilio Palacios Murillo) 콜롬비아 1993.02

대회	연도	소속	출전	교체	득점	도움	파울	경고	퇴장
K1	2020	포항	25	22	5	6	34	5	0
	2021	포항	26	22	1	0	33	2	1
		합계	51	44	6	6	67	7	2
K2	2019	안양	34	14	11	6	43	5	0
		합계	34	14	11	6	43	5	0
		프로통산	85	52	17	12	110	12	2

팔로세비치(Aleksandar Paločević) 세르비아
1993.08.22

대회	연도	소속	출전	교체	득점	도움	파울	경고	퇴장
K1	2019	포항	16	14	5	4	9	1	0
	2020	포항	22	7	14	6	12	3	0
	2021	서울	34	25	10	4	18	5	0
		합계	72	46	29	14	39	8	0
		프로통산	72	46	29	14	39	8	0

패트릭(Partik Camilo Cornelio da Silva) 브라질
1990.07.19

대회	연도	소속	출전	교체	득점	도움	파울	경고	퇴장
K1	2013	강원	11	8	1	1	16	2	0
		합계	11	8	1	1	16	2	0
		프로통산	11	8	1	1	16	2	0

패트릭(Patrick Villars) 가나 1984.05.21

대회	연도	소속	출전	교체	득점	도움	파울	경고	퇴장
BC	2003	부천SK	11	3	0	0	23	4	0
		합계	11	3	0	0	23	4	0
		프로통산	11	3	0	0	23	4	0

펑샤오팅(Feng Xiaoting, 冯潇霆) 중국
1985.10.22

대회	연도	소속	출전	교체	득점	도움	파울	경고	퇴장
BC	2009	대구	20	2	0	0	12	3	0
	2010	전북	12	0	0	0	10	1	0
		합계	32	2	0	0	22	4	0
		프로통산	32	2	0	0	22	4	0

패트릭(Partik Camilo Cornelio da Silva) 브라질
1990.07.19

대회	연도	소속	출전	교체	득점	도움	파울	경고	퇴장
K1	2013	강원	11	8	1	1	16	2	0
		합계	11	8	1	1	16	2	0
		프로통산	11	8	1	1	16	2	0

패트릭(Patrick Villars) 가나 1984.05.21

대회	연도	소속	출전	교체	득점	도움	파울	경고	퇴장
BC	2003	부천SK	11	3	0	0	23	4	0
		합계	11	3	0	0	23	4	0
		프로통산	11	3	0	0	23	4	0

펑샤오팅(Feng Xiaoting, 冯潇霆) 중국
1985.10.22

대회	연도	소속	출전	교체	득점	도움	파울	경고	퇴장
BC	2009	대구	20	2	0	0	12	3	0
	2010	전북	12	0	0	0	10	1	0
		합계	32	2	0	0	22	4	0
		프로통산	32	2	0	0	22	4	0

페드로(Pedro Bispo Moreira Junior) 브라질
1987.01.29

대회	연도	소속	출전	교체	득점	도움	파울	경고	퇴장
K1	2013	제주	29	13	17	0	56	3	0
		합계	29	13	17	0	56	3	0
		프로통산	29	13	17	0	56	3	0

페드로(Pedro Henrique Cortes Oliveira Gois) 동티모르 1992.01.17

대회	연도	소속	출전	교체	득점	도움	파울	경고	퇴장
K2	2017	대전	1	1	0	0	0	0	0
		합계	1	1	0	0	0	0	0
		프로통산	1	1	0	0	0	0	0

페드로(Pedro Henrique de Santana Almeida) 브라질 1991.03.25

대회	연도	소속	출전	교체	득점	도움	파울	경고	퇴장
K2	2018	대전	4	3	1	0	9	1	0
		합계	4	3	1	0	9	1	0
		프로통산	4	3	1	0	9	1	0

페라소(Walter Osvaldo Perazzo Otero) 아르헨티나 1962.08.02

대회	연도	소속	출전	교체	득점	도움	파울	경고	퇴장
BC	1994	대우	2	2	0	0	1	0	0
		합계	2	2	0	0	1	0	0
		프로통산	2	2	0	0	1	0	0

페레이라(Josiesley Ferreira Rosa) 브라질
1979.02.21

대회	연도	소속	출전	교체	득점	도움	파울	경고	퇴장
BC	2008	울산	10	12	0	2	21	3	0

(이전 선수 계속)

대회	연도	소속	출전	교체	득점	도움	파울	경고	퇴장
	합계		10	12	0	2	21	3	0
프로통산			10	12	0	2	21	3	0

페르난데스(Rodrigo Fernandes) 브라질 1978.03.03

대회	연도	소속	출전	교체	득점	도움	파울	경고	퇴장
BC	2003	전북	29	25	3	4	15	0	0
	합계		29	25	3	4	15	0	0
프로통산			29	25	3	4	15	0	0

페르난도(Luiz Fernando Acuña Egidio) 브라질 1977.11.25

대회	연도	소속	출전	교체	득점	도움	파울	경고	퇴장
BC	2007	부산	9	8	0	1	18	1	0
	합계		9	8	0	1	18	1	0
프로통산			9	8	0	1	18	1	0

페르난도(Luiz Fernando Pereira da Silva) 브라질 1985.11.25

대회	연도	소속	출전	교체	득점	도움	파울	경고	퇴장
BC	2007	대전	15	15	1	1	42	2	0
	합계		15	15	1	1	42	2	0
프로통산			15	15	1	1	42	2	0

페블레스(Daniel Ricardo Febles Argüelles) 베네수엘라 1991.02.08

대회	연도	소속	출전	교체	득점	도움	파울	경고	퇴장
K2	2018	서울E	5	2	0	1	8	0	0
	합계		5	2	0	1	8	0	0
프로통산			5	2	0	1	8	0	0

페시치(Aleksandar Pešić) 세르비아 1992.05.21

대회	연도	소속	출전	교체	득점	도움	파울	경고	퇴장
K1	2019	서울	25	13	10	1	27	1	0
	2020	서울	1	1	0	0	0	0	0
	합계		26	14	10	1	27	1	0
프로통산			26	14	10	1	27	1	0

페체신(Feczesin Róbert) 헝가리 1986.02.22

대회	연도	소속	출전	교체	득점	도움	파울	경고	퇴장
K1	2017	전남	32	19	10	4	56	3	0
	합계		32	19	10	4	56	3	0
프로통산			32	19	10	4	56	3	0

페트라토스(Petratos Dimitrios) 오스트레일리아 1992.11.10

대회	연도	소속	출전	교체	득점	도움	파울	경고	퇴장
K1	2017	울산	4	4	0	1	5	0	0
	합계		4	4	0	1	5	0	0
프로통산			4	4	0	1	5	0	0

페트로(Sasa Petrović) 유고슬라비아 1966.12.31

대회	연도	소속	출전	교체	실점	도움	파울	경고	퇴장
BC	1996	전남	24	0	33	0	2	3	0
	1997	전남	8	0	9	0	0	1	0
	합계		32	0	42	0	2	4	0
프로통산			32	0	42	0	2	4	0

펠리삐(Felipe Martins Dorta) 오스트리아 1996.06.17

대회	연도	소속	출전	교체	득점	도움	파울	경고	퇴장
K2	2019	안산	5	5	0	0	2	0	0
	합계		5	5	0	0	2	0	0
프로통산			5	5	0	0	2	0	0

펠리빵(Felipe Augusto Souza da Silva: Felipão) 브라질 1995.02.18

대회	연도	소속	출전	교체	득점	도움	파울	경고	퇴장
K2	2020	안산	20	12	3	2	30	4	1
	합계		20	12	3	2	30	4	1
프로통산			20	12	3	2	30	4	1

펠리페(Felipe de Sousa Silva) 브라질 1992.04.03

대회	연도	소속	출전	교체	득점	도움	파울	경고	퇴장
K1	2020	광주	24	3	9	1	53	5	0
	2021	광주	13	5	6	1	28	2	1
	합계		37	8	15	2	81	7	1
K2	2018	광주	15	4	7	2	33	6	0
	2019	광주	27	7	19	3	77	4	2
	합계		42	11	26	5	110	10	2
프로통산			79	19	41	7	191	17	3

펠리피(Felipe Barreto Adao) 브라질 1985.11.26

대회	연도	소속	출전	교체	득점	도움	파울	경고	퇴장
K2	2014	안양	23	20	3	0	34	3	0
	합계		23	20	3	0	34	3	0
프로통산			23	20	3	0	34	3	0

펠리피(Felipe Azevedo dos Santos) 브라질 1987.01.10

대회	연도	소속	출전	교체	득점	도움	파울	경고	퇴장
BC	2010	부산	9	8	3	0	15	1	0
	2011	부산	5	5	0	1	6	0	0
	합계		14	13	3	1	21	1	0
프로통산			14	13	3	1	21	1	0

펠릭스(Felix Nzeina) 카메룬 1980.12.11

대회	연도	소속	출전	교체	득점	도움	파울	경고	퇴장
BC	2005	부산	24	22	1	1	50	4	0
	합계		24	22	1	1	50	4	0
프로통산			24	22	1	1	50	4	0

포섹(Peter Fousek) 체코 1972.08.11

대회	연도	소속	출전	교체	득점	도움	파울	경고	퇴장
BC	2001	전남	2	2	0	0	2	0	0
	합계		2	2	0	0	2	0	0
프로통산			2	2	0	0	2	0	0

포포비치(Lazar Popović) 세르비아 1983.01.10

대회	연도	소속	출전	교체	득점	도움	파울	경고	퇴장
BC	2009	대구	13	9	2	0	21	3	0
	합계		13	9	2	0	21	3	0
프로통산			13	9	2	0	21	3	0

포프(Willan Popp) 브라질 1994.04.13

대회	연도	소속	출전	교체	득점	도움	파울	경고	퇴장
K2	2016	부산	38	22	18	4	63	6	0
	2018	부천	30	10	10	2	48	3	0
	합계		68	32	28	6	111	9	0
프로통산			68	32	28	6	111	9	0

표건희(表健熙) 인천대 1997.08.06

대회	연도	소속	출전	교체	득점	도움	파울	경고	퇴장
K1	2021	인천	2	1	0	0	1	0	0
	합계		2	1	0	0	1	0	0
프로통산			2	1	0	0	1	0	0

푸마갈리(Jose Fernando Fumagalli) 브라질 1977.10.05

대회	연도	소속	출전	교체	득점	도움	파울	경고	퇴장
BC	2004	서울	17	13	2	0	22	1	0
	합계		17	13	2	0	22	1	0
프로통산			17	13	2	0	22	1	0

프라니치(Ivan Frankie Franjić) 오스트레일리아 1987.09.10

대회	연도	소속	출전	교체	득점	도움	파울	경고	퇴장
K1	2017	대구	2	2	0	0	1	0	0
	합계		2	2	0	0	1	0	0
프로통산			2	2	0	0	1	0	0

프랑코(Pedro Filipe Antunes Matias Silva Franco) 포르투갈 1974.04.18

대회	연도	소속	출전	교체	득점	도움	파울	경고	퇴장
BC	2005	서울	19	2	2	0	29	4	0
	합계		19	2	2	0	29	4	0
프로통산			19	2	2	0	29	4	0

프랑크(Frank Lieberam) 독일 1962.12.17

대회	연도	소속	출전	교체	득점	도움	파울	경고	퇴장
BC	1992	현대	19	2	1	1	12	4	1
	합계		19	2	1	1	12	4	1
프로통산			19	2	1	1	12	4	1

프론티니(Carbs Esteban Frontini) 브라질 1981.08.19

대회	연도	소속	출전	교체	득점	도움	파울	경고	퇴장
BC	2006	포항	29	26	8	4	65	7	0
	2007	포항	9	7	0	0	12	1	0
	합계		38	33	8	4	77	8	0
프로통산			38	33	8	4	77	8	0

플라마(Flamarion Petriv de Abreu) 브라질 1976.10.16

대회	연도	소속	출전	교체	득점	도움	파울	경고	퇴장
BC	2004	대전	17	2	0	0	37	3	0
	합계		17	2	0	0	37	3	0
프로통산			17	2	0	0	37	3	0

플라비오(Flávio Almeida) 브라질 1959.01.01

대회	연도	소속	출전	교체	득점	도움	파울	경고	퇴장
BC	1985	포항제철	1	1	0	0	1	0	0
	합계		1	1	0	0	1	0	0
프로통산			1	1	0	0	1	0	0

플라타(Anderson Daniel Plata Guillen) 콜롬비아 1990.11.08

대회	연도	소속	출전	교체	득점	도움	파울	경고	퇴장
K1	2013	대전	21	7	1	5	56	4	0
	합계		21	7	1	5	56	4	0
프로통산			21	7	1	5	56	4	0

피델(Fidel Rocha dos Santos) 브라질 1993.07.06

대회	연도	소속	출전	교체	득점	도움	파울	경고	퇴장
K2	2018	안산	7	6	0	1	4	0	0
	합계		7	6	0	1	4	0	0
프로통산			7	6	0	1	4	0	0

피아퐁(Piyapong Pue-On) 태국 1959.11.14

대회	연도	소속	출전	교체	득점	도움	파울	경고	퇴장
BC	1984	럭키금성	5	1	4	0	0	0	0
	1985	럭키금성	21	4	12	6	10	1	0
	1986	럭키금성	17	4	2	0	7	0	0
	합계		43	9	18	6	17	1	1
프로통산			43	9	18	6	17	1	1

피투(Miguel Sebastian Garcia) 아르헨티나 1984.01.27

대회	연도	소속	출전	교체	득점	도움	파울	경고	퇴장
K1	2016	성남	33	20	3	7	18	2	0
	합계		33	20	3	7	18	2	0
승	2016	성남	1	1	0	0	0	0	0
	합계		1	1	0	0	0	0	0
프로통산			34	21	3	7	18	2	0

필립(Filip Hlohovsky) 슬로바키아 1988.06.13

대회	연도	소속	출전	교체	득점	도움	파울	경고	퇴장
K2	2017	성남	16	10	4	2	25	4	0
	2018	대전	3	3	0	0	6	0	0
	합계		19	13	4	2	31	4	0
프로통산			19	13	4	2	31	4	0

필립(Filip Filipov) 불가리아 1971.01.31

대회	연도	소속	출전	교체	득점	도움	파울	경고	퇴장
BC	1992	유공	6	0	0	0	13	1	0
	1993	유공	7	3	0	0	7	1	0
	1998	부천SK	26	12	0	0	52	7	0
	1999	부천SK	11	5	0	0	7	3	0
	합계		50	20	0	0	79	12	0
프로통산			50	20	0	0	79	12	0

핑구(Erison Carlos dos Santos Silva) 브라질 1980.05.22

대회	연도	소속	출전	교체	득점	도움	파울	경고	퇴장
BC	2008	부산	24	13	0	0	36	4	0
	합계		24	13	0	0	36	4	0
프로통산			24	13	0	0	36	4	0

핑팡(Rodrigo Pimpão Vianna) 브라질 1987.10.23

대회	연도	소속	출전	교체	득점	도움	파울	경고	퇴장
K1	2013	수원	1	1	0	0	1	0	0
	합계		1	1	0	0	1	0	0
프로통산			1	1	0	0	1	0	0

하강진(河康鎭) 숭실대 1989.01.30

대회	연도	소속	출전	교체	실점	도움	파울	경고	퇴장
BC	2010	수원	14	0	18	0	1	1	0
	2011	성남일화	30	0	43	0	0	2	0
	2012	성남일화	23	0	35	0	0	0	0
	합계		67	0	96	0	1	3	0
K1	2013	경남	7	0	14	0	0	0	0
	합계		7	0	14	0	0	0	0
K2	2014	부천	13	0	18	0	0	1	0
	2016	경남	8	0	15	0	1	0	0
	합계		21	0	33	0	1	2	0
프로통산			95	0	143	0	2	5	0

하광운 (河光云) 단국대 1972.03.21

대회	연도	소속	출전	교체	득점	도움	파울	경고	퇴장
BC	1995	전남	0	0	0	0	0	0	0
	합계		0	0	0	0	0	0	0
프로통산			0	0	0	0	0	0	0

하금진 (河今鎭) 홍익대 1974.08.16

대회	연도	소속	출전	교체	득점	도움	파울	경고	퇴장
BC	1997	대전	26	3	1	0	52	5	0
	1998	대전	13	5	0	0	23	1	0
	합계		39	8	1	0	75	6	0
프로통산			39	8	1	0	75	6	0

하기윤 (河基允) 금호고 1982.03.10

대회	연도	소속	출전	교체	득점	도움	파울	경고	퇴장
BC	2002	전남	0	0	0	0	0	0	0
	2003	광주상무	0	0	0	0	0	0	0
	합계		0	0	0	0	0	0	0
프로통산			0	0	0	0	0	0	0

하남 (河男) 남부대 1998.12.07

대회	연도	소속	출전	교체	득점	도움	파울	경고	퇴장
K2	2020	안양	2	2	0	0	1	0	0
	2021	안양	16	15	3	0	17	2	0
	합계		18	17	3	0	17	2	0
프로통산			18	17	3	0	17	2	0

하대성 (河大成) 부평고 1985.03.02

대회	연도	소속	출전	교체	득점	도움	파울	경고	퇴장
BC	2004	울산	2	2	0	0	1	0	0
	2005	울산	2	2	0	0	1	0	0
	2006	대구	18	15	0	0	33	5	0
	2007	대구	25	10	2	2	52	3	0
	2008	대구	31	12	5	2	44	3	0
	2009	전북	30	22	2	2	45	7	1
	2010	서울	33	8	3	3	58	10	0
	2011	서울	18	7	2	5	34	7	0
	2012	서울	39	8	5	7	51	8	0
	합계		196	86	28	18	313	38	1
K1	2013	서울	29	4	3	2	50	6	0
	2017	서울	7	5	1	0	4	2	0
	2018	서울	13	8	0	1	23	1	0
	2019	서울	2	2	0	0	1	1	0
	합계		46	17	4	2	75	9	0
승	2018	서울	2	1	0	0	4	0	0
	합계		2	1	0	0	4	0	0
프로통산			244	104	32	21	392	47	1

하리 (Harry German Castilo Vallejo) 콜롬비아 1974.05.14

대회	연도	소속	출전	교체	득점	도움	파울	경고	퇴장
BC	2000	수원	5	4	1	0	7	0	1
	2000	부산	10	5	4	1	9	0	1
	2001	부산	34	3	5	5	52	6	1
	2002	부산	23	3	5	5	32	3	1
	2003	부산	27	11	4	2	51	6	0
	2004	성남일화	8	8	0	2	6	0	0
	2006	경남	28	18	1	4	54	4	0
	합계		135	52	17	18	211	19	3
프로통산			135	53	17	18	211	19	3

하리스 (Haris Harba) 보스니아 헤르체고비나 1988.07.14

대회	연도	소속	출전	교체	득점	도움	파울	경고	퇴장
K2	2017	부천	2	2	0	0	2	0	0
	합계		2	2	0	0	2	0	0
프로통산			2	2	0	0	2	0	0

하마드 (Jiloan Mohamed Hamad) 스웨덴 1990.11.06

대회	연도	소속	출전	교체	득점	도움	파울	경고	퇴장
K1	2019	인천	11	7	1	2	8	1	0
	합계		11	7	1	2	8	1	0
프로통산			11	7	1	2	8	1	0

하마조치 (Rafael Ramazotti de Quadros) 브라질 1988.08.09

대회	연도	소속	출전	교체	득점	도움	파울	경고	퇴장
K2	2019	대전	10	5	3	1	15	3	0
	합계		10	5	3	1	15	3	0
프로통산			10	5	3	1	15	3	0

하명래 (河明來) 경희대 1999.05.05

대회	연도	소속	출전	교체	실점	도움	파울	경고	퇴장
K1	2020	대구	0	0	0	0	0	0	0
	합계		0	0	0	0	0	0	0
프로통산			0	0	0	0	0	0	0

하명훈 (河明勳) 명지대 1971.05.18

대회	연도	소속	출전	교체	득점	도움	파울	경고	퇴장
BC	1994	LG	1	1	0	1	0	0	0
	1995	LG	5	5	0	0	6	0	0
	합계		6	6	0	1	6	0	0
프로통산			6	6	0	1	6	0	0

하밀 (Brendan Hamill) 오스트레일리아 1992.09.18

대회	연도	소속	출전	교체	득점	도움	파울	경고	퇴장
BC	2012	성남일화	8	8	0	0	9	0	0
	합계		8	8	0	0	9	0	0
프로통산			8	8	0	0	9	0	0

하상수 (河相秀) 아주대 1973.07.25

대회	연도	소속	출전	교체	득점	도움	파울	경고	퇴장
BC	1996	부산	6	3	0	1	7	0	0
	합계		6	3	0	1	7	0	0
프로통산			6	3	0	1	7	0	0

하석주 (河錫舟) 아주대 1968.02.20

대회	연도	소속	출전	교체	득점	도움	파울	경고	퇴장
BC	1990	대우	24	12	4	3	60	3	0
	1991	대우	34	10	7	5	36	1	0
	1992	대우	29	1	5	2	40	3	0
	1993	대우	11	3	0	1	14	3	0
	1994	대우	16	2	4	5	24	2	0
	1995	대우	27	0	2	5	40	5	0
	1996	부산	26	1	11	2	46	4	0
	1997	부산	13	6	4	3	11	1	0
	2001	포항	31	2	3	2	46	6	0
	2002	포항	32	6	0	2	23	3	0
	2003	포항	40	2	0	0	26	3	0
	합계		258	56	45	25	347	34	0
프로통산			258	56	45	25	347	34	0

하성룡 (河成龍) 금호고 1982.02.03

대회	연도	소속	출전	교체	득점	도움	파울	경고	퇴장
BC	2002	전남	3	3	0	0	4	0	0
	2003	전남	2	2	0	0	0	0	0
	합계		5	5	0	0	4	0	0
프로통산			5	5	0	0	4	0	0

하성민 (河成敏) 부평고 1987.06.13

대회	연도	소속	출전	교체	득점	도움	파울	경고	퇴장
BC	2008	전북	7	4	0	0	12	2	0
	2009	전북	1	1	0	0	0	0	0
	2010	부산	5	2	0	0	7	2	0
	2011	전북	1	1	0	0	1	0	0
	2012	상주	24	6	0	3	49	7	0
	합계		38	14	0	3	69	11	0
K1	2013	전북	1	1	0	0	2	0	0
	2014	울산	17	5	0	1	35	5	0
	2015	울산	30	3	0	1	39	8	0
	2016	울산	24	15	2	0	34	5	1
	2018	경남	24	14	0	0	24	3	0
	2019	경남	21	12	0	0	36	4	0
	합계		115	56	2	1	170	25	1
K2	2013	상주	13	6	0	2	22	2	0
	2020	경남	9	4	0	0	10	0	1
	합계		22	10	0	2	32	2	1
승	2019	경남	0	0	0	0	0	0	0
	합계		0	0	0	0	0	0	0
프로통산			175	80	2	6	271	38	2

하성용 (河誠容) 광운대 1976.10.05

대회	연도	소속	출전	교체	득점	도움	파울	경고	퇴장
BC	2000	울산	20	2	1	0	37	2	0
	2001	울산	3	0	0	1	0	0	0
	2002	울산	9	4	0	0	14	0	0
	2003	울산	5	5	0	0	6	0	0
	합계		37	11	1	0	57	2	0
프로통산			37	11	1	0	57	2	0

하성준 (河成俊) 중대부고 1963.08.15

대회	연도	소속	출전	교체	득점	도움	파울	경고	퇴장
BC	1989	일화	28	14	1	2	35	3	0
	1990	일화	24	2	0	1	23	1	0
	1991	일화	38	6	1	2	61	2	0
	1992	일화	38	3	1	2	63	3	0
	1993	일화	31	2	1	1	32	2	0
	1994	일화	31	5	1	1	33	5	0
	1995	일화	32	10	2	0	35	4	0
	1996	천안일화	9	5	0	0	24	2	0
	합계		233	48	7	8	294	19	0
프로통산			233	48	7	8	294	19	0

하승운 (河勝云) 연세대 1998.05.04

대회	연도	소속	출전	교체	득점	도움	파울	경고	퇴장
K1	2019	포항	15	15	0	1	12	1	0
	합계		15	15	0	1	12	1	0
K2	2020	전남	23	17	2	0	17	3	0
	2021	안양	14	12	0	0	8	0	0
	합계		37	29	2	0	25	3	0
프로통산			52	44	2	1	37	4	0

하용우 (河龍雨) 경희대 1977.04.30

대회	연도	소속	출전	교체	득점	도움	파울	경고	퇴장
BC	2000	포항	10	7	0	0	10	2	0
	합계		10	7	0	0	10	2	0
프로통산			10	7	0	0	10	2	0

하은철 (河恩喆) 성균관대 1975.06.23

대회	연도	소속	출전	교체	득점	도움	파울	경고	퇴장
BC	1998	전북	21	16	7	2	22	0	0
	1999	전북	32	31	10	0	23	0	0
	2000	울산	23	12	5	1	29	2	0
	2001	전북	3	3	0	0	0	0	0
	2001	전북	1	1	0	0	1	0	0
	2003	대구	7	6	1	0	8	0	0
	2003	대구							
	2004	대구	6	5	0	0	7	1	0
	합계		100	82	26	3	99	3	0
프로통산			100	82	26	3	99	3	0

하인호 (河仁鎬) 인천대 1989.10.10

대회	연도	소속	출전	교체	득점	도움	파울	경고	퇴장
BC	2012	경남	1	1	0	0	1	0	0
	합계		1	1	0	0	1	0	0
K2	2015	고양	26	3	1	1	45	4	0
	2016	안산	7	1	0	0	4	1	0
	2017	안산무궁	1	1	0	0	0	0	0
	합계		30	5	1	1	49	5	0
프로통산			30	5	1	1	49	5	0

Section
6

역
대
통
산
기
록

하재훈 (河在勳) 조선대 1965.08.15

대회	연도	소속	출전	교체	득점	도움	파울	경고	퇴장
BC	1987	유공	20	3	0	1	18	2	0
	1988	유공	15	1	0	3	27	1	0
	1989	유공	11	3	0	0	11	0	0
	1990	유공	18	10	3	4	22	2	0
	1991	유공	25	18	1	1	15	1	0
	1992	유공	21	13	0	1	37	3	0
	1993	유공	23	19	1	1	13	3	0
	1994	유공	6	4	0	0	3	0	0
	합계		139	71	5	11	146	12	0
프로통산			139	71	5	11	146	12	0

하재훈 (河在動) 동국대 1984.10.03

대회	연도	소속	출전	교체	득점	도움	파울	경고	퇴장
BC	2009	강원	18	1	0	1	8	2	0
	2010	강원	11	2	0	1	6	0	0
	합계		29	3	0	2	14	2	0
프로통산			29	3	0	2	14	2	0

하정헌 (河延憲) 우석대 1987.10.14

대회	연도	소속	출전	교체	득점	도움	파울	경고	퇴장
BC	2010	강원	17	12	2	1	27	2	0
	2011	강원	5	5	1	0	6	1	0
	합계		22	17	3	1	33	3	0
K2	2013	수원FC	16	16	4	0	32	7	0
	2014	수원FC	14	14	2	0	13	2	0
	2015	안산경찰	13	9	2	0	23	3	0
	2016	안산무궁	6	7	0	1	6	3	0
	합계		49	46	8	1	78	15	0
프로통산			71	63	11	2	111	21	0

하준호 (河峻鎬) 충북대 1998.07.18

대회	연도	소속	출전	교체	실점	도움	파울	경고	퇴장
K2	2019	안산	0	0	0	0	0	0	0
	합계		0	0	0	0	0	0	0
프로통산			0	0	0	0	0	0	0

하쯩요 (Luciano Ferreira Gabriel: Luciano Ratinho) 브라질 1979.10.18

대회	연도	소속	출전	교체	득점	도움	파울	경고	퇴장
BC	2005	대전	22	22	2	4	41	1	1
	합계		22	22	2	4	41	1	1
프로통산			22	22	2	4	41	1	1

하창래 (河昌來) 중앙대 1994.10.16

대회	연도	소속	출전	교체	득점	도움	파울	경고	퇴장
K1	2017	인천	20	1	0	0	28	8	0
	2018	포항	28	5	1	0	32	5	0
	2019	포항	31	0	1	0	40	11	0
	2020	포항	26	1	1	1	44	8	0
	2021	포항	2	0	1	0	3	1	0
	합계		107	6	4	1	147	33	0
K2	2021	김천	8	1	0	0	15	1	0
	합계		8	1	0	0	15	1	0
프로통산			115	8	5	1	162	33	0

하칭요 (Jurani Francisco Ferreira) 브라질 1996.10.01

대회	연도	소속	출전	교체	득점	도움	파울	경고	퇴장
K2	2019	광주	8	6	2	0	11	0	0
	합계		8	6	2	0	11	0	0
프로통산			8	6	2	0	11	0	0

하태균 (河太均) 단국대 1987.11.02

대회	연도	소속	출전	교체	득점	도움	파울	경고	퇴장
BC	2007	수원	18	13	5	1	33	1	0
	2008	수원	6	6	0	0	9	0	0
	2009	수원	8	8	1	0	9	0	0
	2010	수원	19	19	4	0	31	2	0
	2011	수원	19	13	1	0	22	1	0
	2012	수원	31	29	4	0	25	0	0
	합계		101	88	15	1	129	4	0
K1	2014	상주	11	6	4	0	13	0	0
	2014	수원	3	3	0	0	3	1	0
	2018	전남	19	12	0	0	24	0	0
	합계		22	15	4	0	27	3	0
K2	2013	상주	19	14	8	4	33	2	0
	합계		19	14	8	4	33	2	0
승	2013	상주	1	1	0	0	0	0	0
	합계		1	1	0	0	0	0	0
프로통산			143	120	30	7	190	15	1

하파엘 (Rafael Costa dos Santos) 브라질 1987.08.23

대회	연도	소속	출전	교체	득점	도움	파울	경고	퇴장
K1	2014	서울	9	9	0	0	9	3	0
	합계		9	9	0	0	9	3	0
프로통산			9	9	0	0	9	3	0

하파엘 (Raphael Assis Martins Xavier) 브라질 1992.03.28

대회	연도	소속	출전	교체	득점	도움	파울	경고	퇴장
K2	2014	충주	2	1	0	0	0	0	0
	합계		2	1	0	0	0	0	0
프로통산			2	1	0	0	0	0	0

하파엘 (Rafael Rogerio da Silva) 브라질 1995.11.30

대회	연도	소속	출전	교체	득점	도움	파울	경고	퇴장
K2	2017	충주	17	15	5	2	13	2	0
	합계		17	15	5	2	13	2	0
프로통산			17	15	5	2	13	2	0

하피냐 (Rafael dos Santos de Oliveira) 브라질 1987.06.30

대회	연도	소속	출전	교체	득점	도움	파울	경고	퇴장
BC	2012	울산	17	13	6	2	24	2	0
	합계		17	13	6	2	24	2	0
K1	2013	울산	24	14	11	4	45	3	0
	2014	울산	12	8	1	0	20	0	0
	합계		36	16	12	4	65	3	0
프로통산			53	29	18	7	89	5	0

하피냐 (Rafael Lima Pereira) 브라질 1993.04.01

대회	연도	소속	출전	교체	득점	도움	파울	경고	퇴장
K1	2015	대전	7	8	0	0	8	0	0
	합계		7	8	0	0	8	0	0
프로통산			7	8	0	0	8	0	0

한건용 (韓建鏞) 동의대 1991.06.28

대회	연도	소속	출전	교체	득점	도움	파울	경고	퇴장
K2	2017	안산	24	13	3	2	23	1	0
	2018	안산	4	3	0	0	5	1	0
	합계		28	16	3	2	28	2	0
프로통산			28	16	3	2	28	2	0

한경인 (韓京仁) 명지대 1987.05.28

대회	연도	소속	출전	교체	득점	도움	파울	경고	퇴장
BC	2011	경남	23	19	3	0	15	1	0
	2012	대전	12	11	0	0	12	1	0
	합계		35	30	3	0	27	2	0
K1	2013	대전	9	8	0	0	4	0	0
	2014	상주	6	6	1	0	3	0	0
	합계		15	14	1	0	7	0	0
K2	2015	상주	1	1	0	0	0	0	0
	합계		1	1	0	0	0	0	0
프로통산			51	45	5	0	29	4	0

한교원 (韓敎元) 조선이공대 1990.06.15

대회	연도	소속	출전	교체	득점	도움	파울	경고	퇴장
BC	2011	인천	29	23	3	2	40	2	0
	2012	인천	28	10	6	2	52	5	0
	합계		57	32	9	4	92	6	0
K1	2013	인천	36	14	6	2	64	8	0
	2014	전북	32	20	11	3	44	1	0
	2015	전북	19	8	4	2	24	2	0
	2016	전북	19	8	4	4	25	4	0
	2017	전북	12	8	1	1	13	4	0
	2018	전북	23	13	7	6	19	3	0
	2019	전북	14	9	1	4	11	1	0
	2020	전북	24	10	11	4	30	1	0
	2021	전북	29	25	9	2	21	0	0
	합계		215	126	50	24	237	22	1
프로통산			272	158	59	28	329	28	1

한국영 (韓國榮) 숭실대 1990.04.19

대회	연도	소속	출전	교체	득점	도움	파울	경고	퇴장
K1	2017	강원	18	4	2	0	24	6	0
	2019	강원	38	6	1	4	45	3	0
	2020	강원	22	0	1	2	27	2	0
	2021	강원	31	5	1	0	38	4	0
	합계		109	11	5	6	133	15	0
승	2021	강원	2	1	0	0	3	0	0
	합계		2	1	0	0	3	0	0
프로통산			111	12	6	6	136	15	0

한그루 (韓 그루) 단국대 1988.04.29

대회	연도	소속	출전	교체	득점	도움	파울	경고	퇴장
BC	2011	성남일화	4	4	0	1	0	1	0
	2012	대전	9	8	0	0	11	1	0
	합계		13	12	0	0	11	1	0
K1	2013	대전	5	5	0	0	4	0	0
	합계		5	5	0	0	4	0	0
프로통산			18	17	0	0	16	2	0

한길동 (韓吉童) 서울대 1963.01.15

대회	연도	소속	출전	교체	득점	도움	파울	경고	퇴장
BC	1986	럭키금성	20	6	0	1	16	1	0
	1987	럭키금성	16	5	0	3	12	0	0
	합계		36	11	0	3	28	1	0
프로통산			36	11	0	3	28	1	0

한덕희 (韓德熙) 아주대 1987.02.20

대회	연도	소속	출전	교체	득점	도움	파울	경고	퇴장
BC	2011	대전	16	6	1	2	26	3	0
	2012	대전	14	12	0	0	24	2	0
	합계		30	18	1	2	50	5	0
K1	2013	대전	20	14	0	1	31	2	0
	2015	대전	4	2	0	1	3	1	0
	합계		24	16	0	2	37	3	0
K2	2014	안산경찰	8	7	0	0	5	2	0
	2015	안산경찰	17	10	0	1	34	6	0
	합계		31	17	0	1	41	8	0
프로통산			85	51	1	3	126	16	0

한동원 (韓東元) 남수원중 1986.04.06

대회	연도	소속	출전	교체	득점	도움	파울	경고	퇴장
BC	2002	안양G	1	1	0	0	0	0	0
	2003	안양G	4	4	0	0	3	0	0
	2004	서울	4	4	0	0	2	0	0
	2005	서울	3	3	0	0	0	0	0
	2006	서울	21	13	5	1	20	2	0
	2007	성남일화	15	15	1	0	7	0	0
	2008	성남일화	26	24	1	1	22	2	0
	2009	성남일화	26	24	4	1	19	0	0
	2011	대구	14	13	0	0	8	1	0
	2012	강원	7	7	1	0	3	0	0
	합계		121	106	20	3	84	8	0
K1	2013	강원	7	7	0	0	3	0	0
	합계		7	7	0	0	3	0	0
K2	2013	안양	3	3	0	0	1	0	0
	합계		3	3	0	0	1	0	0
프로통산			131	116	20	3	88	8	0

한동진 (韓動鎭) 상지대 1979.08.25

대회	연도	소속	출전	교체	실점	도움	파울	경고	퇴장
BC	2002	부천SK	9	0	15	0	0	2	0
	2003	부천SK	31	1	45	0	3	1	0
	2004	부천SK	1	0	2	0	0	0	0
	2005	광주상무	15	1	18	0	0	0	0
	2006	광주상무	15	1	18	0	0	0	0

	2007	제주	6	0	8	0	1	0	0
	2008	제주	12	3	13	0	0	0	0
	2009	제주	14	1	11	0	0	1	0
	2010	제주	1	0	5	0	0	0	0
	2011	제주	1	0	0	0	0	0	0
	2012	제주	30	0	37	0	0	1	1
	합계		122	7	155	0	6	5	1
K1	2013	제주	0	0	0	0	0	0	0
	합계		0	0	0	0	0	0	0
프로통산			122	7	155	0	6	5	1

한문배 (韓文培) 한양대 1954.03.22

대회	연도	소속	출전	교체	득점	도움	파울	경고	퇴장
BC	1984	럭키금성	27	4	6	2	25	2	0
	1985	럭키금성	21	3	0	2	19	1	0
	1986	럭키금성	27	5	1	0	37	3	0
	합계		75	12	7	4	81	6	0
프로통산			75	12	7	4	81	6	0

한병용 (韓炳容) 건국대 1983.11.27

대회	연도	소속	출전	교체	득점	도움	파울	경고	퇴장
BC	2006	수원	12	7	0	0	15	1	0
	2007	수원	2	2	0	0	1	0	0
	합계		14	9	0	0	16	1	0
프로통산			14	9	0	0	16	1	0

한봉현 (韓鳳顯) 학성고 1981.12.04

대회	연도	소속	출전	교체	득점	도움	파울	경고	퇴장
BC	2000	울산	0	0	0	0	0	0	0
	2001	울산	2	2	0	0	0	0	0
	2003	광주상무	1	1	0	0	0	0	0
	합계		3	3	0	0	0	0	0
프로통산			3	3	0	0	0	0	0

한빛 (韓 빛) 건국대 1992.03.17

대회	연도	소속	출전	교체	득점	도움	파울	경고	퇴장
K2	2014	고양	16	15	1	0	16	2	0
	합계		16	15	1	0	16	2	0
프로통산			16	15	1	0	16	2	0

한상건 (韓相健) 영등포공고 1975.01.22

대회	연도	소속	출전	교체	득점	도움	파울	경고	퇴장
BC	1994	포항제철	1	1	0	0	0	0	0
	합계		1	1	0	0	0	0	0
프로통산			1	1	0	0	0	0	0

한상구 (韓相九) 충남대 1976.08.15

대회	연도	소속	출전	교체	득점	도움	파울	경고	퇴장
BC	1999	안양LG	11	8	0	0	14	2	0
	2000	안양LG	29	4	0	0	30	2	0
	2001	안양LG	4	2	0	0	2	0	0
	2003	광주상무	40	8	3	3	31	4	0
	2004	서울	13	8	0	1	14	2	0
	합계		97	30	3	4	95	10	0
프로통산			97	30	3	4	95	10	0

한상민 (韓相旻) 천안농고 1985.03.10

대회	연도	소속	출전	교체	득점	도움	파울	경고	퇴장
BC	2009	울산	9	9	0	0	6	1	0
	합계		9	9	0	0	6	1	0
프로통산			9	9	0	0	6	1	0

한상수 (韓尙樹) 충북대 1977.02.27

대회	연도	소속	출전	교체	실점	도움	파울	경고	퇴장
BC	1999	부산	6	4	4	0	0	0	0
	2000	부산	3	3	0	0	0	0	0
	합계		9	7	4	0	0	0	0
프로통산			9	7	4	0	0	0	0

한상열 (韓相烈) 고려대 1972.09.24

대회	연도	소속	출전	교체	득점	도움	파울	경고	퇴장
BC	1997	수원	23	17	3	1	22	0	1
	1998	수원	6	6	0	0	7	2	0
	1999	수원	0	0	0	0	0	0	0
	합계		29	23	3	1	29	2	1
프로통산			29	23	3	1	29	2	1

한상운 (韓相云) 단국대 1986.05.03

대회	연도	소속	출전	교체	득점	도움	파울	경고	퇴장
BC	2009	부산	31	23	5	3	32	4	0
	2010	부산	31	12	7	5	33	1	0
	2011	부산	32	14	9	8	34	2	0
	2012	성남일화	16	11	1	1	12	1	0
	합계		110	60	20	19	111	8	0
K1	2013	부산	34	21	8	8	36	3	0
	2014	울산	12	5	2	2	7	0	0
	2014	상주	17	5	0	4	14	3	0
	2016	울산	22	14	1	4	20	2	0
	2017	울산	18	14	1	1	12	0	0
	합계		103	59	12	19	89	8	0
K2	2015	상주	29	19	7	6	23	3	0
	2018	수원FC	11	8	0	4	6	0	0
	2019	부산	5	4	0	0	5	0	0
	합계		45	31	7	6	33	3	0
프로통산			258	150	39	44	230	20	0

한상진 (韓相振) 세종대 1995.08.01

대회	연도	소속	출전	교체	실점	도움	파울	경고	퇴장
K2	2016	부천	1	1	0	0	1	0	0
	2017	부천	0	0	0	0	0	0	0
	합계		1	1	0	0	1	0	0
프로통산			1	1	0	0	1	0	0

한상학 (韓尙學) 숭실대 1990.07.16

대회	연도	소속	출전	교체	득점	도움	파울	경고	퇴장
K2	2014	충주	6	5	1	0	10	2	0
	합계		6	5	1	0	10	2	0
프로통산			6	5	1	0	10	2	0

한상혁 (韓祥赫) 배재대 1991.11.19

대회	연도	소속	출전	교체	실점	도움	파울	경고	퇴장
K1	2015	대전	0	0	0	0	0	0	0
	합계		0	0	0	0	0	0	0
K2	2014	대전	0	0	0	0	0	0	0
	합계		0	0	0	0	0	0	0
프로통산			0	0	0	0	0	0	0

한상현 (韓相晛) 성균관대 1991.08.25

대회	연도	소속	출전	교체	득점	도움	파울	경고	퇴장
K1	2015	성남	1	1	0	0	1	0	0
	합계		1	1	0	0	1	0	0
K2	2014	부천	1	1	0	0	1	0	0
	합계		1	1	0	0	1	0	0
프로통산			2	2	0	0	2	0	0

한석종 (韓石種) 숭실대 1992.07.19

대회	연도	소속	출전	교체	득점	도움	파울	경고	퇴장
K1	2017	인천	32	1	3	1	46	5	1
	2018	인천	31	9	1	1	34	2	0
	2019	상주	14	5	0	0	12	0	0
	2020	상주	14	3	0	0	21	2	0
	2021	수원	15	10	0	1	37	5	0
	합계		130	33	5	3	169	17	1
K2	2014	강원	21	10	1	0	25	2	0
	2015	강원	25	12	4	1	34	7	0
	2016	강원	36	10	3	3	40	10	0
	합계		82	32	5	4	99	19	0
승	2016	강원	2	1	1	0	4	0	0
	합계		2	1	1	0	4	0	0
프로통산			214	66	11	8	272	36	1

한석희 (韓碩熙) 호남대 1996.05.16

대회	연도	소속	출전	교체	득점	도움	파울	경고	퇴장
K1	2019	수원	11	11	4	0	9	1	0
	2020	수원	14	11	0	0	16	0	0
	2021	수원	0	0	0	0	0	0	0
	합계		25	22	4	0	25	1	0
프로통산			25	22	4	0	25	1	0

한설 (韓흘) 동의대 1983.07.15

대회	연도	소속	출전	교체	득점	도움	파울	경고	퇴장
BC	2006	부산	7	7	0	0	6	1	0
	2008	광주상무	1	1	0	0	0	0	0
	합계		8	8	0	0	6	1	0
프로통산			8	8	0	0	6	1	0

한성규 (韓成圭) 광운대 1993.01.27

대회	연도	소속	출전	교체	득점	도움	파울	경고	퇴장
K1	2015	수원	0	0	0	0	0	0	0
	합계		0	0	0	0	0	0	0
K2	2016	부천	2	2	0	0	0	0	0
	합계		2	2	0	0	0	0	0
프로통산			2	2	0	0	0	0	0

한승규 (韓承規) 연세대 1996.09.28

대회	연도	소속	출전	교체	득점	도움	파울	경고	퇴장
K1	2017	울산	9	8	1	1	9	2	0
	2018	울산	31	28	5	7	24	4	0
	2019	전북	19	16	2	0	13	3	0
	2020	서울	22	20	1	3	24	2	0
	2021	수원FC	26	23	2	3	17	2	0
	합계		107	85	13	13	88	12	0
프로통산			107	85	13	13	88	12	0

한승엽 (韓承燁) 경기대 1990.11.04

대회	연도	소속	출전	교체	득점	도움	파울	경고	퇴장
K1	2013	대구	26	22	3	1	43	4	0
	합계		26	22	3	1	43	4	0
K2	2014	대구	6	6	0	0	13	0	0
	2017	대전	3	2	0	0	3	0	0
	합계		11	10	0	0	16	0	0
프로통산			37	32	3	1	59	4	0

한승욱 (韓承旭) 아주대 1995.08.24

대회	연도	소속	출전	교체	득점	도움	파울	경고	퇴장
K1	2018	전남	3	1	0	0	4	0	0
	합계		3	1	0	0	4	0	0
K2	2019	전남	8	8	1	0	4	1	0
	합계		8	8	1	0	4	1	0
프로통산			11	9	1	0	8	1	0

한연수 (韓練洙) 동국대 1966.11.17

대회	연도	소속	출전	교체	득점	도움	파울	경고	퇴장
BC	1989	일화	6	4	0	0	7	1	0
	합계		6	4	0	0	7	1	0
프로통산			6	4	0	0	7	1	0

한연철 (韓煉哲) 고려대 1972.03.30

대회	연도	소속	출전	교체	득점	도움	파울	경고	퇴장
BC	1997	울산	2	2	0	0	3	0	0
	합계		2	2	0	0	3	0	0
프로통산			2	2	0	0	3	0	0

한영구 (韓英九) 호남대 1987.11.16

대회	연도	소속	출전	교체	득점	도움	파울	경고	퇴장
K2	2013	고양	11	5	0	0	6	0	0
	합계		11	5	0	0	6	0	0
프로통산			11	5	0	0	6	0	0

한영국 (韓榮國) 국민대 1964.11.26

대회	연도	소속	출전	교체	득점	도움	파울	경고	퇴장
BC	1993	현대	6	0	0	0	4	0	0
	1994	현대	8	1	0	0	8	2	0
	합계		14	1	0	0	12	2	0
프로통산			14	1	0	0	12	2	0

한영수 (韓英洙) 전북대 1960.08.14

대회	연도	소속	출전	교체	득점	도움	파울	경고	퇴장
BC	1985	유공	19	3	4	1	19	0	0
	1986	유공	10	6	0	0	4	0	0
	1987	유공	3	3	1	0	1	0	0
	합계		32	12	5	1	24	0	0
프로통산			32	12	5	1	24	0	0

한용수 (韓龍洙) 한양대 1990.05.05

대회	연도	소속	출전	교체	득점	도움	파울	경고	퇴장
BC	2012	제주	23	6	0	1	33	4	0

(이전 선수 계속)

대회	연도	소속	출전	교체	득점	도움	파울	경고	퇴장
		합계	23	6	0	1	33	4	0
K1	2018	강원	12	0	0	0	10	1	0
	2019	강원	2	1	0	0	4	0	0
		합계	14	1	0	0	14	1	0
K2	2021	충남아산	35	1	3	0	31	6	0
		합계	35	1	3	0	31	6	0
		프로통산	72	8	3	1	78	11	0

한유성(韓侑成) 경희대 1991.06.09

대회	연도	소속	출전	교체	실점	도움	파울	경고	퇴장
K1	2014	전남	0	0	0	0	0	0	0
	2015	전남	1	0	0	0	0	1	0
	2016	전남	3	1	6	0	0	0	0
		합계	4	1	6	0	0	1	0
		프로통산	4	1	6	0	0	1	0

한의권(韓義權) 관동대(가톨릭관동대) 1994.06.30

대회	연도	소속	출전	교체	득점	도움	파울	경고	퇴장
K1	2014	경남	11	11	0	1	11	0	0
	2015	대전	18	6	3	1	41	4	0
	2018	수원	22	17	1	2	23	2	0
	2019	수원	29	19	3	1	40	4	0
	2020	수원	6	6	0	0	4	1	0
		합계	86	59	7	4	119	10	0
K2	2015	경남	10	6	1	1	13	3	0
	2016	대전	6	4	0	0	8	1	0
	2017	아산	19	13	7	0	35	4	0
	2018	아산	16	11	7	1	25	5	0
	2021	서울E	28	14	6	0	18	2	0
		합계	79	48	20	2	99	15	0
승	2014	경남	2	2	0	0	3	0	0
		합계	2	2	0	0	3	0	0
		프로통산	167	109	27	6	218	25	0

한의혁(韓義赫) 열린사이버대 1995.01.23

대회	연도	소속	출전	교체	득점	도움	파울	경고	퇴장
K2	2017	안양	11	10	0	1	9	1	0
		합계	11	10	0	1	9	1	0
		프로통산	11	10	0	1	9	1	0

한일구(韓壹九) 고려대 1987.02.18

대회	연도	소속	출전	교체	실점	도움	파울	경고	퇴장
BC	2010	서울	0	0	0	0	0	0	0
	2011	서울	2	0	4	0	1	0	0
	2012	서울	0	0	0	0	0	0	0
		합계	2	0	4	0	1	0	0
K1	2013	서울	2	0	4	0	0	0	0
	2014	서울	0	0	0	0	0	0	0
		합계	0	0	0	0	0	0	0
		프로통산	2	0	4	0	1	0	0

한재만(韓載滿) 동국대 1989.03.20

대회	연도	소속	출전	교체	득점	도움	파울	경고	퇴장
BC	2010	제주	7	6	0	1	4	0	0
	2011	제주	1	1	0	0	0	0	0
		합계	8	7	0	1	4	0	0
		프로통산	8	7	0	1	4	0	0

한재식(韓在植) 명지대 1968.03.17

대회	연도	소속	출전	교체	득점	도움	파울	경고	퇴장
BC	1990	포항제철	1	1	0	0	0	0	0
		합계	1	1	0	0	0	0	0
		프로통산	1	1	0	0	0	0	0

한재웅(韓載雄) 부평고 1984.09.28

대회	연도	소속	출전	교체	득점	도움	파울	경고	퇴장
BC	2003	부산	1	1	0	0	0	0	0
	2004	부산	4	4	0	0	4	0	0
	2005	부산	13	11	2	0	19	0	0
	2007	부산	1	1	0	0	3	0	1
	2008	부산	2	2	0	0	1	0	0
	2008	대전	13	13	1	1	20	3	0
	2009	대전	19	15	3	1	22	2	0
	2010	대전	23	8	3	1	36	5	0
	2011	대전	24	12	3	1	33	6	0
	2012	전남	24	12	0	1	27	4	0
		합계	124	79	12	5	154	21	1
K1	2013	인천	3	3	0	0	0	0	0
	2014	울산	7	7	0	1	4	0	0
	2017	대구	0	0	0	0	0	0	0
		합계	10	10	0	1	4	0	0
K2	2016	대구	15	13	0	0	12	2	0
		합계	15	13	0	0	12	2	0
		프로통산	149	102	12	6	170	23	1

한정국(韓定國) 한양대 1971.07.19

대회	연도	소속	출전	교체	득점	도움	파울	경고	퇴장
BC	1994	일화	25	15	1	1	34	4	0
	1995	일화	11	9	2	0	9	1	0
	1996	천안일화	34	21	3	1	31	3	0
	1999	천안일화	6	5	0	1	7	1	0
	1999	전남	14	13	2	1	15	1	0
	2000	전남	13	4	3	0	24	2	0
	2001	대전	15	11	3	1	24	2	0
	2002	대전	26	19	0	2	38	2	0
	2003	대전	28	17	3	1	55	2	1
	2004	대전	10	8	1	5	2	0	0
		합계	182	132	12	13	235	17	1
		프로통산	182	132	12	13	235	17	1

한정우(韓整宇) 숭실대 1998.12.26

대회	연도	소속	출전	교체	득점	도움	파울	경고	퇴장
K2	2020	수원FC	18	17	1	2	7	1	0
		합계	18	17	1	2	7	1	0
		프로통산	18	17	1	2	7	1	0

한정화(韓廷和) 안양공고 1982.10.31

대회	연도	소속	출전	교체	득점	도움	파울	경고	퇴장
BC	2001	안양G	11	11	0	0	5	1	0
	2002	안양G	7	9	1	0	3	1	0
	2003	안양G	7	7	0	1	2	0	0
	2004	광주상무	7	7	0	1	1	0	0
	2005	광주상무	1	1	0	0	0	0	0
	2007	부산	29	24	3	1	23	1	0
	2008	부산	26	14	2	1	14	2	0
	2009	대구	9	7	1	0	5	0	0
		합계	97	78	7	5	80	4	0
		프로통산	97	78	7	5	80	4	0

한제광(韓濟光) 울산대 1985.03.18

대회	연도	소속	출전	교체	득점	도움	파울	경고	퇴장
BC	2006	전북	2	1	0	0	3	0	0
		합계	2	1	0	0	3	0	0
		프로통산	2	1	0	0	3	0	0

한종성(韓鐘聲) 성균관대 1977.01.30

대회	연도	소속	출전	교체	득점	도움	파울	경고	퇴장
BC	2002	전북	14	2	0	0	22	4	0
	2003	전북	24	10	0	2	45	4	0
	2004	전북	8	5	0	0	12	0	0
	2005	전남	6	5	0	0	7	0	0
		합계	52	22	0	2	86	7	0
		프로통산	52	22	0	2	86	7	0

한종우(韓宗佑) 상지대 1986.03.17

대회	연도	소속	출전	교체	득점	도움	파울	경고	퇴장
K2	2013	부천	27	6	2	0	29	10	0
	2014	부천	6	3	0	0	9	0	0
		합계	33	9	2	0	38	10	0
		프로통산	33	9	2	0	38	10	0

한주영(韓周怜) 고려대 1976.06.10

대회	연도	소속	출전	교체	득점	도움	파울	경고	퇴장
BC	2000	전북	1	1	0	0	0	0	0
		합계	1	1	0	0	0	0	0
		프로통산	1	1	0	0	0	0	0

한준규(韓俊奎) 개성고 1996.02.10

대회	연도	소속	출전	교체	득점	도움	파울	경고	퇴장
K2	2018	부산	0	0	0	0	0	0	0
		합계	0	0	0	0	0	0	0
		프로통산	0	0	0	0	0	0	0

한지륜(韓地淪) 한남대 1996.08.22

대회	연도	소속	출전	교체	득점	도움	파울	경고	퇴장
K2	2018	서울E	1	1	0	0	0	0	0
	2019	서울E	7	5	0	0	12	1	0
		합계	8	6	0	0	12	1	0
		프로통산	8	6	0	0	12	1	0

한지원(韓知員) 건국대 1994.04.09

대회	연도	소속	출전	교체	득점	도움	파울	경고	퇴장
K1	2016	전남	5	4	0	0	2	1	0
	2017	전남	3	3	0	0	1	0	0
		합계	8	7	0	0	3	1	0
K2	2018	안산	13	9	0	1	22	4	0
	2021	안산	0	0	0	0	0	0	0
	2021	경남	0	0	0	0	0	0	0
		합계	13	9	0	1	22	4	0
		프로통산	21	16	0	1	25	5	0

한지호(韓志皓) 홍익대 1988.12.15

대회	연도	소속	출전	교체	득점	도움	파울	경고	퇴장
BC	2010	부산	9	9	0	0	6	1	0
	2011	부산	32	26	4	4	30	4	0
	2012	부산	44	20	6	3	47	2	0
		합계	85	55	10	7	83	7	0
K1	2013	부산	28	17	5	1	23	0	0
	2014	부산	22	14	0	0	24	1	0
	2015	부산	20	16	2	0	14	1	0
	2020	부산	3	3	0	0	0	0	0
		합계	73	50	7	1	61	5	0
K2	2016	안산무궁	38	12	10	6	52	4	0
	2017	아산	20	14	1	3	14	2	0
	2018	부산	30	24	4	2	25	1	0
	2019	부산	32	26	4	3	28	3	0
	2020	경남	11	10	1	1	10	0	0
	2021	부천	29	14	2	3	44	7	0
		합계	165	100	25	19	181	21	0
승	2015	부산	1	1	0	0	1	0	0
	2017	부산	1	1	0	0	0	0	0
	2018	부산	3	1	0	0	3	0	0
	2019	부산	1	1	0	0	0	0	0
		합계	6	5	0	0	4	0	0
		프로통산	329	210	42	28	329	33	0

한찬희(韓贊熙) 광양제철고 1997.03.17

대회	연도	소속	출전	교체	득점	도움	파울	경고	퇴장
K1	2016	전남	23	18	1	1	9	2	0
	2017	전남	29	19	3	2	23	2	1
	2018	전남	31	9	2	6	44	6	1
	2020	서울	12	11	1	0	10	0	0
	2021	서울	6	6	0	0	5	0	0
		합계	101	63	7	9	91	10	2
K2	2019	전남	30	10	3	2	44	10	0
	2021	김천	2	1	1	0	2	0	0
		합계	32	11	4	2	46	10	0
		프로통산	133	74	11	11	137	20	2

한창우(韓昌佑) 중앙대 1996.07.28

대회	연도	소속	출전	교체	득점	도움	파울	경고	퇴장
K1	2018	전남	4	4	0	0	1	0	0
		합계	4	4	0	0	1	0	0
K2	2019	전남	3	3	0	0	1	1	0
		합계	3	3	0	0	1	1	0
		프로통산	7	7	0	0	2	1	0

한창우(韓昌祐) 동아대 1965.10.25

대회	연도	소속	출전	교체	득점	도움	파울	경고	퇴장
BC	1988	대우	9	1	0	0	4	0	0
		합계	9	1	0	0	4	0	0

프로통산 | | | 9 | 1 | 0 | 0 | 4 | 0 | 0

한창우(韓昌祐) 광운대 1966.12.05

대회	연도	소속	출전	교체	득점	도움	파울	경고	퇴장
BC	1989	현대	5	5	0	0	2	0	0
	1991	현대	24	18	2	0	28	2	0
	1992	현대	19	17	0	0	27	1	0
	합계		48	40	2	0	61	5	0
프로통산			48	40	2	0	61	5	0

한태유(韓泰酉) 명지대 1981.03.31

대회	연도	소속	출전	교체	득점	도움	파울	경고	퇴장
BC	2004	서울	25	4	0	0	49	4	0
	2005	서울	22	11	3	1	52	9	0
	2006	서울	28	23	0	2	42	5	0
	2007	광주상무	30	8	1	0	55	5	0
	2008	광주상무	23	5	1	0	56	8	0
	2008	서울	2	2	0	0	2	0	0
	2009	서울	10	3	1	0	23	3	0
	2010	서울	8	7	0	0	16	5	0
	2011	서울	3	2	0	0	5	0	0
	2012	서울	26	15	0	0	38	3	0
	합계		177	79	5	4	312	42	0
K1	2013	서울	15	12	0	0	18	2	0
	2014	서울	0	0	0	0	0	0	0
	합계		15	12	0	0	18	2	0
프로통산			192	91	5	4	319	44	0

한태진(韓台鎭) 1961.04.08

대회	연도	소속	출전	교체	실점	도움	파울	경고	퇴장
BC	1983	포항제철	1	0	4	0	0	0	0
	합계		1	0	4	0	0	0	0
프로통산			1	0	4	0	0	0	0

한흥규(韓洪奎) 성균관대 1990.07.26

대회	연도	소속	출전	교체	득점	도움	파울	경고	퇴장
K2	2013	충주	29	7	5	3	63	5	0
	2014	충주	32	30	7	1	45	5	0
	2015	안산경찰	12	6	1	0	14	0	0
	2016	안산무궁	9	10	0	0	13	1	0
	합계		82	53	13	4	135	16	0
프로통산			82	53	13	4	135	16	0

한효혁(韓孝赫) 동신대 1989.12.12

대회	연도	소속	출전	교체	득점	도움	파울	경고	퇴장
K2	2013	광주	2	2	0	0	1	0	0
	합계		2	2	0	0	1	0	0
프로통산			2	2	0	0	1	0	0

한희훈(韓熙訓) 상지대 1990.08.10

대회	연도	소속	출전	교체	득점	도움	파울	경고	퇴장
K1	2017	대구	36	2	1	0	31	4	0
	2018	대구	29	7	1	0	24	3	0
	2019	대구	22	22	0	0	14	5	0
	2020	광주	10	1	0	1	5	1	0
	2021	광주	18	10	1	0	8	6	0
	합계		114	45	3	1	82	17	0
K2	2016	부천	40	0	1	0	21	4	0
	합계		40	0	1	0	21	4	0
프로통산			154	45	6	1	103	21	0

함민석(咸珉奭) 아주대 1985.08.03

대회	연도	소속	출전	교체	득점	도움	파울	경고	퇴장
BC	2008	인천	0	0	0	0	0	0	0
	2012	강원	0	0	0	0	0	0	0
	합계		0	0	0	0	0	0	0
프로통산			0	0	0	0	0	0	0

함상헌(咸相憲) 서울시립대 1971.03.20

대회	연도	소속	출전	교체	득점	도움	파울	경고	퇴장
BC	1994	대우	9	8	2	0	12	2	0
	1995	포항	1	1	0	0	0	0	0
	1995	LG	18	16	2	0	16	5	0
	1996	안양LG	17	15	2	0	14	3	0
	1997	안양LG	26	15	2	2	44	8	0
	1998	안양LG	2	3	0	0	2	0	0
	합계		73	58	8	3	90	18	0
프로통산			73	58	8	3	90	18	0

함석민(咸錫敏) 숭실대 1994.02.14

대회	연도	소속	출전	교체	실점	도움	파울	경고	퇴장
K1	2017	수원	0	0	0	0	0	0	0
	2018	강원	3	1	4	0	0	0	0
	2019	강원	4	0	8	0	0	1	0
	합계		7	1	12	0	0	1	0
K2	2016	강원	25	0	21	0	3	0	0
	2020	충남아산	9	0	15	0	1	0	0
	합계		34	0	36	0	4	0	0
승	2016	강원	2	0	1	0	0	0	0
	합계		2	0	1	0	0	0	0
프로통산			43	1	49	0	4	1	0

함준영(咸儁漢) 원광대 1986.03.15

대회	연도	소속	출전	교체	득점	도움	파울	경고	퇴장
BC	2009	인천	0	0	0	0	0	0	0
	합계		0	0	0	0	0	0	0
프로통산			0	0	0	0	0	0	0

함현기(咸鉉起) 고려대 1963.04.26

대회	연도	소속	출전	교체	득점	도움	파울	경고	퇴장
BC	1986	현대	35	3	17	2	34	1	0
	1987	현대	29	10	1	2	26	0	0
	1988	현대	23	5	10	5	28	1	0
	1989	현대	13	4	0	1	21	0	0
	1990	현대	28	8	3	7	18	1	0
	1991	현대	5	5	0	0	2	0	0
	1991	LG	2	1	0	0	2	0	0
	1992	LG	18	14	0	1	12	0	0
	합계		161	57	31	13	151	3	0
프로통산			161	57	31	13	151	3	0

허건(許建) 관동대(가톨릭관동대) 1988.01.03

대회	연도	소속	출전	교체	득점	도움	파울	경고	퇴장
K2	2013	부천	18	10	5	2	25	3	0
	합계		18	10	5	2	25	3	0
프로통산			18	10	5	2	25	3	0

허기수(許起洙) 명지대 1965.01.05

대회	연도	소속	출전	교체	득점	도움	파울	경고	퇴장
BC	1989	현대	20	8	1	0	23	1	0
	1990	현대	19	5	1	0	22	1	0
	1991	현대	3	3	0	0	2	0	0
	1992	현대	8	5	1	1	6	1	0
	합계		50	21	3	1	53	4	0
프로통산			50	21	3	1	53	4	0

허기태(許起泰) 고려대 1967.07.13

대회	연도	소속	출전	교체	득점	도움	파울	경고	퇴장
BC	1990	유공	7	1	0	0	12	1	0
	1991	유공	34	2	1	0	39	2	0
	1992	유공	37	5	2	0	52	4	0
	1993	유공	33	1	2	1	31	3	0
	1994	유공	34	0	2	2	26	4	0
	1995	유공	34	2	1	0	36	3	0
	1996	부천유공	31	3	0	1	34	1	0
	1997	부천SK	22	3	0	0	44	6	0
	1998	수원	11	3	0	0	10	0	0
	1999	수원	3	2	0	0	4	0	0
	합계		246	23	10	3	273	23	0
프로통산			246	23	10	3	273	23	0

허범산(許範山) 우석대 1989.09.14

대회	연도	소속	출전	교체	득점	도움	파울	경고	퇴장
BC	2012	대전	8	6	1	0	11	2	0
	합계		8	6	1	0	11	2	0
K1	2013	대전	29	15	0	5	53	6	0
	2014	제주	1	1	0	0	1	0	0
	2015	제주	16	11	0	1	23	6	0
	합계		46	27	0	6	77	12	0
K2	2016	강원	37	31	3	1	63	13	0
	2017	부산	13	3	1	4	22	4	0
	2017	아산	4	1	0	0	5	2	0
	2018	아산	11	1	0	0	8	0	0
	2019	서울E	30	18	1	3	46	7	0
	2020	서울E	3	3	0	0	3	0	0
	2020	안양	4	2	0	0	6	2	0
	합계		102	59	5	8	153	28	0
승	2016	강원	2	2	1	0	4	1	0
	합계		2	2	1	0	4	1	0
프로통산			158	94	6	15	245	43	0

허승찬(許承粲) 개성고 2003.03.26

대회	연도	소속	출전	교체	득점	도움	파울	경고	퇴장
K2	2021	부산	0	0	0	0	0	0	0
	합계		0	0	0	0	0	0	0
프로통산			0	0	0	0	0	0	0

허영석(許榮碩) 마산공고 1993.04.29

대회	연도	소속	출전	교체	득점	도움	파울	경고	퇴장
BC	2012	경남	2	2	0	0	0	0	0
	합계		2	2	0	0	0	0	0
K2	2015	경남	2	0	0	0	4	0	0
	합계		2	0	0	0	4	0	0
프로통산			4	2	0	0	4	0	0

허영철(許榮哲) 한남대 1992.09.07

대회	연도	소속	출전	교체	득점	도움	파울	경고	퇴장
K1	2015	대전	2	1	0	0	0	0	0
	합계		2	1	0	0	0	0	0
프로통산			2	1	0	0	0	0	0

허용준(許榕埈) 고려대 1993.01.08

대회	연도	소속	출전	교체	득점	도움	파울	경고	퇴장
K1	2016	전남	28	22	4	3	18	4	0
	2017	전남	35	29	3	3	32	8	0
	2018	전남	23	18	9	2	11	2	0
	2019	인천	15	15	1	0	7	1	0
	2020	포항	9	5	0	0	7	0	0
	2020	상주	5	4	0	0	4	0	0
	합계		115	93	17	8	79	15	0
K2	2021	김천	18	8	7	3	22	5	0
	합계		18	8	7	3	22	5	0
프로통산			133	101	24	11	101	20	0

허율(許律) 금호고 2001.04.12

대회	연도	소속	출전	교체	득점	도움	파울	경고	퇴장
K1	2021	광주	18	11	2	1	22	2	0
	합계		18	11	2	1	22	2	0
프로통산			18	11	2	1	22	2	0

허인무(許寅戊) 명지대 1978.04.14

대회	연도	소속	출전	교체	실점	도움	파울	경고	퇴장
BC	2001	포항	0	0	0	0	0	0	0
	합계		0	0	0	0	0	0	0
프로통산			0	0	0	0	0	0	0

허자웅(許仔雄) 청주대 1998.05.12

대회	연도	소속	출전	교체	실점	도움	파울	경고	퇴장
K1	2020	성남	0	0	0	0	0	0	0
	2021	성남	0	0	0	0	0	0	0
	합계		0	0	0	0	0	0	0
프로통산			0	0	0	0	0	0	0

허재녕(許財寧) 아주대 1992.05.14

대회	연도	소속	출전	교체	득점	도움	파울	경고	퇴장
K1	2015	광주	3	3	0	0	5	1	0
	합계		3	3	0	0	5	1	0
프로통산			3	3	0	0	5	1	0

허재원(許宰源) 광운대 1984.07.01

대회	연도	소속	출전	교체	득점	도움	파울	경고	퇴장
BC	2006	수원	1	1	0	0	0	0	0
	2008	광주상무	6	3	0	0	8	1	0
	2009	수원	6	3	0	0	8	1	0

許○源 계속

대회	연도	소속	출전	교체	득점	도움	파울	경고	퇴장
	2010	수원	2	1	1	0	1	1	0
	2011	광주	29	7	1	1	45	8	0
	2012	제주	36	2	2	2	57	5	0
	합계		81	20	4	3	114	16	0
K1	2013	제주	23	4	1	0	24	2	0
	2018	전남	15	3	0	0	9	3	0
	합계		38	7	1	0	33	5	0
K2	2014	대구	33	2	3	2	31	8	0
	2015	대구	27	2	1	1	15	2	0
	합계		60	4	5	3	46	10	0
프로통산			179	31	10	6	193	31	0

허재원(許宰源) 탐라대 1992.04.04

대회	연도	소속	출전	교체	득점	도움	파울	경고	퇴장
K2	2016	고양	25	9	0	0	25	2	0
	합계		25	9	0	0	25	2	0
프로통산			25	9	0	0	25	2	0

허정무(許丁茂) 연세대 1955.01.13

대회	연도	소속	출전	교체	득점	도움	파울	경고	퇴장
BC	1984	현대	23	3	2	3	37	3	0
	1985	현대	5	0	1	0	7	0	0
	1986	현대	11	2	1	3	15	1	0
	합계		39	5	5	5	59	4	0
프로통산			39	5	5	5	59	4	0

허제정(許齊廷) 건국대 1977.06.02

대회	연도	소속	출전	교체	득점	도움	파울	경고	퇴장
BC	2000	포항	11	6	0	2	6	1	0
	2001	포항	27	18	1	1	24	3	0
	2002	포항	10	10	2	2	0	0	0
	합계		48	34	3	5	30	4	0
프로통산			48	34	3	5	30	4	0

허준호(許俊好) 호남대 1994.08.18

대회	연도	소속	출전	교체	득점	도움	파울	경고	퇴장
K1	2017	전북	1	1	0	0	0	0	0
	합계		1	1	0	0	0	0	0
프로통산			1	1	0	0	0	0	0

허청산(許靑山) 명지대 1986.12.26

대회	연도	소속	출전	교체	득점	도움	파울	경고	퇴장
BC	2011	수원	0	0	0	0	0	0	0
	합계		0	0	0	0	0	0	0
프로통산			0	0	0	0	0	0	0

허태식(許泰植) 동래고 1961.01.06

대회	연도	소속	출전	교체	득점	도움	파울	경고	퇴장
BC	1985	포항제철	3	3	0	0	0	0	0
	1986	포항제철	22	5	1	2	18	1	0
	1987	포항제철	1	1	0	0	0	0	0
	1991	포항제철	1	1	0	0	0	0	0
	합계		27	10	1	2	18	1	0
프로통산			27	10	1	2	18	1	0

허화무(許華武) 중앙대 1970.04.05

대회	연도	소속	출전	교체	득점	도움	파울	경고	퇴장
BC	1996	안양LG	1	1	0	0	1	0	0
	합계		1	1	0	0	1	0	0
프로통산			1	1	0	0	1	0	0

허훈구(許勳求) 선문대 1983.06.25

대회	연도	소속	출전	교체	득점	도움	파울	경고	퇴장
BC	2006	전북	6	3	0	0	9	1	0
	2007	전북	1	0	0	0	1	0	0
	합계		7	3	0	0	10	1	0
프로통산			7	3	0	0	10	1	0

헙슨(Robson Souza dos Santos) 브라질 1982.08.19

대회	연도	소속	출전	교체	득점	도움	파울	경고	퇴장
BC	2006	대전	6	6	1	0	3	0	0
	합계		6	6	1	0	3	0	0
프로통산			6	6	1	0	3	0	0

헤나또(Renato Netson Benatti) 브라질 1981.10.17

대회	연도	소속	출전	교체	득점	도움	파울	경고	퇴장
BC	2008	전남	13	2	1	0	11	0	0
	합계		13	2	1	0	11	0	0
프로통산			13	2	1	0	11	0	0

헤나우도(Renaldo Lopes da Cruz) 브라질 1970.03.19

대회	연도	소속	출전	교체	득점	도움	파울	경고	퇴장
BC	2004	서울	11	6	1	1	23	2	0
	합계		11	6	1	1	23	2	0
프로통산			11	6	1	1	23	2	0

헤나토(Renato João Saleiro Santos) 포르투갈 1991.10.05

대회	연도	소속	출전	교체	득점	도움	파울	경고	퇴장
K2	2021	부산	10	8	0	0	7	1	0
	합계		10	8	0	0	7	1	0
프로통산			10	8	0	0	7	1	0

헤나토(Renato Olegário de Almeida) 브라질 1976.06.15

대회	연도	소속	출전	교체	득점	도움	파울	경고	퇴장
BC	2001	부산	0	0	0	0	0	0	0
	합계		0	0	0	0	0	0	0
프로통산			0	0	0	0	0	0	0

헤나토(Renato Medeiros de Almeida) 브라질 1982.02.04

대회	연도	소속	출전	교체	득점	도움	파울	경고	퇴장
BC	2010	강원	4	4	0	0	3	0	0
	합계		4	4	0	0	3	0	0
프로통산			4	4	0	0	3	0	0

헤난(Henan Faria Silveira) 브라질 1987.04.03

대회	연도	소속	출전	교체	득점	도움	파울	경고	퇴장
BC	2012	전남	11	6	1	1	8	2	0
	합계		11	6	1	1	8	2	0
K1	2016	제주	4	4	0	0	4	0	0
K2	2015	강원	22	10	8	3	15	1	0
	합계		22	10	8	3	15	1	0
프로통산			37	20	9	4	27	4	0

헤이날도(Reinaldo da Cruz Oliveira) 브라질 1979.03.14

대회	연도	소속	출전	교체	득점	도움	파울	경고	퇴장
BC	2010	수원	4	4	0	0	4	0	0
	합계		4	4	0	0	4	0	0
프로통산			4	4	0	0	4	0	0

헤이날도(Reinaldo de Souza) 브라질 1980.06.08

대회	연도	소속	출전	교체	득점	도움	파울	경고	퇴장
BC	2005	울산	8	9	0	0	12	0	0
	합계		8	9	0	0	12	0	0
프로통산			8	9	0	0	12	0	0

헤이날도(Reinaldo Elias da Costa) 브라질 1984.06.13

대회	연도	소속	출전	교체	득점	도움	파울	경고	퇴장
BC	2008	부산	10	9	0	1	18	1	0
	합계		10	9	0	1	18	1	0
프로통산			10	9	0	1	18	1	0

헤이네르(Reiner Ferreira Correa Gomes) 브라질 1985.11.17

대회	연도	소속	출전	교체	득점	도움	파울	경고	퇴장
K1	2014	수원	17	2	0	0	19	1	0
	합계		17	2	0	0	19	1	0
프로통산			17	2	0	0	19	1	0

헤이스(Jonatan Ferreira Reis) 브라질 1989.06.30

대회	연도	소속	출전	교체	득점	도움	파울	경고	퇴장
K1	2020	부산	1	1	0	0	0	0	0
	합계		1	1	0	0	0	0	0
프로통산			1	1	0	0	0	0	0

헤이스(Isnairo Reis Silva Morais) 브라질 1993.01.06

대회	연도	소속	출전	교체	득점	도움	파울	경고	퇴장
K1	2021	광주	30	16	4	5	37	6	0
	합계		30	16	4	5	37	6	0
프로통산			30	16	4	5	37	6	0

헤지스(Regis Fernandes Silva) 브라질 1976.09.22

대회	연도	소속	출전	교체	득점	도움	파울	경고	퇴장
BC	2006	대전	11	11	0	0	11	1	0
	합계		11	11	0	0	11	1	0
프로통산			11	11	0	0	11	1	0

헨리(Doneil Jor-Dee Ashley Henry) 캐나다 1993.04.20

대회	연도	소속	출전	교체	득점	도움	파울	경고	퇴장
K1	2020	수원	20	1	1	0	22	2	0
	2021	수원	21	6	2	0	22	7	0
	합계		41	7	3	0	44	9	0
프로통산			41	7	3	0	44	9	0

헨릭(Henrik Jorgensen) 덴마크 1966.02.12

대회	연도	소속	출전	교체	실점	도움	파울	경고	퇴장
BC	1996	수원	5	0	7	0	0	0	0
	합계		5	0	7	0	0	0	0
프로통산			5	0	7	0	0	0	0

헬퀴스트(Philip Hellqvist) 스웨덴 1991.05.21

대회	연도	소속	출전	교체	득점	도움	파울	경고	퇴장
K2	2020	충남아산	15	10	4	0	21	3	0
	합계		15	10	4	0	21	3	0
프로통산			15	10	4	0	21	3	0

현광우(玄光宇) 선문대 1988.02.05

대회	연도	소속	출전	교체	득점	도움	파울	경고	퇴장
BC	2011	제주	0	0	0	0	0	0	0
	합계		0	0	0	0	0	0	0
프로통산			0	0	0	0	0	0	0

현기호(玄基鎬) 연세대 1960.05.12

대회	연도	소속	출전	교체	득점	도움	파울	경고	퇴장
BC	1983	대우	7	3	1	3	7	0	0
	1984	대우	18	5	1	3	18	1	0
	1985	대우	18	3	2	0	27	0	0
	1986	대우	17	5	1	0	16	0	0
	1987	대우	0	5	0	0	0	0	0
	합계		60	21	5	6	68	1	0
프로통산			60	21	5	6	68	1	0

현영민(玄泳民) 건국대 1979.12.25

대회	연도	소속	출전	교체	득점	도움	파울	경고	퇴장
BC	2002	울산	15	3	1	4	34	4	0
	2003	울산	32	3	1	2	59	8	1
	2004	울산	27	2	1	1	42	6	0
	2005	울산	38	1	0	4	66	4	0
	2007	울산	35	1	0	4	58	6	1
	2008	울산	30	3	0	1	42	6	0
	2009	울산	30	3	0	10	42	7	0
	2010	서울	33	6	1	5	57	7	0
	2011	서울	27	4	1	3	44	4	0
	2012	서울	18	6	1	1	34	4	0
	합계		285	33	7	40	473	53	3
K1	2013	서울	1	0	0	0	2	0	0
	2013	성남일화	30	1	1	4	30	3	0
	2014	전남	32	3	1	7	46	10	0
	2015	전남	29	1	0	2	28	6	0
	2016	전남	29	10	0	1	41	4	0
	2017	전남	31	8	0	1	53	9	0
	합계		152	23	2	15	198	32	0
프로통산			437	56	9	55	671	85	3

호나우도(Ronaldo Marques Sereno) 브라질 1962.03.14

대회	연도	소속	출전	교체	득점	도움	파울	경고	퇴장
BC	1994	현대	26	10	6	5	47	5	0

대회	연도	소속	출전	교체	득점	도움	파울	경고	퇴장
합계			26	10	6	5	47	5	0
프로통산			26	10	6	5	47	5	0

호니(Roniere Jose da Silva Filho) 브라질 1986.04.23

대회	연도	소속	출전	교체	득점	도움	파울	경고	퇴장
K2	2014	고양	21	20	2	1	7	0	0
합계			21	20	2	1	7	0	0
프로통산			21	20	2	1	7	0	0

호니(Ronieli Gomes dos Santos) 브라질 1991.04.25

대회	연도	소속	출전	교체	득점	도움	파울	경고	퇴장
BC	2011	경남	10	7	1	0	19	3	0
	2012	경남	6	6	0	0	6	1	0
합계			16	13	1	0	25	4	0
프로통산			16	13	1	0	25	4	0

호드리고(Rodrigo Leandro da Costa) 브라질 1985.09.17

대회	연도	소속	출전	교체	득점	도움	파울	경고	퇴장
K1	2013	부산	18	17	2	2	29	1	0
합계			18	17	2	2	29	1	0
프로통산			18	17	2	2	29	1	0

호드리고(Rodrigo Sousa Silva) 동티모르 1987.11.24

대회	연도	소속	출전	교체	득점	도움	파울	경고	퇴장
K1	2017	대구	1	1	0	0	4	0	0
합계			1	1	0	0	4	0	0
프로통산			1	1	0	0	4	0	0

호드리고(Rodrigo Domongos dos Santos) 브라질 1987.01.25

대회	연도	소속	출전	교체	득점	도움	파울	경고	퇴장
K2	2014	부천	31	6	11	2	77	2	0
	2015	부천	36	12	11	4	64	9	0
	2017	부천	14	14	2	1	16	2	0
합계			81	32	24	7	157	13	0
프로통산			81	32	24	7	157	13	0

호드리고(Jose Luiz Rodrigo Carbone) 브라질 1974.03.17

대회	연도	소속	출전	교체	득점	도움	파울	경고	퇴장
BC	1999	전남	8	7	1	2	6	0	0
합계			8	7	1	2	6	0	0
프로통산			8	7	1	2	6	0	0

호드리고(Rodrigo Marcos Marques da Silva) 브라질 1977.08.02

대회	연도	소속	출전	교체	득점	도움	파울	경고	퇴장
BC	2003	대전	17	11	0	0	26	3	0
	2004	대전	7	6	0	0	11	0	0
합계			24	17	0	0	37	3	0
프로통산			24	17	0	0	37	3	0

호드리고(Rodrigo Batista da Cruz) 브라질 1983.02.02

대회	연도	소속	출전	교체	득점	도움	파울	경고	퇴장
K1	2013	제주	3	3	0	0	2	1	0
합계			3	3	0	0	2	1	0
프로통산			3	3	0	0	2	1	0

호마(Paulo Marcel Pereira Merabet) 브라질 1979.02.28

대회	연도	소속	출전	교체	득점	도움	파울	경고	퇴장
BC	2004	전북	23	18	7	2	37	7	0
합계			23	18	7	2	37	7	0
프로통산			23	18	7	2	37	7	0

호마링요(Jefferson Jose Lopes Andrade) 브라질 1989.11.14

대회	연도	소속	출전	교체	득점	도움	파울	경고	퇴장
K2	2014	광주	10	6	1	0	22	1	0
합계			10	6	1	0	22	1	0
프로통산			10	6	1	0	22	1	0

호물로(Romulo Jose Pacheco da Silva) 브라질 1995.10.27

대회	연도	소속	출전	교체	득점	도움	파울	경고	퇴장
K1	2020	부산	26	7	4	4	36	2	0
합계			26	7	4	4	36	2	0
K2	2017	부산	21	11	1	7	27	5	0
	2018	부산	36	4	10	9	36	3	0
	2019	부산	32	4	14	2	34	3	0
합계			89	19	25	18	97	11	0
승	2017	부산	2	0	1	0	5	1	0
	2018	부산	2	0	1	1	1	1	0
	2019	부산	2	0	1	0	2	0	0
합계			6	0	3	1	8	2	0
프로통산			121	26	32	23	141	15	0

호물로(Romulo Marques Macedo) 브라질 1980.04.03

대회	연도	소속	출전	교체	득점	도움	파울	경고	퇴장
BC	2008	제주	27	10	10	2	67	7	1
	2009	부산	28	22	6	1	56	3	0
	2010	부산	3	3	1	0	2	0	0
합계			58	35	17	3	125	10	1
프로통산			58	35	17	3	125	10	1

호베르또(Roberto Cesar Zardim Rodrigues) 브라질 1985.12.19

대회	연도	소속	출전	교체	득점	도움	파울	경고	퇴장
K1	2013	울산	18	15	1	4	16	1	0
합계			18	15	1	4	16	1	0
프로통산			18	15	1	4	16	1	0

호벨손(Roberson de Arruda Alves) 브라질 1989.04.02

대회	연도	소속	출전	교체	득점	도움	파울	경고	퇴장
K1	2018	제주	6	6	1	0	5	0	0
합계			6	6	1	0	5	0	0
프로통산			6	6	1	0	5	0	0

호벨치(Robert de Pinho de Souza) 브라질 1981.02.27

대회	연도	소속	출전	교체	득점	도움	파울	경고	퇴장
BC	2012	제주	13	11	3	0	19	0	0
합계			13	11	3	0	19	0	0
프로통산			13	11	3	0	19	0	0

호사(Samuel Rosa Goncalves) 브라질 1991.02.25

대회	연도	소속	출전	교체	득점	도움	파울	경고	퇴장
K1	2019	전북	11	9	4	1	16	0	0
합계			11	9	4	1	16	0	0

호샤(Paulo Roberto Rocha: Paulinho Criciúma) 브라질 1961.08.30

대회	연도	소속	출전	교체	득점	도움	파울	경고	퇴장
BC	1985	포항제철	16	9	5	5	9	0	0
	1986	포항제철	24	10	7	2	11	1	0
합계			40	19	12	7	19	1	0
프로통산			40	19	12	7	19	1	0

호성호(扈成鎬) 중앙대 1962.11.04

대회	연도	소속	출전	교체	실점	도움	파울	경고	퇴장
BC	1986	현대	16	0	9	0	0	0	0
	1987	현대	18	1	20	0	2	1	0
	1988	현대	3	1	6	0	0	0	0
	1989	현대	1	0	4	0	0	0	0
합계			38	1	39	0	2	1	0
프로통산			38	1	39	0	2	1	0

호세(Jose Roberto Alves) 브라질 1954.10.20

대회	연도	소속	출전	교체	득점	도움	파울	경고	퇴장
BC	1983	포항제철	5	5	0	0	1	0	0
합계			5	5	0	0	1	0	0
프로통산			5	5	0	0	1	0	0

호세(Alex Jose de Paula) 브라질 1981.09.13

대회	연도	소속	출전	교체	득점	도움	파울	경고	퇴장
BC	2003	포항	9	8	1	0	13	1	0
합계			9	8	1	0	13	1	0
프로통산			9	8	1	0	13	1	0

호세(Jose Luis Villanueva Ahumada) 칠레 1981.11.05

대회	연도	소속	출전	교체	득점	도움	파울	경고	퇴장
BC	2007	울산	5	4	1	0	13	0	0
합계			5	4	1	0	13	0	0
프로통산			5	4	1	0	13	0	0

호제리오(Rogerio Prateat) 브라질 1973.03.09

대회	연도	소속	출전	교체	득점	도움	파울	경고	퇴장
BC	1999	전북	29	0	2	0	97	13	1
	2000	전북	34	0	0	0	82	9	0
	2001	전북	30	2	2	0	98	8	2
	2002	전북	31	1	0	0	83	9	0
	2003	대구	34	1	2	0	87	9	1
합계			158	4	6	0	447	48	4
프로통산			158	4	6	0	447	48	4

호제리오(Rogrio dos Santos Conceição) 브라질 1984.09.20

대회	연도	소속	출전	교체	득점	도움	파울	경고	퇴장
BC	2009	경남	10	0	0	0	22	5	0
합계			10	0	0	0	22	5	0
프로통산			10	0	0	0	22	5	0

홍광철(洪光喆) 한성대 1974.10.09

대회	연도	소속	출전	교체	득점	도움	파울	경고	퇴장
BC	1997	대전	21	7	0	2	26	4	0
	1998	대전	13	6	0	0	11	0	0
	2001	대전	13	8	0	1	14	2	0
	2002	대전	12	5	0	0	14	4	1
	2003	대전	6	1	0	0	9	1	0
합계			65	27	0	3	74	11	1
프로통산			65	27	0	3	74	11	1

홍길동(洪吉東) 청주대 1997.05.29

대회	연도	소속	출전	교체	득점	도움	파울	경고	퇴장
K2	2018	안양	0	0	0	0	0	0	0
합계			0	0	0	0	0	0	0
프로통산			0	0	0	0	0	0	0

홍도표(洪到杓) 영남대 1973.07.24

대회	연도	소속	출전	교체	득점	도움	파울	경고	퇴장
BC	1996	포항	1	1	0	0	0	0	0
	1997	포항	16	14	0	1	4	0	0
	1998	천안일화	7	1	0	0	17	2	0
	1999	천안일화	32	12	1	5	64	5	0
	2000	성남일화	13	4	0	1	23	3	0
	2001	성남일화	11	10	1	0	39	2	0
	2002	성남일화	8	9	0	0	11	5	0
	2003	성남일화	2	2	0	0	4	1	0
	2004	성남일화	2	2	0	0	1	0	0
합계			99	56	5	7	169	16	0
프로통산			99	56	5	7	169	16	0

홍동현(洪東賢) 숭실대 1991.10.30

대회	연도	소속	출전	교체	득점	도움	파울	경고	퇴장
K1	2014	부산	17	14	0	1	20	6	0
	2015	부산	5	5	1	0	6	1	0
합계			22	19	1	1	26	7	0
K2	2016	부산	29	13	5	2	43	4	0
	2017	부산	1	1	0	0	0	0	0
	2017	안산	16	10	1	0	13	2	0
	2018	안산	13	16	1	1	13	1	0
합계			59	40	7	3	69	7	0
승	2015	부산	1	0	0	0	3	2	0
합계			1	0	0	0	3	2	0
프로통산			82	59	8	4	98	16	0

홍명보(洪明甫) 고려대 1969.02.12

대회	연도	소속	출전	교체	득점	도움	파울	경고	퇴장
BC	1992	포항제철	37	7	1	0	34	3	0
	1993	포항제철	12	1	0	0	8	1	0

대회	연도	소속	출전	교체	득점	도움	파울	경고	퇴장
	1994	포항제철	17	2	4	2	10	3	0
	1995	포항	31	1	1	2	19	4	0
	1996	포항	34	13	7	3	37	3	0
	1997	포항	6	3	0	0	9	1	0
	2002	포항	19	2	0	1	19	6	1
	합계		156	29	14	8	136	21	1
프로통산			156	29	14	8	136	21	1

홍상준 (洪尚儁) 건국대 1990.05.10

대회	연도	소속	출전	교체	실점	도움	파울	경고	퇴장
BC	2012	대전	0	0	0	0	0	0	0
	합계		0	0	0	0	0	0	0
K1	2013	대전	16	0	30	0	1	1	0
	합계		16	0	30	0	1	1	0
K2	2014	강원	2	0	2	0	0	0	0
	2015	강원	2	0	2	0	0	0	0
	2016	충주	8	0	10	0	1	1	0
	합계		12	0	14	0	1	1	0
프로통산			26	0	42	0	2	1	0

홍석민 (洪錫敏) 영남대 1961.01.06

대회	연도	소속	출전	교체	득점	도움	파울	경고	퇴장
BC	1984	포항제철	9	7	2	0	4	1	0
	1985	상무	18	11	6	2	18	0	0
	합계		27	18	8	2	22	1	0
프로통산			27	18	8	2	22	1	0

홍성요 (洪性燿) 건국대 1979.05.26

대회	연도	소속	출전	교체	득점	도움	파울	경고	퇴장
BC	2004	전남	9	5	1	0	23	3	0
	2005	광주상무	15	4	0	0	23	3	0
	2006	광주상무	8	7	0	0	16	1	0
	2007	전남	13	6	0	0	30	4	0
	2008	부산	10	6	0	0	42	12	0
	2009	부산	15	2	0	0	37	9	1
	2010	부산	21	5	2	0	38	6	0
	2011	부산	7	3	0	0	5	1	0
	합계		108	38	3	0	213	43	2
프로통산			108	38	3	0	213	43	2

홍성욱 (洪成昱) 부경고 2002.09.17

대회	연도	소속	출전	교체	득점	도움	파울	경고	퇴장
K1	2021	제주	3	3	0	0	5	2	0
	합계		3	3	0	0	5	2	0
프로통산			3	3	0	0	5	2	0

홍성호 (洪性號) 연세대 1954.12.20

대회	연도	소속	출전	교체	득점	도움	파울	경고	퇴장
BC	1983	할렐루야	16	2	0	0	11	1	0
	1984	할렐루야	14	3	0	0	8	0	0
	1985	할렐루야	10	2	0	0	15	1	0
	합계		40	7	0	0	34	2	0
프로통산			40	7	0	0	34	2	0

홍성희 (洪性希) 한국국제대 1990.02.18

대회	연도	소속	출전	교체	득점	도움	파울	경고	퇴장
K2	2018	광주	0	0	0	0	0	0	0
	합계		0	0	0	0	0	0	0
프로통산			0	0	0	0	0	0	0

홍순학 (洪淳學) 연세대 1980.09.19

대회	연도	소속	출전	교체	득점	도움	파울	경고	퇴장
BC	2003	대구	14	9	1	1	15	2	0
	2004	대구	27	15	0	7	47	6	1
	2005	대구	23	7	2	4	27	2	0
	2007	수원	18	9	1	0	27	2	0
	2008	수원	21	4	0	2	31	5	0
	2009	수원	20	7	0	1	11	3	0
	2010	수원	12	5	1	0	23	4	0
	2011	수원	14	4	0	0	12	4	0
	합계		151	65	5	15	200	28	1
K1	2013	수원	15	5	0	2	25	4	0
	2014	수원							
	합계		15	5	0	2	25	4	0
K2	2015	고양	12	11	0	1	13	2	0
	합계		12	11	0	1	13	2	0
프로통산			178	81	5	18	238	34	1

홍승현 (洪承鉉) 동북고 1996.12.28

대회	연도	소속	출전	교체	득점	도움	파울	경고	퇴장
K1	2017	대구	22	8	0	1	12	0	1
	2018	대구	4	4	0	0	2	1	0
	합계		26	12	0	1	14	1	1
K2	2016	대구	5	5	0	0	2	0	0
	2018	안양	0	0	0	0	0	0	0
	2021	서울E	0	0	0	0	0	0	0
	합계		5	5	0	0	2	0	0
프로통산			31	17	0	1	16	1	1

홍시후 (洪施侯) 상문고 2001.01.08

대회	연도	소속	출전	교체	득점	도움	파울	경고	퇴장
K1	2020	성남	12	10	1	1	10	0	0
	2021	성남	25	23	0	0	13	1	0
	합계		37	33	1	1	23	1	0
프로통산			37	33	1	1	23	1	0

홍연기 (洪淵麒) 단국대 1975.09.25

대회	연도	소속	출전	교체	득점	도움	파울	경고	퇴장
BC	1998	부산	1	1	0	0	4	0	0
	합계		1	1	0	0	4	0	0
프로통산			1	1	0	0	4	0	0

홍정남 (洪正男) 제주상고 1988.05.21

대회	연도	소속	출전	교체	실점	도움	파울	경고	퇴장
BC	2007	전북	0	0	0	0	0	0	0
	2008	전북	6	0	9	0	0	0	0
	2009	전북	2	2	3	0	0	0	0
	2010	전북	0	0	0	0	0	0	0
	2011	전북	0	0	0	0	0	0	0
	합계		8	2	12	0	0	0	0
K1	2014	상주	14	0	20	0	1	1	0
	2015	전북	0	0	0	0	0	0	0
	2016	전북	0	0	0	0	0	0	0
	2017	전북	30	0	30	0	1	1	0
	2018	전북	2	0	3	0	0	0	0
	2019	전북	1	0	1	0	0	0	0
	2020	전북	0	0	0	0	0	0	0
	합계		47	0	54	0	1	1	0
K2	2013	상주	2	0	3	0	0	0	0
	합계		2	0	3	0	0	0	0
승	2013	상주	0	0	0	0	0	0	0
	합계		0	0	0	0	0	0	0
프로통산			57	2	69	0	1	1	0

홍정운 (洪定熏) 명지대 1994.11.29

대회	연도	소속	출전	교체	득점	도움	파울	경고	퇴장
K1	2017	대구	6	5	0	0	7	3	0
	2018	대구	35	1	5	2	30	4	0
	2019	대구	16	2	0	0	11	3	0
	2020	대구	4	1	0	0	2	0	0
	2021	대구	24	6	1	0	16	5	0
	합계		85	13	6	2	75	16	0
K2	2016	대구	20	7	0	0	21	1	0
	합계		20	7	0	0	21	1	0
프로통산			105	20	6	2	96	17	0

홍정호 (洪正好) 조선대 1989.08.12

대회	연도	소속	출전	교체	득점	도움	파울	경고	퇴장
BC	2010	제주	21	1	0	0	25	3	0
	2011	제주	16	0	1	0	19	1	0
	2012	제주	9	1	2	0	17	3	0
	합계		46	2	3	2	40	7	2
K1	2013	제주	11	5	1	0	13	2	0
	2018	전북	25	1	1	0	32	6	0
	2019	전북	30	4	2	2	34	6	0

홍종경 (洪腫卿) 울산대 1973.05.11

대회	연도	소속	출전	교체	실점	도움	파울	경고	퇴장
BC	1996	천안일화	4	2	0	0	12	1	0
	1997	천안일화	8	5	1	0	16	0	1
	1998	천안일화	17	4	0	0	36	2	0
	1999	천안일화	0	0	0	0	0	0	0
	합계		29	11	1	0	56	3	1
프로통산			29	11	1	0	56	3	1

홍종원 (洪鍾元) 청주상고 1956.08.04

대회	연도	소속	출전	교체	득점	도움	파울	경고	퇴장
BC	1984	럭키금성	2	2	0	0	0	0	0
	합계		2	2	0	0	0	0	0
프로통산			2	2	0	0	0	0	0

홍주빈 (洪周彬) 동의대 1989.06.07

대회	연도	소속	출전	교체	득점	도움	파울	경고	퇴장
BC	2012	전북	0	0	0	0	0	0	0
	합계		0	0	0	0	0	0	0
K2	2013	충주	3	3	1	0	5	0	0
	합계		3	3	1	0	5	0	0
프로통산			3	3	1	0	5	0	0

홍주영 (洪柱榮) 고려대 1963.01.25

대회	연도	소속	출전	교체	득점	도움	파울	경고	퇴장
BC	1986	현대	3	1	0	0	2	0	0
	합계		3	1	0	0	2	0	0
프로통산			3	1	0	0	2	0	0

홍주완 (洪周完) 순천고 1979.06.07

대회	연도	소속	출전	교체	득점	도움	파울	경고	퇴장
BC	2004	부천SK	2	2	0	0	0	0	0
	합계		2	2	0	0	0	0	0
프로통산			2	2	0	0	0	0	0

홍준기 (洪俊基) 장훈고 1997.05.11

대회	연도	소속	출전	교체	득점	도움	파울	경고	퇴장
K2	2016	충주	1	1	0	0	2	0	0
	합계		1	1	0	0	2	0	0
프로통산			1	1	0	0	2	0	0

홍준형 (洪準炘 / ← 홍복표) 광운대 1979.10.28

대회	연도	소속	출전	교체	득점	도움	파울	경고	퇴장
BC	2003	광주상무	4	4	0	0	5	0	0
	합계		4	4	0	0	5	0	0
프로통산			4	4	0	0	5	0	0

홍준호 (洪俊豪) 전주대 1993.10.11

대회	연도	소속	출전	교체	득점	도움	파울	경고	퇴장
K1	2016	광주	22	1	0	0	28	5	0
	2017	광주	29	21	0	1	29	5	0
	2018	울산	3	3	0	0	2	0	0
	2020	광주	18	11	0	0	15	2	0
	2021	서울	18	11	0	1	25	4	0
	2021	제주	14	13	0	0	6	2	0
	합계		107	54	0	2	106	18	1
K2	2018	광주	3	3	0	0	1	0	0
	2019	광주	14	8	2	0	7	3	0
	합계		17	11	2	0	8	3	0
프로통산			124	62	2	2	114	21	1

홍지윤 (洪智潤) 제주국제대 1997.03.27

대회	연도	소속	출전	교체	실점	도움	파울	경고	퇴장
K1	2018	강원	0	0	0	0	0	0	0
	합계		0	0	0	0	0	0	0
프로통산			0	0	0	0	0	0	0

홍진기 (洪眞基) 홍익대 1990.10.20

대회	연도	소속	출전	교체	득점	도움	파울	경고	퇴장
BC	2012	전남	20	6	1	2	25	4	0
	합계		20	6	1	2	25	4	0
K1	2013	전남	30	5	2	2	34	6	0

열 1

	출전	교체	득점	도움	파울	경고	퇴장
2014 전남	12	5	0	1	18	2	0
2015 전남	6	2	0	0	5	1	0
2016 전남	9	6	0	0	5	0	0
합계	57	18	2	3	62	9	0
K2 2017 부산	6	1	2	0	3	1	0
2018 부산	10	3	0	0	16	3	0
합계	16	4	2	0	19	4	0
승 2017 부산	2	0	0	0	5	0	0
합계	2	0	0	0	5	0	0
프로통산	95	28	5	5	111	17	0

홍진섭(洪鎭燮) 대구대 1985.10.14

대회 연도 소속	출전	교체	득점	도움	파울	경고	퇴장
BC 2008 전북	20	15	2	1	31	2	0
2009 성남일화	9	8	0	0	18	2	0
2011 성남일화	17	16	2	1	23	3	0
합계	46	39	4	2	72	7	0
프로통산	46	39	4	2	72	7	0

홍진호(洪進浩) 경상대 1971.11.01

대회 연도 소속	출전	교체	득점	도움	파울	경고	퇴장
BC 1994 LG	10	6	0	0	16	4	0
1995 LG	0	0	0	0	0	0	0
합계	10	6	0	0	16	4	0
프로통산	10	6	0	0	16	4	0

홍창범(弘昌汛) 성균관대 1998.10.22

대회 연도 소속	출전	교체	득점	도움	파울	경고	퇴장
K2 2021 안양	22	14	3	3	31	7	0
합계	22	14	3	3	31	7	0
프로통산	22	14	3	3	31	7	0

홍철(洪喆) 단국대 1990.09.17

대회 연도 소속	출전	교체	득점	도움	파울	경고	퇴장
BC 2010 성남일화	22	7	2	0	30	2	0
2011 성남일화	24	4	4	2	29	4	1
2012 성남일화	30	13	2	4	40	4	0
합계	76	24	8	4	102	12	2
K1 2013 수원	34	11	2	10	42	4	0
2014 수원	29	4	0	3	37	7	0
2015 수원	30	6	3	3	30	1	0
2017 상주	27	4	1	5	26	1	0
2018 상주	5	3	1	3	14	1	0
2018 수원	8	2	0	3	7	0	0
2019 수원	30	4	0	0	30	3	0
2020 수원	13	5	0	4	9	0	0
2020 울산	13	5	0	4	13	0	0
2021 울산	21	11	1	1	9	4	0
합계	228	56	6	38	212	21	0
승 2017 상주	2	0	0	0	5	0	0
합계	2	0	0	0	5	0	0
프로통산	306	80	14	42	317	35	2

홍태곤(洪兌坤) 홍익대 1992.05.05

대회 연도 소속	출전	교체	득점	도움	파울	경고	퇴장
K2 2014 광주	5	5	0	0	1	1	0
합계	5	5	0	0	1	1	0
프로통산	5	5	0	0	1	1	0

홍현승(洪鉉昇 /← 홍성표) 한남대 1999.03.13

대회 연도 소속	출전	교체	득점	도움	파울	경고	퇴장
K1 2021 성남	1	1	0	0	0	0	0
합계	1	1	0	0	0	0	0
K2 2021 충남아산	12	12	0	1	10	0	0
합계	12	12	0	1	10	0	0
프로통산	13	13	0	1	10	0	0

홍현호(弘賢虎) 골클럽U18 2002.06.11

대회 연도 소속	출전	교체	득점	도움	파울	경고	퇴장
K2 2021 안양	2	2	0	0	0	0	0
합계	2	2	0	0	0	0	0
프로통산	2	2	0	0	0	0	0

황교충(黃敎忠) 한양대 1985.04.09

열 2

대회 연도 소속	출전	교체	실점	도움	파울	경고	퇴장
BC 2010 포항	4	0	4	0	0	0	0
2011 포항	1	1	2	0	0	0	0
2012 포항	0	0	0	0	0	0	0
합계	5	1	6	0	0	0	0
K1 2013 포항	0	0	0	0	0	0	0
합계	0	0	0	0	0	0	0
K2 2014 강원	21	1	23	0	2	3	0
2015 강원	14	0	25	0	1	4	0
합계	35	1	48	0	3	7	0
프로통산	40	2	54	0	3	7	0

황규룡(黃奎龍) 광운대 1971.03.12

대회 연도 소속	출전	교체	득점	도움	파울	경고	퇴장
BC 1992 대우	22	7	0	0	20	2	0
1993 대우	30	4	1	0	41	0	0
1994 대우	30	4	0	0	28	1	0
1995 대우	7	3	0	1	13	0	0
1997 안양LG	6	4	0	0	6	1	0
합계	75	16	1	2	81	4	0
프로통산	75	16	1	2	81	4	0

황규범(黃圭範) 경희고 1989.08.30

대회 연도 소속	출전	교체	득점	도움	파울	경고	퇴장
K2 2013 고양	7	3	0	0	7	1	0
2014 고양	29	8	0	0	62	8	0
2015 고양	26	7	0	2	46	7	0
합계	62	18	0	2	113	17	1
프로통산	62	18	0	2	113	17	1

황규환(黃圭煥) 동북고 1986.06.18

대회 연도 소속	출전	교체	득점	도움	파울	경고	퇴장
BC 2005 수원	13	10	0	2	25	3	0
2006 수원	4	4	0	0	4	0	0
2007 대전	4	3	0	0	5	0	0
합계	21	17	0	2	34	3	0
프로통산	21	17	0	2	34	3	0

황금성(黃金星) 초당대 1984.04.26

대회 연도 소속	출전	교체	득점	도움	파울	경고	퇴장
BC 2006 대구	2	1	0	0	2	1	0
합계	2	1	0	0	2	1	0
프로통산	2	1	0	0	2	1	0

황기욱(黃基旭) 연세대 1996.06.10

대회 연도 소속	출전	교체	득점	도움	파울	경고	퇴장
K1 2017 서울	7	4	0	0	5	0	0
2018 서울	17	7	0	0	23	4	0
2019 서울	3	1	0	0	6	0	0
합계	27	12	0	0	38	4	0
K2 2020 전남	26	4	3	0	38	3	0
2021 전남	28	7	0	0	26	6	0
합계	54	11	3	0	61	13	0
프로통산	81	23	3	0	99	17	0

황도연(黃渡然) 광양제철고 1991.02.27

대회 연도 소속	출전	교체	득점	도움	파울	경고	퇴장
BC 2010 전남	7	2	0	0	9	1	0
2011 전남	10	1	0	1	10	1	0
2012 대전	10	4	0	0	12	2	0
합계	27	7	0	1	31	4	0
K1 2013 전남	3	0	0	0	2	0	0
2013 제주	18	4	0	0	25	3	0
2014 제주	12	6	0	0	13	3	0
2016 제주	1	0	0	0	0	0	0
2018 제주	0	0	0	0	0	0	0
합계	33	10	0	0	40	6	0
K2 2015 서울E	34	2	1	1	33	4	0
2016 안산무궁	3	1	0	0	1	0	0
2017 아산	22	1	0	1	25	4	0
2018 수원FC	16	2	0	0	11	0	0
2019 대전	5	3	0	0	5	0	0
2020 대전	9	2	0	0	8	1	0

열 3

	출전	교체		도움	파울	경고	퇴장
합계	86	9	2	0	65	6	0
프로통산	146	30	3	1	133	14	0

황득하(黃得夏) 안동대 1965.06.08

대회 연도 소속	출전	교체	득점	도움	파울	경고	퇴장
BC 1996 전북	7	7	0	0	4	0	0
1997 전북	4	5	0	0	0	0	0
합계	11	12	0	0	4	0	0
프로통산	11	12	0	0	4	0	0

황무규(黃舞奎) 경기대 1982.08.19

대회 연도 소속	출전	교체	득점	도움	파울	경고	퇴장
BC 2005 수원	3	3	0	0	4	0	0
합계	3	3	0	0	4	0	0
프로통산	3	3	0	0	4	0	0

황문기(黃文基) 현대고 1996.12.08

대회 연도 소속	출전	교체	득점	도움	파울	경고	퇴장
K1 2021 강원	30	30	1	1	31	4	0
합계	30	30	1	1	31	4	0
K2 2020 안양	18	8	2	0	28	5	0
합계	18	8	2	0	28	5	0
승 2021 강원	2	2	0	0	2	0	0
합계	2	2	0	0	2	0	0
프로통산	50	40	4	1	61	9	0

황병권(黃柄權) 보인고 2000.05.22

대회 연도 소속	출전	교체	득점	도움	파울	경고	퇴장
K2 2019 수원FC	21	21	1	0	16	2	0
합계	21	21	1	0	16	2	0
프로통산	21	21	1	0	16	2	0

황병근(黃秉根) 국제사이버대 1994.06.14

대회 연도 소속	출전	교체	실점	도움	파울	경고	퇴장
K1 2016 전북	3	0	3	0	0	0	0
2017 전북	0	0	0	0	0	0	0
2018 전북	13	0	13	0	0	0	0
2019 상주	0	0	0	0	0	0	0
2020 상주	10	0	17	0	0	0	0
2021 전북	0	0	0	0	0	0	0
합계	26	0	33	0	0	0	0
프로통산	26	0	33	0	0	0	0

황병주(黃炳柱) 숭실대 1984.03.05

대회 연도 소속	출전	교체	득점	도움	파울	경고	퇴장
BC 2007 대전	1	1	0	0	6	0	0
2008 대전	11	6	1	0	17	6	0
합계	12	7	1	0	23	6	0
프로통산	12	7	1	0	23	6	0

황보관(皇甫官) 서울대 1965.03.01

대회 연도 소속	출전	교체	득점	도움	파울	경고	퇴장
BC 1988 유공	23	2	7	5	31	3	0
1989 유공	23	4	2	5	13	3	0
1990 유공	22	7	3	2	28	2	0
1991 유공	22	7	3	2	28	2	0
1992 유공	35	10	6	4	45	2	0
1993 유공	18	2	2	3	12	1	0
1994 유공	27	15	7	3	22	2	0
1995 유공	30	6	9	5	36	2	0
합계	171	40	44	27	216	12	0
프로통산	171	40	44	27	216	12	0

황보원(Huang Bowen, 黃博文) 중국 1987.07.13

대회 연도 소속	출전	교체	득점	도움	파울	경고	퇴장
BC 2011 전북	20	5	2	1	27	5	0
2012 전북	9	4	1	2	16	0	0
합계	29	9	3	3	43	6	0
프로통산	29	9	3	3	43	6	0

황부철(黃富哲) 아주대 1971.01.20

대회 연도 소속	출전	교체	득점	도움	파울	경고	퇴장
BC 1996 부산	3	2	0	0	5	1	0
합계	3	2	0	0	5	1	0
프로통산	3	2	0	0	5	1	0

황상필(黃相弼) 동국대 1981.02.01

대회	연도	소속	출전	교체	득점	도움	파울	경고	퇴장
BC	2003	광주상무	2	2	0	0	3	0	0
		합계	2	2	0	0	3	0	0
		프로통산	2	2	0	0	3	0	0

황석근(黃石根) 고려대 1960.09.03

대회	연도	소속	출전	교체	득점	도움	파울	경고	퇴장
BC	1983	유공	2	2	0	0	0	0	0
	1984	한일은행	24	2	5	1	17	0	0
	1985	한일은행	14	3	2	1	15	0	0
	1986	한일은행	18	6	1	4	12	0	0
		합계	58	13	8	6	44	0	0
		프로통산	58	13	8	6	44	0	0

황선일(黃善一) 건국대 1984.07.29

대회	연도	소속	출전	교체	득점	도움	파울	경고	퇴장
BC	2006	울산	1	1	0	0	0	0	0
	2008	울산	5	4	0	0	5	1	0
		합계	6	5	0	0	5	1	0
		프로통산	6	5	0	0	5	1	0

황선필(黃善弼) 중앙대 1981.07.14

대회	연도	소속	출전	교체	득점	도움	파울	경고	퇴장
BC	2004	대구	20	2	0	0	38	2	0
	2005	대구	11	2	0	1	22	5	0
	2006	대구	24	7	0	0	39	3	0
	2007	대구	13	2	0	2	13	0	0
	2008	대구	31	11	1	0	48	6	0
	2009	광주상무	8	4	0	0	11	2	0
	2010	광주상무	13	0	0	0	10	4	0
	2011	전남	1	1	0	0	0	0	0
	2012	부산	1	1	0	0	0	0	0
		합계	122	37	1	3	159	19	0
		프로통산	122	37	1	3	159	19	0

황선홍(黃善洪) 건국대 1968.07.14

대회	연도	소속	출전	교체	득점	도움	파울	경고	퇴장
BC	1993	포항제철	1	1	0	0	1	0	0
	1994	포항제철	14	7	5	3	24	2	0
	1995	포항	26	6	11	6	58	4	0
	1996	포항	18	2	13	5	30	4	0
	1997	포항	1	1	0	0	2	0	0
	1998	포항	3	1	1	0	4	0	0
	2000	수원	1	1	1	0	1	0	0
		합계	64	18	31	16	132	10	0
		프로통산	64	18	31	16	132	10	0

황성민(黃聖珉) 한남대 1991.06.23

대회	연도	소속	출전	교체	실점	도움	파울	경고	퇴장
K1	2019	제주	4	0	6	0	1	0	0
		합계	4	0	6	0	1	0	0
K2	2013	충주	19	0	30	0	1	1	0
	2014	충주	21	0	32	0	1	1	0
	2015	충주	33	0	57	0	0	1	0
	2017	안산	30	0	46	0	1	1	0
	2018	안산	20	2	32	0	0	0	0
	2020	경남	2	0	4	0	0	0	0
	2021	경남	7	0	0	0	0	0	0
		합계	136	2	203	0	4	4	0
		프로통산	140	2	209	0	4	4	0

황세하(黃世夏) 건국대 1975.06.26

대회	연도	소속	출전	교체	실점	도움	파울	경고	퇴장
BC	1998	대전	3	1	7	0	1	1	0
	1999	대전	0	0	0	0	0	0	0
		합계	3	1	7	0	1	1	0
		프로통산	3	1	7	0	1	1	0

황수남(黃秀南) 관동대 1993.02.22

대회	연도	소속	출전	교체	득점	도움	파울	경고	퇴장
K2	2015	충주	5	2	0	0	2	0	0
	2016	충주	19	4	0	0	21	2	0
		합계	24	6	0	0	23	2	0
		프로통산	24	6	0	0	23	2	0

황순민(黃順旻) 일본 가미무라고 1990.09.14

대회	연도	소속	출전	교체	득점	도움	파울	경고	퇴장
BC	2012	대구	11	11	0	0	8	1	0
		합계	11	11	0	0	8	1	0
K1	2013	대구	30	23	6	1	23	4	0
	2016	상주	5	5	0	0	3	0	0
	2017	상주	11	6	1	1	10	2	0
	2017	대구	1	1	0	1	1	0	0
	2019	대구	36	22	1	3	31	3	0
	2020	대구	36	16	3	0	20	1	0
	2021	대구	27	21	0	3	10	0	0
		합계	161	100	11	11	117	10	0
K2	2014	대구	33	14	5	3	32	1	0
	2015	대구	10	10	0	0	4	0	0
		합계	43	24	5	3	36	1	0
		프로통산	215	135	16	17	161	14	0

황승주(黃勝周) 한양중 1972.05.09

대회	연도	소속	출전	교체	득점	도움	파울	경고	퇴장
BC	1995	현대	13	6	1	0	16	1	0
	1996	울산	13	6	1	3	19	1	0
	1997	울산	20	12	0	1	29	3	0
	1998	울산	28	9	1	3	67	6	0
	1999	울산	36	4	0	4	59	4	0
	2000	울산	34	5	0	3	43	3	0
	2001	울산	34	3	0	1	43	3	0
	2002	전북	4	0	0	0	2	1	0
		합계	182	45	3	15	278	22	0
		프로통산	182	45	3	15	278	22	0

황승회(黃勝會) 경북산업대(경일대) 1970.06.18

대회	연도	소속	출전	교체	득점	도움	파울	경고	퇴장
BC	1993	대우	2	2	0	0	3	0	0
		합계	2	2	0	0	3	0	0
		프로통산	2	2	0	0	3	0	0

황신영(黃信永) 동북고 1994.04.04

대회	연도	소속	출전	교체	득점	도움	파울	경고	퇴장
K2	2015	부천	16	17	1	0	6	0	0
	2016	부천	8	8	0	0	3	0	0
		합계	24	25	1	0	9	0	0
		프로통산	24	25	1	0	9	0	0

황연석(黃淵奭) 대구대 1973.10.17

대회	연도	소속	출전	교체	득점	도움	파울	경고	퇴장
BC	1995	일화	30	19	9	3	48	3	0
	1996	천안일화	28	24	4	4	26	3	0
	1997	천안일화	34	14	6	5	55	1	0
	1998	천안일화	23	10	4	0	40	2	0
	1999	천안일화	29	8	4	4	77	2	0
	2000	성남일화	31	26	1	2	46	3	0
	2001	성남일화	22	21	2	2	46	3	0
	2002	성남일화	37	24	3	1	39	4	0
	2003	성남일화	23	23	2	1	49	1	0
	2004	인천	28	23	6	3	37	2	0
	2005	인천	18	18	1	0	10	1	0
	2006	대구	28	23	8	3	37	2	0
	2007	대구	28	24	6	2	47	2	0
		합계	348	260	64	32	487	20	0
		프로통산	348	260	64	32	487	20	0

황영우(黃永瑀) 동아대 1964.02.20

대회	연도	소속	출전	교체	득점	도움	파울	경고	퇴장
BC	1987	포항제철	20	17	4	0	15	0	0
	1988	포항제철	18	19	2	0	11	0	0
	1989	포항제철	19	20	2	1	19	0	0
	1990	포항제철	11	11	2	0	11	0	0
	1991	LG	26	21	3	0	25	0	0
	1992	LG	10	10	0	0	9	0	0
	1993	LG	7	8	0	0	11	1	0
		합계	111	99	15	7	101	1	0
		프로통산	111	99	15	7	101	1	0

황의조(黃義助) 연세대 1992.08.28

대회	연도	소속	출전	교체	득점	도움	파울	경고	퇴장
K1	2013	성남일화	22	14	2	1	24	3	0
	2014	성남	28	20	4	0	23	1	0
	2015	성남	34	4	15	3	42	4	0
	2016	성남	37	6	9	3	25	2	0
		합계	121	44	30	7	125	9	0
K2	2017	성남	18	1	5	1	11	1	0
		합계	18	1	5	1	11	1	0
승	2016	성남	1	0	1	0	0	0	0
		프로통산	140	45	35	8	137	10	0

황인범(黃仁範) 충남기계공고 1996.09.20

대회	연도	소속	출전	교체	득점	도움	파울	경고	퇴장
K1	2015	대전	14	7	4	1	16	2	0
		합계	14	7	4	1	16	2	0
K2	2016	대전	35	7	5	3	41	4	0
	2017	대전	32	7	4	4	26	4	0
	2018	아산	18	10	1	2	22	2	0
	2018	대전	7	3	3	1	23	4	0
		합계	92	26	13	10	112	14	0
		프로통산	106	33	16	13	104	14	0

황인성(黃仁星) 동아대 1970.04.05

대회	연도	소속	출전	교체	득점	도움	파울	경고	퇴장
BC	1995	전남	28	19	4	1	23	3	0
	1996	전남	1	1	0	0	0	0	0
	1997	전남	9	10	0	1	6	0	0
	1998	부천SK	7	8	1	0	4	1	0
		합계	45	38	5	2	29	4	0
		프로통산	45	38	5	2	29	4	0

황인수(黃仁洙) 대구대 1977.11.20

대회	연도	소속	출전	교체	득점	도움	파울	경고	퇴장
BC	2000	성남일화	13	8	2	2	11	0	0
	2001	성남일화	6	6	0	0	8	0	0
	2001	수원	3	3	0	0	1	0	0
		합계	22	17	2	2	20	0	0
		프로통산	22	17	2	2	20	0	0

황인재(黃仁具) 남부대 1994.04.22

대회	연도	소속	출전	교체	실점	도움	파울	경고	퇴장
K1	2016	광주	1	0	0	0	0	0	0
	2020	포항	1	0	1	0	0	0	0
	2021	포항	2	0	3	0	0	0	0
		합계	4	0	4	0	0	0	0
K2	2017	안산	1	0	2	0	0	0	0
	2018	성남	1	0	2	0	0	0	0
	2019	안산	18	0	17	0	1	0	0
	2021	김천	1	0	4	0	0	0	0
		합계	21	0	25	0	1	0	0
		프로통산	25	0	29	0	1	0	0

황인혁(黃仁赫) 동국대 1995.05.06

대회	연도	소속	출전	교체	득점	도움	파울	경고	퇴장
K1	2017	광주	1	0	0	0	2	0	0
		합계	1	0	0	0	2	0	0
		프로통산	1	0	0	0	2	0	0

황인호(黃仁浩) 대구대 1990.03.26

대회	연도	소속	출전	교체	득점	도움	파울	경고	퇴장
K1	2013	제주	2	2	0	0	1	0	0
		합계	2	2	0	0	1	0	0
		프로통산	2	2	0	0	1	0	0

황일수(黃一秀) 동아대 1987.08.08

대회	연도	소속	출전	교체	득점	도움	파울	경고	퇴장
BC	2010	대구	30	19	5	4	23	0	0
	2011	대구	32	9	4	3	26	5	0
	2012	대구	40	26	6	8	42	3	0
		합계	102	74	16	16	91	8	0
K1	2013	대구	32	16	4	4	46	7	0

대회	연도	소속	출전	교체	득점	도움	파울	경고	퇴장
	2014	제주	31	13	7	3	23	1	0
	2016	상주	21	15	2	4	14	1	0
	2017	제주	13	12	2	1	5	1	0
	2018	울산	31	18	4	4	21	0	0
	2019	울산	24	20	3	2	11	0	0
	합계		152	94	26	18	120	10	0
K2	2015	상주	19	18	2	4	7	0	0
	2020	경남	21	10	5	5	16	1	0
	2021	경남	21	18	4	0	14	2	0
	합계		61	46	11	9	37	3	0
프로통산			315	214	51	43	248	21	0

황재만(黃在萬) 고려대 1953.01.24

대회	연도	소속	출전	교체	득점	도움	파울	경고	퇴장
BC	1984	할렐루야	1	1	0	0	0	0	0
	합계		1	1	0	0	0	0	0
프로통산			1	1	0	0	0	0	0

황재원(黃載元) 아주대 1981.04.13

대회	연도	소속	출전	교체	득점	도움	파울	경고	퇴장
BC	2004	포항	14	7	2	0	10	1	0
	2006	포항	12	1	2	0	28	5	0
	2007	포항	32	1	2	1	42	4	0
	2008	포항	21	0	1	0	27	4	0
	2009	포항	23	4	1	1	57	7	0
	2010	수원	9	1	0	0	11	2	0
	2011	수원	9	1	0	0	10	2	0
	2012	성남일화	9	2	1	0	14	2	0
	합계		138	18	11	2	226	34	0
K1	2013	성남일화	0	0	0	0	0	0	0
	2017	대구	9	8	0	0	6	1	0
	합계		9	8	0	0	6	1	0
K2	2015	충주	23	4	0	0	18	8	0
	2016	대구	27	6	2	1	15	5	0
	2018	대전	3	0	0	0	0	0	0
	합계		53	18	4	1	35	13	0
프로통산			200	44	15	3	267	48	0

황재필(黃載弼) 연세대 1973.09.09

대회	연도	소속	출전	교체	득점	도움	파울	경고	퇴장
BC	1996	전남	2	2	0	0	2	0	0
	합계		2	2	0	0	2	0	0
프로통산			2	2	0	0	2	0	0

황재훈(黃在訓 / ← 황병인) 진주고 1990.11.25

대회	연도	소속	출전	교체	득점	도움	파울	경고	퇴장
BC	2011	상주	4	0	0	0	5	0	0
	2012	상주	1	1	0	0	0	0	0
	2012	경남	1	1	0	0	0	0	0
	합계		6	2	0	0	5	0	0
K1	2016	수원FC	22	3	1	0	26	6	0
	합계		22	3	1	0	26	6	0
K2	2014	충주	5	5	0	0	4	0	0
	2015	수원FC	5	3	0	0	18	2	0
	2017	수원FC	24	4	2	1	17	6	0
	2018	대전	20	1	1	0	19	2	0
	2019	대전	29	6	0	1	24	2	0
	2020	대전	10	2	0	0	7	0	0
	합계		93	20	3	2	81	12	0
승	2015	수원FC	2	0	0	0	2	0	0
	합계		2	0	0	0	2	0	0
프로통산			123	25	4	2	114	18	0

황정만(黃晸萬) 숭실대 1978.01.05

대회	연도	소속	출전	교체	득점	도움	파울	경고	퇴장
BC	2000	수원	0	0	0	0	0	0	0
	합계		0	0	0	0	0	0	0
프로통산			0	0	0	0	0	0	0

황정연(黃正然) 고려대 1953.03.13

대회	연도	소속	출전	교체	득점	도움	파울	경고	퇴장
BC	1983	할렐루야	13	1	0	1	17	1	0
	1984	할렐루야	25	0	0	2	33	2	0
	1985	할렐루야	21	0	0	0	25	1	0
	합계		59	1	0	3	75	4	0
프로통산			59	1	0	3	75	4	0

황준호(黃浚鎬) 용인대 1998.05.04

대회	연도	소속	출전	교체	득점	도움	파울	경고	퇴장
K1	2020	부산	0	0	0	0	0	0	0
	합계		0	0	0	0	0	0	0
K2	2019	부산	15	6	0	0	5	2	0
	2021	부산	25	7	2	1	22	1	0
	합계		40	15	2	1	27	3	0
프로통산			40	15	2	1	27	3	0

황지수(黃地水) 호남대 1981.03.27

대회	연도	소속	출전	교체	득점	도움	파울	경고	퇴장
BC	2004	포항	26	1	1	0	48	2	0
	2005	포항	31	2	1	0	65	2	0
	2006	포항	34	3	0	2	88	8	0
	2007	포항	31	5	1	0	43	3	0
	2009	포항	18	3	0	0	39	2	0
	2012	포항	29	12	0	1	47	2	0
	합계		194	29	3	5	408	24	0
K1	2013	포항	30	3	1	2	67	8	0
	2014	포항	21	8	1	1	31	7	0
	2015	포항	30	19	0	4	48	2	0
	2016	포항	26	17	1	0	32	3	0
	2017	포항	19	10	0	0	14	2	0
	합계		320	95	6	12	600	46	0
프로통산			320	95	6	12	600	46	0

황지웅(黃明圭) 동국대 1989.04.30

대회	연도	소속	출전	교체	득점	도움	파울	경고	퇴장
BC	2012	대전	20	14	0	1	18	2	0
	합계		20	14	0	1	18	2	0
K1	2013	대전	21	16	0	3	24	0	0
	2015	대전	8	4	3	0	8	2	0
	합계		29	20	3	3	32	2	0
K2	2014	대전	28	24	1	4	13	0	0
	2016	안산무궁	21	17	2	0	14	1	0
	2017	아산	2	2	0	0	1	0	0
	2017	대전	4	4	0	0	1	0	0
	합계		55	47	3	4	29	1	0
프로통산			104	81	6	7	79	5	0

황지윤(黃智允) 아주대 1983.05.28

대회	연도	소속	출전	교체	득점	도움	파울	경고	퇴장
BC	2005	부천SK	0	0	0	0	0	0	0
	2006	제주	8	3	0	0	6	1	0
	2007	제주	30	7	0	2	32	5	0
	2008	대구	31	2	2	0	29	4	0
	2009	대전	28	1	0	0	33	8	0
	2010	대전	23	4	1	0	30	7	0
	2011	상주	1	1	0	0	0	0	0
	합계		121	18	6	0	130	24	0
프로통산			121	18	6	0	130	24	0

황지준(黃智俊) 광주대 1990.02.23

대회	연도	소속	출전	교체	득점	도움	파울	경고	퇴장
K2	2013	광주	1	1	0	0	1	0	0
	합계		1	1	0	0	1	0	0
프로통산			1	1	0	0	1	0	0

황진기(黃眞基) 건국대 1986.03.10

대회	연도	소속	출전	교체	득점	도움	파울	경고	퇴장
BC	2010	포항	0	0	0	0	0	0	0
	2011	대전	14	3	1	1	15	2	1
	2011	부산	11	1	0	0	13	2	0
	2012	부산	1	1	0	0	0	0	0
	합계		26	5	1	1	28	4	1
K1	2013	부산	5	3	0	0	5	0	0
	2014	부산	5	3	0	0	7	3	0
	합계		10	6	0	0	12	4	0
프로통산			36	11	1	1	40	8	1

황진산(黃鎭山) 현대고 1989.02.25

대회	연도	소속	출전	교체	득점	도움	파울	경고	퇴장
BC	2008	울산	0	0	0	0	0	0	0
	2009	대전	4	2	0	0	7	0	0
	2010	대전	18	16	0	2	15	4	0
	2011	대전	31	18	2	2	31	2	0
	2012	대전	9	9	0	0	11	0	0
	합계		62	45	2	4	64	6	0
K1	2013	대전	18	10	1	4	20	2	0
	합계		18	10	1	4	20	2	0
K2	2014	대전	33	13	0	3	23	3	0
	2018	부천	1	13	0	0	12	1	0
	합계		34	30	1	2	23	3	0
프로통산			114	85	4	10	107	11	0

황진성(黃辰成) 전주대 교육대학원 1984.05.05

대회	연도	소속	출전	교체	득점	도움	파울	경고	퇴장
BC	2003	포항	19	16	1	5	19	1	0
	2004	포항	24	20	3	2	17	0	0
	2005	포항	30	24	2	2	30	3	0
	2006	포항	23	16	4	5	47	1	0
	2007	포항	23	17	2	4	37	2	0
	2008	포항	24	22	2	4	35	1	0
	2009	포항	18	13	4	7	26	4	0
	2010	포항	30	21	5	7	46	5	0
	2011	포항	30	21	6	9	63	6	0
	2012	포항	41	11	12	8	63	6	0
	합계		257	176	41	51	367	25	0
K1	2013	포항	22	13	6	7	34	1	0
	2016	성남	10	9	1	2	9	0	0
	2017	강원	31	7	3	5	46	4	0
	2018	강원	16	14	0	2	15	1	0
	합계		79	43	12	16	106	5	0
승	2016	성남	2	1	0	0	6	1	0
	합계		2	1	0	0	6	1	0
프로통산			338	220	54	67	479	31	0

황철민(黃哲民) 동의대 1978.11.20

대회	연도	소속	출전	교체	득점	도움	파울	경고	퇴장
BC	2002	부산	23	15	2	2	26	3	0
	2003	부산	16	9	0	2	12	0	0
	2004	부산	2	2	0	0	0	0	0
	합계		41	26	2	4	38	3	0
프로통산			41	26	2	4	38	3	0

황태현(黃泰顯) 중앙대 1999.01.29

대회	연도	소속	출전	교체	득점	도움	파울	경고	퇴장
K1	2020	대구	4	4	0	0	3	0	0
	합계		4	4	0	0	3	0	0
K2	2018	안산	18	5	0	3	14	1	0
	2019	안산	16	6	0	1	16	0	0
	2021	서울E	6	1	1	3	6	4	0
	합계		40	12	1	7	36	5	0
프로통산			44	16	1	7	39	5	0

황현수(黃賢秀) 오산고 1995.07.22

대회	연도	소속	출전	교체	득점	도움	파울	경고	퇴장
K1	2014	서울	0	0	0	0	0	0	0
	2015	서울	0	0	0	0	0	0	0
	2016	서울	0	0	0	0	0	0	0
	2017	서울	26	2	0	3	34	6	1
	2018	서울	14	1	0	0	7	1	0
	2019	서울	36	1	5	3	29	2	0
	2020	서울	19	1	2	0	10	3	0
	2021	서울	22	4	0	0	17	4	0
	합계		117	10	9	3	103	16	1
프로통산			117	10	9	3	103	16	1

황호령(黃虎領) 동국대 1984.10.15

대회	연도	소속	출전	교체	득점	도움	파울	경고	퇴장

BC 2007 제주 3 1 0 0 4 1 0

대회	연도	소속	출전	교체	득점	도움	파울	경고	퇴장
	2009	제주	1	1	0	0	4	1	0
	합계		4	2	0	0	4	1	0
프로통산			4	2	0	0	4	1	0

황훈희(黃勳熙) 성균관대 1987.04.06

대회	연도	소속	출전	교체	득점	도움	파울	경고	퇴장
BC	2011	대전	3	3	0	0	1	0	0
	합계		3	3	0	0	1	0	0
K2	2014	충주	4	3	0	0	2	0	0
	합계		4	3	0	0	2	0	0
프로통산			7	6	0	0	3	0	0

황희훈(黃熙勳) 건국대 1979.09.20

대회	연도	소속	출전	교체	실점	도움	파울	경고	퇴장
K2	2013	고양	0	0	0	0	0	0	0
	합계		0	0	0	0	0	0	0
프로통산			0	0	0	0	0	0	0

후고(Hugo Hector Smaldone) 아르헨티나 1968.01.24

대회	연도	소속	출전	교체	득점	도움	파울	경고	퇴장
BC	1993	대우	3	2	0	0	9	0	0
	합계		3	2	0	0	9	0	0
프로통산			3	2	0	0	9	0	0

후치카(Branko Hucika) 크로아티아 1977.07.10

대회	연도	소속	출전	교체	득점	도움	파울	경고	퇴장
BC	2000	울산	1	1	0	0	1	0	0
	합계		1	1	0	0	1	0	0
프로통산			1	1	0	0	1	0	0

훼이종(Jefferson Marques da Conceição) 브라질 1978.08.21

대회	연도	소속	출전	교체	득점	도움	파울	경고	퇴장
BC	2004	대구	29	13	11	2	81	4	0
	2005	성남일화	5	4	1	0	13	1	0
	합계		34	17	12	2	94	5	0
프로통산			34	17	12	2	94	5	0

히우두(Rildo de Andrade Felicissimo) 브라질 1989.03.20

대회	연도	소속	출전	교체	득점	도움	파울	경고	퇴장
K1	2019	대구	11	11	0	0	6	2	0
	합계		11	11	0	0	6	2	0
프로통산			11	11	0	0	6	2	0

히카도(Ricardo Weslei de Campelo) 브라질 1983.11.19

대회	연도	소속	출전	교체	득점	도움	파울	경고	퇴장
BC	2009	제주	26	21	6	1	43	5	0
	합계		26	21	6	1	43	5	0
프로통산			26	21	6	1	43	5	0

히카르드(Ricardo Bueno da Silva) 브라질 1987.08.15

대회	연도	소속	출전	교체	득점	도움	파울	경고	퇴장
K1	2015	성남	16	15	2	1	9	1	0
	합계		16	15	2	1	9	1	0
프로통산			16	15	2	1	9	1	0

히카르드(Ricardo da Silva Costa) 브라질 1965.03.24

대회	연도	소속	출전	교체	득점	도움	파울	경고	퇴장
BC	1994	포항제철	11	3	0	0	12	1	0
	합계		11	3	0	0	12	1	0
프로통산			11	3	0	0	12	1	0

히카르도(Ricardo Campos da Costa) 브라질 1976.06.08

대회	연도	소속	출전	교체	득점	도움	파울	경고	퇴장
BC	2000	안양LG	14	11	2	1	22	3	0
	2001	안양LG	33	4	8	2	63	6	0
	2002	안양LG	33	5	1	3	46	3	1
	2003	안양LG	36	6	6	4	50	4	1
	2004	서울	31	22	1	1	61	6	0
	2005	성남일화	28	16	1	1	52	4	0
	2006	성남일화	23	10	0	2	44	3	0
	2006	부산	10	7	0	1	12	2	0
	합계		208	81	19	15	350	31	2
프로통산			208	81	19	15	350	31	2

히칼도(Ricardo Nuno Queiros Nascimento) 포르투갈 1974.04.19

대회	연도	소속	출전	교체	득점	도움	파울	경고	퇴장
BC	2005	서울	28	11	4	14	34	7	0
	2006	서울	30	18	3	6	38	9	0
	2007	서울	13	4	1	3	20	7	0
	합계		71	33	8	23	92	23	0
프로통산			71	33	8	23	92	23	0

히칼딩요(Ricardo Alves Pereira) 브라질 1988.08.08

대회	연도	소속	출전	교체	득점	도움	파울	경고	퇴장
K1	2015	대전	7	6	0	1	13	0	0
	합계		7	6	0	1	13	0	0
프로통산			7	6	0	1	13	0	0

히칼딩요(Jose Ricardo Santos Oliveira) 브라질 1984.05.19

대회	연도	소속	출전	교체	득점	도움	파울	경고	퇴장
BC	2007	제주	12	8	3	2	15	0	0
	2008	제주	5	5	0	1	3	2	0
	합계		17	13	3	3	18	2	0
프로통산			17	13	3	3	18	2	0

힌터제어(Lukas Hinterseer) 오스트리아 1991.03.28

대회	연도	소속	출전	교체	득점	도움	파울	경고	퇴장
K1	2021	울산	20	17	6	1	20	0	0
	합계		20	17	6	1	20	0	0
프로통산			20	17	6	1	20	0	0

힝키(Paulo Roberto Rink) 독일 1973.02.21

대회	연도	소속	출전	교체	득점	도움	파울	경고	퇴장
BC	2004	전북	16	11	2	2	45	2	0
	합계		16	11	2	2	45	2	0
프로통산			16	11	2	2	45	2	0

Section 7

2021년 경기기록부

제1조 (목적) 본 대회요강은 (사)한국프로축구연맹(이하 '연맹')이 K LEAGUE 1(이하 'K리그1') 대회 및 경기 운영에 관한 사항을 규정함을 목적으로 한다.

제2조 (용어의 정의) 본 대회요강에서 '대회'라 함은 정규 라운드(1~33R)와 파이널 라운드(34~38R를 모두 말하며, '클럽'이라 함은 연맹의 회원단체인 축구단을, '팀'이라 함은 해당 클럽의 팀을, '홈 클럽'이라 함은 홈경기를 개최하는 클럽을 지칭한다.

제3조 (명칭) 본 대회명은 하나원큐 K리그1 2021로 한다.

제4조 (주최, 주관) 본 대회는 연맹이 주최(대회를 총괄하여 책임지는 자)하고, 홈 클럽이 주관(주최자의 위임을 받아 대회를 운영하는 자)한다. 홈 클럽의 주관권은 제3자에게 양도할 수 없다.

제5조 (참가 클럽) 본 대회 참가 클럽(팀)은 총 12팀(FC서울, 강원FC, 광주FC, 대구FC, 성남FC, 수원FC, 수원삼성, 울산현대, 인천유나이티드, 전북현대, 제주유나이티드, 포항스틸러스)이다.

제6조 (일정) 1. 본 대회는 2021.02.27(토)~11.07(일)에 개최하며, 경기일정(대진)은 미리 정한 경기일정표에 의한다.

구분		일정	방식	Round	팀수	경기수	장소
정규 라운드		02.27(토)~10.03(일)	3Round robin	33R	12팀	198경기 (팀당 33)	홈 클럽 경기장
파이널 라운드	그룹A	10.16(토)~11.07(일)	1Round robin	5R	상위 6팀	15경기 (팀당 5)	
	그룹B				하위 6팀	15경기 (팀당 5)	
계						228경기 (팀당 38경기)	

※ 대내외적 환경 변화 및 AFC 챔피언스리그 참가팀(K리그1)의 결승 진출 여부에 따라 경기일정 변경 가능성 있음.

2. 파이널 라운드(34~38R) 경기일정은 홈경기 수 불일치를 최소화하고 대진의 공정성을 확보하기 위해 정규라운드(1~33R) 홈경기 수와 대진을 고려하여 최대한 보완되도록 생성하며, 파이널 라운드 홈 3경기 배정은 정규 라운드 최종 성적을 기준으로 각 그룹 성적 상위 3클럽에 1경기 추가 배정하며, 개별 경기일은 AFC 챔피언스리그 일정 등을 감안하여 연맹이 결정한다.

제7조 (대회방식)

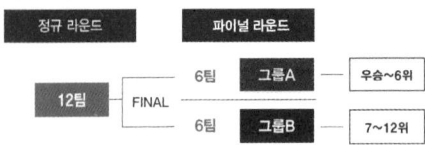

1. 12팀이 3Round robin(33라운드) 방식으로 정규 라운드 진행한다. 정규 라운드 순위 결정은 제29조를 따른다.
2. 정규 라운드(1~33R) 성적에 따라 6팀씩 2개 그룹(1~6위가 그룹A, 7~12위가 그룹B)으로 분리하고 1Round robin(각 5라운드)으로 파이널 라운드를 진행한다.
3. 최종 순위 결정은 제29조에 의한다.

제8조 (참가자격) 본 대회를 참가하기 위해 클럽은 'K리그 클럽 라이선싱 규정'을 준수해야 하며, 그에 따라 라이선스를 부여받아야 한다.

제9조 (경기장) 1. 모든 클럽은 최상의 상태에서 홈경기를 실시할 수 있도록 경기장을 유지·관리할 책임이 있다.
2. 본 대회는 원칙적으로 축구전용경기장에서 개최되어야 한다.
3. 경기장은 법령이 정하는 시설 안전 기준을 충족하여야 한다.
4. 홈 클럽은 경기장을 방문하는 관람객을 위해 관중상해보험에 가입하여야

하며, 보험증권을 시즌 개막 7일 전까지 연맹에 제출하여야 한다. 홈 클럽이 연고지역 외, 기타 경기장에서 K리그 경기를 개최하고자 할 경우에는 연맹에 경기개최 승인 요청 시 보험증권을 첨부하여 제출하여야 한다.
5. 각 클럽은 경기장 시설(물)에 대해 연맹의 승인을 득하여야 한다.
6. 경기장은 연맹의 경기장 시설 기준을 준수하여야 하며, 다음 각 호의 조건을 충족하여야 한다.
   1) 그라운드는 천연잔디구장으로 길이 105m, 너비 68m를 권고하며, 천연잔디 또는 하이브리드 잔디여야 한다. 단 하이브리드 잔디를 사용할 경우 사전에 연맹의 승인을 득해야 하며, 아래 기준을 충족시켜야 한다.
   가. 기준
   - 인조잔디 내 인체 유해성분이 검출되지 않을 것
   - 전체 그라운드 면적 대비 인조잔디 함유 비율 5% 미만
   - 최초 설치 시 아래 기준치를 상회하는 성능일 것

충격흡수성	수직방향변형	잔디길이
(51~52)%	(4~10)mm	(21~25)mm
회전저항	수직공반발	공구름
(25~50)N/m	(0.6~1.0)m	(4~8)m

   나. 제출서류
   - 샘플(1㎡), 제품규격서, 유해성 검출 시험 결과표, 설치/유지 관리 계획서
   다. 승인절차
   - 신청일로부터 60일 이내 승인
   - 필요시, 현장테스트 진행(최소 10m 이상의 예비 포지 사전 마련)
   라. 그라운드 관리 미흡으로 인한 문제 발생 소지 있을 경우, 사용이 제한될 수 있음
   2) 공식경기의 잔디 길이는 2~2.5cm로 유지되어야 하며, 전체에 걸쳐 동일한 길이여야 한다.
   3) 그라운드 외측 주변에는 원칙적으로 축구전용경기장의 경우 5m 이상, 육상경기겸용경기장의 경우 1.5m 이상의 잔디 부분이 확보되어야 한다.
   4) 골포스트 및 바는 흰색의 둥근 모양(직경12cm)의 철제 관으로 제작되고, 원칙적으로 고정식이어야 한다. 또한 볼의 반발력에 영향을 줄 수 있는 비철제 보강재 사용을 금한다.
   5) 골네트는 원칙적으로 흰색(연맹의 승인을 득한 경우는 제외)이어야 하며, 골네트는 골대 후방에 폴을 세워 안전한 방법으로 부착하여야 한다. 폴은 골대와 구별되는 어두운 색상이어야 한다.
   6) 코너 깃발은 연맹이 지정한 것을 사용하여야 한다.
   7) 각종 라인은 국제축구연맹(이하 'FIFA') 또는 아시아축구연맹(이하 'AFC')이 정한 규격에 따라야 하며, 라인 폭은 12cm로 선명하고 명료하게 그려야 한다(원칙적으로 페인트 방식으로 한다).
7. 필드(그라운드 및 그 주변 부분)에는 경기 운영에 영향을 주거나 선수에게 위험의 우려가 있는 것을 방치 또는 설치해서는 안 된다.
8. 공식경기에서 그라운드에 살수(撒水)를 하는 경우 다음 각 호에 따라 실시한다.
   1) 살수는 경기 킥오프 전 및 하프타임에 실시하며, 경기장에 걸쳐 균등하게 해야 한다.
   2) 경기감독관은 경기 시간 및 날씨, 그라운드 상태, 당일 경기장 행사 등을 고려하여 살수 횟수와 시간을 정하고 이를 홈 클럽 및 원정 클럽 관계자들에게 사전 통보한다.
   3) 홈 클럽은 경기감독관이 정한 횟수와 시간에 따라 살수를 실시해야 하며, 이를 위반할 경우 상벌규정 유형별 징계기준 제5조 사.항에 의거해 당 클럽에 제재를 부과할 수 있다.
9. 경기장 관중석은 좌석수 10,000석 이상을 충족하여야 한다. 이에 미달할

경우, 연맹의 사전 승인을 득하여야 한다.

10. 홈 클럽은 상대 클럽(이하 원정 클럽)을 응원하는 관중을 위해 경기장 전체 좌석수의 5% 이상의 좌석을 배분하여야 하며, 원정 클럽이 경기 개최 일주일 전까지 추가 좌석 분배를 요청할 경우 홈 클럽과 협의하여 추가 좌석 분배를 결정할 수 있다. 또한, 원정 클럽 관중을 위한 전용출입문, 화장실, 매점 시설 등을 독립적으로 사용할 수 있도록 마련하여야 한다.

11. 경기장은 다음 항목의 부대시설을 갖추도록 권고한다.

 1) 양 팀 선수대기실(냉·난방 및 냉·온수 가능)
 2) 심판대기실(냉·난방 및 냉·온수 가능)
 3) 경기감독관 대기실   4) 운영 본부실
 5) 실내 기자회견장   6) 기자실 및 사진기자실
 7) 중계방송사룸(TV중계스태프룸)   8) 의무실
 9) 도핑검사실(냉·난방 및 냉·온수 가능)
 10) 장내방송 시스템 및 장내방송실
 11) 통제실, 경찰 대기실, 소방 대기실 12) VIP룸
 13) MCG, TSG석 및 심판평가관석 14) 기록석
 15) 기자석   16) TV중계 부스
 17) 전광판   18) TV카메라 설치 공간
 19) 종합 안내소   20) 입장권 판매소
 21) 식음료 및 축구 관련 상품 판매소
 22) TV중계차 주차 공간   23) 케이블 시설 공간
 24) 전송용기자재 등 설치 공간   25) 태극기, 연맹기, 대회기
 26) 태극기, 대회 깃발, 리그 깃발, 양 팀 클럽 깃발 등을 게재할 수 있는 게양대
 27) 믹스드 존(Mixed Zone)   28) 기타 연맹이 정하는 시설, 장비

제10조 (조명장치) 1. 경기장에는 그라운드 평균 1,200lux 이상 조도를 가진 조명 장치를 설치하여 조명의 밝음을 균일하게 유지하여야 한다. 또한 정전에 대비하여 1,000lux 이상의 조도를 갖춘 비상조명 장치를 구비하여야 한다.

2. 홈 클럽은 경기장 조명 장치의 이상 유·무를 사전에 확인하여 장애를 미연에 방지하는 한편, 고장 시 신속하게 수리할 수 있도록 모든 조치와 최선의 노력을 다하여야 한다.

제11조 (벤치) 1. 팀 벤치는 원칙적으로 다음의 요건을 충족하여야 한다.

 1) FIFA가 정한 규격의 기술지역(테크니컬에어리어) 내에 설치하여야 한다.
 2) 벤치 터치라인으로부터 5m 이상 떨어지는 한편 그 끝이 하프라인으로부터 8m 떨어지는 위치에 설치하여야 한다.
 3) 최소 20인 이상 앉을 수 있는 좌석이 준비되어야 하며, 지붕을 설치할 경우 투명한 재질로 해야 한다.

2. 홈 팀 벤치는 본부석에서 그라운드를 향해 좌측에 설치하여야 한다. 단, 사전 승인 시 우측에 홈 팀 벤치의 설치가 가능하다.

3. 홈, 원정 팀 벤치에는 팀명을 표기한 안내물을 부착하여야 한다.

4. 제4의 심판대기심판의 벤치를 준비하여야 하며, 다음 요건을 충족하여야 한다.

 1) 벤치 터치라인으로부터 5m 이상 떨어지는 그라운드 중앙에 설치하여야 한다. 단, 방송사의 요청 시에는 카메라 위치에 방해가 되지 않는 위치에 설치하여야 한다.
 2) 지붕을 설치할 경우 투명한 재질로 해야 하며, 지붕이 관중의 시야를 방해해서는 안 된다.
 3) 대기심판 벤치 내에는 최소 3인 이상 앉을 수 있는 좌석과 테이블이 준비되어야 한다.

제12조 (의료시설) 홈 클럽은 선수단, 관계자, 관중 등을 위해 경기개시 90분 전부터 경기종료 후 모든 관중 및 관계자가 퇴장할 때까지 의료진(의사, 간호사, 1급 응급구조사)과 1대의 특수구급차를 포함하여 최소 2대 이상의 구급차를 반드시 대기시켜야 한다. 이를 위반할 경우, 연맹 상벌 규정에 따라 제재할 수 있다.

제13조 (경기장에서의 고지) 1. 홈 클럽은 경기장에서 다음의 각 항목 사항을 전광판 및 장내 아나운서(멘트)를 통해 고지하여야 한다.

 1) 공식 대회명칭(반드시 지정된 방식 및 형태에 맞게 전광판 노출)
 2) 선수, 심판 및 경기감독관, 심판평가관 소개
 3) 대회방식 및 경기방식
 4) K리그 선수 입장곡(K리그 앤섬 'Here is the Glory' BGM)
 5) 선수 및 심판 교체   6) 득점자 및 득점시간(득점 직후에)
 7) 추가시간(전·후반 전광판 고지 및 장내아나운서 멘트 동시 실시)
 8) 다른 공식경기의 중간 결과 및 최종 결과
 9) 유료관중 수(후반전 15~30분 발표)
 10) 경기 중, 경기정보 전광판 표출(양 팀 출전선수명단, 경고, 퇴장, 득점)
 11) 지진 등 비상상황 발생 시 대피방안
 12) VAR 리뷰를 진행할 경우, VAR 영상판독 문구 전광판 표출
 13) 상기 1~12호 이외 연맹이 지정하는 사항

2. 홈 클럽은 경기 전·후 및 하프타임에 다음의 각 항목 사항을 실시하는 것이 가능하다.

 1) 다음 경기예정 및 안내   2) 연맹의 사전 승인을 얻은 광고 선전
 3) 음악방송   4) 팀 또는 선수에 관한 정보 안내
 5) 상기 1~4호 이외 연맹의 승인을 얻은 사항

제14조 (홈 경기장에서의 경기개최) 각 클럽은 홈경기의 과반 이상을 홈 경기장에서 실시하여야 한다. 다만, 이사회의 승인을 얻은 경우는 제외된다.

제15조 (경기장 점검) 1. 홈 클럽이 기타 경기장에서 경기를 개최하고자 할 경우 해당 경기개최 30일 전까지 연맹에 시설 점검을 요청하여 경기장 실사를 받아야 하며, 이때 제출하여야 하는 서류는 다음과 같다.

 1) 경기장 시설 현황   2) 홈경기 안전계획서

2. 연맹의 보완 지시가 있을 경우 이에 대한 이행 결과를 경기개최 15일 전까지 서면 보고하여야 한다.

3. 연맹은 서면보고접수 후 재점검을 통해 문제점 보완이 미흡하다고 판단될 경우 경기 개최를 불허한다. 이 경우 홈 클럽은 연고지역 내에서 '법령', 'K리그 경기장 시설기준'에 부합하는 타 경기장(대체구장)을 선정하여 상기 1항, 2항의 절차에 따라 연맹의 승인을 받아야 한다.

4. 홈 클럽이 원하는 경기장에서 경기개최가 불가능하다고 판단될 경우, 본 대회요강 제18조 2항에 따른다(연맹 경기규정 30조 2항).

5. 상기 4항을 이행하지 않는 클럽은 본 대회요강 제20조 1항에 따른다(연맹 경기규정 32조 1항).

제16조 (악천후의 경우 대비조치) 1. 홈 클럽은 강설 또는 강우 등 악천후의 경우에도 홈경기가 개최될 수 있도록 최선의 노력을 해야 한다.

2. 악천후로 인하여 경기개최가 불가능하다고 판단될 경우, 경기감독관은 경기 개최 3시간 전까지 경기 개최 중지를 결정하여야 한다.

제17조 (경기중지 결정) 1. 경기 전 또는 경기 중 중대한 불상사 등으로 경기를 계속하기 어려운 사태가 발생하였을 경우, 주심은 경기 감독관에게 경기 중지를 요청할 수 있으며, 경기감독관은 동 요청에 의거하여 홈 클럽 및 원정 클럽 관계자의 의견을 참고한 후 경기 중지를 결정할 수 있다.

2. 상기 1항의 경우 또는 관중의 난동 등으로 경기장의 질서 유지가 어려운 경우, 경기감독관은 주심의 경기중지 요청이 없더라도 경기 중지를 결정할 수 있다.

3. 경기 개최 3시간 전부터 경기 종료 전까지 경기 개최 지역에 미세먼지, 초미세먼지, 황사 등에 관한 경보가 발령되었거나 경보 발령 기준농도를 초과하는 상태인 경우, 경기감독관은 경기의 취소 또는 연기를 결정할 수 있다.

4. 경기 개최 3시간 전부터 경기 종료 전까지 장내 코로나19 확진 환자 발생 시 경기감독관은 경기의 취소 또는 연기를 결정할 수 있으며, 이 경우 제22조에 따른다.

5. 경기감독관은 경기중지 결정을 내린 후, 지체 없이 그 사유를 연맹에 보고하여야 한다.

제18조 (재경기)_ 1. 공식경기가 악천후, 천재지변 등 불가항력에 의하여 경기개최 불능 또는 중지(중단)되었을 경우, 재경기는 원칙적으로 익일 동일 경기장에서 개최한다. 단 연기된 경기가 불가피한 사유로 다시 연기될 경우, 개최일시 및 장소는 해당팀과 협의 후 연맹이 정하여 추후 공시한다.

2. 그다음 날 같은 경기장에서 재경기를 개최하기 어려운 사정이 있을 경우에는 연맹이 재경기의 일시 및 경기장을 정한다.

3. 경기장 준비부족, 시설미비 등 점검미비에 따른 홈 클럽의 귀책사유로 인하여 공식 경기가 취소·중지된 경우 원정 클럽은 그 시점으로부터 24시간 이내에 자신의 홈경기로 재경기를 개최할 것을 신청할 수 있으며, 이 경우 홈/원정의 변경 여부는 연맹이 결정한다.

4. 재경기 방식에 대해서는 다음 각 호에 의한다.
   1) 이전 경기에서 양 클럽의 득실차가 없을 때는 90분간 재경기를 실시한다.
   2) 이전 경기에서 양 클럽의 득실차가 있을 때는 중지 시점에서부터 잔여 시간만의 재경기를 실시한다.

5. 재경기 시, 상기 4항 1호의 경우 이전 경기에서 발생된 경고, 퇴장 기록만이 인정되며 선수교체는 팀당 최대 3명까지 가능하다. 상기 4항 2호의 경우 이전 경기에서 발생된 모든 기록이 인정되며 선수교체 횟수와 인원수 역시 이전 경기의 중지시점까지 사용한 횟수를 차감하여 남은 횟수만 사용할 수 있다.

6. 재경기 시, 이전 경기에서 발생된 경고 및 퇴장은 유효하며, 경고 및 퇴장에 대한 처벌(징계)은 경기순서대로 연계 적용한다.

제19조 (귀책사유가 있는 클럽의 비용 보상)_ 1. 홈 클럽의 귀책사유에 의해 공식경기가 개최불능 또는 중지(중단)되었을 경우, 홈 클럽은 원정 클럽에 교통비 및 숙식비를 보상하여야 한다.

2. 원정 클럽의 귀책사유에 의해 공식경기가 개최불능 또는 중지(중단)되었을 경우, 원정 클럽은 홈 클럽에 발생한 경기준비 비용 및 입장권 환불 수수료, 교통비 및 숙식비를 보상하여야 한다.

3. 상기 1항, 2항과 관련하여 천재지변 등 불가항력에 의한 경우는 제외한다.

제20조 (패배로 간주되는 경우)_ 1. 공식경기 개최거부 또는 속행 거부 등(경기장 질서문란, 관중의 난동 포함) 어느 한 클럽의 귀책사유로 인하여 공식경기가 개최불능 또는 중지(중단)되었을 경우, 그 귀책사유가 있는 클럽이 0 : 3 패배한 것으로 간주한다.

2. 공식경기에 무자격선수가 출장한 것이 경기 중 또는 경기 후 발각되어 경기종료 후 48시간 이내에 상대 클럽으로부터 이의가 제기된 경우, 무자격선수가 출장한 클럽이 0 : 3 패배한 것으로 간주한다. 다만, 경기 중 무자격선수가 출장한 것이 발각되었을 경우, 해당 선수를 퇴장시키고 경기는 속행한다.

3. 상기 1항, 2항에 따라 어느 한 클럽의 0 : 3 패배를 결정한 경우에도 양 클럽 선수의 개인기록(출장, 경고, 퇴장, 득점, 도움 등)은 그대로 인정한다.

4. 상기 2항의 무자격 선수는 K리그 미등록 선수, 경고누적 또는 퇴장으로 인하여 출전이 정지된 선수, 상벌 위원회 징계, 외국인 출전제한 규정을 위반한 선수 등 위반된 시점에서 경기출전 자격이 없는 모든 선수를 의미한다.

제21조 (대회 중 잔여경기 포기)_ 대회 중 잔여 경기를 포기하는 경우, 다음의 각 항에 의한다.

1. 대회 전체 경기수의 3분의 2 이상을 수행하였을 경우, 지난 경기 결과를 그대로 인정하고, 잔여 경기는 포기한 클럽이 0 : 3 패배한 것으로 간주한다.

2. 대회 전체 경기수의 3분의 2 이상을 수행하지 못했을 경우, 포기한 클럽과의 경기 결과를 모두 무효 처리한다. 단, 양 클럽 선수의 개인기록(출장, 경고, 퇴장, 득점, 도움 등)은 그대로 인정한다.

제22조 (코로나19 확진자 발생 시 리그 운영)_ 1. 시즌 중 코로나19 확진자 발생에 의해 경기가 중단되었을 경우, 해당 경기는 최소 2주 뒤 주중 경기로 개최한다. 단, A매치, FA컵 및 ACL 등의 기타 일정과 겹칠 경우, 추가로 연기될 수 있다. 일정 연기 및 경기배정에 대한 최종 결정권은 연맹에 있다.

2. 코로나 및 기타 불가항력에 의해 일부 경기 또는 리그 전체일정이 연기되

어 2021년 12월 19일까지 예정된 라운드를 종료하지 못했을 경우, 모든 팀들이 동일수의 경기를 한 마지막 라운드를 기준으로 리그의 성립 여부, 리그순위를 결정하며, 기준은 아래와 같다.

구분	리그 성립	리그 불성립
라운드 수	22R 이상	22R 미만
타이틀	부여	미부여
리그순위	인정	불인정
시상	실시	미실시
ACL 출전팀	리그 순위에 따라 참가	참가기준 별도 결정
승강 여부	제22조 3항 참조	
팀 통산 기록	인정	인정*
개인 통산 기록	인정	인정*

* 리그 불성립 시, 팀/개인 통산 기록으로는 인정하되 리그 기록으로는 미포함. 별도 대회기록으로 처리.

3. 2022 시즌의 디비전별 승강 여부는 각 대회의 최종 성립 여부에 따라 결정되며, 원칙은 아래와 같다.

K리그1	K리그2	승강 원칙	2022년 참가팀 수 (K리그1/K리그2)
성립	성립	1~2팀(기존 승강 방식, 승강PO 개최	12팀 / 10 +α팀
성립	불성립	강등(1개팀) / 승격(없음)	11팀 / 11 +α팀
불성립	성립	강등(없음) / 승격(K리그2 1위)	13팀 / 9 +α팀
불성립	불성립	강등(없음) / 승격(없음)	12팀 / 10 +α팀

* @는 신생팀 창단 시 추가되는 팀 수를 뜻함

4. 개별 경기개최 성립을 위한 양 팀의 최소 선수단 인원은 아래와 같으며, 어느 한 팀이라도 최소 선수단 수를 충족시키지 못했을 경우, 해당 경기는 자동 연기된다. 연기된 경기의 일정은 양 팀과 조율하여 연맹에서 최종 결정한다.
   1) 경기출전가능인원 수: 팀당 최소 17명(최소 1인의 GK 필수포함)
   2) 선수들의 경기출전 가능 조건(아래 세 가지 조건 동시 충족 필수)
      ① 코로나19 음성(PCR 결과만 인정)   ② 무증상
      ③ 자가격리 비대상

5. 그 밖의 사항은 「K리그 코로나19 대응 통합 매뉴얼」 및 연맹의 결정에 따른다.

제23조 (경기결과 보고)_ 모든 공식경기의 경기결과 보고는 경기감독관 보고서, 심판 보고서, 경기기록지에 의한다.

제24조 (경기규칙)_ 본 대회의 경기는 FIFA 및 KFA의 경기규칙에 따라 실시되며, 특별한 사항이 발생 시에는 연맹이 결정한다.

제25조 (Video Assistant Referee 시행)_ 1. 본 대회는 2016년 3월 IFAB(국제축구평의회)에서 승인된 'Video Assistant Referee'(이하 'VAR')를 2017년 7월 1일부터 시행한다.

2. VAR은 주심 등 심판진을 지원하고 경기 결과를 바꿀 수 있는 명백한 오심을 변경해 공정한 판정을 증대하기 위해 시행하며 본 대회에서는 아래의 4가지 상황에 대해서만 VAR을 적용한다.
   1) 득점 상황   2) PK(Penalty Kick) 상황
   3) 퇴장 상황   4) 징계조치 오류

3. VAR의 시행과 관련하여 선수, 코칭스태프, 구단 임직원의 준수사항은 다음과 같다.
   1) 'TV' 신호(Signal)를 그리는 동작을 취하거나 구두로 VAR 확인을 요청할 수 없다. 이를 위반할 시, 다음과 같은 제재가 내려진다.
      ① 선수 - 경고   ② 코칭스태프 및 구단 임직원 - 퇴장
   2) 주심 판독 지역(Referee Review Area, 이하 'RRA')에는 오직 주심과 영상관리보조자(Review Assistant, 이하 RA), 심판진만이 진입할 수 있다. 이를 위반할 시 다음과 같은 제재가 내려진다.

① 선수 - 경고   ② 코칭스태프 및 구단 임직원 - 퇴장

4. VAR의 시행과 관련하여 홈 구단의 준수사항은 다음과 같다.

  1) 홈 클럽은 VAR가 공식심판진임을 인지하고 VAR차량에 심판실과 동일한 안전계획을 수립해 안전관리를 제공해야 하며, 안전관리 미흡 등 홈 클럽의 귀책사유로 인한 차량 및 장비의 파손 등이 발생하는 경우 이에 따른 손해를 연맹에 배상하여야 한다.

  2) 홈 클럽은 RRA에 심판진과 RA 외 다른 누구도 진입할 수 없도록 관리해야 하며, 관련 안전사고 예방의 의무와 책임이 있다.

  3) 홈 클럽은 VAR 상황 발생 시 판독 중임을 뜻하는 이미지를 판독 종료 시점까지 전광판에 노출해야 하며, 관련 장면 영상을 전광판을 통해 리플레이할 수 없다.

  4) 홈 클럽이 상기 제1호부터 제3호까지 명시된 준수사항을 위반하는 경우, 연맹 상벌 규정 유형별 징계 기준 11조에 따른 징계를 받을 수 있다.

5. VAR는 다음과 같은 이유로 경기가 무효화되지 않는다.

  1) VAR 장비가 작동하지 않은 경우

  2) VAR 판정에 오심이 발생하는 경우

  3) VAR 판독을 진행하지 않겠다고 결정을 내린 경우(안전문제, 신변위협 등)

  4) VAR 판독이 불가능한 경우(영상 앵글의 문제점, 노이즈현상 등)

6. VAR의 시행과 관련하여 VAR 및 RO 등 구성원에 관한 사항은 다음과 같다.

  1) VAR, AVAR 또는 RO가 경기 전 또는 경기 중에 정상적인 업무를 수행할 수 없는 경우, 대체인력은 반드시 그 역할 수행이 가능한 자격을 갖춰야만 한다.

  2) VAR 또는 RO의 자격을 갖춘 인원 및 대체인력이 없을 경우*, 해당 경기는 VAR의 운용 없이 경기를 시작 또는 재개하여야 한다.

  3) AVAR의 자격을 갖춘 인원 및 대체 인력이 없을 경우*, 해당 경기는 VAR의 운용 없이 경기를 시작 또는 재개하여야 한다. 단, 이례적인 상황에서, 양 팀이 서면으로 VAR 및 RO만으로 VAR을 운용하기로 합의할 경우는 제외한다.

7. 이 외 사항에 대해서는 IFAB(국제축구평의회)와 FIFA(국제축구연맹)이 정한 바에 따른다.

제26조 (전자장비 사용) 1. 선수들의 부상 상태 파악 및 안전과 실시간 전력 분석 정보를 활용하기 위한 용도로 무선헤드셋 4대와 전자장비 4대(스마트폰, 태블릿PC, 노트북)를 사용할 수 있다.

2. 벤치에서는 스마트폰, 태블릿PC, 노트북 중 1대를 사용할 수 있으며 무선헤드셋은 1대 사용 가능하다. 단, 의료진이 사용할 경우 추가로 1대를 사용할 수 있다.

3. 전자장비 사용 승인은 개막일 전까지 연맹에 장비 사용에 대한 승인을 받아야 한다. 단, 시즌 중 사용 승인 신청을 할 경우 경기 3일 전까지 연맹에 사용 승인을 받아야 한다.

4. 허가되지 않은 전자 장비를 사용하거나, 전자/통신 장비를 이용한 판정항의 시 기술지역에서 퇴장된다.

제27조 (경기시간 준수) 1. 본 대회는 90분(전·후반 각 45분) 경기를 실시한다.

2. 모든 클럽은 미리 정해진 경기시작시간(킥오프 타임)과 경기 중 휴식시간(하프타임)을 반드시 준수하여야 한다. 하프타임 휴식은 15분을 초과할 수 없으며, 양 팀 출전선수는 후반전 출전을 위해 후반전 개시 3분 전(하프타임 12분)까지 심판진과 함께 대기 장소에 집결하여야 한다.

3. 클럽이 경기시작시간 또는 하프타임 종료시간을 준수하지 않아 예정된 경기시작 또는 재개시간이 1분 이상 지연될 경우, 아래 각 호에 따라 해당 클럽에 제재금을 부과할 수 있다.

  1) 1회 미준수 시 100만 원의 제재금

  2) 2회 미준수 시 200만 원의 제재금

  3) 3회 이상 미준수 시 400만 원의 제재금 및 상벌위원회 제소

4. 경기에 참가하는 팀(코칭스태프, 팀 스태프 포함)은 경기시작 100분 전에

경기장에 도착하여야 한다.

  1) 어느 한 팀이 경기시작 40분 전까지 경기장에 도착하지 못할 경우, 해당 팀은 경기감독관에게 그 사유와 도착예정 시간을 통보하여야 하며, 경기감독관은 경기시간 변경 유무를 심판 및 양 팀 대표자와 협의를 통해 결정한 후, 연맹으로 통보한다.

  2) 경기시간이 변경될 경우, 홈 클럽은 전광판 및 아나운서 멘트를 통해 변경된 경기시간과 변경사유에 대해 고지해야 한다.

  3) 어느 한 팀이 경기시작 시각까지 경기장에 도착하지 않는 경우, 상대팀은 45분간 대기할 의무가 있다. 45분간 대기했음에도 불구하고 상대팀이 도착하지 않을 경우, 경기감독관은 17조 1항에 의한다.

  4) 경기중지에 따라 발생되는 모든 비용에 대한 배상, 책임은 귀책사유가 있는 클럽에 있으며 19조에 따른다.

  5) 홈/원정팀은 경기개최지로의 이동정보를 사전에 숙지할 책임이 있으며, 상황에 따른 추가 이동시간이 필요한지 확인해야 한다. 만일 팀의 도착 지연으로 킥오프가 지연될 경우, 연맹은 귀책사유가 있는 클럽에 연맹 상벌규정 제12조 제1항에 해당하는 재제를 부과할 수 있다.

제28조 (승점) 본 대회의 승점은 승자 3점, 무승부 1점, 패자 0점을 부여한다.

제29조 (순위결정) 1. 정규 라운드(1~33R) 순위는 승점 → 다득점 → 득실차 → 다승 → 승자승 → 벌점 → 추첨 순으로 결정한다.

2. 최종순위 결정방식은 다음과 같다.

  1) 정규라운드(1~33R) 성적을 적용하여, 6팀씩 2개 그룹(그룹A, 그룹B)로 분할한다.

  2) 분할 후 그룹A, 그룹B는 별도 운영되며, 정규 라운드 성적을 포함하여 그룹A에 속한 팀이 우승~6위, 그룹B에 속한 팀이 7~12위로 결정한다. (승점 → 다득점 → 득실차 → 다승 → 승자승 → 벌점 → 추첨 순)

  3) 그룹B 팀의 승점이 그룹A 팀보다 높더라도 최종 순위는 7~12위 내에서 결정된다.

3. 벌점에 대한 기준은 다음과 같다.

  1) 경고 및 퇴장 관련 벌점

    ① 경고: 1점   ② 경고 2회 퇴장: 2점

    ③ 직접 퇴장: 3점   ④ 경고 1회 후 퇴장: 4점

  2) 상벌위원회 징계 관련 벌점

    ① 제재금 100만 원당: 3점   ② 출장정지 1경기당: 3점

  3) 코칭스태프 및 팀 스태프 퇴장, 클럽(임직원 포함)에 부과된 징계는 팀 벌점에 포함한다.

  4) 사후징계 및 감면 결과는 팀 벌점에 포함한다.

4. 개인기록 순위결정

  1) 개인기록순위 결정은 본 대회 정규라운드(1~38R) 성적으로 결정한다.

  2) 득점(Goal) 개인기록순위 결정의 우선 순서는 다음과 같다.

    ① 최다득점선수 ② 출전경기가 적은 선수 ③ 출전시간이 적은 선수

  3) 도움(Assist) 개인기록순위 결정의 우선 순서는 다음과 같다.

    ① 최다도움선수 ② 출전경기가 적은 선수 ③ 출전시간이 적은 선수

제30조 (시상) 1. 본 대회의 단체상 및 개인상 시상내역은 다음과 같다.

구분		시상내역	비고
단체상	우승	상금 500,000,000원 + 트로피 + 메달	
	준우승	상금 200,000,000원 + 상패	
	페어플레이	상금 10,000,000원 + 상패	각 팀 페어플레이 평점
개인상	최다득점선수	상금 5,000,000원 + 상패	대회 개인기록
	최다도움선수	상금 3,000,000원 + 상패	대회 개인기록

2. 페어플레이 평점은 다음과 같다.

  1) 페어플레이 평점은 각 클럽이 본 대회에서 받은 총벌점을 해당 팀 경기 수로 나눈 것으로 평점이 낮은 팀이 페어플레이상을 수상한다.

2) 벌점에 대한 기준은 상기 제29조 3항에 따른다.

3) 만일 페어플레이 평점이 2개 팀 이상 동일할 경우, 성적 상위팀이 수상한다.

3. 우승 트로피 보관 및 각종 메달 수여는 다음과 같다.

1) 우승 클럽(팀)에 본 대회 우승 트로피가 수여되며, 우승 트로피를 1년 동안 보관할 수 있다. 수여된 우승 트로피가 연맹에 반납되기 전까지 우승 트로피의 관리(보관, 훼손, 분실 등)에 대한 모든 책임은 해당 클럽(팀)에 있다.

2) 전년도 우승 클럽(팀)은 우승 트로피를 정규 라운드(33R) 종료 후 연맹에 반납하여야 한다.

3) 연맹은 아래와 같이 메달을 수여한다.
① 대상: 클럽의 K리그에 등록된 선수 및 코칭스태프(우승 확정일 기준)
② 개수: 인당 1개씩 수여

제31조 (출전자격) 1. K리그 선수규정 4조에 의거하여 선수 등록을 완료한 선수만이 공식경기에 출전할 자격을 갖는다.

2. K리그 선수규정 5조에 의거하여 연맹에 등록을 완료한 코칭스태프 및 팀 스태프 중 출전선수명단에 등재된 자만이 공식경기 중, 벤치에 착석할 수 있으며, 경기 중 기술지역에서의 선수지도행위는 1명만이 할 수 있다(통역 1명 대동 가능).

3. 제재 중인 지도자(코칭스태프, 팀 스태프 포함)는 다음 항목을 준수하여야 한다.

1) 출전정지제재 중이거나 경기 중 퇴장 조치된 코칭스태프는 공식경기에서 관중석, 선수대기실을 제외한 지역에 대해 출입이 제한되며, 경기 전 훈련 지도 및 경기 중 전자장비 사용을 포함한 어떠한 지도(지시) 행위도 불가하다.

2) 징계 중인 지도자(원정팀 포함)가 경기를 관전하고자 할 경우, 홈 클럽은 본부석 쪽에 좌석을 제공하여야 하며, 해당 지도자의 안전을 위한 조치를 취해야 한다.

3) 상기 제1호를 위반할 경우, 연맹 상벌규정 제12조 제2항에 해당하는 제재를 부과할 수 있다.

4. 경고, 퇴장, 상벌위원회 징계 등에 따라 출전이 정지된 선수, 코칭스태프, 팀 스태프의 출전으로 인한 모든 책임은 해당 클럽에 있다.

5. 준프로 계약을 체결한 선수의 공식경기 출전은 선수규정 부칙 및 '준프로 계약 시행 세칙'을 따른다.

제32조 (출전선수명단 제출의무) 1. 공식경기에 참가하는 홈 클럽과 원정 클럽은 경기개시 90분 전까지 경기감독관에게 출전선수명단을 제출하여 승인을 받아야 하며, 출전선수 스타팅 포메이션(Starting Formation)을 별지로 함께 제출하여야 한다.

2. 출전선수명단에는 출전 선수, 코칭스태프 및 팀 스태프 명단, 유니폼 색상이 포함되어야 하며, 제출된 인원만이 해당 공식경기 출전과 팀 벤치 착석 및 기술지역 출입, 선수 지도를 할 수 있다. 단, 출전선수명단에 등재할 수 있는 코칭스태프 및 팀 스태프의 수는 11명까지로 하며, 스카우트, 전력분석관, 장비담당자는 벤치에 착석할 수 없다.

3. 출전선수명단 승인 후에는 선수명단 변경을 할 수 없다. 다만, 경기 개시 전에 선발 출전선수 중 부상 등의 불가피한 사유로 경기출전이 불가능한 선수가 발생한 경우에 그 선발 선수를 후보 선수와 교체할 수 있다.

4. 본 대회의 출전선수명단은 18명을 원칙으로 하며, 다음 사항을 반드시 준수하여야 한다.

1) 골키퍼(GK)는 반드시 국내 선수이어야 하며, 후보 골키퍼(GK)는 반드시 1명이 포함되어야 한다. 단, 코로나사태종식 전까지는 'K리그 코로나19 대응매뉴얼'을 우선하며, 본 대회요강 제22조 4항에 따라 전체출전선수명단 내에 1명의 골키퍼(GK)만 포함해도 된다.

2) 외국인선수의 경우, 출전선수명단에 3명까지 등록할 수 있으며 3명까지 경기 출전이 가능하다. 단, AFC 가맹국 국적의 외국인선수와

ASEAN 가맹국 국적의 외국인선수 각각 1명에 한하여 추가 등록과 출전이 가능하다.

3) 국내 U22(1999.01.01.이후 출생자) 국내선수는 출전선수명단에 최소 2명 이상 포함(등록)되어야 한다. 만일 국내 U22 선수가 출전선수명단에 포함되어 있지 않을 경우, 해당 인원만큼 출전선수명단에서 제외한다(즉, 국내 U22 선수가 1명 포함될 경우 출전선수명단은 17명으로 하며, 전혀 포함되지 않을 경우 출전선수명단은 16명으로 한다).

4) 출전선수명단에 포함된 국내 U22 선수 1명은 반드시 의무선발출전을 해야 한다. 만일 국내 U22 선수가 의무선발출전을 하지 않을 경우, 선수교체 가능인원은 2명으로 제한한다(33조 2항 참조).

5) 클럽에 등록된 국내 U22 선수가 KFA 각급 대표팀 선수로 소집(소집일 ~ 해산일)될 경우, 해당 클럽은 소집 기간 동안에는 의무선발출전 규정(상기 4호)과 차출된 수(인원)만큼 엔트리 등록 규정도 적용받지 않는다.

U22 선수 각급대표 소집	출전선수명단(엔트리)		U22선수		선수교체 가능인원
	U22선수 포함 인원	등록가능인원	의무선발	교체 출전	
0명	0명	16명	0명	-	2명
	1명	17명	0명	-	2명
			1명	-	3명
	2명 이상	18명	0명	-	3명
			1명	-	3명
			1명	1명	5명
			2명	-	5명
1명	0명	17명	0명	-	3명
	1명 이상	18명	0명	-	3명
			1명	1명	5명
2명 이상	0명	18명	0명	-	3명

* 각급 대표팀 차출의 사유 없이 U22 의무선발출전 규정 미준수 시, 선수교체 인원을 2명으로 제한.

5. 순연 경기 및 재경기(90분 재경기에 한함)의 출전선수명단은 다시 제출하여야 한다.

제33조 (선수교체) 1. 본 대회의 선수 교체는 경기감독관이 승인한 출전선수명단에 의해 후보선수명단 내에서만 가능하다.

2. 본 대회요강 제32조 4항 4호에 의거, 국내 U22 선수가 선발출전하지 않을 경우, 해당 클럽은 최대 2명만 선수교체가 가능하다. 이를 위반할 경우, 제20조 2항~4항에 따른다.

3. 상기 2항을 준수한 경우 선수 교체는 90분 경기에서 3명까지 가능하나, 후보 명단에 포함된 U22 선수가 교체출전하는 경우에 한하여 교체가능인원은 최대 5명까지 가능하다. 단, 이 경우 반드시 4번째 교체명단 내에 U22 선수가 포함되어야 하며, 만약 선발로 U22선수가 2명 이상 출전 시에는 교체 출전여부와 관계없이 최대 5명의 선수교체가 가능하다.

4. 선수 교체 횟수는 경기 중에 최대 3회 가능하며, 히프타임 종료 후 후반전 킥오프 전에 한차례 추가로 선수교체가 가능하다.

5. 출전선수명단 승인(경기감독관 서명) 후, 선발출전선수 11명 중 킥오프 전에 경기출전이 불가한 선수가 발생할 경우, 킥오프 전까지 경기감독관의 승인하에 출전선수명단의 교체 대상선수 7명에 한하여 해당 선수와 교체할 수 있으며, 교체된 선수는 후보선수명단으로 포함되나 해당 경기에 출전할 수 없다.

1) 상기 5항의 경우 선수교체 인원으로 적용되지 않으며, 3명의 선수교체 가능 인원 수는 유효하다.

2) 선발출전선수 11명 중 국내 U22(1999.01.01 이후 출생자) 의무선발출전선수가 출전이 불가하여 후보 선수명단 내의 국내 U22 선수와 교체될 경우 선수교체 가능인원은 3명으로 유지되며, 이 경우 국내 U22 선수가 아닌 선수와 교체될 경우 제32조 4항 4)호에 의하여 선수교체 가능인원은 2명으로 제한한다.

3) 출전선수명단 내 교체 대상선수 7명 중 경기출전이 불가한 선수가 발생

하더라도 해당 선수는 명단 외 선수와 교체할 수 없다.

제34조 (출전정지)_ 1. 본 대회에서 경고누적에 의한 출전정지 및 퇴장(경고 2회 퇴장, 직접 퇴장, 경고 1회 후 직접 퇴장)에 의한 출전정지는 최종 라운드(1~38R)까지 연계 적용한다.

2. 선수는 처음 각 5회, 3회의 경고누적 시 다음 1경기가 출전정지 되며, 이후 매 2회 누적당 다음 1경기 출전정지와 제재금 칠십만 원(700,000원)이 부과된다. 코칭스태프의 경우, 처음 각 3회, 2회의 경고누적 시 1경기의 출전정지 제재가 적용되며, 이후 매 경고 1회마다 다음 1경기 출전정지 된다.

3. 1경기 경고 2회 퇴장에 의한 출전정지는 다음 1경기가 출전 정지되며, 제재금은 일백만 원(1,000,000원)이 부과된다. 이 경고는 누적에 산입되지 않는다.

4. 직접 퇴장에 의한 출전정지는 다음 2경기가 출전 정지되며, 제재금은 일백이십만 원(1,200,000원)이 부과된다.

5. 경고 1회 후 직접 퇴장에 의한 출전정지는 다음 2경기가 출전 정지되며, 제재금은 일백오십만 원(1,500,000원)이 부과된다. 경고 1회는 유효하며, 누적에 산입된다.

6. 제재금은 출전 가능경기 1일 전까지 반드시 해당자 명의로 납부하여야 한다. 이를 위반할 경우 경기 출전이 불가하다. 출전 가능경기가 남아 있지 않을 경우, 본 대회 종료 15일 이내에 납부하여야 한다.

7. 상벌위원회 징계로 인한 출전정지는 시즌 및 대회에 관계없이 연계 적용한다.

8. 선수이면서 코칭스태프로 등록된 자가 선수로서 출장정지제재를 받은 경우 그 제재의 이행을 완료할 때까지 코칭스태프로서 경기에 출장할 수 없다. 코칭스태프로서 출장정지제재를 받은 경우에도 그 제재의 이행을 완료할 때까지 선수로서 경기에 출장할 수 없다.

9. 선수이면서 코칭스태프로 등록된 자의 경고누적으로 인한 출장정지 및 제재금 부과 기준은 코칭스태프의 예에 따르며, 누적에 산입되는 경고의 횟수는 선수로서 받은 경고와 코칭스태프로서 받은 경고를 모두 더한 것으로 한다.

10. 경고, 퇴장, 상벌위원회 징계 등에 따라 출전이 정지된 선수, 코칭스태프, 팀 스태프의 출전으로 인한 모든 책임은 해당 클럽에 있다.

제35조 (유니폼)_ 1. 본 대회는 K리그 마케팅 규정상의 팀 색상 및 유니폼 규정에 따라 반드시 연맹이 승인하고 지정한 유니폼을 착용해야 한다.

2. 선수 번호(배번은 1번~99번으로 한정하며, 배번 1번은 GK에 한함)는 출전선수명단에 기재되어 있는 선수 번호와 일치하여야 하며, 배번의 식별이 가능하도록 명확하게 표시되어 있어야 한다.

3. 팀의 주장은 주장인 것을 명확하게 표시하는 완장(Armband)을 착용하여야 한다.

4. 공식경기에 참가하는 모든 클럽은 제1유니폼과 제2유니폼을 필히 지참함을 원칙으로 하며, 경기 전 연맹(경기감독관) 및 상대 클럽과 유니폼 착용 색상과 관련하여 사전 조율하여야 한다. 조율이 되지 않을 경우 연맹(경기감독관)이 최종 결정한다. 이를 따르지 않을 경우 위반한 클럽에 제재금 500만 원을 부과할 수 있다.

5. 유니폼 안에 착용하는 이너웨어의 색상은 아래 각 호에 따른다.

1) 상의 이너웨어의 색상은 유니폼 상의 소매의 주색상과 일치해야 한다. 단, 유니폼 상의 소매 부분의 주색상이 상대팀 유니폼의 주색상과 동일하거나 유사할 경우에는 유니폼 상의의 주색상으로 착용할 수 있다. 이를 위반할 경우 공식경기 출전이 불가하다.

2) 하의 이너웨어의 색상은 유니폼 하의 끝부분의 색상과 일치해야 한다. 단, 유니폼 하의 끝부분의 색상이 상대팀 유니폼의 주색상과 동일하거나 유사할 경우에는 유니폼 하의의 주색상으로 착용할 수 있다. 이를 위반할 경우 공식경기 출전이 불가하다.

6. 스타킹과 발목밴드(테이핑)는 동일 색상(계열)이어야 한다. 이를 위반할 경우 심판은 시정을 명할 수 있고, 이에 불응할 경우 경기출전을 금지시킬

수 있다.

제36조 (사용구)_ 본 대회의 공식 사용구는 '아디다스 커넥스트 21 프로'(Conext 21 Pro)로 한다.

제37조 (경기관계자 미팅)_ 1. 경기시작 60~50분 전(양 팀 감독 인터뷰 진행 전) 경기감독관실에서 실시한다.

2. 참석자는 해당 경기의 경기감독관, 심판평가관, 주심, 양 팀 감독, 홈경기 운영자(필요시)로 한다. 홈경기 담당자는 당일 홈경기 관련 특이사항이 있는 경우에만 참석한다.

3. 주요내용은 아래와 같다.

1) 경기와 관련한 리그의 주요방침
2) 판정 가이드라인 등 심판판정에 관한 사항
3) 기타 해당경기 특이사항 공유

제38조 (경기 전후 인터뷰 및 기자회견)_ 1. 홈 클럽은 공동취재구역인 믹스드 존(Mixed Zone)과 공식기자회견장을 반드시 마련하고, 양 클럽 홍보담당자는 경기 전 인터뷰, 경기 후 플래시인터뷰, 공식기자회견, 믹스드 존 인터뷰가 원활히 이뤄질 수 있도록 협조하여야 한다.

2. 믹스드 존(Mixed Zone, 공동취재구역)은 코로나19 확산 사태가 종식될 때까지 운영하지 아니한다. 믹스드 존 운영 재개 시점은 추후 연맹이 각 클럽과 협의하여 정하고, 운영 재개 시 방식은 '2021 K리그 미디어 가이드라인'을 개정하여 반영한다.

3. 경기 중계방송사(HB)는 아래 각 호의 인터뷰를 실시할 수 있으며, 양 클럽은 인터뷰 실시에 적극 협조한다.

1) 경기 킥오프 전 70분 내지 60분 전 양 클럽 감독 대상 인터뷰
2) 경기 전반전 종료 직후 양 클럽 감독 또는 수훈선수 대상 인터뷰
3) 경기 후반전 종료 직후 양 클럽 감독 또는 수훈선수 대상 인터뷰

4. 경기 당일 중계방송을 하지 않는 중계권 보유 방송사(RTV)는 경기 후반전 종료 후 양 팀의 감독 또는 수훈선수를 대상으로 하는 인터뷰를 실시할 수 있으며, 양 클럽은 인터뷰 실시에 적극 협조한다. 단, RTV의 인터뷰는 HB의 인터뷰가 종료된 후에 실시한다.

5. 홈 클럽은 경기 킥오프 전 50분 내지 40분 전에 경기장 내 기자회견실에서 양 클럽의 감독이 참석하는 사전 기자회견을 개최한다. 기자회견의 순서는 원정 클럽의 감독이 먼저 진행하는 것을 원칙으로 하되 양 클럽의 합의에 따라 변경할 수 있다.

6. 홈 클럽은 경기 종료 후 20분 이내에 경기장 내 기자회견실에서 양 클럽의 감독과 미디어가 요청하는 수훈선수가 참석하는 공식기자회견을 개최한다. 양 클럽 홍보담당자는 감독 및 미디어 요청 선수가 공식기자회견에 참석할 수 있도록 협조한다.

7. 공식기자회견은 원정 - 홈 클럽 순으로 진행하며, 선수의 순서는 양 클럽 홍보담당자가 협의하여 정한다.

8. 미디어 부재로 공식기자회견을 개최하지 않은 경우, 홈 클럽 홍보담당자는 양 클럽 감독의 코멘트를 경기 종료 1시간 이내에 각 언론사에 배포한다.

9. 제재 중인 지도자(코칭스태프 및 팀 스태프 포함)도 경기 전·후 인터뷰와 공식기자회견 등에 참석해야 한다.

10. 양 클럽 선수단은 공식기자회견이 종료된 이후에 선수단 라커룸을 출발하여 믹스트 존 인터뷰에 응하여야 한다(홈팀 필수/ 원정팀 권고).

11. 모든 기자회견은 연맹이 지정한 인터뷰 배경막(백드롭)을 배경으로 실시하여야 한다.

12. 인터뷰를 실시하지 않거나 공식기자회견에 참석하지 않을 경우, 해당 클럽과 선수, 감독에게 제재금(50만 원 이상)을 부과할 수 있다.

13. 인터뷰에서는 경기의 판정이나 심판과 관련하여 일체의 부정적인 언급이나 표현을 할 수 없으며, 위반 시 다음 각 호에 의한다.

1) 각 클럽 소속 선수, 코칭스태프, 팀 스태프, 임직원 등 모든 관계자에게 적용되며, 위반할 시 상벌규정 유형별 징계기준 제2조 가. 항 혹은 나. 항을 적용하여 제재를 부과한다.

2) 공식 인터뷰뿐만 아니라 대중에게 공개될 수 있는 어떠한 경로를 통한 언급이나 표현에도 적용된다.

14. 그 밖의 사항은 '2021 K리그 미디어 가이드라인'을 준수하여야 한다.

15. 2021 K리그 미디어가이드라인을 준수하지 않을 경우, 해당시즌 팀 미디어 운영에 제한을 받을 수 있다.

제39조 (중계방송협조) 1. 홈 클럽은 경기시작 4시간 전부터 경기종료 후 1시간까지 연맹, 심판, 선수, 스폰서, 중계제작사, 미디어를 포함한 모든 경기관계자가 원활한 경기진행 및 중계방송을 위해 요청하는 시설 및 서비스를 반드시 제공해야 할 책임이 있다.

2. 홈경기 담당자는 중계제작사의 도착시간을 기점으로 TV컴파운드(TV Compound)에 중계제작에 필요한 전력을 공급해야 하며, OB밴의 밤샘 주차가 필요한 경우 이에 대한 관리 및 경비를 시행해야 한다. 홈경기 담당자는 중계제작사의 요청 시 중계제작사의 요구조건에 부합하는 조명을 제공해야 하며, 별도의 취소 요청이 있을때까지 이를 유지해야 한다.

3. 홈경기 담당자와 경기감독관 또는 대기심(매치 오피셜 - Match Officials)은 팀 벤치 앞 터치라인(Touchline) 및 대기심(4th official) 테이블 근처에 위치한 피치사이드 카메라(표준 카메라 플랜 기준 3,4,5번 카메라)와 골대 근처에 위치한 카메라(8,9,10번 카메라)에 대한 리뷰를 진행해야 한다. 만약 담당자들 간의 의견이 합의점을 찾지 못할 경우, 경기감독관이 최종 결정을 내린다. 단, 3번 피치사이드 카메라의 위치는 팀 벤치 및 대기심 테이블과 동일 선상을 이루어야 하며, 하프라인을 기준으로 좌측에 위치한다. (우측은 대기심 테이블 위치)

4. 중계제작사는 버스 도착 시 양 팀 감독과 인터뷰를 진행할 권리를 가지고 있으며, 인터뷰는 버스 도착지점과 드레싱룸 사이 공간에 K리그가 제공하는 인터뷰 백드롭 앞에서 진행해야 한다. 인터뷰는 킥오프 전 60분~20분 사이에 진행하며, 진행시간은 90초 이내로 최대 3개의 질문을 초과할 수 없다. 만약 감독 또는 감독대행이 외국인인 경우, 해당 팀은 통역 인원을 준비해야 한다.

5. 중계제작사는 경기종료 시 감독 또는 선수 중 양 팀 각각 1인과 인터뷰를 진행할 권리를 가지고 있으며, 인터뷰는 피치 또는 피치와 드레싱룸 사이 공간에 K리그가 제공하는 인터뷰 백드롭 앞에서 진행해야 한다. 중계제작사는 최소 경기 종료 10분 전까지, 양 클럽 홍보 담당재(Media Officer)에게 희망 인터뷰 선수를 전달한다. 양 클럽 홍보 담당자는 감독과 인터뷰 요청선수를 경기종료 즉시 인터뷰 백드롭 앞으로 인계해야 한다. 만약 감독 또는 감독대행이 외국인인 경우, 해당 팀은 통역 인원을 준비해야 한다.

6. 백드롭은 2,5m x 2,5m 사이즈로 리그 로고와 스폰서 로고를 포함한 디자인으로 제작된다. 연맹에서 각 클럽에 제공하며, 홈 클럽에게 관리의 책임이 있다. 감독 도착 인터뷰 및 히프타임과 경기 종료 후 피치사이드 [Pitchside]의 플래시 인터뷰 시 각 팀은 K리그 공식 백드롭을 필수로 사용해야 한다.

7. 그 밖의 중계방송 관련 사항은 'K리그 중계방송제작가이드라인'을 준수해야 한다.

제40조 (경기장 안전과 질서유지) 1. 홈 클럽은 경기개시 2시간 전부터 경기종료 후 모든 관중과 관계자가 퇴장할 때까지 선수, 팀 스태프, 심판을 비롯한 전 관계자와 관중의 안전 및 질서 유지에 대한 의무와 책임이 있다.

2. 홈 클럽은 상기 1항의 의무 실시를 위해 최선의 노력을 다해야 하며, 경기장 안전 및 질서를 어지럽히는 관중에 대해 그 입장을 제한하고 강제 퇴장시키는 등의 적절한 조치를 취할 수 있다.

3. 연맹, 클럽, 선수, 코칭스태프 및 팀 스태프, 관계자를 비방하는 사안이나, 경기진행 및 안전에 지장을 줄 수 있는 모든 사안에 대해 관련 클럽은 즉각 이를 시정 조치하여야 한다.

4. 경기감독관은 상기 3항에 해당하는 사안을 경기 중 또는 경기 전·후에 발견하였을 경우 관련 클럽에 시정 조치를 요구할 수 있으며, 관련 클럽은 경기감독관의 지시에 따라야 한다.

5. 상기, 3·4항의 사안이 시정 조치되지 않을 경우, 상벌규정 유형별 징계기준 제5조 마,항 및 바,항에 의거, 해당 클럽에 제재를 부과할 수 있다.

6. 관중의 소요, 난동으로 인해 경기 진행에 문제가 발생하거나, 선수, 심판, 코칭스태프 및 팀 스태프, 미디어를 비롯한 관중의 안전과 경기장 질서 유지에 문제가 발생할 경우에는 관련 클럽이 사유를 불문하고 그에 대한 일체의 책임을 부담한다.

7. 홈 클럽은 선수단 구역과 양 팀 선수대기실 출입구에 경호요원을 상시 배치하여야 한다. 또한 해당 구역을 확인할 수 있는 CCTV를 설치해야 하며, 관련 영상을 15일간 보관해야 한다.

8. 연맹에서 제정한 '안전 가이드라인'을 준수하지 않을 경우, 상벌규정 유형별 징계 기준 제5조 마 항및 바 항에 의거 해당 클럽에 제재를 부과할 수 있다.

제41조 (홈경기 관리책임자, 홈경기 안전책임자 선정 및 경기장 안전요강) 모든 클럽은 경기장 안전 및 원활한 진행을 위해 홈경기 관리책임자 및 홈경기 안전책임자를 선정하여 연맹에 보고하여야 하며, 아래의 경기장 안전요강을 숙지하여 실행하고 관중에게 사전 공지 또는 고지하여야 한다. 또한 홈경기 관리책임자 및 홈경기 안전책임자는 경기감독관의 업무 및 지시 사항에 대해 최대한 협조하여야 한다.

1. 반입금지물: 경기장에 입장하려는 사람 또는 입장한 사람은 홈경기 관리책임자 또는 홈경기 안전책임자가 특별히 필요 사항에 의해 허락했을 경우를 제외하고 다음의 각 호에 명시된 것을 가지고 입장할 수 없다.
1) 경기장 관리자에 의해 반입을 금지하고 있는 것
2) 정치적, 사상적, 종교적인 주의 또는 주장 또는 관념을 표시하거나 또는 연상시키고 혹은 대회의 운영에 지장을 미칠 우려가 있는 게시판, 간판, 현수막, 플래카드, 문서, 도면, 인쇄물 등
3) 연맹의 승인을 득하지 않은 특정의 회사 또는 영리기업의 광고를 목적으로 하여 특정의 회사명, 제품명 등을 표시한 것(특정 회사, 제품 등을 연상시키는 것 포함)
4) 그 외 경기운영 또는 진행을 방해하여 타인에게 불편을 주거나 또는 위험하게 하거나 혹은 그러한 우려가 있거나 또는 운영담당·보안담당, 경비종사원이 위험성을 인정하는 것

2. 금지행위: 경기장에 입장하려는 사람 또는 입장한 사람은 홈경기 관리책임자 및 홈경기 안전책임자가 특별히 필요 사항에 의해 허락했을 경우를 제외하고는 다음의 각 호에 명시되는 행위를 해서는 안 된다.
1) 경기장 관리자에 의해 금지되고 있는 행위
2) 정당한 입장권 또는 통행증을 소지하지 않고 입장하는 것
3) 항의 집회, 데모 등 대회의 원활한 운영을 저해할 우려가 있는 행위
4) 알코올, 약물 그 외 물질을 소유 및 복용한 상태로 경기장에 입장하는 행위 또는 경기장에 이러한 물질을 방치해 두어 이것들의 영향에 의해 경기운영 또는 타인의 행위 등을 저해하는 행위(알코올 등의 영향에 의해 정상적인 행위를 할 수 없는 우려가 있는 상태일 경우 입장 불가)
5) 해당 경기장(시설) 및 관련 장소에서 권유, 연설, 집회, 포교 등의 행위
6) 정해진 장소 외에서 차량을 운전하거나 주차하는 것
7) 상행위, 기부금 모집, 광고물의 게시 등의 행위
8) 정해진 장소 외에 쓰레기 및 오물을 폐기하는 것
9) 연맹의 승인 없이 영리목적으로 경기장면, 식전행사, 관객 등을 사진 또는 비디오로 촬영하는 것
10) 연맹의 승인 없이 대회의 음성, 영상의 전부 또는 일부를 인터넷 및 미디어를 통해 전달하는 것
11) 경기운영 또는 진행을 방해하여 타인에게 폐를 끼치거나 또는 위험을 미치거나 혹은 그러한 우려가 있으면서 경비종사원이 위험성을 인정하는 행위

3. 경기장 관련: 경기장에 입장하려는 사람 또는 입장한 사람은 다음 각 호에 명시하는 사항을 준수하여야 한다.

1) 입장권, 신분증, 통행증 등의 제시가 요구되었을 때는 이것을 제시해야 함
2) 안전 확보를 위해 수화물, 소지품 등의 검사가 요구되었을 때는 이것에 따라야 함
3) 사건·사고가 발생하거나 또는 발생 우려가 예상되는 경우, 경비 종사원 또는 치안 당국의 지시, 안내, 유도 등에 따라 행동할 것
4. 입장거부 또는 퇴장명령
    1) 홈경기 관리책임자 및 홈경기 안전책임자는 상기 3항 1호, 2호, 3호의 경기장 안전요강을 위반한 사람의 입장을 거부하여 경기장으로부터의 퇴장을 명할 수 있으며, 상기 3항에 의거하여 반입금지물 몰수 등 필요한 조치를 취할 수 있다.
    2) 홈경기 관리책임자 및 홈경기 안전책임자는 상기 4항 1호에 해당하는 사람 중에서 특히 고의, 상습으로 확인된 사람에 대해서는 이후 개최되는 연맹 주최의 공식경기에 입장을 거부할 수 있다.
    3) 홈경기 관리책임자 및 홈경기 안전책임자에 의해 입장이 거부되거나 경기장에서 퇴장을 받았던 사람은 입장권 구입 대금의 환불을 요구할 수 없다.
5. 권한의 위임: 홈경기 관리책임자는 특정 시설에 대해 그 권한을 타인에게 위임할 수 있다.
6. 안전 가이드라인 준수: 모든 클럽은 연맹이 정한 'K리그 안전가이드라인'을 준수하여야 한다.

제42조 (기타 유의사항)_ 각 클럽은 아래의 사항을 숙지하고 준수하여야 한다.
1. 모든 취재 및 방송중계 활동을 위한 미디어 관련 입장자는 2021 K리그 미디어 가이드라인을 준수하여야 한다.
2. 경기에 참가하는 선수단(코칭스태프, 팀 스태프 포함)은 경기시작 100분

전에 경기장에 도착하여야 한다.
3. 오픈경기 및 축구클리닉 등 경기 진행에 영향을 미치는 행사는 본 경기 개최 1시간(60분) 전까지 반드시 종료되어야 하며, 연맹에 사전 승인을 받아야 한다.
4. 선수는 신체보호를 위해 반드시 정강이 보호대를 착용하고 경기에 임해야 한다.
5. 경기 중 클럽의 임원, 코칭스태프, 팀 스태프, 선수는 경기장 내에서 흡연을 할 수 없으며, 이를 위반할 경우 퇴장 조치한다.
6. 시상식에는 연맹이 지정한 클럽(팀)과 수상 후보자가 반드시 참석하여야 한다.
7. 체육진흥투표권(스포츠토토 등) 발매 이상 징후 대응경보 발생 시, 경기시작 90분 전 대응 미팅에 관계자(경기감독관, 매치코디네이터, 양 클럽 관계자 및 감독) 등이 참석하여야 한다.
8. 경기 중, 교체대상 선수의 워밍업은 연맹이 사전에 지정한 장소에서 실시해야 한다.
9. 경기감독관은 하절기(6-8월) 기간 중, 쿨링 브레이크 제도(워터 타임)의 실시 여부를 결정할 수 있다. 감독관은 경기시작 20분 전, 기온을 측정해 32도(섭씨) 이상일 경우, 심판진과 협의해 실시할 수 있다.
10. 심판 판정에 대한 제소는 불가하다.
11. 전자 퍼포먼스/트래킹 시스템(EPTS)을 사용하는 경우, 사전 승인을 득하여야 한다.
12. 클럽은 경기 중 전력분석용 팀 카메라 1대를 상층 카메라구역에 설치할 수 있다. 원정 클럽이 팀 카메라를 설치하는 경우 홈 클럽에 승인을 득하여야 한다.

제43조 (부칙)_ 본 대회요강에 명시되지 않은 사항은 K리그 규정, FIFA 규정, K리그 이사회 결정을 준용한다.

하나원큐 K리그1 2021 경기기록부

- 2월 27일 14:00 맑음 전주월드컵 6,199명
- 주심_김종혁 부심_박균용·장종필 대기심_채상협 경기감독관_김용세

| | | | | 전반 0 | | | |
| 전북 2 | | | | 후반 2 | | 0 서울 | |

퇴장	경고	파울	ST(유)	교체	선수명	배번	위치	위치	배번	선수명	교체	ST(유)	파울	경고	퇴장
0	0	0	0		송 범 근	31	GK	GK	21	양 한 빈		0	0	0	0
0	0	2	1		이 주 용	32	DF	DF	27	고 광 민	15	0	1	0	0
0	0	0	2(1)		김 민 혁	92	DF	DF	40	김 원 균		0	1	1	0
0	0	1	0		홍 정 호	26	DF	DF	2	황 현 수		0	0	0	0
0	0	1	0		김 진 수	24	MF	MF	5	오스마르	22	1	0	0	0
0	0	0	1	24	이 성 윤	22	MF	MF	5	오스마르	22	1	0	0	0
0	0	1	0		최 영 준	4	MF	MF	8	기 성 용	16	0	0	0	0
0	0	1	0	11	류 재 문	29	MF	MF	26	팔로세비치		2(1)	1	0	0
0	2(1)	2	2(1)	25	한 교 원	7	FW	FW	7	나 상 호	17	5(1)	0	0	0
0	0	2	0		김 보 경	13	MF	FW	19	조 영 욱	9	2(2)	0	0	0
0	0	1	0		구스타보	9	FW	FW	10	박 주 영		0	0	0	0
0	0	0	0	후32	김 정 훈	23			1	유 상 훈		0	0	0	0
0	0	0	0		최 보 경	6			15	홍 준 호	후45	0	0	0	0
0	0	0	0	후32	최 철 순	25			17	김 진 야	후45	0	0	0	0
0	0	0	0		정 혁		대기	대기	16	한 찬 희	전26	3(1)	1	0	0
0	0	0	0	전23	나 디 손	24			21	김 인 규		0	0	0	0
0	1(1)	1	1(1)	후13	바 로 우	11			22	박 정 빈	후34	0	0	0	0
0	0	0	0	후13	일류첸코	10			19	정 한 민	후34	0	0	0	0

- 후반 30분 김원균 GA 정면 H 자책골(득점: 김원균) 오른쪽
- 후반 48분 김보경 PAR 내 ~ 바로우 GA 정면내 L-ST-G(득점: 바로우, 도움: 김보경) 왼쪽

- 2월 27일 16:30 맑음 DGB대구은행파크 3,025명
- 주심_김우성 부심_김계용·성주경 대기심_김영수 경기감독관_나승화

| | | | | 전반 1 | | | |
| 대구 1 | | | | 후반 0 | | 1 수원FC | |

퇴장	경고	파울	ST(유)	교체	선수명	배번	위치	위치	배번	선수명	교체	ST(유)	파울	경고	퇴장
0	0	0	0		최 영 은	1	GK	GK	51	유 현		0	0	0	0
0	0	1	0		김 재 우	5	DF	DF	2	정 동 호		0	1	0	0
0	0	1	0		정 태 욱	4	DF	DF	6	박 주 호		0	0	0	0
0	0	1	1(1)		김 진 혁	7	DF	DF	14	김 건 웅		0	0	0	0
0	0	1	0		황 순 민	20	MF	MF	22	이 영 선		0	0	1	0
0	0	0	0		츠 바 사	44	MF	MF	8	정 재 용		0	2	1	0
0	1	3	4(1)		박 한 빈	8	MF	MF	10	무 랄 로	66	1	2	0	0
0	0	0	0	66	장 성 원	38	MF	MF	28	이 영 재		0	0	0	0
0	1	3(2)			세 징 야	11	FW	FW	18	양 동 현	9	3(1)	1	0	0
0	0	0	0		조 우 성	13	FW	FW	21	이 기 혁	19	0	0	0	0
0	0	2	74		안 용 우	14	FW	FW	29	조 상 준	7	0	0	0	0
0	0	0	0		문 경 건	27			1	박 배 종		0	0	0	0
0	0	0	0	후41	조 진 우	66			4	곽 윤 호	후38	0	0	0	0
0	0	0	0		김 우 석				33	김 범 용		0	0	0	0
0	0	0	0		이 진 용	26	대기	대기	66	한 승 규	후9	1	2	0	0
0	0	0	0	후21	이 용 래	74			7	김 승 준	전16	2	1	0	0
0	0	0	0		윤 종 태	15			9	라 스	후0	0	3	0	0
0	0	0	0	후0	이 근 호	22			19	정 충 근	전164	3	0	0	0
0	1	13	13(4)									10(1)	15	3	0

- 후반 31분 황순민 자기 측 MFL ~ 김진혁 PA 정면내 L-ST-G(득점: 김진혁, 도움: 황순민) 가운데
- 전반 28분 양동현 PK-R-G(득점: 양동현) 왼쪽

- 2월 27일 14:00 맑음 포항스틸야드 2,899명
- 주심_고형진 부심_곽승순·강동호 대기심_김동진 경기감독관_강득수

| | | | | 전반 0 | | | |
| 포항 2 | | | | 후반 2 | | 1 인천 | |

퇴장	경고	파울	ST(유)	교체	선수명	배번	위치	위치	배번	선수명	교체	ST(유)	파울	경고	퇴장
0	0	0	0		강 현 무	31	GK	GK	1	이 태 희		0	0	0	0
0	0	1	1(1)		강 상 우	10	DF	DF	26	오 반 석	19	0	0	1	0
0	0	0	0		하 창 래	5	DF	DF	3	김 광 석		0	1	0	0
0	0	0	0		권 완 규	17	DF	DF	14	정 동 윤		0	0	1	0
0	0	0	0	4	신 광 훈	17	DF	MF	22	김 준 엽		0	2	1	0
0	1	1	1(1)		오 범 석	14	MF	MF	7	김 도 혁		0	1	1	0
0	1	3	1(1)		신 진 호	6	MF	MF	4	문 지 환		0	0	1	0
0	1	3(2)			송 민 규	12	MF	MF	34	오 재 석		0	0	0	0
0	0	1	79		이 승 모	79	FW	FW	30	박 창 환	10	0	0	0	0
0	0	2	1		팔라시오스	82	FW	FW	9	유 동 규	11	0	0	0	0
0	0	0	77		이 현 일	77	FW	FW	32	김 채 운	20	1	0	0	0
0	0	0	0		황 인 재	1			31	김 동 헌		0	0	0	0
0	0	0	후18		그 랜 트	2			20	델브리지	후5	0	0	0	0
0	0	0	후10		전 민 광	4			10	아길라르	전21	1(1)	1	0	0
0	0	0	0		김 성 주	25	대기	대기	13	김 준 범		0	0	0	0
0	0	0	후0		임 상 협	7			7	지 언 학	전21	0	0	0	0
0	0	0	후10		고 영 준	11			19	송 시 우	후35	0	0	0	0
0	0	0	후37		이 호 재	20			8	김		0	0	0	0
0	2	16	11(7)									3(1)	13	3	0

- 후반 14분 신광훈 PA 정면 R-ST-G(득점: 신광훈) 오른쪽
- 후반 26분 송민규 GAL 내 EL L-ST-G(득점: 송민규) 왼쪽
- 전반 27분 김도혁 PAL 내 ~ 아길라르 AKL L-ST-G(득점: 아길라르, 도움: 김도혁) 왼쪽

- 2월 28일 16:30 흐림 수원월드컵 3,258명
- 주심_채상협 부심_이정민·양재용 대기심_김재홍 경기감독관_최윤겸

| | | | | 전반 0 | | | |
| 수원 1 | | | | 후반 0 | | 0 광주 | |

퇴장	경고	파울	ST(유)	교체	선수명	배번	위치	위치	배번	선수명	교체	ST(유)	파울	경고	퇴장
0	0	0	0		노 동 건	19	GK	GK	77	윤 보 상		0	0	0	0
0	0	1	0		박 대 원	33	DF	DF	3	이 민 기		0	1	0	0
0	0	0	0		민 상 기	39	DF	DF	20	이 한 도		0	0	0	0
0	0	0	0		장 호 익	35	DF	DF	20	이 한 도		0	0	0	0
0	0	1	0		이 기 제	23	MF	DF	14	여 봉 훈		0	1	1	0
0	0	0	1(1)		한 석 종	6	MF	MF	5	김 원 식		0	1	1	0
0	2	5(2)			김 태 환	18	MF	MF	10	김 종 우		1(1)	2	0	0
0	0	2	1(1)	23	김 민 우	29	MF	MF	40	이 찬 동	30	1	2	1	0
0	0	0	0	2	고 승 범	7	MF	MF	16	송 승 민		0	0	0	0
0	0	6(4)			김 건 희	9	FW	FW	19	엄 원 상		0	1	0	0
0	0	1	0		유 주 안	17	FW	FW	11	김 주 공	22	0	1	0	0
0	0	0	0		양 형 모	21			1	이 진 형		0	0	0	0
0	0	0	0		최 정 원	2			90	김 봉 진		0	0	0	0
0	0	0	0		구 대 영	90			8	이 으 뜸	후40	0	0	0	0
0	0	0	0		염 기 훈	26	대기	대기	13	두 현 석		0	0	0	0
0	0	0	후43		강 현 묵	14			22	김 광 선	후28	0	1	0	0
0	0	0	0		제 리 치	55			24	엄 지 성	후12	0	0	0	0
0	2(2)	후15			니콜라오	27			30	김 호 기	후12	0	0	0	0
0	0	16	23(10)									2(1)	15	3	0

- 후반 5분 고승범 PAL 내 ~ 김건희 AKL R-ST-G(득점: 김건희, 도움: 고승범) 왼쪽

울산 5 : 0 강원

• 3월01일 14:00 비 울산문수 3,943명
• 주심_박병진 부심_김계용·장종필 대기심_안재훈 경기감독관_차상해

울산 5   1 전반 0 / 4 후반 0   0 강원

퇴장	경고	파울	ST(유)	교체	선수명	배번	위치	위치	배번	선수명	교체	ST(유)	파울	경고	퇴장
0	0	0	0		조현우	21	GK	GK	1	이광연		0	0	0	0
0	0	1	0		불투이스	4	DF	DF	22	아슬마토프		0	1	0	0
0	1	1	1(1)		김기희	44	DF	DF	26	임채민		0	1	1	0
0	1	0	15		설영우	66	DF	DF	23	김영빈		0	3	0	0
0	1	0	0		김태환	23	MF	MF	28	김수범	3	0	1	0	0
1	1	0	0		원두재	16	MF	MF	7	윤석영		0	0	0	0
0	0	4(4)			윤빛가람	14	MF	MF	8	한국영		1(1)	1	1	0
0	0	1	14		강윤구	30	MF	MF	6	김동현		2(1)	1	0	0
0	4	1(1)	72		이동준	11	FW	FW	18	마	11	11	0	2	0
0	0	5(3)	13		김인성	13	FW	FW	10	무 열		3(3)	0	0	0
0	2	2	24		김지현	9	FW	FW	17	김대원	1	1	0	0	0
					서주환	25			25	이범수					
				후42	김태현	15			3	신세계	후11				
					신형민	20			88	황문기					
0	1	0	후0		이 영	3	대기	대기	14	신창무					
				후28	이청용	72			77	박경배					
0	1(1)		후35		김민준				11	조재완	후15	1(1)			
				후35	힌터제어	24			9	실라지	후21				
0	2	14	14(10)									8(7)	12	1	1

● 전반 27분 윤빛가람 PA 정면 FK R-ST-G(득점: 윤빛가람) 오른쪽
● 후반 8분 김기희 GAR R-ST-G(득점: 김기희) 왼쪽
● 후반 12분 이동경 MF 정면 ~ 이동준 PK지점 R-ST-G(득점: 이동준, 도움: 이동경) 왼쪽
● 후반 18분 김인성 PA 정면 R-ST-G(득점: 김인성) 오른쪽
● 후반 25분 김지현 PK지점 → 김인성 PAL 내 L-ST-G(득점: 김인성, 도움: 김지현) 오른쪽

성남 0 : 0 제주

• 3월01일 16:30 비 탄천종합 1,218명
• 주심_김대용 부심_박균용·설귀선 대기심_김종혁 경기감독관_김성기

성남 0   0 전반 0 / 0 후반 0   0 제주

퇴장	경고	파울	ST(유)	교체	선수명	배번	위치	위치	배번	선수명	교체	ST(유)	파울	경고	퇴장
0	0	0	0		김영광	41	GK	GK	21	오승훈		0	0	0	0
0	0	1	2		리차드	40	MF	MF	17	안현범		0	1	0	0
0	0	1	0		마상훈	5	DF	DF	35	김오규		0	0	0	0
0	1	0	38		박지수		DF	DF	3	권한진		0	2	0	0
0	1	0	1(1)		이규성	14	MF	MF	13	정 운		0	0	0	0
0	0	0	11		박수일	66	MF	MF	22	정우재		1(1)	2	0	0
0	3	0			김민혁	13	MF	MF	8	이창민		3(2)	0	1	0
0	0	0			이재원	16	MF	MF	16	여 름		0	0	0	0
0	0	0	0		이태희	32	FW	FW	38	이규혁	37	1(1)	2	0	0
0	1	0	8		박용지	19	FW	FW	10	진민규		0	0	0	0
0	0	0			홍시후	37	FW	FW	18	주민규	10	1	0	0	0
					김근배	21			31	유연수					
0	0				안영규	6			23	김재환	후0				
					권순형	7			26	이정문					
0	0		후20		서보민	11	대기	대기	6	강윤성	후32	0			
0	1(1)		후20		뮬리치	15			37	이은범	22(6)	2(2)	2	0	1
0	5(2)		전30		물라치	8			10	진성욱	후0				
				후44	홍현승	38			9	자와다	후32	0	1	1	1
0	11		10(5)									10(6)	15	0	1

제주 1 : 1 전북

• 3월06일 14:00 흐림 제주월드컵 2,648명
• 주심_김동진 부심_곽승순·구은석 대기심_안재훈 경기감독관_강득수

제주 1   0 전반 0 / 1 후반 1   1 전북

퇴장	경고	파울	ST(유)	교체	선수명	배번	위치	위치	배번	선수명	교체	ST(유)	파울	경고	퇴장
0	0	0	0		오승훈	21	GK	GK	31	송범근		0	0	0	0
0	0	1	2(2)		안현범	17	DF	DF	25	최철순		1	2	0	0
0	0	0			김오규	35	DF	DF	6	최보경		0	0	0	0
0	0	3			권한진	3	DF	DF	15	구자룡		2(1)	2	0	0
0	0	0			김경재	23	MF	MF	4	최영준	29	0	0	0	0
0	0	0			정우재	22	MF	MF	7	정 혁	14	0	1	0	0
0	1	1			이창민	8	MF	MF	33	박진섭	32	0	2	1	0
0	1	3	0		여 름	16	MF	MF	5	이보경		1	3	1	0
0	0	1(1)			이동률	37	MF	MF	16	이유현		0	1	0	0
0	0	2	2(1)	6	공민현	19	FW	FW	9	구스타보	10	1(1)	0	0	0
0	0	9			주민규	18	FW	FW	19	이지훈		0	0	0	0
					유연수	31			1	이범수					
					김재성	3			26	홍정호					
0	1				박원재	33			32	이주용	전23	1(1)			
				후36	강윤성	6	대기	대기	29	류재문	후40	1			
					이규혁	37			14	이승기	후7	1(1)	0	0	0
				후20	조성준	10			10	일류첸코	후7	1	0	0	0
				후36	자와다	9			24	김승대	후7	0	0	0	0
0	1	8(4)										8(3)	14	3	0

● 후반 23분 안현범 GAR 내 L-ST-G(득점: 안현범) 왼쪽
● 후반 10분 김승대 PK지점 ~ 이승기 PA 정면 내 L-ST-G(득점: 이승기, 도움: 김승대) 왼쪽

광주 0 : 1 울산

• 3월06일 16:30 맑음 광주전용 1,953명
• 주심_김영수 부심_강동호·설귀선 대기심_박종명 경기감독관_김성기

광주 0   0 전반 1 / 0 후반 0   1 울산

퇴장	경고	파울	ST(유)	교체	선수명	배번	위치	위치	배번	선수명	교체	ST(유)	파울	경고	퇴장
0	0	0	0		윤보상	77	GK	GK	21	조현우		0	0	0	0
0	0	1	1		한희훈	3	DF	DF	4	불투이스		2(1)	1	1	0
0	0	0			한도	20	DF	DF	44	김기희		1	1	0	0
0	0	0	32		여봉훈	14	MF	DF	66	설영우		1	2	0	0
0	0	0			김원식	4	MF	MF	16	원두재		0	0	0	0
0	2	4	1(1)		김 종		MF	MF	14	윤빛가람	20	2(1)	0	0	0
0	1	3	90		이진동	40	MF	MF	11	이동준	13	0	0	0	0
0	1	2(2)			이으뜸	8	FW	FW	13	김민준	72	3(3)	3	1	0
0	2	2(2)			엄원상	7	FW	FW	13	이동경		1(1)	3	0	0
0	1	24			김주공	11	MF	MF	9	김지현					
					윤평국	31			25	서주환					
				후39	김봉진	30			15	김태현					
				전47	이지훈	32			20	신형민	후32				
					이한샘	33	대기	대기	30	강윤구	후32				
					이순민	44			72	이청용	후11	0			
				후35	김지성	24			13	김인성	후20	0	1	0	0
					김효기	30			24	힌터제어	후32	0	0	0	0
0	1	11										13(6)	17	1	0

● 전반 37분 김민준 PAL 내 L-ST-G(득점: 김민준) 왼쪽

• 3월 06일 16:30 흐림 인천 전용 1,930명
• 주심_이동준 부심_박균용·방기열 대기심_채상협 경기감독관_김용세

인천 2 | 2 전반 1 / 0 후반 0 | **1 대구**

퇴장	경고	파울	ST(유)	교체	선수명	배번	위치	위치	배번	선수명	교체	ST(유)	파울	경고	퇴장
0	0	0	0		이태희	21	GK	GK	1	최영은		0	0	0	0
0	0	2	0		오재석	34	DF	DF	66	조진우	5	1	2	1	0
0	1	1(1)			김광석	3	DF	DF	7	김진혁		2(1)	0	0	0
0	0	2	1		오반석	4	DF	DF	4	정태욱		1(1)	0	0	0
0	1	1			김준엽	22	MF	MF	20	황순민	26	1	0	0	0
0	1	1	30		김도혁	7	MF	MF	44	츠바사	74	0	1	0	0
0	1	4	1(1)		문지환	4	MF	MF	8	박한빈		2(2)	1	1	0
0	2	2(1)		27	아길라르	10	MF	MF	38	장성원					
1	1	1			네게바	77	FW	FW	11	세징야		3(1)	1	0	0
1	1	1(1)	19		구본철	70	FW	FW	32	정치인		1(1)	5	1	0
					김동헌	31			27	문경건					
					강윤구	16			5	김재우	후12				
				후41	델브리지	20			26	이진용	후0				
				후41	박창환	30	대기	대기	74	이용래	후26				
				후27	김준범	31			10	세르지뉴	후14				
				후10	송시우	19			15	유종현					
					유동규	17			22	이근호	후0				
0	3	23	10(6)									13(7)	13	1	0

● 전반 12분 구본철 GAR 내 R-ST-G(득점: 구본철) 오른쪽
● 전반 37분 아길라르 PK 좌측지점 L-ST-G (득점: 아길라르) 왼쪽
● 전반 15분 김진혁 GAL 내 H-ST-G(득점: 김진혁) 왼쪽

• 3월 06일 19:00 눈 강릉 종합 1,207명
• 주심_김종혁 부심_이정민·성주경 대기심_김재홍 경기감독관_당성증

강원 1 | 1 전반 0 / 0 후반 3 | **3 포항**

퇴장	경고	파울	ST(유)	교체	선수명	배번	위치	위치	배번	선수명	교체	ST(유)	파울	경고	퇴장
0	0	0	0		김정호	21	GK	GK	31	강현무		0	0	0	0
0	0	1	0		아슬마토프	22	DF	DF	10	강상우		3(1)	0	0	0
0	0	1	0		신세계	3	DF	DF	5	하창래		1	0	0	0
0	0	1	0		김영빈	28	DF	DF	13	권완규		1(1)	2	0	0
0	0	1	88		김수범	28	MF	MF	3	신광훈		1(1)	0	0	0
0	0	1	0		윤석영	7	MF	MF	14	오범석		0	0	0	0
0	0	1	0		한국영	8	MF	MF	26	송민규		4(2)	0	0	0
0	0	3(1)	0		김동현	6	MF	FW	79	이승모	79	1	1	0	0
0	1	1	11		박경배	77	FW	FW	77	임상협		0	0	0	0
0	0	1	0		고무열	12	FW	FW	82	팔라시오스		1	1	0	0
0	2	2(1)			김대원	17	FW		1	황인재					
					이광연	1			4	전민광	후0				
					이병욱	32			22	박재우	후23				
				후32	황문기	88			2	심상민					
					신창무	14	대기	대기	11	고영준	후4	1(1)	1	1	0
				후0	조재완	11			20	이호재					
				후20	실라지	9			18	이현일	후40				
0	1	11	7(2)									12(7)	15	2	0

● 전반 21분 김대원 PAL FK R-ST-G(득점: 김대원) 오른쪽
● 후반 6분 강상우 MFL → 고영준 GAL L-ST-G(득점: 고영준, 도움: 강상우) 오른쪽
● 후반 25분 신진호 C.KR → 하창래 GA 정면 H-ST-G(득점: 하창래, 도움: 신진호) 가운데
● 후반 33분 강상우 PAL FK → 권완규 GA 정면 H-ST-G(득점: 권완규, 도움: 강상우) 오른쪽

• 3월 07일 14:00 맑음 수원월드컵 3,087명
• 주심_고형진 부심_김계용·장종필 대기심_김대용 경기감독관_양정환

수원 1 | 1 전반 0 / 0 후반 0 | **0 성남**

퇴장	경고	파울	ST(유)	교체	선수명	배번	위치	위치	배번	선수명	교체	ST(유)	파울	경고	퇴장
0	0	0	0		노동건	19	GK	GK	41	김영광		0	0	0	0
0	0	0	1		박대원	33	DF	DF	20	박정수		0	2	2	0
0	0	1	0		민상기	39	DF	DF	40	리차드		0	0	0	0
0	0	0	0		장호익	35	DF	DF	16	이종성		1(1)	1	0	0
0	0	0	1(1)		이기제	66	MF	MF	66	박수일	11	0	0	0	0
0	0	0	0		한석종	6	MF	MF	15	전성민	10	0	1	0	0
0	0	0	0		김태환	18	MF	MF	14	이규성		0	1	0	0
0	3(2)		14		김민우	10	MF	MF	13	김현		1	0	0	0
0	4(3)		4		고승범	13	MF	MF	32	이태희		0	0	0	0
0	2	1	55		김건희	11	FW	FW	17	뮬리치		3(1)	1	1	0
0	0	0	27		유주안	13	FW	FW	37	박용지		1	1	0	0
					양형모	21			21	김근배					
				후43	최정원	2			5	마상훈	후0				
					구대영	90			22	이재원	후23				
				후43	염기훈	26	대기	대기	11	서보민	후0				
					이사르테르				10	이스칸데르츠	교체				
				후30	제리치	55			9	부	후0				
				전41/26	니콜라오	27			37	홍시후	후23	1(1)			
0	9	14(6)										6(3)	15	4	0

● 전반 40분 김태환 PAR → 김민우 GAL L-ST-G(득점: 김민우, 도움: 김태환) 오른쪽

• 3월 07일 16:30 맑음 서울월드컵 4,100명
• 주심_박병진 부심_양재용·김지욱 대기심_안재훈 경기감독관_나승화

서울 3 | 1 전반 0 / 2 후반 0 | **0 수원FC**

퇴장	경고	파울	ST(유)	교체	선수명	배번	위치	위치	배번	선수명	교체	ST(유)	파울	경고	퇴장
0	0	0	0		양한빈	21	GK	GK	51	유현		0	0	0	0
0	1	0	0		고광민	27	DF	DF	2	정동호		0	0	0	0
0	0	1	0		김원균	40	DF	DF	6	박주호		1(1)	3	0	0
0	0	1	0		황현수	2	DF	DF	14	김건웅		0	1	0	0
0	1	2	0		윤종규	23	DF	MF	20	윤영선		1	0	0	0
0	0	1	0		오스마르	6	MF	MF	28	이영재		3(1)	1	0	0
0	1	5	16		기성용	8	MF	MF	66	한승규	9	3(3)	2	0	0
0	3(3)	20			팔로세비치	26	MF	FW	7	김상욱		0	0	0	0
0	0	3			나상호	9	FW	FW	10	이기혁		0	0	0	0
0	2	1	19		조영욱	11	FW	FW	29	조상준	15	0	0	0	0
0	1	2(1)	15		박주영	29	FW		1	박배종					
					유상훈	1			20	조유민	후0				
				후35	홍준호	15			33	김범용					
					김진야	11			10	무릴로	후19	4(3)	0	0	0
				후27	한찬희	16	대기	대기	24	스쿠					
				후20	인규				11	김도남	후29				
				후20	박정빈				19	정충근	후23	2(1)			
					정한민	19									
0	1	17	16(8)									15(10)	13	2	0

● 전반 27분 정동호 GA 정면 L 자책골(득점: 정동호) 가운데
● 후반 6분 기성용 자기 측 HL 정면 → 나상호 GA 정면 R-ST-G(득점: 나상호, 도움: 기성용) 가운데
● 후반 34분 나상호 AKL R-ST-G(득점: 나상호) 오른쪽

- 3월 09일 19:00 맑음 전주월드컵 2,477명
- 주심_김희곤 부심_윤재열·강동호 대기심_김영수 경기감독관_양정환

전북 2   0 전반 0   2 후반 1   1 강원

퇴장	경고	파울	ST(유)	교체	선수명	배번	위치	위치	배번	선수명	교체	ST(유)	파울	경고	퇴장
0	0	0	0		송 범 근	31	GK	GK	21	김 정 호		0	0	0	0
0	0	0	0		최 철 순	25	DF	DF	2	이슐미토프		1	2	0	0
0	0	1	0		김 민 혁	92	DF	DF	2	김 영 빈		1	2	0	0
0	1	2	1		홍 정 호	26	DF	DF	7	윤 석 영		0	0	0	0
0	0	2	0		이 용	2	MF	MF	28	김 수 범		1(1)	0	0	0
0	0	1	0		바 로 우	11	MF	MF	32	이 병 욱		0	0	0	0
0	1	1	1(1)	29	최 영 준	4	MF	MF	8	한 국 영		0	0	0	0
0	1	1	0		이 승 기	14	MF	MF	6	김 동 현		2(1)	1	0	0
0	0	1	0	13	이 지 훈	19	FW	FW	77	박 경 배	11	0	1	1	0
0	0	3	2(1)		구 자 룡	15	FW	FW	12	고 무 열		2(1)	1	1	0
0	0	0	9		김 승 대	24	FW	FW	17	김 대 원	1	4(3)	0	0	0
0	0	0	0		김 정 훈	23			1	이 광 연		0	0	0	0
0	0	0	0		최 보 경	6			20	조 윤 성		0	0	0	0
0	0	0	0		이 주 용	32			88	황 문 기		0	0	0	0
0	0	1	0	후25	류 재 문	29	대기	대기	18	신 창 무		0	0	0	0
0	0	0	0		한 교 원	7			4	서 민 우		0	0	0	0
0	0	0	1(1)	전34	김 보 경	13			11	조 재 완	전25	1	1	0	0
0	0	3(1)	후25		구스타보	9			9	실 라 지		0	0	0	0
0	3	14	9(4)			0						12(6)	10	2	0

- 후반 39분 구스타보 GA 정면 H → 김보경 GAL L-ST-G(득점: 김보경, 도움: 구스타보) 가운데
- 후반 47분 이용 MFR ⌒ 구스타보 GA 정면 H-ST-G(득점: 구스타보, 도움: 이용) 가운데
- 후반 14분 김수범 PAL 내 ~ 김대원 GA 정면 내 R-ST-G(득점: 김대원, 도움: 김수범) 가운데

- 3월 09일 19:00 맑음 울산문수 2,231명
- 주심_정동식 부심_박상준·양재용 대기심_김종혁 경기감독관_허기태

울산 3   1 전반 0   2 후반 1   1 인천

퇴장	경고	파울	ST(유)	교체	선수명	배번	위치	위치	배번	선수명	교체	ST(유)	파울	경고	퇴장
0	0	0	0		조 현 우	21	GK	GK	21	이 태 희		0	1	0	0
0	0	0	2(2)		불투이스	4	DF	DF	34	오 재 석		0	0	0	0
0	0	0	0		김 기 희	44	DF	DF	3	김 광 석		1(1)	1	0	0
0	0	0	0	66	홍 철	33	DF	DF	20	델브리지		1	1	0	0
0	0	1	0		김 태 환	23	DF	DF	22	김 준 엽		0	0	0	0
0	0	0	0	14	김 성 준	18	MF	MF	18	최 범 경	19	0	0	0	0
0	0	4	0		신 형 민	20	MF	MF	4	문 지 환	13	0	1	0	0
0	1	1	1(1)		윤빛가람	8	MF	MF	10	아길라르	30	3(3)	1	0	0
0	1	2	1		강 윤 구	30	MF	FW	77	네 게 바		3(2)	1	0	0
0	0	4(3)			김 인 성	7	FW	FW	27	무 고 사	21	1(1)	1	0	0
0	3	2(2)			이 동 준	11	FW	FW	70	구 본 철		0	0	0	0
0	0	0	0		조 수 혁	1			31	김 동 헌		0	0	0	0
0	0	0	0	후37	설 영 우	66			26	오 반 석		0	0	0	0
0	0	0	0	후13	이 동 경	14			13	김 준 범	후33	0	0	0	0
0	0	0	0		원 두 재	16	대기	대기	19	송 시 우	후17	2(2)	0	0	0
0	0	0	0	후0	이 웅 희	72			30	박 창 환	후33	0	0	0	0
0	0	0	0		바 코	8			27	지 언 학	후0	0	0	0	0
0	0	0	0		김 민 준	13			23	정 현	후0	0	0	0	0
0	0	16	13(9)			0						11(9)	10	2	0

- 전반 13분 윤빛가람 PK-R-G(득점: 윤빛가람) 왼쪽
- 후반 14분 이동준 PK-R-G(득점: 이동준) 오른쪽
- 후반 30분 이동준 GAR ~ 김인성 GAL 내 R-ST-G(득점: 김인성, 도움: 이동준) 가운데
- 후반 3분 아길라르 C.KR ⌒ 김광석 GAR H-ST-G(득점: 김광석, 도움: 아길라르) 왼쪽

- 3월 09일 19:30 맑음 제주월드컵 1,136명
- 주심_김우성 부심_김계용·설귀선 대기심_박병진 경기감독관_당성증

제주 1   1 전반 0   0 후반 0   0 포항

퇴장	경고	파울	ST(유)	교체	선수명	배번	위치	위치	배번	선수명	교체	ST(유)	파울	경고	퇴장
0	0	0	0		유 연 수	31	GK	GK	31	강 현 무		0	0	0	0
0	1	2	1(1)		안 현 범	17	MF	DF	17	강 상 우		1	0	0	0
0	0	1	0		김 오 규	35	DF	DF	4	전 민 광		0	0	0	0
0	1	1	0		권 한 진	5	DF	DF	23	권 완 규		0	1	0	0
0	1	1	1(1)		정 운	13	DF	DF	17	신 광 훈		1(1)	1	0	0
0	0	3	0		정 우 재	22	MF	MF	6	신 진 호		1(1)	1	0	0
0	1	3	0	23	이 창 민	8	MF	MF	5	김 성 주	14	0	0	0	0
0	0	0	0		여 름	16	MF	MF	12	송 민 규		1	0	0	0
0	1	1	0	37	이 규 혁	18	FW	FW	30	노 경 호	79	0	0	0	0
0	1	2	1		공 민 현	9	FW	FW	77	임 상 협	18	1	0	0	0
0	0	2	4(1)	18	자 와 다	9	FW	FW	82	팔라시오스	22	0	0	0	0
0	0	0	0		오 승 훈	21			1	황 인 재		0	0	0	0
0	0	0	0	후37	김 경 재	23			3	이 광 준		0	0	0	0
0	1(1)		후24		조 성 준	7			22	박 재 우	후0/20	0	0	0	0
0	0	0	0	후30	강 윤 성	11			14	김 원 석	후0	0	0	0	0
0	0	0	0	후0/1	이 동 률	37	대기	대기	79	고 영 준	후5	0	1	0	0
0	0	0	0		제 르 소	11			20	이 호 재	후45	0	0	0	0
0	0	0	0	후30	주 민 규	18			18	이 현 일	후32	0	0	0	0
0	3	14	10(5)			0						6(2)	9	1	0

- 전반 19분 정운 PAL L-ST-G(득점: 정운) 왼쪽

- 3월 10일 19:00 맑음 DGB대구은행파크 1,876명
- 주심_김대용 부심_지승민·장종필 대기심_고형진 경기감독관_김성기

대구 1   1 전반 2   0 후반 2   4 광주

퇴장	경고	파울	ST(유)	교체	선수명	배번	위치	위치	배번	선수명	교체	ST(유)	파울	경고	퇴장
0	0	0	0		최 영 은	1	GK	GK	77	윤 보 상		0	0	0	0
0	0	3	3(1)		김 진 혁	7	DF	DF	3	이 민 기		0	0	0	0
0	0	0	0	22	김 재 우	3	DF	DF	4	한 희 훈		0	1	0	0
0	0	0	0		정 태 욱	4	DF	DF	20	이 하 도		1(1)	1	0	0
0	0	1	0		황 순 민	20	MF	DF	13	이 지 훈		0	0	0	0
0	0	1	0		츠 바 사	44	MF	MF	5	김 원 식		0	1	0	0
0	1	1	0	66	박 한 빈	36	MF	MF	10	김 종 우	44	0	0	0	0
0	1	4	0	38	이 진 용	26	MF	MF	40	이 찬 동	99	0	1	0	0
0	0	2	0	74	안 용 우	7	FW	MF	8	이 으 뜸		0	0	0	0
0	1	2	6(4)		정 치 인	32	FW	MF	11	김 주 공	24	2(2)	0	0	0
0	0	0	0		문 경 건	27			1	윤 평 국		0	0	0	0
0	0	0	0	후31	조 진 우	6			32	김 봉 진	후29	0	0	0	0
0	0	0	0	후31	장 성 원	38			30	이 한 샘		0	0	0	0
0	0	0	0	후13	이 용 래	74	대기	대기	44	이 순 민	후39	0	1	0	0
0	0	0	0	후36	세르지뉴	11			24	엄 원 상	후29	2(2)	0	0	0
0	0	0	0		오 후 성	13			16	송 승 민		0	0	0	0
0	0	0	0	후13	이 근 호	22			9	펠리페	후18	1	0	0	0
0	2	18	18(5)			0						10(9)	14	2	0

- 전반 23분 김진혁 GA 정면내 R-ST-G(득점: 김진혁) 오른쪽
- 전반 29분 이민기 PAL TL ⌒ 김주공 GAL L-ST-G(득점: 김주공, 도움: 이민기) 오른쪽
- 전반 46분 김종우 AK 정면 R-ST-G(득점: 김종우) 왼쪽
- 후반 36분 김종우 C.KL ⌒ 이한도 GA 정면 H-ST-G(득점: 이한도, 도움: 김종우) 오른쪽
- 후반 46분 엄원상 GAR 내 R-ST-G(득점: 엄원상) 오른쪽

Section 7

2021
경기기록부

419

- 3월 10일 19:00 맑음 탄천 종합 1,334명
- 주심_안재훈 부심_곽승순·성주경 대기심_김동진 경기감독관_최윤겸

성남 1   0 전반 0   1 후반 0   **0 서울**

퇴장	경고	파울	ST(유)	교체	선수명	배번	위치	위치	배번	선수명	교체	ST(유)	파울	경고	퇴장
0	0	0	0		김영광	41	GK	GK	21	양한빈		0	0	0	0
0	0	4	0	7	안영규	6	DF	DF	27	고광민		0	1	0	0
0	0	0	0	34	마상훈	5	DF	DF	40	김원균		0	0	0	0
0	0	2	1(1)		이항수	4	DF	DF	2	황현수		1	2	1	0
0	0	0	0		연제운	16	MF	DF	17	김진야		0	0	0	0
0	0	1			서보민	11	MF	MF	16	한찬희	15	1(1)	1	0	0
0	0	2	1(1)		이규성	14	MF	MF	8	기성용		1(1)	3	1	0
0	1		1(1)		김민혁	13	MF	MF	26	팔로세비치	22	1	0	0	0
0		1	1(1)		이태희	32	FW	FW	7	나상호		3(1)	1	0	0
0		3(2)	37		박용지	10	FW	FW	10	강성진	11	3	1	0	0
0		1			강재우	23	FW	FW	12	박주영	5	2	1	0	0
0					김근배	21			1	유상훈		0	0	0	0
0					이시영	2			15	홍준호	후44				
0				전31	최지묵	34			23	윤종규					
0					마원	1	대기	대기	5	오스마르	후36				
0	0			후44	권순형	7			11	조영욱	후11	0	0		
0	1	3		후12	물리치	18			22	박정빈	후11	0			
0		1		후12	홍시후	37			19	정한민					
0	1	18	12(7)									13(4)	10	2	0

● 후반 43분 물리치 PK-R-G(득점: 물리치) 왼쪽

- 3월 10일 19:30 맑음 수원 종합 1,104명
- 주심_이동준 부심_이정민·박균용 대기심_채상협 경기감독관_차상해

수원FC 0   0 전반 0   0 후반 0   **0 수원**

퇴장	경고	파울	ST(유)	교체	선수명	배번	위치	위치	배번	선수명	교체	ST(유)	파울	경고	퇴장
0	0	0	0		유현	51	GK	GK	19	노동건		0	0	0	0
0	1	1	1		정동호	2	DF	DF	33	박대원		0	2	0	0
0	2	1			김상원	3	DF	DF	39	민상기		0	0	0	0
0	0	0	2(1)		조유민	20	DF	DF	35	장호익		0	0	0	0
0	1	2			윤영선	22	DF	DF	23	이기제		1	2	0	0
0	1	2			김건웅	14	MF	MF	6	한석종		1	0	0	0
0	2(1)				한승규	66	MF	MF	18	김태환		1	1	0	0
0	1	1(1)			김준형	88	MF	MF	26	김민우	26	1(1)	2	0	0
0	0				라스	9	FW	MF	7	고승범		3(1)	0	0	0
0	1			19	전정호	24	FW	FW	14	전진희	55	1	3	0	0
0	2(1)				조상준	27	FW	FW	9	강현욱	24	2(1)	2	0	0
0					박배종	1			21	양형모					
0					박주호	6			2	최정원					
0					김범용	33			90	구대영					
0				후33	정재용	8	대기	대기	25	최성근					
0	1	2(1)		후22	무릴로	10			26	염기훈	후42	1			
0	1			전23	이승준	2			55	제리치	후33	1			
0	2(1)			전23	정충근	19			27	니콜라오	후22	1(1)	0	0	0
0	2	12	17(7)									12(5)	16	0	0

- 3월 13일 14:00 맑음 DGB대구은행파크 2,616명
- 주심_김영수 부심_이정민·양재용 대기심_안재훈 경기감독관_양정환

대구 1   0 전반 0   1 후반 1   **1 제주**

퇴장	경고	파울	ST(유)	교체	선수명	배번	위치	위치	배번	선수명	교체	ST(유)	파울	경고	퇴장
0	0	0	0		문경건	27	GK	GK	31	유연수		0	0	0	0
0	0	1	1(1)		김진혁	7	DF	MF	17	안현범		1(1)	0	0	0
0	0	2	2(1)		정태욱	4	DF	DF	35	김오규		0	3	1	0
0	0	0	0		조진우	66	DF	DF	5	권한진		0	1	0	0
0	0	1		14	황순민	20	MF	DF	13	정운		1(1)	1	0	0
0	1	4	0		이음래	74	MF	MF	8	정우재		1	1	0	0
0	1		22		박한빈	8	MF	MF	8	이창민		2(1)	1	0	0
0	2	2(1)			장성원	38	MF	MF	16	여름	23	1	0	0	0
0	2				츠바사	44	MF	MF	37	이동률	38	1	0	0	0
0	2(1)				세징야	11	FW	FW	19	공민현	6	1	1	0	0
0	4(2)				정치인	32	FW	FW	13	성서울		1	0	0	0
0					최영은	1			21	오승훈					
0					김재우	5			23	김경재	후47				
0					이진용	26			6	강윤성	후17				
0					박민서	16	대기	대기	38	이규혁	후0/11				
0					오후성	19			11	제르소	후24				
0				후25	안용우	14			9	차와다	후24				
0				후33	이근호	22			18	주민규					
0	2	13	15(7)									10(3)	15	1	0

● 후반 8분 세징야 PK지점 R-ST-G(득점: 세징야) 왼쪽
● 후반 6분 안현범 PAR 내 R-ST-G(득점: 안현범) 왼쪽

- 3월 13일 14:00 맑음 광주 전용 2,025명
- 주심_고형진 부심_곽승순·성주경 대기심_이동준 경기감독관_차상해

광주 0   0 전반 0   0 후반 2   **2 전북**

퇴장	경고	파울	ST(유)	교체	선수명	배번	위치	위치	배번	선수명	교체	ST(유)	파울	경고	퇴장
0	0	0	0		윤평국	1	GK	GK	31	송범근		0	0	0	0
0	0	0	0	8	이민기	3	DF	DF	32	이주용		0	2	0	0
0	0	0	0	22	한희훈	4	DF	DF	92	김민혁		0	0	0	0
0	0	0	0		이한도	20	DF	DF	26	홍정호		0	0	0	0
0	2	1			이순민	32	DF	DF	2	이용		0	0	0	0
0	2	1			김원식	5	MF	MF	14	이승기		1	0	0	0
0	1		14		김종우	10	MF	MF	29	류재문		0	0	0	0
0	1		24		이찬동	40	MF	MF	11	바로우	9	1	0	0	0
0	3(1)				송승민	16	MF	MF	13	김보경		0	0	0	0
0					엄원상	18	FW	FW	24	한교원		2(1)	5	0	0
0					최주공	11	FW	FW	10	일류첸코		2(1)	1	0	0
0					이진형	21			23	김정훈					
0					김봉진	90			15	자욱					
0				후30	여봉훈	14			25	최철순					
0				후30	이으뜸	8	대기	대기	7	정혁					
0				후45	곽광선	22			4	최영준	후24	0			
0				후10	펠리페	9			0	구스타보	후11	0			
0	2	13	10(2)									6(2)	16	1	0

● 후반 28분 홍정호 GAR H → 일류첸코 GAL 내 L-ST-G(득점: 일류첸코, 도움: 홍정호) 왼쪽
● 후반 43분 한희훈 GA 정면내 L 자책골(득점: 한희훈) 왼쪽

• 3월 13일 16:30 맑음 포항 스틸야드 3,954명
• 주심_김동진 부심_윤재열·박균용 대기심_김대용 경기감독관_허기태

포항 1 / 0 전반 1 / 1 후반 0 / **1 울산**

퇴장	경고	파울	ST(유)	교체	선수명	배번	위치	위치	배번	선수명	교체	ST(유)	파울	경고	퇴장
0	0	0	0		강현무	31	GK	GK	21	조현우		0	0	0	0
0	0	2	0		강상우	10	DF	DF	4	불투이스		0	0	0	0
0	0	0	0		전민광	4	DF	DF	44	김기희		0	0	0	0
0	1	2	0		권완규	13	DF	DF	33	홍철	15	1	1	1	0
0	0	1	0		신광훈	17	DF	DF	23	김태환		0	3	0	0
0	0	1	0		신진호	6	MF	MF	16	원두재		0	2	0	0
0	1	1	0		오범석	14	MF	MF	20	신형민	22	0	0	0	0
0	0	3	2(1)		송민규	12	FW	MF	10	윤빛가람		0	0	0	0
0	1	1	7		이수모	16	FW	FW	13	김민준	7	1(1)	2	0	0
0	2	2(1)	79		크베시치	8	FW	FW	72	이청용		2(1)	0	0	0
0	0	1	77		팔라시오스	82	FW	FW	11	이동준		3(3)	2	0	0
					황인재	1				조수혁					
					이광준				66	설영우					
					박재우	22			15	김태현	후38				
				후17	임상협	77	대기	대기	22	고명진	후30				
			1(1)	후17	고영준	79			8	바	후38				
					이현일	18			14	이동경					
				후6	타쉬	7			7	김인성	후0	1(1)	1	0	0
0	2	17	6(3)			0			0			7(6)	18	2	0

●후반 27분 강상우 C.KL ⌒ 송민규 GAR 내 H-ST-G(득점: 송민규, 도움: 강상우) 오른쪽
●전반 22분 김민준 GAL L-ST-G(득점: 김민준) 왼쪽

• 3월 13일 19:00 맑음 인천 전용 1,930명
• 주심_김종혁 부심_김계용·장종필 대기심_김우성 경기감독관_최윤겸

인천 0 / 0 전반 0 / 0 후반 1 / **1 서울**

퇴장	경고	파울	ST(유)	교체	선수명	배번	위치	위치	배번	선수명	교체	ST(유)	파울	경고	퇴장
0	0	0	0		이태희	21	GK	GK	21	양한빈		0	0	0	0
0	0	1	0		오재석	34	DF	DF	27	고광민		0	1	0	0
0	0	0	0		김광석	3	DF	DF	40	김원균		1	1	0	0
0	0	0	0		오반석	20	DF	DF	23	윤종규	17	0	1	0	0
0	0	0	0		김준엽	22	DF	MF	5	오스마르		0	0	0	0
0	0	1(1)	10		김도혁	7	MF	MF	8	기성용		2(2)	1	0	0
0	0	0	0		문지환	4	MF	MF	26	팔로세비치	15	1(1)	1	0	0
1	1	2(2)			송시우	19	FW	FW	22	박정빈	19	1	1	0	0
0	2	3(3)			현		FW	FW	11	나상호		2	1	0	0
0	0	1(1)	77		구본철	70	FW	FW	9	나상호		3(3)			
					김동헌	31			1	유상훈					
					강윤구	16			15	홍준호	후48				
				후42	델브리지	20			17	진진야	후10				
					박창환	30	대기	대기	16	한찬희					
			1(1)	후23	아길라르	10			20	이인규					
			1(1)	후0	네게바	77			19	정한민	후23	2(2)			
					지언학	27			10	박주영	후10	1	0		
1	0					0			0			10(8)	12	0	0

●후반 44분 오스마르 AK 정면 ⌒ 기성용 PAR R-ST-G(득점: 기성용, 도움: 오스마르) 오른쪽

• 3월 14일 14:00 맑음 수원 종합 786명
• 주심_채상협 부심_지승민·강동호 대기심_김희곤 경기감독관_김용세

수원FC 1 / 1 전반 0 / 0 후반 2 / **2 성남**

퇴장	경고	파울	ST(유)	교체	선수명	배번	위치	위치	배번	선수명	교체	ST(유)	파울	경고	퇴장
0	0	0	0		유현	51	GK	GK	41	김영광		0	0	0	0
0	0	0	0		정동호	2	DF	DF	6	안영규	34	0	0	1	0
0	1	1	0	33	박주호	6	DF	DF	5	마상훈		0	0	1	0
0	0	1	0		조유민	20	DF	DF	4	이창용		0	1	1	0
1	0	2	0		박지수	23	DF	MF	16	이종성		0	0	2	0
0	1	1	1(1)	66	무릴로	10	MF	MF	11	서보민		0	2	1	0
0	2	1			김건웅	14	MF	MF	14	이규성		0	0	1	0
0	1	1	8		김준형	88	MF	MF	37	이재원		0	1	0	0
0		2(1)			라스	9	FW	MF	32	이태호		0	1	0	0
0	0	1	19		전정호		FW	FW	9	박용지	1	1(1)	0	0	0
0	0	1	7		조상준	29	FW	FW	23	강재우		1(1)	0	0	0
					최보진	13			21	김근배					
					윤영선	2			34	최지묵	후0				
				후32	김범용	33			2	이시영	후20	1			
				후12	정재용	8	대기	대기	7	권순형					
			1(1)	후12	한승	66			8	뮬리치	후26	3(2)	1		
				전34	김승준	7			9	부쉬	후0	1(1)			
			2(1)	전34	정충근	19			37	홍시후	후0	1(1)	1	0	0
1	4	15	10(5)			0			0			8(7)	12	1	0

●전반 19분 라스 AKL ~ 무릴로 PA 정면 R-ST-G(득점: 무릴로, 도움: 라스) 오른쪽
●후반 30분 이시영 PAR 내 ~ 뮬리치 GA 정면 H-ST-G(득점: 뮬리치, 도움: 이시영) 오른쪽
●후반 41분 부쉬 GAL L-ST-G(득점: 부쉬) 왼쪽

• 3월 14일 16:30 맑음 수원 월드컵 2,880명
• 주심_박병진 부심_박상준·설귀선 대기심_정동식 경기감독관_당성증

수원 1 / 1 전반 0 / 0 후반 1 / **1 강원**

퇴장	경고	파울	ST(유)	교체	선수명	배번	위치	위치	배번	선수명	교체	ST(유)	파울	경고	퇴장
0	0	0	0		노동건	19	GK	GK	25	이범수		0	0	0	0
0	0	0	0		박대원	33	DF	DF	22	아슬마토프		1	1	1	0
0	0	2	0		민상기	39	DF	DF	26	임채민		0	0	1	0
0	0	1	0		장호익	17	DF	DF	2	김영빈		0	0	1	0
0	1	1	0		이기제	23	MF	MF	7	김수범		0	0	0	0
0	1	1	0		최성근	25	MF	MF	7	윤석영		0	0	0	0
0	0	1	0		김태환	11	MF	MF		한국영		0			
0	0	2	27		김민우		MF	MF	6	김동현	17				
0	0				고승범	6	MF	MF	66	김대우	17				
0	1	1(1)			제리치	55	FW	FW	10	구대열		2(1)	1	0	0
0	0	9			정현묵	14	FW	FW	99	실라지	11	2(1)			
					양형모	21			1	이광연					
				전38	최정원	2			32	이병욱					
					구대영	90			88	황문기					
					한석종	6	대기	대기	14	신창무					
				후38	염기훈	26			15	정치인					
1	3	1	제31	후31	김건희	3			11	조재완	후0	2(1)	1	2	0
				후38	니콜라오	27			17	김대원	후0	2(1)	1	0	0
0	1	20	4(1)			0			0			8(4)	10	3	0

●전반 33분 고승범 PAR ~ 제리치 GA 정면 H-ST-G(득점: 제리치, 도움: 고승범) 오른쪽
●전반 10분 김대우 PAR ~ 실라지 GA 정면 R-ST-G(득점: 실라지, 도움: 김대우) 왼쪽

- 3월 16일 19:00 맑음 전주 월드컵 2,378명
- 주심_정동식 부심_박상준·설귀선 대기심_조지음 경기감독관_최윤겸

전북 3

	1 전반 1
	2 후반 1

2 대구

퇴장	경고	파울	ST(유)	교체	선수명	배번	위치	위치	배번	선수명	교체	ST(유)	파울	경고	퇴장
0	0	0	0		송 범 근	31	GK	GK	27	문 경 건		0	0	0	0
0	0	2	0		최 철 순	25	DF	DF	7	김 진 혁	3	2	0	0	0
0	0	1	0		최 보 경	6	DF	DF	4	정 태 욱	1(1)	0	0	0	0
0	0	1	0		홍 정 호	26	DF	DF	66	조 진 우		0	1	0	0
0	0	1	0	19	이 용	2	MF	MF	14	안 용 우		0	0	0	0
0	0	0	0	14	류 재 문	29	MF	MF	74	이 용 래	26	0	2	1	0
0	0	1	2(1)	15	바 로 우	11	MF	MF	8	박 한 빈		2(2)	1	1	0
0	1	1			최 영 준	4	MF	MF	38	장 성 원		0	1	0	0
0	2(1)	24		정 혁	8	MF	MF	44	츠 바 사	1(1)	2	0	0	0
0	1(1)	13	0	1(1)	이 승 기	14	MF	FW	9	에 드 가	0	5(3)	0	0	0
0	1	4(4)			일류첸코	10	FW	FW	32	정 치 인	22	2(1)	3	0	0	0
0	0	0	0		이 범 영	1			1	최 영 은		0	0	0	0
0	0	0	0	후46	구 자 룡	15			5	김 재 우		0	0	0	0
0	1	1	0	후46	이 지 훈	19			26	이 진 용	후36	0	0	0	0
0	0	0	0	후0	김 보 경	13	대기	대기	16	박 민 서		0	0	0	0
0	0	2(1)	후0	이 승 기	14			13	오 후 성	후23	0	0	0	0
0	0	0	0	후15	김 승 대	24			15	윤 종 태		0	0	0	0
0	0	0			구스타보	9			22	김 근 호	후15	1(1)	0	0	0
0	1	16	12(8)									16(9)	12	4	1

- 전반 4분 이성윤 GA 정면내 R-ST-G(득점: 이성윤) 왼쪽
- 후반 16분 김보경 PAR 내 ~ 일류첸코 PK 우 측지점 R-ST-G(득점: 일류첸코, 도움: 김보경) 오른쪽
- 후반 25분 김보경 PAR 내 ~ 일류첸코 PK 좌 측지점 L-ST-G(득점: 일류첸코, 도움: 김보경) 오른쪽

- 3월 16일 19:30 맑음 울산 문수 2,294명
- 주심_김희곤 부심_지승민·장종필 대기심_고형진 경기감독관_당성증

울산 0

	0 전반 0
	0 후반 0

0 제주

퇴장	경고	파울	ST(유)	교체	선수명	배번	위치	위치	배번	선수명	교체	ST(유)	파울	경고	퇴장
0	0	0	0		조 현 우	21	GK	GK	1	오 승 훈		0	0	0	0
0	0	1	0		불투이스	4	DF	DF	17	안 현 범		1(1)	0	0	0
0	0	0	0		김 기 희	44	DF	DF	35	김 오 규		0	3	1	0
0	0	1	1(1)		설 영 우	23	DF	DF	26	권 한 진		0	1	0	0
0	0	1	0		김 태 환	23	DF	DF	13	정 운		0	0	0	0
0	0	1	0		원 두 재	16	MF	MF	22	정 우 재		1	1	0	0
0	1	3(3)			윤빛가람	10	MF	MF	8	이 창 민		3(2)	1	0	0
0	3	1(1)	0		이 동 경	14	MF	MF	6	강 윤 성		0	0	0	0
0	0	1	72	강 윤 구	30	FW	FW	37	이 동 률	38	1	1	0	0
0	1	7			김 민 준	25	FW	FW	19	공 민 현	10	0	2	0	0
0	0	1	0	11	힌터제어	24	FW	FW	3	주 와 다	18	1(1)	2	0	0
0	0	0	0		조 수 혁	1			31	유 연 수		0	0	0	0
0	0	0	0		김 태 현	15			23	김 경 재		0	0	0	0
0	0	0	0		김 성 준	18			16	여 름	후41	0	0	0	0
0	0	1(1)	후34	바 코	8	대기	대기	38	이 규 혁		0	0	0	0
0	0	1(1)	후20	이 청 용	72			11	제 르 소	후16	0	2	0	0
0	0	0	후18	이 동 준	11			10	진 성 욱	후6	0	2	0	0
0	0	2(2)	후0	김 인 성	7			18	주 민 규	후16	1(1)	0	0	0
0	3	12	10(9)									9(7)	16	2	0

- 전반 42분 정태욱 GAR H → 츠바사 GA 정면 H-ST-G(득점: 츠바사, 도움: 정태욱) 오른쪽
- 후반 37분 오후성 HL 정면 ⌒ 세징야 AK 내 R-ST-G(득점: 세징야, 도움: 오후성) 가운데

- 3월 17일 19:00 맑음 포항 스틸야드 1,839명
- 주심_김대용 부심_곽승순·양재용 대기심_채상협 경기감독관_양정환

포항 0

	0 전반 2
	0 후반 1

3 수원

퇴장	경고	파울	ST(유)	교체	선수명	배번	위치	위치	배번	선수명	교체	ST(유)	파울	경고	퇴장
0	0	0	0		강 현 무	31	GK	GK	19	노 동 건		0	0	1	0
0	0	0	0		강 상 우	10	DF	DF	33	박 대 원		0	0	0	0
0	0	0	1		전 민 광	4	DF	DF	2	최 정 원		0	1	0	0
0	0	0	0		권 완 규	13	DF	DF	35	장 호 익		0	0	0	0
0	0	4	0		신 광 훈	17	DF	MF	23	이 기 제		0	2	0	0
0	0	4	0		신 진 호	6	MF	MF	4	한 석 종		0	0	0	0
0	0	1	0	79	오 범 석	14	MF	MF	18	김 태 환	90	1	2	0	0
0	1	2	1		송 민 규	12	FW	FW	10	김 민 우		0	0	0	0
0	0	2(2)	7	이 승 모	16	MF	MF	25	고 승 범	25	0	0	0	0
0	0	1	77	팔라시오스	82	FW	FW	55	김 건 희	55	2(2)	0	0	0
0	0	0	0	8	크베시치	8	FW	FW	29	정 상 빈	27	2(1)	1	0	0
0	0	0	0		황 인 재	1			21	양 형 모		0	0	0	0
0	0	0	0	후40	이 광 준	3			15	마 풍 연	후39	0	0	0	0
0	0	0	0		박 재 우	22			90	구 대 영	후39	0	0	0	0
0	0	0	0		김 륜 성	30	대기	대기	25	최 성 근	후39	0	0	0	0
0	0	0	0	후0	고 영 준	79			16	염 기 훈	후16	0	0	0	0
0	0	1(1)	후8	임 상 협	77			55	제 리 치	후22	0	0	0	0
0	0	0	후0	타 쉬	7			27	니콜라오	후22	0	0	0	0
0	1	16	6(3)									8(4)	11	2	0

- 전반 6분 고승범 MF 정면 ~ 김건희 GAL L-ST-G(득점: 김건희, 도움: 고승범) 왼쪽
- 전반 37분 정상빈 AK 정면 R-ST-G(득점: 정 상빈) 오른쪽
- 후반 6분 고승범 PAR ~ 이기제 AKL L-ST-G (득점: 이기제, 도움: 고승범) 왼쪽

- 3월 17일 19:00 맑음 강릉 종합 1,014명
- 주심_이동준 부심_김계용·박균용 대기심_박종명 경기감독관_나승화

강원 0

	0 전반 0
	0 후반 0

0 성남

퇴장	경고	파울	ST(유)	교체	선수명	배번	위치	위치	배번	선수명	교체	ST(유)	파울	경고	퇴장
0	0	0	0		이 범 수	25	GK	GK	41	김 영 광		0	0	0	0
0	1	2	0		아슬마토프	22	DF	DF	17	안 영 규		0	4	2	0
0	0	1	0		임 채 민	26	DF	DF	5	마 상 훈		0	0	0	0
0	0	0	0		김 영 빈	2	DF	DF	4	이 창 용		0	0	0	0
0	1	1	0		윤 석 영	7	MF	MF	7	권 순 형		0	1	0	0
0	0	1	28	신 창 무	14	MF	MF	11	서 보 민		0	0	0	0
0	0	1	0		한 국 영	8	MF	MF	14	이 규 성		0	1	0	0
0	1	3	0		김 동 현	4	MF	MF	17	이 재 원	32	0	1	0	0
0	0	2(1)	10	김 대 우	66	MF	MF	32	이 태 희	2	0	0	0	0
0	0	0	0		실 라 지	17	FW	FW	19	박 용 지		0	0	0	0
0	0	4(4)			김 대 원	17	FW	FW	23	장 영 우	28	1	1	0	0
0	0	0	0		이 광 연	1			21	김 근 배		0	0	0	0
0	0	0	0		이 병 욱	32			2	시 영 후28	후28	0	0	0	0
0	0	0	후31	김 수 범	28			34	최 지 묵		0	0	0	0
0	0	0	0		황 문 기	88	대기	대기	28	박 태 준 전34	전34	0	1	0	0
0	0	0	0		정 지 용	15			16	이 종 성 후0	후0	0	0	0	0
0	0	0	후35	조 재 완	11			8	뮬 리 치 전18	전18	1(1)	3	1	0
0	0	0	후0	고 무 열	10			7	박 수 창 후28	후28	0	0	0	0
0	2	10	10(5)									3(1)	13	3	0

422

서울 2 : 1 광주

• 3월 17일 19:30 맑음 서울월드컵 2,723명
• 주심_김우성 부심_이정민·강동호 대기심_박병진 경기감독관_허기태

서울 2		1 전반 1		1 후반 0				1 광주						

퇴장	경고	파울	ST(유)	교체	선수명	배번	위치	위치	배번	선수명	교체	ST(유)	파울	경고	퇴장
0	0	0	0		양한빈	21	GK	GK	77	윤보상		0	0	0	0
0	0	3	1(1)		고광민	27	DF	DF	3	이민기		1(1)	1	0	0
0	0	3	1		김원균	40	DF	DF	4	한희훈	22	0	0	0	0
0	0				황현수	4	DF	DF	20	이한도		0	0	0	0
0	1			23	김진야	17	DF	DF	32	이지훈		0	0	0	0
0	3	3(2)			오스마르	5	MF	MF	5	김원식		0	0	0	0
0	0	8			한찬희	16	MF	MF	10	김종우	9	1(1)	1	0	0
0	1	2(1)		15	팔로세비치	26	MF	MF	40	이찬동	14	0	2	0	0
0	3(2)				나상호	7	FW	FW	16	송승민		0	0	0	0
0	3(2)			19	조영욱	11	FW	FW	11	엄원상		0	0	0	0
0	2			22	박주영	10	FW	MF	11	김주공	24	2(2)	1	0	0
					유상훈				21	이진형					
				후46	홍준호	15			90	김봉진					
				후29	윤종규	23				여봉훈	후33	1			
	4(4)			후0	기성용	8	대기	대기		이으뜸	후0				
					이인규				24	김성주	후26				
	1(1)			후29	박정빈				40	곽광선	후40				
2	0			후17	정한민	19			9	펠리페	후0	2(1)	0	0	0
0	0	18	19(13)			0						8(5)	6	0	

● 전반 40분 나상호 PAR R-ST-G(득점: 나상호) 오른쪽
● 후반 39분 윤종규 PAR ~ 기성용 AKR L-ST-G(득점: 기성용, 도움: 윤종규) 왼쪽
● 전반 36분 김주공 PK-R-G(득점: 김주공) 오른쪽

인천 4 : 1 수원FC

• 3월 17일 19:30 맑음 인천 전용 1,756명
• 주심_안재훈 부심_윤재열·성주경 대기심_김동진 경기감독관_차상해

인천 4		1 전반 1		3 후반 0				1 수원FC						

퇴장	경고	파울	ST(유)	교체	선수명	배번	위치	위치	배번	선수명	교체	ST(유)	파울	경고	퇴장
0	0	0	0		이태희	21	GK	GK	51	유현		0	0	0	0
0	0	1		16	오재석	34	DF	DF	2	정동호		2	1	0	0
0	0	3			김광석	3	DF	DF	3	김상원		0	3	0	0
0	0				오반석	26	DF	DF	22	윤영선		0	2	0	0
0	1	1(1)			김준엽	22	DF	DF	23	박지수		0	1	0	0
0	13				김도혁	7	MF	MF	14	김건웅		2	0	0	0
0	2	2(1)		30	문지환	4	MF	MF	66	한승규		2(1)	2	0	0
0	2	4(4)			아길라르	10	MF	MF	88	김준형	20	3	1	0	0
0	3	3(3)		18	네게바	77	FW	FW	99	이영준	2	2(1)	0	0	0
0	2	3(2)			김현	9	FW	FW	19	정충근	10	3	0	0	0
0				27	구본철	70	FW	FW	29	조상준	7	1(1)	0	0	0
					김동헌	31			1	박배종					
				후46	강윤구	16			20	조유민	후26	1			
					델브리지	20			8	정재용		0			
				후46	박창환	30	대기	대기	10	무릴로	전38	1			
				후14	김준범	17			7	김종국	후36	1			
				후36	최범경	18			9	리스	후0	2(1)	2		
	2(1)			후0	지언학	27			11	김오남	후38	0			
0	1	8	17(12)			0						11(4)	15	3	0

● 전반 32분 네게바 PA 정면 ~ 아길라르 PAR 내 R-ST-G(득점: 아길라르, 도움: 네게바) 오른쪽
● 후반 25분 김현 PK-R-G(득점: 김현) 왼쪽
● 후반 32분 아길라르 GAR → 네게바 GAL 내 R-ST-G(득점: 네게바, 도움: 아길라르) 왼쪽
● 후반 42분 아길라르 C.KR ⌒ 문지환 GA 정면 H-ST-G(득점: 문지환, 도움: 아길라르) 오른쪽
● 전반 34분 한승규 PA 정면 ~ 조상준 GAL L-ST-G(득점: 조상준, 도움: 한승규) 왼쪽

제주 1 : 1 광주

• 3월 20일 14:00 흐림 제주월드컵 1,251명
• 주심_박병진 부심_박상준·양재용 대기심_김희곤 경기감독관_김성기

제주 1		0 전반 0		1 후반 1				1 광주						

퇴장	경고	파울	ST(유)	교체	선수명	배번	위치	위치	배번	선수명	교체	ST(유)	파울	경고	퇴장
0	0	0	0		오승훈	1	GK	GK	77	윤보상		0	0	0	0
0	0	2	2		안현범	17	MF	DF	8	이으뜸		2	1	0	0
0	0	2			김오규	35	DF	DF	4	한희훈		0	1	0	0
0	2	1			권한진	5	DF	DF	20	이지훈		0	0	0	0
0	4	1			정운	0	MF	MF	5	김원식		0	1	0	0
0	1	1(1)			정우재	22	MF	MF	11	김주공	22	1	1	0	0
0	4				여름	16	MF	MF	40	이찬동		2(1)	3	1	0
0	2			10	이동률	37	FW	FW	16	송승민		2(1)	1	1	0
0	7				공민현	9	FW	FW	11	엄원상		0	0	0	0
0	2	3(2)			류승우	28	FW	FW	9	펠리페	30	2(2)	2	0	0
					유연수	31			21	이진형					
					김경재	23			44	이순민					
				후24	강윤성	6			33	이한샘					
	2	0	1(1)	후30	조성준	7	대기	대기	26	이희균					
				후5	진성욱	16			24	김진환	전31	1			
					이규혁	38			22	곽광선	후47				
					자와다	9			30	김효기	후41				
0	0	16	13(4)			0						9(3)	13	4	0

● 후반 19분 공민현 PAR ⌒ 정우재 GAL H-ST-G(득점: 정우재, 도움: 공민현) 가운데
● 후반 26분 펠리페 GA 정면 R-ST-G(득점: 펠리페) 오른쪽

전북 : 1 수원FC

• 3월 20일 16:30 흐림 전주월드컵 3,549명
• 주심_김동진 부심_김계용·장준열 대기심_이동준 경기감독관_강득수

전북		0 전반 1		1 후반 1				1 수원FC						

퇴장	경고	파울	ST(유)	교체	선수명	배번	위치	위치	배번	선수명	교체	ST(유)	파울	경고	퇴장
0	0	0	0		송범근	31	GK	GK	1	박배종		0	0	0	0
0	0	3	1	30	이주용	32	DF	DF	2	정동호		0	3	0	0
0					김민혁	92	DF	DF	3	김상원		0	3	0	0
0	1	2(1)			홍정호	26	DF	DF	20	조유민		0	3	0	0
0					이유현	16	DF	DF	23	박지수		1	1	0	0
0					바로우	11	MF	MF	6	박주호		0	2	0	0
0	1				박진성	33	MF	MF	14	김건웅		2(2)	0	0	0
0	2				최영준	6	MF	MF	88	김준형	19	2(1)	1	0	0
0	1				무릴로	7	MF	MF	99	이영준		3(1)	2	0	0
0	4	0			구스타보	9	FW	FW	29	조상준	66	0	0	0	0
0	2				일류첸코	10	FW	FW	7	김종국	7	1(1)	0	0	0
					김정훈	23			51	유현					
				후46	노윤상	30			22	윤영선					
					최보경	3			33	김범용					
					최철순	25	대기	대기	8	정재용	후0				
				후0	한교원	7			66	한승규	전30	1(1)			
	2(1)			전23	이승기	14			7	김종국	후0				
				후36	김승대	24			19	정충근	후26	2(2)			
0	2	18	10(4)			0						12(8)	8	2	0

● 후반 8분 일류첸코 PK-R-G(득점: 일류첸코) 왼쪽
● 후반 44분 정재용 GA 정면 H ~ 김건웅 GAL 내 H-ST-G(득점: 김건웅, 도움: 정재용) 왼쪽

Section 7

2021 경기기록부

- 3월 21일 14:00 맑음 강릉 종합 1,550명
- 주심_ 채상협 부심_ 지승민·설귀선 대기심_ 신용준 경기감독관_ 김용세

| 강원 | 2 | | | 1 전반 0 | | | | 0 | 인천 | | | | | |
| | | | | 1 후반 0 | | | | | | | | | | |

퇴장	경고	파울	ST(유)	교체	선수명	배번	위치	배번	선수명	교체	ST(유)	파울	경고	퇴장
0	0	0	0		이 범 수	25	GK	21	이 태 희		0	0	0	0
0	0	0	1(1)		아슐마토프	2	DF	MF	34	오 재 석	0	1	0	0
0	0	0	1		임 채 민	26	DF	DF	20	강 윤 성	0			
0	0	0	1		김 영 빈	5	DF	DF	26	오 반 석	0			
0	0	0			윤 석 영	7	DF	MF	20	델브리치	27			
0	0	0			김 수 범	28	MF	MF		김 준 엽				
0	1	1	0		한 국 영	8	MF	MF	4	문 지 환	18	0	1	
0	2	1(1)			김 동 현	4	MF	MF	70	구 본 철	77	0	1	
0	1	1(1)	66		조 재 완	11	FW	MF	13	김 준 엽	30	0	3	
0	1	1	88		정 민 우	13	FW	FW	8	김 현		2(2)	0	
0			3(2)	10	김 대 원	17	FW	FW	10	아길라르				
0					이 광 연	1		31	김 동 헌					
0					이 병 욱	32		15	김 대 중	후29	1(1)			
0			후0		황 문 기	88	대기	33	표 건 재	대기				
0			후48		김 대 우	66		30	박 창 환	후29				
0		1(1)	후36		고 무 열	36		27	지 언 학	후0	1			
0					정 지 용	15		77	네 게 바	후0	1			
0					실 라 지	9		18	최 범 경	후0/15	1	1	0	
0	3	10	10(7)								7(3)	16	1	

- 전반 19분 김대원 C.KL ⌒ 아슐마토프 GA 정면 H-ST-G(득점: 아슐마토프, 도움: 김대원) 오른쪽
- 후반 41분 고무열 PK-R-G(득점: 고무열) 왼쪽

- 3월 21일 14:00 흐림 탄천 종합 1,345명
- 주심_ 김우성 부심_ 이정민·성주경 대기심_ 박종명 경기감독관_ 당성증

| 성남 | 2 | | | 1 전반 1 | | | | 1 | 포항 | | | | | |
| | | | | 1 후반 0 | | | | | | | | | | |

퇴장	경고	파울	ST(유)	교체	선수명	배번	위치	배번	선수명	교체	ST(유)	파울	경고	퇴장
0	0	0	0		김 영 광	41	GK	GK	1	황 인 재		0	0	0	0
0	0	3	1		리 차 드	40	DF	DF	10	강 상 우		1(1)	1	0	0
0	0	1			마 상 훈	5	DF	DF	13	권 완 규		1	3	0	0
0	0	1			이 창 용	4	DF	DF	4	전 민 광					
0	0		8		권 순 형	7	MF	MF	17	신 광 훈		2(2)	1	0	
0	0	1			서 보 민	11	MF	MF	6	신 진 호		1(1)	1	0	
0	0	1			이 규 성	14	MF	MF	16	이 승 모					
0	1	3(2)	10		박 태 준	28	FW	FW	12	송 민 규		2(1)	1	0	
0	0	1			박 용 지	19	FW	FW	8	크베시치	30	2	1	0	
0	1	1(1)	27		박 용 지	19	FW	FW	77	임 상 협		1(1)	8	0	
0	1	1(1)	37		부 쉬	9	FW	FW	7	타 쉬	20	1	3	0	
0					허 자 웅	1		31	강 현 무						
0					최 지 묵	34		3	이 광 준	후0				
0					이 태 희	32		30	김 륜 성	후0	1	0		
0			후18		이 중 민	27	대기	14	오 범 석	후20	0			
0			후38		이스칸데로프	10		79	고 영 준					
0	4(1)		전25		뮬 리 치	8		82	팔라시오스					
0			후38		홍 시 후	37		20	이 호 재	후27	0			
0	0	15	15(6)								11(6)	14	1	1

- 전반 35분 이승모 GAL R 자책골(득점: 이승모) 가운데
- 후반 43분 이창용 GAL H ⌒ 이중민 GA 정면내 H-ST-G(득점: 이중민, 도움: 이창용) 오른쪽
- 전반 5분 임상협(대기) GAR ⌒ 송민규 정면 H-ST-G(득점: 송민규, 도움: 임상협(대기)) 오른쪽

- 3월 21일 16:30 맑음 수원 월드컵 3,311명
- 주심_ 고형진 부심_ 윤재열·박균용 대기심_ 최광호 경기감독관_ 나승화

| 수원 | 1 | | | 1 전반 1 | | | | 2 | 서울 | | | | | |
| | | | | 0 후반 1 | | | | | | | | | | |

퇴장	경고	파울	ST(유)	교체	선수명	배번	위치	배번	선수명	교체	ST(유)	파울	경고	퇴장
0	0	0	0		노 동 건	19	GK	GK	21	양 한 빈		0	0	0	0
0	0	1			박 대 원	33	DF	DF	27	고 광 민		1	1	0	0
0	0	1			최 정 원	2	DF	DF	40	김 원 균		0			
0	0	1			장 호 익	35	DF	DF	2	황 현 수		0			
0	0	1			이 기 제	23	MF	DF	23	윤 종 규		1			
0	1				한 석 종	6	MF	MF	5	오스마르		0			
0	1	2(1)	18		김 태 환	18	MF	MF	28	기 성 용		2(2)	0		
0		1	26		김 민 우	10	MF	MF	26	팔로세비치	16	1	0		
0	1	3(1)			고 승 범	7	FW	FW	9	나 상 호	19				
0	1(1)				김 건 희	9	FW	FW	11	조 영 욱	22	0			
0	1(1)				정 상 빈	29	FW	FW	10	박 주 영	후	1(1)	1	0	
0					양 형 모	21		양 상 훈						
0					이 풍 연		15	홍 준 호	후14				
0					구 대 영	90	88	이 태 석					
0			대기		최 성 근		대기	16	한 찬 희	후36				
0		후31			염 기 훈	26	20	이 인 규					
0	2(2)	후0			제 리 치	55	22	박 정 빈	후0	3(1)	1	0	
0			전55		니콜라오	27	19	정 한 민	후46	0			
0	1	11	12(6)								11(4)	16	1	

- 전반 15분 정상빈 PK지점 L-ST-G(득점: 정상빈) 오른쪽
- 전반 48분 팔로세비치 AKL ⌒ 기성용 AKR R-ST-G(득점: 기성용, 도움: 팔로세비치) 왼쪽
- 후반 34분 팔로세비치 GA 정면 H ⌒ 박정빈 GAR 내 EL R-ST-G(득점: 박정빈, 도움: 팔로세비치) 가운데

- 3월 21일 19:00 흐림 DGB대구은행파크 3,055명
- 주심_ 김종혁 부심_ 곽승순·강동호 대기심_ 김대용 경기감독관_ 허기태

| 대구 | 2 | | | 0 전반 0 | | | | 1 | 울산 | | | | | |
| | | | | 2 후반 1 | | | | | | | | | | |

퇴장	경고	파울	ST(유)	교체	선수명	배번	위치	배번	선수명	교체	ST(유)	파울	경고	퇴장
0	0	0	0		최 영 은	1	GK	GK	21	조 현 우		0	0	0	0
0	0	1			김 재 우	5	DF	DF	4	불투이스		2(1)	1	0	0
0	0	1			정 태 욱	4	DF	DF	44	김 기 희	18	0	1	0	
0	0	1			이 진 용	26	DF	DF	66	설 영 우		0			
0	0		32		안 용 래	74	MF	MF	16	원 두 재		0			
0	1	3	13		박 한 빈		MF	MF		윤빛가람		1			
0	0				장 성 원	38	MF	MF	30	강 윤 구	11	1	0		
0	2(1)				세르지뉴		FW	FW		김 인 성		1(1)	1	0	
0	3(1)				세 징 야		FW	FW	13	김 민 준	14	1(1)	0		
0	2(2)	6			이 근 호		FW	FW	24	힌터제어		1(1)	0		
0					박 성 수	21		3	조 수 혁					
0		후48			홍 정 운		15	김 태 현					
0					김 희 승	36	18	김 성 준	후19	0			
0			대기		박 민 서	대기	8	바 코					
0		후33			오 후 성	13	22	고 명 진	후13	2(1)			
0					이 종 훈	37	14	이 동 경	후0	1			
0		후26			정 치 인	32	11	이 동 준	후0	1			
0	3	10	10(4)								12(5)	16	1	0

- 후반 30분 세징야 AKR ⌒ 이근호 PAR 내 R-ST-G(득점: 이근호, 도움: 세징야) 왼쪽
- 후반 46분 세징야 GAL L-ST-G(득점: 세징야) 오른쪽
- 후반 26분 이동경 C.KR ⌒ 불투이스 GAR H-ST-G(득점: 불투이스, 도움: 이동경) 오른쪽

- 4월 02일 19:30 맑음 포항 스틸야드 2,173명
- 주심_이동준 부심_김계용·양재용 대기심_박병진 경기감독관_최윤겸

포항 0 / 0 전반 0 / 0 후반 0 / **0 대구**

퇴장	경고	파울	ST(유)	교체	선수명	배번	위치	위치	배번	선수명	교체	ST(유)	파울	경고	퇴장
0	0	0	0		강현무	31	GK	GK	31	최영은		0	0	0	0
0	0	0	1		강상우	10	DF	DF	5	김재우	3	0	0	0	
0	0	2	1(1)		권완규	13	DF	DF	6	홍정운		1	3	1	0
0	0	1	0		전민광	4	DF	DF	2	정태욱		0	1	0	0
0	0	1	0		신광훈	17	DF	MF	14	안용우		0	1	0	0
0	0	5	2		신진호	6	MF	MF	26	이진용		1	0	1	0
0		2	1(1)		이수빈	57	MF	MF	74	이용래	8	1	2	1	0
0	2	1(1)	27		이석규	27	FW	MF	18	정승원		2(2)	3	1	0
0					크베시치		FW	FW	7	세르지뉴					
0	0	2		79	팔라시오스	82	FW	FW	11	세징야		0	4	0	0
0	2	0	20		타쉬	7	FW	FW	22	이근호		0	0	0	0
					황인재				21	박성수					
0				후26	이광준				3	김우석	23				
					오범석	14			30	장성원					
					이승모	16			8	박기동	후30	1(1)			
0				후47	고영준	79				오후성	후				
0				후26	임상협	77			32	정치인					
0	1			후41	이호	20			9	에드가	후23				
0	0	14	7(2)									8(3)	16	3	0

- 4월 03일 14:00 비 수원월드컵 3,169명
- 주심_김우성 부심_박상준·장종필 대기심_김재홍 경기감독관_차상해

수원 1 / 0 전반 1 / 1 후반 2 / **3 전북**

퇴장	경고	파울	ST(유)	교체	선수명	배번	위치	위치	배번	선수명	교체	ST(유)	파울	경고	퇴장
0	0	0	0		양형모	21	GK	GK	31	송범근	23	0	0	0	0
0	3	1(1)			박대원	33	DF	DF	25	최철순		1(1)	1	0	0
0	1	0			최정원	2	DF	DF	6	최보경	15	1(1)	0	0	0
0	0	0	0		장호익	35	DF	DF	26	홍정호		0	0	0	0
0	4	1			이기제	23	MF	DF	2	이용		0	0	0	0
0	1	0			한석종	6	MF	MF	14	이승기		0	1	0	0
0	2	1			김태환	18	MF	MF	4	최영준		0	0	0	0
0	1	3(3)			김민우	25	MF	MF	11	바로우	24	2(2)	0	1	0
0	2	0			고승범	27	MF	MF	8	박진섭		0	1	0	0
0					강현묵	14	MF	MF	19	이지훈		0	0	0	0
0					제리치	55	FW	FW	9	구스타보	10	4	0	0	0
					노동건	19			23	김정훈	후40				
					이풍연				15	구자룡	후40				
					구대영	90			32	이주용					
					서관	25	대기	대기	8	정혁					
0	1	1(1)		후26	염기훈	26			7	한교원	전20	0	0		
0		2(2)		후8	김건희	28			24	김승대	후40	0	0		
0				후26	니콜라오	27			10	일류첸코	후10	1(1)	0		
0	1	15	9(7)									9(5)	13	0	0

- ●후반 47분 염기훈 PK-L-G(득점: 염기훈) 오른쪽
- ●전반 20분 이승기 C.KL ~ 최보경 GA 정면 H-ST-G(득점: 최보경, 도움: 이승기) 가운데
- ●후반 28분 이용 PAR ~ 일류첸코 GAR H-ST-G(득점: 일류첸코, 도움: 이용) 오른쪽
- ●후반 35분 일류첸코 GAL ~ 바로우 GA 정면 L-ST-G(득점: 바로우, 도움: 일류첸코) 오른쪽

- 4월 03일 16:30 비 탄천 종합 1,133명
- 주심_김대용 부심_윤재열·설귀선 대기심_최현재 경기감독관_나승화

성남 0 / 0 전반 1 / 0 후반 0 / **1 울산**

퇴장	경고	파울	ST(유)	교체	선수명	배번	위치	위치	배번	선수명	교체	ST(유)	파울	경고	퇴장
0	0	0	0		김영광	41	GK	GK	21	조현우		0	0	0	0
0	0				안영규	6	DF	DF	4	불투이스		0	2	0	0
0	1	1		10	마상훈	5	DF	DF	44	김기희		0	4	0	0
0	1	1		37	이창용	4	DF	DF	33	홍철		0	4	0	0
0	0	0			리차드	40	MF	MF	20	신형민		0	0	0	0
0	0			34	서보민	11	MF	MF		윤빛가람	16	1(1)	1	0	0
0	0	1(1)			이규성	14	MF	MF	18	김성준		1(1)	0	0	0
0					박태준	28	MF	MF	8	김성준					
0	2	0			이시영	2	MF	MF	30	강윤구	11	0	0	0	0
0	2	2(2)	9		박용지	19	FW	MF	13	김민준	8	0			
0	0	0	27		뮬리치	8	FW	FW	9	레오나르도		2			
					김근배	21			1	조수혁					
0	1			후0	최지묵	34			66	설영우					
					이태희	32			14	이동경	후22	1(1)	1		
0				후24	이중민	27	대기	대기	16	원두재	후39				
					이스칸데로프				8	바코	전20	3(1)	0		
0	2(1)			후0	부쉬	9			11	이동준	전22	2(2)	0		
0				후34	홍시후	37			24	힌터제어					
0	1	10	8(4)									9(5)	12	2	0

- ●전반 26분 윤빛가람 PAR ~ 이동준 GA 정면내 H-ST-G(득점: 이동준, 도움: 윤빛가람) 오른쪽

- 4월 03일 19:00 비 서울월드컵 3,165명
- 주심_김희곤 부심_이정민·성주경 대기심_김동진 경기감독관_김용세

서울 1 / 0 전반 0 / 1 후반 1 / **1 강원**

퇴장	경고	파울	ST(유)	교체	선수명	배번	위치	위치	배번	선수명	교체	ST(유)	파울	경고	퇴장
0	0	0	0		양한빈	21	GK	GK	25	이범수		0	0	0	0
0	0	2	0		고광민	27	DF	DF	2	김영빈		0	1	0	0
0	0	0	15		김원균	40	DF	DF	26	임채민		0	0	0	0
0	0	0			황현수	2	DF	DF	7	윤석영		0	0	0	0
0	0	3	2		윤종규	23	MF	MF	3	신세계	22	1(1)	2	0	0
0		4(1)			오스마르	5	MF	MF	8	한국영		0	0	0	0
0	3	2			기성용	6	MF	MF	6	김동현		2(1)	0	0	0
0			11		팔로세비치	26	MF	MF	66	김대우	17	0	0	0	0
0	3		13		김진성	8	FW	FW	66	고무열		2(1)			
0			10		박정빈	22	FW	FW	10	고무열		1(1)			
0			7		나상호	7	FW	FW	7	조재완	15	0			
					유상훈					이광연					
0				후38	홍준호				22	아슬마토프	후22	1	1		
					한찬희				32	이병욱					
					이인규	20	대기	대기	88	문기한					
0				후10	고요한					정지용	후30	0			
0				후21	조영욱	11			17	김대원	전24	1			
0				후10	박주영				9	실라		0			
0	1	11	9(1)									8(3)	11	2	0

- ●후반 37분 고무열 PK-R-G(득점: 고무열) 왼쪽

- 4월 04일 14:00 맑음 수원종합 514명
- 주심_김종혁 부심_지승민·박균용 대기심_송민석 경기감독관_강득수

수원FC 2 (전반 1 / 후반 1) 1 제주

퇴장	경고	파울	ST(유)	교체	선수명	배번	위치	위치	배번	선수명	교체	ST(유)	파울	경고	퇴장
0	0	0	0		박 배 종	1	GK	GK	21	오 승 훈		0	0	1	0
0	1	4	0		정 동 호	2	DF	MF	17	안 현 범	6	0	0	1	0
0	0	1	1(1)		김 상 원	3	DF	DF	35	김 오 규		0	0	2	0
0	0	1	1(1)		조 유 민	20	DF	DF	5	권 한 진	1	1	0	1	0
0	1	1	0		박 지 수	23	DF	DF	13	정 운		0	1	0	0
0	0	1	1(1)		박 주 호	6	MF	MF	22	정 우 재		0	2	0	0
0	0	0	0		김 건 웅	14	MF	MF	8	이 창 민		2(2)	0	0	0
0	1	2	22		김 준 형	88	MF	MF	16	여 름		2(2)	1	0	0
0	0	2	2		무 릴 로	10	FW	FW	37	이 동 률	28	0	1	0	0
0	1	1(1)		18	라 스	9	FW	FW	38	이 규 혁	10	0	0	0	0
0	0	0		29	전 정 호	24	FW	FW	9	진 성 욱		10	1	0	0
0	0	0			최 봉 진	13			31	유 연 수					
0	1	2		후0	윤 영 선	22			23	김 경 재					
0	0	0		후33	김 호 남	11			6	강 윤 성	후7	0	1	0	0
					박 터	14	대기	대기	7	조 성 준	후28	2(2)	2	0	0
0	0	0		후22	양 동 현	18			28	강 승 우	후35	0	0	0	0
0	0	0		후0	정 충 근	19			11	제 르 소	후8	0	0	0	0
0	1	1		후45	조 상 준	29			18	주 민 규	후0	2(2)	1	0	0
0	3	16	8(4)									12(9)	15	3	0

- 전반 45분 무릴로 MF 정면 ~ 라스 PAL 내 L-ST-G(득점: 라스, 도움: 무릴로) 가운데
- 후반 45분 윤영선 PAL 내 H ~ 조유민 GA 정면 L-ST-G(득점: 조유민, 도움: 윤영선) 오른쪽
- 후반 13분 조성준 GAL H ~ 주민규 GAR 내 H-ST-G(득점: 주민규, 도움: 조성준) 오른쪽

- 4월 04일 16:30 비 광주 전용 993명
- 주심_정동식 부심_곽승순·강동호 대기심_김재홍 경기감독관_양정환

광주 2 (전반 1 / 후반 0) 1 인천

퇴장	경고	파울	ST(유)	교체	선수명	배번	위치	위치	배번	선수명	교체	ST(유)	파울	경고	퇴장
0	0	0	0		윤 보 상	77	GK	GK	21	이 태 희		0	0	1	0
0	0	1	8		이 민 기	3	DF	DF	34	오 재 석		1	0	0	0
0	0	2	1(1)		박 한 샘	33	DF	DF	3	김 광 석		0	0	1	0
0	0	1	2		알 렉 스	28	DF	DF	26	오 반 석		0	1	0	0
0	1	2			이 지 훈	32	DF	MF	22	김 준 엽		0	1	0	0
0	1	23			김 원 식	3	MF	MF	11	김 준 범		2(1)	0	0	0
0	1	3(3)			김 주 공	11	MF	MF	7	문 지 환		0	0	1	0
0	26				이 찬 동	40	MF	MF	40	아 길 라 르	19	0	0	0	0
0	3(1)				엄 지 성	16	MF	MF	77	네 게 바	27	1	0	0	0
0	2	16			엄 지 수	24	FW	FW	24	유 동 규		3(1)	0	0	0
0	3	1(1)			펠 리 페	9	FW	FW	70	구 본 철		0	0	0	0
					윤 평 국	1			37	김 우 성					
0	0	0		후0	이 으 뜸	8			15	김 대 중					
					이 한 도	20			20	델 브 리 지	전37				
					한 효 훈	4	대기	대기	14	정 동 윤					
0	후33	정 현 우	23				2			13	김 도 혁					
0	2	3(1)	전30		이 희 균	26			19	송 시 우	후13	2(1)	0	0	0
0	후37	송 승 민	16							27	지 언 학	후0	0			
0	1	13	18(8)									8(3)	9	3	1

- 전반 46분 엄지성 GAR R-ST-G(득점: 엄지성) 왼쪽
- 후반 48분 송승민 AKR H ~ 이희균 PA 정면내 R-ST-G(득점: 이희균, 도움: 송승민) 왼쪽
- 전반 14분 네게바 PAL ~ 김준범 AKR R-ST-G(득점: 김준범, 도움: 네게바) 오른쪽

- 4월 06일 19:00 맑음 포항 스틸야드 1,742명
- 주심_박병진 부심_곽승순·박균용 대기심_김종혁 경기감독관_당성증

포항 1 (전반 0 / 후반 1) 3 전북

퇴장	경고	파울	ST(유)	교체	선수명	배번	위치	위치	배번	선수명	교체	ST(유)	파울	경고	퇴장
0	0	0	0		강 현 무	31	GK	GK	31	송 범 근		0	0	0	0
0	0	0	0		강 상 우	10	DF	DF	25	최 철 순		0	0	0	0
0	1	2	0		권 완 규	13	DF	DF	92	김 민 혁		1	1	0	0
0	0	0	0		전 민 광	4	DF	DF	26	홍 정 호		0	0	0	0
0	2	2	0		신 광 훈	17	DF	DF	3	이 용		0	1	0	0
0	2	2(1)			신 진 호	6	MF	MF	29	류 재 문		1	2	0	0
0	0	79			이 석 현	27	FW	MF	33	박 진 성		0	0	0	0
0	0	77			크베시치	8	MF	MF	24	김 승 대		0	0	0	0
0	0	57			팔라시오스	82	FW	FW	19	이 지 훈		0	0	0	0
0	2	3(1)	20		타 쉬	7	FW	FW		일류첸코		3(3)	5	0	0
					황 인 재	1			1	이 범 영		0	0	0	0
0	전42	이 광 준	2						32	이 주 용		0	0	0	0
0	후14	수 빈	57						14	이 승 기	후21	0			
0	이 승 모	16	대기				대기		13	김 보 경	후21	0	0	0	0
0	전42	고 영 준	79						7	한 교 원	전25	1(1)	0	0	0
0	2(1)	후14	임 상 협	77					11	바 로 우	후25	2(1)	0	0	0
0	후39	이 호 재	20						9	구 스 타 보	후36	0	1	0	0
0	4	14	9(3)									8(5)	13	1	0

- 후반 41분 신진호 MFR FK ~ 임상협 PK지점 H-ST-G(득점: 임상협, 도움: 신진호) 왼쪽
- 전반 33분 류재문 GAR H ~ 일류첸코 GA 정면내 R-ST-G(득점: 일류첸코, 도움: 류재문) 오른쪽
- 후반 9분 한교원 PAR ~ 일류첸코 PK 우측지점 R-ST-G(득점: 일류첸코, 도움: 한교원) 오른쪽
- 후반 46분 이승기 PAR ~ 한교원 GAR L-ST-G(득점: 한교원, 도움: 이승기) 오른쪽

- 4월 06일 19:30 맑음 DGB대구은행파크 2,169명
- 주심_고형진 부심_지승민·강동호 대기심_채상협 경기감독관_김성기

대구 0 (전반 0 / 후반 0) 0 성남

퇴장	경고	파울	ST(유)	교체	선수명	배번	위치	위치	배번	선수명	교체	ST(유)	파울	경고	퇴장
0	0	0	0		최 영 은	1	GK	GK	41	김 영 광		0	0	0	0
0	0	1	3		김 우 석	3	DF	DF	4	안 영 규		1(1)	0	0	0
0	0	2			홍 정 운	6	DF	DF	5	마 상 훈		0	0	0	0
0	1	1			정 태 욱	20	DF	DF	8	이 창 용		0	0	0	0
0	1	1(1)	13		안 용 우	14	MF	MF	17	이 시 영		0	0	0	0
0	2	6			이 진 용	18	MF	MF	23	강 재 우	13	2(1)	2	0	0
0	2	2(1)			세르지뉴	44	MF	MF	40	리 차 드		0	1	0	0
0	0	44			이 용 래	74	MF	MF	14	이 규 성		0	0	0	0
0	1	2(1)			정 승 원	18	MF	MF	32	이 태 희		0	0	0	0
0	1(1)	9			세 징 야	11	FW	FW	27	이 종 호	9	0	0	0	0
0	2(2)	32			정 치 인	17	FW	FW	19	부 쉬		5(3)	3	0	0
					박 성 수	21			1	허 자 웅					
0					김 재 우	5			34	최 지 묵					
0					장 성 원	38			28	박 태 준					
0	츠 바 사	44	대기				대기		13	김 민 혁	후6	0	0	0	0
0	후29	오 후 성	13						7	권 순 형					
0	후24	정 치 인	32						10	이스카 데르프					
0	1(1)	후12	에 드 가	9					9	부 쉬	후23	0	0	0	0
0	1	12	11(8)									8(5)	23	0	1

426

• 4월07일 19:00 맑음 울산문수 3,038명
• 주심_ 이동준 부심_ 박상준·양재용 대기심_ 서동진 경기감독관_ 강득수

울산 3 | 1 전반 1 / 2 후반 1 | **2 서울**

퇴장	경고	파울	ST(유)	교체	선수명	배번	위치	위치	배번	선수명	교체	ST(유)	파울	경고	퇴장
0	0	0	0		조현우	21	GK	GK	21	양한빈		0	0	0	0
0	0	0	2(2)		불투이스	4	DF	DF	88	이태석	17	0	0	0	0
0	0	0	0		김기희	44	DF	DF	15	홍준호		1	1	0	0
0	0	0	2(1)		홍 철	33	DF	DF	2	황현수		1	0	0	0
0	0	0		66	김태환	19	DF	DF	23	윤종규		0	3	0	0
0	1	3	0		원두재	16	MF	MF	5	오스마르		2	0	0	0
0	0		4(1)		윤빛가람	10	MF	MF	16	한찬희	13	1	1	0	0
0	3		7(7)		바 코		MF	MF	26	팔로세비치		3(3)	1	0	0
0	0		4(1)		김인성	19	FW	FW	19	정한민	8	1(1)	2	0	0
0	0	1	2(2)	11	김민준		FW	FW	7	박정빈	11	0	0	0	0
0	0		3(1)	24	김지현		FW	FW	11	조영욱		2	1	0	0
0					조수혁					유상훈					0
				후47	설영우	66			45	이한범					0
					김태현	15			17	김진야	후26	0	2	0	0
					신형민	20	대기	대기	8	기성용	후21	0	0	0	0
					이동경				20	이인규	후38	0	0	0	0
0			3(2)	전30	이동준				13	고요한	후13/20				0
				후24	히터저어	24			7	나상호	후40				0
0	1	9	27(17)	0							0	8(4)	21	1	0

● 전반 28분 바코 GAL EL ~ 김민준 GAL 내 L-ST-G(득점: 김민준, 도움: 바코) 왼쪽
● 후반 30분 바코 GAL L-ST-G(득점: 바코) 왼쪽
● 후반 43분 김태환 GA 정면내 ~ 이동준 GAR 내 R-ST-G(득점: 이동준, 도움: 김태환) 오른쪽
● 전반 13분 정한민 AK 내 R-ST-G(득점: 정한민) 왼쪽
● 후반 50분 팔로세비치 AK 정면 L-ST-G(득점: 팔로세비치) 오른쪽

• 4월07일 19:30 맑음 광주전용 758명
• 주심_ 김희곤 부심_ 이정민·설귀선 대기심_ 김우성 경기감독관_ 허기태

광주 2 | 0 전반 0 / 2 후반 0 | **0 수원FC**

퇴장	경고	파울	ST(유)	교체	선수명	배번	위치	위치	배번	선수명	교체	ST(유)	파울	경고	퇴장
0	0	0	0		윤보상	77	GK	GK	1	박배종		0	0	0	0
0	0	1	0		이민기	3	DF	DF	20	조유민		0	0	0	0
0	0	0	0		이 샘	33	DF	DF	22	윤영선	47	0	0	0	0
0	0	1	0		알렉스	5	DF	DF	2	박지수		0	0	0	0
0	0	1	0		이지훈	32	MF	MF	3	김상원		0	0	0	0
0	2	1	4		김원식	5	MF	MF	11	김호남		0	1	1	0
0	1		23		김주공	11	MF	MF	14	김건웅		0	0	0	0
0	0	1(1)		44	이희균	26	MF	MF	88	김준형	8	0	1	1	0
0	0		8		헤이스	17	FW	FW	9	라 스	18	2	0	1	0
0	0	1			엄지성	10	FW	FW	21	이기혁	24	0	0	0	0
0	1	5(3)			펠리페	9	FW	FW	11	이영재					0
					윤평국	1			13	배신진					0
				후47	이으뜸				6	박주호					0
					이한도	20			8	정재용	후0				0
				후40	최희원	4	대기	대기	17	빅 터	후21				0
				후27	이순민	44			18	양동현	후12	0			0
				후27	송승민	16			47	나성은	후15	1(1)			0
0	0	9	14(6)	0							0	7(1)	9	2	0

● 후반 1분 헤이스 C.KL ~ 펠리페 GA 정면내 H-ST-G(득점: 펠리페, 도움: 헤이스) 가운데
● 후반 11분 김주공 PAL TL ~ 펠리페 GAL L-ST-G(득점: 펠리페, 도움: 김주공) 왼쪽

• 4월07일 19:30 맑음 인천전용 1,930명
• 주심_ 김동진 부심_ 김계용·장종필 대기심_ 김영수 경기감독관_ 최윤겸

인천 0 | 0 전반 0 / 0 후반 0 | **0 수원**

퇴장	경고	파울	ST(유)	교체	선수명	배번	위치	위치	배번	선수명	교체	ST(유)	파울	경고	퇴장
0	0	0	0		이태희	21	GK	GK	21	양형모		0	0	0	0
0	0	0		14	오재석	34	DF	DF	33	박대원		1	1	0	0
0	0	3	0		김광석	3	DF	DF	4	최정원		0	0	0	0
0	0	1	0		오반석	26	DF	DF	35	장호익		0	1	0	0
0	0	0	0		김준엽	17	MF	MF	23	이기제		1(1)	1	0	0
0	1	2	0	13	김도혁	7	MF	MF	25	최성근		1	1	0	0
0	0				델브리지	20	MF	MF	18	김태환		1(1)	1	0	0
0	0	2	2(2)	32	아길라르	10	MF	MF	14	김민우		2(1)	1	0	0
0	3	4	3(2)	15	네게바	77	MF	MF	6	한석종		0	2	0	0
0	0	3	2		이동수		FW	FW	11	김건희		2(2)	0	0	0
0	1			19	구본철	70	FW	FW	29	정상빈	26	1	0	0	0
					김동헌	31			19	노동건					0
				후13	정동윤	14			15	이풍연					0
				후49	김대중	15			90	구대영					0
				후49	김채운	32	대기	대기	14	강현묵	후0/55				0
				후25	김준범	13			26	염기훈	후33	2(2)			0
0	1	2(1)		후49	송시우	19			9	주 안 안양	후47				0
					지언학	27			55	제리치	후40				0
0	2	19	10(5)	0							0	14(8)	16	1	0

• 4월07일 19:30 맑음 제주월드컵 1,061명
• 주심_ 김대용 부심_ 윤재열·성주경 대기심_ 정동식 경기감독관_ 조성철

제주 1 | 0 전반 0 / 1 후반 1 | **1 강원**

퇴장	경고	파울	ST(유)	교체	선수명	배번	위치	위치	배번	선수명	교체	ST(유)	파울	경고	퇴장
0	0	0	0		오승훈	21	GK	GK	25	이범수		0	0	0	0
0	0	0	1		강윤성	6	MF	DF	2	김영빈		0	0	1	0
0	0	1	0		김오규	35	DF	DF	23	임채민		0	2	1	0
0	0	0	0	5	김경재	13	DF	DF	3	신세계		0	2	1	0
0	0	0	0		정 운	7	DF	MF	28	김수범		1	1	0	0
0	0	2(1)	0		정우재	22	MF	MF	4	서영재		0	0	0	0
0	0	3(1)	0		이창민	8	MF	MF	8	한국영		0	6	0	0
0	0		14		김봉수	30	MF	MF	6	김동현		0	0	0	0
0	0				룰 리	37	FW	FW	66	김대우	88	0	1(1)	0	0
0	1	1(1)			제르소	11	FW	FW	7	정석화		2(1)	0	0	0
0	1	5(2)			주민규	18	FW	FW	9	실라지	11	1(1)	0	0	0
					유연수	31			1	이광연					0
				후45	권한진	5			22	아슐마토프					0
					박원재	33			32	이병욱					0
				전33	김영욱	14	대기	대기	88	황문기	후0/20				0
				전33	조성준	7			15	정지용					0
0				후21	공민현	9			11	조재완	후36	0			0
									10	고 무	후13	1(1)	0	0	0
0	0	7	13(5)	0							0	7(3)	11	3	0

● 후반 8분 정운 자기 측 MFL ~ 주민규 GAL R-ST-G(득점: 주민규, 도움: 정운) 오른쪽
● 후반 17분 고무열 AKR H ~ 김대원1 PK지점 R-ST-G(득점: 김대원1, 도움: 고무열) 왼쪽

- 4월 10일 14:00 맑음 강릉 종합 1,627명
- 주심_정동식 부심_곽승순·양재용 대기심_이동준 경기감독관_최윤겸

					강원 3		1 전반 0			0 대구					
							2 후반 0								
퇴장	경고	파울	ST(유)	교체	선수명	배번	위치	위치	배번	선수명	교체	ST(유)	파울	경고	퇴장
0	0	0	0		이 범 수	25	GK	GK	1	최 영 은		0	0	0	0
0	1	1	2(1)		김 영 빈	3	DF	DF	3	김 우 석	5	1	1	1	0
0	0	0	0		임 채 민	26	DF	DF	4	정 태 욱		0	1	0	0
0	0	0	0		아슬마두프	22	DF	DF	8	박 한 빈	14	0	0	0	0
0	1	0	2(1)		김 수 범	28	MF	MF	38	장 성 원		0	3	0	0
0	0	1	0		윤 석 영	7	MF	DF	26	이 진 용	32	0	2	1	0
0	0	1	1(1)		한 국 영	8	MF	MF	10	세르지뉴	74	2(1)	1	0	0
0	2	3(1)		9	황 문 기	88	MF	MF	44	츠 바 사		1(1)	1	0	0
0	1	1(1)		17	김 대 우	66	MF	MF	18	정 승 원		0	2	0	0
0	1	1	2(2)	6	조 재 완	11	FW	FW	9	이 근 호	13	3(2)	0	0	0
0			10		박 상 혁	99	FW	FW	9	에 드 가		1	0	0	0
					이 광 연	1			27	문 경 건					
					신 세 계	3			66	조 진 우					
				후2	김 동 현	6				김 재 우	후13				
				전31	김 대 원	17	대기	대기	74	이 용 래	후27				
					신 창 무	14			14	안 용 우					
				후16	실 라 지	9			13	오 후 성	후27	2(1)			
			1(1)	전31	고 무 열	10			32	정 치 인	후21				
0	9	14(8)				0						12(5)	12	3	0

- 전반 28분 황문기 HL 정면 ~ 김대우 PA 정 면내 R-ST-G(득점: 김대우, 도움: 황문기) 오른쪽
- 후반 2분 윤석영 C.KR ∼ 김영빈 GAL 내 H-ST-G(득점: 김영빈, 도움: 윤석영) 왼쪽
- 후반 24분 고무열 PAL ~ 한국영 GAL R-ST-G(득점: 한국영, 도움: 고무열) 왼쪽

- 4월 10일 16:30 맑음 서울월드컵 4,147명
- 주심_김우성 부심_윤재열·강동호 대기심_오현진 경기감독관_차상해

					서울 1		1 전반 1			2 포항					
							0 후반 1								
퇴장	경고	파울	ST(유)	교체	선수명	배번	위치	위치	배번	선수명	교체	ST(유)	파울	경고	퇴장
0	0	0	0		유 상 훈	1	GK	GK	31	강 현 무		0	0	0	0
0	0	2	0		고 광 민	27	DF	DF	10	강 상 우		2	2	0	0
0	0	1		20	윤 종 규	15	DF	DF	13	권 완 규		0	1	0	0
0	0	1	1		황 현 수	2	DF	DF	4	이 광 준		0	0	0	0
0	0	1		23	김 진 야	17	DF	DF	2	전 민 광		0	0	0	0
0	0	0	0		오스마르	5	MF	MF	6	신 진 호		0	1	0	0
0	1	2(2)			김 진 성	6	MF	MF	57	이 수 빈	14	1	1	1	0
0		2(2)			팔로세비치	26	MF	MF	77	임 상 협		2(1)	0	0	0
0	1	2			이 상 호	7	FW	FW	12	이 승 모	72	0	2	0	0
0		2		22	조 영 욱	11	FW	FW	11	송 민 규		1	3	0	0
0		1		19	강 성 진	72	FW	FW	38	김 진 현	8	1	1	1	0
					양 한 빈	21			1	황 인 재					
					김 원 균	40			25	김 성 주					
					이 한 범	45			14	오 범 석	후39	0			
				후38	윤 종 규	23	대기	대기	82	팔라시오스					
				후38	이 인 규	20			4	크베시치	후0	4(2)			
				후16	박 정 빈	22			7	타 쉬	후10	0			
0	1	1(1)		전35	정 한 민	19			20	이 호 재					
0	2	12	10(6)			0						16(5)	17	4	0

- 전반 34분 김진성 PAR 내 R-ST-G(득점: 김 진성) 오른쪽
- 전반 21분 강상우 C.KL 송민규 GAR 내 H-ST-G(득점: 송민규, 도움: 강상우) 오른쪽
- 후반 33분 타쉬 GA 정면 ∼ 임상협 GAR L-ST-G(득점: 임상협, 도움: 타쉬) 왼쪽

- 4월 10일 19:00 맑음 탄천 종합 1,081명
- 주심_김영수 부심_박상준·박균용 대기심_김희곤 경기감독관_나승화

					성남 2		1 전반 0			0 광주					
							1 후반 0								
퇴장	경고	파울	ST(유)	교체	선수명	배번	위치	위치	배번	선수명	교체	ST(유)	파울	경고	퇴장
0	0	0	0		김 영 광	41	GK	GK	77	윤 보 상		0	0	0	0
0	0	2	0		안 영 규	5	DF	DF	3	이 민 기	8	0	0	0	0
0	0	0	0		리 차 드	40	DF	DF	33	이 한 샘		0	0	0	0
0	0	0	1		이 창 용	4	DF	DF	28	알 렉 스	20	0	1	0	0
0	0	1			이 시 영	2	MF	MF	32	이 지 훈	44	0	0	0	0
0	0	0	0	9	안 진 범	22	MF	MF	5	김 봉 식	23	0	0	0	0
0	2		28		이 규 성	14	MF	MF	11	김 주 공		1(1)	0	0	0
0					이 태 희	32	MF	MF	17	헤 이 스		3	1	0	0
0					이 중 민	27	FW	FW	7	엄 원 상		1	3	1	0
0	2	4(3)			뮬 리 치	8	FW	FW	24	엄 지 성	16	0	1	0	0
0	1	2(1)			김 민 혁	13	FW	FW	9	펠 리 페		2(2)	2	0	0
					허 자 웅	31			1	윤 평 국					
				전31	마 상 훈	5			8	이 으 뜸	후0				
					최 지 묵	34			20	이 한 도	후27				
				후42	박 태 준	28	대기	대기	4	한 희 훈					
					이스칸데로프	10			23	정 현 우	후13	0			
0	2(1)	후0/37			부 쉬				44	이 순 민	후27				
0	1	1(1)	후34		홍 시 후	37			16	송 승 민	후6	0			
0	4	16	11(6)			0						10(5)	7	1	0

- 전반 14분 안진범 MF 정면 → 뮬리치 AKR R-ST-G(득점: 뮬리치, 도움: 안진범) 왼쪽
- 후반 9분 뮬리치 PA 정면내 R-ST-G(득점: 뮬리치) 오른쪽

- 4월 11일 16:00 맑음 제주월드컵 2,366명
- 주심_박병진 부심_이정민·설귀선 대기심_채상협 경기감독관_조성철

					제주 2		0 전반 1			1 수원					
							2 후반 0								
퇴장	경고	파울	ST(유)	교체	선수명	배번	위치	위치	배번	선수명	교체	ST(유)	파울	경고	퇴장
0	0	0	0		오 승 훈	21	GK	GK	21	양 형 모		0	0	0	0
0	0	0	0		강 윤 성	21	DF	DF	33	박 대 원		0	0	0	0
0	0	3	2		김 오 규	35	DF	DF	2	최 정 원		1(1)	2	1	0
0	0	0	0		권 한 진	35	DF	DF	35	장 호 익		0	0	0	0
0	3(1)		23		정 운	13	MF	MF	23	이 기 제		1	1	0	0
0	2	0			주 재 우	24	MF	MF	18	김 태 환		0	1	0	0
0	0	2			홍 성 욱	11	MF	MF	4	강 현 묵	2	0	0	0	0
0			14		김 봉 수	30	MF	MF	6	한 석 종		0	2	0	0
0	1				공 민 현	19	FW	FW	55	제 리 치		0	0	0	0
0	1	1(1)			주 민 규	18	FW	FW	29	정 상 빈		4(3)	2	0	0
					유 연 수	31			19	노 동 건					
				전31	김 경 재				90	구 대 영					
				전31	김 영 욱	14									
					여 름	16	대기	대기	26	염 기 훈	후37	1(1)			
				후25	류 승 우	27			8	안토니스					
				후9	조 성 준				11	한 석 희					
				전31 후1	제 르 소	11			9	김 건 희	후7	0			
0	0	21	10(3)			0						14(6)	11	2	0

- 후반 33분 장호익 GAR R 자책골(득점: 장호 익) 오른쪽
- 후반 41분 김영욱 MFL FK ∼ 주민규 GAR H-ST-G(득점: 주민규, 도움: 김영욱) 왼쪽

- 전반 12분 김태환 PK지점 ~ 최정원 GAL L-ST-G(득점: 최정원, 도움: 김태환) 왼쪽

전북 5 : 0 인천

- 4월 11일 19:00 맑음 전주월드컵 3,128명
- 주심_고형진 부심_지승민·성주경 대기심_박종명 경기감독관_나승화

전북 5 [2 전반 0 / 3 후반 0] **0 인천**

퇴장	경고	파울	슛(유)	교체	선수명	배번	위치	위치	배번	선수명	교체	슛(유)	파울	경고	퇴장
0	0	0	0		송범근	31	GK	GK	21	이태희		0	0	0	0
0	0	0	2(1)	9	이주용	32	DF	DF	14	정동윤		1	2	0	0
0	0	1	0		최보경	6	DF	DF	3	김광석		0	0	0	0
0	0	0	0		홍정호	26	DF	DF	26	오반석		1(1)	0	0	0
0	0	2	0	5	최영준	5	MF	MF	20	델브리지	13	0	0	0	0
0	0	1	0	11	이지훈	11	MF	MF	30	김도혁		0	0	0	0
0	0	1	7(5)		이승기	14	MF	MF	10	아길라르	77	0	0	0	0
0	0	0	3(1)	17	김보경	13	MF	FW	77	네게바		2(1)	0	0	0
0	0	2	2(1)		이성윤		FW	FW	19	구본철		0	0	0	0
0	0	2	3(2)	28	일류첸코	70	FW		31	김동현					
					이범영				15	김대중					
					최철순	25			30	박창환	후39				
0	0	1	1(1)	후24	백승호	5		대기	13	김준범	후33	1(1)			
					쿠니모토	17	대기		7	임창균	19				
0	0	1	3(3)	후28	한교원	8			27	지언학	후35				
0	0	1	2(1)	후28	바로우	11			17	유동규	후39				
0	0	1	0	후36	구스타보	9									
0	1	17	16(12)			0			0			8(5)	14	1	0

- ● 전반 41분 김보경 C.KR ⌒ 한교원 GA 정면 H-ST-G(득점: 한교원, 도움: 김보경) 오른쪽
- ● 전반 44분 김보경 GAR ~ 이승기 GAL R-ST-G(득점: 이승기, 도움: 김보경) 오른쪽
- ● 후반 15분 바로우 GAL → 이승기 GA 정면 R-ST-G(득점: 이승기, 도움: 바로우) 가운데
- ● 후반 22분 이승기 C.KL ⌒ 한교원 GA 정면 H-ST-G(득점: 한교원, 도움: 이승기) 오른쪽
- ● 후반 47분 구스타보 PAR ~ 바로우 GAL L-ST-G(득점: 바로우, 도움: 구스타보) 왼쪽

인천 0 : 3 제주

- 4월 17일 16:30 맑음 인천 전용 1,831명
- 주심_정동식 부심_박상준·양재용 대기심_최현재 경기감독관_허기태

인천 0 [0 전반 1 / 0 후반 2] **3 제주**

퇴장	경고	파울	슛(유)	교체	선수명	배번	위치	위치	배번	선수명	교체	슛(유)	파울	경고	퇴장
0	0	0	0		이태희	21	GK	GK	1	오승훈		0	0	0	0
0	1	1	0		오반석	26	MF	MF	17	안현범	6	2(1)	1	0	0
0	1	1	0		김광석	3	DF	DF	35	김오규		0	0	0	0
0	0	0	0	27	델브리지	20	DF	DF		권한진		1(1)	2	0	0
0	0	2	2		정동윤	14	MF	DF	13	정운		0	0	0	0
0	1	2	1	19	김도혁	7	MF	MF	22	정우재	23	0	0	0	0
0	0	1		4	구본철	70	MF	MF	8	이창민		3(3)	1	0	0
0	0	0	0		김준엽	22	MF	MF	30	김봉수	14	0	0	0	0
0	0	0	0		네게바	77	FW	FW	11	제르소	2	0	0	0	0
0	0	2	2(1)		아길라르	10	FW	FW	18	주민규		4(2)	0	0	0
					김동현	31			31	유연수					
				전22	문지환				23	김경재	후43				
					오재석	34			6	강윤성	후43				
					박창환	30	대기	대기	14	김영욱	후0	1			
				후4	송시우	19			28	류승우	후17	2(2)			
				후20	지언학	27			7	조성준	전39				
0	1	13	7(2)			0			0			16(10)	24	1	0

- ● 전반 21분 안현범 GAR → 주민규 GA 정면 R-ST-G(득점: 주민규, 도움: 안현범) 가운데
- ● 후반 18분 조성준 PAR TL ~ 류승우 GA 정면 H-ST-G(득점: 류승우, 도움: 조성준) 가운데
- ● 후반 42분 류승우 PAL 내 ~ 주민규 GAR 내 R-ST-G(득점: 주민규, 도움: 류승우) 오른쪽

수원FC 0 : 1 울산

- 4월 11일 16:30 맑음 수원 종합 1,056명
- 주심_김동진 부심_김계용·장종필 대기심_김대용 경기감독관_양정환

수원FC 0 [0 전반 0 / 0 후반 1] **1 울산**

퇴장	경고	파울	슛(유)	교체	선수명	배번	위치	위치	배번	선수명	교체	슛(유)	파울	경고	퇴장
0	0	0	0		박배종	1	GK	GK	21	조현우		0	0	0	0
0	2	0			김상원	3	DF	DF	15	김태환		0	3	0	1
0	0	1		33	장성원	20	DF	DF	44	김기희		0	0	0	0
0	0	0			조유민	20	DF	DF	33	홍철		0	0	0	0
0	0	1	1(1)		박지수	23	DF	DF	66	설영우		0	0	0	0
0	0	0			박주호		MF	MF	20	신형민		0	0	0	0
0	0	2			무릴로	10	MF	MF	16	김성준	36	0	1	0	0
0	0			19	전청호	8	MF	MF	29	김보경	10	1	0	0	0
0	0	14			김준형	88	FW	FW	8	바코	23	1(1)	0	0	0
0	1	4(3)			라스	9	FW	FW	13	김민준	11	1	1	0	0
0			18		이영준		FW	FW	9	김지현		2(1)	1	0	0
					최봉진	13			1	조수혁					
					윤영선	22			23	김태환	후48				
0	0	1		후0	김동찬	88			16	원두재	후43				
0	1	3		후0	김건웅	14	대기	대기	10	윤빛가람	후27				
0	1	1(1)		후30	김승준				11	이동준	후27				
0	4(1)		전29		양동현				7	김인성	후27	1(1)			
				전19	정충근	19			24	힌터제어					
0	2	19	13(7)			0			0			8(4)	14	1	1

- ● 후반 46분 바코 PAR 내 ~ 김인성 GA 정면 내 R-ST-G(득점: 김인성, 도움: 바코) 왼쪽

수원FC 2 : 1 강원

- 4월 17일 14:00 흐림 수원 종합 400명
- 주심_이동준 부심_지승민·강동호 대기심_김영수 경기감독관_나승화

수원FC 2 [0 전반 1 / 2 후반 0] **1 강원**

퇴장	경고	파울	슛(유)	교체	선수명	배번	위치	위치	배번	선수명	교체	슛(유)	파울	경고	퇴장
0	0	0	0		박배종	1	GK	GK	25	이범수		1	0	0	0
0	0	1	1(1)		정동호	2	DF	DF	2	김영빈		0	0	0	0
0	1	0			임채민		DF	DF	26	임채민		0	0	0	0
0	0	1	0		조유민	20	DF	DF	4	이슬람다트		0	0	0	0
0	4	1(1)			박지수	23	MF	MF	28	김수범		2(1)	2	0	0
0		2(2)	66		무릴로	14	MF	MF	8	윤석영		0	0	0	0
0	2	1	28		김건웅	24	MF	MF	4	한국영		0	0	0	0
0		21			정재호		MF	FW	88	황문기		0	0	0	0
0	4(4)				김승준	18	FW	FW	17	김대원	18	2(1)	1	0	0
0	9				양동현	18	FW	FW	99	박상혁		1(1)	0	0	0
					최봉진	13			1	이광연	후22				
					윤영선	22			3	신세계					
				후23	이기혁				23	임창우					
0		2(1)		후9	양동현	28	대기	대기	18	아사니	후22				
0		2(1)		후9	한승규	66			14	신창무	후5				
				후24	라스	9			9	실라지					
0	1			후0	정충근				10	고무열	후25	3(3)			
0	1	16(11)				0			0			10(6)	16	2	0

- ● 후반 18분 김승준 GAL L-ST-G(득점: 김승준) 왼쪽
- ● 후반 47분 라스 GAL EL ~ 한승규 GA 정면 L-ST-G(득점: 한승규, 도움: 라스) 가운데
- ● 전반 12분 김대원1 AKR R-ST-G(득점: 김대원1) 왼쪽

• 4월17일 16:30 맑음 서울월드컵 2,750명
• 주심_김희곤 부심_김계용·성주경 대기심_안재훈 경기감독관_양정환

서울 0 | 0 전반 1 / 0 후반 0 | **1 대구**

퇴장	경고	파울	ST(유)	교체	선수명	배번	위치	위치	배번	선수명	교체	ST(유)	파울	경고	퇴장
0	0	0	0		양 한 빈	21	GK	GK	1	최 영 은		0	0	0	0
0	0	3	0		고 광 민	27	DF	DF	5	김 재 우		0	1	0	0
0	0	0	0		홍 준 호	15	DF	DF	6	홍 정 운		0	0	0	0
0	0	0	0		황 현 수	2	DF	DF	3	정 태 욱		1	0	0	0
0	0	1	3(1)		윤 종 규	23	DF	MF	14	안 용 우		0	1	0	0
0	0	1	1		오스마르	5	MF	MF	26	이 진 용		2	0	0	0
0	1	3			김 진 성	6	MF	MF	11	세 징 야	8	3(2)	1	0	0
0	0	1		72	팔로세비치	26	MF	MF	18	정 승 원					
0	1	0	1	72	김 진 야	17	FW	MF	44	츠 바 사	74				
0	2	1		14	김 진 혁		FW	FW	22	에 드 가		4	1	0	0
0		3(1)		20	정 한 민	19	FW	FW							
0	0	0			유 상 훈	1			31	이 윤 오		0			
0	0	0			김 원 균	40			3	김 우 석					
0	0	0			차 오 연	66			20	황 순 민					
0				후33	이 인 규	20	대기	대기		이 용 래	후22	0			
0				후37	강 성 진	72			8	박 준 빈	후28	1(1)	0		
0	0		2(1)	후0	권 성 윤	14			32	정 치 인		0			
0		3(1)		후0	나 상 호	14			22	이 근 호	후46	0			
0			14(3)		0							11(5)	9	1	0

●전반 28분 김진혁 GAR ~ 에드가 GAL 내 L-ST-G(득점: 에드가, 도움: 김진혁) 왼쪽

• 4월17일 19:00 맑음 광주 전용 1,055명
• 주심_채상협 부심_곽승순·설귀선 대기심_정회수 경기감독관_정경구

광주 0 | 0 전반 0 / 0 후반 1 | **1 포항**

퇴장	경고	파울	ST(유)	교체	선수명	배번	위치	위치	배번	선수명	교체	ST(유)	파울	경고	퇴장
0	0	0	0		윤 보 상	77	GK	GK	31	강 현 무		0	0	0	0
0	0	2	2		이 민 기	3	DF	DF	10	강 상 우		0	0	0	0
0	0	1	1		한 호 강	20	DF	DF	13	권 완 규		0	3	1	0
0	0	1			알 렉 스	28	DF	DF	17	신 광 훈		0	1	0	0
0	1	0			이 지 훈	32	DF	MF	12	송 민 규		0	0	0	0
0	1	3(1)			김 원 식	5	MF	MF	6	신 진 호		0	0	0	0
0	0	2			김 주 공	11	MF	MF	57	이 수 빈		0	0	0	0
0	1	5(3)			헤 이 스	17	MF	MF	82	팔라시오스	77	1	0	0	0
0				26	이 순 민	44	MF	MF	16	이 승 모	1(1)	1	0	0	0
0	1	3	3(2)		엄 지 성	30	MF	FW	8	크베시치					
0	1	3			펠 리 페	9	FW	FW							
0					윤 평 국	1			1	황 인 재		0			
0					이 으 뜸	8			3	이 광 준	후0	0			
0					한 희 훈	4			25	김 성 주					
0				후40	김 봉 진	90	대기	대기	14	오 범 석		0			
0					송 승 민	16			38	김 진 현		0			
0					정 현 우	23			77	임 상 협	후22	0			
0				후40	이 희 균	26			7	타 쉬	후10	3(2)	0		
0	1	11	15(9)		0							9(3)	21	1	0

●후반 13분 타쉬 PK-R-G(득점: 타쉬) 오른쪽

• 4월18일 14:00 맑음 수원월드컵 2,761명
• 주심_김대용 부심_윤재열·박균용 대기심_고형진 경기감독관_허기태

수원 3 | 1 전반 0 / 2 후반 0 | **0 울산**

퇴장	경고	파울	ST(유)	교체	선수명	배번	위치	위치	배번	선수명	교체	ST(유)	파울	경고	퇴장
0	0	0	0		양 형 모	21	GK	GK	21	조 현 우		0	0	0	0
0	1	2	0		박 대 원	33	DF	DF	4	불투이스		0	1	0	0
0	0	1	0		민 상 기	39	DF	DF	44	김 기 희		0	2	0	0
0	0	1			장 호 익	35	DF	DF	33	홍 철		4(3)	1	0	0
0	0	1	2		이 기 제	23	MF	MF	23	김 태 환		0	0	0	0
0	0	1	2		최 성 근	25	MF	MF	16	원 두 재	20	3(1)	0	0	0
0	1	1	1(1)		김 태 환	18	MF	MF	10	윤빛가람	18	0	2	0	0
0	2(1)		8		강 태 묵	14	MF	MF	8	바 코		0	0	0	0
0	0	1			한 석 종		FW	FW	30	강 윤 구		0	0	0	0
0	0	3(2)		26	김 건 희		FW	FW	13	김 민 준	11	0	1	0	0
0	3	4(3)	55		정 상 빈	29	FW	FW	9	김 지 현	24	1(1)	0	0	0
0					노 동 건	19			1	조 수 혁		0			
0				후39	최 정 원	2			66	설 영 우					
0					구 대 영	90			20	신 형 민	후29	0			
0				후10	고 승 범	3	대기	대기	18	김 성 준	후0	0			
0				후39	안토니스	8			11	이 동 준	전21	1	2	0	0
0				후39	염 기 훈	26			24	이 인 성	전25	1(1)	0	0	0
0		2(1)		후27	제 리 치	55			24	힌터제어	후17	1(1)	2	0	0
0	2	12	12(8)		0							11(6)	12	1	0

●전반 13분 이기제 MFR FK ~ 김건희 GA 정면 H-ST-G(득점: 김건희, 도움: 이기제) 가운데
●후반 1분 강현묵 PA 정면 R-ST-G(득점: 강현묵) 오른쪽
●후반 24분 강현묵 PAL 내 ~ 정상빈 GAR H-ST-G(득점: 정상빈, 도움: 강현묵) 오른쪽

• 4월18일 16:30 맑음 전주월드컵 3,635명
• 주심_김동진 부심_이정민·장종필 대기심_안재훈 경기감독관_차상해

전북 1 | 0 전반 0 / 1 후반 0 | **0 성남**

퇴장	경고	파울	ST(유)	교체	선수명	배번	위치	위치	배번	선수명	교체	ST(유)	파울	경고	퇴장
0	0	0	0		송 범 근	31	GK	GK	41	김 영 광		0	0	0	0
0	0	0	0		최 철 순	25	DF	DF	3	안 영 규		0	0	0	0
0	0	0	1		최 보 경	6	DF	DF	40	리 차 드		1	1	0	0
0	3	0			홍 정 호	26	DF	DF	4	이 창 용		0	0	0	0
0	1	0			이 유 현	16	DF	MF	2	이 시 영		0	0	0	0
0	1	1			류 재 문	29	MF	MF	28	안 진 범		0	1	0	0
0	2	1			이 승 기	14	MF	MF	14	이 규 성	28	0	0	0	0
0	2	10			이 지 훈	19	MF	MF	32	이 태 희		0	1	0	0
0				13	쿠니모토	17	FW	FW	27	이 중 민	19	3	1	0	0
0	1(1)						FW	FW	33	김 민 혁		0	0	0	0
0		11		24	김 승 대		FW	FW							
0					김 정 훈	23			1	허 자 웅		0			
0					김 민 혁	92			5	마 상 훈	전27				
0					백 승 호	8			34	최 지 묵					
0	1(1)			후20	김 보 경	13	대기	대기	28	박 태 준	후31	0	2	1	0
0				후20	박 규 민				7	뮬 리 쉬	후31	2(1)	1	0	0
0					구스타보				19	박 용 지	후8/9	0			
0		3(2)		전23	일류첸코	10			37	홍 시 후		0			
0	2	15	7(4)		0							5(1)	20	2	0

●후반 29분 일류첸코 AK 내 ~ 한교원 PAR 내 R-ST-G(득점: 한교원, 도움: 일류첸코) 오른쪽

• 4월20일 19:00 맑음 춘천 송암 1,025명
• 주심_김대용 부심_김계용·장종필 대기심_조지음 경기감독관_강득수

강원 0 | 0 전반 0 / 0 후반 1 | **1 광주**

퇴장	경고	파울	ST(유)	교체	선수명	배번	위치	위치	배번	선수명	교체	ST(유)	파울	경고	퇴장
0	0	0	0		김정호	21	GK	GK	77	윤보상		0	0	0	0
0	0	1	1(1)	7	김영빈	2	DF	DF	3	이민기		0	1	0	0
0	1	2	0		임채민	26	DF	DF	20	이한도		2(1)	1	0	0
0	0	2	1		신세계	4	DF	DF	28	알렉스		1	2	0	0
0	0	1			김수범	28	MF	DF	32	이지훈		0	1	0	0
0	0	3	2(1)		임창우	23	MF	MF	5	김원식		0	1	0	0
0		1			한국영	8	MF	MF	16	송승민	11	0	1	0	0
0	1	2			김대우	66	MF	MF	17	헤이스		2	1	0	0
0	0	2(1)	9		황문기	88	FW	MF	26	이순민	26	1	1	0	0
0		1			고무열	33	FW	FW	24	엄지성		0	2	0	0
0	0	1	17		박상혁	29	FW	FW	9	펠리페		2	3	0	0
					이광연	1			1	윤평국					
0				후0	윤석영	7			8	이으뜸					
					아슐마토프	22			4	한희훈	후49				
0		0		후0	김동현	30			90	김봉진	후32				
					서민우	4			11	두현석	후				
0	0	1	1(1)	후30	실라지	9			23	정현우	후49				
0	0		1(1)	후0	김대원	17			26	이희균	후27				
0	1	17	13(6)									9(3)	17	2	0

● 후반 42분 헤이스 MFL FK ⌒ 이한도 GAL
H-ST-G(득점: 이한도, 도움: 헤이스) 오른쪽

• 4월20일 19:30 맑음 포항 스틸야드 1,369명
• 주심_고형진 부심_박상준·성주경 대기심_신용준 경기감독관_김성기

포항 1 | 0 전반 0 / 1 후반 0 | **0 수원FC**

퇴장	경고	파울	ST(유)	교체	선수명	배번	위치	위치	배번	선수명	교체	ST(유)	파울	경고	퇴장
0	0	0	0		강현무	31	GK	GK	1	박배종		0	0	0	0
0	0	0	0		강상우	10	DF	DF	2	정동호		0	1	0	0
0	0	1	0		권완규	13	DF	DF	3	김상원		0	0	0	0
0	0	1	0		전민광	6	DF	DF	5	조유민		0	1	0	0
0	0	1	0		신광훈	17	DF	DF	23	박지수		0	0	0	0
0	0	1	2(2)		송민규	12	MF	MF	6	박주호		0	0	0	0
0	1	1(1)			신진호	6	MF	MF	10	무릴로	17	1	2	0	0
0	0				이수빈	57	MF	MF	14	김건웅	28	0	2	0	0
0	0		77		팔라시오스	82	MF	MF	21	이영재		1(1)	1	0	0
0	0	1		79	이승기		FW	FW	7	김승준		2(2)	2	1	0
0	1	1			크베시치	8	FW	FW	9	라스	18	2	1	0	0
					황인재	1			13	박민진					
0				후0	이광준	3			22	윤영선					
					김성주	25			28	이영재	후11				
0					오범석	후66			29	한승규	후				
2(2)				후17	이호재	79	대기	대기	17	터 너	후29				
0				후17	임상협	18			18	양동현	후11				
0	1	1(1)		전26	타쉬	7			24	전정호	후32				
0	1	10	8(7)									8(5)	12	2	0

● 후반 34분 고영준 MFR ⌒ 송민규 GAL 내
H-ST-G(득점: 송민규, 도움: 고영준) 오른쪽

• 4월21일 19:00 맑음 울산 문수 3,232명
• 주심_박병진 부심_곽승순·양재용 대기심_정동식 경기감독관_당성증

울산 0 | 0 전반 0 / 0 후반 0 | **0 전북**

퇴장	경고	파울	ST(유)	교체	선수명	배번	위치	위치	배번	선수명	교체	ST(유)	파울	경고	퇴장
0	0	0	0		조현우	21	GK	GK	31	송범근		0	0	0	0
0	0	2	1(1)		불투이스	4	DF	DF	25	최철순		0	2	1	0
0	1	0			김기희	44	DF	DF	6	최보경		0	1	0	0
0	0	1		66	홍 철	33	DF	DF	26	홍정호		1	1	0	0
0	1	2	1		김태환	23	DF	DF	2	이 용		0	1	0	0
0	1	3	0		신형민	16	MF	MF	4	최영준		1(1)	2	1	0
0	0	1			윤빛가람	14	MF	MF	5	이성윤		0	0	0	0
0	2	1			이동경	19	MF	MF	14	이승기		0	1	0	0
0	0	1			이동준	11	FW	MF	13	김보경		0	0	0	0
0	0	8	1(1)		김민준	13	FW	FW	19	이지훈	11	1	1	0	0
0	0	1			서주환	25	FW	FW	10	일류첸코		0	0	0	0
				후20	설영우	66			1	민성준					
0					원두재	16			32	이주용					
0					고명진	22	대기	대기	17	구니모토	후0				
0				후0	바코	8			7	한교원	전28				
0				후35	김인성	7			11	바로우	전28				
					인터셉터	24			9	구스타보					
0	1	16	6(1)									5(2)	18	3	0

● 후반 25분 이스칸데로프 C.KR 김민혁 GAL 내 H-ST-G(득점: 김민혁, 도움: 이스칸데로프) 왼쪽

• 4월21일 19:30 맑음 탄천 종합 634명
• 주심_김우성 부심_윤재열·설귀선 대기심_채상협 경기감독관_최윤겸

성남 1 | 0 전반 0 / 1 후반 3 | **3 인천**

퇴장	경고	파울	ST(유)	교체	선수명	배번	위치	위치	배번	선수명	교체	ST(유)	파울	경고	퇴장
0	0	0	0		김영광	41	GK	GK	21	이태희		0	0	0	0
0	0	0	0		안영규	5	DF	DF	20	델브리지		0	0	0	0
0	0	1	0		마상훈	5	DF	DF	13	김광석		1(1)	0	0	0
0	0	1	0		이창용	4	DF	DF	14	정동윤		0	3	0	0
0	0		34		이시영	3	MF	MF	16	강윤구		0	3	0	0
0	0	1			리차드	20	MF	MF	33	김도혁		0	4	0	0
0	1	1			이규성	7	MF	MF	34	오재석		0	0	0	0
0	0		37		이태희	32	MF	MF	70	구본철		7	0	2	0
0	0				이중민	22	FW	MF		아길라르		1	2	0	0
0	0		4(1)		뮬리치	8	FW	FW	8	김현		3(1)	1	0	0
0	0		4(2)		김민혁	9	FW	FW	19	네게바	19	2(1)	1	0	0
					김근배	21			31	김동헌					
0				후39	최지묵	34			32	김채운	후48				
					박태준	28			4	문지환					
0				후0	이스칸데로프	12	대기	대기	7	김도혁					
0				후0	부 쉬	9			27	지언학	후48				
1(1)				후39	김현성	18			9	무고사	후37				
0				후39	홍시후	37			19	송시우	후21				
0	1	14	13(6)									7(4)	16	1	0

● 후반 9분 김도혁 GAR ⌒ 네게바 GA 정면 H-ST-G(득점: 네게바, 도움: 김도혁) 왼쪽
● 후반 23분 오재석 PAR ⌒ 김현 GA 정면 H-ST-G(득점: 김현, 도움: 오재석) 오른쪽
● 후반 35분 아길라르 PK-L-G(득점: 아길라르) 왼쪽

- 4월 21일 19:30 맑음 DGB대구은행파크 2,037명
- 주심_ 김영수 부심_ 지승민·강동호 대기심_ 최현재 경기감독관_ 김용세

					대구 1			0 전반 0			1 후반 0		0 수원						

퇴장	경고	파울	ST(유)	교체	선수명	배번	위치	위치	배번	선수명	교체	ST(유)	파울	경고	퇴장
0	0	0	0		최 영 은	1	GK	GK	21	양 형 모		0	0	0	0
0	1	1	0		김 재 우	5	DF	DF	33	박 대 원		1	4	1	0
0	0	1	0		홍 정 운	6	DF	DF	39	민 상 기		0	0	0	0
0	0	1	1		정 태 욱	4	DF	DF	35	장 호 익		0	0	0	0
0	0	0	0	14	황 순 민	20	MF	MF	23	이 기 제		0	2	0	0
0	0	0	0		이 진 용	26	MF	MF	25	최 성 근		0	0	0	0
0	1	5	0	13	이 용 래	74	MF	MF	18	김 태 환		0	2	0	0
0	0	2	0		정 승 원	18	MF	MF	14	강 현 묵		0	0	0	0
0	0	2	0	10	초 바 사	44	MF	FW	8	안토니스	4	0	0	0	0
0	0	3(1)	32		김 진 혁	7	FW	FW	29	정 상 빈	90	2	6	1	0
0	2	2(1)			에 드 가	9	FW	FW	55	제 리 치	36	2	3	1	0
0	0	0	0		이 윤 오	31			19	노 동 건		0	0	0	0
0	0	0	0		김 우 석	3			4	헨 리	후27	0	0	0	0
0	0	1	3(2)	후0	안 용 우	14			2	최 정 원		0	0	0	0
0	0	0	0	후46	오 후 성	13	대기	대기	90	구 대 영	후47	0	0	0	0
0	1	0	0		후산 세르지뉴	10			17	김 태 환		0	0	0	0
0	0	0	0	후46	정 치 인	32			26	염 기 훈	후15	0	1	0	0
0	0	0	0	후32	이 근 호	22			13	유 주 안		0	0	0	0
0	3	20	13(4)									5	23	4	1

● 후반 27분 에드가 PK-R-G(득점: 에드가) 가 운데

- 4월 21일 19:30 맑음 제주 월드컵 1,934명
- 주심_ 이동준 부심_ 이정민·박균용 대기심_ 성덕효 경기감독관_ 차상해

					제주 2			1 전반 1			1 후반 0		1 서울						

퇴장	경고	파울	ST(유)	교체	선수명	배번	위치	위치	배번	선수명	교체	ST(유)	파울	경고	퇴장
0	0	0	0		오 승 훈	21	GK	GK	21	양 한 빈		0	0	0	0
0	0	1	4(1)	6	안 현 범	17	MF	DF	45	이 한 범		0	1	0	0
0	1	2	0		김 오 규	35	DF	DF	40	김 원 균		0	1	0	0
0	1	2(2)			권 한 진	5	DF	DF	2	황 현 수		0	1	0	0
0	0	0	0		정 운	13	DF	DF	3	윤 종 규		0	0	0	0
0	1	1(1)			정 우 재	22	MF	MF	66	차 오 연		0	3	0	0
0	2	1(1)			이 창 민	8	MF	MF	35	백 상 훈	20	0	2	0	0
0	0	0	0		김 봉 수	30	MF	MF	14	권 성 윤	88	0	2	0	0
0	1	0	0	10	제 르 소	11	MF	FW	7	나 상 호		0	0	0	0
0	0	3(3)			이 규 혁	77	FW	FW	19	신 재 원	19	2(2)	0	1	0
0	2	0	0		주 민 규	18	FW	FW	15	홍 준 호	3	1(1)	2	1	0
0	0	0	0		유 연 수	31			1	유 상 훈		0	0	0	0
0	0	0	0	후43	김 경 재	23			3	조 석 영	후27	0	1	0	0
0	0	0	0	후43	강 윤 성	6			88	이 태 석	후19	1	0	0	0
0	0	0	0	후0	김 영 욱	14	대기	대기	6	기 성 용		0	0	0	0
0	0	0	0		변 경 준	28			20	이 인 규	후27	0	0	0	0
0	0	2	3(2)	후0/23	류 승 우	28			19	정 한 민	후14	1(1)	1	0	0
0	0	0	0	후28	진 성 욱	9			72	강 성 진		0	0	0	0
0	2	13	18(9)									6(4)	12	4	0

● 전반 17분 이규혁 PAR 내 ~ 김봉수 PA정면 R-ST-G(득점: 김봉수, 도움: 이규혁) 오른쪽
● 후반 18분 정운 GAR 내 H ⌒ 권한진 GAL 내 H-ST-G(득점: 권한진, 도움: 정운) 왼쪽

● 전반 3분 신재원 PK-R-G(득점: 신재원) 오른쪽

- 4월 24일 14:00 맑음 포항 스틸야드 2,041명
- 주심_ 김종혁 부심_ 곽승순·장종필 대기심_ 성덕효 경기감독관_ 최윤겸

					포항 0			0 전반 0			0 후반 0		0 제주						

퇴장	경고	파울	ST(유)	교체	선수명	배번	위치	위치	배번	선수명	교체	ST(유)	파울	경고	퇴장
0	0	0	0		강 현 무	31	GK	GK	21	오 승 훈		0	0	0	0
0	0	1	1(1)		강 상 우	10	MF	MF	17	안 현 범	23	1	0	0	0
0	0	1	0		권 완 규	13	DF	DF	35	김 오 규		0	0	0	0
0	0	1	0		이 광 준	5	DF	DF	5	권 한 진		0	1	0	0
0	0	0	0		전 민 광	4	DF	DF	13	정 운		0	1	0	0
0	1	2	0		신 광 훈	17	MF	MF	22	정 우 재		0	1	0	0
0	0	0	0	82	이 승 모	16	MF	MF	8	이 창 민		0	0	0	0
0	1	1(1)			송 민 규	7	FW	FW	30	김 봉 수		0	0	0	0
0	0	2	2	79	크베시치	9	FW	FW	11	제 르 소	4	0	3	1	0
0	0	1	0		임 상 협	77	FW	FW	77	이 규 혁		0	1	0	0
0	1	1	0	20	타 쉬	7	FW	FW	18	주 민 규		0	3	0	0
0	0	0	0		황 인 재	1			41	김 예 지		0	0	0	0
0	0	0	0		김 성 주	25			23	김 경 재	후46	0	0	0	0
0	0	0	0		오 범 석	14			6	강 윤 성	후19	0	0	0	0
0	0	0	0	후34	신 진 호	6	대기	대기	16	여 름		0	0	0	0
0	1	2(1)		후17	고 영 준	79			14	김 영 욱	후0	1(1)	0	0	0
0	0	0	0	후45	팔라시오스	82			28	류 승 우	후0	0	0	0	0
0	0	0	0	후17/6	이 호 재	20			10	진 성 욱	전18	1(1)	0	0	0
0	2	10	9(3)									5(2)	7	1	0

- 4월 24일 16:30 맑음 광주 전용 1,265명
- 주심_ 김우성 부심_ 이정민·박균용 대기심_ 서동진 경기감독관_ 강득수

					광주 0			0 전반 0			0 후반 1		1 대구						

퇴장	경고	파울	ST(유)	교체	선수명	배번	위치	위치	배번	선수명	교체	ST(유)	파울	경고	퇴장
0	0	0	0		윤 보 상	77	GK	GK	1	최 영 은		0	0	0	0
0	0	1	0	8	이 민 기	3	DF	DF	5	김 재 우		0	0	0	0
0	0	0	0		이 한 도	20	DF	DF	6	홍 정 운		0	1	1	0
0	0	1	0		알 렉 스	28	DF	DF	4	정 태 욱		0	1	0	0
0	1	3	0	26	이 지 훈	32	DF	MF	20	황 순 민	13	1	2	0	0
0	1	3	44		김 원 식	4	MF	MF	26	이 진 용	3	0	6	1	0
0	0	0	0		김 주 공	11	MF	MF	18	정 승 원		0	0	0	0
0	2	3	4(1)		헤 이 스	11	MF	FW	7	김 진 혁	32	0	1	0	0
0	1	2(1)			김 봉 진	90	MF	MF	44	초 바 사	14	0	0	0	0
0	0	0	0	16	엄 지 성	24	MF	MF	10	세르지뉴	22	0	1	0	0
0	2	2			펠 리 페	9	FW	FW	9	에 드 가		3(1)	4	0	0
0	0	0	0		윤 평 국	1			31	이 윤 오		0	0	0	0
0	0	0	0	후35	이 으 뜸	8			14	안 용 우	후44	0	0	0	0
0	0	0	0		광 진	20			3	김 우 석		0	0	0	0
0	0	0	0	후35	이 순 민	44	대기	대기	13	오 후 성	후31	0	1	0	0
0	0	0	0	후35	송 승 민	16			32	정 치 인	후44	0	0	0	0
0	0	0	0	후43	정 현 우	23			22	이 근 호	후18	2(1)	1	0	0
0	0	0	0	후43	이 희 균	26			38	장 성 원		0	0	0	0
0	2	12	14(2)									6(2)	19	3	0

● 후반 29분 에드가 GA 정면내 R-ST-G(득점: 에드가) 오른쪽

• 4월 24일 19:00 맑음 춘천 송암 2,204명
• 주심_정동식 부심_지승민·설귀선 대기심_고형진 경기감독관_차상해

강원 1 〈 1 전반 0 / 0 후반 1 〉 1 전북

퇴장	경고	파울	ST(유)	교체	선수명	배번	위치	위치	배번	선수명	교체	ST(유)	파울	경고	퇴장
0	0	0	0		김정호	21	GK	GK	31	송범근		0	0	0	0
0	0	1	0		신세계	13	DF	DF	32	이주용		0	0	1	0
0	0	1	0		임채민	26	DF	DF	92	김민혁		0	0	1	0
0	0	1	0		윤석영	7	DF	DF	26	홍정호		0	0	1	0
0	0	3	0		임창우	23	MF	DF	2	이 용		0	0	1	0
0	0	2	0	28	송준석	34	MF	MF	29	류재문		0	0	0	0
0	1	1	1(1)		한국영	8	MF	MF	5	백승호		3	1	0	0
0	1	1			황문기	88	MF	MF	13	김보경	14	0	1	1	0
0	1			14	마 사	7	FW	MF	17	쿠니모토		1(1)	3	0	0
0	0	1			김대원	11	FW	FW	9	이지훈	11	0	0	0	0
0	1	2(2)	10		박상혁	99	FW	FW	9	구스타보	10	1	2	0	0
0	0	0	0		이광연	23			23	김정훈		0	0	0	0
					아슬마토프	22			6	최보경					
0	0	1	0	후00	김수범	28			25	최철순		0	0	0	0
				후00	신창무	14	대기	대기	4	최영준					
				후00	김동현	6			14	이승기	후00				
0		3(2)	전25	전00	고무열	25			7	바로우	후33				
					실라지	10			10	일류첸코	후00	2(1)	1	0	0
0	1	7	11(5)			0			0			10(3)	1	1	0

● 전반 46분 임창우 PAR ⌒ 고무열 GA 정면 H-ST-G(득점: 고무열, 도움: 임창우) 왼쪽
● 후반 35분 바로우 AK 정면 ~ 쿠니모토 GAR R-ST-G(득점: 쿠니모토, 도움: 바로우) 오른쪽

• 4월 25일 14:00 맑음 인천 전용 1,930명
• 주심_채상협 부심_김계용·강동호 대기심_김대용 경기감독관_김성기

인천 0 〈 0 전반 0 / 0 후반 0 〉 0 울산

퇴장	경고	파울	ST(유)	교체	선수명	배번	위치	위치	배번	선수명	교체	ST(유)	파울	경고	퇴장
0	0	0	0		이태희	21	GK	GK	21	조현우		0	0	0	0
0	0	1	0		델브리지	20	DF	DF	4	불투이스		1	0	0	0
0	0	1	0		김광석	3	DF	DF	44	김기희		0	0	0	0
0	0	1	0		정동윤	14	DF	DF	15	김태환	66	0	0	0	0
0	0	1	0		강윤구	16	MF	DF	23	김태륜		1(1)	2	1	0
0	1	0	27		이강현	24	MF	MF	20	신형민	16	0	1	0	0
0	0	0			오재석	34	MF	MF	10	윤빛가람		1(1)	1	0	0
0	0	1	0		박창환	30	MF	MF	14	이동경	22	1	0	0	0
0	0	1	0		아길라르	10	MF	FW	11	이동준		1(1)	0	0	0
0	1	1	0		김준엽	17	FW	MF	13	김민준	8	0	0	0	0
0	1	1	1(1)	19	네게바	77	FW	FW	7	김지현	19	1	1	0	0
0	0	0	0		김동헌	31			1	조수혁		0	0	0	0
0	0	0	0		김채운	32			66	설영우	후00	2(1)	1	1	0
0	0	0	0		임은수	39			16	원두재	후00	0	1	0	0
0	1	1(1)	전31		이도혁	7	대기	대기	22	고명진					
				후35	정헌식	27			8	이청용	후31	5(3)	0	0	0
					무고사	9			7	김인성	후14	3(2)	1	0	0
				후25	송시우	19			24	히터제어		0	0	0	0
0	2	6	9(3)			0			0			18(9)	12	2	0

• 4월 25일 16:30 맑음 수원 종합 876명
• 주심_김동진 부심_윤재열·양재용 대기심_서동진 경기감독관_김용세

수원FC 1 〈 0 전반 0 / 1 후반 1 〉 1 서울

퇴장	경고	파울	ST(유)	교체	선수명	배번	위치	위치	배번	선수명	교체	ST(유)	파울	경고	퇴장
0	0	1	0		박배종	1	GK	GK	21	양한빈		0	0	0	0
0	0	1	0		김상원	3	DF	DF	88	이태석	28	0	0	0	0
0	0	1	0		장준영	5	DF	DF	40	김원균	35	0	0	1	0
0	0	1	0		조유민	20	DF	DF	2	황현수		0	0	0	0
0	0	2	0		박지수	23	DF	DF	23	윤종규		0	0	1	0
0	0	1	0		박주호	6	MF	MF	5	오스마르		2(1)	1	0	0
0	1	2(2)	18		김건웅	14	MF	MF	8	기성용		1(1)	0	0	0
0	0	1	66		이영재	99	MF	MF		팔로세비치		3(3)	1	0	0
0	1	1(1)			라 스	9	FW	FW	7	나상호	14	2	1	0	0
0	0	1	47		무릴로	11	FW	FW	11	조영욱	14	1(1)	0	0	0
0	0	1	7		조상준	29	FW	FW	15	홍준호	19	0	0	0	0
0	0	0	0		최봉진	31			1	유상훈		0	0	0	0
					정동호	2			45	이한범					
0	0	0	0	후00	나성은	47			28	강상희	후22	1(1)	0	0	0
				전12	한승규	66	대기	대기	35	백상훈	후37	0	0	0	0
									20	이인범	후37	0	0	0	0
				후31	양동현	18			14	권성윤	후22	0	0	0	0
				후27	정충근	19			19	정한민	후22	1(1)	0	0	0
0	1	13	4(3)			0			0			11(8)	4	3	0

● 후반 33분 박지수 GA 정면 H ⌒ 라스 GAL내 H-ST-G(득점: 라스, 도움: 박지수) 오른쪽
● 후반 48분 팔로세비치 PK-L-G(득점: 팔로세비치) 가운데

• 4월 25일 19:00 맑음 탄천 종합 1,360명
• 주심_김희곤 부심_박상준·성주경 대기심_이동준 경기감독관_허기태

성남 0 〈 0 전반 0 / 0 후반 1 〉 1 수원

퇴장	경고	파울	ST(유)	교체	선수명	배번	위치	위치	배번	선수명	교체	ST(유)	파울	경고	퇴장
0	0	0	0		김영광	41	GK	GK	21	양형모		0	0	0	0
0	0	0	0	5	안영규	6	DF	DF	33	박대원		0	0	0	0
0	1	2	0		리차드	40	DF	DF	39	민상기		0	0	0	0
0	0	0			이창용	4	DF	DF	35	장호익	4	0	0	0	0
0	0	1	8		이시영	2	MF	MF	23	이 기제		2(1)	0	0	0
0	0	2	14		박태준	28	MF	MF	7	고승범		0	2	1	0
0	0	1			이종성	16	MF	MF	14	강현묵		0	0	0	0
0	0	1			김민혁	13	MF	MF	18	김태환		1(1)	1	1	0
0	0	1			이태희	26	FW	FW	26	염기훈		0	0	0	0
0	2	2(2)			강재우	23	FW	FW	13	유주안		2	1	0	0
0	1	3(1)	10		팔라시오스	18	FW	FW	18	정상빈	90	1	3	1	0
0	0	0	0		허자웅	19			19	노동건		0	0	0	0
0	3	0		후00	마상훈	5			4	헨리크	후00				
					최지묵	34			2	최정원	후45				
				후15	이규성	14	대기	대기	90	구대영	후45				
				후00	이사란데르	10			20	김상준					
				전24	뮬리치	8			8	안토니스	후15	1	0	0	0
				후39	부 쉬	55			55	제리치					
0	3	16	8(3)			0			0			6(2)	12	4	0

● 후반 37분 이기제 AKR FK L-ST-G(득점: 이기제) 오른쪽

- 4월30일 19:30 흐림 서울 월드컵 1,972명
- 주심_박병진 부심_지승민·강동호 대기심_안재훈 경기감독관_김용세

서울 2   1 전반 1 / 1 후반 1   **2 성남**

퇴장	경고	파울	ST(유)	교체	선수명	배번	위치	위치	배번	선수명	교체	ST(유)	파울	경고	퇴장
0	0	0	0		양 한 빈	21	GK	GK	41	김 영 광		0	0	0	0
0	1	2	0		이 태 석	88	DF	DF	34	최 지 묵		2(1)	0	1	0
0	0	0	0		오스마르	5	DF	DF	6	안 영 규		0	6	0	0
0	1	0	0		홍 준 호	15	DF	DF	40	리 차드	20	0	3	1	0
0	0	1	0	77	윤 종 규	23	DF	DF	4	이 창 용		0	0	1	0
0	0	0	0		김 진 성	6	MF	MF	32	이 태 희		0	1	0	0
0	1	3	2(1)		기 성 용	8	MF	MF	23	강 재 우					
0	0		3(2)		팔로세비치	26	MF	MF	14	이 규 성	28				
0	1	1	1(1)		나 상 호	7	FW	FW	16	이 종 성					
0	0	1	1		권 성 윤	19	FW	FW	19	박 용 지	37	2(1)			
0	0	0	0		조 영 욱	11	FW	FW							
					유 상 훈	1			21	김 근 배					
0	0	0	0	후20	황 현 수	2			20	박 청 효	후32				
0	0	0	0	후42	신 재 원	77			66	박 수 일					
0	0	0	0		차 오 연	66	대기	대기	28	박 태 준	후22				
					이 인 규	20			7	부					
0	0	0	0		강 성 진	72			18	김 현 성	후0				
0	0	0	0	후17	정 한 민	19			37	홍 시 후	후29				
0	3	12	12(5)									7(4)	19	6	0

- ●전반 44분 팔로세비치 PK-L-G(득점: 팔로세비치) 오른쪽
- ●후반 39분 윤종규 GAR ~ 나상호 PA 정면내 R-ST-G(득점: 나상호, 도움: 윤종규) 가운데
- ●전반 5분 이규성 MF 정면 ~ 박용지 GAR R-ST-G(득점: 박용지, 도움: 이규성) 왼쪽
- ●후반 12분 홍준호 GA 정면 H 자책골(득점: 홍준호) 가운데

- 5월01일 14:00 흐림 수원종합 570명
- 주심_이동준 부심_곽승순·설귀선 대기심_정동식 경기감독관_김성기

수원FC 2   1 전반 1 / 1 후반 3   **4 대구**

퇴장	경고	파울	ST(유)	교체	선수명	배번	위치	위치	배번	선수명	교체	ST(유)	파울	경고	퇴장
0	0	0	0		박 배 종	1	GK	GK	1	최 영 은		0	0	0	0
0	0	1	1(1)		정 동 호	2	DF	DF	5	김 재 우		1	1	0	0
0	0	0	0		김 상 원	3	DF	DF	3	김 우 석		0	0	0	0
0	0	2	2(1)		조 유 민	20	DF	DF	4	정 태 욱		1	2	0	0
0	0	0	0		박 지 수	23	DF	MF	20	황 순 민	35	0	1	0	0
0	0	0	0		박 주 호	6	MF	MF	26	이 진 용					
0	0	0	2(2)	66	김 범 용	33	MF	MF	99	정 승 원					
0	0	0	0		이 영 준	99	MF	FW	44	츠 바 사	22	3(3)	0	0	0
0	0	0	0		무 릴 로	10	FW	FW	9	에 드 가		3(2)			
0	0	0	0		양 동 현	18	FW	FW	19	에 드 가					
0	0	1	0		조 상 준	19	FW								
					최 봉 진	13			31	이 윤 오					
					장 준 영	5			66	조 진 우					
0	0	0	0	후23	이 영 재				14	안 용 우	후0	1(1)	1	0	0
0	0	0	0	후23	한 승 규	66	대기	대기	66	정 재 현	후47				
0	0	0	0		이 승 훈					세르지뉴					
0			4(3)	전16	라 스	9			32	정 치 인	후47				
				전16	정 충 근	19			22	이 근 호	후24				
0	0	9	13(9)									10(8)	11	1	0

- ●전반 21분 무릴로 C.KL ~ 양동현 GA 정면 H-ST-G(득점: 양동현, 도움: 무릴로) 왼쪽
- ●후반 9분 정동호 PAR ~ 라스 GAR R-ST-G(득점: 라스, 도움: 정동호) 왼쪽
- ●전반 38분 박지수 GAR 내 H 자책골(득점: 박지수) 오른쪽
- ●후반 12분 안용우 C.KL 에드가 GA 정면 H-ST-G(득점: 에드가, 도움: 안용우) 왼쪽
- ●후반 18분 에드가 AK 정면 ~ 츠바사 PA 정면내 R-ST-G(득점: 츠바사, 도움: 에드가) 오른쪽
- ●후반 29분 이근호 PAR 내 R-ST-G(득점: 이근호) 가운데

- 5월01일 16:30 비 수원월드컵 3,045명
- 주심_김대요 부심_이정민·양재용 대기심_조지음 경기감독관_당성증

수원 1   0 전반 1 / 1 후반 0   **1 포항**

퇴장	경고	파울	ST(유)	교체	선수명	배번	위치	위치	배번	선수명	교체	ST(유)	파울	경고	퇴장
0	0	0	0		양 형 모	21	GK	GK	31	강 현 무		0	0	0	0
0	0	0	0	26	박 대 원	33	DF	DF	13	김 상 우		1(1)			
0	0	4	1		민 상 기	39	DF	DF	13	권 완 규		0	3	1	0
0	0	0	0		장 호 익	35	DF	DF	2	이 광 준		0	0	0	0
0	1	0	1(1)		이 기 제	23	DF	DF	2	전 민 광		0	1	1	0
0	0	0	0		고 승 범	17	MF	MF	17	신 광 훈		0	3	0	0
0	0	1	2(1)		김 태 환	30	MF	MF	6	신 진 호					
0	1	0	0	4	안토니스	8	MF	MF	82	팔라시오스	79	0			
0	0	1	0	2	강 현 묵	14	MF	MF	12	송 민 규		1			
0	0	1	0		정 상 빈	29	FW	FW	77	임 상 협		1(1)			
0	1	3	1	90	제 리 치	55	FW	FW	7	타 쉬		2(1)			
					노 동 건	19			1	황 인 재					
0	0	0	0	후0	헨 리				8	크베시자					
0	0	0	0	후35	최 정 원	2			5	이 승 모	후0				
0	0	0	0	후35	구 대 영	90	대기	대기	57	이 수 빈					
					김 상 준	20			79	고 영 준	후40				
0	0	0	0	후26	염 기 훈	26			27	이 석 규					
					유 주 안	10									
0	4	3	4(2)									6(4)	17	2	1

- ●후반 42분 이기제 PAL 내 김태환 GAR 내 H-ST-G(득점: 김태환, 도움: 이기제) 오른쪽
- ●전반 2분 전민광 PAR CK ~ 임상협 PK 우측지점 R-ST-G(득점: 임상협, 도움: 전민광) 왼쪽

- 5월01일 19:00 흐림 울산문수 2,650명
- 주심_김동진 부심_윤재열·장종필 대기심_정회수 경기감독관_허기태

울산 2   1 전반 0 / 1 후반 0   **0 광주**

퇴장	경고	파울	ST(유)	교체	선수명	배번	위치	위치	배번	선수명	교체	ST(유)	파울	경고	퇴장
0	1	0	0		조 현 우	21	GK	GK	77	윤 보 상		0	0	0	0
0	0	1	0		불투이스	4	DF	DF	3	이 민 기		0	1	0	0
0	2	1	0		김 기 희	44	DF	DF	20	이 한 도		1	3	1	0
0	0	2	1		설 영 우	66	DF	DF	28	알 렉 스		1(1)			
0	1	1	0		김 태 환	23	DF	DF	32	이 지 원		0	1	0	0
0	0	0	0		원 두 재	16	MF	MF	5	김 원 식	90				
0			4(3)		윤 빛 가 람	8	MF	MF	11	김 주 공		0	1	1	0
0	2	2	0		고 명 진	22	MF	MF	17	헤 이 스		0	1	0	0
0			2(2)		바 코	10	FW	FW	26	이 순 민	26	1	4	0	0
0	2	1	2(1)		김 민 준	17	FW	FW	24	엄 지 성	16	1(1)			
0	3	2(1)			힌터제어	20	FW	FW	9	펠 리 페		5(3)	2	1	0
					조 수 혁	1			1	윤 평 국					
					김 태 현	5			4	한 희 훈					
					신 형 민	4			6	김 봉 진	후6				
0			1(1)	후38	이 동 경	14	대기	대기	16	송 승 민	후0	2(1)			
					이 동 준	11			23	정 현 우					
0	0	0	0	후38	김 인 성	7			26	이 희 균	후29				
0	0	0	0	후33	김 지 현	9									
0	2	18	17(11)									13(7)	17	3	0

- ●전반 20분 김태환 MFR TL ~ 힌터제어 PAR 내 R-ST-G(득점: 힌터제어, 도움: 김태환) 오른쪽
- ●후반 10분 김태환 PAR ~ 바코 PA 정면 L-ST-G(득점: 바코, 도움: 김태환) 왼쪽

경기기록부 (2021)

전북 1 : 1 제주

• 5월 02일 14:00 맑음 전주월드컵 4,295명
• 주심_고형진 부심_김계용·성주경 대기심_정회수 경기감독관_정경구

전북 1 — 0 전반 1 / 1 후반 0 — 1 제주

퇴장	경고	파울	ST(유)	교체	선수명	배번	위치	위치	배번	선수명	교체	ST(유)	파울	경고	퇴장
0	0	0	0		송범근	31	GK	GK	21	오승훈		0	0	0	0
0	0	0	0		최철순	25	DF	MF	17	안현범		1	0	0	0
0	0	0	0		최보경	6	DF	DF	35	김오규		1	0	1	0
0	0	0	0		홍정호	26	DF	DF	5	권한진		0	2	0	0
0	0	0	1(1)		이용	2	DF	DF	13	정운		0	1	0	0
0	0	2	1	11	이지훈	14	MF	MF	22	정우재		2(2)	1	0	0
0	0	0	1		최영준	4	MF	MF	8	이창민		4(1)	0	0	0
0	0	1	1		류재문	29	MF	MF	30	김봉수	16	0	1	0	0
0	0	1		24	쿠니모토	17	MF	FW	11	제르소	14	2(1)	2	0	0
0	0	1	2(1)		일류첸코	10	FW	FW	38	이규혁	7	1	0	0	0
0	0	1(1)	13		김진수	13	FW	FW	9	주민규		1(1)	1	0	0
0	0	0	0		이범영	1			41	김예지		0	0	0	0
0	0	0	0		김민혁	92			36	김주원	후46				
0	0	0	0	전24	백승호	5	대기	대기	16	여름	36				
0	0	0	0	전23	김보경	13			14	김영욱	후15	1(1)	1	0	0
0	0	2(1)	전29		구스타보	9			7	조성준	전36	0	1	0	0
0	0	0	전32		바로우	7			3	류승우		0	0	0	0
0	0	0	후38		김승대	24			10	진성욱	후15	2	1	0	0
0	1	10	10(5)									15(5)	13	2	0

● 후반 14분 김보경 AK 정면 ~ 일류첸코 PK지점 R-ST-G(득점: 일류첸코, 도움: 김보경) 오른쪽
● 전반 45분 정우재 GA 정면 R-ST-G(득점: 정우재) 오른쪽

인천 1 : 0 강원

• 5월 02일 16:30 맑음 인천전용 1,930명
• 주심_김종혁 부심_박상준·박균용 대기심_안재훈 경기감독관_나승화

인천 1 — 0 전반 0 / 1 후반 0 — 0 강원

퇴장	경고	파울	ST(유)	교체	선수명	배번	위치	위치	배번	선수명	교체	ST(유)	파울	경고	퇴장
0	0	0	0		이태희	21	GK	GK	21	김정호		0	0	0	0
0	0	0	0		델브리지	20	DF	DF	2	김영빈		1(1)	3	1	0
0	0	0	0		김광석	3	DF	DF	7	윤석영		0	0	0	0
0	0	0	0		정동윤	14	DF	DF	22	아슬마토프		0	0	0	0
0	0	0	0	26	강윤구	16	MF	MF	34	송준석	28	0	0	0	0
0	0	0	0	32	이강현	23	MF	MF	23	임창우		0	0	0	0
0	0	3	0		오재석	34	MF	MF	8	한국영		0	1	0	0
0	0	3	0		박창환	30	MF	MF	6	김동현		0	3	0	0
0	1	1(1)			아길라르	10	MF	MF	88	황문기	14	3(2)	0	0	0
0	1	1			김현	18	FW	FW	4	무사		4(2)	0	0	0
0	1	0			네게바	77	FW	FW	99	박상혁	17	1(1)	0	0	0
0	0	0	0		김동헌	31			1	이광연		0	0	0	0
0	0	0	0	후31	김채운	32			3	신세계		0	0	0	0
0	0	0	0	후31	오반석	26			28	김수범	후0	0	0	0	0
0	0	2	2(2)	후0	김도혁	14	대기	대기	4	서민우	후40	0	0	0	0
0	0	0	0		지언학	27			14	신창무	후40	0	0	0	0
0	0	0	후19		무고사	9			3	실라		0	0	0	0
0	0	0	후0		송시우	19			17	김대원	후15	3(2)	0	0	0
0	3	10	4(3)									12(8)	7	2	0

● 후반 12분 송시우 MFR ~ 김도혁 PAL 내 L-ST-G(득점: 김도혁, 도움: 송시우) 오른쪽

대구 3 : 0 인천

• 5월 08일 14:00 맑음 DGB대구은행파크 2,958명
• 주심_고형진 부심_윤재열·성주경 대기심_신용준 경기감독관_차상해

대구 3 — 2 전반 0 / 1 후반 0 — 0 인천

퇴장	경고	파울	ST(유)	교체	선수명	배번	위치	위치	배번	선수명	교체	ST(유)	파울	경고	퇴장
0	0	0	0		최영은	21	GK	GK	21	이태희		0	0	0	0
0	0	0	0		김재우	4	DF	DF	20	델브리지		0	5	0	0
0	0	3			홍정운	6	DF	DF	3	김광석		0	1	0	0
0	0	0	0		정태욱	4	DF	DF	26	오반석		0	0	0	0
0	0	0	14		황순민	20	MF	MF	14	정동윤		0	1	0	0
0	0	5	1		이용래	74	MF	MF	23	이강현	13	1	1	0	0
0	0	0	44		이진용	44	MF	MF	34	오재석		0	0	0	0
0	1	0			정승원	18	MF	MF	30	박창환	7	0	1	0	0
0	0	3	2(2)	22	세징야	22	MF	MF	10	아길라르		0	0	0	0
0	1	1(1)	13		김진혁	13	FW	FW	9	무고사		0	0	0	0
0	2	2			에드가	9	FW	FW	19	송시우	27	1	3	0	0
0	0	0	0		이윤오	31			1	정산		0	0	0	0
0	0	0	전31		김우석	3			16	강윤구		0	0	0	0
0	0	0	0	후32	안용우	14			13	김준범	후21	0	0	0	0
0	0	0	0	후32	츠바사	44	대기	대기	14	김도혁	후32	1(1)	0	0	0
0	0	0	0		세르지뉴				18	최범경		0	0	0	0
0	0	3(2)	후32		오후성	13			29	이주안		0	0	0	0
0	0	0	후25		이근호	22			27	지언학	후35	0	0	0	0
0	1	15	11(5)									6(2)	15	2	0

● 전반 9분 정태욱 PAR 내 H ~ 김진혁 GAR 내 H-ST-G(득점: 김진혁, 도움: 정태욱) 오른쪽
● 전반 12분 세징야 GAR 내 R-ST-G(득점: 세징야) 오른쪽
● 후반 43분 츠바사 PAR ~ 오후성 PK지점 R-ST-G(득점: 오후성, 도움: 츠바사) 왼쪽

제주 1 : 3 수원FC

• 5월 08일 14:00 흐림 제주월드컵 1,574명
• 주심_김대용 부심_박상준·양재용 대기심_김영우 경기감독관_조성철

제주 1 — 0 전반 2 / 1 후반 1 — 3 수원FC

퇴장	경고	파울	ST(유)	교체	선수명	배번	위치	위치	배번	선수명	교체	ST(유)	파울	경고	퇴장
0	0	0	0		오승훈	21	GK	GK	1	박배종		0	0	0	0
0	0	0	0	10	안현범	17	MF	DF	23	곽윤호		0	0	0	0
0	1	4	0		김오규	35	DF	DF	14	김건웅		0	0	0	0
0	0	1	0		권한진	5	DF	DF	20	조유민		2(2)	0	0	0
0	0	0			정운	13	MF	DF	2	정동호		0	0	0	0
0	0	6(2)			이창민	8	MF	MF	6	박주호		0	0	0	0
0	0	14			김봉수	30	MF	MF	28	이영재	33	2(2)	0	0	0
0	0	28			제르소	11	FW	FW	9	라스		4(1)	1	0	0
0	1	1			이규혁	38	MF	MF	29	정재용	10	0	3	0	0
0	1	18			자왕다	18	MF	FW	18	이영준		0	0	0	0
0	0	0	0		김예지	41			13	최봉진		0	0	0	0
0	0	0	0		김주원	36			23	박지수	후36	0	0	0	0
0	0	0	전25		김영욱	14			33	김범용	후29	0	0	0	0
0	0	0	전25		조성준		대기	대기	7	김승준		0	0	0	0
0	0	0	후16		진성욱	10			16	무릴로	후16	0	0	0	0
0	0	0	후0		여름	28			18	양동현	후16	0	0	0	0
0	0	0	후0		주민규	47			47	나성은		0	0	0	0
0	3	14	15(3)									11(5)	11	1	0

● 후반 47분 김영욱 PAR ~ 이창민 PAR 내 R-ST-G(득점: 이창민, 도움: 김영욱) 왼쪽
● 전반 17분 무릴로 C.KL ~ 조유민 GAL 내 H-ST-G(득점: 조유민, 도움: 무릴로) 오른쪽
● 전반 28분 이영재 C.KR ~ 조유민 GAR H-ST-G(득점: 조유민, 도움: 이영재) 가운데
● 후반 12분 김상원 PAL ~ 라스 GAR R-ST-G(득점: 라스, 도움: 김상원) 오른쪽

포항 1 : 1 강원

- 5월 08일 16:30 맑음 포항 스틸야드 2,079명
- 주심_김희곤 부심_김계용·강동호 대기심_최광호 경기감독관_당성증

	1 전반 1	
포항 1	0 후반 0	1 강원

퇴장	경고	파울	ST(유)	교체	선수명	배번	위치	위치	배번	선수명	교체	ST(유)	파울	경고	퇴장
0	0	0	0		강 현 무	31	GK	GK	21	정 정 호		0	0	0	0
0	0	1	0	14	김 성 주	25	DF	DF	2	김 영 빈		0	0	0	0
0	0	2	0		전 민 광	4	DF	DF	7	윤 석 영		0	0	0	0
0	0	2	0		이 광 준	3	DF	DF	3	신 세 계		2(1)	1	0	0
0	1	1	0		강 상 우	10	MF	MF	28	김 수 범		0	0	0	0
0	1	1	4(1)		신 진 호	6	MF	MF	88	임 창 우		0	0	0	0
0	1	3	2(1)		이 수 빈	57	MF	MF	8	한 국 영		0	0	0	0
0	1	2(2)	79		임 상 협	77	MF	MF	66	김 대 우	4	1(1)	2	0	0
0	1	1	4(3)	1	크 베 시 치	90	MF	FW	14	신 창 우	18	1(1)	2	0	0
0		2(1)			팔 라 시 오 스	82	FW	FW	15	정 지 용	88	1	1	0	0
0		1			단 쉬	9	FW	FW	9	실 라 지	99	1	0	0	0
0				후0	황 인 재	1			1	이 광 연					0
0					안 해 성	15			32	이 병 욱					0
0	1			후25	오 범 석	14			2	아 슐 마 토 프					0
0				후25	이 승 모	16	대기	대기	4	서 민 우	후11				0
0				후38	고 영 준	19			88	문 기 한	후0				0
0				후8	송 민 규	12			18	마 상 혁	후0				0
0					이 현 일	10			99	박 상 혁	후40				0
0	1	9	17(6)			0			3			6(4)	18	1	0

- 전반 31분 신진호 PAL 내 ⌒ 크베시치 PK지점 L-ST-G(득점: 크베시치, 도움: 신진호) 오른쪽
- 전반 18분 실라지 PAL ⌒ 신창우 PK 우측지점 L-ST-G(득점: 신창우, 도움: 실라지) 오른쪽

광주 1 : 1 서울

- 6월 19일 16:30 맑음 광주 전용 1,364명
- 주심_김동진 부심_김계용·설귀선 대기심_최현재 경기감독관_정경구

	0 전반 1	
광주 1	1 후반 0	1 서울

퇴장	경고	파울	ST(유)	교체	선수명	배번	위치	위치	배번	선수명	교체	ST(유)	파울	경고	퇴장
0	0	0	0		윤 보 상	77	GK	GK	21	양 한 빈		0	0	0	0
0	0	1	1(1)		이 으 뜸	8	DF	DF	66	차 오 연		2	0	3	1	0
0	0	1	0		이 한 도	20	DF	DF	40	김 원 균		0	2	0	0
0	0	1	17		곽 광 선	22	DF	DF	15	홍 준 호		0	1	1	0
0	0	1			이 민 기	3	MF	MF	17	김 진 야		1	1	0	0
0		26			김 원 식	4	MF	MF	23	윤 종 규		1	1	0	0
0		1			한 희 훈	5	MF	MF	5	오 스 마 르		0	2	0	0
0	1				엄 지 성	24	FW	FW	8	기 성 용		1	1	0	0
0	2(1)				김 종 우	17	FW	FW	26	팔 로 세 비 치	10	1	1	1	0
0					원 영 상	7	FW	FW	7	나 상 호	11	2	1	0	0
0	3(2)				허 율	29	FW	FW	11	조 영 욱	29	2	1	0	0
0					윤 평 국	1			1	유 상 훈					0
0					알 렉 스	28			2	황 현 수	후41				0
0		1		후31	이 순 민	44			28	강 상 희					0
0				후0	이 희 균	26	대기	대기	6	김 진 성	후30				0
0	1(1)			후16	헤 이 스	13			9	지 동 원					0
0				후0	주 공 민	11			77	신 재 원	후17				0
0				후44	승 승 민	16			10	박 주 영	후9				0
0	2	10(5)				0			0			5(1)	15	3	0

- 후반 55분 김종우 PK-R-G(득점: 김종우) 오른쪽
- 전반 38분 팔로세비치 자기 측 HL 정면 ⌒ 나상호 PAR 내 R-ST-G(득점: 나상호, 도움: 팔로세비치) 가운데

전북 1 : 3 수원

- 5월 09일 16:30 맑음 전주 월드컵 5,478명
- 주심_김종혁 부심_곽승순·박균용 대기심_최현재 경기감독관_정경구

	0 전반 0	
전북 1	1 후반 3	3 수원

퇴장	경고	파울	ST(유)	교체	선수명	배번	위치	위치	배번	선수명	교체	ST(유)	파울	경고	퇴장
0	0	0	0	23	송 범 근	23	GK	GK	21	양 형 모		0	0	0	0
0	0	1	1		최 철 순	25	DF	DF	33	헨 리		0	0	0	0
0	0	0	0		김 민 혁	92	DF	DF	39	민 상 기		0	0	0	0
0	0	0	2		홍 정 호	26	DF	DF	35	장 호 익		0	0	0	0
0	0	1(1)			이 용	6	MF	MF	23	이 기 제		1(1)	2	0	0
0	0	0			최 영 준	4	MF	MF	25	최 성 근		1	1	0	0
0	0	0			백 승 호	8	MF	MF	18	김 태 환		1(1)	1	0	0
0	0	2(2)			김 보 경	13	MF	MF	7	고 승 범		3(2)	0	0	0
0	0	1			김 승 대	24	MF	MF	14	강 현 묵		0	0	0	0
0	4	3	4(3)		일 류 첸 코	10	FW	FW	55	제 리 치		2	2	0	0
0	1(1)	17			이 승 윤	17	FW	FW	29	정 상 빈	9	2(2)	1	0	0
0				후28	정 성 훈	28			19	노 동 건					0
0					구 자 룡	15			33	박 대 원	후25				0
0					류 재 윤	29			90	구 대 영					0
0				후28	이 승 기	14	대기	대기	8	안 토 니 스					0
0					쿠 니 모 토	17			26	염 기 훈	후45				0
0				후25	바 로	11			9	김 민 우					0
0				후25	구 스 타 보				9	김 건 희	후29				0
0	1	10	13(7)			0			0			8(6)	13	0	0

- 후반 45분 일류첸코 PK-R-G(득점: 일류첸코) 오른쪽
- 후반 17분 고승범 GA 정면 R-ST-G(득점: 고승범) 가운데
- 후반 20분 김민우 MF 정면 ~ 정상빈 PAR 내 R-ST-G(득점: 정상빈, 도움: 김민우) 오른쪽
- 후반 26분 김민우 MFR ~ 이기제 PAL L-ST-G(득점: 이기제, 도움: 김민우) 오른쪽

울산 2 : 2 성남

- 6월 20일 16:00 맑음 울산 문수 3,913명
- 주심_정동식 부심_지승민·양재용 대기심_김용우 경기감독관_양정환

	2 전반 1	
울산 2	0 후반 1	2 성남

퇴장	경고	파울	ST(유)	교체	선수명	배번	위치	위치	배번	선수명	교체	ST(유)	파울	경고	퇴장
0	0	0	0		조 현 우	21	GK	GK	41	김 영 광		0	0	0	0
0	0	0	0		불 투 이 스	4	DF	DF	34	최 지 묵		0	0	0	0
0	0	0	0		김 기 희	44	DF	DF	40	리 차 드		0	0	0	0
0	1	1	0		홍 철	33	DF	DF	4	이 창 용		0	0	0	0
0	1	1	0		김 태 환	23	MF	MF	11	보 민		0	0	0	0
0	0	0	16		신 형 민	20	MF	MF	10	이 스 칸 데 로 프		3(2)	1	0	0
0	0	0			고 명 진	30	MF	MF	16	이 규 성		0	0	0	0
0	3(3)	7			윤 빛 가 람	7	MF	MF	22	안 진 범	32	0	0	0	0
0	2(1)				바 코	10	FW	FW	32	이 태 희		1(1)	1	0	0
0	1(1)	72			김 민 준	13	FW	FW	8	뮬 리 치		7(4)	1	0	0
0	2(1)				힌 터 제 어	24	FW	FW	9	김 현 성		0	0	0	0
0					서 주 환	21			21	김 근 배					0
0					설 영 우	66			66	박 수 일	후36				0
0				후14	원 두 재	16			2	시 영 욱	후36				0
0					이 동 경	14	대기	대기	6	안 영 규					0
0				후14	이 청 용	72			7	권 순 형					0
0				후40	김 인 성	9			23	강 재 우					0
0					김 지 현				9	부 쉬					0
0	1	7	10(6)			0			0			14(9)	4	1	0

- 전반 13분 윤빛가람 MFR FK ~ 힌터제어 GAL H-ST-G(득점: 힌터제어, 도움: 윤빛가람) 왼쪽
- 전반 31분 홍철 PAL ⌒ 김민준 GAR H-ST-G(득점: 김민준, 도움: 홍철) 왼쪽
- 전반 26분 이규성 PAR ~ 이스칸데로프 AK 내 R-ST-G(득점: 이스칸데로프, 도움: 이규성) 오른쪽
- 후반 45초 이태희 PAR R-ST-G(득점: 이태희) 왼쪽

인천 1 : 1 포항

• 5월 11일 19:30 맑음 인천 전용 1,428명
• 주심_김종혁 부심_지승민·설귀선 대기심_안재훈 경기감독관_최윤겸

인천 1 (전반 0 / 후반 1) 1 포항

퇴장	경고	파울	ST(유)	교체	선수명	배번	위치	위치	배번	선수명	교체	ST(유)	파울	경고	퇴장
0	0	0	0		김 동 헌	31	GK	GK	31	강 현 무		0	0	0	0
0	0				델브리치	20	DF	DF	10	강 상 우		1(1)	0	0	0
0	1	1	1(1)		김 광 석	3	DF	DF	13	권 완 규		0	3	0	0
0	0				오 반 석	4	DF	DF	2	이 광 준		0	3	0	0
0	0				정 동 윤	14	MF	DF	4	전 민 광		0	0	0	0
0	1				김 도 혁	7	MF	MF	6	신 진 호		3(1)	1	0	0
0	1	1		24	아길라르	10	MF	MF	57	이 수 빈		0	1	0	0
0	0				오 재 석	34	MF	FW	15	송 민 규		0	0	0	0
0	1			19	이 준 석	29	FW	FW	8	코바시치	16	1		0	0
0	2	0	1(1)	27	무 고 사	77	FW	FW	82	팔라시오스	79	0	2	0	0
0	0				구 본 철	70	FW	FW	7	타 쉬	77	2		0	0
					정 산				1	황 인 재					
					강 윤 구	16			25	김 성 주					
후43					이 강 현	24			14	오 범 석					
				후34	김 준 범	13	대기	대기	후37	이 승 모					
			후34		지 언 학	27			79	고 영 준	후28				
		전21			네 게 바	7			77	임 상 협	후15				
		후13			송 시 우	19			18	이 현 일					
0	2	6	7(4)									17(7)	15	1	0

●후반 12분 오재석 PAL 내 ~ 김도혁 내 L-ST-G(득점: 김도혁, 도움: 오재석) 오른쪽
●후반 46분 신진호 AK 내 FK R-ST-G(득점: 신진호) 오른쪽

수원FC 2 : 1 광주

• 5월 11일 19:30 맑음 수원 종합 224명
• 주심_고형진 부심_김계용·강동호 대기심_송민석 경기감독관_강득수

수원FC 2 (전반 0 / 후반 2) 1 광주

퇴장	경고	파울	ST(유)	교체	선수명	배번	위치	위치	배번	선수명	교체	ST(유)	파울	경고	퇴장
0	0	0	0		박 배 종	1	GK	GK	77	윤 보 상		0	0	0	0
0	0	0		47	김 건 웅	14	DF	DF	3	이 민 기		1	2	1	0
0	0	2	1(1)		조 유 민	20	DF	DF	20	이 한 도		1	1	0	0
0	0				박 지 수	23	DF	DF	28	알 렉 스		1(1)	0	0	0
0	0				정 동 호	2	MF	DF	32	이 지 훈		0	0	0	0
0	1				김 상 원	3	MF	MF	5	김 원 식	26	1	3	0	0
0	0				박 주 호	6	MF	MF	90	김 봉 진		0	0	0	0
0	1	1	1(1)	88	이 영 재	28	FW	FW	16	송 승 민	7	1	3	0	0
0	3	5(4)			라 스	9	FW	FW	17	헤 이 스		2	2	0	0
0	0			10	조 상 준	29	FW	FW	24	엄 지 성	3	1	0	0	0
0	0			18	이 영 준	99	FW	FW	9	펠 리 페		3(1)	2	0	0
					최 봉 진	13				윤 평 국					
				후38	곽 윤 호	4			8	이 으 뜸					
					김 범 용	33				한 희 훈					
				후47	김 준 형	88	대기	대기		이 순 민					
0		2(1)	전15/4		닐손주니어				46	이 건 희	후46				
		후15/4			양 동 현	55			7	엄 원 상	후6				
0	0				나 성 은	47			11	김 주 공	후26				
0	3	13	12(7)									13(7)	18	2	0

●후반 41분 라스 MFL H ~ 무릴로 PAL R-ST-G(득점: 무릴로, 도움: 라스) 오른쪽
●후반 44분 무릴로 MF 정면 ~ 라스 PAR 내 L-ST-G(득점: 라스, 도움: 무릴로) 왼쪽
●전반 33분 헤이스 MFL FK ~ 알렉스 GAR 내 R-ST-G(득점: 알렉스, 도움: 헤이스) 가운데

수원 3 : 2 제주

• 5월 12일 19:00 맑음 수원 월드컵 1,680명
• 주심_이동준 부심_윤재열·장종필 대기심_오현진 경기감독관_김성기

수원 3 (전반 2 / 후반 0) 2 제주

퇴장	경고	파울	ST(유)	교체	선수명	배번	위치	위치	배번	선수명	교체	ST(유)	파울	경고	퇴장
0	0	0	0		양 형 모	21	GK	GK	21	오 승 훈		0	0	0	0
0	0				박 대 원	33	DF	MF	17	안 현 범		1(1)	0	0	0
0	0				민 상 기	39	DF	DF	15	홍 성 욱	30	0	1	1	0
0	1				장 호 익	35	DF	DF	5	권 한 진	36	0	1	1	0
0	0				이 기 제	23	MF	MF	13	정 운		0	0	0	0
0	1				최 성 근	25	MF	MF	22	정 우 재		0	1	0	0
0	1	3(1)	90		김 태 환	18	MF	MF	8	이 창 민		2(1)	1	0	0
0	0				강 현 묵	64	MF	MF	30	김 봉 수	28	1	1	0	0
0	2(1)	2(1)			제 리 치	55	FW	FW	7	조 성 준	28	1	0	0	0
0	1	3	1		고 승 범	7	FW	FW	18	주 민 규		4(2)	0	0	0
					노 동 건	19			41	김 예 지					
0		1(1)	후6		헨 리	4			36	김 주 원	후6				
		후48			구 대 영	90			23	김 주 원	전31				
					안토니스	8	대기	대기	16	이 영 롬					
					염 기 훈	26			14	김 동 현	후31				
		후2			정 상 빈	18			28	류 승 우	후20				
0		1(1)	후		김 건 희	9			10	진 성 욱	후20				
0	3	19	10(4)									9(4)	20	4	0

●후반 5분 제리치 PAL 내 H ~ 김건희 PK 좌측지점 R-ST-G(득점: 김건희, 도움: 제리치) 오른쪽
●후반 12분 제리치 PK-R-G(득점: 제리치) 오른쪽
●후반 40분 이기제 PAL FK ~ 헨리 GA 정면 H-ST-G(득점: 헨리, 도움: 이기제) 왼쪽
●전반 17분 이창민 MFR FK ~ 주민규 GAL H-ST-G(득점: 주민규, 도움: 이창민) 오른쪽
●전반 47분 공민현 PAR ~ 주민규 GA 정면 발리슛 R-ST-G(득점: 주민규, 도움: 공민현) 왼쪽

성남 1 : 5 전북

• 6월 06일 16:00 맑음 탄천 종합 1,183명
• 주심_박병진 부심_이정민·곽승순 대기심_정동식 경기감독관_양정환

성남 1 (전반 0 / 후반 4) 5 전북

퇴장	경고	파울	ST(유)	교체	선수명	배번	위치	위치	배번	선수명	교체	ST(유)	파울	경고	퇴장
0	0	0	0		김 영 광	41	GK	GK	31	송 범 근		0	0	0	0
0	0			10	안 영 규	5	DF	DF	3	최 희 원	24	0	0	0	0
0	0			27	리 차 드	40	DF	DF	26	홍 정 호		0	0	0	0
0	0				마 상 훈	5	DF	DF	15	구 자 룡		0	0	0	0
0	0				최 지 묵	34	MF	DF	16	이 유 현		0	0	0	0
0	1			11	이 규 성	14	MF	MF	17	쿠니모토	13	1(1)	1	0	0
0	1				이 종 호	10	MF	MF	5	백 승 호	14	3(2)	0	0	0
0	1				홍 시 후	37	MF	FW	4	바 로 우		0	0	0	0
0	1				김 민 혁	18	MF	FW	11	구스타보		4(4)	2	0	0
		19			김 현 성	18	FW	FW	19	지 훈					
					김 근 배	21			1	이 범 영					
					박 수 일	66			6	최 보 경					
		후41			서 보 민	11			13	김 보 경	후30				
		후20			이스칸데르프		대기	대기	16	김 진 수	후16				
0		3(2)	후20		뮬 리 치	19			7	한 교 원	후16				
		후20			박 용 지	19			24	김 승 대	후30				
		후18			이 종 민	37			10	일류첸코	후16				
0	2	11	7(2)									11(8)	8	2	0

●후반 35분 뮬리치 GAR R-ST-G(득점: 뮬리치) 왼쪽
●전반 15분 백승호 MF 정면 R-ST-G(득점: 백승호) 오른쪽
●후반 6분 이유현 PAR 내 ~ 구스타보 GA 정면 R-ST-G(득점: 구스타보, 도움: 이유현) 오른쪽
●후반 23분 쿠니모토 C.KR ~ 구스타보 GA 정면 H-ST-G(득점: 구스타보, 도움: 쿠니모토) 왼쪽
●후반 26분 쿠니모토 PAR ~ 구스타보 GAR R-ST-G(득점: 구스타보, 도움: 쿠니모토) 오른쪽
●후반 38분 일류첸코 PA 정면 ~ 구스타보 GAR R-ST-G(득점: 구스타보, 도움: 일류첸코) 오른쪽

강원 2 : 2 울산

- 5월 12일 19:30 맑음 춘천 송암 1,262명
- 주심_김대용 부심_이정민·양재용 대기심_김용우 경기감독관_나승화

강원 2 | 1 전반 1 / 1 후반 1 | 2 울산

퇴장	경고	파울	ST(유)	교체	선수명	배번	위치	위치	배번	선수명	교체	ST(유)	파울	경고	퇴장
0	0	0	0		이 범 수	25	GK	GK	21	조 현 우		0	0	0	0
0	1	1	0		아슬마토프	22	DF	DF	4	불투이스		2(1)	1	0	0
0	0	0	0		윤 석 영	7	DF	DF	44	김 기 희		1(1)	1	0	0
0	1	2	0		신 세 계	3	DF	DF	66	설 영 우		1	2	1	0
0	0	3		28	송 준 석	34	MF	MF	23	김 태 환		0	1	0	0
0	1	1	0		임 창 우	23	MF	MF	16	원 두 재		0	0	0	0
0	0		14		한 국 영	8	MF	MF	10	윤빛가람		0	0	0	0
0	0	1(1)		6	서 민 우	4	MF	MF	22	고 명 진	14	0	0	0	0
0	0	0	0		김 대 원	17	FW	FW	8	바 코		1	2	0	0
0	1	1		88	마 사	18	FW	FW	11	김 민 준	11	1	0	0	
2(1)	1	9		30	실 라 지	99	FW	FW	24	힌터제어		1	0	0	0
0	0				정 진 호	21			1	조 수 혁					
0	0				이 병 욱	32			15	김 태 현					
0	0			후0	김 수 범	28			18	김 성 준					
0	0			후0	김 동 현		대기	대기	14	이 동 경	후36				
0	1	0		후26	황 문 기	88				이 동 준	후0	3(1)	2	0	0
0	1	0		후30	신 창 무	7			9	김 인 성					
0	1(1)			후30	박 상 혁	99			17	김 지 현	후17	1(1)			
0	3	11	8(3)									14(5)	10	1	0

- 전반 14분 서민우 PK지점 L-ST-G(득점: 서민우) 오른쪽
- 후반 6분 실라지 PK-R-G(득점: 실라지) 왼쪽
- 전반 44분 김태환 PAR ⌒ 원두재 GAR H-ST-G(득점: 원두재, 도움: 김태환) 오른쪽
- 후반 47분 불투이스 GA 정면 L-ST-G(득점: 불투이스) 왼쪽

대구 1 : 1 서울

- 6월 06일 16:30 맑음 DGB대구은행파크 1,232명
- 주심_이동준 부심_지승민·성주경 대기심_서동진 경기감독관_당성증

대구 1 | 0 전반 0 / 1 후반 1 | 1 서울

퇴장	경고	파울	ST(유)	교체	선수명	배번	위치	위치	배번	선수명	교체	ST(유)	파울	경고	퇴장
0	0	0	0		최 영 은	1	GK	GK	1	양 한 빈		0	0	0	0
0	0	1	1(1)		김 우 석	3	DF	DF	5	오스마르		0	1	0	0
0	0	3	2		홍 정 운	6	DF	DF	40	김 원 균		0	2	0	0
0	0	4			정 태 욱	4	DF	DF	15	홍 준 호		0	2	0	0
0	0		14		황 순 민	20	MF	MF	17	김 진 야	28	1	1	0	0
0	1		10		이 용 래	74	MF	MF	23	윤 종 규		0	2	0	0
0	0	44			이 진 용	74	MF	MF	8	기 성 용		0	2	0	0
0	0	1			정 승 원	18	MF	MF	66	차 오 연		0	3	0	0
0	1	4(3)			세 징 야	11	FW	MF	35	백 상 훈	26	0	1	0	0
0	2				김 진 혁	7	FW	FW	9	정 한 민	14	4(3)	0	0	0
0	1	5(1)			에 드 가	9	FW	FW	77	신 재 원		2(1)	0	0	0
0	0				이 윤 오	31			1	유 상 훈					
0	0				김 재 우	5			2	황 현 수	후24				
0	0			후0	안 용 우		대기	대기	28	강 상 희	후39	0	0		
0	0			후0	세르비뉴	10			26	팔로세비치	후24	1(1)	1	0	0
0	1(1)			후13	츠 바 사	44			11	조 영 욱	후10	0	1	0	0
0	0				오 후 성				10	박 주 영					
0	0				이 근 호	22									
0	2	15	19(8)									10(5)	14	2	0

- 후반 21분 츠바사 PAR 내 R-ST-G(득점: 츠바사) 왼쪽
- 후반 34분 팔로세비치 PK-L-G(득점: 팔로세비치) 오른쪽

서울 3 : 4 전북

- 9월 05일 19:00 흐림 서울월드컵 0명
- 주심_이동준 부심_이정민·강동호 대기심_정회수 경기감독관_강득수

서울 3 | 1 전반 1 / 2 후반 3 | 4 전북

퇴장	경고	파울	ST(유)	교체	선수명	배번	위치	위치	배번	선수명	교체	ST(유)	파울	경고	퇴장
0	0	0	0		양 한 빈	21	GK	GK	31	송 범 근		0	0	0	0
0	1	3	0		이 태 석	88	DF	DF	33	박 진 성	16	0	1	0	0
0	0	0	1		이 한 범	45	DF	DF	92	김 민 혁		1	0	1	0
0	0	1	1(1)		오스마르	5	DF	DF	26	홍 정 호		2(2)	2	0	0
0	1	1			윤 종 규	23	DF	DF	25	최 철 순		0	0	1	0
0	0	1			여 름	15	MF	MF	29	류 재 문		0	0	0	0
0	0		8		김 진 성		MF	MF	8	백 승 호		0	0	0	0
0	0	26			백 상 훈	35	MF	MF	17	쿠니모토		3(2)	0	0	0
0	0	22			권 성 윤		MF	MF	24	김 승 대		0	0	0	0
0	4(2)	0			조 영 욱	99	FW	FW	7	한 교 원		0	0	0	0
0	1	1(1)		99	신 재 원	77	FW	FW	9	일류첸코		2(2)	1	0	0
0	0				유 상 훈	1			1	이 범 영					
0	0				심 원 성	55			15	구 자 룡					
0	0			후15	기 성 용		대기	대기	28	사 살 락					
0	0			후19	팔로세비치	26			4	이 윤 권	후27	1(1)	0	0	0
0	1(1)			후15	박 정 빈	22			14	이 승 기	후22	1(1)	0	0	0
0	0			후15	가브리엘	99			27	문 선 민	후8	0	0	0	0
0	0								9	구스타보	후8	0	0	0	0
0	3	17	9(4)									12(8)	12	1	0

- 전반 41분 오스마르 PK-L-G(득점: 오스마르) 왼쪽
- 후반 22분 조영욱 GAL 내 H-ST-G(득점: 조영욱) 왼쪽
- 후반 23분 홍정호 GAR 내 R 자책골(득점: 홍정호) 오른쪽
- 전반 30분 최철순 GAR → 쿠니모토 GA 정면 L-ST-G(득점: 쿠니모토, 도움: 최철순) 오른쪽
- 후반 11분 일류첸코 PK-R-G(득점: 일류첸코) 가운데
- 후반 27분 이승기 PAR FK R-ST-G(득점: 이승기) 오른쪽
- 후반 48분 문선민 GA EL ~ 홍정호 GA 정면 R-ST-G(득점: 홍정호, 도움: 문선민) 가운데

포항 1 : 0 성남

- 8월 04일 19:30 맑음 포항 스틸야드 978명
- 주심_김대용 부심_지승민·설귀선 대기심_채상협 경기감독관_최윤겸

포항 1 | 0 전반 0 / 1 후반 0 | 0 성남

퇴장	경고	파울	ST(유)	교체	선수명	배번	위치	위치	배번	선수명	교체	ST(유)	파울	경고	퇴장
0	0	0	0		강 현 무	31	GK	GK	41	김 영 광		0	0	0	0
0	0	1	0		강 상 우	10	DF	DF	3	권 경 원		0	2	0	0
0	0	0	0		그 랜 트	4	DF	DF	40	리 차 드		0	1	0	0
0	0	0	0		권 완 규	2	DF	DF	18	이 종 성		0	1	0	0
0	0	0	0		박 승 욱	32	DF	DF	34	최 지 묵		0	0	0	0
0	0	0	0		신 진 호	6	MF	MF	13	김 민 혁		0	0	0	0
0	2	0		79	신 광 훈	17	MF	MF	14	이 규 성	10	0	0	0	0
0	2(1)			57	이 수 빈	27	MF	MF	19	정 석 화		0	0	0	0
0	1				권 기 표	88	FW	FW	9	강 재 우		0	0	0	0
0	1				이 승 모	16	FW	FW	쉬	쉬		0	0	0	0
0	0				조 성 훈	41			5	허 자 웅					
0	0				이 광 준	3				마 상 훈					
0	0			후36	전 민 광		대기	대기	4	이 창 용	후42	0	0		
0	0				오 범 석	57				이스칸데로프	후29	0	0		
0	0			후31	이 수 빈	57				뮐 러 치	후0	1(1)	1	0	0
0	0				고 영 준	79				이 종 호	후42				
0	0			후19	타 쉬										
0	2	10	7(3)									4(2)	13	1	0

- 후반 26분 고영준 MFL ⌒ 권기표 GAR H-ST-G(득점: 권기표, 도움: 고영준) 오른쪽

• 5월 15일 16:30 비 춘천 송암 1,654명
• 주심_ 김우성 부심_ 윤재열·성주경 대기심_ 박병진 경기감독관_ 김성기

강원 0 (0 전반 0 / 0 후반 0) 0 수원FC

퇴장	경고	파울	ST(유)	교체	선수명	배번	위치	위치	배번	선수명	교체	ST(유)	파울	경고	퇴장
0	0	0	0		이 범 수	25	GK	GK	1	박 배 종		0	0	0	0
0	0	1	0		아슬마토프	22	DF	DF	4	곽 윤 호		0	0	1	0
0	0	1	1(1)		윤 석 영	7	DF	DF	14	김 건 웅		0	2	0	0
0	0	0	0		김 영 빈	2	DF	DF	20	조 유 민	1(1)		0	0	0	0
0	0	0	1(1)		임 창 우	23	MF	MF	2	정 동 호	1(1)		0	0	0	0
0	1	2	2	88	김 동 현	6	MF	MF	3	김 상 원		0	0	0	0
0	0	0	3		한 국 영	8	MF	MF	6	박 주 호		0	0	0	0
0	0	1			서 민 우	4	MF	MF	28	이 영 재	3(1)		0	1	0	0
0	1	28			신 창 무	11	MF	MF	23	상 주 준		0	0	0	0
0	0	1	1	99	김 창 혁	99	FW	FW	18	양 동 현	47		0	0	0	0
0	0	1	66		실 라 지	66	FW	FW	99	이 영 준	9		0	1	0	0
0	0	0	0		김 정 호	21		유	51	유 현		0	0	0	0
0	0	0	0		신 세 계	3			33	김 범 용		0	0	0	0
0	0	0	0	후0	김 수 범	28			88	김 준 형		0	0	0	0
0	0	0	후34		김 대 우	66	대기	대기	7	김 승 준	후36	0	0	0	0
0	0	0	후41		황 문 기	88			9	라 스		1(1)	1	0	0
0	0	0	후0		마 사	8			10	무 릴 로	후15	1(1)	1	0	0
0	0	1(1)	후24		김 대 원	17			47	나 성 은	후0		0	0	0
0	1	13	8(2)									8(5)	9	3	0

• 5월 15일 19:00 흐리고비 인천 전용 1,873명
• 주심_ 김동진 부심_ 곽승순·장종필 대기심_ 최현재 경기감독관_ 차상해

인천 2 (1 전반 0 / 1 후반 1) 1 광주

퇴장	경고	파울	ST(유)	교체	선수명	배번	위치	위치	배번	선수명	교체	ST(유)	파울	경고	퇴장
0	0	1	1	0	김 동 헌	31	GK	GK	77	윤 보 상		0	0	0	0
0	1	1	1	13	델브리지	20	DF	DF	3	이 민 기		0	2	0	0
0	0	0	0		김 광 석	3	DF	DF	20	이 한 도		0	0	0	0
0	0	0	0		강 윤 구	26	DF	DF	28	알 렉 스		0	1	0	0
0	0	0	77		이 강 현	24	MF	MF	5	김 원 식	90		0	1	0	0
0	0	0	0		오 재 석	34	MF	MF	26	이 희 균	10		0	1	0	0
0	0	3	0		구 본 철	70	MF	MF	17	헤 이 스	4(3)		1	1	0	0
0	0	3(1)	29		아길라르	10	MF	MF	7	엄 원 상	1(1)		0	1	0	0
0	0	3(2)			무 고 사	9	FW	MF	13	두 현 석	8		3(2)	1	0	0
0	0	1			정 산	1	FW	FW	9	펠 리 페		1	0	0	0
0	0	0	0		정 동 윤	14			1	윤 평 국		0	0	0	0
0	1	2(2)	전27		김 도 혁	7			6	이 으 뜸	후15	1	0	0	0
0	0	0	후37		김 준 범	13	대기	대기	4	한 희 훈		0	0	0	0
0	0	0	후37		이 준 석	29			90	김 봉 진	후4	0	1	0	0
0	0	0			네 게 바	77			44	이 순 민	후18	0	0	0	0
0	1	3(3)	전38		송 시 우	19			10	김 종 우	후41	0	0	0	0
									18	이 준 호	후41	0	0	0	0
0	3	14	13(8)									11(8)	10	3	0

● 후반 3분 강윤구 PAL ^ 무고사 GA 정면 H-ST-G(득점: 무고사, 도움: 강윤구) 오른쪽
● 후반 44분 송시우 GAL L-ST-G(득점: 송시우) 왼쪽
● 전반 23분 펠리페 AK 내 ~ 엄원상 PA 정면 내 L-ST-G(득점: 엄원상, 도움: 펠리페) 왼쪽

• 5월 16일 14:00 흐리고비 제주 월드컵 1,014명
• 주심_ 김종혁 부심_ 이정민·김계용 대기심_ 안재섭 경기감독관_ 조성철

제주 1 (0 전반 1 / 1 후반 1) 2 대구

퇴장	경고	파울	ST(유)	교체	선수명	배번	위치	위치	배번	선수명	교체	ST(유)	파울	경고	퇴장
0	0	0	0		오 승 훈	21	GK	GK	1	최 영 은		0	0	1	0
0	0	0	1	6	안 현 범	17	MF	DF	5	김 재 우		0	0	1	0
0	0	2	0		김 오 규	35	DF	DF	6	홍 정 운		0	0	0	0
0	0	0	0		권 한 진	5	DF	DF	4	정 태 욱		1	1	0	0
0	0	0	0		정 운	13	DF	MF	20	황 순 민	14		1	1	0	0
0	0	0	11		정 우 재	22	MF	MF	74	이 용 래	44		0	1	0	0
0	0	3	0		이 창 민	8	MF	MF	26	이 진 용	8		0	2	0	0
0	0	0	16		김 봉 수	30	MF	MF	18	정 승 원		1(1)	2	0	0
0	0	1	20		조 성 준	7	FW	MF	14	세 징 야	13		4(3)	1	0	0
0	1	2(1)	10		이 동 률	37	FW	FW	7	김 진 혁		2(2)	1	0	0
0	1	2(1)			주 민 규	18	FW	FW	9	에 드 가		3(3)	4	0	0
0	0	0	0		유 연 수	31			31	이 승 우		0	0	0	0
0	0	0	0		김 주 원	36			3	김 우 석	후40	0	0	0	0
0	0	0	후0		강 윤 성	6			14	안 용 우	후0	0	0	0	0
0	1	3(1)	후0		여 름	16	대기	대기	44	츠 바 사	후29	1	1	0	0
0	0	0	후32		천지현아빠	20			10	세르지뉴		0	0	0	0
0	0	2	0	후23		제 르 소	11			13	오 후 성	후0	0	0	0	0
0	0	1(1)	후0		진 성 욱	10			22	이 근 호	후13	1	0	0	0
0	1	12	10(4)									11(8)	15	3	0

● 후반 11분 주민규 GA 정면 R-ST-G(득점: 주민규) 오른쪽
● 전반 7분 황순민 PAL ^ 김진혁 GA 정면 H-ST-G(득점: 김진혁, 도움: 황순민) 오른쪽
● 후반 9분 세징야 MFL ~ 정승원 PA 정면내 L-ST-G(득점: 정승원, 도움: 세징야) 오른쪽

• 5월 16일 16:30 흐리고비 울산 문수 2,728명
• 주심_ 박병진 부심_ 박상준·박균용 대기심_ 신용준 경기감독관_ 당성증

울산 1 (0 전반 1 / 1 후반 0) 1 수원

퇴장	경고	파울	ST(유)	교체	선수명	배번	위치	위치	배번	선수명	교체	ST(유)	파울	경고	퇴장
0	0	0	0		조 현 우	21	GK	GK	19	노 동 건		0	0	0	0
0	1	3	1		불투이스	4	DF	DF	33	박 대 원	4	0	1	0	0
0	0	0	0		김 기 희	44	DF	DF	39	민 상 기		0	0	0	0
0	0	1	1(1)		설 영 우	66	DF	DF	35	장 호 익		0	1	0	0
0	1	2	2(2)		김 태 환	23	DF	MF	23	이 기 제		1	0	0	0
0	3	5(3)			신 형 민	20	MF	MF	25	최 성 근	7		0	2	0	0
0	0	1			김 성 준	16	MF	MF	18	김 태 환	90		1(1)	1	0	0
0	1	2(2)	72		이 동 경	14	MF	MF	10	김 민 우		3(2)	2	1	0
0	0	1			이 동 준	11	MF	MF	12	고 승 범	14		0	0	0	0
0	0	1	24		김 민 준	33	FW	FW	55	제 리 치		1(1)	2	0	0
0	0	0			바 코	8	FW	FW	29	정 상 빈		0	0	0	0
0	0	0	0		조 수 혁	1			99	안 찬 기		0	0	0	0
0	0	0	0		김 태 현	15			4	현 리 치	후31	1(1)	1	1	0
0	0	0	0		원 두 재	16			90	구 대 영	후43	0	0	0	0
0	1	4(4)	전26		바 코	8	대기	대기	8	안토니스		0	0	0	0
0	0	0	후10		이 청 용	72			26	염 기 훈		0	0	0	0
0	0	0	후0		김 인 성	7			14	강 현 묵	후28	1(1)	0	0	0
0	0	4(2)	후10		힌터제어	24			9	김 건 희	후0	0	0	0	0
0	2	19	23(15)									10(6)	16	3	0

● 후반 38분 김성준 MF 정면 ~ 설영우 PAL 내 R-ST-G(득점: 설영우, 도움: 김성준) 오른쪽
● 전반 4분 김태환 PAR TL ^ 제리치 PK지점 H-ST-G(득점: 제리치, 도움: 김태환) 왼쪽

서울 0 : 1 인천

• 7월 14일 19:30 맑음 서울 월드컵 0명
• 주심_이동준 부심_김계용·강동호 대기심_정동식 경기감독관_최윤겸

전반	0 / 1
후반	0 / 0

퇴장	경고	파울	ST(유)	교체	선수명	배번	위치	위치	배번	선수명	교체	ST(유)	파울	경고	퇴장
0	0	0	0		양한빈	21	GK	GK	31	김동헌		0	0	0	0
0	0	1	0	9	차오연	66	DF	DF	20	델브리지		0	0	0	0
0	0	0	0		오스마르	5	DF	DF	3	김광석		0	0	0	0
0	0	0	0		홍준호	15	DF	DF	26	오반석		0	0	0	0
1	0	1	0		박정빈	22	MF	MF	21	김보섭		0	0	0	0
0	0	0	0		윤종규	23	MF	MF	28	정 혁	4	0	1	0	0
0	0	0	0	35	고요한	13	MF	MF	22	김준엽		0	0	0	0
0	0	1	2(1)		기성용	8	MF	MF	30	박창환	7	0	1	0	0
0	1	0		99	팔로세비치	26	FW	FW	70	구본철	77	0	0	0	0
0	0	0	1	17	나상호	7	FW	FW	10	아길라르	19	1(1)	1	0	0
0	0	1	1(1)	0	조영욱	11	FW	FW	9	무고사		1(1)	1	0	0
					유상훈	1			21	이태희					
					김원균	40			4	강민수	후43				
				후7	고광민	27			2	김창수					
0	2(1)			후22	백상훈	35	대기	대기	7	김도혁	후42	1(1)			
0	1			후0	지동원	99			77	네게바	후0	1(1)			
									18	김 현	후15				
0	1			후43	박주영	10			19	송시우	후15				
1	1	6	8(3)									(6)	14	1	0

● 전반 25분 아길라르 MFL ~ 무고사 GAL R-ST-G(득점: 무고사, 도움: 아길라르) 오른쪽

수원FC 3 : 4 포항

• 5월 18일 19:30 맑음 수원 종합 486명
• 주심_이동준 부심_김계용·송봉근 대기심_송민석 경기감독관_당성증

전반	1 / 3
후반	2 / 1

퇴장	경고	파울	ST(유)	교체	선수명	배번	위치	위치	배번	선수명	교체	ST(유)	파울	경고	퇴장
0	0	0	0		박배종	1	GK	GK	31	강현무		0	0	0	0
0	0	0	1(1)	7	김건웅	14	DF	DF	13	강상우		0	0	0	0
0	1	0	2(2)		조유민	20	DF	DF	13	권완규		0	1	0	0
0	0	1	0		박지수	23	DF	DF	2	이광준		0	0	0	0
0	0	1	0		정동호	2	MF	MF	4	전민광		0	0	0	0
0	0	0	0		김상원	3	MF	MF	6	신진호		0	1	0	0
0	0	1	0	17	박주호	4	MF	MF	17	신광훈	57	0	0	0	0
0	0	1	4(2)	33	이영재	28	FW	FW	12	송민규	82	1(1)			
0	1	2			라 스	9	FW	FW	8	크베시치	79	3			
0	0	1	1	11	정재용	6	FW	FW	77	임상협		3(3)			
0	0	1	0	10	조상준	29	FW	FW	10	타 미	16	2			
					유 현	51			25	김성주					
					곽윤호	4			14	오범석					
0	3(1)			후39	김범용	33			57	이수빈	전41	0			
0	4(3)			후0	무릴로	10	대기	대기	79	이승모	후0				
0				전12	김오남	11			79	고영준	후18	0			
0	1(1)			후0	정충근	19			82	팔라시오스	후44				
1	13	21(15)										12(5)	17	1	0

● 전반 31분 무릴로 C.KL ⌒ 조유민 GA 정면 H-ST-G(득점: 조유민, 도움: 무릴로) 오른쪽
● 후반 11분 정동호 PAR EL ~ 무릴로 GA 정면 H-ST-G(득점: 무릴로, 도움: 정동호) 오른쪽
● 후반 27분 라스 PK-R-G(득점: 라스) 왼쪽

● 전반 4분 크베시치 PA 정면 ~ 임상협 PA 내 L-ST-G(득점: 임상협, 도움: 크베시치) 왼쪽
● 전반 23분 신진호 자기 측 MFR ⌒ 임상협 PA 내 L-ST-G(득점: 임상협, 도움: 신진호) 왼쪽
● 전반 26분 신진호 HLR ⌒ 임상협 GAR EL R-ST-G(득점: 임상협, 도움: 신진호) 가운데
● 후반 28분 전민광 자기 측 MFR ⌒ 송민규 PA 정면내 R-ST-G(득점: 송민규, 도움: 전민광) 오른쪽

광주 0 : 0 제주

• 5월 19일 16:30 맑음 광주 전용 890명
• 주심_박병진 부심_박상준·양재용 대기심_김영수 경기감독관_나승화

전반	0 / 0
후반	0 / 0

퇴장	경고	파울	ST(유)	교체	선수명	배번	위치	위치	배번	선수명	교체	ST(유)	파울	경고	퇴장
0	0	0	0		윤보상	77	GK	GK	21	오승훈		0	0	0	0
0	1	0	1		이민기	3	DF	MF	33	박원재	14	0	0	0	0
0	0	0	0		이한도	20	DF	DF	35	오규진		0	0	0	0
0	0	1	1		한희훈	5	DF	DF	5	권한진		0	0	1	0
0	0	1	1		이지훈	32	DF	DF	13	정 운		0	0	0	0
0	0	0		10	김원식	5	MF	MF	7	정우재		0	1	0	0
0	2(2)			28	헤이스	17	MF	MF	8	이창민		1	0	0	0
0	1(1)				이희균	26	MF	MF	30	여 름	30	0	1	0	0
0	0	1	0		이순민	44	MF	MF	19	한현빈		0	0	0	0
0	4(3)				엄원상	7	FW	FW	18	주민규		3(1)			
					신송훈	31			31	유연수					
					이으뜸				23	김경재					
0				후46	알렉스	28			14	김명욱	후0				
0				후41	김종우		대기	대기	7	김봉수	후0				
					송승민	16			28	조성준					
					정현우					류승우					
0	1			후13	김주공	11			10	진성욱	후0				
0	10	13(7)										8(1)	12	2	0

성남 1 : 2 강원

• 6월 26일 16:00 맑음 탄천 종합 1,301명
• 주심_김동진 부심_곽승순·설귀선 대기심_채상협 경기감독관_강득수

전반	0 / 0
후반	1 / 2

퇴장	경고	파울	ST(유)	교체	선수명	배번	위치	위치	배번	선수명	교체	ST(유)	파울	경고	퇴장
0	0	0	0		김영광	41	GK	GK	25	이범수		0	1	0	0
0	0	2	0		최지묵	34	DF	DF	2	김영빈		0	0	2	0
0	0	0	0		리차드	40	DF	DF	7	윤석영		0	0	0	0
0	0	1	0	37	이창용	4	DF	DF	3	신세계		0	0	0	0
0	0	0	0		서보민	11	MF	MF	34	송준석	37	0	0	0	0
0					이잔테르		MF	MF	23	임창우		1	0	0	0
0				66	이규성		MF	MF	8	한국영	88	0	0	0	0
0	0	0	1		안진범		MF	FW	14	신창무		0	0	0	0
0	1(1)				이종호		FW	FW	47	양현준		0	1	0	0
0					강재우		FW	FW	26	실라지		1(2)			
0	3(1)			29	부 쉬		FW	FW	4	서 쉬		0	0	0	0
					김근배	21			1	이광연					
0				후17	박수일	66			5	임채민	후37				
					안영규					임현규	후15				
					권순형		대기	대기	88	황문기					
					정석화	29				정지용					
0	5(2)			전17	뮬리치	8				조재완	후0	4(2)			
0				후40	홍시후	37				고무열	후20				
1	15	12(5)										8(3)	16	3	0

● 후반 24분 박수일 AKL FK R-ST-G(득점: 박수일) 왼쪽

● 후반 24초 조재완 GAL ~ 실라지 GA 정면 R-ST-G(득점: 실라지, 도움: 조재완) 오른쪽
● 후반 21분 조재완 PAL 내 R-ST-G(득점: 조재완) 왼쪽

- 5월 19일 19:00 흐림 전주 월드컵 5,980명
- 주심_김종혁 부심_이정민·윤재열 대기심_안재훈 경기감독관_허기태

전북 2 (2 전반 2 / 0 후반 2) 4 울산

퇴장	경고	파울	ST(유)	교체	선수명	배번	위치	위치	배번	선수명	교체	ST(유)	파울	경고	퇴장
0	0	0	0		송 범 근	31	GK	GK	21	조 현 우		0	0	0	0
0	1	2	0	9	최 철 순	25	DF	DF	4	불투이스		1(1)	0	0	0
0	1	3	0		최 보 경	6	DF	DF	44	김 기 희		0	3	0	0
0	0	2	0		홍 정 호	26	DF	DF	66	설 영 우		3	4	1	0
0	1	1	0		이 용	2	DF	DF	23	김 태 환		0	2	0	0
0	1	3	0		류 재 문	29	MF	MF	16	원 두 재		0	1	0	0
0	1	3	1(1)	17	바 로 우	11	MF	MF	22	고 명 진	20	0	1	0	0
0	1	1	0		이 승 기	14	MF	MF	10	윤빛가람		1	2	1	0
0	2	3(3)			김 보 경	13	FW	FW	8	바 코	1(1)	0	0	0	0
0	1	0			이 성 윤	27	FW	FW	13	김 민 준	72	1(1)	0	0	0
0	3	4(1)			일류첸코	9	FW	FW	24	힌터제어	11	5(4)	1	0	0
0	0	0	0		김 정 훈	23			1	조 수 혁		0	0	0	0
0	0	0	0		구 자 룡	15			15	김 태 현		0	0	0	0
0	0	0	0		최 영 준	4	대기	대기	20	신 형 민	후36	0	0	0	0
0	2	4(2)	전17	후17	한 교 원	7			31	이 청 용	전31	1(1)	2	0	0
0	0	0	0	후33	구스타보				11	이 동 준	후28	2(1)	0	0	0
0	2(1)	0	후21	쿠니모토	17			7	김 인 성		0	0	0	0
0	0	0	0		김 승 대	24			9	김 지 현		0	0	0	0
0	3	19	14(8)			0					0		15(9)	15	4	0

- 전반 24분 김보경 PAL 내 ~ 한교원 GA 정면 내 R-ST-G(득점: 한교원, 도움: 김보경) 가운데
- 전반 26분 김보경 MFL TL ⌒ 한교원 GA 정면 R-ST-G(득점: 한교원, 도움: 김보경) 오른쪽
- 전반 8분 김민준 GAR R-ST-G(득점: 김민준) 왼쪽
- 전반 35분 윤빛가람 C.KR ⌒ 힌터제어 PAL 내 R-ST-G(득점: 힌터제어, 도움: 윤빛가람) 왼쪽
- 후반 11분 윤빛가람 MFR TL FK ⌒ 불투이스 GAL 내 H-ST-G(득점: 불투이스, 도움: 윤빛가람) 가운데
- 후반 30분 바코 자기 측 HLL TL ~ 이동준 GAL R-ST-G(득점: 이동준, 도움: 바코) 오른쪽

- 5월 19일 19:00 맑음 수원 월드컵 3,304명
- 주심_김대용 부심_곽승순·장종필 대기심_정동식 경기감독관_정경구

수원 1 (0 전반 0 / 1 후반 1) 1 대구

퇴장	경고	파울	ST(유)	교체	선수명	배번	위치	위치	배번	선수명	교체	ST(유)	파울	경고	퇴장
0	0	0	0		노 동 건	19	GK	GK	1	최 영 은		0	0	0	0
0	0	0	1(1)		헨 리	4	DF	DF	5	김 재 우		0	0	0	0
0	0	2	1(1)		민 상 기	39	DF	DF	6	홍 정 운	1(1)	1	0	0	0
0	1	0	0		장 호 익	35	DF	DF	4	정 태 욱		0	2	0	0
0	0	1	0		이 기 제	23	MF	MF	20	황 순 민		0	0	0	0
0	0	2	90		최 성 근	25	MF	MF	74	이 용 래	44	0	4	0	0
0	0	2(2)			김 태 환	18	MF	MF	26	이 진 용		1	0	0	0
0	1	3(1)	6		김 민 우	9	MF	MF	8	세 징 야		2(1)	0	0	0
0	1	2	29		제 리 치	55	FW	FW	22	김 진 혁		0	0	0	0
0	0	1	2		김 건 희	9	FW	FW	9	에 드 가		2(1)	4	1	0
0	0	0	0		양 형 모	31			31	이 윤 오		0	0	0	0
0	0	0	0		최 정 원	2			3	김 우 석		0	0	0	0
0	0	0	후45	구 대 영	90			14	안 용 우	후0	0	0	0	0
0	0	0	후26	한 석 종	6	대기	대기	44	츠 바 사	후15	1	0	0	0
0	0	0	0	정 재 욱	14			11	세르지뉴	후26	0	0	0	0
0	0	0	0	염 기 훈	26			13	오 후 성	후40	0	0	0	0
0	0	0	후28	정 상 빈	29			22	이 근 호	후26	0	0	0	0
0	2	11	15(8)			0					0		10(4)	15	1	0

- 후반 27분 김민우 PK-L-G(득점: 김민우) 왼쪽
- 후반 45분 에드가 GAL 내 EL ~ 홍정운 GAL 내 EL H-ST-G(득점: 홍정운, 도움: 에드가) 왼쪽

- 5월 21일 19:30 흐림 수원 종합 446명
- 주심_김대용 부심_강동호·방기열 대기심_정회수 경기감독관_강득수

수원FC 2 (2 전반 1 / 0 후반 1) 2 인천

퇴장	경고	파울	ST(유)	교체	선수명	배번	위치	위치	배번	선수명	교체	ST(유)	파울	경고	퇴장
0	1	0	0		유 현	51	GK	GK	31	김 동 헌		0	0	0	0
0	0	0	0	14	곽 윤 호	4	DF	DF	20	델브리지	15	0	1	0	0
0	0	1	0		조 유 민	20	DF	DF	13	김 광 석		0	0	0	0
0	2	1	0		박 지 수	23	DF	DF	26	오 반 석		0	1	0	0
0	3	0	0		김 상 원	3	MF	MF	14	정 동 윤	16	2	0	0	0
0	0	3	0		박 주 호	6	MF	MF	7	김 도 혁		1	0	0	0
0	1	2(1)	88		이 영 재	28	MF	MF	10	아길라르		1(1)	2	0	0
0	0	3	0		조 상 준	27	MF	MF	5	이 재 성		1(1)	2	0	0
0	1	1(1)	33		김 범 용	33	FW	FW	29	이 준 석	19	1(1)	1	0	0
0	3	7(6)			라 스	9	FW	FW	9	무 고 사		4(4)	0	0	0
0	0	0	0		이 영 준	99	FW	FW	70	구 본 철	77	0	1	0	0
0	0	0	0		박 배 종	1			1	정 산		0	0	0	0
0	0	0	후16	김 건 웅	14			19	강 윤 구	후32	0	0	0	0
0	0	0	후36	김 준 형	88			18	김 준 범	후32	0	1	0	0
0	0	0	0	김 승 준		대기	대기	24	이 강 현		0	0	0	0
0	0	2(1)	전16	무 릴 로	8			77	네 게 바	전29	4(3)	0	0	0
0	3	1(1)	전16	양 동 현	18			15	김 대 중	후35	0	0	0	0
0	0	0	후16	정 충 근	11			19	송 시 우	후0	1	0	0	0
0	7	12(9)			0					0		18(12)	11	0	0

- 전반 17분 무릴로 HL 정면 ~ 라스 PA 정면 내 R-ST-G(득점: 라스, 도움: 무릴로) 오른쪽
- 전반 30분 라스 MF 정면 ~ 양동현 PAR 내 R-ST-G(득점: 양동현, 도움: 라스) 오른쪽
- 전반 26분 델브리지 PAL ⌒ 이준석 GAL H-ST-G(득점: 이준석, 도움: 델브리지) 오른쪽
- 후반 51분 무고사 PK-R-G(득점: 무고사) 가운데

- 5월 22일 14:00 맑음 제주 월드컵 1,014명
- 주심_정동식 부심_윤재열·지승민 대기심_김용우 경기감독관_조성철

제주 2 (2 전반 2 / 0 후반 0) 2 성남

퇴장	경고	파울	ST(유)	교체	선수명	배번	위치	위치	배번	선수명	교체	ST(유)	파울	경고	퇴장
0	0	0	0		오 승 훈	21	GK	GK	41	김 영 광		0	0	0	0
0	0	2	0		박 원 재	33	DF	DF	6	안 영 규		1(1)	3	1	0
0	1	0	35		홍 성 욱	15	DF	DF	4	마 상 훈	34	1	0	0	0
0	0	1	0		권 한 진	5	DF	DF	3	이 창 용		0	1	0	0
0	0	1	0		김 경 재	23	DF	MF	16	이 종 성		1(1)	3	0	0
0	0	2	0		정 우 재	22	MF	MF	11	서 보 민		0	1	0	0
0	0	1	0		이 창 민	8	MF	MF	14	이 규 성		0	1	0	0
0	0	3	0		조 성 준	7	MF	MF	8	뮬 리 치		0	0	0	0
0	1	1(1)	14		제 르 소	11	FW	FW	32	이 태 희	2	0	0	0	0
0	5	1			자 와 다	9	FW	FW	27	이 중 민	15	0	0	0	0
0	1	6(2)			주 민 규	18	FW	FW	19	박 용 지	18	1	2	1	0
0	0	0	0		유 연 수	31			21	김 근 배		0	0	0	0
0	0	0	0		정 운	35			34	최 지 묵	후12	0	0	0	0
0	0	0	전21	김 오 규	35			9	공 민 현	후38	0	0	0	0
0	0	0	후25	김 영 욱	14	대기	대기	28	박 태 준	후12	0	0	0	0
0	0	0	0	류 승 우	28			8	뮬 리 치	전12	2(1)	2	0	0
0	0	0	0	이 동 률	37			7	부 쉬		0	0	0	0
0	3(2)	후0	공 민 현	19			18	김 현 성	후38	0	0	0	0
0	1	14(5)			0					0		7(3)	17	5	0

- 전반 3분 자와다 MFR ~ 제르소 AKL L-ST-G(득점: 제르소, 도움: 자와다) 오른쪽
- 전반 35분 제르소 PAL ~ 주민규 GA 정면 H-ST-G(득점: 주민규, 도움: 제르소) 왼쪽
- 전반 26분 홍성욱 GAR H 자책골(득점: 홍성욱) 가운데
- 전반 37분 김민혁 MFR ~ 뮬리치 AKR R-ST-G(득점: 뮬리치, 도움: 김민혁) 오른쪽

울산 1 : 0 포항

• 5월 22일 14:40 맑음 울산문수 4,040명
• 주심_고형진 부심_곽승순·장종필 대기심_신용준 경기감독관_김용세

		울산 1			0 전반 0		0 포항		
					1 후반 0				

퇴장	경고	파울	ST(유)	교체	선수명	배번	위치	위치	배번	선수명	교체	ST(유)	파울	경고	퇴장
0	0	0	0		조현우	21	GK	GK	31	강현무		0	0	0	0
0	0	1	0		불투이스	4	DF	DF	10	강상우		0	0	1	0
0	1	1	1		김기희	44	DF	DF	13	권완규		0	0	0	0
0	0	1	0		설영우	66	DF	DF	17	이광준		0	0	1	0
0	0	1	0		김태환	23	DF	DF	4	전민광		0	3	1	0
0	0	0	0		원두재	16	MF	MF	14	오범석		0	0	0	0
0	0	1	0		고명진	22	MF	MF	17	신광훈		0	1	1	0
0	2	4(2)			윤빛가람	8	MF	MF	77	임상협		2(1)	2	0	0
0	0	0	0		바코		FW	MF	79	고영준	8	1	2	0	0
0	0	1		72	김민준	13	FW	FW	82	팔라시오스		1(1)			
0	1	1			히친제어	24	FW	FW	16	이승모	12	1(1)	1	0	0
					조수혁	1			1	황인재					
					김태현	15			25	김성주					
					신형민				신진호		후0	1(1)	2	0	0	
					이동경	9	대기	대기	57	이수빈					
				전35	이청용	72			12	송민규	후7	1	1	0	0
0		1(1)		후20	김인성				3	크베시치	후7	3(2)	0	0	0
				후20	이동준	11			7	타쉬	후40				
0	2	11	10(5)									12(6)	17	2	0

● 후반 38분 윤빛가람 AK 내 FK R-ST-G(득점: 윤빛가람) 오른쪽

광주 3 : 4 수원

• 5월 23일 16:30 맑음 광주 전용 1,269명
• 주심_이동준 부심_이정민·성주경 대기심_채상협 경기감독관_정경구

		광주 3			1 전반 1		4 수원		
					2 후반 3				

퇴장	경고	파울	ST(유)	교체	선수명	배번	위치	위치	배번	선수명	교체	ST(유)	파울	경고	퇴장
0	0	0	0		윤보상	77	GK	GK	21	양형모		0	1	0	0
0	1	1	0		이민기	3	DF	DF	4	헨리		1	2	1	0
0	1	3	1		이한도	20	DF	DF	39	민상기	2	0	1	0	0
0	0	2	2(2)		한희훈	5	DF	DF	90	구대영		0	2	0	0
0	0	0	0		이지훈	32	DF	MF	23	이기제		2(2)	1	0	0
0				28	김봉식	5	MF	MF	25	최성근		1(1)	2	0	0
0	1	1			이희균	26	MF	MF	18	김태환		0	1	1	0
0	4	1(1)			헤이스	11	MF	MF	10	김민우		2	3	0	0
0	0	13			엄지성	24	MF	FW	55	제리치		4(1)	3	0	0
0	1				엄원상	7	FW	FW	29	정상빈		1(1)			
					신송훈	31			19	노동건					
				후40	이으뜸	8			2	최정원	후38				
				후40	알렉스	28			66	손호준					
					박준강	2	대기	대기		안토니스					
0	2(2)			후15	김종우	10			14	강현묵	후18	0	1	0	0
0	0				정현우	23			26	염기훈					
				후40	두현석	13			9	김건희	후17	1(1)	0	1	0
0	2	15	7(5)									11(7)	17	4	0

● 전반 6분 한희훈 GAR L-ST-G(득점: 한희훈) 오른쪽
● 후반 12분 헤이스 PK-R-G(득점: 헤이스) 오른쪽
● 후반 50분 김종우 PK-R-G(득점: 김종우) 가운데
● 전반 15분 정상빈 GAR H → 김민우 PA 정면 내 L-ST-G(득점: 김민우, 도움: 정상빈) 왼쪽
● 후반 2분 제리치 PK-R-G(득점: 제리치) 오른쪽
● 후반 38분 김태환 PAR TL 드로잉 → 김건희 GAR 내 R-ST-G(득점: 김건희, 도움: 김태환) 가운데
● 후반 52분 이기제 PAR FK L-ST-G(득점: 이기제) 오른쪽

대구 1 : 0 전북

• 5월 23일 19:00 맑음 DGB대구은행파크 3,085명
• 주심_박병진 부심_박상준·박균용 대기심_최현재 경기감독관_당성증

		대구 1			0 전반 0		0 전북		
					1 후반 0				

퇴장	경고	파울	ST(유)	교체	선수명	배번	위치	위치	배번	선수명	교체	ST(유)	파울	경고	퇴장
0	0	0	1		최영은	1	GK	GK	31	송범근		0	0	0	0
0	1	2	0		김우석	3	DF	DF	6	최보경	17	1	1	0	0
0	0	1	0		홍정운	6	DF	DF	26	홍정호		0	1	0	0
0	0	1	0		정태욱	4	DF	DF	15	구자룡		0	0	0	0
0	0	0	14		황순민	20	MF	MF	33	박진섭		0	1	0	0
0	0	0	44		이용래	74	MF	MF	5	백승호		0	0	0	0
0	0	10	0		이진용	26	MF	MF	4	최영준	22	0	3(1)	1	0
0	0	0	0		정승원	7	MF	MF	16	이유현		3(1)	1	0	0
0	0	0			세징야	11	MF	FW	19	이지훈		2	2	0	0
0	5(2)			13	김진혁		FW	FW	10	일류첸코		2	0	0	0
0	1	3(2)			에드가	9	FW	FW	24	김승대	13	0			
0					이윤오	31			1	이범영					
					김재우	5			2	이용	전26				
				후0	안용우	14			7	한교원	전26	3(1)	1	0	0
				후16	바사	44	대기	대기	8	정혁					
				후47	세르지뉴				13	김보경	후14	0	1	0	0
				후47	오후성	13				쿠니모토	후38				
					이근호	22			22	이성윤	후38	0	0	0	0
0	3	15	12(5)									8(2)	14	1	0

● 후반 27분 에드가 AK 정면 ~ 세징야 PAR 내 R-ST-G(득점: 세징야, 도움: 에드가) 왼쪽

강원 0 : 0 서울

• 5월 23일 19:00 흐림 춘천 송암 1,862명
• 주심_김동진 부심_김계용·양재용 대기심_조지음 경기감독관_최윤겸

		강원 0			0 전반 0		0 서울		
					0 후반 0				

퇴장	경고	파울	ST(유)	교체	선수명	배번	위치	위치	배번	선수명	교체	ST(유)	파울	경고	퇴장
0	0	0	0		이범수	25	GK	GK	21	양한빈		0	0	0	0
0	1	1	0		아슬마토프	22	DF	DF	88	이태석		2(1)	2	0	0
0	1	1	0		김영빈	2	DF	DF	66	차오연		0	2	1	0
0	0	1	0		신세계	3	DF	DF	15	홍준호		0	1	0	0
0	2	2(1)			임창우	7	MF	MF	23	윤종규		0	0	0	0
0	0	0			윤석영	7	MF	MF		오스마르		1(1)	1	0	0
0	1	4(2)			한국영	8	MF	MF	72	기성용		0	1	0	0
0	2	1(1)			김동현		MF	MF	26	팔로세비치		0	1	0	0
0	2(1)	66			서민우	4	FW	FW	14	김진야	14	4(3)	0	0	0
0	1	5			양현준	47	FW	FW	11	조영욱	6	0	1	0	0
0	9				마사	18	FW	FW	10	박주영					
					김정호	21			29	백종범					
					이병욱	32			17	김진성					
					김수범	28			45	이한범					
				후33	김대우	66	대기	대기		김진성	후17	1	0	0	0
				후46	정지용				72	강성진	후49	0	0	0	0
					박상혁	99			14	권성윤	후49				
0	3(2)			후15	실라지	9			19	정한민	후28	0			
0	1	13	12(7)									9(6)	11	2	0

성남 2 — 3 수원FC

• 5월 29일 19:00 비 탄천 종합 1,145명
• 주심_고형진 부심_박상준·설귀선 대기심_채상협 경기감독관_강득수

	전반	
0	전반	2
2	후반	1

퇴장	경고	파울	ST(유)	교체	선수명	배번	위치	위치	배번	선수명	교체	ST(유)	파울	경고	퇴장
0	0	0	0		김영광	41	GK	GK	51	유 현		0	0	0	0
0	0	0	0		안영규	6	DF	DF	4	곽윤호		0	0	0	0
0	0	2	1(1)		마상훈	5	DF	DF	14	김건웅		0	2	0	0
0	1	1	0		이창용	4	DF	DF	20	조유민		0	1	1	0
0	0	0	2		서보민	11	MF	MF	33	정동호	33	0	0	1	0
0	0	1	1		이규성	14	MF	MF	5	김상원		0	0	1	0
0	1	3	0		이종성	16	MF	MF	8	박주호		0	0	3	0
0	0	1	0		안진범	22	MF	MF	28	이영재	18	1(1)	0	0	0
0	0	3	0	8	홍시후	37	FW	FW	9	라 스		1(1)	2	1	0
1	1	2(2)	23	박용지	박용지	19	FW	FW	99	이영준	18				
					정명재	31			13	최봉진					
					최지묵	34			33	김범용	후38				
				후32	이시영	2			88	김준형					
0	1	2(1)		후0	김민혁	13	대기	대기	7	김태환	후29	2(2)	1	0	0
0	0	2		후0	강재우	3			로 14	무릴로	전14	2(1)	1	0	0
0	2	7(4)		전15	팔로	8			18	양동현	전14	1(1)	1	0	0
0	0	1		후0	김현성	18			19	정충근					
0	2	12	14(8)									9(6)	12	2	0

● 후반 5분 물리치 GA 정면 R-ST-G(득점: 물리치) 가운데
● 후반 46분 이태희 PAR H ⌒ 물리치 AK내 R-ST-G(득점: 물리치, 도움: 이태희) 왼쪽
● 전반 4분 이영재 AKL ⌒ 라스 PA 정면내 R-ST-G(득점: 라스, 도움: 이영재) 왼쪽
● 전반 26분 정동호 PAR ⌒ 무릴로 GA 정면 H-ST-G(득점: 무릴로, 도움: 정동호) 왼쪽
● 후반 15분 이영재 AK 정면 FK L-ST-G(득점: 이영재) 왼쪽

인천 1 — 1 전북

• 5월 29일 14:00 흐림 인천 전용 1,930명
• 주심_이동준 부심_윤재열·성주경 대기심_서동진 경기감독관_양정환

	전반	
0	전반	0
1	후반	1

퇴장	경고	파울	ST(유)	교체	선수명	배번	위치	위치	배번	선수명	교체	ST(유)	파울	경고	퇴장
0	0	0	0		김동헌	31	GK	GK	31	송범근		0	0	0	0
0	1	0	0		델브리지	20	DF	DF	16	이유현		0	2	0	0
0	0	0	0		김광석	3	DF	DF	26	홍정호		0	0	0	0
0	0	0	0		오반석	4	DF	DF	19	구자룡		0	0	0	0
0	0	4	1		정동윤	14	MF	DF	2	이용		0	0	0	0
0	0	1		16	김도혁	7	MF	MF	5	백승호		0	0	0	0
0	0	2		10	이강현	24	MF	MF	4	최영준		0	0	0	0
0	0	0		10	오재석	29	MF	MF	11	바로우		2(1)	0	0	0
0	0	1		77	이주혁	29	MF	MF	13	김보경	17	1	1	0	0
2(2)	15	무고사	무고사	9	무고사	9	FW	MF	10	이지훈		0	0	0	0
1	9	구본철	구본철	70	구본철	70	FW	FW	10	일류첸코		1(1)	0	0	0
					정 산	41				황병근					
				후36	김윤구	16			6	최보경					
				후27	아길라르	10			3	최희원					
					지언학	27	대기	대기		쿠니모토	후32	1(1)	1	0	0
0	1			후0	네게바	77			7	한교원	후13	1(1)	0	0	0
				후44	김대중	35			24	김승대					
0	2	3(3)		후0	송시우	9			9	구스타보	후17	0	1	0	0
0	2	15	10(8)									10(5)	11	1	0

● 전반 42분 구본철 GAR R-ST-G(득점: 구본철) 왼쪽
● 후반 49분 일류첸코 PA 정면내 ~ 쿠니모토 GAR L-ST-G(득점: 쿠니모토, 도움: 일류첸코) 왼쪽

제주 1 — 2 울산

• 5월 29일 16:30 맑음 제주 월드컵 2,135명
• 주심_박병진 부심_김계용·송봉근 대기심_안재표 경기감독관_조성철

	전반	
0	전반	0
1	후반	2

퇴장	경고	파울	ST(유)	교체	선수명	배번	위치	위치	배번	선수명	교체	ST(유)	파울	경고	퇴장
0	0	0	0		오승훈	21	GK	GK	21	조현우		0	0	0	0
0	0	1	0	17	박원재	33	MF	DF	4	불투이스		0	2	0	0
0	0	0	1		김오규	35	DF	DF	44	김기희		1(1)	1	0	0
0	1	0	0		권한진	5	DF	DF	23	홍철		0	0	0	0
1	3	0		30	정운	13	DF	DF	13	김태환		0	0	1	0
0	2	1(1)			정우재	22	MF	MF	16	원두재		0	2	0	0
0	2(1)				이창민	8	MF	MF	22	고명진		0	0	0	0
0	2			9	김동욱		MF	FW	11	윤빛가람					
0	1			19	제르소	14	FW	FW	8	바 코		1(1)	1	0	0
0	1				이동률	37	FW	FW	10	김민준	11				
0	1	3(3)			주민규	18	FW	FW	24	힌터제어					
					유연수	31			25	서주환					
					김재성	23			66	설영우					
				후29	안현범	16			14	이동경					
				후47	김봉수	5	대기	대기		이동준	후0				
				후29	공민현	18			11	이동준	후0	3(2)			
				후0	조성준	7			7	김인성	후27	0			
				후47	자와다	9			9	김지현	후15	0			
0	1	13	10(7)									11(6)	11	1	0

● 후반 38분 주민규 PK-R-G(득점: 주민규) 오른쪽
● 후반 23분 이동준 GA 정면내 R-ST-G(득점: 이동준) 가운데
● 후반 45분 김지현 PK-R-G(득점: 김지현) 왼쪽

서울 0 — 3 수원

• 5월 29일 19:00 흐리고비 서울 월드컵 4,976명
• 주심_김종혁 부심_박균용·강동호 대기심_조지음 경기감독관_차상해

	전반	
0	전반	0
0	후반	3

퇴장	경고	파울	ST(유)	교체	선수명	배번	위치	위치	배번	선수명	교체	ST(유)	파울	경고	퇴장
0	0	0	0		양한빈	21	GK	GK	21	양형모		0	0	0	0
0	1	1		17	이태석	88	DF	DF	4	헨리		0	1	0	0
0	1	0		66	홍준호	15	DF	DF	39	민상기	90	1(1)	2	0	0
1	3	2			황현수	24	DF	DF	35	장호익		0	0	0	0
0	1	0			윤종규	23	DF	MF	23	이기제		0	1	0	0
0	2	1			오스마르	5	MF	MF	25	최성근		0	0	0	0
0	1				기성용	6	MF	MF	18	김태환		0	0	0	0
1	3(2)				팔로세비치	8	MF	MF	10	김민우	6	2(2)	2	0	0
0	14	정현철	정현철		정현철		MF	MF	12	강현묵		0	0	0	0
0	1				조영욱	14	FW	MF	55	제리치	29	0	0	0	0
0	1				박주영	10	FW	FW	9	김건희	26	1(1)	1	0	0
					유상훈	1			19	노동건					
					김균	40			2	최정원					
				후30	김진야	17			90	구대영	후44				
					김진성	6	대기	대기		안석준	후44				
				후26	박 오연	66			7	고승범	후17				
				후0	권성윤	14			26	염기훈	후44	0			
					강성진	72			29	정상빈	후12	1(1)	1	0	0
0	2	14	9(2)									5(5)	15	1	0

● 전반 38분 김건희 PK-R-G(득점: 김건희) 오른쪽
● 후반 4분 김건희 GAR ~ 김민우 GA 정면 R-ST-G(득점: 김민우, 도움: 김건희) 오른쪽
● 후반 22분 민상기(대기) GAR R-ST-G(득점: 민상기(대기)) 왼쪽

Section 7

2021 경기기록부

• 5월 30일 16:30 맑음 DGB대구은행파크 3,096명
• 주심_정동식 부심_이정민·곽승순 대기심_오현진 경기감독관_정경구

대구 1 0 전반 0 / 1 후반 0 0 강원

퇴장	경고	파울	ST(유)	교체	선수명	배번	위치	위치	배번	선수명	교체	ST(유)	파울	경고	퇴장
0	0	0	0		최영은	1	GK	GK	25	이범수		0	0	0	0
0	0	2	3		김진혁	7	DF	DF	2	김영빈		0	2	0	0
0	0	1	1(1)		홍정운	6	DF	DF	7	윤석영		0	1	0	0
0	0	0	0		정태욱	4	DF	DF	3	신세계		0	0	0	0
0	1	1		14	황순민	20	MF	MF	28	김수범	14	0	0	0	0
0	0			44	이용래	74	MF	MF	23	임창우		0	0	0	0
0	1	5	1		세르지뉴	10	MF	MF	8	한국영		0	0	0	0
0	0	1	5		정승원	8	MF	MF	6	김동현	15	0	1	0	0
0	1	5			세징야	11	MF	MF	7	양현준	18	2(1)	0	0	
0		3	2		오후성	13	FW	FW	47	양현준	18	2(1)				
0		5	2(1)		에드가	9	FW	FW	99	박상혁						
					이윤오	31			1	이광연					
					김재우	5			32	이병욱	후36				
					조진우	66			66	김대우					
			전19		최우석	3	대기	대기	15	정지용	후0				
			후0		안용우	14			14	신창무	후36				
			후22		츠바사	44			18	마 사	후0/32	1(1)			
					이근호	22			9	실 라	후0	3(1)	1	0	
0	1	16	13(2)									9(3)	14	1	0

● 전반 43분 김수범 GAL 내 H 자책골(득점: 김수범) 오른쪽

• 5월 30일 19:00 맑음 포항 스틸야드 2,663명
• 주심_김동진 부심_지승민·양재용 대기심_최현재 경기감독관_김성기

포항 1 0 전반 0 / 1 후반 0 0 광주

퇴장	경고	파울	ST(유)	교체	선수명	배번	위치	위치	배번	선수명	교체	ST(유)	파울	경고	퇴장
0	0	0	0		강현무	31	GK	GK	31	윤보상		0	0	1	0
0	0	1	3(1)		강상우	10	DF	DF	8	이으뜸		1	1	0	0
0	0				권완규	13	DF	DF	20	이 한도		0	0	0	0
0	0	2	4		이광준	3	DF	DF	22	곽광선		0	0	0	0
0	0				신광훈	17	DF	DF	32	이지훈		0	0	0	0
0	1	2			신진호	6	MF	MF	5	김원식	26	0	1	0	0
0	0		57		오범석	14	MF	MF	4	한희훈					
0		1			송민규	12	MF	MF	24	헤이스	24	2(2)	1	0	0
0	1	0	79		크베시바		MF	MF	11	김주공	29				
0	1	1(1)			임상협	77	MF	MF		김진영					
0	1	1(1)		7	팔라시오스	82	FW	FW	9	엄원상		1	3	1	0
					황인재	31			31	신송훈					
			후15		전민광	4			2	박준강					
			후0		이수빈	57			28	알렉스	후42				
			후0		이승모	16	대기	대기	26	이민규	후42				
			후10/16		고영준	79			13	두현석	후12	2(1)			
					권기표	88			24	엄지성	후34				
			후0		타 쉬				29	허 율	후42				
0	3	21	9(4)									8(4)	16	5	0

● 후반 43분 강상우 C.KL ⌒ 송민규 GAR 내 H-ST-G(득점: 송민규, 도움: 강상우) 오른쪽

• 7월 20일 19:30 흐림 수원 월드컵 0명
• 주심_김우성 부심_곽승순·장종필 대기심_안재훈 경기감독관_강득수

수원 1 0 전반 0 / 1 후반 2 2 수원FC

퇴장	경고	파울	ST(유)	교체	선수명	배번	위치	위치	배번	선수명	교체	ST(유)	파울	경고	퇴장
0	0	1	0		양형모	21	GK	GK	51	유 현		0	0	0	0
0	0	1	0		박대원	33	DF	DF	4	곽윤호		0	0	0	0
0	0	0	0		민상기	39	DF	DF	5	잭	26	0	1	0	0
0	1	3	0		장호익	35	DF	DF	14	김건웅		0	0	0	0
0	0	0	0		이기제	23	MF	MF	3	김상원		0	0	0	0
0	2	3	0		한석종	6	MF	MF	6	박주호		0	0	0	0
0	0	1	0		김태환	18	MF	MF	27	김 주엽	33				
0	0		42		김민우	10	MF	MF	8	이영재		1(1)	0	0	0
0	0	2	0		강현묵	14	MF	MF	33	조상준	10	1	0	0	0
0	1	1	1(1)		정상빈	18	FW	FW	9	라스		7(5)	1	0	0
0	0		27		제리치	55	FW	FW	18	양동현	37				
					노동건	19			13	최봉진					
			후38		고명석	42			26	김동우	후10	0	0		
			후38		최정원	2			33	김범용	후55				
			후20		전세진	7	대기	대기	8	정재용					
					염기훈	26			10	무릴로	전34	3(3)	0	0	
					유주안	13			37	타르델리	후15	1(1)	0	0	
			후20		니콜라오	27			66	한승규					
0	4	14	5(1)									17(11)	6	1	0

● 후반 24분 김동우 GA 정면 L 자책골(득점: 김동우) 왼쪽
● 후반 36분 이영재 PAL 내 ~ 라스 PA 정면내 R-ST-G(득점: 라스, 도움: 이영재) 가운데
● 후반 43분 이영재 PK-L-G(득점: 이영재) 왼쪽

• 8월 18일 19:30 맑음 서울 월드컵 0명
• 주심_김종혁 부심_박상준·성주경 대기심_채상협 경기감독관_차상해

서울 0 0 전반 1 / 0 후반 0 1 제주

퇴장	경고	파울	ST(유)	교체	선수명	배번	위치	위치	배번	선수명	교체	ST(유)	파울	경고	퇴장
0	0	0	0		양한빈	21	GK	GK	21	오승훈		0	0	0	0
0	0	1	0		김진야	17	DF	MF	39	김명순	33	0	0	0	0
0	0	1	2		오스마르	5	DF	DF	35	김오규		0	1	0	0
0	0	0	0		황현수	2	DF	DF	5	권한진	20	0	0	0	0
0	1	1	1(1)	88	고요한	13	DF	DF	13	정 운		0	0	0	0
0	1(1)		10		백상훈	35	MF	MF	7	정우재					
0	0				여 름	15	MF	MF	8	이창민		2(1)	1	0	0
0			8		팔로세비치	26	MF	MF	30	김봉수	4	1(2)	2	0	0
0	3(2)		7		박정빈		MF	FW	11	제르소	10	1	0	0	0
0	2		0		조영욱	11	FW	FW	6	조성준		1	0	0	0
0	2	2	0		지동원	9	FW	FW	18	주민규					
					백종범	29			31	유연수					
			후33		이태석	88			20	홍준호	후17				
					채프만	16			33	박원재	전41				
			후33		기성용	4	대기	대기	6	강윤성	후31				
			후17		나상호				4	이동수	전41				
			후17		가브리엘				2	정훈성					
	1(1)		후41		박주영	10			10	진성욱	후31				
0	2	13	11(5)									9(3)	8	3	0

● 전반 6분 김봉수 PA 정면내 H-ST-G(득점: 김봉수) 가운데

• 8월 18일 19:00 맑음 인천 전용 0명
• 주심_박병진 부심_김계용·강동호 대기심_안재훈 경기감독관_허기태

인천 1 1 전반 0 / 0 후반 0 0 성남

퇴장	경고	파울	ST(유)	교체	선수명	배번	위치	위치	배번	선수명	교체	ST(유)	파울	경고	퇴장
0	0	0	0		이 태 희	21	GK	GK	41	김 영 광		0	0	0	0
0	0	0	0		델브리지	20	DF	DF	3	권 경 원		1	3	0	0
0	0	0	0		김 광 석	3	DF	DF	40	리 차 드	9	0	1	1	0
0	0	0	0		오 반 석	26	DF	DF	16	이 종 성		2(1)	1	0	0
0	0	1	0		강 윤 구	16	MF	MF	66	박 수 일	11	0	1	0	0
0	0	3	0	77	이 강 현	24	MF	MF	10	이스칸데르프		2(1)	1	0	0
0	0	0	0		오 재 석	34	MF	MF	14	이 규 성	5	0	3	0	0
0	0	0	0		박 창 환	30	MF	MF	27	안 진 범	37	1(1)	0	0	0
0	0	0	0	10	구 본 철	70	MF	MF	32	김 태 희		1(1)	0	0	0
0	0	1	3(1)	19	무 고 사	9	FW	FW	9	강 재 우	4	0	0	0	0
0	2(1)	4			김 현		FW	FW	8	뮬 리 치		7(4)	0	0	0
0	0	0	0		정 산	1			1	허 자 웅		0	0	0	0
0	0			후44	강 민 수	4			5	마 상 훈	후0				0
0	0				김 보 섭	27			7	권 순 형					0
0	0			전33	김 도 혁	7	대기	대기	11	서 보 민	후0				0
0	0			전33	아길라르	10			29	정 석 화	후0				0
0	0			후23	네 게 바	7			9	정 쉬	후32				0
0	0			후23	송 시 우	19			37	홍 시 후	후32				0
0	0	10	8(2)									13(7)	18	2	0

● 전반 37분 아길라르 HLR ⌒ 김현 GAR
  R-ST-G(득점: 김현, 도움: 아길라르) 오른쪽

• 9월 01일 19:00 흐림 전주월드컵 0명
• 주심_박병진 부심_곽승순·박균용 대기심_정동식 경기감독관_정경구

전북 0 0 전반 1 / 0 후반 1 1 포항

퇴장	경고	파울	ST(유)	교체	선수명	배번	위치	위치	배번	선수명	교체	ST(유)	파울	경고	퇴장
0	0	0	0		송 범 근	31	GK	GK	31	강 현 무		0	0	0	0
0	1	2	0	33	김 진 수	23	DF	DF	4	전 민 광		0	0	1	0
0	1	1	0		김 민 혁	92	DF	DF	13	그 랜 트		0	0	0	0
0	0	0	0		홍 정 호	26	DF	DF	32	박 승 욱		0	0	0	0
0	0	4	0		이 유 현	16	DF	MF	6	신 진 호		3(2)	1	0	0
0	0	4	2(1)		백 승 호	5	MF	MF	14	오 범 석	57	1	2	1	0
0	0	1	0	24	문 선 민	27	MF	MF	77	임 상 협		2(1)	1	0	0
0	0	1(1)			이 승 기	16	MF	MF	79	고 영 준		3(1)	3	0	0
0	0	1			김 보 경	13	MF	MF	82	팔라시오스	88	1	1	1	0
0	0	0	0		구스타보	9	FW	FW	16	이 승 모		0	0	0	0
0	0	0	0		이 범 영	1			41	조 성 훈		0	0	0	0
0	0				구 자 룡	15			3	이 광 준					0
0	0				최 철 순	25			30	김 륜 성					0
0	0			후40	박 진 성	13	대기	대기	38	김 진 현					0
0	0				류 재 문	23			8	크베시치	후17				0
0	0			후26	쿠니모토	17			57	이 수 빈	후17				0
0	0			전42	김 승 대	24			88	권 기 표	후32				0
0	2	20	8(4)									11(5)	18	4	0

● 전반 16분 고영준 PA 정면내 R-ST-G(득점: 고영준) 가운데

• 8월 04일 19:00 맑음 울산문수 2,127명
• 주심_김종혁 부심_김계용·양재용 대기심_김영수 경기감독관_김성기

울산 2 1 전반 1 / 1 후반 0 1 대구

퇴장	경고	파울	ST(유)	교체	선수명	배번	위치	위치	배번	선수명	교체	ST(유)	파울	경고	퇴장
0	0	0	0		조 현 우	21	GK	GK	1	최 영 은		0	0	0	0
0	0	2	2	4	불투이스	4	DF	DF	30	박 병 현	32	0	2	0	0
0	0	1	0		김 기 희	44	DF	DF	5	김 재 우	22	0	0	0	0
0	0	0	0	66	홍 철	33	DF	DF	4	정 태 욱		1(1)	0	0	0
0	0	1	0		김 태 환	22	DF	MF	20	황 순 민	14	0	0	0	0
0	0	4	2(1)		고 명 진	22	MF	MF	26	이 진 용	8	0	0	0	0
0	0	1	0		원 두 재	16	MF	MF	44	츠 바 사		1	1	0	0
0	0	0	1(1)		바 코		FW	FW	38	장 성 원	17	0	0	0	0
0	1	2(2)	72		김 민 준		FW	MF	7	세 징 야		5	1	0	0
0	0	1(1)	11		이 동 경		FW	MF	7	김 진 혁		0	0	0	0
0	0	2	2(1)	19	힌터제어	24	FW	FW	9	에 드 가		2(2)	1	0	0
0	0	0	0		조 수 혁				31	이 윤 오		0	0	0	0
0	0				정 운	36			14	안 용 우	후0				0
0	0			후32	설 영 우	44			14	이 상 기	후0				0
0	0			대기	윤빛가람	10	대기	대기	8	박 한 빈					0
0	0	1(1)	후0		이 청 용				13	오 후 성	후35				0
0	2(2)	후14			이 동 준				32	정 치 인	후35				0
0	0	후14			오 세 훈				22	이 근 호	후2				0
0	0	11	13(9)									10(3)	14	1	0

● 전반 41분 힌터제어 PK-R-G(득점: 힌터제어) 오른쪽
● 후반 32분 이동준 PAR 내 R-ST-G(득점: 이동준) 오른쪽
● 전반 48분 세징야 MF 정면 FK ⌒ 정태욱 GAR H-ST-G(득점: 정태욱, 도움: 세징야) 왼쪽

• 7월 21일 20:00 맑음 광주전용 701명
• 주심_이동준 부심_박균용·성주경 대기심_최현재 경기감독관_김용세

광주 3 1 전반 0 / 2 후반 1 1 강원

퇴장	경고	파울	ST(유)	교체	선수명	배번	위치	위치	배번	선수명	교체	ST(유)	파울	경고	퇴장
0	0	0	0		이 진 형	21	GK	GK	25	이 범 수		0	0	0	0
0	1	0	0		이 으 뜸	8	DF	DF	2	김 영 빈		0	1	1	0
0	1	1(1)	0		이 한 도	20	DF	DF	3	윤 석 영		0	0	0	0
0	0	0	0		알 렉 스	28	DF	DF	13	신 세 계		0	0	0	0
0	1	2(1)	0		이 지 훈	20	DF	DF	23	임 창 우		2(1)	1	0	0
0	1	2(1)	90		김 원 식	40	MF	MF	4	서 민 우	88	0	1	0	0
0	0	0	0		이 순 민	44	MF	MF	8	한 국 영		0	0	0	0
0	0	3	0		송 승 민	16	MF	MF	16	신 광 훈		0	0	0	0
0	2	4(1)			헤 이 스	11	FW	FW	10	김 대 원	1	0	6	0	0
0	2	6	24		엄 지 성		FW	FW	47	양 현 준	9	1	2	0	0
0	1	3(1)			허 율		FW	FW	77	박 경 배	11	0	0	0	0
0	0				윤 보 상	77			21	김 정 호		0	0	0	0
0	0			후16	이 민 기	7			26	임 채 민					0
0	0				김 봉 진	90			3	아슐마토프					0
0	0			후46	이 희 균	26	대기	대기	88	황 문 기	후0				0
0	0			후46	이 찬 동	40			11	조 재 완	후30				0
0	0			후39	봉 훈	14			10	고 무 열	후10				0
0	0				장 동 찬	27			9	실 라 지	후30				0
0	2	10	13(8)									11(3)	14	2	0

● 전반 29분 헤이스 C.KL ⌒ 엄지성 GA 정면 H-ST-G(득점: 엄지성, 도움: 헤이스) 가운데
● 후반 8분 이순민 PAL R-ST-G(득점: 이순민) 오른쪽
● 후반 27분 허율 PAR ⌒ 이민기 PAL 내 R-ST-G(득점: 이민기, 도움: 허율) 오른쪽
● 후반 33분 이한도 GA 정면 R 자책골(득점: 이한도) 왼쪽

수원 1 : 2 인천

- 7월 23일 19:30 맑음 수원월드컵 0명
- 주심_ 박병진 부심_ 지승민·성주경 대기심_ 채상협 경기감독관_ 김용세

퇴장	경고	파울	ST(유)	교체	선수명	배번	위치	위치	배번	선수명	교체	ST(유)	파울	경고	퇴장
0	0	0	0		양형모	21	GK	GK	31	김동헌		0	0	0	0
0	0	1	0	42	박대원	33	DF	DF	20	델브리지		0	1	0	0
0	0	2	1		민상기	39	DF	DF	3	김광석		0	1	0	0
0	0	0	0		장호익	35	DF	DF	4	김민수		0	1	0	0
0	0	0	1(1)		이기제	23	MF	MF	2	김창수	13	1	1	0	0
0	0	2	0	7	최성근	25	MF	MF	28	정혁		2(1)	1	0	0
0	0	0	1(1)		김태환	18	MF	MF	22	김준엽		0	0	0	0
0	0	0	0		김민우	10	MF	MF	30	박창환	77	1	0	0	0
0	0	0	0		강현묵	14	MF	MF	70	구본철		0	0	0	0
0	0	0	2(1)		정상빈		FW	FW	9	무고사	27	2(2)	1	0	0
0			3(3)	27	제리치	55	FW	FW	8	김현	19	1	1	0	0
					노동건	19			21	이태희		0			
				후25	고명석	42			26	오반석					
					최정원	2			27	김보섭	후43				
0	0	0	1(1)	후16	한석종	6	대기	대기	7	김도혁	전26				
				후30	전세진	7			13	김준범	후43				
					염기훈	26			77	네게바	전26	1			
				후16	니콜라오	27			19	송시우	후11	3(3)			
0	0	10	12(7)			0			0			12(6)	12	1	0

- 후반 1분 정상빈 PAR ~ 제리치 PA 정면내 R-ST-G(득점: 제리치, 도움: 정상빈) 오른쪽
- 후반 13분 무고사 PK-R-G(득점: 무고사) 가운데
- 후반 42분 무고사 PA 정면내 R-ST-G(득점: 무고사) 오른쪽

전북 3 : 0 광주

- 8월 11일 19:00 맑음 전주월드컵 2,121명
- 주심_ 김우성 부심_ 윤재열·장종필 대기심_ 김희곤 경기감독관_ 김성기

퇴장	경고	파울	ST(유)	교체	선수명	배번	위치	위치	배번	선수명	교체	ST(유)	파울	경고	퇴장
0	0	0	0		송범근	31	GK	GK	21	이진형		0	0	0	0
0	1	1	0		박진섭	33	DF	DF	3	이민기		0	1	0	0
0	0	1	1(1)		김민혁	92	DF	DF	20	이한도		1	1	1	0
0	0	2	0		홍정호	26	DF	DF	28	알렉스		0	1	0	0
0	0	2	0		이용	2	DF	DF	13	이지훈		2	0	1	0
0	0	0	1(1)	28	백승호	8	MF	MF	14	여봉훈	90	1	1	0	0
0	0	0	2(2)	4	이승기	14	MF	MF	44	이순민	26	0	1	0	0
0	0	0	1		송민규	21	MF	FW	16	송승민	29	2(1)			
0	0	0	3(1)	13	문선민	27	MF	MF	17	엄지성	18	2(1)	1	1	0
0	0	0	4(4)		일류첸코	10	FW	FW	24	김주공		1(1)	1	0	0
					이범영	1			1	윤평국					
				후9	최영준	4			2	박준강	강34	2			
					최보경	6				이으뜸					
				후27	한교원	7	대기	대기	90	김봉진	후26	1			
					구스타보	10			26	이건희	후26	0			
				후27	김보경	13			18	두현석	후34	0			
				후34	사살락	28			29	허용준	후0				
0	2	8	16(10)			0			0			8(2)	15	4	0

- 전반 30분 이승기 MFR FK ⌒ 김민혁 GAL내 H-ST-G(득점: 김민혁, 도움: 이승기) 오른쪽
- 전반 33분 일류첸코 GA 정면 R-ST-G(득점: 일류첸코) 왼쪽
- 후반 26분 구스타보 GAL H ⌒ 일류첸코 GA 정면내 R-ST-G(득점: 일류첸코, 도움: 구스타보) 오른쪽

포항 0 : 1 서울

- 7월 24일 19:00 맑음 포항스틸야드 2,033명
- 주심_ 김동진 부심_ 이정민·양재용 대기심_ 정동식 경기감독관_ 나승화

퇴장	경고	파울	ST(유)	교체	선수명	배번	위치	위치	배번	선수명	교체	ST(유)	파울	경고	퇴장
0	0	0	0		강현무	31	GK	GK	21	양한빈		0	0	0	0
0	0	0	1	27	그랜트	3	DF	DF	2	김광민	66	0	1	0	0
0	0	1	0		권완규	13	DF	DF	40	김원균		0	0	1	0
0	0	0	0		전민광	4	DF	DF	2	황현수		0	3	0	0
0	0	0	1		신광훈	17	DF	DF	23	윤종규		0	3	0	0
0	1	3(1)			신진호	6	MF	MF	6	기성용		0	1	0	0
0	0	0	0	32	이수빈	57	MF	MF	35	백상훈		0			
0	0	1	0		임상협	77	FW	FW	19	나상호		0			
0	0	1	0		강상우	11	FW	FW	11	조영욱		0			
0	0	0	0	7	권기표	88	FW	FW	13	고요한	15	1(1)	3	0	0
0			3(3)	79	김지현	38	FW	FW	99	가브리엘		0			
					조성훈	41				유상훈					
				후23	박승욱	32			66	차오연	후33	0			
					박재우	22	대기	대기	15	여름	후44				
				후43	이석규				77	신재원					
				후0	고영준	79			9	지동원	후18	0			
				후15	타쉬				10	박주영					
0	0	11	4(1)			0			0			1(1)	19	3	0

- 후반 9분 가브리엘 PA 정면 ⌒ 고요한 GAL L-ST-G(득점: 고요한, 도움: 가브리엘) 왼쪽

성남 0 : 0 대구

- 9월 04일 19:00 맑음 탄천종합 0명
- 주심_ 송민서 부심_ 지승민·장종필 대기심_ 오현진 경기감독관_ 차상화

퇴장	경고	파울	ST(유)	교체	선수명	배번	위치	위치	배번	선수명	교체	ST(유)	파울	경고	퇴장
0	0	0	0		김영광	41	GK	GK	1	최영은		0	0	0	0
0	0	0	0	16	안영규	6	DF	DF	7	김진혁		1(1)	1	0	0
0	1	2	0		마상훈	5	DF	DF	3	홍정운		0			
0	0	1	1		리차드	40	DF	DF	4	정태욱		1	2	0	0
0	0	0	2(2)		서보민	11	MF	MF	20	황순민	14	0			
0	1	0	0		권순형	7	MF	MF	74	이용래		0			
0	0	1	1		이규성		MF	MF	10	라마스		3(3)	0	0	0
0	1	2	0		이태희	32	MF	MF		이진용	38				
0	1	3	2(2)	8	강재우	23	MF	MF		이근호		0			
0				27	부쉬	9	FW	FW	32	정치인	22				
0				66	이시영	2	FW	FW	9	에드가		3(2)			
					허자웅	21				박성수					
				후0	박수일	66			14	안용우	후0				
					이산데르프	10	대기	대기	38	장성원	전16				
					안진범	32			44	츠바사					
				후40	이중민	27			8	박한빈					
				후0	뮬리치	8			22	이근호	후10				
0	2	15	7(5)			0			0			9(6)	10	1	0

• 주심_김대용 부심_박상준·강동호 대기심_신용준 경기감독관_당성증

울산 2   1 전반 4 / 1 후반 1   5 수원FC

퇴장	경고	파울	ST(유)	교체	선수명	배번	위치	위치	배번	선수명	교체	ST(유)	파울	경고	퇴장
0	0	0	0		조현우	21	GK	GK	51	유현		0	0	0	0
0	0	2	0	36	불투이스	4	DF	DF	2	곽윤호		0	0	1	0
0	1	1	0		김기희	44	DF	DF	5	잭		0	2	1	0
0	1	0	1		홍철	33	DF	DF	14	김건웅		0	2	1	0
0	0	0	0	18	배재우	2	MF	MF	3	김상원		0	0	0	0
0	0	1	0	19	신형민	20	MF	MF	4	박주호					
0	0	0	0		고명진	22	MF	MF	10	무릴로	66	2(1)	1	0	
0	1	3(2)			윤빛가람	10	MF	MF	21	이기혁	28	0	0	0	
0	1	4(4)			이청용	19	FW	FW	27	김주엽		0	2	0	
0		2(2)	72		김민준	13	FW	FW	9	라스		8(5)	1	1	0
0		2(2)			힌터제어	24	FW	FW	18	양동현		1(1)	0	0	0
					조수혁	1			1	박배종					
			후5		임종은	36			2	정동호	전18	1(1)	0		
					이명재	27			26	김동우	후33	0			
			후26		김영권	18	대기	대기	3	정의찬		0			
					박용우	6			28	이영재	전18	1(1)	0	0	
0	1	2(1)	후0		이청용	72			37	타르델리	후0	0			
0		2(1)	후0		오세훈	19			66	한승규	후34	0			
0	1	9	16(12)									13(9)	10	1	0

● 전반 20분 김민준 PAR 내 ~ 바코 GAR R-ST-G(득점: 바코, 도움: 김민준) 왼쪽
● 후반 10분 힌터제어 PK-R-G(득점: 힌터제어) 오른쪽

● 전반 30분 무릴로 C.KL ⌒ 라스 GAL 내 H-ST-G(득점: 라스, 도움: 무릴로) 오른쪽
● 전반 37분 양동현 PAL 내 GA 정면 ~ 라스 GAR R-ST-G(득점: 라스, 도움: 양동현) 오른쪽
● 전반 40분 이영재 AK 정면 ~ 라스 GAR R-ST-G(득점: 라스, 도움: 이영재) 왼쪽
● 전반 45분 라스 GA 정면내 H ⌒ 양동현 GAR 내 R-ST-G(득점: 양동현, 도움: 라스) 오른쪽
● 후반 3분 이영재 PAR 내 ~ 라스 GAR R-ST-G(득점: 라스, 도움: 이영재) 왼쪽

• 주심_김종혁 부심_김계용·설귀선 대기심_김희곤 경기감독관_양정환

강원 2   0 전반 1 / 2 후반 1   2 제주

퇴장	경고	파울	ST(유)	교체	선수명	배번	위치	위치	배번	선수명	교체	ST(유)	파울	경고	퇴장
0	0	0	0		이범수	25	GK	GK	31	유연수		0	0	0	0
0	0	2	1(1)		김영빈	2	DF	MF	17	안현범		1(1)	1	0	0
0	1	1	1(1)		임채민	26	DF	DF	35	김오규		0	1	0	0
0	0	3	0		신세계	3	DF	DF	5	권한진		0	0	0	0
0	3	1	0		김창우	23	MF	DF	13	정운		0	1	0	0
0		1	0	7	송준석	34	MF	MF	22	정우재		0	0	0	
0	0	0		88	한국영	8	MF	MF	8	이창민		4(1)	0	0	
0		1	0		서민우	4	MF	MF	30	김봉수	4	0	1	0	
0		4(2)			조재완	7	FW	FW	11	제르소	10	3(3)	1	1	0
0		1	0	17	임찬울	17	FW	FW	37	이동률		2	0	0	
0		1	0		박경배	19	FW	FW	14	주민규		3(2)	1	0	0
					이광연	21			21	오승훈					
			후0		윤석영	7			20	홍준호	후20	0			
					아슐마토프	22			33	박원재					
0			후0		황문기	8	대기	대기	4	이동수	후20	1(1)	2	0	
1(1)			후0		김대우	14			14	김규형	후44	0			
0			후39		김대원	1			2	정훈성	후0	0			
0	3(2)		전26		고무열	19			10	진성욱	후17	1	0		
0	1	11	16(8)									16(8)	7	2	0

● 후반 44분 신창무 C.KL ⌒ 임채민 GA 정면 H-ST-G(득점: 임채민, 도움: 신창무) 오른쪽
● 후반 46분 김대원 GA ⌒ 김영빈 GA 정면 H-ST-G(득점: 김영빈, 도움: 김대원1) 왼쪽

● 전반 18분 주민규 GAR ~ 제르소 GA 정면 R-ST-G(득점: 제르소, 도움: 주민규) 왼쪽
● 후반 40분 주민규 GA 정면내 H-ST-G(득점: 주민규) 오른쪽

• 주심_정동식 부심_김계용·강동호 대기심_김용우 경기감독관_양정환

광주 0   0 전반 0 / 0 후반 0   0 성남

퇴장	경고	파울	ST(유)	교체	선수명	배번	위치	위치	배번	선수명	교체	ST(유)	파울	경고	퇴장
0	0	0	0		이진형	21	GK	GK	41	김영광		0	0	0	0
0	0	0	0		이으뜸	8	DF	DF	3	권경원		0	0	0	0
0		1	0		이한도	20	DF	DF	40	리차드		0	0	0	0
0		0	0		알렉스	28	DF	DF	16	이종성		0	0	0	0
0		0	0		이지훈	32	DF	DF	34	최지묵		0	0	0	0
0		3		5	김재봉	5	MF	MF	13	김민혁		0	0	0	
0	1	0	1(1)		이순민	44	MF	MF	14	이규성	17	0	0	0	
0		0	11		송승민	16	FW	MF	29	정석화		0	0	0	
0		0	90		헤이스	17	MF	MF	32	이태희		0	0	0	
0		0	14		엄지성	24	FW	FW	23	강재우	66	0	0	0	
0		1	0		허율	29	FW	FW	8	물라지		3(1)	0	0	
					윤평국	1			1	허자웅					
0			후42		이민기	3			26	마상훈	후28	0			
0			후48		김봉진	90			4	이창용	후42	0			
0	1	0			이희균	26	대기	대기	66	박수일	후11	0			
					이찬동	40			10	이스칸데로프					
0	1(1)		후28		여봉훈	8			9	부쉬					
0	1	1	후0		김종우	11			27	이중민					
0	0	9	9(2)									6(1)	0	0	0

• 주심_박병진 부심_곽승수·장종필 대기심_채상협 경기감독관_나승화

서울 0   0 전반 0 / 0 후반 0   0 울산

퇴장	경고	파울	ST(유)	교체	선수명	배번	위치	위치	배번	선수명	교체	ST(유)	파울	경고	퇴장
0	0	0	0		양한빈	21	GK	GK	21	조현우		0	0	0	0
0	0	0	1		고광민	27	MF	DF	36	임종은		0	0	0	0
0	0	0			김원균	40	DF	DF	44	김기희		0	1	0	0
0		1	0		황현수	4	DF	DF	33	홍철	27	0	0	0	
0		0	0		이한범	45	DF	DF	23	김태환		0	0	0	0
0		0	26		윤종규	23	MF	MF	18	김성준	9	1	3	0	
0		0	26		백상훈	35	MF	MF	7	정우영	22	0	0	0	
0		0	16		기성용	6	MF	MF	10	윤빛가람		2(2)	1	0	
0		0			고요한	13	FW	FW	8	바코	13	0	1	0	
0		0	72		조영욱	7	FW	FW	72	이청용		0	0	0	
0	1	9	19		박주영	19	FW	FW	19	오세훈	24	0	0	0	
					유상훈	1			1	조수혁					
0			후15		여름	66			15	김태현					
1(1)			후38		팔로세비치	22	대기	대기	27	이명재	후31	0			
					신재원	27			13	김민준	후31	1			
0			후0		나상호	7			9	김지현	후21	0			
0			후0		지동원	9			24	힌터제어	후0	1			
0	0	15	6(1)									8(4)	9	1	0

• 7월 31일 20:00 맑음 제주 월드컵 761명
• 주심_김희곤 부심_박상준·박균용 대기심_안재훈 경기감독관_조성철

제주 1 (전반 1 / 후반 3) 4 인천

퇴장	경고	파울	ST(유)	교체	선수명	배번	위치	위치	배번	선수명	교체	ST(유)	파울	경고	퇴장
0	0	0	0		이창근	1	GK	GK	31	김동헌		0	0	0	0
0	0	0	1(1)	17	박원재	33	MF	DF	26	오반석		0	1	0	0
0	0	1	0	4	홍준호	20	DF	DF	3	김광석		0	4	0	0
0	0	0	0		권한진	5	DF	DF	4	김민수		2(1)	0	0	0
0	1	4	0		정운	13	DF	MF	27	김보섭		2(1)	0	0	0
0	0	2	1		정우재	22	MF	MF	28	정혁	13	0	2	0	0
0	0	0	5(2)		이창민	8	MF	MF	22	김준엽		0	1	0	0
0	0	0	35		김봉수	30	MF	MF	30	박창환		0	0	0	0
0	0	3(2)	10		제르소	11	MF	FW	70	구본철	77	0	0	0	0
0	0	2(1)	14		이동률	24	FW	FW	9	김현		3(2)	0	0	0
0	0	2(1)	1		주민규	18	FW	FW	19	김현우		0	0	0	0
					유연수	31			21	이태희					
					김경재	23			20	델브리지	후41				
				후0	김오규	35			36	김창수					
				후12	안현범	17	대기	대기	7	김도혁	전16	1	2		
			3(1)		이동수	4			13	김준엽	후0				
				후0	김영욱	14			77	네게바	전16	2	2		
				후24	진성욱	10			19	송시우	후17	3(1)			
0	1	10	21(7)									13(6)	13	2	0

● 전반 27분 정우재 MFL ^ 제르소 GAL L-ST-G(득점: 제르소, 도움: 정우재) 오른쪽

● 전반 19분 무고사 GAL R-ST-G(득점: 무고사) 오른쪽
● 후반 16분 네게바 PAR ~ 김현 PK 우측지점 R-ST-G(득점: 김현, 도움: 네게바) 오른쪽
● 후반 38분 무고사 AK 정면 FK R-ST-G(득점: 무고사) 왼쪽
● 후반 45분 김보섭 GAR ^ 송시우 GA 정면 L-ST-G(득점: 송시우, 도움: 김보섭) 가운데

• 8월 04일 19:30 맑음 수원 종합 0명
• 주심_김동진 부심_윤재열·장종필 대기심_정회수 경기감독관_차상해

수원FC 1 (전반 0 / 후반 1) 0 전북

퇴장	경고	파울	ST(유)	교체	선수명	배번	위치	위치	배번	선수명	교체	ST(유)	파울	경고	퇴장
0	0	0	0		유현	51	GK	GK	1	이범영		0	0	0	0
0	0	0	2(1)		곽윤호	4	DF	DF	33	박진성		1(1)	1	0	0
0	0	1	1(1)		잭슨	5	DF	DF	26	홍정호		0	1	0	0
0	0	0	0	26	조유민	20	DF	DF	15	구자룡		0	3	0	0
0	0	0	0		김상원	3	MF	MF	21	류재문		0	1	0	0
0	0	0	0		박주호	5	MF	MF	4			0	0	0	0
0	0	3(1)		66	무릴로	10	MF	MF	14	최영준	14	1(1)	1	0	0
0	0				이영재	21	MF	MF	5	쿠니모토		0	0	0	0
0	0	2(1)			주엽	27	MF	MF	50	백승호	25	1	1	1	0
0	0				라스	9	FW	MF	10	이지훈	7	0	0	0	0
0	0	0	37		양동현	18	FW	FW	9	구스타보		2(1)	1	1	0
					박배종	41			41	황병근					
				전14	정동호	2			7	한교원	후11				
				후23	김동우	26			10	일류첸코	후11				
					정재용		대기	대기	14	이영재	후11	2(2)			
				전14	이영재	9			25	최철순	후32	0			
			3(2)		후0 타르델리	37			27	문선민	후11	1(1)	1	0	
				후27	한승규	66			92	김민혁					
0	1	12	12(6)									9(5)	15	2	0

● 후반 34분 한승규 PAR ~ 타르델리 GAL H-ST-G(득점: 타르델리, 도움: 한승규) 가운데

• 8월 01일 20:00 비 DGB대구은행파크 2,680명
• 주심_고형진 부심_윤재열·성주경 대기심_신용준 경기감독관_정경구

대구 1 (전반 0 / 후반 1) 1 포항

퇴장	경고	파울	ST(유)	교체	선수명	배번	위치	위치	배번	선수명	교체	ST(유)	파울	경고	퇴장
0	0	0	0		최영은	1	GK	GK	31	강현무		0	0	0	0
0	0	0	0	22	김우석	3	DF	DF	0	강상우		2(1)	2	0	0
0	0	0	0		홍정운	6	DF	DF	2	그랜트		0	0	0	0
0	1	1	1(1)		박병현	30	DF	DF	13	권완규		0	0	0	0
0	0	0	14		황순민	20	MF	MF	32	박승욱		0	0	0	0
0	0	1(1)	66		이용래	74	MF	MF	17	신광훈		0	0	0	0
0	0				이진용	66	MF	MF	77	임상협		0	0	0	0
0	0				장성원	38	MF	MF	38	김진영		2(1)	0	0	0
0	0	4(3)			세징야	11	MF	MF	88	권기표	79	1	2	0	0
0	0				김진혁	7	FW	FW							
0	0	5(1)			에드가	9	FW	FW	12	오후성	57	3	3	0	0
					이윤오	31			41	조성훈					
				후36	조진우	66			3	이광준					
				후0	안용우	14			4	전민광	후9				
					이상기	17	대기	대기	30	김륜성					
				전19	츠바사	44			57	이수빈	후29				
					정치인	32			16	고영준	후9				
					이근호	22			7	타쉬	후15				
0	1	14	7(6)									14(8)	12	1	0

● 후반 1분 세징야 PAR FK ~ 박병현 GA 정면내 H-ST-G(득점: 박병현, 도움: 세징야) 오른쪽

● 후반 34분 고영준 PAR 내 R-ST-G(득점: 고영준) 왼쪽

• 8월 01일 20:00 비 춘천 송암 1,086명
• 주심_이동준 부심_이정민·양재용 대기심_송민석 경기감독관_허기태

강원 3 (전반 1 / 후반 2) 0 수원

퇴장	경고	파울	ST(유)	교체	선수명	배번	위치	위치	배번	선수명	교체	ST(유)	파울	경고	퇴장
0	0	0	0		이범수	25	GK	GK	21	양형모		0	0	0	0
0	0	0	0		김영빈	2	DF	DF	33	박대원		0	0	0	0
0	0	0	0		임채민	26	DF	DF	35	장호익		2	0	0	0
0	0	3	1		신세계	3	DF	DF	23	이기제		0	2	0	0
0	0	0	0		김창우	27	MF	MF	7	김상준		0	0	0	0
0	0	0	0		송준석	34	MF	MF	5	최성근		0	0	0	0
0	0		88		김대우	66	MF	MF	18	김태환		0	0	0	0
0	0	3	22		서민우	4	MF	MF	10	김민우		0	0	0	0
0	0	2(2)			조재완	11	FW	MF	14	강현묵		0	0	0	0
0	0	2(2)			고무열	9	FW	FW	55	제리치		0	0	0	0
0	0	1(1)	17		정재협	18	FW	FW	13	유주안	29	1	0	0	0
					김정호	21			19	노동건					
				후0	윤석영	7			42	고명석					
				후47	이슬라마프	22			2	최정원	후42	0			
					이병욱	32	대기	대기	6	한석종	후0:26	0			
	2(1)			후0	황문기	88			26	염기훈	후28	1			
				후18	김대원	17			29	정상빈	후0				
				후47	실라지	9			27	니콜라오	후15	0			
0	2	15	11(7)									6	14	3	0

● 전반 34분 고무열 PAL FK R-ST-G(득점: 고무열) 오른쪽

● 후반 6분 윤석영 PAR FK L-ST-G(득점: 윤석영) 왼쪽
● 후반 32분 조재완 PAL ~ 고무열 GAL L-ST-G(득점: 고무열, 도움: 조재완) 왼쪽

전북 2 : 1 대구

• 8월 07일 19:00 맑음 전주 월드컵 3,465명
• 주심_박병진 부심_송봉근·강동호 대기심_정동식 경기감독관_김용세

전북 2 | 1 전반 0 / 1 후반 1 | **1 대구**

퇴장	경고	파울	ST(유)	교체	선수명	배번	위치	위치	배번	선수명	교체	ST(유)	파울	경고	퇴장
0	0	0	0		송범근	31	GK	GK	1	최영은		0	0	0	0
0	0	1	0		박진성	33	DF	DF	30	박병현	66	1	1	0	0
0	0	1	0		김민혁	92	DF	DF	4	정태욱		0	0	0	0
0	0	0	0		홍정호	26	DF	DF	7	김진혁		0	2	1	0
0	0	1	0		이유현	16	DF	MF	20	황순민	10	0	1	0	0
0	0	0	0		백승호	8	MF	DF	26	이진용	38	0	2	1	0
0	0	0	4		이승기	14	MF	FW	14	안용우		1	3	1	0
0	0	2(1)	28		송민규	21	MF	MF	44	츠바사		1	2	0	0
0	0	1	0		이유모토		MF	FW	18	정승원	8	0	1	0	0
0	0	3(1)			문선민	27	FW	FW	11	세징야		2(1)	2	0	0
0	0	2(1)	10		구스타보		FW	FW	9	에드가		1(1)	2	0	0
					이범영				31	이윤오	35				
				후36	최영준	6			3	조진우	후3				
					최보경				4	장성원	후0				
0	1	2(2)	후21		한교원		대기	대기		박한빈					
0	1		후21		일류첸코	10			12	라마스	후12	1(1)	0	0	0
					최철순	25			32	정치인					
				후46	사살락	28			22	이근호	후35				
0	7	12(6)										10(3)	16	3	0

● 전반 14분 구스타보 PK-R-G(득점: 구스타보) 오른쪽
● 후반 21초 구스타보 PAL 내 ~ 문선민 GAR R-ST-G(득점: 문선민, 도움: 구스타보) 오른쪽
● 후반 13분 장성원 PAR 내 EL ⌒ 에드가 GA 정면내 H-ST-G(득점: 에드가, 도움: 장성원) 오른쪽

울산 2 : 1 강원

• 8월 07일 20:00 흐림 울산 문수 2,415명
• 주심_김동진 부심_윤재열·양재용 대기심_김희곤 경기감독관_양정환

울산 2 | 1 전반 0 / 1 후반 1 | **1 강원**

퇴장	경고	파울	ST(유)	교체	선수명	배번	위치	위치	배번	선수명	교체	ST(유)	파울	경고	퇴장
0	0	0	0		조현우	21	GK	GK	25	이범수		0	0	0	0
0	0	0	0		불투이스	4	DF	DF	2	김영빈		1	1	1	0
0	0	1	0		김기희	44	DF	DF	26	임채민		0	1	0	0
0	0	1	0	66	홍철		DF	DF	3	신세계		2(1)	0	0	0
0	0	0	0		김태환	23	MF	MF	23	임창우		1(1)	1	0	0
0	0	0	72		윤빛가람	10	MF	MF	34	송준석	7	0	1	0	0
0	0	1	0		원두재	16	MF	MF	88	황문기		0	0	0	0
0	0	5(3)			바코		FW	MF	4	서민우		0	0	0	0
0	0	0	0		김민준	33	FW	FW	14	조재완	14	2(2)	1	0	0
0	0	2(2)			이동경	14	FW	FW	11	양현준		0	0	0	0
0	0	1	0		히터제어	24	FW	FW	18	이정협		1	1	0	0
					조수혁	1			21	김정호					
					임종은	36				아슬마토프					
				후38	설영우	66				윤석영	후0	1(1)	0	0	0
0	0		후38		신형민	20	대기	대기	6	김동현	후0				
0	1(1)		후27		김민준	33			14	신창무	후4				
0	1		전35		이동준	11			17	김대원	후8				
				후27	오세훈	19			10	고무열	후24	2	1	0	0
0	1	11	14(9)									9(5)	7	1	0

● 전반 41분 히터제어 AK 정면 ~ 이동경 PAL 내 L-ST-G(득점: 이동경, 도움: 히터제어) 왼쪽
● 후반 35분 이동준 PK지점 L-ST-G(득점: 이동준) 가운데
● 후반 33분 고무열 GAR ~ 조재완 GA 정면 R-ST-G(득점: 조재완, 도움: 고무열) 오른쪽

수원 0 : 0 제주

• 8월 07일 20:00 맑음 수원 월드컵 0명
• 주심_고형진 부심_지승민·설귀선 대기심_김용우 경기감독관_정경구

수원 0 | 0 전반 0 / 0 후반 0 | **0 제주**

퇴장	경고	파울	ST(유)	교체	선수명	배번	위치	위치	배번	선수명	교체	ST(유)	파울	경고	퇴장
0	0	0	0		양형모	21	GK	GK	21	오승훈		0	0	0	0
0	0	0	2		양상민	3	DF	MF	33	박원재		0	2	0	0
0	0	1	0		민상기	39	DF	DF	35	김오규		0	1	0	0
0	0	0	0		장호익	35	DF	DF	5	권한진	20	0	1	0	0
0	0	2	2(2)		이기제	23	MF	DF	13	정운		0	1	0	0
0	0	2	0		최성근	25	MF	MF	22	정우재		0	0	0	0
0	0	1	1		김태환	11	MF	MF	8	이창민		3(1)	0	0	0
0	0	3(3)	26		김민우		MF	MF	4	이동수		1	0	0	0
0	0	1	1		강현욱		FW	MF	11	제르소	10	2	4	0	0
0	0	1	55		정상빈		FW	FW	37	이동률		0	0	0	0
0	0	2(1)	27		권창훈		FW	FW	18	주민규		1(1)	1	0	0
					노동건	19			1	이창근					
				후6	최정원	2			23	김경재					
					구대영	90			20	홍준호	후38				
0	1	0	후17		안석종	7	대기	대기	6	강윤성					
				후39	염기훈	26			30	김봉수	후28				
0	1		후17		니콜라오	27			2	정훈성					
				후39	제리치	55			10	진성욱	후4				
0	1	7	13(6)									9(3)	21	2	0

성남 1 : 0 포항

• 8월 07일 20:00 맑음 탄천 종합 0명
• 주심_이동준 부심_곽승순·장종필 대기심_안재훈 경기감독관_허기태

성남 1 | 1 전반 0 / 0 후반 0 | **0 포항**

퇴장	경고	파울	ST(유)	교체	선수명	배번	위치	위치	배번	선수명	교체	ST(유)	파울	경고	퇴장
0	0	0	0		김영광	41	GK	GK	31	강현무		0	0	0	0
0	0	2	0		권경원	3	DF	DF	10	강상우	4	2	1	0	0
0	0	4			리차드	40	DF	DF	2	그랜트		1	0	0	0
0	0	1	34		마상훈		DF	DF	13	권완규		1	1	0	0
0	0	1	11		박수일	66	MF	DF	32	박승욱		1	0	0	0
0	0	1	10		김민혁	6	MF	MF	17	신광훈		1(1)	1	0	0
0	0	1			이규성		MF	FW	27	이석규	57	0	1	0	0
0	0	1			안진범		MF	FW	38	김진현	79	0	0	0	0
0	0	1	36		이태희		FW	FW	7	권기표		0	1	0	0
0	0	1			김태환		FW	FW	16	송민규		3(1)	2	0	0
0	0	2(2)			뮬리치	8	FW	FW							
					허자웅				41	조성훈					
				후23	최지묵	34			3	이광준					
				후0	이창용				50	전민광	후50				
0	1		후51		서보민		대기	대기	14	오범석					
0	2(2)		후0		이스칸데로프				57	이수빈		0	1	0	0
					권순형				79	고영준					
				후10	이중민	27			7	타쉬	후15	2			
0	4	9	5(4)									13(2)	11	1	0

● 전반 9분 뮬리치 GA 정면 R-ST-G(득점: 뮬리치) 가운데

• 8월 08일 20:00 흐림 서울월드컵 0명
• 주심_김대용 부심_박상준·성주경 대기심_김우성 경기감독관_김성기

서울 1 (1 전반 0 / 0 후반 0) 0 광주

퇴장	경고	파울	ST(유)	교체	선수명	배번	위치	배번	선수명	교체	ST(유)	파울	경고	퇴장
0	0	0	0		양한빈	21	GK	21	이진형		0	0	0	0
0	0	1	0		고광민	27	DF	8	이으뜸		2(1)	0	0	0
0	0	1	0		김원균	40	DF	3	이한도		1	0	0	0
0	0	0	0		오스마르	5	DF	28	알렉스		0	0	0	0
0	0	0	0		윤종규	23	DF	32	이지훈		0	0	0	0
0	0	1	0	22	기성용	8	MF	5	김원식	26	0	0	0	0
0	0	0	0	35	여름	15	MF	44	이순민	66	0	0	0	0
0	0	1	0		고요한	13	MF	11	김주공	14	0	0	0	0
0	0	0	3(1)		나상호	7	FW	17	헤이스		1	0	0	0
0	0	1	0	26	조영욱	11	FW	9	지언학	16	1	0	0	0
0	1	3	2(1)	99	지동원	9	FW	29	허율		6(2)	0	2	0
0	0	0	0		백종범	29		1	윤평국		0	0	0	0
0	0	0	0	전26	황현수	2		2	박준강		0	0	0	0
0	0	0	0		김진야	17		66	임진우	후40	0	0	0	0
0	0	0	0	후38	백상훈	35	대기	90	김봉진		0	0	0	0
0	0	0	0	후23	팔로세비치	26		26	이희균	후28	0	0	0	0
0	0	0	2(1)	후9	박정빈	22		14	여봉훈	후14	0	0	0	0
0	0	0	0	후23	가브리엘	99		16	송승민	후28	1(1)	0	0	0
0	1	12	8(3)								6(2)	9	4	0

● 전반 8분 조영욱 PAR 내 EL ~ 지동원 GAR 내 R-ST-G(득점: 지동원, 도움: 조영욱) 왼쪽

• 8월 08일 20:00 맑음 인천 전용 0명
• 주심_김종혁 부심_김계용·박균용 대기심_채상협 경기감독관_나승화

인천 0 (0 전반 0 / 0 후반 0) 0 수원FC

퇴장	경고	파울	ST(유)	교체	선수명	배번	위치	배번	선수명	교체	ST(유)	파울	경고	퇴장
0	0	0	0		김동헌	31	GK	51	유현		0	0	0	0
0	0	2	0		델브리지	20	DF	4	곽윤호		0	1	0	0
0	0	0	0		김광석	3	DF	5	잭슨		0	2	0	0
0	0	2	0		오반석	20	DF	14	김건웅		2(1)	1	0	0
0	0	0	0		김창수	2	MF	2	정동호	27	1	0	0	0
0	0	0	0	13	정혁	28	MF	3	김상원		0	0	0	0
0	0	2	0		김준엽	17	MF	6	박주호		0	0	0	0
0	0	1	0		박창환	30	MF	10	무릴로		5(4)	2	0	0
0	0	1	0		구본철	70	MF	21	이기혁	28	0	0	0	0
0	1	0	1(1)	27	무고사	9	FW	9	라스		5(3)	1	0	0
0	0	0	0	19	김현	8	FW	18	양동현	37	1	0	0	0
0	0	0	0		이태희	21		1	박배종		0	0	0	0
0	0	0	0		강민수	4		20	조유민		0	0	0	0
0	0	0	0	후41	김보섭	27		26	김동우		0	0	0	0
0	0	0	0	후17	김도혁	7	대기	27	김주엽	후32	0	0	0	0
0	0	0	0	후17	김준범	18		28	이영재	후17	0	0	0	0
0	0	0	3(2)	후17	아길라르	10		37	타르델리	후0/66	0	0	0	0
0	0	0	0	후17	송시우	19		66	한승규	후32	0	0	0	0
0	1	7	8(3)								17(9)	14	2	0

• 10월 24일 15:00 흐림 제주월드컵 3,018명
• 주심_고형진 부심_이정민·설귀선 대기심_조지음 경기감독관_조성철

제주 2 (0 전반 0 / 2 후반 2) 2 전북

퇴장	경고	파울	ST(유)	교체	선수명	배번	위치	배번	선수명	교체	ST(유)	파울	경고	퇴장
0	0	2	0		이창근	1	GK	31	송범근		0	0	0	0
0	0	1	0		안현범	17	MF	23	김진수		0	2	0	0
0	0	2	1		김오규	35	DF	92	김민혁		2	1	0	0
0	1	2	0		김경재	23	DF	15	구자룡		0	0	0	0
0	0	0	0		정운	13	DF	2	이용		0	0	0	0
0	0	1	0		정우재	22	MF	29	류재문		0	1	0	0
0	0	0	6(1)		이창민	8	MF	27	문선민	21	0	0	0	0
0	1	1	1	14	김봉수	30	MF	17	쿠니모토		0	1	1	0
0	0	1	0		변경준	29	FW	5	백승호		5(1)	1	0	0
0	0	0	2(1)	26	제르소	11	FW	9	이지훈	7	0	0	0	0
0	0	1	6(5)		주민규	18	FW	10	일류첸코	9	1	0	1	0
0	0	0	0		유연수	31		1	이범영		0	0	0	0
0	0	0	0	후26	홍준호	20		6	최보경		0	0	0	0
0	0	0	0		원재	33		16	이유현		0	0	0	0
0	0	0	0	후41	강윤성	6	대기	13	김보경	후26	1(1)	0	0	0
0	0	0	0	후26	김영욱	14		7	한교원	전17	1(1)	0	0	0
0	0	0	0	전26/6	조성준	7		21	송민규	후17	2(1)	0	0	0
0	0	0	0	후41	이정문	26		9	구스타보	후13	5(1)	0	0	0
0	1	14	17(8)								15(7)	14	2	0

● 후반 17분 주민규 AK 정면 L-ST-G(득점: 주민규) 왼쪽
● 후반 50분 주민규 PK-R-G(득점: 주민규) 가운데
● 후반 37분 한교원 PAR ⌒ 구스타보 GA 정면 H-ST-G(득점: 구스타보, 도움: 한교원) 왼쪽
● 후반 46분 김보경 GAR ~ 구스타보 GA 정면 내 R-ST-G(득점: 구스타보, 도움: 김보경) 왼쪽

• 10월 24일 15:00 맑음 탄천종합 767명
• 주심_김종혁 부심_김계용·박균용 대기심_정회수 경기감독관_최윤겸

성남 2 (1 전반 1 / 1 후반 0) 1 울산

퇴장	경고	파울	ST(유)	교체	선수명	배번	위치	배번	선수명	교체	ST(유)	파울	경고	퇴장
0	0	0	0		김영광	41	GK	21	조현우		0	0	0	0
0	0	0	0		최지묵	34	DF	44	김기희		0	1	0	0
0	0	0	1(1)		권경원	19	DF	36	임종은		1(1)	0	0	0
0	0	0	0		마상훈	5	DF	33	홍철		1(1)	1	0	0
0	0	0	2(1)		이태희	32	MF	66	김태환		0	1	0	0
0	0	0	3(2)		박수일	66	MF	72	박용우		0	3	0	0
0	0	0	0		이스칸데로프	10	MF	16	원두재		0	0	0	0
0	1	1	0		권순형	14	MF	29	이동경		4(1)	0	0	0
0	0	0	0		김민혁	13	FW	8	바코		4(4)	0	0	0
0	0	1	1	27	뮬리치	8	FW	13	김민준		2(1)	1	0	0
0	0	2	2	22	전성수	37	FW	19	오세훈		0	0	0	0
0	0	0	0		허자웅	1		3	조수혁		0	0	0	0
0	0	0	0		이시영	2		66	설영우	후31	0	0	0	0
0	0	0	0	후47	이창용	4		20	신형민		0	0	0	0
0	0	0	0	후36	안영규	20	대기	11	윤빛가람	후36	0	0	0	0
0	0	0	0	후22	안진범	22		35	윤일록	후35	4(1)	0	0	0
0	0	0	0		정석화	29		72	이청용	후0	0	0	0	0
0	0	0	0	후47	이중민	27		9	김지현	후36	0	0	0	0
0	1	6	11(5)								17(9)	10	0	0

● 전반 29분 이스칸데로프 MFL FK ⌒ 권경원 PAL 내 H-ST-G(득점: 권경원, 도움: 이스칸데로프) 왼쪽
● 후반 26분 김태환 GA 정면내 H 자책골(득점: 김태환) 가운데
● 후반 12분 윤일록 GAL H → 홍철 PK 좌측지점 R-ST-G(득점: 홍철, 도움: 윤일록) 오른쪽

Match 1

- 10월 24일 15:00 맑음 강릉 종합 1,868명
- 주심_ 김동진 부심_ 곽승순·성주경 대기심_ 안재훈 경기감독관_ 차상해

강원	1		1 전반 1		4	서울
			0 후반 3			

퇴장	경고	파울	ST(유)	교체	선수명	배번	위치	위치	배번	선수명	교체	ST(유)	파울	경고	퇴장
0	0	0	0		이 범 수	25	GK	GK	21	양 한 빈		0	0	0	0
0	0	0	0		임 창 우	23	DF	DF	88	이 태 석	33	0	0	0	0
0	0	2	0		임 채 민	26	DF	DF	5	오스마르		1	1	1	0
0	0	0	0		김 영 빈	2	DF	DF	28	강 상 희		1(1)	1	0	0
0	0	0	1(1)		츠베타노프	71	DF	DF	23	윤 종 규		1	2	0	0
0	0	0	0		김 동 현	6	MF	MF	8	기 성 용		0	2	0	0
0	0	0	7		서 민 우	4	MF	MF	13	고 요 한		1	2	0	0
0	0	2	0		마 티 아	28	FW	MF	26	팔로세비치		3	0	1	0
0	0	0	14		정 민 우	1	FW	FW	9	나 상 호		2	1	0	0
0	0	0	4(2)		김 대 원	17	FW	FW	72	강 성 진	19	0	0	0	0
0	0	0	18		박 상 혁	18	FW	FW	11	조 영 욱		3(3)	0	0	0
0	0	0	0		김 정 호	21			1	유 상 훈		0	0	0	0
0	0	0	0	후18	윤 석 영	7			33	양 유 민	후39	0	0	0	0
0	0	0	0		신 세 계	3			40	김 원 균		0	0	0	0
0	0	0	0	후18	황 문 기	88	대기	대기	16	채 프 만		0	0	0	0
0	0	0	0						35	백 상 훈	후45	0	0	0	0
0	1	0	0	후23	신 창 무	88			19	정 한 민	후32	1	0	0	0
0	0	2	2	전23	이 정 협	18			99	가 브 리 엘		0	0	0	0
0	0	17	8(3)		0					0		10(7)	11	4	0

- 전반 48분 김대원1 PK-R-G(득점: 김대원1) 왼쪽
- 전반 32분 강성진 C,KR ⌒ 강상희 GA 정면 H-ST-G(득점: 강상희, 도움: 강성진) 왼쪽
- 후반 4분 팔로세비치 GA 정면내 L-ST-G(득점: 팔로세비치) 왼쪽
- 후반 11분 윤종규 PA 정면내 R-ST-G(득점: 윤종규) 왼쪽
- 후반 22분 나상호 PAR ~ 조영욱 PAR 내 R-ST-G(득점: 조영욱, 도움: 나상호) 오른쪽

Match 2

- 10월 24일 15:00 맑음 수원월드컵 198명
- 주심_ 박병진 부심_ 윤재열·강동호 대기심_ 서동진 경기감독관_ 허기태

수원FC	1		0 전반 2		3	광주
			1 후반 1			

퇴장	경고	파울	ST(유)	교체	선수명	배번	위치	위치	배번	선수명	교체	ST(유)	파울	경고	퇴장
0	0	0	0		유 현	51	GK	GK	77	윤 보 상		0	0	0	0
0	0	0	0		정 동 호	2	DF	DF	8	이 으 뜸		1(1)	0	0	0
0	1	0	0		곽 윤 호	4	DF	DF	22	곽 광 선		0	1	0	0
0	0	2	1		잭	5	DF	DF	28	알 렉 스		1	0	0	0
0	0	3	0		김 주 엽	27	DF	MF	14	여 봉 훈	44	0	0	0	0
0	0	0	0		무 릴 로	10	MF	MF	40	이 찬 동		0	0	0	0
0	0	1	0		김 건 웅	14	MF	MF	8	한 희 훈	44	0	0	0	0
0	1	2(1)	0		이 영 재	28	MF	MF	24	엄 지 성	20	2(2)	2	0	0
0	0	1	3		한 승 규	66	MF	MF	26	이 희 균	17	1(1)	1	0	0
0	2	4(3)			라 스	9	FW	MF	7	엄 원 상		2(1)	0	0	0
0	0	2(1)	후6		타르델리	37	FW	FW	10	김 종 우	29	1(1)	1	0	0
0	0	0	0		박 배 종	1			21	윤 평 국		0	0	0	0
0	0	0	0	후0	김 수 범	17			20	안 도 현	후36	0	0	0	0
0	0	0	0	후0	조 유 민	20			44	이 순 민	후46	0	0	0	0
0	0	2(1)	후0	정 재 용	8	대기	대기	6	박 정 수	후46	0	0	0	0	0
0	0	0	0	후16	이 기 혁	23			17	베 이 스	후28	0	0	0	0
0	0	0	0		김 준 형	88			13	두 현 석		0	0	0	0
0	0	0	0	후34	양 동 현	18			29	허 율	후36	0	0	0	0
0	1	16	13(6)		0					0		7(6)	13	1	0

- 후반 28분 무릴로 C,KL ⌒ 정재용 GAL 내 H-ST-G(득점: 정재용, 도움: 무릴로) 왼쪽
- 전반 18분 엄원상 GAR ~ 엄지성 PK 우축지점 R-ST-G(득점: 엄지성, 도움: 엄원상) 오른쪽
- 전반 45분 이으뜸 PAL ⌒ 이희균 GAR R-ST-G(득점: 이희균, 도움: 이으뜸) 오른쪽
- 후반 8분 김종우 HLR ~ 엄원상 GAR R-ST-G(득점: 엄원상, 도움: 김종우) 오른쪽

Match 3

- 10월 24일 15:00 맑음 DGB대구은행파크 3,108명
- 주심_ 김대용 부심_ 지승민·양재용 대기심_ 성덕효 경기감독관_ 당성증

대구	0		0 전반 0		2	수원
			0 후반 2			

퇴장	경고	파울	ST(유)	교체	선수명	배번	위치	위치	배번	선수명	교체	ST(유)	파울	경고	퇴장
0	0	0	0		최 영 은	1	GK	GK	21	양 형 모		0	0	0	0
0	0	1	0		박 병 현	30	DF	DF	35	장 호 익		0	1	0	0
0	0	1	0		김 진 혁	7	DF	DF	39	민 상 기		0	1	0	0
0	0	0	0		정 태 욱	4	DF	DF	4	헨 리	1(1)	1	2	1	0
0	0	0	0		황 순 민	20	MF	MF	23	이 기 제		0	4	0	0
0	3	5(3)	0		라 마 스	10	MF	MF	6	한 석 종	25	0	2	0	0
0	1	0	32		박 한 빈	8	MF	MF	18	김 태 환		1(1)	0	0	0
0	0	0	0		장 성 원	38	MF	MF	10	김 민 우	28	1	1	0	0
0	0	0	44		오 재 석	13	MF	MF	14	강 현 묵		2(1)	2	0	0
0	0	5(2)			세 징 야	11	FW	FW	9	김 건 희	2(1)	2	0	0	0
0	1	0	0		에 드 가	9	FW	FW	55	제 리 치	1(1)	1	2	0	0
0	0	0	0		박 성 수	21			19	노 동 건		0	0	0	0
0	0	0	0		김 재 우	5			3	양 상 민	후46	0	0	0	0
0	0	0	0		안 용 우	14			33	박 대 원		0	0	0	0
0	0	0	0	후0	정 승 원	26	대기	대기	25	최 성 근	후48	0	0	0	0
0	1(1)	후13	츠 바 사	44			26	염 기 훈		0	0	0	0			
0	0	0	0		이 근 호	22			7	전 세 진	후46	0	0	0	0
0	0	0	0	후13	정 치 인	32			29	정 상 빈	후18	0	0	0	0
0	1	10	19(8)		0					0		5(3)	16	2	0

- 후반 1분 제리치 GAL 내 R-ST-G(득점: 제리치) 왼쪽
- 후반 19분 강현묵 PA 정면 ⌒ 헨리 GA 정면 H-ST-G(득점: 헨리, 도움: 강현묵) 왼쪽

Match 4

- 10월 24일 15:00 맑음 포항 스틸야드 2,631명
- 주심_ 최현재 부심_ 박상준·장종필 대기심_ 김용우 경기감독관_ 김용세

포항	0		0 전반 0		1	인천
			0 후반 1			

퇴장	경고	파울	ST(유)	교체	선수명	배번	위치	위치	배번	선수명	교체	ST(유)	파울	경고	퇴장
0	0	0	0		이 준 21	GK	GK	31	김 동 헌		0	0	0	0	
0	0	0	2		강 상 우	10	DF	DF	47	김 창 수	16	0	1	0	0
0	1	1	0		그 랜 트	2	DF	DF	4	강 민 수		0	1	1	0
0	0	2	1		권 완 규	17	DF	DF	23	김 연 수		0	1	0	0
0	0	0	0		박 승 욱	32	DF	MF	7	김 도 혁		0	0	0	0
0	0	0	0		이 수 빈	57	MF	MF	7	김 도 혁		0	0	0	0
0	1	0	79		신 광 훈	17	MF	MF	24	이 강 현	28	0	1	0	0
0	0	1	2		임 상 협	77	MF	MF	34	오 재 석		1	1	0	0
0	1	2	0		신 진 호	6	MF	MF	29	이 준 석	19	1	1	0	0
0	0	0	0		팔라시오스	82	MF	FW	3	김 현		1(1)	0	0	0
0	0	1	20		이 승 모	16	FW	FW	35	이 종 욱	77	0	0	0	0
0	0	0	0		조 성 훈	41			21	이 태 희		0	0	0	0
0	0	0	0		전 민 광	4			20	오 반 석	후37	0	0	0	0
0	0	0	0		김 륜 성	30			16	강 윤 구	후37	0	0	0	0
0	0	0	0	후0	오 베 르 단	26	대기	대기	28	정 혁	후17	2	0	0	0
0	0	0	0		크베시치	8			19	송 시 우	전31	2(1)	1	0	0
0	1	후14	고 영 준	79			77	네 게 바	전31	0	1	0	0			
0	2	2(1)	후26	이 호 재	20			15	김 대 중		0	0	0	0	
0	1	12	10(2)		0					0		6(3)	14	1	0

- 후반 29분 그랜트 GA 정면 R 자책골(득점: 그랜트) 가운데

• 8월 14일 19:30 흐림 제주 월드컵 1,382명
• 주심_김우성 부심_이정민·박균용 대기심_송민석 경기감독관_김용세

제주 2 | 1 전반 1 / 1 후반 1 | **2 울산**

퇴장	경고	파울	ST(유)	교체	선수명	배번	위치	위치	배번	선수명	교체	ST(유)	파울	경고	퇴장
0	1	0	0		오승훈	21	GK	GK	21	조현우		0	1	0	0
0	0	1	0	33	김명순	39	MF	DF	4	불투이스		0	2	0	0
0	0	1	1		김오규	35	DF	DF	44	김기희		0	0	0	0
0	0	0	1		권한진	5	DF	DF	33	홍 철	66	0	1	0	0
0	0	1	0		정 운	13	DF	DF	23	김태환		0	1	0	0
0	0	1	0	22	강윤성	6	MF	MF	22	고명진	72	0	2	0	0
0	0	0	4		이창민	8	MF	MF	16	원두재		0	0	0	0
0	0	2		30	이동수	4	MF	FW	8	바 코		3(1)	0	0	0
0	0	3	1	7	제르소	11	FW	FW	13	김민준	11	0	1	0	0
0	0	2	0		진성욱	10	FW	FW	14	이동경		4(2)	3	1	0
0			2(2)		주민규	18	FW	FW	24	힌터제어		2(1)	0	0	0
					이창근	1				조수혁					
				후45	홍준호	20			36	임종은					
				후20	정우재	22			66	설영우	후13				
				후0	박원재	33	대기		20	신형민	후17				
				후45	김봉수	30			72	이청용	후17				
0	0	1	0	후40	조성준	7			19	오세훈	후13	2(1)	0	0	0
					이정문										
0	2	13	11(2)									14(7)	11	2	0

• 전반 26분 진성욱 PAR 내 ~ 주민규 GAR R-ST-G(득점: 주민규, 도움: 진성욱) 가운데
• 후반 9분 이창민 MF 정면 ~ 주민규 PA 정면 R-ST-G(득점: 주민규, 도움: 이창민) 왼쪽

• 전반 22분 힌터제어 GAR 내 R-ST-G(득점: 힌터제어) 왼쪽
• 후반 27분 김기희 HLR ~ 오세훈 PK 우측 지점 L-ST-G(득점: 오세훈, 도움: 김기희) 왼쪽

• 8월 14일 18:00 흐림 강릉 종합 1,152명
• 주심_김희곤 부심_곽승순·장종필 대기심_성덕효 경기감독관_강득수

강원 2 | 0 전반 0 / 2 후반 0 | **0 대구**

퇴장	경고	파울	ST(유)	교체	선수명	배번	위치	위치	배번	선수명	교체	ST(유)	파울	경고	퇴장
0	0	0	0		이 범	25	GK	GK	1	최영은		0	0	0	0
0	0	1	0		신세계	3	DF	DF	6	조진우		1	4	0	0
0	0	1	0		임채민	26	DF	DF	4	정태욱		2(1)	1	3	0
0					아슐마토프	13	DF	DF	7	김진혁		1	3	0	0
0	1	1(1)			김창우	23	MF	MF	2	황순민	14	1	0	0	
0				7	송준서	34	MF	MF	4	츠바사	13	0	1	0	
0					김동현	6	MF	MF	8	박한빈		1	0	0	
0	1(1)			88	김대우	66	MF	MF	2	정승원		3	0	0	
0	2	2(1)			조재완	11	FW	FW	1	세징야		1(1)	2	0	
0					이무열	19	FW	FW	3	정치인	38	0	0	0	
0					이정협	18	FW	FW	2	이근호		0	2	0	
					김정호	21			3	이윤오					
				전40	윤석영	17			3	김희승					
				후39	서민우	4			1	안용우	후27				
				전40	황문기	88	대기		3	장성원	후				
					신창무	14			1	라마스	후2	2(1)	1	0	0
0				후14	김대원	17			7	오후성	후				
					실라지	3			9	에드가	후				
0	1	9(3)										10(5)	16	1	0

• 후반 23분 임창우 PAR L-ST-G(득점: 임창우) 왼쪽
• 후반 36분 조재완 GAL L-ST-G(득점: 조재완) 왼쪽

• 8월 14일 20:00 흐림 수원 월드컵 0명
• 주심_김동진 부심_윤재열·성주경 대기심_박병진 경기감독관_허기태

수원 1 | 0 전반 1 / 1 후반 1 | **2 성남**

퇴장	경고	파울	ST(유)	교체	선수명	배번	위치	위치	배번	선수명	교체	ST(유)	파울	경고	퇴장
0	0	0	0		양형모	21	GK	GK	41	김영광		0	0	0	0
0	1	1	0		헨 리	4	DF	DF	3	권경원		0	0	0	0
0	0	1	0		민상기	39	DF	DF	40	리차드		1(1)	0	0	0
0	0	0	0	33	장호익	35	DF	DF	16	이종성		1(1)	1	0	0
0	0	1(1)			이기제	23	MF	MF	66	박수일	11	0	2	0	0
0	1	3	0		최성근	25	MF	MF	22	안진범	19	1	0	0	
0	1	1(1)			김태환	18	MF	MF	14	이규성		1	0	0	
0	0	2		26	김민우	17	MF	MF	29	정석화		2	0	0	0
0		3(3)		14	권창훈	22	MF	MF	32	이태희	37	0	0	0	
0	0	1		90	니콜라오	27	FW	FW	9	강재우		1(1)	0	0	0
0				55	정상빈	29	FW	FW	8	뮬리치		6(4)	1	0	0
					노동건	19			1	허 동					
				후0	염기훈	30			33	마상훈	후48				
					김상준	7			34	최지묵					
				후31	구대영	90	대기		7	이스칸데로프	전25				
				후16	강현묵	14			11	서보민	후33				
				후37	염기훈	19			19	박용지	후33				
				후37	제리치	55			37	홍시후	후48				
0	0		6(6)									12(11)	4	1	0

• 후반 11분 김태환 PAR TL 드로잉 ~ 니콜라오 GAR R-ST-G(득점: 니콜라오, 도움: 김태환) 왼쪽
• 전반 25분 박수일 C.KL ~ 리차드 GA 정면 내 H-ST-G(득점: 리차드, 도움: 박수일) 왼쪽
• 후반 43분 이스칸데로프 MFL ~ 뮬리치 AK 내 R-ST-G(득점: 뮬리치, 도움: 이스칸데로프) 오른쪽

• 8월 15일 18:00 맑음 전주 월드컵 5,082명
• 주심_정동식 부심_김계용·양재용 대기심_안재훈 경기감독관_양정환

전북 3 | 2 전반 1 / 1 후반 1 | **2 서울**

퇴장	경고	파울	ST(유)	교체	선수명	배번	위치	위치	배번	선수명	교체	ST(유)	파울	경고	퇴장
0	0	0	0		송범근	31	GK	GK	21	양한빈		0	0	0	0
0	0	0	0		박진성	33	DF	DF	2	황현수		0	1	0	0
0	0	1(1)			김민혁	92	DF	DF	5	오스마르		0	1	1	0
0	0	1	0		홍정호	26	DF	DF	40	김원균	11	1	0	0	
0		1	0		이유현	16	DF	DF	22	고광민	13	0	0	0	
0	0	0		17	백승호	8	MF	MF	17	김진야	22	1	0	0	
0	0				최영준	4	MF	MF	8	기성용		2(1)	1	0	0
0		2(1)		27	송민규	21	MF	MF	15	여 름		0	0	0	
0	1(1)			14	김보경	13	MF	MF	35	백상훈		0	0	0	
0		3(3)		15	한교원	7	MF	FW	9	나상호	99	1	0	0	
0		5(2)		10	구스타보	9	FW	FW	7	지동원		2(1)	1	0	0
					이범영	1			29	백종범					
				후14	일류첸코	9			16	채프만					
				후14	이승기	14			22	박정빈	후29				
				후33	구자룡	15	대기		13	고요한	후0				
				후33	쿠니모토	17			26	팔로세비치	후17				
					최철순	2			11	조영욱	후				
					문선민	27			99	가브리엘	후29	1(1)	1	0	0
0	1	8	16(10)									12(5)	11	2	0

• 전반 5분 구스타보 GAR ~ 한교원 GA 정면 내 R-ST-G(득점: 한교원, 도움: 구스타보) 오른쪽
• 전반 19분 이유현 PAR ~ 구스타보 GA 정면 H-ST-G(득점: 구스타보, 도움: 이유현) 오른쪽
• 후반 24분 한교원 GA 정면 L-ST-G(득점: 한교원) 가운데

• 전반 47분 나상호 PK-R-G(득점: 나상호) 왼쪽
• 후반 40분 고요한 PAR ~ 가브리엘 GAR H-ST-G(득점: 가브리엘, 도움: 고요한) 왼쪽

포항 3 : 1 수원FC

• 8월15일 19:00 비 포항 스틸야드 1,491명
• 주심_박병진 부심_박상준·강동호 대기심_김동진 경기감독관_당성증

포항 3   1 전반 0 / 2 후반 1   **1 수원FC**

퇴장	경고	파울	슈팅ST(유)	교체	선수명	배번	위치	위치	배번	선수명	교체	ST(유)	파울	경고	퇴장
0	0	0	0		강현무	31	GK	GK	51	유 현		0	0	0	0
0	0	1	0	4	김륜성	30	DF	DF	4	곽윤호		0	0	0	0
0	1	2	1		그 랜 트	3	DF	DF	5	잭 슨		0	2	0	0
0	0	1	0		권 완 규	13	DF	DF	3	김 건 웅		0	0	0	0
0	0	1	0		박 승 욱	14	DF	MF	1	김 상 원		0	0	0	0
0	0	5	1		신 진 호	6	MF	MF	28	이 영 재	20	1(1)	0	0	0
0	0	1	1(1)		신 광 훈	17	MF	MF	10	무 릴 로	66	2(2)	1	0	0
0	0	1	0		강 상 우	10	FW	MF	21	이 기 혁		0	1	0	0
0	2	2		79	크 베 시 치	9	FW	FW	37	김 주 엽	33	1	0	0	0
0	1	1	77		팔라시오스	8	FW	FW	27	이 기 혁	7	0	0	0	0
0	2	1			이 승 모	16	FW	FW	37	타르델리		0	0	0	0
0	0	0	0		조 성 훈	41			13	최 봉 진		0	0	0	0
			후36	전 민 광	4			20	조 유 민	후37	0	0	0	0	
0	0	0	0		이 수 빈	57			33	김 범 용	후16	0	0	0	0
		후6	권 기 표	88	대기	대기	7	김 준 형		0	0	0	0		
0	2	2(2)	후6		임 상 협	7			19	김 승 준	후0	0	0	0	0
				18	양 동 현	후0	1(1)	0	0	0					
0	1	1(1)	후0		타 쉬	7			66	한 승 규	후32	0	0	0	0
0	1	25	11(5)									14(6)	2	0	

● 전반 15분 강상우 AKL R-ST-G(득점: 강상우) 왼쪽
● 후반 20분 강상우 MFL FK ∩ 임상협 GA 정면 H-ST-G(득점: 임상협, 도움: 강상우) 왼쪽
● 후반 35분 임상협 PAR 내 R-ST-G(득점: 임상협) 왼쪽
● 후반 3분 양동현 PK지점 H-ST-G(득점: 양동현) 가운데

광주 1 : 0 인천

• 8월15일 20:00 비 광주 전용 766명
• 주심_고형진 부심_지승민·설귀선 대기심_김용우 경기감독관_김용세

광주 1   0 전반 0 / 1 후반 0   **0 인천**

퇴장	경고	파울	슈팅ST(유)	교체	선수명	배번	위치	위치	배번	선수명	교체	ST(유)	파울	경고	퇴장
0	0	0	0		윤 평 국	1	GK	GK	31	김 동 헌		0	0	0	0
0	0	0	0		이 으 뜸	8	DF	DF	27	델브리지		0	0	0	0
0	0	1	0		이 한 도	20	DF	DF	3	김 광 석		0	0	0	0
0	0	0	1		알 렉 스	28	DF	DF	4	강 민 수		0	2	0	0
0	3	1			이 지 훈	22	DF	DF	2	김 창 수		0	0	0	0
0	1	3	90		김 원 식	5	MF	MF	7	김 도 혁	13	0	0	0	0
0	3	1(1)	14		이 순 민	44	MF	MF	28	정 혁	19	1(1)	0	0	0
0	1(1)	1	11		이 민 기	3	FW	MF	22	김 준 엽		0	0	0	0
0	0	0			헤 이 스	17	MF	FW	30	박 창 환		0	1	0	0
0	2	4(2)			김 종 우	5	FW	FW	9	무 고 사		0	1	0	0
0	1	1			허 율	29	FW	FW	70	구 본 철		0	0	0	0
0	0	0	0		신 송 훈	31			21	이 태 희		0	0	0	0
0	0	0	0		박 준 강	2			26	오 반 석		0	0	0	0
0	0	0	후46		김 봉 진	90			27	김 보 섭	후22	0	0	0	0
		이 희 균	26	대기	대기	13	김 준 범		0	0	0	0			
0	0	0	후16		여 봉 훈	14			10	아길라르	후22	5	0	0	0
0	0	0	후26		엄 지 성	16			77	네 게 바	전22	2	0	0	0
0	0	0			이 준 용	18			19	송 시 우	후12	1	0	0	0
0	5	17	13(6)									7(1)	16	1	0

● 전반 47분 헤이스 PK-R-G(득점: 헤이스) 왼쪽

대구 1 : 2 광주

• 8월20일 19:30 맑음 DGB대구은행파크 2,321명
• 주심_김대용 부심_김계용·강동호 대기심_채상협 경기감독관_김성기

대구 1   0 전반 0 / 1 후반 2   **2 광주**

퇴장	경고	파울	슈팅ST(유)	교체	선수명	배번	위치	위치	배번	선수명	교체	ST(유)	파울	경고	퇴장
0	0	0	0		최 영 은	1	GK	GK	1	윤 평 국		0	0	0	0
0	1	2	0	22	김 우 석	3	DF	DF	8	이 으 뜸		1(1)	0	0	0
0	0	0	1(1)		정 태 욱	4	DF	DF	20	이 한 도		0	1	0	0
0	0	0	0		조 진 우	6	DF	DF	28	알 렉 스		0	0	0	0
0	0	0	14		황 순 민	20	MF	DF	22	이 지 훈		0	0	0	0
0	3	4(2)			라 마 스	10	MF	MF	44	이 순 민		0	1	0	0
0	0	0	26		츠 바 사	44	MF	MF	40	이 찬 동	14	0	1	0	0
0	1(1)	17			정 승 원	18	FW	MF	11	이 민 기		0	0	0	0
0	0	0			세 징 야	11	FW	FW	5	김 주 공	26	3(2)	1	0	0
0	2(1)				에 드 가	9	FW	FW	16	엄 지 성	26	3(2)	1	0	0
0	2(1)				김 진 혁	7	FW	FW	29	허 율		0	0	0	0
0	0	0	0		박 성 수	21			31	신 송 훈		0	0	0	0
			후35	이 진 용	26			2	박 준 강		0	0	0	0	
		후10	안 용 우	14			90	김 봉 진	후19	0	0	0	0		
		후35	이 상 기	17	대기	대기	7	이 희 균	후37	0	0	0	0		
		이 용 래	74			14	여 봉 훈	후10	1(1)	0	0	0			
		후25	이 근 호	22			18	이 준 용		0	0	0	0		
		박 기 동	19			7	엄 원 상	후10	0	0	0	0			
0	1	15	11(6)									6(4)	6	2	0

● 후반 4분 정승원 PAR 내 ~ 김진혁 GAR 내 R-ST-G(득점: 김진혁, 도움: 정승원) 가운데
● 후반 14분 이으뜸 PAL TL FK ∩ 엄지성 PK지점 R-ST-G(득점: 엄지성, 도움: 이으뜸) 오른쪽
● 후반 23분 여봉훈 PAR 내 R-ST-G(득점: 여봉훈) 왼쪽

인천 0 : 1 강원

• 10월06일 19:00 흐림 인천 전용 0명
• 주심_김종혁 부심_박상준·양재용 대기심_정동식 경기감독관_김용세

인천 0   0 전반 1 / 0 후반 0   **1 강원**

퇴장	경고	파울	슈팅ST(유)	교체	선수명	배번	위치	위치	배번	선수명	교체	ST(유)	파울	경고	퇴장
0	0	0	0		이 태 희	21	GK	GK	25	이 범 수		0	0	0	0
0	0	1	0		김 광 수	2	DF	DF	23	임 창 우		2	0	1	0
0	0	4	2		강 민 수	4	DF	DF	26	김 영 빈		2(1)	1	0	0
0	0	0	0		김 연 수	3	DF	DF	2	김 영 빈		0	0	0	0
0	0	0	0		김 채 운	29	MF	DF	71	츠베타노프		0	0	0	0
0	0	0	19		김 도 혁	7	MF	MF	66	김 대 우	88	0	1	0	0
0	0	0	16		구 본 철	70	MF	MF	8	한 국 영		0	0	0	0
0	0	1	28		김 보 섭	27	FW	FW	28	마 티 아	17	2(1)	1	0	0
0	0	0	0		네 게 바	77	MF	FW	13	정 범 우	17	0	0	0	0
0	0	3	24		아길라르	10	FW	FW	11	조 재 완	32	1	0	0	0
0	0	0	0		김 동 헌	31	FW	FW	12	고 무 열		0	0	0	0
0	0	0	0		이 정 협				21	김 정 호		0	0	0	0
		후45	표 건 희	33			32	이 병 욱	후47	0	0	0	0		
		전40	강 윤 구	16			34	승 준 석		0	0	0	0		
		오 재 석	34	대기	대기	4	서 민 우	전20	0	2	0	0			
		후45	강 현	24			88	황 문 기	후20	3(3)	1	0	0		
		정 혁	28			17	김 대 원	전20	0	0	0	0			
		후25	송 시 우	19			18	이 정 협	후20	0	0	0	0		
0	1	1	1									10(5)	11	1	0

● 전반 47분 김대원 C.KL ∩ 마티아 GAR H-ST-G(득점: 마티아, 도움: 김대원) 오른쪽

• 8월21일 19:00 흐림 탄천종합 0명
• 주심_ 정회수 부심_ 박상준·성주경 대기심_ 김희곤 경기감독관_ 양정환

성남 0   전반 0 / 후반 0   **0 전북**

퇴장	경고	파울	ST(유)	교체	선수명	배번	위치	배번	선수명	교체	ST(유)	파울	경고	퇴장
0	0	0	0		김영광	41	GK	GK	31	송범근		0	0	0	0
0	0	1	0	16	안영규	6	DF	DF	33	박진성		0	2	1	0
0	0	0	0		마상훈	5	DF	DF	26	홍정호		0	0	0	0
0	0	0	0		이창용	3	DF	DF	15	구자룡		1(1)	4	0	0
0	0	0	0		서보민	11	MF	MF	5	백승호		0	0	0	0
0	0	0	0	66	정석화	29	MF	MF	4	최영준	14	0	0	0	0
0	0	4	3	10	권순형	7	MF	MF	21	송민규		0	0	0	0
0	0	0	0		안진범	22	MF	MF	13	김보경	27	0	0	0	0
0	0	0	0		이시영	2	MF	MF	7	한교원		0	0	0	0
0	0	1	3	8	이종호	27	FW	FW	17	구스타보					
0	0	0	0		홍시후	37	FW	FW	1	이범호		0			
					허자웅	1			6	최보경					
0				후2	권경원	3			25	최철순					
0			1(1)	후16	박수일	66			14	이승기	후0				
0				후40	이종성	16	대기	대기	29	류재문	후29				
				후16	심동운	10			27	문선민	후0				
0			2(1)	후16	뮬리치	8			10	일류첸코	후14				
					부쉬	9									
0	0	13	10(2)									9(2)			

• 8월21일 20:00 비 수원월드컵 0명
• 주심_ 고형진 부심_ 윤재열·장종필 대기심_ 정동식 경기감독관_ 최윤겸

수원FC 1   전반 0 / 후반 1   **0 제주**

퇴장	경고	파울	ST(유)	교체	선수명	배번	위치	배번	선수명	교체	ST(유)	파울	경고	퇴장
0	0	0	0		유현	51	GK	GK	21	오승훈		0	0	0	0
0	0	1	0		곽윤호	4	MF	MF	39	김명순	33	1(1)	2	1	0
0	0	1	0		잭슨	5	DF	DF	20	홍준호		0	0	0	0
0	0	0	0		김건웅	14	DF	DF	36	김오규		1(1)	1	1	0
0	0	0	0		김상원	3	MF	DF	13	정운		1(1)	1	0	0
0	0	0	0		박주호	6	MF	MF	22	정우재		0	0	0	0
0	0	0	0	27	조유민	20	MF	MF	8	이창민		0	0	0	0
0	0		5(4)		이기혁	21	MF	MF	6	이동수	26	0	0	0	0
0	0	0	0	7	이영재	28	MF	FW	37	이동률		0	0	0	0
0	0	0	0		김승준	7	FW	FW	11	이성욱		0	0	0	0
0	0	4	1(1)		라스	9	FW	FW	18	주민규		3(2)	2	0	0
					박배종	1			31	유연수					
0				후41	김주엽	27			5	권한진					
					정재용	8			33	박원재	전16/6				
0				무릴로	10	대기	대기	6	강윤성	후34					
0				후0	양동현	18			7	조성준	전16				
					타르델리				26	이정문	후0				
0			2(1)	전35	한승규	66			11	제르소	후22	1(1)	2	0	0
0	0		10(7)									9(6)	14	1	0

● 후반 21분 라스 PK-R-G(득점: 라스) 오른쪽

• 8월22일 18:00 흐림 서울월드컵 0명
• 주심_ 김동진 부심_ 지승민·설귀선 대기심_ 김희곤 경기감독관_ 나승화

서울 2   전반 1 / 후반 1   **2 포항**

퇴장	경고	파울	ST(유)	교체	선수명	배번	위치	배번	선수명	교체	ST(유)	파울	경고	퇴장
0	0	0	0		양한빈	21	GK	GK	31	강현무		0	0	0	0
0	0	1	0	77	고광민	27	DF	DF	30	김룬성		0	0	1	0
0	0		2(1)		오스마르	5	DF	DF	2	그랜트		0	0	0	0
0	0	0	0		채프만	16	DF	DF	13	권완규		1(1)	4	0	0
0	0	0	0		김진야	17	DF	MF	33	박승욱		0	0	0	0
0	0	1		13	나상호	14	MF	MF	6	신진호		1(1)	1	1	0
0	0	0	0	26	백상훈	35	MF	MF	17	신광훈	57	0	0	0	0
0	0	0	0		기성용	8	MF	FW	9	강상우		1	0	0	0
0	0		3(1)		나상호	7	FW	FW	8	크베시치	77				
0	0	0	0		조영욱	11	FW	FW	82	팔라시오스					
0	0	1		99	지동원	11	FW		41	조성훈					
					유상훈	1			4	전민광	후0				
					이한범	45			57	이수빈	후28				
0				후29	고요한	13			79	고영준	후17/86				
0	0		2(1)	후0	팔로세비치	26	대기	대기	14	오범석					
0				후39	신재원	77			77	임상협	후0				
					권성윤	14			88	권기표	후38				
0	0		3(1)	후46	가브리엘	99									
0	0	13	(5)									5(4)	10	1	1

● 전반 29분 나상호 GAR R-ST-G(득점: 나상호) 왼쪽
● 후반 7분 고광민 PAL ⌒ 가브리엘 GA 정면 H-ST-G(득점: 가브리엘, 도움: 고광민) 왼쪽
● 전반 45분 이승모 GAR ⌒ 크베시치 GAL 내 L-ST-G(득점: 크베시치, 도움: 이승모) 가운데
● 후반 33분 강상우 GA 정면 R-ST-G(득점: 강상우) 가운데

• 8월22일 19:30 맑음 울산문수 3,155명
• 주심_ 박병진 부심_ 곽승순·양재용 대기심_ 신용준 경기감독관_ 정경구

울산 3   전반 1 / 후반 2   **1 수원**

퇴장	경고	파울	ST(유)	교체	선수명	배번	위치	배번	선수명	교체	ST(유)	파울	경고	퇴장
0	0	0	0		조현우	21	GK	GK	19	노동건		0	0	0	0
0	0	0	1		불투이스	4	DF	DF	4	헨리		0	0	1	0
0	0	0	0		김기희	44	DF	DF	39	민상기		0	0	0	0
0	0	0	0		설영우	66	DF	DF	35	장호익		0	0	0	0
0	0	1	1		김태환	23	DF	MF	23	이기제		0	0	0	0
0	0	1	0		원두재	16	MF	MF	55	최성근	11	1	0	0	0
0				20	고명진	22	MF	MF	18	김태환	90	1(1)	0	0	0
0					이동경	14	MF	MF	6	김민우		1(1)	0	0	0
0	0	2	5(3)		이동준	11	FW	MF	14	강현묵		0			
0	0	2	4(3)		이청용	72	FW	FW	29	정상빈	77	1(1)	1	0	0
0	0	24			오세훈	19	FW	FW	22	전진욱		3(2)	0	0	0
					조수혁	1			31	이성주					
0					김태현	15			33	박대원					
0				후39	이명재	27			90	구대영	후43				
0				후39	신형민	20	대기	대기	6	한석종	후28				
					윤빛가람				26	염기훈	후0				
0	0	1(1)		후11	바코	8			26	닐손주니어	전37				
0				후15	힌터제어	24			55	제리치	후43				
0	2	15	12(7)									10(5)	10	2	0

● 전반 38분 설영우 GAL ~ 이청용 PAL 내 R-ST-G(득점: 이청용, 도움: 설영우) 오른쪽
● 후반 37분 이청용 GAL L-ST-G(득점: 이청용) 오른쪽
● 후반 46분 이동준 AK 정면 L-ST-G(득점: 이동준) 오른쪽
● 전반 14분 김민우 PK-L-G(득점: 김민우) 오른쪽

• 8월 24일 19:00 흐림 광주 전용 487명
• 주심_김용우 부심_곽승순·설귀선 대기심_신용준 경기감독관_차상해

광주 2   1 전반 0 / 1 후반 0   0 성남

퇴장	경고	파울	ST(유)	교체	선수명	배번	위치	위치	배번	선수명	교체	ST(유)	파울	경고	퇴장
0	1	0	0		윤 평 국	31	GK	GK	41	김 영 광		0	0	0	0
0	0	0	2		이 으 뜸	8	DF	DF	3	권 경 원		0	2	2	0
0	0	1	0		이 한 도	20	DF	DF	40	리 차 드		0	0	0	0
0	0	3	0		알 렉 스	28	DF	DF	16	이 종 성		0	0	2	0
0	1	0	0	3	이 지 훈	32	DF	MF	11	서 보 민	10	0	0	0	0
0	1	0	0	90	이 찬 동	40	MF	MF	29	정 석 화	66	0	1	0	0
0	1	1	2(1)		헤 이 스	17	MF	MF	14	이 규 성	7	0	2	0	0
0	1	4	2(2)		김 주 공	22	MF	MF	22	안 진 범	27	0	1	0	0
0	0	0	0	26	이 순 민	44	MF	MF	32	이 태 희	2	0	1	0	0
0	1	1	7		엄 지 성	24	FW	FW	8	물 리 치		5(2)	3	0	0
0	1	0	14		허 율	29	FW	FW	37	홍 시 후		3(2)	0	1	0
0	0	0	0		신 송 훈	31				허 자 웅		0	0	0	0
				후13	이 봉 진	90				이 시 영	후0				
					김 원 식	5				마 상 훈					
0	0	0		후34	이 희 균	26	대기	대기	66	박 수 일		0	0	0	0
0	0	0		후34	여 봉 훈	14			7	권 순 형	후30	0	0	0	
0	0	0		후16	이 민 기	3			10	이스칸테로프					
0	0	0		후13	엄 원 상	7					후24	2(1)	2	1	0
0	2	14	7(3)									12(6)	15	4	0

● 전반 35분 이순민 GAL ⌒ 김주공 GA 정면 H-ST-G(득점: 김주공, 도움: 이순민) 오른쪽
● 후반 19분 헤이스 PK-R-G(득점: 헤이스) 오른쪽

• 10월 10일 14:00 흐림 강릉 종합 1,280명
• 주심_김희곤 부심_김계용·설귀선 대기심_이동준 경기감독관_나승화

강원 2   0 전반 0 / 2 후반 2   2 제주

퇴장	경고	파울	ST(유)	교체	선수명	배번	위치	위치	배번	선수명	교체	ST(유)	파울	경고	퇴장
0	0	0	0		이 범 수	25	GK	GK	1	이 창 근		0	0	0	0
0	0	1	0		임 창 우	23	MF	MF	17	안 현 범	33	1(1)	0	0	0
0	0	0	0		임 채 민	26	DF	DF	35	김 오 규		0	0	0	0
0	0	0	0		김 영 빈	2	DF	DF	23	김 경 재		0	0	0	0
0	0	0	0		츠베타노프	71	DF	DF	13	정 운		2(2)	0	0	0
0	0	5	1		한 국 영	8	MF	MF	22	정 우 재		0	1	0	0
0	1	2	2(2)	15	마 티 야	28	FW	FW	8	이 창 민		4(2)	1	0	0
0	1	2	0	88	서 민 우	4	MF	MF	30	김 봉 수	14	3(1)	1	0	0
0	1		4(1)		김 대 원	17	FW	FW	40	추 상 훈	6	3(2)	0	0	0
0	1		11		양 현 준	47	FW	FW	11	제 르 소		2(1)	0	0	0
0	1		8		박 상 혁	99	FW	FW	19	유 연 수					
					김 정 호	31			21	연 수					
					이 병 욱	32			20	홍 준 호	후27				
					김 동 현	6			33	박 원 재	후38				
				후32	황 문 기	88	대기	대기	4	이 동 수	후45				
				후32	정 지 용	5			14	김 영 욱	후38				
0			2(1)	후36	조 재 완	11			6	강 윤 성	후0/4				
1	2		1(1)	후0	이 정 협	18			29	변 경 준					
0	2	16	16(5)									18(13)	12	1	0

● 후반 16분 김대원1 PK-R-G(득점: 김대원1) 오른쪽
● 후반 19분 김대원1 자기 측 MFR → 이정협 PAR 내 R-ST-G(득점: 이정협, 도움: 김대원1) 오른쪽

● 후반 1분 안현범 MFR ⌒ 정우재 PAL 내 R-ST-G(득점: 정우재, 도움: 안현범) 오른쪽
● 후반 23분 이정문 GAL 내 EL R-ST-G(득점: 이정문) 왼쪽

• 8월 25일 19:00 흐림 전주 월드컵 2,108명
• 주심_고형진 부심_양재용·송봉근 대기심_채상협 경기감독관_김용세

전북 2   0 전반 0 / 2 후반 0   0 포항

퇴장	경고	파울	ST(유)	교체	선수명	배번	위치	위치	배번	선수명	교체	ST(유)	파울	경고	퇴장
0	0	0	0		송 범 근	31	GK	GK	31	강 현 무		0	0	0	0
0	0	0	0		최 철 순	25	DF	DF	4	전 민 광		0	0	0	0
0	0	0	0		김 민 혁	92	DF	DF	2	그 랜 트	30	0	0	0	0
0	0	1	1		홍 정 호	26	DF	DF	13	권 완 규		0	0	0	0
0	0	0	0		이 유 현	16	DF	DF	32	박 승 욱		0	0	0	0
0	0	0	0		류 재 문	4	MF	MF	14	오 범 석	57	0	3	1	0
0	0	0	0		최 영 준	4	MF	MF	17	신 광 훈		0	3	1	0
0		2	2(2)		송 민 규	21	FW	FW	10	강 상 우		2	1	0	0
0	0		14		김 승 대	24	MF	MF	79	고 영 준	8	1(1)	1	0	0
0		1(1)			문 선 민	27	MF	MF	88	권 기 표	77	0	1	0	0
0		1(1)		9	일류첸코	17	FW	FW	9	이 승 모	20	5(1)	0	0	0
					김 준 홍	30			41	조 성 훈					
					최 보 경	6			3	이 광 준					
				후10	한 교 원	7			30	김 륜 성	후30				
		2(2)		후0	구스타보	9	대기	대기	57	이 수 빈	후0				
				후39	이 승 기	14				크베시치	후9				
					쿠니모토	17			77	임 상 협	후0				
					김 진 수	23			20	이 호 재	후43				
0	0	11	8(6)									10(3)	12	4	0

● 후반 4분 최영준 PAR ⌒ 구스타보 GA 정면 R-ST-G(득점: 구스타보, 도움: 최영준) 오른쪽
● 후반 26분 구스타보 PK-R-G(득점: 구스타보) 왼쪽

• 8월 25일 19:30 맑음 서울 월드컵 0명
• 주심_김희곤 부심_윤재열·장종필 대기심_안재훈 경기감독관_허기태

서울 1   0 전반 2 / 1 후반 0   2 울산

퇴장	경고	파울	ST(유)	교체	선수명	배번	위치	위치	배번	선수명	교체	ST(유)	파울	경고	퇴장
0	0	0	0		양 한 빈	21	GK	GK	21	조 현 우		0	0	0	0
0	0	0	0		황 현 수	2	DF	DF	4	불투이스		0	0	1	0
0	1	3(3)			오스마르	5	DF	DF	36	임 종 은		0	1	0	0
0	0	0	0		이 한 범	45	DF	DF	66	설 영 우		0	0	0	0
0	0	0	0		고 광 민	27	MF	DF	23	김 태 환		0	0	0	0
0	0	0	0		김 진 야	17	MF	MF	16	원 두 재		0	0	0	0
0		2	0		백 상 훈	35	MF	MF	14	이 동 경		1(1)	1	0	0
0		3(2)			고 요 한	13	MF	MF	8	윤빛가람	18	1(1)	0	0	0
0	1	1(1)			나 상 호	7	FW	FW	8	바 코	13	4(4)	0	0	0
0		5(3)			조 영 욱	11	FW	FW	72	이 청 용	33	0	1	0	0
0	1	4(1)			가브리엘	99	FW	FW	24	레 안 데 르	24	2(1)	1	0	0
					유 상 훈	1				조 수 혁					
					채 프 만	16			33	홍 철	후41				
0		4(2)		후0	팔로세비치	26	대기	대기	18	김 성 준	후32				
					신 재 원	17			13	김 민 준	후41				
					정 현 빈	22			11	이 동 준	후0/1				
				후19	박 주 영	10			24	힌터제어	후18				
0	1	7	23(12)									9(8)	5	1	0

● 후반 27분 조영욱 PK 좌측지점 L-ST-G(득점: 조영욱) 가운데

● 전반 27분 바코 AK 내 R-ST-G(득점: 바코) 왼쪽
● 전반 33분 김태환 PAR 내 EL ⌒ 바코 GA 정면 R-ST-G(득점: 바코, 도움: 김태환) 가운데

• 8월 25일 19:30 흐림 인천 전용 0명
• 주심_김종혁 부심_지승민·성주경 대기심_최현재 경기감독관_김성기

인천 2   1 전반 0 / 1 후반 0   **0 대구**

퇴장	경고	파울	ST(유)	교체	선수명	배번	위치	위치	배번	선수명	교체	ST(유)	파울	경고	퇴장
0	0	0	0		이태희	21	GK	GK	1	최영은		0	0	0	0
0	1	2	0		델브리지	20	DF	DF	7	김진혁		0	0	0	0
0	0	0	1		김광석	3	DF	DF	6	홍정운		1(1)	1	0	0
0	0	1	0		오반석	26	DF	DF	2	정태욱		3(2)	2	0	0
0	0	1	0		강윤구	16	MF	MF	20	황순민	14	0	1	0	0
0	0	4	0	34	이강현	24	MF	MF	74	이용래	66	0	0	1	0
0	0			7	김준엽	22	MF	MF	26	이진용	44	0	0	1	0
0	0			10	박창환	30	MF	MF	18	정승원		1	0	1	0
0	0			28	구본철	70	MF	MF	10	라마스		3(1)	0	0	0
0	0		2(1)		무그사	9	FW	FW	11	세징야		3(1)	1	0	0
0	0		1(1)	8	송시우	7	FW	FW	9	에드가	19	3	2	0	0
0	0	0	0		정산	1			21	박성수		0	0	0	0
0	0	0	0		강민수	4			66	조진우	후37	1(1)	1	0	0
0	0			후15	오재석	34			14	안용우	후17	1	2	0	0
0	0			후26	김도혁	7	대기	대기	38	장성원		0	0	0	0
0	0			전17	정혁	28			44	츠바사	전36	1	1	0	0
0	2	2(1)			아길라르	10			22	이근호		0	0	0	0
0	0			후26	김현	18			19	박기동	후17	1(1)	1	0	0
0	1	11	10(4)							0		17(7)	18	1	0

● 전반 23분 강윤구 PAL ~ 송시우 GAL 내 L-ST-G(득점: 송시우, 도움: 강윤구) 오른쪽
● 후반 18분 아길라르 PAR FK L-ST-G(득점: 아길라르) 왼쪽

• 8월 25일 20:00 흐림 수원월드컵 0명
• 주심_이동준 부심_박상준·강동호 대기심_정회수 경기감독관_강득수

수원 0   0 전반 0 / 0 후반 3   **3 수원FC**

퇴장	경고	파울	ST(유)	교체	선수명	배번	위치	위치	배번	선수명	교체	ST(유)	파울	경고	퇴장
0	0	0	0		노동건	19	GK	GK	51	유현		0	0	0	0
0	2	2	0		장호익	35	DF	DF	4	곽윤호		0	2	0	0
0	0	1	0		민상기	39	DF	DF	5	잭슨		1(1)	1	0	0
0	0	1	0		헨리	4	DF	DF	14	김건웅		0	2	0	0
0	0	1	0		이기제	23	MF	MF	3	김상원	17	0	0	0	0
0	0			6	최성근	25	MF	MF	6	박주호		0	1	0	0
0	0			2	대영	90	MF	MF	20	조유민	27	1	0	0	0
0	2	3		7	김민우	10	MF	MF	23	조상준	66	0	0	0	0
0	2	3		55	강현묵	14	MF	MF	28	이영재	88	1(1)	0	0	0
0		2(2)		26	니콜라오	26	FW	FW	7	이승엽		0	1	0	0
0					권창훈	22	FW	FW	9	라스		0		0	0
0					안찬기	99			1	박배종		0	0	0	0
0				후39	최정원	2			17	김수범	후42				
0					박대원	33			27	김규엽	후42				
0				전35	한석종	6	대기	대기	88	김준형	후36				
0				후30	염기훈	26			90	무릴로	후3(3)				
0				후30	전세진	7			37	타르델리					
0				후39	제리치	55			66	한승규	전16	2	1	0	0
0	4	11	9(2)							0		10(6)	13	2	0

● 후반 11분 이영재 MFR ~ 잭슨 PK 좌측지점 L-ST-G(득점: 잭슨, 도움: 이영재) 왼쪽
● 후반 34분 이영재 PAL 내 L-ST-G(득점: 이영재) 오른쪽
● 후반 47분 김준형 PAR ~ 양동현 PA 정면 내 L-ST-G(득점: 양동현, 도움: 김준형) 오른쪽

• 10월 17일 14:00 맑음 강릉종합 1,336명
• 주심_이동준 부심_이정민·지승민 대기심_김대용 경기감독관_강득수

강원 2   1 전반 1 / 1 후반 0   **1 광주**

퇴장	경고	파울	ST(유)	교체	선수명	배번	위치	위치	배번	선수명	교체	ST(유)	파울	경고	퇴장
0	0	0	0		이범수	25	GK	GK	77	윤보상		0	0	0	0
0	0	0	0		김창우	23	DF	DF	1	이민기		1(1)		0	0
0	0	0	0		임채민	26	DF	DF	4	한희훈		1(1)		0	0
0	1	1	1(1)		김영빈	2	DF	DF	28	알렉스					
0	0	1	0		츠베타노프	71	DF	DF	32	이지훈	14				
0	0	6	1		김동현	6	MF	MF	5	김원식	40	1(1)			
0	1	1	0	66	김대우	66	MF	MF	41	이순민	13	2(1)			
0	2	3(3)		88	마티아	28	FW	FW	23	김주공	24				
0	0	1(1)		15	신창무	14	MF	MF	11	헤이스	10				
0		1(1)			김대원	17	MF	MF	7	엄원상		2(2)			
0		1(1)		18	박상혁	99	FW	FW	29	허율					
0					김정호	21			1	윤평국		0	0	0	0
0				후40	서석규	19			22	최규민					
0					신세계	13			14	여봉훈	후22				
0				후37	황문기	88	대기	대기	40	이찬동	후22				
0				전33	서민우	4			24	엄지성	후15	3(2)			
0	1	1(1)		후07	정지용	15			10	김종우	후15				
0	2	1(2)		전33	이정협	18			13	두현석	후36				
0	1	16	13(10)							0		9(7)	12	1	0

● 전반 45분 김영빈 GAL EL ~ 김동현 GAL 내 R-ST-G(득점: 김동현, 도움: 김영빈) 왼쪽
● 후반 12분 김영빈 GAL 내 R-ST-G(득점: 김영빈) 왼쪽
● 전반 22분 이민기 MF 정면 ~ 엄원상 GA 정면 L-ST-G(득점: 엄원상, 도움: 이민기) 왼쪽

• 8월 28일 18:00 맑음 포항 스틸야드 1,894명
• 주심_정회수 부심_윤재열·설귀선 대기심_채상협 경기감독관_당성증

포항 0   0 전반 0 / 0 후반 0   **0 수원**

퇴장	경고	파울	ST(유)	교체	선수명	배번	위치	위치	배번	선수명	교체	ST(유)	파울	경고	퇴장
0	0	0	0		강현무	31	GK	GK	19	노동건		0	0	0	0
0	1	1	0		김륜성	30	DF	DF	33	박대원		1(1)		0	0
0	1	1	1		그랜트	2	DF	DF	39	민상기		0	1	1	0
0	0	0	0		권완규	13	DF	DF	4	헨리					
0	1	3	0		박승욱	27	DF	MF	23	이기제					
0	1	1	0		신진호	6	MF	MF	25	최성근					
0	1	1	1		신광훈	17	MF	MF	90	구대영					
0	1	1	0		강상우	10	MF	MF	10	김민우					
0				79	크베시치	8	MF	MF	4	한석종					
0	1	1	1		임상협	77	FW	FW	55	제리치	22				
0				88	전진우	11	FW	FW	7	전세진	7				
0					조성훈	41			31	이성주					
0					전민광	4			2	최정원					
0					이수빈	57			2	김상준					
0					오범석	14	대기	대기	14	강현묵					
0				후9	고영준	79			22	권창훈		1(1)			
0				후20/20	권기표	88			26	염기훈					
0				후40	이호재	20			27	니콜라오	후30	3(2)			
0	4	23	4							0		7(4)	15	0	0

전북 2 : 2 수원FC

• 8월 28일 19:00 흐리고 비 전주 월드컵 0명
• 주심_ 김동진 부심_ 김계용·성주경 대기심_ 안재훈 경기감독관_ 양정환

| | | | 0 전반 2 | | | | | | 2 후반 0 | | | | | | |

퇴장	경고	파울	ST(유)	교체	선수명	배번	위치	위치	배번	선수명	교체	ST(유)	파울	경고	퇴장
0	0	0	0		송범근	31	GK	GK	51	유현		0	1	0	
0	0	0	1(1)		김진수	23	DF	DF	3	김상원	17	0	1	0	0
0	0	0	0		김민혁	92	DF	DF	4	곽윤호		0	0	1	
0	0	2	2(1)		홍정호	26	DF	DF	5	잭스		1(1)	4	0	
0	1	1	0		이용	2	DF	DF	20	조유민	27	1(1)	3	0	0
0	0	0	0	6	최영준		MF	MF	7	박주호		0	0	0	
0	0	0	0	17	류재문		MF	MF	14	김건웅		0	0	0	
0	0	1	0	27	송민규		MF	MF	28	이영재	88	3	0	0	
0	2	4	2(1)	24	김보경	13	MF	MF	29	조상준	23	0	1	0	
0	1	7(2)			한교원	7	MF	FW	9	김승준	25	0	2	0	
0	0	6(3)			구스타보		FW	FW	9	라스		1(1)	1	0	
			후41	김준홍	50				1	박배종	후17				
			후41	최보경	6				17	김수범	후35				
				이유현	16				27	김주엽	후35				
			후9	쿠니모토	17	대기	대기		88	김준형	후35	2(2)			
			후30	김슬기	24				13	양동현					
			후0	문선민	11				37	타르델리					
				사살락	28				66	한승규	전18	1(1)	1	1	
0	0	8	20(9)									10(7)	13	5	0

● 후반 17분 구스타보 PK-R-G(득점: 구스타보) 왼쪽
● 후반 31분 구스타보 PK-R-G(득점: 구스타보) 오른쪽
● 전반 9분 김승준 MF 정면 ~ 조상준 PA 정면내 L-ST-G(득점: 조상준, 도움: 김승준) 왼쪽
● 전반 43분 한승규 PA 정면내 L-ST-G(득점: 한승규) 왼쪽

대구 3 : 1 성남

• 8월 28일 19:00 맑음 DGB대구은행파크 2,988명
• 주심_ 이동준 부심_ 박상준·강동호 대기심_ 정동식 경기감독관_ 김용세

| | | | 2 전반 0 | | | | | | 1 후반 1 | | | | | | |

퇴장	경고	파울	ST(유)	교체	선수명	배번	위치	위치	배번	선수명	교체	ST(유)	파울	경고	퇴장
0	0	0	0		최영은	1	GK	GK	41	김영광		0	0	0	
0	0	0	0		김진혁	7	DF	DF	6	안영규		0	0	0	
0	0	0	0		홍정운	6	DF	DF	5	마상훈		1(1)	1	0	
0	0	1	0		정태욱	4	DF	DF	4	권완규		0	1	0	
0	1	1	1		황순민	20	MF	MF	66	박수일	11	0	0	0	
0	0	0	0	44	이용래	74	MF	MF	10	이스칸데로프	16	2(1)	1	0	
0	2	2	1		라마스	10	MF	MF	40	리차드	7	0	1	0	
0	2	1	2(2)		정승원	18	MF	MF	23	강재우		0	0	1	
0	0	0	0	38	이진용	26	MF	FW	8	이시영		0	0	0	
0	4(3)	3	2		세징야	11	FW	FW	22	물리치		1(1)	0	1	
0	0	1	1		에드가	9	FW	FW	27	이중민	9	0	3	0	
				박성수	21				1	허자웅					
				조진우	66				16	이종성	후47	0	1		
				안용우	14				7	권순형	후12	1			
			후1	전기장성원	38	대기	대기		11	서보민	후12				
			후39	조바사	44				22	안진범					
				이근호	22				29	정석화					
			후29	정치인	88				9	부쉬	후0	1			
0	0	12	11(6)									7(4)	12	3	0

● 전반 28분 정승원 PA 정면 ~ 세징야 PAR 내 R-ST-G(득점: 세징야, 도움: 정승원) 왼쪽
● 전반 40분 에드가 GAR ~ 세징야 PA 정면내 R-ST-G(득점: 세징야, 도움: 에드가) 왼쪽
● 후반 49분 에드가 센터서클 ~ 정치인 AKR R-ST-G(득점: 정치인, 도움: 에드가) 오른쪽
● 후반 45분 이스칸데로프 C.KR ⌒ 마상훈 GA 정면 H-ST-G(득점: 마상훈, 도움: 이스칸데로프) 가운데

울산 3 : 2 인천

• 8월 29일 18:00 맑음 울산 문수 3,049명
• 주심_ 신용준 부심_ 곽승찬·박균용 대기심_ 최현재 경기감독관_ 나승화

| | | | 0 전반 0 | | | | | | 3 후반 2 | | | | | | |

퇴장	경고	파울	ST(유)	교체	선수명	배번	위치	위치	배번	선수명	교체	ST(유)	파울	경고	퇴장
0	0	0	0		조현우	21	GK	GK	21	이태희		0	0	0	
0	0	0	0		불투이스	4	DF	DF	20	델브리지		0	1	0	
0	0	1	1(1)	15	김기희	44	DF	DF	26	오반석		0	1	0	
0	0	0	0		김태환	23	DF	DF	4	강민수		0	0	0	
0	0	0	0	66	김태환	19	DF	DF	47	김창수		0	1	0	
0	2	0	0		원두재	16	MF	MF	28	정혁		0	1	1	
0	0	2	0	72	고명진	22	MF	MF	24	오재석		0	0	0	
0	0	0	0		바코	8	MF	MF	30	박창환	19	0	0	0	
0	4(2)				이동준	11	FW	FW	70	구본철	10	7(5)	2	1	
0	0	1	1(1)	14	윤일록	7	FW	FW	9	무고사		1	2	0	
0	2(1)				오세훈	19	FW	FW	77	네게바		0	0	0	
				조수혁	18				1	정산					
			후23	김태연	15				27	김보섭	후12	0	1		
			후34	설영우	66				7	김도혁	후28	1			
				신형민	20	대기	대기		17	아길라르	전17	1	2		
			후17	이동경	14				13	김준범					
			후0	이청용	72				19	송시우	전17	1	2		
			후34	김지현	9										
0	1	13	17(10)									11(6)	12	6	0

● 후반 7분 이동준 AKR ~ 오세훈 AKR R-ST-G(득점: 오세훈, 도움: 이동준) 오른쪽
● 후반 18분 이청용 AK 정면 ~ 이동경 AKL L-ST-G(득점: 이동경, 도움: 이청용) 오른쪽
● 후반 23분 이동경 GA 정면내 L-ST-G(득점: 이동경) 왼쪽
● 후반 34분 김도혁 PAL ~ 무고사 PA 정면내 R-ST-G(득점: 무고사, 도움: 김도혁) 오른쪽
● 후반 51분 무고사 PK-R-G(득점: 무고사) 왼쪽

제주 1 : 0 서울

• 8월 29일 19:00 맑음 제주 월드컵 0명
• 주심_ 박병진 부심_ 지승민·양재용 대기심_ 김영수 경기감독관_ 조성철

| | | | 1 전반 0 | | | | | | 0 후반 0 | | | | | | |

퇴장	경고	파울	ST(유)	교체	선수명	배번	위치	위치	배번	선수명	교체	ST(유)	파울	경고	퇴장
0	0	0	0		오승훈	21	GK	GK	21	양한빈		0	0	0	
0	1	1	0	33	김명순	39	MF	DF	27	고광민	15	0	0	0	
0	0	1	0		김오규	35	DF	DF	45	이한범		0	0	1	
0	0	0	0		권한진	3	DF	DF	16	채프만		0	0	0	
0	0	0	0		정운	13	DF	DF	88	김진야		0	0	0	
0	0	0	0		정우재	22	MF	MF	5	오스마르		1(1)	2	0	
0	2(2)	0	0		이창민	8	MF	MF	26	팔로세비치		0	0	0	
0	0	1	0	30	김봉수	30	MF	MF	8	기성용		0	0	0	
0	1	1	0		조성준	7	FW	FW	7	나상호	24	0	1	0	
0	2(1)	0	0		제르소	11	FW	FW	2	강성진	2	2(1)	0	0	
0	0				주민규	18	FW	FW	99	가비리엘		3	5	1	
				이창근	1				1	유상훈					
				홍준호	6				88	이태석	후42	1			
			후0	박원재	33				2	황현수					
			후17	강윤성	6	대기	대기		15	이예름	후39	0			
			후0	변경준	19				35	백상훈					
			후28	김영욱	14				22	박진빈	후19				
			후33	진성욱	10				10	박주영	후19				
0	6		8(2)									12(2)	13	1	0

● 전반 27분 제르소 PAL ~ 이창민 AKL R-ST-G(득점: 이창민, 도움: 제르소) 오른쪽

• 9월 10일 19:30 맑음 울산 문수 5,559명
• 주심_김동진 부심_곽승순·장종필 대기심_채상협 경기감독관_당성증

울산 0 | 0 전반 0 / 0 후반 0 | 0 전북

퇴장	경고	파울	ST(유)	교체	선수명	배번	위치	위치	배번	선수명	교체	ST(유)	파울	경고	퇴장
0	0	0	0		조현우	21	GK	GK	31	송범근		0	0	0	0
0	1	1	1		불투이스	4	DF	DF	23	김진수		1(1)	0	0	0
0	0	0	0		김기희	44	DF	DF	92	김민혁		0	0	0	0
0	0	4	1		설영우	66	DF	DF	26	홍정호		0	0	0	0
0		1	0		김태환	23	DF	DF	25	최철순		0	0	0	0
0	0	0	0		원두재	16	MF	MF	29	류재문		1	3	1	0
0		2(2)		14	윤빛가람	10	MF	MF	5	백승호		0	0	0	0
0	1	2	2(2)		이청용	72	MF	MF	21	송민규	17	2	0	2	0
0	1	4	3(3)		이동준	11	MF	MF	13	김보경	14	0	1	1	0
0		1			윤일록	19	FW	FW	7	한교원		0	0	0	0
0		0	3(2)		오세훈	9	FW	FW	9	구스타보					
0					조수혁	1			50	김준홍					
0					김태현	15			2	이용					
0					임종은	36			10	일류첸코					
0				후15	신형민	20	대기	대기	14	이승기	후13				
0				후13	이동경	14			15	이수빈					
0		3(2)	후후		바코	ㅋ			17	쿠니모토	후30				
0					김지현	9			27	문선민	후13	2(1)	1	0	0
0	3	16	17(11)			0						4(2)	14	2	0

• 9월 11일 16:30 맑음 인천 전용 0명
• 주심_김용우 부심_김계용·설귀선 대기심_안재훈 경기감독관_정겸구

인천 1 | 0 전반 1 / 1 후반 1 | 2 제주

퇴장	경고	파울	ST(유)	교체	선수명	배번	위치	위치	배번	선수명	교체	ST(유)	파울	경고	퇴장
0	0	0	0		이태희	21	GK	GK	21	오승훈		0	0	0	0
0	0	1	1(1)		델브리지	20	DF	MF	17	안현범	33	5(3)	0	0	0
0	0	0	0		강민수	4	DF	DF	35	김오규		0	0	0	0
0	0	0	0		오반석	5	DF	DF	5	권한진		0	0	0	0
0	0	0	0		강윤구	16	MF	DF	23	김경재		0	0	0	0
0		1	0		김도혁	7	MF	MF	22	정우재		0	0	0	0
0				27	정혁	28	MF	MF	8	이창민		4(3)	2		0
0		1		22	오재석	34	MF	MF	14	김영욱		0	0	0	0
0	1			77	박창환	30	FW	FW	40	서진수		7	0	1	0
0					김현	18	FW	FW	11	제르소		2(1)	3	0	0
0		2	10		이종욱	10	FW	FW	18	주민규		3(2)	1	0	0
0					정산	1			1	이창근					
0				후15	김연수	23			20	홍준호	후48				
0				후15	김보섭	27			33	박원재	후48				
0				후15	김주엽	24	대기	대기	6	강윤성					
0	1			2/24	김준엽				30	김warn	후48				
0	2(1)			후35	아길라르	10			7	조성준	후35				
0				후35	네게바	77			10	진성욱	후39				
0	1	15	6(2)			0						16(11)	16	2	0

●후반 19분 네게바 PAR TL ⌒ 델브리지 GAR H-ST-G(득점: 델브리지, 도움: 네게바) 왼쪽

●전반 26분 추상훈 PAR 내 EL ~ 주민규 GAL 내 R-ST-G(득점: 주민규, 도움: 추상훈) 왼쪽
●후반 49분 박원재 PAR ~ 이창민 PAR 내 R-ST-G(득점: 이창민, 도움: 박원재) 왼쪽

• 9월 11일 19:00 맑음 수원 월드컵 0명
• 주심_정동식 부심_이정민·이양우 대기심_송민석 경기감독관_김용세

수원 2 | 0 전반 0 / 2 후반 2 | 2 광주

퇴장	경고	파울	ST(유)	교체	선수명	배번	위치	위치	배번	선수명	교체	ST(유)	파울	경고	퇴장
0	0	0	1	0	양형모	21	GK	GK	1	윤평국		0	0	0	0
0	0	1	0		박대원	33	DF	DF	8	이으뜸		0	0	0	0
0	1	1	1(1)		민상기	39	DF	DF	20	이한도		0	0	1	0
0		0			장호익	35	DF	DF	28	알렉스		1	0	1	0
0	0	2(2)			이기제	23	MF	MF	33	지克오		0	0	0	0
0		0		26	조성진	5	MF	MF	4	이순민		3(1)	1	0	0
0	0	1	0		한석종	6	MF	MF	40	이찬동	26				
0	2	0			구대영	90	FW	FW	11	김주공		2(2)	3	0	0
0		1		18	김민우	10	FW	FW	17	헤이스	24				
0	1	2	3(1)	20	정상빈	29	FW	FW	7	엄원상	3	4(1)	0	0	0
0				27	전세진	17	FW	FW	9	산드로		2(1)	3	1	0
0					노동건	19			31	신송훈					
0					최정원	2			3	이민기	후44				
0				후42	김상준	23			90	김봉진					
0				후30	김태환	18	대기	대기	2	김원식					
0					강현묵	14			6	최준혁					
0				후42	김민준	26			14	여봉훈					
0				전12	니콜라오	27			24	엄지성	후0				
0	2	13	9(4)			0						15(5)	10	1	0

●전반 41분 한석종 HLL ~ 정상빈 GAR R-ST-G(득점: 정상빈, 도움: 한석종) 오른쪽
●후반 12분 이기제 C.KR ~ 민상기 GAL H-ST-G(득점: 민상기, 도움: 이기제) 왼쪽

●후반 4분 이으뜸 MFR FK ⌒ 허율 GA 정면 H-ST-G(득점: 허율, 도움: 이으뜸) 왼쪽
●후반 8분 엄지성 PAR ~ 김주공 GA 정면 H-ST-G(득점: 김주공, 도움: 엄지성) 왼쪽

• 9월 10일 19:30 맑음 포항 스틸야드 1,624명
• 주심_김우성 부심_양재용·구은석 대기심_신용준 경기감독관_차상해

포항 1 | 1 전반 0 / 0 후반 2 | 2 대구

퇴장	경고	파울	ST(유)	교체	선수명	배번	위치	위치	배번	선수명	교체	ST(유)	파울	경고	퇴장
0	0	0	0		강현무	31	GK	GK	1	최영은		0	0	0	0
0	0	2(1)			강상우	9	DF	DF	66	조진우	44	1	0	0	0
0	1	1(1)			전민광	6	DF	DF	6	홍정운		0	0	0	0
0		0			권완규	13	DF	DF	4	정태욱	13	1(1)	0	0	0
0		0			박승욱	32	MF	MF	20	황순민	14	0	0	0	0
0		1			신진호	6	MF	MF	74	이용래	3	4(2)	1	0	0
0	1				신광훈	17	MF	MF	10	라마스		4(2)			
0		1(1)		88	임상협	7	FW	FW	38	장성원		0	0	0	0
0		2	0		고영준	79	MF	MF	11	세징야	32	3(3)			
0				30	팔라시오스	82	FW	FW	9	에드가		2			
0	2(1)	57	0		이승모	16	FW	FW	19	진혁		0	0	0	0
0					조성훈	41			31	이윤오					
0					이광준	3			8	박한빈	후11	1(1)	1	1	0
0					김성주	25			14	안용우	후0				
0				후39	김륜성	30	대기	대기	44	츠바사	후0				
0				후13	이수빈	57			13	오후성	후38				
0	2(1)			후13	크베시치	8			22	이근호					
0	2			전14	권기표	88			32	정치인	후45				
0	2	11	11(5)			0						13(10)	12	2	0

●전반 10분 이승모 PK 우측지점 ~ 임상협 PK 좌측지점 R-ST-G(득점: 임상협, 도움: 이승모) 왼쪽

●후반 19분 세징야 AK 정면 L-ST-G(득점: 세징야) 왼쪽
●후반 38분 츠바사 PAR ~ 에드가 GA 정면 H-ST-G(득점: 에드가, 도움: 츠바사) 왼쪽

• 9월 12일 16:30 맑음 탄천 종합 0명
• 주심_김종혁 부심_성주경·박균용 대기심_최현재 경기감독관_허기태

성남 1 (0 전반 0 / 1 후반 1) 1 서울

퇴장	경고	파울	ST(유)	교체	선수명	배번	위치	위치	배번	선수명	교체	ST(유)	파울	경고	퇴장
0	0	0	0		김영광	41	GK	GK	21	양한빈		0	0	0	0
0	0	0	0		서보민	11	DF	DF	88	이태석		0	0	0	0
0	0	0	1(1)		권경원	3	DF	DF	5	오스마르		0	1	0	0
0	0	1	0	16	리차드	40	DF	DF	45	이한범		0	1	0	0
0	0	0	0		마상훈	5	DF	DF	23	윤종규		0	1	0	0
0	0	0	1		이태희	32	DF	MF	8	기성용		0	1	0	0
0	1	0	0	66	강재우	23	MF	MF	15	여 름	20	1	2	1	0
0	0	1	0		이규성	14	MF	MF	13	고요한	26	2(1)	4	0	0
0	1	4	1		권순형	7	MF	FW	14	나상호		0	1	0	0
0	0	0	1	27	안진범	66	FW	FW	11	조영욱		2(1)	0	0	0
0	0	0	3(2)	9	뮬리치	4	FW	FW	10	박주영	14	3(2)	1	1	1
					허자웅	1			1	유상훈					
0	0	1	0	후29	이종성	16			6	김진성					
0	0	1	2(1)	후4	박수일	66			20	이인규	후31/77	0	2	1	0
0	0	1		후20	이스칸데르프	10	대기	대기	20	팔로세비치	후22/99	0	1	0	0
0			3(2)	후20	부쉬	9			77	신재원	후40	0	1	0	0
0	0	0			박용지	19			14	권성윤	후40				
0	0	1		후29	이중민	27			99	가브리엘	후40				
0	3	10	9(4)									8(4)	16	2	0

● 후반 23분 박수일 GA 정면 R-ST-G(득점: 박수일) 왼쪽
● 후반 13분 이태석 PAL ~ 조영욱 GA 정면 L-ST-G(득점: 조영욱, 도움: 이태석) 왼쪽

• 9월 12일 19:00 맑음 수원월드컵 0명
• 주심_정회수 부심_지승민·강동호 대기심_김희곤 경기감독관_김성기

수원FC 1 (1 전반 0 / 0 후반 0) 0 강원

퇴장	경고	파울	ST(유)	교체	선수명	배번	위치	위치	배번	선수명	교체	ST(유)	파울	경고	퇴장
0	0	0	0		박배종	1	GK	GK	25	이범수		0	0	0	0
0	0	0	0		곽윤호	4	DF	DF	2	김영빈		1(1)	1	0	0
0	0	4	1		잭슨	5	DF	DF	26	임채민		0	0	0	0
0	0	0	0		김건웅	3	DF	DF	33	신세계		0	0	0	0
0	1	2	0		김상원	3	MF	MF	34	송준석		0	0	0	0
0	0	2	0		박주호	5	MF	MF	23	임창우		1	0	0	0
0	0	0	0	27	조유민	20	MF	MF	66	김대우	88	0	0	0	0
0	1	3	2(2)		이영재	28	MF	MF	6	김동현	8	1(1)	2	0	0
0	0	0	0	10	한승규	66	FW	FW	11	조재완		1	3	0	0
0		0	3(2)		라스	8	FW	FW	18	이정협	14	3(1)	0	0	0
					최봉진	13			21	김정호					
0			0	후47	김수범	17			22	아슐마토프					
0			0	후36	김주엽	27			7	윤석영	후33				
0			1(1)	후47	정재용	8	대기	대기	8	한국영	후0				
0			1(1)	전19	무릴로	7			88	황문기	후33				
0				전19	김승준	7			9	신창무	후7				
					타르델리	37			10	고무열	후7				
0	3	13(5)										14(4)	11	1	0

● 전반 42분 잭슨 자기 측 MFL ⌒ 라스 PK 좌 측지점 R-ST-G(득점: 라스, 도움: 잭슨) 왼쪽

• 9월 18일 14:20 맑음 전주 월드컵 3,837명
• 주심_이동준 부심_김계용·박균용 대기심_서동진 경기감독관_김성기

전북 1 (0 전반 0 / 1 후반 0) 0 수원

퇴장	경고	파울	ST(유)	교체	선수명	배번	위치	위치	배번	선수명	교체	ST(유)	파울	경고	퇴장
0	0	0	0		송범근	31	GK	GK	21	양형모		0	0	0	0
0	0	4	2		김진수	23	DF	DF	33	장호익		3	0	2	0
0	1	3	0		김민혁	92	DF	DF	39	민상기		0	2	0	0
0	0	1	1(1)		홍정호	26	DF	DF	4	헨리		2(1)	0	0	0
0	1	2	0		최철순	23	DF	MF	23	이기제		1(1)	1	1	0
0	0	1	1(1)		백승호	8	MF	MF	5	조성진	14	0	5	0	0
0	1	2	2(1)	7	송민규	21	MF	MF	90	구대영		0	0	0	0
0			2(2)	24	김보경	13	MF	MF	10	김민우		2(1)	1	0	0
0	0	3	1		문선민	27	MF	FW	13	유주안	26	0	1	0	0
0	1	1	0		구스타보	9	FW	FW	18	김태환	27	2	2	0	0
					이범영	19			19	노동건					
					구자룡	15			3	양상민	후26				
					박진성	33			33	박대원					
					이주용	32	대기	대기	20	김상준					
0				후46	김승대	24			14	강현묵	후38				
0				후31	한교원	7			26	염기훈	후16	1(1)			
0				후0	일류첸코	10			27	니콜라오	후38				
0	2	18	10(5)									9(4)	16	0	0

● 후반 4분 백승호 PK-R-G(득점: 백승호) 오른쪽

• 9월 18일 16:30 광주 전용 1,147명
• 주심_신용준 부심_성주연·장종필 대기심_최일우 경기감독관_정경구

광주 0 (0 전반 3 / 0 후반 0) 3 제주

퇴장	경고	파울	ST(유)	교체	선수명	배번	위치	위치	배번	선수명	교체	ST(유)	파울	경고	퇴장
0	0	0	0		윤평국	1	GK	GK	21	오승훈		0	0	0	0
0	1	1	2(1)		이으뜸	8	DF	MF	39	김명순	17	0	0	0	0
0	0	1	0		이한도	20	DF	DF	35	김오규		2(1)	1	1	0
0	0	2	0		알렉스	28	DF	DF	5	권한진		0	0	0	0
0	0		14		김원식	5	MF	MF	22	정우재	6	0	0	0	0
0	1	0	0		엄지성	17	MF	MF	8	이창민		1	0	0	0
0	1	1	0		이순민	44	MF	MF	14	김영욱	33	1	3	0	0
0	1	1	0		김주공	17	MF	FW	40	추상훈		0	0	0	0
0	1	0	0		이희균	16	FW	FW	11	제르소		0	0	0	0
0	1	1	3		허율	29	FW	FW	18	주민규		5(2)	1	2	0
					신송훈	31			1	이창근					
0	0			후47	김봉진	90			20	윤준호	후39				
0				후0	여봉훈	14			33	박원재	후39				
					이희균	16	대기	대기	17	안현범	후26				
0				후8	민기	30			30	김봉수					
0				후39	정영총	29			29	김승섭	후26/10				
0				후29	헤이스	17			7	조성준	후26/10				
0	1	11	8(4)									10(3)	9	2	0

● 전반 9분 김주공 GAL 내 L-ST-G(득점: 김주공) 왼쪽
● 후반 45분 주민규 PK-R-G(득점: 주민규) 오른쪽

Section 7

2021 경기 기록부

459

대구 2 : 1 울산

- 9월 18일 19:00 맑음 DGB대구은행파크 3,111명
- 주심_김종혁 부심_이정민·송봉근 대기심_정동식 경기감독관_차상해

구분		0 전반 1	
대구 2		2 후반 0	1 울산

퇴장	경고	파울	ST(유)	교체	선수명	배번	위치	위치	배번	선수명	교체	ST(유)	파울	경고	퇴장
0	0	0	0		최영은	1	GK	GK	21	조현우		0	0	0	0
0	0	1	2		김진혁	7	DF	DF	4	불투이스		0	1	0	0
0	0	0	0		홍정운	6	DF	DF	44	김기희		0	0	0	0
0	0	1	0	66	황순민	20	DF	DF	66	설영우		0	0	0	0
0	0	0	1		황순민	20	MF	MF	33	홍철	15	0	1	0	0
0	0	0	2		라마스	10	MF	MF	20	신형민		0	1	0	0
0	1	1			정승원	18	MF	MF	18	김성준	72	0	1	0	0
0		2(1)			장성원	38	FW	FW	14	이동경		1			
0	2	1		26	오후성	13	MF	MF	10	윤빛가람	11	0	1	0	0
0		7(6)	32		세징야	11	FW	FW	8	바코		1(1)	0	0	0
0		4(2)			에드가	9	FW	FW	9	오세훈		1			
0					이윤오	31			31	조수혁					
0				후20	조진우	66			15	김태현	후30				
0				후20	이진용	26			36	임종은					
0				대기	이상기	17		대기	6	박용우	후18	0	0	1	0
0					츠바사	44			7	윤일록					
0				후44	정치인	32			72	이청용	후07				
0					이근호	22			11	이동준	후18				
0	0	9	21(9)									3(1)	7	2	0

- ● 후반 10분 세징야 PAR ⌒ 에드가 GAL EL H-ST-G(득점: 에드가, 도움: 세징야) 가운데
- ● 후반 17분 세징야 PAL 내 R-ST-G(득점: 세징야) 오른쪽
- ● 전반 14분 바코 PAL 내 R-ST-G(득점: 바코) 오른쪽

강원 1 : 0 포항

- 9월 29일 19:00 비 강릉종합 517명
- 주심_최현재 부심_윤재열·박상준 대기심_송민석 경기감독관_나승화

구분		0 전반 0	
강원 1		1 후반 0	0 포항

퇴장	경고	파울	ST(유)	교체	선수명	배번	위치	위치	배번	선수명	교체	ST(유)	파울	경고	퇴장
0	0	0	0		이범수	25	GK	GK	21	이준		0	0	0	0
0	0	0	0	32	신세계	30	DF	DF	4	전민광	77	0	0	0	0
0	1	1	2(1)		임채민	26	DF	DF	2	그랜트		0	1	0	0
0		0	0		아슐마토프	29	DF	DF	13	권완규		1	1	0	0
0	0	0	0		임창우	23	MF	DF	32	박승욱		0	0	0	0
0		0	0		츠베타노프	71	MF	MF	6	신진호		0	0	0	0
0		0	8		서민우	8	MF	MF	17	신광철		0	1	0	0
0		88			김대우	66	MF	MF	10	강상우		2(2)	1	0	0
0	1	3(2)			김대원	11	MF	FW	12	고영준	3	3(1)	1	0	0
0		2(1)			고무열	18	FW	MF	82	팔라시오스	88	2	3	0	0
0		18			정민우	13	FW	FW	16	이승모		1(1)	2	0	0
0					김정호	21			41	조성훈					
0				후50	이병욱	32			3	이광준					
0				후29	한국영				57	이수빈					
0		2(1)		전14	황문기	88	대기	대기	14	임상협		0	0	0	0
0					신창무	4			3	크베시치	후39	1(1)	1	0	0
0				후29	조재완	9			77	임상협	후12	0	1	0	0
0		2		후14	이정협	18			88	권기표	후39	0	0	0	0
0	1	14(5)										12(6)	15	3	0

- ● 후반 47분 츠베타노프 MF 정면 ← 황문기 PAR R-ST-G(득점: 황문기, 도움: 츠베타노프) 가운데

인천 0 : 1 성남

- 9월 19일 14:00 맑음 인천전용 0명
- 주심_김희곤 부심_지승민·강동호 대기심_안재훈 경기감독관_허기태

구분		0 전반 0	
인천 0		0 후반 1	1 성남

퇴장	경고	파울	ST(유)	교체	선수명	배번	위치	위치	배번	선수명	교체	ST(유)	파울	경고	퇴장
0	0	0	0		이태희	21	GK	GK	41	김영광		0	0	0	0
0	0	2	1		델브리지	20	DF	DF	34	최지묵		1(1)	1	0	0
0	0	3	0		강민수	4	DF	DF	3	권경원		0	0	0	0
0	0	2	0		오반석	26	DF	DF	5	김민혁		1	1	0	0
0		1			강윤구	16	MF	MF	11	서보민		0	0	0	0
0	1	1		77	이강현	24	MF	MF	10	이스칸데로프	14	0	2	0	0
0	1	34			김보섭	27	MF	MF	7	권순형		0	0	0	0
0		0	7		박창환	30	MF	MF	66	안진범	66	2	2	0	0
0		구본철	70		MF		MF	MF	32	이태희		1	1	0	0
0	1	25	1	19	김민석	8	FW	FW	9	박용지	19	42			
0	0	2(1)			무고사	19	FW	FW	37	홍시후		1(1)	1	0	0
0					정산	1			1	허자웅					
0					김연수	23			6	안영규					
0				후24	오재석	34			66	박수일	후36				
0				전38	김도혁		대기	대기	14	전종혁	후33	0	1	1	0
0					김준엽	19			8	물라비	후9	2(2)	2	0	0
0	1	3(2)		전38	아길라르	10			19	박용욱					
0				후24	네게바	77			27	이중민	후08				
0	1	18	10(5)									10(4)	12	2	0

- ● 후반 16분 물라비 MF 정면 FK R-ST-G(득점: 물라비) 오른쪽

서울 2 : 1 수원FC

- 9월 19일 16:30 맑음 서울월드컵 0명
- 주심_박병진 부심_곽승순·설귀선 대기심_김우성 경기감독관_강득수

구분		2 전반 0	
서울 2		0 후반 1	1 수원FC

퇴장	경고	파울	ST(유)	교체	선수명	배번	위치	위치	배번	선수명	교체	ST(유)	파울	경고	퇴장
0	0	0	0		유상훈	1	GK	GK	1	박배종		0	0	0	0
0	0	1	0		이태석	88	DF	DF	2	곽윤호		2	0	0	0
0	0	1	0		오스마르	5	DF	DF	3	잭슨		1	3	0	0
0	0	2	0		이한범	45	DF	DF	23	김건웅		1	1	0	0
0	1	1	1(1)		윤종규	23	DF	DF	27	김상원	27	0	3	0	0
0	1	1	1(1)		기성용	6	MF	MF	6	박주호		0	1	0	0
0	1	3(2)	72		고요한	7	MF	MF	20	조유민	28	0	0	0	0
0		3	15		백상훈	35	MF	MF	8	이영재		1(1)	0	0	0
0		3(2)	77		나상호	18	FW	MF	66	한승규	77	2(1)	2	0	0
0		2			조영욱	5	FW	FW	9	라	3(3)	0	0	0	
0	1	1(1)	99		팔로세비치	26	FW	FW	29	조상준		3	2	0	0
0					백종범	1			51	유현					
0					강상희	28			2	정동호	전24				
0				후14	여름	15			27	김주엽	후20	1	1	0	0
0				후23	강성진	33	대기	대기	29	정재용	후30	0	0	0	0
0				후39	신재원	21			9	무릴로	후9	4(2)	1	0	0
0					권성윤	14			88	김준형					
0				후39	가브리엘				7	김승준	전24				
0	1	15	9(8)									14(7)	14	1	0

- ● 전반 55초 나상호 PAL ~ 조영욱 PA 정면내 L-ST-G(득점: 조영욱, 도움: 나상호) 오른쪽
- ● 전반 9분 이태석 자기 측 HLL ~ 나상호 GAL R-ST-G(득점: 나상호, 도움: 이태석) 오른쪽
- ● 후반 46분 이영재 C.KR ⌒ 무릴로 GAL H-ST-G(득점: 무릴로, 도움: 이영재)

• 9월 21일 14:00 흐림 수원월드컵 0명
• 주심_송민석 부심_곽승순·송봉근 대기심_최현재 경기감독관_강득수

							수원	3	2 전반 1			1 후반 1			2 강원							

퇴장	경고	파울	ST(유)	교체	선수명	배번	위치	위치	배번	선수명	교체	ST(유)	파울	경고	퇴장
0	0	0	0		양 형 모	21	GK	GK	25	이 범 수		0	0	0	0
0	0	1	0		장 호 익	35	DF	DF	17	임 채 민		0	1	0	0
0	1	0	0		민 상 기	39	DF	DF	2	김 영 빈		0	0	0	0
0	1	2	0		헨 리	3	DF	DF	3	신 세 계		0	1	0	0
0	1	2	1(1)		이 기 제	23	MF	MF	71	츠베티노프	14	0	1	2	1
0	1	4	0	33	한 석 종	6	MF	FW	23	임 창 우		0	0	1	0
0	1	3	1(1)	20	조 성 진	5	MF	MF	8	한 국 영		1	1	1	0
0	1	2			구 대 영	90	MF	MF	66	김 대 우	88	2	1	1	
0	1	2			노 동 건	10	FW	FW	11	조 재 완		2(1)	2	1	0
0	1	2	2(1)	3	정 상 빈	9	FW	MF	13	정 민 우	13	2	0	0	0
0	1	2	2(2)	26	김 태 환	18	FW	MF	10	고 무 열	17	1(1)	1	0	0
0	0	0	0		노 동 건				21	김 정 호		0	0	0	0
0	0	0	0	후	양 상 민	3			22	아슐마토프		0	0	0	0
0	0	0	0	후48	박 대 원	33			88	황 문 기	전31	2	4	0	0
0	0	0	0	후43	강 현 묵	20	대기	대기	6	김 대 원		0	0	0	0
0	0	0	1(1)	후0	강 현 묵				17	김 대 원 1	후33	1	0	0	0
0	0	0	0	후48	염 기 훈	26			14	신 창 무	후33	0	0	0	0
0	0	0	0		제 리 치	55			18	이 정 협	전31	1	0	0	0
0	5	19	10(6)									9(2)	15	4	0

● 전반 36분 김민우 HL 정면 ~ 정상빈 PAL
L-ST-G(득점: 정상빈, 도움: 김민우) 가운데
● 전반 51분 이기제 AK 정면 FK L-ST-G(득점:
이기제) 오른쪽
● 후반 6분 김영빈 GA 정면내 L 자책골(득점:
김영빈) 오른쪽

● 전반 47분 고무열 PK-R-G(득점: 고무열) 왼
쪽
● 후반 1분 이정협 PAR ~ 조재완 PA 정면내
R-ST-G(득점: 조재완, 도움: 이정협) 오른쪽

• 9월 21일 16:30 흐림 광주 전용 1,452명
• 주심_정회수 부심_이정민·강동호 대기심_오현진 경기감독관_양정환

							광주	1	0 전반 0			1 후반 2			2 전북							

퇴장	경고	파울	ST(유)	교체	선수명	배번	위치	위치	배번	선수명	교체	ST(유)	파울	경고	퇴장
0	0	0	0		윤 평 국	1	GK	GK	31	송 범 근		0	0	0	0
0	0	1	0		이 으 뜸	8	DF	DF	23	김 진 수		0	1	0	0
0	0	1	0		여 름	6	DF	DF	92	김 민 혁		0	0	0	0
0	0	1	0		알 렉 스	28	DF	DF	2	이 용		0	0	0	0
0	0	0	0		이 지 훈	32	DF	DF	70	구 자 룡		0	0	0	0
0	0	1	90		김 원 식	5	MF	MF	9	백 승 호		0	1	0	0
0	1	1	2(2)	26	헤 이 스	7	MF	MF	13	김 보 경	26	1	2	1	0
0	0	1	0	29	희 균	24	MF	FW	21	송 민 규		4(3)	2	0	0
0	0	1	0	14	이 희 균	40	MF	FW	11	한 교 원	11	1	0	0	0
0	1	3	0		엄 원 상	7	FW	MF	7	한 교 원	7	0	0	0	0
0	0	1	0		김 주 공	11	FW	FW	10	일류첸코		2(1)	2	0	0
0	0	0	0		신 송 훈	31			1	이 범 영		0	0	0	0
0	0	0	0	후38	이 민 기	3			26	홍 정 호	후47	0	0	0	0
0	0	0	0	후0	김 봉 진	44			25	이 주 용		0	0	0	0
0	0	0	0		이 순 민	44	대기	대기	16	문 선 민	전25	0	0	0	0
0	0	0	0	후20	여 봉 훈				27	문 선 민	전25	0	0	0	0
0	0	0	1(1)	후14	엄 지 성	24			24	김 승 대		0	0	0	0
0	0	0	0	후20	허 율	29			9	구스타보	후0	1(1)	2	0	0
0	1	14	5(3)									11(6)	14	0	0

● 후반 34분 구자룡 GAR R 자책골(득점: 구자
룡) 오른쪽

● 후반 14분 김보경(대기) C.KL ~ 백승호
GAR R-ST-G(득점: 백승호, 도움: 김보경
(대기)) 오른쪽
● 후반 46분 송민규 GA 정면 R-ST-G(득점:
송민규) 가운데

• 9월 21일 19:00 맑음 포항 스틸야드 2,971명
• 주심_박병진 부심_김계용·박균용 대기심_신용준 경기감독관_김성기

							포항	1	0 전반 0			1 후반 1			2 울산							

퇴장	경고	파울	ST(유)	교체	선수명	배번	위치	위치	배번	선수명	교체	ST(유)	파울	경고	퇴장
0	0	0	0		조 성 훈	41	GK	GK	21	조 현 우		0	0	0	0
0	0	3	1	30	전 민 광	6	DF	DF	36	임 종 은		0	0	0	0
0	1	2	2(2)	2	그 랜 트	2	DF	DF	44	김 기 희		0	1	0	0
0	0	2	0		권 완 규	13	DF	DF	66	설 영 우		1(1)	1	0	0
0	0	0	14		박 승 욱	30	DF	DF	23	김 태 환		0	0	0	0
0	0	1	57		신 진 호	6	MF	MF	16	원 두 재		0	0	2	0
0	0	0	0		신 광 훈	17	MF	MF	6	박 용 우	14	0	1	0	0
0	0	0	0		강 상 우	5	FW	FW	14	이 동 경		0	0	0	0
0	0	4	2(1)		고 영 준	79	MF	FW	8	바 코	7	2(2)	0	0	0
0	0	0	0	77	팔라시오스	82	FW	FW	11	엄 원 상		0	0	0	0
0	0	1	0		이 승 모	19	FW	FW	19	오 세 훈	13	1(1)	0	0	0
0	0	0	0		이 준 21				1	조 수 혁		0	0	0	0
0	0	0	0	후15	이 광 준	3			4	불투이스	후50	0	0	0	0
0	0	2(1)	후22		김 륜 성	30			27	이 명 재		0	0	0	0
0	0	0	0	후0	이 수 빈	57	대기	대기	10	윤빛가람		0	0	0	0
0	0	0	0	후0	오 범 석	14			18	김 성 준	후30	0	0	0	0
0	0	0	0		크베시치	8			9	윤 일 록	후34	0	0	0	0
0	0	0	0	후15	임 상 협	77			13	김 민 준	후50	0	0	0	0
0	2	22	11(4)									5(5)	12	3	1

● 후반 39분 강상우 C.KR ~ 그랜트 GA 정면
H-ST-G(득점: 그랜트, 도움: 강상우) 가운데

● 전반 37분 이동준 AK 내 H ~ 오세훈 PAL
내 R-ST-G(득점: 오세훈, 도움: 이동준) 왼
쪽
● 후반 5분 바코 PK-R-G(득점: 바코) 오른쪽

• 9월 22일 14:00 맑음 제주월드컵 0명
• 주심_정동식 부심_설귀선·방기열 대기심_채상협 경기감독관_조성철

							제주	0	0 전반 0			0 후반 1			1 대구							

퇴장	경고	파울	ST(유)	교체	선수명	배번	위치	위치	배번	선수명	교체	ST(유)	파울	경고	퇴장
0	0	0	0		오 승 훈	21	GK	GK	1	최 영 은		0	0	0	0
0	0	1	1(1)	33	안 현 범	17	MF	MF	7	김 진 혁		0	1	0	0
0	0	1	0		김 오 규	35	DF	DF	6	홍 정 운	66	0	1	0	0
0	0	1	1(1)	20	권 한 진	5	DF	DF	8	박 한 빈		0	1	0	0
0	0	0	0		정 운	13	DF	MF	20	황 순 민	44	0	0	0	0
0	0	1	0		정 우 재	22	MF	MF	10	라 마 스		0	2	0	0
0	0	2	0		이 창 민	8	MF	MF	18	정 승 원		1(1)	0	0	0
0	0	0	0	10	추 상 훈	9	MF	DF	33	장 성 원		0	0	0	0
0	0	2	1(1)		제 르 소	11	FW	FW	11	세 징 야	24	5	1	0	0
0	0	4	0		주 민 규	18	FW	FW	32	정 치 인	22	4(1)	0	0	0
0	0	0	0		이 창 근				31	이 윤 오		0	0	0	0
0	0	0	0	후19	홍 준 호	3			66	조 진 우	후0	0	0	0	0
0	0	0	0	후42	배 재 우	18			44	원 종 욱	33	0	0	0	0
0	0	0	0	후0	김 봉 수	30	대기	대기	16	박 민 서		0	0	0	0
0	0	0	0	후37	김 승 섭	2			44	츠 바 사	후0	0	0	0	0
0	0	0	0		류 승 우	28			22	이 근 호	후24	0	0	0	0
0	0	0	0	후0	진 성 욱	10			9	에 드 가	후18	1(1)	0	0	0
0	0	18	18(2)									14(3)	14	3	0

● 후반 37분 김진혁 PK 우측지점 H ~ 에드가
GA 정면내 R-ST-G(득점: 에드가, 도움: 김
진혁) 오른쪽

수원FC 3 : 1 성남

- 9월 22일 16:30 맑음 수원월드컵 0명
- 주심_ 김종혁 부심_ 성주경·장종필 대기심_ 김영수 경기감독관_ 김용세

수원FC 3 (0 전반 0 / 3 후반 1) 1 성남

퇴장	경고	파울	ST(유)	교체	선수명	배번	위치	위치	배번	선수명	교체	ST(유)	파울	경고	퇴장
0	0	0	0		유 현	51	GK	GK	41	김 영 광		0	0	0	0
0	0	1	0		곽 윤 호	4	DF	DF	34	최 지 묵		0	0	0	0
0	0	1	1(1)		잭 슨	5	DF	DF	3	권 경 원		2	0	0	0
0	0	1	0		김 건 웅	14	DF	DF	5	마 상 훈		0	0	0	0
0	0	0	0		정 동 호	2	MF	MF	11	서 보 민	66	1(1)	0	0	0
0	0	0	0		김 상 원	3	MF	MF	10	이스칸데르프		0	0	0	0
0	1	0		18	박 주 호	6	MF	MF	7	권 순 형		0	0	0	0
0	0	1	0		무 릴 로	8	MF	MF	23	안 진 범		1	0	1	0
0	0	3(2)			라 스	9	FW	FW	8	뮬 리 치		3(2)	0	0	0
0	2(2)		7		조 상 준	29	FW	FW	37	홍 시 후	19	1(1)	0	0	0
0	0	0	0		박 배 종	1			1	허 자 웅		0	0	0	0
0	0	0	0		조 유 민	20			16	이 정 성		0	0	0	0
0	1(1)	후28			정 재 용	8			66	박 수 일	후40	0	0	0	0
0	0	전14/16		대기	이 영 찬	28	대기	대기	13	김 민 혁		0	0	0	0
0	0	전14/16			김 승 준	7			14	이 규 성		0	0	0	0
0	1(1)	후26			양 동 현	18			19	박 용 지	후4	0	0	0	0
0	0	후0			한 승 규	66			23	강 재 우	후0/13	0	0	0	0
0	0	8	10(8)									8(5)	10	0	0

- 후반 30분 무릴로 C.KL ⌒ 잭슨 GA정면 H-ST-G (득점: 잭슨, 도움: 무릴로) 오른쪽
- 후반 46분 곽윤호 PA정면내 H ⌒ 정재용 GA정면내 R-ST-G (득점: 정재용, 도움: 곽윤호) 왼쪽
- 후반 49분 박수일 PAR R 자책골 (득점: 박수일) 왼쪽
- 후반 22분 서보민 GAL ~ 뮬리치 GAL내 R-ST-G (득점: 뮬리치, 도움: 서보민) 가운데

포항 2 : 4 제주

- 9월 25일 14:00 맑음 포항 스틸야드 1,636명
- 주심_ 고형진 부심_ 이정민·양재용 대기심_ 최현재 경기감독관_ 김용세

포항 2 (0 전반 3 / 2 후반 1) 4 제주

퇴장	경고	파울	ST(유)	교체	선수명	배번	위치	위치	배번	선수명	교체	ST(유)	파울	경고	퇴장
0	0	0	0		조 성 훈	41	GK	GK	1	이 창 근		0	0	0	0
0	2	2	0		김 룡 환	30	DF	DF	33	박 원 재	17	1(1)	0	0	0
0	0	1	1(1)		그 랜 트	3	DF	DF	20	홍 준 호	35	0	2	0	0
0	1	2	0		권 완 규	26	DF	DF	23	김 경 재		0	0	0	0
0	0	1	0		박 승 욱	32	DF	DF	13	정 운		0	0	0	0
0	0	0	0		오 범 석	14	MF	MF	6	강 윤 성		0	0	0	0
0	0	0		57	신 광 훈	17	MF	MF	8	이 창 민		2(1)	0	0	0
0			2(2)		강 상 우	10	MF	MF	30	김 봉 수	22	2(1)	2	0	0
0		1	0		크베시치	22	MF	MF	14	최 영 준		1	0	0	0
0	0	1	0		팔라시오스	82	FW	FW	11	제 르 소	40	1(1)	1	0	0
0			1(1)		이 승 모	16	FW	FW	26	이 정 문		0	0	0	0
0	0	0	0		이 준	21			31	유 연 수		0	0	0	0
0	0	0	0		이 광 준	3			17	안 현 범	후33	0	0	0	0
0		후17			김 성 주	5			35	조 나 탄		0	0	0	0
0	1(1)	후0		대기	신 진 호	57	대기	대기	22	정 우 재	후22	0	0	0	0
0	0	후0			고 영 준	79			40	추 상 훈	후22	0	0	0	0
0	2(2)	후17			임 상 협	77			18	주 민 규	후8	0	0	0	0
0	2	9	13(8)									10(6)	12	0	0

- 후반 33분 신진호 C.KR ⌒ 그랜트 GA정면 H-ST-G (득점: 그랜트, 도움: 신진호) 오른쪽
- 후반 37분 그랜트 AKL ~ 임상협 PAL내 R-ST-G (득점: 임상협, 도움: 그랜트) 오른쪽
- 전반 21분 김봉수 PAR ~ 제르소 AK정면 R-ST-G (득점: 제르소, 도움: 김봉수) 오른쪽
- 전반 35분 진성욱 PAR내 ~ 박원재 내 R-ST-G (득점: 박원재, 도움: 진성욱) 오른쪽
- 전반 37분 조성훈 GA정면내 R 자책골 (득점: 조성훈) 왼쪽
- 후반 10분 진성욱 AK정면 ~ 김봉수 PA정면내 R-ST-G (득점: 김봉수, 도움: 진성욱) 왼쪽

서울 0 : 0 인천

- 9월 22일 19:00 맑음 서울월드컵 0명
- 주심_ 김동진 부심_ 지승민·이양우 대기심_ 김우성 경기감독관_ 허기태

서울 0 (0 전반 0 / 0 후반 0) 0 인천

퇴장	경고	파울	ST(유)	교체	선수명	배번	위치	위치	배번	선수명	교체	ST(유)	파울	경고	퇴장
0	0	0	0		양 한 빈	21	GK	GK	1	정 산	21	0	0	0	0
0	0	1	0		이 태 석	88	DF	DF	26	오 반 석		0	0	0	0
0	1	2	0		오스마르	5	DF	DF	4	강 민 수		0	1	0	0
0	0	1	0		이 한 범	45	DF	DF	23	김 연 수		0	0	0	0
0	0	1	0		윤 종 규	23	MF	MF	16	김 준 엽		1(1)	0	0	0
0	0	0	0		기 성 용	6	MF	MF	13	김 준 범		0	0	0	0
0	1	3	1		고 요 한	13	MF	MF	34	오 재 석		0	0	0	0
0	0	0		99	백 상 훈	35	MF	MF	5	김 도 혁		0	0	0	0
0		0		7	권 성 윤	14	MF	MF	70	구 본 철	77	1(1)	0	0	0
0	1	11			강 성 진	72	FW	FW	35	이 종 욱	19	0	0	0	0
0	3(1)		26		박 주 영	18	FW	FW	7	송 시 우		0	0	0	0
0	0	0	0		백 종 범	1			21	이 태 희	후38	0	0	0	0
0	0	0	0		강 상 희	28			20	델브리지	후46	0	0	0	0
0	1(1)	후0			팔로세비치	26			27	김 보 섭		0	0	0	0
0	1(1)	후0		대기	나 상 호	9	대기	대기	10	아 길 라 르		0	0	0	0
0	0	0			신 재 원	77			19	송 시 우	후29	0	0	0	0
0	0	후40			가 브 리 엘	99			77	네 게 바		0	0	0	0
									9	무 고 사	후29				
0	2	11	8(3)									4(3)	17	3	0

울산 1 : 0 광주

- 9월 25일 16:30 흐리고비 울산문수 3,622명
- 주심_ 김용우 부심_ 지승민·설귀선 대기심_ 박병진 경기감독관_ 김성기

울산 1 (0 전반 0 / 1 후반 0) 0 광주

퇴장	경고	파울	ST(유)	교체	선수명	배번	위치	위치	배번	선수명	교체	ST(유)	파울	경고	퇴장
0	0	0	0		조 현 우	21	GK	GK	1	윤 평 국		0	0	0	0
0	2(1)				임 종 은	36	DF	DF	3	이 민 기		0	2	1	0
0	1	2			불 투 이 스	4	DF	DF	90	김 봉 진		0	1	0	0
0	0	0		66	설 영 우	66	DF	DF	28	아 론	레	0	0	1	0
0	0	0			홍 철	33	DF	DF	32	이 지 훈		0	0	0	0
0	0	0			박 용 우	6	MF	MF	5	김 원 식	40	0	0	0	0
0	3(1)		9		윤 빛 가 람	14	MF	MF	13	김 지 성		2(2)	3	0	0
0	4(3)		18		이 동 경	8	MF	MF	44	이 순 민	26	0	2	1	0
0					바 코	10	MF	MF	14	여 봉 훈	8	1(1)	0	0	0
0	2(2)				이 청 용	72	FW	FW	7	김 종 우	8	0	0	0	0
0	3(1)				오 세 훈	19	FW	FW	11	김 주 공		1	0	0	0
0	0	0	0		조 수 혁	31			31	신 송 훈		0	0	0	0
0	0	0	0		김 태 환	15			8	이 으 뜸	후44	0	0	0	0
0	0	0	0		이 명 재	27			4	한 희 훈		0	0	0	0
0	0	후32		대기	신 형 민	20	대기	대기		이 찬 동	후12	0	0	0	0
0	0	후22			윤 일 록	7			26	이 희 균	후12	0	0	0	0
0	0	후32			김 지 현	9			23	두 현 석	후23	0	0	0	0
									12	헤 이 스	후12				
0	1		17(9)									6(3)	12	3	0

- 후반 4분 설영우 PAR ⌒ 이동준 GAR H-ST-G (득점: 이동준, 도움: 설영우) 왼쪽

• 9월25일 19:00 흐림 전주월드컵 3,454명
• 주심_김대용 부심_곽승순·송봉근 대기심_김영수 경기감독관_강득수

전북 2 1 전반 0 / 1 후반 0 **0 인천**

퇴장	경고	파울	ST(유)	교체	선수명	배번	위치	위치	배번	선수명	교체	ST(유)	파울	경고	퇴장
0	0	0	0		송범근	31	GK	GK	21	이태희		0	0	0	0
0	0	3	0		김진수	23	DF	DF	20	델브리지	77		2	1	0
0	0	1	1(1)		김민혁	92	DF	DF	4	김민수			0	1	0
0	1	1(1)			홍정호	26	DF	DF	26	오반석			0	0	0
0	0	2	0		최철순	25	DF	MF	16	강윤구	27	0	4	1	0
0	0	1(1)			백승호	5	MF	MF	5	김준범		0	2	0	
0	0	2	0		송민규	21	MF	MF	34	오재석		0	1	0	
0	0		9		김남득	24	MF	MF	30	박창환	20		0	0	
0	2	16	2(1)		김보경	13	MF	MF	7	이명주		1(1)		0	0
1					문선민	27	MF	FW	9	무고사		1(1)	1	0	
0	2		2(1)		일류첸코	10	FW	FW	10	아길라르		3(2)	1	0	
					김준홍	50			31	김동헌					
					최보경	6			23	김연수					
					사살락	28			3	김보섭	후39		0		
0	1	4		후19	이유현	16	대기	대기	7	김도혁	후29	3		0	
					이주용	32			19	송시우	전29	1		0	
0				후41	한교원	7			8	김현	후21	1(1)		0	0
0		2(1)		후19	구스타보				77	네게바	후21				
0	3	22	11(7)									9(4)	13	2	0

● 전반 38분 백승호 AK 정면 FK R-ST-G(득점: 백승호) 오른쪽
● 후반 31분 송민규 MF 정면 ~ 구스타보 AK 내 R-ST-G(득점: 구스타보, 도움: 송민규) 오른쪽

• 9월25일 19:00 흐림 DGB대구은행파크 3,104명
• 주심_정회수 부심_윤재열·강동호 대기심_송민석 경기감독관_당성증

대구 0 0 전반 0 / 0 후반 0 **0 수원FC**

퇴장	경고	파울	ST(유)	교체	선수명	배번	위치	위치	배번	선수명	교체	ST(유)	파울	경고	퇴장
0	0	0	0		최영은	1	GK	GK	51	유현			0	0	0
0	0	1	0		김진혁	7	DF	DF	4	곽윤호		0	1	0	0
0	0				홍정운	6	DF	DF	5	잭슨			0	0	0
0	1	0			조진우	66	DF	DF	20	조유민		4	1	0	
0	0				황순민	20	MF	MF	2	정동호			0	0	0
0	3	2	2(1)		라마스	10	MF	MF	3	김상원	18	1	1	0	
				44	정승원	18	MF	MF	6	박주호	8	0	1	0	
					장성원	38	MF	MF	10	무릴로		0	0		
0				74	요시자와	13	MF	FW	14	니실라	28	0	2	0	
0			9		세징야	11	FW	FW	9	라스		6(2)	0	0	
			9		정치인	32	FW	FW	29	조상준	66	0	0	0	
					이윤오	31			1	박배종					
					박병현	30			17	김수범					
					진성욱	18			8	정재용	후31	1		0	
0				후12	을래	74	대기	대기	44						
				후30	츠바사	44			28	이영재	전22				
0				후12	이근호	22			18	양동현	후19	0			
				전33	에드가	9			66	한승규	전22	3	1	0	
0	1	14	7(1)									17(2)	10	1	0

• 9월26일 15:00 맑음 수원월드컵 0명
• 주심_이동준 부심_박상준·박균용 대기심_채상협 경기감독관_나승화

수원 0 0 전반 0 / 0 후반 2 **2 서울**

퇴장	경고	파울	ST(유)	교체	선수명	배번	위치	위치	배번	선수명	교체	ST(유)	파울	경고	퇴장
0	0	0	0		양형모	21	GK	GK	21	양한빈		0	0	0	0
0	0	2	0	14	박대원	33	DF	DF	88	이태석		0	3	1	0
0	1	0			민상기	39	DF	DF	5	오스마르		0	1	0	
0	1	1	0		장호익	35	DF	DF	45	이한범	28	0	1	0	
0	1	0			이기제	23	MF	MF	23	윤종규		0	0	0	
0	0				한석종	6	MF	MF	8	기성용		0	0	0	
0	2(1)				조성진	5	MF	MF	13	고요한		0	0	0	
0	1	1	2		구대영	90	MF	FW	26	팔로세비치	35	1	2	0	
0	1	1			김민우	99	FW	FW	7	나상호	99	4(4)	1	0	
0			9		정상빈	29	FW	FW	72	강성진	11	0	0		
0	1	3(1)		22	김태환	18	FW	FW	11	조영욱		5(4)	0	0	
					노동건	19			1	유상훈					
				후30	최정원	2			28	강상희	전42				
					김상준	20			17	이스칸데로프					
				후30	강현묵	14	대기	대기	35	백상훈	후41				
0		1(1)		후14	권창훈	22			14	권성윤					
					염기훈	26			9	지동원	후23				
0				후18	김건희	9			99	가브리엘	후41				
0	2	10	6(3)									13(9)	4	1	0

● 후반 18분 강성진 PAR ~ 조영욱 GAL R-ST-G(득점: 조영욱, 도움: 강성진) 오른쪽
● 후반 40분 나상호 PK-R-G(득점: 나상호) 가운데

• 9월26일 16:30 맑음 탄천종합 0명
• 주심_정동식 부심_김계용·이양우 대기심_김동진 경기감독관_양정환

성남 2 1 전반 0 / 1 후반 0 **0 강원**

퇴장	경고	파울	ST(유)	교체	선수명	배번	위치	위치	배번	선수명	교체	ST(유)	파울	경고	퇴장
0	0	0	0		김영광	41	GK	GK	25	이범수		0	0	0	0
0	1	0			최지묵	34	DF	DF	99	임채민		2(1)	3	1	0
0	2	0			권경원	3	DF	DF	2	김영빈		1	1	0	
0	1		2(2)		마상훈	5	DF	DF	22	아슬마토프			0	0	
0	1	1	2(1)		박수일	66	MF	MF	34	송준석	71		0	0	0
0			10		이규성	14	MF	MF	66	김대우	88	0	1	0	
0	1	1			이종성	16	MF	MF	4	한국영		0	0	0	
0	0				김민혁	13	MF	FW	28	마티아	10	0	0		
0					이태희	32	MF	FW	8	신창무	23	0	0		
0	2(1)		6		박용지	19	FW	FW	11	조재완		0	1	0	
0			23		홍시후	37	FW	FW	10	정협		0	0		
					허자웅	1			21	김정호					
				후40	안영규	6			3	신세계					
				후40	연제운	20			71	츠바타노프	전24				
					서보민	11	대기	대기	66	황문기	전24				
0				후19	정석화	29			88	황문기	후28				
0	3	1			뮬리치	8			4	서민우					
				전16/6	강재우	23			10	고무열	후12				
0	2	15	7(4)									8(1)	16	3	0

● 전반 33분 박수일 C.KL ~ 마상훈 GA 정면 내 H-ST-G(득점: 마상훈, 도움: 박수일) 오른쪽
● 후반 28분 권경원 GAL H ~ 마상훈 GA 정면 H-ST-G(득점: 마상훈, 도움: 권경원) 오른쪽

광주 2 : 3 포항

- 10월 03일 16:30 맑음 광주 전용 1,508명
- 주심_김종혁 부심_곽승순·박균용 대기심_채상협 경기감독관_허기태

					광주 2			0 전반 0 / 2 후반 3		3 포항					
퇴장	경고	파울	ST(유)	교체	선수명	배번	위치	위치	배번	선수명	교체	ST(유)	파울	경고	퇴장
0	0	0	0		윤 평 국	1	GK	GK	21	이 준		0	0	0	0
0	0	1	0		이 민 기	3	DF	DF	10	강 상 우		0	2	0	0
0	0	3	0		아 한 도	20	DF	DF	13	이 광 준	1(1)				
0					알 렉 스	2	DF	DF	13	권 완 규					
0					이 지 훈	32	DF	DF	32	박 승 욱					
0	0	2	1(1)	10	이 찬 동	40	MF	MF	6	신 진 호	57				
0	0	1	1		이 순 민	44	MF	MF	17	신 광 훈					
0		1	1		헤 이 스	5	MF	MF	8	베 시 치	77	0	1	1	0
0		5(3)			주 공	7	MF	MF	2	오	30	1(1)	3	0	
0		1		90	엄 원 상	7	MF	MF	82	팔라시오스		1(1)	2	0	
0	3	2		26	허 율	29	FW	FW	16	이 승 모		0			
					윤 보 상	77			41	조 성 훈					
			후40		김 봉 진	90			30	김 륜 성	후39				
					곽 광 선	22			57	이 수 빈	후30				
					김 원 식	5	대기	대기	14	오 밤 석					
			후17		이 희 균	23			88	권 기 표					
	2(1)		후0		두 현 석	13			77	임 상 협	후8	2(2)			
	2(1)		후11		김 종 우	10			20	이 호	후30	3(3)			
0	0	14	14(6)			0			0			8(8)	12	0	

- ● 후반 24분 김종우 PK-R-G(득점: 김종우) 오른쪽
- ● 후반 26분 이희균 MFL → 두현석 GA 정면 L-ST-G(득점: 두현석, 도움: 이희균) 오른쪽

- ● 후반 9분 임상협 GAR ~ 팔라시오스 PAR L-ST-G(득점: 팔라시오스, 도움: 임상협) 왼쪽
- ● 후반 37분 임상협 PAL ⌒ 이호재 GAR H-ST-G(득점: 이호재, 도움: 임상협) 왼쪽
- ● 후반 45분 이수빈 MF 정면 ~ 이호재 PA 정면내 R-ST-G(득점: 이호재, 도움: 이수빈) 왼쪽

강원 0 : 1 전북

- 10월 02일 14:00 맑음 강릉종합 1,312명
- 주심_김우성 부심_지승민·강동호 대기심_안재훈 경기감독관_당성증

					강원 0			0 전반 1 / 0 후반 0		1 전북					
퇴장	경고	파울	ST(유)	교체	선수명	배번	위치	위치	배번	선수명	교체	ST(유)	파울	경고	퇴장
0	0	0	0		이 범 수	25	GK	GK	31	송 범 근		0	0	1	0
0	0	0		4	아슬마토프	22	DF	DF	23	김 진 수		0	2	1	0
0	0	1	2		임 채 민	26	DF	DF	92	김 민 혁		0			
0	0	2	0		김 영 빈	2	DF	DF	26	홍 정 호		0			
0				71	송 준 석	34	DF	DF	2			0			
0	1	1			임 창 우	23	MF	MF	5	백 승 호		2(1)			
0	1	3(2)		18	황 문 기	88	MF	MF	21	송 민 규		5(3)			
0					한 국 영	8	MF	MF	13	승 대	4	1			
0	1	1			고 무 열	13	FW	FW	13	김 보 경	15	2(2)			
0		4(2)			김 대 원	17	MF	MF	27	문 선 민		0			
0		11			정 민 우	13	FW	FW	9	구스타보		4(1)			
					김 정 호	21			50	김 준 홍					
					이 병 욱	32			15	구 자 룡	후14				
			전12		츠베타노프	71			16	이 유 현					
	1(1)		후0		서 민 우	4	대기	대기	32	이 우 혁					
					신 창 무	14			4	최 영 준	후7/14				
	3(1)		전12		조 재 완	11			7	한 교 원					
			후31		이 정 협	18			14	이 승 기	후37				
0	2	7	16(7)			0			0			15(7)	17	4	0

- ● 전반 1분 김보경 PAL 내 R-ST-G(득점: 김보경) 왼쪽

서울 1 : 1 대구

- 10월 03일 19:00 흐림 서울 월드컵 0명
- 주심_박병진 부심_김계용·구은석 대기심_김우용 경기감독관_강득수

					서울 1			1 전반 0 / 0 후반 1		1 대구					
퇴장	경고	파울	ST(유)	교체	선수명	배번	위치	위치	배번	선수명	교체	ST(유)	파울	경고	퇴장
0	0	0	0		양 한 빈	21	GK	GK	1	최 영 은		0	0	0	0
0	0	0	1(1)		이 태 석	88	DF	DF	30	박 병 현		0			
0	0	1	1		오스마르	5	DF	DF	6	홍 정 운		0			
0					강 상 희	28	DF	DF	7	김 진 혁		0			
0	1(1)			27	윤 종 규	23	MF	MF	20	황 순 민	14				
0	0	1			기 성 용	6	MF	MF	10	라 마 스		1(1)	1		
0				35	고 요 한	13	MF	MF	74	박 한 빈		0			
0	3(1)				팔로세비치	26	MF	MF	38	장 성 원		0			
0	1	4	2		나 상 호	7	FW	MF	44	츠 바 사	26	0			
0			9		강 성 진	72	FW	FW	9	에 드 가		0			
0	1(1)			99	조 영 욱	11	FW	FW	13	오 후 성		32			
					유 상 훈	1			31	오 승 훈					
1			후37		고 광 민	27			66	조 진 우					
					신 재 원	77			26	이 진 용	후34				
			후18		백 상 훈	35	대기	대기	14	안 용 우	후45				
					권 성 윤	14			23	김 태 양					
			후18		지 동 원	9			22	이 근 호	후45				
			후37		가브리엘	99			32	정 치 인	후39	3(2)	2		
0	1	10	12(4)			0			0			6(3)	14	1	0

- ● 전반 39분 나상호 AK 정면 ~ 팔로세비치 AK 정면 L-ST-G(득점: 팔로세비치, 도움: 나상호) 오른쪽

- ● 후반 44초 황순민 PAL ~ 정치인 GAR L-ST-G(득점: 정치인, 도움: 황순민) 오른쪽

인천 0 : 1 수원

- 10월 02일 19:00 맑음 인천 전용 0명
- 주심_고형진 부심_윤재열·설귀선 대기심_서동진 경기감독관_최윤겸

					인천 0			0 전반 0 / 0 후반 1		1 수원					
퇴장	경고	파울	ST(유)	교체	선수명	배번	위치	위치	배번	선수명	교체	ST(유)	파울	경고	퇴장
0	0	0	0		이 태 희	21	GK	GK	21	양 형 모		0	0	0	0
0	1	3	0		델브리지	20	DF	DF	3	양 상 민		0	3	0	0
0	0	1	0		강 민 수	4	DF	DF	39	민 상 기		0			
0				23	오 반 석	26	DF	DF	4	헨 리		1			
0	0	0			강 윤 구	16	MF	MF	7	이 기 제		0			
0	1		19		정 혁	28	MF	MF	6	한 석 종	20	1			
0	3	0			오 재 석	14	MF	MF	18	김 태 환		0			
0	1(1)		10		구 본 철	77	MF	MF	10	김 민 우		2(2)			
0			7		박 창 환	30	FW	MF	14	강 현 묵		0			
0	1		77		김 현	8	FW	FW	12	권 창 훈	후	5(1)			
0		4(4)			무 고 사	9	FW	FW	13	유 주 안		0			
					김 동 헌	31			19	노 동 건					
			후18		김 연 수	23			33	박 대 원					
					김 창 수	2			13	김 상 준	후47				
			전12		김 도 혁	7	대기	대기	5	조 성 진	후23				
			후14		송 시 우	19			26	염 기 훈	후26				
			후0		아길라르	10			9	김 건 희	후0				
			후14		네 게 바	77			55	제 리 치					
0	4	17	8(5)			0			0			6(3)	8	2	0

- ● 후반 8분 유주안 PAR 내 EL ~ 권창훈 PA 정면내 L-ST-G(득점: 권창훈, 도움: 유주안) 왼쪽

• 10월 03일 14:00 맑음 제주 월드컵 1,730명
• 주심_김대용 부심_박상준·송봉근 대기심_조지심 경기감독관_조성철

제주 2 | 1 전반 1 / 1 후반 0 | 1 성남

퇴장	경고	파울	ST(유)	교체	선수명	배번	위치	위치	배번	선수명	교체	ST(유)	파울	경고	퇴장
0	0	0	0		이 창 근	1	GK	GK	41	김 영 광		0	0	0	0
0	0	0	1	33	안 현 범	17	MF	DF	34	최 지 묵		0	4	1	0
0	0	1	0		김 오 규	35	DF	DF	2	권 경 원		1(1)	2	0	0
0	0	1	1(1)		김 경 재	23	DF	DF	5	마 상 훈		0	1	0	0
0	1	1	0		정 운	13	DF	MF	66	박 수 일		1	3	1	0
0	0	1	0		정 우 재	22	MF	MF	14	이 규 성		0	1	1	0
0	1	1	0		이 창 민	8	MF	MF	16	이 종 성	10	1(1)	2	1	0
0	1	3	0	30	강 윤 성	6	MF	MF	13	김 민 혁		0	1	0	0
0	2	0	1		이 주 용	32	MF	MF	32	이 태 희		0	0	0	0
0	1	3(2)	14		제 르 소	11	FW	FW	19	박 용 지					
0	1	1	1		주 민 규	18	FW	FW	37	홍 시 후	37				
					유 연 수	31			1	허 자 웅					
					홍 준 호	20			6	안 영 규					
0	0	0	후44		박 원 재	33			10	이스칸데로프	후15				
0	0	1	후11		김 봉 수	30	대기	대기	11	박 지 원					
0	0	0	후44		김 영 욱	14			29	정 석 화	후13				
0	0	1	전31		진 성 욱	10			14	물 리 치	후13				
0	0	2	후11		이 정 문	26			23	강 재 우	후/				
0	2	11	12(3)									2(2)	12	3	0

● 전반 9분 안현범 GAR ~ 제르소 GA 정면내 R-ST-G(득점: 제르소, 도움: 안현범) 오른쪽
● 후반 51분 김오규 GAR H → 김경재 GAL 내 R-ST-G(득점: 김경재, 도움: 김오규) 왼쪽
● 전반 36분 박수일 AK 정면 ~ 이종성 PA 정면 L-ST-G(득점: 이종성, 도움: 박수일) 오른쪽

• 10월 30일 14:00 흐림 인천 전용 1,815명
• 주심_김대용 부심_지승민·설귀선 대기심_서동진 경기감독관_최윤겸

인천 2 | 0 전반 0 / 2 후반 0 | 0 서울

퇴장	경고	파울	ST(유)	교체	선수명	배번	위치	위치	배번	선수명	교체	ST(유)	파울	경고	퇴장
0	0	0	0		김 동 헌	31	GK	GK	21	양 한 빈					
0	0	0	0		김 창 수	2	DF	DF	88	이 태 석		1(1)	1	0	0
0	0	0	0		강 민 수	4	DF	DF	5	오 스 마 르		0	1	0	0
0	1	2	0	19	김 연 수	23	DF	DF	40	김 상 희	40	0	0	0	0
0	1	2	1		김 보 섭	27	MF	DF	23	윤 종 규					
0	1	2	1		김 도 혁	7	MF	MF	8	기 성 용		2(1)	1	0	0
0	0	2	0	20	정 혁	28	MF	MF	13	고 요 한	99	0	1	0	0
0	1	1(1)			강 윤 구	16	MF	MF	35	백 상 훈					
0	0	1	0	10	이 준 석	23	FW	FW	7	나 상 호		0	0	0	0
0	1	3(2)			김 현		FW	FW	72	강 성 진	19	0	0	0	0
0	1(1)	1	77		이 종 욱		FW	FW	11	조 영 욱					
					이 태 희	21			1	유 상 훈					
0	0	0	후34		델브리지	20			33	양 유 민					
					오 재 석	34			40	김 원 균	후44				
0	1	1(1)	전23		아 길 라 르	10	대기	대기	77	신 재 원					
			전23		네 게 바	77			14	권 성 윤					
					김 대 중				19	정 한 민	후39				
0			후11		송 시 우				99	가 브 리 엘	후41				
0	4	17	10(6)									7(4)	6	0	1

● 후반 32분 송시우 GA 정면 R-ST-G(득점: 송시우) 가운데
● 후반 51분 송시우 PAL 내 EL ~ 김현 GAL 내 L-ST-G(득점: 김현, 도움: 송시우) 왼쪽

• 10월 02일 16:30 맑음 수원 월드컵 0명
• 주심_김희곤 부심_이정민·양재용 대기심_최현재 경기감독관_양정환

수원FC 0 | 0 전반 1 / 0 후반 2 | 3 울산

퇴장	경고	파울	ST(유)	교체	선수명	배번	위치	위치	배번	선수명	교체	ST(유)	파울	경고	퇴장
1	1	0			유 현	51	GK	GK	21	조 현 우		0	1	0	0
0	0	0	0		곽 윤 호	4	DF	DF	44	김 기 희		0	1	0	0
0	0	0	0		잭 슨	5	DF	DF	4	불 투 이 스		1(1)	0	0	0
0	1	2	1		김 건 웅	14	DF	DF	66	설 영 우		2(1)	1	0	0
0	1	1	0	66	박 주 호	6	MF	DF	23	김 태 환		0	2	0	0
0	1	4(1)			무 릴 로	10	MF	MF	18	김 성 준	33	0	0	0	0
0	1	0	0		조 유 민	20	MF	MF	14	이 동 경	13	6(2)	4	0	0
0	0	0	28		이 기 혁	21	FW	FW	8	바 코	7	4(3)	0	0	0
0	18	2			김 승 준	23	MF	FW	11	이 동 준		4(1)	3	0	0
0	0	9	3		정 재 용	29	FW	FW	19	오 세 훈	4	0	0	0	0
					박 배 종	8			21	조 수 혁					
		후7			김 상 원	3			36	임 종 은	후36				
					정 재 용	8			33	홍 철	후36				
0	4(2)	전20			이 영 재	28	대기	대기	20	신 형 민	후7				
0	3(1)	전20			라 스	9			7	김 일 록	후20	1(1)	0	0	0
0	0	1(1)	후0		양 동 현	18			13	김 지 현	후36				
0		1	후0		이 승 규	66			9	김 지 현	후36				
0	3	8	15(5)									19(9)	4	1	0

● 전반 7분 김태환 GAL FK~ 바코 GAL R-ST-G(득점: 바코, 도움: 김태환) 오른쪽
● 후반 5분 김성준 AKL ~ 이동경 GAL L-ST-G(득점: 이동경, 도움: 김성준) 가운데
● 후반 37분 이동준 GA 정면 L-ST-G(득점: 이동준) 왼쪽

• 10월 30일 16:30 흐림 수원 월드컵 2,208명
• 주심_김동진 부심_곽승순·박균용 대기심_정회수 경기감독관_강득수

수원 0 | 0 전반 1 / 0 후반 3 | 4 전북

퇴장	경고	파울	ST(유)	교체	선수명	배번	위치	위치	배번	선수명	교체	ST(유)	파울	경고	퇴장
0	0	0	0		양 형 모	21	GK	GK	31	송 범 근	50	0	0	0	0
0	1	2	0	26	장 호 익	35	DF	DF	23	김 진 수		0	2	1	0
0	0	1	0		민 상 기	39	DF	DF	92	김 민 혁	15	0	0	0	0
0	0	1	0		헨 리	4	DF	DF	26	홍 정 호		2(1)	1	0	0
0	1	0	0		이 기 제	23	DF	MF	29	류 재 문	13	0	0	0	0
0	0	0	0		한 석 종	6	MF	MF	21	송 민 규		2(1)	1	0	0
0	1	1	1(1)		김 태 환	11	MF	MF	18	쿠 니 모 토		2(1)	2	0	0
0	0	0	0		김 민 우	37	MF	MF	5	백 승 호		1	0	0	0
0	2(1)				강 현 묵	14	MF	MF	7	한 교 원	14	2(1)	1	1	0
0	2	0	2(1)	55	김 건 희	9	FW	FW	9	구 스 타 보	17	0	0	0	0
0	2	1(1)			정 상 빈	9	FW								
					노 동 건	21			32	김 준 홍	후41				
0			후42		양 상 민	3			15	구 자 룡	후41				
					박 대 원	33			16	이 유 현					
					조 성 진		대기	대기	13	김 보 경	후12	1(1)	1	0	0
0			후42		염 기 훈	26			14	이 승 기	후14				
0			후28		전 세 진				27	문 선 민					
0			후28		제 리 치	55			9	일 류 첸 코	후12	2(2)	0	0	0
												12(7)	12	1	0

● 전반 10분 쿠니모토 PAL L-ST-G(득점: 쿠니모토) 오른쪽
● 후반 21분 송민규 PA 정면 ~ 김보경 PK지점 L-ST-G(득점: 김보경, 도움: 송민규) 오른쪽
● 후반 27분 일류첸코 PK-R-G(득점: 일류첸코) 왼쪽
● 후반 37분 일류첸코 GAR L-ST-G(득점: 일류첸코) 왼쪽

- 10월 30일 19:00 맑음 탄천 종합 587명
- 주심_고형진 부심_윤재열·강동호 대기심_이동준 경기감독관_나승화

성남 1 [1 전반 0 / 0 후반 0] 0 포항

퇴장	경고	파울	ST(유)	교체	선수명	배번	위치	위치	배번	선수명	교체	ST(유)	파울	경고	퇴장
0	0	0	0		김영광	41	GK	GK	21	이 준		0	0	0	0
0	0	1	1(1)		최지묵	34	DF	DF	10	강상우		2(2)	0	1	0
0	0	1			권경원	3	DF	DF	3	이광준		1	0	0	0
0	1	1	0		마상훈	5	DF	DF	13	권완규		2(1)	1	0	0
0		1			이시영	23	DF	DF	32	박승욱			0	0	0
0		1			박수일	66	MF	MF	6	신진호		2(1)	1	0	0
0	0	6			이스칸데로	10	MF	MF	17	신광훈	57		0	1	0
0		1			권순형	7	FW	FW	82	팔라시오스	88		0	0	0
	1	1(1)			김민혁	13	MF	MF	79	고영준	77		0	1	0
0	1	2(2)	27		뮬리치	9	FW	FW	8	크베시치	20	1	1	0	
0	1	1	16		홍시후	37	FW	FW	16	이승모		1	2	1	0
					허재웅	1			41	조성훈					
				후40	이 용	4			4	전민광					
				후12	안영규	6			30	김륜성	후35				
					이태희	32	대기	대기	57	수 빈	후11	1(1)	1	0	0
				후28	이상민	16			88	권기표					
					안진범	8			77	임상협	후0				
				후40	이중민	27			20	이호재	후11	1			
0	1	9	6(5)									12(7)	17	2	0

●전반 44분 박수일 C.KL ⌒ 최지묵 GAL H-ST-G(득점: 최지묵, 도움: 박수일) 오른쪽

- 10월 31일 14:00 맑음 DGB대구은행파크 2,775명
- 주심_김종혁 부심_박상준·성주경 대기심_서동진 경기감독관_김용세

대구 0 [0 전반 2 / 0 후반 3] 5 제주

퇴장	경고	파울	ST(유)	교체	선수명	배번	위치	위치	배번	선수명	교체	ST(유)	파울	경고	퇴장
0	0	0	0		최영은	1	GK	GK	1	이창근		0	0	0	0
0	0	1	0		김진혁	7	MF	MF	17	안현범	33	3(2)	0	0	0
0	0		8		홍정운	3	DF	DF	35	김오규		1(1)	2	0	0
0					정태욱	4	DF	DF	23	김경재		1	1	0	0
0	1	1(1)	32		안용우	14	MF	MF	13	정 운			0	0	0
0		3	16		이진용	26	MF	MF	22	정우재		2	1	0	0
0	0		22		츠바사	44	MF	MF	8	이창민	26	6(3)	1	0	0
0					장성원	38	MF	MF	30	김봉수	30	2		0	0
0		2			라마스	10	FW	FW	40	박상훈		0	3	0	0
0	1	7(1)			세징야	11	FW	FW	11	제르소	11	1	0	0	0
0		1	23		에드가	9	FW	FW	18	주민규		6(3)	0	0	0
					박성수	21			31	유연수					
					박병현	30			20	홍준호					
				후38	박민서	16			33	박원재	후36	0			
					박한빈	8	대기	대기	2	안태현					
				후34	이근호	22			14	김영욱	후11	0	3	1	0
				후6	정치인	32			7	조성준	전28	1(1)	0	0	0
									26	이정문	후36				
0	0	13	14(3)									20(11)	10	1	0

●전반 31분 김오규 PK 좌측지점 R-ST-G(득점: 김오규) 가운데
●전반 36분 조성준 AKL ~ 이창민 GA 정면 R-ST-G(득점: 이창민, 도움: 조성준) 오른쪽
●후반 4분 주민규 PK-R-G(득점: 주민규) 오른쪽
●후반 21분 주민규 PK-R-G(득점: 주민규) 오른쪽
●후반 32분 김경재 자기 측 MFR TL ⌒ 조성준 PA 정면내 R-ST-G(득점: 조성준, 도움: 김경재) 왼쪽

- 10월 31일 16:30 맑음 울산 문수 3,193명
- 주심_최현재 부심_이정민·장종필 대기심_성덕호 경기감독관_당성증

울산 3 [2 전반 1 / 1 후반 1] 2 수원FC

퇴장	경고	파울	ST(유)	교체	선수명	배번	위치	위치	배번	선수명	교체	ST(유)	파울	경고	퇴장
0	1	0	0		조현우	21	GK	GK	1	박배종		0	0	0	0
0	0	2	1(1)		김기희	44	DF	DF	5	잭 슨		0	1	0	0
0	0	1	1		임종은	6	DF	DF	3	김건웅	2	1	0	0	0
0		1	33		설영우	66	DF	DF	26	김동우	4	1	0	0	0
0	0	1(1)			김태환	23	DF	DF	8	정재용		4	1	0	0
0	1	0			원두재	16	MF	MF	17	김수범		0	1	1	0
0	1		72		김성준	18	MF	MF	20	조유민		3	0	1	0
0		1(1)			이동경	24	MF	MF	23	이영재		2(1)	0	0	0
0	1	5(2)			바 코	8	FW	FW	9	라 스		3(2)	1	0	0
0	1	20			윤일록	7	FW	FW	10	무릴로		0	0	0	0
0	1	1(1)			오세훈	19	FW	FW	24	전정호	66	0	0	0	0
					조수혁	1			13	최봉진					
				후25	홍 철	33			33	김상원	후39	0	1	0	0
				후35	신형민	20			5	곽윤호	후39	0	0	0	0
					윤빛가람	10	대기	대기	11	이 기	후0				
				후14	이청용	72			88	김준형					
					김민준	13			18	양동현	후0	2(1)			
					김지현	9			66	한승규	전13				
0	2	10	13(9)									9(5)	12	3	0

●전반 9분 바코 PK-L-G(득점: 바코) 왼쪽
●전반 14분 윤일록 PAR ⌒ 오세훈 GAR H-ST-G(득점: 오세훈, 도움: 윤일록) 오른쪽
●후반 26분 오세훈 AK 내 H ⌒ 이동경 GA 정면 R-ST-G(득점: 이동경, 도움: 오세훈) 가운데

●전반 33분 무릴로 PAL 내 ⌒ 라스 GA 정면내 H-ST-G(득점: 라스, 도움: 무릴로) 오른쪽
●후반 10분 한승규 PAR ~ 양동현 PAR 내 R-ST-G(득점: 양동현, 도움: 한승규) 오른쪽

- 10월 31일 19:00 맑음 광주 전용 924명
- 주심_정동식 부심_김계용·양재용 대기심_김희곤 경기감독관_김성기

광주 2 [0 전반 1 / 2 후반 1] 2 강원

퇴장	경고	파울	ST(유)	교체	선수명	배번	위치	위치	배번	선수명	교체	ST(유)	파울	경고	퇴장
0	0	0	0		윤보상	77	GK	GK	2	이범수		0	0	0	0
0	1	1	0		이 으 뜸	8	DF	DF	2	임창우		1(1)	1	0	0
0	1	1			곽광선	22	DF	DF	2	김채민		2(1)	1	0	0
0					알 렉 스	28	DF	DF	2	김영빈		0	0	0	0
0					여봉훈	14	DF	DF	7	츠베타노프					
0	2	1(1)			이찬동	40	MF	MF	4	서민우	2		1	0	0
0		0	29		한희훈	3	MF	MF	2	마티아	7	2	1	0	0
0		1	17		임지성	44	MF	MF	8	황문기	3	0	0	0	0
0	1	0			이희균	21	MF	FW	15	김대원1		2(1)	1	0	0
0	2	2	13		엄원상	44	MF	FW	4	양현준		1	0	0	0
0	1	1			김종우	9	FW	FW	9	박상혁		1	0	0	0
					윤평국	1			2	정동호					
				후42	안도연	20			2	아슐마토프					
				후39	이순민	44			29	유석영	후42	0			
					박정수	6	대기	대기	3	신세계	후25	2(2)			
				후39	헤이스	17			6	김동현					
				후42	두현석	13			9	실라지	후25	1			
									2	이정협	후0				
0	2	11	9(3)									14(7)	10	1	0

●후반 14분 이찬동 GA 정면내 R-ST-G(득점: 이찬동) 오른쪽
●후반 25분 허율 AK 정면 L-ST-G(득점: 허율) 왼쪽

●전반 29분 김대원1 PK-R-G(득점: 김대원1) 오른쪽
●전반 44분 실라지 AKL ~ 신세계 MF 정면 R-ST-G(득점: 신세계, 도움: 실라지) 오른쪽

• 11월 03일 19:00 흐림 포항 스틸야드 1,001명
• 주심_신용준 부심_지승민·장종필 대기심_정회수 경기감독관_김성기

포항 4 | 0 전반 0 / 4 후반 0 | **0 강원**

퇴장	경고	파울	ST(유)	교체	선수명	배번	위치	위치	배번	선수명	교체	ST(유)	파울	경고	퇴장
0	0	0	0		이 준	21	GK	GK	25	이 범 수		0	0	0	0
0	0	0	0		강 륜 성	30	DF	DF	23	임 창 우		0	1	0	0
0	0	1	1(1)		그 랜 트	26	DF	DF	26	임 채 민		0	0	0	0
0	0	1	1(1)		권 완 규	13	DF	DF	2	아슬마토프		0	3	0	0
0	0	0	0		전 민 광	5	DF	DF	71	츠베타노프		0	1	0	0
0	0	0	0	14	신 광 훈	17	MF	MF	4	서 민 우	88	0	1	0	0
0	1	2	1(1)		박 승 욱	32	MF	MF	28	마 티 야		0	1	0	0
0	0	1	0		임 상 협	77	FW	MF	7	김 대 원		1(1)	0	0	0
0	1	2(1)	79		신 진 호	8	FW	FW	16	김 대 원	1(1)	0	0	0	0
0	0	1	0		강 상 우	10	FW	FW	47	양 현 준		0	0	0	0
0	1	2(1)	20		이 승 모	16	FW	FW	99	박 상 혁	16	2(2)	0	0	0
0	0	0	0		조 성 훈	41			21	김 정 호		0			
0	0	0	0		이 광 재	3			7	윤 석 영	후0	1	1		
0	0	0	후47		오 범 석	47			3	신 세 계	후12	0	1		
0	0	0			이 수 빈	66	대기	대기	66	김 대 우			0		
0	0	후42			고 영 준	42			88	황 문 기	후12	1(1)	0		
					크베치	8			9	실 라 지	후22	0	0		
0	0	후37			이 호 재	20			18	이 정 협	후22	0			
0	1	17	12(8)						0			4(4)	8	3	0

● 후반 21분 신진호 GAL EL ~ 이승모 GA 정면내 R-ST-G(득점: 이승모, 도움: 신진호) 가운데
● 후반 36분 임상협 PAL EL ⌒ 신진호 GAR H-ST-G(득점: 신진호, 도움: 임상협) 오른쪽
● 후반 45분 강상우 PAR 내 ~ 박승욱 PAR R-ST-G(득점: 박승욱, 도움: 강상우) 오른쪽
● 후반 46분 강상우 GAR 내 EL R-ST-G(득점: 강상우) 오른쪽

• 11월 03일 19:00 맑음 광주 전용 932명
• 주심_박병진 부심_이정민·강동호 대기심_오현진 경기감독관_양정환

광주 3 | 1 전반 0 / 2 후반 4 | **4 서울**

퇴장	경고	파울	ST(유)	교체	선수명	배번	위치	위치	배번	선수명	교체	ST(유)	파울	경고	퇴장
0	0	0	0		윤 보 상	77	GK	GK	21	양 한 빈		0	0	0	0
0	0	0	1		이 으 뜸	8	DF	DF	88	이 태 석	1	3	0	0	0
0	0	0	0		곽 광 선	22	DF	DF	5	오 스 마 르		0	1	0	0
0	0	0	0		알 렉 스	28	DF	DF	28	강 상 희		0	0	0	0
0	3	0			여 봉 훈	14	DF	DF	23	윤 종 규		0	0	0	0
0	2(1)	44			이 찬 동	40	MF	MF	66	기 성 용	66	0	0	0	0
0	6				한 희 훈	4	MF	MF	13	고 요 한		1(1)	0	0	0
0	1	13			엄 지 성	24	MF	MF	15	팔로세비치	15	2(1)	2	0	0
0	1	29			이 희 균	17	MF	FW	7	나 상 호		0	0	0	0
0	1	5(2)			엄 원 상	72	FW	FW	72	강 성 진	14	3(1)	0	0	0
0	2	1(1)			김 종 우	10	FW	FW	11	조 영 욱	9	1(1)	1	0	0
0	0	0			윤 평 국	1			1	유 상 훈					
0	0	0			이 한 도	20			13	김 진 야	후48	0			
0	0	후36			이 순 민	44			4	김 원 균		0			
0	0	후36			박 정 수	6	대기	대기	66	차 오 연	후0	0			
0	0				헤 이 스	11			15	여 름	후48	0			
0	0	후30			두 현 석	13			14	권 성 윤	후45	0			
0	1	2(1)	후30		허 율	29			9	지 동 원	후45	0			
0	1	14	14(6)									9(5)	10	0	0

● 전반 42분 김종우 PA 정면 R-ST-G(득점: 김종우) 오른쪽
● 후반 24초 이찬동 GAL L-ST-G(득점: 이찬동) 왼쪽
● 후반 5분 엄원상 PAR R-ST-G(득점: 엄원상) 오른쪽
● 후반 19분 알렉스 GA 정면내 자책골(득점: 알렉스) 오른쪽
● 후반 22분 고요한 MFR ~ 팔로세비치 PK 좌측지점 L-ST-G(득점: 팔로세비치, 도움: 고요한) 오른쪽
● 후반 33분 강성진 PAR 내 EL L-ST-G(득점: 강성진) 오른쪽
● 후반 42분 나상호 GAL ~ 고요한 GAL L-ST-G(득점: 고요한, 도움: 나상호) 가운데

• 11월 03일 19:30 맑음 탄천 종합 1,288명
• 주심_정동식 부심_곽승순·성주경 대기심_김동진 경기감독관_김용세

성남 1 | 1 전반 1 / 0 후반 0 | **1 인천**

퇴장	경고	파울	ST(유)	교체	선수명	배번	위치	위치	배번	선수명	교체	ST(유)	파울	경고	퇴장
0	0	0	0		김 영 광	41	GK	GK	31	김 동 헌		0	0	0	0
0	0	1	0		최 지 묵	34	DF	DF		델브리지		0	1	0	0
0	0	2	0		권 경 원	3	DF	DF	4	강 민 수		0	2	0	0
0	0	0	0		이 상 영	20	DF	DF	20	김 연 수		0	1	0	0
0	1	2	0		이 시 영	2	MF	MF	26	김 윤 구	26	0	0	0	0
0	0	2(1)			박 수 일	66	MF	MF	10	아 길 라 르		0	3	0	0
0	2	6			이자데로		MF	MF	28	정 혁	24	0	1	0	0
0	0	0			권 순 형	7	MF	MF	34	오 재 석		0	1	0	0
0	2	12			김 민 혁	13	MF	MF	19	이 준 석	19	1	0	0	0
0	2	1	19		뮬 리 치	19	FW	FW	35	이 종 욱	35	2(2)	5	0	0
0	1	9	후37		홍 시 후	37	FW	FW		김 현		1	2(1)		
0	0	0			허 자 웅				21	이 태 희					
0	0	후34			안 영 규	6			26	오 반 석	후46	1			
0	0				서 보 민	11			1	김 창 수	후46	0			
0	0	후20			이 종 성	16	대기	대기	24	강 현	후43	0			
0	0	14			안 진 범	22			7	김 도 혁		0			
0	0	후31			박 용 지	19			77	네 개		0			
0	0	후20			뮬 리 치	19			19	송 시 우	전19	1(1)			
0	1	14	9(2)						0			5(3)	18	3	0

● 전반 6분 김민혁 MFR ~ 박수일 AK 정면 R-ST-G(득점: 박수일, 도움: 김민혁) 왼쪽
● 전반 37분 델브리지 MFL ⌒ 김현 GA 정면 H-ST-G(득점: 김현, 도움: 델브리지) 왼쪽

• 11월 06일 14:00 흐림 제주 월드컵 1,633명
• 주심_송민석 부심_장준필·김지욱 대기심_서동진 경기감독관_조성철

제주 2 | 1 전반 0 / 1 후반 0 | **0 수원**

퇴장	경고	파울	ST(유)	교체	선수명	배번	위치	위치	배번	선수명	교체	ST(유)	파울	경고	퇴장
0	0	0	0		이 창 근	1	GK	GK	19	노 동 건		0	0	0	0
0	0	0	1(1)		안 현 범	17	MF	DF	3	양 상 민		0	2	0	0
0	0	0	0		김 오 규	35	DF	DF	4	헨 리		0	0	0	0
0	1	0			정 운	23	DF	DF	35	장 호 익		0	0	0	0
0	1	2			정 우 재	22	MF	MF	23	이 기 제		3(1)	2	0	0
0	0	1			김 영 욱	14	MF	MF	18	김 태 환		4(1)	3	0	0
0	1	0	30		이 동 수	30	MF	MF	26	김 민 우	26	0	1	0	0
0	1	0	47		이 동 률	47	MF	MF	20	유 주 안		0	3	0	0
0	0	0			제 르 소	11	FW	FW	14	전 세 진	14	0	1	0	0
0	2	15			주 민 규	18	FW	GK	21	양 형 모		0	0	0	0
0	0	0			윤 연 수	31			33	박 대 원					
0	0	후36			권 한 진	13			90	구 대 영		0			
0	0				홍 준 호	20			5	조 성 진		0			
0	0	후36			박 원 재	33	대기	대기	14	강 현 묵	후15	1			
0	0	후8			김 승 섭	9			30	류 승 우		0			
0	0	후8/5			조 성 준	7			22	권 창 훈	후15	0			
0	0	후36			이 정 문	13			26	염 기 훈	후37	2			
0	2	15	11(8)									14(3)	15	3	0

● 전반 26분 주민규 PK-R-G(득점: 주민규) 왼쪽
● 후반 29분 김영욱 PAR ~ 주민규 PK 좌측지점 H-ST-G(득점: 주민규, 도움: 김영욱) 왼쪽

- 11월 06일 16:30 맑음 수원 월드컵 965명
- 주심_ 김용우 부심_ 박균용·설귀선 대기심_ 조지음 경기감독관_ 허기태

						1	전반	2					
수원FC 1						0	후반	0	**2 대구**				

퇴장	경고	파울	ST(유)	교체	선수명	배번	위치	위치	배번	선수명	교체	ST(유)	파울	경고	퇴장
0	0	0	0		유 현 51	GK	GK	1	최 영 은		0	0	0	0
0	1	2	0		곽 윤 호 4	DF	DF	30	박 병 현	1	0	0	0
0	0	1	3(1)		박 주 호 6	DF	DF	4	정 태 욱	5	0	3	0	0
0	0	0		18	김 동 우 26	DF	DF	7	김 진 혁		0	0	0	0
0	1	3		19	김 상 원 13	MF	MF	14	안 용 우		0	0	0	0
0	0	1		14	정 재 용 8	MF	MF	10	라 마 스		0	0	0	0
0	2	4(1)			무 릴 로 10	MF	MF	26	이 진 용		0	0	0	0
0	1	1(1)		1	김 수 범 11	MF	MF	8	세 징 야	22	2(2)	2	0	0
0	0	3(3)			이 영 재 28	MF	MF	11	세 징 야	22	2(2)	2	0	0
0	1	3(3)			라 스 6	FW	FW	32	정 치 인	44	2(2)	0	0	0
0	0		29	이 영 준 99	FW	FW	9	에 드 가		3(3)	5	0	0
0	0	0	0		박 배 종 1			31	이 윤 오		0	0	0	0
0	0	0	0		김 주 엽 27			66	조 진 우		0	0	0	0
0	0		후0	김 건 웅 14			7	김 진 혁					
후33	김 준 형 88	대기	대기	44	츠 바 사	후24			
후17	양 동 현 18			23	김 태 양				
1(1)	후0	정 충 근 19			22	이 근 호	후34			
정충근	조 상 준 29			5	김 재 우	후0			
0	1	10	19(10)						9(7)	18	2	0

- 전반 6분 이영준(대기) PK 좌측지점 가슴패스 리스 GA 정면 L-ST-G(득점: 리스, 도움: 이영준(대기)) 오른쪽

- 11월 06일 19:00 맑음 전주 월드컵 11,383명
- 주심_ 이동준 부심_ 김계용·양재용 대기심_ 안재훈 경기감독관_ 차상해

						1	전반	1					
전북 3						2	후반	1	**2 울산**				

퇴장	경고	파울	ST(유)	교체	선수명	배번	위치	위치	배번	선수명	교체	ST(유)	파울	경고	퇴장
0	0	0	0		송 범 근 31	GK	GK	21	조 현 우		0	0	0	0
0	0	2	0		김 진 수 23	DF	DF	44	김 기 희		0	0	0	0
0	0	0	0		홍 정 호 26	DF	DF	36	임 종 은		2(2)	0	0	0
0	0	1	0		구 자 룡 15	DF	DF	66	설 영 우		0	0	0	0
0	1	1	0		이 용 2	DF	DF	23	김 태 환		0	0	0	0
0	1(1)			류 재 문 29	MF	MF	16	원 두 재		0	0	0	0
0	1(1)	11	송 민 규 21	MF	MF	6	박 용 우	10	1	1	1	0
0	0			쿠 니 모 토 5	MF	MF	19	김 동 경	11	0	0	0	0
0	1			백 승 호 8	FW	FW	8	바 코	72	1(1)	1	0	0
0	1	27	한 교 원 7	FW	FW	7	윤 일 록		4(1)	1	0	0
0	0	10	구 스 타 보 9	FW	FW	19	오 세 훈		0	0	0	0
0	0	0	0		이 범 영 1			1	조 수 혁		0	0	0	0
0	0	0	0		박 진 성 33			33	홍 명		0	0	0	0
0	0			최 철 순 25			15	김 태 현					
0	0			김 보 경 13	대기	대기	20	신 형 민					
0	3(2)	후9	바 로 우 11			10	윤 빛 가 람	후32	0			
0	0	후9	문 선 민 27			72	이 청 용	후21	1(1)	0		
0	1(1)	후44	일류첸코 10			11	이 동 준	후15	2	1	0
0	1	11	10(7)						14(6)	11	1	0

- 전반 23분 송민규 GAL 내 R-ST-G(득점: 송민규) 가운데
- 후반 19분 류재문 PA 정면내 R-ST-G(득점: 류재문) 오른쪽
- 후반 49분 쿠니모토 PAL ⌒ 일류첸코 GA 정면 H-ST-G(득점: 일류첸코, 도움: 쿠니모토) 오른쪽

- 전반 37분 이동경 C.KR ⌒ 임종은 GA 정면 H-ST-G(득점: 임종은, 도움: 이동경) 왼쪽
- 후반 33분 이청용 GAR R-ST-G(득점: 이청용) 오른쪽

- 11월 07일 14:00 맑음 포항 스틸야드 1,998명
- 주심_ 정회수 부심_ 곽승순·송봉근 대기심_ 김영수 경기감독관_ 강득수

						0	전반	1					
포항 1						1	후반	1	**2 광주**				

퇴장	경고	파울	ST(유)	교체	선수명	배번	위치	위치	배번	선수명	교체	ST(유)	파울	경고	퇴장
1	1	0	0		이 준 21	GK	GK	1	윤 평 국		0	0	0	0
0	0	0		17	김 륜 성 30	DF	DF	3	이 민 기		0	3	1	0
1	0	1	0		그 랜 트 3	DF	DF	20	이 한 도		0	1	0	0
0	0			권 완 규 13	DF	DF	28	알 렉 스	2(2)	1	1	0
0	1	2			전 민 광 4	DF	DF	16	여 봉 훈	32	0	1	0	0
0	0	1			박 승 욱 32	MF	MF	44	이 순 민		1	3	0	0
0	0		3	이 수 빈 57	MF	MF	40	이 찬 동		0	2	0	0
0	0			임 상 협 77	FW	FW	17	헤 이 스		1(1)	1	0	0
0	1(1)	41	신 진 호 6	MF	MF	10	김 종 우	22	2(2)	0	0
0	1	1(1)			강 상 우 10	MF	MF	24	엄 지 성		0	0	0	0
0	0			이 승 모 16	FW	FW	19	엄 원 상	18	0	0	0	0
0	0		후51	조 성 훈 41			77	윤 보 상		0	0	0	0
0	0		0	이 광 준 3			8	이 으 뜸		0	0	0	0
0	0		후0	신 광 훈 17			32	이 지 훈	후44			
0	0			오 범 석 14	대기	대기	22	곽 광 선	후44			
0	1	후7	크베치차 8			4	한 희 훈	후33			
0	0			고 영 준 79			9	조 나 탄	후50	0		
0	1	1(1)	후30	이 호 재 20			0	0		
2	1	12	4(3)						9(6)	19	4	0

- 후반 42분 강상우 PAL 내 R-ST-G(득점: 강상우) 왼쪽

- 전반 47분 이준 GA 정면내 H 자책골(득점: 이준) 가운데
- 후반 2분 헤이스 MFL R-ST-G(득점: 헤이스) 오른쪽

- 11월 07일 16:30 맑음 춘천 송암 1,400명
- 주심_ 김동진 부심_ 박균용·강동호 대기심_ 성덕효 경기감독관_ 김성기

						1	전반	0					
강원 1						0	후반	1	**1 인천**				

퇴장	경고	파울	ST(유)	교체	선수명	배번	위치	위치	배번	선수명	교체	ST(유)	파울	경고	퇴장
0	0	0	0		이 범 수 25	GK	GK	31	김 동 헌		0	0	0	0
0	1	0			신 세 계 3	DF	DF	20	델브리지		0	0	0	0
0	1	1			임 채 민 26	DF	DF	4	강 민 수		0	0	0	0
0	0			김 영 빈 2	DF	MF	8	강 윤 구	26	0	1	0	0
0	0	1			츠베타노프 71	DF	MF	16	강 윤 구		0	0	0	0
0	2	2(2)		5	김 창 우 23	MF	MF	30	박 창 환		2	1	0	0
0	0			한 국 영 8	MF	MF	24	이 강 현		2	1	0	0
0	1	3(2)	12	김 대 우 66	MF	MF	70	구 본 철	19	0	0	0
0	2	2(1)	4	황 문 기 88	MF	MF	17	김 보 섭		0	0	0	0
0	1			김 대 원 1	FW	MF	7	유 동 규		0	0	0	0
0	0		18	박 상 혁 99	FW	FW	9	김 현		6(2)	1	0	0
0	0	0	0		김 정 호 21			21	이 태 희	후26	0	0	0	0
0	0	0	0		아슬마토프 2			26	오 반 석	후26	0	0	0	0
0	0		후37	정 승 용 5			34	오 재 석					
0	0		후8	서 민 우 4	대기	대기	28	정 혁					
0	0		후37	마 티 아 9			13	김 도 혁	후32	0		
0	0			양 현 준 47			10	아길라르	후26	2(2)	0	
0	0		후0	이 정 협 18			19	송 시 우	전32	0	1	0
0	11	12(5)							12(4)	11	1	0

- 후반 28분 임창우 MFR ⌒ 김대우 GA 정면 H-ST-G(득점: 김대우, 도움: 임창우) 오른쪽

- 후반 32분 아길라르 C.KR ⌒ 김현 GA 정면 H-ST-G(득점: 김현, 도움: 아길라르) 가운데

- 11월 07일 19:00 흐림 잠실 올림픽 3,680명
- 주심_신용준 부심_김계용·지승민 대기심_정동식 경기감독관_김용세

서울 3 | 1 전반 0 / 2 후반 0 | 0 성남

퇴장	경고	파울	ST(유)	교체	선수명	배번	위치	위치	배번	선수명	교체	ST(유)	파울	경고	퇴장
0	0	0	0		양한빈	21	GK	GK	41	김영광		0	0	0	0
0	0	0	0	66	이태석	88	DF	DF	34	최지묵		0	0	0	0
0	0	0	0		오스마르	5	DF	DF	2	권경원		0	0	0	0
0	0	0	0	40	강상희	28	DF	DF	5	마상훈	19	0	0	0	0
0	0	0	0		윤종규	23	DF	DF	6	이창용		0	0	1	0
0	0	2	0		기성용	8	MF	MF	66	박수일		0	2	1	0
0	0	3	0	15	고요한	13	MF	MF	10	이스칸데로프	16	0	2	1	0
0	0	2(2)			팔로세비치	26	MF	MF	7	권순형		0	2	1	0
0	0	1	1(1)		나상호	7	FW	MF	2	이시영		1(1)	1	0	
0	0	1		17	강성진	72	FW	FW	27	이중민	8	1	0	0	
0	1	2(2)		14	조영욱	9	FW	FW	23	뮬리치	18	4(1)	1	0	
0	0	0	0		유상훈	1			1	허자웅		0	0	0	0
0	0	0	0	후23	김진야				8	안영규		0	0	0	0
0	0	0	0	후	김원균	40			14	이규성	후0	0	0	0	0
0	0	0	0	후29	차오연	66	대기	대기	16	이종성	후27	0	0	0	0
0	0	0	0	후45	여름	18			전33	물리	전33	4(1)	4	0	0
0	0	0	0	후45	윤종				9	뮬 쉬	후27	1	0	0	0
0	0	0	0		가브리엘	99			19	박용지	전33/9	1(1)	1	0	0
0	8	8(5)				0				0		8(3)	13	3	0

- 전반 15분 팔로세비치 PA 정면내 ~ 조영욱 GAR 내 R-ST-G(득점: 조영욱, 도움: 팔로세비치) 오른쪽
- 전반 12분 고요한 HL 정면 ~ 팔로세비치 AKR L-ST-G(득점: 팔로세비치, 도움: 고요한) 오른쪽
- 후반 43분 나상호 PAR TL ~ 팔로세비치 PA 정면 L-ST-G(득점: 팔로세비치, 도움: 나상호) 왼쪽

- 11월 21일 14:00 흐림 수원월드컵 2,765명
- 주심_고형진 부심_박상준·성주경 대기심_안재훈 경기감독관_나승화

수원FC 3 | 2 전반 0 / 1 후반 2 | 2 전북

퇴장	경고	파울	ST(유)	교체	선수명	배번	위치	위치	배번	선수명	교체	ST(유)	파울	경고	퇴장
0	0	0	0		유현	51	GK	GK	31	송범근		0	0	0	0
0	0	1	1(1)		잭슨	5	DF	DF	23	김진수		1(1)	1	0	0
0	0	3	1(1)		김건웅	14	DF	DF	26	홍정호		0	0	0	0
0	0	2	0	20	김동우	26	DF	DF	15	구자룡		1(1)	0	0	0
0	0	1		4	김상원	3	DF	DF	16	이용	후0	0	0	0	0
0	0	2		8	박주호	6	MF	MF	5	백승호		0	1	0	0
0	0	1		27	무릴로	10	MF	MF	17	쿠니모토		0	0	0	0
0	0				김수범	17	MF	MF	14	이승기	13	0	0	0	0
0	0	2(1)			이영재	28	FW	FW	11	바로우		2(1)	0	0	0
0	0	3			라스	9	FW	FW	21	송민규	27	0	0	0	0
0	0	1		18	이영준	99	FW	FW	10	일류첸코	19	4(1)	0	0	0
0	0	0	0		최봉진	1			50	김준홍		0	0	0	0
0	0	0	0	후13	곽윤호	4			25	최철순		0	0	0	0
0	0	0	0	후30	조유민	20			29	류재문		0	0	0	0
0	0	0	0	후30	김주엽	24	대기	대기	13	김보경	후0	2(2)	0	0	0
0	1	1(1)		후30	정재용	8			27	문선민	후0	2	0	0	0
0	0				강민철	88			7	한교원		0	0	0	0
0	0			전20	양동현	18			9	구스타보	후19	1(1)	0	0	0
0	2	15	10(6)			0				0		9(8)	7	1	0

- 전반 19분 이영재 PK-L-G(득점: 이영재) 왼쪽
- 전반 29분 라스 GAL L-ST-G(득점: 라스) 가운데
- 후반 43분 김주엽 PAR 내 ~ 정재용 PAR 내 R-ST-G(득점: 정재용, 도움: 김주엽) 오른쪽
- 후반 31분 문선민 GAR R-ST-G(득점: 문선민) 가운데
- 후반 36분 구스타보 PK-R-G(득점: 구스타보) 왼쪽

- 11월 21일 16:30 흐림 울산문수 4,208명
- 주심_김종혁 부심_이정민·설귀선 대기심_김우성 경기감독관_차상해

울산 3 | 0 전반 0 / 3 후반 1 | 1 제주

퇴장	경고	파울	ST(유)	교체	선수명	배번	위치	위치	배번	선수명	교체	ST(유)	파울	경고	퇴장
0	0	0	0		조현우	21	GK	GK	1	이창근		0	0	0	0
0	0	0	0		김기희	44	DF	MF	17	안현범		2(2)	0	0	0
0	0	1			임종은	36	DF	DF	35	김오규		1(1)	0	0	0
0	0	1			이명재	27	DF	DF	13	김경재	20	0	0	0	0
0	0	3(2)			설영우	66	DF	DF	13	정우		0	1	0	0
0	0	1	8		원두재	16	MF	MF	22	정우재		0	1	0	0
0	1	1(1)	8		박용우	14	MF	MF	14	김영욱	33	0	1	0	0
0	0		14		윤빛가람	10	MF	MF	4	이동수		0	3	0	0
0	1	2(1)			이청용	72	FW	FW	37	이동률		0	0	0	0
0	2	2		13	이동준	11	FW	FW	11	제르소	39	2(1)	0	0	0
0	0	3(3)			오세훈	19	FW	FW	7	주민규		1(1)	0	0	0
0	0	0	0		조수혁	1			31	유연수		0	0	0	0
0	0	0	0		홍철	33			20	홍준호	후49	0	0	0	0
0	0	0	0	후50	불투이스	4			5	권한진		0	0	0	0
0	2(2)		후33		이동경	14	대기	대기	33	박원재	후26	0	0	0	0
0	0	1		후33	바코	8			30	김봉수		0	0	0	0
0	0		후24		윤일록	7			39	김명순	후49	0	0	0	0
0	0		후50		김민준	13			26	이정문		0	0	0	0
0	1	5	16(10)			0				0		8(7)	16	0	0

- 후반 9분 윤빛가람 MF 정면 ~ 오세훈 AK 내 L-ST-G(득점: 오세훈, 도움: 윤빛가람) 오른쪽
- 후반 46분 이동준 PAR ~ 오세훈 GA 정면 내 H-ST-G(득점: 오세훈, 도움: 이동준) 왼쪽
- 후반 51분 이동경 GAL L-ST-G(득점: 이동경) 오른쪽
- 후반 29분 윤일록(대기) GAL 내 자책골(득점: 윤일록(대기)) 왼쪽

- 11월 21일 16:30 흐림 DGB대구은행파크 4,562명
- 주심_이동준 부심_윤재열·지승민 대기심_채상협 경기감독관_양정환

대구 2 | 1 전반 0 / 1 후반 1 | 1 수원

퇴장	경고	파울	ST(유)	교체	선수명	배번	위치	위치	배번	선수명	교체	ST(유)	파울	경고	퇴장
0	0	0	0		최영은	21	GK	GK	19	노동건		0	0	0	0
0	0	0	0		김재우	5	DF	DF	3	양상민		0	0	0	0
0	0	0			홍정운	6	DF	DF	2	최정원		0	1	0	0
0	1	1(1)			조진우	66	DF	DF	33	박대원		1	1	0	0
0	0	1			안용우	14	MF	MF	23	이기제		8	1	0	0
0	0	2	19		김희승	36	MF	MF	25	최성근	6	0	2	0	0
0	1	1			츠바사	44	MF	MF	18	김태환		1	1	0	0
0	0	4			장성원	38	MF	MF	19	김민우		2(1)	0	0	0
0	0	3			라마스	10	MF	MF	14	강현묵		2(1)	0	0	0
0	1	2	13		김진혁	7	FW	FW	29	정상빈	22	0	2	1	0
0	0	1			이근호	22	FW	FW	11	김건희		4(1)	1	0	0
0	0	0	0		이윤오	31			21	양형모		0	0	0	0
0	0	0	0	후31	정태욱	4			90	구대영		0	0	0	0
0	0	0	0		서경재	7			4	박형진	후42	0	0	0	0
0	0	0	0	후39	오후성	13	대기	대기	6	한석종	후42	0	0	0	0
0	0	0	0	후0	세징야	11			22	권창훈	후21	1	0	0	0
0	1	1		후0	에드가	9			26	염기훈	후39	1	0	0	0
0	0			후45	박기동	19			13	유주안		0	0	0	0
0	4	15	8(2)			0				0		13(3)	11	1	0

- 전반 19분 라마스 PAR FK ~ 이근호 GA 정면내 H-ST-G(득점: 이근호, 도움: 라마스) 가운데
- 후반 29분 세징야 PAL ~ 조진우 GA 정면 내 H-ST-G(득점: 조진우, 도움: 세징야) 왼쪽
- 후반 1분 이기제 C.KR ~ 김민우 GAL 내 몸 맞고 골(득점: 김민우, 도움: 이기제) 왼쪽

• 11월 27일 14:00 맑음 제주월드컵 2,506명
• 주심_정동식 부심_지승민·양재용 대기심_안재훈 경기감독관_조성철

제주 1   0 전반 0 / 1 후반 0   **0 수원FC**

퇴장	경고	파울	ST(유)	교체	선수명	배번	위치	배번	선수명	교체	ST(유)	파울	경고	퇴장
0	0	0	0		이창근	1	GK	GK	51	유현					
0	0	0	1(1)		안현범	17	DF	DF	4	곽윤호		0	2	0	0
0	0	1	1		김오규	35	DF	DF	5	잭슨	66	0	3	1	0
0	0	0	0		김경재	23	DF	DF	26	김동우		0	0	0	0
0	0	0	2		정운	13	DF	MF	3	김상원		1	0	0	0
0	0	0	2		정우재	22	MF	MF	10	무릴로		2(1)	4	0	0
0	0	3	2		김영욱	14	MF	MF	14	김건웅	8	0	1	0	0
0	0	1	0	26	김봉수	30	MF	MF	17	김수범		0	2	0	0
0	0	0	4		이동률	37	MF	MF	28	이영재		2	0	0	0
0	0	4	2(1)	5	제르소	5	FW	FW	9	라스		3(3)	0	0	0
0	0	2	4(1)		주민규	18	FW	FW	29	조상준	18	1	0	0	0
0	0	0	0		유연수	31			1	박배종		0			
0	0	0	0	후48	권한진	5			20	조유민					
0	0	0	0	후48	홍준호	20			27	김주엽					
0	0	0	0		박원재	33	대기	대기	8	정재용	후0				
0	0	0	0	후7/20	이동수	4			88	김준형					
0	1	1	0	후30	이정문	26			18	양동현	후0	1(1)	1	0	0
0	0	0	0		자와다	9			66	한승규	후29				
0	1	14	13(3)						0			12(5)	13	1	0

● 후반 45분 정우재 PAL 내 ⌒ 주민규 GAR
  H-ST-G(득점: 주민규, 도움: 정우재) 오른쪽

• 11월 27일 16:30 맑음 탄천 종합 1,525명
• 주심_김종혁 부심_윤재열·박균용 대기심_오현진 경기감독관_허기태

성남 1   1 전반 0 / 0 후반 0   **0 광주**

퇴장	경고	파울	ST(유)	교체	선수명	배번	위치	배번	선수명	교체	ST(유)	파울	경고	퇴장
0	1	0	0		김영광	41	GK	GK	1	윤평국					
0	0	0	0		최지묵	34	DF	DF	32	이지훈	8	0	0	0	
0	0	0	0		권경원	3	DF	DF	20	이한도					
0	0	0	0		마상훈	5	DF	DF	28	알렉스		2(1)			
0	0	0	0		이시영	2	DF	MF	4	여봉훈		0	0	0	0
0	1	0	1(1)		박수일	66	MF	MF	0	이찬동	26				
0	0	1(1)		16	이규성	14	MF	MF	44	이순민		5(1)	1	0	0
0	0	0	0		권순형	7	MF	MF	17	헤이스	29				
0	1	4			안진범	22	MF	MF	10	김종우					
0	1	1	0		이중민	27	FW	FW	24	엄지성	9	1(1)	0	0	
0	2	6(3)			뮬리치	8	FW	FW	7	이건희		1(1)			
0	0	0	0		허자웅				77	윤보상					
0	0	0	0	후22	이창용	4			8	이으뜸	후12				
0	0	0	0	후6	안영규	6			22	곽광선					
0	0	0	0		이칸타네로	10	대기	대기	4	한희준					
0	0	0	0	후47	이종성	16			26	이민균	후12				
0	0	0	0		박용지	19			9	조나탄	후0	3(2)	2	0	
0	0	0	0		홍시후	37			29	허율	후25				
0	3	6	11(6)						0			14(5)	8	1	0

● 전반 29분 안진범 GAL 오버헤드킥 R-ST-G
  (득점: 안진범) 왼쪽

• 11월 28일 14:00 맑음 DGB대구은행파크 6,206명
• 주심_김대용 부심_이정민·장종필 대기심_서동진 경기감독관_강득수

대구 0   0 전반 0 / 0 후반 2   **2 전북**

퇴장	경고	파울	ST(유)	교체	선수명	배번	위치	배번	선수명	교체	ST(유)	파울	경고	퇴장
0	0	0	0		최영은	1	GK	GK	31	송범근		0	0	0	0
0	0	0	1(1)		박병현	30	DF	DF	23	김진수		0	2	1	0
0	0	1	0		홍정운	5	DF	DF	26	홍정호		3(1)	2	0	0
0	1	1			정태욱	4	DF	DF	15	구자룡		0	1	0	0
0	0	1			안용우	10	MF	MF	2	이용		0	0	0	0
0	1	2		44	라마스	10	MF	MF	29	류재문		0	0	0	0
0	1	2	0		이진용	44	MF	MF	17	쿠니모토	10	3(1)	1	0	0
0	0	2			김재우	2	MF	MF	5	백승호		0	0	0	0
0	1	1			세징야	11	FW	FW	22	이성윤	21	0	0	0	0
0	1	1	4(3)		김진혁	7	FW	FW	7	한교원	27	1(1)	0	0	0
0	0	0	9		이근호	22	FW	FW	9	구스타보		3(2)	2	0	0
0	0	0	0		박성수	21			1	이범영					
0	0	0	0		조진우	66			25	최철순					
0	0	0	0	후20	서경주	2			13	김보경					
0	0	0	0		김희승	36	대기	대기	21	송민규	전9/11	1	0		
0	0	0	0	후45	츠바사	44			27	문선민	후19	2(1)	0		
0	0	0	0	후10	에드가	9			11	바로우	후45				
0	0	0	0		박기동	19			10	일류첸코	후45				
0	2	7	9(4)						0			15(7)	3	0	0

● 후반 2분 쿠니모토 C.KR ⌒ 홍정호 GAR
  R-ST-G(득점: 홍정호, 도움: 쿠니모토) 왼쪽
● 후반 41분 송민규 HLL ~ 문선민 AKL
  R-ST-G(득점: 문선민, 도움: 송민규) 가운데

• 11월 28일 14:40 맑음 수원월드컵 5,315명
• 주심_박병진 부심_박상준·강동호 대기심_신용준 경기감독관_김성기

수원 0   0 전반 0 / 0 후반 0   **0 울산**

퇴장	경고	파울	ST(유)	교체	선수명	배번	위치	배번	선수명	교체	ST(유)	파울	경고	퇴장
0	0	0	0		노동건	19	GK	GK	21	조현우		0	0	0	0
0	0	0	0		장호익	35	DF	DF	44	김기희		1	1	0	0
0	0	0	0		민상기	39	DF	DF	36	임종은	10	0	1	1	0
0	0	0	0		헨리	4	DF	DF	23	김태환		0	3	1	0
0	1	0	2(1)		이기제	23	MF	MF	66	설영우		2(2)	0	0	
0	1	4		33	최성근	25	MF	MF	16	원두재		0	0	0	0
0	1	1(1)			김태환	25	MF	MF	6	박용우	7	1(1)	0	0	
0	1(1)				김민우	10	MF	MF	14	이동경	8	4(3)	1	0	
0	0	2			강현묵	14	FW	FW	72	이청용		0	0	0	0
0	1(1)		22		정상빈	29	FW	FW	11	이동준		2(2)	0	0	
0	2(1)		12		김건희	9	FW	FW	19	오세훈		2(2)	0	0	
0	0	0	0		박지민	34			1	조수혁					
0	0	0	0		양상민	3			27	이명재					
0	0	0	0	후34	최정원	2			20	신형민					
0	0	0	0	후46	박대원	33	대기	대기	10	윤빛가람	후39				
0	0	0	0	후20	염기훈	26			8	바코	후10	1(1)	0		
0	0	0	0	후20	권창훈	22			7	윤일록	후22				
0	0	0	0	후46	오현규	12			13	김민준					
0	1	13	7(5)						0			12(9)	13	2	0

• 11월 28일 16:30 맑음 인천 전용 4,642명
• 주심_김용우 부심_김계용·설귀선 대기심_김영수 경기감독관_김용세

인천 0   0 전반 0 / 0 후반 0   0 포항

퇴장	경고	파울	ST(유)	교체	선수명	배번	위치	위치	배번	선수명	교체	ST(유)	파울	경고	퇴장
0	0	0	0		이 태 희	21	GK	GK	41	조 성 훈		0	0	0	0
0	0	4	1		델브리지	20	DF	DF	34	심 상 민		0	1	0	0
0	0	1	0		강 민 수	4	DF	DF	13	권 완 규		0	0	1	0
0	0	1	0		오 반 석	26	DF	DF	3	이 광 준		0	1	0	0
0	0	1	0	27	김 채 운	32	MF	DF	2	김 용 환		0	0	0	0
0	1	1			김 도 혁	7	MF	MF	25	김 성 주	30	3(2)	2	0	0
0	0	1	0		정 혁	28	MF	MF	23	노 경 호		0	0	0	0
0	0	6	2(2)		아길라르	10	MF	MF	57	김 호 남	77	1	0	0	0
0		16			김 준 엽	17	MF	MF	66	김 준 호	20	2	2	0	0
0	0	5(2)			무 고 사	9	FW	FW	23	조 재 훈	10	1	1	0	0
0		77			송 시 우	7	FW	FW	16	이 승 모		0	0	0	0
0	0	0	0		김 유 성	37			91	노 지 훈		0	0	0	0
0	0	0	0		김 창 수	2			14	오 범 석		0	0	0	0
0	1	1		후	강 윤 구	16			57	이 수 빈	후30	0	0	0	0
0	0			후0	김 보 섭	27	대기	대기	30	김 륜 성	후39	0	0	0	0
0				후20	네 게 바	77			10	강 상 우	후	0	0	0	0
0					김 대 중	91			77	임 상 협	후13	3(1)	0	0	0
0					유 동 규	19			20	이 호 재	후13	1	0	0	0
0	2	23	11(4)			0			0			17(7)	19	3	0

• 11월 28일 16:30 맑음 잠실 올림픽 6,375명
• 주심_이동준 부심_곽승순·성주경 대기심_성덕효 경기감독관_나승화

서울 0   0 전반 0 / 0 후반 0   0 강원

퇴장	경고	파울	ST(유)	교체	선수명	배번	위치	위치	배번	선수명	교체	ST(유)	파울	경고	퇴장
0	1	2	1		양 한 빈	21	GK	GK	1	이 광 연		0	0	0	0
0	1	2	1		이 태 석	88	DF	DF	3	신 세 계		1	0	1	0
0	0	0	0		오스마르	5	DF	DF	2	임 영 빈		1(1)	1	0	0
0	1	2	0		김 원 균	40	DF	MF	23	임 창 우		0	0	0	0
0	0	0	0		윤 종 규	23	DF	MF	5	정 승 용		0	0	0	0
0	0	1	0		기 성 용	8	MF	MF	8	한 국 영		0	0	0	0
0	0	0	0		고 요 한	13	MF	MF	66	김 대 우		1(1)	0	0	0
0		24			팔로세비치	26	MF	MF	14	신 창 무	28	0	3	1	0
0	1(1)				나 상 호	16	FW	MF	7	정 석 화		3	1	0	0
0	1	9			김 성 진	72	FW	FW	18	김 대 원	1	1(1)	0	0	0
0	0	0	0		조 영 욱	11	FW	FW	18	이 정 협		0	0	0	0
					백 종 범	29			25	이 범 수					
					김 진 야	17			32	이 병 욱					
					강 상 희	28			3	쵸비타노프					
				후	차 오 연	66	대기	대기	28	마 티 아	후16/4				
					문 선 민				88	황 문 기					
					백 상 훈	35			4	서 민 우	후44				
				후42	지 동 원	9			99	박 상 혁					
0	3	8	6(3)			0			0			4(3)	9	2	0

• 12월 04일 15:00 맑음 포항 스틸야드 3,863명
• 주심_김우성 부심_이정민·방기열 대기심_송민석 경기감독관_강득수

포항 1   1 전반 0 / 0 후반 2   2 서울

퇴장	경고	파울	ST(유)	교체	선수명	배번	위치	위치	배번	선수명	교체	ST(유)	파울	경고	퇴장
0	0	0	0		조 성 훈	41	GK	GK	21	양 한 빈		0	0	0	0
0	0	0	0		심 상 민	34	DF	DF	17	김 진 야		2(1)	1	0	0
0	0	0	0		권 완 규	13	DF	DF	5	오스마르		1(1)	1	0	0
0	0	3			전 민 광	4	DF	DF	40	김 원 균	45	0	0	1	0
0	0	1	0		김 용 환	2	DF	DF	23	윤 종 규		0	0	0	0
0	1	6	0		신 광 훈	17	MF	MF	8	기 성 용		0	1	0	0
0	0	1	0	32	오 범 석	14	MF	MF	13	고 요 한		0	0	0	0
0					강 상 우	10	FW	MF	26	팔로세비치	24	3(1)	1	0	0
0	2	1(1)		66	신 진 호	6	FW	FW	7	나 상 호		1(1)	0	0	0
0	1	0		77	조 재 훈	16	FW	FW	72	김 성 진	9	0	0	0	0
0	1	1(1)		20	이 승 모	16	FW	FW	11	조 영 욱		3(2)	1	0	0
0	0	0	0		노 지 훈	91			29	백 종 범		0	0	0	0
0	0	0	0	후36	이 광 준	3			28	강 상 희		0	0	0	0
0	0	0	0	전32	박 승 욱	32			45	이 한 범	후10	0	0	0	0
0	0	0	0		김 성 주	25	대기	대기	66	차 오 연		0	0	0	0
0	0	0	0	후44	김 준 호	66			35	백 상 훈		0	0	0	0
0	2	1(1)		전32	임 상 협	77			24	정 원 진	후40	0	0	0	0
0	0	0	0	후44	이 호 재	20			9	지 동 원	후25	1	0	0	0
0	3	20	3(3)			0			0			12(6)	7	1	0

● 전반 42분 전민광 GAR 내 H ⌒ 임상협 GAL 내 EL H-ST-G (득점: 임상협, 도움: 전민광) 왼쪽
● 후반 29분 나상호 PAR ⌒ 팔로세비치 PK지점 H-ST-G (득점: 팔로세비치, 도움: 나상호) 왼쪽
● 후반 33분 지동원 AK 정면 ⌒ 조영욱 PA 정면 R-ST-G (득점: 조영욱, 도움: 지동원) 왼쪽

• 12월 04일 15:00 맑음 춘천 송암 1,081명
• 주심_안재훈 부심_지승민·송봉근 대기심_채상협 경기감독관_허기태

강원 2   1 전반 0 / 1 후반 1   1 성남

퇴장	경고	파울	ST(유)	교체	선수명	배번	위치	위치	배번	선수명	교체	ST(유)	파울	경고	퇴장
0	1	0	0		이 광 연	1	GK	GK	41	김 영 광		0	0	0	0
0	0	1	0		김 영 빈	2	DF	DF	34	최 지 묵		0	2	1	0
0	0	0	0		임 채 민	26	DF	DF	3	권 경 원	4	1	0	0	0
0	0	0	0		윤 석 영	7	DF	DF	5	마 상 훈		1	2	0	0
0	0	0	0		김 창 우	23	MF	MF	2	이 시 영		0	0	0	0
0	2	0		47	쵸비타노프	71	MF	MF	66	박 수 일		0	0	0	0
0	0	0		88	서 민 우	4	MF	MF	14	이 규 성	10	0	1	0	0
0	1	2	0		김 대 우	6	MF	MF	7	권 순 형		0	0	0	0
0	0	0	0		신 창 무	14	MF	MF	29	정 석 화	37	0	0	0	0
0	3	4(4)		99	김 대 원	17	FW	FW	19	박 용 지	16	2	0	0	0
0	2	4(2)			이 정 협	18	FW	FW	27	이 중 민	2	0	0	1	0
0	0	0	0		이 범 수	25			1	허 자 웅		0	0	0	0
0	0	0	0	후29	신 세 계	3			4	이 창 용	후0	1	0	0	0
0	0	0	0	후29	정 승 용	5			10	이스칸데로프	후29	0	0	0	0
0	0	0	0	후28	마 티 아	28	대기	대기	16	김 승 섭	후0	1	1	0	0
0		3(3)		후	황 문 기	88			22	안 진 범		0	0	0	0
0	0	0	0	후47	양 현 준	47			8	뮬 리 치	후21	3(2)	3	1	0
0	0	0	0	후20	박 상 혁	99			37	홍 시 후	후29	0	0	0	0
0	3	14	10(10)			0			0			6(2)	16	3	0

● 전반 5분 김대원1 GAR 내 R-ST-G (득점: 김대원1) 가운데
● 후반 28분 김대원1 PK-R-G (득점: 김대원1) 오른쪽
● 후반 38분 이시영 MFL ⌒ 뮬리치 GAL L-ST-G (득점: 뮬리치, 도움: 이시영) 왼쪽

광주 1 - 1 인천

- 12월 04일 15:00 흐림 광주 전용 1,178명
- 주심_박병진 부심_박상준·장종필 대기심_최현재 경기감독관_차상해

					광주 1	1 전반 1 0 후반 0	1 인천								

퇴장	경고	파울	ST(유)	교체	선수명	배번	위치	위치	배번	선수명	교체	ST(유)	파울	경고	퇴장
0	0	0	0		신송훈	31	GK	GK	21	이태희		0	0	0	0
0	0	0	2(2)		이민기	3	DF	DF	47	김동민		0	0	0	0
0	0	1	0		알렉스	28	DF	DF	30	박창환		0	2	0	0
0	0	0	0		여봉훈	14	DF	DF	25	김민석	27	0	2	0	0
0	0	1	0	26	이찬동	40	MF	MF	40	정성원	18	0	2	0	0
0	0	0	0	32	이순민	44	MF	MF	24	이강현	70	0	0	0	0
0	0	2	0	13	헤이스		MF	MF	33	표건희		1	1	0	0
0	0	1	0	11	엄지성	24	MF	FW	15	김대중	29	1	1	0	0
0	0	2(1)		7	엄원상	7	FW	FW	17	유동규	35	1(1)	3	0	0
0	0	0	0		권영록	1			31	김동헌		0	0	0	0
0	0	0	후31		이지훈	32			3	김광석		0	0	0	0
0	0	0			곽광선	22			27	김보섭	후0	2(1)	0	0	0
0	0	0	후41	대기	한희훈	4	대기		18	최범경		0	0	0	0
0	0	1			최준혁	26			70	구본철	후33	0	0	0	0
0	0	0	후0		김주공	11			29	이준석	후26	1	0	0	0
0	0	0	후35		두현석	13			35	이종욱	후37	0	0	0	0
0	1	10	5(3)									6(4)	20	0	0

- ●전반 2분 헤이스 PAL 내 ⌒ 엄원상 GAR 내 H-ST-G(득점: 엄원상, 도움: 헤이스) 오른쪽
- ●전반 37분 김대중 GAR ~ 유동규 GAR R-ST-G(득점: 유동규, 도움: 김대중) 왼쪽

전북 2 - 0 제주

- 12월 05일 15:00 맑음 전주 월드컵 13,902명
- 주심_이동준 부심_윤재열·설귀선 대기심_조지음 경기감독관_차상해

					전북 2	0 전반 0 2 후반 0	0 제주								

퇴장	경고	파울	ST(유)	교체	선수명	배번	위치	위치	배번	선수명	교체	ST(유)	파울	경고	퇴장
0	1	0	0		송범근	31	GK	GK	31	이창근		0	0	0	0
0	0	1	0	10	최철순	25	DF	DF	17	안현범	29	1	1	0	0
0	0	0	0		홍정호	26	DF	DF	35	김오규		1	1	0	0
0	1	0	1(1)		구자룡	15	DF	DF	23	김경재		0	0	0	0
0	0	0	0		이용	2	DF	MF	22	정우재		1	2	0	0
0	0	0	0		쿠니모토	17	MF	MF	14	김영욱		0	3	0	0
0	0	2	0		백승호	8	MF	MF	30	김봉수		1	1	0	0
0	0	2	0	13	이승기	14	MF	FW	39	정명선	33	1	0	0	0
0	0	0	0	4	이성윤	22	FW	FW	11	제르소	4	1	0	0	0
0	0	4(2)			한교원	7	FW	FW	18	주민규		1	2	0	0
0	0	0	0		구스타보	9	FW		31	유연수	후42	0	0	0	0
0	0	0			이범영				20	홍준호		0	0	0	0
0	0	0			이주용	32			5	권한진		0	0	0	0
0	0	0	후33		김보경	13			33	박원재	전26	1	1	0	0
0	2(1)		전12		송민규	21	대기	대기	29	변경준		0	0	0	0
0	0	0	후44		문선민	27			26	이정문	후0	0	0	0	0
0	0	3	후0		바로우	11			20	자와타	후20	1	0	0	0
0	0	0	후44		일류첸코	10									
0	5	12(7)										7(1)	18	4	0

- ●후반 9분 한교원 GAR 내 R-ST-G(득점: 한교원) 오른쪽
- ●후반 28분 쿠니모토 자기 측 MFL TL ~ 송민규 PAL 내 R-ST-G(득점: 송민규, 도움: 쿠니모토) 오른쪽

울산 2 - 0 대구

- 12월 05일 15:00 맑음 울산 문수 8,806명
- 주심_고형진 부심_김계용·양재용 대기심_김용우 경기감독관_양정환

					울산 2	2 전반 0 0 후반 0	0 대구								

퇴장	경고	파울	ST(유)	교체	선수명	배번	위치	위치	배번	선수명	교체	ST(유)	파울	경고	퇴장
0	0	0	0		조현우	21	GK	GK	1	최영은		0	0	0	0
0	0	0	0		김기희	44	DF	DF	30	박병현		1(1)	1	0	0
0	0	2	0		임종은	36	DF	DF	6	홍정운	66	0	1	0	0
0	0	2	0		김태환	23	DF	DF	4	정태욱		0	0	0	0
0	0	0	4(2)		설영우	13	MF	MF	22	안용우	22	0	0	0	0
0	0	0	0		원두재	16	MF	MF	36	장성원		2	0	0	0
0	0	2(2)			박용우	6	MF	MF	44	라마스		2(1)	1	0	0
0	0	6(6)			바코	8	MF	MF	5	김재우		0	0	0	0
0	0	0	0		이청용	72	FW	FW	11	세징야		3(2)	1	0	0
0	3(3)				이동준	11	FW	FW	32	김진혁	32	1	0	0	0
0	0	2(2)			오세훈	19	FW	FW	9	에드가		1	1	0	0
0	0	0	0		조수혁	1			31	윤오		0	0	0	0
0	0	0			이명재	24			66	조진우	후38	0	0	0	0
0	0	0			신형민	2			2	서경주	후22	0	0	0	0
0	0	0	대기	대기	윤빛가람	10	대기	대기	74	이용래		0	0	0	0
0	0	0	후0		이동경				44	츠바사	후28	0	0	0	0
0	0	0	후30		윤일록				22	이근호	후0	1(1)	0	0	0
0	0	0			김민준	13			32	정치인	후38	0	0	0	0
0	1	18	18(15)									10(6)	13	0	0

- ●전반 18분 원두재 MFL ~ 설영우 PAL 내 R-ST-G(득점: 설영우, 도움: 원두재) 오른쪽
- ●전반 47분 설영우 PAL ⌒ 오세훈 PK 우측 지점 H-ST-G(득점: 오세훈, 도움: 설영우) 왼쪽

수원FC 2 - 0 수원

- 12월 05일 15:00 맑음 수원 월드컵 3,619명
- 주심_김종혁 부심_곽승순·성주경 대기심_김영수 경기감독관_김용세

					수원FC 2	1 전반 0 1 후반 0	0 수원								

퇴장	경고	파울	ST(유)	교체	선수명	배번	위치	위치	배번	선수명	교체	ST(유)	파울	경고	퇴장
0	0	0	0		유현	51	GK	GK	19	노동건		0	0	0	0
0	0	0	0		곽윤호	4	DF	DF	35	장호익		0	0	0	0
0	0	0	0		잭슨	5	DF	DF	39	민상기		0	0	0	0
0	1	0	0	20	김동우	26	DF	DF	4	현리		0	0	0	0
0	1	3	0		김상원	3	MF	MF	23	이기제		0	0	0	0
0	0	2(1)		66	정재용	8	MF	MF	2	박석종	3(2)	3	0	0	0
0	2(1)				무릴로	10	MF	MF		김태환		0	0	0	0
0	0	2			김승범	17	MF	MF		김민우		0	0	0	0
0	0	0			이영재	14	FW	FW	14	강현묵		0	0	0	0
0	0	1(1)			라스	9	FW	FW	29	정상빈	2(1)	0	0	0	0
0	0	0	18		이용준	99	FW	FW	9	김건희		2(1)	0	0	0
0	0	0	0		박배종	21			21	양형모		0	0	0	0
0	0	0	후34		정동호				3	양상민		0	0	0	0
0	0	0	후34		조유민				2	최정원	후14	1	0	0	0
0	0	0	대기	대기	김건웅	14	대기	대기	33	박대원	후23	0	0	0	0
0	0	1(전25)	전25		양동현	18			26	김준형	후14	0	0	0	0
0	0	0	후34		조상준	29				권창훈	후0	2(1)	0	0	0
0	0	0	후18		이승규	66			12	오현규	후29	3(3)	0	0	0
0	2	11	10(6)									13(9)	8	0	0

- ●전반 40분 이영재 PA 정면내 L-ST-G(득점: 이영재) 오른쪽
- ●후반 9분 라스 GAR ~ 정재용 GA 정면 R-ST-G(득점: 정재용, 도움: 라스) 왼쪽

제1조 (목적)_ 본 대회요강은 (사)한국프로축구연맹(이하 '연맹')이 K LEAGUE 2(이하 'K리그2') 대회 및 경기 운영에 관한 사항을 규정함을 목적으로 한다.

제2조 (용어의 정의)_ 본 대회요강에서 '대회'라 함은 정규 라운드(36R) 및 K리그2 준플레이오프, K리그2 플레이오프를 말하며, '클럽'이라 함은 연맹의 회원단체인 축구단을, '팀'이라 함은 해당 클럽의 팀을, '홈 클럽'이라 함은 홈경기를 개최하는 클럽을 지칭한다.

제3조 (명칭)_ 본 대회명은 '하나원큐 K리그2 2021'로 한다.

제4조 (주최, 주관)_ 본 대회는 연맹이 주최(대회를 총괄하여 책임지는 자)하고, 홈 클럽이 주관(주최자의 위임을 받아 대회를 운영하는 자)하는 자이다. 홈 클럽의 주관권은 제3자에게 양도할 수 없다.

제5조 (참가 클럽)_ 본 대회 참가 클럽(팀)은 총 10팀(FC안양, 경남FC, 김천상무, 대전하나시티즌, 부산아이파크, 부천FC, 서울이랜드FC, 안산그리너스FC, 전남드래곤즈, 충남아산FC)이다.

제6조 (일정)_ 본 대회는 2021.02.27(토)~2021.11.07(일) 개최하며, 경기일정(대진)은 미리 정한 경기일정표에 의한다.

구분	일정	방식	Round	팀수	경기수	장소
정규 라운드	02.27(토)~10.31(토)	4Round robin	36R	10팀	180경기 (팀당 36G)	홈 클럽 경기장
플레이오프	준PO 11.03(수), PO 11.07(일)	토너먼트	2R	3팀(최종순위 2~4위)	2경기	
계					182경기 (팀당 36~38경기)	

※대내외적 환경 변화에 따라 경기일정 변경 가능성 있음.

제7조 (대회방식)_

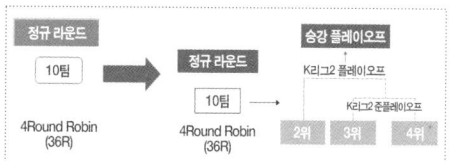

1. 10팀이 4Round robin(36라운드) 방식으로 정규 라운드 진행한다.

구분	대진	경기방식	경기장	다음 라운드 진출
K리그2 준PO	정규라운드 3위 vs 4위	90분 단판경기	3위팀 홈	승리팀 (무승부 시 3위팀)
K리그2 PO	정규라운드 2위 vs K리그2 준PO 통과팀	90분 단판경기	2위팀 홈	승리팀 (무승부 시 2위팀)

2. 정규 라운드(1~36R) 성적을 기준으로 1위팀은 K리그1 자동승격, 2위부터 4위까지는 K리그1 플레이오프를 실시한다. K리그2 준플레이오프, 플레이오프 및 승강 플레이오프는 K리그1 및 K리그2가 대회성립요건을 충족했을 경우에만 개최하며, 어느 한 디비전이라도 대회가 성립되지 않을 경우의 승강방식은 제22조 3항에 따른다. 정규 라운드 순위결정은 제29조에 의한다.

3. K리그2 플레이오프 방식(준, PO)은 정규라운드 3위와 4위가 준PO(단판경기)를 실시하고, 90분 경기 무승부 시 정규리그 3위팀이 플레이오프에 진출한다. 플레이오프에 진출한 팀은 정규 라운드 2위와 PO(단판경기)를 실시하고, 90분 경기 무승부 시 정규리그 2위팀이 PO 승자로서 승강 플레이오프에 진출한다.

4. K리그2 플레이오프(준PO, PO) 홈경기 개최는 정규 라운드 상위팀의 홈경기장에서 개최한다.

5. 최종 순위 결정은 제29조에 의한다.

제8조 (참가자격)_ 1. 본 대회를 참가하기 위해 클럽은 'K리그 클럽 라이선싱 규정'을 준수해야 하며, 그에 따라 라이선스를 부여받아야 한다.

제9조 (경기장)_ 1. 모든 클럽은 최상의 상태에서 홈경기를 실시할 수 있도록 경기장을 유지·관리할 책임이 있다.

2. 본 대회는 원칙적으로 축구전용경기장에서 개최되어야 한다.

3. 경기장은 법령이 정하는 시설 안전 기준을 충족하여야 한다.

4. 홈 클럽은 경기장을 방문하는 관람객을 위해 관중상해보험에 가입해야 하며, 보험증권을 시즌 개막 7일 전까지 연맹에 제출하여야 한다. 홈 클럽이 연고지역 외, 기타 경기장에서 K리그 경기를 개최하고자 할 경우에는 연맹에 경기개최 승인 요청 시 보험증권을 첨부하여 제출하여야 한다.

5. 각 클럽은 경기장 시설(물)에 대해 연맹의 승인을 득하여야 한다.

6. 경기장은 연맹의 경기장 시설 기준을 준수하여야 하며, 다음 각 호의 조건을 충족하여야 한다.

1) 그라운드는 천연잔디구장으로 길이 105m, 너비 68m를 권고하며, 천연잔디 또는 하이브리드 잔디여야 한다. 단 하이브리드 잔디를 사용할 경우 사전에 연맹의 승인을 득해야 하며, 아래 기준을 충족시켜야 한다.

가. 기준
 - 인조잔디 내 인체 유해성분이 검출되지 않을 것
 - 전체 그라운드 면적 대비 인조잔디 함유 비율 5% 미만
 - 최초 설치 시 아래 기준치를 상회하는 성능일 것

충격흡수성	수직방향변형	잔디길이
(51~52)%	(4~10)mm	(21~25)mm
회전저항	수직공반발	공구름
(25~50)N/m	(0.6~1.0)m	(4~8)m

나. 제출서류
 - 샘플(1㎡), 제품규격서, 유해성 검출 시험 결과표, 설치/유지 관리 계획서

다. 승인절차
 - 신청일로부터 60일 이내 승인
 - 필요시, 현장테스트 진행(최소 10㎡ 이상의 예비 포지 사전 마련)

라. 그라운드 관리 미흡으로 인한 문제 발생 소지 있을 경우, 사용이 제한될 수 있음

2) 공식경기의 잔디 길이는 2~2.5cm로 유지되어야 하며, 전체에 걸쳐 동일한 길이여야 한다.

3) 그라운드 외측 주변에는 원칙적으로 축구전용경기장의 경우는 5m 이상, 육상경기겸용경기장의 경우 1.5m 이상의 잔디 부분이 확보되어야 한다.

4) 골포스트 및 바는 흰색의 둥근 모양(직경12cm)의 철제 관으로 제작되고, 원칙적으로 고정식이어야 한다. 또한 볼의 반발력에 영향을 줄 수 있는 비철제 보강재 사용을 금한다.

5) 골네트는 원칙적으로 흰색(연맹의 승인을 득한 경우는 제외)이어야 하며, 골네트는 골대 후방에 폴을 세워 안전한 방법으로 부착하여야 한다. 폴은 골대와 구별되는 어두운 색상이어야 한다.

6) 코너 깃발은 연맹이 지정한 것을 사용하여야 한다.

7) 각종 라인은 국제축구연맹(이하 'FIFA') 또는 아시아축구연맹(이하 'AFC')이 정한 규격에 따라야 하며, 라인 폭은 12cm로 선명하고 명료하게 그려야 한다(원칙적으로 페인트 방식으로 한다).

7. 필드(그라운드 및 그 주변 부분)에는 경기 운영에 영향을 주거나 선수에게 위험의 우려가 있는 것을 방치 또는 설치해서는 안 된다.

8. 공식경기에서 그라운드에 살수(撒水)를 하는 경우 다음 각 호에 따라 실시한다.

1) 살수는 경기 킥오프 전 및 하프타임에 실시하며, 경기장에 걸쳐 균등하게 해야 한다.

2) 경기감독관은 경기 시간 및 날씨, 그라운드 상태, 당일 경기장 행사 등

을 고려하여 실수 횟수와 시간을 정하고 이를 홈 클럽 및 원정 클럽 관계자들에게 사전 통보한다.

　3) 홈 클럽은 경기감독관이 정한 횟수와 시간에 따라 살수를 실시해야 하며, 이를 위반할 경우 상벌규정 유형별 징계기준 제5조 사.항에 의거해 해당 클럽에 제재를 부과할 수 있다.

9. 경기장 관중석은 좌석수 5,000석 이상을 충족하여야 한다. 이에 미달할 경우, 연맹의 사전 승인을 득하여야 한다.

10. 홈 클럽은 상대 클럽(이하 원정 클럽)을 응원하는 관중을 위해 경기장 전체 좌석수의 5% 이상 좌석을 배분하여야 하며, 원정 클럽이 경기 개최 일주일 전까지 추가 좌석 분배를 요청할 경우 홈 클럽과 협의하여 추가 좌석 분배를 결정할 수 있다. 또한, 원정 클럽 관중을 위한 전용출입문, 화장실, 매점 시설 등을 독립적으로 사용할 수 있도록 마련하여야 한다.

11. 경기장은 다음 항목의 부대시설을 갖추도록 권고한다.
　1) 양팀 선수대기실(냉·난방 및 냉·온수 가능)
　2) 심판대기실(냉·난방 및 냉·온수 가능)
　3) 경기감독관 대기실　　　　4) 운영 본부실
　5) 실내 기자회견장
　6) 기자실 및 사진기자실
　7) 중계방송사룸(TV중계스태프룸)　8) 의무실
　9) 도핑검사실(냉·난방 및 냉·온수 가능)
　10) 장내방송 시스템 및 장내방송실
　11) 통제실, 경찰 대기실, 소방 대기실 12) VIP룸
　13) MCG, TSG석 및 심판평가관석　14) 기록석
　15) 기자석　　　　　　　　16) TV중계 부스
　17) 전광판　　　　　　　　18) TV카메라 설치 공간
　19) 종합 안내소　　　　　　20) 입장권 판매소
　21) 식음료 및 축구 관련 상품 판매소
　22) TV중계차 주차 공간　　　23) 케이블 시설 공간
　24) 전송용기자재 등 설치 공간　25) 태극기, 연맹기, 대회기
　26) 태극기, 대회 깃발, 리그 깃발, 양팀 클럽 깃발 등을 게재할 수 있는 게양대
　27) 믹스드 존(Mixed Zone)　　28) 기타 연맹이 정하는 시설, 장비

제10조 (조명장치)　1. 경기장에는 그라운드 평균 1,200lux 이상 조도를 가진 조명 장치를 설치하여 조명의 밝음을 균일하게 유지하여야 한다. 또한 정전에 대비하여 1,000lux 이상의 조도를 갖춘 비상조명 장치를 구비하여야 한다.

2. 홈 클럽은 경기장 조명 장치의 이상 유·무를 사전에 확인하여 장애를 미연에 방지하는 한편, 고장 시 신속하게 수리할 수 있도록 모든 조치와 최선의 노력을 다하여야 한다.

제11조 (벤치)　1. 팀 벤치는 원칙적으로 다음의 요건을 충족하여야 한다.
　1) FIFA가 정한 규격의 기술지역(테크니컬에어리어) 내에 설치하여야 한다.
　2) 벤치 터치라인으로부터 5m 이상 떨어지는 한편 그 끝이 하프라인으로부터 8m 떨어지는 위치에 설치하여야 한다.
　3) 최소 20인 이상 앉을 수 있는 좌석이 준비되어야 하며, 지붕을 설치할 경우 투명한 재질로 해야 한다.

2. 홈 팀 벤치는 본부석에서 그라운드를 향해 좌측에 설치하여야 한다. 단, 사전 승인 시 우측에 홈팀 벤치의 설치가 가능하다.

3. 홈, 원정 팀 벤치에는 팀명을 표기한 안내물을 부착하여야 한다.

4. 제4의 심판(대기심판) 벤치를 준비하여야 하며, 다음 요건을 충족하여야 한다.
　1) 벤치 터치라인으로부터 5m 이상 떨어지는 그라운드 중앙에 설치하여야 한다. 단, 방송사의 요청 시에는 카메라 위치에 방해가 되지 않는 위치에 설치하여야 한다.
　2) 지붕을 설치할 경우 투명한 재질로 해야 하며, 지붕이 관중의 시야를 방해해서는 안 된다.

　3) 대기심판 벤치 내에는 최소 3인 이상 앉을 수 있는 좌석과 테이블이 준비되어야 한다.

제12조 (의료시설)　홈 클럽은 선수단, 관계자, 관중 등을 위해 경기개시 90분 전부터 경기종료 후 모든 관중 및 관계자가 퇴장할 때까지 의료진(의사, 간호사, 1급 응급구조사)과 1대의 특수구급차를 포함하여 최소 2대 이상의 구급차를 반드시 대기시켜야 한다. 이를 위반할 경우, 연맹 상벌 규정에 따라 제재할 수 있다.

제13조 (경기장에서의 고지)　1. 홈 클럽은 경기장에서 다음의 각 항목 사항을 전광판 및 장내 아나운서(멘트)를 통해 고지하여야 한다.
　1) 공식 대회명칭(반드시 지정된 방식 및 형태에 맞게 전광판 노출)
　2) 선수, 심판 및 경기감독관, 심판평가관 소개
　3) 대회방식 및 경기방식
　4) K리그 선수 입장곡(K리그 앤섬 'Here is the Glory' BGM)
　5) 선수 및 심판 교체　　　　6) 득점자 및 득점시간(득점 직후에)
　7) 추가시간(전·후반 전광판 고지 및 장내아나운서 멘트 동시 실시)
　8) 다른 공식경기의 중간 결과 및 최종 결과
　9) 유료관중 수(후반전 15~30분 발표)
　10) 경기 중, 경기정보 전광판 표출(양 팀 출전선수명단, 경고, 퇴장, 득점)
　11) 지진 등 비상상황 발생 시 대피방안
　12) VAR 리뷰를 진행할 경우, VAR 영상판독 문구 전광판 표출
　13) 상기 1~4호 이외 연맹이 지정하는 사항

2. 홈 클럽은 경기 전·후 및 하프타임에 다음의 각 항목 사항을 실시하는 것이 가능하다.
　1) 다음 경기예정 및 안내　　2) 연맹의 사전 승인을 얻은 광고 선전
　3) 음악방송　　　　　　　4) 팀 또는 선수에 관한 정보 안내
　5) 상기 1~4호 이외 연맹의 승인을 얻은 사항

제14조 (홈 경기장에서의 경기개최)　각 클럽은 홈경기의 과반 이상을 홈 경기장에서 실시하여야 한다. 다만, 이사회의 승인을 얻은 경우는 제외된다.

제15조 (경기장 점검)　1. 홈 클럽이 기타 경기장에서 경기를 개최하고자 할 경우 해당 경기개최 30일 전까지 연맹에 시설 점검을 요청하여 경기장 심사를 받아야 하며, 이때 제출하여야 하는 서류는 다음과 같다.
　1) 경기장 시설 현황　　　　2) 홈경기 안전계획서

2. 연맹의 보완 지시가 있을 경우 이에 대한 이행 결과를 경기개최 15일 전까지 서면 보고하여야 한다.

3. 연맹은 서면보고접수 후 재점검을 통해 문제점 보완이 미흡하다고 판단될 경우 경기 개최를 불허한다. 이 경우 홈 클럽은 연고지역 내에서 '법령', 'K리그 경기장 시설기준'에 부합하는 타 경기장(대체구장)을 선정하여 상기 1항, 2항의 절차에 따라 연맹의 승인을 받아야 한다.

4. 홈 클럽이 원하는 경기장에서 경기개최가 불가능하다고 판단될 경우, 본 대회요강 제18조 2항에 따른다(연맹 경기규정 30조 2항).

5. 상기 4항을 이행하지 않는 클럽은 본 대회요강 제20조 1항에 따른다(연맹 경기규정 32조 1항).

제16조 (악천후의 경우 대비조치)　1. 홈 클럽은 강설 또는 강우 등 악천후의 경우에도 홈경기가 개최 될 수 있도록 최선의 노력을 해야 한다.

2. 악천후로 인하여 경기개최가 불가능하다고 판단될 경우, 경기감독관은 경기 개최 3시간 전까지 경기 개최 중지를 결정하여야 한다.

제17조 (경기중지 결정)　1. 경기 전 또는 경기 중 중대한 불상사 등으로 경기를 계속하기 어려운 사태가 발생하였을 경우, 주심은 경기 감독관에게 경기 중지를 요청할 수 있으며, 경기감독관은 동 요청에 의거하여 홈 클럽 및 원정 클럽 관계자의 의견을 참고한 후 경기 중지를 결정할 수 있다.

2. 상기 1항의 경우 또는 관중의 난동 등으로 경기장의 질서 유지가 어려운 경우, 경기감독관은 주심의 경기중지 요청이 없더라도 경기 중지를 결정할 수 있다.

3. 경기 개최 3시간 전부터 경기 종료 전까지 경기 개최 지역에 미세먼지, 초

미세먼지, 황사 등에 관한 경보가 발령되었거나 경보 발령 기준농도를 초과하는 상태인 경우, 경기감독관은 경기의 취소 또는 연기를 결정할 수 있다.

4. 경기 개최 3시간 전부터 경기 종료 전까지 장내 코로나19 확진 환자 발생 시 경기감독관은 경기의 취소 또는 연기를 결정할 수 있으며, 이 경우 제22조에 따른다.

5. 경기감독관은 경기중지 결정을 내린 후, 지체 없이 그 사유를 연맹에 보고하여야 한다.

제18조 (재경기)_ 1. 공식경기가 악천후, 천재지변 등 불가항력에 의하여 경기개최 불능 또는 중지(중단)되었을 경우, 재경기는 원칙적으로 익일 동일 경기장에서 개최한다. 단 연기된 경기가 불가피한 사유로 다시 연기될 경우, 개최일시 및 장소는 해당팀과 협의 후 연맹이 정하여 추후 공시한다.

2. 그다음 날 같은 경기장에서 재경기를 개최하기 어려운 사정이 있을 경우에는 연맹이 재경기의 일시 및 경기장을 정한다.

3. 경기장 준비부족, 시설미비 등 점검미비에 따른 홈 클럽의 귀책사유로 인하여 공식 경기가 취소·중지된 경우 원정 클럽은 그 시점으로부터 24시간 이내에 자신의 홈경기로 재경기를 개최할 것을 신청할 수 있으며, 이 경우 홈/원정의 변경 여부는 연맹이 결정한다.

4. 재경기 방식에 대해서는 다음 각 호에 의한다.
   1) 이전 경기에서 양 클럽의 득실차가 없을 때는 90분간 재경기를 실시한다.
   2) 이전 경기에서 양 클럽의 득실차가 있을 때는 중지 시점에서부터 잔여 시간만의 재경기를 실시한다.

5. 재경기 시, 상기 4항 1호의 경우 이전 경기에서 발생된 경고, 퇴장 기록만이 인정되며 선수교체는 팀당 최대 3명까지 가능하다. 상기 4항 2호의 경우 이전 경기에서 발생된 모든 기록이 인정되며 선수교체는 이전 경기를 포함하여 3명까지 할 수 있다.

6. 재경기 시, 이전 경기에서 발생된 경고 및 퇴장은 유효하며, 경고 및 퇴장에 대한 처벌(징계)은 경기순서대로 연계 적용한다.

제19조 (귀책사유가 있는 클럽의 비용 보상)_ 1. 홈 클럽의 귀책사유에 의해 공식경기가 개최불능 또는 중지(중단)되었을 경우, 홈 클럽은 원정 클럽에 교통비 및 숙식비를 보상하여야 한다.

2. 원정 클럽의 귀책사유에 의해 공식경기가 개최불능 또는 중지(중단)되었을 경우, 원정 클럽은 홈 클럽에 발생한 경기준비 비용 및 입장권 환불 수수료, 교통비 및 숙식비를 보상하여야 한다.

3. 상기 1항, 2항과 관련하여 천재지변 등 불가항력에 의한 경우는 제외한다.

제20조 (패배로 간주되는 경우)_ 1. 공식경기 개최거부 또는 속행 거부 등(경기장 질서문란, 관중의 난동 포함) 어느 한 클럽의 귀책사유로 인하여 공식경기가 개최불능 또는 중지(중단)되었을 경우, 그 귀책사유가 있는 클럽이 0 : 3 패배한 것으로 간주한다.

2. 공식경기에 무자격선수가 출장한 것이 경기 중 또는 경기 후 발각되어 경기종료 후 48시간 이내에 상대 클럽으로부터 이의가 제기된 경우, 무자격선수가 출장한 클럽이 0 : 3 패배한 것으로 간주한다. 다만, 경기 중 무자격선수가 출장한 것이 발각되었을 경우, 해당 선수를 퇴장시키고 경기는 속행한다.

3. 상기 1항, 2항에 따라 어느 한 클럽의 0 : 3 패배를 결정한 경우에도 양 클럽 선수의 개인기록(출장, 경고, 퇴장, 득점, 도움 등)은 그대로 인정한다.

4. 상기 2항의 무자격 선수는 K리그 미등록 선수, 경고누적 또는 퇴장으로 인하여 출전이 정지된 선수, 상벌 위원회 징계, 외국인 출전제한 규정을 위반한 선수 등 위반한 시점에서 경기출전 자격이 없는 모든 선수를 의미한다.

제21조 (대회 중 잔여경기 포기)_ 대회 중 잔여 경기를 포기하는 경우, 다음의 각 항에 의한다.

1. 대회 전체 경기수의 3분의 2 이상을 수행하였을 경우, 지난 경기 결과를 그대로 인정하고, 잔여 경기는 포기한 클럽이 0 : 3 패배한 것으로 간주한다.

2. 대회 전체 경기수의 3분의 2 이상을 수행하지 못했을 경우, 포기한 클럽과

의 경기 결과를 모두 무효 처리한다. 단, 양 클럽 선수의 개인기록(출장, 경고, 퇴장, 득점, 도움 등)은 그대로 인정한다.

제22조 (코로나19 확진자 발생 시 리그 운영)_ 1. 시즌 중 코로나19 확진자 발생에 의해 경기가 중단되었을 경우, 해당 경기는 최소 2주 뒤 주중 경기로 개최한다. 단, A매치, FA컵 및 ACL 등의 기타 일정과 겹칠 경우, 추가로 연기될 수 있다. 일정 연기 및 경기배정에 대한 최종 결정권은 연맹에 있다.

2. 코로나 및 기타 불가항력에 의해 일부 경기 또는 리그 전체일정이 연기되어 2021년 12월 19일까지 예정된 라운드를 종료하지 못했을 경우, 모든 팀들이 동일수의 경기를 한 마지막 라운드를 기준으로 리그의 성립 여부, 리그순위를 결정하며, 기준은 아래와 같다.

구분	리그 성립	리그 불성립
라운드 수	18R 이상	18R 미만
타이틀	부여	미부여
리그순위	인정	불인정
시상	실시	미실시
ACL 출전팀	리그 순위에 따라 참가	참가기준 별도 결정
승강 여부	제22조 3항 참조	
팀 통산 기록	인정	인정*
개인 통산 기록	인정	인정*

* 리그 불성립 시, 팀/개인 통산 기록으로는 인정하되 리그 기록으로는 미포함, 별도 대회기록으로 처리.

3. 2022 시즌의 디비전별 승강 여부는 각 대회의 최종 성립 여부에 따라 결정되며, 원칙은 아래와 같다.

K리그1	K리그2	승강 원칙	2022년 참가팀 수 (K리그1/K리그2)
성립	성립	1~2팀(기존 승강 방식, 승강PO 개최	12팀 / 10+α팀
성립	불성립	강등(12위) / 승격(없음)	11팀 / 11+α팀
불성립	성립	강등(없음) / 승격(K리그 1위)	13팀 / 9+α팀
불성립	불성립	강등(없음) / 승격(없음)	12팀 / 10+α팀

* @는 신생팀 창단 시 추가되는 팀 수를 뜻함

4. 개별 경기개최 성립을 위한 양 팀의 최소 선수단 인원은 아래와 같으며, 어느 한 팀이라도 최소 선수단 수를 충족시키지 못했을 경우, 해당 경기는 자동 연기된다. 연기된 경기의 일정은 양 팀과 조율하여 연맹에서 최종 결정한다.
   1) 경기출전가능인원 수: 팀당 최소 17명(최소 1인의 GK 필수포함)
   2) 선수들의 경기출전 가능 조건(아래 세 가지 조건 동시 충족 필수)
      ① 코로나19 음성(PCR 결과만 인정)   ② 무증상
      ③ 자가격리 비대상

5. 그 밖의 사항은 「K리그 코로나19 대응 통합 매뉴얼」 및 연맹의 결정에 따른다.

제23조 (경기결과 보고)_ 모든 공식경기의 경기결과 보고는 경기감독관 보고서, 심판 보고서, 경기기록지에 의한다.

제24조 (경기규칙)_ 본 대회의 경기는 FIFA 및 KFA의 경기규칙에 따라 실시되며, 특별한 사항이 발생 시에는 연맹이 결정한다.

제25조 (Video Assistant Referee 시행)_ 1. 본 대회는 2016년 3월 IFAB(국제축구평의회)에서 승인된 'Video Assistant Referee'이하 'VAR'를 2018년 3월 3일부터 시행한다 .

2. VAR는 주심 등 심판진을 지원하며 경기 결과를 바꿀 수 있는 명백한 오심을 변경해 공정한 판정을 증대하기 위해 시행하며 본 대회에서는 아래의 4가지 상황에 대해서만 VAR를 적용한다.
   1) 득점 상황   2) PK(Penalty Kick) 상황
   3) 퇴장 상황   4) 징계조치 오류

3. VAR의 시행과 관련하여 선수, 코칭스태프, 구단 임직원의 준수사항은 다음과 같다.
   1) 'TV' 신호(Signal)를 그리는 동작을 취하거나 구두로 VAR 확인을 요청할 수 없다. 이를 위반할 시 다음과 같은 제재가 내려진다.

① 선수 - 경고　　　② 코칭스태프 및 구단 임직원 - 퇴장
2) 주심판독지역(Referee Review Area, 이하 'RRA')에는 오직 주심과 영상관리보조자(Review Assistant, 이하 'RA'), 심판진만이 진입할 수 있다. 이를 위반할 시 다음과 같은 제재가 내려진다.

① 선수 - 경고　　　② 코칭스태프 및 구단 임직원 - 퇴장
4. VAR의 시행과 관련하여 홈 구단의 준수사항은 다음과 같다.
　　1) 홈 클럽은 VAR가 공식심판진임을 인지하고 VAR차량에 심판실과 동일한 안전계획을 수립해 안전관리를 제공해야 하며, 안전관리 미흡 등 홈 클럽의 귀책사유로 인한 차량 및 장비의 파손 등이 발생하는 경우 이에 따른 손해를 연맹에 배상하여야 한다.
　　2) 홈 클럽은 RRA에 심판진과 RA 외 다른 누구도 진입할 수 없도록 관리해야 하며, 관련 안전사고 예방의 의무와 책임이 있다.
　　3) 홈 클럽은 VAR 상황 발생 시 판독 중임을 뜻하는 이미지를 판독 종료시점까지 전광판에 노출해야 하며, 관련 장면 영상을 전광판을 통해 리플레이할 수 없다.
　　4) 홈 클럽이 상기 제1호부터 제3호까지 명시된 준수사항을 위반하는 경우, 연맹 상벌 규정 유형별 징계 기준 11조에 따른 징계를 받을 수 있다.
5. VAR는 다음과 같은 이유로 경기가 무효화되지 않는다.
　　1) VAR 장비가 작동하지 않은 경우
　　2) VAR 판정에 오심이 발생하는 경우
　　3) VAR 판독을 진행하지 않겠다고 결정을 내린 경우(안전문제, 신변위협 등)
　　4) VAR 판독이 불가능한 경우(영상 앵글의 문제점, 노이즈 현상 등)
6. VAR의 시행과 관련하여 VAR 및 RO 등 구성원에 관한 사항은 다음과 같다.
　　1) VAR, AVAR 또는 RO가 경기 전 또는 경기 중에 정상적인 업무를 수행할 수 없는 경우, 대체인력은 반드시 그 역할 수행이 가능한 자격을 갖춰야만 한다.
　　2) VAR 또는 RO의 자격을 갖춘 인원 및 대체인력이 없을 경우*, 해당 경기는 VAR의 운용 없이 경기를 시작 또는 재개하여야 한다.
　　3) AVAR의 자격을 갖춘 인원 및 대체 인력이 없을 경우*, 해당 경기는 VAR의 운용 없이 경기를 시작 또는 재개하여야 한다. 단, 이례적인 상황에서, 양 팀이 서면으로 VAR 및 RO만으로 VAR을 운용하기로 합의할 경우는 제외한다.
7. 이 외 사항에 대해서는 IFAB(국제축구평의회)와 FIFA(국제축구연맹)이 정한 바에 따른다.

제26조 (전자장비 사용)　1. 선수들의 부상 상태 파악 및 안전과 실시간 전력분석 정보를 활용하기 위해 무선헤드셋 4대와 전자장비 4대(스마트폰, 태블릿PC, 노트북)를 사용할 수 있다.
2. 벤치에서는 스마트폰, 태블릿PC, 노트북 중 1대를 사용할 수 있으며 무선헤드셋은 1대 사용 가능하다. 단, 의료진이 사용할 경우 추가로 1대를 사용할 수 있다.
3. 전자장비 사용 승인은 개막일 전까지 연맹에 장비 사용에 대한 승인을 받아야 한다. 단, 시즌 중 사용 승인 신청을 할 경우 경기 3일 전까지 연맹에 사용 승인을 받아야 한다.
4. 허가되지 않은 전자 장비를 사용하거나, 전자/통신장비를 이용한 판정항의 기술지역에서 퇴장된다.

제27조 (경기시간 준수)　1. 본 대회는 90분(전 · 후반 각 45분) 경기를 실시한다.
2. 모든 클럽은 미리 정해진 경기시작시간(킥오프 타임)과 경기 중 휴식시간(하프타임)을 반드시 준수하여야 한다. 하프타임 휴식은 15분을 초과할 수 없으며, 양 팀 출전선수는 후반전 출전을 위해 후반전 개시 3분 전(하프타임 12분)까지 심판진과 함께 대기 장소에 집결하여야 한다.
3. 클럽이 경기시작시간 또는 하프타임 종료시간을 준수하지 않아 예정된 경기시작 또는 재개시간이 1분 이상 지연될 경우, 아래 각 호에 따라 해당 클

럽에 제재금을 부과할 수 있다.
　　1) 1회 미준수 시 100만 원의 제재금
　　2) 2회 미준수 시 200만 원의 제재금
　　3) 3회 이상 미준수 시 400만 원의 제재금 및 상벌위원회 제소
4. 경기에 참가하는 팀(코칭스태프, 팀 스태프 포함)은 경기시작 100분 전에 경기장에 도착하여야 한다.
　　1) 어느 한 팀이 경기시작 40분 전까지 경기장에 도착하지 못할 경우, 해당 팀은 경기감독관에게 그 사유와 도착예정 시간을 통보하여야 하며, 경기감독관은 경기시간 변경 유무를 심판 및 양 팀 대표자와 협의를 통해 결정한 후, 연맹으로 통보한다.
　　2) 경기시간이 변경될 경우, 홈 클럽은 전광판 및 아나운서 멘트를 통해 변경된 경기시간과 변경사유에 대해 고지해야 한다.
　　3) 어느 한 팀이 경기시작 시각까지 경기장에 도착하지 않는 경우, 상대팀은 45분간 대기할 의무가 있다. 45분간 대기했음에도 불구하고 상대팀이 도착하지 않을 경우, 경기감독관은 17조 1항에 의한다.
　　4) 경기중지에 따라 발생되는 모든 비용에 대한 배상, 책임은 귀책사유가 있는 클럽에 있으며 19조에 따른다.
　　5) 홈/원정팀은 경기개최지로의 이동정보를 사전에 숙지할 책임이 있으며, 상황에 따른 추가 이동시간이 필요한지 확인해야 한다. 만일 팀의 도착 지연으로 킥오프가 지연될 경우, 연맹은 귀책사유가 있는 클럽에 연맹 상벌규정 제12조 제1항에 해당하는 재재를 부과할 수 있다.

제28조 (승점)　본 대회의 승점은 승자 3점, 무승부 1점, 패자 0점을 부여한다.

제29조 (순위결정)　1. 정규 라운드(1~36R) 순위는 승점 → 다득점 → 득실차 → 다승 → 승자승 → 벌점 → 추첨 순으로 결정한다.
2. 최종순위 결정방식은 다음과 같다.
　　1) 최종순위는 정규라운드(1~36R) 성적에 따라 결정한다. 단, 정규라운드 2위~4위팀은 K리그2 플레이오프 결과에 따라 최종순위를 결정한다.
　　2) K리그2 플레이오프 승리(승강 플레이오프 진출 팀)을 2위로 한다.
　　3) K리그2 플레이오프에서 패한(승강 플레이오프 진출 실패) 팀을 3위로 한다.
　　4) K리그2 준플레이오프에서 패한(챌린지 플레이오프 진출 실패) 팀을 4위로 한다.
3. 벌점에 대한 기준은 다음과 같다.
　　1) 경고 및 퇴장 관련 벌점
　　　　① 경고: 1점　　　　　　② 경고 2회 퇴장: 2점
　　　　③ 직접 퇴장: 3점　　　　④ 경고 1회 후 퇴장: 4점
　　2) 상벌위원회 징계 관련 벌점
　　　　① 제재금 100만 원당: 3점　② 출장정지 1경기당 : 3점
　　3) 코칭스태프 및 팀 스태프 퇴장, 클럽(임직원 포함)에 부과된 징계는 팀 벌점에 포함한다.
　　4) 사후징계 및 감면 결과는 팀 벌점에 포함한다.
4. 개인기록 순위결정
　　1) 개인기록순위 결정은 본 대회 정규라운드(1~36R) 성적으로 결정한다.
　　2) 득점(Goal) 개인기록순위 결정의 우선 순서는 다음과 같다.
　　　　① 최다득점선수　② 출전경기가 적은 선수　③ 출전시간이 적은 선수
　　3) 도움(Assist) 개인기록순위 결정의 우선 순서는 다음과 같다.
　　　　① 최다도움선수　② 출전경기가 적은 선수　③ 출전시간이 적은 선수
제30조 (시상)　1. 본 대회의 단체상 및 개인상 시상내역은 다음과 같다.

2. 우승 트로피 및 각종 메달 수여는 다음과 같다.
　　1) 우승 클럽(팀)에 본 대회 우승 트로피가 수여되며, 해당 트로피는 클럽(팀)에 영구 귀속된다.
　　2) 연맹은 아래와 같이 메달을 수여한다.

구분		시상내역	비고
단체상	우승	상금 100,000,000원 + 트로피 + 메달	
개인상	최다득점선수	상금 3,000,000원 + 상패	대회 개인기록
	최다도움선수	상금 1,500,000원 + 상패	대회 개인기록

① 대상: 클럽의 K리그에 등록된 선수 및 코칭스태프(우승 확정일 기준)
② 개수:: 인당 1개씩 수여

제31조 (출전자격) 1. K리그 선수규정 4조에 의거하여 선수 등록을 완료한 선수만이 공식경기에 출전할 자격을 갖는다.

2. K리그 선수규정 5조에 의거하여 연맹에 등록을 완료한 코칭스태프 및 팀 스태프 중 출전선수명단에 등재된 자만이 공식경기 중 벤치에 착석할 수 있으며, 경기 중 기술지역에서의 선수지도행위는 1명만이 할 수 있다(통역 1명 대동 가능).

3. 제재 중인 지도자(코칭스태프, 팀 스태프 포함)는 다음 항목을 준수하여야 한다.

1) 출전정지제재 중이거나 경기 중 퇴장 조치된 코칭스태프는 공식경기에서 관중석, 선수대기실을 제외한 지역에 대해 출입이 제한되며, 경기 전 훈련지도 및 경기 중 전자장비 사용을 포함한 어떠한 지도(지시)행위도 불가하다.

2) 징계 중인 지도자(원정팀 포함)가 경기를 관전하고자 할 경우, 홈 클럽은 본부석 쪽에 좌석을 제공하여야 하며, 해당 지도자의 안전을 위한 조치를 취하여야 한다.

3) 상기 제1호를 위반할 경우, 연맹 상벌규정 제12조 제2항에 해당하는 제재를 부과할 수 있다.

4. 경고, 퇴장, 상벌위원회 징계 등에 따라 출전이 정지된 선수, 코칭스태프, 팀 스태프의 출전으로 인한 모든 책임은 해당 클럽에 있다.

5. 준프로로 계약을 체결한 선수의 공식경기 출전은 선수규정 부칙 및 '준프로 계약 시행 세칙'을 따른다.

제32조 (출전선수명단 제출의무) 1. 공식경기에 참가하는 홈 클럽과 원정 클럽은 경기개시 90분 전까지 경기감독관에게 출전선수명단을 제출하여 승인을 받아야 하며, 출전선수 스타팅 포메이션(Starting Formation)을 별지로 함께 제출하여야 한다.

2. 출전선수명단에는 출전 선수, 코칭스태프 및 팀 스태프 명단, 유니폼 색상이 포함되어야 하며, 제출된 인원이 해당 공식경기 출전과 팀 벤치 착석 및 기술지역 출입, 선수 지도를 할 수 있다. 단, 출전선수명단에 등재할 수 있는 코칭스태프 및 팀 스태프의 수는 11명까지로 하며 스카우트, 전력분석관, 장비담당자는 벤치에 착석할 수 없다.

3. 출전선수명단 승인 후에는 선수명단 변경을 할 수 없다. 다만, 경기 개시 전에 선발 출전선수 중 부상 등의 불가피한 사유로 경기출전이 불가능한 선수가 발생한 경우에는 그 선발 선수를 후보 선수와 교체할 수 있다.

4. 본 대회의 출전선수명단은 18명을 원칙으로 하며, 다음 사항을 반드시 준수하여야 한다.

1) 골키퍼(GK)는 반드시 국내 선수이어야 하며, 후보 골키퍼(GK)는 반드시 1명이 포함되어야 한다. 단, 코로나사태종식 전까지는 'K리그 코로나19 대응매뉴얼'을 우선하며, 본 대회요강 제22조 4항에 따라 전체출전선수명단 내에 1명의 골키퍼(GK)만 포함해도 된다.

2) 외국인선수의 경우, 출전선수명단에 3명까지 등록할 수 있으며 3명까지 경기 출전이 가능하다. 단, AFC 가맹국 국적의 외국인선수와 ASEAN 가맹국 국적의 외국인선수 각각 1명에 한하여 추가 등록과 출전이 가능하다.

3) 국내 U22(1999.01.01 이후 출생)국내선수는 출전선수명단에 최소 2명 이상 포함(등록)되어야 한다. 만일 국내 U22 선수가 출전선수명단에 포함되어 있지 않을 경우, 해당 인원만큼 출전선수명단에서 제외한다 (즉, 국내 U22 선수가 1명 포함될 경우 출전선수명단은 17명으로 하며,

전혀 포함되지 않을 경우 출전선수명단은 16명으로 한다).

4) 출전선수명단에 포함된 국내 U22 선수 1명은 반드시 의무선발출전을 해야 한다. 만일 국내 U22 선수가 의무선발출전을 하지 않을 경우, 선수교체 가능인원은 2명으로 제한한다(33조 2항 참조).

5) 클럽에 등록된 국내 U22 선수가 KFA 각급 대표팀 선수로 소집(소집일 ~ 해산일)될 경우, 해당 클럽은 소집 기간 동안에는 의무선발출전 규정 (상기 4호)과 차출된 수(인원)만큼 엔트리 등록 규정도 적용받지 않는다.

U22 선수 각급대표팀 소집	출전선수명단(엔트리)		U22선수 의무선발 출전	선수교체 가능인원	비고
	U22선수 포함 인원	등록가능 인원			
0명	0명	16명	0명	2명	
	1명	17명	1명	3명	U22선수 의무선발출전을 하지 않을 경우 선수교체 가능인원 2명으로 제한
	2명 이상	18명	1명	3명	
1명	0명	17명	0명	2명	
	1명 이상	18명	0명	3명	
2명 이상		18명	0명	3명	

* 각급 대표팀 차출의 사유 없이 U22 의무선발출전 규정 미준수 시, 선수교체 인원을 2명으로 제한.

5. 순연 경기 및 재경기(90분 재경기에 한함)의 출전선수명단은 다시 제출하여야 한다.

제33조 (선수교체) 1. 본 대회의 선수 교체는 경기감독관이 승인한 출전선수명단에 의해 후보선수명단 내에서만 가능하다.

2. 선수 교체는 90분 경기에서 3명까지 가능하다. 단, 본 대회요강 제32조 4항 4)호에의 의거, 국내 U22 선수가 선발출전하지 않을 경우, 해당 클럽은 2명까지 선수 교체가 가능하다. 이를 위반할 경우 제20조 2항~4항에 따른다.

3. 출전선수명단 승인(경기감독관 서명) 후, 선발출전선수 11명 중 경기출전이 불가한 선수가 발생할 경우, 전반전 킥오프 전까지 경기감독관의 승인하에 출전선수명단의 교체 대상선수 7명에 한하여 해당 선수와 교체할 수 있으며, 교체된 선수는 후보선수명단으로 포함되나 해당 경기에 출전할 수 없다.

1) 상기 3항의 경우 선수교체 인원으로 적용되지 않으며, 3명의 선수교체 가능 인원 수는 유효하다.

2) 선발출전선수 11명 중 국내 U22(1999.01.01 이후 출생자) 의무선발출전선수가 출전이 불가하여 후보 선수명단 내의 국내 U22 선수와 교체될 경우 선수교체 가능인원은 3명으로 유지된다. 단, 국내 U22 선수가 아닌 선수와 교체될 경우 제32조 4항 4)호에 의하여 선수교체 가능인원은 2명으로 제한한다.

3) 출전선수명단 내 교체 대상선수 7명 중 경기출전이 불가한 선수가 발생하더라도 해당 선수는 명단 외 선수와 교체할 수 없다.

제34조 (출전정지) 1. 본 대회에서 경고누적에 의한 출전정지 및 퇴장(경고 2회 퇴장, 직접 퇴장, 경고 1회 후 직접 퇴장)에 의한 출전정지는 본 대회(K리그2 플레이오프 포함) 종료까지 연계 적용한다.

2. 선수는 처음 각 5회, 3회의 경고누적 시 다음 1경기가 출전정지 되며, 이후 매 2회 누적마다 다음 1경기 출전정지와 제재금 삼십만 원(300,000원)이 부과된다. 코칭스태프의 경우, 처음 각 3회, 2회의 경고누적 시 1경기의 출전정지 제재가 적용되며, 이후 매 경고 1회마다 다음 1경기 출전정지 된다.

3. 1경기 경고 2회 퇴장에 의한 출전정지는 다음 1경기가 출전 정지되며, 제재금은 오십만 원(500,000원)이 부과된다. 이 경고는 누적에 산입되지 않는다.

4. 직접 퇴장에 의한 출전정지는 다음 2경기가 출전 정지되며, 제재금은 칠십만 원(700,000원)이 부과된다.

5. 경고 1회 후 직접 퇴장에 의한 출전정지는 다음 2경기가 출전 정지되며, 제재금은 일백만 원(1,000,000원)이 부과된다. 경고 1회는 유효하며, 누적

477

에 산입된다.

6. 제재금은 출전 가능경기 1일 전까지 반드시 해당자 명의로 납부하여야 한다. 이를 위반할 경우, 경기 출전이 불가하다. 출전 가능경기가 남아 있지 않을 경우, 본 대회 종료 15일 이내에 납부하여야 한다.

7. 상벌위원회 징계로 인한 출전정지는 시즌 및 대회에 관계없이 연계 적용한다.

8. 선수이면서 코칭스태프로 등록된 자가 선수로서 출장정지제재를 받은 경우 그 제재의 이행을 완료할 때까지 코칭스태프로서 경기에 출장할 수 없다. 코칭스태프로서 출장정지제재를 받은 경우에도 그 제재의 이행을 완료할 때까지 선수로서 경기에 출장할 수 없다.

9. 선수이면서 코칭스태프로 등록된 자의 경고누적으로 인한 출장정지 및 제재금 부과 기준은 코칭스태프의 예에 따르며, 누적에 산입되는 경고의 횟수는 선수로서 받은 경고와 코칭스태프로서 받은 경고를 모두 더한 것으로 한다.

10. 경고, 퇴장, 상벌위원회 징계 등에 따라 출전이 정지된 선수, 코칭스태프, 팀 스태프의 출전으로 인한 모든 책임은 해당 클럽에 있다.

제35조 (유니폼) 1. 본 대회는 K리그 마케팅 규정상의 팀 색상 및 유니폼 규정에 따라 반드시 연맹이 승인하고 지정한 유니폼을 착용해야 한다.

2. 선수 번호(배번은 1번~99번으로 한정하며, 배번 1번은 GK에 한함)는 출전선수명단에 기재된 선수 번호와 일치하여야 하며, 배번의 식별이 가능하도록 명확하게 표시되어 있어야 한다.

3. 팀의 주장은 주장인 것을 명확하게 표시하는 완장(Armband)을 착용하여야 한다.

4. 공식경기에 참가하는 모든 클럽은 제1유니폼과 제2유니폼을 필히 지참함을 원칙으로 하며, 경기 전 연맹(경기감독관) 및 상대 클럽과 유니폼 착용 색상과 관련하여 사전 조율하여야 한다. 이를 따르지 않을 경우, 연맹(경기감독관)이 최종 결정한다. 위반한 클럽에 제재금 500만 원을 부과할 수 있다.

5. 유니폼 안에 착용하는 이너웨어의 색상은 아래 각 호에 따른다.

1) 상의 이너웨어의 색상은 유니폼 상의 소매의 주색상과 일치해야 한다. 단,유니폼 상의 소매 부분의 주색상이 상대팀 유니폼의 주색상과 동일하거나 유사할 경우에는 유니폼 상의의 주색상으로 착용할 수 있다. 이를 위반할 경우 공식경기 출전이 불가하다.

2) 하의 이너웨어의 색상은 유니폼 하의 끝부분의 색상과 일치해야 한다. 단, 유니폼 하의 끝부분의 색상이 상대팀 유니폼의 주색상과 동일하거나 유사할 경우에는 유니폼 하의의 주색상으로 착용할 수 있다. 이를 위반할 경우 공식경기 출전이 불가하다.

6. 스타킹과 발목밴드(테이핑)는 동일 색상(계열)이어야 한다. 이를 위반할 경우 심판은 시정을 명할 수 있고, 이에 불응할 경우 경기출전을 금지시킬 수 있다.

제36조 (사용구) 본 대회의 공식 사용구는 '아디다스 커넥스트 21 프로'(Conext 21 Pro)'로 한다.

제37조 (경기관계자 미팅) 1. 경기 시작 60~50분 전(양 팀 감독 인터뷰 진행 전) 경기감독관실에서 실시한다.

2. 참석자는 해당 경기의 경기감독관, 심판평가관, 주심, 양 팀 감독, 홈경기 운영자(필요시)로 한다. 홈경기 담당자는 당일 홈경기 관련 특이사항이 있는 경우에만 참석한다.

3. 주요내용은 아래와 같다.
1) 경기와 관련한 리그의 주요방침
2) 판정 가이드라인 등 심판판정에 관한 사항
3) 기타 해당경기 특이사항 공유

제38조 (경기 전후 인터뷰 및 기자회견) 1. 홈 클럽은 공동취재구역인 믹스드 존(Mixed Zone)과 공식기자회견장을 반드시 마련하고, 양 클럽 홍보담당자는 경기 전 인터뷰, 경기 후 플래시인터뷰, 공식기자회견, 믹스드 존

인터뷰가 원활히 이뤄질 수 있도록 협조하여야 한다.

2. 믹스드 존(Mixed Zone, 공동취재구역)은 코로나19 확산 사태가 종식될 때까지 운영하지 아니한다. 믹스드 존 운영 재개 시점은 추후 연맹이 각 클럽과 협의하여 정하고, 운영 재개 시 방식은 '2021 K리그 미디어 가이드라인'을 개정하여 반영한다.

3. 경기 중계방송사(HB)는 아래 각 호의 인터뷰를 실시할 수 있으며, 양 클럽은 인터뷰 실시에 적극 협조한다.
1) 경기 킥오프 전 70분 내지 60분 전 양 클럽 감독 대상 인터뷰
2) 경기 전반전 종료 직후 양 클럽 감독 또는 수훈선수 대상 인터뷰
3) 경기 후반전 종료 직후 양 클럽 감독 또는 수훈선수 대상 인터뷰

4. 경기 당일 중계방송을 하지 않는 중계권 보유 방송사(RTV)는 경기 후반전 종료 후 양 팀의 감독 또는 수훈선수를 대상으로 하는 인터뷰를 실시할 수 있으며, 양 클럽은 인터뷰 실시에 적극 협조한다. 단, RTV의 인터뷰는 HB의 인터뷰가 종료된 후에 실시한다.

5. 홈 클럽은 경기 킥오프 전 50분 내지 40분 전에 경기장 내 기자회견실에서 양 클럽의 감독이 참석하는 사전 기자회견을 개최한다. 기자회견의 순서는 원정 클럽의 감독이 먼저 진행하는 것을 원칙으로 하되 양 클럽의 합의에 따라 변경할 수 있다.

6. 홈 클럽은 경기 종료 후 20분 이내에 경기장 내 기자회견실에서 양 클럽의 감독과 미디어가 요청하는 수훈선수가 참석하는 공식기자회견을 개최한다. 양 클럽 홍보담당자는 감독 및 미디어 요청 선수가 공식기자회견에 참석할 수 있도록 협조한다.

7. 공식기자회견은 원정 - 홈 클럽 순으로 진행하며, 선수의 순서는 양 클럽 홍보담당자가 협의하여 정한다.

8. 미디어 부재로 공식기자회견을 개최하지 않은 경우, 홈 클럽 홍보담당자는 양 클럽 감독의 코멘트를 경기 종료 1시간 이내에 각 언론사에 배포한다.

9. 제재 중인 지도재(코칭스태프 및 팀 스태프 포함)도 경기 전·후 인터뷰와 공식기자회견 등에 참석해야 한다.

10. 양 클럽 선수단은 공식기자회견이 종료된 이후에 선수단 라커룸을 출발하여 믹스드 존 인터뷰에 응하여야 한다(홈팀 필수/ 원정팀 권고).

11. 모든 기자회견은 연맹이 지정한 인터뷰 배경막(백드롭)을 배경으로 실시하여야 한다.

12. 인터뷰를 실시하지 않거나 공식기자회견에 참석하지 않을 경우, 해당 클럽과 선수, 감독에게 제재금(50만 원 이상)을 부과할 수 있다.

13. 인터뷰에서는 경기의 판정이나 심판과 관련하여 일체의 부정적인 언급이나 표현을 할 수 없으며, 위반 시 다음 각 호에 의한다.
1) 각 클럽 소속 선수, 코칭스태프, 팀 스태프, 임직원 등 모든 관계자에게 적용되며, 위반할 시 상벌규정 유형별 징계기준 제2조 가. 항 혹은 나. 항을 적용하여 제재를 부과한다.
2) 공식 인터뷰뿐만 아니라 대중에게 공개될 수 있는 어떠한 경로를 통한 언급이나 표현에도 적용된다.

14. 그 밖의 사항은 '2021 K리그 미디어 가이드라인'을 준수하여야 한다.

15. 2021 K리그 미디어가이드라인을 준수하지 않을 경우, 해당시즌 팀 미디어 운영에 제한을 받을 수 있다.

제39조 (중계방송협조) 홈 클럽은 경기시작 4시간 전부터 경기종료 후 1시간까지 연맹, 심판, 선수, 스폰서, 중계제작사, 미디어를 포함한 모든 경기 관계자가 원활한 경기진행 및 중계방송을 위해 요청하는 시설 및 서비스를 반드시 제공해야 할 책임이 있다.

2. 홈경기 담당자는 중계제작사의 도착시간을 기점으로 TV컴파운드(TV Compound)에 중계제작에 필요한 전력을 공급해야 하며, OB밴의 밤샘 주차가 필요한 경우 이에 대한 관리 및 경비를 시행해야 한다. 홈경기 담당자는 중계제작사의 요청 시 중계제작사의 요구조건에 부합하는 조명을 제공해야 하며, 별도의 최소 요청이 있을 때까지 이를 유지해야 한다.

3. 홈경기 담당자와 경기감독관 또는 대기심(매치 오피셜 - Match Officials)

은 팀 벤치 앞 터치라인(Touchline) 및 대기심(4th official) 테이블 근처에 위치한 피치사이드 카메라(표준 카메라 플랜 기준 3,4,5번 카메라)와 골대 근처에 위치한 카메라(8,9,10번 카메라)에 대한 리뷰를 진행해야 한다. 만약 담당자들 간의 의견이 합의점을 찾지 못할 경우, 경기감독관이 최종 결정을 내린다. 단, 3번 피치사이드 카메라의 위치는 팀 벤치 및 대기심 테이블과 동일 선상을 이루어야 하며, 하프라인을 기준으로 좌측에 위치한다. (우측은 대기심 테이블 위치)

4. 중계제작사는 버스 도착 시 양 팀 감독과 인터뷰를 진행할 권리를 가지고 있으며, 인터뷰는 버스 도착지점과 드레싱룸 사이 공간에 K리그가 제공하는 인터뷰 백드롭 앞에서 진행해야 한다. 인터뷰는 킥오프 전 60분~20분 사이에 진행하며, 진행시간은 90초 이내로 최대 3개의 질문을 초과할 수 없다. 만약 감독 또는 감독대행이 외국인인 경우, 해당 팀은 통역 인원을 준비해야 한다.

5. 중계제작사는 경기종료 시 감독 또는 선수 중 양 팀 각각 1인과 인터뷰를 진행할 권리를 가지고 있으며, 인터뷰는 피치 또는 피치와 드레싱룸 사이 공간에 K리그가 제공하는 인터뷰 백드롭 앞에서 진행해야 한다. 중계제작사는 최소 경기 종료 10분 전까지, 양 클럽 홍보 담당자(Media Officer)에게 희망 인터뷰 선수를 전달한다. 양 클럽 홍보 담당자는 감독과 인터뷰 요청 선수를 경기종료 즉시 인터뷰 백드롭 앞으로 인계해야 한다. 만약 감독 또는 감독대행이 외국인인 경우, 해당 팀은 통역 인원을 준비해야 한다.

6. 백드롭은 2.5m × 2.5m 사이즈로 리그 로고와 스폰서 로고를 포함한 디자인으로 제작된다. 연맹에서 각 클럽에 제공하며, 홈 클럽에게 관리의 책임이 있다. 감독 도착 인터뷰 및 하프타임과 경기 종료 후 피치사이드 [Pitchside]의 플래시 인터뷰 시 각 팀은 K리그 공식 백드롭을 필수로 사용해야 한다.

7. 그 밖의 중계방송 관련 사항은 'K리그 중계방송제작가이드라인'을 준수해야 한다.

제40조 (경기장 안전과 질서유지) 1. 홈 클럽은 경기개시 2시간 전부터 경기 종료 후 모든 관중과 관계자가 퇴장할 때까지 선수, 팀 스태프, 심판을 비롯한 전 관계자와 관중의 안전 및 질서 유지에 대한 의무와 책임이 있다.

2. 홈 클럽은 상기 1항의 의무 실시를 위해 최선의 노력을 다해야 하며, 경기장 안전 및 질서를 어지럽히는 관중에 대해 그 입장을 제한하고 강제 퇴장시키는 등의 적절한 조치를 취할 수 있다.

3. 연맹, 클럽, 선수, 코칭스태프 및 팀 스태프, 관계자를 비방하는 사안이나, 경기진행 및 안전에 지장을 줄 수 있는 모든 사안에 대해 관련 클럽은 즉각 이를 시정 조치하여야 한다.

4. 경기감독관은 상기 3항에 해당하는 사안을 경기 중 또는 경기 전·후에 발견하였을 경우 관련 클럽에 시정 조치를 요구할 수 있으며, 관련 클럽은 경기감독관의 지시에 따라야 한다.

5. 상기, 3·4항의 사안이 시정 조치되지 않을 경우, 상벌규정 유형별 징계기준 제5조 마,항 및 바,항에 의거, 해당 클럽에 제재를 부과할 수 있다.

6. 관중의 소요, 난동으로 인해 경기 진행에 문제가 발생하거나, 선수, 심판, 코칭스태프 및 팀 스태프, 미디어를 비롯한 관중의 안전과 경기장 질서 유지에 문제가 발생할 경우에는 관련 클럽이 사유를 불문하고 그에 대한 일체의 책임을 부담한다.

7. 홈 클럽은 선수단 구역과 양 팀 선수대기실 출입구에 경호요원을 상시 배치하여야 하며, 또한 해당 구역을 확인할 수 있는 CCTV를 설치해야 하며, 관련 영상을 15일간 보관해야 한다.

8. 연맹에서 제정한 '안전 가이드라인'을 준수하지 않을 경우, 상벌규정 유형별 징계 기준 제5조 마 항 및 바 항에 의거 해당 클럽에 제재를 부과할 수 있다.

제41조 (홈경기 관리책임자, 홈경기 안전책임자 선정 및 경기장 안전요강)
모든 클럽은 경기장 안전 및 원활한 진행을 위해 홈경기 관리책임자 및 홈경기 안전책임자를 선정하여 연맹에 보고하여야 하며, 아래의 경기장 안

전요강을 숙지하여 실행하고 관중에게 사전 공지 또는 고지하여야 한다. 또한 홈경기 관리책임자 및 홈경기 안전책임자는 경기감독관의 업무 및 지시 사항에 대해 최대한 협조하여야 한다.

1. 반입금지물: 경기장에 입장하려는 사람 또는 입장한 사람은 홈경기 관리책임자 및 홈경기 안전책임자가 특별히 필요 사항에 의해 허락했을 경우를 제외하고 다음의 각 호에 명시된 것을 가지고 입장할 수 없다.
   1) 경기장 관리자에 의해 반입을 금지하고 있는 것
   2) 정치적, 사상적, 종교적인 주의 또는 주장 또는 관념을 표시하거나 또는 연상시키고 혹은 대회의 운영에 지장을 미칠 우려가 있는 게시판, 간판, 현수막, 플래카드, 문서, 도면, 인쇄물 등
   3) 연맹의 승인을 득하지 않은 특정의 회사 또는 영리기업의 광고를 목적으로 하여 특정의 회사명, 제품명 등을 표시한 것(특정 회사, 제품 등을 연상시키는 것 포함)
   4) 그 외 경기운영 또는 진행을 방해하여 타인에게 불편을 주거나 또는 위험하게 하거나 혹은 그러한 우려가 있거나 또는 운영담당·보안담당, 경비종사원이 위험성을 인정하는 것

2. 금지행위: 경기장에 입장하려는 사람 또는 입장한 사람은 홈경기 관리책임자 및 홈경기 안전책임자가 특별히 필요 사항에 의해 허락했을 경우를 제외하고는 다음의 각 호에 명시되는 행위를 해서는 안 된다.
   1) 경기장 관리자에 의해 금지되고 있는 행위
   2) 정당한 입장권 또는 통행증을 소지하지 않고 입장하는 것
   3) 항의 집회, 데모 등 대회의 원활한 운영을 저해할 우려가 있는 행위
   4) 알코올, 약물 그 외 물질을 소유 및 복용한 상태로 경기장에 입장하는 행위 또는 경기장에 이러한 물질을 방치해 두어 이것들의 영향에 의해 경기운영 또는 타인의 행위 등을 저해하는 행위(알코올 등의 영향에 의해 정상적인 행위를 할 수 없는 우려가 있는 상태일 경우 입장 불가)
   5) 해당 경기장(시설) 및 관련 장소에서 권유, 연설, 집회, 포교 등의 행위
   6) 정해진 장소 외에서 차량을 운전하거나 주차하는 것
   7) 상행위, 기부금 모집, 광고물의 게시 등의 행위
   8) 정해진 장소 외에 쓰레기 및 오물을 폐기하는 것
   9) 연맹의 승인 없이 영리목적으로 경기장면, 식전행사, 관객 등을 사진 또는 비디오로 촬영하는 것
   10) 연맹의 승인 없이 대회의 음성, 영상의 전부 또는 일부를 인터넷 및 미디어를 통해 전달하는 것
   11) 경기운영 또는 진행을 방해하여 타인에게 폐를 끼치거나 또는 위험을 미치거나 혹은 그러한 우려가 있으면서 경비종사원이 위험성을 인정한 행위

3. 경기장 관련: 경기장에 입장하려는 사람 또는 입장한 사람은 다음의 각 호에 명시하는 사항을 준수하여야 한다.
   1) 입장권, 신분증, 통행증 등의 제시가 요구되었을 때는 이것을 제시해야 함
   2) 안전 확보를 위해 수화물, 소지품 등의 검사가 요구되었을 때는 이것에 따라야 함
   3) 사건·사고가 발생하거나 또는 발생 우려가 예상되는 경우, 경비 종사원 또는 치안 당국의 지시, 안내, 유도 등에 따라 행동할 것

4. 입장거부 또는 퇴장명령
   1) 홈경기 관리책임자 및 홈경기 안전책임자는 상기 3항 1호, 2호, 3호의 경기장 안전요강을 위반한 사람의 입장을 거부하여 경기장으로부터의 퇴장을 명할 수 있으며, 상기 3항에 의거하여 반입금지물 몰수 등 필요한 조치를 취할 수 있다.
   2) 홈경기 관리책임자 및 홈경기 안전책임자는 상기 4항 1호에 해당하는 사람 중에서 특히 고의, 상습으로 확인된 사람에 대해서는 이후 개최되는 연맹 주최의 공식경기에 입장을 거부할 수 있다.
   3) 홈경기 관리책임자 및 홈경기 안전책임자에 의해 입장이 거부되거나

경기장에서 퇴장을 받았던 사람은 입장권 구입 대금의 환불을 요구할 수 없다.

5. 권한의 위임: 홈경기 관리책임자는 특정 시설에 대해 그 권한을 타인에게 위임할 수 있다.

6. 안전 가이드라인 준수: 모든 클럽은 연맹이 정한 'K리그 안전가이드라인'을 준수하여야 한다.

제42조 (기타 유의사항) 각 클럽은 아래의 사항을 숙지하고 준수하여야 한다.

1. 모든 취재 및 방송중계 활동을 위한 미디어 관련 입장자는 2021 K리그 미디어 가이드라인에 따라 입장하여야 하며 이를 준수하여야 한다.

2. 경기에 참가하는 선수단(코칭스태프, 팀 스태프 포함)은 경기시작 100분 전에 경기장에 도착하여야 한다.

3. 오픈경기 및 축구클리닉 등 경기 진행에 영향을 미치는 행사는 본 경기 개최 1시간(60분) 전까지 반드시 종료되어야 하며, 연맹에 사전 승인을 받아야 한다.

4. 선수는 신체보호를 위해 반드시 정강이 보호대를 착용하고 경기에 임해야 한다.

5. 경기 중 클럽의 임원, 코칭스태프, 팀 스태프, 선수는 경기장 내에서 흡연을 할 수 없으며, 이를 위반할 경우 퇴장 조치한다.

6. 시상식에는 연맹이 지정한 클럽(팀)과 수상 후보자가 반드시 참석하여야 한다.

7. 체육진흥투표권(스포츠토토 등) 발매 이상 징후 대응경보 발생 시, 경기시작 90분 전 대응 미팅에 관계자(경기감독관, 매치코디네이터, 양 클럽 관계자 및 감독) 등이 참석하여야 한다.

8. 경기 중, 교체대상 선수의 워밍업은 연맹이 사전에 지정한 장소에서 실시해야 한다.

9. 경기감독관은 하절기(6~8월) 기간 중, 쿨링 브레이크 제도(워터 타임)의 실시 여부를 결정할 수 있다. 감독관은 경기시작 20분 전 기온을 측정해 32도(섭씨) 이상일 경우, 심판진과 협의해 실시할 수 있다.

10. 심판 판정에 대한 제소는 불가하다.

11. 전자 퍼포먼스/트래킹 시스템(EPTS)을 사용하는 경우, 사전 승인을 득하여야 한다.

12. 클럽은 경기 중 전력분석용 팀 카메라 1대를 상층 카메라구역에 설치할 수 있다. 원정 클럽이 팀 카메라를 설치하는 경우 홈 클럽에 승인을 득해야 한다.

제43조 (부칙) 본 대회요강에 명시되지 않은 사항은 K리그 규정, FIFA 규정, K리그 이사회 결정에 의거하여 시행한다.

하나원큐 K리그2 2021경기기록부

- 2월 27일 13:30 맑음 창원 축구센터 1,539명
- 주심_송민석 부심_방기열·김태형 대기심_서동진 경기감독관_양정환

	경남	1			0 전반 1 1 후반 1		2	안양		
퇴장	경고	파울	ST(유)	교체	선수명	배번	위치	위치	배번	선수명	교체	ST(유)	파울	경고	퇴장

퇴장	경고	파울	ST(유)	교체	선수명	배번	위치	위치	배번	선수명	교체	ST(유)	파울	경고	퇴장
0	0	0	0		손 정 현	31	GK	GK	13	정 민 기		0	0	0	0
0	1	1	1		채 광 훈	2	DF	DF	30	백 동 규		0	2	0	0
0	0	0	2		김 영 찬	5	DF	DF	15	김 형 진		0	1	0	0
0	0	2	2(2)		이 광 선	20	DF	DF	99	주 현 우		0	2	0	0
0	0	0			김 동 진	22	DF	DF	16	김 주 헌		0	0	0	0
0	1	2(1)	11	도 동 현	21	MF	MF	6	닐손주니어		0	0	1	0	0
0	0	0			장 혁 진	7	MF	MF	14	홍 창 범	55	1(1)	1	0	0
0	1	4	1	19	창 하 늘	26	MF	MF	8	맹 성 웅		2(1)	1	0	0
0	1	0	1(1)		백 성 동	10	FW	FW	17	하 승 운	24	2(2)	1	0	0
0	0	0			윌 리 안	94	FW	FW	98	최 민 서	10	0	0	0	0
0	0	0			이 정 협	18	FW	FW	7	심 동 운		4(2)	1	0	0
0	0	0			황 성 민	1			9	정 동 원		0	0	0	0
0	0	0			심 민 용	34			5	유 종 현		0	0	0	0
0	0	0			유 지 훈	3			22	김 준 섭		0	0	0	0
0	0	0		후41	이 우 혁	6	대기	대기	3	최 호 정		0	0	0	0
0	1	1		후0	고 경 민	19			55	임 선 영	후11	0	0	0	0
0	0	0	0		이 의 형	88			24	모 재 현	후44	0	0	0	0
0	0	0	1(1)	후19	황 일 수	11			19	하 남	후0	0	1	0	0
0	4	12	14(5)									9(6)	16	1	0

- 후반 26분 고경민 PAR ⌒ 백성동 PAL 내 R-ST-G(득점: 백성동, 도움: 고경민) 왼쪽
- 전반 30분 주현우 MFL ~ 심동운 AK 정면 R-ST-G(득점: 심동운, 도움: 주현우) 왼쪽
- 후반 2분 맹성웅 PK지점 R-ST-G(득점: 맹성웅) 오른쪽

- 2월 27일 16:00 맑음 광양 전용 906명
- 주심_조지민 부심_구은석·이상민 대기심_김재홍 경기감독관_당성증

	전남	0			0 전반 0 0 후반 0		0	충남아산		
퇴장	경고	파울	ST(유)	교체	선수명	배번	위치	위치	배번	선수명	교체	ST(유)	파울	경고	퇴장

퇴장	경고	파울	ST(유)	교체	선수명	배번	위치	위치	배번	선수명	교체	ST(유)	파울	경고	퇴장
0	0	0	0		김 다 솔	31	GK	GK	13	이 기 현		0	0	0	0
0	1	2	0		황 기 욱	4	DF	DF	4	한 용 수		0	1	0	0
0	0	1	0		고 태 원	5	MF	MF	16	유 준 수		0	1	1	0
0	0	0			박 찬 용	20	DF	DF	19	박 세 진		0	0	0	0
0	0	0			김 영 욱	14	MF	DF	23	최 규 백		0	0	0	0
0	1	3(1)			김 현 욱	10	MF	DF	47	이 은 범		6	0	0	0
0	0	0			장 성 재	18	MF	MF	6	김 종 국		0	0	0	0
0	0	0		22	올	렉	33	MF	MF	7	박 세 직		0	0	0	0
0	1	0			이 후 권	16	MF	FW	17	료 헤 이	0	0	2	0	0
0	0	2(1)			이 종 호	8	FW	FW	18	김 찬	9	2(1)	1	0	0
0	0	1		12	사 무 엘	91	FW	FW	98	이 승 재	11	0	3	0	0
0	0	0			김 병 엽	23			1	박 한 근		0	0	0	0
0	0	0		후37	김 태 현	17			14	김 인 균		0	0	0	0
0	0	0			김 한 길	11			20	이 상 민		0	0	0	0
0	0	0			김 진 성	4	대기	대기	22	김 강 국		0	0	0	0
0	0	0			김 선 우	14			9	마테우스	후30	1	0	0	0
0	0	0		후14	유 헤 이	24			11	이 승 재		0	0	0	0
0	0	0		후34	박 희 성	12			11	알렉산드로	후30	0	0	0	0
0	2	16	12(4)									6(1)	12	1	0

안산 1 – 1 김천

• 2월 27일 16:00 맑음 안산 와스타디움 633명
• 주심_정회수 부심_이양우·이병주 대기심_성덕호 경기감독관_최윤겸

안산 **1** | 1 전반 0 / 0 후반 1 | **1** 김천

퇴장	경고	파울	ST(유)	교체	선수명	배번	위치	위치	배번	선수명	교체	ST(유)	파울	경고	퇴장
0	0	0	0		이승빈	1	GK	GK	1	이창근		0	0	0	0
0	1	1	0		연제민	4	DF	MF	4	이동수		1(1)	1	0	0
0	1	2	0		민준영	12	DF	DF	6	심상민		0	0	0	0
0	0	0	0		민호준	22	DF	MF	7	정원진		4(2)	0	1	0
0	0	3	1(1)		이준희	22	FW	FW	9	오세훈		0	2	1	0
0	0	4	0		김현태	5	MF	MF	13	문창진		4(3)	2	1	0
0	0			70	까뇨뚜	10	MF	DF	15	우주성		0	2	0	0
0	1	1(1)		99	최건주	77	MF	FW	16	안태현		0	1	2	0
0	0			27	이완석	44	MF	MF	8	이근호	10	0	0	0	0
0	0	1(1)			이상민	14	FW	DF	20	고명석		0	0	1	0
0	0				김륜도	18	FW	FW	27	문선민	19	0	1	1	0
0	0				김선우	81				최철원					0
0	0				송진규	3				김용환	후26	0	5	1	0
0	0				송주호					박동혁	후30	0	1		0
0	0		후		김대열	70	대기	대기	11	이명재					0
0	0		후36		주현호	70			19	김보섭	전41	3(3)			0
0	0				김진래	77			23	강지훈					0
0	0		전42		임재혁	99			99	오현규					0
0	2	16	3(3)									13(9)	16	3	0

● 전반 5분 이상민 PAR ~ 이준희 PAR 내 R-ST-G(득점: 이준희, 도움: 이상민) 왼쪽
● 후반 2분 우주성 MFL ~ 정원진 MF 정면 R-ST-G(득점: 정원진, 도움: 우주성) 왼쪽

부천 1 – 2 대전

• 2월 28일 13:30 맑음 부천 종합 1,099명
• 주심_최현재 부심_김지욱·이영운 대기심_오현진 경기감독관_허기태

부천 **1** | 0 전반 2 / 1 후반 0 | **2** 대전

퇴장	경고	파울	ST(유)	교체	선수명	배번	위치	위치	배번	선수명	교체	ST(유)	파울	경고	퇴장
0	0	0	0		전종혁	1	GK	GK	1	김동준		0	0	0	0
0	0	1	0		박태홍	4	DF	DF	3	김민덕		0	0	1	0
0	1	2	0		박준희	7	MF	DF	25	임덕근		0	0	0	0
0	0	1	1(1)		장현수	17	MF	MF	8	주세종		2(1)	0	1	0
0	0	0	0		김정호	20	DF	DF	2	서영재		2(1)	1	0	0
0	0	1	0		국태정	23	MF	MF	14	최익진		0	1	0	0
0	1		32		윤지혁	41	MF	MF	10	이진현		2(1)	2	1	0
0	2	1(1)			박하빈	8	FW	MF	17	이현식	22	2(2)	4	1	0
0	0				오재혁	77	MF	MF	20	에디뉴	26	6(3)	2	0	0
0	1	1		17	조건규	19	FW	FW		윌리안					0
0	0							FW	16	원기종	30	4(3)	0	0	0
0	0				이주현	21			19	박주원					0
0	0				강의빈	3			37	이규로					0
0	0				송홍민	6			29	정희웅					0
0	0		후9		박병찬	94	대기	대기	7	구본상					0
0	0		후22		박창준	11			22	안상민	후14	1(1)	0		0
0	0				조윤성	28				신상은	후31	1(1)	0		0
0	0		후44		안재준	32			11	김승섭					0
0	5	16	11(6)									23(14)	9	5	0

● 후반 38분 박창준 GA 정면 R-ST-G(득점: 박창준) 오른쪽
● 후반 35분 신상은 GAR 내 R-ST-G(득점: 신상은) 오른쪽
● 후반 43분 에디뉴 GA 정면 R-ST-G(득점: 에디뉴) 왼쪽

부산 0 – 3 서울E

• 2월 28일 16:00 흐림 부산 구덕 1,889명
• 주심_김용우 부심_천진희·김경민 대기심_박종명 경기감독관_차상해

부산 **0** | 0 전반 0 / 0 후반 3 | **3** 서울E

퇴장	경고	파울	ST(유)	교체	선수명	배번	위치	위치	배번	선수명	교체	ST(유)	파울	경고	퇴장
0	0	0	0		안준수	13	GK	GK	13	김경민		0	0	0	0
0	0	1	0		박민규		DF	DF	4	이인재		1	0	0	0
0	0	2	1		발렌티노스	6	DF	DF	20	이상민		1(1)	1	0	0
0	0	1	0		박종우	8	MF	DF	23	김진환		0	2	0	0
0	1	2(1)			박정인		FW	FW	7	황태현	17	0	0	0	0
0	1	1	0		이상준		DF	MF	15	박성우		0	0	0	0
0	0		10		성호영	19	MF	MF	88	김선민		0	0	0	0
0	1	1			이래	22	MF	MF	34	장윤호		2(2)	0	0	0
0	1	1			김진규	23	MF	MF	70	레안드로		0	0	0	0
0	0	1	0		박호영	35	DF	FW	77	이건희	9	0	1	0	0
0	0	2(1)		27	정훈성		FW	MF	17	김민균	27	0	0	0	0
0	0				최필수				21	문정인					0
0	1	1(1)	후22		안병준				14	김성현					0
0	0	3	후14		이상헌	10			96	홍승현					0
0	0				김승우	15	대기	대기	23	최재훈					0
0	0				최건					정재민					0
0	0		후30		드로셀	27			17	고재현	후37				0
0	0				이지승	28			9	베네가스	후10				0
0	1	5	9(3)									7(4)	11	0	0

● 후반 12분 레안드로 MF 정면 ~ 장윤호 PA 정면 R-ST-G(득점: 장윤호, 도움: 레안드로) 왼쪽
● 후반 20분 황태현 PAR 내 EL ~ 이상민 GAL 내 H-ST-G(득점: 이상민, 도움: 황태현) 왼쪽
● 후반 42분 레안드로 MFR ~ 김정환 GAR R-ST-G(득점: 김정환, 도움: 레안드로) 왼쪽

충남아산 0 – 1 부천

• 3월 06일 13:30 흐림 아산 이순신 1,243명
• 주심_김용우 부심_천진희·김홍규 대기심_정회수 경기감독관_양정환

충남아산 **0** | 0 전반 0 / 0 후반 1 | **1** 부천

퇴장	경고	파울	ST(유)	교체	선수명	배번	위치	위치	배번	선수명	교체	ST(유)	파울	경고	퇴장
0	0	0	0		이기현	13	GK	GK	1	전종혁		0	0	0	0
0	0	0	0		한용수	4	DF	DF	4	박태홍		0	2	1	0
0	1	1	32		유준수	16	MF	MF	7	박준희		0	0	0	0
0	0	1	0		박세직	19	MF	MF	20	김정호	23	0	0	0	0
0	0	2			김규백		DF	MF	26	조현택		1	0	0	0
0	1	2			이은범	47	DF	DF	41	윤지혁		0	0	0	0
0	0				김종국	6	MF	MF	6	송홍민		0	0	0	0
0	0	3			박세직		MF	FW	17	박병찬		2(1)			0
0	1				김 찬	18	FW	FW	27	박창준		3(2)	1		0
0	0				박민서		MF	MF		추정호	32				0
0	0	2			이승재	98	MF	FW	16	추정호	32	3(2)	1		0
0	0				박한근	21			21	이주현					0
0	0				김재성	55			3	강의빈					0
0	0				김인균	14			23	국태정	후26				0
0	0		후32		김강국	22	대기	대기	10	조범석					0
0	0		후32		마테우스	9			28	조윤성					0
0	0				김 찬	18			19	조건규	후13				0
0	0		후32		알렉산드로	11			32	안재준	후40				0
0	2	16	13(7)									8(4)	11	1	0

● 후반 47분 오재혁 MF 정면 FK ⌒ 박창준 GAL H-ST-G(득점: 박창준, 도움: 오재혁) 오른쪽

서울E 4 : 0 김천

- 3월 06일 16:00 흐림 잠실 올림픽 1,035명
- 주심_성덕호 부심_이병주·권용식 대기심_신용준 경기감독관_차상해

퇴장	경고	파울	ST(유)	교체	선수명	배번	위치	위치	배번	선수명	교체	ST(유)	파울	경고	퇴장
0	0	0	0		김경민	13	GK	GK	1	이창근		0	0	0	0
0	0	1	0		이인재	4	MF	MF	4	이동수		1	2	0	0
0	0	1	0		이상민	20	DF	DF	6	심상민		0	0	0	0
0	1	1	1(1)		김진환	5	DF	MF	7	정원진	13	3(1)	1	0	0
0	0	0	0		황태현	4	FW	FW	10	박동진		5(2)	0	0	0
0	0	0	0	15	박성우	15	MF	FW	10	박동진		5(2)			
0	0	0	0		김선민	88	DF	DF	15	우주성		0	0	0	0
0	0	0	0	23	장윤호	34	DF	DF	12	이상기	3	1	0	0	0
0	0	0	0	11	바비오	7	FW	FW	19	김보섭		4(1)	1	1	0
0	0	0	0		레안드로	70	FW	DF	20	고명석		0	0	0	0
0	0	2	2(2)		베네가스		MF	MF		지언학		0	0	0	0
0	0	0	0		문정인	21			81	최철원		0	0	0	0
0	0	0	0		김성현	14			3	김용환	후24	0			
0	0	0	0		홍승현	96			8	허율					
0	0	0	0	후43	최재훈	23	대기		11	이명재					
0	0	0	0		곽성욱	8			13	문창진	후24	0			
0	0	0	0	후37	고재현	11			19	이근호					
0	0	0	0	후11	김정환	11			99	오현규	후39				
0	1	10	10(7)									17(4)	6	1	0

- 전반 20분 장윤호 C.KR ~ 김진환 GAL R-ST-G(득점: 김진환, 도움: 장윤호) 오른쪽
- 후반 27분 황태현 PAL 내 ~ 베네가스 PA 정면 L-ST-G(득점: 베네가스, 도움: 황태현) 오른쪽
- 후반 34분 베네가스 PAL 내 R-ST-G(득점: 베네가스) 오른쪽
- 후반 37분 황태현 PAR ~ 김정환 GA 정면내 L-ST-G(득점: 김정환, 도움: 황태현) 왼쪽

안양 1 : 2 안산

- 3월 06일 16:00 흐림 안양 종합 524명
- 주심_서동진 부심_이상민·김경민 대기심_오현진 경기감독관_최윤겸

퇴장	경고	파울	ST(유)	교체	선수명	배번	위치	위치	배번	선수명	교체	ST(유)	파울	경고	퇴장
0	0	0	0		정민기	13	GK	GK	1	이승빈		0	0	0	0
0	0	1	0		백동규	30	DF	DF	4	연제민		0	0	0	0
0	0	0	0		김형진	15	DF	DF	15	송주호	55	1(1)	0	0	0
0	0	1	0		정준연	2	DF	DF	20	김민호		0	1	0	0
0	0	1	0		주현우	99	MF	MF	6	김현태		0	0	0	0
0	2	3(1)		23	모재현	24	MF	MF	12	민준영		0	0	0	0
0	0	0	0	25	홍창범	14	MF	MF	14	이상민		0	0	0	0
0	1	6(6)			맹성웅	8	MF	FW	10	까뇨뚜	11	2(1)	0	0	0
0	0	1	0	9	최민서	98	FW	FW	18	김륜도		2(2)	2	0	0
0	0	2(1)			하승운	37	FW	FW	99	임재혁	25	0	0	0	0
0	0	0	0		양동원	1			19	김선우		0	0	0	0
0	0	0	0		유종현	5			3	고태규					
0	0	0	0		최승훈	42			11	두아르테	후5	1(1)	0	0	0
0	0	0	0	후41	박대한	25	대기		17	최건주	후29	0			
0	0	0	0		닐손주니어	6			21	김대열		0			
0	0	0	0	후16	타무라	23			55	이와세	후14	0			
0	2	2(2)	전35		조나탄	9			77	김진래					
0	1	17	18(11)									8(6)	1	0	0

- 전반 39분 모재현 GAR R-ST-G(득점: 모재현) 오른쪽
- 후반 13분 김륜도 PK-R-G(득점: 김륜도) 왼쪽
- 후반 39분 김륜도 PK-R-G(득점: 김륜도) 오른쪽

대전 1 : 2 부산

- 3월 07일 13:30 맑음 대전 월드컵 2,916명
- 주심_송민석 부심_이양우·김태형 대기심_정회수 경기감독관_허기태

퇴장	경고	파울	ST(유)	교체	선수명	배번	위치	위치	배번	선수명	교체	ST(유)	파울	경고	퇴장
0	0	0	0		김동준	1	GK	GK	13	안준수		0	0	0	0
0	0	1	1		김민덕	3	DF	DF	3	박민규		0	1	0	0
0	0	0	0		임덕근	25	DF	DF	6	발렌티노스		2(1)	0	0	0
0	0	1	1(1)	9	이호인	5	MF	MF	8	박종우		2	0	0	0
0	0	0	0		서영재	2	FW	FW	9	안병준		0	0	0	0
0	0	3(2)			이규로	37	MF	MF	11	박정인	10	1(1)	0	0	0
0	0	3(2)			이진현	10	DF	DF	21	최준		0	0	0	0
0	1	1	0	15	이현식	17	MF	MF	23	김진규		0	0	0	0
0	0	2(1)			에디뉴	7	MF	MF	27	드로젝	20	2(1)	2	0	0
0	1	2(2)			박인혁	20	FW	FW	35	박호영		0	0	0	0
0	0	1(1)	26		김승섭	11	FW	FW	15	정훈성	31	3	0	0	0
0	0	0	0		박주원	13			18	최필수		0	0	0	0
0	0	0	0	후10	박진섭	15			10	이상헌	후17	0			
0	0	0	0		정희웅	29			15	김승우	후47	0			
0	0	0	0		전병관	28	대기		17	이상준		0			
0	0	0	0		원기종	16			20	이태양	후36	0			
0	0	0	0	후17	신상은	26			19	박정훈		0			
0	0	1(1)	후31		바이오	9			78	어정원		0			
0	2	8	7(11)									8(3)	7	2	0

- 전반 44분 이진현 PK-L-G(득점: 이진현) 오른쪽
- 전반 17분 안병준 AKR ~ 박정인 AK 정면 R-ST-G(득점: 박정인, 도움: 안병준) 왼쪽
- 전반 32분 드로젝 C.KR ~ 발렌티노스 GA 정면 H-ST-G(득점: 발렌티노스, 도움: 드로젝) 오른쪽

전남 1 : 0 경남

- 3월 07일 16:00 맑음 광양 전용 826명
- 주심_최현재 부심_이영운·이정석 대기심_김재홍 경기감독관_김용세

퇴장	경고	파울	ST(유)	교체	선수명	배번	위치	위치	배번	선수명	교체	ST(유)	파울	경고	퇴장
0	0	0	0		김다솔	31	GK	GK	1	손정현		0	1	0	0
0	0	1	1(1)		황기욱	6	DF	DF	2	채광훈		0	0	0	0
0	0	0	0		고태원	5	DF	DF	5	김영찬		0	1	0	0
0	0	0	0		박찬용	3	DF	DF	20	이광선		0	0	0	0
0	0	0	0		김영욱	27	DF	MF	23	김동진		0	0	0	0
0	0	0	0		김현욱	10	MF	MF	7	장혁진		0	0	0	0
0	0	0	0		장성재	18	MF	MF	26	장하늘		0	0	0	0
0	1	1(1)			올레	33	MF	MF	10	백성동		2	0	0	0
0	0	0	0	8	이후권	16	MF	FW	21	도동현	98	0	0	0	0
0	0	0	0	39	허 혁	14	FW	FW	94	윌리안	11	0	0	0	0
0	0	0	0	22	사무엘	66	FW	FW	16	이정협		0	0	0	0
0	0	0	0		김병엽	23				황성민					
0	0	0	0		김태현	17			34	심민용		0			
0	0	0	0		김진성	4			3	유지훈		0			
0	0	0	0		김선우	14	대기		19	고경민	전35	0			
0	0	0	0	후11	알렉스	39			88	이우혁		0			
0	0	0	0	후39	서명원	22			98	에르난데스	후0	1			
0	0	0	0	후5	이종호	3			11	황일수	후19	1(1)			
0	1	9	3(2)									7(1)	12	1	0

- 전반 10분 이후권 PA 정면 ~ 올레 PAL 내 R-ST-G(득점: 올레, 도움: 이후권) 오른쪽

• 3월 13일 13:30 흐림 안산 와스타디움 539명
• 주심_조지음 부심_송봉근·천진희 대기심_성덕호 경기감독관_김용세

안산 1 (0 전반 0 / 1 후반 2) 2 경남

퇴장	경고	파울	ST(유)	교체	선수명	배번	위치	위치	배번	선수명	교체	ST(유)	파울	경고	퇴장
0	0	0	0		이승빈	1	GK	GK	1	황성민		0	0	0	0
0	0	1	0		연제민	4	DF	DF	2	채광훈		0	2	0	0
0	0	0	1(1)		송주호	15	DF	DF	5	김영찬		1(1)	0	0	0
0	0	1	3(3)		김민호	20	DF	DF	20	이광선		0	1	0	0
0	2(1)			55	김현태	6	DF	DF	3	유지훈					
0	0				이상민	13	MF	MF	13	김민섭	94	0	1		
0	0		11		이준희	22	MF	MF	7	장혁진		0			
0	3(1)				김진래	77	MF	MF	19	고경민		0			
0	0	0	0		민준영	12	FW	FW	11	황일수		1			
0	1		17		임재혁	7	FW	FW	98	에르난데스	18	1			
					김선우	19			25	김민준					
					박준영	10			4	배승진	후38				
0	1(1)		후27		두아르테	11			5	김동진					
	후40				최건주	17	대기	대기	14	진세민					
					김대열	27			2	도동현					
					이성민	8			18	이정협	후12				
	후19				이와세	55			94	윌리안	후0	4(4)	2	1	0
0	1	10	13(10)									9(6)	13	1	0

● 후반 41분 송주호 GAL H ⌒ 김민호 GAL 내 R-ST-G(득점: 김민호, 도움: 송주호) 왼쪽
● 후반 26분 윌리안 GAL R-ST-G(득점: 윌리안) 가운데
● 후반 44분 채광훈 PAR 내 ⌒ 윌리안 GA 정면 H-ST-G(득점: 윌리안, 도움: 채광훈) 오른쪽

• 3월 13일 16:00 맑음 아산 이순신 1,240명
• 주심_최현재 부심_이영운·이병주 대기심_신용준 경기감독관_강득수

충남아산 4 (2 전반 0 / 2 후반 0) 0 부산

퇴장	경고	파울	ST(유)	교체	선수명	배번	위치	위치	배번	선수명	교체	ST(유)	파울	경고	퇴장
0	0	0	0		이기현	13	GK	GK	13	안준수		0	0	0	0
0	0	0	0		한용수	4	DF	DF	3	박민규		1(1)	1	0	0
0	0	2	2(1)		유준수	16	DF	DF	6	발렌티노스		2(1)	1	0	0
0	1	1	1(1)		박세직	19	DF	FW	9	성호영		6(3)	1	1	0
0	0	0	0		최규백	18	MF	DF	47	이현준	11	1(1)	0	0	0
0	0	0	0		이은범	47	MF	DF	21	최준		1(1)	0	0	0
0	0	0	0		박세직	7	MF	MF	23	김진규		0	0	0	0
0	0	2	2(2)		이상민	20	MF	MF	27	드로젝		3(2)	0	0	0
0	0	2	2(2)		료헤이	10	MF	DF	20	이지솔	14	0	0	0	0
0	0				박민서	77	MF	MF	14	호영민		0	0	0	0
0	0		14		이승재	98	FW	FW	77	정훈성		2	0	0	0
					박한근	1			18	최필수					
0	0	1(1)	후28		김인균	14			11	박정인	후0	2(2)	0	0	0
					김강국	22			14	김정현	후0				
					마테우스		대기	대기	15	김승우					
	후41				이재규	17			20	이상준					
					알렉산드로	11			20	이태민	후17	1			
	후18				김찬	18			22	이래준					
0	3	11	10(7)									17(17)	13	2	0

● 전반 1분 박세직 MFR FK ⌒ 유준수 GA 정면 H-ST-G(득점: 유준수, 도움: 박세직) 왼쪽
● 전반 42분 이승재 PAL 내 ⌒ 료헤이 GAR R-ST-G(득점: 료헤이, 도움: 이승재) 왼쪽
● 후반 29분 료헤이 MFR TL → 김인균 GAL L-ST-G(득점: 김인균, 도움: 료헤이) 왼쪽
● 후반 39분 료헤이 PK-R-G(득점: 료헤이) 왼쪽

• 3월 14일 13:30 맑음 잠실 올림픽 1,070명
• 주심_서동진 부심_김지욱·이상민 대기심_박종명 경기감독관_정경구

서울E 1 (0 전반 1 / 1 후반 0) 1 전남

퇴장	경고	파울	ST(유)	교체	선수명	배번	위치	위치	배번	선수명	교체	ST(유)	파울	경고	퇴장
0	0	0	0		김경민	13	GK	GK	31	김다솔		0	0	0	0
0	0	1	0		이인재	4	DF	DF	4	황기욱		1	1	0	0
0	0	0	0		이상민	20	DF	DF	5	고태원		2(1)	0	0	0
0	0	1	1		김현훈	24	DF	DF	3	박찬용		0	0	0	0
0	0	0	0		황태현	2	MF	DF	27	김영욱		1	2	0	0
0	0	1	0		박성우	15	MF	MF	33	올렉		0	0	0	0
0	1	5	0		김선민	88	MF	MF	16	김현욱		0	0	0	0
0	0	0	0		장윤호	34	MF	MF	10	이후권		1	1	0	0
0	0		11		바비오	7	MF	MF	25	서명원	18	1	1	0	0
0	0	3(3)			레안드로	70	FW	FW	66	무고사	39	3(2)	0	0	0
0	1	3	4(1)	77	베네가스	9	FW	FW	8	이종호	0				
					박정인	21			23	김병오					
					김진환	5			4	김진성					
	후40				박상윤	6			11	김한길					
					최재훈	23	대기	대기	1	김태현	후32				
	후28				이건희	77			18	장성재					
					고재현	17			94	류					
	후19				김정환	8			39	알렉	후14	0			
0	2	15	13(4)									8(3)	11	0	0

● 후반 10분 바비오 MF 정면 ⌒ 레안드로 PA 정면내 R-ST-G(득점: 레안드로, 도움: 바비오) 왼쪽
● 전반 4분 올렉 PAL TL 드로잉 ⌒ 고태원 GAL 내 EL H-ST-G(득점: 고태원, 도움: 올렉) 가운데

• 3월 14일 16:00 맑음 부천 종합 964명
• 주심_정회수 부심_구은석·이양우 대기심_김재홍 경기감독관_조성철

부천 0 (0 전반 0 / 0 후반 0) 0 안양

퇴장	경고	파울	ST(유)	교체	선수명	배번	위치	위치	배번	선수명	교체	ST(유)	파울	경고	퇴장
0	0	0	0		전종혁	1	GK	GK	13	정민기		0	0	0	0
0	0	1	0	11	박태홍	4	DF	DF	30	백동규		0	0	0	0
0	0	0	0		박준희	17	MF	DF	15	김형진		0	5	0	0
0	0	0	0	28	김정호	3	MF	MF	3	정준연		0	1	0	0
0	4	0	0		조현택	26	MF	MF	99	주현우	24	0	0	0	0
0	0	0	0		윤지혁	41	MF	FW	14	홍현호	24				
0	0				송홍민	6	MF	MF	14	홍창범		1(1)	1	0	0
0	0				박창준	27	MF	FW	8	맹성웅		0			
0	2	2(1)		32	오재혁	77	MF	FW	9	조나탄	23	8(2)			
0	0				조건규	27	FW	FW	7	김동운		2(1)			
					이주현	21			1	양동원					
					강의빈	3			5	유종현					
	전5				장현수	11			25	박대한					
					조범석	10	대기	대기	6	닐손주니어					
					최병찬	17			24	모재현	후30	2(1)			
	후27				조윤형	28			23	타무라	후29	0			
	후20				안재준	32			20	최민서					
0	16	5(3)										15(6)	11	3	0

• 3월 14일 18:30 맑음 대전 월드컵 1,719명
• 주심_오현진 부심_방기열·이정석 대기심_최규현 경기감독관_김성기

대전 1   1 전반 0 / 0 후반 2   **2 김천**

퇴장	경고	파울	ST(유)	교체	선수명	배번	위치	위치	배번	선수명	교체	ST(유)	파울	경고	퇴장
0	0	0	0		김동준	1	GK	GK	1	이창근		0	0	0	0
0	1	2	0		김민덕	3	DF	MF	3	김용환	10	0	1	1	0
0	0	0	1(1)		임덕근	25	DF	MF	4	이동수		0	0	1	0
0	0	2	0		이호인	5	DF	MF	23	정빈	7	1(1)	2	0	0
0	0	1	1		서영재	4	MF	DF	6	심상민		0	0	1	0
0	0	1	1		이규로	37	MF	MF	8	허용준	19	1(1)	1	0	0
0	0	1	0		박진섭	15	MF	MF	11	이명재		0	0	1	0
0	1		4(1)		에디뉴	7	FW	FW	17	우주성		1	0	1	0
0			17		이진현	10	MF	FW	15	우주성		1	0		0
0				22				FW	20	고명석					
0	0	3	3(2)	26	원기종	16	FW	FW	99	오현규		3(2)	1		0
					박주원	19			81	최철원					
					이웅희	33			7	정원진	후35				
				후37	이현식	17			9	오세훈					
				후25	안상민	22	대기	대기	10	박동진	후19	2(1)	0	0	
				후16	신상은	16			17	정충근					
					전병관	28			19	김보섭	후29				
					정희웅	29			23	강지훈					
0	1	17	12(4)									11(6)	11	2	0

● 전반 43분 에디뉴 PK지점 R-ST-G(득점: 에디뉴) 왼쪽
● 후반 6분 심상민 PAL 내 ~ 오현규 GA 정면내 R-ST-G(득점: 오현규, 도움: 심상민) 오른쪽
● 후반 34분 이명재 MFR FK ⌒ 우주성 PAR 내 R-ST-G(득점: 우주성, 도움: 이명재) 오른쪽

• 3월 20일 13:30 비 부천 종합 565명
• 주심_신용준 부심_방기열·김태형 대기심_최광호 경기감독관_정경구

부천 1   1 전반 0 / 0 후반 0   **1 전남**

퇴장	경고	파울	ST(유)	교체	선수명	배번	위치	위치	배번	선수명	교체	ST(유)	파울	경고	퇴장
0	0	0	0		전종혁	1	GK	GK	31	김다솔		0	0	0	0
0	0	0	0		박준희	7	DF	DF	33	올렉		2(1)	0	0	0
0	1	1	0		장현수	11	MF	DF	5	고태원		3	1	0	0
0	1	1	1		김정호	20	DF	DF	3	박찬용		1	1	0	0
0	1	1	0		국태정	23	MF	DF	27	김영욱	8	1	0	0	0
0	0	0	0		윤지혁	41	MF	MF	6	황기욱		0	0	0	0
0	0	3	2(1)		송홍민	6	MF	MF	8	이종호		2(1)	1	0	0
0	0	2	2(2)		조범석	5	MF	MF	16	이후권	7	1	0	0	0
0				19	최병준	37	FW	FW	19	유헤이		0	0	0	0
0	0	3	2(1)		박창준	19	FW	FW	66	사무엘		6(3)	2	0	0
0	1		3(1)		안재준	32	FW	FW	39	알렉스	22	2(1)	1	0	0
					이주현	21			23	김병엽					
					강의빈	3			4	김진성					
					정호근	15			11	김한길					
					박하빈	4	대기	대기	11	김태현	후17	0	0	0	0
					조윤형	28			18	장성재					
					오재혁	2			94	김경민					
				후29	조건규	19			22	서명원	후26	1	0	0	0
0	1	13	9(6)									16(6)	12	2	0

● 전반 25분 장현수 PAR 내 EL ~ 박창준 GA 정면내 L-ST-G(득점: 박창준, 도움: 장현수) 가운데
● 전반 39분 이종호 GAL 내 R-ST-G(득점: 이종회) 가운데

• 3월 20일 16:00 흐림 안양 종합 429명
• 주심_김용우 부심_김지욱·이병주 대기심_박종br 경기감독관_양정환

안양 0   0 전반 1 / 0 후반 0   **1 대전**

퇴장	경고	파울	ST(유)	교체	선수명	배번	위치	위치	배번	선수명	교체	ST(유)	파울	경고	퇴장
0	0	0	0		정민기	13	GK	GK	19	박주원		0	0	0	0
0	0	1	0		백동규	30	DF	DF	3	김민덕		0	0	0	0
0	0	1	1		김형진	15	DF	DF	25	임덕근		0	0	0	0
0	0	0	0		정준연	2	DF	DF	33	이웅희		0	0	0	0
0	0	2	0		주현재	14	DF	MF	4	서영재		1	0	0	0
0	0	0	0		맹성웅	8	MF	MF	37	이규로		0	0	0	0
0	0	0	0		닐손주니어	6	MF	MF	15	박진섭		2(2)	1	0	0
0	0	0	0	11	하승운	17	MF	MF	10	이진현		1	0	0	0
0	0	1	0		주현우	99	MF	MF	17	이현식		2(2)	1	0	0
0	0	0	0	9	최미선	98	FW	FW	9	바이오	77	4(1)	3	0	0
0	0	1	0	23	심동운	7	FW	FW	7	에디뉴		1	1	0	0
					김태훈	21			41	이준서					
					유종현	5			5	이호인					
					모재현	24			12	김선호					
				후8	김경중	11	대기	대기	11	김승섭					
					홍현호	45			16	원기종	후41	3(1)	1	0	0
				후38	타무라	23			29	정희웅					
				후0	조나탄	9			77	파	투	후42				
0	2	11	1									14(7)	15	1	0

● 전반 45분 이진현 PAL ~ 박진섭 GA 정면 H-ST-G(득점: 박진섭, 도움: 이진현) 왼쪽

• 3월 20일 18:30 흐림 안산 와스타디움 384명
• 주심_성덕효 부심_이상민·이양우 대기심_오현진 경기감독관_최윤겸

안산 1   0 전반 0 / 1 후반 0   **0 충남아산**

퇴장	경고	파울	ST(유)	교체	선수명	배번	위치	위치	배번	선수명	교체	ST(유)	파울	경고	퇴장
0	0	0	0		이승빈	1	GK	GK	13	이기현		0	0	0	0
0	0	0	0		연제민	4	DF	DF	4	한용수		1	1	0	0
0	0	2	5		송주호	15	DF	MF	16	유준수		2(1)	0	0	0
0	1	1	1		김민호	20	DF	DF	19	박세직	11	1(1)	2	0	0
0	0	0	1(1)		김현태	4	DF	DF	23	최규백		0	0	0	0
0	0	0	0		민준영	42	MF	MF	47	이은범		0	0	0	0
0	0	0	0		이상민	4	MF	MF	7	박세직		0	0	0	0
0	0	0	0		이준희	22	MF	MF	20	이상민		0	0	0	0
0	0	0	0	11	김대열	22	MF	MF	17	이료혜이		3(2)	1	1	0
0	1	99			최건주	77	FW	FW	99	박민서	33	0	0	0	0
0	2	1(1)			김륜도	18	FW	MF	98	이승재	18	1	1	0	0
					김선우	1			1	박한근					
					고태규	3			14	김인균					
				후41	박준영	22			22	김강국					
				후13	두아르테	11	대기	대기	33	김혜성	후0	0	0	0	0
					김민규	30			9	마테우스					
					김진래	77			63	알렉산드로	후33	1	0	0	0
				후36	임재혁	99			18	김찬	후19	2(1)	1	0	0
0	2	16	7(4)									14(6)	14	2	1

● 후반 30분 두아르테 PK-L-G(득점: 두아르테) 가운데

경남 0 : 0 서울E

• 3월21일 13:30 맑음 창원 축구센터 1,227명
• 주심_송민석 부심_구은석·김경민 대기심_김재홍 경기감독관_차상해

				경남 0		0 전반 0 / 0 후반 0		0 서울E							
퇴장	경고	파울	ST(유)	교체	선수명	배번	위치	위치	배번	선수명	교체	ST(유)	파울	경고	퇴장
0	0	0	0		황성민	1	GK	GK	13	김경민		0	0	0	0
0	1	2	1		김주환	29	DF	DF	4	이인재		0	1	0	0
0	0	0	0		김영찬	5	DF	DF	24	김현훈		0	0	0	0
0	0	1	0		배승진	4	DF	DF	20	이상민		0	1	0	0
0	1	2	1(1)		김동진	22	MF	MF	4	황태현		0	0	0	0
0	0	2	0		장혁진	8	MF	MF	15	박성우	17	0	3	1	0
0	1	2	1		고경민	19	MF	MF	88	김선민		0	1	0	0
0	0	0	0		백성동	10	MF	MF	34	장윤호		0	0	0	0
0	0	1	98		황일수	7	FW	FW	9	바비	11	0	1	0	0
0	0	1	88		이정협	10	FW	FW	70	레안드로		0	1	1	0
0		1(1)	21		윌리안	94	FW	FW	9	베네가스		0			
0					김민준	25			21	문정인		0			
0					심민웅	34			5	김진환		0			
0					유지훈	3			4	문상윤	후41	0			
0					채광훈	2	대기	대기	31	최재훈		0			
0				후24	도동현	21			17	김수안		0			
0				후40	이의형	18			7	고재현	후31	0			
0			1(1)	후28	에르난데스	98			11	김정환	후24	0			
0	2	11	6(3)									0	4	23	2	0

부산 2 : 1 김천

• 3월21일 16:00 흐림 부산 구덕 1,345명
• 주심_조지음 부심_송봉근·천진희 대기심_정회수 경기감독관_양정환

				부산 2		0 전반 0 / 2 후반 1		1 김천							
퇴장	경고	파울	ST(유)	교체	선수명	배번	위치	위치	배번	선수명	교체	ST(유)	파울	경고	퇴장
0	0	0	0		최필수	18	GK	GK	1	이상근		0	0	0	0
0	1	2	0		박민규	3	DF	MF	4	이동수	19	2	0	0	0
0	0	0	0		발렌티노스	6	DF	MF	5	이정빈	13	1(1)	0	0	0
0	1	4(4)			박정인	35	MF	MF	6	김상준		0	0	0	0
0	1	2(2)			김정현	14	MF	FW	8	허용준		6(4)	1	0	0
0	0	0	0		김승우	15	DF	DF	11	이명재		0	0	0	0
0	1	2	0		최준	12	DF	DF	12	이상기		1	2	0	0
0	1	2	0		김진규	23	MF	DF	15	우주성		0	3	0	0
0	1	1	0		드로젝	7	MF	MF	24	정동호		0	0	0	0
0	0	1(1)			정훈성	77	MF	FW	99	오현규		3	0	0	0
0					안준수	13			81	최철원		0			
0				후41	이상헌	17			9	오세훈	후40	0			
0				후5	이태민	20	대기	대기	13	문창진	후45	0			
0				후47	박호영	35			19	김보섭	후27	0			
0					어정원	78			26	김동민		0			
0	1	10	8(8)									18(8)	6	0	0

●후반 5분 안병준 GA 정면 R-ST-G(득점: 안병준) 오른쪽
●후반 10분 박정인 MFR ~ 안병준 AKR L-ST-G(득점: 안병준, 도움: 박정인) 오른쪽
●후반 3분 이동수 PAL TL ~ 허용준 AKL R-ST-G(득점: 허용준, 도움: 이동수) 가운데

충남아산 2 : 1 경남

• 4월03일 13:30 비 아산 이순신 206명
• 주심_오현진 부심_방기열·이정석 대기심_박종명 경기감독관_양정환

				충남아산 2		1 전반 0 / 1 후반 0		1 경남							
퇴장	경고	파울	ST(유)	교체	선수명	배번	위치	위치	배번	선수명	교체	ST(유)	파울	경고	퇴장
0	0	0	0		이기현	13	GK	GK	1	황성민		0	0	0	0
0	1	1	0		한용수	4	DF	DF	29	김주환		0	1	0	0
0	0	1	0		유준수	16	MF	DF	5	김영찬		0	1	1	0
0	1	2	0		박세직	24	DF	DF	4	배승진		0	0	0	0
0	1	1(1)			최규백	23	DF	MF	22	김동진		0	0	0	0
0	0	0	0		이은범	47	DF	MF	7	장혁진		0	1	0	0
0	0	0	0		김종국	6	MF	MF	8	임민혁	21	0	0	0	0
0	0	3	1		박세직	24	MF	MF	19	고경민		0	0	0	0
0	2(1)	22			료헤이	17	MF	MF	10	백성동		0	0	0	0
0	2	32			김찬	11	MF	FW	9	황일수	98	4(1)			
0	0	2(2)	14		이승재	98	MF	FW	18	에르난데스		18	4(1)		
0					박한근	1			25	김민준		0			
0					이상수	5			20	이광선		0			
0				후29	김인균	14			3	유지훈		0			
0				후47	김강국	22	대기	대기	2	채광훈		0			
0					알렉산드로	11			21	도동현	후16	0			
0	2(2)	후14	김원식	32					18	이의형	후34	0			
0					박민서	77			18	이정협	후19	0			
0	2	19	12(6)									12(3)	7	2	0

●전반 7분 이승재 GA 정면 L-ST-G(득점: 이승재) 오른쪽
●후반 42분 김인균 MFL ~ 최규백 GA 정면 H-ST-G(득점: 최규백, 도움: 김인균) 왼쪽
●전반 46분 에르난데스 PK-R-G(득점: 에르난데스) 왼쪽

부산 1 : 1 안산

• 4월03일 16:00 비 부산 구덕 729명
• 주심_신용준 부심_김지욱·이양우 대기심_김용우 경기감독관_당성증

				부산 1		0 전반 1 / 1 후반 0		1 안산							
퇴장	경고	파울	ST(유)	교체	선수명	배번	위치	위치	배번	선수명	교체	ST(유)	파울	경고	퇴장
0	0	0	0		최필수	18	GK	GK	1	이승빈		0	0	0	0
0	0	0	0		박민규	3	DF	DF	4	연제민		0	0	0	0
0	1	2(1)			안병준	9	FW	MF	15	송주호		0	0	0	0
0	0	0	0		박정인	11	MF	DF	20	김민호		0	0	0	0
0	3	2(1)			김정현	14	MF	MF	6	김형태	17	0	0	0	0
0	0	0	0		김승우	15	DF	MF	12	김준영		0	0	0	0
0	0	0	0		이상준	14	DF	MF	14	이상민		0	0	0	0
0	1	2(1)	후19		이태민	20	MF	MF	24	이준희	77	0	0	0	0
0	1	2	0		김진규	23	MF	MF	17	최건주		1(1)	0	0	0
0	1	4(2)			드로젝	27	MF	FW	3	김륜도		2	0	0	0
0	0	1	0		황준호	45	FW	FW	41	아스나위	99	0	0	0	0
0					안준수	13			19	김선우		0			
0					이상헌	17			3	고태규		0			
0					성호영	19			11	두아르테		0			
0				후19	이래 준	22	대기	대기	27	김대열	후8	0	1		
0					조welcome	32			30	심보민		0			
0					김동우	66			77	김진래	후27	0			
0	3(2)	후0	정훈성	77					99	임재혁	후15	1(1)	2	0	0
0	2	10	15(6)									5(2)	16	1	0

●후반 20분 안병준 GAR 내 H→ 정훈성 GAR L-ST-G(득점: 정훈성, 도움: 안병준) 가운데
●전반 41분 김륜도 AK 내 가슴패스 최건주 PA 정면 R-ST-G(득점: 최건주, 도움: 김륜도) 왼쪽

• 4월 04일 13:30 비 광양 전용 535명
• 주심_ 정회수 부심_ 구은석·천진희 대기심_ 조지음 경기감독관_ 최윤겸

전남 1 | 0 전반 0 | 1 후반 2 | **2 대전**

퇴장	경고	파울	ST(유)	교체	선수명	배번	위치	위치	배번	선수명	교체	ST(유)	파울	경고	퇴장
0	0	0	0		김다솔	31	GK	GK	1	김동준		0	0	0	0
0	0	1	0	20	황기욱	6	DF	DF	3	김민덕		1(1)	0	0	0
0	0	0	0		고태원	5	DF	DF	25	이덕근		0	1	0	0
0	0	0	0		박찬용	4	DF	DF	2	서영재		0	1	0	0
0	1(1)	0	0		김영욱	27	DF	MF	27	이종현		1(1)	0	0	0
0	0	0	0		올 레	33	MF	MF	15	박진섭		1(1)	0	0	0
0	0	1	0		김현욱	10	MF	FW	11	에드뉴	11	1(1)	0	0	0
0	0	0	1(1)		이후권	16	FW	FW	17	이현식		1(1)	0	0	0
0	2	2		89	알렉스	39	FW	MF	7	박한근	9	1	0	0	0
1		3(1)			사무엘	66	FW	FW	77	박 태	9				
1		5(3)			이종호	8	FW	FW	16	이진현		0	0	0	0
0	0	0	0		김병엽	23			19	박주원		0	0	0	0
				후32	김태현	17			33	이웅희					
0	1	1		후10	장순혁	20			35	이선유					
					장성재	18	대기	대기	28	전병관					
					박희성				16	김기수	후25	2			
					김경민	94			9	바 텔	후23	1			
0		1(1)		후0	발로텔리	89			11	김승섭	후39	0			
0	2	11	15(6)									13(3)	1	1	0

● 후반 22분 박찬용 PAL ⌐ 이종호 GA 정면 H-ST-G(득점: 이종호, 도움: 박찬용) 오른쪽
● 후반 5분 박진섭 자기 측 HLR ⌐ 이종현 GAR R-ST-G(득점: 이종현, 도움: 박진섭) 왼쪽
● 후반 36분 사무엘 GA 정면 H 자책골(득점: 사무엘) 오른쪽

• 4월 04일 16:00 흐림 김천 종합 2,140명
• 주심_ 서동진 부심_ 이영운·이상민 대기심_ 최현재 경기감독관_ 정경구

김천 0 | 0 전반 0 | 0 후반 0 | **0 안양**

퇴장	경고	파울	ST(유)	교체	선수명	배번	위치	위치	배번	선수명	교체	ST(유)	파울	경고	퇴장
0	0	0	0		이창근	1	GK	GK	13	정민기		0	0	0	0
0	0	1(1)			심상민	6	MF	DF	5	유종현		0	1	1	0
0	0	0	36		정원진	7	MF	DF	15	김형진		0	0	0	0
0	1	2	0		오세훈	9	FW	DF	25	박대한		0	4	1	0
0	2	0	23		전세진	14	FW	DF	99	주현우		0	0	0	0
0	0	0	0		이명재	11	DF	MF	8	맹성웅	55	0	3	0	0
0	0	0	99		나상호	19	MF	MF	6	닐손주니어		1(1)	0	0	0
0	2	1(1)			정승현	22	MF	MF	23	타무라		0	0	0	0
0	0	0	0		정현철	24	MF	MF	24	모재현	11	4(1)	2	1	0
0	0	1(1)			김동민	28	FW	FW	98	최성근	7	0	0	0	0
0	1	0			하창래	28	DF	MF	9	조나탄		0	0	0	0
0	0	0	0		최철원	81			1	양동원		0	0	0	0
					이동수	4			83	윤준성					
					우주성	15			55	임선영	후41	0			
					정재희	17	대기	대기	18	이선걸		0			
				후37	강지훈	23			7	백성동	후28	0			
				후27	서진수	36			45	홍현호					
0	1	2(1)		후14	오현규	99			7	심동운	전29	1			
0	2	21	5(4)									10(2)	17	3	0

• 4월 04일 18:30 흐림 잠실 올림픽 601명
• 주심_ 고형진 부심_ 송봉근·이병주 대기심_ 성덕효 경기감독관_ 허기태

서울E 4 | 3 전반 0 | 1 후반 0 | **0 부천**

퇴장	경고	파울	ST(유)	교체	선수명	배번	위치	위치	배번	선수명	교체	ST(유)	파울	경고	퇴장
0	0	0	0		김경민	13	GK	GK	1	전종혁		0	0	0	0
0	1	1	0		이인재	4	DF	DF	7	박준희		0	0	0	0
0	1	0	0		김현훈	24	MF	MF	11	정현수		0	0	0	0
0	0	0	0		이상민	20	DF	DF	20	김정호		0	0	0	0
0	0	0	1(1)		황태현	2	MF	DF	23	국태정		0	0	0	0
0	0	0	1(1)		고재현	17	DF	DF	41	윤지혁		0	0	0	0
0	0	0		23	김선민	88	MF	MF	5	송홍민	55	2	0	0	0
0	0	0			장윤호	34	MF	MF	10	조범석		0	2	0	0
0	0	0			바비오	7	FW	MF	99	박창준		0	0	0	0
0	0	0	2(2)		레안드로	70	FW	FW	16	추정호	9	1	0	0	0
0	3	3(3)			베네가스	9	FW	FW	32	안재준	17	1(1)	0	0	0
0	0	0	0		문정인	21			21	이주현		0	0	0	0
					김진환	5			3	강의빈					
0	0	1		후21	곽성욱	8			17	최병섭	후0				
0	1	0		후10	최재훈	23	대기	대기	8	김태우					
					이건희	77			28	조윤형					
					박성우				77	오재혁					
0	0	2	2(1)	후34	김정환	11			9	크리슬란	후0				
0	1	14	12(10)									4(1)	8	0	0

● 전반 12분 레안드로 PAL 내 R-ST-G(득점: 레안드로) 가운데
● 전반 21분 베네가스 PAL 내 ~ 바비오 PA 정면내 R-ST-G(득점: 바비오, 도움: 베네가스) 왼쪽
● 전반 33분 고재현 AK 정면 R-ST-G(득점: 고재현) 왼쪽
● 후반 39분 김정환 GAR 내 R-ST-G(득점: 김정환) 오른쪽

• 4월 10일 16:00 맑음 잠실 올림픽 605명
• 주심_ 정회수 부심_ 구은석·이상민 대기심_ 서동진 경기감독관_ 김성기

서울E 0 | 0 전반 0 | 0 후반 1 | **1 충남아산**

퇴장	경고	파울	ST(유)	교체	선수명	배번	위치	위치	배번	선수명	교체	ST(유)	파울	경고	퇴장
0	0	0	0		김경민	13	GK	GK	13	이기현		0	0	0	0
0	0	1	0		이인재	4	DF	DF	4	한용수		0	0	0	0
0	1	3	0		김현훈	24	DF	DF	16	유준수		1(1)	1	0	0
0	0	0	0		이상민	20	DF	DF	19	박세진		0	0	0	0
0	0	2	2(2)	11	황태현	2	MF	DF	23	최규백		0	0	0	0
0	0	0	1(1)		고재현	17	MF	DF	47	이은범		0	0	0	0
0	0	0			김선민	88	MF	MF	6	김종국	22	0	1	0	0
0	2	2(1)			장윤호	34	MF	MF	7	박세직		0	0	0	0
0	0	0		99	바비오	7	FW	MF	17	류ော헤이		2(1)	1	0	0
0	0	2(2)			레안드로	70	FW	FW	10	김 찬	30	1	0	0	0
0	1	6	1		베네가스	9	FW	FW	98	이승재	14	2(1)	1	0	0
0	0	0	0		문정인	21			1	박한근		0	0	0	0
					김민규	3			5	이상수					
0	0	0		후25	박성우	15			14	김인균	후25	2(2)	0	0	0
					최재훈	23	대기	대기	42	김혜성	후42	0			
0	0	1(1)		후42	곽성욱	8			11	알렉산드로					
0	0	0		후0	한의권	99			32	김윤석	후25	0			
0	0	0		후33	김정환	11			77	박민서		0			
0	2	18	9(7)									8(6)	7	2	0

● 후반 46분 박세직 MF 정면 ~ 김인균 GAL L-ST-G(득점: 김인균, 도움: 박세직) 오른쪽

• 4월 10일 18:30 맑음 김천 종합 1,022명
• 주심_ 성덕호 부심_ 김지욱·천진희 대기심_ 박종명 경기감독관_ 당성증

김천 1 전반 0 / 후반 0 — 0 부천

퇴장	경고	파울	ST(유)	교체	선수명	배번	위치	위치	배번	선수명	교체	ST(유)	파울	경고	퇴장
0	0	0	0		이 창 근	1	GK	GK	1	전 종 혁		0	0	0	0
0	0	1	0		심 상 민	6	MF	DF	3	강 의 빈		0	2	0	0
0	0	1	2(1)	36	정 원 진	7	MF	DF	7	박 준 희	4(1)	0	0	0	0
0	0	0	0		이 명 재	13	DF	DF	20	김 정 호		1	1	1	0
0	1	0	0		정 승 현	22	DF	DF	23	국 태 정		0	1	0	0
0	0	2(1)			강 지 훈	23	DF	DF	41	윤 지 혁		0	0	0	0
0	1	1	4		정 현 철	24	MF	FW	8	박 하 빈	22	0	0	0	0
0	1	1	1	17	김 동 민	26	MF	FW	10	조 범 석		1(1)	1	0	0
0	1	1	5(1)		조 규 성	33	FW	FW	9	크 리 슬 란	19	1	2	0	0
0	1	4(3)			오 현 규	99	FW	FW	32	안 재 준	16	0	1	0	0
0	0	0	0		최 철 원	81			21	이 주 현		0	0	0	0
0	0	1	후1	이 동 수	4			11	장 현 수			0	0	0	0
0	0	0			문 창 진	13			26	조 현 택		0	0	0	0
0	0	0	후40	우 주 성	15	대기	대기	20	송 홍 민		0	0	0	0
0	0	0	후40	정 재 희	17			16	추 정 호	후14	0	0	0	0
0	0	0			고 명 석	20			19	조 건 규	후43	0	0	0	0
0	0	0	후18	서 진 수	36			22	한 지 호	후30	0	0	0	0
0	0	6	18(6)			0			0			5(2)	10	1	0

● 후반 47분 오현규 GAR ~ 강지훈 GA 정면
　L-ST-G(득점: 강지훈, 도움: 오현규) 오른쪽

• 4월 11일 13:30 맑음 안산 와스타디움 575명
• 주심_ 최현재 부심_ 송봉근·김경민 대기심_ 김재홍 경기감독관_ 정경구

안산 0 전반 0 / 후반 1 — 1 전남

퇴장	경고	파울	ST(유)	교체	선수명	배번	위치	위치	배번	선수명	교체	ST(유)	파울	경고	퇴장
0	0	0	0		이 승 빈	1	GK	GK	31	김 다 솔		0	0	0	0
0	0	0	2		연 제 민	4	DF	DF	13	장 성 록	89	0	0	0	0
0	0	1	1		송 주 호	15	DF	DF	5	고 태 원		0	1	0	0
0	0	2	7		김 민 호	20	DF	DF	17	장 순 혁		3(2)	2	2	0
0	0	1	0		김 현 태	6	MF	DF	17	김 태 현		1(1)	1	0	0
0	1	3			이 상 민	4	MF	MF	33	올 렉		1(1)	1	0	0
0	0	1			이 준 희	22	MF	MF	16	김 현 욱		2(1)	1	0	0
0	1	2	4(4)		아 스 나 위	41	MF	MF	18	장 성 재	12	0	1	0	0
0	0	2(1)			박 준 영	14	FW	MF	7	임 찬 울		0	0	0	0
0	1	2	11		최 건 주	17	FW	FW	66	사 무 엘		1(1)	5	0	0
0	1	2(1)			김 륜 도	18	FW	FW	8	이 종 호	39	2(2)	2	0	0
0	0	0			김 선 우	19			1	박 준 혁		0	0	0	0
0	0	0	후34	고 태 규	3			4	김 진 성		0	0	0	0
0	0	0	후36	송 진 규	7			27	김 영 욱		0	0	0	0
0	0	0	후40	두 아 르 테	11	대기	대기	14	김 수 범		0	0	0	0
0	0	0			이 진 섭	24			12	박 희 성	후17	0	0	0	0
0	0	0			심 재 민	30			39	알 렉 스	후38	1(1)	0	0	0
0	0	0			김 진 래	77			89	발 로 텔 리	후14	0	0	0	0
0	2	13(7)				0						11(9)	17	3	0

● 후반 49분 김현욱 PAR 내 ~ 알렉스 PA 정면 L-ST-G(득점: 알렉스, 도움: 김현욱) 오른쪽

• 4월 11일 16:00 맑음 안양 종합 539명
• 주심_ 송민석 부심_ 방기열·이정석 대기심_ 오현진 경기감독관_ 강득수

안양 2 전반 1 / 후반 1 — 1 부산

퇴장	경고	파울	ST(유)	교체	선수명	배번	위치	위치	배번	선수명	교체	ST(유)	파울	경고	퇴장
0	0	0	0		정 민 기	13	GK	GK	18	최 필 수		0	0	0	0
0	1	0			유 종 현	5	DF	DF	3	박 민 규		1	0	0	0
0	0	0			김 형 진	15	DF	DF	6	발 렌 티 노 스		1	0	0	0
0	0	0	7		김 준 섭	22	FW	FW	9	안 병 준		3(1)	1	0	0
0	0	2(2)			주 현 우	99	DF	MF	14	김 정 현	10	0	1	0	0
0	1	1(1)			맹 성 웅	8	MF	DF	15	김 승 우	45	0	0	0	0
0	0	0			날손주니어	6	DF	DF	21	최 준		1	2	0	0
0	1	1(1)	25		김 동 진	95	MF	MF	22	이 래 준	78	1	1	0	0
0	0	2	23		임 선 영	16	MF	MF	23	김 진 규		1(1)	1	0	0
0	1	3(1)			모 재 현	24	FW	MF	27	드 로 젝		3(3)	1	0	0
0	3	2(2)			조 나 탄	9	FW	FW	77	정 훈 성		1	4	1	0
0	0	0			양 동 원	1			13	안 준 수		0	0	0	0
0	0	0			유 준 상	83			10	이 상 헌	후6	2(1)	1	1	0
0	0	0	후32	박 대 한	26			45	황 준 호	후6	0	0	0	0
0	0	0	후17	타 무 라	23	대기	대기	28	이 지 승		0	0	0	0
0	0	0			하 승 운	17			39	허 승 찬		0	0	0	0
0	0	0			최 민 서	98			45	황 준 호	후6	0	0	0	0
0	1	3(3)	전18	심 동 운	7			78	어 정 원	후42	0	0	0	0
0	2	10	12(10)			0						13(6)	13	2	0

● 전반 35분 모재현 PA 정면 ~ 김경중 PA 정면 R-ST-G(득점: 김경중, 도움: 모재현) 왼쪽
● 후반 4분 모재현 GAL 내 L-ST-G(득점: 모재현) 왼쪽
● 전반 16분 안병준 PK-R-G(득점: 안병준) 왼쪽

• 4월 11일 18:30 맑음 대전 월드컵 1,371명
• 주심_ 조지음 부심_ 이양우·이병주 대기심_ 신용준 경기감독관_ 김용세

대전 2 전반 1 / 후반 0 — 1 경남

퇴장	경고	파울	ST(유)	교체	선수명	배번	위치	위치	배번	선수명	교체	ST(유)	파울	경고	퇴장
0	0	0	0		김 동 준	1	GK	GK	31	손 정 현		0	0	0	0
0	0	1(1)			김 민 덕	3	DF	DF	29	김 주 환		0	0	0	0
0	0	0			임 덕 근	25	DF	DF	22	김 영 찬		0	0	0	0
0	1	3	0		이 지 솔	4	DF	DF	4	배 승 진	20	1	0	0	0
0	0	0	2		서 영 재	2	MF	DF	23	김 동 진	3	0	2	0	0
0	0	2			이 종 현	17	MF	MF	7	장 혁 진		0	1	0	0
0	1	2			박 진 섭	8	MF	MF	10	김 민 성	18	1	0	0	0
0	0	0			이 현 식	7	MF	MF	14	고 경 민		0	0	0	0
0	1	2(2)	16		이 현 식	17	MF	MF	10	백 성 동		3(1)	1	0	0
0	1	2(2)	9		파 투	77	FW	FW	11	황 일 수		3(2)	1	0	0
0	3	2(2)	26		박 인 혁	20	FW	FW	98	에 르 난 데 스		4(1)	1	0	0
0	0	0			박 주 원	19			1	황 성 민		0	0	0	0
0	0	0			이 호 준	3			20	이 광 선	후24	1(1)	0	0	0
0	0	0			에 디 뉴	7	대기	대기	3	유 지 훈	후29	0	0	0	0
0	0	0							24	채 광 훈		0	0	0	0
0	0	0	후46	용 기 훈	16			26	장 하 늘		0	0	0	0
0	0	0	후27	신 상 은	26			21	도 동 현		0	0	0	0
0	0	0	후35	바 이 오	9			18	이 정 협	후9	1	1	0	0
0	2	22	11(8)									12(5)	16	2	0

● 전반 6분 이종현 PAR ~ 박인혁 GAR H-ST-G(득점: 박인혁, 도움: 이종현) 오른쪽
● 후반 14분 이현식 MF 정면 ~ 파투 GAR R-ST-G(득점: 파투, 도움: 이현식) 가운데
● 전반 8분 황일수 GAL R-ST-G(득점: 황일수) 왼쪽

대전 2 — 서울E 1

• 4월 17일 13:30 흐림 대전 월드컵 1,371명
• 주심_서동진 부심_방기열·이정석 대기심_송민석 경기감독관_당성증

대전 2   0 전반 0 / 2 후반 1   1 서울E

퇴장	경고	파울	ST(유)	교체	선수명	배번	위치	위치	배번	선수명	교체	ST(유)	파울	경고	퇴장
0	0	0	0		김동준	1	GK	GK	13	김경민		0	0	0	0
0	0	0	0		김민덕	3	DF	DF	4	이인재		0	0	0	0
0	0	1	0		임덕근	25	DF	DF	24	김현훈		2(1)	1	0	0
0	1	2	0		이지솔	4	DF	DF	20	이상민		0	0	1	0
0	0	1	0		서영재	2	MF	MF	2	황태현		0	0	0	0
0	1	6	1		이종현	27	MF	MF	15	박성우	11	1(1)	0	0	0
0	1	4	0		박진섭	5	MF	MF	88	김선민		1	3	1	0
0	1	3	0		이진현	7	MF	MF	34	장윤호		1	3	1	0
0	0	0	0		전병식	16	FW	FW	8	곽성욱		0	1	2	0
0	0	2	3(1)	16	파투	77	FW	FW	77	이건희	70	2(1)	2	1	0
0	1	2	26		박인혁	20	FW	FW	9	베네가스		1	5	0	0
0	0	0	0		박주원	19			21	문선민		0	0	0	0
0	0	0	0		이호인	5			5	김진환		0	0	0	0
0	0	0	0	후40	최희웅	29			23	최재훈		0	0	0	0
0	0	0	0		에디뉴	99	대기	대기	99	한의권		0	0	0	0
0	0	1(1)		후24	원기종	16			70	레안드로	전38	0	0	0	0
0	0	0	0	후32	신상은	26			17	고재현	후25	0	1	0	0
					바이오	30			35	김정환	후35	1	0	0	0
0	3	18	10(3)									9(3)	18	2	0

●후반 10분 박인혁 GAR H → 파투 PK지점 R-ST-G(득점: 파투, 도움: 박인혁) 왼쪽
●후반 31분 박진섭 AKL ~ 원기종 GAL L-ST-G(득점: 원기종, 도움: 박진섭) 왼쪽
●후반 47분 김정환 C.KR ⌒ 김현훈 PK지점 H-ST-G(득점: 김현훈, 도움: 김정환) 오른쪽

부천 0 — 안산 1

• 4월 17일 16:00 맑음 부천 종합 471명
• 주심_오현진 부심_이영운·이양우 대기심_조지음 경기감독관_강득수

부천 0   0 전반 0 / 0 후반 1   1 안산

퇴장	경고	파울	ST(유)	교체	선수명	배번	위치	위치	배번	선수명	교체	ST(유)	파울	경고	퇴장
0	0	0	0		전종혁	1	GK	GK	1	이승빈		0	0	0	0
0	0	0	0		박준희	7	DF	DF	4	연제민		0	0	1	0
0	0	5	3(2)		장현수	20	MF	DF	20	김민호		0	0	0	0
0	0	0	0		김정호	5	DF	MF	30	김진래	30	1	0	1	0
0	0	0	19		국태정	23	MF	MF	6	김현태		0	0	0	0
0	0	0	0		조현택	26	DF	MF	12	민준영		1(1)	1	0	0
0	0	3			조범석	10	MF	MF	14	이상민		3(1)	4	0	0
0	3(1)	17			이시헌	17	MF	MF	22	이준희		0	0	0	0
0	1	3			오재혁	8	FW	MF	7	이진섭		0	0	3(1)	0
0	1	3			크리슬란	9	FW	FW	18	김륜도		0	1	0	0
0	1	3			한지호	22	FW	FW	41	아스나위	99	0	0	0	0
0					이주현	21			19	김선우		0	0	0	0
0					강의빈	3			3	고태규	후36	0	0	0	0
0					윤지혁	41			11	두아르테		0	0	0	0
0			후28		송홍민	6	대기	대기	24	이진욱		0	0	0	0
0			후32		최병찬	14			30	심재민	후0	1(1)	1	0	0
0			후36		조건규	19			44	장동혁		0	0	0	0
0					안재준	32			99	임재혁	후20	0	0	0	0
0	1	14	12(3)									10(4)	14	2	0

●후반 24분 이상민 MFR FK ~ 민준영 MF 정면 L-ST-G(득점: 민준영, 도움: 이상민) 오른쪽

경남 1 — 부산 2

• 4월 17일 18:30 맑음 창원 축구센터 975명
• 주심_성덕효 부심_송봉근·이상민 대기심_박종명 경기감독관_최윤겸

경남 1   0 전반 1 / 1 후반 1   2 부산

퇴장	경고	파울	ST(유)	교체	선수명	배번	위치	위치	배번	선수명	교체	ST(유)	파울	경고	퇴장
0	0	0	0		손정현	31	GK	GK	18	최필수		0	1	0	0
0	0	0	0		김주환	29	DF	DF	3	박민규		0	1	0	0
0	0	2	1		김영찬	20	DF	DF	5	발렌티노스		0	0	0	0
0	0	0	2(1)		이광선	20	DF	FW	9	안병준		2(2)	3	0	0
0	0	3	1	8	김동진	4	MF	MF	10	이상헌	19	3(1)	1	0	0
0	0	3(2)			백성동	10	MF	MF	21	최준		1(1)	1	0	0
0	1	1			도동현	21	MF	MF	23	김진규		1	0	0	0
0	0	3(1)			황일수	11	MF	MF	27	드로젝	11	3(1)	1	0	0
0	1	3(2)			이정협	18	FW	FW	35	박호영		0	0	0	0
0	0	0	19		에르난데스	98	FW	DF	45	황준호	66	0	0	0	0
0					황성민	25			1	안준수		0	0	0	0
0					심민용	34			11	박정인	후24	0	0	0	0
0					채광훈	2			17	이상준		0	0	0	0
0	1	3(1)	후0		장혁진	7	대기	대기	19	성호영	후33	0	0	0	0
0					임민혁	18			22	이래준		0	0	0	0
0			후0		고경민	19			28	이지승		0	0	0	0
0					이의형	88			66	김동우	후0	0	0	0	0
0	1	13	7(9)									12(5)	16	0	0

●후반 48분 백성동 MFR TL ~ 고경민 GA 정면내 H-ST-G(득점: 고경민, 도움: 백성동) 오른쪽
●전반 34분 김진규 PAL ⌒ 최준 GA 정면 H-ST-G(득점: 최준, 도움: 김진규) 오른쪽
●후반 16분 안병준 PK-R-G(득점: 안병준) 오른쪽

안양 2 — 충남아산 1

• 4월 18일 13:30 맑음 안양 종합 563명
• 주심_신용준 부심_김지욱·김경민 대기심_최현재 경기감독관_김용세

안양 2   1 전반 0 / 1 후반 1   1 충남아산

퇴장	경고	파울	ST(유)	교체	선수명	배번	위치	위치	배번	선수명	교체	ST(유)	파울	경고	퇴장
0	0	0	0		양동원	1	GK	GK	13	이기현		0	0	0	0
0	0	2	1(1)		백동규	30	DF	DF	4	한용수		1	0	0	0
0	1	1(1)			닐손주니어	6	DF	DF	16	유준수		3(3)	2	1	0
0	1	0	0		이형진	15	MF	MF	19	박세진		2(2)	0	0	0
0	1	0	0		주현우	99	MF	MF	23	최규백		0	0	0	0
0	0	8			맹성웅	8	MF	MF	8	이상민		0	0	0	0
0	1	2(2)			홍창범	14	MF	MF	22	김종국	22	1(1)	2	0	0
0	1	1			김경중	11	MF	MF	17	박세직		1	0	0	0
0	2	4(3)			무재현	24	MF	MF	17	료헤이	21	1	3	0	0
0	1	0			조나탄	9	FW	FW	18	김찬	9	0	2	0	0
0	0	2			하승운	98	FW	FW	98	임창균		0	0	0	0
0					정민기	21			1	박한근		0	0	0	0
0					유종현	5			5	이상수		0	0	0	0
0			후31		정준연	2			16	김인균	후12	1	0	0	0
0					타무라	23	대기	대기	22	김강국	후19	0	1	0	0
0			후40		심동운	7			9	마테우스	전32	1	2	0	0
0												12(8)	14	2	0
0	3	11(8)													

●전반 14분 맹성웅 AK 내 ~ 홍창범 PAR 내 R-ST-G(득점: 홍창범, 도움: 맹성웅) 왼쪽
●후반 9분 주현우 MFL FK ⌒ 백동규 GA 정면 H-ST-G(득점: 백동규, 도움: 주현우) 가운데
●후반 36분 김강국 MFR ~ 유준수 GAR H-ST-G(득점: 유준수, 도움: 김강국) 오른쪽

• 4월 18일 16:00 맑음 광양 전용 710명
• 주심_ 송민석 부심_ 구은석·이병주 대기심_ 최광호 경기감독관_ 김성기

전남 2 — 1 김천 (0 전반 0 / 2 후반 1)

퇴장	경고	파울	ST(유)	교체	선수명	배번	위치	위치	배번	선수명	교체	ST(유)	파울	경고	퇴장
0	0	0	0		김 다 솔	31	GK	GK	1	이 창 근		0	0	0	0
0	0	0	1	66	올 렉	33	DF	MF	6	심 상 민		0	0	0	0
0	0	0	0	4	장 성 록	13	DF	DF	7	정 원 진	15	0	0	0	0
0	0	1	2(2)		박 찬 용	20	DF	DF	11	이 명 재		1	0	2	1
0	1	1	0		고 태 원	5	DF	DF	22	정 승 현	1(1)	0	0	2	1
0	0	1	1(1)		김 태 현	17	DF	FW	23	강 지 훈	3(1)	2	0	1	0
0	0		4(3)		김 현 욱	10	MF	MF	24	정 현 철		0	0	0	0
0	1	1	0		황 기 욱	6	MF	MF	26	김 동 현	17	1	0	0	0
0	0	1	12		이 후 권	16	MF	MF	28	하 창 래		0	0	0	0
0	0	2			발로텔리	89	FW	FW	33	조 규 성	1(2)	1	0	0	0
0	0		2(2)		이 종 호	8	FW	FW	99	오 현 규		1	0	0	0
					박 준 혁				81	최 철 원			0		
				후30	김 진 성	5			4	이 동 수	후8				
					김 영 욱	27			18	박 동 진					
					장 석 재	18	대기	대기	14	전 세 진					
				후0	박 희 성				전44	우 주 성					
0	0	1		후21	사 무 엘	66			17	정 재 희	후0	1(1)	0		
					알 렉 스	39			18	이 근 호					
0	2	7	13(8)									11(5)	11	2	1

● 후반 20분 박희성 GAL 내 ~ 김현욱 GAL L-ST-G(득점: 김현욱, 도움: 박희성) 왼쪽
● 후반 38분 사무엘 PAR 내 ~ 김현욱 GAR R-ST-G(득점: 김현욱, 도움: 사무엘) 오른쪽
● 후반 46분 정승현 GAL R-ST-G(득점: 정승현) 왼쪽

• 4월 24일 13:30 맑음 창원 축구센터 707명
• 주심_ 안재훈 부심_ 이영운·김경민 대기심_ 박종명 경기감독관_ 당성증

경남 3 — 0 부천 (0 전반 0 / 3 후반 0)

퇴장	경고	파울	ST(유)	교체	선수명	배번	위치	위치	배번	선수명	교체	ST(유)	파울	경고	퇴장
0	0	0	0		손 정 현	31	GK	GK	1	전 종 혁		0	0	0	0
0	0	0	1		김 주 환	29	DF	DF	7	박 준 희	1	0	0	0	0
0	1	0	0		김 영 찬	5	DF	MF	11	정 호 진		0	0	0	0
0	0	1	1		이 광 선	20	DF	DF	20	김 정 호		0	0	0	0
0	0		2(1)		김 동 진	22	DF	DF	26	조 현 택	2(1)	1	0	0	0
0	0	1			채 광 훈	2	MF	MF	28	조 유 형	41	0	0	0	0
0	0	1			장 혁 진	7	MF	MF	10	조 범 석	17	0	0	1	0
0	0	1			백 성 동	10	MF	FW	25	이 시 헌		0	0	0	0
0	2	2	21		황 일 수	9	FW	FW	7	오 재 혁		0	0	0	0
0	0		3(3)	88	고 경 민	18	FW	FW	22	크 리 슬 란	22	0	1	0	0
0	1	3(3)	88		이 정 협	18	FW	FW	32	안 재 준		0	0	0	0
					황 성 민	1			21	이 주 현					
					심 민 용	34			23	국 태 정					
					유 지 훈				41	윤 지 혁	후33				
						26	대기	대기	8	박 한 빈					
				후41	도 동 현				17	박 병 현	후7	1			
0	4(3)		후0		에르난데스	98			16	추 정 호					
				후32	의 형	88			22	한 지 호	전43	1(1)			
0	1	10	15(8)									8(3)	10	1	0

● 후반 3분 백성동 MFR ~ 이정협 PAL 내 L-ST-G(득점: 이정협, 도움: 백성동) 오른쪽
● 후반 30분 에르난데스 PK지점 L-ST-G(득점: 에르난데스) 왼쪽
● 후반 48분 에르난데스 GA 정면내 R-ST-G(득점: 에르난데스) 오른쪽

• 4월 24일 16:00 흐림 안산 와스타디움 479명
• 주심_ 신용준 부심_ 김지욱·이상민 대기심_ 최광호 경기감독관_ 김성기

안산 1 — 0 대전 (0 전반 0 / 1 후반 0)

퇴장	경고	파울	ST(유)	교체	선수명	배번	위치	위치	배번	선수명	교체	ST(유)	파울	경고	퇴장
0	0	0	0		이 승 빈	1	GK	GK	19	박 주 원		0	0	0	0
0	1	2	0		연 제 민	4	DF	DF	3	김 민 덕		0	0	0	0
0	0	0	1(1)	30	민 준 영	12	DF	DF	25	임 덕 근	1	1(1)	1	1	0
0	0	0	0		김 민 호	20	DF	DF	4	이 지 솔		0	0	1	0
0	0	2	0		이 준 희	22	DF	DF	2	서 영 재		0	0	0	0
0	2	1			김 현 태	4	MF	MF	27	이 종 현	2	3(2)	2	0	0
0	0	0			이 상 민	14	MF	MF	15	박 진 성		0	0	0	0
0	0	3	11		최 건 주	17	MF	MF	11	이 현 식	7	3(1)	1	0	0
0	0	0			아스나위	8	MF	FW	7	파 투	16	2	1	0	0
0	0	0	3		장 동 혁	44	MF	FW	77	파 투	16	1	0	0	0
0	0	1	3(1)		김 륜 도	18	FW	FW	20	박 인 혁		1	0	0	0
					김 선 우	19			31	김 태 양					
				후8	고 태 규	3			5	이 호 인	후0				
				후44	두아르테	11			29	정 희 웅					
					이 진 섭	24	대기	대기	10	에 디 뉴	후0				
					조 인 홈	5			33	원 기 종	후33				
0	0	3(3)	전45		심 재 민	30			26	신 상 은					
					임 재 혁	99			9	바 이 오	후35	2(1)	0		
0	1	12	9(5)									13(5)	14	1	0

● 후반 35분 아스나위 GAR ~ 심재민 GAL 내 L-ST-G(득점: 심재민, 도움: 아스나위) 왼쪽

• 4월 24일 18:30 맑음 부산 구덕 1,087명
• 주심_ 정화수 부심_ 이양우·천진희 대기심_ 오현진 경기감독관_ 나승화

부산 0 — 1 전남 (0 전반 0 / 0 후반 1)

퇴장	경고	파울	ST(유)	교체	선수명	배번	위치	위치	배번	선수명	교체	ST(유)	파울	경고	퇴장
0	0	0	0		최 필 수	18	GK	GK	1	박 준 혁		0	0	0	0
0	0	1	0		박 민 규	3	DF	DF	33	올 렉		0	0	0	0
0	0	0	0		발렌티노스	6	DF	DF	6	박 찬 용		0	5	0	0
0	0	0	0		안 병 준	9	FW	DF	5	고 태 원		0	0	0	0
0	0	1	2(1)		이 상 헌	10	MF	DF	13	장 성 록	20	0	0	0	0
0	0	2(1)			박 정 인	11	MF	DF	17	김 태 현		0	0	0	0
0	0	1	22		김 정 현	14	MF	MF	16	김 현 욱		1(1)	1	0	0
0	0	0			최 준	23	MF	MF	14	김 선 우		0	1	0	0
0	0	2			박 호 영	35	DF	MF	12	이 후 권	39	2	0	0	0
0	0	0			황 준 호	45	DF	FW	66	사 무 엘		3	1	0	0
0	0	1	78		황 준 호	45	DF	FW	89	서 명 원	89	0	0	0	0
					안 준 수	31			31	김 다 솔					
					성 호 영	19			27	김 영 욱					
				후16	이 래 준	22			20	장 순 혁	후38				
				후16	드 로 젝	27	대기	대기	18	장 성 재					
					이 지 승	28			6	황 기 욱					
					김 동 우	66			39	알 렉 스	후22	1	0		
0	0		후46		어 정 원	78			89	발로텔리	후0	2(1)	1		
0	1	11	11(5)									5(2)	19	1	0

● 후반 43분 알렉스 MF 정면 ~ 발로텔리 GAR R-ST-G(득점: 발로텔리, 도움: 알렉스) 오른쪽

489

서울E 1 vs 안양 2

- 4월 25일 13:30 맑음 잠실올림픽 607명
- 주심_최현재 부심_송봉근·이병주 대기심_김재홍 경기감독관_양정환

서울E 1			0 전반 1 / 1 후반 1		2 안양			

퇴장	경고	파울	ST(유)	교체	선수명	배번	위치	위치	배번	선수명	교체	ST(유)	파울	경고	퇴장
0	0	0			김 경 민	13	GK	GK	1	양 동 원		0	0	0	0
0	1	1	1(1)		이 인 재	4	DF	DF	30	백 동 규		1(1)	2	0	0
0	1	2	1		김 현 훈	24	DF	DF	6	닐손주니어		0	0	0	0
0	0	1			이 상 민	20	DF	DF	15	김 형 진		0	0	0	0
0	0	1	2(2)	23	황 태 현		MF	MF	99	주 현 우		0	0	0	0
0		1			고 재 현	17	MF	MF	7	정 준 연		0	1	0	0
0		2(1)			김 선 민	88	MF	MF	6	맹 성 웅		0	1	0	0
0	0	1			장 윤 호	34	MF	MF	14	홍 창 범	23	0	0	0	0
0	1			10	바 비 오		MF	MF	2	김 민 호	24	1	1	0	0
0	1	2(1)			레안드로	70	FW	FW	9	조 나 탄		0	1	0	0
0	1			99	베네가스	9	FW	FW	98	최 민 서	11	0	0	0	0
					문 정 인	21			21	김 태 훈					
					김 진 환	5			5	유 종 현					
					박 성 우	15			42	최 승 원					
			후34	최 재 훈	23	대기	대기	25	박 재 용						
			후13	한 의 권	99			23	타 무 라	후23					
		1(1)	후13	김 민 규	35			24	모 재 현	후36					
					김 정 환	11			11	김 경 중	전26	1(1)			
0	4	15	10(7)			0					0	6(4)	15	2	0

- ●후반 31분 황태현 AK 내 R-ST-G(득점: 황태현) 오른쪽
- ●전반 17초 조나탄 AK 정면 ~ 심동운 GAL L-ST-G(득점: 심동운, 도움: 조나탄) 오른쪽
- ●후반 9분 김경중 GAL 내 L-ST-G(득점: 김경중) 가운데

충남아산 1 vs 김천 2

- 4월 25일 13:30 맑음 아산이순신 421명
- 주심_조지음 부심_방기열·이정석 대기심_박종명 경기감독관_정경구

충남아산 1			1 전반 1 / 0 후반 1		2 김천			

퇴장	경고	파울	ST(유)	교체	선수명	배번	위치	위치	배번	선수명	교체	ST(유)	파울	경고	퇴장
0	0	0			이 기 현	13	GK	GK	1	이 창 근		1	0	0	0
0	0	3	0		한 용 수	4	DF	MF	6	심 상 민		0	0	0	0
0	0	1			유 준 수	8	DF	MF	13	양 창 진	2	1	2	0	0
0					박 세 직	19	MF	MF	8	안 태 현		0	0	0	0
0	1	1(1)			최 규 백	23	MF	FW	18	이 근 호	17	3(2)	1	2	0	0
0	0	1			이 은 범	47	MF	DF	22	정 승 현		0	0	0	0
0				33	박 세 직		MF	MF	23	강 지 훈		0	1	0	0
0					김 인 균	14	FW	MF	27	정 현 철		0	0	0	0
0					조 성 민	3	MF	DF	28	하 창 래		0	0	0	0
0	0	1			알렉산드르	11	FW	FW	33	조 규 성	99	2(2)	0	0	0
				77	이 승 재	98	FW	FW	35	김 주 성		0	0	0	0
					박 한 근	1			81	최 철 원					
					김 강 국	22			2	박 용 우	후23				
			후45	김 혜 성	33			7	정 원 진						
				마테우스	9	대기	대기	17	정 재 희	후36					
				료 헤 이	17			23	고 명 석						
			후26	김 찬	18			37	유 인 수						
			후18	박 민 서	77			99	오 현 규	후7	2(1)				
0	1	12	11(4)			0					0	8(5)	16	2	0

- ●전반 45분 박세직 MFR TL ⌒ 김인균 GAL H-ST-G(득점: 김인균, 도움: 박세직) 오른쪽
- ●전반 3분 조규성 GA 정면 ~ 이근호 PAR 내 R-ST-G(득점: 이근호, 도움: 조규성) 왼쪽
- ●후반 26분 강지훈 AK 정면 ~ 오현규 GA 정면 R-ST-G(득점: 오현규, 도움: 강지훈) 왼쪽

전남 0 vs 안양 1

- 5월 01일 13:30 흐림 광양전용 691명
- 주심_신용준 부심_방기열·이정석 대기심_최광호 경기감독관_양정환

전남 0			0 전반 0 / 0 후반 1		1 안양			

퇴장	경고	파울	ST(유)	교체	선수명	배번	위치	위치	배번	선수명	교체	ST(유)	파울	경고	퇴장
0	0	0			박 준 혁	1	GK	GK	1	양 동 원		0	0	0	0
0	0	1	3(1)		올 렉	33	DF	DF	30	백 동 규		0	0	0	0
0	0				박 찬 용	3	DF	DF	6	닐손주니어		0	0	0	0
0	0				장 순 혁	20	DF	DF	15	김 형 진		0	0	0	0
0	0				장 성 재	8	MF	MF	99	주 현 우	17	0	1	0	0
0	1	1	2		김 태 현	77	MF	MF	11	김 경 중		0	0	0	0
0	0				황 기 욱	6	MF	MF	6	맹 성 웅		0	0	0	0
0	0			10	장 성 재	18	MF	MF	14	홍 창 범		0	0	0	0
0	1	4	1		발로텔리	89	FW	FW	9	조 나 탄	25	1(1)	0	0	0
0	0	1		39	사 무 엘	66	FW	FW	24	모 재 현		2	0	0	0
0	1	2		12	유 헤 라		FW	FW	98	최 민 서		0	0	0	0
					김 다 솔	31			21	김 태 훈					
					김 영 욱	27			5	유 종 현					
					고 태 원	5			22	김 준 수					
			후0	김 현 욱	10	대기	대기	7	정 준 연	후21					
			후16	박 희 성	12			17	하 승 운	후35					
			후27	알 렉 스	39			9	조 나 탄	전25	1(1)				
0	2	9	9(1)			0					0	4(1)	14	1	0

- ●후반 41분 조나탄 PK-R-G(득점: 조나탄) 오른쪽

대전 1 vs 충남아산 1

- 5월 01일 16:00 흐림 대전월드컵 1,323명
- 주심_성덕효 부심_구은석·이영운 대기심_김재홍 경기감독관_차상해

대전 1			0 전반 0 / 1 후반 0		1 충남아산			

퇴장	경고	파울	ST(유)	교체	선수명	배번	위치	위치	배번	선수명	교체	ST(유)	파울	경고	퇴장
0	0	0			김 동 준	1	GK	GK	1	박 한 근		0	0	0	0
0	1	2			김 민 덕	3	DF	DF	4	한 용 수		0	0	0	0
0	0				이 지 솔	4	DF	MF	19	박 세 직		0	0	0	0
0	0				서 영 재	2	DF	DF	23	최 규 백		0	0	0	0
0	0				이 종 현	27	MF	MF	47	이 은 범		0	0	0	0
0				29	에 디 뉴		FW	MF	14	김 인 균	32	6(5)	1	0	0
0		3(1)			박 진 섭	15	MF	DF	20	이 상 민		1(1)	2	0	0
0	0				이 진 현	10	MF	MF	22	김 강 국		1	3	0	0
0	2	3(2)			이 현 식	17	MF	MF	9	마테우스	16	1	1	0	0
0				26	파 투	77	MF	MF	11	알렉산드르		0	0	0	0
0		2(1)			바 이 오	9	FW	FW	17	료 헤 이	98	0	0	0	0
					박 주 원	13			13	이 기 현					
					이 호 인	5			5	이 상 수					
					구 본 상	8			16	유 준 수	후16				
			후0	정 희 웅	29	대기	대기	7	박 세 직						
					원 기 종	16			8	김 민 석					
			후26	신 상 은	26			32	김 원 석	후41					
					박 인 혁	20			98	이 승 재	후33				
0	0	9	13(4)			0					0	10(6)	12	1	0

- ●후반 11분 이진현 PAR TL FK ⌒ 이현식 GAR H-ST-G(득점: 이현식, 도움: 이진현) 왼쪽
- ●전반 39분 박세직 AKR ⌒ 김인균 PAL 내 L-ST-G(득점: 김인균, 도움: 박세직) 왼쪽

김천 1 : 2 경남

5월02일 13:30 맑음 김천종합 498명
• 주심_ 서동진 부심_ 송봉근·이상민 대기심_ 신용준 경기감독관_ 최윤겸

김천 1 (1 전반 0 / 0 후반 2) 2 경남

퇴장	경고	파울	ST(유)	교체	선수명	배번	위치	위치	배번	선수명	교체	ST(유)	파울	경고	퇴장
0	0	0	0		최철원	81	GK	GK	31	손정현		0	0	0	0
0	0	2	0		심상민	6	MF	DF	13	김주환		1(1)	2	0	0
0	0	3	2(1)		문창진	13	MF	DF	5	김영찬		0	0	0	0
0	0	0	1(1)		안태현	14	DF	DF	15	이광선		0	1	0	0
0	0	2	0		정승현	22	DF	DF	22	김동진		1(1)	2	0	0
0	0	2	0	2	강지훈	16	FW	MF	2	채광훈		2	2	0	0
0	1	2	0		정현철	24	MF	MF	7	장혁진		1	1	0	0
0	0	1	0	37	하창래	4	DF	DF	10	백성동		2	1	0	0
0	2		1(1)	17	김주성	30	DF	FW	98	에르난데스	88	5(3)	1	0	0
0	0	1	2(2)		오현규	99	FW	FW	18	이정협	19	0	1	1	0
					구성윤	41			25	김민준					
				후0	박용우	2			3	유지훈					
					정원진	7			6	이우혁					
				후11	정재희	37	대기	대기	21	도동현					
					김보섭	19			94	윌리안	후25				
					고명석	20			19	고경민	후0				
0	1	0		후37	유인수	37			88	이의형	후40	1	1	0	
0	1	18	7(5)			0			0			13(7)	14	1	0

● 전반 44분 오현규 GAR ~ 문창진 GAL L-ST-G(득점: 문창진, 도움: 오현규) 오른쪽
● 후반 29분 장혁진 MFR ~ 에르난데스 GAL H-ST-G(득점: 에르난데스, 도움: 장혁진) 왼쪽
● 후반 42분 장혁진 MF 정면 ~ 백성동 GA 정면 H-ST-G(득점: 백성동, 도움: 장혁진) 오른쪽

부천 0 : 2 부산

5월02일 16:00 맑음 부천종합 615명
• 주심_ 김용우 부심_ 김지욱·이병주 대기심_ 조지음 경기감독관_ 조성철

부천 0 (0 전반 1 / 0 후반 1) 2 부산

퇴장	경고	파울	ST(유)	교체	선수명	배번	위치	위치	배번	선수명	교체	ST(유)	파울	경고	퇴장
0	0	0	0		이주현	21	GK	GK	13	안준수		0	0	0	0
0	0	0	0	7	장현수	11	DF	DF	3	박민규		0	0	0	0
0	1	3	0		김정호	20	DF	DF	6	발렌티노스	66	1(1)	2	0	0
0	0	2	1		조현택	26	DF	FW	9	안병준		5(3)	0	0	0
0	0	2	0		윤지혁	41	MF	MF	10	이상헌	21	0	0	0	0
0	0	2	2(2)		송홍민	6	MF	MF	11	박정인		1(1)	1	0	0
0	1	2	1	14	배재찬	17	FW	MF	23	김진규		2(1)	1	2	0
0	1	2(1)		19	이시헌	19	MF	FW	27	드로젝	14	1	1	0	0
0		3			조윤성	23	DF	MF	31	이승		0	3	1	0
0	0	1	0		추정호	16	FW	DF	35	박호영		0	0	0	0
0	1	3	1(1)		한지호	22	MF	DF	45	황준호		0	1	1	0
					전종혁	1			18	최필수					
					강의빈	3			14	김정현	후34				
0	0	2	1	전3	박준희	7			17	이상준					
				후15	조수철	14	대기	대기	21	최준	후10				
					최재혁	77			66	김동우	후41				
				후31	조건규	19			72	천지현					
					안재준	32			78	어정원					
0	2	19	12(6)			0			0			11(6)	12	1	0

● 전반 24분 박정인 PA 정면내 L-ST-G(득점: 박정인) 오른쪽
● 후반 14분 박민규 PAL ~ 안병준 GAR H-ST-G(득점: 안병준, 도움: 박민규) 오른쪽

서울E 1 : 0 안산

5월02일 18:30 맑음 잠실올림픽 639명
• 주심_ 오현진 부심_ 이양우·천진희 대기심_ 박종명 경기감독관_ 강득수

서울E 1 (0 전반 0 / 1 후반 0) 0 안산

퇴장	경고	파울	ST(유)	교체	선수명	배번	위치	위치	배번	선수명	교체	ST(유)	파울	경고	퇴장
0	0	0	0		김경민	13	GK	GK	1	이승빈		0	0	0	0
0	0	3	1(1)		이인재	4	DF	DF	4	연제민		0	1	1	0
0	0	0			김진환	3	DF	DF	5	박준영	3	0	0	0	0
0	0	0			이상민	20	DF	DF	20	김민호		0	0	0	0
0	2	1(1)			박성우	15	MF	MF	6	신일수		0	1	0	0
0	4(3)				고재현	4	MF	MF	14	이상민		4	0	0	0
0	0	0	0		김선민	88	MF	MF	22	이준희		0	0	0	0
0				23	곽성욱	8	MF	MF	41	아스나위	25	0			
0	0	1(1)		11	김민균		FW	FW	17	최건주		0			
					레안드로	70	FW	FW	18	김륜도		0			
0	1	4	1	99	베네가스	7	FW	FW	30	심재명	11	0	1	1	0
					변정석				19	김선우					
					김성현	14			3	고태규	후19				
					황태현	2			11	두아르테	후36				
0	1(1)		후42		최재espero	23	대기	대기	24	이진섭					
					바비오	7			25	조인홍	후11				
0	2(1)		후25		한의권	99			44	장동혁					
0			후9		김정환	11			55	이와세					
0	1	17	11(8)			0			0			3(1)	12	1	0

● 후반 31분 이상민 GAR H ~ 한의권 GA 정면 H-ST-G(득점: 한의권, 도움: 이상민) 왼쪽

김천 1 : 0 부산

5월05일 13:30 맑음 김천종합 528명
• 주심_ 최현재 부심_ 이영운·천진희 대기심_ 최광호 경기감독관_ 당성증

김천 1 (0 전반 0 / 1 후반 0) 0 부산

퇴장	경고	파울	ST(유)	교체	선수명	배번	위치	위치	배번	선수명	교체	ST(유)	파울	경고	퇴장
0	0	0	0		최철원	81	GK	GK	18	최필수		0	0	0	0
0	0	0	0	34	박용우	2	DF	DF	3	박민규		1	1	0	0
0	1	3	0	35	심상민	6	MF	FW	9	안병준		3	2	1	0
0	0		1(1)		이명재	11	MF	MF	11	박정인		1(1)	2	0	0
0	0	0	0		정승현	22	DF	MF	21	최준		0	1	0	0
0			1(1)		강지훈	16	FW	DF	23	김진규		0	0	0	0
0		1(1)			정현철	24	MF	FW	27	드로젝	10	1	0	0	0
0	0	1	0		하창래	4	DF	DF	35	박호영		0	0	0	0
0	1	3			조규성	99	FW	FW	45	황준호		0	1	0	0
0	2	0			오현규	99	FW	MF	66	김동우	78	0	1	0	0
					구성윤	41			19	안준수					
					정원진	7			4	강민수					
					문창진	13			10	이상헌	후15				
0			후29		정재희	37	대기	대기	17	이상준					
0			후46		권혁진	34			19	성호영					
0			후43		김주성	35			28	이지승	후0				
					서진수	17			40	어정원	후35				
0	2	18	9(3)			0			0			14(2)	16	1	0

● 후반 13분 심상민 PAL EL ~ 조규성 GAL H-ST-G(득점: 조규성, 도움: 심상민) 오른쪽

Section 7 2021 경기기록부

대전 1 : 1 전남

• 5월 05일 13:30 맑음 대전 월드컵 3,388명
• 주심_ 안재훈 부심_ 이양우·김지욱 대기심_ 오현진 경기감독관_ 나승화

			대전 1	1 전반 0			0 후반 1			전남 1					
퇴장	경고	파울	ST(유)	교체	선수명	배번	위치	위치	배번	선수명	교체	ST(유)	파울	경고	퇴장
0	0	0	0		김 동 준	1	GK	GK	31	김 다 솔		0	0	0	0
0	0	0	1		김 민 덕	33	DF	DF	33	올 렉		0	2	0	0
0	1	1	0		이 지 솔	3	DF	DF	5	이 태 원	1(1)	0	1	0	0
0	0	3	1(1)	15	박 진 섭	15	DF	DF	3	박 찬 용		0	1	0	0
0	1	0	0		이 종 현	27	MF	MF	20	장 순 혁		1(1)	1	0	0
0	1	2	0	2	이 규 로	37	MF	MF	27	김 영 욱	17	0	1	0	0
0	0	1	1		이 진 현	10	MF	MF	6	황 기 욱	66	1	0	0	0
0	1	0	0		이 현 식		MF	MF	10	김 건 웅		0	0	0	0
0	1	2	0	16	정 희 웅		MF	FW	16	유 헌 권		0	1	0	0
0	4(3)	16			마 투	77	FW	FW	89	발 로 텔 리		3(3)	3	1	0
0	3(1)				바 이 오		FW	FW	12	박 희 성	39	1(1)	0	0	0
0	0	0	0		김 태 양	31			1	박 준 혁					
0	0	0	0	후25	서 영 재	2			13	장 성 록					
0	0	0	0		이 호 인	5			17	김 태 현	후0				
0	0	0	0	후13	에 디 뉴	27	대기	대기	18	장 성 재					
0	0	0	0	후34	원 기 종	16			8	이 종 호					
0	0	0	0		안 상 민	22			39	알 렉 스	후28				
0	0	0	0		신 상 은	26			66	사 무 엘	후12	1(1)			
0	3	14	13(5)									13(3)	11	2	0

● 전반 19분 바이오 PK지점 H → 박진섭 GAL L-ST-G(득점: 박진섭, 도움: 바이오) 가운데
● 후반 28분 박찬용 GAL 내 H ⌒ 장순혁 GA 정면내 H-ST-G(득점: 장순혁, 도움: 박찬용) 왼쪽

서울E 1 : 1 경남

• 5월 05일 16:00 맑음 잠실 올림픽 889명
• 주심_ 김용우 부심_ 방기열·이정석 대기심_ 신용준 경기감독관_ 강득수

			서울E 1	1 전반 1			0 후반 0			경남 1					
퇴장	경고	파울	ST(유)	교체	선수명	배번	위치	위치	배번	선수명	교체	ST(유)	파울	경고	퇴장
0	0	0	0		김 경 민	13	GK	GK	31	손 정 현		0	0	0	0
0	0	0	0		이 인 재	4	DF	DF	29	김 주 환		0	1	0	0
0	0	0	0		이 상 민	5	DF	DF	5	김 영 찬		0	0	0	0
0	0	0	0		김 진 환	5	DF	DF	20	이 광 선		0	1	0	0
0	0	0	0	23	황 태 현	2	MF	MF	7	유 지 훈		0	0	0	0
0	1	2(2)			박 성 우	15	MF	MF	2	채 광 훈		0	1	0	0
0	1	0	0		김 선 민	88	MF	MF	7	장 혁 진		0	0	0	0
0	1(1)	11			김 민 균	10	MF	MF	98	에르난데스		0	0	0	0
0	2	70			바 비 오	21	FW	FW	10	도 동 현	10	3(2)	1	0	0
0	1	3			고 재 현		FW	FW	19	고 경 민		3(3)	3	1	0
0	6(4)				한 의 권	99	FW	FW	18	이 정 협		0	1	0	0
0	0	0	0		문 정 인	21			1	황 성 민					
0	0	0	0		김 성 현	14			22	김 동 건	후29				
0	0	0	0		서 재 민	22			6	이 우 혁					
0	0	0	0	후32	문 상 윤		대기	대기	26	장 하 늘					
0	0	0	0	후0	레안드로	70			10	백 성 동	후12				
0	0	0	0	후18	김 정 환	11			11	황 일 수	후27				
									9	윤 주 태					
0	1	13	12(9)									7(5)	12	2	0

● 후반 20분 레안드로 PAL 내 ~ 한의권 GA 정면 R-ST-G(득점: 한의권, 도움: 레안드로) 왼쪽
● 전반 39분 채광훈 자기 측 HLL ⌒ 고경민 AK 내 L-ST-G(득점: 고경민, 도움: 채광훈) 왼쪽

충남아산 0 : 2 안산

• 6월 23일 19:00 흐림 아산 이순신 155명
• 주심_ 박병진 부심_ 이정민·성주경 대기심_ 안재훈 경기감독관_ 차상해

			충남아산 0	0 전반 0			0 후반 2			안산 2					
퇴장	경고	파울	ST(유)	교체	선수명	배번	위치	위치	배번	선수명	교체	ST(유)	파울	경고	퇴장
0	0	0	0		이 기 현	13	GK	GK	1	이 승 빈		0	0	0	0
0	1	4	1(1)		한 용 수	4	DF	DF	4	연 제 민		0	1	1	0
0	1	1(1)			유 준 수	16	DF	DF	15	송 주 호		0	1	0	0
0	2	1(1)			박 세 진	19	MF	DF	20	김 민 호		0	0	0	0
0	2	7			김 재 성	23	MF	MF	4	이 상 민		0	4	0	0
0	1	33			박 세 직		FW	MF	30	이 준 희		0	0	1	0
0	3	2(1)	98		김 인 균	14	FW	MF	55	이 와 세	6	2(1)	1	0	0
0	1	1			이 상 민	20	MF	MF	77	김 진 래		0	0	0	0
0	1(1)				김 강 국	12	MF	FW	12	민 준 영		3(2)	0	0	0
0	1				알렉산드로	11	FW	FW	18	김 륜 도		0	1	0	0
0	3	18			조 주 혁		FW	FW	99	김 범 수	11	1	1	0	0
0	0	0	0		박 한 근	1			1	김 선 우					
0	0	0	0		이 상 수				3	고 태 규					
0	0	0	0		윤 동 권	12			42	김 현 태	후42				
0	0	0	0	후37	김 혜 성	33	대기	대기	11	두아르테	후41	4(2)	2	0	0
0	0	0	0	후24	마테우스	9			21	이 석					
0	0	0	0		김 민 서	77			30	심 민 욱	후19				
0	0	0	0	후36	이 승 재	98									
0	4	23	10(6)									10(5)	13	3	0

● 후반 2분 두아르테 PK-L-G(득점: 두아르테) 왼쪽
● 후반 19분 두아르테 AKR ~ 민준영 AKL R-ST-G(득점: 민준영, 도움: 두아르테) 왼쪽

안양 2 : 0 부천

• 5월 05일 18:30 맑음 안양 종합 573명
• 주심_ 조지음 부심_ 구은석·이상민 대기심_ 성덕효 경기감독관_ 최윤겸

			안양 2	2 전반 0			0 후반 0			부천 0					
퇴장	경고	파울	ST(유)	교체	선수명	배번	위치	위치	배번	선수명	교체	ST(유)	파울	경고	퇴장
0	0	0	0		정 민 기	1	GK	GK	1	전 종 혁		0	0	0	0
0	1	0	0		백 동 규	30	DF	DF	3	강 의 빈		0	2	0	0
0	1(1)				닐손주니어		DF	DF	23	국 태 정		0	1	0	0
0	2	5			김 형 진	5	DF	DF	26	조 현 택	1(1)	2	1	0	0
0	1	99			김 준 섭	99	DF	DF	41	감 한 솔		0	0	0	0
0	1	2			정 준 연		FW	FW	8	박 하 빈		0	0	0	0
0	1(1)	14			맹 성 웅	14	MF	MF	14	조 수 철	1(1)	1	0	0	0
0	1	14			홍 창 범		MF	MF	17	최 병 찬		2	1	0	0
0	17	3(1)			김 경 중		FW	MF	16	이 시 헌	16	3(1)	4	1	0
0	1	9			주 닝 요		FW	MF	77	오 재 혁		0	0	0	0
0	4(1)				심 동 운	32	FW	FW	32	안 재 준		0	0	0	0
0	0	0	0		김 태 훈	21			0	주 현 재					
0	0	0	0	후44	유 종 현	5			7	박 준 희					
0	0	0	0	후0	주 현 우	99			20	김 정 호					
0	0	0	0		최 승 준	42	대기	대기	10	조 범 석					
0	0	0	0		타 무	23			16	추 정 호	후22				
0	0	0	0	후31	하 승 운				19	조 건 규	후28				
0	0	0	0		모 재 현	24			21	한 지 호	후0				
0	1	7	9(6)									9(4)	17	2	0

● 전반 20분 닐손주니어 PK-R-G(득점: 닐손주니어) 왼쪽
● 전반 48분 조나탄 PK-R-G(득점: 조나탄) 오른쪽

부천 0 : 0 김천

- 5월08일 16:00 흐림 부천 종합 512명
- 주심_안재훈 부심_방기열·이정석 대기심_박종명 경기감독관_김성기

부천 0 / 0 전반 0 / 0 후반 0 / 0 김천

퇴장	경고	파울	ST(유)	교체	선수명	배번	위치	위치	배번	선수명	교체	ST(유)	파울	경고	퇴장
0	0	0	0		진종혁	1	GK	GK	41	구성윤		0	0	0	0
0	1	2	0		강의빈	3	DF	MF	2	박용우		3(2)	1	0	0
0	0	0	1		박준혁	7	MF	MF	6	심상민		0	2	0	0
0	0	0	1		김정호	20	DF	DF	11	이명재		2(1)	0	1	0
0	0	0			조현택	26	DF	MF	16	안태현		1	2	1	0
0	0	2	2(1)		송홍민	6	MF	DF	22	정승현		0	1	1	0
0	0	1	1	16	박창준	27	FW	MF	23	강지훈	17	1	1	1	0
0	1	2	1(1)		조유민	28	MF	DF	24	정현철		0	1	0	0
0	1	2	1(1)	17	한지호	22	FW	FW	33	조규성	36	0	3	0	0
0	0	0	2(1)	17	안재준	32	FW	FW	99	오현규	19	2(2)	2	0	0
0	0	0			이주현	21			40	강정묵			0	0	0
0	0	0			국태정	23			7	정원진			0	0	0
0			후34		최병찬	17			13	문창진					
0					이시헌	25	대기	대기		정재희	후7	1(1)	1	0	0
0					오재혁	77			19	김보섭	후39		0	0	
0			후21		크리슬란	9			35	김주성					
0			후21		추정호	16			36	서진수	후22				
0	2	9	11(4)				0	0				11(6)	14	3	0

경남 0 : 2 전남

- 5월09일 16:00 맑음 창원 축구센터 1,336명
- 주심_오현진 부심_송봉근·천진희 대기심_박종명 경기감독관_허기태

경남 0 / 0 전반 0 / 0 후반 2 / 2 전남

퇴장	경고	파울	ST(유)	교체	선수명	배번	위치	위치	배번	선수명	교체	ST(유)	파울	경고	퇴장
0	0	0	0		손정현	31	GK	GK	1	박준혁		0	0	0	0
0	0	0	0		김주환	29	DF	DF	33	올렉		0	1	0	0
0	0	0	0		김영찬	5	DF	DF	20	장순혁		2(2)	2	1	0
0	0	0	2(1)		이광선	20	DF	DF	13	최정원	89	0	1	0	0
0	0	1			유지훈	3	DF	DF	3	박찬용		1(1)	0	0	0
0	2	2(1)			채광훈	2	MF	MF	17	김태현		0	0	1	0
0	5	1			김동진	22	MF	MF	10	김현욱		0	2	0	0
0	0	0			백성동	11	MF	MF	16	이후권		0	1	0	0
0	2	3(1)	19		황일수	7	FW	MF	12	한희송	39	0	1	0	0
0	0	0			에르난데스	98	FW	FW	66	사무엘		1	0	1	0
0	1(1)	9			이정협	18	FW	FW	18	이종호	36	1(1)	2	0	0
0	0	0			황성민	1			31	김다솔			0	0	0
0	0	0			심민용	34			5	고태원			0	0	0
0	0	0			이우혁		대기	대기	27	김영욱			0	0	0
0			후13		장혁진	7			18	장성재					
0	0	0			박기욱				6	황기욱	후30				
0			후11		고경민	19			39	알렉스	후28	1	0	0	
0			후24		윤주태	9			89	발로텔리	후0	2(2)	0	0	
0	1	16	13(5)				0	0				10(7)	17	5	0

- ●후반 5분 장순혁 GAR 내 H-ST-G(득점: 장순혁) 오른쪽
- ●후반 46분 발로텔리 PK-R-G(득점: 발로텔리) 왼쪽

충남아산 0 : 0 서울E

- 6월16일 19:00 맑음 아산 이순신 207명
- 주심_송민석 부심_김지욱·이병주 대기심_신용준 경기감독관_나승화

충남아산 0 / 0 전반 0 / 0 후반 0 / 0 서울E

퇴장	경고	파울	ST(유)	교체	선수명	배번	위치	위치	배번	선수명	교체	ST(유)	파울	경고	퇴장
0	0	0	0		이기현	13	GK	GK	13	김경민		0	0	0	0
0	0	0	0		한용수	4	DF	DF	3	김민규		0	0	0	0
0	0	1	0		유준수	16	DF	DF	24	김현		0	0	0	0
0	0	2	1(1)		박세진	19	MF	DF	15	김진환		0	0	0	0
0	0	2			최규백	23	DF	MF	17	고재현		1	2	0	0
0	0	0			박세직	7	MF	MF	6	서재민		0	0	0	0
0	1	2	1(1)		김인균	14	MF	MF	88	김선민		3(1)	1	0	0
0	1	2			김강국	22	MF	MF	34	장윤호		3(2)	0	0	0
0	2	4(1)	8		알렉산드로	11	MF	MF	99	한의권		0	0	0	0
0	1	5	0		찬	18	FW	FW	70	레안드로	19	1	0	0	0
0	0	1			이승재	98	FW	FW	9	베네가스	11	2(1)	3	1	0
0	0	0			박한근	1			31	주현성			0	0	0
0	0	0			배수용	15			18	조향기			0	0	0
0			후43		김민석		대기	대기	15	박성우					
0					이상민	20			34	최재민	후17				
0	0	0			김혜성	33			13	김정환	후17				
0			후36		김원석	32			19	유정완	후40				
0			후10		박민서	77			7	바비오					
0	2	16	10(5)				0	0				11(5)	12	1	0

부산 4 : 1 대전

- 5월10일 19:30 흐림 부산 구덕 758명
- 주심_신용준 부심_구은석·김경민 대기심_김재홍 경기감독관_최윤겸

부산 4 / 3 전반 0 / 1 후반 1 / 1 대전

퇴장	경고	파울	ST(유)	교체	선수명	배번	위치	위치	배번	선수명	교체	ST(유)	파울	경고	퇴장
0	0	0	0		안준수	13	GK	GK	1	김동준		0	0	0	0
0	1	3			박민규	3	DF	DF	3	김민덕		0	1	0	0
0	0	0	1		이상헌	10	DF	DF	5	이으뜸		0	0	1	0
0	1	1	1	19	박진섭		DF	DF	15	박진섭		0	1	0	0
0	0	0			최준	21	MF	MF	7	이종현		0	1	0	0
0		1		66	이래준	22	MF	MF	12	김선호	20		0	0	0
0	1	1	1(1)		김진규		MF	MF	10	이진현		0	0	0	0
0	0	0			이지승	28	MF	MF	17	이현식		0	1	0	0
0					드로젝		MF	FW	77	파투		0	0	0	0
0	2	1			박호영	35	DF	FW	11	유강현	29		1	2	0
0	2	1			황준호	45	FW	FW	26	신상은	29		2	1	0
0					최필수	18			41	이승빈			0	0	0
0	0	1(1)	후17		안병준	9			25	임덕근			0	0	0
0					김정현	14			37	이규남			0	0	0
0					이상준	27	대기	대기	6	알리바예프	후19				
0			후36		성호영				29	정희웅	후35	4(2)			
0			후29		김동우	66			16	임기훈					
0					어정원	78			20	박인혁	후31				
0	3	11	11(6)				0	0				10(2)	16	2	0

- ●전반 20분 최준 PAR CK ~ 김진규 PA 정면 내 R-ST-G(득점: 김진규, 도움: 최준) 왼쪽
- ●전반 29분 이상헌 MFR TL FK ⌒ 황준호 GAL H-ST-G(득점: 황준호, 도움: 이상헌) 왼쪽
- ●전반 32분 드로젝 C.KL ⌒ 황준호 GAL 내 H-ST-G(득점: 황준호, 도움: 드로젝) 왼쪽
- ●후반 29분 최준 MFR TL 드로잉 ⌒ 안병준 GAR L-ST-G(득점: 안병준, 도움: 최준) 왼쪽
- ●후반 6분 정희웅 PA 정면내 R-ST-G(득점: 정희웅) 왼쪽

안산 3 : 2 안양

• 5월 10일 19:30 흐림 안산 와스타디움 214명
• 주심_최현재 부심_김지욱·이영운 대기심_정회수 경기감독관_강득수

안산 3 | 1 전반 1 / 2 후반 1 | 2 안양

퇴장	경고	파울	ST(유)	교체	선수명	배번	위치	위치	배번	선수명	교체	ST(유)	파울	경고	퇴장
0	0	0	0		김선우	19	GK	GK	13	정민기		0	1	0	0
0	0	1	0		연제민	4	DF	DF	30	백동규		0	1	0	0
0	0	3	0		송주호	15	DF	DF	6	닐손주니어		2(1)	1	0	0
0	0	1	0		김민호	20	DF	DF	15	김형진		0	2	1	0
0	1	1	1(1)		김현태	6	MF	MF	99	주현우		1(1)	1	0	0
0		1			이상민	14	MF	MF	2	정준연	24	0	1	0	0
0		1	55		이준희	22	MF	MF	8	맹성웅		2	1	0	0
0		1			김진래	77	MF	MF	7	심동운		3(2)	1	0	0
0	1	1(1)			산티아고	17	FW	FW	23	타무라	5	0	0	0	0
0		4(1)	30		최건주	17	FW	FW	9	조나탄		4(4)	2	0	0
0		1(1)			김륜도	18	FW	FW	45	홍현호	11	0	0	0	0
0					이승빈	1			21	김태훈					
0					고태규	3			5	유종현	후42				
0					박준영	5			22	김준섭					
0	1	2(1)		후6	두아르테	11	대기	대기	25	박대한					
0				후38	김재연	30			4	김상곤					
0					장동혁	44			11	김경중	전21				
0				후32	이와세	55			24	모재현	후38				
0	2	13	11(5)									11(8)	12	2	0

● 전반 17분 김민호 HLR H → 산티아고 PA 정면 L-ST-G(득점: 산티아고, 도움: 김민호) 오른쪽
● 후반 24분 이상민 PA 정면 → 두아르테 PAR 내 R-ST-G(득점: 두아르테, 도움: 이상민) 오른쪽
● 후반 36분 김진래 PAL 내 EL ~ 김륜도 PAL 내 R-ST-G(득점: 김륜도, 도움: 김진래) 오른쪽
● 전반 33분 조나탄 GA 정면내 몸 맞고 골(득점: 조나탄) 가운데
● 후반 44분 닐손주니어 PK-R-G(득점: 닐손주니어) 오른쪽

김천 1 : 1 대전

• 5월 15일 16:00 흐림 김천 종합 0명
• 주심_김용우 부심_이영운·이상민 대기심_오현진 경기감독관_나승화

김천 1 | 0 전반 1 / 1 후반 0 | 1 대전

퇴장	경고	파울	ST(유)	교체	선수명	배번	위치	위치	배번	선수명	교체	ST(유)	파울	경고	퇴장
0	0	0	0		구성윤	41	GK	GK	1	김동준		0	0	0	0
0	0	3	1(1)		박용우	2	MF	MF	3	김민덕		1(1)	0	0	0
0	1		33		심상민	6	MF	DF	4	이지솔		0	0	1	0
0	1	2	39		정원진	7	MF	DF	33	이웅희		2(1)	1	0	0
0			3(2)		이명재	11	MF	MF	27	이종현		0	0	0	0
0	0	0			안태현	16	MF	MF	2	서영재		0	1	0	0
0					정재희	17	FW	FW	15	박진섭		0	2	0	0
0	1				정승현	22	DF	FW	7	알리바예프	29	2	2	0	0
1	2	3			강지훈	21	FW	FW	11	김승섭		0	0	0	0
0	1		35		하창래	28	DF	FW	9	바이오		1	2	0	0
0	0				오현규	99	FW	FW	17	이현식	26	3(1)	0	0	0
0					최철원	81			41	이준서					
0					정현철	24			25	임덕근					
0					김동민	26			37	이규로					
0	1	1(1)		후30	조규성	33	대기	대기	7	에디뉴					
0					권혁규	31			23	정희웅	후16				
0				후0	김주성	35			77	파 투	후44				
0				후36	박상혁	39			26	신상은	후31	1	1	0	0
0	3	15	13(5)									10(3)	11	1	0

● 후반 43분 정재희 PAR → 조규성 GAR R-ST-G(득점: 조규성, 도움: 정재희) 오른쪽
● 전반 25분 이웅희 GA 정면 H~ 김민덕 GA 정면내 R-ST-G(득점: 김민덕, 도움: 이웅희) 오른쪽

부산 0 : 0 충남아산

• 7월 08일 19:30 흐림 부산 구덕 834명
• 주심_김용우 부심_이양우·이정석 대기심_최규현 경기감독관_김성기

부산 0 | 0 전반 0 / 0 후반 0 | 0 충남아산

퇴장	경고	파울	ST(유)	교체	선수명	배번	위치	위치	배번	선수명	교체	ST(유)	파울	경고	퇴장
0	0	0	0		최필수	18	GK	GK	1	박한근		0	0	0	0
0	0	0	1		발렌티노스	6	DF	DF	4	한용수		2(2)	1	0	0
0	0	0			박정인	11	DF	DF	16	유준수		0	0	0	0
0	0	1			성호영	19	MF	MF	19	박세직		1(1)	0	0	0
0	0	1	21		이태민	20	MF	MF	23	김재현	7	0	3	0	0
0	0				이래준	22	MF	MF	14	김인균		3	3	0	0
0	0	1	10		이청웅	25	DF	DF	20	이상민		1(1)	0	0	0
0	0	5			이지승	28	MF	MF	22	김강국		0	1	0	0
0	0	3			박호영	37	MF	MF	29	홍원진	77	0	1	0	0
0	3	0			구현준	27	MF	MF	13	박민서		0	0	0	0
0	0				어정원	78	FW	FW	8	김찬		3(1)	2	1	0
0					구상민	1			13	이기현					
0					에드워즈	4			15	배수용					
0				후17	안병준	9			23	최규백					
0	1(1)	후6			이상헌	10	대기	대기	7	유	후22				
0					김승우	15			11	알렉산드로					
0				후23	최준	11			32	김원석					
0					드로젝	27			77	박민서	후18				
0	2	17	7(1)									12(7)	11	1	0

안양 0 : 1 경남

• 5월 16일 18:30 비 안양 종합 355명
• 주심_송민석 부심_이양우·이정석 대기심_김재홍 경기감독관_허기태

안양 0 | 0 전반 0 / 0 후반 1 | 1 경남

퇴장	경고	파울	ST(유)	교체	선수명	배번	위치	위치	배번	선수명	교체	ST(유)	파울	경고	퇴장
0	0	0	0		정민기	13	GK	GK	31	손정현		0	0	0	0
0	0	0			백동규	30	DF	DF	29	김주환		0	0	0	0
0	1	1(1)			닐손주니어	6	DF	DF	5	김영찬		0	0	0	0
0	1	2			김형진	15	DF	DF	20	이광선		0	1	0	0
0	2(2)				주현우	99	MF	MF	7	배광훈		2(1)	1	0	0
0	1				정준연	2	MF	MF	4	채광훈		0	1	0	0
0	1(1)				맹성웅	8	MF	MF	7	장혁진		0	1	0	0
0	1(1)	24			홍성범	14	MF	FW	10	백성동		1(1)	1	0	0
0	1	23			심동운	7	MF	FW	14	진세민	11	1	1	0	0
0	1		11		최미나	98	FW	MF	19	고경민	16	2(1)	3	0	0
0					김태훈	21			1	황성민					
0					유종현	5			34	김민호					
0					김준섭	22			26	장하늘					
0					박대한	25	대기	대기	9	유해혁	후32				
0	1(1)	후41			타무라	21			11	황일수	후15	1	0	0	0
0	1(1)	전26			김경중	21			18	이정협	후15	1(1)	0	0	0
0	후23				모재현	24			9	윤주태					
0	3	16	12(8)									12(7)	15	4	0

● 후반 6분 진세민 PAR → 김동진 GAL L-ST-G(득점: 김동진, 도움: 진세민) 왼쪽

- 5월 17일 19:30 흐림 광양전용 454명
- 주심_성덕호 부심_구은석·이병주 대기심_채상협 경기감독관_정경구

전남 2 | 1 전반 0 / 1 후반 0 | 0 안산

퇴장	경고	파울	ST(유)	교체	선수명	배번	위치	위치	배번	선수명	교체	ST(유)	파울	경고	퇴장
0	0	0	0		김 다 솔	31	GK	GK	1	이 승 빈		0	0	0	0
0	1	2	0		올 렉	33	DF	DF	4	연 제 민		0	0	0	0
0	0	1	0		박 찬 용	3	DF	DF	15	송 주 호	12	0	2	1	0
0	0	0	0		장 순 혁	20	DF	DF	20	김 민 호		0	0	0	0
0	0	3	0	5	김 영 욱	27	DF	MF	6	김 현 태		0	0	0	0
0	2	1	2(1)		발로텔리	89	MF	MF	14	이 상 민		1(1)	0	1	0
0	1	0	2(1)		김 현 욱	10	MF	MF	22	이 준 희	30	0	0	0	0
0	2	0	6		이 후 권	16	MF	MF	77	김 진 래		0	0	0	0
0	1	0	0		박 희 성	12	MF	FW	11	두아르테		3(1)	0	0	0
0	0	1	2(2)	39	이 종 호		FW	FW	18	최 건 주		2(1)	0	0	0
0	2	2			사 무 엘	66	FW	FW	9	김 륜 도		2(1)	0	2	0
					김 병 엽	20			19	김 선 우					
				후38	이 태 원	5			3	고 태 규					
					김 한 길	11				산티아고	후36	1(1)			
					김 태 현	17	대기	대기		이 민 준	전34				
				후0	황 기 욱	6			24	이 진 섭					
					장 성 재	8			30	심 재 민	후12				
				후26	알 렉 스	39			55	이 와 세					
0	4	17	6(4)									14(5)	3	0	1

- 전반 21분 이종호 PK-R-G (득점: 이종호) 오른쪽
- 후반 39분 발로텔리 GA 정면내 R-ST-G (득점: 발로텔리) 왼쪽

- 5월 17일 19:30 흐림 부천종합 439명
- 주심_정회수 부심_송봉근·천진희 대기심_박종명 경기감독관_김용세

부천 1 | 0 전반 0 / 1 후반 1 | 1 서울E

퇴장	경고	파울	ST(유)	교체	선수명	배번	위치	위치	배번	선수명	교체	ST(유)	파울	경고	퇴장
0	0	0	0		전 종 혁	1	GK	GK	13	김 경 민		0	0	0	0
0	0	1	0		강 의 빈	3	DF	DF	14	김 성 현		0	0	0	0
0	2	0	0		박 준 희	7	MF	DF	20	이 상 민		0	2	1	0
0	0	0	0		닐손주니어	8	DF	DF	5	김 진 환		0	0	1	0
0	0	0	0		조 현 택	26	DF	MF	2	황 태 현		0	0	0	0
0	0	0	0		조 수 철	14	MF	MF	17	김 재 현		0	0	0	0
0	1	1(1)		16	박 창 준	27	MF	MF	88	김 선 민		0	0	0	0
0	3	2(2)			조 윤 성	28	MF	MF	8	곽 성 욱	23	1	0	1	0
0	0	2		18	오 재 혁	77	MF	MF	99	한 의 권	10	0	0	0	0
0	1	2(1)		17	크리스란	9	FW	FW	70	레안드로		5(1)	0	0	0
0	2	2(1)			한 지 호	22	FW	FW	11	베네가스		4(1)	0	0	0
					김 호 준	38			21	문 정 인					
					윤 지 혁	41			3	김 민 규					
					송 홍 민	6			15	박 성 우					
				후31	배 병 찬	11	대기	대기	23	채 재 훈	후12	2(1)			
				후18	안 타 루	18			11	김 정 환	후25				
					이 시 헌	35			7	바 비 오					
				후16	추 정 호				10	김 민 균	후41				
0	3	8(6)										10(2)	13	3	0

- 후반 24분 크리스란 PAR 내 R-ST-G (득점: 크리스란) 오른쪽
- 후반 32분 레안드로 C.KL ⌒ 최재훈 GA 정면 H-ST-G (득점: 최재훈, 도움: 레안드로) 오른쪽

- 5월 22일 18:30 맑음 안산 와스타디움 478명
- 주심_김영수 부심_이영운·이정석 대기심_조지음 경기감독관_허기태

안산 1 | 0 전반 0 / 1 후반 1 | 1 서울E

퇴장	경고	파울	ST(유)	교체	선수명	배번	위치	위치	배번	선수명	교체	ST(유)	파울	경고	퇴장
0	0	0	0		김 선 우	19	GK	GK	13	김 경 민		0	0	0	0
0	0	1	0	3	연 제 민	4	DF	DF	4	이 인 재		0	0	0	0
0	1	3	0		김 민 호	20	DF	DF	20	이 상 민		0	1	0	0
0	1	0	1(1)		이 준 희	22	DF	DF	5	김 진 환		0	1	0	0
0	0	1	1(1)		김 진 래	77	MF	MF	2	황 태 현	17	1	3	1	0
0	1	6			김 현 태	6	MF	MF	15	박 성 우		0	3	0	0
0	1	2	4(2)		민 준 영	12	MF	MF	88	김 선 민		0	0	0	0
0	1	0	0		장 동 혁	55	MF	MF	8	곽 성 욱		0	1	0	0
0			1(1)	55	산티아고		MF	MF	99	한 의 권		2(1)	0	0	0
0			11		레안드로	70	FW	FW	70	레안드로		2(1)	1	0	0
0	2	0	2(2)		이 상 민	14	FW	FW	11	베네가스		2(1)	5	1	0
					이 승 빈				21	문 정 인					
				후41	고 태 규	3			14	김 성 현					
0			3(2)	후6	두아르테	11	대기	대기	23	채 재 훈	후6				
					이 진 섭	24			22	서 재 민					
					심 재 민	30			10	김 민 균	후40				
				후30	이 와 세	55			11	김 정 환					
0	2	10	11(8)									10(4)	17	2	0

- 후반 26분 김륜도 GAR 내 R-ST-G (득점: 김륜도) 가운데
- 후반 47분 김민균 PAL ⌒ 고재현 PK 좌측지점 L-ST-G (득점: 고재현, 도움: 김민균) 왼쪽

- 5월 23일 16:00 맑음 광양전용 1,012명
- 주심_송민석 부심_김지욱·이상민 대기심_서동진 경기감독관_차상해

전남 1 | 1 전반 1 / 0 후반 1 | 2 부산

퇴장	경고	파울	ST(유)	교체	선수명	배번	위치	위치	배번	선수명	교체	ST(유)	파울	경고	퇴장
0	0	0	0		박 준 혁	1	GK	GK	18	최 필 수		0	0	0	0
0	0	1	0	18	장 성 재	13	DF	DF	3	박 민 규		2	1	0	0
0	1	0			장 순 혁	20	DF	DF	19	안 병 준		5(2)	1	0	0
0	0	0			박 찬 용	3	DF	FW	11	박 정 인	10	2(2)	1	0	0
0	0	1	11		올 렉	33	MF	DF	21	최 준		0	0	0	0
0	0	1			황 기 욱	6	MF	MF	22	이 래 준	14	1(1)	1	0	0
0	0	1		39	김 현 욱	10	MF	MF	23	김 진 규	66	0	1	0	0
0	0				이 후 권	16	MF	MF	27	드 로 젝		5(1)	1	0	0
0	0				김 태 현	17	MF	FW	35	박 호 영		5(1)	1	0	0
0	3(2)				발로텔리	89	MF	DF	45	황 준 호		0	1	0	0
0					이 종 호		FW			안 준 수					
					김 다 솔	31			10	이 상 헌	후26				
					김 진 성	4			14	이 상 헌	후27				
				후0	김 한 길	11			17	이 상 준					
					김 영 욱	27	대기	대기							
0	1(1)		후0		장 성 재	18			19	성 호 영					
0	1(1)		후22		알 렉 스	39			66	김 동 우	후38				
					박 희 성	12			78	어 정 원					
0		8	5(4)									17(6)	9	1	0

- 전반 17분 이종호 MF 정면 ~ 발로텔리 AKL R-ST-G (득점: 발로텔리, 도움: 이종호) 왼쪽
- 전반 45분 이래준 PAR ~ 박정인 GA 정면 H-ST-G (득점: 박정인, 도움: 이래준) 왼쪽
- 후반 17분 안병준 MFL R-ST-G (득점: 안병준) 오른쪽

경남 2 : 1 충남아산

- 5월 23일 18:30 맑음 창원 축구센터 874명
- 주심_신용준 부심_구은석·천진희 대기심_박종명 경기감독관_김성기

경남 2	1 전반 0 / 1 후반 1	1 충남아산

퇴장	경고	파울	ST(유)	교체	선수명	배번	위치	위치	배번	선수명	교체	ST(유)	파울	경고	퇴장
0	0	0	3		손 정 현	31	GK	GK	13	이 기 현		0	0	0	0
0	0	1	1		김 주 환	29	DF	DF	4	한 용 수		0	0	0	0
0	0	2	1		김 영 찬	5	DF	FW	16	유 준 수	1	1	2	0	0
0	0	2	0		이 광 선	20	DF	DF	19	박 세 진		2(2)	1	0	0
0	0	2	2(1)		김 동 진	2	DF	DF	17	최 규 백		0	0	0	0
0	0	3	0		채 광 훈	2	MF	MF	47	이 은 범		0	0	0	0
0	0	3	0		장 혁 진	7	MF	MF	20	이 상 민		0	0	0	0
0	0	1	1(1)		백 성 동	10	FW	MF	12	김 강 국		0	0	0	0
0	0	1	0	18	진 세 세	14	MF	MF	11	알렉산드로		0	0	0	0
0	0	2	0		김 소 웅	5	MF	MF	7	박 민 서		1(1)	0	0	0
0	0	1	0	6	고 경 민	19	MF	MF	98	이 승 재		0	0	0	0
					황 성 민	1			1	박 한 근					
					심 민 용	34			15	배 수 용					
				후27	이 우 혁	6	대기	대기	7	박 세 직	후40				
					월 리 안	94			14	이 인 균	후18				
0	1	2(1)	전28		황 일 수	7			33	김 혜 성					
			후12		이 정 협	18			9	마테우스					
					윤 주 태	9			18	김 찬	후5				
0	1	16	7(3)									8(4)	2	0	0

- ●전반 44분 황일수 PK-R-G(득점: 황일수) 왼쪽
- ●후반 37분 김동진 GAL L-ST-G(득점: 김동진) 오른쪽
- ●후반 30분 김찬 PA 정면내 ~ 알렉산드로 AK내 R-ST-G(득점: 알렉산드로, 도움: 김찬) 오른쪽

대전 4 : 1 부천

- 5월 24일 19:30 맑음 대전 월드컵 1,021명
- 주심_채상협 부심_이양우·설귀선 대기심_최일우 경기감독관_나승화

대전 4	4 전반 0 / 0 후반 1	1 부천

퇴장	경고	파울	ST(유)	교체	선수명	배번	위치	위치	배번	선수명	교체	ST(유)	파울	경고	퇴장
0	0	0	0		김 동 준	1	GK	GK	1	전 종 혁		0	0	0	0
0	0	2	0		김 민 덕	3	DF	DF	3	강 의 빈		0	0	0	0
0	0	1	0		이 지 솔	4	DF	MF	7	박 준 희	17	1	1	0	0
0	0	1	1(1)		이 웅 희	33	DF	DF	20	김 정 호		0	0	0	0
0	0	0	0		이 종 현	37	MF	DF	26	조 현 택		0	0	0	0
0	0	0	0		서 영 재	14	MF	MF	14	조 수 철		0	0	0	0
0	0	2	0		박 진 섭	5	MF	MF	18	와 타 루	22	0	0	0	0
0	0	0	0		알리바에프	25	MF	MF	25	이 시 헌		0	0	0	0
0	0	1	0		이 현 식	17	MF	FW	28	조 윤 형		0	0	0	0
0	0	4(1)	0		파 투	7	FW	FW	9	크리슬란		2(1)	0	0	0
0	1	3	4(4)	10	박 인 혁	20	FW	FW	32	안 재 준		5(1)	1	0	0
					이 준 서	41			21	이 주 현					
				후7	구 본 상	8			41	윤 지 혁					
					이 규 로	37			6	송 홍 민					
					에 디 뉴	7	대기	대기	27	박 창 준	후36				
				후32	이 진 현	32			16	추 정 호					
					신 상 은	26			22	한 지 호	후36	2(1)	2	0	0
0	1(1)	후24			바 이 오	19									
0	3	17	12(7)									14(3)	15	1	0

- ●전반 17분 박인혁 PK-R-G(득점: 박인혁) 오른쪽
- ●전반 27분 이종현 PAR ~ 박인혁 GA 정면 H-ST-G(득점: 박인혁, 도움: 이종현) 왼쪽
- ●전반 33분 박인혁 GAL L-ST-G(득점: 박인혁) 오른쪽
- ●전반 45분 파투 AK 정면 H → 이웅희 GAL R-ST-G(득점: 이웅희, 도움: 파투) 오른쪽
- ●후반 6분 크리슬란 PK-L-G(득점: 크리슬란) 오른쪽

안양 0 : 0 김천

- 5월 23일 18:30 흐림 안양 종합 531명
- 주심_안재훈 부심_송봉근·이병주 대기심_성덕호 경기감독관_양정환

안양 0	0 전반 0 / 0 후반 0	0 김천

퇴장	경고	파울	ST(유)	교체	선수명	배번	위치	위치	배번	선수명	교체	ST(유)	파울	경고	퇴장
0	0	0	0		정 민 기	13	GK	GK	41	구 성 윤		0	0	0	0
0	0	1	1(1)		백 동 규	30	DF	MF	15	정 승 현		0	0	0	0
0	0	1			닐손주니어	6	MF	MF	7	정 원 진	39	1	0	0	0
0	0	1			김 형 진	15	DF	FW	36	허 용 준		2(1)	0	0	0
0	0	1	1(1)		주 현 우	99	MF	MF	17	정 재 희		4(4)	0	0	0
0	0	1			정 준 연	2	DF	FW	22	정 승 현		1(1)	2	0	0
0	0	1			맹 성 웅	8	MF	MF	8	강 지 훈	99	0	0	0	0
0	1	3(2)	24		심 동 운	7	MF	MF	24	정 현 철		0	0	0	0
0	1	1	11		김 준 섭	11	MF	MF	26	김 동 민		0	0	0	0
0	0	2(1)			조 나 탄	9	FW	FW	33	조 규 성		6(3)	0	0	0
0	1	1(1)	25		홍 창 범	14	FW	FW	35	김 주 성		0	0	0	0
					김 태 훈	21			40	강 정 묵					
					유 종 현	5			15	유 주 안					
					최 승 훈	6			24	권 혁 규					
				후43	박 대 한		대기	대기	36	서 진 수	후31				
					타 무 라	23			37	유 인 수					
				후30	김 경 중	11			39	박 상 혁	후0	4(2)			
				후18	모 재 현				99	오 현 규	후37	1(1)	0	0	0
0	2	8	14(8)									19(12)	11	1	0

부산 1 : 1 부천

- 5월 29일 16:00 맑음 부산 구덕 1,059명
- 주심_오현진 부심_이영운·이정석 대기심_정회수 경기감독관_최윤겸

부산 1	0 전반 0 / 1 후반 1	1 부천

퇴장	경고	파울	ST(유)	교체	선수명	배번	위치	위치	배번	선수명	교체	ST(유)	파울	경고	퇴장
0	0	0	0		최 필 수	1	GK	GK	38	김 호 준		0	0	0	0
0	1	1	6(4)		안 병 준	9	FW	DF	3	강 의 빈		0	0	0	0
0	0	2(2)	11		이 상 헌		FW	DF	20	김 정 호		0	2	0	0
0	0	0			이 상 준	17	DF	MF	23	국 태 정		0	2	0	0
0	0	1			최 준	21		MF	26	조 현 택		0	0	0	0
0	0	1			이 래 준	22	MF	MF	3	조 수 철		0	0	0	0
0	1	3(1)			김 진 규		MF	MF	27	박 창 준		1(1)	2	1	0
0	1	3(1)			드 로 젝	7		FW	28	조 윤 형	41	0	0	0	0
0	0	1(1)			이 지 승	28	MF	FW	16	추 정 호	77	0	0	0	0
0	0	0			박 호 영	35	DF	FW	22	한 지 호		5(3)	1	0	0
0	0	0			황 준 호	4	DF	FW	9	안 재 준		0	0	0	0
					전 호 성				41	윤 지 혁	후46				
				후18	박 정 인				6	송 홍 민					
				후26	김 정 현				17	에 병 찬					
				후44	김 승 우		대기	대기	5	이 시 헌					
					성 호 영				19	오 재 혁	후19				
					조 혜 성	32			9	크리슬란		3(1)	1	1	0
					어 정 원	78									
0	1	11	12(8)									9(5)	11	2	0

- ●후반 42분 안병준 PK-R-G(득점: 안병준) 오른쪽
- ●후반 47분 박창준 GAL 내 EL L-ST-G(득점: 박창준) 왼쪽

서울E 0 : 1 대전

- 5월 29일 18:30 비 잠실 올림픽 607명
- 주심_신용준 부심_방기열·이병주 대기심_성덕효 경기감독관_나승화

| | | | | | | 0 전반 1 | | | | | | |
| | | | | | | 0 후반 0 | | | | | | |

퇴장	경고	파울	ST(유)	교체	선수명	배번	위치	위치	배번	선수명	교체	ST(유)	파울	경고	퇴장
0	0	0	0		김경민	13	GK	GK	1	김동준		0	0	0	0
0	0	2	0		이인재	4	DF	DF	3	김민덕		0	0	0	0
0	0	3	2		이상민	20	DF	DF	4	김 재 우		0	0	0	0
0	1	1	1		김진환	5	MF	DF	33	이 웅 희		1	1	0	0
0	0	0	0		고재현	17	MF	MF	27	이종현		1(1)	2	0	1
0	0	0	8	박성우	15	MF	MF	2	서 영 재		0	0	0	0
0	1	3	2(1)		김선민	88	MF	MF	15	박 진 섭		0	1	2	0
0	0	0	0		최재훈	8	MF	MF	7	알리바예프		0	0	0	0
0	0	2	0	10	유정완	0	FW	FW	77	파 투	10	2(1)	1	1	0
0	1	1	2(2)		레안드로	70	FW	FW	77	파 투		0	0	0	0
0	0	1	99		베네가스	9	FW	FW	9	바 이 오	20	0	1	1	0
0	0	0	0		문정인	21			41	이 준 서		0	0	0	0
0	0	0	0		김현훈	24			8	구 본 상		0	0	0	0
0	0	0	0		황태현	2			37	이 규 로		0	0	0	0
0	0	0	0	후38	곽 성 욱	8	대기	대기	7	에 디 뉴		0	0	0	0
0	0	0	0		조 향 기	18			10	이 진 현	후36	0	0	0	0
0	0	2(1)	후3		김 민 균	10			26	신 상 은		0	0	0	0
0	0	0	후12	한 의 권	99			20	박 인 혁	후15	0	0	0	0
0	4	15	14(6)			0			0			6(2)	18	2	0

- 전반 34분 알리바예프 AKL → 파투 PK 좌측 지점 R-ST-G(득점: 파투, 도움: 알리바예프) 오른쪽

경남 1 : 1 안산

- 5월 30일 16:00 맑음 창원 축구센터 898명
- 주심_안재훈 부심_이양우·김태형 대기심_최일우 경기감독관_당성증

| | | | | | | 1 전반 0 | | | | | | |
| | | | | | | 0 후반 1 | | | | | | |

퇴장	경고	파울	ST(유)	교체	선수명	배번	위치	위치	배번	선수명	교체	ST(유)	파울	경고	퇴장
0	0	0	1(1)		손 정 현	31	GK	GK	1	이 승 빈		0	0	0	0
0	0	1	2(1)		김 주 환	29	DF	DF	4	연 제 민		1	2	0	0
0	0	1	1(1)		김 영 찬	5	DF	DF	20	김 민 호		0	1	0	0
0	0	1	0		이 광 선	20	DF	DF	23	곽 성 욱		0	0	0	0
0	0	1	0		김 동 진	22	DF	DF	77	김 진 래		4(2)	0	0	0
0	0	2	0		채 광 훈	2	MF	MF	6	김 현 태		3(1)	2	0	0
0	0	2	0		장 혁 진	7	MF	MF	14	아 성 민		0	0	0	0
0	0	3(1)		9	고 경 민	19	MF	MF	55	이 와 세	18	1	2	1	0
0	0	0	0		백 성 동	10	FW	FW	12	김 준 영		2	2	0	0
0	0	1(1)	94		에르난데스	98	FW	FW	99	임 재 혁	11	0	0	0	0
0	0	0	0		황 성 민	1			19	김 선 우		0	0	0	0
0	0	0	0		심 미 용	34			3	김 태 규		0	0	0	0
0	0	0	0		장 민 준	66			9	산티아고	후24	1	1	0	0
0	0	0	후19	이 우 혁	6	대기	대기	11	두아르테	전32	0	0	0	0
0	0	0	0		진 세 민	55			18	김 islav	후10	1	0	0	0
0	0	0	후6	월 리 안	94			21	김 이 석		0	0	0	0
0	0	0	후30	윤 주 태	9			24	이 진 섭		0	0	0	0
0	1	17	18(7)			0			0			16(3)	13	3	0

- 전반 14분 에르난데스 GAL 내 L-ST-G(득점: 에르난데스) 왼쪽
- 후반 48분 김룬도 PAR ~ 김진래 GAL L-ST-G(득점: 김진래, 도움: 김룬도) 가운데

충남아산 2 : 2 안양

- 5월 30일 16:00 맑음 아산 이순신 306명
- 주심_조지음 부심_김지욱·김경민 대기심_최규현 경기감독관_허기태

| | | | | | | 0 전반 1 | | | | | | |
| | | | | | | 2 후반 1 | | | | | | |

퇴장	경고	파울	ST(유)	교체	선수명	배번	위치	위치	배번	선수명	교체	ST(유)	파울	경고	퇴장
0	0	0	0		박 한 근	1	GK	GK	13	정 민 기		0	0	0	0
0	0	1	1(1)		한 용 수	4	DF	DF	30	백 동 규		0	0	0	0
0	1	3	0		유 준 수	16	MF	DF	5	닐손주니어		0	1	0	0
0	0	0	1		박 세 직	19	DF	DF	15	김 형 진		0	0	0	0
0	1	0	0		최 규 백	23	MF	FW	99	주 현 우		2	1	0	0
0	0	1	0		이 은 범	47	DF	MF	3	정 준 연		0	3	0	0
0	1	1	2(1)	32	김 인 균	14	MF	MF	8	맹 성 웅		0	2	0	0
0	1	1	0		이 상 민	7	MF	MF	14	홍 창 범		0	1	0	0
0	0	1(1)	0		김 강 국	22	MF	FW	98	최 민 서	11	1(1)	0	0	0
0	0	2(1)	98		알렉산더	11	MF	FW	9	조 나 탄	24	2(1)	0	0	0
0	0	1(1)	8	박 민 서	17	FW	FW	7	심 동 운	27	1(1)	0	0	0
0	0	0	0		이 기 현	13			21	김 태 훈		0	0	0	0
0	0	0	0		이 상 수	5			20	이 상 용		0	0	0	0
0	0	0	0		박 세 직				25	박 대 한		0	0	0	0
0	0	2(1)	후7	김 민 석	98	대기	대기	11	김 경 중	후26	1(1)	0	0	0
0	0	0	0		김 천	18			45	홍 현 호		0	0	0	0
0	0	0	후31	김 원 식	32			10	아코스티	후21	0	1	0	0
0	0	0	후7	이 승 재	98			24	모 재 현	후26	0	0	0	0
0	2	8	11(6)			0			0			9(4)	22	1	0

- 후반 14분 이은범 PA 정면내 R-ST-G(득점: 이은범) 오른쪽
- 후반 44분 김민석 AKL FK R-ST-G(득점: 김민석) 왼쪽
- 전반 29분 김경중 PAL ~ 조나탄 GA 정면 H-ST-G(득점: 조나탄, 도움: 김경중) 오른쪽
- 후반 1분 심동운 GAR ~ 김경중 GA 정면내 L-ST-G(득점: 김경중, 도움: 심동운) 가운데

김천 1 : 1 전남

- 5월 30일 18:30 맑음 김천 종합 0명
- 주심_서동진 부심_구은석·천진희 대기심_정회수 경기감독관_김용세

| | | | | | | 0 전반 0 | | | | | | |
| | | | | | | 1 후반 1 | | | | | | |

퇴장	경고	파울	ST(유)	교체	선수명	배번	위치	위치	배번	선수명	교체	ST(유)	파울	경고	퇴장
0	0	0	0		구 성 윤	41	GK	GK	1	김 다 솔		0	0	0	0
0	0	1	0		심 상 민	6	MF	DF	11	한 찬 길	13	1	0	0	0
0	0	2(1)	33	허 용 준	8	FW	DF	20	장 순 혁		2(2)	1	0	0
0	0	1(1)	99	박 동 진	50	DF	DF	3	박 찬 용		0	0	0	0
0	0	0	0		우 주 성	15	DF	DF	27	김 영 욱		1(1)	0	0	0
0	0	0	0		정 승 현	22	MF	MF	10	김 현 욱		0	0	0	0
0	0	1(1)		강 지 훈	23	MF	MF	5	황 기 욱		3(1)	1	0	0
0	0	1		정 현 철	24	FW	MF	23	정 성 재		0	0	0	0
0	1	1		김 주 성	35	FW	FW	94	김 경 민	66	0	2	0	0
0	1	1(1)	36	박 상 혁	39	FW	FW	12	박 희 성	8	1	0	0	0
0	0	0	0		강 정 묵	40			1	박 준 현		0	0	0	0
0	0	0	0		김 진 성				13	최 희 원		0	0	0	0
0	0	0	0		명 준 재	25			13	장 성 록	후37	0	0	0	0
0	0	0	0		김 동 현	26	대기	대기	17	김 태 현		0	0	0	0
0	0	0	후31	서 진 수	36			14	김 선 우		0	0	0	0
0	0	0	후24	조 규 성	33			66	사 무 엘	후33	1(1)	1	0	0
0	0	1(1)	후36	오 현 규	99			8	이 종 호	후14	0	0	0	0
0	0	9(5)			0			0			17(7)	12	0	0

- 후반 38분 구성윤 자기 측 GA 정면 ~ 오현규 GAL R-ST-G(득점: 오현규, 도움: 구성윤) 왼쪽
- 후반 42분 사무엘 PK-R-G(득점: 사무엘) 오른쪽

전남 3 : 0 서울E

• 6월 05일 16:00 맑음 광양 전용 947명
• 주심_김용우 부심_이영운·김경민 대기심_채상협 경기감독관_최윤겸

전남 3 | 1 전반 0 / 2 후반 0 | 0 서울E

퇴장	경고	파울	ST(유)	교체	선수명	배번	위치	위치	배번	선수명	교체	ST(유)	파울	경고	퇴장
0	0	0	0		박준혁	1	GK	GK	13	김영광		0	0	0	0
0	0	0	0		김한길	11	DF	DF	5	김진환	11	0	0	0	0
0	0	0	0		장성록	13	DF	DF	20	이상민	1	1	2	0	
0	0	0	0		박찬용	8	DF	DF	24	김채훈		0	1	0	0
0	0	0	0		김태현	17	MF	MF	2	황태욱		1(1)	0	0	0
0	0	0	0		김현욱	10	MF	MF	17	고재현		1(1)	1	0	0
0	0	0	0		황기욱	6	MF	MF	88	김선민		0	3	0	0
0	0	0	20		장성재	20	MF	MF	23	최재훈		0	2	0	0
0	0	4			사무엘	66	FW	FW	99	한의권		2	0	0	
0	1	2	5(5)		발로텔리	89	FW	FW	7	바비오	70	0	1	0	0
0		16			김희성		FW	FW	10	김민규	3	1(1)	0	0	0
					김다솔	31			21	문정인					
				후41	김순혁	20			3	김민규					
					김영욱	27			15	박성우					
					김선우		대기	대기		네게바					
				후4	이후권	16				베네가스	후39				
				후30	이종호				70	레안드로	후0				
					김경민	94			11	김정환	후16				
0	1	13	6(5)									12(2)	12	3	0

● 전반 3분 발로텔리 GA 정면 R-ST-G(득점: 발로텔리) 왼쪽
● 후반 10분 김현욱 HL 정면 ~ 발로텔리 AKL R-ST-G(득점: 발로텔리, 도움: 김현욱) 왼쪽
● 후반 40분 장성재 MF 정면 ~ 발로텔리 PA 정면내 L-ST-G(득점: 발로텔리, 도움: 장성재) 오른쪽

부산 2 : 3 경남

• 6월 06일 18:30 맑음 부산 구덕 2,045명
• 주심_조지음 부심_송봉근·이상민 대기심_신용준 경기감독관_당성증

부산 2 | 2 전반 0 / 0 후반 3 | 3 경남

퇴장	경고	파울	ST(유)	교체	선수명	배번	위치	위치	배번	선수명	교체	ST(유)	파울	경고	퇴장
0	0	0	0		최필수	18	GK	GK	31	손정현		0	0	0	0
0	1	3(1)			안병준	9	DF	DF	29	김주환		1	2	0	0
0	1	1(1)	14		이상헌	10	MF	MF	5	김영찬		0	0	0	0
0		3(2)			박정인	11	MF	DF	20	이광선		1	2	0	0
0	0	0	0		이상준	17	DF	DF	13	이동희		0	0	0	0
0		23			성호영	19	MF	MF	6	이우혁		0	0	0	0
0	0	0	0		최준	21	DF	DF	7	장혁진		0	0	0	0
0	1	1(1)	15		이레준	22	MF	MF	94	윌리안		5(3)	2	1	0
0	0	0	0		이지승	28	FW	FW	77	김범	11	2(1)	2	1	0
0	0	0	0		박호영	33	FW	FW	9	윤주태	98	2(1)	3	0	0
0	0	0	0		황준호	45	DF	FW	39	정창욱		0	0	0	0
					구상민	1			1	황성민					
				후34	김정현	14			66	장민준					
				후14	김승우	15			2	채광훈					
					이태민		대기	대기							
				후14	김진규	23			백성동		후0	2(1)			
					조혜성	32			11	황일수	후13				
					어정원	78			98	에르난데스	후13	2(1)			
0	2	7	10(5)									20(8)	19	2	0

● 전반 11분 안병준 PK-R-G(득점: 안병준) 왼쪽
● 전반 25분 박정인 GAR 내 R-ST-G(득점: 박정인) 오른쪽
● 후반 13분 윌리안 AKL ~ 백성동 AK 내 R-ST-G(득점: 백성동, 도움: 윌리안) 왼쪽
● 후반 37분 백성동 PAR ~ 에르난데스 PK지점 R-ST-G(득점: 에르난데스, 도움: 백성동) 왼쪽
● 후반 46분 백성동 PAR 내 ~ 윌리안 GAL 내 EL-ST-G(득점: 윌리안, 도움: 백성동) 왼쪽

부천 1 : 0 충남아산

• 6월 05일 18:30 맑음 부천 종합 513명
• 주심_성덕호 부심_이양우·이병주 대기심_서동진 경기감독관_허기태

부천 1 | 0 전반 0 / 1 후반 0 | 0 충남아산

퇴장	경고	파울	ST(유)	교체	선수명	배번	위치	위치	배번	선수명	교체	ST(유)	파울	경고	퇴장
0	0	0	0		전종혁	1	GK	GK	1	박한근		0	0	0	0
0	0	0	0		강의빈	3	DF	DF	4	한용수		0	0	0	0
0	0	0	0		김정호	20	FW	FW	16	유준수		1(1)	0	0	0
0	0	0	0		조현택	26	DF	DF	19	박세진		0	0	0	0
0	0	0	0		서수철	14	MF	MF	23	최규백		2(1)	0	0	0
0	0	0	0		최병찬	11	MF	MF	47	이은범		0	0	0	0
0		2(2)			이시헌	25	MF	MF	7	박세직		0	0	0	0
0	1	1	6		박창준	27	MF	MF	20	이상민		0	0	0	0
0		41			조윤형	28	MF	MF	3	김강국		0	0	0	0
0	1	1(1)	16		조건규	19	FW	FW	77	박민서	14	0	0	0	0
0	0	0	0		한지호	22	FW	FW	98	이승재	14	0	0	0	0
					김호준	38			13	이기현					
					박준희	7			9	이상우					
				후40	윤지혁	41			8	김민석	후33				
				후26	송홍민	6	대기	대기	14	김인균	후11				
					오재혁	77			11	알렉산드로	후19				
				후19	추정호	16			18	김찬					
					안재준	32			32	김원식					
0	0	13	4(3)									8(3)	12	3	0

● 후반 17분 이시헌 PA 정면내 R-ST-G(득점: 이시헌) 가운데

대전 1 : 2 안양

• 6월 06일 16:00 맑음 대전 월드컵 1,851명
• 주심_정회수 부심_구은석·이정석 대기심_최일우 경기감독관_김성기

대전 1 | 1 전반 1 / 0 후반 1 | 2 안양

퇴장	경고	파울	ST(유)	교체	선수명	배번	위치	위치	배번	선수명	교체	ST(유)	파울	경고	퇴장
0	0	0	0		김동준	1	GK	GK	13	정민기		0	0	0	0
0	0	0	0		김민덕	3	DF	DF	30	백동규		0	0	0	0
0		7			임덕근	25	DF	DF	6	닐손주니어		0	0	0	0
0	0	0	0		이웅희	33	DF	DF	15	김형진		0	0	0	0
0	1				이종현	27	MF	MF	99	주현우		0	0	0	0
0	0	0	0		서영재	4	MF	MF	25	박대한		0	0	0	0
0	0	0	0		박진섭	15	MF	MF	8	맹성웅		0	0	0	0
0	0	1	9		이진현	10	MF	MF	14	홍창범		5(1)	2	0	0
0	1	3(1)			이현식	17	MF	MF	24	모재현		1	0	0	0
0		3(2)			파투	7	FW	FW	9	조나탄		3(3)	4	1	0
0	0	26			박인혁	9	FW	FW	98	김륜도		1	0	0	0
					이준서	41			21	김태훈					
					이호인	4			27	유종현	후41				
					이규로	37			18	이선걸					
				후35	에디뉴		대기	대기	7	김경중	전24	2(1)			
					구본상				45	홍현호					
				후17	신상은	26			10	아코스티	후12				
				후26	바이오	9			7	심동운	후35				
0	1	12	16(7)									12(6)	18	2	0

● 전반 22분 임덕근 PAR ~ 박인혁 GA 정면 R-ST-G(득점: 박인혁, 도움: 임덕근) 왼쪽
● 전반 16분 조나탄 PK-R-G(득점: 조나탄) 가운데
● 후반 17분 홍창범 자기 측 센터서클 ~ 김경중 AK 내 R-ST-G(득점: 김경중, 도움: 홍창범) 가운데

• 6월 06일 18:30 맑음 김천 종합 0명
• 주심_ 송민석 부심_ 방기열·김지욱 대기심_ 설태환 경기감독관_ 김용세

김천 3 | 2 전반 0 / 1 후반 0 | **0 안산**

퇴장	경고	파울	ST(유)	교체	선수명	배번	위치	위치	배번	선수명	교체	ST(유)	파울	경고	퇴장
0	0	0	0		강정욱	40	GK	GK	21	김선우		0	1	0	0
0	0	1	0		김융환	3	DF	DF	4	연제민		0	1	1	0
0	0	1	0		심상민	6	DF	DF	20	김민호		0	1	1	0
0	1	5	1(1)		허융준	8	FW	DF	77	이준희		0	1	0	0
0	0	1	5(4)	99	박동진	10	DF	DF	77	김진래		0	1	1	0
0	0	2	1		우주성	15	DF	MF	5	두아르테		1	1	0	0
0	0	0			정재희	17	FW	MF	14	이상민		0	0	0	0
0	1	2			정승현	22	DF	MF	17	최건주		1	2	2	0
0	1	2		39	강지훈	23	MF	MF	18	김륜도		0	0	0	0
0	0	1	1(1)	36	권혁규	34	MF	MF	55	이와세		1	3	1	0
					박지민	31		FW	9	산티아고					
					정원진	7			1	이승빈					
					김동민	26			3	고태규	후34				
0	0			후18	서진수	36	대기	대기	12	박준영					
					이영재	37			4	김현태	후7	1			
0				후43	박상혁	94			9	민준영		1(1)			
0	0	1	2(2)	후29	오현규	99			30	심재성					
									99	임재혁					
0	4	19	11(8)									5(1)	15	5	0

● 전반 13분 정현철 GA 정면내 R-ST-G(득점: 정현철) 왼쪽
● 전반 47분 박동진 GA 정면내 R-ST-G(득점: 박동진) 오른쪽
● 후반 32분 김선우 GAR 내 자책골(득점: 김선우) 오른쪽

• 6월 12일 16:00 맑음 안양 종합 507명
• 주심_ 오현진 부심_ 이양우·이상민 대기심_ 정동식 경기감독관_ 나승화

안양 0 | 0 전반 0 / 0 후반 0 | **0 서울E**

퇴장	경고	파울	ST(유)	교체	선수명	배번	위치	위치	배번	선수명	교체	ST(유)	파울	경고	퇴장
0	0	0	0		정민기	13	GK	GK	13	김경민		1	2	0	0
0	0	2	0		백동규	30	DF	DF	2	김민규		1	2	0	0
0	0	3	1		김형진	15	DF	DF	24	김현훈		0	2	0	0
0	0	0			박대한	25	DF	DF	23	김진환		0	0	0	0
0	0	1			정준연	2	MF	MF	17	고재현					
0	0	0			닐손주니어	6	MF	MF	15	박성우					
0	1	1	1(1)	23	홍창범	14	MF	MF	88	김선민					
0	2	4(3)		10	심동운	7	FW	MF	34	장윤호	23				
0	0	0		99	주현우	99	FW	FW	99	한의권		2(2)	1	0	0
0	0	3(1)			조나탄	9	FW	FW	70	레안드로					
0	1	1	1		최민서	98	FW	FW	11	베네가스		2	2	1	0
					김태훈	21			21	문정인					
					유종현	5			18	조향기					
0				후12	타무라	23			2	황태현					
	전27				김경중	88	대기	대기	23	최재훈	후24				
					현정운	29			9	바비오					
0				후35	아코스티	10			10	김민균	후33				
					모재현	24			11	김정환	후10				
0	1	9(5)										8(2)	16	1	0

• 6월 12일 18:30 맑음 아산 이순신 319명
• 주심_ 서동진 부심_ 이영운·김태형 대기심_ 송민석 경기감독관_ 당성증

충남아산 3 | 2 전반 0 / 1 후반 1 | **1 대전**

퇴장	경고	파울	ST(유)	교체	선수명	배번	위치	위치	배번	선수명	교체	ST(유)	파울	경고	퇴장
0	0	0	0		이기현	13	GK	GK	1	김동준					
0	0	1	0		한용수	4	DF	DF	3	김민덕					
0	0	0			유준수	16	DF	DF	25	임덕근	9				
0	0	3	1		박세진	19	MF	MF	33	이웅희		2			
0	1	3	1(1)		최규백	22	DF	MF	27	이종현	37				
0	0	1			박세직	7	MF	MF	2	서영재					
0	0	2	1(1)		김인균	14	MF	MF	15	박진섭		3(2)			
0	1	3			김강국	22	MF	MF	10	이진현		1(1)			
0	3	3(3)		32	알렉산드로		FW	MF	17	이현식		1(1)			
0	1	4	2(1)		김찬	18	FW	FW	77	파투		2			
0	1	3		77	이승재	98	FW	FW	9	한인록		2(1)			
					박한근	1			41	이준서					
					배수용	15			39	변준수					
					김민석	8			37	이유로	후15				
0				후39	이상민	20	대기	대기	9	구본상					
					김혜성	33			39						
0	0	1(1)		후23	김원석	32			24	강세혁	후36				
0				후4	박민서	77			9	바이오	후				
0	2	20	8(7)									11(5)	21	2	0

● 전반 35분 알렉산드로 PK-R-G(득점: 알렉산드로) 오른쪽
● 전반 39분 알렉산드로 PAL R-ST-G(득점: 알렉산드로) 오른쪽
● 후반 12분 알렉산드로 AK 정면 R-ST-G(득점: 알렉산드로) 왼쪽
● 후반 3분 한용수 GA 정면 R 자책골(득점: 한용수) 가운데

• 6월 13일 13:00 맑음 광양 전용 819명
• 주심_ 안재훈 부심_ 김지욱·천진희 대기심_ 조지음 경기감독관_ 정경구

전남 0 | 0 전반 2 / 0 후반 0 | **2 부천**

퇴장	경고	파울	ST(유)	교체	선수명	배번	위치	위치	배번	선수명	교체	ST(유)	파울	경고	퇴장
0	0	0	0		박준혁	1	GK	GK	1	전종혁					
0	1	3	0		김태현	17	DF	DF	3	강의빈					
0	0	0			장순혁	20	DF	DF	20	김정호					
0	0	2(1)			박성결	19	MF	MF	26	국태정					
0	3	3			장성록	8	MF	MF	26	조현택		1(1)	2		
0	0	1			김현욱	10	MF	MF	6	송홍민		2(1)	1		
0	0	0			황기욱	14	MF	MF	3	조수철					
0	0	89			장성재	18	MF	MF	8	최병찬					
0	0	0			사무엘	66	FW	FW	7	이시헌	27	1			
0	1	12			이중호		FW	FW	16	추정호	32	2			
0	0	1	12		이후권		FW	FW	7	한지호					
					김병엽	20			38	김호준					
					김진성	4			7	박준희	후19				
	후41				한길	11			41	윤지혁					
					김선우	14	대기	대기	8	박하빈					
0				후12	최희성	12			14	장백규	후12				
0				후	발로텔리	89			28	조윤형					
									32	안재준	후31	1(1)			
0	1	11	12(2)									11(5)	12	2	0

● 전반 26분 조현택 GAL R-ST-G(득점: 조현택) 왼쪽
● 전반 37분 추정호 PAR 내 R-ST-G(득점: 추정호) 오른쪽

- 6월 13일 16:00 맑음 안산 와스타디움 476명
- 주심_ 신용준 부심_ 이정석·김경민 대기심_ 정회수 경기감독관_ 차상해

						1	전반	1						

안산 2   1 후반 2   **3 부산**

퇴장	경고	파울	ST(유)	교체	선수명	배번	위치	위치	배번	선수명	교체	ST(유)	파울	경고	퇴장
0	0	0	0		이 승 빈	1	GK	GK	18	최 필 수		0	0	0	0
0	0	1	0	11	박 준 영	5	DF	FW	9	안 병 준		6(6)	3	0	0
0	0	0	0		김 민 호	20	DF	MF	10	이 상 헌	78	1(1)	1	0	0
0	0	1	0		김 진 래	77	DF	MF	11	박 정 인		1	1	0	0
0	0	0	1		김 현 태	6	MF	DF	15	김 상 준		0	0	0	0
0	0	1	5(2)		민 준 영	12	MF	DF	17	이 상 준		0	3	1	0
0	0	2	2(2)		이 상 민	14	MF	DF	21	최 준		0	0	0	0
0	1	2	0		이 준 희	22	MF	MF	22	이 래 준	66	0	1	0	0
0	1	2	2(1)	3	이 와 세	55	MF	MF	28	이 지 승		0	0	0	0
0	0	1	87		최 건 주	7	FW	DF	35	박 호 영		0	0	0	0
0	1	1	3(3)		김 륜 도	18	FW	DF	45	황 준 호		0	1	0	0
0	0	0	0		김 선 우	19			1	구 상 민		0	0	0	0
0	0	1(1)	후38	고 태 규	3			6	발렌티노스	후28	0	0	0	0
0	3(2)	후4	두아르테	11			20	이 태 민		0	0	0	0
0	0	0		김 이 석	21	대기	대기	32	조 혜 성		0	0	0	0
0	0	0		이 진 섭	24			39	최 낙 성		0	0	0	0
0	0	0		조 인 홍	25			66	김 동 수	후43	0	0	0	0
0	0	0	후15	강 수 일	87			78	어 정 원	후28	0	0	0	0
0	3	11	18(11)									8(7)	17	2	0

- 전반 42분 이와세 AK 정면 측 HLR ~ 안병준 PA 정면내 R-ST-G(득점: 이와세) 왼쪽
- 후반 51분 두아르테 PK-L-G(득점: 두아르테) 가운데
- 전반 3분 최준 자기 측 HLR ~ 안병준 PA 정면내 R-ST-G(득점: 안병준, 도움: 최준) 오른쪽
- 후반 30분 안병준 PK-R-G(득점: 안병준) 왼쪽
- 후반 53분 황준호 MFL ~ 안병준 PAL L-ST-G(득점: 안병준, 도움: 황준호) 오른쪽

- 6월 13일 18:30 맑음 창원 축구센터 843명
- 주심_ 김용우 부심_ 구은석·이병주 대기심_ 성덕효 경기감독관_ 최윤겸

						0	전반	0						

경남 1   1 후반 2   **2 김천**

퇴장	경고	파울	ST(유)	교체	선수명	배번	위치	위치	배번	선수명	교체	ST(유)	파울	경고	퇴장
0	0	0	0		손 정 현	31	GK	GK	40	강 정 묵		0	0	0	0
0	0	0	0		채 광 훈	2	DF	DF	3	김 용 환		0	1	0	0
0	1	2	0		김 영 찬	5	DF	DF	6	심 상 민		0	0	0	0
0	0	2	0		이 광 선	20	DF	FW	8	허 용 준		2(1)	3	1	0
0	0	1	2(2)		김 동 진	22	DF	FW	10	박 동 진	39	3(2)	1	0	0
0	1	2	0	98	이 우 혁	6	MF	DF	15	우 주 성		0	0	0	0
0	1	1	0		정 혁 진	7	MF	MF	17	정 재 희		4(2)	1	0	0
0	0	1	0		백 성 동	10	MF	MF	22	정 승 현		0	0	0	0
0	1	2	0		김 범 진	77	MF	MF	23	강 지 훈	99	3	3	0	0
0	0	2	5		김 소 웅	76	FW	MF	24	정 현 철		1	2	0	0
0	1	1	1(1)	11	윌 리 안	94	FW	MF	34	권 혁 규	36	0	0	0	0
0	0	0	0		황 성 민	1			31	박 지 민		0	0	0	0
0	0	0		심 민 용	34			7	정 원 진		0	0	0	0
0	0	0		김 주 환	29			26	김 동 민		0	0	0	0
0	0	0		고 경 민	19	대기	대기	36	서 진 수	후13	1	0	0	0
0	0	0	후31	황 일 수	11			37	유 인 수		0	0	0	0
0	1	2(1)	후0	윤 주 태	13			39	박 상 혁	후34	1	0	0	0
0	0	0	후16	에르난데스	98			99	오 현 규	후22	1	0	0	0
0	4	15	9(2)									15(5)	13	2	0

- 후반 43분 이광선 PAR ~ 윤주태 GAL 내 L-ST-G(득점: 윤주태, 도움: 이광선) 왼쪽
- 후반 39분 김용환 PAR ~ 허용준 GAL 내 H-ST-G(득점: 허용준, 도움: 김용환) 왼쪽
- 후반 45분 허용준 PA 정면 ~ 정재희 GAR 내 R-ST-G(득점: 정재희, 도움: 허용준) 왼쪽

- 6월 19일 16:00 맑음 김천 종합 385명
- 주심_ 정회수 부심_ 송봉근·이정석 대기심_ 김도연 경기감독관_ 김성기

						1	전반	0						

김천 2   1 후반 0   **0 서울E**

퇴장	경고	파울	ST(유)	교체	선수명	배번	위치	위치	배번	선수명	교체	ST(유)	파울	경고	퇴장
0	0	0	0		강 정 묵	40	GK	GK	13	김 경 민		0	0	0	0
0	0	0	0		김 용 환	3	DF	DF	20	이 상 민		0	0	0	0
0	0	1	2		정 원 진	7	MF	DF	24	김 현 훈		0	1	0	0
0	0	3	2(2)		허 용 준	8	FW	DF	18	조 향 기	1	0	0	0	0
0	1	4(3)	99	박 동 진	10	FW	MF	12	고 재 현		0	1	1	0	0
0	0	0		우 주 성	15	DF	MF	15	박 성 우	22	1(1)	1	1	0
0	1	1	0	26	정 재 희	17	MF	MF	88	김 선 민		1(1)	4	0	0
0	1	1(1)		정 승 현	22	DF	MF	34	장 윤 호		1(1)	4	0	0
0	1	3(1)	36	강 지 훈	23	MF	FW	7	바 비 오	18	0	2	0	0
0	2	0		권 혁 규	34	MF	FW	99	한 의 권		1(1)	2	0	0
0	0	3	0		유 인 수	37	DF	FW	70	베네가스		0	1	0	0
0	0	0		박 지 민	31			31	주 현 성		0	0	0	0
0	0	0		명 준 재	35			5	김 진 환		0	0	0	0
0	0	0	후49	김 동 민	26			22	서 재 민	후18	0	1	0	0
0	0	0		김 주 성	35	대기	대기	23	최 재 영		0	0	0	0
0	0	0	후28	서 진 수	36			9	곽 성 욱		0	0	0	0
0	0	1	후37	박 상 혁	39			10	김 민 균	후33	0	0	0	0
0	0	1(1)	후18	오 현 규	99			70	레안드로	후0	1(1)	0	0	0
0	2	16	13(10)									8(4)	21	2	0

- 전반 35분 우주성 PAL 내 H ~ 강지훈 AKL R-ST-G(득점: 강지훈, 도움: 우주성) 왼쪽
- 후반 6분 허용준 MF 정면 H ~ 박동진 GA 정면 R-ST-G(득점: 박동진, 도움: 허용준) 오른쪽

- 6월 19일 18:30 맑음 대전 월드컵 1,653명
- 주심_ 안재훈 부심_ 이양우·천진희 대기심_ 김용우 경기감독관_ 김용세

						0	전반	0						

대전 0   0 후반 0   **0 안산**

퇴장	경고	파울	ST(유)	교체	선수명	배번	위치	위치	배번	선수명	교체	ST(유)	파울	경고	퇴장
0	0	0	0		이 준 서	41	GK	GK	19	김 선 우		0	0	0	0
0	1	0		김 민 덕	3	DF	DF	3	고 태 규	20	0	1	1	0
0	0	1	1		이 웅 희	33	DF	DF	4	연 제 민		0	0	0	0
0	1	1		이 규 로	37	DF	FW	9	김 경 준	2(1)	0	0	0	0
0	0	1		서 영 재	2	MF	MF	14	이 상 민		1(1)	1	0	0
0	0	2	2(1)		김 세 윤	24	MF	MF	12	이 준 희		0	0	0	0
0	1	0		박 진 섭	15	MF	MF	55	이 와 세		0	1	0	0
0	0	2	0		정 희 웅	36	MF	MF	77	김 진 래		0	0	0	0
0	0	0		유 진 혁	17	MF	FW	12	민 준 영		3(1)	2	0	0
0	2	0		파 투	77	FW	FW	6	김 륜 도		0	0	0	0
0	1	3(3)		바 이 오	9	FW	FW	99	김 재 혁	11	0	2	0	0
0	0	0		김 태 양	31			1	이 승 빈		0	0	0	0
0	0	0		변 준 수	39			9	산티아고	후35	0	0	0	0
0	0	0		이 종 현	27			11	두아르테	후0	1	1	0	0
0	0	0		이 진 현	10	대기	대기	13	한 지 원		0	0	0	0
0	0	0		디 에 누	7			17	최 건 주		2	2	0	0
0	0	0		강 세 혁	26			20	김 민 호	후16	0	0	0	0
0	0	0	후28	박 인 혁	30			21	김 이 석		0	0	0	0
0	1	18	12(4)									10(4)	11	2	0

부천 1 : 1 경남

• 6월 20일 16:00 맑음 부천 종합 818명
• 주심_신용준 부심_이영운·김경민 대기심_안재훈 경기감독관_차상해

부천 1 | 0 전반 1 / 1 후반 1 | **1 경남**

퇴장	경고	파울	ST(유)	교체	선수명	배번	위치	위치	배번	선수명	교체	ST(유)	파울	경고	퇴장
0	0	0	0		전 종 혁	1	GK	GK	31	손 정 현		0	0	0	0
0	0	1	0		강 의 빈	3	DF	DF	29	김 주 환		1	3	0	0
0	0	2	0		박 준 호	4	MF	DF	5	김 영 찬		0	0	0	0
0	0	1	1(1)		정 호 영	2	DF	DF	20	이 광 선		0	1	0	0
0	0	1			국 태 정	23	MF	MF	21	김 동 진		0	0	0	0
0	0		1(1)		조 현 택	26	MF	MF	6	이 우 혁		0	1	0	0
0	1	1	1		송 홍 민	6	MF	MF	10	백 성 동	2	2		0	0
0	0	4			조 수 철	14	MF	MF	94	윌 리 안		2(2)			
0	0		2(1)	27	이 시 헌	25	FW	FW	98	에르난데스	19	2(1)	1	0	0
0	0	3	0		추 정 호	16	FW	FW	9	윤 주 태		2	1	0	0
0	0	2	1(1)	32	한 지 호	22	FW	FW	30	이 동 현		1(1)	3	0	0
					김 호 준	38			1	황 성 민					
					윤 지 혁	41			66	장 민 준					
					최 병 찬	17			2	채 광 훈	후15				
0			2(1)	후16	박 창 준	27	대기	대기	19	고 경 민	후24				
					조 윤 형	28			39	창 창 용					
				후41	크리슬란	9			16	김 소 웅					
0			1(1)	후28	안 재 준	32			11	황 일 수	후0				
0	1	13	14(7)									10(3)	15	3	0

● 후반 13분 박준희 MFR ~ 이시헌 GAR R-ST-G(득점: 이시헌, 도움: 박준희) 오른쪽
● 후반 29분 고경민 GAR H ⌒ 윌리안 PA 정면 R-ST-G(득점: 윌리안, 도움: 고경민) 왼쪽

충남아산 0 : 1 전남

• 6월 20일 16:00 맑음 아산 이순신 362명
• 주심_채상협 부심_구은석·이상민 대기심_오현진 경기감독관_나승화

충남아산 0 | 0 전반 0 / 0 후반 0 | **1 전남**

퇴장	경고	파울	ST(유)	교체	선수명	배번	위치	위치	배번	선수명	교체	ST(유)	파울	경고	퇴장
0	0	0	0		이 기 현	13	GK	GK	31	김 다 솔		0	0	0	0
0	1	2	1(1)		한 용 수	4	DF	DF	11	김 한 길		0	0	0	0
0	1		1(1)		유 준 수	16	DF	DF	3	박 찬 용		1	2	0	0
0	0				박 세 직	19	DF	DF	20	장 순 혁		0	0	0	0
0	0				최 규 백	23	DF	DF	13	김 태 현		0	0	0	0
0	0				박 세 직	7	MF	MF	10	김 현 욱					
0	1		1(1)		김 인 균	14	MF	MF	6	황 기 욱		1(1)	2	0	0
0	0	1	2		김 강 국	22	MF	MF	18	장 성 재		1(1)	2	0	0
0	2	4(2)	32		알렉산드로	11	MF	FW	12	박 희 성	66	1	1	0	0
0	3	2(1)	33		김 찬	18	FW	FW	89	발로텔리		4(1)			
	98				박 민 서	17	MF	FW	13	김 영 욱	34				
					박 한 근	1			1	박 준 혁					
					배 수 용	15			13	장 성 록	후47				
					이 상 민	20			2	최 효 진					
			후38		김 혜 성	33	대기	대기	16	이 후 권					
					양 정 운	66			94	김 건 오	후12				
			후32		김 원 석	32			66	사 무 엘	전41				
			전25		이 승 재	98			8	이 종 호					
0	2	13	11(7)									10(5)	12	0	0

● 전반 16분 발로텔리 AK 정면 ~ 김영욱 PAR 내 R-ST-G(득점: 김영욱, 도움: 발로텔리) 오른쪽

부산 4 : 5 안양

• 6월 20일 18:30 맑음 부산 구덕 1,149명
• 주심_서동진 부심_방기열·김태형 대기심_설태환 경기감독관_당성증

부산 4 | 1 전반 1 / 3 후반 4 | **5 안양**

퇴장	경고	파울	ST(유)	교체	선수명	배번	위치	위치	배번	선수명	교체	ST(유)	파울	경고	퇴장
0	0	0	0		최 필 수	18	GK	GK	13	정 민 기		0	0	0	0
0	0	2	1		발렌티노스	6	DF	DF	30	백 동 규		0	0	0	0
0	0		2(2)		안 병 준	9	FW	FW	15	김 형 진		0	0	0	0
0	0	0			이 상 헌	10	FW	MF	6	닐손주니어		3(2)			
0	0		2(2)	27	박 정 인	11	FW	MF	25	박 대 한		0	0	0	0
0	3	0	15		성 호 영	19	MF	MF	8	명 성 용		0	0	0	0
0					최 준	21	MF	MF	99	주 현 우					
0	1				김 진 규	23	MF	MF	7	심 동 운	10				
0	0				이 지 승	28	DF	MF	23	타 무 라		0	0	0	0
	22				박 호 영	35	DF	FW	9	조 나 탄		4(2)			
0					황 준 호	45	DF	FW	98	최 민 서	11				
					안 준 수	13			1	양 동 원					
			후20		김 승 우	15			5	유 종 현					
					이 래 준	2			4	임 승 겸	후42				
			전29		이 태 준	26	대기	대기	11	김 정 현					
			후31		드 로 젝	27			29	정 현 욱					
					조 혜 성	32			10	아코스티	후33				
					어 정 원	78			24	모 재 현					
0	0	8	10(7)									14(8)	6	1	0

● 전반 30분 김진규 PAR 내 R-ST-G(득점: 김진규) 오른쪽
● 후반 4분 이지승 MF 정면 ~ 이상헌 PAR R-ST-G(득점: 이상헌, 도움: 이지승) 왼쪽
● 후반 14분 최준 PAR ⌒ 박정인 PAL 내 R-ST-G(득점: 박정인, 도움: 최준) 오른쪽
● 후반 41분 이상헌 PAR ⌒ 안병준 GA 정면 H-ST-G(득점: 안병준, 도움: 이상헌) 오른쪽

● 전반 12분 김형진 PK 좌측지점 H → 닐손주니어 GA 정면내 R-ST-G(득점: 닐손주니어, 도움: 김형진) 왼쪽
● 후반 1분 주현우 PAL EL ⌒ 조나탄 GAR 내 H-ST-G(득점: 조나탄, 도움: 주현우) 가운데
● 후반 19분 김경중 PAL 내 ~ 조나탄 GAL 내 L-ST-G(득점: 조나탄, 도움: 김경중) 왼쪽
● 후반 26분 닐손주니어 PK-R-G(득점: 닐손주니어) 오른쪽
● 후반 47분 김경중 PA 정면 ~ 아코스티 PAR R-ST-G(득점: 아코스티, 도움: 김경중) 오른쪽

경남 1 : 2 대전

• 6월 26일 16:00 맑음 창원 축구센터 919명
• 주심_김용우 부심_방기열·이정석 대기심_송민석 경기감독관_당성증

경남 1 | 1 전반 2 / 0 후반 0 | **2 대전**

퇴장	경고	파울	ST(유)	교체	선수명	배번	위치	위치	배번	선수명	교체	ST(유)	파울	경고	퇴장
0	0	0	0		손 정 현	31	GK	GK	1	김 동 준		0	0	0	0
1	0	0			김 주 환	29	DF	DF	3	김 민 덕		0	1	1	0
0	0				김 영 찬	5	DF	DF	33	이 웅 희		1(1)	0	0	0
0	0				김 명 준	22	DF	DF	4	김 재 우		2	1	0	0
0	0				김 동 진	21	MF	DF	2	서 영 재		0	0	0	0
	6				장 혁 진	7	MF	MF	27	이 종 현		0	0	0	0
0	0	1			백 성 동	10	MF	MF	15	박 진 섭		2	1	0	0
0	1	3(1)			고 경 민	19	MF	MF	28	전 병 관	27				
0	2(1)				윌 리 안	9	FW	MF	16	가 마 나	16	1	1	0	0
0					에르난데스	98	FW	FW	17	이 현 식		0	2	0	0
0	2				황 일 수	11	FW	FW	20	박 인 혁	9	2			
					황 성 민	1			41	이 준 서					
					장 민 준	66			39	변 준 수					
			전38		채 광 훈	2	대기	대기	13	김 지 훈					
			후39		이 우 혁	6			16	원 기 종	후0				
					도 동 현	21			77	파 투	후21				
					이 정 협	18			9	바 이 오	후36				
0	2(1)	후18			윤 주 태	9									
0	2	9	8(3)									16(4)	12	4	2

● 전반 28분 윌리안 PK-R-G(득점: 윌리안) 왼쪽

● 전반 34분 이호인 MFR ~ 전병관 GAR R-ST-G(득점: 전병관, 도움: 이호인) 왼쪽
● 전반 41분 박인혁 GAL H ⌒ 이현식 GA 정면 L-ST-G(득점: 이현식, 도움: 박인혁) 왼쪽

Section 7
2021 경기기록부

• 6월 27일 16:00 맑음 잠실 올림픽 558명
• 주심_ 안재훈 부심_ 구은석·이상민 대기심_ 설태환 경기감독관_ 양정환

		서울E	0	0 전반 0 0 후반 1	1	부산		

퇴장	경고	파울	ST(유)	교체	선수명	배번	위치	위치	배번	선수명	교체	ST(유)	파울	경고	퇴장
0	0	0	0		김경민	13	GK	GK	18	최필수		0	0	0	0
0	0	1	0	6	이재훈	33	DF	DF	9	안병준		1(1)	0	0	0
0	0	1	1		김현훈	24	DF	MF	10	이상헌		3(2)	1	1	0
0	0	1	1		김진야	5	DF	MF	23	김정현		1	1	0	0
0	0	2	0	15	고재현	17	MF	DF	15	김승우		0	1	0	0
0	1	0	0		서재민	22	MF	DF	19	성호영		3	0	1	0
0	1	0	0		김선민	88	MF	DF	21	최준		2(2)	1	1	0
0	0	0	0		장윤호	34	MF	MF	22	이래준		0	0	0	0
0	0	1	0		이의권	99	MF	MF	27	드로겟	78	1	0	0	0
0	0	0	2		레안드로		FW	FW	45	황준호		0	0	0	0
0	1	1	0	11	이건희	77	FW	FW	66	김동우	35	0	0	0	0
0	0	0	0		주현성	31			1	구상민		0	0	0	0
0	0	0	0		조향기	18			3	박민규	후8	0	0	0	0
0	0	0	0	후21	박성우	15			20	이태민		0	0	0	0
0	0	0	0		최재훈	23	대기	대기	28	이지승		0	0	0	0
0	0	0	0	후18	문상윤	6			35	박호영		0	0	0	0
0	0	0	0	후36	김정환	11			37	구현준		0	0	0	0
0	0	0	0		베네가스	9			78	어정원	후41	0	0	0	0
0	4	14										8(5)	17	3	0

●후반 3분 이상헌 PA 정면내 R-ST-G(득점: 이상헌) 왼쪽

• 6월 27일 18:30 맑음 안산 와스타디움 375명
• 주심_ 성덕효 부심_ 김지욱·김태형 대기심_ 김영수 경기감독관_ 허기태

		안산	2	2 전반 0 0 후반 2	2	부천		

퇴장	경고	파울	ST(유)	교체	선수명	배번	위치	위치	배번	선수명	교체	ST(유)	파울	경고	퇴장
0	1	0	0		김선우	19	GK	GK	38	김호준		0	0	0	0
0	1	2	0		연제민	4	DF	DF	3	강의빈		1(1)	1	0	0
0	0	0	1(1)		송주호	15	DF	DF	20	김정호		0	0	0	0
0	0	1	0		김민호	20	DF	DF	5	조현택		0	1	0	0
0	0	1	0		민준영	14	MF	MF	6	송홍민		1	1	0	0
0	1	0	1(1)		이상민	14	MF	MF	17	조수철		0	4	1	0
0	0	3	2(2)		김진래	77	MF	MF	27	박창준	25	3(2)	2	1	0
0	1	1	0		두아르테	11	MF	MF	28	조범석		0	0	0	0
0	0	0	30		최건주		FW	FW	16	추정호	8	3(3)	1	0	0
0	0	1	0		김륜도	18	FW	MF	22	한지호		0	2	0	0
0	0	0	0		이승빈	1			1	전종혁		0	0	0	0
0	0	0	0	후41	고태규	3			5	김강산		0	0	0	0
0	0	0	2(1)	후24	김현태	6			7	박준회		0	0	0	0
0	0	0	0	후6/6	심재민	30	대기	대기	8	박하빈	후37	1	0	0	0
0	0	0	0		김이석	21			14	이시헌	후37	0	0	0	0
0	0	0	0		오현민	88			77	오재혁		0	0	0	0
0	0	0	0		임재혁	94			9	크리슬란	후17	0	0	0	0
0	4	14	10(7)									11(8)	18	3	0

●전반 28분 최건주 PA 정면내 ~ 두아르테 PK 우측지점 L-ST-G(득점: 두아르테, 도움: 최건주) 왼쪽
●전반 38분 김륜도 PA 정면 ~ 이상민 PA 정면 R-ST-G(득점: 이상민, 도움: 김륜도) 왼쪽
●후반 2분 박창준 PK지점 H~ 추정호 AK 내 R-ST-G(득점: 추정호, 도움: 박창준) 왼쪽
●후반 16분 박창준 GAL 내 L-ST-G(득점: 박창준) 왼쪽

• 6월 28일 19:30 흐림 김천 종합 194명
• 주심_ 조지음 부심_ 이영운·천진희 대기심_ 최현재 경기감독관_ 최윤겸

		김천	3	1 전반 0 2 후반 1	1	충남아산		

퇴장	경고	파울	ST(유)	교체	선수명	배번	위치	위치	배번	선수명	교체	ST(유)	파울	경고	퇴장
0	1	0	0		강정묵	40	GK	GK	13	이기현		0	0	0	0
0	0	1	0		김륜환	3	DF	DF	4	한용수		1	0	0	0
0	1	2	1		정원진	7	MF	DF	16	유준수	66	1(1)	1	0	0
0	0	0	5(5)		허용준	8	FW	MF	19	박세진		0	0	0	0
0	0	2(1)	99		박동진	18	DF	DF	23	최규백		1(1)	1	1	0
0	0	1	0		우주성	15	DF	MF	7	박세직		0	1	0	0
0	2	2(1)	35		정재희	19	MF	MF	14	김인균		5(3)	0	1	0
0	0	0	0		정승현	22	DF	MF	20	이상민		0	0	0	0
0	0	0	26		강지훈	23	MF	MF	22	김강국		2	1	0	0
0	0	0	0		권혁규	34	FW	FW	9	마테우스	18	3(1)	2	0	0
0	0	0	0		유인수	37	DF	FW	11	알렉산드로		4(2)	0	0	0
0	0	0	0		박지민	31			1	박한근		0	0	0	0
0	0	0	0		정현철	34			15	배수용		0	0	0	0
0	0	0	0	후44	김동민	26			27	박재우		0	0	0	0
0	0	0	0	후25	김주성	35	대기	대기	33	김혜성	후22	0	0	0	0
0	0	0	0		서진수	36			66	송환영	후32	0	0	0	0
0	0	0	0		박상혁	39			18	김천	후30	0	0	0	0
0	0	0	0	후35	오현규	99			77	박민서		0	0	0	0
0	3	12	11(7)									19(9)	14	1	0

●전반 1분 박동진 GA 정면내 R-ST-G(득점: 박동진) 가운데
●후반 4분 정재희 GAR ~ 허용준 GAL 내 H-ST-G(득점: 허용준, 도움: 정재희) 왼쪽
●후반 51분 김동민 MFR ~ 허용준 GAR R-ST-G(득점: 허용준, 도움: 김동민) 오른쪽
●후반 18분 알렉산드로 AKL R-ST-G(득점: 알렉산드로) 왼쪽

• 6월 28일 19:30 흐림 안양 종합 1,029명
• 주심_ 정회수 부심_ 송봉근·이병주 대기심_ 신용준 경기감독관_ 강득수

		안양	0	0 전반 0 0 후반 0	0	전남		

퇴장	경고	파울	ST(유)	교체	선수명	배번	위치	위치	배번	선수명	교체	ST(유)	파울	경고	퇴장
0	0	0	0		정민기	13	GK	GK	1	박준혁		0	0	0	0
0	1	0	0		백동규	30	DF	DF	6	황기욱		1(1)	0	0	0
0	0	1	0		김형진	15	DF	DF	20	장순혁		1	1	0	0
0	0	0	24		닐손주니어	6	DF	DF	3	박찬용		0	0	0	0
0	0	1	0		박대한	25	MF	MF	23	김영욱		0	0	0	0
0	0	0	0		맹성웅	8	MF	MF	18	장성재		1	1	0	0
0	0	1(1)	14		박태준	33	MF	MF	55	최호정		0	0	0	0
0	0	0	0		주현우	99	FW	MF	14	박희성		0	0	0	0
0	1	0	0		김경중	11	FW	MF	12	박희성		0	0	0	0
0	2(1)	0	0		조나탄	10	FW	FW	89	발로텔리		0	0	0	0
0	0	0	0		양동원	31		FW	66	사무엘	8	2	0	0	0
0	0	0	0		유종현	4			31	김다솔		0	0	0	0
0	0	0	0		김준섭	2			2	최효진	후19	0	0	0	0
0	1(1)	0	0	후16	홍창범	14	대기	대기	5	고태원		0	0	0	0
0	0	0	0		타무라	23			13	정성록		0	0	0	0
0	3(3)	0	0	후20	아고스티				14	김선우	후20	0	0	0	0
0	0	0	0	후39	모재현	24			15	정호진		0	0	0	0
0	0	0	0						8	이종호	후30	0	0	0	0
0	0	9	11(7)									10(1)	10	3	0

7월03일 · 대전 1 : 4 김천

• 7월03일 19:00 흐리고 비 대전 월드컵 786명
• 주심_최현재 부심_김지욱·이상민 대기심_설태환 경기감독관_정경구

대전 1 — 0 전반 0 / 1 후반 4 — **4 김천**

퇴장	경고	파울	ST(유)	교체	선수명	배번	위치	위치	배번	선수명	교체	ST(유)	파울	경고	퇴장
0	0	0	0		김 동 준	1	GK	GK	40	강 정 묵		0	0	0	0
0	0	1	1		서 영 재	2	DF	DF	3	김 용 환		0	0	0	0
0	0	1	0		김 민 덕	3	DF	MF	7	정 원 진	24	0	2	1	0
0	1	3	1		지 쏘	4	FW	FW	33	허 융 준	33	1	0	1	0
0	1	5	1(1)		이 종 현	27	FW	MF	10	박 동 진	99	1(1)	1	0	0
0	0	1	0	16	최 익 진		MF	DF	15	우 주 성		0	1	0	0
0	0	1	1		임 덕 근	25	MF	FW	17	정 재 희		1(1)	0	0	0
0	1	4(1)			파 투	77	MF	MF	22	정 승 현		0	2	0	0
0	0	0	0	28	민 준 영	34	MF	MF	34	김 규 형		1	1	0	0
0	1	5	1		권 한 식	17	MF	MF	36	서 진 수		1	0	0	0
0	2(1)	0	0		바 이 오	37	FW	DF	37	유 인 수		1(1)	2	0	0
					이 준 서	41			41	구 성 윤					
					이 호 인	5			24	정 현 철	후42				
					김 지 훈	33			25	김 동 민					
					정 희 웅	29	대기	대기	33	조 규 성	후22				
0	0	2(1)	후0		전 병 관	16			35	김 주 성					
			후32		전 병 관				39	박 상 혁					
			후0		박 인 혁	20			99	오 현 규	후36	2(1)	0	0	0
0	4	20	13(4)			0			0			8(5)	16	3	0

- 후반 11분 이현식 자기 측 MFR ⌒ 원기종 PAR 내 EL L-ST-G(득점: 원기종, 도움: 이현식) 오른쪽
- 후반 15분 서진수 MFL TL ⌒ 정재희 PAR 내 R-ST-G(득점: 정재희, 도움: 서진수) 오른쪽
- 후반 28분 박동진 PA 정면내 ~ 유인수 GAL R-ST-G(득점: 유인수, 도움: 박동진) 왼쪽
- 후반 39분 정승현 PK-R-G(득점: 정승현) 왼쪽
- 후반 43분 권혁규 MF 정면 ~ 오현규 AK 정면 R-ST-G(득점: 오현규, 도움: 권혁규) 왼쪽

7월04일 · 부천 0 : 0 부산

• 7월04일 19:00 흐림 부천 종합 531명
• 주심_정회수 부심_송봉근·천진희 대기심_최규현 경기감독관_나승화

부천 0 — 0 전반 0 / 0 후반 0 — **0 부산**

퇴장	경고	파울	ST(유)	교체	선수명	배번	위치	위치	배번	선수명	교체	ST(유)	파울	경고	퇴장
0	0	0	0		최 철 원	81	GK	GK	18	최 필 수		0	0	0	0
0	0	1	1		강 의 빈	3	DF	DF	3	박 민 규		1(1)	3	2	0
0	0	2	0		김 강 산	5	DF	FW	9	안 병 준		7	1	0	0
0	0	3	0		안 태 현	13	MF	MF	10	김 정 현		3(3)	1	0	0
0	0	3	0		국 태 정	23	MF	DF	15	김 승 우		2	3	1	0
0	0	1	0		조 현 택	26	DF	MF	21	최 준		3(2)	1	0	0
0	1(1)		22		이 시 헌		MF	MF	22	이 래 준	19	4(1)	2	1	0
1	1	1	0		박 창 준	27	MF	FW	27	드 로 젝	11	4(3)	0	1	0
0	0	1	0		크 리 슬 란		FW	DF	45	황 준 호		1	1	0	0
0	0	1	0	17	추 정 호	16	FW	DF	66	김 동 우	20	0	0	0	0
					전 종 혁	1			1	구 상 민					
					박 준 희	7			11	박 정 인	후12	3(2)	1	0	0
					김 정 호	20			19	성 호 영	후32				
			후46		송 홍 민	6	대기	대기	20	이 태 희	후12	1	1	0	0
			후32		최 병 찬				28	이 지 승					
					오 재 혁	77			35	박 호 영					
		0	1	후19	한 지 호	22			78	어 정 원		1	0	0	0
2	1	11	5			0			0			28(12)	17	3	0

7월04일 · 안양 1 : 0 충남아산

• 7월04일 20:00 흐림 안양 종합 762명
• 주심_송민석 부심_방기열·김경민 대기심_채상협 경기감독관_차상해

안양 1 — 0 전반 0 / 1 후반 0 — **0 충남아산**

퇴장	경고	파울	ST(유)	교체	선수명	배번	위치	위치	배번	선수명	교체	ST(유)	파울	경고	퇴장
0	0	0	0		정 민 기	13	GK	GK	1	박 한 근		0	0	0	0
0	0	0	1		백 동 규	30	DF	DF	4	한 용 수		0	1	0	0
0	1	1	0		김 형 진	15	DF	DF	16	유 준 수		2(1)	0	1	0
0	0	0	0		주 현 우	99	DF	MF	19	박 세 진		0	1	0	0
0	1	2	1		박 대 한	25	DF	DF	23	최 규 백	8	3(2)	2	1	0
0	0	2	1(1)		맹 성 웅	8	MF	MF	14	박 세 직		0	2	1	0
0	1	2(1)	14		김 태 준	33	MF	MF	14	김 인 균		3(2)	1	1	0
0	0	1(1)			김 경 중	11	MF	MF	20	이 상 민	29	0	1	0	0
0	0	1(1)	23		하 승 운		MF	MF	22	김 강 국		0	2	0	0
0	2(2)		24		하 남	19	FW	FW	9	마 테 우 스		1(1)	0	0	0
0	1	8(6)			아 코 스 티	10	FW	FW	77	알 렉 산 드 로	77	1(1)	0	0	0
					양 동 원	1			21	김 민 준					
					유 종 현	5			15	배 수 용					
					김 준 섭	22			8	김 재 현	후35				
			후46		홍 창 범	14	대기	대기	29	홍 윤 승	후12				
			후34		타 무 라	23			33	김 혜 성					
					김 동 운	17			18	김 찬					
0	1	3(2)	후17		모 재 현	24			77	박 민 서	후24	0	1	0	0
0	2	12	20(14)			0			0			10(6)	12	6	0

- 후반 18분 김경중 PA 정면내 L-ST-G(득점: 김경중) 오른쪽

7월05일 · 서울E 0 : 0 안산

• 7월05일 19:30 흐림 잠실 올림픽 339명
• 주심_김용우 부심_이영운·이병주 대기심_박진호 경기감독관_김용세

서울E 0 — 0 전반 0 / 0 후반 0 — **0 안산**

퇴장	경고	파울	ST(유)	교체	선수명	배번	위치	위치	배번	선수명	교체	ST(유)	파울	경고	퇴장
0	0	0	0		김 경 민	13	GK	GK	1	이 승 빈		0	0	0	0
0	0	1	0		이 규 로	80	DF	DF	3	김 태 현	11	0	1	0	0
0	0	4	2(1)		김 현 훈	24	DF	DF	4	연 제 민		0	1	0	0
0	0	1(1)			김 진 환	5	DF	DF	20	김 민 호		0	0	0	0
0	0	0	0		고 재 현	17	MF	MF	14	이 상 민		0	0	0	0
0	0	0	0		바 비 오	7	DF	MF	29	이 준 희	29	0	0	0	0
1	0	1	0		김 선 민	88	MF	MF	55	이 와 세		2(1)	0	0	0
1	0	1	0		장 윤 호	34	MF	MF	77	김 진 래		0	0	0	0
0	1	2(2)	23		곽 성 욱	3	MF	FW	17	최 건 주		3	1	0	0
0	1	1	0	70	한 의 권	99	FW	FW	18	김 륜 도		1	0	0	0
0	0	1	0		베 네 가 스	7	FW	FW	99	임 재 혁	87	1	1	0	0
					주 현 성	53			1	김 선 우					
					이 재 익	14			1	두 아 르 테	후0	2(1)	0	0	0
					박 성 우				16	송 주 호					
			후14		최 재 훈		대기	대기	21	김 이 석					
					문 상 윤				29	김 예 성	후26				
			후40		김 정 환	11			41	아 스 나 위					
			후0		레 안 드 로	70			87	강 수 일	후10				
1	1	20	8(6)			0			0			6(2)	4	2	0

- 7월 05일 19:30 비 광양 전용 244명
- 주심_ 신용준 부심_ 이양우·김태형 대기심_ 성덕호 경기감독관_ 허기태

					전남 0			0 전반 0 / 0 후반 0		0 경남					
퇴장	경고	파울	ST(유)	교체	선수명	배번	위치	위치	배번	선수명	교체	ST(유)	파울	경고	퇴장
0	0	0	0		김 다 솔	31	GK	GK	1	황 성 민		0	0	0	0
0	1	3	2		올 렉	33	DF	DF	2	채 광 훈		1(1)	0	0	0
0	0	1	0	5	박 찬 용	20	DF	DF	20	김 명 준		0	0	0	0
0	1	1(1)			장 순 혁	20	DF	DF	20	이 광 선		0	1	1	0
0	1	1			김 태 현	17	DF	DF	22	김 동 진		0	0	0	0
0	0	2			김 현 욱	10	MF	MF	6	이 우 혁		2(2)	1	1	0
0	1	1			김 선 우	14	MF	MF	10	백 성 동		5(1)	1	2	0
0	1	1			최 호 정	55	MF	MF	19	고 경 민	18	1	0	2	0
0		2		9	김 영 욱	27	MF	FW	18	설 현 빈		0			
					사 무 엘	66	FW	FW	98	에르난데스	21	0			
0	1	4(1)			발로텔리	89	FW	FW	94	윌 리 안		4(2)	3	1	0
					김 병 엽	23			25	김 민 준					
					최 효 진	2			5	김 영 찬					
				후24	김 태 원	5			3	유 지 훈					
					황 기 욱	대기	대기		24	우 주 성					
					장 성 재				21	도 동 현	전33				
					이 종 호	8			18	이 정 협	후26	0			
				후10	김 병 오				9	윤 주 태	후14	1(1)			
0	2	11	13(2)									17(7)	9	1	0

- 7월 10일 19:00 흐리고 비 김천 종합 617명
- 주심_ 신용준 부심_ 송봉근·이양우 대기심_ 최현재 경기감독관_ 허기태

					김천 2			0 전반 2 / 2 후반 2		4 안양					
퇴장	경고	파울	ST(유)	교체	선수명	배번	위치	위치	배번	선수명	교체	ST(유)	파울	경고	퇴장
0	0	0	0		강 정 묵	40	GK	GK	13	정 민 기		0	0	0	0
0	0	1	0		김 용 환	3	DF	DF	30	백 동 규		1(1)	0	0	0
0	1	2(1)	39		정 원 진	37	DF	FW	7	백 성 동	83	0	1	0	0
0	1	6(3)			허 용 준	37	FW	FW	99	주 현 우		0	0	0	0
		33			박 동 진	10	FW	FW	25	박 대 한		0	0	0	0
					우 주 성	15	MF	MF	14	맹 성 웅		1(1)	0	0	0
0		99			정 재 희	17	MF	MF	14	홍 창 범	24	1(1)	0	0	0
					정 승 현	22	MF	MF	11	김 경 중		0	0	0	0
0	1				권 혁 규	32	MF	MF	40	아코스티	1	4	0	0	
0	1	1			서 진 수	36	MF	FW	19	하 남	17	1	0	0	0
0	1				우 인 수	37	FW	FW	33	박 태 준		0	1	1	0
					구 성 윤	41			1	양 동 원					
					정 현 철	24			83	윤 준 성	후45	0			
					김 동 민	대기	대기		23	김 준 섭					
				후11	조 규 성	35			17	손 승 민	대기				
					김 주 성	39			7	타 무 라					
0	2(1)		후29		박 상 혁	39			6	김 동 운					
			후20		오 현 규	99			24	모 재 현	후28	2(1)	3	1	0
0		10	12(5)									7(5)	17	2	0

- 후반 29분 조규성 GAR H → 박상혁 GA 정면 L-ST-G(득점: 박상혁, 도움: 조규성) 오른쪽
- 후반 45분 허용준 PK-R-G(득점: 허용준) 왼쪽

- 전반 3분 박태준 AKL → 백동규 AK 내 R-ST-G(득점: 백동규, 도움: 박태준) 왼쪽
- 전반 42분 홍창범 HL 정면 ~ 하남 AK 내 R-ST-G(득점: 하남, 도움: 홍창범) 왼쪽
- 후반 12분 아코스티 GAR ~ 홍창범 GA 정면 R-ST-G(득점: 홍창범, 도움: 아코스티) 오른쪽
- 후반 18분 모재현 GAR R-ST-G(득점: 모재현) 오른쪽

- 7월 10일 20:00 흐림 대전 월드컵 1,060명
- 주심_ 정회수 부심_ 이정석·천진희 대기심_ 성덕호 경기감독관_ 강득수

					대전 0			0 전반 1 / 0 후반 1		2 서울E					
퇴장	경고	파울	ST(유)	교체	선수명	배번	위치	위치	배번	선수명	교체	ST(유)	파울	경고	퇴장
0	0	0	0		김 동 준	1	GK	GK	13	김 경 민		0	0	0	0
0	0				김 민 덕	3	DF	DF	14	이 재 익	4	0	4	1	0
0	0	1			이 지 솔	4	DF	DF	24	김 현 훈		0	0	0	0
0	2	0			이 호 인	5	DF	DF	23	김 진 환		0	0	0	0
0	2(2)				알리바예프	6	MF	MF	17	고 재 현		1(1)	0	0	0
0	1	3			최 익 진	33	MF	MF	23	최 재 훈		0	3	0	0
0		2(1)			박 진 섭	15	MF	MF	88	김 선 민		0	0	0	0
0	1	5	1(1)		민 준 영	34	MF	MF	19	유 정 완	70	1(1)	1	0	0
0		28			임 은 수	42	FW	FW	22	서 재 민		0	0	0	0
0	1	26			박 인 혁	20	FW	FW	99	한 의 권		0	0	0	0
0	4	3(2)			파 투	77	FW	FW	9	베네가스		5(2)	1	0	0
					이 준 서	41			31	주 현 성					
					유 웅 희	33			4	이 재 호	후25	1(1)	0	0	0
				전41	김 지 훈	23			2	황 태 현					
					정 희 웅	29	대기	대기	6	문 상 윤					
				후30	전 병 관	28			8	곽 성 욱	후34	0			
				후20	신 상 은	19			11	김 정 환					
					강 세 혁	24			70	레안드로	후15	0			
0	3	23	11(7)									9(5)	19	3	0

- 전반 13분 고재현 PAR ↗ 베네가스 GAL R-ST-G(득점: 베네가스, 도움: 고재현) 왼쪽
- 후반 32분 레안드로 PAL 내 ↗ 베네가스 PA 정면내 R-ST-G(득점: 베네가스, 도움: 레안드로) 오른쪽

- 7월 11일 19:00 흐림 부산 구덕 1,226명
- 주심_ 안재훈 부심_ 방기열·김경민 대기심_ 조지음 경기감독관_ 양정환

					부산 0			0 전반 0 / 0 후반 1		1 전남					
퇴장	경고	파울	ST(유)	교체	선수명	배번	위치	위치	배번	선수명	교체	ST(유)	파울	경고	퇴장
0	0	0	0		최 필 수	18	GK	GK	1	박 준 혁		0	0	0	0
0	0	0	0		박 민 규		MF	MF	33	올 렉		0	0	0	0
0	0	1	20		에드워즈	4	MF	DF	55	최 호 정		1	1	0	0
0	1(1)				안 병 준		FW	DF	20	장 순 혁		0	0	0	0
0	1				이 상 헌		FW	DF	17	김 태 현		0	0	0	0
0	1(1)				박 정 인		FW	MF	10	김 현 욱		0	0	0	0
0	2	28			김 정 현		MF	FW	27	이 후 권	25	0	3	0	0
0		27			김 승 우		DF	DF	13	정 호 진		1	0	0	0
0					최 준		MF	MF	66	사 무 엘		1(1)	1	0	0
0					황 준 호	45	DF	FW	89	발로텔리		2(1)	4	0	0
0					김 동 우	66	FW	FW		이 종 호		4(2)	0	0	0
					구 상 민				31	김 다 솔					
					발렌티노스	6			2	최 효 진	전21	1(1)	0	0	0
				후39	이 태 민	20			5	고 태 원	후41	0	0	0	0
					이 래 준	22	대기	대기	14	김 선 우					
				후18	드 로 젝				18	장 성 재					
				후27	이 지 승	28			25	이 석 현	후14	0	0	0	0
					어 정 원	78			27	김 영 욱					
0	2	14	9(2)									10(4)	15	0	0

- 후반 35분 발로텔리 PAL TL ~ 이종호 PAL L-ST-G(득점: 이종호, 도움: 발로텔리) 오른쪽

504

• 7월 12일 19:30 흐림 안산 와스타디움 0명
• 주심_정동식 부심_구은석·이상민 대기심_설태환 경기감독관_나승화

안산 3   1 전반 0   1 경남
2 후반 1

퇴장	경고	파울	ST(유)	교체	선수명	배번	위치	위치	배번	선수명	교체	ST(유)	파울	경고	퇴장
0	0	0	0		김 선 우	19	GK	GK	1	황 성 민		0	0	0	0
0	0	1	1(1)		고 태 규	3	DF	DF	2	채 광 훈		1(1)	0	0	0
0	0	2	1(1)		송 주 호	15	DF	DF	23	김 명 준		1(1)	3	0	0
0	0	1	0		김 민 호	20	DF	DF	20	이 광 선		0	3	2	0
0	0	1	0		이 상 민	14	MF	DF	22	김 동 진		0	0	0	0
0	0	1	0	77	김 이 석	21	MF	MF	24	윤 석 주		0	0	0	0
0	0	1	0		김 예 성	29	MF	MF	10	백 성 동		0	1	0	0
0	1	1	0		아스나위	41	MF	MF	15	설 현 진		0	0	2	0
0	1	1	11	0	4	월 리 안	94	FW	FW	21	도 동 현		4(1)	1	0	0
0	2	2(2)		김 륜 도	18	FW	FW	98	윤 주 태	98		0	0	0	0
0	0	1	17		임 재 혁	99	FW	FW	11						
0	0	0	0		이 승 빈	1			25	김 민 준		0	0	0	0
0	0	2	3(3)	후전42	두아르테	11			5	김 영 찬		0	0	0	0
0	0	4(4)	후후6	최 건 주	17			3	유 지 훈		0	0	0	0
0	0	0	0		이 준 석	24	대기	대기	6	이 우 혁	후후11	0	0	0	0
0	0	0	0		이 진 섭	24			19	고 경 민	후0	2(1)	0	0	0
0	0	0	0		조 인 홍	25			18	이 정 협		0	0	0	0
0	0	1	0	후후21	김 진 래	77			98	에르난데스	후0	0	0	0	0
0	2	10	13(13)			0			0			9(7)	20	3	0

● 전반 37분 김륜도 PK-R-G(득점: 김륜도) 왼쪽
● 후반 8분 두아르테 MF 정면 ~ 최건주 GAL L-ST-G(득점: 최건주, 도움: 두아르테) 오른쪽
● 후반 13분 고태규 AKR ~ 송주호 PK 우측지점 R-ST-G(득점: 송주호, 도움: 고태규) 오른쪽
● 후반 27분 윤석주 MF 정면 ~ 월리안 PA 정면내 L-ST-G(득점: 월리안, 도움: 윤석주) 오른쪽

• 7월 12일 19:30 맑음 아산 이순신 174명
• 주심_오현진 부심_김지욱·이병주 대기심_김용우 경기감독관_김용세

충남아산 1   0 전반 0   0 부천
1 후반 0

퇴장	경고	파울	ST(유)	교체	선수명	배번	위치	위치	배번	선수명	교체	ST(유)	파울	경고	퇴장
0	0	0	0		박 한 근	1	GK	GK	81	최 철 원		0	0	0	0
0	0	1	1		한 용 수	4	DF	DF	3	강 의 빈		0	3	1	0
0	0	1	0		유 준 수	16	DF	DF	5	김 강 산		0	1	0	0
0	0	1	1(1)		박 세 진	19	MF	FW	13	장 현 수		1	2	0	0
0	0	1	0		박 세 직	8	MF	FW	18	안 태 현		1	1	1	0
0	0	2	2(2)		김 인 균	20	MF	DF	20	김 정 호		0	1	0	0
0	1	1	0		이 상 민	20	MF	MF	23	국 태 정	26	1(1)	2	0	0
0	1	1	0		김 강 국	22	MF	MF	14	조 수 철		2(2)	0	1	0
0	0	2	2(2)	33	홍 원 승	29	FW	FW	97	오 재 혁	17	1(1)	5	1	0
0	0	4(3)		알렉산드로	10	FW	FW	7	요 르 만		0	0	0	0
0	0	1		박 민 서	9	FW	FW	22	한 지 호		4(1)	0	1	0
0	0	0	0		이 기 현	13			1	전 종 혁		0	0	0	0
0	0	0	0		배 수 용	15			7	박 준 희		0	0	0	0
0	0	0	0		최 규 백	23			26	조 현 택	후후37	2(1)	1	0	0
0	0	0	0				대기	대기	6	송 홍 민		0	0	0	0
0	0	3(1)	후후14	김 혜 성	33			17	최 병 찬	후후32	1	1	0	0
0	1	1	후후14	마테우스	7			25	이 시 헌		0	0	0	0
0	0	1	후후30	박 민 서	77			19	조 건 규	후후22	0	0	0	0
0	1	9	18(11)			0			0			15(6)	19	5	0

● 후반 29분 마테우스 GAL L-ST-G(득점: 마테우스) 오른쪽

• 7월 17일 19:00 맑음 광양 전용 592명
• 주심_정회수 부심_구은석·이상민 대기심_서동진 경기감독관_김성기

전남 0   0 전반 1   3 충남아산
0 후반 2

퇴장	경고	파울	ST(유)	교체	선수명	배번	위치	위치	배번	선수명	교체	ST(유)	파울	경고	퇴장
0	0	0	0		김 다 솔	31	GK	GK	1	박 한 근		0	0	0	0
0	0	1	0	9	정 호 진	15	DF	DF	4	한 용 수		1(1)	2	0	0
0	0	0	1		박 찬 용	3	DF	DF	16	유 준 수		0	1	0	0
0	0	0	0		장 순 혁	20	DF	MF	19	박 세 진		0	0	0	0
0	0	0	0		김 태 현	17	DF	MF	8	김 재 현	7	0	2	1	0
0	0	0	0	25	장 성 재	6	MF	MF	14	김 인 균		0	0	0	0
0	0	0	0		최 효 진	55	MF	MF	20	이 상 민		0	1	0	0
0	1	1	1	8	김 선 우	14	MF	MF	22	김 강 국		1(1)	1	0	0
0	0	2	2(1)		발로텔리	89	FW	FW	33	김 혜 성		2(2)	0	0	0
0	1	1	0		김 현 욱	10	FW	FW	11	알렉산드로		0	0	0	0
0	0	2	1		사 무 엘	66	FW	FW	77	박 민 서	18	1(1)	1	0	0
0	0	0	0		김 병 엽	23			21	김 기 곤		0	0	0	0
0	0	0	0		최 효 진	2			23	최 규 백		0	0	0	0
0	0	0	0		고 태 원	5			6	김 종 국	후후44	0	0	0	0
0	0	0	0		이 후 권	16	대기	대기	7	박 세 직	후후30	0	0	0	0
0	0	0	0	후0	이 석 현	25			29	홍 현 승		0	0	0	0
0	0	0	0	후후24	이 종 호	8			18	김 찬	후후20	2(1)	0	0	0
0	0	0	0	후후12	김 병 오	9			32	김 원 석		0	0	0	0
0	3	10	9(1)			0			0			8(6)	15	1	0

● 전반 18분 박세진 PAL CK FK ~ 한용수 GAL 내 H-ST-G(득점: 한용수, 도움: 박세진) 왼쪽
● 후반 30분 김재현 자기 측 HL 정면 ~ 김찬 GAL R-ST-G(득점: 김찬, 도움: 김재헌) 오른쪽
● 후반 43분 김강국 C,KL ~ 김혜성 GA 정면내 H-ST-G(득점: 김혜성, 도움: 김강국) 오른쪽

• 7월 17일 20:00 흐림 부산 구덕 1,293명
• 주심_신용준 부심_이양우·김지욱 대기심_송민석 경기감독관_당성증

부산 4   1 전반 0   0 안산
3 후반 0

퇴장	경고	파울	ST(유)	교체	선수명	배번	위치	위치	배번	선수명	교체	ST(유)	파울	경고	퇴장
0	0	0	0		최 필 수	18	GK	GK	1	이 승 빈		0	0	0	0
0	1	3	0		박 민 규	3	DF	DF	4	연 제 민		0	0	0	0
0	1	2	0		에드워즈	4	MF	DF	20	김 민 호		0	0	0	0
0	0	0	0		발렌티노스	6	DF	DF	12	이 준 희		0	0	0	0
0	0	2	1(1)		안 병 준	9	FW	MF	7	김 진 래		0	1	0	0
0	0	3	4(3)	26	박 정 인	11	FW	FW	14	두아르테		1	0	0	0
0	0	0	0		김 정 현	14	MF	FW	41	아스나위		2(1)	1	0	0
0	0	1	0		최 준	21	DF	MF	55	이 와 세	21	0	1	0	0
0	1	2	1	22	드 로 젝	7	MF	FW	99	임 재 혁	17	0	0	0	0
0	0	0	0	15	황 준 호	45	DF	FW	18	김 륜 도	30	1	1	0	0
0	0	0	0		구 상 민	1			19	김 선 우		0	0	0	0
0	0	0	0	후후38	김 승 우	25			3	고 태 규		0	0	0	0
0	0	0	0		이 상 준	27			15	송 주 호		0	0	0	0
0	0	0	0	후후34	이 태 민	26	대기	대기	17	최 건 주	후0	0	0	0	0
0	0	0	0	후후17	이 래 준	22			21	김 이 석	후후16	2	1	0	0
0	0	0	0		이 지 승	28			24	이 진 섭		0	0	0	0
0	0	0	0		어 정 원	78			30	심 재 민	후후34	0	0	0	0
0	3	16	17(8)			0			0			8(1)	0	0	0

● 전반 19분 안병준 GAL ~ 박정인 GA 정면내 H-ST-G(득점: 박정인, 도움: 안병준) 왼쪽
● 후반 26분 박정인 GAR 내 R-ST-G(득점: 박정인) 오른쪽
● 후반 40분 연제민 GAL 내 R 자책골(득점: 연제민) 왼쪽
● 후반 46분 안병준 MF 정면 H ~ 이상헌 PAL 내 L-ST-G(득점: 이상헌, 도움: 안병준) 오른쪽

505

- 7월 18일 19:00 맑음 안양종합 0명
- 주심_김용우 부심_이영운·김태형 대기심_오현진 경기감독관_강득수

안양 1 | 0 전반 0 / 1 후반 2 | **2 대전**

퇴장	경고	파울	ST(유)	교체	선수명	배번	위치	위치	배번	선수명	교체	ST(유)	파울	경고	퇴장
0	0	0	0		정 민 기	13	GK	GK	41	이 준 서		0	0	1	0
0	0	0	1		백 동 규	30	DF	DF	4	이 지 솔		0	0	2	0
0	0	0	0		김 형 진	15	DF	DF	33	이 웅 희		0	0	0	0
0	0	1	1(1)	2	주 현 우	99	DF	DF	2	서 영 재		0	0	0	0
0	0	2	0		박 대 한	25	DF	DF	27	이 종 현		1	3	0	0
0	0	2	1		맹 성 웅	8	MF	MF	15	박 진 섭		1(1)	2	0	0
0	0	3			홍 창 범	14	MF	MF	10	이 진 섭	42	2(1)	2	0	0
0	0				박 태 준	33	MF	MF		알리바예프					
0	0	3	1	7	아코스티	10	MF	FW	11	김 승 섭	77	3(2)	2	0	0
0	0	1			하 남	24	FW	FW	11	이 현 식		0	0	0	0
0	1	1(1)	17		모 재 현	19	FW	FW	20	박 인 혁		5(2)	2	0	0
					양 동 원	1			31	김 태 양					
					유 종 현	5			3	김 민 덕	후48	0	1	1	0
					김 준 섭	22			34	민 준 영					
			후31	정 준 연	2	대기	대기	42	공 은 수	대기				
			후22	허 승 운	17			77	파 투					
					타 무 라	23			28	전 병 관					
				후17	심 동 운	7			26	신 상 은	후26	1(1)	0	0	0
0	0	11	7(4)			0			0			13(7)	18	2	0

- 후반 35분 박태준 C.KL ⌒ 정준연 GAR 내 H-ST-G(득점: 정준연, 도움: 박태준) 오른쪽
- 후반 3분 박진섭 PK-R-G(득점: 박진섭) 가운데
- 후반 40분 이현식 GAR ⌒ 박인혁 GA 정면 내 H-ST-G(득점: 박인혁, 도움: 이현식) 왼쪽

- 7월 19일 19:30 흐림 잠실올림픽 0명
- 주심_성덕효 부심_방기열·이병주 대기심_설태환 경기감독관_차상해

서울E 0 | 0 전반 0 / 0 후반 0 | **0 김천**

퇴장	경고	파울	ST(유)	교체	선수명	배번	위치	위치	배번	선수명	교체	ST(유)	파울	경고	퇴장
0	0	0	0		김 경 민	13	GK	GK	41	구 성 윤		0	0	0	0
0	0	0	0		이 재 익	14	DF	DF	3	김 용 환		0	2	0	0
0	0	0	0		김 훈	24	DF	DF	15	우 주 성		0	0	0	0
0	0	1			김 진 환	5	DF	DF	17	정 재 희	99	1	0	0	0
0	0	1			서 재 민	22	MF	MF	22	정 승 현		0	0	0	0
0	0	1	1(1)		이 규 로	80	MF	MF	39	강 지 훈	39	3(1)	0	1	0
0	0	2	1		김 선 민	88	MF	MF	25	명 준 재		0	0	0	0
0	0	2	3		최 재 훈	23	MF	MF	33	조 규 성		0	0	0	0
0	1	2	1		원 키	21	FW	FW	34	권 혁 규		0	0	0	0
0	0	2		11	한 의 권	99	FW	FW	9	유 인 수		3	0	0	0
0	0		1(1)		베네가스	9	FW	FW	38	최 준 혁		0	0	0	0
					김 형 근	40			40	강 정 묵					
					황 태 현	8			8	허 용 준	후8	3(1)	1	0	
			후42	이 인 재				10	박 동 진					
				유 정 완	19	대기	대기	26	김 동 민					
					고 재 현				35	김 주 성					
		1(1)	후25	정 환				39	박 상 혁	후31	1	1	0	
			후10	레안드로	70			99	오 현 규	후36	1	0	0	
0	2	10	8(2)			0			0			11(4)	13	1	0

- 7월 19일 19:30 흐림 창원축구센터 653명
- 주심_조지음 부심_승봉근·천진희 대기심_최현재 경기감독관_김용세

경남 2 | 1 전반 0 / 1 후반 0 | **0 부천**

퇴장	경고	파울	ST(유)	교체	선수명	배번	위치	위치	배번	선수명	교체	ST(유)	파울	경고	퇴장
0	0	0	0		황 성 민	1	GK	GK	81	최 철 원		0	0	0	0
0	0	1	0	2	김 주 환	29	DF	DF	3	강 의 빈		0	1	0	0
0	0	1			김 영 찬	5	DF	DF	13	김 강 산		1	0	0	0
0	0				김 동 진	5	MF	MF	37	안 태 현		1	2	0	0
0	1	2			이 우 혁	6	MF	DF	26	조 현 택		0	0	0	0
0	1	2	1		장 혁 진	7	MF	MF	14	조 수 철	11	2(1)	4	0	0
0	1	1(1)			백 성 동	10	FW	FW	25	이 시 헌		5(2)	2	0	0
0	0		8		황 일 수	11	MF	FW	23	조 윤 성	23	0	0	0	0
0	2	4(2)	9		월 리 안	94	FW	FW	22	한 지 호		1(1)	3	0	0
0	0		9		에르난데스	98	FW	FW	32	안 재 준		1	0	0	0
					김 민 석	25			38	김 호 준					
					배 승 진	4			4	박 태 준					
			후38	이 민 기				11	장 현 수	후5	1	0	0	0
				윤 석 주	24	대기	대기		국 태 정	후31				
			후14	임 민 혁				23						
					설 현 진	15			10	조 범 석					
		3(1)	후30	윤 주 태				16	추 정 호	후5				
0	2	9	12(5)			0			0			16(4)	21	0	0

- 전반 39분 백성동 PK-R-G(득점: 백성동) 가운데
- 후반 1분 에르난데스 PAR 내 EL ~ 윌리안 GAL 내 EL 기타 L-ST-G(득점: 윌리안, 도움: 에르난데스) 왼쪽

- 7월 24일 19:00 맑음 대전월드컵 1,014명
- 주심_송민석 부심_구은석·이병주 대기심_안재훈 경기감독관_허기태

대전 3 | 1 전반 1 / 2 후반 0 | **1 부산**

퇴장	경고	파울	ST(유)	교체	선수명	배번	위치	위치	배번	선수명	교체	ST(유)	파울	경고	퇴장
0	0	0	0		이 준 서	41	GK	GK	18	최 필 수		0	0	0	0
0	0	0	0	42	이 지 솔	4	DF	DF	4	박 호 영	20	0	0	0	0
0	0	0			이 웅 희	33	MF	DF	4	에드워즈		2(1)	1	1	0
0	0	2			서 영 재	2	DF	DF	70	발렌티노스		1	0	0	0
0	0	3	1(1)		이 종 현	27	FW	FW	49	안 병 준		6(4)	1	0	0
0	0				박 진 섭	15	MF	MF	11	이 상 헌		1	0	0	0
0	0				알리바예프		MF	MF	14	박 정 인		0	0	0	0
0	2(1)		16		김 승 섭	11	FW	DF	15	김 정 현		0	0	0	0
0	0	2	16		이 현 식	17	MF	DF	21	최 준		0	0	0	0
0	3	4(2)			박 인 혁	20	FW	FW	27	드 로 젝	77	2(1)	1	0	0
					김 태 양	31			1	구 상 민					
					김 민 덕	3			3	이 상 준					
			후19	민 준 영	34			22	이 태 준	대기				
				임 은 수	42	대기	대기	45	황 준 호	후38				
					파 투	77			70	혜 나 토	후21	0	0		
		후15	원 기 종	16			77	김 정 민	후10	1	0		
		1(1)	후38	신 상 은	26									
0	1	14	12(7)			0			0			15(6)	11	1	0

- 전반 44분 김승섭 PAL EL ⌒ 이종현 MFR R-ST-G(득점: 이종현, 도움: 김승섭) 오른쪽
- 후반 4분 이현식 AKR ~ 김승섭 PAL 내 R-ST-G(득점: 김승섭, 도움: 이현식) 오른쪽
- 후반 44분 이진현 MFR FK ⌒ 신상은 GAL R-ST-G(득점: 신상은, 도움: 이진현) 오른쪽
- 전반 37분 안병준 PK-R-G(득점: 안병준) 오른쪽

서울E 0 : 1 안양

• 8월 18일 19:00 맑음 잠실 올림픽 0명
• 주심_정동식 부심_김지욱·이상민 대기심_서동진 경기감독관_양정환

서울E 0 0 전반 0 / 0 후반 1 1 안양

퇴장	경고	파울	ST(유)	교체	선수명	배번	위치	위치	배번	선수명	교체	ST(유)	파울	경고	퇴장
0	0	0	0		김 경 민	13	GK	GK	13	정 민 기		0	0	0	0
0	1	3	0		이 재 익	14	DF	DF	2	정 준 연		0	3	2	0
0	0		1(1)		이 상 민	20	DF	MF	7	김 동 운	99	4(4)	2	0	0
0	1	1	0		김 진 환	5	DF	MF	8	맹 성 웅		2(1)	2	0	0
0	1	1	0		고 재 현	17	MF	FW	9	조 나 탄		2(2)	2	0	0
0	0		33		서 재 민	22	MF	MF	14	홍 창 범		6	0	1	0
0	5	1(1)	21		최 재 훈	22	MF	DF	15	김 형 진		0	2	0	0
0	1	1(1)			장 윤 호	34	MF	MF	24	모 재 현		0	0	0	0
0	1	1(1)			레 안드로	70	FW	DF	25	박 대 한		0	0	0	0
0	3	1			베 네가스	9	FW	FW	30	백 동 규		0	0	0	0
0	1	1(1)	92		한 의 권		FW	MF	33	박 태 준		0	0	0	0
0					김 형 근	1			1	양 동 원		0			
				후29	이 재 훈	33			6	닐손주니어	후19	0			
					황 태 현	2			11	김 경 중	후23	1(1)			
				대기	곽 성 욱	4	대기		6	하 남					
				후36	유 키	21			42	최 성 범		0			
				후0	김 인 성	92			83	윤 준 성		0			
					이 건 희	77			99	주 현 우	후36	0			
0	3	16	5(4)									10(8)	18	2	0

● 후반 26분 박태준 PAR TL FK ⌒ 조나탄 GAL 내 H-ST-G(득점: 조나탄, 도움: 박태준) 왼쪽

안산 0 : 1 김천

• 7월 24일 20:00 맑음 안산 와스타디움 0명
• 주심_서동진 부심_송봉근·천진희 대기심_정회수 경기감독관_김용세

안산 0 0 전반 0 / 0 후반 1 1 김천

퇴장	경고	파울	ST(유)	교체	선수명	배번	위치	위치	배번	선수명	교체	ST(유)	파울	경고	퇴장
0	0	0	0		김 선 우	19	GK	GK	41	구 성 윤		0	0	0	0
0	1	1	0		고 태 규	3	DF	FW	8	허 용 준		2(2)	1	2	0
0	0	3	0		연 제 민	4	DF	FW	10	박 동 진	99	2(1)	2	1	0
0	0	0	0		송 주 호	15	DF	FW	9	오 우 성		0	0	0	0
0	2	1(1)			이 상 민	14	DF	DF	22	정 승 현		0	0	0	0
0	1(1)				김 예 성	29	MF	DF	26	김 동 민		0	3	0	0
0	1(1)				아스나위	41	MF	FW	33	조 규 성		3(1)	4	1	0
0	1(1)				이 와 세	55	MF	MF	34	권 혁 규		3(2)	0	0	0
0	0	1	1(1)		최 건 주	17	FW	MF	36	서 진 수	39	2(2)	1	0	0
0	1(1)				김 륜 도	11	FW	MF	37	이 영 수		0	1	0	0
0	1	11			김 재 혁	99	FW	MF	38	최 준 혁		0	0	0	0
0					이 승 빈	1			40	강 정 묵		0			
					김 재 봉	5			3	김 용 환	후31	0			
				후24	까 뇨 뚜	10			7	정 원 진		0			
				전36	두아르테	11	대기	대기	17	정 재 희		0			
					주 재 성	21			35	김 주 성		0			
				후42	이 준 희	22			39	박 상 혁	후17	1(1)			
					장 동 혁	44			99	오 현 규	후43	0			
0	1	11	9(8)									14(9)	12	2	0

● 후반 18분 박상혁 GA 정면 R-ST-G(득점: 박상혁) 오른쪽

충남아산 2 : 1 경남

• 7월 25일 19:00 맑음 아산 이순신 277명
• 주심_안재훈 부심_이영운·이정석 대기심_서동진 경기감독관_나승화

충남아산 2 1 전반 1 / 1 후반 0 1 경남

퇴장	경고	파울	ST(유)	교체	선수명	배번	위치	위치	배번	선수명	교체	ST(유)	파울	경고	퇴장
0	0	0	0		박 한 근	1	GK	GK	1	황 성 민		0	0	0	0
0	0	1	1(1)		한 용 수	4	DF	DF	2	채 광 훈		2(2)	4	0	0
0	1	1	0		유 준 수	19	DF	DF	23	김 명 준	20	0	0	0	0
0	1	1	0		박 세 직	19	MF	DF	5	김 영 찬		1	1	1	0
0	4	1	18		박 세 직		FW	DF	22	김 동 진		1	1	0	0
0	2	2(2)			김 인 균	14	MF	MF	6	이 우 혁		1	1	0	0
0	2(1)				이 상 민	20	DF	MF	7	장 혁 진		1(1)	1	0	0
0	2(1)			17	강 준 혁	22	MF	MF	94	윌 리 안		2(2)	1	0	0
0	0	17			홍 현 승	29	MF	MF	10	백 성 동		1	0	0	0
0	6				김 혜 성	33	MF	FW	15	설 현 진	11	1	1	0	0
0	0	3(1)			알렉산드르	11	FW	FW	9	우 강 현		1(1)	1	0	0
0					이 기 현	13			25	김 민 준		0			
					배 수 용	15			20	이 광 선	전29	1(1)			
				후42	김 종 국	6	대기	대기	29	김 주 환		0			
					김 재 희	8			24	윤 석 주		0			
				후20	이 현 일	17			8	임 민 혁	후5	0			
				후32	김 찬	18			11	황 일 수	후0	1(1)			
					박 민 서	77			9	윤 주 태		0			
0	2	13	13(6)									10(9)	11	1	0

● 전반 39분 김강국 AKL R-ST-G (득점: 김강국) 왼쪽
● 후반 3분 박세진 PAL FK ⌒ 한용수 GA 정면 H-ST-G(득점: 한용수, 도움: 박세진) 왼쪽
● 전반 7분 채광훈 PAR R-ST-G(득점: 채광훈) 왼쪽

부천 1 : 2 전남

• 7월 25일 20:00 맑음 부천 종합 0명
• 주심_김웅우 부심_방기열·김태형 대기심_최광호 경기감독관_강득수

부천 1 0 전반 1 / 1 후반 1 2 전남

퇴장	경고	파울	ST(유)	교체	선수명	배번	위치	위치	배번	선수명	교체	ST(유)	파울	경고	퇴장
0	0	0	0		최 철 원	81	GK	GK	1	박 준 혁		0	0	0	0
0	2	0	0		강 의 빈	3	DF	DF	3	박 찬 용		0	1	0	0
0	1	1	1		김 강 산	5	DF	DF	6	황 기 욱		0	0	0	0
0	1	1(1)			안 태 현	13	MF	DF	20	장 순 혁	15	0	1	0	0
0	1	1			조 현 택	26	MF	MF	17	김 태 현		0	2	0	0
0	1	1(1)	6		박 준 희	7	MF	MF	55	최 호 정		0	1	0	0
0	2	2(2)			이 시 헌	37	MF	MF	16	이 후 권	25	1(1)	0	0	0
0	0	1			조 윤 형	28	MF	FW	27	추 상 훈		0	1	0	0
0	1	3(2)			추 정 호	19	FW	FW	9	김 병 오	66	3	1	0	0
0	1	4(2)	9		한 지 호	22	FW	FW	89	발로텔리		3(2)	1	0	0
0					김 호 준	38			31	김 다 솔		0			
					김 정 호	20			2	최 효 진		0			
					국 태 정	23	대기	대기	30	김 호 진	후30	1			
				후20	송 홍 민	6			25	이 석 현	후47	0			
				후0	조 수 철	14			18	장 성 재		0			
				후13	크리슬란	9			8	이 종 호		0			
					안 재 준	32			66	사 무 엘	후39	0			
0	3	11	17(11)									6(4)	17	3	0

● 후반 24분 박창준 GA 정면내 L-ST-G(득점: 박창준) 가운데
● 전반 44분 김영욱 PAR 내 EL ⌒ 김현욱 GA 정면 H-ST-G(득점: 김현욱, 도움: 김영욱) 왼쪽
● 후반 10분 김병오 GAL 내 ~ 발로텔리 GA 정면내 R-ST-G(득점: 발로텔리, 도움: 김병오) 가운데

- 7월31일 20:00 맑음 창원 축구센터 634명
- 주심_정회수 부심_이양우·이병주 대기심_성덕효 경기감독관_당성증

경남 2 (1 전반 1 / 1 후반 0) **1 안양**

퇴장	경고	파울	ST(유)	교체	선수명	배번	위치	위치	배번	선수명	교체	ST(유)	파울	경고	퇴장
0	0	0	0		김 민 준	25	GK	GK	13	정 민 기		0	0	0	0
0	0	0	0		채 광 훈	3	DF	DF	30	백 동 규		0	1	0	0
0	1	2	1		배 승 진	4	DF	DF	15	김 형 진		0	0	0	0
0	0	0	1		김 영 찬	5	DF	DF	99	주 현 우		1	1	0	0
0			1(1)		김 동 진	22	DF	DF		이 선 걸					
0	1	1	1(1)		이 우 혁	6	MF	MF	8	맹 성 웅		0	3	0	0
0		1	1		장 혁 진	7	MF	MF	17	하 승 운		0	0	0	0
0		0	24		김 민 혁		MF	MF	33	박 태 준	5	0	1	0	0
0	3(2)	9			월 리 안	94	MF	MF	7	심 동 운		2(1)	3	0	0
0			1(1)		황 일 수	11	FW	FW	14	모 재 현	14	1	0	0	0
0	1(1)				백 성 동	10	FW	FW	19	남 하		0			
					황 성 민	1			21	김 태 훈					
					김 주 환	29			5	유 종 현					
				후23	윤 석 주	24			2	정 준 연					
					도 동 현	10	대기	대기	6	닐손주니어	후36				
					설 현 진	3			14	홍 창 범	후34				
0			1(1)	후15	유 강 현	27			98	최 민 서					
				후31	윤 주 태	9			9	조 나 탄	후				
0	3	11	11(8)									7(2)	18	0	0

- ●전반 19분 백성동 GAL ~ 황일수 GA 정면 R-ST-G(득점: 황일수, 도움: 백성동) 가운데
- ●후반 6분 장혁진 PAR 내 ~ 황일수 GAL L-ST-G(득점: 황일수, 도움: 장혁진) 가운데
- ●전반 26분 모재현 PAR 내 L-ST-G(득점: 모재현) 왼쪽

- 7월31일 20:00 맑음 김천 종합 224명
- 주심_최현재 부심_이영운·이상민 대기심_설태환 경기감독관_강득수

김천 2 (2 전반 0 / 0 후반 0) **0 부천**

퇴장	경고	파울	ST(유)	교체	선수명	배번	위치	위치	배번	선수명	교체	ST(유)	파울	경고	퇴장
0	0	0	0		구 성 윤	41	GK	GK	81	최 철 원		0	0	0	0
0	0	0	0		김 용 환	3	DF	DF	3	강 의 빈		0	3	1	0
0	0	1	0		허 웅 준	8	DF	DF	5	김 강 산		0	0	0	0
0	3(1)		99		박 동 진		MF	MF	13	안 태 현		0	0	0	0
0	0	0	0		우 주 성	15	DF	DF	20	김 정 호		0	0	0	0
0	0	0	0		정 승 현	22	DF	MF	26	조 현 택		1(1)	1	0	0
0	0				조 규 성	33	FW	FW	6	송 홍 민	80	1			
2	2	39			권 규 혁	34	MF	FW	7	이 시 헌		3(2)	1	0	0
0	0	0	0		서 진 수	37	FW	MF	77	박 호 준		0			
					유 인 수	15	DF	FW	16	추 정 호		1(1)	0	0	0
					최 준 혁	38	MF	MF	32	안 재 준					
					강 정 묵	40			1	전 종 혁					
				후18	정 원 진	7			4	박 태 홍					
					정 재 희	17			23	국 태 정					
					김 동 민	26	대기	대기	14	조 수 철	후0	2(2)			
					주 성 진	35			17	최 병 천	후0				
0	1(1)		후29		박 상 혁	39			80	최 재 영	후20	0			
				후38	오 현 규	99			9	크 리 슬 란					
0	2	8	9(3)									9(8)	11	3	0

- ●전반 21분 조규성 ~ 박동진 GAR H-ST-G(득점: 박동진, 도움: 조규성) 오른쪽
- ●전반 23분 박동진 GAL ~ 서진수 AK 내 R-ST-G(득점: 서진수, 도움: 박동진) 오른쪽

- 9월22일 19:00 맑음 부산 구덕 1,024명
- 주심_최현재 부심_구은석·천진희 대기심_서동진 경기감독관_차상해

부산 1 (1 전반 0 / 0 후반 1) **1 서울E**

퇴장	경고	파울	ST(유)	교체	선수명	배번	위치	위치	배번	선수명	교체	ST(유)	파울	경고	퇴장
0	0	0	0		안 준 수	13	GK	GK	13	김 경 민		0	0	0	0
0	0	1	0		박 민 규	3	MF	MF	14	이 재 익		1(1)	2	0	0
0	1	0	0		에 드 워 즈	4	MF	DF	4	이 재 익					
0					발 렌 티 노 스	6	DF	DF	20	이 상 민		2(2)	1	0	0
0	2	3(1)	2		이 상 헌	10	FW	FW	80	이	가 로		1			
2	2(1)				박 정 인	11	FW	MF	23	최 재 훈	17	1	1	0	0
0	1(1)				김 진 현	14	MF	FW	8	곽 성 욱	22	1(1)	0	0	0
0					최 준	21	FW	FW	70	레 안 드 로		1	1		
0	1(1)				김 진 규	23	FW	FW	92	김 인 성		1(1)	0	0	0
0	1	2	0		황 호 영	35	MF	MF	19	유 정 완	11	0			
					진 필 립	77			1	김 형 근					
0	2(1)		후26		드 로 젝	7			5	김 진 환					
					김 승 우	15			2	황 태 현					
				후35	이 태 민	20	대기	대기	17	고 재 현	후0	1			
					이 래 준	25			22	서 재 민	후13	0	1(1)		
					이 청 웅	25			7	바 비 오					
					이 지 승	28			3	김 정 환	후32	1			
0	1	16	9(4)									15(8)	11	2	0

- ●전반 40분 김진규 PAL ~ 박정인 GAL H-ST-G(득점: 박정인, 도움: 김진규) 왼쪽
- ●후반 20분 김인성 GA 정면내 R-ST-G(득점: 김인성) 왼쪽

- 8월01일 20:00 비 대전 월드컵 0명
- 주심_채상협 부심_방기열·김태형 대기심_서동진 경기감독관_김용세

대전 1 (1 전반 0 / 0 후반 0) **0 충남아산**

퇴장	경고	파울	ST(유)	교체	선수명	배번	위치	위치	배번	선수명	교체	ST(유)	파울	경고	퇴장
0	0	0	0		이 준 서	41	GK	GK	1	박 한 근		0	0	0	0
0	0	0	1		서 영 재	2	DF	DF	4	한 용 수		1	0	0	0
0	1	1	1(1)		이 웅 희	33	DF	DF	19	박 세 진		1(1)	0	0	0
0	0	0	0		박 진 섭	15	DF	FW	38	이 규 혁		0	0	0	0
0	0	27			임 덕 근		DF	DF	16	김 재 성	29	0	1	0	0
0	0	2(1)			임 은 수	42	MF	MF	20	이 상 민		2(1)	1	0	0
0	1	7(3)			마 사	7	FW	MF	7	김 강 국		0	0	0	0
0	0				알 리 바 예 프		MF	MF	22	김 혜 성		1	1	0	0
0	2(1)		77		김 승 섭	11	FW	DF	33	김 혜 성		2(1)			
0	0		81		신 상 은	26	FW	FW	11	알 렉 산 드 로		2(1)	0	0	0
0	2	2(1)			바 이 오		FW	FW	10	김 현		0	1	0	0
					박 주 원	1				이 기 현					
					김 지 훈	31			5	이 상 수	후31	0			
					민 준 영	34			15	배 수 용					
				후36	이 종 현	27	대기	대기	55	김 재 성		0			
					원 기 종	16			7	박 세 직					
				후30	파 투	77			29	홍 현 승	후	0			
				후11	공 민 현	81			18	김 찬	후11	1			
0	3	15	18(9)									9(3)	8	1	0

- ●전반 15분 김승섭 AKR ~ 알리바예프 AKR R-ST-G(득점: 알리바예프, 도움: 김승섭) 왼쪽

안산 1 : 1 전남

• 8월 01일 20:00 비 안산 와스타디움 0명
• 주심_오현진 부심_김지욱·이정석 대기심_조지음 경기감독관_김성기

	1 전반 0	
안산 1	0 후반 1	**1 전남**

퇴장	경고	파울	ST(유)	교체	선수명	배번	위치	위치	배번	선수명	교체	ST(유)	파울	경고	퇴장
0	0	0	0		김선우	19	GK	GK	31	김다솔		0	0	0	0
0	0	1	1(1)		고태규	3	DF	DF	17	김태현		2(1)	0	0	0
0	1	2	2(2)		송주호	15	DF	DF	55	최효진		0	1	1	0
0	0	0	0		김민호	20	DF	DF	3	박천영		0	1	0	0
0	1	4	0		이상민	14	MF	DF	2	최효진	6	0	2	0	0
0	3	0	0		김예성	29	MF	MF	10	김현욱		2(1)	1	0	0
0	0	0	2(2)		장동혁	44	MF	MF	25	이석현	16	0	0	0	0
0	0	4	1		이와세	55	MF	MF	15	정호진		0	0	0	0
0	0	1	1		김진래	77	MF	MF	66	사무엘		2(1)	2	0	0
0	0	1	18		두아르테	18	FW	FW	22	김병오		4(3)	3	0	0
1	1	1	17		강수일	87	FW	FW	89	발로텔리		0	0	0	0
0	0	0	0		이승빈	1			2	오찬식		0	0	0	0
0	0	0	0		김재봉	5			27	김영욱		0	0	0	0
0	0	1(1)	후4	최건주	7			7	황기욱	후32	0	0	0	0	
0	0	0	1(1)	전24	김륜도	18	대기	대기	16	이후권	후17	0	0	0	0
0	0	0	0		김이석	21			18	장성재		0	0	0	0
0	0	0	0		아스나위	41			14	김선우		0	0	0	0
0	0	0	0		임재혁	99			8	이종호	후11	1(1)	0	0	0
0	2	17	12(11)				0					11(8)	16	2	0

● 전반 43분 김륜도 GAR ~ 장동혁 GAL 내 R-ST-G(득점: 장동혁, 도움: 김륜도) 왼쪽
● 후반 29분 이후권 MFR ↰ 사무엘 GAL H-ST-G(득점: 사무엘, 도움: 이후권) 왼쪽

서울E 1 : 3 충남아산

• 8월 07일 20:00 흐림 잠실 올림픽 0명
• 주심_정회수 부심_방기열·이상민 대기심_조지음 경기감독관_차상해

	1 전반 1	
서울E 1	0 후반 2	**3 충남아산**

퇴장	경고	파울	ST(유)	교체	선수명	배번	위치	위치	배번	선수명	교체	ST(유)	파울	경고	퇴장
0	0	0	0		김경민	13	GK	GK	1	박한근		0	0	0	0
0	0	0	0		이재익	14	DF	DF	4	한용수	11	0	1	1	0
1	0	2	0		이규로	80	DF	DF	16	유준수		0	1	1	0
0	0	0	1		김현훈	25	DF	DF	47	김세진		0	0	0	0
0	0	0	0	7	황태현	2	MF	MF	38	이규혁		0	0	0	0
0	0	0	0	17	유정완	19	MF	MF	47	이은범		0	2	1	0
0	1	1			김선민	88	MF	MF	7	박세직		0	0	0	0
0	3	1(1)	23		유 키	21	MF	MF	14	김인균	15	3(3)	2	0	0
0	0	0	0		레안드로	70	MF	MF	22	김강국		0	0	0	0
0	3	3(3)			한 의권	77	FW	FW	17	현 일		0	2	0	0
0	0	0	0		김인성	92	FW	FW	77	박민서	32	0	0	0	0
0	0	0	0		김형근	1			13	이기현		0	0	0	0
0	0	0	0		김진환	5			15	배수용	후44	0	0	0	0
0	0	0	0	후24	최재훈	23			8	김재현		0	0	0	0
0	0	0	0	전20	고재현	17	대기	대기	29	홍원진		0	0	0	0
0	0	0	0		이동률	34			33	김혜성		0	0	0	0
0	0	0	0	후39	바비오	7			11	알렉산드로	전41	4(2)	0	0	0
0	0	0	0		이건희	77			32	김원식	전33	0	0	0	0
1	0	8	8(6)				0					9(5)	13	2	0

● 전반 1분 이규로 PAL ~ 김인성 PK 우측지점 L-ST-G(득점: 김인성, 도움: 이규로) 오른쪽
● 전반 44분 김강국 MFR ↗ 김인균 GAL L-ST-G(득점: 김인균, 도움: 김강국) 오른쪽
● 후반 25분 알렉산드로 PK-R-G(득점: 알렉산드로) 가운데
● 후반 38분 이현일 MFR H → 김인균 GAR L-ST-G(득점: 김인균, 도움: 이현일) 왼쪽

안양 1 : 1 부산

• 8월 07일 20:00 맑음 안양종합 0명
• 주심_신용준 부심_이정석·김지욱 대기심_최현재 경기감독관_당성증

	0 전반 1	
안양 1	1 후반 0	**1 부산**

퇴장	경고	파울	ST(유)	교체	선수명	배번	위치	위치	배번	선수명	교체	ST(유)	파울	경고	퇴장
0	0	0	0		정민기	13	GK	GK	18	최필수		0	0	0	0
0	1	2	0		백동규	30	DF	DF	3	박민규		0	3	1	0
0	1	2	0		김형진	15	DF	DF	7	에드워즈		0	3	2	0
0	0	0	18		주현우	99	DF	FW	9	안병준		7(5)	3	1	0
0	0	0	0		정준연	6	MF	MF	10	이상헌		0	1	0	0
0	0	0	0		닐손주니어	6	MF	MF	11	박정인		0	0	0	0
0	3	2(2)	19		맹성웅	8	MF	MF	14	김정현		0	0	0	0
0	1		23		박태준	5	MF	DF	15	김승우		0	0	0	0
0	0	3			심동운	7	MF	MF	23	김진규	36	0	0	0	0
0	1	3			모재현	24	MF	DF	45	황준호		0	0	0	0
0	2	3(2)			조나탄	7	FW	FW	70	헤나토	77	0	0	0	0
0	0	0	0		양동원	1			1	구상민		0	0	0	0
0	0	0	0		윤준성	83			7	드로젝	후24	0	0	0	0
0	0	0	0	전37	이선걸	18			19	성호영		0	0	0	0
0	0	0	0	후25	타무라	23	대기	대기	20	이태민		0	0	0	0
0	0	0	0		홍창범	16			28	이지승		0	0	0	0
0	0	0	0		김민서	98			35	박호영	후24	0	0	0	0
0	0	0	0	후37	하 남	19			77	김정현	후14	0	0	0	0
0	3	13	11(4)				0					7(5)	13	4	0

● 후반 37분 타무라 MFR ↝ 조나탄 PA 정면내 H-ST-G(득점: 조나탄, 도움: 타무라) 오른쪽
● 전반 40분 박정인 PA 정면 ~ 안병준 PA 정면내 R-ST-G(득점: 안병준, 도움: 박정인) 오른쪽

김천 0 : 0 경남

• 8월 08일 20:00 흐림 김천종합 244명
• 주심_김용우 부심_구은석·김태형 대기심_오현진 경기감독관_양정환

	0 전반 0	
김천 0	0 후반 0	**0 경남**

퇴장	경고	파울	ST(유)	교체	선수명	배번	위치	위치	배번	선수명	교체	ST(유)	파울	경고	퇴장
0	0	0	0		구성윤	41	GK	GK	31	손정현		0	0	0	0
0	0	0	0	26	김용환	3	DF	DF	2	채광훈	29	0	1	0	0
0	0	1	0		정원진	7	MF	DF	4	배승진		0	0	0	0
0	2	6(3)			허용준	8	FW	DF	5	김영찬		1(1)	2	0	0
0	3	3(1)	99		박동진	15	FW	DF	22	김동진		2(2)	1	0	0
0	0	0	0		우주성	4	MF	MF	0	우혁		0	0	0	0
0	0	0	0		정승현	22	MF	MF	7	창무현		0	0	0	0
0	2	1			정현철	24	MF	MF	8	임민혁		0	0	0	0
0	3	3(2)	39		조규성	33	MF	MF	94	밀 리안	4(4)	0	0	0	
0	2	2(2)	39		서진수	37	MF	FW	10	백성동		0	0	0	0
0	0	0	0		윤인수	36	DF	FW	10	백성동		0	0	0	0
0	0	0	0		강정묵	40			1	황성민		0	0	0	0
0	0	0	0		정재희	17			29	김주환	후45	0	0	0	0
0	0	0	0	후30	김동민	26			24	윤석주	후33	0	0	0	0
0	0	0	0		김주성	35	대기	대기	44	한 지원		0	0	0	0
0	0	0	0		최준혁	4			21	김동현		0	0	0	0
0	0	0	0	후22	박상혁	39			27	유 강현		0	0	0	0
0	0	0	0	후36	오현규	99			9	윤주 태	후32	0	0	0	0
0	0	10	16(8)				0					10(7)	13	1	0

• 8월08일 20:00 흐림 광양전용 467명
• 주심_서동진 부심_이영운·천진희 대기심_성덕효 경기감독관_강득수

	전남 0		0 전반 0		0 대전	
			0 후반 0			

퇴장 경고 파울 ST(유) 교체	선수명	배번 위치	위치 배번	선수명	교체 ST(유) 파울 경고 퇴장
0 0 0 0	김다솔 31	GK	GK 41	이준서	0 0 0 0
0 0 1 0 3	황기욱 4	DF	DF 33	이웅희	0 3 1 0
0 0 0 0	최호정 55	DF	DF 15	임덕근	0 2 1 0
0 0 0 0	장순혁 20	DF	DF 15	박진섭	0 0 0 0
0 0 3 1	사무엘 66	MF	MF 2	서영재	0 0 0 0
0 1 0 2(1)	김현욱 10	MF	MF 42	임은수	0 0 1 0
0 0 0 0	이후권 16	MF	MF 6	알리바예프	1 5 0 0
0 0 0 8	이석현 25	MF	MF 28	전병관 81	3(2) 1 0 0
0 1 2 0	김영욱 27	FW	FW 11	김승섭	0 0 0 0
0 0 2(1)	발로텔리 89	FW	FW 10	이진현 16	0 0 0 0
0 3 4(1)	김병오 9	FW	FW 9	바이오 20	0 1 1 0
	박준혁			김동준	
후0	김태현 17		13	김지훈	
2(2) 후20	박찬용 3		34	민준영	
	정호진 18	대기	대기 20	박인혁	후27
	장성재 18		16	원기종	후18 2(1)
	박희성 12		77	파투	
후39	이종호		81	공민현	후0
0 1 12 13(5)	0			0	7(3) 19 2

• 8월08일 20:00 비 부천종합 0명
• 주심_송민석 부심_이양우·이병주 대기심_안재훈 경기감독관_조성철

	부천 4		3 전반 0		3 안산	
			1 후반 3			

퇴장 경고 파울 ST(유) 교체	선수명	배번 위치	위치 배번	선수명	교체 ST(유) 파울 경고 퇴장
0 2 1 0	전종혁 1	GK	GK 19	김선우	0 0 0 0
0 1 3 0	박태홍 4	DF	DF 3	고태규 22	0 1 0 0
0 1 0 0	김강산 5	DF	DF 5	연제민	0 0 0 0
0 1 4 0	장현수 11	MF	DF 55	김재봉	0 2(1) 0 0
0 0 2 0	국태정 23	MF	MF 14	이상민	2(1) 0 0 0
0 0 0 0	조현택 26	MF	MF 41	아스나위	0 0 0 0
0 0 0 0	조수철 14	MF	MF 44	장동혁	0 0 0 0
0 1(1) 25	박창준 27	MF	MF 55	이와세	0 0 0 0
0 3(1) 16	최재영 9	FW	FW 77	김진래	0 0 0 0
0 3 1(1) 16	크리슬란 9	FW	FW 18	김륜도	4(4) 4 0 0
0 1(1)	한지호 24	FW	FW 87	강수일	0 0 0 0
	이주현 21		21	이승빈	
	박준희 7		6	김현태	
	김정호		7	신재혁	
후31 조범석 10		대기	대기	민규빈	후0 1(1)
후33 추정호 16			22	이준희	후29
	안재준 32		99	임재혁	후0 3(2)
0 6 17 6(4)					13(8) 15 1

● 전반 14분 한지호 MFR FK R-ST-G(득점: 한지호) 오른쪽
● 전반 43분 크리슬란 PK-L-G(득점: 크리슬란) 오른쪽
● 전반 47분 국태정 PA 정면 FK L-ST-G(득점: 국태정) 오른쪽
● 후반 19분 장현수 PAR ⌒ 박창준 GAL R-ST-G(득점: 박창준, 도움: 장현수) 오른쪽

● 후반 11분 김륜도 PK-R-G(득점: 김륜도) 오른쪽
● 후반 26분 이상민 GAL 가슴패스 김륜도 PA 정면내 R-ST-G(득점: 김륜도, 도움: 이상민) 왼쪽
● 후반 39분 김륜도 GA 정면 R-ST-G(득점: 김륜도) 오른쪽

• 8월14일 19:00 맑음 광양전용 634명
• 주심_안재훈 부심_이양우·김경민 대기심_정동식 경기감독관_차상해

	전남 1		0 전반 2		2 안양	
			1 후반 0			

퇴장 경고 파울 ST(유) 교체	선수명	배번 위치	위치 배번	선수명	교체 ST(유) 파울 경고 퇴장
0 0 0 0	김다솔 31	GK	GK 13	정민기	0 0 0 0
0 0 1 1	김태현 17	DF	DF 2	정준연	0 4 0 0
0 0 0 0	최호정 55	MF	DF 4	임승겸	0 0 0 0
0 0 0 0	장순혁 20	DF	DF 5	남송니어	0 0 0 0
0 1 2 0	김영욱 27	DF	FW 9	조나탄	2(1) 1 0 0
0 0 0 0	김현욱 10	FW	FW 10	유종우 11	0 0 0 0
0 1 3 0	이후권 16	MF	MF 24	모재현 20	2 0 0 0
0 1(1) 8	이석현 25	DF	MF 30	백동규	1(1) 0 0 0
0 1(1)	사무엘 66	MF	MF 33	박태준 25	0 0 0 0
0 1 5	김병오 9	FW	MF 8	정재희	0 0 0 0
0 89	박희성 89	FW	FW 99	주현우	0 0 0 0
	오찬식 21		1	양동원	
1(1) 후27 박진용 3			6	심동운	후0
	황기욱 6		8	맹성웅	후34
	정호진 15	대기	대기 11	김경중	후12
	장성재 18		19	하남	
2(1) 후0 발로텔리 89			20	이상용	후44
3(2) 후0 이종호			42	최승원	
0 1 8 17(5)					9(3) 8 1

● 후반 21분 이종호 PK-R-G(득점: 이종호) 왼쪽
● 전반 17분 주현우 C.KL ⌒ 백동규 GA 정면내 L-ST-G(득점: 백동규, 도움: 주현우) 왼쪽
● 전반 23분 조나탄 GA 정면 R-ST-G(득점: 조나탄) 가운데

• 8월14일 20:00 맑음 잠실올림픽 0명
• 주심_김용우 부심_구은석·이정석 대기심_설태환 경기감독관_나승화

	서울E 1		0 전반 1		2 부천	
			1 후반 1			

퇴장 경고 파울 ST(유) 교체	선수명	배번 위치	위치 배번	선수명	교체 ST(유) 파울 경고 퇴장
0 0 0 0	김형근 1	GK	GK 81	최철원	0 0 0 0
0 0 0 0 23	이재익 14	DF	DF 3	강의빈	0 0 0 0
0 0 0 0	이인재 4	DF	DF 4	박태홍	1(1) 0 0 0
0 2 2 1	김현훈 4	MF	MF 5	장현수	2(1) 1 0 0
0 1(1) 0	황태현 22	MF	MF 11	안태현	0 0 0 0
0 0 2 0	장윤호 34	MF	MF 13	조현택	1 0 0 0
0 1(1)	김선민 88	MF	MF 26	조현택 23	1 0 0
0 5 6(2)	유 키 21	MF	MF 7	조수철	0 0 0 0
0 4(2)	레안드로	FW	FW 80	최재영	0 0 0 0
0 4(2)	한의권 99	FW	FW 9	크리슬란	1(1) 0 0 0
0	김인성 92	FW	FW 22	한지호	3(2) 4 0 0
	김경민 13		21	이주현	
후0 이상민 21			20	김정호	후33
후29 최재훈 23			23	국태정	후0
후15 박성우 15		대기	대기 6	송홍규	후0
	정한민 11		25	이시헌	
	유정완 19		27	박창준	후24
	베네가스		32	안재준	
0 3 11 17(8)					11(7) 14 1

● 후반 7분 이인재 PAL 내 EL ⌒ 김인성 GA 정면 L-ST-G(득점: 김인성, 도움: 이인재) 가운데
● 전반 29분 한지호 MF 정면 ~ 안태현 GAL L-ST-G(득점: 안태현, 도움: 한지호) 오른쪽
● 후반 21분 한지호 C.KR ⌒ 크리슬란 GA 정면 H-ST-G(득점: 크리슬란, 도움: 한지호) 오른쪽

안산 0 : 2 대전

- 8월 15일 19:00 맑음 안산 와스타디움 0명
- 주심_정회수 부심_방기열·김지욱 대기심_성덕효 경기감독관_김성기

안산 0		0 전반 1	0 후반 1		2 대전

퇴장	경고	파울	ST(유)	교체	선수명	배번	위치	위치	배번	선수명	교체	ST(유)	파울	경고	퇴장
0	0	0	0		이 승 빈	1	GK	GK	41	이 준 서		0	0	0	0
0	0	2	0		고 태 규	3	DF	DF	33	이 웅 희		0	1	0	0
0	0	1	0		연 제 민	4	DF	DF	42	임 은 수		0	1	0	0
0	0	0	0	55	송 주 호	15	DF	DF	3	박 진 섭	8	3	2	0	0
0	0	1	3(1)		이 상 민	14	MF	MF	2	서 영 재		1(1)	1	0	0
0	0	1	0		이 준 희	22	MF	MF	7	마 사		3(2)	1	0	0
0	0	0	0		아스나위	41	MF	MF	6	알리바예프		1	1	0	0
0	0	3	0		장 동 혁	44	MF	MF	28	전 병 관		1	0	0	0
0	0	3	0	87	최 건 주	17	FW	FW	14	최 익 진		1	0	0	0
0	0		3(2)		김 도	5	FW	FW	81	공 민 현		1	5	1	0
0	0	1(1)		11	임 재 혁	99	FW	FW	20	박 인 혁		2(1)	1	0	0
0	0	0	0		김 선 우	19			1	김 동 준					
					김 재 봉	5			4	이 지 솔	후7				
					김 현 태	6			13	김 지 훈					
0	0	1(1)		후38	두아르테	11	대기	대기	34	민 준 영					
					김 예 성	29			9	바 이 오					
				후7	이 으 쌔	55			11	김 승 섭	후14				
0	0	2(1)		후22	강 수 일	87			16	원 기 종	후38				
0	0	8	12(6)			0			0			14(5)	8	3	0

- ● 전반 9분 서영재 PAL EL ~ 마사 GA 정면 R-ST-G(득점: 마사, 도움: 서영재) 오른쪽
- ● 후반 51분 김승섭 AKL ~ 서영재 GAL R-ST-G(득점: 서영재, 도움: 김승섭) 왼쪽

경남 1 : 0 부산

- 8월 16일 19:30 맑음 창원 축구센터 0명
- 주심_송민석 부심_이영운·천진희 대기심_서동진 경기감독관_최윤겸

경남 1		0 전반 0	1 후반 0		0 부산

퇴장	경고	파울	ST(유)	교체	선수명	배번	위치	위치	배번	선수명	교체	ST(유)	파울	경고	퇴장
0	1	0	0		손 정 현	31	GK	GK	18	최 필 수		0	0	0	0
0	0	1	0	29	채 광 훈	2	DF	DF	3	박 민 규		0	1	0	0
0	0	2	1		이 우 혁	6	FW	FW	7	드 로 젝	8	3	2	0	0
0	0	0	0		김 영 찬	5	DF	FW	9	안 병 준		3(1)	3	1	0
0	0	3	0		김 동 진	22	MF	MF	14	김 정 현		2(1)	2	0	0
0	0	3	1	19	윤 석 주	24	MF	MF	15	김 승 우		0	0	0	0
0	0	0	0		장 혁 진	7	DF	DF	21	최 준		1	0	0	0
0	0	0	0		임 민 혁	8	MF	MF	23	김 진 규		1	0	0	0
0	0		2(1)		윌 리 안	94	MF	MF	45	황 준 호		1	0	0	0
0	0	2		21	쿠 아 르		MF	MF	70	케 나 토	20	0	1	0	0
0	0				백 성 동		FW	MF	77	김 정 민	10	2	1	0	0
					황 성 민	13			13	안 준 수					
0				후35	김 주 환	29			8	박 종 우	후35	1			
					김 형 록	28			15	이 상 헌	후15	2			
0				후20	고 경 민	19	대기	대기	19	정 호 영					
0				후14	이 광 선	21			20	이 태 민	후36				
					유 강 현	22			22	이 래 준					
					설 현 진	15			35	박 호 영					
0	1	12	8(3)			0			0			15(2)	14	4	0

- ● 후반 28분 도동현 GAR 내 R-ST-G(득점: 도동현) 왼쪽

충남아산 1 : 2 김천

- 8월 15일 19:00 맑음 아산 이순신 353명
- 주심_최현재 부심_송봉근·이병주 대기심_김대용 경기감독관_정경구

충남아산 1		0 전반 1	1 후반 2		2 김천

퇴장	경고	파울	ST(유)	교체	선수명	배번	위치	위치	배번	선수명	교체	ST(유)	파울	경고	퇴장
0	0	0	0		박 한 근	1	GK	GK	41	구 성 윤		0	0	0	0
0	0	1	0		한 용 수	4	DF	DF	3	김 용 환		0	1	0	0
0	1	1	1(1)		유 준 수	16	FW	FW	8	허 용 준	99	3(2)	1	0	0
0	0	0	0		박 세 직	19	MF	FW	10	박 동 진		2(2)	3	0	0
0	0	3	1	9	이 규 혁	30	MF	DF	4	우 주 성		0	0	0	0
0	0	0	0		이 은 범	47	DF	DF	22	정 승 현		1(1)	2	0	0
0	1	4	0	20	박 세 직	7	MF	MF	34	권 혁 규		2	1	0	0
0	0	0	0		김 인 균	14	FW	FW	33	조 규 성	17	1(1)	1	0	0
0	0	2	0		김 강 국	24	FW	FW	36	서 진 수		2(1)	0	0	0
0	0	4(2)		29	알렉산드로	17	FW	FW	38	최 준 혁		2	1	0	0
0	0	1	17		이 현 일	11	FW		31	박 지 민					
					심 민	21			7	정 원 진					
					김 재 현	8			17	정 재 희	후14				
0	0			후33	이 상 민	20			24	정 현 철					
0	0			후33	현 광 승	29	대기	대기		정 현 철					
					김 혜 성	33			42	박 지 수	후20				
0				후33	마 테 우 스	9			99	오 현 규	후25	1(1)			
					김 찬	18									
0	2	16	8(3)			0			0			13(9)	12	0	0

- ● 후반 19분 우주성 GA 정면 H 자책골(득점: 우주성) 왼쪽
- ● 후반 26분 정승현 PK-R-G(득점: 정승현) 오른쪽
- ● 후반 29분 서진수 PA 정면내 R-ST-G(득점: 서진수) 왼쪽

안산 0 : 1 충남아산

- 8월 21일 19:00 흐리고비 안산 와스타디움 0명
- 주심_안재훈 부심_이양우·김경민 대기심_서동진 경기감독관_강득수

안산 0		0 전반 1	0 후반 0		1 충남아산

퇴장	경고	파울	ST(유)	교체	선수명	배번	위치	위치	배번	선수명	교체	ST(유)	파울	경고	퇴장
0	0	0	0		이 승 빈	1	GK	GK	1	박 한 근		0	0	0	0
0	0	0	0		연 제 민	3	DF	DF	4	한 용 수		0	0	0	0
0	0	2	0	29	김 재 봉	5	DF	DF	16	유 준 수		1	0	0	0
0	0	0	0		아스나위	19	MF	MF	19	박 세 직		0	1	0	0
0	0	0	1(1)		김 진 래	77	DF	DF	47	이 은 범		0	0	0	0
0	1	1	1	18	김 현 태	6	MF	MF	8	김 재 현	38	3(1)	1	0	0
0	1	1	1(1)		이 상 민	14	MF	MF	14	김 인 균		2(1)	0	0	0
0	0	2(1)			이 으 쌔	21	MF	MF	24	김 강 국		0	0	0	0
0	0	2(2)			두아르테	11	FW	FW	33	김 혜 성		0	0	0	0
0	1	4(2)			최 건 주	17	FW	FW	11	이 현 일	9	0	0	0	0
0	0	3(2)		87	강 수 일	18	FW	FW	18	김 찬	11	2	0	0	0
					김 선 우	19			21	심 민					
0				후0	고 태 규	3			38	이 규 혁	후24	1			
					산 티 아 고	3			7	박 세 직					
				까 노 땅		대기	대기	20	이 상 민						
0	0	2(1)		후12	김 룬	29			29	현 광 승					
0	0			후27	김 예 성	29			9	마 테 우 스	후31	2(1)	1	0	0
					장 동 혁	44			17	알렉산드로	후26	0			
0	2	11	17(11)			0			0			11(3)	13	0	0

- ● 전반 16분 강수일 PA 정면내 H 자책골(득점: 강수일) 왼쪽

- 8월21일 20:00 흐림 대전 한밭 종합 0명
- 주심_신용준 부심_구은석·이정석 대기심_최현재 경기감독관_차상해

| | | 대전 | 1 | | 0 전반 0 | | | 0 경남 | | | |
| | | | | | 1 후반 0 | | | | | | |

퇴장	경고	파울	ST(유)	교체	선수명	배번	위치	위치	배번	선수명	교체	ST(유)	파울	경고	퇴장
0	0	0	0		이 준 서	41	GK	GK	31	손 정 현		0	0	0	0
0	0	0	0		이 웅 희	33	DF	DF	29	김 주 환	28	0	0	0	0
0	0	0	0		김 민 덕	3	DF	DF	6	이 우 혁		0	0	0	0
0	0	0	0		이 지 솔	4	DF	DF	22	김 동 진		1(1)	0	0	0
0	0	1	1(1)		임 은 수	42	MF	MF	2	채 광 훈		0	0	0	0
0	1	1	1		서 영 재	2	MF	MF	24	윤 석 주	19	0	0	0	0
0	1	1	3(1)		김 승 섭	11	MF	MF	7	장 혁 진		1	1	0	0
0	2	2			알리바예프	6	MF	MF	8	임 민 혁		0	1	1	0
0	0	0					MF	MF	94	윌 리 안	2	6	1	0	0
0	1	3(1)	16		박 인 혁	20	FW	FW	21	도 동 현	9	1(1)	1	0	0
0	0	0	77		공 민 현	81	FW	FW	10	백 성 동		4	0	0	0
0	0	0	0		김 동 준	1			1	황 성 민		0	0	0	0
0	0	0	0		최 익 진	14			55	이 민 기		0	0	0	0
0	0	0	0		이 진 현	10			28	김 범 원	후25	0	0	0	0
0	0	1(1)	후31	바 이 오	대기			대기	19	고 경 민	전39	2(1)	1	1	0
0	0	0	후37	임 덕 근					16	이 광 진		0	0	0	0
0	0	0			신 상 은	26			9	윤 주 태	후31	0	0	0	0
0	0	1	후7	파 투	77				15	설 현 빈		0	0	0	0
0	1	11	15(4)									8(4)	14	2	0

- 후반 38분 서영재 PAL EL ⌒ 바이오 GA 정면내 H-ST-G(득점: 바이오, 도움: 서영재) 오른쪽

- 8월22일 19:00 흐림 잠실 올림픽 0명
- 주심_채상협 부심_이병주·김태형 대기심_조지음 경기감독관_김성기

| | | 서울E | 1 | | 0 전반 0 | | | 1 전남 | | | |
| | | | | | 1 후반 1 | | | | | | |

퇴장	경고	파울	ST(유)	교체	선수명	배번	위치	위치	배번	선수명	교체	ST(유)	파울	경고	퇴장
0	0	0	0		김 경 민	13	GK	GK	1	박 준 혁		0	0	0	0
0	0	0	1		이 재 익	14	DF	DF	3	박 찬 용		0	0	0	0
0	1	1	0		이 상 민	20	DF	DF	55	최 호 정		0	0	1	0
0	0	0	0		김 현 훈	37	DF	DF	6	황 기 욱		3	1	0	0
0	0	0	0		이 규 로	80	MF	MF	66	사 무 엘	39	1	0	0	0
0	1	3(1)	23		장 윤 호	34	MF	MF	7	정 호 진		0	0	0	0
0	0	0	0		김 선 민	88	MF	MF	16	김 현 욱		0	0	0	0
0	1	2	1(1)	6	유 키	21	MF	MF	25	이 석 현	17	1(1)	0	0	0
0	0	0	0		라은도	70	FW	FW	16	이 후 권	4	0	1	0	0
0	3	6(3)			베네가스	9	FW	FW	9	김 병 오		0	0	0	0
0	0	0	0		김 인 성	92	FW	FW	89	발로텔리		3(3)	2	0	0
0	0	0	0		김 형 근	1			31	김 다 솔		0	0	0	0
0	0	0	0		김 진 환	5			13	장 성 록		0	0	0	0
0	0	0	0		황 태 현	2			20	장 순 혁		0	0	0	0
0	0	0	후33	최 재 훈	대기			대기	17	김 태 현	후21	0	0	0	0
0	0	0	후40	문 상 윤	6			4	유 강 현		0	0	0	0
0	0	0	후20	김 정 환	11			39	알 렉 스	후0	3(2)	0	0	0
0	0	0			이 건 희	77			8	이 종 호	후34	1(1)	1	0	0
0	2	14	17(9)									10(8)	15	1	0

- 후반 44분 베네가스 AK 정면 R-ST-G(득점: 베네가스) 왼쪽
- 후반 34분 김현욱 MFR TL ⌒ 알렉스 PAL 내 H-ST-G(득점: 알렉스, 도움: 김현욱) 왼쪽

- 8월23일 19:30 비 부산 구덕 0명
- 주심_김영수 부심_김지욱·이상민 대기심_서동진 경기감독관_허기태

| | | 부산 | 0 | | 0 전반 3 | | | 6 김천 | | | |
| | | | | | 0 후반 3 | | | | | | |

퇴장	경고	파울	ST(유)	교체	선수명	배번	위치	위치	배번	선수명	교체	ST(유)	파울	경고	퇴장
0	0	0	0		최 필 수	18	GK	GK	41	구 성 윤		0	0	0	0
0	0	0	0		박 민 규	3	DF	FW	8	허 용 준	99	6(5)	0	1	0
0	0	0	8		에드워즈	4	MF	FW	10	박 동 진	17	5(3)	0	0	0
0	1	1(1)	7		이 상 헌	14	FW	FW	7	이 영 재		2	0	0	0
0	1	3			김 정 현	14	DF	DF	15	우 주 성		1(1)	1	1	0
0	1	0			김 승 우	15	DF	DF	22	정 승 현		1(1)	1	0	0
0	0	0			이 상 준	17	DF	MF	26	정 동 윤		0	1	0	0
0	1	2(1)	20		김 진 규	23	FW	FW	33	조 규 성		2(2)	3	0	0
0	0	0			황 준 호	45	DF	DF	39	서 진 수	39	1	0	0	0
0	0	0			헤 나 토	70	DF	DF	37	유 인 수		0	0	0	0
0	0	2	5(2)		김 정 민	77	MF	MF	43	문 지 환		0	1	0	0
0	0	0			안 준 수	13			40	강 정 묵		0	0	0	0
0	0	2(1)	후18	드 로 젝	7			4	송 주 훈	후37	0	0	0	0
0	0	0	후15	박 충 우	2			35	김 주 성		0	0	0	0
0	0	0		성 호 영	19	대기		대기	3	권 혁 규		0	0	0	0
0	0	0	후30	이 태 민	20			38	최 준 혁		0	0	0	0
0	0	0		이 래 준	22			39	박 상 혁	후32	0	0	0	0
0	0	0		박 호 영	35			99	오 현 규	후43	1(1)	0	0	0
0	2	10	13(5)									17(12)	4	1	0

- 전반 20분 정승현 PK-R-G(득점: 정승현) 가운데
- 전반 33분 허용준 PK-R-G(득점: 허용준) 왼쪽
- 전반 38분 박동진 PAL 내 R-ST-G(득점: 박동진) 왼쪽
- 후반 14분 서진수 MF 정면 - 허용준 PAL 내 R-ST-G(득점: 허용준, 도움: 서진수) 왼쪽
- 후반 30분 허용준 MFL - 박동진 PAL 내 L-ST-G(득점: 박동진, 도움: 허용준) 왼쪽
- 후반 46분 조규성 GA 정면내 R-ST-G(득점: 조규성) 오른쪽

- 8월23일 19:30 비 부천 종합 0명
- 주심_조지음 부심_이영운·천진희 대기심_성덕효 경기감독관_나승화

| | | 부천 | 0 | | 0 전반 0 | | | 1 안양 | | | |
| | | | | | 0 후반 1 | | | | | | |

퇴장	경고	파울	ST(유)	교체	선수명	배번	위치	위치	배번	선수명	교체	ST(유)	파울	경고	퇴장
0	0	0	0		최 철 원	81	GK	GK	13	정 민 기		0	0	0	0
0	0	0	27		강 의 빈	3	DF	MF	6	닐손주니어		0	0	0	0
0	0	1			박 태 홍	4	DF	MF	8	맹 성 웅		0	1	0	0
0	0	0			김 강 산	5	DF	FW	9	조 나 탄	83	4(3)	1	0	0
0	2	2(2)	25		장 현 수	11	FW	FW	15	김 형 진		0	0	0	0
0	0	0			안 태 현	13	MF	FW	14	하 남	11	2(1)	1	0	0
0	1	0			국 태 정	23	DF	FW	24	모 재 현		2(1)	0	0	0
0	0	0			송 홍 민	25	DF	DF	25	박 대 한		0	0	0	0
0	0	0			조 수 철	14	MF	DF	30	백 동 규		0	0	0	0
0	0	0			크리슬란	9	FW	MF	33	박 태 준		0	0	0	0
0	1	2	22		안 재 준	32	FW	FW	99	주 현 우		0	0	0	0
0	0	0			이 주 현	21			1	양 동 원		0	0	0	0
0	0	0			김 정 호	20			4	김 승 검		0	0	0	0
0	0	0			조 현 택	26			5	심 동 운	후0	1(1)	0	0	0
0	0	0	후22	이 시 헌	25	대기		대기	11	김 경 중	후27	2(1)	0	0	0
0	0	0	후10	박 창 준	27			18	이 선 걸		0	0	0	0
0	0	0			최 재 영	80			42	최 승 훈		0	0	0	0
0	0	0	후0	한 지 호	22			83	윤 준 성	후46	0	0	0	0
0	6	10(2)										10(8)	12	1	0

- 후반 8분 닐손주니어 자기 측 MFR ⌒ 하남 PA 정면내 R-ST-G(득점: 하남, 도움: 닐손주니어) 오른쪽

충남아산 3 : 2 부산

- 8월 28일 18:00 흐림 아산 이순신 409명
- 주심_서동진 부심_구은석·김태형 대기심_신용준 경기감독관_김성기
- 1 전반 2 / 2 후반 0

퇴장	경고	파울	슛(유)	교체	선수명	배번	위치	위치	배번	선수명	교체	슛(유)	파울	경고	퇴장
0	0	0	1(1)		박 한 근	1	GK	GK	13	안 준 수		1	0	0	0
0	0	0	1(1)		한 용 수	4	DF	DF	3	박 민 규		1	0	0	0
0	1	2	1		유 준 수	16	MF	DF	6	에드워즈		0	3	1	0
0	0	1			이 규 혁	38	MF	DF	4	발렌티노스	45	0	0	1	0
0	1	0			이 은 범	47	DF	FW	9	안 병 준	28	0	1	0	0
0	0	1(1)	20		김 재 성	55	MF	FW	9	안 병 준		3(1)			
0	1				박 세 직	24	MF	FW	77	이 상 헌		1	2	1	0
0	1(1)				김 강 국	22	MF	MF	21	최 준					
0	3	6(3)			알렉산더	11	FW	FW	23	김 진 규		3(2)	0	0	0
0	3	1	32		박 ○	9	FW	MF	35	호 르 디					
	1(1)	14			박 민 서	14	FW	FW	70	헤 나 토		2(1)	2	0	0
					이 기 현	13	대기	대기	1	구 상 민					
					김 재 현	6			7	드 로 젝					
				후16	김 인 균	14			19	성 호 영					
				후16	이 상 민	20				이 태 민					
					홍 현 승	29			20	황 준 호					
					마테우스	8			16	김 정 민	후16				
				후37	김 원 석	32									
0	1	12	15(10)									12(5)	12	3	0

- 전반 21분 이규혁 PAL ⌒ 김재성 GA 정면 내 H-ST-G(득점: 김재성, 도움: 이규혁) 오른쪽
- 후반 38분 한용수 GAL L-ST-G(득점: 한용수) 왼쪽
- 후반 45분 김인균 PAR 내 ⌒ 김강국 AK 정면 L-ST-G(득점: 김강국, 도움: 김인균) 왼쪽
- 전반 8분 에드워즈 PAR ⌒ 김진규 GA 정면 R-ST-G(득점: 김진규, 도움: 에드워즈) 오른쪽
- 전반 43분 안병준 PK-R-G(득점: 안병준) 왼쪽

부천 4 : 2 대전

- 8월 28일 19:00 흐림 부천 종합 0명
- 주심_김영우 부심_이양우·이병주 대기심_최현재 경기감독관_차상해
- 2 전반 1 / 2 후반 1

퇴장	경고	파울	슛(유)	교체	선수명	배번	위치	위치	배번	선수명	교체	슛(유)	파울	경고	퇴장
0	0	0			최 철 원	81	GK	GK	41	이 준 서		0	0	0	0
0	0	1			강 의 빈	3	DF	DF	33	이 웅 희		0	0	0	0
0	0	0			김 강 산	5	DF	DF	14	최 익 진		0	0	0	0
0	0	2(2)	11		안 태 현	11	DF	DF	15	박 진 섭		0	0	0	0
0	2	1(1)			김 정 호	20	DF	DF	4	서 영 재		1(1)	1	1	0
0	1	0			조 현 택	26	MF	MF	42	임 은 수		1	5	1	0
0	1	1			조 수 철	6	MF	MF	6	알리바예프	16	0	3	0	0
0	2	3(2)	19		이 시 헌	19	FW	FW	28	전 병 관	81	0	1	0	0
0	1	0			박 창 준	11	MF	MF	11	김 승 섭		0	0	0	0
0	1	2			최 재 영	80	MF	FW	7	마 사					
0	1	0			박 ○	7	FW	FW	20	박 인 혁		0	0	0	0
					김 호 준	38	대기	대기	1	이 지 솔					
					박 준 희	2			27	이 종 현					
				후40	장 현 수	11				이 진 현					
					윤 지 혁	41			16	원 기 종	후26				
				후45	추 정 호	16			9	바 이 오	후31	1(1)	0	0	0
				후41	조 건 규	1			81	공 민 현	전26	2(1)	1	0	0
0	3	15	20(13)									9(6)	13	2	0

- 전반 33초 이시헌 PAR ⌒ 박창준 GAL 내 L-ST-G(득점: 박창준, 도움: 이시헌) 왼쪽
- 전반 9분 조현택 PAL TL ⌒ 이시헌 GA 정면 H-ST-G(득점: 이시헌, 도움: 조현택) 왼쪽
- 후반 28분 조수철 GA 정면 발리슛 R-ST-G(득점: 조수철) 왼쪽
- 후반 33분 박창준 GAR R-ST-G(득점: 박창준) 오른쪽
- 전반 35분 김승섭 PAL 내 ⌒ 공민현 GA 정면 내 R-ST-G(득점: 공민현, 도움: 김승섭) 오른쪽
- 후반 47분 마사 AKL ⌒ 바이오 AK 내 R-ST-G(득점: 바이오, 도움: 마사) 왼쪽

전남 2 : 2 김천

- 8월 29일 18:00 흐림 광양 전용 560명
- 주심_조지음 부심_방기열·이정석 대기심_성덕효 경기감독관_허기태
- 2 전반 0 / 0 후반 2

퇴장	경고	파울	슛(유)	교체	선수명	배번	위치	위치	배번	선수명	교체	슛(유)	파울	경고	퇴장
0	1	0	0		박 준 혁	1	GK	GK	41	구 성 윤		0	0	0	0
0	0	0			최 호 정	55	DF	DF	3	김 용 환		1	1	1	0
0	0	0			박 찬 용	3	DF	DF	8	허 용 준		1	1	0	0
0	1	0			장 순 혁	20	DF	FW	10	박 동 진	99	0	1	1	0
0	1	1			황 기 욱	8	MF	DF	15	우 주 성		0	1	0	0
0	1	1			이 석 현	25	MF	MF	24	정 현 철	17	0	1	0	0
0	2	1(1)			김 현 욱	11	MF	MF	33	조 규 성		6(4)	1	0	0
0	1		17		이 후 권	16	MF	MF	37	유 인 수	32	2(1)	0	0	0
0	1	1(1)	9		발로텔리	89	FW	FW	42	박 지 수		1	0	0	0
0	1		33		알 렉 스	39	FW	MF	43	문 지 환					
					김 다 솔	31	대기	대기	40	강 정 묵					
					장 성 록	13			17	정 재 희	후33	1(1)	0	0	0
				후7	김 태 현				32	고 승 범	후0	1	1	0	0
				후34	올 렉	33			23	김 주 성					
					장 성 재	18			38	최 준 혁					
					이 종 호	9			39	박 상 혁					
				후23	김 병 오	9			99	오 현 규	후25	2(1)	0	0	0
0	1	12	3(2)									15(7)	13	5	0

- 전반 16분 이후권 PAR 내 L-ST-G(득점: 이후권) 왼쪽
- 전반 34분 이후권 MFR ⌒ 발로텔리 PAL 내 R-ST-G(득점: 발로텔리, 도움: 이후권) 왼쪽
- 후반 15분 박찬용 GA 정면 H 자책골(득점: 박찬용) 오른쪽
- 후반 49분 조규성 GAL 내 L-ST-G(득점: 조규성) 왼쪽

경남 3 : 3 서울E

- 8월 29일 19:00 맑음 창원 축구센터 0명
- 주심_오현진 부심_이영운·천진희 대기심_서동진 경기감독관_최윤겸
- 1 전반 1 / 2 후반 2

퇴장	경고	파울	슛(유)	교체	선수명	배번	위치	위치	배번	선수명	교체	슛(유)	파울	경고	퇴장
0	0	0	0		손 정 현	31	GK	GK	13	김 경 민		0	0	0	0
0	0		98		김 주 환	29	DF	DF	14	이 재 익		0	0	0	0
0	1	0			이 우 혁	6	DF	DF	20	이 상 민		0	0	0	0
0	1	3			김 동 진	18	DF	DF	24	김 현 훈		0	0	0	0
0	0		4		채 광 훈	80	DF	MF	88	이 규 로		0	0	0	0
0	1	2			윤 석 주	24	MF	MF	32	장 윤 호	6	2(1)	0	0	0
0	0				장 혁 진	7	MF	MF	88	김 선 민		0	0	0	0
0	5	1			임 민 혁	94	MF	MF	92	김 인 성	99	2(1)	0	0	0
0	0				윌 리 안	94	FW	FW	70	레안드로		1			
0	1	1(1)	21		윤 주 태	11	FW	FW	21	유 키		5(1)	1	0	0
0	1	2(1)			백 성 동	10	FW	FW	9	베네가스		2(2)	3	0	0
					황 성 민	1	대기	대기	1	김 형 근					
				후8	배 승 진	5			33	김 진 환	후31	0	0	0	0
					이 민 기	33			4	한 태 유					
					김 민 섭	13			8	곽 성 욱	후27	1	0	0	0
				후0	도 동 현	21			17	고 재 현					
					유 강 현	27			11	김 정 환					
				후21	에르난데스	98			99	한 의 권	후17	0			
0	3	14	8(4)									13(6)	14	0	0

- 전반 5분 윌리안 GAR ⌒ 윤주태 GA 정면 R-ST-G(득점: 윤주태, 도움: 윌리안) 오른쪽
- 후반 21분 윌리안 AK 내 FK R-ST-G(득점: 윌리안) 오른쪽
- 후반 40분 백성동 AK 정면 ⌒ 에르난데스 PK 좌측지점 L-ST-G(득점: 에르난데스, 도움: 백성동) 오른쪽
- 전반 35분 장윤호 PA 정면 H ⌒ 베네가스 PK지점 R-ST-G(득점: 베네가스, 도움: 장윤호) 가운데
- 후반 1분 유키 MFR ⌒ 김인성 PK 우측지점 R-ST-G(득점: 김인성, 도움: 유키) 가운데
- 후반 28분 레안드로 MFR ⌒ 곽성욱 GAR R-ST-G(득점: 곽성욱, 도움: 레안드로) 왼쪽

안양 1 : 1 안산

• 8월 30일 19:30 흐림 안양종합 0명
• 주심_송민석 부심_송봉근·이상민 대기심_김용우 경기감독관_양정환

안양 1 (0 전반 0 / 1 후반 1) 1 안산

퇴장	경고	파울	ST(유)	교체	선수명	배번	위치	위치	배번	선수명	교체	ST(유)	파울	경고	퇴장
0	0	0	0		정민기	13	GK	GK	1	이승빈		0	0	0	0
0	0	2	1(1)		정준연	2	DF	DF	3	고태규		0	0	1	0
0	0		4(1)		닐손주니어	6	MF	DF	4	연제민		0	0	0	0
0	3		4(2)	24	심동운	7	MF	MF	15	송주호		0	0	0	0
0	0	1		19	맹성웅	8	MF	MF	22	이준희		0	0	1	0
0	1	1	2(2)		조나탄	9	FW	MF	29	김예성		0	0	0	0
0	0	1(1)		25	김경중	11	MF	MF	44	창동혁		0	0	0	0
					김형진	15	DF	FW	55	이와세		0	0	0	0
					백동규	30	DF	FW	9	산티아르테	77		0	2	1	0
0	1		2(1)		박태준	19	DF	FW	18	두아르테	87		0	0	0	0
					주현우	99	DF	FW	11	이룸도					
					양동원	1			19	김선우					
					임승겸	4			2	임채관					
			후45	하 남	19		대기	대기	21	김이석	후34				
			후27	모재현	24			24	이진섭					
			후32	박대한	25										
					최승훈	42			77	김진래	후0				
					윤준성	83			87	강수일	후12 1(1)				
0	2	12	15(8)									2(1)	16	3	0

●후반 34분 닐손주니어 GAR 내 H → 조나탄 GA 정면내 R-ST-G(득점: 조나탄, 도움: 닐손주니어) 가운데
●후반 36분 강수일 AKR L-ST-G(득점: 강수일) 왼쪽

부산 1 : 1 대전

• 9월 04일 13:30 맑음 부산구덕 0명
• 주심_안재훈 부심_방기열·천진희 대기심_조지음 경기감독관_김용세

부산 1 (0 전반 0 / 1 후반 1) 1 대전

퇴장	경고	파울	ST(유)	교체	선수명	배번	위치	위치	배번	선수명	교체	ST(유)	파울	경고	퇴장
0	0	0	0		안준수	13	GK	GK	1	김동준		0	0	0	0
0	0	1	1		박민규	3	DF	DF	33	이웅희		0	0	1	0
0	1	1	0		에드워즈	6	DF	DF	4	이지솔		0	0	1	0
0	0	0			발렌티노스	4	DF	DF	15	박진섭		3(1)	0	1	0
				14	박종우	9	MF	MF	2	서영재		1(1)	0	0	0
0	0	4(2)			안병준	9	FW	MF	10	이진현	42		0	0	0
0	2		11		이상헌	10	FW	MF	7	마사		0	0	0	0
0	2	1(1)			최 준	21	DF	FW	27	이종현		0	0	0	0
0	1				김진규	23	FW	FW	11	김승섭	16	1(1)	1	0	0
0	1	1			박호영	35	DF	FW	9	바이오		5(3)	0	1	0
0		7			김정현	77	MF	MF	81	공민현		0	0	0	0
					구상민	41			41	이준서					
		4(2)	후16	드로젝	7			3	김민덕					
	2(1)		후29	박정인	11			6	알리바예프					
			후0	김동섭	14		대기	대기	42	임은수	후29	0			
					김승우	35			16	원기종	후37	2			
					이래준				77	파 투	후18	1			
					헤 나 토	70			28	전병관					
0	3	10	16(9)									16(7)	1	3	0

●후반 31분 박민규 AKL ⌒ 안병준 GA 정면 R-ST-G(득점: 안병준, 도움: 박민규) 가운데
●후반 10분 이종현 MFR ⌒ 박진섭 GAL R-ST-G(득점: 박진섭, 도움: 이종현) 오른쪽

충남아산 0 : 2 안양

• 9월 04일 16:00 맑음 아산이순신 503명
• 주심_성덕호 부심_이양우·이정석 대기심_정동식 경기감독관_양정환

충남아산 0 (0 전반 1 / 0 후반 1) 2 안양

퇴장	경고	파울	ST(유)	교체	선수명	배번	위치	위치	배번	선수명	교체	ST(유)	파울	경고	퇴장
0	0	0	0		박한근	1	GK	GK	13	정민기		0	0	0	0
0	0	0			한용수	4	DF	DF	2	정준연		1(1)	1	0	0
0	0				유준수	16	DF	MF	6	닐손주니어		0	0	0	0
0	0				박세진	19	DF	DF	7	심동운	24	1	0	0	0
0	1	1			이규혁	38	MF	MF	8	맹성웅		0	1	1	0
0	1				이은범	47	DF	FW	11	김경중		2(1)	0	0	0
0	0	2	2		박세직	15	MF	DF	15	김형진		0	0	0	0
0	1	1	1		김인균	14	MF	FW	9	하 남	17	1	4	0	0
0	1	1			김강국	8	MF	DF	30	백동규		0	2	1	0
0	1(1)		18		알렉산드로	11	MF	MF	33	박태준		2(1)	1	0	0
0	1		29		이현일	77	FW	FW	99	주현우		1(1)	0	0	0
					이규현	3			19	양동원					
					배수용	13			4	임승겸	후0				
					김재성	55			5	유종현					
			후26	김재현	8		대기	대기	19	하승운	후35				
					이상민				24	모재현	후29	2			
			후33	홍현승	29			25	박대한					
		2(2)	후21	김 찬	18			42	최승훈					
0	2	6	9(3)									12(6)	10	1	0

●전반 19분 주현우 PAL ⌒ 정준연 GAR R-ST-G(득점: 정준연, 도움: 주현우) 오른쪽
●후반 47분 박태준 MF 정면 - 모재현 AK 내 R-ST-G(득점: 모재현, 도움: 박태준) 오른쪽

김천 3 : 1 서울E

• 9월 04일 18:30 흐림 김천종합 423명
• 주심_김용우 부심_구은석·김경민 대기심_서동진 경기감독관_나승화

김천 3 (1 전반 0 / 2 후반 1) 1 서울E

퇴장	경고	파울	ST(유)	교체	선수명	배번	위치	위치	배번	선수명	교체	ST(유)	파울	경고	퇴장
0	0	0	0		강정묵	40	GK	GK	1	김형근		0	0	0	0
0	0	1			김용환	3	DF	DF	14	이재익	17	0	1	1	0
0	1	1(1)	25		정재희	17	FW	DF	15	이상민		0	1	1	0
0	0	0			우주성	15	DF	DF	27	김현훈		0	0	0	0
					정현범	31	FW	DF	80	이인규		0	0	0	0
0	2	2(2)	39		고승범	32	MF	MF	34	장윤호	8	0	0	0	0
0	1		50		김주성	30	MF	MF	88	김선민		0	0	0	0
0	1	1			유인수	27	FW	MF	92	김인성		4(1)	2	1	0
0					문지환	43	MF	MF	70	레안드로		0	0	0	0
					송주훈	44	DF	FW	21	키		0	0	1	0
0	3(1)				오현규	22	FW	FW	9	베네가스	99	1	0	0	0
					황인재	31			77	주현성					
	1(1)	후38	명준재	35			5	김진환					
					하창래	23			2	황태현					
			후0	서진수	36		대기	대기	8	곽성욱	후14	0	1		
					최준혁	38			17	고재현	후17	0	1		
			후34	박상혁	39			7	바 비 오					
		2(2)	후23	지언학	50			99	한의권	후27	2(2)	0		
0	2	12	12(7)									10(5)	20	2	0

●전반 19분 오현규 PK-R-G(득점: 오현규) 오른쪽
●후반 13분 정재희 AKR L-ST-G(득점: 정재희) 왼쪽
●후반 45분 오현규 AK 내 → 명준재 GAL R-ST-G(득점: 명준재, 도움: 오현규) 오른쪽
●후반 48분 한의권 AKL L-ST-G(득점: 한의권) 오른쪽

- 9월 05일 16:00 흐림 창원 축구센터 755명
- 주심_채상협 부심_송봉근·이상민 대기심_조지음 경기감독관_나승화

경남 0   0 전반 0 / 0 후반 2   2 전남

퇴장	경고	파울	ST(유)	교체	선수명	배번	위치	위치	배번	선수명	교체	ST(유)	파울	경고	퇴장
0	0	0	0		손정현	31	GK	GK	31	김다솔		0	0	0	0
0	0	1	0		채광훈	55	DF	DF	5	최호정	5	1(1)	4	0	0
0	0	1	0		이우혁	6	DF	DF	3	박찬용		2(2)	2	1	0
0	0	0	1		배승진	3	DF	DF	20	장순혁		0	2	1	0
0	0	0	0		김동진	22	MF	MF	16	이후권		0	2	1	0
0	1	0	0	98	김민섭	13	MF	MF	25	이석현	33	1(1)	0	1	0
0	0	0	1		장혁진	7	MF	MF	10	김현욱		0	0	1	0
0	0	0	1		임민혁	8	MF	MF	15	정호진		0	0	0	0
0	4	3		27	윌리안	94	MF	MF	17	김태현		0	2	0	0
1	2	1		19	도동현	24	FW	FW	89	이종호	89	0	2	0	0
0	0	2	1(1)		백성동	10	FW	FW	39	알렉스		2(1)	1	2	0
0	0	0	0		황성민	1			1	박준혁					
0	0	0	0		김주환	29			27	김영욱					
0	0	0	0		김명준	23			5	고태원	후42				
0	0	0	0		윤석주	24	대기	대기	33	올 렉	후18				
0	0	0		후10	고경민	19			18	장성재					
0	0	0		후41	유강현	27			19	김병오					
0	0	0	1(1)	전31	에르난데스	98			89	발로텔리	후18	2(2)	1	0	0
0	1	14	12(2)			0			0			9(7)	18	1	0

- 후반 27분 최호정 GAL 내 R-ST-G(득점: 최호정) 왼쪽
- 후반 30분 김현욱 PA 정면내 ~ 발로텔리 PK 좌측지점 R-ST-G(득점: 발로텔리, 도움: 김현욱) 오른쪽

- 9월 05일 18:30 흐림 안산 와스타디움 0명
- 주심_김영수 부심_김지욱·김태형 대기심_오현진 경기감독관_양정환

안산 1   0 전반 2 / 1 후반 0   2 부천

퇴장	경고	파울	ST(유)	교체	선수명	배번	위치	위치	배번	선수명	교체	ST(유)	파울	경고	퇴장
0	0	0	0		이승빈	1	GK	GK	81	최철원		0	0	0	0
0	1	2	0		고태규	3	DF	DF	3	강의빈		0	0	0	0
0	0	1	0		연제민	4	DF	DF	5	김강산		0	0	0	0
0	0	0	0	11	송주호	15	MF	DF	13	안태현		0	0	0	0
0	1	1	0		이상민	7	MF	MF	12	김정호		0	1	0	0
0	2	1		41	김예성	29	MF	MF	26	조현택		2(1)	1	0	0
0	0	3	0		장동혁	44	MF	MF	14	조수철	77	2(1)	0	0	0
0	1	3	0		김진래	77	FW	FW	25	이시헌	17	1(1)	0	0	0
0	1	1	0		최건주	17	FW	FW	27	박창준		3(2)	2	1	0
0	1	1	0		김륜도	18	FW	FW	80	최재영		0	0	0	0
0	1	0	2	10	강수일	87	FW	FW	99	한지호		0	2	0	0
					박종준	23			38	김호준					
					산티아고	9			4	박태홍					
0	0	0	1(1)	후8	까뇨뚜	10			7	박준희	후24				
0	1		2(2)	후20	두아르테	11	대기	대기	11	장현수					
					김이삭	24			17	최병찬	후17	2(1)	1	0	0
				후0	아스나위	41			77	오재혁	후37				
									9	크리슬란					
0			4(4)			0			0			15(9)	14	2	0

- 후반 31분 두아르테 AK 내 L-ST-G(득점: 두아르테) 오른쪽
- 전반 9분 조현택 MF 정면 ~ 한지호 PA 정면내 R-ST-G(득점: 한지호, 도움: 조현택) 오른쪽
- 전반 13분 박창준 PK-R-G(득점: 박창준) 왼쪽

- 9월 11일 16:00 맑음 안양 종합 0명
- 주심_김영수 부심_방기열·김경민 대기심_최일우 경기감독관_나승화

안양 0   0 전반 0 / 0 후반 0   0 경남

퇴장	경고	파울	ST(유)	교체	선수명	배번	위치	위치	배번	선수명	교체	ST(유)	파울	경고	퇴장
0	0	0	0		정민기	13	GK	GK	31	손정현		0	0	0	0
0	0	0	0		정준연	2	MF	DF	2	채광훈		0	1	0	0
0	1	2	0	7	유종현	5	DF	DF	6	이우혁		0	1	0	0
0	0		1(1)		닐손주니어	6	DF	DF	4	배승진	21	1(1)	1	1	0
0	1	2	0		맹성웅	8	MF	MF	21	윤석주	21				
0	0	1	1		하 남	19	FW	MF	8	임민혁		1	0	0	0
0	5	2(2)		16	모재현	24	FW	MF	94	윌리안		1	0	0	0
0	0	0	0		백동규	30	DF	FW	98	에르난데스		2(1)	1	0	0
0		3(1)			박태준	33	FW	FW	10	백성동		1	0	0	0
0	0				주현우	99	MF								
					양동원	1			29	김주환					
					임승겸	3			50	김종필					
				후27	심동운	7			16	이광진	후36				
				후43	유종우	16	대기	대기	19	고경민	후25				
				후20	하승운	17			21	도동현	후0				
					박대한	25			27	유강현					
					최승훈	42									
0	3	15	10(5)			0			0			6(3)	10	1	0

- 9월 11일 18:30 맑음 부천 종합 0명
- 주심_서동진 부심_송봉근·이상민 대기심_채상협 경기감독관_최윤겸

부천 0   0 전반 2 / 0 후반 1   3 서울E

퇴장	경고	파울	ST(유)	교체	선수명	배번	위치	위치	배번	선수명	교체	ST(유)	파울	경고	퇴장
0	0	0	0		최철원	81	GK	GK	13	김경민		0	0	0	0
0	1	1	4		강의빈	3	DF	DF	14	이재익		3(3)	2	0	0
0	0	0	0		김강산	5	DF	DF	4	이인재		0	0	0	0
0	0	0	0		안태현	13	MF	DF	20	이상민		0	0	0	0
0	1	3	0		김정호	12	DF	MF	2	황태현		0	0	0	0
0	2	3	2(1)		조현택	26	MF	MF	88	윤성윤	23	1	1	1	0
0	0	0	0		조수철	77	MF	MF	44	김선민		0	0	0	0
0	2	1(1)		17	이시헌	25	FW	FW	92	김인성	11	1(1)	2	0	0
0	0	0		9	박창준	27	FW	FW	70	레안드로		1(1)	1	0	0
0	1	1	0		최재영	80	MF	MF	19	유정완	5	0	1	0	0
0	0	2(2)			한지호	27	FW	FW	99	한의권		3(2)	0	0	0
0	0	0	0		김호준	38			1	김진환	후17				
0			1(1)	전45	김태홍	19			80	이규로					
					박준희	7			23	채재훈	후27				
					국태정	23	대기	대기	23	채재훈	후27				
				후27	최병찬	9			17	고재현					
					오재혁				11	김정환	후42				
				후0	크리슬란	9			77	이건희					
0	3	12	11(6)			0			0			9(7)	12	4	0

- 전반 15분 레안드로 PK지점 H → 김인성 GAL L-ST-G(득점: 김인성, 도움: 레안드로) 오른쪽
- 전반 35분 김인성 PAR ⌒ 한의권 GA 정면 H-ST-G(득점: 한의권, 도움: 김인성) 왼쪽
- 후반 5분 한의권 PA 정면내 L-ST-G(득점: 한의권) 오른쪽

• 9월 12일 18:30 맑음 안산 와스타디움 0명
• 주심_ 조지음 부심_ 이영운·이병주 대기심_ 오현진 경기감독관_ 양정환

안산 1 [0 전반 0 / 1 후반 1] 1 부산

퇴장	경고	파울	ST(유)	교체	선수명	배번	위치	위치	배번	선수명	교체	ST(유)	파울	경고	퇴장
0	0	0	0		이승빈	1	GK	GK	13	안준수		0	1	0	0
0	0	0	0		연제민	4	DF	DF	3	박민규		0	0	0	0
0	1	2	1		송주호	15	DF	MF	4	에드워즈		0	0	0	0
0	0	0	0		이준희	22	DF	DF	6	발렌티노스		0	1	0	0
0	1	4	1	후77	아스나위	41	DF	FW	7	드로젝	15	2(2)	4	1	0
0	2	2(1)			이상민	14	MF	FW	9	안병준		3(2)	1	0	0
0	0	0			김이석	21	MF	FW	10	이상헌	11	0	1	0	0
0	0	0			이와세	55	DF	DF	21	최준		1	1	0	0
0	1	2	18		산티아고	8	FW	MF	23	김진규		2(1)	3	0	0
0	4(3)				까노뚜	10	FW	DF	35	박호영	14	1	0	0	0
0	1	1			최건주	11	FW	FW	77	김성민		1(1)	1	0	0
					박준혁	23			1	구상민					
					고태규	3			11	박정인	후10	1(1)	1	0	0
			5(4)	후7	두아르테	11			14	김종현	전41				
				후7	김륜도	18	대기	대기	15	김승우	후41				
					김예성	29			20	이태민					
					장동혁	44			22	이래준					
				후14	김진래	77			28	이지승					
0	1	10	15(9)			0			0			11(7)	13	1	0

• 후반 29분 까노뚜 PA 정면내 ~ 이상민 PK 좌측지점 R-ST-G(득점: 이상민, 도움: 까노뚜) 오른쪽
• 후반 4분 안병준 PK-R-G(득점: 안병준) 오른쪽

• 9월 13일 19:30 흐림 김천종합 347명
• 주심_ 안재훈 부심_ 송봉근·천진희 대기심_ 송민석 경기감독관_ 정경구

김천 2 [0 전반 0 / 2 후반 0] 0 충남아산

퇴장	경고	파울	ST(유)	교체	선수명	배번	위치	위치	배번	선수명	교체	ST(유)	파울	경고	퇴장
0	0	0	0		구성윤	41	GK	GK	1	박한근		0	1	0	0
0	0	2	0		김용환	3	DF	DF	4	한용수		0	0	0	0
0	0	3	17	허유준	8	DF	DF	16	유준수		1	2	0	0
0	1	1	99		박동진		DF	MF	19	박세진		1	2	0	0
0	0	0			정승현	22	DF	DF	38	이규혁		0	0	0	0
0	0	0			정현철	24	MF	DF	47	이은범		0	0	0	0
0	0	0			조규성	33	FW	FW	22	김강국		1	0	0	0
0	0		32		서진수	36	MF	FW	29	홍현승	11	2	1	0	0
0	1	0			유인수	37	DF	MF	33	김혜성		0	0	0	0
0	0	0			박지수	42	MF	FW	9	조주영	9	0	0	0	0
0	0	0			문지환	43	MF	FW	77	박민서		0	1	0	0
					박지민	31			13	이기현					
					우주성	15			15	배수용					
				후20	정재희	17			55	김재성	후37				
					명준재	25	대기	대기	7	박세직					
0	1	1(1)		후0	고경민	21			20	이상민					
					박상혁				9	마테우스	후21				
				후39	오현규	99			11	알렉산드로	후21				
0	1	12	7(3)									6	10	1	0

• 후반 11분 고승범 GAR H-ST-G(득점: 고승범) 왼쪽
• 후반 38분 정재희 PAR ~ 박동진 GAR L-ST-G(득점: 박동진, 도움: 정재희) 오른쪽

• 9월 13일 19:30 흐림 대전 한밭 종합 775명
• 주심_ 최현재 부심_ 김지욱·김태형 대기심_ 성덕호 경기감독관_ 강득수

대전 2 [1 전반 1 / 1 후반 0] 1 전남

퇴장	경고	파울	ST(유)	교체	선수명	배번	위치	위치	배번	선수명	교체	ST(유)	파울	경고	퇴장
0	0	0	0		김동준	1	GK	GK	31	김다솔		0	0	0	0
0	1	1(1)			이지솔	3	DF	DF	33	올		0	0	0	0
0	0	0			박진섭	15	DF	DF	55	최호정		0	0	0	0
0	0	0			김민덕	3	DF	DF	20	장순혁		0	0	0	0
0	0	0			서영재	2	MF	DF	3	박찬용		0	0	0	0
0	0	0			이종현	27	MF	MF	9	김병오	39	2(1)	1	0	0
0	2	1(1)	9		알리바예프	6	MF	MF	10	김현욱		3(1)	1	0	0
0	2	0			마사	7	MF	MF	15	정호진		0	0	0	0
0	1	5(1)	34		김승섭	11	FW	FW	25	이석현	후	1	0	0	0
0	1	3(2)			원기종	16	FW	FW	16	이후권		0	0	0	0
0	0		17		공민현	81	FW	FW	89	발로텔리		3(1)	1	0	0
					이준서	41			23	김병엽					
				후40	민준영	34			6	황기욱	후5				
					이진현	10	대기	대기	17	김태현	후12				
				후19	이현식	17			66	사무엘					
		2(1)		후27	바이오	9			39	알렉스	후32				
					신상은	26			8	이종호					
0												11(4)	12	2	0

• 전반 12분 서영재 MFL ~ 원기종 PA 정면 R-ST-G(득점: 원기종, 도움: 서영재) 오른쪽
• 후반 43분 바이오 PAL ~ 이현식 GAR R-ST-G(득점: 이현식, 도움: 바이오) 왼쪽
• 전반 28분 이석현 PA 정면내 L-ST-G(득점: 이석현) 오른쪽

• 9월 18일 13:30 흐림 광양 전용 524명
• 주심_ 오현진 부심_ 구은석·천진희 대기심_ 설태환 경기감독관_ 김용세

전남 1 [0 전반 0 / 1 후반 2] 2 부천

퇴장	경고	파울	ST(유)	교체	선수명	배번	위치	위치	배번	선수명	교체	ST(유)	파울	경고	퇴장
0	0	0	0		박준혁	1	GK	GK	38	김호준		0	0	0	0
0	1	1	1		황기욱	6	DF	DF	4	박태홍	23	1	2	0	0
0	1	1	1		박찬용	20	DF	DF	5	김강산		0	1	0	0
0	0	0			장순혁	20	DF	DF	7	박준회	77	0	2	1	0
0	0	55		올	렉	33	MF	DF	13	안태현		0	0	0	0
0	1	0			이후권	27	MF	DF	20	김정호		0	1	0	0
0	0	0			김현욱	14	MF	MF	26	조현택		0	0	0	0
0	0	17			정호진	15	MF	MF	6	송홍민		0	0	0	0
0	3(1)	9			사무엘	66	FW	FW	37	최병찬	25	0	0	0	0
0	0	0			알렉스	39	FW	FW	27	박창준		3(1)	0	0	0
0	0	0			발로텔리	9	FW	FW		닐손주니어		3(1)	0	0	0
					김병엽	21			21	이주현					
					고태원	5			11	장현수					
				후42	최호정	55			23	국태정	후16				
				후28	김태현	17	대기	대기	41	윤지혁					
					장성재	18			25	이시헌	후				
				후17	김병오	9			77	오재혁	후26				
					이종호	8			4	크리슬란					
0	2	13	9(1)									9(2)	13	2	0

• 전반 14분 발로텔리 PAL ⌒ 사무엘 GA 정면내 R-ST-G(득점: 사무엘, 도움: 발로텔리) 왼쪽
• 후반 28분 한지호 PK-R-G(득점: 한지호) 가운데
• 후반 44분 이시헌 PA 정면 ~ 박창준 PK지점 R-ST-G(득점: 박창준, 도움: 이시헌) 왼쪽

경남 2 - 3 김천

• 9월 18일 16:00 맑음 창원축구센터 867명
• 주심_송민석 부심_이양우·김태형 대기심_성덕호 경기감독관_양정환

		전반		
	2	전반	1	
	0	후반	2	

퇴장	경고	파울	ST(유)	교체	선수명	배번	위치	위치	배번	선수명	교체	ST(유)	파울	경고	퇴장
0	0	0	0		손 정 현	31	GK	GK	41	구 성 윤		0	0	0	0
0	0	1	0		채 광 훈		DF	DF	3	김 용 환		1(1)	1	1	0
0	0	1	0		이 우 혁	6	DF	FW	10	박 동 진	99	2	1		0
0	0	1	0		배 승 진	3	DF	FW	17	정 재 희		5(4)	1		0
0	2	0	0		김 동 진	22	DF	DF	22	정 승 현					0
0	0		16		윤 석 주	24	MF	MF	24	정 현 철	15		0	1	0
0	1	1	0		장 혁 진		MF	FW	33	조 규 성		6(3)	1	1	0
0	1	1	0		임 민 혁		MF	MF	36	서 진 수	32		0	1	0
0	0	1			윌 리 안		MF	DF	37	유 인 수					0
0	0	1	4(3)		에르난데스	98	FW	FW	42	박 지 수			2		0
0	1	2		19	도 동 현		MF	MF	43	문 지 환			1		0
					황 성 민	1			31	박 지 민					
					김 주 환	29			15	우 주 성	후0		1		0
					김 종 필		대기	대기	25	명 준 재					
				후15	이 광 진	16			32	고 승 범	후0		1		0
				후20	고 경 민	19			38	최 준 석					
					이 의 형	88			39	박 상 혁					
0		1(1)	후29		유 강 현	27			99	오 현 규	후37		0		0
0	2	9(4)										17(10)	14	4	0

● 전반 20분 에르난데스 PK-R-G(득점: 에르난데스) 왼쪽
● 전반 25분 채광훈 PAR ⌒ 에르난데스 GA 정면 발리슛 R-ST-G(득점: 에르난데스, 도움: 채광훈) 오른쪽

● 전반 11분 서진수 PAR → 조규성 GAL H-ST-G(득점: 조규성, 도움: 서진수) 오른쪽
● 후반 22분 문지환 AKR R-ST-G(득점: 문지환) 왼쪽
● 후반 48분 우주성 PAR ⌒ 김용환 GAL 내 H-ST-G(득점: 김용환, 도움: 우주성) 오른쪽

부산 1 - 3 안양

• 9월 18일 18:30 맑음 부산구덕 1,015명
• 주심_김용우 부심_강도준·이정석 대기심_정회수 경기감독관_최윤겸

	0	전반	0	
	1	후반	3	

퇴장	경고	파울	ST(유)	교체	선수명	배번	위치	위치	배번	선수명	교체	ST(유)	파울	경고	퇴장
0	0	0	0		안 준 수	13	GK	GK	13	정 민 기		0	0	0	0
0	0	3			박 민 규	3	DF	MF	2	정 준 연		0	0		0
0	0	1			발렌티노스	6	DF	DF	6	닛손주니어	10	1(1)	1		0
0	3	4(2)			안 병 준		DF	MF	8	맹 성 웅		0	0		0
0	0	1		10	박 정 인	11	FW	FW	9	조 나 탄	42	2(1)	0		0
0	0	1			김 정 현	14	MF	FW	10	김 형 진			0		0
0	0	1			최 준	21	MF	MF	23	타 무 라		3(1)	2		0
0	0	1			이 래 준		MF	FW	24	모 재 현	19	1(1)	1		0
0	0	1			김 진 규	23	MF	MF	30	백 동 규					0
0	0	1			박 호 영		MF	MF	33	박 태 준		2			0
0	0	1			김 정 호	77	MF	FW	99	주 현 우		1(1)	1		0
					구 상 민	1			1	양 동 원					
			후42		에드워즈	4			4	임 승 겸					
0		3(3)	후0		드 로 젝	7			10	아코스티	후22				0
0		1(1)	후35		이 상 헌		대기	대기	18	이 선 걸					
					김 승 우				19	남	후42				
					이 태 민				20	이 상 용					
					황 준 호	45			42	최 승 훈	후47				
0	0	11(6)										10(4)	13	1	0

● 후반 10분 안병준 AK 내 FK R-ST-G(득점: 안병준) 오른쪽

● 후반 20분 주현우 PAL 내 ⌒ 조나탄 GA 정면내 H-ST-G(득점: 조나탄, 도움: 주현우) 왼쪽
● 후반 23분 김정현 GAL 내 R 자책골(득점: 김정현) 왼쪽
● 후반 31분 정준연 PA 정면 ⌒ 타무라 GAL R-ST-G(득점: 타무라, 도움: 정준연) 오른쪽

충남아산 0 - 1 안산

• 9월 19일 16:00 맑음 아산 이순신 353명
• 주심_채상협 부심_방기열·이상민 대기심_서동진 경기감독관_차상해

	0	전반	1	
	0	후반	0	

퇴장	경고	파울	ST(유)	교체	선수명	배번	위치	위치	배번	선수명	교체	ST(유)	파울	경고	퇴장
0	0	0	0		박 한 근	1	GK	GK	1	이 승 빈		0	0	0	0
0	0	2			한 용 수	4	DF	DF	4	연 제 민		0	1		0
0	1	3			유 준 수	16	DF	DF	15	송 주 호					0
0	0	1(1)			박 세 진	19	MF	DF	22	이 준 희	29		0		0
0	1	1			이 은 범	47	MF	DF	77	김 진 래			0		0
0	1	2	0	38	박 세 직		MF	MF	10	까 뇨 뚜	3	4(3)	0		0
1		4(3)			김 인 균	11	FW	MF	11	두아르테		4(4)	1		0
0	4	0			김 강 국	22	MF	MF	17	이 상 민		1(1)	1		0
0	2	1	20		김 혜 성	33	DF	MF	44	장 동 혁					0
0	1	2			알렉산드로	11	FW	MF	55	이 와 세		1	0		0
0	1	1(1)	17		김 찬		FW	FW	18	김 륜 도		4(1)	2		0
					문 현 호				23	송 준 호					
					배 수 용	15			3	고 태 규	후40				
			후13		이 규 혁	38			9	산티아고					
			후33		이 상 민	20	대기	대기	20	김 민 호					
2(1)			전31		이 현 일	18			29	김 예 성	후25				
					김 원 석	32			87	강 수 일					
					박 민 서	77			99	임 재 혁					
0	2	19	12(7)									14(9)	7	2	0

● 전반 1분 두아르테 MFR TL ⌒ 까뇨뚜 MF 정면 L-ST-G(득점: 까뇨뚜, 도움: 두아르테) 왼쪽

서울E 2 - 1 대전

• 9월 19일 18:30 흐림 잠실 올림픽 0명
• 주심_김영수 부심_이영운·이병주 대기심_성덕호 경기감독관_최윤겸

	0	전반	0	
	2	후반	1	

퇴장	경고	파울	ST(유)	교체	선수명	배번	위치	위치	배번	선수명	교체	ST(유)	파울	경고	퇴장
0	0	0	0		김 경 민	13	GK	GK	1	김 동 건		0	0	0	0
0	1	4	0		이 인 재	4	DF	DF	7	지 솔		0	0		0
0	0	1			이 상 민	20	DF	DF	15	박 진 섭		2(2)	2		0
0	0	1			김 진 환	5	DF	DF	3	김 민 덕			0		0
0	1				황 태 현	23	DF	DF	2	서 영 재		2			0
0	1				장 윤 호	34	MF	MF	27	이 종 현		0	0		0
0	1				김 선 민	88	MF	FW	7	마 사		1(1)			0
0	2(1)	17			서 재 민	22	MF	MF	11	알리바예프					0
0	1(1)				김 인 성	92	MF	MF	11	김 승 섭	77	1(1)			0
0	1	70			바 비 오	7	MF	FW	81	공 민 현	16	0	0		0
0	3(2)				한 의 권	99	FW	FW	9	바 이 오	26	3(1)	1		0
					김 영 광	1			41	이 준 서					
					김 현 훈				33	유 승 완					
			후41		김 재 현				34	민 준 영					
0	1(1)		후0		최 재 훈	23	대기	대기	10	이 진 현					
					유 정 완				77	파 투	후32				
					이 건 희				16	원 기 종	후9				
0	2(1)	후15			레안드로	70			26	신 상 은	후21				
0	3	12(7)										11(8)	12	1	0

● 후반 19분 김인성 GAR 내 R-ST-G(득점: 김인성) 가운데
● 후반 33분 서재민 MF 정면 ~ 한의권 PAR 내 R-ST-G(득점: 한의권, 도움: 서재민) 오른쪽

● 후반 35분 마사 GA 정면내 몸 맞고 골(득점: 마사) 오른쪽

- 9월 25일 13:30 흐림 부천 종합 0명
- 주심_ 성덕호 부심_ 이영운·이상민 대기심_ 설태환 경기감독관_ 나승화

부천 2 | 1 전반 2 / 1 후반 1 | **3 경남**

퇴장	경고	파울	ST(유)	교체	선수명	배번	위치	위치	배번	선수명	교체	ST(유)	파울	경고	퇴장
0	0	1	0		김호준	38	GK	GK	31	손정현		0	0	0	0
0	1	1	1		박태홍	4	DF	DF	2	채광훈		1	1	0	0
0	0	1	0		김강산	5	DF	DF	6	이우혁		1	1	0	0
0	0	2	1		장현수	11	DF	DF	55	김종필		4	0	1	0
0	0	1	0		안태현	25	DF	MF	22	이민기	22				
0	0	0	1(1)		김정호	20	MF	MF	16	이광진		0	3	1	0
0	0		1(1)	41	조수철	14	MF	MF	7	장혁진		0	3	0	0
0	2	4(3)	80		이시헌	25	MF	MF	8	임민혁		5(1)	1	0	0
0	3(3)	9			박창준		MF	MF	94	윌리안		5(1)	1	0	0
0	1	3			오재혁		FW	FW	98	에르난데스		4(4)	2	0	0
0	0	2(1)			한지호	22	FW	FW	9	고경민		3(2)	3	0	0
					최철원	81			1	황성민					
					박준희	7			5	김영찬	후11	1(1)	1	1	0
					조현택	26			4	배승진	후0				
				후34	윤지혁		대기	대기	22	김동진	후20				
				후23	최재영	80			24	유석 우					
				후34	크리스찬				21	도동현					
					안재준	32			27	유강현					
0	2	14	14(9)			0			0			18(9)	15	4	0

- ● 전반 8분 한지호 PK-R-G(득점: 한지호) 왼쪽
- ● 후반 15분 한지호 C.KL ⌒ 박창준 GA 정면 H-ST-G(득점: 박창준, 도움: 한지호) 오른쪽

- ● 전반 14분 이광진 MF 정면 → 고경민 PAR내 R-ST-G(득점: 고경민, 도움: 이광진) 오른쪽
- ● 전반 45분 윌리안 AK 정면 R-ST-G(득점: 윌리안) 왼쪽
- ● 후반 49분 에르난데스 PK-R-G(득점: 에르난데스) 왼쪽

- 9월 25일 16:00 흐림 안산 와스타디움 0명
- 주심_ 서동진 부심_ 김지욱·성주경 대기심_ 오현진 경기감독관_ 양정환

안산 1 | 0 전반 0 / 1 후반 0 | **0 안양**

퇴장	경고	파울	ST(유)	교체	선수명	배번	위치	위치	배번	선수명	교체	ST(유)	파울	경고	퇴장
0	0	0	0		이승빈	1	GK	GK	13	정민기		0	0	0	0
0	0	0	0		연제민	4	DF	DF	2	정준연		0	0	0	0
0	2	1(1)			송주호	15	MF	MF	6	닐손주니어	19	0	0	0	0
0	0	0			이준희	20	DF	MF	8	맹성웅		0	0	0	0
0	1	1			김진래	77	FW	FW	9	조나탄		4(3)	0	0	0
0	1	1	99		까 뇨 뚜	10	MF	MF	15	김형진		0	0	0	0
0	0	1			이상민	14	MF	MF	23	타무라		3(3)	1	0	0
0	3(1)				김륜도	18	MF	MF	7	모재현		3(3)	0	0	0
0	0	2	87		장동혁	44	MF	DF	30	백동규		0	0	0	0
0	1	4			이와세	33	FW	MF	33	박태준		3(2)	0	0	0
0	0	2(1)			두아르테	11	FW	FW	99	주현우		3(3)	1	0	0
					김선우	19			1	양동현					
				후41	고태규	3			4	임승겸					
					김재봉	5			10	아코스티	후17	1(1)	0	0	0
					김이석	21	대기	대기	18	이선걸		0	0	0	0
					김예성	29			19	하 남	후30				
				후0	강수일	87			20	이상용					
				후22	임재균	99			42	최승훈					
0	0	12	10(3)			0			0			18(12)	8	0	0

- ● 후반 27분 이상민 C.KR ⌒ 송주호 PK지점 R-ST-G(득점: 송주호, 도움: 이상민) 오른쪽

- 9월 26일 16:00 흐림 김천 종합 369명
- 주심_ 안재훈 부심_ 방기열·이정석 대기심_ 정화수 경기감독관_ 차상해

김천 2 | 1 전반 1 / 1 후반 0 | **1 대전**

퇴장	경고	파울	ST(유)	교체	선수명	배번	위치	위치	배번	선수명	교체	ST(유)	파울	경고	퇴장
0	0	0	0		구성윤	41	GK	GK	1	김동준		0	0	0	0
0	1	3(2)	25		박동진	10	FW	FW	33	이웅희		0	0	0	0
0	0	2(1)			우주성	15	DF	DF	27	이종현		0	0	0	0
0	0	2(1)			정재희	17	DF	DF	3	김민덕		0	0	0	0
0	0	0			정승현	22	DF	DF	2	서영재		0	0	0	0
0	0	0			고승범	32	MF	MF	15	박진섭		1(1)	3	1	0
0	3(1)	99			조규성	33	MF	MF	42	임은수		1(1)	2	1	0
0	0	39			서진수	36	MF	FW	7	마 사	17	1	1	0	0
0	0	0			유인수	37	DF	FW	81	공민현		0	0	0	0
0	0	2			최준혁	38	FW	FW	26	신상은	11	0	0	0	0
0	0	2(2)			박지수	42	FW	FW	16	원기종		3(1)	1	0	0
					박지민	31			41	이준서					
					강지훈	25			6	김지운					
				후42	명준재	23			10	알리바예프					
					권혁규	34	대기	대기	10	이진현	후19	0	0	0	0
				후0	박상혁	39			17	이현식	17				
					송주훈	44			11	김승섭	후6	0	0	0	0
				후37	오현규	99			9	바 이 오	후27	1			
0		6	18(7)			0			0			11(3)	19	2	0

- ● 전반 6분 정재희 AK 정면 FK R-ST-G(득점: 정재희) 왼쪽
- ● 후반 3분 박상혁 C.KR ⌒ 박지수 GA 정면 H-ST-G(득점: 박지수, 도움: 박상혁) 오른쪽

- ● 전반 17분 구성윤 GA 정면내 자책골(득점: 구성윤) 가운데

- 9월 26일 18:30 맑음 아산 이순신 352명
- 주심_ 조지음 부심_ 장종필·이병주 대기심_ 김영수 경기감독관_ 허기태

충남아산 0 | 0 전반 0 / 0 후반 0 | **0 전남**

퇴장	경고	파울	ST(유)	교체	선수명	배번	위치	위치	배번	선수명	교체	ST(유)	파울	경고	퇴장
0	0	0	0		박한근	1	GK	GK	1	박준혁		0	0	0	0
0	0	0	0		한용수	4	DF	DF	33	울 렉		0	0	0	0
0	0	1(1)			박세직	19	DF	DF	3	박찬용		1	0	0	0
0	0	0			이규혁	38	MF	DF	20	장순혁		0	0	0	0
0	0	0			이은범	17	FW	MF	17	김태현		4(2)	2	0	0
0	0	0			김인균	22	MF	DF	13	장성록	55	0	0	0	0
0	0	0			이상민	20	MF	MF	6	김현욱		0	0	0	0
0	0	0			김강국	22	MF	MF	6	황기욱		1(1)	0	0	0
0	0	0			김혜성	33	MF	MF	16	이후권		2(1)	1	0	0
0	0	18			이현일	17	FW	FW	89	발로텔리		2(2)	1	0	0
0	2(2)	55			박민서	9	FW	FW	66	바 이 오		2(1)	4	0	0
					이기현	31			31	김다솔					
				후44	김재성	55			5	고태원					
					박세직				55	최호정	후11	0	0	0	0
					홍현승	29	대기	대기	27	김영욱		0	0	0	0
					마테우스				18	장성재					
					알렉산드로				22	서명원					
				후13	김 찬	18			8	이종호	후25	1(1)	0	0	0
0		14	9(3)			0			0			14(7)	14	0	0

• 9월 27일 19:30 흐림 잠실 올림픽 0명
• 주심_송민석 부심_구은석·천진희 대기심_최현재 경기감독관_김성기

서울E 1 — 0 전반 0 / 1 후반 2 — **2 부산**

퇴장	경고	파울	ST(유)	교체	선수명	배번	위치	위치	배번	선수명	교체	ST(유)	파울	경고	퇴장
0	0	1	0		김 경 민	13	GK	GK	13	안 준 수		0	0	0	0
0	0	1	0		이 재 익	14	DF	MF	3	박 민 규		0	1	0	0
0		1	0		이 인 재	4	DF	MF	4	에드워즈		0	0	0	0
0	0	1	0		김 진 환	5	DF	DF	6	발렌티노스		0	0	0	0
					황 태 현	2	FW	FW	9	안 병 준		6(5)	2	0	0
0				7	이 규 로	80	MF	FW	10	이 상 헌		1(1)			
0					김 선 민	88	MF	FW	11	박 정 인	77	2(2)	3	1	0
0				19	장 윤 호	34	MF	MF	21	최 준		1(1)	1	1	0
0					김 인 성	92	FW	MF	23	김 진 규		1(1)	1	1	0
0			3(2)	21	한 의 권	99	DF	FW	35	나 호 종	70	0	0	0	0
					김 형 근			DF	45	황 준 호					
					김 현 훈	24		GK	1	구 상 민					
					서 재 민	22			13	드 로 젝	후13	3(1)	1		0
					고 재 현	17	대기	대기	20	이 태 민					
2(1)				후28	유 정 완	19			22	이 래 준					
				후17	유 키	21			25	이 청 웅		0			
				후42	바 비 오	7			70	헤 나 토	후13	1(1)	0		0
									77	김 정 민	후42	0			
0	1	7	5(3)									15(11)	12	2	0

● 후반 30분 김인성 PAL 내 - 유정완 PA 정면 R-ST-G(득점: 유정완, 도움: 김인성) 가운데
● 후반 23분 김진규 AK 내 R -ST-G(득점: 김진규) 오른쪽
● 후반 39분 안병준 PA 정면내 R-ST-G(득점: 안병준) 왼쪽

• 10월 02일 13:30 맑음 김천 종합 276명
• 주심_오현진 부심_이영운·이병주 대기심_설태환 경기감독관_차상해

김천 1 — 0 전반 0 / 1 후반 0 — **0 안산**

퇴장	경고	파울	ST(유)	교체	선수명	배번	위치	위치	배번	선수명	교체	ST(유)	파울	경고	퇴장
0	0	0	0		구 성 윤	41	GK	GK	1	이 승 빈		0	0	0	0
0	0	0	0	15	김 용 환	3	DF	DF	4	연 제 민		0	0	0	0
0		1	7(3)		박 동 진	10	DF	DF	15	송 주 호	20	0	0	0	0
0			1(1)	99	정 재 희		DF	DF	22	이 준 희		0	0	0	0
2		2	2(2)		정 승 현	22	DF	DF	23	김 진 래		0			
0			1(1)		고 승 범	32	MF	MF	14	이 상 민		0	0	0	0
0	1		6(2)		조 규 성	33	FW	MF	21	김 이 석		0	4	0	0
0					권 혁 규	34	MF	MF	55	이 와 세	41	0	3	0	0
0	1	1	1(1)		유 인 수	37	FW	FW	10	카 노 뚜	87	0	1	0	0
0					박 기 수	14	FW	FW	11	두아르테					
0				38	문 지 환	43	MF	FW	17	최 건 주		1			
					박 지 민	31			19	선 우					
				후29	우 주 성	15			3	고 태 규					
					명 준 재	25			20	김 민 호	후23				
				후5	최 준 혁	39	대기	대기	29	김 예 성					
					박 상 혁	39			41	아스나위	후39				
					김 경 민				44	정 동 혁					
				후43	오 현 규	99			87	강 수 일	후18	0			
0	4	14	19(10)									2	14	1	0

● 후반 33분 박동진 GA 정면내 H-ST-G(득점: 박동진) 가운데

• 10월 03일 18:30 맑음 부산 구덕 1,423명
• 주심_김영수 부심_방기열·김태형 대기심_우병훈 경기감독관_최윤겸

부산 2 — 1 전반 1 / 1 후반 0 — **1 충남아산**

퇴장	경고	파울	ST(유)	교체	선수명	배번	위치	위치	배번	선수명	교체	ST(유)	파울	경고	퇴장
0	0	0	0		안 준 수	13	GK	GK	1	박 한 근		0	0	0	0
0			0		박 민 규	3	DF	DF	4	한 용 수		0	0	0	0
0	0	1	1(1)		에드워즈	4	MF	DF	16	유 준 수		1(1)			
0					발렌티노스	6	DF	DF	19	박 세 진		0	0	0	0
0	1		6(4)		안 병 준	9	FW	DF	47	이 은 범					
0	1	1	1(1)	7	박 정 인	35	FW	MF	14	이 인 균		2			
0	1				최 준	21	DF	MF	20	이 상 민		1(1)			
1	0	4	1(1)		김 진 규	23	MF	MF	33	김 혜 성	22				
0					박 호 영	35	DF	FW	7	알렉산드로		1			
0				22	헤 나 토	70	FW	FW	17	이 현 일	18	2(1)	1		
0				45	김 정 민	77	MF	FW	77	박 민 서	38	1	1		
					구 상 민				13	이 기 현					
				후31	드 로 젝				38	이 규 혁	후26				
					이 상 헌	10			55	김 재 성					
					이 태 민	20	대기	대기	7	박 세 직					
				후23	이 래 준	22			22	김 강 국	후6				
					황 정 운	25			29	홍 현 승					
				후11	황 준 호	45			18	김 찬	후3				
1	2	9	11(8)									10(6)	13	2	0

● 전반 46분 박정인 GAL ↪ 안병준 GA 정면 H-ST-G(득점: 안병준, 도움: 박정인) 오른쪽
● 후반 50분 최준 GA 정면 H-ST-G(득점: 최준) 가운데
● 전반 24분 이현일 PK-R-G(득점: 이현일) 오른쪽

• 10월 03일 16:00 맑음 대전 한밭 종합 1,539명
• 주심_서동진 부심_김지욱·천진희 대기심_이혁재 경기감독관_양정환

대전 1 — 0 전반 1 / 1 후반 0 — **1 부천**

퇴장	경고	파울	ST(유)	교체	선수명	배번	위치	위치	배번	선수명	교체	ST(유)	파울	경고	퇴장
0	0	0	0		김 동 준	1	GK	GK	81	최 철 원		0	0	0	0
0	1	1			이 지 솔	4	DF	DF	3	강 의 빈		0	0	0	0
0		0			박 진 섭	15	DF	DF	5	김 강 산		0	1	0	0
0	1	2	1(1)		김 민 덕	3	DF	MF	13	안 태 현		0	1	0	0
0					서 영 재	14	MF	MF	20	김 정 호		3	1(1)	1	
0	1	1			이 종 현	37	MF	MF	44	조 현 택		9			
0		3(2)			알리바예프	6	MF	MF	14	조 수 철		3(1)			
0	1	2			이 진 현	10	MF	FW	25	이 시 헌	11	1(1)	1		
0	1	2			김 승 섭	11	FW	FW	27	박 창 준		2(1)			
0	1	1			박 인 혁	20	FW	MF	42	오 재 혁	6	1			
0		3(2)			공 민 현	81	FW	FW	99	한 지 호		3(2)	1	1	
					박 주 원	19			21	이 주 현					
					이 웅 희	33			4	박 태 홍					
0		2(2)		후0	마 사	7			11	장 현 수	후31	0			
				후27	바 이 오	9	대기	대기	6	송 홍 민	후6	0			
					원 기 종	16			8	박 하 빈					
				후17	이 현 식	17			80	최 재 영					
					신 상 은	26			9	크리슬란	후38	0			
0	2	11	16(8)									11(6)	17	4	0

● 후반 49분 마사 PK-R-G(득점: 마사) 가운데
● 전반 18분 조현택 PAL TL → 이시헌 PK지점 R-ST-G(득점: 이시헌, 도움: 조현택) 오른쪽

- 10월 02일 16:00 맑음 잠실 올림픽 0명
- 주심_채상협 부심_이양우·이정석 대기심_김정호 경기감독관_강득수

서울E 1   전반 1 / 후반 0   1 경남

퇴장	경고	파울	ST(유)	교체	선수명	배번	위치	위치	배번	선수명	교체	ST(유)	파울	경고	퇴장
0	0	0	0		김경민	13	GK	GK	31	손정현		0	0	0	0
0	0	0	0		이인재	4	DF	DF	2	채광훈	29	0	1	0	0
0	1	2	0	5	이상민	20	DF	DF	6	이우혁		0	0	1	0
0	0	2	1(1)		김현훈	24	DF	DF	4	배승진		1	0	1	0
0	1	0	1		황태현	2	DF	DF	16	이광진		0	1	0	0
0	0	1	3(2)	70	유정완	19	MF	MF	24	윤석주	8	0	0	1	0
0	0	0	1		김선민	88	MF	MF	7	장혁진		0	3	1	0
0	0	1	0		장윤호	34	MF	MF	94	윌리안		1	2	0	0
0	0	1	0		김인성	92	MF	MF	98	에르난데스		1	1	0	0
0	0	1	3(2)		한의권	99	MF	FW	19	정길		2	0	0	0
0	0	3	1	17	이건희	17	FW			황성민	1				
					김형근	1			23	김명준					
				후36	김진환	5			5	김영찬	후18				
					박성우	15	대기	대기	29	김주환	후25				
				후30	고재현	27			전24	임민혁	전24	1(1)			
					재호	23			21	도동현					
				후0	레안드로	70			27	유강현					
					바비오										
0	1	15	9(6)									4(3)	13	2	0

- 전반 19분 유정완 GA 정면 L-ST-G(득점: 유정완) 왼쪽
- 전반 46분 채광훈 PAR ⌒ 윌리안 GA 정면내 H-ST-G(득점: 윌리안, 도움: 채광훈) 오른쪽

- 10월 02일 18:30 맑음 안양 종합 0명
- 주심_정회수 부심_이상민·박남수 대기심_김재홍 경기감독관_허기태

안양 1   전반 0 / 후반 1   1 전남

퇴장	경고	파울	ST(유)	교체	선수명	배번	위치	위치	배번	선수명	교체	ST(유)	파울	경고	퇴장
0	0	0	0		정민기	13	GK	GK	1	박준혁		0	0	0	0
0	0	1	0	25	정준연	2	MF	MF	33	올렉		0	1	1	0
0	0	1	0		닐손주니어	6	DF	DF	20	장순혁		0	1	0	0
0	0	1	0		맹성웅	8	MF	FW	15	정호진	2(1)	2	0	1	0
0	1(1)	0	0	19	조나탄	7	FW	MF	19	황기욱		2(1)	2	0	0
0	0	2(2)	0		아코스티	10	MF	MF	16	이후권		3(1)	2	1	0
0	0	2	0	5	김형진	15	DF	MF	55	최호정		0	0	0	0
0	0	1	0		모재현	24	FW	FW	66	사무엘	22	4(2)	0	0	0
0	0	1	0		백동규	30	DF	FW	89	발로텔리		3(2)	1	0	0
0	0	1	0		박태준	5	MF		1	양동원					
0	0	0	0		주현우	99	MF		23	김병엽					
					양동원	1			2	최효진					
					임승겸	3			5	고태원					
				후45	유종현	5	대기	대기	18	장성재					
				후32	하남	19			22	김진성	후38				
					타무라	22			9	김병오	후14				
				후20	박대한	25			8	이종호	후14	2(2)			
					최승훈	42									
0	2	17	8(4)									15(9)	13	2	0

- 전반 33분 박태준 PAR 내 ~ 조나탄 GA 정면내 R-ST-G(득점: 조나탄, 도움: 박태준) 왼쪽
- 후반 50분 이종호 PK-R-G(득점: 이종호) 왼쪽

- 10월 09일 13:30 맑음 부산 구덕 1,197명
- 주심_김용우 부심_이양우·이정석 대기심_조지훈 경기감독관_허기태

부산 0   전반 1 / 후반 0   1 부천

퇴장	경고	파울	ST(유)	교체	선수명	배번	위치	위치	배번	선수명	교체	ST(유)	파울	경고	퇴장
0	0	0	0		안준수	13	GK	GK	81	최철원		0	0	0	0
0	1	3	1(1)		박민규	3	MF	DF	3	강의빈		0	0	0	0
0	0	0	0		에드워즈	7	MF	DF	5	박태홍		2	0	1	0
0	0	0	1		발렌티노스	6	DF	DF	4	김강산		0	1	0	0
0	0	3(1)	0		안병준	9	MF	MF	26	안태현		0	3	0	0
0	0	0	20		박정인	11	FW	FW	8	박하빈	36	2	0	0	0
0	0	0	0		최준	21	MF	MF	14	조수철		0	0	0	0
0	0	0	22		박호영	35	DF	FW	25	이시헌		3(3)	1	0	0
0	0	0	0		황준호	45	DF	FW	27	박창준		2(1)	1	0	0
0	0	0	0		헤나토	70	MF	MF	77	오재혁		1	0	0	0
					진립	29			38	김호준					
				후18	드로젝	5			35	김정호	후35				
					김승우	15			32	조범석	후32				
				후31	이태민	20	대기	대기	4	송홍민					
				후36	이래경	22			80	최재영					
					이청웅	25				크리슬란					
					김정민	77			32	안재준	후14				
0	1	10	10(3)									13(5)	18	1	0

- 전반 29분 이시헌 AKR → 박창준 GAL L-ST-G(득점: 박창준, 도움: 이시헌) 오른쪽

- 10월 09일 16:00 맑음 광양 전용 579명
- 주심_성덕호 부심_방기열·이영운 대기심_김우성 경기감독관_김성기

전남 1   전반 0 / 후반 1   0 서울E

퇴장	경고	파울	ST(유)	교체	선수명	배번	위치	위치	배번	선수명	교체	ST(유)	파울	경고	퇴장
0	0	0	0		김다솔	31	GK	GK	13	김경민		0	0	0	0
0	0	3	0		박찬용	3	DF	DF	80	이규로		4	0	1	0
0	0	2	0		최호정	55	DF	DF	14	이재익		0	1	0	0
0	0	3	0		고태원	5	DF	DF	20	이상민		0	0	0	0
0	0	1	0		올렉	33	MF	MF	2	황태현		0	1	0	0
0	1	0	0		김현욱	14	MF	MF	88	김선민		0	0	0	0
0	0	0	0		황기욱	19	MF	MF	19	유정완	99	1(1)	0	0	0
0	0	0	0		정호진	15	MF	MF	34	장윤호		0	0	0	0
0	1	0	0		김병오	9	FW	FW	92	김인성		4(1)	1	0	0
0	0	3	1	8	알렉스	19	FW	FW	17	이건희		4(1)	1	0	0
0	0	0	89		사무엘	66	FW	FW	70	레안드로		1(1)	0	0	0
					박준혁	1			1	김형근					
					남윤재	19			5	김진환					
					김태현	17			4	이인재	후3				
					김선우	14	대기	대기	23	채재호					
				후37	이종호	8			34	곽성욱	후37				
				전32	발로텔리	89			99	한의권	후23	1			
				후22	이규혁	2			7	바비오					
0	0	10	7(1)									14(3)	16	2	0

- 후반 46분 이종호 PK-R-G(득점: 이종호) 오른쪽

• 10월 09일 18:30 흐림 안양 종합 0명
• 주심_ 안재훈 부심_ 송봉근·김지욱 대기심_ 박종명 경기감독관_ 강득수

안양 2 — 2 김천
0 전반 2
2 후반 0

퇴장	경고	파울	ST(유)	교체	선수명	배번	위치	위치	배번	선수명	교체	ST(유)	파울	경고	퇴장
0	0	0	0		정민기	13	GK	GK	31	박지민		0	1	0	0
0	0	0	0	17	닐손주니어	6	DF	FW	10	박동진	99	4(2)	1	0	0
0	0	0	4(2)		아코스티	10	FW	DF	15	우주성		0	1	0	0
0	1	2	1		김형진	15	DF	FW	17	정재희	50	3(2)	0	0	0
0	0	1	1	11	하 남	19	FW	FW	25	명준재	49	2(1)	1	0	0
0	0	4	1(1)		타무라	23	MF	MF	32	이승범		4(2)	0	0	0
0	0	3	2(2)		모재현	24	FW	MF	34	권혁규		0	3	1	0
0	1	5	1(1)		박대한	25	MF	MF	37	유인수		0	2	1	0
0	0	0			백동규	27	DF	MF	38	최병혁		0	1	0	0
0	0	3	2(1)		박태준	55	MF	DF	45	정동윤		0	0	0	0
0	0	1			주현우	99	MF		51	안인재					
					김태훈	51			28	하창래					
				후0	김경중	11			39	박상혁					
				후40	하승운	17	대기	대기	47	박준혁	후				
					이은걸				49	김경민	후37				
					이상용				50	지언학	후49				
					최승훈				99	오현규	후5	1(1)			
					윤준성	83									
0	2	19	13(7)			0			0			14(8)	16	4	0

● 후반 12분 김경중 PAL 내 ~ 아코스티 좌측지점 R-ST-G(득점: 아코스티, 도움: 김경중) 왼쪽
● 후반 42분 모재현 HL 정면 H ~ 아코스티 GAR R-ST-G(득점: 아코스티, 도움: 모재현) 오른쪽
● 전반 19분 최준혁 PAR ~ 박동진 GAL 내 H-ST-G(득점: 박동진, 도움: 최준혁) 오른쪽
● 전반 35분 고승범 PAL FK R-ST-G(득점: 고승범) 왼쪽

• 10월 10일 16:00 흐림 대전 한밭 종합 1,124명
• 주심_ 송민석 부심_ 구은석·김경민 대기심_ 김영수 경기감독관_ 김용세

대전 4 — 1 안산
3 전반 1
1 후반 0

퇴장	경고	파울	ST(유)	교체	선수명	배번	위치	위치	배번	선수명	교체	ST(유)	파울	경고	퇴장
0	0	0	0		김동준	1	GK	GK	1	이승빈		0	0	0	0
0	0	0	0		이지솔	4	DF	DF	3	고태규		0	0	0	0
0	1	4(1)			이종현	27	DF	DF	4	연제민		0	0	0	0
0	0	0			김재봉	33	MF	MF	14	김정호		0	1	0	0
0	0	0			서영재	14	MF	MF	18	김륜도	99	1(1)	3	0	0
0	1	3(3)			박진섭	15	MF	MF	6	김태현	21		2	0	0
0	1	1	3(3)		마 사	6	MF	MF	22	이준희	29	1(1)	0	0	0
0	0	1		20	이현식	17	MF	MF	29	예성해		0	0	0	0
0	0	1			공민현	81	FW	MF	11	두아르테		3(1)	1	0	0
0	0	1			원기종	16	FW	FW	7	최건주	7	2(1)	0	0	0
0	0	0			이준서	41			40	문경건					
0	0	0			임덕근	25			21	김이석	후0				
					이진현	10	대기	대기	10	까뇨뚜	후0				
				후19	알리바예프	40			15	송주호					
0	2	1(1)		후30	바이오	20			44	장동혁					
					바이오	20			77	김진래					
				후36	신상은	26			99	임재혁	후12	1	0	0	
0	5	19	16(8)			0			0			8(3)	18	2	0

● 전반 39분 김승섭 PAL EL → 공민현 GAL 내 R-ST-G(득점: 공민현, 도움: 김승섭) 왼쪽
● 전반 41분 공민현 GAL ~ 마사 GAR R-ST-G(득점: 마사, 도움: 공민현) 오른쪽
● 전반 44분 마사 AKL R-ST-G(득점: 마사) 왼쪽
● 후반 47분 원기종 PAR 내 ~ 마사 PAL 내 R-ST-G(득점: 마사, 도움: 원기종) 오른쪽
● 후반 17분 최건주 PAL 내 R-ST-G(득점: 최건주) 오른쪽

• 10월 10일 18:30 맑음 창원 축구센터 822명
• 주심_ 정회수 부심_ 이상민·이병주 대기심_ 서동진 경기감독관_ 당성증

경남 1 — 1 충남아산
1 전반 0
0 후반 1

퇴장	경고	파울	ST(유)	교체	선수명	배번	위치	위치	배번	선수명	교체	ST(유)	파울	경고	퇴장
0	0	0	0		손정현	31	GK	GK	1	박한근		0	0	0	0
0	0	0			김주환	33	DF	DF	4	한용수		2(1)	0	0	0
0	1	1	0		김영찬	5	DF	DF	19	박세진		1	1	0	0
0	0	2			배승진	4	DF	DF	47	이은범		1	2	0	0
0	2	2			김동진	22	DF	MF	7	박세직		0	1	0	0
0	0	1	0	10	장혁진	16	MF	MF	14	김인균		2(1)	1	0	0
0	0	1			이우혁	6	MF	MF	20	이상민		2(1)	0	0	0
0	0	0			장혁진	7	MF	MF	12	김강국		0	0	0	0
0	1	6	3		윌리안	94	MF	MF	38	홍현승	38	3(1)	2	0	0
0	2(1)	27			에르난데스	98	FW	FW	9	마테우스		9(2)	0	0	0
0	2(1)	8	12	19	고경민	19	FW	FW	77	알렉산드로	11	1	1	0	0
					김 민	25			13	이 창 근					
					김명준	23			16	유준수					
					채광훈	2	대기	대기	38	이규혁	후18				
				후12	임민혁	7			55	김재성					
				후29	백성동	10			33	김혜성					
					도동현	21			32	김원식	후25				
				후39	유강현	27			77	박민서	후	1(1)			
0	2	21	9(2)			0			0			11(4)	14	0	0

● 전반 31분 고경민 PK-R-G(득점: 고경민) 왼쪽
● 후반 34분 박민서 GAL 내 L-ST-G(득점: 박민서) 왼쪽

• 10월 16일 16:00 흐림 아산 이순신 555명
• 주심_ 채상협 부심_ 이영운·이정석 대기심_ 성덕효 경기감독관_ 강득수

충남아산 3 — 4 대전
2 전반 1
1 후반 3

퇴장	경고	파울	ST(유)	교체	선수명	배번	위치	위치	배번	선수명	교체	ST(유)	파울	경고	퇴장
0	0	0	0		박한근	1	GK	GK	1	김동준		0	0	0	0
0	1	1(1)			한용수	4	DF	DF	4	이지솔		0	0	0	0
0	0	1			유준수	16	DF	DF	42	임은수		1(1)	0	0	0
0	1	1			이은범	47	DF	DF	33	이웅희		0	0	0	0
0	0	0			박세직	7	MF	MF	34	민준영		0	0	0	0
0	1	0			이상민	20	MF	MF	17	이현식		2(1)	1	0	0
0	1	1			김강국	12	MF	MF	7	마 사		5(2)	3	0	0
0	1	77	0		홍현승	38	MF	MF	11	김승섭	77	0	0	0	0
0	3(3)	18			마테우스	9	FW	FW	81	공민현		0	0	0	0
0	2	3(1)			알렉산드로	11	FW	FW	16	원기종		4(2)	0	0	0
					이기현	21			41	이준서					
					이규혁	38			3	김민덕					
					김재성	55	대기	대기	6	알리바예프					
				후11	김종국	6			10	이진현	후30				
					김혜성	33			8	바이오	후34				
				후39	김 ля 18				26	신상은					
				후24	박민서	77			20	파					
0	2	13(9)				0			0			17(11)	16	1	0

● 전반 15분 마테우스 PAL ~ 알렉산드로 GA 정면 R-ST-G(득점: 알렉산드로, 도움: 마테우스) 오른쪽
● 전반 41분 마테우스 PK-R-G(득점: 마테우스) 왼쪽
● 후반 22분 홍현승 PAL ~ 마테우스 PA 정면 내 R-ST-G(득점: 마테우스, 도움: 홍현승) 오른쪽
● 전반 29분 이현식 PAR 내 H ~ 원기종 GAR L-ST-G(득점: 원기종, 도움: 이현식) 왼쪽
● 후반 17분 공민현 AK 정면 ~ 마사 GA 정면 내 L-ST-G(득점: 마사, 도움: 공민현) 가운데
● 후반 19분 공민현 AK 정면 ~ 이현식 GA 정면 L-ST-G(득점: 이현식, 도움: 공민현) 왼쪽
● 후반 39분 임은수 MF 정면 R-ST-G(득점: 임은수) 오른쪽

경남 0 - 2 안산

• 10월 16일 18:30 흐림 창원축구센터 721명
• 주심_조지음 부심_송봉근·천진회 대기심_안재훈 경기감독관_김성기

경남 0								0 전반 0 0 후반 2				2 안산			
퇴장	경고	파울	ST(유)	교체	선수명	배번	위치	위치	배번	선수명	교체	ST(유)	파울	경고	퇴장
0	0	0	0		손 정 현	31	GK	GK	1	이 승 빈	40	0	0	0	0
0	1	1	1		김 주 환	29	DF	DF	4	연 제 민		0	1	0	0
0	0	0	3(1)	8	김 명 준	23	DF	DF	15	송 주 호		0	0	1	0
0	1	1		50	배 동 진	4	MF	MF	29	김 예 성	1	3	1	0	
0	1	1			김 동 진	3	DF	MF	33	김 진 래		1	0		
0	1	2	0		이 광 진	16	FW	FW	11	두아르테	3	3(3)	0	0	
0	1	0			이 우 혁		MF	MF	14	이 상 민		1(1)	4	0	0
0	0		21		장 혁 진	7	MF	MF	21	김 이 석		1	2	0	0
0	4(1)				백 성 동		MF	MF	55	이 와 세		1	2	0	0
0	0				에르난데스	98	FW	FW	99	김 재 현	22	2	2	0	
0	4(3)				고 경 민	19	MF	MF	18	김 륜 도		2	1	0	0
0	0	0			황 성 민	1			40	문 경 건	전27				
				후33	김 종 필	50			2	임 채 관					
					채 광 훈	2			3	고 태 규	후40				
				후18	임 민 혁	6	대기	대기	6	김 현 태					
					설 현 진	15			9	산티아고					
				후20	도 동 현	21			22	이 준 희	후34				
					유 강 현	27			34	전 용 운					
0	3	11	18(5)									8(4)	17	1	0

●후반 7분 두아르테 PAR 내 L-ST-G(득점: 두아르테) 오른쪽
●후반 18분 이상민 PK-R-G(득점: 이상민) 가운데

부천 0 - 1 김천

• 10월 17일 13:30 맑음 부천종합 0명
• 주심_김영수 부심_구은석·김태형 대기심_고형진 경기감독관_허기태

부천 0								0 전반 0 0 후반 1				1 김천			
퇴장	경고	파울	ST(유)	교체	선수명	배번	위치	위치	배번	선수명	교체	ST(유)	파울	경고	퇴장
0	0	0	0		이 주 현	21	GK	GK	41	구 성 윤		0	0	0	0
0	0	1	1		강 의 빈	3	DF	DF	22	정 승 현		0	0	0	0
0	0	1			김 강 산	5	FW	FW	25	명 준 재	50	1(1)	2	1	0
0	1(1)				안 태 현	13	MF	MF	32	김 상 범		2(2)	1	1	0
0	0		32		김 정 호	20	DF	MF	33	조 규 성		5(2)	3	1	0
0	0	0			조 현 택	26	MF	MF	34	권 혁 규					
0	0	0			박 하 빈	8	FW	FW	37	유 인 수	46	1(1)	1	0	0
0	0				조 수 철	14	MF	MF	38	최 준 혁					
0	1				박 창 준	27	FW	DF	42	박 지 수		0	0	0	0
0	0		80		요 하 혁	77	FW	FW	99	오 현 규	39	3(1)	0	0	0
0	2(1)				한 지 호	22	FW		51	황 인 재					
0	0	0			최 철 원	81			28	하 창 래					
					박 태 홍	4			39	박 상 혁	후47				
					국 태 정	23			46	김 민 길	후26	대기			
				후23	최 재 영	80	대기		8	김 경 민					
				후11	크리슬란	9			49	김 진 규					
				후39	안 재 준	32			50	지 언 학	후32				
0	0	16	7(4)									12(7)	13	3	0

●후반 12분 명준재 PAR ⌒ 조규성 GAL 내 L-ST-G(득점: 조규성, 도움: 명준재) 왼쪽

전남 2 - 0 부산

• 10월 17일 16:00 맑음 광양전용 661명
• 주심_최현재 부심_김지욱·김경민 대기심_서동진 경기감독관_차상해

전남 2								1 전반 0 1 후반 0				0 부산			
퇴장	경고	파울	ST(유)	교체	선수명	배번	위치	위치	배번	선수명	교체	ST(유)	파울	경고	퇴장
0	0	0	0		김 다 솔	31	GK	GK	13	안 준 수		0	0	0	0
0	0	1	3(1)		올 레	33	MF	MF	3	박 민 규		0	0	0	0
0	0	2	1		장 순 혁	20	DF	MF	4	에드워즈	10		0	1	0	0
0	0	0			고 태 원	5	DF	DF	5	발렌티노스					
0	1	1	14		김 태 현	17	DF	FW	9	안 병 준	2(2)				
0	1				정 호 진	15	MF	FW	11	박 정 인	70				
0	0				황 기 욱	6	MF	MF	21	최 준		1	1		
0	1				장 성 재	18	MF	DF	35	박 호 영					
0	3(1)	22			발로텔리	89	FW	DF	45	황 준 호		3(1)			
0	0	8			김 병 오	27	FW	MF	77	김 정 민	3(1)				
0	0				김 현 욱	10	MF		29	진 필 립					
					김 병 지	29			7	드 로 젝	후42	4(3)			
					김 영 욱	27			10	이 상 헌	후28				
					최 호 정	55			14	김 정 현					
				후0	김 선 우	14	대기		24	이 레 준					
				후45	서 명 원	13			25	이 청 웅					
					알 렉 스	39			70	헤 나 토	후42				
0	2(1)	후20			이 종 호	8									
0	4	14	10(3)									12(6)	17	3	0

●전반 9분 발로텔리 GAL L-ST-G(득점: 발로텔리) 왼쪽
●후반 34분 장성재 C.KL ⌒ 이종호 GAR 내 H-ST-G(득점: 이종호, 도움: 장성재) 오른쪽

안양 2 - 1 서울E

• 10월 17일 18:30 맑음 안양종합 0명
• 주심_김용우 부심_방기열·이병주 대기심_송민석 경기감독관_김용세

안양 2								0 전반 0 2 후반 1				1 서울E			
퇴장	경고	파울	ST(유)	교체	선수명	배번	위치	위치	배번	선수명	교체	ST(유)	파울	경고	퇴장
0	0	0	0		정 민 기	13	GK	GK	41	김 경 민		0	0	0	0
0	0	0			닐손주니어	6	DF	DF	14	이 재 익		0	0	0	0
0	5(4)				아코스티	10	MF	MF	20	이 상 민		1	2	1	0
0	0	14			김 정 현	11	DF	DF	24	김 현 준	99	1(1)	2	1	0
0	1	4	0		김 형 진	3	DF	DF	2	황 태 현					
0	1	1(1)			타 무 라	8	FW	MF	88	김 선 민					
0	0	19			모 재 현	24	MF	MF	32	장 윤 호		2(1)	2	0	0
0	1				박 대 한	25	DF	DF	22	서 재 민	15		1	0	0
0	1(1)				백 동 규	20	DF	DF	92	김 인 성		3(3)	1	1	0
0	1				하 태 준	33	MF	MF	70	레안드로		4(4)	1	1	0
0	1				주 현 우	99	FW	FW	77	김 정 환	7	2(2)	1	1	0
0	0	0			김 태 훈	21			1	김 형 근					
				후47	심 동 운				15	박 성 우	후21				
				후41	홍 창 범	14	대기		4	이 인 재					
				후16	하 남	19			23	최 재 훈	대기				
					김 준 섭	22			19	유 정 완					
0	1(1)	후16			유 종 현	83			99	한 의 권	후42				
									7	바 비 오	후9				
0	1	9	13(9)									16(12)	14	3	0

●후반 19분 주현우 PAL 내 ⌒ 하남 GAR 내 H-ST-G(득점: 하남, 도움: 주현우) 오른쪽
●후반 36분 타무라 PAR 내 R-ST-G(득점: 타무라) 왼쪽
●후반 12분 레안드로 GAL 내 H-ST-G(득점: 레안드로) 왼쪽

• 10월 23일 16:00 맑음 부천 종합 314명
• 주심_ 신용준 부심_ 김지욱·이병주 대기심_ 조지음 경기감독관_ 최윤겸

	부천 0			0 전반 0				0 후반 0		0 충남아산				

퇴장	경고	파울	ST(유)	교체	선수명	배번	위치	위치	배번	선수명	교체	ST(유)	파울	경고	퇴장
0	0	0	0		최 철 원	81	GK	GK	13	이 기 현		0	0	0	0
0	0	1	0	3	박 태 홍	4	DF	DF	4	한 용 수		0	2	2	0
0	1	6	0		김 강 산	5	DF	DF	16	유 준 수		2(1)	0	0	0
0	0	1	0	6	김 한 빈	10	MF	DF	47	이 은 범		1	1	0	0
0	1	0	0		김 정 호	20	MF		6	김 종 국		1	1	0	0
0	0	1	0		조 현 택	26	MF	MF	14	김 인 균		0	4	0	0
0	0	3	1(1)		조 수 철	14	MF	MF	11	김 강 국					
0	0	2	2(2)		이 시 헌	25	FW	FW	29	홍 현 승	55				
0	0		2(2)		박 창 준	27	FW	MF	33	김 혜 성					
0	2	1		77	최 재 영	80	MF			알렉산드로		4(2)	1	0	0
0		3(1)			한 지 호	22	FW	FW	77	박 민 서		3(2)	1	0	0
					이 주 현	21				박 한 근					
				후28	강 의 빈	3			15	배 수 용					
					국 태 정	23			55	김 재 성	후45				
				후45	송 홍 민	6	대기	대기	7	박 세 직					
					박 하 빈	8			8	김 재 혁					
				후38	오 재 혁	7			9	마테우스	후21				
					안 재 준	32			32	김 원 석					
0	3	18	9(5)								0	15(8)	16	3	0

• 10월 23일 18:30 맑음 김천 종합 343명
• 주심_ 서동진 부심_ 이영운·천진희 대기심_ 김용우 경기감독관_ 강득수

	김천 3			0 전반 0				3 후반 1		1 전남				

퇴장	경고	파울	ST(유)	교체	선수명	배번	위치	위치	배번	선수명	교체	ST(유)	파울	경고	퇴장
0	0	0	0		구 성 윤	41	GK	GK	31	김 다 솔		0	0	0	0
0	0	1(1)	0		정 승 현	22	DF	DF	5	고 태 원		0	0	1	0
0	1	3(1)			명 준 재	25	FW	DF	55	최 호 정		0	0	0	0
0	3(2)			47	고 승 범	32	MF	DF	17	김 태 현		0	0	0	0
0	3	7(4)			조 규 성	41	MF	MF	14	김 선 우		0	0	0	0
0	1				최 준 혁	38	MF	MF	18	장 성 재					
0					박 지 수	42	MF	MF	27	김 영 욱	20				
0	1(1)		후41		문 지 환	43	MF	FW	9	김 병 오					
0					정 동 윤	14	DF	FW	39	알 렉 스		2(1)			0
		49			지 언 학		MF	MF	16	이 종 호					
					김 정 훈	52			1	박 준 혁					
					하 창 래	28			33	올 렉					
					송 주 손	44			20	장 순 혁	후17				
0	1(1)		후41		한 찬 희	81	대기	대기	6	황 기 욱					
					김 민 석	16			16	이 후 권	후29				
			후21		김 경 민	49			15	정 호 진					
0	2	14	19(9)									4(2)	12	3	1

● 후반 6분 정동윤 MFR ⌒ 고승범 GA 정면 R-ST-G(득점: 고승범, 도움: 정동윤) 가운데
● 후반 16분 정승현 PK-R-G(득점: 정승현) 오른쪽
● 후반 34분 고승범 MFR ⌒ 조규성 GA 정면 R-ST-G(득점: 조규성, 도움: 고승범) 왼쪽
● 전반 7분 알렉스 GAR L-ST-G(득점: 알렉스) 왼쪽

• 10월 23일 13:30 맑음 대전 한밭 종합 2,623명
• 주심_ 정회수 부심_ 구은석·이상민 대기심_ 최현재 경기감독관_ 당성증

	대전 3			1 전반 0				2 후반 1		1 안양				

퇴장	경고	파울	ST(유)	교체	선수명	배번	위치	위치	배번	선수명	교체	ST(유)	파울	경고	퇴장
0	0	0	0		김 동 준	1	GK	GK	13	정 민 기		0	0	0	0
0	0	1	0	3	이 지 솔	4	DF	DF	6	닐손주니어	24	0	0	0	0
0	0	2	2(1)		박 진 섭	15	DF	MF	4	맹 성 웅		0	0	0	0
0	1	2	0		이 웅 희	33	DF	FW	9	조 나 탄	10	0	0	0	0
0	0	1	1		서 영 재	2	MF	MF	10	아코스티		6(2)	1	0	0
0	1	2	0		이 종 현	27	MF	FW	11	김 경 중	23	1(1)	3	0	0
0	3(2)				마 사	7	MF	MF	25	박 대 한		0	0	0	0
0	2(1)				이 현 식	17	MF	MF	30	백 동 규		0	1	1	0
0	1	2	0		공 민 현	81	FW	FW	33	박 태 준		0	0	0	0
0	1	4(2)		11	파 투	77	FW	FW	99	주 현 우		2(1)	1	0	0
					이 준 서	41			21	김 태 훈					
			후25		김 민 덕	3			14	홍 창 범					
					알리바에프	8			20	이 상 용					
			후38		바 이 오	9	대기	대기	19	하 남	후30				
			후15		김 승 섭	11			22	김 준 하					
					신 상 은	26			24	모 재 현	후12				
									23	타 무 라	후43				
0	5	19	12(6)									9(3)	3	3	0

● 전반 7분 마사 PK-R-G(득점: 마사) 왼쪽
● 후반 1분 공민현 AKR ~ 이현식 PA 정면내 R-ST-G(득점: 이현식, 도움: 공민현) 오른쪽
● 후반 9분 파투 PAL TL ~ 마사 PAL R-ST-G (득점: 마사, 도움: 파투) 오른쪽
● 후반 23분 김경중 PAR 내 L-ST-G(득점: 김경중) 왼쪽

• 10월 23일 16:00 맑음 안산 와스타디움 568명
• 주심_ 안재훈 부심_ 이정민·장종필 대기심_ 성덕효 경기감독관_ 김성기

	안산 0			0 전반 2				0 후반 1		3 서울E				

퇴장	경고	파울	ST(유)	교체	선수명	배번	위치	위치	배번	선수명	교체	ST(유)	파울	경고	퇴장
0	0	0	0		문 경 건	40	GK	GK	13	김 경 민		0	0	0	0
0	0	1	0		연 제 민	4	DF	DF	14	이 재 익		1(1)	1	0	0
0	1	3(1)		3	송 주 호	15	DF	DF	20	이 상 민		0	0	0	0
0	0	1	0	87	이 준 희	22	DF	DF	92	김 진 환	가로	0	0	0	0
0	0	1	0		김 예 성	29	DF	DF	80	이 인 재		0	0	0	0
0	0	3(2)			두아르테	11	MF	MF	88	김 선 민		0	0	0	0
0	0	1	0		이 상 민	14	MF	MF	8	곽 성 욱	23	0	0	0	0
0	2	2(1)			임 재 혁	99	MF	MF	22	서 재 민		0	0	0	0
0	0	1(1)			김 대 열	21	FW	MF	19	유 정 완	70	1(1)	1	0	0
0	0	1		21	김 선 우	9	FW	FW	7	이 건 희		2(1)	1	0	0
					김 선 우	19			1	김 형 근					
				후41	고 태 규	10			2	황 태 현					
					김 현 태	5			41	이 인 재					
					신 재 혁	대기	대기	대기	34	최 재 훈	후26				
					김 이 석	20			99	한 의 석					
					김 진 래	7			70	레안드로	후23				
				후22	김 수 일	87			39	바 비 오	후39				
0	0	13	10(7)									11(6)	17	2	0

● 전반 19분 이건희 PAR 내 ~ 유정완 PA 정면내 L-ST-G(득점: 유정완, 도움: 이건희) 왼쪽
● 전반 30분 곽성욱 C.KR ⌒ 김진환 GA 정면 H-ST-G(득점: 김진환, 도움: 곽성욱) 오른쪽
● 후반 14분 이건희 PK-R-G(득점: 이건희) 왼쪽

- 10월 23일 18:30 흐림 부산 구덕 1,376명
- 주심_송민석 부심_이양우·이정석 대기심_박종명 경기감독관_나승화

부산 1 1 전반 0 / 0 후반 0 **0 경남**

퇴장	경고	파울	ST(유)	교체	선수명	배번	위치	위치	배번	선수명	교체	ST(유)	파울	경고	퇴장
0	1	0	0		안 준 수	13	GK	GK	31	손 정 현		0	0	0	0
0	0	2	0		박 민 규	3	DF	DF	29	김 주 환		0	0	1	0
0	0	2	0		에드워즈	4	MF	DF	23	김 명 준		0	0	0	0
0	0	1	0		발렌티노스	6	DF	DF	5	김 영 찬		0	1	0	
0		2	1(1)	14	드 로 젝		FW	DF	22	김 동 진		2(1)	0	1	0
0			3(2)		안 병 준	9	MF	MF	16	이 광 진			0	1	0
0	0	2	5(2)	20	이 상 헌	10	MF	MF	6	이 우 혁		2	1	0	
0	1				김 진 규	23	MF	MF	10	백 성 동					
0	0	2			박 호 영	35	DF	DF	21	도 동 현	8	3(3)	2	1	0
0	0	1			김 정 민	77	MF	FW	94	윌 리 안		3(2)	0	0	
					구 상 민	1			1	황 성 민					
				후21	김 동 현	14			50	김 종 필					
				후15	김 승 우	15			55	이 민 기					
0	1	2	1(1)	후27	이 태 민	20	대기	대기	3	장 혁 진					
					구 현 준	37				임 민 혁	후18				
					황 준 호	45			88	이 의 형	후25				
					헤 나 토	70			27	유 강 현					
0	3	14	11(6)						0			14(6)	6	2	0

● 전반 12분 이상헌 PAR 내 ⌒ 드로젝 PK지점 H-ST-G(득점: 드로젝, 도움: 이상헌) 오른쪽

- 10월 31일 15:00 맑음 김천 종합 514명
- 주심_김용우 부심_김지욱·이상민 대기심_김정호 경기감독관_나승화

김천 2 2 전반 0 / 0 후반 2 **2 부산**

퇴장	경고	파울	ST(유)	교체	선수명	배번	위치	위치	배번	선수명	교체	ST(유)	파울	경고	퇴장
0	0	0	0		구 성 윤	41	GK	GK	1	구 상 민		0	0	0	0
0	1	0	0		심 상 민	6	DF	MF	3	박 민 규		0	0	1	0
0	0	1	0		정 승 현	22	DF	MF	4	에드워즈		0	0	0	0
0					정 현 철	24	MF	DF	6	발렌티노스		0	1	1	0
0					고 승 범	33	MF	FW	20	드 로 젝	20	1	0	0	
0	0	3(3)			조 규 성	33	FW	FW	9	안 병 준		4(3)	1	0	0
0					송 주 훈	44	DF	FW	10	이 상 헌	70	0	1	0	
0	2	1(1)			정 동 윤	27	DF	DF	14	김 정 환		0	0	0	
					한 찬 희	94	MF	MF	23	김 진 규					
0				46	김 민 석			MF	25	이 청 웅					
0				50	김 경 민	49	MF	MF	77	김 정 민	15	3	0	0	
					김 정 훈	52			29	진 필 립					
					명 준 재	25			15	김 승 우	후44				
					박 지 수	42			20	이 태 민	전44	1(1)			
					문 지 환	43	대기	대기	21	이 래 준					
				후34	김 한 길	46			37	구 현 준					
				후13	지 언 학	50			45	황 준 호					
0	1	6	7(4)									13(4)	11	2	0

● 전반 2분 고승범 C.KR ⌒ 한찬희 GA 정면 H-ST-G(득점: 한찬희, 도움: 고승범) 왼쪽
● 전반 24분 심상민 자기 측 MFL ⌒ 조규성 GAL L-ST-G(득점: 조규성, 도움: 심상민) 오른쪽
● 후반 13분 안병준 PK-R-G(득점: 안병준) 왼쪽
● 후반 33분 안병준 GAL L-ST-G(득점: 안병준) 가운데

- 10월 31일 15:00 맑음 창원 축구센터 1,449명
- 주심_신용준 부심_지승민·이병주 대기심_오현득 경기감독관_최윤겸

경남 1 0 전반 0 / 1 후반 0 **0 대전**

퇴장	경고	파울	ST(유)	교체	선수명	배번	위치	위치	배번	선수명	교체	ST(유)	파울	경고	퇴장
0	1	0	0		손 정 현	31	GK	GK	41	이 준 서		0	0	0	0
0	0	2	0		김 주 환	29	DF	DF	3	김 민 덕		1	1	0	0
0		1	0		이 우 혁	6	DF	DF	5	김 호 인		1(1)	1	1	0
0		1			김 영 찬	5	DF	DF	39	변 준 수		0	1	0	
0		1			김 동 진	22	DF	MF	34	민 준 영		1	0	0	
0		1			이 광 진	16	MF	MF	32	이 호 빈	26	1	0	0	
0					장 혁 진	7	MF	MF	30	알리바예프		1	1	0	
0					백 성 동	10	MF	FW	10	이 진 현		1(1)	1	0	
0	0	1		98	도 동 현	21	MF	FW	77	파 투	11	1	0	0	
0		2(2)		8	윌 리 안	94	FW	FW	9	바 이 오		2(1)	1	0	
0	2	1		88	고 경 민	7	FW	FW	20	안 인 혁		1	0	0	
					황 성 민	1			1	김 동 준					
					김 종 필	50			12	김 선 호					
					채 광 훈	2			7	마 사					
				후35	임 민 혁	8	대기	대기	15	박 진 섭					
					설 현 진	18			28	전 병 관	후29				
				후26	이 재 명	88			11	김 승 섭	후9				
				후9	에르난데스	98			26	신 상 은	후17				
0	1	14	5(2)									10(4)	19	3	0

● 후반 8분 김동진 PAL CK ⌒ 윌리안 GAR 내 H-ST-G(득점: 윌리안, 도움: 김동진) 왼쪽

- 10월 31일 15:00 맑음 광양 전용 1,221명
- 주심_조지음 부심_이양우·김태형 대기심_김재홍 경기감독관_양정환

전남 2 0 전반 2 / 2 후반 1 **3 안산**

퇴장	경고	파울	ST(유)	교체	선수명	배번	위치	위치	배번	선수명	교체	ST(유)	파울	경고	퇴장
0	1	0	0		김 병 엽	23	GK	GK	40	문 경 건		0	0	0	0
0	0	0			김 선 우	14	DF	DF	3	김 태 규		1	0	0	0
0				33	남 윤 재	19	DF	DF	4	연 제 민		0	0	0	
0					최 호 정	55	DF	DF	5	김 재 봉		0	3	1	0
0					김 주 헌	15	DF	DF	29	김 예 성		0	0	1	0
0					김 병 오	31	MF	MF	6	김 현 태	21	0	0	0	
0					이 후 권	16	MF	MF	7	신 재 혁	87	0	1	0	
0	1	4(2)			최 성 진	32	MF	FW	11	두아르테	33	1(1)	1	0	
0				66	김 영 욱	24	MF	MF	14	이 상 민		0	0	0	
0					박 희 성	12	FW	FW	55	이 와 세		0	0	0	
0		3(2)			서 명 원	21	FW	FW	13	김 륜 도		1(1)	2	0	0
					오 찬 식	21			23	박 종 준					
				후	올 렉	33			15	송 주 호					
					박 찬 용	2			21	김 이 석	후41				
				후0	장 성 재	18	대기	대기	2	이 준 희					
					임 찬 울	7			27	김 대 열					
	1(1)			후18	사 무 엘	66			33	이 상 민	후46				
0	1	10	15(5)									6(4)	8	1	0

● 후반 26분 장성재 C.KL ⌒ 사무엘 GAL 내 H-ST-G(득점: 사무엘, 도움: 장성재) 왼쪽
● 후반 44분 박희성 GAL H → 서명원 GA 정면 L-ST-G(득점: 서명원, 도움: 박희성) 왼쪽
● 전반 7분 이상민 AKL FK R-ST-G(득점: 이상민) 오른쪽
● 전반 28분 이상민 MF 정면 → 두아르테 PAR 내 L-ST-G(득점: 두아르테, 도움: 이상민) 왼쪽
● 후반 34분 이와세 PA 정면 ⌒ 김륜도 GA 정면 L-ST-G(득점: 김륜도, 도움: 이와세) 오른쪽

• 10월 31일 15:00 맑음 안양 종합 730명
• 주심_안태훈 부심_이영운·이정석 대기심_설태환 경기감독관_차상해

안양 4 | 0 전반 0 / 4 후반 1 | 1 부천

퇴장	경고	파울	ST(유)	교체	선수명	배번	위치	위치	배번	선수명	교체	ST(유)	파울	경고	퇴장
0	0	0	0		정 민 기	13	GK	GK	81	최 철 원		0	0	0	0
0	0	2	0		정 준 연	2	DF	DF	3	강 의 빈		0	2	2	0
0	0	0	0	14	닐손주니어	6	DF	DF	5	김 강 산		0	0	0	0
0	0	2	0	23	명 성 준	8	MF	MF	3	안 태 현		0	3	0	0
0	0	0	1(1)		조 나 탄	9	FW	FW	20	김 정 호		0			
0	0	1	2(2)		아코스티	10	MF	MF	26	조 현 택		1	2	0	0
0	0	2	6(3)	24	김 경 중	11	MF	MF	6	송 홍 민		1	1	0	0
0	0	0	0		김 형 진	15	DF	MF	14	조 수 철		0			
0	0	1	0		백 동 규	30	DF	FW	25	이 의 형	32	1	0	0	
0	0	2	1		박 태 준	33	FW	FW	27	박 창 준		4(3)	2	0	0
0	0	0	0		주 현 우	99	DF	FW	22	한 지 호		0			
0	0	0	0		김 태 훈	21			21	이 주 현					
0	0	1	1(1)	후18	홍 창 범	14			4	박 태 홍	후15	0			
0	0	0	0		하 남	19			11	장 현 수					
0	0	0	0		김 준 섭	22	대기	대기	77	오 재 혁					
0	0	0	0	후0	타 무 라	23			30	최 재 영					
0	0	0	0	후41	모 재 현	24			9	크리슬란	후30	1(1)	0	0	
0	0	0	0		윤 준 성	83			32	안 재 준	후15	0			
0	0	9	12(7)			0						8(4)	14	4	0

● 후반 23분 박태준 MF 정면 ~ 홍창범 PA 정면 R-ST-G(득점: 홍창범, 도움: 박태준) 왼쪽
● 후반 34분 홍창범 AKL ~ 아코스티 GAL L-ST-G(득점: 아코스티, 도움: 홍창범) 왼쪽
● 후반 38분 주현우 PAL H~ 김경중 GAL L-ST-G(득점: 김경중, 도움: 주현우) 오른쪽
● 후반 41분 타무라 PA 정면내 ~ 아코스티 GAL R-ST-G(득점: 아코스티, 도움: 타무라) 왼쪽
● 후반 42분 안재준 GA 정면내 백헤딩패스 ~ 크리슬란 GAL 내 L-ST-G(득점: 크리슬란, 도움: 안재준) 왼쪽

• 10월 31일 15:00 흐림 아산 이순신 1,007명
• 주심_송민석 부심_구은석·천진희 대기심_박종명 경기감독관_허기태

충남아산 2 | 2 전반 0 / 0 후반 1 | 1 서울E

퇴장	경고	파울	ST(유)	교체	선수명	배번	위치	위치	배번	선수명	교체	ST(유)	파울	경고	퇴장
0	1	0	0		이 기 현	13	GK	GK	13	김 경 민		0	0	0	0
0	0	1	0		유 준 수	16	DF	DF	14	이 재 익		0	2	1	0
0	0	1	0		박 세 직	5	DF	DF	20	이 상 민		0	0	0	0
0	0	0	0		이 은 범	47	DF	DF	23	김 진 환		0	3	0	0
0	0	0	0		김 종 국	6	MF	MF	80	이 규 로		0	0	0	0
0	0	3(2)	0		김 인 균	14	MF	MF	88	김 선 민		2(1)	2	0	0
0	0	1	0		김 강 국	22	MF	MF	8	곽 성 욱	99	0			
0	1	3	1		홍 현 승	33	MF	MF	22	서 재 민		1(1)	1	0	0
0	0	4	5(3)		마테우스	97	FW	FW	9	유 정 완	10	1			
0	1	1	3(2)		박 민 서	77	FW	FW	77	이 건 희	7	4(2)	0	0	
0	0	0	0		심 민	21			1	김 형 근					
0	0	0	0	후49	배 수 용	15			4	이 인 재					
0	0	1(1)	0	후36	김 재 성	55			55	황 태 현					
0	0	0	0		박 세 직	7	대기	대기	23	이 재 훈					
0	0	0	0		김 재 현	8			10	김 민 균	후30	0			
0	0	0	0	후9/55	알렉산드로	11			99	한 의 권	후41	2	0	0	
0	0	0	0		김 원 식	32			7	바 비 오	후15	2(1)	1	1	0
0	3	15	12(3)			0						16(6)	13	2	0

● 전반 6분 김강국 PAR ~ 김인균 GAL H-ST-G(득점: 김인균, 도움: 김강국) 왼쪽
● 전반 29분 박민서 PAR ~ 김인균 PAL 내 발리슛 L-ST-G(득점: 김인균, 도움: 박민서) 오른쪽
● 후반 1분 이규로 PAR ~ 서재민 PAL 내 L-ST-G(득점: 서재민, 도움: 이규로) 왼쪽

• 11월 03일 19:00 맑음 대전 한밭 종합 1,982명
• 주심_안태훈 부심_이영운·이상민 대기심_서동진 경기감독관_차상해

대전 0 | 0 전반 0 / 0 후반 0 | 0 전남

퇴장	경고	파울	ST(유)	교체	선수명	배번	위치	위치	배번	선수명	교체	ST(유)	파울	경고	퇴장
0	0	0	0		김 동 준	1	GK	GK	1	박 준 혁		0	0	0	0
0	1	2	0		이 지 솔	4	DF	DF	33	올 렉		1	0	0	0
0	0	2	2		박 진 섭	5	DF	DF	20	장 순 혁		0	1	0	0
0	1	1	0		이 용 희	33	DF	DF	3	박 찬 용		0	0	0	0
0	1	1	0		서 영 재	2	MF	MF	14	김 태 현		0	0	0	0
0	1	1(1)	0		이 종 현	27	MF	MF	55	최 효 진	66	1(1)	1	1	0
0	4	2	3		마 사	7	MF	MF	6	황 기 욱		0			
0	0	1	0		이 현 식	17	MF	MF	15	정 호 진	66	1(1)	1	0	0
0	0	2	0	9	공 민 현	81	FW	FW	10	김 현 욱		0			
0	0	2	0		원 기 종	16	FW	FW	8	이 종 호		3(2)	2	0	0
0	1	1	0		김 승 섭	11	FW	FW	89	발로텔리		1(1)	1	1	0
0	0	0	0		이 준 서	41			1	다 솔					
0	0	0	0	후48	김 민 덕	5			32	최 성 진					
0	0	0	0		알리바예프	6			18	장 성 재					
0	0	0	0		임 은 수	42	대기	대기	16	이 후 권					
0	0	0	0	후39	바 이 오	7			22	서 명 원					
0	0	0	0		파 투	77			66	사 무 엘	후37	0			
0	0	0	0		신 상 은	26			12	박 희 성	후20	0			
0	2	16	7(1)			0						6(4)	11	3	0

• 11월 07일 14:00 맑음 안양 종합 2,789명
• 주심_박병진 부심_방기열·김태형 대기심_최현재 경기감독관_양정환

안양 1 | 1 전반 1 / 0 후반 2 | 3 대전

퇴장	경고	파울	ST(유)	교체	선수명	배번	위치	위치	배번	선수명	교체	ST(유)	파울	경고	퇴장
0	0	0	0		정 민 기	13	GK	GK	1	김 동 준		0	0	0	0
0	1	2	0		정 준 연	2	DF	DF	4	이 지 솔		1	2	0	0
0	0	0	0	23	닐손주니어		DF	DF	33	이 웅 희		0	0	0	0
0	0	1	1(1)		조 나 탄	9	FW	FW	15	박 진 섭		2(1)	1	0	0
0	1	2	1	24	아코스티	10	MF	MF	2	서 영 재		0	0	0	0
0	1	3	1	8	김 경 중	11	MF	MF	27	이 종 현		0	1	0	0
0	1	3	1		홍 창 범	14	MF	MF	7	마 사		1	1	0	0
0	1	0	0		김 형 진	15	DF	MF	17	이 현 식		0	0	0	0
0	0	2	0		백 동 규	30	DF	FW	77	파 투	11	0			
0	0	1	2(2)		박 태 준	33	FW	FW	16	원 기 종		2	0	0	
0	0	2	0		주 현 우	99	DF	FW	81	공 민 현	9	0	0	0	
0	0	0	0		김 태 훈	21			41	이 준 서					
0	0	0	0	후17	유 종 현				3	김 민 덕	후36	0			
0	0	0	0	후17	명 성 준				39	변 준 수					
0	0	0	0		하 남	19	대기	대기	10	이 진 현					
0	0	0	0		김 준 섭	22			42	임 은 수					
0	1	1(1)	0	후26	타 무 라	23			11	김 승 섭	후17	0			
0	0	0	0	후36	모 재 현	24			9	바 이 오	후17	6(4)	0	0	
0	4	16	12(4)			0						10(5)	10	1	0

● 전반 12분 조나탄 GAL L-ST-G(득점: 조나탄) 오른쪽
● 전반 32분 원기종 PAR 내 ~ 박진섭 AKR R-ST-G(득점: 박진섭, 도움: 원기종) 왼쪽
● 후반 24분 이현식 PAL 내 ~ 바이오 PK 좌측 지점 R-ST-G(득점: 바이오, 도움: 이현식) 오른쪽
● 후반 40분 서영재 PAL ~ 바이오 PAL 내 R-ST-G(득점: 바이오, 도움: 서영재) 오른쪽

제1조 (목적)＿ 본 대회요강은 K LEAGUE 1 11위 클럽(이하: 'K리그1 클럽')과 K LEAGUE 2 플레이오프 승자 클럽(이하: K리그2 클럽) 간의 승강 플레이오프 대회 및 경기 운영에 관한 사항을 규정한다.

제2조 (용어의 정의)＿ 본 대회요강에서 '클럽'이라 함은 연맹의 회원단체인 축구단을, '홈 클럽'이라 함은 홈경기를 개최하는 클럽을 지칭한다.

제3조 (명칭)＿ 본 대회명은 '하나원큐 K리그 승강 플레이오프 2021'로 한다.

제4조 (주최, 주관)＿ 본 대회는 연맹이 주최(대회를 총괄하여 책임지는 자)하고, 홈 클럽이 주관(주최자의 위임을 받아 대회를 운영하는 자)한다. 홈 클럽의 주관권은 제3자에게 양도할 수 없다.

제5조 (승강 플레이오프)＿ K리그1 클럽과 K리그2 클럽은 승강 플레이오프를 실시하여 그 승자가 2022년 K리그1 리그에 참가하고 패자는 2022년 K리그2 리그에 참가한다.

제6조 (일정)＿ 본 대회는 2022.12.8(수), 12.12(일) 양일간 개최하며, 경기일정(대진)은 아래의 경기일정표에 의한다.

구분		경기일	경기시간	대진	장소
승강 플레이오프	1차전	12. 08 (수)	19:00	K리그2 플레이오프 승자 클럽 11위	K리그2 플레이오프 승자 홈 경기장
	2차전	12.12 (일)	14:00	K리그1 11위 vs K리그2 플레이오프 승자 클럽	K리그1 11위 홈 경기장

※ 본 대회 경기일정은 조정될 수 있으며, 경기시간은 추후 확정하여 팀 통보.

제7조 (경기 개시 시간)＿ 경기 시간은 사전에 연맹이 지정한 경기시간에 의한다.

제8조 (대회방식)＿ 1. 본 대회 방식은 K리그1 클럽과 K리그2 클럽 Home & Away 방식에 의해 2경기가 실시되며, 1차전 홈 경기는 챌린지 클럽 홈에서 개최한다.

2. 승강 플레이오프는 1차전, 2차전 각 90분(전/후반45분) 경기를 개최한다.

3. 1, 2차전이 종료된 시점에서 승리수가 많은 팀을 승자로 한다.

4. 1, 2차전이 종료된 시점에서 승리수가 같은 경우에는 다음 순서에 의해 승자를 결정한다.

1) 1, 2차전 90분 경기 합산 득실차

2) 합산 득실차가 동일한 경우, 원정다득점 우선원칙 적용

3) 합산 득실차와 원정경기 득점 수 가 동일할 경우, 연장전(전/후반15분) 개최(연장전은 원정 다득점 우선 원칙 미적용)

4) 연장전 무승부 시, 승부차기로 승리팀 최종 결정(PK방식 각 클럽 5명씩 승패가 결정되지 않을 경우, 6명 이후는 1명씩 승패가 결정 날 때까지)

제9조 (경기장)＿ 1. 모든 클럽은 최상의 상태에서 홈경기를 실시할 수 있도록 경기장을 유지·관리할 책임이 있다.

2. 본 대회는 원칙적으로 축구전용경기장에서 개최되어야 한다.

3. 경기장은 법령이 정하는 시설 안전 기준을 충족하여야 한다.

4. 홈 클럽은 경기장을 방문하는 관람객을 위해 관중상해보험에 가입해야 하며, 보험증권을 연맹에 경기 개최 전에 제출하여야 한다. 홈 클럽이 연고지역 외 기타 경기장에서 K리그 경기를 개최하고자 할 경우에는 연맹에 경기개최 승인 요청 시 보험증권을 첨부하여 제출하여야 한다.

5. 각 클럽은 경기장 시설(물)에 대해 연맹의 승인을 득하여야 한다.

6. 경기장은 연맹의 경기장 시설 기준을 준수하여야 하며, 다음 각 호의 조건을 충족하여야 한다.

1) 그라운드는 천연잔디구장으로 길이 105m, 너비 68m를 권고하며, 천연잔디 또는 하이브리드 잔디여야 한다. 단 하이브리드 잔디를 사용하는 경우 사전에 연맹의 승인을 득하여야 하며, 아래 기준을 충족시켜야 한다.

가. 기준

- 인조잔디 내 인체 유해성분이 검출되지 않을 것

- 전체 그라운드 면적 대비 인조잔디 함유 비율 5% 미만

- 최초 설치 시 아래 기준치를 상회하는 성능일 것

충격흡수성	수직방향변형	잔디길이
(51~52)%	(4~10)mm	(21~25)mm
회전저항	수직공반발	공구름
(25~50)N/m	(0.6~1.0)m	(4~8)m

나. 제출서류

- 샘플(1㎡), 제품규격서, 유해성 검출 시험 결과표, 설치/유지 관리 계획서

다. 승인절차

- 신청일로부터 60일 이내 승인

- 필요시, 현장테스트 진행(최소 10㎡ 이상의 예비 포지 사전 마련)

라. 그라운드 관리 미흡으로 인한 문제 발생 소지 있을 경우, 사용이 제한될 수 있음

2) 공식경기의 잔디 길이는 2~2.5cm로 유지되어야 하며, 전체에 걸쳐 동일한 길이여야 한다.

3) 그라운드 외측 주변에는 원칙적으로 축구전용경기장의 경우는 5m 이상, 육상경기겸용경기장의 경우 1.5m 이상의 잔디 부분이 확보되어야 한다.

4) 골포스트 및 바는 흰색의 둥근 모양(직경12cm)의 철제 관으로 제작되고, 원칙적으로 고정식이어야 한 다. 또한 볼의 반발력에 영향을 줄 수 있는 비철제 보강재 사용을 금한다.

5) 골네트는 원칙적으로 흰색(연맹의 승인을 득한 경우는 제외)이어야 하며, 골네트는 골대 후방에 폴을 세워 안전한 방법으로 부착하여야 한다. 폴은 골대와 구별되는 어두운 색상이어야 한다.

6) 코너 깃발은 연맹이 지정한 것을 사용하여야 한다.

7) 각종 라인은 국제축구연맹(이하 'FIFA') 또는 아시아축구연맹(이하 'AFC')이 정한 규격에 따라야 하며, 라인 폭은 12cm로 선명하고 명료하게 그려야 한다.(원칙적으로 페인트 방식으로 한다.)

7. 필드(그라운드 및 그 주변 부분)에는 경기 운영에 영향을 주거나 선수에게 위험의 우려가 있는 것을 방치 또는 설치해서는 안 된다.

8. 공식경기에서 그라운드에 살수(撒水)를 하는 경우, 다음 각 호에 따라 실시한다.

1) 살수는 경기 킥오프 전 및 하프타임에 실시하며, 경기장에 걸쳐 균등하게 해야 한다.

2) 경기감독관은 경기 시간 및 날씨, 그라운드 상태, 당일 경기장 행사 등을 고려하여 살수 횟수와 시간을 정하고 이를 홈 클럽 및 원정 클럽 관계자들에게 사전 통보한다.

3) 홈 클럽은 경기감독관이 정한 횟수와 시간에 따라 살수를 실시해야 하며, 이를 위반할 경우 상벌규정 유형별 징계기준 제5조 바.항에 의거 해당 클럽에 제재를 부과할 수 있다.

9. 경기장 관중석은 K리그1 클럽의 경우 좌석수 10,000석 이상, K리그2 클럽의 경우 좌석수 5,000석 이상을 충족하여야 한다. 이에 미달할 경우 연맹의 사전 승인을 득하여야 한다.

10. 홈 클럽은 원정 클럽을 응원하는 관중을 위해 대진 확정일로부터 경기 개최 3일 전까지 원정 클럽이 요청한 적정 수의 좌석을 원정팀과 협의하여 결정한다. 또한, 원정 클럽 관중을 위한 전용출입문, 화장실, 매점 시설 등을 독립적으로 사용할 수 있도록 마련한다.

11. 경기장은 다음 항목의 부대시설을 갖추도록 권고한다.

1) 양 팀 선수대기실(냉·난방 및 냉·온수 가능)

2) 심판대기실(냉·난방 및 냉·온수 가능)

3) 경기감독관 대기실   4) 운영 본부실

5) 실내 기자회견장   6) 기자실 및 사진기자실

7) 중계방송사룸(TV중계스태프룸)   8) 의무실

9) 도핑검사실(냉·난방 및 냉·온수 가능)

10) 장내방송 시스템 및 장내방송실

11) 통제실, 경찰 대기실, 소방 대기실 12) VIP룸

13) MCG, TSG석 및 심판평가관석   14) 기록석

15) 기자석   16) TV중계 부스

17) 전광판   18) TV카메라 설치 공간

19) 종합 안내소   20) 입장권 판매소

21) 식음료 및 축구 관련 상품 판매소

22) TV중계차 주차 공간   23) 케이블 시설 공간

24) 전송용기자재 등 설치 공간   25) 태극기, 연맹기, 대회기

26) 태극기, 대회 깃발, 리그 깃발, 양 팀 클럽기 깃발 등을 게재할 수 있는 게 양대

27) 믹스드 존(Mixed Zone)   28) 기타 연맹이 정하는 시설, 장비

제10조 (조명장치)_ 1. 경기장에는 그라운드 평균 1,200lux 이상 조도를 가진 조명 장치를 설치하여 조명의 밝음을 균일하게 유지하여야 한다. 또한 정전에 대비하여 1,000lux 이상의 조도를 갖춘 비상조명 장치를 구 비하여야 한다.

2. 홈 클럽은 경기장 조명 장치의 이상 유·무를 사전에 확인하여 장애를 미연에 방지하는 한편, 고장 시 신속하게 수리할 수 있도록 모든 조치와 최선의 노력을 다하여야 한다.

제11조 (벤치)_ 1. 팀 벤치는 원칙적으로 다음 요건을 충족하여야 한다.

1) FIFA가 정한 규격의 기술지역(테크니컬에어리어) 내에 설치하여야 한다.

2) 벤치 터치라인으로부터 5m 이상 떨어지는 한편 그 끝이 하프라인으로부터 8m 떨어지는 위치에 설치하여야 한다.

3) 최소 20인 이상 앉을 수 있는 좌석이 준비되어야 하며, 지붕을 설치할 경우 투명한 재질로 해야 한다.

2. 홈 팀 벤치는 본부석에서 그라운드를 향해 좌측에 설치하여야 한다. 단 사전 승인 시 우측에 홈 팀 벤치의 설치가 가능하다.

3. 홈, 원정 팀 벤치에는 팀명을 표기한 안내물을 부착하여야 한다.

4. 제4의 심판(대기심판) 벤치를 준비하여야 하며, 다음의 요건을 충족하여야 한다.

1) 벤치 터치라인으로부터 5m 이상 떨어지는 그라운드 중앙에 설치하여야 한다. 단, 방송사의 요청 시에는 카메라 위치에 방해가 되지 않는 위치에 설치하여야 한다.

2) 지붕을 설치할 경우 투명한 재질로 해야 하며, 지붕이 관중의 시야를 방해해서는 안 된다.

3) 대기심판 벤치 내에는 최소 3인 이상 앉을 수 있는 좌석과 테이블이 준비되어야 한다.

제12조 (의료시설)_ 홈 클럽은 선수단, 관계자, 관중 등을 위해 경기개시 90분 전부터 경기종료 후 모든 관중 및 관계자가 퇴장할 때까지 의료진(의사, 간호사, 1급 응급구조사)과 1대의 특수구급차를 포함하여 최소 2대 이상의 구급차를 반드시 대기시켜야 한다. 이를 위반할 경우, 연맹 상벌 규정에 따라 제재할 수 있다.

제13조 (경기장에서의 고지)_ 1. 홈 클럽은 경기장에서 다음의 각 항목 사항을 전광판 및 장내 아나운서(멘트)를 통해 고지하여야 한다.

1) 공식 대회명칭(반드시 지정된 방식 및 형태에 맞게 전광판 노출)

2) 선수, 심판 및 경기감독관, 심판평가관 소개

3) 대회방식 및 경기방식

4) K리그 선수 입장곡(K리그 앤섬 'Here is the Glory' BGM)

5) 선수 및 심판 교체

6) 득점자 및 득점시간(득점 직후에)

7) 추가시간(전·후반 전광판 고지 및 장내아나운서 멘트 동시 실시)

8) 유료관중 수(후반전 15~30분 발표)

9) 경기 중, 경기정보 전광판 표출(양 팀 출전선수명단, 경고, 퇴장, 득점)

10) 지진 등 비상상황 발생 시 대피방안

11) VAR 리뷰를 진행할 경우, VAR 영상 판독 문구 전광판 표출

12) 상기 항 이외 연맹이 지정하는 사항

2. 홈 클럽은 경기 전·후 및 하프타임에 다음의 각 항목 사항을 실시하는 것이 가능하다.

1) 다음 경기예정 및 안내 2) 연맹의 사전 승인을 얻은 광고 선전

3) 음악방송   4) 팀 또는 선수에 관한 정보 안내

5) 상기 1~4호 이외 연맹의 승인을 얻은 사항

제14조 (경기장 점검)_ 1. 클럽이 기타 경기장에서 경기를 개최하고자 할 경우 해당 경기개최 14일 전까지 연맹에 시설 점검을 요청하여 경기장 실사를 받아야 하며, 이때 제출하여야 하는 서류는 다음과 같다.

1) 경기장 시설 현황   2) 홈경기 안전계획서

2. 연맹의 보완 지시가 있을 경우 이에 대한 이행 결과를 경기개최 7일 전까지 서면 보고하여야 한다.

3. 연맹은 서면보고접수 후 재점검을 통해 문제점 보완이 미흡하다고 판단될 경우 경기 개최를 불허한다. 이 경우 홈 클럽은 연고지역 내에서 '법령', 'K리그 경기장 시설기준'에 부합하는 타 경기장(대체구장)을 선정하여 상기 1항, 2항의 절차에 따라 연맹의 승인을 받아야 한다.

4. 홈 클럽이 원하는 경기장에서 경기개최가 불가능하다고 판단될 경우, 본 대회요강 제17조 2항에 따른다. (연맹 경기규정 30조 2항)

5. 상기 4항을 이행하지 않는 클럽은 본 대회요강 제19조 1항에 따른다.(연맹 경기규정 32조 1항)

제15조 (악천후의 경우 대비조치)_ 1. 홈 클럽은 강설 또는 강우 등 악천후의 경우에도 홈경기가 개최될 수 있도록 최선의 노력을 다하여야 한다.

2. 악천후로 인하여 경기개최가 불가능하다고 판단될 경우, 경기감독관은 경기개최 3시간 전까지 경기개최 중지를 결정하여야 한다.

제16조 (경기중지 결정)_ 1. 경기 전 또는 경기 중 중대한 불상사 등으로 경기를 계속하기 어려운 사태가 발생하였을 경우, 주심은 경기 감독관에게 경기 중지를 요청할 수 있으며, 경기감독관은 동 요청에 의거하여 홈 클럽 및 원정 클럽 관계자의 의견을 참고한 후 경기 중지를 결정할 수 있다.

2. 상기 1항의 경우 또는 관중의 난동 등으로 경기장의 질서 유지가 어려운 경우, 경기감독관은 주심의 경기중지 요청이 없더라도 경기 중지를 결정할 수 있다.

3. 경기 개최 3시간 전부터 경기 종료 시까지 경기 개최 지역에 미세먼지, 초미세먼지, 황사 등에 관한 경보가 발령되었거나 경보 발령 기준농도를 초과하는 상태인 경우, 경기감독관은 경기의 취소 또는 연기를 결정할 수 있다.

4. 경기 개최 3시간 전부터 경기 종료 전까지 선수단 내 코로나 확진 환자 발생 시 경기감독관은 경기의 취소 또는 연기를 결정할 수 있으며, 이 경우 제20조에 따른다.

5. 경기감독관은 경기중지 결정을 내린 후, 지체 없이 그 사유를 연맹에 보고하여야 한다.

제17조 (재경기)_ 1. 공식경기가 악천후, 천재지변, 기타 클럽의 통제범위를 벗어난 불가항력적 상황, 경기장 조건, 선수단과 관계자 및 관중의 안전이 우려되는 긴급한 상황 등 부득이한 사유로 취소·중지된 경우, 그다음 날 같은 경기장에서 재경기를 개최함을 원칙으로 한다.

2. 그다음 날 같은 경기장에서 재경기를 개최하기 어려운 사정이 있을 경우에는 연맹이 재경기의 일시 및 경기장을 정한다.

3. 경기장 준비부족, 시설미비 등 관중의 소요 등 홈 클럽의 귀책사유로 인하여 공식경기가 취소·중지된 경우 원정 클럽은 그 시점으로부터 24시간 이

내에 자신의 홈 경기로 재경기를 개최할 것을 신청할 수 있으며, 이 경우 홈/원정의 변경 여부는 연맹이 결정한다.

4. 재경기 방식에 대해서는 다음 각 호에 의한다.

  1) 이전 경기에서 양 클럽의 득실차가 없을 때는 90분간 재경기를 실시한다.

  2) 이전 경기에서 양 클럽의 득실차가 있을 때는 중지 시점에서부터 잔여 시간만의 재경기를 실시한다.

5. 재경기 시, 상기 4항 1호의 경우 이전 경기에서 발생된 경고, 퇴장 기록만이 인정되며 선수교체는 팀당 최대 3명까지 가능하다. 상기 4항 2호의 경우 이전 경기에서 발생된 모든 기록이 인정되며 선수교체는 이전 경기를 포함하여 3명까지 할 수 있다.

5. 재경기 시, 이전 경기에서 발생된 경고 및 퇴장은 유효하며, 경고 및 퇴장에 대한 처벌(징계)은 경기순서대로 연계 적용한다.

제18조 (귀책사유가 있는 클럽의 비용 보상)_ 1. 홈 클럽의 귀책사유에 의해 공식경기가 개최불능 또는 중지(중단)되었을 경우, 홈 클럽은 원정 클럽에 교통비 및 숙식비를 보상하여야 한다.

2. 원정 클럽의 귀책사유에 의해 공식경기가 개최불능 또는 중지(중단)되었을 경우, 원정 클럽은 홈 클럽에 발생한 경기준비 비용 및 입장권 환불 수수료, 교통비 및 숙식비를 보상하여야 한다.

3. 상기 1항, 2항과 관련하여 천재지변 등 불가항력에 의한 경우는 제외한다.

제19조 (패배로 간주되는 경우)_ 1. 공식경기 개최거부 또는 속행 거부 등(경기장 질서문란, 관중의 난동 포함) 어느 한 클럽의 귀책사유로 인하여 공식경기가 개최불능 또는 중지(중단)되었을 경우, 그 귀책사유가 있는 클럽이 0 : 3 패배한 것으로 간주한다.

2. 공식경기에 무자격선수가 출장한 것이 경기 중 또는 경기 후 발각되어 경기종료 후 48시간 이내에 상대 클럽으로부터 이의가 제기된 경우, 무자격선수가 출장한 클럽이 0 : 3 패배한 것으로 간주한다. 다만, 경기 중 무자격선수가 출장한 것이 발각되었을 경우, 해당 선수를 퇴장시키고 경기는 속행한다.

3. 코로나19 확진자로 인해 최소 선수단 인원을 충족시키지 못하여 재경기가 불가할 경우, 그 귀책사유가 있는 클럽이 0:2 패배한 것으로 간주한다.

4. 상기 1항, 2항에 따라 어느 한 클럽의 0 : 3 패배를 결정한 경우에도 양 클럽 선수의 개인기록(출장, 경고, 퇴장, 득점, 도움 등)은 그대로 인정한다.

5. 상기 2항의 무자격 선수는 K리그 미등록 선수, 경고누적 또는 퇴장으로 인하여 출전이 정지된 선수, 상벌 위원회 징계, 외국인 출전제한 규정을 위반한 선수 등 그 시점에서 경기출전 자격이 없는 모든 선수를 의미한다.

제20조 (코로나19 확진자 발생 시에 따른 경기진행 요건)_ 1. 개별 경기개최 성립을 위한 양 팀의 최소 선수단 인원은 아래와 같으며, 어느 한 팀이라도 최소 선수단 수를 충족시키지 못했을 경우 해당 경기는 익일 동일 경기장에서 재경기를 속행하도록 한다.

  1) 경기출전가능인원 수: 팀 당 최소 15명 (최소 1인의 GK 필수포함)

  2) 선수들의 경기출전 가능 조건 (아래 세 가지 조건 동시 충족 필수)

    ① 자가격리 비대상 ② 무증상 ③ 코로나 19 음성 (PCR 결과만 인정)

2. 상기 1항(익일 동일 경기장 재경기)에 따르지 못할 경우, 경기의 일정은 아래와 같이 연기한다.

  1) 1차전 : 12/22(수)   2) 2차전 : 12/26(일)

3. 코로나19 확진자로 인해 어느 한 팀이라도 제20조 2항에 따른 날짜까지 각각 최소 선수단 수를 충족시키지 못했을 경우, 본 대회요강 제19조 3항에 따르며, 양 구단에 모두 귀책 발생하였을 경우에 한해서 별도의 경기일정을 연맹이 지정할 수 있다.

4. 그 밖의 사항은 「K리그 코로나19 대응 통합 매뉴얼」 및 연맹의 결정에 따른다.

제21조 (경기결과 보고)_ 모든 공식경기의 경기결과 보고는 경기감독관 보고서, 심판 보고서, 경기기록지에 의한다.

제22조 (경기규칙)_ 본 대회의 경기는 FIFA 및 KFA의 경기규칙에 따라 실시

되며, 특별한 사항이 발생 시에는 연맹이 결정한다.

제23조 (Video Assistant Referee 시행)_ 1. VAR는 주심 등 심판진을 지원하고 경기 결과를 바꿀 수 있는 명백한 오심을 변경해 공정한 판정을 증대하기 위해 시행하며 본 대회에서는 아래의 4가지 상황에 대해서만 VAR를 적용한다.

  1) 득점 상황   2) PK(Penalty Kick) 상황

  3) 퇴장 상황   4) 징계조치 오류

2. VAR의 시행과 관련하여 선수, 코칭스태프, 구단 임직원의 준수사항은 다음과 같다.

  1) 'TV' 신호(Signal)를 그리는 동작을 취하거나 구두로 VAR 확인을 요청할 수 없다. 이를 위반할 시, 다음과 같은 제재가 내려진다.

    ① 선수 - 경고   ② 코칭스태프 및 구단 임직원 - 퇴장

  2) 주심 판독 지역(Referee Review Area, 이하 'RRA')에는 오직 주심과 영상관리보조자(Review Assistant, 이하 RA), 심판진만이 진입할 수 있다. 이를 위반할 시 다음과 같은 제재가 내려진다.

    ① 선수 - 경고   ② 코칭스태프 및 구단 임직원 - 퇴장

3. VAR의 시행과 관련하여 홈 클럽의 준수사항은 다음과 같다.

  1) 홈 클럽은 VAR가 공식심판진임을 인지하고 VAR 차량에 심판실과 동일한 안전계획을 수립해 안전관리를 제공해야 하며, 안전관리 미흡 등 홈 클럽의 귀책사유로 인한 차량 및 장비의 파손 등이 발생하는 경우 이에 따른 손해를 연맹에 배상하여야 한다.

  2) 홈 클럽은 RRA에 심판진과 RA 외 다른 누구도 진입할 수 없도록 관리해야 하며, 관련 안전사고 예방의 의무와 책임이 있다.

  3) 홈 클럽은 VAR 상황 발생 시 판독 중임을 뜻하는 이미지를 판독 종료 시점까지 전광판에 노출해야 하며, 관련 장면 영상을 전광판을 통해 리플레이할 수 없다.

  4) 홈 클럽이 상기 제1호부터 제3호에서 정한 준수사항을 위반하는 경우, 연맹 상벌 규정 유형별 징계 기준 11조에 따른 징계를 받을 수 있다.

4. VAR는 다음과 같은 이유로 경기가 무효화되지 않는다.

  1) VAR 장비가 작동하지 않은 경우

  2) VAR 판정에 오심이 발생하는 경우

  3) VAR 판독을 진행하지 않겠다고 결정을 내린 경우(안전문제, 신변위협 등)

  4) VAR 판독이 불가능한 경우(영상 앵글의 문제점, 노이즈현상 등)

5. 이 외 사항에 대해서는 IFAB(국제축구평의회)와 FIFA(국제축구연맹)이 정한 바에 따른다.

제24조 (전자장비 사용)_ 1. 선수들의 부상 상태 파악 및 안전과 실시간 전력분석 정보를 활용하기 위한 용도로 무선헤드셋 4대와 전자장비 4대(스마트폰, 태블릿PC, 노트북)를 사용할 수 있다.

2. 벤치에서는 스마트폰, 태블릿 PC, 노트북 중 1대를 사용할 수 있으며 무선헤드셋 1대 사용 가능하다. 단, 의료진이 사용할 경우 추가로 1대를 사용할 수 있다.

3. 전자장비 사용 승인은 개막일 전까지 연맹에 장비 사용에 대한 승인을 받아야 한다. 단, 사용 승인 신청을 할 경우 경기 3일 전까지 연맹에 사용 승인을 받아야 한다.

4. 허가되지 않은 전자 장비를 사용하거나, 전자/통신 장비를 이용한 판정항의 시 기술지역에서 퇴장된다.

제25조 (경기시간 준수)_ 1. 본 대회는 90분(전·후반 각 45분) 경기를 실시한다.

2. 모든 클럽은 미리 정해진 경기시작시간(킥오프 타임)과 경기 중 휴식시간(하프타임)을 반드시 준수하여야 한다. 하프타임 휴식은 15분을 초과할 수 없으며, 양 팀 출전선수는 후반전 출전을 위해 후반전 개시 3분 전(하프타임 12분)까지 심판진과 함께 대기 장소에 집결하여야 한다.

3. 클럽이 경기시작시간 또는 하프타임 종료시간을 준수하지 아니하여 예정된 경기시작 또는 재개시간이 1분 이상 지연될 경우, 아래 각 호에 따라 해

당 클럽에 제재금을 부과할 수 있다.

  1) 1회 미준수 시: 100만 원의 제재금 2) 2회 미준수 시: 200만 원의 제재금
  3) 3회 이상 미준수 시: 400만 원의 제재금 및 상벌위원회 제소
 4. 경기에 참가하는 팀(코칭스태프, 팀 스태프 포함)은 경기시작 100분 전에
  경기장에 도착하여야 한다.

  1) 어느 한 팀이 경기시작 40분 전까지 경기장에 도착하지 못할 경우, 해
  당 팀은 경기감독관에 그 사유와 도착예정 시간을 통보하여야 하며,
  경기감독관은 경기시간 변경 유무를 심판 및 양 팀 대표자와 협의를 통
  해 결정한 후, 연맹으로 통보한다.
  2) 경기시간이 변경될 경우, 홈 클럽은 전광판 및 아나운서 멘트를 통해
  변경된 경기시간과 변경사유에 대해 고지해야 한다.
  3) 어느 한 팀이 경기시작 시각까지 경기장에 도착하지 않는 경우, 상대팀
  은 45분간 대기할 의무가 있다. 45분간 대기했음에도 불구하고 상대팀
  이 도착하지 않을 경우, 경기감독관은 16조 1항에 의한다.
  4) 경기중지에 따라 발생되는 모든 비용에 대한 배상, 책임은 귀책사유가
  있는 클럽에 있으며 18조에 따른다.
  5) 홈/원정팀은 경기개최지로의 이동정보를 사전에 숙지할 책임이 있으
  며, 상황에 따른 추가 이동시간이 필요한지 확인해야 한다. 만일, 팀의
  도착 지연으로 킥오프가 지연될 경우, 연맹은 귀책사유가 있는 클럽에
  재제를 부과할 수 있다.

제26조 (출전자격) 1. K리그 선수규정 5조에 의거하여 선수 등록을 완료한
선수만이 공식경기에 출전할 자격을 갖는다.

 2. K리그 선수규정 6조에 의거하여 연맹에 등록을 완료한 코칭스태프 및 팀
  스태프 중 출전선수명단에 등재된 자만이 공식경기 중 벤치에 착석할 수
  있으며, 경기 중 기술지역에서의 선수지도행위는 1명만이 할 수 있다.(통
  역 1명 대동 가능)
 3. 제재 중인 지도자(코칭스태프, 팀 스태프 포함)는 다음 항목을 준수하여야
  한다.

  1) 출전정지제재 중이거나 경기 중 퇴장 조치된 지도자는 공식경기에서
  관중석, 선수대기실을 제외한 지역에 대해 출입이 제한되며, 그라운드
  에서 사전 훈련 및 경기 중 어떠한 지도(지시) 행위도 불가하다.
  2) 징계 중인 지도자(원정팀 포함)가 경기를 관전하고자 할 경우, 홈 클럽
  은 본부석 쪽에 좌석을 제공하여야 하며, 해당 지도자의 안전을 위한
  조치를 취해야 한다.
  3) 상기 제1호를 위반할 경우, 연맹 상벌규정 제12조 제2항에 해당하는
  제재를 부과할 수 있다.
 4. 경고, 퇴장, 상벌위원회 징계 등에 따라 출전이 정지된 선수, 코칭스태프,
  팀 스태프의 출전으로 인한 모든 책임은 해당 클럽에 있다.
 5. 준프로 계약을 체결한 선수의 공식경기 출전은 선수규정 부칙 및 '준프로
  계약 시행 세칙'을 따른다.

제27조 (출전선수명단 제출의무) 1. 공식경기에 참가하는 홈 클럽과 원정
클럽은 경기 개시 90분 전까지 경기감독관에게 출전선수명단을 제출하여
승인을 받아야 하며, 출전선수 스타팅 포메이션(Starting Formation)을 별
지로 함께 제출하여야 한다.

 2. 출전선수명단에는 출전 선수, 코칭스태프 및 팀 스태프 명단, 유니폼 색상
  이 포함되어야 하며, 제출된 인원만이 해당 공식경기 출전과 팀 벤치 착석
  및 기술지역 출입, 선수 지도를 할 수 있다. 단, 출전선수명단에 등재할 수
  있는 코칭스태프 및 팀 스태프의 수는 11명까지로 하며 스카우트, 전력분
  석관, 장비담당자는 벤치에 착석할 수 없다.
 3. 출전선수명단 승인 후에는 선수명단 변경을 할 수 없다. 다만, 경기 개시
  전에 선발 출전선수 중 부상 등의 불가피한 사유로 경기출전이 불가능한
  선수가 발생한 경우에 그 선발 선수를 후보 선수와 교체할 수 있다.
 4. 본 대회의 출전선수명단은 18명을 원칙으로 하며, 다음 사항을 반드시 준
  수하여야 힌다.

  1) 골키퍼(GK)는 반드시 국내 선수이어야 하며, 후보 골키퍼(GK)는 반드
  시 1명이 포함되어야 한다. 단, 코로나사태종식 전까지는 'K리그 코로
  나19 대응매뉴얼'을 우선하며, 본 대회요강 제22조 4항에 따라 전체출
  전선수명단 내에 1명의 골키퍼(GK)가 포함해도 된다.
  2) 외국인선수의 경우, 출전선수명단에 3명까지 등록할 수 있으며 3명까
  지 경기 출전이 가능하다. 단, AFC 가맹국 국적의 외국인선수와
  ASEAN 가맹국 국적의 외국인선수 각각 1명에 한하여 추가 등록과 출
  전이 가능하다.
  3) 국내 U22(1999.01.01 이후 출생자) 국내선수는 출전선수명단에 최소 2
  명 이상 포함(등록)되어야 한다. 만일 국내 U22 선수가 출전선수명단에
  포함되어 있지 않을 경우, 해당 인원만큼 출전선수명단에서 제외한다
  (즉, 국내 U22 선수가 1명 포함될 경우 출전선수명단은 17명으로 하며,
  전혀 포함되지 않을 경우 출전선수명단은 16명으로 한다).
  4) 출전선수명단에 포함된 국내 U22 선수 1명은 반드시 의무선발출전을
  해야 한다. 만일 국내 U22 선수가 의무선발출전을 하지 않을 경우, 선
  수교체 가능인원은 2명으로 제한한다(28조 2항 참조).

| 출전선수명단(엔트리) | | U22선수 | 선수교체 | 비고 |
U22선수 포함 인원	등록가능 인원	의무선발 출전	가능인원	
0명	16명	0명	2명	연장전 진행 시 U22선수 출전여부와 관계없이 추가 1명 교체 가능
1명	17명	1명 이상	3명	
2명 이상	18명			

 5. 순연 경기 및 재경기(90분 재경기에 한함)의 출전선수명단은 다시 제출하
  여야 한다.

제28조 (선수교체) 1. 본 대회의 선수 교체는 경기감독관이 승인한 출전선
수명단에 의해 후보선수명단 내에서만 가능하다.

 2. 본 대회요강 제27조 4항 4호에 의거, 국내 U22 선수가 선발 출전하지 않
  을 경우, 해당 클럽은 90분 경기에서 2명까지 선수교체가 가능하며, 선발
  출전할 경우에는 3명까지 가능하다. 90분 경기 내 승부가 결정되지 않아
  연장전에 돌입하게 될 경우, 연장전 시작 전 또는 이후 최대 1명을 추가로
  교체할 수 있다.
 3. 승부가리기는 선수 교체가 허용되지 않는다. 단, 연장전에 허용된 최대수(2
  명)의 교체를 다하지 못한 팀이 승부차기를 행할 때, 골키퍼(GK)가 부상을
  이유로 임무를 계속할 수 없다면 교체할 수 있다.
 4. 출전선수명단 승인(경기감독관 서명) 후, 선발출전선수 11명 중 경기출전
  이 불가한 선수가 발생할 경우, 전반전 킥오프 전까지 경기감독관의 승인
  하에 출전선수명단의 교체 대상선수 7명에 한하여 교체할 수 있으며, 교
  체된 선수는 후보선수명단으로 포함되나 해당 경기에 출전할 수 없다.

  1) 상기 3항의 경우 선수교체 인원으로 적용되지 않으며, 3명의 선수교체
  가능 인원 수는 유효하다.
  2) 선발 출전선수 11명 중 국내 U22(1999.01.01. 이후 출생자) 의무선발
  출전선수가 출전이 불가하여 후보 선수명단 내의 국내 U22 선수와 교
  체할 경우 선수교체 가능인원은 3명으로 유지된다. 단, 국내 U22 선수
  가 아닌 선수와 교체될 경우 제27조 4항 4호에 의하여 선수교체 가능
  인원은 2명으로 제한한다.
  3) 출전선수명단 내 교체 대상선수 7명 중 경기출전이 불가한 선수가 발
  생하더라도 해당 선수는 명단 외 선수와 교체할 수 없다.

제29조 (출전정지) 1. K리그1 & K리그2 에서 받은 경고, 퇴장에 의한 출전
정지는 연계 적용하지 않으나, 승강 플레이오프 1차전에서 받은 퇴장(경
고 2회 퇴장 포함)은 다음 경기(승강PO 2차전)에 출전정지가 적용된다.

 2. 경고 2회 퇴장에 의한 출전정지는 다음 경기(승강PO 2차전) 출전 정지되
  며, 제재금은 일백만 원(1,000,000원)이 부과된다.
 3. 직접 퇴장에 의한 출전정지는 다음 경기(승강PO 2차전)에 적용되며, 제재
  금은 일백이십만 원(1,200,000원)이 부과된다.

4. 경고 1회 후 직접 퇴장에 의한 출전정지는 다음 경기(승강PO 2차전)에 적용되며, 제재금은 일백오십만 원(1,500,000원)이 부과된다.
5. 제재금은 본 대회 종료 15일 이내에 납부하여야 한다.
6. 상벌위원회 징계로 인한 출전정지 징계는 시즌 및 대회에 관계없이 연계 적용한다.
7. 선수이면서 코칭스태프로 등록된 자가 선수로서 출장정지제재를 받은 경우 그 제재의 이행을 완료할 때까지 코칭스태프로서 경기에 출장할 수 없다. 코칭스태프로서 출장정지제재를 받은 경우에도 그 제재의 이행을 완료할 때까지 선수로서 경기에 출장할 수 없다.
8. 선수이면서 코칭스태프로 등록된 자의 경고누적으로 인한 출장정지 및 제재금 부과 기준은 코칭스태프의 예에 따르며, 누적에 산입되는 경고의 횟수는 선수로서 받은 경고와 코칭스태프로서 받은 경고를 모두 더한 것으로 한다.
9. 경고, 퇴장, 상벌위원회 징계 등에 따라 출전이 정지된 선수, 코칭스태프, 팀 스태프의 출전으로 인한 모든 책임은 해당 클럽에 있다.

제30조 (유니폼) 1. 본 대회는 K리그 마케팅 규정상의 팀 색상 및 유니폼 규정에 따라 반드시 연맹이 승인하고 지정한 유니폼을 착용해야 한다.
2. 선수 번호(배번)는 1번~99번으로 한정하며, 배번 1번은 GK에 한함)은 출전선수명단에 기재된 선수 번호와 일치하여야 하며, 배번의 식별이 가능하도록 명확하게 표시되어 있어야 한다.
3. 팀의 주장은 주장인 것을 명확하게 표시하는 완장(Armband)을 착용하여야 한다.
4. 공식경기에 참가하는 모든 클럽은 제1유니폼과 제2유니폼을 필히 지참함을 원칙으로 하며, 경기 전 연맹(경기감독관) 및 상대 클럽과 유니폼 착용 색상과 관련하여 사전 조율하여야 한다. 조율이 되지 않을 경우, 연맹(경기감독관)이 최종 결정한다. 이를 따르지 않을 경우, 위반한 클럽에 제재금 500만 원을 부과할 수 있다.
5. 유니폼 안에 착용하는 이너웨어의 색상은 아래 각 호에 따른다.
   1) 상의 이너웨어의 색상은 유니폼 상의 소매의 주색상과 일치해야 한다. 단,유니폼 상의 소매 부분의 주색상이 상대팀 유니폼의 주색상과 동일하거나 유사할 경우에는 유니폼 상의의 주색상으로 착용할 수 있다. 이를 위반할 경우 공식경기 출전이 불가하다.
   2) 하의 이너웨어의 색상은 유니폼 하의 끝부분의 색상과 일치해야 한다. 단, 유니폼 하의 끝부분의 색상이 상대팀 유니폼의 주색상과 동일하거나 유사할 경우에는 유니폼 하의의 주색상으로 착용할 수 있다. 이를 위반할 경우 공식경기 출전이 불가하다.
6. 스타킹과 발목밴드(테이핑)는 동일 색상(계열)이어야 한다. 이를 위반할 경우 심판은 시정을 명할 수 있고, 이에 불응할 경우 경기출전을 금지시킬 수 있다.

제31조 (사용구) 본 대회의 공식 사용구는 '아디다스 커넥스트 21 프로'(Conext 21 Pro)'로 한다.

제32조 (경기관계자 미팅) 1. 경기시작 60~50분 전(양 팀 감독 인터뷰 진행 전)에 경기감독관실에서 실시한다.
2. 참석자는 해당 경기의 경기감독관, 심판평가관, 주심, 양 팀 감독, 홈경기 운영자(필요시)로 하며, 홈경기 담당자는 당일 홈경기 관련 특이사항이 있는 경우에만 참석한다.
3. 주요내용은 아래와 같다.
   1) 경기 관련 주요방침
   2) 판정 가이드라인 등 심판판정에 관한 사항
   3) 기타 해당경기 특이사항 공유

제33조 (경기 전후 인터뷰 및 기자회견) 1. 홈 클럽은 공동취재구역인 믹스드 존(Mixed Zone)과 공식기자회견장을 반드시 마련하고, 양 클럽 홍보담당자는 경기 전 인터뷰, 경기 후 플래시인터뷰, 공식기자회견, 믹스드 존 인터뷰가 원활히 이뤄질 수 있도록 협조하여야 한다.

2. 믹스드 존(Mixed Zone, 공동취재구역)은 코로나19 확산 사태가 종식될 때까지 운영하지 아니한다. 믹스드 존 운영 재개 시점은 추후 연맹이 각 클럽과 협의하여 정하고, 운영 재개 시 방식은 '2021 K리그 미디어 가이드라인'을 개정하여 반영한다.
3. 경기 중계방송사(HB)는 아래 각 호의 인터뷰를 실시할 수 있으며, 양 클럽은 인터뷰 실시에 적극 협조한다.
   1) 경기 킥오프 전 70분 내지 60분 전 양 클럽 감독 대상 인터뷰
   2) 경기 전반전 종료 직후 양 클럽 감독 또는 수훈선수 대상 인터뷰
   3) 경기 후반전 종료 직후 양 클럽 감독 또는 수훈선수 대상 인터뷰
4. 경기 당일 중계방송을 하지 않는 중계권 보유 방송사(RTV)는 경기 후반전 종료 후 양 팀의 감독 또는 수훈선수를 대상으로 하는 인터뷰를 실시할 수 있으며, 양 클럽은 인터뷰 실시에 적극 협조한다. 단, RTV의 인터뷰는 HB의 인터뷰가 종료된 후에 실시한다.
5. 홈 클럽은 경기 킥오프 전 50분 내지 40분 전에 경기장 내 기자회견실에서 양 클럽의 감독이 참석하는 사전 기자회견을 개최한다. 기자회견의 순서는 원정 클럽의 감독이 먼저 진행하는 것을 원칙으로 하되 양 클럽의 합의에 따라 변경할 수 있다.
6. 홈 클럽은 경기 종료 후 20분 이내에 경기장 내 기자회견실에서 양 클럽의 감독과 미디어가 요청하는 수훈선수가 참석하는 공식기자회견을 개최한다. 양 클럽 홍보담당자는 감독 및 미디어 요청 선수가 공식기자회견에 참석할 수 있도록 협조한다.
7. 공식기자회견은 원정 - 홈 클럽 순으로 진행하며, 선수의 순서는 양 클럽 홍보담당자가 협의하여 정한다.
8. 미디어 부재로 공식기자회견을 개최하지 않은 경우, 홈 클럽 홍보담당자는 양 클럽 감독의 코멘트를 경기 종료 1시간 이내에 각 언론사에 배포한다.
9. 제재 중인 지도자(코칭스태프 및 팀 스태프 포함)도 경기 전·후 인터뷰와 공식기자회견 등에 참석해야 한다.
10. 양 클럽 선수단은 공식기자회견이 종료된 이후에 선수단 라커룸을 출발하여 믹스드 존 인터뷰에 응하여야 한다.(홈팀 필수 / 원정팀 권고)
11. 모든 기자회견은 연맹이 지정한 인터뷰 배경막(백드롭)을 배경으로 실시하여야 한다.
12. 인터뷰를 실시하지 않거나 공식기자회견에 참석하지 않을 경우, 해당 클럽과 선수, 감독에게 제재금(50만 원 이상)을 부과할 수 있다.
13. 인터뷰에서는 경기의 판정이나 심판과 관련하여 일체의 부정적인 언급이나 표현을 할 수 없으며, 위반 시 다음 각 호에 의한다.
   1) 각 클럽 소속 선수, 코칭스태프, 팀 스태프, 임직원 등 모든 관계자에게 적용되며, 위반할 시 상벌규정 유형별 징계기준 제2조 가, 항 혹은 나, 항을 적용하여 제재를 부과한다.
   2) 공식 인터뷰뿐만 아니라 대중에게 공개될 수 있는 어떠한 경로를 통한 언급이나 표현에도 적용된다.
14. 그 밖의 사항은 '2021 K리그 미디어 가이드라인'을 따른다.
15. 2021 K리그 미디어가이드라인을 준수하지 않을 경우, 해당시즌 팀 미디어 운영에 제한을 받을 수 있다.

제34조 (중계방송협조) 1. 홈 클럽은 경기시작 4시간 전부터 경기종료 후 1시간까지 연맹, 심판, 선수, 스폰서, 중계제작사, 미디어를 포함한 모든 경기관계자가 원활한 경기진행 및 중계방송을 위해 요청하는 시설 및 서비스를 반드시 제공해야 할 책임이 있다.
2. 홈경기 담당자는 중계제작사의 도착시간을 기점으로 TV컴파운드(TV Compound)에 중계제작에 필요한 전력을 공급해야 하며, OB밴의 밤샘 주차가 필요한 경우 이에 대한 관리 및 경비를 시행해야 한다. 홈경기 담당자는 중계제작사의 요청 시 중계제작사의 요구조건에 부합하는 조명을 제공해야 하며, 별도의 취소 요청이 있을때까지 이를 유지해야 한다.
3. 홈경기 담당자와 경기감독관 또는 대기심(매치 오피셜 - Match Officials)은 팀 벤치 앞 터치라인(Touchline) 및 대기심(4th official) 테이블 근처에 위

치한 피치사이드 카메라(표준 카메라 플랜 기준 3,4,5번 카메라)와 골대 근처에 위치한 카메라(8,9,10번 카메라)에 대한 리뷰를 진행해야 한다. 만약 담당자들 간의 의견이 합의점을 찾지 못할 경우, 경기감독관이 최종 결정을 내린다. 단, 3번 피치사이드 카메라의 위치는 팀 벤치 및 대기심 테이블과 동일 선상을 이루어야 하며, 하프라인을 기준으로 좌측에 위치한다. (우측은 대기심 테이블 위치)

4. 중계제작사는 버스 도착 시 양 팀 감독과 인터뷰를 진행할 권리를 가지고 있으며, 인터뷰는 버스 도착지점과 드레싱룸 사이 공간에 K리그가 제공하는 인터뷰 백드롭 앞에서 진행해야 한다. 인터뷰는 킥오프 전 60분~20분 사이에 진행하며, 진행시간은 90초 이내로 최대 3개의 질문을 초과할 수 없다. 만약 감독 또는 감독대행이 외국인인 경우, 해당 팀은 통역 인원을 준비해야 한다.

5. 중계제작사는 경기종료 시 감독 또는 선수 중 양 팀 각각 1인과 인터뷰를 진행할 권리를 가지고 있으며, 인터뷰는 피치 또는 피치와 드레싱룸 사이 공간에 K리그가 제공하는 인터뷰 백드롭 앞에서 진행해야 한다. 중계제작사는 최소 경기 종료 10분 전까지, 양 클럽 홍보 담당자(Media Officer)에게 희망 인터뷰 선수를 전달한다. 양 클럽 홍보 담당자는 감독과 인터뷰 요청 선수를 경기종료 즉시 인터뷰 백드롭 앞으로 인계해야 한다. 만약 감독 또는 감독대행이 외국인인 경우, 해당 팀은 통역 인원을 준비해야 한다.

6. 백드롭은 2.5m × 2.5m 사이즈로 리그 로고와 스폰서 로고를 포함한 디자인으로 제작된다. 연맹에서 각 클럽에 제공하며, 홈 클럽에게 관리의 책임이 있다. 감독 도착 인터뷰 및 하프타임과 경기 종료 후 피치사이드 [Pitchside]의 플래시 인터뷰 시 각 팀은 K리그 공식 백드롭을 필수로 사용해야 한다.

7. 그 밖의 중계방송 관련 사항은 'K리그 중계방송제작가이드라인'을 준수해야 한다.

제35조 (경기장 안전과 질서유지)   1. 홈 클럽은 경기개시 2시간 전부터 경기 종료 후 모든 관중 및 관계자가 퇴장할 때까지 선수, 팀 스태프, 심판을 비롯한 전 관계자와 관중의 안전 및 질서 유지에 대한 의무와 책임이 있다.

2. 홈 클럽은 상기 1항의 의무 실시를 위해 최선의 노력을 다해야 하며, 경기장 안전 및 질서를 어지럽히는 관중에 대해 그 입장을 제한하고 강제 퇴장시키는 등의 적절한 조치를 취할 수 있다.

3. 연맹, 클럽, 선수, 코칭스태프 및 팀 스태프, 관계자를 비방하는 사안이나, 경기진행 및 안전에 지장을 줄 수 있는 모든 사안에 대해서 관련 클럽은 즉각 이를 시정 조치하여야 한다.

4. 경기감독관은 상기 3항에 해당하는 사안을 경기 중 또는 경기전후에 발견하였을 경우, 관련 클럽에 시정 조치를 요구할 수 있으며, 관련 클럽은 경기감독관의 지시에 따라야 한다.

5. 상기 3, 4항의 사안이 시정 조치되지 않을 경우, 상벌규정 유형별 징계기준 제5조 마 항 및 사 항에 의거, 해당 클럽에 제재를 부과할 수 있다.

6. 관중의 소요, 난동으로 인해 경기 진행에 문제가 발생하거나, 선수, 심판, 코칭스태프 및 팀 스태프, 미디어를 비롯한 관중의 안전과 경기장 질서 유지에 문제가 발생할 경우에는 관련 클럽이 사유를 불문하고 그에 대한 일체의 책임을 부담한다.

7. 홈 클럽은 선수단 구역과 양팀 선수대기실 출입구에 경호요원을 상시 배치하여야 하며, 또한 해당구역을 확인할 수 있는 CCTV를 설치해야 하며, 관련 영상을 15일간 보관해야 한다.

8. 연맹에서 제정한 '안전 가이드라인'을 준수하지 않을 경우, 상벌규정 유형별 징계 기준 제5조 바 항 및 사 항에 의거 해당 클럽에 제재를 부과할 수 있다.

제36조 (홈경기 관리책임자, 홈경기 안전책임자 선정 및 경기장 안전요강)   모든 클럽은 경기장 안전 및 원활한 진행을 위해 홈경기 관리책임자 및 홈경기 안전책임자를 선정하여 연맹에 보고하여야 하며, 아래의 경기장 안전강요을 숙지하여 실행하고 관중에게 사전 공지 또는 고지하여야 한다.

또한 홈경기 관리책임자 및 홈경기 안전책임자는 경기감독관의 업무 및 지시 사항에 대해 최대한 협조하여야 한다.

1. 반입금지물: 경기장에 입장하려는 사람 또는 입장한 사람은 홈경기 관리책임자 및 홈경기 안전책임자가 특별히 필요 사항에 의해 허락했을 경우를 제외하고 다음의 각 호에 명시된 것을 가지고 입장할 수 없다.
   1) 경기장 관리자에 의해 반입을 금지하고 있는 것
   2) 정치적, 사상적, 종교적인 주의 또는 주장 또는 관념을 표시하거나 또는 연상시키고 혹은 대회의 운영에 지장을 미칠 우려가 있는 게시판, 간판, 현수막, 플래카드, 문서, 도면, 인쇄물 등
   3) 연맹의 승인을 득하지 않은 특정의 회사 또는 영리기업의 광고를 목적으로 하여 특정의 회사명, 제품 명 등을 표시한 것(특정 회사, 제품 등을 연상시키는 것 포함)
   4) 그 외 경기운영 또는 진행을 방해하여 타인에게 불편을 주거나 또는 위험하게 하거나 혹은 그러한 우려가 있거나 또는 운영담당 · 보안담당, 경비종사원이 위험성을 인정하는 것

2. 금지행위: 경기장에 입장하려는 사람 또는 입장한 사람은 홈경기 관리책임자 및 홈경기 안전책임자가 특별히 필요 사항에 의해 허락했을 경우를 제외하고는 다음의 각 호에 명시되는 행위를 해서는 안 된다.
   1) 경기장 관리자에 의해 금지되고 있는 행위
   2) 정당한 입장권 또는 통행증을 소지하지 않고 입장하는 것
   3) 항의 집회, 데모 등 대회의 원활한 운영을 저해할 우려가 있는 행위
   4) 알코올, 약물 그 외 물질을 소유 및 복용한 상태로 경기장에 입장하는 행위 또는 경기장에 이러한 물질을 방치해 두어 이것들의 영향에 의해 경기운영 또는 타인의 행위 등을 저해하는 행위(알코올 등의 영향에 의해 정상적인 행위를 할 수 없는 우려가 있는 상태일 경우 입장 불가)
   5) 해당 경기장(시설) 및 관련 장소에서 권유, 연설, 집회, 포교 등의 행위
   6) 정해진 장소 외에서 차량을 운전하거나 주차하는 것
   7) 상행위, 기부금 모집, 광고물의 게시 등의 행위
   8) 정해진 장소 외에 쓰레기 및 오물을 폐기하는 것
   9) 연맹의 승인 없이 영리목적으로 경기장면, 식전행사, 관객 등을 사진 또는 비디오로 촬영하는 것
   10) 연맹의 승인 없이 대회의 음성, 영상의 전부 또는 일부를 인터넷 및 미디어를 통해 전달하는 것
   11) 경기운영 또는 진행을 방해하여 타인에게 폐를 끼치거나 또는 위험을 미치거나 혹은 그러한 우려가 있으면서 경비종사원이 위험성을 인정한 행위

3. 경기장 관련: 경기장에 입장하려는 사람 또는 입장한 사람은 다음의 각 호에 명시하는 사항에 준수하여야 한다.
   1) 입장권, 신분증, 통행증 등의 제시가 요구되었을 때는 이것을 제시해야 함
   2) 안전 확보를 위해 수화물, 소지품 등의 검사가 요구되었을 때에 이것에 따라야 함
   3) 사건 · 사고가 발생하거나 또는 발생 우려가 예상되는 경우, 경비 종사원 또는 치안 당국의 지시, 안내, 유도 등에 따라 행동할 것

4. 입장거부 또는 퇴장명령
   1) 홈경기 관리책임자 및 홈경기 안전책임자는 상기 1항, 2항, 3항의 경기장 안전요강을 위반한 사람의 입장을 거부하여 경기장으로부터의 퇴장을 명할 수 있으며, 상기 1항에 의거하여 반입금지물 몰수 등 필요한 조치를 취할 수 있다.
   2) 홈경기 관리책임자 및 홈경기 안전책임자는 전항에 해당하는 사람 중에서 특히 고의, 상습으로 확인된 사람에 대해서는 이후 개최되는 연맹 주최의 공식경기에 입장을 거부할 수 있다.
   3) 홈경기 관리책임자 및 홈경기 안전책임자에 의해 입장이 거부되거나 경기장에서 퇴장을 받았던 사람은 입장권 구입 대금의 환불을 요구할 수 없다.

5. 권한의 위임: 홈경기 관리책임자는 특정 시설에 대해 그 권한을 타인에게 위임할 수 있다.

6. 안전 가이드라인 준수: 모든 클럽은 연맹이 정한 'K리그 안전가이드라인'을 준수하여야 한다.

제37조 (기타 유의사항)_ 각 클럽은 아래의 사항을 숙지하고 준수하여야 한다.

1. 모든 취재 및 방송중계 활동을 위한 미디어 관련 입장자는 2019 미디어 가이드라인을 준수하여야 한다.

2. 경기에 참가하는 선수단(코칭스태프, 팀 스태프 포함)은 경기시작 100분 전에 경기장에 도착하여야 한다.

3. 오픈경기는 본 경기 개최 1시간(60분) 전까지 반드시 종료되어야 하며, 연맹에 사전 승인을 받아야 한다.

4. 선수는 신체보호를 위해 반드시 정강이 보호대를 착용하고 경기에 임해야 한다.

5. 경기 중 클럽의 임원, 코칭스태프, 팀 스태프, 선수는 경기장 내에서 흡연을 할 수 없으며, 이를 위반할 경우 퇴장 조치한다.

6. 체육진흥투표권(스포츠토토 등) 발매 이상 징후 대응경보 발생 시, 경기시작 90분 전 대응 미팅에 관계자(경기감독관, 양 클럽 관계자 및 감독) 등이 참석하여야 한다.

7. 경기 중, 교체대상 선수의 워밍업은 연맹이 사전에 지정한 장소에서 실시해야 한다.

8. 심판 판정에 대한 제소는 불가하다.

9. 전자 퍼포먼스/트래킹 시스템(EPTS)을 사용하는 경우, 사전 승인을 득하여야 한다.

10. 클럽은 경기 중 전력분석용 팀 카메라 1대를 상층 카메라구역에 설치할 수 있다. 원정 클럽이 팀 카메라를 설치하는 경우 홈 클럽에 승인을 득해야 한다.

제38조 (부칙)_ 본 대회요강에 명시되지 않은 사항은 K리그 규정, FIFA 규정, K리그 이사회 결정에 의거하여 시행한다.

하나원큐 K리그 승강플레이오프 2021 경기기록부

• 12월 08일 19:00 맑음 대전 한밭 종합 6,171명
• 주심_고형진 부심_윤재열·박상준 대기심_서동진 경기감독관_당성증

대전 1 — 전반 0 / 후반 1 — **0 강원**

퇴장	경고	파울	ST(유)	교체	선수명	배번	위치	위치	배번	선수명	교체	ST(유)	파울	경고	퇴장
0	0	0	0		김동준	1	GK	GK	1	이광연		0	0	0	0
0	1	1	2		이지솔	4	DF	DF	2	김영빈		1	0	0	0
0	0	3	1		박진섭	15	DF	DF	26	임채민		2(2)	1	0	0
0			1(1)		김웅희	33	DF	DF	7	윤석영		1	1	0	0
0	0				서영재	27	MF	MF	23	임창우		0	2	1	0
0	0				이종현	27	MF	MF	5	정승용	71	0	1	0	0
0	2	1(1)	3		마사	7	MF	MF	8	한국영		0	1	0	0
0	4	1(1)			이현식	17	MF	MF	66	김대우	28	0	0	0	0
0			11		투무	7	MF	FW		서민우	88	2(1)	3	0	0
0	0		9		공민현	81	FW	FW	17	김대원1		2	1	0	0
0	1	3(1)			원기종	16	FW	FW	18	이정협		1	2	1	0
0	0				박주원	19			25	이범수		0			
0	0			후35	김민덕	3			71	츠베티노프	후23	0			
0	0				이진현	10			4	서민우		0			
0	0			후0	김승섭	11	대기		28	민아	후37	0			
0	0				신상은	26			88	황문기	후13	0			
0	0	1	2	후23	바이오	9			47	양현준		0			
0	0				박인혁	20			99	박상혁		0			
0	2	18	12(5)									9(3)	14	2	0

● 후반 5분 마사 GAL ~ 이현식 PK지점
R-ST-G(득점: 이현식, 도움: 마사) 왼쪽

• 12월 12일 14:00 맑음 강릉 종합 4,154명
• 주심_이동준 부심_김계웅·양재용 대기심_박병진 경기감독관_최윤겸

강원 4 — 전반 3 / 후반 1 — **1 대전**

퇴장	경고	파울	ST(유)	교체	선수명	배번	위치	위치	배번	선수명	교체	ST(유)	파울	경고	퇴장
0	1	0	0		이광연	1	GK	GK	1	김동준		0	0	0	0
0	0	1	2		김영빈	2	DF	DF	4	이지솔		2(1)	1	0	0
0	1	1(1)			임채민	26	DF	DF	15	박진섭		1	0	0	0
0					윤석영	7	DF	DF	33	김웅희		0	1	0	0
0		3(1)			임창우	23	MF	MF	2	서영재		0	0	0	0
0	1	1(1)			츠베티노프	71	MF	MF	27	이종현		2(1)	1	0	0
0	3(2)		88		한국영	8	MF	MF	7	마사		0	1	0	0
0	2		14		김대우	8	MF	MF	10	이현식		4(3)	1	0	0
0					서민우		FW	FW	81	공민현	20	0	1	0	0
0	2(2)		99		이정협	18	FW	FW	16	원기종	9	0	1	0	0
0					이범수	25			41	이준서		0			
0					정승용	5			3	김민덕	후19	0			
0					마티아	4			34	민준영		0			
0					양현준	47	대기		19	이진현		0			
0	1(1)		후38		황문기	88			26	신상은		0			
0			후32		신창무	14			9	바이오	후0	4(2)	1		
0			후44		박상혁	99			20	박인혁	후13	0			
0	4	9	18(12)									14(7)	11	0	0

● 전반 26분 이지솔 GAL R 자책골(득점: 이지솔) 왼쪽
● 전반 27분 김대원1 C.KR ~ 임채민 GAL H-ST-G(득점: 임채민, 도움: 김대원1) 왼쪽
● 전반 30분 서민우 PAL ~ 한국영 GA 정면 R-ST-G(득점: 한국영, 도움: 서민우) 오른쪽
● 후반 47분 황문기 AKL R-ST-G(득점: 황문기) 왼쪽

● 전반 16분 박진섭 MFL ~ 이종현 MF 정면 R-ST-G(득점: 이종현, 도움: 박진섭) 오른쪽

제1조 (대회명) 본 대회는 '2021 K리그 주니어 U18'이라 한다.

제2조 (주최, 주관, 후원) 본 대회는 사단법인 대한축구협회(이하 '협회')와 사단법인 한국프로축구연맹(이하 '연맹')이 공동 주최하며, 해당 팀 프로구단(이하 '구단')이 주관한다.

제3조 (대회조직위원회 구성) 본 대회의 원활한 운영을 위해 주최 측은 대회 운영본부(이하 '운영본부')를 별도로 구성한다.

제4조 (대회기간, 일자, 장소, 대회방식) 1. 대회기간: 2021년 3월 20일 ~ 11월 27일(기간은 운영본부의 결정에 따라 변동 가능)

2. 대회일자: 토요일 개최를 원칙으로 하며, 대회의 공정성을 위하여 마지막 라운드의 모든 경기는 반드시 동일한(지정된) 일자와 시간에 실시한다.

3. 대회장소: FIFA 경기규칙에 준하는 경기장으로 구단 연고지역 내에서 개최하는 것을 원칙으로 한다. 주최 측이 승인한 천연 잔디 구장 개최를 원칙으로 하되, 사전 운영본부의 승인을 득할 경우 인조 잔디구장의 개최도 가능하다.

4. 경우에 따라 일정 및 장소는 변경될 수 있다. 단 팀 사정으로 인한 일정 변경 시 양 구단 합의 후 경기 7일 전(경기시간 기준 '~168시간')까지 운영본부로 사전 통보를 해야 하며, 반드시 경기 5일 전(경기시간 기준 '~120시간')까지 운영본부의 최종 승인을 얻어야 한다. 또한 해당 지역의 미세먼지 경보 시, 경기 일정 연기를 적극 권장하며 해당 운영본부가 결정한다.

1) 환경부 기준(2018. 3.27)

등급	미세먼지(PM10)	초미세먼지(PM2.5)	운영지침
나쁨	81~150	36~75	당일 경기시간 조정 또는 경기일 연기 권장
매우 나쁨	150 이상	76 이상	당일 경기일 연기 권장

2) 환경부 안전기준(2시간 연속 기준)

등급	미세먼지(PM10)	초미세먼지(PM2.5)	운영지침
주의보	150 ㎍/㎥ 지속	75 ㎍/㎥ 지속	경기일 연기 적극 권장
경보	300 ㎍/㎥ 지속	150 ㎍/㎥ 지속	경기일 연기 (의무사항)

5. 대회방식: 조별 리그 1Round robin [총 110경기]

6. 본 대회의 참가팀 및 조편성은 아래와 같다.

참가팀수	참가팀명 (학교/클럽명)
22개팀	**A조: 총 11팀** 강원(강릉제일고), 부천(부천FC1995 U-18), 서울(오산고), 서울이랜드(서울이랜드FC U-18), 성남(풍생고), 수원(매탄고), 수원FC(수원FC U-18), 안산(안산그리너스 U-18), 안양(안양공고), 인천(인천대건고), 제주(제주유나이티드 U-18) **B조: 총 11팀** 경남(진주고), 김천(경북미용예술고), 광주(금호고), 대구(현풍고), 대전(충남기계공고), 부산(개성고), 아산(충남아산FC U-18), 울산(현대고), 전남(광양제철고), 전북(전주영생고), 포항(포항제철고)

제5조 (참가팀, 선수, 지도자의 자격)

1. 본 대회의 참가자격은 2021년도 협회에 등록을 필한 U18 클럽팀(고교팀 포함)과 선수, 임원, 지도자에 한한다. 단, 지도자의 경우 협회가 발급한 지도자 자격증 2급(AFC B급[감독], AFC C급[코치]) 이상을 취득한 자에 해 참가가 가능하다. 팀은 감독에 해당하는 급의 자격증 소지자 1명 이상을 반드시 등록하여야 한다.

감독	코치
AFC B급 이상	AFC C급 이상

2. 지도자와 임원(축구부장, 트레이너, 의무, 행정 등)은 시기에 상관없이 등록 승인을 받은 후 리그 참가 신청을 할 수 있다.

3. 징계 중인 지도자 및 임원은 리그 참가 신청이 가능하다. 단, 경기 중 벤치 착석과 선수 지도(지도자의 경우)는 징계 해제 이후부터 할 수 있다.

4. 지도자 및 임원은 중복으로 참가신청 할 수 없다(팀 단장의 중복 신청만 허용한다).

제6조 (선수의 등록 및 리그 참가신청) 1. 선수의 참가신청은 정기 등록 기간(매년 1월부터 3월 중) 및 추가 등록 기간(매월 5월, 7월, 8월 및 9월) 및 신규 등록 기간(매월 초 3일간 / 협회 근무일 기준)에 등록을 필한 자에 한하여 가능하다.

2. 참가팀은 출전선수 명단 제출(60분 전)까지 18명 이상 참가신청을 하여야 한다.

3. 선수의 리그 경기 출전은 리그 참가신청한 날로부터 가능하다.

4. 참가신청은 등록된 선수에 한하여 시기에 상관없이 할 수 있다.

5. 리그 참가 신청 시 유니폼 번호는 1번부터 99번까지 가능하며 중복되지 않아야 한다. 선수는 리그 첫 경기 이후 유니폼 번호를 변경할 수 없다. 단, 선수의 이적이나 탈퇴로 인해 유니폼 번호가 결번될 경우, 추가로 리그 참가 신청을 하는 선수는 비어 있는 번호를 사용할 수 있다. 본 규정은 왕중왕전까지 연계 적용한다.

6. 분쟁 조정(협회 선수위원회 결정) 등의 사유로 등록을 요청한 경우 신청일을 기준(등록기간 내)으로 등록 및 참가신청이 가능하다.

제7조 (선수 활동의 개시) 1. 이적 선수의 경기 출전은 3개월이 경과되어야 하며, 이적 출전 제한의 적용 기준은 다음과 같다. 단, 2023년 1월 1일부터는 이적 출전 제한을 받지 않으며, 개정된 이적 관련 규정이 시행되기 전에 이적한 선수의 경우에도 소급하여 적용한다.

1) 선수가 최종 출전한 경기 다음 날을 기준으로 출전 제한기간을 계산한다.

2) 최초 등록 후 경기출전 없이 이적할 경우, 최초 등록일을 기준으로 출전 제한기간을 계산한다.

2. 유급 선수로 등록한 자는 유급 연도에 최종출전한 경기일로부터 만 1년 동안 출전이 제한된다. 팀은 연령초과자를 2명까지 리그(왕중왕전 포함)에 참가 신청할 수 있다.

3. 해체된 팀의 선수는 참가 신청한 날로부터 경기에 출전할 수 있다. 해체된 팀의 선수가 다른 팀으로 이적할 경우, 시기에 상관없이 등록 승인을 받은 후 리그 참가 신청이 가능하며, 리그 참가 신청을 한 날로부터 경기에 출전할 수 있다.

4. 해외의 학교 또는 팀으로 그 소속을 옮긴 선수가 귀국하여 원래의 국내 소속팀으로 복귀할 경우, 등록 기간 내 국제 이적 절차를 거쳐 등록 승인을 받은 후 리그 참가 신청이 가능하며, 참가 신청한 날로부터 경기에 출전할 수 있다(국제이적확인서를 요청할 수 있는 기한은 협회가 정한 등록 마감일 업무 종료 시각까지이며, 국제이적확인서가 등록기간이 지나서 수신되더라도 수신일을 기점으로 등록이 유효하다).

5. 외국인 선수는 FIFA 규정 및 협회 등록규정에 의거하여 선수등록 후 리그 참가 신청이 가능하다.

6. 신규 등록(최초 등록) 선수는 리그 참가 신청을 한 날로부터 경기에 출전할 수 있다.

7. 위 1항에서 6항까지의 규정은 본 대회에만 해당되며, 방학 중 전국 대회를 포함한 다른 대회의 이적 선수 출전 규정은 해당 대회의 규정에 따른다.

제8조 (경기규칙) 본 대회는 FIFA(국제축구연맹, 이하 'FIFA') 경기규칙에 준하여 실시하며, 명문화되지 않은 사항은 협회 초중고리그 운영 규정 및 운영본부의 결정에 따른다.

제9조 (경기시간) 본 대회의 경기 시간은 전·후반 각 45분으로 하고, 필요시

전·후반 각 15분의 연장전을 실시한다. 하프타임 휴식 시간은 '10분 전·후'로 하되 15분을 초과하지 않으며, 원활한 경기진행을 위해 운영본부의 통제에 따라야 한다.

제10조 (공식 사용구) 본 대회의 공식 사용구는 협회가 지정하는 5호 공인구로 한다.

제11조 (순위결정 및 왕중왕전 진출) 1. 본 대회 승점은 승 3점, 무 1점, 패 0점으로 한다.

2. 본 대회 순위결정은 리그 최종성적을 기준으로 승점을 우선으로 하되 승점이 같은 경우 골득실차 - 다득점 - 승자승(승점 → 골 득실차 순으로 비교) - 페어플레이 점수 - 추첨' 순으로 정한다. 단, 3개 팀 이상 다득점까지 동률일 경우 승자승을 적용하지 않고 '페어플레이 점수 - 추첨' 순으로 순위를 결정한다.

   ※ 페어플레이 점수 부여 방식은 대한축구협회 초중고 축구리그 운영규정에 따른다.

3. 왕중왕전 진출 팀 수, 개최 유무 및 방식 등은 협회가 통합 온라인 시스템(joinkfa.com) 등을 통해 별도 공지한다.

제12조 (선수의 출전 및 교체) 1. 본 대회의 경기에 참가하는 팀은 경기 당일 리그 참가신청서를 대한축구협회 통합 온라인시스템(joinkfa.com)으로 접속하여 출력 후, 경기 개시 60분 전까지 출전 선수 18명(선발 출전 11명과 교체 대상 7명)의 명단과 KFA 등록증을 해당 리그운영경기감독관에게 제출해야 함을 원칙으로 한다.

   1) 선발 출전선수 11명은 KFA 등록증을 소지하고 장비 검사를 받아야 한다.

   2) 경기 중 교체 선수는 본인의 KFA 등록증을 직접 감독관 또는 대기심판에게 제출하여 교체 승인을 받은 후 교체하여야 한다.

   3) KFA 등록증을 제출하지 않은 선수는 해당 경기에 출전할 수 없다.

   4) KFA 등록증 발급은 KFA 등록증 발급 매뉴얼을 따른다.

2. 선수교체는 팀당 7명 이내로 하되, 경기 개시 전에 제출된 교체 대상 선수(7명)에 한한다.

3. 팀이 출전선수 명단을 제출한 후 선수를 교체하고자 할 경우,

   1) 기제출된 출전선수 11명과 교체 대상 선수 7명 간에만 허용하며, 경기 개시 전까지 리그운영감독관 승인하에 교체할 수 있다.

   2) 경기 개시 전 선발 또는 기존 출전선수와 교체선수가 바뀐 것을 주심에게 알리지 않았을 경우 다음과 같이 조치하며, 보고된 사항은 공정소위원회에 회부된다.

FIFA 경기규칙서 규직 3, 선수 내 5. 위반과 처벌

경기 전
○ 주심은 교체 선수가 계속 경기하는 것을 허락한다.
○ 해당 교체 선수에게 어떠한 징계도 내리지 않는다.
○ 선수는 교체선수가 될 수 있다.
○ 교체 허용수는 감소하지 않는다.
○ 주심은 이에 대해 해당 기관에 보고한다.

하프타임 또는 연장전(교체 허용 수가 남아 있는 경우에 한함)
○ 주심은 교체 선수가 계속 경기하는 것을 허락한다.
○ 해당 교체 선수에게 어떠한 징계도 내리지 않는다.
○ 선수는 교체선수가 될 수 없다.
○ 교체 허용수는 감소한다.
○ 주심은 이에 대해 해당 기관에 보고한다.

---

4. 다음과 같은 조건의 선수가 경기에 출전하였을 경우에는 즉시 퇴장조치한 후(교체 불가) 경기는 계속 진행하며, 해당 팀의 지도자에 대해서는 공정소위원회에 회부한다.

   1) 이적 후 출전 제한 기간 미경과 선수

   2) 징계기간 미경과 선수

3) 유급선수의 경우 유급 직전연도 리그 출전일이 미경과한 선수

5. 참가신청서에 기재된 선수 중 출전 선수명단(선발출전 선수, 교체 선수)에 포함되지 않는 선수가 출전한 경우, 해당 선수는 기존 출전 선수와 즉시 재교체하여 경기를 진행하며 교체 허용 수는 감소하지 않는다. 경기 종료 후 위의 사항이 발견되었을 경우 경기 결과는 그대로 인정하며, 해당 팀은 공정소위원회에 회부된다.

6. 동일일자에 2경기 이상(U18, U15리그 당일 고/저학년 경기) 개최되는 경우, 선수당 출전시간은 총 90분을 초과할 수 없으며, 출전시간 계산은 리그운영감독관이 작성한 기록지를 기준으로 한다. 이때 추가시간은 출전시간 계산에 포함하지 않는다.

   1) 선수가 동일일자에 개최된 2경기에 90분 이상 출전한 경우, 해당 선수는 고학년 대회(U18, U15)의 다음 1경기(경기 번호의 변동에 관계없이 가장 가까운 일정의 경기)에 출전하지 못한다. 만약 출전 정지인 선수가 다음 경기에 출전하였을 경우 해당 선수 및 지도자는 공정소위원회에 회부되며, 징계 수위는 협회 운영규정 내 '유형별 긴급제재 징계 기준표'에 따른다.

   2) GK는 부상, 대표팀 소집, 준프로 계약 체결(프로팀 소집), 기타 등의 사유가 인정되는 경우에 한해 90분을 초과하여 출전이 가능하다. 이 경우, 출전선수명단 제출 시 해당 사유를 명기하여 리그운영감독관에게 제출해야 한다.

제13조 (벤치 착석 대상) 1. 경기 중 벤치에 앉을 수 있는 사람은 리그 참가 신청서에 기재된 지도자 및 선수, 임원(축구부장, 트레이너, 의무, 행정 등)에 한한다.

2. 임원의 경우 벤치 착석은 가능하나 지도는 불가하다.

3. 지도자, 임원은 반드시 자격증 또는 KFA 등록증을 패용하고 팀 벤치에 착석하여야 한다.

4. 징계 중인 지도자, 임원, 선수는 징계 해제 이후부터 벤치에 착석할 수 있다.

5. 벤치 착석 인원 중 KFA 등록증 또는 자격증을 패용한 지도자에 한하여 지도행위가 가능하며, 비정상적인 지도행위(임원의 지도행위, 관중석에서의 지도행위 등)는 리그운영감독관 판단하에 경기장에서 퇴장 조치할 수 있다. 또한 해당 팀은 공정소위원회에 회부한다.

6. 지도자 및 팀 임원의 경우 선수의 복지와 안전, 전술적/코칭의 목적과 직접적으로 관련이 되어 있을 경우에 한하여 소형, 이동식, 손에 휴대할 수 있는 장비(즉 마이크, 헤드폰, 이어폰, 핸드폰/스마트폰, 스마트워치, 태블릿PC, 노트북)는 사용할 수 있다. 허가되지 않은 전자 장비를 사용하거나 또는 전자/통신 장비를 사용한 결과를 이용하여 부적절한 행동을 보인다면 기술지역에서 퇴장 당한다.

제14조 (경기 운영) 1. 홈 팀은 다음과 같은 경기 시설, 물품, 인력을 준비해야 할 의무가 있다.

   1) 시설: 경기장 라인, 코너기대 및 코너깃발, 팀 벤치, 본부석/심판석(의자, 책상, 텐트), 스코어보드(팀명, 점수판), 의료인석 대기석, 선수/심판대기실, 골대/골망, 화장실, 팀 연습장(워밍업 공간), 주차시설 등

   2) 물품: 시합구, 볼펌프, 들것, 교체판, 스태프 조끼, 리그 현수막, 벤치팀명 부착물, 구급차, 구급 물품(의료백), 각종 대기실 부착물 등

   3) 인력: 경기운영 보조요원, 안전/시설담당, 의료진, 볼보이, 들것요원 등

   4) 기타: 각종 서류(경기보고서, 운영감독관 보고서, 사고/상황보고서, 심판 보고서, 출전선수 명단, 선수 교체표, 리그 참가신청서) 지정 병원

2. 홈 팀은 경기 중 또는 경기 전, 후에 선수, 코칭스태프, 심판을 비롯한 전 관계자와 관중의 안전 및 질서 유지에 대한 의무와 책임이 있다.

제15조 (응급치료비 보조) 1. 경기 중 발생한 부상선수에 대한 치료비는 팀 명의의 공문으로 운영본부를 경유하여 중앙조직위원회로 신청한다.

2. 최초 부상일로부터 반드시 20일 이내 신청하여야 하며, 기한 내 신청하지 않은 팀 또는 단체는 지원 대상에서 제외된다.

3. 경기 당일 발생한 응급치료비에 한하여 200,000원까지만 지원한다.

4. 제출서류: 1) 해당 팀 소속 구단 공문 1부

    2) 해당선수가 출전한 경기의 경기보고서 사본 1부

    ※ 경기보고서에 있는 부상선수 발생 보고서에 기재된 선수에 한하여 치료비 지급

    3) 진료영수증 원본

    4) 해당선수 계좌사본(선수 본인 계좌 이외의 계좌일 경우 지원 불가)

    5) 해당선수 주민등록등본(해당 선수의 주민번호 전체 표출)

제16조 (재경기 실시)_ 1. 불가항력적인 사유(필드상황, 날씨, 정전에 의한 조명 문제 등)로 인해 경기 중단 또는 진행이 불가능하게 된 경기를 「순연경기」라 하고, 순연된 경기의 개최를 '재경기'라 한다.

2. 재경기는 중앙 조직위원회 또는 운영본부가 결정하는 일시, 장소에서 실시한다.

3. 득점차가 있을 때는 중단 시점에서부터 잔여 시간만의 재경기를 갖는다.

    1) 출전선수 및 교체대상 선수의 명단은 순연경기 중단 시점과 동일하여야 한다.

    2) 선수교체는 순연경기를 포함하여 팀당 7명 이내로 한다.

    3) 순연경기에서 발생된 모든 기록(득점, 도움, 경고, 퇴장 등)은 유효하다.

4. 득점차가 없을 때는 전·후반 경기를 새로 시작한다.

    1) 출전선수 및 교체대상 선수의 명단은 순연경기와 동일하지 않아도 된다.

    2) 선수교체는 순연경기와 관계없이 팀당 7명 이내로 한다.

    3) 경기 기록은 순연경기에서 발생된 경고, 퇴장 기록만 인정한다.

5. 경고(2회 누적 포함), 퇴장, 징계 등 출전정지 대상자는 경기번호의 변동에 관계없이 가장 가까운 일정의 경기 순서대로 연계 적용한다.

6. 심판은 교체 배정할 수 있다.

제17조 (경고)_ 1. 경기 중 경고 2회로 퇴장당한 선수, 지도자 또는 팀 임원은 다음 1경기(경기 번호의 변동에 관계없이 가장 가까운 일정의 경기)에 출전하지 못한다.

2. 경기 중 1회 경고를 받은 선수, 지도자 또는 팀 임원이 경고 없이 바로 퇴장을 당할 경우, 다음 1경기(경기 번호의 변동에 관계없이 가장 가까운 일정의 경기)에 출전하지 못하나, 당초에 받은 경고는 그대로 누적된다.

3. 경고를 1회 받은 선수, 지도자 또는 팀 임원이 다른 경기에서 경고 2회로 퇴장당했을 경우, 퇴장 당시 받은 경고 2회는 경고 누적 횟수에서 제외된다. 당초에 받은 경고는 그대로 누적된다.

4. 본 대회의 서로 다른 경기에서 각 1회씩 최초 3회 누적하여 경고를 받은 선수, 지도자 또는 팀 임원은 다음 1경기(경기 번호의 변동에 관계없이 가장 가까운 일정의 경기)에 출전할 수 없다.

5. 4항의 출전정지 이후에 추가로 서로 다른 경기에서 각 1회씩 2회 누적 경고를 받은 선수, 지도자 또는 팀 임원은 다음 1경기(경기 번호의 변동에 관계없이 가장 가까운 일정의 경기)에 출전할 수 없다.

6. 본 대회에서 받은 경고(누적 경고 포함)는 플레이오프전 및 왕중왕전에 연계되지 않는다. 플레이오프전에 받은 경고 또한 왕중왕전에 연계되지 않는다.

7. 선수, 지도자 또는 팀 임원이 본 리그 기간 중 이적하더라도 이미 받은 경고는 새로 이적한 팀에서 연계 적용된다.

8. 경고 누적으로 인한 출전정지 대상 경기가 몰수 또는 실격 처리된 경우, 출전정지 이행으로 간주한다.

제18조 (퇴장)_ 1. 경기 도중 퇴장 당한 선수, 지도자, 임원은 다음 1경기(경기 번호의 변동에 관계없이 가장 가까운 일정의 경기)에 출전하지 못한다.

2. 퇴장 사유의 경중에 따라 공정소위원회 및 중앙 조직위원회는 잔여 경기의 출전금지 횟수를 결정할 수 있다.

3. 본 대회 최종 경기에서 당한 퇴장은 왕중왕전에 연계 적용된다.

4. 경기 도중 선수들을 터치라인 근처로 불러 모아 경기를 중단시키는 지도사 또는 임원은 즉시 퇴장 조치하고, 리그공정위원회에 회부한다.

5. 주심의 허락 없이 경기장에 무단 입장하거나, 시설 및 기물 파괴, 폭력 조장 및 선동, 오물투척 등 질서 위반행위를 한 지도자와 임원은 즉시 퇴장 조치하고 공정소위원회에 회부한다.

6. 경기 도중 퇴장당한 선수가 본 리그 기간 중 이적하더라도 본 리그에서는 퇴장의 효력이 그대로 연계 적용된다.

7. 퇴장으로 인한 출전정지 대상 경기가 몰수 또는 실격 처리된 경우, 출전정지 이행으로 간주한다.

제19조 (몰수)_ 1. 몰수라 함은 경기 결과에 관계없이 해당 경기에 대한 팀의 자격 상실을 말한다.

2. 다음 경우에 해당하는 팀은 몰수 처리한다.

    1) 팀이 일정표상의 경기 개시 시각 15분 전까지 경기장에 도착하지 않을 경우. 단, 천재지변 등 불가피한 사유는 제외한다.

    2) 등록은 하였으나 리그 참가신청서 명단에 없는 선수가 출전했을 경우

    3) 경기 당일 일정표상에 명시된 경기 시간 15분 전까지 KFA 등록증 소지자가 7명 미만일 경우

    4) 경기 도중 심판 판정 또는 기타 사유로 팀이 경기를 지연하거나 집단으로 경기장을 이탈한 뒤 감독관 등으로부터 경기 재개 통보를 받은 후 3분 이내에 경기에 임하지 않을 경우

    5) 위 '4)'의 경기 지연 또는 경기장 이탈 행위를 한 팀이 3분 이내에 경기에 임하였으나 경기 재개 후 재차 경기를 지연하거나 집단으로 경기장을 이탈한 뒤, 감독관 등으로부터 경기 재개 통보를 받은 후 주어진 3분 중에서 잔여 시간 내에 경기를 재개하지 않을 경우

    6) 등록하지 않은 선수가 경기에 출전한 경우

    7) 다른 선수의 KFA 등록증을 제출 후 경기에 참가시킨 경우

    8) 그 외의 경기 출전 자격 위반 행위나 경기 포기 행위를 할 경우

3. 해당 경기 몰수 팀에 대해서는 패 처리하며, 상대팀에게는 스코어 3 : 0 승리로 처리한다. 또한 본 대회에서는 승점 3점을 준다. 단, 세 골 차 이상으로 승리했거나 이기고 있었을 경우에는 해당 스코어를 그대로 인정한다.

4. 몰수 처리 경기라 하더라도 득점, 경고, 퇴장 등 양팀 선수 개인의 경기 기록 및 실적은 인정한다. 단, 몰수팀의 출전 자격이 없는 선수가 경기출전 시 해당 선수의 기록 및 실적은 인정하지 않는다.

제20조 (실격)_ 1. 실격이라 함은 본 대회 모든 경기에 대한 팀의 자격 상실을 말한다.

2. 다음 경우에 해당하는 팀은 실격으로 처리한다.

    1) 참가 신청 후 본 대회 전체 일정에 대한 불참 의사를 밝힌 경우

    2) 본 대회의 잔여 경기를 더 이상 치를 수 없는 상황이 발생한 경우

    3) 본 대회에서 2회 몰수된 경우

3. 대회 전체경기 수의 1/2 이상을 수행하지 않았을 때, 실격된 경우에는 실격 팀과의 잔여 경기를 허용하지 않으며 대회에서 얻은 승점 및 스코어를 모두 무효 처리한다. 단, 대회 전체 경기수의 1/2 후에 실격 팀이 발생한 경우에는 이전 경기결과를 인정하고, 잔여경기는 3 : 0으로 처리한다.

4. 실격 팀과의 경기라 하더라도 득점, 경고, 퇴장 등 양팀 선수 개인의 경기 기록 및 실적은 인정한다. 단, 실격 팀의 출전 자격이 없는 선수가 경기출전 시 해당 선수의 기록 및 실적은 인정하지 않는다.

제21조 (징계 회부 사항)_ 경기와 관련하여 아래 사항에 대해서는 공정소위원회에 회부하여 징계를 심의한다.

1. 징계기간 미경과 선수가 출전하였을 경우

2. 징계 중인 지도자가 팀 벤치 또는 공개된 장소에서 지도 행위를 했을 경우

3. 경기 중 지도자 또는 임원이 벤치 이외의 장소에서 팀을 지도했을 경우

4. 경기 중 앰프를 사용한 응원을 했을 경우

5. 몰수 또는 실격 행위를 했을 경우

6. 등록 또는 리그 참가 신청과 관련한 문제로 인해 징계 심의가 필요한 경우

7. 근거 없이 경기 진행에 지장을 주는 항의를 하였다고 판단될 경우

8. 기타 대회 중 발생한 경기장 질서문란 행위 및 경기 중 또는 경기 후에라

도 심각한 반칙행위나 불법 행위가 적발되어 징계 심의가 필요하다고 인정되는 경우

9. 유급선수가 유급 직전 년도에 최종 출전한 경기일이 경과하지 않은 상태에서 출전하였을 경우

10. 경기 중 폭언, 폭설(욕설), 인격모독, 성희롱 행위를 한 지도자, 임원, 선수의 경우

11. 이적 후 출전 정지 기간 미경과 선수가 출전하였을 경우

12. 3명 이상의 연령초과선수를 출전시킨 경우 (조기입학으로 인하여 유급한 자는 제외)

13. KFA 등록증을 패용하지 않은 지도자, 선수, 임원이 팀 벤치에 착석하거나 지도행위를 할 수 없는 사람이 지도행위를 한 경우

제22조 (시상) 본 대회의 시상 내역은 다음과 같다.

1. 단체상 : 우승, 준우승, 3위, 페어플레이팀

※ 우승, 준우승 : 트로피, 상장 수여 / 3위, 페어플레이팀상 : 상장 수여

※ 그린카드상은 KFA 기준에 따라 KFA 시상식을 통해 별도 시상

2. 개인상 : 최우수선수상, 득점상, 수비상, GK상, 최우수지도자상, 득점상

3. 득점상의 경우 다득점 선수 - 출전경기수가 적은 선수 - 출전시간이 적은 선수 순으로 한다.

4. 득점상의 경우 3명 이상일 때는 시상을 취소한다.

5. 대회 중 퇴장조치 이상의 징계를 받은 선수 및 지도자는 경중에 따라 시상에서 제외될 수 있다.

6. 본 대회에서 몰수 이상(승점 감점 포함)의 팀 징계를 받을 경우 모든 시상 및 포상의 지급 대상에서 제외하고 환수조치한다.

7. 특별한 사유가 발생할 경우 시상 내역이 변경될 수 있으며, 시상에 관련한 사항은 운영본부 결정에 의한다.

제23조 (도핑) 1. 도핑방지규정은 선수의 건강보호와 공정한 경기운영을 위함이며, 협회에 등록된 선수 및 임원은 한국도핑방지위원회(www.kada-ad. or.kr)의 규정을 숙지하고 준수할 의무가 있다.

2. 본 대회 기간 중 한국도핑방지위원회(이하 'KADA')에서 불특정 지목되어진 선수는 KADA에서 시행하는 도핑검사 절차를 반드시 준수해야 한다.

3. 본 대회 전 또는 기간 중 치료를 위해 금지약물을 복용할 경우, KADA의 지침에 따라 해당 선수는 치료 목적 사용면책(이하 'TUE') 신청서를 작성/제출해야 한다.

4. 협회 등록 소속 선수 및 관계자 (감독, 코치, 트레이너, 팀의무, 기타임원 등 모든 관계자)는 항상 도핑을 방지할 의무가 있으며, 본 규정에 따라 KADA의 도핑검사 절차에 어떠한 방식으로도 관여할 수 없다.

5. 도핑검사 후 금지물질이 검출된 경우 KADA의 제재 조치를 따라야 한다.

제24조 (기타) 1. 경기에 참가하는 팀은 경기 당일 유니폼 2벌(스타킹 포함)을 필히 지참해야 한다. 경기에 참가하는 두 팀의 유니폼(스타킹 포함) 색상이 동일할 때는 원정팀이 보조 유니폼(스타킹 포함)을 착용한다. 이도 동일하거나 색상 구분이 명확하지 않을 경우에는 홈팀이 보조 유니폼을 착용한다(이 외의 상황은 리그운영감독관 및 심판진의 결정에 따른다).

2. 경기에 출전하는 선수의 상하 유니폼 번호는 반드시 리그 참가신청서에 기재된 것과 동일해야 하며, 번호 표기는 유니폼 색상과 명확히 판별할 수 있게 해야 한다. 번호가 동일하지 않을 경우 해당 선수는 참가 신청서에 기재된 번호가 새겨진 유니폼으로 갈아입은 후 출전해야 한다. 이를 위반

하는 선수는 해당 경기에 출전할 수 없다. 단, 유니폼의 번호 표기는 유니폼 색상과 명확히 판별될 수 있게 해야 한다.

3. 경기에 출전하는 모든 선수들은(선발선수 11명 외 교체선수 포함)은 KFA 등록증을 지참하여 경기 시작 전 리그운영감독관에게 제출하여 확인을 받아야 한다. KFA 등록증을 지참하지 않았을 시, 해당 선수는 경기에 출전하지 못한다. 교체 선수는 본인의 KFA 등록증을 지참 후 리그운영감독관에게 직접 제출하여 교체 승인 후 교체되어야 한다.

4. 출전선수는 신체 보호를 위해 반드시 정강이 보호대(Shin Guard)를 착용하고 경기에 임해야 한다.

5. 기능성 의류를 입고 출전할 때는, 상·하 유니폼과 각각 동일한 색상을 입어야 한다.

6. 경기에 출전하는 팀의 주장 선수는 완장을 차고 경기에 출전하여야 한다.

7. 스타킹 위에 테이핑 또는 비슷한 재질의 색상은 스타킹의 주 색상과 같아야 한다.

8. 경기에 참가하는 팀은 팀과 무관한 국내외 다른 팀의 엠블럼이나 명칭을 사용할 수 없으며, 다른 선수의 이름이 부착된 유니폼을 착용해서는 안 된다.

9. 대회에 참가하는 모든 선수는 참가팀에서 반드시 심장, 호흡기관 등 신체 건강에 이상이 없는지 점검한 후 선수를 출전시켜야 하며, 이로 인한 사고가 발생할 경우 해당 팀에 그 책임이 있다.

10. 참가팀은 선수 부상을 비롯한 각종 사고에 대비하기 위해 보험 가입을 권장한다.

11. 경기와 관련한 제소는 육하원칙에 의해 팀 대표자 명의로 공문을 작성하여 경기 종료 후 48시간 이내에 하여야 한다. 경기 중 제소는 허용하지 않으며, 심판 판정에 대한 제소는 대상에서 제외한다.

12. 리그에 참가하는 팀은 반드시 리그운영규정을 확인하고 숙지해야 할 의무가 있다. 또한 경고, 퇴장, 공정(소)위원회 징계 등에 따라 출전이 정지된 선수, 지도자, 임원의 출전으로 인한 모든 책임 및 미확인(숙지)에 따른 불이익은 해당 팀이 감수하여야 한다.

13. 리그에 참가하는 팀은 반드시 대한축구협회 통합 온라인 시스템(joinkfa. com)을 통하여 리그 참가에 관한 일체의 정보(공문서, 안내문,공지사항 등)를 확인할 의무가 있으며, 미확인(숙지)에 따른 불이익은 참가팀이 감수하여야 한다.

14. 대회운영은 협회 국내대회승인 및 운영규정에 의거하여 실시한다.

15. 본 대회는 협회 및 운영본부로부터 기승인된 EPTS 시스템을 운영하며, 세부사항은 FIFA 경기규칙서(규칙 4.선수의 장비 내 4.기타 장비)에 따른다.

16. '코로나19' 관련 상황 발생 시, 연맹 및 협회에서 배포한 '코로나19' 대응 매뉴얼에 따른다.

제25조 (마케팅 권리) 1. 본 대회 마케팅과 관련된 모든 권리는 운영본부에 있으며, 미승인된 마케팅의 활동은 금지한다.

2. 참가팀은 운영본부의 상업적 권리 사용에 대해 적극 협조하여야 한다.

제26조 (부칙) 1. 본 대회규정에 명시되지 않은 사항은 운영본부의 결정 및 전국 초중고 축구리그 운영 규정에 따른다.

2. 대회 중 징계사항은 대회운영본부의 확인 후, 초중고 리그 공정위원회의 결정에 따른다.

2021 K리그 주니어 U18 경기일정표 및 결과

A그룹 전반기

경기일자	경기시간	홈팀	경기결과	원정팀	경기장소
03.20.(토)	11:00	안산	2 : 2	인천	안산호수공원축구장
03.20.(토)	13:00	수원	10 : 1	수원FC	수원W 인조1
03.20.(토)	14:00	강원	3 : 2	서울	강릉제일고
03.20.(토)	14:00	안양	2 : 1	서울E	석수체육공원
03.27.(토)	14:00	강원	2 : 0	안산	강릉제일고
03.27.(토)	14:00	서울	2 : 0	수원FC	GS챔피언스파크
03.27.(토)	19:00	서울E	0 : 0	제주	봉양건강캠프A구장
03.27.(토)	14:00	성남	2 : 2	부천	풍생고등학교
03.27.(토)	14:00	안양	0 : 4	수원	석수체육공원
04.03.(토)	11:00	안산	2 : 2	안양	안산유소년스포츠타운 1구장
04.03.(토)	14:00	부천	0 : 1	강원	부천체육관
04.03.(토)	14:00	성남	3 : 3	수원	풍생고등학교
04.03.(토)	15:00	인천	2 : 2	서울E	송도LNG
04.03.(토)	14:00	제주	1 : 3	서울	제주클럽하우스A
04.09.(금)	14:00	수원FC	0 : 5	강원	만석공원 인조구장
04.10.(토)	14:00	서울	1 : 0	성남	GS챔피언스파크
04.10.(토)	11:00	서울E	1 : 4	안산	안산유소년스포츠타운 1구장
04.10.(토)	14:00	수원	1 : 0	인천	수원W 인조1
04.10.(토)	14:00	안양	2 : 3	부천	석수체육공원
04.17.(토)	14:00	서울	2 : 0	부천	GS챔피언스파크
04.17.(토)	14:00	성남	1 : 2	안산	풍생고등학교
04.17.(토)	14:00	수원	2 : 1	서울E	수원W 인조1
04.17.(토)	14:00	안양	0 : 2	제주	석수체육공원
04.17.(토)	16:00	인천	2 : 0	수원FC	송도LNG
04.24.(토)	11:00	안산	1 : 3	서울	안산유소년스포츠타운 1구장
04.24.(토)	13:00	제주	2 : 1	수원	걸매운동장
04.24.(토)	14:00	강원	7 : 3	안양	강릉제일고
04.24.(토)	14:00	부천	2 : 1	인천	부천체육관
04.28.(수)	14:00	제주	0 : 3	성남	걸매운동장
05.01.(토)	11:00	안산	2 : 0	수원FC	안산유소년스포츠타운 1구장
05.01.(토)	14:00	부천	1 : 2	제주	부천체육관
05.01.(토)	14:30	서울E	2 : 4	서울	GS챔피언스파크
05.01.(토)	16:00	인천	2 : 0	성남	송도LNG
05.01.(토)	15:00	수원	0 : 3	강원	수원W 인조1
05.07.(금)	17:15	수원FC	2 : 3	서울E	수원종합운동장 보조구장
05.08.(토)	10:00	제주	5 : 3	안산	걸매운동장
05.12.(수)	16:00	수원FC	0 : 3	성남	탄천변B구장
06.05.(토)	11:00	안산	1 : 3	수원	안산유소년스포츠타운 1구장
06.05.(토)	14:00	부천	6 : 0	서울E	부천체육관
06.05.(토)	14:00	성남	0 : 0	강원	풍생고등학교
06.05.(토)	14:00	안양	3 : 1	인천	석수체육공원
06.09.(수)	15:00	수원	2 : 2	부천	수원W 인조1
06.11.(금)	15:00	수원FC	2 : 4	안양	만석공원 인조구장
06.12.(토)	14:00	부천	5 : 0	안산	부천체육관
06.12.(토)	14:00	서울E	2 : 4	성남	청평생활체육공원
06.12.(토)	14:00	인천	1 : 0	서울	송도LNG
06.12.(토)	14:30	강원	3 : 2	제주	강릉제일고
06.16.(수)	15:00	강원	2 : 0	인천	강릉제일고
06.16.(수)	16:00	서울	2 : 1	안양	GS챔피언스파크

B그룹 전반기

경기일자	경기시간	홈팀	경기결과	원정팀	경기장소
03.20.(토)	14:00	광주	2 : 2	전북	금호고
03.20.(토)	14:00	부산	4 : 0	대구	개성고
03.20.(토)	14:00	충남아산	0 : 2	전남	아산선장축구장 2구장
03.20.(토)	14:00	울산	2 : 1	대전	서부구장
03.20.(토)	14:00	포항	1 : 0	김천	포철고 인조잔디구장
03.27.(토)	13:00	대구	0 : 1	전북	현풍고
03.27.(토)	14:00	광주	1 : 0	포항	금호고
03.27.(토)	11:00	울산	4 : 0	충남아산	외동생활체육공원축구장
03.27.(토)	14:00	전남	2 : 1	부산	송죽구장
03.27.(토)	14:00	대전	0 : 1	경남	안영생활체육공원
04.03.(토)	11:00	전북	2 : 2	울산	전북현대클럽하우스
04.03.(토)	14:00	경남	1 : 1	포항	진주모덕
04.03.(토)	14:00	김천	1 : 0	대구	대한법률구조공단 법문화교육센터
04.03.(토)	14:00	충남아산	0 : 2	대전	아산신도시하수처리장체육공원
04.03.(토)	14:00	전남	2 : 1	광주	송죽구장
04.10.(토)	11:00	전북	5 : 0	충남아산	전북현대클럽하우스
04.10.(토)	13:00	대구	1 : 1	광주	현풍고
04.10.(토)	14:00	경남	3 : 1	전남	진주모덕
04.10.(토)	14:00	울산	5 : 0	김천	서부구장
04.10.(토)	14:00	포항	0 : 0	부산	포철고 인조잔디구장
04.16.(금)	16:00	대전	0 : 2	전북	안영생활체육공원
04.17.(토)	14:00	광주	1 : 1	경남	금호고
04.17.(토)	14:00	김천	4 : 2	충남아산	대한법률구조공단 법문화교육센터
04.17.(토)	14:00	부산	3 : 2	울산	개성고
04.17.(토)	14:00	포항	3 : 1	전남	포철고 인조잔디구장
04.24.(토)	13:00	전북	6 : 0	김천	전북현대클럽하우스
04.24.(토)	14:00	부산	0 : 2	경남	개성고
04.24.(토)	14:00	충남아산	0 : 3	포항	아산신도시하수처리장체육공원
04.24.(토)	14:00	울산	1 : 1	대구	농소구장
04.24.(토)	14:00	전남	2 : 1	대전	송죽구장
05.01.(토)	12:00	대구	2 : 1	대전	현풍고
05.01.(토)	14:00	경남	3 : 2	전북	진주모덕
05.01.(토)	14:00	김천	0 : 2	부산	대한법률구조공단 법문화교육센터
05.01.(토)	14:00	포항	1 : 3	울산	포철고 인조잔디구장
05.28.(금)	16:00	대전	1 : 2	전북	안영생활체육공원
05.29.(토)	14:00	경남	2 : 0	충남아산	진주모덕
06.01.(화)	18:00	충남아산	1 : 3	광주	아산신도시하수처리장체육공원
06.05.(토)	14:00	김천	0 : 3	전남	대한법률구조공단 법문화교육센터
06.05.(토)	14:00	부산	4 : 0	광주	개성고
06.05.(토)	14:00	충남아산	0 : 2	대구	아산신도시하수처리장체육공원
06.05.(토)	14:00	울산	3 : 0	경남	서부구장
06.05.(토)	17:00	대전	2 : 3	포항	안영생활체육공원
06.09.(수)	14:00	광주	0 : 1	울산	금호고
06.09.(수)	14:00	경남	1 : 1	김천	진주모덕
06.09.(수)	15:00	포항	6 : 0	대구	포철고 인조잔디구장
06.12.(토)	11:00	전남	1 : 2	전북	송죽구장
06.12.(토)	14:00	광주	3 : 0	대전	금호고
06.12.(토)	14:00	부산	3 : 0	충남아산	개성고
06.16.(수)	14:00	전북	1 : 0	부산	전북현대클럽하우스

A그룹 전반기

경기일자	경기시간	홈팀	경기결과	원정팀	경기장소
06.16(수)	13:30	제주	4:2	수원FC	수원W 인조2
06.19(토)	16:00	서울	1:1	수원	GS챔피언스파크
06.19(토)	16:00	서울E	1:2	강원	청평생활체육공원
06.19(토)	16:00	성남	4:2	안양	풍생고등학교
06.19(토)	16:00	수원FC	1:6	부천	수원W보조
06.19(토)	16:00	인천	2:4	제주	송도LNG

B그룹 전반기

경기일자	경기시간	홈팀	경기결과	원정팀	경기장소
06.16(수)	16:00	대구	0:1	전남	현풍고
06.19(토)	16:00	김천	0:2	광주	경북보건대운동장(인)
06.19(토)	16:00	대구	4:2	경남	현풍고
06.19(토)	16:00	대전	3:1	부산	안영생활체육공원
06.19(토)	16:00	전남	2:6	울산	송죽구장
06.19(토)	16:00	전북	5:1	포항	전북현대클럽하우스

후반기 상위스플릿

경기일자	경기시간	홈팀	경기결과	원정팀	경기장소
07.03(토)	11:00	경남	3:2	강원	진주문산스포츠파크
07.03(토)	16:00	울산	2:1	부산	서부구장
07.10(토)	11:00	부산	1:3	강원	개성고
07.10(토)	10:30	전북	3:0	경남	전북현대클럽하우스
09.04(토)	14:00	서울	2:2	제주	GS챔피언스파크
09.04(토)	14:00	포항	2:2	수원	포철고 인조잔디구장
09.11(토)	15:00	강원	1:1	수원	강릉제일고
09.11(토)	14:00	제주	1:2	포항	제주클럽하우스A
09.15(수)	14:00	전북	9:2	제주	전북현대클럽하우스
09.17(금)	14:00	성남	4:1	경남	탄천변B구장
10.02(토)	11:00	경남	3:1	울산	진주모덕
10.02(토)	10:30	전북	4:3	강원	전북현대클럽하우스
10.02(토)	14:00	제주	2:3	부천	걸매운동장
10.02(토)	14:00	포항	0:0	서울	포철고 인조잔디구장
10.16(토)	14:00	부천	0:1	성남	부천체육관
10.16(토)	14:00	울산	2:5	포항	서부구장
10.16(토)	15:00	서울	1:2	부산	GS챔피언스파크
10.20(수)	16:00	성남	3:2	서울	탄천변B구장
10.23(토)	14:00	강원	1:0	성남	강릉제일고
10.23(토)	14:00	경남	1:4	부산	진주모덕
10.23(토)	15:00	수원	2:2	제주	수원W 인조1
10.23(토)	14:00	울산	1:4	전북	서부구장
10.27(수)	14:30	강원	3:1	울산	강릉제일고
10.27(수)	16:00	성남	1:0	전북	탄천변B구장
10.30(토)	14:00	부산	2:6	포항	개성고
10.30(토)	14:00	서울	3:0	경남	GS챔피언스파크
10.30(토)	14:00	성남	5:4	제주	풍생고등학교
10.30(토)	10:30	전북	2:2	수원	전북현대클럽하우스
11.03(수)	14:00	수원	0:2	서울	수원W 인조1
11.03(수)	14:00	부산	1:2	부천	개성고등학교
11.06(토)	14:00	부산	1:1	성남	개성고
11.06(토)	14:00	부천	2:1	서울	부천체육관
11.06(토)	14:00	수원	4:4	울산	수원W 인조1
11.06(토)	11:00	제주	1:2	강원	걸매운동장
11.06(토)	14:00	포항	2:0	경남	포철고 인조잔디구장
11.10(수)	14:00	경남	0:1	부천	진주모덕
11.13(토)	14:00	서울	0:2	강원	GS챔피언스파크
11.13(토)	11:00	수원	3:0	부산	수원W 인조1
11.13(토)	14:00	울산	1:4	제주	서부구장
11.13(토)	14:00	포항	4:2	전북	포철고 인조잔디구장
11.17(수)	14:00	부천	2:3	전북	북부수자원생태공원
11.20(토)	14:00	강원	0:1	포항	강릉제일고

후반기 하위스플릿

경기일자	경기시간	홈팀	경기결과	원정팀	경기장소
07.03(토)	16:00	대구	2:1	서울E	현풍고
07.03(토)	11:00	충남아산	2:3	수원FC	아산신도시하수처리장체육공원
07.03(토)	16:00	인천	1:2	전남	승기구장
07.10(토)	11:00	광주	7:0	충남아산	금호고
07.10(토)	16:00	서울E	2:1	수원FC	제천종합운동장
07.10(토)	16:00	전남	2:1	대구	송죽구장
09.04(토)	14:00	충남아산	2:0	김천	아산신도시하수처리장체육공원
09.04(토)	15:00	전남	1:2	안양	송죽구장
09.11(토)	14:00	김천	1:1	서울E	대한법률구조공단 법문화교육센터
09.11(토)	14:00	대구	1:0	충남아산	달성종합스포츠파크 주경기장
09.11(토)	14:00	대전	0:1	광주	안영생활체육공원
09.15(수)	16:00	안양	3:1	안산	석수체육공원
09.29(수)	14:00	안양	2:0	광주	석수체육공원
10.02(토)	14:00	김천	2:3	안양	대한법률구조공단 법문화교육센터
10.02(토)	15:00	대구	0:0	수원FC	현풍고
10.02(토)	12:00	대전	1:3	전남	안영생활체육공원
10.16(토)	14:00	김천	1:4	인천	대한법률구조공단 법문화교육센터
10.22(금)	14:00	인천	0:1	대전	송도LNG
10.23(토)	14:00	광주	1:0	대구	금호고
10.23(토)	14:00	전남	1:0	김천	송죽구장
10.29(금)	14:00	인천	0:0	광주	송도LNG
10.30(토)	14:00	김천	2:2	수원FC	대한법률구조공단 법문화교육센터
10.30(토)	14:00	대전	2:1	안양	안영생활체육공원
11.05(금)	13:30	수원FC	1:2	대전	수원W 인조2
11.06(토)	14:00	충남아산	1:0	인천	아산신도시하수처리장체육공원
11.06(토)	14:00	안산	1:2	김천	안산유소년스포츠타운 1구장
11.06(토)	14:00	안양	4:3	대구	자유공원
11.10(수)	14:00	안산	1:2	대전	안산유소년스포츠타운 1구장
11.10(수)	13:00	수원FC	0:1	전남	천안축구센터인조1구장
11.10(수)	16:00	안양	1:0	충남아산	자유공원
11.12(금)	13:30	수원FC	1:2	광주	수원W 인조2
11.13(토)	14:00	대구	3:0	김천	현풍고
11.13(토)	12:00	대전	0:0	충남아산	안영생활체육공원
11.13(토)	14:00	인천	3:1	안양	송도LNG
11.13(토)	11:00	전남	2:3	안산	송죽구장
11.17(수)	14:00	안산	1:0	광주	안산유소년스포츠타운 1구장
11.20(토)	14:00	광주	3:0	전남	금호고
11.20(토)	14:00	김천	1:1	대전	대한법률구조공단 법문화교육센터
11.20(토)	14:00	대구	1:0	인천	현풍고
11.20(토)	14:00	안양	2:1	수원FC	자유공원
11.27(토)	14:00	광주	3:0	김천	금호고
11.27(토)	14:00	대전	0:0	대구	안영생활체육공원

후반기 상위스플릿

경기일자	경기시간	홈팀	경기결과	원정팀	경기장소
11.20(토)	14:00	경 남	3:0	수 원	진주모덕
11.20(토)	14:00	전 북	3:1	서 울	전북현대클럽하우스
11.20(토)	14:00	제 주	0:3	부 산	제주클럽하우스A
11.24(수)	14:00	부 천	2:1	수 원	북부수자원생태공원
11.24(수)	15:00	성 남	2:4	울 산	탄천변B구장
11.24(수)	14:00	제 주	3:4	경 남	걸매운동장
11.27(토)	14:00	강 원	1:0	부 천	강릉제일고
11.27(토)	14:00	부 산	1:2	전 북	개성고
11.27(토)	14:00	서 울	1:1	울 산	GS챔피언스파크
11.27(토)	14:00	포 항	1:2	성 남	포철고 인조잔디구장
11.30(화)	14:00	울 산	0:1	부 천	서부구장
12.01(수)	14:00	수 원	0:2	성 남	수원W 인조1
12.03(금)	14:00	부 천	1:2	포 항	북부수자원생태공원

후반기 하위스플릿

경기일자	경기시간	홈팀	경기결과	원정팀	경기장소
11.27(토)	14:00	수원FC	1:2	안 산	수원W 인조2
11.27(토)	14:00	전 남	2:0	충남아산	송죽구장
12.01(수)	14:00	충남아산	0:4	안 산	아산신도시하수처리장체육공원
12.04(토)	15:00	인 천	4:0	안 산	안산유소년스포츠타운 1구장

2020 K리그 주니어 U18 팀 순위

A그룹 전반기

순위	팀명	경기수	승점	승	무	패	득점	실점	득실차
1	강 원	10	28	9	1	0	27	8	19
2	서 울	10	22	7	1	2	20	10	10
3	제 주	10	19	6	1	3	22	18	4
4	수 원	10	18	5	3	2	27	13	14
5	부 천	10	17	5	2	3	27	13	14
6	성 남	10	15	4	3	3	20	14	6
7	인 천	10	11	3	2	5	13	16	-3
8	안 산	10	11	3	2	5	17	24	-7
9	안 양	10	10	3	1	6	19	28	-9
10	서울E	10	5	1	2	7	13	28	-15
11	수원FC	10	0	0	0	10	8	41	-33

B그룹 전반기

순위	팀명	경기수	승점	승	무	패	득점	실점	득실차
1	울 산	10	23	7	2	1	29	10	19
2	전 북	10	23	7	2	1	28	9	19
3	부 산	10	19	6	1	3	19	8	11
4	경 남	10	18	5	3	2	16	13	3
5	포 항	10	17	5	2	3	19	13	6
6	광 주	10	15	4	3	3	14	12	2
7	전 남	10	15	5	0	5	15	18	-3
8	대 구	10	11	3	2	5	10	18	-8
9	김 천	10	10	3	1	6	8	23	-15
10	대 전	10	6	2	0	8	4	11	-7
11	충남아산	10	0	0	0	10	3	30	-27

후반기 상위스플릿

순위	팀명	경기수	승점	승	무	패	득점	실점	득실차
1	포 항	10	23	7	2	1	25	12	13
2	전 북	10	22	7	1	2	32	17	15
3	성 남	10	22	7	1	2	21	14	7
4	부 천	10	18	6	0	4	14	12	2
5	강 원	10	17	5	2	3	18	13	5
6	경 남	10	12	4	0	6	15	23	-8
7	부 산	10	10	3	1	6	14	19	-5
8	서 울	10	9	2	3	5	13	15	-2
9	수 원	10	8	1	5	4	15	20	-5
10	울 산	10	8	2	2	6	17	28	-11
11	제 주	10	6	1	3	6	22	33	-11

후반기 하위스플릿

순위	팀명	경기수	승점	승	무	패	득점	실점	득실차
1	안 양	9	21	7	0	2	19	13	6
2	광 주	9	19	6	1	2	17	4	13
3	전 남	9	18	6	0	3	14	11	3
4	대 전	9	17	5	2	2	12	9	3
5	대 구	9	14	4	2	3	11	8	3
6	안 산	8	12	4	0	4	13	14	-1
7	인 천	8	10	3	1	4	12	7	5
8	김 천	10	6	1	3	6	9	21	-12
9	충남아산	9	6	2	0	7	6	21	-15
10	수원FC	9	5	1	2	6	10	15	-5
11	서울E	3	4	1	1	1	4	4	0

AFC 챔피언스리그 2021

F조	경기	승	무	패	득	실	득실	승점
울산 현대 (KOR)	6	6	0	0	13	1	12	18
BG PATHUM UNITED (THA)	6	4	0	2	10	6	4	12
VIETTEL FC (VIE)	6	2	0	4	7	9	-2	6
KAYA FC-ILOILO (PHI)	6	0	0	6	2	16	-14	0

G조	경기	승	무	패	득	실	득실	승점
NAGOYA GRAMPUS (JPN)	6	5	1	0	14	2	12	16
포항 스틸러스 (KOR)	6	3	2	1	9	5	4	11
JOHOR DARUL TA'ZIM (MAS)	6	1	1	4	3	9	-6	4
RATCHABURI FC (THA)	6	0	2	4	0	10	-10	2

H조	경기	승	무	패	득	실	득실	승점
전북 현대 (KOR)	6	5	1	0	22	5	17	16
GAMBA OSAKA (JPN)	6	2	3	1	15	7	8	9
CHIANGRAI UNITED (THA)	6	2	2	2	8	7	1	8
TAMPINES ROVERS (SGP)	6	0	0	6	1	27	-26	0

I조	경기	승	무	패	득	실	득실	승점
KAWASAKI FRONTALE (JPN)	6	6	0	0	27	3	24	18
대구 FC (KOR)	6	4	0	2	22	6	16	12
UNITED CITY FC (PHI)	6	1	1	4	4	24	-20	4
BEIJING FC (CHN)	6	0	1	5	3	23	-20	1

F조

일자	시간	홈팀	스코어	원정팀
6.26	17:00	BG PATHUM UNITED (THA)	4 : 1	KAYA FC-ILOILO (PHI)
6.26	21:00	VIETTEL FC (VIE)	0 : 1	울산 현대 (KOR)
6.29	17:00	울산 현대 (KOR)	2 : 0	BG PATHUM UNITED (THA)
6.29	21:00	KAYA FC-ILOILO (PHI)	0 : 5	VIETTEL FC (VIE)
7.02	17:00	KAYA FC-ILOILO (PHI)	0 : 3	울산 현대 (KOR)
7.02	21:00	BG PATHUM UNITED (THA)	2 : 0	VIETTEL FC (VIE)
7.05	17:00	울산 현대 (KOR)	2 : 1	KAYA FC-ILOILO (PHI)
7.05	21:00	VIETTEL FC (VIE)	1 : 3	BG PATHUM UNITED (THA)
7.08	17:00	KAYA FC-ILOILO (PHI)	0 : 1	BG PATHUM UNITED (THA)
7.08	21:00	울산 현대 (KOR)	3 : 0	VIETTEL FC (VIE)
7.11	17:00	VIETTEL FC (VIE)	1 : 0	KAYA FC-ILOILO (PHI)
7.11	21:00	BG PATHUM UNITED (THA)	0 : 2	울산 현대 (KOR)

G조

일자	시간	홈팀	스코어	원정팀
6.22	17:00	포항 스틸러스 (KOR)	2 : 0	RATCHABURI FC (THA)
6.22	21:00	JOHOR DARUL TA'ZIM (MAS)	0 : 1	NAGOYA GRAMPUS (JPN)
6.25	17:00	NAGOYA GRAMPUS (JPN)	3 : 0	포항 스틸러스 (KOR)
6.25	21:00	RATCHABURI FC (THA)	0 : 1	JOHOR DARUL TA'ZIM (MAS)
6.28	17:00	RATCHABURI FC (THA)	0 : 4	NAGOYA GRAMPUS (JPN)
6.28	21:00	포항 스틸러스 (KOR)	4 : 1	JOHOR DARUL TA'ZIM (MAS)
7.01	17:00	JOHOR DARUL TA'ZIM (MAS)	0 : 2	포항 스틸러스 (KOR)
7.01	21:00	NAGOYA GRAMPUS (JPN)	3 : 0	RATCHABURI FC (THA)
7.04	17:00	RATCHABURI FC (THA)	0 : 0	포항 스틸러스 (KOR)
7.04	21:00	NAGOYA GRAMPUS (JPN)	2 : 1	JOHOR DARUL TA'ZIM (MAS)
7.07	17:00	포항 스틸러스 (KOR)	1 : 1	NAGOYA GRAMPUS (JPN)
7.07	21:00	JOHOR DARUL TA'ZIM (MAS)	0 : 0	RATCHABURI FC (THA)

H조

일자	시간	홈팀	스코어	원정팀
6.25	19:00	TAMPINES ROVERS (SGP)	0 : 2	GAMBA OSAKA (JPN)
6.25	21:00	전북 현대 (KOR)	2 : 1	CHIANGRAI UNITED (THA)
6.28	19:00	CHIANGRAI UNITED (THA)	1 : 0	TAMPINES ROVERS (SGP)
6.28	21:00	GAMBA OSAKA (JPN)	2 : 2	전북 현대 (KOR)
7.01	19:00	전북 현대 (KOR)	9 : 0	TAMPINES ROVERS (SGP)

7.01	21:00	CHIANGRAI UNITED (THA)	1 : 1	GAMBA OSAKA (JPN)
7.04	19:00	TAMPINES ROVERS (SGP)	0 : 4	전북 현대 (KOR)
7.04	21:00	GAMBA OSAKA (JPN)	1 : 1	CHIANGRAI UNITED (THA)
7.07	19:00	GAMBA OSAKA (JPN)	8 : 1	TAMPINES ROVERS (SGP)
7.07	21:00	CHIANGRAI UNITED (THA)	1 : 3	전북 현대 (KOR)
7.10	19:00	전북 현대 (KOR)	2 : 1	GAMBA OSAKA (JPN)
7.10	19:00	TAMPINES ROVERS (SGP)	0 : 3	CHIANGRAI UNITED (THA)

l조

일자	시간	홈팀	스코어	원정팀
6.26	19:00	UNITED CITY FC (PHI)	1 : 1	BEIJING FC (CHN)
6.26	21:00	KAWASAKI FRONTALE (JPN)	3 : 2	대구 FC (KOR)
6.29	19:00	대구 FC (KOR)	7 : 0	UNITED CITY FC (PHI)
6.29	21:00	BEIJING FC (CHN)	0 : 7	KAWASAKI FRONTALE (JPN)
7.02	19:00	대구 FC (KOR)	5 : 0	BEIJING FC (CHN)
7.02	19:00	KAWASAKI FRONTALE (JPN)	8 : 0	UNITED CITY FC (PHI)
7.05	19:00	BEIJING FC (CHN)	0 : 3	대구 FC (KOR)
7.05	19:00	UNITED CITY FC (PHI)	0 : 2	KAWASAKI FRONTALE (JPN)
7.08	19:00	BEIJING FC (CHN)	2 : 3	UNITED CITY FC (PHI)
7.08	21:00	대구 FC (KOR)	1 : 3	KAWASAKI FRONTALE (JPN)
7.11	17:00	KAWASAKI FRONTALE (JPN)	4 : 0	BEIJING FC (CHN)
7.11	17:00	UNITED CITY FC (PHI)	0 : 4	대구 FC (KOR)

16강

일자	시간	홈팀	스코어	원정팀
9.14	18:00	NAGOYA GRAMPUS (JPN)	4 : 2	대구 FC (KOR)
9.14	20:00	울산 현대 (KOR)	0 : 0 (3 승부차기 2)	KAWASAKI FRONTALE (JPN)
9.15	17:30:00	전북 현대 (KOR)	1 : 1 (4 승부차기 2)	BG PATHUM UNITED (THA)
9.15	18:00	CEREZO OSAKA (JPN)	0 : 1	포항 스틸러스 (KOR)

8강

일자	시간	홈팀	스코어	원정팀
10.17	14:00	포항 스틸러스 (KOR)	3 : 0	NAGOYA GRAMPUS (JPN)
10.17	19:00	전북 현대 (KOR)	2 : 3	울산 현대 (KOR)

4강

일자	시간	홈팀	스코어	원정팀
10.20	19:00	울산 현대 (KOR)	1 : 1 (4 승부차기 5)	포항 스틸러스 (KOR)

결승

일자	시간	홈팀	스코어	원정팀
11.23	19:00	AL HILAL SFC (KSA)	2 : 0	포항 스틸러스 (KOR)

Section 8

시즌별 기타 기록

연도	구분	대회명		1위	2위	3위	4위	5위	6위	7위
1983	정규리그	83 수퍼리그		할렐루야 6승8무2패	대우 6승7무3패	유공 5승7무4패	포항제철 6승4무6패	국민행 3승2무11패		
1984	정규리그	84 축구대제전 수퍼리그	전기	유공 9승2무3패	대우 9승2무3패	현대 6승6무2패	할렐루야 5승4무5패	럭키금성 3승7무6패	포항제철 3승5무6패	한일은행 3승4무7패
			후기	대우 8승4무2패	현대 7승4무3패	포항제철 7승2무5패	할렐루야 5승무4패	유공 4승2무4패	한일은행 2승7무5패	럭키금성 3승3무8패
			챔피언결정전	대우 1승1무	유공 1무1패					
1985	정규리그	85 축구대제전 수퍼리그		럭키금성 10승7무4패	포항제철 9승7무5패	대우 9승7무5패	현대 10승4무7패	유공 7승9무9패	상무 6승7무8패	한일은행 3승10무8패
1986	정규리그	86 축구대제전	춘계	포항제철 3승6무1패	럭키금성 3승5무2패	유공 4승2무4패	대우 4승2무4패	한일은행 3승3무4패	현대 2승4무4패	
			추계	럭키금성 7승2무1패	현대 5승4무1패	대우 6승4패	유공 3승3무4패	포항제철 2승2무5패	한일은행 1승1무8패	
			챔피언결정전	포항제철 1승1무	럭키금성 1무1패					
	리그컵	86 프로축구선수권대회		현대 10승3무3패	대우 7승2무7패	유공 4승7무5패	포항제철 6승1무9패	럭키금성 4승5무7패		
1987	정규리그	87 한국프로축구대회		대우 16승14무2패	포항제철 16승8무8패	유공 9승9무14패	현대 7승12무13패	럭키금성 7승7무18패		
1988	정규리그	88 한국프로축구대회		포항제철 9승9무6패	현대 10승5무9패	유공 8승8무8패	럭키금성 6승11무7패	대우 8승5무11패		
1989	정규리그	89 한국프로축구대회		유공 17승15무8패	럭키금성 15승17무8패	대우 14승14무12패	포항제철 13승14무13패	일화 6승21무13패	현대 7승15무18패	
1990	정규리그	90 한국프로축구대회		럭키금성 14승11무5패	대우 12승11무7패	포항제철 9승10무11패	유공 8승12무10패	현대 6승14무10패	일화 7승10무13패	
1991	정규리그	91 한국프로축구대회		대우 17승18무5패	현대 13승16무11패	포항제철 12승15무13패	유공 10승17무13패	일화 13승11무16패	LG 9승15무16패	
1992	정규리그	92 한국프로축구대회		포항제철 13승9무8패	일화 10승14무6패	현대 13승6무11패	LG 8승13무9패	대우 7승14무9패	유공 7승8무15패	
	리그컵	92 아디다스컵		일화 7승5무	LG 5승5무	포항제철 5승5무	유공 6승4패	현대 6승4패	대우 3승7패	
1993	정규리그	93 한국프로축구대회		일화 13승11무6패	LG 10승11무9패	현대 10승10무10패	포항제철 8승14무8패	유공 7승13무10패	대우 5승15무10패	
	리그컵	93 아디다스컵		포항제철 4승1패	현대 4승1패	대우 4승1패	LG 2승3패	일화 2승3패	유공 5패	
1994	정규리그	94 하이트배 코리안리그		일화 15승9무6패	유공 14승9무7패	포항제철 13승11무6패	현대 11승13무6패	LG 12승7무11패	대우 7승6무17패	전북버팔로 3승5무22패
	리그컵	94 아디다스컵		유공 3승5무1패	LG 3승4무2패	대우 2승5무1패	일화 2승4무2패	현대 1승3무4패	전북버팔로 2승4무	포항제철 1승2무3패
1995	정규리그	95 하이트배 코리안리그	전기	일화 10승3무1패	현대 7승5무2패	포항 7승5무2패	대우 5승3무6패	유공 4승4무6패	전남 4승2무8패	전북 4승10패
			후기	포항 8승5무1패	유공 5승5무4패	현대 4승5무4패	전북 5승4무5패	전남 4승5무5패	LG 3승6무5패	일화 3승6무5패
			챔피언	일화 1승2무	포항 2무1패					
	리그컵	95 아디다스컵		현대 5승2무	일화 3승4무	대우 2승3무2패	전북 2승2무3패	유공 2승2무3패	LG 1승3무3패	포항 1승3무3패
1996	정규리그	96 라피도컵 프로축구대회	전기	울산 11승3무2패	포항 10승5무1패	수원 9승3무4패	부천SK 5승5무6패	전남 5승4무7패	전북 5승3무8패	부산 4승3무9패
			후기	수원 9승6무1패	부천SK 8승4무4패	포항 7승5무4패	부산 5승6무5패	천안 6승3무7패	전남 4승6무6패	전북 5승3무8패
			챔피언	울산 1승1패	수원 1승1패					
	리그컵	96 아디다스컵		부천SK 5승2무1패	포항 3승3무2패	부산 3승3무2패	울산 3승2무3패	천안 3승2무3패	수원 3승2무3패	전북 2승3무3패
1997	정규리그	97 라피도컵 프로축구대회		부산 11승4무3패	전남 10승6무2패	울산 8승6무4패	포항 8승6무4패	수원 7승7무4패	전북 6승8무4패	대전 3승7무8패
	리그컵	97 아디다스컵		부산 4승4무1패	전남 3승5무1패	울산 3승5무1패	천안 3승3무1패	부천SK 3승4무2패	수원 2승5무2패	포항 2승4무3패
		97 프로스펙스컵	A조	포항 3승4무	전남 4승4무	안양LG 4승2무	울산 2승4무	전북 2무6패		
			B조	부산 5승2무1패	수원 5승2무1패	부천SK 3승3무2패	천안 3승3무4패	대전 1무7패		
			4강전	부산 2승1무	포항 1승1무1패	전남 1패	수원 1패			

8위	9위	10위	11위	12위	13위	14위	15위	16위
국민은행 1승 4무 9패								
국민은행 2승 4무 8패								
할렐루야 3승 7무 11패								
LG 2승 4무 8패								
대우 4승 2무 8패								
전남 1승 3무 3패								
안양LG 4승 3무 9패	천안 2승 5무 9패							
안양LG 4승 5무 7패	울산 5승 11패							
안양LG 2승 3무 3패	전남 1승 2무 5패							
천안 2승 7무 9패	안양LG 1승 8무 9패	부천SK 2승 5무 11패						
대전 1승 4무 4패	전북 1승 4무 4패	안양LG 6무 3패						

연도	구분	대회명		1위	2위	3위	4위	5위	6위	7위
1998	정규리그	98 현대컵 K-리그	일반	수원 12승 6패	울산 11승 7패	포항 10승 8패	전남 9승 9패	부산 10승 8패	전북 9승 9패	부천SK 9승 9패
			PO	수원 1승 1무	울산 1승 1무 2패	포항 2승 1패	전남 1패			
	리그컵	98 필립모리스 코리아컵		부산 8승 1패	부천SK 6승 3패	안양LG 5승 4패	수원 5승 4패	천안 5승 4패	대전 3승 6패	전북 3승 6패
		98 아디다스 코리아컵	A조	울산 5승 3패	안양LG 4승 4패	수원 6승 2패	대전 3승 5패	부산 2승 6패		
			B조	부천SK 6승 2패	포항 4승 4패	전남 3승 5패	전북 4승 4패	천안 3승 5패		
			4강전	울산 2승 1무	부천SK 1승 1무 1패	포항 1패	안양LG 1패			
1999	정규리그	99 바이코리아컵 K-리그	일반	수원 21승 6패	부천SK 18승 9패	전남 17승 10패	부산 14승 13패	포항 12승 15패	울산 12승 15패	전북 12승 15패
			PO	수원 2승	부산 3승 2패	부천SK 2패	전남 1패			
	리그컵	99 아디다스컵		수원 3승	안양LG 3승 1패	전남 3승 1패	포항 2승 1패	울산 1패	천안 1패 [공동6위]	대전 1패 [공동6위]
		99 대한화재컵	A조	수원 5승 3패	부산 5승 3패	부천SK 4승 4패	대전 3승 5패	포항 3승 5패		
			B조	울산 5승 3패	천안 5승 3패	전남 4승 4패	안양LG 4승 4패	전남 2승 6패		
			4강전	수원 2승 1무	부산 1승 1무 1패	천안 1무 [공동3위]	울산 1무 [공동3위]			
2000	정규리그	2000 삼성 디지털 K-리그	일반	안양LG 19승 8패	성남일화 18승 9패	전북 15승 12패	부천SK 16승 11패	수원 14승 13패	부산 11승 16패	전남 12승 15패
			PO	안양LG 2승	부천SK 2승 3패	성남일화 1승 1패	전북 1패			
	리그컵	2000 아디다스컵		수원 3승	성남일화 2승 1패	전남 1승 1패	안양LG 1승 1패	대전 1패	울산 1패	부산 1패
		2000 대한화재컵	A조	부천SK 6승 2패	포항 4승 4패	전북 3승 5패	수원 4승 4패	안양LG 3승 5패		
			B조	전남 6승 2패	성남일화 4승 4패	울산 5승 3패	부산 3승 5패	대전 2승 6패		
			4강전	부천SK 2승	전남 1승 1패	포항 1패	성남일화 1패			
2001	정규리그	2001 포스코 K-리그		성남일화 11승 12무 4패	안양LG 11승 10무 6패	수원 12승 5무 10패	부산 10승 11무 6패	포항 10승 9무 9패	울산 10승 6무 11패	부천SK 7승 14무 6패
	리그컵	아디다스컵 2001	A조	수원 5승 3패	성남일화 5승 3패	포항 4승 4패	안양LG 3승 5패	전남 3승 5패		
			B조	부산 6승 2패	전북 5승 3패	대전 4승 4패	울산 3승 5패	부천SK 2승 6패		
			4강전	수원 2승 1무	부산 1승 1무 1패	성남일화 1무	전북 1패			
2002	정규리그	2002 삼성 파브 K-리그		성남일화 14승 7무 6패	울산 13승 8무 6패	수원 12승 9무 6패	안양LG 11승 7무 9패	전남 9승 10무 8패	포항 9승 9무 9패	전북 8승 11무 8패
	리그컵	아디다스컵 2002	A조	수원 4승 4패	성남일화 5승 3패	부천SK 4승 4패	전북 4승 4패	포항 3승 5패		
			B조	안양LG 7승 1패	울산 5승 3패	전남 3승 5패	대전 3승 5패	부산 2승 6패		
			4강전	성남일화 2승 1무	울산 1승 1무 1패	수원 1패	안양LG 1패			
2003	정규리그	삼성 하우젠 K-리그 2003		성남일화 27승 10무 7패	울산 20승 13무 11패	수원 19승 15무 10패	전남 17승 20무 7패	전북 18승 15무 11패	대전 18승 11무 15패	포항 17승 13무 14패
2004	정규리그	삼성 하우젠 K-리그 2004	전기	포항 6승 5무 1패	전북 5승 5무 2패	울산 5승 5무 2패	수원 5승 3무 4패	서울 3승 7무 2패	전남 3승 6무 3패	광주상무 3승 6무 3패
			후기	수원 7승 2무 3패	전남 6승 4무 2패	울산 6승 3무 3패	인천 4승 5무 3패	서울 4승 5무 3패	부산 4승 4무 4패	대구 4승 4무 4패
			PO	수원 2승 1무	포항 1승 1무 1패	울산 1패	전남 1패			
	리그컵	삼성 하우젠컵 2004		성남일화 6승 4무 2패	대전 5승 5무 2패	수원 4승 7무 1패	전북 5승 4무 3패	울산 4승 5무 3패	전남 5승 1무 6패	포항 4승 3무 5패
2005	정규리그	삼성 하우젠 K-리그 2005	전기	부산 7승 4무 1패	인천 7승 3무 2패	울산 5승 1무 4패	포항 7승 1무 4패	서울 5승 3무 4패	성남일화 4승 4무 4패	부천SK 4승 4무 4패
			후기	성남일화 8승 3무 1패	부천SK 8승 2무 2패	울산 6승 3무 3패	대구 6승 3무 3패	인천 6승 3무 3패	포항 5승 4무 3패	대전 4승 4무 4패
			PO	울산 2승 1무	인천 2승 1패	성남일화 1패	부산 1패			
	리그컵	삼성 하우젠컵 2005		수원 7승 4무 1패	울산 6승 5무 1패	포항 4승 8무	부천SK 5승 3무 4패	서울 5승 2무 5패	인천 4승 3무 5패	대구 4승 3무 5패

8위	9위	10위	11위	12위	13위	14위	15위	16위
	대전 6승 12패	천안 5승 13패						
울산 3승 6패	포항 4승 5패	전남 3승 6패						
대전 9승 18패	안양LG 10승 17패	천안 10승 17패						
부천SK 1패	전북 1패	부산 1패						
대전 10승 17패	포항 12승 15패	울산 8승 19패						
포항 1패	부천SK 1패[공동9위]	전북 1패[공동9위]						
전남 6승 10무 11패	전북 5승 10무 12패	대전 5승 10무 12패						
부천SK 8승 8무 11패	부산 6승 8무 13패	대전 1승 11무 15패						
안양LG 14승 14무 16패	부산 13승 10무 21패	광주상무 13승 7무 24패	대구 7승 16무 21패	부천SK 3승 12무 29패				
성남일화 4승 3무 5패	부산 2승 8무 2패	대구 3승 3무 6패	대전 2승 6무 4패	부천SK 1승 8무 3패	인천 2승 3무 7패			
광주상무 3승 5무 4패	성남일화 3승 5무 4패	부천SK 3승 5무 4패	대전 4승 3무 6패	전북 3승 3무 6패	포항 2승 3무 7패			
대구 2승 9무 1패	인천 3승 6무 3패	광주상무 4승 2무 6패	부천SK 2승 6무 4패	서울 2승 4무 6패	부산 2승 4무 6패			
대전 2승 8무 2패	수원 3승 5무 4패	전남 3승 5무 4패	전북 2승 3무 7패	대구 2승 3무 7패	광주상무 1승 3무 8패			
수원 3승 5무 4패	서울 3승 4무 5패	전남 4승 1무 7패	광주상무 3승 2무 7패	전북 2승 3무 7패	부산 3무 9패			
성남일화 3승 5무 4패	전남 3승 5무 4패	대전 3승 4무 5패	광주상무 3승 3무 6패	전북 2승 5무 5패	부산 2승 4무 6패			

연도	구분	대회명		1위	2위	3위	4위	5위	6위	7위
2006	정규리그	삼성 하우젠 K-리그 2006	전기	성남일화 10승2무1패	포항 6승4무3패	대전 4승7무2패	서울 3승7무3패	전남 2승10무1패	부산 4승4무5패	전북 3승7무3패
			후기	수원 8승3무2패	포항 7승4무2패	서울 6승5무2패	대구 6승3무4패	울산 5승5무3패	인천 5승4무4패	전남 5승3무5패
			PO	성남일화 3승	수원 1승2패	포항 1패	서울 1패			
	리그컵	삼성 하우젠컵 2006		서울 8승3무2패	성남일화 6승4무3패	경남 7승1무5패	대전 5승6무2패	울산 6승3무4패	전북 6승2무5패	전남 6승2무5패
2007	정규리그	삼성 하우젠 K-리그 2007	일반	성남일화 16승7무3패	수원 15승6무5패	울산 12승9무5패	경남 13승7무8패	포항 11승6무9패	대전 10승7무9패	서울 8승13무5패
			PO	포항 5승	성남일화 2패	수원 1패	울산 1승1패	경남 1패	대전 1패	
	리그컵	삼성 하우젠컵 2007	A조	울산 5승4무1패	인천 6승1무3패	대구 4승1무5패	전북 3승3무4패	포항 2승5무3패	제주 2무6패	
			B조	서울 6승3무1패	수원 5승2무3패	광주상무 3승3무4패	부산 2승5무3패	대전 2승5무3패	경남 1승4무5패	
			PO	울산 2승	서울 1승1패	수원 1승1패	인천 1승1패	전남 1패	성남일화 1패	
2008	정규리그	삼성 하우젠 K-리그 2008	일반	수원 17승3무6패	서울 15승9무2패	성남일화 15승6무5패	울산 14승7무5패	포항 13승5무8패	전북 11승4무11패	인천 9승9무8패
			PO	수원 1승1무	서울 1승1무1패	울산 2승1패	전북 1승1패	성남일화 1패	포항 1패	
	리그컵	삼성 하우젠컵 2008	A조	수원 6승3무1패	부산 5승1무4패	서울 4승2무4패	경남 3승4무3패	제주 2승3무5패	인천 2승3무5패	
			B조	전북 5승4무1패	성남일화 6승1무3패	울산 5승4무2패	대전 4승2무4패	대구 3승2무5패	광주상무 3무7패	
			PO	수원 2승	전남 2승1패	포항 1승1패	전북 1승1패	성남일화 1패	부산 1패	
2009	정규리그	2009 K-리그	일반	전북 17승6무5패	포항 14승11무3패	수원 16승5무7패	성남일화 13승6무9패	인천 11승10무7패	전남 11승9무8패	경남 10승10무8패
			챔피언십	전북 1승1무	성남일화 3승1무1패	포항 1패	전남 1승1패	서울 1패	인천 1패	
	리그컵	피스컵 코리아 2009	A조	성남일화 3승1무	인천 2승2무1패	대구 2승1무2패	전남 1승2무1패	대전 2승3패	강원 1승4패	
			B조	제주 3승1무	부산 2승2무	전북 1승1무2패	경남 1승2무2패	광주상무 1무3패		
			PO	포항 4승1무1패	3승1무2패	울산 2승1패[공동3위]	성남일화 2승1무1패[공동3위]	인천 1승1패[공동5위]	1무1패[공동5위]	제주 2패[공동5위]
2010	정규리그	쏘나타 K리그 2010	일반	서울 20승2무6패	제주 17승8무3패	전북 15승6무7패	울산 15승5무8패	성남일화 13승9무6패	경남 13승9무6패	수원 12승5무11패
			챔피언십	서울 1승1무	제주 1승1무	전북 2승1패	성남일화 1승1패	울산 1패	경남 1패	
	리그컵	포스코컵 2010	A조	전북 3승1무	경남 3승1패	수원 2승2패	전남 1승1무2패	강원 4패		
			B조	서울 2승2무	제주 2승1무1패	울산 1승2무1패	성남일화 3무1패	광주상무 2무2패		
			C조	부산 3승1패	대구 2승2패	포항 1승2무1패	인천 1승1무2패	대전 1승1무2패		
			본선토너먼트	서울 2승1패	전북 2승1패	경남 1승1패[공동3위]	수원 1승1패[공동3위]	부산 1패[공동5위]	대구 1패[공동5위]	제주 1패[공동5위]
2011	정규리그	현대오일뱅크 K리그 2011	일반	전북 18승9무3패	포항 17승8무5패	서울 16승7무7패	수원 17승4무9패	부산 13승7무10패	울산 13승7무10패	전남 11승10무7패
			챔피언십	전북	울산 2승1패	포항 1승1패	수원 1승1패	서울 1패	부산 1패	
	리그컵	러시앤캐시컵 2011	A조	포항 4승1패	경남 3승1무1패	성남일화 2승2무1패	인천 1승2무2패	대구 1승2무2패	대전 1무4패	
			B조	부산 4승1패	울산 4승1패	전남 3승1무1패	강원 1승3무1패	상주 1승4무	광주 1승4패	
			본선토너먼트	울산 3승	부산 2승	경남 1승1패[공동3위]	수원 1패[공동3위]	제주 1패[공동5위]	포항 1패[공동5위]	서울 1패[공동5위]
2012	정규리그	현대오일뱅크 K리그 2012	일반	서울 19승7무4패	전북 17승8무5패	수원 15승8무7패	울산 15승8무7패	포항 15승5무10패	부산 12승10무8패	제주 11승10무9패
			그룹A	서울 10승2무2패	포항 8승3무3패	전북 5승5무4패	제주 5승5무4패	수원 5승5무4패	울산 3승6무5패	경남 2승4무8패
			그룹B							
			최종	서울 29승9무6패	전북 22승13무9패	포항 23승8무13패	수원 20승13무11패	울산 18승14무12패	제주 16승15무13패	부산 13승14무17패

8위	9위	10위	11위	12위	13위	14위	15위	16위
수원 3승 7무 3패	울산 3승 6무 4패	인천 2승 8무 3패	대구 2승 7무 4패	광주상무 2승 7무 4패	경남 3승 4무 6패	제주 1승 6무 6패		
부산 5승 3무 5패	성남일화 4승 5무 4패	제주 4승 4무 5패	경남 4승 1무 8패	대전 3승 3무 7패	전북 2승 4무 7패	광주상무 3승 1무 9패		
제주 6승 2무 5패	포항 6승 1무 6패	부산 4승 2무 7패	광주상무 4승 2무 7패	수원 2승 6무 5패	대구 2승 6무 5패	인천 1승 4무 8패		
전북 9승 9무 8패	인천 8승 9무 9패	전남 7승 9무 10패	제주 8승 6무 12패	대구 6승 6무 14패	부산 4승 8무 14패	광주상무 2승 6무 18패		
경남 10승 5무 11패	전남 8승 5무 13패	제주 7승 7무 12패	대구 8승 2무 16패	부산 5승 7무 14패	대전 3승 12무 11패	광주상무 3승 7무 16패		
울산 9승 9무 10패	대전 8승 9무 11패	수원 8승 8무 12패	광주상무 9승 3무 16패	부산 7승 8무 13패	강원 7승 7무 14패	제주 7승 7무 14패	대구 5승 8무 15패	
수원 2패[공동5위]								
부산 8승9무11패	포항 8승9무11패	전남 8승8무12패	인천 8승7무13패	강원 8승6무14패	대전 5승7무16패	광주상무 3승10무15패	대구 5승4무19패	
울산 1패[공동5위]								
경남 12승 6무 12패	제주 10승 10무 10패	성남일화 9승 8무 13패	광주 9승 8무 13패	대구 8승 9무 13패	인천 6승 14무 10패	상주 7승 8무 15패	대전 6승 9무 15패	강원 3승 6무 21패
전북 1패[공동5위]								
경남 12승 4무 14패	인천 10승 10무 10패	대구 10승 9무 11패	성남일화 10승 7무 13패	전남 7승 8무 15패	대전 7승 7무 16패	광주 6승 9무 15패	상주 7승 6무 17패	강원 7승 4무 19패
부산 1승 4무 9패								
	인천 7승 6무 1패	강원 7승 3무 4패	전남 6승 6무 2패	대구 6승 4무 4패	대전 6승 4무 4패	광주 4승 6무 4패	성남일화 4승 3무 7패	상주 14패
경남 14승 8무 22패	인천 17승 16무 11패	대구 16승 13무 15패	전남 13승 14무 17패	성남일화 14승 10무 20패	대전 13승 11무 20패	강원 14승 7무 23패	광주 10승 15무 19패	상주 7승 6무 31패

연도	구분	대회명	1위	2위	3위	4위	5위	6위	7위
2013	K리그1/정규리그	현대오일뱅크 K리그 클래식 2013	일반 포항 14승7무5패	울산 14승6무6패	전북 14승6무6패	서울 13승7무6패	수원 12승5무9패	인천 11승8무7패	부산 11승8무7패
			그룹A 포항 7승4무1패	울산 8승1무3패	서울 4승4무4패	전북 4승3무5패	수원 3승3무6패	부산 3승3무6패	인천 1승6무5패
			그룹B						
			최종 포항 21승11무6패	울산 22승7무9패	전북 18승9무11패	서울 17승11무10패	수원 15승8무15패	부산 14승10무14패	인천 12승14무12패
	K리그2/정규리그	현대오일뱅크 K리그 챌린지 2013	상주 23승8무4패	경찰 20승4무11패	광주 16승5무14패	수원FC 13승8무14패	안양 12승9무14패	고양 10승11무14패	부천 8승9무18패
	승강PO	현대오일뱅크 K리그 승강 플레이오프 2013	상주 1승1패	강원 1승1패					
2014	K리그1/정규리그	현대오일뱅크 K리그 클래식 2014	일반 전북 20승8무5패	수원 16승10무7패	포항 16승7무10패	서울 13승11무9패	제주 13승11무9패	울산 13승8무12패	전남 13승6무14패
			그룹A 전북 4승1무0패	수원 3승0무1패	서울 2승2무1패	제주 1승1무3패	포항 0승3무2패	울산 0승3무2패	
			그룹B						부산 3승1무1패
			최종 전북 24승9무5패	수원 19승10무9패	서울 15승13무10패	포항 16승10무12패	제주 14승12무12패	울산 14승9무15패	전남 13승11무14패
	K리그2/정규리그	현대오일뱅크 K리그 챌린지 2014	일반 대전 20승10무6패	안산경찰청 16승11무9패	강원 16승6무14패	광주 13승12무11패	안양 15승6무15패	수원FC 12승12무12패	대구 13승8무15패
			PO	광주 2승	안산경찰청 1패	강원 1패			
			최종 대전 20승10무6패	광주 15승12무11패	안산경찰청 16승11무10패	강원 16승6무15패	안양 15승6무15패	수원FC 12승12무12패	대구 13승8무15패
	승강PO	현대오일뱅크 K리그 승강 플레이오프 2014	광주 1승1무	경남 1무1패					
2015	K리그1/정규리그	현대오일뱅크 K리그 클래식 2015	일반 전북 21승5무7패	수원 17승9무7패	포항 15승11무7패	성남 14승12무7패	서울 15승9무9패	제주 13승7무13패	인천 12승9무12패
			그룹A 포항 3승1무1패	서울 2승2무1패	수원 2승1무2패	성남 1승3무1패	전북 1승2무2패	제주 1승1무3패	
			그룹B						울산 4승1무0패
			최종 전북 22승7무9패	수원 19승10무9패	포항 18승12무8패	서울 17승11무10패	성남 15승15무8패	제주 14승8무16패	울산 13승14무11패
	K리그2/정규리그	현대오일뱅크 K리그 챌린지 2015	일반 상주 20승7무13패	대구 18승13무9패	수원FC 18승11무11패	서울이랜드 16승13무11패	부천 15승10무15패	안양 13승15무12패	강원 13승12무15패
			PO	수원FC 1승1무0패	대구 0승1무1패	서울이랜드 0승0무1패			
			최종 상주 20승7무13패	수원FC 19승12무11패	대구 18승13무10패	서울이랜드 16승14무11패	부천 15승10무15패	안양 13승15무12패	강원 13승12무15패
	승강PO	현대오일뱅크 K리그 승강 플레이오프 2015	수원FC 2승0무0패	부산 0승0무2패					
2016	K리그1/정규리그	현대오일뱅크 K리그 클래식 2016	일반 전북 18승15무0패	서울 17승6무10패	제주 14승7무12패	울산 13승9무11패	전남 11승10무12패	상주 12승6무15패	성남 11승8무14패
			그룹A 서울 4승1무0패	제주 3승1무1패	전북 2승1무2패	울산 1승3무1패	전남 1승1무3패	상주 0승1무4패	
			그룹B						수원 3승2무0패
			최종 서울 21승7무10패	전북 20승16무2패	제주 17승8무13패	울산 14승12무12패	전남 12승11무15패	상주 12승7무19패	수원 10승18무10패
	K리그2/정규리그	현대오일뱅크 K리그 챌린지 2016	일반 안산무궁화 21승7무12패	대구 19승13무8패	부천 19승10무11패	강원 19승9무12패	부산 19승7무14패	서울이랜드 17승13무10패	대전 15승10무15패
			PO		강원 2승	부천 1패	부산 1패		
			최종 안산무궁화 21승7무12패	대구 19승13무8패	강원 21승9무12패	부천 19승10무12패	부산 19승7무15패	서울이랜드 17승13무10패	대전 15승10무15패
	승강PO	현대오일뱅크 K리그 승강 플레이오프 2016	강원 2무	성남 2무					

8위	9위	10위	11위	12위	13위	14위	15위	16위
성남일화 11승 7무 8패	제주 10승 9무 7패	전남 6승 11무 9패	경남 4승 10무 12패	대구 4승 8무 14패	강원 2승 9무 15패	대전 2승 8무 16패		
강원 6승 3무 3패	성남 6승 2무 4패	제주 6승 1무 5패	대전 5승 3무 4패	경남 4승 3무 5패	대구 2승 6무 4패	전남 3승 2무 7패		
성남일화 17승 9무 12패	제주 16승 10무 12패	전남 9승 13무 16패	경남 8승 13무 17패	강원 8승 12무 18패	대구 6승 14무 18패	대전 7승 11무 20패		
충주 7승 8무 20패								
인천 8승 6무 14패	부산 7승 12무 14패	성남 7승 10무 16패	경남 6승 13무 14패	상주 6승 11무 16패				
성남 2승 3무 0패	전남 1승 3무 1패	상주 1승 2무 2패	경남 1승 2무 2패	인천 0승 3무 2패				
부산 10승 13무 15	성남 9승 13무 16패	인천 8승 16무 14패	경남 7승 15무 16패	상주 7승 13무 18패				
고양 11승 14무 11패	충주 6승 16무 14패	부천 6승 9무 21패						
고양 11승 14무 11패	충주 6승 16무 14패	부천 6승 9무 21패						
인천 13승 12무 13패	전남 12승 13무 13패	광주 10승 12무 16패	부산 5승 11무 22패	대전 4승 7무 27패				
광주 2승 1무 2패	전남 2승 1무 2패	인천 1승 3무 1패	대전 2승 0무 3패	부산 0승 2무 3패				
인천 13승 12무 13패	전남 12승 13무 13패	광주 10승 12무 16패	부산 5승 11무 22패	대전 4승 7무 27패				
고양 13승 10무 17패	경남 10승 13무 17패	안산경찰청 9승 15무 16패	충주 10승 11무 19패					
고양 13승 10무 17패	경남 10승 13무 17패	안산경찰청 9승 15무 16패	충주 10승 11무 19패					
포항 11승 8무 14패	광주 10승 11무 12패	수원 7승 16무 10패	인천 8승 11무 14패	수원FC 8승 9무 16패				
인천 3승 1무 1패	수원FC 2승 0무 3패	광주 1승 3무 1패	포항 1승 2무 2패	성남 0승 2무 3패				
광주 11승 14무 13패	포항 12승 10무 16패	인천 11승 12무 15패	성남 11승 10무 17패	수원FC 10승 9무 19패				
경남 18승 6무 16패	안양 11승 13무 16패	충주 7승 8무 25패	고양 2승 10무 28패					
경남 18승 6무 16패	안양 11승 13무 16패	충주 7승 8무 25패	고양 2승 10무 28패					

연도	구분	대회명		1위	2위	3위	4위	5위	6위	7위
2017	K리그1 /정규 리그	KEB하나은 행 K리그 클래식 2017	일반	전북 19승 8무 6패	제주 17승 8무 8패	울산 16승 11무 6패	수원 14승 11무 8패	서울 14승 11무 8패	강원 12승 10무 11패	포항 11승 9무 15패
			그룹A	수원 3승 2무 0패	전북 3승 1무 1패	서울 2승 2무 1패	제주 2승 1무 2패	강원 1승 0무 4패	울산 1승 0무 4패	
			그룹B							포항 4승 0무 1패
			최종	전북 22승 9무 7패	제주 19승 9무 10패	수원 17승 13무 8패	울산 17승 11무 10패	서울 16승 13무 9패	강원 13승 10무 15패	포항 15승 7무 16패
	K리그2 /정규 리그	KEB하나은 행 K리그 챌린지 2017	일반	경남 24승 7무 5패	부산 19승 11무 6패	아산 15승 9무 12패	성남 13승 14무 9패	부천 15승 7무 14패	수원FC 11승 12무 13패	안양 10승 9무 17패
			PO		부산 1승 0패	아산 1승 1패	성남 1패			
			최종	경남 24승 7무 5패	부산 20승 11무 6패	아산 16승 9무 13패	성남 13승 14무 10패	부천 15승 7무 14패	수원FC 11승 12무 13패	안양 10승 9무 17패
	승강 PO	KEB하나은행 K리그 승강 플레이오프 2017		상주 1승 1패	부산 1승 1패					
		2차전 후 승부차기로 상주 잔류								
2018	K리그1 /정규 리그	KEB하나은 행 K리그1 2018	일반	전북 24승 6무 4패	경남 16승 9무 7패	울산 15승 11무 7패	수원 13승 9무 10패	포항 13승 8무 12패	제주 11승 9무 11패	강원 10승 9무 14패
			그룹A	제주 3승 1무 1패	전북 2승 3무	울산 2승 1무 2패	포항 2승 1무 2패	경남 2승 1무 2패	수원 1무 4패	
			그룹B							인천 4승 1패
			최종	전북 26승 8무 4패	경남 18승 9무 9패	울산 17승 12무 9패	포항 15승 9무 14패	제주 14승 12무 12패	수원 13승 11무 14패	대구 14승 8무 15패
	K리그2 /정규 리그	KEB하나은 행 K리그2 2018	일반	아산 21승 9무 6패	성남 18승 11무 7패	부산 14승 14무 8패	대전 15승 9무 13패	광주 11승 15무 10패	안양 12승 8무 16패	수원FC 13승 9무 17패
			PO			부산 1승	대전 1승 1패	광주 1패		
			최종	아산 21승 9무 6패	성남 18승 11무 7패	부산 15승 14무 8패	대전 16승 8무 14패	광주 11승 15무 11패	안양 12승 8무 16패	수원FC 13승 3무 20패
	승강 PO	KEB하나은행 K리그 승강 플레이오프 2018		서울 1승 1무	부산 1무 1패					
2019	K리그1 /정규 리그	하나원큐 K 리그1 2019	일반	울산 20승 9무 4패	전북 19승 11무 3패	서울 15승 9무 9패	대구 12승 14무 7패	포항 14승 6무 13패	강원 13승 7무 13패	상주 13승 7무 13패
			파이 널A	전북 3승 2무	울산 3승 1무 1패	포항 2승 2무 2패	대구 1승 2무 2패	강원 1승 1무 3패	서울 2무 3패	
			파이 널B							상주 3승 2무
			최종	전북 22승 13무 3패	울산 23승 10무 5패	서울 15승 11무 12패	포항 16승 8무 14패	대구 13승 16무 9패	강원 14승 8무 16패	상주 16승 7무 15패
	K리그2 /정규 리그	하나원큐 K 리그2 2019	일반	광주 21승 10무 5패	부산 18승 13무 5패	안양 15승 10무 11패	부천 14승 9무 13패	안산 14승 8무 14패	전남 13승 9무 14패	아산 12승 8무 16패
			PO		부산 1승	안양 1무 1패	부천 1무			
			최종	광주 21승 10무 5패	부산 19승 13무 5패	안양 15승 11무 12패	부천 14승 10무 13패	안산 14승 8무 14패	전남 13승 9무 14패	아산 12승 8무 16패
	승강 PO	하나원큐 K리그 2019 승강 플레이오프		부산 1승 1무	경남 1무 1패					
2020	K리그1 /정규 리그	하나원큐 K 리그1 2020	일반	울산 15승 5무 2패	전북 15승 3무 4패	포항 11승 5무 6패	상주 11승 5무 6패	대구 8승 7무 7패	광주 6승 7무 9패	서울 7승 4무 11패
			파이 널A	포항 4승 1패	전북 4승 1패	울산 2승 1무 2패	대구 2승 1무 2패	상주 2승 3패	광주 5패	
			파이 널B							강원 3승 1무 1패
			최종	전북 19승 3무 5패	울산 17승 6무 4패	포항 15승 5무 7패	상주 13승 5무 9패	대구 10승 8무 9패	광주 6승 7무 14패	서울 9승 7무 11패
	K리그2 /정규 리그	하나원큐 K 리그2 2020	일반	제주 18승 6무 3패	수원FC 17승 3무 7패	경남 10승 9무 8패	대전 11승 6무 10패	서울이랜드 11승 6무 10패	전남 8승 14무 5패	안산 7승 7무 13패
			PO		수원FC 2무	경남 1무	대전 1무			
			최종	제주 18승 6무 3패	수원FC 17승 4무 7패	경남 10승 11무 8패	대전 11승 7무 10패	서울이랜드 11승 6무 10패	전남 8승 14무 5패	안산 7승 7무 13패

8위	9위	10위	11위	12위	13위	14위	15위	16위
대구 8승 12무 13패	전남 8승 9무 16패	상주 8승 9무 16패	인천 6승 15무 12패	광주 4승 11무 18패				
대구 3승 2무 0패	광주 2승 1무 2패	인천 1승 3무 1패	상주 0승 2무 3패	전남 0승 2무 3패				
대구 11승 14무 13패	인천 7승 18무 13패	전남 8승 11무 19패	상주 8승 11무 19패	광주 6승 12무 20패				
서울이랜드 7승 14무 15패	안산 7승 12무 17패	대전 6승 11무 19패						
서울이랜드 7승 14무 15패	안산 7승 12무 17패	대전 6승 11무 19패						
대구 11승 6무 16패	서울 8승 11무 14패	상주 8승 9무 16패	전남 8승 8무 17패	인천 6승 12무 15패				
대구 3승 2무	강원 2승 1무 2패	상주 2승 1무 2패	서울 1승 2무 2패	전남 5패				
부천 10승 6무 19패	안산 10승 9무 17패	서울이랜드 10승 7무 19패						
부천 10승 6무 19패	안산 10승 9무 17패	서울이랜드 10승 7무 19패						
수원 10승 10무 13패	성남 10승 8무 15패	경남 5승 13무 15패	인천 5승 11무 17패	제주 4승 11무 18패				
수원 2승 2무 1패	인천 2승 2무 1패	성남 2승 1무 2패	경남 1승 2무 2패	제주 1승 1무 3패				
수원 12승 12무 14패	성남 12승 9무 17패	인천 7승 13무 18패	경남 6승 15무 17패	제주 5승 12무 21패				
수원FC 11승 10무 15패	대전 8승 11무 17패	서울이랜드 5승 10무 21패						
수원FC 11승 10무 15패	대전 8승 11무 17패	서울이랜드 5승 10무 21패						
강원 6승 6무 10패	성남 5승 7무 10패	부산 4승 9무 9패	수원 5승 6무 11패	인천 4승 6무 12패				
수원 3승 1무 1패	인천 3승 2패	성남 2승 3패	부산 1승 1무 3패	서울 1승 1무 3패				
수원 8승 7무 12패	서울 8승 5무 14패	성남 7승 7무 13패	인천 7승 6무 14패	부산 5승 10무 12패				
부천 7승 5무 15패	안양 6승 7무 14패	충남아산 5승 7무 15패						
부천 7승 5무 15패	안양 6승 7무 14패	충남아산 5승 7무 15패						

연도	구분	대회명		1위	2위	3위	4위	5위	6위	7위
2021	K리그1 /정규 리그	하나원큐 K 리그1 2021	일반	전북 18승 10무 5패	울산 18승 10무 5패	대구 13승 10무 10패	수원FC 12승 9무 12패	제주 10승 15무 8패	수원 12승 9무 12패	포항 11승 9무 13패
			파이널A	전북 4승 1패	울산 3승 1무 1패	제주 3승 2패	수원FC 2승 3패	대구 2승 3패	수원 1무 4패	
			파이널B							서울 3승 1무 1패
			최종	전북 22승 10무 6패	울산 21승 11무 6패	대구 15승 10무 13패	제주 13승 15무 10패	수원FC 14승 9무 15패	수원 12승 10무 16패	서울 14승 12무 11패
	K리그2 /정규 리그	하나원큐 K 리그2 2021	일반	김천 20승 11무 5패	안양 17승 11무 8패	대전 17승 7무 12패	전남 13승 13무 10패	부산 12승 9무 15패	경남 11승 9무 15패	안산 11승 10무 15패
			PO		대전 1승 1무	안양 1패	전남 1무			
			최종	김천 20승 11무 5패	대전 18승 8무 12패	안양 17승 11무 9패	전남 13승 14무 10패	부산 12승 9무 15패	경남 11승 10무 15패	안산 11승 10무 15패
	승강 PO	하나원큐 K리그 2021 승강 플레이오프		강원 1승 1패	대전 1승 1패					

역대 대회방식 변천사

연도	정규리그			리그컵	
	대회명	방식	경기수(참가팀)	대회명(방식)	경기수(참가팀)
1983	83 수퍼리그	단일리그	40경기 (5팀)	-	-
1984	84 축구대제전 수퍼리그	전후기리그, 챔피언결정전	114경기 (8팀)		
1985	85 축구대제전 수퍼리그	단일리그	84경기 (8팀)		
1986	86 축구대제전	춘계리그, 추계리그, 챔피언결정전	62경기 (6팀)	86 프로축구선수권대회	40경기 (5팀)
1987	87 한국프로축구대회	단일리그	80경기 (5팀)	-	-
1988	88 한국프로축구대회	단일리그	60경기 (5팀)	-	-
1989	89 한국프로축구대회	단일리그	120경기 (6팀)	-	-
1990	90 한국프로축구대회	단일리그	90경기 (6팀)	-	-
1991	91 한국프로축구대회	단일리그	120경기 (6팀)	-	-
1992	92 한국프로축구대회	단일리그	92경기 (6팀)	92 아디다스컵(신설)	30경기 (6팀)
1993	93 한국프로축구대회	단일리그	90경기 (6팀)	93 아디다스컵	15경기 (6팀)
1994	94 하이트배 코리안리그	단일리그	105경기 (7팀)	94 아디다스컵	21경기 (7팀)
1995	95 하이트배 코리안리그	전후기리그, 챔피언결정전	115경기 (8팀)	95 아디다스컵	28경기 (8팀)
1996	96 라피도컵 프로축구대회	전후기리그, 챔피언결정전	146경기 (9팀)	96 아디다스컵	36경기 (9팀)
1997	97 라피도컵 프로축구대회	단일리그	90경기(10팀)	97 아디다스컵	45경기(10팀)
				97 프로스펙스컵(조별리그)	44경기(10팀)
1998	98 현대컵 K-리그	단일리그, 4강결승(준플레이오프, 플레이오프, 챔피언결정전 등 5경기)	95경기(10팀)	98 필립모리스코리아컵	45경기(10팀)
				98 아디다스코리아컵(조별리그)	44경기(10팀)
1999	99 바이코리아컵 K-리그	단일리그, 4강결승(준플레이오프, 플레이오프, 챔피언결정전 등 5경기)	140경기(10팀)	99 대한화재컵(조별리그)	44경기(10팀)
				99 아디다스컵(토너먼트)	9경기(10팀)
2000	2000 삼성 디지털 K-리그	단일리그, 4강결승(준플레이오프, 플레이오프, 챔피언결정전 등 5경기)	140경기(10팀)	2000 대한화재컵(조별리그)	43경기(10팀)
				2000 아디다스컵(토너먼트)	9경기(10팀)
2001	2001 포스코 K-리그	단일리그(3라운드)	135경기(10팀)	아디다스컵 2001(조별리그)	44경기(10팀)
2002	2002 삼성 파브 K-리그	단일리그(3라운드)	135경기(10팀)	아디다스컵 2002(조별리그)	44경기(10팀)
2003	삼성 하우젠 K-리그 2003	단일리그(4라운드)	264경기(12팀)	-	-
2004	삼성 하우젠 K-리그 2004	전후기리그, 4강결승(전기우승 - 통합차상위전, 후기우승 - 통합최상위전, 챔피언결정전)	160경기(13팀)	삼성 하우젠컵 2004	78경기(13팀)
2005	삼성 하우젠 K-리그 2005	전후기리그, 4강결승(전기우승 - 통합차상위전, 후기우승 - 통합최상위전, 챔피언결정전)	160경기(13팀)	삼성 하우젠컵 2005	78경기(13팀)
2006	삼성 하우젠 K-리그 2006	전후기리그, 4강결승(전기우승 - 통합차상위전, 후기우승 - 통합최상위전, 챔피언결정전)	186경기(14팀)	삼성 하우젠컵 2006	91경기(14팀)
2007	삼성 하우젠 K-리그 2007	6강플레이오프, 준플레이오프, 플레이오프, 챔피언결정전	188경기(14팀)	삼성 하우젠컵 2007(조별리그)	65경기(14팀)

8위	9위	10위	11위	12위	13위	14위	15위	16위
인천 11승 7무 15패	**서울** 9승 10무 14패	**강원** 9승 10무 14패	**성남** 9승 10무 14패	**광주** 9승 5무 19패				
인천 1승 4무	**성남** 2승 1무 2패	**강원** 1승 3무 1패	**광주** 1승 2무 2패	**포항** 1승 1무 3패				
인천 12승 11무 15패	**포항** 12승 10무 16패	**성남** 11승 11무 16패	**강원** 10승 13무 15패	**광주** 10승 7무 21패				
충남아산 11승 8무 17패	**서울이랜드** 8승 13무 15패	**부천** 9승 10무 17패						
충남아산 11승 8무 17패	**서울이랜드** 8승 13무 15패	**부천** 9승 10무 17패						

연도	정규리그			리그컵	
	대회명	방식	경기수(참가팀)	대회명(방식)	경기수(참가팀)
2008	삼성 하우젠 K-리그 2008	6강플레이오프, 준플레이오프, 플레이오프, 챔피언결정전	188경기(14팀)	삼성 하우젠컵 2008(조별 리그)	65경기(14팀)
2009	2009 K-리그	6강플레이오프, 준플레이오프, 플레이오프, 챔피언결정전	216경기(15팀)	피스컵 코리아2009(조별 리그)	39경기(15팀)
2010	쏘나타 K리그 2010	6강플레이오프, 준플레이오프, 플레이오프, 챔피언결정전	216경기(15팀)	포스코컵 2010(조별리그)	37경기(15팀)
2011	현대오일뱅크 K리그 2011	6강플레이오프, 준플레이오프, 플레이오프, 챔피언결정전	246경기(16팀)	러시앤캐시컵 2011(조별 리그)	37경기(16팀)
2012	현대오일뱅크 K리그 2012	단일리그 / 상하위 스플릿리그(그룹A, 그룹B)	352경기(16팀)	-	-
2013	현대오일뱅크 K리그 클래식 2013	1부리그 단일리그 / 상하위 스플릿리그(그룹A, 그룹B)	266경기(14팀)		
	현대오일뱅크 K리그 챌린지 2013	2부리그 단일리그	140경기 (8팀)	-	-
	현대오일뱅크 K리그 승강 플레이오프 2013	승강 플레이오프	2경기 (2팀)		
2014	현대오일뱅크 K리그 클래식 2014	1부리그 단일리그 / 상하위 스플릿리그(그룹A, 그룹B)	228경기(12팀)		
	현대오일뱅크 K리그 챌린지 2014	2부리그 단일리그	182경기(10팀)	-	-
	현대오일뱅크 K리그 승강 플레이오프 2014	승강 플레이오프	2경기 (2팀)		
2015	현대오일뱅크 K리그 클래식 2015	1부리그 단일리그 / 상하위 스플릿리그(그룹A, 그룹B)	228경기(12팀)		
	현대오일뱅크 K리그 챌린지 2015	2부리그 단일리그	222경기(11팀)	-	-
	현대오일뱅크 K리그 승강 플레이오프 2015	승강 플레이오프	2경기 (2팀)		
2016	현대오일뱅크 K리그 클래식 2016	1부리그 단일리그 / 상하위 스플릿리그(그룹A, 그룹B)	228경기(12팀)		
	현대오일뱅크 K리그 챌린지 2016	2부리그 단일리그	222경기(11팀)	-	-
	현대오일뱅크 K리그 승강 플레이오프 2016	승강 플레이오프	2경기 (2팀)		
2017	KEB하나은행 K리그 클래식 2017	1부리그 단일리그 / 상하위 스플릿리그(그룹A, 그룹B)	228경기(12팀)		
	KEB하나은행 K리그 챌린지 2017	2부리그 단일리그	182경기(10팀)	-	-
	KEB하나은행 K리그 승강 플레이오프 2017	승강 플레이오프	2경기 (2팀)		
2018	KEB하나은행 K리그1 2018	1부리그 단일리그 / 상하위 스플릿리그(그룹A, 그룹B)	228경기(12팀)		

연도	대회		경기수		
	KEB하나은행 K리그2 2018	2부리그 단일리그	182경기(10팀)	-	-
	KEB하나은행 K리그 승강 플레이오프 2018	승강 플레이오프	2경기 (2팀)		
2019	하나원큐 K리그1 2019	1부리그 단일리그 / 상하위 파이널리그(파이널A, 파이널B)	228경기(12팀)		
	하나원큐 K리그2 2019	2부리그 단일리그	182경기(10팀)		
	하나원큐 K리그2 2019 승강 플레이오프	승강 플레이오프	2경기 (2팀)		
2020	하나원큐 K리그1 2020	1부리그 단일리그 / 상하위 파이널리그(파이널A, 파이널B)	162경기(12팀)	-	-
	하나원큐 K리그2 2020	2부리그 단일리그	137경기(10팀)		
2021	하나원큐 K리그1 2021	1부리그 단일리그 / 상하위 파이널리그(파이널A, 파이널B)	228경기(12팀)	-	-
	하나원큐 K리그2 2021	2부리그 단일리그	182경기(10팀)		
	하나원큐 K리그 2021 승강 플레이오프	승강 플레이오프	2경기 (2팀)		

* 2016년 이후 순위 결정 방식: 승점 - 다득점 - 득실차 - 다승 - 승자승 - 벌점 - 추천 순

역대 신인선수선발 제도 변천사

연도	방식
1983~1987	자유선발
1988~2001	드래프트
2002~2005	자유선발
2006~2012	드래프트
2013~2015	드래프트 +자유선발
2016~	자유선발

역대 외국인 선수 보유 및 출전한도 변천사

연도	등록인원	출전인원	비고
1983~1993	2	2	
1994	3	2	출전인원은 2명으로 하되 대표선수 차출에 비례하여 3명 이상 차출 시 3명 출전가능
1995	3	3	
1996~2000	5	3	1996년부터 외국인 GK 출전제한(1996년 전 경기 출전, 1997년 2/3 출전, 1998년 1/3 출전 가능), 1999년부터 외국인 GK 영입 금지
2001~2002	7	3	월드컵 지원으로 인한 대표선수 차출로 한시적 운영
2003~2004	5	3	
2005	4	3	
2006~2008	3	3	
2009~2019	3+1	3+1	아시아 쿼터(1명) 시행
2020~	3+1+1	3+1+1	아시아 쿼터(1명), 아세안(ASEAN) 쿼터(1명) 시행

역대 승점제도 변천사

연도	대회	승점현황
1983	수퍼리그	90분승 2점, 무승부 1점
1984	축구대제전 수퍼리그	90분승 3점, 득점무승부 2점, 무득점무승부 1점
1985	축구대제전 수퍼리그	
1986	축구대제전	
	프로축구선수권대회	
1987	한국프로축구대회	
1988	한국프로축구대회	90분승 2점, 무승부 1점
1989	한국프로축구대회	
1990	한국프로축구대회	
1991	한국프로축구대회	
1992	한국프로축구대회	
	아디다스컵	90분승 3점, 무승부 시 승부차기 (승 1.5점, 패 1점), 연장전 없음
1993	한국프로축구대회	90분승 4점, 무승부 시 승부차기 (승 2점, 패 1점), 연장전 없음
	아디다스컵	90분승 2점, 무승부 시 승부차기 승 2점

연도	대회	승점현황
1994	하이트배 코리안리그	
	아디다스컵	
1995	하이트배 코리안리그	
	아디다스컵	
1996	라피도컵 프로축구대회	90분승 3점, 무승부 1점
	아디다스컵	
1997	라피도컵 프로축구대회	
	아디다스컵	
	프로스펙스컵(조별리그)	
1998	현대컵 K-리그	
	필립모리스코리아컵	
	아디다스코리아컵(조별리그)	90분승 3점, 연장승 2점, 승부차기 승 1점
1999	바이코리아컵 K-리그	
	대한화재컵(조별리그)	
	아디다스컵(토너먼트)	
2000	삼성 디지털 K-리그	90분승 3점, 연장승 2점, 승부차기 승 1점
	대한화재컵(조별리그)	
	아디다스컵(토너먼트)	

연도	대회	승점현황
2001	포스코 K-리그	
	아디다스컵(조별리그)	90분승 3점, 무승부 1점
2002	삼성 파브 K-리그	90분승 3점, 연장승 2점, 승부차기 승 1점
	아디다스컵(조별리그)	
2003	삼성 하우젠 K-리그	
2004	삼성 하우젠 K-리그	
	삼성 하우젠컵	
2005	삼성 하우젠 K-리그	
	삼성 하우젠컵	
2006	삼성 하우젠 K-리그	
	삼성 하우젠컵	
2007	삼성 하우젠 K-리그	90분승 3점, 무승부 1점
	삼성 하우젠컵(조별리그)	
2008	삼성 하우젠 K-리그	
	삼성 하우젠컵(조별리그)	
2009	K-리그	
	피스컵 코리아(조별리그)	
2010	쏘나타 K리그	
	포스코컵(조별리그)	
2011	현대오일뱅크 K리그	

연도	대회	승점현황
	러시앤캐시컵(조별리그)	
2012	현대오일뱅크 K리그	
2013	현대오일뱅크 K리그 클래식	
	현대오일뱅크 K리그 챌린지	
2014	현대오일뱅크 K리그 클래식	
	현대오일뱅크 K리그 챌린지	
2015	현대오일뱅크 K리그 클래식	
	현대오일뱅크 K리그 챌린지	
2016	현대오일뱅크 K리그 클래식	
	현대오일뱅크 K리그 챌린지	90분승 3점, 무승부 1점
2017	KEB하나은행 K리그 클래식	
	KEB하나은행 K리그 챌린지	
2018	KEB하나은행 K리그1	
	KEB하나은행 K리그2	
2019	하나원큐 K리그1	
	하나원큐 K리그2	
2020	하나원큐 K리그1	
	하나원큐 K리그2	
2021	하나원큐 K리그1	
	하나원큐 K리그2	

역대 관중 기록 _ K리그 BC(1983~2012년)

연도	경기수(경기일)	총관중수	평균 관중수	우승팀	비고
1983	40 (20)	419,478	20,974	할렐루야	
1984	114 (58)	536,801	9,255	대우	챔피언결정전 포함
1985	84 (42)	226,486	5,393	럭키금성	
1986	102 (53)	179,752	3,392	포항제철	챔피언결정전 포함
1987	78	341,330	4,376	대우	총 80경기 중 부산 기권승 2경기 제외
1988	60	360,650	6,011	포항제철	
1989	120	778,000	6,483	유공	
1990	90	527,850	5,865	럭키금성	
1991	121	1,480,127	12,232	대우	올스타전 포함
1992	123	1,353,573	11,005	포항제철	챔피언결정전, 올스타전 포함
1993	105	851,190	8,107	일화	
1994	126	893,217	7,089	일화	
1995	144	1,516,514	10,531	일화	챔피언결정전, 올스타전 포함
1996	182	1,911,347	10,502	울산 현대	챔피언결정전 포함
1997	180	1,218,836	6,771	부산 대우	올스타전포함
1998	185	2,179,288	11,780	수원 삼성	플레이오프, 올스타전 포함
1999	195(191)	2,752,953	14,413	수원 삼성	수퍼컵, 올스타전, 플레이오프 포함
2000	194(190)	1,909,839	10,052	안양 LG	수퍼컵, 올스타전, 플레이오프 포함
2001	181	2,306,861	12,745	성남 일화	수퍼컵, 올스타전 포함
2002	181	2,651,901	14,651	성남 일화	수퍼컵, 올스타전 포함
2003	265	2,448,868	9,241	성남 일화	올스타전 포함
2004	240	2,429,422	10,123	수원 삼성	수퍼컵, 올스타전 포함
2005	240	2,873,351	11,972	울산 현대	수퍼컵, 올스타전 포함
2006	279	2,455,484	8,801	성남 일화	수퍼컵, 올스타전 포함
2007	254	2,746,749	10,814	포항 스틸러스	
2008	253	2,945,400	11,642	수원 삼성	

2009	256	2,811,561	10,983	전북 현대	올스타전 포함
2010	254	2,735,904	10,771	FC서울	올스타전 포함
2011	283	3,030,586	10,709	전북 현대	
2012	352(338)	2,419,143	7,157	FC서울	올스타전 포함, 인천 무관중 경기 제외, 상주 기권경기 제외
합계		51,292,461			

- 1999, 2000 아디다스컵 5경기 기준
- 1일 2경기 또는 3경기 시 1경기로 평균처리
- 2012년부터 실관중 집계

역대 관중 기록 _ K리그1

연도	경기수	총관중수	평균 관중수	우승팀
2013	266	2,036,413	7,656	포항 스틸러스
2014	228	1,808,220	7,931	전북 현대
2015	228	1,760,238	7,720	전북 현대
2016	228	1,794,855	7,872	FC서울
2017	228	1,482,483	6,502	전북 현대
2018	228	1,241,320	5,444	전북 현대
2019	228	1,827,061	8,013	전북 현대
2020	162	86,640	2,475	전북 현대
2021	228	444,473	1,949	전북 현대
합계		12,037,230		

역대 관중 기록 _ K리그2

연도	경기수	총관중수	평균 관중수	우승팀
2013	140	235,846	1,685	상주 상무
2014	182	221,799	1,219	대전 시티즌
2015	222	356,924	1,606	상주 상무
2016	222	335,384	1,511	안산 무궁화
2017	182	426,645	2,344	경남FC
2018	182	310,627	1,707	아산 무궁화
2019	182	536,217	2,946	광주FC
2020	137	27,717	792	제주 유나이티드
2021	182	118,975	653	김천 상무
합계		2,451,159		

- 2018년부터 유료관중 집계
- 2020년: 코로나19로 무관중 경기(K리그1 127경기, K리그2 102경기) 및 관중 제한 입장(K리그1 35경기, K리그2 35경기) 실시
- 2021년: 코로나19로 무관중 경기(K리그1 39경기, K리그2 39경기) 및 관중 제한 입장(K리그1 189경기, K리그2 143경기) 실시

역대 관중 기록 _ K리그 승강 플레이오프

연도	경기수	총관중수	평균 관중수	잔류/승격 팀	비고
2013	2	10,550	5,275	상주 상무	클래식 13위팀 vs 챌린지 1위팀
2014	2	4,636	2,318	광주FC	클래식 11위팀 vs 챌린지 2~4위 플레이오프 진출팀
2015	2	8,482	4,241	수원FC	
2016	2	9,587	4,794	강원 FC	클래식 11위팀 vs 챌린지 3~5위 플레이오프 진출팀
2017	2	4,036	2,018	상주 상무	클래식 11위팀 vs 챌린지 2~4위 플레이오프 진출팀
2018	2	18,681	9,341	FC서울	K리그1 11위팀 vs K리그2 3~5위 플레이오프 진출팀
2019	2	13,646	6,823	부산 아이파크	
2020	-	-	-		승강 플레이오프 미개최
2021	2	10,325	5,162	강원FC	K리그1 11위팀 vs K리그2 3~5위 플레이오프 진출팀
합계		69,618			

- 2018년부터 유료관중 집계
- 2021년: 코로나19로 관중 제한 입장 실시

역대 시즌별 개인상 수상자

구분	감독상	MVP	득점상	도움상	감투상	모범상	베스트 11 GK	DF	MF	FW	심판상	우수 GK상	수비상	신인 선수상	특별상
1983	함흥철(할렐)	박성화(할렐)	박윤기(유공)	박창선(할렐)	이강조(유공)	이춘석(대우)	조병득(할렐)	박성화(할렐) 김철수(포철) 장외룡(대우) 이강조(유공)	조광래(대우) 박창선(할렐)	박윤기(유공) 이길용(포철) 이춘석(대우) 김용세(유공)		조병득(할렐)			*인기상: 조광래(대우) *응원상: 국민은행
1984	장운수(대우)	박창선(대우)	백종철(현대)	렌스베르겐(현대)	정용환(대우)	조영증(럭금)	오연교(유공)	정용환(대우) 박경훈(포철) 박성화(할렐) 정종수(럭금)	박창선(대우) 허정무(현대) 조영증(럭금)	최순호(포철) 이태호(대우) 백종철(현대)	나윤식	오연교(유공)			
1985	박세학(럭금)	한문배(럭금)	피아퐁(럭금)	피아퐁(럭금)	김용세(유공)	최강희(현대)	김현태(럭금)	장외룡(대우) 한문배(럭금) 최강희(현대) 김철수(포철)	박상인(할렐) 이흥실(포철) 박항서(럭금)	김용세(유공) 피아퐁(럭금) 강득수(럭금)	최길수	김현태(럭금)		이흥실(포철)	
1986	최은택(포철)	이흥실(포철) 최강희(현대)	정해원(대우) 함현기(현대)	강득수(럭금) 전영수(현대)	민진홍(포철)	박성화(포철)	김현태(럭금)	조영증(럭금) 김평석(현대) 최강희(현대) 박노봉(대우)	조민국(럭금) 이흥실(포철) 윤성효(한일)	김용세(유공) 정해원(대우) 함현기(현대)	심건택	김현태(럭금) 호성호(현대)		함현기(현대)	정해원(대우)
1987	이차만(대우)	정해원(대우)	최상국(포철)	최상국(포철)	최기봉(유공)	박노봉(대우)	김풍주(대우)	최기봉(유공) 정용환(대우) 박경훈(포철) 구상범(럭금)	김삼수(현대) 노수진(유공) 이흥실(포철)	최상국(포철) 정해원(대우) 김주성(대우)	박경인	조병득(포철)		김주성(대우)	
1988	이회택(포철)	박경훈(포철)	이기근(포철)	김종부(포철)	최진한(럭금) 손형선(대우)	최강희(현대)	오연교(현대)	최강희(현대) 최태진(대우) 손형선(대우) 강태식(포철)	최진한(럭금) 김상호(포철) 황보관(유공)	이기근(포철) 함현기(현대) 신동철(유공)	이도하	오연교(현대)		황보관(유공)	
1989	김정남(유공)	노수진(유공)	조긍연(포철)	이흥실(포철)	조긍연(포철)	강재순(현대)	차상광(럭금)	임종헌(일화) 조윤환(유공) 최윤겸(유공) 이영익(럭금)	이흥실(포철) 조덕제(대우) 강재순(현대)	윤상철(럭금) 조긍연(포철) 노수진(유공)		차상광(럭금)		고정운(일화)	
1990	고재욱(럭금)	최진한(럭금)	윤상철(럭금)	최대식(럭금)	최태진(럭금)	이태호(대우)	유대순(유공)	최영준(럭금) 이재희(대우) 최태진(럭금) 임종헌(일화)	최진한(럭금) 이흥실(포철) 최대식(럭금)	윤상철(럭금) 이태호(대우) 송주석(현대)	길기철	유대순(유공)		송주석(현대)	
1991	비츠케이(대우)	정용환(대우)	이기근(포철)	김준현(유공)	최진한(유공)	정용환(대우)	김풍주(대우)	정용환(대우) 박현용(대우) 테 드(유공)	김현석(현대) 이영진(LG) 김주성(대우) 최강희(현대) 이상윤(일화)	이기근(포철) 고정운(일화)	이상용		박현용(대우)	조우석(일화)	
1992	이회택(포철)	홍명보(포철)	임근재(LG)	신동철(유공)	박창현(포철)	이태호(대우)	사리체프(일화)	홍명보(포철) 이종화(일화) 박정배(LG)	신홍기(현대) 김현석(현대) 신태용(일화) 박태하(포철) 신동철(유공)	박창현(포철) 임근재(LG)	노병일		사리체프(일화)	신태용(일화)	
1993	박종환(일화)	이상윤(일화)	차상해(포철)	윤상철(LG)	윤상철(LG)	최영일(현대)	사리체프(일화)	최영일(현대) 이종화(일화) 유동관(포철)	김판근(대우) 신태용(일화) 김동해(LG) 이상윤(일화) 김봉길(유공)	차상해(포철) 윤상철(LG)	김광택		이종화(일화)	정광석(대우)	
1994	박종환(일화)	고정운(일화)	윤상철(LG)	고정운(일화)	이광종(유공)	정종수(현대)	사리체프(일화)	안익수(일화) 유상철(현대) 홍명보(포철) 허기태(유공)	신태용(일화) 고정운(일화) 황보관(유공)	윤상철(LG) 라 데(포철) 김경래(버팔)	박해용		사리체프(일화)	최용수(LG)	
1995	박종환(일화)	신태용(일화)	노상래(전남)	아미르(대우)			사리체프(일화)	최영일(현대) 홍명보(포항) 허기태(유공)	신태용(일화) 고정운(일화) 김현석(현대) 김판근(LG) 아미르(대우)	황선홍(포항) 노상래(전남)	김진옥			노상래(전남)	

구분	감독상	MVP	득점상	도움상	베스트 11				최우수주심상	최우수부심상	신인선수상	특별상
					GK	DF	MF	FW				
1996	고재욱(울산)	김현석(울산)	신태용(천안)	라데(포항)	김병지(울산)	윤성효(수원) 김주성(부산) 허기태(부천SK)	신태용(천안) 바데아(수원) 홍명보(포항) 하석주(부산) 김현석(울산)	라데(포항) 세르게이(부천SK)	김용대	김회성	박건하(수원)	
1997	이차만(부산)	김주성(부산)	김현석(울산)	데니스(수원)	신범철(부산)	김주성(부산) 마시엘(전남) 안익수(포항)	김현석(울산) 신진원(대전) 김인완(전남) 이진행(수원) 정재권(부산)	마니치(부산) 스카첸코(전남)	이재성	곽경만	신진원(대전)	
1998	김호(수원)	고종수(수원)	유상철(울산)	정정수(울산)	김병지(울산)	안익수(포항) 마시엘(전남) 이임생(부천SK)	고종수(수원) 유상철(울산) 백승철(포항) 안정환(부산) 정정수(울산)	사사(수원) 김현석(울산)	한병화	김회성	이동국(포항)	김병지(울산/GK 필드골)
1999	김호(수원)	안정환(부산)	사사(수원)	변재섭(전북)	이운재(수원)	신홍기(수원) 김주성(부산) 마시엘(전남) 강철(부천SK)	서정원(수원) 고종수(수원) 데니스(수원) 고정운(포항)	안정환(부산) 사사(수원)	한병화	김용대	이성재(부천SK)	이용발(부천SK)
2000	조광래(안양LG)	최용수(안양LG)	김도훈(전북)	안드레(안양LG)	신의손(안양LG)	강철(부천SK) 이임생(부천SK) 김현수(성남일) 마시엘(전남)	안드레(안양LG) 신태용(성남) 전경준(부천SK) 데니스(수원)	최용수(안양LG) 김도훈(전북)	이상용	곽경만	양현정(전북)	이용발(부천SK) 조성환(부천SK)
2001	차경복(성남)	신태용(성남)	산드로(수원)	우르모브(부산)	신의손(안양LG)	우르모브(부산) 김현수(성남일) 김용희(성남일) 이영표(안양LG)	신태용(성남일) 서정원(수원) 송종국(부산) 남기일(부천SK)	우성용(부산) 산드로(수원)	김진옥	김계수	송종국(부산)	신의손(안양LG) 이용발(부천SK)
2002	차경복(성남일)	김대의(성남일)	에드밀손(전북)	이천수(울산)	이운재(수원)	김현수(성남일) 김태영(전남) 최진철(전북) 홍명보(포항)	신태용(성남일) 이천수(울산) 안드레(안양LG) 서정원(수원)	김대의(성남일) 유상철(울산)	권종철	원창호	이천수(울산)	김기동(부천SK) 이용발(전북)
2003	차경복(성남일)	김도훈(성남일)	김도훈(성남일)	에드밀손(전북)	서동명(울산)	최진철(전북) 김태영(전남) 김현수(성남일) 산토스(포항)	이관우(대전) 이성남(성남일) 신태용(성남일) 김남일(전남)	김도훈(성남일) 마그노(전북)	권종철	김선진	정조국(안양LG)	
2004	차범근(수원)	나드손(수원)	모따(전남)	홍순학(대구)	이운재(수원)	산토스(포항) 유경렬(울산) 무사(수원) 곽희주(수원)	김동진(서울) 따바레즈(포항) 김두현(수원) 김대의(수원)	나드손(수원) 모따(전남)	이상용	원창호	문민귀(포항)	김병지(포항) 조준호(부천SK) 신태용(성남일/최다 경기 출전)
2005	장외룡(인천)	이천수(울산)	마차도(울산)	히칼도(서울)	김병지(포항)	조용형(부천SK) 김영철(성남일) 임중용(인천) 유경렬(울산)	이천수(울산) 김두현(성남일) 이호(울산) 조원희(수원)	박주영(서울) 마차도(울산)	이영철	원창호	박주영(서울)	조준호(부천SK) 김병지(포항)
2006	김학범(성남일)	김두현(성남일)	우성용(성남일)	슈바(대전)	박호진(수원)	마토(수원) 김영철(성남일) 장학영(성남일) 최진철(전북)	김두현(성남일) 이관우(수원) 백지훈(수원) 뽀뽀(부산)	우성용(성남일) 김은중(서울)	이영철	안상기	염기훈(전북)	김병지(서울) 최은성(대전) 이정래(경남)
2007	파리아스(포항)	따바레즈(포항)	까보레(경남)	따바레즈(포항)	김병지(서울)	마 토(수원) 황재원(포항) 장학영(성남일) 아 디(서울)	따바레즈(포항) 이관우(수원) 김기동(포항) 김두현(성남일)	까보레(경남) 이근호(대구)	이상용	강창구	하태균(수원)	김병지(서울) 김영철(성남일) 김용대(성남일) 장학영(성남일) 염동균(전남)
2008	차범근(수원)	이운재(수원)	두 두(성남일)	브라질리아(울산)	이운재(수원)	아 디(서울) 마 토(수원) 박동혁(울산) 최효진(포항)	기성용(서울) 이청용(서울) 조원희(수원) 김형범(전북)	에듀(수원) 이근호(대구)	고금복	손재선	이승렬(서울)	백민철(대구)
2009	최강희(전북)	이동국(전북)	이동국(전북)	루이스(전북)	신화용(포항)	김형일(포항) 황재원(포항) 최효진(포항) 김상식(전북)	최태욱(전북) 기성용(서울) 에닝요(전북) 김정우(성남일)	이동국(전북) 데닐손(포항)	최광보	원창호	김영후(강원)	김영광(울산) 김병지(경남/통산 500경기 출전) '판타스틱플레이어상': 이동국(전북)

구분	감독상	MVP	득점상	도움상	베스트 11 GK	DF	MF	FW	최우수주심상	최우수부심상	신인선수상	특별상	판타스틱플레이어상
2010	박경훈(제주)	김은중(제주)	유병수(인천)	구자철(제주)	김용대(서울)	최효진(서울) 아디(서울) 사샤(성남일) 홍정호(제주)	구자철(제주) 에닝요(전북) 몰리나(성남일) 윤빛가람(경남)	김은중(제주) 데얀(서울)	최명용	정해상	윤빛가람(경남)	김용대(서울) 김병지(경남) 백민철(대구)	구자철(제주)
2011	최강희(전북)	이동국(전북)	데얀(서울)	이동국(전북)	김영광(울산)	박원재(전북) 곽태휘(울산) 조성환(전북) 최철순(전북)	염기훈(수원) 윤빛가람(경남) 하대성(서울) 에닝요(전북)	이동국(전북) 데얀(서울)	최광보	김정식	이승기(광주)		이동국(전북)
2012	최용수(서울)	데얀(서울)	데얀(서울)	몰리나(서울)	김용대(서울)	아디(서울) 곽태휘(울산) 정인환(인천) 김창수(부산)	몰리나(서울) 황진성(포항) 하대성(서울) 이근호(울산)	데얀(서울) 이동국(전북)	최명용	김용수	이명주(포항)	김병지(경남/통산 600경기 출전) 김용대(서울)	데얀(서울)
2013 K리그1	황선홍(포항)	김신욱(울산)	데얀(서울)	몰리나(서울)	김승규(울산)	아디(서울) 김치곤(울산) 김원일(포항) 이용(울산)	고무열(포항) 하대성(서울) 레오나르도(전북)	데얀(서울) 김신욱(울산)	유선호	손재선	영플레이어상 고무열(포항)	권정혁(인천)	김신욱(울산)
2013 K리그2	박항서(상주)	이근호(상주)	이근호(상주)	염기훈(경찰/수원)*	김호준(상주/제주)*	최철순(상주)* 김형일(상주/포항)* 이재성(상주)* 오범석(경찰)	염기훈(경찰/수원)* 이호(상주)* 최진수(안양) 김영후(경찰/강원)*	이근호(상주)* 알렉스(고양)					
2014 K리그1	최강희(전북)	이동국(전북)	산토스(수원)	이승기(전북)	권순태(전북)	홍철(수원) 김주영(서울) 윌킨슨(전북) 차두리(서울)	임상협(부산) 고명진(서울) 이승기(전북) 한교원(전북)	이동국(전북) 산토스(수원)	최명용	노태식	김승대(포항)	김병지(전남)	이동국(전북)
2014 K리그2	조진호(대전)	아드리아노(대전)	아드리아노(대전)	최진호(강원)	박주원(대전)	이재권(안산경) 허재원(대구) 윤원일(대전) 임창우(대전)	김호남(광주) 이용래(안산경) 최진수(안양) 최진호(강원)	아드리아노(대전) 알렉스(강원)					
2015 K리그1	최강희(전북)	이동국(전북)	김신욱(울산)	염기훈(수원)	권순태(전북)	홍철(수원) 요니치(인천) 김기희(전북) 차두리(서울)	염기훈(수원) 이재성(전북) 권창훈(수원) 송진형(제주)	이동국(전북) 아드리아노(서울)			이재성(전북)	신화용(포항) 오스마르(서울)	이동국(전북)
2015 K리그2	조덕제(수원FC)	조나탄(대구)	조나탄(대구)	김재성(서울E)	조현우(대구)	박진포(상주) 신형민(안산경) 강민수(상주) 이용(상주)	고경민(안양) 이승기(상주) 조원희(서울E) 김재성(서울E)	조나탄(대구) 주민규(서울E)					
2016 K리그1	황선홍(서울)	정조국(광주)	정조국(광주)	염기훈(수원)	권순태(전북)	고광민(서울) 오스마르(서울) 요니치(인천) 정운(제주)	로페즈(전북) 레오나르도(전북) 이재성(전북) 권창훈(수원)	정조국(광주) 아드리아노(서울)			안현범(제주)		레오나르도(전북)
2016 K리그2	손현준(대구)	김동찬(대전)	김동찬(대전)	이호석(경남)	조현우(대구)	정승용(강원) 황재원(대구) 이한샘(강원) 정우재(대구)	세징야(대구) 이현승(안산무) 황인범(대전) 바그닝요(부천)	김동찬(대전) 포프(부산)				김한빈(충주)	
2017 K리그1	최강희(전북)	이재성⑰(전북)	조나탄(수원)	손준호(포항)	조현우(대구)	김진수(전북) 김민재(전북) 오반석(제주) 최철순(전북)	염기훈(수원) 이재성⑰(전북) 이창민(제주) 이승기(전북)	이근호(강원) 조나탄(수원)	김종혁	이정민	김민재(전북)	이동국(전북/통산 200골 달성) 김영광(서울E)	조나탄(수원)
2017 K리그2	김종부(경남)	말컹(경남)	말컹(경남)	장혁진(안산)	이범수(경남)	최재수(경남) 박지수(경남) 이반(경남) 우주성(경남)	정원진(경남) 문기한(부천) 황인범(대전) 배기종(경남)	말컹(경남) 이정협(부산)					

* 시즌 중 전역.

구분	감독상	MVP	득점상	도움상	베스트 11 GK	베스트 11 DF	베스트 11 MF	베스트 11 FW	최우수 주심상	최우수 부심상	영플레이어상	특별상	아디다스 탱고 어워드
2018 K리그1	최강희(전북)	말컹(경남)	말컹(경남)	세징야(대구)	조현우(대구)	홍철(수원) 리차드(울산) 김민재(전북) 이용(전북)	네게바(경남) 최영준(경남) 아길라르(인천) 로페즈(전북)	말컹(경남) 주니오(울산)	김대용	감계용	한승규(울산)	강현무(포항) 김승대(포항)	강현무(포항)
2018 K리그2	박동혁(아산)	나상호(광주)	나상호(광주)	호물로(부산)	김영광(서울E)	김문환(부산) 이한샘(아산) 윤영선(성남) 서보민(성남)	황인범(대전) 호물로(부산) 이명주(아산) 안현범(아산)	나상호(광주) 키쭈(대전)				김영광(서울E)	
2019 K리그1	모라이스(전북)	김보경(울산)	타가트(수원)	문선민(전북)	조현우(대구)	김태환(울산) 홍정호(전북) 홍철(수원) 이용(전북)	김보경(울산) 문선민(전북) 세징야(대구) 완델손(포항)	주니오(울산) 타가트(수원)	이동준	윤광열	김지현(강원)	송범근(전북) 한국영(강원)	김대원(대구)
2019 K리그2	박진섭(광주)	이동준(부산)	펠리페(광주)	정재희(전남)	윤평국(광주)	김문환(부산) 닐손주니어(부천) 아슐마토프(광주) 이으뜸(광주)	김상원(안양) 알렉식(안양) 이동준(부산) 호물로(부산)	조규성(안양) 치솜(수원FC)					
2020 K리그1	김기동(포항)	손준호(전북)	주니오(울산)	강상우(포항)	조현우(울산)	김태환(울산) 홍정호(전북) 권경원(상주) 강상우(포항)	손준호(전북) 한교원(전북) 세징야(대구) 팔로세비치(포항)	주니오(울산) 일류첸코(포항)	-	-	송민규(포항)	강현무(포항) 조현우(울산) 송범근(전북)	-
2020 K리그2	남기일(제주)	안병준(수원FC)	안병준(수원FC)	김영욱(제주)	오승훈(제주)	정우재(제주) 정운(제주) 조유민(수원FC) 안현범(제주)	공민현(제주) 이창민(제주) 김영욱(제주) 백성동(경남)	레안드로(서울E) 안병준(수원FC)			이동률(제주)	
2021 K리그1	김상식(전북)	홍정호(전북)	주민규(제주)	김보경(전북)	조현우(울산)	강상우(포항) 불투이스(울산) 홍정호(전북) 이기제(수원)	임상협(포항) 바코(울산) 세징야(대구) 이동준(울산)	라스(수원FC) 주민규(제주)	-	-	설영우(울산)	김영광(성남) 조현우(울산)	
2021 K리그2	김태완(김천)	안병준(부산)	안병준(부산)	주현우(안양)	구성윤(김천)	서영재(대전) 주현우(안양) 정승현(김천) 최준(부산)	김경중(대전) 박진섭(대전) 김현욱(전남) 마사(대전)	안병준(부산) 조나탄(안양)			김인균 (충남아산)	

- 특별상 수상 내역: 별도표기 없는 수상자는 모두 전 경기 전 시간 출전자

K LEAGUE

K LEAGUE ANNUAL REPORT 2022

2 0 2 2 K 리 그 연 감 : 1 9 8 3 ~ 2 0 2 1

ⓒ (사) 한국프로축구연맹, 2022

엮은이 ┃ (사) 한국프로축구연맹
펴낸이 ┃ 김종수
펴낸곳 ┃ 한울엠플러스(주)

초판 1쇄 인쇄 ┃ 2022년 3월 5일
초판 1쇄 발행 ┃ 2022년 3월 15일

주소 ┃ 10881 경기도 파주시 광인사길 153 한울시소빌딩 3층
전화 ┃ 031-955-0655
팩스 ┃ 031-955-0656
홈페이지 ┃ www.hanulmplus.kr
등록번호 ┃ 제406-2015-000143호

Printed in Korea.
ISBN 978-89-460-8166-6 03690